ENZYKLOPÄDIE DER GARTEN- UND ZIMMER-PFLANZEN

ENZYKLOPÄDIE DER GARTEN- UND ZIMMER-PFLANZEN

Standortbedingungen,
Pflegemaßnahmen
und Verwendungsmöglichkeiten
für mehr als 8000 Blumen und Pflanzen

Das umfassende Nachschlagewerk
zur Gartengestaltung
mit mehr als 4000 Farbfotos

Herausgegeben von Christopher Brickell,
Generaldirektor der Royal Horticultural Society

Vorwort zur deutschen Ausgabe von Prof. Dr. Rolf Röber,
Leiter des Instituts für Zierpflanzenbau an der
Staatl. Versuchsanstalt für Gartenbau, Weihenstephan

Mosaik Verlag

Titel der Originalausgabe:
The Royal Horticultural Society
»Gardener's Encyclopedia of Plants and Flowers«
Ein Dorling Kindersley Buch

Redaktion der Originalausgabe: Jane Aspden (Leitung)
Liza Bruml, Joanna Chisholm, Roger Smoothy, Jo Weeks;
Mitarbeit: Jane Birdsell, Lynn Bresler, Jenny Engelmann,
Kate Grant, Shona Grimbly, Susanna Longley,
Andrew Mikolajski, Diana Miller, Celia Van Oss, Anthony Whitehorn

Gestaltung: Ina Stradins (Leitung), Amanda Lunn;
Mitarbeit: Arthur Brown, Peter Luff

Fotos: Eric Crichton, John Glover, Jerry Harpur, Andrew Lawson,
Andrew de Lory;
Mitarbeit: Neil Holmes, Jacqui Hurst

Illustrationen: Vanessa Luff, Amanda Lunn, Eric Thomas

Fachliche Beratung: In Ergänzung zu den auf S. 7
genannten Autoren möchte der Verlag den folgenden Personen
für ihre Beratung danken:
Barry Ambrose, John Bond, Tony Clements, Steven Davis,
Sheila Ecklin, Barbara Ellis, Thomas Everett, Jim Gardiner,
Ralph Gould, David Kerly;
den Mitarbeitern der Königl. Gartenbau-Gesellschaft,
Vincent Square und Wisley Garden

Übersetzung aus dem Englischen:
Dipl.-Ing. Winfried zur Hausen, Krefeld
Mitarbeit: Wilhelm Hoffmann, Mag. Claudia Lang, Waltraud Mayer,
Carola Siegel, Karin Tscholl, Heidi Zeller

Redaktion der deutschen Ausgabe:
Redaktionsbüro Dres. Zeltner, Rettenschöss/Tirol

Umschlaggestaltung: Mascha Blömer

Der Mosaik Verlag ist ein Unternehmen
der Verlagsgruppe Bertelsmann

Satz: Filmsatz Schröter GmbH, München
Druck und Bindung: Mondadori, Italien
Printed in Italy · ISBN 3-576-05584-3

Vorwort zur deutschen Ausgabe

Die nahezu unendliche Fülle pflanzlichen Lebens auf der Erde und die Möglichkeiten zu seiner Veränderung durch Anpassung an bestimmte Lebensräume, aber auch durch Eingriffe des Menschen über die Züchtung ist faszinierend. Wenn die Autoren dieses Buches von den etwa 250000 Arten und der sicherlich ähnlich großen Zahl von Sorten hier mehr als 8000 beschreiben und davon 4000 in farbigen Abbildungen zeigen, so stellt das eine für den Pflanzenliebhaber unschätzbare Informationsquelle dar. Das Können der Autoren zeigt sich an dieser Stelle besonders deutlich in der notwendigen Beschränkung auf die tatsächlich wichtigen und gebräuchlichen Gartenpflanzen.

Sammelwerke pflegen zu informieren! Dieses Buch tut jedoch mehr. Einerseits stellt es die Pflanzen vor und gibt Hinweise auf deren Ansprüche, zum anderen zeigt es aber auch die vielfältigen Gestaltungsmöglichkeiten auf. Erläuterungen zur botanischen Namensgebung verdeutlichen den Sinn und Zweck der binären Nomenklatur sehr eingängig.

Pflanzen sind Lebewesen. Das zu begreifen und gleichzeitig Freude zu haben an ihrer Vielgestaltigkeit ermöglicht die Enzyklopädie in einzigartiger Weise, und zwar sowohl dem Pflanzenkenner, dem professionellen Gärtner, wie auch dem Laien, der beginnt, sich mit Pflanzen zu beschäftigen. Der sinnvolle und einfache Aufbau des Werkes trägt hierzu ganz wesentlich bei. Ob es sich um die Arbeit mit Pflanzen im Jahreslauf handelt, oder ob wir für bestimmte Standorte Pflanzen jeweils nach Größe, Habitus und Farbe passend suchen, hier finden wir die notwendigen Auskünfte; und sogar mehr noch: Hinweise auf die wichtigen Kulturansprüche. Das ist vor allem vor dem Hintergrund des stark erweiterten Pflanzenangebotes notwendig.

So wird dieses Buch sicherlich nicht nur dem passionierten Sammler pflanzlicher Raritäten dank der hohen Qualität der Abbildungen und der äußerst informativen Texte wertvolle Hinweise geben, sondern kann gerade dem Pflanzenliebhaber zusätzliche Freude an den Schönheiten der Natur bereiten. Ich hoffe daher, daß die Leser Rat und Hilfe aus dem Werk erfahren und vor allem viele, viele Anregungen.

Weihenstephan, im Sommer 1990

Prof. Dr. Rolf Röber
Leiter des Instituts für Zierpflanzenbau
an der Staatl. Versuchsanstalt
für Gartenbau

Vorwort

Im Jahre 1804 gründeten mehrere Privatleute, darunter Sir Joseph Banks, Josiah Wedgwood und William Forsyth, die Londoner Gartenbaugesellschaft mit dem Ziel, die Gartenkultur mit ihren Zier- und Nutzfunktionen zu fördern und zu veredeln. Man veranstaltete Ausstellungen, richtete eine Bibliothek und Mustergärten ein, organisierte Pflanzenexpeditionen und Fachvorträge. Mit dem Erwerb von Wisley Garden 1903 wurde das Tätigkeitsfeld der Gesellschaft, die sich nunmehr Royal Horticultural Society (Königliche Gartenbau-Gesellschaft) nannte, erheblich erweitert. Das Programm umfaßte Gartenschauen – unter anderem die berühmte Chelsea-Flowershow – Pflanzenanzuchten, Prüfungen, wissenschaftliche und beratende Tätigkeit sowie Fachunterricht. Dazu gehörte außerdem aber auch die Herausgabe qualitativ hochwertiger Gartenbücher für Gärtner, Gartenliebhaber und -experten.

Die Pflanzenwelt zeigt eine erstaunliche Vielfalt. Sie reicht von mikroskopisch kleinen Algen bis zu riesigen, an die 100 m hohen Mammutbäumen. Zwischen diesen Extremen gibt es eine verwirrende Fülle von mehr als einer Viertelmillion natürlich vorkommender Arten und unzähliger Kulturformen, die durch Züchtung und Auslese innerhalb von 2000 Jahren entstanden sind.

Während der letzten 50 Jahre hat sich der Gartenbau durch wissenschaftlich betriebene Vermehrungsmethoden, stärkere internationale Zusammenarbeit beim Austausch von Pflanzenkenntnissen, durch Forschung und Neueinführungen dramatisch verändert. Gartencenter und Gärtnereien bieten wesentlich mehr Pflanzenarten an als noch vor 10 oder 20 Jahren, so daß jeder, der auch nur ein paar Quadratmeter kulturfähigen Bodens besitzt, Pflanzen kultivieren kann.

Wie aber kann ein Gartenfreund unter der angebotenen Fülle eine ganz bestimmte Pflanze für seinen Garten finden? Meist liegt das Problem in der Unkenntnis des exakten botanischen Namens einer bestimmten Art, die man irgendwo in einem Garten oder Park gesehen hat, oder darin, daß man zu wenig über ihre Kultur weiß. Die vorliegende, einzigartig gestaltete Enzyklopädie soll hier Abhilfe schaffen. Der Fototeil des Buches zeigt die Pflanzen in Größe, Farbe und besonderer Wirkung im Jahreslauf, damit auch der seine Pflanzen danach auswählen und zusammenstellen kann, der keine besonderen Vorkenntnisse hat. Das Buch soll aber auch bei fortgeschrittenen Gartenliebhabern den Wunsch wecken, ihren Horizont zu erweitern, und Gärtner veranlassen, ungewöhnliche und attraktive Gartenpflanzen heranzuziehen, die trotz bester Eigenschaften hierzulande wenig bekannt und kaum in Kultur sind. Es gibt interessante Pflanzen für jedes Klima und jeden Standort. Sie werden hier von führenden Fachleuten detailliert und genau beschrieben.

Die Pflanzenenzyklopädie der Royal Horticultural Society, die für die deutsche Ausgabe fachkundig übersetzt und bearbeitet wurde, kann auf vielfältige Weise verwendet werden: als Nachschlagewerk für den Theoretiker und auch als exakte Wissensquelle für den gestandenen Praktiker. Der Zweck dieses Buches liegt aber nicht nur in der Information. Es soll viele Menschen erfreuen und auf vielfältige Weise anregen, die Pflanzen und Gärten lieben.

Ein so umfassend und zugleich so liebevoll gestaltetes Buch kann nur in jahrelanger enger Zusammenarbeit zwischen Herausgeber, Fachautoren und Fotografen entstehen. Ohne die großzügige Unterstützung und stete Hilfsbereitschaft vieler Mitarbeiter hätte das Vorhaben nicht erfolgreich zu Ende gebracht werden können. Daher bin ich dem Herausgeber und allen Mitarbeitern, Fotografen und Zeichnern für ihre detailgetreue und gewissenhafte Arbeit zu großem Dank verpflichtet.

Christopher Brickell

Generaldirektor der Royal
Horticultural Society

Inhalt

* Farbbalken im Inhaltsverzeichnis weisen darauf hin, daß bei diesen Pflanzengruppen oder Gattungen weitergehende Informationen gegeben werden *

AUTOREN UND MITARBEITER

Susyn Andrews *Ilex, Hülse, Stechpalmen*

Larry Barlow *Chrysanthemen*

Kenneth A. Beckett *Pflanzenführer, Sträucher, Kletterpflanzen, Bromelien*

John Brookes *Gartengestaltung*

Eric Catterall *Begonien*

Allen J. Coombes *Herkunft und Namen der Pflanzen, Bäume, Sträucher, Glossar*

Philip Damp *Dahlien*

Kate Donald *Päonien, Narzissen*

Kath Dryden *Steingartengewächse*

Raymond Evison *Klematis*

Diana Grenfell *Funkien*

Peter Harkness *Rosen*

David Hitchcock *Nelken*

Terry Hewitt *Kakteen und andere Sukkulenten*

Hazel Key *Pelargonien, Geranien*

Sidney Linnegar *Iris, Schwertlilien*

Brian Mathew *Iris, Schwertlilien, Zwiebel- und Knollengewächse*

Victoria Matthews *Kletterpflanzen, Lilien, Tulpen*

David McClintock *Bambus, Gräser, Binsen, Seggen*

Diana Miller *Stauden, Usambaraveilchen*

John Paton *Stauden*

Charles Puddle *Kamelien*

Wilma Rittershausen (*mit* **Sabina Knees**) *Orchideen*

Peter Q. Rose *Efeuarten*

Keith Rushforth *Koniferen*

A. D. Schilling *Rhododendren und Azaleen*

Arthur Smith *Gladiolen*

Philip Swindells *Farne, Primeln (mit* **Kath Dryden** *und* **Jack Wemyss-Cooke***) Wasserpflanzen, Seerosen*

John Thirkell *Rittersporn*

Alan Toogood *Einjährige und Zweijährige*

Major General Patrick Turpin *Heide*

Michael Upward *Stauden*

John Wright *Fuchsien*

Hinweise für den Benutzer

Die vorliegende Enzyklopädie läßt sich hervorragend zur Gartenplanung, zur Pflanzenauswahl oder zum Erkennen und Bestimmen von Arten verwenden. Sie bringt eine Fülle von Informationen über das Erscheinungsbild und die Kultur von Tausenden von Pflanzen.

Wie man seinen Garten plant
Im Kapitel *Gartengestaltung* findet man Ratschläge über Gartenformen, Hinweise darüber, wo und wie Pflanzen gruppiert werden können, auch Anleitungen zu Farb- und Formkombinationen, die man benötigt, bevor es an die eigentliche Pflanzenauswahl geht.

Der *Pflanzenführer* empfiehlt Pflanzen für besondere Standorte und Verwendungszwecke. Zusätzliche Informationen bringen *Pflanzenkatalog* und *Pflanzenlexikon.*

Wie man Pflanzen identifiziert und auswählt
Wenn man eine Pflanze gesehen hat, ihren Namen aber nicht weiß, eine Art identifizieren oder Pflanzen für den Garten aussuchen möchte, dann gibt der *Pflanzenkatalog* Auskunft. Man schlägt das betreffende Kapitel, z. B. Sträucher, Stauden oder Zwiebelpflanzen, auf; dann entscheidet man sich für eine bestimmte Größe oder Jahreszeit, in der die Pflanze grünen, blühen oder fruchten soll. Im Buch sind die Pflanzen nach Farben geordnet. Anhand der Fotos und Beschreibungen können die Arten nun leicht bestimmt werden. Andere, in Form, Größe, Farbe und jahreszeitlicher Bedeutung dazu passende Pflanzen sind unten auf jeder Seite angegeben (auch wenn sie zu einer anderen Abteilung gehören) oder im Pflanzenlexikon beschrieben.

Wie findet man eine bestimmte Pflanze
Im Pflanzenlexikon der Enzyklopädie sind alle Pflanzen alphabetisch nach Gattungen geordnet und detailliert beschrieben, auch

Der Pflanzenkatalog

Größeneinteilung (Nach der Wuchshöhe)

	hoch	mittelhoch	niedrig
BÄUME	über 15 m	10–15 m	bis 10 m
KONIFEREN	über 15 m	10–15 m	bis 10 m
STRÄUCHER	über 3 m	1,5–3 m	bis 1,5 m
STAUDEN	über 1,2 m	60 cm–1,2 m	bis 60 cm
STEINGARTEN-PFLANZEN	über 15 cm	–	bis 15 cm
ZWIEBEL- UND KNOLLENPFLANZEN	über 60 cm	25–60 cm	bis 25 cm
KAKTEEN U. ANDERE SUKKULENTEN	über 1 m	25 cm–1 m	bis 25 cm

Der Farbkreis

In jedem Abschnitt sind die Pflanzen nach den Farben ihrer auffallendsten Merkmale zusammengestellt. Sie sind immer von Weiß über Rot, Blau, Gelb nach Orange angeordnet. Buntblättrige Pflanzen sind nach der Farbe der Panaschierung eingeteilt (z. B. Weiß oder Gelb), blühfähige Sukkulenten nach Blütenfarben.

Die Symbole

- ☼ liebt Sonne
- ◐ liebt Halbschatten
- ● verträgt vollen Schatten
- pH verlangt sauren Boden
- ◇ liebt durchlässigen Boden
- ◈ liebt feuchten Boden
- ◆ liebt nassen Standort

- ❄ nicht winterhart – erträgt Temperaturen bis 0 °C
- ❄❄ bedingt winterhart – erträgt Temperaturen bis –5 °C
- ❄❄❄ winterhart – erträgt Temperaturen bis –15 °C

Kapitelüberschriften
Wo es sich anbietet, ist jedes Kapitel – entsprechend der Wuchshöhe (siehe Tabelle links) und der jahreszeitlichen Bedeutung der Pflanzen – in Abschnitte gegliedert.

Farbkästchen
Die Farbkästchen geben das Farbenspiel der darunter bezeichneten Pflanzen an.

Pflanzenbilder
Die Farbfotos helfen beim Bestimmen oder Auswählen der Pflanzen.

Bildlegenden
Die Bildunterschriften beschreiben die Pflanzen und bringen zusätzliche Hinweise auf ihre spezielle Verwendung.

Grösse und Form
Bei Bäumen und Sträuchern geben Zeichnungen Hinweise auf ausgewachsene Exemplare. Bei anderen Pflanzen ist ihre Circa-Höhe (H.) und -Breite (Br.) am Ende jedes Artikels angegeben. Die Höhe einer kriechenden Pflanze entspricht der Trieblänge, egal ob sie herabhängt oder sich über den Boden ausbreitet.

Pflanzennamen
Der gültige botanische Name wird für jede Pflanze angegeben; soweit möglich auch Synonyma (syn.) und deutsche Namen.

Frostempfindliche Pflanzen
Bei frostempfindlichen Pflanzen ist die jeweilige Mindesttemperatur angegeben.

Kultur und Winterhärte
Die Symbole geben Auskunft über Wachstumsbedingungen und Winterhärte. Die Standortbedingungen (Klima, Boden) für den vorgesehenen Platz müssen bei der Auswahl berücksichtigt werden.

Euphorbia pulcherrima
(Poinsettie, Weihnachtsstern)
Halbimmergrüner, wenigverzweigter Strauch mit gebuchteten Blättern sowie grünlichroten Blüten und leuchtendroten oder rosafarbenen Hochblättern ab Spätherbst. Mindesttemperatur 15 °C.
10ft 3m

wenn sie nicht abgebildet sind. Hinweise auf Fotos, Standort und Kulturanleitungen sind für die gesamte Gattung angegeben. Wenn nur der deutsche Name bekannt ist, schlägt man im Verzeichnis der deutschen Namen nach. Hier findet man den exakten botanischen Namen, der zu einer Abbildung oder zu der Information im Pflanzenlexikon führt.

Pflanzennamen
Sämtliche Pflanzen erhalten bei ihrer Entdekkung und Beschreibung einen botanischen Namen. Die Pflanzennamen in diesem Buch entsprechen dem neuesten Stand der gültigen Nomenklatur bis zur Drucklegung. Auch viele Synonyma sind eingefügt und mit Hinweisen auf das Pflanzenlexikon versehen, so daß man sie auch unter alternativen oder älteren Bezeichnungen finden kann.

Cornus alba
Heidekraut, S. 146–147
Pachystachys coccinea
Skimmia japonica 'Rubella', S. 142

SONDERHINWEISE
Pflanzen, die andernorts in diesem Buch behandelt sind, aber zu den in Fotos vorgestellten passen, wurden in dieser Form erfaßt.

Besonders dargestellte Pflanzen

Pflanzengruppen oder Gattungen mit besonderem gärtnersischem Wert sind auf speziellen Seiten ausführlicher dargestellt.

BESONDERE CHARAKTERISTIKA
In der Beschreibung werden Besonderheiten der Pflanzengruppe, Kultur und Standortbedingungen angegeben.

BLÜTENFORMEN
Die Blütenform und die gärtnerische Einteilung innerhalb einer Gattung werden, wenn möglich, beschrieben.

STRICHZEICHNUNGEN
Zeichnungen geben die unterschiedlichen Blütenformen wieder.

PFLANZENBILDER
Nahaufnahmen einzelner Blumen oder Pflanzen erlauben rasches Erkennen und Auswählen.

PFLANZENNAMEN
Botanische Namen und spezielle Klassifizierungen sind angegeben. Pflanzenbeschreibungen finden sich im *Pflanzenlexikon.*

Das Pflanzenlexikon

Das *Pflanzenlexikon* umfaßt ca. 8000 bekannte Pflanzen, darunter finden sich mehr als 4000, die nicht im *Pflanzenkatalog* beschrieben sind. Es dient darüber hinaus als Register für den *Pflanzenkatalog.*

GATTUNGSNAMEN
werden ergänzt durch die Pflanzenfamilie und – falls vorhanden – zusätzlich durch den deutschen Namen.

BESCHREIBUNG DER GATTUNGEN
Bestimmte Gattungseigenschaften in bezug auf Härte, Lage, Kultur, Vermehrung und – falls nötig – Schnitt, Krankheiten und Schädlinge sind beschrieben.

SYNONYMA
Bei Synonymen wird auf den botan. Namen verwiesen.

PFLANZENBESCHREIBUNGEN
Die Beschreibungen der Arten und Kulturformen bzw. -sorten enthalten den botan. Namen, Synonyme und deutsche Namen. Härte und Kulturansprüche sind angegeben. Bei Kulturformen sind die Abweichungen von der Art erwähnt. Das Glossar erklärt die botan. Fachausdrücke.

SAGITTARIA (Alismataceae)
Pfeilkraut
Gattung laubabwerfender Stauden, die unter Wasser oder am Ufer gedeihen. Beliebt wegen ihrer Blätter und Blüten. Winterhart bis frostempfindlich (Mindesttemperatur 5°C). Einige Arten sind geeignet für Teiche, andere für Aquarien. Alle brauchen helles Sonnenlicht. Verwelkte Blätter müssen entfernt werden. Fortpflanzung durch Teilung im Frühling oder Sommer oder durch Abbrechen von Sprößlingen (schuppige, junge Triebe) im Frühling.
S. japonica, s. *S. sagittifolia*, 'Flore Pleno'.
S. latifolia, Abb. S. 372.
S. sagittifolia, laubabwerfende, mehrjährige Wasserpflanze für Randbereiche, H. 45 cm, Br. 30 cm. Winterhart. Aufrechte, mittelgrüne, pfeilförmige Blätter. Im Sommer dreizählige weiße Blüten mit dunkelpurpurfarbener Mitte. Kann bis zu 25 cm tiefes Wasser gepflanzt werden. **'Flore Pleno'** (syn. *S. japonica*) hat gefüllte Blüten.

Herkunft und Namen der Pflanzen

Deutsche Namen
Obwohl viele Pflanzen bekannte deutsche Namen haben, werden sie unter ihren botanischen Namen geführt. Dafür gibt es mehrere Gründe. Eine große Zahl von Pflanzen haben entweder keinen deutschen Namen oder tragen denselben Namen wie ganz verschiedene andere Pflanzen. Oft wird ein und derselbe Name in unterschiedlichen Gegenden für verschiedene Pflanzen verwendet. Zum Beispiel bezeichnet man in manchen Regionen den Holunder als Flieder, in anderen wieder die Syringen. Die botanischen Namen fassen dagegen verwandte Pflanzen immer in speziellen Gattungen zusammen (so gehören zum Beispiel sämtliche Stechpalmenarten zur Gattung *Ilex*). Derselbe Begriff wird häufig bei deutschen Namen für einander völlig fremde Pflanzen verwendet. Der Sommerflieder hat zum Beispiel nichts mit Flieder *(Syringa)* zu tun. Außerdem kann eine Pflanze viele regionale Namen besitzen wie Glockrose, Brandpappel, Stockrose *(Alcea)*. Noch größere Verwirrung richten Namen japanischen, chinesischen oder arabischen Ursprungs an. Wie in anderen wissenschaftlichen Disziplinen bedient man sich in der Botanik des Lateins als exakter Grundlage für die Namensgebung der Pflanzen.

DICENTRA SPECTABILIS, Tränendes Herz
Robert Fortune brachte diese zierliche Pflanze 1846 aus Nordchina mit, wo sie verbreitet in Kultur war. Sie wurde seitdem eine bekannte Pflanze der Bauerngärten.

Das Binominalsystem
Kundige griechische und römische Lehrmeister legten die Grundlage für unsere Nomenklatur. Ihre detaillierten Beobachtungen und Beschreibungen wurden in den Klöstern und Universitäten fortgesetzt, in denen Latein die Umgangssprache war. Das heute verwendete System geht im wesentlichen auf den schwedischen Botaniker Carl Linné (1707–1778) zurück. In seinen wissenschaftlichen Arbeiten *Genera plantarum* und *Species plantarum* klassifizierte Linné jede Pflanze durch zwei lateinische Worte, statt langatmiger Beschreibungen, wie sie damals unter Pflanzenkundigen üblich waren. Das erste Wort betraf die Gattung z. B. *Ilex,* das zweite die besondere Eigenschaft (z. B. *aquifolium*). Zusammen ergeben sie einen bestimmten Namen für eine Pflanze (Art) wie *Ilex aquifolium* (Stechpalme, Hülse). Andere Arten derselben Gattung erhielten verschiedene Beinamen *(Ilex crenata, Ilex pernyi, Ilex serrata* etc.).

Die Bedeutung der Pflanzennamen
Man versteht die botanischen Namen besser, wenn man etwas über ihre Bedeutung weiß. Der Name kann an eine Person erinnern (die Fuchsie wurde nach dem deutschen Pysiker Leonhart Fuchs benannt); er kann auch die Herkunft beschreiben wie *Parrotia persica* (aus Persien). Eine Pflanze kann den Namen ihres Entdeckers haben: *Primula forrestii.* George Forrest brachte sie zum ersten Mal in Kultur. Der Name kann auch etwas über ihr Aussehen verraten: *Pelargonium* stammt aus dem Griechischen: *pelargos* = Storch, eine Beschreibung der Früchte, die an Storchschnäbel erinnerten. *Quinquefolia,* der Beiname von *Parthenocissus quinquefolia,* bedeutet ein aus fünf Blättchen zusammengesetztes Blatt. Gattungsnamen sind männlich, weiblich oder sächlich, und die speziellen Beinamen stimmen mit dem Geschlecht überein.

Pflanzeneinführungen
Pflanzennamen kann man bis in die Antike zurückverfolgen. Auf dem Höhepunkt seiner Macht umfaßte das römische Imperium einen riesigen Bereich von Westeuropa bis Asien, und wenn Römer reisten, brachten sie Nutz- und

Zierpflanzen mit, wie die Eßkastanie, den Pfirsich, Feigen und viele Kräuter. Später war Nordamerika eine ergiebige Quelle neuer Pflanzen. Gegen Ende des 16. Jahrhunderts wurden davon einige bereits in englischen Gärten kultiviert. 1824 beauftragte die Königliche Gartenbau-Gesellschaft David Douglas, einen Schotten, Amerikas Westküste zu bereisen und dort große Mengen von Sämereien von hierzulande unbekannten Arten einschließlich der Douglasie und Sitkafichte zu sammeln.

Größte Erfolge konnten Pflanzensammler verbuchen, wenn sie die üppige, artenreiche Flora des Fernen Ostens erkundeten. Der Zugang zu China war ihnen bis zum Vertrag von Nanking (1842) versagt. Im folgenden Jahr führte Robert Fortune eine Expedition im Auftrag der Königlichen Gartenbau-Gesellschaft, von der er viele dekorative Gartenpflanzen mitbrachte. Seinen Spuren folgten französische Mönche und Botaniker wie Armand David. Das goldene Zeitalter der »Pflanzenjäger« war das frühe 20. Jahrhundert, als Tausende von Arten in Kultur genommen wurden. Ernest Henry Wilson, einer der berühmtesten Sammler, der für den Königlichen Botanischen Garten in Kew und für das Arnold-Arboretum im Fernen Osten sammelte, entdeckte über 3000 Arten. Zur selben Zeit führte George Forrest viele Rhododendren und andere Pflanzen aus China und Tibet ein. Frank Kingdon Ward, der große Gebiete im Himalaya bereiste, veröffentlichte viele, sehr aufschlußreiche Artikel über seine Erfahrungen in den Zwanziger Jahren, als er ungewöhnliche Primeln, Lilien, Rhododendren und Enziane sammelte.

Der chinesische Teil des Himalaya war für Expeditionen aus Westeuropa lange Jahre verschlossen. Heute sind Expeditionen wieder möglich.

MAGNOLIA WILSONII
Eine der schönsten sommerblühenden Sträucher Magnolia Wilsonii, *wurde 1904 von Ernest Henry Wilson entdeckt, der für die Baumschule Veitch Pflanzen in China sammelte. Wilson brachte später tausende von Pflanzen in den Botanischen Garten von Boston.*

Der Stammbaum

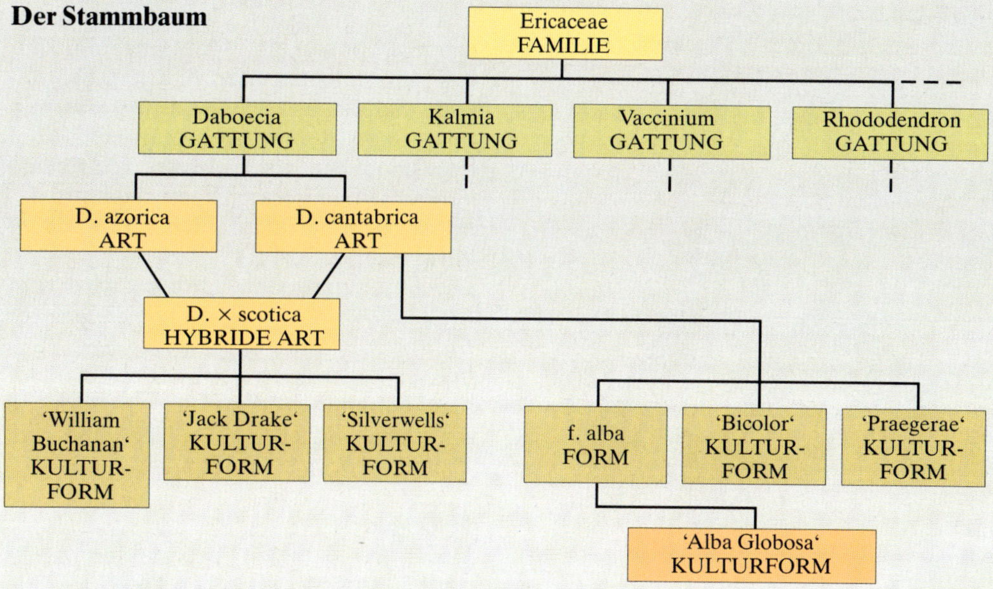

Internationaler Code

Im Laufe der Jahre wurde Linnés Klassifizierungssystem weiterentwickelt, so daß das gesamte Pflanzenreich in einen weitverzweigten »Familienstammbaum« aufgeteilt und unterteilt wurde. Internationale Zusammenarbeit war erforderlich, damit das System für gärtnerische und Handelszwecke brauchbar wurde. Daher hat man im *International Code of Nomenclature for Cultivated Plants* (1980) und im *International Code of Botanic Nomenclature* (1988) bestimmte Regeln festgelegt.

Das Pflanzenreich

Das Pflanzenreich wird allgemein in Gefäßpflanzen und in niedere Pflanzen unterteilt. Erstere haben ein spezielles Gewebe entwickelt, das sie befähigt, größere Räume zu besiedeln und größere Höhe zu erreichen als die niederen Pflanzen wie Algen, Pilze, Moose und Lebermoose. Die Gefäßpflanzen sind in viele Gruppen unterteilt, hauptsächlich nach der Art, wie sie ihren Samen ausbilden. Zum Beispiel entwickeln Koniferen als Teil der gymnospermen Gruppe ihre nackten Samen in zapfenähnlichen Früchten.

Die Familie

Die Familie innerhalb der botanischen Einteilung enthält deutlich verwandte und ähnlich entwickelte Pflanzen, wie die Orchideen (Orchidaceae), oder sie umfaßt wie bei den Rosaceae, Gewächse, die dem Gärtner Unterschiedliches zu bieten haben wie *Alchemilla, Cotoneaster, Crataegus, Malus, Prunus.*

CARL LINNÉ
Linné in Lappentracht; Stich nach einem Portrait von M. Hoffman, ca. 1737

DAVID DOUGLAS
Kreidezeichnung von Sir Daniel Macnee, 1928

Pflanzen sind nach dem Aufbau ihrer Blüte, Früchte und Organe in Familien eingeteilt.

Die Gattungen und ihre Arten
Eine Familie kann aus einer Gattung bestehen (*Eucryphia* ist eine einzige Gattung der Eucryphiaceae) oder aus vielen (die Asternfamilie Compositae besteht aus über 1000 Gattungen). Jede Gattung, zum Beispiel Eichen *(Quercus)*, Ahorne *(Acer)*, Lilien *(Lilium)*, enthält Pflanzen mit gemeinsamen Merkmalen. Jede Gattung kann eine oder mehrere Arten umfassen. Die Merkmale eines Mitgliedes der Gattung *Lilium* müssen auf alle Mitglieder dieser Gattung zutreffen, aber das Merkmal für *Lilium candidum* bezeichnet eine besondere Lilie (Madonnenlilie). Während einige Familien nahverwandte Gruppen bilden, gibt es auch unterschiedliche gartenbedeutsame Gattungen innerhalb einer Familie.

Unterarten (ssp.), Varietäten und Formen
Arten (Species) variieren üblicherweise in der freien Natur. Sie können, botanisch gesehen, in drei sich gelegentlich überlagernde Unterarten gegliedert werden. Die Unterart (Subspecies = ssp.) ist eine bestimmte Variante auf Grund ihrer Herkunft. Die Varietät (var.) unterscheidet sich nur schwach in ihrem botanischen Aufbau und die Form (*forma* = f.) besitzt noch geringere Abweichungem.

Cultivars (Kulturformen)
Viele Pflanzen aus Gärten lassen sich botanisch benennen, aber es befinden sich viele Varianten in Kultur, die leicht vom normalen Erscheinungsbild der Art abweichen. Diese Formen können durch bunte Blätter oder andersfarbene Blüten beträchtlichen gärtnerischen Wert besitzen. Sie können als Wildpflanzen in Kultur genommen worden und von zahlreichen Sämlingen selektiert worden sein oder sie erscheinen als Mutationen. Man bezeichnet sie als Cultivars (cultivated varieties) und vermehrt sie vegetativ damit sie echt ausfallen oder man verwendet spezielles Saatgut.
Die Benennung der Cultivars wird vom *International Code of Nomenclature for Cultivated Plants* überwacht. Seit 1959 müssen Cultivars mit einheimischen Namen benannt werden, die in einfache Anführungsstriche zu setzen sind wie *Trollius hybridus* 'Goldquelle'.

Hybriden
Durch Kreuzungen bestimmter Arten oder Gattungen entstehen Hybriden, die mit einem Multiplikationszeichen (×) zu versehen sind. Eine Kreuzung zwischen Gattungen nennt man intergenetische Hybride. Wenn zwei Gattungen betroffen sind, werden die Gattungsnamen zusammengefaßt, wie × *Cupressocyparis*, entstanden aus Hybriden aller Arten von *Cupressus* und *Chamaecyparis*. Sind mehr als drei Gattungen an der Kreuzung beteiligt werden die Hybriden nach einer Person mit der Endung *-ara* bezeichnet. × *Potinara* heißen daher die Hybriden aus *Brassavola, Cattleya, Laelia* und *Sophronitis* nach M. Potin. Am häufigsten sind jedoch Hybriden zwischen Arten (Species) derselben Gattung, denen man einen Sammelnamen gibt und ein Malzeichen vorsetzt, z. B. *Epimedium* × *rubrum*, Hybriden aus *E. alpinum* und *E. grandiflorum*.
Wenn eine Pflanze mit einer anderen veredelt wurde, kann eine neue Pflanze entstehen, die die Merkmale beider in sich vereinigt. Diese Chimären werden in der gleichen Art wie geschlechtlich entstandene Hybriden behandelt und erhalten ein Pluszeichen (+) wie + *Laburnocytisus adamii*, eine Veredlungshybride zwischen *Laburnum* und *Cytisus*.

Cultivars von Hybriden sollten unter botanischen Namen geführt werden (*Viburnum* × *bodnantense* 'Dawn'). Wenn die Elternschaft komplex oder unbekannt ist, stellt man den Cultivarnamen direkt neben den Artnamen (*Rosa* 'Buff Beauty').

Gruppenbezeichnungen
Botanische Namen von Hybriden verwendet man, wenn man Cultivars gleicher Eltern zusammenfaßt, wie bei den Kulturformen von *Camellia* × *williamsii*. Gelegentlich sind solche Namen nicht für Gruppen mit Hybrid-Eltern verwendet worden. Hier setzt man in der Landessprache Namen in lateinischer Schrift ohne Anführungsstriche ein, wie bei der Orchideengruppe *Paphiopedilum* Freckles, in der Hybrid-Cultivars von gleichen Eltern vereinigt sind. Bestimmte Exemplare innerhalb einer Gruppe können wie Cultivars behandelt werden.

Namensänderungen
Gut bekannte, längst etablierte Namen verschwinden und werden durch neue, unbekannte ersetzt. Für solche Änderungen gibt es aber gute Gründe. Es kann sein, daß eine Pflanze falsch zugeordnet wurde. Forschungen können ältere andere Namen aufdecken (nach dem Codex der botanischen Nomenklatur ist derjenige Pflanzenname der gültige, unter dem die Pflanze zum ersten Mal richtig beschrieben wurde) oder feststellen, daß derselbe Name für zwei verschiedene Pflanzen verwendet wurde; oder es stellt sich durch Forschung heraus, daß die Gattung, zu der der Name gehört, sich geändert hat. In dieser Enzyklopädie wurden viele Synonyma angegeben, um die Probleme zu verringern.

GENTIANA SINO-ORNATA, HERBSTENZIAN
George Forrest interessierte sich besonders für Enziane und sammelte Hunderte auf seinen Chinareisen. Er entdeckte die Pflanze 1904 bei einer gewagten Expedition in der Bergregion von Nordwest-Yünnan. Sie gehört zu seinen ersten Einführungen und wird wegen ihrer großen Schönheit und langen Herbstblüte geschätzt, wenn nur noch wenige Pflanzen Farbe in den Garten bringen.

GARTEN-GESTALTUNG

Wie man Pflanzen wirkungsvoll gruppiert,
den Garten plant und gliedert,
Farbe, Licht und Form einbezieht,
um seine natürliche Schönheit zu steigern.

Gartenstile

Gärten können wie Häuser bestimmten Stilrichtungen folgen oder eine bestimmte Atmosphäre besitzen. In einigen ist man sofort heimisch – etwa in der ungekünstelten Fülle eines Bauerngartens oder der zurückhaltenden Eleganz eines japanischen Gartens – während andere – z. B. ein Wildpflanzengarten – schwerer zu begreifen sind.

Einflüsse auf die Gestaltung
Stilrichtungen können aus historischen Bezügen resultieren, und so haben zum Beispiel die formalen gepflasterten Terrassen der italienischen Renaissance, die elegante Größe klassischer französischer Gärten oder die prunkvollen, farbigen, exotischen Pflanzungen von Anlagen aus viktorianischer Zeit in England Einfluß auf die Gestaltung. Unterschiedliche Stilrichtungen haben sich auch aus manchen regionalen Kulturformen entwickelt.
Diese Beispiele mögen dem heutigen Gartenbesitzer vielleicht zu anspruchsvoll sein, aber ihre Grundidee kann auf den besonderen Standort übertragen werden; denn natürlich ist es unmöglich, eine klassische französische Anlage oder eine elegante italienische Hügellandschaft in einen kleinen Stadtgarten zu übertragen. Eine Annäherung an die klassische Formgebung kann aber schon durch einige Trittsteine, einen Springbrunnen oder einen Trog mit ein- oder mehrjähriger Bepflanzung, durch einen architektonisch wichtigen immergrünen Strauch oder Baum erreicht werden. Wenn man einen Garten in einem bestimmten Stil plant, muß man Klima, Standort und Bodenverhältnisse selbstverständlich mit in Betracht ziehen.

Proportionen
Folgt man bei der Realisierung einer Gartenanlage einer bestimmten Stilrichtung, so sollte man auch die Verhältnisse und die Stimmung der umgebenden Landschaft und der Gebäude berücksichtigen. Ein klassisches Haus kann einen formalen Garten beanspruchen. Die Proportionen von Fenstern und Türen könnten im Garten als Beispiel für das Grundmuster aus Wegen, Teichen, Terrassen, Rabatten und Rasenflächen dienen. Die Beziehungen dieser Elemente untereinander und des gesamten Gartens zum Haus müssen sorgfältig durchdacht werden. Breite Farbstreifen und großzügige Wege verleihen einem großen Garten mit Blick in die Landschaft die wünschenswerte Exklusivität; schmale Rabatten aus kleineren Blumen und schmale, gewundene Wege wären in einem so großen Raum verloren, eignen sich aber ideal für kleine Landhausgärten.

Perspektive

Man kann die Form eines Gartens durch Schaffung »falscher« Perspektiven bei der Planung ändern, wenn man die Kanten verschiedener Bereiche (Wege, Beete oder Terrassen) als Leitlinien verwendet. Horizontale Linien vergrößern optisch die Länge. Will man den Eindruck von Länge noch verstärken, läßt man sie mit Vertikalen im Hintergrund zusammentreffen. Eine geschickte Anordnung von hohen oder niedrigen Bäumen und Sträuchern unterstützt diesen Effekt.

Man kann auch einen besonderen Punkt innerhalb oder außerhalb des Gartens hervorheben, wenn man eine dynamische oder gewundene Linie zu diesem Brennpunkt, einem Teich, Baum oder einer prächtigen Aussicht führt. Regelmäßige oder umschlossene Gärten ohne besonderen Blickfang erhalten am besten ein statisches Muster, etwa aus mit Buchsbaum eingefaßten Beeten.

Baustoffe

Form und Materialien von Wegen und befestigten Bereichen und andere Gartenelemente sollten mit dem Haus und seiner Umgebung abgestimmt werden. Vielleicht bereitet es Schwierigkeiten, herauszufinden, was wirklich angemessen ist. Statt dessen kann man auch festlegen, was gewiß nicht in Frage kommt, um so zu einem Ergebnis zu kommen. Freie Pflasterungen passen zum Beispiel nicht zu einem Haus im Stil des 18. Jahrhunderts.

Man sollte den Garten als eine Fortsetzung der Innenräume, ihres Stils und ihrer Farben, gestalten. Das führt dann so weit, daß der Ausblick mit der Inneneinrichtung harmoniert und nicht den Geschmack beleidigt, egal, ob man von draußen herein- oder von drinnen hinausschaut. Pflanzen sind natürlich die wichtigsten »Materialien«, um einen bestimmten Stil zu schaffen. Die Auswahl

TERRASSE IM ITALIENISCHEN STIL
Oben: Diese elegante Terrasse erscheint durch die Verwendung von Terrakotten und eines kleinen Wandbrunnens harmonisch gegliedert. Die starken, horizontalen Linien der Pergola werden durch Kletterrosen, Geißblatt und das dekorative Laub von Vitis coignetiae *gemildert.*

EXOTISCHER GARTEN
*Links: Die Atmosphäre eines japanischen Gartens wurde hier durch das Gegenspiel des klaren Baches, der die Felsen herabstürzt, mit einem Japanischen Zierahorn (*Acer palmatum *'Dissectum Atropurpureum') erreicht.*

FORMALISTISCHER GARTEN
Rechts: Der klassische Pavillon bestimmt die formale Gestaltung dieses Landhausgartens. Sträucher und Hecken wurden in strenge, sorgfältig abgestimmte Formen geschnitten und lenken den Blick auf das Gebäude und auf den Bonsai-Baum, der einfühlsam auf einem Sockel davor aufgestellt wurde. Auch der Weg wurde in Form und Material harmonisch auf den Pavillon abgestimmt.

hängt von Standort, Boden und Klima ab. Leuchtende Mittelmeerblumen wie die Mittagsblumen können ebensowenig im Waldschatten gedeihen wie Heidepflanzen und Kamelien auf Kalkböden. Man muß die jeweilige Lage zu seinem Vorteil nutzen und sich nicht gegen die Natur stellen. Ungeeignete Pflanzen wachsen nicht nur schlecht, sie verändern auch ihren typischen Habitus und sehen dadurch standortfremd aus.

Die persönliche Note

Man darf auch seine eigene Beziehung zum Garten nicht vergessen. Er soll die Persönlichkeit des Besitzers widerspiegeln. Wenn man zum Beispiel selbst kreativ ist, wird man den Stauden erlauben, ihre formalen Grenzen zu überspringen, oder man läßt einige selbst ausgesäte Pflanzen stehen, um einen gepflegten Kiesweg aufzulockern. Wenn man allerdings alles ringsum ordentlich und aufgeräumt haben möchte, ist man mit einer klaren, symmetrischen Gestaltung und mit geometrisch gepflanzten Einjährigen oder Teehybriden glücklicher, die sich dann besser eignen als alte Rosen.

Auch praktische Erwägungen spielen eine Rolle. Hat man eine junge Familie, ist mit einem attraktiven Iristeich in der Gartenmitte nicht viel anzufangen, da man ihn mit häßlichem Maschendraht absichern muß. Statt dessen sind große Rasenflächen, robuste Bäume und Sträucher eher am Platz. Wer an den Rollstuhl gefesselt ist und den Garten genießen will, muß auf Stufen verzichten. Man kann aber einige Hochbeete anlegen, die für einen behinderten oder älteren Gartenfreund leichter zu bearbeiten sind.

Auch muß man realistisch einschätzen, wieviel Zeit man zur Pflege seines Gartens aufwenden kann. Ist die Zeit knapp, sollte man sich auf Bäume, Sträucher und Bodendecker beschränken. Stauden und Blumenzwiebeln bringen viel Abwechslung durch schöne Farben, Formen und Strukturen, verlangen aber einen wesentlich höheren Pflegeaufwand. Man kann auch spezielle Pflanzen, zum Beispiel Steingartenpflanzen, mit besonderen Kulturansprüchen oder Ein- und Zweijährige aussäen und kultivieren.

Pflanzungen einfach gestalten

Einer der häufigsten Fehler bei der Anlage von Gärten ist, daß man zu viele Pflanzenar-

GARTEN IM LANDHAUSSTIL
Unten: Eine zufällige Mischung der wichtigsten Stauden wurde hier mit einem Strauch, Piptanthus nepalensis, *kombiniert, der an einer alten Mauer hochkriecht, während an seinem Fuß* Corydalis ochroleuca, Hypericum *'Hidcote' und Frauenmantel* (Alchemilla mollis) *fröhlich durcheinanderwachsen. Die Farbscala der Pflanzen wirkt nicht chaotisch, sondern einheitlich.*

GARTEN IM JAPANISCHEN STIL
Unten rechts: Bambus, Trittsteine und eine ergänzende Blattpflanze in einigem Abstand schaffen eine ruhige Atmosphäre in diesem japanisch anmutenden Garten. Dieser Stil paßt auf sonnige wie auf schattige Flächen und beansprucht wenig Pflege.

ten auf kleinem Raum zusammensetzt. Solche ungeschickten Gruppierungen passieren oft, wenn man allzu leicht an Pflanzen kommt, aber man sollte sich an Spezialgärten wie Rosengärten oder Koniferen- und Heidegärten ein Beispiel nehmen, die deshalb gut aussehen, weil man sich bei der Auswahl der Pflanzen beschränkt.

Auf Details achten

Wenn man sich zu einem einheitlichen Stil für den Garten entschieden und die entsprechenden Pflanzen ausgewählt hat, muß man darauf achten, daß die weitere Möblierung diesen Effekt nicht zunichte macht. So kann zum Beispiel eine gußeiserne Bank in vielen Gärten übertrieben wirken, während sich einfache Holzbänke fast überall problemlos einfügen. Hochstilisierte Barockvasen wirken zu pompös in einem frei gestalteten Vorstadtgarten, der mit freundlichen Margeriten bepflanzt ist. Es mag schwer sein, einen Garten sinnvoll auszustatten, aber im gesamten Gartenraum, besonders auf kleinen, umfriedeten Flächen, können Kübel und Tröge aufgestellt werden. Sie bieten die Möglichkeit, die unterschiedlichsten Pflanzen heranzuziehen.

ROMANTISCHER GARTEN
Links: Ein runder Sitzplatz in einem schattigen Landhausgarten, der seinen Charme von einer Wiese und einem hübschen, überhängenden Rosenstrauch bezieht.

FREI GESTALTETER GARTEN
Unten: Der Schein trügt bei dieser einfachen Pflanzung aus Stauden, Zwiebeln, Einjährigen und Gehölzen. Jede Pflanze wurde sorgfältig ausgewählt, um die benachbarte Form, Farbe und Struktur zu ergänzen. Die Berberitze und das elegant überhängende Salomonssiegel (Polygonatum *x* hybridum) *sorgen für die Geschlossenheit des Ganzen.*

Struktur

Unter der Struktur eines Gartens versteht man die Entwicklung der Anlage aus dem Grundplan, nach dem man mit dem Element Pflanze und den vom Menschen geschaffenen Einrichtungen, wie Wegen und Kiesbereichen, einen Garten seiner Lage anpaßt.

Die Gestaltung unterschiedlicher Ebenen
Einen bestimmten Gartenstil sollte man zunächst als Plan skizzieren, den man dann in die dreidimensionale Wirklichkeit übertragen muß. Es ist zu überlegen, welche Höhenunterschiede auf einem Grundstück möglich sind, um dann über die Pflanzenanzahl und ihren Bezug zur Landschaft jenseits des Gartens nachzudenken.
Unterschiede in der Höhe können bereits vorhanden sein und durch Stufen betont werden, die zu einem tiefer gelegenen Teich, einem höheren Aussichtspunkt oder einem Gartenhäuschen führen. Zäune und Wände oder Bauten wie Pergolen, Taubenschläge, Laubengänge usw. betonen die Senkrechten. Dazu gehören auch Hecken, Bäume oder bestimmte Sträucher. Kleine, flache Parzellen kann man durch Hochbeete interessant machen. Viel Abwechslung erreicht man auch durch Pflanzen unterschiedlicher Höhe.

VERWENDUNG VON STRUKTURIERENDEN PFLANZEN
Ein aufrechtes Gehölz, zum Beispiel ein Wacholder, kann eine kleine Pflanzengruppe beherrschen (A). Er trägt dazu bei, daß die Gruppe auf den Maßstab der dahinterliegenden Wand bezogen wird (B). Der gleiche Strauch kann den Blick versperren (C) oder als Gegenpol wirken, wenn er seitlich gepflanzt wird (D). Durch die Anordnung einer ähnlichen Gruppe im Blickfeld kann ein feiner Wiederholungseffekt erreicht werden. Bewegung und Tiefe erhält man, indem man die Büsche hintereinander pflanzt (E). Bei gleichen Abständen vom Betrachter wirken die Pflanzungen wie ein eleganter Rahmen (F).

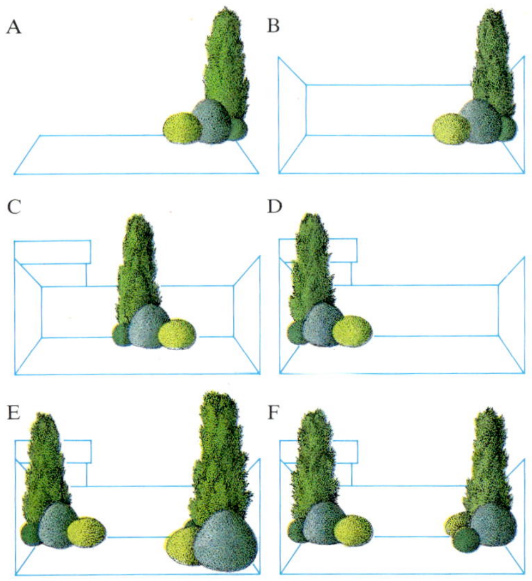

OPTISCHE VERÄNDERUNGEN EINES FLACHEN GRUNDSTÜCKS
Oben: Mit der Form der Bäume und Sträucher kann man Höhenunterschiede darstellen. Niedrigwachsende und Zwergkoniferen kontrastieren mit den hellen, flachgestreckten Ästen der goldgenadelten Tanne, der Robinie (Robinia pseudoacacia) *mit lichter Krone und der dunklen, aufrechten Fichtenform im Hintergrund.*

HÖHENUNTERSCHIEDE
Links: Stufen und eine niedrige Mauer unterstreichen hier die Höhenunterschiede. Die gewölbten Formen der Eiben (Taxus), *die von einem blühenden Zierapfel unterstrichen werden, betonen die Sachlichkeit des Gestalters und seine entsprechenden Ambitionen.*

HARMONISCH GESTALTEN
Purpurblättriger Holunder schafft die Beziehung zum Hintergrund und zu den Stauden davor, wie Salvia officinalis *'Purpurascens', Salbei.*

Harmonische Pflanzungen
Wenn man einen Garten plant, sollte man unbedingt vermeiden, alle greifbaren Pflanzen einfach irgendwie zusammenzustellen. Statt dessen achtet man auf eine ausgewogene Aufteilung und versucht, durch bestimmte Schlüsselpflanzen ein Gerüst herzustellen. Es geht mehr um das Erscheinungsbild des Gartens, als um die Summe der einzelnen darin vorkommenden Pflanzen. Egal wie rar eine Pflanze ist – um ein harmonisches Ganzes zu gestalten, muß sie sich mit ihren Nachbarn vertragen. Auch sollte jede Pflanzengruppe auf das Beet abgestimmt sein, in dem sie wächst. Das wiederum muß sich auf den ganzen Garten beziehen.
Die drei Dimensionen des Gartens sind von der Auswahl der Pflanzen und ihrer Verteilung abhängig. Will man eine schöne Gruppe aus Sträuchern oder Stauden anlegen, muß man zunächst prüfen, wie die verschiedenen Formen der Pflanzen und in welcher Zahl sie zusammenpassen und wie man sie zu einem einheitlichen Ganzen verbinden kann.

Strukturierende Pflanzen
Keine Pflanze darf für sich allein ausgewählt werden. Es gibt immer einen Hintergrund, z. B. eine Garage, die Mauer des Nachbarhauses oder einen Ausblick zu berücksichtigen. Stil und Bepflanzung eines Gartens sollen durch die Auswahl der Pflanzen unterstrichen werden. Durch die Verwendung von Pflanzen für die Grundstruktur des Gartens kann man gleichsam eine Brücke zwischen dem Garten und seiner Umgebung schaffen und dazu beitragen, den Garten fest an das Haus zu binden oder Einzelgehölze zusammenwirken zu lassen. Ob stachelig und aggressiv wie eine Yucca oder weich und romantisch wie eine Trauerweide – die besondere Form ist der Blickfang einer jeden Gartengestaltung. Strukturierende Pflanzen bilden das Grundgerüst, liefern den Maßstab.

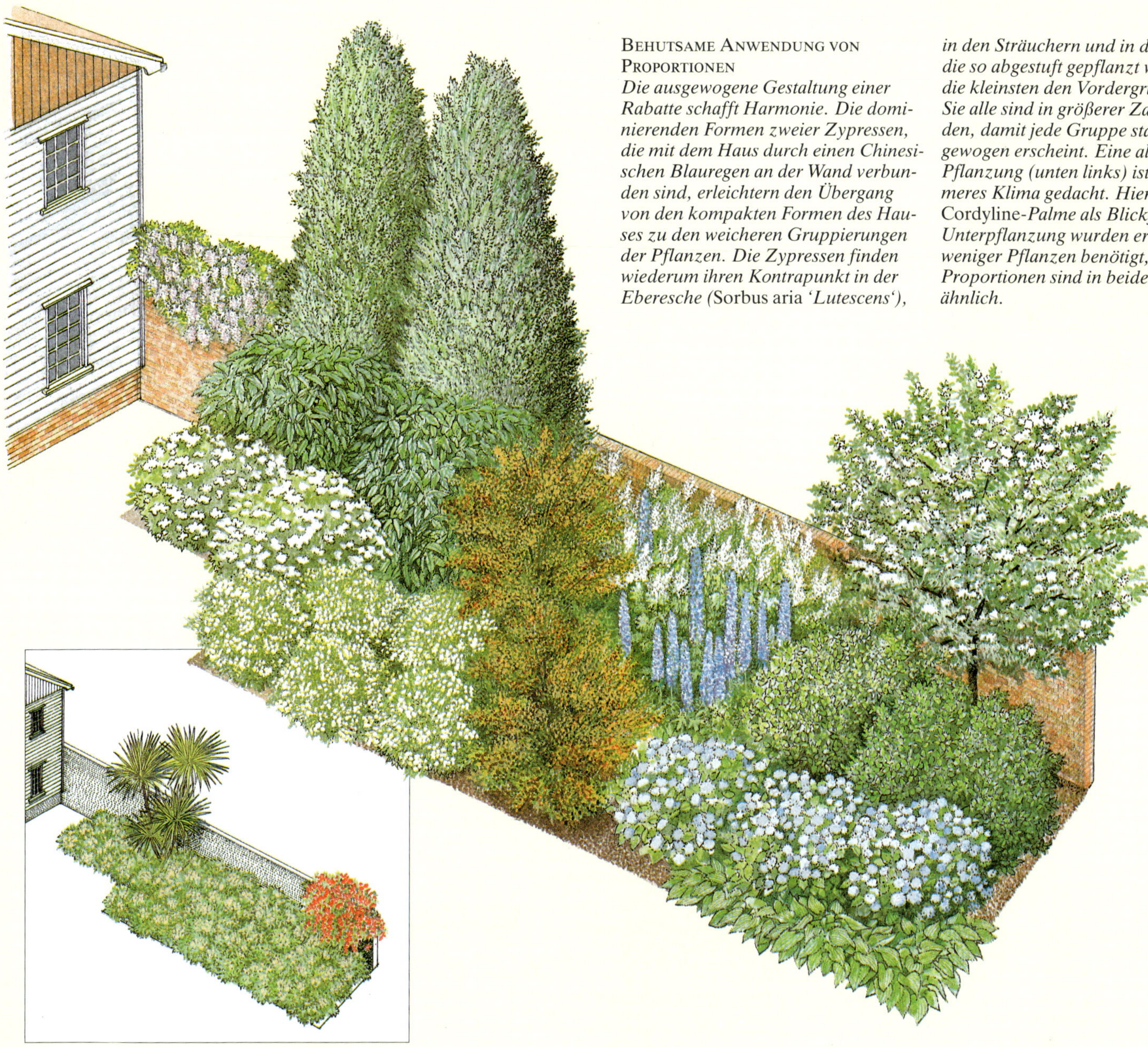

BEHUTSAME ANWENDUNG VON PROPORTIONEN
*Die ausgewogene Gestaltung einer Rabatte schafft Harmonie. Die dominierenden Formen zweier Zypressen, die mit dem Haus durch einen Chinesischen Blauregen an der Wand verbunden sind, erleichtern den Übergang von den kompakten Formen des Hauses zu den weicheren Gruppierungen der Pflanzen. Die Zypressen finden wiederum ihren Kontrapunkt in der Eberesche (*Sorbus aria *'Lutescens'), in den Sträuchern und in den Stauden, die so abgestuft gepflanzt wurden, daß die kleinsten den Vordergrund bilden. Sie alle sind in größerer Zahl vorhanden, damit jede Gruppe stark und ausgewogen erscheint. Eine alternative Pflanzung (unten links) ist für ein wärmeres Klima gedacht. Hier dient die* Cordyline-*Palme als Blickfang. Zur Unterpflanzung wurden erheblich weniger Pflanzen benötigt, aber die Proportionen sind in beiden Beispielen ähnlich.*

Garten im Jahreslauf

Die besten Gärten sind das ganze Jahr hindurch interessant. Keine Pflanze kann 12 Monate hindurch einen Höhepunkt darstellen. Ihr Stellenwert auch innerhalb einer Gruppe verändert sich im Laufe eines Jahres. Ein Baum, der beispielsweise im Frühling während der Blüte wichtig ist, kann für den Rest des Jahres unbedeutend wirken. Die Erscheinung einer Gruppe als Ganzes ändert sich ebenfalls im Jahreslauf.

Bei der Pflanzenauswahl sollte man die jahreszeitlichen Veränderungen der Pflanzen berücksichtigen und sie so zusammenstellen, daß eine Gruppe das ganze Jahr hindurch etwas zu bieten hat. Eine Pflanzung von sommerblühenden Stauden kann daher im Frühling, Herbst und Winter langweilig aussehen. Die Vorzüge jeder Pflanze, ihre Größe, Gestalt, Farbe, Blattform, Rinde, ihr Aufbau und nicht zuletzt die Blütenfarbe sind zu berücksichtigen. Das sind die Langzeitqualitäten einer Pflanze, die auch dann zur Schau gestellt werden können, wenn ihre interessanteste Phase vorüber ist.

Im Idealfall setzt man einige Solitärgehölze vor einen relativ neutralen Hintergrund aus Bäumen und Sträuchern. Wenn die eine Pflanze nicht mehr als Blickfang dient, tritt die andere mit ihrer Blüte stärker in Erscheinung. Außerdem sollte man die Abfolge der Blütezeiten im gesamten Garten berücksichtigen. So wird mal der eine, mal der andere Bereich des Gartens zum Blickfang.

FRÜHLING
Im Steingarten nicken Zwergnarzissen (Narcissus cyclamineus) *fröhlich über* Euphorbia myrsinitis.

SOMMER
Oben: Wie eine Blumenwiese sieht die Rabatte in diesem Landhausgarten aus. Der rote Mohn bildet farbenfrohe Tupfer zwischen den kühleren Tönen weißer Glockenblumen und hellblauem Rittersporn.

SPÄTHERBST
Rechts: Immergrüne und beerentragende Bäume und Sträucher sind nun gefragt. Der aufrechte, dunkelgrüne Chinesische Lebensbaum (Thuja orientalis) *bildet einen wirkungsvollen Kontrast zu den blendenden silberweißen Blättern von* Elaeagnus umbellata. *Die roten Beeren von* Cotoneaster horizontalis *leuchten farbenfroh im Vordergrund.*

Winter bis Frühling
Im Winter ist das Interesse an blühenden Pflanzen im Garten gering. Gerade dann kommen die schönen Formen und Laubfarben der Immergrüne wie Koniferen, Stechpalme und Efeu zur Geltung. Wichtig werden dann die Farben und Strukturen der Zweige und Äste, von Borke und Beeren sommergrüner Bäume und Sträucher, die ebenfalls in dieser Zeit eine Rolle als Blickfang spielen können. Die eleganten Zweige der Weide leuchten im Licht der Wintersonne. Silberne Birkenstämme sind besonders attraktiv, zierliche, lockere Bäume, mit einer Rinde, die auch an den trübsten Tagen leuchtet. Die Formen sommer- wie wintergrüner Pflanzen spielen nun eine große Rolle, ob sie gegen einen klaren Winterhimmel stehen oder einen Schneemantel tragen.
Mit Beginn des Frühlings füllt sich der Garten dann mit Farbe. Das bewirken zunächst frühlingsblühende Bäume und Sträucher, wie Kirschen und Magnolien, aber auch eine große Zahl von Steingartenpflanzen; doch die stärksten Farben bringt eine Fülle blühender Zwiebel- und Knollenpflanzen hervor. Geht ihre Blütezeit dann zu Ende, folgen Forsythien, Rhododendren, Azaleen und das frische Grün junger Blätter mit dem duftenden Schneeball und Fliederblüten im späteren Frühling.

Sommer bis Herbst
Im Frühsommer bekommt der Garten durch zahlreiche Stauden und Zweijährige, die sich oft bis zum Herbst halten, Farbe. Sträucher verlieren mit fortschreitender Jahreszeit an Attraktivität. Dann leisten allerdings die Einjährigen ihren Farbbeitrag, mit dem sie das schwere, grüne Antlitz des Sommers verklären. Einjährige Blüher haben oft leuchtende Farben. Sie blühen aber meist nur kurze Zeit. Deshalb sollte man sie in zeitlichen Abständen aussäen, um die Blütezeit zu verlängern. Selbstaussäende Einjährige erscheinen Jahr für Jahr zufällig und können Farbexplosionen an völlig unerwarteter Stelle hervorrufen. Der Reichtum an interessanten Pflanzen, die im Spätsommer blühen (einschließlich Clematis, remontierenden Rosen, Einjährigen und Stauden) ist ein Fall für sich. Man muß auswählen, sonst wird der Farbeffekt im Garten zu stark. Gegen Ende des Sommers beginnt das Laub in den feurigen Farben des Herbstes zu leuchten. Farbintensität und Dauer hängen vom Wetter ab. Man sollte bei der Bepflanzung Bäume und Sträucher, z. B. Ahorne, mit besonderer Herbstfärbung berücksichtigen, die den Garten zu dieser Jahreszeit so schön färben. Chrysanthemen und Astern spenden Farbe bis zum ersten Frost. Dann sterben die Pflanzen ab und zurück bleibt wieder die Winterlandschaft.

AUF DIE JAHRESZEIT BEZOGENE PFLANZUNG
Auf diesem kleinen, 9 m² großen Fleck kann das Zusammenspiel zwischen einer Gruppe von Gehölzen, Stauden und Zwiebelpflanzen im Jahreslauf beobachtet werden. Alle Pflanzen wurden sorgfältig für die nächste Nachbarschaft wie für den Gesamtbereich ausgewählt, obgleich sie unterschiedliche Rollen zu verschiedenen Jahreszeiten spielen.

WINTER
Immergrünes Rosmarin (Winterschutz!) kontrastiert mit fleischigem, purpurfarbenem Bergenienlaub, buntblättrigen Iris (Iris fortidissima) *und den fedrigen Zweigen von* Acer senkaki. *Schneeglöckchen und Winterling* (Eranthis hyemalis) *schmücken den Boden im Vorfrühling.*

FRÜHLING
Die Bergenie trägt nun ihre aufrechten roten Blüten. Die duftenden Blüten des Schneeball stehen in Dolden zusammen. Frisches Grün junger Ahornblätter und des Rittersporns zeigt sich.

SOMMER
Die blauen Blütenähren des Rittersporns dominieren schon früh. Im Vordergrund verschiebt sich das Interesse von den farnähnlichen, grauen Blättern der Schafgarbe zu ihren langlebigen, tellerförmigen Blütendolden.

HERBST
Der gelbliche Ahorn und das bronzerote Laub des Schneeballs ziehen jetzt die Aufmerksamkeit auf sich. Auch die Beeren von Viburnum *werden nun interessant. Die Samenstände der Iris geben die orangefarbenen Früchte frei. Spätblühende Chrysanthemen leuchten im Vordergrund.*

Planung

Wenn man einige Aspekte berücksichtigt, ist die Zusammenstellung von Pflanzen gar nicht so schwer. Die besonderen Eigenschaften einzelner Pflanzen und ihre gegenseitige Beeinflussung müssen beachtet werden. Die Formen ihrer Blätter und Blüten, die Farbe, ihr Aufbau sind wichtig. Man muß auch die unterschiedlichen Höhen der Pflanzen kennen. Ein jetzt gepflanzter kleiner Strauch kann in 5 Jahren den halben Garten beherrschen.

Jede Pflanzenzusammenstellung muß auf den gesamten Garten, das Haus und die Umgebung Bezug nehmen. Ein kleiner Baum oder Großstrauch kann zum Beispiel als Hintergrund für eine kleine Irisgruppe, Ballota und andere dienen. Setzt man statt des Einzelstrauchs oder Baums eine Gruppe von Bäumen, benötigt man wesentlich mehr kleine Pflanzen, um zu verhindern, daß sie in ihrer Wirkung beeinträchtigt werden. Ähnlich verhält es sich mit 2 Schwertlilien, 3 Ballota und einer Wiesenraute. Solche Gruppen sind zu klein, um sich gegenüber einem zweistöckigen Haus zu behaupten.

Zurückhaltung bei der Pflanzenauswahl

Die meisten Menschen haben Angst, mehr als eine oder zwei Pflanzen einer bestimmten Art zu erwerben, oder sie können bei dem großen Angebot der Versuchung nicht widerstehen, noch eine Reihe weiterer Arten zu erwerben. Es ist da ein gewisser »Elstern-Instinkt«, der viele Gartenpflanzungen so zerrissen aussehen läßt und jede strenge, einfache Linie eines Grundkonzeptes zunichte macht. Der Pflanzensammler und der Gartenarchitekt sind selten unter einen Hut zu bringen. Am besten fängt man im Garten mit einfachen, dichten Pflanzungen an. Wenn der Effekt später zu eintönig wird, erweitert man die Anzahl, um etwas Auflockerung zu schaffen. Das Sortiment in Frage kommender Pflanzen soll möglichst klein gehalten werden. Ihr Wachstum sollte man am besten in anderen Gärten studieren, bevor man die Endauswahl trifft. Großartige, breitgefächerte Pflanzungen in großen Rabatten der Schloßgärten, die von den Besuchern bewundert werden, bestehen aus Gruppen von etwa 12 oder 8 einer Pflanzenart. Auch im Maßstab des Hausgartens heißt es, Disziplin zu wahren. Dasselbe ist bei Blumenzwiebeln der Fall. Zwei und drei sehen mager aus. Statt

FORM UND MASSTAB
Oben links: Großblättrige Gunnera manicata, *die Riesenlilie* Cardiocrinum giganteum, *buschige Farne und Schwertlilien bilden eine harmonische Pflanzung für feuchte Lagen, obwohl sie in Form und Maßstab sehr unterschiedlich sind.*

FARBENVIELFALT
Oben: Der Farbübergang vom goldenen Juniperus × media *'Pfitzeriana' zu den orangegelben Büscheln des Sonnenhuts* (Rudbeckia) *und zu den reichblühenden orangeroten Montbretien ist weich und gefällig. Mehr Sorten in kleineren Mengen könnten für das Auge innerhalb dieser starken Farbmischung schon fast unangenehm wirken.*

EINFACHE, FREUNDLICHE PFLANZENFÜLLE
Links außen: Die aufrechte, silberblaue Arizonazypresse (Cupressus arizonica) *findet im horizontalen, goldlaubigen* Acer japonicum *'Aureum' ihr Gegenstück. Beide Gehölze werden durch die dichte Pflanzung zu ihren Füßen verbunden.*

STRUKTURIERTE NATÜRLICHKEIT
Links: Alte Steinplatten und Kies bilden den Untergrund der Pflanzung aus Frauenmantel (Alchemilla mollis)*, Buntblättrigem Hartriegel, Rosen und Wicken, die anderswo ungebärdig erscheinen würden.*

dessen sollte man stets Gruppen oder Tuffs pflanzen. Pflanzung heißt Möblierung eines Gartens. Man will auch in der Wohnung nicht jeden Wohnzimmersessel in einer kontrastierenden Form besitzen, wenn man eine ruhige, behagliche Atmosphäre zur Erholung und Entspannung wünscht.

Zusammenstellung der Pflanzen

Zweckmäßigerweise beginnt man bei der Pflanzung mit den größten Pflanzen und hört mit den kleinsten auf. Zuerst pflanzt man den Hintergrund. Er sollte entweder aus Bäumen oder Sträuchern bestehen; es kommt ganz auf den Maßstab des Gartens an. Waldbäume können eine Verbindung zu einem dahinterliegenden Wald schaffen, werden aber für einen Stadtgarten viel zu groß, während kleinere Bäume Intimität, Schutz und einen passenden Hintergrund liefern. Kletterpflanzen setzt man an Bäume, Mauern oder Gartenzäune. Vor diesen Hintergrund lassen sich Solitärpflanzen, dekorative kleine Bäume oder Großsträucher pflanzen.

Genauso verfährt man mit den Sträuchern. Man pflanzt sie in den Hintergrund, um einen Zaun zu verstecken oder häßliche Baukörper zu kaschieren. Immergrüne sind für diesen Zweck besser geeignet als sommergrüne Sträucher. Viele Koniferen sind allerdings zu anspruchsvoll, um in den Hintergrund gepflanzt zu werden. In kleinen Stadtgärten pflanzt man Sträucher am besten zu zweit oder zu dritt, in größeren Gärten zu sechst oder siebt. Davor setzt man blühende Arten und zwischen Stauden und Zweijährigen die kleinsten Sträucher mit Gräsern und Kräutern wie Thymian, Salbei oder Lavendel.

HINTERGRUNDPFLANZUNG
Oben: Kletterpflanzen wie Clematis *'Nelly Moser', die hier durch die Rose 'American Pillar' wächst, eignen sich gut, um harte Konturen zu brechen, Gebäude einzubinden oder als Hintergrund für andere Pflanzen.*

GRÜNER HINTERGRUND
*Links: Die großen Sträucher (*Chimonanthus praecox *und* Corokia cotoneaster*) bilden einen dichten Hintergrund für kleinere, dekorative Blütenpflanzen, hier für violetten Salbei, Frauenmantel und die Pfirsichblättrige Glockenblume. Auch Steinmauern sind ein wirkungsvoller Hintergrund.*

Wachsen lassen

Bei der Wahl des Pflanzenstandortes ist der augenblickliche Habitus nicht entscheidend. Man muß berücksichtigen, wie sich die Pflanze in 5 Jahren entwickelt haben wird. Pflanzen muß man so setzen, daß sie sich noch ausdehnen und erst dann miteinander verwachsen können. Vorsicht vor Einzelbäumen, die später viel zu groß für den Gartenraum werden. Stehen die Pflanzen anfänglich noch weit auseinander, kann man die Zwischenräume mit Einjährigen, Blumenzwiebeln und kurzlebigen Stauden füllen. Sie verändern zwar das Pflanzschema und schaffen andere, interessante Farbflecken. Wenn die größeren Pflanzen ihre volle Schönheit erreicht haben, sind sie jedoch entbehrlich.

KLASSISCHE RANDPFLANZUNG
Das auffallende Laub von Elaeagnus pungens *'Maculata' sowie das kräftige Rosarot und Goldgelb der Blüten von* Potentilla fruticosa *bilden einen klassischen Rahmen für viele niedrige Stauden und einjährige Stiefmütterchen.*

ZUKUNFTSBEZOGENE PFLANZUNG
Man vergißt leicht, wie schnell Gehölze wachsen. Daher muß man von Anfang an ausreichend Abstand halten. Man kann sich die Fläche in Quadratmeter teilen. Dieses Beet wurde mit interessanten Pflanzen für den Winter bepflanzt. Die Winterkirsche, Prunus subhirtella *'Autumnalis' beherrscht das Beet. Zwei Exemplare der Orangenblüte,* Choisia ternata *(Kalthaus!) bilden einen wirkungsvollen Kontrast zu der dunkleren* Sarcococca humilis, *die im Februar ihre duftenden Blüten zeigt. Die buntblättrige* Iris foétidissima *paßt gut dazu. Die weißblühende Bergenie 'Silberlicht' gedeiht unter der Kirsche. Gegenüber der Orangenblüte vervollständigen drei* Helleborus corsicus *die Pflanzung.*

1. JAHR

3. JAHR

PFLEGE UND UNTERHALTUNG
Dieses Beet erreicht seinen Höhepunkt etwa nach 5 Jahren. 6–10 Jahre nach der Pflanzung kann der erste Schnitt erforderlich werden.

5. JAHR

Farben im Garten

Es gibt zwar einige Gestaltungsregeln bei Farbzusammenstellungen, um Mißtöne wie die Benachbarung von Orange und Zartrosa zu vermeiden, sie sind jedoch meist in dicken Ratgebern zu finden, die wenig mit der Realität des Gartens zu tun haben. Das wechselnde Licht, die verschiedenen Farbabstufungen, die Jahreszeit und der Ort spielen die entscheidende Rolle.

Die Probleme der Farbwahrnehmung

Der Schlüssel zum Erkennen von Farben ist das Licht. Zarte Farbtöne erscheinen besonders schön am Morgen, am Abend oder bei trübem Wetter. Im Sonnenlicht des Mittelmeeres würden sie blaß aussehen. Starke Farben, die in sanftem Licht alles überstrahlen würden, kommen in greller Sonne zu ihrem Recht. Die Natur hat es so eingerichtet, daß in sonnigen Gegenden hauptsächlich starkfarbige Pflanzen gedeihen.

Das gedämpfte Licht im gemäßigten Klima ist nicht mit dem gedämpften Licht in tropischen Gegenden zu vergleichen, auch nicht mit dem klaren Licht in der Wüste. Scharfes Winterlicht unterscheidet sich stark vom Dunst eines Sommernachmittags. Beide sind wiederum anders als nebliges Herbstlicht oder Abenddämmerung. Die unterschiedliche Beleuchtung wirkt sich unterschiedlich auf Farben, auf unsere Wahrnehmung und die Stimmung eines Gartens aus. Erlebt man den Garten hauptsächlich zu einer bestimmten Tageszeit, z. B. am Abend, sollte man das bei der Pflanzenauswahl berücksichtigen: Weiße Blüten schimmern im schwachen Licht, Dunkelblau verschwindet dann nahezu.

Außer von klimatischen Einwirkungen hängt unser Farbempfinden auch noch von anderen Faktoren ab. Das Meer kann zum Beispiel Farben durch Lichtreflexionen, die weit ins Hinterland reichen, verändern. Häuser oder Zäune als Hintergrund können Farbtöne durch Reflexion oder Lichtabsorbtion beeinflussen: Ein glänzender oder matter Hintergrund, eine Wand aus Glas, Stein, Ziegel oder Holz wird unsere Farbsicht der Pflanzen, die davor wachsen, verändern. Farben beeinflussen sich auch gegenseitig. Die vielen Schattierungen von Grün verändern viele Farben, die davor erscheinen, auch die mausbraunen Töne einer Spätherbstlandschaft. Selbst die unterschiedlichen Farbmengen innerhalb einer Gruppe beeinflussen einander.

LEUCHTENDES ROSA
Rechts: Die rosa und purpurblauen Töne dieser Spätsommerrabatte ergänzen sich hervorragend. Der Schlüssel für diesen Erfolg liegt in der Verwendung von Artemisia ludoviciana *'Silver Queen' und* Agapanthus *zwischen den kräftigrosa Farben von* Aster novae-angliae *'Alma Poetschke' und* Sedum spectabile *'Brillant'.*

HERBSTTÖNE
Ganz rechts: Leuchtend bronzeroter Japanischer Fächerahorn, Acer palmatum *und goldgelbe* Fothergilla major *in klassischer Farbzusammenstellung leuchten sogar an einem lauen Herbsttag im typischen trüben Licht dieser Jahreszeit.*

ZARTE FARBTÖNE

Links außen: Wenn man einen völlig anderen Farbton in die Mitte einer zartfarbigen Pflanzung setzt, wird es für das Auge schwierig, die zarten Farbtöne der umgebenden Pflanzen – hier Katzenminze (Nepeta × faassenii) *und* Campanula lactiflora *'Loddon Anna' – neben dem leuchtenden Schwerpunkt des karminroten Phloxes zu erkennen, da sie von der starken Farbe überstrahlt werden.*

UNGEWÖHNLICHE RÄUMLICHE GRUPPIERUNG

Links: Die Pflanzung ist in Farbe und Zusammenstellung ungewöhnlich und wirkt fast chaotisch. Sie wäre ausgewogener, wenn man die Pflanzen nach ihren Formen und ihrem Aufbau zusammenstellen würde. Die gelben Blüten des fiederigen Dills sind ein zu schwaches optisches Gegengewicht zur rotorangefarbenen Montbretie, während die aufrechten Ähren der Königskerze verdrängt und ihre gelben Blüten fast unbedeutend werden.

STARKE KOMPOSITIONEN

Unten: Dieser interessante Farbkontrast von gelben Taglilien (Hemerocallis)*, die gegen das intensive Purpurblau der Hortensien und des* Agapanthus *stehen, hat eine auffallende, frappierende Wirkung.*

Es ist keineswegs dasselbe, ob wir eine weißblühende Rabatte mit einer purpurfarbenen Pflanze oder eine purpurfarbene Rabatte mit einer weißblühenden Pflanze anlegen. Die Stimmung der ersteren ist grell und scharf, die der anderen dunkel und ruhig.

Der Standort spielt eine Rolle

Vor der Einführung fremder Arten und der Züchtung vieler Hybriden gab es für bestimmte Bereiche ganz spezifische Farbgebungen. Wenn man einen Garten harmonisch gestalten will, braucht man sich nur an diese Zusammenstellungen zu halten. Der besondere Charakter eines Grundstücks wird vom Klima sowie von den Formen und den Farben seiner dort natürlich vorkommenden Pflanzen bestimmt. Der Hintergrund kann ein dunkles Grün mit Granitgrau oder können verschiedene Grüntöne mit Sand- oder Kalksteinfarben sein. Auf Kalkböden kann die Vegetation zum Teil aus graubelaubten Pflanzen und dunklerem Grün wie von Taxus oder Buchsbaum bestehen. In gemäßigten Zonen gibt es starkfarbige Blütenpflanzen. Blumen mit leuchtenden Farben stammen meist aus wärmeren Klimabereichen.

Jahreszeitliche Farbzusammenstellungen

Neben geographischen Faktoren gibt es auch innerhalb der Jahreszeiten vorherrschende Farben. Zartes Frühlingsgrün verwandelt sich in die Blautöne des Frühsommers. Wärmeres Rosa des Mittsommers verschiebt sich nach Gelb und Bronze im Herbst, bevor das Braun des Winters erscheint. Wenn man Pflanzen zusammenstellt, sollte man bei der Gruppierung bestimmte Farben vermeiden, die den geschlossenen Harmonien dieser jahreszeitlichen Farben entgegenstehen. Sie bringen zumindest einen falschen Ton hinein. Beispielsweise sollte man sich hüten, zartes Rosa gegen Frühlingsgrün, Purpur für die Sommermitte oder leuchtendes Blau für den Herbst zu wählen.

Nicht nur innerhalb naturnaher Umgebungen, selbst innerhalb der Umfriedung eines Gartens in der Stadt mit Hintergrund aus Stein und Putz können die Jahreszeiten die Farbwahl beeinflussen. In unserem Klima sollte man Weiß und Zartgelb im Frühling, Rosa, Blau und Grau im Sommer und im Spätsommer etwas Rot, sonst aber hauptsächlich Gelb und im Herbst Bronze- und Purpurfarben einsetzen.

BLÄTTER UND BLÜTEN
Blatt- und Blütenfarben können gleiche Qualitäten besitzen. Bei dieser Pflanzung unten rechts sind die stark panaschierten Blätter des Kaukasusvergißmeinnichts eine gute Ergänzung zum Blaßrosa der Potentilla nepalensis *'Miss Willmott', die rosafarbenen Astilben und der goldblättrigen* Lamium maculatum *'Aureum'.*

WIRKUNGSVOLLE KONTRASTE
Nicht nur die räumliche Anordnung der Goldsegge und der beiden Funkien sind hier gut gelungen. Die Gestaltung wirkt durch die Farben und Formen dieser Pflanzen vollendet.

Lieblingsfarben
Farbzusammenstellungen sind immer eine sehr persönliche Angelegenheit. Kräftige Farben werden meist von jüngeren Menschen bevorzugt. Starke Farbtöne sind also angebracht, wenn die Nutzung des Gartens mit verschiedenen Aktivitäten verbunden ist, zum Beispiel an einem Tennisplatz oder um ein Schwimmbecken. Zartere, sanftere Farbtöne, einschließlich der Abstufungen von Grau und Rosa, wirken ruhig und friedlich. Die Verbindung von Rosa und Lachs mit Purpur und Terracotta ist eine gelungene Farbkomposition.

Die persönliche Note
Der persönliche Geschmack, Gefühl und die jeweilige Stimmung, die von verschiedenen Farben hervorgerufen wird, sind Grundlage für die Farbzusammenstellung im Garten, die der der Wohnung entsprechen sollte. Ist der Garten klein, so ist das Zusammenspiel der Farben drinnen und draußen von größter Bedeutung. Wenn Innenraum und Außenraum ineinander übergehen sollen, sind Mißtöne von rosa Rosen und orangeroten Ziegeln oder Vorhängen zu vermeiden. Im Gegensatz dazu kann man bei größeren Gärten allmählich die Farben so verändern, daß Blumen, die dem Haus am nächsten stehen, sich mit dem Inneren verbinden. Die weiter entfernten harmonieren besser mit dem Hintergrund des Zauns, der Hecke oder der fernen Landschaft. Farbe kann auch Perspektiven verändern. Stärkere Farben, Rotorange und Rosa, plaziert man besser in Hausnähe, während kühlere Farben wie Blau und Weiß, die in einem gewissen Abstand gepflanzt werden, den Raum vergrößern.

RUHIGE STIMMUNG
Oben: Zarte Farben und Formen mischen sich harmonisch an diesem schattigen Platz, wo sich das Malvenrosa der Hortensie in den purpurfarbenen Blättern der Ajuga *und den winzigen rosa Blüten von* Lamium maculatum *widerspiegelt. Sogar das Grün des Farns und der Funkie* (Hosta sieboldiana *var.* elegans) *schimmert – vielleicht durch eine Verbindung mit Nachbarpflanzen – bläulich durch das herrschende Licht.*

HARMONISCHE PFLANZUNG
*Rechts: Dieser feuchte Standort in einem Hausgarten zeigt ein gut durchdachtes Farbenspiel. Die gelben Blütenschöpfe der Primeln (*Primula florindae*) und des Kreuzkrautes* (Ligularia przewalskii) *erscheinen vor dem Farn- und Gräserhintergrund naturnah, weil sie dem Standort entsprechen.*

Struktur und Aufbau

Beim Zusammenstellen der Pflanzengruppen sollte man nicht nur an Farbkombinationen denken. Der Erfolg der Gestaltung hängt auch von der räumlichen Anordnung ab. Zur Struktur gehören das fiedrige Fenchellaub und die dichtfilzige Oberfläche grauer Stachysblätter, die Dornenstruktur der Kakteen wie die zarte Oberfläche vieler immergrüner Blattpflanzen. Dieser bedeutende Aspekt bezieht sich naturgemäß mehr auf die Blätter als auf die Blüten, bei denen wieder die Farbe die Hauptrolle spielt. Man sollte versuchen, Pflanzen mit sehr verschiedener Struktur nebeneinanderzusetzen, rauhe mit zarten, haarige mit dornigen usw. Der Gegensatz von purpurfarbenem Fenchel und grauem Stachys macht die Kombination erst interessant. Verschiedene Blattformen beeinflussen die Qualität des reflektierten oder gefilterten Lichtes. Die Wirkung vieler dunkler Blätter ist völlig anders als die von vielen hellen, durchscheinenden. An feuchten Stellen bilden zarte Gräser einen interessanten Kontrast zu fiederigen Farnen.

Am besten stellt man die Pflanzen so zusammen, daß sich zu jeder Jahreszeit ein ausgewogenes Bild ergibt. Auch die Struktur der übrigen Einrichtungen spielt eine Rolle. Ein großer, glatter Stein neben einer Pflanzengruppe bildet einen guten Blickfang.

SPIEL MIT FORMEN
Oben: Die bewehrten Zweige der Distel (Onopordum acanthium) *bilden einen aufregenden Gegensatz zu dem glänzendblättrigen Efeu, dem weichblättrigen Tabak und den feinblättrigen Lilien und Margeriten. Die Platten, der weiche mit Margeriten bepflanzte Tontopf und der Trog mit* Helichrysum petiolare *'Aureum' bringen Formenvielfalt in das Bild.*

APARTES FORMENSPIEL
Links außen: Die cremefarbenen Wedel des Pampasgrases (Cortaderia selloana) *bestimmen in jedem Garten die Form. Sie müssen aber im richtigen Verhältniss zu den umgebenden Bäumen und Sträuchern stehen, wenn sie nicht deplaziert wirken sollen.*

ERFOLGREICHE KOMBINATIONEN
Links: Diese Mischung aus Blüten und Blättern läßt die sorgfältige Auswahl unterschiedlicher Formen und Farben erkennen: die Goldsegge (Carex elata *'Aurea') im Vordergrund, die fedrigen Blütenstände einer dunkelroten Astilbe und die Etagenprimeln vor den enormen, stachelig gerandeten Blättern von* Gunnera manicata.

Pflanzenführer

In den folgenden Listen werden Pflanzen für spezielle Lagen und solche mit speziellen Ansprüchen oder Eigenschaften vorgeschlagen. Für jede Kategorie erfolgt eine Einteilung in Gruppen, die der Anordnung des Pflanzenkataloges S. 38–400 entsprechen. Besondere Pflanzen, die im Pflanzenkatalog erscheinen, sind mit Seitenziffern versehen. Wenn hinter einer Art oder Pflanze die Seitenzahl fehlt, kann man im Pflanzenlexikon nachschlagen.
Pflanzen haben nicht überall gleiche Wachstumsvoraussetzungen. Die Kulturerfolge hängen vom Klima, von der Nährstoffversorgung des Bodens, dem Standort und der Witterung ab. Pflanzen, für die spezielle Lagen angegeben sind (z. B. Küstenlage, Schatten usw.), wachsen unter normalen Bedingungen auch dann gut, wenn die Lage nicht ihrem natürlichen Standort enstspricht.

○ – immergrüne oder teilimmergrüne Pflanzen, auch solche mit überwinternden Blattrosetten

Pflanzen für Hecken und Windschutz

△ – mäßig bis schnell wachsend

Bäume
Alnus cordata, S. 41 △
Arbutus andrachne ○
Arbutus unedo, S. 66 ○
Carpinus betulus
Carpinus betulus 'Fastigiata', S. 72
Crataegus monogyna
Fagus sylvatica, S. 43
Ilex aquifolium ○
Ilex aquifolium 'Argentea Marginata', S. 70 ○
Laurus nobilis ○
Melaleuca quinquenervia ○ △
Metrosideros excelsa, S. 56 ○ △
Nothofagus dombeyi, S. 47 ○ △
Nothofagus obliqua, S. 42 △
Olea europaea ○
Populus × canadensis 'Robusta' S. 40 △
Prunus lusitanica ○
Syzygium paniculatum, S. 54 ○
Umbellularia californica, S. 48 ○
Zelkova serrata, S. 45

Koniferen
Abies grandis, S. 76 ○ △
Cedrus deodara
Cephalotaxus harringtonia ○
Chamaecyparis lawsoniana ○ △
× Cupressocyparis leylandii, S. 73 ○ △
Cupressus macrocarpa ○ △
Juniperus communis ○
Larix decidua △
Picea omorika, S. 75 ○ △
Pinus nigra ○
Pinus radiata, S. 76 ○ △
Pseudotsuga menziesii var. *glauca*, S. 74 ○ △
Taxus baccata ○
Thuja plicata ○ △
Tsuga canadensis, S. 79 ○ △

Sträucher
Berberis darwinii, S. 86 ○
Buxus sempervirens 'Suffruticosa', S. 145 ○
Choisya ternata, S. 95 ○
Codiaeum variegatum, S. 145 ○
Cotoneaster simonsii, S. 116 △
Dodonaea viscosa 'Purpurea', S. 119 ○ △
Duranta repens, S. 118 ○ △
Elaeagnus × ebbingei ○ △
Escallonia 'Langleyensis', S. 110 ○
Euonymus japonicus 'Macrophyllus' ○
Griselinia littoralis ○
Hibiscus rosa-sinensis ○
Lavandula cv. ○
Leptospermum scoparium cv. ○ △
Ligustrum ovalifolium, S. 94 ○ △
Lonicera nitida ○
Photinia × fraseri 'Birmingham', S. 85 ○ △
Pittosporum tenuifolium, S. 95 ○ △
Prunus laurocerasus ○
Prunus lusitanica ○
Pyracantha × watereri, S. 104 ○ △
Rosmarinus officinalis und cv. ○
Tamarix ramosissima, S. 88 △

Rosen
Rosa californica △
Rosa 'Céleste', S. 149 △
Rosa 'Felicia', S. 149 △
Rosa 'Frühlingsmorgen' △
Rosa gallica var. *officinalis* △
Rosa gallica 'Versicolor', S. 151 △
Rosa glauca, S. 150 △
Rosa 'Great Maiden's Blush', S. 149 △
Rosa 'Marguerite Hilling', S. 150 △
Rosa moyesii 'Geranium', S. 151 △
Rosa 'Nevada', S. 149 △
Rosa 'Penelope', S. 148 △
Rosa 'Président de Sèze' △
Rosa rugosa, S. 15 △
Rosa 'Tuscany Superb' △

Gräser (inklusive Bambus)
Arundo donax △
Cortaderia selloana 'Sunningdale Silver', S. 180 ○
Miscanthus sacchariflorus △
Phyllostachys bambusoides, S. 182 ○ △
Semiarundinaria fastuosa, S. 182 ○
Sinarundinaria nitida ○
Stipa gigantea, S. 181 ○

Stauden
Echinops bannaticus, S. 190 △
Eupatorium purpureum, S. 193 △
Filipendula camtschatica △
Helianthus atrorubens 'Monarch'
Macleaya microcarpa 'Coral Plume', S. 189 △
Phormium tenax ○
Rudbeckia laciniata 'Goldquelle', S. 191 △
Silphium laciniatum △
Veronica virginica f. *alba*, S. 202

Pflanzen für Küsten und exponierte Lagen

Bäume
Acer pseudoplatanus und cv.
Agonis flexuosa, S. 63 ○
Alnus incana, S. 40
Arbutus unedo, S. 66 ○
Eucalyptus coccifera, S. 46 ○
Eucalyptus globulus ○
Eucalyptus gunnii, S. 46 ○
Ficus macrophylla ○
Fraxinus excelsior
Ilex aquifolium cv., S. 70–71 ○
Laurus nobilis ○
Melaleuca quinquenervia ○
Salix alba
Schefflera actinophylla, S. 57 ○
Schinus molle ○
Sorbus aria 'Lutescens', S. 51
Tabebuia chrysotricha, S. 69
Thevetia peruviana, S. 66
Tipuana tipu

Koniferen
× Cupressocyparis leylandii, S. 73 ○
Cupressus macrocarpa ○
Cupressus sempervirens, S. 77 ○
Pinus nigra ssp. *nigra*, S. 76 ○

Sträucher
Acacia verticillata ○
Bupleurum fruticosum, S. 114 ○
Cytisus × spachianus ○
Duranta repens, S. 118 ○
Elaeagnus pungens 'Maculata', S. 95 ○
Erica cinerea 'Eden Valley', S. 147 ○
Escallonia rubra var. *macrantha* 'Crimson Spire' ○
Euonymus japonicus ○
Euphorbia characias ssp., S. 124 ○
Felicia amelloides 'Santa Anita', S. 136
Genista hispanica, S. 138
Halimium lasianthum ssp. *formosum*, S. 137 ○
Hebe × franciscana 'Blue Gem' ○
Hibiscus rosa-sinensis ○
Hippophäe rhamnoides, S. 92
Lavandula angustifolia 'Hidcote', S. 135 ○
Malvaviscus arboreus, S. 89 ○
Pyracantha coccinea 'Lalandei' ○
Rosmarinus officinalis, S. 135 ○
Senecio 'Sunshine', S. 138 ○
Viburnum tinus, S. 117 ○

Kletterpflanzen
Antigonon leptopus, S. 167 ○
Bougainvillea glabra, S. 172 ○
Eccremocarpus scaber, S. 175 ○
Ercilla volubilis ○
Euonymus fortunei 'Coloratus' ○
Ficus pumila ○
Hedera canariensis ○
Muehlenbeckia complexa
Pandorea jasminoides, S. 166 ○
Pyrostegia venusta, S. 176 ○
Schisandra rubriflora, S. 169
Solandra maxima, S. 164 ○
Tripterygium regelii
Tropaeolum tuberosum 'Ken Aslet', S. 174
Wisteria sinensis, S. 173

Stauden
Anaphalis margaritacea, S. 200
Anchusa azurea 'Loddon Royalist', S. 213
Anthurium andraeanum, S. 223 ○
Artemisia absinthium 'Lambrook Silver' ○
Centaurea hypoleuca 'John Coutts', S. 236
Echinacea purpurea
Erigeron 'Charity', S. 235
Eryngium variifolium, S. 243 ○
Euphorbia griffithii 'Fireglow', S. 216
Geranium sanguineum, S. 294
IRIS, S. 196–197, einige ○
Kniphofia caulescens, S. 221 ○
Lupinus 'Thundercloud'
Peperomia obtusifolia 'Variegata', S. 261 ○
Phormium tenax ○
Pilea cadierei, S. 256 ○
Romneya coulteri, S. 188
Salvia argentea, S. 201
Senecio × hybridus Serien ○
Senecio maritima 'Silver Dust', S. 278 ○
Tradescantia fluminensis ○

Einjährige und Zweijährige
Antirrhinum majus und cv.
Calendula officinalis, Serien und cv.
Clarkia amoena und Serien
Coreopsis tinctoria, S. 280
Cynoglossum amabile 'Firmament', S. 278
Dahlia, Coltness-Hybriden, S. 273
Eschscholzia californica, S. 282
Gilia capitata, S. 277
Helichrysum bracteatum cv.
Helipterum roseum, S. 265
Impatiens, Novette-Serie ○
Kochia scoparia f. *trichophylla*, S. 279
Limnanthes douglasii, S. 280
Matthiola
Portulaca grandiflora, Serien und cv.
Tagetes

Steingartenpflanzen
Achillea clavennae, S. 313 ○
Aethionema grandiflorum, S. 292 ○
Dianthus deltoides ○
Draba aizoides ○
Epilobium glabellum, S. 291 ○
Iberis sempervirens, S. 286 ○
Origanum laevigatum, S. 294
Oxalis enneaphylla
Phlox subulata 'Marjory', S. 318 ○
Pulsatilla vulgaris, S. 288
Saxifraga paniculata ○
Sedum spathulifolium 'Cape Blanco', S. 331 ○
Sempervivum arachnoideum, S. 329 ○
Thlaspi rotundifolium, S. 305
Viola cornuta, S. 289

Zwiebeln, Knollen, Sprosse
Amaryllis belladonna, S. 342
Canna × generalis cv.
Crinum
Crocus
NARZISSEN, S. 348–349
Eucharis grandiflora, S. 355 ○
Freesia
Galtonia candicans, S. 332
Hippeastrum
Hyacinthus orientalis cv.

Hymenocallis
Nerine
Scilla
Sprekelia formosissima, S. 343
TULPEN, S. 344–345
Veltheimia bracteata, S. 355
Zantedeschia aethiopica ○

Sträucher vor Wänden und Mauern

Abutilon megapotamicum ○
Acacia pravissima, S. 69 ○
Artemisia arborescens, S. 143 ○
Buddleia crispa, S. 111
Ceanothus impressus, S. 113 ○
Chaenomeles speciosa 'Moerloosii', S. 98
Chimonanthus praecox
Cytisus × spachianus ○
Daphne odora 'Aureomarginata', S. 142 ○
Elsholtzia stauntonii, S. 141
Escallonia 'Iveyi', S. 86 ○
Fabiana imbricata 'Violacea', S. 113 ○
Feijoa sellowiana, S. 111 ○
Fremontodendron 'California Glory', S. 91 ○
Garrya elliptica, S. 93 ○
Jasminum mesnyi, S. 165 ○
Lagerstroemia indica, S. 64
Leptospermum scoparium 'Red Damask', S. 99 ○
Lonicera fragrantissima
Melianthus major ○
Olearia × scilloniensis ○
Pyracantha atalantioides 'Aurea', S. 92 ○
Robinia hispida, S. 109
Rosa banksiae 'Lutea', S. 162 ○
Rosa 'Mermaid', S. 162
Rosmarinus officinalis, S. 135 ○
Salvia involucrata 'Bethellii', S. 193
Solanum crispum 'Glasnevin', S. 172 ○
Tibouchina urvilleana, S. 90
Viburnum foetens, S. 117

Pflanzen, die sich schnell ausbreiten

Sträucher
Ceanothus thyrsiflorus var. *repens*, S. 136 ○
Hypericum calycinum, S. 138 ○
Lantana camara ○

Kletterpflanzen
Hedera helix (kleine cv.) ○
Hydrangea anomala ssp. *petiolaris*, S. 166
Lonicera japonica cv. ○
Pueraria lobata
Trachelospermum asiaticum ○
Trachelospermum jasminoides, S. 165 ○

Farne
Dryopteris dilatata
Polystichum aculeatum ○
Polystichum setiferum, S. 185 ○

Stauden
Alchemilla mollis, S. 245
Anthemis punctata ssp. *cupaniana*, S. 233 ○
Duchesnea indica ○
Euphorbia amygdaloides ssp. *robbiae*, S. 228 ○
Galeobdolon argentatum ○
Geranium macrorrhizum, S. 236 ○
Heterocentron elegans, S. 241 ○
Lamium maculatum und cv. ○
Osteospermum jucundum, S. 236 ○
Pulmonaria (meist), einige ○
Stachys byzantina, S. 260 ○
Symphytum × uplandicum 'Variegatum', S. 199

Einjährige und Zweijährige
Lathyrus odoratus 'Bijou', S. 268
Portulaca grandiflora, Serien und cv.
Sanvitalia procumbens, S. 280
Tropaeolum majus, Serien und cv.

Steingartenpflanzen
Acaena anserinifolia ○
Arabis caucasica und cv. ○
Aubrieta ○
Campanula poscharskyana, S. 321
Helianthemum ○
Phlox douglasii cv. ○
Phlox subulata
Phuopsis stylosa, S. 292
Polygonum affine und cv.
Polygonum vacciniifolium, S. 327 ○
Saxifraga stolonifera ○
Tiarella cordifolia, S. 287 ○
Waldsteinia ○

Bodendecker für Schattenlagen

Sträucher
Daphne laureola var. *philippi*, S. 124 ○
Epigaea asiatica ○
Euonymus fortunei 'Kewensis' ○
Gaultheria shallon, S. 130 ○
Leucothöe fontanesiana ○
Mahonia repens ○
Pachysandra terminalis, S. 328 ○
Ruscus hypoglossum, S. 144 ○
Sarcococca humilis, S. 142 ○
Vinca minor, S. 144 ○

Kletterpflanzen
Asteranthera ovata ○
Berberidopsis corallina, S. 169 ○
Epipremnum aureum 'Marble Queen', S. 177 ○
Ficus pumila ○
Hedera colchica 'Dentata', S. 179 ○
Hydrangea anomala ssp. *petiolaris*, S. 166
Rhoicissus capensis ○
Rhoicissus rhomboidea ○
Schizophragma hydrangeoides

Farne
Adiantum venustum, S. 187
Blechnum penna-marina ○
Polypodium vulgare, S. 187 ○
Polystichum setiferum, S. 185 ○

Stauden
Alchemilla mollis, S. 245
Asarum caudatum ○
Aspidistra elatior ○
Bergenia cordifolia 'Purpurea', S. 226 ○
Brunnera macrophylla
Duchesnea indica ○
Epimedium perralderianum ○
Euphorbia amygdaloides ssp. *robbiae*, S. 228 ○
Galeobdolon argentatum ○
Geranium macrorrhizum, S. 236 ○
Hosta fortunei 'Albopicta', S. 244
Luzula sylvatica 'Marginata' ○
Pellionia daveauana, S. 259 ○
Plectranthus oertendahlii ○
Pulmonaria saccharata, S. 228 ○
Symphytum grandiflorum
Tellima grandiflora 'Purpurea', S. 258 ○
Tolmiea menziesii ○
Tradescantia fluminensis 'Variegata', S. 256 ○
Waldsteinia ternata, S. 325 ○

Steingartenpflanzen
Asarina procumbens, S. 324
Cardamine trifolia, S. 302
Homogyne alpina ○
Mitchella repens ○
Prunella grandiflora, S. 321 ○
Saxifraga stolonifera ○
Saxifraga × urbium ○
Tiarella cordifolia, S. 287 ○

Bodendecker für sonnige Lagen

Koniferen
Juniperus communis 'Prostrata' ○
Juniperus conferta ○
Juniperus sabina var. *tamariscifolia*, S. 82 ○
Juniperus squamata 'Blue Carpet' ○
Microbiota decussata, S. 82 ○
Picea abies 'Inversa' ○

Sträucher
Arctostaphylos uva-ursi, S. 328 ○
Calluna vulgaris 'White Lawn' ○
Ceanothus thyrsiflorus var. *repens*, S. 136 ○
Cotoneaster microphyllus var. *cochleatus* ○
Cotoneaster 'Skogholm' ○
Erica carnea 'Springwood White', S. 146 ○
Hebe pinguifolia 'Pagei', S. 291 ○
Hypericum calycinum, S. 138 ○
Lantana montevidensis, S. 135 ○
Leiophyllum buxifolium ○
Pernettya prostrata ○
Rosmarinus officinalis 'Prostratus' ○
Salix repens, S. 124
Stephanandra incisa 'Crispa'

Kletterpflanzen
Anredera cordifolia ○
Campsis radicans
Clematis armandii, S. 170 ○
Clematis rehderiana, S. 171
Clematis tangutica, S. 171
Decumaria sinensis ○
Hardenbergia comptoniana, S. 164 ○
Hibbertia scandens ○
Kennedia rubicunda, S. 163 ○
Lathyrus latifolius, S. 169
Lonicera japonica 'Halliana', S. 173 ○
Parthenocissus tricuspidata, S. 176
Pueraria lobata
Pyrostegia venusta, S. 176 ○
Trachelospermum asiaticum ○
Vitis coignetiae, S. 176
Vitis davidii

Stauden
Anthemis punctata ssp. *cupaniana*, S. 233 ○
Centaurea montana, S. 241
Euphorbia polychroma, S. 232
Geranium sanguineum, S. 294
Heterocentron elegans, S. 241 ○
Lamium maculatum, S. 226 ○
Lysimachia punctata, S. 214
Nepeta × faassenii, S. 242
Osteospermum jucundum, S. 236 ○
Peltiphyllum peltatum, S. 197
Phlomis russeliana, S. 214
Rheum palmatum 'Atrosanguineum', S. 189
Stachys byzantina, S. 260 ○

Einjährige und Zweijährige
Mit ausgebreitetem Wuchs

Steingartenpflanzen
Acaena microphylla, S. 329 ○
Arabis caucasica 'Variegata', S. 302 ○
Armeria maritima 'Vindictive', S. 320 ○
Aubrieta cv. ○
Aurinia saxatilis, S. 290 ○
Campanula poscharskyana, S. 321
Dianthus gratianopolitanus, S. 317 ○
Dryas octopetala, S. 315 ○
Helianthemum 'Ben More', S. 294 ○
Hypericum olympicum
Iberis sempervirens, S. 286 ○
Lithodora diffusa 'Heavenly Blue', S. 297 ○
Nierembergia repens, S. 314
Phlox douglasii 'Crackerjack', S. 319 ○
Phuopsis stylosa, S. 292
Polygonum affine und cv.
Thymus praecox ○
Veronica prostrata 'Kapitan', S. 297

Pflanzen für Pflaster und Mauerritzen

Einjährige und Zweijährige
(nicht an Mauern)
Ageratum houstonianum (kleine cv.)
Ionopsidium acaule
Limnanthes douglasii, S. 280
Lobelia erinus cv.
Lobularia maritima
Malcolmia maritima, S. 267
Nemophila maculata, S. 263
Nemophila menziesii, S. 277
Portulaca grandiflora, Serien und cv.

Steingartenpflanzen
Acaena microphylla, S. 329 ○
Aethionema 'Warley Rose', S. 316 ○
Alyssum montanum ○
Aubrieta ○
Campanula poscharskyana, S. 321
Dianthus deltoides ○
Erinus alpinus, S. 306 ○
Gypsophila repens und cv. ○
Helianthemum ○
Hypericum olympicum
Lithodora diffusa 'Heavenly Blue', S. 297 ○
Parahebe lyallii ○
Phlox douglasii cv. ○
Ramonda myconi (nur an Mauern), S. 322 ○
Saxifraga cotyledon, S. 292 ○
Sedum spathulifolium 'Cape Blanco', S. 331 ○
Sempervivum montanum, S. 330 ○
Thymus praecox und cv. ○

Pflanzen für trockene Schattenlagen

Koniferen
Taxus baccata 'Adpressa' ○

Sträucher
Buxus sempervirens ○
Daphne laureola ○

Elaeagnus × ebbingei ○
Gaultheria shallon, S. 130 ○
Hypericum × inodorum 'Elstead', S. 138
Ilex aquifolium, S. 70 ○
Lonicera pileata, S. 144 ○
Mahonia aquifolium, S. 125 ○
Osmanthus decorus ○
Ruscus aculeatus ○
Viburnum rhytidophyllum, S. 86 ○
Vinca major ○
Vinca minor, S. 144 ○

Kletterpflanzen
Berberidopsis corallina, S. 169 ○
Cissus striata ○
Epipremnum aureum 'Marble Queen', S. 177 ○
Hedera canariensis ○
Lapageria rosea, S. 168 ○
Lonicera japonica 'Halliana', S. 173 ○
Philodendron scandens, S. 178 ○

Farne
Ceterach officinarum, S. 185 ○
Cyrtomium falcatum, S. 185 ○
Davallia canariensis
Microlepia strigosa, S. 184 ○
Nephrolepis exaltata, S. 186 ○
Phyllitis scolopendrium, S. 187 ○
Polypodium vulgare, S. 187 ○
Pteris cretica, S. 185 ○

Stauden
Achimenes
Alchemilla mollis, S. 245
Chirita ○
Epimedium pinnatum ssp. *colchicum* ○
Galeobdolon argentatum ○
Iris foetidissima ○
Kohleria digitaliflora, S. 204
Luzula sylvatica 'Marginata' ○
Streptocarpus saxorum, S. 241 ○
Symphytum grandiflorum
Tellima grandiflora ○
Tolmiea menziesii ○
Tradescantia zebrina 'Quadricolor' ○

Zwiebeln, Knollen, Sprosse
Clivia miniata, S. 350 ○
Haemanthus albiflos ○
Hyacinthoides hispanica, S. 346
Hyacinthoides non-scriptus, S. 346

Pflanzen für schattige, feuchte Lagen

Sträucher
Clethra arborea ○
Crataegus laevigata 'Punicea'
Kalmia latifolia, S. 109 ○
Lindera benzoin, S. 99
Neillia thibetica, S. 108
Paeonia lutea var. *ludlowii*, S. 199
Paeonia suffruticosa 'Rock's Variety', S. 198
Pieris formosa var. *forrestii* 'Wakehurst', S. 110 ○
Pittosporum eugenioides ○
Prunus laurocerasus ○
RHODODENDREN, S. 100–102, die meisten ○
Salix magnifica
Sarcococca ruscifolia ○
Skimmia japonica, S. 143 ○
Viburnum 'Pragense', S. 107 ○

Kletterpflanzen
Akebia quinata, S. 164, manchmal ○
Asteranthera ovata ○
Decumaria sinensis ○
Dioscorea discolor, S. 177 ○
Humulus lupulus 'Aureus', S. 164
Hydrangea anomala ssp. *petiolaris*, S. 166
Lonicera tragophylla
Macleania insignis ○
Mikania scandens ○
Passiflora coccinea, S. 163 ○
Pileostegia viburnoides, S. 166 ○
Schizophragma integrifolium, S. 166
Smilax china
Thunbergia mysorensis, S. 165 ○
Trachelospermum jasminoides, S. 165 ○

Farne
Athyrium nipponicum, S. 187
Blechnum tabulare ○
Cyathea australis, S. 72 ○
Cyathea medullaris ○
Dicksonia antarctica, S. 184 ○
Dryopteris goldiana
Lunathyrium japonicum ○
Lygodium japonicum ○
Matteuccia struthiopteris, S. 186
Onoclea sensibilis, S. 186
Osmunda claytoniana
Polystichum munitum, S. 184 ○
Selaginella martensii, S. 185 ○
Woodwardia radicans ○

Stauden
Actaea pachypoda, S. 217
Anemone × hybrida cv.
Anthurium scherzerianum, S. 258 ○
Aruncus dioicus, S. 188
Begonia rex und Hybriden ○
Bergenia ○
Calathea zebrina, S. 223○
Cardamine pentaphyllos, S. 227
Convallaria majalis, S. 225
Deinanthe caerulea
Dichorisandra reginae, S. 211 ○
Digitalis × mertonensis ○
Helleborus orientalis, S. 256, 257, 258 ○
FUNKIEN, S. 244
Kirengeshoma palmata, S. 221
Maranta leuconeura 'Erythroneura', S. 259 ○
Polygonatum × hybridum, S. 197
PRIMEL (viele), S. 230–231
Ruellia devosiana, S. 234 ○
Trillium grandiflorum, S. 225
Uvularia grandiflora, S. 229
Vancouveria hexandra, S. 287

Zwiebeln, Knollen, Sprosse
Arisaema
Arisarum proboscideum
Arum italicum 'Pictum', S. 363
Camassia leichtlinii, S. 332
Galanthus elwesii, S. 369
Galanthus nivalis und cv.
Galanthus plicatus
Leucojum aestivum, S. 332
Leucojum vernum, S. 356
Narcissus cyclamineus, S. 349

Pflanzen für Sandböden

Bäume
Acacia dealbata, S. 56 ○
Acer negundo
Agonis flexuosa, S. 63 ○
Banksia serrata ○
Betula pendula 'Dalecarlica', S. 47
Castanea sativa
Celtis australis, S. 41
Cercis siliquastrum, S. 61
Eucalyptus ficifolia ○
Gleditsia triacanthos
Melia azedarach, S. 49
Nothofagus obliqua, S. 42
Phoenix canariensis ○
Quercus ilex ○
Schinus molle ○

Koniferen
Abies grandis, S. 76 ○
× *Cupressocyparis leylandii* und cv. ○
Cupressus glabra ○
Juniperus ○
Larix decidua
Pinus pinaster, S. 75 ○
Pinus radiata, S. 76 ○
Pseudotsuga menziesii var. *glauca*, S. 74 ○
Thuja occidentalis und cv. ○

Sträucher
Berberis empetrifolia, S. 125 ○
Calluna vulgaris und cv. ○
Ceanothus thyrsiflorus und Formen ○
Cistus ○
Cytisus scoparius Formen
Erica arborea var. *alpina*, S. 146 ○
Erica cinerea und cv. ○
Erica pageana ○
Genista tinctoria, S. 125
Hakea lissosperma ○
Lavandula ○
Pernettya mucronata und cv. ○
Physocarpus opulifolius
Rosa pimpinellifolia, S. 148
Rosmarinus officinalis und cv. ○
Spartium junceum, S. 115
Ulex europaeus, S. 125
Yucca gloriosa, S. 105 ○

Kletterpflanzen
Adlumia fungosa
Anredera cordifolia ○
Bomarea andimarcana ○
Clianthus puniceus, S. 163 ○
Kennedia rubicunda, S. 163 ○
Merremia tuberosa ○
Mutisia oligodon ○
Periploca graeca
Petrea volubilis, S. 164 ○
Semele androgyna ○
Streptosolen jamesonii, S. 178 ○
Solanum wendlandii, S. 172 ○
Tropaeolum tricolorum, S. 163
Vitis vinifera 'Purpurea', S. 176

Stauden
Acanthus spinosus, S. 210
Aphelandra squarrosa 'Louisae', S. 215 ○
Artemisia ludoviciana var. *albula*, S. 223
Asphodeline lutea, S. 199
Billbergia nutans, S. 222 ○
Centranthus ruber, S. 207
Cryptanthus zonatus ○
Echinops sphaerocephalus, S. 188
Eryngium tripartitum, S. 212
Foeniculum vulgare 'Purpureum'
Gaillardia × grandiflora cv.
Limonium latifolium 'Blue Cloud', S. 242
Nepeta × faassenii, S. 242
Origanum vulgare 'Aureum', S. 245
Papaver orientale
PELARGONIEN, S. 206–207 ○
Romneya coulteri, S. 188
Ruellia devosiana, S. 234 ○
Sansevieria trifasciata 'Laurentii', S. 224 ○
Strelitzia reginae, S. 224 ○

Einjährige und Zweijährige
Anchusa capensis cv.
Antirrhinum majus und cv.
Brachycome iberidifolia, S. 278
Chrysanthemum segetum, S. 281
Cleome hassleriana
Coreopsis tinctoria, S. 280
Exacum affine, S. 275 ○
Helichrysum bracteatum, Monstrosum-Serie, S. 284
Impatiens, Novette-Serie ○
Limnanthes douglasii, S. 280
Limonium sinuatum, S. 266
Linaria maroccana 'Fairy Lights', S. 274
Lobularia maritima
Mentzelia lindleyi, S. 280
Papaver rhoeas, Shirley-Serie, S. 266, 272
Portulaca grandiflora, Serien und cv.
Schizanthus
Tagetes
Verbena × hybrida, Serien und cv.

Steingartenpflanzen
Acaena caesiiglauca, S. 330 ○
Achillea × kellereri, S. 315 ○
Aethionema 'Warley Rose', S. 316 ○
Arabis ferdinandi-coburgii 'Variegata', S. 328 ○
Arenaria montana, S. 314
Armeria juniperifolia, S. 305 ○
Cytisus × beanii, S. 289
Dianthus deltoides ○
Gypsophila repens ○
Helianthemum ○
Iberis saxatilis, S. 314 ○
Linum suffruticosum ssp. *salsoloides*
Phlox bifida, S. 321 ○
Saponaria ocymoides, S. 318
Sedum ○
Sempervivum ○

Zwiebeln, Knollen, Sprosse
Babiana rubro-cyanea, S. 360
Brodiaea coronaria
Crocus
Freesia
IRIS (knollige Spezien), S. 196–197
Ixia
Muscari
Narcissus tazetta und Gr. 8 Hybriden
Ornithogalum
Scilla
Tigridia pavonia, S. 353
Zephyranthes

Kakteen und andere Sukkulenten (alle)

Pflanzen für Lehmböden

□ gedeiht auch auf wenig durchlässigen Böden; andere brauchen Drainage

Bäume
Alnus glutinosa □
Castanospermum australe ○
Drimys winteri, S. 51 ○
Fraxinus
Juglans nigra, S. 42
Melaleuca quinquenervia ○ □
Oxydendrum arboreum, S. 50 □
Populus □
Pterocarya fraxinifolia □
Quercus palustris, S. 43
Quercus robur
Salix 'Chrysocoma', S. 48 □
Salix matsudana 'Tortuosa', S. 58 □

Koniferen
Cryptomeria ○ □
Metasequoia □
Taxodium distichum □

Sträucher
Aronia arbutifolia, S. 97 □
Calycanthus floridus □
Clethra alnifolia
Cornus alba 'Sibirica', S. 118 □
Kalmia latifolia, S. 109 ○
Ledum groenlandicum, S. 122 ○ □
Magnolia virginiana ○
Salix caprea □
Salix purpurea □
Sambucus racemosa
Tetrapanax papyriferus, S. 94 ○
Viburnum lentago
Viburnum opulus

Kletterpflanzen
Celastrus scandens
Humulus lupulus 'Aureus', S. 164
Rosa filipes 'Kiftsgate', S. 160
Vitis coignetiae, S. 176

Farne
Matteuccia struthiopteris, S. 186 □
Onoclea sensibilis, S. 186 □
Osmunda regalis, S. 186 □
Thelypteris palustris, S. 186 □
Woodwardia radicans ○ □
Woodwardia virginica □

Stauden
Aruncus dioicus, S. 188 □
Cyperus papyrus, S. 181 ○ □
Filipendula ulmaria 'Aurea', S. 245 □
Gunnera manicata, S. 190 □
Helonias bullata ○ □
Houttuynia cordata 'Chamaeleon', S. 373 □
Iris laevigata, S. 197 □
Lythrum □
Mimulus guttatus □
Peltiphyllum peltatum, S. 197 □
Primula florindae, S. 231 □
Primula japonica □
Scrophularia auriculata 'Variegata' □
Trollius △

Wasserpflanzen
Butomus umbellatus, S. 374 □
Caltha palustris, S. 377 □
Lysichiton americanus, S. 377 □
Pontederia cordata, S. 374 □
Ranunculus lingua, S. 377 □
Sagittaria latifolia, S. 372 □
Thalia dealbata □

Pflanzen für kalkhaltige Böden

Bäume
Acer negundo 'Variegatum', S. 52
Cercis siliquastrum, S. 61
Crategus
Fagus sylvatica, S. 43
Fraxinus ornus, S. 49
Ilex aquifolium cv., S. 70–71 ○
Malus
Morus nigra
Phillyrea latifolia ○
Prunus avium 'Plena', S. 49
Robinia pseudoacacia 'Frisia', S. 54
Sorbus aria und cv.
Tilia tomentosa

Koniferen
Calocedrus decurrens, S. 78 ○
Cedrus libani, S. 75 ○
Chamaecyparis lawsoniana und cv. ○
× *Cupressocyparis leylandii* und cv. ○
Cupressus glabra ○
Juniperus ○
Picea omorika, S. 75 ○
Pinus nigra ○
Taxus baccata und cv. ○
Thuja orientalis und cv. ○
Thuja plicata und cv. ○

Sträucher
Berberis darwinii, S. 86 ○
Buddleia davidii und cv.
Ceanothus impressus, S. 113 ○
Choisya ternata, S. 95 ○
Cistus ○
Cotoneaster, einige ○
Deutzia
Malus sargentii, S. 84
Malus sieboldii, S. 97
Nerium oleander, S. 88 ○
Philadelphus
Phlomis fruticosa, S. 138 ○
Potentilla (alle strauchigen Spezies)
Rosa rugosa, S. 151
Syringa
Viburnum tinus, S. 117 ○
Vitex agnus-castus
Yucca aloifolia, S. 121 ○

Kletterpflanzen
Campsis × tagliabuana 'Mme Galen', S. 175
Celastrus orbiculatus
Eccremocarpus scaber, S. 175 ○
EFEU, S. 179 ○
KLEMATIS, S. 170–171, einige ○
Lonicera, einige ○
Passiflora caerulea, S. 172 ○
Rosa 'Albéric Barbier', S. 160 ○
Rosa 'Albertine', S. 161 ○
Rosa banksiae 'Lutea', S. 162 ○
Trachelospermum jasminoides, S. 165 ○
Wisteria sinensis, S. 173

Farne
Asplenium trichomanes, S. 185 ○
Dryopteris filix-mas, S. 184
Phyllitis scolopendrium, S. 187 ○
Polypodium vulgare 'Cornubiense', S. 186 ○
Polystichum setiferum, S. 185 ○

Stauden
Acanthus spinosus, S. 210
Achillea filipendulina 'Gold Plate', S. 215
Bergenia ○
Doronicum
Eryngium, einige ○
Gypsophila paniculata cv.
Helenium
IRIS (meist), S. 196–197, einige ○
Salvia nemorosa
Scabiosa caucasica 'Clive Greaves', S. 242
Sidalcea
Verbascum ○
Veronica spicata

Einjährige und Zweijährige
Ageratum houstonianum und cv.
Calendula officinalis, Serien und cv.
Callistephus chinensis, Serien und cv.
Cheiranthus cheiri, Serien und cv. ○
Gomphrena globosa, S. 275
Humea elegans, S. 274
Lavatera trimestris 'Silver Cup', S. 268
Limonium sinuatum, S. 266
Lobularia maritima
Matthiola
Salvia horminum, S. 275
Tagetes
Ursinia anthemoides, S. 282
Xeranthemum annuum
Zinnia

Steingartenpflanzen
Aethionema ○
Alyssum ○
Campanula, einige ○
Chrysanthemum hosmariense, S. 286 ○
Dianthus (die meisten Steingarten-Spezies) ○
Draba ○
Erysimum helveticum, S. 313 ○
Gypsophila repens ○
Helianthemum ○
Leontopodium alpinum, S. 286
Origanum dictamnus
Papaver burseri (*P. alpinum*-Gruppe)
Saponaria ocymoides, S. 318
Saxifraga (die meisten) ○
Thymus caespititius, S. 315 ○
Veronica (alle Steingarten-Spezies), einige ○

Zwiebeln, Knollen und Sprosse
Babiana
Chionodoxa
Colchicum
Crinum × powellii, S. 333
Crocus
Cyclamen hederifolium, S. 367
NARZISSEN, S. 348–349
GLADIOLEN, S. 334
Leucocoryne ixioides, S. 346
Lilium regale, S. 338
Muscari
Pancratium illyricum, S. 350
Scilla
TULPEN, S. 344–345
Zephyranthes

Pflanzen für neutrale bis saure Böden

Bäume
Arbutus menziesii ○
KAMELIEN, S. 96–97 ○
Embothrium coccineum, S. 66
Rhodoleia championii ○
Stuartia
Styrax japonica, S. 50

Koniferen
Abies ○
Picea (meist) ○
Pinus densiflora ○
Pinus pumila ○
Pseudolarix amabilis, S. 79
Pseudotsuga ○
Sciadopitys verticillata, S. 78 ○
Tsuga heterophylla ○

Sträucher
Arctostaphylos (einige) ○
KAMELIEN, S. 96–97 ○
Desfontainia spinosa, S. 111 ○
Epacris impressa, S. 123 ○
HEIDEKRAUT (die meisten), S. 146–147 ○
Leucothöe ○
Pernettya ○
Philesia magellanica ○
Pieris ○
RHODODENDREN, S. 100–102, die meisten ○
Styrax officinalis, S. 86
Telopea speciosissima, S. 110 ○
Vaccinium, die meisten ○
Zenobia pulverulenta, S. 106

Kletterpflanzen
Agapetes (einzelne) ○
Asteranthera ovata ○
Berberidopsis corallina, S. 169 ○
Mitraria coccinea, S. 164 ○

Stauden
Cypripedium reginae, S. 252
Drosera ○
Nepenthes ○
Sarracenia flava, S. 245
Trillium
Uvularia

Steingartenpflanzen
Arctostaphylos ○
Cassiope ○
Corydalis cashmeriana
Cyananthus
Epigaea ○
Galax urceolata, S. 291 ○
Gentiana sino-ornata, S. 327
Leucothöe keiskei ○
Lithodora diffusa ○
Mitchella repens ○
Ourisia ○
Pernettya ○
Phyllodoce ○
Pieris nana ○
Shortia ○
Vaccinium (die meisten) ○

Pflanzen mit attraktiven Früchten oder Samen

Bäume
Annona reticulata
Arbutus ○
Cornus kousa
Cotoneaster frigidus
Crataegus (die meisten)
STECHPALMEN, S. 70–71, die meisten ○
Koelreuteria paniculata, S. 65
Magnolia, einige ○
Malus (die meisten)
Schinus molle ○
Sorbus (die meisten)

Koniferen
Abies (einige) ○
Cedrus (einige) ○
Picea (einige) ○
Pinus (einige) ○

Sträucher
Aucuba japonica, S. 120 ○
Berberis (die meisten), einige ○
Callicarpa bodinieri
Cotoneaster (die meisten), einige ○
Decaisnea fargesii, S. 90
Euonymus (viele), einige ○
Hippophäe rhamnoides, S. 92
Hypericum × inodorum 'Elstead', S. 138
Pernettya mucronata und cv. ○
Pyracantha ○
ROSEN (die meisten), S. 148–162, einige ○
Sambucus racemosa
Skimmia (einige) ○
Symphoricarpos
Viburnum (einzelne), einige ○

Kletterpflanzen
Actinidia chinensis
Akebia, manchmal ○
Cardiospermum halicacabum
Celastrus orbiculatus
Clematis orientalis
Holboellia coriacea ○
ROSEN (einzelne), S. 148–162, einige ○
Trichosanthes anguina
Tropaeolum speciosum, S. 168

Stauden
Actaea
Clintonia borealis

Disporum hookeri
Duchesnea indica ○
Iris foetidissima ○
Ophiopogon ○
Physalis alkekengi
Phytolacca
Podophyllum

Einjährige und Zweijährige
Briza maxima
Capsicum annuum cv.
Coix lacryma-jobi, S. 182
Lagurus ovatus, S. 180
Lunaria annua, S. 269
Martynia annua, S. 264
Nicandra physalodes
Nigella damascena und cv.
Zea mays

Steingartenpflanzen
Acaena microphylla, S. 329 ○
Cornus canadensis, S. 314
Dryas octopetala, S. 315 ○
Gaultheria (die meisten) ○
Maianthemum
Mitchella repens ○
Nertera granadensis, S. 327 ○
Pulsatilla (die meisten)

Zwiebeln, Knollen, Sprosse
Allium christophii, S. 352
Arisaema triphyllum, S. 352
Arum italicum 'Pictum', S. 363
Cardiocrinum giganteum, S. 333

Wasserpflanzen
Nelumbo
Nuphar lutea, S. 377
Thalia dealbata

Pflanzen mit duftendem Laub

Bäume
Agonis flexuosa, S. 63 ○
Eucalyptus ○
Laurus nobilis ○
Populus balsamifera
Populus trichocarpa
Sassafras albidum, S. 42
Umbellularia californica, S. 48 ○

Koniferen
Calocedrus decurrens, S. 78 ○
Chamaecyparis ○
Cupressus ○
Juniperus ○
Pseudotsuga menziesii ○
Thuja (die meisten) ○

Sträucher
Aloysia triphylla, S. 111
Artemisia abrotanum, S. 144
Choisya ternata, S. 95 ○
Elsholtzia stauntonii, S. 141
Helichrysum italicum ○
Hyssopus officinalis, S. 136
Lavandula (die meisten) ○
Lindera
Myrtus communis, S. 97 ○
PELARGONIEN, S. 206–207 ○
Prostanthera ○
Rhododendron rubiginosum ○
Rosmarinus officinalis, S. 135 ○
Salvia officinalis cv. ○

Stauden
Artemisia absinthium 'Lambrook Silver' ○
Chamaemelum nobile ○
Chrysanthemum parthenium, S. 263
Geranium macrorrhizum, S. 236 ○
Houttuynia cordata 'Chamaeleon', S. 373
Mentha, einige ○
Monarda didyma
Myrrhis odorata, S. 201
Origanum vulgare
Perovskia atriplicifolia

Steingartenpflanzen
Mentha requienii ○
Origanum laevigatum, S. 294
Satureja montana
Thymus ○

Pflanzen mit duftenden Blüten

Bäume
Bauhinia variegata, S. 69
Clethra arborea ○
Drimys winteri, S. 51 ○
Magnolia grandiflora ○
Magnolia kobus, S. 48
Malus hupehensis, S. 48
Pittosporum tenuifolium, S. 95 ○
Pittosporum undulatum ○
Robinia pseudoacacia
Styrax japonica, S. 50
Tilia × *euchlora*
Virgilia capensis ○

Sträucher
Buddleia davidii und cv.
Chimonanthus praecox
Choisya ternata, S. 95 ○
Cytisus battandieri, S. 91 ○
Daphne (viele), die meisten ○
Hamamelis mollis
Lonicera fragrantissima
Magnolia stellata, S. 97
Osmanthus ○
Philadelphus (viele)
Pittosporum tobira ○
ROSEN (viele), S. 148–160, einige ○
Sarcococca ○
Syringa (viele)
Viburnum (viele), einige ○

Kletterpflanzen
Clematis montana 'Elizabeth'
Hoya carnosa, S. 166 ○
Jasminum (viele), die meisten ○
Lathyrus odoratus
Lonicera (viele), einige ○
Mandevilla laxa
ROSEN (viele), S. 160–162, einige ○
Stephanotis floribunda, S. 163 ○
Trachelospermum ○
Wattakaka sinensis
Wisteria

Stauden
NELKEN (die meisten), S. 238–239 ○
Convallaria majalis, S. 225
Cosmos astrosanguineus, S. 208
Crambe cordifolia, S. 188
Hedychium gardnerianum, S. 194
Hosta plantaginea, S. 244
Iris graminea
Iris unguicularis ○
Meehania urticifolia
Nicotiana sylvestris, S. 188
Petasites fragrans ○
Primula elatior, S. 231
Primula veris, S. 231
Tulbaghia natalensis
Verbena × *hybrida* 'Defiance', S. 272 ○

Einjährige und Zweijährige
Centaurea moschata, S. 279
Cheiranthus cheiri, Serien und cv.
Exacum affine, S. 275 ○
Lathyrus odoratus und cv.
Lobularia maritima
Matthiola incana
Nicotiana alata, S. 200
Primula-Serien
Reseda odorata, S. 263
Scabiosa atropurpurea

Steingartenpflanzen
Alyssum montanum ○
Dianthus (die meisten) ○
Erysimum helveticum, S. 313 ○
Papaver nudicaule
Primula auricula
Viola odorata ○

Zwiebeln, Knollen, Sprosse
Arisaema candidissimum, S. 364
Chlidanthus fragrans, S. 365
Crinum bulbispermum
Crocus angustifolius
Crocus longiflorus
Cyclamen persicum, S. 370
Cyclamen repandum
Eucharis grandiflora, S. 355 ○
Hymenocallis
LILIEN (einzelne), S. 338
Narcissus jonquilla und Gr. 7 Hybriden
Narcissus tazetta und Gr. 8 Hybriden
Ornithogalum arabicum, S. 351
Polianthes tuberosa

Schnittblumen

Sträucher
Calluna vulgaris (hohe cv.) ○
Camellia japonica cv. ○
Erica ○
Forsythia
Hamamelis mollis
Lonicera fragrantissima
Philadelphus
ROSEN (einige), S. 148–162, einige ○
Salix caprea
Syringa cv.
Turraea obtusifolia, S. 140 ○

Stauden
Anaphalis
Anchusa azurea
Anemone × *hybrida* cv.
Astrantia major, S. 234
NELKEN, S. 238–239 ○
Cattleya (die meisten)
CHRYSANTHEMEN, S. 218–219
Cymbidium (die meisten) ○
RITTERSPORN (die meisten), S. 192
Helleborus niger, S. 257
Phalaenopsis (die meisten) ○
Phlox paniculata cv.
Rudbeckia (die meisten)
Strelitzia reginae, S. 224 ○

Einjährige und Zweijährige
Amaranthus caudatus, S. 270
Callistephus chinensis, Serien und cv.
Centaurea cyanus und cv.
Centaurea moschata, S. 279
Cosmos, Bright-Lights-Serie
Gaillardia pulchella 'Lollipops', S. 282
Gypsophila elegans, S. 262
Helipterum roseum, S. 265
Lathyrus odoratus und cv.
Limonium sinuatum, S. 266
Matthiola cv.
Moluccella laevis, S. 279
Xeranthemum annuum
Zinnia elegans Gr. (hohe Hybriden)

Zwiebeln, Knollen, Sprosse
Allium (hohe Spezies)
Alstroemeria (hohe Spezies und cv.)
NARZISSEN (hohe Spezies und cv.), S. 348–349
DAHLIEN, S. 340–341
GLADIOLEN (die meisten), S. 334
LILIEN (einige), S. 338
Nerine bowdenii, S. 354
Ornithogalum thyrsoides, S. 351
Polianthes tuberosa
TULPEN (hohe cv.), S. 344–345
Zantedeschia aethiopica ○

Blumen zum Trocknen

Bäume
Acacia dealbata, S. 56 ○
Acacia longifolia ○
Acacia verticillata ○
Syringa cv.

Sträucher
Acacia (die meisten) ○
Calluna vulgaris und cv. ○
Cassinia ○
Fothergilla major, S. 95
Garrya elliptica, S. 93 ○
Helichrysum (die meisten) ○
Holodiscus discolor, S. 87
Lavandula ○
Rosmarinus officinalis und cv. ○

Stauden
Achillea, einige ○
Artemisia (einzelne), einige ○
Astilbe (die meisten)
Catananche caerulea 'Major', S. 242
Echinops
Eryngium, einige ○
Eupatorium (einige)
Gypsophila paniculata 'Bristol Fairy', S. 200
Limonium (die meisten)
Lythrum
Rodgersia
Solidago (die meisten)
Typha

Einjährige und Zweijährige
Amaranthus caudatus, S. 270
Centaurea cyanus
Gilia capitata, S. 277
Gomphrena globosa, S. 275
Gypsophila elegans, S. 262
Helichrysum bracteatum, Monstrosum-Serie, S. 284
Helipterum
Limonium sinuatum, S. 266
Moluccella laevis, S. 279
Onopordum acanthium, S. 266
Salvia horminum und Serien
Scabiosa atropurpurea
Tagetes, Erecta Gruppe-Hybriden
Xeranthemum annuum

Hängepflanzen für Wände und Ampeln

Koniferen
Juniperus conferta ○
Juniperus horizontalis und cv. ○
Juniperus squamata 'Blue Carpet' ○
Microbiota decussata, S. 82 ○

Sträucher
Ceanothus thyrsiflorus var. *repens*, S. 136 ○
Cotoneaster microphyllus ○
Hebe pinguifolia 'Pagei', S. 291 ○
Helichrysum petiolare, S. 143 ○
Leptospermum humifusum, S. 128 ○
Salix lindleyana
Salix repens, S. 124

Stauden
Alloplectus nummularia ○
Campanula isophylla ○
Columnea (die meisten) ○
Cyanotis kewensis ○
Episcia cupreata, S. 257 ○
Lotus berthelotii, S. 240 ○
Pelargonium peltatum und cv. ○
Pellionia daveauana, S. 259 ○
Peperomia scandens ○
Ruellia devosiana, S. 234 ○
Tradescantia fluminensis und cv. ○
Tradescantia zebrina, S. 257 ○
Verbena peruviana ○

Einjährige und Zweijährige
Limnanthes douglasii, S. 280
Lobelia erinus cv.
Nemophila maculata, S. 263
Nolana paradoxa
Petunia, Cascade-Serie
Petunia, Jamboree-Serie
Portulaca grandiflora, Serie und cv.
Sanvitalia procumbens, S. 280
Tropaeolum majus, Serie und cv.

Steingartenpflanzen
Acaena 'Blue Haze' ○
Arabis caucasica ○
Cymbalaria muralis ○
Cytisus × *beanii*, S. 289
Euphorbia myrsinites, S. 311 ○
Gypsophila repens ○
Lithodora diffusa cv. ○
Lysimachia nummularia 'Aurea', S. 326 ○
Oenothera missouriensis, S. 325
Othonnopsis cheirifolia, S. 298 ○
Parahebe catarractae, S. 296 ○
Parochetus communis, S. 224 ○
Phlox subulata ○
Polygonum vacciniifolium, S. 327 ○
Pterocephalus perennis ssp. *perennis*, S. 320 ○
Saxifraga stolonifera ○

Kübelpflanzen

Bäume
Acer negundo
Cordyline australis und cv. ○
Crataegus laevigata und cv.
Eucalyptus (junge Exempl.) ○
Ficus (die meisten) ○
Ilex aquifolium und cv. ○
Jacaranda mimosifolia, S. 52
Laurus nobilis ○
Malus (kleine Spezies und cv.)
Melia azederach, S. 49
Olea europaea ○
Phoenix canariensis ○
Prunus (kleine Spezies und cv.)
Sorbus (kleine Spezies und cv.)
Washingtonia ○

Koniferen
Alle folgenden kleinwüchsigen Spezies und Cultivare:
Abies ○
Chamaecyparis ○
Juniperus ○
Picea ○
Pinus ○
Thuja ○
Thujopsis dolabrata ○

Sträucher
Buxus sempervirens und cv. ○
Catharanthus roseus, S. 128
Erica ○
FUCHSIEN, S. 132–133
Hebe ○
Hydrangea macrophylla und cv.
Lavandula ○
Myrtus communis, S. 97 ○
Pittosporum ○
RHODODENDREN (die meisten), S. 100–102, meist ○
ROSEN (meist), S. 148–162, einige ○
Santolina ○
Senecio (strauchige Spezies) ○
Spiraea
Viburnum tinus, S. 117 ○

Kletterpflanzen
Cissus antarctica, S. 178 ○
Cobaea scandens, S. 172 ○
Eccremocarpus scaber, S. 175 ○
Hedera helix und cv. ○
Ipomoea, einige ○
Jasminum (kletternde Spezies), einige ○
KLEMATIS (kleine cv.), S. 170–171, einige ○
Lathyrus (kletternde Spezies)
Lonicera (kletternde Spezies), einige ○
Mandevilla ○
Passiflora ○
Stephanotis floribunda, S. 163 ○
Tropaeolum (kletternde Spezies)

Farne
Adiantum (die meisten)
Athyrium nipponicum, S. 187
Phyllitis scolopendrium 'Crispum', S. 187 ○
Polypodium vulgare 'Cornubiense', S. 186 ○
Polystichum setiferum 'Densum', S. 187 ○

Stauden
Agapanthus
Bergenia ○
Geranium, einige ○
Geum
Hemerocallis
Heuchera × *brizoides* cv. ○
FUNKIEN, S. 244
Phormium ○
PRIMELN (große Spezies und cv.), S. 230–231
Pulmonaria, einige ○
Rudbeckia fulgida 'Goldsturm', S. 215
Salvia (viele)
Stachys, einige ○
Verbena, einige ○
Veronica spicata

Einjährige und Zweijährige
Ageratum
Browallia speciosa, S. 223
Calendula officinalis, Serien und cv.
Callistephus chinensis, Serien und cv.
Coleus blumei, Serien und cv.
Impatiens, Novette-Serie ○
Kochia scoparia f. *trichophylla*, S. 279
Lobelia erinus cv.
Nemesia strumosa und Serien
Petunia
Salpiglossis sinuata, Serien und cv.
Tagetes
Viola × *wittrockiana* Hybriden

Steingartenpflanzen
Alle Steingartenpflanzen sind geeignet, folgende sind empfohlen:
Campanula (viele), einige ○
Dianthus (viele) ○
Geranium (einzelne), einige ○
Hebe ○
Helianthemum ○
Iberis sempervirens, S. 286 ○
Penstemon (viele), einige ○
Phlox (einzelne) ○
Polygonum affine
Primula auricula und Hybriden
Saponaria ocymoides, S. 318
Saxifraga (viele) ○
Silene schafta, S. 319

Zwiebeln, Knollen und Sprosse
Alle Knollenpflanzen sind geeignet, folgende sind empfohlen:
Begonia × *tuberhybrida* Hybriden
Crinum
Crocus
NARZISSEN, S. 348–349
Hyacinthus orientalis cv.
LILIEN (meist), S. 338
TULPEN, S. 344–345
Zantedeschia aethiopica 'Crowborough', S. 332 ○

Wasserpflanzen
Wasserdichte Container sind geeignet für folgende Pflanzen:
Aponogeton distachyos, S. 373
Eichhornia crassipes, S. 374 ○
Menyanthes trifoliata, S. 372
Nelumbo nucifera und cv.
Pontederia cordata, S. 374
Thalia dealbata
SEEROSEN (kleine cv.), S. 376

Pflanzen für die Gartengestaltung

Bäume
Cordyline ○
Dracaena draco, S. 72 ○
Eucalyptus (viele) ○
Jacaranda mimosifolia, S. 52
Kalopanax pictus, S. 53
Magnolia (einzelne), einige ○
Paulownia tomentosa, S. 49
Phoenix canariensis ○
Salix (einzelne)
Trachycarpus fortunei, S. 57 ○
Trochodendron aralioides, S. 57 ○
Washingtonia ○

Koniferen
Abies ○
Araucaria ○
Calocedrus decurrens, S. 78 ○
Cedrus ○
Juniperus × *media* 'Pfitzeriana', S. 83 ○
Metasequoia glyptostroboides, S. 74
Picea ○
Pseudolarix amabilis, S. 79
Sciadopitys verticillata, S. 78 ○
Sequoia sempervirens ○
Sequoiadendron giganteum, S. 74 ○
Taxodium distichum, S. 76
Tsuga heterophylla ○

Sträucher
Aesculus parviflora, S. 88
Brachyglottis repanda, S. 95 ○
Cycas revoluta, S. 120 ○
Daphniphyllum macropodum, S. 86 ○
Eriobotrya japonica ○
Fatsia japonica, S. 119 ○
Mahonia (die meisten) ○
Parkinsonia aculeata ○
Protea ○
Rhus typhina und *R. t.* 'Laciniata', S. 92
Yucca ○

Kletterpflanzen
Epipremnum aureum 'Marble Queen', S. 177 ○
Hedera colchica 'Dentata', S. 179 ○
Monstera deliciosa, S. 178 ○
Schizophragma hydrangeoides
Schizophragma integrifolium, S. 166
Vitis coignetiae, S. 176

Farne
Blechnum tabulare ○
Cyathea australis, S. 72 ○
Dicksonia antarctica, S. 184 ○
Matteuccia struthiopteris, S. 186
Phyllitis scolopendrium 'Crispum', S. 187 ○
Platycerium bifurcatum, S. 184 ○
Polystichum munitum, S. 184 ○
Woodwardia radicans ○
Woodwardia virginica

Stauden
Acanthus spinosus, S. 210
Angelica archangelica, S. 190
Berkheya macrocephala, S. 215
Crambe cordifolia, S. 188
Cynara cardunculus, S. 190
Echinops bannaticus, S. 190
Ensete ventricosum, S. 195 ○
Gunnera manicata, S. 190
Heliconia ○
Ligularia (die meisten)
Macleaya
Meconopsis (die meisten), einzelne ○
Peltiphyllum peltatum, S. 197
Phormium tenas und cv. ○
Rodgersia

Einjährige und Zweijährige
Amaranthus tricolor cv.
Helianthus annuus und cv.
Humea elegans, S. 274
Onopordum acanthium, S. 266
Silybum marianum, S. 266
Verbascum densiflorum ○

Zwiebeln, Knollen, Sprosse
Arisaema (die meisten)
Arum creticum, S. 347
Begonia rex und Hybriden ○
Begonia × *tuberhybrida* Hybriden
Canna × *generalis* cv.
Dracunculus vulgaris, S. 336
GLADIOLEN (die meisten), S. 334
Sauromatum venosum, S. 343
Zantedeschia aethiopica ○

Wasserpflanzen
Colocasia esculenta und cv. ○
Eichhornia crassipes, S. 374 ○
Lysichiton americanus, S. 377
Nelumbo nucifera und cv.
Orontium aquaticum, S. 377
Sagittaria
Thalia dealbata

Kakteen und andere Sukkulenten
Die meisten der großen Spezies, speziell folgende:
Aeonium tabuliforme, S. 398 ○
Aloe (die meisten) ○
Carnegiea gigantea, S. 378 ○
Cereus (die meisten) ○
Cyphostemma juttae, S. 380
Euphorbia candelabrum ○
Opuntia (die meisten) ○

PFLANZEN-
KATALOG

Ein Pflanzenführer mit mehr als
4000 Beschreibungen in Wort und Bild,
geordnet nach Pflanzentyp, Größe,
Farbe und interessantester Jahreszeit.

Große Bäume MIT INTERESSANTEM FRÜHLINGSASPEKT

WEISS-ROSA

Aesculus hippocastanum
(Roßkastanie)
Starkwüchsiger, breitkroniger, sommergrüner Baum mit großen, aus 5–7 Blättchen zusammengesetzten Blättern. Im Frühling weiße Blütenkerzen. Stachelige Früchte.

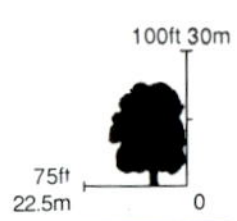

***Magnolia* × *veitchii* 'Peter Veitch'**
(Magnolie)
Raschwüchsiger, sommergrüner, breit werdender Baum mit großen, duftenden, blaßrosa Blüten, die im Frühjahr vor den dunkelgrünen Blättern erscheinen. Blüten nach ca. 10 Jahren.

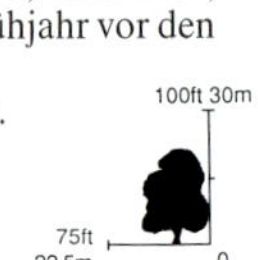

Magnolia campbellii
(Magnolie)
Sommergrüner, in der Jugend aufrechter, später breitwüchsiger Baum. Schwachduftende, große, rosa Blüten noch vor dem Laubaustrieb. Blüht erst nach 10–15 Jahren. Frostgefährdet.

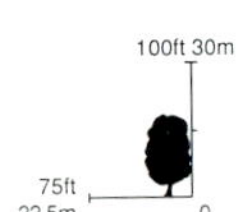

ROSA

Magnolia campbellii* var. *mollicomata
(Magnolie)
Sommergrüner Baum, dem *M. campbellii* ähnlich, jedoch mit lilarosa Blüten, die erst an über 10 Jahre alten Bäumen erscheinen.

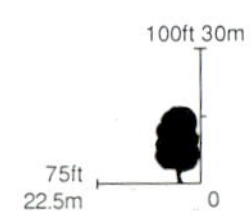

***Magnolia sprengeri* 'Wakehurst'**
(Magnolie)
Sommergrüner, breitwüchsiger Baum mit großen, purpurrosafarbenen Blüten, inwendig dunkelrosa gefärbt. Sie erscheinen vor dem Blattaustrieb im Frühling.

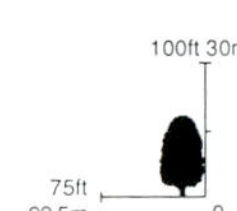

***Magnolia campbellii* 'Darjeeling'**
(Magnolie)
Sommergrüner Baum, dem *M. campbellii* ähnlich, mit großen, tiefrosa Blüten, die an 15–20 Jahre alten Bäumen von Spätwinter bis Frühling erscheinen. In Deutschland frostgefährdet.

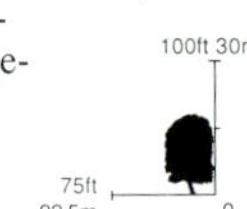

WEITERE EMPFOHLENE PFLANZEN:
Adansonia digitata
Aesculus hippocastanum 'Baumannii'
Brachychiton populneus
Malus baccata var. *mandschurica*, S. 48
Tristania conferta 'Variegata'
Magnolia campbellii 'Carles Raffill'
Magnolia campbellii 'Kew's Surprise'

Große Bäume MIT INTERESSANTEM SOMMERASPEKT

ROT-GELB

***Aesculus × carnea* 'Briotii'**
(Roßkastanie)
Rundkroniger, sommergrüner Baum. Seine dunkelgrünen, glänzenden Blätter bestehen aus 5–7 Einzelblättern. Rötliche Blütenkerzen im späten Frühjahr.

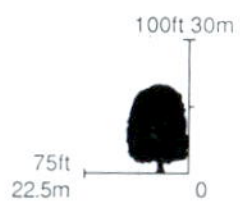

Acer macrophyllum
(Großblättriger Ahorn)
Sommergrüner, rundkroniger Baum mit großen, tiefeingeschnittenen, dunkelgrünen Blättern, im Herbst gelb und orange gefärbt. Gelblichgrüne Blüten im Frühling, Fruchte blaßgrün.

Acer cappadocicum 'Aureum'
Calodendrum capense
Fraxinus excelsior 'Jaspidea'

WEISS

Aesculus chinensis
(Chinesische Roßkastanie)
Schwachwüchsiger, breitkroniger, sommergrüner Baum mit dunkelgrünen, glänzenden Blättern. Seine weißen Blütenkerzen erscheinen im Juni.

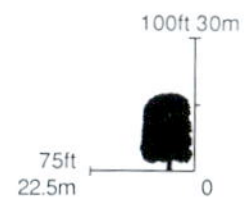

Populus alba
(Weißpappel)
Sommergrüner, breitwüchsiger Baum mit gewellten, gezähnten oder gekerbten Blättern, die oberseits dunkelgrün, unterseits weiß sind. Gelbe Herbstfärbung.

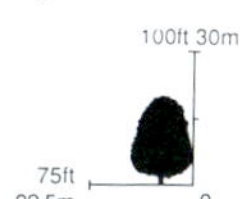

Magnolia hypoleuca
(Großblättrige Magnolie)
Starkwüchsiger, sommergrüner, aufrechtwachsender Baum mit großen, duftenden, rosagetönten, weißen oder cremefarbenen Blüten mit roten Staubfäden. Sie erscheinen im Frühsommer.

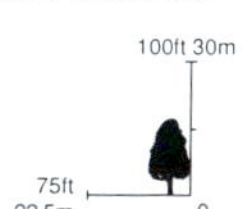

Populus maximowiczii
(Pappel)
Raschwüchsiger, sommergrüner Baum mit konischer Krone; Blätter herzförmig-oval. Gelbe Herbstfärbung. Ab Spätsommer hängende Fruchtstände.

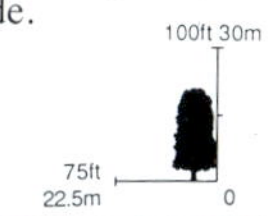

Liriodendron tulipifera
(Tulpenbaum)
Starkwüchsiger, breitkroniger, sommergrüner Baum. Frischgrüne Blätter, im Herbst gelb. Tulpenförmige, grünlich-weiße Blüten mit orangen Malen im Sommer.

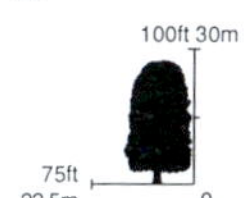

***Castanea sativa* 'Albomarginata'**
(Buntblättrige Eßkastanie)
Sommergrüner, ausladender Baum mit glänzenden dunkelgrünen Blättern; mit Gelbfärbung im Herbst. Cremefarbene Kätzchen im Juni. Im Herbst eßbare Kastanienfrüchte.

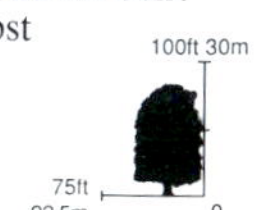

WEITERE EMPFOHLENE PFLANZEN:
Acer platanoides 'Drummondii'
Aesculus indica
Castanea sativa
Ceiba pentandra
Robinia pseudoacacia
Schima wallichii

ROT-VIOLETT

Prunus serotina
(Traubenkirsche)
Sommergrüner, breitkroniger Baum mit duftenden, weißen Blütentrauben im Frühsommer. Seine Blätter färben sich im Herbst gelb. Früchte zuerst rot, später schwarz.

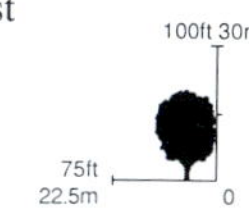

Brachychiton acerifolius
Sommergrüner Baum. Leuchtend scharlachfarbene Blütentrauben vom Winterende bis Frühsommer, noch vor dem Austrieb der 3–7 zähligen Blätter. Bei uns nicht für Freilandkultur geeignet.

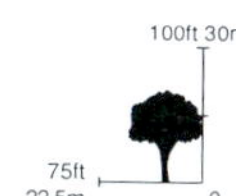

***Fagus sylvatica* f. *purpurea*, syn. *F. sylvatica* 'Atropunicea'**
(Blutbuche)
Sommergrüner rundkroniger Baum mit ovalen, welligen, purpurfarbenen Blättern. Im Herbst verfärben sie sich tief kupferfarben.

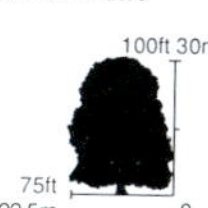

Acer plantanoides 'Royal Red'
Knightia excelsa
Lagerstroemia speciosa

Große Bäume MIT INTERESSANTEM SOMMERASPEKT

PURPUR-GRÜN

***Acer platanoides* 'Crimson King'**
(Spitzahorn)
Wuchsfreudiger, sommergrüner, breitkroniger Baum. Die Blätter sind groß, gelappt und purpurrot gefärbt. Im Herbst Gelbfärbung. Die tiefgelben, rötlichgetönten Blüten erscheinen im Frühling.

Populus canescens
(Graupappel)
Ausladender, sommergrüner Baum mit gelappten Blättern, die im Austrieb grau, im Sommer dunkelgrün und im Herbst gelb erscheinen. Im Frühling rötlichgraue Kätzchen.

***Populus × canadensis* 'Robusta'**
(Robusta-Pappel)
Raschwüchsiger, sommergrüner, spitzkegeliger Baum mit aufrechtstehenden Ästen. Die bronzefarbenen jungen Blätter verfärben sich dunkelgrünglänzend. Im Frühling lange, rötliche Kätzchen.

GRÜN

***Populus × canadensis* 'Serotina de Selys'**
Raschwüchsiger, sommergrüner, aufrechtwachsender Baum mit graugrüner Belaubung. Die Blätter sind im Austrieb blaßgrün. Rote Kätzchen im Frühling.

Fagus sylvatica* f. *pendula
(Trauerbuche)
Sommergrüner Baum mit hängenden Zweigen. Die ovalen, an den Rändern gewellten, grünen Blätter färben sich im Herbst leuchtendgelb und orangebraun.

Quercus macranthera
(Kaukasische Eiche)
Ausdrucksvoller sommergrüner, breitkroniger und starkastiger Baum mit großen, tiefgebuchteten, dunkelgrünen Blättern.

Alnus incana
(Grauerle, Weißerle)
Sommergrüner, spitzkegelig wachsender Baum für kalte, feuchte Lagen und magere Böden. Im Vorfrühling gelbbraune Kätzchen noch vor dem Austrieb der ovalen Blätter.

Quercus robur* f. *fastigiata
(Pyramideneiche)
Aufrechtwachsender, säulenförmiger, sommergrüner Baum mit dichtem Laub. Die gebuchteten Blätter sind dunkelgrün.

Cedrela sinensis, S. 52
Fagus sylvatica 'Dawyck Purple'
Fagus sylvatica 'Riversii'
Fagus sylvatica 'Rohanii'
Salix alba 'Caerulea'

Acer platanoides
Acer platanoides 'Emerald Queen'
Acer platanoides 'Summershade'
Acer saccharinum
Acer velutinum
Ailanthus altissima
Magnolia acuminata
Sorbus thibetica

Alnus cordata
(Italienische Erle)
Raschwüchsiger, schlanker, sommergrüner Baum. Die gelben Kätzchen erscheinen im Vorfrühling vor den herzförmigen, glänzend-dunkelgrünen Blättern.

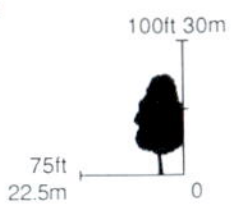

Quercus canariensis
(Kanarische Eiche)
Sommergrüner oder halbimmergrüner Baum, im Alter breitwüchsig. Die großen, sattgrünen Blätter färben sich im Herbst gelblichbraun und haften meist noch im Winter an den Zweigen.

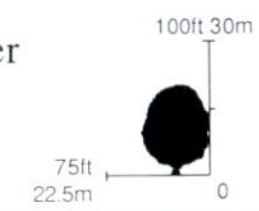

Tilia oliveri
(Linde)
Sommergrüner, breitkroniger, lichter Baum mit typisch herzförmigen, leuchtendgrünen Blättern, die auf der Unterseite silbrigweiß schimmern.

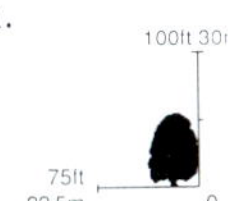

***Populus nigra* 'Italica'**
(Pyramidenpappel)
Raschwüchsiger, sommergrüner, säulenförmig wachsender Baum mit aufrechtstehenden Ästen mit spitzovalen, leuchtendgrünen Blättern und roten Kätzchen im Frühling.

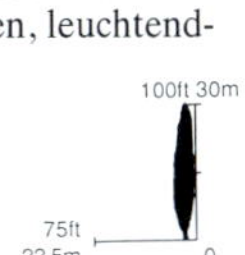

Acer × lobelii
(Ahorn)
Kleiner sommergrüner Baum, der sich gut zur Hintergrundpflanzung eignet. Er hat dunkelgrüne, am Rande gewellte Blätter, die sich im Herbst gelb färben.

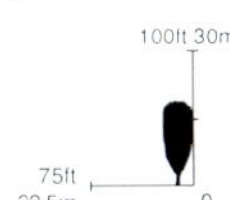

Juglans regia
(Walnuß)
Breitkroniger, sommergrüner Baum. Die aromatisch duftenden Blätter bestehen aus 5–7 Einzelblättchen. Austrieb purpurbronzefarben, später glänzendgrünes Laub. Trägt eßbare Nüsse.

Quercus muehlenbergii
(Eiche)
Sommergrüner, rundkroniger Baum mit scharfgezähnten, leuchtendgrünen Blättern.

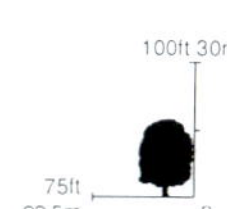

Celtis australis
(Zürgelbaum)
Sommergrüner, breitwüchsiger Baum mit ovalen, scharfgezähnten, dunkelgrünen, sehr ausdrucksvollen Blättern und schwarzroten Früchten.

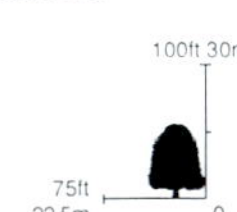

Betula maximowicziana
Castanea dentata
Celtis occidentalis
Fagus orientalis
Fagus sylvatica 'Dawyck'
Fagus sylvatica f. *laciniata*
Fraxinus americana
Fraxinus angustifolia
Fraxinus excelsior f. *diversifolia*
Fraxinus oxycarpa 'Raywood'
Fraxinus pennsylvanica
Fraxinus pennsylvanica 'Patmore'
Gleditsia triacanthos 'Shademaster'
Gleditsia triacanthos 'Skyline'
Gymnocladus dioica
Juglans cathayensis

Große Bäume MIT INTERESSANTEM SOMMERASPEKT

GRÜN

Platanus × acerifolia
(Platane)
Starkwüchsiger, breitkroniger, sommergrüner Baum mit fleckiger Rinde. Die spitzgelappten Blätter färben sich im Herbst gelbbraun. Dann hängen dazwischen auch die kugeligen Früchte.

Nothofagus procera
(Scheinbuche)
Raschwüchsiger, schlanker, sommergrüner Baum. Die ausdrucksvoll gerippten, dunkelgrünen Blätter färben sich im Herbst orangefarben und rot.

Juglans nigra
(Schwarznuß)
Raschwüchsiger, schöner, sommergrüner Baum mit großen, aromatisch duftenden, glänzendgrünen Blättern, die aus vielen zugespitzten Einzelblättern zusammengesetzt sind.

Sassafras albidum
(Sassafras)
Aufrechtwachsender, später breitwüchsiger Baum. Die glänzenden, dunkelgrünen Blätter variieren von oval bis tief gebuchtet. Sie färben sich im Herbst gelb oder rot. Nur für geschützte Lagen!

Juglans ailantifolia* var. *cordiformis
(Japanische Walnuß)
Breitkroniger, sommergrüner Baum mit duftenden Blättern aus vielen leuchtendgrünen Einzelblättchen. Im Frühsommer lange, gelbgrüne männliche Kätzchen.

Quercus nigra
(Wassereiche)
Sommergrüner, breitwüchsiger Baum mit glänzendem, leuchtendgrünem Laub, das bis in den Winter hinein haftet.

Nothofagus obliqua
(Scheinbuche)
Raschwüchsiger, eleganter, sommergrüner Baum mit schlanken, gebogenen Zweigen. Sein tiefgrünes Laub färbt sich im Herbst orangerot.

Firmiana simplex*, syn. *F. platanifolia*, *Sterculia platanifolia
Robuster, sommergrüner Baum mit großen, gelappten Blättern, kleinen, zitronengelben Blüten und blattähnlichen Früchten. Mindesttemperatur im Winter 2 °C.

***Tilia* 'Petiolaris'**
(Hängende Silberlinde)
Sommergrüner, breitwüchsiger Baum mit hängenden Zweigen. Blätter auf der Oberseite dunkelgrün, unterseits silbrig. Duftende, cremefarbene Blüten im Spätsommer.

Juglans cinerea
Platanus orientalis
Populus balsamifera
Populus × berolinensis

Populus × canadensis 'Eugenei'
Populus candicans
Populus deltoides
Populus lasiocarpa

Populus nigra
Populus szechuanica
Populus trichocarpa
Pterocarya fraxinifolia

Pterocarya stenoptera
Quercus cerris
Quercus imbricaria
Quercus mongolica var. *grosseserrata*

***Quercus petraea* 'Columna'**
(Pyramideneiche)
Sommergrüner, aufrechtwachsender, schlanker Baum mit großen, ledrigen, am Rand gewellten, dunkelgrünen Blättern.

Quercus frainetto
(Ungarische Eiche)
Raschwüchsige, sommergrüne, breitkronige Eiche mit gewölbter Krone und hübschen, großen, tiefgebuchteten, dunkelgrünen Blättern.

Quercus palustris
(Sumpf- oder Scharlacheiche)
Breitkroniger, sommergrüner Baum mit schlanken, an den Enden überhängenden Zweigen. Die Blätter färben sich im Herbst scharlach- bis bräunlichrot.

Carya ovata
(Hickorybaum)
Sommergrüner Baum mit fleckiger, grauer Rinde. Seine dunkelgrünen Blätter bestehen gewöhnlich aus 5 kleineren Blättchen, die sich im Herbst goldgelb färben.

Quercus castaneifolia
(Kastanienblättrige Eiche)
Sommergrüner, breitkroniger Baum mit scharfgezähnten Blättern, die oberseits dunkelgrün, unterseits graugefärbt sind.

Fagus sylvatica
(Rotbuche, Buche)
Sommergrüner, breitkroniger Baum mit ovalen, am Rand gewellten Blättern, die im Austrieb hell-, später dunkelgrün und im Herbst gelb und orangebraun gefärbt sind.

***Populus alba* 'Raket'**
(Silberpappel)
Kleiner, aufrechtwachsender, sommergrüner Baum. Seine zumeist gelappten, dunkelgrünen Blätter sind unterseits weiß. Im Herbst wird das Laub gelb.

Quercus laurifolia
(Lorbeerblättrige Eiche)
Rundkroniger, sommergrüner Baum mit schmalen, glänzenden, leuchtendgrünen Blättern, die bis in den Winter hinein haften. Geschützte Lagen, Winterschutz.

Tilia americana
Tilia cordata
Tilia × euchlora
Tilia mongolica
Tilia platyphyllos
Tilia tomentosa
Ulmus americana
Ulmus carpinifolia
Ulmus glabra
Ulmus 'Hollandica'
Ulmus procera
Ulmus 'Sarniensis'
Ulmus 'Vegeta'
Zelkova carpinifolia

GELB-GRÜN

Quercus rubra
(Roteiche)
Raschwüchsiger, sommergrüner, breitkroniger Baum. Seine meist großen, gebuchteten Blätter sind tiefgrün. Sie verfärben sich im Herbst rot oder gelblichbraun.

Liriodendron tulipifera **'Aureomarginatum'**
(Gelbbunter Tulpenbaum)
Starkwüchsiger, sommergrüner Baum. Die Blätter sind vorn gestutzt und seitlich gelappt. Sie sind tiefgrün mit breitem, gelbem Rand.

Pterocarya × rehderiana
(Flügelnuß)
Raschwüchsiger, mächtiger, sommergrüner Baum. Die paarig gefiederten Blätter färben sich im Herbst gelb. Im Sommer und Herbst hängende Ähren mit geflügelten Nüßchen.

Alnus incana 'Aurea'
Fagus sylvatica 'Aurea Pendula'
Populus alba 'Richardii'
Robinia pseudoacacia 'Frisia', S. 54

Große Bäume MIT INTERESSANTEM HERBSTASPEKT

ROSA-ROT

Chorisia speciosa
Raschwüchsiger, sommergrüner Baum; Stamm und Zweige sind dicht mit Dornen besetzt. Die rosa bis lilaroten Blüten erscheinen, wenn die handförmigen, hellgrünen Blätter abfallen. Mindestwintertemperatur 15°C.

Acer rubrum **'Scanlon'**
(Rotahorn)
Sommergrüner, aufrechtwachsender Baum mit dunkelgrüner Belaubung, die sich im Herbst auf sauren oder neutralen Böden leuchtendrot färbt. Kleine rote Blüten im Frühling.

Liquidambar styraciflua
(Amberbaum)
Sommergrüner, breitkegeliger Baum mit Korkleisten an den Zweigen. Die spitzzipfeligen, glänzenden, dunkelgrünen Blätter färben sich im Herbst leuchtendrot, orange und purpurfarben.

Quercus ellipsoidalis
(Eiche)
Sommergrüner, breitkroniger Baum mit tief eingeschnittenen, glänzenden, dunkelgrünen Blättern. Im Herbst färbt sich das Laub dunkelpurpurrot.

Quercus coccinea
(Scharlacheiche)
Sommergrüner, kugeliger Baum; hat dunkelgrüne, glänzende, tiefgebuchtete Blätter mit leicht gezähnten Lappen. Sie färben sich im Herbst mehrere Wochen lang leuchtendrot.

Acer rubrum **'Schlesingeri'**
(Rotahorn)
Sommergrüner, kugelkroniger Baum. Im Frühherbst verwandelt sich das dunkelgrüne Laub in tiefrotes Blattwerk. Die winzigen, roten Blütchen erscheinen im Frühling.

Acer pseudoplatanus **f.** *erythrocarpum*
(Bergahorn)
Starkwüchsiger, breitkroniger, sommergrüner Baum mit handförmigen, dunkelgrünen Blättern. Die Flügel der im Frühherbst erscheinenden Früchte sind hellrot.

Acer rubrum
(Rotahorn)
Sommergrüner, rundkroniger Baum mit dunkelgrünem, im Herbst leuchtendrotem Laub. Schönste Färbung auf sauren oder neutralen Böden. Im Frühling an den kahlen Zweigen winzige, rote Blüten.

WEITERE EMPFOHLENE PFLANZEN:
Acer rubrum 'Columnare', S. 54
Acer rubrum 'October Glory'
Acer rubrum 'Red Sunset'
Acer saccharum 'Green Mountain'
Lagerstroemia speciosa
Quercus coccinea 'Splendens'

Cercidiphyllum japonicum
(Katsurabaum, Judasblattbaum)
Raschwüchsiger, sommergrüner, breitausladender Baum. Austrieb bronzefarben, später kräftig grün, im Herbst gelb bis purpurfarben, besonders auf saurem Boden.

Spathodea campanulata
(Afrikanischer Tulpenbaum)
Immergrüner Baum. Seine Blätter bestehen aus 9–19 Fiederblättchen. Die tulpenförmigen, scharlach- bis orangeroten Blütendolden erscheinen das ganze Jahr. Mindesttemperatur 16–18 °C.

Quercus phellos
(Weidenblättrige Eiche)
Sommergrüner, breitkroniger Baum mit elegantem Wuchs. Die schmalen, weidenähnlichen, blaßgrünen Blätter färben sich im Herbst gelb, später braun.

Zelkova serrata
(Zelkove)
Breitkroniger, sommergrüner Baum mit scharfgezähnten, scharfspitzigen, dunkelgrünen Blättern, die sich im Herbst gelb und orange färben.

Nyssa sylvatica
(Tupelobaum)
Sommergrüner, breitkegelförmig wachsender Baum mit glänzenden Blättern, die sich im Herbst leuchtendgelborange färben. Nicht für rauhe Lagen.

Prunus avium
(Vogelkirsche, Wildkirsche)
Sommergrüner Baum mit rotgebänderter Rinde. Seine weißen Blüten erscheinen im Frühling. Die Früchte sind tiefrot, das Herbstlaub rot.

Quercus alba
(Weißeiche)
Sommergrüner, breitwüchsiger Baum. Die tiefeingeschnittenen, glänzenden, dunkelgrünen Blätter färben sich im Herbst purpurrot.

***Acer platanoides* 'Lorbergii'**
(Spitzahorn)
Wüchsiger, sommergrüner, breitkroniger Baum. Seine tiefgeteilten, blaßgrünen Blätter färben sich im Herbst gelb oder orange. Gelbe Blüten im Frühling.

***Sophora japonica* 'Violacea'**
(Sophore, Schnurbaum)
Raschwüchsiger, sommergrüner, rundkroniger Baum. Im Spätsommer lange Trauben weißduftender Schmetterlingsblüten, die schwach lilarosa getönt sind.

Acer cappadocicum
Acer platanoides
Betula maximowicziana
Betula szechuanica
Betula utilis
Carya cordiformis
Carya glabra
Fraxinus oxycarpa 'Raywood'
Gleditsia triacanthos
Gymnocladus dioica
Liquidambar styraciflua 'Lane Roberts'
Liriodendron chinense
Populus alba, S. 39
Populus tremula
Populus trichocarpa
Quercus velutina

Große Bäume MIT INTERESSANTEM WINTER- ODER GANZJAHRESASPEKT

WEISS-GRÜN

Eucalyptus dalrympleana
(Berg-Eukalyptus)
Raschwüchsiger, immergrüner Baum. Die cremeweiße, junge Rinde wird später rosagrau und schält sich. Seine nickenden Blätter sind lang und schmal. Weiße Blüten im Sommer und Herbst.

100ft 30m · 75ft 22.5m · 0

Betula papyrifera
(Papierbirke)
Raschwüchsiger, sommergrüner, starkverzweigter, konischer Baum mit glänzendweißer, sich schälender Rinde und unregelmäßig gesägten Blättern, die sich im Herbst leuchtendgelb färben.

100ft 30m · 75ft 22.5m · 0

Betula ermanii
(Goldbirke)
Sommergrüner, unregelmäßig wachsender Baum mit rosaweißer, sich schälender Rinde. Die glänzendgrünen Blätter sind im Herbst besonders wirkungsvoll gefärbt.

100ft 30m · 75ft 22.5m · 0

Eucalyptus gunnii
(Eukalyptus)
Immergrüner, kegelförmig wachsender Baum mit cremefarbener, rosa und brauner Rinde. Seine Blätter sind in der Jugend silberblau, später graugrün. Weiße Blüten im Sommer.

100ft 30m · 75ft 22.5m · 0

***Ficus elastica* 'Doescheri'**
(Gummibaum)
Starkwüchsiger, immergrüner, aufrecht-, später breitwüchsiger Baum mit länglichovalen, ledrigen Blättern, die grau-, grün-, gelb- und weißgefleckt sind. Mindesttemperatur 15–18 °C.

100ft 30m · 75ft 22.5m · 0

GRÜN

Ficus benghalensis
(Bengalischer Feigenbaum)
Immergrüner, weit ausladender Baum mit stammbildenden Luftwurzeln. Er besitzt ovale, ledrige, ca. 20 cm lange Blätter mit hellen Blattnerven. Mindesttemperatur 15–18 °C.

100ft 30m · 75ft 22.5m · 0

Eucalyptus coccifera
(Tasmanischer Eukalyptus)
Immergrüner Baum mit blaugrauer und weißer, sich schälender Rinde und aromatisch duftenden, blaugrauen Blättern. Die weißen Blüten erscheinen im Sommer.

100ft 30m · 75ft 22.5m · 0

Archontophoenix alexandrae
(Alexanderpalme)
Immergrüne Palme mit gefiederten Wedeln. An alten Bäumen erscheinen Trauben von weißen oder cremefarbenen Blüten. Mindesttemperatur 15 °C.

100ft 30m · 75ft 22.5m · 0

WEITERE EMPFOHLENE PFLANZEN:
Betula pendula
Betula utilis
Betula utilis var. *jacquemontii*, S. 56
Eucalyptus globulus
Ficus elastica 'Decora'
Metrosideros robusta
Tilia platyphyllos 'Princes Street'
Archontophoenix cunninghamiana
Castanospermum australe
Ficus benjamina
Ficus lyrata
Ficus macrophylla
Ficus religiosa
Ficus rubiginosa
Nothofagus menziesii

Quercus* × *turneri
(Immergrüne Eiche)
Halbimmergrüner, rundkroniger, dichter Baum. Die gebuchteten, ledrigen, dunkelgrünen Blätter fallen erst beim neuen Austrieb ab. Nur in geschützten Lagen!

Nothofagus dombeyi
(Scheinbuche)
Immergrüner, pyramidenförmig wachsender Baum mit elegantem Wuchs und überhängenden Zweigen. Die Blätter sind scharfgezähnt und glänzenddunkelgrün. Nur für geschützte Lagen!

***Betula pendula* 'Dalecarlica'**
(Hängebirke)
Sommergrüner, schlanker, eleganter Baum mit weißer Rinde und leicht überhängenden Zweigen. Die tief eingeschnittenen Blätter sind gesägt und färben sich im Herbst goldgelb.

Macadamia integrifolia
(Macadamianuß)
Immergrüner, breitkroniger Baum mit eßbaren Nüssen im Herbst. Ledrige Blätter und Trauben von kleinen, gelben Blüten, die im Frühling erscheinen. Mindesttemperatur 10–13°C.

Quercus suber
(Korkeiche)
Immergrüner, rundkroniger Baum mit dicker, korkiger Rinde. Die ledrigen Blätter sind auf der Oberseite glänzenddunkelgrün, unterseits grüngrau. Bei uns nicht winterhart.

Washingtonia robusta
(Fächerpalme)
Raschwüchsige Palme mit fächerförmigen Wedeln und cremeweißen Blüten, die im Sommer an langgestielten Trauben erscheinen. Die schwarzen Früchte reifen im Winter. Mindesttemperatur 10°C.

Arecastrum romanzoffianum
(Königspalme)
Immergrüne Palme mit überhängenden, gefiederten Wedeln und leuchtendgrünen Fiederblättern. Im Sommer riesige Blütentrauben aus gelben Blüten. Mindesttemperatur 18°C.

***Quercus* × *hispanica* 'Lucombeana'**
(Spanische Eiche)
Halbimmergrüner, breitkroniger Baum mit gezähnten Blättern und glänzenden, oberseits dunkelgrünen, unterseits graugrünen Blättern. Nicht winterhart.

Phoenix canariensis
Quercus ilex
Roystonea regia
Salix matsudana 'Tortuosa', S. 58
Tamarindus indica
Terminalia catappa
Washingtonia filifera

Große Bäume

MIT INTERESSANTEM WINTER- UND GANZJAHRESASPEKT

GRÜN

Betula albo-sinensis
(Weiße chinesische Birke)
Sommergrüner, offenkroniger Baum mit gesägten, ovalen bis lanzettförmigen Blättern. Die honigfarbene oder rötlichbraune, bisweilen grauschimmernde Rinde schält sich.

Nothofagus betuloides
(Scheinbuche)
Immergrüner, säulenförmig wachsender Baum mit dichtem Laub aus ovalen, glänzenddunkelgrünen Blättern, die an bronzeroten Trieben erscheinen.

GELB

Umbellularia californica
(Kalifornischer Lorbeer)
Immergrüner, breitkroniger Baum mit ledrigen Blättern und cremegelben Blüten im Spätfrühling. Das starkduftende Laub kann Kopfschmerzen hervorrufen, wenn man es zerreibt.

Salix alba* var. *vitellina
(Goldweide)
Sommergrüner, breitkroniger Baum, der im allgemeinen scharf zurückgeschnitten wird, damit er neue Schößlinge treibt, die im Winter eine leuchtend-orangegelbe Farbe haben.

***Salix* 'Chrysocoma', syn. *S. alba* 'Tristis'** (Trauerweide)
Sommergrüner, weitkroniger Baum mit herabhängenden, dünnen, gelben Zweigen, die bis zum Boden reichen. Die gelbgrünen, jungen Blätter färben sich zum Sommer hin mittelgrün.

Alnus incana 'Aurea'
Alnus incana 'Ramulis Coccineis'
Betula maximowicziana
Corylus colurna

Mittelhohe Bäume

MIT INTERESSANTEM FRÜHLINGSASPEKT

WEISS

Malus hupehensis
(Zierapfel)
Sommergrüner, breitkroniger Baum mit dunkelgrünen Blättern, rosafarbenen Knospen und weißen Blüten im späteren Frühling. Im Herbst rotwangige, gelbe Äpfelchen.

Salix daphnoides
(Kätzchenweide, Reifweide)
Sommergrüner, breitkroniger Baum mit dunkelgrünen Blättern und silbrigen Kätzchen im Vorfrühling. Im Winter fallen die blaubereiften, purpurfarbenen Triebe besonders auf.

Magnolia kobus
(Magnolie)
Sommergrüner, breitkegelförmig wachsender Baum mit aromatisch duftenden, dunkelgrünen Blättern. Die duftenden, reinweißen Blüten erscheinen im Frühling noch vor den Blättern.

Malus baccata* var. *mandschurica
(Sibirischer Zierapfel)
Sommergrüner, breitkroniger Baum mit dunkelgrüner Belaubung und weißen Blüten im Frühling. Später folgen die winzigen, langhaftenden, roten oder gelben Kirschäpfelchen.

***Pyrus calleryana* 'Chanticleer'**
(Zierbirne)
Sommergrüner, konischwachsender Baum mit glänzendem Laub, das sich im Herbst purpurn färbt. Im Frühling weiße Blütenbüschel. Widerstandsfähig gegen Feuerbrandrost.

***Magnolia* 'Charles Coates'**
(Magnolie)
Sommergrüner, breiter Baum. Die duftenden, cremeweißen Blüten mit den roten Staubfäden erscheinen im Frühsommer zwischen den großen, hellgrünen Blättern.

WEITERE EMPFOHLENE PFLANZEN:
Dillenia indica
Magnolia denudata
Magnolia × loebneri 'Merrill'
Magnolia salicifolia, S. 59
Malus baccata
Malus prattii

Cornus nuttallii
(Blumenhartriegel)
Sommergrüner, kegelförmiger Baum. Große, weiße Brakteen säumen im Frühling die kleinen Blütenköpfchen. Das dunkelgrüne, ovale Blattwerk färbt sich im Herbst leuchtendrot.

Prunus mahaleb
(Weichselkirsche, Steinweichsel)
Sommergrüner, kugeliger Baum mit im Frühling massenhaft erscheinenden, duftenden, weißen Blüten. Seine rundlichen, dunkelgrünen Blätter färben sich im Herbst gelb.

Halesia monticola
(Schneeflockenbaum)
Sommergrüner, kegelförmiger Baum oder Großstrauch. Weiße Blütenglöckchen im Spätfrühling vor den Blättern. Die vierflügeligen Früchte sind eine Besonderheit.

***Prunus avium* 'Plena'**
(Gefülltblühende Wildkirsche)
Sommergrüner, breitkroniger Baum mit rötlichbrauner Rinde und weißen, gefüllten Blüten im Frühling. Die dunkelgrüne Belaubung färbt sich im Herbst rot.

Fraxinus ornus
(Blumenesche, Mannaesche)
Sommergrüner, kugeliger Baum. Seine tiefgrünen Blätter bestehen aus 5–9 Fiederblättchen. Im Frühsommer duftende, cremeweiße Blütentrauben.

Prunus padus
(Traubenkirsche)
Sommergrüner, breitwüchsiger, in der Jugend kegelförmiger Baum mit duftenden Blütentrauben im Spätfrühling. Die Beeren werden schwarz. Das Laub färbt sich im Herbst gelb.

Michelia doltsopa, S. 56
Prunus padus var. *commutata*
Prunus padus 'Plena'
Prunus padus 'Watereri'
Prunus pensylvanica
Rehderodendron macrocarpum

Paulownia tomentosa
(Paulownie)
Sommergrüner, breitkroniger Baum mit großen, herzförmigen, mittelgrünen Blättern und großen, lilablauen Blütentrauben, die im Frühling vor dem Laubaustrieb erscheinen.

Melia azedarach
(Zedrachbaum)
Sommergrüner, breitkroniger Baum mit gefiederten Blättern. Im Frühling duftende, sternförmige, violette Blüten. Die Früchte färben sich blaßorangegelb.

Prunus serrulata* var. *spontanea
(Zierkirsche)
Sommergrüner, breitkroniger Baum mit weißen oder rosa Blüten, die im Frühling oder Spätfrühling erscheinen. Der Blattaustrieb ist bronzefarben.

Magnolia sargentiana
Malus × *robusta*
Prunus 'Spire', S. 60
Prunus × *yedoensis*, S. 60

Mittelhohe Bäume MIT INTERESSANTEM FRÜHLINGSASPEKT

ROSA-GELB

***Prunus* 'Kanzan'**
(Zierkirsche)
Sommergrüner, trichterkroniger Baum. Die großen, gefüllten rosa bis purpurfarbenen Blüten erscheinen im späteren Frühling. Bronzefarbenes, später dunkelgrünes Laub.

***Malus* 'Profusion'**
(Zierapfel)
Sommergrüner, breitkroniger Baum. Die dunkelgrüne Belaubung ist im Austrieb purpurfarben. Im Spätfrühling purpurrote Blüten, später kleine, dunkelrote Kirschäpfelchen.

***Gleditsia triacanthos* 'Sunburst'**
(Gleditschie, Christusdorn)
Sommergrüner, breitkroniger Baum mit farnähnlichen, glänzenden Blättern, die in der Jugend goldgelb, später im Sommer tiefgrün gefärbt sind.

Aesculus × neglecta 'Erythroblastos', S. 62
Catalpa × erubescens 'Purpurea'
Cercis siliquastrum, S. 61
Magnolia dawsoniana
Magnolia sprengeri var. *diva*
Prunus 'Okame'
Tabebuia rosea

Mittelhohe Bäume MIT INTERESSANTEM SOMMERASPEKT

WEISS

Styrax japonica
(Storaxbaum)
Sommergrüner, breitkroniger Baum, der im Frühsommer weiße Blütenglöckchen zwischen der glänzenden, dunkelgrünen Belaubung hervorbringt.
Nur für geschützte Lagen.

Davidia involucrata
(Davidie, Taubenbaum)
Sommergrüner, konischer Baum mit herzförmigen, grünen Blättern. Die großen, weißen Brakteen erscheinen erst an älteren Bäumen im Spätfrühling. Nur für geschützte Lagen.

Ostrya virginiana
(Ostrya, Hopfenbuche)
Sommergrüner, kegelförmiger Baum mit glänzendem, tiefgrünem Laub, das sich im Herbst gelb färbt. Im Frühling gelbliche Kätzchen, später grünlichweiße, zapfenförmige Früchte.

Magnolia fraseri
(Magnolie)
Sommergrüner, breitkroniger, unregelmäßig wachsender Baum. Die duftenden, weißen bis blaßgelben Blüten öffnen sich im Frühsommer zwischen den großen, hellgrünen Blättern.

Oxydendrum arboreum
(Sauerbaum)
Sommergrüner, breitkroniger Baum mit glänzendem, dunkelgrünem Laub, das sich im Herbst leuchtendrot färbt. Im Spätsommer und Herbst erscheinen seine weißen Blütendolden.

Sorbus cuspidata
(Vogelbeere)
Sommergrüner, breitkroniger Baum mit graugrünen, weißbehaarten Blättern. Im Frühsommer erscheinen die weißen Blütenschöpfe, später rostrote oder gelblichrote Früchte.

WEITERE EMPFOHLENE PFLANZEN:
Acer rufinerve f. *albolimbatum*
Arbutus menziesii
Catalpa ovata
Cladrastis lutea, S. 55
Cornus controversa
Cunonia capensis
Eucryphia cordifolia

Catalpa bignonioides
(Trompetenbaum)
Sommergrüner, breitkroniger Baum mit großen Blättern. Die gelb- und rotgefleckten weißen Blütentrichter erscheinen im Sommer, im Herbst die herabhängenden Hülsen.

50ft 15m

Cornus macrophylla
(Hartriegel)
Sommergrüner, breitkroniger Baum. Im Sommer erscheinen die cremeweißen, in Dolden zusammenstehenden Blüten. Die glänzenden, leuchtendgrünen Blätter sind zugespitzt.

50ft 15m

Catalpa speciosa
(Trompetenbaum)
Sommergrüner, breitkroniger Baum. Die Dolden mit den großen, weißen Blüten und den gelben und roten Saftmalen erscheinen im Sommer zwischen den glänzenden Blättern.

50ft 15m

Magnolia tripetala
(Schirmmagnolie)
Sommergrüner, breitkroniger Baum. Seine großen, dunkelgrünen Blätter stehen in Büscheln zusammen. Die cremeweißen Blüten erscheinen im Frühsommer.

50ft 15m

***Sorbus aria* 'Lutescens'**
(Vogelbeere)
Sommergrüner, breitkroniger, in der Jugend aufrechter Baum. Seine silbrigen Blätter färben sich später graugrün. Im Frühsommer weiße Blüten, später orangerote Früchte.

50ft 15m

Stewartia pseudocamellia
(Stewartie, Scheinkamelie)
Sommergrüner, breitkroniger Baum mit sich schälender Rinde. Seine weißen Blüten entfalten sich im Sommer. Das Laub wird im Herbst orangefarben und rot. Geschützte Lagen!

50ft 15m

Drimys winteri
(Winterrinde)
Immergrüner, kegelförmig oder strauchig wachsender Baum mit hell- oder dunkelgrünen Blättern, die unterseits bläulichweiß gefärbt sind. Duftende, weiße Blütendolden im Spätfrühling.

50ft 15m

***Magnolia grandiflora* 'Exmouth'**
(Immergrüne Magnolie)
Immergrüner, breitkegelförmiger oder rundlicher Baum. Die hellgrünen, ledrigen Blätter sind lanzettlich. Von Sommer bis Herbst duftende, cremeweiße Blüten. Frostgefährdet.

50ft 15m

***Quercus cerris* 'Variegata'**
(Zerreiche)
Sommergrüner, breitkroniger Baum. Die stark gebuchteten, glänzenddunkelgrünen Blätter sind cremeweiß gerandet.

50ft 15m

Gevuina avellana
Hoheria populnea
Lyonothamnus floribundus var. *aspleniifolius*
Magnolia macrophylla
Malus trilobata
Pterostyrax hispida
Stuartia monadelpha, S. 55
Stuartia sinensis
Styrax obassia
Weinmannia trichosperma

Mittelhohe Bäume MIT INTERESSANTEM SOMMERASPEKT

WEISS-ROSA

***Acer pseudoplatanus* 'Simon Louis Frères'**
(Bergahorn)
Sommergrüner, breitkroniger Baum. Das Junglaub ist cremeweiß und rosa gefleckt. Ältere Blätter hellgrün und weiß gefleckt.

***Acer negundo* 'Variegatum'**
(Buntblättriger Eschenahorn)
Raschwüchsiger, sommergrüner, breitkroniger Baum mit weißgefleckten, hellgrünen Blättern, die aus 3–5 Einzelblättchen bestehen. Grünliche Blüten im Spätfrühling.

***Aesculus indica* 'Sydney Pearce'**
(Indische Roßkastanie)
Sommergrüner, breitkroniger Baum mit glänzenden Blättern; im Austrieb bronzefarben, im Herbst gelb. Rosaweiße Blüten mit roten und gelben Zeichnungen im Sommer. Frostgefährdet.

Albizia julibrissin, S. 63
Clusia rosea
Lagunaria patersonii
Manglietia insignis

Robinia × *ambigua* 'Decaisneana'

PURPUR-GRÜN

Jacaranda mimosifolia
(Palisanderholzbaum)
Raschwüchsiger, sommergrüner Baum mit farnähnlichen Blättern. Im Frühling und Frühsommer erscheinen die auffälligen blauen bis purpurblauen Blütentrauben. Mindesttemperatur 7 °C.

Broussonetia papyrifera
(Papier-Maulbeerbaum)
Sommergrüner, rundkroniger Baum mit großen Blättern, die stumpfgrün und bisweilen gelappt sind. Im Frühsommer kugelige Blütenstände mit purpurfarbenen Blüten.

***Sorbus thibetica* 'John Mitchell',**
(Vogelbeerbaum)
Starkwüchsiger, sommergrüner, stumpfkegelig wachsender Baum mit dunkelgrünen, unterseits silbrigen Blättern. Weiße Blüten im Frühling, braune Früchte im Spätsommer.

Hovenia dulcis
(Japanischer Rosinenbaum)
Sommergrüner, breitkroniger Baum mit großen, glänzenden, dunkelgrünen Blättern. Kleine, grünlichgelbe Blüten erscheinen im Sommer. Seine roten Beeren sind eßbar.

Cedrela sinensis
Sommergrüner, breitkroniger Baum mit scheckiger Rinde. Seine großen, dunkelgrünen Blätter färben sich im Herbst gelb. Die weißen Blüten erscheinen im Sommer. Seine Triebe riechen nach Zwiebeln.

***Populus tremula* 'Pendula'**
(Hänge-Zitterpappel)
Starkwüchsiger, sommergrüner »Trauerbaum«. Die Blätter wirken im Austrieb rötlich, im Sommer graugrün und im Herbst gelb. Im Frühling erscheinen die purpurfarbenen Kätzchen.

Acer negundo var. *violaceum*
Olea europaea
Populus tremula
Pyrus amygdaliformis

Salix alba f. *argentea*

Quercus marilandica
(Schwarzeiche)
Sommergrüner, breitkroniger Baum. Seine großen, an der Spitze dreigeteilten Blätter sind glänzenddunkelgrün, unterseits etwas heller, sie färben sich im Herbst gelb, rot oder braun.

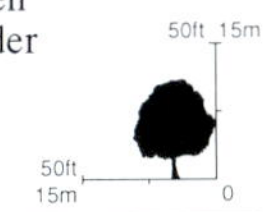

Fraxinus velutina
(Eschenart)
Sommergrüner, breitkroniger Baum. Die Blätter sind unterschiedlich groß, bestehen aber im allgemeinen aus 3–5 schmalen, samtigen, graugrünen Einzelblättchen.

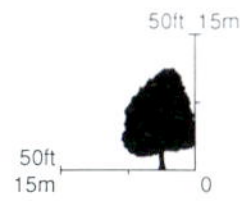

Quercus garryana
(Oregoneiche)
Langsamwachsender, breitkroniger, sommergrüner Baum mit tief eingeschnittenen, glänzenden, hellgrünen Blättern.

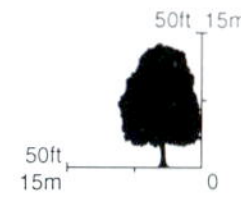

***Tilia cordata* 'Rancho'**
(Winterlindenart)
Sommergrüner, stumpfkegeliger, dichter Baum mit kleinen, glänzenden, dunkelgrünen Blättern. Die gelblichen Blüten erscheinen im Sommer.

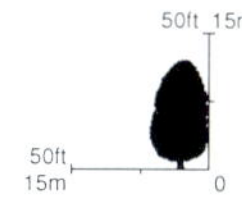

Meliosma veitchiorum
Sommergrüner, breitkroniger Baum mit kräftigen Trieben und rotstieligen, dunkelgrünen Blättern aus 9–11 Einzelblättchen. Seine kleinen, duftenden, weißen Blüten erscheinen im Spätfrühling. Die Früchte sind violett.

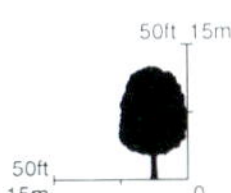

Gleditsia japonica
(Gleditschie, Christusdorn)
Sommergrüner, kegelförmiger Baum. Sein Stamm ist mit Dornen bewehrt. Die Schößlinge sind rötlich gefärbt. Das farnähnliche Laub setzt sich aus vielen Blättchen zusammen.

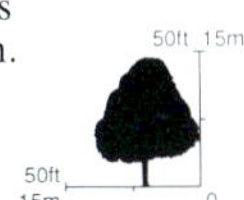

Emmenopterys henryi
Sommergrüner, breitkroniger Baum. Die großen, dunkelgrünen Blätter sind im Austrieb bronzepurpurfarben. Nur in heißen Sommern erscheinen die weißen Blütendolden (einige besitzen ein großes, weißes Hochblatt).

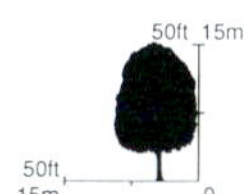

Idesia polycarpa
Sommergrüner, breitkroniger Baum mit großen, herzförmigen, glänzenden, dunkelgrünen Blättern. Im Sommer kleine, duftende, gelbgrüne Blüten, aus denen sich die rotfruchtigen Trauben entwickeln.

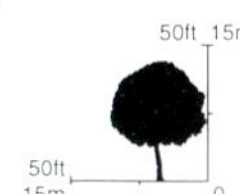

Kalopanax pictus*, syn. *Acanthopanax ricinifolius
Sommergrüner, breitkroniger Baum für geschützte Lagen mit dornigen Zweigen, dunkelgrünen Blättern und schwarzen Früchten.

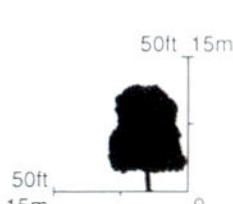

Quercus macrocarpa
(Eiche)
Langsamwachsende, breitkronige, sommergrüne Eiche mit großen, glänzenden, dunkelgrünen Blättern, die sich im Herbst gelb oder braun färben.

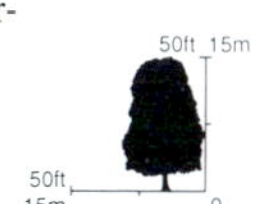

Quercus macrolepis
(Eiche)
Sommergrüne oder halbimmergrüne, breitkronige Eiche. Die graugrünen Blätter sind scharfkantig gesägt.

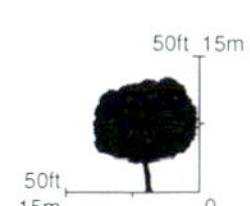

***Quercus rubra* 'Aurea'**
(Eiche)
Schwachwachsender, sommergrüner, breitkroniger Baum. Die gelappten Blätter sind im Austrieb gelb, im Sommer grün. Die beste Färbung zeigt sich in offener, geschützter Lage.

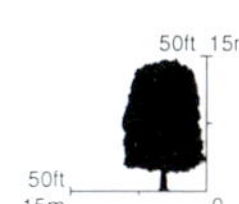

Acer giraldii
Acer monspessulanum
Aesculus glabra
Alnus glutinosa 'Imperialis'

Eucommia ulmoides
Fagus grandifolia
Meliosma pinnata var. *oldhamii*
Nothofagus antarctica

Ostrya carpinifolia
Phellodendron amurense
Platycarya strobilacea
Pyrus calleryana 'Bradford'

Quercus acutissima
Quercus aliena
Quercus dentata
Ulmus parvifolia

GRÜN-GELB

Phellodendron chinense
(Korkbaum)
Sommergrüner, breitkroniger Baum mit duftendem Laub. Die dunkelgrünen Fiederblätter färben sich im Herbst gelb. Weibliche Bäume im Frühsommer mit grünlichen Blüten; später schwarze Früchte.

***Robinia pseudoacacia* 'Frisia'**
(Falsche Akazie, Robinie)
Sommergrüner, ausladender Baum mit leuchtendem, in der Jugend goldgelbem, später gelbgrünem und im Herbst orangegelbem Blattwerk.

***Ulmus* 'Dicksonii', syn. *U. carpinifolia* 'Sarniensis Aurea'**
(Goldulme)
Langsamwachsender, sommergrüner, stumpfkegelförmiger, dichter Baum mit kleinen, goldgelben Blättern.

Alnus glutinosa 'Aurea'
Catalpa bignonioides 'Aurea'
Quercus robur 'Concordia'

Mittelhohe Bäume MIT INTERESSANTEM HERBSTASPEKT

WEISS-ROT

Eucryphia × nymansensis
Immergrüner, säulenförmig wachsender Baum. Die grünen, ledrigen, glänzenden Blätter sind ganzrandig oder gefiedert. Die großen, weißen Blüten entfalten sich im Spätsommer bis Frühherbst.

Syzygium paniculatum
Immergrüner, rundkroniger Baum mit dunkelgrünem, glänzendem Blattwerk, das im Austrieb kupferfarben erscheint. Die duftenden Blüten sind cremeweiß, die Früchte purpurrosa. Mindesttemperatur 10°C.

***Acer davidii* 'Madeline Spitta'**
(Zierahorn)
Sommergrüner Baum mit aufrechtstehenden, grünweißgestreiften Ästen. Sein glänzendes Laub färbt sich im Herbst nach dem Reifen der geflügelten Früchte leuchtendorange.

***Sorbus hupehensis* 'Rosea'**
(Vogelbeere)
Sommergrüner, breitkroniger Baum mit gefiederten Blättern und orangeroter Herbstfärbung. Aus den weißen, im Frühling erscheinenden Blüten entwickeln sich rosafarbene Früchte.

Sorbus commixta
Kräftigwachsender, sommergrüner, breitkroniger Baum. Die 6–8paarig gefiederten, glänzenden, tiefgrünen Blätter färben sich im Herbst orange und rot. Im Frühling weiße Blüten, später leuchtendrote Früchte.

Sorbus aucuparia
(Eberesche, Vogelbeere)
Sommergrüner, breitkroniger Baum. Die Fiederblätter färben sich im Herbst gelb oder rot. Im Frühling erscheinen die weißen Blütendolden, im Herbst die roten Früchte.

***Acer rubrum* 'Columnare'**
(Zierahorn)
Sommergrüner, schlanker, aufrechtwachsender Baum mit dunkelgrünem Laub. Er wird im Herbst zu einer flammendroten oder gelben Säule.

WEITERE EMPFOHLENE PFLANZEN:
Chorisia speciosa, S. 44
Cornus capitata
Magnolia delavayi
Rhus potaninii
Rhus verniciflua
Sorbus americana
Sorbus esserteauiana
Sorbus hupehensis
Sorbus scalaris

Acer rufinerve
(Schlangenhautahorn)
Sommergrüner Baum mit überhängenden, grün-weiß gestreiften Zweigen. Im Herbst färben sich die gelappten Blätter leuchtendrot und orange.

Aesculus flava*, syn. *A. octandra
(Roßkastanie)
Sommergrüner, breitkroniger Baum mit glänzenden, dunkelgrünen Blättern, die sich im Herbst rot färben. Die gelben Blüten erscheinen im Frühsommer.

Quercus × heterophylla
(Eiche)
Sommergrüne, breitkronige Eiche mit gezähnten, glänzendgrünen Blättern, die sich im Herbst orangerot färben.

Stewartia monadelpha
(Stewartie)
Sommergrüner, breitkroniger Baum mit sich schälender Rinde und grünen, im Herbst orangen und roten Blättern. Die kleinen, weißen Blüten erscheinen im Sommer. Nur für geschützte Lagen.

Acer henryi
(Zierahorn)
Sommergrüner, breitwüchsiger Baum. Seine dunkelgrünen Blätter mit den 3 Nebenblättchen färben sich im Herbst leuchtendorange und rot.

Nyssa sinensis
Sommergrüner, breitwüchsiger Baum mit langen, schmalen, ausdrucksvollen Blättern, die im Austrieb purpurn, später grün und im Herbst leuchtendscharlachrot gefärbt sind.

***Sorbus* 'Joseph Rock'**
(Vogelbeere)
Sommergrüner, aufrechtwachsender Baum mit gefiederten Blättern, die sich im Herbst rot färben. Im Spätfrühling weiße Blüten, im Spätsommer große Dolden mit gelben Beerenfrüchten.

***Acer saccharum* 'Temple's Upright'**
(Zuckerahorn)
Sommergrüner, säulenförmig wachsender Baum mit großen, gelappten Blättern, die sich im Herbst leuchtendorange und rot färben.

Parrotia persica
(Parrotie, Eisenholz)
Sommergrüner, breitwüchsiger, kurzstämmiger Baum mit fleckiger Rinde. Das tiefgrüne Laub färbt sich im Herbst gelb, orange und purpurrot. Im Frühling winzige, rote Blütchen.

Acer capillipes
(Schlangenhautahorn)
Sommergrüner, breitkroniger Baum mit leuchtendgrüner Belaubung, die sich im Herbst orange und rot färbt. Ältere Zweige sind grün-weiß gestreift.

Cladrastis lutea
(Gelbholz)
Sommergrüner, rundkroniger Baum mit aus 7–9 grünen Fiederblättchen bestehenden Blättern, die sich im Herbst gelb färben. Im Frühsommer Dolden duftender, wickenähnlicher Blüten.

Acer nikoense
Diospyros kaki
Dipteronia sinensis
Stechpalmen, S. 70–71

Liquidambar formosana
Maclura pomifera
Malus 'Hopa'
Malus hupehensis, S. 48

Malus 'Profusion', S. 50
Malus × robusta
Malus × robusta 'Yellow Siberian'
Morus nigra

Oxydendrum arboreum, S. 50
Sorbus aucuparia 'Fructu Luteo'
Sorbus decora

Mittelhohe Bäume MIT INTERESSANTEM WINTERASPEKT

WEISS-GELB

Betula utilis* var. *jacquemontii
(Himalayabirke)
Sommergrüner, lichtkroniger, eleganter Baum mit leuchtendweißer Rinde. Seine ovalen, gesägten Blätter sind im Herbst von reinem Gelb.

Michelia doltsopa
Immergrüner, rundkroniger Baum mit ovalen, glänzenden, dunkelgrünen, unterseits helleren Blättern. Starkduftende, magnolienähnliche Blüten mit gelblichweißen Blütenblättern im Vorfrühling.

Acacia dealbata
(Mimose)
Raschwüchsiger, immergrüner Baum mit blaugrünen, gefiederten Blättern. Die duftenden, leuchtendgelben Blütenbüschel erscheinen im Vorfrühling. Nicht für Freilandkultur.

WEITERE EMPFOHLENE PFLANZEN:
Bauhinia purpurea
Salix daphnoides, S. 48
Tabebuia chrysotricha, S. 69

ROT

Arbutus × andrachnoides
Immergrüner, dichtbuschiger Baum mit rötlichbrauner, sich schälender Rinde und glänzendem Laub. Von Herbst bis Frühling weiße Blütendolden, später kleine, orangerote Früchte. Nur für geschützte Lagen!

Metrosideros excelsa
(Neuseeländer Eisenholzbaum)
Immergrüner, robuster, ausladender Baum. Die Blätter sind glänzend, unterseits weißfilzig. Blüten mit auffälligen roten Staubfäden in langen Trauben. Mindesttemperatur 3–5°C.

Mittelhohe Bäume MIT INTERESSANTEM GANZJAHRESASPEKT

WEISS-GRÜN

***Ficus benjamina* 'Variegata'**
(Kleinblättriger Gummibaum)
Dichter, immergrüner Baum mit überhängenden Zweigen. Die schmalen, glänzendgrünen Blätter sind weiß panaschiert. Mindesttemperatur 15–18°C.

Trochodendron aralioides
(Trochodendron)
Immergrüner, breitkegelförmiger Baum mit glänzendem Laub. Im Frühsommer erscheinen die blütenblattlosen, radförmigen, grünen Blüten, die in Trauben zusammenstehen.

Brassaia actinophylla*, syn. *Schefflera actinophylla (Schefflera)
Immergrüner Baum mit großen, gespreizten Blättern, die aus 5–16 Einzelblättchen bestehen. Im Spätsommer stumpfrote Blüten in Trauben. Mindesttemperatur 16°C.

Acer pensylvanicum
(Schlangenhautahorn)
Sommergrüner, aufrechtwachsender Baum. Die Zweige sind grün und weiß gestreift. Die großen, handförmigen, mittelgrünen Blätter färben sich im Herbst leuchtendgelb.

Eucalyptus pauciflora
(Eukalyptus)
Immergrüner, breitwüchsiger Baum mit weißlicher, sich schälender Rinde und dunkelbraunen Jungtrieben. Im Sommer weiße, büschelige Blüten zwischen dem glänzenden Laub.

Trachycarpus fortunei
(Fächerpalme)
Immergrüner Baum mit unverzweigtem Stamm und einem Schopf aus großen, geteilten, fächerförmigen Wedeln. Im Frühsommer Blütentrauben mit den duftenden, cremegelben Blüten.

Eucalyptus niphophila
(Eukalyptus)
Immergrüner, breitwüchsiger Baum mit mosaikartig gefleckter Rinde und graugrünen, rotgerandeten Blättern. Die weißen, büscheligen Blüten erscheinen im Sommer.

Quercus myrsinifolia
(Eiche)
Immergrüner, rundkroniger Baum mit kleinen, glänzenden, dunkelgrünen Blättern, die im Austrieb purpurrot gefärbt sind.

Prunus maackii
(Zierkirsche)
Sommergrüner, breitkroniger Baum mit gelblichbrauner, sich ablösender Rinde. Kleinblütige, weiße Blütenähren im Frühling. Die ausgeprägten, dunkelgrünen Blätter färben sich im Herbst gelb.

WEITERE EMPFOHLENE PFLANZEN:
Acer davidii
Betula 'Jermyns'
Cinnamomum camphora
Cordyline australis 'Veitchii'
Cyathea medullaris
Eucalyptus glaucescens
Ficus lyrata
Stechpalmen, S. 70–71
Laurelia serrata
Laurus nobilis
Lithocarpus densiflorus
Magnolia grandiflora
Salix × rubens 'Basfordiana'

Mittelhohe Bäume MIT INTERESSANTEM GANZJAHRESASPEKT

GRÜN-ORANGE

Jubaea chilensis*, syn. *J. spectabilis
(Honigpalme)
Immergrüne Palme mit kräftigem Stamm und großen, silbergrünen Wedeln. Im Frühling kleine, gelbbraune Blüten, im Herbst gelbe Früchte. Mindesttemperatur 10°C.

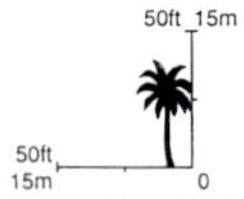

Livistona chinensis
(Chinesische Fächerpalme)
Immergrüne Palme mit gedrungenem Stamm und 1–3 m langen, fächerförmigen Wedeln. An ausgereiften Exemplaren lockere Trauben mit schwarzen Früchten. Mindesttemperatur 7°C.

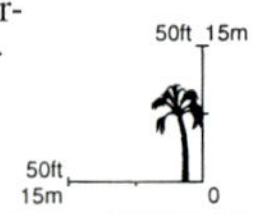

***Salix matsudana* 'Tortuosa'**
(Korkenzieherweide)
Breitkroniger, raschwüchsiger, sommergrüner Baum mit seltsam verschlungenem Astwerk und schmalen, spitz zulaufenden, verwundenen, hellgrünen Blättern.

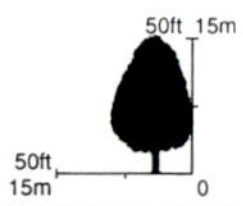

Quercus agrifolia
(Kalifornische Lebenseiche)
Immergrüner, breitkroniger Baum mit aufrechtstehender, glänzenddunkelgrüner Belaubung. In Westdeutschland nicht für Freilandkultur geeignet. Nur für Mittelmeerklima.

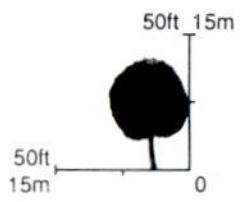

Corynocarpus laevigata
(Karakabaum)
Aufrechtwachsender, später breitkroniger, immergrüner Baum mit ledrigen Blättern. Im Spätfrühling Dolden aus Blütchen. Im Winter orangefarbene Früchte. Mindesttemperatur 7–10°C.

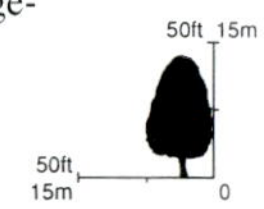

Betula alleghaniensis
Stechpalmen, S. 70–71
Prunus serrula
Thespesia populnea

Kleine Bäume MIT INTERESSANTEM FRÜHLINGSASPEKT

WEISS

Mespilus germanica
(Mispel)
Sommergrüner Baum oder Strauch mit dunkelgrünem Laub, das sich im Herbst orangebraun färbt. Die weißen Blüten erscheinen im Spätfrühling. Früchte nur in angefaultem Zustand eßbar.

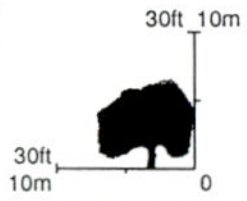

Crataegus laciniata
(Geschlitztblättriger Dorn)
Sommergrüner, breitkroniger Baum mit graugrünen Blättern. Weiße Blüten im Spätfrühling und Frühsommer in verschwenderischer Fülle. Im Herbst rote, gelbgetönte Früchte.

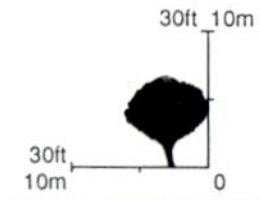

Amelanchier laevis
(Hängende Felsenbirne)
Sommergrüner Baum oder Großstrauch. Noch vor den weißen Blüten erscheinen die bronzebraunen Blätter, die sich später dunkelgrün und im Herbst rotorange färben.

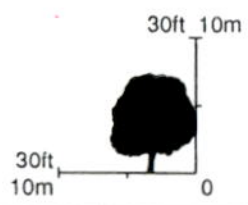

***Cornus florida* 'White Cloud'**
(Blumenhartriegel)
Sommergrüner, breitkroniger Baum mit wahren Blütenmassen im Frühling, die von weißen Hochblättern umgeben sind. Die zugespitzten, ovalen Blätter werden im Herbst rot und purpurfarben.

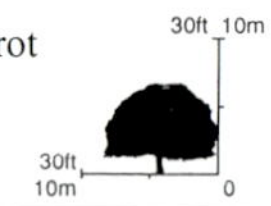

Aesculus californica
(Kalifornische Roßkastanie)
Sommergrüner, breitkroniger, bisweilen strauchig wachsender Baum mit kleinen Blättern. Dichte, duftende, weiße auch rosagetönte Blütendolden im Frühsommer. Bei uns frostgefährdet.

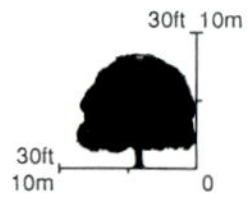

WEITERE EMPFOHLENE PFLANZEN:
Agonis flexuosa, S. 63
Amelanchier arborea
Amelanchier asiatica
Arbutus andrachne
Bauhinia variegata 'Candida', S. 69
Cornus 'Eddie's White Wonder', S. 68
Crataegus crus-galli

Magnolia salicifolia
(Weidenblättrige Magnolie)
Sommergrüner, kegelförmiger Baum mit oberseits grünen, unterseits grauweißen Blättern. Die duftenden Blüten entfalten sich vor dem Blattaustrieb.
Nur geschützte Lagen.

***Magnolia* 'Wada's Memory'**
(Magnolie)
Sommergrüner, dichter, kegelförmig wachsender Baum mit duftendem Laub und duftenden, weißen Blüten, die in großer Fülle vor dem Blattaustrieb erscheinen.

Prunus incisa
(Zierkirsche)
Sommergrüner, breitkroniger Baum mit weißen oder blaßrosa Blüten im Frühling. Die scharfgezähnten, dunkelgrünen Blätter sind im Austrieb rötlich, im Herbst orangerot.

Magnolia cylindrica
(Magnolie)
Sommergrüner, breitkroniger Baum oder Großstrauch. Im Frühling erscheinen seine duftenden, cremeweißen Blüten mit dem Austrieb der später dunkelgrünen Belaubung.
Nur für geschützte Lagen.

***Prunus* 'Ukon'**
(Zierkirsche)
Breitkroniger, sommergrüner Baum. Im Frühling entfalten sich aus rosa Knospen grünlichweiße Blüten zwischen dem bronzefarbenen Laub, das sich später dunkelgrün färbt.

***Prunus* 'Mount Fuji', syn. *P.* 'Shirotae'**
(Zierkirsche)
Sommergrüner, breitkroniger Baum mit überhängenden Zweigen. Im Frühling erscheinen seine einfach oder halbgefüllten, reinweißen Blüten. Das Laub färbt sich im Herbst orangerot.

***Prunus* 'Tai Haku'**
(Große weißblühende Zierkirsche)
Sommergrüner, breitkroniger Baum. Zwischen dem bronzeroten Laubaustrieb, der sich später dunkelgrün verfärbt, erscheinen im Frühling große, reinweiße Einzelblüten.

***Cornus* 'Norman Hadden'**
(Blumenhartriegel)
Sommergrüner, breitkroniger Baum. Die cremeweißen Hochblätter, die sich um die Blüten entfalten, färben sich im Sommer tiefrosa. Im Herbst kugelige, erdbeerähnliche Früchte.

***Prunus* 'Shogetsu', syn. *P.* 'Shimidsu'**
(Zierkirsche)
Sommergrüner, rundkroniger Baum. Im Spätfrühling entfalten sich aus rosafarbenen Knospen große, weiße Blüten, die in Büscheln herabhängen. Im Herbst oranges und rotes Laub.

Crataegus ellwangeriana
Crataegus × lavallei 'Carrierei'
Docynia delavayi
Gordonia axillaris
Halesia carolina
Magnolia 'Charles Coates', S. 48
Malus 'Frettingham's Victoria'
Malus 'Golden Hornet', S. 69
Malus 'John Downie', S. 67
Malus prunifolia, S. 67
Malus toringoides
Malus transitoria
Malus 'Veitch's Scarlet', S. 66
Parrotiopsis jacquemontiana
Prunus 'Hally Jolivette'

ROSA

Prunus* × *yedoensis
(Zierkirsche)
Sommergrüner, rundkroniger Baum mit dunkelgrünem Laub. In Trauben zusammenstehende, rosafarbene Knospen und weiße oder rosafarbene Blüten im Frühjahr.

***Prunus* 'Spire'**
(Zierkirsche)
Sommergrüner, vasenförmiger Baum, in der Jugend kegelförmig. Im Frühling erscheinen seine zartrosafarbenen Blüten. Das dunkelgrüne Laub färbt sich im Herbst leuchtend orangerot.

***Prunus* 'Hokusai'**
(Zierkirsche)
Breitwüchsiger, sommergrüner Baum. Das junge, bronzefarbene Laub wird im Sommer dunkelgrün, später orange und rot. Im Frühling entfalten sich die halbgefüllten, blaßrosa Blüten.

***Prunus subhirtella* 'Stellata'**
(Zierkirsche)
Sommergrüner, breitkroniger Baum. Im Frühling öffnen sich die roten Blütenknospen zu rosafarbenen Blüten mit kleinen zugespitzten Blütenblättern. Das Laub färbt sich im Herbst gelb.

***Prunus* 'Pandora'**
(Zierkirsche)
Sommergrüner, erst aufrecht, später breitkronig wachsender Baum. Mit blaßrosa Blüten im Vorfrühling. Das im Austrieb bronzefarbene Laub wird im Herbst orange und rot.

Malus* × *arnoldiana
(Zierapfel)
Sommergrüner, niedriger, breitkronig überhängender Baum. Im späteren Spätfrühling rote Knospen und rosafarbene, duftende Blüten. Kleine, gelbe, rotwangige Kirschäpfelchen im Herbst.

***Prunus* 'Shirofugen'**
(Zierkirsche)
Sommergrüner, breitkroniger Baum mit bronzeroter Belaubung, die sich im Herbst orangerot verfärbt. Im Spätfrühling blaßrosa Knospen und duftende, gefüllte, weiße Blüten.

Prunus sargentii
(Zierkirsche)
Sommergrüner, breitwüchsiger Baum. Sein Laub ist im Austrieb rötlich, im Frühherbst leuchtend orangerot. Im Frühling erscheinen seine rosafarbenen Blütenbüschel.

***Prunus* 'Pink Perfection'**
(Zierkirsche)
Sommergrüner, aufrechtwachsender Baum, der im Spätfrühling gefüllte, blaßrosafarbene Blüten hervorbringt. Das Laub ist im Austrieb bronzefarben, später dunkelgrün.

Cercis canadensis
Cercis canadensis 'Forest Pansy', S. 64
Cornus florida 'Apple Blossom'
Cydonia oblonga 'Lusitanica'
Cydonia oblonga 'Vranja', S. 65
Magnolia × *loebneri* 'Leonard Messel', S. 85
Magnolia × *soulangeana*, S. 85
Malus coronaria 'Charlottae'
Malus 'Katherine'
Malus 'Marshall Oyama', S. 68
Malus 'Professor Sprenger', S. 68
Malus 'Red Jade'
Melaleuca quinquenervia
Prunus davidiana
Staphylea holocarpa 'Rosea', S. 85

***Prunus* 'Accolade'**
(Zierkirsche)
Sommergrüner Baum mit rosafarbenen Blütenbüscheln. Die Knospen öffnen sich im Frühjahr zu halbgefüllten Blüten. Die gezähnten Blätter färben sich im Herbst orangerot.

***Prunus subhirtella* 'Pendula Rubra'**
(Hängezierkirsche)
Sommergrüner Baum mit hängenden Zweigen und tiefrosafarbenen Blüten, die vor dem Austrieb der Belaubung erscheinen. Die Blätter färben sich im Herbst gelb.

***Malus* 'Magdeburgensis'**
(Zierapfel)
Sommergrüner, breitkroniger Baum mit dunkelgrüner Belaubung. Dichte Büschel halbgefüllter, tiefrosafarbener Blüten im Spätfrühling. Im Herbst kleine, gelbe Kirschäpfelchen.

Cercis siliquastrum
(Judasbaum)
Sommergrüner, breitkroniger Baum. Die leuchtendrosa Blütenbüschel erscheinen im Frühling mit dem Austrieb der herzförmigen Blätter. Im Herbst purpurfarbene Samenhülsen.

***Prunus persica* 'Prince Charming'**
(Zierpfirsich)
Sommergrüner, buschiger Baum mit schmalen, grünen Blättern. Im Frühling erscheinen die gefüllten, tiefrosafarbenen Blüten in reicher Fülle.

***Prunus* 'Cheal's Weeping', syn. *P.* 'Kiku-shidare'**
(Hängekirsche)
Sommergrüner Baum mit tiefhängenden Zweigen. Gefüllte rosafarbene Blüten bedecken die hängenden Zweige im Frühling und Spätfrühling.

Malus floribunda
(Kirschapfel, Zierapfel)
Sommergrüner, breitkroniger Baum mit roten Blütenknospen und blaßrosa Blüten, die im Frühling erscheinen. Kleine gelbe Kirschäpfelchen schmücken den Baum im Herbst.

Dombeya × cayeuxii
(Rosafarbener Schneeball)
Immergrüner, buschiger Baum mit gezähnten, behaarten Blättern. Rosafarbene Blüten in hängenden Büscheln im Winter oder Frühling. Mindesttemperatur 10–13°C.

***Prunus* 'Yae-murasaki'**
(Zierkirsche)
Sommergrüner, breitkroniger Baum mit hellgrüner Belaubung, die im Austrieb bronzefarben, im Herbst orangerot erscheint. Im Frühling halbgefüllte, tiefrosafarbene Blüten.

Bauhinia variegata, S. 69
Cornus florida f. *rubra*
Crataegus laevigata 'Punicea'
Malus 'Almey'
Malus × atrosanguinea
Malus 'Chilko'
Malus 'Cowichan', S. 67
Malus 'Dorothea'
Malus 'Neville Copeman'
Malus 'Van Eseltine'
Prunus × amygdalo-persica 'Pollardii'
Prunus 'Kursar'
Prunus mume 'Pendula'
Prunus persica 'Klara Meyer'
Pseudocydonia sinensis
Rhodoleia championii

Kleine Bäume MIT FRÜHLINGSASPEKT

ROT-GELB

***Malus* 'Royalty'**
(Zierapfel)
Sommergrüner, breitkroniger Baum mit purpurfarbenem Laub. Die purpurroten Blüten erscheinen im Frühling. Seine dunkelroten Äpfelchen sind ein interessanter Herbstschmuck.

***Acer pseudoplatanus* 'Brilliantissimum'**
(Zierahorn)
Sommergrüner, breitkroniger Baum. Seine handförmigen Blätter sind im Austrieb lachsrosa, färben sich dann gelb und im Sommer dunkelgrün.

***Malus* 'Lemoinei'**
(Zierapfel)
Sommergrüner, breitkroniger Baum. Seine Blätter sind im Austrieb purpurrot, später bronzefarben überhaucht. Auf weinrote Blüten im Frühling folgen im Herbst purpurrote Kirschäpfel.

Michelia figo
Immergrüner Baum oder rundlicher Strauch mit ovalen, glänzendgrünen Blättern und nach Bananen duftenden, cremegelben, braungesäumten Blüten im Frühling und Sommer. Mindesttemperatur 5 °C.

***Aesculus neglecta* 'Erythroblastos'**
(Kastanie)
Sommergrüner, breitwüchsiger Baum. Seine Blätter sind im Austrieb leuchtend rosa, später gelb, dunkelgrün und im Herbst orange oder gelb. Im Sommer erscheinen bisweilen Blütenkerzen.

Sophora tetraptera
(Schnurbaum)
Halbimmergrüner, bei uns sommergrüner, breitkroniger Baum oder Großstrauch mit dunkelgrünem Laub. Im Spätfrühling erscheinen seine goldgelben Blütentrauben.

Albizia distachya, S. 66
Cassia fistula
Erythrina coralloides
Laburnum × *watereri* 'Vossii', S. 65
Malus niedzwetskyana
Sophora microphylla
Thevetia peruviana, S. 66
Tipuana tipu

Kleine Bäume MIT SOMMERASPEKT

WEISS

***Cornus alternifolia* 'Argentea'**
(Silberblättriger Etagenhartriegel)
Sommergrüner, breitkroniger Baum, der vor allem wegen seiner schmalen, ovalen, weißbunten Belaubung gezogen wird. Die kleinen, weißen Blütendolden erscheinen im Frühling.

***Acer crataegifolium* 'Veitchii'**
(Dornblättriger Zierahorn)
Sommergrüner Baum mit grün-weißgestreiften Zweigen. Die zugespitzten, dunkelgrün, gelbgrün- und weißgemusterten Blätter färben sich im Herbst tiefrosa und purpurrot.

***Cornus controversa* 'Variegata'**
(Buntblättriger Etagenhartriegel)
Sommergrüner Baum. Seine Blütendolden aus winzigen, weißen Blüten erscheinen im Sommer. Die Blätter sind leuchtendgrün, cremeweiß gefleckt, färben sich im Herbst gelb.

WEITERE EMPFOHLENE PFLANZEN:
Aralia elata 'Variegata'
Carrierea calycina
Chionanthus virginicus, S. 87
Cornus kousa
Cornus kousa var. *chinensis*
Cornus mas 'Variegata', S. 87
Cotoneaster frigidus

WEISS

Magnolia* × *wieseneri*, syn. *M.* × *watsonii (Magnolie)
Sommergrüner, breitwüchsiger Baum oder Strauch mit offener Krone. Die Knospen öffnen sich im Spätfrühling zu duftenden, cremeweißen, außen rosagetönten Blüten.

Eucryphia glutinosa
Sommergrüner, aufrechter oder breitwüchsiger Baum mit dunkelgrünen, glänzenden Blättern aus 3–5 Blättchen. Herbstfärbung orangerot. Große, duftende, weiße Blüten im Sommer und Spätsommer.

Crataegus flava
(Gelbdorn)
Sommergrüner, breitwüchsiger Baum mit kleinen, dunkelgrünen Blättern und weißen Blüten, die im Spätfrühling oder Frühsommer erscheinen. Die Früchte sind grünlichgelb.

Magnolia wilsonii
(Magnolie)
Sommergrüner, breitwüchsiger Baum oder Strauch mit schmalen, dunkelgrünen Blättern. Schalenförmige, weiße Blüten mit karminroten Staubfäden im Spätfrühling oder Frühsommer.

Agonis flexuosa
(Weidenmyrte)
Immergrüner Baum mit hängenden Zweigen. Die aromatisch duftenden Blättchen sind im Austrieb bronzerot. Ab Frühling bringt die Pflanze eine Fülle weißer Blüten hervor. Mindesttemperatur 10°C.

Hoheria angustifolia
Immergrüner, säulenförmig wachsender Baum mit schmalen, dunkelgrünen Blättchen. Im Sommer und Spätsommer erscheinen die flachen, schalenförmigen, weißen Blüten.

Hoheria lyallii
Sommergrüner, breitwüchsiger Baum mit starkgezähnter, graugrüner Belaubung. Die weißen Blütendolden erscheinen im Sommer.

Eucryphia lucida
Immergrüner, aufrechtwachsender, buschiger Baum mit schmalen, glänzenden, dunkelgrünen Blättern und duftenden, weißen Blüten, die im Frühsommer oder Sommer erscheinen.

Crataegus prunifolia
Crataegus tanacetifolia
Elaeocarpus reticulatus
Franklinia alatamaha

Fraxinus mariesii
Hoheria 'Glory of Amlwych'
Hoheria sexstylosa
Magnolia sieboldii

Magnolia virginiana
Plumeria alba
Sophora japonica 'Pendula'
Xanthoceras sorbifolium, S. 87

WEISS-ROSA

Maackia amurensis
Sommergrünes, breitwüchsiges Gehölz mit tiefgrünen, unpaarig gefiederten Blättern, die aus 7–11 Blättchen bestehen. Aufrechte, weiße Blütenähren erscheinen im Sommer und Spätsommer. Nur in geschützter Lage.

Albizia julibrissin
(Albizie, Seidenbaum)
Sommergrüner, breitwüchsiger Baum mit großen, vielfachgefiederten Blättern. Die bürstenförmigen, rosafarbenen Blütenbüschel erscheinen im Spätsommer oder Herbst.

***Cornus florida* 'Spring Song'**
(Blumenhartriegel)
Sommergrüner, breitkroniger Baum. Die rosafarbenen Brakteen umstehen die Blütendolden im Frühling/Sommer. Die ovalen Blätter färben sich im Herbst rot und purpur.

Rothmannia capensis

Kleine Bäume MIT INTERESSANTEM SOMMERASPEKT

ROSA-PURPUR

Lagerstroemia indica
Sommergrüner, kugeliger Baum oder Großstrauch. Im Sommer erscheinen die Blütenbüschel aus weißen, rosa- oder purpurfarbenen Blüten mit gewellten Blütenblättern. Nicht winterhart, Kübelpflanze.

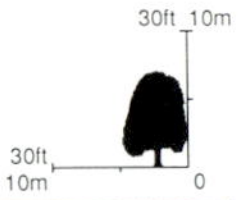

Malus yunnanensis* var. *veitchii
Sommergrüner, aufrechtwachsender Baum mit herzförmigen Blättern. Weiße, bisweilen rosagetönte Blüten im Spätfrühling; im Herbst Massen von kleinen, rotgeflammten, braunen Kirschäpfelchen.

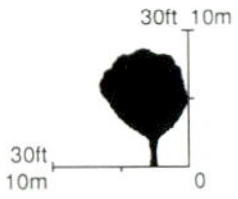

***Crataegus laevigata* 'Paul's Scarlet'**
(Rotdorn)
Sommergrüner, breitkroniger Baum mit gezähnten, glänzenddunkelgrünen Blättern und einer Fülle von gefüllten roten Blüten, die im Spätfrühling und Frühsommer erscheinen.

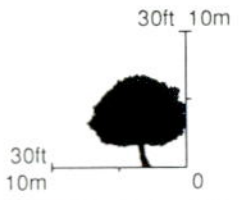

***Aesculus pavia* 'Atrosanguinea'**
(Zwergkastanie)
Sommergrüner, rundkroniger, bisweilen strauchigwachsender Baum. Die tiefroten Blütenkerzen erscheinen im Sommer zwischen den fünffach gefingerten, glänzenden Blättern.

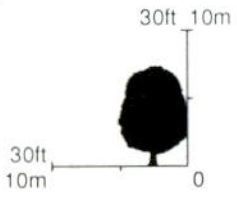

***Cercis canadensis* 'Forest Pansy'**
(Judasbaum)
Sommergrüner, breitwüchsiger Baum oder Strauch. Die im Frühling erscheinenden Knospen öffnen sich zu rosafarbenen Blüten noch vor dem Austrieb der Blätter. Für geschützte Lagen.

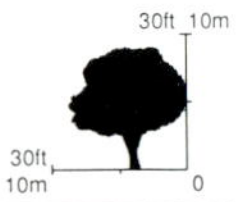

Acer palmatum 'Atropurpureum', S. 89
Aesculus pavia
Corylus maxima 'Purpurea', S. 89
Erythrina coralloides
Prunus spinosa 'Purpurea', S. 89
Punica granatum
Virgilia capensis

PURPUR-GRÜN

***Prunus cerasifera* 'Nigra'**
(Zierpflaume, Blutpflaume)
Sommergrüner, kugeligwachsender Baum mit dunkelpurpurfarbenen Blättern, die rötlich austreiben. Im Vorfrühling und Frühling eine Fülle von rosafarbenen Blüten.

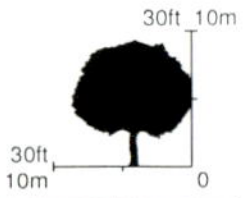

Ehretia dicksonii
Sommergrüner, breitwüchsiger Baum mit kurzen, aufrechten Zweigen und großen, dunkelgrünen Blättern. Im Sommer große, abgeflachte Blütenschöpfe aus kleinen, duftenden, weißen Blüten.

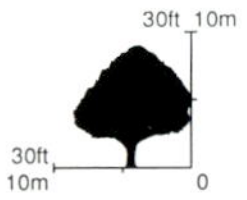

***Pyrus salicifolia* 'Pendula'**
(Zierbirne – Hängeform)
Sommergrüner Baum mit hängenden Zweigen, schmaler, graugrüner Belaubung und weißen Blüten, die im Frühling erscheinen.

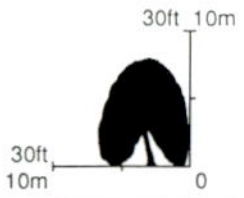

Acer platanoides 'Globosum'
Elaeagnus angustifolia, S. 90
Fagus sylvatica 'Purpurea Pendula'
Morus alba 'Pendula'
Pyrus elaeagrifolia
Pyrus salicifolia
Salix pentandra
Sinowilsonia henryi

GRÜN

Pseudopanax ferox
Immergrüner, aufrechtwachsender Baum mit langen, schmalen, scharfgezähnten, bronzegrünen Blättern, die weiß oder grau übersponnen sind.

***Ulmus* 'Camperdownii'**
(Trauerulme)
Sommergrüner, stark hängender Baum mit gebogenen Zweigen. Das Laub ist sehr rauh und stumpfgrün.

Juglans microcarpa*, syn. *J. rupestris
(Zwergwalnuß)
Sommergrüner, buschigwachsender Baum mit großen, aromatischduftenden Blättern, die aus vielen Blättchen zusammengesetzt sind und sich im Herbst gelb färben.

***Cydonia oblonga* 'Vranja'**
(Quitte)
Sommergrüner, breitwüchsiger Baum. Die grünen, unterseits graufilzigen Blätter und weißen oder blaßrosa Blüten erscheinen im Spätfrühling. Die duftenden Früchte sind goldgelb.

***Betula pendula* 'Youngii'**
(Trauerbirke)
Sommergrüner Baum mit hängenden Zweigen, die eine pilzförmige Kuppel bilden. Die weichen Blätter sind gesägt. Ältere Bäume haben eine weiße, schwarzgebänderte Rinde.

Aralia elata
Celtis sinensis
Cornus alternifolia
Neolitsea sericea
Pseudopanax arboreus
Quercus pontica
Tetracentron sinensis
Zelkova abelicea

GRÜN-GELB

Acer carpinifolium
(Hainbuchenblättriger Ahorn)
Sommergrüner, häufig mehrstämmiger, eleganter Baum. Die starkgeaderten, hainbuchenähnlichen Blätter färben sich im Herbst goldbraun.

***Acer japonicum* 'Aureum'**
(Japanischer Zierahorn)
Sommergrüner, buschiger Baum oder Großstrauch mit rundlichen, handförmigen, blaßgelben Blättern.

***Morus alba* 'Laciniata'**
(Weißer Maulbeerbaum)
Sommergrüner, breitwüchsiger Baum mit rundlichen, tiefgeschlitzten Blättern, die sich im Herbst gelb färben. Die rosafarbenen, roten oder purpurnen Früchte, die im Sommer erscheinen, sind eßbar.

Koelreuteria paniculata
(Blasenbaum)
Sommergrüner, breitkroniger Baum mit mittelgrüner Belaubung, die sich im Herbst gelb färbt. Aus den gelben Blütentrauben entwickeln sich im Herbst geflügelte rosafarbene Früchte.

***Laburnum × watereri* 'Vossii'**
(Goldregen)
Sommergrüner, ausladender Baum. Die Blätter setzen sich aus 3 Blättchen zusammen. Sie sind glänzend und dunkelgrün. Lange gelbe Blütentrauben erscheinen im Frühsommer.

Aralia elata 'Aureo-variegata'
Laburnum anagyroides
Michelia figo, S. 62

Kleine Bäume MIT INTERESSANTEM SOMMERASPEKT

GELB-ORANGE

Genista aetnensis
(Aetna-Ginster)
Fast blattloser, kugeliger Baum mit schlanken, leuchtendgrünen Zweigen und duftenden, goldgelben Schmetterlingsblüten, die im Sommer erscheinen. Nur für Kalthauskultur.

Albizia distachya
Raschwüchsiger, sommergrüner, breitkroniger Baum. Die farnähnlichen Blätter bestehen aus vielen Einzelblättchen. Die cremegelben Blütenähren erscheinen im Frühling/Sommer. Nur für Kalthauskultur geeignet.

Thevetia peruviana
(Gelboleander)
Immergrüner, aufrechtwachsender Baum mit lanzettlichen, grünen Blättern und gelben oder orangefarbenen, trichterförmigen Blüten vom Winter bis zum Sommer. Mindesttemperatur 16–18 °C.

Laburnum alpinum
(Alpengoldregen)
Sommergrüner, ausladender Baum. Die Blätter setzen sich aus drei Blättchen zusammen und sind dunkelgrünglänzend. Im Frühsommer erscheinen die goldgelben Blütentrauben.

Embothrium coccineum
Immergrüner oder halbimmergrüner, aufrechtwachsender, Ausläufer treibender Baum mit lanzettlichen, tiefgrünglänzenden Blättern und Trauben von leuchtendorangeroten Blüten im Spätfrühling und Frühsommer.

Caesalpinia gilliesii, S. 91
Plumeria rubra, S. 68
Tecoma stans, S. 68

Kleine Bäume MIT INTERESSANTEM HERBSTASPEKT

WEISS-ROT

Sorbus cashmiriana
(Eberesche)
Sommergrüner, breitwüchsiger Baum mit 6–9fach gefiederten, tiefgrünen Blättern. Seine rosagetönten, weißen Blüten erscheinen im Frühsommer, die großen, weißen Früchte im Herbst.

Sorbus vilmorinii
(Eberesche)
Sommergrüner, breitwüchsiger, bogenförmig wachsender Hängebaum. Die 9–14fach gefiederten Blätter werden im Herbst orange oder kupferrot. Im Frühling weiße Blüten, im Herbst rosa Früchte.

Arbutus unedo
(Erdbeerbaum)
Immergrüner, breitwüchsiger Baum oder Strauch mit rauher Rinde und glänzenden Blättern. Hängende weiße Blüten im Herbst/Winter. Im Frühjahr rote Früchte. Kalthaus oder geschützte Lage.

***Cornus florida* 'Welchii'**
(Blumenhartriegel)
Sommergrüner, ausladender Baum mit weißen Brakteen, die die winzigen Blüten umgeben. Die dunkelgrünen Blätter sind weiß und rosa gerandet. Im Herbst rot und purpurfarben.

***Malus* 'Veitch's Scarlet'**
(Zierapfel)
Sommergrüner, breitwüchsiger Baum mit dunkelgrünem Laub. Im Spätfrühling erscheinen die weißen Blüten. Die karminrot gestreiften, scharlachfarbenen Früchte zieren den Baum im Herbst.

WEITERE EMPFOHLENE PFLANZEN:
Stechpalmen, S. 70–71
Lagerstroemia indica, S. 64
Schinus molle
Schinus terebinthifolius
Sorbus insignis
Sorbus prattii

Crataegus macrosperma* var. *acutiloba
(Dorn)
Sommergrüner, breitkroniger Baum mit scharfgezähnten, breiten, dunkelgrünen Blättern. Im Spätfrühling weiße Blüten mit roten Staubfäden, im Herbst leuchtendrote Früchte.

Crataegus pedicellata
(Dorn)
Sommergrüner, breitkroniger Baum mit scharfgezähnten, gelappten Blättern, die sich im Herbst orange und rot färben. Im Spätfrühling weiße Blüten, im Herbst leuchtendrote Früchte.

***Acer japonicum* 'Aconitifolium'**
(Schierlingsahorn)
Sommergrüner, buschiger Baum oder Großstrauch mit tiefeingeschnittenen, grünen Blättern, die sich im Herbst rot färben. Im zeitigen Frühling erscheinen die gelbroten Blüten.

Malus prunifolia
(Pflaumenblättriger Apfel)
Sommergrüner, breitwüchsiger Baum mit dunkelgrüner Belaubung und duftenden Blüten im Frühling. Im Herbst zieren ihn langhaftende, kleine, rote oder gelbliche Kirschäpfelchen.

Stranvaesia davidiana
(Stranvaesie)
Immergrüner, breitwüchsiger Baum oder Großstrauch mit schmalen Blättern. Ältere Blätter färben sich im Herbst rot. Im Frühsommer weiße Blütendolden, im Herbst leuchtendrote Früchte.

***Malus* 'John Downie'**
(Zierapfel)
Sommergrüner Baum, in der Jugend schmal und aufrecht, später kegelförmig. Im Spätfrühling weiße Blüten zwischen dem leuchtendgrünen Laub. Die orangefarbenen Äpfel sind eßbar.

***Malus* 'Cowichan'**
(Zierapfel)
Sommergrüner, breitwüchsiger Baum mit dunkelgrünem Laub, im Austrieb purpurrot. Im Frühling erscheinen die rosafarbenen Blüten, später die dunkelroten Kirschäpfel.

Acer palmatum* var. *coreanum
(Zierahorn)
Sommergrüner, dichtbuschiger Baum oder Großstrauch. Die tiefgelappten Blätter färben sich im Herbst leuchtendrot. Im Frühling schmücken kleine, purpurrote Blüten das Gehölz.

***Acer japonicum* 'Vitifolium'**
(Zierahorn)
Starkwüchsiger, sommergrüner, buschiger Baum oder Großstrauch mit großen, rundlichen, gelappten Blättern, die sich im Herbst leuchtendrot, orange und purpurn färben.

Cotoneaster frigidus
× *Crataegomespilus dardarii* 'Jules d'Asnières'
Crataegus crus-galli
Crataegus ellwangeriana
Crataegus laevigata 'Punicea'
Crataegus monogyna
Crataegus phaenopyrum
Stechpalmen, S. 70–71
Malus 'Chilko'
Malus × *purpurea*
Malus 'Red Jade'
Rhus typhina
Sorbus sargentiana

Kleine Bäume MIT INTERESSANTEM HERBSTASPEKT

ROT

Rhus trichocarpa
(Essigbaum, Sumach)
Sommergrüner, breitwüchsiger Baum. Große Fiederblätter aus 13–17 Blättchen, im Austrieb rötlich, später dunkelgrün, im Herbst purpurrot bis orange. Gelbe, hängende, borstige Früchte.

Acer ginnala
(Feuerahorn)
Sommergrüner, breitkroniger Baum oder Großstrauch. Im Frühsommer erscheinen die cremeweißen, duftenden Blütendolden. Zartes, im Herbst leuchtendrotes Laubwerk.

***Cornus* 'Eddie's White Wonder'**
(Blumenhartriegel)
Sommergrüner, breitkroniger Baum oder Strauch. Die unscheinbaren Blüten sind von weißen Hochblättern umgeben. Sie erscheinen im Spätfrühling.
Die Blätter färben sich im Herbst rot und purpurn.

Acer triflorum
(Zierahorn)
Langsamwachsender, sommergrüner, breitwüchsiger Baum mit abblätternder, graubrauner Rinde. Die Blätter färben sich im Herbst orangerot.
Winzige, gelbgrüne Blütenbüschel im Spätfrühling.

***Malus × zumi* 'Calocarpa'**
(Zierapfel)
Sommergrüner, breitwüchsiger Baum. Die dunkelgrünen Blätter sind bisweilen tief gelappt. Aus den weißen Blüten im Frühling entwickeln sich Büschel roter Früchte im Herbst.

***Malus* 'Marshall Oyama'**
(Zierapfel)
Sommergrüner, aufrechtwachsender Baum mit dunkelgrünen Blättern. Rosagetönte, weiße Blüten im Spätfrühling.
Im Herbst eine Fülle großer, rundlicher, rotgelber Kirschäpfel.

Acer circinatum
Acer palmatum
Cornus florida
Crataegus × lavallei 'Carrierei'
Crataegus prunifolia
Stechpalmen, S. 70–71
Malus 'Eleyi'
Malus 'Neville Copeman'
Malus niedzwetskyana
Malus 'Royalty', S. 62
Sorbus aucuparia 'Sheerwater Seedling'
Stranvaesia nussia

ORANGE-GELB

***Malus* 'Professor Sprenger'**
(Zierapfel)
Sommergrüner, rundkroniger Baum mit dunkelgrüner, im Spätherbst gelber Belaubung. Im Frühling rosafarbene Knospen und weiße Blüten.
Im Herbst orangerote Kirschäpfel.

Plumeria rubra
(Frangipani)
Sommergrüner, breitwüchsiger Baum oder Großstrauch mit duftenden gelb-, orange-, rosa-, rot- und weißgetönten Blüten, die von Sommer bis Herbst erscheinen. Mindesttemperatur 13 °C.

Tecoma stans*, syn. *Bignonia stans
Immergrüner, kugeliger, aufrechtwachsender Baum oder Großstrauch mit gefiederten Blättern aus 5–13 Einzelblättchen. Trichterförmige, gelbe Blüten vom Frühling bis zum Herbst. Mindesttemperatur 13 °C.

Acer crataegifolium
Acer palmatum 'Senkaki', S. 92
Annona reticulata
Malus toringoides

Kleine Bäume MIT INTERESSANTEM WINTERASPEKT

GELB

Picrasma quassioides
(Quassiabaum)
Sommergrüner, breitwüchsiger Baum mit glänzenden, leuchtendgrünen Blättern, die sich im Herbst leuchtendgelb, orange und rot färben. Nur geschützte Lagen.

***Malus* 'Golden Hornet'**
(Zierapfel)
Sommergrüner, breitwüchsiger Baum mit dunkelgrünem Laub und weißen Blüten im Spätfrühling. Im Herbst neigen sich die Zweige unter der Last der goldgelben Kirschäpfel herab.

Crataegus tanacetifolia
Cydonia oblonga 'Lusitanica'
Cydonia oblonga 'Vranja', S. 65
Stechpalmen, S. 70–71

WEISS-ROSA

***Bauhinia variegata* 'Candida'**
(Berg-Ebenholz)
Sommergrüner, in der Jugend rundlicher, später breitwüchsiger Baum mit breitovalen Blättern. Im Winter/Frühling oder etwas später reinweiße Blüten von 10 cm Durchmesser. Mindesttemperatur 15–18 °C.

Bauhinia variegata
(Berg-Ebenholz)
Sommergrüner, rundlicher Baum mit ovalen, gekerbten Blättern. Im Winter/Frühling erscheinen die magenta- oder lavendelfarbenen, bis 10 cm großen Blüten. Mindesttemperatur 15–18 °C.

WEITERE EMPFOHLENE PFLANZEN:
Dombeya × cayeuxii, S. 61
Prunus incisa 'February Pink'
Prunus subhirtella 'Autumnalis'

GELB

Acacia pravissima
(Akazie)
Immergrüner Großstrauch mit hängenden Zweigen und dreieckigen, stachelig zugespitzten Phyllodien. Im Winter oder zeitigen Frühling leuchtendgelbe Blütenköpfchen.

Acacia baileyana
(Akazie)
Immergrüner, breitwüchsiger Baum mit gebogenen Zweigen und am Ende geteilten Blättern. In Büscheln zusammenstehende, goldgelbe Blütenköpfchen im Winter/Frühling.

Tabebuia chrysotricha
(Goldtrompetenbaum)
Sommergrüner, kugeliger Baum mit dunkelgrünen Blättern und kräftiggelben, bis zu 7 cm langen Blüten im Winter oder zeitigen Frühling. Mindesttemperatur 16–18 °C.

Azara microphylla, S. 93

Ilex, Hülse, Stechpalme

Zu den bekanntesten Stechpalmen gehört die gewöhnliche *Ilex aquifolium,* aber es gibt viele andere ausgezeichnete Arten und Kulturformen, die für den Garten attraktiv sind. In der Wuchshöhe reichen sie von hohen Bäumen bis zu kleinen Sträuchern für Steingärten und Tröge. Stechpalmen lassen sich leicht schneiden und bilden dichte Schnitthecken. Das Laub variiert von glattrandig bis stachelig, in der Farbe kommen unterschiedliche Grüntöne und cremefarbene, gelbe, graue oder weiße Panaschierungen vor. Im Sommer erscheinen an verschiedenen Pflanzen männliche oder weibliche kleine, weiße Blüten, später attraktive rote, gelbe oder schwarze Beeren an weiblichen Exemplaren. Da *Ilex* im allgemeinen eingeschlechtlich ist, müssen männliche und weibliche Exemplare zusammengepflanzt werden, wenn man auf Beerenschmuck Wert legt. Die meisten Pflanzen sind winterhart.

I. fargesii* var. *brevifolia

***I. aquifolium* 'Pyramidalis'**

***I. aquifolium* 'Argentea Marginata Pendula'**

***I. × altaclerensis* 'Camelliifolia'**

***I. aquifolium* 'Argentea *Marginata*'**

I. ciliospinosa

I. pernyi

I. crenata* var. *paludosa

I. fargesii

***I. aquifolium* 'Scotica'**

***I. × altaclerensis* 'Lawsoniana'**

I. macrocarpa

I. × koehneana

***I. crenata* 'Helleri'**

***I. × altaclerensis* 'Balearica'**

I. aquifolium

***I. crenata* 'Latifolia'**

***I. cornuta* 'Burfordii'**

***I. × altaclerensis* × 'F. Barnes'**

I. verticillata

I. opaca

I. × aquipernyi

***I. × meserveae* 'Blue Princess'**

***I. aquifolium* 'Silver Milkmaid'**

***I. crenata* 'Convexa'**

***I. × altaclerensis* 'Belgica'**

Kleine Bäume MIT INTERESSANTEM GANZJAHRESASPEKT

WEISS-PURPUR

***I. aquifolium* 'Silver Queen'**

***I. aquifolium* 'Elegantissima'**

***I. aquifolium* 'Mme. Briot'**

***I. × altaclerensis* 'Belgica Aurea'**

***I. aquifolium* 'Crispa Aurea Picta'**

***I. aquifolium* 'Ovata Aurea'**

***I. aquifolium* 'Aurifodina'**

***I. aquifolium* 'Watereriana'**

I. serrata* f. *leucocarpa

***I. aquifolium* 'Pyramidalis Aurea Marginata'**

***I. × altaclerensis* 'Camelliifolia Variegata'**

I. chinensis

***I. crenata* 'Variegata'**

I. pedunculosa

***Pittosporum crassifolium* 'Variegatum'**
(Klebsame)
Immergrüner, rundschöpfiger, dichtbuschiger Baum oder Strauch mit graugrünen, weißgerandeten Blättern. Im Frühling Blütendolden aus duftenden, tiefpurpurroten Blüten.

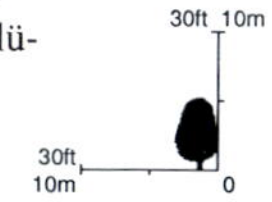

Grevillea banksii
Immergrüner, unregelmäßig verzweigter Baum oder Großstrauch mit gefiederten Blättern. Rote, spinnenähnliche Blüten in dichten Köpfchen erscheinen das ganze Jahr hindurch. Mindesttemperatur 10°C.

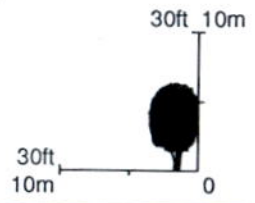

***Pittosporum eugenioides* 'Variegatum'**
(Klebsame)
Immergrüner, säulenförmig wachsender Baum mit gewellten, dunkelgrünen, glänzenden, weißpanaschierten Blättern. Die honigduftenden, blaßgelben Blüten erscheinen im Frühling.

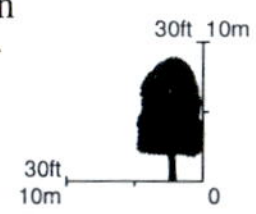

***Dracaena marginata* 'Tricolor'**
Schwachwachsender, immergrüner, aufrechter Baum oder Strauch mit schmalen, cremefarbengestreiften, grünen Blättern, die rötlich gerandet sind. Mindesttemperatur 13°C.

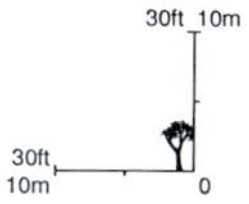

Acer laxiflorum
(Zierahorn)
Sommergrüner, breitwüchsiger Baum mit weißblühenden Trieben und gebogenen, grün-weiß gestreiften Zweigen. Im Spätsommer blaßrote Früchte. Die Blätter färben sich im Herbst orange.

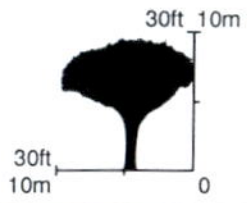

***Cordyline australis* 'Atropurpurea'**
Langsam wachsender, immergrüner Baum mit purpurgrünen Blättern und endständigen, weißen Blütenrispen im Sommer. Im Herbst kugelige, kleine, weiße Früchte. Mindesttemperatur 5°C.

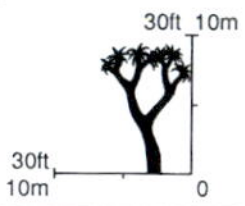

WEITERE EMPFOHLENE PFLANZEN:
Eriobotrya japonica
Kigelia pinnata
Pittosporum tenuifolium, S. 95
Polyscias guilfoylei 'Victoriae', S. 94

Kleine Bäume MIT INTERESSANTEM GANZJAHRESASPEKT

GRAU-GRÜN

Leucadendron argenteum
(Silberbaum)
Immergrüner, konischer, im Alter breitwüchsiger Baum mit seidig behaarten Blättern. Unscheinbare Blüten im Herbst/Winter zwischen silbrigen Hochblättern. Mindesttemperatur 7 °C.

Butia capitata*, syn. *Cocos capitata
(Palme)
Langsam wachsende, immergrüne Palme. Die Wedel bestehen aus vielen ledrigen Blättchen. Sie sind stark gebogen und 2 m oder länger. Mindesttemperatur 5 °C.

***Carpinus betulus* 'Fastigiata'**
(Säulen-Hainbuche)
Sommergrüner Baum mit einem flammenförmigen Habitus, der sich mit zunehmendem Alter entfaltet. Die stark gerippten, ovalen Blätter färben sich im Herbst gelb und orange.

Cyathea australis
(Baumfarn)
Immergrüner, aufrechtwachsender Baum mit fast schwarzem Stamm. Die gefiederten Wedel werden 2–4 m lang. Sie sind hellgrün, unterseits bläulich. Mindesttemperatur 13 °C.

Eucalyptus perriniana
(Eukalyptus)
Immergrüner, breitkroniger Baum mit rundlichen, graublauen, später herabhängenden Blättern. Im Spätsommer erscheinen weiße Blütenbüschel. Nicht für Freilandkultur.

Meryta sinclairii
Immergrüner, kugeliger Baum mit großen, glänzenden, tiefgrünen Blättern. Grünliche Blüten sporadisch von Frühling bis Herbst. Früchte wie schwarze Beeren. Mindesttemperatur 5 °C.

Pittosporum dallii
(Klebsame)
Immergrüner, rundkroniger Baum oder Strauch. Die purpurngestielten Blätter sind scharf gezähnt. Im Sommer duftende Blütendolden mit den schalenförmigen, weißen Blüten.

Beaucarnea recurvata
(Elefantenfuß)
Langsamwachsender, immergrüner Baum oder Strauch mit wenig verzweigtem Stamm und gebogenen Blättern von ca. 1 m Länge, die lange haften bleiben. Mindesttemperatur 7 °C.

Dracaena draco
(Drachenbaum)
Langsamwachsender, immergrüner Baum. Die lanzettlichen Blätter sind grau oder blaugrün. An ausgewachsenen Bäumen orangefarbene Beerentrauben. Mindesttemperatur 13 °C.

Lithocarpus henryi
Schwachwachsender, immergrüner, breitkegelförmiger Baum; er hat glänzende, blaßgrüne, lange, schmale und zugespitzte Blätter.

Chrysalidocarpus lutescens
(Goldfruchtpalme)
Immergrüne, trichterförmige Palme mit mehreren rohrähnlichen Stämmen. Die langen, gebogenen Wedel bestehen aus gelblichgrünen Blättchen. Mindesttemperatur 16 °C.

Acer griseum
(Papierrindenahorn)
Sommergrüner, breitwüchsiger Baum mit glatter, orangebrauner, sich schälender Rinde. Die aus 3 Blättchen bestehenden Blätter färben sich im Herbst rot und orange.

Castanopsis cuspidata
Cyathea arborea
Eucalyptus ficifolia
Stechpalmen, S. 70–71
Howea forsteriana
Ligustrum lucidum 'Excelsum Superbum', S. 95
Pandanus tectorius
Pisonia umbellifera
Pittosporum crassifolium
Pittosporum tobira
Quercus alnifolia
Quercus coccifera
Ravenala madagascariensis
Sapium sebiferum
Schefflera digitata

Hochwachsende Koniferen

BLAU-GRÜN

***Abies concolor* 'Candicans'**
(Konkolor-Tanne)
Konischwachsender Nadelbaum mit silbrigen Nadeln, die mit der dunkelgrauen Rinde gut harmonieren. Die länglichen bis ovalen Zapfen sind 8–12 cm lang.

Pinus × holfordiana
(Kiefernart)
Aufrechter, breitkonischwachsender Nadelbaum mit langen Zapfen, die zur Reifezeit braun sind. Die hängenden, blaugrünen Nadeln stehen jeweils zu fünfen zusammen.

Cupressus cashmeriana
(Zypresse)
Konischwachsende Zypresse, die mit zunehmendem Alter breiter wird. Die blauen Nadeln stehen in hängenden, flachen Büscheln zusammen. Die Zapfen sind klein und kugelig.

× Cupressocyparis leylandii
(Leylandzypresse)
Starkwüchsige, aufrechtwachsende Konifere mit überhängenden Zweigen. Wächst ca. 1 m/anno. Für Schutzpflanzungen geeignet. Dunkel- oder graugrüne Nadeln an flachen Trieben.

Cedrus atlantica* f. *glauca
(Blaue Atlaszeder)
Konischwachsende Zeder mit silbrigblauen Nadeln, die besonders im Frühling auffallen. Die aufrechtstehenden, zylindrischen Zapfen entwickeln sich im Herbst. Solitärbaum.

Pinus peuce
(Macedonische Kiefer)
Aufrechtwachsender Nadelbaum mit leicht pyramidenförmigem Wuchs. Dichte Benadelung, grüne Zapfen. Im Herbst braune Früchte. Attraktiver Baum ohne besondere Standortansprüche.

WEITERE EMPFOHLENE PFLANZEN:
Abies concolor
Abies procera
Abies procera 'Glauca', S. 77
Cedrus atlantica
Cedrus atlantica f. *fastigiata*
Cedrus deodara
Cedrus libani, S. 75
Chamaecyparis lawsoniana 'Triomf van Boskoop'
Chamaecyparis lawsoniana 'Wisselii'
Chamaecyparis nootkatensis
Cupressus lusitanica
Juniperus virginiana
Larix kaempferi
Picea pungens

Hochwachsende Koniferen

GRÜN

***Chamaecyparis lawsoniana* 'Intertexta'** (Scheinzypresse)
Eleganter Baum mit hängenden Zweigen und graugrüner Benadelung an hängenden Trieben. Alte Bäume wachsen säulenförmig mit einzelnen ausladenden Ästen.

100ft 30m · 75ft 22.5m · 0

Pinus Coulteri
(Kiefernart)
Raschwüchsige Kiefer mit großen, breitovalen, dornigen Zapfen, die 1–2 kg wiegen. Die graugrünen Nadeln stehen in Büscheln auf den Zweigen. Wächst auf allen Böden.

100ft 30m · 75ft 22.5m · 0

Abies veitchii
(Tanne)
Aufrechtwachsende Tanne mit dunkelgrünen Nadeln, die unterseits silbrig gefärbt sind und zylindrischen, violettblauen Zapfen.

100ft 30m · 75ft 22.5m · 0

Pseudotsuga menziesii* var. *glauca
(Blaue Douglasfichte)
Raschwüchsige, konischwachsende Konifere mit zerklüfteter, korkiger, graubrauner Rinde und bläulichgrünen Nadeln. Die Zapfen haben vorstehende, dreizipfelige Brakteen.

100ft 30m · 75ft 22.5m · 0

Pinus strobus
(Weyhmouthskiefer)
Kiefer mit offener, verzweigter Krone. Sie besitzt graugrüne Nadeln und zylindrische Zapfen. Die weiche, graue Rinde wird im Alter rissig. Empfindlich gegen Luftverschmutzung.

100ft 30m · 75ft 22.5m · 0

Metasequoia glyptostroboides
(Urweltmammutbaum)
Raschwüchsiger, sommergrüner, aufrechtwachsender Nadelbaum mit faseriger Rinde und weicher, blaugrüner Benadelung, die sich im Herbst gelb, rosa und rot verfärbt. Kugelige bis ovale Zapfen.

100ft 30m · 75ft 22.5m · 0

Pinus montezumae
(Montezumakiefer)
Majestätische Kiefer mit rundlicher Krone und graugrünen oder blaugrauen, langen, gebogenen Nadeln. Längliche, bis 15 cm lange Zapfen. Nicht für Standorte nördlich der Alpen.

100ft 30m · 75ft 22.5m · 0

Sequoiadendron giganteum
(Riesenmammutbaum)
Schnellwüchsiger, konischer Baum mit dicker, faseriger, brauner Rinde und scharfer, blaugrauer Benadelung. Ausgewachsen zählt er zu den höchsten Bäumen der Erde.

100ft 30m · 75ft 22.5m · 0

Abies alba
Abies amabilis
Abies cephalonica
Abies homolepis
Abies nordmanniana
Araucaria heterophylla
Chamaecyparis lawsoniana 'Green Pillar', S. 79
Chamaecyparis obtusa
Chamaecyparis pisifera
Cryptomeria japonica

Cedrus libani
(Libanonzeder)
Breitwüchsige Zeder mit ausladenden Ästen. An den Zweigen entwickeln sich flache Triebe mit graugrünen Nadeln und länglichen bis ovalen, rosagrauen Zapfen (8–15 cm).

Pinus muricata
Raschwüchsige Kiefer mit meist flacher Krone. Die paarig stehenden Nadeln sind blau oder graugrün. Seine eiförmigen Zapfen von 7–9 cm Länge öffnen sich selten. Gedeiht gut auf armen, sandigen Böden.

Picea omorika
(Serbische Fichte, Omorika-Fichte)
Schmale Fichte. Die dunkelgrünen Nadeln sind unterseits weiß. Seine Zweige hängen an den Spitzen über. Die violetten Zapfen werden später braun. Gedeiht auf allen Standorten.

Araucaria araucana
(Araucarie)
Lichtkroniger, verzweigter Nadelbaum mit grauer Rinde. Flache, scharfe, dunkelgrüne Nadeln und bis zu 15 cm lange Zapfen. Als Solitärbaum für mildes Klima geeignet.

Pinus ponderosa
(Gelbkiefer)
Konischer oder aufrechtwachsender Baum, mit tiefgefurchter Rinde und weichen, braunen Flächen. Graugrüne Benadelung. Die eiförmigen Zapfen sind purpurbraun.

Pinus jeffreyi
(Kiefernart)
Aufrechtwachsende, schmalkronige Kiefer mit dicken, graugrünen Nadeln von 12–26 cm Länge. Die schwarze Rinde ist gefurcht. Seine Blüten haben eine interessante graue Färbung.

Pinus wallichiana
(Himalayakiefer, Tränenkiefer)
Konischwachsende Kiefer mit langen, hängenden, blaugrünen Nadeln. Die Rinde an jungen Bäumen ist graugrün, später dunkel und rissig. Seine Zapfen sind zylindrisch.

Pinus pinaster
(Pinie, Mittelmeerkiefer)
Breitkronige Kiefer mit langem, astlosem Schaft und graugrünen Nadeln. Seine Zapfen stehen quirlförmig zusammen. Die purpurbraune Rinde ist tiefgefurcht. Für leichte Böden in Mittelmeerklima.

Ginkgo biloba
(Ginkgobaum)
Langlebige, sommergrüne Konifere mit aufrechtem, später breiterem Wuchs. Fächerförmige, bis zu 12 cm lange, hellgrüne Blätter; im Herbst gelb.

Cupressus macrocarpa
Juniperus chinensis 'Keteleeri', S. 77
Larix decidua
Picea orientalis
Picea sitchensis
Picea smithiana
Pseudotsuga menziesii
Sequoia sempervirens
Thuja plicata
Thuja plicata 'Atrovirens'
Thujopsis dolabrata
Tsuga heterophylla

Hochwachsende Koniferen

GRÜN

Pinus nigra* ssp. *nigra
(Schwarzkiefer)
Breitkronige Kiefer mit gleichmäßigem Wuchs, zuweilen mehrstämmig. Die paarigen, dunkelgrünen Nadeln stehen dicht beisammen. Verträgt exponierte Standorte.

100ft 30m · 75ft 22.5m · 0

Pinus radiata*, syn. *P. insignis
(Monterey-Kiefer)
Raschwüchsige Kiefer mit konischem, später schirmförmigem Wuchs. Die schwarze Rinde steht gut zu den weichen, leuchtendgrünen Nadeln. Windschutzpflanze.

100ft 30m · 75ft 22.5m · 0

Pinus leucodermis
(Schlangenhautkiefer)
Dichte, konischwachsende Kiefer mit paarigen, dunkelgrünen Nadeln. Die 5–10 cm langen, eiförmigen Zapfen sind im 2. Sommer kobaltblau, zur Reifezeit jedoch braun.

100ft 30m · 75ft 22.5m · 0

Abies grandis
(Riesentanne)
Starkwüchsige, schmale, konischwachsende Tanne. Die mittelgrünen Nadeln duften nach Orangen, wenn man sie zerreibt. Die 7–8 cm langen Zapfen sind zur Reifezeit rotbraun. Solitärbaum.

100ft 30m · 75ft 22.5m · 0

Picea abies
(Rotfichte, Gemeine Fichte)
Raschwüchsige, pyramidenförmige Fichte mit dunkelgrünen Nadeln. Die schmalen, hängenden Zapfen werden 10–20 cm lang. Häufig als Weihnachtsbaum verwendet; kein Solitärbaum.

100ft 30m · 75ft 22.5m · 0

× *Cupressocyparis leylandii* 'Harlequin'
Raschwüchsige, säulenförmige Konifere mit konischer Spitze. Die graugrünen Nadeln mit elfenbeinfarbenen Flecken stehen dicht an den büscheligen Trieben zusammen.

100ft 30m · 75ft 22.5m · 0

GRÜN-ORANGE

× *Cupressocyparis leylandii* 'Castlewellan'
Aufrechter, wüchsiger Baum, der etwas schwächer wächst als die Art, die wegen ihrer bronzegelben Nadeln gepflanzt wird. Heckenpflanze.

100ft 30m · 75ft 22.5m · 0

***Picea orientalis* 'Skylands'**
Dichte, aufrechtwachsende, anspruchslose Konifere, mit goldfarbenen, glänzenden Trieben. Die kleinen, eiförmigen Zapfen sind dunkelpurpurfarben, zur Reifezeit im Frühling ziegelrot.

100ft 30m · 75ft 22.5m · 0

Taxodium distichum
(Sumpfzypresse)
Sommergrüner, breitkegeliger Baum mit kleinen, rundlichen bis ovalen Zapfen. Die frischgrünen Nadeln färben sich im Herbst kräftig braun. Liebt sehr feuchten Standort.

100ft 30m · 75ft 22.5m · 0

× *Cupressocyparis leylandii* 'Robinsons's Gold'
Picea orientalis 'Aurea'
Thuja plicata 'Aurea'

Mittelhohe Koniferen

BLAU-GRÜN

***Abies procera* 'Glauca'**
Aufrechtwachsende Tanne mit weicher, silbriger Rinde und blauen Nadeln. Auf Trockenstandorten zeigen sich Risse in der Rinde und im Holz. Die 15–25 cm langen Zapfen sind zylindrisch geformt.

***Picea glauca* 'Coerulea'**
Dichte, aufrechtwachsende Fichte mit nadelfeinen, blaugrünen bis silberfarbenen Nadeln und eiförmigen, hellbraunen Zapfen.

***Juniperus chinensis* 'Keteleeri'**
Dichter, schlanker, regelmäßigwachsender, säulenförmiger Wacholder mit schuppenförmigen, graugrünen Nadeln und abblätternder, brauner Rinde. Gut geeignet für Formschnitt.

Picea breweriana
Aufrechtwachsende Fichte mit horizontalen Ästen und hängenden, bis zu 2 m langen Zweigen. Seine blaugrünen Nadeln sind gedrungen. Die länglichen, purpurrötlichen Zapfen werden 6–8 cm lang.

***Picea pungens* 'Koster'**
(Blaufichte)
Aufrechtwachsende Fichte mit quirlförmig abstehenden Ästen. Sie besitzt eine schuppige Rinde und silberblaue Nadeln, die mit zunehmendem Alter grünlich werden. Neigt zu Läusebefall.

***Chamaecyparis lawsoniana* 'Pembury Blue'**
Ausgezeichnete, kegelförmigwachsende Scheinzypresse mit leuchtendblaugrauer Benadelung, die sich an den nickenden Trieben entfaltet.

Picea engelmannii
(Engelmann-Fichte)
Breitkonischer Baum. Die Nadeln umgeben die Zweige radial. Sie sind stachelig oder weich, bläulich oder blaugrün. Die Zapfen bleiben klein. Gut für sehr magere Standorte.

Cupressus sempervirens
(Zypresse)
Schmale, aufrechtwachsende Konifere, die in der Jugend rasch wächst. Graugrüne Nadeln. Die glänzenden, graubraunen Zapfen sind kugelig. Nur für Mittelmeerklima geeignet.

Pinus parviflora
(Japanische Weißkiefer)
Langsamwachsende, kegelförmige oder breitwüchsige Kiefer mit feiner, blauer Benadelung und purpurbrauner Rinde. Die eiförmigen Zapfen sind 5–10 cm lang.

WEITERE EMPFOHLENE PFLANZEN:
Abies lasiocarpa
Chamaecyparis lawsoniana 'Fletcheri'
Chamaecyparis lawsoniana 'Wisselii'
Chamaecyparis nootkatensis 'Pendula'
Chamaecyparis pisifera 'Squarrosa'
Cupressus cashmeriana, S. 73
Cupressus glabra
Juniperus recurva
Picea glauca
Picea likiangensis
Picea mariana
Picea pungens 'Hoopsii'
Pinus armandii
Pinus × holfordiana, S. 73
Tsuga mertensiana

Mittelhohe Koniferen

GRÜN

Fitzroya cupressoides
Vasenförmig- oder quirligwachsende Konifere mit rotbrauner Rinde, die sich in langen Streifen abschält. Die weißgestreiften, dunkelgrünen Nadeln stehen an lockerverzweigten, drahtigen Zweigen.

Pinus rigida
(Pechkiefer)
Konische Kiefer, die vom Stamm her Ausläufer bildet. Die Nadeln stehen zu dreien zusammen. Die Zapfen sind kugelig bis eiförmig und bleiben auch wenn sie sich öffnen am Baum.

Cunninghamia lanceolata
(Spießtanne)
Aufrechtwachsender Baum, der auf trokkenem Standort eine schopfartige Krone ausbildet. Die rotbraune Rinde ist tief gefurcht. Seine lanzettförmigen, glänzenden Nadeln sind scharf zugespitzt.

Calocedrus decurrens
(Flußzeder)
Aufrechtwachsende Konifere mit kurzen, horizontalen Zweigen und fleckiger, grauer Rinde. Die dunkelgrünen Nadeln stehen an flachen Trieben zusammen. Resistent gegen Honigtaupilze.

Podocarpus salignus
(Steineibe)
Aufrechtwachsender Nadelbaum. Seine Nadeln sind weidenähnlich, 5–11 cm lang und oberseits glänzend. Die ausdrucksvolle, rotbraune Rinde schält sich streifenförmig ab.

Austrocedrus chilensis
Konischwachsender Baum mit abgeflachten, gefiederten Trieben, an denen die dunkelgrünen, unterseits weißen, dünnen Nadeln zu vieren zusammensitzen. Nicht für Frostlagen geeignet.

Phyllocladus trichomanoides
(Blatteibe)
Langsamwachsende Konifere, die erst kegelförmig wächst, später eine rundliche Krone entwickelt. Die blattähnlichen, umgewandelten Triebe (10–15 cm lang) haben 5–10 fiederähnliche Abschnitte.

Pinus cembra
(Arve, Zirbelkiefer)
Dichter, kegelförmigwachsender Baum mit dunkelgrünen oder bläulichgrünen Nadeln. Die eiförmigen, bläulichen oder purpurfarbenen Zapfen färben sich zur Reifezeit braun.

Pinus thunbergii
(Japanische Schwarzkiefer)
Rundliche Konifere, die in der Jugend kegelförmig wächst. Sie hat dunkelgrüne Nadeln und graubraune, 4–6 cm lange Zapfen. Die Knospen sind silbrig übersponnen. Verträgt Seeluft.

Sciadopitys verticillata
(Japanische Schirmtanne)
Kegelförmigwachsende Konifere mit rötlichbrauner Rinde. Tiefgrüne, unterseits gelbliche Nadeln umstehen quirlförmig die Triebenden wie Schirmstangen.

Pinus contorta* var. *latifolia
(Drehkiefer)
Kegelförmig wachsende Kiefer mit hellgrüner, 6–9 cm langer Benadelung. Die kleinen, eiförmigen Zapfen bleiben am Baum geschlossen. Für feuchte Lagen an der Küste geeignet.

Abies amabilis
Abies delavayi
Abies veitchii, S. 74
Chamaecyparis lawsoniana 'Kilmacurragh'
Juniperus chinensis
Picea omorika, S. 75
Pinus coulteri, S. 74
Pinus leucodermis, S. 76
Pinus wallichiana, S. 75
Saxegothaea conspicua
Taxus baccata
Taxus baccata 'Fastigiata'
Thuja orientalis
Tsuga caroliniana
Tsuga diversifolia

Pseudolarix amabilis
(Goldlärche)
Sommergrüne, lichtkronige Konifere, die in der Jugend langsam wächst. Die frischgrünen Nadelbüschel mit den 2,5–6 cm langen Nadeln färben sich im Herbst allmählich goldorange.

Pinus banksiana
Schlanke, struppig aussehende Kiefer mit frischgrünen, gedrehten, in unterschiedlichen Paaren zusammenstehenden Nadeln. Die Zapfen von 3–6 cm Länge sind nach den Zweigen ausgerichtet.

Picea morrisonicola
(Taiwan-Fichte)
Aufrechter, kegel-, später säulenförmig wachsender Baum. Die tiefgrünen Nadeln sind eng an die schlanken Zweige gepreßt. Die 5–7 cm langen Zapfen sind zylindrisch.

Torreya californica
(Nußeibe)
Aufrechtwachsende Konifere mit stacheligen, glänzenden Nadeln, die unterseits gelblich gefärbt sind und den Nadeln der Eibe ähnlich sehen. Die Früchte erinnern an Oliven.

***Chamaecyparis lawsoniana* 'Green Pillar'** (Scheinzypresse)
Kegelförmig wachsende Konifere mit aufrechtstehenden Zweigen. Die Nadeln bekommen im Frühling einen Goldschimmer. Für Hecken geeignet, da sie wenig geschnitten werden muß.

Chamaecyparis thyoides
Aufrechtwachsende Konifere mit grünen oder blaugrauen Nadeln, die in unregelmäßig gefächerter Anordnung an dünnen Zweigen zusammenstehen. Die sehr kleinen Zapfen sind rund und bläulich gefärbt.

Tsuga canadensis
(Hemlocktanne, Schierlingstanne)
Breitkegelförmig wachsende, oft mehrstämmige Konifere. Die grauen Triebe sind zweizeilig mit dunkelgrünen, unterseits silbrigen Nadeln besetzt. Kleine eiförmige Zapfen.

***Chamaecyparis lawsoniana* 'Lanei'**
(Scheinzypresse)
Säulenförmig wachsende Konifere mit goldgelb schimmernden Nadeln. Die Säulenform ist bei der aufrechtwachsenden Scheinzypresse besonders ausgeprägt.

Pinus contorta
(Drehkiefer)
Dichte, konisch oder schirmförmig wachsende Kiefer mit paarweise zusammenstehenden Nadeln und kegelförmigen bis eiförmigen Zapfen. Verträgt Zugluft und feuchten Standort.

Pinus halepensis
(Aleppokiefer)
Kegelförmig wachsender Baum mit langen, hellgrünen Nadeln und eiförmigen, glänzendbraunen Zapfen. Die Nadeln an jungen Bäumen schimmern mehrere Jahre lang bläulich.

Pinus virginiana
(Virginische Kiefer)
Konifere mit etwas unordentlichem Habitus. Die grau- bis gelbgrünen Nadeln sind 4–7 cm lang. An jungen Trieben rosaweiße Blüten. Längliche, rotbraune Zapfen von ca. 6 cm Länge.

Chamaecyparis obtusa 'Crippsii', S. 81
Chamaecyparis pisifera 'Filifera Aurea', S. 83
Chamaecyparis pisifera 'Plumosa'
Cupressus macrocarpa 'Goldcrest', S. 81
Juniperus chinensis 'Aurea'
Juniperus drupacea
Pinus densiflora
Taxus baccata 'Fastigiata Aurea'
Thuja occidentalis
Thuja occidentalis 'Fastigiata'
Thujopsis dolabrata

Kleinbleibende Koniferen

GRÜN

***Picea mariana* 'Doumetii'**
Dichtverzweigte, kugelige oder breitwüchsige Fichte mit kurzen, silbrigen, dunkelgrünen Nadeln und herabhängenden, eiförmigen, purpurfarbenen Zapfen.

***Juniperus virginiana* 'Robusta Green', syn. *J. chinensis* 'Robusta Green'**
Schwachwachsender säulen- bis kegelförmiger Wacholder, der jährlich etwa 7–8 cm Zuwachs zeigt. Seine Nadeln sind grün, die Beeren graugrün.

Pinus bungeana
Langsamwachsende, buschige Kiefer mit dunkelgrünen Nadeln. Sie fällt besonders wegen ihrer graugrünen Rinde auf, die beim Abfallen cremegelbe Flecken hinterläßt; diese färben sich später rot oder purpurn.

***Chamaecyparis lawsoniana* 'Columnaris'**
Zwergwüchsige, aufrechtwachsende Scheinzypresse, die eine kleine, blaugraue Säule bildet. Verträgt mageren Boden und Schnitt. Ein sehr wirkungsvoller, kleiner Solitärbaum.

Pinus aristata
(Fuchsschwanzkiefer)
Langsamwachsende, buschige Kiefer. Die blauweißen bis graugrünen Nadeln stehen zu fünfen zusammen. Eiförmige, 4–10 cm lange Zapfen mit borstigen Stacheln. Älteste bekannte Exemplare über 4000 Jahre.

***Juniperus virginiana* 'Burkii'**
Schwachwachsende, aufrechtstehende Konifere mit blaugrauen Nadeln, die im Winter purpurn getönt sind. Schuppige und schmale Nadeln an einem Trieb. Die Früchte sind klein, die Blüte auffällig.

Pinus sylvestris* f. *fastigiata
Kiefer mit aufrechtstehenden Zweigen; ihre Form erinnert an einen Obelisken. Sie hat eine fleckige, rotbraune Rinde, blaugrüne Nadeln und kegelförmige Zapfen. In exponierten Lagen windbruchgefährdet.

***Juniperus chinensis* 'Obelisk'**
Schlanke Konifere mit säulenförmigem Wuchs und aufrechtstehenden Zweigen mit langen, stacheligen, dunkelgrünen Nadeln. Sehr anpassungsfähig; besonders für warme, trockene Standorte.

WEITERE EMPFOHLENE PFLANZEN:
Cephalotaxus harringtonia
Chamaecyparis lawsoniana 'Ellwoodii'
Chamaecyparis lawsoniana 'Fletcheri'
Juniperus communis
Juniperus × *media* 'Hetzii'
Juniperus rigida
Juniperus scopulorum 'Skyrocket', S. 82
Juniperus squamata 'Meyeri'
Picea breweriana, S. 77
Pinus pumila
Podocarpus alpinus
Podocarpus macrophyllus
Pseudotsuga menziesii 'Fletcheri'
Taxus baccata 'Adpressa'

Pinus cembroides
(Kiefernart)
Langsamwachsende, buschige Kiefer, die nicht über 6–7 m hoch wird. Die Rinde ist silbergrau oder graubraun. Die Nadeln stehen zu zweit oder dritt zusammen, sind dunkelgrün bis graugrün.

***Thujopsis dolabrata* 'Variegata'**
Schwachwachsende, breitkegelförmige, buschige Konifere. Die gedrungenen, beilförmigen Nadeln haben oberseits unregelmäßige, cremefarbene Flecken und sind unterseits silbrig gefärbt.

Taxus cuspidata
(Japanische Eibe)
Immergrüne, breitwüchsige Eibe mit oberseits dunkelgrünen, unterseits gelblichgrünen Nadeln, die bei Kälte rötlichbraun anlaufen können. Verträgt trockenen Standort.

***Chamaecyparis obtusa* 'Crippsii'**
Attraktive, kegelförmig wachsende Scheinzypresse für kleine Gärten. Goldgelbe Benadelung an den flachen Zweigfächern. Die streifige Rinde ist rotbraun, die braunen Zapfen sind rund (1 cm).

Abies koreana
(Koreatanne)
Breitkegelförmig wachsende Tanne mit zylindrischen, violettblauen Zapfen, die sich bereits an kleinen Exemplaren bilden. Die Nadeln sind oberseits dunkelgrün, unterseits silbrig.

***Cryptomeria japonica* 'Pyramidata'**
(Sicheltanne)
Niedrige, säulenförmig oder obeliskenförmige Sicheltanne mit blaugrünen Nadeln, die sich später dunkelgrün färben.

***Cedrus deodara* 'Aurea'**
(Gelbe Himalayazeder)
Schwachwüchsige, aufrechtwachsende Zeder mit überhängenden Zweigenden und gelbem Austrieb. Im Sommer färben sich die Nadeln gelblichgrün. Attraktive Immergrüne für kleine Gärten.

***Cryptomeria japonica* 'Cristata'**
Kegelförmig wachsende Sicheltanne mit gedrehten, gebogenen Trieben und weicher, faseriger Rinde. Die Nadeln sind hellgrün, später braun.

Pinus pinea
(Schirmkiefer, Mittelmeerkiefer)
Kiefer mit rundlicher Krone auf kurzem Schaft. Die Nadeln sind dunkel-, in der Jugend bläulichgrün. Die breiten, eiförmigen Zapfen färben sich zur Reifezeit leuchtendbraun.

***Cupressus macrocarpa* 'Goldcrest'**
(Zypresse)
Raschwüchsige, zylindrisch wachsende Konifere mit goldgelben Nadeln, die in büscheligen Fächern stehen. Eignet sich zum Blumenstecken. Liebt keinen Rückschnitt.

Chamaecyparis obtusa 'Tetragona Aurea'
Taxus baccata 'Aurea', S. 83
Taxus baccata 'Semperaurea'
Thuja koraiensis
Thuja occidentalis 'Rheingold'
Tsuga canadensis 'Aurea', S. 83

Zwergkoniferen

Zwergkoniferen sind für kleine Gärten besonders wertvoll. Sie sind pflegeleicht und sehen das ganze Jahr hindurch interessant aus. Wenn man die Besonderheiten ihrer unterschiedlichen Formen, ihres Habitus und ihrer oft überraschenden Farben nutzt, lassen sie sich zu einem Blickfang machen. Im Steingarten können sie als Hintergrund für andere Pflanzen dienen. Viele Arten und Kulturformen sind gut als Bodendecker geeignet. Fast alle Koniferen sind anpassungsfähig. Zedern und Wacholder lieben keinen Schatten, Wacholder und Kiefern stehen am besten auf trockenen Sandböden. Die meisten Fichten, Eiben, Lebensbäume und Hemlocktannen vertragen leichten Schatten. Einige Arten können als niedrige Hecke geschnitten werden. Sie treiben aber selten wieder aus, wenn man sie bis ins drei- oder vierjährige Holz zurückschneidet.

***Picea pungens* 'Montgomery'**

***Abies lasiocarpa* var. *arizonica* 'Compacta'**

***Picea omorika* 'Gnom'**

***Juniperus squamata* 'Holger'**

***Pinus sylvestris* 'Doone Valley'**

***Juniperus scopulorum* 'Springbank'**

***Juniperus squamata* 'Blue Star'**

***Juniperus horizontalis* 'Douglasii'**

***Juniperus squamata* 'Chinese Silver'**

***Abies concolor* 'Glauca Compacta'**

***Juniperus virginiana* 'Grey Owl'**

***Juniperus × media* 'Pfitzeriana Glauca'**

***Juniperus sabina* 'Mas'**

***Juniperus chinensis* 'Stricta'**

***Thuja occidentalis* 'Caespitosa'**

Microbiota decussata

Juniperus procumbens

***Juniperus scopulorum* 'Skyrocket'**

***Juniperus procumbens* 'Nana'**

***Juniperus horizontalis* 'Turquoise Spreader'**

***Abies balsamea* 'Nana'**

***Abies cephalonica* 'Meyer's Dwarf'**

***Pseudotsuga menziesii* 'Fretsii'**

***Abies lasiocarpa* 'Roger Watson'**

***Picea mariana* 'Nana'**

Podocarpus nivalis

***Juniperus sabina* 'Cupressifolia'**

***Juniperus recurva* 'Densa'**

Juniperus sabina* var. *tamariscifolia

***Picea abies* 'Ohlendorffii'**

***Picea abies* 'Reflexa'**

***Pinus sylvestris* 'Nana'**

Pseudotsuga menziesii 'Oudemansii'

Chamaecyparis lawsoniana 'Gnome'

Chamaecyparis lawsoniana 'Minima'

Picea abies 'Gregoryana'

Chamaecyparis obtusa 'Intermedia'

Juniperus × media 'Pfitzeriana'

Pinus leucodermis 'Schmidtii'

Chamaecyparis obtusa 'Nana Pyramidalis'

Juniperus communis 'Hibernica'

Picea glauca var. *albertiana* 'Conica'

Cedrus libani 'Sargentii'

Pinus leucodermis 'Compact Gem'

Thuja orientalis 'Aurea Nana'

Thuja orientalis 'Semperaurea'

Thuja occidentalis 'Filiformis'

Thuja plicata 'Hillieri'

Juniperus davurica 'Expansa Variegata'

Juniperus × media 'Pfitzeriana Aurea'

Juniperus × media 'Plumosa Aurea'

Cryptomeria japonica 'Spiralis'

Juniperus × media 'Blue Gold'

Cryptomeria japonica 'Sekkan-sugi'

Taxus baccata 'Dovastonii Aurea'

Chamaecyparis obtusa 'Nana Aurea'

Chamaecyparis pisifera 'Filifera Aurea'

Thuja plicata 'Collyer's Gold'

Taxus baccata 'Aurea'

Abies nordmanniana 'Golden Spreader'

Tsuga canadensis 'Aurea'

Thuja plicata 'Stoneham Gold'

Pinus sylvestris 'Aurea'

Cryptomeria japonica 'Elegans Compacta'

Pinus sylvestris 'Gold Coin'

Hohe Sträucher MIT INTERESSANTEM FRÜHLINGSASPEKT

□ WEISS

Osmanthus delavayi
Immergrüner, rundlich-buschiger, überhängender Strauch mit kleinen, glänzenden Blättern, vielen kleinen, trichterförmigen, stark duftenden, weißen Blüten im Frühling bis Spätfrühling. Nur für geschützte Lagen.

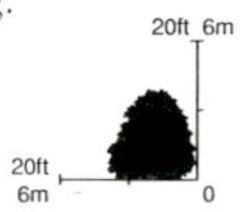

Pieris japonica
(Lavendelheide)
Immergrüner, rundlich-buschiger, dichter Strauch mit dunkelgrüner, im Austrieb bronzefarbener Belaubung. Im Frühling nickende Blütenähren mit den weißen Blüten.

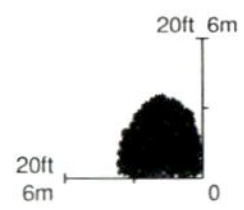

Amelanchier lamarckii
(Felsenbirne, Korinthenstrauch)
Sommergrüner, ausladender Busch. Die sternförmigen Blüten erscheinen in Trauben im Frühling. Das bronzefarbene, später dunkelgrüne Laub wird im Herbst gelb, rot und orange.

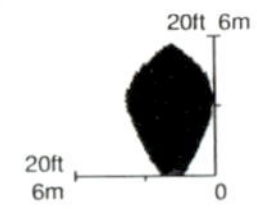

Osmanthus × burkwoodii
Immergrüner, rundlicher, dichter Strauch. Das glänzende Laub ist dunkelgrün. Im Frühling entfaltet sich eine Fülle weißer, sehr stark duftender Blüten. Nur für geschützte Lagen, sonst Kübelpflanze.

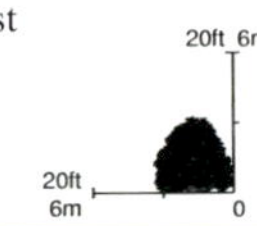

Malus sargentii
(Zierapfel)
Sommergüner, breitwüchsiger Strauch oder kleiner Baum. Den weißen Blütenmassen im Spätfrühling folgen im Spätsommer die tiefroten Früchte. Die ovalen Blätter sind bisweilen gelappt.

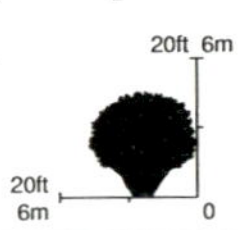

Anopterus glandulosus
Immergrüner, buschiger Strauch oder kleiner Baum mit schmalen, glänzend-dunkelgrünen Blättern und Dolden aus schalenförmigen, weißen oder rosafarbenen Blüten im Frühling. Kalthauspflanze.

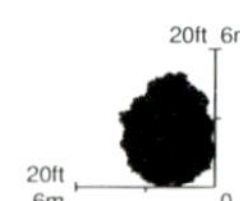

Dipelta yunnanensis
Sommergrüner, bogig wachsender Strauch mit sich schälender Rinde und glänzendgrünen Blättern. Im Spätfrühling erscheinen die trichterförmigen, cremeweißen, innen orange gezeichneten Blüten.

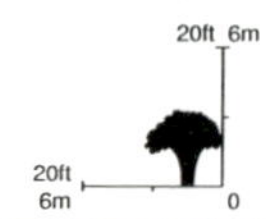

***Viburnum plicatum* 'Mariesii'**
Sommergrüner, buschiger, flachwachsender Schneeball mit dunkelgrüner Belaubung, die sich im Herbst rötlich färbt. Große, flachrunde Blütendolden mit weißen Brakteen im Spätfrühling und Sommer.

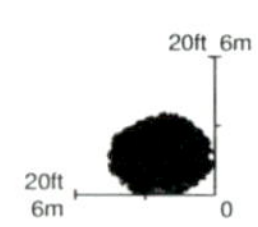

Staphylea pinnata
(Pimpernuß)
Sommergrüner, aufrechtwachsender Strauch, im Spätfrühling mit weißen, später rosa Blütentrauben. Im Herbst aufgeblasene, grüne Früchte. Die geteilten Blätter sind hellgrün.

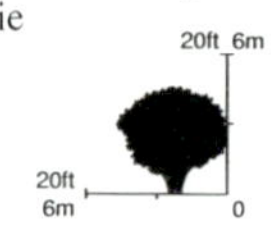

WEITERE EMPFOHLENE PFLANZEN:
Amelanchier canadensis
Amelanchier laevis, S. 58
Kamelien, S. 96–97
Exochorda racemosa
Halesia carolina
Heidekraut, S. 146–147
Magnolia cylindrica, S. 59
Myrtus bullata
Parrotiopsis jacquemontiana
Pieris formosa 'Henry Price'
Poncirus trifoliata
Prunus laurocerasus
Rhododendren, S. 100–102
Staphylea colchica
Syringa 'Maud Notcutt'

WEISS-ROSA

Dipelta floribunda
Wüchsiger und aufrechtwachsender, sommergrüner, baumartiger Strauch mit blaßbrauner Rinde. Duftende, blaßrosa, innen gelbgezeichnete Blüten im Spätfrühling und Frühsommer. Zugespitzte, grüne Blätter.

***Staphylea holocarpa* 'Rosea'**
(Pimpernuß)
Sommergrüner, aufrechter Strauch. Vor dem Laubaustrieb rosafarbene Blüten, später aufgeblasene, blaßgrüne Früchte. Das im Austrieb bronzefarbene Laub färbt sich später blaugrün.

Enkianthus campanulatus
(Prachtglocke)
Sommergrüner Strauch mit rötlichem Austrieb und stumpfgrünen Blattquirlen, die sich im Herbst leuchtendrot färben. Im Spätfrühling erscheinen die cremegelben Blütenglocken.

***Magnolia* × *loebneri* 'Leonard Messel'**
(Magnolie)
Sommergrüner, aufrechter Strauch oder kleiner Baum. Im Frühling erscheinen blaßlilarosa Blüten mit vielen Blütenblättern. Danach entfalten sich die tiefgrünen Blätter. Geschützter Standort.

Viburnum* × *carlcephalum
(Großblumiger Schneeball)
Sommergrüner, rundlicher Strauch. Im Spätfrühling große Blütendolden mit rosafarbenen Blütenknospen und duftenden, weißen Blüten. Das dunkle Laub färbt sich im Herbst bisweilen rot.

Magnolia* × *soulangiana
(Magnolie)
Sommergrüner, breitwüchsiger Strauch oder kleiner Baum. Im Frühsommer große, weiße, außen lilarosa, duftende Blüten. Das Laub ist mittelgrün, später dunkler.

ROSA-ROT

***Magnolia* × *soulangiana* 'Rustica Rubra'**
(Magnolie)
Sommergrüner, breitwüchsiger Strauch. Vor und während des Blattaustriebs ab Frühsommer kommen große, tulpenförmige, purpurrote Blüten, die sich rosa verfärben.

***Photinia* × *fraseri* 'Birmingham'**
(Glanzmispel)
Immergrüner, aufrechtwachsender, dichtbuschiger Strauch mit glänzenden, dunkelgrünen Blättern, die hellpurpurrot austreiben. Im Spätfrühling große Blütendolden aus kleinen, weißen Blütchen.

***Magnolia liliiflora* 'Nigra'**
(Magnolie)
Sommergrüner, aufrechtwachsender Strauch mit großen, purpurfarbenen Blüten. Sie sind auf der Innenseite blaßrosa oder weiß, kommen nach dem Austrieb der Blätter im Frühling bis Sommer.

Kamelien, S. 96–97
Heidekraut, S. 146–147
Magnolia denudata
Magnolia × *loebneri* 'Merrill'
Magnolia sieboldii
Rhododendren, S. 100–102
Viburnum plicatum
Kamelien, S. 96–97
Greyia sutherlandii, S. 98
Heidekraut, S. 146–147
Photinia × *fraseri* 'Red Robin'
Pieris 'Forest Flame'
Prunus triloba 'Multiplex'
Rhododendren, S. 100–102
Syringa 'Souvenir de Louis Späth'

PURPUR-ORANGE

Daphniphyllum macropodum
Immergrüner, buschiger Strauch mit dunkler Belaubung. Im Frühling kleine, grünliche Blüten an weiblichen, purpurfarbene an männlichen Pflanzen. Nur für Kalthauskultur.

Corylopsis glabrescens
(Scheinhasel)
Sommergrüner Strauch mit eiförmigen Blättern und borstigen Zähnen an den Blatträndern. Dunkelgrünes Laub, unterseits blaugrün. Blaßgelbe, duftende Blütentrauben im Frühling.

Berberis darwinii
(Berberitze)
Starkwachsender, immergrüner Strauch mit bogigen Zweigen und kleinen, glänzenden Blättern, mit vielen rundlichen, orangegelben Blüten im Spätfrühling und bläulichen Beeren im Herbst.

Acacia verticillata
Ceanothus thyrsiflorus
Rhododendren, S. 100–102
Syringa 'Katherine Havemeyer'

Hohe Sträucher MIT INTERESSANTEM SOMMERASPEKT

WEISS

***Syringa* 'Mme. Lemoine'**
(Weißer Flieder)
Sommergrüner, buschiger Strauch, mit herzförmigen Blättern; in der Jugend aufrecht, später breitkronig. Im Spätfrühling Rispen aus gefülltblühenden, weißen, duftenden Blüten.

Ligustrum sinense
(Chinesischer Liguster)
Sommer- oder halbimmergrüner, buschiger, aufrechtwachsender Strauch mit ovalen Blättern. Im Sommer große, weiße, duftende Blütenrispen, später kleine, purpurne Beeren.

Escallonia leucantha
Immergrüner, aufrechtwachsender Strauch mit schmalen, ovalen, glänzenden Blättern und flachen, schalenförmigen, weißen Blüten, die im Sommer erscheinen. Kalthauspflanze oder Winterschutz in milden Lagen.

***Buddleja davidii* 'Peace'**
(Sommerflieder)
Starkwüchsiger, sommergrüner, bogigwachsender Strauch mit schmalen Blättern. Seine sternförmigen, weißen Blüten sind in großen Rispen an den Zweigenden angeordnet.

***Escallonia* 'Iveyi'**
Immergrüner, aufrechtwachsender Strauch mit glänzenden, dunkelgrünen Blättern. Im Sommer/Spätsommer zahlreiche duftende, reinweiße Blüten mit kurzen Blütenblättern. Kalthaus oder Winterschutz in milden Lagen.

***Hydrangea paniculata* 'Floribunda'**
Sommergrüner, lockerer Strauch mit dichten, kegelförmigen Blütendolden aus kleinen, fruchtenden Blüten in der Mitte und großen, weißen, sterilen Randblüten. Die Blätter sind groß, spitz zulaufend und dunkelgrün.

Olearia virgata
Immergrüner, zierlicher Strauch mit dunkelgrünem Laub. Die kleinen, weißen, sternförmigen Blüten in kleinen Dolden. Kalthauspflanze, im Sommer in Kübeln im Freiland.

Styrax officinalis
(Storaxbaum)
Sommergrüner Strauch oder kleiner Baum. Im Sommer duftende, glockenförmige, weiße Blüten zwischen den dunkelgrünen, unterseits grauweißen Blättern. Nur für geschützte Lagen.

Viburnum rhytidophyllum
(Immergrüner Schneeball)
Starkwüchsiger, immergrüner Strauch mit langen, schmalen, tiefgrünen Blättern. Im Frühsommer dichte, cremeweiße Blütendolden, später rote, zur Reifezeit schwarze Früchte.

WEITERE EMPFOHLENE PFLANZEN:
Clethra arborea
Clethra barbinervis, S. 106
Cotoneaster lacteus, S. 93
Cotoneaster 'Rothschildianus'
Cotoneaster × watereri 'John Waterer'
Deutzia scabra, S. 104
Elaeocarpus reticulatus
Eucryphia milliganii, S. 105
Heidekraut, S. 146–147
Hibiscus syriacus 'Diana'
Hydrangea heteromalla

Sparmannia africana
(Zimmerlinde)
Immergrüner, aufrechtwachsender Strauch oder Bäumchen mit großen, schwachgelappten Blättern. Ab Frühling weiße Blütendolden mit gelben und purpurroten Staubfäden. Mindesttemperatur 7°C.

Chionanthus virginicus
(Schneeflockenstrauch)
Sommergrüner, buschiger Strauch oder kleiner Baum mit glänzenden Blättern, die sich im Herbst gelb färben. Die Trauben mit den duftenden, weißen Blüten erscheinen im Sommer.

Myrtus luma
(Myrte)
Starkwüchsiger, immergrüner, aufrechtwachsender Strauch mit goldbrauner und grauweißer Rinde. Zwischen den würzig duftenden Blättern von Sommer bis Herbst schalenförmige, weiße Blüten.

***Abutilon vitifolium* 'Album'**
(Schönmalve)
Raschwüchsiger, sommergrüner, aufrechtwachsender Strauch mit tiefgelappten, graugrünen Blättern. Große schalenförmige, weiße, rosagetönte Blüten im Frühsommer.

Xanthoceras sorbifolium
(Gelbhorn)
Sommergrüner, aufrechtwachsender Strauch mit hellgrünem Laub, das in viele schlanke Blättchen unterteilt ist. Im Frühsommer weiße Blütenähren mit roten Flecken am Blütengrund.

***Hydrangea heteromalla* 'Bretschneideri'**
Sommergrüner, leichtüberhängender Strauch. Im Sommer breite Blütendolden aus kleinen, grünlichenweißen Blüten. Äußere Blüten tiefrosa. Schmale, dunkelgrüne Blätter im Frühling.

Holodiscus discolor
Raschwüchsiger, sommergrüner, überhängender Strauch mit gelappten, gezähnten, dunkelgrünen Blättern. Im Sommer große, hängende Rispen aus kleinen, cremeweißen Blüten.

Datura × candida
(Stechapfel)
Halbimmergrüner, rundlicher Strauch oder kleiner Baum mit ovalen Blättern und starkduftenden, weißen oder rosa, selten gelblichen Blüten im Sommer und Herbst. Mindesttemperatur 10°C.

***Cornus mas* 'Variegata'**
Sommergrüner, dichtbuschiger Strauch oder kleiner Baum. Die kleinen, sternförmigen, gelben Blüten erscheinen im zeitigen Frühling vor dem Austrieb der weißgerandeten, dunkelgrünen Blätter.

Luculia grandifolia
Magnolia × wieseneri, S. 63
Magnolia wilsonii, S. 63
Melaleuca armillaris
Myrtus bullata
Olearia macrodonta
Osmanthus fragrans
Philadelphus magdalenae
Prunus lusitanica
Pyracantha atalantioides
Pyracantha 'Mohave'
Rhododendren, S. 100–102
Rubus 'Benenden', S. 104
Sambucus canadensis 'Maxima'
Viburnum 'Pragense', S. 107

WEISS

Abelia triflora
Starkwüchsiger, aufrechtwachsender, sommergrüner Strauch mit zugespitzten, tiefgrünen Blättern. Im Sommer erscheinen die kleinen, sehr stark duftenden, blaßrosagetönten, weißen Blüten.

Clethra delavayi
(Scheineller)
Sommergrüner Strauch mit lanzettlichen, gezähnten, leuchtendgrünen Blättern. Seine weißen, in der Knospe rosafarbenen, starkduftenden Blütenähren erscheinen im Sommer.

Aesculus parviflora
(Strauchkastanie)
Sommergrüner Strauch. Sein Laub ist im Austrieb bronzefarben, im Sommer dunkelgrün und im Herbst gelb. Im Sommer Blütenkerzen mit den weißen, rotgrundigen Blüten.

Aralia elata 'Variegata'
Cornus alternifolia 'Argentea', S. 62
Franklinia alatamaha
Ligustrum lucidum
Magnolia delavayi
Rothmannia capensis
Sorbaria arborea
Viburnum cinnamomifolium

ROSA

***Kolkwitzia amabilis* 'Pink Cloud'**
(Kolkwitzie)
Sommergrüner, überhängender Strauch mit ovalen, mittelgrünen Blättern. Er bringt eine Fülle von glockigen, rosa Blüten im Spätfrühling und Frühsommer hervor.

Abelia × grandiflora
Starkwüchsiger, halbimmergrüner, überhängender Strauch mit glänzenden, dunkelgrünen Blättern und einer Fülle von duftenden, rosagetönten weißen Blüten, die von Sommer bis Herbst erscheinen.

Tamarix ramosissima
(Tamariske)
Sommergrüner, anspruchsloser Strauch oder kleiner Baum mit winzigen, schmalen, blaugrünen Blättern. Im Spätsommer große, aufrechte Blütenrispen mit kleinen, rosafarbenen Blüten.

Syringa yunnanensis
(Flieder)
Sommergrüner, aufrechtwachsender Strauch. Im Frühsommer erscheinen über den ovalen, zugespitzten Blättern die schlanken Blütendolden aus vierblättrigen, blaßrosa oder weißen Blüten.

Nerium oleander
(Oleander)
Immergrüner Strauch mit ledrigen, tiefgrünen Blättern. Flachkronige Blütendolden aus roten, weißen, rosa oder gelben Blüten von Frühling bis Herbst. Mindesttemperatur 10°C.

Buddleia davidii 'Pink Pearl'
Clusia rosea
Cotoneaster bullatus var. *macrophyllus*
Heidekraut, S. 146–147
Kalmia latifolia, S. 109
Rhododendren, S. 100–102
Syringa 'Bellicent'
Tamarix gallica

ROSA-ROT

***Syringa* 'Maréchal Foch'**
(Gartenflieder)
Sommergrüner, buschiger Strauch, der zunächst aufrecht, später breit wächst. Im Frühsommer breite, lockere Rispen mit duftenden, karminroten Blüten. Grüne, herzförmige Blätter.

***Buddleja davidii* 'Royal Red'**
(Sommerflieder)
Starkwüchsiger, sommergrüner, überhängender Strauch, mit langen, zugespitzten, unterseits weißfilzigen Blättern und karminroten Blütenrispen. Blüht von Sommer bis Herbst.

***Buddleja davidii* 'Harlequin'**
Starkwüchsiger, sommergrüner, überhängender Strauch mit langen, zugespitzten, dunkelgrünen Blättern mit cremeweißen Flecken. Die purpurroten Blütenrispen erscheinen ab Hochsommer bis Herbst.

Cestrum elegans, S. 110
Lagerstroemia indica, S. 64
Rhododendren, S. 100–102
Virgilia capensis

ROT-PURPUR

Malvaviscus arboreus
(Beerenmalve)
Starkwüchsiger, immergrüner, kugeliger Strauch mit gesägten, weichbehaarten Blättern. Im Sommer leuchtendrote Blüten mit langen Staubfäden. Mindesttemperatur 13–16°C.

***Acer palmatum* 'Atropurpureum'**
(Zierahorn)
Sommergrüner, dichtschopfiger Strauch oder kleiner Baum mit gelappten, purpurroten Blättern, die sich im Herbst leuchtendrot färben. Im Frühling kleine, purpurrote Blüten.

Buddleja colvilei
(Sommerflieder)
Sommergrüner, überhängender Strauch, im Alter baumartig. Im Frühsommer zwischen dem dunkelgrünen Laub tiefrosa bis purpurrosafarbene Blüten in überhängenden Rispen.

Buddleia colvilei 'Kewensis'
Callistemon viminalis
Cercis canadensis 'Forest Pansy', S. 64
Cotinus coggygria 'Royal Purple

***Cotinus coggygria* 'Notcutt's Variety'**
(Perückenstrauch)
Sommergrüner, buschiger Strauch mit dunkelpurpurrotem Laub und langhaftenden, purpurrosa Dolden aus vielen kleinen Blütchen im Frühling.

***Acer palmatum* var. *heptalobum* 'Rubrum'**
Sommergrüner, dichtschopfiger Strauch oder kleiner Baum, im Austrieb rote, später bronzefarbene Blätter, die sich im Herbst orange oder gelb färben; purpurrote Blüten im Frühling.

***Prunus spinosa* 'Purpurea'**
(Schlehe)
Sommergrüner, dorniger Busch oder kleiner Baum. Blätter im Austrieb hellrot, später dunkelpurpurrot. Im Frühjahr blaßrosa Blüten, später blaubereifte schwarze Früchte.

Erythrina × bidwillii, S. 111
Erythrina crista-galli, S. 111
Feijoa sellowiana, S. 111
Heidekraut, S. 146–147

***Corylus maxima* 'Purpurea'**
(Bluthasel)
Starkwüchsiger Strauch oder Bäumchen mit purpurfarbenen Blättern, purpurnen Kätzchen und gelben Staubfäden. Sie hängen im Vorfrühling von den kahlen Zweigen. Eßbare Nüsse im Herbst.

Buddleja alternifolia
(Sommerflieder)
Sommergrüner, überhängender Strauch, der auch als Trauerform vorkommt. Schlanke Zweige mit schmalen, graugrünen Blättern und Dolden aus duftenden, lila Blüten im Sommer.

***Syringa* 'Ester Staley'**
Flieder
Sommergrüner, buschiger, anfangs aufrechter, später breitwüchsiger Strauch. Zylindrische Rispen mit rosa Knospen und duftenden, zartlila Blüten im Frühling; herzförmige, mittelgrüne Blätter.

Melaleuca hypericifolia
Rhododendren, S. 100–102
Sambucus nigra 'Guincho Purple'
Syringa 'Isabella'

Hohe Sträucher MIT INTERESSANTEM SOMMERASPEKT

PURPUR-GRÜN

***Syringa* 'Mme. Antoine Buchner'**
(Flieder)
Sommergrüner, buschiger Strauch, zunächst aufrecht, später breitkronig, mit lilablauen Rispen und duftenden, gefüllten Blüten, die dann verblassen. Herzförmiges Laub.

***Syringa* 'Blue Hyacinth'**
(Flieder)
Sommergrüner Strauch, der zunächst aufrecht, später breitkronig wächst und von Frühling bis Frühsommer große, duftende, blaßblaue Blütenrispen hervorbringt. Breitherzförmiges Laub.

***Acer palmatum* var. *heptalobum* 'Lutescens'** (Zierahorn)
Sommergrüner Strauch oder kleiner Baum mit handförmigen Blättern, die sich im Herbst reingelb färben. Rötliche Blüten im Frühling, später geflügelte Früchte.

***Syringa* 'Charles Joly'**
(Flieder)
Sommergrüner, buschiger Strauch, zunächst aufrecht, später breitkronig. Im Frühsommer dichte, duftende, gefüllte, dunkelpurpurfarbene Blütenrispen und herzförmige, dunkelgrüne Blätter.

Tibouchina urvilleana
Immergrüner Strauch mit dünnen Zweigen. Die samthaarigen Blätter sind stark geadert. Seidige purpurblaue Blütenrispen erscheinen vom Sommer bis Winteranfang. Mindesttemperatur 7°C.

Decaisnea fargesii
(Blauschotenbaum)
Sommergrüner, aufrechter, leicht gebogener Strauch mit blaubereiften Hülsen und paarig gefiederten Blättern an den bläulich bereiften Trieben. Im Frühsommer gelbliche Blütentrauben.

Abutilon × suntense
Buddleia davidii 'Empire Blue'
Ceanothus arboreus 'Trewithen Blue'
Cornus alternifolia
Hibiscus syriacus 'Blue Bird', S. 113
Hydrangea aspera ssp. *aspera*, S. 112
Itea ilicifolia, S. 114
Lagerstroemia indica, S. 64
Ptelea trifoliata 'Aurea', S. 113
Rhododendren, S. 100–102
Salix magnifica
Shepherdia argentea

GELB

Elaeagnus angustifolia
(Ölweide)
Sommergrüner, buschiger Strauch oder kleiner Baum mit silbergrauem Laub. Die kleinen, duftenden, cremegelben Blüten erscheinen im Frühsommer. Kleine, ovale Beeren im Herbst.

***Syringa* 'Primrose'**
(Gelber Flieder)
Sommergrüner, buschiger Strauch, zunächst aufrecht, später breitkronig, mit schmalen, schwachduftenden, blaßgelben Blütenrispen, die im Frühsommer erscheinen. Herzförmige Blätter.

Paliurus spina-christi
(Christusdorn)
Sommergrüner, buschiger Strauch mit schlanken, dornigen Zweigen und ovalen, glänzenden Blättern. Im Sommer gelbe Blüten, später eigentümliche, holzige, geflügelte Früchte.

Azara lanceolata
Cornus mas 'Aurea Elegantissima'
Datura aurea
Rhododendren, S. 100–102

***Datura* 'Grand Marnier'**
(Stechapfel)
Immergrüner, robuster Strauch mit großen, ovalen Blättern. Im Sommer hängende, trompetenförmige, pfirsichfarbene Blüten mit langen Zipfeln. Mindesttemperatur 7–10 °C.

Datura sanguinea
(Stechapfel)
Halbimmergrüner, aufrechter Strauch oder Bäumchen mit in der Jugend gesägten Blättern. Ab Sommer erscheinen große, trompetenförmige, gelbe oder orangerote Blüten. Mindesttemperatur 10 °C.

Crotalaria agatiflora
(Bengalischer Hanf)
Immergrüner, lockerer Strauch mit graugrünem Laub und grünlichgelben Blütentrauben, die v. a. im Sommer, aber auch das ganze Jahr über erscheinen. Mindesttemperatur 15 °C.

Cytisus battandieri
(Marokkanischer Ginster)
Sommergrüner, lockerer Strauch. Blätter aus 3 großen, silbergrauen Einzelblättern. Im Frühsommer/Sommer erscheinen große, dichte, gelbe, nach Ananas duftende Blütenähren.

Caesalpinia gilliesii
Sommergrüner, lockerer Strauch oder kleiner Baum mit feingeteilten dunkelgrünen Blättern. Im Sommer/Spätsommer erscheinen die kurzen, gelben Blütenkerzen mit langen, roten Staubfäden.

Genista cinerea
(Dalmatinischer Ginster)
Sommergrüner, überhängender Strauch mit einer Fülle von gelben Schmetterlingsblüten im Frühsommer und Sommer. Seidige Jungtriebe und schmale, graugrüne Blättchen.

Buddleja globosa
(Sommerflieder)
Sommergrüner oder halbimmergrüner Strauch mit dunkelgrünem Laub und dichten, rundlichen, orangegelben Blütenrispen, die im Frühsommer erscheinen. Winterschutz in rauhen Lagen.

***Fremontodendron* 'California Glory'**
Sehr raschwüchsiger, immergrüner oder halbimmergrüner, aufrechter Strauch mit rundlichen, gelappten, dunkelgrünen Blättern. Von Frühling bis Herbst große, leuchtendgelbe Blüten.

Acer japonicum 'Aureum', S. 65
Aralia elata 'Aureo-variegata'
Buddleia × weyeriana
Caesalpinia pulcherrima
Cassia didymobotrya, S. 115
Colutea arborescens, S. 114
Dendromecon rigida, S. 115
Fremontodendron californicum
Fremontodendron mexicanum
Ligustrum ovalifolium 'Aureum'
Myrtus luma 'Glanleam Gold'
Osmanthus fragrans f. *aurantiacus*
Sambucus canadensis 'Aurea'
Spartium junceum, S. 115
Tecoma stans, S. 68

Hohe Sträucher MIT INTERESSANTEM HERBSTASPEKT

ROT-GELB

***Cotoneaster* 'Cornubia'**
(Felsenmispel)
Halbimmergrüner, überhängender Strauch. Weiße Blütendolden zwischen dem dunkelgrünen Laub; später hängende Fruchtstände mit leuchtendroten Beeren. Feuerbrandrostgefährdet.

***Rhus typhina* 'Laciniata'**
(Geschlitztblättriger Essigbaum)
Sommergrüner, breitkroniger, lichter Strauch oder kleiner Baum mit samtigem Austrieb, roten Blütenrispen im Herbst und orangeroter Herbstfärbung der farnähnlich gefiederten Blätter.

***Cotinus coggygria* 'Flame'**
(Perückenstrauch)
Sommergrüner, buschiger, baumähnlicher Strauch mit dunkelgrünem Laub, das sich im Herbst orangerot färbt. Ab Spätsommer große, doldige, violettrosa Blütenstände über dem Blattwerk.

Hippophaë rhamnoides
(Sanddorn)
Sommergrüner, buschiger Strauch oder kleiner Baum mit silbriger Belaubung. Aus den winzigen Blüten entwickeln sich im Herbst an weiblichen Pflanzen orangefarbene Beeren.

Acer palmatum* var. *heptalobum
(Zierahorn)
Sommergrüner, buschiger Strauch oder Kleinbaum mit großen, handförmigen Blättern, die sich im Herbst leuchtend rot, orange oder gelb färben. Im Frühling kleine, violettrote Blüten.

***Hamamelis vernalis* 'Sandra'**
(Zaubernuß)
Sommergrüner, lichter Strauch mit duftenden, tiefgelben Blüten im Winter und Vorfrühling. Anfangs violette, später grüne Blätter, die sich im Herbst gelb, orange und rot färben.

Euonymus myrianthus
(Pfaffenhütchen)
Immergrüner, buschiger Strauch mit zugespitztem, ledrigem, mittelgrünem Laub. Im Sommer dichte Dolden aus gelblichgrünen Blütchen, im Herbst gelbe Früchte.

***Acer palmatum* 'Senkaki'**
(Zierahorn)
Sommergrüner, dichtbuschiger Strauch oder Kleinbaum mit korallenfarbenen Jahrestrieben und handförmigen Blättern, die erst grünlichgelb, später grün und im Herbst gelb gefärbt sind.

***Pyracantha atalantioides* 'Aurea'**
(Feuerdorn)
Starkwüchsiger, immergrüner, dorniger Strauch mit schmalovalen, glänzenddunkelgrünen Blättern und weißen Blütendolden im Sommer. Im Herbst gelbe Beeren.

WEITERE EMPFOHLENE PFLANZEN:
Acer ginnala, S. 68
Acer japonicum 'Vitifolium', S. 67
Cotinus coggygria 'Royal Purple'
Cotinus obovatus
Cotoneaster × watereri 'John Waterer'
Decaisnea fargesii, S. 90
Hibiscus mutabilis
Pyracantha 'Golden Charmer', S. 117
Pyracantha 'Mohave'
Sorbus scopulina
Stranvaesia davidiana, S. 67
Tibouchina urvilleana, S. 90
Viburnum betulifolim, S. 116

Hohe Sträucher MIT INTERESSANTEM WINTERASPEKT

GELB

***Mahonia* × *media* 'Charity'**
(Mahonie)
Immergrüner Strauch mit großen Blättern aus stachligen Fiederblättchen. Aufrechte, duftende, gelbe Blütenrispen von Frühherbst bis Vorfrühling. Geschützte Lage.

***Mahonia* × *media* 'Buckland'**
Immergrüner, aufrechter Strauch mit großen Blättern aus stachligen Fiederblättchen. Im Spätherbst bis Vorfrühling aufrechte, langgestielte, duftende gelbe Blütenrispen. Geschützte Lage.

Hamamelis virginiana
(Herbst-Zaubernuß)
Sommergrüner, aufrechtwachsender, lockerer Strauch mit kleinen, spinnenförmigen, gelben Blüten, die im Herbst erscheinen. Blätter breit-oval, Herbstfärbung gelb.

Cotoneaster 'Rothschildianus'
Datura aurea
Stechpalmen, S. 70–71
Tecoma stans, S. 68

ROT

Cotoneaster lacteus
(Felsenmispel)
Immergrüner, überhängender Strauch mit ovalen Blättern, schalenförmigen, weißen Blüten im Sommer und Fruchtständen aus roten Beeren im Herbst und Winter.

***Hamamelis* × *intermedia* 'Diane'**
(Zaubernuß)
Sommergrüner, breitwüchsiger, lichter Strauch mit spinnenförmigen, tiefroten Blüten, die an kahlen Zweigen im Winter erscheinen. Blätter breit-oval, Herbstfärbung gelb und rot.

Cyphomandra betacea
(Baumtomate)
Immergrüner, in der Jugend aufrechter Strauch oder Kleinbaum mit herzförmigen, kräftiggrünen Blättern und eßbaren Früchten im Sommer bis Winter. Mindesttemperatur 10°C.

WEITERE EMPFOHLENE PFLANZEN:
Euphorbia pulcherrima, S. 118
Euphorbia pulcherrima 'Paul Mikkelson'
Heidekraut, S. 146–147

GRÜN-GELB

Garrya elliptica
Immergrüner, dichtbuschiger Strauch mit ledrigen, welliggerandeten, dunkelgrünen Blättern. Im Winter bis Frühling erscheinen graugrüne Kätzchen, an männlichen Pflanzen länger als an weiblichen.

Azara microphylla
Eleganter, immergrüner Strauch oder Kleinbaum mit winzigen, dunkelgrünglänzenden Blättchen und kleinen Dolden aus tiefgelben, nach Vanille duftenden Blüten im Spätwinter bis Vorfrühling.

***Corylus avellana* 'Contorta'**
(Korkenzieherhasel)
Sommergrüner, buschiger Strauch mit seltsam verdrehten Zweigen und breiten, scharf gezähnten, mittelgrünen Blättern. Gelbe Kätzchen im Spätwinter bis Vorfrühling.

Cornus mas
Hamamelis japonica
Hamamelis mollis 'Pallida'
Mahonia acanthifolia

GELB

***Hamamelis* × *intermedia* 'Arnold Promise'** (Zaubernuß)
Sommergrüner, lockerer, breiter Strauch. Im Spätwinter große, duftende, gelbe Blüten mit gewellten Blütenblättern. Blätter breitoval, grün mit gelber Herbstfärbung.

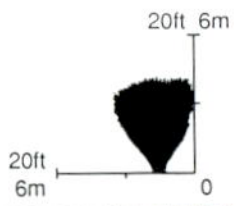

***Hamamelis japonica* 'Sulphurea'**
(Zaubernuß)
Sommergrüner, lockerer, breiter Strauch. Im Winter spinnenförmige, blaßgelbe, duftende Blüten an kahlen Zweigen. Blätter breitoval, dunkelgrün, im Herbst gelb.

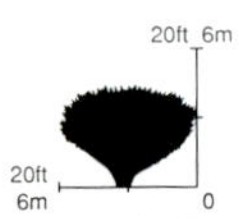

***Hamamelis mollis* 'Coombe Wood'**
Sommergrüner, lichter, verzweigter Strauch. Im Winter bis Spätwinter zahlreiche spinnenförmige, duftende, vierzipfelige, goldgelbe Blüten. Laub breitoval, mittelgrün mit Gelbfärbung im Herbst.

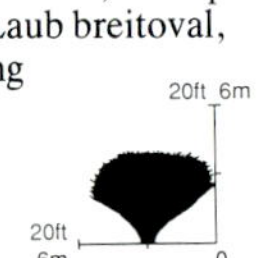

Acacia pravissima, S. 69
Buddleia madagascariensis
Jasminum nudiflorum, S. 119
Senecio grandifolius

Hohe Sträucher MIT INTERESSANTEM GANZJAHRESASPEKT

WEISS-GRÜN

***Dracaena deremensis* 'Warneckii'**
(Drazene)
Langsamwachsender, aufrechter, immergrüner Strauch, später breitwüchsig. Aufrechte oder überhängende, lanzettliche Blätter in Graugrün und cremefarben gestreift. Bis 15–18 °C.

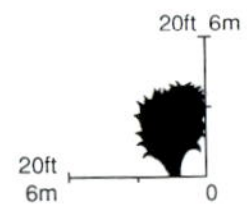

Ligustrum ovalifolium
(Rainweide, Liguster)
Starkwüchsiger, immergrüner oder halbimmergrüner, aufrechter Strauch mit glänzendem Laub und Rispen aus kleinen, weißen, starkriechenden Blüten im Sommer. Schwarzbeeren im Herbst.

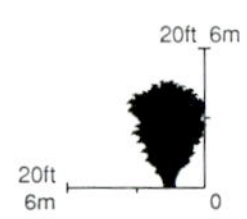

***Prunus lusitanica* 'Variegata'**
(Buntblättrige Lorbeerkirsche)
Schwachwachsender, immergrüner Strauch mit rötlichem Austrieb, glänzenden, weißgerandeten Blättern und duftenden, cremeweißen Blüten im Sommer. Früchte violett. Winterschutz.

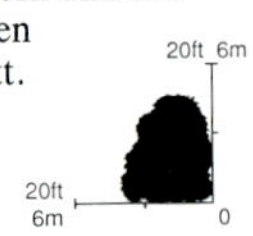

Prunus lusitanica* ssp. *azorica
(Lorbeerkirsche)
Immergrüner, buschiger Strauch mit violettrotem Austrieb und rötlichen, später mittelgrünen Blättern. Trauben aus weißen, kleinen Blüten, violette Früchte. Winterschutz.

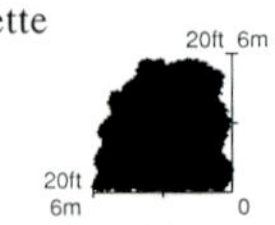

Tetrapanax papyriferus
(Reispapierbaum)
Immergrüner, aufrechter, ausläufertreibender Strauch mit langstieligen, tiefgelappten Blättern. Im Sommer Trauben aus kleinen, cremeweißen Blüten, später schwarze Beeren.

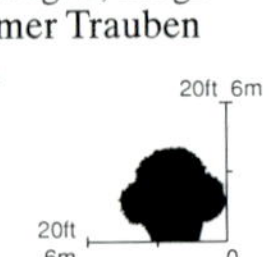

***Griselinia littoralis* 'Variegata'**
Immergrüner, aufrechter, dichtbuschiger Strauch mit ledrigen, graugrünen, hellgrüngezeichneten, cremeweißgerandeten Blättern. Im Spätfrühling unscheinbare, gelblichgrüne Blüten.

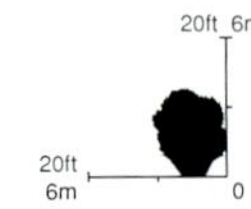

***Pittosporum* 'Garnettii'**
(Klebsame)
Immergrüner, säulenförmig wachsender, dichtbuschiger Strauch mit rundlichen, graugrünen, bisweilen weißgerandeten Blättern, die an kühlem Standort rosagetönt sein können. Im Sommer grünviolette Blüten.

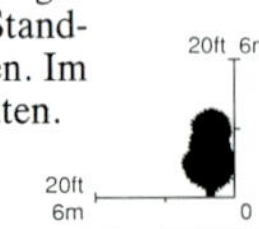

***Polyscias guilfoylei* 'Victoriae'**
(Fiederaralie)
Langsamwachsender, immergrüner, rundlicher Strauch oder Kleinbaum mit Blättern aus vielen einzelnen, ovalen bis rundlichen, gesägten, weiß gerandeten Blättchen. Bis 15–18 °C.

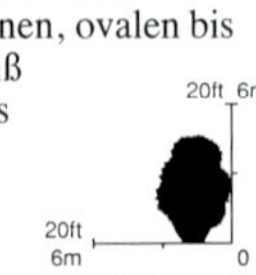

WEITERE EMPFOHLENE PFLANZEN:
Cordyline fruticosa 'Imperialis'
Dracaena marginata 'Tricolor', S. 71
Elaeagnus × *ebbingei*
Euonymus japonicus 'Macrophyllus'
Garrya elliptica 'James Roof'
Grevillea banksii, S. 71
Griselinia littoralis 'Dixon's Cream'
Griselinia lucida
Stechpalmen, S. 70–71
Pittosporum crassifolium 'Variegatum', S. 71
Synadenium grantii 'Rubra'

GRÜN-GELB

Dizygotheca elegantissima
(Fingeraralie)
Immergrüner, aufrechtwachsender Strauch mit großen 7–10fach gefächerten, gezähnten, glänzendgraugrünen oder bronzefarbenen Blättern. Mindesttemperatur 13°C.

20ft 6m

***Ligustrum lucidum* 'Excelsum Superbum'** (Liguster, Rainweide)
Immergrüner, aufrechter Strauch oder kleiner Baum mit großen, hellgrüngesprenkelten, gelbgerandeten Blättern und kleinen, weißen Blüten im Spätsommer und Frühherbst. Winterschutz.

20ft 6m

Brachyglottis repanda
Immergrüner, buschiger, anfangs aufrechtwachsender Strauch mit weißbereiften Zweigen. Blätter stark geadert, unterseits weiß, Blüten in duftenden, weißen Dolden im Sommer. 3°C Mindesttemperatur.

20ft 6m

***Osmanthus heterophyllus* 'Aureomarginatus'** (Duftblüte)
Immergrüner, aufrechter Strauch mit gezähnten, ilexähnlichen, glänzendgrünen, gelbgefleckten Blättern. Herbstblüher. Blüten klein, weiß. Kalthaus oder starker Winterschutz.

20ft 6m

Pittosporum tenuifolium
(Kleinblättriger Klebsame)
Immergrüner, säulenförmig wachsender, später rundlicher Strauch oder Kleinbaum mit purpurnem Austrieb und gewellten Blättern. Im Spätfrühling purpurne, duftende Blüten.

20ft 6m

***Elaeagnus pungens* 'Maculata'**
(Ölweide)
Immergrüner dünntriebiger Strauch mit glänzendgrünen, in der Mitte mit gelbem Fleck markierten Blättern. Starkduftende, cremeweiße Blüten im Spätherbst. Milde Lagen.

20ft 6m

Beaucarnea recurvata, S. 72
Castanopsis cuspidata
Cycas revoluta, S. 120
Elaeagnus × ebbingei 'Gilt Edge'
Euonymus japonicus 'Ovatus Aureus'
Pittosporum tenuifolium 'James Stirling'
Schefflera arboricola
Schefflera digitata

WEISS

Pieris floribunda
(Lavendelheide)
Immergrüner, dichtbuschiger Strauch mit ovalen, glänzenden Blättern. Die grünlichweißen Knospen erscheinen bereits im Winter. Im Vorfrühling weiße Blütenrispen.

10ft 3m

Enkianthus perulatus
(Prachtglocke)
Sommergrüner, dichtbuschiger Strauch mit zahlreichen kleinen, weißlichen, nikkenden Blütenglocken im Frühling. Blätter dunkelgrün, im Herbst leuchtendrot.

10ft 3m

Fothergilla major*, syn. *F. monticola
(Federbuschstrauch)
Sommergrüner, aufrechter Strauch mit dunkelgrünen, unterseits leicht bläulichen Blättern, die sich im Herbst rot, orange und gelb färben. Im Frühling duftende, weiße Blütenkätzchen.

10ft 3m

***Pieris japonica* 'Scarlett O'Hara'**
(Lavendelheide)
Immergrüner, rundlicher, dichtbuschiger Strauch mit bronzerotem Austrieb und glänzenden, dunkelgrünen Blättern. Weiße Blütenähren im Frühling.

10ft 3m

Choisya ternata
(Orangenblume)
Immergrüner, rundlicher, dichtbuschiger Strauch mit würzigduftenden, hellgrünen Blättern, aus 3 Blättchen bestehend. Im Frühling oder im Herbst weiße, duftende Blütendolden.

10ft 3m

WEITERE EMPFOHLENE PFLANZEN:
Buddleia asiatica
Kamelien, S. 96–97
Gardenia thunbergia
Osmanthus × burkwoodii, S. 84
Pieris taiwanensis
Rhododendren, S. 100–102
Viburnum × burkwoodii 'Anne Russell'

Kamelien

Diese immergrünen Sträucher sind wegen ihres leuchtendgrünen Laubs und der prächtigen, im Winter und Frühling erscheinenden Blütenmassen seit langem hoch geschätzt. Einige Arten lassen sich gut im Freien in geschützter Lage ziehen, wenn sie auch unter Frost und Regen zu leiden haben. Kamelien lieben kalkfreien Boden. Die wichtigsten Blütenformen sind nachfolgend abgebildet.

Einfache, flache Schalenblüten besitzen nur 8 in einer Ebene liegende Blütenblätter und herausragende Staubfäden.

Halbgefüllte, schalenförmige Blüten bestehen aus 2 oder mehr Reihen regelmäßig oder unregelmäßig angeordneter Blütenblätter mit herausragenden Staubfäden.

Anemonenblütige besitzen eine oder mehrere Reihen von größeren, flachen oder gewellten äußeren Blättern. Die gewölbten Mitten bestehen aus Staubfäden und kleinen Blättchen.

Päonienblütige besitzen gewölbte Blüten, die unregelmäßig mit Blättchen und Staubfäden durchsetzt sind.

Rosenblütige, schalenförmige Blüten bestehen aus mehreren Reihen sich überlappender Blätter und haben in der Mitte die Staubfäden.

Gefüllte Blüten bestehen aus vielen Reihen einander überlappender Blätter, die die Staubfäden verdecken.
Unregelmäßig gefüllte Formen sind ähnlich, häufig lockerer aufgebaut oder haben unregelmäßige Blütenblätter.

C. japonica **'Alba Simplex'** (einfach)

C. japonica **'Mrs D. W. Davis'** (halbgefüllt)

C. × *williamsii* **'Donation'** (halbgefüllt)

C. **'Innovation'** (päonienblütig)

C. **'Leonard Messel'** (halbgefüllt)

C. japonica **'Tomorrow's Dawn'** (unr. gefüllt)

C. × *w.* **'E. G. Waterhouse'** (gefüllt)

C. **'Inspiration'** (halbgefüllt)

C. japonica **'Jupiter'** (einfach)

C. × *williamsii* **'J. C. Williams'** (einfach)

C. j. **'Betty Sheffield Supreme'** (unr. gef.)

C. × *williamsii* **'Mary Christian'** (einfach)

C. japonica **'Rubescens Major'** (gefüllt)

C. × *williamsii* **'Clarrie Fawcett'** (halbgefüllt)

C. × *williamsii* **'Bow Bells'** (einfach)

C. japonica **'Elegans'** (anemonenblütig)

C. japonica **'Jessie Burgess'** (halbgefüllt)

C. japonica **'Margaret Davis'** (unr. gef.)

C. reticulata **'Mudan Cha'** (unterschiedl.)

C. japonica **'Lady Vansittart'** (halbgefüllt)

C. sasanqua **'Narumigata'** (einfach)

C. × *williamsii* **'Mary Larcom'** (einfach)

C. × *williamsii* **'St Ewe'** (einfach)

C. × *williamsii* **'Golden Spangles'** (einfach)

Mittelhohe Sträucher MIT INTERESSANTEM FRÜHLINGSASPEKT

WEISS-ROSA

C. japonica **'Gloire de Nantes'** (halbgefüllt)

C. japonica **'Julia Drayton'** (unterschiedl.)

C. japonica **'Guilio Nuccio'** (halbgefüllt)

C. **'William Hertrich'** (halbgefüllt)

C. reticulata **'Houye Diechi'** (halbgefüllt)

C. japonica **'R. L. Wheeler'** (unterschiedl.)

C. **'Anticipation'** (päonienblütig)

C. japonica **'Adolphe Audusson'** (halbgefüllt)

C. japonica **'Alexander Hunter'** (einfach)

C. reticulata **'Zaotaohung'** (untersch.)

C. **'Dr. Clifford Parks'** (unterschiedl.)

C. japonica **'Althaeiflora'** (päonienbl.)

C. reticulata **'Zaomudan'** (unr. gef.)

C. × williamsii **'Caerhays'** (unterschiedl.)

C. japonica **'Mathotiana'** (gefüllt)

Aronia arbutifolia
(Zwergvogelbeere)
Sommergrüner, in der Jugend aufrechter Strauch. Im Spätfrühling Dolden aus weißen Blüten mit roten Staubfäden, später rote Beeren. Blätter dunkelgrün, im Herbst rot.

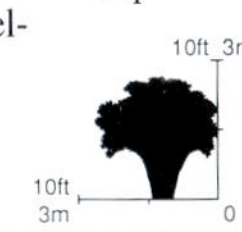

Malus sieboldii
(Zierapfel)
Sommergrüner, breitkroniger, überhängender Strauch mit weißen oder rosa Blüten im Frühling und gelben oder roten Früchten. Blätter häufig gelappt. Herbstfärbung.

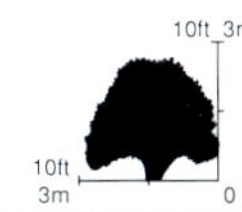

Magnolia stellata
(Sternmagnolie)
Sommergrüner, dichtbuschiger Strauch mit duftenden, sternförmigen Blüten, die sich aus den seidigen Knospen im Vorfrühling bis Frühling entfalten. Blätter schmal, tiefgrün.

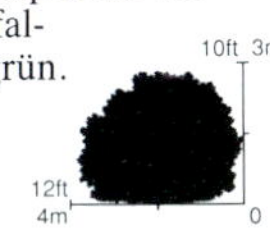

***Prunus mume* 'Omoi-no-mama'**
Sommergrüner, breitbuschiger Strauch mit duftenden, gefüllten, weißen, rosageflammten Blüten an den Jungtrieben. Erscheinen im zeitigen Frühling vor dem Austrieb der ovalen, gezähnten Blätter.

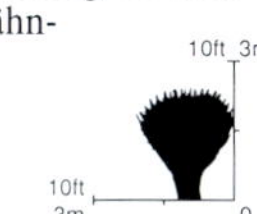

Myrtus communis
(Myrte)
Immergrüner, buschiger Strauch mit duftendem, glänzendem Laub und duftenden, weißen Blüten im Frühling bis Frühsommer. Schwarze Beeren. Kalthauspflanze.

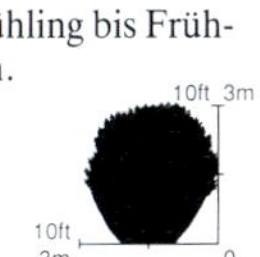

***Viburnum plicatum* 'Pink Beauty'**
(Schneeball)
Sommergrüner, buschiger Strauch. Herbstfärbung violettrot. Weiße, später rosa Blüten im Spätfrühling bis Frühsommer. Früchte zunächst rot, später schwarz.

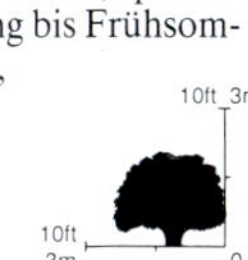

Daphne × burkwoodii 'Variegata'
Rhododendren, S. 100–102
Skimmia japonica, S. 143
Spiraea 'Arguta'
Spiraea prunifolia
Viburnum × burkwoodii 'Park Farm Hybrid'
Viburnum carlesii 'Diana'

ROSA-ROT

***Chaenomeles speciosa* 'Moerloosii'**
(Rosenquitte, Japanische Quitte)
Starkwüchsiger, sommergrüner, dichtbuschiger Strauch. Weiße, rosagetönte Blüten im Vorfrühling, später gelblichgrüne Früchte. Blätter glänzend-dunkelgrün.

10ft 3m

Cotoneaster divaricatus
(Felsenmispel)
Sommergrüner, buschiger, breitwüchsiger Strauch mit glänzendem Laub. Herbstfärbung rot. Im Spätfrühling kugelige, weiße Blüten, später tiefrote Beeren.

10ft 3m

***Ribes sanguineum* 'Pulborough Scarlet'** (Zierjohannisbeere)
Sommergrüner, aufrechtwachsender Strauch mit gelappten Blättern. Im Frühling tiefrote Blütentrauben, später schwarze, weißbereifte Beeren. Pflanze aromatisch duftend.

10ft 3m

***Prunus mume* 'Beni-shidare', syn. *P. m.* 'Beni-shidon'**
(Zierkirsche)
Sommergrüner, breitbuschiger Strauch mit duftenden, einzelnen, karminroten Blüten im Vorfrühling. Blätter dunkelgrün, zugespitzt.

10ft 3m

***Acer palmatum* 'Corallinum'**
(Zierahorn)
Schwachwüchsiger, sommergrüner Strauch oder Kleinbaum. Blätter gelappt, im Austrieb rosarot, später mittelgrün, im Herbst leuchtendrot oder gelb. Im Frühling lila Blüten.

10ft 3m

Enkianthus cernuus* var. *rubens
(Prachtglocke)
Sommergrüner, buschiger Strauch mit Blattquirlen. Herbstfärbung rotviolett. Im Spätfrühling erscheinen kleine, nickende, dunkelrote Blüten in Glockenform.

10ft 3m

Leucospermum reflexum
Immergrüner Strauch mit aufwärtsgerichteten Zweigen und blaugrauen oder graugrünen Blättern. Im Sommer rundliche Blütenschöpfe aus schmalen, trichterförmigen, karminroten Blüten. Mindesttemperatur 10 °C.

10ft 3m

Telopea truncata
Immergrüner, aufrechter, buschiger Strauch mit tiefgrünem Laub und dichten, runden Schöpfen aus kleinen, trichterförmigen, karminroten Blüten, die im Frühling bis Sommer erscheinen.

10ft 3m

Greyia sutherlandii
Sommergrüner oder halbimmergrüner, rundlicher Strauch mit starkgesägten, ledrigen Blättern. Herbstfärbung rot. Leuchtendrote Blütenähren während des Blattaustriebs im Frühling. Mindesttemperatur 7–10 °C.

10ft 3m

Banksia coccinea
Immergrüner, dichtbuschiger Strauch mit dunkelgrünen, gezähnten Blättern, die unterseits graugrün gefärbt sind. Im Spätwinter bis Frühling Dolden aus leuchtendroten Einzelblüten.

10ft 3m

Arctostaphylos stanfordiana
Callistemon speciosus
Kamelien, S. 96–97
Chaenomeles × *superba* 'Etna'
Cytisus 'Windlesham Ruby'
Euphorbia milii var. *splendens*
Heidekraut, S. 146–147
Pieris japonica 'Daisen'
Protea repens
Prunus glandulosa 'Rosea Plena'
Prunus tenella 'Fire Hill'
Rhaphiolepis × *delacourii* 'Coates' Crimson'
Rhododendren, S. 100–102
Ribes speciosum
Templetonia retusa

ROT-VIOLETT

***Leptospermum scoparium* 'Red Damask'** (Steinsame)
Immergrüner, aufrechter Strauch mit schmalen, duftenden Blättern und roten Trauben aus gefüllten Blüten, die im Spätfrühling bis Sommer erscheinen.

Berberis thunbergii* f. *atropurpurea
(Blutberberitze)
Sommergrüner, überhängender Strauch mit rotviolettem Laub. Herbstfärbung leuchtendrot. Im Frühling blaßgelbe, rotgetönte Blüten, später rote Früchte.

Syringa × persica
(Persischer Flieder)
Sommergrüner, dichtbuschiger Strauch mit kleinen, dichten Blütenrispen aus lilafarbenen, duftenden Blüten im Spätfrühling. Schmale, zugespitzte, dunkelgrüne Blätter.

Ceanothus 'Delight'
Ceanothus 'Italian Skies'
Ceanothus papillosus
Cestrum 'Newellii'
Daphne genkwa
Iochroma cyaneum, S. 118
Rhododendren, S. 100–102
Rosmarinus officinalis S. 135

GELB

Corylopsis pauciflora
(Scheinhasel)
Sommergrüner, dichtbuschiger Strauch. Blätter hellgrün, im Austrieb bronzefarben, borstig behaart. Im Vorfrühling blaßgelbe Blütenstände.

Berberis gagnepainii
(Berberitze)
Immergrüner Strauch mit im Spätfrühling gelben Blüten zwischen langen, zugespitzten, dunkelgrünen Blättern. Blaubereifte, schwarze Beeren.

Kerria japonica
(Kerrie, Ranunkelstrauch)
Sommergrüner, überhängender, graziöser Strauch mit goldgelben, hahnenfußähnlichen Blüten an den grünen Trieben. Blütezeit Frühling bis Spätfrühling. Hellgrünes Laub.

Lindera benzoin
(Fieberstrauch)
Sommergrüner Strauch mit aromatischduftendem Laub. Herbstfärbung gelb. Winzige, grünlichgelbe Blüten im Frühling. An weiblichen Pflanzen später rote Beeren.

Forsythia suspensa
(Forsythie, Goldglöckchen)
Sommergrüner, überhängender, anspruchsloser Strauch mit schlanken Trieben. Im Frühling erscheinen die hängenden, gelben, trompetenförmigen Blüten.

Berberis aggregata
Berberis sargentiana
Corokia × virgata
Corylopsis spicata
Forsythia 'Spring Glory'
Lonicera morrowii
Rhododendren, S. 100–102

Azaleen und Rhododendren (Alpenrosen)

Azaleen und Rhododendren gehören zur selben großen Gruppe *Rhododendron*. Als Azaleen bezeichnet man meist die kleineren, sommergrünen Sträucher. Die gesamte Gruppe reicht von winzigen alpinen Sträuchern, die nur wenige Zentimeter hoch werden, bis zu baumartigen, mehrere Meter hohen „Eurhododendron“. Viele lassen sich gut in Kübeln ziehen, wo man leicht die erforderlichen Wachstumsbedingungen herstellen kann.

Wie die meisten der angeführten Heidekrautgewächse müssen auch Rhododendronarten in saurem Boden mit hohem Anteil an organischen Stoffen und guter Drainage kultiviert werden. Viele lieben kühle Waldstandorte, die Zwergformen mehr offenere Lagen. Sind sie erst angewachsen, benötigen sie wenig Pflege, wenn wir von den jährlichen Mulchgaben und gelegentlicher Düngung absehen, und sie erfreuen uns viele Jahre durch ihr farbenfrohes Blühen.

***R.* 'Palestrina'** (Azalee)

***R.* 'Seven Stars'** (Rhododendron)

***R.* 'Mrs G. W. Leak'** (Rhododendron)

R. occidentale (Azalee)

R. souliei (Rhododendron)

R. auriculatum (Rhododendron)

R. yakushimanum (Rhododendron)

R. argyrophyllum (Rhododendron)

R. yunnanense (Rhododendron)

***R.* 'Azuma-kagami'** (Azalee)

R. fulvum (Rhododendron)

R. sutchuenense (Rhododendron)

***R.* 'Seta'** (Azalee)

***R.* 'Strawberry Ice'** (Azalee)

R. fictolacteum (Rhododendron)

***R.* 'Silver Moon'** (Azalee)

R. calophytum (Rhododendron)

***R.* 'Nobleanum'** (Rhododendron)

***R.* 'Coreille'** (Azalee)

***R.* 'Kirin'** (Azalee)

***R.* 'Beauty of Littleworth'** (Rhododendron)

R. racemosum (Azalee)

R. williamsianum (Rhododendron)

R. schlippenbachii (Azalee)

R. orbiculare (Rhododendron)

***R.* 'Percy Wiseman'** (Rhododendron)

***R.* ‘Pink Pearl‘**
(Rhododendron)

***R.* ‘Elizabeth‘**
(Rhododendron)

R. davidsonianum
(Rhododendron)

***R.* ‘Queen Elizabeth II‘**
(Rhododendron)

R. oreotrephes
(Rhododendron)

R. wardii
(Rhododendron)

***R.* ‘Rosalind‘**
(Rhododendron)

***R.* ‘Hinodegiri‘**
(Azalee)

***R.* ‘May Day‘**
(Rhododendron)

R. kaempferi (Azalee)

***R.* ‘Blue Peter‘**
(Rhododendron)

R. lutescens (Azalee)

R. calostrotum (Azalee)

***R.* ‘President Roosevelt‘**
(Rhododendron)

R. thomsonii
(Rhododendron)

R. cinnabarinum
(Rhododendron)

R. hippophaeoides
(Azalee)

***R.* ‘Hinomayo‘** (Azalee)

***R.* ‘John Cairns‘**
(Azalee)

***R.* ‘Iro-hayama‘**
(Azalee)

R. augustinii
(Rhododendron)

R. xanthocodon
(Rhododendron)

***R.* ‘Hatsugiri‘** (Azalee)

R. arboreum
(Rhododendron)

***R.* ‘Homebush‘**
(Azalee)

***R.* ‘Susan‘**
(Rhododendron)

***R.* ‘Cynthia‘**
(Rhododendron)

***R.* ‘Vuyk's Scarlet‘**
(Azalee)

Rhododenren und Azaleen Fortsetzung

R. 'Narcissiflorum' (Azalee)

R. 'Freya' (Azalee)

R. 'Hawk Crest' (Rhododendron)

R. luteum (Azalee)

R. 'Medway' (Azalee)

R. 'Curlew' (Azalee)

R. 'George Reynolds' (Azalee)

R. 'Fabia' (Rhododendron)

R. 'Yellowhammer' (Azalee)

'Glory of Littleworth' (azalea × rhodo.)

R. 'Frome' (Azalee)

R. 'Moonshine Crescent' (Rhododendron)

R. macabeanum (Rhododendron)

R. 'Gloria Mundi' (Azalee)

Mittelhohe Sträucher MIT INTERESSANTEM FRÜHLINGSASPEKT

GELB

Berberis verruculosa
(Berberitze)
Langsamwachsender, immergrüner Strauch mit unterseits blauweißen Blättern. Im Spätfrühling gelbe Büschel aus schalenförmigen Blüten, später schwarzrote Beeren.

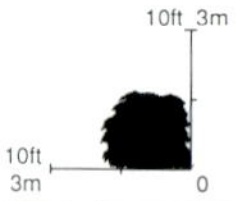

Berberis julianae
(Berberitze)
Immergrüner, dichtbuschiger Strauch mit glänzenden Blättern und gelben Blüten, die im Frühling erscheinen. Im Herbst eiförmige, schwarzblaue Beeren.

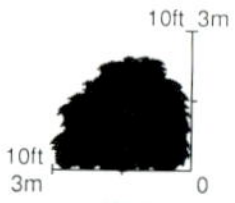

***Forsythia × intermedia* 'Spectabilis'**
(Forsythie, Goldglöckchen)
Starkwüchsiger, sommergrüner, ausladender Strauch mit gedrungenen Zweigen. Tiefgelbe Blüten im Vorfrühling vor dem Austrieb der scharfgezähnten, dunkelgrünen Blätter.

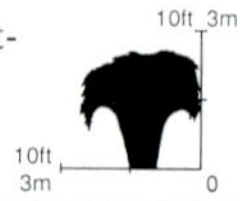

Hibbertia cuneiformis, S. 114
Kerria japonica 'Pleniflora'
Mahonia napaulensis
Mahonia 'Undulata'
Ochna serrulata
Ribes odoratum

Mittelhohe Sträucher MIT INTERESSANTEM SOMMERASPEKT

GELB-ORANGE

Azara serrata
Immergrüner, aufrechtwachsender Strauch mit glänzendem, hellgrünem Laub und kugeligen, gelben Blütenbüscheln, die im Spätfrühling oder Frühsommer erscheinen.

Berberis* × *stenophylla
Immergrüner, bogigwachsender Strauch mit schlanken Zweigen und schmalen, unterseits blaugrauen, stacheligen Blättern. Im Frühling goldgelbe Blütenmassen, im Herbst blauschwarze Früchte.

***Forsythia* × *intermedia* 'Beatrix Farrand'** (Forsythie, Goldglöckchen)
Starkwüchsiger, sommergrüner, überhängender Strauch mit kräftigen Trieben. Im Frühling große, gelbe Blüten, danach das starkgezähnte, ovale, mittelgrüne Laub.

***Berberis* × *lologensis* 'Stapehill'**
(Berberitze)
Starkwüchsiger, immergrüner, überhängender Strauch. Glänzendes, dunkelgrünes Laub. Im Spätfrühling Rispen aus kugeligen bis glockenförmigen, orangefarbenen Blüten.

Acacia cultriformis
(Akazie)
Immergrüner, überhängender Strauch mit kleinen, kugeligen, gelben Blütenbüscheln im Vorfrühling. Das silbergraue Laub besteht aus dreieckigen, abgeflachten Zweigen.

***Berberis linearifolia* 'Orange King'**
(Berberitze)
Immergrüner, steif aufrechtwachsender Strauch mit schmalen, aufrechten, dunkelgrünen Blättern. Große, kugelige bis glockenförmige, tieforangefarbene Blüten im Spätfrühling.

WEISS

***Carissa grandiflora* 'Tuttlei'**
Immergrüner, dichter, breiter Busch mit dornigen Zweigen und ledrigem, glänzendgrünem Laub. Im Frühling bis Sommer duftende, weiße Blüten, im Herbst eßbare, rote Früchte. Mindesttemperatur 13 °C.

***Philadelphus* 'Beauclerk'**
(Pfeifenstrauch, Falscher Jasmin)
Sommergrüner, etwas überhängender Strauch mit großen, duftenden, weißen Blüten, in der Mitte blaßrot gefleckt; erscheinen von Frühsommer bis Sommer. Das Laub ist dunkelgrün.

***Exochorda* × *macrantha* 'The Bride'**
(Blumenspiere, Knochenspiere)
Sommergrüner, überhängender Strauch. Die weißen Blüten erscheinen zwischen dem dunkelgrünen Laub im Spätfrühling bis Frühsommer. Geschützter Standort.

Berberis × *lologensis*
Cytisus 'Firefly'
Cytisus scoparius f. *andreanus*, S. 139
Forsythia × *intermedia* 'Arnold Giant'
Forsythia × *intermedia* 'Lynwood'
Forsythia ovata
Rhododendren, S. 100–102

WEITERE EMPFOHLENE PFLANZEN:
Acradenia frankliniae
Aronia prunifolia
Buddleia fallowiana var. *alba*
Cistus × *cyprius*, S. 127
Clethra alnifolia
Cleyera japonica
Cotoneaster 'Firebird'

□ WEISS

Deutzia scabra
(Deutzie)
Sommergrüner, aufrechter Strauch mit schmalovalen, dunkelgrünen Blättern. Im Sommer dichte, aufrechtstehende Blütenrispen aus sternförmigen, weißen Blüten.

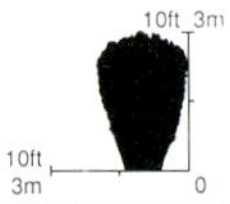

***Philadelphus* 'Belle Etoile'**
(Falscher Jasmin, Pfeifenstrauch)
Sommergrüner, überhängender Strauch mit duftenden, weißen, purpurgrundigen Blüten, die im Spätfrühling zwischen dem mittelgrünen Laub erscheinen.

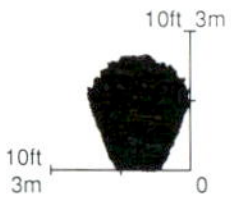

Pyracantha* × *watereri
(Feuerdorn)
Immergrüner, aufrechtwachsender, stacheliger Strauch mit glänzenden Blättern. Flache, weiße Blütendolden im Frühsommer, leuchtendrote Beeren im Herbst.

Spiraea canescens
(Spierstrauch)
Sommergrüner Strauch mit aufrechtwachsenden, an der Spitze überhängenden Zweigen. Kleine, weiße Blütendolden zwischen schmalovalen Blättern im Frühsommer.

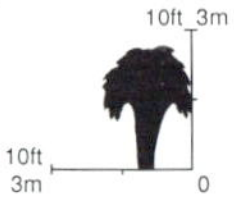

***Deutzia* × *magnifica* 'Staphyleoides'**
(Deutzie)
Starkwachsender, aufrechter, sommergrüner Strauch mit weißen Einzelblüten in dichten Rispen. Leuchtendhellgrünes Laub.

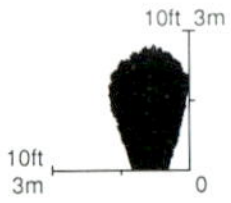

Aronia melanocarpa
(Zwergvogelbeere)
Sommergrüner, buschiger Strauch mit weißen Blüten im Spätfrühling, später schwarze Früchte. Das Laub ist dunkelgrün, glänzend. Es färbt sich im Herbst rot.

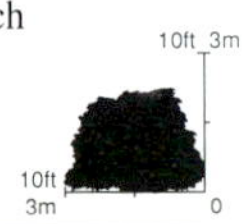

Fallugia paradoxa
Sommergrüner, buschiger Strauch mit weißen Blüten im Sommer und seidigen, grünen, rosarotgetönten Früchten. Feingefiederte, dunkelgrüne Blätter. Winterschutz in rauhen Lagen!

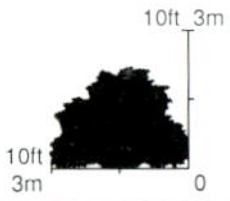

***Rubus* 'Benenden'** (Zierbrombeere)
Grüner, überhängender, dornenloser Strauch mit gelappten Blättern und sich schälender Rinde. Große, reinweiße, heckenrosenähnliche Blüten im Frühling.

Olearia nummulariifolia
Immergrüner Strauch mit steifaufrechten Trieben, die dicht mit mittel- bis dunkelgrünen Blättern besetzt sind. Im Sommer erscheinen kleine, weiße, duftende Blüten.

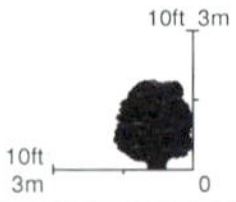

Cotoneaster glaucophyllus var. *serotinus*
Cotoneaster prostratus
Datura arborea
Deutzia 'Jaconde'
Deutzia × *magnifica*
Dleutzia setchuenensis
Fuchsien, S. 132–133
Gardenia jasminoides 'Fortuniana', S. 126
Hakea suaveolens
Heidekraut, S. 146–147
Hebe brachysiphon
Hebe salicifolia
Hydrangea paniculata 'Floribunda', S. 86
Ligustrum japonicum
Ligustrum vulgare
Lyonia ligustrina

□ WEISS

Sorbaria sorbifolia
(Fiederspiere)
Sommergrüner, aufrechter, ausläufertreibender Strauch mit gefiederten, gezähnten, mittelgrünen Blättern und großen, weißen Blütenrispen im Sommer.

Yucca gloriosa
(Palmlilie)
Immergrüner Strauch mit gedrungenem Stamm, der in einem Büschel langzugespitzter, blaugrüner Blätter endet. Lange, weiße Blütenähren im Spätsommer.

***Philadelphus* 'Dame Blanche'**
(Pfeifenstrauch, Falscher Jasmin)
Sommergrüner, buschig-kompakter Strauch mit dunkler Rinde und duftenden halb- oder lockergefüllten, weißen Blüten, die in großer Anzahl im Sommer erscheinen.

Prinsepia uniflora
Sommergrüner, dünntriebiger, überhängender Strauch mit kleinen glänzenddunkelgrünen Blättern. Im Spätfrühling und Sommer weiße, duftende Blüten. Später tiefrote Früchte. Liebt volle Sonne. Winterschutz.

***Philadelphus* 'Boule d'Argent'**
(Pfeifenstrauch, Falscher Jasmin)
Sommergrüner, überhängender Strauch mit dunkelgrünem Laub und halbgefüllten bis gefüllten, reinweißen Blütenrispen im Frühsommer und Sommer.

***Hydrangea arborescens* 'Grandiflora'**
(Strauchhortensie)
Sommergrüner, aufrechtwachsender Strauch mit zugespitzten, leuchtendgrünen Blättern und großen, rundlichen, weißen Blütendolden ab Sommer.

Escallonia virgata
Sommergrüner, breitwüchsiger, anspruchsloser Strauch, mit überhängenden Zweigen und kleinen, glänzenddunkelgrünen Blättern. Ihre schalenförmigen, weißen Blüten stehen im Sommer in Rispen zusammen.

Eucryphia milliganii
Immergrüner, aufrechtwachsender, kleiner Strauch mit winzigen dunkelgrünen, unterseits bläulichweißen Blättern und kleinen, weißen Blüten im Sommer.

Lyonia ovalifolia
Myrtus communis, S. 97
Myrtus communis var. *tarentina*
Nandina domestica

Olearia avicenniifolia
Olearia ilicifolia
Olearia phlogopappa var. *subrepanda*, S. 126
Olearia 'Talbot de Malahide'

Philadelphus delavayi
Philadelphus 'Virginal'
Physocarpus opulifolius
Pyracantha angustifolia

Rhaphiolepis indica
Rhododendren, S. 100–102
Rhodotypos scandens, S. 126
Sorbaria aitchisonii

Mittelhohe Sträucher MIT INTERESSANTEM SOMMERASPEKT

☐ WEISS

Osteomeles schweriniae
Immergrüner, überhängender Strauch mit langen, schlanken Zweigen. Die zahlreichen, kleinen Blättchen sind dunkelgrün. Im Frühsommer kleine, weiße Blütendolden, später rote und blauschwarze Früchte.

Carpenteria californica
Immergrüner, buschiger Strauch mit glänzenddunkelgrüner Belaubung und weißen, in der Mitte gelbgetönten Blüten. Ausgesprochene Kalthauspflanze.

Zenobia pulverulenta
Sommergrüner oder halbimmergrüner, leicht überhängender Strauch, häufig mit grauweißbereiften Zweigen und im Austrieb unterseits blauweißen Blättern. Weiße Glockenblüten im Sommer.

Hydrangea quercifolia
(Eichenblättrige Hortensie)
Sommergrüner, buschiger Strauch mit tiefgelappten, dunkelgrünen, im Herbst purpurroten Blättern und weißen Blütendolden von Sommer bis Herbst.

Styrax wilsonii
(Storax)
Sommergrüner, buschiger Strauch mit schlanken Trieben und zahlreichen weißen Blüten mit gelber Mitte im Frühsommer. Die Blätter sind klein und tiefgrün.

Symplocos paniculata
(Rechenblume, Saphirhimbeere)
Immergrüner, buschiger Strauch oder kleiner Baum mit kleinen, duftenden, weißen Blüten und metalligen, blauen Beeren. Dunkelgrünes Laub.

Ceanothus incanus
(Säckelblume)
Immergrüner, buschiger Strauch mit ausladenden, dünnen Zweigen, breiten, graugrünen Blättern und großen, weißen Blütentrauben im Spätfrühling und Frühsommer. Geschützte Lagen.

Ozothamnus rosmarinifolius*, syn. *Helichrysum rosmarinifolium
Immergrüner, aufrechter, dichter Strauch mit wolligen, weißen Trieben und schmalen, dunkelgrünen Blättern. Im Sommer weiße, duftende Blütendolden.

***Philadelphus* 'Lemoinei'**
(Pfeifenstrauch, Falscher Jasmin)
Sommergrüner, aufrechtwachsender, leicht überhängiger Strauch mit zahlreichen kleinen, starkduftenden, weißen Blüten im Frühsommer und Sommer.

***Cornus alba* 'Elegantissima'**
(Hartriegel)
Sommergrüner Strauch mit leuchtendroten Jungtrieben im Winter. Weißgerandetes, graugrünes Laub, cremeweiße Blüten ab Frühling; später weiße Beeren.

Clethra barbinervis
(Scheineller)
Sommergrüner, aufrechter Strauch mit ovalen, gezähnten Blättern, die sich im Herbst rot und gelb färben. Im Spätsommer und Frühherbst duftende, weiße Blütenähren.

***Hydrangea paniculata* 'Brussels Lace'**
(Strauchhortensie)
Sommergrüner, unregelmäßiger Strauch mit großen, zugespitzten, dunkelgrünen Blättern. Vom Spätsommer bis Frühherbst lockere Dolden aus weißen Blüten.

Spiraea nipponica
Spiraea 'Snow White'
Spiraea veitchii
Stachyurus chinensis 'Magpie'
Viburnum dilatatum
Viburnum plicatum
Viburnum plicatum 'Nanum Semperflorens'
Weigela 'Candida'
Weigela florida 'Variegata', S. 128
Weigela praecox 'Variegata'

***Viburnum dilatatum* 'Catskill'**
(Schneeball)
Sommergrüner, kleiner, breitwüchsiger Strauch mit scharfgezähnten Blättern; schöne Herbstfärbung. Im Frühsommer flache Blütendolden aus cremeweißen Blüten. Rotfrüchtig.

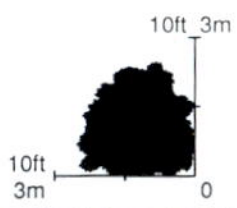

***Spiraea nipponica* 'Snowmound'**
(Spierstrauch)
Sommergrüner, breitwüchsiger Strauch mit gedrungenen, überhängenden, rötlichen Zweigen und dichten Blütendolden aus winzigen, weißen Blüten, die im Frühsommer erscheinen.

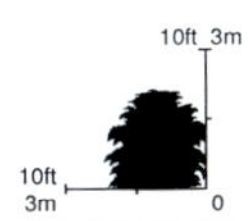

Leptospermum flavescens
(Steinsame)
Immergrüner, überhängender, graziler Busch mit kleinen, glänzenden, hellgrünen Blättern und zahlreichen kleinen, rosagetönten, weißen Blüten im Sommer.

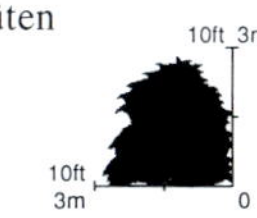

Olearia* × *haastii
(Duftstrauch, Moschusbaum)
Immergrüner, dichter Strauch mit ovalen, glänzenden, dunkelgrünen Blättern und im Sommer/Spätsommer duftenden Blütenköpfchen aus kleinen Blüten. Kalthaus oder Winterschutz.

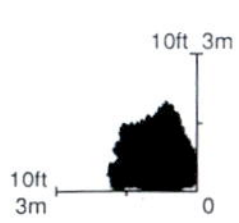

Philadelphus delavayi* f. *melanocalyx
(Pfeifenstrauch, Falscher Jasmin)
Sommergrüner, aufrechter Strauch mit reinweißen, starkduftenden Blüten im Frühsommer und Sommer. Dunkelgrünes Laub.

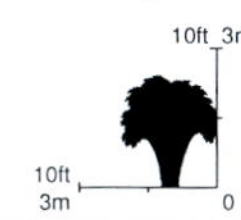

***Philadelphus coronarius* 'Variegatus'**
(Pfeifenstrauch, Falscher Jasmin)
Sommergrüner Strauch mit starkduftenden, cremeweißen Blütenrispen im Frühsommer. Mittelgrünes, weißgesäumtes Laub.

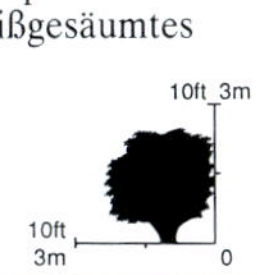

Eriogonum giganteum
(Wollknöterich)
Immergrüner, rundlicher Strauch mit länglichen bis ovalen, wolligweißen Blättern. Im Sommer kleine, weiße Blüten in verzweigten, bis 30 cm breiten Dolden. Mindesttemperatur 5 °C.

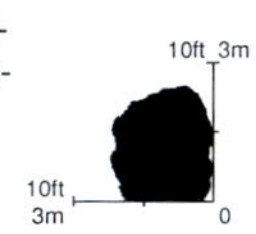

***Viburnum* 'Pragense'**
(Immergrüner Schneeball)
Immergrüner, rundlicher, buschiger Strauch mit dunkelgrünen, glänzenden Blättern, rosafarbenen Knospen und weißen Blütendolden im Spätfrühling und Frühsommer.

***Hibiscus syriacus* 'Red Heart'**
(Eibisch)
Sommergrüner, aufrechter Strauch mit ovalen, tiefgrünen, gelappten Blättern und großen, weißen Blüten mit rotem Schlund im Spätsommer und Herbst.

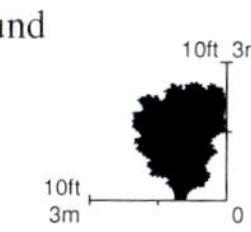

Mittelhohe Sträucher MIT INTERESSANTEM SOMMERASPEKT

WEISS-ROSA

Stephanandra tanakae
(Kranzspiere)
Sommergrüner Strauch mit orangebraunen Zweigen und scharfgezähnten Blättern, im Herbst gelb. Im Sommer kleine gelblichgrüne Knospen und weiße Blüten.

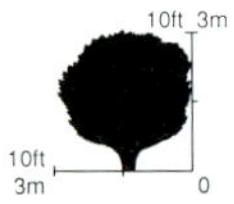

Lonicera tatarica
(Geißblatt)
Sommergrüner, buschiger Strauch mit trichterförmigen, fünfzähligen, weißen, rosa oder roten Blüten im Spätfrühling oder Frühsommer; später rote Früchte.

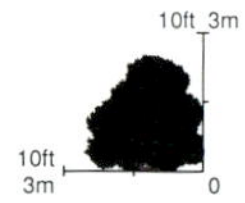

Lonicera xylosteum
(Geißblatt)
Sommergrüner, aufrechter, dichter Strauch mit cremeweißen Blüten im Spätfrühling/Frühsommer und graugrüner Belaubung. Später rote Beeren.

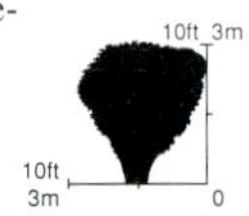

***Escallonia* 'Donard Seedling'**
Starkwüchsiger, immergrüner, überhängender Strauch mit kleinen, glänzenden Blättern und rosafarbenen Knospen und weißen, schwachrosafarbenen Blüten im Sommer. Winterschutz oder Kalthaus.

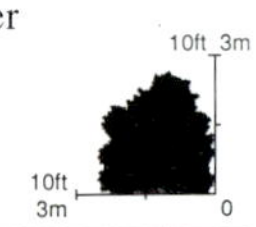

***Acer palmatum* 'Butterfly'**
(Zierahorn)
Langsamwachsender, sommergrüner, aufrechter Strauch oder Kleinbaum mit gelappten, graugrünen, gelblich- und rosagerandeten Blättern und purpurroten Blüten im Frühling.

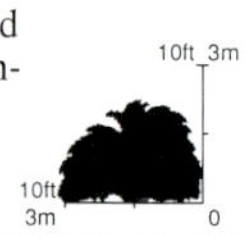

***Deutzia longifolia* 'Veitchii'**
(Deutzie)
Sommergrüner, überhängender Strauch mit schmalen, zugespitzten Blättern und großen, rosafarbenen Blütenrispen aus sternförmigen Blüten im Sommer.

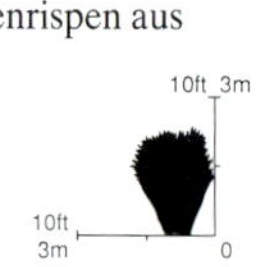

ROSA

***Syringa microphylla* 'Superba'**
(Zwergflieder)
Sommergrüner, buschiger Strauch mit zahlreichen sehr stark duftenden, rosafarbenen Blütenrispen vom Spätfrühling bis Frühherbst. Ovale, zugespitzte, mittelgrüne Blätter.

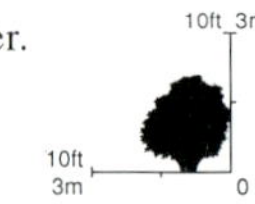

Protea neriifolia
Immergrüner, aufrechter Strauch mit schmalen Blättern und ca. 13 cm breiten Blütenschöpfen in Rot, Rosa oder Weiß. Hochblätter dunkel behaart. Blütezeit Frühling/Sommer. Mindesttemperatur 7°C.

pH

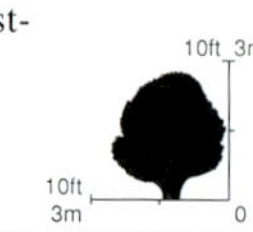

Neillia thibetica
(Traubenspiere)
Sommergrüner, überhängender Strauch mit zahlreichen rosaroten Blütenähren im Spätfrühling/Frühsommer. Das Laub ist scharfgezähnt.

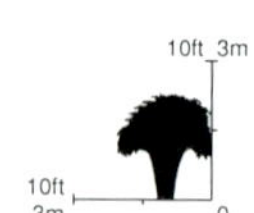

Deutzia 'Magicien'
Deutzia pulchra
Deutzia scabra 'Flore Pleno'
Duvernoia adhatodoides
Justicia adhatoda
Melastoma candidum
Neillia sinensis
Rhododendren, S. 100–102

Abelia × grandiflora, S. 88
Ceanothus 'Marie Simon'
Deutzia × elegantissima 'Fasciculata'
Grevillea rosmarinifolia
Hydrangea macrophylla cvs.
Kolkwitzia amabilis
Leptospermum scoparium 'Keatleyi'
Weigela florida

***Escallonia* 'Apple Blossom'**
Immergrüner, dichtbuschiger Strauch mit zahlreichen apfelblüten-rosafarbenen Blüten im Frühsommer und Sommer über glänzenddunkelgrünem Laub.

Robinia hispida
(Rosenakazie)
Sommergrüner Strauch mit lockerem Wuchs und borstigbehaarten Zweigen, gefiederten Blättern und großen, rosaroten Blütentrauben im Frühsommer.

Indigofera heterantha
(Indigostrauch)
Sommergrüner, leicht überhängender Strauch mit graugrünem, aus vielen kleinen Blättchen zusammengesetztem Laub und kleinen, purpurrosa Blüten ab Frühsommer.

***Lavatera olbia* 'Rosea'**
(Küstenmalve)
Halbimmergrüner, aufrechter Strauch mit zahlreichen, malvenähnlichen, tiefrosafarbenen Blüten, die den ganzen Sommer hindurch erscheinen. Gelappte, salbeigrüne Blätter.

Kalmia latifolia
(Lorbeerrose, Kalmie)
Immergrüner, dichtbuschiger Strauch. Im Frühsommer große, weiße Blütendolden. Knospen rosa, sternförmig gefaltet. Glänzendgrünes Laub.

Medinilla magnifica
Immergrüner, aufrechtwachsender Strauch mit wenigen, vierkantigen, robusten Zweigen, interessant geaderten Blättern und rosa bis korallenroten Blüten in großen Trauben unter rosafarbenen Hochblättern.

***Hibiscus syriacus* 'Woodbridge'**
(Eibisch)
Sommergrüner, aufrechtwachsender Strauch mit gelapptem, dunkelgrünem Laub. Von Frühsommer bis Herbst rosarote Blüten mit dunklem Schlund.

***Hibiscus rosa-sinensis* 'The President'**
(Eibisch)
Immergrüner Strauch mit gezähnten, ovalen, glänzenden Blättern und großen, rosafarbenen Blüten mit magentafarbenem Schlund und gelben Staubfäden. Mindesttemperatur 15 °C.

Lavatera assurgentiflora
(Küstenmalve)
Halbimmergrüner Strauch mit gedrehten, grauen Zweigen und tiefrosafarbenen und dunkelgeaderten Blütendolden. Handförmige, mittelgrüne, unterseits behaarte Blätter.

Ceanothus 'Perle Rose', S. 131
Escallonia 'Edinensis'
Fuchsien, S. 132–133
Heidekraut, S. 146–147
Hydrangea macrophylla 'Générale Vicomtesse de Vibraye', S. 130
Justicia carnea, S. 131
Kalmia latifolia 'Ostbo Red'
Podalyria calyptrata
Rhododendren, S. 100–102
Richea scoparia
Robinia kelseyi
Rondeletia amoena
Rubus ulmifolius 'Bellidiflorus'
Spiraea × billiardii
Syringa microphylla

ROSA-ROT

Melaleuca elliptica
(Myrtenheide)
Immergrüner, rundlicher Strauch mit langen, ledrigen, meist graugrünen Blättern und rötlichen Blütenbüscheln. Sie stehen in endständigen Ähren zusammen.

Cestrum elegans
Starkwüchsiger, immergrüner Strauch mit hängenden Zweigen und dunkelgrünem Laub. Dichte Blütentrauben aus trichterförmigen, purpurroten Blüten im Frühling und Sommer; im Herbst rote Früchte.

***Escallonia* 'Langleyensis'**
Immergrüner oder halbimmergrüner, überhängender Strauch mit kleinen, glänzenden, hellgrünen Blättern und einer Fülle von rosaroten Blüten von Frühsommer bis Sommer. Kalthaus oder starker Winterschutz.

Escallonia 'Donard Beauty'
Hibiscus schizopetalus
Leptospermum scoparium 'Nicholsii'
Lonicera tatarica 'Hack's Red'
Pavonia hastata
Spiraea × billiardii 'Triumphans'
Spiraea japonica cv., S. 131
Sutherlandia frutescens, S. 133

ROT

***Pieris formosa* var. *forrestii* 'Wakehurst'** (Lavendelheide)
Immergrüner Strauch, im Austrieb leuchtendrot, im Frühsommer rosa, später cremegelb und dunkelgrün. Weiße Blütenglocken im Frühling und Sommer. Nur für geschützte Lagen!

Lonicera ledebourii
(Geißblatt)
Sommergrüner, buschiger Strauch mit dunkelgrünem Laub und rotgetönten, orangegelben Blüten im Spätfrühling und Frühsommer. Schwarze Früchte und tiefrote Brakteen im Herbst.

Calycanthus occidentalis
(Gewürzstrauch)
Sommergrüner, buschiger Strauch mit großen, aromatischduftenden Blättern und duftenden, purpurfarbenen Blüten, die im Sommer erscheinen.

Bauhinia punctata
Halbimmergrüner, breitwüchsiger Strauch, bisweilen kletternd. Breitovale, zweilappige Blätter und leuchtendziegelrote Blüten im Sommer. Mindesttemperatur 5 °C.

Crinodendron hookerianum
Schwachwachsender, immergrüner Strauch mit laternenähnlichen, roten Blüten, die von den dichtbelaubten, grünen Zweigen im Spätfrühling und Frühsommer herabhängen.

Telopea speciosissima
Aufrechtwachsender, buschiger, immergrüner Strauch mit scharfgesägtem Laub. Trichterförmige, rote Blüten stehen in dichten, kugeligen Köpfchen zusammen, die im Frühling/Sommer von leuchtendroten Brakteen umgeben sind.

Abelia floribunda
Abutilon × hybridum 'Ashford Red'
Callistemon speciosus
Callistemon subulatus
Cestrum 'Newellii'
Correa × harrisii
Escallonia rubra var. *macrantha* 'Crimson Spire'

ROT

Erythrina crista-galli (Korallenstrauch)
Immergrüner, aufrechtwachsender Strauch oder Kleinbaum. Blätter aus 3 ovalen Blättchen. Im Sommer/Herbst lilarote Blütenähren. Stirbt in rauhen Lagen bis zum Boden ab.

Desfontainia spinosa
Immergrüner, dichtbuschiger Strauch mit ilexähnlichen, glänzenddunkelgrünen, stacheligen Blättern. Lange trichterförmige, nickende, rote, gelbgestippte Blüten von Sommer bis Herbst.

Callistemon rigidus (Zylinderputzer)
Immergrüner, buschiger, leicht überhängender Strauch mit langen, schmalen, scharfzugespitzten Blättern und dichten, tiefroten Blütenähren im Frühsommer.

Erythrina × bidwillii (Korallenstrauch)
Sommergrüner, aufrechter Strauch mit blaß- bis mittelgrünen, dreizähligen, ca. 10 cm langen Blättern und leuchtendroten Blüten, die im Spätsommer oder Herbst in Trauben erscheinen.

***Callistemon citrinus* 'Splendens'** (Zylinderputzer)
Immergrüner, überhängender Strauch mit breiten, nach Zitronen duftenden, in der Jugend bronzeroten Blättern und leuchtendroten Blüten, in flaschenbürstenähnlichen Ähren.

Rhus glabra (Sumach)
Sommergrüner, bläulichweißbereifter Strauch mit rötlichen Zweigen und blaugrünen Fiederblättern, die sich rot verfärben. Grünlichrote Blütendolden und rote Früchte.

Fuchsien, S. 132–133
Grevillea 'Poorinda Constance'
Hibiscus rosa-sinensis
Kunzea baxteri

Macleania insignis
Phygelius capensis 'Coccineus'
Templetonia retusa
Weigela 'Bristol Ruby'

ROT-PURPUR

Feijoa sellowiana
Immergrüner, buschiger Strauch mit dunkelgrünem, unterseits weißem Laub und langen, großen, dunkelroten Blüten mit weißgerandeten Blütenblättern. Rotgetönte, grüne, eßbare Früchte.

***Acer palmatum* 'Bloodgood'**
Sommergrüner, buschiger Strauch oder Kleinbaum mit dunkelpurpurfarbenen Blättern, die sich im Herbst leuchtendrot färben. Kleine, dunkelrote Blüten im Frühling und dekorative, rote, geflügelte Früchte.

Acalypha wilkesiana (Nesselblatt)
Immergrüner, buschiger Strauch mit ovalen, gesägten, dunkelkupfergrünen, etwa 10 cm großen Blättern, die unterschiedlich rot gefleckt sind. Mindesttemperatur 16 °C.

Aloysia triphylla*, syn. *Lippia citriodora (Zitronenstrauch)
Sommergrüner, buschiger Strauch mit blaßgrünen, nach Zitronen duftenden Zweigen und Blütentrauben aus winzigen, lilagetönten, weißen Blüten.

Buddleja crispa (Sommerflieder)
Sommergrüner, aufrechtwachsender, buschiger Strauch mit lilafarbenen Rispen aus kleinen, duftenden Blüten mit weißem Auge. Wollige, weiße Triebe und ovale, graugrüne Blätter.

Buddleia fallowiana
Buddleia 'Lochinch'
Calycanthus floridus
Carmichaelia australis

Chordospartium stevensonii
Dais cotinifolia
Rhododendren, S. 100–102
Syringa meyeri 'Palibin'

Mittelhohe Sträucher MIT INTERESSANTEM SOMMERASPEKT

PURPUR

Hibiscus sinosyriacus **'Lilac Queen'**
(Eibisch)
Sommergrüner, breiter, offenkroniger Strauch mit breiten, gelappten, dunkelgrünen Blättern. Von Spätsommer bis Mitte Herbst lange, blaßlila Blüten mit rotem Schlund.

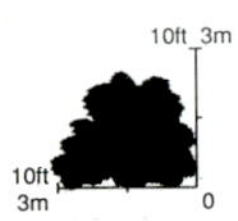

Hydrangea macrophylla **'Lilacina'**
(Hortensie)
Sommergrüner Strauch mit flachen Dolden aus kleinen, tieflilafarbenen Mittelblüten und größeren sterilen, rosa Randblüten. Die glänzenden Blätter sind oval und gezähnt.

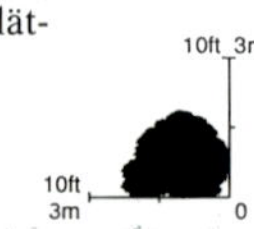

Hydrangea aspera **ssp.** ***aspera***
(Hortensie)
Sommergrüner, aufrechter Strauch mit flachen Blütendolden aus blauen oder purpurfarbenen Mittelblüten und größeren weißen, bisweilen rosagetönten Randblüten.

Prostanthera ovalifolia
Immergrüner, buschiger Strauch mit winzigen, süßlichduftenden, grobstrukturierten, ovalen Blättern. Schalenförmige, zweilippige, purpurfarbene Blüten in kurzen, beblätterten Rispen im Frühling und Sommer.

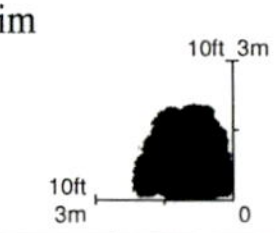

Melaleuca nesophylla
(Myrtenheide)
Immergrüner, buschiger Strauch oder kleiner Baum. Im Sommer ovale, graugrüne Blätter und bürstenförmige, lavendelfarbige bis rosarote, rundliche Dolden.

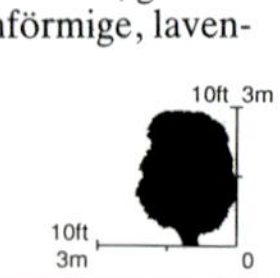

Abutilon × suntense **'Violetta'**
(Schönmalve)
Raschwachsender, sommergrüner, überhängender Strauch mit großen, schalenförmigen, tiefvioletten Blüten im Frühsommer und scharfgezähnten, weinähnlichen Blättern.

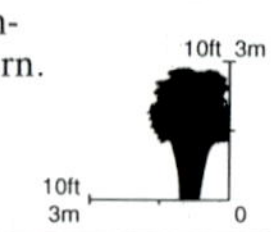

Fuchsien, S. 132–133
Heidekraut, S. 146–147
Hebe 'Midsummer Beauty'
Olearia semidentata
Rhododendren, S. 100–102
Vitex negundo
Wigandia caracasana

PURPUR-BLAU

Prostanthera rotundifolia
Immergrüner, buschiger, kugeliger Strauch mit winzigen, süßlichduftenden, grünen Blättchen und kurzen, beblätterten Trauben mit lila bis purpurfarbenen Blütenglocken im Spätfrühling oder Sommer.

Sophora davidii*, syn. *S. viciifolia
(Schnurbaum)
Sommergrüner, buschiger Strauch mit überhängenden Zweigen und lilaweißen Trauben aus erbsenähnlichen Blüten im Frühsommer. Graugrüne Fiederblätter.

***Hibiscus syriacus* 'Blue Bird'**
(Eibisch)
Sommergrüner, aufrechter Strauch mit gelappten, tiefgrünen Blättern und von Spätsommer bis Herbst große, lilablaue Blüten mit rotem Schlund.

***Solanum rantonnetii* 'Royal Robe'**
Immergrüner Strauch mit rundlichem, lockerem Wuchs und weichen, hellgrünen Blättern. Flache, purpurblaue Blütendolden im Sommer. Mindesttemperatur 7 °C.

***Fabiana imbricata* 'Violacea'**
Immergrüner, aufrechter Strauch mit von kleinen, herzförmigen Blättern dicht besetzten Trieben. Die lilafarbenen Trichterblüten erscheinen im Frühsommer.

Ceanothus impressus
(Säckelblume)
Immergrüner, buschiger Strauch mit kleinen, gewundenen, tiefgrünen Blättern und tiefblauen Blütendolden von Frühling bis Frühsommer. Winterschutz in rauhen Lagen.

***Hydrangea macrophylla* 'Veitchii'**
(Hortensie)
Sommergrüner Strauch mit gezähnten, glänzenden Blättern und großen, weißen, später rosafarbenen Blütendolden, die von lilablauen Blüten gesäumt sind. Sommerblüher.

***Hydrangea macrophylla* 'Blue Wave'**
(Hortensie)
Sommergrüner, buschiger Strauch mit flachen, blauen, lila oder rosa Blütendolden im Sommer und gezähnten, glänzenden Blättern.

***Hydrangea macrophylla* 'Blue Bonnet'**
(Hortensie)
Sommergrüner, buschiger Strauch mit dichten, blauen oder rosafarbenen Blütendolden im Sommer oder Spätsommer. Ihre dunkelgrünen Blätter sind oval und zugespitzt.

Atriplex halimus
Ceanothus 'Burkwoodii'
Ceanothus 'Burtonensis'
Ceanothus 'Gloire de Versailles', S. 136
Ceanothus 'Southmead'
Ceanothus × *veitchianus*
Hydrangea macrophylla cv.
Teucrium fruticans 'Azureum'
Tibouchina urvilleana, S. 90

GRÜN

Eleutherococcus sieboldianus*, syn. *Acanthopanax sieboldianus
(Stachelpanax)
Sommergrüner Strauch mit fünfteiligen Blättern und Dornen. Im Frühsommer Dolden aus grünlichen Blüten. Winterschutz in rauhen Lagen.

Zanthoxylum piperitum
(Gelbholz)
Sommergrüner, stacheliger Strauch oder Kleinbaum mit duftenden, glänzenden Blättern und kleinen, roten Früchten, die sich aus winzigen Blüten entwickeln. Winterschutz.

***Ptelea trifoliata* 'Aurea'**
(Lederstrauch)
Sommergrüner, dichter Strauch oder kleiner Baum mit dreizähligen, im Austrieb gelben, später blaßgrünen Blättern. Grünliche Blütentrauben im Sommer, grüne Früchte.

Oplopanax horridus
Rhamnus imeretina
Ricinus communis, S. 279
Sambucus racemosa 'Plumosa'

Mittelhohe Sträucher MIT INTERESSANTEM SOMMERASPEKT

GRÜN-GELB

Itea ilicifolia
Immergrüner, buschiger, überhängender Strauch mit ovalen, scharfgezähnten, dunkelgrünen Blättern und kleinen, kätzchenähnlichen Blütenständen aus grünlichen Blüten im Sommer und Frühherbst.

***Cornus alba* 'Spaethii'**
(Hartriegel)
Starkwüchsiger, sommergrüner Strauch mit im Winter leuchtendroten Jahrestrieben, gelbgerandeten Blättern, cremeweißen Blüten im Frühsommer und weißen Früchten.

Piptanthus nepalensis*, syn. *P. laburnifolius
Sommergrüner oder halbimmergrüner, lockerer Strauch mit dreizähligen, großen, dunkelblaugrünen Blättern und leuchtendgelben Schmetterlingsblüten im Frühling und Sommer.

Hibbertia cuneiformis
Immergrüner, aufrechter, buschiger Strauch mit kleinen, ovalen, an der Spitze gesägten Blättern und leuchtendgelben Blüten im Frühling und Sommer. Mindesttemperatur 5–7 °C.

Callistemon pallidus
(Zylinderputzer)
Immergrüner, überhängender Strauch mit graugrünem, im Austrieb rosagetöntem Laub und dichten, cremegelben Blütenähren, die an Flaschenbürsten erinnern.

Bupleurum fruticosum
(Hasenohr)
Immergrüner Strauch mit schlanken Zweigen und runden, gelben Blütendolden aus kleinen Blüten, die zwischen den glänzenden, blaugrünen Blättern erscheinen.

***Physocarpus opulifolius* 'Dart's Gold'**
(Blasenspiere)
Sommergrüner Strauch mit sich schälender Rinde und gelappten, goldgelben Blättern. Im Spätfrühling flache, weiße oder blaßrosa Blütendolden aus schalenförmigen Blüten.

Colutea arborescens
(Blasenstrauch)
Raschwüchsiger, lockerer, sommergrüner Strauch mit gefiederten Blättern und gelben Schmetterlingsblüten im Sommer. Im Spätsommer und Herbst aufgeblasene Fruchthülsen.

Jasminum humile
(Gelber Jasmin)
Immergrüner, buschiger Strauch mit kleinen, fünf- bis siebenzähligen Blättchen. Leuchtendgelbe Blüten an schlanken, grünen Zweigen von Vorfrühling bis Herbst.

Callistemon sieberi
Cestrum parqui
Choisya ternata 'Sundance'
Cornus alba 'Gouchaultii'
Correa reflexa
Cytisus nigricans, S. 138
Genista tenera 'Golden Showers'
Hypericum 'Rowallane'
Jasminum humile f. *wallichianum*
Ligustrum vulgare 'Aureum'
Lonicera morrowii
Medicago arborea
Potentilla 'Friedrichsenii', S. 137
Sambucus racemosa 'Plumosa Aurea'
Vestia foetida
Weigela 'Looymansii Aurea'

GELB-ORANGE

Colutea × media
(Blasenstrauch)
Starkwüchsiger, sommergrüner Strauch mit gefiederten Blättern und gelben, kupfer-orangegetönten Blütentrauben im Sommer. Später papierene, rotgetönte Samenhülsen.

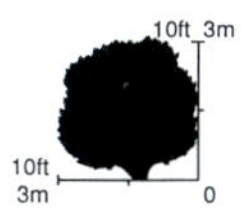

Dendromecon rigida
(Baummohn)
Raschwüchsiger, immergrüner Strauch, der am besten vor einer Wand steht. Von Frühling bis Herbst große, duftende, goldgelbe Blüten zwischen dem graugrünen Laub.

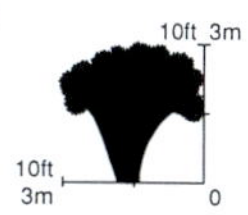

Cassia corymbosa
(Gewürzrinde)
Starkwüchsiger, immergrüner oder halbimmergrüner Strauch mit zusammengesetzten Blättern und gelben Blütenähren, die im Spätsommer erscheinen. Mindesttemperatur 7°C.

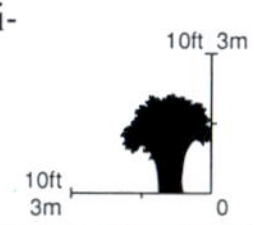

Cassia didymobotrya
(Gewürzrinde)
Immergrüner, kugeliger Strauch mit zusammengesetzten Blättern und gelben Blütenähren, die sich aus schwärzlichbraunen Knospen entwikkeln und das ganze Jahr über blühen.

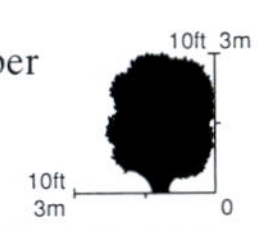

Spartium junceum
(Pfriemenginster)
Sommergrüner, fast blattloser, aufrechter, später überhängender Strauch. Die duftenden, goldgelben Schmetterlingsblüten erscheinen im Frühsommer/Herbst. Winterschutz in rauhen Lagen.

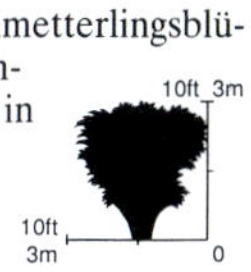

***Abutilon pictum* 'Thompsonii'**
(Schönmalve)
Robuster, immergrüner Strauch mit drei- bis fünflappigen, gesägten, grünen, gelbgesprenkelten Blättern. Von Sommer bis Herbst rotgeaderte, gelborange Blüten.

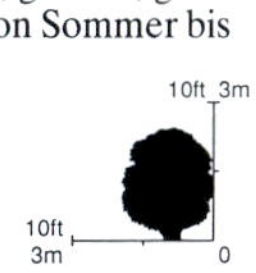

Abutilon × hybridum 'Golden Fleece'
Banksia baxteri
Cassia corymbosa var. *plurijuga*
Cestrum aurantiacum
Colutea orientalis
Juanulloa aurantiaca, S. 139
Justicia spicigera, S. 140
Ochna serrulata

Mittelhohe Sträucher

MIT INTERESSANTEM HERBSTASPEKT

WEISS-ROT

Colletia armata
Fast blattloser, gedrungener, bogigwachsender Strauch mit aufrechtstehenden, graugrünen Stacheln. Im Spätsommer öffnen sich die rosafarbenen Knospen zu duftenden, trichterförmigen, weißen Blüten.

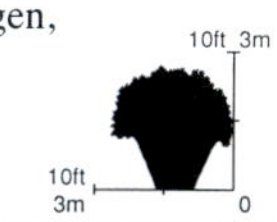

Calliandra haematocephala
(rosa Form)
Immergrüner, breitwachsender Strauch mit gefiederten Blättern. Blütenköpfe aus Einzelblüten mit rosa Staubfäden. Blütezeit Herbst bis Frühjahr. Mindesttemperatur 7°C.

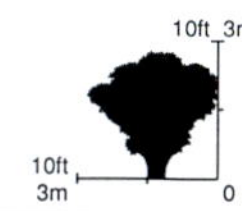

Clerodendrum trichotomum
Sommergrüner, buschiger Strauch. Vom Spätsommer bis Herbst öffnen sich die in Dolden zusammenstehenden, tiefrosa und grünweißen Blütenknospen zu weißen Blüten. Blauer Beerenschmuck. Winterschutz.

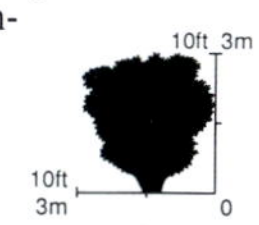

***Euonymus hamiltonianus* var. *sieboldianus* 'Red Elf'**
(Pfaffenhütchen)
Sommergrüner Strauch mit dunkelgrüner Belaubung und rosa Früchten, die sich im Herbst öffnen und die roten Samen zeigen. Im Frühsommer grüne Blüten.

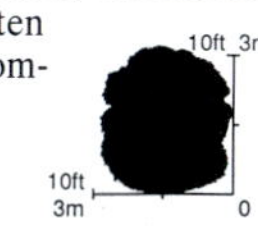

Viburnum farreri*, syn. *V. fragrans
(Duftschneeball)
Sommergrüner, aufrechter Strauch, der im Spätherbst und im Winter bei offenem Wetter duftende, weiße oder blaßrosa Blütendolden hervorbringt. Dunkelgrünes Laub.

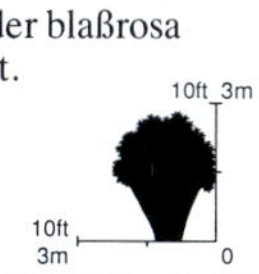

***Euonymus europaeus* 'Red Cascade'**
(Pfaffenhütchen, Spindelstrauch)
Sommergrüner, buschiger Strauch oder Kleinbaum mit schmalovalen, roten Blättern im Herbst, roten Früchten und orangefarbenen Samen. Blüten unscheinbar.

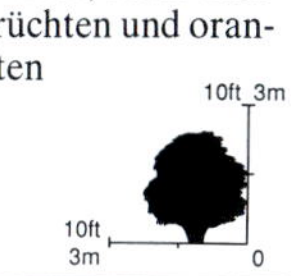

WEITERE EMPFOHLENE PFLANZEN:
Berberis 'Rubrostilla', S. 140
Datura arborea
Euonymus cornutus var. *quinquecornutus*
Eupatorium ligustrinum
Symphoricarpus albus var. *laevigatus*
Turraea obtusifolia, S. 140
Viburnum opulus 'Compactum', S. 140

Mittelhohe Sträucher MIT INTERESSANTEM HERBSTASPEKT

ROT

Viburnum betulifolium
(Schneeball)
Sommergrüner, aufrechter Strauch mit hellgrüner, unterseits glänzender Belaubung. Aus den kleinen, weißen Blütendolden entwickeln sich im Herbst/Winter leuchtendrote Fruchtstände.

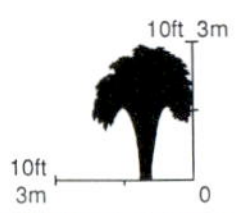

Euonymus latifolius
(Pfaffenhütchen)
Sommergrüner, lockerer Strauch mit grünem Laub, das sich im Herbst rot färbt. Auffallende tiefrote, geflügelte Früchte mit orangefarbenen Samen.

Berberis × carminea 'Pirate King'
Cotoneaster 'Firebird'
Cotoneaster hupehensis
Cotoneaster 'Hybridus Pendulus'

Euonymus alatus
(Korkspindelbusch)
Sommergrüner, dichtbuschiger Strauch mit Korkleisten an den Zweigen. Das dunkelgrüne Laub färbt sich im Herbst leuchtendrot. Blüten unscheinbar, Früchte klein, purpurfarben.

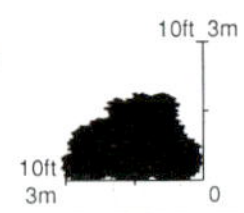

Nymania capensis
Immergrüner, rundlicher Strauch mit aufrechtwachsenden Zweigen oder kleiner Baum. Blüht im Frühling; kleine aufrechtstehende, rosa bis purpurrosa Blütenblätter. Im Herbst papierene, geflügelte Früchte.

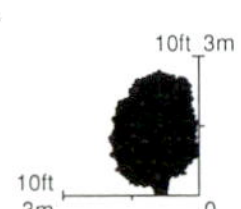

***Cornus alba* 'Kesselringii'**
Starkwüchsiger, sommergrüner Strauch mit purpurfarbenen Zweigen. Die dunkelgrünen Blätter sind im Herbst rot geflammt. Cremeweiße Blütendolden im Frühsommer, später weiße Beeren.

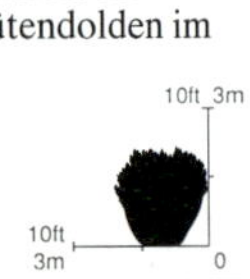

Disanthus cercidifolius
Grevillea 'Poorinda Constance'
Vaccinium corymbosum 'Pioneer' S. 141

PURPUR-BLAU

Callicarpa bodinieri* var. *giraldii
(Schönfrucht)
Sommergrüner, buschiger Strauch mit blaßgrünem, im Austrieb bronzegetöntem Laub. Im Sommer kleine, lilafarbene Blütchen, im Herbst lilafarbene Beeren (Liebesperlenstrauch).

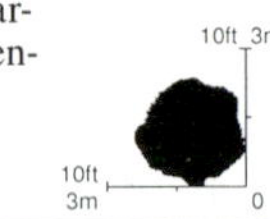

Clerodendrum bungei
Immergrüner oder sommergrüner Strauch mit herzförmigen, unregelmäßig gesägten Blättern und duftenden Blütendolden aus kleinen, purpurroten oder rosafarbenen Blüten im Spätsommer. Winterschutz.

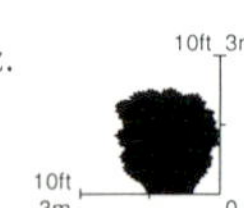

***Ceanothus* 'Autumnal Blue'**
(Säckelblume)
Raschwüchsiger, immergrüner Strauch mit hellgrünem Laub und großen, blaß- bis mittelblauen Blütenrispen, die im Sommer erscheinen. Winterschutz in rauhen Lagen!

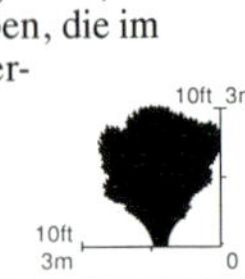

Callicarpa bodinieri
Elsholtzia stauntonii, S. 141
Heidekraut, S. 146–147
Vitex agnus-castus

ORANGE

***Berberis* 'Barbarossa'**
(Berberitze, Sauerdorn)
Halbimmergrüner, überhängender Strauch mit kleinen, ovalen, dunkelgrünen Blättern und rundlichen, gelben Blütenrispen; später kugelige, orangerote Früchte.

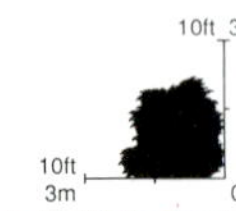

Zanthoxylum simulans
(Gelbholz)
Sommergrüner, buschiger Strauch oder kleiner Baum mit duftendem Laub aus zusammengesetzten Blättern (5); winzige, gelbgrüne Blüten im Sommer und orangerote Beeren.

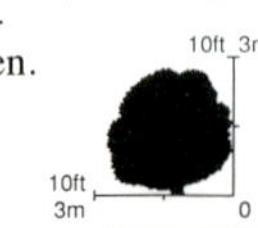

Cotoneaster simonsii
(Felsenmispel)
Sommergrüner oder halbimmergrüner, aufrechter Strauch, auch für Hecken geeignet. Blätter glänzenddunkelgrün, Blüten schalenförmig, weiß. Langhaftende, orangerote Beeren.

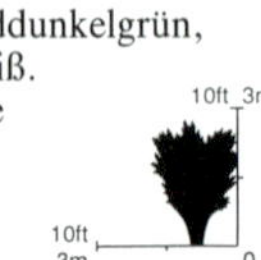

Corokia × virgata
Cotoneaster franchetii
Pyracantha angustifolia
Pyracantha rogersiana

ORANGE-GELB

Colquhounia coccinea
Immergrüner oder halbimmergrüner, lockerer Busch mit salbeigrünen Blättern und quirlständigen, orangefarbenen Blüten, die im Sommer erscheinen.

Cotoneaster franchetii* var. *sternianus
Immergrüner oder halbimmergrüner Strauch mit graugrünen, unterseits weißen Blättern. Im Frühsommer weiße, rosa getönte Blüten und im Herbst lackrote Früchte.

Leonotis leonurus
(Löwenohr)
Halbimmergrüner, wenigverzweigter, aufrechter Strauch mit lanzettlichen Blättern und leuchtendorangefarbenen Blütentrichtern, die quirlständig im Spätherbst/Winter erscheinen.

***Pyracantha* 'Golden Charmer'**
(Feuerdorn)
Immergrüner, überhängender, dorniger Strauch mit glänzenden Blättern. Abgeflachte Blütendolden mit weißen Blüten im Frühsommer; im Frühherbst leuchtend-orangefarbene Beeren.

***Pyracantha* 'Golden Dome'**
Immergrüner, kugeliger, sehr dichter Strauch mit dunkelgrünem Laub und weißen Blütendolden, die im Frühsommer erscheinen. Im Frühherbst orangegelbe Beeren.

WEISS

Rubus biflorus
(Zierbrombeere)
Sommergrüner, aufrechter Strauch mit weißen Trieben und fünfzähligen, ovalen, dunkelgrünen, unterseits weißen Blättern. Weiße Blüten im Frühsommer und später gelbe, eßbare Früchte.

Viburnum tinus
(Schneeball)
Immergrüner, buschiger Strauch mit ovalem Laub. Im Frühling weiße Blütendolden aus kleinen Blüten, die in der Knospe rosa gefärbt sind. Kalthaus oder Winterschutz.

Rubus thibetanus
(Zierbrombeere)
Sommergrüner, überhängender Strauch mit purpurbraunen, weißbereiften Trieben und farnähnlicher Belaubung. Im Sommer/Spätsommer kleine, rosa Blüten, später schwarze Früchte.

Chamelaucium uncinatum
(weiße Form)
Immergrüner, drahttriebiger Strauch mit nadelförmigen Blättern und winzigen, höckerigen Spitzen. Im Frühling tiefpurpur-, rosa- bis lavendelfarbene Blüten. Mindesttemperatur 5°C.

Viburnum foetens
(Schneeball)
Sommergrüner, buschiger Strauch mit duftendem Laub und dichten, starkduftenden, weißen Blütendolden, die in der Knospe rosa gefärbt sind. Blütezeit Winter und Vorfrühling.

Calliandra haematocephala
(weiße Form)
Immergrüner, ausladender Strauch mit gefiederten Blättern (16–24). Weiße Blütendolden aus vielen Blüten mit weißen Staubfäden erscheinen im Spätherbst. Mindesttemperatur 7°C.

Chaenomeles speciosa
Heidekraut, S. 146–147
Stechpalmen, S. 70–71
Nicotiana glauca
Stephanandra incisa

WEITERE EMPFOHLENE PFLANZEN:
Buddleia asiatica
Gardenia thunbergia
Lonicera fragrantissima
Lonicera × purpusii, S. 141
Lonicera standishii
Rubus cockburnianus
Salix irrorata

Mittelhohe Sträucher MIT INTERESSANTEM WINTERASPEKT

WEISS-ROSA

Dombeya burgessiae
Immergrüner Strauch mit rundlichen, dreilappigen, flaumigen Blättern und dichten, duftenden, weißen Blütendolden aus rosarotgeaderten Blüten, die im Herbst/Winter erscheinen. Mindesttemperatur 5 °C.

Acokanthera oblongifolia*, syn. *A. spectabilis, Carissa spectabilis
Immergrüner, rundlicher Strauch mit duftenden Blüten im Vorfrühling/Frühling und giftigen, schwarzen Früchten im Herbst. Mindesttemperatur 10 °C.

Daphne bholua
(Seidelbast)
Immergrüner, gelegentlich sommergrüner, aufrechter Strauch mit ledrigen Blättern und endständigen, duftenden Blütendolden aus lilarosa oder weißen Blüten im Winter.

Chamelaucium uncinatum
Immergrüner, drahttriebiger, buschiger Strauch mit nadelförmigen Blättern und winzigen, höckerigen Spitzen. Im Spätwinter/Frühling tiefpurpur-, rosa- bis lavendelfarbene Blüten. Mindesttemperatur 5 °C.

***Viburnum × bodnantense* 'Dawn'**
(Winterschneeball)
Sommergrüner Strauch mit im Austrieb bronzefarbenen Blättern und duftenden, rosafarbenen Blütendolden. Die tiefrosa Knospen erscheinen von Herbst bis Frühling.

Euphorbia pulcherrima
(Poinsettie, Weihnachtsstern)
Halbimmergrüner, wenigverzweigter Strauch mit gebuchteten Blättern sowie grünlichroten Blüten und leuchtendroten oder rosafarbenen Hochblättern ab Spätherbst. Mindesttemperatur 15 °C.

Kamelien, S. 96–97
Daphne odora
Viburnum × bodnantense 'Deben'
Viburnum farreri 'Candidissimum'
Viburnum grandiflorum
Viburnum tinus 'Eve Price'
Viburnum tinus 'Gwenllian'

ROT-PURPURVIOLETT

***Cornus alba* 'Sibirica'**
(Hartriegel)
Sommergrüner, aufrechtwachsender Strauch mit scharlachroten Zweigen, dunkelgrünem Laub und cremeweißen Blütendolden im Frühsommer. Seine rundlichen Beeren sind weiß.

Ardisia crenata*, syn. *A. crenulata
(Korallenbeere)
Immergrüner, lockerer Strauch mit duftenden, sternförmigen, weißen Blüten im Frühsommer. Die leuchtendroten Früchte haften lange am Strauch. Mindesttemperatur 10 °C.

Iochroma cyaneum
(Veilchenstrauch)
Immergrüner, schlanktriebiger Strauch mit rotvioletten, trichterförmigen Blüten, die in dichten Dolden vom Spätherbst bis Frühsommer erscheinen. Mindesttemperatur 7–10 °C.

Cornus alba
Heidekraut, S. 146–147
Pachystachys coccinea
Skimmia japonica 'Rubella', S. 142

GELB

Stachyurus praecox
Sommergrüner, breitwüchsiger Strauch mit purpurrotem Austrieb. Im Spätwinter und Vorfrühling entfalten sich noch vor dem Austrieb der zugespitzten Blätter die hängenden, grünlichgelben Blütenähren.

Duranta repens*, syn. *D. plumieri
Raschwüchsiger, meist immergrüner, buschiger, in der Jugend aufrechtwachsender Strauch mit einfachen oder verzweigten, lilablauen Blütenähren im Sommer und gelben Früchten. Mindesttemperatur 10 °C.

Chimonanthus praecox
Chimonanthus praecox 'Luteus'
Mahonia bealei
Mahonia lomariifolia

Mittelhohe Sträucher MIT GANZJAHRES-ASPEKT

GELB

Mahonia japonica
(Mahonie)
Immergrüner, aufrechter Strauch mit aus mehreren Blättchen zusammengesetzten Blättern und langen Rispen aus duftenden, gelben Blüten im Frühling. Blaubereifter Beerenschmuck.

Jasminum nudiflorum
(Winterjasmin)
Sommergrüner, überhängender Strauch mit kleinen, ovalen Blättchen. Die gelben Blüten erscheinen an den schlanken, blattlosen Trieben im Winter und Vorfrühling.

× *Citrofortunella mitis*, syn. *Citrus mitis* (Calamondin)
Immergrüner, buschiger Strauch mit glänzenden Blättern. Das ganze Jahr hindurch erscheinen duftende, weiße Blüten und gelborange Früchte. Mindesttemperatur 5–10°C.

WEISS-PURPURVIOLETT

***Euonymus japonicus* 'Macrophyllus Albus'**
(Pfaffenhütchen)
Immergrüner, aufrechtwachsender Strauch mit ovalen, dunkelgrünen, weißgerandeten Blättern und grünlichweißen Blütendolden im Spätfrühling.

***Fatsia japonica* 'Variegata'**
(Zimmeraralie, Fingerpalme)
Immergrüner, kugeliger, dichter Strauch mit handförmigen, glänzenddunkelgrünen, cremeweißpanaschierten Blättern und großen Blütendolden aus kleinen, weißen Einzelblüten. Herbstblüher.

***Euonymus fortunei* 'Silver Queen'**
(Pfaffenhütchen)
Immergrüner, buschiger Strauch mit dichter Belaubung aus weißgerandeten, dunkelgrünen Blättern. Im Frühling entfalten sich die unscheinbaren, grünlichweißen Blüten.

***Nandina domestica* 'Firepower'**
Immergrüner oder halbimmergrüner, bambusähnlicher Zwergstrauch mit zusammengesetzten Blättern, die sich im Austrieb und im Herbst/Winter violettrot färben. Blüten im Sommer weiß, Früchte orangerot.

Dracaena sanderiana
(Drazene)
Immergrüner, aufrechter Strauch mit runden Trieben und lanzettähnlichen, blaßgrün- bis graugrünen Blättern (15–25 cm lang), die cremeweiß gerandet sind. Mindesttemperatur 13°C.

***Dodonaea viscosa* 'Purpurea'**
Immergrüner, buschiger Strauch oder Baum. Die Blätter sind kupfrigviolett geflammt. Die violetten oder rötlichen Samenkapseln stehen im Sommer oder Herbst in Dolden zusammen. Mindesttemperatur 5°C.

Acacia podalyriifolia
Cornus stolonifera 'Flaviramea'
Cytisus × spachianus
Edgeworthia chrysantha
Heidekraut, S. 146–147
Stachyurus chinensis

WEITERE EMPFOHLENE PFLANZEN:
Acalypha hispida
Cleyera japonica 'Tricolor'
× *Fatshedera lizei* 'Variegata'
Mackaya bella
Pandanus veitchii, S. 143
Polyscias filicifolia 'Marginata'
Rhamnus alaternus 'Argenteovariegata'

Mittelhohe Sträucher MIT INTERESSANTEM GANZJAHRESASPEKT

GRÜN

Corokia cotoneaster
(Zickzackstrauch)
Immergrüner, buschiger Strauch mit verflochtenen Trieben, kleinen, löffelförmigen Blättchen und duftenden, gelben Blüten im Frühling. Im Herbst rote Früchte.

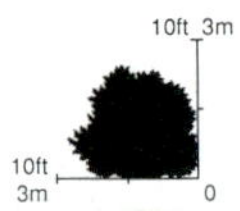

Encephalartos ferox
(Brotpalmfarn)
Immergrüne, palmähnliche Pflanze, die erst später einen Stamm bildet. 60–180 cm lange Wedel, die aus gesägten, ledrigen Blättchen bestehen. Mindesttemperatur 13 °C.

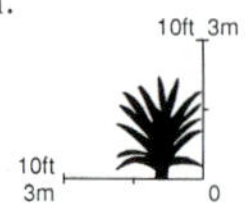

Cycas revoluta
(Sagopalme)
Langsamwachsende, immergrüne, palmähnliche Pflanze. Wedel aus zugespitzten Fiederblättern. Dichte, rötliche Fruchtstände im Herbst. Mindesttemperatur 13 °C.

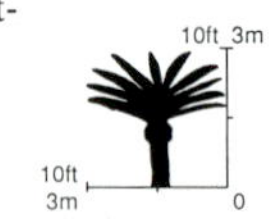

Aucuba japonica
Immergrüner, dichter, buschiger Strauch mit gedrungenen, grünen Zweigen und glänzenden, dunkelgrünen Blättern. Im Frühling kleine, purpurfarbene Blüten, später kugelige, rote Beeren.

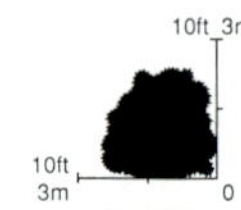

Arctostaphylos patula
(Bärentraube)
Immergrüner, kugeliger Strauch mit rötlichbrauner Rinde und graugrüner Belaubung. Im Frühling weiße oder blaßrosa Blüten, im Herbst braune Früchte. Winterschutz.

pH

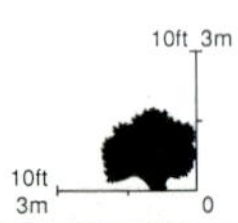

Rhapis excelsa
(Steckenpalme)
Immergrüne Fächerpalme mit 20–30 cm langen, aus 20 oder mehr schmalen Blättern zusammengesetzten, tiefgrünen Fächern. Mindesttemperatur 15 °C.

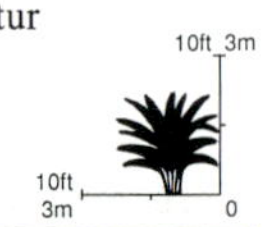

***Buxus sempervirens* 'Handsworthensis'**
Raschwüchsiger, immergrüner, buschiger, aufrechter Strauch oder kleiner Baum mit breiten, sehr dunklen, grünen Blättern. Ideale Hecken- oder Sichtschutzpflanze.

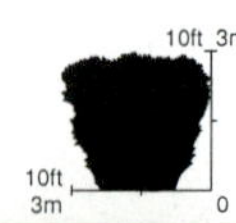

× *Fatshedera lizei*
Immergrüner, lockerverzweigter Strauch mit zahlreichen tiefgelappten Blättern. Kann auch als Kletterpflanze verwendet werden. Im Herbst kleine, weiße Blütendolden. Kalthaus oder Winterschutz.

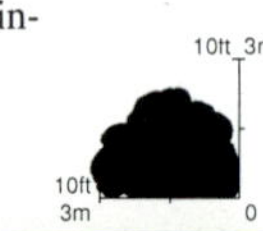

Ficus deltoidea
(Mistelfeige)
Schwachwüchsiger, immergrüner Strauch mit hellgrünen, unterseits bräunlichen Blättern. Die kleinen, grünlichweißen Früchte färben sich stumpfgelb. Mindesttemperatur 15–18 °C.

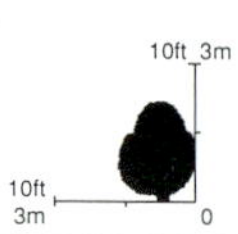

Philodendron selloum
Immergrüner, unverzweigter Strauch mit aufrechtem Stamm, glänzendgrünen, bis zu 60 cm langen oder längeren Blättern, die fingerförmig geteilt sind. Bisweilen grünlichweiße Blüten. Mindesttemperatur 15–18 °C.

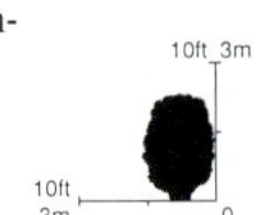

Polyscias filicifolia
(Fiederaralie)
Immergrüner, aufrechter, wenigverzweigter Strauch mit 30 cm langen, vielfachgefiederten, gesägten Blättern. Mindesttemperatur 15–18 °C.

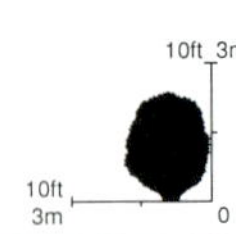

Chamaedorea elegans*, syn. *Neanthe bella (Bergpalme)
Immergrüne, schlanke Palme, mit zunehmendem Alter ausläufertreibend. Gefiederte Wedel aus vielen, glänzendgrünen Blättchen. Mindesttemperatur 18 °C.

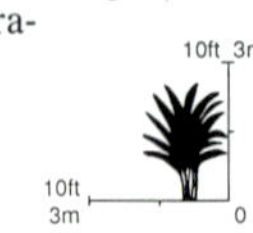

Aristotelia chilensis
Buxus wallichiana
Chamaerops humilis, S. 144
Dioon edule

Zwergkoniferen, S. 82–83
Elaeagnus macrophylla
Eurya emarginata, S. 144
Fatsia japonica

Stechpalmen, S. 70–71
Illicium floridanum
Ligustrum japonicum 'Rotundifolium'
Lonicera nitida

Lonicera nitida 'Yunnan'
Olearia lacunosa
Phoenix roebelenii

GRÜN-GELB

Portulacaria afra
(Strauchportulak)
Sommergrüner, aufrechter Strauch mit horizontal abstehenden Zweigen und fleischigen, hellgrünen Blättern. Im Spätfrühling blaßrosa Blütendolden. Mindesttemperatur 7–10°C.

***Elaeagnus* × *ebbingei* 'Limelight'**
(Ölweide)
Immergrüner, dichtbuschiger Strauch mit unterseits silbernen, dunkelgrünen, in der Mitte gelb und blaßgrün gezeichneten Blättern. Im Herbst duftende, weiße Blüten. Winterschutz.

Buxus balearica
(Balearischer Buchsbaum)
Immergrüner, baumähnlicher Strauch, als Heckenpflanze in Mittelmeerländern. Er besitzt breitovale, leuchtendgrüne Blätter.

***Ligustrum* 'Vicaryi'**
(Liguster, Rainweide)
Halbimmergrüner, dichtbuschiger Strauch mit goldgelben Blättern und dichten Blütenrispen aus weißen Blütchen im Sommer. Winterschutz oder geschützte Lagen.

Yucca aloifolia
(Palmlilie)
Immergrüner Strauch oder Kleinbaum mit geringer Verzweigung. Blätter schwertförmig, tiefgrün. Blütenrispen aus weißen, violettgetönten Blütenglocken ab Sommer. Mindesttemperatur 7°C.

***Aucuba japonica* 'Crotonifolia'**
(Aukube)
Immergrüner Strauch mit gedrungenen Zweigen und großen, glänzenden, gelbpanaschierten Blättern. Im Frühling kleine, violette Blüten, später leuchtendrote Beeren. Nicht für rauhe Lagen.

Aucuba japonica 'Gold Dust'
Aucuba japonica 'Picturata'
Coprosma repens 'Picturata'
Zwergkoniferen, S. 82–83
Eurya japonica 'Variegata'
Graptophyllum pictum
Stechpalmen, S. 70–71
Sanchezia speciosa, S. 145

WEISS

***Salix hastata* 'Wehrhahnii'**
(Zierweide)
Sommergrüner Busch mit violettroten Zweigen, die einen wirkungsvollen Kontrast zu den silbergrauen Kätzchen im Vorfrühling bilden. Ovale, leuchtendgrüne Blätter.

Deutzia gracilis
(Zwergdeutzie)
Sommergrüner, aufrechter oder verzweigter Strauch. Im Frühsommer erscheinen zwischen dem hellgrünen Laub zahlreiche Blütenrispen mit sternförmigen, reinweißen Blüten.

***Prunus glandulosa* 'Alba Plena'**
(Zierkirsche)
Sommergrüner, lichtkroniger Strauch mit kleinen, ovalen, mittelgrünen Blättern. Seine weißen Blütenbüschel erscheinen im Spätfrühling.

WEITERE EMPFOHLENE PFLANZEN:
Chamaedaphne calyculata
Fothergilla gardenii
Heidekraut, S. 146–147
Loropetalum chinense
Olearia mollis of gardens
Rhododendren, S. 100–102
Westringia fruticosa, S. 126

Kleine Sträucher MIT INTERESSANTEM FRÜHLINGSASPEKT

WEISS

Ledum groenlandicum
(Porst)
Immergrüner, buschiger Strauch mit dunkelgrünem, duftendem Laub. Die kugeligen, weißen Blütenköpfe erscheinen von Frühling bis Frühsommer.

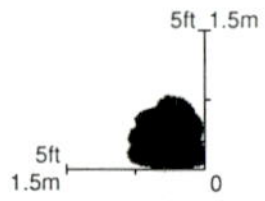

Spiraea* × *vanhouttei
(Spierstrauch)
Sommergrüner, dichter Strauch mit leicht überhängenden Trieben. Dichte weiße Blütendolden im Frühsommer, die in Massen zwischen den Blättern erscheinen.

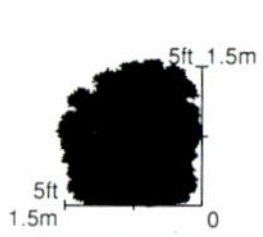

Azorina vidalii
Immergrüner Halbstrauch mit aufrechten Trieben, gesägten, dunkelgrünen, glänzenden Blättern und weißen oder rosafarbenen Glockenblüten, die im Spätfrühling in Trauben zusammenstehen. Mindesttemperatur 5°C.

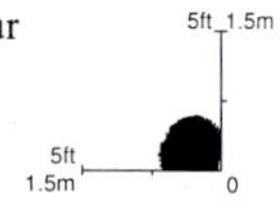

***Prunus laurocerasus* 'Zabeliana'**
(Kirschlorbeer)
Immergrüner, ausladender Strauch mit sehr schmalen, glänzenden Blättern und weißen Blütenkerzen, die im Frühling erscheinen. Kirschenähnliche rote, später schwarze Früchte.

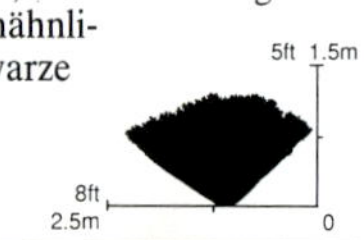

***Prunus laurocerasus* 'Otto Luyken'**
(Kirschlorbeer)
Immergrüner, sehr dichter Strauch mit schmalen, aufrechtstehenden Blättern und weißen Blütenähren im Spätfrühling. Kirschenähnliche rote, später schwarze Früchte.

WEISS-ROSA

× *Gaulnettya* 'Wisley Pearl'
Immergrüner, dichtbuschiger Strauch mit ovalen, starkgeaderten, dunkelgrünen Blättern und weißen Blüten im Spätfrühling/Frühsommer; daraus entwickeln sich dekorative, violettrote Früchte.

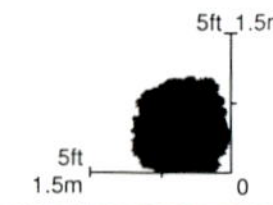

Deutzia* × *rosea
(Deutzie)
Sommergrüner, dichter Strauch mit zahlreichen breiten Blütenbüscheln aus sternförmigen, blaßrosa Blüten im Frühling/Frühsommer. Ihre dunkelgrünen Blätter sind oval.

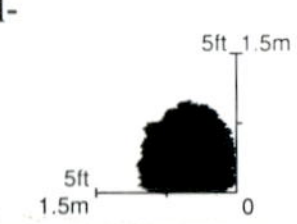

Prunus* × *cistena
(Zierkirsche)
Langsamwachsender, sommergrüner, aufrechter Strauch mit tieflilaroten, im Austrieb roten Blättern und rosaweißen Blüten im Spätfrühling. Später violettrote Früchte.

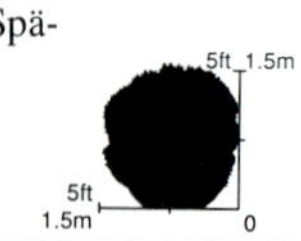

Viburnum* × *juddii
(Schneeball)
Sommergrüner, rundbuschiger Strauch mit dunkelgrünem Laub. Starkduftende, rosagetönte weiße Blüten erscheinen im Frühling/Spätfrühling aus den rosafarbenen Knospen.

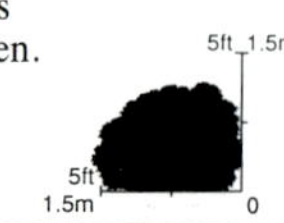

Viburnum carlesii
(Duftschneeball)
Sommergrüner, dichtbuschiger Strauch mit dunkelgrünem Laub, das sich im Herbst rot färbt. Starkduftende, weiße und rosafarbene Blütendolden im Frühling, später schwarze Beeren.

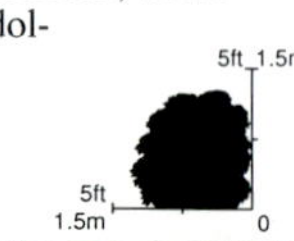

***Daphne* × *burkwoodii* 'Somerset'**
(Seidelbast)
Halbimmergrüner, aufrechter Strauch mit rosaweißen, duftenden Blütendolden, die im Spätfrühling, bisweilen noch einmal im Sommer erscheinen. Lanzettliche, blaß- bis mittelgrüne Blätter.

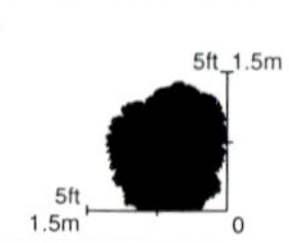

Bauera rubioides
Centradenia floribunda
Diosma ericoides
× *Gaulnettya* 'Pink Pixie'

Heidekraut, S. 146–147
Rhododendren, S. 100–102
Vinca minor 'Bowles' White'

Daphne retusa
(Seidelbast)
Immergrüner, rundlicher Strauch mit ledrigen Blättern. Im Frühsommer öffnen sich die violettroten Knospen zu duftenden, weißen, rosagetönten Blüten, die in endständigen Dolden zusammenstehen.

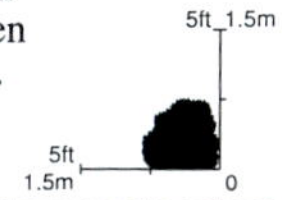

Menziesia ciliicalyx* var. *purpurea
Sommergrüner, buschiger Strauch mit hellgrünem Laub und purpurrosa Blütentrauben aus nickenden Blüten, die im Spätfrühling/Frühsommer erscheinen.

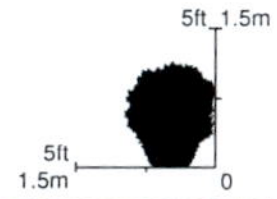

Euphorbia milii
(Christusdorn)
Langsamwachsender, meist immergrüner, dorniger, halbsukkulenter Strauch mit Dolden aus gelblichen Blüten, die von 2 leuchtendroten Brakteen umschlossen sind. Mindesttemperatur 8 °C.

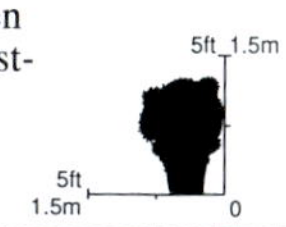

***Chaenomeles × superba* 'Rowallane'**
(Rosenquitte, Japanische Quitte)
Sommergrüner, niedriger, breitwüchsiger Strauch mit dunkelgrünem Laub und zahlreichen großen, roten Blüten, die im Frühling erscheinen.

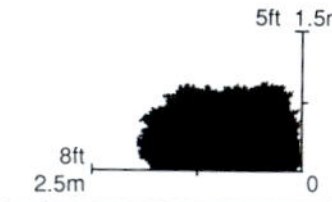

Prunus tenella
(Zwergmandel)
Sommergrüner, buschiger Strauch mit aufrechtstehenden Trieben und schmalen, glänzenden Blättern. Im Spätfrühling erscheinen die leuchtendrosa gefärbten, schalenförmigen Blüten.

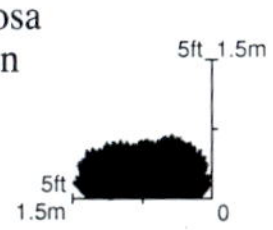

***Ribes sanguineum* 'Brocklebankii'**
(Zierjohannisbeere)
Sommergrüner, breitwüchsiger Strauch mit duftendem, blaßgelbem Laub und blaßrosa Blütentrauben, die im Frühling erscheinen. Später weißbereifte, schwarze Früchte.

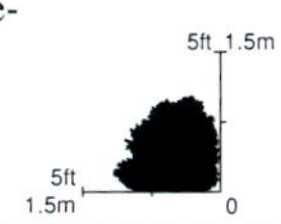

Epacris impressa
(Australische Heide)
Immergrüner, meist aufrechtwachsender, heideähnlicher Strauch mit rötlichen Blättern. Die rosa oder roten Blüten erscheinen im Winter/Frühling. Mindesttemperatur 5 °C.

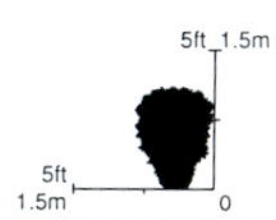

Cantua buxifolia*, syn. *C. dependens
Immergrüner, überhängender, buschiger Strauch mit graugrünem Laub und hängenden Blütenbüscheln aus leuchtendmagentaroten Blüten, die im Frühling/Spätfrühling erscheinen.

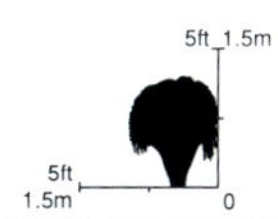

Chaenomeles speciosa 'Simonii'
Coleonema pulchrum
Euphorbia fulgens
Gaylussacia baccata

Heidekraut, S. 146–147
Justicia rizzinii
Kalmiopsis leachiana 'M. Le Piniec'
Protea magnifica

Rhododendren, S. 100–102

Kleine Sträucher MIT INTERESSANTEM FRÜHLINGSASPEKT

ROT-GRÜN

***Chaenomeles* × *superba* 'Nicoline'**
(Japanische Quitte, Rosenquitte)
Sommergrüner, dichtbuschiger Strauch mit glänzenden, dunkelgrünen Blättern und einer Fülle von großen, scharlachroten Blüten. Blütezeit Frühling; später gelbe Früchte.

Salix lanata
(Wollige Weide)
Sommergrüner, dichtbuschiger Strauch mit wolligen, grauen Trieben und breiten, silbergrauen Blättern. Große, gelblichgrüne Kätzchen im Spätfrühling zugleich mit dem Laub.

Boronia megastigma
(Korallenraute)
Immergrüner, dünntriebiger Strauch mit aus 3–5 schmalen Blättchen zusammengesetzten Blättern. Blüten schalenförmig, purpurbraun und gelb, wachsen im Winter/Frühling.

Euphorbia characias* ssp. *characias
(Wolfsmilch)
Immergrüner, aufrechter Strauch mit schmalen, graugrünen Blättern. Im Frühling/Frühsommer dichte, blaßgelb-grünliche Blütenähren mit purpurfarbenem Schlund.

***Arctostaphylos* 'Emerald Carpet'**
(Bärentraube)
Immergrüner Strauch mit dichter Belaubung aus ovalen, hellgrünen Blättern. Triebe purpurfarben. Guter Bodendekker. Im Frühling unscheinbare Blüten.

Daphne laureola* var. *philippi
(Seidelbast)
Immergrüner Zwergstrauch mit ovalen Blättern. Die schwachduftenden, trichterförmigen, blaßgrünen Blüten erscheinen im Vorfrühling, später die schwarzen Beeren.

GRÜN-GELB

Euphorbia characias* ssp. *wulfenii
(Wolfsmilch)
Immergrüner, aufrechter Strauch mit zweijährigen Trieben; sie bringen im ersten Jahr graugrüne Blätter hervor, im folgenden Frühling die gelbgrünen Blüten.

Salix repens
(Kriechweide)
Sommergrüner, niederliegender oder halb aufrechter Strauch. Die silbergrauen Kätzchen werden im Spätfrühling gelb und erscheinen vor den Blättern, die oberseits graugrün, unterseits silbrig sind.

Cytisus* × *praecox
(Elfenbeinginster, Brautginster)
Sommergrüner, dichtverzweigter Strauch. Im Frühling erscheinen zahlreiche cremegelbe Schmetterlingsblüten zwischen den winzigen, schmal-ovalen, seidigen Blättern.

Agathosma pulchella
Barleria obtusa
Boronia elatior
Brunfelsia pauciflora

Heidekraut, S. 146–147
Rhododendren, S. 100–102
Vinca major
Xanthorhiza simplicissima

GELB

Mahonia aquifolium
(Mahonie)
Immergrüner, lockerer Strauch. Die glänzenden, grünen Blätter färben sich oft im Winter rot oder violett. Aus den gelben Blütenrispen im Frühling entwickeln sich blauschwarze Beeren.

***Caragana arborescens* 'Nana'**
(Erbsenstrauch)
Sommergrüner, buschiger Zwergstrauch mit mittelgrünem Laub, das aus vielen Einzelblättchen zusammengesetzt ist. Im Spätfrühling ovale, gelbe Schmetterlingsblüten.

Pachystachys lutea
(Dauerlutscherpflanze)
Immergrüner Strauch; meist einjährig von Stecklingen kultiviert. Die weißen Blüten mit gelben Brakteen stehen im Frühling/Sommer in Ähren zusammen. Mindesttemperatur 13–15 °C.

***Cytisus × praecox* 'Allgold'**
(Elfenbeinginster)
Sommergrüner, dichtverzweigter Strauch mit silbrigen, graugrünen Blättern und einer Fülle gelber Schmetterlingsblüten, die im Frühling oder Spätfrühling erscheinen.

Ulex europaeus
(Stechginster)
Nahezu blattloser, buschiger Strauch mit dunkelgrünen Trieben und Dornen, die ihn immergrün erscheinen lassen. Duftende Schmetterlingsblüten im Frühling.

Berberis empetrifolia
(Berberitze)
Immergrüner, überhängender, stacheliger Strauch mit schmalen, graugrünen Blättern, kugeligen, goldgelben Blüten im Spätfrühling und schwarzen Beeren im Herbst.

Coronilla valentina* ssp. *glauca
(Kronwicke)
Immergrüner, dichtbuschiger Strauch mit blaugrauen Blättern. Die duftenden, gelben Schmetterlingsblüten erscheinen von Frühling bis Frühsommer.

Acacia pulchella
(Echte Akazie)
Halbimmergrüner oder sommergrüner Strauch mit dornigen Zweigen und hellgrünem Laub. Die winzigen, gelben Blüten stehen in kugeligen Köpfchen zusammen. Mindesttemperatur 5–7 °C.

GELB-ORANGE

Genista tinctoria
(Färberginster)
Sommergrüner, breitwüchsiger Zwergstrauch mit dichten Blütenähren aus goldgelben Schmetterlingsblüten, die im Frühling/Sommer erscheinen. Blätter schmal, dunkelgrün.

Chorizema ilicifolium
Immergrüner, wuchernder, aufrechter Strauch mit stachliggezähnten, ledrigen Blättern. Im Frühling/Sommer erscheinen die orange oder rosaroten Blütenähren. Mindesttemperatur 7 °C.

Nematanthus gregarius
Immergrüner, ziemlich flachwachsender Strauch mit fleischigen, glänzenden Blättern. Hauptsächlich von Frühling bis Herbst erscheinen die merkwürdig geformten, trichterförmigen Blüten. Mindesttemperatur 13–15 °C.

Acacia juniperina
Berberis calliantha
Caragana frutex 'Globosa'
Genista tinctoria 'Royal Gold'
Hermannia candicans
Mahonia 'Heterophylla'
Mahonia repens
Rhododendren, S. 100–102
Daphne giraldii
Halimium lasianthum
Lantana camara
Nematanthus strigillosus

□ WEISS

Deutzia monbeigii
(Deutzie)
Sommergrüner, überhängender Strauch. Die sternförmigen, weißen Blüten erscheinen in großer Menge zwischen den dunkelgrünen Blättern im Frühsommer bis Sommer.

Olearia phlogopappa* var. *subrepanda
Immergrüner, dichter, aufrechter Strauch. Die margeritenähnlichen, weißen Blüten erscheinen ab Frühling in großer Anzahl zwischen den schmalen, gezähnten, graugrünen Blättern.

Westringia fruticosa
(Australischer Rosmarin)
Immergrüner, rundlicher Strauch. Die unterseits weißfilzigen Blättchen stehen zu vieren zusammen. Im Frühling bis Sommer öffnen sich die weißen bis blaßblauen Blüten. Mindesttemperatur 5–7 °C.

***Potentilla* 'Abbotswood'**
(Fingerstrauch)
Sommergrüner, buschiger Strauch mit großen, reinweißen Blüten zwischen den dunkelgrünen Blättern. Der Fingerstrauch blüht von Sommer bis Herbst.

***Hebe brachysiphon* 'White Gem'**
(Strauchveronika)
Immergrüner, rundlicher Strauch mit zahlreichen, kleinen, glänzenden Blättern, der im Frühsommer von weißen Blütenähren gekrönt wird. Winterschutz in rauhen Lagen.

***Gardenia jasminoides* 'Fortuniana'**
(Gardenie)
Langsam wachsende, immergrüne Blattpflanze mit ovalen, glänzendgrünen Blättern und duftenden, gefüllten, weißen Blüten, die von Sommer bis Winter erscheinen. Mindesttemperatur 15 °C.

***Potentilla* 'Manchu'**
(Fingerstrauch)
Sommergrüner, horstbildender Strauch mit rosaroten, niederliegenden Trieben. Reinweiße Blüten zwischen den silbergrauen Blättern von Spätfrühling bis Frühsommer.

Rhodotypos scandens
(Scheinkerrie)
Aufrechter, schwach überhängender Strauch mit weißen Blüten, die im Spätfrühling zwischen den scharfgezähnten Blättern erscheinen. Kleine, erbsenähnliche, schwarze Früchte im Herbst.

Cuphea hyssopifolia
(Köcherblümchen)
Immergrüner, rundlicher, dichter Strauch mit winzigen, schmallanzettlichen, tiefgrünen Blättern. Die violettrosa bis lila oder weißen Blüten erscheinen im Sommer bis Herbst.

***Philadelphus* 'Manteau d'Hermine'**
(Pfeifenstrauch, Falscher Jasmin)
Sommergrüner, dichtbuschiger Strauch mit gefüllten, duftenden, cremeweißen Blütenbüscheln, die zwischen blaßgrünen Blättern vom Frühsommer bis Sommer erscheinen.

Convolvulus cneorum
(Winde)
Immergrüner, dichter Strauch. Die rosagetönten Knospen öffnen sich im Spätfrühling bis Spätsommer zu weißen Blüten mit gelbem Schlund. Blätter seidig, silbergrün.

WEITERE EMPFOHLENE PFLANZEN:
Berzelia lanuginosa
Boenninghausenia albiflora
Cyrilla racemiflora
Cytisus albus
Fuchsien, S. 132–133
Heidekraut, S. 146–147
Hebe 'Cranleigh Gem'
Hebe macrantha
Hebe ochracea
Hebe rakaiensis
Hebe vernicosa
Helichrysum splendidum
Rhododendren, S. 100–102
Rubus tricolor

Halimium umbellatum
Immergrüner, aufrechtwachsender Strauch. Die schmalen, glänzenddunkelgrünen Blätter sind unterseits weiß. Weiße Blüten mit gelbem Mittelfleck entfalten sich im Frühsommer aus rötlichen Knospen.

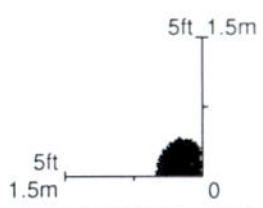

Cistus salviifolius
(Cistrose)
Immergrüner, dichtbuschiger Strauch mit runzligem, graugrünem Laub. Die weißen Blüten mit gelbem Mittelfleck erscheinen im Frühsommer in großer Anzahl.

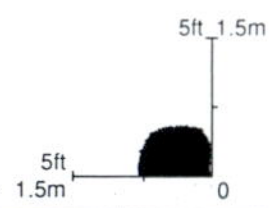

***Potentilla* 'Farrer's White'**
(Fingerstrauch)
Sommergrüner, buschiger Strauch mit feingeteilten, graugrünen Blättchen. Eine Fülle von weißen Blüten erscheint im Sommer und Herbst.

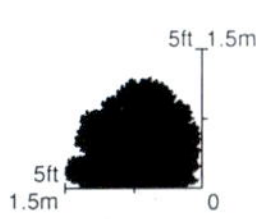

Cistus monspeliensis
(Cistrose)
Immergrüner, buschiger Strauch mit schmalen, runzeligen, dunkelgrünen Blättern und kleinen, weißen Blüten, die im Frühsommer und Sommer in großer Zahl erscheinen.

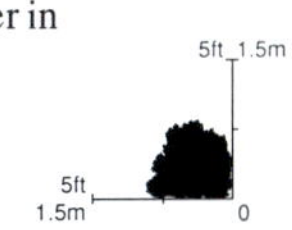

Cistus* × *cyprius
(Cistrose)
Immergrüner, buschiger Strauch mit stacheligen Trieben und schmalen, dunkelgrünen Blättern. Im Frühsommer erscheinen die großen, weißen, am Grunde rotgefleckten Blüten für 1 Tag.

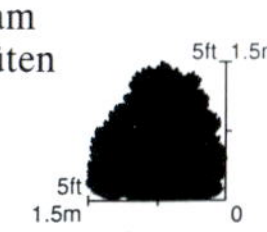

× *Halimiocistus sahucii*
Immergrüner, dichtbuschiger Strauch mit schmalen, dunkelgrünen Blättern und zahlreichen weißen Blüten, die im Spätfrühling und Frühsommer erscheinen.

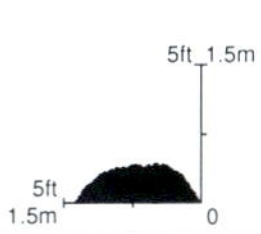

Cistus* × *corbariensis
(Cistrose)
Immergrüner, dichtbuschiger Strauch mit runzligen, am Rande gewellten, dunkelgrünen Blättern und vielen weißen, gelbgrundigen Blüten, die im Frühsommer erscheinen.

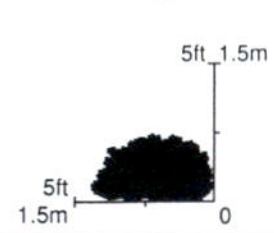

***Cistus* × *aguilari* 'Maculatus'**
(Cistrose)
Immergrüner, dichtbuschiger Strauch mit schmalen, stacheligen, kräftiggrünen Blättern. Große, weiße, gelbgrundige Blüten mit den rotgefleckten Blütenblättern im Frühsommer und Sommer.

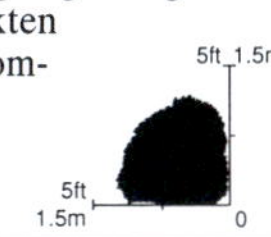

Cistus ladanifer
(Cistrose)
Immergrüner, aufrechtwachsender Strauch mit schmalen, stacheligen Blättern. Die großen, weißen, am Grunde rotgefleckten Blüten erscheinen den ganzen Sommer hindurch.

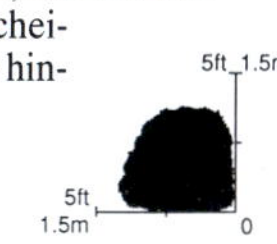

Chamaebatiaria millefolium
× Halimiocistus wintonensis
Sibiraea laevigata

☐ WEISS

Leptospermum humifusum
(Steinsame)
Immergrüner Strauch mit ausladenden, rötlichen Trieben und dunkelgrünen, im Winter bronzepurpurnen Blättern. Die rotgetönten Knospen öffnen sich im Frühsommer zu flachen, weißen Blüten.

Yucca whipplei
(Palmlilie)
Immergrüner, stammloser Strauch mit dichtem Busch aus spitzen, blaugrünen Blättern. Lange, grünlichweiße Blütenstände mit duftenden, glockenförmigen Blüten ab Spätfrühling. Winterschutz.

Vaccinium corymbosum
(Amerikanische Blaubeere)
Sommergrüner, aufrechter, leicht überhängender Strauch mit kleinen, weißen oder rosafarbenen Blüten im Frühsommer. Später süße, eßbare, blauschwarze Früchte.

***Yucca flaccida* 'Ivory'**
(Palmlilie)
Immergrüner, sehr kurzstämmiger Strauch mit schmalen Blattbüscheln und langen Blütentrieben mit glockenförmigen, weißen Blüten, die im Spätsommer erscheinen.

Catharanthus roseus*, syn. *Vinca rosea
Immergrüner Bodendecker, der im Alter unordentlich aussieht. Er blüht mit weißen bis rosafarbenen Blüten von Frühling bis Herbst, bisweilen auch im Winter. Mindesttemperatur 5–7 °C.

Rhaphiolepis umbellata
Immergrüner, buschiger Strauch mit rundlichen, ledrigen, dunkelgrünen Blättern und duftenden, weißen Blütenbüscheln, die im Frühsommer erscheinen.

***Weigela florida* 'Variegata'**
(Buntblättrige Weigelie)
Sommergrüner, dichtbuschiger Strauch mit vielen rosafarbenen Blüten, die im Spätfrühling und Frühsommer zwischen den mittelgrünen, cremeweißgerandeten Blättern erscheinen.

Ozothamnus ledifolius
Immergrüner, rundbuschiger Strauch mit gelben Trieben, die mit kleinen, würzigduftenden, oberseits glänzenddunkelgrünen, unterseits gelblichen Blättern und im Frühsommer mit kleinen, weißen Blüten besetzt sind.

Bouvardia longiflora
Cistus × lusitanicus
Fuchsien, S. 132–133
Heidekraut, S. 146–147
Philadelphus 'Sybille'
Rhododendren, S. 100–102
Spiraea trilobata

WEISS

Lomatia silaifolia
Immergrüner, dichtbuschiger Strauch mit cremeweißen Blüten, die aus vier schmalen, gedrehten Blättchen bestehen. Sie erscheinen zwischen den tiefgeteilten, grünen Blättern im Sommer bis Spätsommer.

Eriogonum arborescens
(Wollknöterich)
Immergrüner, verzweigter Strauch mit kleinen, unterseits weißen Blättern. Die Dolden aus kleinen, rosa oder weißen Blüten erscheinen von Frühling bis Herbst. Mindesttemperatur 5 °C.

Cassinia vauvilliersii
Immergrüner, aufrechter Strauch. Die weißlichen Triebe sind mit kleinen, dunkelgrünen Blättern und weißen Blütendolden geschmückt, die im Sommer bis Spätsommer erscheinen.

Hebe recurva
(Strauchveronika)
Immergrüner, lockerer, breitwüchsiger Strauch mit schmalen, gebogenen, graublauen Blättern. Die kleinen, weißen Blütenähren erscheinen im Sommer bis Spätsommer.

Viburnum acerifolium
(Ahornblättriger Schneeball)
Sommergrüner Strauch mit hellgrünem Laub, das im Herbst orangerot und violett wird. Aus den cremeweißen Blütendolden im Frühsommer entwickeln sich rote, später schwarze Früchte.

Hebe albicans
(Strauchveronica)
Immergrüner Strauch mit dichtem, blaugrauem Habitus, der im Sommer mit kleinen, dichten Blütenähren aus weißen Blüten geschmückt ist.

ROSA

***Deutzia* 'Mont Rose'**
(Deutzie)
Sommergrüner, buschiger Strauch mit rosa oder lilarosa Blütenrispen und gelben Staubfäden. Sie erscheinen im Frühsommer. Die Blätter sind scharfgezähnt und dunkelgrün.

Protea cynaroides
(Protea)
Immergrüner Strauch mit seerosenähnlichen Blütenschöpfen, rosa bis roten Brakteen, die im Frühling bis Sommer erscheinen. Ovale, mittelgrüne Blätter. Mindesttemperatur 5–7 °C.

***Hydrangea involucrata* 'Hortensis'**
(Hortensie)
Immergrüner, lockerer Strauch mit breitherzförmigen, borstigen Blättern. Die cremefarbenen, rosa und grünen Blütendolden blühen im Spätsommer bis Spätherbst. Winterschutz.

***Potentilla* 'Daydawn'**
(Fingerstrauch)
Sommergrüner, buschiger, ziemlich überhängender Strauch. Die cremegelben Blüten sind orangerosa getönt. Sie erscheinen zwischen dem feingeteilten, grünen Laub von Frühsommer bis Herbst.

***Abelia* 'Edward Goucher'**
Sommergrüner oder halbimmergrüner, überhängender Strauch. Die ovalen, hellgrünen Blätter sind im Austrieb bronzefarben. Von Sommer bis Herbst zahlreiche lilarosa Blüten.

Azorina vidalii, S. 122
Cistus parviflorus
Cistus 'Peggy Sammons'
Dorycnium hirsutum

Fuchsien, S. 132–133
Heidekraut, S. 146–147
Rhododendren, S. 100–102

Kleine Sträucher MIT INTERESSANTEM SOMMERASPEKT

ROSA

Abelia schumannii
Sommergrüner, überhängender Strauch mit spitzzipfeligen, mittelgrünen Blättern, im Austrieb bronzefarben. Lilarosa und weiße, gelbgefleckte Blüten von Mitte Sommer bis Herbst.

Myoporum parvifolium
Immergrüner, breitwüchsiger Strauch mit halbsukkulenten Blättern. Kleine, weiße oder rosa, nach Honig duftende, lilagefleckte Blüten im Sommer. Im Herbst lila Früchte. Mindesttemperatur 2–5 °C.

Cistus × skanbergii
(Cistrose)
Immergrüner, buschiger Strauch. Eine Fülle blaßrosa Blüten erscheint zwischen den schmalen, graugrünen Blättern im Frühsommer bis Sommer.

Pimelea ferruginea
(Glanzstrauch)
Immergrüner, dichter, rundlicher Strauch mit winzigen, zurückgebogenen Blättern. Die kleinen, trichterförmigen, tiefrosa Blüten erscheinen im Frühling bis Frühsommer. Mindesttemperatur 7 °C.

Gaultheria shallon
(Scheinbeere)
Immergrüner Strauch mit rötlichen Trieben und breiten, scharfzugespitzten Blättern. Die kugeligen, rosa Blüten erscheinen in Trauben im Spätfrühling, später die purpurfarbenen Beeren.

Indigofera dielsiana
(Indigostrauch)
Sommergrüner, aufrechter Strauch mit aus 7–11 Blättchen zusammengesetzten Fiederblättern. Von Frühsommer bis Frühherbst erscheinen die schlanken, blaßrosa Blütenähren.

***Hydrangea macrophylla* 'Générale Vicomtesse de Vibraye'**
(Hortensie)
Dichtbuschiger Strauch mit kugeligen Dolden aus blaßblauen oder rosafarbenen Blüten im Sommer bis Spätsommer. Das Laub ist hellgrün.

Phlomis italica
Immergrüner, aufrechter Strauch, der im Sommer quirlständige, lilarosa Blüten zwischen den schmalen, wolligen, graugrünen Blättern hervorbringt.

***Deutzia × elegantissima* 'Rosealind'**
(Deutzie)
Sommergrüner, rundbuschiger, dichter Strauch mit endständigen Blütenrispen aus tiefrosa Blüten, die im Spätfrühling bis Frühsommer erscheinen.

Bauera rubioides
Calliandra eriophylla, S. 140
Fuchsien, S. 132–133
Heidekraut, S. 146–147
Indigofera pseudotinctoria
Rhododendren, S. 100–102

***Weigela florida* 'Foliis Purpureis'**
(Weigelie)
Sommergrüner, niedriger, buschiger Strauch, der außen rosa, innen weiße, trichterförmige Blüten im Spätfrühling hervorbringt. Die Blätter sind stumpfviolett oder grünviolett.

***Ceanothus* 'Perle Rose'**
(Amerikanische Säckelblume)
Sommergrüner, buschiger Strauch mit dichten, leuchtendkarminrosa Blütenrispen, die von Sommer bis Frühherbst erscheinen. Blätter breitoval, mittelgrün.

Penstemon isophyllus
(Bartfaden)
Etwas unregelmäßiger, sommergrüner Strauch oder Halbstrauch. Im Sommer bis Herbst Blütenrispen aus großen, weißen und rotkehligen, tiefrosafarbenen Blüten. Laub mittelgrünglänzend. Winterschutz.

***Spiraea japonica* 'Little Princess'**
(Zwergspierstrauch)
Langsamwachsender, sommergrüner Busch mit kleinen, rosalila Blütendolden, die im Sommer bis Spätsommer erscheinen. Das kleine Laub ist dunkelgrün, im Austrieb bronzefarben.

***Hebe* 'Great Orme'**
(Strauchveronica)
Immergrüner, rundlicher Strauch mit purpurfarbenen Trieben und dunkelgrünem Laub. Blüten in schlanken, tiefrosafarbenen Ähren, die sich weiß verfärben. Blütezeit Sommer bis Herbst. Winterschutz.

***Spiraea japonica* 'Goldflame'**
(Spierstrauch)
Sommergrüner, aufrechter, etwas überhängender Strauch mit blaßgrünen, in der Jugend orangeroten und leuchtendgelben Blättern. Die tiefrosafarbenen Blütendolden erscheinen im Sommer.

Justicia carnea*, syn. *Jacobinia carnea*, *J. pohliana
Immergrüner, reichverzweigter Strauch mit samtigbehaarten Blättern. Im Sommer bis Herbst lilarosa Blütenähren. Mindesttemperatur 10–15 °C.

Pentas lanceolata*, syn. *P. carnea
Meist immergrüner, lockerer, rundlicher Strauch mit behaarten, leuchtendgrünen Blättern. Im Sommer bis Herbst dichte rosa, lilarote oder weiße Blütendolden. Mindesttemperatur 10–15 °C.

***Spiraea japonica* 'Anthony Waterer'**
(Japanischer Spierstrauch)
Sommergrüner, dichtbuschiger Strauch. Das dunkelgrüne Laub ist im Austrieb rötlich. Die karminroten Blütendolden erscheinen im Spätsommer.

Cistus 'Silver Pink'
Fuchsien, S. 132–133
Heidekraut, S. 146–147
Hebe 'Gauntlettii'
Hydrangea macrophylla cv.
Indigofera decora
Rhododendren, S. 100–102

Fuchsien

Mit ihren lebhaft gefärbten Blüten und der langen Blütezeit (Sommer–Herbst) sind Fuchsien ideale Sträucher für Gewächshäuser, Terrasen und Gärten. Einfache oder gefüllte Blüten besitzen verschieden geformte, elegant zurückgebogene Kelchblätter. Einige Arten sind in milden Klimagebieten sogar winterhart, die meisten müssen jedoch im Haus überwintert werden.
Fuchsien aus Stecklingen sind wenig verzweigt, wenn sie nicht frühzeitig entspitzt werden. Um Stämmchen zu erhalten, läßt man den Leittrieb durchtreiben und reduziert die Seitentriebe auf ein Blattpaar. Hat der Trieb die gewünschte Höhe erreicht und 2 oder 3 Blattpaare darüber, knipst man ihn aus und überläßt die Pflanze ihrer natürlichen Entwicklung.

F. **'Jack Shahan'**

F. **'Lady Thumb'**

F. **'Peppermint Stick'**

F. arborescens

F. **'Autumnale'**

F. **'Harry Gray'**

F. **'Pink Galore'**

F. **'Swingtime'**

F. **'White Ann'**

F. **'Rufus'**

F. **'Riccartonii'**

F. **'Annabel'**

F. **'Leonora'**

F. **'Nellie Nuttall'**

F. **'Red Spider'**

F. **'Dollarprinzessin'**

F. **'Ann Howard Tripp'**

F. **'Golden Dawn'**

F. **'Gruß aus dem Bodenthal'**

F. **'Other Fellow'**

F. **'Jack Acland'**

F. **'Kwintet'**

F. **'Tom Thumb'**

F. **'White Spider'**

F. magellanica

Kleine Sträucher

MIT INTERESSANTEM SOMMERASPEKT

ROSA-ROT

F. **'Mrs. Popple'**

F. **'Cascade'**

F. **'La Campanella'**

F. **'Golden Marinka'**

F. **'Mary Poppins'**

F. **'Rose of Castile'**

F. **'Celia Smedley'**

F. **× *bacillaris***

F. **'Estelle Marie'**

***F. boliviana* 'Alba'**

F. **'Thalia'**

F. procumbens

F. **'Lye's Unique'**

F. fulgens

F. **'Koralle'**

Cistus creticus
(Cistrose)
Immergrüner, buschiger Strauch mit graugrünem Laub. Seine rosa oder lilarosa Blüten haben eine gelbe Mitte und erscheinen im Frühsommer bis Sommer.

5ft 1.5m 5ft 1.5m 0

***Escallonia rubra* 'Woodside'**
Immergrüner, dichtbuschiger Strauch mit kleinen, glänzenden Blättern. Seine kurzen Blütenähren, die aus kleinen, karminroten Blüten bestehen, erscheinen im Sommer bis Herbst. Winterschutz.

5ft 1.5m 5ft 1.5m 0

Kalmia angustifolia* f. *rubra
(Lorbeerrose)
Immergrüner, buschiger, rundlicher Strauch mit ovalen, dunkelgrünen Blättern und tiefroten Blütendolden, die im Frühling bis Sommer erscheinen.

pH 5ft 1.5m 5ft 1.5m 0

Sutherlandia frutescens
Immergrüner Strauch. Die Fiederblätter bestehen aus graubehaarten, grünen Blättchen. Leuchtendrote Blüten im Frühling und Sommer, später blaßgrüne, rotgeflammte Samenkapseln. Mindesttemperatur 10°C.

5ft 1.5m 5ft 1.5m 0

Crossandra nilotica
Immergrüner, aufrechter bis breitwüchsiger Strauch mit ovalen, zugespitzten Blättern. Kurze Ähren aus kleinen, orange- bis ziegelroten Blüten mit langen Staubfäden von Frühling bis Herbst. Mindesttemperatur 15°C.

5ft 1.5m 5ft 1.5m 0

Ixora coccinea
Immergrüner, rundlicher Strauch mit dunkelgrünen, 10 cm langen Blättern. Die dichten Blütendolden aus kleinen, roten, rosa, orange oder gelben Blüten erscheinen im Sommer. Mindesttemperatur 13–16°C.

5ft 1.5m 5ft 1.5m 0

Anisodontea capensis
Cistus × purpureus
Coleonema pulchrum
Heidekraut, S. 146–147
Philesia magellanica
Potentilla 'Royal Flush'
Rhododendren, S. 100–102

Kleine Sträucher MIT INTERESSANTEM SOMMERASPEKT

ROT

***Potentilla* 'Red Ace'**
(Fingerstrauch)
Sommergrüner, breitwüchsiger Strauch. Leuchtendorangerote Blüten, die unterseits blaßgelb sind. Sie entfalten sich ab Spätfrühling zwischen dem mittelgrünen Laub. In der Sonne verblassen sie.

Salvia microphylla* var. *neurepia
(Salbei)
Immergrüner, aufrechter Strauch mit blaß- bis mittelgrünem Laub. Die leuchtendroten Blüten und die grünen, violettgetönten Kelche zieren die Pflanze im Sommer und Herbst.

Justicia brandegeana
(Krabbenpflanze)
Immergrüner, rundlicher Strauch, der besonders im Sommer weiße Blüten mit garnelenfarbenen Hochblättern hervorbringt. Mindesttemperatur 10–15°C.

***Grevillea* 'Robyn Gordon'**
Immergrüner Strauch mit ledrigen, dunkelgrünen Blättern. Vom Vorfrühling bis Spätsommer erscheinen in Abständen die karminroten Blütentrauben mit gebogenen Staubfäden. Mindesttemperatur 5–10°C.

***Acer palmatum* 'Chitoseyama'**
(Zierahorn)
Sommergrüner, überhängender Strauch oder kleiner Baum mit handförmigen Blättern, die sich im Spätsommer bis Herbst rot färben. Im Frühling kleine, violettrote Blüten.

Phygelius aequalis
Immergrüner oder halbimmergrüner Halbstrauch mit endständigen Blütenrispen aus trichterförmigen, blaßroten Blüten mit gelbem Schlund, die von Sommer bis Frühherbst blühen. Dunkelgrünes, ovales Laub.

Salvia fulgens
(Salbei)
Immergrüner, aufrechter Halbstrauch mit ovalen Blättern, die unterseits weißwollig, oberseits behaart sind. Die scharlachroten, zweilippigen Blüten entwickeln sich im Sommer.

***Acer palmatum* 'Dissectum Atropurpureum'** (Zierahorn)
Sommergrüner Strauch, der einen dichten Busch aus tiefgeteilten, bronzeroten oder purpurnen Blättern bildet, die sich im Herbst rotorange und gelb färben. Im Frühling kleine, purpurrote Blüten.

Bouvardia ternifolia, S. 141
Fuchsien, S. 132–133
Grevillea alpina
Rhododendren, S. 100–102

***Hebe hulkeana* 'Lilac Hint'**
(Strauchveronika)
Immergrüner, aufrechtwachsender, lockerer Strauch mit gezähnten, glänzenden Blättern. Die vielen blaßlila Blütenähren erscheinen im Spätfrühling bis Frühsommer. Winterschutz.

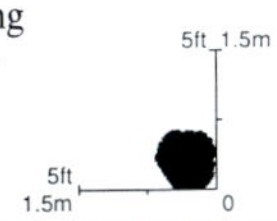

***Hebe* 'E. A. Bowles'**
(Strauchveronika)
Immergrüner, rundbuschiger Strauch mit schmalen, blaßgrünen Blättern und schlanken, lilafarbenen Blütenähren, die im Sommer bis Spätherbst aufbrechen. Winterschutz.

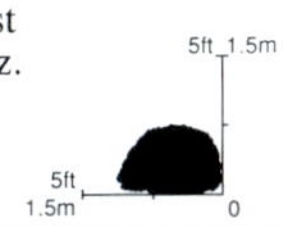

Heliotropium arborescens
(Heliotrop)
Immergrüner, buschiger Strauch. Die runzeligen Blätter sind schwach glänzend. Von Spätfrühling bis Winter lila bis fliederfarbene Blüten in dichten, flachen Dolden. Mindesttemperatur 7 °C.

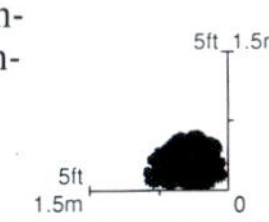

Lavandula stoechas
(Schopflavendel)
Immergrüner Strauch mit tieflilablauen Blüten, die von rosavioletten Brakteen eingefaßt sind. Blütezeit ist von Frühling bis Sommer. Ausgereifte Blätter sind silbergrau und duften würzig.

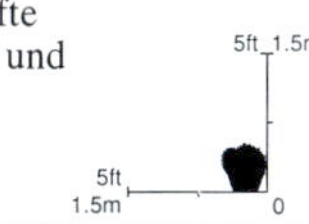

Rosmarinus officinalis
(Rosmarin)
Immergrüner, dichtbuschiger Strauch mit würzigen, schmalen Blättern. Die kleinen, blaßblauen Blüten erscheinen im Frühling bis Sommer. Würzkraut. Milde Lagen.

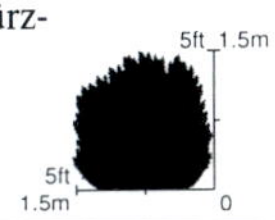

Hydrangea macrophylla* ssp. *serrata
(Hortensie)
Sommergrüner, dichtbuschiger Strauch mit hellgrüner Belaubung. Im Sommer erscheinen die Blütendolden mit den rosalila oder weißen inneren, und rosa oder blauen äußeren Blüten.

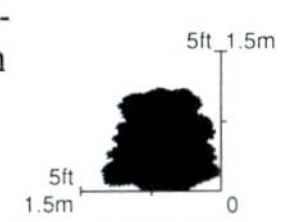

***Polygala myrtifolia* 'Grandiflora'**
Immergrüner, aufrechter Strauch mit kleinen, graugrünen Blättern. Die weißgeaderten, tiefvioletten Blüten erscheinen von Spätfrühling bis Herbst. Mindesttemperatur 7 °C.

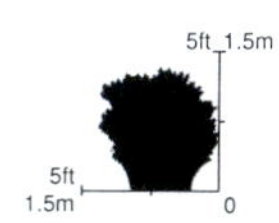

***Hebe* 'Autumn Glory'**
(Strauchveronika)
Immergrüner Strauch, der einen dichten Busch aus purpurroten Trieben und tiefgrünen Blättern bildet. Blüten mit dichten, tieflilablauen Ähren. Blütezeit ist Sommer bis Spätherbst. Milde Lagen.

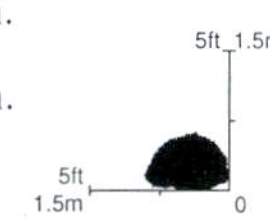

Desmodium tiliifolium
Sommergrüner, aufrechter Halbstrauch. Die mittelgroßen Blätter setzen sich aus drei Teilblättern zusammen. Große Blütentrauben aus blaßlila bis tiefrosa Blüten ab Spätsommer bis Herbst.

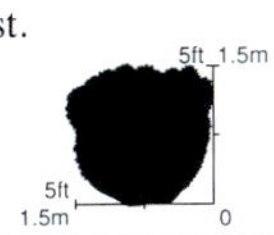

Lantana montevidensis
(Wandelröschen)
Immergrüner, bodendeckender Strauch mit gesägten Blättern. Die lilarosa Blüten mit gelbem Auge blühen das ganze Jahr hindurch. Mindesttemperatur 10–13 °C.

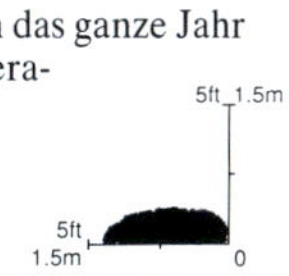

***Brunfelsia pauciflora* 'Macrantha'**
Immergrüner, breitwüchsiger Busch mit ledrigem Laub. Die lilablauen Blüten färben sich innerhalb von 3 Tagen weiß. Sie erscheinen von Winter bis Sommer. Mindesttemperatur 10–13 °C.

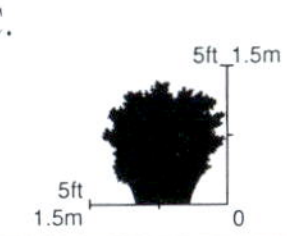

***Lavandula angustifolia* 'Hidcote'**
(Lavendel)
Immergrüner, buschiger Strauch mit dichten, duftenden, tiefvioletten Blütenähren, die im Sommer bis Spätsommer erscheinen. Blätter klein, silbergrau und aromatisch duftend.

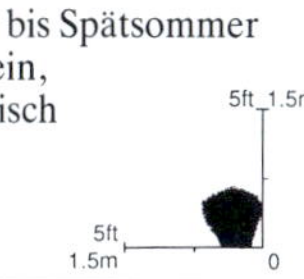

Agathosma pulchella
Amorpha canescens
Barleria cristata
Berberis thunbergii 'Atropurpurea Nana'
Berberis thunbergii 'Rose Glow'
Carmichaelia enysii
Fuchsien, S. 132–133
Heidekraut, S. 146–147
Hebe 'Alicia Amherst'
Hebe 'La Séduisante'
Lavandula dentata
Lavandula 'Grappenhall'
Osbeckia stellata
Perovskia atriplicifolia
Rhododendren, S. 100–102

Kleine Sträucher MIT INTERESSANTEM SOMMERASPEKT

VIOLETT-BLAU

***Hebe* 'Purple Queen'**
(Strauchveronika)
Immergrüner Strauch mit glänzenden Blättern, die in der Jugend lila gefärbt sind. Dichte, tiefblauviolette Blütenähren ab Frühsommer. Winterschutz oder Kalthaus.

***Felicia amelloides* 'Santa Anita'**
Sommergrüner, buschiger, breitwüchsiger Strauch. Blaue Korbblüten mit gelber Mitte an langen Stielen von Spätfrühling bis Herbst. Blätter rund bis oval, hellgrün. Mindesttemperatur 5–7°C.

Hyssopus officinalis
(Ysop)
Halbimmergrüner oder sommergrüner Strauch mit würzigen, tiefgrünen Blättern. Kleine, blaue Blüten ab Sommer. Wird als Küchenwürzkraut verwendet. Einjährig oder Kalthaus.

***Caryopteris × clandonensis* 'Arthur Simmonds'** (Bartblume)
Sommergrüner Halbstrauch mit blauen bis violettblauen Blüten; sie erscheinen zwischen den schmalovalen, unregelmäßiggezähnten, graugrünen Blättern im Spätsommer bis Herbst.

***Ceanothus* 'Gloire de Versailles'**
(Säckelblume)
Starkwüchsiger, sommergrüner Strauch mit breitovalen, mittelgrünen Blättern und blaßblauen Blütenrispen, die von Sommer bis Frühherbst erscheinen. Für mildes Klima.

Ceanothus thyrsiflorus* var. *repens
(Kriechende Säckelblume)
Immergrüner, kompakter Strauch mit dunkelgrünem Laub. Im Spätfrühling bis Frühsommer erscheinen blaue Blüten, die in Rispen angeordnet sind. Für mildes Klima.

***Hydrangea macrophylla* ssp. *serrata* 'Bluebird'**
Sommergrüner Strauch mit flachen Blütendolden aus blaßrosa, blaßlila oder blauen Blüten im Sommer bis Spätsommer. Das hellgrüne Laub färbt sich im Herbst rot.

***Perovskia atriplicifolia* 'Blue Spire'**
Sommergrüner, aufrechter Halbstrauch mit grauweißen Trieben. Im Spätsommer bis Herbst erscheinen die violettblauen Blütenähren in großer Zahl. Das Laub ist tiefgeschlitzt, graugrün und aromatisch duftend.

Brunfelsia pauciflora
Hebe 'Fairfieldii'
Hebe × franciscana 'Blue Gem'
Hebe hulkeana
Hydrangea involucrata
Hydrangea macrophylla cv.
Lavandula 'Munstead'
Perovskia 'Hybrida'
Phlomis cashmeriana
Rhododendren, S. 100–102

GRÜN-GELB

***Symphoricarpos orbiculatus* 'Foliis Variegatis', syn. *S. o.* 'Variegatus'**
Sommergrüner, dichtbuschiger Strauch mit hellgrünen, gelbgerandeten Blättern. Im Sommer bis Herbst erscheinen gelegentlich weiße oder rosa Blüten.

***Justicia brandegeana* 'Chartreuse'**
Immergrüner, überhängender Strauch mit weißen Blüten, die von gelbgrünen Hochblättern umgeben sind. Blütezeit vorwiegend Sommer, aber auch im Jahreslauf. Mindesttemperatur 10–15°C.

Weigela middendorffiana
(Weigelie)
Sommergrüner, buschiger, überhängender Strauch. Im Frühling bis Frühsommer trichterförmige, schwefelgelbe, innen orangegefleckte Blüten. Das Laub ist hellgrün.

Berberis 'Parkjuwel'
Muehlenbeckia complexa
Myrsine africana

***Potentilla* 'Vilmoriniana'**
(Fingerstrauch)
Sommergrüner, aufrechter Strauch mit cremefarbenen Blüten, die von Spätfrühling bis Herbst erscheinen. Blätter silbergrau und in kleine Blättchen unterteilt.

***Phygelius aequalis* 'Yellow Trumpet'**
Immergrüner oder halbimmergrüner Halbstrauch. Von Sommer bis Frühherbst blaßgelbe, trichterförmige Blüten, die in Büscheln an den Triebenden zusammenstehen.

***Potentilla* 'Friedrichsenii'**
(Fingerstrauch)
Starkwüchsiger, sommergrüner, aufrechter Strauch. Ab Spätfrühling bis Sommer blaßgelbe Blüten. Das Laub ist blaugrün.

***Potentilla* 'Elizabeth'**
(Fingerstrauch)
Sommergrüner, dichtbuschiger Strauch mit kleinen, tiefeingeschnittenen Blättchen und großen, leuchtendgelben Blüten vom Spätfrühling bis Herbst.

***Halimium ocymoides* 'Susan'**
Immergrüner, breitwüchsiger Strauch mit schmalovalen, graugrünen Blättern. Zahlreiche einzelne, ungefüllte oder leichtgefüllte, leuchtendgelbe Blüten mit purpurrotem Mittelfleck im Sommer an den Zweigen.

***Santolina pinnata* ssp. *neapolitana* 'Sulphurea'** (Heiligenblume)
Immergrüner, rundbuschiger Strauch mit würzigen, tiefeingeschnittenen Blättern. Die blassen, primelgelben Blüten stehen in Köpfchen zusammen. Winterschutz auch für milde Lagen.

Lupinus arboreus
(Baumlupine)
Raschwüchsiger, sommergrüner Strauch, der im Frühsommer kurze Blütenähren mit leuchtendgelben Blüten hervorbringt. Blätter aus 6–9 Fiederblättchen, oberseits behaart, grün.

Grevillea juniperina* f. *sulphurea
Immergrüner, rundbuschiger Strauch mit nadelähnlichen, eingerollten Blättern, die oberseits dunkelgrün, unterseits silbrig behaart sind. Blaßgelbe Blütendolden mit kleinen, spinnenförmigen Blüten ab Frühling.

Halimium lasianthum* ssp. *formosum
Immergrüner, breitbuschiger Strauch mit graugrünem Laub und goldgelben, am Grunde rotgefleckten Blüten, die im Spätfrühling bis Frühsommer erscheinen.

Coronilla valentina ssp. *glauca*, S. 125
Cytisus supinus
Genista tinctoria 'Royal Gold'
Helichrysum italicum
Potentilla 'Moonlight'
Rhododendren, S. 100–102
Ruta graveolens 'Jackman's Blue', S. 145
Santolina pinnata ssp. *neapolitana*
Santolina rosmarinifolia 'Primrose Gem'
Vinca minor 'Alba Variegata'

Kleine Sträucher MIT INTERESSANTEM SOMMERASPEKT

GELB

Phlomis fruticosa
(Brandkraut)
Immergrüner, breitwüchsiger Busch. Die quirlförmigen, goldgelben Blütenstände erscheinen zwischen dem salbeiähnlichen, graugrünen Laub ab Frühsommer.

Genista hispanica
Sommergrüner, buschiger, sehr stacheliger Strauch mit wenigen Blättern. Die dichten Blütenbüschel aus gelben Schmetterlingsblüten erscheinen im Spätfrühling bis Frühsommer in großer Fülle. Winterschutz.

Hypericum calycinum
(Johanniskraut)
Immergrüner oder halbimmergrüner Zwergstrauch, guter Bodendecker für geschützte Lagen. Die großen, gelben Blüten erscheinen von Sommer bis Herbst. Das Laub ist dunkelgrün.

Hypericum kouytchense
(Johanniskraut)
Sommergrüner oder halbimmergrüner, überhängender Strauch mit goldgelben Blüten und langen Staubfäden im Sommer bis Frühherbst; später bronzerote Fruchtkapseln. Winterschutz.

***Berberis thunbergii* 'Aurea'**
Sommergrüner, buschiger, dorniger Strauch mit kleinen, goldgelben Blättchen. Im Frühling kleine, rotgetönte, blaßgelbe Blüten. Rote Beeren im Herbst.

***Hypericum* 'Hidcote'**
(Johanniskraut)
Immergrüner oder halbimmergrüner, dichter Strauch mit schmalovalen Blättern. Die goldgelben Blüten erscheinen in großer Zahl von Sommer bis Frühherbst.

Reinwardtia indica
(Gelber Flachs)
Immergrüner Halbstrauch mit graugrünem Laub. Die gelben Einzelblüten zeigen sich während des ganzen Jahres, besonders stark jedoch im Sommer. Mindesttemperatur 10°C.

Cytisus nigricans
(Ginster)
Sommergrüner Strauch mit dunkelgrünen, aus 3 Einzelblättern zusammengesetzten Blättern. Die schlanken Ähren aus gelben Schmetterlingsblüten blühen den ganzen Sommer.

***Senecio* 'Sunshine'**
(Greiskraut)
Immergrüner Strauch mit silbergrauen Blättern, die sich später dunkelgrün färben. Die gelben Blütenstände mit den Korbblüten erscheinen im Frühsommer an verzweigten Trieben.

***Hypericum × inodorum* 'Elstead'**
(Johanniskraut)
Sommergrüner oder halbimmergrüner, aufrechter Strauch. Gelbe Blüten von Sommer bis Frühherbst. Orangerote Früchte. Das Laub duftet aromatisch beim Zerreiben.

Euryops pectinatus
Immergrüner, aufrechter Strauch mit tiefeingeschnittenen, graugrünen Blättern. Seine margeritenähnlichen, leuchtendgelben Blüten erscheinen ab Spätfrühling; manchmal blüht der Strauch auch im Winter.

Hermannia candicans
Hypericum × moserianum
Lantana camara
Oxalis hedysaroides
Potentilla arbuscula
Potentilla 'Beesii'
Potentilla fructicosa
Potentilla parvifolia 'Gold Drop'
Santolina chamaecyparissus
Santolina rosmarinifolia
Senecio compactus

Senecio monroi
(Greiskraut)
Immergrüner Strauch. Ausgezeichneter Windschutz für mildes Seeklima. Blätter klein, am Rande gewellt und unterseits weißgrün. Im Sommer leuchtendgelbe Korbblüten.

***Abutilon* 'Kentish Belle'**
(Schönmalve)
Halbimmergrüner, überhängender Strauch mit purpurfarbenen Trieben und tiefgelappten, purpurgeaderten Blättern. Im Sommer bis Herbst nikkende, gelbe oder rötliche Blütenglocken.

Isoplexis canariensis
(Kanarischer Fingerhut)
Immergrüner, rundlicher Strauch. Die fingerhutähnlichen, roten bis braunorangefarbenen Blüten stehen in aufrechten Ähren; bis 30 cm hoch. Sommerblüher. Mindesttemperatur 7 °C.

***Potentilla* 'Sunset'**
(Fingerstrauch)
Sommergrüner, zunächst buschiger, später überhängender Strauch. Im Frühsommer tieforangefarbene Blüten, die in voller Sonne verblassen. Blätter in viele Blättchen geteilt.

Grindelia chiloensis
Meist immergrüner, buschiger Strauch mit stacheligen Trieben. Die stacheligen, lanzettförmigen, gesägten Blätter werden bis 12 cm lang. Im Sommer große, gelbe, margeritenähnliche Korbblüten.

Cytisus scoparius* f. *andreanus
(Besenginster)
Sommergrüner, überhängender Strauch mit leuchtendgelben oder roten Blüten zwischen den schlanken, grünen Zweigen im Frühsommer. Winterschutz in rauhen Lagen.

Mimulus aurantiacus
(Gauklerblume)
Immergrüner, gewölbter bis rundlicher Strauch mit stacheligen, lanzettförmigen Blättern. Die trichterförmigen, orangefarbenen oder violettroten Blüten erscheinen ab Spätfrühling.

Juanulloa aurantiaca
Immergrüner, aufrechter Strauch mit unterseits filzigen Blättern. Im Sommer erscheinen die orangefarbenen Blüten, die von einem gerippten Kelch umschlossen sind. 13–15 °C Mindesttemperatur.

***Lantana* 'Spreading Sunset'**
(Wandelröschen)
Immergrüner, rundlicher Strauch mit feingerunzelten Blättern. Die winzigen Blüten stehen in dichten Köpfchen und erscheinen in verschiedenen Farben ab Frühling. Mindesttemperatur 10–13 °C.

Halimium lasianthum
Halimium ocymoides
Hypericum bellum
Hypericum × *cyathiflorum* 'Gold Cup'
Hypericum patulum
Nematanthus gregarius, S. 125
Nematanthus strigillosus
Phlomis chrysophylla
Phlomis longifolia var. *bailanica*
Potentilla 'Goldfinger'
Potentilla 'Jackman's Variety'
Rhododendren, S. 100–102
Senecio laxifolius

ORANGE

Cuphea ignea
(Zigarettenblümchen)
Immergrüner Halbstrauch. Von Frühling bis Herbst trichterförmige, dunkelorangerote Blüten, die von einem dunklen Band und weißen Ring gesäumt sind. Mindesttemperatur 2 °C.

Cuphea cyanea
Immergrüner, rundlicher Halbstrauch mit schmalovalen, stachelig behaarten Blättern. Trichterförmige, orangerote, gelbe oder blauviolette Blüten im Sommer.

Justicia spicigera*, syn. *J. ghiesbreghtiana*, *Jacobinia spicigera
Immergrüner, gutverzweigter Strauch mit trichterförmigen, orangeroten Blüten, die im Sommer, bisweilen auch während des übrigen Jahres erscheinen. Mindesttemperatur 10–15 °C.

Potentilla 'Tangerine'

Kleine Sträucher MIT INTERESSANTEM HERBSTASPEKT

WEISS-ROT

Turraea obtusifolia
Immergrüner, rundbuschiger, überhängender Strauch mit ovalen bis lanzettlichen Blättern. Von Herbst bis Frühling duftende, weiße Blüten, später orangegelbe Früchte. Mindesttemperatur 13 °C.

Cotoneaster horizontalis
(Felsenmispel)
Sommergrüner, horizontalverzweigter Strauch mit glänzenden Blättchen, die sich im Herbst rot färben. Rosaweiße Blüten im Spätfrühling, später leuchtendrote Beeren.

***Viburnum opulus* 'Compactum'**
(Schneeball)
Sommergrüner, dichter Strauch mit tiefgrünen Blättern, die sich im Herbst rot färben. Im Frühling bis Frühsommer weiße Blütendolden. Später leuchtendrote Beerendolden.

Calliandra eriophylla
Immergrüner, steif aufrechtwachsender Strauch. Vom Spätfrühling bis Herbst weiße Blütenbüschel mit rosafarbenen Staubfäden; später braune Samenhülsen. Mindesttemperatur 13 °C.

***Berberis* 'Rubrostilla'**
(Berberitze)
Sommergrüner, überhängender Strauch mit blaßgelben Blüten im Frühsommer. Später eine Fülle von großen, korallenroten Beeren. Laub graugrün, im Herbst rot.

Vaccinium angustifolium* var. *laevifolium (Blaubeerenart)
Sommergrüner Strauch mit leuchtendgrünem Laub, das sich im Herbst rot färbt. Die eßbaren blauen Beeren entwickeln sich aus den weißen oder rosafarbenen Blüten.

WEITERE EMPFOHLENE PFLANZEN:
Anisodontea capensis
Bouvardia longiflora
Cuphea hyssopifolia, S. 126
Cyrilla racemiflora
Heidekraut, S. 146–147
Pentas lanceolata, S. 131
Salvia leucantha

Kleine Sträucher MIT INTERESSANTEM WINTERASPEKT

ROT

Bouvardia ternifolia
Fast immergrüner, aufrechter, buschiger Strauch mit quirlständigen, dreizähligen Blättern. Trichterförmige, leuchtend-scharlachrote Blüten von Sommer bis Winteranfang. Mindesttemperatur 7–10 °C.

***Vaccinium corymbosum* 'Pioneer'**
(Amerikanische Blaubeere)
Sommergrüner, aufrechter, leicht überhängender Strauch, der sich im Herbst rot färbt. Im Frühling kleine, weiße oder rosa Blüten, später süße, eßbare Blaubeeren.

Vaccinium parvifolium
(Blaubeerenart)
Sommergrüner, aufrechter Strauch mit kleinen, im Herbst roten Blättern. Die eßbaren, roten Beeren entwickeln sich aus den rosaweißen Blüten, die im Frühsommer erscheinen.

Cotoneaster adpressus
Cotoneaster microphyllus
Crossandra infundibuliformis
Salvia microphylla

VIOLETT-GELB

Elsholtzia stauntonii
(Minzenstrauch)
Sommergrüner Halbstrauch mit scharfgezähnten, nach Minze riechenden, dunkelgrünen Blättern, die sich im Herbst rot färben. Im Spätsommer blaßlila Blütenähren.

Ceratostigma willmottianum
(Bleiwurz)
Sommergrüner, lichter Strauch mit leuchtendblauen Blüten im Spätsommer bis Herbst. Seine Blätter färben sich im Herbst rot.

Coriaria terminalis* var. *xanthocarpa
(Gerberstrauch)
Sommergrüner, überhängender Halbstrauch mit ovalen, im Herbst roten Blättchen. Im Spätfrühling grünliche Blüten, später fleischige, gelbe Früchte. Winterschutz in rauhen Lagen.

Ceratostigma griffithii
Heidekraut, S. 146–147
Heliotropium arborescens, S. 135
Rosmarinus officinalis 'Severn Sea'

WEISS

***Skimmia japonica* 'Fructu-albo'**
(Skimmie)
Immergrüner, dichtbuschiger Zwergstrauch mit würzigduftenden, dunkelgrünen Blättern und dichten, weißen Blütendolden im Frühling bis Spätfrühling; später weiße Beeren.

***Pernettya mucronata* 'Wintertime'**
(Torfmyrte)
Immergrüner, dichtbuschiger Strauch mit stacheligen, glänzenden, dunkelgrünen Blättchen und weißen Blüten im Spätfrühling bis Sommer; später große, langhaftende, weiße Beeren.

Lonicera × purpusii
(Winterblühendes Geißblatt)
Halbimmergrüner Strauch mit ovalen Blättern und duftenden Dolden aus trompetenförmigen, weißen Blüten. Blütezeit ist Winter bis Vorfrühling. Winterschutz in rauhen Lagen.

WEITERE EMPFOHLENE PFLANZEN:
Daphne mezereum var. *alba*
Heidekraut, S. 146–147
Sarcococca confusa
Sarcococca hookeriana
Sarcococca ruscifolia
Turraea obtusifolia, S. 140

Kleine Sträucher MIT INTERESSANTEM WINTERASPEKT

WEISS-ROSA

Sarcococca humilis
Immergrüner, niedriger Strauch, der sich durch Ausläufer ausbreitet. Im Spätwinter zwischen den glänzenddunkelgrünen Blättern weiße Blüten mit rosa Staubfäden, später die gebogenen, schwarzen Früchte.

Sarcococca hookeriana* var. *digyna
Immergrüner, dichter, Ausläufer treibender Strauch mit schmalen, hellgrünen Blättchen. Die duftenden, kleinen, weißen Blüten mit rosafarbenen Staubfäden öffnen sich im Winter; später kugelige, schwarze Früchte.

***Pernettya mucronata* 'Mulberry Wine'**
(Torfmyrte)
Immergrüner Strauch mit magentafarbenen Beeren, die sich tiefviolett färben. Sie entwickeln sich aus weißen Blüten, die ab Frühling erscheinen. Blätter dunkelgrünglänzend. Winterschutz.

***Daphne odora* 'Aureomarginata'**
(Seidelbast)
Immergrüner Strauch mit glänzenden, schmalen, gelbgerandeten Blättern. Die duftenden Blütendolden aus tiefviolettrosa und weißen Blüten erscheinen von Winter bis Vorfrühling.

Daphne mezereum
(Seidelbast)
Sommergrüner, aufrechter Strauch mit starkduftenden, rosa oder rosalila Blüten im Spätwinter bis Vorfrühling. Später rote Beeren. Die ausgewachsenen Blätter sind stumpfgraugrün.

Abeliophyllum distichum
Centradenia floribunda
Diosma ericoides
Heidekraut, S. 146–147

Symphoricarpos × chenaultii 'Hancock'

ROT

***Skimmia japonica* 'Rubella'**
Immergrüner, aufrechter Strauch mit duftenden, leuchtendgrünen Blättern mit rotem Rand. Tiefrote Blütenknospen im Herbst bis Winter; im Frühling weiße Blütendolden. In rauhen Lagen Winterschutz.

Correa pulchella
Immergrüner, leicht buschiger, schlanktriebiger Strauch mit ovalen Blättern. Von Sommer bis Winter, aber auch sonst im Jahr, erscheinen die rosaroten, nickenden, kleinen Blütentrichter.

Skimmia japonica* ssp. *reevesiana
Immergrüner, buschiger Strauch mit zugespitzten, dunkelgrünen Blättern. Im Frühling kleine, weiße Blütendolden, später karminrote Beeren. Zweihäusig. Männliche und weibliche Exemplare zusammenpflanzen.

Euphorbia fulgens
Justicia rizzinii
Pernettya mucronata 'Cherry Ripe'
Solanum pseudocapsicum 'Balloon', S. 285

Kleine Sträucher MIT INTERESSANTEM GANZJAHRESASPEKT

ROT-GRÜN

Skimmia japonica
(Skimmie)
Immergrüner, buschiger Strauch mit dichten Blütendolden aus kleinen, weißen, starkduftenden Blüten ab Frühling. Zweihäusig. An weiblichen Pflanzen später leuchtendrote Früchte.

Ribes laurifolium
(Lorbeerblättrige Johannisbeere)
Immergrüner, breitwüchsiger Strauch mit ledrigen Blättern und grünlichgelben Blütentrauben, die im Spätwinter erscheinen. Die schwarzen Früchte an weiblichen Pflanzen sind eßbar.

WEISS-GRÜN

Viburnum davidii
(Immergrüner Schneeball)
Immergrüner Strauch mit kleinen, weißen Blütendolden im Spätfrühling. Fruchtschmuck nur durch Zusammenpflanzen von männlichen und weiblichen Exemplaren.

***Vinca major* 'Variegata'**
(Buntblättriges Immergrün)
Immergrüner, bodendeckender, bogigwachsender Halbstrauch mit hellgrünen, cremeweißgerandeten Blättern und blauen Blüten, die von Spätfrühling bis Frühsommer erscheinen.

Helichrysum petiolare
(Strohblume)
Immergrüner Strauch mit kriechenden, silbergrünen Trieben und graufilzigen Blättern. Die cremegelben Blüten erscheinen im Sommer. Meist einjährig als Bodendecker verwendet.

Breynia disticha
(Schneebusch)
Immergrüner Strauch mit schlanken Trieben. Blätter grün und weiß marmoriert. Die winzigen, grünlichweißen Blüten erscheinen das ganze Jahr hindurch. Mindesttemperatur 13°C.

Pandanus veitchii
(Pandanus)
Immergrüner, aufrechtwachsender, überhängender Strauch mit Rosetten aus langen, stacheligen Blättern mit cremefarbenem Rand. Mindesttemperatur 13°C.

Calocephalus brownii
Immergrüner Strauch mit samtigen, grauen Trieben und winzigen, nadelähnlichen Blättern. Knospen der Körbchenblüten silbern, im Aufblühen gelb. Sommerblüher. Mindesttemperatur 7–10°C.

***Coprosma × kirkii* 'Variegata'**
Immergrüner, dichtverzweigter Strauch, der in der Jugend breit, später aufrecht wächst. Weißgerandete Blätter stehen einzeln oder in Büscheln zusammen. Winzige, durchscheinende weiße Beeren an weiblichen Pflanzen im Herbst. Zweihäusig.

Artemisia arborescens
(Strauchwermut)
Immergrüner, aufrechter Strauch, der wegen seines feingeschlitzten, silbrigweißen Laubs kultiviert wird. Im Sommer bis Frühherbst kleine, leuchtendgelbe Blütenköpfchen.

Brunfelsia pauciflora 'Macrantha', S. 135
Eranthemum pulchellum
Heidekraut, S. 146–147
Vinca difformis

WEITERE EMPFOHLENE PFLANZEN:
Artemisia arborescens 'Faith Raven'
Breynia disticha 'Roseo-picta'
Zwergkoniferen, S. 82–83
Euonymus fortunei 'Coloratus'
Euonymus fortunei 'Emerald Gaiety'
Pseuderanthemum atropurpureum
Pseudowintera colorata
Ruta graveolens 'Jackman's Blue', S. 145
Sideritis candicans
Ursinia sericea

Kleine Sträucher MIT INTERESSANTEM GANZJAHRESASPEKT

GRÜN

Ballota acetabulosa
Immergrüner Halbstrauch; ein Busch aus graugrünen, unterseits filzigen Blättern mit kleinen, rosa Blütenquirlen im Sommer bis Spätsommer.

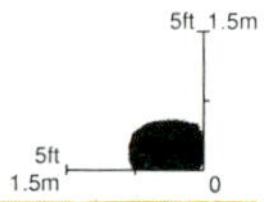

Vaccinium glauco-album
(Blaubeerenart)
Immergrüner Strauch, Blätter oberseits blaßgrün, unterseits blauweiß. Rosagetönte, weiße Blüten im Spätfrühling, später weißbereifte, blauschwarze Früchte.

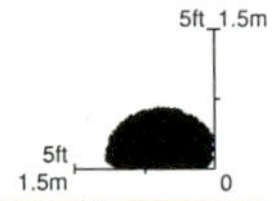

Hebe cupressoides
(Veronikastrauch)
Dichter, immergrüner, aufrechter Strauch mit zypressenähnlichem, graugrünem Laub. Winzige, blaßlila Blüten im Frühsommer bis Sommer an ausgewachsenen Pflanzen.

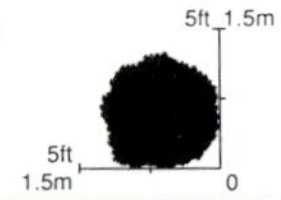

Ruscus hypoglossum
(Mäusedorn)
Immergrüner Strauch mit überhängenden Zweigen. Die zugespitzten, glänzenden Blätter sind abgeflachte Triebe, an denen im Frühling winzige, gelbe Blüten, später große, rote Beeren erscheinen.

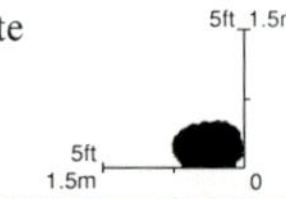

Vinca minor
(Immergrün)
Immergrüner Bodendecker, der größere Flächen bedeckt. Kleine, glänzende, dunkelgrüne Blätter. Im Frühling bis Frühsommer kleine, lila, blaue oder weiße Blüten.

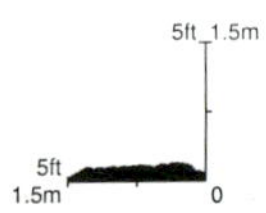

Mimosa pudica
(Sinnpflanze)
Immergrüner Strauch mit stacheligen Trieben. Benötigt eine Stütze. Blätter falten sich bei Berührung zusammen. Rosa Blütenköpfchen im Sommer. Mindesttemperatur 13–16 °C.

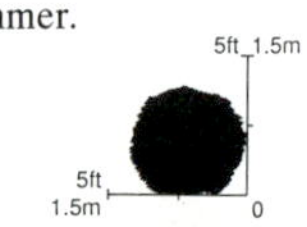

Eurya emarginata
Langsamwachsender, dichtverzweigter, immergrüner Strauch mit kleinen, ledrigen, tiefgrünen Blättern. Im Spätfrühling bis Sommer kleine, grünlichweiße Blüten; später winzige, schwarzlila Beeren.

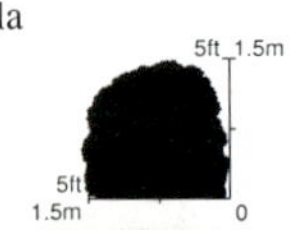

Lonicera pileata
(Geißblatt)
Immergrüner, niedriger Strauch mit schmalen Blättchen und winzigen, cremeweißen Blüten im Spätfrühling, später purpurviolette Beeren. Guter Bodendecker.

Chamaerops humilis
(Zwergfächerpalme)
Immergrüne Palme, die im Alter Ausläufer treibt. Die fächerförmigen Blätter können Durchmesser von 60–90 cm erreichen. Im Sommer winzige, gelbe Blüten.

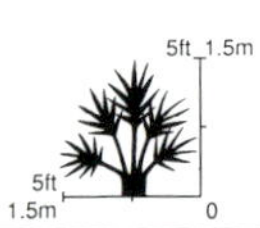

Artemisia abrotanum
(Wermut)
Sommergrüner oder halbimmergrüner, mäßig buschiger Strauch mit würzigen, graugrünen, sehr schmallappigen Blättern. Die gelblichen Blütenköpfchen erscheinen im Spätsommer.

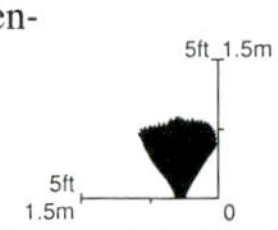

***Buxus microphylla* 'Green Pillow'**
Immergrüner, dichter Zwergstrauch,'der einen dichten, rundlichen, kompakten Busch bildet. Kleine, ovale, dunkelgrüne Blätter, unbedeutende Blüten im Spätfrühling bis Frühsommer.

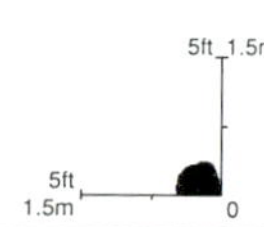

Sabal minor
(Zwergpalme)
Immergrüne Palme mit meist unterirdischem Stamm. Sie hat gefiederte, graugrüne Wedel. Rispen aus kleinen, weißen Blüten tragen später schimmernde, schwarze Beeren. Mindesttemperatur 5 °C.

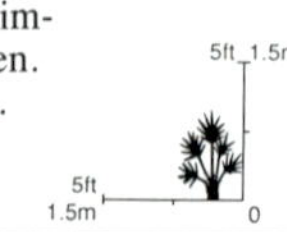

Buxus microphylla
Calothamnus villosus
Coprosma × kirkii
Danäe racemosa
Daphne laureola
Zwergkoniferen, S. 82–83
Ephedra gerardiana
Euonymus fortunei 'Kewensis'
Euonymus fortunei 'Sarcoxie'
Hymenanthera crassifolia
Macrozamia spiralis
Ruscus aculeatus
Salvia officinalis cv.
Senecio reinoldii
Serissa foetida

GRÜN-GELB

***Buxus sempervirens* 'Suffruticosa'**
Immergrüner Zwergstrauch mit dichten, ovalen, leuchtendgrünen Blättern. Die unauffälligen Blüten erscheinen im Spätfrühling bis Frühsommer. Vielfach zu Einfassungen verwendet.

***Ruta graveolens* 'Jackman's Blue'**
(Raute)
Immergrüner, dichtbuschiger Halbstrauch mit duftenden, feinverzweigten, bläulichgrünen Blättern. Im Sommer senfgelbe Blütendolden.

***Leucothoë fontanesiana* 'Rainbow'**
Immergrüner, überhängender Strauch mit scharfgezähnten, dunkelgrünen, ledrigen Blättern, die rosa, später weiß panaschiert sind. Im Frühling weiße Blütentrauben unter den Zweigen.

***Salvia officinalis* 'Icterina'**
(Salbei)
Immergrüner oder halbimmergrüner Strauch, der als Würzpflanze verwendet wird. Die duftenden Blätter sind blaßgrün und gelb panaschiert. Gelegentlich kleine Blütenähren aus lila Lippenblüten.

Sanchezia speciosa*, syn. *S. nobilis
Aufrechter, immergrüner, weichtriebiger Strauch mit glänzenden gelb- oder weißgeaderten Blättern. Im Sommer trichterförmige, gelbe Blüten in den Achseln von Hochblättern. Mindesttemperatur 15–18 °C.

***Euonymus fortunei* 'Emerald and Gold'**
(Kriechendes Pfaffenhütchen)
Immergrüner, dichtbuschiger Strauch mit leuchtendgrünen, gelbgerandeten Blättern, die sich im Winter rosa färben.

Zwergkoniferen, S. 82–83

GELB-ORANGE

***Lonicera nitida* 'Baggesen's Gold'**
(Geißblatt)
Immergrüner, buschiger Strauch mit überhängenden Trieben und leuchtendgelben Blättern. Unscheinbare, gelbliche Blüten im Frühling, bisweilen malvenfarbener Fruchtansatz.

Codiaeum variegatum
(Kroton)
Immergrüner, wenigverzweigter Strauch mit glänzendgrünen Blättern, die in Größe und Umfang variieren. Sie sind rot, rosa, orange oder gelb gezeichnet. Mindesttemperatur 13 °C.

***Pittosporum tenuifolium* 'Tom Thumb'** (Klebsame)
Immergrüner, rundlicher, dichter Strauch mit hellgrünen Blättern in der Jugend, die mit dem dunklen, rötlichbraunen Laub der älteren Blätter kontrastieren. Im Sommer kugelige, purpurfarbene Blüten.

Euonymus fortunei 'Gold Tip'
Euonymus fortunei 'Sunspot'

Heidekräuter

In der Gruppe der Heidekräuter gibt es Arten und Kulturformen, die das ganze Jahr hindurch interessant sind. Einige zieht man wegen ihres goldgelben Laubs, das sich oft ihm Winter dunkelorange färbt, andere blühen lange Zeit im Sommer, Herbst oder Winter. Die Blüten haben unterschiedliche Farben, sie sind gelegentlich sogar zweifarbig. Gefüllte Formen eignen sich für Trockensträuße. Heidekräuter variieren von Baumheiden von 6 m Höhe bis zu kriechenden Zwergformen, die zum Teil ausgezeichnete Bodendecker abgeben. Es gibt 3 Stämme: *Calluna, Daboecia* und *Erica*. Sämtliche *Calluna*- und *Daboecia*-Kulturformen und die meisten *Erica*-Arten müssen in sauren Boden gepflanzt werden. Darüberhinaus benötigen sie wenig Pflege. Die interessantesten Zeitspannen für jede Pflanze sind angegeben.

***E. vagans* 'Lyonesse'** (S.–He.)

E. arborea var. ***alpina*** (Wi.–Fr.)

***E. ciliaris* 'David McClintock'** (So.)

***C. vulgaris* 'Silver Queen'** (So.–He.)

***C. vulgaris* 'Elsie Purnell'** (So.–He.)

***E. × darleyensis* 'Darley Dale'** (Wi.–Fr.)

***E. × williamsii* 'P. D. Williams'** (So.)

***C. vulgaris* 'Kinlochruel'** (So.–He.)

***E. cinera* 'Hookstone White'** (So.)

E. canaliculata (Wi.–Fr.)

***E. vulgaris* 'My Dream'** (So.–He.)

***C. vulgaris* 'J. H. Hamilton'** (So.–He.)

***E. mackaiana* 'Plena'** (So.)

***C. vulgaris* 'Spring Cream'** (Fr.–He.)

***E. mackaiana* 'Dr. Ronald Gray'** (So.)

***E. × darleyensis* 'White Perfection'** (Wi.–Fr.)

***C. vulgaris* 'Anthony Davis'** (So.–He.)

***E. × darleyensis* 'Ghost Hills'** (Wi.–Fr.)

***D. cantabrica* 'Snowdrift'** (Fr.–He.)

***E. tetralix* 'Alba Mollis'** (So.–He.)

***E. × darleyensis* 'White Glow'** (Wi.–Fr.)

***E. × veitchii* 'Exeter'** (Wi.–Fr.)

***E. × veitchii* 'Pink Joy'** (Wi.–Fr.)

***E. ciliaris* 'White Wings'** (So.)

***E. carnea* 'Springwood White'** (Wi.–Fr.)

***C. vulgaris* 'County Wicklow'** (So.–He.)

***E. × darleyensis* 'Archie Graham'** (Wi.–Fr.)

***E. × watsonii* 'Dawn'** (So.)

***D. cantabrica* 'Bicolor'** (Fr.–He.)

***D. × scotica* 'William Buchanan'** (Fr.–He.)

***E. vagans* ‘Birch Glow‘** (So.–He.)

***E. tetralix* ‘Con Underwood‘** (So.–He.)

***E. carnea* ‘December Red‘** (Wi.)

***E. erigena* ‘Golden Lady‘** (ganzj.)

***E. cinerea* ‘Windlebrooke‘** (ganzj.)

***E. tetralix* ‘Pink Star‘** (So.–He.)

***E. vagans* ‘Valerie Proudley‘** (ganzj.)

***E. cinerea* ‘Rock Pool‘** (ganzj.)

***E. ciliaris* ‘Corfe Castle‘** (So.)

***E. cinerea* ‘Eden Valley‘** (So.)

***E. vulgaris* ‘Peter Sparkes‘** (So.–He.)

***E. carnea* ‘Vivellii‘** (Wi.–Fr.)

***E. carnea* ‘Ann Sparkes‘** (ganzj.)

***C. vulgaris* ‘Robert Chapman‘** (ganzj.)

***E. cinerea* ‘C.D. Eason‘** (So.)

***E. erigena* ‘Brightness‘** (Fr.)

***E. cinerea* ‘Hookstone Lavender‘** (So.)

***C. vulgaris* ‘Silver Knight‘** (So.–He.)

***C. vulgaris* ‘Golden Feather‘** (ganzj.)

***C. vulgaris* ‘Beoley Gold‘** (ganzj.)

***E. cinerea* ‘Romiley‘** (So.)

***E. carnea* ‘C.J. Backhouse‘** (Wi.–Fr.)

***C. vulgaris* ‘Tib‘** (So.)

***C. vulgaris* ‘Gold Haze‘** (ganzj.)

***C. vulgaris* ‘Multicolor‘** (ganzj.)

***E. cinerea* ‘Glencairn‘** (Fr.–So.)

C. vulgaris* *‘Darkness‘ (So.–He.)

***C. vulgaris* ‘Foxii Nana‘** (ganzj.)

***E. cinerea* ‘Purple Beauty‘** (So.)

***E. carnea* ‘Westwood Yellow‘** (ganzj.)

***C. vulgaris* ‘Boskoop‘** (ganzj.)

□ WEISS

***Rosa* 'Mme Hardy'**
Starkwüchsige, aufrechte Damaszener-Rose mit zahlreichen, ledrigen, mattgrünen Blättern. Blüte stark duftend, vierteilige Rosette, stark gefüllt, ∅ 10 cm. Blüte mit grünem Auge. Sommerblüher.
H. 1,50, Br. 1,20 m.

***Rosa* 'Boule de Neige'**
Aufrechtwachsende Bourbon-Rose mit überhängenden Zweigen und starkduftenden, gefüllten, sich weit öffnenden, weißen Blüten, die mitunter rosa getönt sind. ∅ 8 cm. Blütezeit Sommer und Herbst. Blätter glänzend dunkelgrün.
H. 1,50, Br. 1,20 m.

***Rosa pimpinellifolia*, 'Plena'**
(Bibernell-Rose)
Dichter, breitwüchsiger, stacheliger Busch mit schalenförmigen, cremefarbenen Einzelblüten (∅ 4 cm). Blütezeit Frühsommer. Kleine, gefiederte, dunkelgrüne Blätter und schwarze Hagebutten.
H. 1,00, Br. 1,20 m.

***Rosa* 'Penelope'**
Dichtbuschige Strauchrose mit dichtem, dunkelgrünem Laub und vielen duftenden, gefüllten, kugeligen, cremerosa Blüten (∅ 8 cm). Blütezeit Sommer bis Herbst, büscheliger Blütenstand. H. 1,00, Br. 1,00 m bei schwachem Rückschnitt.

Einteilung der Rosen

Wegen der außergewöhnlichen Schönheit ihrer Blüten sind Rosen schon einige Jahrhunderte in Kultur. Durch zahlreiche Kreuzungen entstand eine riesige Zahl von Züchtungen, die als spezielle Pflanzen für Rabatten, Hecken, Gerüste, Pergolen und Pfeiler Verwendung finden.
Rosen sind in 3 Hauptgruppen unterteilt:

Wildrosen

Diese **Spezies** und **Hybriden von Spezies** vereinigen die charakteristischen Eigenarten ihrer Eltern. Ihre Blüten erscheinen meist im Sommer in einem Zug.

Alte Gartenrosen

Alba-Rosen – hohe, freiwachsende Rosen mit dichter Belaubung und Blütenbüscheln im Sommer.
Bourbonrosen – offene, remontierende Strauchrosen, auch als Kletterpflanzen verwendbar. Die Blüten stehen büschelig im Sommer zusammen.
Chinarosen – remontierende Sträucher mit einzeln oder in Büscheln im Sommer und Herbst erscheinende Blüten. Winterschutz erforderlich!
Damaszenerrosen – lockere Sträucher mit lockeren Büscheln aus meist im Sommer erscheindenen, stark duftenden Blüten.
Gallica-Rosen – ziemlich dichte Sträucher mit starkfarbigen Blüten in den Sommermonaten.
Immerblühende Hybriden – starkwüchsige, remontierende Strauchrosen mit einzeln oder zu dritt im Sommer/Herbst zusammenstehenden Blüten.
Moosrosen – meist lockere Sträucher mit starker, moosähnlicher Belaubung an Stengeln und Kelchblättchen der im Sommer erscheinenden Blüten.
Noisette-Rosen – remontierende Kletterrosen mit großen Blütenbüscheln und leicht würzigem Duft im Sommer/Herbst. Winterschutz erforderlich!
Portland-Rosen – aufrechte bis ziemlich dichte, remontierende Sträucher mit lockeren Blütenbüscheln im Sommer/Herbst.
Provence-Rosen (Centifolien) – lockere Sträucher mit duftenden, im Sommer erscheinenden Blüten.
Sempervirens-Rosen – halbimmergrüne Kletterrosen mit vielen Blüten im Spätsommer.
Teerosen – remontierende Sträucher und Kletterpflanzen mit eleganten, zugespitzten Knospen, die sich zu lockeren, aromatisch duftenden Blüten entfalten. Winterschutz erforderlich!

Moderne Gartenrosen

Strauchrosen – eine besondere Gruppe, die den alten Gartenrosen sehr ähnlich sieht. Die Blüten stehen im Sommer und/oder Herbst einzeln oder in Büscheln zusammen.

Blütenformen

Durch die zahlreichen Kreuzungen der letzten Jahre haben sich die Rosen zu Pflanzen mit den unterschiedlichsten Eigenschaften, besonders mit verschiedenen Blütenformen, oft mit starkem Duft, entwickelt. Die nachfolgend dargestellten Blütentypen zeigen die allgemeine Form in ihrer vollendeten Gestalt, die in manchen Fällen bereits vor der vollen Öffnung erreicht wird. Wachstumsbedingungen können die Blütenform beeinflussen. Die Blüten können einfach (4–7 Petalen), halbgefüllt (8–14 Petalen), gefüllt (15–30 Petalen) oder stark gefüllt (über 30 Petalen) sein.

Flache Blüten – offene, meist einfache oder halbgefüllte Blüten mit flachen Petalen.

Schalenförmige Blüten – offene, ungefüllte bis starkgefüllte Blüten mit von der Mitte nach außen gedrehten Petalen.

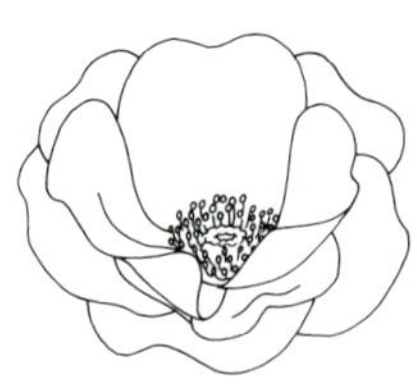

Spitzknospige Blüten – elegante, teehybridenförmige, halbgefüllte bis starkgefüllte Blüten mit dichter Mitte.

Krugförmige Blüten – klassisch gerundete, flachspitzige, halbgefüllte bis starkgefüllte Blüten vom Teerosentyp.

Rundliche Blüten – gewöhnlich gefüllte oder starkgefüllte Blüten mit gleichgroßen Hüllblättern, die eine schalenförmige oder rundliche Form bilden.

Rosettenförmige Blüten – meist gefüllte oder starkgefüllte, ziemlich flache Blüten mit vielen verschiedenen, leicht überlappenden Petalen von ungleicher Form.

Vierfach-Rosette – meist flache, gefüllte oder starkgefüllte Blüten mit unregelmäßigen, ungleich geformten aber gleichgroßen Petalen, die in einem vierteiligen Muster angeordnet sind.

Pompon-Form – kleine, rundliche, gefüllte oder starkgefüllte Blüten, die in Büscheln zusammenstehen und viele kleine Petalen besitzen.

Teehybriden, großblumige Strauchrosen – remontierende Sträucher mit großen Blüten, die im Sommer/Herbst erscheinen.
Floribundarosen – remontierende Sträucher mit meist großen Blütenbüscheln im Sommer/Herbst.
Patie-Rosen – zierliche, remontierende Sträucher mit Blütenbüscheln im Sommer/Herbst.
Miniatur-Buschrosen – sehr kleine, remontierende Sträucher mit Büscheln aus winzigen Blüten im Sommer/Herbst.
Polyantha-Rosen – dichte, kompakte, remontierende Sträucher mit vielen kleinen Blüten im Sommer/Herbst.
Bodendecker-Rosen – kriechende oder verzweigte Rosen, die zum Teil nur im Sommer blühen oder aber auch im Herbst remontieren.
Kletterrosen – starkwüchsige Rosen, die unterschiedlich wachsen und blühen. Einige blühen nur im Sommer, andere remontieren im Sommer/Herbst.
Schlingrosen – stark schlingende Rosen mit biegsamen Trieben und meist im Sommer erscheinenden Blütenbüscheln.

Rosa 'Dupontii'
Aufrechtwachsende, buschige Strauchrose mit dichtem, graugrünem Blattwerk und Büscheln aus duftenden, flachen, ungefüllten, weißen, blaurosa getönten, 6 cm großen Blüten. Sommerblüher. H. und Br. 2,20 m.

☼ ◊ ❄❄❄

Rosa 'Nevada'
Dichte, überhängende Strauchrose mit üppigem, hellgrünem Laub und flachen, duftenden, halbgefüllten, cremeweißen, 10 cm großen Blüten, die reichlich im Sommer und spärlicher im Herbst erscheinen. H. und Br. 2,20 m.

☼ ◊ ❄❄❄

Rosa 'Pearl Drift'
Buschige, wuchernde Strauchrose mit Büscheln aus schwachduftenden, rundlichen, gefüllten, bläulichrosa, 10 cm großen Blüten im Sommer und Herbst. Laub dicht und glänzend. H. 1,00, Br. 1,20 m.

☼ ◊ ❄❄❄

R. 'Aimée Vibert'
R. × *alba* 'Semi-plena'
R. 'Blanche Moreau'
R. 'Blush Noisette'
R. 'Jacqueline du Pré'
R. 'Mousseline'
R. 'Souvenir de la Malmaison'

Rosa 'Fantin Latour'
Starkwüchsige, buschige Provence-Rose. Die duftenden, flachschaligen, blaßrosa, gefüllten, etwa 10 cm großen Blüten mit dem zierlichen, grünen Knopfaugen erscheinen im Sommer. Laub breitblättrig, dunkelgrün. H. 1,50, Br. 1,20 m.

☼ ◊ ❄❄❄

Rosa 'Conrad Ferdinand Meyer'
Starkwüchsige, überhängende Strauchrose mit schalenförmigen, 7 cm großen, gefüllten, starkduftenden, rosaroten Blüten, die in großer Fülle im Sommer erscheinen und im Herbst schwächer remontieren. Laub ledrig, rostanfällig. H. 2,50, Br. 1,20 m.

☼ ◊ ❄❄❄

Rosa 'Great Maiden's Blush'
Starkwüchsige, aufrechte Strauchrose mit kräftig duftenden, gefüllten, rosaweißen Blütenrosetten (∅ 8 cm) im Sommer. H. 2,00, Br. 1,30 m.

☼ ◊ ❄❄❄

Rosa 'Céleste', syn. 'Celestial'
Starkwachsende, wuchernde Strauchrose ***(R. alba)*** mit 8 cm großen, schalenförmigen, gefüllten, blaßrosa Blüten, die im Sommer erscheinen. Gute Heckenpflanze. H. 1,50, Br. 1,20 m.

☼ ◊ ❄❄❄

Rosa 'Felicia'
Starkwüchsige Strauchrose mit dichtem, gesundem, graugrünem Laub. Die duftenden, rundlichen, gefüllten, ca. 8 cm großen Blüten sind hellrosa, fleischfarben getönt. Sie erscheinen im Sommer und Herbst. H. 1,50, Br. 2,20 m.

☼ ◊ ❄❄❄

Rosa eglanteria*, syn. *R. rubiginosa
Starkwachsende, überhängende, stachelige Rosenart mit ausgeprägtem, apfelähnlichem Blattduft. Die einzelnen, schalenförmigen, rosa Blüten sind 2,5 cm groß. Sie erscheinen im Sommer. Rote Hagebutten im Herbst. H. und Br. 2,40 m.

☼ ◊ ❄❄❄

R. 'Cécile Brunner'
R. 'Félicité Parmentier'
R. 'Kathleen Harrop'
R. 'Omar Khayyám'

Rosen STRAUCHROSEN UND ALTE GARTENROSEN

ROSA

***Rosa* 'Rosy Cushion'**
Dichter, breitwüchsiger Strauch mit zahlreichen glänzenden, dunkelgrünen Blättern. Im Sommer bis Herbst erscheinen die Blütenbüschel mit den duftenden, ungefüllten, rosafarbenen, in der Mitte elfenbeinfarbenen Blüten. ∅ 6 cm, H. 1,00, Br. 1,20 m.

Rosa glauca*, syn. *R. rubrifolia
Starkwüchsiger, überhängender Busch, der wegen seiner feinen, purpurgrauen Belaubung und der roten Zweige geschätzt wird. Im Frühsommer schalenförmige, kirschrote Blüten (∅ 4 cm) mit heller Mitte. Rote Hagebutten im Herbst. H. 2,00, Br. 1,50 m.

***Rosa* 'Marguerite Hilling', syn. *R.* 'Pink Nevada'**
Dichte, überhängende Strauchrose mit vielen duftenden, halbgefüllten, rosa Blüten (∅ 10 cm) im Sommer und Herbst. Dichtes, hellgrünes Laub. H. und Br. 2,20 m.

***Rosa* 'Königin Viktoria'**
Bourbon-Rose mit schlanken Trieben und hellgrünem Laub. Wächst gut an Stützen. Blüten rundlich, dicht gefüllt in rosa Schattierungen im Sommer und Herbst. H. 2,00, Br. 1,20 m.

***Rosa* 'Complicata'**
Starkwüchsige Gallica-Rose mit stacheligen, gebogenen Zweigen. Für große Hekken geeignet. Blüten rosa mit heller Mitte; einzelnstehend, ∅ 11 cm, ungefüllt, flach. Sommerblüher. H. 2,20, Br. 2,50 m.

***Rosa* 'Königin von Dänemark', syn. *R.* 'Belle Courtisane'**
Starkwüchsige, lockere Strauchrose. Blüten stark duftend, gefüllt, warmrosa mit dunkelrosa Augenflecken. ∅ 8 cm. Sommerblüher. H. 1,50, Br. 1,20 m.

***Rosa* 'Pink Grootendorst'**
Aufrechter, buschiger Rosenstrauch, mit starkgefiederten Blättern dicht belaubt. Nelkenähnliche Blüten (∅ 5 cm) mit gesägtem Rand, reinrosa; stehen im Sommer und Herbst in Büscheln zusammen. H. 2,00, Br. 1,50 m.

***Rosa* 'Bonica', syn. *R.* 'Meidonomac'**
Starkwüchsiger, ausladender Strauch mit dichtem, glänzendem Laub. Rosafarbene, gefüllte Blüten (∅ 7 cm) im Sommer und Herbst; schwachduftend. H. 0,90, Br. 1,10 m.

***Rosa* 'Constance Spry'**
Überhängende Strauchrose, auch als Kletterrose geeignet. An überhängenden Zweigen im Sommer gefüllte rosa Blüten (∅ 12 cm) mit würzigem Duft. Großblättriges, dichtes Laub. H. 2,00, Br. 1,50 m.

R. × *centifolia* 'Muscosa'
R. 'Cristata'
R. 'Frühlingsmorgen'
R. 'Gloire des Mousseux'
R. 'Ispahan'
R. 'Louise Odier'
R. 'Mme. Ernst Calvat'
R. 'Mme. Pierre Oger'
R. 'Mary Rose'
R. 'Perle d'Or'
R. 'St. Nicholas'
R. 'Tricolore des Flandres'

***Rosa* 'Mrs. John Laing'**
Buschige, dauerblühende Rosen-Hybride mit dichtem, hellgrünem Laub. Bringt zahlreiche starkduftende, kugelige, gefüllte, rosafarbene Blüten im Sommer; geringe Nachblüte im Herbst. ∅ 12 cm, H. 1,00, Br. 0,80 m.

☼ ◊ ❄❄❄

***Rosa chinensis* 'Mutabilis'**
Rose mit im Austrieb kupferfarbenem Laub und einzelnstehenden, schalenförmigen, fleischfarbenen Blüten, die sich kupfrigrosa oder rot verfärben. ∅ 6 cm. Blütezeit Sommer bis Herbst. Für sonnige, geschützte Wand. H. und Br. 1,00, an Wänden bis 2,00 m.

☼ ◊ ❄❄

Rosa rugosa
(Kartoffelrose, Heckenrose)
Starkwüchsige, dichte Rosenart mit runzligen Blättern und großen, roten Hagebutten. Flache, einzelne, weiße oder karminrote Blüten (∅ 9 cm) erscheinen vom Sommer bis Herbst in rascher Folge. H. und Br. 1,00–2,00 m.

☼ ◊ ❄❄❄

***Rosa* 'Roseraie de l'Hay'**
Starkwüchsige, dichte Strauchrose, hat viele, starkduftende, rundlich bis flache, gefüllte, purpurrote Blüten im Sommer bis Herbst. ∅ 11 cm. Dichte Belaubung, Krankheitsresistent. H. 2,20, Br. 2,00 m.

☼ ◊ ❄❄❄

***Rosa* 'Old Blush China', syn. *R.* 'Parson's Pink China'**
Buschige Chinarose, die als Kletterpflanze gezogen werden kann. Schwachduftende, rundliche, gefüllte, rosafarbene Blüten im Sommer bis Spätherbst. ∅ 6 cm, H. 1,00, Br. 0,80 m oder mehr.

☼ ◊ ❄❄❄

***Rosa moyesii* 'Geranium'**
Starkwüchsige, bogigwachsende Rosenart. Flache Einzelblüten sitzen im Sommer aufgereiht an den Zweigen. Farbe dunkelscharlach, mit gelben Staubfäden. Kleine, dunkelgrüne Blätter, rote Hagebutten im Herbst. ∅ 5 cm, H. 3,00, Br. 2,50 m.

☼ ◊ ❄❄❄

***Rosa gallica* 'Versicolor'**
Zierliche, buschige Gallica-Rose. Im Sommer schwachduftende, flache, halbgefüllte, blaßrosa, karminrotgestreifte Blüten (∅ 5 cm). H. 0,75, Br. 1,00 m.

☼ ◊ ❄❄❄

***Rosa* 'Mme. Isaac Pereire'**
Starkwüchsige, überhängende Bourbon-Rose. Die duftenden, gefüllten, kugeligen Blüten sind tieflilarosa. Sie blühen im Sommer bis Herbst. ∅ 15 cm, H. 2,20, Br. 2,00 m.

☼ ◊ ❄❄❄

***Rosa* 'Henri Martin', syn. *R.* 'Red Moss'**
Starkwüchsige, aufrechtwachsende Moosrose. Gefüllte, schwachduftende, karminrote Blütenrosetten (∅ 3,5 cm). Kelch moosig behaart. H. 1,50, Br. 1,00 m.

☼ ◊ ❄❄❄

R. 'Armada'
R. 'Commandant Beaurepaire'
R. 'Du Maître d'Ecole'
R. 'Fellenberg'
R. gallica var. *officinalis*
R. 'Honorine de Brabant'
R. macrophylla
R. moyesii
R. 'Président de Sèze'
R. 'Variegata di Bologna'

LILA-ROT

***Rosa* 'Empereur du Maroc'**
Kompakte, strauchige Rosenhybride mit duftenden, gefüllten, karminvioletten Blüten (∅ 8 cm). Hauptblütezeit Sommer, schwache Nachblüte im Herbst. H. 1,20, Br. 1,00 m.

☼ 💧 ❄❄❄

***Rosa* 'Belle de Crécy'**
Schwachwüchsige Gallica-Rose mit wenigen Stacheln. Die rosafarbenen, gefüllten Blütenrosetten mit grüner Mitte duften stark würzig. ∅ 8 cm, H. 1,20, Br. 1,00 m.

☼ 💧 ❄❄❄

***Rosa* 'Cardinal Hume', syn. *R.* 'Harregale'**
Buschiger, breitwüchsiger Rosenstrauch mit rundlichen, gefüllten, lilaroten Blüten, die in dichten Büscheln im Sommer und Herbst erscheinen. ∅ 7,5 cm. Starker Moschusduft. H. 0,90, Br. 1,00 m.

☼ 💧 ❄❄❄

***Rosa* 'William Lobb', syn. *R.* 'Duchesse d'Istrie'**
Moosrose mit stark überhängenden, dornigen Zweigen, die an Gerüsten klettert. Im Sommer erscheinen rosettenförmige, tiefkarminviolette Blüten, die sich violett verfärben. ∅ 9 cm, H. und Br. 2,00 m.

☼ 💧 ❄❄❄

***Rosa* 'Cardinal de Richelieu'**
Starkwüchsige, dichte Gallica-Rose mit dunkelgrünem Laub und duftenden, kugeligen, gefüllten, burgunderroten Blüten (∅ 8 cm). Blütezeit ist Sommer. H. 1,20, Br. 1,00 m.

☼ 💧 ❄❄❄

***Rosa* 'Tour de Malakoff'**
Provence-Rose mit offenem Wuchs. Duftende Rose mit gefüllten, rosettenähnlichen, magentafarbenen, violettgeaderten Blüten, die lilagrau verblassen, sie erscheinen im Sommer. ∅ 12 cm, H. 2,00, Br. 1,50 m.

☼ 💧 ❄❄❄

R. 'Assemblage des Beautés'
R. 'Capitaine John Ingram'
R. 'Charles de Mills'
R. 'Nuits de Young'

R. 'Robert le Diable'
R. 'Souvenir d'Alphonse Lavallée'
R. 'Tuscany Superb'
R. 'Zigeunerknabe'

GELB

Rosa primula
Locker überhängende, duftende Rosenart mit rundlichen, einzelnstehenden, primelgelben Blüten, die im Spätfrühling aufblühen (∅ 4 cm). Laub dicht, duftend, stark gefiedert. Friert in starken Wintern zurück. H. und Br. 2,00 m.

☼ 💧 ❄❄❄

***Rosa foetida* 'Persiana'**
Aufrechte, überhängende Rosenart mit rundlichen, gefüllten, gelben Blüten, die im Frühsommer aufbrechen (∅ 2,5 cm). Glänzendes Laub. Rußtaugefährdet. Nur abgeblühte Zweige schneiden. Schutz vor kalten Winden. H. und Br. 1,50 m.

☼ 💧 ❄❄❄

Rosa ecae
Aufrechte, drahtige Rosenart mit flachen, ungefüllten, leuchtendgelben Einzelblüten mit Moschusduft (∅ 2 cm). Blütezeit ist Spätfrühling. Die Blüten sitzen dicht an den rötlichen Zweigen. Feingefiedertes Laub. Winterschutz! H. 1,50, Br. 1,20 m.

☼ 💧 ❄❄❄

R. 'Buff Beauty'
R. 'Golden Wings'

Rosen MODERNE ROSEN

GELB

***Rosa* 'Canary Bird'**
Starkwüchsige, dichte, überhängende Rosen-Hybride mit kleinen, starkgefiederten Blättern. Im Spätfrühling, vereinzelt im Herbst rundliche, gelbe Einzelblüten mit Moschusduft (∅ 5 cm). Frostgefährdet. H. und Br. 2,10 m.

☼ ◊ ❄❄❄

***Rosa* 'Graham Thomas'**
Starkwüchsige, überhängende Strauchrose mit lockerem Wuchs und glänzenden, leuchtendgrünen Blättern. Im Sommer bis Herbst öffnen sich die rundlichen, gefüllten Blüten mit schwachem Duft. ∅ 11 cm, H. 1,20, Br. 1,50 m.

☼ ◊ ❄❄❄

WEISS-ROSA

***Rosa* 'Schneewittchen', syn. *R.* 'Iceberg'**
In Büscheln blühende Strauchrose mit zahlreichen, weißen Blütendolden, die im Sommer bis Herbst erscheinen (∅ 7 cm). Dichtes, glänzendes Laub. H. 0,75, Br. 0,65 m und mehr, wenn sie nicht stark zurückgeschnitten wird.

☼ ◊ ❄❄❄

***Rosa* 'Margaret Merril'**
Aufrechte, starkduftende Buschrose. Im Sommer bis Herbst gefüllte, bläulichweiße oder weiße, gutgeformte Blüten, einzeln oder in Büscheln. ∅ 10 cm, H. 1,00, Br. 0,60 m.

☼ ◊ ❄❄❄

***Rosa* 'Grouse', syn. *R.* 'Korimro'**
Kriechende Bodendeckerrose mit dichtem, glänzendem Laub und flachen, einzelnstehenden, blaßrosa Blüten (∅ 4 cm). Sie entfalten sich im Sommer bis Herbst dicht an den Trieben. Angenehmer Duft. H. 0,45, Br. 3,00 m.

☼ ◊ ❄❄❄

***Rosa* 'Elizabeth Harkness'**
Zierliche, aufrechte, großblumige Buschrose mit dichtem, dunkelgrünem Laub. Die duftenden, zugespitzten, gefüllten Blüten sind blaß cremefarben, orangegelb getönt (∅ 12 cm). Blütezeit Sommer bis Herbst. H. 0,80, Br. 0,60 m.

☼ ◊ ❄❄❄

***Rosa* 'The Fairy'**
Dichte, kissenförmige, kleinblütige Rose mit dichter Belaubung aus kleinen, glänzenden Blättern. Rosetten gefüllt, blaßrosa (∅ 2 cm). Blütezeit Spätsommer bis Herbst. H. und Br. 0,60 m.

☼ ◊ ❄❄❄

***Rosa* 'Heideröslein'**
Kriechende, bodendeckende Rose mit flachen, einzelnen, blaßrosa und weißen Blüten (∅ 2,5 cm). Sie erscheinen im Sommer dicht an den Zweigen. Kleine, dunkelgrüne Blätter. Auch als Containerpflanze zu ziehen. H. 0,45, Br. 1,20 m.

☼ ◊ ❄❄❄

WEITERE EMPFOHLENE PFLANZEN:
R. 'City of London'
R. 'English Miss'
R. 'Hannah Gordon'
R. 'Langford Light'
R. 'Len Turner'
R. 'Ophelia'
R. 'Pascali'
R. 'Peaudouce'
R. 'Sue Lawley'
R. 'Yvonne Rabier'

***Rosa* 'Pink Bells', syn. *Rosa* 'Poulbells'**
Sehr dichter, breitwüchsiger Bodendekker mit zahlreichen dunkelgrünen Blättern und vielen pomponähnlichen, gefüllten, rosa Blüten (∅ 2,5 cm), die im Sommer in Büscheln angeordnet sind. H. 0,75, Br. 1,20 m.

***Rosa* 'Queen Elizabeth'**
Aufrechte, in Büscheln blühende Rose mit langstieligen, gefüllten, rosafarbenen Blüten (10 cm ∅). Sommer- und herbstblühend. Laub groß und ledrig. H. 1,50, Br. 0,75 m oder größer, wenn kein scharfer Rückschnitt erfolgt.

***Rosa* 'Iced Ginger'**
Aufrechte, in Büscheln blühende Beetrose mit dichtem, rötlichem Laub; Blüten zugespitzt, gefüllt, fleisch- bis kupferfarben (∅ 11 cm); einzelnstehend oder in Büscheln im Sommer/Herbst blühend. H. 1,00, Br. 0,70 m.

***Rosa* 'Alpine Sunset'**
Dichte, großblumige Beetrose mit duftenden, gefüllten, pfirsichgelben Blüten (∅ 20 cm), die an kurzen Stielen im Sommer und Herbst erscheinen. Große, schwachglänzende Blätter. Frostgefährdet. H. und Br. 0,60 m.

***Rosa* 'Sexy Rexy', syn. 'Macrexy'**
Dichtbuschige Beetrose mit schwachduftenden, schalenförmigen, rosagefüllten Blütendolden (∅ 8 cm). Blütezeit Sommer bis Herbst. Mit dunkelgrünem Laub. H. und Br. 0,60 m.

***Rosa* 'Peek-a-boo', syn. *Rosa* 'Brass Ring', *Rosa* 'Dicgrow'**
Dichte, kissenbildende Zwergbuschrose mit vielen, flachgefüllten, aprikosenfarbenen Blüten (∅ 4 cm). Sie stehen in Büscheln zusammen von Sommer bis Frühwinter; schmales, dunkelgrünes Laub. H. und Br. 0,45 m.

***Rosa* 'Rosemary Harkness', syn. *Rosa* 'Harrowbond'**
Großblumige, duftende Buschrose mit zahlreichen, glänzendgrünen Blättern. Blüten gefüllt, zugespitzt (∅ 10 cm), lachsrosa und orange, einzelnstehend oder in Büscheln. Blütezeit Sommer bis Herbst. H. 1,00, Br. 0,75 m.

***Rosa* 'Lovely Lady', syn. *Rosa* 'Dicjubell'**
Dichte, rundliche, großblumige Buschrose, schwachduftend, zugespitzte, rosa gefüllte Blüten (∅ 10 cm). Blütezeit Sommer bis Herbst. H. 0,80 , Br. 0,70 m.

***Rosa* 'Blessings'**
Aufrechte, großblumige, schwachduftende Buschrose mit rundlichen, lachsfarbenen, gefüllten Blüten (∅ 10 cm), einzeln oder in Büscheln. Blütezeit Sommer bis Herbst. Große, dunkelgrüne Blätter. H. 1,00, Br. 0,75 m.

R. 'Gentle Touch'
R. 'Petit Four'
R. 'Pink Parfait'
R. 'Royal Highness'

ROSA

***Rosa* 'Münchner Kindl', syn. 'Anisley Dickson'**
Starkwüchsige, schwachduftende Beetrose mit großen, zugespitzten, gefüllten, lachsrosa Blüten (∅ 8 cm). Sie stehen in Büscheln zusammen. Blütezeit Sommer und Herbst. H. 1,00, Br. 0,75 m.

☼ ◊ ❄❄❄

***Rosa* 'Silver Jubilee'**
Dichte, aufrechte, großblumige Buschrose mit schwachduftenden, zugespitzten, gefüllten, lachsrosa Blüten (∅ 12 cm). Blütezeit Sommer bis Herbst. Laub dicht und glänzend. H. 1,10, Br. 0,75 m.

☼ ◊ ❄❄❄

***Rosa* 'Keepsake', syn. *Rosa* 'Kormalda'**
Gedrungene, buschige, großblumige Rose mit dichtem, glänzendem Laub und schwachduftenden, rundlichen, gefüllten, rosafarbenen Blüten (∅ 12 cm). Blütezeit ist Sommer und Herbst. H. 0,75, Br. 0,60 m.

☼ ◊ ❄❄❄

***Rosa* 'Paul Shirville', syn. *Rosa* 'Harqueterwife'**
Wüchsige, großblumige Buschrose mit duftenden, zugespitzten, gefüllten, rosalachsfarbenen Blüten (∅ 9 cm). Ihre Blütezeit ist Sommer und Herbst. Glänzendes, rötliches, dichtes Laub. H. und Br. 0,75 m.

☼ ◊ ❄❄❄

***Rosa* 'Double Delight'**
Großblumige Buschrose mit aufrechtem, unregelmäßigem Wuchs. Duftende, rundliche, gefüllte Blüten (∅ 12 cm). Farbe cremeweiß und rot gerandet. Sie blüht im Sommer und Herbst. H. 1,00, Br. 0,60 m.

☼ ◊ ❄❄❄

R. 'Congratulations'
R. 'Fairy Changeling'
R. 'Fragrant Delight'
R. 'Little Woman'

R. 'Mischief'

ROSA-ROT

***Rosa* 'Escapade'**
Dichte Beetrose mit duftenden, schalenförmigen, halbgefüllten, rosavioletten Blüten mit weißem Auge (∅ 8 cm). Blüten in Büscheln im Sommer und Herbst. Das Laub ist glänzend und hellgrün. H. 0,75, Br. 0,60 m.

☼ ◊ ❄❄❄

***Rosa* 'Anna Ford', syn. 'Harpiccolo'**
Zwergbuschrose mit rundlichen, geöffnet flachen, gefüllten, orangeroten Blüten (∅ 4 cm). Sie blüht im Sommer und Herbst. Dichtes, dunkelgrünes Laub. H. 0,45, Br. 0,40 m.

☼ ◊ ❄❄❄

***Rosa* 'Trumpeter', syn. *Rosa* 'Mactru'**
Dichte, buschige Beetrose mit vielen, rundlichen, gefüllten, leuchtendroten Blüten (∅ 6 cm). Sommer- und Herbstblüher. Ihr Laub ist tiefgrün und schwach glänzend. H. 0,60, Br. 0,50 m.

☼ ◊ ❄❄❄

R. 'Buttons'
R. 'Rose Gaujard'
R. 'Yesterday'

Rosen MODERNE ROSEN

ROT

***Rosa* 'Duftzauber'**
Starkwüchsige, großblumige schwachduftende Buschrose mit großen, dunkelgrünen Blättern und zugespitzten, gefüllten, tiefkarminroten Blüten (∅ 12 cm), langstengelig. Blütezeit Sommer bis Herbst. H. 1,00, Br. 0,75 m.

☼ 💧 ❄❄❄

***Rosa* 'Opa Poetschke', syn. *Rosa* 'Precious Platinum'**
Starkwüchsige, großblumige Buschrose mit dichtem, glänzendgrünem Laub. Schwachduftende, rundliche, gefüllte, tiefkarminrote Blüten (∅ 10 cm). Blütezeit Sommer bis Herbst. H. 1,00, Br. 0,60 m.

☼ 💧 ❄❄❄

***Rosa* 'Alexander'**
Starkwüchsige, aufrechte, großblumige Buschrose mit dichtem, dunkelgrünem Laub und schwachduftenden, zugespitzten, gefüllten, leuchtendroten Blüten (∅ 12 cm), die auf langen Stielen stehen. Sommer- und Herbstblüher. H. 1,50, Br. 0,75 m.

☼ 💧 ❄❄❄

***Rosa* 'Wee Jock', syn. *Rosa* 'Cocabest'**
Dichtbuschige Zwergbuschrose mit rosettenförmigen, gefüllten, karminroten Blüten (∅ 4 cm). Blütezeit Sommer bis Herbst. Dichtes, dunkelgrünes Laub. H. und Br. 0,40 m.

☼ 💧 ❄❄❄

***Rosa* 'The Times', syn. *Rosa* 'Korpeahn'**
Breitwüchsige, schwachduftende Beetrose mit rundlichen, gefüllten, tiefkarminroten Blüten (∅ 8 cm), die in Büscheln zusammenstehen. Blütezeit Sommer bis Herbst. Laub dunkelgrün und dicht. H. 0,60, Br. 0,75m.

☼ 💧 ❄❄❄

***Rosa* 'Alec's Red'**
Starkwüchsige und starkduftende, großblumige Buschrose mit tief kirschroten, zugespitzten, gefüllten Blüten (∅ 15 cm). Sommer- und Herbstblüher. H. 1,00, Br. 0,60 m.

☼ 💧 ❄❄❄

GELB

***Rosa* 'Champagne Cocktail', syn. *Rosa* 'Horflash'**
Aufrechte Buschrose mit duftenden, rundlichen, gelbrosa Blüten (∅ 9 cm), die sich weit öffnen. Blütezeit im Sommer bis Herbst. H. 1,00, Br. 0,60 m.

☼ 💧 ❄❄❄

***Rosa* 'Gloria Dei', syn. *Rosa* 'Peace'**
Starkwüchsige, strauchartige, großblumige Buschrose mit duftenden, zugespitzten bis rundlichen, gefüllten Blüten (∅ 15 cm). Blütenbüschel im Sommer und Herbst. Großes, glänzendes, dichtes Laub. H. 1,20, Br. 1,00 m.

☼ 💧 ❄❄❄

***Rosa* 'Rugul', syn. *Rosa* 'Guletta', *Rosa* 'Tapis Jaune'**
Dichte Zwergbuschrose mit schalenförmigen bis flachgefüllten, gelben Blüten (∅ 5 cm). Blütezeit Sommer bis Herbst. Leuchtendgrünes Laub. H. 0,30, Br. 0,40 m.

☼ 💧 ❄❄❄

R. 'Blue Moon'
R. 'Drummer Boy'
R. 'Felicity Kendal'
R. 'Fragrant Cloud'
R. 'Ingrid Bergman'
R. 'Intrigue'
R. 'Invincible'
R. 'Loving Memory'
R. 'Malcolm Sargent'
R. 'National Trust'
R. 'News'
R. 'Shocking Blue'
R. 'Julia's Rose'
R. 'Sheila's Perfume'

***Rosa* 'Grandpa Dickson', syn. *Rosa* 'Irish Gold'**
Zierliche, aufrechte, großblumige Buschrose mit spärlicher, blaßgrüner Belaubung. Im Sommer bis Herbst viele schwachduftende, spitzknospige, gefüllte, hellgelbe Blüten. ∅ 18 cm, H. 0,80, Br. 0,60 m.

***Rosa* 'Simba', syn. *Rosa* 'Goldsmith', *Rosa* 'Korbelma'**
Aufrechte, großblumige Buschrose mit schwachduftenden, rundlichen, gefüllten, gelben Einzelblüten auf straffen Stielen (∅ 9 cm). Große, dunkelgrüne Blätter. H. 0,75, Br. 0,60 m.

***Rosa* 'Mountbatten', syn. *Rosa* 'Harmantelle'**
Strauchige, duftende Buschrose mit krankheitsresistentem Laub, rundlichen, gefüllten, gelben Blüten, die einzeln oder in Büscheln zusammenstehen (∅ 10 cm). Blütezeit Sommer bis Herbst. H. 1,20, Br. 0,75 m.

***Rosa* 'Friesia', syn. *Rosa* 'Korresia'**
Buschige, aufrechte Strauchrose. Im Sommer bis Herbst erscheinen starkduftende, rundliche, gefüllte Blüten mit gewellten, gelben Blütenblättern. ∅ 8 cm, H. 0,75, Br. 0,60 m.

***Rosa* 'Bright Smile', syn. *Rosa* 'Dicdance'**
Niedrige, buschige Beetrose mit glänzendgrünen Blättern. Die flachen, halbgefüllten, gelben Blüten stehen in Büscheln zusammen. Blütezeit Sommer bis Herbst. ∅ 8 cm, H. und Br. 0,45 m.

***Rosa* 'Freedom', syn. *Rosa* 'Dicjem'**
Zierliche, großblumige Buschrose mit vielen Zweigen, dichtem, glänzendem Laub und schwachduftenden, gefüllten, rundlichen, leuchtendgelben Blüten (∅ 6 cm). Blütezeit Sommer bis Herbst. H. 0,75, Br. 0,60 m.

***Rosa* 'Glenfiddich'**
Aufrechtwachsende Buschrose mit schwachduftenden, kugeligen, gefüllten, ambergelben Blüten, die im Sommer und Herbst einzeln oder in Büscheln erblühen. ∅ 10 cm, H. 0,75, Br. 0,60 m.

***Rosa* 'Amber Queen', syn. *Rosa* 'Harroony'**
Ausladende Buschrose mit duftenden, amberfarbenen, gefüllten Blüten, die in Büscheln zusammenstehen (∅ 8 cm). Blütezeit Sommer bis Herbst. Dichtes, rötliches Laub. H. und Br. 50 cm.

R. 'Arthur Bell'
R. 'Dutch Gold'
R. 'Goldstar'
R. 'Princess Alice'
R. 'Princess Michael of Kent'

***Rosa* 'Pot o'Gold', syn. *Rosa* 'Dicdivine'**
Großblumige Buschrose mit gleichmäßigem Wuchs. Im Sommer und Herbst duftende, gefüllte, rundliche, gelbe Blüten in Einzelstellung oder in großen Büscheln. Ø 9 cm, H. 0,75, Br. 0,60 m.

***Rosa* 'Sweet Magic', syn. *Rosa* 'Dicmagic'**
Buschige Zwergrose mit schwachduftenden, rundlichen, gefüllten, rosagetönten, gelborangefarbenen Blüten (Ø 4 cm). Blütezeit Sommer und Herbst. H. 0,35, Br. 0,30 m.

***Rosa* 'Troika', syn. *Rosa* 'Royal Dane'**
Starkwüchsige, dichte, großblumige Buschrose mit dichtem, schwachglänzendem Laub. Im Sommer und Herbst duftende, zugespitzte, orangerote, rosagetönte Blüten. Ø 15 cm, H. 1.00, Br. 0,75 m.

***Rosa* 'Piccadilly'**
Starkwüchsige, buschige, großblumige Buschrose mit zugespitzten, rot- und gelbgefärbten, einzeln oder in Büscheln zusammenstehenden Blüten (Ø 12 cm). Blütezeit Sommer und Herbst. Dichtes, rötlichglänzendes Laub. H. 1,00, Br. 0,60 m.

***Rosa* 'Southampton'**
Aufrechtwachsende Buschrose mit duftenden, spitzknospigen, gefüllten, aprikosenfarbenen Blüten in Einzelstellung oder in Büscheln (Ø 8 cm). Blütezeit Sommer und Herbst. Glänzendes, krankheitsresistentes Laub. H. 1,00, Br. 0,60 m.

***Rosa* 'Doris Tysterman'**
Starkwüchsige, großblumige, aufrechtwachsende Buschrose mit schwachduftenden, zugespitzten, gefüllten, orangeroten Blüten (Ø 10 cm). Blütezeit Sommer und Herbst. Großes, glänzendes, dunkelgrünes Laub. H. 1,20, Br. 0,75 m.

***Rosa* 'Anne Harkness', syn. *Rosa* 'Harkaramel'**
Aufrechtwachsende Buschrose mit rundlichen, gefüllten, amberfarbenen, in dichten Büscheln zusammenstehenden Blüten (Ø 8 cm). Blütezeit Spätsommer und Herbst. H. 1,20, Br. 0,60 m.

***Rosa* 'Remember Me', syn. *Rosa* 'Cocdestin'**
Starkwüchsige, dichte, großblumige Buschrose mit zugespitzten, gefüllten, kupferorangefarbenen Blüten (Ø 9 cm). Blütezeit Sommer und Herbst. Dichtes, glänzendes Laub. H. 1,00, Br. 0,75 m.

***Rosa* 'Just Joey'**
Verzweigte, lockere, großblumige Buschrose mit ledrigem, dunkelgrünem Laub. Blüten rundlich, gefüllt (Ø 12 cm). Gewellte, kupferfarbene Petalen. Schwachduftend. Blütezeit Sommer und Herbst. H. 0,75, Br. 0,60 m.

R. 'Clarissa'
R. 'Disco Dancer'
R. 'Matangi'
R. 'Sweet Dream'
R. 'Typhoon'
R. 'Whisky Mac'

Rosen ZWERG- ODER MINIATURROSEN

WEISS-ROSA

***Rosa* 'Snowball', syn. *Rosa* 'Angelita', *Rosa* 'Macangel'**
Kompakte, kriechende Zwergbuschrose mit pomponähnlichen, gefüllten, weißen Blüten (∅ 2,5 cm). Blütezeit Sommer und Herbst. Blätter klein, glänzend, dicht. H. 20, Br. 30 cm.

***Rosa* 'Baby Masquerade'**
Dichte Zwergbuschrose mit dichtem, ledrigem Laub und rosettenblütigen, gefüllten, gelbrosa Blüten, die in Büscheln zusammenstehen (∅ 2,5 cm). Blützeit Sommer und Herbst. H. und Br. 40 cm oder höher (ohne Rückschnitt).

***Rosa* 'Stacey Sue'**
Breitwüchsige Zwergbuschrose mit dichtem, dunkelgrünem Laub und rosettenähnlichen, gefüllten, rosafarbenen Blüten (∅ 2,5 cm). Blütezeit Sommer und Herbst. H. und Br. 40 cm.

***Rosa* 'Angela Rippon', syn. *Rosa* 'Ocarina', *Rosa* 'Ocaru'**
Zwergbuschrose mit schwachduftenden, kugeligen, gefüllten, lachsrosa Blüten (∅ 4 cm). Blütezeit Sommer und Herbst. Kleine dunkelgrüne Blätter. H. 45, Br. 30 cm.

***Rosa* 'Hula Girl'**
Breitbuschige Miniatur-Buschrose mit glänzenddunkelgrünem Laub. Schwachduftende, rundliche, gefüllte, lachsorange Blüten (∅ 2,5 cm). Blütezeit Sommer und Herbst. H. 45, Br. 40 cm.

ROT

***Rosa* 'Sheri Anne'**
Aufrechte Zwergbuschrose mit glänzendem, ledrigem Laub. Leichtduftende, gefüllte Rosettenblüten, blaßrot (∅ 2,5 cm). Blütezeit Sommer und Herbst. H. 45, Br. 30 cm.

***Rosa* 'Fire Princess'**
Aufrechtwachsende Zwergbuschrose mit kleinen, glänzenden Blättern. Die gefüllten, scharlachroten Blüten stehen in Büscheln zusammen (∅ 4 cm). Blütezeit Sommer und Herbst. H. 45, Br. 30 cm.

***Rosa* 'Red Ace', syn. *Rosa* 'Amruda'**
Dichte Zwergbuschrose mit rosettenförmigen, gefüllten, dunkelroten Blüten (∅ 4 cm). Blütezeit Sommer und Herbst. H. 35, Br. 30 cm.

WEITERE EMPFOHLENE PFLANZEN:
R. 'Easter Morning'
R. 'Pink Sunblaze'
R. 'Snow Carpet'

Rosen ZWERGROSEN

ROT-ORANGE

***Rosa* 'Orange Sunblaze', syn. *Rosa* 'Meijikitar', *Rosa* 'Sunblaze'**
Dichte Zwergbuschrose mit gefüllten, leuchtendorangeroten Rosettenblüten (⌀ 4 cm). Blütezeit Sommer und Herbst. Dichtes, dunkelgrünes Laub. H. und Br. 30 cm.

☼ ◊ ❄❄❄

***Rosa* 'Rise'n Shine', syn. *Rosa* 'Golden Sunblaze'**
Buschige, aufrechte Zwergbuschrose mit dunkelgrünem Laub und gefüllten, gelben Blütenrosetten (⌀ 2,5 cm). Blütezeit Sommer und Herbst. H. 40, Br. 25 cm.

☼ ◊ ❄❄❄

***Rosa* 'Colibri 79', syn. *Rosa* 'Meidanower'**
Aufrechte, ziemlich locker wachsende Zwergrose mit kugeligen, gefüllten, rotgeaderten, orangefarbenen Blüten (⌀ 4 cm). Blütezeit Sommer und Herbst. H. 40, Br. 25 cm.

☼ ◊ ❄❄❄

R. 'Baby Gold Star'
R. 'Magic Carousel'

KLETTERROSEN

□ WEISS

***Rosa* 'Alberic Barbier'**
Starkwüchsige, halbimmergrüne Kletterrose mit schwachduftenden, gefüllten, cremeweißen Blütenrosetten (⌀ 8 cm). Große Blütenbüschel. Blütezeit Sommer. Kleine, leuchtendgrüne Blätter. Gedeiht auch an Nordwänden. H. bis 5,00, Br. 3,00 m.

☼ ◊ ❄❄❄

***Rosa* 'Paul's Lemon Pillar'**
Steif aufrechtwachsende Kletterrose mit großen Blättern und duftenden, zugespitzten, gefüllten, zitronenweißen Blüten (⌀ 15 cm). Blütezeit Sommer. Liebt sonnigen, geschützten Stand. H. 5,00, Br. 3,00 m.

☼ ◊ ❄❄❄

***Rosa filipes* 'Kiftsgate'**
Kletterrose mit dichtem, glänzendhellgrünem Laub. Schalenförmige bis flache, cremeweiße Blüten im Spätsommer in dichten Büscheln. Eignet sich zum Begrünen von Bäumen oder für Wildgärten (⌀ 2,5 cm). H. und Br. 10 m oder mehr.

☼ ◊ ❄❄❄

***Rosa* 'Felicité Perpétue'**
Immergrüne Kletterrose mit schlanken Trieben und rosa bis weißen, gefüllten Blüten (⌀ 4 cm). Blütezeit Sommer. Die kleinen Blätter sind teils immergrün. Durch Rückschnitt nur Triebmenge reduzieren. H. 5,00, Br. 4,00 m.

☼ ◊ ❄❄❄

***Rosa* 'Mme Alfred Carrière'**
Kletternde, starkduftende Noisette-Rose mit schlanken Trieben und gefüllten, cremeweißen, rosagetönten Blütenrosetten (⌀ 4 cm). Blütezeit Sommer und Herbst. H. 5,50, Br. 3,00 m.

☼ ◊ ❄❄❄

***Rosa* 'Gloire de Dijon'**
Steiftriebige Noisette- oder Kletter-Teerose mit duftenden, gefüllten, creme- bis fleischfarbenen Blüten (⌀ 10 cm); Blütezeit Sommer und Herbst. H. 4,00, Br. 2,50 m.

☼ ◊ ❄❄❄

WEITERE EMPFOHLENE PFLANZEN:
R. banksiae
R. 'Niphetos'
R. 'Sander's White Rambler'
R. 'Wedding Day'
R. 'White Cockade'

***Rosa* 'New Dawn'**
Starkwüchsige, sehr winterharte, dauerblühende Kletterrose mit duftenden, gutgefüllten, blaß-perlrosa Blüten (∅ 8 cm). Blütenstand in dichten Büscheln. Blütezeit Sommer und Herbst. Verträgt auch Nordlagen. H. und Br. 5,00 m.

☼ 💧 ❄❄❄

***Rosa* 'Breath of Life', syn. *Rosa* 'Harquanne'**
Steif aufrechtwachsende Kletterrose mit großen, rundlichen, gefüllten, rosa- bis aprikosenfarbenen Blüten (∅ 10 cm). Blütezeit Sommer und Herbst. Schwachglänzendes Laub. H. 2,80, Br. 2,20 m.

☼ 💧 ❄❄❄

***Rosa* 'Albertine'**
Starkwüchsige Kletterrose mit überhängenden, dornigen, rötlichen Zweigen. Blüten in dichten Büscheln, gefüllt, lachsrosa (∅ 8 cm). In trockenen Lagen mehltauanfällig. H. 5,00, Br. 3,00 m.

☼ 💧 ❄❄❄

***Rosa* 'Händel'**
Steif aufrechtwachsende Kletterrose mit schwachduftenden, rundlichen, gefüllten, cremefarbenen, rosarotgerandeten Blüten. ∅ 8 cm. Blüht in Büscheln im Sommer/Herbst. Glänzenddunkelgrünes Laub. H. 3,00, Br. 2,20 m.

☼ 💧 ❄❄❄

***Rosa* 'Mme Grégoire Staechelin', syn. *Rosa* 'Spanish Beauty'**
Starkwüchsige, überhängende Kletterrose mit großen Blütenbüscheln und rundlichen bis kugeligen, gefüllten Blüten (∅ 13 cm). Reinrosa, karminschattierte Blütenblätter, gerippt. H. 6,00, Br. 4,00 m.

☼ 💧 ❄❄❄

***Rosa* 'Chaplin's Pink Companion'**
Starkwüchsige Kletterrose mit glänzenddunkelgrünem Laub und schwachduftenden, rundlichen, gefüllten, schwachrosa Blüten (∅ 5 cm). Im Sommer große Blütenbüschel. H. und Br. 3,00 m.

☼ 💧 ❄❄❄

***Rosa* 'Pink Perpétue'**
Steiftriebige Kletterrose, die auch als Strauch gezogen werden kann. Im Sommer und Herbst dichte Blütenbüschel aus rundlichen bis rosettenförmigen, gefüllten, tiefrosa Blüten (∅ 8 cm). Dichtes, ledriges Laub. H. 2,80, Br. 2,50 m.

☼ 💧 ❄❄❄

***Rosa* 'Zephirine Drouhin'**
Dornenlose Rose. Schwach überhängende Bourbon-Rose für Gerüstberankung. Blüten duftend, rundlich, gefüllt, tiefrosa (∅ 8 cm). Blütezeit Sommer und Herbst. Mehltauanfällig. In milden Gegenden als Hecke. H. 2,50, Br. 2,00 m.

☼ 💧 ❄❄❄

***Rosa* 'Rosy Mantle'**
Steiftriebige, lockere Kletterrose mit starkduftenden, spitzknospigen, gefüllten, rosafarbenen Blüten (∅ 10 cm). Blütezeit Sommer und Herbst. Lockeres, dunkelgrünes Laub. H. 2,50, Br. 2,00 m.

☼ 💧 ❄❄❄

R. 'Aimée Vibert'
R. 'Aloha'
R. 'Belle Portugaise'
R. 'Blush Noisette'

R. 'Lady Waterlow'
R. 'Morning Jewel'
R. 'Paul's Himalayan Musk Rambler'
R. 'Paul Transon'

R. 'Lady Waterlow'
R. 'Morning Jewel'
R. 'Paul's Himalayan Musk Rumbler'
R. 'Paul Transon'

Rosen KLETTERROSEN

ROT-GELB

***Rosa* 'Dortmund'**
Aufrechtwachsende Kletterrose, die auch als Strauch kultiviert werden kann. Blüten flach, einzelstehend, rot mit weißem Auge (∅ 10 cm); schwach duftend. Blütenstand buschig. Blütezeit Sommer und Herbst. Gesunde Belaubung. H. 3,00, Br. 1,80 m.

☼ ◊ ❄❄❄

***Rosa* 'Danse du Feu' syn. *Rosa* 'Spectacular'**
Starkwüchsige, steiftriebige Kletterrose mit dichtem, glänzendem Laub. Blüten rundlich, gefüllt, scharlachfarben (∅ 8 cm). Blütezeit Sommer und Herbst. H. und Br. 2,50 m.

☼ ◊ ❄❄❄

***Rosa* 'Dublin Bay'**
Dichte, strauchige Kletterrose, die auch als Strauch gezogen werden kann. Blüten gefüllt, rundlich, leuchtendkarminrot, in Büscheln blühend (∅ 10 cm). Blütezeit Sommer und Herbst. Dunkelgrünglänzendes, dichtes Laub. H. und Br. 2,20 m.

☼ ◊ ❄❄❄

***Rosa* 'Guinée'**
Starkwüchsige, steiftriebige Kletterrose mit duftenden, gefüllten, schwarzroten bis braunroten Blüten (∅ 11 cm). Blütezeit Sommer. Große, ledrige Blätter. H. 5,00, Br. 2,20 m.

☼ ◊ ❄❄❄

***Rosa* 'Veilchenblau', syn. *Rosa* 'Blue Rambler'**
Starkwüchsige Kletterrose mit violetten, weißgestreiften Rosettenblüten und fruchtigem Duft. Blütezeit Sommer. H. 4,00, Br. 2,20 m.

☼ ◊ ❄❄❄

***Rosa* 'Mermaid'**
Schwachwachsende Kletterrose mit flachen, ungefüllten, primelgelben Blüten (∅ 12 cm). Blütezeit Sommer und Herbst. Steife, rötliche Triebe, große hakenförmige Dornen und glänzendgrünes Laub. Geschützter, sonniger Stand. H. und Br. bis 6 m.

☼ ◊ ❄❄

R. 'Climbing Ena Harkness'
R. 'Fellenberg'
R. 'John Cabot'
R. 'Ramona'
R. 'Sympathie'

GELB

***Rosa* 'Golden Showers'**
Steif aufrechtwachsende Kletterrose, die auch strauchartig wächst. Im Sommer und Herbst zahlreiche spitzknospige, duftende, gefüllte, gelbe Blüten (∅ 10 cm), die sich weit öffnen. H. 2,00, Br. 2,20 m oder mehr.

☼ ◊ ❄❄❄

***Rosa banksiae* 'Lutea'**
Starkwüchsige Kletterrose mit großen Blütenbüscheln. Blüten duftlos, gelbgefüllte Rosetten (∅ 2 cm). Blütezeit Spätfrühling. Benötigt sonnigen, geschützten Platz. Nur Altholzschnitt. H. und Br. 10 m.

☼ ◊ ❄❄❄

***Rosa* 'Maigold'**
Starkwüchsige Kletterrose mit dornigen, überhängenden Zweigen, kann auch als Strauch gezogen werden. Blüten duftend, schalenförmig, halbgefüllt, bronzegelb (∅ 10 cm). Blüht im Frühsommer, Nachblüte vereinzelt im Herbst. H. und Br. 2,50 m.

☼ ◊ ❄❄❄

R. 'Alister Stella Gray'
R. 'Climbing Lady Hillingdon'
R. 'Easlea's Golden'
R. 'Emily Gray'
R. 'Fortune's Double Yellow'
R. 'Goldfinch'
R. 'Maréchal Niel'
R. 'Schoolgirl'

Kletterpflanzen MIT INTERESSANTEM FRÜHLINGSASPEKT

WEISS

Beaumontia grandiflora
Starkwüchsige, immergrüne, verholzende Schlingpflanze mit sattgrünem, unterseits behaartem Laub. Im Frühling bis Sommer große, duftende, weiße Blüten. H. 8 m. Mindesttemperatur 7–10 °C.

Stephanotis floribunda
Mäßig stark wachsender Schlingstrauch mit ledrigem, glänzendem Laub. Die duftenden, wachsweißen Blüten erscheinen in kleinen Dolden vom Frühling bis Herbst. H. 5 m oder mehr. Mindesttemperatur 13–16 °C.

Clianthus puniceus* f. *albus
Immergrüner oder halbimmergrüner Schlingstrauch, der wegen seiner kralligen, herabhängenden Blütenstände auffällt. Blütenfarbe cremeweiß. Blütezeit Frühling und Frühsommer. Laub mittelgrün, gefiedert. H. 4,00 m.

WEITERE EMPFOHLENE PFLANZEN:
Klematis, S. 170–171
Decumaria sinensis

ROSA-ROT

Mandevilla splendens*, syn. *Dipladenia splendens
Immergrüne, verholzende Schlingpflanze mit glänzendem Laub und trompetenförmigen, rosafarbenen Blüten mit gelbem Schlund. Blütezeit Frühling oder Frühsommer. H. 3,00 m. Mindesttemperatur 7–10 °C.

Clianthus puniceus
(Prachtwicke)
Immergrüner oder halbimmergrüner Schlingstrauch mit gefiederten Blättern. Blüten im Frühling und Frühsommer. Krallige, herabhängende, leuchtendrote Blütenstände. H. 4,00 m.

Kennedia rubicunda
Raschwüchsiger, immergrüner Schlingstrauch mit dreizähligen Blättern und korallenroten Blüten, die in Büscheln zusammenstehen. Blütezeit Frühling bis Sommer. H. 3,00 m. Mindesttemperatur 5–7 °C.

Distictis buccinatoria*, syn. *Phaedranthus buccinatorius
Starkwüchsiger, immergrüner Schlingstrauch mit trompetenförmigen, karminrosa Blüten mit orangegelbem Schlund. Blütezeit Vorfrühling bis Sommer. H. 5 m oder höher. Mindesttemperatur 5 °C.

Passiflora coccinea
(Rote Passionsblume)
Starkwüchsige, immergrüne Liane mit rundlichovalen Blättern und leuchtendscharlachroten Blüten mit roten, rosa und weißen Krönchen. Blütezeit Frühling bis Herbst. H. 3,00–4,00 m. Mindesttemperatur 13–15 °C.

Tropaeolum tricolor
(Kapuzinerkresse)
Krautige Kletterpflanze mit feinen Trieben, kleinen Knollen und 5–7teiligen Blättern. Im Vorfrühling bis Frühsommer kleine, gelborange Blüten, Kelche schwach gepunktet. H. bis 1,00 m. Mindesttemperatur 5 °C.

Klematis, S. 170–171
Pandorea jasminoides, S. 166
Podranea ricasoliana
Thunbergia coccinea

Kletterpflanzen MIT INTERESSANTEM FRÜHLINGSASPEKT

ROT-BLAU

Agapetes serpens
Immergrüner, überhängender bis niederliegender Strauch, der an Gerüsten gezogen werden kann. Blätter klein, lanzettlich, glänzend. Nickende rosarote, dunkelgeaderte Blüten. Blütezeit Frühling. H. 2,00–3,00 m. Mindesttemperatur 5 °C.

Hardenbergia comptoniana
Immergrüner Schlingstrauch mit 3 bis 5fach gefiederten, lanzettlichen Blättern und violettblauen Blütenständen aus Schmetterlingsblüten. H. bis 2,50 m. Winterschutz in milden Lagen oder Kalthaus.

Mitraria coccinea
Immergrüner Kletterstrauch mit ovalen, gezähnten Blättern und kleinen, trichterförmigen, orangeroten Einzelblüten in den Blattachseln. Blütezeit Frühling bis Sommer. H. bis 2,00 m.

Akebia quinata
Schlingstrauch, der an geschütztem Stand und in milden Wintern immergrün bleibt. Blätter fünfzählig. Blüten bräunlichpurpur, nach Vanille duftend. Blütezeit Spätfrühling. Später purpurfarbene Früchte. H. 10 m oder höher.

Petrea volubilis
Starkwachsender, immergrüner Schlingstrauch mit elliptischen, starkstrukturierten Blättern und tieflilablauen und violetten Blüten in einfachen oder zusammengesetzten Ähren. Blütezeit Spätwinter bis Spätsommer. H. 6 m. Mindesttemperatur 13–15 °C.

Manettia inflata*, syn. *M. bicolor
Raschwüchsiger, immergrüner Schlingstrauch mit glänzendem Laub. Blüten klein, röhrenförmig, rot-gelb gerandet. Blütezeit Frühling bis Sommer. H. 2,00 m. Mindesttemperatur 5 °C.

Clytostoma callistegioides
Raschwüchsiger, immergrüner Kletterstrauch. Jedes Blatt besteht aus 2 ovalen Blättchen und einer Ranke. Blüten in kleinen, lavendelfarbenen Trauben verfärben sich blaßrosa. Blütezeit von Frühling bis Sommer. H. 5 m.

Sollya heterophylla
Immergrüner Schlingstrauch mit schmal-lanzettlichen bis ovalen Blättern, 2–6 cm lang. Blüten in Trauben aus 4–9 himmelblauen Glocken im Frühling bis Herbst. H. 3 m.

GRÜN-GELB

Strongylodon macrobotrys
Raschwüchsiger, immergrüner Schlingstrauch mit hakenförmigen, leuchtendblaugrünen Blüten, die in langen Trauben im Winter bis Frühling herabhängen. Dreiteilige, ovale, glänzendgrüne Blätter. H. 20 m. Mindesttemperatur 18 °C.

***Humulus lupulus* 'Aureus'**
(Gelbblättriger Hopfen)
Staudige Kletterpflanze mit rauhhaarigen Trieben und gezähnten, gelben, 3–5lappigen Blättern. An weiblichen Pflanzen zapfenähnliche, grüne Fruchtstände in nickenden Büscheln im Herbst. H. bis 6 m.

Solandra maxima
(Capa de oro)
Starkwachsender, immergrüner Schlingstrauch mit glänzendem Laub. Im Frühling und Sommer duftende, blaßgelbe, später goldgelbe Blüten. H. 7–10 m oder höher. Mindesttemperatur 16 °C.

Agapetes 'Ludgvan Cross'
Agapetes rugosa
Akebia × pentaphylla
Akebia trifoliata

Klematis, S. 170–171
Hardenbergia violacea
Kennedia nigricans
Solanum seaforthianum

Stigmaphyllon ciliatum, S. 174

Kletterpflanzen MIT INTERESSANTEM SOMMERASPEKT

GELB

Thunbergia mysorensis
(Schwarzäugige Susanne)
Immergrüner Schlingstrauch mit schmalen Blättern und gelben Blütentrauben aus trichterförmigen, zurückgebogenen, rötlichbraunen Staubfäden. Blütezeit von Frühling bis Herbst. H. 6 m. Mindesttemperatur 15 °C.

Jasminum mesnyi*, syn. *J. primulinum
(Echter Jasmin)
Immergrüner oder halbimmergrüner Schlingstrauch mit dreizähligen Blättern und halbgefüllten, blaßgelben Blütentrichtern im Frühling. H. bis 3,00 m.

Canarina canariensis, S. 177
Macfadyena unguis-cati, S. 174
Pyrostegia venusta, S. 176
Tecomaria capensis

WEISS

***Bougainvillea glabra* 'Snow White'**
Starkwüchsiger immergrüner oder halbimmergrüner Kletterstrauch mit rundovalen Blättern. Weiße Blütendolden mit grüngeaderten Hochblättern erscheinen im Sommer. H. 5 m. Mindesttemperatur 7–10 °C.

***Solanum jasminoides* 'Album'**
Halbimmergrüne Kletterpflanze mit ovalen bis lanzettlichen Blättern, die auch gefiedert oder gelappt sein können und sternförmigen, weißen Blüten von 2–2,5 cm ∅. Blütezeit Sommer bis Herbst. H. bis 6 m.

Trachelospermum jasminoides
(Sternjasmin)
Immergrüner Schlingstrauch mit ovalen, bis zu 10 cm langen Blättern und starkduftenden, weißen Blüten im Sommer. Später bis 15 cm lange, paarig zusammenstehende Hülsen. H. bis 9 m.

***Wisteria sinensis* 'Alba'**
(Weißblühende Glyzine)
Starkwüchsiger sommergrüner Schlingstrauch mit langen Fiederblättern und starkduftenden, weißen Schmetterlingsblüten, die im Sommer in 20–30 cm langen Trauben herabhängen. H. über 30 m.

Araujia sericofera*, syn. *A. sericifera
Immergrüner Schlingstrauch mit unterseits weißbereiften Blättern und duftenden, weißen Blüten, innen blaßrot gestreift. Blütezeit Spätsommer bis Herbst. H. bis 7 m.

***Wisteria floribunda* 'Alba'**
(Weißblühende Glyzine)
Sommergrüner Schlingstrauch mit großen Fiederblättern und duftenden, weißen Blütentrauben aus Schmetterlingsblüten. Traubenlänge bis 60 cm. Blütezeit Frühsommer. H. bis 9 m.

WEITERE EMPFOHLENE PFLANZEN:
Actinidia chinensis
Actinidia polygama
Anredera cordifolia
Beaumontia grandiflora, S. 163
Cionura erecta
Klematis, S. 170–171
Clianthus puniceus f. *albus*, S. 163
Cobaea scandens f. *alba*
Ipomoea alba
Jasminum angulare
Jasminum grandiflorum

Kletterpflanzen MIT INTERESSANTEM SOMMERASPEKT

WEISS

Hydrangea anomala* ssp. *petiolaris
(Kletterhortensie)
Sommergrüner, selbstklimmender Strauch mit gezähnten Blättern, breiten Blütenschirmen aus kleinen, weißen Einzelblüten und größeren Randblüten. Blütezeit Sommer. Blüht erst mit zunehmendem Alter. H. 15 m.

Pileostegia viburnoides
Schwachwachsender, immergrüner, selbstkletternder Strauch mit winzigen, weißen oder cremefarbenen Blüten und vielen herausragenden Staubfäden, die in den Köpfchen zusammenstehen. Blütezeit von Spätsommer bis Herbst. H. bis 6 m.

Clerodendrum thomsoniae
Starkwüchsiger, immergrüner Kletterstrauch mit ovalen, leuchtendgrünen Blättern. Blüten glockig mit weißem Kelch und karminroten Blütenblättern. Sommerblüher. H. 3,00 m oder höher. Mindesttemperatur 16°C.

Schizophragma integrifolium
Sommergrüner, selbstkletternder Strauch mit ovalen oder herzförmigen Blättern. Die weißen Blüten stehen in flachen Schöpfen bis zu 30 cm ∅ zusammen. Die auffallenden, sterilen Blüten haben lange, weiße Hochblätter. H. bis 12 m.

WEISS-ROSA

Hoya bella
(Wachsblume)
Immergrüner, kriechender Strauch mit hängenden Zweigen und schmalovalen, zugespitzten, leuchtendgrünen Blättern. Blüten in Dolden, winzig, sternförmig, weiß mit roter Mitte. Sommerblüher. H. 40 cm. Mindesttemperatur 10–12°C.

Pandorea jasminoides*, syn. *Bignonia jasminoides
Immergrüner Schlingstrauch mit Fiederblättern. Die trichterförmigen, weißen Blüten mit rosa Schlund erscheinen von Spätwinter bis Sommer. H. 5 m. Mindesttemperatur 5°C.

Jasminum officinale
(Echter Jasmin)
Halbimmergrüner oder sommergrüner, dünntriebiger Kletterstrauch mit 7–9fach gefiederten Blütchen. Die duftenden Blütendolden mit den 4–5zähligen Blüten erscheinen im Sommer bis Herbst. H. 10–12 m.

Hoya australis
(Wachsblume)
Immergrüner Schlingstrauch mit fleischigen, leuchtendgrünen Blättern und Blütendolden aus 20–50 duftenden, sternförmigen, weißen, rotgepunkteten Blüten. Sommerblüher. H. bis 5 m. Mindesttemperatur 15°C.

Hoya carnosa
(Wachsblume)
Mittelstarkwachsender, immergrüner Schlingstrauch mit duftenden, sternförmigen, weißen, rosagetönten Blüten mit roter Mitte. Blütenstand Dolde. Blüte Sommer bis Herbst. H. 5 m oder mehr. Mindesttemperatur 5–7°C.

***Lathyrus odoratus* 'Selana'**
(Wohlriechende Wicke)
Starkwüchsige, einjährige Kletterpflanze mit ovalen, mittelgrünen Blättern und großen, rosagetönten, weißen Blüten. Blütezeit Sommer bis Frühherbst. H. 2,00 m.

Mandevilla boliviensis
Mandevilla laxa
Polygonum aubertii
Polygonum baldschuanicum, S. 175

Schizophragma hydrangeoides
Stephanotis floribunda, S. 163
Wisteria venusta
Wisteria venusta 'Alba Plena'

Klematis, S. 170–171
Hoya coronaria
Pandorea pandorana
Passiflora × allardii

Wattakaka sinensis

☼ ◊ ❄❄❄

Actinidia kolomikta
(Strahlengriffel)
Sommergrüner Schlingstrauch mit langen Blättern, oberseits häufig cremeweiß oder rosagetönt, mit weißen Strahlenblüten im Sommer. Männliche und weibliche Blüten auf verschiedenen Pflanzen. H. 4,00 m.

◑ ◊

***Mandevilla* × *amabilis* 'Alice du Pont'**
Starkwüchsiger, immergrüner Schlingstrauch mit ovalen, ausdrucksvollen Blättern und großen Blütendolden aus leuchtendrosa Trompetenblüten. Blütezeit Sommer, H. 3,00 m. Mindesttemperatur 7–10 °C.

Lathyrus grandiflorus
(Staudenwicke)
Krautige Kletterpflanze mit kahlen Trieben und kleinen Blütentrauben aus rosalila und karminroten Blüten. Blütezeit Sommer. H. bis 1,50 m.

☼ ◊ ❄❄❄

***Lonicera* × *heckrottii*, syn. *L.* 'Gold Flame'**
Sommergrüner Schlingstrauch für Klettergerüste. Blätter eiförmig bis oval, unterseits bläulich, obere Blätter schalenförmig. Blütendolden rosa mit orangefarbenem Schlund. Blütezeit Sommer. H. bis 5 m.

☼ ◊ ❄❄❄

***Lathyrus odoratus* 'Xenia Field'**
(Wohlriechende Wicke)
Mittelstarkwachsende, einjährige Kletterpflanze mit ovalen, dunkelgrünen Blättern und großen, rosa und cremefarbenen Blüten; Blütezeit von Sommer bis Frühherbst. H. bis 2,00 m.

☼ ◊

Antigonon leptopus
Raschwüchsiger, immergrüner Kletterstrauch mit gewellten, blaßgrünen Blättern und dichten, leuchtendrosa, roten oder weißen Blütenbüscheln. Blütezeit Sommer, aber auch im Jahreslauf im Gewächshaus. H. bis 6 m. Mindesttemperatur 15 °C.

☼ ◊

Asarina erubescens
Immergrüner Kletterstrauch, der häufig als einjährige Pflanze kultiviert wird. Stiele und Blätter sind bereift. Rosafarbene Blüten im Sommer bis Herbst. ∅ 7 cm, H. 3,00 m oder höher. Mindesttemperatur 5 °C.

☼ ◊

◑ ◊ ❄❄

Ipomoea horsfalliae
(Prachtwinde)
Starkwüchsiger Schlingstrauch. Blätter aus 5–7 kreisförmig angeordneten Einzelblättern. Dolden aus tiefrosa oder violettroten Einzelblüten (∅ 6 cm). Blütezeit von Sommer bis Winter. H. 2,00–3,00 m. Mindesttemperatur 7–10 °C.

☼ ◊

Argyreia splendens
Klematis, S. 170–171
Lathyrus sylvestris
Mandevilla splendens, S. 163
Mutisia oligodon
Passiflora × exoniensis
Passiflora mollissima
× Philageria veitchii
Podranea ricasoliana
Sarmienta scandens

Kletterpflanzen MIT INTERESSANTEM SOMMERASPEKT

ROSA-ROT

Lonicera sempervirens
(Immergrünes Geißblatt)
Immergrüner oder sommergrüner Schlingstrauch mit ovalen, unterseits blauen Blättern. Obere Blätter verwachsen oder schalenförmig. Blüten orange, innen gelb, quirlförmig an den Triebenden. Sommerblüher. H. bis 4,00 m.

◐ 💧 ❄❄

Lapageria rosea
Immergrüner Schlingstrauch mit eiförmigen bis ovalen, ledrigen Blättern und nikkenden, rosa bis roten, blaßgefleckten Blüten (∅ 7–9 cm). Blütezeit Sommer und Spätherbst. H. bis 5 m.

◐ 💧 ❄

***Lathyrus odoratus* 'Red Ensign'**
(Wohlriechende Wicke)
Starkwüchsige, einjährige Kletterpflanze mit ovalen, mittelgrünen Blättern und großen, süßduftenden, scharlachroten Blüten. Blütezeit von Sommer bis Herbst. H. 2,00 m.

☼ 💧 ❄❄❄

***Lonicera brownii* 'Dropmore Scarlet'**
(Rankendes Geißblatt)
Sommergrüner Schlingstrauch mit ovalen, blaugrünen Blättern, Blüten klein, duftend, rot mit orangefarbenem Schlund. Blütezeit Sommer. H. bis 4,00 m.

◐ 💧 ❄❄

***Bougainvillea* 'Miss Manila'**
Starkwüchsiger, meist immergrüner Kletterstrauch mit rundovalen Blättern und dichten Blütenbüscheln aus rosafarbenen Brakteen. Blütezeit Sommer, H. 5 m. Mindesttemperatur 7–10 °C.

☼ 💧

Mina lobata
Sommergrüner oder halbimmergrüner Schlingstrauch mit dreiteiligen Blättern, der meist einjährig gezogen wird. Einseitige Ähren aus kleinen, trichterförmigen, dunkelroten Blüten, die sich orange, später cremegelb verfärben. Sommerblüher. H. bis 5 m.

☼ 💧 ❄

Tropaeolum speciosum
(Kapuzinerkresse)
Krautige Schlingpflanze mit kriechenden Rhizomen und handförmigen, blaugrünen Blättern. Blüten scharlachfarben, Sommerblüher. Später blaue Früchte auf tiefroten Kelchen. Wurzeln sollten beschattet sein. H. bis 3,00 m.

☼ 💧 ❄❄❄

***Bougainvillea* 'Dania'**
Starkwüchsiger, meist immergrüner Kletterstrauch mit rundovalen, mittelgrünen Blättern und tiefrosafarbenen Blütendolden aus Brakteen. Sommerblüher. H. bis 5 m. Mindesttemperatur 7–10 °C.

☼ 💧

Ipomoea quamoclit*, syn. *Quamoclit pinnata (Prachtwinde)
Einjährige Schlingpflanze mit ovalen, leuchtendgrünen Blättern die nadelförmig gefiedert sind. Blüten schmal trichterförmig, orange oder scharlachrot. Blütezeit Sommer bis Herbst. H. 2,00–4,00 m.

☼ 💧 ❄

Asteranthera ovata
Bougainvillea × *buttiana* 'Scarlet Queen'
Clerodendrum splendens
Clianthus puniceus, S. 163
Distictis buccinatoria, S. 163
Gloriosa superba 'Rotschildiana', S- 336
Ipomoea coccinea
Ipomoea × *multifida*
Ipomoea nil 'Scarlett O'Hara'
Jasminum beesianum
Kennedia rubicunda, S. 163
Manettia cordifolia
Manettia inflata, S. 164
Passiflora antioquiensis
Passiflora coccinea, S. 163
Passiflora vitifolia

Quisqualis indica
Ziemlich schnell wachsender, sommergrüner oder halbimmergrüner Schlingstrauch, der häufig einjährig gezogen wird. Blütezeit von Spätfrühling bis Spätsommer. Blüten duftend, rot bis orange oder rosa. H. 3–5 m. Mindesttemperatur 10 °C.

Rhodochiton atrosanguineum
Immergrüner, an Blattranken kletternder Strauch, der meist einjährig gezogen wird. Blätter gezähnt, Blüten trichterförmig, dunkelviolett mit glockenförmigen, lilaroten Kelchen. Blütezeit von Spätfrühling bis Spätherbst. H. 3,00 m. Mindesttemperatur 5 °C.

Aristolochia elegans
(Pfeifenwinde)
Raschwüchsiger, immergrüner Schlingstrauch mit herzförmigen Blättern und bis zu 12 cm großen, braunrot marmorierten Blüten. Blütezeit Sommer. H. bis 7 m. Mindesttemperatur 13 °C.

Lathyrus latifolius
(Staudenwicke)
Krautige, anspruchslose Kletterpflanze mit geflügelten Trieben. Blätter behaart, Blattstiel gesäumt. Kleine Blütentrauben aus rosalila Blüten. Blütezeit Sommer und Frühherbst. H. 2 m und höher.

Schisandra rubriflora
Sommergrüner Schlingstrauch mit ledrigen, gezähnten, unterseits helleren Blättern. Blüten klein, karminrot. Blütezeit Frühling oder Frühsommer. Später nikkende, rote Früchte. H. 5–6 m.

Berberidopsis corallina
Immergrüner Schlingstrauch mit ovalen bis herzförmigen, ledrigen Blättern, die bestachelt sind. Blüten in nickenden Dolden aus kugeligen, tiefroten Einzelblüten. Blütezeit Sommer bis Frühherbst. H. 4,50 m.

Lablab purpureus*, syn. *Dolichos lablab, D. lignosus
Sommergrüner Schlingstrauch, meist einjährig gezogen mit purpurrosa oder weißen Blüten im Sommer. Später lange Hülsen mit eßbaren Früchten. H. 10 m. Mindesttemperatur 5 °C.

***Bougainvillea glabra* 'Variegata'**
Starkwüchsiger, meist immergrüner Schlingstrauch mit rundovalen, cremeweißgerandeten, dunkelgrünen Blättern. Im Sommer zahlreiche leuchtendpurpurfarbene Hochblätter. H. bis 5 m. Mindesttemperatur 7–10 °C.

Aristolochia griffithii
Bougainvillea × buttiana 'Mrs. Butt'
Bougainvillea spectabilis
Klematis, S. 170–171
Cryptostegia grandiflora
Hoya imperialis
Ipomoea horsfalliae, S. 167
Ipomoea horsfalliae 'Briggsii'
Lathyrus rotundifolius
Lonicera henryi
Lonicera periclymenum 'Serotina'
Mucuna deeringiana
Pueraria lobata

Klematis, Waldrebe

Unter den Kletterpflanzen stehen die Waldreben *(Clematis)* an erster Stelle wegen ihrer langen Blütezeit (bestimmte Arten blühen fast in jedem Monat des Jahres), wegen der Vielfalt ihrer Formen und Blütenfarben, aber auch wegen ihrer großen Anpassungsfähigkeit an Lage und Klima. Einige frühblühende Arten und Kulturformen sind starkwüchsig und besonders zum Begrünen von Häusern, Gerüsten, alten Bäumen und Pergolen geeignet. Andere, schwächerwachsende Formen blühen oft vom Frühsommer bis Herbst mit großen, auffälligen Blüten in vielen Farben. Klematis sehen an Wänden, Rankgerüsten oder zusammen mit anderen Kletterpflanzen, Bäumen oder Sträuchern, die als Kletterhilfe dienen, sehr attraktiv aus. Schwachwachsende Kulturformen können auch über den Boden kriechen und ihre Blütenpracht entfalten.
Die verschiedenen Arten der Waldreben (siehe Pflanzenlexikon) können in 3 Gruppen eingeteilt werden, von denen jede bestimmte Anforderungen an den Schnitt stellt. Durch falschen Schnitt kann man gerade die Blütentriebe für das laufende Jahr beseitigen. Daher sollte man folgende Ratschläge beachten:

Gruppe 1
Frühblühende Arten, Alpina-, Macropetala- und Montana-Typen: Blütentriebe entstehen aus den Trieben des Vorjahres. Daher nach der Blüte zurückschneiden, um neues Wachstum anzuregen und viele Triebe für das nächste Jahr zu erhalten. Abgestorbene, beschädigte und umherwuchernde Triebe entfernen.

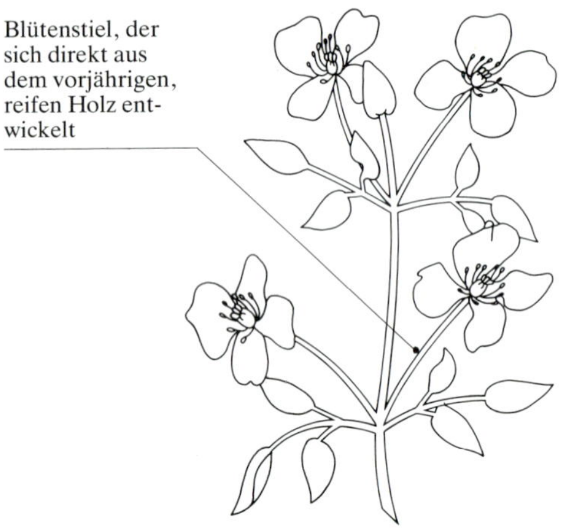

Gruppe 2
Frühe, großblumige Kulturformen: Blüten entstehen an kurzen, diesjährigen Trieben. Daher vor dem Neuaustrieb im zeitigen Frühjahr zurückschneiden. Abgestorbene und beschädigte Triebe bis auf die starken, mit Knospen in den Blattachseln versehenen Teile zurücknehmen. Diese Knospen bringen den ersten Flor.

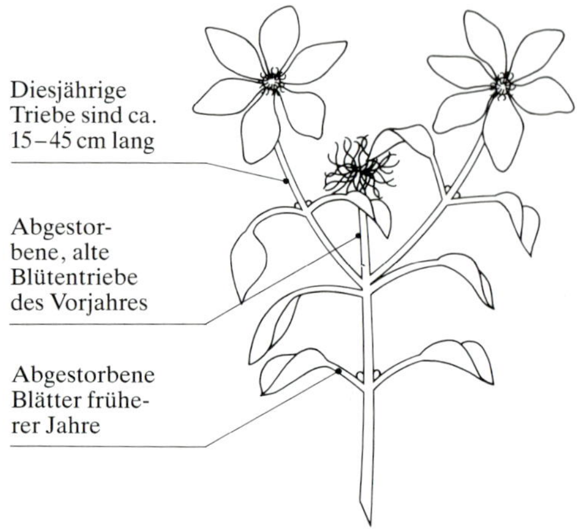

Gruppe 3
Späte, großblumige Kulturformen, spätblühende Spezies, kleinblumige Kulturformen und krautige Arten: Blüten entwickeln sich nur an diesjährigen Trieben. Daher Rückschnitt vor dem neuen Austrieb im zeitigen Frühjahr. Sämtliches Altholz entfernen bis auf einige starke Knospen in den Blattachseln (15–30 cm über dem Boden).

C. florida **'Sieboldii'**
(3, kleinblumig)

C. recta (3, krautig)

C. montana **var. *rubens***
(1, Montana)

C. 'Huldine'
(3, spät, großblumig)

C. montana **'Tetrarose'**
(1, Montana)

C. macropetala **'Markham's Pink'** (1, Macrop.)

C. 'Hagley Hybrid'
(3, spät, großblumig)

C. montana (1 Montana)

C. 'Henryi'
(2, früh, großblumig)

C. 'Mrs. George Jackman' (2, früh, großbl.)

C. armandii
(1, frühblühend)

C. flammula
(3, spätblühend)

C. 'Nelly Moser'
(2, früh, großblumig)

C. **'Lincoln Star'**
(2, früh, großblumig)

C. viticella **'Mme. Julia Correvon'** (3, spätbl.)

C. **'Ascotiensis'**
(3, spät, großblumig)

C. **'Jackmanii'**
(3, spät, großblumig)

C. **'Perle d'Azur'**
(3, spät, großblumig)

C. **'Duchess of Albany'**
(3, kleinblumig)

C. **'Star of India'**
(3, spät, großblumig)

C. macropetala
(1, Macropetala)

C. viticella **'Purpurea Plena Elegans'** (3, spät)

C. **'Gravetye Beauty'**
(3, kleinblumig)

C. **'The President'**
(2, früh, großblumig)

C. **'Beauty of Worcester'**
(2, früh, großblumig)

C. integrifolia)
(3, krautig)

C. rehderiana
(3, spätblühend)

C. **'Proteus'**
(2, früh, großblumig)

C. **'Richard Pennell'**
(2, früh, großblumig)

C. viticella **'Etoile Violette'** (3, spätbl.)

C. heracleifolia **'Wye-vale'** (3, krautig)

C. **'Elsa Späth'**
(2, früh, großblumig)

C. **'Lasurstern'**
(2, früh, großblumig)

C. **'William Kennett'**
(2, früh, großblumig)

C. cirrhosa
(1, frühblühend)

C. viticella **'Abundance'**
(3, spätblühend)

C. **'Ernest Markham'**
(3, spät, großblumig)

C. **'H. F. Young'**
(2, früh, großblumig)

C. **'Vyvyan Pennell'**
(2, früh, großblumig)

C. tangutica
(3, spätblühend)

C. **'Ville de Lyon'**
(3, spät, großblumig)

C. **'Countess of Lovelace'** (2, früh, großblumig)

C. alpina **'Frances Rivis'** (1, Alpina)

C. orientalis **'Bill MacKenzie'** (3, spätblühend)

Kletterpflanzen MIT INTERESSANTEM SOMMERASPEKT

PURPUR

Bougainvillea glabra
Starkwüchsiger, immergrüner oder halbimmergrüner Schlingstrauch mit rundovalen Blättern. Blüten mit cyclamenfarbenen Hochblättern. Blütezeit Sommer. H. bis 5 m. Mindesttemperatur 7–10 °C.

☼ 💧

***Lathyrus odoratus* 'Lady Diana'**
(Wohlriechende Wicke)
Mäßigwachsende, schlanke Einjährige mit ovalen, mittelgrünen Blättern und blaßviolettblauen Blüten, die im Sommer bis Frühherbst erscheinen. H. 2,00 m.

☼ 💧 ❄❄❄

***Solanum crispum* 'Glasnevin'**
Starkwüchsiger, immergrüner oder halbimmergrüner Schlinger mit ovalen Blättern. Dolden aus lilafarbenen bis purpurroten Einzelblüten (∅ 2,5 cm). Sommerblüher. H. bis 6 m.

☼ 💧 ❄❄

***Passiflora × caponii* 'John Innes'**
(Passionsblume)
Starkwüchsiger, immergrüner Klimmer mit schalenförmigen, weißen Blüten, die purpurgestreift und getönt sind und violettblaue Staubfäden haben. Blütezeit Sommer bis Herbst. H. 8 m. Mindesttemperatur 7–10 °C.

☼ 💧

Ipomoea hederacea
(Prachtwinde)
Sommergrüner Schlingstrauch mit herzförmigen oder dreilappigen, mittel- bis leuchtendgrünen Blättern. Trichterförmige, rote, lila, rosa oder blaue Blüten. Blütezeit im Sommer bis Frühherbst. H. 3,00–4,00 m.

☼ 💧 ❄

Codonopsis convolvulacea*, syn. *C. vinciflora (Glockenwinde)
Krautiger Schlinger mit 5 cm langen, ovalen oder lanzettlichen Blättern. Große glocken- bis schalenförmige, blauviolette Blüten (∅ 2,5–5 cm). Sommerblüher. H. bis 2,00 m.

◐ 💧 ❄❄❄

Cobaea scandens
(Prachtglocke)
Immergrüner oder sommergrüner, zarter Selbstklimmer, der einjährig gezogen wird. Blütezeit Spätsommer bis zum Frost. Blüten färben sich beim Öffnen von Gelbgrün nach Violett. H. 5 m. Mindesttemperatur 4 °C.

☼ 💧

Solanum wendlandii
Robuster, meist immergrüner, stachliger Selbstklimmer mit unregelmäßigen, handförmigen Blättern. Die lavendelfarbenen Blüten erscheinen im Spätsommer und Herbst. H. 3–6 m. Mindesttemperatur 10 °C.

☼ 💧

Passiflora caerulea
(Passionsblume)
Raschwüchsiger, immergrüner oder halbimmergrüner, rankender Kletterstrauch mit weißen, bisweilen rosagetönten Blüten und blauen oder violetten Staubfäden. Blütezeit Sommer bis Herbst. H. bis 14 m.

☼ 💧 ❄

Asarina barclaiana
Klematis, S. 170–171
Clytostoma callistegioides, S. 164
Ipomoea purpurea
Lathyrus nervosus
Passiflora × caerulea-racemosa
Petrea volubilis, S. 164
Solanum seaforthianum
Tropoaeolum azureum
Vitis vinifera 'Purpurea', S. 176
Wisteria sinensis 'Black Dragon'

VIOLETT-BLAU

Passiflora quadrangularis
(Passionsblume)
Starkwüchsiger, immergrüner Schlinger mit kantigen, geflügelten Zweigen. Weiße, rosarote oder blauviolette Blüten mit weißen oder tiefvioletten Bänderungen. Blütezeit Sommer. H. 5–8 m. Mindesttemperatur 10 °C.

***Convolvulus tricolor* 'Heavenly Blue'**
(Prachtwinde)
Raschwüchsige, einjährige Schlingpflanze mit herzförmigen Blättern und großen, trichterförmigen, himmelblauen Blüten. Blütezeit von Sommer bis Herbst. H. bis 3,00 m.

Wisteria × formosa
(Glyzine)
Sommergrüner Schlingstrauch mit gefiederten, schmalovalen Blättern. Die duftenden, blaßlila Blütentrauben erscheinen im Frühsommer (L. 25 cm). Später samtige Hülsen. H. bis 25 m oder höher.

Plumbago auriculata*, syn. *P. capensis
(Bleiwurz)
Raschwüchsiger, immergrüner Kletterstrauch mit himmelblauen Blütenrispen. Blütezeit von Sommer bis Frühwinter. H. 3–6 m, Mindesttemperatur 7 °C.

Wisteria sinensis*, syn. *W. chinensis
(Glyzine)
Starkwüchsiger, sommergrüner Schlingstrauch mit gefiedertem Laub und duftenden, violetten oder blaßlila Blütentrauben (L. 20–30 cm). Blütezeit Frühsommer. Später samtige Hülsen. H. bis 30 m.

Oxypetalum caeruleum
Krautiger Schlinger mit weißbehaarten Trieben. Die kleinen, fleischigen, blaßblauen Blüten färben sich purpurviolett. Blütezeit Sommer und Frühherbst. Grüne, bis 15 cm lange Früchte. H. bis 1,00 m. Mindesttemperatur 5 °C.

Klematis, S. 170–171
Clitoria ternatea
Jacquemontia pentantha
Solanum jasminoides

Sollya heterophylla, S. 164
Thunbergia grandiflora
Wisteria floribunda 'Macrobotrys'
Wisteria sinensis 'Prolific'

GELB

Lonicera × americana
(Geißblatt)
Starkblühender, sommergrüner Schlingstrauch mit ovalen, an den Triebenden verwachsenen, schalenförmigen Blättern. Die gelben, purpurrotgetönten Blüten stehen in Büscheln zusammen. Blütezeit Sommer. H. bis 7 m.

***Lonicera japonica* 'Halliana'**
(Geißblatt)
Immergrüner oder halbimmergrüner Schlingstrauch mit weichbehaarten Zweigen und ovalen bis handförmigen, leuchtendgrünen Blättern. Starkduftende, weiße, später blaßgelbe Blüten. Blütezeit Sommer und Herbst. H. bis 10 m.

***Lonicera periclymenum* 'Graham Thomas'** (Geißblatt)
Sommergrüner Schlingstrauch mit ovalen bis eiförmigen, unterseits bläulichen Blättern. Die duftenden, weißen Blüten färben sich später gelb. Sommerblüher.
H. bis 7 m.

Ampelopsis brevipedunculata var. *maximowiczii*
Anemopaegma chamberlaynii
Bomarea andimarcana

Humulus lupulus 'Aureus', S. 164
Lonicera japonica 'Aureo-reticulata'
Sinofranchetia chinensis
Solandra maxima, S. 164

GELB-ORANGE

***Allamanda cathartica* 'Hendersonii'**
Raschwachsender, immergrüner Selbstklimmer mit lanzettlichen, quirlständigen Blättern und trompetenförmigen, leuchtendgelben Blüten. Blütezeit Sommer und Herbst. H. bis 5 m. Mindesttemperatur 13–15°C.

Thunbergia alata.
(Schwarzäugige Susanne)
Einjährige Schlingpflanze mit gezähnten, ovalen, herzförmigen Blättern und rundlichen, ziemlich flachen, kleinen, orangegelben Blüten mit schwarzem Mittelfleck. Blütezeit von Frühsommer bis Frühherbst. H. 3,00 m.

Thladiantha dubia
Raschwüchsige, krautige oder sommergrüne, zarte Schlingpflanze. Blätter oval bis herzförmig, mittelgrün und unterseits behaart, 10 cm lang. Blüten glockenförmig, gelb. Blütezeit Sommer. H. 3 m.

Stigmaphyllon ciliatum
Raschwüchsiger, immergrüner Kletterstrauch mit herzförmigen, blaßgrünen, mit einem Haarkranz gesäumten Blättern. Blüten leuchtendgelb, Blütenblätter gerippt. Blütezeit Frühling und Sommer. H. 5 m oder höher. Mindesttemperatur 15–18°C.

Macfadyena unguis-cati
(Katzenpfote)
Raschwüchsiger, immergrüner, schlanker Schlingstrauch. Die Blätter bestehen aus 2 Fiederblättchen und einer Ranke. Blüten gelb (∅ 10 cm). Blütezeit Spätfrühling oder Frühsommer. H. 8–10 m. Mindesttemperatur 5°C.

***Tropaeolum tuberosum* 'Ken Aslet'**
(Knollenkapuzinerkresse)
Krautiger Schlinger mit gelblichen, rotgestreiften Knollen und blaugrünem Laub. Blütezeit Mitsommer bis Herbst. Orangefarbene Blütenblätter, rote Kelchblätter. Knollen frostfrei überwintern. H. bis 2,50 m.

Bougainvillea × buttiana 'Golden Glow'
Gelsemium sempervirens
Gloriosa superba
Hibbertia scandens
Lonicera etrusca
Lonicera hildebrandiana
Lonicera tragophylla
Merremia tuberosa
Mussaenda erythrophylla
Thunbergia mysorensis, S. 165
Tropaeolum peregrinum
Tropaeolum tuberosum, S. 176
Vigna caracalla

ORANGE

Bomarea caldasii*, syn. *B. kalbreyeri
Krautiger Schlinger mit rundlichen Dolden aus 5–40 orangeroten Röhrenblüten, die innen karmingesprenkelt sind. Sommerblüher. H. 3,00–4,00 m.

Lonicera × tellmanniana
(Geißblatt)
Sommergrüner Schlingstrauch mit ovalen Blättern. Obere Blätter verwachsen. Blüten leuchtendgelborange, am Triebende in Büscheln; Blütezeit Spätfrühling und Sommer. H. bis 5 m.

Eccremocarpus scaber
Immergrüner, halbstrauchiger Ranker, der meist einjährig gezogen wird. Sommerblüher. Trauben aus kleinen, orangeroten Einzelblüten, später geflügelte Früchte. H. 2,00–3,00 m.

Thunbergia gregorii
Immergrüner Schlinger, meist einjährig gezogen. Dreieckige bis ovale Blätter mit geflügelten Blattstielen. Blüten leuchtendorangerot. Sommerblüher. H. bis 3,00 m. Mindesttemperatur 10 °C.

Senecio confusus
Immergrüner Schlingstrauch mit gelben, margeritenähnlichen Blütenköpfchen, die sich später orangerot färben. Blütezeit vorwiegend Sommer. H. bis 3,00 m. Mindesttemperatur 7–10 °C.

Mutisia decurrens
Immergrüner Ranker mit schmalen, eiförmigen Blättern von 7–13 cm Länge. Blüten in Köpfchen von 10–13 cm Durchmesser, bestehend aus roten oder orangefarbenen Strahlenblüten. Sommerblüher. Schwer zu kultivieren, doch lohnenswert. H. bis 3,00 m.

Bignonia capreolata
Campsis radicans
Mitraria coccinea, S. 164
Streptosolen jamesonii, S. 178
Tecomaria capensis

Kletterpflanzen MIT INTERESSANTEM HERBSTASPEKT

WEISS ROT

Polygonum baldschuanicum*, syn. *Bilderdykia baldschuanica
(Schlingknöterich)
Starkwüchsiger, sommergrüner Schlingstrauch mit herzförmigem Laub und rosa oder weißen Blüten in nickenden Rispen. Blütezeit Sommer bis Herbst. H. 12 m.

***Campsis × tagliabuana* 'Mme Galen'**
(Glockenrebe)
Sommergrüner Schlingstrauch mit gefiederten, gezähnten Blättern. Blüten trompetenförmig, orangerosa, in nickenden Büscheln zusammenstehend. Blütezeit Spätsommer bis Herbst. H. bis 10 m. Winterschutz.

Passiflora manicata
(Passionsblume)
Raschwüchsige, immergrüne Schlingpflanze mit schlanken Trieben und dreilappigen Blättern. Die roten Blüten mit tiefvioletten und weißen Staubfäden erscheinen im Sommer bis Herbst. H. 3–5 m. Mindesttemperatur 7 °C.

WEITERE EMPFOHLENE PFLANZEN:
Asarina erubescens, S. 167
Cobaea scandens f. *alba*
Lapageria rosea, S. 168
Pileostegia viburnoides, S. 166
Stephanotis floribunda, S. 163
Tecomanthe speciosa

Kletterpflanzen MIT INTERESSANTEM HERBSTASPEKT

ROT-VIOLETT

Parthenocissus tricuspidata*, syn. *Ampelopsis veitchii
(Wilder Wein)
Starkwüchsiger, sommergrüner Selbstklimmer mit auffallender, karminroter Herbstfärbung und stumpfblauen Beeren. Kann ausgedehnte Wandflächen begrünen. H. bis 20 m.

Parthenocissus thompsonii
(Wilder Wein)
Sommergrüner, selbstklimmender Ranker mit glänzendem, dunkelgrünem, fünfteiligem Laub, das sich im Herbst purpurrot färbt; Früchte schwarz. Beste Herbstfärbung bei leichter Beschattung. H. bis 10 m.

***Vitis vinifera* 'Purpurea'**
(Purpurblättriger Wein)
Auffälliger, sommergrüner Selbstklimmer mit gezähnten 3–5fach geteilten, violettroten Blättern, die im Austrieb weiß behaart sind. Blüten im Sommer, klein, grünlich. Später kleine, violette Beeren. H. bis 7 m.

***Parthenocissus tricuspidata* 'Lowii'**
(Wilder Wein)
Starkwüchsiger Selbstklimmer mit tiefeingeschnittenen und gewellten 3–7lappigen Blättern. Karminrote Herbstfärbung. Blüten unscheinbar. Stumpfblaue Beeren im Herbst. Sommergrün. H. bis 20 m.

Vitis coignetiae
Starkwüchsiger, sommergrüner Selbstklimmer mit großen, unterseits braunbehaarten Blättern und leuchtender Herbstfärbung. Unscheinbare grüne Blüten, im Herbst violettbereifte, schwarze Beeren. H. bis 15 m.

***Parthenocissus tricuspidata* 'Veitchii'**
(Wilder Wein)
Starkwüchsiger, sommergrüner Selbstklimmer mit auffälliger, rotvioletter Herbstfärbung und blaubereiften Beeren. Die grünlichen Blüten sind unscheinbar. H. bis 20 m.

Asarina barclaiana
Cobaea scandens, S. 172
Ipomoea horsfalliae 'Briggsii'
Mucuna deeringiana

Parthenocissus henryana
Passiflora caerulea, S. 172
Passiflora × *caerulea-racemosa*
Passiflora vitifolia

Rhodochiton atrosanguineum, S. 169
Solanum seaforthianum
Solanum wendlandii, S. 172

PURPUR-ORANGE

Billardiera longiflora
Immergrüner Schlingstrauch mit schmalen Blättern. Blüten klein, glockenförmig, bisweilen lilagepunktet, gelbgrün, einzelnstehend in Blattachseln. Sommerblüher. Später purpurblaue Früchte. H. bis 2,00 m.

Tropaeolum tuberosum
(Knollen-Kapuzinerkresse)
Krautige Schlingpflanze mit graugrünen, 3–5fach gelappten Blättern. Blütezeit von Mittsommer bis Spätherbst. Orangegelbe Blütenblätter, orangerote Kelchblätter mit langem Sporn. H. 2,00–3,00 m. Frostfrei überwintern.

Pyrostegia venusta
Raschwüchsiger, immergrüner Selbstklimmer mit dichten, goldorangefarbenen Blütenbüscheln aus trichterförmigen Blüten. Blütezeit von Herbst bis Frühling. Mindesttemperatur 13–15 °C.

Allemanda cathartica 'Hendersonii', S. 174
Campsis grandiflora
Senecio mikanioides
Solanum jasminoides

Kletterpflanzen MIT INTERESSANTEM WINTERASPEKT

WEISS-ORANGE

Jasminum polyanthum
Immergrüner, strauchiger Schlinger mit dunkelgrünen, 5–7zähligen Blättern. Große Dolden aus duftenden, fünfblättrigen, bisweilen auf der Außenseite rötlichen, weißen Blüten vom Spätsommer bis Winter. H. 3,00 m oder mehr.

Agapetes macrantha
Immergrüner oder halbimmergrüner, lockerwachsender Strauch mit lanzettförmigen Blättern. Für Spaliere geeignet. Blüten kugelig, weiß oder rosaweiß und rotgemustert. Winterblüher. H. 1,00–2,00 m. Mindesttemperatur 15–18 °C.

Canarina canariensis*, syn. *C. campanula
Krautige, aus Knollen wachsende Schlingpflanze mit dreieckigen, gesägten Blättern und wachsartigen, orangefarbenen Blüten mit roten Nerven. Blütezeit Spätherbst bis Frühling. H. 2,00–3,00 m. Mindesttemperatur 7 °C.

WEITERE EMPFOHLENE PFLANZEN:
Calochone redingii
Holmskioldia sanguinea
Pyrostegia venusta, S. 176
Senecio macroglossus
Senecio mikanioides
Strongylodon macrobotrys, S. 164
Thunbergia coccinea

Kletterpflanzen MIT GANZJAHRESASPEKT

WEISS-GRÜN

Asparagus scandens
Immergrüner Schlinger mit lockeren Trieben und kurzen, gebogenen, blattähnlichen, zu dritt zusammenstehenden Schößlingen. Im Sommer winzige, weiße Blüten in Büscheln zu zweit und dritt, später rote Beeren. H. 1,00 m oder mehr. Mindesttemperatur 7 °C.

***Epipremnum pictus* 'Argyraeus', syn. *Scindapsus pictus* 'Argyraeus'**
Langsamwachsender, immergrüner Schlingstrauch mit herzförmigen, dunkelgrünen, silberngezeichneten Blättern. H. 2,00–3,00 m oder mehr. Mindesttemperatur 15–18 °C.

***Senecio macroglossus* 'Variegatus'**
Immergrüner, sich windender Strauch mit dreieckigen, weiß- bis cremefarbengerandeten, fleischigen Blättern und margeritenähnlichen, cremefarbenen Blüten. H. 3,00 m. Mindesttemperatur 7 °C.

***Syngonium podophyllum* 'Trileaf Wonder'**
Immergrüner Schlingstrauch mit Pfeilspitzen, aus 3 glänzenden Blättchen zusammengesetzten Blättern mit hellgrünen oder silbergrauen Nerven. H. 2,00 m oder mehr. Mindesttemperatur 18 °C.

***Epipremnum aureum* 'Marble Queen', syn. *Scindapsus aureus* 'Marble Queen'**
Schwachwachsende, immergrüne Schlingpflanze mit weißmarmorierten Blättern. Weniger robust als die Art. H. 3–10 m. Mindesttemperatur 15–18 °C.

Dioscorea discolor
Immergrüner Schlingstrauch mit herzförmigen, olivgrünen Blättern von 12–15 cm Länge. Blätter silbermarmoriert, hellgrün und braun, unterseits rötlich. H. bis 2,00 m. Mindesttemperatur 5 °C.

WEITERE EMPFOHLENE PFLANZEN:
Cissus discolor
Cissus striata
Gynura 'Purple Passion'
Efeu, S. 179
Lonicera japonica 'Aureo-reticulata'
Perperomia scandens
Philodendron 'Burgundy'

Kletterpflanzen MIT INTERESSANTEM GANZJAHRESASPEKT

GRÜN-ORANGE

Syngonium podophyllum*, syn. *Nephthytis afzelii, N. triphylla
Immergrüner, mit Haftwurzeln kletternder, dichtbuschiger Strauch mit pfeilspitzförmigen, aus 7–9 Einzelblättern zusammengesetzten, bis 30 cm langen Blättern. H. 2,00 m. Mindesttemperatur 16–18 °C.

Tetrastigma voinierianum*, syn. *Vitis voinieriana
Starkwachsender, immergrüner, verholzender Schlinger mit rostfarbenen, haarigen Jungtrieben und Blättern. Ausgewachsenes Laub oberseits hellgrün. H. 10 m oder mehr. Mindesttemperatur 15–18 °C.

Philodendron scandens
Ziemlich raschwüchsiger, immergrüner, verholzender Schlinger mit kräftiggrünen, 10–15 cm langen, später bis zu 30 cm langen Blättern. H. 4,00 m oder mehr. Mindesttemperatur 15–18 °C.

Philodendron melanochrysum
Robuster, schwachwachsender, immergrüner, verholzender Kletterstrauch mit herzförmigen, bis 75 cm langen Blättern, die tiefgrün, mit einem Hauch von Kupfer und weißgeadert sind. H. 3,00 m oder mehr. Mindesttemperatur 15–18 °C.

Cissus antarctica
(Känguruhklimme)
Mäßig stark wachsender, immergrüner, strauchiger Schlinger mit ovalen, zugespitzten, starkgesägten, leuchtendgrünen Blättern. H. bis 5 m. Mindesttemperatur 7 °C.

Gynura aurantiaca
(Samtpflanze)
Immergrüner, kletternder, weich- oder lockertriebiger Strauch mit violettbehaarten Trieben und Blättern. Die Dolden mit orangegelben, margeritenähnlichen Blüten erscheinen im Winter. H. 2,00 bis 3,00 m. Mindesttemperatur 16 °C.

Monstera deliciosa
Robuster, immergrüner Kletterstrauch mit großen, gelappten und gelochten bis 90 cm langen Blättern. An älteren Pflanzen aronstabähnliche Blüten, später duftende, eßbare Früchte. H. bis 6 m. Mindesttemperatur 15–18 °C.

Cissus rhombifolia
Mäßig stark wachsender, immergrüner Selbstklimmer mit leuchtendgrünen, dreizähligen Blättern, H. 3,00 m oder mehr. Mindesttemperatur 7 °C.

Streptosolen jamesonii
Immergrüner oder halbimmergrüner, lockerer, rankender Strauch mit ovalen, feingerieften Blättern und vielen leuchtenden, orangefarbenen Blüten, vorwiegend im Frühling und Sommer. H. 2,00–3,00 m. Mindesttemperatur 7 °C.

Ercilla volubilis
Ficus pumila
Holboellia coriacea
Lardizabala biternata
Monstera acuminata
Philodendron cordatum
Philodendron domesticum
Philodendron pedatum
Philodendron pinnatifidum
Philodendron sagittifolium
Rhoicissus capensis
Rhoicissus rhomboidea
Rubus henryi var. *bambusarum*
Syngonium auritum
Syngonium erythrophyllum

Efeuarten

Efeu *(Hedera)* ist eine immergrüne Kletterpflanze zum Begrünen von Wänden, Zäunen und ein Bodendecker. Die Pflanzen brauchen ungefähr ein Jahr zum Anwachsen, danach wachsen sie schnell. Viele Kulturformen sind im Handel. Die grünblättrigen sind schattenverträglich. Je höher die Pflanzen klettern, desto weniger typisch sind die Blätter ausgebildet. Sie verlieren ihre eigentümliche gelappte Form. Nicht alle Arten und Sorten sind winterhart!

***H. helix* 'Gracilis'**

***H. helix* 'Digitata'**

***H. helix* 'Adam'**

***H. helix* 'Eva'**

***H. helix* 'Erecta'**

***H. helix* 'Merion Beauty'**

***H. helix* 'Nigra'**

***H. helix* 'Heise'**

***H. helix* 'Ivalace'**

***H. helix* 'Woerner'**

***H. helix* 'Glacier'**

***H. helix* 'Angularis Aurea'**

***H. colchica* 'Dentata'**

***H. helix* 'Telecurl'**

***H. helix* 'Lobata Major'**

***H. helix* 'Glymii'**

***H. helix* 'Anna Marie'**

***H. helix* 'Goldheart'**

***H. helix* 'Pedata'**

***H. helix* 'Deltoidea'**

***H. helix* var. *hibernica* 'Sulphurea'**

***H. helix* 'Manda's Crested'**

***H. helix* 'Buttercup'**

***H. helix* 'Green Ripple'**

H. helix* var. *hibernica

***H. helix* 'Pittsburgh'**

***H. canariensis* 'Ravensholst'**

***H. helix* 'Parsley Crested'**

***H. helix* 'Atropurpurea'**

***H. colchica* 'Sulphur Heart'**

Bambus, Gräser, Binsen und Seggen

WEISS-GRÜN

***Cortaderia selloana* 'Silver Comet'**
(Pampasgras)
Immergrünes, horstbildendes, ausdauerndes Gras mit schmalen, scharfkantigen, silbriggeaderten, ca. 1 m langen Blättern. Fedrige Blütenstände ab Spätsommer. H. 1,20–1,50, Br. 1,00 m. Winterschutz.

Phalaris arundinacea* var. *picta
(Rohrglanzgras)
Immergrünes, wucherndes, ausdauerndes Gras mit breiten, weißgestreiften Blättern und schmalen Ährenbüscheln. Sommerblüher. Kann stark wuchern. H. 1,00 m.

***Holcus mollis* 'Variegatus'**
(Honiggras)
Weißgestreiftes, immergrünes, ausdauerndes Gras mit haarigen Nodien. Im Sommer lilaweiße Blütenähren.
H. 30–45 cm.

Pleioblastus variegatus*, syn. *Arundinaria fortunei
(Zwergbambus)
Immergrünes, langsamwachsendes Bambusgras mit schmalen, leicht hängenden, weißgestreiften Blättern. Stengel am Grund verzweigt. H. 0,80 m, Br. wuchernd.

***Arundo donax versicolor*, syn. *A. d.* 'Variegata'**
Ausdauerndes, Rhizome bildendes Gras mit straffen Stielen, breiten, cremeweißgestreiften Blättern. Dichte, weißgelbe Blütenstände aus Ähren erscheinen selten. H. 2,50–3,00, Br. 0,60 m. Winterschutz!

Sasa veitchii*, syn. *S. albomarginata
Immergrüner, schwachwachsender Bambus. Blätter 25 cm lang, weißgerandet. Triebe häufig purpurfarben, Verzweigung aus den Knoten. Reifbelag unter den Knoten. H. 1,50 m.

Lagurus ovatus
Einjähriges Horstgras, das im Frühsommer dichte, eiförmige, weiche, weiße Blütenstände mit goldgelben Staubfäden hervorbringt, die sich bis zum Herbst halten. Blätter lang, schmal, flach. Vermehrung durch Selbstaussaat. H. 45, Br. 15 cm.

***Cortaderia selloana* 'Sunningdale Silver'** (Pampasgras)
Immergrünes, horstbildendes Staudengras mit schmalen, bogig überhängenden Blättern von 1,50 m Länge. Im Spätsommer langhaftende, fedrige Blütenstände aus cremeweißen Ähren. H. 2,10, Br. 1,20 m. Winterschutz!

***Glyceria maxima* 'Variegata', syn. *G. aquatica* 'Variegata'**
(Wasserschwaden)
Ausdauerndes, ausläufertreibendes Gras mit cremefarbiggestreiften, an der Basis rosagetönten Blättern. Blütenstände offene, grünliche Ährenbüschel. Sommerblüher. H. 0,80 m.

***Miscanthus sinensis* 'Zebrinus'**
(Gestreiftes Chinaschilf)
Horstbildendes Staudengras mit unterseits behaarten Blättern und gelbweißen, regelmäßigen, ringförmigen Markierungen. Selten weiße Blütenähren mit haarigen Blütenbüscheln im Herbst. H. 1,20, Br. 0,50 m.

***Scirpus lacustris* ssp. *tabernaemontani* 'Zebrinus'**
(Teichbinse)
Immergrüne, breitwüchsige Binse mit blattlosen, horizontal weißgestreiften Halmen und braunen Ährchen. Sommerblüher. Verträgt Brackwasser. H. 1,50 m, Br. wuchernd.

WEITERE EMPFOHLENE PFLANZEN:
Arrhenatherum elatius 'Variegatum'
Arundo donax
Carex riparia 'Variegata'
Chinochloa conspicua
Cortaderia selloana
Cyperus albostriatus 'Variegatus'
Dactylis glomerata 'Variegata'
Luzula sylvatica 'Marginata'
Scirpus holoschoenus 'Variegatus'
Stenotaphrium secundatum 'Variegatum'

Luzula nivea
(Schneemarbel)
Immergrünes, langsamwachsendes, ausdauerndes Gras mit dichten Horsten und leuchtendweißen Blütenähren, die im Frühsommer erscheinen. Blätter weißbehaart, gerandet. H. 60, Br. 45–60 cm.

◐ ◇ ❄❄❄

Hordeum jubatum
(Fuchsschwanzgerste)
Horstbildendes, kurzlebiges Gras. Von Sommer bis Frühherbst erscheinen flache, gebogene, fiedrige Blütenähren mit silbrigen Grannen. H. 30–60, Br. 30 cm.

☼ ◇ ❄❄❄

Pennisetum villosum*, syn. *P. longistylum
(Lampenputzergras)
Krautiges, horstbildendes Staudengras mit langen, behaarten Halmen. Im Herbst cremrosa, später blaßbraun werdende Blütenähren mit langen Grannen. H. 1,00, Br. 0,50 m.

☼ ◇ ❄❄

Stipa gigantea
(Federgras)
Immergrünes Horstgras mit schmalen Blättern (45 cm oder länger). Im Sommer elegante, lockere Halme mit silbernen Ährchen mit langen Grannen und herabhängenden, goldenen Staubfäden, die bis in den Winter haften. H. 2,50, Br. 1,00 m.

☼ ◇ ❄❄

Cyperus papyrus
(Papyrusgras)
Immergrünes Gras mit gedrungenen, dreieckigen, blattlosen Halmen, die im Sommer große Büschel von strahlenförmigen Blättern hervorbringen. Wächst im Wasser. H. bis 5,00, Br. 1,00 m, Mindesttemperatur 7–10 °C.

☼ ◆

Helictotrichon sempervirens*, syn. *Avena candida*, *A. sempervirens
(Blaustrahlgras)
Immergrünes Horstgras mit steifen, silberblauen, bis zu 30 cm langen Blättern. Blütenbüschel im Sommer aus strohfarbenen Ähren. H. 1,00, Br. 0,60 m.

☼ ◇ ❄❄❄

Bambusa multiplex*, syn. *B. glaucescens (Bambus)
Immergrüner, horstbildender Bambus mit schmalen, 10–15 cm langen Blättern, der in milden Gegenden als Windschutz- und Heckenpflanzung geeignet ist. H. bis 15 m. Bei uns nicht im Freiland geeignet.

☼ ◇ ❄

Buteloua gracilis*, syn. *B. oligostachya
Halbimmergrünes Horstgras mit schmalen Blättern. Im Sommer büschelige Blütenähren von 4 cm, die rechtwinklig von den Halmen abstehen. H. 50, Br. 20 cm.

☼ ◇ ❄❄❄

***Melica altissima* 'Atropurpurea'**
(Perlgras)
Immergrünes, horstbildendes Staudengras mit unterseits behaarten, breiten Blättern. Blütezeit Sommer. Blüten in purpurfarbenen Ähren, die von den Halmenden in kleinen Büscheln herabhängen. H. und Br. 60 cm.

☼ ◇ ❄❄❄

Briza maxima
Briza media
Bromus ramosus
Carex buchananii
Molinia caerulea ssp. *arundinacea*
Pennisetum alopecuroides
Pennisetum setaceum
Sinarundinaria nitida
Stipa arundinacea

Bambus, Gräser, Binsen und Seggen

GRÜN

Arundinaria anceps*, syn. *A. jaunsarensis*, *Sinarundinaria jaunsarensis
Immergrüner, sich ausbreitender Bambus; aufrechtstehende, später gebogene Triebe mit seitlicher Verzweigung aus den Nodien. H. 2,00–3,00 m. Geschützte Lagen!

Semiarundinaria fastuosa*, syn. *Arundinaria fastuosa
Immergrüner, horstbildender Bambus mit 15 cm langen Blättern und kurzen Verzweigungen an den Nodien. Unter den rauhen Außenhülsen verbirgt sich rötlichglänzendes Holz. H. 6,00 m.

Shibataea kumasasa
Immergrüner, horstbildender Bambus mit kurzer Seitenverzweigung an den grünlichbraunen Halmen. Die Blätter sind breit und 5–10 cm lang. H. 1,00–1,50 m, Br. 30 cm.

Panicum capillare
(Hirse)
Horstbildendes, einjähriges Gras mit breiten Blättern und behaarten Halmen. Die obere Hälfte der Halme trägt dichte Büschel aus kleinen, rötlichbraunen Ährchen. Sommerblüher. H. 0,60–1,00 m, Br. 30 cm.

***Phyllostachys nigra* var. *henonis*, syn. *P.* 'Henonis'**
Immergrüner, horstbildender Bambus mit borstigen Öhrchen an den Scheiden und dichter Belaubung. H. 10,00, Br. 2,00–5,00 m. Nur für frostfreie Lagen.

Juncus effusus* f. *spiralis
Immergrüne, horstbildende Binse mit gewundenen, überhängenden, auch niederliegenden Halmen; ziemlich dichte, grünlichbraune Blütenbüschel im Sommer. H. 1,60 m.

Chusquea culeou
(Chilenischer Bambus)
Langsamwachsender, immergrüner, dichtbuschiger Bambus mit langhaftenden Blattscheiden; in der Jugend leuchtendweiße Nodien zwischen den gedrungenen, festen Halmen. H. bis 5,00 m oder mehr.

Cyperus involucratus*, syn. *C. alternifolius
Immergrünes, horstbildendes Staudengras mit blattähnlichen Hochblättern, die unter den Ährenbüscheln quirlförmig am Ende der Halme angeordnet sind. H. bis 1,00 m, Br. 30 cm. Mindesttemperatur 4–7 °C.

Pseudosasa japonica*, syn. *Arundinaria japonica
Immergrüner, horstbildender Bambus mit langhaftenden, rauhen, behaarten, braunen Blattscheiden und breiten, bis 35 cm langen Blättern. H. 5,00 m.

Phyllostachys bambusoides
Immergrüner, horstbildender Bambus mit gedrungenen, aufrechten, grünen Halmen. Blattscheiden mit herausragenden Borsten und große, breite Blätter. H. 6,00 –8,00 m.

Coix lacryma-jobi
Horstbildendes, einjähriges Gras mit breiten Blättern und unverwechselbaren Blütenähren, mit festen, köpfchenähnlich zusammenstehenden, grünen Früchten, die im Herbst grau-malvenfarben schimmern. H. 0,70–1,00 m, Br. 10–15 cm.

Phyllostachys flexuosa
(Zickzackbambus)
Immergrüner, horstbildender Bambus mit schlanken, zickzackförmigen Stangen, die im Alter schwarz werden. Blattscheiden ohne Borsten. Blätter auch im Winter frischgrün. H. bis 8,00 m. Nur für frostfreie Lagen.

Achnatherum calamagrostis
Arundo donax
Carex elata
Cyperus longus
Deschampsia caespitosa
Festuca glauca of gardens
Leymus arenarius
Sesleria heufleriana

***Miscanthus sinensis* 'Gracillimus'**
(Kleines Chinaschilf)
Horstbildendes, ausdauerndes Gras mit schmalen, unterseits behaarten, oft bronzefarben austreibenden Halmen. Selten fedrige Blütenstände aus langen, begrannten, weißen Ährenbüscheln im Frühherbst. H. 1,20, Br. 0,45 m.

***Spartina pectinata* 'Aureo Marginata', syn. *S. p.* 'Aureo-variegata'**
(Goldbandleistengras)
Breitwüchsiges, ausläufertreibendes, ausdauerndes Gras mit langen, überhängenden, gelbgestreiften Blättern, die sich im Spätherbst bis Winter orangebraun färben. H. bis 2,00 m.

Pleioblastus viridistriatus*, syn. *Arundinaria auricoma
Immergrüner, langsamwachsender Bambus mit purpurfarbenen Stangen und breiten, weichfilzigen, hellgelben, grüngestreiften Blättern. H. 1,50 m.

***Alopecurus pratensis* 'Aureomarginatus', syn. *A. p.* 'Aureovariegatus'**
(Goldfuchsschwanz)
Krautiges, horstbildendes Staudengras mit gelben oder gelblich-grüngestreiften Blättern und dichten Blütenähren. Sommerblüher. H. und Br. 25–30 cm.

Carex pendula
(Nickende Segge)
Immergrüne, horstbildende, anspruchslose Staude mit schmalen, grünen, langen Blättern. Die festen, dreieckigen Halme tragen zahlreiche, nickende, grünbraune Blütenähren. Sommerblüher. H. 1,00, Br. 0,30 m.

***Carex oshimensis* 'Evergold'**
Immergrüne, horstbildende Staudensegge mit schmalen, gelbgestreiften, bis 20 cm breiten Blättern. Die festen, dreieckigen Halme tragen unscheinbare Blütenähren im Sommer. H. 20, Br. 15–20 cm.

Phyllostachys viridiglaucescens
Immergrüner, horstbildender Bambus mit grünlichbraunen Halmen, die am Grund gebogen sind. Nodien weiß bereift. H. 6,00–8,00 m.

***Carex elata* 'Aurea', syn. *C. stricta* 'Aurea'**
(Goldsegge)
Immergrüne, horstbildende Staudensegge mit goldgelben Blättern. Die festen, dreieckigen Stengel tragen schwarzbraune Blütenähren. Sommerblüher. H. 40, Br. 15 cm.

***Hakonechloa macra* 'Aureola'**
Langsamwachsendes, krautiges Gras mit kurzen Rhizomen, violettfarbenen Halmen und grüngestreiften, gelben Blättern. Die offenen, rötlichbraunen Blütenbüschel erscheinen im Frühherbst und haften bis in den Winter. H. 40, Br. 45–60 cm.

Eleocharis acicularis
Lamarckia aurea
Melica altissima
Milium effusum 'Aureum'
Miscanthus sacchariflorus
Molinia caerulea ssp. *caerulea* 'Variegata'
Phyllostachys aurea
Phyllostachys aureosulcata
Rhynchelytrum repens
Sasa palmata
Scirpus setaceus
Stipa arundinacea

Farne

GRÜN

***Phlebodium aureum* 'Mandaianum'**
Immergrüner Farn mit kriechendem Wurzelstock. Die gebogenen, tiefeingeschnittenen, bläulichen Wedel haben zierende, orangegelbe Sporangien auf der Unterseite und tiefeingeschnittene Fiederblättchen. H. 1,50, Br. 0,20 m. Mindesttemperatur 5 °C.

Dicksonia antarctica
(Australischer Baumfarn)
Immergrüner Baumfarn mit gedrungenem, mit braunen Fasern bedecktem Stamm, aus dessen Ende breitlanzettförmige, vielfachgefiederte, palmähnliche Wedel hervortreten. H. 10,00 m oder mehr, Br. 4,00 m.

Polystichum munitum
(Schildfarn)
Immergrüner Farn mit aufrechten, ledrigen, lanzettförmigen, dunkelgrünen Wedeln, die aus kleinen, feingestreiften Blättchen bestehen. H. 1,20, Br. 0,30 m.

Dryopteris filix mas
Sommergrüner oder halbimmergrüner Farn mit elegant überhängenden, aufrechten, breitlanzettförmigen, mittelgrünen Wedeln, die sich aus der Mitte der aufrechtstehenden, braunen Rhizome entwickeln. H. 1,20, Br. 1,00 m.

Polypodium glycyrrhiza
(Tüpfelfarn)
Sommergrüner Farn mit eiförmig bis dreieckigen oder schmalovalen, gefiederten Wedeln und lanzettförmigen bis eiförmigen Fiederblättchen, die aus einem aromatisch duftenden Wurzelstock sprießen. H. und Br. 40 cm.

Platycerium bifurcatum
Immergrüner, epiphytischer Farn mit breiten, flachen Wedeln und langen, überhängenden, gegabelten, graugrünen Sporenträgern, die die samtigen, braunen Sporangien auf der Unterseite beherbergen. H. und Br. bis 1,00 m. Mindesttemperatur 5 °C.

***Polystichum aculeatum* 'Pulcherrimum'**
(Schildfarn)
Immergrüner oder halbimmergrüner Farn mit breiten, lanzettförmigen, feingeschnittenen, im Frühling gelblichgrünen, später glänzenddunkelgrünen Fiederblättchen. H. 60, Br. 75 cm.

Polystichum lonchitis
(Schildfarn)
Immergrüner Farn mit lanzettförmigen, steif aufrechten, dunkelgrünen Wedeln, die aus einem aufrechten Wurzelstock sprießen. Geeignet für Steingärten. H. 45, Br. 30 cm.

Microlepia strigosa
Immergrüner Farn mit breiten, lanzettförmigen, tiefgeschnittenen und geteilten, blaßgrünen Wedeln und kriechendem Wurzelstock. H. 90, Br. 60 cm. Mindesttemperatur 5 °C.

WEITERE EMPFOHLENE PFLANZEN:
Asplenium bulbiferum
Blechnum penna-marina
Blechnum spicant
Cheilanthes fragrans
Dryopteris marginalis
Nephrolepis cordifolia
Pellaea atropurpurea
Pellaea rotundifolia
Polystichum acrostichoides
Polystichum aculeatum
Polystichum tsus-simense
Pteris ensiformis
Pteris ensiformis 'Arguta'

Polypodium scouleri
(Tüpfelfarn)
Immergrüner, kriechender Farn mit dreieckigen bis ovalen, ledrigen, feingeteilten Wedeln und einem kriechenden Wurzelstock. H. und Br. 30–40 cm.

Pteris cretica
Immergrüner oder halbimmergrüner Farn mit dreieckigen bis breitovalen, geteilten, blaßgrünen, fingerähnlich gefiederten Wedeln. H. 45, Br. 30 cm. Mindesttemperatur 5 °C.

Adiantum pedatum* var. *aleuticum
(Frauenhaarfarn)
Halbimmergrüner Farn mit kurzem Wurzelstock und glänzenddunkelbraunen oder schwarzen Stengeln und feingeteilten, fingerähnlichen Wedeln aus blaugrünen Fiederblättchen. Gedeiht gut in alkalischem Boden. H. und Br. 45 cm.

Phlebodium aureum
Immergrüner Farn mit kriechenden, goldfarbenen Wurzelstöcken. Wedel gebogen, tief eingeschnitten, mittelgrün oder blau, orangegelbe Sporangien auf der Blattunterseite. H. 0,90–1,50, Br. 0,60 m. Mindesttemperatur 5 °C.

Selaginella martensii
(Moosfarn)
Immergrüner, moosähnlicher Farn mit dichten, vieltriebigen, wedelähnlichen, glänzendhellgrünen Blättern. H. und Br. 25 cm. Mindesttemperatur 5 °C.

Ceterach officinarum
(Schriftfarn)
Halbimmergrüner Farn mit lanzettförmigen, ledrigen, dunkelgrünen Wedeln, die in unterschiedliche, stumpf abgerundete Abschnitte unterteilt sind. Silbrige Schuppen auf der Unterseite der Fiederblättchen. H. und Br. 15 cm.

Cyrtomium falcatum
Immergrüner Farn mit lanzettförmigen, ilexähnlichen, glänzenddunkelgrünen Fiederblättchen. Junge Wedel sind häufig weiß oder braun beschuppt. H. 30–60, Br. 30–45 cm.

Asplenium trichomanes
Halbimmergrüner Farn mit langen, schlanken, spitzzulaufenden Wedeln und glänzendschwarzen, später braunen Mittelrippen und zahlreichen rundlich-eiförmigen, leuchtendgrünen Fiederblättchen. Für Lehmboden geeignet. H. 15, Br. 15–30 cm.

Polystichum setiferum
Immergrüner oder halbimmergrüner Farn mit breiten, lanzettförmigen oder ovalen, feinstrukturierten, vielfach geteilten, grünen Wedeln, die am Grunde braun beschuppt sind und sich aus aufrechten Rhizomen entfalten. H. 60, Br. 45 cm.

Adiantum raddianum 'Fritz-Luthii'
Adiantum tenerum
Adiantum tenerum 'Glory of Moordrecht'
Blechnum tabulare
Camptosorus rhizophyllus
Cheilanthes lanosa
Davallia canariensis
Davallia mariesii
Dennstaedtia punctiloba
Dryopteris carthusiana
Dryopteris dilatata
Dryopteris filix-mas 'Grandiceps'
Lygodium japonicum
Lygodium palmatum
Phegopteris connectilis
Polypodium polypodioides

Farne

GRÜN

Thelypteris palustris
Sommergrüner Farn mit straff aufrechtwachsenden, lanzettförmigen, hellgrünen Wedeln aus feingefiederten, tiefeingeschnittenen Blättchen. Wurzelstock kriechend, schwarz; drahtige Rhizome. Gut für Teiche und Bachläufe. H. 75, Br. 30 cm.

◐ 💧 ❄❄❄

Nephrolepis exaltata
Immergrüner Farn mit aufrechten, bisweilen breiten, lanzettförmigen, feingefiederten, hellgrünen Wedeln, die auf drahtigen Stielen stehen. H. und Br. 0,90 m oder mehr. Mindesttemperatur 5 °C.

☀ 💧

Osmunda regalis
(Königsfarn)
Sommergrüner Farn mit breitovalen bis eiförmigen, feingefiederten, leuchtendgrünen Wedeln, die rosafarben austreiben. Ausgereifte Pflanzen mit senkrechtstehenden, rostbraunen Sporenträgern. H. 2,00, Br. 1,00 m.

◐ 💧 ❄❄❄

***Selaginella kraussiana* 'Aurea'**
(Moosfarn)
Immergrüner, kriechender, breitwüchsiger, moosähnlicher Farn mit breiten, gelblichgrünen Wedeln. H. 1 cm. Mindesttemperatur 5 °C.

◐ 💧

***Polypodium vulgare* 'Cornubiense'**
(Tüpfelfarn)
Immergrüner Farn mit schmalen, lanzettlichen, frischgrünen Fiederblättern. Die Abschnitte sind wie Spitzendecken unterteilt. H. und Br. 25–30 cm.

◐ 💧 ❄❄❄

Onoclea sensibilis
Sommergrüner, kriechender Farn mit hübschen, überhängenden, meist dreieckigen, feingefiederten, frischgrünen Wedeln, die im Frühling braunrosa austreiben. Herbstfärbung leuchtendgelbbraun. H. und Br. 45 cm.

◐ 💧 ❄❄❄

Adiantum pedatum
(Frauenhaarfarn)
Immergrüner Farn mit kurzem, kriechendem Wurzelstock und zarten, feingeteilten, fingerähnlichen, mittelgrünen Wedeln auf glänzenden, dunkelbraunen oder schwarzen Stielen. H. und Br. 45 cm.

◐ 💧 pH ❄❄

Matteuccia struthiopteris
(Trichterfarn)
Sommergrüner Farn mit lanzettförmigen, aufrechten Wedeln, die einen großen, hellgrünen Trichter bilden. Fiederblättchen an sterilen Blättern dichter. Sporenträger in der Pflanzenmitte. H. 1,00, Br. 0,45 m.

◐ 💧 ❄❄❄

Polypodium virginianum
Polypodium vulgare 'Cristatum'
Pteris multifida
Selaginella lepidophylla
Thelypteris hexagonoptera
Thelypteris oreopteris
Woodsia alpina
Woodsia ilvensis
Woodwardia radicans
Woodwardia virginica

***Polystichum setiferum* 'Densum'**
Immergrüner oder halbimmergrüner Farn mit breitlanzettförmigen oder ovalen, feingefiederten, mooskrausen, mittelgrünen Wedeln, die sich braun beschuppt aus dem aufrechtstehenden Wurzelstock entfalten. H. 60, Br. 45 cm.

Asplenium nidus
(Nestfarn)
Immergrüner Farn mit breitlanzettlichen, glänzendhellgrünen Wedeln, die trichterförmig angeordnet sind. H. 0,60–1,20, Br. 0,30–0,60 m. Mindesttemperatur 5 °C.

Athyrium nipponicum*, syn. *A. goeringianum
Sommergrüner Farn mit breiten, dreieckigen, gefiederten, rotgetönten, graugrünen Wedeln, die sich aus einem schuppigen, kriechenden, braunen oder rötlichen Wurzelstock entfalten. H. und Br. 30 cm.

Cryptogramma crispa
(Petersilienfarn)
Sommergrüner Farn mit breitovalen bis dreieckigen, feingefiederten, leuchtendhellgrünen Wedeln, die an krause Petersilie erinnern. Im Herbst rostbraune Färbung. H. 15–25, Br. 15–30 cm.

pH

Polypodium vulgare
(Tüpfelfarn)
Immergrüner Farn mit schmalen, lanzettförmigen, grätenähnlichen, mittelgrünen Wedeln, die sich aus den kriechenden, kupferbraun beschuppten Rhizomen entfalten. Geeignet für Steingärten. H. und Br. 25–30 cm.

Phyllitis scolopendrium
(Hirschzungenfarn)
Immergrüner Farn mit verholzenden Rhizomen und zungenförmigen, ledrigen, leuchtendgrünen, glatten Wedeln. Gut für alkalische Böden. H. 40–45, Br. bis 45 cm.

***Phyllitis scolopendrium* 'Crispum'**
Immergrüner Farn mit holzigen, aufrechten Rhizomen und langen, tiefgekrausten, zungenförmigen, ledrigen, leuchtendgrünen Blättern. Gut für alkalische Böden. H. und Br. 30 cm oder mehr.

Adiantum venustum
(Frauenfarn)
Sommergrüner Farn mit feinen, hellgrünen, in der Jugend braunen Wedeln, die aus vielen, feinen, dreieckigen Fiederblättchen bestehen. H. 25, Br. 30 cm.

pH

Adiantum capillus-veneris
Adiantum raddianum
Adiantum raddianum 'Grandiceps'
Athyrium filix-femina
Cystopteris bulbifera
Cystopteris dickeana
Dryopteris erythrosora
Dryopteris goldiana
Lunathyrium japonicum
Osmunda cinnamomea
Osmunda claytoniana
Pityrogramma chrysophylla
Pityrogramma triangularis
Pteris cretica 'Albo-lineata'
Pteris cretica 'Mayi'
Selaginella kraussiana 'Variegata'

Großstauden MIT INTERESSANTEM SOMMERASPEKT

☐ WEISS

Epilobium angustifolium* f. *album
(Weidenröschen)
Starkwuchernde, aufrechte Staude mit reinweißen Blütenähren. Blütezeit Spätsommer. Blätter schmal, lanzettförmig. H. 1,20–1,50, Br. 0,50 m und mehr.

Crambe cordifolia
(Riesenschleierkraut)
Robuste Staude mit Blütenwolken aus kleinen, weißen Blüten, die in verzweigten Trugdolden im Sommer über den großen, krausen, gelappten, dunkelgrünen Blättern stehen. H. 2,00, Br. 1,20 m.

Eremurus himalaicus
(Lilienschweif)
Aufrechte Staude mit großen Blütenähren aus halbkugeligen, reinweißen, offenen Blüten. Sommerblüher. Zwiebeln im Winter mit Kompost oder Rindenmulch abdecken. Benötigt Stütze. H. 2,00–2,50, Br. 1,00 m.

Sanguisorba canadensis
(Blutströpfchen)
Horstbildende Staude, die im Spätsommer leicht überhängende Blütenähren mit flaschenbürstenähnlichen, weißen Blüten hervorbringt. Blätter geteilt, gezähnt, mittelgrün. H. 1,20–2,00, Br. 0,60 m.

Nicotiana sylvestris
(Ziertabak)
Verzweigte Staude, häufig einjährig gezogen, mit vielen, duftenden, weißen Trichterblüten, die am Triebende im Spätsommer dicht zusammenstehen. Lange, rauhe, mittelgrüne Blätter. H. 1,50, Br. 0,75 m.

Eryngium eburneum
(Alpendistel)
Immergrüne Staude mit distelähnlichen, grünen Blütenköpfchen und weißen Staubfäden, die an verzweigten Stengeln im Spätsommer erscheinen. Blätter gebogen, dünntriebig und grasähnlich. H. 1,50–2,00, Br. 0,60 m.

Romneya coulteri
(Kalifornischer Mohn)
Starkwüchsige, buschige, halbstrauchige Staude, die wegen ihrer großen, weißen Blüten mit den goldgelben Staubfäden gezogen wird. Blüte im Spätsommer. Tiefgeteilte, graue Blätter. Winterschutz. H. und Br. 2,00 m.

Echinops sphaerocephalus
(Kugeldistel)
Massive, buschige Staude mit tiefeingeschnittenen, mittelgrünen, unterseits blaßgrauen Blättern, grauen Stengeln und runden, grauweißen Blütenköpfchen. Blütezeit Spätsommer. H. 2,00, Br. 1,00 m.

Aruncus dioicus*, syn. *A. sylvester
(Geißbart)
Horstbildende Großstaude mit großen, gefiederten, lanzettförmigen Blättern und hohen Blütenstielen mit Rispen aus cremeweißen, winzigen Blüten. Sommerblüher. H. 2,00, Br. 1,20 m.

WEITERE EMPFOHLENE PFLANZEN:
Aconitum 'Ivorine'
Aconitum napellus f. *album*
Campanula pyramidalis
Cimicifuga cordifolia
Cimicifuga racemosa
Filipendula camtschatica
Macleaya cordata
Selinum tenuifolium
Veratrum album

WEISS-ROSA

Artemisia lactiflora
(Wermut)
Starkwüchsige, aufrechte Staude mit zahlreichen Trieben und cremeweißen Blütenknospen, die sich im Sommer zu weißen Blütenköpfchen entwickeln. Das Laub ist doppelt gezähnt. Benötigt eine Stütze. H. 1,20, Br. 0,50 m.

Lavatera cachemiriana*, syn. *L. cachemirica
Am Grunde verholzende Staude mit drahtigen Stielen, die große Büschel mit trompetenförmigen, silberrosa Blüten hervorbringt. Blätter efeuähnlich, bereift, mittelgrün. H. 1,50–2,00, Br. 1,00 m.

Alpinia zerumbet*, syn. *A. nutans
Immergrüne, horstbildende Staude mit Rispen aus weißen, gelblippigen Blüten und rosa oder rotem Schlund. Hauptblütezeit Sommer. H. 3,00, Br. 1,00 m. Mindesttemperatur 18 °C.

***Macleaya microcarpa* 'Coral Plume'**
(Federmohn)
Horstbildende Staude mit ästigen Blütentrieben und rosafarbenen Blütenrispen. Blätter groß, rundlich, gelappt, unterseits graugrün. H. 2,00–2,50, Br. 1,00–1,20 m.

Eremurus robustus
(Lilienschweif)
Aufrechte Staude mit linealischen Blättern. Im Sommer Ähren mit rosafarbenen Blüten. Winterschutz durch Abdeckung mit Rindenmulch oder Kompost. Benötigt eine Stütze. H. 2,20, Br. 1,00 m.

Anemone × hybrida 'Max Vogel'
Eremurus Shelford Hybrids
Kitaibela vitifolia
Lupinus 'The Chatelaine', S. 204

ROSA-ROT

Filipendula rubra
(Mädesüß)
Starkwüchsige, aufrechte Staude mit großen, tiefeingeschnittenen Blättern. Blüten in lockeren Trugdolden, weiß gefüllt, an hohen Stengeln. Blütezeit Sommer. Kann rasch öde Flächen begrünen. H. 2,00–2,50, Br. 1,20 m.

Meconopsis napaulensis
(Scheinmohn)
Horstbildende zweijährige oder kurzlebige Staude mit blassen bis tiefblauen, rosa oder roten Blüten. Blütezeit Spätfrühling und Frühsommer. Blätter tiefgefiedert, bronzefarben, behaart. H. 2,00, Br. 1,00 m.

pH

***Rheum palmatum* 'Atrosanguineum'**
(Zierrhabarber)
Horstbildende Staude mit sehr großen, gelappten, tiefeingeschnittenen Blättern, die tiefviolett austreiben. Entwickelt große, lockere Blütenrispen aus karminroten Blüten im Frühsommer. H. und Br. 2,00 m.

Filipendula purpurea, S. 207
Kniphofia uvaria var. *nobilis*
Lobelia tupa
Phlox paniculata 'Brigadier', S. 205

Großstauden MIT INTERESSANTEM SOMMERASPEKT

PURPURVIOLETT-BLAU

Veratrum nigrum
(Schwarzer Germer)
Aufrechte Staude, die ab Spätsommer lange Ähren mit schokoladenfarbenen Blüten am Ende von kurzen, aufrechten Trieben ausbildet. Stengel mit gerippten, schmalovalen Blättern. H. 2,00, Br. 0,60 m.

◑ 💧 ❄❄❄

Verbena patagonica*, syn. *V. bonariensis
(Eisenkraut)
Staude mit grundständigen, dunkelgrünen Blättern und aufrechten, drahtigen Stengeln mit violettblauen Blütenbüscheln, die im Sommer und Herbst erscheinen. H. 1,50, Br. 0,50 m.

☼ ◊ ❄

***Campanula lactiflora* 'Prichard's Variety'** (Glockenblume)
Aufrechte Staude mit schlanken, hohen Stengeln und großen, violettblauen, spitzzipfeligen Glockenblüten von Frühsommer bis Spätherbst. Stütze erforderlich. H. 1,20–1,50, Br. 0,60 m.

☼ ◊ ❄❄❄

Cynara cardunculus
(Artischocke)
Ausdauernde Staude mit großen, überhängenden, zugespitzten, geschlitzten, silbergrauen Blättern, gedrungenen Trieben und violettblauen Blütenschöpfen. Blütezeit Sommer. Gute Trockenblumen. H. 2,00, Br. 1,00 m.

☼ ◊ ❄❄

Echinops bannaticus
(Kugeldistel)
Aufrechte Staude mit schmalen, tiefeingeschnittenen Blättern und kugeligen, blaß- bis mittelblauen Blütenköpfchen, die im Spätsommer an den holzigen Stielen erscheinen. Gute Trockenpflanze. H. 1,20–1,50, Br. 0,75 m.

☼ ◊ ❄❄❄

***Galega × hartlandii* 'Lady Wilson'**
(Geißraute)
Starkwüchsige, aufrechte Staude mit schmalen Blütenähren, die mit wickenähnlichen, blauen und rosaweißen Blüten besetzt sind. Blütezeit Sommer. Laub hellgrün, gefiedert. Benötigt eine Stütze. H. 1,50, Br. 1,00 m.

☼ ◊ ❄❄❄

GRÜN-GELB

Gunnera manicata
Architekturstaude mit großen, rundlichen, stachelig gerandeten Blättern (Ø bis 1,50 m). Blütenstände konisch, hellgrüne Ähren. Blütezeit Frühsommer; später orangebraune Samenkapseln. Winterschutz. H. 2,00, Br. 2,20 m.

☼ 💧 ❄❄

Angelica archangelica
(Engelwurz)
Aufrechte Staude mit tiefgeteilten, hellgrünen Blättern und weißen oder grünen Blütendolden im Spätsommer. Stengel werden eingezuckert als süße Dekoration verwendet. H. bis 2,00, Br. 1,00 m.

☼ ◊ ❄❄❄

Ferula communis
(Riesenfenchel)
Aufrechte Staude mit großen, petersilieähnlichen Dolden aus gelben Blüten. Blütezeit Spätfrühling bis Sommer. Blüten endständig. Laub fein geschnitten, mittelgrün. Winterschutz. H. 2,00–2,30, Br. 1,00–1,20 m.

☼ ◊ ❄❄

Acanthus spinosus, S. 210
Aconitum napellus
Agapanthus inapertus
Campanula pyramidalis
Cicerbita bourgaei
Rittersporn, S. 192
Echinops ritro 'Veitch's Blue', S. 211
Galega × hartlandii 'His Majesty'
Meconopsis × sheldonii
Thalictrum chelidonii
Thalictrum delavayi 'Hewitt's Double'

Cephalaria gigantea
Eryngium agavifolium
Thalictrum flavum 'Illuminator'

GELB

Verbascum olympicum
(Königskerze)
Rosettenbildende, zweijährige oder kurzlebige Staude mit verzweigten Blütenstielen, die sich aus der filzigen, grauen Laubrosette entwickeln. Ähren mit leuchtendgoldgelben Blüten ab Mitte Sommer. H. 2,00, Br. 1,00 m.

Ligularia przewalskii
(Kreuzkraut)
Lockere, horstbildende Staude mit rundlichen, tiefeingeschnittenen, grünen Blättern. Schmale Blütenähren mit kleinen, margeritenähnlichen Blütenköpfchen. Blütezeit Sommer bis Spätsommer. H. 1,20–2,00, Br. 1,00 m.

***Rudbeckia laciniata* 'Goldquelle'**
(Sonnenhut)
Aufrechte Staude mit margeritenähnlichen, gefüllten, leuchtendgelben Blüten mit grüner Mitte, die einzeln an kräftigen Stielen stehen. Blätter tiefgelappt, mittelgrün. H. 1,50–2,00, Br. 0,60–0,75 m.

Inula magnifica
(Alant)
Robuste, aufrechte Staude, mit großen, breitovalen, rauhen Blättern. Die beblätterten Blütenstiele tragen endständige Dolden aus großen, gelben Strahlenblüten im Spätsommer. Benötigt eine Stütze. H. 1,80, Br. 1,00 m.

Ligularia stenocephala
(Kreuzkraut)
Lockere, horstbildende Staude mit gekerbten, rundlichen Blättern und großen Blütendolden aus margeritenähnlichen, gelborangefarbenen Blüten und violetten Stielen. Sommerblüher. H. 1,20 m oder mehr, Br. 0,60 m.

Achillea filipendulina 'Gold Plate', S. 215
Chrysanthemen, S. 218–219
Helianthus atrorubens 'Monarch'
Helianthus 'Loddon Gold', S. 194

Ligularia 'Gregynog Gold'
Meconopsis paniculata
Rudbeckia 'Herbstsonne', S. 194
Rudbeckia laciniata 'Golden Glow'

Silphium laciniatum
Telekia speciosa
Thalictrum falvum

ORANGE

***Heliopsis* 'Light of Loddon'**
(Sonnenauge)
Aufrechte Staude mit dahlienähnlichen, gefüllten, leuchtendorangefarbenen Blütenköpfchen, die an starken Stielen im Spätsommer erscheinen. Laub dunkelgrün, rauh, gesägt. H. 1,20–1,50, Br. 0,60 m.

Hedychium densiflorum
Horstbildende Staude mit Rhizomen, die eine Fülle kurzlebiger, duftender, orangefarbener oder gelber Blüten in dichten Ähren im Sommer hervorbringt. Blätter breit, lanzettförmig, glänzend, mittelgrün. H. 1,20–2,00, Br. 0,40 m.

Heliconia psittacorum
Buschige Staude mit langstieligen, lanzettförmigen Blättern. An ausgewachsenen Pflanzen im Sommer üppige, orangefarbene Blüten mit schmalen, glänzenden, orangeroten Brakteen. H. bis 2,00, Br. 1,00 m. Mindesttemperatur 18 °C.

Heliopsis helianthoides 'Incomparabilis'
Heliopsis helianthoides ssp. *scabra*
Kniphofia 'Samuel's Sensation'
Wachendorfia thyrsiflora

Rittersporn

Rittersporn *(Delphinium)* gehört zu den schönsten Großstauden. Die prächtigen Blütenähren sind ein besonderer Blickfang in der Sommer-Staudenrabatte. Als Ergänzung zu den klassischen blauen Formen gibt es eine breite Farbskala zwischen Weiß über Pastelltöne von Rosa und Lila bis Dunkelviolett. Die schweren Blütenähren sollten gut abgestützt werden.

***D.* 'Emily Hawkins'**

***D.* 'Bruce'**

***D. belladonna* 'Blue Bees'**

***D.* 'Loch Leven'**

***D.* 'Butterball'**

***D.* 'Fanfare'**

***D.* 'Gillian Dallas'**

***D.* 'Lord Butler'**

***D.* 'Blue Nile'**

***D.* 'Sandpiper'**

***D.* 'Strawberry Fair'**

***D.* 'Mighty Atom'**

***D.* 'Spindrift'**

***D. grandiflorum* 'Blue Butterfly'**

***D.* 'Chelsea Star'**

***D.* 'Olive Poppleton'**

***D.* 'Langdon's Royal Flush'**

***D.* 'Blue Dawn'**

***D.* 'Sungleam'**

Großstauden MIT INTERESSANTEM HERBSTASPEKT

WEISS-ROSA

Cimicifuga simplex
(Silberkerze)
Aufrechte Staude mit gebogenen Ähren und kleinen, schwachduftenden, sternförmigen, weißen Blüten. Blütezeit Herbst. Blätter glänzend, geteilt. Benötigt eine Stütze. H. 1,20–1,50, Br. 0,60 m.

***Anemone × hybrida* 'Honorine Jobert'**
(Herbstanemone)
Starkwüchsige, verzweigte Staude. Weiße, christrosenähnliche Blüten auf drahtigen Stielen im Spätsommer und Frühherbst. Blätter tief geteilt, dunkelgrün. H. 1,50, Br. 0,60 m.

***Aster novae-angliae* 'Harrington's Pink'**
(Glattblattaster)
Aufrechte Staude mit rosafarbenen, margeritenähnlichen Korbblüten mit gelber Mitte. Blütezeit Herbst. Blätter lanzettlich, dunkelgrün. Stütze ist günstig.
H. 1,20–1,50, Br. bis 0,60 m.

ROSA-VIOLETT

Eupatorium purpureum
(Kunigundenkraut)
Feste, aufrechtstehende Staude mit endständigen Dolden aus röhrenförmigen, violettrosa Blüten, die im Spätsommer und Frühjahr erscheinen. Blätter quirlständig an den violetten Stengeln.
H. 2,20, Br. bis 1,00 m.

***Salvia involucrata* 'Bethellii'**
(Salbei)
Halbstrauchige Staude mit langen Blütenähren aus großen, kirschroten Blüten mit rosafarbenen Hochblättern. Blütezeit Sommer und Herbst. Blätter oval bis herzförmig. H. 1,20–1,50, Br. 1,00 m.

***Anemone × hybrida* 'Bressingham Glow'**
Starkwüchsige, verzweigte Staude mit schalenförmigen, lilarosa Blüten auf drahtigen Stengeln. Blütezeit Spätsommer und Frühherbst. Dichtes, tiefgeteiltes, dunkelgrünes Laub. H. 1,20–1,50, Br. 0,60 m.

WEITERE EMPFOHLENE PFLANZEN:
Anemone × hybrida 'Max Vogel'
Anemone × hybrida 'Prince Henry'
Aster cordifolius 'Silver Spray', S. 217
Aster vimineus 'Delight', S. 217
Chrysanthemen, S. 218–219
Chrysanthemum uliginosum
Cimicifuga simplex var. *ramosa*
Aconitum carmichaelii 'Arendsii'
Aster novi-belgii 'Climax'
Campanula lactiflora 'Prichard's Variety', S. 190
Helenium 'Riverton Gem'
Phytolacca americana
Salvia uliginosa
Verbena patagonica, S. 190

Großstauden MIT INTERESSANTEM HERBSTASPEKT

GRÜN-GELB

Asclepias physocarpa
Aufrechter, behaarter Halbstrauch mit 10 cm langen, lanzettlichen Blättern. Blütendolden aus 5 gehörnten, cremeweißen Blütenblättern. Blütezeit ist Sommer, später große, kugelige, geflügelte Samen mit weichen Bürstchen. H. bis 2,00, Br. bis 0,60 m.

***Helianthus* 'Loddon Gold'**
(Staudensonnenblume)
Aufrechte Staude mit ansehnlichen, großen, leuchtendgelben Korbblüten und rundlicher, gefüllter Mitte. Blütezeit Frühsommer und Sommer. Benötigt eine Stütze; wuchert. H. 1,50, Br. 0,60 m.

Hedychium gardnerianum
Aufrechte Staude mit Wurzelrhizomen. Im Sommer und Frühherbst zahlreiche Ähren mit kurzlebigen, duftenden, zitronengelben und roten Blüten. Blätter lanzettförmig, graugrün. Besonders schön im Austrieb. H. 1,50–2,00, Br. 0,75 m. Mindesttemperatur 3 °C.

***Rudbeckia* 'Herbstsonne'**
(Sonnenhut)
Aufrechte Staude mit margeritenähnlichen, gelben Blüten und kegelförmiger, grüner Mitte, die einzeln, an langen Stielen im Spätsommer und Herbst erscheinen. Blätter flach, gelappt. H. 1,50–2,30, Br. 0,60–0,75 m.

Helianthus × multiflorus
(Staudensonnenblume)
Aufrechtwachsende Staude mit sonnenblumenähnlichen, gefüllten Blüten. Blütezeit Spätsommer und Herbst. Stütze erforderlich. Wuchert stark. H. 1,50, Br. 0,60 m.

Chrysanthemen, S. 218–219
Helianthus salicifolius
Kniphofia caulescens, S. 221
Rudbeckia laciniata 'Golden Glow'
Solidago 'Golden Wings'

Großstauden MIT WINTER- UND GANZJAHRESASPEKT

ROSA-VIOLETT

Musa ornata
(Banane)
Immergrüne, palmenähnliche Staude mit ovalen, bis 2 m langen, blaugrünen Blättern. Aufrechte, gelborange Blüten mit rosa Brakteen im Sommer. Grünlichgelbe Früchte. H. bis 3,00, Br. 2,20 m. Mindesttemperatur 10 °C.

Strelitzia nicolai
Immergrüne Staude mit kurzem Stamm und 1,50 m langen Blättern. An langen Stielen erscheinen laufend die kranichkopfähnlichen, weißen und hellblauen Blüten mit violetten Hochblättern. H. 8,00, Br. 5,00 m. Mindesttemperatur 5–10 °C.

***Calathea ornata* 'Sanderiana'**
Immergrüne, horstbildende Staude mit breitovalen, ledrigen, bis 60 cm langen Blättern, die oberseits dunkelgrün, rosa und weiß gestreift, unterseits violett sind. Blütenstand aus kurzen, weißen oder rosa Ähren. H. 1,20–1,50, Br. 1,00 m. Mindesttemperatur 15 °C.

Doryanthes palmeri
Immergrüne Staude mit einer Rosette aus bogigen, gerippten Blättern von 2 m Länge. Blüten orangerot, innen weiß. Rote Hochblätter, die in Dolden zusammenstehen. Blüten werden häufig durch Bulbillen ersetzt. H. 2,50, Br. 2,50 m. Mindesttemperatur 10 °C.

***Phormium tenax* 'Purpureum'**
(Neuseeländer Hanf)
Immergrüne, aufrechte Staude mit hübschen, steifen, zugespitzten Blättern von rotvioletter bis dunkelkupferner Farbe. Im Sommer rötliche Blütendolden auf violettblauen Stielen. H. 2,00–2,50, Br. 1,00 m.

WEITERE EMPFOHLENE PFLANZEN:
Calathea ornata 'Roseo-lineata'
Costus speciosus
Impatiens sodenii
Orchideen, S. 252–255

BLAU-GRÜN

Pycnostachys dawei
Starkwachsende, buschige Staude mit gezähnten, länglichen, unterseits rötlichen Blättern. Blüten in dichten Ähren, röhrenförmig, zweilippig, leuchtendblau. Blütezeit Winter bis Frühling.
H. 1,20–1,50, Br. 0,30–0,90 m. Mindesttemperatur 15°C.

Musa basjoo*, syn. *M. japonica
(Banane)
Immergrüne, palmenähnliche Staude mit überhängenden, bis 1 m langen Blättern. Blüten blaßgelb mit bräunlichen Hochblättern, Blütenstand hängend. Später grüne Früchte. H. bis 3,00, Br. 2,00–2,50 m.

Ensete ventricosum
Immergrüne, palmähnliche Staude mit schmalen, bananenähnlichen Früchten. Blätter bis 6 m lang mit rötlicher Mittelrippe. Dazwischen rötlichgrüne Blüten mit dunkelroten Hochblättern. H. bis 5,00, Br. 3,00 m oder mehr. Mindesttemperatur 10°C.

Aciphylla scott-thomsonii
Artemisia ludoviciana var. *albula*, S. 223
Nepenthes rufflesiana
Phormium cookianum
Phormium cookianum 'Tricolor'
Phormium cookianum 'Variegatum'
Phormium tenax

WEISS

***Ranunculus aconitifolius* 'Flore Pleno'**
(Gefülltblühender Hahnenfuß)
Horstbildende Staude mit tiefeingeschnittenen, dunkelgrünen Blättern. Gefüllte, weiße Blüten auf stark verzweigten Blütenstielen im Frühling bis Sommer.
H. 0,60–0,75, Br. 0,50 m.

Ranunculus aconitifolius
(Eisenhutblättriger Hahnenfuß)
Starkwüchsige, horstbildende Staude mit tiefgeteilten, dunkelgrünen Blättern. Weiße Einzelblüten von 3 cm ∅ im Frühling und Frühsommer. H. und Br. 1,00 m.

Smilacina racemosa
Bogigwachsende Staude mit ovalen, hellgrünen Blättern und endständigen, gefiederten Blütenrispen aus weißen, duftenden Blüten von Frühling bis Sommer. Später fleischige, rote Früchte. H. 75–90, Br. 45 cm.

pH

WEITERE EMPFOHLENE PFLANZEN:
Asphodelus aestivus
Asphodelus albus, S. 200
Dicentra spectabilis f. alba, S. 200
Iris, Schwertlilien, S. 196–197
Päonien, Pfingstrosen, S. 198–199
Polygonatum hirtum
Polygonatum multiflorum 'Flore Pleno'

Iris, Schwertlilien

Diese hübschen Blumen sind ursprünglich nach der griechischen Göttin des Regenbogens, Iris, benannt, weil ihr Farbenspiel mit dem Regenbogen vergleichbar ist. Ihre typischen Blüten besitzen häufig Bürstchen in der Mitte der Hängeblätter.
Der Stamm ist in viele Gruppen aufgeteilt, zu denen einige Kulturformen und solche mit bestimmten Charakteristica gehören. Von diesen lassen sich am einfachsten die Arten der Xiphium- und der Zwerg-Reticulata-Gruppe kultivieren. Sibirische und Japanische Iris sind ausgezeichnet für Wassergärten geeignet, vertragen aber auch trockeneren Standort. Andere wie die Juno-, Onocyclus- und Regelia-Iris sind vielleicht schwerer zu ziehen, aber ihre Blüten gehören zu den schönsten. Genaue Anweisungen für die Kultur und Details enthält das Pflanzenlexikon.

***I.* 'Bold Print'**
(Bartiris)

I. chrysographes
(Sibirische Iris)

***I.* 'Sapphire Star'**
(Japanische Iris)

***I.* 'Matinata'**
(Bartiris)

I. hoogiana
(Regelia-Iris)

***I.* 'Dreaming Yellow'**
(Sibirische Iris)

***I.* 'Geisha Gown'**
(Japanische Iris)

***I. pallida* 'Aurea Variegata'** (Bartiris)

I. versicolor
(bartlos)

I. latifolia
(Xiphium-Gr.)

***I. xiphium* 'Wedgewood'**
(Xiphium-Gr.)

I. bucharica
(Juno-Gr.)

***I.* 'Annabel Jane'**
(Bartiris)

I. tectorum
(Evansia-Gr.)

***I.* 'Mary Frances'**
(Bartiris)

***I. reticulata* 'Cantab'**
(Reticulata-Gr.)

***I.* 'Paradise Bird'**
(Bartiris)

I. rosenbachiana
(Juno-Gr.)

I. douglasiana
(Pazifik-Küsten-Gr.)

***I.* 'Mountain Lake'**
(Sibirische Iris)

I. magnifica
(Juno-Gr.)

I. missouriensis
(Pazifik-Küsten-Gr.)

***I.* 'Rippling Rose'**
(Bartiris)

***I.* 'Krasnia'**
(Bartiris)

I. iberica
(Oncocyclus-Gr.)

I. cristata
(Evansia-Gr.)

I. tenax
(Pazifik-Küsten-Gr.)

***I.* 'Fulvala'**
(bartlos)

***I.* 'Joyce'**
(Reticulata-Gr.)

Mittelhohe Stauden MIT INTERESSANTEM FRÜHJAHRSASPEKT

WEISS-BLAU

I. laevigata
(Japanische Iris)

I. innominata
(Pazifik-Küsten-Gr.)

I. **'Peach Frost'**
(Bartiris)

I. setosa
(bartlos)

I. danfordiae
(Reticulata-Gr.)

I. **'Carnaby'**
(Bartiris)

I. **'Harmony'**
(Reticulata-Gr.)

I. histrioides **'Major'**
(Reticulata-Gr.)

I. pseudacorus
(bartlos)

I. **'Early Light'**
(Bartiris)

I. **'Sun Miracle'**
(Bartiris)

I. fulva
(bartlos)

I. variegata
(Bartiris)

I. **'Eye Bright'**
(Bartiris)

I. **'Blue-eyed Brunette'** (Bartiris)

I. forrestii
(Sibirische Iris.)

I. **'Shepherd's Delight'**
(Bartiris)

I. **'Flamenco'**
(Bartiris)

Polygonatum × hybridum
(Salomonssiegel)
Überhängende Blattstaude mit fleischigen Rhizomen. Im Spätfrühling erscheinen kleine, hängende, grünlichweiße Blütenglöckchen in den Achseln der zierlichen, ovalen Blätter. H. 1,20, Br. 1,00 m.

☀ ◊ ❄❄❄

Geranium phaeum
(Staudengeranie)
Horstbildende Staude mit gelappten, zarten, grünen Blättern und braunvioletten Blüten mit zurückgebogenen Blütenblättern, die im Spätfrühling auf lockeren Stengeln erscheinen. H. 75, Br. 45 cm.

☀ ◊ ❄❄❄

Peltiphyllum peltatum
(Schildblatt)
Breitwüchsige Staude mit großen, rundlichen Blättern. Bevor das Laub austreibt, erscheinen die weißen oder rosafarbenen Blütendolden im Frühling. H. 1,00–1,20, Br. 0,60 m.

☼ ♦ ❄❄❄

Symphytum caucasicum
(Beinwell)
Horstbildende Staude mit Büscheln herabhängender, azurblauer Blüten, die im Frühling über dem rauhhaarigen, mittelgrünen Laub erscheinen. Gut geeignet für naturnahe Gärten. H. und Br. 60–90 cm.

☼ ♦ ❄❄❄

***Tanacetum coccineum* 'Brenda', syn. *Pyrethrum* 'Brenda'**
(Bunte Margerite)
Aufrechte Staude mit gefiedertem, leicht würzigem Laub. Die margeritenähnlichen, magentarosafarbenen Blüten erscheinen im Frühling und Frühsommer. H. 60, Br. 45 cm oder mehr.

☼ ◊ ❄❄❄

Anigozanthos manglesii, S. 209
Anigozanthos rufa
Cheiranthus 'Bowles Mauve'
Columnea gloriosa
Dicentra spectabilis, S. 205
Geranium maculatum
Meconopsis betonicifolia, S. 212
Salvia nemorosa 'May Night', S. 211

Päonien, Pfingstrosen

Päonien sind seit langem beliebt wegen des schönen Laubs und der prächtigen Blüten, die die Rabatten mit zarten Schattierungen von Rosa und Rot im Spätfrühling und Frühsommer schmücken. Es gibt viele Staudensorten, aber auch zahlreiche Strauchformen bis zu 1,80 m Höhe und mehr. Die Blüten variieren von einfach über anemonenblütig bis dicht gefüllt.

P. emodi
(einfach)

***P. suffruticosa* ‘Rock's Variety‘** (halbgefüllt)

***P.* ‘White Wings‘**
(einfach)

***P.* ‘Krinkled White‘**
(einfach)

***P.* ‘Whitleyi Major‘**
(einfach)

***P.* ‘Baroness Schroeder‘** (gefüllt)

***P.* ‘Duchesse de Nemours’** (gefüllt)

***P.* ‘Cornelia Shaylor‘**
(gefüllt)

***P.* ‘Shirley Temple‘**
(gefüllt)

***P.* ‘Mother of Pearl‘**
(einfach)

***P.* ‘Kelway's Supreme‘**
(gefüllt)

***P.* ‘Avant Garde‘**
(einfach)

***P. suffruticosa* ‘Reine Elizabeth‘** (gefüllt)

***P.* ‘Sarah Bernhardt‘**
(gefüllt)

***P.* ‘Ballerina‘**
(gefüllt)

***P.* ‘Bowl of Beauty‘**
(anemonenblütig)

***P.* ‘Globe of Light‘**
(anemonenblütig)

P. mascula
(einfach)

***P.* ‘Auguste Dessert‘**
(halbgefüllt)

P. veitchii
(einfach)

***P.* ‘Kelway's Gorgeous‘** (einfach)

***P.* ‘Magic Orb‘**
(gefüllt)

***P. officinalis* ‘China Rose‘** (einfach)

***P.* ‘Silver Flare‘**
(einfach)

P. **'Instituteur Doriat'**
(anemonenblütig)

P. peregrina **'Sunshine'**
(einfach)

P. lutea **var.** ***ludlowii***
(einfach)

P. **'Knighthood'**
(gefüllt)

P. wittmanniana
(einfach)

P. **'Souvenir de Maxime Cornu'** (gefüllt)

P. tenuifolia
(einfach)

P. **'Laura Dessert'**
(gefüllt)

P. **'Mme. Louis Henri'**
(halbgefüllt)

P. **'Sir Edward Elgar'**
(einfach)

P. **'Argosy'**
(einfach)

P. delavayi
(einfach)

P. officinalis **'Rubra Plena'**
(gefüllt)

P. mlokosewitschii
(einfach)

BLAU-GELB

Symphytum × uplandicum **'Variegatum'** (Beinwell)
Staude mit behaarten, graugrünen Blättern mit cremefarbenem Rand. Im Spätfrühling und Frühsommer öffnen sich die rosa oder blauen Knospen zu röhrenförmigen, blauen oder violettblauen Blüten. H. 1,00, Br. 0,60 m.

☼ 💧 ❄❄❄

Aciphylla aurea
Immergrüne, rosettenbildende Staude mit langen, bajonettähnlichen, gelbgrünen Blättern und goldgelben bis 2 m langen Blütenähren, die von Spätfrühling bis Frühsommer erscheinen. H. und Br. im Laub 60–75 cm.

☼ ◊ ❄❄

Doronicum pardalianches
(Gemswurz)
Horstbildende Staude mit herzförmigen, hellgrünen Blättern und reingelben, margeritenähnlichen Blüten, die im Frühjahr erscheinen. Die Blüten stehen auf schlanken, verzweigten Stielen. H. 75, Br. 60 cm.

◐ ◊ ❄❄❄

Chelidonium majus **'Flore Pleno'**
(Schöllkraut)
Aufrechte Staude mit geteilten, hellgrünen Blättern und vielen schalenförmigen, gelben, gefüllten Blüten, die auf verzweigten Stengeln im Frühsommer erscheinen. Selbstaussaat. Für naturnahe Gärten. H. 60–90, Br. 30 cm.

☼ ◊ ❄❄❄

Asphodeline lutea
(Gelber Affodil)
Zierliche, horstbildende Staude mit dichten Blütenähren aus sternförmigen, gelben Blüten, die zwischen dem graugrünen Laub im Spätfrühling erscheinen. H. 1,00–1,20, Br. 0,60–1,00 m.

☼ ◊ ❄❄

Anigozanthos flavidus, S. 213
Doronicum plantagineum 'Excelsum'
Euphorbia palustris
Hemerocallis lilio-asphodelus, S. 214
Trollius 'Alabaster', S. 229
Trollius europaeus, S. 232
Trollius 'Orange Princess'

Mittelhohe Stauden MIT INTERESSANTEM SOMMERASPEKT

□ WEISS

***Gypsophila paniculata* 'Bristol Fairy'**
(Schleierkraut)
Staude mit kleinen, dunkelgrünen Blättern und drahtigen, verzweigten Stengeln mit Büscheln aus winzigen, gefüllten, weißen Blüten, die im Sommer erscheinen. H. 0,65–0,75, Br. 1,00 m.

Libertia grandiflora
Lockere, Horste bildende Staude, die im Frühsommer weiße Blütenähren hervorbringt. Laub grasähnlich, dunkelgrün, an den Enden braun. Dekorative Fruchtstände im Herbst. H. 75, Br. 60 cm.

Asphodelus albus
(Weißer Affodil)
Aufrechte Staude mit Büscheln aus sternförmigen, weißen Blüten, die im Spätfrühling und Frühsommer erscheinen. Laub schmal, basal, mittelgrün, in Horsten zusammenstehend. H. 1,00, Br. 0,45 m.

Hesperis matronalis
(Nachtviole)
Aufrechte Staude mit langen Ähren aus vierblättrigen, weißen oder violetten Blüten, die im Sommer erscheinen. Blüten abends stark duftend. Blätter weich, schmaloval. H. 75, Br. 60 cm.

Anaphalis margaritacea*, syn. *A. yedoensis (Strohblume)
Buschige Staude mit lanzettförmigen, graugrünen oder silbergrauen, weißgerandeten Blättern und vielen weißen Blütenköpfchen, die an aufrechten Stielen im Spätsommer erscheinen. Trockenblume. H. 60–75, Br. 60 cm.

***Achillea ptarmica* 'The Pearl'**
(Schafgarbe)
Aufrechte Staude mit großen Blütendolden aus kleinen, weißen, gefüllten Blüten im Sommer und gefiedertem, glänzend-dunkelgrünem Laub. Kann stark wuchern. H. und Br. 75 cm.

Nicotiana alata
(Ziertabak)
Rosettenbildende Staude, die meist einjährig gezogen wird. Im Sommer erscheinen Büschel aus cremeweißen, außen blaßbraunen Blüten, die nachts duften. Laub mittelgrün. H. 75, Br. 30 cm.

Dicentra spectabilis* f. *alba
(Weißes Tränendes Herz)
Staude mit hübschen Blättern, die einen Horst aus farnähnlichen, tiefeingeschnittenen Wedeln bildet. Im Spätfrühling und Sommer bringt sie nickende, weiße, herzförmige Blüten an gebogenen Stielen. H. 60–75, Br. 60 cm.

WEITERE EMPFOHLENE PFLANZEN:
Anemone narcissiflora, S. 232
Anemone rivularis, S. 232
Caladium × hortulanum 'Candidum'
Campanula alliariifolia, S. 232
Crambe maritima, S. 233
Rittersporn, S. 192
Echinacea purpurea 'White Lustre'
Eupatorium rugosum
Filipendula vulgaris 'Flore Plena'
Heuchera × brizoides 'Pearl Drops'
Iris, Schwertlilien, S. 196–197
Lysimachia ephemerum
Physostegia virginiana 'Summer Snow'
Ranunculus aconitifolius, S. 195
Smilacina racemosa, S. 195

Salvia argentea
(Salbei)
Rosettenbildende Staude, die wegen ihrer silbrigen Blätter gezogen wird. Im Sommer erscheinen an straffen, aufrechten Stengeln die verzweigten Rispen mit den salbeiähnlichen, weißen Blüten. H. 60, Br. 45 cm.

☼ ◊ ❄❄

***Thalictrum aquilegifolium*, 'White Cloud'**
(Wiesenraute)
Staude mit geteilten, graugrünen Blättern und endständigen Dolden aus zarten, fedrigen, weißen Blüten, die im Sommer erscheinen. H. 1,00–1,20, Br. 0,30 m.

☼ ◊ ❄❄❄

***Chrysanthemum × superbum* 'Elizabeth'**
(Weiße Margerite)
Robuste Staude mit großen, ungefüllten Margeritenblüten, die im Sommer einzeln auf straffen Stielen stehen. H. 1,00, Br. 0,60 m.

☼ ◊ ❄❄❄

Rodgersia podophylla
(Tafelblatt)
Horstbildende Staude mit großen, geaderten, mittelgrünen, im Austrieb bronzefarbenen Blättern. Im Sommer cremeweiße Blütenrispen. H. 1,20, Br. 1,00 m.

☼ ◐ ❄❄❄

Dictamnus albus
(Diptam, Brennender Busch)
Aufrechte Staude, die im Frühsommer duftende Blütenähren aus weißen, sternförmigen Blüten mit langen Stempeln hervorbringt. Das hellgrüne Laub ist gefiedert. Liebt ungestörtes Wachstum. H. 1,00, Br. 0,60 m.

☼ ◊ ❄❄❄

Rodgersia sambucifolia
(Holunderblättriges Tafelblatt)
Horstbildende Staude mit smaragdgrünen, bisweilen bronzegetönten Blättern, die aus großen Einzelblättern zusammengesetzt sind. Im Sommer cremeweiße, hohe Blütenrispen. H. 1,00–1,20, Br. 1,00 m.

☼ ◐ ❄❄❄

Myrrhis odorata
(Süßdolde)
Zierliche Staude, die an Petersilie erinnert. Blätter würzig duftend, farnähnlich, mittelgrün. Blütendolden leuchtend-cremeweiß, Blütezeit Frühsommer. H. 0,60–1,00, Br. 0,60 m.

☼ ◊ ❄❄❄

Chrysanthemum frutescens*, syn. *Argyranthemum frutescens
(Margerite)
Buschige Staude mit vielen margeritenähnlichen, weißen Blütenköpfchen, die den ganzen Sommer hindurch erscheinen. Blätter attraktiv, frischgrün. H. und Br. 1,00 m.

☼ ◊ ❄

***Aruncus dioicus* 'Kneiffii'**
(Geißbart)
Horstbildende Staude mit tiefeingeschnittenen, gefiederten Blättern und lanzettförmigen Einzelblättchen. Blüten sternförmig in cremeweißen, hohen Rispen. Sommerblüher. H. 1,00, Br. 0,50 m.

☼ ◊ ❄❄❄

Mittelhohe Stauden MIT INTERESSANTEM SOMMERASPEKT

□ WEISS

Rodgersia aesculifolia
(Kastanienblättriges Tafelblatt)
Horstbildende Staude, die sich gut für Wassergärten eignet. Aus den fingerförmigen, bronzefarbenen Blättern entwikkeln sich im Sommer hohe, duftende Blütenstände aus rosaweißen Blüten. H. und Br. 1,00 m.

Lysimachia clethroides
(Entenschnabelweiderich)
Starkwüchsige, horstbildende, wuchernde Staude mit vielen Blütenähren aus kleinen, weißen Blütensternen. Blütezeit Spätsommer. Blätter mittelgrün. H. 1,00, Br. 0,60–1,00 m.

Morina longifolia
Immergrüne Staude mit großen distelähnlichen, hellgrünen Blattrosetten. Die röhrenförmigen, weißen Blütenquirle sind innen rosa getönt. Blütezeit Sommer. H. 60–75, Br. 30 cm. Winterschutz.

Veronica virginica* f. *alba
(Männertreu, Ehrenpreis)
Aufrechte Staude mit dunkelgrünem Laub. Blütenähren aus kleinen, weißen Blüten mit rosa getönter Basis, die im Sommer an den quirlförmig beblätterten Stielen erscheinen. H. 1,20, Br. 0,45 m.

***Papaver orientale* 'Perry's White'**
(Klatschmohn)
Staude mit behaarten Blättern und fleischigen Pfahlwurzeln. Die seidigen, weißen Blüten mit violetter Mitte stehen im Frühsommer auf straffen Stengeln. Stütze kann erforderlich werden. H. 80, Br. 60 cm.

Digitalis ferruginea
(Fingerhut)
Staude, die am besten zweijährig gezogen wird. Blüten im 2. Jahr an langen Ähren, röhrenförmig, blaßorangebraun und weiß. Blütezeit Sommer. Das Laub oval, in Grundrosetten. Anzucht aus Samen. H. 1,00–1,20, Br. 0,30 m.

***Phlox maculata* 'Omega'**
(Phlox, Flammenblume)
Aufrechte Staude mit endständigen, zylindrischen, weißen Blütendolden. Einzelblüten mit lilafarbenem Auge. Blütezeit Sommer. Straffe, dichtbeblätterte Blütenstiele. H. 1,00, Br. 0,45 m.

Gillenia trifoliata
Aufrechte Staude mit vielen drahtigen, verzweigten Stengeln, die im Sommer winzige, weiße Blütenrispen mit rötlichbraunen Kelchen tragen. Die Blätter sind lanzettförmig, dunkelgrün. Benötigt eine Stütze. Sonst anspruchslos. H. 1,00–1,20, Br. 0,60 m.

Valeriana officinalis
(Baldrian)
Horstbildende, fleischige Staude mit weißen bis tiefrosa Blütendolden. Blütezeit Sommer. Blätter stark gezähnt, mittelgrün. Ihr Duft zieht Katzen an. H. 1,00–1,20, Br. 1,00 m.

Campanula persicifolia 'Fleur de Neige'
Chrysanthemum × superbum 'Aglaia'
Gaura lindheimeri
Ranunculus aconitifolius 'Flore Pleno', S. 195
Smilacina racemosa, S. 195
Xerophyllum tenax

***Linaria purpurea* 'Canon Went'**
(Leinkraut)
Aufrechte Staude mit Blütenähren aus löwenmäulchenähnlichen, rosafarbenen Rachenblüten mit orangegetöntem Schlund. Blütezeit Sommer bis Spätsommer. Laub schmal und graugrün. H. 0,60–1,00, Br. 0,60 m.

Dictamnus albus* var. *purpureus
(Diptam)
Aufrechte Staude. Im Frühsommer straffe Blütenähren aus weißen, violettrosa oder blaßrosa Blüten mit langen Stempeln. Laub hellgrün, gefiedert. Liebt ungestörtes Wachstum. H. 1,00, Br. 0,60 m.

***Monarda didyma* 'Croftway Pink'**
(Monarde, Indianernessel)
Horstbildende Staude mit quirlständigen, helmförmigen, blaßrosa Blüten, die den ganzen Sommer hindurch an den freundlichgrünen, aromatisch duftenden, dichtbelaubten Stielen erscheinen. H. 1,00, Br. 0,45 m.

***Chrysanthemum frutescens* 'Mary Wootton'**
(Margerite)
Immergrüne, buschige Staude mit margeritenähnlichen, rosafarbenen Blütenköpfchen. Sommerblüher. Laub attraktiv, farnartig geteilt, blaßgrün. H. und Br. 1,00 m.

***Geranium × oxonianum* 'Winscombe'**
(Staudengeranie)
Bodendeckende Staude mit dichten, gelappten Blättern und schalenförmigen, tiefrosa, später blaßrosa Blüten. Sommerblüher. H. 60–75 cm, Br. 45 cm.

Malva moschata
(Moschusmalve)
Buschige, verzweigte Staude mit nacheinander erscheinenden Blütenähren aus flachen, rosafarbenen Blüten. Blütezeit Frühsommer. Laub schmal, gelappt, schwach duftend. H. 0,60–1,00, Br. 0,60 m.

***Polygonum bistorta* 'Superbum'**
(Wiesenknöterich)
Starkwachsende, horstbildende Staude. Blütezeit von Früh- bis Spätsommer. Blüten in zartrosafarbenen Ähren. Blätter spitzoval. H. 60–75, Br. 60 cm.

***Sidalcea* 'Jimmy Whittet'**
(Prairiemalve)
Staude mit grundständigen, hellgrünen Blättern. Blüten purpurrosa an aufrechten Stielen. Sommerblüher. H. 1,00–1,20, Br. 1,00 m.

Anemone hupehensis, S. 217
Astrantia major, S. 234
Astrantia maxima, S. 234
Campanula lactiflora 'Loddon Anna'
Chelone obliqua, S. 217
Lythrum virgatum 'Rose Queen'
Pelargonien, Geranien, S. 206–207
Päonien, Pfingstrosen, S. 198–199
Sidalcea 'Loveliness'
Sidalcea 'Oberon'
Tanacetum coccineum 'Brenda', S. 197
Tanacetum coccineum 'Eileen May Robinson'
Tanacetum coccineum 'Mrs. James Kelway'

Mittelhohe Stauden MIT INTERESSANTEM SOMMERASPEKT

ROSA

***Astilbe* 'Venus'**
(Prachtspiere)
Schönlaubige Staude mit gefiedertem Laub und fedrigen Blütenrispen aus winzigen, blaßrosa Blüten. Sommerblüher. Blüten haften lange. Sie trocknen und verbraunen im Winter. Liebt humosen Boden. H. und Br. 1,00 m.

***Lupinus* 'The Chatelaine'**
(Lupine, Wolfsbohne)
Horstbildende Staude mit rosa und weißen Blütenähren über der quirlförmigen, mittelgrünen Belaubung. Blütezeit Frühsommer. H. 1,20, Br. 0,45 m.

***Physostegia virginiana* 'Variegata'**
(Gelenkblume)
Aufrechte Staude mit gezähnten, mittelgrünen, weißpanaschierten Blättern. Blütenähren mit röhrenförmigen, lilarosa Blüten, die in verschiedene Richtungen gestellt werden können. H. 1,00–1,20, Br. 0,60 m.

Centaurea pulcherrima
(Flockenblume)
Aufrechte Staude mit tiefeingeschnittenen, silbrigen Blättern. Blütenköpfchen rosarot mit distelähnlicher, hellerer Mitte. Blüten im Sommer einzeln an schlanken Stengeln. H. 75, Br. 60 cm.

Rehmannia elata
Aufrechte Staude mit fingerhutähnlichen, gelbschlundigen, lilarosa Blüten, die in den Blattachseln der stengelumfassenden, weichen Blätter von Frühsommer bis Sommer erscheinen. H. 1,00, Br. 0,45 m. Mindesttemperatur 1 °C.

***Astilbe* 'Ostrich Plume'**
(Prachtspiere)
Zierende Blattstaude mit schönem, gefiedertem Laub und überhängenden, fedrigen, korallenrosa Blütenständen. Sommerblüher. Blütenstände verbraunen und haften bis in den Winter. Liebt humosen Boden. H. und Br. bis 1,00 m.

***Echinacea purpurea* 'Robert Bloom'**
Aufrechte Staude mit lanzettlichen, dunkelgrünen Blättern und großen, margeritenähnlichen, tiefkarminrosa Blütenköpfchen und konischer, brauner Mitte. Blütezeit Sommer; Blüten einzeln auf straffen Stielen. Liebt humosen Boden. H. 1,20, Br. 0,50 m.

***Phlox paniculata* 'Eva Cullum'**
(Phlox, Flammenblume)
Aufrechte Staude mit reinrosa Blüten mit magentafarbenem Auge. Die Blütendolden erscheinen im Sommer. H. 80, Br. 60 cm.

Kohleria digitaliflora
Aufrechte, buschige Staude mit weißbehaarten Stielen und herabhängenden, behaarten Blättern. Blüten röhrenförmig, stark behaart, rosa und weiß, violett gefleckt. Sommer- und Herbstblüher. H. 60, Br. 45 cm. Mindesttemperatur 15 °C.

Caladium × hortulanum 'Pink Cloud'
Chrysanthemum rubellum 'Clara Curtis', S. 217
Dierama pumilum
Erigeron 'Foerster's Liebling'
Hemerocallis 'Bold Courtier'
Heuchera × brizoides 'Coral Cloud'
Heuchera × brizoides 'Scintillation'
Liatris pycnostachya
Lythrum salicaria 'Robert'
Papaver orientale 'Mrs. Perry'
Päonien, Pfingstrosen, S. 198–199
Phlox paniculata 'Bright Eyes'
Rodgersia pinnata 'Superba'
Verbascum 'Pink Domino'

Dicentra spectabilis
(Tränendes Herz)
Dichtbelaubte Staude mit farnähnlichen, tiefgeschlitzten, mittelgrünen Blättern, überhängenden Blütenstielen mit den herzförmigen, rosaroten oder weißen Blüten. Blütezeit Spätfrühling und Sommer. H. 75, Br. 50 cm.

◐ ◯ ❄❄❄

***Phlox paniculata* 'Harlequin'**
(Phlox, Flammenblume)
Aufrechte Staude mit konischen, violettroten Blütendolden. Blütezeit Spätsommer. Mittelgrünes, weißpanaschiertes Laub. H. 1,00–1,20, Br. 0,45 m.

☼ ● ❄❄❄

***Lythrum salicaria* 'Firecandle'**
(Blutweiderich)
Horstbildende Staude für Ufer- oder feuchte Gartenbereiche. Von Sommer bis Spätsommer Blüten in schlanken Ähren, intensiv rosarot. Laub mittelgrün.
H. 1,00, Br. 0,45 m.

☼ ● ❄❄❄

Mirabilis jalapa
(Wunderblume)
Buschige Staude mit duftenden, trompetenförmigen, karminroten, rosa, weißen oder gelben Blüten, die sich abends öffnen und das mittelgrüne Laub im Sommer verdecken. H. 0,60–1,20, Br. 0,60–0,75 m.

☼ ◯ ❄

***Lythrum virgatum* 'The Rocket'**
(Blutweiderich)
Horstbildende Staude mit schlanken, rosaroten Blütenähren, die im Sommer über dem mittelgrünen Laub erscheinen. Gut geeignet zur Uferbepflanzung und für Feuchtgebiete. H. 1,00, Br. 0,45 m.

☼ ● ❄❄❄

Geranium psilostemon
(Staudengeranie)
Horstbildende Staude mit breitem, tiefgeschlitztem Laub und prächtiger Herbstfärbung. Viele schalenförmige, magentarote Einzelblüten mit schwarzer Mitte im Sommer. H. und Br. 1,20 m.

☼ ◯ ❄❄❄

***Phlox paniculata* 'Brigadier'**
(Phlox, Flammenblume)
Aufrechte Staude mit tiefrosa Blütendolden, die sich orange färben. Blütezeit Spätsommer. Blätter lanzettlich, dunkelgrün. H. 1,20, Br. 0,60 m.

☼ ● ❄❄❄

***Lupinus* 'Inverwe Red'**
(Lupine, Wolfsbohne)
Aufrechte Staude mit quirlförmigen, hellgrünen Blättern. Die aufrechten, roten Blütenähren erscheinen im Frühsommer. Rückschnitt nach der Blüte verlängert Blütezeit. Auch einjährig. H. 1,00–1,20, Br. 0,60 m.

☼ ◯ ❄❄❄

Asclepias hallii
Centaurea dealbata 'Steenbergii'
Centaurea hypoleuca 'John Coutts', S. 236
Francoa sonchifolia
Liatris spicata, S. 237
Mimulus lewisii, S. 237
Pelargonien, Geranien, S. 206–207
Penstemon barbatus
Päonien, Pfingstrosen, S. 198–199
Phlox paniculata 'Sir John Falstaff'
Sidalcea 'Puck'
Sidalcea 'Sussex Beauty'

Pelargonien, Geranien

Geranien gehören zu den bekanntesten Pflanzen, die in aller Welt wegen ihrer farbenprächtigen Blüten gezogen werden. Sie sind sehr anspruchslos und anpassungsfähig, gedeihen auf Beeten und in Kübeln, sie blühen in warmen Klimabereichen oder unter Glas ständig. Wärme, Sonnenschein, nicht zu feuchter, gut durchlässiger Boden ist alles, was sie benötigen.

Pelargonium zonale – die gewöhnliche Geranie: Pflanzen mit rundlichen, mit dunklerer Zone gezeichneten Blättern und einfachen bis gefüllten Blüten.
Pelargonium regale sind strauchartige Geranien mit tiefgesägten Blättern und exotischen, trompetenförmigen Blüten, die leicht Witterungsschäden erleiden können.
Efeublättrige, kriechende Pelargonien mit fleischigen, gelappten Blättern und einfachen bis gefüllten Blüten eignen sich gut als Hängepflanzen.
Duftblättrige Arten haben meist kleine, oft unregelmäßige oder sternförmige Blüten oder sie sind wegen der duftenden Blätter in Kultur.

***P.* 'Alberta'**
(zonal)

***P.* 'Ivalo'**
(zonal)

***P.* 'Mini Cascade'**
(efeublättrig)

***P.* 'Lesley Judd'**
(Edelpelargonie)

***P. peltatum* 'Lachskönigin'** (efeublättrig)

P.* × *fragrans
(m.Duftlaub)

***P.* 'Dale Queen'**
(zonal)

***P.* 'Purple Emperor'**
(Edelpelargonie)

***P.* 'Irene'**
(zonal)

***P.* 'Mauritania'**
(zonal)

***P. peltatum* 'Tavira'**
(efeublättrig)

***P.* 'Fraicher Beauty'**
(zonal)

***P.* 'Timothy Clifford'**
(zonal)

***P.* 'Schöne Helena'**
(zonal)

***P.* 'Francis Parrett'**
(zonal)

***P.* 'Tip Top Duet'**
(Edelpelargonie)

***P.* 'Rollinson's Unique'**
(nicht klassifiziert)

***P.* 'Mr. Henry Cox'**
(zonal)

***P.* 'Autumn Festival'**
(Edelpelargonie)

***P. peltatum* 'Amethyst'**
(efeublättrig)

***P.* 'Rouletta'**
(efeublättrig)

***P.* 'Paul Humphris'**
(zonal)

***P. frutetorum* 'The Boar'** (zonal)

***P.* 'Manx Maid'**
(Edelpelargonie)

***P.* 'Friesdorf'**
(zonal)

***P.* 'Bredon'**
(Edelpelargonie)

P. **'Mme. Fournier'**
(zonal)

P. **'Royal Oak'**
(m. Duftlaub)

P. **'Caligula'**
(zonal)

P. **'Dolly Varden'**
(zonal)

P. capitatum
(m. Duftlaub)

P. **'Elégante'**
(efeublättrig)

P. **'Flower of Spring'**
(zonal)

P. **'Purple Unique'**
(nicht klassifiziert)

P. tomentosum
(m. Duftlaub)

P. **'Mrs. Pollock'**
(zonal)

P. **'Mabel Grey'**
(m. Duftlaub)

***P. crispum* 'Variegatum'** (m. Duftlaub)

P. **'Orange Ricard'**
(zonal)

P. **'Mrs. Quilter'**
(zonal)

Mittelhohe Stauden MIT INTERESSANTEM SOMMERASPEKT

■ ROT

***Penstemon* 'Garnet'**
(Bartfaden)
Starkwüchsige, halbimmergrüne, buschige Staude mit trichterförmigen, tiefweinroten Blüten, die von Sommer bis Herbst in Rispen zusammenstehen. Blätter schmal, frischgrün. H. 60–75, Br. 60 cm.

☼ 💧 ❄❄

Filipendula purpurea
(Mädesüß)
Aufrechte Staude mit tiefgeteilten Blättern und großen, endständigen Blütendolden aus winzigen, violettrötlichen Blüten. Sommerblüher. Gute Uferpflanze. H. 1,20, Br. 0,60 m.

◐ 💧 ❄❄❄

Centranthus ruber
(Kentranthus, Roter Baldrian)
Horste bildende Staude mit fleischigen Blättern. Trugdolden aus kleinen, tiefrosaroten oder weißen Blüten von Spätfrühling bis Herbst. Liebt trockenen, nährstoffarmen Boden. H. 0,60–1,00, Br. bis 0,60 m. Winterschutz.

☼ 💧 ❄❄❄

Cirsium rivulare 'Atropurpureum'
Geranium maderense
Lobelia 'Dark Crusader'
Monarda 'Adam'
Phormium tenax 'Dazzler', S. 223
Sanguisorba officinalis 'Rubra'

Mittelhohe Stauden MIT INTERESSANTEM SOMMERASPEKT

ROT

***Aquilegia vulgaris* 'Nora Barlow'**
(Akelei)
Gutbelaubte Staude, die im Sommer an langen Stielen mehrere kurzspornige, röhrenförmige, gefüllte, rote Blüten mit grünen Spitzen hervorbringt. Laub graugrün, rundlich, tief geteilt. H. 60–75, Br. 50 cm.

***Polygonum amplexicaule* 'Firetail'**
(Knöterich)
Horstbildende Staude mit schlanken, leuchtendroten Blütenähren, die im Sommer und Herbst über den herzförmigen Blättern erscheinen. H. und Br. 1,00–1,20 m.

***Astilbe* 'Montgomery'**
(Astilbe, Prachtspiere)
Krautige Staude mit feinfiedrigen Blütenrispen aus winzigen, tieflachsrosa Blüten im Sommer. Breites, gefiedertes Laub. Trockene Blütenstände braun, sie haften lang. Verlangt humusreichen Boden. H. 0,75, Br. 1,00 m.

Knautia macedonica*, syn. *Scabiosa rumelica (Knautie)
Aufrechtwachsende Staude mit tiefgeteilten Blättern, vielen lockerverzweigten Blütenstielen und gefüllten, fast kugeligen, leuchtendkarminroten Blüten. Sommerblüher. Stütze ist erforderlich. H. 75, Br. 60 cm.

Cosmos atrosanguineus*, syn. *Bidens atrosanguinea (Zweizahn)
Aufrechte Staude mit braunroten Blütenschöpfen. Blütezeit Spätsommer. Blüten duften nach Schokolade. In geschützten Lagen Überwinterung bei Winterschutz möglich. H. 60, Br. 40 cm.

Polygonum milletii
(Knöterich)
Dichte Staude mit schlanken, karminroten Blütenähren, die von Sommer bis Herbst an kurzen Stielen erscheinen. H. und Br. 60 cm oder mehr.

***Lobelia* 'Cherry Ripe'**
(Lobelie, Männertreu)
Horstbildende Staude mit kirschroten Blütenähren. Blütezeit Sommer bis Spätsommer. Frischgrünes, bisweilen bronzerotgetöntes Laub. H. 1,00, Br. 0,25 m.

***Hemerocallis* 'Stafford'**
(Taglilie)
Starkwüchsige, horstbildende Staude mit trompetenförmigen, leuchtendroten Blüten mit braunem und gelbem Schlund. Blätter linealisch gekielt, überhängend. H. 75, Br. 60 cm.

***Lobelia* 'Queen Victoria'**
(Lobelie, Männertreu)
Horstbildende Staude mit auffallend roten Blüten, die von Spätsommer bis Herbst an verzweigten Stielen erscheinen. Blätter grundständig in Rosette. H. 1,00, Br. 0,30 m.

Ruellia graecizans*, syn. *R. amoena
(Ruellie)
Buschiger, immergrüner Halbstrauch mit ausladenden Trieben, ovalen, zugespitzten Blättern und röhrenförmigen, scharlachroten Blüten an langen Stielen. H. und Br. 60 cm oder mehr. Mindesttemperatur 15 °C.

Hemerocallis 'Lusty Leland'
Lobelia cardinalis
Lobelia fulgens
Lobelia 'Will Scarlet'
Orchideen, S. 252–255
Papaver orientale 'Indian Chief'
Pelargonien, Geranien, S. 206–207
Penstemon 'King George'
Penstemon 'Schonholzeri'
Päonien, Pfingstrosen, S. 198–199
Polygonum amplexicaule
Potentilla 'Etna'
Primeln, S. 230–231
Salvia involucrata
Smithiantha zebrina
Xeronema callistemon

ROT

Hedysarum coronarium
(Süßklee)
Breitwüchsige, verzweigte Staude oder Zweijährige mit paarig gefiederten Blättern. Leuchtendpurpurrote Blüten in lokkeren, langen Trauben. Sommerblüher. Mittelgrünes Laub. H. und Br. 1,00 m.

Russelia equisetiformis*, syn. *R. juncea
(Korallenstrauch)
Immergrüne, buschige Staude mit ginsterähnlichen Trieben und winzigen Blättchen. Blütenbüschel aus röhrenförmigen, scharlachfarbenen Blüten im Sommer und Herbst. H. bis 1,00, Br. 0,60 m. Mindesttemperatur 15 °C.

Anigozanthos manglesii
Starkwüchsige, buschige Staude mit großen, röhrenförmigen Blütentrauben. Die wolligen, roten und grünen Blüten erscheinen im Frühling und Frühsommer. Lange, schmale, graugrüne Belaubung. H. 1,00, Br. 0,45 m.

ROT-VIOLETT

Kohleria eriantha
Robuste, buschige Staude mit rötlich behaarten Trieben. Blätter oval, bis 13 cm lang, rothaarig gesäumt. Blüten trichterförmig, rot mit gelben Flecken. Nickende Dolden. H. und Br. 1,00 m oder mehr. Mindesttemperatur 15 °C.

***Monarda didyma* 'Cambridge Scarlet'**
Horstbildende Staude, die im Sommer leuchtendrote, quirlständige Taubnesselblüten hervorbringt. Das Laub würzig duftend, behaart. H. 1,00, Br. 0,45 m.

***Papaver orientale* 'Allegro Viva'**
(Staudenmohn, Klatschmohn)
Behaarte Staude mit fleischroten Wurzeln und papierenen, leuchtendscharlachfarbenen Blüten auf langen, straffen Stielen. H. 60–75, Br. 45 cm.

Glycyrrhiza glabra
(Süßwurz)
Aufrechte Staude mit wickenähnlichen, violettblauen und weißen Blüten, die im Spätsommer in kurzen Ähren an aufrechten Stielen erscheinen. Blätter in ovale Einzelblätter geteilt. H. 1,20, Br. 1,00 m.

Columnea × banksii
Immergrüne, kriechende Staude mit ovalen, oberseits glänzenden, unterseits violettroten Blättern. Die röhrenförmigen Helmblüten sind leuchtendrot, bis 8 cm lang. Blütezeit von Frühling bis Winter. Ampelpflanze. H. bis 90 cm. Mindesttemperatur 15 °C.

Acanthus hungaricus*, syn. *A. longifolius (Akanthus, Bärenklau)
Staude mit langen, tiefeingeschnittenen, dunkelgrünen Grundblättern und purpur und weißen oder rosagetönten Blütenähren mit feinen, lilarosa Hochblättern. Blütezeit Sommer. H. 0,60–1,00, Br. 1,00 m.

Asclepias curassavica
Calceolaria integrifolia
Gaillardia × grandiflora 'Dazzler', S. 240
Geum 'Fire Opal'
Geum 'Mrs. Bradshaw'
Orchideen, S. 252–255
Papaver orientale
Smithiantha zebrina
Pelargonien, Geranien, S. 206–207

Mittelhohe Stauden MIT INTERESSANTEM SOMMERASPEKT

VIOLETT

Acanthus spinosus
(Akanthus, Bärenklau)
Staude mit sehr großen, gebogenen, tiefeingeschnittenen, zugespitzten, glänzenddunkelgrünen Blättern und Blütenähren aus röhrenförmigen, malvenfarbenen und weißen Blüten. Sommerblüher. H. 1,20, Br. bis 0,60 m.

Monarda fistulosa
(Indianernessel)
Horstbildende Staude mit kleinen, lilafarbenen Blütenquirlen, die von Sommer bis Spätsommer erscheinen. H. 1,20, Br. 0,45 m.

***Campanula glomerata* 'Superba'**
(Knäuelglockenblume)
Starkwüchsige, horstbildende Staude mit dichten, rundlichen, violetten Blütenschöpfen aus glockenförmigen Blüten. Sommerblüher. Muß regelmäßig geteilt und neu gepflanzt werden. H. 0,75, Br. 1,00 m oder mehr.

***Geranium sylvaticum* 'Mayflower'**
Aufrechtwachsende Staude mit einer Blattrosette aus handförmigen Blättern und verzweigten Blütenstielen mit schalenförmigen, violettblauen Blüten. Blütezeit Frühjahr. H. 1,00, Br. 0,60 m.

***Phlox paniculata* 'Norah Leigh'**
(Flammenblume, Phlox)
Aufrechte Staude mit netzartig geaderten, mittelgrünen Blättern und konischen, blaßlila Blütendolden. Blütezeit Sommer. H. 1,00, Br. 0,60 m.

Linaria triornithophora
(Leinkraut)
Aufrechte Staude mit löwenmäulchenähnlichen, violetten und gelben Blüten, die den ganzen Sommer hindurch blühen. Blätter schmal und graugrün. H. 1,00, Br. 0,60 m.

Thalictrum aguilegifolium
(Wiesenraute)
Horstbildende Staude mit vielen, feingeteilten, graugrünen Blättern, die an Frauenhaarfarn erinnern. Blütendolden feinfedrig, lilarosa, langgestielt. Sommerblüher. H. 1,20, Br. 0,45 m.

***Veronica longifolia* 'Romiley Purple'**
(Ehrenpreis)
Horstbildende Staude mit großen, violetten Blütenähren, die über den quirlständigen, mittelgrünen Blättern erscheinen. Blütezeit Sommer. H. 1,00–1,20, Br. 0,30–0,60 m.

Campanula × burghaltii, S. 242
Centaurea dealbata
Cheiranthus 'Bowles Mauve'
Rittersporn, S. 192
Digitalis × mertonensis
Erigeron 'Quakeress'
Hesperis matronalis, S. 200
Lupinus 'Thundercloud'
Monarda 'Prairie Night'
Orchideen, S. 252–255
Phlox maculata
Phlox paniculata 'Amethyst'
Polemonium foliosissimum
Thalictrum diffusiflorum
Tricyrtis hirta

Campanula trachelium
(Nesselblättrige Glockenblume)
Aufrechte Staude mit rauhen, gesägten, ovalen, zugespitzten Grundblättern. Blüten groß, glockig, blau oder lilablau an aufrechten Stielen. Sommerblüher. H. 60, Br. 30 cm.

Dichorisandra reginae
Immergrüne, aufrechte, horstbildende Staude mit glänzenden, silbergebänderten, gefleckten, unterseits lilaroten Blättern. Purpurviolette Blütenähren. Blütezeit Sommer und Herbst. H. 60–75, Br. bis 30 cm. Mindesttemperatur 20 °C.

***Echinops ritro* 'Veitch's Blue'**
(Kugeldistel)
Aufrechtwachsende Staude mit rundlichen, distelähnlichen, violettblauen Blütenschöpfen an silbrigen Stielen. Blütezeit Spätsommer. Laub tiefgeteilt, unterseits silbrig. H. 1,20, Br. 0,75 m.

Galega orientalis
(Geißraute)
Starkverästelte Staude mit unpaarig gefiederten Blättern und achselständigen, aufrechten Blütenständen aus lilablauen und weißen Schmetterlingsblüten in Rispen. H. 1,20, Br. 0,60 m.

***Salvia nemorosa* 'Mainacht'**
(Salbei)
Ausdrucksvolle, horstbildende Staude mit schmalen, gerunzelten, mittelgrünen Blättern und steifaufrechten, violettblauen Blütenähren. Blütezeit Spätfrühling und Sommer. H. 1,00, Br. 0,45 m.

***Campanula trachelium* 'Bernice'**
(Nesselblättrige Glockenblume)
Aufrechte Staude mit großen, glockenförmigen, gefüllten, blauvioletten Blüten, die an aufrechten Stielen sitzen. Sommerblüher. Blätter rauh, gesägt, oval, zugespitzt, meist grundständig. H. 75, Br. 30 cm.

Aconitum × bicolor
(Eisenhut)
Dichte Staude mit helmförmigen, lilablau-weißen Blüten, die an aufrechten und bisweilen verzweigten Stielen stehen. Blätter tiefgeteilt, glänzenddunkelgrün. Wurzeln giftig. H. 1,20, Br. 0,50 m.

Baptisia australis
(Falscher Indigo)
Aufrechte Staude mit in Ähren zusammenstehenden, wickenähnlichen, lilablauen Blüten. Sommerblüher. Laub leuchtendgrün, in ovale Blättchen unterteilt. Graue Samenhülsen (für Trockensträuße). H. 75, Br. 60 cm.

Campanula latifolia 'Brantwood'
Rittersporn, S. 192
Erigeron 'Darkest of All'
Erigeron 'Serenity', S. 241
Iris, Schwertlilien, S. 196–197
Lobelia 'Vedrariensis'
Orchideen, S. 252–255
Päonien, Pfingstrosen, S. 198–199
Strobilanthes atropurpureus, S. 220
Sutera grandiflora

Mittelhohe Stauden MIT INTERESSANTEM SOMMERASPEKT

VIOLETT-BLAU

Dianella tasmanica
Aufrechte Staude mit hängenden, sternförmigen, leuchtendblauen oder violettblauen Blüten an verzweigten Stielen. Sommerblüher. Im Herbst tiefblaue Beeren. Laub unregelmäßig, immergrün, streifenförmig. H. 1,20, Br. 0,50 m.

Eryngium alpinum
(Alpendistel)
Horstartige Staude mit herzförmigen, doppeltgekerbten Blättern. Blütenköpfe auf straffen Stielen, walzenförmig, bis 4 cm lang. Stahlblaue Hüllblätter bis 15 cm lang. Blütezeit bis Spätsommer. Für Trockensträuße. H. 20, Br. 50 cm.

Eryngium tripartitum
(Alpendistel, Alpenmannstreu)
Staude mit drahtigen Stielen über einer grundständigen Rosette von grobgezähnten Blättern. Konische, stahlblaue Blütenköpfe an blauen Stielen im Sommer und Herbst. Zum Trocknen geeignet. H. 1,00, Br. 0,50 m.

***Meconopsis grandis* 'Banklyn'**
(Scheinmohn)
Aufrechte Staude mit großen, nickenden, mohnähnlichen, blauen Blüten auf straffen Stielen im Frühsommer. Blätter aufrechtstehend, oval, leicht gezähnt und grundständig. H. 1,00–1,20, Br. 0,30–0,45 m.

Eryngium × oliverianum
(Alpendistel)
Aufrechte Staude mit großen, rundlichen, distelähnlichen Blütenköpfen und blauen bis lavendelblauen Blüten. Blütezeit Spätsomer. Herzförmige, gekerbte Grundblätter, mittelgrün. H. 0,60–1,00, Br. 0,45–0,60 m.

***Campanula persicifolia* 'Telham Beauty'**
(Pfirsichblättrige Glockenblume)
Staude mit Grundrosette aus lanzettlichen, leuchtendgrünen Blättern. Blüten groß, glockig, hellblau in schlanken Ähren. Blütezeit Sommer. H. 1,00, Br. 0,30 m.

Meconopsis betonicifolia
(Scheinmohn)
Horstbildende Staude mit blauen Blüten. Blütezeit Frühling und Frühsommer. Ovale, mittelgrüne Blätter in grundständigen Rosetten und am unteren Ende der Blütenstiele. H. 1,00–1,20, Br. 0,45 m.

Cichorium intybus
(Zichorie)
Horstbildende Staude mit Grundrosette aus hellgrünen Blättern und großen, leuchtendblauen Blütenköpfen, endständig an langen Stielen. Sommerblüher. Schnitt am besten vormittags. H. 1,30, Br. 0,45 m.

***Agapanthus* 'Dorothy Palmer'**
(Schmucklilie)
Lilienähnliche Staude mit langen Blütenstielen und großen, blauen Blütenköpfen, die sich rötlich verfärben. Blüten trichterförmig. Sommerblüher. Laub linealisch. Winterschutz durch Mulch. H. 1,00, Br. 0,50 cm.

Aster × frikartii 'Mönch', S. 220
Campanula lactiflora
Campanula latiloba
Campanula latiloba 'Percy Piper'
Campanula persicifolia 'Pride of Exmouth'
Rittersporn, S. 192
Dianella caerulea
Eryngium giganteum
Eryngium 'Violetta'
Geranium pratense
Geranium pratense 'Plenum Violaceum'
Linaria purpurea
Salvia haematodes
Trachelium caeruleum, S. 274

BLAU

Agapanthus praecox*, ssp. *orientalis*, syn. *A. orientalis (Schmucklilie)
Staude mit großen, himmelblauen Blütenschöpfen, die an langen Stielen im Spätsommer über den breiten, linealischen, meist immergrünen Blättern erscheinen. Gute Kübelpflanze. Winterschutz. H. 1,00, Br. 0,60 m.

Cynoglossum nervosum
(Hundszunge)
Horstbildende Staude mit leuchtendblauen, vergißmeinnichtähnlichen Blüten, die im Sommer in kleinen Dolden an verzweigten Stielen über den schmalen, mittelgrünen Blättern erscheinen. H. 75, Br. 50 cm.

***Anchusa azurea* 'Loddon Royalist'**
(Ochsenzunge)
Aufrechtwachsende Staude mit flachen, tiefblauen Einzelblüten an verzweigten Blütenstielen. Blütezeit Frühsommer. Laub lanzettlich, grau behaart, grundständig. Benötigt Stütze. H. 1,20, Br. 0,60 m.

Rittersporn, S. 192
Echinops 'Taplow Blue'
Gentiana asclepiadea, S. 220
Iris, Schwertlilien, S. 196–197
Meconopsis grandis
Salvia nemorosa
Veronica exaltata
Veronica longifolia

GRÜN-GELB

Rheum alexandrae
(Zierrhabarber)
Horstbildende Staude mit cremefarbenen Blüten, die hinter großen, grünlichweißen bis cremefarbenen Hochblättern verborgen sind. Blütezeit Frühsommer. Glänzend dunkelgrünes Laub. H. 1,00, Br. 0,60 m.

Anigozanthos flavidus
Buschige Staude mit großen, wolligen, röhrenförmigen, bisweilen rotgetönten, gelblichgrünen Blüten mit rötlichen Antheren, die in Trauben zusammenstehen. Blütezeit Frühling und Sommer. Laub schmal, mittelgrün, bis 60 cm lang. H. 1,20, Br. 0,45 m.

pH

***Verbascum* 'Gainsborough'**
(Königskerze)
Rosettenbildende, kurzlebige Staude mit verzweigten Blütenähren aus schwefelgelben Blüten. Blütezeit Sommer. Laub mittelgrün. H. 0,60–1,20, Br. 0,30–0,60 m.

Nepeta govaniana
(Katzenminze)
Aufrechte, gutverzweigte Staude. Im Sommer Blütenähren mit langen, blaßgelben Blütenröhren. Blätter zugespitzt, graugrün. H. 1,00, Br. 0,60 m.

Thalictrum lucidum
(Wiesenraute)
Staude mit zusammengesetzten Blättern. Straffe Blütenstiele mit fedrigen Blütendolden aus grünlichgelben Einzelblüten. Blütezeit Sommer. H. 1,00–1,20, Br. 0,50 m.

Artemisia pontica, S. 245
Euphorbia nicaeensis
Funkien, S. 244
Orchideen, S. 252–255
Paris polyphylla
Tovara virginiana 'Painter's Palette', S. 245

Mittelhohe Stauden MIT INTERESSANTEM SOMMERASPEKT

GELB

Chrysanthemum frutescens
Am Grunde verholzende Staude mit geteilten, farnähnlichen, blaßgrünen Blättern und vielen margeritenähnlichen, gelben Korbblüten. Blütezeit Sommer. Krautige Stecklinge im Frühherbst. H. und Br. bis 1,00 m.

Aconitum vulparia*, syn. *A. lycoctonum
(Gelber Eisenhut)
Aufrechte Staude mit helmartigen, strohgelben Blüten an drahtigen, verzweigten Stielen. Sommerblüher. Laub dunkelgrün, tief geteilt. Benötigt eine Stütze. H. 1,00–1,20, Br. 0,60 m.

***Hemerocallis* 'Marion Vaughn'**
(Taglilie)
Horstartige Staude mit duftenden, grünkehligen, blaßgelben Trompetenblüten, die nur 1 Tag lang blühen. Sommerblüher. Laub linealisch, mittelgrün. H. 1,00, Br. 0,60 m.

Lysimachia punctata
(Felberich, Gilbweiderich)
Wuchernde Staude, die im Sommer leuchtendgelbe Blüten in Ähren zwischen hellgrünen Blättern hervorbringt. H. 60–75, Br. 60 cm.

***Anthemis tinctoria* 'E. C. Buxton'**
(Färberkamille)
Horstbildende Staude mit vielen zitronengelben Kamillenblüten, die auf schlanken Stielen im Sommer erscheinen. Nach der Blüte scharf zurückschneiden, um gute neue Rosetten zu erhalten. H. und Br. 1,00 m.

Gentiana lutea
(Gelber Enzian)
Aufrechte, unverzweigte Staude mit ovalen, bis 30 cm langen, stengellosen Blättern und dichten, quirlständigen, trichterförmigen, gelben Blüten in den Achseln grünlicher Brakteen. H. 1,00–1,20, Br. 0,60 m.

Phlomis russeliana
Immergrüne Staude, ausgezeichneter Bodendecker, mit großen, rauhen, herzförmigen Blättern und kurzen Blütenstielen mit quirlständigen, gelben Lippenblüten. Sommerblüher. H. 1,00, Br. 0,60 m.

Hemerocallis lilioasphodelus*, *syn H. flava (Taglilie)
Robuste, horstartige Staude mit starkduftenden, zarten, zitronengelben bis chromgelben Blüten, die nur 1–2 Tage blühen. Blütezeit Frühsommer. Mittelgrünes, linealisches Laub. H. und Br. 60 cm oder mehr.

Aciphylla squarrosa, S. 223
Chelidonium majus 'Flore Pleno', S. 199
Chrysanthemen, S. 218–219
Digitalis grandiflora
Digitalis lutea
Helianthus 'Capenoch Star'
Iris, Schwertlilien, S. 196–197
Kirengeshoma palmata, S. 221
Kniphofia 'Little Maid', S. 245
Linaria genistifolia
Lupinus 'Tom Reeves'
Primeln, S. 230–231
Rudbeckia fulgida var. *deamii*
× *Solidaster luteus*, S. 246
Thermopsis caroliniana
Verbascum chaixii

***Solidago* 'Laurin'**
(Goldrute)
Dichte Staude mit tiefgelben Blütenrispen. Blütezeit Sommer. Laub mittelgrün. H. 0,60–0,75, Br. 0,50 m.

Thermopsis montana
(Fuchsbohne)
Aufrechte Staude mit leuchtendgelben Blütenähren, die im Sommer über den geteilten, mittelgrünen Blättern erscheinen. H. und Br. 0,60 m.

***Rudbeckia fulgida* 'Goldsturm'**
(Sonnenhut, Rudbeckie)
Aufrechte Staude, mit margeritenähnlichen, goldgelben Blüten mit schwarzer, konischer Mitte auf straffen Stielen. Blütezeit Spätsommer und Herbst. Belaubung schmal, rauhblättrig. H. 0,75, Br. 0,30 m oder mehr.

Inula hookeri
(Alant)
Horstbildende Staude mit ovalen, behaarten Blättern und vielen schwachduftenden, margeritenähnlichen, grünlichgelben Korbblüten. Sommerblüher. H. 0,75, Br. 0,45 m.

***Achillea* 'Coronation Gold'**
(Schafgarbe, Edelgarbe)
Aufrechte Staude mit gefiederten, silbergrauen Blättern und großen, flachen, gelben Blütendolden aus kleinen Einzelblüten. Gut für Trockensträuße. Sommerblüher. Nach 3 Jahren teilen. H. 1,00, Br. 0,60 m.

***Aphelandra squarrosa* 'Louisae'**
Immergrüne, aufrechte Staude mit langen, ovalen, leicht gerunzelten Blättern und weißen Nerven. Blüten in dichten, goldgelben Ähren, aus den Achseln der gelben Hochblätter im Sommer bis Herbst. H. bis 1,00, Br. 0,60 m. Mindesttemperatur 13 °C.

***Solidago* 'Goldenmosa'**
(Goldrute)
Horstbildende Staude mit verzweigten Ähren aus mimosenähnlichen, gelben Blütenköpfchen. Blütezeit Spätsommer und Herbst. Blätter lanzettlich, gezähnt, behaart, gelblichgrün. H. 1,00, Br. 0,60 m.

Verbascum nigrum
(Königskerze)
Horstbildende Staude mit schmalen Blütenständen. Gelbe Blüten mit violetter Mitte. Blütezeit Sommer und Herbst. Mittelgrünes Laub, unterseits bereift. H. 0,60–1,00, Br. 0,60 m.

Hemerocallis citrina
(Taglilie)
Starkwüchsige, leichtwachsende, horstbildende Staude mit vielen, großen, starkduftenden Trompetenblüten. Farbe hellzitronengelb. Blätter lanzettlich, dunkelgrün. Blütezeit Sommer. H. und Br. 0,75 m.

Berkheya macrocephala
Aufrechte Staude mit großen, margeritenähnlichen, gelben Blütenköpfchen an verzweigten, mit stacheligen Blättern versehenen Stielen. Liebt nahrhaften Boden und geschützte Lage. H. und Br. 1,00 m. Kalthaus oder Winterschutz.

***Achillea filipendulina* 'Gold Plate'**
(Schafgarbe)
Aufrechte Staude mit kräftigen, belaubten Stielen und breiten, flachen, endständigen Dolden aus gelben Blüten. Sommerblüher. Laub filigran; Blüten behalten beim Trocknen die Farbe. H. 1,20, Br. 0,60 m.

Achillea 'Moonshine', S. 246
Achillea taygetea, S. 246
Aciphylla aurea, S. 199
Centaurea macrocephala
Chrysanthemen, S. 218–219
Eremurus spectabilis
Gaillardia aristata, S. 246
Funkien, S. 244
Iris, Schwertlilien, S. 196–197
Isatis tinctoria
Mirabilis jalapa, S. 205
Orchideen, S. 252–255
Päonien, Pfingstrosen, S. 198–199
Potentilla 'Yellow Queen', S. 247
Primeln, S. 230–231
Scabiosa ochroleuca

Mittelhohe Stauden MIT INTERESSANTEM SOMMERASPEKT

GELB

***Heliopsis* 'Ballet Dancer'**
(Sonnenauge)
Aufrechte Staude mit gefüllten, gelben Blütenköpfen und gezackten Blütenblättern. Sommerblüher. Laub dunkelgrün, rauh, gesägt. H. 1,00–1,20, Br. 0,60 m.

***Hemerocallis* 'Golden Chimes'**
(Taglilie)
Horstbildende Staude, die von Frühsommer bis Sommer kleine, zierliche, goldgelbe Trompetenblüten mit brauner Außenseite hervorbringt. Laub linealisch, mittelgrün. Blüht nur 1 Tag. H. 0,75, Br. 0,60 m.

***Kniphofia* 'Royal Standard'**
(Fackellilie)
Aufrechte Staude mit grasähnlichen Blatthorsten und endständigen Blütenkolben aus scharlachfarbenen Knospen, die sich zu zitronengelben Blüten öffnen. Blütezeit Spätsommer. Winterschutz. H. 1,00–1,20, Br. 0,60 m.

Buphthalmum salicifolium, S. 247
Chelidonium majus 'Flore Pleno', S. 199
Chrysanthemen, S. 218–219
Eremurus spectabilis
Iris, Schwertlilien, S. 196–197
Linaria genistifolia var. *dalmatica*
Orchideen, S. 252–255
Primeln, S. 230–231

ORANGE

Sphaeralcea ambigua
(Kugelmalve)
Verzweigte, strauchige Staude mit breiten, schalenförmigen, rosa Blüten, die einzeln in den Blattachseln vom Sommer bis zum Einsetzen der kalten Witterung erscheinen. Blätter mittelgrün. H. und Br. 0,75–1,00 m.

Asclepias tuberosa
(Seidenpflanze)
Aufrechte Staude mit lanzettlichen, bis 15 cm langen Blättern und kleinen, fünfzipfeligen, leuchtendorangeroten Blüten im Sommer; später schmale, zugespitzte Samenkapseln (bis 15 cm lang). H. 0,75, Br. 0,45 m.

Kniphofia snowdenii
(Fackellilie)
Aufrechtwachsende Staude mit grasähnlichen, grundständigen Blättern und korallenrosa und gelbgefärbten Blüten, die in einem endständigen Kolben zusammenstehen. Sommerblüher. Winterschutz. H. 1,00, Br. 0,50 m.

***Euphorbia griffithii* 'Fireglow'**
(Wolfsmilch)
Buschige Staude mit orangeroten Blüten, die in endständigen Dolden im Frühsommer erscheinen. Laub lanzettlich, mittelgrün mit blaßroten Mittelrippen. H. bis 1,00, Br. 0,50 m.

***Hemerocallis fulva* 'Kwanso Flore Plena'** (Taglilie)
Starkwüchsige, horstbildende Staude mit trompetenförmigen, gefüllten, stumpforangefarbenen Blüten von Sommer bis Spätsommer. Blüht nur 1 Tag. Blätter linealisch, hellgrün. H. 1,00, Br. 0,75 m.

Lychnis chalcedonica
(Brennende Liebe, Lichtnelke)
Zierende, horstbildende Staude mit endständigen, flachen Blütendolden aus kleinen, orangeroten Blüten. Blütezeit Frühsommer. Laub mittelgrün. H. 1,00–1,20, Br. 0,30–0,45 m.

Helenium 'Wyndley', S. 221
Hemerocallis fulva
Hemerocallis 'Norton Orange'
Kniphofia 'Atlanta'
Ligularia dentata 'Desdemona'
Lupinus 'Flaming June'
Papaver orientale 'May Queen'

Mittelhohe Stauden MIT INTERESSANTEM HERBSTASPEKT

WEISS-ROSA

***Aster vimineus* 'Delight'**
(Herbstaster)
Breitwüchsige Staude mit großen Blütenrispen aus kleinen, weißen Blütensternen. Herbstblüher. Laub schmallanzettlich. Benötigt eine Stütze. H. 1,20, Br. 1,00 m oder mehr.

***Aster ericoides* 'White Heather'**
(Myrtenaster)
Buschige Staude mit langblühenden Rispen aus kleinen, weißen Blütensternen. Blütezeit Spätsommer. Laub lanzettförmig, klein, frischgrün; Stengel drahtig. Stützen erforderlich. H. 0,75, Br. 0,50 m.

***Aster novae-angliae* 'Herbstschnee'**
(Rauhblattaster)
Dichte, aufrechte Staude mit Blütenrispen aus weißen Blütensternen mit gelber Mitte. Herbstblüher. Laub lanzettlich, stumpfgrün. Stütze erforderlich. H. 0,75–1,10, Br. 0,60 m.

Actaea pachypoda*, syn. *A. alba
(Christophskraut)
Dichte, horstbildende Staude mit Blütenähren aus kleinen, flaumigen, weißen Blüten. Sommerblüher. Später weiße, scharlachrotgestielte Beeren. H. 1,00, Br. 0,50 m.

Polygonum campanulatum
(Knöterich)
Dichte, bodendeckende Staude mit eleganten, rosagetönten, weißen Blütenähren aus glockenförmigen Blüten. Blütezeit von Sommer bis Frühherbst. Laub oval, unterseits braunfilzig. H. und Br. 1,00 m.

***Aster cordifolius* 'Silver Spray'**
(Staudenaster)
Buschige Staude mit dichten, überhängenden Stielen und zierlichen Rispen aus kleinen, rosagetönten, weißen Blütensternen. Herbstblüher. Laub lanzettlich, am Grunde herzförmig. Benötigt eine Stütze. H. 1,20, Br. 1,00 m.

ROSA

***Chrysanthemum rubellum* 'Clara Curtis'**
(Herbstaster)
Buschige Staude mit vielen Blütenrispen aus reinrosa Blütensternen. Blütezeit Sommer und Herbst. Teilung der Stauden jedes zweite Frühjahr. H. 0,75, Br. 0,45 m.

Anemone hupehensis
(Herbstanemone)
Verzweigte Staude mit warmrosa Blüten aus rundlichen Blütenblättern. Blütezeit Herbst und Spätherbst. Laub dunkelgrün, tiefgeteilt, gezähnt. H. 60–75, Br. 45 cm.

Chelone obliqua
(Schlangenkopf)
Aufrechte Staude mit endständigen Blütenähren aus lilarosa Rachenblüten. Blütezeit Sommer und Spätsommer. Laub dunkelgrün, lanzettlich. H. 1,00, Br. 0,50 m.

WEITERE EMPFOHLENE PFLANZEN:
Aster lateriflorus 'Horizontalis', S. 249
Chrysanthemen, S. 218–219
Cimicifuga simplex 'Elstead'
Pelargonien, Geranien, S. 206–207

Centranthus ruber, S. 207
Kohleria digitaliflora, S. 204
Pelargonien, Geranien, S. 206–207
Schizostylis coccinea 'Sunrise', S. 249

Chrysanthemen

Die Chrysanthemen-Hybriden der Floristen sind ausgezeichnet als Gartenschmuck, als Schnittblumen und zur Dekoration zu verwenden. Sie werden nach ihrer Blütenform unterschieden, nach der ungefähren Blütezeit (Früh-, Mittel- oder Spätherbst) und schließlich nach ihrer Wuchsform (siehe auch Pflanzenlexikon). Die besten Gartenformen sind die Verzweigten, die Pompons und die frühen, gefüllten Formen. Die Zwergchrysanthemen bilden dichte, gewölbte Blütenmassen und sehen gut in Töpfen aus. Die meisten Gruppen zeigen nur 1 Blüte pro Stiel. Die verzweigten, Pompons und Schmuckchrysanthemen entfalten mehrere an einem Stiel. Die Blütenformen sind nachfolgend beschrieben.

Nach innen gewölbte Form – ganz gefüllte, dichte, runde Blüten mit eingerollten Blütenblättern, die aus dem Blütengrund wachsen und ein dichtes Köpfchen bilden.

Nach außen gewölbte Form – die gefüllten Blüten haben nach außen gebogene Petalen, die bis an den Stengel reichen.

Leicht nach außen gewölbte Form – ähnlich der vorigen, jedoch mit weniger stark zurückgebogenen Petalen, mit schirmförmigem Querschnitt.

Rosettenform – gefüllte, fast runde Blüten mit lokker nach innen gewölbten Petalen, die die Mitte umschließen und halb umschließen.

Anemonenblütige Form – die Einzelblüten haben eine gewölbte Mitte bis zum halben Blütendurchmesser und bis zu 5 Reihen flacher oder auch löffelförmiger Petalen, die rechtwinklig vom Stengel abstehen.

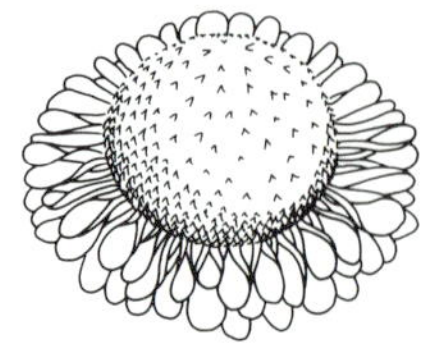

Ungefüllte Form – die Blüten haben je etwa 5 Reihen rechtwinklig abstehende Petalen. Sie können am Ende gebogen sein. Die gewölbte Mitte ist ganz gelb oder hat eine kleine grüne Mitte.

Pompon-Form – gefüllte, dichte, kugelige oder halbkugelige Blüten aus Röhrenblüten mit flachen, rundlichen Enden, die von der Mitte nach außen wachsen.

Löffelartige Form – die Blüten ähneln der ungefüllten Form, nur sind die Blüten im Unterschied zu diesen röhrenförmig und öffnen sich am Ende löffelartig.

***C.* 'Salmon Fairweather'**
(nach innen gewölbt)

***C.* 'Madeleine'**
(verzweigt)

***C.* 'Roblush'**
(verzweigt)

***C.* 'Brietner'**
(nach außen gewölbt)

***C.* 'Dorridge Dream'**
(nach innen gewölbt)

***C.* 'Pavillon'**
(Rosettenform)

***C.* 'Dawn Mist'**
(verzweigt)

***C.* 'Alison Kirk'**
(nach innen gewölbt)

***C.* 'Duke of Kent'**
(nach außen gewölbt)

***C.* 'Marian Gosling'**
(nach außen gewölbt)

***C.* 'Pennine Flute'**
(verzweigt)

***C.* 'Cloudbank'**
(verzweigt)

***C.* 'Michael Fish'**
(Rosettenform)

***C.* 'Pennine Oriel'**
(verzweigt)

***C.* 'Ringdove'**
(Schmuckchrysantheme)

C. **'Talbot Jo'**
(verzweigt)

C. **'Chippendale'**
(nach außen gewölbt)

C. **'Skater's Waltz'**
(Rosettenform)

C. **'Yvonne Arnaud'**
(nach außen gewölbt)

C. **'Purple Pennine Wine'** (verzweigt)

C. **'Maria'**
(Pomponform)

C. **'Cherry Chintz'**
(nach außen gewölbt)

C. **'Rose Yvonne Arnaud'**
(nach außen gewölbt)

C. **'Sentry'**
(nach außen gewölbt)

C. **'George Griffiths'**
(nach außen gewölbt)

C. **'Redwing'**
(verzweigt)

C. **'Green Satin'**
(Rosettenform)

C. **'Marion'**
(verzweigt)

C. **'Discovery'**
(Rosettenform)

C. **'Marlene Jones'**
(Rosettenform)

C. **'Primrose West Bromwich'** (nach außen gew.)

C. **'Pennine Jewel'**
(verzweigt)

C. **'Yellow John Hughes'**
(nach innen gew.)

C. **'Edwin Painter'**
(ungefüllt)

C. **'Yellow Brietner'**
(nach außen gewölbt)

C. **'Pennine Alfie'**
(verzweigt)

C. **'Golden Woolman's Glory'** (ungefüllt)

C. **'Wendy'**
(verzweigt)

C. **'Sally Ball'**
(verzweigt)

C. **'Bronze Fairie'**
(Pomponform)

C. **'Bronze Yvonne Arnaud'** (nach außen gew.)

C. **'Salmon Fairie'**
(Pomponform)

C. **'Rytorch'**
(verzweigt)

C. **'Bronze Hedgerow'**
(ungefüllt)

C. **'Peach Margaret'**
(verzweigt)

C. **'Peach Brietner'**
(nach außen gewölbt)

C. **'Salmon Margaret'**
(verzweigt)

C. **'Autumn Days'**
(Rosettenform)

C. **'Oracle'**
(Rosettenform)

C. **'Buff Margaret'**
(verzweigt)

Mittelhohe Stauden MIT INTERESSANTEM HERBSTASPEKT

ROSA-VIOLETT

***Aster novi-belgii* 'Orlando'**
(Glattblattaster)
Aufrechte Staude mit leuchtendrosa Blütensternen, die eine gelbe Mitte haben. Herbstblüher. Regelmäßige Spritzung gegen Mehltau erforderlich. Laub lanzettförmig, dunkelgrün. Stützen erforderlich. H. 1,00, Br. 0,45 m.

☼ ◊ ❄❄❄

Strobilanthes atropurpureus
Aufrechte, verzweigte Staude mit ovalen, gezähnten Blättern. Blütenähren mit zahlreichen, violettblauen bis violetten Blüten im Sommer und Herbst. H. bis 1,20, Br. 0,60 m.

◐ ◊ ❄❄

***Aster novi-belgii* 'Carnival'**
(Glattblattaster)
Aufrechte Staude mit kirschroten, gefüllten Korbblüten, die eine gelbe Mitte haben. Herbstblüher. Laub lanzettlich, grün. Vorbeugende Mehltauspritzungen und Stützen erforderlich. H. 0,75, Br. 0,45 m.

☼ ◊ ❄❄❄

***Aster × frikartii* 'Mönch'**
(Herbstaster)
Buschige Staude mit blaßlavendelblauen Sternblüten, die eine gelbgrüne Mitte haben. Blütezeit von Sommer bis Spätherbst. Laub rauh, oval. Stütze erforderlich. H. 75, Br. 45 cm.

☼ ◊ ❄❄❄

Tricyrtis formosana*, syn. *T. stolonifera
(Krötenlilie)
Aufrechte Staude mit orchideenähnlichen, starkgefleckten, purpurrosa Blüten mit gelbem Schlund. Das Laub dunkelgrün, glänzend. Wurzelrhizome. H. 0,60–1,00, Br. 0,45 m.

☼ ♦ ❄❄❄

Aster turbinellus
(Herbstaster)
Aufrechte Staude mit kleinen, violetten Blütensternen in lockeren Rispen auf drahtigen Stielen. Herbstblüher. Blätter schmallanzettlich. Leicht zu kultivieren. Krankheitsresistent. H. 1,20, Br. 0,60 m.

☼ ◊ ❄❄❄

BLAU-GELB

***Aster novi-belgii* 'Marie Ballard'**
(Glattblattaster)
Aufrechte Staude mit Blütenrispen aus großen, gefüllten, mittelblauen Korbblüten. Herbstblüher. Regelmäßige Spritzungen gegen Mehltau und auch Stützen erforderlich. H. 1,00, Br. 0,45 m.

☼ ◊ ❄❄❄

Gentiana asclepiadea
(Schwalbenwurzenzian)
Überhängende Staude mit bis 8 cm langen, schmalovalen Blättern. Von Spätsommer bis Herbst gebogene Blütenstiele mit trichterförmigen, tiefblauen Enzianblüten, die innen gepunktet sind. H. 0,90, Br. 0,60 m.

◐ ♦ ❄❄❄

***Kniphofia* 'Percy's Pride'**
(Fackellilie)
Aufrechte Staude mit großen, endständigen, cremegelben Blütenkolben, die grün getönt sind. Herbstblüher. Winterschutz durch Mulch. H. 1,00, Br. 0,50 m.

☼ ◊ ❄❄

Chrysanthemen, S. 218–219
Columnea × banksii, S. 209
Lobelia 'Queen Victoria', S. 208
Penstemon barbatus
Penstemon 'Garnet', S. 207
Penstemon 'King George'
Phytolacca clavigera
Russelia equisetiformis, S. 209
Chirita lavandulacea, S. 250
Chrysanthemen, S. 218–219
Dichorisandra reginae, S. 211
Eryngium tripartitum, S. 212
Lobelia syphilitica
Orchideen, S. 252–255
Rudbeckia fulgida var. *deamii*
Rudbeckia fulgida 'Goldsturm', S. 215

GELB-ORANGE

Kirengeshoma palmata
(Wachsglocke)
Immergrüne, aufrechte, buschige Staude mit rundlichen, gelappten Blättern. Straffe Stiele mit schmalen, röhrenförmigen, cremegelben Blüten, die von Spätsommer bis Herbst in Büscheln zusammenstehen. H. 1,00, Br. 0,60 m.

***Helenium* 'Wyndley'**
(Sonnenbraut)
Buschige Staude mit verzweigten Blütenstielen und orangegelben Blütenköpfchen, die im Sommer und Herbst erscheinen. Laub dunkelgrün. Pflanze regelmäßig im Frühling oder Herbst teilen. H. 80, Br. 50 cm.

Kniphofia caulescens
(Fackellilie)
Immergrüne, aufrechte Staude mit grundständigen, schmalen, blaugrünen Blättern und weichen, gedrungenen Stielen mit endständigen, lachsroten Blütenkolben, die im Herbst blühen. H. 1,20, Br. 0,60 m. Winterschutz.

Kniphofia triangularis*, syn. *K. galpinii (Fackellilie)
Aufrechte Staude mit feinen, grasähnlichen Grundblättern und aufrechten, drahtigen Stielen, darauf kleine, endständige , flammendrote Blütenkolben. Blütezeit Herbst. Winterschutz mit Mulch. H. 1,00, Br. 0,50 m.

***Helenium* 'Moerheim Beauty'**
(Sonnenbraut)
Aufrechte Staude mit straffen, verzweigten Stielen und rotorangefarbenen Blütenköpfchen, die in Trugdolden im Sommer über dem grünen Laub erscheinen. Regelmäßige Teilung erforderlich. H. 1,00, Br. 0,60 m.

WEISS-ROSA

***Ctenanthe oppenheimiana* 'Tricolor'**
Robuste, immergrüne, buschige Staude mit ledrigen, lanzettförmigen, bis 30 cm langen, weißgefleckten Blättern und dreiblättrigen, weißen Blüten, die in Ähren zusammenstehen. H. und Br. 1,00 m. Mindesttemperatur 15 °C.

***Plectranthus coleoides* 'Variegatus'**
(Harfenstrauch)
Immergrüne, buschige Staude mit ovalen, bis 6 cm langen, graugrün gerandeten Blättern und röhrenförmigen, weißen bis blaßlila Blüten. H. und Br. 60 cm oder mehr. Mindesttemperatur 10 °C.

***Dieffenbachia* 'Exotica', syn. *D. seguine* 'Exotica'**
Immergrüne, buschige Staude, bisweilen am Grunde verholzend. Die breiten, lanzettförmigen, bis 45 cm langen Blätter sind cremeweiß gefleckt. H. und Br. 1,00 m oder mehr. Mindesttemperatur 15 °C.

Anthurium crystallinum
(Flamingoblume)
Immergrüne, aufrechte, büschelige Staude mit langen, samtigen, dunkelgrünen, weißnervigen Blättern und langhaftenden, rotgetönten, grünen Hochblättern. H. bis 75, Br. bis 60 cm. Mindesttemperatur 15 °C.

Hypoestes phyllostachya
Immergrüne, buschige Staude oder Halbstrauch mit dunkelgrünem, unregelmäßig rosageflecktem Laub und kleinen, röhrenförmigen, lavendelfarbenen Blüten. H. und Br. 75 cm. Mindesttemperatur 10 °C.

***Caladium × hortulanum* 'Pink Beauty'** (Kaladie)
Büschelige, aus Knollen wachsende Staude mit bis 45 cm langen, rosagefleckten, grünen Blättern und roten Blattnerven. Die weißen Hochblätter erscheinen im Sommer. H. und Br. 0,90 m. Mindesttemperatur 19 °C.

WEITERE EMPFOHLENE PFLANZEN:

Aphelandra squarrosa 'Dania'
Aphelandra squarrosa 'Louisae', S. 215
Chrysanthemen, S. 218–219
Helenium 'Bressingham Gold'
Helenium 'Butterpat'
Solidago 'Goldenmosa', S. 215
Verbascum nigrum, S. 215
Alpinia calcarata
Anthurium veitchii
Bromelien, S. 222
Dieffenbachia seguine 'Memoria Corsii'
Hypoestes aristata
Orchideen, S. 252–255

Bromelien

Diese Pflanzen aus der Familie der Bromeliaceen besitzen typische Blattrosetten und auffällige Blüten. Sie gedeihen gut in kühlen Klimabereichen im Zimmer, obgleich viele von Ihnen Epiphyten oder Luftpflanzen sind, die ihre Nahrung durch die Luftfeuchtigkeit aufnehmen und nicht von der Pflanze, auf der sie wachsen.

Bromelia balansae

Tillandsia lindenii

Cryptanthus zonatus **'Zebrinus'**

Aechmea fasciata

Billbergia nutans

Puya alpestris

Tillandsia caputmedusae

Ananas bracteatus **'Tricolor'**

Aechmea distichantha

Neoregelia carolinae f. tricolor

Guzmania monostachia

Dyckia remotiflora

Tillandsia argentea

Aechmea **'Foster's Favorite'**

Guzmania lingulata **var.** *minor*

Cryptanthus bivittatus

Tillandsia usneoides

Cryptanthus **'Pink Starlight'**

Aechmea recurvata

Guzmania lingulata

Tillandsia fasciculata

Tillandsia stricta

Vriesea splendens

Neoregelia concentrica

Tillandsia cyanea

Puya chilensis

Mittelhohe Stauden MIT WINTER- UND GANZJAHRESASPEKT

ROT

Anthurium andreanum
(Flamingoblume)
Immergrüne, aufrechte Staude mit langstieligen, ovalen, bis 20 cm langen Blättern. Die roten, leuchtenden Hochblätter mit den gelben Blütenkolben halten sich lange. H. 60–75, Br. 50 cm. Mindesttemperatur 15 °C.

***Phormium tenax* 'Dazzler'**
(Neuseeländer Hanf)
Immergrüne, aufrechte Staude mit Büscheln aus gelben, lachsorangen oder orangeroten Blättern. An den violettblauen Stengeln erscheinen im Sommer rötliche Blütenbüschel. H. 2,50 (mit Blütenstand), Br. 1,00 m.

Nepenthes hookeriana
(Kannenpflanze)
Immergrüne, insektenverzehrende Pflanze mit ovalen, ledrigen Blättern und blaßgrünen, röhrenförmigen Fangbehältern mit violettroten Markierungen und gesporntem Deckel. H. 60–75 cm. Mindesttemperatur 18 °C.

Gerbera jamesonii, S. 258
Tellima grandiflora 'Purpurea', S. 258

VIOLETT-GRÜN

Browallia speciosa
Buschige Staude, die meist einjährig gezogen und jährlich neu ausgesät wird. Blätter oval, bis 10 cm lang. Blüten auffallend violettblau mit weißem Auge. Blütezeit hängt von Aussaat ab. H. 60–75, Br. 45 cm. Mindesttemperatur 10–15 °C.

Alocasia cuprea
Immergrüne, dichtbuschige Staude mit ovalen, ca. 30 cm langen Blättern mit metallischem Schimmer und dunkleren, oberseits vertieften Blattnerven. Die violettfarbenen Hochblätter erscheinen das Jahr hindurch. H. und Br. bis 1,00 m. Mindesttemperatur 15 °C.

Xanthosoma sagittifolium
Sich weit ausbreitende, dichte Staude. Die breiten, bogenförmigen, bis 60 cm oder längeren, langgestielten Blätter sind grün, grau bereift. Grüne Hochblätter erscheinen unregelmäßig. H. bis 2,00 (mit Blüte), Br. 2,00 m oder mehr. Mindesttemperatur 15 °C.

Aglaonema pictum, S. 260
Alocasia veitchii
Calathea lindeniana
Calathea makoyana, S. 260

Artemisia ludoviciana* var. *albula
(Wermut)
Halbimmergrüne, buschige Staude, die wegen ihrer duftenden, lanzettförmigen, silberweißen, gezackten Blätter gezogen wird. Die grauweißen Blüten erscheinen in schmalen Büscheln im Sommer. H. 1,20, Br. 0,60 m.

***Columnea microphylla* 'Variegata'**
Immergrüne, kriechende Staude mit rundlichen Blättern, die einen weißen Rand haben und röhrenförmige, scharlachrote Blütenhelme mit gelbem Schlund. Blütezeit Winter und Frühling. H. 1,00 m oder mehr. Br. wuchernd. Mindesttemperatur 15 °C.

Helleborus lividus ssp. *corsicus*, S. 260
Musa coccinea
Nephthytis afzelii
Orchideen, S. 252–255

Aciphylla squarrosa
Horstbildende Staude mit dichten, immergrünen, spitzen, geteilten Blättern. Im Sommer dornige, gelbe Blüten in zusammengesetzten Dolden. Männliche und weibliche Blüten sind meist gemischt. H. und Br. 1,00–1,20 m. Winterschutz.

Asparagus densiflorus*, syn. *A. sprengeri (Zierspargel)
Immergrüne, überhängende Staude mit Büscheln aus leuchtendgrünen, blattähnlichen Stengeln. Im Sommer rosagetönte, weiße Blüten, später rote Beeren. Für Hängekörbe. H. bis 1,00, Br. 0,50 m. Mindesttemperatur 10 °C.

Calathea zebrina
Robuste immergrüne, horstbildende Staude mit langstieligen, samtigen, dunkelgrünen, bis 60 cm langen Blättern, die hellgeadert sind und helle Ränder haben. Blüten in kurzen, weißen oder blaßlila Ähren. H. und Br. 90 cm. Mindesttemperatur 15 °C.

Peperomia scandens
Xanthorrhoea australis
Xanthosoma violaceum

Mittelhohe Stauden

MIT WINTER- UND GANZJAHRESASPEKT

GRÜN-ORANGE

***Asparagus densiflorus* 'Myersii'**
(Fuchsschwanzspargel)
Immergrüne, aufrechte Staude mit dichtgefiederten Wedeln aus blattähnlichen Trieben und rosaweißen Blüten, die im Sommer erscheinen. Später rote Beeren. H. bis 1,00, Br. 0,50 m. Mindesttemperatur 10 °C.

Globba winitii
Immergrüne, horstbildende Staude mit lanzettförmigen, bis 20 cm langen Blättern. Nickende Blüten röhrenförmig, gelb, mit großen, purpurroten, zurückgebogenen Hochblättern. Blütezeit unregelmäßig. H. 1,00, Br. 0,30 m. Mindesttemperatur 18 °C.

***Dieffenbachia seguine* 'Rudolph Roehrs', syn. *D. s.* 'Roehrsii'**
Immergrüne, dichtbuschige Staude, mitunter am Grunde verholzend. Breite, lanzettliche, gelbgrüne oder weiße Blätter mit grünen Mittelrippen und Flecken. H. und Br. 1,00 m oder mehr. Mindesttemperatur 15 °C.

***Peristrophe hyssopifolia* 'Aureo-variegata'**
Immergrüne, buschige Staude mit kleinen, breitlanzettlichen Blättern und langen, zugespitzten, cremegelben Mittelflecken. Blüten röhrenförmig, rosarot. Winterblüher. H. bis 0,60, Br. bis 1,20 m. Mindesttemperatur 15 °C.

***Sansevieria trifasciata* 'Laurentii'**
(Bogenhanf, Sanseverie)
Immergrüne, stammlose Staude mit einer Rosette aus 5 steifaufrechten, lanzettförmigen, zugespitzten Blättern mit gelbem Rand. Gelegentlich blaßgrüne Blüten. H. 0,45–1,20, Br. 0,10 m. Mindesttemperatur 10–15 °C.

Strelitzia reginae
(Strelitzie)
Immergrüne, horstbildende Staude mit blaugrünen Blättern. Orange und blaue Blüten stehen, meist im Frühling, in kranichkopfähnlichen Blütenständen zusammen. H. über 1,00, Br. 0,75 m. Mindesttemperatur 5–10 °C.

Astilbe 'Ostrich Plume', S. 204
Astilbe 'Venus', S. 204
Bromelien, S. 222
Ctenanthe lubbersiana
Dasylirion texanum
Dieffenbachia seguine
Sansevieria cylindrica
Sansevieria trifasciata

Niedrige Stauden

MIT INTERESSANTEM FRÜHJAHRSASPEKT

WEISS

***Epimedium × youngianum* 'Niveum'**
(Elfenblume)
Dichte, bodendeckende Staude mit herzförmigen, gesägten, bronzegetönten Blättern, die im Spätfrühling grün werden. Blüten klein, schalenförmig, schneeweiß. Frühlingsblüher. H. 15–30, Br. 30 cm.

Pachyphragma macrophyllum
(Täschelkraut)
Kriechende, teppichbildende Staude mit rundlichen Rosetten aus langgestielten, glänzendhellgrünen, ca. 10 cm langen Blättern und Rispen aus winzigen, weißen Blüten. Frühlingsblüher. H. 30 cm, Br. wuchernd.

***Lamium maculatum* 'White Nancy'**
(Taubnessel)
Bodendeckende Staude mit weißpanaschierten, mittelgrünen Blättern. Blütenstiele mit weißen Lippenblüten, die von Spätfrühling bis Sommer erscheinen. H. 0,15, Br. 1,00 m.

Trillium cernuum* f. *album
(Dreiblatt)
Horstbildende Staude mit nickenden, weißen Blüten mit brauner Mitte, die im Frühling unter den leuchtenden, dreiteiligen, mittelgrünen Blättern erscheinen. H. 30–45, Br. 30 cm.

***Pulmonaria* 'Sissinghurst White'**
(Lungenkraut)
Immergrüne, horstbildende Staude mit trichterförmigen, weißen Blüten, die im Frühling über den elliptischen, langen, mittelgrünen, blaßgefleckten Blättern erscheinen. H. 30, Br. 45–60 cm.

***Lamium maculatum* 'Album'**
(Taubnessel)
Teppichbildende Staude mit dunkelgrünen Blättern, die weiße Mittelstreifen haben. Die in Büscheln zusammenstehenden Lippenblüten erscheinen im Frühling und Sommer. H. 0,20, Br. 1,00 m.

WEITERE EMPFOHLENE PFLANZEN:
Convallaria majalis 'Fortin's Giant'
Helleborus niger, S. 257
Helleborus orientalis [weiß], S. 256
Primeln, S. 230–231
Sanguinaria canadensis 'Multiplex'
Trillium grandiflorum 'Flore Pleno'

Convallaria majalis
(Maiglöckchen)
Langsamwachsende Staude mit schmalovalen, dunkelgrünen Blättern und Ähren mit kleinen, sehr stark duftenden, weißen Glöckchen. Liebt humusreichen Boden. H. 15 cm, Br. wuchernd.

◐ 💧 ❄❄❄

Trillium ovatum
(Dreiblatt)
Horstbildende Staude mit weißen Blüten, die später rosa werden. Sie erscheinen im Frühling einzeln über den rotstieligen, dreiteiligen, grünen Blättern. H. 25–40, Br. 20 cm.

☀ 💧 ❄❄❄

Adonis brevistyla
(Adonisröschen, Teufelsauge)
Horstbildende Staude mit hahnenfußähnlichen Blüten, die im zeitigen Frühjahr endständig an den Trieben erscheinen. Blüten weiß, außen blaugetönt. Laub feinnadelig, mittelgrün. H. und Br. 15–25 cm.

◐ 💧 ❄❄❄

Trillium chloropetalum
(Dreiblatt)
Horstbildende Staude mit rötlichgrünen Trieben und dreiteiligen, graumarmorierten, dunkelgrünen Blättern. Blüten variieren von Purpurrot bis Weiß. Sie erscheinen im Frühling über dem Laub. H. und Br. 30–45 cm.

☀ 💧 ❄❄❄

Trillium grandiflorum
(Dreiblatt)
Horstbildende Staude mit großen, reinweißen Blüten, die später rosa werden. Sie stehen im Frühling einzeln über den großen, dreiteiligen, dunkelgrünen Blättern. H. 35, Br. 30 cm.

☀ 💧 ❄❄❄

Podophyllum emodi*, syn. *P. hexandrum
(Maiapfel, Fußblatt)
Staude mit paarigen, dreilappigen, braungefleckten Blättern und weißen oder rosafarbenen Blüten, die im Frühling erscheinen. Später fleischige rote Beeren. H. 30–45, Br. 30 cm.

◐ 💧 ❄❄❄

Epimedium pubigerum
(Elfenblume)
Immergrüne, bodendeckende Staude, die wegen ihrer zarten, herzförmigen Blätter und der Blütenrispen aus schalenförmigen, cremeweißen oder rosafarbenen Blüten kultiviert wird. Frühjahrsblüher. H. und Br. 45 cm.

◐ 💧 ❄❄❄

Anemone sylvestris
(Waldanemone)
Teppichbildende Staude, die wuchern kann. Die duftenden, etwas nickenden, weißen Blüten mit der gelben Mitte erscheinen im Frühling und Frühsommer. Laub geteilt, mittelgrün. H. und Br. 30 cm.

◐ 💧 ❄❄❄

***Bergenia* 'Silberlicht'**
Horstbildende Staude mit immergrünen, flachen, ovalen, mittelgrünen Blättern mit gezähntem Rand. Die weißen, bisweilen rosagetönten Blüten stehen an aufrechten Stielen in dichten Dolden. Frühlingsblüher. H. 30, Br. 50 cm.

☼ 💧 ❄❄❄

Niedrige Stauden MIT INTERESSANTEM FRÜHJAHRSASPEKT

ROSA

Bergenia ciliata
(Löffelblatt)
Immergrüne, horstbildende Staude mit großen, rundlichen, behaarten Blättern. Die rosafarbenen Blütenbüschel erscheinen im Frühling. Blätter frostgefährdet, treiben im Frühjahr aber wieder aus. H. 30, Br. 50 cm.

☼ ◊ ❄❄

***Bergenia cordifolia* 'Purpurea'**
(Löffelblatt, Bergenie)
Große, immergrüne, horstbildende Staude, die als Bodendecker geeignet ist. Blätter groß, rundlich, purpurgetönt, tiefgrün. Blüten glockenförmig, rosarot. Blütezeit von Vorfrühling bis Frühling. H. und Br. 50 cm.

☼ ◊ ❄❄❄

***Epimedium grandiflorum* 'Rose Queen'** (Elfenblume)
Bodendeckende Staude mit dichter, herzförmiger, geteilter, im Austrieb kupferfarbener Belaubung. Drahtige Blütenstiele mit Rispen aus schalenförmigen, gespornten, rosafarbenen Blüten im Frühling. H. und Br. 30 cm.

◐ ◊ ❄❄❄

ROT

Epimedium × rubrum
(Elfenblume)
Bodendeckende Staude mit dichten, herzförmigen, geteilten, im Austrieb dunkelbraunroten Blättern und Blütenrispen aus schalenförmigen, karminroten, gelbgespornten Blüten. H. 30, Br. 20 cm.

◐ ◊ ❄❄❄

Trillium erectum
(Dreiblatt)
Horstbildende Staude mit dreiblättrigen, mittelgrünen Blättern und leuchtendviolettbraunen Blüten, die sich im Frühling entfalten. H. 30–45, Br. 30 cm.

● ◆ ❄❄❄

***Geranium macrorrhizum* 'Ingwersen's Variety'**
(Staudengeranie)
Teppichbildende Staude, als Bodendekker einzusetzen. Die kleinen, rosaroten Blüten erscheinen im Frühsommer. Laub aromatisch duftend. Im Herbst bronzefarben und rot. H. 30, Br. 60 cm.

☼ ◊ ❄❄❄

Heloniopsis orientalis
Horstbildende Staude mit Grundrosette aus schmalen, lanzettlichen Blättern und nickenden, rosaroten Blüten. Frühlingsblüher. H. und Br. 30 cm.

◐ ◆ ❄❄❄

Lamium maculatum
(Gefleckte Taubnessel)
Teppichbildende Staude mit violett- oder rosagetönten Blättern mit silbrigem Mittelstreifen. Die malvenrosa Lippenblüten erscheinen im Frühling. H. 0,15, Br. 1,00 m.

● ◊ ❄❄❄

Trillium sessile
(Dreiblatt)
Horstbildende Staude mit rotbraunen Blüten, die über einem Kragen aus dreilappigen, weißen, blaßgrünen oder bronzeschattierten Blättern blühen. H. 30–40, Br. 30–45 cm.

● ◆ ❄❄❄

Bergenia 'Abendglut'
Bergenia cordifolia
Bergenia 'Morgenröte'
Bergenia × schmidtii
Bergenia stracheyi
Bergenia 'Sunningdale'
Dicentra eximia 'Spring Morning', S. 235
Dicentra formosa 'Adrian Bloom'
Dicentra 'Stuart Boothman'
Helleborus orientalis [rot], S. 257
Primeln, S. 230–231
Rehmannia glutinosa
Epimedium alpinum
Pulmonaria rubra

***Anemone nemorosa* 'Allenii'**
(Buschwindröschen)
Bodendeckende Staude mit vielen, großen, schalenförmigen, einzelstehenden, lavendelblauen Blüten, die im Frühling über dem tief eingeschnittenen, mittelgrünen Laub erscheinen. H. 15, Br. 30 cm oder mehr.

Glaucidium palmatum
Blattstaude mit großen, gelappten Blättern und großen, zarten, schalenförmigen, lavendelfarbenen Blüten. Frühlingsblüher. Als Waldpflanze mag sie humusreichen Boden und geschützte Lage. H. und Br. 50 cm.

Geranium nodosum
(Staudengeranie)
Horstbildende Staude mit gelappten, glänzenden Blättern und zarten, schalenförmigen, violetten oder lilarosa Blüten. Blütezeit Frühling und Sommer. Gedeiht in tiefem Schatten; kann wuchern. H. und Br. 45 cm.

Lathyrus vernus
(Frühlingsplatterbse)
Horstbildende Staude, die im Frühling kleine, wickenähnliche, leuchtendviolette und blaue, rotgeaderte Blüten an schlanken Stengeln hervorbringt. Die Blätter sind zart und gefiedert. Schwer zu verpflanzen. H. und Br. 30 cm.

***Anemone nemorosa* 'Robinsoniana'**
(Buschwindröschen)
Teppichbildende Staude mit flachen, sternförmigen, lavendelblauen, unterseits blaßcremegrauen Blüten, die einzeln auf braunen Stielen stehen. Blätter in lanzettförmige Abschnitte tief geteilt. H. 15, Br. 30 cm.

Cardamine pentaphyllos*, syn. *Dentaria pentaphyllos
(Schaumkraut)
Aufrechte Staude mit fleischigen, horizontalen Wurzelstöcken. Im Frühling erscheinen die großen, weißen oder blaßvioletten Blütenbüschel. H. 30–60, Br. 45–60 cm.

Cardamine pratensis 'Flore Pleno'
Chirita lavandulacea, S. 250
Epimedium grandiflorum 'Violaceum'
Helleborus orientalis [purpur], S. 258
Helonias bullata
Iris, Schwertlilien, S. 196–197
Orchideen, S. 252–255
Päonien, Pfingstrosen, S. 198–199
Primeln, S. 230–231
Sarracenia purpurea

Niedrige Stauden MIT INTERESSANTEM FRÜHJAHRSASPEKT

VIOLETT-BLAU

Pulmonaria saccharata
(Lungenkraut)
Immergrüne, horstbildende Staude mit trichterförmigen, beim Öffnen rosafarbenen, später blauen Blüten. Frühlingsblüher. Blätter lang, elliptisch, cremeweißgefleckt. H. 30, Br. 60 cm.

Lamium orvala
(Taubnessel)
Horstbildende Staude mit dichtem, mittelgrünem Laub, das in der Mitte auch weißgestreift sein kann. Die rosa oder violettrosa Blüten öffnen sich im Spätfrühling bis Frühsommer. H. und Br. 30 cm.

Scopolia carniolica
(Krainer Tollkraut)
Horstbildende Staude mit Blütenähren aus nickenden, violettbraunen, innen gelben Blüten, die im Vorfrühling erscheinen. H. und Br. 60 cm.

Lathraea clandestina
(Schuppenwurz)
Breitwüchsige Staude, die parasitär auf Weiden- oder Apfelwurzeln gedeiht. Die unterirdischen Stengel haben farblose Triebe. Die violetten, behelmten Blüten erscheinen in Büscheln von Winter bis Vorfrühling. H. 10 cm, Br. wuchernd.

***Pulmonaria angustifolia* 'Mawson's Variety'**
(Lungenkraut)
Horstbildende Staude, die im zeitigen Frühling trichterförmige, blaue, später rotgetönte Blüten in Büscheln über den schmalen Blättern hervorbringt. H. und Br. 25 cm.

Mertensia virginica
Elegante Staude, die im Frühling zahlreiche trichterförmige, blaue Blüten hervorbringt, diese hängen in Büscheln an den Triebenden herab. Die ovalen Blätter sind zart blaugrün und sterben im Sommer ab. Schneckenfraßgefährdet. H. 30–60, Br. 30–45 cm.

Ajuga pyramidalis
Brunnera macrophylla
Cyanotis somaliensis, S. 259
Iris, Schwertlilien, S. 196–197
Meehania urticifolia
Pulmonaria angustifolia
Pulmonaria longifolia
Symphytum 'Hidcote Blue'

BLAU-GELB

***Brunnera macrophylla* 'Dawson's White', syn. *B. m.* 'Variegata'**
Bodendeckende Staude mit herzförmigen, cremeweißgezeichneten Blättern. Die Blütenrispen mit den kleinen, leuchtendblauen Blüten erscheinen im Frühling. Windschutz verhindert Blattschaden. H. 45, Br. 60 cm.

Meconopsis quintuplinervia
(Scheinmohn)
Teppichstaude mit lavendelblauen Blüten, die am Grunde violett getönt sind. Sie stehen einzeln im Frühling und Frühsommer auf behaarten Stengeln über einem dichten, grünen Blatteppich. H. 30–45, Br. 30 cm.

Euphorbia amygdaloides* ssp. *robbiae
(Mandelwolfsmilch)
Breitwüchsige Staude mit dunkelgrünen Blattrosetten. Guter Bodendecker auch für nährstoffarme Böden und Halbschatten. Blüten zitronengrün in rundlichen Köpfchen, Frühlingsblüher. H. 45–60, Br. 60 cm.

Euphorbia seguieriana
(Wolfsmilchart)
Buschige Staude mit großen, endständigen Büscheln aus gelbgrünen Blüten, die im Spätfrühling erscheinen; schmale, lanzettliche, bläuliche Blätter an schlanken Stengeln. H. und Br. 45 cm.

Euphorbia cyparissias
(Zypressenwolfsmilch)
Rundliche Blattstaude mit zahlreichen schlanken, graugrünen Blättern und kleinen, leuchtendgelbgrünen Dolden aus kleinen Blütchen, die im Spätfrühling erscheinen. Kann wuchern. H. und Br. 30 cm.

Chirita sinensis
Helleborus cyclophyllus
Helleborus foetidus, S. 261
Helleborus lividus ssp. *corsicus*, S. 260
Helleborus viridis, S. 261
Iris, Schwertlilien, S. 196–197
Linum narbonense, S. 243
Sarracenia flava, S. 245

GELB

***Valeriana phu* 'Aurea'**
(Goldgelber Baldrian)
Staude mit zitronen- bis buttergelben Blattrosetten, die sich im Sommer, wenn die unscheinbaren, weißen Blütendolden erscheinen, mittelgelb färben. H. 35, Br. 30–35 cm

Petasites japonicus
(Pestwurz)
Breitwüchsige, wuchernde Staude, die im zeitigen Frühling dichte Blütenstände mit kleinen, margeritenähnlichen, gelblichweißen Blüten hervorbringt, ehe die großen, hellgrünen Blätter erscheinen. H. 0,60, Br. 1,50 m.

Cardamine enneaphyllos
(Schaumkraut)
Lockere Staude, die sich durch einen fleischigen Wurzelstock ausbreitet. Im Frühling erscheinen die nickenden, blaßgelben oder weißen, endständigen Blüten. Blätter grundständig, tiefgeteilt. H. 30–60, Br. 45–60 cm.

***Epimedium × versicolor* 'Neo-sulphureum'** (Elfenblume)
Bodendeckende Staude mit dichten, herzförmigen, geteilten, im Frühling violettrotgetönten Blättern. Die schalenförmigen, gelben Blüten stehen in nickenden Rispen an drahtigen Stielen. Frühjahrsblüher. H. und Br. 30 cm.

***Trollius* 'Alabaster'**
(Trollblume)
Horstbildende Staude mit rundlichen, gelblichweißen Blüten, die im Frühling erscheinen. Blätter grundständig, tiefgeteilt, mittelgrün. H. bis 60, Br. 45 cm.

Anemone × lipsiensis
(Anemone)
Bodendeckende Staude, die im Frühling viele blaßgelbe Einzelblüten mit leuchtendgelben Staubfäden hervorbringt. Die Blätter sind tiefgeteilt und haben lange Nebenblättchen. H. 15, Br. 30 cm.

Uvularia grandiflora
(Trauerglocke)
Horstbildende Staude mit Büscheln aus langen, gelben, glockenförmigen Blüten, die an schlanken Stielen im Frühling erscheinen. H. 45–60, Br. 30 cm.

Anemone ranunculoides
(Ranunkel)
Breitwüchsige Staude für feuchten Waldboden mit einzelnen, flachschaligen, tiefgelben Blüten, die im Frühling erscheinen. Die geteilten Blätter sind kurzstielig. H. und Br. 20 cm.

Asphodeline liburnica
Doronicum austriacum
Doronicum 'Spring Beauty'
Duchesnea indica
Epimedium × perralchicum
Epimedium perralderianum
Epimedium pinnatum ssp. *colchicum*
Euphorbia rigida
Hylomecon japonicum, S. 290
Meconopsis integrifolia, S. 247
Primeln, S. 230–231
Ranunculus acris 'Flore Pleno', S. 247
Symphytum grandiflorum
Trollius 'Earliest of All'
Trollius europaeus 'Canary Bird'
Uvularia perfoliata

Primeln

Es gibt Primeln für jede Gartenpartie, vom Teich bis zum Geröll. Viele stellen besondere Ansprüche an die Kultur. Die bekanntesten sind die Aurikeln und die Pagodenprimeln. Bei ihnen sind die Blüten besonders angeordnet. Näheres siehe im Pflanzenlexikon.

P. allionii

P. polyneura

P. pulverulenta (Etagenprimel)

P. sonchifolia

***P. vulgaris* 'Gigha White'** (Garten-Kissenprimel)

P. sinensis

***P. sieboldii* 'Wine Lady'**

P. frondosa

P. 'Craddock White'

P. malacoides (einfach)

P. malacoides (gefüllt)

P. warshenewskiana

P. secundiflora

P. petiolaris

P. denticulata* f. *alba (Kugelprimel)

P. farinosa (Mehlprimel)

P. melanops

***P. japonica* 'Miller's Crimson'** (Etagenprimel)

P. modesta* var. *fauriei

***P. japonica* 'Postford White'** (Etagenprimel)

P. vulgaris* ssp. *sibthorpii

P. × scapeosa

P. clusiana

P. vialii (Orchideenprimel)

P. gracilipes

***P. pulverulenta* 'Bartley'** (Etagenprimel)

P. clarkei

P. hirsuta

P. 'Mrs. J. H. Wilson' (Aurikel)

P. rosea (Himalajaprimel)

P. sieboldii

P. edgeworthii

***P. × pubescens* 'Janet'**

P. **'Mark'**
(Aurikel)

P. **'Linda Pope'**

P. aureata

P. florindae
(Tibetprimel)

P. bulleyana
(Etagenprimel)

P. **'Adrian'**
(Aurikel)

P. reidii* var. *williamsii

P. alpicola* var. *luna

P. denticulata
(Kugelprimel)

P. vulgaris
(Garten-Kissenprimel)

P. sikkimensis

P. forrestii

P. **'Janie Hill'**
(Aurikel)

P. **'Moonstone'**
(Aurikel)

P. elatior
(Hohe Schlüsselblume)

P. veris

P. **'Blossom'**
(Aurikel)

P. marginata
'Prichard's Variety'

P. bhutanica

P. helodoxa
(Etagenprimel)

P. **'Blairside Yellow'**
(Aurikel)

P. chungensis
(Etagenprimel)

P. **'Inverewe'**
(Etagenprimel)

P. flaccida

P. **'Margaret Martin'**
(Aurikel)

P. × kewensis

P. **Gold-Lace-Gruppe**

P. marginata

P. **'Chloë'**
(Aurikel)

P. palinuri

P. verticillata

Niedrige Stauden MIT INTERESSANTEM FRÜHJAHRSASPEKT

GELB-ORANGE

Trollius europaeus
(Trollblume)
Horstbildende Staude mit im Frühling rundlichen, zitronen- bis mittelgelben Blüten, die über den tiefgeteilten, mittelgrünen Blättern stehen. H. 60, Br. 45 cm.

Adonis amurensis
(Amur-Adonisröschen)
Horstbildende Staude, die im Vorfrühling große, gelbe, anemonenähnliche, endständige Einzelblüten entfaltet. Das grüne Laub ist fein geschlitzt. H. 30, Br. 25–30 cm.

Euphorbia polychroma
(Frühlingswolfsmilch)
Rundbuschige Staude mit mittelgrünen Blättern und leuchtendgelben Blütenschöpfen, die mehrere Wochen hindurch im Frühling blühen. H. und Br. 50 cm.

Meconopsis cambrica
(Scheinmohn)
Ausladende Staude, die im Spätfrühling zitronengelbe oder leuchtendorangefarbene Blüten hervorbringt. Auch gefüllte Formen möglich. Laub tief geteilt, farnähnlich. H. 30–45, Br. 30 cm.

Adonis vernalis
(Frühlingsadonis, Teufelsauge)
Horstbildende Staude, die im Frühling anemonenähnliche, grünlichgelbe Blüten hervorbringt, die einzeln, endständig an den Trieben erscheinen. Laub mittelgrün, fein geteilt. H. und Br. 25–30 cm.

Epimedium × warleyense
(Elfenblume)
Teppichbildende Staude mit herzförmigen, geteilten, hellgrünen, violettrotgetönten Blättern und schalenförmigen, leuchtendorangefarbenen Blüten, die in Büscheln im Frühling an festen Stielen erscheinen. H. und Br. 30 cm.

Calceolaria 'John Innes', S. 248
Iris, Schwertlilien, S. 196–197
Primeln, S. 230–231
Trollius 'Goldquelle'

Niedrige Stauden MIT INTERESSANTEM SOMMERASPEKT

WEISS

Campanula alliariifolia
(Glockenblume)
Buschige Staude mit herzförmigen Blättern und drahtigen Stengeln, daran cremeweiße Blütenglocken. Sommerblüher. H. 60, Br. 50 cm.

Anemone rivularis
(Anemone)
Staude mit straffen, weitverzweigten Stielen und zarten, schalenförmigen, weißen Blüten, die im Sommer über dem tiefgeteilten, dunkelgrünen Laub erscheinen. Liebt humusreichen Boden. H. 60, Br. 30 cm.

Anemone narcissiflora
(Narzissenblütige Anemone)
Ausdrucksvolle Blattstaude mit schalenförmigen, weißen Einzelblüten, die außen violettrosa gefärbt sind. Blütezeit Frühsommer. Laub dunkelgrün, tief geteilt. Liebt humusreichen Boden. H. 60, Br. 50 cm.

Galium odoratum*, syn. *Asperula odorata (Waldmeister)
Bodendeckende Staude mit quirlständigen, sternförmigen, weißen Blüten, die im Sommer über den zierlichen, quirlständigen Blättern erscheinen. Alle Teile der Pflanze duften aromatisch. H. 15, Br. 30 cm oder mehr.

***Chrysanthemum × superbum* 'Esther Read'**
(Weiße Margerite)
Robuste Staude mit großen, gefüllten, weißen Blütenköpfchen, die im Sommer einzeln an straffen Stielen blühen. Alle zwei Jahre teilen und verpflanzen. H. und Br. 45 cm.

WEITERE EMPFOHLENE PFLANZEN:
Lamium maculatum 'White Nancy', S. 224
Libertia ixioides
Ophiopogon jaburan 'Variegatus'
Paradisea liliastrum
Polygonatum multiflorum 'Variegatum'
Scabiosa caucasica 'Miss Willmott'
Sinningia 'Mont Blanc'

Anthemis punctata* ssp. *cupaniana
(Kamillenart)
Immergrüne, teppichbildende Staude mit dichtem, silbrigem Laub, das sich im Winter grün färbt. Die weißen Kamillenblütenköpfchen mit gelber Mitte stehen im Sommer einzeln an kurzen Stielen. H. und Br. 30 cm.

☼ ◊ ❄❄

Anthericum liliago
(Graslilie)
Aufrechte Blütenstaude, die im Frühsommer ihre hohen Blütenähren mit den trichterförmigen, weißen Blüten hervorbringt. Blätter bodenständig, schmallanzettlich, graugrün. H. 45–60, Br. 30 cm.

☼ ◊ ❄❄❄

Anaphalis triplinervis* var. *intermedia*, syn. *A. nubigena
(Strohblume)
Niedrige Blattstaude mit silberwolligen Stengeln und lanzettlichen Blättchen. Die weißen Blütenköpfchen erscheinen im Spätsommer in endständigen Dolden. H. 20–30, Br. 15 cm.

☼ ◊ ❄❄❄

***Mentha suaveolens* 'Variegata'**
(Buntblättrige Minze)
Wuchernde Staude mit weichwolligen, mittelgrünen Blättern, die weiß und cremefarben gefleckt sind und nach Apfel duften. Blüht selten. H. 30–45, Br. 60 cm.

☼ ◊ ❄❄❄

Crambe maritima
(Seekohl, Riesenschleierkraut)
Robuste Solitärstaude mit bodenständigen, breiten, gewellten und gelappten, silbergrünen Blättern. Hohe Blütenschäfte mit zahlreichen winzigen, weißen Blütchen an starkverzweigten Stielen. H. und Br. 60 cm.

☼ ◊ ❄❄❄

***Aegopodium podagraria* 'Variegata'**
(Buntblättriger Giersch)
Starkwüchsige, wuchernde Staude mit unscheinbaren weißen Blüten im Sommer; guter Bodendecker mit gelappten, cremeweißpanaschierten Blättern.
H. 10 cm, Br. wuchernd.

☼ ◊ ❄❄❄

***Astilbe* 'Irrlicht'**
(Fiederspiere, Astilbe)
Blattstaude mit fedrigen Blütenrispen aus winzigen, weißen Blüten, die im Sommer erscheinen. Laub dunkelgrün. Blüten haften bis in den Winter braun an den Trieben. Liebt humusreichen Boden.
H. 0,45–0,60, Br. 1,00 m.

◐ ♦ ❄❄❄

***Heuchera cylindrica* 'Greenfinch'**
(Purpurglöckchen)
Horstbildende Staude mit immergrünen, gelappten, herzförmigen Blattrosetten. Im Sommer erscheinen zarte Blütenähren aus kleinen, glockenförmigen, blaßgrünen oder grünlichweißen Blüten.
H. 45–60, Br. 50 cm.

◐ ◊ ❄❄❄

***Tradescantia* 'Osprey'**
(Dreimasterblume)
Horstbildende Staude mit schmallanzettlichen, 15–30 cm langen Blättern und Blütenköpfchen aus weißen Blüten mit blauen Staubfäden, die von 2 Hochblättern umgeben sind. Blütezeit Sommer. H. bis 60, Br. 45 cm.

☼ ♦ ❄❄❄

***Geranium clarkei* 'Kashmir White'**
(Staudengeranie)
Bodendeckende Staude mit tiefgeteilten Blüten und schalenförmigen, weißen Blütenbüscheln, die blaßlilarosa geadert sind. Blütezeit Sommer. H. und Br. 45–60 cm.

☼ ◊ ❄❄❄

Streptocarpus caulescens
(Drehfrucht)
Aufrechte Staude mit kleinen, schmalovalen, fleischigen Blättern und gestielten Blütenbüscheln aus kleinen, trichterförmigen, violetten oder weißen, violettgestreiften Blüten. H. und Br. 45 cm oder mehr. Mindesttemperatur 10–15 °C.

◐ ♦

Anemone sylvestris, S. 225
Chrysanthemum parthenium, S. 263
Pelargonien, Geranien, S. 206–207
Primeln, S. 230–231

Tulbaghia natalensis

Niedrige Stauden MIT INTERESSANTEM SOMMERASPEKT

WEISS

Geranium renardii
(Staudengeranie)
Dichte, horstbildende Staude mit gelappten, rundlichen, salbeiähnlichen Blättern und violett geaderten, weißen Blüten, die im Frühsommer erscheinen. H. und Br. 30 cm.

Diplarrhena moraea
Horstbildende Staude mit langen, streifenförmigen Blattfächern und Dolden aus irisähnlichen, weißen Blüten mit gelber und violetter Mitte; sie erscheinen auf drahtigen Stielen im Frühsommer. H. 45, Br. 25 cm.

***Osteospermum* 'Whirligig'**
Horstbildende Staude von lockerem Wuchs mit bläulichweißen Blütenköpfchen, die in großer Fülle im Sommer erscheinen. Laub graugrün. H. 60, Br. 30–45 cm.

Arctotis stoechadifolia
Arctotis stoechadifolia var. *grandis*
Osteospermum ecklonis
Osteospermum ecklonis 'Blue Streak'

Sinningia concinna
Tricyrtis hirta var. *alba*, S. 249

WEISS-ROSA

Ruellia devosiana
Immergrüner, buschiger Halbstrauch mit violetten Zweigen und breitlanzettlichen, dunkelgrünen, hellergeaderten Blättern, unterseits violett getönt. Blüten malvenfarben getönt, weiß im Frühling und Sommer. H. und Br. bis 45 cm. Mindesttemperatur 15 °C.

Astrantia major* var. *involucrata
(Sterndolde)
Horstbildende Staude, ähnlich *A. major* (siehe Abbildung unterhalb), jedoch mit längeren Hochblättern, die die Blütenköpfchen umgeben. H. 65, Br. 45 cm.

***Heuchera* 'Palace Purple'**
(Purpurglöckchen)
Horstbildende Staude mit langlebigen, herzförmigen, tiefvioletten Blättern und kleinen, weißen Blütenähren, die im Sommer erscheinen. Geschnittene Blätter halten sich gut in Vasen. H. und Br. 45 cm.

Astrantia major
(Sterndolde)
Horstbildende Staude mit grünlichweißen, auch rosagetönten Blütenköpfchen, die im Sommer und Herbst über dem dichten Laub aus geteilten, grünen Blättern erscheinen. H. 60, Br. 45 cm.

Melittis melissophyllum
(Immenblatt)
Aufrechte Staude, die im Frühsommer weiße Blüten mit lila Unterlippe in den Achseln der rauhen, ovalen, mittelgrünen Blättern hervorbringt. H. und Br. 30 cm.

Astrantia maxima
(Sterndolde)
Horstbildende Staude mit rosaroten Blütenköpfchen, die über den ganzen Sommer bis Herbst blüht. H. 60, Br. 30 cm.

Geranium incanum
Sedum populifolium

***Mimulus* 'Andean Nymph'**
(Gauklerblume)
Breitwüchsige Staude mit behaarten Blättern und im Sommer löwenmäulchenähnlichen, rosaroten, cremegelb- und tiefrosagefleckten Blüten. H. und Br. 25 cm.

***Dicentra eximia* 'Spring Morning'**
(Tränendes Herz)
Zierliche Blattstaude mit kleinen, herzförmigen, rosa Blütchen, die an gebogenen Stengeln im Spätfrühling und Sommer erscheinen. Das Laub ist farnähnlich geteilt, graugrün und feingefiedert. H. und Br. 30 cm.

***Penstemon* 'Pennington Gem'**
(Bartfaden)
Starkwüchsige, halbimmergrüne Staude mit Rispen aus röhrenförmigen, rosa Blütentrichtern, die im Sommer bis Herbst erscheinen. Laub schmal, frischgrün. H. 45–60, Br. 45 cm.

***Penstemon* 'Apple Blossom'**
(Bartfaden)
Halbimmergrüne, buschige Staude mit kleinen, trichterförmigen, blaßrosa Blüten, die ab Sommer über dem schmalen, frischgrünen Laub in Rispen erscheinen. H. und Br. 45 cm.

× *Heucherella tiarelloides*
Bodendeckende Staude mit dichten, immergrünen Blattbüscheln und fedrigen Rispen aus winzigen, glockenförmigen, rosa Blüten, die im Frühsommer erscheinen. H. und Br. 45 cm.

× *Heucherella* 'Bridget Bloom'
Horstbildende Staude mit immergrünen, dichten, hellgrünen Blättern und fedrigen Rispen aus winzigen, glockenförmigen, rosaroten Blüten, die im Frühsommer bis Herbst erscheinen. H. 45, Br. 30 cm.

***Erigeron* 'Charity'**
(Feinstrahlaster)
Horstbildende Staude mit zahlreichen, margeritenähnlichen, zartrosa Korbblüten mit grünlichgelber Mitte, die im Sommer lange blühen. Benötigt Dünger. H. und Br. 60 cm.

Geranium endressii
(Staudengeranie)
Dichte, bodendeckende Staude mit kleinen, gelappten, immergrünen Blättern und schalenförmigen, rosaroten Blüten, die im Sommer erscheinen. H. 45, Br. 60 cm.

Achimenes 'Peach Blossom'
Francoa appendiculata
Pelargonien, Geranien, S. 206–207
Primeln, S. 230–231
Rehmannia glutinosa
Tradescantia pallida 'Purple Heart', S. 259

Niedrige Stauden MIT INTERESSANTEM SOMMERASPEKT

ROSA

***Geranium endressii* 'Wargrave Pink'**
(Staudengeranie)
Halbimmergrüne, bodendeckende Staude mit dichten, zierlichgelappten Grundblättern, die als unkrautabwehrender Bodendecker verwendet werden kann. Blüten schalenförmig, leuchtendlachsrosa im Sommer. H. 45, Br. 60 cm.

Lychnis flos-jovis
(Lichtnelke)
Horstbildende Staude mit rundlichen Büscheln aus tiefrosaroten Blüten, die sich im Sommer entfalten. Ihr Laub ist graugrün. H. und Br. 45 cm.

Geranium macrorrhizum
(Immergrüne Staudengeranie)
Bodendeckende Staude mit magentaroten Blüten im Frühsommer. Die rundlichen, geteilten, halbimmergrünen Blätter schmücken sich im Herbst mit leuchtenden Farben. H. 30–35, Br. 60 cm.

Osteospermum jucundum*, syn. *Dimorphotheca barberiae
Immergrüne, zierliche, horstbildende Staude mit mittelgrünen Blättern. Im Spätsommer erscheinen zartrosa Blütenstände mit dunklem Auge in großer Fülle. H. und Br. 30 cm.

***Penstemon* 'Pink Endurance'**
(Bartfaden)
Halbimmergrüne Zwergstaude mit kurzen, rosaroten Blütenrispen, die im Sommer über den schmalen, mittelgrünen Blättern erscheinen. H. und Br. 30–35 cm.

***Centaurea hypoleuca* 'John Coutts'**
(Flockenblume)
Staude mit tiefrosa Blütenköpfchen aus distelähnlichen Blüten, die von Einzelblüten umgeben sind. Sie stehen im Sommer einzeln auf schlanken Stielen. Das Laub tief geschlitzt, unterseits weißgrau. H. 60, Br. 45 cm.

***Physostegia virginiana* 'Vivid'**
(Gelenkblume)
Aufrechte, dichte Staude, die im Spätsommer und Frühherbst Blütenähren mit trichterförmigen, dunkelviolettrosa Blüten hervorbringt, die man beliebig drehen kann. H. und Br. 30–60 cm.

Polygonum sphaerostachyum
(Knöterich)
Dichte Staude mit zierlichen Blütenähren aus rosaroten Blüten, die über dem schmalen, lanzettlichen, bläulichen Laub im Spätsommer erscheinen. H. 45–60, Br. 30 cm.

Erodium manescavii
(Reiherschnabel)
Horstbildende Staude mit geteilten, farnartigen, blaugrünen Blättern und lockeren Blütenbüscheln aus einzelnen, tiefrosafarbenen, dunklergefleckten Blüten. Sommerblüher. H. 45, Br. 60 cm.

Begonien, S. 251
Nelken, S. 238–239
Dicentra formosa
Drosera spathulata, S. 261
Geranium macrorrhizum 'Ingwersen's Variety', S. 226
Geranium 'Russell Prichard'
Lamium maculatum 'Beacon Silver'
Orchideen, S. 252–255
Osteospermum 'Cannington Roy'
Pelargonien, Geranien, S. 206–207
Penstemon 'Evelyn'
Päonien, Pfingstrosen, S. 198–199
Sedum spectabile
Sphaeralcea munroana

Incarvillea mairei
(Freilandgloxinie)
Dichte, horstbildende Staude mit kurzgestielten, trompetenförmigen, purpurrosa Blüten. Blütezeit Frühsommer. Laub gefiedert. Winterschutz durch Mulch. H. und Br. 30 cm.

Liatris spicata*, syn. *L. callilepis
(Prachtscharte)
Buschige, horstbildende Staude mit Blütenähren aus dichten, purpurrosa Blütenköpfchen, die an straffen Stielen aus grundständigen, grasähnlichen, mittelgrünen Blättern im Spätsommer erscheinen. H. 60, Br. 30 cm.

***Achimenes* 'Little Beauty'**
(Schiefteller)
Buschige Staude mit ovalen, gezähnten Blättern und großen, röhrenförmigen tiefrosafarbenen Blüten mit gelbem Auge, die im Sommer erscheinen. H. 25, Br. 30 cm. Mindesttemperatur 10°C.

Incarvillea delavayi
(Freilandgloxinie)
Horstbildende Staude mit gefiederten Blättern und aufrechten Blütenstielen mit trompetenförmigen, rosaroten Blüten im Frühsommer. Attraktive Fruchtstände. H. 45–60, Br. 30 cm.

Mimulus lewisii
(Gauklerblume)
Aufrechte Staude mit breiten, stumpfgrauen Blättern, die einen ausgezeichneten Untergrund für die löwenmäulchenähnlichen, tiefrosaroten Blüten abgeben; sie erscheinen einzeln im Sommer. H. 60, Br. 45 cm.

***Sinningia* 'Red Flicker'**
(Gloxinie)
Kurzstielige Staude mit Rosetten aus ovalen, samtigen, bis 20 cm langen Blättern. Im Sommer erscheinen die fleischigen, nickenden, röhrenförmigen, rosaroten, unterseits ausgebuchteten Blüten. H. 30, Br. 45 cm. Mindesttemperatur 15°C.

***Potentilla nepalensis* 'Miss Willmott'**
(Fingerkraut)
Horstbildende Staude mit handförmigen, erdbeerähnlichen, hellgrünen Blättern. Zahlreiche, schlanke, verzweigte Stengel tragen im Sommer die rosafarbenen Blüten mit der kirschrosa Mitte. H. 40, Br. 60 cm.

***Verbena* 'Sissinghurst'**
(Eisenkraut)
Bodendeckende Staude, die im Sommer leuchtendrosa Blütendolden über dem mittelgrauen Laub hervorbringt. Ausgezeichnet als Einfassungspflanze und für Kübelpflanzung. H. 15–20, Br. 45 cm.

Clintonia andrewsiana
Centaurea dealbata 'Steenbergii'
Dicentra formosa 'Adrian Bloom'
Dicentra 'Stuart Boothman'
Geranium incanum
Incarvillea mairei 'Frank Ludlow'
Pelargonien, Geranien, S. 206–207
Primeln, S. 230–231
Sedum spectabile 'Brilliant', S. 250

Nelken

Sie sind besonders wegen ihrer duftenden und haltbaren Schnittblumen bekannt, die meist im Sommer blühen, und wegen des typischen, immergrünen Laubs. Alle Nelken, außer den immerblühenden, sind winterhart.

Nelken für Einfassungen wachsen aufrecht und blühen verschwenderisch einmal im Sommer. An jedem Blütenstiel sitzen 5 oder mehr Blüten.
Immerblühende Nelken blühen das ganze Jahr hindurch unter Glas. Man läßt meist nur 1 Blüte am Stengel und knipst die anderen Knospen aus. Buschige Formen behalten bis zu 5 Blüten pro Stiel.
Alte Gartennelken bilden dichte Blattpolster. Im Sommer erscheinen duftende Blütenmassen.
Neue Züchtungen sind wüchsiger als alte Gartenformen. Sie remontieren 2- oder 3mal im Sommer.

***D.* 'Gran's Favourite'**
(alte Gartennelke)

***D.* 'Pink Jewel'**
(neue Züchtung)

***D.* 'Mrs Sinkins'**
(alte Gartennelke)

***D.* 'Fair Folly'**
(neue Züchtung)

***D.* 'Forest Treasure'**
(für Einfassungen)

***D.* 'Joy'**
(neue Züchtung)

***D.* 'Valda Wyatt'**
(neue Züchtung)

***D.* 'Alice'**
(neue Züchtung)

***D.* 'Pierrot'**
(immerblühende Form)

***D.* 'Houndspool Ruby'**
(neue Züchtung)

***D.* 'Haytor'**
(neue Züchtung)

***D.* 'Nives'**
(immerblühende Form)

***D.* 'Prudence'**
(alte Gartennelke)

***D.* 'Emile Paré'**
(alte Gartennelke)

***D.* 'Musgrave's Pink'**
(alte Gartennelke)

***D.* 'Eva Humphries'**
(für Einfassungen)

***D.* 'Doris'**
(neue Züchtung)

***D.* 'Christopher'**
(neue Züchtung)

***D.* 'White Ladies'**
(alte Gartennelke)

***D.* 'Truly Yours'**
(immerblühende Form)

Niedrige Stauden MIT INTERESSANTEM SOMMERASPEKT

■ ROT

***D.* 'Bookham Perfume'**
(für Einfassungen)

***D.* 'Borello'**
(immerblühende Form)

***D.* 'Astor'**
(immerblühende Form)

***D.* 'Happiness'**
(für Einfassungen)

***D.* 'Aldridge Yellow'**
(für Einfassungen)

***D.* 'Nina'**
(immerblühende Form)

***D.* 'Valencia'**
(immerblühende Form)

***D.* 'Raggio di Sole'**
(immerblühende Form)

***D.* 'Clara'**
(immerblühende Form)

***D.* 'Christine Hough'**
(für Einfassungen)

***D.* 'Albisola'**
(immerblühende Form)

***Lychnis viscaria* 'Splendens Plena'**
(Pechnelke)
Horstbildende Staude mit gefüllten, magentaroten Blütenrispen, die im Frühsommer erscheinen. Blätter groß, oval, grundständig, stachelig behaart. H. 30–45, Br. 25 cm oder mehr.

☼ ◊ ❄❄❄

***Lychnis coronaria* 'Abbotswood Rose'**
(Lichtnelke)
Horstbildende Staude mit karminroten Blüten. Sie entfalten sich im Sommer bis Spätsommer an verzweigten, graufilzigen Trieben, die sich aus dem zierlichen, grauen, grundständigen Laub erheben. H. 45–60, Br. 45 cm.

☼ ◊ ❄❄❄

***Sinningia* 'Switzerland'**
(Gloxinie)
Kurzstielige Staude mit Rosetten aus ovalen, samtigen Blättern. Im Sommer große, fleischige, trompetenförmige, scharlachrote Blüten mit welligem, weißen Rand. H. bis 30, Br. 45 cm. Mindesttemperatur 15 °C.

☼ ◊

***Astilbe* 'Fanal'**
(Astilbe, Fiederspiere)
Blattstaude mit straffen Blütenstielen. Im Sommer fedrige Rispen aus winzigen karminroten Blüten, die im Herbst braun werden und lang haften. Die breiten Blätter sind gefiedert. Liebt humusreichen Boden. H. 0,60, Br. 1,00 m.

☼ ◊ ❄❄❄

***Heuchera* 'Red Spangles'**
(Purpurglöckchen)
Horstbildende Staude mit herzförmigen, violettgrünen Blättern und Blütenähren mit kleinen, glockigen, karmin-scharlachfarbenen Blüten, die im Sommer erscheinen. H. und Br. 30 cm.

☼ ◊ ❄❄❄

Alonsoa warscewiczii, S. 273
Geum 'Lionel Cox'
Lychnis viscaria
Potentilla 'Monsieur Rouillard'
Salvia blepharophylla
Stachys coccinea
Verbena peruviana

Niedrige Stauden MIT INTERESSANTEM SOMMERASPEKT

ROT

Lotus berthelotii
(Kanarischer Hornklee)
Kriechende Staude für Hängekörbe oder flache Schalen im Alpinenhaus. Triebe und Blätter silbrig behaart. Scharlachrote Schmetterlingsblütenköpfchen im Sommer. H. 30 cm, Br. wuchernd. Mindesttemperatur 5 °C.

Columnea crassifolia
Immergrüne, strauchige Staude mit fleischigen, lanzettförmigen Blättern und aufrechten, röhrenförmigen, etwa 8 cm langen, scharlachroten, gelbgekehlten Blüten. Blütezeit von Frühling bis Herbst. H. und Br. 45 cm. Mindesttemperatur 15 °C.

Potentilla atrosanguinea
(Fingerkraut)
Horstbildende Staude mit behaarten, fingerförmigen, erdbeerähnlichen Blättern und lockeren, dunkelroten Blütenständen. Blütezeit Sommer, H. 50, Br. 60 cm.

***Smithiantha* 'Orange King'**
Starkwachsende, aufrechte Staude mit großen, welligen, samtigen Blättern und dunkelroter Maserung. Die röhrenförmigen, orangeroten, innen rotgefleckten Blüten mit gelben Lippen erscheinen im Sommer und Herbst. H. und Br. 60 cm. 15 °C.

***Gaillardia × grandiflora* 'Dazzler'**
(Kokardenblume)
Aufrechte, lockere Staude mit großen, endständigen, margeritenähnlichen, roten, gelbgezeichneten Korbblüten, die im Sommer lange haften. Blätter weich, geteilt. Benötigt eine Stütze; oft kurzlebig. H. 60, Br. 50 cm.

***Mimulus* 'Royal Velvet'**
(Gauklerblume)
Dichte Staude, die oft einjährig gezogen wird. Sie bringt im Sommer zahlreiche große, löwenmäulchenähnliche, mahagonirote Blüten mit goldgelbem Schlund hervor. Blätter mittelgrün. H. 30, Br. 25 cm.

Achimenes antirrhina
Achimenes 'Brilliant'
Aeschynanthus pulcher
Impatiens niamniamensis
Kohleria bogotensis
Lychnis × haagena
Potentilla 'Gibson's Scarlet'
Potentilla 'Gloire de Nancy'
Potentilla 'William Rollison'
Smithiantha cinnabarina

VIOLETT

Polemonium carneum
(Jakobsleiter)
Horstbildende Staude mit Büscheln aus schalenförmigen, rosa oder lilarosa Blüten. Blütezeit Frühsommer. Ihr Laub ist fein gefiedert. H. und Br. 45 cm.

Kaempferia pulchra
(Gewürzlilie)
Buschige, aromatischduftende Staude mit horizontalstehenden, dunkelgrünen Blättern, die oberseits blaßgrün gezeichnet sind. Die lilarosa Bütenähren erscheinen im Sommer. H. 15, Br. 30 cm. Mindesttemperatur 18 °C.

Tulbaghia violacea
(Kaplilie)
Starkwüchsige, halbimmergrüne, buschige Staude mit kugeligen, purpurvioletten oder lilarosa Blütendolden über schmalem, blaugrauem Laub. H. 45–60, Br. 30 cm.

Chirita lavandulacea, S. 250
Geranium nodosum, S. 227
Ophiopogon planiscapus 'Nigrescens', S. 259
Pelargonien, Geranien, S. 206–207

Streptocarpus saxorum
(Drehfrucht)
Schwachwachsende Halbstaude mit kleinen, ovalen, quirlständigen Blättern. Violette Blüten mit weißen Röhren entwickeln sich aus den Blattachseln im Sommer und Herbst. H. und Br. 30 cm. Mindesttemperatur 10–15 °C.

Heterocentron elegans
Bodendeckende Staude mit dichtem, kriechendem Wuchs und mittelgrünem Laub. Tiefviolette Blüten in großer Anzahl im Sommer und Herbst und unter Glas im Winter. H. 5 cm, Br. wuchernd. Mindesttemperatur 5 °C.

***Stachys macrantha* 'Superba'**
(Ziest)
Horstbildende Staude mit herzförmigen, weichen, gerunzelten, mittelgrünen Blättern. Straffe Stiele mit purpurvioletten, quirlständigen Rachenblüten im Sommer. H. 30–50, Br. 30–60 cm.

Polemonium pulcherrimum
(Jakobsleiter)
Starkwüchsige Staude mit hellgrünen, gefiederten Blättern. Die trichterförmigen, violettblauen, gelb- und weißgekehlten Blüten erscheinen im Sommer. H. 50, Br. 30 cm.

***Tradescantia* 'Purple Dome'**
(Dreimasterblume)
Horstbildende Staude mit schmallanzettlichen 15–30 cm langen Blättern und leuchtendvioletten Blütenbüscheln, die von 2 blattähnlichen Hochblättern umgeben sind. Sommerblüher. H. bis 60, Br. 45 cm.

Verbena rigida*, syn. *V. venosa
(Eisenkraut)
Zierliche, kompakte Staude mit blaßvioletten Blütenköpfchen, die im Sommer erscheinen. Ihr Laub ist rauh, schön geformt, mittelgrün. H. 45–60, Br. 30 cm.

***Erigeron* 'Serenity'**
(Feinstrahlaster)
Horstbildende Staude mit vielen, violetten Strahlenblüten, die eine gelbe Mitte haben und im Sommer viele Wochen lang blühen. Benötigt Nachdüngung. H. und Br. 60 cm.

Centaurea montana
(Bergflockenblume, Kornblume)
Breitwüchsige Staude mit vielen, lockeren Blütenstielen, die im Frühsommer violettblaue oder weiße Blüten hervorbringen. Köpfchen endständig, einzelnstehend mit sternförmigen Randblüten. H. 50, Br. 60 cm.

Platycodon grandiflorus
(Ballonglocke)
Horstbildende Staude mit großen Blütenknospen, die sich zu glockenförmigen, blauen oder lilafarbenen Blüten öffnen; sie stehen in Büscheln zusammen. Blätter stengelbegleitend, blaugrün. H. 45–60, Br. 30–45 cm.

Nelken, S. 238–239
Drosera capensis, S. 261
Euphorbia amygdaloides 'Purpurea'
Geranium 'Ann Folkard'
Geranium clarkei 'Kashmir Purple'
Geranium palmatum
Geranium procurrens
Lamium orvala, S. 228
Orchideen, S. 252–255
Osteospermum 'Nairobi Purple'
Penstemon campanulatus
Primeln, S. 230–231
Ranzania japonica
Senecio pulcher, S. 250
Sinningia regina
Stachys macrantha

Niedrige Stauden MIT INTERESSANTEM SOMMERASPEKT

■ VIOLETT

Geranium* × *magnificum
(Staudengeranie)
Horstbildende Staude mit behaarten, gelappten Blättern und schalenförmigen, starkgeaderten, violettblauen Blüten, die in kleinen Büscheln im Sommer zusammenstehen. H. 45, Br. 60 cm.

Geranium himalayense*, syn. *G. grandiflorum
(Staudengeranie)
Horstbildende Staude mit großen, schalenförmigen, violettblauen Blüten, die im Sommer an langen Stielen über dem dichten, feingeschnittenen Laub stehen. H. 30, Br. 60 cm.

***Catananche caerulea* 'Major'**
(Rasselblume)
Horstbildende Staude mit grasähnlichen, graugrünen Blättern und drahtigen Stielen mit sternförmigen, lavendelblauen Korbblüten. Blütezeit Sommer. Vermehrung durch Wurzelschnittlinge. H. 45–60, Br. 30 cm.

Nepeta* × *faassenii
(Katzenminze)
Buschige, horstbildende Polsterstaude für Einfassungen. Belaubung dicht, graugrün. Blüten in Ähren aus lavendelblauen Rachenblüten. Blütezeit Frühsommer. H. und Br. 45 cm.

Stokesia laevis
(Kornblumenaster)
Staude mit überwinternden, immergrünen Rosetten. Blüten kornblumenähnlich, lavendel- oder lilablau. Sommerblüher. Das Laub schmal, mittelgrün. H. und Br. 30–45 cm.

***Scabiosa caucasica* 'Clive Greaves'**
(Witwenblume, Skabiose)
Horstbildende Staude, die während des Sommers violettblaue Blüten mit kissenförmiger Mitte hervorbringt. Laub grundständig, lanzettförmig, an den Stengeln leicht gelappt. H. und Br. 45–60 cm.

***Limonium latifolium* 'Blue Cloud'**
(Widestoß, Meerlavendel)
Horstbildende Staude, die im Spätsommer zarte, malvenblaue Blütenbüschel hervorbringt, die man trocknen kann. Blätter groß, ledrig, dunkelgrün. H. 30, Br. 45 cm.

Anemonopsis macrophylla
(Falsche Anemone)
Horstbildende Staude mit wächsernen, nickenden, lilablauen Blüten, die an schlanken, verzweigten Stielen im Sommer über dem farnähnlichen Laub erscheinen. Benötigt Schutz und nahrhaften Boden. H. 45–60, Br. 50 cm.

***Geranium* 'Johnson's Blue'**
(Staudengeranie)
Starkwüchsige, horstbildende Staude mit vielen, geteilten Blättern und schalenförmigen, tieflavendelblauen Blüten. Sommerblüher. H. 30, Br. 60 cm.

Polemonium caeruleum
(Jakobsleiter)
Horstbildende Staude mit Blütenrispen aus schalenförmigen, lavendelblauen Blüten, die orangefarbene Staubfäden haben. Blütezeit Sommer. Laub fein geteilt. H. und Br. 45–60 cm.

Eryngium bourgatii
(Stranddistel, Alpendistel)
Horstbildende Staude mit blaugrünen, später lilablauen Strahlenblüten, die an drahtigen Stielen über dem tief eingeschnittenen, grundständigen, graugrünen Laub erscheinen. Spätsommerblüher. H. 45–60, Br. 30 cm.

Campanula* × *burghaltii
(Glockenblume)
Horstbildende Staude mit langen, herabhängenden, blaßlavendelblauen Blütenglocken, die an aufrechten, drahtigen Stielen im Sommer erscheinen. Blätter oval, weich und ledrig. Benötigt eine Stütze. H. 60, Br. 30 cm.

Adenophora potaninii
Aster thomsonii 'Nanus', S. 250
Chirita sinensis
Dracocephalum ruyschianum
Geranium ibericum
Iris, Schwertlilien, S. 196–197
Liriope spicata
Meconopsis quintuplinervia, S. 228
Nierembergia hippomanica var. *violacea* 'Purple Robe', S. 275
Salvia farinacea 'Victoria', S. 276
Salvia jurisicii
Scabiosa caucasica 'Floral Queen'
Stachys officinalis
Tacca leontopetaloides

Rhazya orientalis
Zierliche, horstbildende Staude mit kleinen, sternförmigen, graublauen Blüten, die sich an den Enden der drahtigen, grün- bisweilen graubeblätterten Stielen im Sommer öffnen. H. 45–60, Br. 30–45 cm.

☼ ◊ ❄❄❄

Veronica perfoliata*, syn. *Parahebe perfoliata (Ehrenpreis)
Immergrüner Halbstrauch mit schlanken Stengeln und ledrigen, blaugrünen, stengelumfassenden Blättern. Die eleganten, langen, verzweigten Blütenähren mit den blauen Blüten erscheinen im Sommer. H. 45–60, Br. 45 cm.

☼ ◊ ❄❄

Veronica gentianoides
(Ehrenpreis)
Bodendeckende Staude mit blaßblauen Blütenähren, die sich im Frühsommer endständig an den Trieben über den glänzenden Grundblättern entfalten. H. und Br. 45 cm.

☼ ◊ ❄❄❄

Linum narbonense
(Lein, Flachs)
Horstbildende, kurzlebige Staude, die man am besten durch Neuaussaat erhält. Blätter lanzettlich, graugrün. Blütenbüschel aus schalenförmigen, blaßblauen Einzelblüten im Frühling und Sommer. H. 30–60, Br. 30 cm.

☼ ◊ ❄❄❄

***Geranium wallichianum* 'Buxton's Blue'**
(Staudengeranie)
Breitwüchsige Staude mit leuchtendgrünem Laub. Große, blaue oder violette Blüten mit weißer Mitte, die von Sommer bis Herbst erscheinen. H. 0,30–0,45, Br. 1,00 m.

◑ ◊ ❄❄❄

Eryngium variifolium
(Stranddistel, Alpendistel)
Immergrüne Staude mit straffen Stielen, die im Spätsommer blaue Blütenköpfchen aus strahlenblütigen Korbblüten hervorbringen; sie sind von weißlichen Hochblättern umgeben. Blätter mittelgrün, weißmarmoriert. H. 45, Br. 25 cm.

☼ ◊ ❄❄❄

Amsonia tabernaemontana*, syn. *A. salicifolia
Horstbildende Staude mit Büscheln aus kleinen, röhrenförmigen, blaßblauen Sternblüten. Sommerblüher. Laub schmallanzettlich und klein. H. 45–60, Br. 30 cm.

◑ ◊ ❄❄❄

Myosotidium hortensia
Immergrüne, horstbildende Staude mit großen, vergißmeinnichtähnlichen Blütendolden. Sommerblüher. Das Laub ist grundständig, breit, gerippt, glänzendgrün. H. 45–60, Br. 60 cm.

◑ 💧 ❄

Salvia patens
(Salbei)
Aufrechte, verzweigte Staude, die im Spätsommer und Herbst an belaubten Blütenstielen dunkelblaue oder hellblaue, quirlständige Blüten hervorbringt. Blätter oval, mittelgrün. H. 45–60, Br. 45 cm.

☼ ◊ ❄

Campanula isophylla
Chirita lavandulacea, S. 250
Iris, Schwertlilien, S. 196–197
Nepeta nervosa
Nepeta 'Souvenir d'André Chaudon'
Orthrosanthus chimboracensis
Platycodon grandiflorus var. *mariesii*
Salvia nemorosa 'Lubecca'
Stokesia laevis 'Blue Star'
Veronica spicata

Funkien Hosta

Ihr besonderes Laub und der attraktive Wuchs machen Funkien zu den begehrtesten Pflanzen für jeden Garten. Als Kinder aus Fernost verleihen sie Ufern und feuchten, schattigen Plätzen einen Hauch von Exotik. Die Arten variieren von wenige Zentimeter hohen bis zu starkwüchsigen Pflanzen mit 1,50 m breiten Horsten innerhalb weniger Jahre. Die Blätter sind unterschiedlich geformt, strukturiert und gefärbt (mit vielen Variationen). Viele bringen dekorative Blütenähren im Sommer hervor, die das Laub überragen.
Funkien lieben Schatten und feuchten, durchlässigen, nahrhaften Boden. Sie eignen sich für viele Standorte, sogar für Kübelbepflanzung. Anfällig für Schneckenbefall.

H. sieboldiana

***H. sieboldiana* 'Frances Williams'**

H. undulata* var. *univittata

***H. tokudama* 'Aureo-nebulosa'**

H. plantaginea

***H. ventricosa* 'Aureo-maculata'**

***H.* 'Gold Standard'**

***H.* 'Halcyon'**

H. ventricosa

***H. fortunei* 'Aurea Marginata'**

H. decorata* f. *decorata

H. sieboldiana* var. *elegans

H. tardiflora

***H.* 'Royal Standard'**

H. crispula

H. lancifolia

***H.* 'August Moon'**

***H. montana* 'Aurea Marginata'**

***H. fortunei* 'Albopicta'**

Niedrige Stauden MIT INTERESSANTEM SOMMERASPEKT

GRÜN-GELB

Artemisia pontica
(Wermut)
Aufrechte, starkwüchsige Staude mit würzigem, gefiedertem, silbergrauem Laub und hohen Blütenähren mit kleinen, grauen Blütenköpfchen, die im Sommer erscheinen. Neigt zum Wuchern. H. 60, Br. 20 cm.

Alchemilla conjuncta
(Frauenmantel)
Horstbildende Staude mit zierlichen, sternförmigen Blättern und hellen Blattnerven. Blüten in lockeren Rispen aus gelbgrünen Einzelblüten im Sommer. Können für Trockensträuße verwendet werden. H. und Br. 30 cm.

***Tovara virginiana* 'Painter's Palette'**
Buschige Staude, die wegen ihrer attraktiven Blätter kultiviert wird. Grünes Laub, tiefrosa getönt, mit braunen Mittelzonen, elfenbeingelben Flecken und Streifen. H. und Br. 60 cm.

Alchemilla mollis
(Frauenmantel)
Horstbildende, bodendeckende Staude mit rundlichen, blaßgrünen Blättern und gesägtem Rand. Blüten klein, leuchtendgrüngelb, rispenständig. Blütezeit Sommer. Für Trockensträuße geeignet. H. und Br. 50 cm.

Sarracenia flava
(Schlauchpflanze)
Aufrechte Staude mit gelbgrünen, rotgezeichneten, umgewandelten Blättern mit kappenförmigen Enden. Blüten gelbgrün, nickend. Blütezeit Frühsommer. H. und Br. 45 cm. Mindesttemperatur 5 °C.

***Origanum vulgare* 'Aureum'**
(Dost)
Aufrechter Halbstrauch, der dichte Matten aus würzigen, goldgelben Blättern bildet, die später gelbgrün werden. Gelegentlich winzige lilafarbene Blüten im Sommer. H. 8 cm, Br. wuchernd.

GELB

Sisyrinchium striatum
(Binsenlilie)
Immergrüne Staude mit Büscheln aus lanzettlichen, graugrünen Blättern und strohgelben, violettgestreiften Blüten an schlanken Ähren im Sommer. Sät sich selbst reichlich aus. H. 45–60, Br. 30 cm.

***Filipendula ulmaria* 'Aurea'**
(Mädesüß)
Blattstaude, die wegen ihrer im Frühling goldgelben, im Sommer hellgrünen Belaubung gezogen wird. Cremeweiße Blütenrispen erscheinen an den verzweigten Stielen im Sommer. H. und Br. 30 cm.

***Kniphofia* 'Little Maid'**
(Fackellilie)
Aufrechte Staude mit kurzen, aufrechten Stielen, die im Sommer endständige Blütenkolben mit blaßcremegelben Blüten hervorbringen. Winterschutz durch Mulch erforderlich. H. 60, Br. 45 cm.

***Osteospermum* 'Buttermilk'**
Immergrüne, aufrechte Staude mit margeritenähnlichen, blaßgelben Korbblüten mit dunklem Auge, die von Sommer bis Herbst einzeln zwischen dem grasgrünen Laub erscheinen. H. 60, Br. 30 cm.

Aeschynanthus marmoratus
Clintonia borealis
Mentha × gentilis 'Variegata'
Mentha × piperita 'Citrata'
Mentha suaveolens 'Variegata', S. 233
Nicotiana alata 'Lime Green'
Pellionia pulchra
Astrantia major 'Sunningdale Variegated'
Iris, Schwertlilien, S. 196–197
Ligularia tussilaginea 'Aureo-maculata'
Mimulus moschatus
Primeln, S. 230–231
Scrophularia auriculata 'Variegata'

GELB

Achillea taygetea
(Schafgarbe)
Staude mit aufrechten Stielen und flachen, zitronengelben Blütendolden, die während des Sommers über dem gefiederten, graugrünen, dichten Laub erscheinen. Teilung und Neupflanzung alle drei Jahre. H. 60, Br. 50 cm.

***Potentilla recta* 'Warrenii', syn. *P. r.* 'Macrantha'**
(Fingerkraut)
Horstbildende Staude mit gelappten, mittelgrünen Blättern. Die leuchtendgoldgelben Blüten erscheinen an verzweigten Stielen während des Sommers. H. 50, Br. 60 cm.

Gaillardia aristata
(Kokardenblume)
Aufrechte, locker wachsende Staude mit großen, endständigen, leuchtendgelben Einzelblüten mit roter Mitte, die im Sommer lange blühen. Weiche, duftende, geteilte Blätter. Benötigt eine Stütze. Kurzlebig. H. 60, Br. 50 cm.

Calceolaria biflora
(Pantoffelblume)
Immergrüne Staude mit grundständiger Rosette und weichbehaarten, ovalen, gezähnten, ca. 15 cm langen Blättern. Die pantoffelförmigen, gelben Blüten stehen im Sommer an langen Stielen. H. 30, Br. 15 cm.

× *Solidaster luteus*, syn. × *S. hybridus*
Horstbildende Staude mit schlanken Stielen und dichten, cremegelben Blütenköpfchen, die im Sommer über dem schmalen, mittelgrünen Laub erscheinen. H. 60, Br. 75 cm.

***Helichrysum* 'Sulphur Light'**
(Strohblume)
Horstbildende Staude mit silbergrauem Laub und zahlreichen schwefelgelben Strohblumen, die von Sommer bis Spätsommer erscheinen. H. 40–60, Br. 30 cm.

***Achillea* 'Moonshine'**
(Schafgarbe)
Aufrechte Staude mit flachen, leuchtendgelben Blütendolden, die im Sommer über dichtem, feingefiedertem, graugrünem Laub erscheinen. Regelmäßige Teilung im Frühling erforderlich. H. 60, Br. 50 cm.

***Barbarea vulgaris* 'Variegata'**
(Buntblättriges Barbenkraut)
Staude mit Rosetten aus langen, gezähnten, glänzenden, cremeweißgefleckten Blättern. Blüten klein, silbriggelb in verzweigten Blütenständen im Frühsommer. H. 25–45, Br. 25 cm.

***Oenothera tetragona* 'Fireworks'**
(Nachtkerze)
Horstbildende Staude mit duftenden, schalenförmigen, leuchtendgelben Blütenständen, die von Sommer bis Spätsommer erscheinen. Rötliche Stiele und glänzendgrünes Laub. H. und Br. 30–35 cm.

Begonien, S. 251
Hemerocallis minor
Funkien, S. 244
Iris, Schwertlilien, S. 196–197
Nautilocalyx bullatus
Oenothera perennis
Orchideen, S. 252–255
Pelargonien, Geranien, S. 206–207
Potentilla argyrophylla
Primeln, S. 230–231
Salvia bulleyana
Sedum aizoon
Sedum rosea
Ursinia chrysanthemoides

***Ranunculus speciosus* 'Plenus'**
(Gefülltblühender Hahnenfuß)
Horstbildende Staude mit geteilten, gezähnten, bisweilen grau- und weißgefleckten Blättern und zierlichen, pomponähnlichen, gefüllten, gelben Blüten im Frühsommer. H. 50, Br. 30 cm.

***Geum* 'Lady Stratheden'**
(Nelkenwurz)
Horstbildende Staude mit gelappten Blättern. Schalenförmige, gefüllte, leuchtendgelbe Blüten mit herausragenden, grünen Staubfäden auf schlanken, verzweigten Stielen. Blütezeit Sommer. H. 45–60, Br. 45 cm.

Gazania uniflora
(Gazanie)
Bodendeckende Staude, die einjährig gezogen wird. Die gelben und orangegelben Korbblüten mit dem weißen Mittelfleck stehen im Sommer einzeln über den flachen, unterseits silbrigen Blattrosetten. H. 25, Br. 20–30 cm.

***Potentilla* 'Yellow Queen'**
(Fingerkraut)
Horstbildende Staude mit erdbeerähnlichen, dunkelgrünen Blättern und leuchtendgelben Blüten, die im Sommer erscheinen. H. bis 60 cm oder mehr, Br. 45 cm.

Mimulus luteus
(Gelbe Gauklerblume)
Breitwüchsige Staude, die während des Sommers mit löwenmäulchenähnlichen, gelben, bisweilen auch rotgefleckten Blüten über dem behaarten, mittelgrünen Laub in reicher Fülle blüht. H. und Br. 30 cm.

Potentilla megalantha
(Fingerstrauch)
Horstbildende Staude mit großen, fingerförmigen, behaarten, weichen, grünen Blättern und großen, leuchtendgelben Blüten im Sommer. H. 20, Br. 15 cm.

Meconopsis integrifolia
(Scheinmohn)
Rosettenbildende, zweijährige oder kurzlebige Staude mit großen, blaßgelben Blüten, die in Büscheln zusammenstehen und im Spätfrühling und Frühsommer erscheinen. Großes, hellgrünes Laub. H. 45–60, Br. bis 60 cm.

Buphthalmum salicifolium
(Ochsenauge)
Breitwüchsige Staude mit margeritenähnlichen, tiefgelben, einzelnstehenden Blütenköpfchen an schlanken Stielen. Blütezeit Sommer. Stützen und regelmäßige Teilung erforderlich. Wuchert gern. H. 0,60, Br. 1,00 m.

***Ranunculus acris* 'Flore Pleno'**
(Gefülltblühender Scharfer Hahnenfuß)
Horstbildende Staude mit drahtigen Stielen und gelappten, tiefeingeschnittenen Blättern und gefüllten, goldgelben Blüten, die im Frühsommer erscheinen. H. und Br. 45–60 cm.

Arctotheca calendula, S. 250
Coreopsis 'Sunray', S. 281
Coreopsis tinctoria 'Golden Crown'
Duchesnea indica
Hemerocallis dumortieri
Hemerocallis 'Stella d'Oro'
Funkien, S. 244
Iris, Schwertlilien, S. 196–197
Orchideen, S. 252–255
Primeln, S. 230–231

Niedrige Stauden MIT INTERESSANTEM SOMMERASPEKT

GELB

***Sedum aizoon* 'Aurantiacum'**
(Mauerpfeffer)
Aufrechte Staude mit rötlichen Stielen und fleischigen, gezähnten, dunkelgrünen Blättern. Im Sommer erscheinen die rundlichen Blütenstände aus dunkelgelben Blüten, später die roten Samenkapseln. H. und Br. 45 cm.

Hieracium lanatum
(Habichtskraut)
Büschel- oder horstbildende Staude mit dichten, breiten, graugrünen, behaarten Blättern. Blüten löwenzahnähnlich, gelb, an drahtigen Stengeln. Blütezeit Sommer. H. 45, Br. 30 cm.

***Hemerocallis* 'Corky'**
(Taglilie)
Horstbildende Staude mit trompetenförmigen, zitronengelben, außen braunen, eintägigen Blüten, die sich im Frühsommer über den linealischen, mittelgrünen Blättern öffnen. H. und Br. 45 cm.

Eriophyllum lanatum
(Wüstengoldaster)
Kissenbildende Staude mit feingeteiltem, silbrigem Laub. Die margeritenähnlichen, gelben Korbblüten erscheinen im Sommer einzeln an grauen Stielen in großer Fülle. H. und Br. 30 cm.

Tropaeolum polyphyllum
(Kapuzinerkresse)
Kriechende Staude mit gespornten, kurzen, trompetenförmigen, leuchtendgelben Blüten, die im Sommer einzeln über dem Laub erscheinen. Kann stark wuchern. Gut für Mauern und Bankbeete. H. 5–8, Br. 30 cm.

Coreopsis verticillata
(Mädchenauge)
Buschige Staude mit feingeteiltem, dunkelgrünem Laub und vielen, kleinen, goldenen, sternförmigen Blütenköpfchen im Sommer. Teilung und Neupflanzung im Frühling. H. 40–60, Br. 30 cm.

Inula ensifolia
(Alant)
Horstbildende Staude mit schmalen, kleinen Blättern und vielen margeritenähnlichen, gelben Blütenköpfchen, die einzeln an drahtigen Stielen im Spätsommer erscheinen. H. und Br. 30 cm.

Coreopsis lanceolata
(Mädchenauge)
Buschige Staude, die im Sommer zahlreiche, margeritenähnliche, leuchtendgelbe Blüten an verzweigten Stielen hervorbringt. Vermehrung durch Aussaat oder Teilung. H. 45, Br. 30 cm.

Impatiens repens
(Rühr-mich-nicht-an, Balsamine)
Kriechende Staude mit sich bewurzelnden Stengeln. Blätter klein, oval bis rundlich. Gelbe, mit einem behaarten Sporn versehene Blüten. H. bis 5 cm, Br. wuchernd. Mindesttemperatur 10 °C.

***Calceolaria* 'John Innes'**
(Pantoffelblume)
Starkwüchsige, horstbildende Staude mit großen, pantoffelähnlichen, rötlichbraungefleckten, tiefgelben Blüten und breitovalen, grundständigen, mittelgrünen Blättern. Blütezeit Frühling und Sommer. H. 15–20, Br. 25–30 cm.

Coreopsis auriculata 'Superba'
Coreopsis 'Goldfink'
Inula oculis-christi
Iris, Schwertlilien, S. 196–197
Mimulus guttatus
Oenothera tetragona
Primeln, S. 230–231
Wachendorfia thyrsiflora

ORANGE

Aeschynanthus speciosus
Immergrüne, kriechende Staude mit wächsernen, schmalovalen Blättern und aufrechten, röhrenförmigen, leuchtend-orangeroten Blüten, die im Sommer in Büscheln zusammenstehen. H. und Br. 30–60 cm. Mindesttemperatur 18 °C.

Sedum rosea* var. *heterodontum
(Mauerpfeffer, Fette Henne)
Horstbildende Staude mit dichten, flachen, gelben oder roten, bisweilen grünlichen Blütenschöpfen im Frühsommer. Die fleischigen Stiele sind von gezähnten, ovalen, blaugrünen Blättern umgeben. H. 45, Br. 25 cm.

Geum × borisii
(Nelkenwurz)
Horstbildende Staude mit unregelmäßig geteilten Blättern und schlanken, behaarten Blütenstielen mit einzelnen, orangefarbenen Blüten und herausragenden gelben Staubfäden. Blütezeit Sommer. H. und Br. 30 cm.

Gazania pinnata
Iris, Schwertlilien, S. 196–197
Pelargonien, Geranien, S. 206–207
Primeln, S. 230–231
Sedum palmeri
Smithiantha 'Orange King'

Niedrige Stauden MIT INTERESSANTEM HERBSTASPEKT

WEISS-ROSA

Tricyrtis hirta* var. *alba
(Krötenlilie)
Aufrechte Staude mit großen, glockenförmigen, weißen Blüten, die auch violett gefleckt sein können und aus den oberen Blattachseln der Blätter hervorbrechen. Blütezeit Frühsommer und Spätherbst. H. 45–60, Br. 45 cm.

***Aster lateriflorus* 'Horizontalis'**
(Staudenaster)
Verzweigte Staude mit ungewöhnlichen, winzigen, margeritenähnlichen, weißen oder rosagetönten Korbblüten und dunklerer Mitte. Blütezeit Herbst. Laub im Herbst kupferviolett. H. 60, Br. 45 cm.

***Schizostylis coccinea* 'Sunrise'**
(Spaltgriffel)
Horstbildende, sich durch Rhizome ausbreitende Staude mit großen, flachschaligen, rosafarbenen Blüten, die im Frühsommer in einer Ähre über den grasähnlichen, mittelgrünen Blättern erscheinen. H. 60, Br. 25–30 cm.

WEITERE EMPFOHLENE PFLANZEN:
Arctotis stoechadifolia var. *grandis*
Astrantia major, S. 234
Astrantia major var. *involucrata*, S. 234
Astrantia maxima, S. 234
Kaempferia roscoeana
Pelargonien, Geranien, S. 206–207
Schizostylis coccinea 'Mrs. Hegarty'

Niedrige Stauden MIT INTERESSANTEM HERBSTASPEKT

ROSA-LILA

***Sedum spectabile* 'Brilliant'**
(Fette Henne)
Horstbildende Staude, die im Spätsommer bis Herbst leuchtendrosa Blütendolden hervorbringt. Sie erscheinen in großer Anzahl über den graugrünen Blättern und locken Schmetterlinge an. H. und Br. 30–45 cm.

***Aster novi-belgii* 'Royal Ruby'**
(Glattblattaster)
Dichtbuschige Staude mit großen Blütenrispen aus strahlenförmigen, leuchtendroten Korbblüten mit gelber Mitte. Herbstblüher. Regelmäßig vorbeugende Mehltauspritzung erforderlich. H. und Br. 45 cm.

***Schizostylis coccinea* 'Grandiflora'**
(Spaltgriffel)
Rhizomausbildende Staude mit langen, schmalen, grasähnlichen Blättern. Gladiolenähnliche Blütenähren mit schalenförmigen, leuchtendroten Blüten. Herbstblüher, H. 60, Br. 30 cm oder mehr.

Heterocentron elegans, S. 241
Liriope muscari 'Majestic'
Orchideen, S. 252–255
Physalis alkekengi

Cautleya spicata
Aufrechte Staude, die im Sommer und Frühherbst orange oder hellgelbe Blüten aus kastanienfarbenen Hochblättern hervorbringt. Blütenstand Ähre. Laub lang, mittelgrün. Benötigt geschützten Stand und nahrhaften tiefgründigen Boden. H. bis 60, Br. 50 cm.

Senecio pulcher
(Kreuzkraut)
Staude mit ledrigen, behaarten, dunkelgrünen Blättern. Im Sommer und Herbst hübsche margeritenähnliche, leuchtendviolettrosafarbene Blüten mit gelber Mitte. H. 45–60, Br. 50 cm.

***Aster amellus* 'King George'**
(Herbstaster)
Buschige Staude, die im Herbst viele große, endständige, strahlenförmige, tiefblauviolette Korbblüten mit gelber Mitte hervorbringt. Blätter oval, rauh. H. und Br. 50 cm.

Physostegia virginiana 'Vivid', S. 236
Schizostylis coccinea 'Viscountess Byng'
Smithiantha cinnabarina
Streptocarpus saxorum, S. 241

VIOLETT-GELB

Liriope muscari
Immergrüne, breitwüchsige Staude, die im Herbst Blütenähren aus dichtbüschligen, lavendelblauen oder violetten Blüten zwischen dem schmalen, glänzenddunkelgrünen Laub hervorbringt. H. 30, Br. 45 cm.

Chirita lavandulacea
Immergrüne, aufrechte Staude mit bereiften, blaßgrünen, bis 20 cm langen Blättern. In den Blattachseln entwickeln sich lavendelblaue Blütenbüschel mit weißen Röhren. Um Blütenflor zu verlängern, abschnittweise säen. H. und Br. 60 cm. Mindesttemperatur 15 °C.

Geranium wallichianum 'Buxton's Blue', S. 243
Mimulus guttatus
Orchideen, S. 252–255

***Aster thomsonii* 'Nanus'**
(Herbstaster)
Dichte Staude mit langstrahligen, lilablauen Blüten, die im Sommer und Herbst blühen. Laub schwach herzförmig. H. 45, Br. 25 cm.

***Aster dumosus* 'Professor A. Kippenberg'**
(Kissenaster)
Dichtbuschige Staude mit großen Blütendolden aus margeritenähnlichen, leuchtendblauen Blüten mit gelber Mitte. Herbstblüher. H. 30, Br. 45 cm.

Arctotheca calendula
(Kap-Ringelblume)
Bodendeckende Staude mit unterseits wolligen, rauhbehaarten Blättern und margeritenähnlichen, gelben Korbblüten mit dunklerer Mitte, die ab Spätfrühling bis Herbst erscheinen. H. 30 cm, Br. wuchernd. Mindesttemperatur 5 °C.

Osteospermum 'Buttermilk', S. 245
Salvia patens, S. 243
Tricyrtis macrantha

Begonien

Die Gattung der Begonien ist das ganze Jahr hindurch interessant. Semperflorens-Begonien eignen sich vorzüglich für Sommerbepflanzung. Die Rex-Gruppe besitzt attraktives Laub. Andere, wie die Tuber-hybrid-Formen werden wegen der großen, auffälligen Blüten gezogen. Viele sind auch für Hängekörbe und Kästen interessant (siehe auch Pflanzenlexikon).

***B. rex* 'Merry Christmas'**

B. masoniana

B. prismatocarpa

***B. × tuberhybrida* 'Billie Langdon'**

B. scharffii

B. bowerae

***B. × tuberhybrida* 'Apricot Cascade'**

B. albo-picta

B. × weltoniensis

***B.* 'Orpha C. Fox'**

***B. × tuberhybrida* 'Flamboyant'**

***B. × tuberhybrida* 'Can-Can'**

B. foliosa

***B.* 'Ingramii'**

***B. × tuberhybrida* 'Roy Hartley'**

***B. rex* 'Helen Lewis'**

B. olsoniae

B. metallica

***B.* 'Lucerna'**

***B. rex* 'Duartei'**

***B. manicata* 'Crispa'**

***B.* 'Orange Rubra'**

B. manicata

B. serratipetala

***B. semperflorens* 'Red Ascot'**

***B.* 'Thurstonii'**

***B.* 'Norah Bedson'**

B. sutherlandii

***B. semperflorens* 'Organdy'**

***B. pustulata* 'Argentea'**

***B.* 'Oliver Twist'**

Orchideen

Als leidenschaftlich, exotisch, verführerisch werden die Orchideen wegen ihrer ungewöhnlichen Blüten gepriesen. Eine geheimnisvolle Aura, aber auch viele Mißverständnisse haben Gartenfreunde entmutigt, sich mit ihrer Kultur zu befassen, die gar nicht so schwierig ist. Einige gedeihen auch gut als Zimmerpflanzen.
Es gibt 2 Hauptgruppen, die Erdorchideen (terrestrisch), die zum Teil sogar winterhart sind, und die epiphytisch lebenden, meist tropischen Formen, die auf Bäumen oder Felsen wachsen und ihre Nahrung durch die Blätter und Luftwurzeln aufnehmen. Sie benötigen ein besonderes Kultursubstrat und müssen in kühlen Klimabereichen unter Glas gezogen werden (siehe Pflanzenlexikon).

(× *Brass.* = × *Brassolaeliocattleya;* × *Soph.* = × *Sophrolaeliocattleya;* × *Oda.* = × *Odontioda; Odm.* = *Odontoglossum;* e = epiphytisch; t = terrestrisch)

***Coelognye cristata* [e]**

***Masdevallia infracta* [e]**

***Odm. rossii* [e]**

***Cypripedium acaule* [t]**

***Masdevallia tovarensis* [e]**

***Dendrobium infundibulum* [e]**

***Coelogyne flaccida* [e]**

***Calanthe vestita* [t]**

***Odm. cervantesii* [e]**

***Dendrobium aphyllum* [e]**

***Phalaenopsis* Allegria [e]**

***Odm.* Royal Occasion [e]**

***Paphiopedilum* Freckles [t]**

***Brassavola nodosa* [e]**

***Paphiopedilum fairrieanum* [t]**

***Oncidium ornithorrhynchum* [e]**

***Paphiopedilum niveum* [t]**

***Coelogyne nitida* [e]**

***Cymbidium* Portlett Bay [e]**

***Paphiopedilum callosum* [t]**

***Cypripedium reginae* [t]**
(Frauenschuh)

***Spiranthes cernua* [t]**

***Odm.crispum* [e]**

***Cymbidium* Strathbraan [e]**

***Angraecum sesquipedale* [e]**

***Paphiopedilum appletonianum* [t]**

***Miltoniopsis* Robert Strauss 'Ardingly' [e]**

***Paphiopedilum bellatulum* [t]**

***Odm. bictoniense* [e]**

Dendrobium nobile [e]

Calypso bulbosa [t]

× *Laeliocattleya* Rojo 'Mont Millais' [e]

Cymbidium Strath Kanaid [e]

Odm. cordatum [e]

Ophrys tenthredinifera [t]

× *Oda.* Mount Bingham [e]

× *Wilsonara* Hambuhren Stern 'Cheam' [e]

× *Brass.* Hetherington 'Coronation' [e]

Pleione bulbocodioides [t]

Cattleya J. A. Carbone [e]

× *Vuylstekeara* Cambria 'Lensing's Favorite' [e]

Cymbidium Pontac 'Mont Millais' [e]

× *Oda.* Pacific Gold × *Odm. cordatum* [e]

Laelia anceps [e]

Bletilla striata [t]

× *Soph.* Trizac 'Purple Emperor' [e]

Epidendrum ibaguense [e]

Odm. grande [e]

× *Brassocattleya* Mount Adams [e]

× *Brass.* St. Helier [e]

Miltoniopsis Anjou 'St. Patrick' [e]

Phalaenopsis Lady Jersey × Lippenglut [e]

Cattleya bowringiana [e]

Odm. Le Nez Point [e]

Cymbidium Strathdon 'Cooksbridge Noel' [e]

Paphiopedilum × *maudiae* [t]

× *Odontocidium* Artur Elle 'Colombian' [e]

Masdevallia coccinea [e]

× *Oda.* Petit Port [e]

Phaius tankervilleae [t]

Paphiopedilum Lyric 'Glendora' [t]

× *Odontocidium* Tiger Butter × *Wilsonara* Wigg's 'Kay' [e]

Phalaenopsis cornu-cervi **[e]**

Miltonia candida **var. *grandiflora* [e]**

× *Aliceara* Dark Warrior [e]

***Gongora quinquenervis* [e]**

***Bulbophyllum careyanum* [e]**

***Miltonia clowesii* [e]**

***Cypripedium macranthon* [t]**
Frauenschuh

***Cymbidium devonianum* [e]**

***Zygopetalum mackayi* [e]**

***Zygopetalum* Perrenoudii [e]**

***Orchis morio* [e]**
(Knabenkraut)

***Vanda* Rothschildiana [e]**

***Paphiopedilum sukhakulii* [t]**

***Paphiopedilum haynaldianum* [t]**

***Coelogyne speciosa* [e]**

***Ophrys fusca* [t]**

***Cymbidium grandiflorum* [e]**

***Gomesa planifolia* [e]**

***Cymbidium* King's Lock 'Cooksbridge' [e]**

***Masdevallia wagneriana* [e]**

***Phalaenopsis* Lundy [e]**

***Cymbidium* Caithness Ice 'Trinity' [e]**

***Cymbidium elegans* [e]**

***Cymbidium tracyanum* [e]**

***Epidendrum difforme* [e]**

***Cypripedium calceolus* [e]**
(heimischer Frauenschuh)

***Paphipedilum* Buckhurst 'Mont Millais' [t]**

***Odm.* Eric Young [e]**

× *Odontocidium* Tigersun 'Orbec' [e]

Oncidium tigrinum [e]

***Ophrys lutea* var. *lutea* [t]**

Maxillaria porphyrostele [e]

× *Potinara* **Cherub 'Spring Daffodil'** [e]

Laelia cinnabarina [e]

Dendrobium chrysotoxum [e]

Lycaste cruenta [e]

Oncidium papilio [e]

× *Odontocidium* **Tiger Hambuhren** [e]

Oncidium flexuosum [e]

Ada aurantiaca [e]

Cypripedium calceolus **var.** *pubescens* [e]

× *Soph.* **Hazel Boyd 'Apricot Glow'** [e]

Cymbidium **Christmas Angel 'Cooksbridge Sunburst'** [e]

Paphiopedilum venustum [t]

× *Oda. (Chantos × Marzorka)* × *Odm.* **Buttercrisp** [e]

Niedrige Stauden MIT WINTER- UND GANZJAHRESASPEKT

□ WEISS

***Spathiphyllum* 'Mauna Loa'**
Robuste, immergrüne Teppichstaude mit Ausläufern. Das Laub ist lanzettlich, glänzendgrün. Die fleischigen, weißen, duftenden Blüten werden von ovalen Hochblättern umhüllt. Sie erscheinen sporadisch. H. und Br. 45–60 cm. Mindesttemperatur 15 °C.

Episcia dianthiflora
Immergrüne Staude mit kriechenden Trieben und dicken, samtigen Blättern mit bräunlichen Mittelrippen. Sporadisch erscheinende, reinweiße Blüten, die einen gewellten Rand haben. H. 10 cm, Br. wuchernd. Mindesttemperatur 15 °C.

Hemigraphis repanda
Immergrüne, bodendeckende Staude mit sich bewurzelnden Trieben und lanzettlichen, violettgetönten Blättern, die unterseits violett gefärbt sind. Die weißen, röhrenförmigen Blüten erscheinen das ganze Jahr. H. 15 cm, Br. wuchernd. Mindesttemperatur 15 °C.

WEITERE EMPFOHLENE PFLANZEN:
Usambaraveilchen, S. 258
Aglaonema commutatum
Aglaonema 'Malay Beauty'
Bromelien, S. 222
Peperomia argyreia
Sonerila margaritacea

Niedrige Stauden MIT INTERESSANTEM WINTER- UND GANZJAHRESASPEKT

☐ WEISS

Spathiphyllum wallisii
Immergrüne, teppichbildende, ausläufertreibende Staude mit Büscheln aus langen, lanzettlichen Blättern und fleischigen, weißen Hochblättern, in denen sich sporadisch duftende, weiße Blüten entwickeln. H. und Br. 30 cm oder mehr. Mindesttemperatur 15 °C.

Pilea cardierei
(Kanonierblume)
Immergrüne, buschige Staude mit breitovalen, zugespitzten Blättern und erhabenen, silberfarbenen Flecken, die wie gesteppt aussehen. Unscheinbare, grünliche Blüten. H. und Br. 30 cm. Mindesttemperatur 10 °C.

***Tradescantia fluminensis* 'Variegata'**
(Dreimasterblume)
Immergrüne, ausläufertreibende Staude mit cremeweißgestreiften Blättern. Dazwischen entwickeln sich die in unregelmäßigen Büscheln zusammenstehenden, weißen Blüten. H. 30 cm, Br. wuchernd. Mindesttemperatur 15 °C.

Fittonia verschaffeltii* var. *argyroneura
Immergrüne, kriechende Staude mit schmalovalen, weißgeaderten, olivgrünen Blättern. Blüten ausknipsen, schon wenn sie sich bilden. H. 15 cm, Br. wuchernd. Mindesttemperatur 15 °C.

***Tradescantia fluminensis* 'Albovittata'**
(Dreimasterblume)
Starkwachsende, immergrüne Staude mit wuchernden, sich bewurzelnden Trieben. Blätter blaugrün, breit, weißgestreift. Kleine, weiße Blüten. H. 30 cm, Br. wuchernd. Mindesttemperatur 15 °C.

Helleborus orientalis
(Nießwurz, Christrose)
Horstbildende Staude mit dichtem, immergrünem, geteiltem Laub, über dem sich die nickenden, weißen, rosa oder violettfarbenen, bisweilen dunkelgefleckten Blüten im Vorfrühling erheben. H. und Br. 45 cm.

***Aglaonema commutatum* 'Treubii'**
Immergrüne, aufrechte Teppichstaude mit lanzettlichen, bis 30 cm langen, blaßgrün oder silbern gezeichneten Blättern und gelegentlich grünweißen Hochblättern. H. und Br. bis 45 cm. Mindesttemperatur 15 °C.

***Glechoma hederacea* 'Variegata'**
(Buntblättrige Gundelrebe)
Immergrüne, teppichbildende Staude mit kleinen, herzförmigen, weißmarmorierten Blättern an den kriechenden Trieben. Breitet sich rasch aus. Geeignet für Kübelpflanzung. H. 15 cm, Br. wuchernd. Blüten unscheinbar.

Peperomia caperata
(Zwergpfeffer)
Immergrüne, buschige Staude mit ovalen, fleischigen, gerunzelten, dunkelgrünen, bis 5 cm langen Blättern mit vertieften Blattnerven. Ähren aus weißen Blüten sporadisch. H. und Br. bis 15 cm. Mindesttemperatur 10 °C.

Sonerila margaritacea 'Argentea'
Sonerila margaritacea 'Hendersonii'
Spathiphyllum 'Clevelandii'
Spathiphyllum floribundum

***Chlorophytum comosum* 'Vittatum'**
(Graslilie)
Immergrüne, horstbildende Staude mit langen, lanzettlichen, cremeweißen, grüngestreiften und -gerandeten Blättern. Die sternförmigen, weißen Blüten erscheinen sporadisch. H. und Br. 30 cm. Mindesttemperatur 5 °C.

***Aspidistra elatior* 'Variegata'**
(Schusterpalme)
Immergrüne, rhizombildende Staude mit schmalen, glänzenddunkelgrünen Blättern, die der Länge nach cremefarben gestreift sind. Blüten unscheinbar, creme- bis lilafarben, grundständig. H. 60, Br. 45 cm. Mindesttemperatur 5–10 °C.

***Oplismenus hirtellus* 'Variegatus'**
Immergrünes, kriechendes Staudengras mit drahtigen, sich bewurzelnden Stengeln. Die Blätter sind lanzettlich, lang zugespitzt, weiß gestreift mit welligem Rand und oft rosa getönt. Blüten sporadisch, unscheinbar. H. 20 cm, Br. wuchernd. Mindesttemperatur 12 °C.

Helleborus niger
(Schneerose, Christrose)
Horstbildende Staude mit immergrünen, geteilten, tiefgrünen Blättern und schalenförmigen, nickenden, weißen Blüten mit gelben Staubfäden, die im Winter oder Vorfrühling erscheinen. H. und Br. 30 cm.

Helleborus × sternii
(Schneerose, Christrose)
Horstbildende Staude mit immergrünen, geteilten Blättern und schalenförmigen, oft rosagetönten, blaßgrünen Blüten, die in endständigen Büscheln im Winter und zeitigen Frühling erscheinen. H. und Br. 45 cm.

Helleborus orientalis
(Nießwurz, Christrose) rosa Form
Horstbildende Staude mit dichtem, immergrünem, geteiltem Laub, über dem sich die nickenden, schalenförmigen, weißen, rosa oder violetten Blüten im Winter oder Vorfrühling erheben. H. und Br. 45 cm.

ROSA-ROT

***Streptocarpus* 'Nicola'**
(Drehfrucht)
Immergrüne, stengellose Staude mit einer Rosette aus streifenförmigen Blättern. Die röhrenblütigen, rosafarbenen Blüten erscheinen sporadisch in kleinen Dolden. H. 20, Br. 50 cm. Mindesttemperatur 10–15 °C.

Tradescantia zebrina*, syn. *Zebrina pendula (Dreimasterblume)
Immergrüne, kriechende Staude mit bläulichgrünem Laub von violettgetönter Unterseite und zwei Silberstreifen. Rosa oder blaue Blüten sporadisch im Jahreslauf. H. 15 cm, Br. wuchernd. Mindesttemperatur 15 °C.

Episcia cupreata
Immergrüne, kriechende Staude mit schmalen, bereiften, runzeligen Blättern, die oft silbrig geadert oder gestreift sind und sporadisch scharlachrote, innen gelbgefleckte Blüten hervorbringen. H. 10 cm, Br. wuchernd. Mindesttemperatur 15 °C.

Usambaraveilchen, S. 258
Bergenia cordifolia 'Purpurea', S. 226
Bromelien, S. 222
Episcia cupreata 'Metallica'
Episcia cupreata 'Tropical Topaz'
Orchideen, S. 252–255
Peristrophe hyssopifolia
Tradescantia zebrina 'Quadricolor'
Anthurium 'Rotschildianum'
Bergenia 'Ballawley'
Bergenia crassifolia
Bromelien, S. 222

Usambaraveilchen

Wir bezeichnen die *Saintpaulia* meist als Usambaraveilchen. Dabei handelt es sich um die vielen Hybriden von *Saintpaulia ionantha*. Diese kleinen, rosettenbildenden Stauden sind attraktive Topfpflanzen für Zimmerkultur. Sie blühen reichlich, wenn sie hell, feucht und nicht in Zugluft stehen. Die folgende Auswahl zeigt die Vielfalt der Farben und Formen, die erhältlich ist.

***S.* 'Miss Pretty'**

***S.* 'Garden News'**

***S.* 'Fancy Pants'**

***S.* 'Pip Squeak'**

***S.* 'Colorado'**

***S.* 'Rococo Pink'**

***S.* 'Kristi Marie'**

***S.* 'Porcelain'**

***S.* 'Bright Eyes'**

***S.* 'Delft'**

Niedrige Stauden

MIT WINTER- UND GANZJAHRESASPEKT

ROT-VIOLETT

Anthurium scherzerianum
(Flamingoblume)
Immergrüne, horstbildende Staude mit ledrigen, dunkelgrünen bis 20 cm langen Blättern. Große, langhaftende, leuchtendrote Hochblätter mit fleischigen, orangegelben Blütenständen. H. und Br. 30–60 cm. Mindesttemperatur 15 °C.

Helleborus orientalis
(Nießwurz) violette Form
Horstbildende Staude mit dichten, immergrünen, geteilten Blättern, über denen die nickenden, schalenförmigen, rosa, weißen oder violetten, bisweilen dunkler gefleckten Blüten im Vorfrühling erscheinen. H. und Br. 45 cm.

Gerbera jamesonii
(Gerbera)
Aufrechte Staude mit margeritenähnlichen, orangeroten Korbblüten, die sporadisch einzeln an langen Stengeln erscheinen. Grundrosetten aus großen, immergrünen, gezackten Blättern. Gute Schnittblume. H. 60, Br. 45 cm.

***Phormium tenax* 'Bronze Baby'**
(Neuseeländer Hanf)
Immergrüne, aufrechte Staude mit Horsten aus steifen, zugespitzten, weinroten Blättern. Die roten Blütendolden erscheinen sporadisch an violetten Stengeln im Sommer. H. und Br. 45–60 cm.

***Tellima grandiflora* 'Purpurea'**
Immergrüne, horstbildende Staude mit zahlreichen, behaarten, grundständigen, violettroten, dunkelgrün unterlegten Blättern. Im Spätfrühling aufrechte Ähren mit glockenförmigen, cremerosafarbenen Blüten. H. und Br. 60 cm.

Fittonia verschaffeltii
Immergrüne, kriechende Staude mit kleinen, ovalen, rotgeaderten, olivgrünen Blättern. Die Blüten entfernt man im Knospenstadium. H. bis 15 cm, Br. wuchernd. Mindesttemperatur 15 °C.

Alloplectus nummularia
Alternanthera ficoidea 'Amoena'
Alternanthera ficoidea 'Versicolor'
Bergenia purpurascens
Bertolonia marmorata
Orchideen, S. 252–255

VIOLETT

***Ophiopogon planiscapus* 'Nigrescens'**
(Schlangenbart)
Immergrüne, horstbildende Staude, die wegen ihrer ausdrucksvollen, grasähnlichen, schwarzen Blätter gezogen wird. Die lilafarbenen Blütenrispen erscheinen im Sommer. Später schwarze Früchte. H. 25, Br. 30 cm.

***Tradescantia pallida* 'Purple Heart'**
(Dreimasterblume)
Immergrüne, kriechende Staude mit dunkelvioletten Trieben und etwas fleischigen Blättern. Rosaweiße Blüten im Sommer. H. 30–40, Br. 30 cm oder mehr. Mindesttemperatur 15 °C.

***Ajuga reptans* 'Atropurpurea'**
(Rotblättriger Günsel)
Immergrüner Bodendecker, der Ausläufer bildet. Die Kultursorte hat kleine Rosetten aus glänzenden, bronzevioletten Blättern und Blütenschäften mit blauen Blüten. Frühlingsblüher. H. 0,15, Br. 1,00 m.

Pellionia daveauana*, syn. *P. repens
Immergrüne, kriechende Staude mit sich bewurzelnden Ausläufern. Die breitovalen, olivgrünen Blätter mit blaßgrüner Mitte sind purpurbraun gerandet. Blüten unscheinbar. H. 10 cm. Br. wuchernd. Mindesttemperatur 15 °C.

Tradescantia sillamontana
(Dreimasterblume)
Immergrüne, aufrechte Staude mit ovalen, stengelumfassenden Blättern, die weißwollig behaart sind. Die Büschel aus kleinen, violettrosa Blüten erscheinen im Sommer. H. und Br. bis 30 cm. Mindesttemperatur 10–15 °C.

Tetranema roseum*, syn. *T. mexicanum
Kurzstielige Staude mit vielen, ungestielten, unterseits blaugrünen Blättern und nickenden, violetten Blüten mit blasserem Schlund. H. bis 20, Br. 30 cm. Mindesttemperatur 13 °C.

***Ajuga reptans* 'Multicolor'**
(Buntblättriger Günsel)
Immergrüne, teppichbildende Staude mit dunkelgrünen, cremeweiß- und rosagefleckten Blättern. Guter Bodendecker. Blütenstände mit den blauen Lippenblüten erscheinen im Frühling. H. 12, Br. 45 cm.

***Streptocarpus* 'Constant Nymph'**
(Drehfrucht)
Immergrüne, stengellose Staude mit streifenförmigen, rosettenständigen Blättern und röhrenförmigen, violettblauen Blüten mit dunkleren Adern und gelbem Schlund. H. 25, Br. 50 cm. Mindesttemperatur 10–15 °C.

VIOLETT-GRÜN

Cyanotis somaliensis
Immergrüne, kriechende Staude mit kleinen, schmalen, glänzenden, dunkelgrünen Blättern und weißbehaarten Stengeln. Blüten im Winter und Frühling in den Blattachseln violettblau. H. 5 cm, Br. wuchernd. Mindesttemperatur 10–15 °C.

***Maranta leuconeura* 'Erythroneura'**
Immergrüne Staude mit unregelmäßigen, rotgeaderten Blättern, die hellgrüngelbe Mittelrippen haben. Blätter stehen nachts aufrecht, tagsüber flach. H. und Br. bis 30 cm. Mindesttemperatur 15 °C.

***Sansevieria trifasciata* 'Hahnii'**
(Bogenhanf)
Immergrüne, stengellose Staude mit einer Rosette aus etwa 5 steif aufrechtwachsenden, breitlanzettlichen, zugespitzten Blättern. Gelegentlich kleine blaßgrüne Blüten. H. 15–30, Br. 10 cm. Mindesttemperatur 15 °C.

Helleborus atrorubens
Heterocentron elegans, S. 241
Lathraea clandestina, S. 228
Orchideen, S. 252–255
Streptocarpus rexii
Aeschynanthus pulcher
Bromelien, S. 222
Cyanotis kewensis
Tradescantia zebrina 'Purpusii'

Niedrige Stauden MIT INTERESSANTEM WINTER- UND GANZJAHRESASPEKT

GRÜN

Calathea makoyana
Immergrüne, horstbildende Staude mit horizontalen, ca. 30 cm langen, oberseits dunkel- und hellgrünen, unterseits rötlichvioletten Blättern und kurzen Blütenschäften aus weißen Blüten. H. 0,60, Br. bis 1,20 m. Mindesttemperatur 15 °C.

Aglaonema pictum
Immergrüne, aufrechte, dichtbuschige Staude mit ovalen, bis 15 cm langen, unregelmäßig grauweiß- oder graugrüngezeichneten Blättern. Im Sommer cremeweiße Hochblätter. H. und Br. bis 60 cm. Mindesttemperatur 15 °C.

***Aglaonema commutatum* 'Silver King'**
Immergrüne, horstbildende Staude mit breitlanzettlichen, mittelgrünen, dunkel- und hellgrüngezeichneten Blättern und grünlichweißen, im Sommer erscheinenden Hochblättern. H. und Br. bis 45 cm. Mindesttemperatur 15 °C.

Maranta leuconeura* var. *kerchoviana
Immergrüne Staude mit sporadischen, weißen oder malvenfarbenen Blüten und rundlichen, dunkelbraungefleckten Blättern, die mit zunehmendem Alter grüner werden. H. und Br. 30 cm. Mindesttemperatur 15 °C.

Welwitschia mirabilis
(Welwitschie)
Immergrüne, ausdauernde Staude mit kurzem, holzigen Schaft und zwei streifenförmigen, bis 2,50 m langen Blättern. Trägt schmale, rötlichbraune Zapfen. H. bis 30 cm, Br. unbegrenzt. Mindesttemperatur 10 °C.

Peperomia marmorata
(Zwergpfeffer)
Immergrüne, buschige Staude mit unscheinbaren Blüten und ovalen, zugespitzten, stumpfgrünen Blättern, die oberseits grauweiß, unterseits rötlich gezeichnet sind. H. und Br. bis 20 cm. Mindesttemperatur 10 °C.

Stachys byzantina*, syn. *S. lanata
(Wolliger Ziest, Eselsohr)
Immergrüne, bodendeckende Staude mit wolligem, grauem Laub. Guter Bodendecker und gut für Einfassungen. Blüten im Sommer malvenrosa. H. 30–35, Br. 60 cm.

Ophiopogon japonicus
(Schlangenbart)
Immergrüne horst- oder mattenbildende Staude mit grasähnlichen, glänzenddunkelgrünen Blättern. Die lilafarbenen Blütenähren erscheinen im Spätsommer, später die blauschwarzen Beeren. H. 30 cm, Br. wuchernd.

Helleborus lividus* ssp. *corsicus
(Nießwurz, Schneerose)
Horstbildende Staude mit immergrünen, geteilten, dunkelgrünen Blättern und schalenförmigen, blaßgrünen Blüten, die im Winter und Frühling in großen Büscheln erscheinen. H. 60, Br. 45 cm.

Soleirolia soleirolii*, syn. *Helxine soleirolii (Bubiköpfchen)
Immergrüne, kriechende Staude mit kleinen, rundlichen, lebhaft grünen Blättern, die sich teppichartig ausbreitet. Andere Pflanzen können darunter ersticken. H. 5 cm, Br. wuchernd.

Callisia repens
Immergrüne, kriechende Staude mit sich bewurzelnden Trieben und dichtstehenden Blättern, die mitunter weiß gebändert und unterseits violett getönt sind. Unscheinbare weiße Blüten im Winter; blüht selten. H. 10 cm, Br. wuchernd. Mindesttemperatur 15 °C.

Ajuga pyramidalis 'Metallica Crispa'
Ajuga reptans 'Jungle Beauty'
Aspidistra elatior
Callisia navicularis
Chamaemelum nobile
Chamaemelum nobile 'Treneague'
Chlorophytum comosum
Peperomia clusiifolia
Peperomia griseoargentea
Peperomia magnoliifolia
Peperomia metallica
Peperomia rubella
Plectranthus australis
Plectranthus oertendahlii
Tradescantia fluminensis

GRÜN

Drosera spathulata
(Sonnentau)
Immergrüne, insektenfangende Staude mit Rosetten aus löffelförmigen, reizempfindlichen, rötlichen Blättern. Blüten zahlreich, weiß und rosa auf blattlosen Stengeln. Sommerblüher. H. und Br. bis 8 cm. Mindesttemperatur 5–10 °C.

Drosera capensis
(Afrikanischer Sonnentau)
Immergrüne, insektenfangende Staude mit Rosetten aus schmalen Blättern mit rötlichen Drüsenhaaren. Blüten zahlreich, violett, auf blattlosen Stengeln im Sommer. H. und Br. bis 15 cm. Mindesttemperatur 5–10 °C.

Peperomia glabella
(Zwergpfeffer)
Immergrüne Staude mit weitreichenden, roten Trieben und breitovalen, fleischigen, glänzenden, hellgrünen, bis 5 cm langen Blättern und unscheinbaren Blüten. H. bis 15, Br. 30 cm. Mindesttemperatur 10 °C.

***Peperomia obtusifolia* 'Variegata'**
(Zwergpfeffer, buntblättrig)
Immergrüne, buschige Staude mit Spatelförmigen, fleischigen Blättern, die unregelmäßige, gelb bis grüne und cremeweiße Zeichnungen mit grauer Mitte haben. Blüten unscheinbar. H. und Br. 15 cm. Mindesttemperatur 10 °C.

Helleborus viridis
(Grüne Nießwurz)
Horstbildende Staude mit sommergrünen, tiefgeteilten, dunkelgrünen Blättern. Die schalenförmigen, grünen Blüten erscheinen im Spätwinter und Vorfrühling. H. und Br. 30 cm.

Pilea nummulariifolia
(Kanonierblume)
Immergrüne, bodendeckende Staude mit sich bewurzelnden, rötlichen Trieben. Die rundlichen, etwa 2 cm großen Blätter haben eine runzelige Oberfläche. Blüten unscheinbar. H. bis 5, Br. 30 cm. Mindesttemperatur 10 °C.

Bromelien, S. 222
Helleborus lividus
Orchideen, S. 252–255
Tolmiea menziesii

GRÜN-GELB

***Iresine herbstii* 'Aureo-reticulata'**
Immergrüne, buschige Staude mit roten Stengeln und unscheinbaren Blüten. Die rundlichen, mittelgrünen, bis 10 cm langen Blätter sind gelb oder rot geadert und am Ende gekerbt. H. bis 60, Br. 45 cm. Mindesttemperatur 10–15 °C.

Helleborus foetidus
(Stinkende Nießwurz)
Horstbildende Staude mit immergrünen, tiefeingeschnittenen, dunkelgrünen Blättern und schalenförmigen, rotgeaderten, blaßgrünen Blüten, die in Büscheln im Winter und Vorfrühling erscheinen. H. und Br. 45 cm.

***Sansevieria trifasciata* 'Golden Hahnii'** (Bogenhanf)
Immergrüne, stengellose Staude mit einer Rosette aus ca. 5 steifen, aufrechten, breitlanzettlichen, breit gelbgerandeten Blättern. Gelegentlich kleine, blaßgrüne Blüten. H. 15–30, Br. 10 cm. Mindesttemperatur 15 °C.

Dionaea muscipula
(Venus-Fliegenfalle)
Immergrüne, insektenfangende Staude mit Rosetten aus ausgebreiteten, an den Rändern mit steifen Borstenhaaren versehenen Blättern. Winzige, weiße Blütenbüschel im Sommer. H. 10, Br. 30 cm. Mindesttemperatur 5 °C.

Nautilocalyx lynchii
Robuste, immergrüne, aufrechte Staude mit breitlanzettlichen, runzeligen, oberseits grünlichroten, unterseits rötlichen Blättern. Im Sommer röhrenförmige, rötlichbehaarte, blaßgelbe Blüten mit roten Kelchen. H. und Br. bis 60 cm. Mindesttemperatur 15 °C.

Adonis amurensis, S. 232
Bromelien, S. 222
Orchideen, S. 252–255
Peperomia magnoliifolia 'Green and Gold'
Pilea involucrata
Tradescantia spathacea 'Vittata'

Einjährige und Zweijährige

□ WEISS

Digitalis purpurea* f. *alba
(Weißer Fingerhut)
Kurzlebige Staude, die zweijährig gezogen wird. Bildet Rosetten aus großen, zugespitzten, ovalen Blättern und aufrechten Stielen mit glockenförmigen, weißen Blüten im Sommer. H. 1,00–1,50, Br. 0,30–0,50 m.

Omphalodes linifolia
(Gedenkemein)
Raschwüchsige, schlanke, aufrechte Einjährige mit lanzettlichen, graugrünen Blättern und winzigen, schwachduftenden, rundlichen, weißen Blüten, die selten blau getönt sind. Blütezeit Sommer. H. 15–20, Br. 15 cm.

Gypsophila elegans
(Schleierkraut)
Raschwüchsige, aufrechte, buschige Einjährige mit lanzettlichen, graugrünen Blättern und Wolken aus winzigen, weißen Blüten, die in verzweigten Rispen vom Sommer bis Frühjahr erscheinen. H. 60, Br. 30 cm oder mehr.

***Lavatera trimestris* 'Mont Blanc'**
(Malvenart, Lavatera)
Mäßig rasch wachsende, aufrechte, verzweigte Einjährige mit ovalen, gelappten Blättern. Die flachen, trompetenförmigen, leuchtendweißen Blüten erscheinen von Sommer bis Frühherbst. H. bis 60, Br. 45 cm.

Iberis amara
(Einjährige Schleifenblume)
Raschwüchsige, aufrechte, buschige Einjährige mit lanzettlichen, mittelgrünen Blättern und lockeren Blütenköpfchen aus kleinen, duftenden, vierblättrigen, weißen Blüten im Sommer. H. 30, Br. 15 cm.

***Lobularia maritima* 'Little Dorrit'**
(Duft-Steinrich)
Raschwüchsige, dichte Einjährige mit lanzettlichen, graugrünen Blättern und rundlichen Blütenständen aus vierblättrigen, weißen Blüten im Sommer und Frühherbst. H. 10–15, Br. 20–30 cm.

***Matthiola* 'Giant Imperial'**
(Levkoje)
Raschwüchsige, buschige Zweijährige, die einjährig gezogen wird, mit lanzettlichen, graugrünen Blättern und langen, starkduftenden, weißen oder cremegelben Blütenähren. Sommerblüher. H. bis 60, Br. 30 cm.

***Petunia*, Recoverer-Serie**
(Petunie) weiß
Mäßig rasch wachsende, verzweigte, buschige Staude, die einjährig gezogen wird. Blätter oval, mittel- bis tiefgrün. Blüten groß, flach, trompetenförmig, weiß. Blütezeit Sommer bis Herbst. H. 15–30, Br. 30 cm.

WEITERE EMPFOHLENE PFLANZEN:
Adlumia fungosa
Ageratum houstonianum 'White Cushion'
Antirrhinum majus und cv.
Bellis perennis 'White Carpet'
Callistephus chinensis und cv.
Campanula medium und cv.
Centaurea cyanus
Consolida ambigua, Hyacinth-flowered-Serie
Convolvulus tricolor 'Minor'
Dianthus chinensis und cv.
Eustoma grandiflorum, F1 Hybriden [gem.]
Helichrysum bracteatum cv.
Iberis umbellata
Lobelia erinus 'Colour Cascade'
Lobularia maritima

Dimorphotheca pluvialis
(Kapkörbchen)
Einjährige mit ovalen, behaarten Blättern. Im Sommer erscheinen Blütenköpfchen, die unterseits violette, oberseits weiße Strahlenblüten mit braunvioletter Mitte haben. H. 20–30, Br. 15 cm.

Chrysanthemum parthenium
(Goldkamille)
Mäßig stark wachsende, kurzlebige, buschige Staude, die einjährig gezogen wird. Die gelappten, mittelgrünen Blätter duften. Im Sommer und Frühherbst kleine, weiße Blütenköpfchen. H. und Br. 20–45 cm.

Reseda odorata
(Resede)
Aufrechte, verzweigte Staude mit ovalen Blättern und konischen Blütenähren aus kleinen, starkduftenden, sternförmigen, weißen Blüten mit orangebraunen Staubfäden im Sommer und Frühherbst.
H. 30–60, Br. 30 cm.

Euphorbia marginata
(Wolfsmilchart)
Aufrechte, buschige Einjährige mit zugespitzten, ovalen Blättern, die oberseits weiß gezeichnet sind. Die breiten, weißen, blütenblattähnlichen Hochblätter umgeben die unscheinbaren Blüten im Sommer. H. 60, Br. 30 cm.

Nemophila maculata,
(Hainblume)
Raschwüchsige, breite Einjährige mit gelappten Blättern und kleinen, schalenförmigen, weißen Blüten mit purpurgetönten Staubgefäßen, die im Sommer erscheinen. H. und Br. 15 cm.

***Nicotiana*, Domino-Serie**
(Ziertabak)
Ziemlich langsam wachsende, buschige Staude mit zugespitzten, ovalen Blättern und trompetenförmigen, etwa 8 cm langen Blüten, die in vielen Farben im Sommer und Frühherbst aufblühen. H. und Br. 30 cm.

***Viola*, Floral-Dance-Serie**
(Stiefmütterchen) weiß
Buschige Staude, die ein- oder zweijährig kultiviert wird, mit ovalen, mittelgrünen Blättern und rundlichen, fünfzähligen, weißen Blüten, die im Winter erscheinen.
H. 15–20, Br. 20 cm.

***Salvia splendens*, Carabinière-Serie**
(Salbei) weiß
Schwachwachsende, buschige Staude, die einjährig gezogen wird, mit ovalen, gesägten Blättern und dichten Blütenähren aus röhrenförmigen, weißen Blüten, die im Sommer und Frühherbst erscheinen. H. 30, Br. 20–30 cm.

Eustoma grandiflorum*, syn. *Lisianthus russellianus
Schwachwachsende, aufrechte Einjährige mit lanzettlichen, tiefgrünen Blättern. Die mohnähnlichen rosa, lila, blauen oder weißen Blüten von 5 cm Ø erscheinen im Sommer. H. 60, Br. 30 cm. Mindesttemperatur 4–7 °C.

Matthiola cv.
Myosotis 'White Ball'
Nemesia strumosa
Nigella damascena
Papaver somniferum 'White Cloud'
Pelargonien, Geranien, S. 206–207
Petunia cv.
Phlox drummondii cv.
Portulaca grandiflora
Salvia farinacea 'Alba'
Salvia horminum cv.
Senecio × *hybridus* cv.
Verbascum lychnitis
Viola × *wittrockiana* cv.
Zinnia cv.

Hibiscus trionum
(Eibisch)
Raschwüchsige, aufrechte Einjährige mit ovalen, gesägten Blättern und trompetenförmigen, weißen oder blaßgelben Blüten mit violettbrauner Mitte, die ab Spätsommer bis Frühherbst erscheinen. H. 60, Br. 30 cm.

Martynia annua*, syn. *M. louisiana
(Martynia)
Schnellwachsende, aufrechte Einjährige mit langstieligen Blättern und fingerhutähnlichen, gelappten, cremeweißen Blüten, die rot, rosa und gelb gezeichnet sind und im Sommer erscheinen. Geflügelte Früchte. H. 60, Br. 30 cm.

***Lathyrus odoratus* 'Knee Hi'**
(Duftwicke)
Raschwüchsige Einjährige mit ovalen, geteilten, mittelgrünen Blättern und großen Blüten, die in Schattierungen von Rosa, Rot, Blau und Weiß im Sommer oder Frühherbst erscheinen. H. und Br. 90 cm.

Crepis rubra
(Pippau)
Ziemlich rasch wachsende, rosettenbildende Einjährige mit lanzettlichen, gesägten Blättern und löwenzahnähnlichen, rosa, roten oder weißen Korbblüten im Sommer. H. 30, Br. 15 cm.

***Zea mays* 'Gracillima Variegata'**
(Ziermais)
Raschwachsende, aufrechte Einjährige mit lanzettlichen, grün und weiß gestreiften Blättern, silbrigen Blütenhaaren und später großen, leuchtendgelben Kolben. H. 90, Br. 30–45 cm.

Impatiens balsamina
(Rühr-mich-nicht-an)
Raschwüchsige, aufrechte, dichtbuschige Einjährige mit lanzettlichen Blättern und kleinen, schalenförmigen, gespornten rosa oder weißen Blüten, die im Sommer oder Frühherbst erscheinen. H. 75, Br. 45 cm.

***Chrysanthemum carinatum* 'Monarch Court Jesters'**
(Sommermargerite)
Raschwüchsige, aufrechte Einjährige mit gefiederten, graugrünen Blättern und margeritenähnlichen Blüten in abgestuften Farben (∅ bis 8 cm). Viele Farbkombinationen. H. 60, Br. 30 cm.

Silene coeli-rosa*, syn. *Viscaria elegans
(Leimkraut)
Mäßig schnell wachsende, aufrechte Einjährige mit lanzettlichen, graugrünen Blättern. Rosaviolette Blüten mit weißer Mitte im Sommer. H. 45, Br. 15 cm.

Cleome hassleriana
Impatiens balsamina 'Blackberry Ice'

Helipterum roseum
(Sonnenflügel)
Mäßig rasch wachsende Einjährige mit lanzettlichen, graugrünen Blättern und kleinen, margeritenähnlichen, halbgefüllten, rosa Blütenköpfchen, die im Sommer erscheinen. Trockenstraußblume. H. 30, Br. 15 cm.

***Matthiola* 'Giant Excelsior'**
(Levkoje)
Raschwüchsige, aufrechte, buschige Zweijährige, die einjährig gezogen wird, mit lanzettlichen, graugrünen Blättern. Lange Blütenähren mit starkduftenden Blüten in vielen Farben. Sommerblüher. H. bis 75, Br. 30 cm.

***Primula*, Posy-Serie**
(Primel)
Rosettenbildende Staude, meist zweijährig gezogen mit lanzettlichen Blättern und rundlichen, fast stengellosen Blüten in verschiedenen Farbschattierungen mit kontrastierender Mitte. Frühlingsblüher. H. 8, Br. 10 cm.

Helipterum manglesii
(Sonnenflügel)
Mäßig stark wachsende, aufrechte Einjährige mit zugespitzten, ovalen, graugrünen Blättern. Papierene, margeritenähnliche, rote, rosa oder weiße Korbblüten im Sommer oder Frühherbst. Trockenstraußblume. H. 30, Br. 15 cm.

***Papaver somniferum*, Peonyflowered-Serie** (Schlafmohn)
Raschwüchsige, aufrechte Einjährige mit gelappten, blaßgrünen Blättern und großen, rundlichen, oft schalenförmigen oder gefüllten Blüten in großer Farbenmischung. Sommerblüher. H. 75, Br. 30 cm.

***Matthiola*, Brompton-Serie**
(Levkoje)
Raschwüchsige, buschige Zweijährige, die einjährig gezogen wird. Blätter lanzettförmig, graugrün. Blütenähren aus duftenden Blüten in Farben von Rosarot, Violett, Gelb und Weiß. Blütezeit Sommer, H. 45, Br. 30 cm.

***Pelargonium*, Orbit-Serie**
(Geranie) lachsfarben
Langsamwachsende, buschige Stauden, die einjährig gezogen werden, mit gelappten, bronze- oder rotgezeichneten Blättern und großen, rundlichen, lachsrosa Blütendolden im Sommer und Herbst. H. und Br. 30–60 cm.

***Antirrhinum majus*, Madame-Butterfly-Serie** (Löwenmaul)
Aufrechte Staude, die einjährig gezogen wird, mit lanzettlichen Blättern und Blütenständen aus röhrenförmigen Blüten, die von Frühling bis Herbst erscheinen und in vielen Farben erhältlich sind. H. 60–75, Br. 45 cm.

Alcea rosea*, syn. *Althaea rosea
(Stockrose)
Zweijährige mit langen, aufrechten Blütenstielen und gelappten, rauhen Blättern. Blüten in großem Farbenspiel wie Rosa, Gelb, Creme, Rot und Violett. Sie erscheinen im Sommer und Frühherbst. H. 1,50–2,00, Br. 0,60 m.

***Salvia splendens*, Cleopatra-Serie**
(Salbei) lachsfarben
Langsamwachsende, buschige Staude, die einjährig gezogen wird, mit ovalen, gesägten, frischgrünen Blättern und dichten Blütenähren aus röhrenförmigen, lachsroten Blüten im Sommer und Frühherbst. H. 30, Br. 20–30 cm.

***Impatiens*, Novette-Serie**
(Fleißiges Lieschen, Balsamine) lachsfarben
Raschwüchsige, buschige, immergrüne Staude, die einjährig gezogen wird. Blätter zugespitzt, Blüten schmal, flach, lachsrosa. Blütezeit von Frühling bis Herbst. H. und Br. 15 cm.

Ageratum houstonianum 'Bengali'
Ageratum houstonianum 'Pinkie'
Silene pendula

***Zinnia*, Thumbelina-Serie**
(Zinnie)
Mäßigwachsende, aufrechte Einjährige mit ovalen bis lanzettlichen Blättern. Im Sommer und Frühherbst große, margeritenähnliche, gefüllte und halbgefüllte Korbblüten in vielen Farben. H. 15, Br. 30 cm.

☼ 💧 ❄

***Papaver rhoeas*, Shirley-Serie**
(Klatschmohn)
Raschwüchsige, schlanke, aufrechte Einjährige mit gelappten, hellgrünen Blättern. Blüten rundlich, oft schalenförmig und gefüllt in vielen Schattierungen von Rot bis Weiß auch zweifarbig. Sommerblüher. H. 60, Br. 30 cm.

☼ 💧 ❄❄❄

***Cleome hassleriana* 'Colour Fountain'**
(Spinnenpflanze)
Raschwüchsige, buschige Einjährige mit behaarten Stengeln und geteilten Blättern. Im Sommer erscheinen die schmalblättrigen Blüten in dichten rosa, weißen und violetten Blütenähren. H. 1,00–1,20, Br. 0,50–0,60 m.

☼ 💧 ❄

Lobularia maritima* 'Wonderland', syn. *Alyssum maritimum
(Sommersteinbrech)
Raschwüchsige, dichte Einjährige mit lanzettlichen Blättern und rundlichen Blütenköpfen aus winzigen, tieflilarosa Blüten im Sommer und Frühherbst. H. bis 15, Br. bis 30 cm.

☼ 💧 ❄❄❄

Eschscholzia californica
(Kalifornischer Mohn)
Raschwüchsige, schlanke Einjährige mit gefiederten, blaugrünen Blättern und schalenförmigen, vierblättrigen, selten gefüllten Blüten in roten, rosa, gelben oder orangen Farben im Sommer und Herbst. H. 30, Br. 15 cm.

☼ 💧 ❄❄❄

***Schizanthus* 'Hit Parade'**
(Schizanthus)
Mäßig stark wachsende, aufrechte, buschige Einjährige mit tiefeingeschnittenen Blättern und röhrenförmigen Blüten in reicher Farbmischung. Blütezeit Sommer und Herbst. H. und Br. 30 cm. Mindesttemperatur 5 °C.

☼ 💧

Centaurea cyanus
(Kornblume)
Raschwüchsige, aufrechte, verzweigte Einjährige mit lanzettförmigen, graugrünen Blättern und verzweigten Köpfchen aus margeritenähnlichen, rosaroten Blüten im Sommer und Frühherbst. H. bis 90, Br. 30 cm.

☼ 💧 ❄❄❄

Limonium sinuatum
Schwachwachsende, buschige, aufrechte Staude, die einjährig gezogen wird. Blätter lanzettlich, gelappt, tiefgrün. Blüten winzig, blau, rosa oder weiß. Sie stehen in Büscheln an den geflügelten Stengeln im Sommer und Herbst. H. 45, Br. 30 cm.

☼ 💧 ❄

***Petunia*, Victorious-Serie**
(Petunie)
Mäßig stark wachsende, verzweigte, buschige Staude, die einjährig gezogen wird. Blätter oval, Blüten trichterförmig, flach, gefüllt, samtig, in großer Farbenmischung. Blütezeit Sommer und Herbst. H. 15–30, Br. 30 cm.

☼ 💧 ❄

Onopordum acanthium
Langsamwachsende, aufrechte, verzweigte Zweijährige. Blätter groß, gelappt, schmal, behaart, silbergrau. Blüten tiefviolettrosa in Köpfchen zusammenstehend. Sommerblüher. H. 1,80, Br. 0,90 m.

☼ 💧 ❄❄❄

Silybum marianum
(Mariendistel)
Zweijährige mit Grundrosette aus tiefgelappten, sehr dünnen, weißgeaderten Blättern und dunkelviolettrosa Blütenköpfchen, die an aufrechten Stielen im Sommer und Frühherbst erscheinen. H. 1,20, Br. 0,60 m.

☼ 💧 ❄❄❄

***Iberis umbellata*, Fairy-Serie**
(Schleifenblume)
Raschwüchsige, aufrechte, buschige Einjährige mit lanzettlichen Blättern und kleinen Blütenköpfchen aus vierblättrigen Blüten, die in roter, rosa, violetter oder weißer Farbe im Sommer und Frühherbst blühen. H. und Br. 20 cm.

☼ 💧 ❄❄❄

Agrostemma githago
Alcea rosea 'Majorette'
Bellis perennis cv.
Campanula medium und cv.
Centaurea cyanus
Clarkia amoena
Clarkia amoena, azaleenblütige
Consolida ambigua, hyazinthenblütige
Eustoma grandiflorum, F1 Hybriden [gem.]
Impatiens cv.
Matthiola cv.
Salvia horminum cv.

***Petunia*, Bonanza-Serie**
(Petunie)
Mäßig stark wachsende, verzweigte Staude, die einjährig gezogen wird. Blätter oval, Blüten samtig, groß, trompetenförmig, gefüllt in vielen Farben. Blühen im Sommer und Herbst. H. 15–30, Br. 30 cm.

***Agrostemma githago* 'Milas'**
(Kornrade)
Raschwüchsige, schlanke, aufrechte, dünnstielige Einjährige mit lanzettlichen Blättern und fünfblättrigen, purpurrosa Blüten von 8 cm ∅. Blütezeit Sommer. H. 60–90, Br. 30 cm.

Malcolmia maritima
(Malcolmie)
Raschwüchsige, schlanke Einjährige mit ovalen, graugrünen Blättern. Blüten winzig, duftend, vierblättrig, rosa, rot oder weiß. Blütezeit Frühling und Herbst. Mehrere Aussaaten garantieren langen Flor. H. 20, Br. bis 8 cm.

***Matthiola*, Brompton-Serie**
(Levkoje)
Raschwüchsige, aufrechte, buschige Zweijährige, die einjährig gezogen wird. Blätter lanzettlich, graugrün. Blüten in langen Ähren, stark duftend, rosa. Blütezeit Sommer. H. 45, Br. 30 cm.

***Lunaria annua* 'Variegata'**
(Silberling)
Raschwüchsige, aufrechte Zweijährige mit zugespitzten, gesägten, weißpanaschierten Blättern. Blüten klein, vierblättrig, dunkelviolettrosa in Köpfchen. Blütezeit Frühling und Frühsommer. H. 75, Br. 30 cm.

***Silene armeria* 'Electra'**
(Leimkraut)
Mäßig stark wachsende, aufrechte Einjährige. Blätter oval, graugrün. Blüten sternförmig, leuchtendrosarot, in Köpfchen zusammenstehend. Sommer- und Frühherbstblüher. H. 30, Br. 15 cm.

Einjährige und Zweijährige

■ ROSA

***Lavatera trimestris* 'Silver Cup'**
(Sommermalve)
Mäßig schnell wachsende, aufrechte, verzweigte Einjährige mit ovalen, gelappten Blättern und flachen, trompetenförmigen, rosa Blüten im Sommer und Frühherbst. H. 60, Br. 45 cm.

☼ ◊ ❄❄❄

***Dianthus chinensis*, Baby-Doll-Serie**
(Chinesische Nelke)
Zierliche Einjährige oder Zweijährige mit Einjahreskultur. Blätter lanzettlich, Blüten klein, einzeln, in verschiedenen Farben. Blütezeit Sommer und Frühherbst. H. 15, Br. 15–30 cm.

☼ ◊ ❄❄❄

***Clarkia* 'Brilliant'**
(Klarkie)
Raschwüchsige, aufrechte, buschige Einjährige mit ovalen Blättern. Große, rosettenähnliche, gefüllte, leuchtendrosarote Blüten in langen Ähren im Sommer und Frühherbst. H. bis 60, Br. 30 cm.

☼ ◊ ❄❄❄

***Lathyrus odoratus* 'Bijou'**
(Wohlriechende Wicke)
Raschwüchsige Einjährige mit ovalen, geteilten, mittelgrünen Blättern und großen, rosa, roten oder blauen Blüten. Blütezeit Sommer und Frühherbst. H. und Br. 45 cm.

☼ ◊ ❄❄❄

***Callistephus chinensis*, Milady-Serie**
(Sommeraster) rosa
Mäßig stark wachsende, aufrechte, buschige Einjährige mit ovalen, gezähnten Blättern und großen, margeritenähnlichen, gefüllten, rosaroten Blütenköpfchen. Sommer- und Herbstblüher. H. 25–30, Br. 30–45 cm.

☼ ◊ ❄

Brassica oleracea
(Zierkohl)
Mäßig schnell wachsende, dichte, rundliche Zweijährige, die einjährig gezogen wird. Blätter groß, meist gewellt, in Farbstellungen von Rot-Grün, Weiß-Rosa, Rosa-Grün. Nicht blühen lassen! H. und Br. 30–45 cm.

☼ ◊ ❄❄❄

Coleus blumei
(Samtnessel, Buntnessel)
Raschwüchsige, buschige Staude, die einjährig gezogen wird. Blätter zugespitzt, oval, gesägt, in leuchtender Farbenmischung. Blütenähren sollten entfernt werden. H. bis 45, Br. 30 cm oder mehr. Mindesttemperatur 10 °C.

☼ ◊

Malope trifida
(Malvenart)
Mäßig schnell wachsende, aufrechte, verzweigte Einjährige mit rundlichen, gelappten Blättern und trompetenförmigen, rotvioletten Blüten, Ø bis 8 cm, tiefrosa geadert. Blütezeit Sommer und Frühherbst. H. 90, Br. 30 cm.

☼ ◊ ❄❄❄

***Matthiola*, Ten-week-Serie**
(Zwerglevkoje)
Raschwüchsige, aufrechte Zweijährige mit Einjahreskultur. Blätter lanzettlich, graugrün. Lange Blütenähren aus duftenden, gefüllten Blüten in vielen Schattierungen von Rot bis Weiß. Sommerblüher. H. und Br. 30 cm.

☼ ◊ ❄❄❄

Antirrhinum majus
Callistephus chinensis und cv.
Celosia cristata
Cleome hassleriana 'Rose Queen'

Dianthus chinensis
Digitalis purpurea
Helichrysum bracteatum cv.
Papaver somniferum

Pelargonien, Geranien, S. 206–207
Petunia cv.
Phlox drummondii cv.
Portulaca grandiflora

Schizanthus cv.
Senecio × *hybridus* cv.
× *Venidio-arctotis* 'China Rose'
Zinnia cv.

***Petunia*, Resisto-Serie**
(Petunie) rosarot
Mäßig schnell wachsende, verzweigte, buschige Staude mit Einjahreskultur. Blätter oval, Blüten flach, trompetenförmig, rosarot, regenbeständig. Blütezeit Sommer bis Herbst. H. 15–30, Br. 30 cm.

***Silene coeli-rosa* 'Rose Angel'**
(Leimkraut)
Mäßig stark wachsende, schlanke, aufrechte Einjährige mit lanzettlichen, graugrünen Blättern und tiefrosa Blüten, die im Sommer erscheinen. H. 30, Br. 15 cm.

***Clarkia* 'Arianna'**
(Klarkie)
Raschwüchsige Einjährige mit aufrechten, verzweigten Stengeln und lanzettlichen Blättern. Blütenähren aus gekräuselten, rosettenähnlichen, halbgefüllten, tiefrosa Blüten im Sommer und Frühherbst. H. 45, Br. 30 cm.

***Dorotheanthus bellidiformis*, Magic-Carpet-Serie** (Mittagsblume)
Einjährige Polsterpflanze mit fleischigen, lanzettlichen, blaßgrünen Blättern und margeritenähnlichen Blütenköpfchen in leuchtenden Farben, die sich nur in der Sonne öffnen. Sommerblüher. H. 15, Br. 30 cm.

***Antirrhinum majus*, Princess-Serie**
(Löwenmaul) weiß mit rotem Auge
Aufrechte, als Einjährige gezogene, verzweigte Staude mit lanzettlichen Blättern und Ähren aus trichterförmigen, zweilippigen, weißen und rosalila Blüten, die von Frühling bis Herbst erscheinen.
H. und Br. 45 cm.

Xeranthemum annuum
(Papierblume) doppelt
Aufrechte Einjährige mit lanzettlichen, silbrigen Blättern. Verzweigte Stengel mit Strohblumenblüten in Schattierungen von Rot bis Weiß. H. 60, Br. 45 cm.

***Cosmos* 'Sensation'**
(Schmuckkörbchen, Kosmea)
Mäßig rasch wachsende, buschige, aufrechte Einjährige mit gefiederten, mittelgrünen Blättern und margeritenähnlichen Korbblüten bis 10 cm Ø in Rot, Rosa und Weiß. Blüte ab Frühsommer bis Frühherbst. H. 90, Br. 60 cm.

Lunaria annua*, syn. *L. biennis
(Silberling)
Raschwachsende, aufrechte Zweijährige mit zugespitzten, ovalen, gesägten Blättern und Köpfchen aus duftenden, vierblättrigen, weißen oder tiefvioletten Blüten, die im Frühling und Frühsommer erscheinen. H. 75, Br. 30 cm.

***Impatiens*, Rosette-Serie**
(Fleißiges Lieschen, Balsamine)
Raschwüchsige, immergrüne Staude, die einjährig gezogen wird. Blätter zugespitzt, oval, Blüten gefüllt und halbgefüllt, gespornt, in Farben von Rot bis Weiß und Orange. Blütezeit von Sommer bis Herbst. H. und Br. 30 cm.

Einjährige und Zweijährige

ROSA-ROT

***Impatiens*, Super-Elfin-Serie, 'Lipstick'** (Fleißiges Lieschen)
Raschwüchsige, buschige, einjährig gezogene, immergrüne Staude mit zugespitzten, ovalen Blättern. Kleine, flache, gespornte, rosarote Blüten, die vom Frühling bis Herbst erscheinen. H. und Br. 20 cm.

***Phlox drummondii*, Cecily-Serie**
(Sommerphlox)
Mäßig stark wachsende, schlanke Einjährige mit lanzettlichen Blättern und großen, flachen Blütendolden in Rosa, Rot, Blau, Violett und Weiß mit kontrastierender Mitte. Blütezeit Sommer und Frühherbst. H. 15, Br. 20 cm.

***Nicotiana alata*, Sensation-Serie**
(Ziertabak)
Schwachwachsende, aufrechte, verzweigte Einjährige mit zugespitzten, ovalen Blättern und trompetenförmigen, bis 8 cm langen Blüten, die in großem Farbenspektrum im Sommer und Frühherbst blühen. H. 75–90, Br. 30 cm.

***Verbena × hybrida* 'Showtime'**
(Eisenkraut)
Schwachwachsende, buschige Staude, die einjährig gezogen wird, mit lanzettlichen, gesägten Blättern und Dolden aus kleinen, röhrenförmigen Blüten, die von Sommer bis Herbst in vielen Farben blühen. H. 20, Br. 30 cm.

***Portulaca grandiflora*, Sundance-Serie**
(Portulak)
Langsamwachsende, schwachverzweigte Einjährige mit fleischigen, lanzettlichen Blättern und schalenförmigen Blüten mit herausragenden Staubfäden in bunter Farbmischung im Sommer und Herbst. H. bis 20, Br. 15 cm.

***Petunia* 'Mirage Velvet'**
(Petunie)
Verzweigte, buschige Staude, die einjährig gezogen wird. Blätter oval, dunkelgrün; Blüten flache, große, leuchtendrote Trompeten mit schwarzer Mitte. Blütezeit Sommer und Herbst. H. 25, Br. 30 cm.

Amaranthus caudatus
(Fuchsschwanz)
Buschige Einjährige mit ovalen, mattgrünen Blättern und hängenden Blütenähren aus dichten, roten Büscheln (45 cm lang). Blütezeit Sommer und Herbst. H. 1,20, Br. 0,45 m.

***Dianthus barbatus*, Roundabout-Serie**
(Bartnelke)
Langsamwachsende, aufrechte, buschige Zweijährige mit lanzettlichen Blättern; im Sommer flache Blütendolden mit rosa, roten oder weißen Blüten, die ein Auge ziert. H. 15, Br. 20–30 cm.

***Petunia*, Star-Serie**
(Petunie) karminrot
Raschwüchsige, verzweigte Staude, die einjährig gezogen wird, mit ovalen, mittel- bis tiefgrünen Blättern und großen, trompetenförmigen, weiß gestreiften, tiefroten Blüten im Sommer und Herbst. H. 15–30, Br. 30 cm.

***Phlox drummondii*, Twinkle-Serie**
(Sommerphlox)
Mäßigwachsende, schlanke, aufrechte Einjährige mit lanzettlichen blaßgrünen Blättern und Dolden aus sternförmigen Blüten, die in leuchtender Farbmischung mit kontrastierender Mitte im Sommer blühen. H. 15, Br. 20 cm.

***Alcea rosea*, 'Chater's Double'**
(Stockrose)
Aufrechte Zweijährige mit rauhstrukturierten Blättern; lange Blütenschäfte mit rosettenförmigen, gefüllten Blüten in vielen Farben im Sommer und Frühherbst. H. 1,80–2,40, Br. bis 0,60 m.

Bellis perennis cv.
Celosia cristata
Myosotis 'Carmine King'
Pelargonien, Geranien, S. 206–207
Senecio × hybridus cv.
Zinnia cv.

Viola **'Roggli Giants'**
(Stiefmütterchen)
Raschwüchsige, buschige Stauden, die ein- oder zweijährig gezogen werden. Blätter oval, gesägt. Blüten rundlich, fünfblättrig. Blütezeit Sommer und Herbst (∅ 10 cm). Großes Farbenspektrum. H. und Br. bis 20 cm.

Impatiens **'Red Star'**
(Fleißiges Lieschen, Balsamine)
Raschwüchsige, buschige, einjährig gezogene Staude mit zugespitzten, ovalen Blättern und kleinen, flachen, gespornten roten, sternförmigen Blüten mit weißer Zeichnung. Blütezeit ist vom Frühling bis Herbst. H. und Br. 15 cm.

***Impatiens*, Confection-Serie**
(Fleißiges Lieschen, Balsamine)
Raschwachsende, immergrüne Staude, die einjährig gezogen wird. Blätter zugespitzt, frischgrün, Blüten klein, flach, gefüllt oder halbgefüllt und gespornt, rot und rosa. Blütezeit ist von Frühling bis Herbst. H. und Br. 20–30 cm.

Dianthus chinensis **'Fire Carpet'**
(Chinesische Nelke)
Langsamwachsende, buschige Ein- oder Zweijährige, die einjährig gezogen wird, mit lanzettlichen Blättern und kleinen, einzelnstehenden, leuchtendroten Blüten. Blüht im Sommer und Frühherbst. H. 20, Br. 15–30 cm.

Linum grandiflorum **'Rubrum'**
(Großblütiger Lein, Flachs)
Raschwachsende, schlanke, aufrechte Einjährige mit lanzettlichen, graugrünen Blättern und kleinen, rundlichen, flachen, tiefroten Blüten im Sommer. H. 45, Br. 15 cm.

Dianthus barbatus **'Monarch'**
(Aurikelblütige Bartnelke)
Langsamwachsende, aufrechte, buschige Zweijährige mit lanzettlichen Blättern und zweifarbigen Blüten, die in flachen, bis 12 cm breiten Dolden im Frühsommer erscheinen. H. 45, Br. 20–30 cm.

***Bellis perennis*, 'Pomponette'**
(Gänseblümchen)
Horstbildende Staude, die zweijährig gezogen wird, mit ovalen Blättern und kleinen Korbblüten, die rot, rosa und weiß gefüllt blühen. H. und Br. 10–15 cm.

***Impatiens*, Novette-Serie** rot
(Fleißiges Lieschen, Balsamine)
Raschwüchsige, buschige, immergrüne, einjähriggezogene Staude mit zugespitzten, ovalen, frischgrünen Blättern und kleinen, flachen, gespornten, roten Blüten, die vom Frühling bis Herbst blühen. H. und Br. 15 cm.

***Phlox drummondii*, Twinkle-Serie**
(Sommerphlox)
Mäßig schnell wachsende, aufrechte Einjährige mit lanzettlichen Blättern und sternförmigen Blütendolden mit kontrastierender Mitte, die im Sommer in bunter Mischung aus leuchtenden Farben blühen. H. 15, Br. 10 cm.

Einjährige und Zweijährige

ROT

***Verbena* × *hybrida* 'Defiance'**
(Eisenkraut)
Schwachwachsende, buschige Staude, die einjährig gezogen wird. Blätter lanzettlich, gesägt, mittel- bis tiefgrün. Dolden aus kleinen, trichterförmigen, weißgeäugten, tiefroten Blüten im Sommer bis Herbst. H. 20, Br. 30 cm.

***Salvia splendens* 'Flare Path'**
(Salbei)
Langsamwachsende, buschige Staude, die einjährig gezogen wird. Blätter oval, gesägt, frischgrün. Blüten in dichten Ähren, röhrenförmig, scharlachrot. Blütezeit ist Sommer und Frühherbst. H. bis 30, Br. 20–30 cm.

***Nemesia strumosa*, Carnival-Serie**
(Nemesie)
Schwachwachsende, buschige Einjährige mit gesägten, blaßgrünen Blättern. Im Sommer kleine, trompetenförmige Blüten in großer Farbskala. H. 20–30, Br. 15 cm.

***Petunia*, Picotee-Serie**
(Petunien) rot
Schwachwachsende, verzweigte, buschige Staude, die einjährig gezogen wird. Blätter oval, Blüten flach, trompetenförmig, rot mit weißem Rand. Blütezeit ist Sommer und Herbst. H. 15–30, Br. 30 cm.

***Pelargonium*, Diamond-Serie**
(Geranien) scharlach
Langsamwachsende, verzweigte, dichte, einjährig gezogene Staude mit gelappten Blättern. Große, runde Blütendolden aus wetterbeständigen Blüten, die im Sommer und Herbst erscheinen. H. und Br. 30–60 cm.

***Papaver rhoeas*, Shirley-Serie**
(Ungefüllter Klatschmohn)
Raschwachsende, schlanke, aufrechte Einjährige mit gelappten, hellgrünen Blättern und rundlichen, häufig schalenförmigen, einfachen Blüten in Rot, Rosa, Lachsfarbe oder Weiß. Sommerblüher. H. 60, Br. 30 cm.

***Petunia*, Resisto-Serie**
(Petunie)
Ziemlich rasch wachsende, buschige Staude, die einjährig gezogen wird. Blätter oval, Blüten flach, trompetenförmig, regenfest und in vielen Farben. Blütezeit ist Sommer und Herbst. H. 15–30, Br. 30 cm.

***Zinnia*, Ruffles-Serie**
(Zinnie) scharlach
Mäßigwachsende, straffe Einjährige mit ovalen bis lanzettlichen, blaß- oder mittelgrünen Blättern und rüschenförmigen, gefüllten, scharlachroten Korbblüten, die im Sommer und Frühherbst erscheinen. H. 60, Br. 30 cm.

***Primula*, Pacific-Serie**
(Zwergprimel)
Rosettenbildende Stauden, die meist zweijährig gezogen werden. Blätter lanzettlich, Blüten groß, rundlich in vielen Farben. Frühlingsblüher. H. 10–15, Br. 20 cm.

Antirrhinum majus
Antirrhinum majus 'His Excellency'
Calceolaria 'Anytime'
Calceolaria, Monarch-Serie
Capsicum annuum 'Holiday Cheer'
Cheiranthus cheiri
Chrysanthemum carinatum, 'Tricolor-Serie
Coleus blumei, S. 268
Cosmos, Bright-Lights-Serie
Cosmos 'Sunny Red'
Gaillardia pulchella [gefüllt, gemischt]
Helichrysum bracteatum cv.
Impatiens, Duet-Serie
Impatiens, Tom-Thumb-Serie
Impatiens walleriana
Ipomoea coccinea

Alonsoa warscewiczii
Einjährig gezogene Staude mit schlanken, verzweigten, roten Trieben und ovalen, gezähnten, tiefgrünen Blättern. Die gespornten, leuchtendscharlachroten Blüten erscheinen von Sommer bis Herbst. H. 30–60, Br. 30 cm.

***Zinnia*, Ruffles-Serie**
(Zinnie) Erecta-Gruppe
Mäßig rasch wachsende, straffaufrechte Einjährige mit ovalen bis lanzettlichen, hell- oder mittelgrünen Blättern. Im Sommer oder Frühherbst gerippte, pomponähnliche, gefüllte Korbblüten in vielen Farben. H. 60, Br. 30 cm.

***Capsicum annuum* 'Holiday Time'**
(Paprika, Spanischer Pfeffer)
Mäßig rasch wachsende, einjährig gezogene Staude mit ovalen, mittelgrünen Blättern. Im Herbst/Winter gelb- bis rotgefärbte, zapfenähnliche Früchte. H. und Br. 20–30 cm. Mindesttemperatur 14 °C.

***Viola*, Floral-Dance-Serie**
(Stiefmütterchen)
Ziemlich rasch wachsende, buschige, ein- oder zweijährig gezogene Staude mit ovalen, mittelgrünen Blättern und rundlichen, fünfblättrigen Blüten in großem Farbenspiel. Winterblüher. H. 15–20, Br. 20 cm.

***Dahlia*, Coltness-Hybriden**
(Dahlien)
Gut verzweigte, aufrechte, buschige, einjährig gezogene Staude mit tiefgelappten Blättern und margeritenähnlichen Einzelblüten, die in vielen Farben blühen. Blütezeit von Sommer bis zum Frost. H. und Br. 45 cm.

***Salpiglossis sinuata* 'Splash'**
(Trompetenzunge)
Mäßig rasch wachsende, aufrechte, verzweigte Einjährige mit lanzettlichen, hellgrünen Blättern und weitgeöffneten, vielfarbigen Trompetenblüten. Sommer- und Frühjahrsblüher. H. 60, Br. 30 cm.

***Tagetes patula* 'Cinnabar'**
(Tagetes, Studentenblume)
Raschwachsende, buschige Einjährige mit stark gefiederten, aromatisch grünen Blättern. Korbblüten rundlich, margeritenähnlich, einzelnstehend, rostrot gefärbt, unterseits gelbrot. Sommer- und Frühherbstblüher. H. und Br. 30 cm.

***Chrysanthemum carinatum* 'Monarch Court Jesters'** (Wucherblume)
Raschwachsende, aufrechte, verzweigte Einjährige mit gefiedertem, graugrünem Laub und margeritenähnlichen, ringförmig abgesetzten Blütenköpfchen (∅ bis 8 cm), in vielen Farbkombinationen. Sommerblüher. H. 60, Br. 30 cm.

***Coleus blumei* 'Brightness'**
(Samtnessel, Buntnessel)
Raschwachsende, buschige, einjährig kultivierte Staude mit spitzovalen, gesägten, rostroten, grün gerandeten Blättern. Blütenähren sollten entfernt werden. H. bis 45, Br. 30 cm oder mehr. Mindesttemperatur 10 °C.

Ipomoea × *multifida*
Ipomoea nil 'Scarlett O'Hara'
Impomoea quamoclit, S. 168
Ipomopsis aggregata
Mimulus, Malibu-Serie
Papaver commutatum 'Lady Bird'
Petunia cv.
Portulaca grandiflora
Salpiglossis cv.
Salvia splendens
Solanum capsicastrum
Solanum pseudocapsicum 'Fancy'
Tagetes patula
Tropaeolum majus cv.
Verbena × *hybrida* 'Mme du Barry'

Einjährige und Zweijährige

ROT

Amaranthus hybridus* var. *erythrostachys (Fuchsschwanz)
Buschige Einjährige mit aufrechten oder herabhängenden, 5 cm langen und längeren Blütenrispen aus dunkelroten Blüten. Sommer- und Herbstblüher. Laub kräftig grün, violett unterlegt. H. bis 1,20 m, Br. 45 cm.

***Ricinus communis* 'Impala'**
(Rizinuspflanze)
Raschwachsender, aufrechter, verzweigter, meist einjährig kultivierter Strauch mit handförmigen, bronzefarbenen Blättern. Büschel aus kleinen, roten Blüten, später kugelige, stachelige, rote Früchte. Sommerblüher. H. 50, Br. 90 cm.

Humea elegans
Aufrechte, verzweigte Zweijährige mit starkem Duft nach Weihrauch. Lanzettliche Blätter. Blütenköpfchen aus winzigen, rosa, braunroten oder karminroten Blüten im Sommer und Herbst. H. bis 1,80, Br. 0,90 m. Mindesttemperatur 4 °C.

Amaranthus tricolor 'Joseph's Coat'
Atriplex hortensis 'Rubra'
Nicotiana × sanderae 'Crimson Rock'
Scabiosa atropurpurea

VIOLETT

Trachelium caeruleum
Mäßig rasch wachsende, aufrechte, einjährig gezogene Staude mit ovalen, gesägten Blättern und büscheligen Köpfchen aus kleinen, trichterförmigen, violettblauen oder weißen Blütenglocken. Sommerblüher. H. 60–90, Br. 30 cm.

Psylliostachys suworowii*, syn. *Limonium suworowii (Statice)
Schwachwachsende, aufrechte, verzweigte Einjährige mit lanzettlichen Blättern und verzweigten Blütenrispen aus kleinen, trichterförmigen, rosa bis purpurnen Blüten. Sommer- und Frühherbstblüher (für Trockensträuße). H. 45, Br. 30 cm.

Antirrhinum majus
Centaurea cyanus
Consolida ambigua, hyazinthenblütige
Iberis umbellata

Salvia sclarea* var. *turkestanica
(Salbei)
Mäßig rasch wachsende, aufrechte, einjährig kultivierte Zweijährige mit duftenden, ovalen, behaarten Blättern und Ähren aus trichterförmigen weißen oder lavendelblauen Blüten. Sommerblüher. H. 75, Br. 30 cm.

Schizanthus pinnatus
(Spaltblume)
Mäßig rasch wachsende, buschige Einjährige mit gefiederten, hellgrünen Blättern. Im Sommer und Herbst rundblättrige, vielfarbige Blüten in vielen Schattierungen von Gelb bis Violett. H. 30–120, Br. 30 cm. Mindesttemperatur 5 °C.

Impatiens 'Tom Thumb'
Ionopsidium acaule
Lobelia erinus 'Colour Cascade'
Matthiola cv.

***Linaria maroccana* 'Fairy Lights'**
(Leinkraut)
Raschwachsende, aufrechte, buschige Einjährige mit lanzettlichen, hellgrünen Blättern und winzigen, löwenmäulchenähnlichen Blüten in vielen Farbschattierungen, die im Sommer erscheinen. H. 20, Br. 15 cm.

Nemesia strumosa
Proboscidea fragrans
Xeranthemum annuum

Exacum affine
(Persisches Veilchen)
Buschige, zweijährige, meist einjährig gezogene Pflanze mit glänzenden, ovalen Blättern und vielen winzigen, duftenden, schalenförmigen, violetten Blüten. Sommer- und Frühherbstblüher. H. und Br. 20–30 cm. Mindesttemperatur 13 °C.

***Campanula medium* 'Bells of Holland'**
(Marienglockenblume)
Langsamwachsende, horstbildende Zweijährige mit lanzettlichen, gezähnten, frischgrünen Blättern. Von Frühling bis Frühherbst glockenförmige Blüten in einer Mischung von Blau, Lila, Rosa und Weiß. H. bis 60, Br. 30 cm.

Salvia horminum
(Salbeiart)
Aufrechte, verzweigte Einjährige mit ovalen Blättern. Die röhrenförmigen Lippenblüten, von pupurnen, rosa oder weißen Hochblättern umschlossen, erscheinen an der Spitze der Triebe im Sommer und Frühherbst. H. 45, Br. 20 cm.

Gomphrena globosa
(Kugelamarant)
Mäßig rasch wachsende, aufrechte, buschige Einjährige mit ovalen, behaarten Blättern. Die ovalen, kleeähnlichen Blütenköpfchen in Rosa, Gelb, Orange, Purpur oder Weiß erscheinen im Sommer und Frühherbst. H. 30, Br. 20 cm.

Collinsia grandiflora
Mäßig rasch wachsende, schlanktriebige Einjährige. Die oberen Blätter sind lanzettlich, die unteren oval. Die quirlständigen, hellblauen Blüten mit den purpurblauen Lippen erscheinen im Frühling und Sommer. H. und Br. 15–30 cm.

Echium vulgare
(Natterkopf, Zwergform)
Mäßig rasch wachsende, aufrechte, buschige Ein- oder Zweijährige mit lanzettlichen, dunkelgrünen Blättern und Ähren aus trichterförmigen weißen, rosa oder blauschattierten Blüten. Sommerblüher. H. 30, Br. 20 cm.

Orychophragmus violaceus
Mäßig rasch wachsende, aufrechte Ein- oder Zweijährige mit verzweigten Blütenstengeln und spitzovalen, hellgrünen Blättern. Die vierblättrigen, purpurblauen Blütenköpfchen erscheinen im Frühling. H. 30–60, Br. 30 cm.

***Petunia* 'Blue Frost'**
(Petunie)
Ziemlich rasch wachsende, verzweigte, buschige, einjährig gezogene Staude mit ovalen Blättern. Von Sommer bis Herbst erscheinen die flachen, gewellten, violettblauen, weißgerandeten Trichterblüten. H. 15–30, Br. 30 cm.

***Scabiosa atropurpurea*, Cockade-Serie**
(Witwenblume, Skabiose)
Mäßig schnell wachsende, aufrechte, buschige Einjährige mit gelappten Blättern und großen, gefüllten Blüten in Schattierungen von Rot, Rosa, Violett und Blau, die im Sommer und Frühherbst erscheinen. H. 90, Br. 20–30 cm.

***Nierembergia hippomanica* var. *violacea* 'Purple Robe'**
Mäßig schnell wachsende, rundliche, verzweigte, einjährig gezogene Staude mit schmalen, lanzettlichen Blättern. Die schalenförmigen, dunklen, blauvioletten Blüten erscheinen im Sommer und Frühherbst. H. und Br. 15–20 cm.

***Callistephus chinensis*, Thousand-Wonder-Serie** (Herbstaster)
Mäßig rasch wachsende, aufrechte, buschige Einjährige mit ovalen, gezähnten Blättern. Im Sommer und Frühherbst erscheinen die margeritenähnlichen, gefüllten Korbblüten in vielen Farben. H. bis 20, Br. 30 cm.

***Salvia splendens*, Cleopatra-Serie**
(Salbei) violett
Langsamwachsende, buschige Staude, die einjährig gezogen wird. Blätter oval, gesägt, dunkelgrün. Blüten im Sommer und Herbst in dichten Ähren trichterförmig, tiefviolettpurpur. H. bis 30, Br. 20–30 cm.

Amaranthus tricolor 'Molten Fire'
Papaver somniferum
Perilla frutescens
Petunia cv.
Phlox drummondii cv.
Schizanthus cv.
Senecio elegans
× *Venidio-arctotis* 'Bacchus'
Viola × *wittrockiana* cv.
Zinnia cv.

Einjährige und Zweijährige

VIOLETT-BLAU

***Senecio* 'Spring Glory'**
(Cinerarie)
Langsamwachsende, dichte, rundbuschige Staude, die zweijährig gezogen wird, mit großen, gesägten Blättern und margeritenähnlichen Korbblüten in vielen Farben. Frühlingsblüher. H. 20, Br. 30 cm. Mindesttemperatur 5 °C.

***Callistephus chinensis*, Milady-Serie**
(Herbstaster) blau
Mäßig rasch wachsende, aufrechte, buschige Einjährige mit ovalen, gezähnten Blättern und großen, gefüllten, purpurblauen, margeritenähnlichen Blütenköpfchen. Sommer- und Frühherbstblüher. H. 25–30, Br. 30–45 cm.

***Petunia*, Resisto-Serie**
(Petunie) blau
Mäßig rasch wachsende, verzweigte, buschige, einjährig gezogene Staude mit ovalen Blättern und regenresistenten, offenen, blauen Blütentrompeten. Sommer- und Herbstblüher. H. 15–30, Br. 30 cm.

***Lobelia erinus* 'Sapphire'**
(Lobelie, Männertreu)
Langsamwachsende, nickende, breitwüchsige Einjährige oder auch Staude. Ihre ovalen bis lanzettlichen Blätter sind hellgrün. Die kleinen, saphirblauen Blüten mit weißer Mitte erscheinen laufend im Sommer und Herbst. H. 20, Br. 15 cm.

***Consolida ambigua*, Imperial-Serie**
(Einjähriger Rittersporn)
Raschwüchsige, aufrechte, verzweigte Einjährige mit gefiederten Blättern und großen Ähren aus rundlichen, gespornten, gefüllten, rosa, blauen oder weißen Blüten. Sommerblüher. H. 1,20, Br. 0,30 m.

***Convolvulus tricolor* 'Blue Flash'**
(Winde)
Mäßig rasch wachsende, aufrechte, buschige Einjährige mit oval-lanzettlichen Blättern und kleinen, schalenförmigen, intensivblauen Blüten mit cremegelber Mitte. Sommerblüher. H. 20–30, Br. 20 cm.

***Viola* 'Joker'**
(Stiefmütterchen)
Buschige, breitwüchsige Staude, meist als Ein- oder Zweijährige gezogen. Große, rundliche, fünfblättrige, purpurblaue Blüten mit schwarzen und weißen »Gesichtern« und gelbem Auge erscheinen im Sommer. H. und Br. 15 cm.

***Salvia farinacea* 'Victoria'**
(Salbei)
Mäßig rasch wachsende, einjährig gezogene Staude mit vielen aufrechten Trieben. Blätter oval-lanzettlich. Blüten in Ähren, trichterförmig, blauviolett. Sommerblüher. H. 45, Br. 30 cm.

***Primula* Super-Giants-Serie**
(Primel) blau
Rosettenbildende, meist zweijährig gezogene Staude mit lanzettlichen Blättern. Die Dolden aus den großen, rundlichen, blauen Blüten erscheinen im Frühling. H. und Br. bis 30 cm.

Browallia speciosa, S. 223
Ipomoea purpurea
Salvia farinacea 'Blue Bedder'

Torenia fournieri
Mäßig rasch wachsende, aufrechte, verzweigte Einjährige mit gesägten, hellgrünen Blättern und dunkelblau-violetten Blüten, die innen heller und gelb gefärbt sind. Sommer- und Frühherbstblüher. H. 30, Br. 20 cm. Mindesttemperatur 5 °C.

◐ ◇

Gilia capitata
Aufrechte, verzweigte Einjährige mit starkgefiederten, mittelgrünen Blättern und winzigen, dichten, rundlichen Köpfchen aus hell-lavendelblauen Blüten, die im Sommer und Herbst erscheinen. Gute Schnittblume. H. 45, Br. 20 cm.

☼ ◇ ❄❄❄

***Ageratum houstonianum* 'Blue Mink'**
(Leberbalsam)
Mäßig rasch wachsende, dichtbuschige Einjährige mit spitzovalen Blättern und Büscheln aus fedrigen, bürstenähnlichen, pastellblauen Köpfchen. Sommer- und Herbstblüher. Gute Einfassungspflanze. H. und Br. 20–30 cm.

☼ ◇ ❄

***Nigella damascena* 'Miss Jekyll'**
(Schwarzkümmel, Nigella)
Raschwachsende, schlanke, aufrechte Einjährige mit nadelförmigen, hellgrünen Blättern und kleinen, rundlichen, vielblättrigen, halbgefüllten, blauen Blüten. Sommerblüher. Später Samenkapseln (für Trockensträuße). H. 45, Br. 20 cm.

☼ ◇ ❄❄❄

***Nigella damascena* 'Persian Jewels'**
(Nigella, Schwarzkümmel)
Raschwachsende, schlanke Einjährige mit nadelartigem, leuchtendgrünem Laub und halbgefüllten Blüten in Schattierungen von Blau, Rosa oder Weiß. Sommerblüher. Später aufgeblasene Kapseln (für Trockensträuße). H. 45, Br. 20 cm.

☼ ◇ ❄❄❄

***Ageratum houstonianum* 'Blue Danube'** (Leberbalsam)
Mäßig rasch wachsende, dichtbuschige Einjährige mit spitzovalen Blättern. Die Blütenbüschel aus fedrigen, bürstenähnlichen, lavendelblauen Köpfchen erscheinen im Sommer und Herbst. Gute Einfassungspflanze. H. und Br. 15 cm.

☼ ◇ ❄

Nemophila menziesii
(Hainblume)
Raschwachsende, breitwüchsige Einjährige mit gesägten, graugrünen Blättern und kleinen, flachschaligen, blauen Blüten mit weißer Mitte. Sommerblüher. H. 20, Br. 15 cm.

☼ ◇ ❄❄❄

Sedum caeruleum
(Mauerpfefferart)
Mäßig rasch wachsende Einjährige mit verzweigten Blütentrieben. Die ovalen, grünen Blätter werden rot, wenn die Dolden aus kleinen, sternförmigen, hellblauen Blüten mit weißer Mitte im Sommer erscheinen. H. und Br. 15 cm.

☼ ◇ ❄❄❄

***Viola* 'Azure Blue'**
(Stiefmütterchen)
Buschige ein- oder zweijährig gezogene Staude mit schmalovalen, mittelgrünen Blättern und rundlichen, fünfblättrigen, azurblauen Blüten im Frühling. H. 15–20, Br. 20 cm.

☼ ◇ ❄❄❄

Callistephus chinensis
Consolida ambigua, hyazinthenblütige
Lobelia erinus 'Blue Cascade'
Nolana paradoxa
Petunia cv.
Phacelia tanacetifolia
Phlox drummondii cv.
Salvia horminum cv.
Trachymene coerulea
Viola × wittrockiana cv.

Einjährige und Zweijährige

BLAU

Centaurea cyanus
(Kornblume)
Raschwüchsige, aufrechte, verzweigte Einjährige mit lanzettlichen, graugrünen Blättern und verzweigten Köpfchen aus margeritenähnlichen, blauen Blüten. Sommer- und Herbstblüher H. bis 90, Br. 30 cm.

☼ 💧 ❄❄❄

***Myosotis* 'Blue Ball'**
(Vergißmeinnicht)
Langsamwachsende, buschige, kompakte, zweijährig gezogene Staude mit lanzettlichen Blättern und Ähren aus kleinen, fünfblättrigen, tiefblauen Blüten, die im Frühling und Frühsommer erscheinen. H. bis 20, Br. 15 cm.

◐ 💧 ❄❄❄

Phacelia campanularia
(Phacelia, Bienensaug)
Mäßig rasch wachsende, verzweigte, buschige Einjährige mit ovalen, gesägten, tiefgrünen Blättern und glockenförmigen, reinblauen Blüten (∅ 2,5 cm). Sommer- und Frühherbstblüher. H. 20, Br. 15 cm.

☼ 💧 ❄❄❄

Brachycome iberidifolia
(Kurzschopf)
Mäßig rasch wachsende, buschige Einjährige mit tiefeingeschnittenen Blättern und kleinen, duftenden, margeritenähnlichen Blüten, die im Sommer bis Frühherbst meist blau, rosa, malvenfarben, violett und weiß blühen. H. und Br. bis 45 cm.

☼ 💧 ❄❄❄

***Cynoglossum amabile* 'Firmament'**
(Hundszunge)
Langsamwachsende, aufrechte, buschige Ein- oder Zweijährige mit lanzettlichen, behaarten, graugrünen Blättern. Die nikkenden, trichterförmigen, reinhimmelblauen Blüten erscheinen im Sommer. H. 45, Br. 30 cm.

☼ 💧 ❄❄❄

***Anchusa capensis* 'Blue Angel'**
(Ochsenzunge)
Buschige Zweijährige, die einjährig gezogen wird, mit lanzettlichen, borstigen Blättern und Köpfchen aus flachen, schalenförmigen, leuchtendblauen Blüten. Sommerblüher. H. und Br. 20 cm.

☼ 💧 ❄❄

Felicia bergeriana
Ziemlich rasch wachsende, mattenbildende Einjährige mit lanzettlichen, behaarten, blaugrünen Blättern und kleinen, margeritenähnlichen, blauen Blütenköpfchen mit gelber Mitte, die sich im Sommer und Frühherbst in voller Sonne öffnen. H. und Br. 15 cm.

☼ 💧 ❄❄❄

Commelina coelestis
Ziemlich rasch wachsende, aufrechte, einjährig gezogene Staude mit lanzettlichen, mittelgrünen Blättern und kleinen, dreiblättrigen, leuchtend-reinblauen Blüten, die nur 1 Tag lang blühen; die Blüten erscheinen in ununterbrochener Folge im Sommer. H. bis 45, Br. 30 cm.

☼ 💧 ❄

Borago officinalis
(Borretsch)
Breitwüchsige, horstbildende Einjährige; bekanntes Würzkraut mit ovalen, gerunzelten, rauhhaarigen Blättern und Rispen aus sternförmigen, blauen Blüten. Sommer- und Frühherbstblüher. H. 90, Br. 30 cm.

☼ 💧 ❄❄❄

Anchusa capensis 'Blue Bird'
Browallia elata
Campanula medium
Centaurea cyanus

Convolvulus tricolor 'Flying Saucers'
Convolvulus tricolor 'Minor'
Eustoma grandiflorum, F1 Hybriden [gem.]
Gilia achilleifolia

Lobelia erinus 'Cambridge Blue'
Lobelia erinus 'Colour Cascade'
Nigella damascena
Verbena × hybrida 'Amethyst'

BLAU-GRÜN

***Lobelia erinus* 'Crystal Palace'**
(Männertreu, Lobelie)
Langsamwachsende, breitwüchsige, dichtbuschige Einjährige oder Staude mit bronzefarbenen, oval bis lanzettlichen Blättern. Blüten klein, tiefblau, erscheinen ständig im Sommer und Frühherbst. H. 10–20, Br. 10–15 cm.

☼ 💧 ❄

***Senecio maritima* 'Silver Dust'**
Mäßig rasch wachsender, buschiger, immergrüner Halbstrauch, der meist einjährig gezogen wird. Blätter tief gelappt, silbrig. Blütenköpfchen klein, margeritenähnlich, werden meist entfernt. Sommerblüher. H. und Br. 30 cm.

☼ 💧 ❄

Nicotiana langsdorfii
(Ziertabak)
Ziemlich langsam wachsende, aufrechte, verzweigte Staude, die einjährig gezogen wird. Ovale bis lanzettliche Blätter und schwach nickende, glockenförmige, hellgrüne bis gelbgrüne Blüten. Sommerblüher. H. 1,00–1,50, Br. 0,30 m.

☼ 💧 ❄

Senecio maritima

GRÜN-GELB

Moluccella laevis
(Muschelblume)
Raschwachsende, aufrechte, verzweigte Einjährige mit rundlichen Blättern und hellgrünen Ähren aus kleinen, trichterförmigen, weißen Blüten, die von vorstehenden, hellgrünen Kelchen umgeben sind. Sommerblüher. H. 60, Br. 20 cm.

***Zinnia* 'Envy'**
(Zinnie)
Mäßig rasch wachsende, steif aufrechte Einjährige mit ovalen bis lanzettförmigen, hell- oder mittelgrünen Blättern und großen, margeritenähnlichen, gefüllten Blütenköpfchen. Sommer- und Herbstblüher. H. 60, Br. 30 cm.

Kochia scoparia* f. *trichophylla
(Kochie, Sommerzypresse)
Mäßig rasch wachsende, aufrechte, dichtbuschige Einjährige mit schmalen, lanzettlichen, hellgrünen, 5–8 cm langen Blättern, die sich im Herbst rot färben. Blüten unscheinbar. H. 90, Br. 60 cm.

Ricinus communis
(Rizinuspflanze)
Raschwachsender, aufrechter, verzweigter Strauch, meist einjährig gezogen. Blätter groß, handförmig. Blüten in Köpfchen aus grünen und roten Blüten. Sommerblüher. Später rundliche, stachelige Samenkapseln. H. 1,50, Br. 0,90 m.

Centaurea moschata
(Flockenblume)
Raschwachsende, aufrechte, dünnstielige Einjährige mit lanzettförmigen, graugrünen Blättern. Die großen, kornblumenähnlichen Blütenköpfchen (∅ 8 cm) erscheinen in vielen Farben im Sommer bis Frühherbst. H. 45, Br. 20 cm.

Platystemon californicus
Mäßig rasch wachsende, aufrechte, dichte Einjährige mit lanzettlichen, graugrünen Blättern und flachschaligen, creme- oder blaßgelben Blüten (∅ ca. 2,5 cm). Sommerblüher. H. 30, Br. 10 cm.

Angelica archangelica, S. 190
Chrysanthemum parthenium 'Aureum'
Coleus blumei, S. 268
Nicandra physalodes

Nicotiana alata 'Lime Green'

GELB

Smyrnium perfoliatum
Langsamwachsende, aufrechte Zweijährige. Die oberen Blätter sind rundlich und gelbgrün. Sie umgeben die Stengel mit gelblichgrünen Blütenköpfchen. Sommerblüher. H. 60–100, Br. 60 cm.

Argemone mexicana
(Teufelsfeige)
Breitwüchsige Einjährige mit graugrünen Fiederblättern, die weiß gezeichnet sind. Die duftenden, mohnähnlichen, gelben oder orangefarbenen Blüten (∅ 8 cm) erscheinen im Sommer. H. 60, Br. 30 cm.

Glaucium flavum
(Hornmohn)
Langsamwachsende, aufrechte Zweijährige mit ovalen, gelappten, hellgrünen Blättern und mohnähnlichen, lebhaft gelben Blüten (∅ 8 cm). Sommer- und Frühherbstblüher. H. 30–60, Br. 45 cm.

Calendula officinalis 'Art Shades'
Calendula officinalis, 'Fiesta Series'
Chrysanthemum coronarium
Tagetes 'Lemon Gem'

Zea mays 'Gigantea Quadricolor'

Einjährige und Zweijährige

GELB

***Calendula officinalis* 'Kablouna'**
(Ringelblume)
Raschwachsende, buschige Einjährige mit starkduftenden, lanzettlichen Blättern. Die krausen, margeritenähnlichen, orangegelben oder gelben Korbblüten erscheinen von Frühling bis Herbst. H. 60, Br. 30–60 cm.

Mentzelia lindleyi
Ziemlich rasch wachsende, buschige Einjährige mit fleischigen Trieben und lanzettlichen, gesägten Blättern. Die duftenden, schalenförmigen, tiefgelben Blüten mit vorstehenden Staubfäden blühen im Sommer. H. 45, Br. 20 cm.

***Viola* 'Super Chalon Giants'**
(Stiefmütterchen)
Ziemlich rasch wachsende, buschige Staude, die ein- oder zweijährig gezogen wird, mit ovalen, gesägten Blättern. Im Sommer und Herbst erscheinen fünfblättrige, gerippte und gewellte, zweifarbige Blüten. H. 15–20, Br. 20 cm.

Limnanthes douglasii
(Sumpfblume)
Raschwachsende, schlanke, aufrechte Einjährige mit fiedrigen, glänzenden, leuchtendgrünen Blättern. Blüten schwachduftend, schalenförmig, weiß mit gelber Mitte. Blütezeit Früh- bis Spätsommer. H. 15, Br. 10 cm.

Eschscholzia caespitosa
(Kalifornischer Mohn)
Raschwachsende, schlanke, aufrechte Einjährige mit fiedrigen, blaugrünen Blättern und schalenförmigen, vierblättrigen, gelben Blüten (Ø 2,5 cm). Sommer- und Frühherbstblüher. H. und Br. 15 cm.

***Antirrhinum majus*, Wedding-Bells-Serie** (Löwenmaul)
Aufrechte, einjährig gezogene, von Grund auf verzweigte Staude mit lanzettlichen Blättern. Von Frühling bis Herbst Ähren mit den kleinen, bekannten Löwenmaulblüten in vielen Farben. H. 75, Br. 45 cm.

Sanvitalia procumbens
(Sanvitalie)
Mäßig stark wachsende, kriechende Einjährige mit spitzovalen Blättern. Margeritenähnliche, gelbe Korbblüten mit schwarzer Mitte (Ø 2,5 cm). Sommerblüher. H. 15, Br. 30 cm.

Lindheimera texana
Mäßig rasch wachsende, aufrechte, verzweigte Einjährige mit behaarten Stengeln und ovalen, gesägten, behaarten Blättern. Margeritenähnliche, gelbe Blütenköpfchen im Spätsommer und Frühherbst. H. 30–60, Br. 30 cm.

***Tagetes* 'Gold-Coins', Erecta-Gruppe**
(Tagetes, Studentenblume)
Raschwüchsige, aufrechte, buschige Einjährige mit fiedrigen, aromatischen, glänzendgrünen Blättern und großen, gefüllten, gelborangefarbenen, margeritenähnlichen Blüten. Sommerblüher. H. 90, Br. 30–45 cm.

***Helianthus annuus* 'Taiyo'**
(Einjährige Sonnenblume)
Raschwüchsige, aufrechte Einjährige mit großen, rundovalen, gesägten Blättern und großen, margeritenähnlichen Korbblüten aus gelben Blütenblättern mit schwarzer Mitte. Sommerblüher. H. bis 1,20, Br. 0,45 m.

Coreopsis tinctoria
(Schöngesicht)
Raschwachsende, aufrechte, buschige Einjährige mit lanzettlichen Blättern. Große, margeritenähnliche, leuchtendgelbe Blütenköpfchen mit roter Mitte. Sommer- und Frühherbstblüher. H. 60–90, Br. 20 cm.

Amaranthus tricolor 'Joseph's Coat'
Antirrhinum majus
Calceolaria 'Anytime'
Calceolaria, Monarch-Serie

Celosia cristata
Cheiranthus cheiri
Chrysanthemum carinatum, Tricolor-Serie
Coleus blumei, S. 268

Cosmos, Bright-Lights-Serie
Cosmos, 'Sunny Gold'
Gaillardia pulchella [gefüllt, gemischt]
Gazania 'Daybreak'

Helianthus annuus 'Russian Giant'
Helianthus annuus 'Teddy Bear'
Helichrysum bracteatum cv.
Hunnemannia fumariifolia 'Sunlite'

***Viola*, Clear-Cristals-Serie**
(Stiefmütterchen) gelb
Buschige Staude, die ein- oder zweijährig gezogen wird, mit ovalen, mittelgrünen Blättern und rundlichen, fünfblättrigen, gelben Blüten. Sommerblüher. H. 15–20, Br. 20 cm.

☼ ◊ ❄❄❄

***Viola*, Icequeen-Serie**
(Stiefmütterchen) gelb
Buschige, breitwüchsige Staude, die ein- oder zweijährig gezogen wird. Blätter oval, mittelgrün. Blüten groß, rundlich, fünfblättrig, gelb mit dunklerem Mittelfleck. Winter- und Vorfrühlingsblüher. H. 10–12, Br. 12–15 cm.

☼ ◊ ❄❄❄

***Viola*, Crystal-Bowl-Serie**
(Stiefmütterchen) gelb
Buschige, breitwüchsige Staude, die meist ein- oder zweijährig gezogen wird. Blätter oval, mittelgrün. Blüten groß, rundlich, fünfblättrig, gelb. Sommerblüher. H. und Br. 15 cm.

☼ ◊ ❄❄❄

Chrysanthemum segetum
(Wucherblume)
Mäßig rasch wachsende, aufrechte Einjährige mit lanzettlichen Blättern. Die margeritenähnlichen Blütenköpfchen (∅ 8 cm) erscheinen in Schattierungen von Gelb. Sommer- und Frühherbstblüher. Schnittblume. H. 45, Br. 30 cm.

☼ ◊ ❄❄❄

Cladanthus arabicus
(Astblume)
Mäßig rasch wachsende, kleine, hügelbildende Einjährige mit duftenden, gefiederten, hellgrünen Blättern und duftenden margeritenähnlichen, tiefgelben Einzelblüten (∅ 15 cm). Sommer- und Frühjahrsblüher. H. 60, Br. 30 cm.

☼ ◊ ❄❄❄

***Antirrhinum majus* 'Coronette'**
(Löwenmaul)
Aufrechte, dichtbuschige Staude, die einjährig gezogen wird, mit lanzettlichen Blättern und Ähren aus den bekannten Löwenmäulchenblüten in vielen Farben. Sie blühen von Frühling bis Herbst. H. 60, Br. 30 cm.

☼ ◊ ❄

***Coreopsis* 'Sunray'**
(Schöngesicht)
Breitwüchsige, horstbildende Staude, die als Einjährige im zeitigen Frühjahr unter Glas ausgesät wird. Blätter lanzettlich, gesägt. Blüten margeritenähnlich, gefüllt, leuchtendgelb. Sommerblüher. H. 45, Br. 30–45 cm.

☼ ◊ ❄❄❄

Helianthus annuus
(Sonnenblume)
Raschwachsende, aufrechte Einjährige mit ovalen, gesägten, mittelgrünen Blättern und großen Blütenköpfen (∅ 30 cm) mit dunkler Mitte. Sommerblüher. H. 2,50 m, Br. 30–45 cm.

☼ ◊ ❄❄❄

***Helianthus*, Chrysanthemumflowered-Serie** (halbgefüllte Sonnenblume)
Raschwachsende, aufrechte Einjährige mit großen, ovalen, gesägten, mittelgrünen Blättern und kugeligen, margeritenähnlichen, halbgefüllten, gelben Blütenköpfen (∅ 15 cm). Sommerblüher. H. 1,50, Br. 0,45 m.

☼ ◊ ❄❄❄

Layia platyglossa
Mimulus, Malibu-Serie
Nemesia strumosa
Portulaca grandiflora
Salpiglossis cv.
Schizanthus cv.
Tolpis barbata
Tropaeolum majus cv.
Tuberaria guttata
× *Venidio-arctotis* 'Sunshine'
Viola × *wittrockiana* cv.
Zinnia cv.

Einjährige und Zweijährige

GELB

***Zinnia* 'Belvedere Dwarfs'**
(Zinnie)
Mäßig rasch wachsende, straffe, aufrechte Einjährige mit ovalen mit lanzettförmigen Blättern. Die großen, gefüllten, margeritenähnlichen Blüten erscheinen in einer Farbenmischung von Sommer bis Frühherbst. H. und Br. 30 cm.

Ursinia anthemoides
Mäßigwachsende Einjährige mit gefiederten, hellgrünen Blättern. Kleine, margeritenähnliche Korbblüten mit purpurfarbener Mitte und orangegelben, unterseits violetten Strahlenblüten. Sommer- und Frühherbstblüher. H. 30, Br. 20 cm.

***Gaillardia pulchella* 'Lollipops'**
(Gaillardie, Kokardenblume)
Mäßigwachsende, aufrechte Einjährige mit lanzettlichen, behaarten, graugrünen Blättern und margeritenähnlichen, gefüllten, roten und gelben Korbblüten (Ø 5 cm). Sommerblüher. H. und Br. 30 cm.

***Calceolaria*, Bikini-Serie**
(Pantoffelblume)
Dichtbuschige Ein- oder Zweijährige mit ovalen, leicht behaarten Blättern und Köpfchen aus kleinen, rundlichen, gefüllten Blüten in Schattierungen von Gelb, Orange und Rot. Sommerblüher. H. und Br. 20 cm. Mindesttemperatur 5 °C.

***Tagetes* 'Crackerjack'**
(Studentenblume, Tagetes)
Raschwachsende, aufrechte, buschige Einjährige mit tiefgeteilten, aromatisch duftenden, tiefgrünen Blättern. Große, gefüllte Blütenköpfchen in gelben und orangenen Farbtönen im Sommer und Frühherbst. H. 60, Br. 30–45 cm.

***Tagetes patula* 'Naughty Marietta'**
(Tagetes, Studentenblume)
Raschwüchsige, buschige Einjährige mit tiefeingeschnittenen, duftenden, tiefgrünen Blättern. Im Sommer und Frühherbst Korbblüten aus margeritenähnlichen, zweifarbigen, tiefgelb- und kastanienbraunen Blüten. H. und Br. 30 cm.

Eschscholzia californica
(Kalifornischer Mohn)
Raschwachsende, schlanke, aufrechte Einjährige mit gefiederten, blaugrünen Blättern und schalenförmigen, vierblättrigen, leuchtendorangegelben Blüten im Sommer und Herbst. H. 30, Br. 15 cm.

***Viola* 'Redwing'**
(Stiefmütterchen)
Buschige, breitwüchsige Staude, die meist ein- oder zweijährig gezogen wird. Die großen, rundlichen, fünfblättrigen, rötlichbraunen und gelben Blüten erscheinen im Sommer. H. und Br. 15–20 cm.

Eschscholzia californica
(Kalifornischer Mohn) Mischung
Raschwachsende, aufrechte Einjährige mit gefiederten, blaugrünen Blättern und schalenförmigen Einzelblüten, die in Schattierungen von Rot, Orange, Gelb oder Cremefarbe im Sommer und Herbst erscheinen. H. 30, Br. 15 cm.

Rudbeckia hirta
Rudbeckia hirta 'Irish Eyes'
Tagetes 'Galore'
Tagetes, Inca-Serie
Tagetes, Jubilee-Serie
Tagetes patula

GELB-ORANGE

***Calceolaria* 'Sunshine'**
(Pantoffelblume)
Dichte, buschige Staude, die einjährig gezogen wird. Blätter oval, mittelgrün. Köpfchen aus kleinen, rundlichen, pantoffelförmigen, leuchtendgelben Blüten im Spätfrühling und Sommer. H. und Br. 20 cm.

***Tropaeolum majus* 'Alaska'**
(Kapuzinerkresse)
Raschwachsende, buschige Einjährige mit schildförmigen Blättern und gespornten, trompetenförmigen Blüten, die in Schattierungen von Rot und Gelb im Sommer und Herbst erscheinen. H. und Br. 30 cm.

***Nemesia strumosa,* Triumph-Serie**
(Nemesie)
Ziemlich rasch wachsende, buschige, dichte Staude mit lanzettlichen, gesägten, blaßgrünen Blättern und kleinen, trompetenähnlichen Blüten, die in vielen Farben im Sommer erscheinen. H. 20, Br. 15 cm.

***Primula,* Pacific-Serie**
(Primeln)
Rosettenbildende Staude, die üblicherweise zweijährig gezogen wird. Blätter lanzettlich. Die Köpfchen aus den großen, rundlichen Blüten in Schattierungen von Blau, Gelb, Rot, Rosa oder Weiß erscheinen im Frühling. H. u. Br. 20–22 cm.

***Viola,* Universal-Serie**
(Stiefmütterchen) aprikosenfarben
Buschige, breitwüchsige Staude, die meist zweijährig gezogen wird, mit großen, rundlichen, fünfblättrigen, tiefaprikosenfarbenen Blüten, die im Winter und Frühling erscheinen. H. und Br. 15–20 cm.

Calceolaria 'Anytime'
Calceolaria, Monarch-Serie
Tagetes 'Nell Gwyn'

ORANGE

***Antirrhinum majus* 'Trumpet Serenade'** (Löwenmaul)
Aufrechte, vom Grunde auf verzweigte Staude, die einjährig gezogen wird, mit lanzettlichen Blättern und Ähren aus Löwenmäulchenblüten, die zweifarbig, in gemischten Pastellfarben vom Frühling bis Herbst blühen. H. und Br. 30 cm.

***Viola* 'Scarlet Clan'**
(Stiefmütterchen)
Langsam bis ziemlich rasch wachsende, buschige Staude, die einjährig oder zweijährig gezogen wird, mit ovalen Blättern und rundlichen, fünfblättrigen, orangegelben Blüten, die gefleckt sind. Sommerblüher. H. 15–20, Br. 20 cm.

***Calendula officinalis* 'Gitana', Fiesta-Serie** (Ringelblume)
Raschwüchsige, buschige Einjährige mit lanzettlichen, stark aromatisch duftenden, grünen Blättern. Die margeritenförmigen Korbblüten reichen von Cremefarbe bis Orange. Sie erscheinen von Frühling bis Herbst. H. und Br. 30 cm.

Calendula officinalis 'Art Shades'
Calendula officinalis, Fiesta-Serie
Celosia cristata

Einjährige und Zweijährige

ORANGE

***Rudbeckia hirta* 'Marmalade'**
(Sonnenhut)
Mäßig rasch wachsende, aufrechte, verzweigte Staude mit lanzettlichen Blättern, die einjährig gezogen wird. Im Sommer und Herbst margeritenähnliche, goldorangefarbene Korbblüten (∅ 8 cm) mit schwarzer Mitte. H. 45, Br. 30 cm.

***Tagetes* 'Tangerine Gem'**
(Tagetes, Studentenblume)
Raschwachsende, buschige Einjährige mit duftendem, gefiedertem Laub. Schmale, tieforangefarbene Einzelblüten, die im Sommer und Frühherbst als Köpfchen erscheinen. H. 20, Br. 30 cm.

***Rudbeckia hirta* 'Rustic Dwarfs'**
(Sonnenhut)
Mäßig stark wachsende, aufrechte, verzweigte Staude mit lanzettlichen, mittelgrünen Blättern, die einjährig gezogen wird. Im Sommer und Herbst margeritenähnliche, gelbe und mahagonifarbene Korbblüten (∅ 8 cm). H. 60, Br. 30 cm.

***Rudbeckia hirta* 'Goldilocks'**
(Rudbeckie, Sonnenhut)
Mäßig rasch wachsende, aufrechte, verzweigte Staude, die einjährig gezogen wird, mit lanzettlichen Blättern. Margeritenähnliche, gefüllte oder halbgefüllte, orangefarbene Korbblüten. Sommer- und Herbstblüher. H. 60, Br. 30 cm.

***Tithonia rotundifolia* 'Torch'**
Langsamwachsende, aufrechte Einjährige mit rundlichen, gelappten Blättern und margeritenähnlichen, leuchtendorange- oder scharlachfarbenen Korbblüten (∅ 5–8 cm). Sommer- und Herbstblüher. H. 90, Br. 30 cm.

***Tagetes patula* 'Orange Winner'**
(Tagetes, Studentenblume)
Raschwachsende, buschige Einjährige mit duftendem, gefiedertem, tiefgrünem Laub. Gekrauste, margeritenähnliche, gefüllte, leuchtendorangefarbene Blütenköpfchen, die im Sommer und Frühherbst erscheinen. H. 15, Br. bis 30 cm.

***Tagetes* 'Paprika'**
(Tagetes, Studentenblume)
Raschwachsende, buschige Einjährige mit duftenden, gefiederten Blättern. Im Sommer und Frühherbst erscheinen die margeritenähnlichen, einfachen, roten, gelbgerandeten Korbblüten. H. 15, Br. 30 cm.

***Erysimum hieraciifolium* 'Orange Bedder'** (Schöterich)
Langsamwachsende, kurzlebige, buschige Staude, die zweijährig gezogen wird, mit lanzettlichen, mittelgrünen Blättern. Die Köpfchen aus vierblättrigen, leuchtendorangefarbenen Blüten erscheinen im Frühling. H. und Br. 30 cm.

***Helichrysum bracteatum*, Monstrosum-Serie** (Strohblume)
Mäßig rasch wachsende, aufrechte, verzweigte Einjährige mit margeritenähnlichen, papierenen, gefüllten Korbblüten in vielen Farben von Gelb bis Rot und Weiß. Sommer- und Herbstblüher. Gut für Trockensträuße. H. 90, Br. 30 cm.

Antirrhinum majus
Cheiranthus cheiri
Cosmos, Bright-Lights-Serie
Gazania 'Daybreak'
Gazania 'Sundance'
Helichrysum bracteatum cv.
Impatiens, Duet-Serie
Portulaca grandiflora
Salpiglossis cv.
Tagetes, Inca-Serie
Tagetes, Jubilee-Serie
Tagetes patula
Tagetes 'Toreador'
Tropaeolum majus cv.
× *Venidio-arctotis* 'Tangerine'
× *Venidio-arctotis* 'Torch'

Calendula officinalis **'Geisha Girl'**
(Ringelblume)
Raschwachsende Einjährige mit stark aromatischen, lanzettförmigen, hellgrünen Blättern. Orangefarbene Korbblüten mit eingerollten Blütenblättern im Spätfrühling und Herbst. H. 60, Br. 30–60 cm.

***Zinnia*, Burpee-Hybriden, Elegans-Gruppe** (Zinnie)
Mäßig rasch wachsende, steifaufrechte Staude mit oval-lanzettlichen, hell- oder mittelgrünen Blättern. Große, kaktusdahlienähnliche, gefüllte Korbblüten in vielen Farben. Blütezeit Sommer und Frühherbst. H. 60, Br. 30 cm.

Solanum pseudocapsicum **'Balloon'**
(Korallenstrauch)
Buschiger Strauch, der einjährig kultiviert wird. Blätter lanzettlich, Blüten klein, weiß und sternförmig. Sommerblüher. Früchte groß, cremefarben, im Winter orange. H. 30, Br. 30–45 cm. Mindesttemperatur 5 °C.

Sanvitalia procumbens **'Mandarin Orange'**
(Sanvitalie)
Mäßigwachsende, breitwüchsige Einjährige mit spitzovalen, mittelgrünen Blättern und margeritenähnlichen, orangefarbenen Blütenköpfchen (∅ 2,5 cm). H. 15, Br. 30 cm.

***Tropaeolum majus*, Jewel-Serie**
(Kapuzinerkresse)
Raschwachsende, buschige Einjährige mit rundlichen Blättern und gespornten, trompetenförmigen Blüten in Schattierungen von Rot, Gelb und Orange. Sie erscheinen von Frühsommer bis Frühherbst. H. und Br. 30 cm.

Cheiranthus cheiri **'Fire King'**
(Goldlack)
Mäßigwachsende, buschige Staude, die als Zweijährige gezogen wird. Die lanzettlichen Blätter sind mittel- bis tiefgrün. Vierblättrige, rötliche und orangefarbene Blüten erscheinen im Frühling in Köpfchen. H. 40, Br. 30–40 cm.

Solanum pseudocapsicum **'Red Giant'**
(Korallenstrauch)
Ziemlich langsam wachsender, immergrüner Busch oder Strauch, der meist einjährig gezogen wird. Blätter lanzettlich, dunkelgrün, Blüten klein und weiß. Sommerblüher. Früchte rundlich, orangerot. H. und Br. 30 cm. Mindesttemperatur 5 °C.

Dahlia **'Dandy'**
(Halskrausendahlie)
Gutverzweigte, buschige Staude, die einjährig gezogen wird, mit zugespitzten, gesägten Blättern. Margeritenähnliche Blüten mit kontrastierender Mitte aus krausen Petalen in Rot, Gelb und Orange. Sommerblüher. H. und Br. 60 cm.

Emilia javanica
Mäßig rasch wachsende, aufrechte Einjährige mit lanzettlichen, graugrünen Blättern und verzweigten Köpfchen aus rundlichen, roten oder gelben Korbblüten. Sommerblüher. H. 30–60, Br. 30 cm oder mehr.

***Mimulus*, Malibu-Serie**
(Gauklerblume) orange
Raschwüchsige, verzweigte Staude, die einjährig gezogen wird. Blätter zugespitzt, oval, hellgrün. Im Sommer sich nach außen verbreiternde, gewellte, tieforange Blütentrichter. H. 15, Br. bis 30 cm.

***Clarkia amoena*, Princess-Serie**
(Klarkie) lachsfarben
Raschwachsende Einjährige mit schlanken, aufrechten Trieben und lanzettlichen, mittelgrünen Blättern. Die Ähren aus lachsfarbenen Blüten erscheinen im Sommer. H. und Br. 30 cm.

Celosia cristata **'Fairy Fountains'**
(Hahnenkamm)
Mäßigwachsende, aufrechte, buschige Staude mit spitzovalen Blättern und konischen, fedrigen Blütenschöpfen (∅ bis 15 cm), die in vielen Farben im Sommer und Herbst erscheinen. H. und Br. 30 cm.

□ WEISS

Leontopodium alpinum
(Edelweiß)
Kurzlebige Staude mit Tuffs aus lanzettlichen Blättern. Silbrigweiße Blütenköpfchen, die von dichtfilzigen Hochblättern sternförmig umgeben sind. Blühzeit im Frühling oder Frühsommer. Feuchte vermeiden. H. und Br. 15–20 cm.

Lithophragma parviflorum
Horstbildende Staude mit kleinen, offenen Büscheln aus weißen oder rosa Blüten, die im Frühling über den grundständigen Büscheln der tiefgezähnten, nierenförmigen Blättern erscheinen. Vegetationsruhe im Sommer. H. 15–20, Br. bis 20 cm.

Iberis sempervirens
(Schleifenblume)
Immergrüner, breitwüchsiger Halbstrauch mit schmalen, länglichen Blättern und rundlichen Köpfchen aus weißen Blüten, die im Spätfrühling und Frühsommer erscheinen. Nach der Blüte zurückschneiden. H. 15–30, Br. 40–60 cm.

Pulsatilla alpina
(Alpenanemone)
Dichtbuschige Staude mit fedrigen Blättern. Sie bringt im Frühsommer aufrechte oder etwas nickende, schalenförmige, weiße, bisweilen auch blaue oder rosagetönte Einzelblüten, später fedrige Samenschöpfe hervor. H. 15–30, Br. 10 cm.

Saxifraga granulata
(Steinbrechart)
Horstbildende Staude, die ihre nierenförmigen, gerunzelten, glänzenden Blätter im Sommer verliert. Die stacheligen Stengel tragen lockere Köpfchen aus rundlichen, weißen Blüten im Spätfrühling.
H. 25–35, Br. bis 15 cm.

Chrysanthemum hosmariense
Immergrüne, strauchige Staude mit feingeschnittenen, leuchtendsilbergrünen Blättern, die die holzigen Triebe umgeben. Von Spätfrühling bis Frühherbst erscheinen die margeritenähnlichen, weißen Blütenköpfchen einzeln über dem Laub. H. 15, Br. 30 cm.

***Andromeda polifolia* 'Alba'**
(Lavendelheide)
Immergrüner, offener, verzweigter Strauch mit endständigen Büscheln aus krugförmigen, weißen Blüten im Frühling und Frühsommer. Die glänzenden, dunkelgrünen Blätter sind ledrig und lanzettlich. H. 45, Br. 60 cm.

pH

***Cassiope* 'Muirhead'**
(Schuppenheide)
Immergrüner, lockerer, buschiger Strauch mit schuppenförmigen, dunkelgrünen Blättern an aufrechtstehenden Zweigen. Im Frühling erscheinen daran in ganzer Länge winzige, stengellose, glockenförmige Blüten. H. und Br. 20 cm.

pH

***Cassiope* 'Edinburgh'**
(Schuppenheide)
Immergrüner Zwergstrauch mit winzigen, dunkelgrünen Blättern, die dicht an den aufrechtstehenden Stielen anliegen. Im Frühling erscheinen viele glockenförmige, weiße Blüten einzeln in den Blattachseln. H. und Br. 20 cm.

pH

WEITERE EMPFOHLENE PFLANZEN:
Achillea clavennae, S. 313
Cassiope fastigiata
Cassiope mertensiana, S. 304
Cassiope selaginoides
Corydalis ochroleuca, S. 291
Cyathodes colensoi, S. 300
Narzissen, S. 348–349
Daphne alpina
Galax urceolata, S. 291
× *Halimiocistus wintonensis*
Hebe carnosula
Hebe pinguifolia 'Pagei', S. 291
Houttuynia cordata, 'Flore Pleno'
Iberis sempervirens, 'Snowflake'
Iris, Schwertlilien, S. 196–197

□ WEISS

Saxifraga hirsuta
(Steinbrechart)
Immergrüne, kleine Hügel bildende Staude mit Rosetten aus rundlichen Blättern. Von Spätfrühling bis Frühsommer Ähren aus winzigen, sternförmigen, weißen Blüten, die am Grunde meist gelb gefleckt sind. H. 15–20, Br. 20 cm.

Jeffersonia diphylla
Langsamwachsende, teppichbildende Staude mit typischen, zweilappigen, hell- bis mittelgrünen Blättern. Im Spätfrühling einzelne, schalenförmige, weiße Blüten mit herausragenden gelben Staubfäden. Wurzelwachstum nicht stören! H. 15–25, Br. bis 25 cm.

Daphne blagayana
(Seidelbast)
Immergrüner, flachwachsender Strauch mit kriechenden Zweigen und ovalen, ledrigen Blättern. Im zeitigen Frühling dichte Dolden aus duftenden, röhrenförmigen, weißen Blüten. Liebt humusreichen Boden. H. 30–40, Br. 60–80 cm.

Tiarella cordifolia
(Schaumblüte)
Sich ausbreitende, immergrüne Staude mit handförmigen Blättern, die bisweilen dunkler gezeichnet sind. Die Adern färben sich im Winter bronzerot. Im frühen Sommer Ähren aus zahlreichen lockeren, weißen Blüten. H. 15–20, Br. bis 30 cm.

***Saxifraga* 'Tumbling Waters'**
(Steinbrech)
Immergrüne, rasenbildende Staude mit dichten Rosetten aus schmalen Blättern. Nach Jahren erscheinen Blütenstengel mit weißen Blüten in konischen Köpfchen. Danach stirbt die Hauptrosette ab und bildet Ableger. H. 60, Br. bis 20 cm.

Vancouveria hexandra
Stark- und breitwüchsige Staude mit lockeren Rispen aus vielen kleinen, weißen Blüten im Spätfrühling und Frühsommer. Die ledrigen Blätter sind in fast sechseckige Blättchen geteilt. Guter Bodendekker für Waldboden. H. 20, Br. Ausläufer bildend.

Leiophyllum buxifolium
Ourisia macrocarpa
Parnassia palustris, S. 290
Päonien, Pfingstrosen, S. 198–199

Phyllodoce nipponica
Primeln, S. 230–231
Saxifraga cuneifolia, S. 291

WEISS-ROSA

Dodecatheon meadia* f. *alba
(Götterblume)
Horstbildende Staude mit Grundrosette aus ovalen, blaßgrünen Blättern. Im Frühling erscheinen auf straffen Stengeln viele weiße Blüten mit dunkler Mitte und zurückgebogenen Blütenblättern. Vegetationsruhe im Sommer. H. 20, Br. 15 cm.

Saxifraga* × *geum
(Steinbrechkreuzung)
Immergrüne, mattenbildende Staude mit flachwurzelnden Rosetten aus löffelförmigen Blättern. Im Sommer erscheinen sternförmige, rosagefleckte, weiße Blüten, die in Ähren an dünnen Stengeln zusammenstehen. H. 15–20, Br. 30 cm.

Andromeda polifolia
(Lavendelheide)
Immergrüner, offener, verzweigter Strauch mit schmalen, ledrigen, glänzendgrünen und endständigen Büscheln aus krugförmigen, rosa Blüten, die im Frühling und Frühsommer erscheinen. H. 30–45, Br. 60 cm.

***Andromeda polifolia* 'Compacta'**
(Lavendelheide)
Dichter, verzweigter Strauch. Im Frühling und Frühsommer feine, endständige Büschel aus krugförmigen, rosa Blüten mit weißem Unterton. Blätter lanzettlich, glänzend dunkelgrün. H. bis 25, Br. 30 cm.

Dodecatheon hendersonii
(Götterblume)
Horstbildende Staude mit flachen Rosetten aus schuppenförmigen Blättern, über denen sich im Frühling tiefrosa Blüten mit zurückgebogenen Blütenblättern erheben. Benötigt trockene Vegetationsruhe im Sommer. H. 30, Br. 8 cm.

***Phyllodoce* × *intermedia* 'Drummondii'** (Blauheide)
Immergrüner, buschiger Zwergstrauch mit schmalen, heideähnlichen Blättern. Im Spätfrühling bis Frühsommer erscheinen in endständigen Dolden krugförmige, leuchtendrosa Blüten an dünnen, roten Trieben. H. und Br. 23 cm.

Anthyllis montana, S. 292
Anthyllis montana, 'Rubra'
Arabis caucasica 'Variegata', S. 302
Narzissen, S. 348–349

Dodecatheon meadia
Saxifraga cotyledon, S. 292
Saxifraga 'Southside Seedling', S. 292
Shortia galacifolia, S. 304

Hohe Steingartenpflanzen MIT INTERESSANTEM FRÜHLINGSASPEKT

ROSA-VIOLETT

Daphne cneorum
(Zweigseidelbast)
Immergrüner, flachwachsender Strauch mit kriechenden Zweigen und schmalovalen, ledrigen, dunkelgrünen Blättern. Die Blüten erscheinen in endständigen Büscheln im Spätfrühling. Liebt humusreichen Boden. H. 25, Br. bis 200 cm.

Phyllodoce empetriformis
(Blauheide)
Immergrüner, rasenbildender Strauch mit kleinen, heidekrautähnlichen Blättern und endständigen Büscheln mit glockenförmigen, lilaroten Blüten im Spätfrühling und Frühsommer. H. 15–25, Br. 20 cm.

***Dodecatheon* 'Red Wings'**
(Götterblume)
Horstbildende Staude mit eiförmigen, grundständigen Blättern. Die lockeren Büschel der dunkel-magentaroten Blüten mit zurückgebogenen Petalen erscheinen im Spätfrühling auf straffen Stengeln. Sommerruhezeit. H. 20, Br. 10 cm.

Phyllodoce caerulea*, syn. *P. taxifolia
(Blauheide)
Immergrüner Zwergstrauch mit feinen, heidekrautähnlichen Blättern und glockenförmigen, violetten bis violettrosa Blüten, die einzeln oder in Büscheln im Spätfrühling und Sommer erscheinen. H. u. Br. 30 cm.

Pulsatilla vulgaris
(Küchenschelle, Kuckucksanemone)
Horstbildende Staude mit fiedrigen Blättern. Im Frühling erscheinen nickende Glockenblüten in Weiß, Rosa, Rot oder Violett mit leuchtendgelber Mitte. Blütenstengel tragen später fedrige Samenschöpfe. H. u. Br. 15–25 cm

Cortusa matthioli, S. 294
Daphne collina
Dicentra eximia 'Spring Morning', S. 235
Kalmiopsis leachiana 'M. Le Piniec'
× *Phylliopsis hillieri* 'Pinocchio'
Phyllodoce × *intermedia* 'Fred Stoker'
Primeln, S. 230–231
Rhodothamnus chamaecistus, S. 292

VIOLETT-BLAU

Erinacea anthyllis*, syn. *E. pungens
Schwachwachsender, immergrüner Halbstrauch mit harten, blaugrünen Dornen. In den Achseln der Dornen erscheinen blaßlila Schmetterlingsblüten im Spätfrühling und Frühsommer. H. u. Br. 15–25 cm.

Pulsatilla halleri
(Küchenschelle, Frühlingsanemone)
Horstbildende, dichtbehaarte Staude mit nickenden, später aufrechten, glockenförmigen Blüten in violetten Schattierungen. Frühlingsblüher. Gefiederte Blätter und Samenschöpfe. H. 15–35, Br. 15–20 cm.

Aquilegia alpina
(Alpenakelei)
Kurzlebige, aufrechte Staude mit gespornten, reinblauen oder violettblauen Blüten auf schlanken Stengeln im Frühling und Frühsommer. Blätter feingeteilt, in grundständiger Rosette. Liebt nahrhaften Boden. H. 45, Br. 15 cm.

Iris, Schwertlilien, S. 196–197
Sisyrinchium douglasii
Sisyrinchium graminoides, S. 296

BLAU

Viola cornuta
(Hornveilchen)
Rhizombildende Staude mit ovalen, gezähnten Blättern. Flache, gespornte, blaß- bis tieflilablaue, gelegentlich auch weiße Blüten. Frühlings- und Sommerblüher. H. 12–20, Br. 20 cm oder mehr.

Omphalodes verna
(Gedenkemein)
Halbimmergrüne, büschelbildende Staude, die im Frühling lange, lockere Rispen aus flachen, leuchtendblauen Blüten mit weißem Auge hervorbringt. Blätter oval, mittelgrün. H. und Br. 20 cm oder mehr.

Omphalodes cappadocica
(Gedenkemein)
Breitwüchsige Staude mit kriechenden, unterirdischen Trieben und vielen lockeren Rispen aus flachen, blauen Blüten. Sie erscheinen im Frühling und Sommer über den Büscheln aus ovalen, grundständigen Blättern. H. 15–20, Br. 25 cm.

Iris, Schwertlilien, S. 196–197
Lithodora zahnii
Pulsatilla halleri ssp. *grandis*

GRAU-GELB

Salix helvetica
(Strauchweide)
Sommergrüner, breitwüchsiger, starkverästelter Zwergstrauch mit kleinen, ovalen, glänzenden, unterseits weißbehaarten Blättern. Im Frühling kurzgestielte, silbergraue, später gelbe Kätzchen. H. 60, Br. 30 cm.

Betula nana
(Zwergbirke)
Sommergrüner, buschiger Zwergstrauch mit kleinen, gezähnten Blättern, die im Herbst leuchtend gelb werden. Im Frühling winzige, gelbbraune Kätzchen. H. 30, Br. 45 cm.

Corydalis cheilanthifolia
(Lerchensporn)
Immergrüne Staude mit fleischigen Wurzeln und breiten Rosetten aus farnähnlichen, oft bronzegetönten, mittelgrünen Blättern. Blüten gelb, kurzgespornt in dichten Ähren im Frühling und Frühsommer. H. 20–30, Br. 15–20 cm.

Narzissen, S. 348–349
Iris, Schwertlilien, S. 196–197
Paeonia mlokosewitschii, S. 199
Primeln, S. 230–231

Corydalis wilsonii
(Lerchensporn)
Immergrüne Staude mit fleischigem Wurzelstock. Bildet Rosetten aus fast kriechenden, feingefiederten, blaugrünen Blättern. Die gespornten, grüngefleckten, gelben Blüten erscheinen im Frühling. H. und Br. 10–20 cm.

***Aurinia saxatilis* 'Citrina', syn. *Alyssum saxatile* 'Citrinum'**
(Steinkraut)
Immergrüne, horstbildende Staude mit ovalen, behaarten, graugrünen Blättern und Dolden aus kleinen, hellzitronengelben Blüten. Blütezeit Spätfrühling bis Frühsommer. H. 25, Br. 30 cm.

***Aurinia saxatilis* 'Variegata', syn. *Alyssum saxatile* 'Variegatum'**
(Steinkraut)
Immergrüne Staude mit Rispen aus vielen, kleinen, gelben Blüten, die im Frühling über den Matten aus ovalen, graugrünen, cremefarben gezeichneten Blättern erscheinen. H. 25, Br. 30 cm.

Pulsatilla alpina ssp. *apiifolia*
Salix arbuscula

Chiastophyllum oppositifolium
(Walddickblatt)
Immergrüne, kriechende Staude mit großen, länglichen, gesägten, fleischigen Blättern. Im Spätfrühling bis Frühsommer erscheinen viele kleine, gelbe Blüten in nickenden Ähren. H. 15–20, Br. 15 cm.

Cytisus × beanii
(Zwergginster)
Sommergrüner, langsamwachsender Strauch mit überhängenden Trieben und goldgelben Schmetterlingsblüten, die im Spätfrühling und Frühsommer an vorjährigen Trieben erscheinen. Blätter klein, linear, behaart. H. 15–40, Br. 30–75 cm.

Hohe Steingartenpflanzen

GELB-ORANGE

Hylomecon japonicum
Raschwüchsige, breite Staude mit großen, schalenförmigen, leuchtendgelben Blüten, die im Frühling einzeln an schlanken Stengeln erscheinen. Ihr Laub weich, dunkelgrün, in vier ungleiche Blättchen geteilt. H. bis 30, Br. 20 cm.

***Cheiranthus* 'Bredon'**
(Goldlack)
Halbimmergrüne, holzige, rundliche Staude mit ovalen, dunkelgrünen Blättern. Im Spätfrühling erscheinen dichte Ähren aus flachen, leuchtendgelben Blüten. H. 30–45, Br. 45 cm.

Stylophorum diphyllum
Staude mit Grundrosette aus robusten, gelappten, behaarten Blättern. Die offenen, schalenförmigen, goldgelben Blüten erscheinen an aufrechten, verzweigten Stengeln im Frühling. Liebt Waldboden. H. und Br. bis 30 cm oder mehr.

***Cheiranthus* 'Harpur Crewe'**
(Goldlack)
Immergrüne, strauchige Staude mit straffen Trieben und schmalen Blättern. Die duftenden, gefüllten, gelben Blüten stehen in endständigen Büscheln und öffnen sich im Frühsommer. Liebt arme Böden und geschützte Lagen. H. und Br. 30 cm.

Aurinia saxatilis*, syn. *Alyssum saxatile
(Steinkraut)
Immergrüne Staude mit niedrigen Büscheln aus ovalen, behaarten, graugrünen Blättern. Im Frühling dichte Blütenähren aus chromgelben Blüten. H. 25, Br. 30 cm.

***Berberis × stenophylla* 'Corallina Compacta'** (Berberitze)
Immergrüner, zierlicher Zwergstrauch mit dünnen Trieben, die von kleinen, schmalovalen Blättern umgeben sind. Im Spätfrühling viele winzige, leuchtendorangefarbene Blüten. Langsam wachsend; schwierige Kultur. H. u. Br. bis 25 cm.

Alyssoides utriculata
Corydalis lutea, S. 299
Narzissen, S. 348–349
Euryops acraeus, S. 298
Euryops pectinatus, S. 138
Genista lydia, S. 299
Iris, Schwertlilien, S. 230–231

Hohe Steingartenpflanzen

WEISS

Parnassia palustris
(Schwanenblume)
Staude mit niedrigen, grundständigen Tuffs aus herzförmigen, blaß- bis mittelgrünen Blättern. Blüten schalenförmig, weiß, dunkel- oder violettgrün geadert, an aufrechten Stengeln. Blütezeit Spätfrühling bis Frühsommer. H. 20, Br. 6 cm.

Armeria pseudarmeria
(Grasnelke)
Immergrüne, horstbildende Staude mit großen, rundlichen Köpfchen aus weißen Blüten, die gelegentlich rosa getönt sein können. Blütezeit Sommer. Blüten auf straffen Stielen über dem langen, schmalen, bläulichen Laub. H. und Br. 30 cm.

Celmisia walkeri
Immergrüne, lockere, breitwüchsige Staude mit langovalen oder lanzettlichen, oberseits glänzendgrünen, unterseits behaarten, weißen Blättern. Große, weiße, margeritenähnliche Blüten im Sommer. H. 25, Br. bis 200 cm.

WEITERE EMPFOHLENE PFLANZEN:
Andromeda polifolia 'Alba', S. 286
Artemisia frigida
Artemisia pedemontana
Artemisia stelleriana 'Boughton Silver'
Boykinia aconitifolia
Nelken, S. 238–239
Chrysanthemum hosmariense, S. 286

Helianthemum apenninum
(Sonnenröschen)
Immergrüner, breitwüchsiger, starkverzweigter Strauch mit im Sommer flachschaligen, reinweißen Blüten. Triebe und die kleinen, linealischen Blättchen sind weiß bereift. H. und Br. 45 cm.

Saxifraga cuneifolia
(Steinbrechart)
Immergrüne, teppichbildende Staude mit zierlichen Rosetten aus rundlichen Blättern. Im Spätfrühling und Frühsommer erscheinen an schlanken Stielen winzige, weiße Blüten, oft gelb, rot oder rosa gefleckt. H. 15–20, Br. 30 cm oder mehr.

Cytisus purpureus* f. *albus
(Ginsterart)
Schwachwachsender sommergrüner Strauch mit halbaufrechten Trieben, die von gelappten Blättern umgeben sind. Eine Fülle weißer Schmetterlingsblüten erscheint im Frühsommer am vorjährigen Holz. H. 45, Br. 60 cm.

***Helianthemum* 'Wisley White'**
(Sonnenröschen)
Immergrüner, breitwüchsiger Strauch mit länglichen, graugrünen Blättern und flachschaligen, weißen Blüten, die den ganzen Sommer hindurch blühen. H. 25, Br. 30 cm.

Galax urceolata*, syn. *G. aphylla
(Bronzeblatt)
Immergrüne, horstbildende Staude mit großen, rundlichen, ledrigen Blättern an schlanken Stielen. Im Herbst und Winter werden sie bronzefarben. Ähren aus kleinen, weißen Blüten von Spätfrühling bis Frühsommer. H. 15–20, Br. bis 30 cm.

Epilobium glabellum
(Weidenröschenart)
Immergrüne, horstbildende Staude mit nach außen gerichteten, schalenförmigen, weißen Blüten. Sie erscheinen im Sommer einzeln an schlanken Trieben über den ovalen, mittelgrünen Blättern. Guter Bodendecker. H. bis 20, Br. 15 cm.

***Hebe pinguifolia* 'Pagei'**
Immergrüner, halb kriechender Strauch, mit schmalen, kleinen, etwas gewölbten, blaugrünen Blättern. Im Frühsommer kurze Ähren aus kleinen, reinweißen Blüten. Ausgezeichnet als Bodendecker und für Felsen. H. 15–30, Br. 60–100 cm. Winterschutz in rauhen Lagen.

Corydalis ochroleuca
(Lerchenspornart)
Immergrüne, horstbildende Staude mit fleischigen Faserwurzeln und stark geteilten, grundständigen Blättern. Im Spätfrühling und Sommer ziemlich dichte Ähren aus schlanken, gelbgefleckten, cremeweißen Blüten. H. und Br. 20–30 cm.

Hebe canterburiensis
Immergrüner, niedriger, buschiger Strauch mit kleinen, ovalen, glänzend-dunkelgrünen Blättern, die dicht an den Stengeln sitzen. Im Frühsommer kurze Rispen aus kleinen, weißen Blüten in den Blattachseln. H. und Br. 30–90 cm.

Cotoneaster congestus
Deinanthe bifida
Eomecon chionantha
Fabiana imbricata 'Prostrata'
× *Halimiocistus wintonensis*
Hebe buchananii
Funkien, S. 244
Iberis sempervirens 'Snowflake'
Iris, Schwertlilien, S. 196–197
Leontopodium alpinum, S. 286
Luetkea pectinata
Papaver burseri
Phyllodoce nipponica
Primeln, S. 230–231
Stephanandra incisa 'Crispa'
Tiarella cordifolia, S. 287

Hohe Steingartenpflanzen MIT INTERESSANTEM SOMMERASPEKT

WEISS-ROSA

Saxifraga cotyledon
(Steinbrechart)
Immergrüne Staude mit großen, blaßgrünen Blattrosetten, die nach der Blüte absterben. Im Frühsommer erscheinen die konischen, gebogenen Ähren aus schalenförmigen, weißen, bisweilen rotgezeichneten Blüten. H. und Br. bis 30 cm.

Aethionema grandiflorum
(Steintäschel)
Kurzblütiger, immergrüner, lockerer Strauch mit winzigen, blaß- bis tiefrosaroten Blüten, die in lockeren Rispen von Frühling bis Sommer erscheinen. Blätter blaugrün, schmallanzettlich. H. 30, Br. 25 cm.

Achillea × kellereri, S. 315
Diascia vigilis
Dorycnium hirsutum
Gaultheria miqueliana

Onosma albo-roseum
(Lotwurz, Goldtropfen)
Horstbildende, pelzig behaarte Staude mit Büscheln aus langen, herabhängenden, trichterförmigen Blüten, die sich im Sommer weiß öffnen, lange haften und rosa verblühen. H. 15–30, Br. 20 cm.

***Saxifraga* 'Southside Seedling'**
(Steinbrechart)
Immergrüne, rasenbildende Staude mit großen Blattrosetten, die nach der Blüte absterben. Im Frühsommer erscheinen die gebogenen Blütenstände aus offenen, schalenförmigen Blüten, die innen rot gebändert sind. H. und Br. 30 cm.

Rhodothamnus chamaecistus
(Zwergalpenrose)
Immergrüner, langsamwachsender Zwergstrauch mit schmalovalen, borstiggerandeten Blättern. Im Spätfrühling schalenförmige, rosa bis violette Blüten mit dunklen Staubfäden in den Blattachseln. H. 15–20, Br. bis 25 cm.

Ptilotrichum spinosum
Saxifraga granulata 'Pleno'
Saxifraga longifolia
Saxifraga × urbium

ROSA

Anthyllis montana
(Bergklee)
Rundbuschige oder schwach breitwüchsige Staude mit lockerer Verzweigung und feingeschnittenem Laub. Die Köpfchen der kleeähnlichen, blaßrosa Blüten mit den roten Zeichnungen erscheinen im Spätfrühling. H. und Br. 30 cm.

Phuopsis stylosa
(Kreuzblümchen)
Schwachwachsende Staude mit quirlständigen, scharfen, blaßgrünen Blättern und rundlichen Köpfchen aus kleinen, trichterförmigen, rosa Blüten im Sommer. Guter Bodendecker auf Terrassenbeeten und Felspartien. H. 30, Br. 30 cm.

Aethionema armenum, S. 317
Aethionema 'Warley Rose', S. 316
Nelken, S. 238–239
Crepis incana

***Lewisia* 'George Henley'**
(Lewisie)
Immergrüne, horstbildende Staude mit Rosetten aus schmalen, fleischigen Blättern. Dichte Ähren aus offenen, schalenförmigen, tiefrosa Blüten mit magentafarbenen Adern, vom Spätfrühling bis Spätsommer. H. 15 cm, Br. 10 cm.

Dianthus superbus
Erigeron glaucus 'Elstead'
Erodium petraeum
Incarvillea mairei, S. 237

***Origanum* 'Kent Beauty'**
(Dost)
Flachwachsende Staude mit kriechenden Trieben, die in duftende, rundovale Blätter gehüllt sind. Im Sommer kurze Ähren aus trichterförmigen, blaßrosa Blüten mit dunkleren Hochblättern. Für Trockenmauern. H. 15–20, Br. 30 cm.

☼ 💧 ❄❄

***Helianthemum* 'Wisley Pink'**
(Sonnenröschen)
Immergrüner, lockerer Strauch mit flachschaligen, weichen, blaßrosa Blüten mit orangefarbener Mitte, die den Sommer hindurch blühen. Blätter länglich und graugrün. H. und Br. 30 cm oder mehr.

☼ 💧 ❄❄❄

Oxalis deppei*, syn. *O. tetraphylla
(Sauerklee)
Tuffbildende Knollenstaude mit braungezeichneten Grundblättern, die normalerweise viergeteilt sind. Bringt im Spätfrühling und Sommer Ähren aus breiten, röhrenförmigen, tiefrosa Blüten hervor. Geschützte Lage. H. 30, Br. 10–15 cm.

☼ 💧 ❄❄

***Astilbe* 'Perkeo'**
(Prachtspiere)
Dichte, aufrechte Staude mit kleinen Büscheln aus winzigen, lachsrosa Blüten, die vom Sommer bis Spätsommer auf dünnen Stengeln erscheinen. Blätter steif, tiefgelappt, runzelig. H. 15–20, Br. 10 cm.

◑ 💧 ❄❄❄

Diascia cordata
Breitwachsende Staude. Ihre Triebe sind von herzförmigen, hellgrünen Blättern umgeben. Die flachen, leuchtendrosa Blüten stehen von Sommer bis Herbst in endständigen Ähren zusammen. H. 15–20, Br. 20 cm.

☼ 💧 ❄❄

Diascia rigescens
Kriechende Staude mit halbaufgerichteten Trieben, die von herzförmigen, mittelgrünen Blättern bedeckt sind. Die gespornten, flachen, lachsrosa Blüten stehen von Sommer bis Frühherbst in Ähren zusammen. H. 25, Br. bis 30 cm.

☼ 💧 ❄❄

Crassula sarcocaulis
(Dickblatt)
Immergrüner oder in rauhen Lagen halbimmergrüner, buschiger Halbstrauch mit winzigen, ovalen, fleischigen Blättern. Endständige Dolden aus kleinen, roten Knospen, die sich im Sommer zu blaßrosa Blüten öffnen. H. und Br. 30 cm.

☼ 💧 ❄❄

Ononis fruticosa
(Hauhechel)
Sommergrüner Strauch, der im Sommer nickende Büschel aus großen, purpurrosa Schmetterlingsblüten mit dunkleren Streifen hervorbringt. Blätter dreiteilig, im Austrieb behaart. H. und Br. 30–60 cm.

☼ 💧 ❄❄❄

Geranium orientalitibeticum
(Staudengeranie)
Krautige Staude, die sich durch Knollen unterirdisch vermehrt. Blüten rosa, schalenförmig, mit weißer Mitte. Sommerblüher. Blätter gelappt, in grünen Schattierungen marmoriert. H. in Blüte 15–25 cm, Br. Ausläufer treibend.

☼ 💧 ❄❄❄

Incarvillea mairei 'Frank Ludlow'
Ononis rotundifolia
Ourisia 'Loch Ewe'
Päonien, Pfingstrosen, S. 198–199
Potentilla nitida
Primeln, S. 230–231
Teucrium polium, S. 319

Hohe Steingartenpflanzen MIT INTERESSANTEM SOMMERASPEKT

ROSA

Cortusa matthioli
(Heilglöckchen)
Horstbildende Staude mit grundständiger Rosette aus rundlichen, stumpfgrünen Blättern. Im Spätfrühling und Frühsommer einseitige Ähren aus kleinen, nickenden, rosavioletten Glockenblüten. H. 15–20, Br. bis 10 cm.

Geranium sanguineum
(Staudengeranie)
Horstbildende, kriechende Staude mit vielen, schalenförmigen, tiefmagentarosa Blüten, die im Sommer über den rundlichen, tiefgeteilten, dunkelgrünen Blättern erscheinen. Guter Bodendecker. H. bis 25, Br. 30 cm oder mehr.

Origanum laevigatum
(Dost)
Rasenbildender Halbstrauch mit kleinen, aromatischen Blättern. Verzweigte, rote Triebe bringen winzige, trichterförmige, kirschrosa Blüten hervor, die im Sommer von violettroten Hochblättern umgeben sind. H. 25–30, Br. 20 cm und mehr.

***Lewisia*, Cotyledon-Hybriden**
Immergrüne, horstbildende Staude mit Rosetten aus großen, dichten, gezähnten Blättern. Im Frühsommer Blütendolden in verschiedenen Tönen von Rosa bis Violett an aufrechten Stengeln. Gut für Felsbegrünungen und Alpinenhaus. H. bis 30, Br. 15 cm oder mehr.

Dianthus carthusianorum
(Kartäusernelke)
Immergrüne Staude mit rundlichen, aufwärtsgerichteten, kirschroten oder tiefrosa Blüten, die im Sommer an schlanken Stengeln über den niedrigen Büscheln aus grasartigen Blättern erscheinen. H. 20, Br. 6 cm.

Anthyllis montana 'Rubra'
Astilbe chinensis 'Pumila'
Dianthus armeria
Micromeria juliana
Origanum rotundifolium
Phyllodoce caerulea, S. 288
Phyllodoce empetriformis, S. 288
Phyllodoce × intermedia 'Drummondii', S. 287

ROT

Penstemon newberryi* f. *humilior
(Bartfaden)
Immergrüner, rasenbildender Strauch mit gebogenen Trieben, die von kleinen, ledrigen, dunkelgrünen Blättern umgeben sind. Trägt kurze Ähren aus trichterförmigen, kirschroten bis tiefrosa Lippenblüten im Frühling. H. 15–20, Br. 30 cm.

***Helianthemum* 'Ben More'**
(Sonnenröschen)
Immergrüner, breitwüchsiger Strauch mit zahlreichen flachschaligen, rötlichorangefarbenen Blüten, die in lockeren, endständigen Dolden im Spätfrühling und Sommer blühen. Laub klein, glänzend-dunkelgrün. H. 25–30, Br. 30 cm.

***Helianthemum* 'Raspberry Ripple'**
(Sonnenröschen)
Immergrüner, kriechender Strauch mit flachschaligen, weißen, in der Mitte roten Blüten, die im Sommer aufblühen. Blätter klein, linear, graugrün. H. 15–25, Br. 25–30 cm.

Penstemon pinifolius
(Schmalblättriger Bartfaden)
Immergrüner, buschiger Strauch mit verzweigten Trieben, die von feinen, dunkelgrünen Blättchen umgeben sind. Im Sommer sehr schmale, trichterförmige, orangerote Blüten in lockeren, endständigen Ähren. H. 10–20, Br. 15 cm.

***Helianthemum* 'Fire Dragon'**
(Sonnenröschen)
Immergrüner, breitwüchsiger Strauch mit flachschaligen, orange-scharlachfarbenen Blüten im Spätfrühling und Sommer. Blätter linear und graugrün. H. 25–30, Br. 45 cm.

Armeria pseudarmeria 'Bees Ruby'
Helianthemum 'Ben Hope'
Päonien, Pfingstrosen, S. 198–199
Phyllodoce × intermedia 'Fred Stoker'
Primeln, S. 230–231
Zauschneria californica
Zauschneria cana

ROT

***Zauschneria californica* 'Glasnevin'**
(Weidenröschen)
Horstbildende, sommergrüne Staude mit lanzettlichen, leuchtend-tiefgrünen Blättern. Von Spätsommer bis Frühherbst erscheinen in endständigen Dolden röhrenförmige, tieforange-scharlachfarbene Blüten. H. 30, Br. 35 cm.

Punica granatum* var. *nana
(Granatapfel)
Langsamwachsender, sommergrüner, rundlicher Strauch, der im Sommer röhrenförmige, rote Blüten mit leicht gerollten Blättern hervorbringt. Später kleine, rundliche, orangefarbene Früchte. H. und Br. 30–90 cm.

Delphinium nudicaule
(Rittersporn)
Kurzlebige Staude mit aufrechten Trieben und tiefeingeschnittenen, grundständigen Blättern. Im Sommer Ähren mit behelmten, roten oder gelegentlich gelben Blüten, die kontrastierende Staubgefäße haben. H. 20, Br. 5–10 cm.

VIOLETT

Calceolaria arachnoidea
(Pantoffelblumenart)
Horstbildende Staude mit grundständiger Rosette aus rundlichen, weißfilzigen Blättern. Die aufrechten Triebe bringen im Sommer Rispen aus vielen pantoffelförmigen, lila Blüten hervor. Am besten als Zweijährige ziehen. H. 25, Br. 12 cm.

Penstemon serrulatus*, syn. *P. diffusus
(Bartfaden)
Halbimmergrüner Halbstrauch, der in rauhen Lagen sommergrün ist und kleine, elliptische, dunkelgrüne Blätter hat. Röhrenförmige, blaue bis violette Blüten in Ähren im Sommer. Der Boden darf nicht zu trocken sein. H. 60, Br. 30 cm.

Erigeron alpinus
(Alpen-Feinstrahlaster)
Horstbildende Staude von unterschiedlicher Form mit im Sommer margeritenähnlichen, rosa Blütenköpfchen an aufrechten Stengeln. Blätter lang, oval, behaart. Gut für sonnige Ränder, Hochbeete und Felspartien. H. 25, Br. 20 cm.

Erodium petraeum* ssp. *crispum
(Reiherschnabel)
Horstbildende Staude mit flachschaligen, rosa Blüten. Sie erscheinen violettrot geadert und gezeichnet auf straffen Stielen im Spätfrühling und Sommer. Das Laub grau, gerunzelt, tief eingeschnitten. H. 15–20, Br. 20 cm oder mehr.

Scabiosa lucida
(Witwenblume)
Horstbildende Staude mit Büscheln aus ovalen Blättern und rundlichen, blaßvioletten oder tiefmalvenfarbenen Blüten an aufrechten Stengeln im Sommer. H. 20, Br. 15 cm.

Semiaquilegia ecalcarata
(Scheinakelei)
Kurzlebige, aufrechte Staude mit schmalen, gelappten Blättern. Im Sommer trägt jeder dünne Trieb mehrere nickende, offene, mattrosa bis violette, ungespornte Blütenglocken. H. 20, Br. 6 cm.

Cytisus purpureus
Geranium procurrens
Iris, Schwertlilien, S. 196–197
Oxalis hirta
Päonien, Pfingstrosen, S. 198–199
Scabiosa graminifolia

Hohe Steingartenpflanzen MIT INTERESSANTEM SOMMERASPEKT

VIOLETT-BLAU

Parahebe catarractae
Immergrüner Halbstrauch mit ovalen, gezähnten, mittelgrünen Blättern. Im Sommer lockere Rispen aus kleinen, offenen, röhrenartigen, weißen Blüten mit ringförmigen Verfärbungen und rosalila Adern. H. und Br. 30 cm.

Campanula barbata
(Bärtige Glockenblume)
Immergrüne Staude mit grundständiger Rosette aus ovalen, behaarten, graugrünen Blättern. Im Sommer erscheinen einseitige Ähren aus weißen bis lavendelblauen Blütenglocken. Kurzlebig, sät sich jedoch leicht aus. H. 20, Br. 12 cm.

Sisyrinchium graminoides
(Binsenlilie)
Aufrechte Staude mit grasartigen Blattbüscheln. Die kleinen, aufwärtsgerichteten, irisähnlichen, purpurblauen Blüten mit gelbem Grund stehen in endständigen Büscheln im Spätfrühling und Frühsommer zusammen. H. bis 30, Br. 8 cm.

Phlox divaricata* ssp. *laphamii
(Polsterphlox)
Halbimmergrüne, kriechende Staude mit ovalen Blättern und aufrechten Trieben, die im Sommer in lockeren Dolden flachschalige, blaß- bis tiefviolettblaue Blüten hervorbringt. H. 30 cm oder mehr, Br. 20 cm.

Lithodora oleifolia
(Steinsame)
Immergrüner Strauch mit ovalen, zugespitzten, seidigen, mittelgrünen Blättern. Die gebogenen Triebe tragen ab Frühsommer lockere Rispen aus zahlreichen kleinen, röhrenförmigen, hellblauen Blüten. H. 15–20, Br. bis 100 cm.

Wulfenia amherstiana
Immergrüne Staude mit Rosetten aus schmalen, löffelförmigen, gezähnten Blättern. An aufrechten Trieben stehen im Sommer lockere Dolden aus kleinen, röhrenförmigen, purpur bis rosalila Blüten. H. 15–30, Br. bis 30 cm.

***Phlox* 'Chatahoochee'**
(Polsterphlox)
Kurzlebige, horstbildende Staude mit schalenförmigen, rotäugigen, leuchtend-lavendelfarbenen Blüten, die im Sommer und Herbst blühen. Blätter schmal, zugespitzt, in der Jugend purpurrot. H. 15–20, Br. 30 cm.

Convolvulus sabatius*, syn. *C. mauritanicus (Winde)
Kriechende Staude mit dünnen, von kleinen ovalen Blättern umschlossenen Trieben und offenen, trompetenförmigen, purpurblauen Blüten im Sommer und Frühherbst. Winterschutz in Felspartien und kalten Lagen. H. 15–20, Br. 30 cm.

Linum perenne
(Lein, Flachs)
Aufrechte Staude mit schlanken Trieben, die von grasähnlichen Blättern umgeben sind. Offene, röhrenförmige, reinblaue Blüten in endständigen Dolden, die während des Sommers nach und nach erscheinen. H. 30, Br. bis 15 cm.

Aster alpinus, S. 321
Carmichaelia enysii
Nelken, S. 238–239
Deinanthe caerulea
Dracocephalum ruyschianum
Erinacea anthyllis, S. 288
Erysimum linifolium
Horminum pyrenaicum
Iris, Schwertlilien, S. 196–197
Moltkia petraea
Penstemon hirsutus
Penstemon procerus
Phlox divaricata
Satureja montana
Viola cornuta, S. 289
Wulfenia carinthiaca

Veronica prostrata
(Ehrenpreis)
Dichte, rasenbildende Staude mit aufrechten Ähren aus kleinen, schalenförmigen, leuchtendblauen Blüten. Frühsommerblüher. Laub schmaloval, gezähnt. H. 30 cm, Br. Ausläufer treibend.

Moltkia suffruticosa
Sommergrüner, aufrechter Halbstrauch, der im Sommer Büschel aus röhrenförmigen, rosa Knospen und leuchtendblauen Blüten hervorbringt, die an behaarten Trieben erscheinen. Blätter lang, zugespitzt, behaart. H. 15–40, Br. 30 cm.

***Veronica prostrata* 'Trehane'**
(Ehrenpreis)
Dichte, rasenbildende Staude mit aufrechten Ähren aus kleinen, schalenförmigen, violettblauen Blüten, die im Frühsommer über den schmalen, gezähnten, gelblichgrünen Blättern erscheinen. H. in Blüte 15 cm, Br. Ausläufer treibend.

***Veronica prostrata* 'Kapitan'**
(Ehrenpreis)
Dichte, mattenbildende Staude mit aufrechten Ähren aus kleinen, schalenförmigen, leuchtend-tiefblauen Blüten im Frühsommer. Laub schmaloval, gezähnt. H. 30 cm, Br. Ausläufer treibend.

Mertensia echioides
Horstbildende Staude mit grundständigen Rosetten aus langovalen, behaarten, blaugrünen Blättern. Im Sommer erscheinen auf dünnen Stengeln viele offene, röhrenförmige, dunkelblaue Blüten. H. 15–25, Br. 15 cm.

Phyteuma scheuchzeri
(Teufelskralle)
Büschelige Staude mit schmalen, dunkelgrünen Blättern und endständigen Köpfchen aus spitzigen, blauen Blüten, die im Sommer erscheinen. Sät sich selbst aus. Vor Winterfeuchte schützen. H. 15–20, Br. 10 cm.

Symphyandra wanneri
Horstbildende Staude mit verzweigten Trieben und behaarten, ovalen Blättern. Im Sommer nickende, blaue bis violettblaue Glockenblüten in lockeren, endständigen Ähren. H. 15–25, Br. 25 cm.

***Lithodora diffusa* 'Heavenly Blue'**
(Steinsame)
Immergrüner Strauch mit kriechenden Trieben und zugespitzten, behaarten Blättern. Im Sommer zahlreiche röhrenförmige, tiefblaue Blüten in den Blattachseln. Triebe nach der Blüte stark zurückschneiden. H. 15–30, Br. bis 45 cm.

Aphyllanthes monspeliensis
Ceratostigma plumbaginoides, S. 300
Delphinium tatsienense
Gentiana septemfida, S. 300

Iris, Schwertlilien, S. 196–197
Lithodora diffusa 'Grace Ward'
Lithodora zahnii
Moltkia × intermedia

Omphalodes cappadocica, S. 289
Penstemon heterophyllus 'True Blue'
Rosmarinus officinalis 'Prostratus'
Symphyandra armena

Veronica austriaca ssp. *teucrium* 'Royal Blue'
Veronica pectinata
Veronica prostrata 'Spode Blue'

Hohe Steingartenpflanzen MIT INTERESSANTEM SOMMERASPEKT

BLAU-GELB

Veronica austriaca* ssp. *teucrium
(Ehrenpreis)
Breitwüchsige Staude mit schmalen Blütenähren aus kleinen, flachen, nach außen gerichteten, leuchtendblauen Blüten. Sommerblüher. Blätter klein, geteilt, behaart und graugrün. H. und Br. 25–60 cm.

Erodium chrysanthum
Polsterstaude, die wegen der dichten, silbernen Triebe und der filigranen Blätter gezogen wird. Kleine Rispen aus schalenförmigen, schwefel- oder cremegelben Blüten. H. und Br. 25 cm.

***Hypericum olympicum* 'Citrinum'**
(Johanniskraut)
Sommergrüner, dichter, rundlicher Halbstrauch mit büscheligen, aufrechten Trieben, die von kleinen, ovalen, graugrünen Blättern umgeben sind. Im Sommer zitronengelbe Blüten in endständigen Büscheln. H. und Br. 15–30 cm.

GELB

***Verbascum* 'Letitia'**
(Königskerze)
Immergrüner, steiftriebiger Strauch mit gezähnten, grauen Blättern. Die Blüten, vom Spätfrühling bis Herbst, schalenförmig, leuchtendgelb, mit rötlichoranger Mitte. Vor Winterfeuchte schützen. Alpinenhaus. H. und Br. 25 cm.

***Helianthemum* 'Wisley Primrose'**
(Sonnenröschen)
Raschwachsende, dichte, immergrüne Staude mit flachschaligen, weichen, blaßgelben Blüten. Sommerblüher. Längliche, graugrüne Blätter. H. 25 cm, Br. 30 cm oder mehr.

Linum arboreum
(Lein)
Immergrüner, dichter Strauch mit blaugrünen Blättern. Den Sommer über laufend röhrenförmige, leuchtendgelbe Blüten, die sich bei sonnigem Wetter öffnen und in endständigen Büscheln zusammenstehen. H. und Br. 30 cm.

Othonnopsis cheirifolia
Immergrüner Strauch mit schmalen, etwas fleischigen, grauen Blättern. Im Frühsommer erscheinen die gelben, margeritenähnlichen Korbblüten einzeln an aufrechten Stielen. Benötigt warmen, geschützten Stand. H. 20–30, Br. 30 cm oder mehr.

Euryops acraeus*, syn. *E. evansii
Immergrüner, rundbuschiger Strauch mit Trieben, die von gezähnten, silberblauen Blättern umgeben sind. Die Blüten einzelnstehend, margeritenähnlich, mit leuchtendgelben Köpfchen im Spätfrühling und Frühsommer. H. und Br. 30 cm.

Eriogonum umbellatum
(Wollknöterich)
Flach bis aufrecht wachsende Staude mit Rasen aus grünen, unterseits weißwolligen Blättern. Im Sommer winzige, gelbe Blütenköpfchen, die später kupferfarben werden. Auch Zwergformen erhältlich. H. 8–30, Br. 15–30 cm.

Helianthemum 'Jubilee'
Funkien, S. 244
Lomatium nudicaule
Meum athamanticum

Anthyllis hermanniae
Arnebia pulchra
Arnica montana
Aurinia saxatilis 'Citrina', S. 289

Cheiranthus 'Harpur Crewe', S. 290
Chiastophyllum oppositifolium, S. 289
Corydalis nobilis

Craspedia incana
Cremanthodium reniforme
Cytisus × beanii, S. 289
Euryops pectinatus, S. 138

GELB

Corydalis lutea
(Gelber Lerchensporn)
Immergrüne, horstbildende Staude mit fleischigen Faserwurzeln und halb aufrechten, grundständigen Blättern. Die kurzgespornten, gelben Blüten stehen im Spätfrühling und Sommer in dichten Ähren zusammen. H. und Br. 20–30 cm.

Chrysogonum virginianum
Teppichbildende Staude mit strahligen, gelben Korbblüten, die von Sommer bis Herbst an kurzen Stielen erscheinen. Blätter oval, gezähnt, mittelgrün. Die Pflanze breitet sich durch unterirdische Ausläufer aus. Nicht wuchernd. H. 15–20, Br. 10–15 cm oder mehr.

GELB-ORANGE

Ononis natrix
(Hauhechel)
Sommergrüner, dichter, aufrechter Strauch mit rotgestreiften, gelben Schmetterlingsblüten, die im Sommer in dichten Büscheln erscheinen. Blätter behaart und in 3 Blättchen unterteilt. H. und Br. 30 cm oder mehr.

Verbascum dumulosum
(Königskerzenart)
Teppichbildende, strauchige Staude mit behaarten, graugrünen Blättern, die im Frühsommer laufend schalenförmige, leuchtendgelbe Blüten in gedrungenen Ähren hervorbringen. Schutz vor Winterfeuchte. H. 15, Br. 25–30 cm oder mehr.

Sedum reflexum
(Blautannensedum, Tripmadam)
Immergrüne Staude mit lockeren Rasen aus sich bewurzelnden Trieben mit nadelartigen, fleischigen Blättern. Blüten klein, leuchtendgelb, im Sommer in endständigen Köpfchen. Guter Bodendecker. H. 15–20 cm, Br. Ausläufer treibend.

Genista lydia
(Ginsterart)
Sommergrüner, rundbuschiger Strauch mit überhängenden Zweigen und blaugrünen Blättern. Zahlreiche endständige, leuchtendgelbe Büschel aus Schmetterlingsblüten ab Frühsommer. Für Felspartien und Mauern. H. 45–60, Br. 60 cm.

Ranunculus gramineus
(Hahnenfußart)
Aufrechte, schlanke Staude mit grasähnlichen Blättern. Im Spätfrühling und Frühsommer zahlreiche schalenförmige, leuchtendgelbe Blüten. Liebt nahrhaften Boden. Sämlinge variieren in Höhe und Umfang. H. 40–50, Br. 8–10 cm.

Crepis aurea
(Pippau)
Horstbildende Staude mit grundständigen Blattrosetten aus länglichen, leuchtendgrünen Blättern. Im Sommer einzelnstehende, löwenzahnähnliche, orangefarbene Blütenköpfchen. Stengel schwarz oder weiß behaart. H. 10–30, Br. 15 cm.

Genista pilosa
Helianthemum 'Golden Queen'
Funkien, S. 244
Hypericum balearicum
Hypericum coris
Hypericum olympicum
Iris, Schwertlilien, S. 196–197
Linum flavum
Päonien, Pfingstrosen, S. 198–199
Primeln, S. 230–231
Tanacetum haradjanii
Helianthemum 'Ben Nevis'
Iris, Schwertlilien, S. 196–197
Primeln, S. 230–231

Hohe Steingartenpflanzen

WEISS-BLAU MIT HERBSTASPEKT

Gaultheria cuneata
(Scheinbeere)
Immergrüner, dichter Strauch mit steifen Trieben, die mit ledrigen, ovalen Blättern bedeckt sind. Im Sommer nickende, rundliche, weiße Blüten in den Blattachseln. Weiße Beeren im Herbst. H. und Br. 30 cm.

Ceratostigma plumbaginoides
(Bleiwurz)
Buschige Staude mit kleinen, endständigen Büscheln aus einzelnen, leuchtendblauen Blüten auf rötlichen, verzweigten Trieben im Spätsommer und Herbst. Die ovalen Blätter färben sich im Herbst kräftig rot. H. 45, Br. 20 cm.

Sorbus reducta
(Ebereschenart)
Sommergrüner Strauch, der ein niedriges Gebüsch aus aufrechten Zweigen bildet. Die kleinen Blätter sind gefiedert. Sie färben sich im Herbst bronzerot. Im Frühsommer Trugdolden aus weißen Blüten, später rosa Beeren. H. und Br. 30 cm.

Gentiana septemfida
(Enzianart)
Immergrüne Staude mit aufrechten, später niederliegenden Trieben mit ovalen Blättchen. Die trompetenförmigen, blauen Blüten erscheinen im Sommer und Herbst in endständigen Büscheln. Liebt humusreichen Boden. H. 20, Br. 30 cm.

WEITERE EMPFOHLENE PFLANZEN:
Chrysanthemum hosmariense, S. 286
Chrysogonum virginianum, S. 299
Convolvulus sabatius, S. 296
Diascia rigescens, S. 293
Gaultheria miqueliana
Pernettya prostrata ssp. *pentlandii*
Polygonum affine 'Darjeeling Red'

Hohe Steingartenpflanzen

WEISS-GRAU MIT WINTER- UND GANZJAHRESASPEKT

Ranunculus calandrinioides
(Hahnenfußart)
Horstbildende, Staude, die ihre langen, ovalen, grauen Blätter im Sommer verliert. In normalen Wintern erscheinen die schalenförmigen, rosagetönten, weißen Blüten viele Wochen hindurch. Drainierter Boden ist wichtig. H. und Br. 20 cm.

Cyathodes colensoi
Schwachwachsender, immergrüner Strauch mit straffen Trieben, die mit winzigen, graugrünen Blättern bedeckt sind. Die trichterförmigen, weißen Blüten stehen im Frühling in Dolden an den Enden der neuen Triebe. Rote oder weiße Beeren im Spätsommer. H. und Br. 30 cm.

Celmisia coriacea
Sommergrüne Staude mit schwertförmigen, silbernen Blättern, die in dichten Büscheln zusammenstehen. Margeritenähnliche Korbblüten im Sommer. Sie stehen einzeln auf behaarten Stengeln. H. und Br. 30 cm.

Tanacetum argenteum*, syn. *Achillea argentea (Silbergarbe)
Mattenbildende Staude, meist immergrün, die wegen ihres feingeschnittenen, leuchtenden, silbrigen Laubes gezogen wird. Die vielen, kleinen, margeritenähnlichen Korbblüten erscheinen im Sommer. H. in Blüte 15–25, Br. 20 cm.

WEITERE EMPFOHLENE PFLANZEN:
Eriogonum crocatum
Eriogonum ovalifolium
Euonymus fortunei 'Emerald Gaiety'
Polygonum affine

GRAU-GRÜN

Tanacetum densum* ssp. *amani
(Rainfarn)
Horstbildende Staude mit farnähnlichen, behaarten, grauen Blättern, in milden Klimazonen auch wintergrün. Gelbe Blütenköpfchen mit wolligen Brakteen im Sommer. Vor Winterfeuchte schützen. H. und Br. 20 cm.

Helichrysum coralloides
(Strohblume)
Immergrüner, aufrechter Strauch mit grauen Trieben, die von zarten, silbriggezeichneten Blättchen umgeben sind. Gelegentlich endständige Büschel aus gelben Köpfchen. Kalter Kasten oder Alpinenhaus. H. 15–25, Br. 15 cm.

Salix × boydii
(Zwergweide)
Sehr langsam wachsender, sommergrüner, aufrechter Strauch, der einen knorrigen, verzweigten Busch bildet. Blätter oval, rauh strukturiert. Kätzchen selten. Verträgt leichten Schatten. H. 15–25, Br. bis 30 cm.

***Hebe cupressoides* 'Boughton Dome'**
Langsamwachsende, immergrüne, halbkugelförmige Staude mit stengelumfassenden, schuppenförmigen, graugrünen Blättern. Im Sommer endständige Dolden aus kleinen, vierblättrigen, blaugetönten, weißen Blüten. H. 30, Br. bis 60 cm.

Helichrysum selago
(Strohblume)
Immergrüne, aufrechte Staude mit straffen Stengeln, die schuppenförmig belaubt sind. Die flaumigen, weißen Blütenköpfchen erscheinen laufend und in endständigen Dolden. Guter Untergrund für Frühlingszwiebeln. H. und Br. 15–25 cm.

Ballota pseudodictamnus
(Gottvergeß)
Immergrüner, kissenbildender Halbstrauch mit rundlichen, graugrünen Blättern und wollig behaarten Stengeln. Im Sommer quirlständige, kleine, rosa Blüten mit außergewöhnlich langen, blaßgrünen Kelchen. H. 60, Br. 90 cm.

Arctostaphylos 'Emerald Carpet', S. 124
Buxus microphylla 'Green Pillow', S. 144
Euonymus fortunei 'Gold Tip'
Myrsine africana
Pachysandra axillaris
Paxistima canbyi
Rubus tricolor

WEISS MIT FRÜHLINGSASPEKT

Cerastium tomentosum
(Hornkraut)
Raschwüchsiger Bodendecker, nur geeignet für warme Trockenmauern. Die kriechenden Triebe sind von winzigen, graugrünen Blättern bedeckt. Im Spätfrühling und Sommer weiße sternförmige Blüten über dem Laub. H. 8 cm, Br. wuchernd.

Androsace pyrenaica
(Mannsschildart)
Immergrüne Staude mit kleinen Rosetten aus winzigen, behaarten Blättern, die in festen Kissen zusammenstehen. Die winzigen, stengellosen, weißen Einzelblüten erscheinen im Frühling. H. 4, Br. bis 10 cm.

Arenaria tetraquetra
(Sandkraut)
Immergrüne Staude, die ein festes, graugrünes Kissen aus kleinen Blättchen bildet. Stengellose, sternförmige, weiße Blüten im Spätfrühling. Gut geeignet für Tröge oder Alpinenhaus. H. 2,5, Br. 15 cm oder mehr.

WEITERE EMPFOHLENE PFLANZEN:
Androsace hirtella
Arabis ferdinandi-coburgii 'Variegata', S. 328
Cassiope wardii
Claytonia megarhiza
Celmisia ramulosa, S. 314
Clintonia uniflora
Cornus canadensis, S. 314

Niedrige Steingartenpflanzen MIT INTERESSANTEM FRÜHLINGSASPEKT

☐ WEISS

***Arabis caucasica* 'Variegata'**
(Buntblättrige Gänsekresse)
Immergrüne, mattenbildende Staude mit Rosetten aus ovalen, cremefarben gerandeten, mittelgrünen Blättern. Im Vorfrühling und Sommer Büschel aus einzelnstehenden, bisweilen rosagetönten, weißen Blüten. H. und Br. 15 cm.

Cardamine trifolia
(Schaumkraut)
Bodendeckende Staude mit kriechenden Trieben, die mit rundlichen, gezähnten, dreiteiligen Blättern bedeckt sind. Im Frühsommer lockere Blütenköpfchen aus schalenförmigen, weißen Blüten auf kahlen Stengeln. H. 10–15, Br. 30 cm.

Saxifraga scardica
(Steinbrechart)
Langsamwachsende, immergrüne Staude mit festen Kissen aus blaugrünen Blattrosetten. Im Frühling kleine Büschel aus aufwärtsgerichteten, schalenförmigen, weißen Blüten. Für Alpinenhaus oder geschützte Stellen. H. 2,5, Br. 8 cm.

Arenaria balearica
(Sandkraut)
Flachwachsende Staude, in strengen Wintern nicht immergrün. Bildet grüne Matten über feuchte, lockere Felspartien. Winzige, weiße Blüten bedecken den Laubteppich im Spätfrühling und Frühsommer. H. unter 1 cm, Br. wuchernd.

Androsace vandellii
(Mannsschild)
Immergrüne, dichte Kissen bildende Staude mit schmalen, grauen Blättern und einer Fülle von rundlichen, stengellosen, weißen Blüten im Frühling. Kultur schwierig. Liebt tiefreichendes Geröll unter dem Polster. H. 2,5, Br. bis 10 cm.

pH

Weldenia candida
Staude mit Rosetten aus streifenförmigen Blättern mit welligem Rand und Wurzelknollen. Nacheinander erscheinen aufrechte, schalenförmige, reinweiße Blüten im Spätfrühling und Frühsommer. H. und Br. 8–15 cm.

Dicentra cucullaria
(Tränendes Herz)
Dichte Staude mit farnähnlichem Laub und gebogenen Stengeln mit wenigen, kleinen, gelbgestippten, weißen Blüten, die im Frühling erscheinen. Vegetationsruhe im Sommer. H. 15, Br. bis 30 cm.

Narzissen, S. 348–349
Epigaea asiatica
Haberlea rhodopensis 'Virginalis', S. 313
Iberis saxatilis, S. 314
Iris, Schwertlilien, S. 196–197
Leontopodium stracheyi
Lewisia rediviva [weiße Form], S. 313
Ourisia caespitosa, S. 314
Pieris nana
Pratia angulata
Primeln, S. 230–231
Saxifraga burseriana 'Crenata'
Saxifraga burseriana 'Gloria'
Silene alpestris, S. 313
Tanakaea radicans
Thlaspi alpinum

Maianthemum canadense
(Vielblütige Maiblume)
Starkwüchsige, bodendeckende, rhizombildende Pflanze mit ovalen, glänzenden Blättern mit gewelltem Rand. Ähren aus kleinen, weißen Blüten im Frühsommer an kleinen, dünnen Stengeln, später rote Beeren. H. 10 cm, Br. Ausläufer treibend.

Sanguinaria canadensis
(Blutwurz)
Staude mit fleischigen, unterirdischen Trieben. Im Frühling weiße, bisweilen rosa oder schieferblaue, auf der Rückseite getönte Blüten, wenn sich die grauen Blätter entfalten. H. 10–15, Br. 30 cm.

Ranunculus alpestris
(Alpenhahnenfuß)
Kurzlebige, immergrüne, kissenbildende Staude mit schalenförmigen, weißen Blüten an aufrechten Stengeln, die von Spätfrühling bis Sommer erscheinen. Die Blätter sind glänzend dunkelgrün, rundlich, gesägt. H. 2,5–10, Br. 10 cm.

Cassiope lycopodioides
(Schuppenheide)
Immergrüner, mattenbildender Strauch mit schlanken Trieben und schuppenförmigen Blättern. Im Frühling tragen die rötlichen Triebe winzige, glockenförmige, weiße Blüten mit roten Kelchen einzeln in den Blattachseln. H. 8, Br. 30 cm.

Saxifraga burseriana
(Steinbrechart)
Langsamwachsende, immergrüne Staude mit harten Polstern aus stacheligen, graugrünen Blättern. Im Frühling offene, schalenförmige, weiße Blüten an kurzen Stengeln. H. 2,5–5, Br. bis 10 cm.

Pulsatilla vernalis
(Frühlingsanemone)
Rosettenbildende Staude mit fedrigen Blättern. Die behaarten, braunen Blütenknospen erscheinen im Vorfrühling und öffnen sich zu nickenden, schalenförmigen, perlweißen Blüten. Vor Winterfeuchte schützen. H. 5–10, Br. 10 cm.

***Ranunculus ficaria* 'Albus'**
(Weißblühendes Scharbockskraut)
Mattenbildende Staude mit schalenförmigen, einzelnstehenden, cremeweißen, glänzenden Blüten. Blätter herzförmig, dunkelgrün. Kann wuchern. Gut für Naturgärten. H. 5, Br. 20 cm.

Androsace villosa
(Mannsschild)
Immergrüne, mattenbildende Staude mit Rosetten aus behaarten, winzigen Blättchen. Im Frühling Dolden aus kleinen, weißen Blüten mit gelber Mitte, die sich rot färbt. H. 2,5, Br. 20 cm.

Salix apoda
(Kriechweide)
Sommergrüner, flachwüchsiger Strauch. Im Frühling an den männlichen Formen dicke, silbrige Kätzchen mit gelben Staubgefäßen. Die ledrigen Blätter sind im Austrieb behaart, werden später dunkelgrün. H. 15, Br. 30–60 cm.

Androsace chamaejasme
Androsace cylindrica
Callianthemum coriandrifolium
Narzissen, S. 348–349

Dodecatheon dentatum

Niedrige Steingartenpflanzen MIT INTERESSANTEM FRÜHLINGSASPEKT

WEISS-ROSA

Cassiope mertensiana
(Schuppenheide)
Immergrüner Zwergstrauch mit schuppigen, dunkelgrünen Blättern, die dicht an den Trieben anliegen. Im Vorfrühling glockenförmige, cremeweiße Blüten mit grünen oder roten Kelchen in den Blattachseln. H. 15, Br. 20 cm.

pH

Scoliopus bigelovii
Dichte Staude mit grundständigen Paaren aus geaderten, stumpfgrünen Blättern, die auch braun getönt sind. Im Vorfrühling in Büscheln die aufwärtsgerichteten dunkellila geaderten Blüten mit violetten inneren und grünlichweißen äußeren Blättern. H. 8–10, Br. 10–15 cm.

Gypsophila cerastioides
(Schleierkraut)
Flachwachsende Staude mit einer Fülle von kleinen, schalenförmigen, purpurgeaderten, weißen Blüten, die im Spätfrühling und Frühsommer über den Teppichen aus rundlichen, samtigen Blättern erscheinen. H. 2, Br. bis 10 cm oder mehr.

Paraquilegia grandiflora
Dichte Staude mit farnähnlichen, blaugrünen Blättern, die im Frühling blaßlavendelfarbene bis blaue Knospen zu nikkenden, meist weißen, schalenförmigen Blüten öffnet. Diese erscheinen einzeln an gebogenen Stielen. Kultur schwierig. H. und Br. 10–15 cm.

Corydalis popovii
(Lerchenspornart)
Knollenstaude mit drei- bis sechsfach geteilten, bläulichgrünen Blättchen. Im Frühling lockere Ähren mit dunkelrotvioletten und weißen, langgespornten Blüten. Während der Wachstumsruhe trokken halten. H. und Br. 10–15 cm.

Cotula atrata* var. *luteola
(Fiederpolster)
Immergrüne, rasenbildende Staude mit winzigen, schwarzroten Blüten mit blaßgelben Staubfäden im Frühsommer. Blätter schmal, fein gefiedert, dunkelgrün. Benötigt ausreichend Feuchtigkeit. Alpinenhaus. H. 2,5, Br. bis 25 cm.

Anemonella thalictroides
Staude mit feinen, farnähnlichen Blättern, die sich aus einem Büschel feiner Röhren entwickeln. Von Frühling bis Frühsommer erscheinen kleine, schalenförmige, weiße oder rosa Blüten einzeln oder an feinverzweigten Stengeln. Liebt humusreichen Boden. H. 10, Br. 4 cm.

Lewisia tweedyi
(Lewisie)
Immergrüne Rosettenstaude mit großen, fleischigen Blättern und kurzen, verzweigten Stengeln, die im Frühling die offenen, schalenförmigen, vielblättrigen, weißen bis rosa Blüten tragen. Alpinenhaus. H. 15, Br. 12–15 cm.

pH

Shortia galacifolia
Grüne, horstbildende Zwergstaude mit rundlichen, gezähnten, ledrigen, glänzenden Blättern. Im Spätfrühling schalen- bis trompetenförmige, oft rosagetönte, weiße Blüten mit tiefgesägten Petalen. H. bis 15, Br. 15–25 cm. Winterschutz nötig.

pH

Daphne jasminea
(Seidelbastart)
Immergrüner Strauch mit kleinen, weißen, rosagetönten Blüten, die im Frühsommer und abermals im Herbst erscheinen. Die spröden Stengel sind graugrün beblättert. Alpinenhaus oder Trockenmauer. H. 8–10, Br. bis 30 cm.

Epigaea gaultherioides
Immergrüner, flachwachsender Halbstrauch mit schalenförmigen, muschelrosa Blüten, die im Frühling in endständigen Büscheln erscheinen. Herzförmige dunkelgrüne Blätter umgeben die behaarten Stengel. Kultur und Vermehrung schwierig. H. 15, Br. bis 25 cm oder mehr.

pH

Antennaria dioica
Arctostaphylos uva-ursi 'Point Reyes', S. 328
Claytonia virginica
Dryas octopetala, S. 315
Epigaea repens
Hypsela reniformis
Kelseya uniflora
Ranunculus glacialis
Shortia uniflora 'Grandiflora'

Trillium rivale
(Dreiblatt)
Staude mit ovalen, dreigeteilten Blättern. Im Frühling schalenförmige, weiße oder blaßrosa, dunkelgefleckte Blüten mit herzförmigen Blättern einzeln an aufrechten, später gebogenen Stengeln. H. bis 15, Br. 10 cm.

***Saxifraga* 'Jenkinsiae'**
(Steinbrech)
Langsamwachsende Staude mit sehr dichten, graugrünen Blattpolstern. Im Vorfrühling an dünnen Stengeln zahlreiche offene, schalenförmige, lilarosa Blüten. H. 8–10, Br. bis 15 cm.

Androsace carnea
(Mannsschild)
Immergrüne, kissenbildende Staude mit schmalen Rosetten aus zugespitzten Blättern. Aus jeder Rosette wachsen zwei oder mehr Stengel und tragen winzige, einzelne, rosa Blüten im Frühling. Für Tröge geeignet. H. und Br. 5 cm.

Thlaspi rotundifolium
(Täschelkraut)
Kissenbildende Staude mit dichten Büscheln aus runden Blättern. Köpfchen aus kleinen, offenen, schalenförmigen, purpurfarbenen oder lilarosa Blüten im Frühling. Benötigt Feuchtigkeit und kühlen Stand. H. 5–8, Br. 10 cm.

Arenaria purpurascens
(Sandkraut)
Immergrüne, teppichbildende Staude mit scharfzugespitzten, glänzenden Blättern, über die sich im Vorfrühling kleine Büschel aus sternförmigen, blassen bis tiefviolettrosa Blüten erheben. H. 1, Br. bis 15 cm.

Oxalis acetosella* f. *rosea
(Sauerklee)
Kriechende, rhizombildende Staude, die Matten aus dreizähligen Blättern bildet. Die schalenförmigen, blaßrosa Blüten (∅ 1 cm) mit 5 dunkler geaderten Blütenblättchen erscheinen im Frühling. H. 5 cm, Br. Ausläufer treibend.

Armeria juniperifolia
(Grasnelke)
Immergrüne, kissenbildende Staude, die aus lockeren Rosetten von scharfzugespitzten, mittel- bis graugrünen Blättern besteht. Die blaßrosa Blüten stehen im Spätfrühling und Frühsommer in Köpfchen zusammen. H. 5–8, Br. 15 cm.

Silene acaulis
(Leimkraut)
Immergrüne, polsterbildende Staude mit winzigen, leuchtendgrünen Blättern zwischen kleinen, stengellosen, rosa Blüten im Frühling. Nicht einfach zur Blüte zu bringen. Liebt kühles Klima. H. 2,5, Br. 15 cm.

***Arabis caucasica* 'Rosabella'**
(Gamskresse, Gänsekresse)
Immergrüne, teppichbildende Staude mit großen Rosetten aus kleinen, ovalen, weichen, grünen Blättern. Viele einzelnstehende, tiefrosa Blüten im Frühling und Frühsommer. H. 15, Br. 30 cm.

Aethionema 'Warley Rose', S. 316
Androsace hedraeantha
Armeria maritima
Dicentra peregrina
Erodium corsicum, S. 316
Ourisia microphylla, S. 316
× *Phyllothamnus erectus*
Primeln, S. 230–231
Rhodohypoxis baurii 'Margaret Rose', S. 316

Niedrige Steingartenpflanzen MIT INTERESSANTEM FRÜHLINGSASPEKT

ROSA

Oxalis adenophylla
(Sauerklee)
Teppichbildende, mit Faserwurzeln ausgestattete Pflanze. Graugrüne Blätter, die in schmale, fingerähnliche, gewellte Lappen geteilt sind. Im Frühling rundliche, lilarosa Blüten mit dunkelviolettem Auge (∅ 2,5–4 cm). H. bis 5, Br. 8–10 cm.

Shortia soldanelloides
Teppichbildende Staude mit rundlichen, gezähnten Blättern und kleinen, nickenden, gefransten, tiefrosa Blütenglocken im Spätfrühling. H. 5–10, Br. 10–15 cm.

Erinus alpinus
(Alpenbalsam)
Kurzlebige Staude mit Rosetten aus weichen, mittelgrünen Blättern, die im Spätfrühling und Frühsommer mit kleinen, rosa, weißen oder lilafarbenen Blüten bedeckt sind. Starke Vermehrung durch Aussaat. H. und Br. 5–8 cm.

***Antennaria dioica* 'Rosea'**
(Katzenpfötchen)
Halbimmergrüne Staude, die breitwüchsige Polster aus winzigen, ovalen, wolligen Blättern bildet. Trägt flaumige, rosarote Blütenköpfchen in kleinen, endständigen Büscheln im Frühsommer. Guter Bodendecker. H. 2,5, Br. bis 40 cm.

Daphne arbuscula
(Seidelbastart)
Immergrüner, flachwachsender Strauch, der im Spätfrühling viele, starkduftende, trichterförmige, tiefrosafarbene Blüten in endständigen Büscheln hervorbringt. Laub schmal, ledrig, dunkelgrün. Liebt humusreichen Boden. H. 15, Br. 50 cm.

Saxifraga oppositifolia
(Roter Bergsteinbrech)
Immergrüne Teppich-Polsterstaude mit Kissen aus winzigen, weißgefleckten Blättern und offenen, schalenförmigen, dunkelpurpurrosa oder seltener weißen Blüten im Vorfrühling. Liebt offene Lage. H. 2,5–5, Br. 15 cm.

***Daphne petraea* 'Grandiflora'**
(Seidelbast)
Langsamwachsender, immergrüner Strauch mit endständigen Büscheln aus duftenden Blüten im Spätfrühling und winzigen, glänzenden Blättchen. Gut für Alpinenhaus und humusreichen Standort im Steingarten. H. bis 15, Br. bis 25 cm.

Claytonia megarhiza* ssp. *nivalis
Immergrüne Staude mit Grundrosette aus löffelförmigen, fleischigen Blättern und kleinen Köpfchen aus winzigen, tiefrosa Blüten im Frühling. Gedeiht am besten im Alpinenhaus in hohem Topf mit steinigem Kompost. H. 1, Br. 8 cm.

***Vaccinium vitis-idaea* 'Minus'**
(Zwergpreiselbeere)
Immergrüner, mattenbildender Halbstrauch mit winzigen, ovalen, ledrigen Blättern. Kleine rosa und rosaweiße Blüten in aufrechten Ähren im Spätfrühling. H. in Blüte 5–8, Br. 10–15 cm.

Androsace sarmentosa
Anemonella thalictroides 'Oscar Schoaf'
Antennaria dioica 'Nyewoods'
Arabis blepharophylla
Erinus alpinus 'Dr. Haenele'
Geranium cinereum 'Ballerina', S. 319
Lewisia rediviva [rosa Form], S. 319
Primeln, S. 230–231
Salix lindleyana
Saxifraga 'Cranbourne'
Saxifraga 'Irvingii'
Shortia soldanelloides var. *ilicifolia*
Shortia soldanelloides var. *magna*
Viola cazorlensis

ROSA-ROT

***Anagallis tenella* 'Studland'**
(Gauchheil)
Kurzlebige Staude, die breitwüchsige Matten aus hellgrünen Blättern bildet. Im Frühling honigduftende, sternförmige, leuchtendrosa Blüten. H. 1, Br. 15 cm oder mehr.

Androsace carnea* ssp. *laggeri
(Alpenmannsschild)
Immergrüne, kissenbildende Polsterstaude aus kleinen, dichten Rosetten mit spitzen Blättchen. Die schalenförmigen, tiefrosa Blüten stehen im Frühling in kleinen Büscheln über dem Laub. H. und Br. 5 cm.

***Corydalis solida* 'George Baker'**
(Lerchensporn)
Knollenstaude mit feingefiederten Blättern und dichten Blütenähren aus tiefrosafarbenen, gespornten Blüten im Frühling. H. und Br. 10–15 cm.

***Saxifraga grisebachii* 'Wisley Variety'**
(Steinbrechart)
Immergrüne Staude mit hügelbildenden Rosetten aus Blättern mit Kalkinkrustationen. An den bischofsstabähnlichen Stielen, die sich aus den Rosetten erheben und behaart sind, stehen im Frühling die dunkelroten Blüten. H. 10, Br. 15 cm.

Saxifraga sempervivum
(Steinbrechart)
Immergrüne, kissenbildende Staude mit dichten Rosetten aus silbergrauen Blättern. Stabförmige, silbrigbehaarte Blütenstiele tragen die Ähren aus dunkelroten Blüten im Vorfrühling. H. und Br. bis 15 cm.

Cotula atrata
(Fiederpolster)
Immergrüne, teppichbildende Staude mit kleinen, feingefiederten, graugrünen Blättern und winzigen, schwarzroten Blütenköpfchen, die im Spätfrühling und Frühsommer erscheinen. Schwierig in der Kultur. H. 2,5, Br. bis 25 cm.

Aethionema 'Warley Ruber'
Androsace sempervivoides
Armeria juniperifolia 'Bevans Variety'
Dodecatheon pulchellum
Penstemon davidsonii
Primeln, S. 230–231
Rhodohypoxis baurii 'Albrigthon', S. 320
Rhodohypoxis baurii 'Douglas', S. 320

VIOLETT

Corydalis diphylla
(Lerchensporn)
Knollenstaude mit halbaufrechten Grundblättern, die feingefiedert sind, und lockeren Dolden aus purpurfarbenen, weißgespornten Blüten. Frühlingsblüher. Knollen vor Nässe im Sommer schützen. H. 10–15, Br. 10 cm.

Polygonatum hookeri
(Salomonssiegel)
Langsamwachsende, dichte Staude mit Rhizomen und lockeren Blütenähren aus vielen kleinen, violettrosa Blütenglöckchen im Spätfrühling und Frühsommer. Blätter winzig, lanzettlich. Liebt Torfboden. H. bis 5, Br. bis 30 cm.

***Aubrieta* 'Joy'**
(Blaukissen)
Starkwüchsige, immergrüne, wuchernde Staude mit Polstern aus weichen, grünen Blättern. Im Frühling gefüllte, blaßlila Blüten an kurzen Stengeln. H. 10, Br. 20 cm.

Primeln, S. 230–231
Ramonda nathaliae
Ramonda serbica
Viola 'Haslemere', S. 321

Niedrige Steingartenpflanzen MIT INTERESSANTEM FRÜHLINGSASPEKT

■ VIOLETT

***Aubrieta deltoidea* 'Argenteo-variegata'**
(Buntblättriges Blaukissen)
Immergrüne, dichte Staude, die wegen ihrer grünen, cremeweiß gerandeten Blätter kultiviert wird. Blüten rosalila. Frühlingsblüher. H. 5, Br. 15 cm.

Mazus reptans
Flachwachsende Staude mit trichterförmigen, lila Blüten mit weißen Lippen, die rot und gelb gefleckt sind und im Frühjahr einzeln an kurzen Stengeln erscheinen. Schmale, gezähnte Blätter stehen paarweise um den Stengel. H. bis 5, Br. 30 cm oder mehr.

Soldanella villosa
(Alpenglöckchen)
Polsterbildende Staude mit rundlichen, ledrigen, behaarten Blättern und nickenden, glockenförmigen, gefransten, lavendelblauen Blüten an aufrechten Stengeln im Vorfrühling. Schutz vor Winterfeuchte. H. 10, Br. 10–15 cm.

***Aubrieta* 'Carnival'**
(Blaukissen)
Starkwüchsige, immergrüne, kissenbildende Staude mit vielen kurzen Ähren aus großen purpurvioletten Blüten, die im Frühling über den kleinen, weichen, grünen Blättern erscheinen. H. 10, Br. 30 cm.

Soldanella alpina
(Alpenglöckchen)
Polsterstaude mit Büscheln aus nierenförmigen Blättern und kurzen, gefransten, rosa, lavendel- oder purpurrosa Blütenglöckchen im Vorfrühling. In Kultur problematisch. Blüht selten. H. bis 8, Br. 8–10 cm.

Saxifraga stribrnyi
(Steinbrechart)
Immergrüne, kissenförmige Staude mit kleinen, kalkinkrustierten Blattrosetten. Im Spätfrühling und Frühsommer kastanienrote Blüten an den bischofsstabförmigen Stengeln. Sie sind mit violetten Haaren bedeckt. H. 8, Br. 10–12 cm.

***Aubrieta* 'J. S. Baker'**
(Blaukissen)
Immergrüne Staude mit purpurfarbenen Einzelblüten, die im Frühling über den Polstern aus kleinen, weichen, grünen Blättern erscheinen. H. bis 10, Br. 20 cm.

Polygala chamaebuxus* var. *grandiflora (Zwergbuchs)
Immergrüne, am Grunde verholzende Staude, die im Spätfrühling und Frühsommer in endständigen Dolden violette und gelbe Schmetterlingsblüten hervorbringt. Blätter schmaloval, ledrig, dunkelgrün. H. bis 15, Br. bis 30 cm.

Viola calcarata
(Geröll-Veilchen)
Horstbildende Staude mit ovalen Blättern und flachen, nach außen gerichteten, weißen, lavendel- oder purpurfarbenen Blüten, die vom Spätfrühling bis Sommer blühen. Liebt nahrhaften Boden. H. 10–15, Br. bis 20 cm.

Aubrieta 'Dr. Mule's'
Iris, Schwertlilien, S. 196–197
Polygala vayredae
Saxifraga × *arco-valleyi* 'Arco'
Saxifraga oppositifolia 'Ruth Draper'
Soldanella minima
Soldanella montana
Viola obliqua
Viola odorata
Viola palmata

***Aubrieta* 'Cobalt Violet'**
(Blaukissen)
Immergrüne Polsterstaude mit blauvioletten Blüten, die in kurzen, endständigen Ähren im Frühling über den Matten aus kleinen, weichen, grünen Blättern erscheinen. H. 10, Br. 20 cm.

***Viola labradorica* 'Purpurea'**
(Veilchenart)
Polsterbildende Staude mit winzigen, flachen, purpurvioletten Blüten im Frühling und Sommer. Blätter nierenförmig, dunkelviolettgrün. Geeignet für Ufer, Wälder, Naturgärten. H. 2,5–5 cm, Br. wuchernd.

Viola pedata
(Veilchenart)
Polsterstaude mit feingeteiltem Laub und blaßvioletten, selten weißen, in der Mitte gelbgefärbten Blüten, die einzeln an dünnen Stengeln im Spätfrühling und Frühsommer erscheinen. Benötigt starke Drainung. Alpinenhaus. H. 5, Br. 8 cm.

Viola tricolor
(Wildes Stiefmütterchen)
Kurzlebige Staude oder Einjährige mit herzförmigen bis lanzettlichen Blättern und zierlichen Blüten aus weißen, gelben und violettgetönten Blütenblättern. Blütezeit von Frühling bis Herbst. Selbstaussaat. H. 5–15, Br. 5–15 cm.

Mertensia maritima
(Blauglöckchen)
Breitwachsende Staude mit ovalen, fleischigen, silberblauen oder -grauen Blättern. Die gedrungenen Triebe tragen im Frühling Büschel aus nickenden, himmelblauen Blüten. Durch Schnitt kurz halten. Gut drainierter Boden. H. 10, Br. 12 cm.

Hepatica nobilis* var. *japonica
(Japanisches Leberblümchen)
Langsamwachsende Staude mit ledrigen, gelappten Blättern. Immergrün, außer in kalten Lagen. Bringt flach-schalenförmige, lilarosa oder weiße Blüten im Frühling hervor. H. bis 8, Br. bis 12 cm.

Jeffersonia dubia
(Herzblattschale)
Polsterstaude mit zweilappigen, blaugrünen Blättern, die bisweilen im Austrieb rosa getönt sind. Einzelnstehende Blüten sind schalenförmig, blaßlila bis violettblau. Frühlingsblüher. H. 10–15, Br. bis 25 cm.

Jancaea heldreichii
Staude mit Rosetten aus dicken, behaarten, silbergrünen Blättern, über denen sich im Frühling die dünnen Stiele mit den Büscheln aus winzigen, lavendelblauen Blüten erheben. Selten. Schwer zu ziehen, sogar im Alpinenhaus. H. und Br. bis 8 cm.

Synthyris stellata
(Frühlingsschelle)
Immergrüne, langsamwachsende Staude mit dichten Ähren aus kleinen, violettblauen Blüten, die im Frühling über den rundlichen, tiefgezähnten Blättern erscheinen. Erträgt Sonne bei ausreichender Bodenfeuchte. H. 10–15, Br. 15 cm.

Aubrieta 'Gurgedyke'
Haberlea ferdinandi-coburgii
Haberlea rhodopensis
Hedyotis michauxii, S. 323
Iris, Schwertlilien, S. 196–197
Omphalogramma vinciflorum
Phlox 'Emerald Cushion', S. 321
Thalictrum orientale

Niedrige Steingartenpflanzen MIT INTERESSANTEM FRÜHLINGSASPEKT

BLAU

Myosotis alpestris
(Alpenvergißmeinnicht)
Kurzlebige, horstbildende Staude mit dichten Büscheln aus winzigen, leuchtendblauen Blüten mit gelbem Auge, die im Frühsommer direkt über den behaarten Blattbüscheln erscheinen. Liebt steinigen Boden. H. und Br. 10–15 cm.

☼ ◊ ❄❄❄

Anchusa caespitosa
(Ochsenzunge)
Immergrüne, büschelig wachsende Staude mit Rosetten aus lanzettlichen, dunkelgrünen Blättern. Im Frühling erscheinen die stengellosen, blauen Blüten mit weißer Mitte. Stecklinge im Frühsommer. H. 2,5–5, Br. bis 25 cm.

☼ ◊ ❄❄❄

Gentiana verna
(Frühlingsenzian)
Immergrüne, meist kurzlebige Staude mit kleinen Rosetten aus ovalen, dunkelgrünen Blättern und trichterförmigen, leuchtendblauen Blüten mit weißem Schlund, die an kurzen Stengeln aufrecht stehen. H. und Br. 5 cm.

☼ ◊ ❄❄❄

Eritrichium nanum, S. 323
Hepatica × media 'Ballardii'
Iris, Schwertlilien, S. 196–197
Omphalodes luciliae
Polygala calcarea, S. 324
Polygala calcarea 'Bulley's Variety', S. 324
Synthyris reniformis

BLAU-GRÜN

Gentiana acaulis
(Stengelloser Enzian)
Immergrüne, polsterbildende Staude mit trompetenförmigen, tiefblauen Blüten mit grüngeflecktem Schlund, die auf kurzen Stengeln im Frühling oder auch im Herbst erscheinen. H. im Laub 2, Br. bis 10 cm oder mehr.

☼ ◊ ❄❄❄

***Viola tricolor* 'Bowles' Black'**
(Stiefmütterchensorte)
Horstbildende Staude mit flachen, sehr dunkelvioletten, fast schwarzen Blüten, die vom Frühling bis Herbst erscheinen. Blätter schmaloval, glänzend, bisweilen gelappt und gezähnt. Als Zweijährige ziehen. H. bis 15, Br. 5–8 cm.

☼ ◊ ❄❄❄

Salix reticulata
(Zwergweide)
Sommergrüner, mattenbildender Strauch mit gedrungenen, rötlichbraunen, später gelblichen Kätzchen an männlichen Pflanzen im Frühling und rundlichen, schwach gewellten Blättern. Liebt kalten, lehmigen Boden. H. 5–8, Br. 20 cm oder mehr.

☼ ◆ ❄❄❄

Hepatica nobilis
Hepatica transsilvanica

GRÜN-GELB

Mandragora officinarum
(Alraune, Springwurz)
Rosettenförmige, aus fleischiger Wurzel wachsende Staude mit rauhen, welliggerandeten Blättern und röhrenförmigen, gelblichen oder violettweißen Blüten im Frühling; später gelbe, tomatenähnliche Früchte. H. 5, Br. 30 cm.

Hacquetia epipactis
(Schafsdolde)
Polsterbildende Staude, die sich durch Rhizome ausbreitet, mit rundlichen, dreiteiligen Blättern. Im Spätwinter und Vorfrühling gelbe Blütenköpfe, die von apfelgrünen Hochblättern umgeben sind. H. 6, Br. 15–25 cm.

Euphorbia myrsinites
(Walzenwolfsmilch)
Kriechende Staude mit endständigen Büscheln aus gelbgrünen Blättern im Frühling. Die verholzenden Triebe sind mit kleinen, schuppigen, graugrünen Blättern umgeben. Gut für Trockenmauern und Steinfugen. H. 5–8, Br. 20 cm oder mehr.

Corydalis wilsonii, S. 289

GELB

***Saxifraga* 'Hindhead Seedling'**
(Steinbrech)
Immergrüne Staude, die ein festes Polster aus kleinen, dichten, stacheligen, blaugrünen Blättern bildet. Im Frühling erscheinen aufwärtsgerichtete, offene, blaßgelbe Schalenblüten zu zweit oder zu dritt an kurzen Stengeln. H. 2,5, Br. 8 cm.

Saxifraga × apiculata
(Steinbrechart)
Immergrüne Staude mit dichten Kissen aus hellgrünem Laub. Bringt im Vorfrühling dichte Büschel aus offenen, schalenförmigen Blüten hervor. H. 10–15, Br. 15 cm oder mehr.

***Saxifraga* 'Elizabethae'**
(Steinbrech)
Immergrüne, kissenbildende Staude, die dichte, winzige Rosetten aus stacheligen Blättern ausbildet. Im Frühling dichte Blütendolden aus kleinen, gelben Blüten, die endständig an den rotgrundigen Stengeln sitzen. H. 2,5, Br. 10–15 cm.

Calceolaria darwinii
Cytisus ardoinii, S. 326
Narzissen, S. 348–349
Dionysia lamingtonii

Viola aetolica
(Veilchenart)
Horstbildende Staude mit flachen, gelben Blüten, die einzeln an aufrechten Stengeln im Spätfrühling und Frühsommer erscheinen. Blätter oval, mittelgrün. H. 5–8, Br. 15 cm.

Draba rigida
(Hungerblümchen)
Immergrüne Staude mit dichten Horsten aus winzigen Blättchen. Die kleinen, leuchtendgelben Blütenbüschel an dünnen Stengeln überdecken das Polster. Geeignet für Tröge, Minigärten, Alpinenhaus. Winterfeuchte meiden. H. 4, Br. 6 cm.

Dionysia aretioides
Immergrüne, kissenbildende Staude mit weichen, behaarten, graugrünen Blättern, die im Vorfrühling von duftenden, stengellosen, runden, leuchtendgelben Blüten bedeckt sind. H. 10, Br. 15–30 cm.

Draba aizoides
Draba hispanica
Draba polytricha
Draba rigida var. *bryoides*

Draba longisiliqua
(Hungerblümchen)
Kissenbildende Staude, die sich aus festen Rosetten mit winzigen, silbernen Blättern zusammensetzt. Blütenähren aus gelben Blüten an langen Stengeln. Frühlingsblüher. Benötigt viel Wasser zum Wachsen. Alpinenhaus. H. 5–8, Br. 15 cm.

Saxifraga sancta
(Steinbrechart)
Immergrüne, mattenbildende Staude mit hellgrünen Blatt-Teppichen und aufwärtsgerichteten, offenen, schalenförmigen, hellgelben Blüten, die in kleinen endständigen Büscheln im Frühling erscheinen. H. 5, Br. 15 cm.

Iris, Schwertlilien, S. 196–197
Onosma stellulatum
Polygala chamaebuxus, S. 325
Primeln, S. 230–231

Niedrige Steingartenpflanzen MIT INTERESSANTEM FRÜHLINGSASPEKT

GELB

Draba mollissima
(Hungerblümchen)
Immergrüne, kissenbildende Staude, die im Frühling Büschel aus kleinen, gelben Blütchen hervorbringt. Winzige Blättchen bilden weiche, grüne Hügel, die mit kleinen Steinen unterfüllt werden sollten. Nur für Alpinenhäuser. H. und Br. 15 cm.

Dionysia tapetodes
Flachstreichende Staude, die einen dichten Rasen aus winzigen, graugrünen Blättchen bildet. Entwickelt im Vorfrühling kleine, aufwärtsgerichtete, gelbe Blüte. H. 1, Br. bis 15 cm.

Morisia monanthos
Bodendeckende Staude mit flachen Rosetten aus steifen, ledrigen, dunkelgrünen Blättern und stengellosen, flachen, leuchtendgelben Blüten im Spätfrühling und Frühsommer. Benötigt gute Drainung. H. 2,5, Br. bis 8 cm.

***Ranunculus ficaria* 'Flore Pleno'**
(Gefülltblühendes Scharbockskraut)
Bodendeckende Staude mit herzförmigen, dunkelgrünen Blättern und im Vorfrühling gefüllten, leuchtendgelben Blüten mit glänzenden Blättern. Breitet sich stark aus. Gut für Naturgärten. H. 2,5–5, Br. 20 cm.

Vitaliana primuliflora
(Teppich-Goldprimel)
Immergrüne, breitwachsende, mattenbildende Staude mit mittelgrünen Blattrosetten, die im Frühling mit kleinen Büscheln aus stengellosen, leuchtendgelben, trichterförmigen Blüten bedeckt sind. H. 2,5, Br. 20 cm.

***Viola* 'Jackanapes'**
(Veilchenart)
Horstbildende Staude mit ovalen, gezähnten Blättern. Bringt flache Blüten mit rötlichbraunen oberen und gelben unteren Blättern im Spätfrühling und Sommer hervor. H. 8–12, Br. bis 20 cm oder mehr.

Ranunculus ficaria 'Brazen Hussey'
Salix herbacea
Sarcocapnos enneaphylla
Saxifraga aizoides
Saxifraga brunonis
Saxifraga burseriana 'Brookside'
Saxifraga ferdinandi-coburgii
Saxifraga 'Valerie Finnis'
Sedum acre 'Aureum', S. 325
Townsendia parryi
Viola glabella
Viola lutea
Waldsteinia fragarioides
Waldsteinia ternata, S. 325

Niedrige Steingartenpflanzen MIT INTERESSANTEM SOMMERASPEKT

GELB

Trollius pumilus
(Trollbume)
Dichtbuschige Polsterstaude mit fünffach geteilten und gelappten Blättern. Im Spätfrühling und Frühsommer einzelne, schalenförmige, leuchtendgelbe Blüten. H. 15, Br. 15 cm oder mehr.

Erysimum helveticum*, syn. *E. pumilum
Halbimmergrüne Polsterstaude mit dichten Tuffs aus langen, schmalen Blättern und vielen leuchtendgelben Blüten, die in flachen Köpfen im Spätfrühling und Frühsommer erscheinen. H. 10, Br. 15 cm.

***Ranunculus ficaria* 'Aurantiacus'**
(Goldgelbes Scharbockskraut)
Teppichbildende Staude, die im Vorfrühling schalenförmige, orangefarbene Einzelblüten mit glänzenden Blättchen hervorbringt. Blätter herzförmig, mittelgrün. Breitet sich stark aus. Gut für Naturgärten. H. 5, Br. 20 cm.

WEISS

Silene alpestris
(Leimkraut)
Staude mit verzweigten Trieben und winzigen Blättchen. Trägt kleine, rundliche, gefranste, weiße, gelegentlich rosa getönte Blüten im Spätsommer. Sät sich leicht aus. H. 10–15, Br. 20 cm.

***Haberlea rhodopensis* 'Virginalis'**
(Haberlee)
Immergrüne Staude mit kleinen, gebogenen Rispen aus reinweißen, röhrenförmigen Blüten, die im Spätfrühling und Frühsommer über den zierlichen Rosetten aus dunkelgrünen Blättern erscheinen. H. und Br. in Blüte 10–15 cm.

Cyananthus lobatus* f. *albus
Flachwüchsige Staude mit verzweigten Trieben und kleinen, keilförmigen, stumpfgrünen Blättern. Im Spätsommer einzelne, röhrenförmige, weiße Blüten mit herausragenden Staubfäden. H. 8, Br. 30 cm.

***Phlox stolonifera* 'Ariane'**
(Ausläufertreibender Polsterphlox)
Immergrüne, langsamwachsende Staude mit ovalen, blaßgrünen Blättern und blühenden Seitentrieben mit Köpfchen aus schalenförmigen, weißen Blüten. Blütezeit Frühsommer. Nach der Blüte auf halbe Länge kürzen. H. 15, Br. 30 cm.

Potentilla alba
(Weißes Fingerkraut)
Starkwüchsige, rasenbildende Staude mit lockeren Rispen aus flachen, einzelnen, weißen Blüten. Sommerblüher. Blätter aus ovalen Blättchen zusammengesetzt, Unterseite silbrig. H. 5–8, Br. 8 cm.

***Campanula carpatica* 'Bressingham White'**
(Karpatenglockenblume)
Polsterstaude mit offenen, schalenförmigen, weißen Blütenglocken, die einzeln an unverzweigten Stengeln im Sommer erscheinen. Blätter gekerbt, rundlich, leuchtendgrün. H. 10–15, Br. 15 cm.

Achillea clavennae
(Schafgarbe)
Immergrüne, rasenbildende Staude mit Büscheln aus weißen Blüten mit gelber Mitte, die im Sommer und Herbst erscheinen. Blätter schmaloval, vielfach gelappt, mit feinen, weißen Haaren besetzt. Vor Winterfeuchte schützen. H. 15, Br. 23 cm.

Lewisia rediviva
(Lewisie) weiße Form
Rosettenbildende Staude mit feinen, schmalen Blättern, die im Sommer einziehen. Entwickelt im Spätfrühling und Frühsommer große, weiße Blüten, die sich bei sonnigem Wetter öffnen. H. 1–4, Br. bis 5 cm.

Narzissen, S. 348–349
Hypericum cerastoides
Iris, Schwertlilien, S. 196–197
Leucogenes grandiceps, S. 329

WEITERE EMPFOHLENE PFLANZEN:
Aethionema iberideum
Arabis caucasica
Arabis caucasica 'Plena'
Arabis caucasica 'Variegata', S. 302
Arctostaphylos nevadensis
Arenaria balearica, S. 302
Artemisia schmidtiana 'Nana', S. 329
Cardamine trifolia, S. 302
Celmisia bellidioides
Celmisia traversii
Cerastium alpinum

Niedrige Steingartenpflanzen MIT INTERESSANTEM SOMMERASPEKT

☐ WEISS

Arenaria montana
(Sandkraut)
Flachwachsende Staude mit lockeren Matten aus kleinen Blättern und großen, runden, weißen Blüten im Sommer. Geeignet für Trockenmauern und Felsspalten. Benötigt entsprechende Feuchtigkeit. H. 5, Br. 12 cm.

Celmisia ramulosa
Immergrüne, strauchige Staude mit kleinen, behaarten, graugrünen Blättern. Die weißen Korbblüten erscheinen einzeln an kurzen Stielen im Spätfrühling und Frühsommer. H. und Br. 10 cm.

Anacyclus depressus
Kurzlebige, flachwachsende Staude mit Büscheln aus weißen, unterseits roten Blütenköpfchen und strahlenförmigen Blütenblättern im Sommer. Blüten schließen sich bei Dämmerung. Blütenstengel mit kleinen Blättern. Trocken halten. H. 2,5–5 cm oder mehr, Br. 10 cm.

Epilobium chlorifolium* var. *kaikourense (Weidenröschenart)
Horstbildende, am Grunde verholzende Staude mit sommergrünen, ovalen, behaarten, bronzefarbenen und dunkelgrünen Blättern. Im Sommer kurze Blütenähren aus weißen oder rosa Blütenröhren. H. 10, Br. 15 cm.

Iberis saxatilis
(Schleifenblume)
Immergrüner Zwerghalbstrauch, der im Frühsommer große Köpfchen aus vielen kleinen, weißen, später violettgetönten Blüten hervorbringt. Blätter dunkelgrün, schmallinealisch, zylindrisch. Nach Blüte zurückschneiden. H. 8–12, Br. 30 cm.

Ourisia caespitosa
Immergrüne, kriechende Staude mit winzigen, ovalen Blättern an den Trieben und vielen, nach außen gerichteten, offenen, schalenförmigen, weißen Blüten im Spätfrühling und Frühsommer. H. 2,5, Br. 10 cm.

Petrocosmea kerrii
Immergrüne Staude mit dichten Rosetten aus ovalen, zugespitzten, behaarten Blättern. Im Sommer Büschel aus kurzen, nach außen gerichteten, röhrenförmigen, offenschlundigen, weißen Blüten. Vor allem für Alpinenhaus. H. bis 8, Br. 12–15 cm, Mindesttemperatur 2–5 °C.

Gentiana saxosa
(Enzianart)
Immergrüne, horstbildende Staude, die in kleine, löffelförmige, fleischige, dunkelgrüne Blätter eingehüllt ist. Im Frühsommer kleine, aufwärtsgerichtete, weiße Blüten. Kurzlebige Pflanze. H. 5, Br. 15 cm.

Cornus canadensis
(Kanadischer Hartriegel)
Bodendeckende Staude mit quirlständigen, ovalen Blättern. Im Spätfrühling und Frühsommer erscheinen die grünen, bisweilen purpurgetönten Blüten mit den weißen Brakteen, später rote Beeren. H. 15, Br. 30 cm oder mehr.

Nierembergia repens
(Weißbecher)
Rasenbildende Staude mit aufrechten, gelbschlundigen, weißen Blütenglocken, die sich später rosa verfärben können und im Sommer lange an der Pflanze haften. Blätter klein, oval, hellgrün. Gut für Lücken im Bodenbelag. H. 5, Br. 20 cm.

Cerastium tomentosum, S. 301
Chrysanthemum alpinum
Cymbalaria muralis
Diapensia lapponica
Dryas drummondii
Dryas × suendermannii
Helichrysum bellidioides
Lewisia nevadensis
Maianthemum bifolium
Pentachondra pumila
Petrophytum caespitosum
Petrophytum hendersonii
Phlox douglasii 'May Snow'
Ranunculus alpestris, S. 303
Satureja montana 'Prostrate White'
Weldenia candida, S. 302

WEISS-ROSA

Dryas octopetala
(Silberwurz)
Immergrüne, bodendeckende Staude, die Matten aus ovalen, gelappten Blättern bildet. Im Spätfrühling und Frühsommer schalenförmige, cremeweiße Sternblüten direkt über dem Laub, später Samenschöpfe. H. 6 cm, Br. Ausläufer treibend.

Achillea × kellereri
(Schafgarbe)
Immergrüne Staude mit weißen Korbblüten, die in losen Büscheln im Sommer zusammenstehen. Die Blätter sind gefiedert, graugrün. Gut für Trockenmauern und Bankbeete. Gute Drainung nötig. H. 15, Br. 25 cm oder mehr.

Carlina acaulis
(Silberdistel)
Horstbildende Staude. Im Sommer und Herbst große, stengellose, silberweiße oder blaßbraune Korbblüten. Sie erscheinen in der Mitte der Rosetten aus tiefeingeschnittenen, stachelig gerandeten Blättern. H. 8–10, Br. 15–25 cm.

Linnaea borealis
(Moosglöckchen)
Rasenbildende Staude mit sich bewurzelnden Trieben und kleinen, ovalen Blättern, über denen im Sommer die dünnen Stengel mit den trichterförmigen, blaßrosa und weißen Blüten erscheinen. H. 2, Br. 30 cm oder mehr.

pH

Dianthus pavonius
(Polsternelke)
Immergrüne, flachwachsende Staude mit vergleichsweise großen, rundlichen, blaßrosa Blüten mit fleischfarbener Rückseite, die im Sommer auf kurzen Stengeln über den niedrigen Rasen aus nadeligen Blättern erscheinen. H. 5, Br. 8 cm.

pH

***Gypsophila repens* 'Dorothy Teacher'**
(Kriechendes Schleierkraut)
Kriechende Staude mit Rispen aus kleinen, rundlichen, weißen Blüten, die sich später tiefrosa verfärben. Bildet im Sommer Rasen aus schmalen, blaugrünen Blättern. Stengel nach Blüte entfernen. H. 2,5–5, Br. 30 cm oder mehr.

ROSA

Petrorhagia saxifraga*, syn. *Tunica saxifraga (Felsennelke)
Teppichbildende Staude mit Tuffs aus grasähnlichen Blättern. Im Sommer erscheint eine Fülle blaßrosa, dunkelgeaderter Blüten auf dünnen Stengeln. Liebt arme Böden. Selbstaussaat. H. 10, Br. 15 cm.

Thymus caespititius
(Thymianart)
Immergrüner, rasenbildender, aromatisch duftender Halbstrauch mit dünnen, holzigen Trieben und winzigen, mittelgrünen, behaarten Blättchen. Blüten winzig, blaßlila oder lilarosa in kleinen Büscheln. Sommerblüher. H. 2,5, Br. 20 cm.

Convolvulus althaeoides
(Winde)
Starkwüchsige Staude mit langen, kriechenden Trieben und herzförmigen, mittelgrünen, silberübertönten Blättern. Blüten groß, trompetenförmig, rosa. Sommerblüher. Kann in milden Klimabereichen wuchern. H. 5 cm, Br. Ausläufer treibend.

Anemonella thalictroides, S. 304
Daphne jasminea, S. 304
Erodium reichardii
Geranium cinereum

Gypsophila cerastioides, S. 304
Lewisia columbiana
Oenothera acaulis
Ranunculus glacialis

Antennaria dioica
Arctostaphylos uva-ursi, S. 328
Arctostaphylos uva-ursi 'Point Reyes', S. 328
Nelken, S. 238–239

Diascia 'Ruby Field'
Dicentra peregrina
Gaultheria trichophylla
Geranium traversii var. *elegans*

Niedrige Steingartenpflanzen MIT INTERESSANTEM SOMMERASPEKT

ROSA

Geranium sanguineum* var. *striatum
(Storchschnabel)
Hügelbildende, flachwachsende Staude mit schalenförmigen, rosafarbenen, dunkelgeaderter Blüten, die im Sommer einzeln über den rundlichen, tiefgelappten, dunkelgrünen Blättern erscheinen. H. 10–15, Br. 30 cm oder mehr.

Erodium corsicum
(Reiherschnabel)
Dichte Polsterstaude mit weichen, graugrünen Blättern mit gewelltem Rand. Im Frühsommer erscheinen flache, rosa Blüten auf straffen, dünnen Stielen. Gedeiht am besten im Alpinenhaus. Vor Winterfeuchte schützen. H. 8, Br. 15 cm.

Saponaria × olivana
(Seifenkraut)
Dichte Staude mit festem Kissen aus schmalen Blättern. Im Sommer erscheinen ringsherum die Blütenstiele mit den flachen, einzelnstehenden, blaßrosa Blüten. Benötigt starke Drainung. H. 8, Br. 10 cm.

***Aethionema* 'Warley Rose'**
Kurzlebiger, immergrüner oder halbimmergrüner, dichter Halbstrauch mit winzigen, linealischen, blaugrünen Blättern. Im Frühling und Sommer stehen die kleinen, rosafarbenen, kurzgestielten Blüten in Trauben zusammen. Massenblüher. H. und Br. 15 cm.

Ourisia microphylla
Teppichstaude mit zierlichen, schuppigen, blaßgrünen Blättern, die im Spätfrühling und Frühsommer große Mengen von rosa Blüten hervorbringt. Schwierig in trockenen Klimazonen zu kultivieren. H. 5–10, Br. 15 cm.

Asperula suberosa
(Waldmeisterart)
Polsterbildende Staude mit vielen lockeren Trieben und winzigen, behaarten, grauen Blättern. Im Frühsommer zahlreiche blaßrosa, röhrenförmige Blüten. Benötigt feuchten Boden im Sommer. Winterfeuchte meiden. H. 8, Br. bis 30 cm.

***Rhodohypoxis baurii* 'Margaret Rose'**
Staude mit röhrenförmigem Wurzelstock und aufrechten Büscheln aus schmallanzettlichen, behaarten Grundblättern. Im Frühling und Frühsommer in rascher Folge aufrechte, blaßrosa Blüten an dünnen Stengeln. H. 5–10, Br. 2,5–5 cm.

***Phlox adsurgens* 'Wagon Wheel'**
(Polsterphlox)
Immergrüne, flachwachsende Polsterstaude, die große Rasen aus holzigen Trieben mit ovalen Blättern bildet. Die rosafarbenen Blüten stehen im Sommer in Köpfchen zusammen. Benötigt humusreichen Boden. H. 10, Br. 30 cm.

***Polygonum affine* 'Donald Lowndes'**
(Teppichknöterich)
Immergrüne, teppichbildende Staude mit starkverzweigten, kriechenden Trieben und zugespitzten Blättern. Im Sommer erscheinen dichte Ähren aus kleinen, roten Blüten, die später verblassen. H. 8–15, Br. 15 cm.

Lychnis alpina
Origanum amanum
Petrorhagia saxifraga 'Rosette'
Primeln, S. 230–231
Sedum spurium
Silene hookeri
Vaccinium myrtillus

Geranium dalmaticum
(Dalmatinischer Storchschnabel)
Breitwüchsige, flachwachsende Staude mit nach außen gerichteten, meist flachen, muschelförmigen Blüten, die im Sommer über dem gelappten, dunkelgrünen Laub erscheinen. In strengen Wintern nicht immergrün. H. 8–10, Br. 12–20 cm.

Erigeron karvinskianus*, syn. *E. mucronatus
(Feinstrahlaster)
Breitwüchsige Staude mit lockeren Trieben und schmalen, lanzettförmigen, behaarten Blättern und weißen, später rosa bis violetten, strahligen Korbblüten. H. 10–15 cm, Br. wuchernd.

Aethionema armenum
(Steintäschel)
Kurzlebiger, immergrüner oder halbimmergrüner, dichter Halbstrauch mit schmalen, blaugrünen Blättern, der im Sommer lockere Ähren aus winzigen, blaß- bis tiefrosa Blüten hervorbringt. H. und Br. 15 cm.

Androsace lanuginosa
(Mannsschild)
Immergrüne, kriechende Staude mit silbernbehaarten, lockeren Trieben und tiefgrünen Blättern. Im Sommer Büschel aus kleinen, flachen, lila- oder blaßrosa Blüten mit dunklerem oder gelbem Auge. H. 4, Br. bis 18 cm.

***Dianthus* 'Little Jock'**
(Polsternelke)
Immergrüne, dichte Horste bildende Staude mit stacheligem, silbergrünem Laub. Im Sommer starkduftende, halbgefüllte, rosa Blüten mit dunklerem Auge. H. und Br. 10 cm.

Dianthus gratianopolitanus
(Polsternelke)
Immergrüne Staude mit lockerem Rasen aus schmalen, graugrünen Blättern. Im Sommer starkduftende, flache, blaßrosa Blüten an dünnen Stengeln. H. bis 15, Br. bis 30 cm.

Loiseleuria procumbens
(Steinröschen)
Immergrüner, flachwachsender Strauch mit kleinen, ovalen Blättern, die unterseits beigefarben und behaart sind. Endständige Büschel auf offenen, röhrenförmigen, rosa bis weißen Blüten. Frühsommerblüher. H. bis 8, Br. 10–15 cm.

Acantholimon glumaceum
(Igelpolster)
Immergrüne, kissenbildende Staude mit festen, dünnen, dunkelgrünen Blättern und kurzen Blütenähren aus sternförmigen, rosa Blüten. Sommerblüher. H. 10, Br. 20 cm.

Acantholimon venustum
Antennaria dioica 'Rosea', S. 306
Arabis caucasica 'Rosabella', S. 305
Armeria juniperifolia, S. 305
Armeria maritima
Astilbe simplicifolia 'Gnome'
Bruckenthalia spiculifolia
Nelken, S. 238–239
Dianthus deltoides
Epilobium obcordatum
Erodium × variabile 'Ken Aslet'
Geranium farreri
Gypsophila repens
Penstemon rupicola
Phlox adsurgens
Polygonum capitatum

Niedrige Steingartenpflanzen MIT INTERESSANTEM SOMMERASPEKT

■ ROSA

***Dianthus* 'Pike's Pink'**
(Nelke)
Immergrüne, Kissenpolster bildende Staude mit stacheligen, graugrünen Blättern und duftenden, rundlichen, gefüllten Blüten im Sommer. H. und Br. 10 cm.

☼ ◊ ❄❄❄

Saponaria caespitosa
(Seifenkraut)
Teppichbildende Staude mit kleinen, lanzettlichen Blättern und winzigen, flachen, rosa- bis purpurfarbenen Einzelblüten, die in Köpfchen zusammenstehen. Sommerblüher. Braucht durchlässigen Boden. H. 8, Br. 10 cm.

☼ ◊ ❄❄❄

Oxalis depressa
(Sauerklee)
Knollenstaude mit dreilappigen Blättern und kurzgestielten, geröhrten, leuchtendrosa, bis zu 2 cm großen Blüten im Sommer. Liebt geschützten Stand oder Kalthaus. H. 5, Br. 10 cm.

☼ ◊ ❄❄

Androsace villosa* var. *jacquemontii
(Mannsschild)
Immergrüne, rasenbildende Staude mit kleinen Rosetten aus behaarten, graugrünen Blättern und winzigen, rotgestielten, rosalila Blüten im Spätfrühling und Frühsommer. Fürs Alpinenhaus. H. 1–4, Br. 20 cm.

☼ ◊ ❄❄❄

Dianthus microlepis
(Nelke)
Immergrüne Staude mit winzigen Polstern aus schmalen, grasähnlichen Blättern und zahlreichen kleinen, rundlichen, rosafarbenen Blüten im Frühsommer. H. 5, Br. 20 cm

☼ ◊ ❄❄❄

Saponaria ocymoides
(Seifenkraut)
Polster aus dichten oder lockeren Teppichen mit behaarten, ovalen Blättern und großer Blütenfülle von rosa- bis karminroten Blüten im Sommer. Gute Staude für Trockenmauern. H. 2,5–8, Br. 40 cm.

☼ ◊ ❄❄❄

Dianthus myrtinervius
(Nelke)
Immergrüne, flachwachsende Staude mit zahllosen kleinen, rundlichen, rosa Blüten im Sommer über den winzigen, grasähnlichen Blättern. H. 5, Br. 20 cm.

☼ ◊ ❄❄❄

***Dianthus* 'La Bourboule', syn. *D.* 'La Bourbille'**
(Nelke)
Immergrüne, kissenbildende Staude mit dichtstehenden, spitzen Blättern und großer Blütenfülle aus starkduftenden, kleinen, rosa Einzelblüten im Sommer. H. 5, Br. 8 cm.

☼ ◊ ❄❄❄

Dianthus alpinus
(Alpennelke)
Immergrüne, dichte Staude mit vergleichsweise großen, rundlichen, rosa- bis karminroten Blüten, die im Sommer einzeln über dem dunkelgrünen Laubteppich erscheinen. Liebt humusreichen Boden. H. 5, Br. 8 cm.

☼ ◊ ❄❄❄

***Phlox subulata* 'Marjory'**
Immergrüne, polsterbildende Staude mit feinen Blättern und einer Fülle von flachen, leuchtendrosa Blütensternen im Frühsommer. Nach der Blüte zurückschneiden. H. 10, Br. 20 cm.

☼ ◊ ❄❄❄

Primeln, S. 230–231
Prunella grandiflora 'Pink Loveliness'
Vaccinium nummularia

***Dianthus* 'Annabelle'**
(Polsternelke)
Immergrüne, dichte, polsterbildende Staude mit stacheligem, graugrünem Laub. Im Sommer erscheinen die halbgefüllten, duftenden, kirschrosa Blüten einzeln an dünnen Stengeln. H. und Br. 10 cm.

***Phlox* 'Camla'**
(Polsterphlox)
Immergrüne, polsterbildende Staude mit gebogenen Trieben und feinen Blättchen. Im Frühsommer eine Fülle von offenen, schalenförmigen, tiefrosa Blüten. Nach der Blüte zurückschneiden. Benötigt humusreichen Boden. H. 12, Br. 30 cm.

***Geranium cinereum* 'Ballerina'**
(Staudengeranie)
Flachwachsende Staude mit schalenförmigen, purpurrosa, dunkelviolett-geaderten Blüten auf weichen Stengeln, die im Frühling und Sommer erscheinen. Grundblätter rund, tief eingeschnitten, weich. H. 10, Br. 30 cm.

Teucrium polium
(Gamander)
Sommergrüner, horstbildender Halbstrauch mit weißen oder gelblichen Trieben und Blättern mit welligen Zeichnungen. Gelblichweiße oder rosaviolette Blüten in flachen Köpfchen. Sommerblüher. Benötigt Drainung. H. und Br. 15 cm.

Lewisia rediviva
(Lewisie) rosa Form
Rosettenbildende Polsterstaude mit Büscheln aus schmalen, sommergrünen Blättern. Die großen, vielblättrigen, rosa Blüten öffnen sich im Spätfrühling und Frühsommer bei sonnigem Wetter. Gut für Alpinenhaus. H. 1–4, Br. 5 cm.

pH

***Phlox douglasii* 'Crackerjack'**
(Polsterphlox)
Immergrüne, dichte Polster bildende Staude mit vielen, schalenförmigen, leuchtend-karminroten oder magentaroten Blüten im Frühsommer. Blätter lanzettlich, mittelgrün. Rückschnitt nach der Blüte. H. und Br. 20 cm.

Silene schafta
(Leimkraut)
Breitwüchsige Polsterstaude mit dichtem, schmalovalem Laub und Ähren aus sternförmigen, magentarosa Blüten, die von Spätfrühling bis Spätherbst erscheinen. H. 10–15, Br. 8–10 cm.

Geranium cinereum* var. *subcaulescens
(Staudengeranie)
Kriechende Staude mit rundlichen, tiefgelappten, weichen Blättern. Im Sommer leuchtendviolettrote Blüten mit auffälligem, schwarzem Auge und Staubfäden. Stengel weich. Gute Ergänzung zu silberblättrigen Pflanzen. H. 10, Br. 30 cm.

Aethionema 'Warley Ruber'
Anemonella thalictroides 'Oscar Schoaf'
Antennaria dioica 'Nyewoods'
Armeria juniperifolia 'Bevans Variety'
Erinus alpinus 'Dr. Haenele'
Phlox 'Millstream'
Saponaria 'Bressingham Hybrid'
Saxifraga 'Primulaize'
Silene elisabethae

Niedrige Steingartenpflanzen MIT INTERESSANTEM SOMMERASPEKT

ROSA

***Rhodohypoxis baurii* 'Albrighton'**
Staude mit röhrenförmigem Wurzelstock und aufrechten, grundständigen Horsten aus schmallanzettlichen, behaarten Blättern und im Frühling und Sommer tiefrosa Blüten, die einzeln an den Trieben entlang unermüdlich erscheinen. H. 5–10, Br. 2,5–5 cm.

☼ 💧 ❄❄

***Armeria maritima* 'Vindictive'**
(Grasnelke)
Immergrüne, horstbildende Staude mit grasartigen, dunkelblaugrünen Blättern und im Sommer darüberstehenden, steifen Stielen mit rundlichen Köpfchen aus kleinen, tiefrosa Blüten. H. 10, Br. 15 cm.

☼ 💧 ❄❄❄

***Dianthus deltoides* 'Flashing Light'**
(Polsternelke)
Immergrüne, rasenbildende Staude mit vielen, kleinen, flachen, aufwärtsgerichteten, leuchtend-kirschroten Blüten, die einzeln über den schmalen, spitzen Blättchen erscheinen. H. 15, Br. 20 cm.

☼ 💧 ❄❄❄

ROT-VIOLETT

***Rhodohypoxis baurii* 'Douglas'**
Staude mit röhrenförmigem Wurzelstock und aufrechten, grundständigen Büscheln aus schmalen, lanzettlichen, behaarten Blättern. Im Frühsommer in Folge erscheinende, aufrechte, tiefrote, flache Blüten, die einzeln an schlanken Stengeln sitzen. H. 5–10, Br. 2,5–5 cm.

☼ 💧 ❄❄

***Penstemon hirsutus* 'Pygmaeus'**
(Bartfaden)
Kurzlebiger, immergrüner, dichter Halbstrauch mit röhrenförmigen, behaarten, purpur- oder blaugetönten, weißen Blüten, die im Sommer erscheinen und dichtgedrungenem, dunkelgrünem Laub. Gut für Tröge. H. und Br. 8 cm.

☼ 💧 ❄❄❄

Pterocephalus perennis* ssp. *perennis
(Parnaß-Skabiose)
Rasenbildende Staude mit runzeligen, behaarten Blättern. Im Sommer dichte, rundliche Köpfchen aus röhrenförmigen, lilarosa Blüten, die einzeln an kurzen Stielen stehen. Später interessante, gefiederte Samenstände. H. 5, Br. 10 cm.

☼ 💧 ❄❄❄

Dianthus 'Hidcote'
Dianthus 'Mars'
Erinus alpinus, S. 306
Geranium stapfianum
Penstemon davidsonii ssp. *menziesii*
Phlox douglasii 'Red Admiral'
Sedum sempervivoides
Viola cenisia

VIOLETT

***Phlox douglasii* 'Boothman's Variety'**
(Polsterphlox)
Immergrüne, horstbildende Staude mit lanzettlichen Blättchen und vielen, blaßlavendelblauen Blüten mit violettem Auge. Frühsommerblüher. Nach der Blüte zurückschneiden. H. bis 5, Br. 20 cm.

☼ 💧 ❄❄❄

Physoplexis comosa*, syn. *Phyteuma comosum (Teufelskralle)
Teppichstaude mit tiefeingeschnittenen Blättern und rundlichen Köpfchen aus flaschenförmigen, violettblauen, selten weißen Blüten. Sommerblüher. Liebt Mauerspalten. Vor Winternässe schützen. H. 8, Br. 10 cm.

☼ 💧 ❄❄❄

Globularia meridionalis*, syn. *G. cordifolia
(Kugelblume)
Immergrüner, horstbildender Halbstrauch mit flaumigen, lavendelblauen bis violetten, kugeligen Köpfchen, die einzeln über dem glänzenden Laub stehen. H. bis 10, Br. bis 20 cm.

☼ 💧 ❄❄❄

Aster alpinus 'Beechwood'
Cotula atrata, S. 307
Iris, Schwertlilien, S. 196–197
Linaria alpina

Thymus leucotrichus
(Thymianart)
Immergrüner, polsterbildender Halbstrauch mit feinverzweigten Trieben und mit feinen, weißen Haaren gesäumten Blättchen. Dichte Köpfchen aus kleinen, rosalila Blüten mit violetten Hochblättern im Sommer. H. 10–12, Br. 15 cm.

***Phlox* 'Emerald Cushion'**
(Polsterphlox)
Immergrüne Staude mit smaragdgrünen Kissen aus feinen Blättern, die im Spätfrühling und Frühsommer mit großen, flachschaligen, leuchtend-violettblauen Blüten bestückt sind. Nach der Blüte zurückschneiden. H. 8, Br. 15 cm.

***Viola* 'Haslemere'**
(Hornveilchenart)
Polsterbildende Staude mit kleinen, ovalen, gezähnten Blättern und flachen, lavendelrosa Blüten, die im Spätfrühling und Spätsommer erscheinen. Liebt feuchten Stand. H. 8–15, Br. bis 20 cm.

Aster alpinus
(Alpenaster)
Zwergstaude mit breitwüchsigen Büscheln aus lanzettlichen, dunkelgrünen Blättern. Von Sommer bis Spätsommer violettblaue oder violette Korbblüten mit gelber Mitte. H. 15, Br. 30–45 cm.

Thymus herba-barona
(Thymianart)
Immergrüner Halbstrauch mit lockeren Matten aus winzigen, nach Kümmel riechenden, dunkelgrünen Blättern. Im Sommer kleine, violette Blüten in endständigen Büscheln. H. in Blüte 5–10, Br. 20 cm.

Phlox bifida
(Polsterphlox)
Immergrüne, polsterbildende Staude mit lanzettlichen Blättern. Kleine Blütenköpfchen aus sternförmigen, violetten oder weißen Blüten mit gespaltenen Blütenblättern im Sommer. Stengel nach der Blüte um die Hälfte kürzen. H. 10–15, Br. 15 cm.

Campanula poscharskyana
(Hängepolsterglocke)
Wuchernde, breitwüchsige Staude mit violetten Blütenglocken, die im Sommer an belaubten Stengeln erscheinen. Blätter rund, gesägt. Geeignet für Hochbeete, Tröge und naturnahe Partien.
H. 10–15 cm, Br. wuchernd.

Prunella grandiflora
(Braunelle)
Bodendeckende Staude mit Grundrosette aus halbimmergrünen Blättern und quirlständigen, violetten Blüten, die im Sommer an belaubten Stengeln erscheinen. Kann wuchern. Alte Blütenstengel vor Aussaat entfernen. H. 10–15, Br. 30 cm.

Edraianthus serpyllifolius
(Büschelglocke)
Immergrüne, flachwachsende Staude mit dichten Rasen aus winzigen Blättern und kleinen, tiefvioletten, kurzgestielten Blütenglocken im Sommer. Ungewöhnlich. Setzt selten in Gärten Samen an. H. 1, Br. bis 15 cm.

Mentha requienii
Origanum dictamnus
Oxalis enneaphylla
Penstemon 'Six Hills'
Phlox caespitosa
Polygala vayredae
Polygonatum hookeri, S. 307
Saxifraga stribrnyi, S. 308
Sedum anacampseros
Viola calcarata, S. 308
Viola hederacea
Viola pedata, S. 309
Viola tricolor, S. 309

Niedrige Steingartenpflanzen MIT INTERESSANTEM SOMMERASPEKT

■ VIOLETT

Prunella webbiana
(Braunelle)
Halbimmergrüne, rasenbildende Staude. Blätter in Grundrosetten. Im Sommer kurze Blütenähren mit quirlständig angeordneten, röhrenförmigen, purpurfarbenen Blüten. H. 10–15, Br. 30 cm.

***Campanula* 'Birch Hybrid'**
(Polsterglockenblume)
Raschwüchsige, immergrüne Staude mit zähen, gebogenen Stengeln und efeuähnlichen, hellgrünen Blättern. Im Sommer viele offene, glockenförmige, tiefviolette Blüten. H. 10, Br. 30 cm und mehr.

Campanula portenschlagiana
(Polsterglockenblume)
Starkwüchsige, immergrüne, flachwachsende Staude mit dichten Matten aus kleinen, efeuähnlichen Blättern und großen, aufrechten, offenen, glockenförmigen, violetten Blüten im Sommer. H. 15, Br. Teppichwuchs.

Ramonda myconi*, syn. *R. pyrenaica
(Ramonde)
Immergrüne, rosettenbildende Staude mit behaarten, krausen Blättern. Im Spätfrühling und Frühsommer flache, blaue, fleischfarbene oder weiße Blüten an verzweigten Stengeln. H. 8, Br. 10 cm.

***Viola* 'Huntercombe Purple'**
(Hornveilchen)
Horstbildende Staude mit zierlichen, ovalen, gezähnten Blättern und einer Fülle flacher, tiefvioletter Blüten im Frühling und Spätsommer. Ballen alle 3 Jahre teilen. H. 10–15, Br. 15–30 cm.

Pinguicula grandiflora
(Fettkraut)
Horstbildende Staude mit Grundrosette aus spitzovalen, hellgrünen Blättern. Im Sommer erscheinen gespornte, weißblaue bis violette Blüten einzeln an aufrechten, schlanken Stengeln. H. 12–15, Br. 5 cm.

***Campanula* 'G. F. Wilson'**
(Polsterglockenblume)
Zierliche, polsterbildende Staude mit großen, aufwärtsstehenden, violetten Blütenglocken im Sommer. Rundliche, hellgrüne Blätter. H. 8–10, Br. 12–15 cm.

Edraianthus pumilio
(Büschelglocke)
Kurzlebige Staude mit niedrigen Polstern aus feinen, grasähnlichen Blättern. Im Frühsommer aufrechtstehende, glockenförmige, hell- bis dunkellavendelblaue Blüten an kurzen Stielen zwischen dem Laub. H. 2,5, Br. 8 cm.

Delphinium brunonianum
Iris, Schwertlilien, S. 196–197
Polygala chamaebuxus var. *grandiflora*, S. 308
Scutellaria scordiifolia
Thalictrum kiusianum

Cyananthus microphyllus
Mattenbildende Staude mit sehr feinen, rötlichen Trieben, die von winzigen Blättchen umschlossen sind. Im Spätsommer röhrenförmige, violettblaue Blüten an den Triebenden. Liebt humusreichen Boden. H. 2, Br. 20 cm.

Townsendia grandiflora
Kurzlebige, immergrüne Staude mit grundständigen Rosetten aus kleinen, löffelförmigen Blättern. Einzelne gänseblümchenartige, violettblaue Blütenköpfe an aufrechten Stengeln im Frühsommer. H. bis 15, Br. 10 cm.

Sisyrinchium bellum
(Binsenlilie)
Aufrechte, horstbildende Staude, die im Sommer und Frühherbst viele Blütenstengel mit Büscheln aus irisähnlichen, blauen bis violettblauen Blüten hervorbringt. Laub grasähnlich. Sät sich reichlich aus. H. bis 12, Br. 10 cm.

Aquilegia jonesii
(Akelei)
Dichte Staude mit kurzspornigen, violettblauen Blüten an schlanken Stielen. Sommerblüher. Grundrosetten aus feingeteilten, graublauen oder graugrünen Blättern. Selten. Nur für Alpinenhaus geeignet. H. 2,5, Br. bis 5 cm.

Pratia pedunculata
Starkwüchsige, kriechende, immergrüne Staude mit kleinen Blättchen und zahlreichen, sternförmigen, blaß- bis mittel- oder violettblauen Blüten. Sommerblüher. Guter Bodendecker auf nahrhaftem Boden. H. 1 cm, Br. unendlich.

Houstonia serpyllifolia*, syn. *Hedyotis michauxii
(Porzellan-Sternchen)
Starkwüchsige Staude mit sich bewurzelnden Trieben. Bildet Matten aus mittelgrünem Laub, die mit sternförmigen, violettblauen Blüten im Spätfrühling und Frühsommer gespickt sind. H. 8, Br. 30 cm.

Globularia cordifolia
(Kugelblume)
Immergrüner, mattenbildender Zwergstrauch mit kriechenden, holzigen Trieben und winzigen, ovalen Blättchen. Trägt stengellose, runde, wollige, blaue bis blaßlavendelblaue Blüten im Sommer. H. 2,5–5, Br. bis 20 cm.

Campanula cochleariifolia
(Alpen-Zwergglockenblume)
Ausläufertreibende, breitwüchsige Staude. Matten aus rosettenbildenden, winzigen, rundlichen Blättern. Blüten weiß, lavendelfarben oder blaßblau in Büscheln im Sommer an vielen dünnen Stengeln. H. 8 cm, Br. wuchernd.

Diosphaera asperuloides
Mattenbildende Staude mit gewundenen Trieben, die von winzigen, mittelgrünen Blättchen umschlossen sind. Darüber stehen viele, kleine, aufrechte, trichterförmige Blüten im Sommer. Alte Triebe im Winter nicht entfernen. H. 8, Br. 15 cm.

Eritrichium nanum
(Himmelsherold)
Horstbildende Staude mit Tuffs aus behaarten, graugrünen Blättern. Im Spätfrühling und Frühsommer kleine, stengellose, blaßblaue Blüten. Benötigt gut drainierten Boden. H. 2, Br. 2,5 cm.

Campanula carpatica 'Jewel'
Campanula carpatica 'Turbinata'
Campanula garganica 'W. H. Paine'
Campanula × haylodgensis
Campanula 'Joe Elliott'
Campanula pulla
Campanula raineri
Campanula zoysii
Cyananthus lobatus
Edraianthus serpyllifolius 'Major'
Haberlea ferdinandi-coburgii
Haberlea rhodopensis
Myosotis alpestris, S. 310
Omphalodes luciliae
Phlox stolonifera 'Blue Ridge'
Wahlenbergia congesta

Niedrige Steingartenpflanzen MIT INTERESSANTEM SOMMERASPEKT

BLAU

Parochetus communis
Immergrüne, kriechende Staude mit kleeähnlichen Blättern und leuchtendblauen Schmetterlingsblüten, die ständig erscheinen. Gedeiht am besten im Alpinenhaus. H. 2,5–5 cm, Br. wuchernd.

◑ 💧 ❄

***Polygala calcarea* 'Bulley's Variety'**
(Kreuzblume)
Immergrüne, flachwachsende, rosettenbildende Staude mit kleinen, schmalovalen Blättern und lockeren Blütenschöpfen aus tiefblauen Blüten. Blütezeit Spätfrühling. Liebt humusreichen Boden. Geeignet für Kübel. H. 2,5, Br. 8–10 cm.

☼ 💧 ❄❄❄

Polygala calcarea
(Kreuzblume)
Immergrüne, flachwachsende, gelegentlich aufrechte Staude mit kleinen, schmalovalen Blättern und blauen Blüten. Blütezeit im Spätfrühling. Mag humusreichen Boden. Geeignet für Kübel. Bisweilen schwierig in Kultur. H. 2,5, Br. bis 15 cm.

☼ 💧 ❄❄❄

Gentiana clusii
Gentiana gracilipes
Wahlenbergia albomarginata

GRÜN-GELB

Gunnera magellanica
(Gunnera)
Mattenbildende Staude, die wegen ihrer rundlichen, gezähnten, im Austrieb bronzegetönten Blätter gezogen wird. Blüten klein, grün, eingeschlechtlich, mit roten Hochblättern an männlichen und weiblichen Pflanzen. H. 2,5, Br. bis 30 cm.

◑ 💧 ❄❄

Mitella breweri
(Bischofskappe)
Zierliche, horstbildende Staude mit schlanken, behaarten Trieben und kleinen, nickenden, trichterförmigen, grünlichweißen Blüten mit gewelltem Rand. Sommerblüher. Blätter gelappt, nierenförmig, grundständig. H. und Br. 15 cm.

● 💧 ❄❄❄

Sedum acre
(Scharfer Mauerpfeffer)
Immergrüne, mattenbildende Staude mit dichten, kriechenden Trieben und winzigen, fleischigen, blaßgrünen Blättern. An den Trieben endständige, kleine sternförmige, gelbe Blüten. H. 2,5–5 cm, Br. wuchernd.

☼ 💧 ❄❄❄

Alchemilla alpina
Arctous alpinus
Salix lindleyana
Satureja montana 'Prostrate White'

GELB

Asarina procumbens
Flachwachsende Staude mit kriechenden Trieben und behaarten, weichen Blättern. Blüten trichterförmig, blaßcremefarben, mit gelbem Schlund. Sommerblüher. Vor Winterfeuchte schützen. Sät sich stark aus. H. 1–2,5, Br. 25–30 cm.

☼ 💧 ❄❄

Papaver miyabeanum
(Mohnart)
Kurzlebige, horstbildende Staude mit Grundrosetten aus feinen, behaarten, weichen, grünen Blättern. Im Sommer nickende, offene, schalenförmige, blaßgelbe Blüten. Vor Winternässe schützen. H. und Br. 5–10 cm.

☼ 💧 ❄❄❄

Alyssum montanum
Alyssum wulfenianum
Calceolaria fothergillii
Calceolaria polyrrhiza

Polygala chamaebuxus
(Kreuzblume)
Immergrüne, am Grunde verholzende Staude mit winzigen, ausdauernden Blättern. Im Frühsommer Trauben aus kleinen, weißen und gelben, auch braungefleckten Schmetterlingsblüten. Liebt humusreichen Boden. H. und Br. 20 cm.

***Sedum acre* 'Aureum'**
(Goldgelber Scharfer Mauerpfeffer)
Immergrüne, mattenbildende Staude mit kriechenden Trieben, die im Frühsommer gelbspitzig sind und winzige, fleischige Blätter haben. Blüten in endständigen Dolden, leuchtendgelb, Sommerblüher. H. 2,5–5 cm, Br. wuchernd.

Waldsteinia ternata
(Waldsteinie)
Staude mit lockeren Blatt-Teppichen aus gezähnten, dreigeteilten Blättern. Im Spätfrühling und Frühsommer flachschalige, gelbe Blüten. Gut für Mauern und Felspartien, von denen Ausläufer herabwachsen können. H. 10, Br. 20–30 cm.

***Linum flavum* 'Compactum'**
(Lein)
Strauchige Staude mit schmalen Blättchen und endständigen Büscheln aus vielen aufrechtstehenden, röhrenförmigen, leuchtendgelben Blüten. Sommerblüher. Liebt sonnige, geschützte Lage. Schutz vor Winterfeuchte. H. und Br. 15 cm.

Scutellaria orientalis
(Helmkraut)
Rhizombildende Staude mit behaarten, grauen, sich bewurzelnden Trieben und endständigen Ähren aus röhrenförmigen, braunlippigen, gelben Blüten mit violettbraunen Spitzen. Sommerblüher. Blätter oval, gezähnt. H. 5–10, Br. wuchernd.

Oenothera missouriensis
(Nachtkerze)
Breitwüchsige Staude mit gedrungenen Trieben und ovalen Blättern. Blüten breitglockig, gelb, bisweilen rotgefleckt, kommen sporadisch während des Sommers. Öffnen sich bei Sonnenuntergang. H. bis 10, Br. 40 cm oder mehr.

Potentilla eriocarpa
(Fingerkraut)
Horstbildende Staude mit Büscheln aus ovalen, dunkelgrünen, gefiederten Blättern. Die flachen, einzelnen, blaßgelben Blüten erscheinen im Sommer direkt über dem Laub. H. 5–8, Br. 10–15 cm.

Calceolaria tenella
(Pantoffelblume)
Starkwüchsige, flachwachsende Staude mit kriechenden, rötlichen Trieben und ovalen, mittelgrünen Blättern, über denen sich die kleinen Ähren mit pantoffelförmigen, gelben Blüten erheben. Sommerblüher. H. 10 cm, Br. wuchernd.

Cheiranthus 'Moonlight'
Cytisus demissus
Erigeron aureus
Erysimum helveticum, S. 313
Genista delphinensis
Helianthemum oelandicum ssp. *alpestre*
Hippocrepis comosa 'E. R. Janes'
Hypericum reptans
Iris, Schwertlilien, S. 196–197
Jasminum parkeri
Jovibarba hirta, S. 328
Linum 'Gemmell's Hybrid'
Morisia monanthos, S. 312
Onosma stellulatum
Oxalis chrysantha
Oxalis lobata, S. 327

Niedrige Steingartenpflanzen MIT INTERESSANTEM SOMMERASPEKT

GELB

Genista sagittalis
(Pfeilginster)
Immergrüner, halb kriechender Strauch mit geflügelten Trieben und ovalen, dunkelgrünen Blättern. Im Frühsommer gelbe Schmetterlingsblüten in dichten, endständigen Büscheln, später behaarte Samenhülsen. H. 8, Br. 30 cm oder mehr.

☼ ◊ ❄❄❄

Cytisus ardoinii
(Ginsterart)
Sommergrüner, rundbuschiger Zwergstrauch mit überhängenden Zweigen. Im Spätfrühling und Frühsommer leuchtendgelbe Schmetterlingsblüten paarweise in den Blattachseln. Blätter in drei Blättchen unterteilt. H. 10, Br. 15 cm.

☼ ◊ ❄❄❄

Potentilla aurea
(Goldgelbes Fingerkraut)
Rundliche Staude mit verholzender Basis, die im Spätsommer lockere Rispen aus flachen, gelben Einzelblüten mit dunklem Auge hervorbringt. Blättchen oval, leicht silbern getönt und gefiedert. H. 10, Br. 20 cm.

☼ ◊ ❄❄❄

GELB-ORANGE

***Lysimachia nummularia* 'Aurea'**
(Gelbblättriges Pfennigkraut)
Flachwachsende Staude mit sich bewurzelnden Trieben und paarigen, gelblichen Blättern, die später grünlichgelb oder im Schatten grün werden. Leuchtendgelbe Blüten im Sommer in den Blattachseln. H. 2,5–5 cm, Br. Ausläufer treibend.

☼ ◊ ❄❄❄

***Hypericum empetrifolium* 'Prostratum'**
(Kriechendes Johanniskraut)
Immergrüne, kriechende Staude mit winkligen Trieben und leuchtendgrünen Blättern mit krausem Rand. Im Sommer flache, kleine, gelbe Blüten. Benötigt Winterschutz. H. 2, Br. 3 cm.

☼ ◊ ❄❄

Hippocrepis comosa
(Hufeisenklee)
Starkwachsende Staude mit flachstreichenden, sich bewurzelnden Trieben und kleinen, offenen Ähren mit gelben Schmetterlingsblüten und gefiederten Blättern. Selbstaussaat und starke Verbreitung. H. 5–8 cm, Br. Ausläufer treibend.

☼ ◊ ❄❄❄

***Calceolaria* 'Walter Shrimpton'**
(Pantoffelblume)
Immergrüne, polsterbildende Staude mit glänzend-dunkelgrünen Blättern. Im Frühsommer kurze Blütenähren mit vielen bronzegelben, braungefleckten, pantoffelförmigen Blüten mit weißer Bänderung in der Mitte. H. 10, Br. 25 cm.

☼ ◆ ❄❄❄

Alstroemeria hookeri
(Inkalilie)
Aus Knollen wachsende Zwergstaude mit schmalen Blättchen und lockeren Blütenschöpfen aus orangegrundigen, rosafarbenen Blüten, mit rot- und gelbgefleckten und gepunkteten oberen Blättern. Sommerblüher. H. 10–15, Br. 45–60 cm.

☼ ◊ ❄❄

Primeln, S. 230–231
Ranunculus montanus 'Molten Gold'
Saxifraga aizoides
Trollius pumilus, S. 313

Viola aetolica, S. 311
Viola biflora
Viola lutea
Viola 'Jackanapes', S. 312

Achillea × lewisii 'King Edward'
Crepis aurea, S. 299
Erigeron aurantiacus
Geum montanum

Helianthemum nummularium 'Amy Baring'
Hypericum cerastoides
Inula acaulis
Potentilla × tonguei

Niedrige Steingartenpflanzen MIT INTERESSANTEM HERBSTASPEKT

ROSA-BLAU

Polygonum vacciniifolium
(Blaubeerblättriger Knöterich)
Immergrüne, kriechende Staude mit vielen, verzweigten, holzigen, roten Trieben und ovalen Blättern, die sich im Herbst rot färben. Tiefrosa oder rote Blüten im Sommer und Herbst in langen, schmalen, dichten Ähren. H. 10–15, Br. bis 30 cm.

Gaultheria procumbens
(Scheinbeere)
Raschwüchsiger, immergrüner Halbstrauch mit kriechenden Trieben und Büscheln aus ledrigen, im Winter roten Blättern. Im Sommer rosa-weiße Blüten aus den Blattachseln, später scharlachrote Beeren. H. 5–15 cm, Br. Ausläufer treibend.

***Gentiana × macaulayi* 'Wellsii'**
(Enzian)
Immergrüne, flachwachsende Staude mit trompetenförmigen, mittelblauen Blüten, die im Sommer und Spätsommer erscheinen. Die Triebe sind von mittelgrünen, schmalen Blättern umgeben. Liebt sehr feuchten Boden. H. in Blüte 5, Br. 20 cm.

WEITERE EMPFOHLENE PFLANZEN:
Arctostaphylos nevadensis
Cornus canadensis
Sedum cauticola
Sedum ewersii

BLAU-ORANGE

Gentiana sino-ornata
(Stengelloser Enzian)
Immergrüne, flachwachsende, kriechende Staude, die im Herbst trompetenförmige, leuchtendblaue Einzelblüten an den Triebenden hervorbringt. Blätter schmal. Alle 3 Jahre teilen. Liebt feuchte Böden. H. in Blüte 5, Br. 30 cm.

Oxalis lobata
(Sauerklee)
Zwergstaude mit wollig umkleideten Knollen und mittelgrünen Blättern aus bis zu 5 rundlichen Einzelblättern. Im Sommer und Herbst Trauben mit weiten, röhrenförmigen, leuchtendgelben Blüten (∅ 1–2 cm). H. 5, Br. 8–10 cm.

Nertera granadensis
(Korallenbeere)
Flachwachsende Staude mit dichten Matten aus winzigen, leuchtendgrünen Blättern. Im Frühsommer winzige, grünlichweiße Blüten. Später schimmernde, orangefarbene Beeren. Benötigt im Sommer genug Feuchtigkeit. H. bis 1, Br. 10 cm.

Carlina acaulis, S. 315
Gentiana ornata
Gentiana 'Susan Jane'
Sedum kamtschaticum
Sedum kamtschaticum 'Variegatum', S. 331
Solidago virgaurea ssp. *minuta*
Vaccinium myrtillus
Vaccinium nummularia

Niedrige Steingartenpflanzen MIT INTERESSANTEM WINTER-/GANZJAHRESASPEKT

WEISS-ROT

***Arabis ferdinandi-coburgii* 'Variegata'**
(Buntblättrige Gamskresse)
Immergrüne, teppichbildende Staude mit kleinen, ovalen, grünen, cremefarben gefleckten Blättern. Blüten klein, weiß. Frühlings- und Sommerblüher. Kann in Art mit grünen Blättern zurückschlagen. H. 2, Br. 30 cm.

***Arctostaphylos uva-ursi* 'Point Reyes'**
(Bärentraube)
Immergrüner, kriechender Strauch mit langen Trieben und glänzenden Blättern. Im Spätfrühling und Frühsommer endständige Büschel aus kugeligen, blaßrosa bis weißen Blüten, später rote Beeren. H. 10, Br. 50 cm.

Jovibarba hirta*, syn. *Sempervivum hirtum (Hauswurz, Fette Henne)
Immergrüne, mattenbildende Staude mit Rosetten aus behaarten Blättern, die oft rot unterlegt sind, und Büscheln aus sternförmigen, gelben Blüten. Sommerblüher. Schutz vor Winterfeuchte. H. 8–15, Br. 10 cm.

Pachysandra terminalis
(Ysander, Dickmännchen)
Immergrüne, kriechende Staude mit in endständigen Büscheln angeordneten Blättern. Blütenähren mit winzigen, auch lilagetönten Blüten im Frühsommer. Ausgezeichneter Bodendecker in Schatten- und Trockenlagen. H. 10, Br. 20 cm.

Sedum lydium
(Mauerpfeffer)
Immergrüne, teppichbildende Staude mit rötlichen Trieben und schmalen, fleischigen, oft rotgetönten Blättchen. Endständige Blütenbüschel aus winzigen, weißen Blüten im Sommer. H. 5, Br. bis 15 cm.

Arctostaphylos uva-ursi
(Bärentraube)
Immergrüner, langsamwachsender Strauch mit gebogenen, verzweigten Trieben und kleinen, ovalen, leuchtendgrünen Blättern. Blüten rundlich, rosaweiß im Sommer, später scharlachrote Beeren. H. 10, Br. 60 cm.

Sedum obtusatum
(Mauerpfeffer)
Immergrüne, kriechende Staude mit kleinen, fleischigen Blättern, die sich im Sommer bronzerot färben. Im Sommer lockere, flache Büschel aus winzigen, gelben Blüten. Keine Nässe im Sommer. H. 5, Br. 10–15 cm.

***Trifolium repens* 'Purpurascens'**
(Roter Klee)
Starkwüchsiger, immergrüner Bodendecker, der wegen seiner geteilten, bronzegrünen Blätter gezogen wird. Blüten in Köpfchen aus winzigen Schmetterlingsblüten im Sommer. Gut für naturnahe Flächen. H. in der Blüte 8–12, Br. 20–30 cm.

WEITERE EMPFOHLENE PFLANZEN:
Ajuga reptans 'Multicolor', S. 259
Briggsia muscicola
Caltha introloba
Pachysandra terminalis 'Variegata'
Paronychia capitata

Acaena microphylla
(Stachelnüßchen)
Mattenbildende Staude mit geteilten, ovalen bis lanzettlichen Blättchen, die bronzefarben austreiben. Außer in strengen Wintern immergrün. Blütenköpfchen spinnenartig von stumpfroten Hochblättern umgeben. Sommerblüher. H. 5, Br. 15 cm.

Raoulia hookeri* var. *albo-sericea
(Raoulia)
Immergrüne, kriechende Staude mit winzigen, silbernen Blattrosetten. Im Sommer kurzzeitig Blütenköpfchen aus duftenden, gelben Flöckchen. Liebt karge, steinige Böden im Alpinenhaus. Vor Winterfeuchte schützen. H. 1, Br. 25 cm.

***Artemisia schmidtiana* 'Nana'**
(Zwergwermut)
Flachwachsende Staude mit farnähnlichem, silbernem Laub und unscheinbaren Rispen mit margeritenähnlichen, gelben Blüten. Sommerblüher. Gut für Trockenmauern und Hochbeete. H. 8, Br. 20 cm.

Sempervivum tectorum
(Dachwurz, Hauslauch)
Raschwüchsige, immergrüne Staude mit violettgetönten Blattrosetten, die tiefrot werden können. Im Sommer erscheinen Blütenbüschel aus sternförmigen, lilaroten Blüten an 30 cm hohen Stengeln. H. 10–15, Br. bis 20 cm.

Sempervivum arachnoideum
(Spinnweb-Hauswurz)
Immergrüne, mattenbildende Staude mit übersponnenen Rosetten aus ovalen, fleischigen, rotspitzigen Blättern. Lockere Blütenbüschel aus sternförmigen, rosaroten Blüten im Sommer. H. 5–12, Br. bis 10 cm.

Sedum spathulifolium
(Mauerpfeffer)
Immergrüne, mattenbildende Staude mit Rosetten aus grünen oder silbrigen Blättern, die bronzerot getönt sind, und Büscheln aus winzigen, gelben Blüten, die direkt über dem Laub im Sommer erscheinen. H. 5 cm, Br. wuchernd.

Leucogenes grandiceps
(Strohblumenart)
Immergrüner, dichter Halbstrauch mit zierlichen Rosetten aus breiten, silbrigen Blättern. Die gelben, innen weißen Blütenschöpfe aus wolligen Brakteen entwickeln sich nur im Frühling und Frühsommer. H. und Br. 10–15 cm.

Sempervivum ciliosum
(Hauswurz, Fette Henne)
Immergrüne, mattenbildende Staude mit Rosetten aus behaarten, graugrünen Blättern und sternförmigen, gelben Blütenköpfchen. Sommerblüher. Verträgt keine Winterfeuchte. Gedeiht am besten im Alpinenhaus. H. 8–10, Br. 10 cm.

Acaena anserinifolia
Acaena 'Blue Haze'
Acaena buchananii
Acantholimon venustum
Ajuga reptans 'Atropurpurea', S. 259
Raoulia eximia
Saxifraga stolonifera 'Tricolor'
Sempervivum 'Commander Hay'
Sempervivum grandiflorum
Thymus pseudolanuginosus
Tiarella wherryi
Viola odorata

Niedrige Steingartenpflanzen MIT INTERESSANTEM WINTER-/GANZJAHRESASPEKT

GRÜN

Raoulia australis
(Raoulia)
Immergrüne Teppichstaude, die eine rauhe Matte aus graugrünen Blättern bildet. Blüten winzige, flauschige, schwefelgelbe Köpfchen, Sommerblüher. H. 1, Br. 25 cm.

Acaena caesiiglauca
(Stachelnüßchen)
Starkwüchsige, bodendeckende Staude mit behaarten, blaugrauen, außer in strengen Wintern immergrünen Blättern. Blüten in Köpfchen mit dünnen, braungrauen Hochblättern. Fruchtstand rotbraun. Blütezeit Sommer. H. 5, Br. 75 cm.

Sempervivum montanum
(Dachwurz, Hauslauch)
Immergrüne, tuffbildende Staude mit dunkelgrünen, fleischigen, behaarten Blattrosetten und sternförmigen, weinroten Blüten in endständigen Büscheln. Sommerblüher. Kreuzungen durch Aussaat. H. 8–15, Br. 10 cm.

Azorella trifurcata
(Andenpolster)
Immergrüne Staude, die dichte, harte Polster aus winzigen, ledrigen, ovalen Blattrosetten bildet. Blüten in ungestielten Dolden aus gelben Einzelblütchen. Sommerblüher. H. bis 10, Br. 15 cm.

Asarum europaeum
(Haselwurz)
Starkwüchsige, immergrüne, kriechende Staude mit großen, nierenförmigen, ledrigen, glänzendgrünen Blättern, die die winzigen braunen Blüten im Frühling verbergen. H. 15 cm, Br. wuchernd.

Sagina boydii
(Sternmoos)
Immergrüne Staude mit rauhen, flaschengrünen Kissenpolstern aus winzigen, steifen Blättern, die kleine Rosetten bilden. Blüten unscheinbar. Kultur problematisch. Langsam wachsend. H. 1, Br. 20 cm.

Acantholimon glumaceum, S. 317
Arctostaphylos uva-ursi ssp. *hookeri* 'Monterey Carpet'
Asarum caudatum
Asarum hartwegii
Asarum shuttleworthii
Euonymus fortunei 'Kewensis'
Homogyne alpina
Jovibarba sobolifera
Mitchella repens
Thymus 'Porlock'
Thymus praecox
Thymus praecox 'Annie Hall'
Thymus praecox 'Elfin'

GRÜN-GELB

Sempervivum giuseppii
Starkwüchsige, immergrüne Staude, die aus erbsengrünen Blattrosetten flache Matten bildet. Die Blätter sind behaart, besonders im Austrieb, dunkelgefleckt und stippig. Blüten sternförmig in endständigen Büscheln, rot oder rosa. Sommerblüher. H. in Blüte 8–10, Br. 10 cm.

Bolax gummifera
Sehr langsam wachsende, immergrüne Staude mit zierlichen, blaugrünen Rosetten aus kleinen Blättchen, die harte Polster bilden. Blüten gelb, unscheinbar, spärlich. Gedeiht gut auf Tuffstein. H. 2,5, Br. 10 cm.

Raoulia haastii
Immergrüne Staude, die aus winzigen, im Frühling apfelgrünen, im Herbst dunkelgrünen Blättchen niedrige, immergrüne Polster bildet. Im Sommer gelegentlich kleine, flauschige, schwefelgelbe Blütenköpfchen. H. 1, Br. 25 cm.

Plantago nivalis
(Wegerichart)
Immergrüne Staude mit zierlichen Rosetten aus dichten, silbrigbehaarten, grünen Blättern und Ähren aus unscheinbaren, stumpfgrünen Blüten. Sommerblüher. Vor Winterfeuchte schützen. H. im Blatt 2,5, Br. 5 cm.

Paronychia kapela* ssp. *serpyllifolia
Immergrüne, sehr dichte Matten bildende Staude mit winzigen, silbrigen Blättern. Die unscheinbaren Blüten erscheinen im Sommer. Sie sind von papierenen, silbernen Hochblättern umgeben. Gut für Tuffsteinbepflanzung. H. bis 1, Br. 20 cm.

Leucogenes leontopodium
Thymus × citriodorus 'Aureus'

GELB

***Sedum kamtschaticum* 'Variegatum'**
(Mauerpfefferart)
Halbimmergrüne, kriechende Staude mit fleischigen Blättern, die cremefarben gerandet sind. Im Winter fleischige Triebe und Blattknospen. Im Frühsommer lockere, endständige orangegetönte, gelbe Blütenbüschel. H. 5–8, Br. 20 cm.

***Sedum spathulifolium* 'Cape Blanco'**
(Mauerpfefferart)
Immergrüne Staude mit flachen Rosetten aus fleischigen, silbergrünen Blättern, die oft violett unterlegt sind. Bringt im Sommer kleine Büschel aus winzigen, gelben Blüten über dem Laub hervor. Schattenverträglich. H. 5 cm, Br. wuchernd.

***Saxifraga moschata* 'Cloth of Gold'**
(Steinbrechart)
Immergrüne, polsterbildende Staude, die wegen ihrer kleinen, weichen Rosetten aus leuchtendgelbem Laub gezogen wird. Beste Farbgebung im Schatten. Blüten weiß, sternförmig, an dünnen Stengeln im Sommer. H. 10–15, Br. 15 cm.

Hohe Zwiebel- u. Knollengewächse

WEISS-ORANGE MIT FRÜHLINGSASPEKT

Leucojum aestivum
(Knotenblume)
Frühlingsblühende Zwiebel mit langen, streifenförmigen, halbaufrecht stehenden Grundblättern. Nickende, langgestielte, grüngezeichnete, weiße, glockenförmige Blüten an blattlosen Stengeln. H. 50–100, Br. 10–12 cm.

Fritillaria verticillata
(Schachbrettblume)
Frühlingsblühende Zwiebel mit schlanken, quirlständig um den Stengel angeordneten Blättern und lockeren Ähren aus 1–15 weißen Glockenblüten (∅ 2–4 cm), die grün oder braun kariert sind. H. bis 100, Br. 8–10 cm.

Fritillaria raddeana
(Kaiserkrone)
Robuster Frühlingsblüher mit lanzettlichen Blättern. Die Köpfchen aus bis zu 20 weitgeöffneten, konischen, grünlichgelben Blüten (3–4 cm lang) werden von einem Blattschopf aus kleinen Blättern überragt. H. 1,00, Br. bis 0,25 m.

Fritillaria persica
(Schachbrettblume)
Frühlingsblühende Zwiebel mit schmallanzettlichen, graugrünen Blättern an den Blütenstengeln. Blüten in Ähren von 10–20 oder mehr mit kleinen, schwarzen oder purpurbraunen Glocken (∅ 1,5–2 cm). H. bis 1,50 m, Br. 10 cm.

Fritillaria recurva
(Schachbrettblume)
Frühlingsblühende Zwiebel mit quirlständigen, schmallanzettlichen, graugrünen Blättern und einer dichten Ähre aus bis zu 10 kleinen, gelbkarierten, orangefarbenen oder roten Blüten mit geflammten Spitzen. H. bis 100, Br. 8–10 cm.

Fritillaria imperialis
(Kaiserkrone)
Frühlingsblühende Zwiebel mit glänzenden Blättern, die quirlständig um fleischige Stengel angeordnet sind und bis zu 5 breite, orange Blütenglocken hervorbringen; werden von blattähnlichen Brakteen überragt. H. 1,50, Br. bis 0,30 m.

WEITERE EMPFOHLENE PFLANZEN:
Albuca major
Canna iridiflora, S. 339
Chasmanthe aethiopica
Fritillaria imperialis 'Lutea'
Fritillaria imperialis 'Rubra Maxima'
Hymenocallis × festalis
Phaedranassa carmioli, S. 335

Hohe Zwiebel- u. Knollengewächse

WEISS MIT SOMMERASPEKT

***Crinum × powellii* 'Album'**
(Hakenlilie)
Im Spätsommer oder Herbst blühende, langhalsige Zwiebel mit halbaufrechten, streifenförmigen Blättern. Die blattlosen Blütenstiele tragen Büschel aus duftenden, weitgeöffneten, weißen Trompetenblüten. H. bis 1,00, Br. 0,60 m.

Galtonia candicans
(Riesenhyazinthe, Sommerhyazinthe)
Im Spätsommer oder Herbst blühende Zwiebel mit breiten, streifenförmigen, grundständigen, graugrünen Blättern. Blattlose Ähre mit bis zu 30 nickenden, kurzen, weißen Trichterblüten. H. 1,00 bis 1,20, Br. 0,25 m. Winterschutz nötig.

***Zantedeschia aethiopica* 'Crowborough'**
Knollengewächs mit pfeilförmigen, halb aufrechten, grundständigen Blättern und nacheinanderblühenden, aronstabähnlichen, weißen Hochblättern mit gelben Blütenkolben. Blütezeit Frühsommer und Sommer. H. 45–100, Br. 35–45 cm.

Camassia leichtlinii
(Präriekerze)
Büschelbildende Zwiebel mit langen, schmalen, aufrechten Grundblättern. Die blattlosen Stengel tragen dichte Ähren von sechsblättrigen, sternförmigen, blauvioletten oder weißen Blüten. Sommerblüher. H. 1,00–1,50, Br. bis 0,30 m.

Hymenocallis × macrostephana
(Schönhäutchen)
Immergrüne frühlings- oder sommerblühende Zwiebel mit streifenförmigen, halbaufrechten Grundblättern und duftenden, weißen oder creme- bis grüngelben Blüten (∅ 15–20 cm). H. 80, Br. 30–45 cm. Mindesttemperatur 15 °C.

WEITERE EMPFOHLENE PFLANZEN:
Camassia quamash
Cardiocrinum giganteum, S. 333
Chlorogalum pomeridianum
Dahlien, S. 340–341
Gladiolen, S. 334
Lilien, S. 338
Polianthes tuberosa

***Camassia leichtlinii* 'Semiplena'**
(Präriekerze)
Horstbildende Zwiebel mit langen, schmalen, aufrechten Grundblättern. Die blattlosen Stengel tragen dichte Ähren aus schmalblättrigen, gefüllten, cremeweißen Blüten (∅ 4–8 cm). Sommerblüher. H. 1,00–1,50, Br. bis 0,30 m.

***Zantedeschia aethiopica* 'Green Goddess'**
Robuste, sommerblühende Knolle mit pfeilförmigen, grundständigen Blättern und zahlreichen grünen Hochblättern, die mit grüngesprenkeltem, weißem Fleck versehen sind und nacheinander aufblühen. H. 45–100, Br. 45–60 cm.

Cardiocrinum giganteum
(Riesenlilie)
Zwiebel mit straffen, fleischigen, beblätterten Blütenstielen und langen Ähren aus duftenden, leicht hängenden, cremefarbenen, 15 cm langen, innen purpurrot gezeichneten Blüten. Sommerblüher. H. bis 3,00, Br. 0,75–1,10 m.

Nectaroscordum siculum* ssp. *bulgaricum
Im Frühsommer blühende Zwiebelstaude mit nickenden, glockenförmigen, weißen, purpur- und grüngeflammten Blüten. Bei der Reife biegen sich die Stengel aufwärts und halten die trockenen Kapseln aufrecht. H. bis 1,20, Br. 0,45 m.

Eucomis pallidiflora
(Riesenananas, Schopflilie)
Sommerblühende Zwiebel mit schwertförmigen, krausgerandeten Grundblättern und einer dichten Blütenähre aus sternförmigen, grünlichweißen Blüten, die von einem blattähnlichen Brakteenbüschel gekrönt werden. H. bis 75, Br. 30–60 cm.

Eucomis comosa
(Schopflilie)
Horstbildende Zwiebel mit streifenförmigen, unterseits purpurngefleckten Blättern. Der Stengel trägt eine Ähre aus weißen, bisweilen rosagetönten Blüten. Sie werden von einem Büschel aus Brakteen überragt. H. bis 80, Br. 30–60 cm.

Nomocharis pardanthina
Sommerblühende Zwiebel mit quirlständigen, lanzettlichen Blättern an den Stengeln und bis zu 15 nach außen zeigenden, weißen oder blaßrosa, purpurgefleckten Blüten mit dunkelviolettem Auge. H. bis 100, Br. 12–15 cm.

Crinum × powellii
(Hakenlilie)
Spätsommer- oder herbstblühende, langhalsige Zwiebel mit streifenförmigen, halbaufrechten Blättern. Die kahlen Blütenstiele tragen duftende, weit geöffnete, rosa Trompetenblüten, die zu mehreren zusammenstehen. H. bis 1,00, Br. 0,60 m.

Crinum bulbispermum
Dahlien, S. 340–341
Gladiolen, S. 334
Lilien, S. 338

Nomocharis saluenensis

Gladiolen

Gladiolen (bot. *Gladiolus*) sind ein ausgezeichneter Gartenschmuck und hervorragende Schnittblumen. Es gibt die Grandiflorus-Gruppe mit langen, dichten Blütenähren, die als klein-, mittel- oder großblumig bezeichnet werden, und die Primulinus-Gruppe mit lockeren Ähren aus kleinen Blüten. (Siehe dazu auch das Pflanzen-Lexikon.)

***G.* 'Ice Cap'**
(großblumig)

***G.* 'Inca Queen'**
(großblumig)

***G.* 'Robin'**
(Primulinus-Gruppe)

***G.* 'Moon Mirage'**
(riesenblumig)

***G.* 'Peter Pears'**
(großblumig)

***G.* 'Dancing Queen'**
(großblumig)

***G.* 'Miss America'**
(mittelgroßblumig)

***G.* 'Pink Lady'**
(großblumig)

***G.* 'Black Lash'**
(kleinblumig)

***G.* 'Tesoro'**
(mittelgroßblumig)

***G.* 'Café au Lait'**
(Primulinus-Gruppe)

***G.* × *colvillei* 'The Bride'** (kleinblumig)

***G.* 'Gigi'**
(kleinblumig)

***G.* 'Mexicali Rose'**
(großblumig)

***G.* 'Rutherford'**
(Primulinus-Gruppe)

***G.* 'Green Woodpecker'**
(mittelgroßblumig)

***G.* 'Rose Supreme'**
(riesenblumig)

***G.* 'Deliverance'**
(riesenblumig)

***G.* 'Drama'**
(großblumig)

***G.* 'Renegade'**
(großblumig)

***G.* 'Victor Borge'**
(großblumig)

***G.* 'Melodie'**
(kleinblumig)

***G.* 'Carioca'**
(mittelgroßblumig)

Hohe Zwiebel- und Knollengewächse MIT INTERESSANTEM SOMMERASPEKT

ROSA-ROT

Crinum moorei
(Hakenlilie)
Sommerblühende, langhalsige Zwiebel mit schmallanzettlichen, halbaufrechten, graugrünen Blättern und bis zu 1,00 m hohen, kahlen Blütenschäften mit Köpfen aus langgeröhrten, rosafarbenen Blütentrichtern. H. 70 und mehr, Br. 60 cm.

Notholirion campanulatum
Frühsommerblühende Zwiebelpflanze mit langen, schmalen, grundständigen Blattbüscheln. Die beblätterten Stengel tragen Ähren mit 10–40 nickenden, röhrenförmigen, 4–5 cm langen Blüten mit grüngetupften, tiefrosavioletten Blütenblättern. H. bis 100, Br. 8–10 cm.

Dierama pulcherrimum
(Trichterschwertel)
Aufrechtes, sommerblühendes Knollengewächs mit streifenförmigen, immergrünen Blättern, über denen sich im Sommer die drahtigen Stengel mit den tiefrosa Blüten erheben. Liebt tiefgründigen Boden. H. 1,50, Br. 0,60 m.

Phaedranassa carmioli
Frühlings- und sommerblühende Zwiebelpflanze mit aufrechten, lanzettlichen Grundblättern. Die rosafarbenen, hängenden Blüten mit grünem Schlund, gelbem Rand und grünen, endständigen Blättern stehen in einem Köpfchen zusammen. H. 50–70, Br. 30–45 cm.

Watsonia beatricis
(Watsonie)
Sommerblühendes Knollengewächs mit schwertförmigen Blättern, die teils grundständig, teils höher am Stengel sitzen; dieser trägt eine dichtverzweigte Ähre mit orangeroten Blüten mit 6 kurzen Blütenblättern. H. bis 1,00, Br. 0,30–0,45 m.

Watsonia pyramidata
(Watsonie)
Sehr robustes, sommerblühendes Knollengewächs mit schmalen, schwertförmigen, grundständigen Blättern. Blüten in verzweigten, lockeren Ähren aus 6 spitzzulaufenden, rosaroten Blütenblättern. H. 1,00–1,50, Br. bis 0,60 m.

Gladiolus italicus
(Gladiole, Siegwurz)
Frühsommerblühende Knollenpflanze mit einem Fächer aus aufrechten, grundständigen Blättern und lockerer Ähre mit bis zu 20 rosavioletten, 4–5 cm langen Blüten. H. bis 100, Br. 10–15 cm.

Gladiolus communis* ssp. *byzantinus
(Gladiole)
Frühsommerblühende Knollenpflanze mit dichter Ähre aus 20 etwa 4–6 cm langen, tiefvioletten oder violettrosa Blüten und einem schwertförmigen, grundständigen, aufrechten Blattfächer. H. bis 70, Br. 10–15 cm.

***Alstroemeria* 'Margaret'**
(Inkalilie)
Mittel- bis spätsommerblühende Pflanze aus Rhizomen. Blätter schmallanzettlich, gedreht, hellgrün. Die kurzen Stengel tragen weitgeöffnete, trichterförmige, tiefrote Blüten. H. 1,00, Br. 0,60–1,00 m.

× *Amarcrinum memoria-corsii*, S. 342
Dahlien, S. 340–341
Lilien, S. 338
Watsonia meriana

Hohe Zwiebelgewächse MIT INTERESSANTEM SOMMERASPEKT

ROT

Dracunculus vulgaris*, syn. *Arum dracunculus (Drachenwurz)
Frühlings- und sommerblühende Knollenpflanze mit tiefgeteilten, dickfleischig gestielten Blättern. Die schwarzbraunen Hüllblätter umgeben einen dunkelbraunvioletten Kolben von ca. 35 cm Länge. H. bis 1,00, Br. 0,45–0,60 m.

***Gloriosa superba* 'Rothschildiana'** (Ruhmeskrone)
Sommergrüne, sommerblühende, rankende Knollenpflanze. Aus den oberen Blattachseln wachsen große Blüten mit 6 zurückgebogenen, roten Petalen, die gewellte, gelbe Ränder haben. H. bis 2,00, Br. 0,45 m. Mindesttemperatur 8 °C.

***Crocosmia* 'Bressingham Blaze'** (Montbretie)
Horstbildende, spätsommerblühende Knollenpflanze mit schwertförmigen, gefalteten, aufrechten, grundständigen Blättern. Die weiten, trichterförmigen, feurigroten Blüten erscheinen an dichtbesetzten Stengeln. H. 75, Br. 15–20 cm.

***Crocosmia* 'Lucifer'** (Montbretie)
Robuste, horstbildende Knollenpflanze mit schwertförmigen, aufrechten, grundständigen, hellgrünen Blättern und trichterförmigen, tiefroten Blüten in dichten, verzweigten Ähren. Sommerblüher. H. 1,00, Br. 0,25 m.

***Canna × generalis* 'Assault'** (Blumenrohr)
Sommerblühende Knollenpflanze mit kräftigen, fleischigen Stengeln und breiten, violettgrünen Blättern. Die scharlachroten Blüten mit violetten Hochblättern stehen in Ähren zusammen. H. bis 1,20, Br. 0,45–0,60 m.

Crocosmia masonorum (Montbretie)
Robuste, büschelbildende Knollenpflanze mit aufrechten, grundständigen, längsgefalteten Blättern. An den verzweigten Stengeln mit horizontalen Enden stehen im Sommer aufrechte, rotorangefarbene Blüten. H. 50, Br. 30–40 cm.

ROT-VIOLETT

Scadoxus multiflorus* ssp. *katherinae*, syn. *Haemanthus katherinae (Blutblume)
Robuste, horstbildende Zwiebel mit lanzettlichen, gewelltrandigen Blättern und einem Köpfchen aus bis zu 200 roten Blüten. Sommerblüher. H. 1,20, Br. bis 0,45 m, Mindesttemperatur 10 °C.

Allium rosenbachianum (Blumenlauch)
Sommerblühende Zwiebelpflanze mit kräftigem Stengel und schmallanzettlichen, grundständigen Blättern. Die purpurrosa Blüten stehen in einem dichten Köpfchen aus 50 oder mehr Exemplaren zusammen. H. 1,00, Br. 0,20 m.

Dierama pendulum (Trichterschwertel)
Horstbildende, im Spätsommer blühende Knollenpflanze mit gebogenen, grundständigen Blättern und nickenden, lockeren Ähren aus glockenförmigen, lockeren, 2,5 cm langen, rosaroten Blüten. H. bis 1,50, Br. bis 0,20 m.

Canna × generalis 'Dazzler'
Canna × generalis 'Lucifer'
Chasmanthe aethiopica
Chasmanthe floribunda

Dahlien, S. 340–341
Dichelostemma ida-maia
Gladiolen, S. 334
Lilien, S. 338

Scadoxus multiflorus
Watsonia fourcadei

Dahlien, S. 340–341

VIOLETT-BLAU

Allium giganteum
(Riesenschmucklauch, Blumenlauch)
Robuste, sommerblühende Zwiebelpflanze mit langen, breiten, halbaufrechten, grundständigen Blättern und kräftigem Blütenstiel mit dichtem Köpfchen aus 50 oder mehr sternförmigen, violetten Blüten. H. bis 2,00, Br. bis 0,35 m.

Allium aflatunense
(Zierlauch, Blumenlauch)
Sommerblühende Zwiebelpflanze mit halb aufrechten, grundständigen Blättern, die zur Blütezeit absterben. Das Blütenköpfchen besteht aus 50 und mehr sternförmigen, violetten, dicht zusammenstehenden Blüten. H. 75, Br. 15–20 cm.

Dichelostemma congestum*, syn. *Brodiaea congesta (Brodiäa)
Frühsommerblühende Zwiebelpflanze mit halbaufrechten, grundständigen Blättern, die während der Blüte des dichten Köpfchens aus trichterförmigen, violetten Blüten absterben. Blüten 1,5–2 cm lang. H. 100, Br. 8–10 cm.

Neomarica caerulea
Sommerblühendes Rhizomgewächs mit schwertförmigen, grundständigen, fächerförmig wachsenden Blättern. An den Stengeln blattähnliche Hochblätter und mehrere blaue Blüten mit weißen, braungezeichneten Mittelblättern. H. bis 1,00, Br. 1,00–1,50 m. Mindesttemperatur 10°C.

Aristea major
Robuste, immergrüne, horstbildende Rhizompflanze mit schwertförmigen, aufrechten, bis 2,5 cm breiten Blättern und dichten Ähren aus violettblauen Blüten, die im Sommer an kurzen Schäften erscheinen. H. bis 1,00, Br. 0,45–0,60 m.

GRÜN-GELB

Arisaema consanguineum
(Feuerkolben)
Sommerblühende Knollenpflanze mit gefleckten Stengeln und Blattschirmen aus schmalen Einzelblättchen. Die violett- oder weißgestreiften, grünen Hüllblätter sind 15–20 cm lang, die Beeren leuchtendrot. H. bis 1,00, Br. 0,45 cm.

Galtonia viridiflora
(Riesenhyazinthe, Sommerhyazinthe)
Horstbildende, sommerblühende Zwiebel mit breiten, streifenförmigen, fleischigen, grundständigen, graugrünen Blättern. Der kahle Blütenstiel trägt eine Ähre aus bis zu 30 nickenden, blaßgrünen Trichterblüten. H. 1,00–1,20, Br. bis 0,25 m.

Dietes bicolor
Immergrüne, teppichbildende, sommerblühende Rhizompflanze mit schweren, langen, schmalen, grundständigen Blättern. Nacheinanderblühende, irisähnliche, blaß- bis mittelgelbe Blüten mit braungefleckten Petalen auf verzweigten Stielen. H. bis 1,00, Br. bis 0,60 m.

Allium caeruleum, S. 352
Arisaema tortuosum
Camassia quamash
Dahlien, S. 340–341

Gladiolen, S. 334
Iris, Schwertlilien, S. 196–197

Bowiea volubilis, S. 381
Stenanthium gramineum

Lilien

Lilien (bot. *Lilium*) sind dankbare Pflanzen. Sie bringen Eleganz in die Blumenrabatte. Ihre attraktiven, aufrechten, nickenden oder Türkenbund-Formen mit zurückgebogenen Blütenblättern in vielen Schattierungen stehen zu mehreren an einem Blütenstiel. Sehr verbreitet sind die zahllosen Hybriden in verwirrender Farbfülle, aber unter den Arten gibt es noch viele, die unverdienterweise bisher vernachlässigt wurden.

L. rubellum

L. 'Karen North'
(Türkenbundform)

L. Golden Clarion-Hybriden

L. 'Apollo'
(Türkenbundform)

L. candidum
(Madonnenlilie)

L. auratum* var. *platyphyllum

L. 'Sterling Star'

L. mackliniae

L. speciosum* var. *rubrum
(Türkenbundform)

L. chalcedonicum
(Türkenbundform)

L. pardalinum
(Türkenbundform)

L. 'Destiny'

L. 'Amber Gold'
(Türkenbundform)

L. lancifolium* var. *splendens (Tigerlilie)

L. 'Brushmarks'

L. longiflorum

L. 'Bright Star'

L. regale
(Königslilie)

L. Imperial-Gold-Gruppe

L. 'Journey's End'

L. 'Connecticut King'

L. hansonii
(Türkenbundform)

L. 'Enchantment'

L. 'Harmony'

L. Olympic-Hybriden

L. 'Corsage'

L. 'Black Beauty'
(Türkenbundform)

L. nepalense

L. 'Black Magic'

L. martagon
(echter Türkenbund)

L. 'Lady Bowes Lyon'

L. monadelphum

L. bulbiferum* var. *croceum (Feuerlilie)

Hohe Zwiebelgewächse MIT SOMMERASPEKT

GELB

***Crocosmia* 'Citronella'**
(Montbretie)
Horstbildende, spätsommerblühende Knollenpflanze mit schwertförmigen, aufrechten, grundständigen, graugrünen Blättern. Blüten trichterförmig, leuchtend goldgelb. H. 60–75, Br. 15–20 cm.

☼ ◊ ❄❄

Moraea huttonii
(Kap-Iris)
Sommerblühende Knolle mit langen, schmalen, grundständigen Blättern. Die schweren Stiele tragen nacheinander erblühende, gelbe, irisähnliche Blüten mit brauner Grundzeichnung. H. 75–100, Br. 15–25 cm. Winterschutz.

☼ ◊ ❄❄

Zantedeschia elliottiana
Sommerblühende Knolle mit herzförmigen, halb aufrechten, grundständigen Blättern mit durchsichtigen Flecken. Der 15 cm lange, gelbe Kolben wird von einem gelben Hochblatt umhüllt. H. 60–100, Br. 45–60 cm. Mindesttemperatur 10 °C.

☼ ◊

Alstroemeria 'Walter Fleming'
Dahlien, S. 240–341
Gladiolen, S. 334
Gladiolus papilio, S. 342

Gloriosa superba
Moraea spathulata

ORANGE

Alstroemeria aurea
(Inkalilie)
Sommerblühende Rhizompflanze mit schmallanzettlichen, gedrehten Blättern und lockeren Blütenköpfchen aus orangefarbenen, grünspitzigen Blüten und dunkelroten, streifenförmigen Malen. H. bis 1,00, Br. 0,60–1,00 m.

☼ ◊ ❄❄

Littonia modesta
(Littonie)
Sommergrünes, sommerblühendes Knollengewächs; Kletterpflanze mit schlanken Trieben und lanzettlichen Blättern. Aus den Blattachseln entwickeln sich die nikkenden, orangefarbenen Glockenblüten. H. bis 2,00, Br. 0,15 m. Mindesttemperatur 16 °C.

☼ ◊

Canna iridiflora
(Blumenrohr)
Robustes, frühlings- oder sommerblühendes Knollengewächs mit breiteiförmigen Blättern. Ähren mit nickenden, 10–15 cm langen, trichterförmigen, rosaroten oder orangen Blüten. H. 3,00, Br. 0,45 bis 0,60 m. Mindesttemperatur 15 °C.

☼ ♦

Belamcanda chinensis
Canna × generalis 'Orange Perfection'
Crocosmia aurea
Crocosmia paniculata

Dahlien, S. 340–341
Gladiolen, S. 334

Dahlien

Die Skala der Dahlienhybriden für Blumenrabatten zeigt für jeden Gartenfreund eine verwirrende Fülle von Farben und Formen, und man benötigt kein besonderes Geschick für ihre Kultur. Die Farben reichen von Zartrosa über Karmin und Lila bis Dunkelviolett, die Formen von winzigen Pompons bis zu Blüten von 30 cm Durchmesser. Dahlien (bot. *Dahlia*) sind gute Schnittblumen. Sie blühen üppig vom Sommer bis zum ersten Frost. Unter günstigen Bedingungen kann eine einzige Pflanze bis zu 100 Blüten hervorbringen. Die verschiedenen Dahlien werden nach ihren unterschiedlichen Blütenformen eingeteilt:

Einfache – jede Blüte besteht aus 8–10 breiten Blättern, die um ein flaches Köpfchen angeordnet sind.

Anemonenblütige – gefüllte Blüten aus einer oder mehreren Reihen von flachen Zungenblüten, sie umgeben ein Köpfchen mit einem dichten Kranz aus kürzeren Röhrenblüten.

Halskrausendahlie – einfache Blüten mit 8–10 Randblättern und einer Halskrause aus kleineren Blättern, die die offene Mitte umgeben.

Seerosenblütige – gefüllte Blüten mit großen, flachen oder leicht zurückgebogenen Zungenblüten, die der Blüte ein flaches Aussehen verleihen.

Schmuckdahlien – gefüllte Blüten mit breiten, flachen, bis zum Stiel zurückgebogenen Zungenblüten mit leicht gebogenen Rändern.

Ballform – abgeflachte bis runde, gefüllte, meist dichtstehende Röhrenblüten.

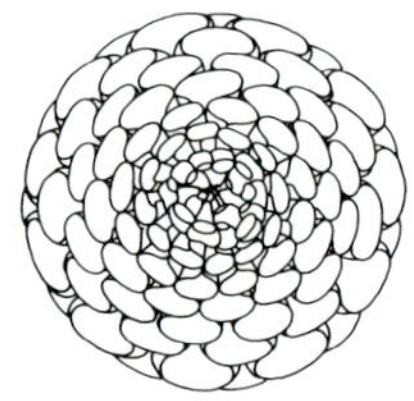

Pompon – flache bis runde, gefüllte Blüten bis 5 cm ∅; eine Miniaturform der Ballform.

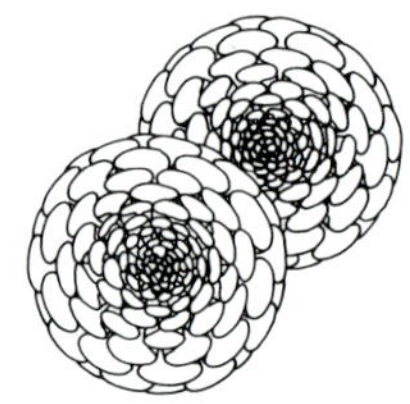

Kaktusdahlie – gefüllte Blüten mit schmalen, spitzen, geraden oder einwärtsgedrehten und mit mehr als ⅔ ihrer Länge zurückgebogenen Blütenblättern.

Semikaktusdahlie – gefüllte, den Kaktusdahlien ähnliche Blüten mit breiteren Grundblättern, deren Ränder meist zur Spitze hin gedreht sind.

Gemischte Dahlien – Blüten mit großer Formenvielfalt, einschließlich orchideenblütiger (rechts) einfacher und gefüllter Formen.

***D.* 'Majestic Kerkrade'**
(Kaktusdahlie)

***D.* 'Pink Symbol'**
(Semikaktusdahlie)

***D.* 'Rhonda'**
(Pomponform)

***D.* 'Candy Keene'**
(Semikaktusdahlie)

***D.* 'Athalie'**
(Kaktusdahlie)

***D.* 'Vicky Crutchfield'**
(Seerosenblütige Form)

***D.* 'Gilt Edge'**
(Schmuckdahlie)

***D.* 'Angora'**
(Schmuckdahlie)

***D.* 'Nina Chester'**
(Schmuckdahlie)

***D.* 'Easter Sunday'**
(Halskrausendahlie)

***D.* 'White Klankstad'**
(Kaktusdahlie)

***D.* 'Small World'**
(Pomponform)

***D.* 'Monk Marc'**
(Kaktusdahlie)

***D.* 'Noreen'**
(Pomponform)

***D.* 'Gay Princess'**
(Schmuckdahlie)

***D.* 'By the Cringe'**
(Kaktusdahlie)

D. **'Wootton Cupid'**
(Ballform)

D. **'Flutterby'**
(Schmuckdahlie)

D. **'Butterball'**
(Schmuckdahlie)

D. **'Shandy'**
(Kaktusdahlie)

D. **'Chinese Lantern'**
(Schmuckdahlie)

D. **'Chimborazo'**
(Halskrausendahlie)

D. **'Early Bird'**
(Schmuckdahlie)

D. **'Corton Olympic'**
(Schmuckdahlie)

'Pontiac'
(Kaktusdahlie)

D. **'Comet'**
(Anemonenblütige D.)

D. **'Bassingbourne Beauty'** (Schmuckdahlie)

D. **'Cortez Sovereign'**
(Semikaktusdahlie)

D. **'Fascination'**
(Gemischte Form)

D. **'Brunton'**
(Schmuckdahlie)

D. **'Hamari Katrina'**
(Semikaktusdahlie)

D. **'Davenport Sunlight'** (Semikaktusdahlie)

D. **'Frank Hornsey'**
(Schmuckdahlie)

D. **'Biddenham Sunset'** (Schmuckdahlie)

D. **'Jocondo'**
(Schmuckdahlie)

D. **'Bishop of Llandaff'**
(Gemischte Form)

D. **'Yellow Hammer'**
(Einfache Dahlie)

D. **'East Anglian'**
(Schmuckdahlie)

D. **'Paul Chester'**
(Kaktusdahlie)

D. **'Quel Diable'**
(Semikaktusdahlie)

D. **'Betty Bowen'**
(Schmuckdahlie)

D. **'Corona'**
(Semikaktusdahlie)

D. **'Gay Mini'**
(Schmuckdahlie)

D. **'Highgate Torch'**
(Semikaktusdahlie)

D. **'Whale's Rhonda'**
(Pomponform)

D. **'Scarlet Beauty'**
(Seerosenblütige Form)

D. **'Clair de Lune'**
(Halskrausendahlie)

D. **'So Dainty'**
(Semikaktusdahlie)

Hohe Zwiebelgewächse

WEISS-VIOLETT MIT HERBSTASPEKT

***Amaryllis belladonna* 'Hathor'**
(Ritterstern, Amaryllis)
Herbstblühende Zwiebelpflanze mit violettem Stiel und duftenden, reinweißen, 10 cm langen Trichterblüten mit gelbem Schlund. Die schmallanzettlichen, grundständigen Blätter erscheinen im Spätwinter und Frühling. H. 50–80, Br. 30–45 cm.

× *Amarcrinum memoria-corsii*
Immergrüne, horstbildende Zwiebelpflanze mit breiten, halb aufrechten, grundständigen Blättern. Kräftige Stiele mit duftenden, rosaroten Blüten, die locker in Köpfchen im Spätherbst zusammenstehen. H. und Br. bis 1,00 m.

× *Amarygia parkeri*
Im Frühherbst blühende Zwiebelpflanze mit kräftigem Stengel und mehreren in einem Köpfchen zusammenstehenden, tiefrosafarbenen Blüten mit gelbem und weißem Schlund. Blätter streifenförmig, halb aufrecht, grundständig, nach der Blüte austreibend. H. bis 100, Br. 60 cm.

Amaryllis belladonna
(Ritterstern, Amaryllis)
Herbstblühende Zwiebel mit kräftigem, violettem Stengel und duftenden, rosafarbenen, 10 cm langen Trichterblüten. Nach der Blüte erscheinen die halb aufrechten, grundständigen Blätter. H. 50–80, Br. bis 45 cm.

Gladiolus papilio
(Gladiole)
Horstbildende, im Sommer oder Herbst blühende, ausläufertreibende Knollenpflanze. Bis zu 10 gelbe oder weiße, violett-unterlegte Blüten mit helmartigen oberen Blättern und dunkleren, gelbgefleckten unteren Blättern. H. bis 100, Br. 15 cm.

WEITERE EMPFOHLENE PFLANZEN:
Crinum macowanii
Crinum × powellii, S. 333
Crinum × powellii 'Album', S. 332
Crocosmia masonorum, S. 336
Galtonia candicans, S. 332
Urginea maritima
Worsleya rayneri

Mittelhohe Zwiebelgewächse

WEISS MIT FRÜHLINGSASPEKT

Allium neapolitanum
(Zierlauch, Blumenlauch)
Frühlingsblühende Blumenzwiebel mit schmalen, halb aufrechten Blättern im unteren Viertel des Blütenstiels. Jeder Stiel trägt ein 5–10 cm großes Köpfchen aus bis zu 40 weißen Blüten. H. 20–50, Br. 10–12 cm.

Calochortus venustus
(Mormonentulpe)
Im Spätfrühling blühendes Zwiebelgewächs mit 1–2 schmalen, aufrechten, grundständigen Blättern. 1–4 weiß-gelblilarot gefärbte Blüten mit dunkelrotem, gelbgezeichnetem Fleck auf den Petalen. H. 20–60, Br. 5–10 cm.

Calochortus albus
(Mormonentulpe)
Im Frühling blühende Zwiebelpflanze mit schmalen, aufrechten, graugrünen, grundständigen Blättern und lockerverzweigten Stengeln, an denen jeweils nickende, kugelige, weiße oder rosa Blüten erscheinen. H. 20–50, Br. 5–10 cm.

Erythronium oregonum
(Hundszahn)
Horstbildende, frühlingsblühende Knolle mit 2 halb aufrechten, gefleckten, grundständigen Blättern und bis zu 3 nickenden, weißen Blüten mit gelbem, oft braungerandetem Auge. Starke Vermehrung durch Ableger. H. bis 35, Br. 12 cm.

Pamianthe peruviana
Immergrüne, im Frühling blühende Zwiebelpflanze mit stämmigem Hals und schmallanzettlichen, halb aufrechten, gebogenen Blättern. Die Stengel tragen 2–4 duftende, weiße Blüten mit glockenförmigem Kelch und 6 breiten Petalen. H. 50, Br. 45–60 cm.

***Erythronium* 'White Beauty'**
(Hundszahn)
Horstbildende Knollenpflanze mit 2 grundständigen, gefleckten Blättern. Im Frühling lockere Ähren aus 1–10 weißen Blüten mit zurückgebogenen Petalen, die am Grunde ringförmig gezeichnet sind. H. 20–30, Br. 10–12 cm.

WEITERE EMPFOHLENE PFLANZEN:
Crinum asiaticum, S. 350
Narzissen, S. 348–349
Freesia 'White Swan'
Hippeastrum 'White Dazzler'
Hymenocallis narcissiflora, S. 351
Leucojum aestivum, S. 332
Ornithogalum umbellatum

Erythronium hendersonii
(Hundszahn)
Knollenpflanze, die im Frühling blüht, mit 2 halb aufrechten, grundständigen, braun- und grüngefleckten Blättern. Die Blütenstiele tragen bis zu 10 rosa Blüten mit zurückgebogenen Petalen und dunkelviolettem Auge. H. 20–30, Br. 12 cm.

Allium unifolium
(Zierlauch, Blumenlauch)
Im Spätfrühling blühende Zwiebelpflanze mit einem halbaufrechten, grundständigen, graugrünen Blatt. Jeder Blütenstiel trägt ein gewölbtes Köpfchen (∅ 5 cm) aus bis zu 30 purpurrosa Blüten. H. bis 30, Br. 8–10 cm.

Anemone pavonia
(Anemone, Windröschen)
Dichtblättrige Knollenpflanze mit einzelnen, scharlachroten Blüten, die eine violette oder dunkelblaue Mitte haben und im Vorfrühling über dem geteilten, gefransten Laub erscheinen. H. 40, Br. 20 cm.

Erythronium revolutum
Freesia armstrongii
Hippeastrum advenum, S. 351
Hippeastrum 'Apple Blossom', S. 355
Hippeastrum 'Bouquet'
Hippeastrum rutilum, S. 364

Sprekelia formosissima
(Jakobslilie)
Horstbildende, im Frühling blühende Knollenpflanze mit lanzettlichen, grundständigen Blättern. Die Stengel tragen eine tiefrote Blüte mit 6 schmalen, am Grunde grünmarkierten Blättern. Geschützte Lagen. H. 15–35, Br. 12–15 cm.

Sauromatum venosum*, syn. *S. guttatum (Eidechsenschwanz)
Knollenpflanze, die im zeitigen Frühling mit einem großen, stinkenden, purpurgefleckten Hüllblatt blüht. Später erscheint am langen, gefleckten Stiel ein Blatt. H. 30–45, Br. 30–35 cm. Mindesttemperatur 5–7 °C.

Fritillaria meleagris
(Kibitzei, Schachbrettblume)
Frühlingsblühende Zwiebelpflanze mit schlanken Stielen und einzelnen, schmalen, graugrünen Blättern. Blüten einzeln, glockenförmig, auffallend kariert in Schattierungen von Rosa-Violett oder Weiß. H. bis 30, Br. 5–8 cm.

Fritillaria camschatcensis
(Schachbrettblume)
Im Frühling blühende Zwiebelpflanze mit lanzettlichen, glänzenden, meist quirlständigen Blättern und bis zu 8 schwarzvioletten oder braunen Blütenglocken. Liebt humusreichen Boden. H. 15–60, Br. 8–10 cm.

Fritillaria pyrenaica
(Schachbrettblume)
Im Frühling blühende Zwiebelpflanze mit einzelnen, oft schmalen, lanzettlichen Blättern. Blüten einzeln, selten zu zweit, breitglockig mit leicht umgebogenen, karierten, tiefbraunen oder schwarzvioletten Petalen. H. 15–30, Br. 5–8 cm.

Anemone × fulgens, S. 359
Arum dioscoridis
Freesia 'Romany'
Fritillaria tubiformis
Hippeastrum pratense
Hippeastrum 'Red Lion', S. 355
Scadoxus puniceus
Tulpen, S. 344–345

Tulpen

Tulpen (bot *Tulipa*) können vielfach verwendet werden. Sie sind gut geeignet für Steingärten, für streng geformte Beete, als Schnittblumen und Kübelpflanzen. Ihre schönen Blüten mit der einfachen, aufrechten Form zeigen oft kräftige Farben. Viele Spezies unter den zahllosen erhältlichen Hybriden verdienen stärkere Verbreitung. Man unterteilt die Tulpen in 12 Glruppen:

1. Einfache frühe Tulpen. Rundovale Einzelblüten, die sich meist weit in voller Sonne öffnen. Blütezeit Vorfrühling/Frühling.

2. Gefüllte frühe Tulpen. Langblühende, gefüllte Blüten im Vorfrühling/Frühling, die sich weit öffnen.

3. Triumphtulpen. Kräftige Stiele mit konischen Einzelblüten, die mehr rundgeformt sind. Blütezeit Frühling/Spätfrühling.

4. Darwin-Hybriden. Große Einzelblüten auf straffen Stielen im Mittel-/Spätfrühling.

5. Einfache späte Tulpen. Unterschiedliche, einfache Blüten, meist mit zugespitzten Petalen; Blütezeit Spätfrühling/Frühsommer.

6. Lilienblütige Tulpen. Schmalhüftige Einzelblüten mit langen, zugespitzten, oft nach außen zurückgebogenen Petalen im Spätfrühling. Straffe Stiele.

7. Gefranste Tulpen. Die Blüten sind ähnlich wie unter Gruppe 6, jedoch mit gefransten Blütenblättern.

8. Viridiflora-Tulpen. Unterschiedliche Einzelblüten mit teilweise grünlichen Petalen im Spätfrühling.

9. Rembrandt-Tulpen. Blüten ähnlich wie unter 6, jedoch streifig oder fedrig gemustert infolge Virusbefall. Blütezeit Spätfrühling.

10. Papagei-Tulpen. Große, unterschiedliche Einzelblüten mit gefransten oder krausen, meist gedrehten Petalen im Spätfrühling.

11. Gefüllte späte Tulpen (päonienblütige). Meist schalenförmige, gefüllte Blüten im Spätfrühling.

12. Kaufmanniana-Hybriden. Einfache, meist zweifarbige Blüten, die sich im Vorfrühling in der Sonne weit öffnen. Blätter oft gefleckt oder gestreift.

13. Fosteriana-Hybriden. Große Einzelblüten, die sich im Vorfrühling/Frühling in der Sonne weit öffnen. Blätter oft gefleckt oder gestreift.

14. Greigii-Hybriden. Große Einzelblüten im Frühling/Spätfrühling. Die gefleckten oder gestreiften Blätter sind oft am Rande gewellt.

15. Gemischte Tulpen. Eine Kategorie anderer Arten, ihre Kulturformen und Hybriden, die im Frühling/Frühsommer erscheinen.

***T.* 'White Triumphator'** (Gr. 6)

T. biflora (Gr. 15)

T. 'White Dream' (Gr. 3)

T. turkestanica (Gr. 15)

***T.* 'Diana'** (Gr. 1)

***T.* 'Peach Blossom'** (Gr. 2)

***T.* 'Purissima'** (Gr. 13)

***T.* 'Clara Butt'** (Gr. 5)

***T.* 'China Pink'** (Gr. 6)

***T.* 'Spring Green'** (Gr. 8)

***T.* 'Gordon Cooper'** (Gr. 4)

***T.* 'Red Parrot'** (Gr. 10)

T. clusiana (Gr. 15)

***T.* 'Mme Lefèbre'** (Gr. 13)

T. saxatilis (Gr. 15)

***T.* 'Palestrina'** (Gr. 5)

***T.* 'Estella Rijnveld'** (Gr. 10)

T. sprengeri (Gr. 15)

***T.* 'Angélique'** (Gr. 11)

***T.* 'Union Jack'** (Gr. 5)

T. linifolia (Gr. 15)

***T.* 'Garden Party'** (Gr. 3)

T hageri (Gr. 15)

***T.* 'Oranje Nassau'** (Gr. 2)

***T.* 'Glück'** (Gr. 12)

***T.* 'Blue Parrot'** (Gr. 10)

***T.* 'Maja'** (Gr. 7)

***T.* 'Dreamboat'** (Gr. 14)

***T.* 'Balalaika'** (Gr. 5)

T. marjolettii (Gr. 15)

***T.* 'Queen of Night'** (Gr. 5)

***T.* 'Bellona'** (Gr. 1)

T. undulatifolia (Gr. 15)

***T.* 'Dreaming Maid'** (Gr. 3)

T. batalinii (Gr. 15)

***T.* 'West Point'** (Gr. 6)

***T.* 'Artist'** (Gr. 8)

***T.* 'Shakespeare'** (Gr. 12)

***T.* 'Plaisir'** (Gr. 14)

***T.* 'Greuze'** (Gr. 5)

T. sylvestris (Gr. 15)

***T.* 'Dillenburg'** (Gr. 5)

T. orphanidea (Gr. 15)

***T.* 'Margot Fonteyn'** (Gr. 3)

T. urumiensis (Gr. 15)

***T.* 'Prinses Irene'** (Gr. 1)

***T. praestans* 'Van Tubergen's Variety'** (Gr. 15)

***T.* 'Keizerskroon'** (Gr. 1)

T. violacea (Gr. 15)

T. kaufmanniana (Gr. 15)

T. clusiana var. ***chrysantha*** (Gr. 15)

T. whittallii (Gr. 15)

T. acuminata (Gr. 15)

T. humilis (Gr. 15)

T. tarda (Gr. 15)

***T.* 'Cape Cod'** (Gr. 14)

Mittelhohe Zwiebelgewächse MIT INTERESSANTEM FRÜHLINGSASPEKT

BLAU

Muscari latifolium
(Traubenhyazinthe)
Im Frühling blühende Zwiebel mit einem streifenförmigen, halb aufrechten, grundständigen Blatt und einer dichten Ähre aus winzigen, glockenförmigen, schwarzvioletten bis -blauen Blüten. Obere Blüten kleiner und blasser. H. bis 25, Br. 5–8 cm.

☼ ◊ ❄❄

Leucocoryne ixioides
(Ruhm der Sonne)
Im Frühling blühendes Zwiebelgewächs mit langen, schmalen, grundständigen Blättern, die zur Blütezeit bereits verwelkt sind. An schlanken Blütenstengeln lockere Köpfchen von bis zu 10 zartblauen Blüten. H. 30–40, Br. 8–10 cm.

☼ ◊ ❄

Hyacinthoides hispanica*, syn. *Scilla campanulata
(Glockenhyazinthe)
Horstbildende, im Frühling blühende Zwiebelpflanze mit lineal-lanzettlichen, glänzenden Blättern und lockerer Ähre aus nickenden, blauen, weißen oder rosa Glockenblüten. H. bis 30, Br. 10–15 cm.

◑ ♦ ❄❄❄

BLAU-GRÜN

Ixiolirion tataricum
(Blaulilie)
Im Frühling und Frühsommer blühende Zwiebelpflanze mit langen, schmalen, halb aufrechten Blättern. Die blauen Blüten mit dunkler Mittellinie auf jedem Blatt stehen in lockeren Büscheln zusammen. H. 40, Br. 8–10 cm.

☼ ◊ ❄❄❄

Fritillaria pontica
(Kaiserkrone)
Im Frühling blühende Zwiebelpflanze. An den Stengeln lanzettliche, graugrüne Blätter, die obersten zu dritt, quirlständig. Einzelne breite, 3–4,5 cm lange, oft braungetönte grüne Blütenglocken. H. 15–45, Br. 5–8 cm.

◑ ◊ ❄❄❄

Hyacinthoides non-scriptus*, syn. *Scilla non-scripta
(Hasenglöckchen)
Büschelbildende, frühlingsblühende Zwiebelpflanze mit lineal-lanzettlichen Blättern. An aufrechten Stengeln duftende, blaue, rosa oder weiße Blüten in Ähren. H. 20–40, Br. 8–10 cm.

◑ ♦ ❄❄❄

Ixia viridiflora
(Ixie, Klebschwertel)
Im Frühling und Frühsommer blühende Knollenpflanze mit sehr schmalen, aufrechten Blättern, die meist grundständig sind. Blütenstiele mit Ähren aus flachen, jadegrünen Blüten mit schwarzviolettem Auge. H. 30–60, Br. 2,5–5 cm.

☼ ◊ ❄

Hermodactylus tuberosus*, syn. *Iris tuberosa (Knolleniris)
Im Frühling blühende Staude mit fingerförmigen Knollen. Die langen, schmalen Blätter haben einen quadratischen Querschnitt. Blüten gelbgrün, irisähnlich, mit großen, schwarzbraun gezeichneten Hängeblättern. H. 20–40, Br. 5–8 cm.

☼ ◊ ❄❄❄

Fritillaria cirrhosa
(Schachbrettblume)
Frühlingsblühende Zwiebelpflanze mit schmalen, quirlständigen Blättern, die an der Spitze rankenähnlich ausgebildet sind. Bis zu 4 violette oder gelbgrüne Blütenglocken mit dunkelviolettem Schachbrettmuster. H. bis 60, Br. 5–8 cm.

☼ ◊ ❄❄❄

Aristea ecklonii
Iris, Schwertlilien, S. 196–197
Moraea polystachya

Bellevalia pycnantha

Fritillaria pallidiflora
(Schachbrettblume)
Robuste, im Frühling blühende Zwiebelpflanze mit breitlanzettlichen, graugrünen Blättern. 1–5 breite, glockenförmige, gelbe bis grüngelbe Blüten, die meist innen schwach braunrot kariert sind. H. 50–70, Br. 8–10 cm.

☼ ◊ ❄❄❄

Arum creticum
(Aronstab)
Im Frühling blühende Knollenpflanze mit weißem oder gelbem Hüllblatt, das am Grund flaschenförmig ausgebildet ist. Herausragender, gelber Kolben. Die pfeilförmigen Blätter erscheinen schon im Herbst. H. 30–50, Br. 20–30 cm.

☼ ◊ ❄❄

Ferraria crispa*, syn. *F. undulata
Im Frühling blühende Knollenpflanze mit belaubtem Stengel und einer Reihe von aufwärtsgerichteten, braunen oder gelbbraunen, 4–5 cm großen Blüten, die 6 gewelltrandige, breite Petalen mit stark gefleckter Zeichnung haben. H. 20–40, Br. 8–10 cm.

☼ ◊ ❄

***Gladiolus* 'Christabel'**
(Gladiole)
Im Frühling blühende Knolle mit drahtigem Stiel und lockerer Ähre aus duftenden, weiten, trichterförmigen, primelgelben Blüten mit purpurbraun-geaderten oberen Petalen (∅ 2,5–3 cm). H. bis 45, Br. 8–10 cm.

☼ ◊ ❄

***Erythronium* 'Pagoda'**
(Hundszahn)
Robuste, im Frühling blühende Knollenpflanze mit 2 grundständigen, schwach gefleckten, glänzenden Blättern. Die Blütenstiele tragen bis zu 10 nickende, blaßgelbe Blüten mit zurückgebogenen Petalen. H. 25–35, Br. 15–20 cm.

◑ ◊ ❄❄❄

Calochortus luteus
(Mormonentulpe)
Im Spätfrühling blühende Zwiebelpflanze mit langen, schmalen Blättern, die etwa am Grunde der locker verzweigten Stiele erscheinen. Jeder Stengel trägt eine dreiblättrige, gelbe Blüte mit braunem Mittelfleck. H. 20–45, Br. 5–10 cm.

☼ ◊ ❄❄

Bloomeria crocea
Calochortus amabilis, S. 363
Narzissen, S. 348–349
Erythronium grandiflorum
Erythronium tuolumnense
Freesia 'Rijnveld's Yellow'
Freesia 'Yellow River', S. 355
Fritillaria acmopetala
Homeria ochroleuca
Hymenocallis 'Sulphur Queen'
Iris, Schwertlilien, S. 196–197
Tulpen, S. 344–345

Narzissen

Charme und Schönheit der Narzissen (bot. *Narcissus*) schmücken den Garten im zeitigen Frühjahr! Die Mannigfaltigkeit der Blüten reicht von winzigen Cyclamenformen mit zurückgebogenen Blütenblättern bis zu den mächtigen Trompetennarzissen. Viele verwildern und bilden goldene Teppiche im Rasen oder in naturnahen Gärten. Zwergformen eignen sich gut für Steingärten und Tröge. Sie alle leuchten in den Gärten, ehe die meisten anderen Pflanzen austreiben. Man unterscheidet 12 Gruppen. Sie sind unten mit Ausnahme von Gruppe 10 und 12 abgebildet – nämlich der Wildformen und der gemischten Formen, die auch die Reifrocknarzissen einschließen, die zwischen Herbst und Frühsommer blühen.

1. Trompetennarzissen – Einzelblüten mit Röhren, die so lang wie oder länger als die Blütenblätter sind. Blütezeit Vorfrühling bis Spätfrühling.

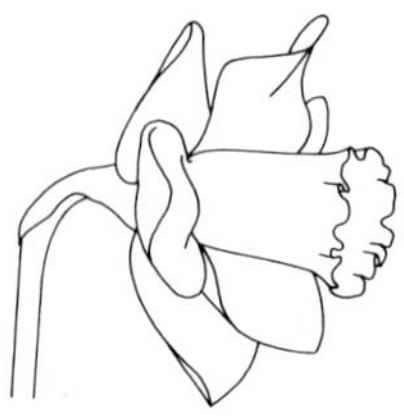

2. Großkronige – Krone der Einzelblüten etwa ⅓ der Blüte, aber kürzer als die Petalen. Frühlingsblüher.

3. Kurzkronige – Blüten meist einzelstehend. Krone nicht länger als ⅓ der Petalen. Blütezeit Frühling oder Frühsommer.

4. Gefüllte – Meist einzelne, gefüllte oder halbgefüllte, große Blüten, deren Krone in Blättchen aufgelöst ist. Einige blühen in Büscheln mit 4 oder mehr Blüten. Blütezeit Frühling oder Frühsommer.

5. Triandrusgruppe – Nickende Blüten mit kurzen, bisweilen geradseitigen Krönchen und schmalen, zurückgebogenen Petalen. 2–6 Blüten pro Stengel. Frühlingsblüher.

6. Cyclamineusgruppe – 1–2 Blüten pro Stiel. Krone bisweilen angesetzt und länger als bei Gruppe 5. Petalen schmal, spitz, zurückgebogen. Blütezeit Vorfrühling/Frühling.

7. Jonquillengruppe – Süßduftende Blüten zu 2 oder mehreren je Stiel. Kurzkronig, Petalen häufig flach, ziemlich breit, rundlich. Frühlingsblüher.

8. Tazettengruppe – Kleine, duftende Blüten in Büscheln von 12 oder mehr oder 3–4 größere Blüten. Kronen klein, meist gerade. Petalen breit, meist zugespitzt. Blütezeit Spätherbst bis Frühling.

9. Poeticusgruppe – Blüten mit kleiner, farbiger Krone und leuchtendweißen Petalen, 1–2 Blüten pro Stiel, meist süß duftend. Blütezeit Spätfrühling oder Frühsommer.

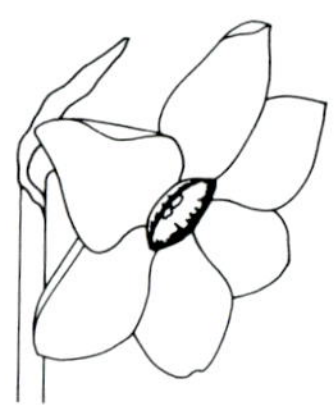

11. Spaltkronige – Meist Einzelblüten mit einer Krone, die zu ⅓ oder länger aufgespalten ist. Die Kronensegmente sind zurückgebogen und können gefranst sein. Frühlingsblüher.

N. **'Passionale'** (Gr. 2)

N. **'Dove Wings'** (Gr. 6)

N. **'Trousseau'** (Gr. 1)

N. **'February Silver'** (Gr. 6)

N. **'Portrush'** (Gr. 3)

N. **'Jack Snipe'** (Gr. 6)

N. **'Thalia'** (Gr. 5)

N. watieri (Gr. 10)

N. **'Merlin'** (Gr. 3)

N. **'Kilworth'** (Gr. 2)

N. **'Satin Pink'** (Gr. 2)

N. **'Ice Follies'** (Gr. 3)

N. canaliculatus (Gr. 8)

N. **'Actaea'** (Gr. 9)

N. **'Pride of Cornwall'** (Gr. 8)

N. **'Bridal Crown'** (Gr. 4)

N. **'Irene Copeland'** (Gr. 4)

N. **'Cheerfulness'** (Gr. 4)

N. **'Little Beauty'** (Gr. 1)

N. romieuxii (Gr. 10)

N. **'Charity May'** (Gr. 6)

N. minor (Gr. 10)

N. bulbocodium **ssp.** *bulbocodium* (Gr. 10)

N. jonquilla (Gr. 10)

N. **'Pencrebar'** (Gr. 4)

N. **'St. Keverne'** (Gr. 2)

N. **'Ambergate'** (Gr. 2)

N. triandrus (Gr. 10)

N. **'Binkie'** (Gr. 2)

N. **'Fortune'** (Gr. 2)

N. **'Tête-à-Tête'** (Gr. 6)

N. **'Tahiti'** (Gr. 4)

N. **'Lemon Glow'** (Gr. 1)

N. **'Liberty Bells'** (Gr. 5)

N. × odorus **'Rugulosus'** (Gr. 10)

N. **'Jumblie'** (Gr. 6)

N. **'Cassata'** (Gr. 11)

N. **'Hawera'** (Gr. 5)

N. **'Rip van Winkle'** (Gr. 4)

N. **'Sweetness'** (Gr. 7)

N. **'Golden Ducat'** (Gr. 4)

N. **'Suzy'** (Gr. 7)

N. **'Spellbinder'** (Gr. 1)

N. rupicola (Gr. 10)

N. **'Bob Minor'** (Gr. 1)

N. **'Bartley'** (Gr. 6)

N. **'Sealing Wax'** (Gr. 2)

N. cyclamineus (Gr. 10)

N. **'February Gold'** (Gr. 6)

N. **'Kingscourt'** (Gr. 1)

N. **'Home Fires'** (Gr. 2)

Mittelhohe Zwiebelgewächse

ORANGE MIT FRÜHLINGSASPEKT

Stenomesson variegatum*, syn. *S. coccineum
Horstbildende Zwiebelpflanze mit rötlichgelben, rosa oder weißen im Winter oder Frühling erscheinenden Blüten und 6 grünen, endständigen Blättern. H. 30–60, Br. 30 cm. Mindesttemperatur 10 °C.

Urceolina peruviana
Im Spätfrühling blühende Zwiebelpflanze mit linealischen, halb aufrechten, grundständigen Blättern. Der Blütenstiel trägt ein Büschel aus nickenden, roten oder orangen Blütenglöckchen mit herausragenden Staubbeuteln. H. 20–30, Br. 10–15 cm. Mindesttemperatur 5 °C.

Clivia miniata
(Klivie)
Immergrüne Pflanze mit lanzettlichen, überhängenden, grundständigen Blättern. Auf kräftigen Stengeln Köpfchen aus 10–20 orangefarbenen oder roten Trichterblüten im Frühling und Sommer. H. 40, Br. 30–60 cm. Mindesttemperatur 10 °C.

Narzissen, S. 348–349
Dipcadi serotinum, S. 363
Hippeastrum 'Orange Sovereign', S. 355
Ixia maculata
Tritonia crocata
Tulpen, S. 344–345

Mittelhohe Zwiebelgewächse

WEISS MIT SOMMERASPEKT

Crinum asiaticum
(Hakenlilie)
Horstbildende Zwiebelpflanze mit linealischen, grundständigen, 1 m langen Blättern. Die kahlen Stengel tragen Köpfchen aus langgeröhrten, weißen Blütensternen. Frühlings- und Sommerblüher. H. 45–60, Br. 60–100 cm. Mindesttemperatur 16 °C.

Pancratium illyricum
(Pankrazlilie)
Sommerblühende Zwiebelpflanze mit lineal-lanzettlichen, halb aufrechten, grundständigen, graugrünen Blättern. Am blattlosen Schaft Köpfchen aus 5–12 duftenden, sechsblättrigen, weißen Blüten (∅ 8 cm). H. 45, Br. 20–30 cm

Triteleia hyacinthina*, syn. *Brodiaea hyacinthina (Frühlingsstern)
Im Spätfrühling oder Frühsommer blühende Knollenpflanze mit langen, schmalen, halb aufrechten, breiten Grundblättern und Köpfchen aus weißen, auch violettgetönten Blüten auf drahtigen Stengeln. H. 30–50, Br. 8–10 cm.

Ornithogalum narbonense
(Milchstern, Vogelmilch)
Horstbildende, im Spätfrühling und Sommer blühende Zwiebelpflanze mit schmalen, gebogenen, basalen, graugrünen Blättern. Die kahlen Stengel tragen eine Ähre aus sternförmigen, 2 cm großen, weißen Blüten. H. 30–40, Br. 10–15 cm.

Arisaema sikokianum
(Feuerkolben)
Im Frühsommer blühende Knollenpflanze mit aufrechten, drei- bis fünffach geteilten Blättern und braunweiß gezeichneten Hüllblatt von 15 cm Länge mit weißem, herausragendem Kolben. H. 30–50, Br. 30–45 cm.

WEITERE EMPFOHLENE PFLANZEN:
Begonien, S. 251
Cyrtanthus mackenii
Dietes iridioides
Haemanthus albiflos
Hesperocallis undulata
Lilien, S. 338
Pancratium maritimum

WEISS-ROSA

Ornithogalum thyrsoides
(Milchstern, Vogelmilch)
Im Sommer blühende Zwiebelpflanzen mit lanzettlichen, gebogenen, grundständigen Blättern und dichter, konischer Ähre aus schalenförmigen, weißen, 2–3 cm großen, duftenden Blüten. H. 30–45, Br. 10–15 cm.

Ornithogalum arabicum
(Milchstern, Vogelmilch)
Im Frühsommer blühende Zwiebelpflanze mit lanzettlichen, überhängenden Blättern in einem grundständigen Büschel. Stiele mit Köpfchen aus bis 15 weißen oder cremefarbenen Blüten mit schwarzem Fruchtknoten. H. 30–45, Br. 10–15 cm.

Zigadenus fremontii
Horstbildende, im Frühsommer blühende Zwiebelpflanze mit langen, lanzettlichen, halb aufrechten, grundständigen Blättern und Ähren aus sternförmigen, hellcremegrünen Blüten mit dunkelgrünen Nektarien. H. 30–50, Br. 10–15 cm.

Allium cernuum
(Zierlauch, Blumenlauch)
Horstbildende, sommerblühende Zwiebelpflanze mit schmalen, halb aufrechten, grundständigen Blättern. An den Stengeln erscheinen bis zu 30 schalenförmige, rosa oder weiße Blüten in lockeren, nickenden Köpfchen. H. 30–70, Br. 8–12 cm.

Hymenocallis narcissiflora*, syn. *Ismene calathina
(Schönhäutchen)
Im Frühling und Sommer blühende Zwiebelpflanze mit halbaufrechten, grundständigen Blättern, die im Winter absterben. Lockere Köpfchen aus 2–5 duftenden, weißen Blüten. H. bis 60, Br. 30–45 cm.

Alstroemeria pelegrina
(Inkalilie)
Im Sommer blühende Rhizompflanze mit schmallanzettlichen Blättern. An den fleischigen Stengeln erscheinen 1–3 weiße, rosalilagefleckte Blüten mit gelbem Schlund und gelbbraunen Punkten. H. 30–60, Br. 60–100 cm.

Allium campanulatum
Lilien, S. 338

ROSA-ROT

Tritonia rubrolucens*, syn. *Crocosmia rosea
(Tritonie)
Im Spätsommer blühende Knolle mit schmalen, schwertförmigen Blättern. Aufrechte, rosafarbene, trichterartige Blüten in lockerer, einseitiger Ähre. H. 30–50, Br. 8–10 cm.

Lycoris radiata
Im Spätsommer blühende Zwiebelpflanze mit einem Köpfchen aus 5–6 leuchtendrosaroten Blüten mit schmalen, am Rande gewellten, zurückgebogenen Petalen und vorstehenden Staubfäden. Blätter lanzettlich, grundständig. Sie erscheinen nach der Blüte. H. 30–40, Br. 10–15 cm.

Hippeastrum advenum
(Amaryllis, Ritterstern)
Horstbildende, frühling- und sommerblühende Zwiebel mit schmallinealischen, grundständigen, graugrünen Blättern. Die kahlen Stengel tragen Köpfchen von 2–8 schmalen, röhrenförmigen, roten Trichterblüten. H. bis 40, Br. 15–20 cm.

Begonien, S. 251
Bessera elegans
Gladiolen, S. 334
Haemanthus coccineus, S. 364
Haemanthus sanguineus
Zantedeschia rehmannii
Zephyranthes grandiflora, S. 354

Mittelhohe Zwiebelgewächse MIT INTERESSANTEM SOMMERASPEKT

ROT-BLAU

Ranunculus asiaticus
(Ranunkel) rote Form
Im Frühsommer blühende Staude mit klauenförmigen Knollen und langstieligen Blättern, die grundständig und am Stengel erscheinen. Einfache oder gefüllte Blüten in Rot, Weiß, Rosa, Gelb oder Orange. H. 45–55, Br. 10 cm.

☼ ◊ ❄

Allium schubertii
(Zierlauch, Blumenlauch)
Im Frühsommer blühende Zwiebel mit breitlinealischen, halb aufrechten, grundständigen Blättern. Große Köpfchen aus 40 oder mehr sternförmigen, rosa oder violetten Blüten. Später braune Samenkapseln. H. 30–60, Br. 15–20 cm.

☼ ◊ ❄❄

Allium christophii
(Zierlauch, Blumenlauch)
Im Sommer blühende Zwiebelpflanze mit halbaufrechten, behaarten, graugrünen Blättern. Große, runde Köpfchen aus 50 und mehr sternförmigen, purpurvioletten, leicht zu trocknenden Blüten.
H. 15–40, Br. 15–20 cm.

☼ ◊ ❄❄

Patersonia umbrosa
Immergrüne, horstbildende, frühling- und frühsommerblühende, rhizombildende Pflanze mit aufrechten, grundständigen Blättern. Die schweren Blütenstiele tragen eine Reihe von irisähnlichen, violettblauen, 3–4 cm großen Blüten.
H. 30–45, Br. 30–60 cm.

☼ ◊ ❄

Gloxinia perennis
(Gloxinie)
Im Spätsommer bis Herbst blühende Pflanze mit Rhizomen und herzförmigen, gezähnten Blättern. Blüten glockenförmig, lavendelblau mit rundlichen Petalen und purpurgeflecktem Schlund. H. bis 60, Br. 30–35 cm. Mindesttemperatur 10 °C.

◐ ◊

Triteleia laxa*, syn. *Brodiaea laxa
(Frühlingsstern)
Im Frühsommer blühende Knolle mit schmalen, grundständigen Blättern. An kahlen Stengeln große, lockere Köpfchen aus trichterartigen, blaßviolettblauen, sternförmigen, aufrechtstehenden Blüten. H. 10–15, Br. 8–10 cm.

☼ ◊ ❄❄

BLAU-GRÜN

Allium caeruleum*, syn. *A. azureum
(Zierlauch, Blumenlauch)
Horstbildende, sommerblühende Zwiebelpflanze mit schmalen, aufrechten Blättern. In dichten, rundlichen Köpfchen (Ø 3–4 cm) stehen die sternförmigen, blauen Blüten zu 30–50 zusammen.
H. 20–80, Br. 10–15 cm.

☼ ◊ ❄❄

Arisaema griffithii
(Feuerkolben)
Im Sommer blühende Knolle mit großen Blättern und grünen oder purpurlila, 20–25 cm langen Hüllblättern, die mit einem Netz aus blasseren Adern überzogen sind. Winterschutz oder frostfrei überwintern. H. bis 60, Br. 45–60 cm.

◐ ◊ ❄

Arisaema triphyllum
(Feuerkolben)
Im Sommer blühende Knolle mit dreifachgelappten, aufrechten Blättern und grünem oder purpurfarbenem Hüllblatt, das einen Höcker bildet. Später leuchtendrote Beeren. H. 40–50, Br. 30–45 cm.

◐ ◊ ❄❄❄

Allium beesianum
Allium cyaneum
Allium macranthum
Allium narcissiflorum, S. 365
Cyrtanthus obliquus
Cyrtanthus sanguineus
Dahlien, S. 340–341
Dichelostemma pulchellum
Oxalis bowiei
Roscoea purpurea
Aristea ecklonii
Ixiolirion tataricum, S. 346

GRÜN-GELB

Arisaema jacquemontii
(Feuerkolben)
Im Sommer blühende Knollenpflanze mit einem oder zwei aufrechten Blättern, die in gewelltrandige Blättchen unterteilt sind. Blüte schlankes, gestreiftes, grünes Hochblatt mit helmförmiger, langausgezogener Spitze. H. 30–50, Br. 30–38 cm.

Eucomis bicolor
(Schopflilie)
Im Sommer blühende Zwiebel mit gewelltrandigen, grundständigen Blättern. Stengel mit Ähre aus grünen oder grünweißen Blüten mit 6 violettgerandeten Petalen, die von einem Büschel aus Hochblättern überragt werden. H. und Br. 30–60 cm.

Cyrtanthus mackenii* var. *cooperi
(Bogenlilie)
Horstbildende, sommerblühende Zwiebelpflanze mit langen, schmalen, halbaufrechten, grundständigen Blättern. Köpfchen aus 10 duftenden, trichterförmigen, cremefarbenen oder gelben, leicht gebogenen Blüten. H. 30–40, Br. 8–10 cm.

Calochortus barbatus
(Mormonentulpe)
Im Sommer blühende Zwiebel mit schmalen, aufrechten Blättern, die am Grund der lockerverzweigten Stengel sitzen. An jedem Stengel erscheint eine nickende, gelbe oder grüngelbe, innen behaarte Blüte. H. 30–60, Br. 5–10 cm.

Ranunculus asiaticus
(Ranunkel)
Im Frühsommer blühende Staude mit klauenförmigen Knollen und langstieligen, handförmigen, grundständigen auch höher sitzenden Blättern und einfachen oder gefüllten Blüten in Gelb, Weiß, Rosa, Rot und Orange. H. 45–55, Br. 8–10 cm.

Cypella herbertii
(Becherschwertel)
Im Sommer blühende Zwiebelpflanze mit einem Fächer aus kleinen, schwertförmigen, grundständigen Blättern. Die verzweigten Blütenstiele bringen in Folge kurzlebige, irisähnliche, orangegelbe Blüten hervor. H. 30–50, Br. 8–10 cm.

Allium flavum
Cyrtanthus breviflorus
Hymenocallis 'Sulphur Queen'
Ixia viridiflora, S. 346

Lycoris aurea
Triteleia ixioides

ORANGE

Polianthes geminiflora
Sommerblühende Knollenpflanze mit schmal-linealischen, halb aufrechten Blättern in grundständigen Büscheln. Jeder Stengel trägt eine lange Ähre aus nach unten gebogenen, trichterförmigen, roten oder orangen, paarweise zusammensitzenden Blüten. H. 20–40, Br. 10–15 cm.

Sandersonia aurantiaca
Sommergrüne, im Sommer blühende, aus einer Knolle sich entwickelnde Kletterpflanze mit schlankem Trieb. Vereinzelt lanzettliche Blätter, teils mit Ranken. Blüten aus den Achseln der oberen Blätter. Farbe orange. H. 60, Br. 25–30 cm.

Alstroemeria-Ligtu-Hybriden
(Inkalilie)
Im Sommer blühende Pflanze mit Rhizomen. Blätter schmal, Blüten in Köpfchen aus weit geöffneten Trichtern in Schattierungen von Rosa, Gelb und Orange, die meist mit kontrastierenden Farben gestreift sind. H. 45–60, Br. 60 cm.

***Crocosmia* 'Jackanapes'**
(Montbretie)
Horstbildende, im Spätsommer blühende Knollenpflanze mit schwertförmigen, aufrechten, grundständigen Blättern. Die leuchtendgelben und orangeroten, zweifarbigen Blüten stehen in Ähren zusammen. H. 40–60, Br. 15–20 cm.

Tigridia pavonia
(Pfauenblume, Tigridie)
Im Sommer blühende Zwiebelpflanze mit schwertförmigen, grundständigen Blättern. Die Stengel bringen laufend Blüten, die von Weiß über Gelb bis Orangerot variieren und kontrastierende Flecken aufweisen. H. bis 45, Br. 12–15 cm.

Clivia miniata, S. 350
Crocosmia 'Emily McKenzie'
Lilien, S. 338

Mittelhohe Zwiebelgewächse MIT INTERESSANTEM HERBSTASPEKT

WEISS-ROSA

Nerine bowdenii* f. *alba
(Guernsey-Lilie)
Im Herbst blühende Zwiebelpflanze mit gedrungenem Stengel und streifenförmigen, grundständigen Blättern. Köpfchen aus 5–10 weißen, oft rosagetönten Blüten. Petalen wellig gerandet, zurückgebogen. H. 45–60, Br. 12–15 cm.

☼ ◊ ❄❄

Nerine undulata
(Guernsey-Lilie)
Im Herbst blühende Zwiebelpflanze mit schmalen, streifenförmigen, grundständigen Blättern. Blütenstiele mit Köpfchen aus rosafarbenen Blüten mit sehr schmalen, in voller Länge gekrausten Petalen. H. 30–45, Br. 10–12 cm.

☼ ◊ ❄

***Nerine* 'Orion'**
(Guernsey-Lilie)
Im Herbst blühende Zwiebelpflanze mit streifenförmigen, halb aufrechten, grundständigen Blättern. Kahle Stengel mit Köpfchen aus blaßrosa Blüten mit am Rande gewellten Petalen und zurückgebogenen Spitzen. H. 30–50, Br. 20–25 cm.

☼ ◊ ❄

Nerine bowdenii
(Guernsey-Lilie)
Im Herbst blühende Zwiebelpflanze mit starkem Stengel und streifenförmigen, halbaufrechten, grundständigen Blättern und Köpfchen aus 5–10 glänzenden, rosa Blüten mit gewelltrandigen, zurückgerollten Petalen. H. 45–60, Br. 12–15 cm.

☼ ◊ ❄❄

Scilla scilloides*, syn. *S. chinensis
(Meerzwiebel)
Im Spätsommer und Herbst blühende Zwiebelpflanze mit 2–4 schmalen, streifenförmigen, halb aufrechten, grundständigen Blättern. Stengel mit schlanker, dichter Ähre aus bis zu 30 flachen, rosa Blüten. H. bis 30, Br. 5 cm.

◐ ◊ ❄❄

ROSA-ORANGE

Zephyranthes grandiflora
Im Spätsommer und Frühherbst blühende Zwiebelpflanze mit schmalen, streifenförmigen, halb aufrechten, grundständigen Blättern. Jeder Stengel bringt eine trompetenförmige, am Grunde röhrenartige, meist aufrechtstehende Blüte hervor.
H. 20–30, Br. 8–10 cm.

☼ ◊ ❄

***Nerine* 'Brian Doe'**
(Guernsey-Lilie)
Im Herbst blühende Zwiebelpflanze mit linealischen, halb aufrechten, grundständigen Blättern. Straffe, kahle Stengel mit Köpfchen aus lachsroten Blüten mit 6 zurückgebogenen, gewelltrandigen Petalen. H. 30–40, Br. 20–25 cm.

☼ ◊ ❄

Nerine sarniensis
(Guernsey-Lilie)
Im Herbst blühende Zwiebelpflanze mit linealischen, halb aufrechten, grundständigen Blättern und kahlem Stengel mit rundem Köpfchen aus bis zu 20 orangeroten, 6–8 cm großen Blüten. H. 45–60, Br. 12–15 cm.

☼ ◊ ❄

WEITERE EMPFOHLENE PFLANZEN:
Amaryllis belladonna, S. 342
Crinum macowanii
Habranthus robustus, S. 366
Nerine 'Blanchefleur'
Nerine filifolia
Nerine flexuosa
Nerine 'Margaret Rose'

Brunsvigia josephinae
Eucomis autumnalis
Gloxinia perennis, S. 352
Nerine 'Bagdad'
Nerine 'Corusca Major'
Nerine 'Fothergillii Major'

Mittelhohe Zwiebelgewächse MIT INTERESSANTEM WINTERASPEKT

WEISS-ROT

Eucharis grandiflora
Immergrüne, horstbildende Zwiebelpflanze mit streifenförmigen, halb aufrechten, grundständigen Blättern und einem Köpfchen aus bis zu 6 duftenden, weißen Blüten, die im Laufe des ganzen Jahres erscheinen. H. 40–60, Br. 60–100 cm. Mindesttemperatur 15 °C.

Veltheimia bracteata
Horstbildende, winterblühende Zwiebelpflanze mit halb aufrechten, linealischen, grundständigen, glänzenden Blättern und dichten Ähren aus nickenden, trichterförmigen, rosa, roten oder gelbroten Blüten. H. 30–45, Br. 25–35 cm. Mindesttemperatur 10 °C.

***Hippeastrum* 'Red Lion'**
(Amaryllis, Ritterstern)
Horstbildende winter- und frühlingblühende Zwiebelpflanze mit kräftigem Stengel und Köpfchen aus 2–5 roten Blüten. Die linealischen Blätter erscheinen mit oder gleich nach der Blüte. H. 50, Br. 30 cm. Mindesttemperatur 13 °C.

***Hippeastrum* 'Apple Blossom'**
(Amaryllis, Ritterstern)
Winter- und frühlingblühende Zwiebelpflanze mit linealischen, grundständigen Blättern, die mit oder gleich nach der Blüte erscheinen. Köpfchen aus 2–6 weißen, rosagetönten Blüten. H. 30–50, Br. 30 cm. Mindesttemperatur 13 °C.

***Hippeastrum* 'Striped'**
(Amaryllis, Ritterstern)
Im Winter bis Frühling blühende Zwiebelpflanze mit linealischen, grundständigen Blättern, die mit oder nach der Blüte erscheinen. Köpfchen aus 2–6 , weiß- und rotgestreiften, trichterförmigen Blüten. H. 50, Br. 30 cm. Mindesttemperatur13 °C.

***Freesia* 'Everett'**
(Freesie)
Im Winter und Frühling blühende Knollenpflanze mit kleinen, aufrechten, hellgrünen Blättern, die in grundständigen Fächern angeordnet sind, und einer Ähre aus großen, duftenden, rosaroten Blüten. H. bis 30, Br. 1,5–2,5 cm.

ROT-GELB

***Hippeastrum* 'Orange Sovereign'**
(Amaryllis, Ritterstern)
Winter- und frühlingblühende Zwiebelpflanze mit lanzettlichen, grundständigen Blättern, die mit oder gleich nach der Blüte erscheinen. Köpfchen aus 2–6 leuchtendorangeroten Blüten. H. 30–50, Br. 30 cm. Mindesttemperatur 13 °C.

Lachenalia glaucina
(Kaphyazinthe)
Im Spätwinter oder Vorfrühling blühende Zwiebel mit 2 linealischen, halb aufrechten, grundständigen, meist violettgefleckten Blättern und einer Ähre aus glockenförmigen, weißlichblauen oder blaßvioletten Blüten. H. bis 30, Br. 5–8 cm.

***Freesia* 'Yellow River'**
(Freesie)
Im Winter und Frühling blühende Knollenpflanze mit schmalen, aufrechten, grünen Blattfächern und einer Ähre aus großen, duftenden, leuchtendgelben Blüten. H. bis 30, Br. 1,5–2,5 cm.

WEITERE EMPFOHLENE PFLANZEN:
Freesia alba
Freesia armstrongii
Hippeastrum aulicum
Hippeastrum 'Belinda'
Hippeastrum 'Bouquet'
Hippeastrum 'White Dazzler'
Hymenocallis speciosa
Lachenalia rubida
Stenomesson variegatum, S. 350
Veltheimia capensis
Freesia 'Rijnveld's Yellow'
Freesia 'Romany'
Lachenalia mutabilis
Moraea polystachya

Niedrige Zwiebelgewächse MIT INTERESSANTEM FRÜHLINGSASPEKT

□ WEISS

Leucojum vernum
(Frühlingsknotenblume, Märzbecher)
Im Frühling blühende Zwiebelpflanze mit lanzettlichen, halb aufrechten, grundständigen Blättern. Kahle Stiele mit 1–2 glokkenförmigen, 1,5–2 cm großen Blüten mit 6 grüngezeichneten, weißen Petalen. H. 10–15, Br. 8–10 cm.

Ornithogalum balansae
(Milchstern, Vogelmilch)
Im Frühling blühende Zwiebelpflanze mit 2 schmalen, grünen oder leicht graugrünen Blättern, die sich zu den Enden hin verbreitern. Breite Köpfchen aus 2–5 weißen, außen grünen, weitgeöffneten Blüten. H. 5–15, Br. 5–8 cm.

***Anemone blanda* 'White Splendour'**
(Anemone, Windröschen)
Pflanze mit knolligen Wurzeln und halb aufrechten, tief dreifachgelappten Blättern. Blüten flach, aufrecht, weiß (∅ 4–5 cm), mit 9–14 schmalen Petalen. Blütezeit Vorfrühling. H. 5–10, Br. 10–15 cm.

Crocus vernus* ssp. *albiflorus
(Frühlingskrokus)
Im Frühling blühende Knollenpflanze mit sehr schmalen, gebogenen, grundständigen Blättern mit weißer Mittellinie. Blüten weiß, bisweilen lila, 4–6 cm lang. Antheren klein, gekräuselt, rosa oder gelb. H. bis 10, Br. 2,5–8 cm.

***Puschkinia scilloides* 'Alba'**
(Puschkinie)
Im Frühling blühende Zwiebelpflanze mit meist 2 linealischen, halb aufrechten, grundständigen Blättern und dichter Ähre aus sternförmigen, weißen, 1,5–2 cm großen Blüten. H. 15, Br. 2,5–5 cm.

***Crocus sieberi* 'Bowles' White'**
(Krokus)
Im Frühling blühende Knolle mit sehr schmalen, halb aufrechten, grundständigen Blättern mit weißer Mittellinie. Duftende, schmalgeröhrte, reinweiße Blüten mit großem, tiefgelbem Schlund. H. bis 10, Br. 2,5–8 cm.

WEITERE EMPFOHLENE PFLANZEN:
Crocus biflorus, S. 360
Crocus vernus 'Joan of Arc'
Cyclamen creticum
Narzissen, S. 348–349
Fritillaria bucharica
Gagea graeca
Galanthus 'Atkinsii', S. 369
Galanthus elwesii, S. 369
Galanthus gracilis, S. 369
Galanthus ikariae, S. 370
Galanthus nivalis 'Flore Pleno', S. 369
Galanthus nivalis 'Lutescens', S. 370
Galanthus nivalis 'Pusey Green Tips', S. 369
Galanthus nivalis 'Scharlockii', S. 370
Galanthus plicatus ssp. *byzantinus*, S. 370

□ WEISS

Crocus malyi
(Krokus)
Im Frühling blühende Knolle mit 1–2 trichterförmigen, weißen Blüten, die einen gelben Schlund, braune oder violette Blütenröhren und orangefarbene Staubbeutel haben. Blätter schmal, mit weißer Mittellinie. H. bis 10, Br. 2,5–8 cm.

☼ ◊ ❄❄❄

Ornithogalum montanum
(Milchstern, Vogelmilch)
Horstbildende, im Frühling blühende Zwiebelpflanze mit linealischen, graugrünen Blättern. An dünnen Stielen erscheinen Köpfchen aus sternförmigen, weißen, 3–4 cm großen, außen grüngestreiften Blüten. H. und Br. 10–15 cm.

☼ ◊ ❄❄❄

***Crocus* 'Snow Bunting'**
(Krokus)
Im Frühling blühende Knolle mit trichterförmigen, duftenden, weißen Blüten mit gelbem Schlund und orangefarbenen Staubbeuteln. Die schmalen, grundständigen Blätter sind grün mit weißer Mittellinie. H. bis 10, Br. 2,5–8 cm.

☼ ◊ ❄❄❄

Sternbergia candida
(Goldkrokus, Gewitterblume)
Im Frühling blühende Zwiebelpflanze mit linealischen, halb aufrechten, grundständigen, graugrünen Blättern. Duftende, am Grunde zu einer Röhre zusammengewachsene, 4–5 cm lange Blüte an einem kahlen Stengel. H. 10–20, Br. 8–10 cm.

☼ ◊ ❄❄

Ornithogalum lanceolatum
(Milchstern, Vogelmilch)
Im Frühling blühende Zwergzwiebelpflanze mit flacher Rosette aus lanzettförmigen, grundständigen Blättern und flachen, sternförmigen, weißen, 3–4 cm großen Blüten, die außen breite, grüne Streifen aufweisen. H. 5–10, Br. 10–15 cm.

☼ ◊ ❄❄

***Crocus* 'Cream Beauty'**
(Krokus)
Im Frühling blühende Knolle mit cremefarbenen, duftenden Blüten mit tiefgelbem Schlund, die außen am Grund purpurbraun gezeichnet sind. Blätter sehr schmal, grundständig, mit weißer Mittellinie. H. bis 10, Br. 2,5–8 cm.

☼ ◊ ❄❄❄

Galanthus rizehensis, S. 369
Hypoxis capensis
Iris, Schwertlilien, S. 196–197
Ornithogalum nutans
Ornithogalum umbellatum
Tulpen, S. 344–345

WEISS-ROSA

Erythronium californicum
(Hundszahn)
Horstbildende, im Frühling blühende Knolle mit 2 grundständigen, gefleckten Blättern. Bis 3 weiße, außen oft rotbraun getönte Blüten mit gelbem Auge, brauner Ringzeichnung und zurückgebogenen Petalen. H. 15–35, Br. 10–12 cm.

◐ ◊ ❄❄

Allium akaka
(Schmucklauch, Blumenlauch)
Im Frühling blühende Zwiebelpflanze mit 1–3 breiten, grundständigen, graugrünen Blättern. Fast stengellose, runde, 5–7 cm große Köpfchen aus 30–40 sternförmigen, weißen bis rosaweißen Blüten mit roter Mitte. H. 15–20, Br. 12–15 cm.

☼ ◊ ❄❄

Allium karataviense
(Schmucklauch, Blumenlauch)
Im Spätfrühling blühende Zwiebelpflanze mit breitelliptischen, hochragenden, grauvioletten Blättern. Der Stengel trägt Köpfchen aus 50 oder mehr sternförmigen, blaßrosalila Blüten (Ø 15–20 cm oder mehr). H. bis 20, Br. 25–30 cm.

☼ ◊ ❄❄

Cyclamen persicum, S. 370
Cyclamen persicum 'Pearl Wave', S. 370
Narzissen, S. 348–349
Merendera robusta
Tulpen, S. 344–345

Niedrige Zwiebelgewächse MIT INTERESSANTEM FRÜHLINGSASPEKT

ROSA

***Chionodoxa forbesii* 'Pink Giant'**
(Schneeglanz)
Im Vorfrühling blühende Zwiebelpflanze mit 2 schmalen, grundständigen Blättern. Der kahle Stengel trägt eine Ähre von 5–10 rosa, 2–2,5 cm großen Blüten mit weißer Mitte, die leicht nach unten gebogen sind. H. 10–25, Br. 2,5–5 cm.

Erythronium dens-canis
(Hundszahn)
Im Frühling blühende Knolle mit 2 grundständigen, gefleckten Blättern. Der Stengel trägt eine nickende, rosalila oder weiße Blüte, die am Grunde braunviolett oder gelb gezeichnet ist. Zurückgebogene Petalen. H. 15–25, Br. 8–10 cm.

Allium acuminatum
(Zierlauch, Blumenlauch)
Im Frühling blühende Zwiebelpflanze mit 2–4 langen, schmalen, halb aufrechten, grundständigen Blättern und Stengel mit 5 cm großen Köpfchen aus bis zu 30 kleinen, purpurrosa Blüten. H. 10–30, Br. 5–8 cm.

***Anemone blanda* 'Radar'**
(Anemone, Windröschen)
Pflanze mit walzenförmiger Knolle mit grünen, dreifachgelappten, gezähnten Blättern. Im Vorfrühling an jedem Stengel eine aufrechte, flache, karminrote Blüte aus 9–14 schmalen Petalen mit weißer Mitte. H. 5–10, Br. 10–15 cm.

Cyclamen libanoticum
(Alpenveilchen)
Im Frühling blühende Knolle mit efeuähnlichen, unterseits purpurgrünen, oberseits hellgemusterten Blättern. Die nach Moschus duftenden, rosa Blüten sind am Grunde karminrot gefleckt. Vor allem für Alpinenhaus. H. bis 10, Br. 10–15 cm.

Anemone biflora
(Anemone, Windröschen)
Im Frühling blühende Knollenpflanze mit tiefgelappten, gezähnten Blättern. Fünfblättrige, leuchtendrote, kupfrigrosa oder gelblichrote, 3–4 cm große Blüten. Sommerruhe an warmem, trockenem Standort. H. 5–10, Br. 5–8 cm.

Allium oreophilum*, syn. *A. ostrowskianum (Zierlauch)
Im Frühling und Sommer blühende, kleine Zwiebelpflanze mit 2 schmalen, grundständigen Blättern und lockeren, gewölbten Köpfchen aus bis zu 10 sternförmigen, tiefrosaroten Blüten (∅ 1,5–2 cm). H. 5–10, Br. 8–10 cm.

***Hyacinthus orientalis* 'Pink Pearl'**
(Hyazinthe)
Horstbildende, im Winter oder Frühling blühende Zwiebelpflanze mit linealischen, grundständigen Blättern, die sich nach der Blüte entwickeln. Ähren aus duftenden, trichterförmigen, karminrosa Blüten. H. 10–20, Br. 6–10 cm.

Cyclamen persicum 'Cardinal'
Cyclamen persicum, Dwarf Scented-Serie
Cyclamen persicum 'Renown' S. 371
Cyclamen trochopteranthum
Erythronium hendersonii, S. 343
Tulpen, S. 344–345

ROT

***Hyacinthus orientalis* 'Jan Bos'**
(Hyazinthe)
Horstbildende, im Winter und Frühling blühende Zwiebelpflanze mit lanzettlichen, grundständigen Blättern, die sich nach der Blüte voll entwickeln. Ähre aus duftenden, trichterförmigen, karminroten Blüten. H. 10–20, Br. 6–10 cm.

☼ 💧 ❄❄

Anemone × fulgens
(Anemone, Windröschen)
Von Frühling bis Frühsommer blühende Knolle mit tiefgeteilten, halb aufrechten, grundständigen Blättern. Die straffen Stiele tragen eine aufrechte, leuchtendrote Blüte (∅ 5–7 cm) mit 10–15 Petalen. H. 10–30, Br. 8–10 cm.

☼ 💧 ❄❄

Sparaxis tricolor
(Fransenschwertel)
Im Frühling blühende Knollenpflanze mit lanzettlichen Blättern in grundständigem Fächer. Lockere Ähre aus bis zu 5 orangefarbenen, roten, violetten, rosa oder weißen, 5–6 cm großen Blüten mit schwarzer oder roter Mitte. H. 10–30, Br. 8–12 cm.

☼ 💧 ❄

Anemone coronaria
Romulea sabulosa
Tulpen, S. 344–345

VIOLETT

Crocus vernus
(Frühlingskrokus)
Im Frühling blühende Knollenpflanze. Blüten entweder gestreift oder in Schattierungen von Weiß bis Violett. Antheren groß, gekraust, orange oder violett. Gut für Treiberei oder zum Verwildern. H. 10, Br. 2,5–8 cm.

☼ 💧 ❄❄❄

Crocus dalmaticus
(Krokus)
Im Frühling blühende Knollenpflanze mit sehr schmalen, halb aufrechten Blättern und weißer Mittellinie, 1–3 purpurgeaderte, blaßviolette Blüten mit gelbem Schlund, die außen silbrig oder gelblich getönt sind. H. bis 10, Br. 2,5–8 cm.

☼ 💧 ❄❄❄

Crocus minimus
(Zwergkrokus)
Im Spätfrühling blühende Knollenpflanze mit schmalen, grundständigen Blättern mit weißer Mittellinie. 1–2 Blüten mit violetter Innenseite und gefleckter, dunkelvioletter oder gestreifter Außenseite. H. 6–7, Br. 2,5–8 cm.

☼ 💧 ❄❄

Anemone coronaria
Arisarum proboscideum
Corydalis bulbosa
Crocus biflorus ssp. *alexandri*

Bulbocodium vernum
(Frühlingslichtblume)
Im Frühling blühende Knollenpflanze mit stengellosen, trichterförmigen, purpurroten Blüten. Schmale, trichterförmige Grundblätter erscheinen mit den Blüten, werden später länger. Zieht im Sommer ein. H. 3–4, Br. 3,5 cm.

☼ 💧 ❄❄❄

***Crocus vernus* 'Princess Juliana'**
(Gartenkrokus)
Im Frühling blühende Knollenpflanze mit 10–12 cm langen, violetten, dunkelgeaderten Blüten. Die Antheren sind groß, gekräuselt, orange oder gelb. Blätter sehr schmal, grundständig, mit weißer Mittellinie. H. bis 10, Br. 2,5–8 cm.

☼ 💧 ❄❄❄

Crocus tommasinianus
(Wildkrokus)
Im Frühling blühende Knollenpflanze mit schlanken, langröhrigen, trichterförmigen Blüten; Farbe von Lilapurpur bis Violett, bisweilen an den Blütenenden dunkler getönt und außen silbrig. Verwildert gut. H. bis 10, Br. 2,5–8 cm.

☼ 💧 ❄❄❄

Crocus etruscus 'Zwanenburg'
Crocus imperati
Crocus sieberi ssp. *atticus*
Crocus vernus 'Vanguard'

Cyclamen pseudibericum
Fritillaria camschatcensis, S. 343
Fritillaria michailovskyi
Fritillaria pyrenaica, S. 343

Niedrige Zwiebelgewächse MIT INTERESSANTEM FRÜHLINGSASPEKT

VIOLETT

Babiana rubro-cyanea
Im Frühling blühende Knollenpflanze mit lanzettlichen, aufrechten, gefalteten Blättern in grundständiger Fächerform und kurzen Ähren aus 5–10 sechsblättrigen Blüten, die violettblau, am Grunde rot gefärbt sind. H. 15–20, Br. 5–8 cm, Mindesttemperatur 10 °C.

Crocus etruscus
(Krokus)
Im Frühling blühende Knolle mit sehr schmalen, grundständigen Blättern mit weißer Mittellinie. Langgeröhrte, trichterförmige, blaßviolettblaue Blüten, die außen silbrig, innen violett geadert sind. H. bis 10, Br. 2,5–8 cm.

***Crocus vernus* 'Pickwick'**
(Frühlingskrokus)
Im Frühling blühende Knolle mit schmalen Blättern, die eine weiße Mittellinie haben. 10–12 cm lange, blaßlila gestreifte Blüten mit purpurfarbenem Grund. Gut zur Treiberei, als Topfpflanze oder zum Verwildern. H. bis 10, Br. 2,5–8 cm.

***Crocus* 'Blue Pearl'**
(Krokus)
Im Frühling blühende Knollenpflanze mit schmalen, halb aufrechten, grundständigen Blättern mit weißer Mittellinie. Langgeröhrte, trichterförmige, zart lavendelblaue, duftende Blüten mit goldgelbem Schlund. H. bis 10, Br. 2,5–8 cm.

***Ipheion uniflorum* 'Froyle Mill'**
Im Frühling blühende Zwiebelpflanze mit schmalen, halb aufrechten, grundständigen, blaßgrünen Blättern, die beim Reiben nach Zwiebeln riechen. Jeder kahle Stengel trägt eine sternförmige, violettblaue, 3–4 cm große Blüte. H. 10–15, Br. 5–8 cm.

Crocus biflorus
(Krokus)
Im Vorfrühling blühende Knollenpflanze mit schmalen, halb aufrechten, grundständigen Blättern mit weißer Mittellinie. Duftende, weiße oder purpur-weiße Blüten mit gelbem Schlund, die außen violett gestreift sind. H. bis 10, Br. 2,5–8 cm.

Gynandriris sisyrinchium
Im Frühling blühende Knolle mit 1–2 schmalen, grundständigen Blättern und drahtigen Stielen mit nacheinanderblühenden, lavendel- bis violettblauen, 3–4 cm großen Blüten mit weißen und orangefarbenen Flecken auf den 3 größeren Petalen. H. 10–20, Br. 8–10 cm.

***Muscari comosum* 'Plumosum'**
(Traubenhyazinthe)
Im Frühling blühende Zwiebelpflanze mit bis zu 5 streifenförmigen, grundständigen, graugrünen Blättern. Die sterilen Blüten sind zu einer flaumigen Masse aus purpurfarbenen Fäden zurückgebildet. H. bis 25, Br. 10–12 cm.

Romulea bulbocodium
Im Frühling blühende Knolle mit langen, halb aufrechten, fadendünnen Blättern in grundständigen Tuffs. Die schlanken Blütenstengel tragen 1–6 nach oben gerichtete, blaßlila-purpurfarbene Blüten mit gelbem oder weißem Schlund. H. 5–10, Br. 2,5–5 cm.

Fritillaria sewerzowii
Fritillaria tubiformis
Iris, Schwertlilien, S. 196–197
Tulpen, S. 344–345

Puschkinia scilloides*, syn. *P. libanotica (Puschkinie)
Im Frühling blühende Zwiebelpflanze mit meist 3 schmallanzettlichen, halb aufrechten, grundständigen Blättern und dichter Ähre aus sternförmigen, hellblauen Blüten mit dunklerem Streifen auf den Blattmitten. H. 15, Br. 2,5–5 cm.

Hyacinthella leucophaea
Im Frühling blühende Zwiebelpflanze mit 2 schmallinealen, halb aufrechten, grundständigen Blättern und drahtigem, kahlem Blütenstiel mit kurzer Ähre aus winzigen, glockenförmigen, hellblauen bis fast weißen Blüten. H. 10, Br. 2,5–5 cm.

Bellevalia hyacinthoides
Im Frühling blühende Zwiebelpflanze mit auffallenden schmalen Blättern in grundständigen Büscheln. Blüten in dichten Ähren aus bis zu 20 glockenförmigen, blaßlavendelblauen, meist weißen Einzelblüten mit dunkleren Mitteladern. H. 5–15, Br. 5 cm.

Tecophilaea cyanocrocus* var. *leichtlinii
Im Frühling blühende, aus einem Wurzelstock treibende Pflanze mit schmallanzettlichen, grundständigen Blättern und einzelnen, aufwärtsgerichteten, trichterförmigen, hellblauen Blüten mit rosa-weißer Mitte. H. 8–10, Br. 5–8 cm.

Brimeura amethystina*, syn. *Hyacinthus amethystinus
Im Spätfrühling blühende Zwiebelpflanze mit sehr schmalen, halb aufrechten, grundständigen Blättern. Jeder kahle Stengel trägt eine Ähre aus bis zu 15 nikkenden, röhrenförmigen, blauen Blüten. H. 10–15, Br. 2,5–5 cm.

Scilla mischtschenkoana
(Blaustern)
Im Vorfrühling blühende Zwiebelpflanze mit 2–3 streifenförmigen, halb aufrechten, grundständigen, mittelgrünen Blättern. Die Stiele enden in schalenförmigen, hellblauen, dunkler geaderten Blüten. H. bis 10, Br. 5 cm.

***Scilla siberica* 'Atrocoerulea'**
(Blaustern)
Im Vorfrühling blühende Zwiebelpflanze mit 2–4 streifenförmigen, grundständigen, glänzenden Blättern, die sich verbreitern. Die glockigen, blauen, 1–1,5 cm großen Blüten erscheinen in kurzen Ähren. H. 10–15, Br. 5 cm.

Muscari aucheri
(Traubenhyazinthe)
Im Frühling blühende Zwiebelpflanze mit 2 linealischen, graugrünen Blättern und kleinen, meist rundlichen, leuchtendblauen Blüten mit weißgerandeter Öffnung. Obere Blüten oft heller. H. 5–15, Br. 5–8 cm.

Anemone apennina
Anemone blanda
Babiana plicata
Babiana stricta
Brodiaea coronaria
Chionodoxa sardensis
Corydalis ambigua
Crocus biflorus ssp. *pulchricolor*
Hyacinthoides italica
Ipheion uniflorum 'Wisley Blue'
Iris, Schwertlilien, S. 196–197
Muscari armeniacum 'Blue Spike'
Muscari azureum
Muscari botryoides
Muscari comosum

Kleine Zwiebelgewächse MIT INTERESSANTEM FRÜHLINGSASPEKT

■ BLAU

Chionodoxa luciliae*, syn. *C. gigantea
(Schneeglanz)
Im Vorfrühling blühende Zwiebelpflanze mit 2 leicht gebogenen, grundständigen Blättern. Die blattlosen Stengel tragen 1–3 nach oben gerichtete, blaue Blüten mit weißem Auge. H. bis 15, Br. 2,5–5 cm.

☼ 💧 ❄❄❄

Tecophilaea cyanocrocus
(Enziankrokus)
Im Frühling blühende Knolle mit 1–2 lanzettlichen, halb aufrechten, grundständigen Blättern und nach oben gerichteten, trichterförmigen, tief-enzianblauen, 4–5 cm großen Blüten mit weißem Schlund. H. 8–10, Br. 5–8 cm.

☼ 💧 ❄❄❄

***Anemone blanda* 'Atrocaerulea'**
(Anemone, Windröschen)
Pflanze aus einer walzenförmigen Knolle mit tiefgezähnten, dreifachgelappten Blättern. Im Vorfrühling trägt jeder Stengel eine aufwärtsgerichtete, flache, tiefblaue, 4–5 cm große Blüte mit 9–14 schmalen Petalen. H. 5–10, Br. 10–15 cm.

◐ 💧 ❄❄❄

Muscari armeniacum
(Traubenhyazinthe)
Im Frühling blühende Zwiebelpflanze mit 3–6 grundständigen Blättern und einer dichten Ähre aus kugelig-glockigen, tiefblauen Blüten, die sich zur Öffnung hin verjüngen, und mit einem Ring aus kleinen Zähnchen. H. 15–20, Br. 8 10 cm.

☼ 💧 ❄❄❄

× *Chionoscilla allenii*
Im Vorfrühling blühende Zwiebelpflanze mit 2 schmalen, halb aufrechten, grundständigen, dunkelgrünen Blättern und flachen, sternförmigen, tiefblauen, 1–2 cm großen Blüten in lockerer Ähre. H. 10–15, Br. 2,5–5 cm.

☼ 💧 ❄❄❄

Chionodoxa forbesii*, syn. *C. luciliae
(Schneeglanz)
Im Vorfrühling blühende Zwiebelpflanze mit 2 halb aufrechten, schmalen, grundständigen Blättern und einer Ähre aus 5–10 nach außen gerichteten, leuchtend-lilablauen Blüten mit weißem Auge. H. 10–25, Br. 2,5–5 cm.

☼ 💧 ❄❄❄

***Hyacinthus orientalis* 'Delfter Blau'**
(Hyazinthe)
Horstbildende, im Winter bis Frühling blühende Zwiebelpflanze mit grundständigen Blättern, die nach der Blüte erscheinen, und einer dichten Ähre aus duftenden, trichterförmigen, violettblauen Blüten. H. 10–20, Br. 5–10 cm.

☼ 💧 ❄❄

Muscari neglectum
(Traubenhyazinthe)
Im Frühling blühende Zwiebelpflanze mit 4–6 meist niederliegenden Blättern, die vom Herbst bis Frühsommer erscheinen, und kleinen, tiefblauen Blüten mit weißgerandeter Öffnung. Vermehrt sich rasch. H. 10–20, Br. 8–10 cm.

☼ 💧 ❄❄❄

***Hyacinthus orientalis* 'Ostara'**
Horstbildende, im Winter bis Frühling blühende Zwiebelpflanze mit grundständigen, glänzenden Blättern, die sich erst nach der Blüte voll entwickeln, und einer großen Ähre aus duftenden, blauen Blüten mit dunklen, gestreiften Petalen. H. 10–20, Br. 6–10 cm.

☼ 💧 ❄❄

GRÜN-GELB

Ledebouria socialis*, syn. *Scilla violacea
Immergrüne, im Frühling blühende Zwiebelpflanze mit lanzettlichen, grundständigen, dunkelgefleckten, grauen oder grünen Blättern und einer kurzen Ähre aus glockigen, purpurgrünen Blüten.
H. 5–10, Br. 8–10 cm.

☼ 💧 ❄

Calochortus amabilis
(Mormonentulpe)
Im Frühling blühende Zwiebelpflanze mit einem großen, schmalen, aufrechten Blatt, das am Grunde der lockerverzweigten Stengel erscheint. Eine gefranste, gelbe oder grüngetönte Blüte hängt an jedem Stielende. H. 10–30, Br. 5–10 cm.

☼ 💧 ❄❄

***Arum italicum* 'Pictum'**
(Italienischer Aronstab)
Im Spätfrühling blühende Knollenpflanze mit cremefarbenen oder weißgeaderten Blättern im Herbst. Später hellgrüne oder cremeweiße Hüllblätter; im Herbst rote Beeren. Für Bindereizwecke geeignet.
H. 15–25, Br. 20–30 cm.

☼ 💧 ❄❄

Erythronium americanum
(Hundszahn)
Im Frühling blühende Knolle mit 2 grundständigen, grünen, braungefleckten Blättern und einer nickenden, gelben, außen bronzefarbenen Blüte, deren Petalen sich zurückbiegen. Bildet Horste durch Ausläufer. H. 5–25, Br. 5–8 cm.

◐ 💧 ❄❄❄

Muscari macrocarpum
(Traubenhyazinthe)
Im Frühling blühende Zwiebelpflanze mit 3–5 grundständigen, graugrünen Blättern und einer dichten Ähre aus duftenden, braungerandeten, leuchtendgelben Blüten. Obere Knospen anfangs bräunlichpurpur. H. 10–20, Br. 10–15 cm.

☼ 💧 ❄❄

***Hyacinthus orientalis* 'City of Haarlem'** (Hyazinthe)
Horstbildende Zwiebelpflanze, die im Winter und Frühling blüht, mit linealischen, grundständigen Blättern, die sich nach der Blüte voll entwickeln, und einer dichten Ähre aus duftenden, blaßgelben Blüten. H. 10–20, Br. 6–10 cm.

☼ 💧 ❄❄

Albuca canadensis
Crocus 'Dutch Yellow'
Crocus korolkowii
Eranthis hyemalis, S. 371

Erythronium grandiflorum
Fritillaria pallidiflora, S. 347
Gagea peduncularis
Tulpen, S. 344–345

GELB-ORANGE

***Crocus* 'E. A. Bowles'**
(Gelber Krokus)
Im Vorfrühling blühende Knolle mit duftenden, langgeröhrten, leuchtendgelben Blüten, die außen am Grunde bronzegetönt sind. Blätter schmal, halb aufrecht, grundständig, mit weißer Mittellinie. Gut zum Verwildern. H. bis 10, Br. 2,5–8 cm.

☼ 💧 ❄❄❄

Crocus cvijicii
(Krokus)
Im Frühling blühende Knolle mit meist einer langröhrigen, gelben, trichterförmigen Blüte und schmalen, halb aufrechten, grundständigen Blättern mit weißer Mittellinie, die selten gleichzeitig mit der Blüte erscheinen. H. 4–5, Br. 2,5–5 cm.

☼ 💧 ❄❄❄

Colchicum luteum
(Herbstzeitlose)
Im Frühling blühende Knolle mit weinglasförmigen, gelben Blüten. Die einzige bekannte gelbe Form, mit halb aufrechten, grundständigen Blättern, die nach der Blüte länger werden. H. 5–10, Br. 5–8 cm.

☼ 💧 ❄❄❄

Fritillaria pudica
(Schachbrettblume)
Im Frühling blühende Zwiebelpflanze mit lanzettlichen, graugrünen Blättern, die sporadisch an den Stengeln erscheinen, und mit 1 oder 2 tiefgelben, bisweilen rotgetönten, 1–2,5 cm langen Blüten.
H. 5–20, Br. 5 cm.

☼ 💧 ❄❄❄

Dipcadi serotinum
Im Frühling blühende Zwiebelpflanze mit 2–5 sehr kleinen, halb aufrechten, grundständigen Blättern. Die kahlen Stengel tragen eine lockere Ähre aus nickenden, trichterförmigen, braunen oder stumpforangefarbenen, 1–1,5 cm langen Blüten.
H. 10–30, Br. 5–8 cm.

☼ 💧 ❄❄

Crocus ancyrensis
Crocus angustifolius
Crocus chrysanthus
Crocus flavus

Crocus gargaricus
Crocus olivieri
Sparaxis elegans
Tulpen, S. 344–345

Kleine Zwiebelgewächse MIT INTERESSANTEM SOMMERASPEKT

WEISS-ROSA

Lloydia serotina
Im Frühsommer blühende Zwiebelpflanze mit drahtigen Stengeln und einzelnen, fadendünnen, halb aufrechten, fast grundständigen Blättern und 1–2 glockenförmigen, weißen, 1–1,5 cm langen Blüten mit purpurroten Adern. H. 5–15, Br. 2,5–5 cm.

Albuca humilis
Sommerblühende, kleine Zwiebelpflanze mit sehr schmalen, grundständigen, dunkelgrünen Blättern und einem lockeren Köpfchen aus 1–3 schalenförmigen, weißen, bis 1 cm langen Blüten, die außen grün, später rötlich gestreift sind. H. 5–10, Br. 5–8 cm.

Calochortus subalpinus
(Mormonentulpe)
Sommerblühende Zwiebelpflanze mit einem langen, schmalen, grundständigen Blatt. 1–3 aufrechte, cremeweiße Blüten mit gelben Härchen und einem purpurfarbenen Fleck am Grunde der 3 kleineren Petalen. H. 15–20, Br. bis 8 cm.

Arisaema candidissimum
(Feuerkolben)
Im Frühsommer blühende Knolle mit großen, kapuzenförmigen, rosagestreiften, weißen Hüllblättern, die die duftenden, winzigen Antheren umhüllen. Später erscheinen die dreigeteilten, 30 cm langen Blätter. H. 10–15, Br. 30–45 cm.

Cyclamen purpurascens*, syn. *C. europaeum
(Alpenveilchen)
Im Sommer und Herbst blühende Knollenpflanze mit rundlichen, silbriggemusterten Blättern und starkduftenden, lilarosa bis purpurroten Blüten. H. bis 10, Br. 10–15 cm.

ROT

Hippeastrum rutilum
(Amaryllis, Ritterstern)
Im Frühling und Sommer blühende Zwiebelpflanze mit linealischen, grundständigen Blättern. Trichterförmige Blüten mit zugespitzten, scharlachroten Petalen mit grünem Mittelstreifen. H. 30, Br. 20 bis 25 cm. Mindesttemperatur 15 °C.

Cyrtanthus brachyscyphus
(Bogenlilie)
Horstbildende, sommerblühende Zwiebelpflanze mit linealischen, grundständigen Blättern. Die kahlen Stengel tragen ein Köpfchen aus 6–12 trichterförmigen, orangefarbenen oder leuchtendroten, sechszipfeligen Blüten. H. 20–30, Br. 10–15 cm.

Haemanthus coccineus
(Blutblume)
Sommerblühende Zwiebelpflanze mit 2 unterseits behaarten Blättern. Gefleckter Stengel, der ein Büschel roter Blüten mit vorstehendem Stempel zwischen fleischigen Brakteen trägt. H. bis 30, Br. 20–30 cm. Mindesttemperatur 10 °C.

WEITERE EMPFOHLENE PFLANZEN:
Allium campanulatum
Allium oreophilum, S. 358
Caloscordum neriniflorum
Habranthus robustus, S. 366
Triteleia peduncularis
Zephyranthes atamasco
Anomatheca laxa
Begonien, S. 251
Habranthus tubispathus

VIOLETT

Allium schoenoprasum
(Schnittlauch)
Büschel bildende, sommerblühende Zwiebelpflanze mit schmalen, hohlen, grundständigen Blättern. Die Stengel tragen bis 5 cm große Köpfchen mit bis zu 20 glockenförmigen, hellrosa oder violetten Blüten. H. 10–25, Br. 5–10 cm.

Allium narcissiflorum
(Zierlauch)
Büschelbildende, sommerblühende Zwiebelpflanze mit sehr schmalen, aufrechten, graugrünen Blättern am unteren Teil des Blütenstengels. Auf dem Blütenköpfchen bis zu 15 glockenförmige, rosalila Blüten. H. 15–30, Br. 8–10 cm.

Roscoea humeana
(Scheinorchidee)
Sommerblühende Knolle mit breitlanzettlichen Blättern, die einen Schaft bilden, und bis zu 10 purpurfarbenen Blüten mit helmartigem oberem Blütenblatt, mit hängender Lippe und 2 schmaleren Petalen. H. 15–25, Br. 15–20 cm.

Allium christophii, S. 352
Biarum tenuifolium, S. 368
Ledebouria cooperi
Scilla litardieri
Triteleia laxa, S. 352

VIOLETT-GELB

Allium cyathophorum* var. *farreri
(Blumenlauch)
Büschelbildende, sommerblühende Zwiebelpflanze mit Tuffs aus schmalen Blättern. Jeder Blütenstiel trägt ein lockeres, 1,5–4 cm großes Köpfchen aus bis zu 30 purpurroten Blüten mit zugespitzten Petalen. H. 15–30, Br. 10–15 cm.

Scilla peruviana
(Peruanischer Blaustern)
Zwiebelpflanze, die im Frühsommer blüht, mit einem Büschel aus bis zu 10 lanzettlichen Blättern. Die Stengel tragen ein breites, konisches Köpfchen aus bis zu 50 flachen, violettblauen, 1,5–3 cm großen Blüten. H. 10–25, Br. 20 cm.

Roscoea cautleoides
(Scheinorchidee)
Sommerblühende Knollenpflanze mit lanzettlichen Blättern, die einen Schaft bilden um die bis zu 5 röhrenförmigen, gelben Blüten mit helmförmigem Oberblatt, einer zweilappigen Unterlippe und 2 Petalen. H. 15–25, Br. 10–15 cm.

Chlidanthus fragrans
(Schönblüte)
Sommerblühende Zwiebelpflanze mit schmalen, halb aufrechten Blättern in grundständigen Tuffs. Die kahlen Stengel tragen ein Köpfchen aus 3–5 duftenden, trichterförmigen, gelben, 4–7 cm langen Blüten. H. 10–30, Br. 8–10 cm.

Allium moly
(Blumenlauch)
Büschelbildende, sommerblühende Zwiebelpflanze mit 1–3 breiten, grundständigen Blättern. Jeder Stengel trägt ein ziemlich dichtes, 4–8 cm großes Köpfchen aus bis zu 40 sternförmigen, gelben Blüten. H. 10–35, Br. 10–12 cm.

Hypoxis angustifolia
Im Sommer blühende Knollenpflanze mit schlanken, behaarten, halb aufrechten, grundständigen Blättern. Die Stengel tragen jeweils 3–7 sternförmige, gelbe, 1,5–2 cm große Blüten. H. 10–20, Br. 5–8 cm.

Allium cyaneum
Allium flavum
Allium sikkimense
Begonien, S. 251
Pinellia ternata
Romulea macowanii

Niedrige Zwiebelgewächse MIT INTERESSANTEM HERBSTASPEKT

□ WEISS

Cyclamen hederifolium* var. *album
(weißes Alpenveilchen)
Herbstblühende Knollenpflanze mit efeuähnlichen, silbergrünen Blättern. Weiße Blüten mit zurückgebogenen Petalen, die vor oder gleichzeitig mit dem Blattaustrieb erscheinen. H. bis 10, Br. 10–15 cm.

◐ ◊ ❄❄

***Colchicum speciosum* 'Album'**
(Herbstzeitlose)
Starkwachsende, im Herbst blühende Knolle mit großen, grundständigen Blättern, die im Spätwinter bis Vorfrühling erscheinen. Die schalenförmigen, weißen Blüten sind nicht wetterempfindlich. H. und Br. 15–20 cm.

☼ ◊ ❄❄❄

Leucojum autumnale
(Herbstknotenblume)
Im Herbst blühende Zwiebelpflanze mit fadenförmigen, grundständigen Blättern, die mit oder nach der Blüte erscheinen. An schlanken Stengeln je ein Köpfchen aus 1 bis 4 weißen Glockenblüten. Sie sind am Grund rosagetönt. H. 10–15, Br. 2,5–5 cm.

☼ ◊ ❄❄

□ WEISS-ROSA

Zephyranthes candida
Im Herbst blühende Zwiebelpflanze mit schmalen, aufrechten, grundständigen Blättern, die binsenähnliche Tuffs bilden. An den kahlen Stengeln erscheint je eine weiße, bis 6 cm große, krokusähnliche Blüte. H. 15–25, Br. 5–8 cm.

☼ ◊ ❄❄

Cyclamen africanum
(Afrikanisches Alpenveilchen)
Im Herbst blühende Knollenpflanze mit efeuähnlichen, tiefgrünen, hellgemusterten Blättern. Nickende, weiße oder rosa Blüten mit zurückgebogenen Petalen und dunklerer Mitte. Blüten vor oder mit dem Blattaustrieb. H. bis 10, Br. 10–15 cm.

◐ ◊ ❄

Cyclamen mirabile
(Alpenveilchenart)
Im Herbst blühende Knollenpflanze mit herzförmigen, gemusterten Blättern, die unterseits violett, am Rande fein gezähnt sind. Blaßrosa Blüten mit rotem Auge und gezähnten Petalen. H. bis 10, Br. 5–8 cm.

◐ ◊ ❄❄

Habranthus robustus
Im Spätsommer bis Frühherbst blühende Zwiebelpflanze mit schmallanzettlichen, halb aufrechten, grundständigen Blättern. An kahlen Stengeln erscheinen jeweils die trichterförmigen, in einem bestimmten Winkel geneigten, rosa Blüten. H. 20–30, Br. 8–10 cm.

☼ ◊ ❄

Colchicum autumnale
(Herbstzeitlose)
Im Herbst blühende Knollenpflanze mit bis zu 8 langgeröhrten, becherförmigen, purpurrosa oder weißen Blüten und 3–5 großen, streifenförmigen, grundständigen Blättern im Frühling. H. und Br. 10–15 cm.

☼ ◊ ❄❄❄

WEITERE EMPFOHLENE PFLANZEN:
Colchicum autumnale 'Alboplenum'
Crocus niveus
Cyclamen cyprium
Galanthus reginae-olgae
Allium mairei
Leucojum roseum

Colchicum byzantinum
(Herbstzeitlose)
Robuste, im Herbst blühende Knollenpflanze mit bis zu 20 langgeröhrten, helllilarosa, 10–15 cm großen Blüten. Im Frühling sehr breite, halb aufrechte, grundständige, parallelnervige Blätter. H. und Br. 15–20 cm.

☼ 💧 ❄❄❄

Crocus goulimyi
(Herbstkrokus)
Im Herbst blühende Knolle mit meist einer langgeröhrten, blaßlila bis rosalila Blüte mit weißem Schlund. Die 3 inneren Petalen sind oft blasser als die 3 äußeren. Blätter und Blüten gleichzeitig. Geschützter Standort. H. bis 10, Br. 3–8 cm.

☼ 💧 ❄❄

Cyclamen rohlfsianum
(Alpenveilchen)
Im Herbst blühende Knolle mit grobgezähnten, hell- und dunkelgrün gemusterten Blättern und blaßlilarosa Blüten, die am Grunde dunkler getönt sind. H. 10, Br. 10–15 cm.

◐ 💧 ❄

Cyclamen cilicium
(Alpenveilchen)
Im Herbst blühende Knolle mit breitherzförmigen Blättern mit helleren und dunkleren Zonen. Blüten weiß oder rosa mit dunkelpurpurfarbener Mitte. Blüte vor oder mit dem Blattaustrieb. H. bis 10, Br. 5–10 cm.

◐ 💧 ❄❄

Cyclamen graecum
(Griechisches Alpenveilchen)
Im Herbst blühende Knolle mit herzförmigen, gezähnten, samtig-dunkelgrünen, silbrig oder hellgrün gemusterten Blättern. Blüten rosa oder weiß mit dunklem Auge. Gedeiht am besten im Alpinenhaus. H. bis 10, Br. 10–15 cm.

◐ 💧 ❄❄

Crocus kotschyanus
(Herbstkrokus)
Im Herbst blühende Knolle mit lilarosa oder blauvioletten Blüten mit gelber Mitte und weißen Antheren. Die schmalen, grundständigen Blätter mit weißer Mittellinie erscheinen im Winter bis Frühling. H. bis 10, Br. 3–8 cm.

☼ 💧 ❄❄❄

***Cyclamen hederifolium*, syn.**
C. neapolitanum
Im Herbst blühende Knollenpflanze mit hell- bis dunkelrosa Blüten, die in der Mitte dunkler sind. Sie erscheinen mit oder vor dem Laubaustrieb. Blätter variieren, oft efeuähnlich mit silbergrünem Muster. H. bis 10, Br. 10–15 cm.

◐ 💧 ❄❄

Colchicum bivonae
(Herbstzeitlose)
Im Herbst blühende Knollenpflanze mit großen, langgeröhrten, rosavioletten Blüten mit dunkelpurpurner Maserung und violetten Antheren. Die aufrechten Blätter, 8–10 je Pflanze, erscheinen im Frühling. H. 15, Br. 15–20 cm.

☼ 💧 ❄❄

Kleine Zwiebelgewächse MIT INTERESSANTEM HERBSTASPEKT

ROSA-VIOLETT

Colchicum cilicicum
(Herbstzeitlose)
Im Herbst blühende Knollenpflanze mit großen, hell- bis dunkelrosa, bisweilen dunkler gemaserten Blüten. Die sehr breiten, halb aufrechten, grundständigen Blätter sind parallelnervig und erscheinen nach der Blüte. H. und Br. 15–20 cm.

Merendera montana*, syn. *M. bulbocodium
Im Herbst blühende Knollenpflanze mit schmallanzettlichen, halb aufrechten, grundständigen Blättern, die unmittelbar nach den breitblättrigen, röhrenförmigen, rosa oder purpurvioletten Blüten erscheinen. H. bis 5, Br. 5–8 cm.

Crocus medius
(Herbstkrokus)
Im Herbst blühende Knollenpflanze mit einer oder zwei röhrenförmigen, einfarbigen, purpurvioletten Blüten mit gelben Staubbeuteln und roter Narbe. Grundständige, linealische Blätter im Winter bis Frühling. H. bis 10, Br. 2,5–8 cm.

Biarum tenuifolium
Im Spätsommer und Herbst blühende Knollenpflanze mit Büscheln aus scharfen, schmalen, aufrechten Blättern, die nach der Blüte der stengellosen, aufrechten, oft gedrehten, schwarzvioletten Hochblätter erscheinen. H. bis 20, Br. 8–10 cm.

Colchicum agrippinum
(Herbstzeitlose)
Im zeitigen Herbst blühende Knollenpflanze mit schmalen, etwas gewellten, grundständigen, im Frühling erscheinenden Blättern. Blüten aufrecht, geröhrt, breit, purpurrosa mit dunklerer Maserung. H. 10–15, Br. 8–10 cm.

Crocus banaticus
(Herbstkrokus)
Im Herbst blühende Knollenpflanze, meist mit einer langgeröhrten, blaßlila Blüte, deren äußere Petalen viel größer als die inneren sind. 3 schmale, grundständige Blätter mit heller Mittellinie im Frühling. H. bis 10, Br. 2,8–8 cm.

***Colchicum* 'Waterlily'**
(Gefüllte Herbstzeitlose)
Im Herbst blühende Knollenpflanze mit breiten, halb aufrechten, grundständigen Blättern im Winter und Frühling. Gefüllte, dunkelrosa-lila Blüten mit 20–40 Petalen. H. bis 15, Br. 15–20 cm.

Crocus nudiflorus
(Herbstkrokus)
Im Herbst blühende Knollenpflanze mit linealischen Grundblättern im Winter und Frühling. Meist erscheint eine langgeröhrte, purpurlila Blüte mit gefranster Narbe in Gelb oder Orange. Verwildert im Rasen. H. bis 10, Br. 2,5–8 cm.

Crocus pulchellus
(Herbstkrokus)
Im Herbst blühende Knollenpflanze mit langgeröhrten, blaßlila, dunkelgeaderten Blüten mit gelbem Schlund und weißen Staubbeuteln. Die Blätter sind grundständig, sehr schmal, mit weißer Mittellinie. H. 10, Br. 2,5–8 cm.

Biarum eximium
Colchicum 'Beaconsfield'
Colchicum 'Lilac Wonder'
Colchicum speciosum
Colchicum 'The Giant'
Colchicum variegatum
Crocus cartwrightianus
Crocus kotschyanus, S. 367
Crocus kotschyanus var. *leucopharynx*
Crocus longiflorus
Crocus sativus
Crocus serotinus ssp. *salzmannii*
Crocus speciosus
Crocus tournefortii
Cyclamen purpurascens, S. 364

Kleine Zwiebelgewächse MIT INTERESSANTEM WINTERASPEKT

VIOLETT-GELB

Crocus speciosus **'Oxonian'**
(Herbstkrokus)
Im Herbst blühende Knollenpflanze mit violettblauen Blüten, die dunkler geadert sind und eine mehrfach geteilte, orangefarbene Narbe haben. Blätter schmal, mit weißer Mittellinie im Winter und Frühling. H. bis 10, Br. 2,5–8 cm.

☼ ◊ ❄❄❄

Arum pictum
(Aronstab)
Knollenpflanze mit pfeilförmigen, halb aufrechten, glänzenden Blättern mit cremefarbenen Adern, die gleichzeitig mit den purpurbraunen Hochblättern und dem dunkelpurpurnen Kolben erscheinen. H. 15–25, Br. 15–20 cm.

☼ ♦ ❄

Sternbergia lutea
(Gelber Goldstern)
Im Herbst blühende Zwiebelpflanze mit streifenförmigen, halb aufrechten, grundständigen, tiefgrünen Blättern, die mit einer röhrenförmigen, leuchtendgelben Blüte von 2,5–6 cm Länge am blattlosen Stengel erscheint. H. 2,5–15, Br. 8–10 cm.

☼ ◊ ❄❄

Crocus cancellatus
Sternbergia clusiana
Sternbergia sicula
Zephyranthes citrina

WEISS

Galanthus nivalis **'Flore Pleno'**
(Gefülltblühendes Schneeglöckchen)
Im Spätwinter und Vorfrühling blühende Zwiebelpflanze mit grundständigen, graugrünen Blättern und rosettenförmigen, vielblättrigen, weißen Blüten. Einige der inneren Blätter sind am Rand grün gezeichnet. H. 10–15, Br. 5–8 cm.

◐ ♦ ❄❄❄

Galanthus rizehensis
(Schneeglöckchen)
Im Spätwinter und Vorfrühling erscheinende Zwiebelpflanze mit sehr schmalen, linealischen, grundständigen Blättern und weißen, 1,5–2 cm langen Blüten mit grünem Randfleck auf den inneren Blütenblättern. H. 10–20, Br. 5 cm.

◐ ♦ ❄❄

Galanthus elwesii
(Schneeglöckchen)
Im Spätwinter und Vorfrühling blühende Zwiebelpflanze mit grundständigen, graugrünen Blättern, die sich zu den Enden hin verbreitern. Jedes innere Blütenblatt ist an der Spitze und am Grund grün gezeichnet. H. 10–30, Br. 5–8 cm.

◐ ♦ ❄❄❄

Galanthus nivalis **'Pusey Green Tips'**
(Schneeglöckchen, gefullt)
Im Spätwinter und Vorfrühling blühende Zwiebelpflanze mit schmallinealischen, halb aufrechten, grundständigen, graugrünen Blättern. Jeder Stiel trägt eine weiße Blüte mit vielen, meist grüngefleckten Petalen. H. 10–15, Br. 5–8 cm.

◐ ♦ ❄❄❄

Galanthus gracilis*, syn. *G. graecus
(Schneeglöckchen)
Im Spätwinter und Vorfrühling blühende Zwiebelpflanze mit gedrehten, streifenförmigen, grundständigen, graugrünen Blättern. Blüten weiß mit 3 inneren, am Rande und am Grunde grüngezeichneten Petalen. H. 10–15, Br. 5–8 cm.

◐ ♦ ❄❄❄

Galanthus **'Atkinsii'**
Starkwüchsige, im Spätwinter und Vorfrühling blühende Zwiebelpflanze mit streifenförmigen, halb aufrechten, grundständigen, graugrünen Blättern. Jeder Stiel trägt eine schlanke, weiße Blüte mit grünem Fleck am Rand der inneren Petalen. H. 10–15, Br. 5–10 cm.

◐ ♦ ❄❄❄

WEITERE EMPFOHLENE PFLANZEN:
Galanthus nivalis
Galanthus plicatus

Niedrige Zwiebelgewächse MIT INTERESSANTEM WINTERASPEKT

WEISS

***Galanthus nivalis* 'Lutescens'**
(Schneeglöckchen)
Im Spätwinter und Vorfrühling blühende Zwiebelpflanze mit schmalen, linealischen, grundständigen, graugrünen Blättern. Blüten 1,5–2 cm lang, mit weißgelbem Fleck am Rand der inneren Blütenblätter. H. 10, Br. 2,5–5 cm.

Galanthus ikariae*, syn. *G. latifolius
(Schneeglöckchen)
Im Spätwinter und Vorfrühling blühende Zwiebelpflanze mit linealischen, grundständigen, leuchtenden, hellgrünen Blättern. Blüten einzeln, weiß, 1,5–2 cm lang, mit grünem Fleck am Rand der inneren Petalen. H. 10–25, Br. 5–8 cm.

***Galanthus nivalis* 'Scharlockii'**
(Schneeglöckchen)
Starkwüchsige, im Spätwinter und Vorfrühling blühende Zwiebelpflanze mit grundständigen Blättern und weißen, grüngezeichneten inneren Blättern, die von zwei schmalen Hochblättern umgeben sind. H. 10–15, Br. 5–8 cm.

Galanthus plicatus* ssp. *byzantinus
(Schneeglöckchen)
Im Spätwinter und Vorfrühling blühende Zwiebelpflanze mit grundständigen, graubereiften Blättern. Die weißen Blüten sind am Grunde und an den Enden der inneren Blütenblätter grün gefleckt. H. 10–20, Br. 5–8 cm.

***Cyclamen coum* ssp. *coum* 'Album'**
(Alpenveilchen)
Winterblühende Knollenpflanze mit rundlichen, tiefgrünen, oft silberngezeichneten Blättern. Weiße Blüten mit braunem Mittelfleck. H. bis 10, Br. 5–10 cm.

ROSA

Cyclamen persicum
(Alpenveilchen)
Im Winter oder Frühling blühende Knollenpflanze mit herzförmigen, grün- und silberngezeichneten Blättern. Blüten duftend, weiß oder rosa, 3–4 cm groß, am Grunde karmin getönt. H. 10–20, Br. 10–15 cm, Mindesttemperatur 5–7 °C.

***Cyclamen persicum* 'Pearl Wave'**
(Alpenveilchen)
Im Winter und Frühling blühende Knollenpflanze mit herzförmigen, hell-, dunkelgrün und silberngezeichneten Blättern. Blüten schlank, tiefrosa, duftend, 5–6 cm lang, mit gefransten Petalen. H. 10–20, Br. 10–15 cm. Mindesttemperatur 5–7 °C.

Cyclamen coum* ssp. *coum
(Alpenveilchen)
Im Winter blühende Knollenpflanze mit rundlichen, gleichmäßig dunkelgrün oder silbern gemusterten Blättern und leuchtend-karminfarbenen Blüten mit dunklerer Mitte. H. bis 10, Br. 5–10 cm.

Cyclamen coum ssp. *caucasicum*
Cyclamen persicum 'Cardinal'
Cyclamen persicum, Dwarf Scented-Serie
Hyacinthus orientalis 'Pink Pearl', S. 358

ROT

***Cyclamen persicum* 'Esmeralda'**
(Alpenveilchen)
Im Winter blühende Knollenpflanze mit herzförmigen, silberngemusterten Blättern und breitblättrigen, karminroten Blüten. H. 10–20, Br. 15–20 cm.

***Cyclamen persicum* 'Renown'**
(Alpenveilchen)
Winter- und frühlingblühende Knollenpflanze mit herzförmigen, leuchtend-silbergrünen Blättern und dunklerem Mittelfleck. Blüten schlank, duftend, scharlachrot, 5–6 cm groß. H. 10–20, Br. 10–15 cm.

***Cyclamen persicum* Kaori-Serie**
(Alpenveilchen)
Im Winter blühende Knollenpflanze mit kleinen, herzförmigen, silberngeaderten Blättern und duftenden, 4 cm großen Blüten in vielen Farben. H. 10–20, Br. 10–15 cm, Mindesttemperatur 5–7 °C.

Hyacinthus orientalis 'Delft Blue', S. 362
Hyacinthus orientalis 'Jan Bos', S. 359
Hyacinthus orientalis 'Ostara', S. 362
Lachenalia rubida
Lachenalia 'Tricolor'

GELB

***Lachenalia* 'Quadricolor'**
Im Winter und Frühling blühende Zwiebelpflanze mit 2 linealischen, halb aufrechten, grundständigen Blättern und einer Ähre von 10–20 purpurroten Knospen, die sich zu grüngelben oder orangefarbenen Blüten öffnen. H. 15–25, Br. 5–8 cm.

***Lachenalia* 'Nelsonii'**
Im Winter und Frühling blühende Zwiebelpflanze mit 2 linealischen, purpurgefleckten, halb aufrechten, grundständigen Blättern und einer Ähre aus 10–20 nickenden, röhrenförmigen, grüngetönten, leuchtendgelben, 3 cm langen Blüten. H. 15–25, Br. 5–8 cm.

Eranthis hyemalis*, syn. *E. cilicicus
(Winterling, Winterakonit)
Horstbildende Knolle mit stengellosen, schalenförmigen, gelben, 2–2,5 cm großen Blüten, die im Spätwinter und Vorfrühling erscheinen. Ein eingeschnittenes Hochblatt bildet unter jeder Blüte eine Halskrause. H. 5–10, Br. 8–10 cm.

Eranthis × tubergenii 'Guinea Gold'
Hyacinthus orientalis 'City of Haarlem', S. 363

□ WEISS

Menyanthes trifoliata
(Sumpf- oder Fieberklee)
Ausdauernde, sommergrüne Pflanze für Flachgewässer mit dreiteiligen, mittelgrünen Blättern und gefransten, weißen Blüten, die im Frühling erscheinen. H. 25, Br. 30 cm.

Alisma plantago-aquatica
(Froschlöffel)
Sommergrüne, ausdauernde Flachwasserpflanze mit aufrechten, ovalen, leuchtendgrünen Blättern, die sich über dem Wasser entfalten. Lockere, konische Blütenrispen mit kleinen, rosa-weißen Blüten im Sommer. H. 75, Br. 45 cm.

Lysichiton camtschatcensis
(Sumpf-Drachenwurz)
Starkwüchsige, sommergrüne Staude für Flachwasserbereiche mit reinweißen Hochblättern, die eine Ähre aus kleinen, unscheinbaren Blüten umschließen und im Frühling vor den langen, ovalen Blättern erscheinen. H. 75, Br. 60 cm.

Hydrocharis morsus-ranae
(Froschbiß)
Sommergrüne Staude für Fließgewässer mit Rosetten aus nierenförmigen, olivgrünen Blättern und kleinen, weißen, 10 cm großen Blüten im Sommer. Ableger bilden mit der Mutterpflanze einen bis zu 1,00 m großen Teppich.

Calla palustris
(Sumpfkalla)
Sommergrüne oder halbimmergrüne Staude für Flachwasserbereiche und Uferzonen mit herzförmigen, glänzenden, grünen Blättern. Im Frühling große, weiße Hochblätter, später rote bis orangerote Früchte. H. 25, Br. 30 cm.

Sagittaria latifolia
(Pfeilkraut)
Sommergrüne Staude für Gewässerränder mit zartgrünen, leicht überhängenden Blättern; im Sommer mit weißen Blütenähren. H. 1,50, Br. 0,60 m.

WEITERE EMPFOHLENE PFLANZEN:
Luronium natans
Nelumbo nucifera 'Alba Grandiflora'
Sagittaria sagittifolia
Sagittaria sagittifolia 'Flore Pleno'
Wasserlilien, S. 376

Saururus cernuus
(Molchschwanz)
Sommergrüne, ausdauernde Sumpf- oder Gewässerrandpflanze mit Büscheln aus herzförmigen, mittelgrünen Blättern und im Sommer Ähren aus cremefarbenen Blüten. Winterschutz erforderlich. H. 25, Br. 30 cm.

☼ 💧 ❄❄❄

Aponogeton distachyos
(Wasserähre)
Sommergrüne, staudige Wasserpflanze mit aufgetauchten ovalen Blättern, die oft violett gefleckt sind. Die starkduftenden, gabelförmigen, weißen Blüten mit schwarzen Staubbeuteln erscheinen im Sommer. Br. 1,20 m.

☼ 💧 ❄❄

Caltha leptosepala
(Dotterblume)
Sommergrüne Uferstaude mit herzförmigen, dunkelgrünen Blättern und butterblumenähnlichen, weißen Blüten, die im Frühling erscheinen. H. und Br. 30 cm.

☼ 💧 ❄❄❄

Hottonia palustris
(Wasserfeder)
Sommergrüne, ausdauernde Unterwasserpflanze mit dichten Quirlen aus feingeteilten Blättern, die eine sich ausbreitende Blattmasse bilden. Ihre lila oder weißen Blüten erscheinen im Sommer über Wasser. H. 10 cm, Br. wuchernd.

☼ 💧 ❄❄❄

***Acorus calamus* 'Variegatus'**
(Buntblättriger Kalmus)
Halbimmergrüne Uferstaude mit schwertförmigen, duftenden, mittelgrünen Blättern, die im Frühling rosagetönte Ränder haben. H. 75, Br. 60 cm.

☼ 💧 ❄❄❄

***Acorus gramineus* 'Variegatus'**
(Kalmus)
Halbimmergrüne Staude für Gewässerränder oder Flachwasserzonen. Die schmalen, steifen, grasähnlichen Blätter sind dunkelgrün und cremefarben gerandet. H. 25, Br. 15 cm.

☼ 💧 ❄❄

Stratiotes aloides
(Krebsschere, Wasseraloe)
Halbimmergrüne, freischwimmende Unterwasserpflanze mit spinnenförmigen Blattrosetten und schalenförmigen, weißen oder rosa Blüten, die im Sommer über dem Wasser erscheinen. Vermehrt sich durch Wasserknospen. Br. 30 cm.

☼ 💧 ❄❄❄

***Houttuynia cordata* 'Chamaeleon'**
Starkwüchsige, sommergrüne, bodendeckende Wasserrandpflanze mit duftenden, ledrigen, gelbrotgezeichneten Blättern. Die weißen Blütenähren erscheinen im Sommer. Benötigt Sonne zur Buntfärbung. H. 10 cm, Br. wuchernd.

◐ 💧 ❄❄❄

Nelumbo nucifera
(Lotosblume)
Starkwüchsige, sommergrüne Uferstaude mit kräftigen Stielen und großen, flachen, blaugrünen Blättern. Im Sommer große, rosarote Blüten, die sich fleischfarbig verfärben. H. 1,00–1,50 m über Wasser, Br. 1,20 m. Mindesttemperatur 7 °C.

☼ 💧

Nelumbo nucifera 'Albo Striata'
Nelumbo nucifera 'Rosea Plena'
Wasserlilien, S. 376

Wasserpflanzen

ROSA-BLAU

Butomus umbellatus
(Blumenbinse)
Sommergrüne, ausdauernde, binsenähnliche Uferstaude mit schmalen, gedrehten, mittelgrünen Blättern und rosa bis rosaroten Blütenköpfchen im Sommer. H. 1,00, Br. 0,45 m.

☼ 💧 ❄❄❄

Azolla caroliniana
(Wasserfarn)
Sommergrüne, schwimmende Staude mit gefiederten Wedeln, die in voller Sonne von Rot bis Violett variieren und im Schatten blaß- oder blaugrün werden. Reduziert Algen durch Beschränkung von Lichteinfall. Br. wuchernd.

☼ 💧 ❄

Pontederia cordata
(Hechtkraut)
Eine sommergrüne Uferstaude. Im Sommer erscheinen die dichten, ährigen Blütenstände aus blauen Blüten. Lanzettliche, dunkelgrüne Blätter. H. 75, Br. 45 cm.

☼ 💧 ❄❄❄

Colocasia esculenta 'Illustris'
Cryptocoryne spiralis
Thalia dealbata
Thalia geniculata

Seerosen, S. 376

BLAU-GRÜN

***Myosotis scorpioides* 'Mermaid'**
(Sumpfvergißmeinnicht)
Sommergrüne, ausdauernde Uferstaude für Sumpf- oder Flachwasserbereiche mit schmalen, mittelgrünen Blättern und kleinen, blauen Vergißmeinnichtblüten, die im Sommer erscheinen. H. 15, Br. 30 cm.

☼ 💧 ❄❄❄

Typha latifolia
(Großer Rohrkolben)
Sommergrüne Uferstaude mit großen Horsten aus mittelgrünen Blättern und beigefarbenen Blütenähren, denen im Sommer die dekorativen, zylindrischen, dunkelbraunen Kolben folgen. Wuchert. H. bis 2,50, Br. 0,60 m.

☼ 💧 ❄❄❄

Eichhornia crassipes
(Eichhornie, Wasserhyazinthe)
Immergrüne oder halbimmergrüne, staudige Wasserpflanze mit glänzenden Blättern und schwimmenden, luftgefüllten Stengeln. Im Sommer Ähren aus blauvioletten Blüten. Kann im Warmhaus wuchern. Br. 25 cm, Mindesttemperatur 1 °C.

☼ 💧

Myriophyllum aquaticum*, syn. *M. proserpinacoides
(Tausendblatt)
Sommergrüne Staude, die ganz oder teilweise unter Wasser gedeiht. Feingefiederte, blaugrüne Blätter, die im Herbst an der Wasseroberfläche rötlich gefärbt sind. Für milde Lagen. Br. wuchernd.

☼ 💧 ❄

Colocasia esculenta
Sommergrüne Uferstaude mit großen, dekorativen, mittel- bis dunkelgrünen Blättern, die vorstehende Blattnerven haben. Die im Sommer erscheinenden Hochblätter sind unscheinbar. Läßt sich in Moorerde in Töpfen ziehen. H. 1,10, Br. 0,60 m. Mindesttemperatur 1 °C.

☼ 💧

Potamogeton crispus
(Laichkraut)
Sommergrüne, teils untergetauchte Wasserstaude, die eine sich ausbreitende Kolonie aus seegrasähnlichen, bronze- oder mittelgrünen Blättern bildet. Unscheinbare rötliche Blüten im Sommer. Mag kühles Wasser. Br. wuchernd.

☼ 💧 ❄❄❄

Seerosen, S. 376

GRÜN

Pistia stratiotes
(Wassersalat)
Sommergrüne, schwimmende Staude für Teich oder Aquarium, unter tropischen Verhältnissen immergrün. Blätter behaart, salatähnlich. Die winzigen, grünlichen Blüten erscheinen sporadisch. H. und Br. 10 cm, Mindesttemperatur 10–15 °C.

Salvinia auriculata
(Schwimmfarn)
Sommergrüne Schwimmstaude, unter tropischen Verhältnissen immergrün, breitwüchsige Kolonien bildend. Blätter rundlich, manchmal unterseits violettbraun, paarweise an verzweigten Stengeln. Br. wuchernd. Mindesttemperatur 10–15 °C.

Trapa natans
(Wassernuß)
Einjährige Schwimmpflanze mit rhombischen, mittelgrünen, purpurgemusterten Blättern, die in Rosetten angeordnet sind. Blüten weiß. Sommerblüher. Br. 25 cm.

Lagarosiphon major
(Wasserpest)
Halbimmergrüne, sich ausbreitende Unterwasserstaude mit dichten Blattnetzen. Aufsteigende Triebe besitzen schmale, zurückgebogene, dunkelgrüne Blätter. Blüten im Sommer, unscheinbar. Br. wuchernd.

Typha minima
(Binsenrohrkolben)
Sommergrüne Flachwasserstaude mit grasähnlichen Blättern und Ährchen aus rostbraunen Blüten, sie werden im Spätsommer zu dekorativen, zylindrischen Kolben. H. 45–60, Br. 30 cm.

Euryale ferox
Einjährige Tiefwasserpflanze mit schwimmenden, rundlichen, olivgrünen, unterseits dunkelvioletten Blättern und kleinen, purpurvioletten Blüten im Sommer. Nur für Warmwasserbecken geeignet. Br. 1,50 m, Mindesttemperatur 5 °C.

GRÜN-GELB

Sparganium erectum*, syn. *S. ramosum
(Igelkolben)
Starkwüchsige, sommergrüne oder halbimmergrüne Ufer- und Flachwasserstaude mit schmalen, mittelgrünen Blättern und kleinen, grünlichbraunen Blütenbüscheln im Sommer. H. 1,0, Br. 0,60 m.

Myriophyllum verticillatum
(Tausendblatt)
Sommergrüne, breitwüchsige Unterwasserstaude, die durch keulenförmige Winterknospen überwintern. Die schlanken Stengel besitzen Quirle von feingeteilten, olivgrünen Blättern. Br. unbegrenzt, wuchernd.

Hydrocleys nymphoides
(Wassermohn)
Sommergrüne Tiefwasserstaude, unter tropischen Verhältnissen immergrün, mit schwimmenden, ovalen Blättern und mohnähnlichen, gelben Blüten, die im Sommer über den Blättern erscheinen. Br. bis 60 cm. Mindesttemperatur 1 °C.

Baldellia ranunculoides
Cabomba caroliniana
Ceratophyllum demersum
Colocasia esculenta 'Fontanesii'
Cryptocoryne ciliata
Egeria densa
Fontinalis antipyretica
Myriophyllum hippuroides
Potamogeton lucens
Salvinia natans
Sparganium minimum
Vallisneria spiralis

Seerosen

Die majestätische Schönheit der Seerosen (bot. *Nymphaea*) ist Blickfang und Farbakzent für jedes Wasserbecken. Viele kleinblättrige Pflanzen gedeihen auch im seichten Wasser, aber starkwüchsigere Sorten benötigen bis zu 100 cm Wassertiefe. Ihre großen, tellerförmigen Blätter geben den Fischen Schutz und verhindern das Ausbreiten von Algen. Die bekannten winterharten Sorten benötigen wenig Pflege; sie brauchen nur eine offene sonnige Lage und ruhiges Wasser.

***N. caroliniana* 'Nivea'**

***N.* 'Gladstoniana'**

***N. marliacea* 'Carnea'**

***N.* 'Escarboucle'**

***N.* 'Virginalis'**

***N.* 'American Star'**

***N.* 'James Brydon'**

***N. × laydekeri* 'Fulgens'**

***N.* 'Blue Beauty'**

***N. marliacea* 'Albida'**

***N.* 'Rose Arey'**

***N.* 'Fire Crest'**

***N. pygmaea* 'Helvola'**

***N. marliacea* 'Chromatella'**

***N. pygmaea* 'Alba'**

N. alba

***N.* 'Attraction'**

***N.* 'Sunrise'**

Wasserpflanzen

GELB

Lysichiton americanus
Starkwüchsige, sommergrüne Flachwasserstaude für Teiche. Im Frühling vor dem Austrieb der frischgrünen Blätter erscheinen die auffallenden, leuchtendgelben Hochblätter. H. 1,00, Br. 0,75 m.

***Caltha palustris* 'Flore Plena'**
(Gefülltblühende Sumpfdotterblume)
Sommergrüne Ufer- und Flachwasserstaude mit rundlichen, dunkelgrünen Blättern und Büscheln aus gefüllten, leuchtendgoldgelben Blüten im Frühling. H. und Br. 25 cm.

Nymphoides peltata
(Heimische Seekanne)
Sommergrüne Tiefwasserstaude mit schwimmenden, kleinen, rundlichen, mittelgrünen, oft braungefleckten Blättern. Im Sommer kleine, bewimperte, gelbe Blüten. Br. 60 cm.

Caltha palustris
(Sumpfdotterblume)
Sommergrüne Uferstaude mit rundlichen Blättern und Büscheln aus schalenförmigen, leuchtendgoldgelben Blüten im Frühling. H. 60, Br. 45 cm.

Ranunculus lingua
(Hahnenfuß)
Uferstaude, auch für Flachwasser, mit kräftigen Trieben und lanzettlichen, bläulichen Blättern. Die gelben Blütenbüschel erscheinen im Spätfrühling. H. 90, Br. 45 cm.

Nuphar lutea
(Mummel, Teichrose)
Starkwüchsige, sommergrüne Tiefwasserstaude für große Becken oder Teiche mit mittelgrünen, ledrigen Blättern und kleinen, übelriechenden, kugeligen Blüten. Später dekorative Samenkapseln. Br. 1,50 m.

Orontium aquaticum
(Goldkeule)
Sommergrüne Tiefwasserstaude, für Ufer weniger geeignet. Die bleistiftähnlichen, goldenen und weißen Blütenähren erscheinen im Frühling über den schwimmenden, ovalen, blaugrünen oder blaugrauen Blättern. Br. 60 cm.

Cotula coronopifolia
Nelumbo lutea
Nuphar advena
Ranunculus lingua 'Grandiflora'
Utricularia exoleta
Utricularia vulgaris

Kakteen und andere hochwachsende Sukkulenten

□ WEISS

Selenicereus grandiflorus
(Schlangencereus)
Kletternder, ausdauernder Kaktus mit 7rippigen, 1–2 cm breiten, grünen Stämmen mit gelben Stacheln und weißen, 18–60 cm großen Blüten, die sich im Sommer nachts öffnen. H. 3,00 m, Br. unbegrenzt. Mindesttemperatur 5 °C.

Trichocereus bridgesii
Ausdauernder Säulenkaktus mit 4–8rippigen, am Grunde verzweigten Trieben. Bis zu 6 Stacheln stehen in Areolen zusammen. Die nach Jasmin duftenden, röhrenförmigen, weißen Blüten öffnen sich im Sommer nachts. H. bis 5,00, Br. 1,00 m. Mindesttemperatur 10 °C.

Cereus forbesii
(Säulenkaktus)
Säulenförmiger, ausdauernder Kaktus mit verzweigtem Stamm und 4–7rippigen Trieben mit dunklen Stacheln und 25 cm langen, weißen Blüten, die sich im Sommer nachts öffnen. Später rote Früchte. H. 7,00, Br. 3,00 m. Mindesttemperatur 7 °C.

Myrtillocactus geometrizans
Säulenförmiger, ausdauernder Kaktus mit stark verzweigten, 5–6rippigen, blaugrauen Stämmen, kurzen, schwarzen Stacheln und an über 30 cm hohen Pflanzen nachts im Sommer gelegentlich weißen Blüten. H. 4,00, Br. 2,00 m. Mindesttemperatur 12 °C.

Cereus peruvianus
(Säulenkaktus)
Ausdauernder Kaktus mit verzweigten, silberblauen Trieben und goldgelben Stacheln an 4–8 gezähnten Rippen. Sie blühen nachts mit 10 cm großen, weißen Blüten im Sommer. Später rote Früchte. H. 5,00, Br. 4,00 m. Mindesttemperatur 7 °C.

Azureocereus hertlingianus, syn. Browningia hertlingianus
Säulenförmiger, immergrüner Kaktus mit silberblauem Stamm, goldgelben Stacheln und büscheligen Areolen. Blüten nachts im Sommer weiß, aber nur an über 1,00 m hohen Exemplaren. H. 8,00, Br. 4,00 m. Mindesttemperatur 7 °C.

Pachypodium lameri
Baumähnliche, ausdauernde Sukkulente mit dornigem Stamm, gekrönt von linearen Blättern und duftenden, cremeweißen Trompetenblüten im Sommer an Pflanzen über 1,50 m. Stämme verzweigen sich nach der Blüte. H. 6,00, Br. 2,00 m. Mindesttemperatur 11 °C.

Carnegiea gigantea
Sehr langsam wachsender, ausdauernder Kaktus mit dicken, 12–24rippigen, stacheligen Stämmen. Verzweigt sich gern und trägt im Sommer kurze, röhrenförmige, fleischige, weiße Blüten an den Triebenden (ab 4 m Höhe). H. bis 12,00, Br. 3,00 m Mindesttemperatur 7 °C.

WEITERE EMPFOHLENE PFLANZEN:
Agave americana
Epiphyllum anguliger, S. 382
Rhipsalis tucumanensis, S. 382
Rhipsalis warmingiana, S. 382
Trichocereus candicans, S. 382

Lemaireocereus marginatus*, syn. *Marginatocereus marginatus
Säulenförmiger, ausdauernder Kaktus mit 5–6rippigem, verzweigtem, glänzendem Stamm. Die Areolen tragen winzige Stacheln. Im Sommer erscheinen die trichterförmigen, weißen Blüten. H. 7,00, Br. 3,00 m. Mindesttemperatur 11 °C.

☼ 💧

Agave parviflora
(Agave)
Grundständige, rosettenförmige, ausdauernde Sukkulente mit schmalen, weißgerandeten, dunkelgrünen Blättern mit weißen Fasern, die sich von den Rändern lösen. Im Sommer weiße Blüten. H. 1,50, Br. 0,50 m. Mindesttemperatur 5 °C.

☼ 💧

Stetsonia coryne
Baumähnlicher, ausdauernder, verzweigter Kaktus mit kurzem Stamm mit 8–9 blaugrünen Rippen. Die schwarzen Dornen sind später weiß mit schwarzen Spitzen. Die weißen Trichterblüten erscheinen im Sommer, nachts. H. 8,00, Br. 4,00 m. Mindesttemperatur 10 °C.

☼ 💧

Crassula ovata*, syn. *C. argentea
(Dickblatt)
Ausdauernde Sukkulente mit dickem Stamm, der von glänzendgrünen, bisweilen rotgerandeten Blättern gekrönt wird. Fünfblättrige, weiße Blüten im Herbst und Winter. H. 4,00, Br. 2,00 m. Mindesttemperatur 5 °C.

☼ 💧

Trichocereus spachianus
(Fackelkaktus)
Horstbildender, ausdauernder Kaktus mit glänzendgrünen, 10–15fach gerippten Stämmen und blaßgoldenen Stacheln. Im Sommer duftende, trichterförmige, weiße Blüten, die sich nachts öffnen. H. und Br. 2,00 m. Mindesttemperatur 8 °C.

☼ 💧

Espostoa lanata
(Peruanisches Greisenhaupt)
Sehr langsam wachsender Säulenkaktus mit verzweigten, wolligen, grünen Stämmen. Die faulriechenden, weißen Blüten erscheinen im Sommer nur an Pflanzen über 1,00 m Höhe. H. bis 4,00, Br. 2,00 m. Mindesttemperatur 10 °C.

☼ 💧

Pereskia aculeata
Raschwachsender, sommergrüner, kletternder Kaktus mit breiten, glänzenden Blättern und cremeweißen Blüten mit orangefarbenem Schlund, die im Herbst nur an Pflanzen über 1,00 m Höhe erscheinen. H. bis 10,00, Br. 5,00 m. Mindesttemperatur 5 °C.

☼ 💧

***Agave americana* 'Variegata'**
(Amerikanische Agave)
Ausdauernde Sukkulente mit grundständiger Rosette aus zugespitzten, schwertförmigen Blättern mit gelbem Rand. Im Frühling und Sommer an den Blütenschäften 9 cm große, weiße Blüten. Viele Ableger. H. und Br. 2,00 m.

☼ 💧 ❄

Agave americana 'Medio-picta'
Ceropegia haygarthii
Epiphyllum crenatum
Epiphyllum oxypetalum
Lemaireocereus thurberi
Pereskia aculeata 'Godseffiana'

Kakteen und andere hochwachsende Sukkulenten

WEISS-ROSA

Haageocereus versicolor
Säulenförmiger, ausdauernder Kaktus mit dichten, radialen, roten oder braunen Stacheln, die zeitweise farbige Bänder um die Mitteldornen am grünen Stamm bilden. Die langgeröhrten, weißen Blüten erscheinen im Sommer. H. bis 2,00, Br. 1,00 m. Mindesttemperatur 11 °C.

Crassula arborescens
(Dickblatt)
Ausdauernde Sukkulente mit dickem Stamm und endständigen Trieben, die rundliche, silberblaue, oft rotgerandete Blätter tragen. Fünfblättrige, rosa Blüten erscheinen im Herbst und Winter. H. 4,00, Br. 2,00 m. Mindesttemperatur 7 °C.

Pereskia grandifolia
(Rosenkaktus)
Sommergrüner, buschiger, ausdauernder Kaktus mit schwarzen Stacheln. Einzelne rosenähnliche, rosafarbene Blüten erscheinen im Sommer und Herbst nur an Pflanzen über 30 cm Höhe. H. 5,00, Br. 3,00 m. Mindesttemperatur 10 °C.

Adenium obesum
Baumähnliche, ausdauernde Sukkulente mit fleischigem, spitzzulaufendem, grünem Stamm und ovalen, hellgrünen, unterseits dunkelgrünen Blättern an der Spitze. Im Sommer trichterförmige, rosa bis rosarote, innen weiße Blüten. H. 2,00, Br. 0,50 m. Mindesttemperatur 15 °C.

Lophocereus schottii
Säulenförmiger, ausdauernder Kaktus, der sich im Alter verzweigt, mit oliv- bis dunkelgrünem, 4–15fach geripptem Stamm und kleinen, weißen Stacheln. Die trichterförmigen, rosa, 3 cm großen Blüten entfalten sich im Sommer, nachts. H. 7,00, Br. 2,00 m. Mindesttemperatur 10 °C.

Borzicactus celsianus, S. 383
Ceropegia woodii, S. 383
Haageocereus chosicensis
Lophocereus schottii 'Monstrosus'

Senecio rowleyanus, S. 383

ROSA-ROT

Pilosocereus palmeri
Säulenförmiger, ausdauernder Kaktus mit 10–12fach geripptem Stamm. Krone mit langen, weißen Haaren. Röhrenförmige, rosa Blüten mit cremefarbenen Antheren blühen nachts im Sommer an Pflanzen über 1,50 m Höhe. H. bis 6,00, Br. 1,00 m. Mindesttemperatur 11 °C.

***Aloe arborescens* 'Variegata'**
(Aloe)
Immergrüner, sukkulenter Strauch mit endständigen Rosetten aus langen, blaugrünen Blättern mit gezähntem Rand, cremefarben gestreift. Ähren aus roten Blüten im Spätwinter und Frühling. H. und Br. 2,00 m. Mindesttemperatur 7 °C.

Aloe ferox
(Aloe)
Immergrüner, sukkulenter Baum mit holzigem Stamm und Rosetten aus schwertförmigen Blättern. Im Frühling erscheint eine aufrechte Ähre aus orange-scharlachfarbenen Blüten. H. bis 3,00, Br. 1,50 bis 2,00 m. Mindesttemperatur 7 °C.

Aloe ciliaris
(Aloe)
Kletternde, ausdauernde Sukkulente mit schlankem Stamm, von einer Rosette aus schmalen Blättern gekrönt. Blüten glokkenförmig, scharlachrot mit gelber und grüner Öffnung im Frühling. H. 5,00, Br. 0,30 m. Mindesttemperatur 7 °C.

Cyphostemma juttae*, syn. *Cissus juttae
Ausdauernde Sukkulente. Der dicke Stamm mit abplatzender Rinde besitzt sommergrüne, abgesetzte Verästelungen mit breiten Blättern. Blüten unscheinbar gelb-grün. Sommerblüher. Die grünen Früchte färben sich gelb oder rot. H. und Br. 2,00 m. Mindesttemperatur 10 °C.

Lemaireocereus euphorbioides
Säulenförmiger, ausdauernder Kaktus mit grau- bis dunkelgrünem, 8–10fach geripptem Stamm von 10 cm ∅ und 1 oder 2 schwarzen Stacheln pro Areole. Die trichterförmigen, weinroten Blüten erscheinen im Sommer. H. bis 3,00, Br. bis 1,00 m. Mindesttemperatur 11 °C.

Aloe arborescens
Crassula falcata, S. 385
Opuntia cylindrica
Pedilanthus tithymaloides

Tylecodon paniculata

ROT

***Pedilanthus tithymaloides* 'Variegata'**
Buschige, ausdauernde Sukkulente mit an den Knoten abgewinkeltem Stamm. Die Blätter sind weiß oder rosa gezeichnet. Am Stamm erscheinen im Sommer kleine, grünliche Blüten mit roten bis gelbgrünen Brakteen. H. bis 3,00, Br. 0,30 m. Mindesttemperatur 10 °C.

◑ 💧

Cleistocactus strausii
(Silberfackelkaktus)
Raschwüchsiger, säulenförmiger, ausdauernder Kaktus mit 8 cm dicken Stämmen, die kurze, weiße Stacheln tragen. Röhrenförmige, rote Blüten im Frühling, nur an Pflanzen über 60 cm Höhe. H. 3,00, Br. 1,00 bis 2,00 m. Mindesttemperatur 5 °C.

☼ 💧

Cereus peruvianus 'Monstrosus'

GRÜN-GELB

Cephalocereus senilis
(Greisenhaupt)
Sehr langsam wachsender, säulenförmiger, ausdauernder Kaktus mit grünem Stamm und langen, weißen Haaren, die die kurzen Stacheln verbergen. Keine Blüten an Kulturpflanzen. H. 15,00, Br. 0,15 m. Mindesttemperatur 5 °C.

☼ 💧

Pachycereus pringlei
Langsamwachsender, säulenförmiger, ausdauernder Kaktus mit verzweigtem, blaugrünem Stamm mit 10–15 Rippen. Die weißen, schwarzspitzigen Stacheln stehen in großen Areolen zusammen. In Kultur keine Blüten. H. 11, Br. 2,00 m. Mindesttemperatur 10 °C.

☼ 💧

***Furcraea foetida* 'Mediopicta'**
Ausdauernde Sukkulente mit grundständiger Rosette aus breiten, schwertförmigen, cremeweißgestreiften, bis 2,50 m langen Blättern und glockenförmigen, grünen, innen weißen Blüten im Sommer. H. 3,00, Br. 5,00 m. Mindesttemperatur 6 °C.

☼ 💧

Bowiea volubilis
Aus Knollen wachsende, kletternde Sukkulente mit vielfach verzweigten, dünnen Trieben und keinen richtigen Blättern. Blüten klein, sternförmig an den Trieben-den im Sommer. Benötigt Klettergerüst. H. 1,00–2,00, Br. 0,45–0,60 m. Mindesttemperatur 10 °C.

☼ 💧

Echinocactus grusonii
(Schwiegermutterstuhl)
Langsamwachsender, ausdauernder Kaktus. Der stachelige Stamm besitzt 30 Rippen. Die wollige Krone trägt einen Ring aus strohfarbenen Blüten im Sommer, nur an Stämmen über 40 cm ∅. H. und Br. bis 2,00 m. Mindesttemperatur 11 °C.

☼ 💧

Kalanchoe beharensis
Buschige, ausdauernde Sukkulente mit dreieckigen bis lanzettlichen, olivgrünen, mit feinen, grauen Härchen bedeckten Blättern. Die glockenförmigen, gelben Blüten erscheinen im Spätwinter nur an Pflanzen über 2,00 m. H. und Br. bis 4,00 m. Mindesttemperatur 10 °C.

☼ 💧

Ferocactus acanthodes
Langsamwachsener, säulenförmiger, ausdauernder Kaktus, in der Jugend rund. Der grüne, 10–20fach gerippte Stamm ist mit roten oder gelben Stacheln versehen. Die gelben Blüten erscheinen im Sommer an Pflanzen über 25 cm ∅. H. 3,00, Br. 0,80 m. Mindesttemperatur 5 °C.

☼ 💧

Opuntia robusta
(Opuntie, Feigenkaktus)
Ausdauernder Kaktus mit blauen, abgeflachten Trieben und ovalen Segmenten ohne oder mit 8–12 weißen Stacheln pro Areole. Die gelben, 7 cm großen Blüten erscheinen im Frühling und Sommer. H. und Br. 5,00 m. Mindesttemperatur 5 °C.

☼ 💧

Agave attenuata, S. 387
Agave filifera, S. 386
Ceropegia sandersonii
Cleistocactus smaragdiflorus
Echinocactus ingens
Euphorbia candelabrum
Ferocactus wislizenii
Furcraea foetida
Notocactus leninghausii, S. 388
Opuntia brasiliensis
Opuntia ficus-indica
Pachycereus pecten-aboriginum

Kakteen und andere mittelhohe Sukkulenten

□ WEISS

Gymnocalycium gibbosum
Rundlicher bis säulenförmiger, ausdauernder Kaktus mit dunkelgrünem, 12–19fach geripptem Stamm und hellgelben Stacheln, die später dunkler werden, und weißen, bis 7 cm großen, im Sommer erscheinenden Blüten. H. 30, Br. 20 cm. Mindesttemperatur 5 °C.

Epiphyllum anguliger
(Fischgrätenkaktus)
Aufrechter, später hängender, ausdauernder Kaktus mit streifenförmigen, flachen, grünen Stämmen und gezähntem Rand. Blüten bis 10 cm groß, weiß, trichterförmig. Sommerblüher. H. 1,00, Br. 0,40 m. Mindesttemperatur 11 °C.

Trichocereus candicans
Horstbildender, ausdauernder Kaktus mit bis zu 11 Rippen, der sich am Grunde verzweigt. Die Areolen tragen 10–15 strahlenförmig angeordnete und 4 mittlere Stacheln. Die duftenden, weißen Blüten öffnen sich im Sommer, nachts. H. 1,00, Br. unbegrenzt. Mindesttemperatur 8 °C.

Agave victoriae-reginae
(Agave)
Langsamwachsende, ausdauernde Sukkulente mit Grundrosette aus weißgestreiften Blättern mit cremefarbenen Blüten an 4,00 m hohem Schaft im Frühling und Sommer (nach etwa 20–30 Jahren). H. und Br. 60 cm. Mindesttemperatur 5 °C.

Rhipsalis warmingiana
(Binsenkaktus, Korallenkaktus)
Ausdauernder Kaktus mit schlanken, gekerbten, zylindrischen Ästen mit 2–4 Kanten, die rot- oder braungefleckt sind, und grünweißen Blüten im Winter und Frühling; später violette Beeren. H. 1,00, Br. 0,50 m. Mindesttemperatur 11 °C.

Echinopsis multiplex
Rundlicher bis säulenförmiger, ausdauernder Kaktus mit 13–15fach geripptem, grünem Stamm und 2–4 cm langen Stacheln. Zahlreiche trichterförmige Blüten, 10 cm groß, weiß bis lila, bis 20 cm lang. Blütezeit Frühling und Sommer. H. und Br. 30 cm. Mindesttemperatur 5 °C.

Rhipsalis cereuscula
(Korallenkaktus, Binsenkaktus)
Hängender, ausdauernder Kaktus mit 4- oder 5kantigen oder zylindrischen, grünen, quirlständigen Ästen von 3 cm Länge. An den Astenden glockenförmige, weiße Blüten im Winter und Frühling. H. 60, Br. 50 cm. Mindesttemperatur 10 °C.

Epiphyllum lauii
(Blattkaktus)
Ausdauernder Kaktus mit meist streifenförmigen, rotgetönten Ästen, die bestachelt, zylindrisch oder vierkantig sind, und duftenden, weißen Blüten mit braunem Kelch. Blütezeit Frühling und Sommer. H. 30, Br. 50 cm. Mindesttemperatur 10 °C.

Rhipsalis tucumanensis
(Binsenkaktus, Korallenkaktus)
Hängender, ausdauernder Kaktus mit zylindrischen, grünen, 1 cm dicken Ästen, weniger verzweigt als andere Rhipsalis-Arten. Blaßrosa Blüten im Frühsommer; später rosaweiße Beeren. H. 1,00, Br. 0,50 m. Mindesttemperatur 10 °C.

WEITERE EMPFOHLENE PFLANZEN:
Echinopsis eyriesii
Haageocereus decumbens
Hatiora clavata
Hylocereus undatus
Neoporteria chilensis
Rhipsalis capilliformis
Rhipsalis crispata
Rhipsalis paradoxa
Ruschia crassa

WEISS-ROSA

Senecio rowleyanus
(Kreuzkraut)
Herabhängende, ausdauernde Sukkulente mit dünnen Trieben und zylindrischen Blättern. Duftende, trichterförmige, weiße Blüten im Frühling und Herbst. Gute Ampelpflanze. H. 1,00 cm, Br. wuchernd. Mindesttemperatur 5 °C.

***Kalanchoe fedtschenkoi* 'Variegata'**
Buschige, ausdauernde Sukkulente mit blaugrünen und cremefarbenen, auch rötlich-panaschierten Blättern. Entwickelt aus jeder Blattkerbe neue Pflanzen. Blüten im Spätwinter bräunlich-rosa. H. und Br. bis 1,00 m. Mindesttemperatur 10 °C.

Ceropegia woodii
(Rosenwein)
Halbimmergrüner, kriechender, sukkulenter Halbstrauch mit silbergrünen Blättern, die in der Sonne rot werden. Behaarte, rosagraue Blüten im Frühling und Herbst. H. 1,00, Br. Ausläufer treibend. Mindesttemperatur 7 °C.

Echinocereus schmollii*, syn. *Wilcoxia schmollii
Aufrechter bis flachwachsender, knolliger Kaktus mit 8–10fach gerippten, purpurgrünen Ästen und meist weißen Stacheln. Im Frühling und Sommer erscheinen rosaviolette Blüten. H. und Br. 30 cm. Mindesttemperatur 8 °C.

Echinopsis rhodotricha

ROSA

***Senecio articulatus* 'Variegatus'**
(Kreuzkraut)
Sommergrüne, breitwüchsige, ausdauernde Sukkulente mit silberblauem Stamm und schwacher Verzweigung. Creme- und rosagezeichnete Blätter, gelbe Blüten im Frühling und Herbst. H. 60 cm, Br. unbegrenzt. Mindesttemperatur 10 °C.

***Nopalxochia phyllanthoides*, syn. *Epiphyllum* 'Deutsche Kaiserin'**
Herabhängender, epiphytisch lebender, ausdauernder Kaktus mit gezähnten, glänzendgrünen, 5 cm breiten Ästen. Die Ränder tragen im Frühling die rosafarbenen, 10 cm großen Blüten. H. 0,60, Br. 1,00 m. Mindesttemperatur 10 °C.

Kalanchoe daigremontiana
(Brutblatt)
Aufrechte, ausdauernde Sukkulente mit einem Stengel, daran fleischige, bootförmige, gezähnte Blätter, die in jeder Kerbe neue Pflanzen hervorbringen. Im Winter rosa Blüten. H. bis 1,00, Br. 0,30 m. Mindesttemperatur 7 °C.

Hesperaloe parviflora
Ausdauernde Staude mit grundständigen Rosetten, oft mit fasernden, weißen Blatträndern. Blütenstengel mit Rispe aus glockenförmigen, rosa oder roten Blüten im Sommer und Herbst. H. 1,00 m oder mehr, Br. 2,00 m. Mindesttemperatur 3 °C.

Borzicactus celsianus
Langsamwachsender, ausdauernder Kaktus mit grünem Stamm und schweren, goldenen, haarigen, weißen Stacheln. Reife Pflanzen entfalten im Sommer rosa Blüten. H. 1,00, Br. 0,30 m. Mindesttemperatur 10 °C.

Echinocereus reichenbachii* var. *baileyi*, syn. *E. baileyi
Säulenförmiger, aufrechter Kaktus mit leicht verzweigtem Stamm, der 12–23 Rippen mit gelblichweißen, 3 cm langen Stacheln hat. Im Frühling rosa Blüten mit dunklerem Grund. H. 30, Br. 20 cm. Mindesttemperatur 7 °C.

ROSA

Kalanchoe **'Wendy'**
Halb aufrechte, ausdauernde Sukkulente mit schmalovalen, 7 cm langen, glänzendgrünen Blättern. Die glockenförmigen, rosaroten, 2 cm langen Blüten mit den gelben Spitzen erscheinen im Spätwinter. Gut für Ampeln und Hängekörbe. H. und Br. 30 cm. Mindesttemperatur 10 °C.

Aporocactus flagelliformis
(Rattenschwanzkaktus)
Herabhängender, ausdauernder Kaktus mit bleistiftdicken Ästen mit kurzen, goldenen Stacheln. Die gefüllten, kirschroten Blüten erscheinen im Frühling an den Ästen. Im Winter trocken halten. Hängepflanze. H. 1,00 m, Br. unbegrenzt.

Epiphyllum **'Gloria'**
(Blattkaktus)
Aufrechter, später hängender, ausdauernder Kaktus mit streifenförmigen, abgeflachten, grünen Ästen und gezähnten Kanten. Im Frühling erscheinen die 10 cm großen, rosaroten Blüten. H. 30, Br. 100 cm. Mindesttemperatur 5 °C.

Epiphyllum **'M. A. Jeans'**
(Blattkaktus)
Aufrechter, später hängender, ausdauernder Kaktus mit streifenförmigen, abgeflachten, gezähnten Kanten. Im Frühling erscheinen die tiefrosa, 8 cm großen Blüten mit weißen Antheren. H. 30, Br. 50 cm. Mindesttemperatur 5 °C.

Echinocereus pentalophus
(Kugelkaktus)
Horstbildender, ausdauernder Kaktus mit stacheligen, 3–4 cm dicken Ästen mit 4–8 Rippen, die sich später runden. Trompetenförmige, rosa, am Grunde hellere, 12 cm große Blüten im Frühling. H. 60, Br. 100 cm. Mindesttemperatur 5 °C.

Lampranthus spectabilis
(Mittagsblume)
Breitwüchsige, ausdauernde Sukkulente mit aufrechten Trieben und zylindrischen Blättern. Im Sommer erscheinen kirschrote Blüten mit gelber Mitte oder reingelbe Blüten. H. 30 cm, Br. wuchernd. Mindesttemperatur 5 °C.

Borzicactus trollii
Echinocereus cinerascens
Echinocereus pectinatus
Echinocereus reichenbachii
Kalanchoe fedtschenkoi
Lampranthus haworthii
Neoporteria chilensis

ROSA-ROT

Kalanchoe-blossfeldiana-Hybriden
(Flammendes Käthchen)
Buschige, ausdauernde Sukkulente mit gezähnten, glänzendgrünen Blättern und Büscheln aus gelben, rosa oder violetten Blüten das ganze Jahr hindurch. Ausgezeichnete Zimmerpflanze. H. und Br. 30 cm. Mindesttemperatur 10 °C.

***Gymnocalycium mihanovichii* 'Red Head'**
Ausdauernder Kaktus mit rotem Stamm, 8kantigen Rippen und gebogenen Stacheln. Muß auf einer raschwachsenden Unterlage veredelt werden. Rosa Blüten im Frühling und Sommer. H. und Br. wie die Unterlage. Mindesttemperatur 10 °C.

Aloe variegata
Gebogene, ausdauernde Sukkulente mit dreieckigen, weißgezeichneten, dunkelgrünen, unterseitig stark gekielten Blättern. Im Frühling erscheint eine Ähre mit rosaroten Blüten. Gute Zimmerpflanze. H. 30, Br. 10 cm. Mindesttemperatur 7 °C.

Echeveria pulvinata
Ausdauernde Sukkulente mit braunbehaarten Stengeln, die von einer Rosette aus dicken, rundlichen Blättern gekrönt werden; im Herbst sind sie rot gerandet. Die Blätter haben kurze, weiße Härchen. Im Frühling rote Blüten. H. 30, Br. 50 cm. Mindesttemperatur 5 °C.

Oroya neoperuviana
Rundlicher, ausdauernder Kaktus mit vielfach geripptem Stamm, der mit gelben, 1,5 cm langen Stacheln besetzt ist. Die orangeroten Knospen entfalten sich im Frühling und Sommer zu rosafarbenen Blüten mit gelbem Grund. H. 25, Br. 20 cm. Mindesttemperatur 10 °C.

Ferocactus hamatacanthus
Langsamwachsender, rundlicher bis säulenförmiger, ausdauernder Kaktus mit 13fach geripptem Stamm und hakenförmigen, roten, bis 12 cm langen Stacheln. Im Sommer gelbe Blüten, später rundliche, rote Früchte. H. und Br. 60 cm. Mindesttemperatur 5 °C.

Dudleya pulverulenta
Ausdauernde Sukkulente mit grundständiger Blattrosette mit streifenförmigen, spitzen, silbriggrauen Blättern und zahlreichen sternförmigen, roten Blüten im Frühling und Sommer. H. 60, Br. 30 cm. Mindesttemperatur 7 °C.

***Kalanchoe* 'Tessa'**
Flachwachsende bis hängende, ausdauernde Sukkulente mit schmalovalen, grünen, 3 cm langen Blättern und trichterförmigen, orangeroten, 2 cm langen Blüten im Spätwinter. H. 30, Br. 60 cm. Mindesttemperatur 10 °C.

Crassula falcata
(Dickblatt, Propellerpflanze)
Buschige, ausdauernde Sukkulente, die sich unregelmäßig verzweigt und lange, fleischige, wie ein Propeller gedrehte Blätter hervorbringt. Duftende rote Blüten im Spätsommer. H. und Br. 1,00 m, Mindesttemperatur 7 °C.

Borzicactus haynei
Echeveria gibbiflora
Mammillaria magnimamma
Neoporteria subgibbosa
Pachypodium succulentum

Kakteen und andere mittelhohe Sukkulenten

ROT-GRÜN

Mammillaria hahniana
(Altweiberkaktus)
Rundlicher bis säulenförmiger, ausdauernder Kaktus mit grünem Stamm und langen, wolligen, weißen Haaren. Im Frühling kirschrote Blüten, im Herbst rundliche, rote Früchte. H. 40, Br. 15 cm. Mindesttemperatur 5 °C.

Opuntia erinacea
(Feigenkaktus)
Ausdauernder Kaktus mit grünem Stamm, der aus 15 cm langen Abschnitten besteht. In den Areolen 6–15 abgeflachte, 20 cm lange, haarähnliche Stacheln. Im Sommer rote oder gelbe Blüten. H. 0,50, Br. 2,00 m. Mindesttemperatur 5 °C.

Mammillaria geminispina
(Warzenkaktus)
Horstbildender, ausdauernder Kaktus mit rundlichem, grünem Stamm, der dicht mit kurzen, weißen Radialstacheln und sehr langen, weißen Mittelstacheln besetzt ist. Im Frühling rote, 1–2 cm große Blüten. H. 25, Br. 50 cm. Mindesttemperatur 5 °C.

Beschorneria yuccoides
Horstbildende, ausdauernde Sukkulente mit Grundrosette aus bis zu 20 rauhen, graugrünen, bis 1,00 m langen und 5 cm breiten Blättern und nickenden, trichterförmigen, leuchtendroten Blüten im Sommer in über 2 m langen Ähren. H. 1,00, Br. 3,00 m.

Tylecodon reticulata*, syn. *Cotyledon reticulata
Sommergrüner, buschiger, sukkulenter Strauch mit dicken Ästen und zylindrischen Blättern im Winter. Die trichterförmigen, grüngelben Blüten erscheinen im Herbst am holzigen Stamm. H. und Br. 30 cm. Mindesttemperatur 7 °C.

Agave filifera
(Agave)
Ausdauernde Staude mit Rosette aus schmalen, bestachelten Blättern. Die weißen Blattränder verschwinden allmählich. Gelbgrüne Blüten erscheinen an 2,50 m langen Schäften im Sommer. Vermehrung durch Ableger. H. 1,00, Br. 2,00 m.

GELB

Aloe barbadensis
(Aloe)
Horstbildende, ausdauernde Sukkulente mit Grundrosette aus dicken Blättern. Im Sommer glockenförmige, gelbe Blüten. Vermehrung durch Ableger. H. 60 cm, Br. wuchernd durch Ausläufer. Mindesttemperatur 10 °C.

Astrophytum myriostigma
(Bischofsmütze)
Langsamwachsender, rundlicher bis leicht länglicher, ausdauernder Kaktus mit fleischigem Stamm, der 4–6 Rippen hat und mit winzigen weißen Stachelbüscheln besetzt ist. Im Sommer gelbe Blüten. H. 30, Br. 20 cm. Mindesttemperatur 5 °C.

× *Pachyveria glauca*
Horstbildende, mehrjährige Sukkulente mit grundständiger Rosette aus fleischigen, nach innen gebogenen, ovalen, silberblauen, bis 6 cm langen Blättern mit dunkleren Flecken. Die gelben Blüten mit rotem Fleck erscheinen im Frühling. H. und Br. 30 cm. Mindesttemperatur 5 °C.

Drosanthemum hispidum
Echeveria gibbiflora
Echinocereus triglochidiatus
Hoodia gordonii
Kalanchoe blossfeldiana
Mammillaria elegans
Mammillaria rhodantha
Nopalxochia ackermannii
Rochea coccinea
Tylecodon wallichii
Copiapoa marginata
Graptopetalum amethystinum
Pelargonium carnosum
Senecio articulatus

Agave parryi
(Agave)
Ausdauernde Staude mit grundständiger Rosette aus steifen, bis 30 cm langen Blättern mit einem dunklen Stachel am Blattende. Der bis 4 m lange Blütenstiel trägt im Sommer cremegelbe Blüten. H. 0,50, Br. 1,00 m. Mindesttemperatur 5 °C.

Copiapoa cinerea
Langsamwachsender, ausdauernder, horstbildender Kaktus mit bis 25fach geripptem Stamm, schwarzen Dornen und wolliger, weißgrauer Krone. An Pflanzen über 10 cm Dicke erscheinen im Frühling und Sommer gelbe Blüten. H. 0,50, Br. 2,00 cm. Mindesttemperatur 10 °C.

Ferocactus setispinus
Langsamwachsender, ausdauernder Kaktus mit 13fach geripptem Stamm und gelben oder weißen Stacheln. Die duftenden, gelben, rotgekehlten Blüten erscheinen im Sommer nur an Pflanzen über 5 cm Dicke. H. und Br. 30 cm. Mindesttemperatur 5 °C.

Agave attenuata
(Agave)
Ausdauernde Sukkulente mit dickem Stamm, von einer Rosette aus stachellosen Blättern gekrönt. Der bis 1,50 m lange Blütenstiel ist im Frühling und Sommer mit gelben Blüten besetzt. H. 1,00, Br. 2,00 m. Mindesttemperatur 5 °C.

Aeonium haworthii
Ausdauernde Sukkulente mit verzweigten Ästen, die die 12 cm großen Rosetten aus blaugrünen, oft rotgerandeten Blättern tragen. Im Frühling erscheint eine endständige Ähre aus sternförmigen, rosagetönten, hellgelben Blüten. H. 0,60, Br. 1,00 m. Mindesttemperatur 5 °C.

Kalanchoe tomentosa
(Katzenohr)
Buschige, ausdauernde Sukkulente mit dicken, ovalen, grauen Blättern mit samtigen Borsten und meist braunen Blatträndern. Im Winter gelblichviolette Blüten. H. 50, Br. 30 cm. Mindesttemperatur 10 °C.

Lobivia haageana
Säulenförmiger, ausdauernder Kaktus mit 20–25fach geripptem, bläulich bis dunkelgrünem Stamm und gelben, radial angeordneten und längeren, dunkleren Mittelstacheln. Im Sommer gelbe, 7 cm große Blüten mit rotem Grund. H. 30, Br. 15 cm. Mindesttemperatur 5 °C.

Dioscorea elephantipes
(Elefantenfuß)
Sehr langsam wachsende, sommergrüne, ausdauernde Sukkulente mit gewölbtem, holzigem Stamm und einjährigen, kletternden Ästen. Im Herbst gelbe Blüten. H. 0,50, Br. 1,00 m. Mindesttemperatur 10 °C.

Leuchtenbergia principis
Ausdauernder Kaktus mit einer grundständigen Rosette mit schmalen, kantigen, graugrünen, 10 cm langen Knollen und endständigen, papierenen, 10 cm langen Stacheln. An der Spitze erscheinen bis 7 cm breite, gelbe Blüten im Sommer. H. und Br. 30 cm. Mindesttemperatur 6 °C.

Opuntia microdasys* var. *alba
Buschiger, ausdauernder Kaktus mit grünen, ovalen, abgeflachten Segmenten. Die stachellosen Areolen mit feinen, bärtigen, weißen Härchen sind in diagonalen Reihen angeordnet. Trichterförmige, gelbe Blüten im Sommer. H. 60, Br. 30 cm. Mindesttemperatur 10 °C.

***Epiphyllum* 'Jennifer Ann'**
(Blattkaktus)
Aufrechter, später hängender, ausdauernder Kaktus mit streifenförmigen, abgeflachten, grünen Ästen und gekerbtem Rand. Im Frühling erscheinen die 15 cm großen, gelben Blüten. H. 30, Br. 50 cm. Mindesttemperatur 5 °C.

Aenium arboreum
Copiapoa coquimbana
Cyphostemma bainesii
Ferocactus chrysacanthus
Hoodia bainii
Notocactus scopa
Opuntia microdasys

Kakteen und andere mittelhohe Sukkulenten

GELB-ORANGE

Parodia chrysacanthion
Rundlicher, ausdauernder Kaktus mit vielfach geripptem, grünem Stamm, der dicht mit borstigen, goldenen, 1–2 cm langen Stacheln besetzt ist. Die Spitze trägt im Frühling zwischen der hellgelben Wolle eine gelbe Blüte. H. und Br. 30 cm, Mindesttemperatur 10 °C.

***Aeonium arboreum* 'Schwarzkopf'**
Ausdauernde, verzweigte Sukkulente mit endständigen, 15 cm großen Rosetten aus schmalen, purpurfarbenen Blättern. Im Frühling an 2–3jährigen Ästen Pyramiden aus goldgelben Blüten. Blühende Äste sterben anschließend ab. H. bis 0,60, Br. 1,00 m. Mindesttemperatur 5 °C.

Aloe striata
(Aloe)
Ausdauernde Sukkulente mit grundständiger Blattrosette aus breiten Blättern mit weißem Rand und rötlichen Flecken. Blüten rotorange. Frühlingsblüher. Gute Zimmerpflanze. H. und Br. 1,00 m. Mindesttemperatur 7 °C.

Hatiora salicornioides
Buschiger, ausdauernder, epiphytischer Kaktus mit starkverzweigten, 3 cm langen Ästen. Die Triebe mit den verlängerten Spitzen und den endständigen, glockenförmigen, goldgelben Blüten erscheinen im Frühling. H. und Br. 30 cm. Mindesttemperatur 11 °C.

Cotyledon undulata
Immergrüner, sukkulenter Halbstrauch mit verdicktem Stamm und ovalen, dicht in weißes Wachs gekleideten Blättern mit gewelltem Rand. Ab 70 cm Länge trägt jeder Blütenstiel eine glockenförmige, orange Blüte im Herbst. H. und Br. 50 cm. Mindesttemperatur 7 °C.

Notocactus leninghausii
(Goldkugelkaktus)
Horstbildender, ausdauernder Kaktus mit geripptem, goldbestacheltem Stamm und wolliger Krone, die sich stets der Sonne zuwendet. Im Sommer an Pflanzen über 10 cm Höhe gelbe Blüten. H. 1,00, Br. 0,30 m. Mindesttemperatur 10 °C.

Opuntia tunicata
(Opuntie, Feigenkaktus)
Ausdauernder Kaktus mit zylindrischen Stammabschnitten, die mit 5 cm langen, gelben Stacheln dicht besetzt sind. Im Frühling und Herbst erscheinen flachschalige, gelbe Blüten. H. 0,60, Br. 1,00 m. Mindesttemperatur 10 °C.

Kalanchoe tubiflora
Aufrechte, ausdauernde Sukkulente mit langen, zylindrischen, graugrünen Blättern und rötlichbraunen, abgeflachten, gekerbten Rändern, an denen sich Ableger bilden. Im Spätwinter Köpfchen aus hellorangegelben Blüten. H. bis 1,00 m, Br. 0,30 m. Mindesttemperatur 8 °C.

Lampranthus aurantiacus
(Mittagsblume)
Aufrechte, später flachwachsende, ausdauernde Sukkulente mit kurzen, zylindrischen, fadenförmigen Blättern. Leuchtendorangefarbene, 5 cm breite Blüten, die sich in der Sonne öffnen. H. 50, Br. 70 cm. Mindesttemperatur 5 °C.

Cleistocactus baumannii
Cotyledon orbiculata
Drosanthemum speciosum

Kakteen und andere niedrige Sukkulenten

□ WEISS

Mammillaria plumosa
(Warzenkaktus)
Horstbildender, ausdauernder Kaktus mit rundlichem Stamm, der ganz mit fedrigen, weißen Stacheln bedeckt ist. Im Winter cremefarbene Blüten. Schwierig zu kultivieren. Liebt kalkhaltigen Boden. H. 12, Br. 40 cm. Mindesttemperatur 10 °C.

Gibbaeum velutinum
Horstbildende, ausdauernde Staude mit paarigen, fingerähnlichen, samtigen, bläulich-graugrünen, 6 cm langen Blättern. Margeritenähnliche, rosa, lila oder weiße, 5 cm große Blüten im Frühling. H. 8, Br. 30 cm. Mindesttemperatur 5 °C.

Lithops marmorata
(Lebender Stein)
Eiförmige, ausdauernde Sukkulente mit 2 ungleichen, dicken, blaßgrauen Blättern, die Zeichnung auf der Oberfläche haben. Im Spätsommer und Frühherbst erscheint eine weiße Blüte. H. 2–3, Br. 5 cm. Mindesttemperatur 5 °C.

Echinocereus leucanthus
(Kugelkaktus)
Horstbildender, knolliger Kaktus mit bestacheltem, 6 oder 7fach geripptem Stamm. Im Frühling erscheinen meist endständig die weißen Blüten, die purpurn gestreift sind. Stempel grün. H. 20, Br. 30 cm. Mindesttemperatur 8 °C.

Trichodiadema mirabile
Buschige, flachwachsende, ausdauernde Sukkulente mit zylindrischen, dunkelgrünen Blättern, die mit dunkelbraunen Borsten und Warzen bedeckt sind. Die Triebenden tragen von Frühling bis Herbst weiße, 4 cm große Blüten. H. 15, Br. 30 cm. Mindesttemperatur 5 °C.

Haworthia truncata
Horstbildende, ausdauernde Sukkulente mit grundständigem Fächer aus breiten, aufrechten, rauhen, blaugrauen Blättern mit hellgrauer Zeichnung und flachen Enden. Vom Frühling bis Herbst kleine, trichterförmige, weiße Blüten. H. 2, Br. 10 cm. Mindesttemperatur 10 °C.

Lithops karasmontana
(Lebender Stein)
Eiförmige, ausdauernde Sukkulente mit 2 ungleichen, grauen, rosagezeichneten Blättern. Im Spätsommer und Frühherbst 1 weiße Blüte. H. bis 4, Br. 5 cm. Mindesttemperatur 5 °C.

Adromischus maculatus
(Kurzstiel)
Horstbildende, ausdauernde Sukkulente mit rundlichen, glänzendgrünen Blättern. Blattenden oft gewellt. Im Sommer erscheinen trichterförmige, purpurweiße Blüten am 30 cm langen Stengel. H. 6, Br. 10–15 cm. Mindesttemperatur 7 °C.

Haworthia attenuata* var. *clariperla
Horstbildende, ausdauernde Sukkulente mit einer grundständigen Rosette aus dreieckigen, 3 cm langen, dunkelgrünen, weißgezeichneten Blättern und trichterförmigen, weißen Blüten mit gespreizten Petalen im Frühling bis Herbst. H. 7, Br. 25 cm. Mindesttemperatur 5 °C.

WEITERE EMPFOHLENE PFLANZEN:
Cheiridopsis candidissima
Gymnocalycium quehlianum
Lithops fulleri
Lithops julii
Orostachys chanetii

Crassula socialis
(Dickblatt)
Sich ausbreitende, ausdauernde Sukkulente mit kurzen, dichten Rosetten aus fleischigen, dreieckigen Blättern. Im Frühling Büschel aus sternförmigen, weißen Blüten an kurzen Stengeln. H. 5, Br. wuchernd. Mindesttemperatur 5°C.

Strombocactus disciformis
Sehr langsam wachsender, halbrunder, ausdauernder Kaktus mit graugrünem bis braunem Stamm und einer Spirale aus stumpfen Knöllchen. Die wollige Krone ist besetzt mit borstenähnlichen Stacheln. Im Sommer cremefarbene Blüten. H. 3, Br. 10 cm. Mindesttemperatur 5°C.

Mammillaria schiedeana
(Warzenkaktus)
Horstbildender, ausdauernder Kaktus mit grünem Stamm, der mit kurzen, gelben Stacheln besetzt ist, die sich weiß färben. Im Spätsommer cremefarbene Blüten, später rote Samenstände. H. 10, Br. 30 cm. Mindesttemperatur 10°C.

Neoporteria villosa
Horstbildender, ausdauernder Kaktus mit verzweigtem, grünem bis dunkelgraugrünem Stamm und dichten, bisweilen gebogenen, grauen Stacheln. Im Frühling oder Herbst trichterförmige, rosa oder weiße Blüten. H. 15, Br. 10 cm. Mindesttemperatur 8°C.

Oophytum nanum
Horstbildende, ausdauernde Sukkulente mit 2 verwachsenen, sehr fleischigen Blättern und margeritenähnlichen, weißen Blüten, die im Herbst erscheinen. Außer im Frühling ist die Pflanze von einer trokkenen, papierähnlichen Hülle umgeben. H. 2, Br. 1 cm. Mindesttemperatur 5°C.

Lithops lesliei* var. *albinica
(Lebender Stein)
Eiförmige, ausdauernde Sukkulente mit 2 ungleich großen, hellgrünen, oberseits dunkelgrün- und gelbgezeichneten Blättern. Im Spätsommer und Frühherbst 1 weiße Blüte. H. 2–3, Br. 5 cm. Mindesttemperatur 5°C.

Haworthia arachnoidea
Langsamwachsende, horstbildende, ausdauernde Sukkulente mit Grundrosette aus dreieckigen Blättern und zarten, weißen Zähnen an den Blatträndern. Vom Frühling bis Herbst erscheinen die weißen Blüten. H. 5, Br. 10 cm. Mindesttemperatur 6°C.

Conophytum truncatum
Langsamwachsende, horstbildende, ausdauernde Sukkulente mit erbsenähnlichen, dunkelgefleckten, blaugrünen, an der Spitze gekerbten Blättern. Im Herbst cremefarbene, 1,5 cm große Blüten. H. 1,5, Br. 15 cm. Mindesttemperatur 4°C.

Mammillaria elongata
(Warzenkaktus)
Horstbildender, ausdauernder Kaktus mit säulenförmigem, 3 cm breitem, grünem Stamm, der dicht mit goldgelben oder braunen Stacheln bedeckt ist. Im Sommer cremefarbene Blüten. Viele Ableger. H. 15, Br. 30 cm. Mindesttemperatur 5°C.

Aptenia cordifolia 'Variegata'
Crassula lactea
Delosperma tradescantioides
Haworthia attenuata
Haworthia cuspidata
Haworthia fasciata
Lithops bella
Mammillaria gracilis
Mammillaria gracilis var. *fragilis*
Mammillaria prolifera
Ophthalmophyllum maughanii

WEISS-ROSA

Mammillaria bocasana
(Warzenkaktus)
Horstbildender, ausdauernder Kaktus mit langen Haaren, die den kugeligen Stamm bedecken. Cremefarbene oder rosarote Blüten erscheinen im Sommer, Früchte im folgenden Frühling bis Herbst. H. 10, Br. 30 cm. Mindesttemperatur 5 °C.

Crassula multicava
(Dickblatt)
Buschige, ausdauernde Sukkulente mit ovalen, graugrünen Blättern und Büscheln aus sternförmigen, rosafarbenen Blüten an verlängerten Triebenden im Frühling; später kleine Jungpflanzen. H. 15, Br. 100 cm. Mindesttemperatur 7 °C.

Neoporteria napina* var. *mitis
Abgeflachter, kugeliger, ausdauernder Kaktus mit sehr kurzen, grauen Stacheln, die flach auf dem grünlichbraunen Stamm aufliegen. Im Sommer weiße, rosa, karminrote oder braune, 5 cm große Blüten an der Spitze. H. 2, Br. 3,5 cm. Mindesttemperatur 8 °C.

Oscularia deltoides
Breitwüchsige, ausdauernde Sukkulente mit stämmigen, dreieckigen, blaugrünen, 1 cm langen Blättern mit kleingezähnten, oft rötlichen Rändern. Duftende, weiße, 1 cm große Blüten im Frühsommer. H. 15, Br. 100 cm. Mindesttemperatur 3 °C.

Lophophora williamsii
Sehr langsam wachsender, horstbildender, ausdauernder Kaktus mit 8rippigem, blaugrauem Stamm. Im Sommer an über 3 cm hohen Pflanzen viele rosa Blüten. H. 5, Br. 8 cm. Mindesttemperatur 10 °C.

Epithelantha micromeris
Langsamwachsender, kugeliger, ausdauernder Kaktus mit grünem Stamm, der unter den dichten Areolen verschwindet, die winzige, weiße Stacheln tragen. Im Sommer auf der wolligen Krone trichterförmige, hellrosa Blüten. H. und Br. 4 cm. Mindesttemperatur 10 °C.

Crassula cooperi
Gymnocalycium schickendantzii
Mammillaria candida
Ophthalmophyllum longum

Schlumbergera 'Wintermärchen'

ROSA

Notocactus rutilans
Ausdauernder Säulenkaktus mit 20fach geripptem, oft gedrehtem Stamm. Areolen mit ca. 15 radialen Stacheln und 2 aufwärts oder nach unten zeigenden Mittelstacheln. Im Sommer rosa, in der Mitte cremefarbene Blüten. H. 10, Br. 5 cm. Mindesttemperatur 10 °C.

Echeveria elegans
Horstbildende, ausdauernde Sukkulente mit grundständiger Rosette aus breiten, fleischigen, silberblauen, rotgerandeten Blättern. Im Sommer gelbspitzige, rosa Blüten. Im Winter trocken halten. Gute Beetpflanze. H. 15, Br. 50 cm. Mindesttemperatur 5 °C.

Coryphanta vivipara
Rundlicher, ausdauernder Kaktus mit einem dicht mit grauen Stacheln bedeckten Stamm. Im Sommer erscheinen die trichterförmigen, 3,5 cm großen, rosa Blüten. Schwieriger zu kultivieren als viele andere Spezies dieser Gattung. H. und Br. 5 cm. Mindesttemperatur 5 °C.

Echinofossulocactus lamellosus
Ruschia acuminata

Kakteen und andere niedrige Sukkulenten

ROSA

***Schlumbergera* 'Gold Charm'**
Aufrechter, später nickender, ausdauernder Kaktus mit abgeflachten, eiförmigen, grünen Stammabschnitten mit gezähntem Rand. Die im Herbst erscheinenden gelben Blüten färben sich im Winter rosa-orange. H. 15, Br. 30 cm. Mindesttemperatur 10 °C.

Mammillaria sempervivi
(Warzenkaktus)
Schwachwachsender, kugeliger, ausdauernder Kaktus mit dunkelgrünem Stamm und kurzen, weißen Stacheln. Weiße Wolle zwischen den Warzenkörpern. Im Frühling kirschrote Blüten. H. und Br. 7 cm, Mindesttemperatur 5 °C.

Melocactus communis
(Melonenkaktus)
Abgeflachter, rundlicher, ausdauernder Kaktus mit 18–20fach geripptem Stamm und gelbbraunen Stacheln. Die Krone wird zu einer weißen Säule mit braunen Stacheln. Im Sommer rosa Blüten. H. 20, Br. 25 cm. Mindesttemperatur 15 °C.

Ariocarpus fissuratus
Sehr schwach wachsender, abgeflachter, kugeliger, ausdauernder Kaktus mit grauem Stamm und rauhen, dreieckigen Warzenkörpern, die mit wolligen Büscheln bedeckt sind. Im Herbst 4 cm große, rosa Blüten. H. 10, Br. 15 cm. Mindesttemperatur 5 °C.

Echinofossulocactus violaciflorus
Kugeliger, ausdauernder Kaktus mit grünem, ca. 35fach geripptem Stamm. Die Areolen tragen flache obere Radialstacheln, die von kleineren umgeben sind. Im Frühling rosa bis violette Blüten, auch zweifarbig mit weiß. H. und Br. 10 cm. Mindesttemperatur 5 °C.

Aptenia cordifolia
Raschwüchsige, kriechende, ausdauernde Sukkulente mit ovalen, glänzendgrünen Blättern und margeritenähnlichen, leuchtendrosa Blüten im Sommer. Guter Bodendecker. H. 5 cm, Br. wuchernd. Mindesttemperatur 7 °C.

Rhipsalidopsis rosea
Buschiger, ausdauernder Kaktus mit dünnen, 3–4kantigen, borstigen, grünen Stammsegmenten, die 5 cm lang und meist rosa getönt sind. Im Frühling zahlreiche glockenförmige, rosa, 4 cm große Blüten. H. und Br. 10 cm. Mindesttemperatur 10 °C.

Ophthalmophyllum villetii
Horstbildende, ausdauernde Sukkulente mit 2 fleischigen, graugrünen, breiten, aufrechtstehenden Blättern, die zum Teil zusammengewachsen sind. Im Spätsommer hellrosa Blüten. H. 2,5, Br. 1 cm. Mindesttemperatur 5 °C.

Thelocactus bicolor
Kugeliger bis säulenförmiger, ausdauernder Kaktus mit 8–13fach geripptem Stamm. Die Areolen tragen 4 meist abgeflachte, gelbe Mittelstacheln oder zweifarbige, gelbrote und kürzere Radialstacheln. Die Blüten sind purpurrosa. H. und Br. 20 cm. Mindesttemperatur 7 °C.

Rebutia violaciflora
Horstbildender, ausdauernder Kaktus mit dunkelgrünem, mit Warzenkörpern bedecktem Stamm. Die Areolen tragen jeweils 15–20 braune, bis 0,5 cm lange Stacheln. Im Frühling trompetenförmige, dunkelrosa bis violette, 2 cm große Blüten. H. 5, Br. 15 cm. Mindesttemperatur 15 °C.

Aptenia cordifolia 'Variegata'
Carpobrotus edulis
Kalanchoe pumila
Melocactus bahiensis
Melocactus matanzanus
Rebutia pygmaea
Rebutia senilis
Ruschia macowaniana

ROSA

Mammillaria zeilmanniana
(Warzenkaktus)
Horstbildender, ausdauernder Kaktus mit kugeligem Stamm, gebogenen Stacheln und einem Ring aus dunkelrosa bis purpurfarbenen Blüten im Frühling. H. 15, Br. 30 cm. Mindesttemperatur 10 °C.

Lobivia backebergii
Horstbildender, meist kugeliger, ausdauernder Kaktus mit 10–15fach geripptem, stacheligem, dunkelgrünem Stamm. Im Sommer kurzlebige, trichterförmige, rosa, rote oder violette Blüten mit hellerer Mitte. H. 10–15 cm. Mindesttemperatur 5 °C.

Lobivia pentlandii
Horstbildender oder einzelstehender, vielfach variierender Kaktus mit 10 bis 20fach geripptem, grauem Stamm. Die Areolen tragen 6–20 Stacheln. Im Sommer weiße, rosa, violette oder orangefarbene Blüten mit hellerer Mitte. H. 8, Br. 10 cm. Mindesttemperatur 5 °C.

Melocactus oaxacensis

ROSA-ROT

Frithia pulchra
Ausdauernde Sukkulente mit grundständigen Rosetten aus aufrechten, rauhen, grauen, zylindrischen Blättern mit abgeflachten Spitzen und im Sommer zahllosen stengellosen, margeritenähnlichen, leuchtendrosa Blüten mit hellerer Mitte. H. 3, Br. 6 cm. Mindesttemperatur 10 °C.

Graptopetalum bellum*, syn. *Tacitus bellus
Ausdauernde Sukkulente mit Grundrosette aus dreieckigen bis ovalen, grauen, 5 cm langen Blättern und Büscheln aus dunkelrosa bis roten, 2 cm großen Blüten im Frühling und Sommer. H. 3, Br. 15 cm. Mindesttemperatur 10 °C.

Crassula schmidtii
(Dickblatt)
Teppichbildende, ausdauernde Sukkulente mit dichten Rosetten aus linearen, dunkelgrünen, genarbten, 3–4 cm langen Blättern und zahlreichen sternförmigen, leuchtendrosaroten Blüten im Winter. H. 10, Br. 30 cm. Mindesttemperatur 7 °C.

Argyroderma pearsonii
Kriechende, eiförmige, ausdauernde Sukkulente mit einem zusammengewachsenen Paar dickfleischiger, silbergrauer Blätter mit tiefem Einschnitt. Daraus wächst im Sommer eine 3 cm große, rote Blüte. H. 3, Br. 5 cm Mindesttemperatur 5 °C.

Echeveria secunda
Horstbildende, ausdauernde Sukkulente mit kurzem Stamm, der von einer Rosette aus breiten, fleischigen, hellgrünen bis grauen, an den Spitzen rötlichen Blättern gekrönt wird. Im Frühling und Sommer flachschalige, rote und gelbe Blüten. H. 4, Br. 30 cm. Mindesttemperatur 5 °C.

Schlumbergera truncata
(Weihnachtskaktus)
Aufrechter, später hängender, ausdauernder Kaktus mit eiförmigen Stammabschnitten mit gezähntem Rand. Im Frühherbst und Winter erscheinen die purpurroten Blüten. H. 15, Br. 30. Mindesttemperatur 10 °C.

Cheiridopsis purpurata
Gibbaeum petrense
Huernia pillansii
Lampranthus multiradiatus
Lobivia cinnabarina
Neoporteria nidus
Trichodiadema densum

Kakteen und andere niedrige Sukkulenten

ROT

Cephalophyllum alstonii
Flachwachsende, ausdauernde Sukkulente mit zylindrischen, bis 7 cm langen, graugrünen Blättern. Im Sommer margeritenähnliche, dunkelrote, 8 cm große Blüten. H. 10, Br. 100 cm. Mindesttemperatur 5 °C.

Parodia sanguiniflora
Horstbildender, ausdauernder Kaktus mit vielfach geripptem, grünem Stamm, der mit braunen, radialstehenden Stacheln und roten Mittelstacheln, teils mit Widerhaken, bedeckt ist. Im Frühling blutrote, gelegentlich auch gelbe Blüten. H. 8, Br. 30 cm. Mindesttemperatur 10 °C.

Rebutia krainziana
Horstbildender, ausdauernder Kaktus mit knolligem, dunkelgrünem Stamm und weißen Areolen, die kurze, weiße Stacheln haben. Die trompetenförmigen, leuchtendroten, 5 cm großen Blüten erscheinen im Frühling. H. 5, Br. 20 cm. Mindesttemperatur 5 °C.

Parodia nivosa
Eiförmiger, ausdauernder Kaktus mit vielfach geripptem, grünem Stamm. Er hat steife, weiße, 1–2 cm lange Stacheln und eine weißwollige Krone mit leuchtendroten, 5 cm breiten Blüten im Sommer. H. bis 15, Br. 10 cm. Mindesttemperatur 10 °C.

Sulcorebutia tiraquensis
Unterschiedlich abgeflachter, kugeliger, ausdauernder Kaktus mit grünem Stamm und verlängerten Areolen, die goldgelbe, rotbraune oder zweifarbig rotweiße Stacheln haben. Im Frühling dunkelrosa oder orangerote Blüten. H. 15, Br. 10 cm. Mindesttemperatur 10 °C.

Opuntia verschaffeltii
(Opuntie, Feigenkaktus)
Horstbildender, ausdauernder Kaktus mit zylindrischen, meist dornenlosen, bis 25 cm langen Stammabschnitten. An den Spitzen kurzlebige, zylindrische Blätter. Im Frühling orangerote Blüten. H. 0,15, Br. bis 2,00 m. Mindesttemperatur 5 °C.

Argyroderma fissum
Horstbildende, ausdauernde Sukkulente mit fingerförmigen, fleischigen, 5 cm langen, an der Spitze meist rötlichen Blättern und hellroten Blüten, die im Sommer dazwischen erscheinen. H. 15, Br. 10 cm. Mindesttemperatur 5 °C.

Cotyledon ladysmithensis
Immergrüner, starkverzweigter, sukkulenter Halbstrauch mit fleischigen Blättern, die an den Spitzen verdickt, abgeflacht und mit kurzen, goldbraunen Haaren besetzt sind. Im Herbst Büschel aus trichterförmigen, braunroten Blüten. H. und Br. 20 cm. Mindesttemperatur 5 °C.

Echeveria agavoides
Ausdauernde Staude mit grundständiger Rosette mit zugespitzten, hellgrünen, oft rotgerandeten Blättern und flachschaligen, roten, 1 cm großen Blüten im Sommer. H. 15, Br. 30 cm. Mindesttemperatur 5 °C.

Aloe brevifolia
Ferocactus latispinus
Rebutia minuscula
Rebutia senilis

ROT

Rebutia spegazziniana
Horstbildender,ausdauernder Kaktus mit kugeligem, bestacheltem, grünem, bis 4 cm dickem Stamm, der im Alter säulenförmig wächst. Im Spätfrühling zahlreiche schlanke, trichterförmige, orangerote Blüten. H. 10, Br. 20 cm. Mindesttemperatur 5 °C.

Chamaecereus silvestri
Horstbildender, ausdauernder Kaktus mit fingerförmigen, bestachelten, grünen Ästen, die zuerst aufrecht, später flach wachsen. Im Spätfrühling trichterförmige, orangerote Blüten. H. 10, Br. unbegrenzt. Mindesttemperatur 3 °C.

Rhipsalidopsis gaertneri
(Osterkaktus)
Buschiger, ausdauernder Kaktus mit flachen, eiförmigen, grünen, 5 cm langen, oft an den Enden rotgetönten Stammabschnitten, die im Frühling orangerote Blüten hervorbringen. H. 15, Br. 20 cm. Mindesttemperatur 6 °C.

Notocactus haselbergii
Langsamwachsender, flachkugeliger, ausdauernder Kaktus mit weißbestacheltem Stamm. Die leicht eingesunkene Krone trägt im Frühling rote Blüten mit gelben Malen. H. 10, Br. 25 cm. Mindesttemperatur 10 °C.

Echinocereus triglochidiatus* var. *paucispinus
Horstbildender, ausdauernder Kaktus mit 10 cm dickem, dunkelgrünem, 6–7fach geripptem Stamm und 4–6 bis 4 cm langen Stacheln je Areole. Im Frühling orangerote Blüten. H. 20, Br. 50 cm. Mindesttemperatur 5 °C.

Pachyphytum oviferum
Horstbildende, ausdauernde Sukkulente mit einer Grundrosette aus ovalen, rosablauen Blättern und 10–15 glockenförmigen Blüten mit pulverblauen Kelchen und orangeroten Petalen. Frühlingsblüher. H. 10, Br. 30 cm. Mindesttemperatur 10 °C.

VIOLETT

***Schlumbergera* 'Bristol Beauty'**
(Weihnachtskaktus)
Aufrechter,später hängender, ausdauernder Kaktus mit abgeflachten, grünen Stammsegmenten mit gezähntem Rand. Im Frühherbst und Winter rotviolette Blüten mit silberweißen Trichtern. H. 15, Br. 30 cm. Mindesttemperatur 10 °C.

Neolloydia conoidea
Horstbildender, ausdauernder Kaktus mit säulenförmigem, grünem, dicht mit weißen, radialen Stacheln bedecktem Stamm und längeren, schwarzen Mittelstacheln. Im Sommer trichterförmige, purpurviolette Blüten. H. 10, Br. 15 cm. Mindesttemperatur 10 °C.

Caralluma joannis
Horstbildende, ausdauernde Sukkulente mit blaugrauen Ästen und rauhen Blättern in den Astgabeln. Im Spätsommer in der Nähe der Stammenden sternförmige, purpurfarbene Blüten mit kurzen Härchen an den Petalenden. H. 20, Br. 100 cm. Mindesttemperatur 11 °C.

Echeveria harmsii
Echeveria setosa
Schlumbergera 'Zara'

Schlumbergera bridgesii
Thelocactus mcdowellii

Kakteen und andere niedrige Sukkulenten

VIOLETT

Argyroderma delaetii
Kriechende, eiförmige, ausdauernde Sukkulente mit 2 dickfleischigen, silbrig-grünen Blättern, zwischen denen im Spätsommer eine 5 cm große, margeritenähnliche, rosaviolette Blüte erscheint. H. 3, Br. 5 cm. Mindesttemperatur 5 °C.

Echinofossulocactus pentacanthus
Kugeliger, ausdauernder Kaktus mit grünem, 25–50fach geripptem Stamm. Jede Areole trägt einen flachen oberen radialen Stachel und darunter mehr rundliche, die am Grunde ein Kreuz bilden. Im Frühling weißgerandete, violette Blüten. H. und Br. 8 cm. Mindesttemperatur 5 °C.

Stapelia variegata
(Ordensstern, Aasblume)
Horstbildende, ausdauernde Sukkulente mit vierkantigen, gezähnten, dunkelgrünen Stengeln. Im Sommer und Herbst erscheinen die gelben, violetten oder rotbraunen Blüten. H. 10 cm, Br. unbegrenzt. Mindesttemperatur 11 °C.

Huernia macrocarpa* var. *arabica
Horstbildende, ausdauernde Sukkulente mit fingerförmigen, 4 oder 5kantigen, grünen Stengeln und sommergrünen Blättern. Im Herbst glockenförmige, weißbehaarte, dunkelviolette Blüten mit zurückgebogenen Petalenden. H. und Br. 10 cm. Mindesttemperatur 8 °C.

Stapelia flavirostris
(Ordensstern, Aasblume)
Horstbildende, ausdauernde Sukkulente mit haarigen, gezähnten, grünen Ästen. Im Sommer und Herbst purpurbraune Blüten, die mit weißen oder violetten Haaren umrahmt sind. H. bis 20 cm, Br. unbegrenzt. Mindesttemperatur 11 °C.

Sulcorebutia rauschii

GRÜN-GELB

Duvalia corderoyi
Horstbildende, ausdauernde Sukkulente mit flachstreichenden, blattlosen Ästen mit 6, oft purpurfarbenen, ungeordneten Rippen. Im Sommer und Spätherbst erscheinen sternförmige, stumpfgrüne, 1 cm große Blüten mit violetten Härchen. H. 5, Br. 60 cm. Mindesttemperatur 10 °C.

Crassula deceptrix
(Dickblatt)
Langsamwachsende, horstbildende, sukkulente Staude mit verzweigten Trieben und mit fleischigen, graugrünen, in 4 Reihen angeordneten Blättern. Im Frühling unscheinbare Blüten. H. und Br. 10 cm. Mindesttemperatur 5 °C.

Stapelia gigantea
(Ordensstern, Aasblume)
Horstbildende, ausdauernde Sukkulente mit vierkantigen, samtigen, grünen Stengeln. Im Sommer und Herbst sternförmige, rotgezeichnete, gelbbraune Blüten mit weißbehaarten Rändern. H. bis 20 cm, Br. unbegrenzt. Mindesttemperatur 11 °C.

Ancistrocactus uncinatus
Huernia zebrina
Notocactus graessneri

Ancistrocactus scheerii
Kugeliger bis säulenförmiger, ausdauernder Kaktus. Der Stamm trägt Stacheln und strohfarbene Blüten im Frühling. Die untersten und längsten Stacheln sind dunkler und mit Widerhaken versehen. H. 10, Br. 6 cm. Mindesttemperatur 2 °C.

Frailea pulcherrima
Ausdauernder Säulenkaktus mit geripptem, dunkelgrünem Stamm mit weißen bis hellbraunen Stacheln. Im Sommer öffnen sich die Knospen zu flachen, gelben Blüten. Sie entwickeln sich zu kugeligen, stacheligen Samenbehältern. H. bis 5, Br. 2 cm. Mindesttemperatur 5 °C.

Astrophytum ornatum
(Bischofsmütze)
Ausdauernder, länglich-rundlicher Kaktus mit dickfleischigem, 8rippigem Stamm. Am Ende jeder Rippe erscheinen 5 lange Stacheln in jeder Areole. Im Sommer gelbe, 8 cm große Blüten. H. 15, Br. 12 cm. Mindesttemperatur 5 °C.

Maihuenia poeppigii
Langsamwachsender, horstbildender, ausdauernder Kaktus mit zylindrischen, verzweigten, stacheligen Trieben. Die meisten Äste entwickeln eine Ähre aus zylindrischen Blättern an der Spitze, die im Sommer von einer trichterförmigen, gelben Blüte gekrönt wird. H. 6, Br. 30 cm.

Aloinopsis schooneesii
Kleine, hügelbildende, ausdauernde Sukkulente mit knolligen Wurzeln und fleischigen, meist rundlichen, blaugrünen Blättern, die in dichten Tuffs zusammenstehen. Im Winter und Frühling flache, gelbe Blüten. H. 3, Br. bis 7 cm. Mindesttemperatur 7 °C.

***Aichryson × domesticum* 'Variegatum'**
Kriechende, ausdauernde Sukkulente mit endständigen Rosetten aus behaarten, cremefarbig gezeichneten, grünen oder rein cremefarbenen Blättern. Die sternförmigen, gelben Blüten erscheinen im Frühling. H. 15, Br. 40. Mindesttemperatur 5 °C.

Notocactus mammulosus
(Buckelkaktus)
Rundlicher, ausdauernder Kaktus mit grünem, etwa 20fach geripptem Stamm und geraden, straffen, gelbbraunen oder weißen, bis 1 cm langen Stacheln. Im Sommer zahlreiche goldgelbe Blüten. H. und Br. 10 cm. Mindesttemperatur 5 °C.

Gymnocalycium andreae
Horstbildender, rundlicher, ausdauernder Kaktus mit glänzendem, dunkelgrünem, 8fach geripptem Stamm und bis zu 8 hellgelb-weißen Stacheln an jeder Areole. Im Frühling und Sommer 5 cm breite, gelbe Blüten. H. bis 6, Br. 10 cm. Mindesttemperatur 10 °C.

Euphorbia obesa
Kugelige, ausdauernde Sukkulente mit stachellosem, dunkelgrünem, oft hellgrün gemustertem, 8fach geripptem Stamm. An der Spitze erscheinen im Sommer rundliche Köpfchen aus schalenförmigen, gelben Blüten. H. 12, Br. 15 cm. Mindesttemperatur 10 °C.

Carpobrotus edulis
Conophytum meyeri
Copiapoa echinoides
Dudleya brittonii
Ferocactus latispinus
Huernia macrocarpa
Huernia primulina
Lobivia aurea
Mammillaria densispina
Neoporteria napina
Stomatium agninum
Stomatium patulum
Titanopsis schwantesii

Kakteen und andere niedrige Sukkulenten

GELB

Rhombophyllum rhomboideum
Horstbildende, ausdauernde Sukkulente mit linearen, glänzendgrünen Blättern mit weißem Rand und gestreckter Mitte. An den 2–5 cm langen Stengeln erscheinen im Sommer 3–7 bis 4 cm große, gelbe Blüten. H. 5, Br. 15 cm. Mindesttemperatur 5 °C.

Schwantesia ruedebuschii
Teppichbildende, ausdauernde Sukkulente mit zylindrischen, blaugrünen, 3–5 cm langen Blättern mit verlängerten Spitzen. An den Blatträndern erscheinen 3–7 blaue Zähnchen mit braunen Spitzen. Im Sommer gelbe Blüten. H. 5, Br. 20 cm. Mindesttemperatur 5 °C.

Pleiospilos simulans
Horstbildende, ausdauernde Sukkulente mit 1–2 Paar dicken, grauen, bis 8 cm langen und ebenso breiten, an den Enden verdickten Blättern. Im Frühherbst erscheinen die nach Kokosnuß duftenden, gelben Blüten. H. 10, Br. 30 cm. Mindesttemperatur 5 °C.

Lithops pseudotruncatella* var. *pulmonuncula
Eiförmige, ausdauernde Sukkulente mit 2 ungleichen, grauen Blättern, auf der Oberseite mit dunkelgrüner und roter Zeichnung. Im Sommer oder Herbst erscheint eine gelbe Blüte. H. 2–3, Br. 4 cm. Mindesttemperatur 5 °C.

Aeonium tabuliforme
Flachwachsende, meist stengellose, kurzlebige Sukkulente mit einer grundständigen, bis 30 cm großen Rosette und sternförmigen, gelben, im Frühling erscheinenden Blüten. Nach der Blüte stirbt die Pflanze. H. 5, Br. 30 cm. Mindesttemperatur 5 °C.

Lithops schwantesii* var. *kuibisensis
(Lebender Stein)
Eiförmige, ausdauernde Sukkulente, die in 2 ungleiche, silbrigblaue Blätter mit blauen oder roten Zeichnungen an der Oberseite geteilt ist. Im Spätsommer und Herbst eine gelbe Blüte. H. 2–3, Br. 3 cm. Mindesttemperatur 5 °C.

Lithops dorotheae
(Lebender Stein)
Eiförmige, ausdauernde Sukkulente mit 2 ungleichen, gelben bis grünen Blättern mit dunkleren, auch roten Zeichnungen. Im Sommer oder Herbst in der Mitte eine margeritenähnliche, gelbe Blüte. H. 2–3, Br. 5 cm. Mindesttemperatur 5 °C.

Mammillaria microhelia
(Warzenkaktus)
Ausdauernder, säulenförmiger Kaktus mit einem 5 cm breiten, grünen Stamm und cremefarbenen oder braunen Stacheln, die sich später verfärben. Im Frühling 1,5 cm breite, gelbe oder rosa Blüten. H. 20, Br. 40 cm. Mindesttemperatur 5 °C.

Opuntia humifusa
Flachwachsender, ausdauernder Kaktus. Jede Areole trägt bis zu 3 cm lange Stacheln. Die rundlichen, purpurgetönten, dunkelgrünen Stammsegmente sind 7–18 cm lang. Im Frühling und Sommer erscheinen 8 cm große, gelbe Blüten. Im Winter trocken halten. H. 15, Br. 100 cm.

Agave utahensis
Ausdauernde Sukkulente mit grundständiger Rosette aus aufrechten, blaugrauen Blättern mit Stacheln an den Rändern und einem langen, dunklen Stachel an der Blattspitze. Der 1,50 m hohe Blütenschaft bringt im Sommer gelbe Blüten hervor. H. 0,25 oder mehr, Br. 2,00 m.

Graptopetalum paraguayense
Horstbildende, ausdauernde Sukkulente mit Grundrosette aus 15 cm großen, graugrünen, oft rosagetönten Blättern und im Sommer sternförmigen, gelben und roten Blüten. H. 10, Br. 100 cm. Mindesttemperatur 5 °C.

Astrophytum asterias
Caralluma europaea
Cephalophyllum pillansii
Crassula lycopodioides
Euphorbia gorgonis
Lithops aucampiae
Lithops insularis
Lithops lesliei
Lithops olivacea
Lithops otzeniana
Lithops pseudotruncatella
Lithops schwantesii
Lithops turbiniformis

Coryphanta cornifera
Kugeliger bis säulenförmiger, ausdauernder Kaktus mit winkligen Warzenkörpern, die einen gebogenen, dunklen Mittelstachel und kürzere Radialstacheln besitzen. Trichterförmige, gelbe Blüten im Sommer. H. 15, Br. 10 cm. Mindesttemperatur 5 °C.

Wigginsia vorwerkiana
Langsamwachsender, flachkugeliger, ausdauernder Kaktus mit glänzendem, bis 20fach geripptem Stamm mit gelbweißen Stacheln und gelben, im Sommer erscheinenden Blüten. H. 8, Br. 10 cm. Mindesttemperatur 5 °C.

Fenestraria aurantiaca* var. *rhopalophylla
Büschelbildende, ausdauernde Sukkulente mit Grundrosette aus zylindrischen, glänzenden Blättern mit abgeflachter Spitze und gelben, im Spätsommer und Herbst erscheinenden Blüten. H. 5, Br. 30 cm. Mindesttemperatur 6 °C.

Conophytum bilobum
Langsamwachsende, horstbildende, ausdauernde Sukkulente mit 2 fleischigen, grünen, jeweils 4 cm langen und 2 cm breiten Blättern und gefransten, im Herbst erscheinenden, 3 cm großen Blüten. H. 4, Br. 15 cm. Mindesttemperatur 4 °C.

Titanopsis calcarea
Büschelbildende, ausdauernde Sukkulente mit grundständiger Rosette aus dickfleischigen, blaugrauen Blättern, die von grauweißen und beigefarbenen Warzenkörpern bedeckt sind. Vom Frühling bis Herbst erscheinen gelbe Blüten. H. 3, Br. 10 cm. Mindesttemperatur 8 °C.

Faucaria tigrina
Horstbildende, stammlose, ausdauernde Sukkulente mit fleischigen, grünen, 5 cm langen, am Rande 9–10fach gezähnten Blättern. Im Herbst erscheinen margeritenähnliche, 5 cm große, gelbe Blüten. H. 10, Br. 50 cm. Mindesttemperatur 6 °C.

Glottiphyllum nelii
Horstbildende, ausdauernde Sukkulente mit halbzylindrischen, fleischigen, grünen, bis 5 cm langen Blättern. Im Frühling und Sommer erscheinen die margeritenähnlichen, goldgelben, 4 cm großen Blüten. H. 5, Br. 30 cm. Mindesttemperatur 5 °C.

Lobivia shaferi
Ausdauernder Säulenkaktus mit schmalem, vielfach geripptem, grünem Stamm, der mit hellen, radialen Stacheln und 1–3 sehr starken, bis 2,5 cm langen Mittelstacheln besetzt ist. Im Sommer gelbe Blüten. H. und Br. 10 cm. Mindesttemperatur 5 °C.

Pleiospilos bolusii
Horstbildende, ausdauernde Sukkulente mit bis 2 Paar grauen Blättern, die oft breiter als lang sind und an den nach innen gebogenen Spitzen schmaler werden. Die goldgelben Blüten erscheinen im Frühherbst. H. 10, Br. 20 cm. Mindesttemperatur 5 °C.

Glottiphyllum semicylindricum
Notocactus apricus
Notocactus ottonis
Thelocactus leucacanthus

Kakteen und andere niedrige Sukkulenten

GELB-ORANGE

Sulcorebutia arenacea
Rundlicher, ausdauernder Kaktus mit braungrünen, dicht mit weißen Stacheln an spiralig angeordneten Warzenkörpern besetztem Stamm. Im Frühling 3 cm große, goldgelbe Blüten. Schwer zu vermehren. H. 5, Br. 6 cm. Mindesttemperatur 10 °C.

Gasteria liliputana
Horstbildende, ausdauernde Sukkulente mit grundständiger Rosette aus streifenförmigen, glänzenddunkelgrünen, weißgefleckten Blättern. Die bis 15 cm langen Blütenstiele tragen Ähren aus glockenförmigen, orangegrünen Blüten im Frühling. H. 7, Br. 10 cm. Mindesttemperatur 5 °C.

Pachyphytum compactum
Horstbildende, ausdauernde Sukkulente mit grundständiger Rosette aus grünen, zugespitzten Blättern mit blasseren Rändern. Jeder Stamm bringt im Frühling 3–10 Blüten mit grünen bis rosa Kelchen und orangen Petalen hervor. H. 15, Br. wuchernd. Mindesttemperatur 5 °C.

Conophytum notabile
Langsamwachsende, rundliche, ausdauernde Sukkulente, mit Büscheln aus 2 dickfleischigen, graugrünen, am Rande des Einschnitts mit roten Flecken versehenen Blättern. Kupfer-orangefarbene Blüten im Herbst. H. 3 cm, Br. wuchernd. Mindesttemperatur 4 °C.

Malephora crocea
Aufrechte oder kriechende, ausdauernde Sukkulente mit halbzylindrischen, blaugrünen Blättern an kurzen Trieben. Im Frühling und Sommer einzelne margeritenähnliche, orangegelbe Blüten, die außen rötlich getönt sind. H. 20, Br. 100 cm. Mindesttemperatur 5 °C.

Borzicactus aurantiacus
Kugeliger, ausdauernder Kaktus mit 15–17fach geripptem Stamm. Die verlängerten Areolen tragen bis zu 30 goldbraune Stacheln. Im Sommer orangegelbe Blüten. H. 12, Br. 40 cm. Mindesttemperatur 10 °C.

Aloe aristata
Horstbildende, ausdauernde Sukkulente mit grundständiger Rosette aus zugespitzten, grünen, weißgefleckten Blättern mit weichgezähntem Rand. Im Frühling erscheinen orangefarbene Blüten. Zahlreiche Ableger. H. 10, Br. 30 cm. Mindesttemperatur 7 °C.

Rebutia aureiflora
Horstbildender, ausdauernder Kaktus mit dunkelgrünem, oft violettrot-getöntem Stamm, steifen Radialstacheln und längeren, weicheren Mittelstacheln. Im Spätfrühling zahlreiche gelbe, violette oder rote Blüten. H. 10, Br. 20 cm. Mindesttemperatur 5 °C.

Gasteria verrucosa
Horstbildende, ausdauernde Sukkulente mit einem Fächer aus steifen, linealischen, bis 15 cm langen Blättern, die mit erhabenen, weißen Tüpfeln versehen sind. Ähren mit glockenförmigen, orangegrünen Blüten im Frühling. H. 10, Br. 30 cm. Mindesttemperatur 5 °C.

Rebutia muscula
Horstbildender, ausdauernder Kaktus mit dunkelgrünem Stamm, der dicht mit weichen, weißen, bis 5 cm langen Stacheln bedeckt ist. Im Spätfrühling leuchtend-orangefarbene, 2–3 cm große Blüten. H. 10, Br. 15 cm. Mindesttemperatur 5 °C.

Aloe humilis
Echeveria derenbergii
Gasteria caespitosa
Rebutia senilis

Weingartia neocumingii

PFLANZEN-LEXIKON

Ein ausführliches Nachschlagewerk
mit praxisgerechten Beschreibungen
von mehr als 8000 Pflanzen

A

ABELIA (Caprifoliaceae)
Abelie
Gattung laubabwerfender, halbimmergrüner oder immergrüner Sträucher, wegen ihres Laubes und der reichlichen Blüte sehr beliebt. Bedingt- bis winterhart, aber in kalten Gegenden an eine Süd- oder Westwand pflanzen. Benötigt einen geschützten, sonnigen Standort und fruchtbare, gut durchlässige Erde. Im späten Frühjahr abgestorbene Triebe entfernen. Falls nötig, ältere Zweige nach der Blüte zurückschneiden. Vermehrung durch Kopfstecklinge im Sommer.
A. 'Edward Goucher' Abb. S. 129.
A. floribunda. Immergrüner, überhängender Strauch. H. 3 m, Br. 4 m. Bedingt winterhart. Hat ovale, glänzende, dunkelgrüne Blätter und trägt im zeitigen Sommer hängende, röhrenförmige, leuchtend rote Blüten.
A. × *grandiflora* Abb. S. 88. **'Francis Mason'** ist ein kräftiger, halbimmergrüner, überhängender Strauch. H. 2 m, Br. 3 m. Winterhart. Hat kupfergelbe, junge Triebe und ovale, gelblich-grüne Blätter mit dunklen Zentren. Von Sommer- bis Herbstmitte erscheint eine Fülle duftender, glockenförmiger, weißer Blüten, die rosa überhaucht sind.
A. schumannii Abb. S. 130.
A. triflora Abb. S. 88.

ABELIOPHYLLUM (Oleaceae)
Schneeforsythie
Gattung einer Spezies eines laubabwerfenden Strauches, der wegen seiner Winterblüte kultiviert wird. Winterhart. In kalten Gegenden an eine Süd- oder Westwand pflanzen. Benötigt viel Sonne und fruchtbare, gut durchlässige Erde. Nach der Blüte jährlich alte Triebe entfernen, um neuen Wuchs anzuregen. Vermehrung durch Kopfstecklinge im Sommer.
A. distichum. Laubabwerfender, locker wachsender Strauch. H. und Br. 1,2 m. Bringt im Spätwinter an kahlen Stengeln duftende, sternchenförmige, weiße Blüten, die rosa überhaucht sind, hervor; strenge Fröste können die Blüten schädigen. Die Blätter sind oval und dunkelgrün.

ABIES (Pinaceae)
Tanne
Gattung hochwachsender Koniferen, Äste in Quirlen. Die spiralenförmig angeordneten Blätter sind nadelähnlich, flach, meistens weich und auf der Unterseite silbrig gebändert. Trägt aufrechte Zapfen, die im ersten Herbst reifen und Samen und Schuppen freigeben. Siehe KONIFEREN.
A. alba. Schnellwachsende, konische Konifere. H. 15–25 m, Br. 5–8 m. Winterhart. Die Rinde ist silbriggrau, die Nadeln dumpfgrün, unterseits silbrig. Die 10–15 cm langen, zylindrischen Zapfen sind rotbraun, wenn ausgereift.
A. amabilis (Pazifische Tanne). Konische Konifere. H. 15 m, Br. 4–5 m. Winterhart. An haarigen, grauen Trieben erscheinen dicht stehende, eingekerbte, glänzende, an der Spitze abgeflachte, dunkelgrüne Nadeln, die auf der Unterseite weiß gebändert sind. Zapfen 9–15 cm lang und violett-blau. **'Spreading Star'**, H. 50 cm, Br. 4–5 m ist eine niederliegende Form, eignet sich gut als Bodendecker.
A. balsamea (Balsamtanne) f. ***hudsonia*** ist eine dichtverzweigte Zwergkonifere mit flachem bis kugeligem Wuchs. H. und Br. 60 cm–1 m. Winterhart. Rinde glatt und grau, die grau-grünen Nadeln halbspiralig angeordnet. **'Nana'** (Abb. S. 82) ist eine weitere Zwergkonifere, die einen dichten, rundlichen Kegel bildet mit spiralig angeordneten Nadeln.
A. cephalonica (Griechische Tanne). Aufrechte Konifere mit konischer Krone, ältere Bäume haben kräftige, ausgebreitete, aufrechte Äste. H. 20–30 m, Br. 5–10 m. Winterhart. Die spitzen, steifen, glänzenden, dunkelgrünen Nadeln sind auf der Unterseite weißlich-grün. Die zylindrischen, 10–15 cm langen, spitzzulaufenden Zapfen sind reif braun gefärbt. **'Meyer's Dwarf'** (syn. *A. c.* 'Nana', Abb. S. 82). H. 50 cm, Br. 1,5 m hat kurze Nadeln und bildet einen abgeflachten Kegel.
A. concolor (Koloradotanne). Aufrechte Konifere. H. 15–30 m, Br. 5–8 m. Winterhart. Hat lange, blaugrüne oder graue Nadeln und zylindrische, grüne oder blaßblaue Zapfen, die 8–12 cm lang sind. **'Candicans'** (Konkolor-Tanne) Abb. S. 73. **'Glauca Compacta'** (syn. *A. c.* 'Compacta', Abb. S. 82) ist eine Sorte mit stahlblauen Nadeln.
A. delavayi (Delavay Tanne). Aufrechte Konifere mit regelmäßig angeordneten, abstehenden Ästen. H. 10–15 m, Br. 4–6 m. Winterhart. Hat rotbraune Triebe und gebogene, leuchtend tiefgrüne Nadeln, die spiralig angeordnet sind. Die Unterseite trägt glänzende, silbrige Streifen, die Ränder sind eingerollt. Die schmalen, zylindrischen, 6–15 cm langen Zapfen sind violettblau.
A. grandis (Riesentanne) Abb. S. 76.
A. homolepis (Nikkotanne). Junge Tannen sind konisch, später säulenförmig. H. 15 m, Br. 6 m. Winterhart. Die rosagraue Rinde schält sich in zarten Flocken. Die Blätter sind blaßgrün, auf der Unterseite silbrig, und die zylindrischen, violettblauen Zapfen werden 8–12 cm lang. Gedeiht auch in Stadtgebieten.
A. koreana (Koreatanne) Abb. S. 81.
A. lasiocarpa (Korktanne). Schmal konische Konifere. H. 10–15 m, Br. 3–4 m. Winterhart. Hat graue oder blaugrüne Nadeln und zylindrische, violett-blaue Zapfen, die 6–10 cm lang sind, var. ***arizonica*** **'Compacta'** (Abb. S. 82), H. 4–5 m, Br. 1,5–2 m ist ein langsamwachsender, ovaler bis konischer Baum mit korkartiger Rinde und blauen Nadeln. **'Roger Watson'** (Abb. S. 82), H. und Br. 75 cm ist zwergwüchsig und konisch mit silbriggrauen Nadeln.
A. nordmanniana (Kaukasische Tanne). Säulenförmige, dichte Konifere. H. 15–25 m, Br. 5 m. Winterhart. Die dicht stehenden Nadeln sind sattgrün. Die 10–15 cm großen, zylindrischen Zapfen sind grau-braun, wenn ausgereift braun. **'Golden Spreader'** (Abb. S. 83) ist eine Zwergform mit ausgebreitetem Wuchs und leuchtend goldgelben Nadeln.
A. procera (Silbertanne). Schmal konische Konifere. H. 15 m, Br. 5 m. Winterhart. Hat eine reizvolle, glatte, silbriggraue Rinde und grau-grüne oder leuchtend blau-graue Nadeln. Trägt 15–25 cm lange, kräftige, zylindrische, grüne Zapfen, die braun werden, wenn sie reifen. **'Glauca'** Abb. S. 77.
A. veitchii (Tanne) Abb. S. 74.

ABUTILON (Malvaceae)
Schönmalve, Zimmerahorn
Gattung immergrüner, halbimmergrüner oder laubabwerfender Sträucher, Stauden und einjähriger Pflanzen, die wegen ihrer Blüten und des Laubes kultiviert wird. Winterhart bis frostempfindlich, mind. 5–7°C. Benötigt volle Sonne oder Teilschatten und fruchtbaren, gut durchlässigen Boden. Kübelpflanzen während der Wachstumszeit reichlich gießen, weniger zu anderen Zeiten. Während der Wachstumszeit Triebspitzen junger Pflanzen schneiden, um buschigen Wuchs zu forcieren. Ausgewachsene Exemplare jährlich im zeitigen Frühjahr stark zurückschneiden. Schnellwachsende Triebe bei Bedarf aufbinden. Vermehrung durch Samen im Frühjahr, durch Kopfstecklinge, unreife Stecklinge oder halbausgereifte Stecklinge im Sommer. Anfällig für Weiße Fliege und Rote Spinne.
A. globosum hort. Siehe *A.* × *hybridum*.
A. × *hybridum*, syn. *A. globosum hort.* **'Ashford Red'** ist ein starkwachsender, immergrüner, runder Strauch. H. und Br. 2–3 m. Bedingt winterhart. Hat ahorn- bis herzförmige, gezackte, sattgrüne Blätter. Trägt vom Frühjahr bis Herbst hängende, glockenförmig rote Blüten. **'Golden Fleece'** hat gelbe Blüten.
A. 'Kentish Belle' Abb. S. 139.
A. megapotamicum. Immergrüner Strauch mit langen, schlanken Zweigen, die gerne an Mauern ranken. H. und Br. 3 m. Bedingt winterhart. Vom späten Frühjahr bis zum Herbst erscheinen hängende, glockenförmige gelbe und rote Blüten. Die Blätter sind oval mit herzförmigem Blattgrund und dunkelgrün.
A. pictum, syn. *A. striatum hort.* **'Thompsonii'** Abb. S. 115.
A. striatum hort. Siehe *A. pictum*.
A. × *suntense.* Schnellwachsender, laubabwerfender, aufrechter, überhängender Strauch. H. 5 m, Br. 3 m. Winterhart. Hat ovale, gelappte und gezähnte, dunkelgrüne Blätter. Vom späten Frühjahr bis Frühsommer erscheint eine Fülle großer, schüsselförmiger, blaß- bis tiefpurpurnfarbener, manchmal auch weißer Blüten. **'Violetta'** Abb. S. 112.
A. vitifolium. Schnellwachsender, laubabwerfender, aufrechter Strauch. H. 4 m, Br. 2,5 m. Winterhart. Vom späten Frühjahr bis Frühsommer erscheinen in großer Fülle große, schüsselförmige, purpurblaue Blüten. Die Blätter sind oval, gelappt, scharf gezähnt und grau-grün. **'Album'** Abb. S. 87.

ACACIA (Leguminosae)
Akazie
Gattung immergrüner, halbimmergrüner oder laubabwerfender Bäume und Sträucher, die wegen ihrer winzigen Blüten, die aus vielen Staubblättern bestehen, und des Laubes kultiviert wird. Viele Spezies haben nur verbreitete Blattstiele statt richtiger Blätter. Frostempfindlich bis winterhart, mind. 5–7°C. Benötigt volle Sonne und durchlässigen Boden. Vermehrung durch Samen im Frühjahr. Anfällig für Rote Spinne und Schmierlaus.
A. baileyana Abb. S. 69.
A. cultriformis Abb. S. 103.
A. dealbata (Mimose) Abb. S. 56.
A. juniperina. Immergrüner, buschiger Strauch. H. 1 m, Br. 1,5 m. Winterhart. Hat sehr schmale, zylindrische, stachelähnliche, sattgrüne Blattstielblätter und bringt zur Frühjahrsmitte runde Büschel blaß gelber Blüten hervor.
A. longifolia (Sidney Goldgeflecht). Immergrüner, ausladender Baum. H. und Br. 6 m. Hat schmale, längliche, dunkelgrüne Blattstielblätter und trägt im zeitigen Frühjahr zylindrische Büschel goldgelber Blüten.
A. neriifolia. Immergrüner, buschiger Strauch oder Baum. H. und Br. 3 m. Bedingt winterhart. Hat schmale, lanzettförmige, meistens graugrüne Blattstielblätter. Bringt dichte, runde Köpfe leuchtend gelber Blüten im Frühjahr hervor.
A. podalyriifolia. Immergrüner, buschiger Strauch. H. und Br. 3 m. Bedingt winterhart. Hat runde, stark zugespitzte, silbrigblaue Blattstielblätter. Im Winter und zeitigem Frühjahr öffnen sich lange Blütentrauben duftender, gelber Blüten.
A. pravissima Abb. S. 69.
A. pulchella (Echte Akazie) Abb. S. 125.
A. verticillata. Immergrüner, breiter Baum oder buschiger Strauch. H. und Br. 9 m. Bedingt winterhart. Hat nadelähnliche, dunkelgrüne Blattstielblätter und trägt im Frühjahr dichte, bürstenähnliche Ähren leuchtend gelber Blüten.

ACAENA (Rosaceae)
Stachelnüßchen
Gattung hauptsächlich sommerblühender Halbsträucher und Stauden, die außer in besonders strengen Wintern, immergrün sind, wegen ihrer Blätter und bunten Kletten und als Bodendecker kultiviert. Hat dichtstehende, runde Blütenköpfe mit kleinen Blüten. Eignet sich für Steingärten, aber einige Spezies wuchern stark. Bedingt- bis winterhart. Benötigt Sonne oder Halbschatten und durchlässigen Boden. Vermehrung durch Teilung im zeitigen Frühjahr, oder durch Samen im Herbst.
A. anserinifolia. Kräftiger, immergrüner, niederliegender Halbstrauch. H. 10 cm, Br. 75 cm oder mehr. Winterhart. Hat braungrüne Blätter, die in 9–13 ovale, gezähnte Blättchen geteilt sind. Im Sommer entwickeln sich aus kugeligen Köpfen grünlich brauner Blüten bräunliche, mit roten Stacheln besetzte Kletten.
A. 'Blue Haze'. Kräftige, immergrüne, niederliegende Staude. H. 10 cm, Br. 75 cm oder mehr. Winterhart. Die Blätter sind in 9–15 ovale, gezähnte, stahlblaue Blättchen geteilt. Bringt kugelige, bräunlichrote Blütenköpfe hervor aus denen sich im Herbst dunkelrote Kletten mit rosa-roten Stacheln entwickeln.
A. buchananii. Kräftige, immergrüne, niederliegende Staude. H. 2 cm, Br. 75 cm oder mehr. Winterhart. Trägt glänzende Blätter, die aus 11–17 ovalen, gezähnten Blättchen bestehen. Im Sommer erscheinen runde, grüne Blütenköpfe, aus denen sich stachelige, gelblichgrüne Kletten entwickeln.
A. caesiiglauca Abb. S. 330.
A. microphylla Abb. S. 329.

ACALYPHA (Euphorbiaceae)
Katzenschwanz, Nesselblatt
Gattung immergrüner Sträucher und Stauden, die wegen der schönen Blüten und des Laubes beliebt sind. Frostempfindlich, mind. 10–13°C, optimal bei

16°C. Braucht Halbschatten und humusreichen, durchlässigen Boden. Kübelpflanzen während der Wachstumszeit reichlich gießen, zu anderen Zeiten und bei niedrigen Temperaturen wesentlich weniger. Triebspitzen während der Vegetationszeit einkürzen, um bei Jungpflanzen die Verzweigung zu fördern. Vermehrung durch Grünholz-, Weichholz- und halbreife Stecklinge im Sommer. Rote Spinne, Weiße Fliege und Schmierläuse können lästig werden.
A. hispida. Immergrüner, aufrechter, weichstieliger Strauch. H. 2 m oder mehr, Br. 1–2 m. Hat ovale, gezähnte, glänzende, tiefgrüne Blätter. Die winzigen, purpurroten Blüten hängen in langen, dichten, kätzchenartigen Ähren und erscheinen periodisch das ganze Jahr über. Kann als kurzlebiger Kordon gepflanzt werden.
A. wilkesiana Abb. S. 111.

ACANTHOLIMON (Plumbaginaceae)
Igelpolster
Gattung immergrüner Stauden, die wegen ihrer Blüten und der dichten Polster stacheliger Blätter gepflanzt werden. Geeignet für Steingärten und Mauern. Völlig winterhart. Bevorzugt Sonne und durchlässigen Boden. Mag feuchte Winter nicht. Aussaat selten; Vermehrung durch Weichholzstecklinge im späten Frühjahr.
A. glumaceum Abb. S. 317.
A. venustum. Immergrüne, polsterbildende Staude. H. und Br. 10 cm. Kleine Ähren mit sternförmigen, rosaroten Blüten auf 3 cm hohen Stielen erscheinen vom späten Frühjahr bis zum Frühsommer inmitten von Rosetten aus stacheligen, speerförmigen, blau grünen Blättern mit silbrigem Rand. Benötigt einen sehr warmen, durchlässigen Standort. Hervorragend geeignet für das Alpinum.

ACANTHOPANAX s. ELEUTHEROCOCCUS
A. ricinifolium s. *Kalopanax pictus*.

ACANTHUS (Acanthaceae)
Bärenklau
Gattung von Stauden, manche davon halbimmergrün, beliebt wegen ihrer großen, tief eingeschnittenen Blätter und der schönen Blütenähren. Völlig winterhart. Bevorzugt warme, sonnige Lage und durchlässigen Boden, verträgt aber auch Schatten. Kronen brauchen im ersten Jahr Winterschutz. Lange, zangenartige Wurzeln erschweren das Ausgraben falsch plazierter Pflanzen. Vermehrung durch Aussaat oder Teilung im Frühherbst oder Frühling oder durch Wurzelschnittlinge im Winter.
A. dioscoridis. Aufrechte, stattliche Staude. H. bis 1 m, Br. 45 cm. Hat ovale, tiefeingeschnittene, steife, grundständige Blätter und behaarte Stengel; im Sommer dichte Ähren kleiner, trichterförmiger, purpur- und weißgefärbter Blüten.
A. hungaricus, syn. *A. longifolius*, Abb. S. 209.
A. longifolius. Siehe *A. hungaricus*.
A. mollis (Weicher Akanthus). Prächtige, halbimmergrüne, aufrechte Staude. H. 1,2 m, Br. 45 cm. Hat lange, ovale, tief eingeschnittene, leuchtend grüne Blätter und treibt im Sommer zahlreiche Ähren mit trichterförmigen, mauve-weißen Blüten.
A. spinosus Abb. S. 210.

ACER (Aceraceae)
Ahorn
Gattung laubabwerfender oder immergrüner Bäume und Sträucher, beliebt wegen ihres Laubes, das sich im Herbst oft leuchtend bunt färbt, in manchen Fällen auch wegen dekorativer Borken- und Stammformen. Auf kleine, aber oft reizvolle Blüten folgen zweiflügelige Früchte. Völlig bis bedingt winterhart. Benötigt Sonne oder Halbschatten und fruchtbaren, durchlässigen Boden. Manche Ahorne zeigen ihre schönste Herbstfarbe auf neutralem bis saurem Boden. Vermehrung der Spezies durch Aussaat bei Samenreife oder im Herbst; Zuchtformen durch verschiedene Veredlungsmethoden im Spätwinter oder Vorfrühling oder durch Okulieren im Sommer. Blattfressende Raupen oder Blattläuse befallen gelegentlich die Pflanzen; der Ahornrunzelschorf kann *A. platanoides* und *A. pseudoplatanus* angreifen.
A. buergerianum. Ausladender Laubbaum. H. 10 m oder mehr, Br. 8 m. Völlig winterhart. Die 3lappigen, glänzend dunkelgrünen Blätter verwandeln sich in prächtiges, langlebiges Herbstlaub in Rot, Orange und Purpur.
A. capillipes Abb. S. 55.
A. cappadocicum (Kolchischer Ahorn). Sommergrüner, ausladender Baum. H. 20 m, Br. 15 m. Völlig winterhart. Die 5lappigen, leuchtend grünen Blätter färben sich im Herbst gelb. Die jungen Blätter von **'Aureum'** sind leuchtend gelb, werden im Sommer hellgrün und nehmen im Herbst gelbe Schattierungen an.
A. carpinifolium Abb. S. 65.
A. circinatum (Weinblattahorn). Sommergrüner, ausladender, buschiger Baum oder Strauch. H. 5 m oder mehr, Br. 6 m. Völlig winterhart. Rundliche, 7- bis 9lappige, mittelgrüne Blätter werden im Herbst leuchtend orange und rot. Trägt im Frühjahr kleine, purpur-weiße Blüten in Dolden.
A. cissifolium. Sommergrüner, ausladender Baum. H. 8 m, Br. 12 m. Winterhart. Blätter bestehen aus 3 ovalen, gezähnten Fiedern, anfangs bronzegetönt, im Sommer dunkelgrün; färben sich im Herbst rot und gelb. Optimales Wachstum im Halbschatten und auf neutralem bis saurem Boden.
A. crataegifolium (Weißdornblättriger Ahorn). Sommergrüner, überhängender Baum. H. und Br. 10 m. Völlig winterhart. Äste sind grün-weiß gestreift. Kleine, ovale, mittelgrüne Blätter färben sich im Herbst orange. **'Veitchii'** Abb. S. 62.
A. davidii. Sommergrüner Baum mit aufrechten Ästen. Völlig winterhart. H. und Br. 15 m. Äste sind grün-weiß gestreift. Ovale, glänzende, dunkelgrüne Blätter färben sich im Herbst oft gelb oder orange. **'Madeline Spitta'** Abb. S. 54.
A. ginnala (Feuerahorn) Abb. S. 68.
A. giraldii. Sommergrüner, ausladender Baum. H. und Br. 10 m. Frosthart. Schößlinge haben blaugrünen Flaum. Große, sycamore-ähnliche, schwach gelappte Blätter mit langen, rosaroten Stielen sind oberseits dunkelgrün, unterseits blau-weiß.
A. grandidentatum. Sommergrüner, ausladender Baum. H. und Br. 8 m oder mehr. Völlig winterhart. Hat breite, 3- oder 5lappige, leuchtend grüne Blätter, die sich im Frühherbst leuchtend orangerot färben.
A. griseum Abb. S. 72.
A. grosseri var. ***hersii*** (Grossers Ahorn). Sommergrüner, aufrechter und ausladender Baum. H. und Br. 10 m. Völlig winterhart. Stamm und Äste sind weiß gestreift. Breit ovale, tief gelappte, leuchtend grüne Blätter färben sich im Herbst rot.
A. henryi Abb. S. 55.
A. japonicum (Thunbergs Fächerahorn). Sommergrüner, buschiger Baum oder Strauch. H. und Br. 10 m. Völlig winterhart. Rundliche, gelappte Blätter sind im Sommer mittelgrün, im Herbst rot. Kleine, rötlich-purpurne Blüten in Trauben öffnen sich in der Frühlingsmitte. Windschutz erforderlich. **'Aconitifolium'** und **'Vitifolium'** Abb. S. 67. **'Aureum'** Abb. S. 65.
A. laxiflorum Abb. S. 71.
A. lobelii Abb. S. 41.
A. macrophyllum Abb. S. 39.
A. monspessulanum (Burgen-Ahorn). Sommergrüner, meist kompakter, rundköpfiger Baum oder Strauch. H. und Br. 12 m. Völlig winterhart. Die kleinen, 3lappigen, glänzenden, dunkelgrünen Blätter bleiben bis zum Spätherbst am Baum.
A. negundo (Eschenahorn). Schnellwüchsiger, sommergrüner, ausladender Baum. H. 15 m, Br. 8 m. Völlig winterhart. Leuchtend grüne Blätter aus 3–5 ovalen Fiedern. Trauben von unauffälligen, grünlichgelben Blüten erscheinen im späten Frühjahr. **'Variegatum'** Abb. S. 52. Var. ***violaceum*** hat leicht violette Zweige mit weißlichem Flaum und trägt auffallende Trauben von quastenartigen, lilarosa Blüten.
A. nikoense (Nikko-Ahorn). Langsam wachsender, sommergrüner, rundköpfiger Baum. H. und Br. 12 m. Völlig winterhart. Blätter aus 3 ovalen, blaugrünen Fiedern färben sich im Herbst leuchtend rot und gelb.
A. opalus (Frühlingsahorn). Sommergrüner, rundköpfiger Baum. H. und Br. 14 m. Völlig winterhart. Trauben von kleinen, gelben Blüten erscheinen Anfang bis Mitte des Frühlings vor dem Laub. Die Blätter sind breit, 5lappig und dunkelgrün, werden im Herbst gelb.
A. palmatum (Japanischer Fächerahorn). Sommergrüner, buschiger Strauch oder Baum. H. und Br. 6 m oder mehr. Völlig winterhart. Handförmige, tief gelappte, mittelgrüne Blätter färben sich im Herbst leuchtend orange, rot oder gelb. Trauben von kleinen, rötlich purpurnen Blüten erscheinen in der Frühlingsmitte. **'Atropurpureum'** Abb. S. 89. **'Bloodgood'** Abb. S. 111. **'Butterfly'** Abb. S. 108. **'Chitoseyama'** Abb. S. 134. **'Corallinum'** Abb. S. 98. Var. ***coreanum*** Abb. S. 67. **'Dissectum Atropurpureum'** Abb. S. 134. var. ***heptalobum*** Abb. S. 92. Var. ***heptalobum*** **'Lutescens'** Abb. S. 90. Var. ***heptalobum*** **'Rubrum'** Abb. S. 89. **'Osakazuki'** hat größere Blätter mit 7 Lappen, die im Herbst leuchtend scharlachrot werden. **'Senkaki'** (syn. *A. p.* 'Sango Kaku') Abb. S. 92.
A. pensylvanicum (Schlangenhautahorn). Abb. S. 57. **'Erythrocladum'** ist ein sommergrüner, aufrechter Baum. H. 10 m, Br. 6 m. Völlig winterhart. Hat leuchtend rosarote Winterschößlinge und große, grob gelappte, mittelgrüne Blätter, die im Herbst leuchtend gelb werden.
A. platanoides (Spitzahorn). Kräftiger, sommergrüner, ausladender Baum. H. 25 m, Br. 15 m. Völlig winterhart. Hat große, breite, scharf gelappte, leuchtend grüne Blätter, die sich im Herbst gelb oder orange färben. Mitte des Frühjahrs vor dem Austrieb der Blätter gelbe Blütentrauben. **'Columnare'** H. 12 m, Br. 8 m, wächst dicht und säulenartig. **'Crimson King'** Abb. S. 40. **'Drummondii'** hat breite, creme-weiß geränderte Blätter. **'Emerald Queen'** ist in der Jugend aufrecht. **'Globosum'**, H. 8 m, Br. 10 m, mit dichter, runder Krone. **'Lorbergii'** Abb. S. 45. **'Royal Red'** hat tief rötlich-purpurne Blätter. Jene von **'Schwedleri'** sind anfangs leuchtend rot, im Sommer rötlich-grün und im Herbst orangerot. **'Summershade'** hat dunkelgrüne Blätter.
A. pseudoplatanus (Bergahorn). Schnellwüchsiger, sommergrüner, ausladender Baum. H. 30 m, Br. 14 m. Völlig winterhart. Hat breite, 5lappige, dunkelgrüne Blätter. Stattlicher Einzelbaum, verträgt exponierte Standorte. **'Brilliantissimum'** Abb. S. 62. f. ***erythrocarpum*** Abb. S. 44. **'Simon Louis Frères'** Abb. S. 52.
A. rubrum (Rotahorn). Abb. S. 44. **'Columnare'** Abb. S. 54. **'October Glory'** ist ein sommergrüner, ausladender Baum. H. 20 m, Br. 12 m. Völlig winterhart. Die 3- oder 5lappigen, glänzend dunkelgrünen Blätter werden im Herbst intensiv rot, vor allem auf neutralem bis sauren Boden. Im Frühling sind die kahlen Zweige mit Trauben winziger, roten Blüten bedeckt. **'Red Sunset'** hat dichtes Laub mit leuchtend roter Herbstfärbung. **'Scanlon'** und **'Schlesingeri'** Abb. S. 44.
A. rufinerve (Rostnerviger Ahorn). Abb. S. 55. f. ***albolimbatum*** ist ein sommergrüner, überhängender Baum. H. 10 m, Br. 8 m. Völlig winterhart. Äste sind grünweiß gestreift. Hat 3lappige, mittelgrüne, weiß gesprenkelte und geränderte Blätter, die sich im Herbst leuchtend orange und rot färben.
A. saccharinum (Silberahorn). Schnellwüchsiger, sommergrüner, ausladender Baum. H. 25 m, Br. 14 m. Völlig winterhart. Tief gelappte, mittelgrüne Blätter mit silbriger Unterseite, gelbe Herbstfärbung. **'Wieri'** hat hängende untere Äste und sehr tief gelappte Blätter.
A. saccharum (Zuckerahorn). **'Green Mountain'** ist ein sommergrüner, ausladender Baum mit ovaler Krone. H. 20 m, Br. 12 m. Völlig winterhart. Große 5lappige, leuchtend grüne Blätter färben sich im Herbst leuchtend scharlachrot. **'Temple's Upright'** Abb. S. 55.
A. triflorum Abb. S. 68.
A. velutinum. Sommergrüner, ausladender Baum. H. 20 m, Br. 20 m. Völlig winterhart. Bringt große, bergahornähnliche, gelappte, dunkelgrüne Blätter hervor, die auf der Unterseite mit blaßbraunem Flaum bedeckt sind. Var. ***vanvolxemii*** (Van Volxem Ahorn) hat noch größere Blätter, die unterseits leicht bläulichgrün und glatt sind.

ACHILLEA (Compositae)
Garbe
Gattung hauptsächlich aufrechter Stauden, von denen einige halbimmergrün sind und sich für Rabatten und Steingärten eignen. Hat farnähnliches Laub und große, meistens tellerartige, hauptsächlich im Sommer erscheinende Blütenköpfe. Als Trockenblumen eignen sich die Blütenköpfe für Winterdekorationen. Völlig winterhart. Gedeiht in fast jeder Erde, gedeiht aber am besten an einem

sonnigen, durchlässigen Standort. Hohe Arten und Sorten müssen aufgebunden werden. Vermehrung durch Teilung im zeitigen Frühjahr oder im Herbst, durch Kopfstecklinge im Frühsommer.
A. argentea. Siehe *Tanacetum argenteum.*
A. clavennae Abb. S. 313.
A. clypeolata. Halbimmergrüne, aufrechte Staude. H. 45 cm, Br. 30 cm. Hat geteilte, behaarte, silbrige Blätter und im Sommer dichte, flache Köpfe kleiner, gelber Blüten. Pflanzen im Frühling teilen.
A. 'Coronation Gold' Abb. S. 215.
***A. filipendulina* 'Gold Plate'** Abb. S. 215.
A. × kellereri Abb. S. 315.
***A. × lewisii* 'King Edward'.** Halbimmergrüne, rundliche, kompakte, an der Basis verholzende Staude. H. 10 cm, Br. 23 cm oder mehr. Hat gefiederte, weiche, graugrüne Blätter. Im Sommer erscheinen kompakte Köpfe winziger, ledergelber Blüten. Eignet sich für Steingärten, Mauern oder Böschungen.
***A. millefolium.* 'Fire King'** ist eine kräftige, aufrechte Staude. H. und Br. 60 cm. Hat eine Fülle gefiederter Blätter und im Sommer flache Köpfe roter Blüten.
A. 'Moonshine' Abb. S. 246.
***A. ptarmica* 'The Pearl'** Abb. S. 200.
A. taygetea Abb. S. 246.

ACHIMENES (Gesneriaceae)
Schiefteller
Gattung aufrechter oder kriechender Stauden mit kleinen Rhizomen und auffälligen Blüten. Frostempfindlich. Mind. 10°C. Braucht viel Licht, aber keine direkte Sonne, und durchlässigen Boden. Topfpflanzen mit lauwarmem Wasser gießen. Nach der Blüte austrocknen lassen und Rhizome an einem frostfreien Platz überwintern. Vermehrung durch Teilung der Rhizome oder durch Samen, falls erhältlich im Frühjahr, oder durch Stammstecklinge im Sommer.
A. antirrhina. Aufrechte Staude. H. und Br. 35 cm oder mehr. Hat ovale, gezähnte, bis 5 cm oder längere Blätter in ungleichmäßigen Paaren angeordnet. Bringt im Sommer trichterförmige, rotorangefarbene, bis 4 cm lange Blüten mit gelbem Schlund hervor.
A. 'Brilliant'. Aufrechte, kompakte Staude. H. und Br. 30 cm. Hat ovale, gezähnte Blätter und im Sommer große, trichterförmige, scharlachrote Blüten.
A. coccinea. Siehe *A. erecta.*
A. erecta, syn. *A. coccinea, A. pulchella.* Aufrechte, buschige, verzweigte Staude. H. und Br. 45 cm. Hat ovale, gezähnte Blätter, die oft in Quirlen zu 3 angeordnet sind. Im Sommer röhrenförmige, scharlachrote Blüten mit gelben Augen.
A. grandiflora. Aufrechte Staude. H. und Br. bis 60 cm. Die ovalen, gezähnten Blätter sind auf der Unterseite oft rötlich. Bringt im Sommer röhrenförmige, dunkelrosa bis purpurfarbene Blüten mit weißen Augen hervor.
A. 'Little Beauty' Abb. S. 237.
A. 'Paul Arnold'. Aufrechte, kompakte, üppigblühende Staude. H. und Br. 30 cm. Hat ovale, gezähnte Blätter. Trägt im Sommer große, trichterförmige, purpurfarbene Blüten.
A. 'Peach Blossom'. Kriechende Staude. H. und Br. bis 25 cm. Im Sommer erscheinen große, trichterförmige, pfirsichfarbene Blüten. Die Blätter sind oval und gezähnt.
A. pulchella. Siehe *A. erecta.*

ACHNATHERUM (Gramineae). Siehe GRÄSER, BAMBUS, SCHILF und RIEDGRAS.
Rauhgras
A. calamagrostis, syn. *Stipa calamagrostis.* Immergrünes, horstbildendes, mehrjähriges Gras. H. 1 m, Br. 45 cm. Winterhart. Die Blätter sind bläulichgrün und nach innen gerollt. Trägt im Sommer dekorative, große lockere Rispen sandbrauner Ähren, die getrocknet über den Winter halten.
Acidanthera bicolor var. ***murieliae.*** Siehe *Gladiolus callianthus.*

ACIPHYLLA (Umbelliferae)
Gattung immergrüner Stauden, die hauptsächlich wegen des stacheligen Laubes, aber auch wegen der Blüte, die an männlichen Pflanzen zahlreicher erscheint, kultiviert wird. Winterhart. Benötigt Sonne und gut durchlässigen Boden. Pflanzen mit einer dicken, groben Sandschicht vor Winternässe schützen. Vermehrung durch frischen Samen im Spätsommer oder zeitigem Frühjahr.
A. aurea Abb. S. 199.
A. scott-thomsonii. Immergrüne, rosettenbildende Staude. H. bis 4,5m, Br. 60 cm–1 m. Das stark zergliederte, stachelige Laub ist in der Jugend bronzefarben, wenn ausgewachsen silbrig-grau. Die stacheligen Ähren winziger cremegelber Blüten erscheinen selten. Bevorzugt einen feuchten, aber durchlässigen Standort.
A. squarrosa Abb. S. 223.

ACOKANTHERA (Apocynaceae)
Gattung immergrüner Sträucher und Bäume, die wegen ihrer Blüten und der Gesamterscheinung gerne kultiviert werden. Frostempfindlich. Mind. 10°C. Benötigt viel Licht und durchlässige Erde. Getopfte Exemplare mäßig gießen, während der Ruhezeit weniger. Vermehrung durch Samen im Frühjahr oder Herbst, oder durch halbausgereifte Stecklinge im Sommer.
A. oblongifolia, syn. *A. spectabilis. Carissa spectabilis* Abb. S. 118.
A. spectabilis. Siehe *A. oblongifolia.*

ACONITUM (Ranunculaceae)
Eisenhut, Wolfsgift
Gattung von Stauden mit knolligen oder fasrigen, giftigen Wurzeln und aufrechten, manchmal kletternden Trieben, die im Sommer helmartige Blüten tragen. Die Blätter sind meistens rund. Eignet sich gut für Steingärten und Rabatten. Winterhart. Bevorzugt Sonne, verträgt aber auch etwas Schatten, was evtl. die Farben beeinträchtigt. Benötigt fruchtbaren, gut durchlässigen Boden. Vermehrung durch Teilung im Herbst, ca. alle 2–3 Jahre, oder durch Samen im Herbst.
A. anthora. Kompakte, knollige Staude. H. 60 cm, Br. 50 cm. Hat aufrechte, beblätterte Stengel, die im Sommer einige helmartige, gelbe Blüten tragen. Die Blätter sind geteilt und dunkelgrün.
A. × bicolor Abb. S. 211. **'Newry Blue'** ist eine aufrechte, knollige Staude. H. 1,2 m, Br. 50 cm. Trägt im Sommer an aufrechten Stielen helmartige, dunkelblaue Blüten. Die Blätter sind geteilt, glänzend und dunkelgrün. **'Sparks Variety'** trägt violett-blaue Blüten an verzweigten Stengeln.
A. 'Bressingham Spire'. Kompakte, aufrechte, knollige Staude. H. 1 m, Br. 50 cm. An aufrechten Ähren erscheinen im Sommer violettblaue Blüten. Die Blätter sind stark geteilt, glänzend und dunkelgrün.
***A. carmichaelii* 'Arendsii'.** Aufrechte, knollige Staude. H. 1,5 m, Br. 30 cm. Hat geteilte, sattgrüne Blätter und im Herbst Ähren mit helmartigen, satt tiefblauen Blüten. Die aufrechten Stengel müssen aufgebunden werden, besonders an schattigen Standorten.
A. 'Ivorine'. Aufrechte, knollige Staude. H. 1,5 m, Br. 50 cm. Trägt im Frühsommer an aufrechten Ähren helmartige, cremeweiße Blüten. Die Blätter der kräftigen Stengel sind tief eingeschnitten, glänzend und grün.
A. lycoctonum. Siehe *A. vulparia.*
A. napellus (Sturmhut, Eisenhut). Aufrechte, knollige Staude. H. 1,5 m, Br. 30 cm. Hat im Spätsommer an hohen, schlanken Ähren helmartige, hell indigoblaue Blüten und tief eingeschnittene, mittelgrüne Blätter. f. ***album*** hat weiße Blüten.
A. volubile. Drahtige, kletternde, fasrige Staude. H. 2–2,5 m, Br. 1–1,2 m. Im Spätsommer erscheinen an überhängenden Büscheln helmartige, lilafarbene Blüten. Die Blätter sind geteilt und mittelgrün. Gedeiht am besten in Strauchnähe, wo sie klettern kann, ansonsten muß sie aufgebunden werden.
A. vulparia, syn. *A. lycoctonum* (Wolfseisenhut) Abb. S. 214.

ACORUS (Araceae)
Gattung halbimmergrüner Stauden, Sumpf- oder Wasserpflanzen, wegen ihres duftenden Laubes gerne kultiviert. Bedingt- bis winterhart. Benötigt einen freien, sonnigen Standort. ***A. calamus*** braucht 25 cm Wassertiefe. Im Herbst verwelktes Laub entfernen, alle 3–4 Jahre die Pflanzen im Frühjahr teilen.
***A. calamus* 'Variegatus'** Abb. S. 373.
***A. gramineus* 'Pusillus'.** Halbimmergrüne Staude, Sumpf- oder Wasserpflanze für das Aquarium. Winterhart. H. und Br. 10 cm. Hat schmale, grasähnliche, steife Blätter. Selten erscheinen im Sommer unbedeutende, grünliche Blütenähren.
'Variegatus' Abb. S. 373.

ACRADENIA (Rutaceae)
Gattung immergrüner Sträucher, wegen des Laubes und der Blüten gerne kultiviert. Bedingt winterhart. Benötigt einen geschützten, sonnigen oder halbschattigen Standort und fruchtbare, durchlässige Erde. Gedeiht am besten an einer Süd- oder Westwand. Vermehrung durch halbausgereifte Stecklinge im Sommer.
A. frankliniae. Immergrüner, aufrechter, steif verzweigter Strauch. H. und Br. 2 m. Hat aromatische, dunkelgrüne Blätter mit 3 schmal lanzettförmigen Blättchen und trägt vom späten Frühjahr bis Frühsommer kleine Büschel sternchenförmiger, weißer Blüten.
Acrolinium roseum. Siehe *Helipterum roseum.*

ACTAEA (Ranunculaceae)
Christophskraut
Gattung horstbildender Stauden, die wegen ihrer farbenprächtigen, giftigen Beeren kultiviert wird. Winterhart. Bevorzugt waldige Standorte und Schatten, sowie feuchte, torfhaltige Erde. Vermehrung durch Teilung im Frühjahr oder durch Samen im Herbst.
A. alba. Siehe *A. pachypoda.*
A. pachypoda, syn. *A. alba,* Abb. S. 217.
A. rubra. Horstbildende Staude. H. 50 cm, Br. 30 cm. Den im Herbst erscheinenden kleinen, flaumigen, weißen Blüten folgen Büschel giftiger, runder, scharlachroter Beeren. Über den ovalen, geteilten, leuchtendgrünen Blättern.

ACTINIDIA (Actinidiaceae)
Strahlengriffel, Kiwi
Gattung hauptsächlich sommergrüner, verholzender Kletter- und Schlingpflanzen. Winterhart bis frostempfindlich. Mind. 10°C. Bevorzugt Halbschatten (*A. kolomikta* verträgt volle Sonne). In durchlässiger, nicht austrocknender Erde kultivieren. Im Winter zurückschneiden, falls nötig. Vermehrung durch Samen im Frühling oder Herbst, durch halbausgereifte Stecklinge zur Sommermitte oder durch Ableger im Winter.
A. chinensis, syn. *A. deliciosa.* (Chinesischer Strahlengriffel, Kiwi) Kräftige, hauptsächlich laubabwerfende, verholzende Kletterpflanze. H. 9–10 m. Winterhart. Die herzförmigen Blätter sind 13–20 cm lang. Trägt im Sommer Büschel becherförmiger, weißer Blüten, die sich gelb verfärben. Eßbare, behaarte, braune Früchte. Es müssen männliche und weibliche Pflanzen kultiviert werden, um Früchte zu erzielen.
A. deliciosa. Siehe *A. chinensis.*
A. kolomikta Abb. S. 167.
A. polygama. Hauptsächlich laubabwerfende, verholzende Kletterpflanze. H. 4–6 m. Winterhart. Die 7–13 cm langen, herzförmigen Blätter sind in der Jugend bronzefarben und haben manchmal auf der Oberseite cremefarbene Flächen. Bringt im Sommer duftende, becherförmige, weiße Blüten hervor, die in Gruppen von 3 männlichen, weiblichen oder zweigeschlechtlichen Blüten zusammenstehen. Eßbare, aber nicht gut schmeckende, eiförmige, gelbe Früchte.

ADA. Siehe ORCHIDEEN.
A. aurantiaca (Abb. S. 255). Immergrüne, epiphytische Orchidee für ein kühles Gewächshaus. H. 23 cm. Trägt im zeitigen Frühjahr Rispen röhrenförmiger, 2,5 cm langer, orangefarbener Blüten. Die Blätter sind schmal oval und 10 cm lang. Muß im Sommer schattiert werden.

ADANSONIA (Bombacaceae)
Baobab, Affenbrotbaum
Gattung laubabwerfender oder halbimmergrüner, hauptsächlich im Frühjahr blühender Bäume. Beliebt wegen der charakteristisch verdickten Stämme und des Laubes, dient als Schattenspender. Nur große, ausgewachsene Exemplare bilden Blüten. Frostempfindlich. Mind. 13–16°C. Benötigt volles Licht und stark durchlässige Erde. Die Erde der Kübelpflanzen soll zwischen den Wassergaben fast völlig austrocknen. Vermehrung durch Samen im Frühjahr. Getopfte Exemplare unter Glas sind für Rote Spinne anfällig.
A. digitata. Langsamwachsender, halbimmergrüner, runder Baum. H. und Br. 15 m oder mehr. Hat handförmige Blätter, die aus 5–7 glänzenden, grünen Blättchen bestehen. Bringt im Frühling duftende, hängende, langstielige, weiße Blüten mit 5 zurückgebogenen Kronblättern hervor. Eßbare, wurstförmige, braune Früchte.

ADENIUM (Apocynaceae)
Wüstenrose
Gattung mehrjähriger Sukkulenten mit fleischigen, verdickten Stämmen. Frostempfindlich. Mind. 15°C. Benötigt Sonne oder Halbschatten und durchlässigen Boden; Pflanzen neigen zu Fäulnis. Vermehrung durch Samen im Frühling oder Sommer.
A. obesum Abb. S. 380.

ADENOCARPUS (Leguminosae)
Gattung laubabwerfender oder halbimmergrüner Sträucher, die wegen ihrer besenartigen, gelben Frühlings- oder Sommerblüten gerne gezogen wird. Bedingt bis winterhart. Benötigt volle Sonne und gut durchlässigen Boden. Gedeiht am besten an einer Süd- oder Westwand. Vermehrung durch Samen im Herbst.
A. viscosus. Halbimmergrüner, überhängender Strauch. H. und Br. 1 m. Winterhart. Die Triebe sind dicht mit grau-grünen Blättern, die in lanzettförmige Blättchen geteilt sind, bedeckt. Bildet im späten Frühjahr dichte, endständige, orangegelbe Blütentrauben.

ADENOPHORA (Campanulaceae)
Becherglocke, Schellenblume
Gattung sommerblühender Stauden mit fleischigen Wurzeln. Winterhart. Benötigt volle Sonne und nährstoffreiche, durchlässige, aber nicht zu trockene Erde. Wuchert stark, möchte aber nicht gestört werden. Vermehrung durch Wurzelschnittlinge im zeitigen Frühjahr oder Samen im Herbst.
A. potaninii. Rosettenbildende Staude. H. 45 cm oder mehr, Br. 60 cm. Bringt im Spätsommer hängende Rispen glockenförmiger, blaß blau-lavendelfarbener Blüten hervor. Hat oval bis lanzettförmige, grundständige, mittelgrüne Blätter.
Adhatoda duvernoia. Siehe *Duvernoia adhatodoides*.
Adhatoda vasica. Siehe *Justicia adhatoda*.

ADIANTUM (Polypodiaceae)
Frauenhaarfarn
Gattung sommergrüner, halbimmergrüner oder immergrüner Farne. Winterhart bis frostempfindlich. Mind. 7–13°C. Bevorzugt Halbschatten und feuchte, neutrale bis saure Erde. (*A. pedatum* var. *aleuticum* bevorzugt alkalischen Boden.) Verwelkte Wedel regelmäßig entfernen. Vermehrung durch Sporen im Sommer.
A. capillus-veneris. Halbimmergrüner oder immergrüner Farn. H. und Br. 30 cm. Bedingt winterhart. Hat zierliche, dreieckige bis ovale, geteilte, überhängende, hellgrüne Wedel an schwarzen Stielen.
A. pedatum Abb. S. 186. var. ***aleuticum*** Abb. S. 185.
A. raddianum. Halbimmergrüner oder immergrüner Farn. H. und Br. 30 cm. Frostempfindlich. Mind. 7°C. Dreieckige, geteilte, blaß grüne Segmente erscheinen an zart zergliederten Wedeln mit purpurschwarzen Stielen. **'Fritz-Luthii'** hat leuchtend grüne Wedel. **'Grandiceps'** hat elegante, quastenartige Wedel.
A. tenerum. Halbimmergrüner oder immergrüner Farn. H. 30 cm–1 m, Br. 60 cm–1 m. Frostempfindlich. Mind. 13°C. Die breit lanzettförmigen, vielfachgeteilten, ausgebreiteten, mittelgrünen Wedel bestehen aus rundlichen oder diamantförmigen Fiedern. **'Glory of Moordrecht'** hat aufrechtere Wedel und verträgt Temperaturen bis 10°C.
A. venustum Abb. S. 187.

ADLUMIA (Papaveraceae)
Gattung krautiger, zweijähriger Kletterpflanzen, wegen der Blätter und Blüten kultiviert. Winterhart. Gedeiht in Halbschatten und jeder Erde. Vermehrung durch Samen im Frühjahr.
A. fungosa. Krautartige, zweijährige Kletterpflanze. H. 3–4 m. Die zarten Blätter sind in zahlreiche Blättchen geteilt. Im Sommer erscheinen an hängenden Rispen winzige, röhrenförmige, gespornte, weiße oder pupurnfarbene Blüten.

ADONIS (Ranunculaceae)
Adonisröschen, Teufelsauge
Gattung frühlingsblühender Stauden, die wegen des Laubes und der Blüten kultiviert wird. Winterhart. Gedeiht am besten in Halbschatten und feuchter, aber gut durchlässiger Erde. Vermehrung durch frischen Samen im Spätsommer, oder Teilung nach der Blüte.
A. amurensis Abb. S. 232.
A. brevistyla Abb. S. 225.
A. vernalis Abb. S. 232.

ADROMISCHUS (Crassulaceae)
Kurzstiel
Gattung mehrjähriger Sukkulenten und immergrüner Halbsträucher mit runden, dünnen oder fetten Blättern. Frostempfindlich. Mind. 7°C. Benötigt Teilschatten und sehr durchlässigen Boden. Vermehrung durch Blatt- oder Stammstecklinge im Frühling oder Sommer.
A. festivus. Langsamwachsende, horstbildende, mehrjährige Sukkulenten. H. 10 cm, Br. 15 cm. Hat eiförmige, purpurngefleckte, grau-grüne Blätter, jedes mit gewelltem Rand und zusammengedrückter Spitze. Der bis zu 30 cm lange Blütenstiel trägt im Sommer kleine, röhrenförmige, rosa Blüten.
A. maculatus Abb. S. 389.

AECHMEA (Bromeliaceae)
Lanzenrosette
Gattung immergrüner, rosettenbildender, epiphytischer Stauden, die wegen des Laubes, der Blüten und Früchte sehr beliebt ist. Frostempfindlich. Mind. 10–15°C. Gedeiht in hellem Licht oder Halbschatten. Das Pflanzsubstrat sollte zu gleichen Teilen aus nährstoffreicher Erde und entweder Sphagnum, Moos oder Rinde oder Styromull, wie man es aus der Orchideenkultur kennt, bestehen. Im Sommer sollte man mäßig mit weichem Wasser gießen, weniger zu anderen Zeiten. Die becherförmige Rosettenmitte sollte vom Frühjahr bis Herbst immer mit Wasser gefüllt sein. Vermehrung durch Kindel im späten Frühjahr.
A. distichantha (Abb. S. 222). Immergrüne, epiphytische Staude mit Basalrosetten. H. und Br. bis 1 m. Bildet dichte Rosetten schmal länglicher, spitz abgerundeter, überhängender Blätter, die auf der Oberseite dumpfgrün sind, auf der Unterseite grau und schuppig. Bringt gewöhnlich im Sommer Rispen kleiner, röhrenförmiger, purpur oder blauer Blüten hervor, die von rosa Deckblättern mit weißem Filz umgeben sind.
A. fasciata, syn. *Billbergia rhodocyanea* (Abb. S. 222). Immergrüne, röhrenförmig rosettenbildende, epiphytische Staude. H. 40–60 cm, Br. 30–50 cm. Bringt lockere Rosetten breit länglicher, rundspitziger, eingedrehter, überhängender Blätter mit dichten grauen Schuppen und silbrigen Kreuzstreifen hervor. Vom Frühling bis Herbst erscheinen über dem Laub dichte, pyramidenförmige Rispen röhrenförmiger, blau-purpurner Blüten inmitten rosa Deckblättern.
***A.* 'Foster's Favorite'.** Immergrüne, epiphytische Staude mit Basalrosetten. H. und Br. 30–60 cm. Hat lockere Rosetten riemenförmiger, überhängender, glänzender, weinroter Blätter. Im Sommer erscheinen überhängende Ähren kleiner, röhrenförmiger, tief purpurblauer Blüten, aus denen sich birnenförmige, rote Früchte bilden.
A. fulgens. Immergrüne, epiphytische Staude mit Basalrosetten. H. und Br. 40–75 cm. Bildet lockere Rosetten breit länglicher, überhängender, glänzender, mittelgrüner Blätter, auf der Unterseite mit grauen Schuppen, die abgerundet oder spitz sind. Bringt im Sommer über dem Laub aufrechte Rispen kleiner, röhrenförmiger, violett-purpurner Blüten, die mit zunehmendem Alter rot werden, hervor. Kleine runde bis ovale, rotgestielte rote Früchte.
A. nudicaulis. Immergrüne, epiphytische Staude mit Basalrosetten. H. und Br. 40–75 cm. Bildet lockere Rosetten mit wenigen, breit riemenförmigen, überhängenden, olivgrünen Blättern mit stacheligen Rändern, und gewöhnlich mit grauen Schuppen auf der Unterseite. Trägt im Sommer Ähren kleiner, röhrenförmiger, gelber Blüten über großen, roten Deckblättern.
A. recurvata (Abb. S. 222). Immergrüne, epiphytische Staude mit Basalrosetten. H. und Br. 15–20 cm. Die schmal dreieckigen, zugespitzten, an den Rändern stacheligen, überhängenden, rot überhauchten, mittelgrünen Blätter entspringen dichten Rosetten. Bildet im Sommer über den Blättern eine kurze, dichte Ähre röhrenförmiger, roter und weißer Blüten mit roten Deckblättern.

AEGOPODIUM (Umbelliferae)
Geißfuß, Giersch
Gattung wuchernder Stauden mit unterirdischen Ausläufern, die meisten sind Unkraut, obwohl *A. podagraria* 'Variegata' ein ausgezeichneter Bodendecker ist. Gedeiht in Sonne oder Schatten und jeder gut durchlässigen Erde. Vermehrung durch Teilung der Rhizome im Frühjahr oder Herbst.
***A. podagraria* 'Variegata'** Abb. S. 233.

AEONIUM (Crassulaceae)
Ewigblatt
Gattung mehrjähriger Sukkulenten, von denen einige kurzlebig sind, und immergrüner, sukkulenter Sträucher, die wegen ihrer Rosetten leuchtendgrüner oder blau-grüner, gelegentlich auch purpurner Blätter gerne gezogen werden. Frostempfindlich. Mind. 5°C. Bevorzugt Halbschatten und sehr durchlässige Erde. Die meisten Spezies wachsen vom Herbst bis zum Frühjahr mit einer kurzen Ruhepause zur Sommermitte. Vermehrung durch Samen im Sommer oder bei verzweigten Spezies durch Stecklinge im Frühling oder Sommer.
A. arboreum. Buschige, mehrjährige Sukkulente. H. bis 60 cm, Br. 1 m. Die verzweigten Stämme sind je mit einer Rosette gekrönt, die bis 15 cm breit ist und aus breit lanzettförmigen, glänzenden, leuchtendgrünen Blättern besteht. Bringt im Frühjahr an 2–3 Jahre alten Stämmen Zapfen kleiner, sternchenförmiger, goldener Blüten. Nach der Blüte stirbt der Stamm ab. **'Schwarzkopf'** Abb. S. 388.
A. haworthii Abb. S. 387.
A. tabuliforme Abb. S. 398.

AESCHYNANTHUS (Gesneriaceae)
Schamblume, Sinnblume
Gattung immergrüner, kletternder oder kriechender Stauden, geeignet als Ampelpflanze. Frostempfindlich. Mind. 18°C. Benötigt mäßige Luftfeuchtigkeit und soll nicht in voller Sonne stehen. Bei niedrigen Temperaturen sparsam gießen. Vermehrung durch Kopfstecklinge im Frühling oder Sommer.
A. marmoratus, syn. *A. zebrinus*. Immergrüne, kriechende Staude. H. und Br. bis 60 cm. Die ovalen, wachsartigen Blätter sind dunkelgrün, mit gelblich grünen Adern auf der Oberseite. Die Blattunterseite ist purpurn. Trägt im Sommer endständige Büschel röhrenförmiger, grünlicher, dunkelbraun gezeichneter Blüten.
A. pulcher. Immergrüne, kletternde oder kriechende Staude. H. und Br. unbestimmt. Hat dicke, ovale Blätter und kleine, röhrenförmige, behaubte, leuchtendrote Blüten mit gelbem Schlund, die vom Sommer bis Winter an endständigen Büscheln erscheinen.
A. speciosus, syn. *A. splendens*, Abb. S. 249.
A. splendens. Siehe *A. speciosus*.
A. × splendidus. Kräftige, immergrüne, kriechende Staude. H. und Br. 1 m oder mehr. Die Blätter sind dick, schmal oval und bis 13 cm lang. Trägt von Sommer bis Herbst große Büschel aufrechter, röhrenförmiger, leuchtend orange-roter Blüten, die braun-rot gezeichnet sind.
A. zebrinus. Siehe *A. marmoratus*.

AESCULUS (Hippocastanaceae)
Roßkastanie
Gattung laubabwerfender Bäume und Sträucher, wegen ihrer imposanten, geteilten Blätter und auffälligen, aufrechten Blütenrispen und den Früchten, manchmal mit einer stacheligen Schale, sehr beliebt. Bedingt- bis winterhart. Benötigt Sonne oder Halbschatten und fruchtbare, gut durchlässige Erde. Vermehrung der Spezies durch Samen im Herbst, Züchtungen durch Okulieren im Spätsommer oder Veredlung im Winter. Blattfleckenkrankheit kann junges Laub befallen, die Rotpustelkrankheit tritt an beschädigtem Holz auf.
A. californica Abb. S. 58.
A. × carnea (Rote Roßkastanie) **'Briotii'** Abb. S. 39.
A. chinensis Abb. S. 39.
A. flava, syn. *A. octandra*, Abb. S. 55.
A. glabra. Laubabwerfender, runder, manchmal buschiger Baum. H. und Br. 10 m. Winterhart. Die dunkelgrünen Blätter bestehen gewöhnlich aus 5 schmalovalen Blättchen. Bildet im späten Frühling oder Frühsommer grüngelbe Blüten mit 4 Kronblättern in aufrechten Rispen.
A. hippocastanum (Gemeine Roßkastanie) Abb. S. 38. **'Baumannii'** ist ein mächtiger, laubabwerfender, breitkroniger

Baum. H. 30 m, Br. 15 m. Winterhart. Große, dunkelgrüne Blätter, bestehend aus 5 oder 7 engstehenden, ovalen Blättchen, die sich im Herbst gelb färben. Hat im späten Frühling große Rispen mit haltbaren, gefüllten, gelb oder rot gefleckten weißen Blüten.
A. indica (Indische Roßkastanie). Laubabwerfender, breitkroniger, eleganter Baum. H. 20 m, Br. 12 m. Winterhart. Glänzend dunkelgrüne Blätter mit 7 eng beieinanderstehenden ovalen Blättchen, anfangs bronze-, im Herbst orangefarben oder gelb. Aufrechtstehende Rispen rosagetönter, weißer Blüten mit 4 Blütenblättern, die rot oder gelb gefleckt sind, erscheinen im Hochsommer. **'Sidney Pearce'**, Abb. S. 52.
***A. × neglecta.* 'Erythroblastos'**, Abb. S. 62.
A. octandra. Siehe *A. flava.*
A. parviflora Abb. S. 88.
A. pavia (Echte Pavie). Laubabwerfender, rundkroniger, manchmal buschiger Baum. H. 5 m, Br. 3 m. Winterhart. Glänzend dunkelgrüne Blätter, die aus 5 nahe beieinanderstehenden ovalen Blättchen bestehen. Rispen aus roten Blüten mit je 4 Blütenblättern am Sommeranfang. **'Atrosanguinea'** Abb. S. 64.
A. turbinata (Japanische Roßkastanie). Laubabwerfender, breitkroniger Baum mit kräftigen Ästen. H. 20 m, Br. 12 m. Winterhart. Große dunkelgrüne Blätter aus 5 oder 7 engstehenden, ovalen Blättchen. Rispen mit cremeweißen Blüten erscheinen am Frühlingsende.

AETHIONEMA (Cruciferae)
Steintäschel
Gattung kurzlebiger, immergrüner oder halbimmergrüner Sträucher, Halbsträucher und Stauden, wegen der schönen Blüten beliebt. Winterhart. Benötigt Sonne und durchlässigen Boden. Vermehrung durch Grünholzstecklinge im Frühling oder durch Herbstaussaat. Die meisten Arten säen sich selbst aus.
A. armenum Abb. S. 317.
A. grandiflorum, syn. *A. pulchellum*, Abb. S. 292.
A. iberideum. Immergrüner oder halbimmergrüner, runder, kompakter Strauch. H. und Br. 15 cm. Trägt kleine, lanzettförmige, graugrüne Blätter. Im Sommer 2 cm lange Stengel, jeder trägt eine Traube mit kleinen, tellerförmigen weißen Blüten.
A. pulchellum. Siehe *A. grandiflorum.*
***A.* 'Warley Rose'** Abb. S. 316.
***A.* 'Warley Ruber'.** Immergrüner oder halbimmergrüner, dichtbuschiger Halbstrauch. H. und Br. 15 cm. Winzige, lineale, bläulich-grüne Blätter. Trauben kleiner, dunkelrosa Blüten erscheinen im Frühling–Sommer an 2–3 cm langen Stielen.

AGAPANTHUS (Liliaceae)
Schmucklilie
Gattung horstbildender Stauden, einige immergrün mit aufrechten Stengeln. Große Dolden mit glocken- bis röhrenförmigen oder trompetenartigen Blüten. Meist blau, ältere Pflanzen öfters purpurn. Riemenförmige Blätter. Schmalblättrige Arten sind winterhart. Breitblättrige frostempfindlich. Standort in voller Sonne und feuchtem, aber durchlässigem Boden. Mit einer Mulchschicht im Winter abdecken. Pflanzen wachsen langsam; Vermehrung durch Teilung im Frühling. Können auch im Herbst oder Frühling durch Aussaat gezogen werden. Kulturvarietäten nicht durch Samen ziehen.
A. africanus (Schmucklilie, Afrikan. Lilie). Immergrüne, horstbildende Staude. H. 1 m, Br. 50 cm. Bedingt winterhart. Hat im Spätsommer runde Dolden mit tiefblauen Blüten an aufrechten Stielen oberhalb breiter, dunkelgrüner Blätter.
***A.* 'Alice Gloucester'.** Horstbildende Staude. H. 1 m, Br. 50 cm. Winterhart. Im Sommer große, dichte, runde Dolden mit weißen Blüten über schmalen, mittelgrünen Blättern.
***A.* 'Ben Hope'.** Horstbildende Staude. H. 1–1,20 m, Br. 50 cm. Winterhart. Aufrechte Stiele mit dichten, runden Dolden aus tiefblauen Blüten über schmalen, grau-grünen Blättern im Spätsommer und Frühherbst.
A. campanulatus. Horstbildende Staude. H. 60 cm, Br. 50 cm. Winterhart. Runde Dolden mit blauen Blüten erscheinen im Sommer an kräftigen Stielen über schmalen, graugrünen Blättern.
***A.* 'Cherry Holley'.** Horstbildende Staude. H. 1 m, Br. 50 cm. Winterhart. Im Sommer rundliche Dolden mit dunkelblauen Blüten über schmalen Blättern. Keine Purpurfärbung bei älteren Pflanzen.
***A.* 'Dorothy Palmer'** Abb. S. 212.
A. inapertus. Horstbildende Staude. H. 1 m, Br. 50 cm. Winterhart. Hängende, schmale, röhrenförmige blaue Blüten erscheinen im Spätsommer und Herbst an aufrechten Stielen über schmalen blaugrünen Blättern.
***A.* 'Lilliput'.** Kompakte, horstbildende Staude. H. 80 cm, Br. 50 cm. Winterhart. Bringt im Sommer kleine runde Dolden mit dunkelblauen Blüten hervor. Schmale mittelgrüne Blätter.
***A.* 'Loch Hope'.** Horstbildende Staude. H. 1–1,20 m, Br. 50 cm. Winterhart. Trägt im Spätsommer und Frühherbst große, runde Dolden mit dunkelblauen Blüten über schmalen grau-grünen Blättern.
A. orientalis. Siehe *A. praecox* ssp. *orientalis.*
A. praecox* ssp. *orientalis, syn. *A. orientalis*, Abb. S. 213.

AGAPETES, syn. PENTAPTERYGIUM (Ericaceae)
Gattung immergrüner oder laubabwerfender, kletternder Sträucher und kriechender Kletterpflanzen mit schönen Blüten. Frostempfindlich, mind. 5–18°C. Braucht humusreichen, gut durchlässigen, aber nicht trockenen, sauren bis neutralen Boden, Licht oder Halbschatten. Topfpflanzen in der Wachstumszeit reichlich, sonst mäßig wässern. Überlange Stengel zurückschneiden, um die Verzweigung anzuregen oder als Stützen zusammenbinden. Vermehrung durch Samen im Frühling oder halbreife Steckhölzer im Spätsommer.
***A.* 'Ludgvan Cross'**, syn. *A. rugosa × serpens*. Immergrüner Kletterstrauch mit gebogenem oder hängendem Wuchs. H. und Br. 2–3 m. Mind. 5°C. Dunkelgrüne, lanzettförmige Blätter. Laternenförmige, rote Blüten mit dunkler Zeichnung erscheinen im Frühling.
A. macrantha Abb. S. 177.
A. rugosa. Immergrüner, lockerer Strauch mit gebogenen oder ausgebreiteten Trieben. H. und Br. bis 3 m. Mind. 5°C. Blätter lanzettförmig, runzlig und hellgrün. Im Frühjahr erscheinen büschelartig hängende, laternenförmige, weiße Blüten mit purpurroter Zeichnung aus den Blattachseln.
A. rugosa × serpens. Siehe *A.* 'Ludgvan Cross'.
A. serpens Abb. S. 164.

AGASTACHE (Labiatae)
Gattung sommerblühender Stauden mit duftenden Blättern. Bedingt winterhart. Benötigt fruchtbaren, gut durchlässigen Boden und volle Sonne. Die kurzlebigen Pflanzen sollten jährlich durch Kopfstecklinge oder halbreife Stecklinge im Spätsommer vermehrt werden.
A. mexicana, syn. *Brittonastrum mexicanum, Cedronella mexicana.* Aufrechte Staude mit aromatischen Blättern. H. 1 m, Br. 30 cm. Trägt im Sommer Quirle kleiner, röhrenförmiger, rosa bis karmesinroter Blüten. Blätter spitz oval, gezähnt und mittelgrün.
Agathaea coelestis. Siehe *Felicia ammelloides.*

AGATHOSMA (Rutaceae)
Duftraute
Gattung immergrüner Sträucher, die wegen ihrer Blüten und ihrer hübschen Form beliebt sind. Frostempfindlich, mind. 5–7°C. Benötigen viel Licht und durchlässigen, sauren Boden. Topfpflanzen während der Wachstumszeit mäßig, sonst noch weniger gießen. Vermehrung durch krautige Stecklinge im Spätsommer.
A. pulchella, syn. *Barosma pulchella.* Immergrüner, runder, drahtiger, duftender Strauch. H. und Br. bis zu 1 m. Hat eine Fülle kleiner, ovaler, ledriger Blätter. Kleine Purpurblüten mit 5 Kronblättern erscheinen im Frühling–Sommer in endständigen Büscheln.

AGAVE (Agavaceae)
Gattung rosettenbildender, mehrjähriger Sukkulenten mit schwertförmigen, scharfgezähnten Blättern. Kleine Arten bis 30 cm hoch, Blüten erst nach 5–10 Jahren; hohe Arten bis 5 m, blühen erst nach 20–40 Jahren. Die meisten Arten mit blau-grünen Blättern sind bedingt winterhart. Grau-grüne oder grünblättrige Arten sind gewöhnlich kälteempfindlich, mind. 5°C. Alle brauchen viel Sonne und durchlässigen Boden. Vermehrung durch Aussaat oder Kindel im Frühjahr oder Sommer.
A. americana (Amerikanische Aloe). Mehrjährige Sukkulenten mit grundständiger Rosette. H. 1–2 m, Br. 2–3 m oder mehr. Bedingt winterhart. Scharfe, spitze, gezähnte Blätter, 1,5–2 m lang. Verzweigte, bis 8 m lange Blütenstiele tragen im Frühling/Sommer dichte, spitz zulaufende Ähren glockenförmiger, weißer bis mattcreme-gelblicher Blüten, jede 9 cm lang. Viele Seitensprosse. **'Mediopicta'**. H. und Br. 2 m, hat an den Blättern gelbe Streifen. **'Variegata'** Abb. S. 379.
A. attenuata Abb. S. 387.
A. filifera Abb. S. 386.
A. parryi Abb. S. 387.
A. parviflora Abb. S. 379.
A. utahensis Abb. S. 398.
A. victoriae-reginae Abb. S. 382.

AGERATUM (Compositae)
Leberbalsam
Gattung ein- und zweijähriger Pflanzen. Bedingt winterhart. Gedeiht bei voller Sonne in fruchtbarem, durchlässigem Boden, der nicht austrocknen darf, da sonst Wachstum und Blüte schwach sind. Welke Blüten entfernen, damit die Blüte nicht nachläßt. Vermehrung im Spätfrühling durch Aussaat im Freien.
A. houstonianum. Relativ schnellwachsende, hügelbildende Einjährige. Hohe Varietäten H. und Br. 30 cm, mittlere H. und Br. 20 cm, kleine H. und Br. 15 cm. Alle haben ovale, mittelgrüne Blätter und federige, borstige Blütenbüschel von Sommer bis Herbst. Gut als Einfassung zu gebrauchen. **'Bengali'** (mittel) hat hellrosa Blüten, die später nachdunkeln. **'Blue Danube'** (Zwergform) und **'Blue Mink'** (hoch) Abb. S. 277. **'Pinkie'** (hoch) ist zartrosa schattiert und **'White Cushion'** (mittel) hat weiße Blüten).

AGLAONEMA (Araceae)
Kolbenfaden
Gattung immergrüner, aufrechter, büscheliger Stauden, die hauptsächlich wegen ihres Blattwerks gepflanzt werden. Frostempfindlich, die meisten Arten brauchen mindestens 15°C. Schattenverträglich, obwohl buntblättrige Arten mehr Licht benötigen. Bevorzugt feuchten, aber durchlässigen Boden. In der Wachstumsphase mäßig gießen, im Winter weniger. Vermehrung im Sommer durch Teilung oder durch Stecklinge. Schmierläuse können ein Problem sein.
A. commutatum. Immergrüne, aufrechte büschelige Staude. H. und Br. bis 45 cm oder mehr. Die breitlanzettförmigen Blätter sind 30 cm lang und dunkelgrün mit unregelmäßigen grau-weißen Flecken an den Blattadern. Im Sommer grünweiße Spatha. **'Silver King'** Abb. S. 260; **'Treubii'** Abb. S. 256.
***A.* 'Malay Beauty'** syn. *A.* 'Pewter'. Immergrüne, aufrechte, büschelige Staude. H. und Br. 30 cm oder mehr. Ovale, bis 30 cm lange, tiefdunkelgrüne, weiß und gelb gesprenkelte Blätter. Grünlichweiße Spatha im Sommer.
***A.* 'Pewter'.** Siehe *A.* 'Malay Beauty'.
A. pictum Abb. S. 260.

AGONIS (Myrtaceae)
Weidenmyrte
Gattung immergrüner, vorwiegend im Frühling blühender Sträucher und Bäume. Wird wegen des Blattwerks, der Blüten und der anmutigen Erscheinung gepflanzt. Frostempfindlich, mind. 10°C. Benötigt volles Licht und durchlässigen, aber feuchtigkeithaltenden Boden. Kübelpflanzen mäßig wässern, im Winter kaum noch. Wenn nötig schneiden. Vermehrung im Frühjahr durch Aussaat oder halbausgereifte Kopfstecklinge im Sommer.
A. flexuosa Abb. S. 63.

AGROSTEMMA (Caryophyllaceae)
Kornrade
Gattung sommerblühender, einjähriger Pflanzen. Winterhart. Braucht sonnigen Standort; blüht am schönsten auf sehr durchlässigem, nicht zu fruchtbarem Boden. An Stöcken aufbinden und zur Verlängerung der Blütezeit verblühte Köpfe entfernen. Vermehrung durch Direktsaat im Frühjahr oder Frühsommer.

A. coeli-rosa. Siehe *Silene coeli-rosa.*
A. githago. Schnellwüchsige, aufrechte Einjährige mit dünnen Stielen. H. 60 cm–1 m, Br. 30 cm. Hat lanzettliche, mittelgrüne Blätter und im Sommer offen trompetenförmige, rosarote, 8 cm breite Blüten mit 5 Kronblättern. Samen winzig, rundlich, dunkelbraun und giftig. **'Milas'** Abb. S. 267.

AICHRYSON (Crassulaceae)
Gattung ein- und mehrjähriger Sukkulenten, oft buschig, beliebt wegen ihrer fleischigen, löffelförmigen bis rundlichen behaarten Blätter. Die meisten Arten sind kurzlebig, sterben nach der Blüte ab. Frostempfindlich, mind. 5 °C. Braucht volle Sonne oder Halbschatten und sehr durchlässigen Boden. Vermehrung durch Aussaat oder Stammstecklinge im Frühling oder Sommer.
***A. × domesticum* 'Variegatum'** Abb. S. 397

AILANTHUS (Simaroubaceae)
Götterbaum
Gattung sommergrüner Bäume, beliebt wegen ihres Laubes und der 3- bis 5flügeligen Früchte; verträgt städtische Umweltverschmutzung sehr gut. Völlig winterhart. Braucht Sonne oder Halbschatten und tiefen, fruchtbaren, durchlässigen Boden. Um buschiges Wachstum zu erreichen, im Frühling stark zurückschneiden, was zu kräftigen Trieben mit sehr großen Blättern führt. Vermehrung durch Aussaat im Herbst oder durch Ausläufer und Wurzelschnittlinge im Winter.
A. altissima (Götterbaum). Schnellwüchsiger, sommergrüner, ausladender Baum. H. 25 m, Br. 15 m. Hat große, dunkelgrüne Blätter aus 15–30 paarigen, ovalen Fiedern. Große Rispen aus kleinen, grünen Blüten im Hochsommer, später dekorative, geflügelte, erst grüne, dann rötlichbraune Früchte.

AJUGA (Labiatae)
Günsel
Gattung ein- und mehrjähriger Pflanzen, manche davon halb oder ganz immergrün, hervorragende Bodendecker. Völlig winterhart. Verträgt Sonne oder Schatten und jeglichen Boden, wird aber in feuchtem Klima kräftiger. Vermehrung durch Teilung im Frühjahr.
A. pyramidalis. Halbimmergrüne Staude. H. 15 cm, Br. 45 cm. Bildet einen kriechenden Teppich aus länglichen bis löffelförmigen, tief grünen Blättern, über denen im Frühling Scheinähren mit Quirlen 2lippiger, blauer Blüten erscheinen. **'Metallica Crispa'** hat steife, gewellte Blätter mit einem metallischen Bronzeschimmer und dunkelblaue Blüten.
***A. reptans* 'Atropurpurea'** Abb. S. 259. **'Jungle Beauty'** ist eine halbimmergrüne Staude. H. 38 cm, Br. 60 cm. Hat große, ovale, gezähnte oder leicht gelappte, dunkelgrüne, manchmal purpur überlaufene Blätter, und im Frühling Scheinähren mit quirlig angeordneten, 2lippigen, blauen Blüten. **'Multicolor'** (syn. *A. r.* 'Rainbow') Abb. S. 259.

AKEBIA (Lardizabalaceae)
Akebie
Gattung sommergrüner oder halbimmergrüner, verholzender, windender Kletterpflanzen, beliebt wegen ihrer Blätter und Blüten. Einzelpflanzen tragen selten Früchte; gegenseitige Befruchtung zwischen 2 Individuen ist für die Ausbildung von Früchten notwendig. Winterhart. Liebt pralle Sonne und jeden guten, durchlässigen Boden. Verträgt Ost- oder Nordlage. Mag keine Störungen. Vermehrung durch Aussaat im Herbst oder Frühling, durch halbreife Stecklinge im Sommer oder durch Absenker im Winter.
A. × pentaphylla. Hauptsächlich sommergrüne, verholzende, windende Kletterpflanze. H. bis 10 m. Mittelgrüne Blätter, wenn noch jung bronzegetönt, haben 3 oder 5 eiförmige Fiedern. Hängende Trauben aus 3blättrigen, purpurnen Blüten (die größeren, weiblichen an der Basis der Pflanze, die kleineren, männlichen an der Spitze) erscheinen im Frühling.
A. quinata Abb. S. 164.
A. trifoliata. Sommergrüne, holzige, windende Kletterpflanze. H. bis 10 m oder mehr. Mittelgrüne Blätter, wenn noch jung bronzegetönt, aus 3 eiförmigen Fiedern; hängende Trauben aus 3blättrigen, purpurnen Blüten erscheinen im Frühling, später wurstförmige, lila Früchte.

ALANGIUM (Alangiaceae)
Gattung laubabwerfender oder immergrüner Bäume und Sträucher, beliebt wegen Laub und Blüten. Winterhart. Braucht Sonne und fruchtbaren, durchlässigen Boden. Vermehrung durch Aussaat im Frühling oder durch Grünholzstecklinge im Sommer.
A. platanifolium. Sommergrüner, aufrechter, baumartiger Strauch. H. 3 m, Br. 2 m. Hat ahornartige, 3lappige, mittelgrüne Blätter. Duftende, röhrenförmige, weiße Blüten erscheinen im Früh- bis Hochsommer.

ALBIZIA (Leguminosae)
Gattung sommer- oder halbimmergrüner Bäume, beliebt wegen ihres fedrigen Laubes und der ungewöhnlichen Blütenköpfe aus zahlreichen Staubgefäßen, die an Flaschenbürsten erinnern. Bedingt winterhart; gedeiht an Süd- oder Westmauern; in kaltem Klima erst im späten Frühling aussetzen. Benötigt volle Sonne und durchlässigen Boden. *A. julibrissin* kann wegen ihres Laubes als Sommersetzling gepflanzt werden. Vermehrung durch Aussaat im Herbst.
A. distachya, syn. *A. lophantha* Abb. S. 66.
A. julibrissin (Seidenbaum) Abb. S. 63.
A. lophantha. Siehe *A. distachya.*

ALBUCA (Liliaceae)
Gattung frühlings- oder sommerblühender Zwiebelblumen. Bedingt winterhart bis frostempfindlich, mind. 10 °C. Braucht einen offenen, sonnigen Standort und durchlässigen Boden. Stirbt im Frühling oder Spätsommer nach der Blüte ab. Vermehrung durch Aussaat im Frühling oder durch Brutzwiebel während der Ruheperiode.
A. canadensis. Frühlingsblühende Zwiebelblume. H. 15 cm, Br. 8–10 cm. Bedingt winterhart. Hat 3–6 schmal speerförmige, aufrechte, grundständige Blätter. Die röhrenförmigen, gelben, 1,5–2 cm langen Blüten mit einem grünen Streifen auf jedem Kronblatt stehen in einer lockeren Ähre.
A. humilis Abb. S. 364.
A. major. Im Vorfrühling blühende Zwiebelblume. H. 50 cm–1 m, Br. 12–15 cm. Frostempfindlich. Hat lange, speerförmige, aufrechte, grundständige Blätter und robuste Stiele, jeder mit einer lockeren Ähre aus bis zu 12 röhrenförmigen, gelben, 1–2 cm langen Blüten mit grünbraun gestreifter Außenseite.

ALCEA (Malvaceae)
Malve, Eibisch
Gattung zweijähriger und kurzlebiger Stauden, beliebt wegen der hohen Blütenähren. Braucht Sonne und durchlässigen Boden. Vermehrung durch Aussaat im Spätsommer oder Frühling. Rost kann Probleme bereiten.
A. rosea, syn. *Althaea rosea* (zweijährig; Stockrose) Abb. S. 265. **'Chater's Double'** (zweijährig) Abb. S. 270. **'Majorette'** ist eine aufrechte Zweijährige, wird einjährig gezogen, H. 60 cm, Br. bis 30 cm. Rundliche, gelappte, blaßgrüne Blätter sind grob strukturiert. Ähren mit rosettenartigen, gefüllten Blüten in verschiedenen Farben erscheinen im Sommer und Frühherbst. **'Summer Carnival'** (ein- oder zweijährig), H. 1,8–2,4 m, Br. bis 60 cm, hat gefüllte Blüten in verschiedenen Farben.

ALCHEMILLA (Rosaceae)
Frauenmantel
Gattung mehrjähriger Pflanzen, die im Sommer Knäuel aus winzigen, gelbgrünen Blüten mit auffälligem Außenkelch tragen. Manche sind gute Bodendecker. Winterhart. Wächst auf jedem, außer sumpfigem Boden, in Sonne oder Halbschatten. Vermehrung durch Aussaat oder Teilung im Frühjahr oder Herbst.
A. alpina (Alpenfrauenmantel). Stockbildende Staude. H. 15 cm, Br. 60 cm oder mehr. Rundliche, gelappte, blaßgrüne Blätter sind silbrig behaart. Treibt im Sommer aufrechte Ähren aus winzigen, gelbgrünen Blüten mit auffälligem, grünem Außenkelch. Geeignet als Bodendecker und für eine Trockenmauer.
A. conjuncta Abb. S. 245.
A. mollis Abb. S. 245.

× ALICEARA. Siehe ORCHIDEEN.
× *A.* 'Dark Warrior' (Abb. S. 245). Immergrüne, epiphytische Orchidee für ein kühles Gewächshaus. H. 25 cm. Treibt Ähren von zarten, violett-braunen, blaßgelben oder grünen, 4 cm breiten Blüten. Blütezeit variiert. Die 10 cm langen Blätter sind schmal oval. Im Sommer im Halbschatten pflanzen.

ALISMA (Alismataceae)
Froschlöffel
Gattung sommergrüner, mehrjähriger Sumpf- und Wasserpflanzen, beliebt wegen Laub und Blüten. Bedingt winterhart bis völlig winterhart. Benötigt einen offenen, sonnigen Standort im Schlamm oder bis 25 cm Wassertiefe. Welkendes Laub im Herbst wegräumen und verblühte Blütenköpfe vor dem Aussamen entfernen. Vermehrung durch Teilung im Frühling oder Aussaat im Spätsommer.
A. natans. Siehe *Luronium natans.*
A. plantago-aquatica Abb. S. 372.
A. ranunculoides. Siehe *Baldellia ranunculoides.*

ALLAMANDA (Apocynaceae)
Dschungelglocke
Gattung immergrüner, verholzender, kletternder Schlingpflanzen, beliebt wegen ihrer trompetenförmigen Blüten. Frostempfindlich, mind. 13–15 °C. Bevorzugt im Sommer Halbschatten und humusreichen, durchlässigen, neutralen bis sauren Boden. Regelmäßig gießen, weniger in der Ruhezeit. Muß aufgebunden werden. Starker Rückschnitt im Frühjahr auf 1 oder 2 Knoten. Vermehrung durch Triebstecklinge im Frühling oder Sommer. Weiße Fliege und Rote Spinne können lästig werden.
A. cathartica (Goldtrompete) **'Hendersonii'** Abb. S. 174.

ALLIUM (Liliaceae)
Lauch, Zierlauch, Blumenlauch
Gattung mehrjähriger Pflanzen, einige davon eßbar, mit Zwiebeln, Rhizomen oder faserigen Wurzelstöcken. Fast alle mit schmalen, grundständigen Blättern, die beim Zerreiben nach Zwiebeln riechen, mit kleinen, in einer dichten, kugeligen oder federballförmigen Dolde zusammengefaßten Blüten. Getrocknete Blüten von hohen Staudenarten sind eine gute Winterdekoration. Bedingt winterhart bis völlig winterhart. Benötigt einen offenen, sonnigen Standort und durchlässigen Boden; sollte ungestört Horste bilden können. Im Herbst pflanzen. Vermehrung durch Aussaat im Herbst oder durch Teilung der Stöcke (Frühlingsblüher im Spätsommer, Sommerblüher im Frühling).
A. acuminatum, syn. *A. murrayanum,* Abb. S. 358.
A. aflatunense Abb. S. 337.
A. akaka Abb. S. 357.
A. albopilosum. Siehe *A. christophii.*
A. azureum. Siehe *A. caeruleum.*
A. beesianum. Horstbildende, im Spätsommer blühende Zwiebelpflanze. H. 20–30 cm, Br. 5–10 cm. Völlig winterhart. Hat linealische, graugrüne Blätter und im Spätsommer hängende Köpfe mit glockigen, blauen Blüten.
A. caeruleum, syn. *A. azureum* (Fliederlauch), Abb. S. 352.
A. campanulatum. Horstbildende, sommerblühende Zwiebel. H. 10–30 cm, Br. 5–10 cm. Winterhart. Linealische, halbaufrechte, grundständige Blätter sterben vor der Blüte ab. Trägt eine gewölbte, 2,5–7 cm breite Dolde mit bis zu 30 kleinen, sternförmigen, blaßrosa oder weißen Blüten.
A. carinatum* ssp. *pulchellum, syn. *A. pulchellum.* Horstbildende, sommerblühende Zwiebel. H. 30–60 cm, Br. 8–10 cm. Völlig winterhart. Hat linealische, halbaufrechte Blätter, die unterseits zwei Drittel des Stiels umschließen. Trägt eine Dolde aus hängenden, becherförmigen, purpurnen Blüten.
A. cernuum Abb. S. 351.
A. christophii, syn. *A. albopilosum* (Sternkugellauch), Abb. S. 352.
A. cowanii. Siehe *A. neapolitanum.*
A. cyaneum. Büschelbildende, sommerblühende Zwiebel. H. 10–30 cm, Br. 5–8 cm. Völlig winterhart. Blätter sind fadenartig und aufrecht. Jeder Stiel trägt eine kleine Dolde mit 5 oder mehr hängenden, becherförmigen, blau oder violettblau gefärbten, 0,5 cm langen Blüten.
A. cyathophorum* var. *farreri Abb. S. 365.
A. flavum (Schwefellauch). Horstbildende, sommerblühende Zwiebel. H. 10–30 cm, Br. 8–10 cm. Völlig winterhart. Hat linealische, halbaufrechte Blätter an der unteren Hälfte des schlanken Stieles. Treibt eine lockere Dolde mit bis zu 30 glockigen, gelben Blüten (je 0,5 cm lang) auf dünnen, gebogenen Stielen.

A. giganteum (Riesenlauch) Abb. S. 337.
A. kansuense. Siehe *A. sikkimense*.
A. karataviense (Blauzungenlauch) Abb. S. 357.
A. macranthum. Horstbildende, sommerblühende Zwiebelpflanze. H. 20–30 cm, Br. 10–12 cm. Winterhart. Hat linealische Blätter am unteren Blütenstengel, der eine lockere Dolde mit bis zu 20 glockenförmigen, tiefpurpurfarbenen, 1 cm langen Blüten auf hohen, schlanken Stielen trägt.
A. mairei. Horstbildende, spätsommer- bis herbstblühende Bulbe. H. 10–20 cm, Br. 10–12 cm. Winterhart. Die Blätter sind grundständig, aufrecht und fadenartig. Jeder drahtige Stiel trägt eine kleine, federballförmige Dolde mit bis zu 20 aufrechten, glockenförmigen, rosafarbenen Blüten (je 1 cm lang).
A. moly (Goldlauch) Abb. S. 365.
A. murrayanum. Siehe *A. acuminatum*.
A. narcissiflorum, syn. *A. pedemontanum* Abb. S. 365.
A. neapolitanum, syn. *A. cowanii*, Abb. S. 342.
A. oreophilum, syn. *A. ostrowskianum*, Abb. S. 358.
A. ostrowskianum. Siehe *A. oreophilum*.
A. pedemontanum. Siehe *A. narcissiflorum*.
A. pulchellum. Siehe *A. carinatum* ssp. *pulchellum*.
A. rosenbachianum Abb. S. 336.
A. schoenoprasum (Schnittlauch) Abb. S. 365.
A. schubertii Abb. S. 352.
A. sikkimense, syn. *A. kansuense*. Horstbildende, sommerblühende Bulbe. H. 10–25 cm, Br. 5–10 cm. Winterhart. Die Blätter sind grundständig, aufrecht und linealisch. An kleinen, hängenden Dolden erscheinen bis zu 15 glockenförmige, 0,5–1 cm lange, blaue Blüten.
A. sphaerocephalon. Horstbildende, sommerblühende Bulbe. H. bis 60 cm, Br. 8–10 cm. Winterhart. Hat linealische, halbaufrechte Blätter am unteren Drittel der schlanken, drahtigen Stengel, die eine dichte, 2–4 cm breite Dolde mit bis zu 40 kleinen, glockenförmigen, rosa-purpurfarbenen Blüten tragen.
A. unifolium Abb. S. 343.

ALLOPLECTUS (Gesneriaceae)
Gattung immergrüner, gewöhnlich sommerblühender Stauden und Halbsträucher, die hauptsächlich wegen ihrer Blüten und der Blätter kultiviert werden. Langtriebige, niederliegende Spezies gedeihen am besten in Ampeln. Frostempfindlich. Mind. 16–18 °C. Benötigt Halbschatten und humusreiche, gut durchlässige Erde. Getopfte Exemplare mäßig gießen, bei niedrigen Temperaturen noch weniger. Vermehrung durch Samen im Frühjahr oder Kopfstecklinge im Sommer. Anfällig für rote Spinnmilbe und Schmierlaus.
A. nummularia, syn. *Hypocyrta nummularia* (Holzschuhpflanze). Immergrüne Staude mit schlanken, kriechenden Stengeln, die an den verdickten Nodien Wurzeln bildet. H. 8 cm, Br. 45 cm oder mehr. Breite, oval bis rundliche, behaarte Blätter sind an den Rändern rötlich und gezähnt. Das ganze Jahr über können einzelnstehende, röhrenförmige, leuchtendrote Blüten, an der unteren Seite bauchig aufgeblasen, mit violettem Ring um den Hals und 5 winzigen gelben Lappen, erscheinen.

ALNUS (Betulaceae)
Erle
Gattung laubabwerfender Bäume und Sträucher, die sich für nasse Standorte eignen. Im Spätwinter oder zeitigem Frühjahr erscheinen Blüten in Kätzchenform, die männlichen sind auffällig und attraktiv, die weiblichen bilden holzige, zapfenähnliche Früchte. Winterhart. Die meisten gedeihen in Sonne und jedem feuchten oder staunassen Boden.
A. cordata verträgt auch nährstoffarme, trockene Böden. Vermehrung der Spezies durch Samen im Herbst, Sorten durch Okulieren im Spätsommer oder durch Steckhölzer im frühen Winter.
A. cordata Abb. S. 41.
A. glutinosa (Schwarzerle, Weißerle). **'Aurea'** ist ein langsamwachsender, laubabwerfender, konischer Baum. H. bis 25 m, Br. 10 m. Hat rundliche, bis zur Sommermitte leuchtendgelbe Blätter, die sich später blaß grün färben. Im zeitigen Frühjahr erscheinen gelb-braune Kätzchen. Gut geeignet für staunasse Standorte. **'Imperialis'**, H. 10 m, Br. 4 m wächst langsam und hat tiefeingeschnittene, gelappte Blätter.
A. incana (Grauerle, Weißerle) Abb. S. 40.
'Aurea' ist ein laubabwerfender, konischer Baum. H. 20 m, Br. 8 m. Hat rötlichgelbe oder orangefarbene Triebe im Winter und breit ovale, gelbe Blätter. Im Spätwinter oder zeitigem Frühjahr erscheinen rötlichgelbe oder orangefarbene Kätzchen. Eignet sich für kalte, nasse Standorte und nährstoffarme Böden. **'Ramulis Coccineis'** hat rote Wintertriebe und Knospen und orangefarbene Kätzchen.

ALOCASIA (Araceae)
Alokasie
Gattung immergrüner Stauden mit unterirdischen Rhizomen, die wegen ihrer attraktiven Blätter gerne kultiviert wird. Bringt winzige Blüten an einem Kolben, der von einer Blattscheide umgeben ist, hervor. Frostempfindlich. Mind. 15 °C. Benötigt hohe Luftfeuchtigkeit, Halbschatten und durchlässige Erde. Vermehrung durch Samen, Stecklinge oder Teilung der Rhizome im Frühjahr.
A. cuprea Abb. S. 223.
A. lowiii* var. *veitchii. Siehe *A. veitchii*.
A. macrorrhiza. Immergrüne, büschelige Staude mit einem dicken baumartigen Stamm. H. bis 3 m oder mehr, Br. 2 m. An 1 m langen Stengeln erscheinen breite, pfeilförmige, glänzende, grüne Blätter. Hat gelblichgrüne, bis 20 cm hohe Blattscheiden.
A. picta. Siehe *A. veitchii*.
A. veitchii, syn. *A. lowii* var. *veitchii, A. picta*. Immergrüne, büschelige Staude. H. 1 m oder mehr, Br. 75 cm. Die schmalen Blätter sind dreieckig, an der Basis pfeilförmig, 45 cm lang und grün, mit gräulichen Mittelrippen, Adern und Rändern, die Unterseite ist purpur. Die Blattscheiden sind grün.

ALOE (Liliaceae)
Gattung immergrüner, rosettenartiger Bäume, Sträucher, Stauden und Kletterpflanzen mit sukkulenten Blättern und röhren- bis glockenförmigen Blüten. Frostempfindlich. Mind. 7–10 °C. Baumaloen und Sträucher, die über 30 cm breit sind, bevorzugen volle Sonne, die meisten kleineren Spezies Halbschatten. Sie benötigen sehr gut durchlässigen Boden. Vermehrung durch Samen, Stecklinge oder Kindl im Frühjahr oder Sommer.
A. arborescens (Brandaloe). Immergrüner, buschiger Strauch mit sukkulenten Blättern. H. und Br. 2 m. An den Stengeln erscheinen endständig breite Rosetten mit langen, schlanken, gebogenen, dumpf blau-grünen Blättern, die gezähnte Ränder haben. Im Spätwinter und Frühjahr erscheinen an langen Stielen eine Fülle röhren- bis glockenförmiger, roter Blüten. **'Variegata'** Abb. S. 380.
A. aristata Abb. S. 400.
A. barbadensis, syn. *A. vera*, Abb. S. 386.
A. brevifolia. Sukkulente Staude mit Basalrosetten, die viele Kindl hervorbringt. H. 15 cm, Br. 30 cm. Hat breit schwertförmige, fleischige, blaugrüne Blätter, die am Rand schwach gezähnt sind. Im Frühjahr tragen Blütenstengel, die bis 50 cm lang sind, schmal glockenförmige, leuchtendrote Blüten.
A. ciliaris Abb. S. 380.
A. ferox Abb. S. 380.
A. humilis. Rosettenbildende, sukkulente Staude. H. 10 cm, Br. 30 cm. Hat eine dichte Basalrosette mit schmalen, schwertartigen, am Rand bestachelten, fleischigen, blaugrünen Blättern, oft aufrechtstehend und an den Spitzen eingerollt. Im Frühjahr erscheinen 30 cm lange Blütenstengel, die je eine Ähre schmal glockenförmiger, orangefarbener Blüten hervorbringen. Viele Kindl.
A. striata Abb. S. 388.
A. variegata (Tigeraloe) Abb. S. 385.
A. vera. Siehe *A. barbadensis*.

ALOINOPSIS (Aizoaceae)
Gattung zwergwüchsiger, knollenbildender, mehrjähriger Sukkulenten mit gänseblümchenähnlichen Blüten vom Spätsommer bis zeitigem Frühjahr. Frostempfindlich. Mind. 7 °C. Benötigt einen sonnigen Standort und gut durchlässigen Boden. Empfindlich gegen Nässe. Vermehrung durch Samen im Sommer.
A. schooneesii. Abb. S. 397.

ALONSOA (Scrophulariaceae)
Gattung von Stauden, die einjährig kultiviert werden. Eignen sich zum Schnitt. Bedingt winterhart. Gedeiht in Sonne, nährstoffreicher und gut durchlässiger Erde. Freilandblüte in nassen Sommern schlecht. Haupttriebe junger Pflanzen entfernen, um buschige Form zu forcieren. Vermehrung durch Freilandaussaat im späten Frühjahr. Unterglaskulturen anfällig für Blattläuse.
A. warscewiczii Abb. S. 273.

ALOPECURUS (Gramineae). Siehe GRÄSER, BAMBUS, SCHILF und RIEDGRAS.
***A. pratensis* 'Aureomarginatus'**, syn. *A. p.* 'Aureo-variegatus', *A. p.* 'Aureus' (Goldfuchsschwanz), Abb. S. 183.

ALOYSIA (Verbenaceae)
Gattung sommer- oder immergrüner, sommerblühender Sträucher, wegen ihres aromatischen Laubes und der Rispen mit winzigen Blüten kultiviert. Bedingt- bis winterhart; in kalten Gegenden an eine Süd- oder Westwand pflanzen, oder jedes Jahr neu ziehen. Benötigt volle Sonne und gut durchlässigen Boden. Abgestorbene Triebe im Frühsommer entfernen. Vermehrung durch Kopfstecklinge im Sommer.
A. triphylla (Zitronenstrauch), syn. *Lippia citriodora*, Abb. S. 111.

ALPINIA (Zingiberaceae)
Gattung hauptsächlich immergrüner Stauden mit fleischigen Rhizomen, beliebt wegen ihrer Blüte. Frostempfindlich. Mind. 18 °C. Benötigt humusreichen, gut durchlässigen Boden, Halbschatten und feuchte Luft. In Töpfen nicht leicht zu kultivieren. Vermehrung durch Teilung im späten Frühjahr oder Frühsommer. Anfällig für rote Spinnmilbe.
A. calcarata (Indianischer Ingwer). Immergrüne, aufrechte, horstbildende Staude. H. und Br. bis 1 m. Hat stiellose, bis 30 cm lange, aromatische, lanzettförmige Blätter. Zu jeder Jahreszeit erscheinen an horizontalen Ähren weißliche Blüten mit 2,5 cm langen, rötlich-purpurn markierten, gelben Lippen.
A. nutans. Siehe *A. zerumbet*.
A. speciosa. Siehe *A. zerumbet*.
A. zerumbet, syn. *A. nutans, A. speciosa*, Abb. S. 189.

ALSOPHILA. Siehe CYATHEA.

ALSTROEMERIA (Alstroemeriaceae)
Inkalilie
Gattung hauptsächlich sommerblühender, knollenbildender Stauden mit auffälligen, bunten Blüten. Die Blüten eigenen sich zum Schnitt, da lange haltbar. Winterhart, aber in sehr kalten Wintern mit Reisig oder Torf abdecken. Benötigt gut durchlässigen Boden und einen sonnigen, geschützten Standort. Vermehrung durch Samen oder Teilung im zeitigen Frühjahr.
A. aurantiaca. Siehe *A. aurea*.
A. aurea, syn. *A. aurantiaca*, Abb. S. 339.
A. gayana. Siehe *A. pelegrina*.
A. hookeri Abb. S. 326.
***A.* Ligtu-Hybriden** Abb. S. 353.
***A.* 'Margaret'** Abb. S. 335.
A. pelegrina, syn. *A. gayana*, Abb. S. 351.
***A.* 'Walter Fleming'.** Sommerblühende Staude mit fleischigen Wurzeln. H. bis 1 m, Br. 60 cm–1 m. Jeder beblätterte Stiel trägt schmal lanzettförmige, gedrehte Blätter und breit trichterförmige, 5–6 cm breite, tiefgelbe Blüten, purpurn überhaucht mit rötlich-purpurnen Flecken.

ALTERNANTHERA (Amaranthaceae)
Papageienblatt
Gattung buschiger Stauden, wegen ihres attraktiven, bunten Laubes sehr beliebt. Eignet sich als Bodendecker oder Beetpflanze. Frostempfindlich. Mind. 15–18 °C. Benötigt Sonne oder Halbschatten und feuchten, aber gut durchlässigen Boden. Vermehrung durch Kopfstecklinge oder Teilung im Frühjahr.
A. amoena. Siehe *A. ficoidea* 'Amoena'.
***A. ficoidea.* 'Amoena'** (Syn. *A. amoena*) ist eine teppichbildende Staude. H. 5 cm, Br. unbestimmt. Hat schmal ovale, grüne Blätter, rot, gelb und orange gezeichnet mit gewellten Rändern. **'Versicolor'** (syn. *A. versicolor*) ist eine aufrechte Sorte. H. und Br. bis 30 cm. Die Blätter sind rund bis löffelförmig, braun, rot und gelb schattiert.
A. versicolor. Siehe *A. ficoidea* 'Versicolor'.
Althaea rosea. Siehe *Alcea rosea*.

ALYSSOIDES (Cruciferae)
Gattung einer Spezies eines kurzlebigen immergrünen Halbstrauchs, der wegen

seiner Blüten und der verdickten Früchte kultiviert wird. Eignet sich für Trockenmauern und Steingärten. Winterhart. Benötigt Sonne und gut durchlässigen Boden. Vermehrung durch Samen im Herbst.
A. utriculata. Immergrüner, runder Halbstrauch. H. und Br. 30 cm. Hat ovale, glänzende, dunkelgrüne Blätter. Trägt im Frühjahr Rispen mit schmalen, hellgelben Blüten, später ballonähnliche Schoten.

ALYSSUM (Cruciferae)
Steinkraut
Gattung von Stauden, einige davon sind immergrün, und Einjährigen, wegen der schönen Blüten beliebt. Winterhart. Benötigen Sonne und durchlässigen Boden. Nach der Blütezeit leicht zurückschneiden. Vermehrung durch Kopfstecklinge im Spätfrühling oder durch Aussaat im Herbst.
A. maritimum. Siehe *Lobularia maritima.*
A. montanum (Bergsteinkraut). Immergrüne, niederliegende Staude. H. und Br. 15 cm. Blätter sind klein, oval, behaart und grau. 15 cm lange Blütenstengel, jeder trägt im Sommer eine offene, rundliche Traube kleiner, duftender, zartgelber Blüten.
A. saxatile (Felsensteinkraut). Siehe *Aurinia saxatilis.*
A. wulfenianum. Niederliegende Staude, H. 2 cm, Br. 20 cm. Lockere Köpfchen kleiner, hellgelber Blüten erscheinen im Sommer über kleinen, ovalen, grauen Blättern.

AMARANTHUS (Amaranthaceae)
Fuchsschwanz
Gattung einjähriger Pflanzen, die wegen ihrer dichten Rispen kleiner Blüten oder ihres farbenfrohen Laubwerks beliebt sind. Bedingt winterhart. Standort in der Sonne und in fruchtbarem, durchlässigem Boden. Vermehrung durch Freilandaussaat im späten Frühjahr. Blattlausbefall möglich.
A. caudatus (Gartenfuchsschwanz) Abb. S. 270.
A. hybridus* var. *erythrostachys, syn. *A. hypochondriacus,* siehe Abb. S. 274.
A. hypochondriacus, siehe *A. hybridus* var. *erythrostachys.*
***A. tricolor* 'Joseph's Coat'.** Buschige Einjährige. H. 1 m, Br. 45 cm oder mehr. Hat ovale, scharlachrote, bis 20 cm lange, grüne und gelbe Blätter und im Sommer kleine Rispen mit winzigen roten Blüten. Blätter von **'Molten Fire'** sind hochrot, bronze- und purpurfarben.

× AMARCRINUM (Amaryllidaceae)
Hybridgattung *(Amaryllis × Crinum)* mit einer kräftigen, immergrünen Bulbe. Gepflanzt wegen der großen, trichterartigen Blüten. Frosthart. Benötigt Sonne und durchlässigen Boden. Beim Einpflanzen knapp mit Erde bedecken. Im Frühjahr Vermehrung durch Teilung.
× *A. howardii.* Siehe *A. memoria-corsii.*
× *A. memoria-corsii*, syn. × *A. howardii,* × *Crinodonna corsii,* Abb. S. 342.

× AMARYGIA (Amaryllidaceae)
Hybridgattung *(Amaryllis* x *Brunsvigia)* kräftiger im Herbst blühender Zwiebelpflanzen. Wegen der großen prächtigen Blüten beliebt. Frosthart. Benötigt viel Sonne und am besten Schutz durch eine Mauer. Zwiebeln knapp unterhalb der Oberfläche in durchlässigen Boden pflanzen. Vermehrung im Frühjahr durch Teilung.
× *A. parkeri,* syn. *Brunsdonna parkeri,* Abb. S. 342.

AMARYLLIS (Amaryllidaceae)
Ritterstern
Gattung im Herbst blühender Zwiebelpflanzen, wegen der trichterförmigen Blüten gepflanzt. Frosthart, doch in kalten Regionen an eine südseitige Mauer pflanzen. Braucht durchlässigen Boden und eine geschützte sonnige Lage. Zwiebeln mindestens 8 cm unter die Oberfläche legen. Vermehrung durch Teilung im Spätfrühling, wenn die Blätter absterben, oder im Spätsommer ehe das Wachstum beginnt.
A. belladonna (Belladonnalilie) und **'Hathor'** Abb. S. 342.

AMELANCHIER (Rosaceae)
Felsenbirne
Gattung laubabwerfender, im Frühjahr blühender Bäume und Sträucher. Wegen der üppigen Blüten und des Laubwerks, das im Frühling und Herbst leuchtend gefärbt ist, gepflanzt. Winterhart. Benötigt Sonne oder Halbschatten und durchlässigen, nicht zu trockenen, vorzugsweise neutralen oder sauren Boden. Vermehrung im Herbst durch Aussaat, im Spätherbst oder Anfang Frühling durch Ableger, bei Arten mit Wurzelschößlingen durch Teilung. Feuerbrand kann zum Problem werden.
A. alnifolia. Laubabwerfender, aufrechter Strauch mit Wurzelschößlingen. H. 4 m oder mehr, Br. 3 m oder mehr. Blätter oval bis abgerundet, dunkelgrün. Aufrechte Ähren sternförmiger, cremeweißer Blüten gegen Frühlingsende. Anschließend kleine, eßbare, saftige, runde, purpurschwarze Früchte.
A. arborea. Laubabwerfender, ausgebreiteter, manchmal strauchartiger Baum. H. 10 m, Br. 12 m. Büschel sternförmiger weißer Blüten erscheinen im Frühling, wenn sich die ovalen weißbehaarten, jungen Blätter zeigen. Blattwerk wird dunkelgrün, im Herbst rot oder gelb. Die runden Früchte sind klein, trocken und rötlichpurpurfarben.
A. asiatica. Laubabwerfender, ausgebreiteter Baum oder Strauch von anmutigem Wuchs. H. 8 m, Br. 10 m. Blätter sind oval, dunkelgrün, in der Jugend etwas wollig und im Herbst rot oder gelb. Sternförmige weiße Blüten erscheinen in üppiger Fülle im späten Frühling, danach eßbare, saftige, runde, schwarze, johannisbeerähnliche Früchte.
A. canadensis. Laubabwerfender, aufrechtstehender, dichter Strauch. H. 6 m, Br. 3 m. Sternförmige weiße Blüten erscheinen zur Mitte bis Ende des Frühjahrs zwischen den sich entfaltenden, ovalen, weißbehaarten Blättern, die später dunkelgrün und im Herbst orangerot werden. Die eßbaren Früchte sind rund, schwarzpurpurfarben, süß und saftig.
A. laevis (Hängende Felsenbirne) Abb. S. 58.
A. lamarckii (Kupfer-Felsenbirne) Abb. S. 84.

AMORPHA (Leguminosae)
Bastardindigo
Gattung laubabwerfender Sträucher und Halbsträucher. Wegen ihrer Blüten und des schönen Laubwerks gepflanzt. Günstig in kalten, trockenen, offenen Lagen. Winterhart. Braucht viel Sonne und durchlässigen Boden. Vermehrung im Sommer durch Kopfstecklinge, im Herbst durch Aussaat.
A. canescens (Bleibusch). Laubabwerfender, offener Halbstrauch. H. 1 m, Br. 1,5 m. Dichte Ähren von kleinen, erbsenähnlichen purpurnen Blüten mit orangefarbenen Staubbeuteln erscheinen im Spätsommer und Frühherbst, inmitten ovaler, graubehaarter Blätter, die in 21–41 schmale, ovale Blättchen aufgeteilt sind.

AMORPHOPHALLUS (Araceae)
Gattung knolliger Stauden. Wegen der riesigen, prachtvollen, aber unangenehm riechenden Blütenscheiden gepflanzt, die winzige Blütchen auf kräftigen Kolben umgeben. Frostempfindlich, mind. 10°C. Benötigt Halbschatten und humusreichen Boden, der während der Wachstumsperiode dauernd feucht gehalten werden muß. Knollen im Winter trockenhalten. Vermehrung durch Aussaat im Frühjahr oder durch Ableger im Frühjahr oder Sommer.
A. rivieri. Sommerblühende, knollige Staude. H. 40 cm, Br. 60 cm–1 m. Hat eine flache, an den Rändern wellige, dunkelrot-braune, bis 40 cm lange Blütenscheide, aus der ein aufrechter dunkelbrauner Kolben aufragt. Nach der Blütezeit trägt ein braungrüngefleckter, blaßgrüner Stengel, 1 m lang, ein großes tiefgelapptes Blatt.

AMPELOPSIS (Vitaceae)
Scheinrebe
Gattung laubabwerfender, rankender Kletterpflanzen mit verholzenden Stielen, zum Teil gewunden. Wegen seines Laubwerks geschätzt. Frosthart. Standort in geschützter Lage auf jedem Boden, in Sonne oder Halbschatten. Benötigt viel Platz, da er schnell wächst und eine große Fläche bedeckt. Vermehrung im Hochsommer durch halbausgereifte Kopfstecklinge.
A. aconitifolia, syn. *Vitis aconitifolia.* Schnellwachsende, laubabwerfende, verholzende, gewunden rankende Kletterpflanze. H. bis 12 m. Abgerundete Blätter haben 3 bis 5 gezähnte, gelappte, dunkelgrüne Blättchen. Unauffällige grünliche Blüten im Spätsommer, später orangefarbene Beeren.
A. brevipendunculata* var. *maximowiczii, syn. *A. heterophylla, Vitis heterophylla.* Kräftige, laubabwerfende, verholzende, gewundene Kletterpflanze mit haarigen jungen Stielen. H. bis 5 m oder mehr. In Größe und Form unterschiedliche, dunkelgrüne Blätter, sind unterseits fast glatt. Unauffällige grünliche Blüten im Sommer, anschließend hellblaue Beeren.
A. heterophylla. Siehe *A. brevipedunculata* var. *maximowiczii.*
A. sempervirens. Siehe *Cissus striata.*
A. tricuspidata. Siehe *Parthenocissus tricuspidata.*
A. veitchii. Siehe *Parthenocissus tricuspidata.*

AMSONIA (Apocynaceae)
Gattung langsamwachsender, horstbildender, sommerblühender Stauden. Winterhart. Standort in durchlässigem Boden im Halbschatten. Möglichst einige Jahre ungestört lassen. Vermehrung im Frühjahr durch Teilung, im Sommer durch Kopfstecklinge oder im Herbst durch Aussaat.
A. salicifolia. Siehe *A. tabernaemontana.*
A. tabernaemontana, syn. *salicifolia,* Abb. S. 243.
Anacharis densa. Siehe *Egeria densa.*

ANACYCLUS (Compositae)
Steinblume
Gattung sommerblühender, niederliegender Stauden, deren Zweige sternförmig vom Hauptwurzelstock ausgehen. Frosthart. Braucht volle Sonne und durchlässigen Boden. Vermehrung durch Kopfstecklinge im Frühjahr oder durch Aussaat im Herbst.
A. depressus Abb. S. 314.

ANAGALIS (Primulaceae)
Gauchheil
Gattung Einjähriger und kriechender Stauden. Beliebt wegen der schönen Blüten. Bedingt- bis winterhart. Standort in offener, sonniger Lage in fruchtbarem, feuchtem Boden. Vermehrung durch Aussaat oder Teilung im Frühling. *A. tenella* durch Kopfstecklinge im Frühling und Frühsommer.
***A. tenella* 'Studland'** Abb. S. 307.

ANANAS (Bromeliaceae)
Gattung immergrüner, rosettenbildender Stauden, die wegen ihres Blattwerks und der eßbaren Früchte (Ananas) beliebt sind. Frostempfindlich, mind. 13–15°C. Braucht viel Licht, verträgt auch etwas Schatten, und fruchtbaren, gut durchlässigen Boden. Während der Wachstumszeit mäßig wässern, in der übrigen Zeit sparsam. Im Frühsommer Vermehrung durch Wurzelschößlinge oder durch Bewurzelung frischer Blattschöpfe der Frucht.
***A. bracteatus* 'Tricolor'** (syn. *A. b.* 'Striatus', Abb. S. 222) ist eine immergrüne Staude mit Basalrosette. H. und Br. 1 m. Bildet dichte Rosetten dunkelgrüner Blätter, die bandförmig von Stacheln gesäumt und gebogen sind mit gelben Längsstreifen, oft mit roten Stacheln am Rand. Dichte Ähren kleiner, röhrenförmiger, lavendelblauer Blüten mit auffallend rötlich-rosafarbenen Deckblättern, erscheinen meist im Sommer, anschließend über 15 cm lange, bräunlichorangefarbene Früchte.
***A. comosus* 'Variegatus'.** Immergrüne Staude mit Basalrosette. H. und Br. 60 cm oder mehr. Bringt schmal gestreifte, rinnenförmige, steife graugrüne Blätter hervor, die rosa überlaufen sind, cremefarbige Ränder haben, unterhalb grauschuppig, manchmal mit stacheligem Rand. Röhrenförmige, purpurblaue Blüten und unauffällige grüne Deckblätter. Die eßbaren Ananasfrüchte werden erwerbsmäßig angebaut. Bei Kübelpflanzen sind sie viel kleiner.

ANAPHALIS (Compositae)
Perlpfötchen, Strohblume
Stauden mit kleinen, papierartigen Blütenköpfen. Getrocknet hübsch als Winterdekoration. Winterhart. Bevorzugt Sonne, gedeiht aber auch im Halbschatten. Boden sollte durchlässig, aber nicht zu trocken sein. Vermehrung durch Aussaat im Herbst oder durch Teilung im Winter oder Frühjahr.
A. margaritacea, syn. *A. yedoensis* (Silberimmortelle), Abb. S. 200.
A. nubigena. Siehe *A. triplinervis* var. *intermedia.*

***A. triplinervis* var. *intermedia*,** syn. *Anubigena*, Abb. S. 233.
A. yedoensis. Siehe *A. margaritacea*.

ANCHUSA (Boraginaceae)
Ochsenzunge
Gattung einjähriger, zweijähriger Pflanzen und Stauden, von denen einige immergrün mit meist blauen Blüten sind. Bedingt- bis winterhart. Benötigen Sonne und durchlässigen Boden. Nehmen zu viel Winternässe übel. Große Stauden nötigenfalls stützen und genügend Raum geben. Vermehrung der Stauden durch Wurzelschnittlinge im Winter. Ein- und zweijährige Arten durch Aussaat im Herbst oder Frühjahr.
A. azurea, syn. *A. italica* **'Little John'** ist eine starkwüchsige Staude mit Basalrosette. H. 50 cm, Br. 60 cm. Winterhart. Im Frühsommer verzweigte Trauben mit großen glockenförmigen dunkelblauen Blüten. Blätter schmal-oval und behaart. **'Loddon Royalist'** Abb. S. 213. **'Opal'**, H. 1,2 m hat blassere blaue Blüten.
A. caespitosa Abb. S. 310.
***A. capensis* 'Blue Angel** Abb. S. 278. **'Blue Bird'** ist eine buschige zweijährige, als einjährige gezogene Pflanze. H. bis 45 cm, Br. 20 cm. Winterhart. Hat lanzettliche, stachelige, mittelgrüne Blätter, im Sommer flachschalenförmige Köpfe mit himmelblauen Blüten.
A. italica. Siehe *A. azurea*.

ANCISTROCACTUS (Cactaceae)
Gattung ausdauernder Kakteen. Beliebt wegen ihrer kugelförmigen bis kurzen und säulenartig runden Triebe mit jeweils 10–20 knotigen Rippen. Das Öffnen der Blüten verhindern manchmal die dichten Stacheln. Frostempfindlich, mind. 2°C bei absoluter Trockenheit. Benötigt Sonne und gut durchlässigen Boden. Verfault bei zuviel Feuchtigkeit. Vermehrung durch Aussaat im Frühjahr.
A. megarhizus. Siehe *A. scheeri*.
A. scheeri, syn. *A. megarhizus*, Abb. S. 397.
A. uncinatus. Kugel- bis säulenförmiger, ausdauernder Kakuts. H. 20 cm, Br. 10 cm. Stamm ist blaugrün. Areolen mit sehr langem, hakenförmigem, rötlichem Mittelstachel und 15–18 geraden Randstacheln. Hat im Frühjahr braun-grüne oder kastanienrote Blüten von 2 cm Durchmesser.

ANDROMEDA (Ericaceae)
Lavendelheide, Rosmarinheide
Gattung immergrüner Sträucher mit offenem, zartem Wuchs. Winterhart. Braucht volles Licht und humusreichen, feuchten, sauren Boden. Vermehrung im Spätsommer durch halbausgereifte Kopfstecklinge oder durch Aussaat im Frühjahr.
A. polifolia Abb. S. 287. **'Alba'** Abb. S. 286. **'Compacta'** Abb. S. 287.

ANDROSACE (Primulaceae)
Mannsschild
Gattung von Einjährigen und immergrünen Stauden, die meist kompakte Polster bildet, häufig mit weichen, behaarten Blättern. Winterhart. Mag im Winter kein nasses Laub. Viele Arten eignen sich fürs Kalthaus oder Mulden mit Winterabdeckung. Bedingt- bis winterhart. Benötigt Sonne und sehr gut durchlässigen Boden. Einige Arten bevorzugen sauren Boden. Vermehrung im Sommer durch Kopfstecklinge oder durch Aussaat im Herbst. Ist anfällig für Botrytis und Blattlausbefall.
A. carnea Abb. S. 305. ssp. ***laggeri*** (Alpenmannsschild) Abb. S. 307.
A. chamaejasme. Immergrüne, variable Staude mit Blattrosette und leicht zu bewurzelnden Ausläufern. H. 3–6 cm, Br. 15 cm. Winterhart. Hat offene, behaarte Rosetten aus ovalen Blättern. Bringt im Frühjahr Büschel mit 2–8 flachen weißen Blüten hervor, jede mit einem gelben Auge, das später manchmal rot wird.
A. cylindrica. Immergrüne Staude mit Basalrosette. H. 1–2 cm, Br. 10 cm. Winterhart. Blätter sind linealisch und glänzend. Jeder Blütenstengel trägt im Frühling bis zu 10 kleiner weißer Blüten mit gelb-grünem Auge. Geeignet fürs Kalthaus.
A. hedraeantha. Immergrüne Polsterstaude. H. 1–2 cm, Br. bis 10 cm. Winterhart. Rosetten aus schmal-ovalen, glänzenden Blättern. Im Frühjahr Dolden aus 5–10 flachen, rosa Blüten mit gelbem Schlund. Günstig im Kalthaus.
A. hirtella. Immergrüne Polsterstaude. H. 1 cm, Br. bis 10 cm. Winterhart. Rosetten aus kleinen, dicken, länglichen, behaarten Blättern. Je 1 oder 2 weiße Blüten mit Mandelduft auf sehr kurzen Stielen im Frühjahr.
A. imbricata. Siehe *A. vandellii*.
A. lanuginosa Abb. S. 317.
A. pyrenaica Abb. S. 301.
A. sarmentosa. Immergrüne, teppichbildende Staude. Ausbreitung durch Ausläufer. H. 4–10 cm, Br. 30 cm. Winterhart. Offene Rosetten aus kleinen, schmal-elliptischen, behaarten Blättern. Große Büschel mit ziemlich flachen, hellrosa Blüten mit gelbem Auge, die sich im Frühjahr öffnen. Gute Steingartenpflanze, außer an nasser Stelle.
A. sempervivoides. Immergrüne, rosettenförmige, teppichbildende Staude mit Ausläufern. H. 1–7 cm, Br. 30 cm. Winterhart. Hat lederartige, längliche oder löffelförmige Blätter. Im Frühling kleine Blütenköpfe aus 4–10 flachen, rosaroten Blüten mit gelbem, später rotem Auge. Ideale Steingartenpflanze.
A. vandellii, syn. ***A. imbricata***, Abb. S. 302.
A. villosa Abb. S. 303. Var. ***jacquemontii*** Abb. S. 318.

ANEMONE (Ranunculaceae)
Anemone, Windröschen
Gattung frühlings-, sommer- und herbstblühender Stauden, manchmal mit knolligem oder kriechendem Wurzelstock und meist mit runden, flach becherförmigen Blüten. Blätter rund bis oval, häufig in 3–15 Blättchen geteilt. Völlig bis winterhart. Die meisten Arten gedeihen in humosem, durchlässigem Boden auf sonnigem oder halbschattigem Standort. Vermehrung durch Teilung im Frühjahr, Aussaat im Spätsommer nach der Samenreife oder Wurzelschnittlinge im Winter.
A. apennina. Sich ausbreitende, frühlingsblühende Staude mit Rhizom. H. und Br. 15–20 cm. Völlig winterhart. Blätter farnähnlich mit 3 stark gezähnten Lappen. Auf jedem Stengel eine große, aufrechte, flache, blaue, weiße oder rosa Blüte mit 10–20 schmalen Petalen.
A. biflora Abb. S. 358.
A. blanda. Sich ausbreitende, sehr zeitig im Frühjahr blühende Staude mit knolligen Wurzeln. H. 5–10 cm, Br. 10–15 cm. Völlig winterhart. Die breit ovalen, halbaufrechten Blätter sind dreilappig und grob gezähnt. Auf jedem Stengel eine aufrechte, flache, blaue, weiße oder rosa Blüte, 4–5 cm breit, mit 9–14 schmalen Petalen. **'Atrocaeruilea'** Abb. S. 362. **'Radar'** Abb. S. 358. **'White Splendour'** Abb. S. 356.
A. coronaria. Frühlingsblühende Staude mit unförmigem, knolligem Wurzelstock. H. 5–25 cm, Br. 10–15 cm. Winterhart. Blätter petersilienähnlich, halbaufrecht. Jeder steife Stengel trägt eine kelchförmige, große Blüte mit 5–8 Blättchen in Rot, Rosa, Blau oder Purpur. Gartensorten aus der Mischung **De Caen** und **St. Brigid** mit größeren Blüten in Weiß, Rot, Blau.
A. × fulgens Abb. S. 359.
A. hepatica. Siehe *Hepatica nobilis*.
A. hupehensis Abb. S. 217. **'September Charm'** ist eine verzweigte Staude. H. 75 cm, Br. 50 cm. Winterhart. Hat im Spätsommer und Herbstanfang flachkelchförmige rosarote Blüten und tiefgeteilte dunkelgrüne Blätter.
A. × hybrida, syn. *A. japonica*-Hybriden. Gruppe kräftiger, verzweigter Stauden. H. 1,5 m, Br. 60 cm. Winterhart. Im Spätsommer oder Frühherbst flachkelchförmige, einzelne, halbgefüllte oder gefüllte Blüten. Blätter tief geteilt und dunkelgrün. **'Bressingham Glow'** (halbgefüllt) und **'Honorine Jobert'** (einfach) Abb. S. 193. **'Max Vogel'** hat auf drahtigen Stengeln halbgefüllte, malvenfarbige Blüten. **'Prince Henry'** hat auf schlanken Stengeln dunkelrosa Blüten.
***A. japonica*-Hybriden.** Siehe *A. × hybrida*.
A. × lipsiensis, syn. *A. × seemannii*, Abb. S. 229.
A. narcissiflora Abb. S. 232.
A. nemorosa (Buschwindröschen). Kräftige, teppichbildende Rhizomstaude. H. 15 cm, Br. 30 cm. Winterhart. Im Frühjahr und Vorsommer massenweise sternförmige, einfache, weiße Blüten mit auffallenden gelben Staubgefäßen über tief eingeschnittenen, mittelgrünen Blättern. Liebt waldige Standorte. **'Allenii'** und **'Robinsoniana'** Abb. S. 227. **'Vestal'** hat gefüllte weiße Blüten. **'Wilk's Giant'** hat größere, einzelne weiße Blüten.
A. pavonina Abb. S. 343.
A. ranunculoides Abb. S. 229. **'Flore Pleno'** ist eine ausgebreitete, rhizombildende Staude. H. und Br. 20 cm. Winterhart. Im Frühjahr butterblumenartige, gefüllte gelbe Blüten. Blätter sind geteilt. Liebt feuchte, waldige Standorte.
A. rivularis Abb. S. 232.
A. × seemannii. Siehe *A. × lipsiensis*.
A. sylvestris Abb. S. 225. **'Macrantha'** ist eine teppichbildende Staude, die zum Wuchern neigt. H. und Br. 30 cm. Winterhart. Hat im Frühjahr und Vorsommer große, wohlriechende, halbhängende, kelchartige weiße Blüten. Blätter sind geteilt und mittelgrün.
A. vitifolia. Verzweigte, horstbildende Staude. H. 1,2 m, Br. 50 cm. Winterhart. Im Sommer offene, kelchförmige, manchmal rosaüberlaufene, weiße Blüten mit gelben Staubgefäßen. Blätter sind weinlaubartig und unterhalb wollig behaart.

ANEMONELLA (Ranunculaceae)
Gattung mit einer Art von knollenbildenden Stauden, beliebt wegen ihrer Blüten. Winterhart. Braucht Schatten und humusreichen, feuchten Boden. Vermehrung durch Samen oder Teilung im Herbst alle 3–5 Jahre.
A. thalictroides Abb. S. 304. **'Oscar Schoaf'** (syn. *A. t.* 'Schoaf's Double') ist eine langsamwachsende, knollenbildende Staude. H. 10 cm, Br. 4 cm oder mehr. Hat zarte, farnartige Blätter und vom Frühjahr bis Vorsommer kleine, gefüllte, erdbeerrötliche Blütenkelche auf feinverzweigten, schlanken Stengeln.

ANEMONOPSIS (Ranunculaceae)
Scheinanemone, Falsche Anemone
Gattung mit einer Art einer mit den *Anemonen* verwandten Staude. Winterhart. Liebt geschützte, halbschattige Lagen und humusreichen, feuchten, aber durchlässigen Boden. Vermehrung durch Teilung im Frühjahr oder durch Aussaat im Spätsommer.
A. macrophylla Abb. S. 242.

ANEMOPAEGMA (Bignoniaceae)
Gattung immergrüner, rankender Kletterpflanzen. Frostempfindlich, mind. 13–15°C. Benötigt humusreichen, durchlässigen Boden, im Sommer Halbschatten. Während des Wachstums regelmäßig gießen, zu anderen Zeiten weniger. Etwas abstützen. Im Sommer gelegentlich ausdünnen, im Frühjahr alle Triebe bis zur Hälfte einkürzen. Vermehrung im Frühjahr oder Sommer durch Kopfstecklinge oder halbreife Stecklinge.
A. chamberlaynii. Schnellwachsende, immergrüne, rankende Kletterpflanze. H. bis 6 m. Blätter haben 2 spitzzulaufende, ovale Blättchen und dreihakige Ranken. Fingerhutartige, primelgelbe Blüten, die im Sommer paarweise in den oberen Blattachseln erscheinen.

ANGELICA (Umbelliferae)
Gattung sommerblühender, meist kurzlebiger Stauden. Einige von ihnen werden in der Küche und medizinisch genutzt. Winterhart. Gedeiht in Sonne oder Schatten in jedem durchlässigen Boden. Reife Samen entfernen, damit die Pflanzen nicht absterben. Vermehrung durch reifen Samen.
A. archangelica (Engelwurz) Abb. S. 190.

ANGRAECUM. Siehe Orchideen.
A. sesquipedale, syn. *Macroplectrum sesquipedale* Abb. S. 252. Immergrüne, epiphytische Orchidee fürs Treibhaus. H. 30 cm oder mehr. Wächserne apfelweiße Blüten von 8 cm Durchmesser, mit 30 cm langem Sporn, erscheinen meist 2 an einem Stiel im Winter. Hat schmal-ovale, starre, horizontale, 15 cm lange Blätter. Muß im Sommer schattiert werden.

ANGULOA. Siehe Orchideen.
A. clowesii. Laubwechselnde, epiphytische Orchidee für ein kühles Treibhaus. H. 60 cm. Duftende, aufgerichtete, 10 cm lange, kelchförmige, zitronengelbe Blüten, jede mit einer locker drehbaren, gelben Lippe, erscheinen einzeln im Frühsommer. Breit-ovale, gerippte Blätter von 45 cm Länge. Braucht im Sommer Halbschatten.

ANIGOZANTHOS (Haemodoraceae)
Känguruhblume
Gattung von Stauden mit dicken Wurzelstöcken und Fächern aus schwertförmigen Blättern. Beliebt wegen der seltsamen Blüten. Nicht ganz winterhart. Braucht

eine offene, sonnige Lage und durchlässigen, sauren, torfhaltigen oder aus Laub kompostierten Boden. Vermehrung im Frühjahr durch Teilung oder im Spätsommer durch frischen Samen.
A. flavidus Abb. S. 213.
A. manglesii Abb. S. 209.
A. rufa. Buschige Staude. H. 1 m, Br. 60 cm. Im Frühjahr erscheinen zweilippige Rispen mit prächtigen, burgunderfarbenen Blüten, die purpurn behaart sind. Lange, schwertförmige, steife, mittelgrüne Blätter.

ANISODONTEA (Malvaceae)
Gattung immergrüner Sträucher und Stauden. Wegen der schönen Blüten beliebt. Kälteempfindlich, mind. 3–5 °C. Benötigt volles Licht und durchlässigen Boden. Während des Wachstums Pflanzen in Töpfen reichlich, zu anderen Zeiten wenig gießen. Spitzen junger Pflanzen in der Wachstumsperiode zurückschneiden, um ein buschiges Aussehen zu fördern. Im Frühjahr Vermehrung durch Aussaat, im Spätsommer durch Kopfstecklinge.
A. capensis, syn. *A. hypomadarum*-Hybriden, *Malvastrum capensis, M. hypomadarum* – Hybriden. (Fleißiges Lieschen). Immergrüner, aufrechter, buschiger Strauch. H. bis 1 m, Br. 60 cm oder mehr. Ovale Blätter mit 3–5 tiefen Lappen. Schalenförmige rosafarbene, dunkelgeäderte Blüten mit 5 Blütenblättern von Frühjahr bis Herbst.
***A. hypomadarum*-Hybriden.** Siehe *A. capensis*.

ANNONA (Annonaceae)
Cherimoya
Gattung laubabwerfender oder immergrüner Sträucher und Bäume, wegen der eßbaren Früchte und dekorativen Erscheinung geschätzt. Kälteempfindlich, mind. 15 °C, besser wärmer. Braucht volles Licht oder Halbschatten, fruchtbaren, feuchtigkeitsspeichernden, aber durchlässigen Boden. Kübelpflanzen in der Wachstumszeit mäßig, im Winter sparsam gießen. Vermehrung durch Aussaat im Frühjahr oder durch halbausgereifte Kopfstecklinge im Spätsommer. Rote Spinne kann eine Plage werden.
A. reticulata. Meist laubabwerfender, runder Baum. H. 6 m oder mehr, Br. 3–5 m. Längliche bis lanzettliche 13–15 cm lange Blätter. Im Sommer kelchförmige, olivgrüne, zuweilen purpurüberlaufene Blüten, später eßbare, herzförmige, rotüberhauchte grünbraune Früchte von 13 cm Länge.
Anoiganthus breviflorus. Siehe *Cyrtanthus breviflorus*.

ANOMATHECA (Iridaceae)
Gattung aufrechter, sommerblühender Sprosse. Beliebt wegen ihrer roten Blüten und eiförmigen Samenkapseln, die aufplatzen und roten Samen freigeben. Winterhart. 5 cm tief an einem offenen, sonnigen Standort in durchlässigen Boden pflanzen. In kalten Regionen die Sprosse ausgraben und über den Winter trocken lagern. Vermehrung durchlässig im Frühjahr.
A. laxa, syn. *Lapeirousia cruenta, L. laxa*. Aufrechter, im Sommer blühender Sproß. H. 10–30 cm, Br. 5–8 cm. Schmale, schwertförmige, aufrechte Basalblätter bilden einen flachen Fächer. Jeder Stengel trägt eine lockere Ähre roter Blüten von 2,5 cm Durchmesser mit langen Röhren. Äußere Blütenblätter haben an der Basis dunkelrote Flecken.

ANOPTERUS (Grossulariaceae, Saxifragaceae).
Gattung immergrüner Sträucher oder kleiner Bäume, die wegen des Blattwerks und der Blüten gepflanzt werden. Nicht ganz winterhart. Benötigt Schatten oder Halbschatten sowie feuchten, aber durchlässigen Boden. Vermehrung im Sommer durch halbausgereifte Kopfstecklinge.
A. glandulosus Abb. S. 84.

ANREDERA (Basellaceae)
Gattung immergrüner, knolliger, rankender Kletterpflanzen. Beliebt wegen des üppigen Blattwerks und kleiner, duftender Blüten. Frostempfindlich, mind. 7 °C. In kalten Regionen sterben sie im Winter ab. Für durchlässigen Boden und viel Licht sorgen. Während des Wachstums mäßig gießen, sparsam zu anderen Zeiten. Kletterhilfe notwendig. Triebe der letzten Saison im Frühjahr bis zur Hälfte oder sogar knapp über dem Boden zurückschneiden. Vermehrung durch Knollen, die am Stengelgrund sich bilden, im Frühjahr, oder durch Kopfstecklinge im Sommer.
A. cordifolia, syn. *Boussingaultia baselloides*. Schnellwachsende, immergrüne, knollige, rankende Kletterpflanze. H. bis 6 m. Ovale bis lanzettliche, fleischige Blätter und winzige, duftende weiße Blüten, die im Sommer in Büschel aus den oberen Blattachseln erscheinen.

ANTENNARIA (Compositae)
Katzenpfötchen
Gattung immergrüner oder halbimmergrüner Stauden, wegen ihrer fast stengellosen Blütenköpfe und der dichten, meist wolligen Blätter beliebt. Geeignet als Bodendecker. Winterhart. Braucht Sonne und durchlässigen Boden. Vermehrung im Frühjahr durch Aussaat oder Teilung.
A. dioica. Halbimmergrüne, teppichbildende, dichte Staude. H. 2,5 cm, Br. 25 cm. Blätter winzig, oval, meist wollig behaart und grünlichweiß. Kurze Stengel tragen flaumige, weiße oder blaßrosa Blütenköpfe zum Frühlingsende oder Frühsommer. Gut geeignet für Steingärten.
'Nyewoods' hat dunkelrosa Blüten.
'Rosea' Abb. S. 306.

ANTHEMIS (Compositae)
Hundskamille
Gattung teppich- und horstbildender Stauden, einige immergrün. Beliebt wegen der gänseblümchenähnlichen Blütenköpfe und des farnartigen Blattwerks. Winterhart. Braucht Sonne und durchlässigen Boden. Sollte aufgebunden werden. Nach der Blüte bis in Bodennähe zurückschneiden für kräftige Überwinterungstriebe. Vermehrung im Frühjahr durch Teilung, einige Arten durch Stecklinge im Spätsommer, Herbst oder Frühjahr.
***A. nobile* 'Treneague'.** Siehe *Chamaemelum nobile* 'Treneague'.
A. punctata* ssp. *cupaniana Abb. S. 233.
A. sancti-johannis. Immergrüne, ausgebreitete, buschige Staude. H. und Br. 60 cm. Winterhart. Hat im Sommer gänseblümchenähnliche, hellorangefarbene Blütenköpfe zwischen farnähnlichen, struppigen, mittelgrünen Blättern.
A. tinctoria (Färberkamille). Immergrüne, horstbildende Staude. H. und Br. 1 m. Winterhart. In Sommermitte zahllose, gänseblümchenartige, gelbe Blütenköpfe über einer dichten Fülle farnartiger, gekräuselter, mittelgrüner Blätter. Vermehrung durch Wurzelstecklinge im Frühjahr oder Spätsommer. **'E. C. Buxton'** Abb. S. 214.

ANTHERICUM (Liliaceae)
Graslilie
Gattung aufrechter Stauden mit teller- oder trompetenförmigen Blüten, die in ährenförmigen Trauben aus Laubhorsten heranwachsen. Winterhart. Liebt einen sonnigen Standort und fruchtbaren, durchlässigen Boden, der im Sommer nicht austrocknet. Vermehrung durch Teilung im Frühjahr oder durch Aussaat im Herbst.
A. liliago Abb. S. 233.
A. ramosum. Hochwachsende Staude. H. 1 m, Br. 30 cm. Aufrechtstehende Trauben mit kleinen, tellerförmigen weißen Blüten erscheinen im Sommer über einem graugrünen Horst von Blättern.
Antholyza paniculata. Siehe *Crocosmia paniculata*.

ANTHURIUM (Araceae)
Flamingoblume
Gattung immergrüner, aufrechter, kletternder oder kriechender Stauden. Einige sind wegen ihres Blattwerks reizvoll, andere wegen der glänzenden Blütenscheiden. Frostempfindlich, mind. 15 °C. Braucht im Winter helles Licht und im Sommer indirekte Sonne, dazu eine ziemlich hohe Luftfeuchtigkeit und feuchten, aber nicht nassen, torfigen Boden. Vermehrung durch Teilung im Frühjahr.
A. andreanum Abb. S. 223.
A. crystallinum Abb. S. 221.
***A.* 'Rothschildianum',** syn. *A. × rothschildianum*. Immergrüne, aufrechte, kurzstielige Staude. H. und Br. 30 cm. Aufrechte längliche Blätter bis 20 cm Länge. Bringt periodisch eine dauerhafte, rote, weißgesprenkelte Blütenscheide hervor, die einen gelben Blütenkolben umschließt.
A. × rothschildianum. Siehe *A.* 'Rothschildianum'.
A. scherzerianum Abb. S. 258.
A. veitchii. Immergrüne, aufrechte, kurzstielige Staude. H. 1 m oder mehr, Br. bis 1 m. Glänzend wellige Blätter, bis 1 m lang, oval mit herzförmigen Basen an 60 cm bis 1 m langen Blattstielen. Bringt periodisch eine dauerhafte, lederige, grünliche bis weiße Blütenscheide hervor, die einen cremefarbigen Blütenkolben umgibt.

ANTHYLLIS (Leguminosae)
Wundklee
Gattung runder, buschiger Stauden, die wegen ihrer Blüten und der schönen Blätter geschätzt werden. Winterhart. Braucht Sonne und gut durchlässigen Boden. Vermehrung im Sommer durch Kopfstecklinge oder durch Aussaat im Herbst.
A. hermanniae. Runde, buschige Staude. H. und Br. bis 60 cm. Stachelige, gedrehte Stiele tragen einfache oder geteilte glänzend grüne Blätter. Hat im Sommer gelbe Schmetterlingsblüten. Geeignet für Steingärten.
A. montana (Bergklee) Abb. S. 292.
'Rubra' ist eine runde oder ausgebreitete, verholzte Staude. H. und Br. 30 cm. Geteilte Blätter setzen sich aus 17–41 schmal ovalen Blättchen zusammen. Nelkenartige hellrosa Blütenköpfchen erscheinen am Frühlingsende und Sommeranfang. Geeignet für Steingärten.

ANTIGONON (Polygonaceae)
Gattung immergrüner, rankender Kletterpflanzen mit verholzten Stielen, beliebt wegen ihres Blattwerks und ihrer üppigen Büschel kleiner Blüten. Frostempfindlich, mind. 15 °C. Wächst bei vollem Licht in jedem fruchtbaren, durchlässigen Boden. Während der Wachstumszeit reichlich, sonst sparsam gießen. Benötigt tropische Bedingungen für gutes Blühen. Rankhilfe nötig. Wenn nötig, am Frühlingsanfang auslichten. Vermehrung im Frühjahr durch Aussaat oder durch Kopfstecklinge im Sommer.
A. leptopus Abb. S. 167.

ANTIRRHINUM (Scrophulariaceae)
Löwenmaul
Gattung immergrüner Stauden und halbimmergrüner Halbsträucher. Werden meist als Einjährige gezogen. Blühen von Frühling bis Herbst. Bedingt- bis winterhart. Braucht Sonne und guten, durchlässigen Boden. Um die Blütezeit zu verlängern, Verblühtes entfernen. Vermehrung durch Freilandaussaat im Spätfrühling oder durch Ableger im frühen Herbst oder Frühjahr. Rost kann ein Problem für *A. majus* sein, doch es gibt rostresistente Sorten.
A. asarina. Siehe *Asarina procumbens*.
A. majus. Aufrechte Staude, von Grund auf verzweigt. Einjährige Sorten in Gruppen von entsprechender Größe und Farbe. Hohe Sorten: H. 60 cm–1 m, Br. 30–45 cm. Halbhoch: H. und Br. 45 cm. Niedrige: H. 20–30 cm, Br. 30 cm. Radiärblütige Röhrenblüten, trompetenförmige Blüten, gefüllte und unregelmäßige Röhrenblüten. Nicht ganz winterhart. Alle haben längliche Blätter und tragen vom Frühjahr bis Herbst endständige Trauben von meist zweilippigen, manchmal gefüllten Blüten in verschiedenen Farben (Weiß, Rosa, Rot, Purpur, Gelb und Orange). **'Coronette'** (hoch, radiärblütig) Abb. S. 281. **'His Excellency'** (halbhoch, unregelmäßig-röhrenförmig) mit scharlachroten Blüten. **Hyazinthblütige Sorten** (halbhoch) haben dichte Trauben mit großen, offenen Blüten. **'Little Darling'** (niedrig) hat trompetenförmige Blüten. **Madame-Butterfly-Serie** (hoch, rundblütig) Abb. S. 265. **Princess-Serie** (halbhoch, radiärblütig) haben Blüten in vielen Farben (weiß mit Purpurauge, Abb. S. 269). **Royal-Carpet-Serie** (niedrig, unregelmäßig-röhrenförmig) sind besonders kompakt. **Supreme-Serie** (hoch, radiärblütig) haben gefüllte, gekräuselte Blüten. **'Trumpet Serenade'** (niedrig) Abb. S. 283. **Wedding-Bells-Serie** (hoch) Abb. S. 280.

APHELANDRA (Acanthaceae)
Glanzkölbchen
Gattung immergrüner Sträucher und Stauden mit prachtvollen Blüten. Frostempfindlich, mind. 13 °C. Gedeiht an hellen Standorten, im Sommer nicht in direkter Sonne. Mit weichem Wasser gießen, den Boden feucht, aber nicht zu naß halten. Zu Beginn der Blütezeit düngen. Vermehrung im Frühjahr durch Aussaat oder durch Stammstecklinge von halbharten Triebspitzen.

A. squarrosa. **'Dania'** ist eine immergrüne Staude mit gedrungenem Wuchs. H. 1 m, Br. etwas weniger. Ovale, glänzend dunkelgrüne Blätter mit weißen Blattadern und Mittelrippen von fast 30 cm Länge. Hat im Herbst dichte, viereckige Ähren, bis 15 cm lang, mit zweilippigen, hellgelben Blüten in den Achseln der gelben Hochblätter. **'Louisae'** Abb. S. 215.

APHYLLANTHES (Liliaceae)
Gattung sommerblühender Stauden. Winterhart, jedoch gegen kalten Wind schützen. Gedeiht gut in einer sonnigen, warmen, geschützten Ecke, vorzugsweise im Alpinenhaus; braucht durchlässigen, sandigen, torfhaltigen Boden. Nimmt Störungen übel. Vermehrung durch Aussaat im Herbst oder Frühjahr.
A. monspeliensis. Büschelig wachsende Staude. H. 15–20 cm, Br. 5 cm. Sternförmige blaß- bis dunkelblaue Blüten erscheinen vom Früh- bis Hochsommer einzeln, oder in kleinen Gruppen an der Spitze drahtiger, graugrüner Stengel. Blätter als rotbraune Scheide ausgebildet, die den Stengel umschließt.

APONOGETON (Aponogetonaceae)
Wasserähre
Gattung laubwechselnder, mehrjähriger Wasserpflanzen, beliebt wegen ihres treibenden Blattwerks und der oft duftenden Blüten. Frostempfindlich, mind. 16 °C. Offene, sonnige Lage nötig. Im Herbst von verwelktem Laub säubern. Vermehrung durch Teilung oder Aussaat im Frühjahr, wenn der Samen frisch ist.
A. distachyos Abb. S. 373.

APOROCACTUS (Cactaceae)
Peitschen- oder Schlangenkaktus
Gattung ausdauernder Kakteen, beliebt wegen ihrer hängenden, schlanken, fleischigen Triebe und hellen Blüten. Geeignet für Hängekörbe. Bedingt winterhart bis frostempfindlich, mind. 5 °C. Benötigt Halbschatten und durchlässigen Boden. Vermehrung im Frühjahr oder Sommer durch Stammstecklinge.
A. flagelliformis (Rattenschwanzkaktus) Abb. S. 384.

APTENIA (Aizoaceae)
Gattung schnellwachsender, ausdauernder Sukkulenten mit kriechenden, zwanglos verzweigten Stengeln, die gute Bodendecker abgeben. Frostempfindlich, mind. 7 °C. Braucht sonnigen Standort und gut durchlässigen Boden. Im Winter trocken halten. Vermehrung im Frühjahr oder Sommer durch Aussaat oder Stammstecklinge.
A. cordifolia Abb. S. 392. **'Variegata'** ist eine schnellwachsende, ausgebreitete, ausdauernde Sukkulente. H. 5 cm, Br. unbegrenzt. Hat ovale, glänzende, hellgrüne Blätter mit cremeweißen Rändern und kleine, gänseblümchenähnliche, hellrosa Blüten.

AQUILEGIA (Ranunculaceae)
Akelei
Gattung anmutiger, horstbildender, kurzlebiger Stauden, beliebt wegen ihrer glockenförmigen, gespornten Blüten im Frühling oder Sommer. Geeignet für Steingärten. Winterhart. Bevorzugt gut durchlässigen Boden in offenem, sonnigem Gelände. Vermehrung der Arten durch Aussaat im Herbst oder Frühjahr. Reine Sorten nur gelegentlich durch Aussaat (z. B. *A. vulgaris* 'Nora Barlow'), da sie sich untereinander kreuzen; sie sollten deshalb voneinander getrennt stehen. Anfällig für Blattläuse.
A. alpina Abb. S. 288.
A. canadensis. Horstbildende, belaubte Staude. H. 60 cm, Br. 30 cm. Winterhart. Trägt im Sommer über dem farnartig dunkelgrünen Blattwerk halbhängende, glockenförmige Blüten mit gelben Kelchblättern und rotem Sporn, mehrere auf einem schlanken Stengel.
A. chrysantha. Kräftige, horstbildende Staude. H. 1,2 m, Br. 60 cm. Winterhart. Trägt im Sommer mehrere halbhängende, glockenförmige, zartgelbe Blüten mit langem Sporn an jedem Stengel. Farnähnliche, geteilte, mittelgrüne Blätter.
A. flabellata. Horstbildende Staude. H. 25 cm, Br. 10 cm. Winterhart. Glockenförmige, zartblaue Blüten, jede mit gerifften Blütenblättern und einem kurzen Sporn, erscheinen im Sommer. Runde, feingeteilte Blätter bilden eine offene Basalrosette. Benötigt Halbschatten und feuchten Boden. **'Nana Alba'** hat weiße Blüten.
A. jonesii Abb. S. 323.
A. longissima. Horstbildende, schön belaubte Staude. H. 60 cm, Br. 50 cm. Winterhart. Glockenförmige, blaßgelbe Blüten mit sehr langem, hellgelben Sporn, erscheinen zu mehreren auf einem Stengel im Frühsommer über farnähnlichen, geteilten, mittelgrünen Blättern.
***A.* 'Mrs. Scott Elliot'.** Horstbildende, belaubte Staude. H. 1 m, Br. 50 cm. Winterhart. Glockenförmige Blüten in verschiedenen Farben, oft zweifarbig mit langem Sporn, erscheinen Sommeranfang an verzweigten, drahtigen Stengeln. Hat farnähnliche, geteilte, bläulichgrüne Blätter.
A. scopulorum. Horstbildende Staude. H. 6 cm, Br. 9 cm. Winterhart. Bringt im Sommer gerifffelte, hellblaue oder zart rosa Blüten mit cremiger Mitte und sehr langem Sporn hervor. Blätter in 9 ovale graugrüne Blättchen geteilt.
A. vulgaris. Horstbildende, belaubte Staude. H. 1 m, Br. 50 cm. Winterhart. Viele trichterförmige Blüten in Rosa, Hochrot, Purpur und Weiß mit kurzem Sporn erscheinen im Frühsommer zu mehreren an einem langen Stengel. Blätter graugrün, rund und in kleine Blättchen geteilt. **'Nora Barlow'** Abb. S. 208.

ARABIS (Cruciferae)
Gänsekresse, Gamskresse
Gattung robuster, immergrüner Stauden. Ausgezeichnete Bodendecker im Steingarten. Winterhart. Benötigt Sonne und gut durchlässigen Boden. Vermehrung im Sommer durch Kopfstecklinge, im Herbst durch Aussaat.
A. albida. Siehe *A. caucasica*.
A. blepharophylla. Kurzlebige, immergrüne, teppichbildende Staude. H. 12 cm, Br. 15 cm. Winterhart, mag aber keine Winternässe. Ovale, gezähnte, dunkelgrüne Blätter mit haarigen, grauen Spitzen in lockeren Rosetten. Im Frühjahr erscheinen duftende, hellrosa bis weiße Blüten mit 4 Kronblättern.
A. caucasica, syn. *A. albida*. Immergrüne, teppichbildende Staude. H. 15 cm, Br. 25 cm. Winterhart. Bringt lockere Rosetten aus ovalen, gezähnten, mittelgrünen Blättern und im späten Frühling und Sommer duftende, weiße, gelegentlich rosa Blüten mit 4 Kronblättern hervor. Wächst ausgezeichnet auf einer Trockenmauer. Nach der Blütezeit zurückschneiden. **'Plena'** hat gefüllte, weiße Blüten. **'Rosabella'** Abb. S. 305. **'Variegata'** Abb. S. 302.
A. ferdinandi-coburgii **'Variegata'** Abb. S. 328.

ARALIA (Araliaceae)
Aralie
Gattung laubwechselnder Bäume, Sträucher und Stauden, beliebt wegen der auffallenden Blätter und kleinen, aber üppig erscheinenden Blüten. Winterhart. Benötigt Sonne oder Halbschatten, etwas Schutz und fruchtbaren, durchlässigen Boden. Vermehrung der angeführten Arten durch Aussaat im Herbst, durch Schößlinge oder Wurzelschnittlinge im Spätwinter.
A. elata (Japanischer Angelikabaum). Laubabwerfender Baum oder Strauch mit dünnen, kräftigen, stacheligen Stengeln. H. und Br. 10 m. Breite, dunkelgrüne Blätter mit zahlreichen ovalen, paarigen Blättchen. Winzig kleine, weiße Blüten bilden eine große Rispe, die 30–60 cm lang, im Spätsommer oder Herbst erscheint. **'Aureovariegata'** hat gelb geränderte Blättchen. Die Blättchen von **'Variegata'** haben cremigweiße Ränder.
A. elegantissima. Siehe *Dizygotheca elegantissima*.
A. japonica. Siehe *Fatsia japonica*.
A. sieboldii. Siehe *Fatsia japonica*.

ARAUCARIA (Araucariaceae). Siehe KONIFEREN.
A. araucana Abb. S. 75.
A. heterophylla (Zimmertanne). Aufrechte Konifere. H. 30 m, Br. 5–8 m. Nicht ganz winterhart. Hat spiralförmig erscheinende, nadelartige, nach innen gekrümmte, frische grüne Blätter. Bei Kulturpflanzen erscheinen selten Zapfen. Beliebt als Zimmerpflanze für Nordfenster.

ARAUJIA (Asclepiadaceae)
Gattung immergrüner, rankender Kletterpflanzen mit verholzenden Stielen, die bei Beschädigung einen milchigen Saft absondern. Nur bedingt winterhart. Wächst in sonniger Lage und fruchtbarem, durchlässigem Boden. Vermehrung im Frühjahr durch Aussaat oder Stammstecklinge im Spätsommer bis Herbstanfang.
A. sericifera. Siehe *A. sericofera*.
A. sericofera, syn. *A. sericifera*, Abb. S. 165.

ARBUTUS (Ericaceae)
Erdbeerbaum
Gattung immergrüner Bäume und Sträucher. Beliebt wegen ihrer Blätter und der kleinen krugförmigen Blüten, der dekorativen Rinde und der erdbeerähnlichen Früchte, die eßbar, aber geschmacklos sind. Bei uns nicht winterhart. Braucht Sonne und fruchtbaren, durchlässigen Boden. *A. menziesii* benötigt sauren Boden. Vermehrung durch halbausgereifte Kopfstecklinge im Spätsommer oder durch Aussaat im Herbst.
A. andrachne. Immergrüner, breitkroniger Baum oder Strauch. H. und Br. 6 m. Ovale, glänzend dunkelgrüne Blätter und eine sich abschälende, rötlichbraune Rinde. Im späten Frühjahr erscheinen Rispen von weißen Blüten in Urnenform, gefolgt von orangeroten Früchten.
A. × andrachnoides Abb. S. 56.
A. menziesii. Immergrüner, breitkroniger Baum. H. und Br. 15 m. Weiche, sich abschälende, rötlichbraune Rinde und ovale, dunkelgrüne Blätter. Große aufrechte Rispen urnenförmiger weißer Blüten im Frühsommer, später orangefarbene oder rote Früchte.
A. unedo Abb. S. 66.

ARCHONTOPHOENIX (Palmae)
Gattung immergrüner Palmen von majestätischer Erscheinung. Frostempfindlich, mind. 15 °C. Benötigt viel Licht oder Halbschatten und humusreichen, durchlässigen Boden. Kübelpflanzen mäßig gießen, bei niedrigen Temperaturen nur sehr wenig. Vermehrung im Frühjahr durch Aussaat (nicht unter 24 °C). Rote Spinnmilbe kann lästig werden.
A. alexandrae (Alexanderpalme) Abb. S. 46.
A. cunninghamiana. Immergrüne Palme. H. 15–20 m, Br. 2–5 m. Lange, gebogene, federförmige Blätter. Ausgewachsene Bäume bringen im Sommer große Büschel kleiner lavendelfarbener oder lila Blüten hervor, gefolgt von großen, eiförmigen, roten Früchten.
Arcterica nana siehe *Pieris nana*.

ARCTOSTAPHYLOS (Ericaceae)
Bärentraube
Gattung immergrüner Bäume und Sträucher; beliebt wegen ihres Blattwerks, ihrer Blüten und Früchte. Einige Arten haben eine schöne Rinde, andere sind gute Bodendecker. Winterhart bis bedingt winterhart (mind. 7 °C). Schutz vor starkem Wind notwendig. Gedeiht am besten in voller Sonne und durchlässigem, saurem Boden. Vermehrung im Sommer durch halbausgereifte Kopfstecklinge oder durch Aussaat im Herbst.
A. alpina. Siehe *Arctous alpinus*.
A. diversifolia. Siehe *Comarostaphylis diversifolia*.
***A.* 'Emerald Carpet'** Abb. S. 124.
A. manzanita. Immergrüner, aufrechter Strauch. H. und Br. 2 m oder mehr. Winterhart. Hat eine sich abschälende, rötlichbraune Rinde und ovale, ledrige, graugrüne Blätter. Hat im Frühling kleine, zylinderförmige, dunkelrosa Blüten.
A. nevadensis. Immergrüner, kriechender Strauch. H. 10 cm, Br. 1 m. Winterhart. Hat kleine, ovale Blätter. Im Sommer hängende, weiße Blüten, die in Büscheln in den Blattachseln erscheinen, später kugelige, bräunlichrote Früchte. Guter Bodendecker.
A. nummularia. Immergrüner, aufrechter bis kriechender Strauch. H. 30 cm oder mehr, Br. 1 m. Winterhart. Die Blätter sind klein, rund, ledrig und gezähnt. Hängende weiße Blüten erscheinen im Sommer in Büscheln an den Blattachseln, später kugelige, grüne Früchte. Guter Bodendecker.
A. patula Abb. S. 120.
A. stanfordiana. Immergrüner, aufrechter Strauch. H. und Br. 1,5 m. Bedingt winterhart. Rinde glatt und rötlichbraun. Hat länglich ovale, glänzende, hellgrüne Blätter. Hängende Büschel hübscher rosa Blüten erscheinen im Frühling.
A. uva-ursi Abb. S. 328. **'Point Reyes'** Abb. S. 328. **'Vancouver Jade'.** Immergrüner, kriechender, manchmal hängender Strauch. H. 10 cm, Br. 50 cm. Winterhart. Hat schmale, ovale, leuchtendgrüne

Blätter und im Sommer urnenförmige, weiße Blüten. Ssp. ***hookeri* 'Monterey Carpet'** ist ein offener, bedingt winterharter Strauch, H. 10–15 cm, Br. 40 cm oder mehr. Hat behaarte Zweige mit glänzenden, blaßgrünen Blättern und im Frühsommer urnenförmige, weiße, manchmal rosa überhauchte Blüten, später runde, rote Früchte.

ARCTOTHECA (Compositae)
Gattung immergrüner, kriechender Stauden. Frostempfindlich, mind. 5°C. Benötigt helles Licht und fruchtbaren, gut durchlässigen Boden; hohe Feuchtigkeit sollte vermieden werden. Vermehrung durch Samen oder Teilung im Frühling.
A. calendula (Kap-Ringelblume) Abb. S. 250.

ARCTOTIS (Compositae)
Bärenohr
Gattung ein- und mehrjähriger Pflanzen, beliebt wegen ihrer Blüten und des Blattwerks. Frostempfindlich, mind. 1 bis 5°C. Benötigt volle Sonne und lehmige Lauberde mit etwas Sand. Vermehrung durch Samen im Herbst oder Frühjahr oder durch Blattstecklinge das ganze Jahr über.
A. stoechadifolia. Kompakte Staude, wird oft nur als Einjährige gezogen. H. 50 cm oder mehr, Br. 40 cm. Gänseblümchenähnliche, cremeweiße Blüten mit blauer Mitte erscheinen einzeln den ganzen Sommer über bis in den Herbst. Die Blätter ähneln denen der Chrysantheme, sind oben dunkelgrün, die Blattunterseite ist grau. Var. ***grandis*** ist größer und hat längere Blätter.

ARCTOUS (Ericaceae)
Gattung einer Art eines laubabwerfenden Strauchs, ähnlich wie *Arctostaphylos*. Beliebt wegen des attraktiven Aussehens. Winterhart. Benötigt Halbschatten und feuchte, torfhaltige, saure Erde. Vermehrung durch Kopfstecklinge oder Samen im Frühling.
A. alpinus, syn. *Arctostaphylos alpina*. Laubabwerfender, kriechender Strauch. H. 5 cm, Br. bis 12 cm. Hängende, endständige Büschel kleiner, glockenförmiger, weißer, rosa überhauchter Blüten erscheinen im späten Frühjahr. Später folgen runde, lila-schwarze Beeren. Die Blätter sind oval, gezähnt, glänzend und leuchtendgrün.

ARDISIA (Myrsinaceae)
Gattung immergrüner Sträucher und Bäume, die wegen ihrer Früchte und Blätter geschätzt werden. Bedingt winterhart bis frostempfindlich, mind. 10°C. Benötigt Halbschatten und humusreiche, gut durchlässige, aber nicht trockene Erde. Topfpflanzen können während der Wachstumszeit reichlich gegossen werden, in der Ruhephase mäßig. Falls nötig, alte Pflanzen zeitig im Frühjahr zurückschneiden. Vermehrung durch Samen im Frühling oder durch halbausgereifte Kopfstecklinge im Sommer.
A. crenata, syn. *A. crenulata* (Korallenbeere), Abb. S. 118.
A. crenulata. Siehe *A. crenata*.
Areca lutescens. Siehe *Chrysalidocarpus lutescens*.

ARECASTRUM (Palmae)
Gattung mit nur einer Art einer immergrünen Palme, die wegen ihrer majestätischen Erscheinung beliebt ist. Frostempfindlich. Mind. 18°C. Benötigt helles Licht oder Halbschatten und humusreiche, gut durchlässige Erde. Pflanzen in Containern mäßig, bei niedrigen Temperaturen noch weniger gießen. Vermehrung durch Samen im Frühling bei mindestens 24°C. Die Rote Spinne kann zur Plage werden.
A. romanzoffianum (Königspalme) Abb. S. 47.
Aregelia carolinae. Siehe *Neoregelia carolinae*.

ARENARIA (Carophyllaceae)
Sandkraut
Gattung ein- und mehrjähriger Frühlings- und Sommerblüher. Winterhart. Die meisten benötigen Sonne und durchlässige, sandige Erde. Vermehrung durch Teilung oder Kopfstecklinge im Frühsommer oder Samen im Herbst oder Frühling.
A. balearica Abb. S. 302.
A. montana Abb. S. 314.
A. purpurascens Abb. S. 305.
A. tetraquetra Abb. S. 301.

ARGEMONE (Papaveraceae)
Stachelmohn
Gattung robuster, mehrjähriger Pflanzen, die meisten davon am besten als Einjährige gezogen. Bedingt- bis winterhart. Benötigt Sonne und durchlässigen Boden. Das Aufbinden kann die fleischigen Stiele beschädigen. Verblühtes entfernen, um die Blütezeit zu verlängern. Vermehrung durch Samen, im späten Frühling direkt ins Freiland säen.
A. mexicana (Teufelsfeige) Abb. S. 279.
Argyranthemum frutescens. Siehe *Chrysanthemum frutescens*.

ARGYREIA (Convolvulaceae)
Silberkraut
Gattung immergrüner, rankender Kletterpflanzen, ähnlich wie *Ipomoea*, beliebt wegen ihrer Blütenpracht. Frostempfindlich, mind. 13°C. Benötigt nährstoffreichen, durchlässigen Boden und helles Licht. Während der Wachstumszeit großzügig gießen, sonst eher sparsam. Kletterhilfe notwendig. Im Frühling wird die Pflanze ausgedünnt. Vermehrung durch Samen im Frühling oder durch Kopfstecklinge im Sommer. Rote Spinne und Weiße Fliege können Probleme machen.
A. splendens. Kräftige, immergrüne, rankende Kletterpflanze. H. 4 m oder mehr. Die ovalen Blätter sind 18 cm lang, auf der Unterseite seidige, weiße Härchen. Im Sommer und Herbst große Büschel trichterförmiger, zartrosa Blüten.

ARGYRODERMA (Aizoaceae)
Silberhaut
Gattung mehrjähriger Sukkulenten, die wegen ihrer fleischigen, graugrünen, niederliegend eiförmigen Blätter beliebt sind. Im Sommer erscheinen in den Blattspalten gänseblümchenähnliche Blüten. Frostempfindlich. Mindesttemperatur 5°C. Benötigt volle Sonne und durchlässigen Boden. Übermäßiges Gießen verursacht Spaltung der Blätter oder Fäulnis. Vermehrung durch Samen im Sommer.
A. blandum. Siehe *A. delaetii*.
A. brevipes. Siehe *A. fissum*.
A. delaetii, syn. *blandum*, Abb. S. 396.
A. fissum, syn. *A. brevipes*, Abb. S. 394.
A. pearsonii, syn. *A. schlechteri*, Abb. S. 393.
A. schlechteri. Siehe *A. pearsonii*.

ARIOCARPUS (Cactaceae)
Wollfruchtkaktus
Gattung extrem langsam wachsender, mehrjähriger Kakteen mit großen, verdickten Wurzeln. Bringt abgeflachte, kugelige, grüne Triebe hervor, an denen sich Warzen und Wollbüschel befinden. Frostempfindlich. Mindesttemperatur 5°C. Benötigt volle Sonne und sehr gut durchlässigen, kalkhaltigen Boden. Sehr fäulnisgefährdet. Vermehrung durch Samen im Frühling oder Sommer.
A. fissuratus Abb. S. 392.

ARISAEMA (Araceae)
Feuerkolben
Gattung knolliger Stauden, die wegen ihrer großen, seltsamen, haubenartigen Blütenscheide gehalten wird. Jede Blütenscheide enthält einen bleistiftförmigen Kolben. Bildet Ähren mit fleischigen, roten Früchten, bevor die Pflanze im Herbst abstirbt. Bedingt- bis winterhart. Braucht Sonne oder Halbschatten und humusreiche Erde. Die Knollen werden im Frühjahr 15 cm tief gesetzt. Vermehrung durch Samen im Herbst oder Frühling oder durch Kindl im Frühling.
A. atrorubens. Siehe *A. triphyllum*.
A. candidissimum Abb. S. 364.
A. consanguineum Abb. S. 337.
A. griffithii Abb. S. 352.
A. jacquemontii Abb. S. 353.
A. ringens. Zeitig im Frühjahr blühende, knollige Staude. H. 25–30 cm, Br. 30–45 cm. Bedingt winterhart. Hat 2 aufrechte 3lappige Blätter, und eine breite, haubenartige Blütenscheide, die den Kolben umhüllt, mit blaßgrünen Streifen, die dunkelbraun lila umrandet ist.
A. sikokianum Abb. S. 350.
A. tortuosum. Sommerblühende knollige Staude. H. 30 cm, Br. 30–45 cm. Bedingt winterhart. Jeder dunkelgrün, hellgrün marmorierte Stengel trägt 2–3 aufrechte Blätter, die in einige ovale Blättchen unterteilt sind. Die haubenförmige, grüne oder lilafarbene Blütenscheide mit dem überragenden S-förmigen Kolben erscheint oberhalb der Blätter. Die Früchte erscheinen im Herbst und sind rot, attraktiv und fleischig.
A. triphyllum, syn. *A. atrorubens*, Abb. S. 352.

ARISARUM (Araceae)
Gattung von mehrjährigen Knollengewächsen, die man hauptsächlich wegen ihrer eigenartigen, haubenförmigen Blütenscheide, die den Kolben mit den sehr winzigen Blüten umschließt, hält. Winterhart. Benötigt Halbschatten und humusreiche, durchlässige Erde. Vermehrung im Herbst durch Teilung der Knollen, die reichlich Kindl bilden.
A. proboscideum. Gruppenbildende, frühlingsblühende, knollige Staude. H. bis 10 cm, Br. 20–30 cm. Blätter sind pfeilförmig und niederliegend. Der Kolben mit winzigen Blüten sitzt in einer haubenförmigen, dunkelbraunen Blütenscheide, die einen ca. 15 cm langen Fortsatz hat, der ihr ein mäuseähnliches Aussehen gibt.

ARISTEA (Iridaceae)
Gattung immergrüner, horstbildender, rhizombildender Pflanzen, die hauptsächlich wegen ihrer blauen Blütentrauben, die sie im Frühling und Sommer hervorbringen, beliebt sind. Bedingt winterhart. Bevorzugt Sonne und durchlässigen Boden. Eingewachsene Pflanzen können nicht gut umgepflanzt werden. Vermehrung durch Samen im Herbst oder Frühling.
A. ecklonii. Immergrüne, in Gruppen wachsende, rhizombildende Staude. H. 30–60 cm, Br. 20–40 cm. Hat lange, schwertförmige, derbe Blätter, die im Sommer durch locker verzweigte Trauben mit tellerähnlichen blauen Blüten überragt werden; anhaltende Blüte.
A. major, syn. *A. thyrsiflora*, Abb. S. 337 (einige sind immergrün).
A. thyrsiflora. Siehe *A. major*.

ARISTOLOCHIA (Aristolochiaceae)
Pfeifenblume
Gattung immergrüner oder laubabwerfender, verholzender Kletter- oder Schlingpflanzen, die wegen ihres Laubes und der Blüten beliebt sind. Bedingt winterhart bis frostempfindlich. Mindesttemperatur 10–13°C. Benötigt durchlässigen Boden und Halbschatten im Sommer. In der Wachstumszeit regelmäßig gießen. In der Ruheperiode bei Bedarf. Benötigt Kletterhilfe. Vorjahreswuchs auf 2 bis 3 Augen im Frühjahr zurückschneiden. Vermehrung im Frühjahr durch Samen oder durch halbausgereifte Kopfstecklinge im Sommer. Rote Spinne und Weiße Fliege können zum Problem werden.
A. elegans Abb. S. 169.
A. gigas. Siehe *A. grandiflora*.
A. grandiflora, syn. *A. gigas*. Schnellwachsende, immergrüne, verholzende Schlingpflanze. H. 7 m oder mehr. Frostempfindlich. Die Blätter sind breitoval, 15–25 cm lang. Im Sommer erscheinen große, unangenehm riechende, röhrenförmige, purpurgeäderte weiße Blüten, jede mit einem langen Sporn und ausgeweitet in eine herzförmige Lippe.
A. griffithii, syn. *Isotrema griffithii*. Ziemlich kräftige, immergrüne, verholzende Kletterpflanze. H. 5–6 m. Bedingt winterhart, laubabwerfend in kalten Wintern. Herzförmige Blätter und im Sommer röhrenförmige, dunkelrote Blüten mit breiter Lippe.

ARISTOTELIA (Elaeocarpaceae)
Gattung immergrüner Sträucher und laubabwerfender Bäume, beliebt wegen des schönen Laubs. Man benötigt männliche und weibliche Pflanzen, um Früchte zu bekommen. Winterhart, sollten aber an einer Süd- oder Westwand gepflanzt werden, oder Schutz durch andere Sträucher bekommen. Sonne oder Halbschatten und humusreichen, gut durchlässigen Boden. Vermehrung durch halbausgereifte Kopfstecklinge im Sommer.
A. chilensis. Immergrüne, ausgebreitete Sträucher. H. 3 m, Br. 5 m. Blätter oval, glänzend, dunkelgrün. Kleine, grüne Blüten in Sternform erscheinen im Sommer, später kleine, kugelige, schwarze Früchte.

ARMERIA (Plumbaginaceae)
Grasnelke
Gattung immergrüner Stauden und Halbsträucher, wegen ihrer büschelartigen oder rosettenbildenden Blätter und ihrer Blütenköpfe beliebt. Bedingt winterhart. Benötigt Sonne und gut durchlässige Erde. Vermehrung durch halbausgereifte Kopfstecklinge im Sommer oder durch Samen im Herbst.
A. caespitosa. Siehe *A. juniperifolia*.

A. cespitosa. Siehe *A. juniperifolia.*
A. juniperifolia, syn. *A. caespitosa. A. cespitosa,* Abb. S. 305. **'Bevans Variety'**, immergrüner, dichter Bodendecker. H. 5–8 cm, Br. 15 cm. Winterhart. Die schmalen graugrünen Blätter sind in lokkeren Rosetten angeordnet. Runde, kleine rosafarbene Blütenköpfe im späten Frühjahr oder Frühsommer.
A. latifolia. Siehe *A. pseudarmeria.*
A. maritima (Seegrasnelke). Immergrüne, horstbildende Staude oder Zwergstrauch. H. 10 cm, Br. 15 cm. Winterhart. Blätter sind schmal, grasähnlich und dunkelgrün. Die steifen Stengel tragen im Sommer viele kleine, runde, weiße bis rosafarbige Blüten. Eignet sich zur Beetbegrenzung. **'Vindictive'** Abb. S. 320.
A. pseudarmeria, syn. *A. latifolia,* Abb. S. 290. **'Bees Ruby'** ist ein immergrüner, horstbildender Zwergstrauch. H. und Br. 30 cm. Winterhart. Die Blütenköpfe sind klein, rund, rubinrot und erscheinen im Sommer an steifen Stengeln über den grasähnlichen, dunkelgrünen Blättern.

ARNEBIA (Boraginaceae)
Gattung von Stauden mit haarigen Blättern, die sich gut für Steingärten und Abgrenzungen eignet. Winterhart. Benötigt Sonne und durchlässigen, kiesigen Boden. Vermehrung durch Samen im Herbst, Wurzelschnittlinge im Winter, oder Teilung im Frühjahr.
A. echioides. Siehe *A. pulchra.*
A. pulchra, syn. *A. echioides, Echioides longiflorum, Macrotomia echioides* (Prophetenblume). Horstbildende Staude, H. 23–30 cm, Br. 25 cm. Die Blätter sind lanzettlich bis schmaloval, haarig und hellgrün. Trägt im Sommer lockere Trauben röhrenförmiger, leuchtendgelber Blüten, jede 5lappig. Basis der Kronblätter mit blasser werdenden dunklen Flecken.

ARNICA (Compositae)
Arnika
Gattung wurzelstockbildender Stauden, wegen ihrer großen, gänseblümchenähnlichen Blüten beliebt. Geeignet für große Steingärten. Winterhart. Braucht Sonne und humusreiche, durchlässige Erde. Vermehrung durch Teilung oder Aussaat im Frühjahr.
A. montana. Wurzelstockbildende, büschelige Staude. H. 30 cm, Br. 15 cm. Besitzt länglich-ovale bis ovale, graugrüne Blätter, trägt im Sommer einzelnstehende, goldgelbe Blüten von 5 cm Durchmesser. Bevorzugt sauren Boden.

ARONIA (Rosaceae)
Zwergvogelbeere
Gattung laubabwerfender Sträucher, die wegen ihrer Blüten, Früchte und des farbenprächtigen Herbstlaubs kultiviert werden. Winterhart. Benötigt Sonne (um leuchtendes Herbstlaub zu entwickeln) oder Halbschatten und nährstoffreiche, durchlässige Erde. Vermehrung durch Kopfstecklinge im Sommer, durch Aussaat im Herbst oder Teilung vom frühen Herbst bis ins Frühjahr.
A. arbutifolia Abb. S. 97.
A. melanocarpa Abb. S. 104.
A. prunifolia. Laubabwerfender, aufrechter Strauch. H. 3 m, Br. 2,50 m. Die ovalen, glänzenden, dunkelgrünen Blätter färben sich im Herbst rot. Kugelige, purpur-schwarze Beeren folgen den im späten Frühjahr und Frühsommer blühenden, sternchenförmigen, weißen Blüten.

ARRHENATHERUM (Gramineae)
Glatthafer
Siehe GRÄSER, BAMBUS, BINSEN, SCHILFGRAS.
***A. elatius* 'Variegatum'.** Lockeres, büschelbildendes, krautiges, mehrjähriges Gras. H. 50 cm, Br. 20 cm. Winterhart. An der Basis der Stengel knollig verdickte, glatte, graugrüne, weißumrandete Blätter und offene Rispen bräunlicher Ährchen im Sommer.

ARTEMISIA (Compositae)
Beifuß, Wermut
Gattung von Stauden und sich ausbreitender Zwergsträucher und Sträucher. Immergrün oder halbimmergrün. Hauptsächlich kultiviert wegen des farnähnlichen, silbrigen Laubes, manchmal auch aromatisch duftend. Winterhart bis bedingt winterhart. Bevorzugt einen offenen, sonnigen, gut durchlässigen Standort. Zwergarten im Winter mit etwas Sand oder Kieselsteinen abdecken. Etwas zurückschneiden im Frühjahr. Vermehrung durch Teilung im Frühjahr oder Herbst, oder Kopf- oder halbausgereifte Stecklinge im Sommer.
A. abrotanum (Eberraute) Abb. S. 144.
***A. absinthium* 'Lambrook Silver'** (Wermut). Immergrün, ganzjährig, buschig, an der Basis verholzt. H. 80 cm, Br. 50 cm. Winterhart. Besitzt eine Menge schön geteilter, aromatischer, silbrig-grauer Blätter. Winzige, unbedeutende, graue Blütenrispen erscheinen im Sommer. An exponierten Stellen muß Schutz geboten werden.
A. arborescens Abb. S. 143. **'Faith Raven'** ist ein immergrüner, hochwachsender Strauch. H. 1,2 m, Br. 1 m. Unterscheidet sich von der Spezies nur durch die Winterfestigkeit. Hat fein zergliedertes, aromatisches, silbrig-weißes Laub, und trägt im Sommer und Frühherbst kleine runde, leuchtend gelbe Blütenköpfe.
A. assoana. Siehe *A. pedemontana.*
A. canescens. Halbimmergrüne, buschige Staude. H. 50 cm, Br. 30 cm. Winterhart. Hart zierliche, fein zergliederte, gewellte, silbrig graue Blätter. Im Sommer erscheinen unbedeutende, gelbe Blüten an aufrechten silbrigen Stengeln. Gut als Bodendecker.
A. frigida. Halbimmergrüne, teppichbildende Staude mit verholztem Stamm. H. 30 cm, während der Blüte, Br. 30 cm oder mehr. Winterhart. Hat schmale, farnartige, aromatische, seidige, grauweiße Blätter, die in viele linealische Lappen geteilt sind. Im Sommer erscheinen schmale Rispen kleiner, runder, gelber Blütenköpfchen.
A. lactiflora Abb. S. 189.
A. lanata. Siehe *A. pedemontana.*
A. ludoviciana* var. *albula Abb. S. 223.
A. pedemontana, syn. *A. assoana, A. lanata.* Immergrüne oder halbimmergrüne, niederliegende Staude. H. und Br. 30 cm. Winterhart. Die farnähnlichen Blätter sind dicht besetzt mit silbrig-weißen Härchen. Die kleinen, runden, gelben Blüten erscheinen im Sommer büschelweise. Geeignet für Steingärten oder Mauern.
A. pontica Abb. S. 245.
***A.* 'Powis Castle'.** Kräftiger, immergrüner Halbstrauch. H. 1 m, Br. 1,2 m. Winterhart. Besitzt eine Fülle fein zergliederter, aromatischer, silbriggrauer Blätter und unscheinbare, gelblichgraue Blütenköpfchen im Sommer.

A. schmidtiana. Halbimmergrüne, horstbildende Staude mit kriechenden Stengeln. H. 8–30 cm, Br. 60 cm. Winterhart. Hat farnähnliche, sehr feine, tief eingeschnittene silbrige Blätter und trägt im Sommer kurze Blütentrauben kleiner, runder, blaßgelber Blüten. Eignet sich gut für große Steingärten, Mauern oder Böschungen. Benötigt sandigen, torfhaltigen Boden. **'Nana'** Abb. S. 329.
A. stelleriana. Immergrüne, ausläuferbildende Staude mit verholzter Basis. H. 30–60 cm, Br. 60 cm bis 1 m. Winterhart. Die mit weißen Härchen besetzten silbrigen Blätter sind tief gelappt oder gezähnt. Schlanke Rispen mit kleinen, gelben Blütenköpfchen im Sommer. Benötigt lockere Erde. **'Boughton Silver'**, Br. 1 m von kräftigem, überhängendem Wuchs.

ARTHROPODIUM (Liliaceae)
Gattung büscheliger Stauden, die wegen ihrer Blüten kultiviert wird. Bedingt winterhart. Wächst in fruchtbarem Boden an sonnigen, geschützten Mauern. Vermehrung durch Teilung im Frühjahr oder durch Samen im Frühjahr oder Herbst.
A. cirrhatum. Verzweigte Staude. H. 1 m, Br. 30 cm. Trägt Trauben nickender, flachschalenförmiger weißer Blüten auf drahtigen Stengeln im Frühsommer. Die schmalen, schwertförmigen Blätter entspringen in Büscheln der Basis. Die Wurzeln sind fleischig.

ARUM (Araceae)
Aronstab
Knollenstaude. Kultiviert wegen des schmückenden Laubes und der attraktiven Blütenscheiden, jede umhüllt einen bleistiftförmigen Kolben mit kleinen Blüten. Bedingt- bis winterhart. Benötigt Sonne oder Halbschatten und feuchten, aber durchlässigen Boden. Vermehrung durch Samen im Herbst oder Teilung im Frühherbst.
A. creticum Abb. S. 347.
A. dioscoridis. Frühlingsblühende Knollenstaude. H. 20–35 cm, Br. 30–45 cm. Winterhart. Hat eine segelähnliche grüne oder lilafarbene Blütenscheide, mit dunkel lila Flecken, die den schwarz-lilafarbenen Kolben umschließt. Pfeilförmige, halb aufrechte Blätter erscheinen im Herbst. Benötigt einen sonnigen, geschützten Standort.
A. dracunculus. Siehe *Dracunculus vulgaris.*
***A. italicum* 'Pictum'** Abb. S. 363.
A. pictum. Abb. S. 369.

ARUNCUS (Rosaceae)
Geißbart
Gattung von Stauden, beliebt wegen ihrer breiten, farnähnlichen Blätter und der fedrigen Büschel weißer Blüten im Sommer. Winterhart. Gedeiht in jeder gut durchlässigen Erde und hellem Licht. Vermehrung durch Samen im Herbst, oder durch Teilung im Frühjahr oder Herbst.
A. dioicus, syn. *A. sylvester, Spiraea aruncus,* Abb. S. 188.
'Kneiffii' Abb. S. 201.
A. sylvester. Siehe *A. dioicus.*

ARUNDINARIA (Bambusoideae)
Bambus
Siehe GRÄSER, BAMBUS, BINSEN, SCHILFGRAS.
A. anceps, syn. *jaunsarensis, Sinarundinaria jaunsarensis,* Abb. S. 182.

A. auricoma. Siehe *Pleioblastus viridistriatus.*
A. falconeri. Siehe *Thamnocalamus falconeri.*
A. fastuosa. Siehe *Semiarundinaria fastuosa.*
A. fortunei. Siehe *Pleioblastus variegatus.*
A. japonica. Siehe *Pseudosasa japonica.*
A. jaunsarensis. Siehe *A. anceps.*
A. murielae. Siehe *Thamnocalamus spathaceus.*
A. nitida. Siehe *Sinarundinaria nitida.*
A. variegata. Siehe *Pleioblastus variegatus.*
A. viridistriata. Siehe *Pleioblastus viridistriatus.*

ARUNDO (Graminieae)
Pfahlrohr
Siehe GRÄSER, BAMBUS, BINSEN, SCHILFGRAS.
A. donax (Riesen Schilfrohr). Krautige, grasähnliche Staude mit Rhizom. H. bis 6 m, Br. 1 m. Bedingt winterhart. Dicke Stengel tragen breite, herunterhängende, blau-grüne Blätter. Trägt im Sommer aufrechte, weißlich-gelbe Ährenrispen. Kann auch in feuchter Erde kultiviert werden. **'Versicolor'** (syn. *A. d.* 'Variegata') Abb. S. 180.

ASARINA, syn. MAURANDIA (Scrophulariaceae)
Immergrüne Kletterpflanzen und Stauden, oft mit kletternden Stengeln, die wegen ihrer Blüten gezogen werden. Wächst krautartig in kalten Gebieten. Bedingt winterhart bis frostempfindlich. Mindesttemperatur 5 °C. Benötigt volles Licht und gut durchlässigen Boden. Vermehrung durch Samen im Frühling.
A. barclaiana. Gattung immergrüner, weichstieliger Kletterpflanzen. Krautartig im kalten Klima. H. bis 2 m. Frostempfindlich. Hat winklige, herzförmige, haarlose Blätter. Die trompetenförmige Blüte ist lila mit weißlichem Schlund, 6–7 cm lang. Blütezeit Sommer–Herbst.
A. erubescens Abb. S. 167.
A. procumbens, syn. *Antirrhinum asarina,* Abb. S. 324.

ASARUM, syn. HEXASTYLIS (Aristolochiaceae)
Haselwurz
Immergrüne oder laubabwerfende Knollenstaude mit krugförmigen Blüten, die unter nieren- oder herzförmigen Blättern hervorkommen. Guter Bodendecker, obwohl bei schlechtem Wetter die Blätter beschädigt werden können. Winterhart. Bevorzugt Schatten, humusreiche, feuchte, aber durchlässige Erde. Vermehrung durch Teilung im Frühjahr, sät sich gerne selber aus.
A. caudatum. Immergrüne, niedrige Rhizomstaude. H. 8 cm, Br. 25 cm oder mehr. Herzförmige, ledrige, glänzende, dunkelgrüne Blätter, 5 bis 10 cm breit, unter denen kleine, krugförmige, rötlich braune oder bräunlich-lilafarbene Blüten, schwanzähnlich gelappt, sich verbergen. Blütezeit Frühsommer.
A. europaeum Abb. S. 330.
A. hartwegii. Immergrüne, niedrige Rhizomstaude. H. 8 cm, Br. 25 cm oder mehr. Krugförmige, sehr dunkelbraune, fast schwarze Blüten, schwanzartig gelappt, erscheinen im Frühsommer unter herzförmigen, silbrig gezeichneten, mittelgrünen Blättern, die 5 bis 10 cm breit sind.

A. shuttleworthii. Immergrüne, niedrige Rhizomstaude. H. 8 cm, Br. 25 cm oder mehr. Hat breite, herzförmige, meistens silbrig gezeichnete, mittelgrüne Blätter mit 8 cm Durchmesser. Im Frühsommer erscheinen krugförmige, dunkelbraune Blüten, die auf der Innenseite violett gefleckt sind.

ASCLEPIAS (Asclepiadaceae)
Seidenpflanze
Gattung von Knollenstauden oder Halbsträuchern, beliebt wegen ihrer Blüten. Einige sind immergrün. Milchsaft tritt beim Schnitt der Stengel aus. Winterhart bis frostempfindlich. Mindesttemperatur 5 bis 10 °C. Winterharte und bedingt winterharte Arten bevorzugen Sonne und humusreiche, gut durchlässige Erde. Vermehrung durch Teilung oder Samen im Frühjahr. Frostempfindliche Arten benötigen Sonne und hohe Luftfeuchtigkeit. Um sie buschig zu halten, schneidet man während der Wachstumszeit zurück. Bei niedrigen Temperaturen sehr wenig gießen. Vermehrung im Frühjahr durch Kopfstecklinge oder Samen.
A. curassavica (Blutblume). Immergrüner, buschiger, knolliger Strauch, H. und Br. 1 m. Frostempfindlich. Hat 15 cm lange, schmalovale Blätter. Trägt im Sommer kleine, aber prächtige, 5hörnige, orangerote Blütendolden mit gelber Mitte. Die 8 cm langen, schmal eiförmigen, spitzzulaufenden Früchte enthalten seidige Samen.
A. hallii. Aufrechte, knollige Staude. H. bis 1 m, Br. 60 cm. Winterhart. Längliche Blätter, 13 cm lang. Trägt im Sommer Dolden mit kleinen, 5hörnigen, dunkelrosa Blüten. Die schmalen, eiförmigen Früchte, bis 15 cm lang, enthalten dichtstehende, seidige Samen.
A. physocarpa, syn. *Gomphocarpus physocarpus*, Abb. S. 194.
A. syriaca. Aufrechte Knollenstaude. H. und Br. 1 m oder mehr. Winterhart. Ovale Blätter sind 20 cm lang. Trägt im Sommer an hängenden Blütenstengeln 5knotige, kleine, purpurrosa Blütendolden. Die Früchte sind eiförmig, schmal bis 15 cm lang und enthalten seidige Samen.
A. tuberosa Abb. S. 216.

ASIMINA (Annonaceae)
Papau
Gattung immergrüner oder laubabwerfender Sträucher und Bäume, die wegen ihres Laubs und der Blüten beliebt sind. Winterhart. Bevorzugt Sonne und fruchtbare, feuchte, aber durchlässige Erde. Vermehrung durch Samen im Herbst, Ableger oder Wurzelschnittlinge im Winter.
A. triloba. Laubabwerfender, offener Strauch. H. und Br. 4 m. Große, ovale, mittelgrüne Blätter erscheinen im Spätfrühjahr oder Frühsommer kurz nach oder gleichzeitig mit den lilafarbenenbraunen Blüten, bestehend aus 6 Kronblättern, später die kleinen, kugelförmigen, bräunlichen Früchte.

ASPARAGUS (Liliaceae)
Spargel
Gattung von Stauden, wuchernden Kletterpflanzen und Sträuchern, einige davon sind immergrün, die wegen ihres Laubs kultiviert werden. Winterhart bis frostempfindlich. Mindesttemperatur 10 °C. Benötigt Halbschatten oder helles Licht, aber keine direkte Sonne, fruchtbare, durchlässige Erde. Vermehrung durch Samen oder Teilung im Frühjahr.
A. densiflorus, syn. *A. sprengeri* (Zierspargel), Abb. S. 223. **'Myersii'** (syn. *A. meyeri, A. myersii;* Fuchschwanzspargel) Abb. S. 224.
A. meyeri. Siehe *A. densiflorus* 'Myersii'.
A. myersii. Siehe *A. densiflorus* 'Myersii'.
A. scandens Abb. S. 177.
A. sprengeri. Siehe *A. densiflorus*.

ASPERULA (Rubiaceae)
Meister
Gattung einjähriger Pflanzen oder Stauden. Einige Spezies eignen sich gut für das Alpinenhaus. Winterhart bis bedingt winterhart. Die meisten Arten benötigen Sonne und durchlässige Erde, Wurzeln feucht halten. Mag im Winter keine Nässe. Vermehrung durch Kopfstecklinge oder Samen im Frühsommer.
A. odorata. Siehe *Galium odoratum*.
A. suberosa Abb. S. 316.

ASPHODELINE (Liliaceae)
Junkerlilie
Stauden mit dicken, fleischigen Wurzeln. Winterhart bis bedingt winterhart. Benötigt Sonne, aber nicht zu fruchtbare Erde. Vermehrung durch Teilung im frühen Frühjahr; Vorsicht, Wurzeln dürfen nicht beschädigt werden, oder durch Samen im Herbst oder Frühling.
A. liburnica. Nette, horstbildende Staude. H. 25–60 cm, Br. 30 cm. Winterhart. Im Frühling erscheinen an schlanken Stengeln gelbe, flachschalenförmige Blütentrauben. Die Blätter sind linealisch, graugrün.
A. lutea Abb. S. 199.

ASPHODELUS (Liliaceae)
Affodil
Einjährige Pflanzen oder frühlings- oder sommerblühende Staude. Winterhart bis bedingt winterhart. Benötigt Sonne und fruchtbare, durchlässige Erde. *A. albus* bevorzugt lockeren, durchlässigen Boden. Vermehrung durch Teilung im Frühjahr oder durch Samen im Herbst.
A. acaulis. Niedrige Staude. H. 5 cm, Br. 23 cm. Bedingt winterhart. Im Frühling oder Frühsommer erscheinen aus der Mitte der büscheligen, grasähnlichen, mittelgrünen Blätter stengellose, trichterförmige, fleischfarbene Blüten. Geeignet für ein Alpinum.
A. aestivus, syn. *A. microcarpus*. Aufrechte Staude, H. 1 m, Br. 30 cm. Winterhart. Dichte Rispen sternchenförmiger, weißer Blüten erscheinen im späten Frühjahr. An der Basis bilden sich Rosetten aufrechter, später ausladender, grasähnlicher, gefurchter, ledriger Blätter.
A. albus Abb. S. 200.
A. microcarpus. Siehe *A. aestivus*.

ASPIDISTRA (Liliaceae)
Schusterpalme
Gattung immergrüner Stauden mit Rhizomen, langsam wachsend. Hauptsächlich wegen ihres glänzenden Laubes kultiviert. Frostempfindlich. Mindesttemperatur 5–10 °C. Unempfindlich, fühlt sich wohl an einem kühlen, schattigen Standort in durchlässiger Erde. Während des Wachstums häufig gießen, ansonsten nach Bedarf. Vermehrung durch Rhizomteilung im Frühjahr.
A. elatior (Eisenpflanze). Immergrüne, rhizombildende Staude. H. 60 cm, Br. 45 cm. Hat aufrechte, schmale, ovalgespitzte Blätter bis 60 cm Länge, manchmal unauffällige creme bis lila Blüten auf kurzen Stengeln, die nahe der Basis entspringen. **'Variegata'** Abb. S. 257.

ASPLENIUM (Polypodiaceae)
Streifenfarn
Gattung immergrüner oder halbimmergrüner Farne. Winterhart bis frostempfindlich. Mindesttemperatur 5 °C. Beschriebene Pflanzen bevorzugen Halbschatten, nur *A. trichomanes* verträgt volle Sonne. Gedeihen in feuchtem Boden. Getopfte Pflanzen sollten ein Gemisch aus Kompost, zerkleinertes Sphagnum Moos und groben Torf erhalten. Verwelkte Wedel regelmäßig entfernen. Vermehrung, falls vorhanden, durch Sporen oder Bulbillen im Spätsommer.
A. bulbiferum (Hühner und Kükenfarn, Mother spleenwort). Halbimmergrüner oder immergrüner Farn. H. 15–30 cm, Br. 30 cm. Frostempfindlich. Lanzettliche, gefiederte, dunkelgrüne Wedel. Produziert Brutsprosse, aus denen sich die jungen Pflanzen entwickeln.
A. nidus (Nestfarn) Abb. S. 187.
A. scolopendrium. Siehe *Phyllitis scolopendrium*.
A. trichomanes Abb. S. 185.

ASTELIA (Liliaceae)
Gattung horstbildender Stauden. Kultiviert hauptsächlich wegen ihres Laubs. Bedingt winterhart. Bevorzugt volle Sonne oder Halbschatten und fruchtbare Erde, welche nicht so schnell austrocknet. Vermehrung durch Teilung im Frühjahr.
A. nervosa. Horstbildende Staude. H. 60 cm, Br. 1,5 m. Winterhart. Hat lange, schwertförmige, neigende, silbrig-graue Blätter, über denen sich im Sommer graziöse, verzweigte Blütenrispen kleiner, sternförmiger, blaß brauner Blüten zeigen.

ASTER (Compositae)
Stauden und laubabwerfende oder immergrüne Sträucher mit gänseblümchenähnlichen Blüten im Sommer bis Herbst. Winterhart bis bedingt winterhart. Bevorzugt Sonne oder Halbschatten und fruchtbare, durchlässige Erde, und genügend Feuchtigkeit während des Sommers. Große Spezies müssen gestützt werden. Vermehrung durch Kopfstecklinge im Frühjahr, oder Teilung im Frühjahr oder Herbst. Bei Neuzüchtungen von *A. novi-belgii* muß gegen Mehltau und Insektenbefall gespritzt werden. Andere Spezies sind dafür auch anfällig.
A. acris. Siehe *A. sedifolius*.
A. albescens, syn. *Microglossa albescens*. Laubabwerfender, aufrechter Halbstrauch mit schlanken Stengeln. H. 1 m, Br. 1,5 m. Winterhart. Schmale, lanzettförmige, graugrüne Blätter. Im Sommer erscheinen ziemlich flache Rispen lavendelblauer Blütenköpfe mit gelber Mitte.
A. alpinus Abb. S. 321. **'Beechwood'**, horstbildende Staude. H. 15 cm, Br. 30–45 cm. Winterhart. Blätter lanzettförmig und dunkelgrün. Im Spätsommer erscheinen lilafarbene Blüten mit gelber Mitte. Eignet sich für Steingärten.
A. amellus **'King George'** Abb. S. 250. **'Mauve Beauty'**, horstbildende Staude. H. und Br. 50 cm. Winterhart. Im Herbst erscheinen Büschel großer, violettfarbener Blüten mit gelbem Zentrum. Blätter sind lanzettförmig, derb und mittelgrün. **'Rudolph Goethe'** hat große, violettblaue, **'Violet Queen'** dunkellila-farbene Blüten, sind gute Sorten. **'Sonia'** hat rosa Blüten.
A. capensis. Siehe *Felicia amelloides*.
A. cordifolius **'Silver Spray'** Abb. S. 217.
A. ericoides **'White Heather'** Abb. S. 217.
A. frikartii **'Mönch'** Abb. S. 220.
A. lateriflorus. Verzweigte Staude. H. 60 cm, Br. 50 cm. Winterhart. Trägt im Herbst Rispen kleiner, hellviolett-farbener Blüten mit rosabraunem Zentrum. Lanzettförmige Blätter sind klein und dunkelgrün. **'Horizontalis'** Abb. S. 249.
A. novae-angliae **'Alma Pötschke'.** Kräftige, aufrechte Staude. H. 75 cm, Br. bis 60 cm. Winterhart. Im Herbst erscheinen an steifen Stengeln Büschel rosa-farbener Blüten. Hat lanzettförmige, rauhe Blätter. **'Harrington's Pink'** Abb. S. 193. **'Herbstschnee'** Abb. S. 217.
A. novi-belgii **'Fellowship'.** Kräftige, aufrechte Staude. H. 1,2 m, Br. 50 cm. Winterhart. Hat ovale, mittelgrüne Blätter. Im Herbst erscheinen pyramidenförmige Rispen großer, leuchtend rosafarbener Blüten. **'Little Pink Beauty'**, H. 45 cm, gern kultivierte rosafarbene Zwergart. **'Orlando'** (Abb. S. 220), **'Carneval'** (Abb. S. 220) und **'Royal Ruby'** (Abb. S. 250) haben tiefrote Blüten. Gute violett- oder blaublühende Sorten sind **'Climax'**, H. 1,5 m, Blüte ist hellblau, mehltauresistent, **'Marie Ballard'** (Abb. S. 220), auch blau, **'Raspberry Ripple'**, H. 75 cm, mit rötlichvioletten Blüten und **'Royal Velvet'**, H. 1,2 m, mit tief violetten Blüten.
A. paniculatus. Siehe *A. tradescantii*.
A. **'Professor A. Kippenburg'** Abb. S. 250.
A. sedifolius, syn. *A. acris*. Buschige Staude. H. 1 m, Br. 60 cm. Winterhart. Im Herbst erscheinen Büschel fast sternchenförmiger, lavendelblauer Blüten mit gelbem Zentrum. Hat kleine, schmale, ovale, leuchtendgrüne Blätter. **'Nanus'**, H. und Br. 50 cm, bildet eine kuppelförmige Blütenpracht.
A. thomsonii. Aufrechte Staude, H. 1 m, Br. 50 cm. Winterhart. Im Herbst erscheinen blaßlila Blüten mit langen Blütenblättern. Üppiger Blütenflor. Blätter angedeutet herzförmig. **'Nanus'** Abb. S. 250.
A. tongolensis. Bodendeckende Staude. H. 50 cm, Br. 30 cm. Winterhart. Im Frühsommer erscheinen die einzelnstehende, großen, lavendelblauen Blüten mit orangefarbenem Zentrum. Hat lanzettförmige, behaarte, dunkle Blätter.
A. tradescantii, syn. *A. paniculatus*. Aufrechte Staude. H. 1,20 m, Br. 50 cm. Winterhart. Hat lanzettförmige, mittelgrüne Blätter. Im Herbst erscheinen Büschel kleiner weißer Blüten, die auf drahtigen, beblätterten Stengeln sitzen. Hat farbenfrohes Herbstlaub.
A. turbinellus Abb. S. 220.
A. vimineus **'Delight'** Abb. S. 217.

ASTERANTHERA (Gesneriaceae)
Gattung einer Spezies von immergrünen Kletterpflanzen. Kann auf bemoosten Stämmen, an Mauern oder als Bodendekker benutzt werden. Winterhart. Benötigt etwas feuchten, halbschattigen Standort und neutralen bis leicht sauren Boden. Vermehrung durch Kopfstecklinge im Sommer oder Stammstecklinge im Spätsommer oder Herbst.
A. ovata. Immergrüne Kletterpflanze, deren Stengel mit weißen Härchen

bedeckt ist. H. bis 4 m. Hat kleine, längliche, gezähnte Blätter. Im Sommer erscheinen in den Blattachseln, entweder einzeln oder paarweise, 5–6 cm lange, röhrenförmige, rötlichrosa-farbene Blüten, deren untere Lippen oftmals gelb gestreift sind.

ASTILBE (Saxifragaceae)
Prachtspiere, Fiederspiere
Gattung sommerblühender Stauden. Kultivert wegen ihrer Blütenrispen, die auch noch im Winter, im getrockneten Zustand, dekorativ aussehen. Eignet sich für Steingärten und Böschungen. Winterhart. Benötigt fruchtbare, feuchte Erde und meistens Halbschatten. Ungestört wachsen lassen. Im Frühjahr mit gut verrottetem Kompost mulchen. Vermehrung entweder durch Samen im Herbst oder durch Teilung im Frühjahr oder Herbst.
A. 'Bressingham Beauty'. Schönblättrige horstbildende Staude. H. und Br. bis 1 m. Trägt im Sommer an kräftigen Stengeln spitzzulaufende Rispen kleiner, sternförmiger, kräftig rosafarbener Blüten.
***A. chinensis* 'Pumila'.** Horstbildende Staude. H. 30 cm, Br. 20 cm. Die unteren ⅔ des Blumenstengels tragen stark zerklüftete, rauhe, gezähnte, behaarte, dunkelgrüne Blätter. Im Sommer erscheinen dichte, flaumige Ähren kleiner, sternförmiger, tief himbeerroter Blüten. Eignet sich für einen schattigen, feuchten Platz im Steingarten.
A. 'Fanal' Abb. S. 239.
A. 'Granat'. Horstbildende Staude, laubartig. H. 60 cm, Br. bis 1 m. Hat tiefgrüne, bronzeüberhauchte Blätter, gelappt, länglich-oval und gezähnt. Im Sommer erscheinen pyramidenförmige Bündel winziger, sternchenförmiger tiefroter Blüten oberhalb der breiten Blätter.
A. 'Irrlicht' Abb. S. 233.
A. 'Montgomery' Abb. S. 208.
A. 'Ostrich Plume' Abb. S. 204.
A. 'Perkeo' Abb. S. 293.
***A. simplicifolia* 'Gnome'.** Überhängende, horstbildende, schlankstengelige Staude. H. 15 cm, Br. 10 cm. Hat ovale, stark gelappte oder eingeschnittene, gekräuselte, rötlichgrüne Blätter, die rosettenartig der Basis entspringen. Bildet im Sommer dichte Blütentrauben winziger, sternchenförmiger, rosafarbener Blüten. Eignet sich für einen schattigen, feuchten Steingarten oder Heidegarten. Sät sich an feuchten Stellen selbst aus. Sämlinge spalten aber auf.
A. 'Sprite', horstbildende, zwergige, laubartige Staude. H. 50 cm, Br. bis 1 m. Hat fedrige, spitzzulaufende Rispen winziger, sternenförmiger, hellrosafarbener Blüten, die im Sommer oberhalb der breiten, gelappten, länglich ovalen, gezähnten Blätter erscheinen.
A. 'Venus' Abb. S. 204.

ASTRANTIA (Umbelliferae)
Sterndolde
Staude, die gerne in Blumenarrangements benutzt wird. Winterhart. Benötigt Sonne oder Halbschatten und durchlässige Erde. Vermehrung durch Teilung im Frühling, oder durch frischen Samen im Spätsommer.
A. major und var. *involucrata* Abb. S. 234. **'Sunningdale Variegated'** ist eine horstbildende Staude. H. 60 cm, Br. 45 cm. Sommer bis Herbst erscheinen an verzweigten Stengeln runde, manchmal rosa überhauchte, grünlichweiße Blüten. Mittelgrüne Blätter sind handförmig, 3- bis 5fach gelappt, gelb- und cremefarbig gescheckt. ***A. maxima*** Abb. S. 234.

ASTROPHYTUM (Cactaceae)
Bischofsmütze
Gattung langsamwachsender, mehrjähriger Kakteen. Kultiviert wegen der flachen, gelben Blüten, manche mit roter Mitte. Frostempfindlich. Mindesttemperatur 5 °C. Bevorzugt Sonne und durchlässige, kalkhaltige Erde. Im Winter völlig trockenhalten. Bei Nässe Wurzelfäule. Vermehrung im Frühjahr oder Sommer durch Samen.
A. asterias. Langsam wachsender, leicht gewölbter, mehrjähriger Kaktus. H. 8–10 cm, Br. 10 cm. Dornenloser Stamm bestehend aus ungefähr 8 Rippen mit kleinen, buschigen Areolen. Bringt im Sommer leuchtend gelbe Blüten, bis 6 cm im Durchmesser, hervor.
A. myriostigma Abb. S. 386.
A. ornatum Abb. S. 397.
Asystasia bella. Siehe *Mackaya bella.*

ATHEROSPERMA (Monimiaceae, syn. Atherospermataceae)
Gattung immergrüner Bäume, beliebt wegen ihres Laubes und ihrer Blüten im Sommer. Frostempfindlich. Mindesttemperatur 3–5 °C. Benötigt volles Licht oder Halbschatten und durchlässige Erde. Kübelpflanzen nur mäßig, im Winter sehr wenig gießen. Rückschnitt möglich, falls nötig. Vermehrung durch Samen im Frühjahr oder halbausgereifte Stecklinge im Sommer.
A. moschatum. Immergrüner, ausladender Baum. Konisch in der Jugend. H. 15–25 m, Br. 5–10 m. Blätter lanzettförmig, nach Muskatnuß duftend, glänzend, leicht gezähnt. Blattunterseite weißer Flaum. Im Sommer kleine, tellerförmige, cremigweiße Blüten.

ATHROTAXIS (Taxodiaceae)
Gattung von Koniferen mit pfriemenförmigen Nadeln, die die Zweige fest umschließen. Siehe auch KONIFEREN.
A. selaginoides (König Wilhelm Fichte). Unregelmäßig konische Konifere. Höhe 15 m oder mehr, Br. 5 m. Bedingt winterhart. Hat kleine, dicke, lose überlappende, dunkelgrüne Nadeln und unscheinbare, runde Zapfen.

ATHYRIUM (Polypodiaceae)
Frauenfarn
Gattung sommergrüner, machmal auch halbimmergrüner Farne. Winterhart bis frostempfindlich. Mindesttemperatur 5 °C. Benötigt Schatten und humusreiche, feuchte Erde. Regelmäßig verwelkte Wedel entfernen. Vermehrung durch Sporen im Spätsommer, oder durch Teilung im Herbst oder Winter.
A. filix-femina. Sommergrüner Farn. H. 60 cm bis 1,20 m, Br. 30 cm bis 1 m. Winterhart. Die zierlichen, lanzettförmigen, gefiederten, überhängenden Wedel sind blaßgrün.
A. goeringianum. Siehe *A. nipponicum.*
A. nipponicum, syn. *A. goeringianum*, Abb. S. 187.

ATRIPLEX (Chenopodiaceae)
Melde
Gattung einjähriger Pflanzen, Stauden und immergrüner oder halbimmergrüner Sträucher, beliebt wegen des Blattwerks. Gedeiht auch im Küstenbereich. Winter hart bis bedingt winterhart. Benötigt volle Sonne und durchlässige Erde. Vermehrung durch Kopfstecklinge im Sommer, oder Samen im Herbst.
A. halimus (Tree purslane). Halbimmergrüner, buschiger Strauch. H. 2 m, Br. 3 m. Winterhart. Ovale Blätter sind silbrig grau. Blüht selten.
***A. hortensis* 'Rubra'** (Roter Bergspinat). Schnellwachsend, aufrecht, einjährig, H. 1,2 m, Br. 30 cm. Bedingt winterhart. Dreieckige, dunkelrote Blätter bis 15 cm lang, welche eßbar sind. Blüten im Sommer unscheinbar.

AUBRIETA (Cruciferae)
Blaukissen
Immergrüne, kriechende Polsterstaude. Paßt gut an trockene Böschungen, Mauern und in Steingärten. Winterhart. Gedeiht in der Sonne und jedem durchlässigen Boden. Um eine kompakte Form zu erreichen, nach der Blüte stark zurückschneiden. Vermehrung durch Stecklinge im Sommer, oder halbausgereifte Kopfstecklinge im Spätsommer.
A. 'Carnival' Abb. S. 308.
A. 'Church Knowle'. Immergrüne, kriechende, sehr kompakte Staude. H. 8 cm, Br. 15–23 cm. Im Frühling erscheinen kleine, stengellose, lavendelblaue Blüten mit 4 Kronblättern. Blätter sind rund und gezähnt.
A. 'Cobald Violet' Abb. S. 309.
***A. deltoidea* 'Argenteo-variegata'** Abb. S. 308.
A. 'Dr. Mule's'. Kräftige immergrüne Polsterstaude. H. 5–8 cm, Br. 30 cm. Hat runde, gezähnte, zartgrüne Blätter. im Frühling erscheinen kurze Rispen mit großen, gefüllten, tieflila Blüten.
A. 'Gurgedyke'. Immergrüne Polsterstaude. H. 10 cm, Br. 20 cm. Hat runde, gezähnte, zartgrüne Blätter. Im Frühjahr dunkellila Blüten mit 4 Kronblättern.
A. 'Joy' Abb. S. 307.
A. 'J. S. Baker' Abb. S. 308.

AUCUBA (Comaceae)
Aukube
Gattung immergrüner Sträucher, beliebt wegen ihres Laubs und ihrer Früchte. Um Früchte zu erhalten, benötigt man männliche und weibliche Pflanzen. Gedeiht gut an einem kühlen, schattigen Ort. Winterhart bis bedingt winterhart. Verträgt volle Sonne bis tiefen Schatten, aber keinen staunassen Boden. Um das Wachstum zu begrenzen, werden die alten Triebe im Frühjahr zurückgeschnitten. Vermehrung durch Kopfstecklinge im Sommer.
A. japonica Abb. S. 120. **'Crotonifolia'** (männlich) Abb. S. 121.
'Gold Dust', ist ein immergrüner, buschiger und dichter, weiblicher Strauch. H. und Br. 2,50 m. Winterhart. Hat kräftige, grüne Triebe und ovale, glänzende, goldgesprenkelte, dunkelgrüne Blätter. Kleine, sternchenförmige, dunkellila Blüten erscheinen im Frühling, später eiförmige, hellrote Früchte. Die leuchtend grünen Blätter von **'Picturata'** (männlich) haben im Zentrum einen goldenen Fleck. Einige Pflanzen von 'Crotonifolia' und 'Picturata' sind auch weiblich.

AURINIA (Cruciferae)
Gattung immergrüner Stauden, wegen ihres graugrünen Laubes und der imposanten Blütentrauben kultiviert. Geeignet für Steingärten, Mauern und Böschungen. Winterhart. Benötigt Sonne und durchlässige Erde. Vermehrung durch Kopf- oder Grünholzstecklinge im Frühsommer oder durch Samen im Herbst.
A. saxatilis, syn. *Alyssum saxatile* (Steinkraut), Abb. S. 290. **'Citrina'** und **'Variegata'** Abb. S. 289. **'Dudley Neville'.** H. 23 cm, Br. 30 cm. Hat ovale, behaarte, graugrüne Blätter und im späten Frühjahr kräftiggelbe Blüten.

AUSTROCEDRUS (Cupressaceae)
Gattung von Koniferen mit schuppenähnlichen Nadeln an flachen Zweigen. Siehe auch KONIFEREN.
A. chilensis, syn. *Libocedrus chilensis*, Abb. S. 78.

AZARA (Flacourtiaceae)
Gattung immergrüner Sträucher und Bäume. Wegen ihres Laubs und der gelben Blüten, die aus einer Masse Staubgefäße bestehen, kultiviert. Winterhart oder bedingt winterhart. In kalten Gegenden an eine Süd- oder Westwand pflanzen. Wächst sonnig oder schattig in fruchtbarer Erde. Vermehrung im Sommer durch halbausgereifte Stecklinge.
A. lanceolata. Immergrüner, buschiger Strauch oder ausgebreiteter Baum. H. und Br. 6 m. Winterhart. Hat schmale, ovale, scharfgezähnte, leuchtend grüne Blätter. Im späten Frühjahr oder Frühsommer erscheinen kleine, abgerundete Trauben blaßgelber Blüten.
A. microphylla Abb. S. 93.
A. serrata Abb. S. 103.

AZOLLA (Salviniaceae)
Gattung laubabwerfender, mehrjähriger, schwimmender Wasserfarne. Kultiviert wegen ihrer dekorativen Wedel, und wegen Algenbildung, durch Lichtreduzierung einzudämmen. Winterhart bis bedingt winterhart. Gedeiht in Sonne und Schatten. Neigt zu starker Wucherung. Vermehrung durch Neupflanzung junger Pflänzchen, wenn sie erscheinen.
A. caroliniana (Wasserfarn) Abb. S. 374.

AZORELLA (Hydrocotylaceae)
Immergrüne, buschige oder flachwachsende Staude. Kultiviert wegen des rosettenartigen Laubes und der Blumen. Gut geeignet für das Alpinenhaus. Winterhart. Gedeiht in hellem Licht und durchlässiger Erde. Vermehrung durch Teilung im Frühjahr.
A. trifurcata, syn. *Bolax glebaria hort.* (Andenpolster). Abb. S. 330.

AZORINA (Campanulaceae)
Gattung mit einer Spezies, die wegen der Blüten im Frühling und Sommer kultiviert werden. Frostempfindlich. Mindesttemperatur 5 °C. Benötigt volle Sonne oder Halbschatten und durchlässige Erde. Kübelpflanzen mäßig gießen, während der Ruhezeit weniger.
A. vidalii, syn. *Campanula vidalii*, Abb. S. 122.

AZUREOCEREUS (Cactaceae)
Gattung langsamwachsender, manchmal baumähnlicher, mehrjähriger Kakteen. Dorniger, silbriger oder grünblauer Körper mit 20 oder mehr Rippen. Werden durch steife, aufrechte, grünblaue Verzweigungen gekrönt. Frostempfindlich. Mindesttemperatur 7 °C. Benötigt Sonne und durchlässige Erde. Vermehrung durch Samen im Frühjahr oder Sommer.
A. hertlingianus, Abb. S. 378.

B

BABIANA (Iridaceae)
Gattung frühlings- und frühsommerblühender Sproßpflanzen, geschätzt wegen ihrer farbenprächtigen Blüten, ähnlich wie Freesien. Frostempfindlich. Mindesttemperatur 10°C. Benötigt Sonne und gut durchlässige Erde. Vermehrung im Herbst durch Samen oder Teilung.
B. plicata. Frühlingsblüher. H. 10–20 cm, Br. 5–8 cm. Blätter entspringen fächerartig, lanzenförmig, aufrecht der Basis. Blüten an kurzen Ähren, trichterförmig, violettblau, 4–5 cm lang, mit gelbgefleckten Blütenblättern.
B. rubro-cyanea Abb. S. 360.
B. stricta. Frühlingsblüher. H. 10–20 cm. Br. 5–8 cm. Blätter fächerförmig angelegt, schmal lanzettlich, aufrecht, an der Basis entspringend. Blüten an kurzen Ähren, bis 10 Stück, röhrenförmig, lila, blau, creme oder blaßgelb. 2,5 bis 4 cm lang, manchmal mit rotem Zentrum.

BACCHARIS (Compositae)
Gattung immergrüner oder laubabwerfender, hauptsächlich im Herbst blühender Sträucher. Beliebt wegen des Laubs und der Früchte. Eignet sich für exponierte Küstengärten und trockenen Boden. Winterhart. Benötigt volle Sonne und durchlässige Erde. Vermehrung durch Kopfstecklinge im Sommer.
B. halimifolia. Kräftiger, laubabwerfender, buschiger Strauch. H. und Br. 4 m. Ovale Blätter sind graugrün und scharf gezähnt. Große Büschel kleiner weißer Blüten zur Herbstmitte, später flauschige, winzige, weiße Früchte.

BALDELLIA (Alismataceae)
Gattung laubabwerfender oder immergrüner, mehrjähriger Sumpf- und Wasserpflanzen, beliebt wegen ihres Laubs. Winterhart. Bevorzugt Sonne, toleriert aber auch Schatten. Regelmäßig verwelkte Blätter entfernen und übermäßiges Wachstum eindämmen. Vermehrung durch Teilung im Frühjahr oder Sommer.
B. ranunculoides, syn. *Alisma ranunculoides, Echinodorus ranunculoides.* Laubabwerfende, mehrjährige Sumpf- oder Wasserpflanze. H. 23 cm, Br. 15 cm. Hat lanzettförmige, mittelgrüne Blätter und im Sommer Dolden kleiner, dreigeteilter rosa oder weißer Blüten, die an der Basis gelbe Flecken haben.

BALLOTA (Labiatae)
Gottvergeß
Gattung von Stauden und immergrünen oder laubabwerfenden Halbsträuchern, kultiviert wegen des Laubes und der Blüten. Winterhart. Benötigt sehr durchlässige Erde und volle Sonne. Im Frühjahr vor dem Neuaustrieb zurückschneiden. Vermehrung durch halbausgereifte Stecklinge im Sommer.
B. acetabulosa Abb. S. 144.
B. pseudodictamnus Abb. S. 301.

BAMBUSA (Bambuoideae)
Siehe GRÄSER, BAMBUS, BINSEN und SCHILFGRAS.
B. glaucescens. Siehe *B. multiplex*.
B. multiplex, Abb. S. 181.

BANKSIA (Proteaceae)
Gattung immergrüner Sträucher und Bäume, die wegen ihres attraktiven Laubes und der Blüten kultiviert werden. Frostempfindlich. Mindesttemperatur 7–10°C. Benötigt helles Licht und sehr durchlässigen, sandigen, phosphat- und nitratarmen Boden. Kübelpflanzen mäßig gießen, während der Ruhezeit noch sparsamer. Pflanzen im Gewächshaus müssen gut belüftet werden. Vermehrung durch Samen im Frühling.
B. baxteri. Immergrüner, ausgebreiteter, offener Strauch. H. und Br. 2–3 m. Die ledrigen, mittelgrünen Blätter sind riemenförmig, von der Mittelrippe aus dreieckig, spitzgelappt. Im Sommer dichte, runde, kleine, röhrenförmige gelbe Blüten.
B. coccinea Abb. S. 98.
B. ericifolia. Immergrüner, ungleichmäßig runder, drahtiger, verzweigter Strauch. H. und Br. bis 3 m. Hat kleine, nadelähnliche Blätter und dichte, aufrechte und bürstenähnliche Ähren, jede 10 bis 15 cm lang, mit kleinen, röhrenförmigen, bronzerötlichen, manchmal auch gelben Blüten im Spätwinter oder Frühling.
B. serrata. Immergrüner, buschiger, aufrechter Strauch oder Baum. H. 3–10 m, Br. 1,5–3 m. Längliche bis lanzettförmige, sägeähnlich gezähnte, ledrige Blätter, mittel- oder dunkelgrün. Kleine, röhrenförmige, rötlichcremefarbene Blüten erscheinen an dichten, aufrechtstehenden, bürstenähnlichen Ähren, jede 10–15 cm lang, vom Frühjahr bis zum Spätsommer.

BAPTISIA (Leguminosae)
Sommerblühende Staude, kultiviert wegen der Blüten. Winterhart. Benötigt volle Sonne und tiefen, neutralen bis leicht sauren Boden. Einmal gepflanzt, sollte man sie ungestört wachsen lassen. Kann im frühen Frühjahr durch Teilung, oder durch Samen im Herbst, vermehrt werden.
B. australis (Falscher Indigo) Abb. S. 211.
Barbacenia elegans. Siehe *Vellozia elegans*.

BARBAREA (Cruciferae)
Gattung von sommerblühenden, zweijährigen Pflanzen und Stauden. Die meisten Arten sind Unkraut oder Wintersalatpflanzen, aber die gescheckte Form von *B. vulgaris* ist sehr dekorativ. Winterhart. Wächst in Sonne wie Schatten und jeder durchlässigen, aber nicht zu trockenen Erde. Vermehrung durch Samen oder Teilung im Frühjahr.
B. vulgaris (Buntblättriges Barbenkraut) **'Variegata'** Abb. S. 246.

BARLERIA (Acanthaceae)
Gattung immergrüner Sträucher und Stauden, beliebt wegen ihrer Blüten. Frostempfindlich. Mindesttemperatur 7–18°C. Benötigt helles Licht oder Halbschatten und fruchtbaren Boden. Topfpflanzen während des Wachstums gut wässern, ansonsten sparsamer. Während des Wachstums Triebspitzen schneiden, um Verzweigung zu forcieren. Um eine kompakte Form zu erhalten, lange Zweige nach der Blüte einkürzen. Vermehrung durch Samen im Frühjahr oder durch unreife oder halbausgereifte Stecklinge im Sommer.
B. cristata. Immergrüner, halb-aufrechter Strauch. H. und Br. 60 cm–1,20 m. Mindesttemperatur 15–18°C. Hat elliptische, grob behaarte Blätter, röhrenförmige, hellviolette, manchmal blaßrosa oder weiße Blüten, die aus der oberen Blattachsel im Sommer entspringen.
B. obtusa. Immergrüner, aufrechter, ausgebreiteter Strauch. H. und Br. bis 1 m. Mindesttemperatur 7–10°C. Blätter sind elliptisch. Aus der oberen Blattachsel entspringen im Winter–Frühling röhrenförmige, lilafarbene Blüten.
Barosma pulchella. Siehe *Agathosma pulchella*.
Bartonia aurea. Siehe *Mentzelia lindleyi*.

BAUERA (Cunoniaceae, syn. Baueraceae)
Gattung immergrüner Sträucher, die hauptsächlich wegen ihrer Blüten kultiviert werden. Frostempfindlich. Mindesttemperatur 3–5°C. Benötigt volle Sonne und humusreichen, durchlässigen, neutralen bis sauren Boden. Topfpflanzen mäßig gießen, während der Ruhezeit noch sparsamer. Verblühte Blütenstengel entfernen. Vermehrung durch Samen im Frühjahr oder durch halbausgereifte Stecklinge im Spätsommer.
B. rubioides. Immergrüner, buschiger, drahtiger Strauch, normalerweise weit ausgebreitet. H. und Br. 30–60 cm. Blätter dreifach gelappt, oval bis lanzettförmig, glänzend. Schüsselförmige, rosa oder weiße Blüten erscheinen im zeitigen Frühjahr und Sommer.

BAUHINIA (Leguminosae)
Gattung immergrüner, halbimmergrüner oder laubabwerfender Bäume, Sträucher und windender Kletterpflanzen, beliebt wegen ihrer Blüten. Frostempfindlich. Mindesttemperatur 5–18°C. Benötigt helles Licht und fruchtbare, durchlässige Erde. Topfpflanzen während des Wachstums großzügig wässern, im Winter weniger. Nach der Blüte kann reichlicher Wuchs ausgedünnt werden. Vermehrung durch Samen im Frühjahr.
B. galpinii. Siehe *B. punctata*.
B. punctata, syn. *B. galpinii*, Abb. S. 110.
B. purpurea. Hauptsächlich immergrüner, ausgebreiteter Baum. H. und Br. bis 10 m. Mindesttemperatur 5–7°C. Hat zweifach gelappte, breitovale Blätter. Im Spätherbst und Winter erscheinen an kurzen Stengeln endständige, duftende, flache, rosa-lilafarbene bis rote Blüten.
B. variegata und **'Candida'** (Berg-Ebenholz) Abb. S. 69.

BEAUCARNEA (Agavaceae)
Gattung immergrüner Sträucher und Bäume, kultiviert wegen ihres bestechenden Aussehens. Frostempfindlich, Mindesttemperatur 7°C. Benötigt helles Licht und durchlässige, fruchtbare Erde. Trokkenperioden werden toleriert. Topfpflanzen mäßig gießen. Zwischen dem Gießen Substrat austrocknen lassen. Vermehrung durch Samen oder Seitensprosse im Frühjahr, oder durch Kopfstecklinge im Sommer.
B. recurvata, syn. *Nolina recurvata, N. tuberculata* (Elefantenfuß), Abb. S. 72.

BEAUMONTIA (Apocynaceae)
Gattung immergrüner, verholzter, windender Kletterpflanzen. Kultiviert wegen der großen duftenden Blüten und apparten Blätter. Frostempfindlich. Mindesttemperatur 7–10°C. Benötigt fruchtbare, durchlässige Erde und viel Licht. Während der Wachstumszeit großzügig gießen, ansonsten sparsam. Benötigt Kletterhilfe. Nach der Blüte werden Vorjahrestriebe entfernt. Vermehrung durch halbausgereifte Stecklinge im Spätsommer.
B. grandiflora Abb. S. 163.

BEGONIA (Begoniaceae)
Begonie
Gattung immergrüner oder laubabwerfender Sträucher und kleiner, baumähnlicher, einjähriger Pflanzen oder Stauden. Kultiviert wegen ihrer farbenprächtigen Blüten und/oder dekorativen Blätter. Bevorzugt leicht sauren Boden. Ist anfällig für Mehltau und Grauschimmel vom zeitigen Frühjahr bis Frühherbst. Die gewöhnlich kultivierte Begonien werden in folgende Gruppen unterteilt, jede mit eigenen Kulturbedingungen.
Strauchbegonien
Immergrüne, verholzte Staude, oft als »Engelsflügel« bekannt, gewöhnlich mit aufrechten, rohrartigen Stengeln, in regelmäßigem Abstand verdickten Knoten und Blüten an großen, hängenden Rispen. Buschiger Wuchs durch Einkürzen der Triebe. Neuer Austrieb von der Basis der Pflanze. Frostempfindlich. Mindesttemperatur 10°C. Im Gewächshaus bei hellem Licht, aber keiner direkten Sonne, ziehen (zu wenig Licht reduziert die Blütenzahl). Benötigt durchlässiges, kalkhaltiges Substrat. Große Pflanzen aufbinden. Vermehrung im Frühling durch Samen oder Kopfstecklinge.
Rex-Begonien
Die meisten Rexbegonien sind immergrüne Begonien mit rhizomähnlichem, manchmal auch knolligem Wurzelstock. Rex-Begonien zieht man wegen der prächtigen Blätter, manche aus der Gruppe mit kriechenden Sprossen auch wegen der Blüten. Aus den kriechenden oder aufrechtstehenden Rhizomen entwickeln sich einfache oder gekräuselte, grüne oder braune Blätter, 2,5–30 cm lang, teilweise spiralig gedreht. Rhizombildende Begonien sind stärker verzweigt als aufrechtstehende, und eignen sich gut für Ampeln. Wenn nicht anders erwähnt, frostempfindlich, Mindesttemperatur 13–15°C, bevorzugt 18°C, mit einer rel. Luftfeuchtigkeit von 40–75%. Im kälteren Klima im Gewächshaus kultivieren. Halbschatten und durchlässiges Substrat notwendig, sparsam gießen. Stehendes Wasser auf den Blättern fördert Grauschimmelbefall. Vermehrung im Frühjahr durch Samen, Blattstecklinge und Teilung des Wurzelstocks.
Semperflorens-Begonien
Immergrüne, buschige Staude, oft als bedingt winterharte, einjährige Beetpflanze kultiviert. Weiche, fleischige, reich verzweigte Stengel. Blätter gewöhnlich rund, grün, bronze oder bunt, 5 cm lang. Blüten einfach oder gefüllt. Stutzen der Triebspitzen ergibt buschige Pflanzen. Frostempfindlich. Mindesttemperatur 13°C. Benötigt Sonne oder Halbschatten und durchlässiges Substrat. Vermehrung im Frühjahr durch Samen oder Stecklinge.
Buschartige Strauchbegonien
Immergrüne, vielstämmige, buschige Staude. Gewöhnlich reich verzweigt, mit biegsamen, aufrechten oder hängenden Stengeln, oftmals behaart. Blätter sind

behaart oder glatt, bis 15 cm im Durchmesser und 10–30 cm lang. Die einfachen Blüten sind rosa, cremefarben oder weiß. Frostempfindlich. Mindesttemperatur 7°C und 55% rel. Luftfeuchtigkeit. Im Gewächshaus bei gutem Licht in feuchtem, aber durchlässigem Substrat kultivieren. Vermehrung im Frühling durch Samen oder Stecklinge.

Knollenbegonien
Stauden mit Knollen, die man als Einjährige wegen ihrer einfachen Blüten kultiviert, die hauptsächlich im Sommer erscheinen. Die Knollenbegonien-Hybriden *(B. × tuberhybrida)* mit großblumigen, gefüllten Blüten. Die meisten Pflanzen sind buschig mit bis zu 25 cm langen Blättern. Frostempfindlich. Mindesttemperatur 13°C. Kultur im Freien etwas im Schatten und unter feuchten Bedingungen, im Gewächshaus im kühlen Schatten, rel. Luftfeuchtigkeit 65–70%. Knollen ruhen im Winter. Im Frühjahr Knollen neu setzen für Sommer- und Herbstblüte. Alle Knospen entfernen, bis wenigstens drei Blattpaare sich entwickelt haben. Bei großblumigen Typen läßt man nur die männliche Mittelknospe blühen und entfernt seitlich erscheinende Knospen. Pflanzen anbinden. Vermehrung im Frühjahr durch Samen, Stecklinge, Teilstücke oder Teilung der Knollen.

Winterblühende Begonien
Immergrüne, niedrigwachsende, sehr kompakte Staude mit fleischigen, dünnen Trieben, werden oft den Knollenbegonien zugeordnet. Hiemalisorten haben einfache, halbgefüllte oder gefüllte Blüten mit großem Farbspektrum. Cheimanthasorten unterscheiden sich dadurch, daß die Blüten einfach, weiß oder rosa gefärbt sind. Kultivierte Sorten der Fa. Rieger sind verbesserte Hiemalissorten. Die Blätter sind grün oder bronze, 5 cm lang. Blüte hauptsächlich im Spätherbst bis Frühlingsmitte. Frostempfindlich. Mindesttemperatur 18°C. Relative Luftfeuchtigkeit 40%. Bevorzugt indirekte Sonne und feuchte Erde. Alte Stengel werden nach der Blüte bis auf 10 cm zurückgeschnitten. Vermehrung im Frühjahr durch Samen oder Stecklinge.

B. albo-picta (Abb. S. 251). Schnellwachsende, immergrüne, rohrstengelige Begonie. H. bis 1 m, Br. 30 cm. Stark verzweigt, grüne Stengel werden bräunlichgrün, wenn ausgewachsen. Schmale, ovale bis lanzenförmige, gewellte, grüne Blätter mit silbrigen Tupfen. Hat im Sommer–Herbst einfache Büschel grünlichweißer Blüten.

B. angularis. Siehe *B. stipulacea*.

***B.* 'Apricot Cascade'.** Siehe *B. × tuberhybrida*.

***B.* 'Beatrice Hadrell'.** Immergrüne, kriechende Knollenbegonie. H. 20–30 cm, Br. 25–30 cm. Die ovalen Blätter sind tief zerklüftet, 8–15 cm lang, dunkelgrün mit helleren Adern. Oberhalb des Laubs erscheinen im zeitigen Frühjahr einfache, blaß rosafarbene Blüten.

***B.* 'Bethlehem Star'.** Immergrüne, kriechende Knollenbegonie. H. 20–30 cm, Br. 25–30 cm. Ovale, leicht gezackte, fast schwarze Blätter, knapp 8 cm lang, jedes mit einem cremig grünen Stern in der Mitte. Trägt unzählige, einfache, blaß rosafarbene Blüten mit dunkelrosa Punkten. Blüht vom Spätwinter bis zeitigem Frühjahr.

***B.* 'Billie Langdon'.** Siehe *B. × tuberhybrida*.

***B.* 'Bokit'.** Siehe *B.* 'Bowkit'.

B. bowerae (Abb. S. 251). Immergrüne, kriechende Knollenbegonie, H. 25–30 cm, Br. 20–25 cm. Bringt 2,5 cm lange, ovale, leuchtend grüne Blätter mit braunen Flecken hervor. Blattränder sind borstig. Blüten, die im Winter zahlreich erscheinen, sind einfach, weiß und rosa überhaucht. **'Major'** hat größere Blätter.

***B.* 'Bowkit'**, syn. *B.* Bokit. Immergrüne, aufrechte Knollenbegonie. H. 20–30 cm, Br. 25–35 cm. Hat ovale, spiralenförmig gedrehte, gelbgrüne Blätter mit braunen Tigerstreifen. Trägt im Winter unzählige, einfache weiße Blüten mit rosa Flecken.

***B.* 'Bridal Cascade'.** Siehe *B. × tuberhybrida*.

***B.* 'Can-Can'.** Siehe *B. × tuberhybrida*.

***B. × cheimantha* 'Gloire de Lorraine'.** Immergrüne, winterblühende Begonien des Cheimantha-Typs. H. 30 cm, Br. 30–35 cm. Gut verzweigt, mit runden, leuchtend grünen Blättern und einfachen, weißen bis blaßrosa Blüten. Männliche Blüten sind steril, weibliche unfruchtbar.

***B.* 'City of Ballarat'.** Siehe *B. × tuberhybrida*.

B. coccinea. Immergrün, rohrstengelig. H. 1,2 m, Br. 30 cm. Länglich ovale, glänzende grüne Blätter, Blattunterseite ist lederfarben, hat im Frühjahr reichlich einfache, rosa oder korallenfarbige Blüten.

***B.* 'Cocktail'.** Siehe *B. semperflorens*.

***B.* 'Corallina de Lucerna'.** Siehe *B.* 'Lucerna'.

***B.* 'Crimson Cascade'.** Siehe *B. × tuberhybrida*.

***B.* 'Curly Merry Christmas'.** Siehe *B. rex*.

B. dichroa. Immergrüne, rohrstengelige Begonie. H. 35 cm, Br. 25 cm. Ovale Blätter sind mittelgrün, 12 cm lang. Neu hervorkommende Blätter haben manchmal silbrige Flecken. Im Sommer erscheinen kleine, einfache, orangefarbene Blüten.

B. dregei. Halbknollige Begonie. H. 75 cm, Br. 35 cm. Hat kleine, ahornförmige, gelappte, lilageaderte, bronzefarbene Blätter, die manchmal auf der Unterseite rot und jung silbern gesprenkelt sind. Im Sommer reichlich einfache, hängende weiße Blüten. Ruheperiode im Winter.

***B.* 'Duartei'.** Siehe *B. rex*.

***B.* 'Erythrophylla'**, syn. *B.* 'Feastii'. Immergrüne, kriechende, rhizombildende Begonie. H. 20 cm, Br. 23–30 cm. Dicke, mittelgrüne Blätter, 8–15 cm lang, fast rund. Blattstengel sind mit Zentrum der roten Unterseite verbunden. Die leicht gewellten Ränder sind mit weißen Härchen besetzt. Im zeitigen Frühjahr erscheinen über den Blättern einfache, hellrosa Blüten.

***B.* 'Feastii'.** Siehe *B.* 'Erythrophylla'.

***B.* 'Flamboyant'.** Siehe *B. × tuberhybrida*.

B. foliosa (Abb. S. 251). Immergrüne, strauchähnliche Begonie. H. 30–50 cm, Br. 30–35 cm. Trägt aufrechte, dann überhängende Triebe mit ovalen, gezähnten, dunkelgrünen Blättern, 1 cm lang. Hat im Frühling und Herbst sehr kleine, einfache weiße Blüten. Anfällig für weiße Fliege. Var. ***miniata***. Siehe *B. fuchsioides*.

B. fuchsioides, syn. *B. foliosa* var. *miniata*. Immergrüne, strauchähnliche Begonie. H. bis 1,20 m, Br. 30 cm. Ovale, gezähnte Blätter sind zahlreich und dunkelgrün, bis 4 cm lang. Trägt im Winter hängende, ungefüllte, leuchtendrote Blüten.

***B.* 'Gold Cascade'.** Siehe *B. × tuberhybrida*.

B. gracilis var. ***martiana,*** syn. *B. martiana*. Knollenbegonie. H. 60–75 cm, Br. 40 cm. Kleine, ovale bis lanzettförmige, gelappte, blaßgrüne oder bräunlichgrüne, zugespitzte Blätter. Bringt im Sommer 2,5 cm große, duftende, einfache rosa Blüten hervor.

B. haageana. Siehe *B. scharffii*.

***B.* 'Helen Lewis'.** Siehe *B. rex*.

***B.* 'Helene Harms'.** Siehe *B. × tuberhybrida*.

***B. × hiemalis* 'Krefeld'.** Immergrüne, winterblühende Begonie, Typ Rieger, H. 25 cm, Br. 30 cm. Ist halbknollig mit fleischigen Stengeln, ovalen, mittelgrünen Blättern und vielen einfachen, glänzend orangefarbenen oder hochroten Blüten. Sehr anfällig für Grauschimmel und Mehltau an der Basis der Stengel. Gießen, indem der Blumentopf in Wasser gestellt wird.

***B.* 'Ingramii'** (Abb. S. 251). Immergrüne, strauchähnliche Begonie. H. 70 cm, Br. 45 cm. Hat elliptische, gezähnte, leuchtend grüne Blätter, 8 cm lang, und periodisch, von Frühjahr bis zum Herbst, zahlreiche, einfache rosa Blüten an verzweigten Trieben.

***B.* 'Iron Cross'.** Siehe *B. masoniana*.

***B.* 'Lucerna'**, syn. *B.* 'Corallina de Lucerna' (Abb. S. 251). Kräftige, immergrüne, rohrstengelige Begonie. H. 2–2,2 m, Br. 45–60 cm. Hat ovale, silber gesprenkelte, bronzegrüne Blätter, 25–35 cm lang, zugespitzt. Trägt das ganze Jahr Rispen einfacher, tief rosafarbener Blüten. Männliche Blüten meist geschlossen.

***B.* 'Mac's Gold'.** Immergrüne, kriechende, rhizombildende Begonie. H. und Br. 20–25 cm. 8–15 cm lange, sternchenförmige, gelappte, gelbe Blätter mit schokoladebraunen Flecken. Bringt periodisch von Frühjahr bis Sommer mäßig einfache rosa Blüten hervor.

***B.* 'Mme. Richard Galle'.** Siehe *B. × tuberhybrida*.

B. manicata (Abb. S. 251). Immergrüne, aufrechte, rhizombildende Begonie. H. 60 cm, Br. 30–40 cm. Hat große, ovale, braungefleckte, grüne Blätter und unter jeder Blattbasis, um jeden Stengel einen Kragen steifer, roter Härchen. Im zeitigen Frühjahr erscheinen einfache, blaßrosa Blüten. Vermehrung durch Setzlinge während der Wachstumszeit. **'Crispa** (Abb. S. 251) hat dunkelrosa Blüten und hellgrüne Blätter mit gewelltem Rand.

B. martiana. Siehe *B. gracilis* var. *martiana*.

B. masoniana, syn. *B.* 'Iron Cross' (Gänsekranz-Begonie, Abb. S. 251). Immergrüne, kriechende Begonie mit Rhizom. H. 45–60 cm, Br. 30–45 cm. Trägt ovale, gezähnte, derbe, leuchtend grüne Blätter, 15 cm lang, die zugespitzt sind, mit kreuzförmigem, schwarzem oder dunkelbraunem Zentrum. Hat im Sommer einfache, rosa überhauchte weiße Blüten.

***B.* 'Masquerade'.** Siehe *B. × tuberhybrida*.

B. mazae. Immergrüne, kriechende Begonie mit Rhizom. H. bis 23 cm, Br. unbestimmt. Die rundlichen Blätter sind bronze-grünlich mit rotbraunen Adern. Trägt im Frühjahr einfache, duftende, rosa Blüten mit roten Punkten. Gut geeignet für Ampeln.

***B.* 'Merry Christmas'.** Siehe *B. rex*.

B. metallica (Metallblatt-Begonie, Abb. S. 251). Immergrüne, strauchähnliche Begonie. H. 50 cm–1,20 m, Br. 45 cm. Hat 18 cm lange, oval-gezähnte, silbrig behaarte, bronze-grüne Blätter mit dunkelgrünen Adern an weißbehaarten Trieben. Blattunterseite ist rot. Im Sommer–Herbst einfache, rosa Blüten mit roten Borsten.

***B.* 'Midas'.** Siehe *B. × tuberhybrida*.

***B.* 'Norah Bedson'** (Abb. S. 251). Immergrüne, kriechende Begonie mit Rhizom. H. bis 23 cm, Br. 25–30 cm. Hat bis 15 cm lange, rundliche, leuchtend grüne Blätter mit dunkelbraunen Tupfen. Im zeitigen Frühjahr einfache rosa Blüten.

***B.* 'Oliver Twist'** (Abb. S. 251). Immergrüne, kriechende Begonie mit Rhizom. H. 45–60 cm, Br. 25–45 cm. Die bis 30 cm langen, ovalen Blätter sind blaß bis mittelgrün, mit stark zerklüfteten Rändern. Im zeitigen Frühjahr einfache rosa Blüten.

B. olsoniae (Abb. S. 251). Immergrüne, kompakte, strauchähnliche Begonie. H. 23–30 cm, Br. 30 cm. Die rundlichen, satinartigen, bronze-grünen Blätter haben cremige Adern. An überhängenden, 30 cm langen Stengeln erscheinen das ganze Jahre einfache, blaß rosafarbene Blüten. Geeignet für Ampeln.

***B.* 'Orange Cascade'.** Siehe *B. × tuberhybrida*.

***B.* 'Orange Rubra'** (Abb. S. 251). Langsamwachsende, immergrüne, rohrstengelige Begonie. H. 50 cm, Br. 45 cm. Ovale Blätter sind hellgrün. Trägt reichliche Büschel einfacher, orangefarbener Blüten das ganze Jahr.

***B.* 'Organdy'.** Siehe *B. semperflorens*.

***B.* 'Orpha C. Fox'** (Abb. S. 251). Immergrüne, rohrstengelige Begonie. H. 1 m, Br. 30 cm. Die 15 cm langen, ovalen, silbrig gesprenkelten, olivgrünen Blätter sind auf der Unterseite rotbraun. Das ganze Jahr über große Büschel einfacher, leuchtend rosa Blüten.

B. paulensis. Immergrüne, kriechende Begonie mit Rhizom. H. und Br. 25–30 cm. An aufrechten Stengeln sitzen 15 cm lange, rundliche, mittelgrüne Blätter mit rauher Oberfläche und spinnennetzartig geadert. Im späten Frühjahr erscheinen einfache cremig-weiße Blüten mit weinfarbenen Härchen.

***B.* 'President Carnot'.** Kräftige, immergrüne, rohrstengelige Begonie. H. bis 2,20 m, Br. 45 cm. 28 cm lange, aufrechtstehende Stengel tragen schwingenartige grüne Blätter mit helleren Tupfen. Große Rispen einfacher, aber hübscher rosa Blüten, jede 4 cm im Durchmesser, erscheinen das ganze Jahr. Ist weniger kräftig als *B.* 'Lucerna'.

***B.* 'Princess of Hanover'.** Siehe *B. rex*.

B. prismatocarpa (Abb. S. 251). Immergrüne, kriechende Begonie mit Rhizom. H. 15–20 cm, Br. 20–25 cm. Blätter sind oval, gelappt, hellgrün und weniger als 8 cm lang. Bringt einfache, leuchtend gelbe Blüten das ganze Jahr hervor. Benötigt eine relative Luftfeuchtigkeit von 60–65%.

B. pustulata. Immergrüne, kriechende Begonie mit Rhizom. H. 15–20 cm, Br. 20–25 cm. Ovale, zart behaarte, dunkelgrüne Blätter mit kleinen Bläschen oder Pusteln. Trägt im Sommer einfache rosarote Blüten. Mindesttemperatur von 4–22°C und 70–75% relativer Luftfeuchtigkeit. **'Argentea'** (syn. *B.* 'Silver', Abb.

S. 251) hat silbrig gesprenkelte Blätter und cremig-weiße Blüten.
***B.* 'Red Ascot'.** Siehe *B. semperflorens.*
B. rex. Immergrüne, kriechende Begonie mit Rhizom. H. 30–40 cm, Br. 35 cm. Hat 20–25 cm lange, herzförmige, dunkelgrüne Blätter mit metallischem Glanz und lilaüberhauchten Rändern, die vertikal aus dem Rhizom erscheinen. Wenige, blaßrosa-farbene Blüten erscheinen im Spätwinter und zeitigen Frühjahr. Elternteil folgender Hybriden:
'Curly Merry Christmas' ist ein Sport von *B.* 'Merry Christmas' und hat spiralenförmig gedrehte Blätter.
'Duartei' (Abb. S. 251). H. und Br. 45–60 cm, hat spiralenförmig gedrehte, rötlich behaarte, stark dunkelgrüne Blätter, länger als 15 cm, mit silbrig grauen Streifen und fast schwarzem Rand. Schwierig zu kultivieren.
'Helen Lewis' (Abb. S. 251). H. und Br. 45–60 cm. Hat ein aufrechtes Rhizom und 15–20 cm lange, seidige, dunkelviolette Blätter mit silbrigen Streifen. Im frühen Sommer erscheinen wenig behaarte, einfache, cremefarbige Blüten.
'Merry Christmas' (syn. *B. ruhrtal*, Abb. S. 251). H. und Br. 25–30 cm, hat 15–20 cm lange, seidige, rote Blätter, jedes mit einem breiten, smaragdgrünen, äußeren Streifen und samtrotem Zentrum, manchmal grau eingesäumt.
'Princess of Hanover'. H. und Br. 25–30 cm, hat 20 cm lange, spiralenförmig gedrehte, smaragdgrüne Blätter mit silbrigen Streifen, rubinrot umrandet. Blattoberfläche ist mit zarten, rosafarbigen Härchen besetzt.
'Silver Helen Teupel'. H. und Br. 30–35 cm, hat lange, tiefeingeschnittene, silbrige Blätter, jedes mit einem strahlenden, rosafarbigen Zentrum, welches ein fedriges Aussehen verleiht.
***B.* 'Roy Hartley'.** Siehe *B. × tuberhybrida.*
B. ruhrtal. Siehe *B.* 'Merry Christmas' (unter *B. rex*).
B. scharffii, syn. *B. haageana* (Abb. S. 251). Immergrüne, strauchähnliche Begonie. H. 60 cm–1,20 m, Br. 60 cm. Stengel sind oft mit weißen Härchen besetzt. Hat 28 cm lange, ovale, zartbehaarte, dunkel metallischgrüne Blätter, sehr spitz zulaufend und auf der Unterseite rötlichgrün. Vom Herbst bis Sommer erscheinen einfache, rosaweißliche Blüten mit rosa Bart
***B.* 'Scherzo'.** Immergrüne, kriechende Begonie mit Rhizom. H. 25–30 cm, Br. 30–35 cm. Ovale, kleine Blätter, stark gezackt, gelb mit schwarzen Punkten. Im zeitigen Frühjahr erscheinen einfache weiße Blüten.
B. semperflorens. Langsam wachsende, immergrüne Begonie. H. 30 cm, Br. 25 cm. Hat fleischige, stark verzweigte, grüne Stengel und 8 cm lange, runde, fleischige, dunkelgrüne Blätter mit hellgrüner Unterseite. Das ganze Jahr über, aber speziell im Sommer, erscheinen aus den Blattachseln kleine, einfache, rosafarbige Blüten, manchmal mit weißem Zentrum. Elternteil folgender Hybriden:
'Cocktail'. H. und Br. 20–30 cm. Hat runde, wächserne, bronzefarbene Blätter und rosa, rote oder weiße Blüten, die vom Sommer bis zu den Herbstfrösten erscheinen.
'Organdy' (Abb. S. 251). H. und Br. 15 cm. Hat runde, wächserne, grünbronzefarbene Blätter und rosa, rote oder weiße Blüten, die im Sommer bis zu den Herbstfrösten erscheinen.
'Red Ascot' (Abb. S. 251). H. und Br. 15 cm, hat runde, smaragdgrüne Blätter und im Sommer unzählige hochrote Blüten.
B. serratipetala (Abb. S. 251). Immergrüne, kriechende, strauchähnliche Begonie. H. und Br. 45 cm. Ungleich ovale Blätter sind stark gezackt und bronzegrün, mit erhöhten, kräftig rosafarbigen Punkten. Bringt meistens einfache, weibliche, tief rosa Blüten periodisch das ganze Jahr über hervor. Bevorzugt 60% relative Luftfeuchtigkeit, aber ziemlich trockene Wurzeln.
***B.* 'Silver'.** Siehe *B. pustulata.*
***B.* 'Silver Helen Teupel'.** Siehe *B. rex.*
B. stipulacea, syn. *B. angularis, B. zebrina.* Immergrüne, rohrstengelige Begonie. H. 60 cm bis 1,20 m, Br. 30 cm. Hat stark verzweigte, abgewinkelte Stengel und 20 cm lange, ovale, gewellte, graugrüne Blätter mit silbriggrauen Adern, blaßgrün auf der Unterseite. Trägt im Winter–Frühling einfache, weiße Blüten.
B. sutherlandii (Abb. S. 251). Kriechende Knollenbegonie. H. 1 m, Br. unbestimmt. An schlanken Stengeln sitzen kleine, lanzettliche, gelappte, leuchtend grüne Blätter mit roten Adern. Im Sommer lockere Büschel orangefarbiger, einfacher Blüten. Sehr geeignet für Ampeln. Mehltauanfällig.
***B.* 'Thurstonii'** (Abb. S. 251). Immergrüne, strauchähnliche Begonie. H. bis 1,20 m, Br. 45 cm. Hat rundliche bis ovale, glatte, glänzende, bronze-grünfarbige Blätter mit dunkelroten Adern und im Sommer einfache, rosa Blüten.
B. × tuberhybrida. Gruppe großblumiger, gefüllter Knollenbegonien. H. und Br. 75 cm. Hat männliche Blüten, jede mehr als 10 cm im Durchmesser, einzeln, an steifen, fleischigen Blütenstengeln, die vom Frühsommer bis Herbstmitte erscheinen. Jede Blüte ähnelt einer gefüllten Kamelienblüte, oder hat ein Rosenknospenzentrum. Die ovalen Blätter sind grün und 20 cm lang. Multiflora-Hybriden, H. und Br. 30 cm, sind buschiger und haben 8 cm lange Blätter und im Sommer einfache, gefüllte oder halbgefüllte, männliche Blüten, jede 4–5 cm im Durchmesser. Vertragen volle Sonne. Ampelbegonien-Hybriden, H. bis 1 m, haben lange, dünne, kriechende Stengel, die Blätter sind 6–8 cm lang. Im Sommer erscheinen reichlich einfache oder gefüllte Blüten.
'Apricot Cascade' (Pendula-Gruppe. Abb. S. 251). Hat smaragdgrüne Blätter und gefüllte orange-aprikosenfarbige Blüten. Andere empfehlenswerte Sorten sind **'Bridal Cascade'** (rosa umrandete Blütenblätter).
'Crimson Cascade', 'Gold Cascade' und **'Orange Cascade'. 'Billie Langdon'** (Abb. S. 251) hat eine Fülle stark geäderter, 18 cm große, gefüllte weiße Blüten mit deutlichem Rosenknospenzentrum.
'Can-Can' (Abb. S. 251). H. 1 m. Hat gefüllte, 20 cm breite, gelbe Blüten mit derb gezackten roten Kronblättern. Nur wenig Seitentriebe. **'City of Ballarat'** trägt gefüllte, leuchtend orangefarbige Blüten, jede 18 cm im Durchmesser, mit breiten Kronblättern und formalem Zentrum. Blätter sind tief dunkelgrün.
'Flamboyant' (Multiflora-Gruppe; Abb. S. 251). Produziert reichlich scharlachrote, einfache Blüten. Blätter sind zierlich und leuchtend grün.
'Helene Harms' (Multiflora-Gruppe) hat zahlreiche, gefüllte, kanariengelbe Blüten. Eignet sich ausgezeichnet für Ampeln.
'Mme. Richard Galle' (Multiflora-Gruppe). H. 30–45 cm. Hat unzählige, kleine, gefüllte, zart aprikosenfarbige Blüten.
'Masquerade'. Br. bis 1 m. Hat gefüllte, 15 cm breite, weiße Blüten mit gekräuselten roten Rändern an den breiten Kronblättern. Ausgezeichnete Topfpflanze mit vielen Seitentrieben.
'Midas' trägt gefüllte, blaß goldgelbe, 15 cm breite Blüten mit breiten Blütenblättern. Mehltauanfällig. Früh erscheinende Blüten entwickeln manchmal blattähnliche Kronblätter.
'Roy Hartley' (Abb. S. 251) hat gefüllte, lachsfarbene Blüten, die leicht rosa überhaucht sind. Farbenpracht hängt von der Lichtintensität ab. Hat wenig Seitentriebe. Eine der besten Sorten.
B. versicolor. Immergrüne, kriechende Begonie mit Rhizom. H. bis 30 cm, Br. 15 cm. Blätter breit oval oder länglich, 8 cm lang, samtartig, in verschiedenen Schattierungen wie maronifarben, apfelgrün und mahagoni. Bildet im Frühling und Sommer einfache, lachsrosafarbene Blüten. Benötigt eine Mindesttemperatur von 16–19°C und 65–70% relative Luftfeuchtigkeit.
B. × weltoniensis (Ahornblattbegonie, Abb. S. 251). Strauchartige Begonie mit knollig verdickten Wurzeln. H. 30–50 cm, Br. 30 cm. Hat kleine, ovale, zugespitzte, gezähnte, dunkelgrüne Blätter. 5 bis 8 einfache, rosa bis weiße Blüten erscheinen im Sommer in den Blattachseln.
B. xanthina. Immergrüne, buschige, kriechende Begonie mit Rhizom. H. 25–30 cm, Br. 30–35 cm. Hat 15–23 cm lange, ovale, dunkelgrüne Blätter mit gelben Adern. Blattunterseite ist lila und behaart. Im Sommer erscheinen die hängenden, einfachen, orangegelben Blüten. Benötigt Temperaturen von mindestens 21–24°C und 75% relative Luftfeuchtigkeit. Var. ***pictifolia*** mit blaßgelben Blüten und silbrig gestreiften Blättern.
B. zebrina. Siehe *B. stipulacea.*

BELAMCANDA (Iridaceae)
Leopardenblume
Gattung sommerblühender Bulben, die wegen ihrer irisähnlichen Blüten kultiviert werden. Winterhart. Trotzdem in kalten Wintern schützen. Benötigt Sonne und durchlässige, mit Humus angereicherte Erde. Vermehrung durch Samen im Frühling.
B. chinensis. Sommerblühende Bulbe. H. 45 cm bis 1 m, Br. 15–25 cm. Trägt fächerartig die schwertförmigen, halbaufrechten Blätter. Der locker verzweigte Stengel bringt laufend 4–5 cm große, flache, orangerote Blüten mit dunklen Flecken hervor. Die Samen sind glänzend und schwarz.

BELLEVALIA (Liliaceae)
Gattung frühlingsblühender Bulben, ähnlich wie *Muscari*, aber mit längeren, eher röhrenförmigen Blüten. Einige Spezies sind dekorativ, aber die meisten sind als Kulturpflanze uninteressant. Winterhart. Benötigt einen freien, sonnigen Platz mit durchlässiger Erde, die im Sommer austrocknet. Vermehrung durch Samen am besten im Herbst.
B. hyacinthoides, syn. *Strangweia spicata*, Abb. S. 361.
B. pycnantha, syn. *Muscari paradoxum. M. pycnantha.* Frühlingsblühende Bulbe. H. bis 40 cm, Br. 5–18 cm. Hat riemenförmige, halbaufrechte, gräulichgrüne Blätter, die der Basis entspringen. Die röhrenförmigen, dunkelblauen, 0,5 cm langen Blüten haben gelbe Spitzen und erscheinen in dichten, konischen Ähren.

BELLIS (Compositae)
Maßliebchen
Gattung von Stauden, einige davon als Zweijährige gezogen. Winterhart. Bevorzugt Sonne oder Halbschatten und fruchtbaren, sehr durchlässigen Boden. Verwelkte Blüten regelmäßig entfernen. Vermehrung durch Samen, den man im frühen Sommer aussät, oder durch Teilung nach der Blüte.
B. perennis. (Gänseblümchen). Langsamwachsend, kissenbildend, ganzjährig. Werden als Zweijährige kultiviert. H. und Br. 15–20 cm. Alle haben ovale, mittelgrüne Blätter und im Frühjahr erscheinende, gefüllte Blüten. Großblumige (bis 8 cm breit) und kleinblütige (bis 2,5 cm breit) Sorten sind im Handel. **Teppichbildende Sorten** (großblumig), H. und Br. 15 cm, kompakter Wuchs, und **'Goliath'** (großblumig), H. 20 cm, gibt es in den Farben Rot, Rosa und Weiß. **'Pomponette'** (kleinblumig) Abb. S. 271. **'White Carpet'** (großblumig), H. und Br. 15 cm ist eine kompakte, weißblühende Sorte.
Beloperone guttata. Siehe *Justicia brandegeana.*

BERBERIDOPSIS (Flacourtiaceae)
Korallenstrauch
Gattung einer Spezies immergrüner, verholzter Kletterpflanzen. Winterhart. Verträgt weder starken Wind noch kräftige Sonne, gedeiht am besten in Nord- oder Westlage. Bevorzugt durchlässige, kalkfreie Erde. Im Frühjahr werden abgestorbene Zweige herausgeschnitten. In die gewünschte Form schneiden. Vermehrung durch Samen im Frühjahr, Stecklinge oder Ableger im späten Sommer oder Herbst.
B. corallina Abb. S. 169.

BERBERIS (Berberidaceae)
Sauerdorn, Berberitze
Gattung laubabwerfender, halbimmergrüner oder immergrüner, dorniger Sträucher, die hauptsächlich wegen ihrer runden, schalenförmigen Blüten, gewöhnlich mit gelben Kron- und Kelchblättern, und Früchten kultiviert werden. Die Immergrünen beliebt auch wegen ihrer Blätter, die Halbimmergrünen wegen des farbenprächtigen Herbstlaubes. Bedingt- bis winterhart. Benötigt Sonne oder Halbschatten. Mag keinen staunassen Boden. Vermehrung der Spezies durch Samen im Herbst, laubabwerfende Hybriden und Sorten durch Kopf- oder halbausgereifte Stecklinge im Sommer. Immergrüne Hybriden und Sorten durch halbausgereifte Stecklinge im Sommer.
B. aggregata. Laubabwerfender, buschiger Strauch. H. und Br. 1,50 m. Winterhart. Die länglich bis ovalen Blätter verfärben sich im Herbst rot. Den dichten, mit blaßgelben Blüten besetzten Blütentrauben, die im späten Frühjahr oder

Frühsommer erscheinen, folgen eiförmige, weißbereifte, rote Früchte.
B. **'Barbarossa'** Abb. S. 116.
B. buxifolia. Halbimmergrüner oder laubabwerfender, überhängender Strauch. H. 2,50 m, Br. 3 m. Winterhart. Hat länglich bis ovale, ledrige, dunkelgrüne Blätter und stachelige Spitzen. Den tief orangegelb-farbigen Blüten, die im zeitigen Frühjahr bis Mitte Frühjahr erscheinen, folgen runde, schwarze Früchte mit weißem Flaum.
B. calliantha. Immergrüner, buschiger Strauch. H. und Br. 1–1,5 m. Winterhart. Hat längliche, sehr dornige, glänzende grüne Blätter, die Unterseite ist weiß. Die Blüten erscheinen im späten Frühjahr, sind groß und blaßgelb, später die schwarzen eiförmigen Beeren mit weißem Flaum.
B. candidula. Immergrüner, buschiger, kompakter Strauch. H. und Br. 1 m. Winterhart. Die länglich schmalen Blätter sind glänzend und dunkelgrün. Die Unterseite ist weiß. Den leuchtend gelben Blüten im späten Frühling folgen eiförmige, lilabläuliche Beeren.
***B.* × *carminea* 'Pirate King'.** Laubabwerfender, überhängender Strauch. H. 2 m, Br. 3 m. Winterhart. Hat längliche, dunkelgrüne Blätter und im späten Frühjahr und zeitigen Sommer gelbe Blütentrauben. Trägt eine Menge runder, blaßroter Beeren.
***B.* 'Chenaultii'.** Immergrüner, buschiger Strauch. H. 1,5 m, Br. 2 m. Winterhart. Hat schmale, längliche, gewellte, glänzende, dunkelgrüne Blätter, und im späten Frühjahr oder zeitigen Sommer goldgelbe Blüten. Trägt eiförmige, blauschwarze Beeren.
B. coxii. Immergrüner, dichter, buschiger Strauch. H. 2 m, Br. 3 m. Winterhart. Hat schmale, ovale, glänzende, dunkelgrüne Blätter, die auf der Unterseite weiß sind, und im späten Frühling gelbe Blüten. Die eiförmigen, blauschwarzen Beeren sind graublau bereift.
B. drawinii Abb. S. 86.
B. empetrifolia Abb. S. 125.
B. gagnepainii Abb. S. 99.
B. jamesiana. Kräftiger, laubabwerfender, überhängender Strauch. H. und Br. 4 m. Winterhart. Den gelben Blüten im späten Frühling folgen überhängende Trauben runder, roter Beeren. Die ovalen, dunkelgrünen Blätter färben sich im Herbst rot.
B. julianae Abb. S. 102.
***B. linearifolia* 'Orange King'** Abb. S. 103.
B.* × *lologensis. Kräftiger, immergrüner, überhängender Strauch. H. 3 m, Br. 5 m. Winterhart. Hat breite, etwas längliche, glänzende, dunkelgrüne Blätter. Von der Mitte bis zum späten Frühjahr erscheinen viele Büschel orangefarbiger Blüten. **'Stapehill'** Abb. S. 103.
***B.* × *ottawensis* 'Superba',** syn. *B.* × *o.* 'Purpurea'. Laubabwerfender, überhängender Strauch. H. und Br. 2,50 m. Winterhart. Hat rundliche bis ovale, tief rötlich lilafarbene Blätter und im späten Frühjahr kleine, rotüberhauchte, gelbe Blüten, denen eiförmige, rote Früchte im Herbst folgen.
***B.* 'Parkjuwel'.** Halbimmergrüner, buschiger, rundlicher Strauch. H. und Br. 1 m. Winterhart. Blätter sind oval, glänzend und leuchtend grün, einige färben sich rot im Herbst. Blüten unbedeutend.
B. prattii. Laubabwerfender, buschiger Strauch. H. und Br. 3 m. Winterhart. Hat längliche, glänzende, dunkelgrüne Blätter. Große Büschel kleiner, gelber Blüten im Spätsommer, später langhaltende, eiförmige, korallenrosafarbige Früchte.
***B.* 'Rubrostilla'** Abb. S. 140.
B. sargentiana. Immergrüner, buschiger Strauch. H. und Br. 2 m. Winterhart. Blätter sind länglich, glänzend, leuchtend grün. Den gelben Blüten im späten Frühjahr oder zeitigen Frühsommer folgen eiförmige, blauschwarze Früchte.
B.* × *stenophylla Abb. S. 103. **'Corallina Compacta'** Abb. S. 290.
B. thunbergii. Laubabwerfender, dichter, überhängender Strauch. H. 2 m, Br. 3 m. Winterhart. Breit ovale, blasse bis mittelgrüne Blätter färben sich im Herbst leuchtend orangerot. Mitte Frühjahr erscheinen kleine, rot überhauchte, blaßgelbe Blüten, gefolgt von eiförmigen, leuchtend roten Früchten. f. ***atropurpurea*** Abb. S. 99. **'Atropurpurea Nana'** (syn. *B. t.* 'Crimson Pygmy'), H. und Br. 60 cm. Trägt rötlich lilafarbiges Laub. **'Aurea'** Abb. S. 138. Die aufrechten Äste von **'Erecta'** breiten sich mit zunehmendem Alter aus. **'Rose Glow'** hat rötlich lilafarbene Blätter mit rosa und weißer Marmorierung.
B. verruculosa Abb. S. 102.
B. wilsoniae. Laubabwerfender oder halbimmergrüner, buschiger Strauch. H. 1 m, Br. 1,50 m. Winterhart. Schmale, längliche, graugrüne Blätter färben sich im Herbst leuchtend orangerot. Hat im späten Frühjahr und Frühsommer gelbe Blüten, später eine Menge auffälliger und sehr dekorativer runder, korallenroter Früchte.

BERCHEMIA (Rhamnaceae)
Gattung laubabwerfender, rankender Kletterpflanzen, wegen der Blätter und Früchte kultiviert. Eignet sich für Mauern, Zäune und Baumstöcke. Winterhart. Gedeiht in Sonne oder Halbschatten in jedem durchlässigen Boden. Vermehrung durch Samen im Herbst oder Frühjahr, durch halbausgereifte Stecklinge im Sommer, durch Ableger oder Wurzelschnittlinge im Winter.
***B. racemosa* 'Variegata'.** Laubabwerfende, rankende Kletterpflanze. H. 5 m oder mehr. Hat 3–8 cm große, herzförmige, grüne Blätter, auf der Unterseite blasser, cremig-weiß gescheckt, vor allem an den Sproßenden. Trägt Büschel kleiner, glockenförmiger, grünlicher Blüten im Sommer, später im Herbst runde, grüne, sich rot färbende Früchte, dann schwarz werdend.

BERGENIA, syn. MEGASEA (Saxifragaceae)
Bergenie, Löffelblatt
Immergrüne Staude mit dicken, gewöhnlich großen, rundlich bis ovalen oder löffelförmigen, ledrigen Blättern und vertieften Adern. Idealer Bodendecker. Bedingt- bis winterhart. Verträgt Sonne oder Schatten und jeden durchlässigen Boden. In schlechter Erde und voller Sonne ist Blattfarbe am intensivsten. Vermehrung durch Teilung nach der Blüte im Frühjahr.
***B.* 'Abendglut',** syn. *B.* 'Evening Glow'. Immergrüne, horstbildende Staude. H. 23 cm, Br. 30 cm. Winterhart. Hat ovale, faltige, kurzstengelige, rotbraune Blätter, die aus Rosetten entspringen. Trägt Blütentrauben offener, tassenförmiger, halbpaarig angelegter, dunkelroter Blüten. Blütezeit Frühjahr.
***B.* 'Ballawley'.** Immergrüne horstbildende Staude. H. und Br. 60 cm. Winterhart. Die großen, rundlich bis ovalen, tiefgrünen Blätter färben sich im Winter tiefrot. Im Frühling erscheinen an roten Stengeln Trauben tassenförmiger, leuchtend roter Blüten. Muß vor kalten Winden geschützt werden.
B. ciliata Abb. S. 226.
B. cordifolia. Immergrüne, horstbildende Staude. H. 45 cm, Br. 60 cm. Winterhart. Blätter sind rundlich, gekräuselt und an den Rändern gefaltet. Im Frühling erscheinen Trauben offener, tassenförmiger, hellrosa Blüten. **'Purpurea'** Abb. S. 226.
B. crassifolia. Immergrüne, horstbildende Staude. H. 30 cm, Br. 45 cm. Winterhart. Hat ovale oder löffelförmige, fleischige, flache Blätter, die sich im Winter rotbraun färben. Trägt im Frühjahr Ähren offener, tassenförmiger, lavendel rosafarbiger Blüten.
***B.* '›Evening Glow'.** Siehe *B.* 'Abendglut'.
***B.* 'Morgenröte'.** Immergrüne, horstbildende Staude. H. 45 cm, Br. 30 cm. Winterhart. Blätter sind rundlich, gekräuselt und tiefgrün. Im Frühjahr erscheinen Ähren mit offenen, tassenförmigen, tiefroten Blüten, oft ein zweiter Blüteflor im Sommer.
B. purpurascens. Immergrüne horstbildende Staude. H. 45 cm, Br. 30 cm. Winterhart. Die oval- bis löffelförmigen, flachen, dunkelgrünen Blätter werden im Spätherbst rote-bete-rot. Im Frühjahr erscheinen Trauben offener, tassenförmiger, leuchtend roter Blüten.
B.* × *schmidtii. Immergrüne, horstbildende Staude. H. 30 cm, Br. 60 cm. Winterhart. Die ovalen, flachen Blätter haben gezähnte Ränder. Im zeitigen Frühjahr erscheinen an kurzen Stengeln offene, tassenförmige, zart rosafarbige Blüten.
***B.* 'Silberlicht',** syn. *B.* 'Silver Light', Abb. S. 225.
***B.* 'Silver Light'.** Siehe *B.* 'Silberlicht'.
B. stracheyi. Immergrüne, horstbildende Staude. H. 23 cm, Br. 30 cm. Winterhart. Die kleinen, rundlichen, flachen Blätter treten aus Rosetten hervor, aus denen auch im Frühjahr die verzweigten, offenen, tassenförmigen, weißen oder rosafarbigen Blüten erscheinen.
***B.* 'Sunningdale'.** Immergrüne, horstbildende Staude. H. 60 cm, Br. 30 cm. Winterhart. Die rundlichen, leicht gekräuselten, dunkelgrünen Blätter sind auf der Unterseite rotbraun. Im Frühjahr erscheinen Trauben offener, tassenförmiger, lilakarminroter Blüten auf roten Stielen.

BERKHEYA (Compositae)
Sommerblühende Staude. Bedingt- bis winterhart. Sollte aber, außer in milden Gegenden, an einer Süd- oder Westmauer gepflanzt werden. Benötigt volle Sonne und fruchtbare, durchlässige Erde. Vermehrung durch Teilung im Frühjahr oder Samen im Herbst.
B. macrocephala Abb. S. 215.

BERTOLONIA (Melastomataceae)
Immergrüne Staude, die hauptsächlich wegen ihres Laubes kultiviert wird. Frostempfindlich. Mindesttemperatur 15 °C, aber lieber wärmer. Benötigt einen ziemlich schattigen Standort und hohe Luftfeuchtigkeit, aber keinen staunassen Boden. Vermehrung durch Blatt- oder Kopfstecklinge im Frühling oder Sommer.
B. marmorata. Immergrüne, rosettenbildende Staude. H. 15 cm oder mehr – wenn in Blüte, Br. 45 cm. Breite, ovale, etwas fleischige Blätter mit herzförmiger Basis, silbrigen Mittelrippen, runzeliger Oberfläche, samtig grün. Blattunterseite rötlich-lila. Bringt periodisch Ähren tellerförmiger, rosalilafarbener Blüten hervor.

BERZELIA (Bruniaceae)
Gattung immergrüner, heidekrautähnlicher, sommerblühender Sträucher, beliebt wegen ihrer Blüten. Frostempfindlich. Mindesttemperatur 7 °C. Benötigt volle Sonne und durchlässige, neutrale bis saure Erde. Kübelpflanzen mäßig gießen, weniger wenn nicht in vollem Wachstum. Nach der Blüte können die Pflanzen etwas zurückgeschnitten werden. Vermehrung durch Samen im Frühjahr oder halbausgereifte Stecklinge im späten Sommer.
B. lanuginosa. Immergrüner, aufrechter Strauch mit weichbehaarten, jungen Trieben. H. und Br. bis 1 m. Hat kleine, heidekrautähnliche Blätter. Trägt im Sommer kompakte, runde, winzige, cremeweiße Blütenköpfe, die endständig in dichten Büscheln stehen.

BESCHORNERIA (Agavaceae)
Gattung mehrjähriger Sukkulenten mit schmalen, lanzettförmigen Blättern, die aufrecht, fast stammlose Basalrosetten bilden. Bedingt winterhart. Benötigt volle Sonne und sehr durchlässige Erde. Vermehrung durch Samen oder Teilung im Frühjahr oder Sommer.
B. yuccoides Abb. S. 386.

BESSERA (Liliaceae)
Gattung sommerblühender Bulben, beliebt wegen ihrer auffälligen, leuchtenden Blüten. Bedingt winterhart. Benötigt einen offenen, sonnigen Standort und durchlässige Erde. Vermehrung durch Samen im Frühling.
B. elegans (Korallentröpfchen). Sommerblühende Bulbe. H. bis 60 cm, Br. 8–10 cm. Hat lange, schmale, aufrechte Blätter, die der Basis entspringen, und schlanke, blattlose Blütenstengel, an denen überhängend breite, glockenförmige, leuchtend rote Blüten an schlanken Stielen sitzen.
Betonia officinalis. Siehe *Stachys officinalis*.

BETULA (Betulaceae)
Birke
Gattung laubabwerfender Bäume und Sträucher, beliebt wegen der Rinde und des Herbstlaubes. Winterhart. Bevorzugt einen sonnigen Standort und feuchte, aber durchlässige Erde; einige Spezies bevorzugen sauren Boden. Junge Bäume sollte man im Herbst verpflanzen. Vermehrung durch Veredlung im späten Winter oder durch Kopfstecklinge im frühen Sommer.
B. albo-sinensis (Chinesische Birke) Abb. S. 48.
B. alleghaniensis, syn. *B. lutea*. Laubabwerfender, aufrechter, ausgebreiteter Baum, oft mit vielen Ästen. H. 12 m oder mehr. Br. 3 m. Die glatte, glänzende, amberfarbige oder goldenbraune Rinde schält sich mit dünnen, papierähnlichen

Fetzen. Die ovalen, mittel- bis blaßgrünen Blätter verfärben sich sehr schnell im Herbst golden. Trägt im Frühjahr gelbgrüne Kätzchen.
B. ermanii (Goldbirke) Abb. S. 46.
B. 'Jermyns'. Laubabwerfender, aufrechter, ausgebreiteter Baum. H. 15 m. Br. 10 m. Hat eine sich schälende, leuchtendweiße Rinde, die besonders im Winter auffällt, und lange, elegante, gelbe, männliche Kätzchen, die im Frühjahr erscheinen. Die ovalen, mittelgrünen Blätter dieser hübschen Form haben gezackte Kanten.
B. lutea. Siehe *B. alleghaniensis*.
B. maximowicziana. Schnellwachsender, laubabwerfender Baum mit breiter Krone. H. 18 m, Br. 3 m. Hat eine orangebraune oder rosafarbige Rinde, die sich nicht schält. Im Frühling erscheinen Trauben hängender, gelblicher Kätzchen. Im Herbst färben sich die großen, ovalen, mittelgrünen Blätter leuchtend buttergelb.
B. nana (Zwergbirke) Abb. S. 289.
B. papyrifera (Papierbirke) Abb. S. 46.
B. pendula (Sandbirke). Laubabwerfender, breit säulenartiger oder konischer, graziöser Baum. H. 20 m oder mehr, Br. 10 m. Hat schlanke, hängende Zweige und eine silbrigweiße Rinde, wird mit zunehmendem Alter schwarz und rissig an der Basis. Die gelbgrünen Kätzchen erscheinen im Frühjahr. Die ovalen, leuchtendgrünen Blätter färben sich im Herbst gelb. **'Dalecarlica'** Abb. S. 47. **'Tristis'** hat eine schmale Krone. **'Youngii'** Abb. S. 65.
B. szechuanica (Szechuan-Birke). Kräftiger, laubabwerfender, lockerer Baum mit starren Ästen. H. 14 m, Br. 2,5 m. Wenn ausgewachsen, ist die Rinde auffällig kalkig-weiß. Hat dreieckige bis ovale, gezackte, ledrige, tiefgrüne Blätter, die sich im Herbst leuchtend golden färben. Im Frühjahr gelbgrüne Kätzchen.
B. utilis. Laubabwerfender, aufrechter, ausgebreiteter Baum. H. 18 m, Br. 2,5 m. Die papierdünne, sich schälende Rinde ist cremig-weiß oder dunkel-kupferbraun. Gelbbraune Kätzchen erscheinen im Frühjahr. Die ovalen, jungen, mittelgrünen Blätter sind auf der Unterseite behaart; das Laubwerk färbt sich im Herbst goldgelb. Var. ***jacquemontii*** Abb. S. 56.

BIARUM (Araceae)
Herbstblühende Knollenstaude mit winzigen Blüten auf einem bleistiftförmigen Kolben, den eine röhrenförmige Blütenscheide umschließt. Der obere Teil der Blütenscheide ist haubenartig oder flach und auffällig. Winterhart, aber während kalter, feuchter Winter muß Schutz im Frühbeet oder Gewächshaus geboten werden. Benötigt sonnigen Standort und durchlässige Erde. Während der Ruhezeit im Sommer sollen Knollen trocken stehen. Vermehrung im Herbst durch Samen oder Ableger.
B. eximium. Im Frühherbst blühende Knollenstände. H. und Br. 8–10 cm. Den lanzettförmigen, halbaufrechten Basalblättern folgt die stengellose, röhrenförmige, samtige, schwärzlich-rotbraune Blütenscheide, die bis 15 cm lang ist und oft flach auf dem Boden liegt. Der Kolben steht aufrecht und ist schwarz.
B. tenuifolium Abb. S. 368.
Bidens atrosanguinea. Siehe *Cosmos atrosanguineus*.

BIFRENARIA. Siehe ORCHIDEEN.
B. harrisoniae. Immergrüne, epiphytische Orchidee für das kühle Gewächshaus. H. 10 cm. Hat duftende, rundliche, cremigweiße Blüten, 8 cm im Durchmesser. Jede hat eine behaarte, rot-violette Lippe. An jedem Stiel erscheinen im Frühjahr –Sommer 1 oder 2 Blüten. Blätter sind breit oval, eher steif und 15 cm lang. Benötigt Halbschatten im Sommer.

BIGNONIA (Bignoniaceae)
Gattung einer Spezies immergrüner, rankender Kletterpflanzen. Winterhart; kann in kalten Gegenden im Winter die Blätter verlieren. Benötigt Sonne und fruchtbare Erde, um reich zu blühen. Falls nötig, im Frühjahr zurückschneiden. Vermehrung durch Kopfstecklinge im Sommer oder Herbst, oder durch Ableger im Winter.
B. capensis. Siehe *Tecomaria capensis*.
B. capreolata, syn. *Doxantha capreolata* (Trompetenblume). Immergrüne, rankende Kletterpflanze. H. 10 m oder mehr. Jedes Blatt ist schmal, länglich, zweifach gelappt, verzweigend rankend. Im Sommer erscheinen aus den Blattachseln büschelweise röhrenförmige, rötlich-orangefarbene Blüten, später im Herbst bis zu 15 cm lange erbsenförmige Hülsen.
B. grandiflora. Siehe *Campsis grandiflora*.
B. jasminoides. Siehe *Pandorea jasminoides*.
B. pandorana. Siehe *Pandorea pandorana*.
B. radicans. Siehe *Campsis radicans*.
B. stans. Siehe *Tecoma stans*.
Bilderdykia aubertii. Siehe *Polygonum aubertii*.
Bilderdykia baldschuanica. Siehe *Polygonum baldschuanicum*.

BILLARDIERA (Pittosporaceae)
Gattung immergrüner, holzstämmiger Schlingpflanzen, die man hauptsächlich wegen ihrer Früchte kultiviert. Bedingt winterhart. Gedeiht in jeder durchlässigen Erde und Halbschatten, an einem geschützten Standort. Vermehrung durch Samen im Frühjahr, oder durch Kopfstecklinge im Sommer oder Herbst.
B. longiflora Abb. S. 176.

BILLBERGIA (Bromeliaceae)
Immergrüne, rosettenbildende Staude, beliebt wegen ihrer Blüten und des Laubes. Frostempfindlich. Mindesttemperatur 5–7 °C. Benötigt Halbschatten und durchlässigen Boden, am besten aus einer Mischung mit Sphagnum Moos und Styromull, wie man sie für die Orchideenkultur verwendet. Während der Wachstumszeit mäßig wässern, ansonsten sehr wenig. Vermehrung durch Teilung oder Kindl nach der Blüte oder im späten Frühjahr.
B. nutans (Zimmerhafer, Abb. S. 222). Immergrüne, horstbildende Staude mit trichterförmigen Rosetten. H. und Br. bis 40 cm. Die riemenförmigen Blätter sind gewöhnlich dunkelgrün. Trägt im Frühjahr hängende Büschel röhrenförmiger, hellgrüner Blüten mit violett-blauem Rand, eingehüllt von rosagefärbten Hochblättern.
B. rhodocyanea. Siehe *Aechmea fasciata*.
B. × windii (Engeltränen) Immergrüne, horstbildende Staude mit trichterförmigen Rosetten. H. und Br. bis 40 cm. Ähnlich wie *B. nutans*, hat aber breitere, sich ausweitende, grau-grüne Blätter und größere Hochblätter. Blüht periodisch vom Frühjahr bis zum Herbst.
Biota orientalis. Siehe *Thuja orientalis*.

BLECHNUM (Polypodiaceae)
Rippenfarn
Gattung immergrüner oder halbimmergrüner Farne. Winterhart bis frostempfindlich, Mindesttemperatur 5 °C. Die meisten Spezies bevorzugen Halbschatten. Benötigt feuchten, neutralen bis sauren Boden. Welke Wedel regelmäßig entfernen. *B. penna-marina* wird vermehrt durch Teilung im Frühjahr, andere Spezies durch Sporen im späten Sommer.
B. magellanicum. Siehe *B. tabulare*.
B. penna-marina (Seefeder). Schnellwachsender, immergrüner oder halbimmergrüner, bodendeckender Farn. H. 15–30 cm, Br. 30–45 cm. Winterhart. Hat linealische, dunkelgrüne Wedel, die am Rand sind steril, schmal, gefiedert und flachliegend. Die fertilen Wedel in der Mitte sind kurz und aufrecht. Eignet sich für Steingärten oder Heidegärten.
B. spicant. Immergrüner Farn. H. 30–75 cm, Br. 30–15 cm. Winterhart. Hat schmale, lanzettförmige, gefiederte, ledrige, flach liegende, dunkelgrüne Wedel. Bevorzugt Schatten und torfhaltige oder laubige Erde.
B. tabulare, syn. *B. magellanicum*. Immergrüner oder halbimmergrüner Farn. H. 30 cm–1 m, Br. 30–60 cm. Bedingt winterhart. Die äußeren, dunkelgrünen, sterilen Wedel sind breit lanzettförmig, stark gefiedert und symmetrisch angeordnet. Die inneren, fruchtbaren Wedel sind braun und gefranst.

BLETILLA. Siehe ORCHIDEEN.
B. striata (Japanorchidee, Abb. S. 253). Laubabwerfende Erdorchidee. H. bis 60 cm, bedingt winterhart. Bringt im späten Frühjahr oder Frühsommer 3 cm lange rote oder weiße Blüten hervor, die an einer lockeren Ähre angeordnet sind. Blätter breit, lanzettförmig, 50 cm lang. Braucht im Sommer Schatten.

BLOOMERIA (Liliaceae)
Gattung zwiebelähnlicher, frühlingsblühender Bulben, die an blattlosen Stengeln runde Blüten tragen, im Sommer absterben. Winterhart. Benötigt einen geschützten, sonnigen Standort und gut durchlässige Erde. Vermehrung durch Samen im Herbst, oder durch Teilung im Spätsommer oder Herbst.
B. crocea. Spätfrühlingsblühende Bulbe. H. bis 30 cm, Br. bis 10 cm. Die langen, schmalen, halb aufrechten Blätter, die an der Basis erscheinen, sterben zur Blüte ab. Jeder blattlose Stengel trägt eine runde, 10–15 cm breite, sternchenförmige, gelbe Blüte mit dunklen Streifen.
Bocconia cordata. Siehe *Macleaya cordata*.

BOENNINGHAUSENIA (Rutaceae)
Gattung einer Spezies laubabwerfender Halbsträucher, gewöhnlich mit weichen, krautigen Zweigen, beliebt wegen ihres Laubs und ihrer Blüten. Winterhart, Rückschnitt im Winter bis zur Basis. Benötigt volle Sonne und fruchtbaren, durchlässigen, aber nicht zu trockenen Boden. Vermehrung im Sommer durch Kopfstecklinge oder durch Samen im Herbst.
B. albiflora. Laubabwerfender, buschiger Halbstrauch. H. und Br. 1 m. Hat stark duftende, mittelgrüne Blätter, die in ovale Blättchen geteilt sind. Von Sommermitte bis Frühherbst entwickeln sich lockere Rispen kleiner, schalenförmiger, weißer Blüten.

BOLAX (Hydrocotylaceae)
Immergrüne, horst- und kissenbildende Staude, findet man oft bei *Azorella*. Beliebt wegen der kleinen, dicken, derben Blätter, die in symmetrisch angeordneten Rosetten wachsen. Blüht nur selten in Kultur. Eignet sich für kiesige Abhänge, Tröge und das Alpinum. Winterhart. Benötigt Sonne und humusreiche, durchlässige Erde. Vermehrung durch Bewurzeln junger Rosetten im Sommer.
B. glebaria hort. Siehe *Azorella trifurcata*.
B. gummifera Abb. S. 331.

BOMAREA (Alstroemeriaceae)
Gattung krautiger oder immergrüner, knolliger, kletternder Schlingpflanzen, beliebt wegen ihrer röhren- oder glockenförmigen Blüten. Bedingt winterhart bis frostempfindlich, mind. 5 °C. Gedeiht in jeder durchlässigen Erde bei vollem Licht. Während der Wachstumsphase regelmäßig gießen, während der Ruheperiode nur nach Bedarf. Muß gestützt werden. Alte Blütenstengel werden an der Basis abgeschnitten, wenn die Blätter sich gelb färben. Vermehrung durch Samen oder Teilung im zeitigen Frühjahr.
B. andimarcana, syn. *B. pubigera*. Immergrüne, kletternde Schlingpflanze mit geraden, schlanken Stengeln. H. 2–3 m. Frostempfindlich. Hat lanzettförmige Blätter, weiß und behaart auf der Unterseite. Bringt vom Frühsommer bis Herbst nickende, röhrenförmige blaßgelbe, rosa überzogene Blüten mit grünen Spitzen hervor.
B. caldasii, syn. *B. kalbreyeri hort.* Abb. S. 175.
B. kalbreyeri hort. Siehe *B. caldasii*.
B. pubigera. Siehe *B. andimarcana*.

BORAGO (Boraginaceae)
Borretsch
Gattung einjähriger Pflanzen und Stauden. Wird für kulinarische Zwecke und auch wegen der Blüten kultiviert. Winterhart. Benötigt Sonne und fruchtbare, durchlässige Erde. Für kulinarische Zwecke nur junge Blätter sammeln. Vermehrung durch Direktsaat im Frühjahr. Einige Spezies befruchten sich selbst und können zur Plage werden.
B. officinalis Abb. S. 278.

BORONIA (Rutaceae)
Korallenraute
Gattung immergrüner Sträucher, beliebt hauptsächlich wegen ihrer Blüten. Frostempfindlich. Mindesttemperatur 7–10 °C. Benötigt volle Sonne und sandigen, neutralen bis sauren Boden. Kübelpflanzen mäßig gießen, in der Ruheperiode weniger. Um eine kompakte Form zu erreichen, können nach der Blüte lange Zweige eingekürzt werden. Vermehrung durch Samen im Frühjahr, oder halbausgereifte Stecklinge im Spätsommer. Anfällig für Rote Spinne.
B. elatior. Immergrüner, buschiger Strauch mit schlanken Zweigen. H. und Br. 1–1,50 m. Die Blätter sind in 5–13 gleichmäßig angeordnete Blättchen geteilt. Im Frühling erscheinen aus den

oberen Blattachseln fast runde, karminrote oder gelbe Blüten mit 4 Kronblättern.
B. megastigma Abb. S. 124.

BORZICACTUS (Cactaceae)
Gattung mehrjähriger Kakteen, die wegen ihrer einseitigen Blüte und der trockenen, aufspringenden Samenkapseln kultiviert werden. Frostempfindlich. Mindesttemperatur 10°C. Unter dieser Temperatur entwickeln sich am Körper orangefarbige Flecken. Benötigt volle Sonne und sehr durchlässige Erde. Vermehrung durch Samen im Frühjahr oder Sommer.
B. aurantiacus, syn. *Submatucana aurantiaca*, Abb. S. 400.
B. celsianus, syn. *Oreocereus celsianus*, Abb. S. 383.
B. haynei, syn. *Matucana haynei*. Langsam wachsender kugel- bis säulenförmiger, mehrjähriger Kaktus. H. 60 cm, Br. 10 cm. Hat einen zylindrischen, vielgerippten, grünen Stamm, mit dichten kurzen, weißen Stacheln. Die röhrenförmigen, rosafarbenen oder orangeroten Blüten erscheinen im Sommer auf der Stammkrone, nur an Pflanzen, die mehr als 15 cm hoch sind.
B. trollii, syn. *Oreocereus trollii*. Langsam wachsender, säulenförmiger, mehrjähriger Kaktus. H. 70 cm, Br. 10 cm. Der zylindrische, grüne, 7–10 cm lange Stamm mit dicken, goldenen Stacheln ist fast verdeckt durch lange, strähnige, haarähnliche weiße Stacheln. An ausgewachsenen Pflanzen erscheinen im Sommer röhrenförmige, rosa Blüten, an den Spitzen zurückgebogen und 10 cm lang.

BOUGAINVILLEA (Nyctaginaceae)
Drillingsblume
Gattung laubabwerfender oder immergrüner, verholzender Kletterpflanzen, beliebt wegen ihrer dekorativen Hochblätter. Frostempfindlich. Mindesttemperatur 7–10°C. Gedeiht in fruchtbarer, durchlässiger Erde und hellem Licht. Mäßig gießen während der Wachstumszeit, Topfpflanzen während der Ruheperiode fast trocken halten. Muß aufgebunden werden. Vorjahresseitentriebe sollen im Frühjahr zurückgeschnitten werden, so daß nur noch 2 bis 3 Augen stehenbleiben. Vermehrung durch halbausgereifte Stecklinge im Sommer oder Kopfstecklinge während der Ruhezeit. Anfällig für Weiße Fliege und Schmierlaus.
***B. × buttiana* 'Mrs Butt'.** Kräftige, immergrüne, verholzende Kletterpflanze. H. bis 5 m. Hat 4–8 cm lange, elliptische Blätter und Büschel hoch- bis scharlachroter Hochblätter, die im Sommer erscheinen. Hochblätter von **'Golden Glow'** sind orangegelb; die von **'Scarlett Queen'** scharlachrot.
***B.* 'Dania'** Abb. S. 168.
B. glabra Abb. S. 172. **'Snow White'** Abb. S. 165. **'Variegata'** Abb. S. 169.
***B.* 'Miss Manila'** Abb. S. 168.
B. spectabilis. Stark wachsende, hauptsächlich immergrüne, verholzende Kletterpflanze. Triebe haben gewöhnlich einige Dornen. H. bis 7 m. Hat elliptische bis ovale Blätter und im Sommer büschelweise rötlich-violette Hochblätter.
Boussingaultia baselloides. Siehe *Anredera cordifolia*.

BOUTELOUA (Gramineae)
Siehe GRÄSER, BAMBUS, SCHILFGRAS und BINSEN.

B. gracilis, syn. *B. oligostachya*, Abb. S. 181.
B. oligostachya. Siehe *B. gracilis*.

BOUVARDIA (Rubiaceae)
Bouvardie
Gattung laubabwerfender, halbimmergrüner oder immergrüner, mehrjähriger Sträucher und Stauden, beliebt wegen ihrer Blüten. Frostempfindlich. Mindesttemperatur 7–10°C; aber 13–15°C für winterblühende Spezies. Bevorzugt helles Licht und fruchtbare, durchlässige Erde. Während der Wachstumszeit reichlich gießen, ansonsten mäßig. Triebe nach der Blüte bis auf ein Viertel oder die Hälfte zurückschneiden. Vermehrung durch Kopfstecklinge im Frühjahr, krautige oder halbausgereifte Stecklinge im Sommer. Weiße Fliege und Schmierlaus können zur Plage werden.
B. humboldtii. Siehe *B. longiflora*.
B. longiflora, syn. *B. humboldtii*. Halbimmergrüner, ausgebreiteter Strauch. H. und Br. 1 m oder mehr. Bis zum Ende der Blüte Mindesttemperatur 13–15°C, dann 7°C. Hat kleine lanzettförmige Blätter. Von Sommer bis zeitigem Winter erscheinen in endständigen Büscheln duftende, weiße, langröhrige Blüten mit 4zipfeliger Blumenkrone.
B. ternifolia, syn. *B. triphylla*, Abb. S. 141.
B. triphylla. Siehe *B. ternifolia*.

BOWIEA (Liliaceae)
Gattung sommerblühender, bulbenförmiger Sukkulenten mit windenden, verzweigten, grünen Trieben, die keine richtigen Blätter tragen. Ist nur botanisch von Interesse. Frostempfindlich. Mindesttemperatur 10°C. Benötigt Sonne und durchlässige Erde; nur der untere Teil der Zwiebel darf mit Erde bedeckt sein. Muß aufgebunden oder gestützt werden. Vermehrung erfolgt durch Samen (Aussaat unter Glas) im Winter oder Frühjahr. Die Pflanze kann auch Kindl hervorbringen.
B. volubilis Abb. S. 381.

BOYKINIA (Saxifragaceae)
Horstbildende Staude. Winterhart. Die meisten Spezies benötigen Schatten und humusreiche, feuchte aber durchlässige, saure Erde. Vermehrung durch Teilung im Frühjahr oder durch Samen im Herbst.
B. aconitifolia. Horstbildende Staude. H. 1 m, Br. 15 cm. Hat rundliche bis nierenförmige, gelappte Blätter. Blütenstengel tragen im Sommer sehr kleine, glockenförmige, weiße Blüten.
B. jamesii. Siehe *Telesonix jamesii*.

BRACHYCHILUM (Zingiberaceae)
Gattung aromatischer Stauden, beliebt wegen ihrer Blüten und schmückenden Früchte. Frostempfindlich. Mindesttemperatur 18°C. Bevorzugt hohe Luftfeuchte, humusreichen, feuchten, aber durchlässigen Boden und Halbschatten. Kann in Töpfen kultiviert werden, wenn die Wurzeln nicht eingeengt sind. Vermehrung durch Teilung im Frühjahr oder Sommer.
B. horsfieldii. Horstbildende, büschelige Staude. H. und Br. bis 1 m. Hat bis 30 cm lange lanzettförmige, ledrige Blätter an kurzen Stielen. Im Sommer erscheinen die auffälligen, bis 8 cm großen, röhrenförmigen, gelben und weißen Blüten, später orangefarbene Früchte, die rote Samen enthalten.

BRACHYCHITON (Sterculiaceae)
Gattung immergrüner oder laubabwerfender, hauptsächlich im Frühjahr und Sommer blühender Bäume, beliebt wegen ihrer Blüten und des Gesamteindrucks. Frostempfindlich. Mindesttemperatur 7–10°C. Benötigt helles Licht und fruchtbare, gut durchlässige, vorzugsweise saure Erde. Kübelpflanzen mäßig gießen, im Winter bei Bedarf. Rückschnitt möglich, wenn nötig. Vermehrung durch Samen im Frühjahr. Anfällig für Rote Spinne.
B. acerifolius, syn. *Sterculia acerifolia*, Abb. S. 39.
B. populneus, syn. *Sterculia diversifolia* (Kurrajong). Immergrüner, konischer Baum, pyramidenförmig, wenn jung. H. und Br. 15–20 m. Die ovalen, gespitzten, 3- bis 5fach gelappten, glänzenden dunkelgrünen Blätter sind grün, wenn noch jung. Im Frühling–Sommer erscheinen Blütenbüschel mit tellerförmigen, cremigen oder grünlich-weißen Blüten mit rotem, lilafarbenem oder gelbem Schlund.

BRACHYCOME (Compositae)
Gattung einjähriger Pflanzen oder Stauden mit gänseblümchenähnlichen Blüten. Winterhart. Benötigt Sonne, einen geschützten Standort und nährstoffreiche, durchlässige Erde. Bei Jungpflanzen die Seitentriebe ausbrechen, um einen schönen, buschigen Wuchs zu erzielen. Vermehrung durch Samen im Frühling (Aussaat unter Glas) oder im späten Frühjahr ins Freiland.
B. iberidifolia (Kurzschopf) Abb. S. 278.

BRACHYGLOTTIS (Compositae)
Gattung immergrüner Sträucher und Bäume, beliebt wegen ihres auffälligen Laubes und der beeindruckenden Gesamterscheinung. Einige buschige Spezies wurden früher der Gattung *Senecio* zugeordnet. Frostempfindlich, Mindesttemperatur 3°C. Benötigt helles Licht oder Halbschatten und durchlässigen Boden. Kübelpflanzen im Sommer reichlich gießen, sonst weniger. Vermehrung durch halbausgereifte Stecklinge im Sommer.
B. repanda Abb. S. 95.

BRASSAIA. Siehe SCHEFFLERA.

BRASSAVOLA. Siehe ORCHIDEEN.
B. nodosa (Abb. S. 252). Immergrüne, epiphytische Orchidee für ein temperiertes Gewächshaus. H. 23 cm. Die schmalen Blütenblätter sind blaßgrün, 5 cm im Durchmesser, und haben eine weiße Lippe. Der im Frühling erscheinende Blütenschaft besteht aus 1–3 Blüten, die nachts duften. Die 8–10 cm langen Blätter sind dick und zylindrisch. Am besten auf Rinde kultivieren. Benötigt helles Licht im Sommer.

BRASSICA (Cruciferae)
Kohl
Einjährige, zweijährige und immergrüne Stauden. Die meisten sind als Gemüse eßbar, u. a. Kohl und Blätterkohl, aber Formen von *B. oleracea* sind beliebt wegen der dekorativen Blätter. Durchlässige, kalkhaltige Erde wird empfohlen, ist aber nicht notwendig. Vermehrung durch Freilandaussaat im Frühjahr oder unter Glas im zeitigen Frühjahr. Anfällig für Kohlhernie.
B. oleracea-Formen Abb. S. 268.

× BRASSOCATTLEYA. Siehe ORCHIDEEN.
× *B.* Mount Adams (Abb. S. 253). Immergrüne, epiphytische Orchidee für ein temperiertes Gewächshaus. H. 45 cm. Der Blütenschaft trägt periodisch bis 4, bis 15 cm im Durchmesser, violett-rosafarbene Blüten, mit dunkler, gelb und rot gefleckter Lippe. Hat 10–15 cm lange, ovale, harte Blätter. Benötigt helles Licht im Sommer.

× BRASSOLAELIOCATTLEYA. Siehe ORCHIDEEN.
× *B.* St. Helier (Abb. S. 253). Immergrüne, epiphytische Orchidee für ein temperiertes Gewächshaus. H. 45 cm. Der Blütenschaft trägt 1–4, bis 10 cm breite rosa bis lilafarbene Blüten, jede mit einer gelb gefleckten, tiefroten Lippe. Blütezeit hauptsächlich im Frühjahr. Die Blätter sind 10–15 cm lang, oval und hart. Benötigt helles Licht im Sommer.
× *B.* Hetherington 'Coronation' (Abb. S. 253). Immergrüne, epiphytische Orchidee für ein temperiertes Gewächshaus. H. 45 cm. Der hauptsächlich im Frühjahr erscheinende Blütenschaft trägt bis 4, 10 cm breite, duftende, hellrosa Blüten, jede mit einer kräftig rosafarbenen, gelben Lippe. Die 10–15 cm langen Blätter sind oval und hart. Benötigt helles Licht im Sommer.
Bravoa geminiflora. Siehe *Polianthes geminiflora*.

BREYNIA (Euphorbiaceae)
Gattung immergrüner Sträucher und Bäume, die wegen ihres Laubs kultiviert werden. Frostempfindlich. Mindesttemperatur 13°C. Benötigt helles Licht oder Halbschatten und fruchtbare, durchlässige Erde. Kübelpflanzen während des Wachstums reichlich gießen, sonst weniger. Nach der Blüte sollten die großen Sträucher stark zurückgeschnitten werden. Vermehrung durch krautige oder halbausgereifte Stecklinge im Sommer. Anfällig für Weiße Fliege, Rote Spinne und Schmierlaus.
B. disticha, syn. *B. nivosa, Phyllanthus nivosus*, Abb. S. 143. **'Roseo-picta'** ist ein immergrüner, rundlicher, gut verzweigter Strauch mit schlanken Ästen. H. und Br. bis 1 m. Hat breitovale grüne Blätter, verschiedenfarbig umrandet, weiß und rosa überhaucht gefleckt. Im Frühling–Sommer erscheinen unscheinbare Blüten ohne Blütenblätter.
B. nivosa. Siehe *B. disticha*.

BRIGGSIA (Gesneriaceae)
Immergrüne Staude, beliebt wegen ihrer in Rosetten angeordneten, behaarten Blätter. Frostempfindlich. Mindesttemperatur 2–5°C. Benötigt Schatten und torfhaltige Erde, viel Feuchtigkeit im Sommer und gut zirkulierende Luft im Winter. Darf im Winter nicht feucht stehen. Vermehrung durch Samen im Frühjahr.
B. muscicola. Immergrüne Staude mit Basisrosetten. H. 8–10 cm, Br. 23 cm. Die Blätter sind oval, versehen mit silbrigen Härchen und blaßgrün. Der überhängende Blütenstengel trägt im Frühsommer lockere Trauben röhrenförmiger, blaßgelber Blüten mit hervorstehenden

Spitzen. Die Art eignet sich ausgezeichnet für das Alpinum.

BRIMEURA (Liliaceae)
Gattung frühlingsblühender Bulben, ähnlich wie Miniatur-Glockenblumen, die wegen ihrer Blüten kultiviert werden. Eignet sich für Steingärten und unter Sträuchern. Winterhart. Benötigt Halbschatten. Bevorzugt humusreiche, durchlässige Erde. Vermehrung durch Samen im Herbst oder Teilung im Spätsommer.
B. amethystina, syn. *Hyacinthus amethystinus*, Abb. S. 361.
Brittonastrum mexicanum. Siehe *Agastache mexicana.*

BRIZA (Gramineae)
Zittergras
Siehe GRÄSER, BAMBUS, BINSEN, SCHILFGRAS.
B. maxima (Großes Zittergras)
Robustes, büschelbildendes, einjähriges Gras. H. bis 50 cm, Br. 8–10 cm. Winterhart. Die mittelgrünen Blätter entspringen hauptsächlich der Basis. Hat in lockerer Rispe bis zu 10 hängende, grün-lilafarbene Ährchen im Frühsommer. Lassen sich gut für Trockensträuße trocknen. Sät sich ohne weiteres selbst aus.
B. media (Gewöhnliches Zittergras)
Immergrünes, büschelbildendes, mehrjähriges Gras mit Ausläufern. H. 30–60 cm, Br. 8–10 cm. Winterhart. Die mittelgrünen Blätter entspringen hauptsächlich der Basis. Im Sommer in lockerer Rispe überhängende violettbraune Ährchen, bis zu 30 an der Zahl, die sich für Trockensträuße gut trocknen lassen.

BRODIAEA (Liliaceae)
Frühlingsstern
Gattung hauptsächlich frühlingsblühender Bulben mit farbenfrohen Blüten in lockeren Dolden an blattlosen Stengeln. Bedingt winterhart. Benötigt einen geschützten, sonnigen Standort und leichte, durchlässige Erde. Zieht im Sommer ein. Vermehrung im Herbst durch Samen, oder im Spätsommer und Herbst durch Tochterzwiebeln, die zahlreich erscheinen.
B. congesta. Siehe *Dichelostemma congestum.*
B. coronaria. Spätfrühling bis Frühsommer blühende Bulbe. H. 10–25 cm, Br. 8–10 cm. Die langen, schmalen, halbaufrechten Basalblätter vergilben mit der Blüte. Die blattlosen Stengel tragen an langen, schlankem Blütenschaft eine lockere Dolde aus trichterförmigen, violettblauen Blüten.
B. hyacinthina. Siehe *Triteleia hyacinthina.*
B. ida-maia. Siehe *Dichelostemma ida-maia.*
B. ixioides. Siehe *Triteleia ixioides.*
B. laxa. Siehe *Triteleia laxa.*
B. penduncularis. Siehe *Triteleia penduncularis.*
B. pulchella. Siehe *Dichelostemma pulchellum.*

BROMELIA (Bromeliaceae)
Gattung immergrüner, rosettenbildender Stauden, kultiviert wegen ihres Erscheinungsbildes. Frostempfindlich. Mindesttemperatur 5–7 °C. Benötigt volles Licht und durchlässige Erde. Im Sommer mäßig gießen, sonst weniger. Vermehrung durch Kindl im Frühjahr.
B. balansae (Abb. S. 222). Immergrüne, horstbildende Stauden mit Basisrosetten. H. 1 m, Br. 1,50 m. Hat schmale, riemenförmige, überhängende, mittel- bis graugrüne Blätter mit großen hakenförmigen Dornen. Im Frühjahr–Sommer oder später erscheinen an keulenförmigen Rispen röhrenförmige, rote oder violettpurpurne Blüten mit langen, leuchtendroten Hochblättern.

BROMUS (Gramineae). Siehe GRÄSER, BAMBUS, SCHILF und RIEDGRAS.
B. ramosus (Behaartes Brom Gras). Immergrünes, büschelbildendes, mehrjähriges Gras. H. bis 2 m, Br. 30 cm. Winterhart. Die mittelgrünen Blätter sind schlaff und haarig. Bringt im Sommer lange, überhängende Rispen nickender, graugrüner Ähren hervor. Bevorzugt Schatten.

BROUSSONETIA (Moraceae)
Gattung laubabwerfender Bäume und Sträucher, beliebt wegen ihres Laubes und der ungewöhnlichen Blüten. Männliche und weibliche Blüten auf verschiedenen Pflanzen. Winterhart. Benötigt volle Sonne und durchlässigen Boden. Vermehrung durch Kopfstecklinge im Sommer oder durch Samen im Herbst.
B. papyrifera (Papier-Maulbeerbaum) Abb. S. 52.

BROWALLIA (Solanaceae)
Buschige Staude, meist einjährig kultiviert, beliebt wegen der auffälligen Blüten. Frostempfindlich. Mindesttemperatur 4–15 °C. Gedeiht am besten in der Sonne oder Halbschatten, in fruchtbarer, durchlässiger Erde, die nicht ganz austrocknen sollte. Topfpflanzen während der Blüte düngen, junge Seitentriebe entfernen, um eine buschige Form zu erhalten. Vermehrung durch Samen im Frühjahr; im Spätsommer für die Winterblüte aussäen.
B. elata. Mäßig schnellwachsende, buschige Staude, meist einjährig kultiviert. H. 30 cm, Br. 15 cm. Frostempfindlich. Mindesttemperatur 4 °C. Hat ovale, mittelgrüne Blätter und im Sommer 4 cm breite, trompetenförmige, blaue Blüten.
B. speciosa Abb. S. 223.
Browningia hertlingianus. Siehe *Azureocereus hertlingianus.*

BRUCKENTHALIA (Ericaceae)
Ährenheide
Gattung einer Spezies immergrüner Sträucher, beliebt wegen ihrer glockenförmigen Blüten. Ist verwandt mit *Calluna* und *Erica*. Eignet sich für Steingärten und Heidegärten. Winterhart. Benötigt Sonne und durchlässige, torfhaltige, saure Erde. Vermehrung im Spätsommer durch halbausgereifte Stecklinge oder durch Samen im Frühling.
B. spiculifolia. Immergrüner, heidekrautähnlicher Strauch. H. und Br. 15 cm. Winzige, nadelähnliche, glänzende, dunkelgrüne Blätter umhüllen steife Triebe, an denen im Sommer endständige Büschel winziger, rosafarbener Blüten erscheinen.
Brugmansia arborea. Siehe *Datura arborea.*
Brugmansia aurea. Siehe *Datura aurea.*
Brugmansia bicolor. Siehe *Datura rosei.*
Brugmansia × candida. Siehe *Datura × candida.*
Brugmansia rosei. Siehe *Datura rosei.*
Brugmansia sanguinea. Siehe *Datura sanguinea.*

BRUNFELSIA (Solanaceae)
Gattung immergrüner Sträucher, beliebt wegen ihrer Blüten. Frostempfindlich. Mindesttemperatur 10–13 °C. Um eine gute Winterblüte zu erzielen, sind Temperaturen von 15–18 °C nötig. Benötigt Halbschatten und humusreiche, durchlässige Erde. Topfpflanzen mäßig gießen, weniger bei niedrigen Temperaturen. In der Wachstumsphase Pflanzen stutzen, damit sie buschig wachsen. Vermehrung durch Kopfstecklinge im Sommer. Schmierlaus und Weiße Fliege können Probleme bereiten.
B. calycina. Siehe *B. pauciflora.*
B. pauciflora, syn. *B. calycina*. Immergrüner, sich ausbreitender Strauch. H. und Br. 60 cm oder mehr. Hat längliche bis lanzettförmige, ledrige, glänzende Blätter. Von Winter bis Sommer erscheinen blauviolette Blüten, jede mit einer röhrenförmigen Basis und 5 überlappenden, gewellten Blütenblättern. **'Macrantha'** Abb. S. 135.

BRUNNERA (Boraginaceae)
Kaukasusvergißmeinnicht
Frühlingsblühende Staude. Winterhart. Bevorzugt lichten Schatten und feuchte Erde. Vermehrung durch Teilung im Frühjahr oder Herbst, oder durch Samen im Herbst.
B. macrophylla. Horstbildende Staude. H. 45 cm, Br. 60 cm. Den zarten Zweigen kleiner, sternchenförmiger, vergißmeinnichtblauer Blüten im zeitigen Frühjahr folgen herzförmige, rauhe, langstengelige Blätter. Guter Bodendecker. **'Dawson's White'** (syn. *B. m.* 'Variegata') Abb. S. 228.
× Brunsdonna parkeri. Siehe × *Amarygia parkeri.*

BRUNSVIGIA (Amaryllidaceae)
Gattung herbstblühender Bulben, beliebt wegen ihrer auffälligen Blüten. Bedingt winterhart. Benötigt Sonne und durchlässigen Boden. Um das Wachstum der Bulben zu fördern wird im Herbst mit dem Gießen begonnen, bis zum Sommer damit fortgefahren, bis die Blätter absterben. Ruhende Bulben sollten trocken und warm gehalten werden. Vermehrung durch Samen im Herbst oder Brutzwiebeln im Spätsommer.
B. josephinae. Herbstblühende Bulbe. H. bis 45 cm, Br. 45–60 cm. Trägt am starken, blattlosen Blütenstiel in einer runden Dolde 20–30 röhrenförmige, rote Blüten, 7–9 cm lang, mit zurückgebogenen Blütenblattspitzen. Halb aufrechte, längliche Blätter erscheinen nach der Blüte.

BUDDLEIA (Loganiaceae)
Buddleie, Sommerflieder
Gattung laubabwerfender, halbimmergrüner oder immergrüner Sträucher und Bäume, die wegen ihrer Büschel kleiner, oft duftender Blüten kultiviert werden. Winterhart bis bedingt winterhart. Benötigt volle Sonne und fruchtbare, durchlässige Erde.
B. crispa, B. davidii, B. fallowiana, B. **'Lochinch'** und B. × *weyeriana* sollten im Frühjahr stark zurückgeschnitten werden. Bei *B. alternifolia* werden nur die verblühten Triebe zurückgeschnitten. Andere Spezies können nach der Blüte leicht zurückgeschnitten werden. Vermehrung durch halbausgereifte Stecklinge im Sommer.
B. alternifolia Abb. S. 89.
B. asiatica. Immergrüner, überhängender Strauch. H. und Br. 3 m. Bedingt winterhart. Im Spätwinter und zeitigem Frühjahr erscheinen lange Büschel stark duftender, röhrenförmiger, weißer Blüten inmitten langer, schmaler, dunkelgrüner Blätter. Standort sollte nach Süden oder Westen gerichtet sein.
B. colvilei Abb. S. 89. **'Kewensis'** ist ein laubabwerfender, überhängender Strauch, im Alter oft baumähnlich, H. und Br. 5 m. Winterhart. Hat lanzettförmige, dunkelgrüne Blätter. Die großen, röhrenförmigen, tiefroten Blüten mit weißem Schlund erscheinen im Frühsommer in hängenden Trauben.
B. crispa Abb. S. 111.
B. davidii **'Black Knight'** ist ein kräftiger, laubabwerfender, überhängender Strauch. H. und Br. 5 m. Winterhart. Die Blätter sind lang, lanzettförmig und dunkelgrün. Die Blattunterseite ist filzig und weiß. Dichte Büschel duftender, röhrenförmiger, dunkel violett-lilafarbener Blüten erscheinen von Mitte Sommer bis Herbst. Blüten der **'Empire Blue'** sind kräftig violett-blau. **'Harlequin'** Abb. S. 89. **'Peace'** Abb. S. 86. **'Pink Pearl'** blüht blaß lilarosa. **'Royal Red'** Abb. S. 89.
B. fallowiana. Laubabwerfender, überhängender Strauch. H. 2 m, Br. 3 m. Winterhart. Triebe und lanzettförmige, junge Blätter sind mit weißen Härchen bedeckt, später färbt sich das Laub dunkelgraugrün. Im Spätsommer und zeitigen Frühjahr erscheinen duftende, röhrenförmige, lavendel-lilafarbene Blüten. Friert oft in sehr strengen Wintern zurück. In kalten Gegenden soll deshalb eine Wand Schutz bieten.
Var. ***alba*** hat weiße Blüten.
B. globosa Abb. S. 91.
***B.* 'Lochinch'.** Laubabwerfender, überhängender Strauch. H. und Br. 3 m. Winterhart. Über den lanzettförmigen, graugrünen Blättern erscheinen im Spätsommer und Herbst lange Büschel duftender, lila-blauer Blütenröhren.
B. madagascariensis. Immergrüner, überhängender Strauch. H. und Br. 4 m oder mehr. Bedingt winterhart. Hat schmale, lanzettförmige dunkelgrüne Blätter, auf der Unterseite weiß. Im späten Winter und Frühling erscheinen Trauben röhrenförmiger, orangegelber Blüten. Soll an eine Süd- oder Westwand gepflanzt werden.
B. × weyeriana. Laubabwerfender, überhängender Strauch. H. und Br. 4 m. Winterhart. Blätter sind lanzettförmig und dunkelgrün. Von der Sommermitte bis in den Herbst hinein erscheinen lockere, rundliche Trauben röhrenförmiger, orangegelber Blüten, die oftmals lila überhaucht sind.

BULBOCODIUM (Liliaceae)
Frühlingslichtblume
Gattung frühlingsblühender Zwiebelblumen, mit *Colchicum* verwandt. Eignet sich für Steingärten und das Alpinum. Winterhart. Benötigt einen offenen, sonnigen Standort und durchlässige Erde. Vermehrung durch Samen im Herbst, oder durch Teilung im Spätsommer und zeitigem Herbst.
B. vernum Abb. S. 359.

BULBOPHYLLUM. Siehe ORCHIDEEN.
B. careyanum (Abb. S. 254). Immergrüne, epiphytische Orchidee für ein temperiertes Gewächshaus. H. 8 cm. Im Frühjahr erscheint der Blütenschaft mit vielen leicht duftenden, braunen Blüten, 0,5 cm breit. Die ovalen Blätter sind 8–10 cm lang. Die Art wird am besten in einem aufhängbarem Korb kultiviert. Die Pflanze benötigt Halbschatten im Sommer.

BUPHTHALMUM (Compositae)
Ochsenauge
Sommerblühende Staude. Winterhart. Wünscht viel Sonne und nährstoffarmen Boden. Vermehrung durch Samen im Frühjahr oder Herbst, oder durch Teilung im Herbst. Häufig teilen, um starkes Wuchern einzudämmen.
B. salicifolium Abb. S. 247.
B. speciosum. Siehe *Telekia speciosa*.

BUPLEURUM (Umbelliferae)
Hasenohr
Gattung von Stauden und immergrüner Sträucher, beliebt wegen ihres Laubes und der Blüten. Wächst gut in Küstengärten. Winterhart. Benötigt Sonne und durchlässige Erde. Vermehrung durch halbausgereifte Stecklinge im Sommer.
B. fruticosum Abb. S. 114.

BUTIA (Palmae)
Palme
Gattung immergrüner Palmen, beliebt wegen ihres attraktiven Äußeren. Winterhart bis frostempfindlich. Mindesttemperatur 5°C. Gedeiht in jeder fruchtbaren, durchlässigen Erde, in hellem Licht oder Halbschatten. Regelmäßig gießen, im Winter mäßig. Vermehrung durch Samen im Frühjahr bei mind. 24°C. Anfällig für Rote Spinne.
B. capitata, syn. *Cocos capitata*, Abb. S. 72

BUTOMUS (Butomaceae)
Blumenbinse
Gattung einer Art laubabwerfender, mehrjähriger, binsenähnlicher Sumpfpflanzen, beliebt wegen ihrer Blüten. Winterhart. Benötigt einen offenen, sonnigen Standort, in einer Wassertiefe von 25 cm. Vermehrung durch Teilung im Frühjahr oder durch Samen im Frühjahr oder Spätsommer.
B. umbellatus Abb. S. 374.

BUXUS (Buxaceae)
Buchsbaum
Gattung immergrüner Sträucher und Bäume, beliebt wegen ihres Laubes und ihres Habitus. Eignet sich besonders für Einfassungen, Hecken und formalen Baumschnitt. Blüten sind unscheinbar. Winterhart bis bedingt winterhart. Wächst in Sonne oder Halbschatten und jedem nicht staunassen Boden. Hecken werden im Sommer geschnitten. Im späten Frühjahr werden die Triebe 30 cm oder mehr zurückgeschnitten, um Austrieb zu fördern. Vermehrung durch halbausgereifte Stecklinge im Sommer.
B. balearica (Balearischer Buchsbaum) Abb. S. 121.
B. microphylla. Immergrüner, buschiger Strauch. H. 1 m, Br. 1,5 m. Winterhart. Ist dicht, rundlich, mit kleinen, länglichen, dunkelgrünen Blättern. **'Green Pillow'** Abb. S. 144.
B. sempervirens. Immergrüner, buschiger Strauch oder Baum. H. und Br. 5 m. Winterhart. Die Blätter sind länglich, glänzend, dunkelgrün. Eignet sich für Hecken und als Sichtschutz. **'Handsworthensis'** Abb. S. 120.
'Suffruticosa' Abb. S. 145.
B. wallichiana. Langsamwachsender, immergrüner, buschiger, offener Strauch. H. und Br. 2 m. Winterhart. Hat lange, schmale, glänzende, leuchtendgrüne Blätter.

C

CABOMBA (Cabombaceae)
Gattung laubabwerfender, halbimmergrüner, mehrjähriger Unterwasserpflanzen mit fein gefiedertem Laub. Eignet sich für Aquarien. Frostempfindlich, Mindesttemperatur 5°C. Bevorzugt Halbschatten. Vermehrung durch Kopfstecklinge im Frühjahr oder Sommer.
C. caroliniana (Fanwort, Fischgras, Washington Gras). Laubabwerfende oder halbimmergrüne, mehrjährige Wasserpflanze. Br. unbestimmt. Bildet dichte, ausgebreitete, fächerförmige, rauhgeschnittene, leuchtendgrüne Blattflächen. Ist eine sauerstoffbildende Pflanze.

CAESALPINIA (Leguminoseae)
Gattung laubabwerfender oder immergrüner Sträucher, Bäume und Kletterpflanzen, beliebt wegen ihres Laubes und der Blüten. Winterhart bis frostempfindlich, Mindesttemperatur 5–10°C. Benötigt volle Sonne und fruchtbare, durchlässige Erde. Vermehrung durch Kopfstecklinge im Sommer oder durch Samen im Herbst oder Frühjahr.
C. gilliesii Abb. S. 91.
C. pulcherrima, syn. *Poinciana pulcherrima*. Immergrüner Strauch oder Baum mit aufrechtem oder ausbreitenden Habitus. H. und Br. 3–6 m. Frostempfindlich. Mindesttemperatur 5°C. Hat farnähnliche Blätter, die sich aus vielen kleinen, mittelgrünen Blättchen zusammensetzen. Trägt im Sommer tassenförmige, 3 cm breite, gelbe Blüten mit sehr langen, roten Antheren, an kurzen, dichten, aufrechten Blütentrauben.

CALADIUM (Araceae)
Kaladie
Knollenstaude, aus der die langstengeligen, dekorativen Blätter erscheinen. Frostempfindlich. Mindesttemperatur 18–19°C. Benötigt Halbschatten und feuchte, humusreiche Erde. Nach dem Absterben der Blätter werden die Knollen frostfrei an einem dunklen Platz aufbewahrt. Vermehrung durch Teilung kleiner Knollen, bei Neueinpflanzung im Frühjahr.
C. × hortulanum. 'Candidum' ist büschelig, mehrjährig. H. und Br. bis 90 cm. Die dreieckigen, grün-geaderten, weißen Blätter, die bis 45 cm lang sind, entspringen an langen Stengeln einer pfeilförmigen Basis. Trägt periodisch eine weiße Blütenscheide. Dichtgedrängt am Kolben kleine Blüten, manchmal gefolgt von weißen Beeren. **'John Peed'** hat lila Stengel und wachsartige, grüne Blätter mit metallisch orangeroten Zentren und leuchtendroten Adern. **'Pink Beauty'** Abb. S. 221. **'Pink Cloud'** hat große, dunkelgrüne Blätter, in der Mitte rosa gefleckt, entlang der Adern rosa bis weiße Flächen.

CALANTHE. Siehe ORCHIDEEN.
C. vestita (Abb. S. 252). Laubabwerfende Erdorchidee. H. 60 cm. Frostempfindlich. Mindesttemperatur 18°C. Trägt im Winter einen Blütenschaft mit vielen weißen, 4 cm breiten Blüten, jede mit einer großen, rotgefleckten Lippe. Hat breite, ovale, gerippte, weiche Blätter, 30 cm lang. Benötigt im Sommer Halbschatten und regelmäßige Düngung.

CALATHEA (Marantaceae)
Korbmarante
Immergrüne Staude mit leuchtend bunt gemusterten Blättern. Frostempfindlich. Mindesttemperatur 15°C. Bevorzugt einen schattigen, luftfeuchten Standort mit gleichmäßiger Temperatur und humusreiche, durchlässige Erde. Mit weichem Wasser gießen, weniger bei niedrigen Temperaturen. Darf nicht ganz austrocknen. Vermehrung durch Teilung im Frühjahr.
C. lindeniana. Immergrüne horstbildende Staude. H. 1 m, Br. 60 cm. Lanzettförmige, langstielige, halb aufrechte Blätter, über 30 cm lang, sind dunkelgrün mit blasserem grün, einer feinverzweigten Mittelrippe, unterseits rötlich-lila. Trägt in Abständen kurze, aufrechte Ähren blaßgelber Blüten mit 3 Kronblättern.
C. makoyana Abb. S. 260.
C. ornata 'Roseo-lineata'. Immergrüne, horstbildende, stengellose Staude. H. bis 2 m, Br. bis 1,5 m. Die bis 60 cm langen, schmalen, ovalen, ledrigen Blätter sind dunkelgrün mit dichtstehenden, feinen rosa Streifen zwischen den Seitennerven, unterseits rötlich-lila. Trägt immer wieder kurze, aufrechte Ähren, 3kronblättriger weißer oder hellvioletter Blüten. **'Sanderiana'** Abb. S. 194.
C. zebrina Abb. S. 223.

CALCEOLARIA (Scrophulariaceae)
Pantoffelblume
Gattung ein- und zweijähriger Pflanzen, immergrüner Stauden, Halbsträucher und Kletterpflanzen. Einige werden als Einjährige gezogen. Winterhart bis frostempfindlich. Mindesttemperatur 5–7°C. Die meisten bevorzugen einen schattigen, kühlen Standort und feuchten, aber durchlässigen Boden, mit Sand und Kompost angereichert. Im Winter muß Nässe vermieden werden. Vermehrung durch Samen im Herbst oder Kopfstecklinge im späten Frühjahr oder Sommer.
C. 'Anytime'. Kompakt, buschig, ein- oder zweijährig. H. 20 cm, Br. 15 cm. Bedingt winterhart. Hat ovale, leicht behaarte, mittelgrüne Blätter. Im Frühling–Sommer erscheinen 5 cm lange, rundliche, beutelförmige Blüten, zweifarbig oder in Schattierungen von rot und gelb.
C. arachnoidea Abb. S. 295.
C. biflora Abb. S. 246.
C. Bikini-Serie Abb. S. 282.
C. darwinii. Immergrüne, horstbildende, kurzlebige Staude. H. 8 cm, Br. 10 cm. Winterhart. Trägt rundliche, runzelige, glänzende, dunkelgrüne Blätter. Bringt im späten Frühjahr Blütenstengel mit hängenden, beutelförmigen, gelben Blüten, an der Unterlippe braune Punkte, in der Mitte weiße Streifen, hervor. Schwierig zu kultivieren. Benötigt einen geschützten, sonnigen Standort und feuchte Erde aus einer Mischung Sand und Torf. Ständig Blattläuse bekämpfen.
C. fothergillii. Immergrüne, horstbildende, kurzlebige Staude. H. und Br. 12 cm. Winterhart. Die hellgrünen, rundlichen, behaarten Blätter sind rosettenförmig angeordnet. Bringt im Sommer einzelstehende, beutelförmige, schwefelgelbe Blüten mit roten Punkten hervor. Eignet sich gut für geschützte Steinkanten, Tröge oder das Alpinum. Benötigt sandigen, torfhaltigen Boden. Anfällig für Blattläuse.
B. integrifolia. Immergrüner, aufrechter Halbstrauch, manchmal einjährig kultiviert. H. bis 1,20 m, Br. 60 cm. Bedingt winterhart. Über den länglichen bis elliptischen, kräftig mittelgrünen Blättern, manchmal unterseits rostfarben, erscheinen den ganzen Sommer über dichte Trauben beutelförmiger gelber bis rötlichbrauner Blüten.
C. 'Johns Innes' Abb. S. 248.
C., Monarch-Serie. Gruppe buschiger, ein- oder zweijähriger Pflanzen. H. und Br. 30 cm. Bedingt winterhart. Hat ovale, leicht behaarte, mittelgrüne Blätter. Trägt im Frühjahr–Sommer große, rundliche, beutelförmige Blüten, 5 cm lang, in vielen Farben.
C. pavonii. Robuste, immergrüne Kletterpflanze. H. 2 m oder mehr. Frostempfindlich. Mindesttemperatur 7°C. Hat ovale, gezackte Blätter mit weichen Härchen und geflügeltem Stiel. Im Spätsommer bis Winter erscheinen Bündel beutelförmiger, gelber Blüten mit braunen Flecken.
C. polyrrhiza. Immergrüne, bodendeckende Staude. H. 2,5 cm, Br. 15 cm. Winterhart. Hat um den Blütenstengel rundliche, haarige, mittelgrüne Blätter, und trägt im Sommer beutelförmige, lilagefleckte, gelbe Blüten. Eignet sich gut für schattige Steingärten. Kann durch Teilung im Herbst oder Frühjahr vermehrt werden.
C. 'Sunshine' Abb. S. 283.
C. tenella Abb. S. 325.
C. 'Walter Shrimpton' Abb. S. 326.

CALENDULA (Compositae)
Ringelblume
Gattung Einjähriger und immergrüner Sträucher. Einjährige Sorten sind winterhart. Sträucher sind frostempfindlich, Mindesttemperatur 4°C. Gedeiht in Sonne und jeder durchlässigen Erde. Verblühtes entfernen, um die Blüte zu verlängern. Vermehrung Einjähriger durch Freilandsaat im Frühjahr oder Herbst, Sträucher durch Kopfstecklinge im Sommer. Einjährige säen sich meist selbst aus. Die Pflanzen sind anfällig für Mehltau und Mosaikvirus.
C. officinalis. Schnellwachsend, buschig, einjährig. Hohe Sorten H. und Br. 60 cm, Zwergformen H. und Br. 30 cm. Alle haben lanzettförmige, sehr aromatische, blaßgrüne Blätter. Von Frühling bis Herbst erscheinen einfache oder gefüllte gänseblümchenähnliche Blüten. **'Art Shades'** (hoch) hat gefüllte, aprikosen-, orange- oder cremefarbige Blüten. **Fiesta**, gefüllte Mischung (niedrig), Blüten in den Farben von creme bis orange. (Siehe **'Gitana'** Abb. S. 283.) **'Geisha Girl'** (hoch) Abb. S. 285. **'Kablouna'** (hoch) Abb. S. 280.

CALLA (Araceae)
Gattung einer Spezies laubabwerfender oder halbimmergrüner Stauden, ausgebreiteter Wasserpflanzen, die wegen ihres Laubes und der auffälligen Blütenscheide, die unscheinbare Blütentrauben umhüllt, kultiviert werden. Winterhart. Benötigt einen sonnigen Standort im Uferschlamm oder eine Wassertiefe bis 25 cm. Vermehrung durch Teilung im Frühjahr oder durch Aussaat im späten Sommer.
C. palustris (Sumpfkalla) Abb. S. 372.

CALLIANDRA (Leguminosae)
Gattung immergrüner Bäume, Sträucher und kletternder Pflanzen, beliebt wegen ihrer Blüten und der Gesamterscheinung. Frostempfindlich. Mindesttemperatur 7–18°C. Benötigt helles Licht oder Halbschatten und durchlässige Erde. Während des Wachstums Kübelpflanzen großzügig wässern, weniger bei niedrigen Temperaturen. Um den Wuchs einzudämmen, nach der Blüte ½ bis ⅔ zurückschneiden. Vermehrung durch Samen im Frühjahr. Anfällig für Weiße Fliege und Schmierlaus.
C. eriophylla Abb. S. 140.
C. haematocephala (rosa Form) Abb. S. 115, (weiße Form) Abb. S. 117.

CALLIANTHEMUM (Ranunculaceae)
Jägerblume
Staude, die wegen ihrer gänseblümchenähnlichen Blüten und dicken, stark zerklüfteten Blätter kultiviert wird. Eignet sich hervorragend für Steingärten und das Alpinum. Winterhart. Benötigt Sonne und Feuchtigkeit, aber durchlässige Erde. Vermehrung durch frischen Samen.
C. coriandrifolium. Bodendeckende Staude mit aufrechten Blütenstielen. H. 8 cm, Br. 20 cm. Die langstengeligen, stark zerklüfteten, blau-grünen Blätter bilden offene Rosetten. Im Frühjahr bilden sich an kurzen Stielen viele Kronblätter, weiße Blüten im gelben Zentrum. Zieht Schnecken an.

CALLICARPA (Verbenaceae)
Schönfrucht
Gattung laubabwerfender, sommerblühender Sträucher, beliebt wegen ihrer kleinen, aber auffälligen Fruchtbüschel. Winterhart. Gedeiht am besten in voller Sonne und fruchtbarer, durchlässiger Erde. Vermehrung durch Kopfstecklinge im Sommer.
C. bodinieri. Laubabwerfender, buschiger Strauch. H. 3 m, Br. 2,50 m. Hat ovale, dunkelgrüne Blätter. Mitte des Sommers erscheinen winzige, sternchenförmige lila Blüten, später dichte Büschel runder, violetter Früchte. Var. *giraldii*, Abb. S. 116.

CALLISIA (Commelinaceae)
Immergrüne, niedrige Staude, beliebt wegen ihres dekorativen Laubes und des kriechenden Habitus. Frostempfindlich. Mindesttemperatur 10–15°C. Benötigt helles Licht, aber keine direkte Sonne und fruchtbare, durchlässige Erde. Vermehrung durch Kopfstecklinge im Frühjahr, entweder jährlich oder wenn die Pflanzen nur mehr verstreut wachsen.
C. navicularis, syn. *Tradescantia navicularis*. Immergrün, langsam wachsend. Staude mit kriechenden, wurzeligen Sprossen, 50 cm oder länger. H. 5–8 cm, Br. unbestimmt. Hat zwei Reihen ovaler, kielförmiger Blätter, 2,5 cm lang, die den Stengel umhüllen und stiellose Trauben kleiner 3-petaliger rosa-lilafarbener Blüten, die im Sommer–Herbst in den Blattachseln erscheinen.
C. repens Abb. S. 260.

CALLISTEMON (Myrtaceae)
Zylinderputzer
Gattung immergrüner Sträucher, gewöhnlich mit schmalen, zugespitzten Blättern, beliebt wegen ihrer Blütentrauben mit den zahlreichen, langen Staubfäden, die wie Bürsten aussehen. Winter-

hart bis bedingt winterhart, aber in kühlen Gegenden benötigen alle, außer *C. sieberi*, Schutz durch eine Süd- oder Westmauer. Benötigt volle Sonne und fruchtbare, durchlässige Erde. Vermehrung durch halbausgereifte Stecklinge im Sommer oder durch Samen im Herbst oder Frühjahr.
***C. citrinus* 'Splendens'** Abb. S. 111.
C. pallidus Abb. S. 114.
C. rigidus Abb. S. 111.
C. sieberi. Immergrüner, buschiger, dichter Strauch. H. 1,50 m, Br. 1 m. Winterhart. Hat kurze, schmale, lanzettförmige, steife, mittelgrüne Blätter und von Mitte bis Spätsommer kleine Büschel blaßgelber Blüten.
C. speciosus. Immergrüner, buschiger Strauch. H. und Br. 3 m. Bedingt winterhart. Hat lange, schmale, grau-grüne Blätter. Im späten Frühjahr und Frühsommer erscheinen zylindrische Büschel leuchtendroter Blüten.
C. subulatus. Immergrüner, überhängender Strauch. H. und Br. 1,50 m. Winterhart. Blätter sind länglich schmal und leuchtendgrün. Trägt im Sommer dichte Ähren leuchtendroter Blüten.
C. viminalis. Immergrüner, überhängender Strauch. H. und Br. 5 m. Bedingt winterhart. Die länglichen, schmalen, bronzefarbigen jungen Blätter werden später dunkelgrün. Im Sommer erscheinen Büschel leuchtendroter Blüten.

CALLISTEPHUS (Compositae)
Sommeraster
Gattung einer Spezies einjähriger Pflanzen. Bedingt winterhart. Benötigt Sonne, einen geschützten Standort und fruchtbare, durchlässige Erde. Hohe Sorten müssen aufgebunden werden, bei allen Verblühtes entfernen. Vermehrung durch Samen, der im Frühjahr unter Glas ausgesät wird. Zur Frühjahrsmitte Freilandaussaat. Anfällig für Asternwelke, Viruskrankheiten, Fußkrankheiten sowie Blattlausbefall.
C. chinensis. Mäßig rasch wachsend, aufrecht, buschig, einjährig. Hohe H. 60 cm, Br. 45 cm, mittelhohe H. 45 cm, Br. 30 cm, niedrige Sorten H. 25–30 cm, Br. 30–45 cm. Besonders zwergwüchsig H. 20 cm, Br. 30 cm. Alle haben ovale, gezähnte, mittelgrüne Blätter. Blüte erscheint im Sommer und Frühherbst. Verschiedene Formen sind in einer breiten Farbskala wie rosa, rot, blau und weiß erhältlich. **Andrella-Aster** (hoch) hat einfache, gänseblümchenähnliche Blüten; die **Duchess-Astern** (hoch) sind gewölbt und chrysanthemenähnlich. **Zwerg-Milady-Astern** besitzen gewölbte, gefüllte Blüten, mehr- oder einzelfarbig (blau, Abb. S. 276; rosa, Abb. S. 268). **Straußenfeder-Astern** (hoch) haben federähnliche, zurückgebogene, gefüllte Blüten. **Pompon-Astern** (hoch) haben kleine, gefüllte Blüten; die von **'Powderpuffs'** (hoch) sind groß und gefüllt. **Prinzess-Astern** (hoch) mit gefüllten Blüten und gewellten Blütenblättern. **Tausend-Wunder-Aster** (sehr zwergwüchsig) Abb. S. 275.

CALLUNA (Ericaceae). Siehe HEIDEKRAUT
C. vulgaris (Ling, schottisches Heidekraut). Immergrüner, buschiger Strauch. H. bis 60 cm, Br. 45 cm. Winterhart. Leicht fleischige, linealische Blätter, wechselständig angeordnet, von leuchtend grün in vielen Schattierungen von grau, gelb, orange und rot. Von Mitte Sommer bis Spätherbst erscheinen krug- oder glockenförmige, einfache oder gefüllte Blüten, an Ähren angeordnet. Anders als bei *Erika* wird meist die Blütenfarbe von den Kelchblättern bestimmt. Die folgenden Sorten sind 45 cm hoch, haben mittelgrüne Blätter und tragen einfache Blüten im Spätsommer und zeitigem Frühjahr, außer wenn anders angegeben. **'Alba Plena'**, H. 30–45 cm hat gefüllte, weiße Blüten. **'Allegro'**, H. 60 cm, kompakter Wuchs, trägt lila-rote Blüten. **'Alportii'**, H. 60–90 cm hat lilarote Blüten. **'Anthony Davis'** (Abb. S. 146) hat graue Blätter und weiße Blüten. **'August Beauty'** trägt lange, überhängende Stengel und weiße Blüten. **'Beechwood Crimson'** ist buschig mit rotlilafarbenen Blüten. **'Beoley Gold'** (Abb. S. 147), Br. 50 cm hat goldenes Laub und weiße Blüten. **'Beoley Silver'**, H. 40 cm hat silbriges Laub und weiße Blüten. **'Bonfire Brilliance'**, H. 30 cm hat leuchtend flammenfarbiges Laub und hell-lila-rosafarbene Blüten. **'Boskoop'** (Abb. S. 147), H. 30 cm, ist kompakt mit goldenem Laub, welches sich im Winter dunkelorange färbt und lila-rosafarbene Blüten. **'County Wicklow'** (Abb. S. 146), H. 30 cm, Br. 35 cm ist kompakt mit gefüllten muschelrosa-farbenen Blüten. **'Darkness'** (Abb. S. 147) H. 40 cm, Br. 35 cm, ist kompakt mit hochroten Blüten. **'Drum-Ra'** ist typisch für das schottische, weiße Heidekraut. **'Elsie Purnell'** (Abb. S. 146) hat gräulich-grüne Blätter, breitet sich aus und trägt gefüllte, blaßrosa Blüten. **'Finale'** trägt vom Spätherbst bis zeitigem Frühjahr dunkelrosa Blüten. **'Foxii Nana'** (Abb. S. 147) H. 15 cm bildet hügelförmig leuchtend grünes Laub und trägt vereinzelt hell-lila-rosafarbene Blüten. **'Fred J. Chapple'**, das im Frühjahr erscheinende leuchtend rosafarbenes Laub hat korallenrote Spitzen. Die hell-lila-rosafarbenen Blüten erscheinen an langen Zweigen. **'Golden Feather'** (Abb. S. 147) hat leuchtendgelbes Laub, welches sich im Winter orange färbt. Trägt hellila-rosafarbene Blüten. **'Gold Haze'** (Abb. S. 147) hat leuchtend goldenes Laub und weiße Blüten. **'H. E. Beale'**, H. 50 cm, ist eine der besten Sorten mit gefüllten Blüten, an langen Zweigen, blaß rosafarbig. **'Highland Rose'** hat golden-bronzefarbenes Laub und dunkelrosa Blüten. **'Humpty-Dumpty'**, H. 15 cm, kissenbildende Sorte mit smaragdgrünem Laub und wenigen weißen Blüten. **'J. H. Hamilton'** (Abb. S. 146), H. 20 cm, Br. 40 cm ist kompakt, mit gefüllten lachsrosafarbenen Blüten. **'Joy Vanstone'** hat goldenes Laub, färbt sich orange- und bronzefarbig. Trägt hellviolett-rosafarbene Blüten. **'Kinlochruel'** (Abb. S. 146), H. 30 cm, Br. 35 cm, trägt eine Fülle großer, gefüllter, weißer Blüten. **'Loch Turret'**, H. 30 cm hat smaragdgrünes Laub und im Frühsommer weiße Blüten. **'Mair's Variety'**, eine alte Sorte, hat lange Ähren weißer Blüten. **'Marleen'** ungewöhnlich lang blühende Sorte mit dunkelrosa Blüten, die sich nicht völlig öffnen. Blüte vom frühen bis späten Herbst. **'Mullion'**, H. 25 cm, Br. 50 cm, eine flach wachsende Sorte mit kräftig hell-lila-rosa-farbenen Blüten. **'Multicolor'** (Abb. S. 147), H. 20 cm, ist kompakt, Blätter das ganze Jahr über in gelben, orangen, roten und grünen Farbtönen. Die Blüten sind hell-lila-rosa. **'My Dream'** (Abb. S. 146), H. 50 cm, gefüllte, weiße Blüten an langen, spitzzulaufenden Zweigen. **'Orange Queen'** hat gelbes und goldenes Laub und hellviolette Blüten. **'Peter Sparkes'** (Abb. S. 147), H. 50 cm, Br. 55 cm, mit gefüllten, dunkelrosa Blüten. **'Robert Chapman'** (Abb. S. 147), kriechende Sorte, beliebt wegen des Laubs, ist im Sommer goldgelb und färbt sich im Winter orange und leuchtend rot. Blüten sind hellviolett-rosa. **'Ruth Sparkes'**, H. 25 cm, hat goldenes Laub und weiße Blüten. **'Silver Knight'** (Abb. S. 147), H. 30 cm, wächst aufrecht mit grauen Blättern und hellviolett-rosa Blüten. **'Silver Queen'** (Abb. S. 146), H. 40 cm, Br. 55 cm, kriechende Sorte mit dunkel violett-rosa Blüten. **'Sir John Charrington'** hat leuchtend buntes Laub, verfärbt sich von goldgelb im Sommer bis orange und rot im Winter. Blüten dunkelviolett-rosa. **'Sister Anne'**, H. 15 cm, hat graue Blätter und violett-rosa Blüten. **'Soay'** hat gelbbraunes Laub und violett-rosa Blüten. **'Spring Cream'** (Abb. S. 146) hat leuchtend grüne Blätter mit im Frühjahr cremefarbenen Spitzen und weißen Blüten. **'Sunset'**, H. 25 cm, hat leuchtend buntes Laub, verfärbt sich von goldgelb im Frühjahr, orange im Sommer und feurigrot im Winter. Blüten violett-rosa. **'Tib'** (Abb. S. 147), H. 30 cm, Br. 40 cm, ist die zeitigst blühende, gefüllte Sorte mit kleinen, tief rosafarbenen Blüten im Frühsommer. **'White Lawn'**, H. 10 cm, eine kriechende Sorte mit leuchtendgrünem Laub und weißen Blüten an langen Zweigen. Eignet sich für Steingärten. **'Wickwar Flame'**, vor allem beliebt wegen ihres bunten Laubes in den Farbtönen von gelb, orange und flammenrot, kommt ganz speziell im Winter zur Wirkung. Blüten violettrosa.

CALOCEDRUS (Cupressaceae)
Rauchzypresse
Siehe KONIFEREN.
C. decurrens, syn. *Libocedrus decurrens*, Abb. S. 78.

CALOCEPHALUS (Compositae)
Gattung einjähriger Pflanzen, Stauden und immergrüner Sträucher. Oft einjährig aus Stecklingen als Sommerbeetpflanze gezogen. Frostempfindlich. Mindesttemperatur 7–10°C. Benötigt helles Licht und durchlässige Erde. Kübelpflanzen während des Wachstums mäßig gießen, weniger zu anderen Zeiten. Triebspitzen entfernen, um buschigen Wuchs zu fördern. Vermehrung durch halbausgereifte Stecklinge im Spätsommer. Anfällig für Grauschimmel, wenn Pflanzen im Winter zu kühl und feucht stehen.
C. brownii Abb. S. 143.

CALOCHONE (Rubiaceae)
Gattung immergrüner Kletterpflanzen, beliebt wegen ihrer dekorativen Blüten. Frostempfindlich. Mindesttemperatur 18°C. Benötigt humusreiche, durchlässige Erde und helles Licht. Regelmäßig gießen, weniger bei kaltem Wetter. Muß aufgebunden werden. Nach der Blüte wird ausgedünnt. Vermehrung durch halbausgereifte Stecklinge im Sommer.
C. redingii. Mäßig kräftige, immergrüne Kletterpflanze. H. 3–5 m. Hat oval gespitzte, behaarte Blätter, 7–12 cm lang, und im Winter Bündel schlüsselblumenförmiger, roter bis orangerosafarbener Blüten.

CALOCHORTUS (Liliaceae)
Mormonentulpe
Gattung von Bulben, die wegen der Frühlings- und Sommerblüte kultiviert werden. Winterhart. Benötigt einen geschützten, sonnigen Standort und durchlässige Erde. In kalten, feuchten Gegenden sollten frühlingsblühende Sorten zugedeckt, oder während der Winterruhe (im Sommer) herausgenommen werden. Es ist auch möglich, sie im Frühbeet oder kalten Gewächshaus zu kultivieren. Nach der Blüte werden die Brutknöllchen, die in den Blattachseln erscheinen, zur Vermehrung entfernt. Bei frühlingsblühenden Arten wird im Herbst durch Samen oder Brutknöllchen vermehrt, bei den sommerblühenden im Frühjahr.
C. albus Abb. S. 342.
C. amabilis Abb. S. 363.
C. barbatus, syn. *Cyclobothra lutea*, Abb. S. 353.
C. luteus Abb. S. 347.
C. splendens. Im späten Frühjahr blühende Bulbe. H. 20–60 cm, Br. 5–10 cm. Trägt 1 oder 2 linealische, aufrechte Blätter, die nahe der Basis des verzweigten Stengels erscheinen. Der Blütentrieb bringt 1–4 aufrechte, schüsselförmige, blaß purpurfarbene Blüten, 5–7 cm breit, mit einem dunklen Fleck an der Basis, jeweils mit 3 großen Kronblättern hervor.
C. subalpinus Abb. S. 364.
C. superbus. Spät im Frühling blühende Bulbe. H. 20–60 cm, Br. 5–10 cm. Ist ähnlich wie *C. splendens*. Die Blüten sind weiß, creme oder blaßlila mit einem braunen Fleck nahe der Basis der 3 großen Kronblätter.
C. venustus Abb. S. 342.
C. vestae. Spät im Frühling blühende Bulbe. H. 20–60 cm, Br. 5–10 cm. Ähnlich wie *C. splendens*. Die Blüten sind weiß oder purpur, mit einem rostbraunen Fleck an jedem der 3 großen Kronblätter.
C. weedii. Sommerblühende Bulbe. H. 30–60 cm, Br. 5–10 cm. Hat ein linealisches, aufrechtes Blatt nahe der Stengelbasis. Trägt gewöhnlich 2 aufrechte, tellerförmige Blüten, 4–5 cm breit, orangegelb, braun liniert und gefleckt, und auf der Innenseite behaart.

CALODENDRUM (Rutaceae)
Gattung immergrüner Bäume, die hauptsächlich wegen ihrer Blüte im Frühjahr – Sommer kultiviert wird. Frostempfindlich. Mindesttemperatur 7–10°C. Benötigt helles Licht und fruchtbare, durchlässige Erde, die die Feuchtigkeit hält. Kübelpflanzen während des Wachstums stark gießen, zu anderen Zeiten weniger. Stutzen möglich, wenn nötig. Vermehrung durch Samen im Frühjahr oder durch halbausgereifte Stecklinge im Sommer.
C. capense (Cape Kastanie). Mäßig schnellwachsender, immergrüner, runder Baum. H. und Br. bis 15 m oder mehr. Hat oval gemusterte Blätter mit durchsichtigen Punkten. Endständige Rispen 5blättriger hellrosa bis dunkellilafarbener Blüten erscheinen vom Frühjahr bis Frühsommer.
Calonyction aculeateum. Siehe *Ipomoea alba*.

CALOSCORDUM (Liliaceae)
Gattung einer Art sommerblühender Bulben, verwandt mit und ähnlich wie *Allium*. Geeignet für Steingärten. Winterhart. Benötigt einen offenen, sonnigen

Standort und durchlässige Erde. Ruhezeit im Winter. Vermehrung im zeitigen Frühjahr durch Samen oder Teilung, bevor das neue Wachstum beginnt.
C. neriniflorum. Horstbildende Bulbe. H. 20–25 cm, Br. 8–10 cm. Die sehr schmalen Basalblätter sterben zur Blütezeit ab. Jeder blattlose Blütenschaft bringt einen Blütenkopf mit locker angeordneten 10–20 kleinen, röhrenförmigen, rosaroten Blüten im Spätsommer hervor.

CALOTHAMNUS (Myrtaceae)
Gattung immergrüner, sommerblühender Sträucher, beliebt wegen ihrer Blüten und des Habitus. Gedeiht in trockener, luftiger Lage. Frostempfindlich. Mindesttemperatur 10–15 °C. Benötigt volle Sonne und durchlässige, sandige Erde. Während des Wachstums werden Kübelpflanzen mäßig gegossen, zu anderen Zeiten weniger. Die Vermehrung geschieht durch Samen oder halbausgereifte Stecklinge im Sommer.
C. villosus. Immergrüner, buschiger Strauch. H. und Br. 60 cm–1,20 m. Hat kleine, dichte, nadelähnliche Blätter, die mit dickem, grauem Flaum bedeckt sind. Die attraktiven Blüten erscheinen im Sommer in dichten, stets nach einer Seite gewendeten Trauben, die sich aus Bündeln verzweigter, tiefroter Staubgefäße zusammensetzen.

CALTHA (Ranunculaceae)
Dotterblume
Gattung laubabwerfender, mehrjähriger Wasser-, Sumpf- oder Steingartenpflanzen, beliebt wegen ihrer attraktiven Blüten. Winterhart. Die niedrigwachsenden Arten eignen sich für Steingärten, Tröge und das Alpinum und benötigen feuchte, aber durchlässige Erde. Die größeren Arten kultiviert man besser am Wasser. Die meisten bevorzugen einen offenen, sonnigen Standort. Vermehrung der Spezies durch Samen im Herbst oder Teilung im Herbst oder zeitigem Frühjahr. Die selektierten Sorten durch Teilung im Herbst oder zeitigem Frühjahr.
C. introloba. Kissenbildend, mehrjährig. H. und Br. 5 cm. Trägt ovale, gelappte, glänzende, dunkelgrüne Blätter. Aufrechte, kelchförmige, weiße Blüten, außen purpur überhaucht, öffnen sich im Spätwinter. Eignet sich gut für Tröge und das Alpinum. Bevorzugt Schatten und humusreiche Erde. Ist in heißen, trockenen Gegenden schwierig zu kultivieren.
C. leptosepala Abb. S. 373.
C. palustris (Sumpfdotterblume) und **'Flore Plena'**, Abb. S. 377.

CALYCANTHUS (Calycanthaceae)
Gewürzstrauch
Gattung laubabwerfender, sommerblühender Sträucher, die wegen ihrer purpur- oder bräunlich-roter Blüten mit riemenförmigen Kronblättern kultiviert wird. Winterhart. Benötigt Sonne oder leichten Schatten und fruchtbare, feuchte, aber durchlässige Erde. Vermehrung durch Kopfstecklinge im Sommer oder Herbstaussaat.
C. floridus (Karolina-Nelkenpfeffer) Laubabwerfender, buschiger Strauch. H. und Br. 2 m. Hat ovale, aromatische, dunkelgrüne Blätter und von Anfang bis Mitte Sommer duftende, bräunlich-rote Blüten und eine Fülle ausgebreiteter Kronblätter.
C. occidentalis Abb. S. 110.

CALYPSO siehe ORCHIDEEN.
C. bulbosa (Abb. S. 253). Laubabwerfende Erdorchidee. H. 5–20 cm. Winterhart. Der einblättrige Sproß bringt ein ovales, gefaltetes, 3–10 cm langes Blatt hervor, und einzelnstehend, endständig eine purpur-rosa Blüte, 1,5–2 cm lang, mit haariger, purpurgefleckter, weiß oder blaß lilafarbener Lippe. Sie erscheint im Spätfrühling oder Frühsommer an feuchten, halbschattigen Stellen. Mit Lauberde abdecken.

CAMASSIA (Liliaceae)
Prariekerze
Gattung sommerblühender Bulben, geeignet für Randpflanzung und Teichränder. Bedingt winterhart. Benötigt Sonne oder Halbschatten und tiefe, feuchte Erde. Die Bulben werden im Herbst 10 cm tief gesetzt. Ruhezeit Herbst–Winter. Vermehrung durch Samen im Herbst oder durch Teilung im Spätsommer. Sollte der Samen nicht benötigt werden, verwelkte Blütenstengel abschneiden.
C. leichtlinii Abb. S. 332. **'Semiplena'**, Abb. S. 133.
C. quamash. Horstbildende, sommerblühende Bulbe. H. 20–80 cm, Br. 20–30 cm. Hat lange, schmale, aufrechtstehende grundständige Blätter. Der blattlose Blütenschaft trägt in einer dichten Traube sternchenförmige, blaue, violette oder weiße Blüten, bis 7 cm breit.

CAMELLIA (Theaceae)
Kamelie
Gattung immergrüner Sträucher und Bäume, beliebt wegen ihrer Blüten und des Laubes. Die Blüten werden nach Typen wie folgt klassifiziert: Einfach, halbgefüllt, anemonenblütig, päonienblütig, rosenblütig, gefüllt und unregelmäßig gefüllt (siehe S. 96, Illustrationen mit Beschreibung). Mauerschutz geben und als Kübelpflanze kultivieren. Winterhart bis frostempfindlich. Mindesttemperatur 7–10 °C. Die meisten Sorten bevorzugen einen geschützten Standort und Halbschatten. Durchlässige, neutrale bis saure Erde ist nötig. Nach der Blüte wieder in Form schneiden. Vermehrung durch Kopfstecklinge von Sommermitte bis Frühwinter oder durch Veredlung im Spätwinter oder zeitigen Frühjahr. Unter Glas sind sie anfällig für Blattläuse, Thrips und Schildläuse.
***C.* 'Anticipation'** (Abb. S. 97). Robuster, immergrüner, aufrechter Strauch. H. 3 m, Br. 1,50 m. Winterhart. Hat lanzettförmige, dunkelgrüne Blätter. Im Frühjahr erscheinen in Fülle große, pfingstrosenförmige, tief rosarote Blüten.
C. chrysantha. Schnell wachsender, immergrüner, lockerer Strauch oder Baum. H. 6 m oder mehr, Br. 3 m. Bedingt winterhart. Hat große, ovale, ledrige, geäderte Blätter. Im Frühjahr erscheinen aus den Blattachseln kleine, gestielte, tassenförmige, einfache, klargelbe Blüten.
***C.* 'Cornish Snow'.** Schnellwachsender, immergrüner, aufrechter buschiger Strauch. H. 3 m, Br. 1,50 m. Winterhart. Hat lanzettförmige Blätter, die in der Jugend bronzefarbig, später dunkelgrün sind. Trägt im zeitigen Frühjahr eine Fülle kleiner, tassenförmiger, einfacher, weißer Blüten.
C. cuspidata. Immergrüner, aufrechter Strauch, der mit zunehmendem Alter buschig wird. H. 3 m, Br. 1,50 m. Winterhart. Hat schmale lanzettförmige Blätter, zunächst bronzefarben, später purpurlila. Im zeitigen Frühjahr erscheinen aus den Blattachseln kleine, tassenförmige, einfache, reinweiße Blüten in großer Fülle.
***C.* 'Dr. Clifford Parks'** (Abb. S. 97). Immergrüner, ausgebreiteter Strauch. H. 4 m, Br. 2,50 m. Winterhart. Hat zur Frühlingsmitte große flammenrote Blüten, oft halbgefüllt. Pfingstrosen- und anemonenförmige Blüten sind oft an einer Pflanze vertreten. Die Blätter sind groß, oval und dunkelgrün.
C. granthamiana. Immergrüner, lockerer Strauch. H. bis 3 m, Br. 2 m, bedingt winterhart. Die dunkelgrünen, ovalen, ledrigen Blätter sind glänzend und gefältelt. Trägt im Spätherbst große, tellerförmige, einfache, weiße Blüten, bis 18 cm breit, mit bis zu 8 breiten Kronblättern.
C. hiemalis. Immergrüner, aufrechter, buschiger Strauch. H. 2–3 m, Br. 1,50 m. Winterhart. Hat kleine lanzettförmige Blätter und im Spätherbst und Winter duftende, tassenförmige, halb- oder ungleich gefüllte, weiße, rosa oder rote Blüten. Eignet sich gut für Hecken.
C. hongkongensis. Immergrüner, buschiger Strauch oder Baum. H. bis 3 m, Br. 2 m. Winterhart. Die 10 cm langen lanzettförmigen Blätter sind in der Jugend dunkelrot, ausgewachsen dunkelgrün. Im späten Frühling erscheinen tassenförmige, einzelne, tiefrote Blüten, die auf der Kronblattaußenseite samtig sind.
***C.* 'Innovation'** (Abb. S. 96). Immergrüner, offener, ausgebreiteter Strauch. H. 5 m, Br. 3 m. Winterhart. Hat große, ovale, ledrige Blätter, und im Frühjahr große, pfingstrosenförmige, lavendelschattierte weinrote Blüten mit gedrehten Kronblättern.
***C.* 'Inspiration'** (Abb. S. 96). Immergrüner, aufrechter Strauch. H. 4 m, Br. 2 m. Winterhart. Die Blätter sind oval und ledrig. Tellerförmige, halbgefüllte, phloxrosafarbene Blüten werden im Frühjahr in großer Fülle erzeugt.
C. japonica. Immergrüner Strauch, der sehr variabel in Habitus, Laub und Blüte sein kann. H. 10 m, Br. 8 m, winterhart. Zahlreiche Sorten sind im Handel; wenn nicht anders erwähnt sind es Frühlingsblüher. **'Adolphe Audusson'** (Abb. S. 97) ist eine sehr zuverlässige, alte Sorte, die für alle Standorte geeignet ist, und auch niedrige Temperaturen verträgt, mehr als alle anderen. Trägt große, tellerförmige, halbgefüllte, dunkelrote Blüten mit auffallenden, gelben Staubgefäßen. Die Blätter sind breit lanzettförmig und dunkelgrün. **'Alba Simplex'** (Abb. S. 96) ist buschig, mit breiten lanzettförmigen mittel- bis gelbgrünen Blättern und tassenförmigen, einfachen weißen Blüten, die im zeitigen Frühjahr erscheinen. **'Alexander Hunter'** (Abb. S. 97), ein aufrechter, kompakter Strauch mit flachen, einfachen, tiefroten Blüten, mit einigen Kronblättern und lanzettförmigen, dunkelgrünen Blättern. **'Althaeiflora'** (Abb. S. 97) hat einen kräftigen, buschigen Charakter, große, pfingstrosenförmige dunkelrote Blüten und breite, ovale, stark dunkelgrüne Blätter. **'Betty Sheffield Supreme'** (Abb. S. 97), eine aufrechte Sorte mit lanzettförmigen, mittelgrünen Blättern und ungleichmäßig gefüllten Blüten, hauptsächlich weiß, jedes Kronblatt ist in einigen Schattierungen rosarot gesäumt. **'Donckelaeri'** langsamwachsend, buschig und überhängend mit tellerförmigen, halbgefüllten, roten Blüten, die oft weißgefleckt sind. Hat lanzettförmige, dunkelgrüne Blätter. **'Elegans'** (Abb. S. 96) ist ausladend mit anemonenförmigen, dunkelrosa Blüten. Die zentral angelegten Kronblätter sind oft weiß gescheckt. Blätter breit lanzettförmig und dunkelgrün. **'Fleur de Pêche'** (syn. *C. j.* 'Peachblossom') ist buschig mit schmalen, lanzettförmigen, dunkelgrünen Blättern und tassenförmigen, halbgefüllten, zart rosafarbenen Blüten, die oft ein dunkelrosa Zentrum haben. **'Gloire de Nantes'** (Abb. S. 97) ist ein aufrechter Strauch, der mit zunehmendem Alter buschig wird. Trägt flache bis tassenförmige, halbgefüllte, leuchtend rosafarbige Blüten, über einen längeren Zeitraum hinweg. Die ovalen bis lanzettförmigen, glänzenden Blätter sind dunkelgrün. **'Grand Sultan'**, siehe *C. j.* 'Mathotiana'. **'Guilio Nuccio'** (Abb. S. 97) ist eine aufrechte, üppig blühende Sorte, die mit zunehmendem Alter sich ausbreitet. Bringt große, tassenförmige, halbgefüllte rosarote Blüten hervor, jede mit gewellten Kronblättern, oft ein Durcheinander von goldenen Staubfäden und Kronblättchen. Die dunkelgrünen Blätter sind lanzettförmig, manchmal mit »Fischschwanz-Enden«. **'Hagoromo'**, siehe *C. j.* 'Magnoliiflora'. **'Jessie Burgess'** (Abb. S. 96) ist kräftig und aufrecht im Wuchs und hat lanzettförmige, mittelgrüne Blätter. Trägt große, tassenförmige, halbgefüllte rosa-rote Blüten mit einem silbrigen Hauch. **'Julia Drayton'** (Abb. S. 97) ist eine aufrechte Sorte mit großen, leuchtendroten Blüten, die zwischen normalgefüllten bis rosenförmigen variieren. Die dunkelgrünen Blätter sind oval bis lanzettförmig und etwas gedreht. **'Jupiter'** (Abb. S. 96) ist ein aufrechter Strauch mit lanzettförmigen, dunkelgrünen Blättern und großen, tellerförmigen, einfachen rosa-roten Blüten mit goldenen Staubgefäßen. **'Kumasaka'** ist eine aufrechte Sorte mit schmalen, lanzettförmigen, mittelgrünen Blättern. Trägt normalgefüllte, manchmal auch pfingstrosenförmige, tief rosarote Blüten. **'Lady Vansittart'** (Abb. S. 96). Eine aufrechte, ungewöhnliche Sorte mit stechpalmenähnlichem, gedrehtem, mittelgrünem Laub. Die tellerförmigen, halbgefüllten weißen Blüten sind rosa überhaucht. Die Blütenfarbe ist variabel, oft erscheinen neue Farbmutationen. **'Magnoliiflora'** (syn. *C. j.* 'Hagoromo') hat einen buschigen Charakter und flache bis tassenförmige, halbgefüllte blaßrosa Blüten. Die gedrehten, hellgrünen Blätter zeigen nach unten. **'Margaret Davis'** (Abb. S. 96) ist eine ausgebreitete Sorte mit oval bis lanzettförmigen, dunkelgrünen Blättern. Bringt ungleichmäßig gefüllte Blüten mit gekräuselten, cremig-weißen Kronblättern, oft rosaliniert, hervor. Die Ränder jedes Kronblattes sind leuchtend rosa-rot. **'Mathotiana'** (syn. *C. j.* 'Grand Sultan', *C. j.* 'Te Deum', Abb. S. 97). Eine ausgebreitete Sorte, sehr große, normalgefüllte, samtartige dunkelrote Blüten, die mit zunehmendem Alter purpurn werden, und in warmen Gegenden oft ein rosenförmiges Zentrum haben. Die Blätter sind lanzettförmig bis oval, leichtgedreht und dunkelgrün. **'Mrs. D. W. Davis'** (Abb. S. 96) ist eine dichte, ausgebreitete Sorte mit großen, überhängenden, tassenförmigen, halbgefüllten, zart rosafarbenen Blüten. Sie sind von ovalen bis lan-

zettförmigen, dunkelgrünen Blättern umgeben. **'Peachblossom'** siehe *C. j.* 'Fleur de Pêche'. **'Pink Dawn'** ist eine aufrechte Sorte mit lanzettförmigen, mittelgrünen Blättern und normalgefüllten, dunkelrosa Blüten. **'R. L. Wheeler'** (Abb. S. 97) ist robust und aufrecht mit großen, breiten ovalen, ledrigen, stark dunkelgrünen Blättern und sehr großen, flachen, anemonenförmigen bis halbgefüllten, rosafarbenen Blüten mit kennzeichnenden Ringen goldener Staubgefäße, die oft einige Kronblätter mit einbeziehen. **'Rubescens Major'** (Abb. S. 96) eine aufrechte Sorte, die mit zunehmendem Alter buschig wird. Hat ovale bis lanzettförmige, dunkelgrüne Blätter und normalgefüllte, rotgeäderte, rosa-rote Blüten. **'Te Deum'**, siehe *C. j.* 'Mathotiana'. **'Tomorrow Park Hill'** eine der besten der vielen Mutationen von 'Tomorrow', ist eine kräftige, aufrechte Sorte. Hat lanzettförmige, mittelgrüne Blätter und trägt unregelmäßig gefüllte, dunkel rosafarbene Blüten, die äußeren Kronblätter verblassen in ein sanftes Rosa zur Mitte hin, oft sind sie weiß gefleckt. **'Tomorrow's Dawn'** (Abb. S. 96) ist ähnlich, nur mit blaßrosa Blüten, jede ist weiß umrandet und oft rotgestreift. **'Yamato-nishiki'** ist eine niedrige, ausgebreitete Sorte, die dicken Kronblätter bilden flache, einfache Blüten, die in der Mitte viele goldene Staubfäden hat; die Kronblätter sind weiß mit rosa und roten Streifen und Punkten. Die kleinen lanzettförmigen Blätter sind dunkelgrün.

***C.* 'Leonard Messel'** (Abb. S. 96). Immergrüner, offener Strauch. H. 4 m, Br. 2,5 m. Winterhart. Hat große ovale, ledrige, dunkelgrüne Blätter. Trägt im Frühjahr eine Fülle großer, flacher, tassenförmiger, halbgefüllter rosa Blüten.

C. maliflora. Immergrüner, aufrechter, buschiger Strauch. H. 2 m, Br. 1 m. Winterhart. Hat kleine, lanzettförmige, hauchdünne, hellgrüne Blätter und trägt im Frühjahr flache bis tassenförmige, halbgefüllte, rosageränderte Blüten mit blaßrosa oder weißem Zentrum.

C. oleifera. Immergrüner, buschiger Strauch. H. 2 m, Br. 1,5 m. Winterhart. Die Blätter sind oval und stumpf grün. Im zeitigen Frühjahr erscheinen tassenförmige, einfache, manchmal rosarote, weiße Blüten.

C. reticulata. Immergrüner offener, baumähnlicher Strauch. H. 10 m oder mehr, Br. 5 m. Bedingt winterhart. Hat große ovale, ledrige Blätter. Im Frühjahr erscheinen große, tellerförmige, einfache rosa oder lachsrote Blüten. Benötigt Schutz. **'Butterfly Wings'** siehe *C. r.* 'Houye Diechi'. **'Captain Rawes'** hat eine Fülle großer, halbgefüllter karminroter Blüten. **'Early Crimson'** siehe *C. r.* 'Zaotaohung'. **'Early Peony'** siehe *C. r.* 'Zaomudan'. **'Houye Diechi'** (syn. *C. r.* 'Butterfly Wings'; Abb. S. 97) bringt große, flache bis tassenförmige, halbgefüllte rosa Blüten hervor. Die zentralen Kronblätter sind gewellt. **'Mudan Cha'** (syn. *C. r.* 'Moutancha', *C. r.* 'Peony Camellia' Abb. S. 96). Hat sehr große, tassenförmige, halb- bis unregelmäßige gefüllte, mit gedrehten Kronblättern versehene dunkelrosa Blüten. **'Robert Fortune'** (syn. *C. r.* 'Songzilin') ist eine aufrechte Sorte und hat große normal gefüllte, dunkelrote Blüten. **'Zaomudan** (syn. *C. r.* 'Early Peony'; Abb. S. 97) hat große, unregelmäßig gefüllte, rosa Blüten; die inneren Kronblätter sind im Zentrum pfingstrosenartig angeordnet. Die Blüten von **'Zaotaohung'** (syn. *C. r.* 'Early Crimson'; Abb. S. 97) sind groß, tassenförmig, halbbis normal gefüllt und rot.

C. rosiflora. Immergrüner, ausgebreiteter Strauch. H. und Br. 1 m. Winterhart. Die Blätter sind oval und dunkelgrün. Im Frühjahr erscheinen kleine, tellerförmige, einfache rosa Blüten.

C. saluenensis. Schnellwachsender, immergrüner, buschiger Strauch. H. bis 4 m, Br. bis 2,50 m. Bedingt winterhart. Hat lanzettförmige, steife, stumpfgrüne Blätter. Im Frühjahr wird eine Fülle tassenförmiger, einfacher, weiß bis rosa-rotfarbener Blüten hervorgebracht. Einige Sorten vertragen auch niedrigere Temperaturen.

C. sasanqua. Schnellwachsender, immergrüner, dichter, aufrechter Strauch. H. 3 m, Br. 1,5 m. Winterhart. Hat lanzettförmige, glänzende, leuchtend grüne Blätter. Trägt im Herbst eine Fülle duftender, flacher bis tassenförmiger, einfacher, selten halbgefüllter, weißer Blüten, die manchmal auch rosa oder rot sein können. Fühlt sich wohl an einem heißen, sonnigen Standort. **'Narumigata'** (Abb. S. 96) hat große, tassenförmige, einfache weiße, manchmal rosa überhauchte Büten. **'Onigoromo'** hat tassenförmige, einfache, rosaumrandete, weiße Blüten. Eignet sich für Hecken.

C. tsaii. Immergrüner, buschiger Strauch. H. 4 m, Br. 3 m. Bedingt winterhart. Kleine, lanzettförmige, hellgrüne Blätter färben sich mit zunehmendem Alter bronze. Die kleinen, tassenförmigen, einfachen, weißen Blüten erscheinen zahlreich im Frühjahr.

C. vernalis. Schnellwachsender, immergrüner, aufrechter Strauch. H. bis 3 m, Br. 1,5 m. Winterhart. Hat lanzettförmige, leuchtend grüne Blätter und bringt im Spätwinter duftende, flache bis tassenförmige, einfache weiße, rosa oder rote Blüten hervor. Einige Sorten tragen unregelmäßig gefüllte Blüten.

***C.* 'William Hertrich'** (Abb. S. 97). Starkwüchsiger, immergrüner, offener Strauch. H. 5 m, Br. 3 m. Bedingt winterhart. Blüht üppig und trägt große, flache bis tassenförmige, halbgefüllte, leuchtend kirschrote Blüten im Frühjahr. Die Kronblattform ist sehr unregelmäßig, oft wird ein ungleichmäßiges Zentrum mit nur wenigen goldenen Staubblättern gebildet. Die Blätter sind groß, oval und dunkelgrün.

***C. × williamsii* 'Bow Bells'** (Abb. S. 96). Immergrüner, aufrechter, ausgebreiteter Strauch. H. 4 m, Br. 2,5 m. Winterhart. Hat kleine, lanzettförmige, mittelgrüne Blätter und trägt im zeitigen Frühjahr eine Fülle tassenförmiger, einfacher, rosaroter Blüten mit dunkelrosa Zentrum und Adern. **'Caerhays'** (Abb. S. 97) ist eine leicht hängende Sorte mit großen, glänzenden Blätter und großen, anemonen- bis pfingstrosenförmigen, rosaroten Blüten, die sich zunehmend purpurn färben. **'Clarrie Fawcett'** (Abb. S. 96) ist eine aufrechte Sorte mit tassenförmigen, halbgefüllten rosa Blüten. Das Laub ist glänzend. **'Donation'** (Abb. S. 96) ist eine kompakte, aufrechte Pflanze mit einer Fülle großer, tassenförmiger, halbgefüllter rosa Blüten. **'E. G. Waterhouse'** (Abb. S. 96) ist eine aufrechte, reichblühende Sorte. Die normalgefüllten, rosa Blüten erscheinen inmitten von blaßgrünem Laub. **'Elizabeth de Rothschild'** ist kräftig und aufrecht; die tassenförmigen, halbgefüllten rosa Blüten sind von glänzendem Laub umgeben. Die Blüte von **'Golden Spangles'** (Abb. S. 96) ist tassenförmig, einfach, eine dunkel rosafarbene Sorte mit ungewöhnlich buntem Laub. Die Blätter sind gelblich mit dunkelgrünen Rändern. **'J. C. Williams'** (Abb. S. 96) ist ausgewachsen hängend und trägt vom Frühwinter bis Spätfrühjahr tassenförmige, einfache, rosa Blüten. **'Mary Christian'** (Abb. S. 96) ist kräftig und üppig blühend, hat dunkelgrünes Laub und tassenförmige, einfache, phlox-rosafarbene Blüten mit dunkelrosa Adern. **'Mary Larcom'** (Abb. S. 96) bringt von Mitte Winter bis späten Frühjahr tassenförmige, einfache kirschrote Blüten hervor. Die üppig blühende **'St. Ewe'** (Abb. S. 96) hat glänzendes, hellgrünes Laub und trichterförmige, einfache dunkelrosa Blüten.

CAMPANULA (Campanulaceae)
Glockenblume

Ein-, zweijährige Pflanzen und Stauden, die im Frühling und Sommer blühen. Winterhart bis bedingt winterhart. Gedeiht in Sonne oder Schatten, zarte Blütenfarben sind am besten im Schatten zu erreichen. Die meisten Arten bevorzugen feuchte, durchlässige Erde. Vermehrung durch Kopfstecklinge im Sommer, oder durch Samen und Teilung im Herbst und Frühjahr. Anfällig für Schneckenfraß und Rostpilz im Herbst.

C. alliariifolia Abb. S. 232.

C. barbata (Bärtige Glockenblume). Abb. S. 296.

C. betulifolia. Niedrig, schlankstengelig, mehrjährig. H. 2 cm, Br. 30 cm. Winterhart. Im Sommer erscheinen verzweigte Blütenstengel, an denen Trauben glokkenförmiger, einfacher weiß- bis rosafarbener Blüten hängen, die außen dunkelrosa sind. Die Blätter sind keilförmig.

***C.* 'Birch Hybrid'** Abb. S. 322.

C. × burghaltii Abb. S. 242.

C. carpatica (Karpatenglockenblume). Horstbildende Staude. H. 8–10 cm, Br. bis 30 cm. Winterhart. Die verzweigten Blütenstengel tragen rundliche bis ovale, gezähnte Blätter. Im Sommer erscheinen große, glockenförmige, blaue oder weiße Blüten. **'Bressingham White'** (Abb. S. 313). **'Jewel'** hat dunkelviolette Blüten. Die Blüten von **'Turbinata'** sind zart lavendelblau.

C. cochleariifolia (Zwergglockenblume), syn. *C. pusilla*, Abb. S. 323.

C. garganica. Flach wachsende Staude. H. 5 cm, Br. 30 cm. Winterhart. Hat an den Stengeln kleine, efeuförmige Blätter. Aus den Blattachseln erscheinen im Sommer sternchenförmige, einfache, zart lavendelblaue Blütentrauben. Eignet sich ausgezeichnet für Mauern und Böschungen. **'W. H. Paine'** hat leuchtend lavendelblaue Blüten mit weißem Auge. ***C.* 'G. F. Wilson'** Abb. S. 322.

C. glomerata (Knäuelglockenblume). **'Superba'** Abb. S. 210.

C. × haylodgensis. Ausgebreitete Staude. H. 5 cm, Br. 20 cm. Winterhart. Hat kleine herzförmige Blätter und trägt im Sommer pomponähnliche, gefüllte, lavendelblaue Blüten. Eignet sich für Steingärten oder Mauern.

C. isophylla. Immergrüne, zwergwüchsige, kriechende Staude. H. 10 cm, Br. 30 cm. Bedingt winterhart. Über kleinen, herzförmigen, gezähnten Blättern erscheinen im Sommer sternchenförmige, blaue oder weiße Blüten. Eignet sich für Ampeln.

***C.* 'Joe Elliott'.** Kissenbildende Staude, H. 8 cm, Br. 12 cm. Winterhart. Trägt im Sommer große, trichterförmige, lavendelblaue Blüten und obskure, kleine, herzförmige, flaumige, graugrüne Blätter. Eignet sich für ein Alpinum, Tröge und Steingärten. Benötigt durchlässige, kalkhaltige Erde. Vor Staunässe im Winter schützen. Anfällig für Schneckenfraß.

C. lactiflora (Riesendoldenglockenblume). Aufrechte, verzweigte Staude. H. 1,20 m, Br. 60 cm. Winterhart. Im Sommer sitzen an schlanken Stengeln Trauben großer, nickender, glockenförmiger, blauer, manchmal auch rosa oder weißer Blüten. Die Blätter sind schmal oval. Muß an windigen Standorten aufgebunden werden. **'Loddon Anna'** hat zarte rosa Blüten. **'Prichard's Variety'** (Abb. S. 190).

C. latifolia (Waldglockenblume) **'Brantwood'.** Horstbildende, ausgebreitete Staude. H. 1,2 m, Br. 60 cm. Winterhart. Trägt im Sommer dicke Blütenstengel mit einer Fülle glockenförmiger, dunkel-violett-purpurfarbener Blüten. Die ovalen Blätter sind derb.

C. latiloba. Rosettenbildende Staude. H. 1 m, Br. 5 cm. Winterhart. Blätter sind oval. Im Sommer erscheinen breite, tassenförmige Blüten in allen Blauschattierungen, gelegentlich auch in Weiß. **'Percy Piper'** hat lavendelfarbene Blüten.

C. medium (Marienglockenblume). Langsamwachsende, immergrüne, aufrechte, horstbildende Staude. Hohe Sorten, H. 1 m, Br. 30 cm, zwergwüchsige H. 60 cm, Br. 30 cm. Winterhart. Alle haben lanzettförmige, gezähnte, frische grüne Blätter. Im zeitigen Frühjahr und Frühsommer erscheinen glockenförmige, einfache oder gefüllte, weiße oder blau- und rosagetönte Blüten. **'Bells of Holland'** Abb. S. 275.

C. morettiana. Kissenbildende Staude. H. 2,5 cm, Br. 7 cm. Winterhart. Die Blätter sind efeuförmig, fein behaart. Der überhängende Blütenstengel trägt im späten Frühling oder Frühsommer eine einzige, aufrechte, glockenförmige, violettblaue Blüte. Benötigt sandigen, kalkhaltigen Boden und einen trockenen, aber nicht wasserlosen Winter. Anfällig für Rote Spinne.

C. persicifolia (Pfirsichblättrige Glockenblume). Rosettenbildende, ausgebreitete Staude. H. 1 m, Br. 30 cm. Winterhart. Im Sommer erscheinen oberhalb der schmalen, lanzettförmigen, leuchtend grünen Blätter nickende, glockenförmige, papierdünne weiße oder blaue Blüten. **'Fleur de Neige'** hat gefüllte, weiße Blüten. **'Pride of Exmouth'** trägt gefüllte, pudrigblaue Blütenstände. **'Telham Beauty'** Abb. S. 212.

C. portenschlagiana (Dalmatiner Glokkenblume). Abb. S. 322.

C. poscharskyana (Hängepolsterglocke). Abb. S. 321.

C. pulla. Oft nur kurzlebige Staude mit unterirdisch kriechenden Ausläufern. H. 2,5 cm, Br. 10 cm. Winterhart. Winzige, rundliche Blätter bilden 1 cm breite Rosetten. Jede trägt von Frühjahrsende bis zum Frühsommer einen Blütenstengel mit nur einer hängenden, glockenförmigen, tiefvioletten Blüte. Eignet sich gut für Böschungen oder Steingärten. Benö-

tigt sandige, alkalische Erde, die nicht zu trocken ist. Für Schneckenfraß anfällig.
C. pusilla. Siehe *C. cochleariifolia*.
C. pyramidalis (Kamin Glockenblume). Aufrechte, verzweigte Staude. H. 2 m, Br. 60 cm. Bedingt winterhart. Bringt im Sommer lange Trauben sternchenförmiger, blauer oder weißer Blüten hervor. Die Blätter sind herzförmig. Muß aufgebunden werden.
C. raineri. Staude mit unterirdisch kriechenden Ausläufern. H. 4 cm, Br. 8 cm. Winterhart. Die Blätter sind oval, gezähnt und graugrün. Im Sommer tragen die Blütenstiele jeweils eine große, nach oben gestülpte, glockenförmige, blaß lavendelfarbene Blüte. Eignet sich für ein Alpinum oder für Tröge, die vor Winternässe zu schützen sind. Benötigt Halbschatten.
C. trachelium und **'Bernice'**, Abb. S. 211.
C. vidalii. Siehe *Azorina vidalii*.
C. zoysii. Kissenbildende Staude. H. 5 cm, Br. 10 cm. Winterhart. Hat winzige, rundliche, glänzend grüne Blätter. Im Sommer erscheinen an den Blütenstielen horizontalangelegte, einzelne, flaschenförmige, lavendelfarbene Blüten. Benötigt sandige, alkalische Erde. Ist schwierig zu kultivieren und zur Blüte zu bringen. Vor Winternässe schützen. Anfällig für Schneckenfraß.

CAMPSIS (Bignoniaceae)
Klettertrompete, Glockenrebe
Gattung laubabwerfender, verholzender Kletterpflanzen mit Haftwurzeln, beliebt wegen ihrer Blüten. Winterhart. An kühleren Standorten vor eine sonnige Mauer pflanzen. Benötigt fruchtbare, durchlässige Erde und regelmäßiges Wässern im Sommer. Rückschnitt im Frühjahr. Vermehrung durch halbausgereifte Stecklinge im Sommer oder Ableger im Winter.
C. chinensis. Siehe *C. grandiflora*.
C. grandiflora, syn. *Bignonia grandiflora, Campsis chinensis, Tecoma grandiflora*. Laubabwerfender, verholzender Kletterer. H. 7–10 m. Die Blätter besitzen 7 oder 9 ovale, gezähnte Blättchen, die auf der Unterseite haarlos sind. Im Spätsommer und Herbst erscheinen in warmen Gegenden eine Fülle hängender Trauben trompetenförmiger dunkelorange oder roter Blüten, die 5–8 cm lang sind.
C. radicans, syn. *Bignonia radicans, Tecoma radicans* (Trompetenkriecher, Trompeten-Geißblatt, Trompetenrebe). Laubabwerfende, verholzende Kletterpflanze. H. bis 12 m. Die Blätter bestehen aus 7–11 ovalen, gezähnten Blättchen, die auf der Unterseite flaumig sind. Im Spätsommer oder Frühherbst erscheinen kleine Büschel trompetenförmiger, oranger, roter oder gelber Blüten, die 6–8 cm lang sind.
***C. × tagliabuana* 'Mme. Galen'** Abb. S. 175.

CAMPTOSORUS (Polypodiaceae)
Gattung halbimmergrüner oder laubabwerfender Farne, die wegen ihres Seltenheitswertes kultiviert werden. Benötigt Schatten und feuchte, kalkhaltige, aber durchlässige Erde. Ist nicht einfach zu kultivieren. Vermehrung durch Teilung im Frühjahr oder Sporen im Spätsommer.
C. rhizophyllus (Laufender Farn). Halbimmergrüner oder laubabwerfender Farn. H. 15–23 cm, Br. 15–30 cm. Herzförmige, mittelgrüne Wedel erscheinen am Ende eines kahlen, rötlichgrünen Triebes. Eignet sich für Steingärten.

CANARINA (Campanulaceae)
Gattung krautartiger Kletterpflanzen mit Wurzelstock, die wegen ihrer Blüten kultiviert werden. Frostempfindlich. Mindesttemperatur 7 °C. Gedeiht in jeder fruchtbaren, durchlässigen Erde und hellem Licht. Vom Spätherbst bis zeitigem Frühjahr wird mäßig gegossen, anschließend trocken gehalten. Muß aufgebunden werden. Während der Ruhezeit werden abgestorbene Zweige entfernt. Vermehrung durch Stecklinge oder Samen, der im Frühjahr oder Herbst ausgesät wird.
C. campanula. Siehe *C. canariensis*.
C. canariensis, syn. *C. campanula*, Abb. S. 177.
Candollea cuneiformis. Siehe *Hibbertia cuneiformis*.

CANNA (Cannaceae)
Blumenrohr
Robuste Staude mit knollig verdicktem Wurzelstock, die wegen ihrer auffälligen Blüten und des dekorativen Laubes kultiviert wird. Normalerweise Sommerbeet- und Kübelpflanze. Frostempfindlich. Mindesttemperatur 10–15 °C. Benötigt einen warmen, sonnigen Standort und humusreiche, feuchte Erde. Wird unter Glas für Sommerbepflanzung vorgezogen, im Frühjahr bei 16 °C beginnen. Knollen werden im Winter in leicht feuchter Erde oder Torf aufbewahrt. Vermehrung im Frühjahr durch Teilung oder im Winter durch Aussaat bei 20 °C oder höher.
***C. × generalis* 'Assault'** Abb. S. 336.
'Dazzler' Staude mit Rhizom. H. bis 1,2 m, Br. 45–60 cm. Mindesttemperatur 15 °C. Kräftige Stengel tragen auffällige, breit lanzettförmige, bronze-grüne Blätter, die bis 30 cm breit sind. Im Sommer erscheinen Ähren großer, orchideenähnlicher, leuchtend kardinalroter Blüten, jede mit 3 großen Kronblättern und einer Unterlippe. **'Lucifer'**, H. 1 m hat purpurne Blätter und gelb gerandete, rote Blütenblätter. **'Orange Perfection'**, H. 60–80 cm, hat orangefarbene Blüten.
C. iridifolia Abb. S. 339.

CANTUA (Polemoniaceae)
Gattung immergrüner Sträucher, beliebt wegen ihrer im Frühjahr erscheinenden, dekorativen Blüten. Es gibt nur eine Spezies in Kultur. Bedingt winterhart. Sollte an eine Süd- oder Westwand gepflanzt werden. Benötigt volle Sonne und fruchtbare, durchlässige Erde. Vermehrung durch halbausgereifte Stecklinge im Sommer.
C. buxifolia, syn. *C. dependens*, Abb. S. 123.
C. dependens. Siehe *C. buxifolia*.

CAPSICUM (Solanaceae)
Paprika, Spanischer Pfeffer
Gattung immergrüner Sträucher, Stauden und kurzlebiger Stauden, die gewöhnlich einjährig kultiviert werden. Einige Arten bringen eßbare Früchte hervor (z. B. Süßer Pfeffer), andere wiederum ornamentale Früchte. Frostempfindlich. Mindesttemperatur 4 °C. Gedeiht in Sonne und fruchtbarer, durchlässiger Erde. Blüten mit Wasser besprühen, um Fruchtansatz zu fördern. Vermehrung durch Samen, Aussaat im Frühjahr unter Glas. Anfällig für Rote Spinne.
C. annuum (Zierpaprika) **'Holiday Cheer'** ist eine mäßig schnellwachsende, immergrüne, buschige Staude, meist einjährig kultiviert. H. und Br. 20–30 cm. Hat ovale, mittelgrüne Blätter. Im Sommer erscheinen kleine, sternchenförmige, weiße Blüten. Im Herbst–Winter folgen runde Früchte, die sich von grün in rot färben. **'Holiday Time'**, Abb. S. 273.

CARAGANA (Leguminosae)
Erbsenstrauch
Gattung laubabwerfender Sträucher, beliebt wegen ihres Laubes und der Blüten. Winterhart. Benötigt volle Sonne und fruchtbare, aber nicht zu nährstoffreiche, durchlässige Erde. Die Arten werden durch Kopfstecklinge im Sommer vermehrt, oder durch Samen im Herbst. Sorten durch Kopf- oder halbausgereifte Stecklinge, Okulieren im Sommer oder Veredlung im Winter.
C. arborescens. Schnellwachsender, laubabwerfender, aufrechter Strauch. H. 6 m, Br. 4 m. Die dunkelgrünen Blätter mit dorniger Spitze setzen sich aus 8–12 länglichen Blättchen zusammen. Im späten Frühjahr werden Büschel erbsenähnlicher, gelber Blüten hervorgebracht. Die überhängende **'Lorbergii'**, H. 3 m, Br. 2,5 m, hat sehr schmale Blättchen und kleinere Blüten und wird oft als Baum kultiviert, durch Aufpfropfen. **'Nana'**, Abb. S. 125. **'Walker'** H. 30 cm, Br. 2–3 m, ist niedrig, aber gewöhnlich wird er durch Aufpfropfen als »Trauerbaum« 2 m hoch und 75 cm breit, kultiviert.
***C. frutex* 'Globosa'.** Langsam wachsender, laubabwerfender, aufrechter Strauch. H. und Br. 30 cm. Jedes mittelgrüne Blatt ist aus 4 länglichen Blättchen zusammengesetzt. Sehr selten erscheinen im späten Frühjahr erbsenähnliche, leuchtendgelbe Blüten.

CARALLUMA (Asclepiadaceae)
Fliegenblume
Gattung mehrjähriger Sukkulenten mit 4–6 gerippten, fingerartigen, graugrün bis purpurnen Stengeln. Frostempfindlich. Mindesttemperatur 11 °C. Benötigt Sonne und sehr durchlässige Erde. Während der Wachstumszeit nur mäßig gießen. Schwierig zu kultivieren. Vermehrung durch Samen oder Kopfstecklinge im Sommer.
C. europaea. Gattung horstbildender, mehrjähriger Sukkulenten. H. 20 cm, Br. 1 m. Die derben, 4teiligen, aufrechten bis niederliegenden grauen Zweige hängen soweit über, daß sie Wurzeln schlagen. Von Mitte- bis Spätsommer erscheinen endständig Büschel kleiner, sternchenförmiger, gelber, bräunlich-purpurner Blüten, später zweihörnige, graue Samenkapseln. Die Blüten riechen schwach nach verdorbenem Fleisch. Ist eine der willigsten Sorten in Kultur.
C. joannis Abb. S. 395.

CARDAMINE (Cruciferae)
Schaumkraut
Frühlingsblühende Einjährige oder Staude. Einige sind Unkraut, aber andere eignen sich für Unterpflanzung von Gehölzen. Winterhart. Benötigt Sonne oder Halbschatten und feuchten Boden. Vermehrung durch Samen oder Teilung im Herbst.
C. enneaphyllos, syn. *Dentaria enneaphyllis*, Abb. S. 229.
C. pentophyllos, syn. *Dentaria pentaphylla*, Abb. S. 227.
C. pratensis (Kuckucksblume, Damenkittel) **'Flore Pleno'** ist eine hübsche, horstbildende Staude. H. 45 cm, Br. 30 cm. Trägt im Frühjahr in dichten Trauben gefüllte, lila Blüten. Die mittelgrünen Blätter sind in rundliche Blättchen geteilt. Kann auch durch Blattstecklinge in Sommermitte vermehrt werden. Bevorzugt feuchten oder nassen Standort.
C. trifolia Abb. S. 302.

CARDIOCRINUM (Liliaceae)
Gattung sommerblühender, lilienartiger Bulben, die wegen ihrer spektakulären Blüten kultiviert werden. Winterhart. Benötigt Halbschatten und tiefe, humusreiche, feuchte Erde. Im Herbst werden die Bulben knapp unter der Erdoberfläche gesetzt. Im Sommer gut wässern und mit organischem Material bedecken. Obwohl nach der Blüte die Bulbe stirbt, bilden sich Brutzwiebeln. Um in 5 Jahren wieder Blüten zu erhalten, muß im Herbst durch Brutzwiebeln vermehrt werden. Mann kann auch durch Samen im Herbst oder Winter vermehren, muß aber dann 7 Jahre auf die Blüte warten.
C. giganteum (Riesenlilie) Abb. S. 333. Var. ***yunnanense*** ist eine sehr große Bulbe mit beblättertem Stengel. H. 1,5–2 m, Br. 75 cm bis 1 m. Hat auffallende, herzförmige, bronzegrüne Blätter. Im Sommer erscheinen an langen Ähren duftende, hängende, trompetenförmige, cremeweiße Blüten mit purpurroten Streifen auf der Innenseite, 15 cm lang. Nach der Blüte dekorative Samenkapseln.

CARDIOSPERMUM (Sapindaceae)
Gattung krautiger oder laubabwerfender, buschiger Kletterpflanzen, die hauptsächlich wegen ihrer attraktiven Früchte kultiviert werden. Geeignet, um Sträucher oder Spaliere abzudecken. Frostempfindlich. Mindesttemperatur 5 °C. Gedeiht in jeder Erde und hellem Licht. Vermehrung durch Samen im Frühjahr.
C. halicacabum (Ballonpflanze, Herzsame). Laubabwerfende, buschige, mehrjährige Kletterpflanze, die meistens ein- oder zweijährig kultiviert wird. H. bis 3 m. Die Blätter bestehen aus 2 gezähnten, länglichen Blättchen. Im Sommer erscheinen unscheinbare, weiße Blüten, später flaumige, runde, aufgeblähte, 3eckige, strohfarbene Früchte mit schwarzen Samen. Jeder Same hat einen herzförmigen, weißen Fleck.

CAREX (Cyperaceae)
Segge
Siehe GRÄSER, BAMBUS, BINSEN und SCHILFGRAS.
C. buchananii (Rote Segge) Immergrünes, horstbildendes, mehrjähriges Riedgras. H. bis 60 cm, Br. 20 cm. Winterhart. Die sehr schmalen, kupfernen Blätter färben sich zur Basis hin rot. Die festen, dreieckigen Stengel tragen im Sommer unauffällige, braune Blütenähren.
C. elata, syn. *C. stricta* (büscheliges Riedgras). Immergrünes, horstbildendes, mehrjähriges Riedgras. H. bis 1 m, Br. 15 cm. Winterhart. Die Blätter sind bläulichgrün. Die festen, dreieckigen Stengel tragen im Sommer schwarzbraune Ähren. **'Aurea'** (Goldsegge), Abb. S. 183.
C. grayi (Muskatblüten-Riedgras).

Immergrünes, horstbildendes, mehrjähriges Riedgras. H. bis 60 cm, Br. 20 cm. Winterhart. Hat leuchtend grüne Blätter. Im Sommer erscheinen große, weibliche Ährchen. Später gespitzte, knotige, grünlichbraune Fruchtstände.
C. morrowii hort. Siehe *C. oshimensis*.
C. oshimensis, syn. *C. morrowii hort.* Immergrünes, horstbildendes, mehrjähriges Riedgras. H. 20–50 cm, Br. 20–25 cm. Winterhart. Hat schmale, mittelgrüne Blätter. Die festen, dreieckigen Stengel tragen im Sommer unscheinbare Ährchen. **'Evergold'** Abb. S. 183.
C. pendula (Nickende Segge), Abb. S. 183.
C. riparia (Buntes, großes Teich-Riedgras). **'Variegata'.** Kräftiges, immergrünes, mehrjähriges Riedgras. H. 60 cm–1 m. Br. unbestimmt. Winterhart. Hat breite, weiß gestreifte, mittelgrüne Blätter und feste, dreieckige Stengel, an denen im Sommer schmale, dunkelbraune Ährchen mit endständigen Borsten erscheinen.
C. stricta. Siehe *C. elata*.

CARISSA (Apocynaceae)
Wachsbaum
Gattung immergrüner, frühlings- bis sommerblühender Sträucher, die wegen ihrer Blüten und Gesamterscheinung kultiviert werden. Frostempfindlich. Mindesttemperatur 10 bis 13 °C. Benötigt Halbschatten und durchlässige Erde. Kübelpflanzen mäßig gießen, noch weniger, wenn die Temperaturen sinken. Vermehrung durch reife Samen im Frühjahr oder durch halbausgereifte Stecklinge im Sommer.
C. grandiflora. **'Tuttlei'**, Abb. S. 103.
C. spectabilis. Siehe *Acokanthera oblongifolia*.

CARLINA (Compositae)
Distel
Ein-, zweijährige Pflanzen und Stauden, die wegen ihrer dekorativen Blütenköpfe kultiviert werden. Winterhart. Benötigt Sonne und durchlässige Erde. Vermehrung der Einjährigen im Frühjahr durch Samen, der Mehrjährigen im Herbst.
C. acaulis (Silberdistel), Abb. S. 315.

CARMICHAELIA (Leguminosae)
Gattung laubabwerfender, gewöhnlich blattloser Sträucher, die wegen der Fülle ihrer winzigen Blüten im Sommer kultiviert werden. Die flachen grünen Triebe übernehmen anscheinend die Funktion der Blätter. Bedingt bis winterhart. Benötigt volle Sonne und durchlässige Erde. Abgestorbene Zweige werden im Frühjahr herausgeschnitten. Vermehrung durch halbausgereifte Stecklinge im Sommer, oder durch Samen im Herbst oder Frühjahr.
C. australis. Laubabwerfender, aufrechter Strauch. H. 2 m, Br. 1,5 m. Winterhart. Von Früh- bis Mitte Sommer erscheinen kleine Büschel erbsenähnlicher, blaßlila Blüten. Muß aufgebunden werden, sobald ausgewachsen.
C. enysii. Laubabwerfender, horstbildender, dichter Strauch. H. und Br. 30 cm. Winterhart. Die Triebe sind steif. Erbsenähnliche, violette Blüten erscheinen ab Sommermitte. Gedeiht am besten im Steingarten.

CARNEGIEA (Cactaceae)
Gattung einer Spezies sehr langsamwachsender, mehrjähriger, 12- bis 24fach gerippter Kakteen mit dickem stacheligen Körper. Blüht und verzweigt sich erst bei einer Höhe von mindestens 4 m. Frostempfindlich. Mindesttemperatur 7 °C. Benötigt volle Sonne und sehr durchlässige Erde. Vermehrung durch Samen im Frühjahr oder Sommer.
C. gigantea Abb. S. 378.

CARPENTERIA (Hydrangaceae)
Gattung einer Spezies immergrüner, sommerblühender Sträucher, die wegen ihrer Blüten und des Laubes kultiviert werden. Winterhart. Gedeiht gut an einer Süd- oder Westwand. Benötigt volle Sonne und mäßig feuchte, aber durchlässige Erde. Vermehrung durch Stecklinge im Sommer oder durch Samen im Herbst.
C. californica Abb. S. 106.

CARPINUS (Carpinaceae)
Hainbuche
Gattung laubabwerfender Bäume, beliebt wegen ihres Laubes, der Herbstfärbung und der Büschel kleiner, geflügelter Nüsse. Winterhart. Benötigt Sonne oder Halbschatten und fruchtbare, durchlässige Erde. Vermehrung der Spezies durch Samen im Herbst, bestimmte Formen durch Veredlung im Spätsommer.
C. betulus (Hain- oder Weißbuche). Laubabwerfender Baum mit runder Krone. H. 25 m, Br. 20 m. Hat einen gefurchten Stamm und ovale, deutlich geaderte, dunkelgrüne Blätter, die sich im Herbst gelb und orange färben. Trägt grüne Kätzchen vom späten Frühjahr bis Herbst, anschließend erscheinen Büschel geflügelter Nüsse. **'Fastigiata'** Abb. S. 72.
C. caroliniana (Amerikanische Weißbuche). Laubabwerfender, sich ausbreitender Baum. Die Äste neigen sich an den Spitzen. H. und Br. 10 m. Hat einen gefurchten, grauen Stamm, im Frühjahr grüne Kätzchen und ovale, leuchtendgrüne Blätter, die sich im Herbst orange und rot färben, sobald die Büschel der geflügelten Nüsse erscheinen.
C. tschonoskii. Laubabwerfender, rundkroniger, eleganter Baum, dessen Zweige sich an den Spitzen neigen. H. und Br. 12 m. Hat ovale, stark gezähnte, glänzende, dunkelgrüne Blätter. Trägt im Frühjahr grüne Kätzchen und im Herbst Büschel kleiner, geflügelter Nüsse.
C. turczaninowii. Laubabwerfender, ausgebreiteter Baum von anmutigem Habitus. H. 12 m, Br. 10 m. Grüne Kätzchen erscheinen im Frühjahr. Wenn im Herbst sich die kleinen, ovalen, glänzenden, dunkelgrünen Blätter orange färben, erscheinen Büschel kleiner, geflügelter Nüsse.

CARPOBROTUS (Aizoaceae)
Gattung teppichbildender, mehrjähriger Sukkulenten mit dreieckigen, fleischigen, dunkelgrünen Blättern und gänseblümchenähnlichen Blüten. Ideal um sandige Erde zu befestigen. Bedingt winterhart bis frostempfindlich. Mindesttemperatur 5 °C. Benötigt volle Sonne und durchlässige Erde. Vermehrung durch Samen oder Stecklinge im Frühjahr oder Sommer.
C. edulis. Teppichbildende, mehrjährige, sukkulente Pflanze. H. 15 cm, Br. unbestimmt. Frostempfindlich. Die niedrigen, sich verwurzelnden Zweige haben 1,5 cm dicke und 12 cm lange Blätter. Im Frühling bis Sommer, in Mittagssonne öffnen sich 12 cm breite gelbe, purpurn oder rosa Blüten. Im Spätsommer und Herbst eßbare, feigenähnliche, bräunliche Früchte.

CARRIEREA (Flacourtiaceae)
Gattung laubabwerfender Bäume. Nur *C. calycina* wird wegen der Blüten kultiviert. Winterhart. Benötigt volle Sonne und fruchtbare, durchlässige Erde. Vermehrung durch Kopfstecklinge im Sommer.
C. calycina. Laubabwerfender, sich ausbreitender Baum. H. 8 m, Br. 10 m. Trägt ovale, glänzende, mittelgrüne Blätter und im Frühsommer aufrechte Büschel tassenförmiger, cremigweißer oder grünlichweißer Blüten.

CARYA (Juglandaceae)
Hickorybaum
Gattung laubabwerfender Bäume, beliebt wegen ihrer stattlichen Erscheinung, geteilten Blättern, Herbstfarben und, in manchen Fällen, eßbaren Nüssen. Hat im Frühjahr unscheinbare Blüten. Winterhart. Benötigt Sonne oder Halbschatten und tiefe, fruchtbare Erde. Junge Sämlinge sollten schon im ersten Jahr an ihrem endgültigen Standort gepflanzt werden, da ältere Pflanzen das Umsetzen sehr übel nehmen. Vermehrung durch Samen im Herbst.
C. cordiformis (Bitternuß, Bitternuß Hikkory). Kräftiger, laubabwerfender, ausgebreiteter Baum. H. 25 m, Br. 15 m. Am Anfang ist die Rinde glatt, später rissig. Leuchtend gelbe Blätter, die sich erst im Herbst färben. Die winterlichen Blattknospen entwickeln große, dunkelgrüne Blätter, die gewöhnlich in 7 ovale bis längliche Blättchen unterteilt sind. Die Nüsse sind birnenförmig oder rundlich, jede 2–4 cm lang mit einem bitteren Kern.
C. glabra (Schweinsnuß, Hickory Schweinsnuß). Laubabwerfender, ausgebreiteter Baum. H. 25 m, Br. 20 m. Die dunkelgrünen Blätter, die gewöhnlich in 5 schmale, ovale Blättchen unterteilt sind, färben sich im Herbst leuchtend orange und gelb. Die birnenförmigen oder rundlichen Nüsse sind 2–4 cm lang mit einem bitteren Kern.
C. ovata Abb. S. 43.

CARYOPTERIS (Verbenaceae)
Bartblume
Gattung laubabwerfender Halbsträucher, beliebt wegen ihres Laubes und der kleinen, aber reichlichen blauen Blüten. Winterhart. Bevorzugt volle Sonne und leichte, durchlässige Erde. Im Frühjahr stark zurückschneiden. Vermehrung der Spezies durch unreife oder halbausgereifte Stecklinge, oder durch Samen im Herbst. Sorten durch Kopfstecklinge nur im Sommer.
C. × clandonensis **'Arthur Simmonds'** Abb. S. 136. **'Heavenly Blue'** ist ein laubabwerfender, buschiger Strauch. H. und Br. 1 m. Bildet eine aufrechte, kompakte Fülle lanzettförmiger, graugrüner Blätter. Vom Spätsommer bis Herbst erscheinen dichte Trauben röhrenförmiger, blauer bis purpurblauer Blüten mit hervorragenden Staubgefäßen.
C. incana. Laubabwerfender, buschiger Halbstrauch. H. und Br. 1,20 m. Vom Spätsommer bis Frühherbst werden inmitten lanzettförmiger, graugrüner Blätter röhrenförmige violettblaue Blüten mit hervorstehenden Staubgefäßen hervorgebracht.

CASSIA (Leguminosae)
Gewürzrinde
Gattung einjähriger Pflanzen, Stauden und immergrüner oder laubabwerfender Bäume und Sträucher, die hauptsächlich wegen ihrer im Winter bis Sommer erscheinenden Blüten kultiviert wird. Winterhart bis frostempfindlich. Mindesttemperatur 7–18 °C. Benötigt helles Licht und fruchtbare, durchlässige Erde. Kübelpflanzen während der Wachstumszeit reichlich gießen, im Winter mäßig bis sparsam. Rückschnitt möglich, falls nötig, aber Bäume sollte man natürlich wachsen lassen. Vermehrung durch Samen im Frühjahr.
C. artemisioides. Immergrüner, aufrechter, ausgebreiteter, drahtiger Strauch. H. und Br. 1–2 m. Frostempfindlich. Mindesttemperatur 10–13 °C. Jedes Blatt hat 6–14 linealische Blättchen, die mit seidigem, weißem Flaum bedeckt sind. Vom Winter bis Frühsommer erscheinen aus den Achseln Ähren tassenförmiger, gelber Blüten.
C. corymbosa Abb. S. 115. Var. ***plurijuga*** (syn. *C. floribunda hort*) ist ein kräftiger, immergrüner oder laubabwerfender, rundlicher Strauch mit robusten Zweigen. H. und Br. 1,5 m bis 2 m. Frostempfindlich. Mindesttemperatur 7 °C. Die leuchtend grünen Blätter bestehen aus 4–6 ovalen Blättchen. Trägt im Spätsommer sehr große Trauben schüsselförmiger, sattgelber Blüten.
C. didymobotrya Abb. S. 115.
C. fistula. Schnellwachsender, fast laubabwerfender, eiförmiger Baum. H. 8–10 m, Br. –6 m. Frostempfindlich. Mindesttemperatur 16 °C. Hat 30–45 cm lange Blätter, jedes in 4–8 paarweise angeordnete, ovale Blättchen unterteilt, die kupferfarben im jungen Wachstum sind. Im Frühling erscheinen Trauben kleiner, duftender, 5blättriger, tassenförmiger, leuchtendgelber Blüten. Anschließend erscheinen zylindrische, dunkelbraune Hülsen, die 60 cm lang sind. Sie enthalten ein klebriges Mark.
C. floribunda hort. Siehe *C. corymbosa*, var. *plurijuga*.
C. siamea. Schnellwachsender, immergrüner, rundlicher Baum. H. und Br. 8–10 m oder mehr. Frostempfindlich. Mindesttemperatur 16–18 °C. Die 15–30 cm langen Blätter haben 7–12 paarweise angeordnete, elliptische Blättchen. Große, endständige Rispen kleiner, tassenförmiger, leuchtendgelber Blüten erscheinen im Frühling, später flache, dunkelbraune Hülsen, bis 23 cm Länge.

CASSINIA (Compositae)
Gattung immergrüner Sträucher, die wegen ihres Laubes und der Blüten kultiviert wird. Winterhart. Kalte, exponierte Standorte sollten vermieden werden. Benötigt volle Sonne und fruchtbare, durchlässige Erde. Vermehrung durch Kopfstecklinge im Sommer.
C. fulvida. Immergrüner, buschiger Strauch, H. und Br. 2 m. Hat gelbe Triebe, kleine, längliche, dunkelgrüne Blätter und Sommermitte erscheinen in büscheligen Köpfchen kleine, weiße Blüten. Eignet sich für Heckenbepflanzung an der Küste.
C. vauvilliersii Abb. S. 129.

CASSIOPE (Ericaceae)
Schuppenheide
Gattung immergrüner, frühlingsblühen-

der Sträucher. Geeignet für Heidegärten, Mauern und Steingärten. Winterhart. Benötigt einen geschützten, schattigen oder halbschattigen Standort und feuchte, torfhaltige, saure Erde. Vermehrung durch Samen im Herbst oder Frühjahr, durch halbausgereifte oder unreife Stecklinge im Sommer.
***C.* 'Edinburgh'** Abb. S. 286.
C. fastigiata. Immergrüner, aufrechter, lockerer Strauch. H. 30 cm, Br. 15–20 cm. Im Frühjahr glockenförmige, cremig-weiße Blüten, die sich in grünen oder roten Kelchen befinden und an kurzen Stielen in den Blattachseln erscheinen. Die Blätter sind winzig und schuppenähnlich. Die Pflanze benötigt Halbschatten.
C. lycopodioides Abb. S. 303.
C. mertensiana Abb. S. 304.
***C.* 'Muirhead'** Abb. S. 286.
C. selaginoides. Immergrüner, ausgebreiteter Strauch. H. 25 cm, Br. 15 cm. Der Stengel wird durch dichte, schuppenartige, mittelgrüne Blätter verdeckt. Trägt im Frühjahr einzelne, relativ große, nikkende, glockenförmige, weiße Blüten. Benötigt einen schattigen Standort.
C. tetragona. Immergrüner, aufrechter Strauch. H. 10–25 cm. Br. 10–15 cm. Dichte, schuppenartige, dunkelgrüne Blätter verbergen die verzweigten Stengel. Im Frühjahr erscheinen aus den Blattachseln einzelne, nickende, glockenförmige, weiße Blüten in roten Kelchen. Benötigt einen halbschattigen Standort.
C. wardii. Immergrüner, aufrechter bis ausgebreiteter, lockerer Strauch. H. 15 cm, Br. 20 cm. Halbaufrechte Stengel sind dicht mit schuppenartigen, dunkelgrünen Blättern bedeckt, die ihnen ein viereckiges Aussehen verleihen. Im Frühjahr öffnen sich die glockenförmigen, weißen Blüten, die eng am Stengel stehen. Benötigt Schatten, außer an kühlen Standorten. Kann auch im Frühjahr durch Teilung der Ausläufer vermehrt werden.

CASTANEA (Fagaceae)
Kastanie
Gattung laubabwerfender, sommerblühender Bäume und Sträucher, die wegen ihres Laubes, ihrer stattlichen Erscheinung, ihrer Blüten und eßbaren Früchte (Kastanien) kultiviert wird. Winterhart. Benötigt Sonne oder Halbschatten, gedeiht besonders gut in heißen, trockenen Gegenden. Benötigt fruchtbaren, durchlässigen Boden. Wächst schlecht in flachem, kalkhaltigem Boden. Vermehrung der Spezies durch Samen im Herbst, der Sorten durch Okulation im Sommer oder durch Pfropfen im Spätwinter.
C. dentata. Laubabwerfender, sich ausbreitender Baum mit rauher Rinde. H. 30 m, Br. 15 m. Längliche, gezähnte, dumpfgrüne Blätter färben sich im Herbst orange-gelb. Hat Kätzchen grünlich-weißer Blüten im Sommer, denen die typischen, stacheligen Kastanien folgen.
C. sativa (Eßkastanie, Marone). Laubabwerfender, sich ausbreitender Baum. H. 30 m, Br. 15 m. Mit zunehmendem Alter wird die Rinde spiralenförmig gefurcht. Längliche, glänzende, dunkelgrüne Blätter färben sich im Herbst gelb. Den im Sommer erscheinenden Ähren kleiner, cremig-gelber Blüten folgen eßbare Früchte in stacheliger Hülle. **'Albomarginata'** (Buntblättrige Eßkastanie) Abb. S. 39.

CASTANOPSIS (Fagaceae)
Gattung immergrüner Sträucher und Bäume, die wegen ihres Habitus und des Laubes kultiviert wird. Die Blüten sind unscheinbar. Die Pflanze ist winterhart. Benötigt einen geschützten Standort in Sonne oder Halbschatten und fruchtbaren, durchlässigen, nicht zu trockenen, sauren Boden. Vermehrung durch reifen Samen im Herbst.
C. cuspidata. Immergrüner, buschiger, ausgebreiteter Strauch oder Baum mit hängenden Ästen. H. und Br. 8 m oder mehr. Trägt lange, ovale, schlankspitzige, ledrige Blätter, die auf der Oberseite glänzend und dunkelgrün sind, bronze auf der Unterseite.

CASTANOSPERMUM (Leguminosae)
Gattung einer Art immergrüner Bäume, beliebt wegen ihrer dekorativen Gesamterscheinung und als Schattenspender. Frostempfindlich. Mindesttemperatur 10–15 °C. Benötigt helles Licht und fruchtbaren, feuchtigkeitshaltenden, aber durchlässigen Boden. Kübelpflanzen während der Wachstumsperiode großzügig gießen, mäßig zu anderen Zeiten. Vermehrung durch Samen im Frühjahr.
C. australe. Stark wachsender, immergrüner, rundlicher Baum. H. 15 m oder mehr, Br. 8 m oder mehr. Hat 45 cm lange Blätter, die in 8–17 ovale Blättchen unterteilt sind. Bringt im Herbst Trauben großer, erbsenähnlicher, gelber Blüten hervor, die sich dann orange und rot färben. Nur ausgewachsene Bäume blühen. Die zylindrischen, rötlichbraunen Hülsen, jede 25 cm lang, enthalten große, kastanienähnliche Samen.

CATALPA (Bignoniaceae)
Trompetenbaum
Gattung laubabwerfender, sommerblühender Bäume und Sträucher. Besonders widerstandsfähig gegen Umweltverschmutzung. Wegen des Laubes und der glocken- oder trompetenförmigen gelappten Blüten mit welligem Saum kultiviert. Gedeiht am besten als Solitärbaum. Winterhart. Bevorzugt volle Sonne und gedeiht am besten in heißen Sommern. Benötigt tiefen, nährstoffreichen, durchlässigen, aber nicht zu trockenen Boden. Vermehrung der Spezies durch Samen im Herbst, Sorten durch Kopfstecklinge im Sommer oder durch Veredlung im späten Sommer.
C. bignonioides Abb. S. 51. **'Aurea'** ist ein laubabwerfender, ausgebreiteter Baum. H. und Br. 10 m. Hat breite ovale, leuchtendgelbe Blätter, die in der Jugend bronze sind. Im Sommer erscheinen glokkenförmige, weiße Blüten, die gelb und purpurn gezeichnet sind. Darauf folgen lange, hängende, zylindrische Kapseln, die oft den Laubfall überdauern.
***C. × erubescens* 'Purpurea'.** Laubabwerfender, ausgebreiteter Baum. H. und Br. 15 m. Die breiten, ovalen oder 3fach gelappten, sehr dunkel purpurfarbigen jungen Blätter färben sich im Alter dunkelgrün. Von Mitte- bis Spätsommer erscheinen duftende, glockenförmige, weiße Blüten, die gelb und purpurn gezeichnet sind.
C. ovata. Laubabwerfender, sich ausbreitender Baum. H. und Br. 10 m. Die 3fach gelappten, jungen purpurnen Blätter färben sich, wenn ausgewachsen, blaßgrün. Von Mitte- bis Spätsommer erscheinen große Trauben glockenförmiger, weißer Blüten, die rot und gelb gepunktet sind.
C. speciosa Abb. S. 51.

CATANANCHE (Compositae)
Rasselblume
Gattung von Stauden mit gänseblümchenähnlichen Blüten, die sich für Trockensträuße eignen. Winterhart. Benötigt Sonne und leichte, durchlässige Erde. Vermehrung durch Samen im Frühjahr oder durch Wurzelschnittlinge im Winter.
***C. caerulea* 'Major'** Abb. S. 242.

CATHARANTHUS (Apocynaceae)
Gattung immergrüner Sträucher, die wegen ihrer Blüten kultiviert werden. *C. roseus* wird oft aus Samen oder Kopfstecklingen einjährig als Sommerbeetpflanze in kühlen Gegenden kultiviert. Frostempfindlich. Mindesttemperatur 5–7 °C. Benötigt helles Licht und durchlässigen Boden. Topfpflanzen mäßig gießen, bei niedrigen Temperaturen weniger. Um eine buschigere Form zu erhalten, im zeitigen Frühjahr zu lange oder unansehnliche Triebe schneiden. Vermehrung durch Samen im Frühjahr oder durch Stecklinge im Sommer.
C. roseus, syn. *Vinca rosea* (Madagaskar-Immergrün) Abb. S. 128.

CATTLEYA siehe ORCHIDEEN.
C. bowringiana (Abb. S. 253). Immergrüne, epiphytische Orchidee für ein temperiertes Gewächshaus. H. 45 cm. Trägt im Herbst große magentarote Blüten mit einer rosa bis purpurfarbenen Lippe, 8 cm breit. Hat ovale, harte, 8–10 cm lange Blätter. Benötigt im Sommer Halbschatten. Nicht besprühen.
***C.* J. A. Carbone** (Abb. S. 253). Immergrüne, epiphytische Orchidee für ein temperiertes Gewächshaus. H. 45 cm. Trägt im Frühsommer 10 cm große, rosa-lilafarbene, duftende Blüten, jede mit einer gelbgefleckten, dunkelrosa Lippe. Hat ovale, harte, 10–15 cm lange Blätter. Nicht besprühen.

CAUTLEYA (Zingiberaceae)
Sommer- und herbstblühende Staude. Winterhart. Benötigt einen sonnigen, windgeschützten Standort in tiefer, nährstoffreicher, feuchter, aber durchlässiger Erde. Vermehrung durch Samen oder Teilung im Frühjahr.
C. spicata Abb. S. 250.

CEANOTHUS (Rhamnaceae)
Säckelblume
Gattung immergrüner oder laubabwerfender Sträucher und kleiner Bäume, die wegen ihrer kleinen, aber dichten, blauen Blütentrauben kultiviert werden. Bedingt bis winterhart, in kalten Gegenden soll an eine Süd- oder Westwand gepflanzt werden. Benötigt einen geschützten Platz in voller Sonne und leichte, durchlässige Erde. Im Frühjahr wird bei immergrünen Arten abgestorbenes Holz herausgeschnitten, nach der Blüte die Seitentriebe in Form bringen. Bei den laubabwerfenden Arten wird im zeitigen Frühjahr bis zur Grundform zurückgeschnitten. Vermehrung durch halbausgereifte Stecklinge im Sommer.
***C. arboreus* 'Trewithen Blue'.** Kräftiger, immergrüner, buschiger, sich ausbreitender Strauch. H. 6 m, Br. 8 m oder mehr. Winterhart. Im Frühjahr und Frühsommer erscheinen inmitten breiter, ovaler bis rundlicher, dunkelgrüner Blätter große, pyramidenförmige, tiefblaue Blütentrauben.
***C.* 'Autumnal Blue'** Abb. S. 116.
***C.* 'Blue Mound'.** Immergrüner, buschiger, dichter Strauch. H. 1,5 m, Br. 2 m. Winterhart. Bildet eine Fülle länglicher, glänzender, dunkelgrüner Blätter, die im späten Frühjahr von rundlichen, dunkelblauen Blütentrauben umgeben sind.
***C.* 'Burkwoodii'.** Immergrüner, buschiger, dichter Strauch. H. 1,5 m, Br. 2 m. Winterhart. Hat ovale, glänzende, dunkelgrüne Blätter, die auf der Unterseite flaumig und grau sind. Bringt von Sommer- bis Herbstmitte dichte, leuchtendblaue Blütenrispen hervor.
***C.* 'Burtonensis'.** Immergrüner, buschiger, ausgebreiteter Strauch. H. 2 m oder mehr, Br. 4 m. Winterhart. Hat kleine, fast kugelrunde, runzelige, glänzende, dunkelgrüne Blätter. Von Frühlingsmitte bis Frühsommer erscheinen in Rispen kleine, 2 cm große, dunkelblaue Blüten.
***C.* 'Cascade'.** Kräftiger, immergrüner, hängender Strauch. H. und Br. 4 m. Winterhart. Die Blätter sind länglich schmal, glänzend und dunkelgrün. Im späten Frühjahr und Frühsommer werden pudrigblaue, große Blütenrispen hervorgebracht.
***C.* 'Delight'.** Schnellwachsender, immergrüner, buschiger Strauch. H. 3 m, Br. 5 m. Winterhart. Trägt längliche, glänzende, dunkelgrüne Blätter. Im späten Frühjahr erscheinen lange, tiefblaue Blütentrauben.
C. dentatus. Immergrüner, buschiger, dichter Strauch. H. 1,5 m, Br. 2 m. Winterhart. Bringt kleine, längliche, glänzende, dunkelgrüne Blätter hervor und ist im späten Frühjahr mit rundlichen, leuchtend blauen Blütentrauben bedeckt.
***C.* 'Gloire de Versailles'** Abb. S. 136.
C. gloriosus. Immergrüner, niedriger Strauch. H. 30 cm, Br. 2 m. Winterhart. Die Blätter sind oval und dunkelgrün. Von Mitte bis spätem Frühjahr erscheinen rundliche, tiefblaue oder purpurblaue Blütentrauben. Auf kalkhaltigem Boden treten Chlorosen auf.
C. impressus Abb. S. 113.
C. incanus Abb. S. 106.
***C.* 'Italian Skies'.** Immergrüner, buschiger, ausgebreiteter Strauch. H. 1,5 m, Br. 3 m. Winterhart. Hat kleine, ovale, glänzende, dunkelgrüne Blätter. Im späten Frühjahr erscheinen dichte, konische, leuchtendblaue Blütentrauben.
C. × lobbianus. Immergrüner, buschiger, dichter Strauch. H. und Br. 2 m. Winterhart. Inzwischen ovaler, dunkelgrüner Blätter erscheinen im späten Frühjahr und Frühsommer rundliche Trauben leuchtend tiefblauer Blüten.
***C.* 'Marie Simon'.** Laubabwerfender, buschiger Strauch. H. und Br. 1,5 m. Winterhart. Hat breite, ovale, mittelgrüne Blätter. Trägt von Sommermitte bis Frühherbst eine Fülle konischer Trauben zartrosa Blüten.
C. papillosus. Immergrüner, überhängender Strauch. H. 3 m, Br. 5 m. Winterhart. Die Blätter sind schmal, länglich, glänzend, dunkelgrün und klebrig. Im späten Frühjahr erscheinen in dichten Trauben blaue oder purpur-blaue Blüten.
***C.* 'Perle Rose'** Abb. S. 131.
C. rigidus. Immergrüner, dichter, buschiger, ausgebreiteter Strauch. H. 1,2 m, Br. 2,5 m. Winterhart. Trägt längliche bis rundliche, glänzende, dunkelgrüne Blätter und von Frühlingsmitte bis Frühsom-

mer rundliche Büschel dunkel purpurblauer Blüten.
***C.* 'Southmead'.** Immergrüner, buschiger, dichter Strauch. H. und Br. 1,5 m. Winterhart. Hat kleine, längliche, glänzende, dunkelgrüne Blätter. Im späten Frühjahr und Frühsommer erscheinen rundliche Büschel dunkelblauer Blüten.
C. thyrsiflorus. Immergrüner buschiger Strauch oder ausgebreiteter Baum. H. und Br. 6 m. Winterhart. Hat breit ovale, glänzende, mittelgrüne Blätter und trägt im späten Frühjahr und Frühsommer rundliche Büschel blaßblauer Blüten. Var. ***repens*** Abb. S. 136.
C. × veitchianus. Kräftiger, immergrüner, buschiger Strauch. H. und Br. 3 m. Winterhart. Umgeben von länglichen, glänzenden, dunkelgrünen Blättern erscheinen im späten Frühjahr und Frühsommer dichte, längliche Trauben dunkelblauer Blüten.

CEDRELA (Meliaceae)
Gattung laubabwerfender Bäume, die wegen ihres Laubes, der Herbstfarben und Blüten kultiviert wird. Bevorzugt volle Sonne und benötigt fruchtbare, durchlässige Erde. Vermehrung durch Samen im Herbst oder durch Wurzelschnittlinge im Winter.
C. sinensis, syn. *Toona sinensis*, Abb. S. 52.
Cedronella mexicana. Siehe *Agastache mexicana*.

CEDRUS (Pinaceae)
Zeder
Siehe KONIFEREN.
C. atlantica (Atlaszeder). Konifere, in der Jugend konisch, mit zunehmendem Alter breiter werdend. H. 15–25 m, Br. 5–10 m. Winterhart. Blätter sind schraubig stehend, nadelähnlich, dumpf grün oder leuchtend blau-grau. Hat eiförmige Zapfen, die männlichen sind blaßbraun, die weiblichen blaßgrün, die beim Reifen braun werden. f. ***fastigiata***, Br. 4–5 m, hat einen schmaleren, aufrechteren Habitus. f. ***glauca*** (Blaue Atlaszeder) Abb. S. 73.
C. deodara (Himalayazeder). Schnellwachsende Konifere, dicht konisch mit hängenden jungen Trieben, breiter, wenn ausgewachsen. H. 15–25 m, Br. 5–10 m. Winterhart. Hat schraubig stehende, graugrüne Nadeln und faßförmige, blaugrüne Zapfen, 8–12 cm lang, und braun, wenn ausgereift. **'Aurea'** (Gelbe Himalayazeder) Abb. S. 81.
C. libani (Libanonzeder) Abb. S. 75. Konifere mit flacher Krone und gleichmäßig herabhängenden Zweigen. H. 25 m, Br. 15 m. Winterhart. Spiralig angeordnete, graugrüne Nadeln in dichten, flachen Büscheln. Hat gräulich-rosafarbene Zapfen. **'Comte de Dijon'**, H. 1–2 m, Br. 60 cm, eine Zwergart, die nur 5 cm pro Jahr wächst. **'Sargentii'** (Abb. S. 83). H. und Br. 1–1,5 m, hat waagerechte, später hängende Zweige und bildet eine rundliche, buschige Form.

CEIBA (Bombacaceae)
Gattung immergrüner, halbimmergrüner oder laubabwerfender Bäume, die wegen ihrer Gesamterscheinung und als Schattenspender kultiviert werden. Frostempfindlich. Mindesttemperatur 15 °C. Benötigt helles Licht oder lichten Schatten und fruchtbare, feuchtigkeitshaltende, aber durchlässige Erde. Während des Wachstums Kübelpflanzen großzügig gießen, weniger zu anderen Zeiten. Rückschnitt möglich, falls nötig. Vermehrung durch Samen im Frühjahr oder durch halbausgereifte Stecklinge im Sommer.
C. pentandra (Kapokbaum, Wollbaum). Schnell wachsender, halbimmergrüner Baum mit stacheligem Stamm. H. und Br. 25 m oder mehr. Die handförmigen Blätter setzen sich aus 5–9 elliptischen Blättchen zusammen, die in der Jugend rot sind und sich dann mittelgrün färben. Trägt im Sommer Büschel weißer, gelber oder rosa Blüten, bestehend aus 5 Kronblättern, später verholzende, bräunliche Samenkapseln, gefüllt mit seidiger Kapokfaser.

CELASTRUS (Celastraceae)
Baumwürger
Gattung laubabwerfender Sträucher und windender Kletterpflanzen, beliebt wegen ihrer attraktiven Früchte. Die Spezies, die beschrieben werden, tragen an verschiedenen Pflanzen männliche und weibliche Blüten, stets beide setzen, um Früchte zu erhalten. Winterhart bis bedingt winterhart. Gedeiht in jeder Erde bei Halb- oder Vollschatten. Regelmäßig düngen. Im Frühjahr die alten verholzten Triebe zurückschneiden und wieder in Form bringen. Vermehrung durch Samen im Herbst oder Frühjahr oder durch halbausgereifte Stecklinge im Sommer.
C. articulatus. Siehe *C. orbiculatus*.
C. orbiculatus, syn. *C. articulatus* (Baumwürger). Kräftige, laubabwerfende, windende Kletterpflanze. H. bis 14 m. Winterhart. Hat kleine, rundliche, gezähnte Blätter. Bringt im Sommer Büschel mit 2–4 kleinen, grünen Blüten hervor; winzige, langlebige, kugelrunde grüne Früchte färben sich im Herbst schwarz, platzen dann auf und zeigen das gelbe Innere mit roten Samen.
C. scandens (Amerikanisches Bittersüß, Stabbaum). Laubabwerfende, windende Kletterpflanze. H. bis 10 m. Winterhart. Die ovalen Blätter sind 5–10 cm lang. Im Sommer erscheinen in den Blattachseln kleine Büschel winziger, grünlicher Blüten. Die langlebigen, kugelrunden Früchte erscheinen in Bündeln 5–8 cm lang. Jede springt auf und zeigt ein orangefarbenes Inneres und scharlachrote Samen.

CELMISIA (Compositae)
Immergrüne, sommerblühende Staude, die wegen ihres Laubes und der gänseblümchenähnlichen Blüten kultiviert wird. Eignet sich für Steingärten und Heidegärten, gedeiht aber nicht in heißen, trockenen Gegenden. Winterhart. Benötigt einen geschützten, sonnigen Standort und humusreiche, feuchte, aber durchlässige, sandige, saure Erde. Vermehrung durch Teilung im Frühsommer oder durch frischen Samen.
C. bellidioides. Immergrüne, bodendeckende Staude. H. 2 cm, Br. bis 15 cm. Die dunkelgrünen Blätter sind rundlich und lederartig. Trägt im Frühsommer fast stiellose, 1 cm breite, gänseblümchenähnliche, weiße Blüten.
C. coriacea Abb. S. 300.
C. ramulosa Abb. S. 314.
C. traversii. Langsamwachsende, immergrüne, horstbildende Staude. H. 15 cm, Br. 20 cm. Die schwertförmigen, dunkelgrünen Blätter sind rötlich-braun eingesäumt, auf der Unterseite cremefarben. Trägt im Sommer 6–7 cm breite, gänseblümchenähnliche, weiße Blüten. Schwierig zu kultivieren.
C. walkeri Abb. S. 290.

CELOSIA (Amaranthaceae)
Aufrechte Staude, als Einjährige kultiviert. Bedingt winterhart. Gedeiht am besten an einem sonnigen, geschützten Standort in fruchtbarer, durchlässiger Erde. Vermehrung durch Samen, den man im Frühjahr unter Glas aussät.
C. cristata (Hahnenkamm). Mäßig schnellwachsende, aufrechte, buschige Staude, als einjährige Pflanze kultiviert. H. 30–60 cm, Br. 30 cm. Hat ovale, mittelgrüne Blätter und im Sommer–Herbst pyramidenförmige, gefiederte Blüten, die bis 15 cm groß sind, in rot, gelb, rosa und aprikosenfarbig. Zwergsorten. 30 cm H., einschließlich **'Fairy Fountains'** Abb. S. 285 und **Geisha-Serie**, die in einem großen Farbspektrum erhältlich ist.

CELTIS (Ulmaceae)
Zürgelbaum
Gattung laubabwerfender Bäume mit unscheinbaren Blüten im Frühjahr, wegen ihres Laubes und der kleinen Früchte kultiviert. Winterhart. Benötigt volle Sonne (gedeiht am besten in heißen Sommern) und fruchtbaren, durchlässigen Boden. Vermehrung durch Samen im Herbst.
C. australis Abb. S. 41.
C. occidentalis (Gewöhnliche Hackberry). Laubabwerfender, ausgebreiteter Baum. H. und Br. 20 m. Die ovalen, stark gezähnten, glänzenden, leuchtendgrünen Blätter verfärben sich im Herbst gelb. Zur gleichen Zeit erscheinen rundliche, gelblich-rote, sich rötlich purpurn färbende Früchte.
C. sinensis. Laubabwerfender, rundlicher Baum. H. und Br. 10 m. Hat ovale, glänzende, fein gezähnte, dunkelgrüne Blätter und kleine, runde, orangefarbige Früchte.

CENTAUREA (Compositae)
Flockenblume
Einjährige Pflanzen und Stauden, die wegen ihrer Blüten kultiviert werden. Jede Blüte hat ein distelähnliches Zentrum, kreisförmig umgeben von schlanken, strahlenförmigen Kronblättern. Winterhart. Benötigt Sonne. Gedeiht in jedem durchlässigen, sogar mageren Boden. Vermehrung durch Samen oder Teilung im Herbst und Frühjahr.
C. cyanus (Kornblume). Schnellwachsende, aufrechte, verzweigte einjährige Pflanze. H. 30 cm–1 m, Br. 30 cm. Hat lanzettförmige, graugrüne Blätter. Im Sommer und Frühherbst erscheinen verzweigte Stengel mit gefüllten, gänseblümchenähnlichen Blüten in den Farben blau, rosa, rot, purpurn oder weiß. Besonders gute Schnittblume. Hohe Sorten (blau, Abb. S. 278; rosa, Abb. S. 266) und Zwergsorten sind im Handel. **'Jubilee Gem'** (zwergwüchsig) hat große, gefüllte, dunkelblaue Blüten.
C. dealbata. Aufrechte Staude. H. 1 m, Br. 60 cm. Im Sommer erscheinen einzeln oder zu mehreren an jedem Stengel lilapurpur Blüten. Hat schmale, ovale, fein gezeichnete, hellgrüne Blätter. **'Steenbergii'**, H. 60 cm, hat karminrot-lila Blüten.
***C. hypoleuca* 'John Coutts'** Abb. S. 236.
C. macrocephala. Robuste, horstbildende Staude. H. 1 m, Br. 60 cm. Im Sommer erscheinen an stämmigen Stengeln große, gelbe Blüten, die in papierartigen, silbrigbraunen Hüllblättern eingehüllt sind. Die mittelgrünen Blätter sind schmal oval und tief eingeschnitten.
C. montana (Bergflockenblume, Kornblume) Abb. S. 241.
C. moschata Abb. S. 279.
C. pulcherrima Abb. S. 204.

CENTRADENIA (Melastomataceae)
Gattung immergrüner Stauden und Sträucher, die wegen ihrer Blüten und des Laubes kultiviert wird. Frostempfindlich. Mindesttemperatur 13 °C. Benötigt lichten Schatten und fruchtbare, durchlässige Erde. Während der Vegetationszeit getopfte Pflanzen reichlich gießen, zu anderen Zeiten weniger. Triebspitzen junger Pflanzen für buschigen Wuchs schneiden. Alte Pflanzen werden unansehnlich, wenn sie nicht jedes Frühjahr zurückgeschnitten werden. Vermehrung im zeitigen Frühjahr bis Frühsommer durch Samen, oder Kopf- oder unreife Stecklinge. Als Topfpflanze kultiviert, jährlich vermehren.
C. floribunda. Immergrüner, lockerrundlicher, krautiger Strauch. H. und Br. bis 60 cm. Die lanzettförmigen Blätter sind deutlich geadert, glänzend, grün, auf der Blattunterseite bläulich-grün. Im Spätwinter und Frühjahr entwickeln sich aus rosa Knospen 4blättrige rosa oder weiße Blüten, die an endständigen Büscheln erscheinen.

CENTHRANTHUS (Valerianaceae)
Spornblume
Im Spätfrühjahr bis Herbst blühende Staude. Winterhart. Benötigt Sonne. Gedeiht an einem exponierten Standort in magerer, speziell alkalischer Erde. Vermehrung durch Samen im Herbst oder Frühjahr.
C. ruber Abb. S. 207.

CEPHALARIA (Dipsacaceae)
Schuppenkopf
Rauhe, sommerblühende Staude. Eignet sich für Begrenzungen und wilde Gärten. Winterhart. Bevorzugt Sonne und durchlässige Erde. Vermehrung durch Teilung im Frühjahr oder durch Samen im Herbst.
C. gigantea, syn. *C. tatarica*. Robuste, verzweigte Staude. H. 2 m, Br. 1,2 m. Im frühen Sommer erscheinen an drahtigen Stengeln nadelkissenähnliche, schlüsselblumengelbe Blüten über lanzettförmigen, tief eingeschnittenen, dunkelgrünen Blättern.
C. tatarica. Siehe *C. gigantea*.

CEPHALOCEREUS, syn. PILOSOCEREUS (Cactaceae)
Gattung langsamwachsender, säulenförmiger, mehrjähriger Kakteen mit 20–30 Rippen. Frostempfindlich. Mindesttemperatur 5 °C. Bevorzugt volle Sonne und extrem durchlässige, kalkreiche Erde. Neigt zu Wurzelfäule bei zu großer Feuchtigkeit. Vermehrung durch Samen im Frühling oder Sommer.
C. senilis (Greisenhaupt) Abb. S. 381.

CEPHALOPHYLLUM (Aizoaceae)
Gattung horstbildender, buschiger, mehrjähriger Sukkulenten mit halbzylindrischen bis zylindrischen, grünen Blättern. Die erste Blüte erfolgt nach 1–2 Jahren.

Frostempfindlich. Mindesttemperatur 5°C. Benötigt Sonne und durchlässige Erde. Vermehrung durch Samen im Frühjahr oder Sommer.
C. alstonii Abb. S. 394.
C. pillansii. Horstbildende, mehrjährige Sukkulente. H. 8 cm, Br. 60 cm. Die 6 cm langen, zylindrischen Blätter sind dunkelgrün mit dunkleren Tupfen. Von Frühjahr bis Herbst erscheinen an kurzen Stengeln 6 cm große, gänseblümchenähnliche gelbe Blüten mit rotem Zentrum.

CEPHALOTAXUS (Cephalotaxaceae)
Siehe KONIFEREN.
Kopfeibe
C. harringtonia (Kuhschwanzfichte, Pflaumeneibe). Buschige, ausgebreitete Konifere. H. 5 m, Br. 3 m. Winterhart. Die flachen Nadeln sind glänzend, dunkelgrün, auf der Unterseite gräulich, um die aufrechten Zweige spiralig angeordnet. Trägt eiförmige, fleischige, grüne Früchte, die sich beim Reifen braun färben.

CERASTIUM (Carophyllaceae)
Hornkraut
Gattung einjähriger Pflanzen und Stauden mit sternchenförmigen Blüten. Einige Spezies sind gute Bodendecker. Winterhart. Benötigt Sonne und durchlässige Erde. Vermehrung durch Teilung im Frühjahr.
C. alpinum (Gebirgs-Mauseohr). Niedrige Staude. H. 8 cm, Br. 40 cm. Winzige, ovale, graue Blätter bedecken den Stengel. Während des Sommers erscheinen 1 cm breite, einzelnstehende, sternchenförmige, weiße Blüten.
C. tomentosum Abb. S. 301.

CERATOPHYLLUM (Ceratophyllaceae)
Hornblatt
Gattung laubabwerfender, mehrjähriger Unterwasserpflanzen, die wegen ihres Laubes kultiviert werden. Eignet sich für Becken und Kaltwasseraquarien. Bedingt bis winterhart. Bevorzugt einen freien, sonnigen Standort, verträgt aber Schatten besser als die meisten anderen Wasserpflanzen. Vermehren sich, wenn sich schuppige junge Sprosse oder Winterknospen von der Mutterpflanze lösen. Ansonsten während der Wachstumszeit Kopfstecklinge schneiden.
C. demersum. Laubabwerfende, mehrjährige, sich ausbreitende Wasserpflanze, die manchmal an der Oberfläche schwimmt. Br. nicht nennbar. Winterhart. Hat kleine, 3gelappte, dunkelgrüne Blätter. Eignet sich am besten für kühle Wasserbecken.

CERATOPTERIS (Parkeriaceae)
Hornfarn
Gattung laubabwerfender oder halbimmergrüner, mehrjähriger, schwimmender Wasserfarne, die vor allem wegen ihres attraktiven Laubes kultiviert werden. Eignet sich für Aquarien. Frostempfindlich. Mindesttemperatur 10°C. Bevorzugt einen sonnigen Standort. Regelmäßig verwelkte Wedel entfernen. Die Vermehrung erfolgt durch Teilung im Sommer oder durch Knospen, die sich an den Blättern entwickeln.
C. thalictroides. Halbimmergrüner, mehrjähriger, sich ausbreitender, schwimmender Wasserfarn, der manchmal in Sumpfgebieten wurzelt. Br. ungenau. Hat lanzett- oder herzförmige, sanftgrüne Wedel mit gewellten Rändern.

CERATOSTIGMA (Plumbaginaceae)
Bleiwurz
Gattung laubabwerfender, halbimmergrüner oder immergrüner Sträucher und Stauden, die wegen ihrer blauen Blüten und der Herbstfärbung kultiviert werden. Bedingt winterhart bis frostempfindlich. Mindesttemperatur 10°C. Benötigt Sonne und durchlässige Erde. Im Frühjahr abgestorbenes Holz herausschneiden. Vermehrung der Sträucher im Sommer durch Kopfstecklinge, die Stauden durch Teilung im Frühjahr.
C. griffithii. Immergrüner oder halbimmergrüner, buschiger, dichter Strauch. H. 1 m, Br. 1,5 m. Bedingt winterhart. Die löffelförmigen, rauhen, purpurgesäumten, stumpfgrünen Blätter verfärben sich im Herbst zu leuchtendem Rot. Im Spätsommer und Herbst erscheinen Büschel röhrenförmiger, leuchtendblauer Blüten mit breiter werdenden, gelappten Blütenblättern.
C. plumbaginoides Abb. S. 300.
C. willmottianum Abb. S. 141.

CERCIDIPHYLLUM (Cercidiphyllaceae)
Katsurabaum
Gattung laubabwerfender Bäume, beliebt wegen der spektakulären Herbstfarben. Völlig winterhart. Späte Fröste können das junge Laub schädigen, normalerweise sind es aber keine Dauerschäden. Benötigt Sonne oder Halbschatten und fruchtbare, feuchte, aber durchlässige Erde. Vermehrung durch Samen im Herbst.
C. japonicum Abb. S. 45.

CERCIS (Leguminosae)
Judasbaum
Gattung laubabwerfender Bäume und Sträucher mit manchmal strauchartigem Wuchs, beliebt wegen ihres Laubes und der Fülle kleiner, erbsenähnlicher Blüten. Winterhart. Benötigt volle Sonne und tiefgründigen, fruchtbaren, durchlässigen Boden. Als Jungpflanzen setzen. Verpflanzen wird übelgenommen. Vermehrung der Spezies durch Samen im Herbst, Sorten durch Knospen im Spätsommer.
C. canadensis. Laubabwerfender, ausgebreiteter Baum oder Strauch. H. und Br. 10 m. Herzförmige, dunkelgrüne Blätter verfärben sich im Herbst gelb. Erbsenähnliche Blütenknospen sind magentafarben, öffnen sich zur Frühlingsmitte und sind blaßrosa, noch ehe die Blätter erscheinen. **'Forest Pansy'** Abb. S. 64.
C. siliquastrum Abb. S. 61.

CEREUS (Cactaceae)
Säulenkaktus
Gattung säulenförmiger, mehrjähriger Kakteen mit stacheligem Körper, meist mit 4–10 deutlich ausgeprägten Rippen. Die tassenförmigen Blüten öffnen sich gewöhnlich nachts. Frostempfindlich. Mindesttemperatur 7°C. Benötigt volle Sonne und sehr durchlässige Erde. Vermehrung im Frühjahr durch Samen oder bei sich verzweigenden Arten durch Stecklinge.
C. forbesii Abb. S. 378.
C. peruvianus Abb. S. 378. **'Monstrosus'** ist ein mehrjähriger Säulenkaktus. H. 5 m, Br. 4 m. Die verdickten, manchmal fächerförmigen silbrigblauen Stämme tragen an 4–8 (oder mehr) unebenen Rippen goldene Stacheln. Wird kaum in Kultur blühen.

CEROPEGIA (Asclepiadaceae)
Leuchterblume
Gattung halbimmergrüner, sukkulenter Sträucher und Halbsträucher, meist mit schlanken, kletternden oder hängenden Zweigen, beliebt wegen ihrer ungewöhnlichen Blüten. Frostempfindlich. Mindesttemperatur 7–11°C. Benötigt Halbschatten und sehr durchlässige Erde. Vermehrung im Frühjahr–Sommer durch Samen oder Kopfstecklinge. *C. woodii* wird oft als Propfunterlage für schwierig wachsende Seidenpflanzen verwendet.
C. haygarthii. Halbimmergrüner, kletternder, sukkulenter Halbstrauch. H. 2 m oder mehr, Br. unbestimmt. Mindesttemperatur 11°C. Trägt ovale, rundliche, dunkelgrüne Blätter, die 1–2 cm lang sind und im Sommer eine Fülle kleiner, weißer oder rosa-weißer Blüten, jede mit einer krugförmigen Röhre, nach oben hin weiterwerdend, am Ende vereint durch purpurn gefleckte Blütenblätter, die einen kurzen Stiel bilden und in 5, mit feinen Härchen gesäumten Auswüchsen, enden. Das Ganze erinnert an ein Insekt, welches über einer Blüte kauert.
C. sandersonii (Brunnenblume, Fallschirmpflanze). Halbimmergrüner, kletternder, sukkulenter Halbstrauch. H. 2 m, Breite unbestimmt. Mindesttemperatur 11°C. Die 2 cm langen Blätter sind dreieckig bis oval und fleischig. Im Sommer–Herbst erscheinen röhrenförmige, grüne Blüten, 5 cm lang, mit blaßgrünen bis weißen Flecken; die Blütenblätter sind sehr bauchig an den Spitzen und bilden »Fallschirme«.
C. woodii (Rosenwein) Abb. S. 383.

CESTRUM (Solanaceae)
Hammerstrauch
Gattung laubabwerfender oder immergrüner Sträucher und halbkriechender Kletterpflanzen, beliebt wegen ihrer auffälligen Blüten. Das Laub hat einen unangenehmen Geruch. Bedingt winterhart bis frostempfindlich. Mindesttemperatur 7–10°C. In kalten Gegenden sollten winterharte Spezies gegen eine Süd- oder Westwand oder in einem Gewächshaus gepflanzt werden. Benötigt einen geschützten und sonnigen Standort und fruchtbare, durchlässige Erde. Während der Wachstumszeit Kübelpflanzen reichlich gießen, zu anderen Zeiten wenig. Kriechende Arten benötigen Kletterhilfen. Vermehrung der winterharten Spezies durch Kopfstecklinge im Sommer, frostempfindlichen Spezies durch Samen im Frühjahr oder durch halbausgereifte Stecklinge im Sommer.
C. aurantiacum. Meist immergrüne Halbkletterpflanze, die rundlich bleibt, sofern man jedes Jahr zurückschneidet. H. und Br. bis 2 m. Frostempfindlich. Mindesttemperatur 7–10°C. Bei niedrigen Temperaturen laubabwerfend. Hat ovale, leuchtendgrüne Blätter. Trägt im Sommer röhrenförmige, leuchtendorangefarbene Blüten, die in endständigen Büscheln angeordnet sind, nachfolgend kugelrunde, weißliche Früchte. Jährlich zurückschneiden, indem man nach der Blüte alte Stengel bis zur Basis entfernt.
C. elegans Abb. S. 110.
***C.* 'Nevellii'.** Immergrüner, überhängender Strauch. H. und Br. 3 m. Bei uns nur bedingt winterhart. Trägt im späten Frühjahr und im Sommer röhrenförmige, leuchtendrote Blüten in Büscheln. Die Blätter sind groß, breit lanzettförmig und dunkelgrün.
C. parqui. Laubabwerfender, offener Strauch. H. und Br. 2 m. Bedingt winterhart. Inmitten schmaler, lanzettförmiger, mittelgrüner Blätter erscheinen im Sommer büschelweise eine Fülle röhrenförmiger, gelblich-grüner Blüten, die nachts duften.

CETERACH (Polypodiaceae)
Schriftfarn
Gattung immergrüner oder halbimmergrüner Farne, die in Mauerritzen gepflanzt werden. Winterhart. Benötigt lichten Schatten und feuchte, durchlässige, kalkhaltige Erde. Verwelkte Wedel regelmäßig entfernen. Vermehrung durch Teilung im Frühjahr oder durch Sporen im Spätsommer.
C. officinarum Abb. S. 185.

CHAENOMELES (Rosaceae)
Zierquitte
Gattung laubabwerfender, gewöhnlich dorniger, frühlingsblühender Sträucher, beliebt wegen ihrer dekoraktiven Blüten und duftenden Früchte, die man zum Einmachen (Marmelade) verwendet. Winterhart. Bevorzugt Sonne und durchlässige Erde. Nach der Blüte werden die Seitentriebe der an Wänden gezogenen Sträucher auf 2 bis 3 Augen zurückgeschnitten, während Seitentriebe, die nicht an der Wand wachsen, während der Wachstumszeit zurückgeschnitten werden. Vermehrung der Spezies durch Kopf- oder unreife Stecklinge im Sommer, oder durch Samen im Herbst. Sorten durch Kopfstecklinge nur im Sommer. Feuerbrand und Chlorose auf kalkhaltigen Böden bereiten Probleme.
C. cathayensis. Laubabwerfender, sich ausbreitender, offener Strauch mit Dornen. H. und Br. 3 m oder mehr. Hat lange, schmale, gespitzte mittelgrüne Blätter. Vom zeitigen Frühjahr bis Frühjahrsmitte erscheinen kleine, rosa überhauchte, weiße Blüten mit 5 Kronblättern, später gelbgrüne Früchte.
C. japanica (Japanische Quitte). Laubabwerfender, buschiger, sich ausbreitender, dorniger Strauch. H. 1 m, Br. 2 m. Hat ovale, mittelgrüne Blätter und im Frühjahr eine Fülle orangeroter Blüten mit 5 Kronblättern, später kugelrunde, gelbe Früchte.
C. speciosa (Rosenquitte). Kräftiger, laubabwerfender, buschiger, dorniger Strauch. H. 2,5 m, Br. 5 m. Hat ovale, glänzende, dunkelgrüne Blätter. Vom zeitigen Frühjahr bis Mitte Frühling erscheinen büschelig angeordnet rote Blüten mit 5 Kronblättern, später kugelrunde, grünlich-gelbe Früchte. **'Moerloosii'** Abb. S. 98. Blüten von **'Nivalis'** sind rein weiß. **'Simonii'** H. 1 m, Br. 2 m trägt eine Fülle halbgefüllter, dunkelroter Blüten.
***C. × superba* 'Crimson and Gold'** (Rosenquitte). Laubabwerfender, buschiger, dichter Strauch mit Dornen. H. 1 m, Br. 2 m. Hat ovale, glänzende, dunkelgrüne Blätter und eine Fülle dunkelroter Blüten mit 5 Kronblättern und auffälligen, gold-gelben Antheren, die im Frühjahr erscheinen, später kugelrunde, gelbe Früchte. Die Blüten von **'Etna'**, H. 1,5 m, Br. 3 m sind leuchtendrot. **'Knap Hill Scarlett'**, H. 1,5 m, Br. 3 m hat große,

leuchtendrote Blüten. **'Nicoline'** Abb. S. 124. **'Rowallane'** Abb. S. 123.

CHAMAEBATIARIA (Rosaceae)
Gattung einer Spezies laubabwerfender Sträucher, beliebt wegen ihres Laubes und der Sommerblüten. Winterhart. Benötigt einen geschützten, sonnigen Standort und durchlässige Erde. Vermehrung durch halbausgereifte Stecklinge im Sommer.
C. millefolium. Laubabwerfender, aufrechter, offener Strauch, H. und Br. 1 m. Hat zartgeteilte, aromatische, grau-grüne Blätter. Von Mitte- bis Spätsommer erscheinen flache, tassenförmige, weiße Blüten mit gelben Staubgefäßen an verzweigten, endständigen Rispen.

CHAMAECEREUS (Cactaceae)
Gattung einer Spezies horstbildender, mehrjähriger Kakteen mit fingerartigen, stacheligen, grünen Trieben. Frostempfindlich. Mindesttemperatur 3°C, wenn trocken. Benötigt Sonne und durchlässige Erde. Vermehrung durch Stecklinge im Frühjahr oder Sommer.
C. silvestri Abb. S. 395.

CHAMAECYPARIS (Cupressaceae)
Siehe KONIFEREN.
Scheinzypresse
C. lawsoniana. Aufrechte, säulenartige Konifere, deren Zweigspitzen herabhängen. H. 15–25 m, Br. 3–4 m. Winterhart. Hat flache Zweige schuppenähnlicher, aromatischer, dunkelgrüner Blätter und runde Zapfen, die männlichen ziegelrot, die weiblichen unbedeutend und grün. **'Columnaris'** Abb. S. 80. **'Ellwoodii'**, H. 3 m, Br. 1,5 m wächst aufrecht mit gebogenen blau-grünen Blättern. **'Fletcheri'**, H. 5–12 m, Br. 2–3 m hat gebogene, graue Blätter. **'Gnome'** (Abb. S. 83) H. und Br. 50 cm ist eine zwergwüchsige, kugelförmige Sorte mit blauem Laub. **'Green Pilar'** Abb. S. 79. **'Intertexta'** Abb. S. 74. **'Kilmacurragh'**, H. 10–15 m, Br. 1 m, hat stark leuchtendes, grünes Laub. **'Lanei'** Abb. S. 79. **'Minima'** (Abb. S. 83), H. und Br. 1 m, ist zwergwüchsig und rundlich mit hellgrünem Laub. **'Pembury Blue'** Abb. S. 77. **'Tamariscifolia'**, H. 3 m, Br. 4 m ist eine Zwergform. **'Triomf van Boskoop'**, H. 20 m ist breit säulenförmig mit graublauem Laub. **'Wisselii'**, H. 15 m, Br. 2–3 m, ist schnellwachsend mit aufrechten Zweigen und blau-grünen Blättern.
C. nootkatensis. Fast symmetrisch wachsende, konische Konifere. H. 15 m, Br. 6 m. Winterhart. Trägt lange, überhängende Zweige mit schuppenähnlichen, aromatischen, grau-grünen Blättern und rundliche, dunkelblaue und grüne Zapfen, die sich reif braun färben. **'Pendula'** hat eine spärliche Krone überhängenden Laubes.
C. obtusa. Konische Konifere. H. 15–20 m, Br. 5 m. Winterhart. Hat eine faserige, rotbraune Rinde und schuppenähnliche, aromatische, dunkelgrüne Blätter mit gebogenen Spitzen und an den Seiten leuchtend silbrige Streifen. Die kleinen, rundlichen Zapfen färben sich gelbbraun beim Reifen. **'Coralliformis'**, H. bis 50 cm, Br. 1 m, Zwergform mit fadenartigen Trieben. **'Crippsii'** Abb. S. 81. **'Intermedia'** (Abb. S. 83) H. bis 30 cm, Br. 40 cm ist ein rundlicher, offener Zwergstrauch mit nach unten sich ausbreitendem hellgrünen Laub. **'Kosteri'**, H. 1–2 m, Br. 2–3 m ist ein stark wuchernder Strauch mit gedrehtem, glänzendem Laub. **'Nana'**, extrem langsamwachsender Strauch, kann eine H. von 1 m erreichen, Br. 1,5–2 m ist oben flach. **'Nana Aurea'** (Abb. S. 83), H. und Br. 2 m ist eine goldgelbe Form. **'Nana Gracilis'**, H. 2 m, Br. 1,5–2 m ist eine Sorte mit glänzendem Laub. **'Nana Pyramidalis'** (Abb. S. 83), H. und Br. bis 60 cm ist eine langsamwachsende, dichte, konische Zwergform mit horizontalen, tassenförmigen Blättern. **'Tetragona Aurea'**, H. 10 m, Br. 2–3 m hat goldenoder bronzegelbe Blätter.
C. pisifera. Konische Konifere mit waagerechten Zweigen. H. 15 m, Br. 5 m. Winterhart. Hat eine rauhe, sich schälende, rotbraune Rinde, schuppenähnliche, aromatische, frischgrüne Blätter, die an den Seiten und auf der Unterseite weiß sind und spitze, gelbbraune Zapfen. **'Boulevard'** hat silberblaues Laub. **'Filifera'** hat peitschenähnliche, hängende Triebe und dunkelgrünes Laub. **'Filifera Aurea'** (Abb. S. 83), H. 12 m, Br. 3–5 m hat auch peitschenähnliche Triebe, aber goldengelbe Blätter. **'Filifera Nana'**, H. 60 cm, Br. 1 m ist eine Zwergform mit peitschenähnlichen Zweigen. **'Nana'**, H. und Br. 50 cm ist auch zwergwüchsig mit dunkel bläulich-grünem Laub. **'Plumosa'** ist breit konisch bis säulenförmig und hat gelblich-grau-grüne Blätter. **'Plumosa Rogersii'**, H. 2 m, Br. 1 m hat gelbes Laub. Die langsamwachsende **'Squarrosa'**, H. bis 20 m, hat eine breite Krone und weiches, blau-graues Laub.
C. thyoides Abb. S. 79. **'Andelyensis'** ist eine langsamwachsende, konische Zwergkonifere. H. 3 m, Br. 1 m, winterhart. Hat keilförmige Büschel schuppenähnlicher, aromatischer, blau-grüner Blätter. Die runden Zapfen sind leuchtend grau-blau.

CHAMAEDAPHNE (Ericacaeae)
Gattung einer Spezies immergrüner Sträucher, beliebt wegen ihrer weißen Blüten. Winterhart. Benötigt Sonne oder Halbschatten und feuchte, torfhaltige, saure Erde. Vermehrung im Sommer durch halbausgereifte Stecklinge.
C. calyculata. Immergrüner, sich neigender, lockerer Strauch. H. 75 cm, Br. 1 m. Die Blätter sind klein, länglich, ledrig und dunkelgrün. Von Mitte bis zum späten Frühjahr erscheinen an schlanken Zweigen beblätterte Rispen kleiner, urnenförmiger Blüten.

CHAMAEDOREA (Palmae)
Bergpalme
Gattung immergrüner Palmen, die wegen ihrer Gesamterscheinung kultiviert werden. Frostempfindlich. Mindesttemperatur 18°C. Benötigt Schatten oder Halbschatten und humusreiche, durchlässige Erde. Topfpflanzen mäßig gießen, weniger bei niedrigen Temperaturen. Vermehrung durch Samen im Frühjahr nicht unter 25°C. Anfällig für Rote Spinne.
C. elegans, syn. *Neanthe bella*, Abb. S. 120.

CHAMAEMELUM (Compositae)
Gattung immergrüner Stauden, die sich als Bodendecker oder Rasen eignen. Aus den Blüten kann Tee bereitet werden. Winterhart. Benötigt Sonne und durchlässige Erde. Vermehrung durch Teilung im Frühjahr oder durch Samen im Herbst.
C. nobile (Chamomile). Immergrüne, bodendeckende, wuchernde Staude. H. 10 cm, Br. 45 cm. Hat fein geteilte, aromatische Blätter und gänseblümchenähnliche weiße Blüten mit gelber Mitte im Spätfrühjahr oder Sommer. **'Treneague'** (syn. *Anthemis nobile 'Treneague'*) ist eine nichtblühende, schwach wuchernde Sorte, die weniger zu schneiden ist. Wegen der fehlenden Blüten besser für einen Rasen geeignet.

CHAMAENERION siehe EPILOBIUM

CHAMAEROPS (Palmae)
Zwergfächerpalme
Gattung immergrüner Palmen, die wegen ihrer Gesamterscheinung kultiviert wird. Bedingt winterhart bis frostempfindlich. Mindesttemperatur 7°C. Benötigt helles Licht und fruchtbare, durchlässige Erde. Kübelpflanzen mäßig gießen, während der Ruhezeit weniger. Vermehrung durch Samen im Frühjahr nicht unter 22°C oder durch Ableger im späten Frühling. Anfällig für Rote Spinne.
C. humilis Abb. S. 144.
Chamaespartium sagittale. Siehe *Genista sagittalis*.

CHAMELAUCIUM (Myrtaceae)
Gattung immergrüner Sträucher, beliebt wegen ihrer Blüten und der Gesamterscheinung. Frostempfindlich. Mindesttemperatur 5°C, aber besser sind 7–10°C. Benötigt volle Sonne und durchlässige, sandige, neutrale bis saure Erde. Topfpflanzen mäßig gießen, sparsamer wenn nicht im Wachstum. Um eine kompakte Form zu erreichen, werden verblühte Stengel bis auf die Hälfte eingekürzt. Vermehrung durch Samen im Frühling oder durch halbausgereifte Stecklinge im Sommer.
C. uncinatum (rosa Sorte) Abb. S. 118, (weiße Sorte) Abb. S. 117.

CHASMANTHE (Iridaceae)
Gattung knollenbildender Pflanzen, beliebt wegen ihrer attraktiven Blüten. Bedingt bis ganz winterhart. Benötigt volle Sonne oder Halbschatten und durchlässige Erde mit reichlichen Wassergaben während der Wachstumsperiode (Spätwinter und zeitiges Frühjahr). Im Sommer und im Herbst wird das Gießen reduziert. Vermehrung geschieht durch Teilung im Herbst.
C. aethiopica. Eine frühlings- und frühsommerblühende Knollenpflanze. H. bis 80 cm, Br. 12–18 cm. Winterhart. Hat schmale, schwertförmige, aufrechte, grundständige Blätter, fächerähnlich flach. Trägt Ähren scharlachroter Blüten mit gelben Röhren, 5–6 cm lang und behaubten, oberen Lippen, die alle in eine Richtung stehen.
C. floribunda. Sommerblühende Knollenpflanze. H. bis 80 cm, Br. 12–18 cm. Halb winterhart. Ähnlich wie *C. aethiopica*, nur die Blätter sind viel breiter, bis 6 cm und die längeren, orange oder scharlachroten Blüten blicken nicht alle in eine Richtung.

CHEILANTHES (Polypodiaceae)
Gattung immergrüner Farne. Bedingt winterhart. Benötigt viel Licht und humusreiche, durchlässige Erde. Topfpflanzen dürfen nicht zu stark gegossen werden und vertragen kein Wasser auf den Wedeln. Verwelkte Wedel regelmäßig entfernen. Vermehrung durch Sporen im Sommer.
C. fragrans. Immergrüner Farn. H. 8–23 cm, Br. 15–23 cm. Hat lanzettförmige, dunkelgrüne Wedel mit vielen rundlichen Fiedern, auf der Unterseite leicht behaart und nach frischen Veilchen duftend.
C. lanosa. Immergrüner Farn. H. und Br. 15–23 cm. Hat dreieckige oder lanzettförmige, vielfach geteilte, sanft grüne Wedel an haarigen, schwarzen Stengeln.

CHEIRANTHUS (Cruciferae)
Goldlack
Gattung von Halbsträuchern und Stauden, zum Teil immergrün oder halbimmergrün, beliebt wegen ihrer Blüten. Einige eignen sich für Steingärten. Kurzlebige Arten werden am besten als Zweijährige gezogen. Bedingt bis winterhart. Gedeiht in jeder fruchtbaren Erde an einem offenen Standort. Vermehrung durch Samen im Frühjahr oder durch Kopf- oder unreife Stecklinge im Sommer.
C. × allionii. Siehe *Erysimum hieraciifolium*.
***C.* 'Bowles Mauve'.** Buschige Staude. H. bis 75 cm, Br. 45 cm. Bedingt winterhart. Die schmalen, lanzettförmigen, dunkelgrünen Blätter sind 5 cm lang. Im Frühjahr–Sommer erscheinen viele Büschel kleiner, hell-lilafarbener Blüten, jede mit 4 ausgebreiteten Kronblättern.
***C.* 'Bredon'** Abb. S. 290.
C. cheiri. Mäßig schnellwachsende, immergrüne, buschige Staude, als zweijährige kultiviert. Hohe Sorten H. bis 60 cm, Br. 38 cm; halbhohe Sorten H. 30–45 cm, Br. 30 cm; Zwergsorten H. und Br. 20 cm. Winterhart. Alle haben lanzettförmige, mittel- bis dunkelgrüne Blätter. Im Frühjahr erscheinen duftende Blüten mit 4 Kronblättern in vielen Farben, auch rot, gelb bronze, weiß und orange. **Fair-Lady-Serie** (halbhoch) Blüten blaß-farben. **'Fire-King'** (halbhoch) Abb. S. 285. **'Rose Queen'** (hoch) hat rosa und rosenfarbene Blüten. Die Blüten der **Tom-Thumb-Serie** (zwergig) sind buntfarbig.
***C.* 'Harpur Crewe'** Abb. S. 290.
***C.* 'Moonlight'.** Immergrüne, teppichbildende Staude. H. 5 cm, Br. 20 cm oder mehr. Winterhart. Die Blätter sind klein und länglich oval. Die beblätterten Stengel tragen Büschel blaßgelber Blüten mit 4 Kronblättern, die sich im Sommer in Folge öffnen. Ist eine gute Steingartenpflanze. Benötigt einen sonnigen, geschützten Standort und nährstoffarme, sandige Erde.

CHEIRIDOPSIS (Aizoaceae)
Gattung horstbildender, mehrjähriger Sukkulenten mit halbzylindrischen, grünen, blaugrünen oder blaugrauen Blättern, die paarweise angeordnet sind. Frostempfindlich. Mindesttemperatur 5°C. Benötigt Sonne und durchlässige Erde. Im Herbst gießen, um die Blüte anzuregen. Vermehrung durch Samen oder Stecklinge im Frühjahr oder Sommer.
C. candidissima. Horstbildende, mehrjährige Sukkulente. H. 10 cm, Br. 20 cm. Bringt im Frühjahr gänseblümchenähnliche, glänzende, weiße Blüten, die 6 cm breit sind, hervor. Die Blätter sind halbzylindrisch, schlank, fleischig, blaugrau, jedes 10 cm lang mit flachem Ende,

die fast auf ihre halbe Länge paarweise verbunden sind.
C. purpurata. Teppichbildende, mehrjährige Sukkulente. H. 10 cm, Br. 30 cm. Hat halbzylindrische, dicke, kurze, blaugrüne Blätter mit flachem Ende. Bringt im Frühjahr 4 cm breite, gänseblümchenähnliche purpurrosa Blüten hervor.

CHELIDONIUM (Papaveraceae)
Schöllkraut
Gattung einer Spezies von Stauden, die schnell bodendeckend sind. Winterhart. Gedeiht in Sonne und Schatten und in jeder, nur nicht zu nassen Erde. Vermehrung durch Samen oder Teilung im Herbst.
***C. majus* 'Flore Pleno'** Abb. S. 199.

CHELONE (Scrophulariaceae)
Schlangenkopf
Gattung sommer- und herbstblühender Stauden. Winterhart. Benötigt Halbschatten und feuchte Erde. Vermehrung durch Kopfstecklinge im Sommer oder durch Teilung oder Samen im Herbst oder Frühjahr.
C. barbata. Siehe *Penstemon barbatus*.
C. obliqua Abb. S. 217.

CHIASTOPHYLLUM (Crassulaceae)
Walddickblatt
Gattung einer Spezies immergrüner Stauden, beliebt wegen ihrer sukkulenten Blätter und der attraktiven Zweige kleiner, gelber Blüten. Gedeiht in Mauerritzen und -spalten. Winterhart. Benötigt Schatten und durchlässige, nicht zu trockene Erde. Vermehrung durch Seitentriebstecklinge im Frühsommer oder durch Samen im Herbst.
C. oppositifolium, syn. *Cotyledon simplicifolia*, Abb. S. 289.

CHIMONANTHUS (Calycanthaceae)
Winterblüte
Gattung laubabwerfender oder immergrüner, winterblühender Sträucher, beliebt wegen ihrer Blüten. Winterhart, aber in kalten Gegenden müssen die Pflanzen an eine Süd- oder Westwand gesetzt werden, da die Blüten kälteempfindlich sind. Benötigt volle Sonne und fruchtbare, durchlässige Erde. Vermehrung der Spezies durch reife Samen im späten Frühjahr und Frühsommer. Sorten durch Kopfstecklinge im Sommer.
C. praecox (Winterblüte). Laubabwerfender, buschiger Strauch. H. 2,5 m oder mehr, Br. 3 m. Hat ovale, derbe, glänzende, dunkelgrüne Blätter. Trägt während der milden Winterzeit an kahlen Zweigen aus vielen Kronblättern bestehende, stark duftende, tassenförmige, gelbe Blüten mit purpurfarbener Mitte. **'Luteus'** hat reingelbe Blüten.

CHIONANTHUS (Oleaceae)
Schneeflockenstrauch
Gattung laubabwerfender Sträucher, beliebt wegen ihrer weißen Blütenfülle. In Gegenden mit heißen Sommern ist die Blüte noch reichlicher. Winterhart. Bevorzugt volle Sonne und fruchtbare, durchlässige, aber nicht zu trockene Erde. Vermehrung durch Samen im Herbst.
C. retusus (Chinesischer Fransenbaum). Laubabwerfender, oft baumähnlicher, überhängender Strauch. H. und Br. 3 m. Inmitten ovaler, leuchtend grüner Blätter erscheinen von Frühsommer bis Sommermitte Büschel sternchenförmiger, reinweißer Blüten.
C. virginicus Abb. S. 87.

CHIONOCHLOA (Gramineae)
Siehe GRÄSER, BAMBUS, BINSEN und RIEDGRAS.
C. conspicua (Hunangemoho Gras). Immergrünes, büschelbildendes, mehrjähriges Gras. H. 1,2–1,5 m, Br. 1 m. Winterhart. Die sehr langen, mittelgrünen Blätter sind rötlich-braun überhaucht. Hat stämmige, überhängende Stengel, die im Sommer lange, in lockeren Rispen cremefarbige Ährchen tragen.

CHIONODOXA (Liliaceae)
Schneeglanz
Gattung frühlingsblühender Bulben, mit *Scilla* verwandt. Eignet sich für Steingärten oder unter Sträuchern. Benötigt Sonne oder Halbschatten und durchlässige Erde. Winterhart. Im Herbst muß mit Lauberde oder Kompost angehäufelt werden. Vermehrung durch Samen im Herbst oder durch Teilung im Spätsommer oder Herbst.
C. forbesii, syn. *C. luciliae hort. C. siehei, C. tmolusii* Abb. S. 362. **'Pink Giant'** Abb. S. 358.
C. gigantea. Siehe *C. luciliae*.
C. luciliae, syn. *C. gigantea*, Abb. S. 362.
C. luciliae hort**.** Siehe *C. forbesii*.
C. sardensis. Frühlingsblühende Bulbe. H. 10–20 cm, Br. 2,5–5 cm. Hat 2 schmale, lanzettförmige, halbaufrechte, grundständige Blätter. Die blattlosen Stengel tragen 5–10 flache, leicht hängende, oder sich nach außen drehende tiefblaue Blüten, 1,5–2 cm breit und ohne weißes Auge.
C. siehei. Siehe *C. forbesii*.
C. tmolusii. Siehe *C. forbesii*.

× CHIONOSCILLA (Liliaceae)
Hybride der Gattung *(Chionodoxa × Scilla)* frühlingsblühender Bulben, die sich für Steingärten eignen. Winterhart. Benötigt volle Sonne oder Halbschatten oder humusreiche, durchlässige Erde. Vermehrung durch Teilung im Spätsommer oder Herbst.
× ***C. allenii*** Abb. S. 362.

CHIRITA (Gesneriaceae)
Gattung immergrüner Stauden oder Halbsträucher, beliebt wegen ihrer Blüten. Frostempfindlich. Mindesttemperatur 15 °C. Benötigt durchlässige Erde und eine mäßige Luftfeuchte an einem hellen Standort, ohne direkte Sonne. Vermehrung durch Kopfstecklinge im Sommer, oder, falls vorhanden, durch Samen im Spätwinter oder Frühling.
C. lavandulacea Abb. S. 250.
C. sinensis. Immergrüne, stammlose, rosettenbildende Staude. H. bis 15 cm, Br. 25 cm oder mehr. Hat ovale, fast fleischige Blätter, die gerunzelten, behaarten Oberflächen sind meistens silbrig gemustert. Im Frühjahr–Sommer erscheinen über den Blättern Büschel röhrenförmiger, lavendelfarbener Blüten.

CHLIDANTHUS (Amaryllidaceae)
Schönblüte
Gattung einer Spezies sommerblühender Bulben, beliebt wegen ihrer attraktiven, trichterförmigen Blüten. Bedingt winterhart. Benötigt einen sonnigen Standort und durchlässige Erde. Im Frühjahr ins Freie pflanzen, und nach der Blüte, falls nötig, herausnehmen und für den Winter trocknen lassen. Vermehrung durch Brutzwiebeln im Frühjahr.
C. fragrans Abb. S. 365.

CHLOROGALUM (Liliaceae)
Gattung sommerblühender Bulben, die mehr aus botanischem Interesse kultiviert wird. Winterhart, sollte aber in kalten Gegenden einen geschützten Standort bekommen. Benötigt Sonne und durchlässige Erde. Vermehrung durch Samen im Herbst oder Frühjahr.
C. pomeridianum. Sommerblühende Bulbe. H. bis 2,5 m, Br. 15–20 cm. Die halbaufrechten, grundständigen Blätter sind länglich, grau-grün mit gewellten Rändern. Trägt große, locker verzweigte Blumenköpfe mit kleinen, tellerförmigen, weißen Blüten, deren Kronblätter in der Mitte einen grünen oder purpurnen Streifen aufweisen, die sich um die Mittagszeit öffnen.

CHLOROPHYTUM (Liliaceae)
Graslilie
Gattung immergrüner, stengelloser Stauden mit kurzen Rhizomen, beliebt wegen ihres Laubes. Frostempfindlich, Mindesttemperatur 5 °C. Benötigt einen hellen Standort, keine direkte Sonne, aber fruchtbare, durchlässige Erde. In der Wachstumsperiode reichlich gießen, zu anderen Zeiten weniger, besonders bei Topfkultur. Vermehrung durch Samen, Teilung oder Ablegern (die sich bei manchen Spezies bilden) zu jeder Zeit, außer Winter.
C. capense hort**.** Siehe *C. comosum*.
C. comosum, syn. *C. capense hort.* Immergrüne, buschige Staude. H. 30 cm, Br. ungenau. Die sehr schmalen, 45 cm langen Blätter entspringen einer Rosette. Zu jeder Zeit erscheinen Trauben vieler kleiner, sternchenförmiger, weißer Blüten an dünnen, bis zu 60 cm langen oder längeren Stielen. Kleine Blattrosetten erscheinen manchmal an den Blütenstengeln und bilden kleine Pflänzchen. **'Vittatum** Abb. S. 257.

CHOISYA (Rutaceae)
Orangenblume
Gattung immergrüner Sträucher, beliebt wegen ihres Laubes und der Blüten. Frostempfindlich bis winterhart, in den meisten Gegenden muß Schutz geboten werden. Benötigt volle Sonne und nährstoffreiche, durchlässige Erde. Vermehrung durch halbausgereifte Stecklinge im Spätsommer.
C. ternata Abb. S. 95. **'Sundance'** ist ein immergrüner, rundlicher, dichter Strauch, H. und Br. 2,5 m. Winterhart. Die aromatischen, glänzenden, leuchtendgelben Blätter bestehen aus jeweils 3 länglichen Blättchen. Im späten Frühjahr und oft nochmals im Herbst erscheinen büschelweise duftende, sternchenförmige, weiße Blüten.

CHORDOSPARTIUM (Leguminosae)
Gattung einer Spezies laubabwerfender, fast blattloser Sträucher, die wegen ihres Habitus und der Blüten kultiviert wird. Schlanke, grüne Triebe übernehmen die Funktion der Blätter. Winterhart. Benötigt einen geschützten, sonnigen Standort und fruchtbare, durchlässige Erde. Vermehrung durch Samen im Herbst.
C. stevensonii. Laubabwerfender, fast blattloser, überhängender Strauch. H. 3 m, Br. 2 m. Bringt Sommermitte in zylindrischen Trauben kleine, erbsenähnliche, purpur-rosafarbene Blüten hervor.

CHORISIA (Bombacaceae)
Gattung laubabwerfender Bäume, gewöhnlich mit Stacheln bedeckten Stämmen, die wegen ihrer Blüten im Herbst und Winter und ihrer Gesamterscheinung kultiviert werden. Frostempfindlich. Mindesttemperatur 15 °C. Benötigt helles Licht und durchlässige Erde. Während der Wachstumszeit werden Kübelpflanzen ausgiebig gegossen, sehr wenig nach Blattfall. Rückschnitt möglich, falls nötig. Vermehrung durch Samen im Frühjahr. Anfällig für Rote Spinne.
C. speciosa Abb. S. 44.

CHORIZEMA (Leguminosae)
Gattung immergrüner Stauden, Sträucher und windender Kletterpflanzen, hauptsächlich beliebt wegen ihrer Blüten. Frostempfindlich. Mindesttemperatur 7 °C. Benötigt helles Licht und humusreiche, durchlässige, sandige, vorzugsweise neutrale bis saure Erde. Kübelpflanzen mäßig gießen, weniger in der Ruheperiode. Kletterpflanzen müssen aufgebunden oder in Ampeln untergebracht werden. Vermehrung durch Samen im Frühjahr oder durch halbausgereifte Stecklinge im Sommer.
C. ilicifolium Abb. S. 125.

CHRYSALIDOCARPUS (Palmae)
Goldfruchtpalme
Gattung immergrüner Palmen, die wegen ihrer eleganten Erscheinung kultiviert wird. Frostempfindlich. Mindesttemperatur 16 °C. Benötigt volles Licht oder Halbschatten und fruchtbaren, durchlässigen Boden. Getopfte Pflanzen mäßig gießen, sehr wenig bei niedrigen Temperaturen. Vermehrung durch Samen im Frühjahr bei einer Mindesttemperatur von 26 °C. Anfällig für Rote Spinne.
C. lutescens, syn. *Areca lutescens*, Abb. S. 72.

CHRYSANTHEMUM (Compositae)
Wucherblume
Gattung einjähriger Pflanzen und Stauden, von denen einige immergrüne oder halbimmergrüne Halbsträucher sind, beliebt wegen ihrer Blüten. Im Gartenbau wird jeder Blütenstengel als einzelne Blüte betrachtet, obwohl er tatsächlich aus mehreren Einzelblüten besteht. Dieser Sprachgebrauch wurde in der nachfolgenden Beschreibung beibehalten. Die Blätter sind gewöhnlich tief eingeschnitten oder gelappt, oft gefiedert, oval bis lanzettförmig. Die in den Blumengeschäften anzutreffenden Chrysanthemen (Hybriden von *C. morifolium*) umfassen die Mehrzahl der heutigen, kultivierten Chrysanthemen. Sie sind mehrjährig und werden als Gartenschmuck, zum Schnitt und zur Dekoration verwendet. Die Einjährigen sind bedingt bis winterhart. Die Gärtner-Chrysanthemen sind bedingt winterhart und sollten an einem frostfreien Ort überwintert werden. Andere Stauden sind bedingt bis winterhart. Benötigen einen sonnigen Standort und genügend fruchtbare, durchlässige Erde. Wenn sie für Ausstellungen kultiviert werden, muß regelmäßig gedüngt werden. Triebspitzen ausbrechen, um Wuchs der Seitentriebe anzuregen, an dem neue

Blüten erscheinen werden. Große Pflanzen stäben. Vermehrung Einjähriger durch Aussaat im Frühjahr, ausdünnen, aber nicht verpflanzen. Vermehrung winterharter Stauden durch Teilung nach der Blüte im Herbst oder zeitigem Frühjahr. Schnitt- und Topfchrysanthemen sollten durch Kopfstecklinge im Frühjahr vermehrt werden. Regelmäßig Blattläuse, Schaumzikaden, Blattwanzen, Ohrwurm, Echten Mehltau und Chrysanthemenrost bekämpfen.

Topf- und Schnittchrysanthemen
Die Gärtner-Chrysanthemen werden nach der großen Palette verschiedener Blütenformen, der Blütezeit (Früh-, Mitte- oder Spätherbst) und ihres Wuchses eingeteilt. Sie werden in zwei Gruppen aufgeteilt: Einstieler und Mehrstieler.

Einstielige Chrysanthemen – einfache, anemonenblütige, ball-, rosetten-, schirmförmig – werden so genannt, weil alle Seitenknospen mit Ausnahme der Hauptknospe ausgebrochen werden. Um Pflanzen zur Dekoration zu kultivieren, läßt man bei ball-, rosetten- und schirmförmigen Blumenformen zwei Blüten pro Pflanze, indem man nur die zwei kräftigsten Seitentriebe läßt. Bei Gartenpflanzen läßt man 4 bis 5 Knospen pro Pflanze stehen. Bei einfachen und anemonenblütigen Chrysanthemen zur Dekoration werden 4–8 Blüten pro Pflanze belassen, je nach Wuchsstärke, und 10 oder mehr bei Beetpflanzen oder für Schnitt. Beschreibungen und Abbildungen der Blütenformen auf S. 218.

Mehrtrieber – Schmuck-, pomponförmige und verzweigte Chrysanthemen – haben pro Stengel mehrere Blüten.

Schmuck-Chrysanthemen sind zwergwüchsig und bringen Hunderte sternchenförmiger, einfacher, 2,5 cm breiter Blüten, die sehr dicht stehen und so einen halbrunden bis runden Kopf formen. Für Dekoration sollen die Pflanzen im 30-cm-Endtopf kultiviert werden. Pflanzen für Zimmerschmuck werden in kleineren Töpfen kultiviert und haben entsprechend kleinere, aber ebenso dichtstehende Blütenköpfe.

Pompon-Chrysanthemen sind auch zwergig mit dichtstehenden, fast kugelrunden, gefüllten Blütenköpfen, sie alle haben 50 oder mehr tubenförmige Kronblätter (Abb. S. 218). Sie eignen sich gut als Randbepflanzung.

Verzweigte Chrysanthemen haben verschiedene Blumenformen: einfache, anemonen-, rosetten-, schirm-, pomponförmige und löffelartige (hier öffnet sich jede gerade, röhrenförmige Blüte löffelartig am Ende). Jede Pflanze sollte 4 oder 5 Triebe mit wenigstens 5 Blüten pro Trieb entwickeln können. Spätblühende sollten bis 3 Triebe pro Pflanze haben. Mit gesteuerter Tageslänge, um die Blüte für Ausstellungszwecke genau vorherzubestimmen, sollten Spätblühende mindestens 12 Blüten je Trieb besitzen, ohne Steuerung der Kultur 6 oder 7 Blüten pro Trieb.

Als Gartenformen sind am besten verzweigte, pomponblütige und die frühen, gefüllten Chrysanthemen geeignet. Alle eignen sich für Schnitt, außer den Schmuckchrysanthemen. Spätblühende Chrysanthemen eignen sich nur für Kultur unter Glas, da die Blumen vor schlechtem Wetter geschützt werden müssen. Sie sollten in Töpfen gezogen werden und im zeitigen Herbst, wenn die Knospen sich entwickelt haben, ins Gewächshaus gestellt werden. Auch die Sorten mit Rosettenform eignen sich weniger als Gartenpflanzen, da in den Blüten Regenwasser stehenbleibt und sie beschädigt. Nachfolgend die Sorten, die sich zur Dekoration eignen. Die hier angegebenen Blütengrößen sind die größten, die man normalerweise erreicht und können erheblich differieren, je nach Wachstumsbedingungen.

***C.* 'Alison Kirk'** (Abb. S. 218). Ballförmige Gärtner-Chrysantheme. H. 1,2 m, Br. 30–60 cm. Bringt im Frühherbst weiße, 12–15 cm breite Blüten hervor. Eignet sich mehr für Ausstellungen als für Gartenzwecke.

C. alpinum büschelbildend, kurzlebige Staude. H. 7 cm, Br. 12 cm. Winterhart. Kleine Büschel tief geschnittener Blätter erscheinen an kurzen, kriechenden Stengeln. Hat große, gänseblümchenähnliche, weiße Blütenköpfe mit gelber Mitte. Blüht im Sommer. Eignet sich für Steingärten oder steinige Böschungen. Vermehrung durch Teilung der unterirdischen Triebe im Herbst oder zeitigem Frühjahr.

***C.* 'Amber Yvonne Arnaud'.** Gärtner-Chrysantheme, Blütenblätter nach außen gebogen. H. 1,2 m, Br. 60–75 cm. Ist ein Sport von *C.* 'Yvonne Arnaud' mit nach außen gewölbten, bernsteinfarbenen Blüten im Frühherbst.

***C.* 'Autumn Days'** (Abb. S. 219). Rosettenförmige Gärtner-Chrysantheme. H. 1,1–1,2 m, Br. bis 75 cm. Trägt im zeitigen Herbst locker nach innen gewölbte, bronzefarbige Blüten, 12 cm breit.

***C.* 'Bill Wade'.** Rosettenförmige Gärtner-Chrysantheme. H. 1,35 m, Br. 60 cm. Hat im Frühherbst locker nach innen gewölbte, weiße Blüten, 18–20 cm breit. Eignet sich eher für Dekoration als für Gartenschmuck.

***C.* 'Brietner'** (Abb. S. 218). Gärtner-Chrysantheme, H. 1,1–1,2 m, Br. 75 cm. Im Frühherbst erscheinen zurückgebogene, rosa Blüten bis 12 cm breit.

***C.* 'Bronze Fairie'** (Abb. S. 219). Pompon-Gärtner-Chrysantheme. H. 30–60 cm, Br. 60 cm. Hat im Frühherbst bronzefarbene Blüten, 4 cm breit.

***C.* 'Bronze Hedgerow'** (Abb. S. 219). Einfache Gärtner-Chrysantheme. H. 1,5 m, Br. 75 cm–1 m. Trägt im Spätherbst 12 cm breite, bronzefarbene Blüten.

***C.* 'Bronze Yvonne Arnaud'** (Abb. S. 219). Gärtner-Chrysantheme, nach außen gewölbte Form. H. 1,2 m, Br. 60–75 cm. Ist eine Abart von *C.* 'Yvonne Arnaud' mit stark zurückgebogenen, bronzefarbenen Blütenblättern im Frühherbst.

***C.* 'Buff Margaret'** (Abb. S. 219). Verzweigte Gärtner-Chrysantheme. H. 1,20 m, Br. 75 cm. Ist ähnlich wie *C.* 'Peach Margaret', hat aber blaßbronzefarbene Blüten.

C. carinatum, syn. *C. tricolor*. **'Monarch Court Jesters'** (Sommermargerite, gelb mit roter Mitte) Abb. S. 273 (weiß mit roter Mitte) Abb. S. 264. **Tricolor Serie** ist eine Gruppe schnellwachsender, aufrechter, sich verzweigender Einjähriger. H. 30–60 cm, Br. 30 cm. Bedingt winterhart. Hat gefiederte, hellgrüne Blätter und im Sommer gänseblümchenähnliche, einfache oder gefüllte Blütenköpfe, bis 8 cm breit, in vielen Farbkombinationen. Hohe Sorten 60 cm, Br. 30 cm und Zwergsorten H. und Br. 30 cm sind im Handel.

***C.* 'Cherry Chintz'** (Abb. S. 219). Gärtner-Chrysantheme, nach außen gewölbte Form, H. 1,2 m, Br. 45 cm. Hat im Frühherbst rote Blüten, bis 15 cm breit mit stark zurückgebogenen Blütenblättern. Eignet sich bestens zur Dekoration.

***C.* 'Chessington'.** Rosettenförmige Gärtner-Chrysantheme. H. 2–2,20 m, Br. 75 cm. Bringt im Frühherbst weiße Blüten, 18–20 cm breit hervor mit nach innen gewölbten Blütenblättern. Eignet sich eher zur Dekoration als für den Garten.

***C.* 'Chippendale'** (Abb. S. 219). Gärtner-Chrysantheme, nach außen gewölbte Form. H. 1,2 m, Br. 45 cm. Stark zurückgebogene, rosa Blütenblätter. Blüten sind mindestens 18 cm breit und erscheinen Herbstmitte. Eignet sich besser zur Dekoration als für den Garten.

***C.* 'Christina'.** Rosettenförmige Gärtner-Chrysanthemen. H. 1,35–1,5 m, Br. 60–75 cm. Trägt im Frühherbst locker nach innen gebogene, weiße Blütenblätter, Breite bis 14 cm. Eignet sich zur Dekoration.

***C.* 'Claire Louise'.** Gärtner-Chrysantheme, nach außen gewölbte Form. H. 1,2–1,35 m, Br. 75 cm. Bringt im Frühherbst mit stark zurückgebogenen Blütenblättern bronzefarbene Blüten, bis 15 cm breit, hervor. Ideale Dekorationspflanze.

***C.* 'Cloudbank'** (Abb. S. 218). Verzweigte Gärtner-Chrysanthemen. H. 1,2 m, Br. 75 cm. Hat anemonenähnliche, weiße Blüten, 8–9 cm breit, die im Spätherbst erscheinen. Gut zur Dekoration.

C. coccineum. Siehe *Tanacetum coccineum.*

C. coronarium. Schnellwachsende, aufrechte, verzweigte Einjährige. H. 30 cm–1 m, Br. 38 cm. Winterhart. Hat gefiederte, geteilte, hellgrüne Blätter. Trägt im Sommer einfache oder halbgefüllte, gänseblümchenähnliche, gelbe oder gelb-weiße Blütenköpfe, bis 5 cm breit.

***C.* 'Dawn Mist'** (Abb. S. 218). Verzweigte Gärtner-Chrysantheme. H. 1,2 m, Br. 75 cm–1 m. Ungefüllte, sehr blaßrosa Blüten, bis 8 cm breit, im Frühherbst.

***C.* 'Discovery'** (Abb. S. 219). Rosettenförmige Gärtner-Chrysantheme. H. 1,2 m, Br. 75 cm. Bringt im Frühherbst leuchtendgelbe Blüten, 10–12 cm breit, hervor. Blütenblätter locker nach innen gewölbt.

***C.* 'Dorridge Dream'** (Abb. S. 218). Gärtner-Chrysantheme, nach außen gewölbte Form. H. 1,2 m, Br. 60 cm. Hat rosa-rote Blüten, 12 cm breit, die im Frühherbst erscheinen. Bestens für Dekoration geeignet.

***C.* 'Duke of Kent'** (Abb. S. 218). Gärtner-Chrysantheme, nach außen gewölbte Form. H. 1,5 m, Br. 30 cm. Blütenblätter fast ganz zurückgebogen. Weiße Blüten, mindestens 25 cm breit. Sie erscheinen im Spätherbst. Nur für Dekoration.

***C.* 'Edwin Painter'** (Abb. S. 219). Ungefüllte Gärtner-Chrysantheme. H. 1,35–1,5 m, Br. 75 cm–1 m. Im Spätherbst erscheinen gelbe Blüten, 14 cm breit. Eignet sich gut zur Dekoration.

***C.* 'Fiona Lynn'.** Gärtner-Chrysantheme, nach außen gewölbte Form. H. 1,5 m, Br. 75 cm. Stark zurückgebogene Blütenblätter. Rosa Blüten, 18–20 cm breit im Frühherbst. Ideal zur Dekoration.

C. frutescens, syn. *Argyranthemum frutescens* (Margerite), Abb. S. 201. **'Jamaica Primrose'** Abb. S. 214. **'Mary Wootton'** Abb. S. 203.

***C.* 'George Griffiths'** (Abb. S. 219). Gärtner-Chrysantheme, nach außen gewölbte Form. H. 1,2–1,35 m, Br. 75 cm. Im Frühherbst tiefrote Blüten, bis zu 14 cm breit. Blütenblätter stark nach außen gewölbt. Ausgezeichnet für Ausstellungen.

***C.* 'Ginger Nut'.** Rosettenförmige Gärtner-Chrysantheme. H. 1,2 m, Br. 60–75 cm. Trägt im Frühherbst stark nach innen gebogene, hell bronzefarbene Blütenblätter, die manchmal die Mitte umschließen. Blüte 14 cm breit. Eignet sich zur Dekoration.

***C.* 'Golden Woolman's Glory'** (Abb. S. 219). Ungefüllte Gärtner-Chrysantheme. H. 1,5 m, Br. 1 m. Im Spätherbst erscheinen bis 18 cm breite, goldene Blüten. Ausgezeichnet zur Dekoration.

***C.* 'Green Satin'** (Abb. S. 219). Rosettenförmige Gärtner-Chrysantheme. H. 1,2 m, Br. 60 cm. Bringt im Spätherbst grüne Blüten, bis 12 cm breit, hervor. Blütenblätter locker nach innen gebogen.

C. haradjanii. Siehe *Tanacetum haradjanii.*

C. hosmariense Abb. S. 286.

***C.* 'Madeleine'** (Abb. S. 218). Verzweigte Gärtner-Chrysantheme. H. 1,2 m, Br. 75 cm. Schirmförmig. Rosa Blüten, bis 8 cm breit, im Frühherbst. Gute Dekorationsblume.

***C.* 'Maria'** (Abb. S. 219). Pompon-Gärtner-Chrysantheme. H. 45 cm, Br. 30–60 cm. Trägt im Frühherbst eine Fülle rosa Blüten, bis 4 cm breit.

***C.* 'Marian Gosling'** (Abb. S. 218). Gärtner-Chrysantheme, nach außen gewölbte Form. H. 1,2–1,35 m, Br. 60 cm. Im Frühherbst erscheinen blaß rosa Blüten, bis 14 cm breit. Blütenblätter stark zurückgebogen. Gut zur Dekoration.

***C.* 'Marion'** (Abb. S. 219). Verzweigte Gärtner-Chrysantheme. H. 1,2 m, Br. 75 cm. Vom Spätsommer an erscheinen schirmförmige, blaßgelbe Blüten, bis 8 cm breit.

***C.* 'Marlene Jones'** (Abb. S. 219). Rosettenförmige Gärtner-Chrysantheme. H. 1 m, Br. bis 60 cm. Trägt im Frühherbst mit lockergebogenen Blütenblättern blaßgelbe Blüten, 12–14 cm breit. Gut zur Dekoration.

***C.* 'Mason's Bronze'.** Ungefüllte Gärtner-Chrysantheme. H. 1,35–1,50 m, Br. bis 1 m. Hat im Spätherbst bronzefarbene Blüten, bis 12 cm breit.

C. maximum hort. Siehe *C.* × *superbum.*

***C.* 'Michael Fish'** (Abb. S. 218). Rosettenförmige Gärtner-Chrysantheme. H. 1,2 m, Br. 60–75 cm. Im Frühherbst erscheinen mit eng gewölbten Blütenblättern weiße Blüten, bis 15 cm breit. Eignet sich zur Dekoration.

***C.* 'Oracle'** (Abb. S. 219). Rosettenförmige Gärtner-Chrysantheme. H. 1,2 m, Br. 60–75 cm. Bringt im Frühherbst mit lockergebogenen Blütenblättern blaßbronzefarbene Blüten, bis 12 cm breit, hervor. Für Dekorationszwecke.

C. parthenium Abb. S. 263. **'Aureum'** (Goldkamille) ist eine mäßig schnellwachsende, kurzlebige, buschige Staude, die einjährig kultiviert wird. H. und Br. 20–45 cm. Bedingt winterhart. Hat ovale, gelappte, aromatische, grün-goldene Blätter und im Sommer und Frühherbst gänseblümchenähnliche, weiße Blütenköpfe.

***C.* 'Pavilion'** (Abb. S. 218). Rosettenförmige Gärtner-Chrysantheme. H. 1,35 m, Br. 60–75 cm. Im Frühherbst erscheinen mit leicht gebogenen Blütenblättern weiße Blüten, bis 18 cm breit. Eignet sich besser für Zimmerschmuck als für den Garten.
***C.* 'Peach Brietner'** (Abb. S. 219). Gärtner-Chrysantheme, nach außen gewölbte Form. H. 1,1–1,2 m, Br. 75 cm. Ist ein Sport von *C.* 'Brietner' mit nach außen gebogenen, pfirsichfarbenen Blütenblättern.
***C.* 'Peach Margaret'** (Abb. S. 219). Verzweigte Gärtner-Chrysantheme. H. 1,2 m, Br. bis 75 cm. Trägt im zeitigen Herbst schirmförmige, blaßlachsfarbene, 8–9 cm breite Blüten. Eignet sich ausgezeichnet zur Dekoration.
***C.* 'Pennine Alfie'** (Abb. S. 219). Verzweigte Gärtner-Chrysantheme. H. 1,2 m, Br. 60–75 cm. Löffelartige Form mit blaßbronzefarbenen Blüten, bis 6–8 cm breit. Blüht im Frühherbst. Für Zimmerschmuck.
***C.* 'Pennine Flute'** (Abb. S. 218). Verzweigte Gärtner-Chrysantheme. H. 1,2 m, Br. 60–75 cm. Ähnlich wie *C.* 'Pennine Alfie', nur mit rosa Blüten.
***C.* 'Pennine Jewel'** (Abb. S. 219). Verzweigte Gärtner-Chrysantheme. H. 1,2 m, Br. 60–75 cm. Löffelartige Form, blaßbronzefarbene Blüten, 6–8 cm breit, die im Frühherbst erscheinen. Für Zimmerschmuck.
***C.* 'Pennine Oriel'** (Abb. S. 218). Verzweigte Gärtner-Chrysantheme. H. 1,2 m, Br. 60–75 cm. Hat im Frühherbst anemonenartige, weiße Blüten, bis 9 cm breit. Sehr gute Dekorationsblume.
***C.* 'Peter Rowe'.** Ballförmige Gärtner-Chrysantheme. H. 1,35 m, Br. 60–75 cm. Trägt im Frühherbst gelbe Blüten, bis 14 cm breit. Ideal zur Dekoration.
***C.* 'Primrose Fairweather'.** Ballförmige Gärtner-Chrysantheme. H. 1–1,1 m, Br. bis 75 cm. Bringt im Spätherbst blaßgelbe Blüten, 14–15 cm breit, hervor. Gut zur Dekoration.
***C.* 'Primrose West Bromwich'** (Abb. S. 219). Gärtner-Chrysantheme, nach außen gewölbte Form. H. 2,2 m, Br. 45–60 cm. Blütenblätter stark zurückgebogen; blaßgelbe Blüten, bis 18 cm breit oder mehr, erscheinen Mitte Herbst. Nur für Dekorationszweck.
***C.* 'Purple Pennine Wine'** (Abb. S. 219). Verzweigte Gärtner-Chrysantheme. H. 1,2 m, Br. 60–75 cm. Trägt im Frühherbst schirmförmige, purpurrote Blüten, bis 8 cm breit. Sehr gut zur Dekoration.
***C.* 'Redwing'** (Abb. S. 219). Verzweigte Gärtner-Chrysantheme. H. 1,2–1,35 m, Br. 60 cm. Trägt einfache rote Blüten, bis 8 cm breit, die im Frühherbst blühen. Eignet sich zur Dekoration.
***C.* 'Ringdove'** (Abb. S. 218). Schmuckchrysantheme. H. und Br. 1 m. Bringt im Spätherbst eine Fülle rosa Blüten hervor, die 2,5 cm breit sind. Ausgezeichnet zur Dekoration.
***C.* 'Roblush'** (Abb. S. 218). Verzweigte Gärtner-Chrysantheme. H. 1,5 m, Br. 75 cm–1 m. Hat im Spätherbst schirmförmige, blaßrosa Blüten, bis 8 cm breit. Ist gut zur Dekoration.
***C.* 'Rose Yvonne Arnaud'** (Abb. S. 219). Gärtner-Chrysantheme, nach außen gewölbte Form. H. 1,2 m, Br. 60–75 cm. Ist ein Sporn von *C.* 'Yvonne Arnaud' mit stark zurückgebogenen, roten Blütenblättern, die im Frühherbst erscheinen.
C. rubellum, syn. *C. zawadskii* var. *latilobum*. **'Clara Curtis'** (Abb. S. 217).
***C.* 'Rytorch'** (Abb. S. 219). Verzweigte Gärtner-Chrysantheme. H. 1,5 m, Br. 75 cm bis 1 m. Trägt im Spätherbst ungefüllte, blaßbronzefarbene Blüten, bis 8 cm breit, mit einem gelben Ring in der Mitte. Ist gut für Dekoration.
***C.* 'Sally Ball'** (Abb. S. 219). Verzweigte Gärtner-Chrysantheme. H. 1,2 m, Br. 75 cm. Anemonenblütige, bronzefarbene Blüten mit gelb-bronzefarbener Mitte, bis 8 cm breit, erscheinen im Frühherbst. Ist zur Dekoration geeignet.
***C.* 'Salmon Fairie'** (Abb. S. 219). Pomponchrysantheme. H. 30–60 cm, Br. 60 cm. Ist ähnlich wie *C.* 'Bronze Fairie', hat aber lachsfarbene Blüten.
***C.* 'Salmon Fairweather'** (Abb. S. 218). Rosettenförmige Gärtner-Chrysantheme. H. 1–1,1 m. Br. 75 cm. Ist ähnlich wie *C.* 'Primrose Fairweather', hat aber blaßlachsfarbene Blüten.
***C.* 'Salmon Margaret'** (Abb. S. 219). Verzweigte Gärtner-Chrysantheme. H. 1,2 m, Br. bis 75 cm. Ist ähnlich wie *C.* 'Peach Margaret', hat aber lachsfarbene Blüten.
C. segetum Abb. S. 281.
***C.* 'Sentry'** (Abb. S. 219). Gärtner-Chrysantheme, nach außen gewölbte Form. H. 1,2–1,35 m, Br. 60–75 cm. Trägt im zeitigen Herbst stark zurückgebogene, dunkelrote Blütenblätter, Blüte bis 12 cm breit. Ausgezeichnete Dekorationsblume.
***C.* 'Skater's Waltz'** (Abb. S. 219). Rosettenförmige Gärtner-Chrysantheme. H. 1,5 m, Br. 60–75 cm. Bringt im Spätherbst mit lockergebogenen Blütenblättern rosa Blüten, bis 15–18 cm breit, hervor.
C.* × *superbum, syn. *C. maximum* hort. (Shasta Gänseblümchen). **'Aglaia'** ist eine robuste Staude. H. 1 m, Br. 60 cm. Winterhart. Im Sommer erscheinen große, gänseblümchenähnliche, halbgefüllte, weiße Blütenköpfe einzeln an Blütenstengeln. Hat löffelförmige, derbe, gelappte, gezähnte Blätter. Alle zwei Jahre teilen und neu pflanzen. **'Elizabeth'** Abb. S. 201. **'Esther Read'** Abb. S. 232. **'Wirral Supreme'** ist gefüllt mit kurzen, zentralen Blümchen.
***C.* 'Talbot Jo'** (Abb. S. 219). Verzweigte Gärtner-Chrysantheme. H. 1,35 m, Br. 60–75 cm. Trägt im Frühherbst einfache, rosa Blüten bis 8 cm breit. Eignet sich zur Dekoration.
C. tricolor. Siehe *C. carinatum*.
C. uliginosum (manchmal zu *Leucanthemella* als *L. serotina* gerechnet). Aufrechte Staude. H. 2,2 m, Br. 60 cm. Winterhart. Die lanzettförmigen Blätter sind gelappt und dunkelgrün. Im Spätherbst erscheinen an beblätterten Stengeln Rispen großer, gänseblümchenähnlicher, weißer Blütenköpfe mit grüner Mitte.
***C.* 'Venice'.** Gärtner-Chrysantheme, nach außen gewölbte Form, H. 1,2 m, Br. 60–75 cm. Hat stark zurückgebogene, rosa Blütenblätter, Blüten bis 15 cm breit, die im Frühherbst erscheinen. Gut zur Dekoration.
***C.* 'Wendy'** (Abb. S. 219). Verzweigte Gärtner-Chrysantheme. H. 1,2 m, Br. 60–75 cm. Bringt im Frühherbst schirmförmige, blaßbronzefarbene Blüten, bis 8 cm breit, hervor. Ausgezeichnet zur Dekoration.
***C.* 'Yellow Brietner'** (Abb. S. 219). Gärtner-Chrysantheme, nach außen gewölbte Form, H. 1,1–1,2 m, Br. 75 cm. Ist ein Sport von *C.* 'Brietner' mit voll zurückgebogenen, gelben Blüten, die im Frühherbst erscheinen.
***C.* 'Yellow John Hughes'** (Abb. S. 219). H. 1,2 m, Br. 60–75 cm. Im Spätherbst erscheinen gelbe Blüten, 12–14 cm breit. Ausgezeichnet für Ausstellungen.
***C.* 'Yvonne Arnaud'** (Abb. S. 219). H. 1,2 m, Br. 60–75 cm. Trägt im zeitigen Frühjahr voll zurückgebogene, purpurne Blüten, 12 cm breit.
C. zawadskii, var. *latilobum*. Siehe *C. rubellum*.

CHRYSOGONUM (Compositae)
Gattung einer Spezies sommer- bis herbstblühender Stauden. Eignet sich gut für Steingärten. Winterhart. Benötigt Halbschatten und feuchte, aber durchlässige, torfhaltige, sandige Erde. Vermehrung durch Teilung im Frühjahr oder durch frischen Samen.
C. virginianum Abb. S. 299.

CHUSQUEA (Bambusoideae)
Chilenischer Bambus
Siehe GRÄSER, BAMBUS, SCHILF und BINSEN.
C. culeou Abb. S. 182.

CICERBITA, syn. MULGEDIUM (Compositae)
Milchlattich
Gattung von Stauden, die wegen ihrer attraktiven Blütenköpfe kultiviert wird. Winterhart. Benötigt Schatten und feuchte, aber durchlässige Erde. Vermehrung durch Teilung im Frühjahr oder durch Samen im Herbst. Einige Spezies wuchern sehr.
C. alpina, syn. *Lactuca alpina*. Verzweigte, aufrechte Staude. H. bis 2 m, Br. 60 cm. Mittelgrüne Blätter sind gelappt mit einem großen Endlappen. Im Sommer erscheinen verlängerte Rispen distelähnlicher, blaßblauer Blütenköpfe.
C. bourgaei, syn. *Lactuca bourgaei*. Wuchernde, aufrechte Staude. H. bis 2 m, Br. 60 cm. Die Blätter sind länglich bis lanzettförmig, gezähnt und leuchtendgrün. Bringt im Sommer verzweigte Rispen distelähnlicher, hellviolett-blauer oder purpurblauer Blütenköpfe hervor.

CICHORIUM (Compositae)
Wegwarte, Zichorie
Gattung ein- und zweijähriger Pflanzen und Stauden, hauptsächlich beliebt als Zierpflanze. (*C. intybus* hat eßbare Blätter.) Winterhart. Benötigt volle Sonne und durchlässigen Boden. Vermehrung durch Samen im Herbst oder Frühjahr.
C. intybus Abb. S. 212.

CIMICIFUGA (Ranunculaceae)
Silberkerze
Gattung von Stauden, die wegen ihrer Blüten, die einen unangenehmen, ungewöhnlichen Geruch haben, kultiviert werden. Winterhart. Gedeiht in lichtem Schatten und feuchter Erde. Muß aufgebunden werden. Vermehrung durch frischen Samen oder Teilung im Frühjahr.
C. cordifolia. Aufrechte Staude. H. 1,5 m, Br. 60 cm. Starre, spitzzulaufende Trauben brauner Knospen öffnen sich im Sommer und bringen fedrige Büschel sternchenförmiger, cremigweißer Blüten hervor. Breit oval lanzettförmige, geteilte Blätter sind leuchtendgrün.
C. racemosa. Horstbildende Staude. H. 1,5 m, Br. 60 cm. Über den breit oval bis lanzettförmigen, geteilten, frischgrünen Blättern erscheinen Sommermitte Ähren bürstenähnlicher, rein weißer Blüten.
C. simplex Abb. S. 193. **'Elstead'** ist eine aufrechte Staude. H. 1,2 m, Br. 60 cm. Im Herbst erscheinen lila Stengel mit überhängenden Trauben duftender, bürstenähnlicher, weißer Blüten. Hat breit ovale bis lanzettförmige, geteilte, glänzende Blätter, var. ***ramosa*** hat große, vielfach geteilte Blätter und an hängenden Rispen bürstenähnliche, weiße Blüten. H. 2,2 m. Blütezeit Herbstmitte.
***Cineraria* × *hybrida*.** Siehe *Senecio* × *hybridus*.

CINNAMOMUM (Lauraceae)
Gattung immergrüner Bäume, beliebt wegen ihres Laubes und als Schattenspender. Frostempfindlich. Mindesttemperatur 10°C. Benötigt helles Licht oder Halbschatten und fruchtbare, feuchtigkeitshaltende, aber durchlässige Erde. Kübelpflanzen während der Wachstumszeit reichlich gießen, zu anderen Zeiten weniger. Kann, falls nötig, zurückgeschnitten werden. Vermehrung durch Samen im Frühjahr oder durch halbausgereifte Stecklinge im Sommer.
C. camphora (Kampferbaum). Mäßig schnellwachsender, immergrüner, rundlicher Baum. H. und Br. 12 m oder mehr. Ovale, glänzende, tiefgrüne Blätter, die auf der Unterseite graublau überhaucht sind, rötlich oder kupferfarben, wenn jung, riechen nach Kampfer wenn beschädigt. Hat unscheinbare Blüten im Frühjahr.

CIONURA (Asclepiadaceae)
Gattung einer Spezies laubabwerfender, kriechender Kletterpflanzen, die wegen ihrer Blüten kultiviert wird. Bedingt winterhart. Gedeiht in jeder Erde bei voller Sonne. Der milchige Saft geschnittener Stengel kann Blasen verursachen. Rückschnitt nach der Blüte. Vermehrung durch Samen im Frühling oder Kopfstecklinge im Spätsommer oder Frühherbst.
C. erecta, syn. *Marsdenia erecta*. Laubabwerfende, kriechende Kletterpflanze. H. 3 m oder mehr. Die herzförmigen, gräulich-grünen Blätter sind 3–6 cm lang. Im Sommer erscheinen in den Blattachseln Trauben duftender, weißer Blüten mit 5 ausgebreiteten Kronblättern, später die 7 cm langen Früchte, die im Herbst seidige Samen enthalten.

CIRSIUM (Compositae)
Kratzdistel
Gattung ein- und zweijähriger Pflanzen und Stauden. Die meisten Spezies werden nicht kultiviert, einige sind sogar gefährliche Unkräuter – aber *C. rivulare* hat dekorative Blütenköpfe. Winterhart. Toleriert Sonne oder Schatten und jede, nur nicht staunasse Erde. Vermehrung durch Teilung im Frühjahr oder Samen im Herbst.
***C. rivulare* 'Atropurpureum'** (Bachkratzdistel). Aufrechte Staude. H. 1,2 m, Br. 60 cm. Im Sommer erscheinen an aufrechten Stengeln stecknadelkissenähnliche dunkelrote Blütenköpfe. Die Blätter sind schmal bis oval oder lanzettförmig und tief eingeschnitten mit leicht stacheligem Rand.

CISSUS (Vitaceae)
Klimme
Gattung immergrüner, verholzender,

hauptsächlich rankender Kletterpflanzen, beliebt wegen ihres attraktiven Laubes. Trägt im Sommer unscheinbare, grünliche Blüten. Bedingt winterhart bis frostempfindlich. Mindesttemperatur 7–18°C. Benötigt fruchtbare, durchlässige Erde und im Sommer Halbschatten. Regelmäßig gießen, außer bei kalten Temperaturen. Muß aufgebunden werden. Im Frühjahr wird ausgedünnt. Vermehrung durch halbausgereifte Stecklinge im Sommer.
C. antarctica Abb. S. 178.
C. bainesii. Siehe *Cyphostemma bainesii*.
C. discolor. Mäßig kräftige, immergrüne, rankende Kletterpflanze mit schlanken, verholzenden Trieben. H. bis 3 m. Frostempfindlich. Mindesttemperatur 18 cm. Hat ovale, gespitzte, 10–15 cm lange, dunkelgrüne Blätter, auf der Oberseite silbrig gestreift, unterseits rotbraun gefärbt.
C. hypoglauca. Immergrüne, verholzende, rankende Kletterpflanze. H. 2–3 m. Frostempfindlich. Mindesttemperatur 7°C. Blätter in 4 bis 5 ovale Blättchen geteilt, die Oberseite ist blaßgrün, die Blattunterseite blau-grau.
C. juttae. Siehe *Cyphostemma juttae*.
C. rhombifolia Abb. S. 178.
C. striata, syn. *Ampelopsis sempervirens, Vitis striata* (Efeu aus Uruguay, Miniatur Efeutraube). Schnellwachsende, immergrüne, verholzende, rankende Kletterpflanze. H. 10 m oder mehr. Bedingt winterhart. Die Blätter bestehen aus 3–5 ovalen, gezackten, glänzend grünen Blättchen. Ausgewachsene Pflanzen können im Herbst erbsenförmige, glänzende, schwarze Beeren hervorbringen.
C. voinieriana. Siehe *Tetrastigma voinierianum*.

CISTUS (Cistaceae)
Zistrose
Gattung immergrüner beliebter Sträucher, blühen in Folge sehr reichlich mit kurzlebigen, hübschen Blüten. Eignet sich gut für Küstengebiete, da Meereswind vertragen wird. Winterhart bis bedingt winterhart. Gedeiht am besten in voller Sonne und leichter, durchlässiger Erde. Verträgt Umpflanzen nicht gut. Abgestorbenes Holz im Frühling nicht streng zurückschneiden. Vermehrung der Spezies durch Stecklinge im Sommer oder Samen im Herbst, Hybriden und Sorten durch Kopfstecklinge nur im Sommer.
***C. × aguilari* 'Maculatus'** Abb. S. 127.
C. albidus. Immergrüner, buschiger Strauch. H. und Br. 1 m. Bedingt winterhart. Die Blätter sind länglich, weiß filzig. Im zeitigen Frühjahr öffnen sich tellerförmige, blaßrosa Blüten, jede mit einem gelben Fleck in der Mitte.
C. × corbariensis Abb. S. 127.
C. creticus Abb. S. 133.
C. × cyprius Abb. S. 127.
C. ladanifer Abb. S. 127.
C. laurifolius. Immergrüner, buschiger, dichter Strauch. H. und Br. 2 m. Bedingt winterhart. Hat ovale, aromatische, dunkelgrüne Blätter und bringt im Sommer tellerförmige, weiße Blüten mit gelbem Fleck in der Mitte hervor.
C. × lusitanicus. Immergrüner, buschiger, kompakter Strauch. H. und Br. 3 m. Winterhart. Die Blätter sind länglich schmal und dunkelgrün. Vom zeitigen Sommer bis Sommermitte erscheinen tellerförmige, weiße Blüten mit tiefrotem Fleck in der Mitte.
C. monspeliensis Abb. S. 127.
C. parviflorus. Immergrüner, buschiger, dichter Strauch. H. und Br. 1 m. Winterhart. Im Frühsommer erscheinen zwischen den ovalen, graugrünen Blättern kleine tellerförmige, blaßrosa Blüten.
***C.* 'Peggy Sammons'.** Immergrüner, buschiger Strauch. H. und Br. 1 m. Winterhart. Hat ovale, graugrüne Blätter und reichlich tellerförmige, blaßrosa Blüten im Frühsommer.
C. × purpureus. Immergrüner, buschiger, rundlicher Strauch. H. und Br. 1 m. Winterhart. Bringt vom Frühsommer bis Sommermitte tellerförmige, tief purpurn rosa-farbene Blüten, jede tiefrot gefleckt, hervor. Die Blätter sind schmal, lanzettförmig und graugrün.
C. salviifolius Abb. S. 127.
***C.* 'Silver Pink'.** Immergrüner, buschiger Strauch. H. 60 cm, Br. 1 m. Winterhart. Zwischen den ovalen, dunkelgrünen Blättern erscheinen vom Frühsommer bis Sommermitte große, tellerförmige, leuchtendrosa Blüten mit deutlich hervorstehenden Staubfäden.
C. × skanbergii Abb. S. 130.

× CITROFORTUNELLA (Rutaceae)
Calamondin
Hybriden *(Citrus × Fortunella)* immergrüner Sträucher und Bäume, beliebt wegen ihrer Blüten, Früchte und Gesamterscheinung. Frostempfindlich. Mindesttemperatur 5–10°C. Benötigt volles Licht und fruchtbare, durchlässige, aber nicht zu trockene Erde. Kübelpflanzen während der Wachstumszeit ausgiebig gießen, mäßig zu anderen Zeiten. Vermehrung durch reifen Samen oder unreife oder halbausgereifte Stecklinge im Sommer. Anfällig für Weiße Fliege, Rote Spinne, Wolläuse und Chlorose durch zuviel Kalk und Magnesiummangel.
× C. mitis, syn. *Citrus mitis,* Abb. S. 119.
Citrus mitis. Siehe x *Citrofortunella mitis*.

CLADANTHUS (Compositae)
Astblume
Gattung einer einjährigen Art, beliebt wegen ihrer duftenden Blätter und der gänseblümchenähnlichen Blütenköpfe. Winterhart. Gedeiht in Sonne und fruchtbarer, sehr durchlässiger Erde. Verblühtes entfernen, um die Blütezeit zu verlängern. Vermehrung durch Freilandaussaat Mitte Frühling.
C. arabicus Abb. S. 281.

CLADRASTIS (Leguminosae)
Gelbholz
Gattung laubabwerfender, sommerblühender Bäume, die wegen ihrer glyzinienähnlichen hängenden Blütentrauben und des Herbstlaubes kultiviert wird. Winterhart. Benötigt volle Sonne und fruchtbare, durchlässige Erde. Vermehrung durch Samen im Herbst oder Wurzelschnittlinge im Winter. Das Holz ist spröde und starke Winde können im Alter Schaden anrichten.
C. lutea Abb. S. 55.

CLARKIA, syn. GODETIA (Onagraceae)
Klarkie
Gattung einjähriger Pflanzen, die wegen ihrer Blüten, die sich zum Schnitt eignen, kultiviert wird. Winterhart. Gedeiht in Sonne und fruchtbarer, durchlässiger Erde. Nährstoffreichen Boden meiden, da vegetatives Wachstum forciert und die Blüte reduziert wird. Vermehrung durch Freilandsaat im Frühjahr oder in milden Gegenden im Frühherbst. Anfällig für Botrytis.
C. amoena. Schnellwachsende, einjährige Pflanze mit aufrechten, dünnen Stengeln. H. bis 60 cm, Br. 30 cm. Hat lanzettförmige, mittelgrüne Blätter. Im Sommer erscheinen Ähren einfacher oder gefüllter Blüten mit 5 Kronblättern in allen Rosaschattierungen. Hohe Sorten, H. 60 cm, sind gefüllt und in Schattierungen von Rosa bis Rot. **Azaleenblumige-Serie**, halbhoch, H. 38 cm hat halbgefüllte Blüten in rosa Schattierungen. **Prinzess-Serie**, zwergig, H. 30 cm, hat gefranste Blüten in rosa Schattierungen, lachsfarben eingeschlossen (Abb. S. 285).
***C.* 'Arianna'** Abb. S. 269.
***C.* 'Brilliant'** Abb. S. 268.

CLAYTONIA (Portulacaceae)
Gattung hauptsächlich immergrüner Stauden mit sukkulenten Blättern, mit *Lewisia* verwandt. Wächst am besten im Alpinum. Winterhart. Bevorzugt durchlässige Erde und gedeiht in Sonne oder Schatten. Vermehrung durch Samen oder Teilung im Herbst. Schwierig zu kultivieren.
C. megarhiza. Immergrüne Staude mit Basalrosette und einer langen Hauptwurzel. H. 1 cm, Br. 8 cm. Die Blätter sind löffelförmig und fleischig. Trägt im Frühjahr kleine, schüsselförmige, weiße Blütenköpfe. Bevorzugt Sonne und sandige Erde. Anfällig für Blattläuse. Ssp. ***nivalis*** Abb. S. 306.
C. virginica (Frühlingsschönheit). Horstbildende Staude mit flachen, schwarzen Knollen. H. 10 cm, Br. 20 cm oder mehr. Die schmalen, löffelförmigen Blätter sind in der Jugend rötlich, später werden sie glänzend und grün. An verzweigten Stengeln sind tassenförmige, weiße oder rosa, dunkelrosa gestreifte Blüten im zeitigen Frühjahr. Benötigt Schatten.

CLEISTOCACTUS (Cactaceae)
Silberfackelkaktus
Gattung mehrjähriger Säulenkakteen mit verzweigten, zylindrischen, viel gerippten und stacheligen Seitentrieben. Ist einer der schnellerwachsenden Kakteen, einige erreichen 2 m in weniger als 5 Jahren. Die röhrenförmigen Blüten haben viel Nektar und werden durch Kolibris bestäubt. Frostempfindlich. Mindesttemperatur 5°C. Benötigt volle Sonne und sehr durchlässige Erde. Vermehrung durch Samen oder Stecklinge im Frühjahr oder Sommer.
C. baumannii. Aufrechter, dann niederliegender, mehrjähriger Kaktus. H. 1 m oder mehr, Br. 5 m. Die dicken Körper bringen lange, ungleichmäßige, verschiedenfarbige Stacheln hervor. Hat s-förmige, röhrenartige, leuchtend orangerote Blüten, im Frühling–Sommer.
C. smaragdiflorus. Aufrechter, dann niederliegender, mehrjähriger Kaktus. H. 1,5 m, Br. 6 m. Ist ähnlich wie *C. baumannii*, hat aber gerade, röhrenförmige Blüten mit grünen Kronblattspitzen.
C. strausii Abb. S. 381.

CLEMATIS (Ranunculaceae)
Klematis, Waldrebe
Gattung immergrüner oder laubabwerfender, vorwiegend kletternder Pflanzen und krautartiger Stauden. Wird wegen ihrer Blütenfülle, häufig gefolgt von dekorativen Fruchtständen, an Mauern und an Spalieren zusammen mit anderen Bäumen, Sträuchern und Wirtspflanzen kultiviert. Nur zeitigblühende Spezies sind immergrün, obwohl einige späterblühende Spezies halbimmergrün sind. Die meisten Spezies haben nickende, glockenförmige, 4zählige oder abgeflachte Blüten (als Blütenhüllsegmente bekannt), jede gewöhnlicherweise mit 4–6 gespitzten Blütenblättern. Die großblumigen Sorten haben flachere Blüten mit 4–10 Blütenblättern. Die Blütenfarbe wird klimatisch beeinflußt; man kann sagen, je wärmer das Klima desto dunkler die Blütenfarbe. Bedingt bis winterhart. Gedeiht in Sonne oder Schatten, bevorzugt aber nährstoffreiche, gut durchlässige Erde mit einem schattigen Fuß. Kultivierte Sorten werden im Frühsommer durch Kopf- oder halbausgereifte Stecklinge oder Ableger vermehrt, die Spezies durch Aussaat im Herbst. Blattläuse, Mehltau und Klematiswelke können zum Problem werden. Klematis kann man in Gruppen aufteilen je nach Blütezeit, Gewohnheiten und Rückschnittbedürfnissen.
Gruppe 1
Frühblühende Arten bevorzugen eine Süd- oder Südwestwand. Im Frühjahr oder manchmal auch im späten Winter erscheinen an den Vorjahrestrieben kleine, einfache, entweder glockenförmige, 3 cm lange oder flache 4–5 cm breite Blüten. Die Blätter sind immergrün, glänzend und in 12 cm lange, 3 lanzettförmige Blättchen geteilt, es können auch 3 farnähnliche, 5 cm lange Blättchen sein. Winterhart. **Alpina-** und **macropetala-**Typen tolerieren exponierte Nord- und Nordostlagen. Im Frühjahr erscheinen am zweijährigen Holz, manchmal auch am einjährigen im Sommer kleine, glockenförmige, einfache oder halbgefüllte, 8 cm große Blüten. Die blaß- bis mittelgrünen Blätter sind in 3 bis 5 lanzettförmige bis breite, ovale Blättchen geteilt, jedes 3 cm lang mit gezacktem Rand. Winterhart.
Montana-Typen sind sehr kräftige Kletterer, die sich für Gebäude- und Baumbewuchs eignen. Im späten Frühjahr erscheinen am zweijährigen Holz kleine, flache, hauptsächlich einfache, 4–7 cm große Blüten. Die Blätter sind mittel- bis purpurgrün und in 3 lanzettförmige bis breite, oval gezackte Blättchen, jedes bis 8 cm lang und gespitzt, geteilt. Die Pflanzen sind winterhart. Rückschnitt nach der Blüte, um neue Triebe für das nächste Jahr wachsen und reifen zu lassen. Abgestorbene und beschädigte Triebe entfernen, andere auf die gewünschte Form zurückschneiden.
Gruppe 2
Von Früh- bis Spätsommer blühen die **frühen, großblumigen Kulturformen** mit ihren flachen, einfachen, halbgefüllten oder gefüllten, 8–20 cm breiten Blüten an ein- und zweijährigen Trieben. Die zweite Blüte der halb- und gefüllten Sorten bringt nur einfache Blüten hervor. Gewöhnlicherweise sind die blassen bis mittelgrünen Blätter einfach und oval, bis 10 cm lang, oder aber in 3 ovale, lanzettförmige, 15–18 cm lange Blättchen geteilt. Bedingt bis winterhart. Rückschnitt im zeitigen Frühjahr, vor dem neuen Wachstum. Abgestorbene und beschädigte Äste entfernen und alle verbleibenden Triebe soweit zurückschneiden, bis aus den Blattachseln kräftiger Stengel die Neutriebe sichtbar sind. (Aus

CLEMATIS

diesen werden die ersten Blüten erscheinen.)

Gruppe 3

Im Sommer oder Herbst blühen die **späten, großblumigen Arten** mit den nach außen gedrehten, flachen einfachen Blütenköpfen, 6–15 cm breit, an diesjährigen Trieben. Die Blätter ähneln denen der Frühblüher (Gruppe 2). Winterhart. Die **spätblühenden Spezies** und die **kleinblütigen Sorten** haben kleine, einfache oder gefüllte Blüten, die im Sommer–Herbst am einjährigen Holz erscheinen. Die Blüten variieren in der Form, sie können sternchenförmig, röhrenförmig, glockenförmig, flach oder nickenden Laternen ähnlich sein, sie variieren in der Größe von 1 cm bis zu 10 cm. Sie können blasse bis dunkelgrüne oder graugrüne Blätter haben, die in 3 lanzettförmige bis breite, ovale Blättchen, jedes 1 cm lang, aufgeteilt sind oder sie haben behaarte und/oder gezähnte, in 5 oder mehr lanzettförmige bis breit ovale, geteilte Blättchen, jedes 1–10 cm lang. Bedingt bis winterhart.

Krautige Arten bringen im Sommer einfache Blüten hervor, die entweder flach und 1–2 cm breit, oder glocken- oder röhrenförmig, 1–4 cm lang, sind. Sie erscheinen am einjährigen Holz. Die mittel- bis dunkelgrünen oder graugrünen Blätter sind einfach und lanzettförmig bis elliptisch, 2,5–15 cm lang oder sie sind aufgeteilt in 3–5 rundliche, gezackte Blättchen, jedes 10–15 cm lang und gespitzt. Winterhart. Rückschnitt im zeitigen Frühjahr, vor dem Neuaustrieb. Rückschnitt der Vorjahrestriebe bis auf ein Paar kräftiger Blattachseltriebe, 15–30 cm über dem Boden.

C. alpina (Gruppe 1) H. 2–3 m, Br. 1,5 m. Winterhart. Trägt im Frühling, manchmal auch im Sommer laternenförmige, einfache, blaue Blüten, 4–7 cm lang. Im Sommer erscheinen auffällige, flauschige, silbrige Fruchtstände. Eignet sich für exponierte oder nordgerichtete Standorte. **'Columbine'** hat 5 cm lange, blaßblaue Blütenhüllblätter. **'Frances Rivis'** (Abb. S. 171) ist üppigblühend, mit leicht gedrehten, 7 cm langen, mittelblauen Blütenblättern. **'Ruby'** hat purpurrosa Blüten.

C. armandii (Abb. S. 170). Kräftig wachsende, immergrüne, frühblühende Klematis (Gruppe 1). H. 3–5 m, Br. 2–3 m. Winterhart. Trägt im zeitigen Frühjahr duftende, flache, einfache, weiße Blüten, 4 cm breit. Benötigt einen geschützten süd- oder südwestgerichteten Standort.

***C.* 'Ascotiensis'** (Abb. S. 171). Kräftige, spätblühende und großblütige Klematis (Gruppe 3). H. 3–4 m, Br. 1 m. Winterhart. Bringt im Sommer einfache, leuchtend violett-blaue Blüten, 9–12 cm breit, mit gespitzten Blütenblättern und bräunlichgrünen Staubbeuteln hervor.

***C.* 'Barbara Jackman'**. Kompakte, großblumige, frühblühende Klematis (Gruppe 2). H. 2,5–3 m, Br. 1 m. Winterhart. Trägt im Sommer einfache, blaue Blüten, 10 cm breit, mit magentaroten Streifen und cremiggelben Staubbeuteln. Bevorzugt Halbschatten.

***C.* 'Beauty of Worcester'** (Abb. S. 171). Frühblühende, großblumige Klematis (Gruppe 2). H. 2,5–3 m, Br. 1 m. Winterhart. Hat gefüllte, tief violettblaue Blüten, 10 cm breit, mit cremefarbenen Staubbeuteln im zeitigen Sommer und im Spätherbst noch einmal einfache Blüten.

***C.* 'Bees Jubilee'**. Kompakte, früh- und großblütige Klematis (Gruppe 2). H. 2,5 m, Br. 1 m. Winterhart. Trägt im Frühsommer eine Fülle einfacher, tief rosa Blüten, 10–12 cm breit, mit braunen Staubbeuteln und in der Mitte jedes Blütenblatts einen rosaroten Streifen. Bevorzugt Halbschatten.

***C.* 'Carnaby'**. Kompakte, früh- und großblumige Klematis (Gruppe 2). H. 2,5 m, Br. 1 m. Winterhart. Hat im Frühsommer eine Fülle einfacher, tief rosa Blüten, 8–10 cm breit, mit einem dunkleren Streifen auf jedem Kronblatt und roten Staubbeuteln. Bevorzugt Halbschatten.

C. cirrhosa (Abb. S. 171). Immergrüne, frühblühende Klematis (Gruppe 1). H. 2–3 m, Br. 1–2 m. Winterhart. Bringt im Spätwinter und zeitigem Frühjahr während der frostfreien Zeit glockenförmige, cremefarbene Blüten, 3 cm breit, und innen rot gepunktet, hervor.

***C.* 'Comtesse de Bouchaud'**. Stark wachsende, spätblühende und großblumige Klematis (Gruppe 3). H. 2–3 m, Br. 1 m. Winterhart. Hat im Sommer eine Fülle einfacher, leuchtend hellviolettrosa Blüten, 8–10 cm breit, mit gelben Staubbeuteln.

***C.* 'Countess of Lovelace'** (Abb. S. 171). Frühblühende und großblumige Klematis (Gruppe 2). H. 2,5 m, Br. 1 m. Winterhart. Hat gefüllte, bläulich-lilafarbene Blüten, 10 cm breit, mit gespitzten Blütenblättern und cremefarbenen Staubbeuteln, die im zeitigen Sommer erscheinen, gefolgt von einfachen Blüten im Spätsommer.

***C.* 'Crimson King'**. Spätblühende und großblumige Klematis (Gruppe 3). H. 2,5 m–3 m, Br. 1 m. Winterhart. Ist schwachblühend, trägt einfache, rote Blüten, 10 cm breit, mit roten Staubbeuteln im Sommer.

***C.* 'Daniel Deronda'**. Kräftige, frühblühende und großblumige Klematis (Gruppe 2). H. 3 m, Br. 1 m. Winterhart. Hat gefüllte und halbgefüllte, tief purpurblaue Blüten, 10–14 cm breit, mit cremefarbenen Antheren, im Spätsommer folgen einfache Blüten.

***C.* 'Duchess of Albany'** (Abb. S. 171). Kräftige, kleinblütige Klematis (Gruppe 3). H. 2,5 m, Br. 1 m. Winterhart. Hat im Sommer und Frühherbst eine Fülle kleiner, tulpenähnlicher, einfacher, sanft rosa Blüten, 6 cm lang, mit braunen Antheren und einem dunkelrosa Streifen auf jeder Blütenblattinnenseite.

***C.* 'Duchess of Edinburgh'**. Frühblühende und großblütige Klematis (Gruppe 2). H. 2–3 m, Br. 1 m. Winterhart. Bringt im Sommer gefüllte, weiße Blüten, 8–10 cm breit, mit gelben Antheren und grünen Blütenblättern hervor. Ist manchmal schwachwüchsig.

***C.* × *durandii*.** Halbkrautige, spätblühende Klematis (Gruppe 3). H. 1–2 m, Br. 45 cm–1,5 m. Winterhart. Bringt im Sommer flache, einfache, tiefblaue Blüten, 6–8 cm breit, mit 4 Blütenblättern und gelben Antheren, hervor. Die Blätter sind elliptisch.

***C.* 'Edith'**. Kompakte, frühblühende und großblumige Klematis (Gruppe 2). H. 2,5 m, Br. 1 m. Winterhart. Im Sommer erscheinen einfache, 10 cm breite Blüten mit weißen Blütenblättern und roten Antheren. Eignet sich gut für Innenhöfe.

***C.* 'Elsa Spath'** (Abb. S. 171). Frühblühende und großblumige Klematis (Gruppe 2). H. 2–3 m, Br. 1 m. Winterhart. Trägt während des Sommers eine Fülle einfacher, 12 cm breiter Blüten mit überlappenden intensiv hellviolett-blauen Blütenblättern und roten Antheren.

***C.* 'Ernest Markham'** (Abb. S. 171). Kräftige, spätblühende und großblumige Klematis (Gruppe 3). H. 3–4 m, Br. 1 m. Winterhart. Hat im Sommer 10 cm große, einfache Blüten mit stumpfen, kräftig magentafarbenen Blütenblättern und schokoladefarbenen Antheren. Gedeiht in Vollsonne.

C. flammula (Abb. S. 170). Kräftige, spätblühende Klematis, kann auch halbimmergrün sein (Gruppe 3). H. 3–5 m, Br. 2 m. Winterhart. Bringt im Sommer und Frühherbst eine Fülle nach Mandeln duftender, flacher, einfacher, weißer Blüten, 2 cm breit, hervor.

***C. florida* 'Sieboldii'** (Abb. S. 170). Schwachwachsende, kleinblütige Klematis (Gruppe 3). H. 2–3 m, Br. 1 m. Winterhart. Trägt im Sommer passionsblumenähnliche, einfache Blüten, jede 8 cm breit, mit cremigweißen Blütenblättern und in der Mitte einen Stempel kronblattähnlicher, kräftig purpurner Staubblätter. Benötigt einen geschützten Standort.

***C.* 'General Sikorski'**. Frühblühende, großblumige Klematis (Gruppe 2). H. 3 m, Br. 1 m. Winterhart. Hat im Sommer eine Fülle 10 cm breiter, einfacher Blüten mit großen, überhängenden blauen Blütenblättern und cremefarbenen Antheren.

***C.* 'Gipsy Queen'**. Kräftige, spätblühende, großblütige Klematis (Gruppe 3). H. 3 m, Br. 1 m. Winterhart. Trägt im Sommer einfache, 10 cm breite Blüten mit samtigen, violett-purpurnen Kronblättern und roten Antheren.

***C.* 'Gravetye Beauty'** (Abb. S. 171). Kräftige, kleinblütige Klematis (Gruppe 3). H. 2,5 m, Br. 1 m. Winterhart. Hat im Sommer und Frühherbst eine Fülle kleiner, tulpenähnlicher, einfacher, leuchtendroter Blüten, jede 6 cm lang, mit braunen Antheren. Ist *C.* 'Duchess of Albany' ähnlich, nur sind die Blüten offener.

***C.* 'Hagley Hybrid'** (Abb. S. 170). Kräftige, spätblühende, großblumige Klematis (Gruppe 3). H. 2,5 m, Br. 1 m. Winterhart. Bringt im Sommer 8–10 cm breite, einfache Blüten mit schiffchenförmigen, rosa-hellila Blütenblättern und roten Antheren hervor. Bevorzugt Halbschatten.

***C.* 'Henryi'** (Abb. S. 170). Kräftige, frühblühende, großblütige Klematis (Gruppe 2). H. 3 m, Br. 1 m. Winterhart. Hat im Sommer 12 cm breite, einfache Blüten mit weißen Blütenblättern und dunkel-schokoladefarbenen Antheren.

***C. heracleifolia* var. *davidiana*.** Krautige Klematis (Gruppe 3). H. 1 m, Br. 75 cm. Winterhart. Trägt im Sommer an dicken Trieben achselständige Büschel duftender, röhrenförmiger, einfacher, blaßblauer Blüten, 2–3 cm breit, mit zurückgebogenen kronblattähnlichen Spitzen. **'Wyevale'** (Abb. S. 171) hat stark duftende, dunkelblaue Blüten.

***C.* 'H. F. Young'** (Abb. S. 171). Kompakte, frühblühende, großblumige Klematis (Gruppe 2). H. 2,5 m, Br. 1 m. Winterhart. Trägt im Sommer 10 cm breite, einfache Blüten mit violettüberhauchten, blauen Kronblättern und cremefarbenen Antheren. Eignet sich als Kübelpflanze und für Innenhöfe.

***C.* 'Horn of Plenty'**. Kräftige, kompakte, frühblühende, großblütige Klematis (Gruppe 2). H. 2 m, Br. 1 m. Winterhart. Bringt im Frühsommer 12 cm breite, einfache Blüten mit rosa-hellilafarbenen Blütenblättern, die sich hellila-blau verfärben, und dunkelroten Antheren. Eignet sich gut für Innenhöfe.

***C.* 'Huldine'** (Abb. S. 170). Sehr kräftige, spätblühende, großblütige Klematis (Gruppe 3). H. 3–4 m, Br. 2 m. Winterhart. Hat im Sommer 6 cm breite, einfache, weiße Blüten, die auf der Unterseite hellila sind, und cremefarbenen Antheren. Eignet sich gut für einen Laubengang oder eine Pergola.

C. integrifolia (Abb. S. 171). Krautige Klematis (Gruppe 3). H. und Br. 75 cm. Winterhart. Die Blätter sind schmal lanzettförmig. Trägt im Sommer glockenförmige, einfache, dunkelblaue Blüten, 3 cm lang, mit cremefarbenen Antheren, später attraktive, graubraune Fruchtstände.

***C.* 'Jackmanii'** (Abb. S. 171). Kräftige, spätblühende, großblütige Klematis (Gruppe 3). H. 3 m, Br. 1 m. Winterhart. Mitte Sommer erscheint eine Fülle samtiger, einfacher, dunkel purpurner Blüten, die zu violett verblassen, 8–10 cm breit sind, mit hellbraunen Antheren.

***C.* 'Jackmanii Superba'**. Kräftige, spätblühende, großblütige Klematis (Gruppe 3). Ist ähnlich wie *C.* 'Jackmanii', hat aber rundlichere, dunklere Blüten.

***C.* 'John Huxtable'**. Späte, großblütige Klematis (Gruppe 3). H. 2–3 m, Br. 1 m. Winterhart. Trägt zur Sommermitte eine Fülle 8 cm breiter, einfacher, weißer Blüten mit cremefarbenen Antheren.

***C.* 'John Warren'**. Frühe, großblütige Klematis (Gruppe 2). H. 2,5–3 m, Br. 1 m. Winterhart. Bringt im Frühsommer 12–14 cm breite, einfache, graue Blüten mit überlappenden, gespitzten, karminrot gerandeten Blütenblättern und roten Antheren hervor.

***C.* × *jouiniana*.** Ausgebreitete, halbbuschige, spätblühende Klematis (Gruppe 3). H. 1 m, Br. 3 m. Winterhart. Hat rauhe Blätter und im Sommer eine Fülle röhrenförmiger, einfacher, sanft lavendelfarbener oder abgesetzt weißer Blüten, 2 cm breit mit zurückgebogenen Blütenblattspitzen. Ist keine Kletterpflanze. **'Praecox'** blüht zwei Wochen früher mit etwas dunkleren Blüten.

***C.* 'Kathleen Wheeler'**. Frühe, großblütige Klematis (Gruppe 2). H. 2,5–3 m, Br. 1 m. Winterhart. Hat im Frühsommer einfache, purpur-lilafarbene Blüten, 12–14 cm breit, mit gelben Antheren.

***C.* 'Lady Betty Balfour'**. Kräftige, späte, großblütige Klematis (Gruppe 3). H. 3 m, Br. 2 m. Winterhart. Hat im Spätsommer und frühen Herbst 12 cm breite, einfache Blüten mit tief purpurnen Kronblättern, die sich lila-blau verfärben und gelbe Antheren. Bevorzugt einen Süd- oder Südweststandort.

***C.* 'Lasurstern'** (Abb. S. 171). Kräftige, frühe, großblumige Klematis (Gruppe 2). H. 2–3 m, Br. 1 m. Winterhart. Trägt im Sommer einfache, blaue Blüten, 10–12 cm breit, mit überlappenden, gewellten Kronblättern und cremefarbenen Antheren.

***C.* 'Lincoln Star** (Abb. S. 171). Frühe, großblumige Klematis (Gruppe 2). H. 2–3 m, Br. 1 m. Winterhart. Hat im Frühsommer 10–12 cm breite, einfache, himbeerrote Blüten mit roten Antheren. Die Frühblühenden sind dunkler in der Farbe als die Spätblühenden, deren Blütenblätter blaßrosa eingesäumt sind. Bevorzugt Halbschatten.

C. macropetala (Abb. S. 171). Macropetala-Klematis (Gruppe 1). H. 3 m, Br. 1,5 m. Winterhart. Trägt im Spätfrühling und Sommer eine Fülle halbgefüllter, hell violettblauer Blüten, 5 cm lang, zur Mitte hin heller werdend, später flaumige, silbrige Samenstände. **'Markham's Pink'** (Abb. S. 170) blüht rosa.

***C.* 'Mme. Le Coultre'.** Siehe *C.* 'Marie Boisselot'.

***C.* 'Marie Boisselot'**, syn. *C.* 'Mme. Le Coultre'. Kräftige, frühe, großblumige Klematis (Gruppe 2). H. 3 m, Br. 1 m. Winterhart. Trägt im Sommer einfache Blüten, 12 cm breit, mit überlappenden, weißen Blütenblättern und cremefarbenen Antheren.

***C.* 'Miss Bateman'.** Kompakte, frühe, großblumige Klematis (Gruppe 2). H. 2,5 m, Br. 1 m. Winterhart. Im Sommer erscheint eine Fülle einfacher, weißer Blüten, 8–10 cm breit mit roten Antheren. Eignet sich gut als Topfpflanze oder für Innenhöfe.

C. montana (Abb. S. 170). Kräftige Montana-Klematis (Gruppe 1). H. 7–12 m, Br. 2–3 m. Winterhart. Bringt im Spätfrühjahr eine Fülle einfacher, weißer Blüten, 4–5 cm breit, mit gelben Antheren, hervor. **'Elizabeth'** H. 10–12 m. Hat duftende, sanftrosa Blüten mit weit auseinanderliegenden Blütenblättern. Var. *rubens* (Abb. S. 170) blüht blaßrosa. **'Tetrarose'** (Abb. S. 170). H. 7–8 m, hat derbe, 8 cm lange Blättchen und 6–7 cm breite, tief satinrosa Blüten.

***C.* 'Mrs. Cholmondeley'.** Frühe, großblütige Klematis (Gruppe 2). H. 2–3 m, Br. 1 m. Winterhart. Bringt im Sommer einfache, hellblau-lavendelfarbene Blüten, 10–12 cm breit, mit weit auseinanderliegenden Blütenblättern und schokoladenfarbenen Antheren hervor.

***C.* 'Mrs. George Jackman'** (Abb. S. 170). Frühe, großblütige Klematis (Gruppe 2). H. 2–3 m, Br. 1 m. Winterhart. Bringt zahlreiche 10 cm breite, halbgefüllte Blüten mit cremigweißen Blütenblättern und hellbraunen Antheren hervor. Blüht im Frühsommer.

***C.* 'Mrs. N. Thompson'.** Kompakte, frühblühende, großblumige Klematis (Gruppe 2). H. 2,5 m, Br. 1 m. Winterhart. Bringt im Sommer eine Fülle 8–10 cm breiter, einfacher, magentaroter Blüten, mit einem in der Mitte laufenden, etwas dunkleren Streifen an den bläulich-purpur geränderten Blütenblättern und rote Antheren hervor. Eignet sich als Kübelpflanze und für Innenhöfe.

***C.* 'Nelly Moser'** (Abb. S. 170). Frühe, großblumige Klematis (Gruppe 2). H. 3,5 m, Br. 1 m. Winterhart. Trägt im Frühsommer 12–16 cm breite, einfache, rosa-hellviolettfarbene Blüten mit rötlich purpurnen Antheren. Der karminrote Streifen an jedem Blütenblatt verblaßt durch starke Sonneneinwirkung. Bevorzugt einen schattigen, ost-, west- oder nordgerichteten Standort.

***C.* 'Niobe'.** Frühe, großblumige Klematis (Gruppe 2). H. 2–3 m, Br. 1 m. Winterhart. Bringt während des Sommers eine Fülle einfacher, satt dunkelroter Blüten, 10–14 cm breit, mit gelben Antheren hervor.

C. orientalis (Gruppe 3). H. 3–4 m, Br. 1,5 m. Winterhart. Die Blätter sind grau bis dunkelgrün. Hat im Sommer laternenförmige, einfache, grünlichgelbe Blüten, 3 cm breit, mit zurückgedrehten Blütenblattspitzen, später fedrige Fruchtstände. **'Bill MacKenzie'** (Abb. S. 171) ist sehr kräftig. H. 7 m, Br. 3–4 m, mit 6–7 cm breiten, gelben Blüten. Benötigt Rückschnitt.

***C.* 'Perle d'Azur'** (Abb. S. 171). Späte, großblumige Klematis (Gruppe 3). H. 3 m, Br. 1 m. Winterhart. Im Sommer erscheinen einfache, azurblaue, 8 cm breite Blüten mit zurückgedrehten Kronblattspitzen und cremiggrünen Antheren.

***C.* 'Proteus'** (Abb. S. 171). Frühe, großblütige Klematis (Gruppe 2). H. 2,5–3 m, Br. 1 m. Winterhart. Trägt im Frühsommer 10–12 cm breite, gefüllte, hellviolettrosa Blüten, die sich zur Mitte rosa färben, mit gelben Antheren. Im Spätsommer erscheinen noch mal einfache Blüten. Die gefüllten Blüten haben manchmal grüne Hüllblätter.

***C.* 'Ramona'.** Frühe, großblumige Klematis (Gruppe 2). H. 3 m, Br. 1 m. Winterhart. Hat derbe, dunkelgrüne Blätter und dazwischen im Sommer einfache, blaßblaue Blüten, 10–12 cm breit mit roten Antheren. Bevorzugt Süd- oder Südwestlage.

C. recta (Abb. S. 170). Horstbildende, krautige Klematis (Gruppe 3). H. 1–2 m, Br. 50 cm. Winterhart. Die Blätter sind dunkel- oder graugrün. Bringt Mitte Sommer eine Fülle süßduftender, flacher, einfacher, weißer Blüten, 2 cm breit, hervor.

C. rehderiana (Abb. S. 171). Kräftige, spätblühende Klematis (Gruppe 3). H. 6–7 m, Br. 2–3 m. Winterhart. Im Spätsommer und Frühherbst erscheinen lockere Trauben duftender, röhrenförmiger, einfacher, gelber Blüten. Die Blätter sind derb.

***C.* 'Richard Pennell'** (Abb. S. 171). Frühe, großblumige Klematis (Gruppe 2). H. 2–3 m, Br. 1 m. Winterhart. Bringt im Sommer 10–12 cm breite, einfache Blüten mit satt purpurblauen Blütenblättern und goldgelben Antheren hervor.

***C.* 'Rouge Cardinal'.** Frühe, großblütige Klematis (Gruppe 2). H. 2–3 m, Br. 1 m. Winterhart. Hat im Sommer samtige, hochrote, 8–10 cm breite Blüten mit roten Antheren.

***C.* 'Serenata'.** Frühe, großblumige Klematis (Gruppe 2). H. 2–3 m, Br. 1 m. Winterhart. Bringt im Sommer 10 cm breite, einfache Blüten mit gelben Antheren hervor. Die dunkelpurpurnen Blütenblätter haben jeweils in der Mitte einen etwas dunkleren Streifen.

***C.* 'Souvenir de Capitaine Thuilleaux'.** Kompakte, frühe, großblumige Klematis (Gruppe 2). H. 2,5 m, Br. 1 m. Winterhart. Trägt im Frühsommer 8–10 cm breite, einfache Blüten mit roten Antheren und dunkelrosa gestreiften, cremigrosafarbenen Blütenblättern. Ideal als Kübelpflanze oder für Innenhöfe.

***C.* 'Star of India'** (Abb. S. 171). Kräftige, späte, großblumige Klematis (Gruppe 3). H. 3 m, Br. 1 m, Winterhart. Trägt zur Sommermitte eine Fülle 8–10 cm breiter, einfacher, tief purpurblauer Blüten mit hellbraunen Antheren. Jedes Blütenblatt hat einen tief karminroten Streifen.

C. tangutica (Abb. S. 171). Kräftige, spätblühende Klematis (Gruppe 3). H. 5–6 m, Br. 2–3 m. Winterhart. Hat während des Sommers und Frühherbstes laternenförmige, einfache gelbe Blüten, denen flaumige, silbrige Samenstände folgen.

***C.* 'The President'** (Abb. S. 171). Frühe, großblumige Klematis (Gruppe 2). H. 2–3 m, Br. 1 m. Winterhart. Trägt im Frühsommer eine Fülle einfacher, tief purpurner Blüten, unterseits silbrig, 10 cm breit mit roten Antheren.

***C.* 'Ville de Lyon'** (Abb. S. 171). Späte, großblumige Klematis (Gruppe 3). H. 2–3 m, Br. 1 m. Winterhart. Bringt Sommermitte einfache, leuchtendkarminrote Blüten, 8–10 cm breit, mit dunkler gerandeten Blütenblättern und gelben Antheren hervor. Das niedrigstehende Laub wird im Spätsommer oft durch die Sonne verbrannt.

C. viticella. Spätblühende Klematis (Gruppe 3). H. 2–3 m, Br. 1 m. Winterhart. Bringt im Sommer nickende, offen glockenförmige, ungefüllte purpur-hellila Blüten, 3,5 cm lang, hervor. Die folgenden sind Kreuzungen zwischen *C. viticella* und anderen Spezies. Sie werden hier genannt, weil sie im Wachstum und in der Blütenform dieser Spezies ähnlich sind: **'Abundance'** (Abb. S. 171) hat flache, rosarote Blüten, 5 cm breit, mit gelben Antheren. **'Etoile Violette'** (Abb. S. 171), H. 3–4 m, Br. 1,5 m, ist kräftig, mit zahlreichen flachen, 4–6 cm breiten violett-purpurnen Blüten. **'Mme. Julia Correvon'** (Abb. S. 171), H. 2,5–3,5 m, Br. 1 m, hat flache, 5–7 cm breite, weinrote Blüten mit gedrehten Blütenkronblättern. **'Purpurea Plena Elegans'** (Abb. S. 171), H. 3–4 m, Br. 1,5 m, hat gefüllte, 4–6 cm breite, rosa-purpurne Blüten. Die Blütenblätter bilden enge Rosetten und manchmal grüne Hüllblätter. ***C.* 'Vyvyan Pennell'** (Abb. S. 171). Frühe, großblumige Klematis, H. 2–3 m, Br. 1 m. Winterhart. Hat im Frühsommer gefüllte lila Blüten, 10–12 cm breit, mit einer lavendelblauen Blütenblattrosette in der Mitte und goldgelben Antheren. Die zweite Blüte bringt einfache, blau-hellviolette Blumen.

***C.* 'W. E. Gladstone'.** Kräftige, frühe, großblumige Klematis (Gruppe 2). H. 3–4 m, Br. 1 m. Winterhart. Bringt im Sommer einfache, lavendelfarbene Blüten, 15 cm breit, mit roten Antheren hervor.

***C.* 'William Kennett'** (Abb. S. 171). Frühe, großblütige Klematis (Gruppe 2). H. 2–3 m, Br. 1 m. Winterhart. Hat im Sommer eine Fülle einfacher Blüten, 10–12 cm breit, mit roten Antheren und festen lavendelblauen Blütenblättern, jedes mit einem dunklen Streifen in der Mitte, der mit dem Älterwerden der Blume verblaßt.

CLEOME (Capparidaceae)
Spinnenpflanze

Gattung Einjähriger und vereinzelt immergrüner Sträucher, beliebt wegen ihrer ungewöhnlichen, spinnenartigen Blüten. Bedingt winterhart bis frostempfindlich. Mindesttemperatur 4°C. Gedeiht in Sonne und fruchtbarer, durchlässiger Erde. Verwelkte Blüten entfernen. Vermehrung durch Freilandaussaat im späten Frühjahr. Anfällig für Blattläuse.

C. hassleriana, syn. *C. spinosa*. Schnellwachsende, buschige einjährige Pflanze. H. bis 1,2 m, Br. 45 cm. Bedingt winterhart. Hat haarige und dornige Stengel und mittelgrüne Blätter, die in lanzettförmige Blättchen aufgeteilt sind. Im Sommer erscheinen große, runde, schmalblättrige, rosaüberhauchte, weiße Blütenköpfe mit weit hervorstehenden Staubgefäßen. **'Colour Fountain'** Abb. S. 266. **'Rose Queen'** hat rosarote Blüten.

C. spinosa. Siehe *C. hassleriana.*

CLERODENDRUM (Verbenaceae)
Losbaum

Gattung immergrüner oder laubabwerfender, kleiner Bäume, Sträucher und verholzender Kletterpflanzen, die wegen ihrer attraktiven Blüten kultiviert wird. Winterhart bis frostempfindlich. Mindesttemperatur 10–16°C. Benötigt humusreiche, durchlässige Erde und volle Sonne, mit Halbschatten im Sommer. Während der Wachstumszeit großzügig gießen, zu anderen Zeiten weniger. Im Frühling bei zu starkem Wachstum ausdünnen. Vermehrung durch Samen im Frühjahr, durch Kopfstecklinge im späten Frühjahr oder durch halbausgereifte Stecklinge im Sommer. Anfällig für Weiße Fliege, Rote Spinne und Wolläuse.

C. bungei Abb. S. 116.

C. fallax. Siehe *C. speciosissimum*.

C. fragrans. Siehe *C. philippinum*.

C. philippinum, syn. *C. fragrans, C. f.* var. *pleniflorum*. Immergrüner oder laubabwerfender, buschiger Strauch. Frostempfindlich. Mindesttemperatur 10°C. Die Blätter sind breit oval, derb, flach gezähnt und flaumig. Im Sommer erscheinen Büschel duftender, endständiger, kuppelförmiger, gefüllter, rosa oder weißer Blüten.

C. speciosissimum, syn. *C. fallax*. Immergrüner, aufrechter, ausgebreiteter, wenig verzweigter Strauch. H. und Br. bis 3 m. Frostempfindlich, mind. 15°C. Trägt breit herzförmige, an den Rändern gewellte Blätter, jedes 30 cm breit und langstielig. Vom späten Frühjahr bis Herbst erscheinen röhrenförmige, rote Blüten mit ausgebreiteten, gelappten Kronblättern, 30 cm lang, an endständigen Trauben. Gute Topfpflanze.

C. splendens. Kräftige, immergrüne, verholzende Kletterpflanze. H. 3 m oder mehr. Frostempfindlich. Mindesttemperatur 15°C. Hat ovale bis elliptische, sattgrüne Blätter. Im Sommer erscheinen Büschel röhrenförmiger, roter, 2,5 cm breiter Blüten mit 5 Kelchblättern.

C. thomsoniae Abb. S. 166.

C. trichotomum Abb. S. 115.

CLETHRA (Clethraceae)
Scheineller

Gattung laubabwerfender oder immergrüner Sträucher und Bäume, beliebt wegen ihrer duftenden, weißen Blüten. Bedingt bis ganz winterhart. Benötigt Halbschatten und feuchte, torfhaltige, saure Erde. Vermehrung erfolgt durch Kopfstecklinge im Sommer oder durch Samen im Herbst.

C. alnifolia (Süßer Pfefferstrauch) Laubabwerfender, buschiger Strauch. H. und Br. 2,5 m. Winterhart. Hat ovale, gezähnte, mittelgrüne Blätter und bringt im Spätsommer und Frühherbst in schlanken Trauben kleine, glockenförmige Blüten hervor.

C. arborea. Immergrüner, buschiger, dichter Strauch oder Baum. H. 8 m, Br. 6 m. Bedingt winterhart. Vom Spätsommer bis Mitte August erscheinen zwischen ovalen, gezähnten, sattgrünen Blättern lange, nickende Büschel kleiner, stark duftender, glockenförmiger Blüten.

C. barbinervis Abb. S. 106.

C. delavayi Abb. S. 88.

CLEYERA (Theaceae)
Sperrstrauch
Gattung immergrüner, sommerblühender Sträucher und Bäume, die wegen ihres Laubes und der Blüten kultiviert wird. Bedingt bis winterhart. Benötigt einen geschützten Standort in Sonne oder Halbschatten und feuchte, saure Erde. Vermehrung durch halbausgereifte Stecklinge im Sommer.
C. fortunei. Siehe *C. japonica* 'Tricolor'.
C. japonica. Immergrüner, buschiger Strauch. H. und Br. 3 m. Winterhart. Von Früh- bis Mitte Sommer erscheinen kleine, duftende, tellerförmige, weiße Blüten inmitten von länglich ovalen, glänzenden, dunkelgrünen Blättern. Hat kleine, runde, schwarze Früchte. **'Tricolor'** (syn. *C. fortunei*), H. und Br. 2 m, ist bedingt winterhart und trägt rosaüberhauchte, junge Blätter, die später dunkelgrün gesäumt und cremigweiß sind. Manchmal verwechselt mit *Eurya japonica* 'Variegata'.

CLIANTHUS (Leguminosae)
Ruhmesblume
Gattung immergrüner oder halbimmergrüner, verholzender Kletterpflanzen, die wegen ihrer attraktiven Blüten kultiviert wird. Bedingt winterhart bis frostempfindlich. Mindesttemperatur 7 °C. In warmen Gegenden Freilandkultur in durchlässiger Erde und voller Sonne. In kühleren Gegenden Anbau im Gewächshaus. Im Frühjahr Triebe schneiden, um buschigeren Wuchs zu erreichen, auch totes Holz entfernen. Vermehrung durch Samen im Frühjahr oder durch Kopfstecklinge im Spätsommer.
C. puniceus und f. ***albus*** Abb. S. 163.

CLINTONIA (Liliaceae)
Gattung spätfrühlings- oder sommerblühender Stauden mit Rhizom. Winterhart. Bevorzugt Schatten und feuchte, durchlässige, torfhaltige, neutrale bis saure Erde. Vermehrung durch Teilung im Frühjahr oder Samen im Herbst.
C. andrewsiana. Horstbildende Staude mit Rhizom. H. 60 cm, Br. 30 cm. Bringt im Frühsommer endständig, über wenigen breit ovalen, glänzenden, sattgrünen Blättern Büschel kleiner, glockenförmiger, rosa-purpurner Blüten hervor. Im Herbst folgen runde, blaue Beeren.
C. borealis. Horstbildende Staude mit Rhizom. H. und Br. 30 cm. Ist ähnlich wie *C. andrewsiana*, hat aber nickende, gelblichgrüne Blüten und kleine, runde, schwarze Früchte.
C. uniflora (Königinnentasse). Ausgebreitete Staude mit Rhizom. H. 15 cm, Br. 30 cm. Winterhart. Hat ovale, glänzende, grüne Blätter. Im späten Frühjahr erscheinen einzeln an schlanken Stengeln sternchenförmige, weiße Blüten, später große, runde, blauschwarze Beeren.

CLITORIA (Leguminosae)
Gattung von Stauden, immergrünen Sträuchern und Kletterpflanzen, beliebt wegen ihrer großen, erbsenähnlichen Blüten. Frostempfindlich, mind. 15 °C. Gedeiht in jeder fruchtbaren, durchlässigen Erde bei vollem Licht. Mäßig gießen, noch weniger, wenn ruhend. Muß gestützt werden. Im Frühjahr zu dichtstehende Pflanzen ausdünnen. Vermehrung durch Samen im Frühjahr oder durch Kopfstecklinge im Sommer. Anfällig für Weiße Fliege und Rote Spinne.

C. ternatea. Immergrüne Kletterpflanze mit schlanken Stengeln. H. 3–5 m. Die Blätter sind in 3 oder 5 ovale Blättchen geteilt. Trägt im Sommer hell leuchtendblaue Blüten, 7–12 cm breit.

CLIVIA (Amaryllidaceae)
Klivie, Riemenblatt
Gattung robuster, immergrüner Stauden mit Zwiebelstamm, beliebt wegen ihrer trichterförmigen Blüten. Geeignet für Rabatten und als Kübelpflanze. Frostempfindlich. Mindesttemperatur 10 °C. Benötigt Halbschatten und durchlässige Erde. Im Sommer ausgiebig gießen, im Winter weniger. Vermehrung durch Samen im Winter oder Frühjahr oder Teilung nach der Blüte im Frühjahr oder Sommer. Anfällig für Schmierläuse.
C. miniata Abb. S. 350.
C. nobilis. Immergrünes, frühlings- oder sommerblühendes, mehrjähriges Knollengewächs. H. 30–40 cm, Br. 30–60 cm. Hat riemenförmige, halbaufrechte, grundständige Blätter, 40–60 cm lang. Jeder blattlose Blütenschaft trägt eine dichte, halbhängende Dolde mit über 20 schmalen, trichterförmigen, roten Blüten mit grünen Spitzen und gelbgesäumten Blütenblättern.

CLUSIA (Guttiferae)
Gattung immergrüner, hauptsächlich sommerblühender Kletterpflanzen, Sträucher und Bäume, beliebt wegen ihres Laubes und der Blüten. Frostempfindlich. Mindesttemperatur 16–18 °C. Benötigt Halbschatten und durchlässige Erde. Kübelpflanzen mäßig gießen, sehr wenig bei niedrigen Temperaturen. Falls nötig, ist Rückschnitt möglich. Vermehrung durch Ableger im Frühjahr oder durch halbausgereifte Stecklinge im Sommer. Anfällig für Weiße Fliege und Rote Spinne.
C. rosea (Balsamapfel). Langsamwachsender, immergrüner, rundlicher Baum oder Strauch. H. und Br. bis 15 m. Hat ovale, leuchtende, tiefgrüne Blätter und im Sommer tassenförmige, rosa Blüten, 5 cm breit, später runde, grünliche Früchte mit klebrigem Harz.

CLYTOSTOMA (Bignoniaceae)
Gattung immergrüner, verholzender, rankender Kletterpflanzen, die wegen ihrer Blüten kultiviert wird. Frostempfindlich. Mindesttemperatur 10–13 °C. Gedeiht in durchlässiger Erde mit Halbschatten im Sommer. Im Sommer reichlich gießen, weniger zu anderen Zeiten. Muß gestützt werden. Übermäßigen Austrieb nach der Blüte oder im Frühjahr zurückschneiden. Vermehrung durch halbausgereifte Stecklinge im Sommer.
C. callistegioides Abb. S. 164.

COBAEA (Cobacaceae)
Gattung immergrüner oder laubabwerfender, verholzender, rankender Kletterpflanzen. Gewöhnlich wird nur eine Art kultiviert. Frostempfindlich. Mindesttemperatur 4 °C. Freilandkultur in warmen Gegenden in jeder durchlässigen Erde und vollem Licht. In kühlen Gegenden Gewächshausanbau oder als Einjährige kultivieren. Vermehrung durch Samen im Frühjahr.
C. scandens Abb. S. 172. f. ***alba*** ist eine immergrüne, verholzende, rankende Kletterpflanze. H. 4–5 m. Hat vom Spätsommer bis zu den ersten Frösten langstielige, glockenförmige, grüne, dann weiße Blüten. Die Blätter sind in 4 bis 6 ovale Blättchen geteilt.
Cocos capitata. Siehe *Butia capitata*.

CODIAEUM (Euphorbiaceae)
Kroton
Gattung immergrüner Sträucher, beliebt wegen ihres Laubes. Frostempfindlich. Mindesttemperatur 10–13 °C. Bevorzugt Halbschatten und fruchtbare, feuchte, aber durchlässige Erde. Jungpflanzen stutzen, damit sie sich verzweigen. Vermehrung durch kräftige Kopfstecklinge im Frühjahr oder Sommer. Anfällig für Wolläuse und Schildläuse.
C. variegatum Abb. S. 145.

CODONOPSIS (Campanulaceae)
Glockenwinde
Gattung von Stauden und meist krautigen, rankenden Kletterpflanzen, beliebt wegen ihrer glocken- oder tellerförmigen Blüten. Bedingt bis ganz winterhart. Gedeiht im Halbschatten und in leichter, durchlässiger Erde. Aufbinden oder über größere Pflanzen ranken lassen. Vermehrung durch Samen im Herbst oder im Frühling.
C. clematidea. Krautige, rankende Kletterpflanze. H. bis 1,5 m. Winterhart. Hat kleine, ovale, mittelgrüne Blätter und im Sommer nickende, glockenförmige Blüten, 2,5 cm lang, weiß, mit blau überhaucht, innen mit dunkleren Adern und 2 purpurnen Ringen.
C. convolvulacea, syn. *C. vinciflora*, Abb. S. 172.
C. ovata. Aufrechte Staude mit kaum kletternden Stengeln. H. bis 30 cm. Winterhart. Hat kleine, ovale Blätter und im Sommer kleine, glockenförmige, blaßblaue Blüten, oft dunkler geadert.
C. vinciflora. Siehe *C. convolvulacea*.

COELOGYNE. Siehe ORCHIDEEN.
C. cristata (Abb. S. 252). Immergrüne, epiphytische Orchidee für ein kühles Gewächshaus. H. 15 cm. Bringt im Winter Rispen frischer weißer Blüten hervor, 5 cm breit, an jeder Lippe einen orangefarbenen Fleck. Die Blätter sind schmal oval, 8–10 cm lang. Benötigt viel Licht im Sommer.
C. flaccida (Abb. S. 252). Immergrüne, epiphytische Orchidee für ein kühles Gewächshaus. H. 15 cm. Bringt im Frühjahr hängende Ähren duftender, sternchenförmiger, hellgelber Blüten, 4 cm breit, mit gelber und brauner Zeichnung an der Lippe, hervor. Hat schmalovale, halbsteife Blätter, 8–10 cm lang. Gedeiht im Halbschatten im Sommer.
C. nitida, syn. *C. ochracea* (Abb. S. 252). Immergrüne, epiphytische Orchidee für ein kühles Gewächshaus. H. 12 cm. Bringt im Frühjahr Ähren stark duftender, weißer Blüten, 2,5 cm breit, mit gelber Zeichnung auf der Lippe hervor. Die schmalovalen, halbsteifen Blätter sind 8–10 cm lang. Benötigt im Sommer Halbschatten.
C. ochracea. Siehe *C. nitida*.
C. speciosa (Abb. S. 254). Kräftige, immergrüne, epiphytische Orchidee für ein temperiertes Gewächshaus. H. 25 cm. Im Sommer erscheinen am Blütenschaft sich nacheinander öffnende, hängende, hellgrüne Blüten, 6 cm breit, mit braun und weiß gezeichneten Lippen. Hat breitovale Blätter, 23–25 cm lang. Benötigt im Sommer viel Licht.

COIX (Gramineae) Siehe GRÄSER, BAMBUS, BINSEN und RIEDGRAS.
C. lacryma-jobi Abb. S. 182.

COLCHICUM (Liliaceae)
Herbstzeitlose
Gattung frühlings- und herbstblühender Knollen, beliebt hauptsächlich wegen ihrer kelchförmigen Blüten, die bis 20 cm lang sein können und noch vor den Blättern erscheinen. Jede Knolle trägt 2–7 schmal riemenförmige bis breit elliptische, grundständige Blätter. Bedingt bis winterhart. Benötigt einen offenen, sonnigen Standort und durchlässige Erde. Vermehrung durch Samen oder Teilung im Herbst.
C. agrippinum Abb. S. 368.
C. autumnale Abb. S. 366. **'Alboplenum'** ist ein Herbstblüher. H. und Br. 10–15 cm. Winterhart. Hat im Frühjahr 3–5 große, halbaufrechte, glänzende, grüne Blätter, die der Basis entspringen. Bringt Büschel bis zu 8 langröhrigen, rundlichen, gefüllten weißen Blüten mit 15–30 schmalen Kronblättern hervor.
***C.* 'Beaconsfield'.** Robuste, herbstblühende Knolle. H. und Br. 15–20 cm. Winterhart. Trägt große, kelchförmige, satt rosapurpurne Blüten, schwach marmoriert mit weißer Mitte. Im Frühling erscheinen an der Basis große, halbaufrechte Blätter.
C. bivonae, syn. *C. bowlesianum, C. sibthorpii*, Abb. S. 367.
C. bowlesianum. Siehe *C. bivonae*.
C. byzantinum Abb. S. 367.
C. cilicicum Abb. S. 368.
***C.* 'Lilac Wonder'.** Kräftige, herbstblühende Knolle. H. und Br. 15–20 cm. Winterhart. Bringt kelchförmige, tief lilarosa Blüten, 15–20 cm lang, hervor. Im Frühjahr erscheinen breite, halbaufrechte, grundständige Blätter.
C. luteum Abb. S. 363.
C. sibthorpii. Siehe *C. bivonae*.
C. speciosum. Kräftige, herbstblühende Knolle. H. und Br. 15–20 cm. Winterhart. Bringt kelchförmige, blaß bis tief rosapurpurne Blüten, 15–20 cm lang, oft mit weißem Schlund, hervor. Die großen halbaufrechten Blätter an der Basis entwickeln sich im Winter oder Frühjahr. **'Album'** Abb. S. 366.
***C.* 'The Giant'.** Robuste, herbstblühende Knolle. H. und Br. 15–20 cm. Winterhart. Bringt bis 5 röhrenförmige, tief hell-lila-rosa Blüten, jede 15–20 cm lang, und zur Mitte hin immer weißer werdend, hervor. Im Winter oder Frühjahr erscheinen die breiten, halbaufrechten Blätter an der Basis.
C. variegatum. Herbstblüher. H. 10–15 cm, Br. 8–10 cm. Winterhart. Trägt breit trichterförmige, rötlichpurpurne Blüten, stark marmoriert. Im Frühjahr erscheinen an der Basis mehr oder weniger waagrechte, wellig-gerandete Blätter. Benötigt einen heißen, sonnigen Standort.
***C.* 'Waterlily'** (Gefüllte Herbstzeitlose) Abb. S. 368.

COLEONEMA (Rutaceae)
Gattung immergrüner, heidekrautähnlicher Sträucher, die wegen ihrer Blüten und der Gesamterscheinung kultiviert wird. Frostempfindlich. Mindesttemperatur 3–5 °C. Benötigt volle Sonne und durchlässige, neutrale bis saure Erde. Während der Wachstumszeit Kübelpflanzen mäßig gießen, weniger zu anderen

Zeiten. Um eine kompakte Form zu erreichen, wird nach der Blüte gestutzt. Vermehrung durch Samen im Frühjahr oder durch halbausgereifte Stecklinge im Spätsommer.
C. pulchrum. Immergrüner, ausgebreiteter bis kegelförmiger Strauch mit drahtigen Trieben. H. 60 cm–1,2 m, Br. 1–1,5 m. Hat weiche, nadelähnliche, leuchtendgrüne Blätter. Trägt im Frühling/Sommer 5blättrige blaßrosa bis rote Blüten.

COLEUS (Labiatae)
Samtnessel, Buntnessel
Gattung von Stauden, Einjährigen und immergrünen Halbsträuchern, beliebt wegen ihrer farbenprächtigen Blätter und Blüten. Gut als Topfpflanze. Frostempfindlich. Mindesttemperatur 4–10°C. Gedeiht in Sonne oder Halbschatten, in fruchtbarer, durchlässiger Erde, an einem geschützten Standort. Großzügig während des Sommers gießen, weniger zu anderen Zeiten. Junge Pflanzen stutzen, um eine buschige Form zu erreichen. Vermehrung durch Aussaat unter Glas im Spätwinter oder durch Kopfstecklinge im Frühjahr oder Sommer. Anfällig für Wolläuse und Weiße Fliege.
C. blumei Abb. S. 268. **'Brightness'** Abb. S. 273. **'Fashion Parade'** ist eine schnellwachsende, buschige Staude, einjährig kultiviert. H. bis 45 cm, Br. 30 cm oder mehr. Mindesttemperatur 10°C. Hat bunte, gezackte, verschiedenförmige Blätter von oval bis ungelappt und tief gelappt. Im Sommer erscheinen Ähren winziger, blauer Blüten, die entfernt werden sollten. **'Scarlet Poncho'**, eine hängende Art mit ovalen, gezackten, leuchtendroten Blättern und **Wizard-Serie**, auch mit ovalen, gezackten Blättern, aber in einem breiten Spektrum bunter Blätter, sind beide Zwergformen, H. 30 cm.
C. thyrsoideus. Besonders schnellwachsende, buschige Staude, die einjährig kultiviert wird. H. bis 1 m, Br. 60 cm. Mindesttemperatur 4°C. Hat ovale, gezackte, mittelgrüne Blätter. Trägt den Winter über Rispen röhrenförmiger, leuchtendblauer Blüten.

COLLETIA (Rhamnaceae)
Gattung laubabwerfender, gewöhnlich blattloser Sträucher, die wegen ihrer seltsamen dornigen Triebe und der Fülle kleiner Blüten kultiviert wird. Die Triebe übernehmen die Funktion der Blätter. Winterhart. Benötigt einen geschützten, sonnigen Standort und durchlässige Erde. Vermehrung durch halbausgereifte Stecklinge im Spätsommer.
C. armata Abb. S. 115. **'Rosea'** ist ein laubabwerfender, stämmiger, verzweigter Strauch. H. 2,5 m, Br. 5 m. Die Triebe haben steife, graugrüne Dornen. Trägt im Spätsommer und Frühherbst duftende, röhrenförmige, rosa Blüten.
C. cruciata. Siehe *C. paradoxa.*
C. paradoxa, syn. *C. cruciata.* Laubabwerfender, sich neigender Strauch mit steifen Zweigen. H. 3 m, Br. 5 m. Trägt kräftige, flache, blaugrüne Dornen. Im Spätsommer und Frühherbst erscheinen duftende, röhrenförmige, weiße Blüten.

COLLINSIA (Scrophulariaceae)
Gattung frühlings- bis sommerblühender, einjähriger Pflanzen. Winterhart. Gedeiht im Halbschatten in fruchtbarer, durchlässiger Erde. Muß aufgebunden werden. Vermehrung durch Freilandaussaat im Frühjahr oder Frühherbst.
C. grandiflora Abb. S. 275.

COLOCASIA (Araceae)
Taro
Gattung laubabwerfender oder immergrüner, mehrjähriger Wasserpflanzen für den Teichrand, beliebt wegen ihres Laubes. Hat eßbare Knollen, als Taro bekannt, derenwegen sie verbreitet kultiviert wird. Eignet sich für frostfreie Beckenränder, kann auch als Topfpflanze sehr naß kultiviert werden. Frostempfindlich. Mindesttemperatur 1°C. Bei einer Mindesttemperatur von 25°C ist sie immergrün. Gedeiht in Sonne oder leichtem Schatten, in Schlamm oder flachem Wasser. Die Vermehrung geschieht durch Teilung im Frühling.
C. esculenta Abb. S. 374. **'Fontanesii'** ist eine laubabwerfende, mehrjährige Wasserpflanze für den Rand. H. 1,1 m, Br. 60 cm. Hat große, auffällige, ovale, mittelgrüne Blätter mit dunkelgrünen Adern und Rändern und schwarzviolette Blattstengel und Blütenscheiden. **'Illustris'** hat bräunlichpurpurne Blattstengel und dunkelgrüne Blattscheiden mit purpurnen Tupfen.

COLQUHOUNIA (Labiatae)
Gattung immergrüner oder halbimmergrüner Sträucher, die wegen ihrer Blüten im Spätsommer oder Herbst kultiviert wird. Winterhart, wird aber in kalten Wintern bis zum Boden zurückgeschnitten. Benötigt einen geschützten und sonnigen Standort in durchlässiger Erde. Vermehrung durch Kopfstecklinge im Sommer.
C. coccinea Abb. S. 117.

COLUMNEA (Gesneriaceae)
Gattung immergrüner, kriechender oder rankender Stauden oder Halbsträucher, beliebt wegen ihrer attraktiven Blüten. Kriechende Spezies eignen sich gut für Ampeln. Frostempfindlich. Mindesttemperatur 15°C. Benötigt sehr hellen, aber nicht sonnigen Standort, eine mäßige Luftfeuchte und feuchte Erde, außer im Winter. Vermehrung durch Kopfstecklinge nach der Blüte.
C. × banksii Abb. S. 209.
C. crassifolia Abb. S. 240.
C. gloriosa (Goldfischpflanze). Immergrüne, kriechende Staude, mit mehr oder weniger unverzweigten Stengeln. H. und Br. bis 90 cm. Ovale Blätter sind rötlich behaart. Hat im Winter–Frühling röhrenförmige, behaubte, scharlachrote Blüten, bis 8 cm lang, mit gelbem Schlund.
C. microphylla. Immergrüne Staude, schwach belaubt an jedem kriechenden Stengel. H. oder Br. 1 m oder mehr. Hat kleine, rundliche Blätter mit braunen Härchen, und im Winter–Frühjahr behaubte, röhrenförmige, scharlachrote, bis 8 cm lange Blüten mit gelbem Schlund. **'Variegata'** Abb. S. 223.

COLUTEA (Leguminosae)
Blasenstrauch
Gattung laubabwerfender, sommerblühender Sträucher, beliebt wegen ihres Laubes, der erbsenähnlichen Blüten und der blasenförmigen Samenhülsen. Winterhart. Benötigt volle Sonne und jede nicht staunasse Erde. Vermehrung durch Kopfstecklinge im Sommer oder durch Samen im Herbst.
C. arborescens Abb. S. 114.
C. × media Abb. S. 115.
C. orientalis. Laubabwerfender, buschiger Strauch. H. und Br. 2 m. Hat blaugrüne Blätter, die aus 7 oder 9 ovalen Blättchen bestehen. Trägt im Sommer Büschel gelbgezeichneter, kupfer- bis rotfarbener Blüten, denen aufgeblasene grüne, dann blaßbraune Samenhülsen folgen.

COMAROSTAPHYLIS (Ericaceae)
Gattung immergrüner Sträucher und Bäume, oft *Arctostaphylos* zugeordnet, beliebt wegen ihres Laubes, der Blüten und Früchte. Bedingt bis winterhart, benötigt in kalten Gegenden Winterschutz. Gedeiht in voller Sonne und durchlässiger, saurer Erde. Vermehrung durch halbausgereifte Stecklinge im Sommer oder durch Samen im Herbst.
C. diversifolia, syn. *Arctostaphylos diversifolia* (Sommer-Stechpalme). Immergrüner, aufrechter Strauch oder Baum. H. 5 m, Br. 3 m. Bedingt winterhart. Die Blätter sind glänzend, länglich und dunkelgrün. Vom zeitigen Frühjahr bis Frühjahrsmitte erscheinen endständige Trauben duftender, urnenförmiger, weißer Blüten, später runde, rote Früchte.

COMBRETUM (Combretaceae)
Langfaden
Gattung immergrüner Bäume, Sträucher und Kletterpflanzen, beliebt wegen ihrer kleinen, attraktiven Blüten. Frostempfindlich. Mindesttemperatur 16°C. Benötigt humusreiche, durchlässige Erde und Halbschatten im Sommer. Im Sommer großzügig gießen, zu anderen Zeiten weniger. Muß gestützt werden. Nach der Blüte übermäßigen Austrieb zurückschneiden. Vermehrung durch halbausgereifte Stecklinge im Sommer. Anfällig für Rote Spinne.
C. grandiflorum. Mäßig kräftige, immergrüne Kletterpflanze. H. bis 6 m. Hat längliche bis elliptische, spitzzulaufende Blätter, 10–20 cm lang. Im Sommer erscheinen einseitig in Ähren röhrenförmige, leuchtendrote Blüten mit langen Staubgefäßen, 10–13 cm lang.

COMMELINA (Commelinaceae)
Gattung von Stauden, gewöhnlich als Einjährige kultiviert. Bedingt winterhart. Gedeiht an einem sonnigen, geschützten Standort in fruchtbarer, durchlässiger Erde. Der Wurzelstock sollte vor den ersten Frösten herausgenommen und etwas feucht und frostfrei überwintert werden. Vermehrung durch Aussaat unter Glas oder durch Teilung im Frühjahr.
C. coelestis Abb. S. 278.

CONANDRON (Gesneriaceae)
Gattung einer Spezies von Stauden mit Rhizom, die wegen ihrer fleischigen Blätter und überhängenden Blütentrauben kultiviert wird. Eignet sich für ein Alpinum. Winterhart. Benötigt Schatten und humusreiche, durchlässige Erde. Topfpflanzen im Sommer feucht, während der Ruhezeit im Winter trocken halten. Vermehrung durch Teilung oder Samen im Frühjahr.
C. ramondioides. Horstbildende Knollenstaude. H. 30 cm, Br. 20 cm. Breit ovale, fleischige, faltige, mittelgrüne Blätter mit gezähnten Rändern. Sommermitte trägt jeder Blütenstiel 5–25 röhrenförmige Blüten, gewöhnlicherweise in Lila, aber auch Weiß, Purpurn oder Rosa.

CONOPHYTUM (Aizoaceae)
Gattung langsamwachsender, horstbildender, mehrjähriger Sukkulenten mit runden oder zweiohrigen Blättern, die nach der Blüte nur zwei Monate im Jahr wachsen. Im Frühsommer werden die alten Blätter allmählich runzelig, aus den papierähnlichen Hüllen treiben im Spätsommer die neuen Blätter und Blumen. Frostempfindlich. Mindesttemperatur 4°C, wenn trocken. Benötigt volle Sonne und durchlässige Erde. Im Winter trokken halten. Vermehrung durch Samen von Frühling bis Herbst oder Teilung im Spätsommer.
C. bilobum Abb. S. 399.
C. meyeri. Langsamwachsende, horstbildende, mehrjährige Sukkulente. H. 2–3 cm, Br. 10 cm. Die eiförmigen, graugrünen Blätter sind an den Spitzen 2ohrig und eingerissen. Trägt im Herbst 1,5–2 cm breite, gänseblümchenähnliche, gelbe Blüten.
C. notabile Abb. S. 400,
C. truncatum Abb. S. 390.

CONSOLIDA (Ranunculaceae)
Einjähriger Rittersporn
Gattung einjähriger Pflanzen, eignen sich hervorragend als Schnittblumen. Winterhart. Gedeiht in Sonne und durchlässiger, fruchtbarer Erde. Hochwachsende Pflanzen müssen aufgebunden werden. Vermehrung durch Freilandaussaat im Frühjahr oder in milden Zonen im Frühherbst. Junge Pflanzen müssen vor Schnecken geschützt werden.
C. ajacis. Siehe *C. ambigua.*
C. ambigua, syn. *C. ajacis, Delphinium consolida.* Schnellwachsend, aufrecht, verzweigt, einjährig. Hohe Sorten H. bis 1,2 m, Br. 30 cm; Zwergsorten H. und Br. 30 cm. Alle haben gefiederte, mittelgrüne Blätter und während des Sommers Ähren rundlicher, gespornter Blüten. **Hyazinthenblumige-Serie** (zwergig) hat Ähren röhrenförmiger Blüten in rosa, hellila, blauen oder weißen Schattierungen. **Imperial-Serie** Abb. S. 276.

CONVALLARIA (Liliaceae)
Maiglöckchen
Gattung frühlingsblühender Stauden mit Rhizomen. Winterhart. Bevorzugt Halbschatten und gedeiht in jedem, aber am besten in humusreichem Boden. Vermehrung durch Teilung nach der Blüte oder im Herbst.
C. majalis Abb. S. 225. **'Flore Pleno'** ist eine niedrigwachsende, rhizombildende Staude. H. 23–30 cm, Br. unbestimmt. Im Frühjahr öffnen sich in Trauben kleine, starkduftende, hängende, glokkenförmige, gefüllte, weiße Blüten. Die schmal ovalen Blätter sind mittel- bis dunkelgrün. **'Fortin's Giant'**, H. 45 cm hat größere Blüten und Blätter, die etwas früher erscheinen.

CONVOLVULUS (Convolvulaceae)
Ackerwinde
Gattung von zwergigen, buschigen, kletternden, einjährigen Pflanzen, Stauden und immergrünen Sträuchern und Halbsträuchern. Winterhart bis frostempfindlich. Mindesttemperatur 2°C. Gedeiht in Sonne und nährstoffarmer bis fruchtbarer, durchlässiger Erde. Verblühtes entfernen, um die Blütezeit zu verlängern.

Vermehrung durch Freilandaussaat winterharter Pflanzen zur Frühlingsmitte, empfindliche Pflanzen durch Aussaat unter Glas im Frühjahr und Stauden und Halbsträucher durch Kopfstecklinge im späten Frühjahr oder Sommer.
C. althaeoides Abb. S. 315.
C. cneorum Abb. S. 126.
C. mauritanicus. Siehe *C. sabatius.*
C. minor. Siehe *C. tricolor.*
C. purpureus. Siehe *Ipomoea purpurea.*
C. sabatius, syn. *mauritanicus*, Abb. S. 296.
C. tricolor (Prachtwinde), syn. *C. minor.* Mäßig schnellwachsende, aufrechte, buschige oder kletternde einjährige Pflanze. H. 20–30 cm, Br. 20 cm. Winterhart. Hat oval bis lanzettförmige, mittelgrüne Blätter. Trägt im Sommer tellerförmige, blaue oder weiße, 2,5 cm breite Blüten mit gelbem Schlund. Hohe, kletternde Sorten, H. bis 3 m, sind bedingt winterhart und haben bis 10 cm breite Blüten. **'Blue Flash'** (buschig) Abb. S. 276.
'Flying Saucers' (kletternd) hat blauweiß gestreifte Blüten. **'Heavenly Blue'** (syn. *Ipomoea rubrocaerulea* 'Heavenly Blue'; kletternd) Abb. S. 173. **'Major'** (kletternd) und **'Minor'** (buschig) haben Blüten in Blau-, Rot- oder Weißschattierungen.

COPIAPOA (Cactaceae)
Gattung langsamwachsender, mehrjähriger Kakteen mit trichterförmigen, gelben Blüten. Viele Spezies haben eine lange Hauptwurzel. Frostempfindlich. Mindesttemperatur 8–10°C. Benötigt Halbschatten und sehr durchlässige Erde. Vermehrung durch Samen oder Pfropfung im Frühling oder Herbst.
C. cinerea Abb. S. 387.
C. coquimbana. Horstbildender, runder, dann säulenförmiger, mehrjähriger Kaktus. H. bis 30 cm, Br. 1 m. Mindesttemperatur 8°C. Der dunkle, graugrüne Körper hat 10–17 Rippen. Jede Areole trägt 8–10 dunkelbraune, kreisförmig angeordnete Stacheln und 1 oder 2 kräftigere Mittelstacheln. Im Sommer erscheinen 3 cm breite, gelbe Blüten. Langsam in der Gruppenbildung.
C. echinoides. Flacher, runder, mehrjähriger Kaktus, wie ein Seeigel gerippt. H. 15 cm, Br. 10 cm. Mindesttemperatur 10°C. Der graugrüne Körper trägt dunkelbraune Stacheln, 3 cm lang, die sich bald grau färben. Bringt im Sommer blaßgelbe Blüten, 4 cm breit, hervor.
C. marginata. Horstbildender, mehrjähriger Kaktus. H. 60 cm, Br. 30 cm. Mindesttemperatur 10°C. Der graugrüne Körper trägt sehr engstehende Areolen mit blaßbraunen, dunkelspitzigen, bis 3 cm langen Stacheln. Hat im Frühjahr/Sommer gelbe, 2–5 cm breite Blüten.

COPROSMA (Rubiaceae)
Koprosma
Gattung immergrüner Sträucher und Bäume, beliebt wegen ihres Laubes und ihrer Früchte. Man benötigt jeweils männliche und weibliche Pflanzen für Fruchtansatz. Bedingt winterhart bis frostempfindlich. Mindesttemperatur 2–5°C. Bevorzugt helles Licht und durchlässige Erde. Kübelpflanzen im Sommer reichlich gießen, sonst weniger. Vermehrung durch Samen im Frühling oder durch halbausgereifte Stecklinge im Spätsommer.
C. × kirkii. Immergrüner, niedriger, dann halbaufrechter, dichtverzweigter Strauch. H. bis 1 m, Br. 1,2–2 m. Bedingt winterhart. Die schmal länglichen bis lanzettförmigen, ledrigen, glänzenden Blätter erscheinen einzeln oder in kleinen Büscheln. Hat im späten Frühjahr unscheinbare Blüten, später an weiblichen Pflanzen winzige, eiförmige, durchsichtige, weiße Früchte mit roten Punkten. **'Variegata'** Abb. S. 143.
C. repens. Immergrüner, ausgebreiteter, dann aufrechter Strauch. H. und Br. bis 2 m. Frostempfindlich. Mindesttemperatur 2°C. Hat breit-ovale, ledrige, glänzende, sattgrüne Blätter. Trägt im späten Frühjahr an weiblichen Pflanzen unscheinbare Blüten, im Spätsommer bis Herbst eiförmige, orangerote Früchte. Die Blätter von **'Picturata'** haben in der Mitte einen cremefarbenen Fleck.

CORDYLINE (Agavaceae)
Keulenlilie
Gattung immergrüner Sträucher und Bäume, hauptsächlich beliebt wegen ihres Laubes, obwohl einige auch dekorative Blüten besitzen. Bedingt winterhart bis frostempfindlich. Mindesttemperatur 5–16°C. Benötigt fruchtbare, durchlässige Erde, helles Licht oder Halbschatten. Topfpflanzen mäßig gießen, im Winter weniger. Vermehrung durch Samen oder Rhizome im Frühjahr oder durch Kopfstecklinge im Sommer. Anfällig für Rote Spinne.
C. australis. Langsamwachsender, immergrüner, leicht verzweigter Baum. H. 15 m oder mehr, Br. 5 m oder mehr. Bedingt winterhart. Ihr Stamm trägt eine Rosette riemenförmiger, 30 cm–1 m langer Blätter. Hat im Sommer Rispen kleiner, duftender, weißer Blüten, im Herbst runde, weiße Früchte. **'Atropurpurea'** Abb. S. 71. Die langen, schwertförmigen Blätter von **'Veitchii'** sind an der Basis rot und haben Mittelrippen.
C. fruticosa, syn. *C. terminalis* (Glückbringende Pflanze, Ti tree). Langsamwachsender, immergrüner, aufrechter Strauch, wenig verzweigt mit Schößlingen. H. 2–4 m, Br. 1–2 m. Frostempfindlich. Mindesttemperatur 13°C. Breit lanzettförmige, glänzende, dunkelgrüne Blätter sind 30–60 cm lang. Bringt im Sommer verzweigte Rispen kleiner weißer, purpurner oder rötlicher Blüten hervor. Das Laub von **'Baptisii'** ist dunkelgrün mit rosa und gelben Streifen und Punkten. **'Imperialis'** hat rot oder rosa gezeichnete, dunkelgrüne Blätter.
C. indivisa, syn. *Dracaena indivisa.* Langsamwachsender, immergrüner, aufrechter Baum oder Strauch. H. 3 m oder mehr, Br. 2 m. Bedingt winterhart. Trägt lanzettförmige 60 cm–2 m lange, grüne Blätter mit orangebraunen Adern, auf der Unterseite blaugrau überhaucht. Bringt im Sommer winzige, sternchenförmige, dichte, weiße Blutentrauben, 60 cm lang oder mehr, hervor, denen winzige, runde, blau-purpurne Früchte folgen.
C. terminalis. Siehe *C. fruticosa.*

COREOPSIS (Compositae)
Mädchenauge, Schöngesicht
Gattung einjähriger und mehrjähriger Pflanzen, beliebt wegen ihrer gänseblümchenähnlichen Blütenköpfe. Bedingt bis winterhart. Benötigt volle Sonne und fruchtbare, durchlässige Erde. Vermehrung der Einjährigen durch Samen im Frühjahr; *C. lanceolata* durch Samen oder Teilung im Frühjahr, *C. auriculata* 'Superba', *C.* 'Goldfink' und *C. grandiflora* 'Badengold' durch Kopfstecklinge oder Teilung im Frühjahr oder Sommer, *C. verticillata* durch Teilung im Frühjahr.
***C. auriculata* 'Superba'.** Buschige Staude. H. und Br. 45 cm. Winterhart. Bringt während des Sommers gänseblümchenähnliche, sattgelbe Blütenköpfe mit purpurnen Flecken in der Mitte hervor. Die oval bis lanzettförmigen Blätter sind gelappt und hellgrün. Einige Pflanzen, die als *C. auriculata* kultiviert werden, sind nahe verwandt mit der einjährigen *C. basalis.*
***C.* 'Goldfink'.** Kurzlebige, zwergwüchsige, buschige Staude. H. und Br. 30 cm. Winterhart. Über schmal ovalen, tiefgrünen Blättern erscheinen im Sommer Trauben gänseblümchenähnlicher, tiefgelber Blütenkörbe.
***C. grandiflora* 'Badengold'.** Kurzlebige, aufrechte Staude mit weichen Stengeln. H. 75 cm, Br. 60 cm. Winterhart. Trägt im Sommer große, gänseblümchenähnliche, satt butterblumengelbe Blütenköpfe und breit lanzettförmige, geteilte, leuchtendgrüne Blätter.
C. lanceolota Abb. S. 248.
***C.* 'Sunray'** Abb. S. 281.
C. tinctoria Abb. S. 280. **'Golden Crown'** ist eine schnellwachsende, aufrechte, buschige, einjährige Pflanze. H. 60 cm, Br. 20 cm. Winterhart. Hat lanzettförmige, tiefgrüne Blätter und im Sommer und Frühherbst große, gänseblümchenähnliche tiefgelbe Blütenkörbe mit brauner Mitte.
C. verticillata Abb. S. 248.

CORIARIA (Coriariaceae)
Gerberstrauch
Gattung laubabwerfender, frühlings- oder sommerblühender Sträucher und Halbsträucher, beliebt wegen ihres Habitus, ihres Laubes und ihrer Früchte. Bedingt bis winterhart. Benötigt volle Sonne und fruchtbare, durchlässige Erde. Vermehrung durch Kopfstecklinge im Sommer oder durch Samen im Herbst.
C. terminalis. Laubabwerfender, sich neigender Halbstrauch. H. 1 m, Br. 2 m. Winterhart. Breit lanzettförmige, farnartige, mittelgrüne Blätter färben sich im Herbst rot. Bringt im späten Frühjahr sehr kleine, grüne Blüten hervor, später kleine, runde, schwarze Früchte. Var. ***xanthocarpa*** Abb. S. 141.

CORNUS (Cornaceae)
Hartriegel
Gattung laubabwerfender Sträucher und laubabwerfender oder immergrüner Bäume, beliebt wegen ihrer Blüten, ihres Laubes und der bunten Winterzweige. Bedingt bis winterhart. Benötigt Sonne oder Halbschatten und fruchtbare, durchlässige Erde. Diejenigen, die man wegen der bunten Rinde im Winter kultiviert, gedeihen am besten in voller Sonne. *C. florida, C. kousa* und *C. nuttallii* mißbilligen flachen, kalkhaltigen Boden. *C. canadensis* bevorzugt saure Erde. Pflanzen, die wegen ihrer Äste kultiviert werden, sollten im zeitigen Frühjahr fast bis auf den Boden zurückgeschnitten werden. *C. alba* und *C. stolonifera* 'Flaviramea' werden durch Kopfstecklinge im Sommer vermehrt oder durch Steckhölzer im Herbst oder Winter, gescheckte Formen von *C. alternifolia* und *C. controversa* durch Pfropfen im Winter und *C. canadensis* durch Teilung im Frühjahr oder Herbst. *C. capitata, C. florida* und *C. kousa* durch Samen im Herbst oder durch Kopfstecklinge im Sommer; *C. nutallii* durch Samen im Herbst, alle anderen hier beschriebenen durch Kopfstecklinge im Sommer.
C. alba (Tatarischer Hartriegel). Kräftiger, laubabwerfender, aufrechter, dann ausgebreiteter Strauch. H. und Br. 3 m. Winterhart. Junge Zweige sind im Winter leuchtendrot. Die ovalen, dunkelgrünen Blätter verfärben sich im Herbst oft rot oder orange. Im Spätfrühjahr und Frühsommer erscheinen flache, sternchenförmige, cremigweiße Blütenköpfe, später runde, manchmal blauüberhauchte, weiße Früchte. **'Elegantissima'** Abb. S. 106. **'Gouchaultii'** hat rosa überhauchte Blätter mit breiter, gelber Umrandung. **'Kesselringii'** Abb. S. 116. **'Sibirica'** Abb. S. 118. **'Spaethii'** Abb. S. 114.
C. alternifolia. Laubabwerfender, sich ausbreitender Baum oder buschiger Strauch mit geradlinigen Ästen. H. und Br. 6 m. Winterhart. Die ovalen, leuchtendgrünen, spitz zulaufenden Blätter färben sich im Herbst oft rot. Trägt im Frühsommer Trauben winziger, sternchenförmiger, cremig-weißer Blüten, später kleine, rundliche, blau-schwarze Früchte. **'Argentea'** Abb. S. 62.
C. canadensis Abb. S. 314.
C. capitata, syn. *Dendrobenthamia capitata* (Bentham's Hartriegel). Immergrüner oder halbimmergrüner, ausgebreiteter Baum. H. und Br. bis 12 m. Bedingt bis winterhart. Im Frühsommer erscheinen blaßgelbe Hochblätter, die unscheinbare Blüten umhüllen, später große, erdbeerähnliche, rote Früchte. Hat ovale, graugrüne Blätter. Eignet sich gut für milde Küstengegenden.
C. controversa. Laubabwerfender Baum mit etagenförmigem Aufbau. H. und Br. 15 m. Winterhart. Im Sommer erscheinen Büschel kleiner, sternchenförmiger, weißer Blüten. Die Blätter sind oval, gespitzt und leuchtendgrün, färben sich im Herbst purpurn. **'Variegata'** Abb. S. 82.
***C.* 'Eddie's White Wonder'** Abb. S. 68.
C. florida (Blumenhartriegel). Laubabwerfender, ausgebreiteter Baum. H. 6 m, Br. 8 m. Winterhart. Die Blütenköpfe erscheinen im späten Frühjahr. Sie bestehen aus weißen oder rosa-weißen Hüllblattern, die winzige, unscheinbare Blüten umhüllen. Die ovalen, gespitzten, dunkelgrünen Blätter verfärben sich im Herbst rot und lila. **'Apple Blossom'** hat blaßrosa Hüllblätter. f. ***rubra*** trägt rosa oder rote Hüllblätter. **'Spring Song'** Abb. S. 63. **'Welchii'** Abb. S. 66. **'White Cloud'** Abb. S. 58.
C. kousa. Laubabwerfender, vasenförmiger Baum oder Strauch. H. 7 m, Br. 5 m. Winterhart. Im Frühsommer erscheinen Blütenköpfe mit großen, weißen Hüllblättern, die unscheinbare Blüten umhüllen. Nach einem heißen Sommer erdbeerähnliche Früchte. Ovale, glänzende, dunkelgrüne Blätter färben sich im Herbst leuchtend rot-purpurn. Var. ***chinensis*** hat größere Blütenköpfe und schmalere, spitz zulaufende Hüllblätter.
C. macrophylla Abb. S. 51.
C. mas (Kornelkirsche). Laubabwerfender, ausgebreiteter, offener Strauch oder Baum. H. und Br. 5 m. Winterhart. Die ovalen, dunkelgrünen Blätter färben sich im Herbst rötlichpurpurn. Bringt im Spät-

winter und zeitigem Frühjahr an kahlen Zweigen kleine, sternchenförmige, gelbe Blüten hervor, anschließend längliche, leuchtendrote Früchte. **'Aurea Elegantissima'**, H. 2 m, Br. 3 m, hat rosaüberhauchte, gelb geränderte Blätter. **'Variegata'** Abb. S. 87.
***C.* 'Norman Hadden'** Abb. S. 59.
C. nuttallii (Blumenhartriegel) Abb. S. 49.
***C. stolonifera* 'Flaviramea'.** Kräftiger, laubabwerfender, ausgebreiteter Strauch mit kriechenden, unterirdischen Stengeln. H. 2 m, Br. 4 m. Winterhart. Hat im Winter leuchtend grünlichgelbe, junge Triebe und ovale, dunkelgrüne Blätter. Im späten Frühjahr und Frühsommer erscheinen kleine, sternchenförmige, weiße Blüten, später runde, weiße Früchte.

COROKIA (Saxifragaceae)
Zickzackstrauch
Gattung immergrüner Sträucher, beliebt wegen ihres Habitus, ihres Laubes, der Blüten und Früchte. Eignet sich für milde Küstenregionen, da windtolerant. Frostempfindlich bis bedingt winterhart; in kalten Gegenden Schutz vor starken Winden erforderlich. Benötigt volle Sonne und fruchtbare, durchlässige Erde. Die Vermehrung erfolgt durch Kopfstecklinge im Sommer.
C. buddleioides. Immergrüner, aufrechter Strauch. H. 3 m, Br. 2 m. Bedingt winterhart. Hat schlanke, graue Triebe und schmal längliche, glänzende, dunkelgrüne Blätter. Bringt im späten Frühjahr Rispen sternchenförmiger, gelber Blüten hervor, später runde, schwarzrote Früchte.
C. cotoneaster Abb. S. 120.
C. × virgata. Immergrüner, aufrechter, dichter Strauch. H. und Br. 3 m. Winterhart. Die Blätter sind länglich und glänzend, auf der Oberseite dunkelgrün, unterseits weiß. Bringt im Frühlingsmitte gelbe Blütensterne hervor, später eiförmige, leuchtendorange Früchte. Eignet sich gut für Hecken, besonders in Küstengegenden.

CORONILLA (Leguminosae)
Kronwicke
Gattung laubabwerfender oder immergrüner Sträucher und Stauden, beliebt wegen ihres Laubes und der Blüten. Bedingt bis winterhart; in kalten Gegenden werden bedingt winterharte Spezies an Süd- oder Westwänden gepflanzt. Benötigt volle Sonne und leichte, durchlässige Erde. Vermehrung durch Kopfstecklinge im Sommer.
C. valentina*, ssp. *glauca Abb. S. 125.

CORREA (Rutaceae)
Gattung immergrüner Sträucher, die wegen ihrer Blüten kultiviert wird. Bedingt winterhart bis frostempfindlich. Mindesttemperatur 3–5°C. Bevorzugt helles Licht oder Halbschatten und fruchtbare, durchlässige, neutrale bis saure Erde. Kübelpflanzen mäßig gießen, weniger, wenn nicht in Blüte. Vermehrung durch Samen im Frühjahr oder durch halbausgereifte Stecklinge im Spätsommer.
C. backhousiana. Immergrüner, rundlicher, gut verzweigter Strauch. H. und Br. 2 m. Bedingt winterhart. Die Blätter sind oval bis elliptisch und dunkelgrün, auf der Blattunterseite mit dichtem, fahlem Flaum besetzt. Vom Frühjahr bis zum Herbst erscheinen periodisch röhrenförmige, blaß gelbgrüne bis weiße Blüten.
C. × harrisii. Immergrüner, buschiger, schlankstengeliger Strauch. H. und Br. 2 m. Frostempfindlich. Hat schmal ovale Blätter, unterseits mit kurzen Härchen. Trägt im Sommer–Herbst, manchmal auch zu anderen Jahreszeiten, röhrenförmige, leuchtendrote Blüten.
C. pulchella Abb. S. 142.
C. reflexa, syn. *C. speciosa*. Immergrüner, buschiger, langtriebiger Strauch. H. und Br. bis 2 m. Frostempfindlich. Die ovalen Blätter sind auf der Unterseite dick flaumig. Im Sommer–Herbst oder zu anderen Jahreszeiten erscheinen röhrenförmige, grünlichgelbe bis rote oder rosa Blüten mit grünlich weißen Kronblattspitzen.
C. speciosa. Siehe *C. reflexa*.

CORTADERIA (Gramineae)
Pampasgras
Siehe GRÄSER, BAMBUS, SCHILF und RIEDGRAS.
C. selloana. Immergrünes, horstbildendes, stattliches, mehrjähriges Gras. H. bis 2,5 m, Br. 1,2 m. Winterhart. Hat schmale, sehr scharfkantige, 1,5 m lange, nach außen gedrehte Blätter. Im Spätsommer erscheinen über den mittelgrünen Blättern aufrechte, federartige, silbrige, bis 60 cm lange Blütenrispen. Pflanzen sind zweihäusig. Die weiblichen Pflanzen mit den langen, seidigen Blütenständen sind dekorativer. **'Silver Comet'** und **'Sunningdale Silver'** Abb. S. 180.

CORTUSA (Primulaceae)
Heilglöckchen
Gattung horstbildender, sommerblühender Stauden, mit *Primula* verwandt, die die glockenförmigen Blüten in einseitigen Trauben hervorbringen. Winterhart. Eignet sich nicht für heiße, trockene Gegenden, da es Schatten und humusreiche, feuchte Erde benötigt. Vermehrung durch frischen Samen oder Teilung im Herbst.
C. matthioli Abb. S. 294.

CORYDALIS (Papaveraceae)
Lerchensporn
Gattung frühlings- und sommerblühender, einjähriger Pflanzen und Stauden mit knolligem Wurzelstock oder faserigen Wurzeln, einige von ihnen sind immergrün, beliebt wegen ihrer röhrenförmigen, gespornten, zweilippigen Blüten oder der farnartigen Blätter. Bedingt bis winterhart. Benötigt volle Sonne oder Halbschatten und durchlässige Erde; einige Spezies benötigen humusreiche Erde und einen kühlen Standort. Vermehrung durch Samen im Herbst oder Teilung während der Ruhezeit: Im Herbst teilt man die frühjahrsblühenden, im Frühjahr die sommerblühenden Arten.
C. ambigua. Frühlingsblühende, knollige Staude. H. 10–15 cm, Br. 5–8 cm. Winterhart. Der Stengel trägt geteilte, halbaufrechte Blätter und kurze Ähren 2lippiger, kurz gespornter, leuchtendblauer oder purpurblauer Blüten. Zieht im Sommer ein.
C. bulbosa, syn. *C. cava*. Frühlingsblühende Staude mit knolligem Wurzelstock. H. 10–20 cm, Br. 8–10 cm. Winterhart. Die grundständigen Blätter sind geteilt und halb aufrecht. Trägt in dichten Ähren röhrenförmige, dumpf purpurne Blüten. Zieht im Sommer ein.
C. cashmeriana. Büschelbildende Staude mit faserigen Wurzeln. H. 10–25 cm, Br. 8–10 cm. Winterhart. Hat geteilte, halb aufrechte Basalblätter und im Sommer in dichten Ähren 2lippige, leuchtendblaue Blüten. Für einen kühlen, halbschattigen Standort auf humusreichem, neutral bis saurem Boden. Eine gute Steingartenpflanze. Stirbt im Winter ab.
C. cava. Siehe *C. bulbosa*.
C. cheilanthifolia Abb. S. 289.
C. diphylla Abb. S. 307.
C. lutea Abb. S. 299.
C. nobilis. Staude mit langen, fleischigen, faserigen Wurzeln. H. und Br. 20–35 cm. Winterhart. Der Blütenstengel hat am unteren Teil stark gefiederte Blätter und bringt im Frühsommer in dichten Ähren langspornige, blaßgelbe Blüten mit grünen oder braunen Spitzen hervor.
C. ochroleuca Abb. S. 291.
C. popovii Abb. S. 304.
C. solida. Horstbildende Knollenstaude. H. 10–20 cm, Br. 8–12 cm. Winterhart. Hat wechselständige Blätter am Blütenstengel, der im Frühjahr in dichten Trauben dumpf purpurrote Blüte hervorbringt. Zieht im Sommer ein. **'George Baker'** (syn. *C. s.* 'G. P. Baker') Abb. S. 307.
C. wilsonii Abb. S. 289.

CORYLOPSIS (Hamamelidaceae)
Scheinhasel
Gattung laubabwerfender Sträucher und Bäume, beliebt wegen ihrer duftenden, gelben Blüten, die noch vor den haselnußähnlichen Blättern erscheinen. Winterhart, Spätfröste können die Blüten schädigen. Bevorzugt Halbschatten und fruchtbare, feuchte, aber durchlässige, saure Erde. Vermehrung durch Kopfstecklinge im Sommer oder durch Samen im Herbst.
C. glabrescens Abb. S. 86.
C. pauciflora Abb. S. 99.
C. sinensis, syn. *C. willmottiae*. Kräftiger, laubabwerfender, ausgebreiteter, lockerer Strauch. H. und Br. 4 m. Die Blätter sind leuchtendgrün, unterseits blaugrün. Vom zeitigen Frühjahr bis Frühlingsmitte erscheinen glockenförmige, blaßgelbe Blütentrauben. **'Spring Purple'** hat blaupurpurne, junge Blätter.
C. spicata. Laubabwerfender, ausgebreiteter, lockerer Strauch. H. 2 m, Br. 3 m. Die borstig gezähnten Blätter sind dumpf, oberseits blaßgrün, auf der Unterseite blau-grün. Frühlingsmitte erscheinen hängende Trauben glockenförmiger, blaßgelber Blüten.
C. willmottiae. Siehe *C. sinensis*.

CORYLUS (Corylaceae)
Hasel
Gattung laubabwerfender Bäume und Sträucher, beliebt wegen ihres Habitus, ihrer Kätzchen und meist eßbaren Früchte (Nüsse). Winterhart. Für Sonne oder Halbschatten auf fruchtbarem, durchlässigem Boden. Wurzelschößlinge, wenn sie erscheinen, abschneiden. Vermehrung der Spezies durch Samen im Herbst, die Sorten durch Pfropfen im Spätsommer oder durch Absenker und Ableger im Spätherbst bis zeitigem Frühjahr. Mehltau ruft Laubfall hervor; durch andere Pilze und Insekten werden die Nüsse ungenießbar.
C. avellana (Haselnuß), **'Contorta'** (Korkenzieherhasel) Abb. S. 93.
C. colurna (Baumhaselnuß). Laubabwerfender, konischer Baum. H. 20 m, Br. 7 m. Hat breit ovale, stark gezähnte, fast gelappte, dunkelgrüne Blätter. Im Spätwinter erscheinen lange, gelbe Kätzchen. Die in Büscheln erscheinenden Nüsse sind in gefransten Hüllen.
C. maxima. Kräftiger, laubabwerfender, buschiger, lockerer Strauch oder Baum. H. 6 m, Br. 5 m. Trägt ovale, gezähnte, mittelgrüne Blätter, im Winter lange, gelbe Kätzchen und eßbare, eiförmige, braune Nüsse. **'Purpurea'** (Bluthasel) Abb. S. 89.

CORYNOCARPUS (Corynocarpaceae)
Karakabaum
Gattung immergrüner Bäume, beliebt wegen ihres Laubes und aparten Wuchses. Frostempfindlich. Mindesttemperatur 7–10°C. Für helles Licht oder Halbschatten auf fruchtbarem, feuchtigkeitsspeicherndem, aber durchlässigem Boden. Kübelpflanzen mäßig gießen, weniger bei niedrigen Temperaturen. Rückschnitt möglich, falls nötig. Vermehrung durch reife Samen oder halbausgereifte Stecklinge im Sommer.
C. laevigata Abb. S. 58.

CORYPHANTHA (Cactaceae)
Gattung mehrjähriger Kakteen mit derb rundem, stacheligem, grünem Körper. Auf der Furchenoberseite der Stämme sitzen längliche Areolen. Bei vielen Spezies wird diese Furche erst an alten Pflanzen sichtbar. Trägt im Sommer trichterförmige Blüten, später zylindrische Samenkapseln. Frostempfindlich. Mindesttemperatur 5°C. Benötigt einen Standort in voller Sonne und sehr durchlässige Erde. Vermehrung durch Samen im Frühjahr oder Sommer.
C. cornifera, syn. *C. radians* Abb. S. 399.
C. radians. Siehe *C. cornifera*.
C. vivipara Abb. S. 391.

COSMOS (Compositae)
Schmuckkörbchen
Gattung sommer- und frühherbstblühender, einjähriger Pflanzen und Knollenstauden. Bedingt bis winterhart. Benötigt Sonne und gedeiht am besten in feuchter, durchlässiger Erde. In milden Gegenden kann der Wurzelstock von *C. atrosanguineus*, der bedingt winterhart ist, im Boden überwintern, sofern angehäufelt wird. Vermehrung der bedingt winterharten Spezies durch Wurzelschnittlinge im Frühjahr, die Einjährigen durch Samen im Herbst oder Frühling.
C. atrosanguineus, syn. *Bidens atrosanguinea* (Zweizahn) Abb. S. 208.
***C.* Bright-Lights-Serie.** Mäßig schnellwachsende, aufrechte, buschige, einjährige Sorte. H. 60 cm, Br. 45 cm. Bedingt winterhart. Hat fedrige, tiefgrüne Blätter und im Sommer und Frühherbst große, gänseblümchenähnliche, einfache oder halbgefüllte, gelbe, orange oder rote Blütenkörbe.
***C.* 'Sensation'** Abb. S. 269.
***C.* 'Sunny Gold'.** Mäßig schnellwachsend, aufrecht, buschig, einjährig. H. und Br. 45 cm. Bedingt winterhart. Hat fedrige, tiefgrüne Blätter, im Sommer und Frühherbst große, gänseblümchenähnliche, goldgelbe Blütenköpfe.
***C.* 'Sunny Red'.** Mäßig schnellwachsend, aufrecht, buschig, einjährig. H. 30 cm, Br. 45 cm. Bedingt winterhart. Die fedrigen Blätter sind tiefgrün; die großen, gänseblümchenähnlichen, orangescharlach-

roten Blütenkörbe erscheinen im Sommer und Frühherbst.

COSTUS (Zingiberaceae)
Spiralenförmige Flagge, spiralenförmiger Ingwer. Gattung meist horstbildender Stauden mit Rhizom und mit auffälligen Blüten. Frostempfindlich. Mindesttemperatur 18°C. Benötigt feuchte Luft, keine direkte Besonnung und humusreiche Erde. Vermehrung durch Teilung im Frühjahr. Topfpflanzen sind anfällig für Rote Spinne.
C. speciosus (Malayischer Ingwer). Horstbildende Staude mit Rhizom. H. 2 m oder mehr, Br. 1 m. Hat schmal ovale, bis 25 cm lange, flaumige Blätter. Die weißen oder rosa überhauchten Blüten sind bis 10 cm breit und haben eine breite Lippe mit gelbem Zentrum. Sie werden von rötlichen Hochblättern mit stacheligen Spitzen umhüllt. Blüte periodisch das ganze Jahr über.

COTINUS (Anacardiaceae)
Perückenstrauch
Gattung laubabwerfender Sträucher und Bäume, beliebt wegen ihres Laubes, der Blütenköpfe und Herbstfarben. Die einzelnen Blüten sind unauffällig. Winterhart. Benötigt volle Sonne oder Halbschatten und fruchtbare, aber nicht zu nährstoffreiche Erde. Formen mit purpurnen Blättern benötigen volle Sonne, um intensive Farben hervorzubringen. Vermehrung der Spezies durch Kopf- oder unreife Stecklinge im Sommer oder durch Samen im Herbst, Sorten durch Kopfstecklinge nur im Sommer.
C. coggygria, syn. *Rhus cotinus*. Laubabwerfender, buschiger Strauch. H. und Br. 5 m. Die Blätter sind rundlich oder oval und hellgrün, färben sich im Herbst gelb oder rot. Vom Spätsommer an erscheinen, während sich unauffällige Früchte entwickeln, federähnliche Büschel mit Unmengen winziger, hübscher, blaßgelber, später grauer Blüten. **'Flame'** Abb. S. 92. **'Notcutt's Variety'** Abb. S. 89. **'Royal Purple'** hat tiefrosa Blütenrispen und dunkel purpurrötliche Blätter.
C. obovatus, syn. *Rhus cotinoides*. Kräftiger, laubabwerfender, buschiger Strauch oder Baum. H. 10 m, Br. 8 m. Hat in der Jugend große, ovale bronze-rosa Blätter, die später mittelgrün werden, und im Herbst sich orange, rot und purpurn verfärben.

COTONEASTER (Rosaceae)
Felsenmispel, Zwergmispel
Gattung laubabwerfender, halbimmergrüner oder immergrüner Sträucher und Bäume, beliebt wegen ihres Laubes, ihrer Blüten und Früchte. Einige Spezies sind Solitärpflanzen; andere eignen sich für Hecken und als Bodendecker. Bedingt bis winterhart. Laubabwerfende Spezies und Sorten bevorzugen volle Sonne, immergrüne eignen sich für Sonne oder Halbschatten. Nicht für staunassen Boden, sondern eignen sich besonders für trokkene Lagen. Vermehrung der Spezies durch Stecklinge im Sommer oder Samen im Herbst, Hybriden und Sorten nur durch Stecklinge im Sommer. Man verwendet halbausgereifte Stecklinge bei immergrünen und halbimmergrünen Sorten, Kopfstecklinge für laubabwerfende. Anfällig für Feuerbrand.
C. adpressus. Laubabwerfender, überhängender Strauch. H. 30 cm, Br. 2 m. Winterhart. Im Herbst verfärben sich die rundlichen, an den Rändern gewellten, dunkelgrünen Blätter rot. Im Frühsommer kleine, 5blättrige rosa Blüten, später runde, rote Früchte.
C. 'Autumn Fire', syn. *C.* 'Herbstfeuer'. Immergrüner, niederliegender oder überhängender Strauch. H. 30 cm, Br. 2 m. Winterhart. Hat lanzettförmige, leuchtendgrüne Blätter. Im Frühsommer erscheinen kleine, 5blättrige, weiße Blüten, später runde, leuchtendrote Früchte. Kann als Bodendecker oder als Trauerform verwendet werden.
C. bullatus var. ***macrophyllus.*** Laubabwerfender, buschiger, lichter Strauch. H. 5 m, Br. 3 m. Winterhart. Die sehr großen, ovalen, stark geaderten, dunkelgrünen Blätter verfärben sich im Herbst rot. Im Spätfrühjahr und Frühsommer erscheinen Büschel kleiner, 5blättriger rosa Blüten, später runde, leuchtendrote Früchte.
C. congestus. Immergrüner, niederliegender Strauch. H. 20 cm, Br. 2 m. Winterhart. Bildet dichte Büschel ovaler, dumpfgrüner Blätter. Bringt im Frühsommer kleine, 5blättrige, rsoa-weiße Blüten hervor, später runde, leuchtendrote Früchte. Eignet sich gut für Steingärten.
C. conspicuus, syn. *C. c.* var. *decorus*. Immergrüner, niederliegender, hängender Strauch. H. 30 cm, Br. 2–3 m. Winterhart. Die Blätter sind länglich, glänzend und stark dunkelgrün. Den im Frühjahr erscheinenden kleinen, 5blättrigen, weißen Blüten folgen große, runde, scharlachrote oder orangerote Früchte.
C. 'Coral Beauty'. Immergrüner, überhängender, dichter Strauch. H. 1 m, Br. 2 m. Winterhart. Hat kleine, ovale, glänzende, dunkelgrüne Blätter und im Frühsommer kleine, 5blütenblättrige, weiße Blüten. Früchte rund und leuchtendorangerot.
C. 'Cornubia' Abb. S. 92.
C. dielsianus. Laubabwerfender, überhängender Strauch. H. und Br. 2,5 m. Winterhart. Die schlanken Zweige sind mit ovalen, dunkelgrünen Blättern besetzt. Bringt im Frühsommer kleine rosa Blüten mit 5 Kronblättern hervor, später runde, glänzende, rote Früchte.
C. divaricatus Abb. S. 98.
C. 'Exburiensis'. Immergrüner oder halbimmergrüner, überhängender Strauch. H. und Br. 5 m. Winterhart. Hat schmale, lanzettförmige, leuchtendgrüne Blätter und im Frühsommer kleine, weiße Blüten aus 5 Kronblättern, dann runde, gelbe Früchte, die später manchmal rosa überhaucht sind. ***C. 'Firebird'.*** Laubabwerfender, buschiger, lockerer Strauch. H. und Br. 3 m. Winterhart. Die großen, ovalen, stark geaderten, dunkelgrünen Blätter verfärben sich im Herbst rot. Trägt im Frühsommer kleine, 5blättrige, weiße Blüten, später eine Fülle runder, leuchtendroter Früchte.
C. franchetii. Immergrüner oder halbimmergrüner, überhängender Strauch. H. und Br. 3 m. Winterhart. Die ovalen, graugrünen Blätter sind auf der Unterseite weiß. Trägt im Frühsommer kleine, 5blättrige, rosa überhauchte, weiße Blüten, dann sehr zahlreich längliche, leuchtend orangerote Früchte. Var. ***sternianus*** Abb. S. 117.
C. frigidus. Kräftiger, laubabwerfender Baum, der erst aufrecht ist, im ausgewachsenen Zustand sich überneigt. H. und Br. 10 m. Winterhart. Hat große, breitovale, dumpfgrüne Blätter mit gewelltem Rand und breite Köpfe kleiner weißer Blüten mit 5 Kronblättern, die im Frühsommer erscheinen, gefolgt von großen Büscheln langhaltender, kleiner, runder, leuchtendroter Früchte.
C. glaucophyllus. Immergrüner, überhängender, lockerer Strauch. H. und Br. 3 m. Winterhart. Die Blätter sind oval, dunkelgrün, auf der Unterseite bläulich-weiß. Bringt Sommermitte kleine weiße Blüten mit 5 Kronblättern hervor, im Herbst kleine, runde, tiefrote Früchte. Var. ***serotinus***, H. und Br. 6 m, blüht von Mitte- – Spätsommer, die Früchte halten bis zum Frühjahr.
C. 'Gnom', syn. *C.* 'Gnome'. Immergrüner, niederliegender Strauch. H. 20 cm, Br. 2 m. Winterhart. Trägt schmal lanzettförmige, dunkelgrüne Blätter, kleine, 5blättrige, weiße Blüten im Frühsommer und Büschel kleiner, runder, roter Früchte. Guter Bodendecker.
C. 'Gnome'. Siehe *C.* 'Gnom'.
C. 'Herbstfeuer'. Siehe *C.* 'Autumn Fire'.
C. horizontalis Abb. S. 140.
C. hupehensis. Laubabwerfender, überhängender Strauch. H. 2 m, Br. 3 m. Winterhart. Im Herbst färben sich die ovalen, leuchtendgrünen Blätter gelb. Der Fülle kleiner, weißer Blüten mit 5 Kronblättern im späten Frühling folgen große, runde, leuchtendrote Früchte.
C. 'Hybridus Pendulus'. Immergrüner, niederliegender Strauch, fast immer als Trauerform kultiviert. H. 2 m, Br. 1,5 m. Winterhart. Hat längliche, dunkelgrüne Blätter, im Frühsommer kleine, weiße Blüten (5 Kronblätter), anschließend runde, tiefrote Früchte.
C. lacteus Abb. S. 93.
C. microphyllus. Immergrüner, ausgebreiteter, dichter Strauch. H. 1 m, Br. 2 m. Winterhart. Die steifen Zweige sind mit kleinen, ovalen, dunkelgrünen Blättern bedeckt. Bringt im späten Frühjahr kleine, weiße Blüten (5 Kronblätter) hervor, später runde, rote Früchte. Var. ***cochleatus*** niedrig mit eingeschnittenen Blätter. Var. ***thymifolius***, H. 60 cm, niedrig mit starren Zweigen und mit viel kleineren, schmaleren, abgestumpften, glänzenden Blättern.
C. prostratus, syn. *C. rotundifolius*. Immergrüner, überhängender Strauch. H. 1,5 m, Br. 2,5 m. Winterhart. Hat kleine, ovale, glänzende, dunkelgrüne Blätter. Im Frühsommer erscheinen kleine, weiße Blüten (5 Kronblätter), denen runde, tiefrote Früchte folgen.
C. 'Rothschildianus'. Immergrüner oder halbimmergrüner, überhängender Strauch. H. und Br. 5 m. Winterhart. Hat schmale, ovale, leuchtendgrüne Blätter, im Frühsommer kleine, weiße Blüten (5 Kronblätter) und große Büschel runder, goldgelber Früchte.
C. rotundifolius. Siehe *C. prostratus*.
C. salicifolius. Kräftiger, immergrüner, überhängender Strauch. H. und Br. 5 m. Winterhart. Hat schmale, lanzettförmige, dunkelgrüne Blätter. Im Frühsommer erscheinen kleine weiße Blüten (5 Kronblätter), später Büschel kleiner, runder, roter Früchte.
C. simonsii Abb. S. 116.
C. 'Skogholm', syn. *C.* 'Skogsholmen'. Immergrüner, überhängender, weit ausgebreiteter Strauch. H. 60 cm, Br. 3 m. Winterhart. Die Blätter sind klein, oval, glänzend und dunkelgrün. Trägt während des Frühsommers kleine, weiße Blüten (5 Kronblätter), später eher spärlich runde, rote Früchte. Eignet sich gut als Bodendecker.
C. 'Skogsholmen', siehe *C.* 'Skogholm'.
C. × watereri 'John Waterer'. Kräftiger, immergrüner oder halbimmergrüner, überhängender Strauch. H. und Br. 5 m. Winterhart. Hat lanzettförmige, dunkelgrüne Blätter, im Frühsommer kleine, weiße Blüten mit 5 Kronblättern, später zahlreich große Büschel runder, roter Früchte.

COTULA (Compositae)
Laugenblume, Fiederpolster
Gattung von Stauden und einigen Wasserpflanzen für den Rand, von denen die meisten immergrün sind, beliebt wegen ihres zierlichen Laubes und der knopfähnlichen Blütenköpfe. Viele Spezies eignen sich für Spalten in Pflastersteinen, aber sie wuchern stark. Bedingt bis winterhart. Die meisten benötigen Sonne und durchlässige, nicht zu trockene Erde. Vermehrung durch Teilung im Frühling.
C. atrata Abb. S. 307. Var. ***luteola*** Abb. S. 304.
C. coronopifolia. Kurzlebige, laubabwerfende, mehrjährige Wasserpflanze für den Beckenrand. H. 15 cm, Br. 30 cm. Winterhart. Hat fleischige Stengel, kleine, lanzettförmige, mittelgrüne Blätter und im Sommer knopfähnliche, gelbe Blütenköpfe.

COTYLEDON (Crassulaceae)
Gattung immergrüner, sukkulenter Sträucher und Halbsträucher, beliebt wegen ihres mannigfaltigen Laubes; ovale, große, graue Blätter bis hin zu kleinen, zylindrischen, mittelgrünen Blättern. Frostempfindlich. Mindesttemperatur 5–7°C. Benötigt einen sonnigen oder halbschattigen Standort und sehr durchlässige Erde. Vermehrung durch Samen oder Kopfstecklinge im Frühjahr oder Sommer.
C. ladysmithensis Abb. S. 394.
C. orbiculata. Immergrüner, aufrechter, sukkulenter Strauch. H. und Br. 50 cm oder mehr. Frostempfindlich. Mindesttemperatur 7°C. Der verdickte Stamm trägt dünne, ovale, mittelgrüne Blätter mit weißem Wachsüberzug und manchmal rotgeärändert. Im Herbst erscheinen Blütenstengel, bis 70 cm lang, mit nickenden, röhrenförmigen, orangefarbenen Blüten.
C. paniculata. Siehe *Tylecodon paniculata*.
C. reticulata. Siehe *Tylecodon reticulata*.
C. simplicifolia. Siehe *Chiastophyllum oppositifolium*.
C. undulata Abb. S. 388.
C. wallichii. Siehe *Tylecodon wallichii*.

CRAMBE (Cruciferae)
Gattung einjähriger Pflanzen und Stauden, die wegen ihrer auffallenden Blätter und großen Rispen weißer Blüten im Sommer kultiviert werden. Die jungen Blätter von *C. maritima* (Meereskohl) werden im Frühjahr als Gemüse verwendet. Winterhart. Gedeiht in jedem durchlässigen Boden, bevorzugt offene Lage in voller Sonne, verträgt auch etwas Schatten. Vermehrung durch Teilung im Frühjahr oder durch Samen im Herbst oder Frühjahr.
C. cordifolia (Riesenschleierkraut) Abb. S. 188.
C. maritima (Seekohl) Abb. S. 233.

CRASPEDIA (Compositae)
Gattung sommerblühender Stauden mit Basalrosetten, einige gedeihen am besten als Einjährige. Bedingt winterhart bis frostempfindlich. Mindesttemperatur 5°C. Benötigt Sonne und durchlässigen Boden. Vermehrung durch frischen Samen im Sommer.
C. incana. Staude mit Basalrosetten. H. 20–30 cm, Br. 10 cm. Frostempfindlich. Hat schmale ovale, grundständige Blätter mit dichten, wolligen, weißen Haaren auf der Blattunterseite und kleineren Blättern an den Blütenstengeln. Trägt im Sommer viele kegelige Köpfe von 3–10 winzigen, röhrenförmigen, gelben Blüten, in großen, endständigen Büscheln angeordnet.

CRASSULA (Crassulaceae)
Dickblatt
Gattung mehrjähriger Sukkulenten und immergrüner, sukkulenter Sträucher und Halbsträucher, rangierend von stark sukkulentblättrigen Spezies, 2 cm hoch, bis zu den strauchartigen bis 5 m. Die meisten sind leicht zu kultivieren. Winterhart bis frostempfindlich. Mindesttemperatur 5–7°C. Die meisten bevorzugen volle Sonne, andere wiederum Halbschatten. Benötigen sehr durchlässige Erde und etwas Wasser im Winter. Vermehrung durch Samen oder Kopfstecklinge im Frühjahr oder Herbst.
C. arborescens Abb. S. 380.
C. argentea. Siehe *C. ovata*.
C. coccinea. Siehe *Rochea coccinea*.
C. cooperi. Bodendeckende, sukkulente Staude, H. 2 cm, Br. 30 cm. Frostempfindlich. Mindesttemperatur 7°C. Hat kleine, löffel- bis lanzettförmige, hellgrüne Blätter mit dunkelgrüner oder schwarzgrüner Zeichnung. Trägt im Winter Büschel kleiner, 5zähliger, weißer bis blaß rosa Blüten. Bevorzugt volle Sonne.
C. deceptrix Abb. S. 396.
C. falcata Abb. S. 385.
C. lactea. Niedrige bis halbaufrechte, mehrjährige Sukkulente. H. 20 cm, Br. 1 m. Frostempfindlich. Mindesttemperatur 5°C. Die Blätter sind dreieckig oval, glänzend und dunkelgrün. Im Winter erscheinen in endständigen Büscheln unzählige kleine, weiße Blüten mit 5 Kronblättern. Bevorzugt Halbschatten.
C. lycopodioides. Dichte, buschige, an der Basis verholzte, sukkulente Staude. H. 15 cm, Br. 30 cm. Frostempfindlich. Mindesttemperatur 5°C. Trägt kleine, schuppenartige, ordentlich überlappende mittelgrüne Blätter, die in 4 Reihen um aufrechte Stengel angeordnet sind. Im Frühjahr erscheinen winzige, 5zählige, grünlichgelbe Blüten. Bevorzugt Halbschatten.
C. multicava Abb. S. 391.
C. ovata, syn. *C. argentea*.
C. portulacea Abb. S. 379.
C. portulacea. Siehe *C. ovata*.
C. sarcocaulis Abb. S. 293.
C. schmidtii Abb. S. 393.
C. socialis Abb. S. 390.

× CRATAEGOMESPILUS (Rosaceae)
Gruppe veredelter, gezüchteter, laubabwerfender Bäume *(Crataegus* und *Mespilus)*, beliebt wegen ihrer Blüten, ihres Laubes und der Früchte. Winterhart. Benötigt Sonne oder Halbschatten und fruchtbare, durchlässige Erde. Vermehrung durch Veredlung im Spätsommer.
× *C. dardarii* (Bronvaux Mispel). **'Jules d'Asnières'** ist ein laubabwerfender, ausgebreiteter Baum. H. und Br. 6 m. Hat herabhängende Äste und dornige Zweige. Die variablen, ovalen oder stark gelappten dunkelgrünen Blätter sind im Austrieb grau und verfärben sich im Herbst orange und gelb. Im späten Frühjahr oder Frühsommer erscheinen Büschel tellerförmiger, weißer, manchmal rosa überhauchter Blüten, später kleine, rundliche, rotbraune Früchte.

CRATAEGUS (Rosaceae)
Weißdorn, Dorn
Gattung laubabwerfender, seltener halbimmergrüner, dorniger, oft ausgebreiteter Bäume und Sträucher, beliebt wegen ihrer im Frühling–Sommer erscheinenden 5zähligen, manchmal auch gefüllten Blüten, ihrer dekorativen Früchte, und in manchen Fällen wegen ihrer Herbstfarben. Winterhart. Bevorzugt volle Sonne, eignet sich aber fast für jeden Standort, außer für staunassen Boden. Eignet sich besonders für luftverschmutzte Stadtgebiete, exponierte Lagen und Küstengärten. Vermehrung der Spezies durch Samen im Herbst, Sorten durch Okulation im Spätsommer. Feuerbrand wird mehr und mehr zum Problem.
C. crus-galli (Hahnenweißdorn). Laubabwerfender Baum mit flacher Krone. H. 8 m, Br. 10 m. Hat Zweige mit langen, gedrehten Dornen und ovale, glänzende, dunkelgrüne Blätter, die sich im Herbst leuchtendrot verfärben. Im späten Frühjahr erscheinen Büschel weißer Blüten mit rosa Antheren, später langhaftende, rundliche, leuchtendrote Früchte.
C. ellwangeriana. Laubabwerfender, ausgebreiteter Baum. H. und Br. 6 m. Die breit ovalen, dunkelgrünen Blätter sind flach gezähnt und gelappt. Trägt im Spätfrühjahr Büschel weißer Blüten mit rosa Antheren, später rundliche, glänzende, rote Früchte.
C. flava (Gelbdorn) Abb. S. 63.
C. laciniata (Geschlitztblättriger Dorn), syn. *C. orientalis*, Abb. S. 58.
C. laevigata, syn. *C. oxyacantha* (Zweigriffliger Weißdorn). **'Paul's Scarlet'** Abb. S. 64. **'Punicea'** ist ein laubabwerfender, ausgebreiteter Baum. H. und Br. 6 m. Im späten Frühjahr und Frühsommer erscheinen zwischen den ovalen, gelappten, gezähnten, glänzenden, dunkelgrünen Blättern Büschel roter Blüten, später runde, rote Früchte.
***C. × lavallei* 'Carrierei'** (Lederweißdorn). Kräftiger, laubabwerfender, ausgebreiteter Baum. H. 7 m, Br. 10 m. Im Spätherbst färben sich die ovalen, glänzenden, dunkelgrünen Blätter rot. Bringt im späten Frühjahr Büschel weißer Blüten hervor, denen langhaftende, rundliche, orangerote Früchte folgen.
C. macrosperma var. ***acutiloba*** Abb. S. 67.
C. mollis. Laubabwerfender, ausgebreiteter Baum. H. 10 m, Br. 12 m. Die großen, breit ovalen, gelappten, dunkelgrünen Blätter sind, wenn jung, unterseits weiß behaart. Trägt im späten Frühling große, weiße Blütenköpfe, später kurzlebige, rundliche, rote Früchte.
C. monogyna (Eingriffeliger Weißdorn). Laubabwerfender Baum mit runder Krone. H. 10 m, Br. 8 m. Hat breit ovale, stark gelappte, glänzende, dunkelgrüne Blätter. Vom späten Frühjahr bis Frühsommer erscheinen Büschel duftender, weißer Blüten, später rundliche, rote Früchte. Eignet sich gut für eine dichte Hecke. **'Biflora'** trägt in milden Wintern Blüten und Blätter ebenso wie im Frühjahr.
C. orientalis. Siehe *C. laciniata*.
C. oxyacantha. Siehe *C. laevigata*.
C. pedicellata (Scharlachweißdorn) Abb. S. 67.
C. phaenopyrum. Laubabwerfender Baum mit runder Krone. H. und Br. 10 m. Die breit ovalen Blätter sind scharf gelappt, glänzend und dunkelgrün. Vom Früh- bis Mitte Sommer erscheinen Büschel weißer Blüten mit rosa Antheren, später die rundlichen, glänzenden, roten Früchte, die den ganzen Winter über am Baum haften.
C. prunifolia. Laubabwerfender, ausgebreiteter, dorniger Baum. H. 8 m, Br. 10 m. Die ovalen, glänzenden, dunkelgrünen Blätter verfärben sich im Herbst rot oder orange. Im Frühsommer erscheinen Büschel weißer Blüten mit rosa Antheren, später rundliche, dunkelrote Früchte.
C. tanacetifolia (Rainfarnblättriger Dorn). Laubabwerfender, gewöhnlich dornenloser Baum. H. 10 m, Br. 8 m. Hat oval bis diamantförmige, tief eingeschnittene graugrüne Blätter, Mitte Sommer duftende, weiße Blüten mit roten Antheren und kleine, apfelförmige, gelbe Früchte.

CREMANTHODIUM (Compositae)
Gattung von Stauden mit Basalrosetten, beliebt wegen ihrer überhängenden, halbgeschlossenen, gänseblümchenähnlichen Blütenköpfe. Ist oft sehr schwierig zu kultivieren, außer in sehr kalten Gegenden mit Schnee. Mag keine Winternässe. Bedingt bis winterhart. Benötigt Schatten und humusreiche, feuchte, aber durchlässige Erde. Vermehrung durch frischen Samen.
C. reniforme. Staude mit Basalrosetten. H. und Br. 20 cm. Winterhart. Die Blätter sind groß und nierenförmig. Die stämmigen Stengel tragen im Sommer einen großen, gänseblümchenähnlichen, gelben Blütenkopf.

CREPIS (Compositae)
Pippau
Gattung sommerblühender, zweijähriger Pflanzen und Stauden, einige von ihnen sind immergrün, mit langen Hauptwurzeln und Blättern, die in flachen Rosetten angeordnet sind. Einige Spezies sind Dauerunkräuter, aber manche werden wegen ihrer vielzähligen, löwenzahnähnlichen Blütenköpfe kultiviert. Winterhart. Gedeiht in Sonne oder Schatten und bevorzugt durchlässige Erde. Vermehrung der Ein- und Zweijährigen durch Samen im Herbst, der Stauden durch Wurzelschnittlinge (keine Hauptwurzeln) im Spätwinter, obwohl die meisten Spezies sich selbst aussäen.
C. aurea Abb. S. 299.
C. incana. Staude mit Basalrosetten. H. 20 cm, Br. 10 cm. Trägt längliche, geteilte, behaarte, gräulich-grüne Blätter und im Sommer ungleich zottige, rosa Blütenköpfe an steifen Stengeln. Eignet sich für einen sonnigen Steingarten oder Umrandungen.
C. rubra Abb. S. 264.

CRINODENDRON (Elaeocarpaceae)
Gattung immergrüner Sträucher und Bäume, die wegen ihrer Blüten und des Laubes kultiviert wird. Bedingt bis winterhart. Benötigt Schatten oder Halbschatten mit kühlem Fuß. Die Erde sollte fruchtbar, feucht, aber durchlässig und sauer sein. Vermehrung durch Kopfstecklinge im Sommer oder durch Samen im Herbst.
C. hookerianum, syn. *Tricuspidaria lanceolata*, Abb. S. 110.
× ***Crinodonna corsii.*** Siehe × *Amarcrinum memoria-corsii*.

CRINUM (Amaryllidaceae)
Hakenlilie
Gattung robuster Bulben, beliebt wegen ihrer oft duftenden, trichterförmigen Blüten. Winterhart bis frostempfindlich. Mindesttemperatur 16°C. Benötigt volle Sonne, Schutz und nahrhafte, durchlässige Erde. Vermehrung durch Brutbulben im Frühjahr oder durch frischen Samen im Frühling.
C. americanum. Horstbildende, frühlings- und sommerblühende Bulbe. H. 40–75 cm, Br. 60 cm. Bedingt winterhart. Hat 6–10 riemenförmige, halbaufrechte, grundständige Blätter. Der blattlose Blütenstengel trägt eine Dolde mit bis zu 6 duftenden, langröhrigen, weißen Blüten mit schmalen Kronblättern.
C. asiaticum Abb. S. 350.
C. bulbispermum, syn. *C. longifolium*. Sommerblühende Bulbe. H. bis 1 m, Br. 60 cm. Bedingt winterhart. Der blattlose Blütenstengel hat mehrere duftende, langröhrige, weiße oder rosarote Blüten mit dunkelroten Streifen. Trägt lange, riemenförmige, halbaufrechte Blätter, die in Büscheln an kurzen Stielen angeordnet sind.
C. longifolium. Siehe *C. bulbispermum*.
C. macowanii. Herbstblühende Bulbe. H. und Br. 60 cm oder mehr. Bedingt winterhart. Ist ähnlich wie *C. bulbispermum*, aber die Blattränder sind gewellt.
C. moorei Abb. S. 335.
C. × powellii (Hakenlilie) Abb. S. 333. **'Album'** Abb. S. 332.

CROCOSMIA (Iridaceae)
Montbretie
Gattung von Knollenpflanzen, die wegen ihrer leuchtendbunten Blüten im Sommer kultiviert wird. Bildet dichte Büschel schwertförmiger, aufrechter Blätter. Winterhart. Benötigt durchlässige Erde in offener, sonniger Lage. In kalten Gegenden einen geschützten Standort geben oder herausnehmen und kühl und trocken überwintern. Vermehrung durch Teilung im Frühjahr, ehe sie zu treiben beginnen.
C. aurea. Horstbildende, sommerblühende Knollenpflanze. H. 50–75 cm, Br. 15–20 cm. Die aufrechten Basalblätter sind lang, schmal und schwertförmig. Trägt eine locker verzweigte Ähre röhrenförmiger, orangefarbener oder gelber Blüten, jede 3–5 cm lang, mit 6 ausgebreiteten Kronblättern.
C. **'Bressingham Blaze'** Abb. S. 336.
C. **'Citronella'** Abb. S. 339.
C. **'Emily McKenzie'.** Kompakte, spätsommerblühende Knolle. H. bis 60 cm, Br. 15–20 cm. Die Basalblätter sind aufrecht und schwertförmig. Trägt eine dichte Ähre breit trichterförmiger, tief orangefarbener Blüten, jede mit einem dunkel mahagonifarbenen Schlund.
C. **'Jackanapes'** Abb. S. 353.
C. **'Lucifer'** Abb. S. 336.
C. masonorum Abb. S. 336.
C. paniculata, syn. *Antholyza paniculata*.

Sommerblühende Knolle. H. bis 1,5 m, Br. 30–45 cm. Die Pflanze hat schwertförmige, aufrechte Basalblätter, die längs gefaltet sind und trägt lange, röhrenförmige, orangefarbene Blüten an verzweigten Stengeln, die stark zickzackförmig sind.
C. rosea. Siehe *Tritonia rubrolucens*.

CROCUS (Iridaceae)
Krokus
Gattung hauptsächlich frühlings- oder herbstblühender Knollenpflanzen mit trichterförmigen bis rundlichen, langröhrigen Blüten. Hat lange, sehr schmale, halbaufrechte Basalblätter mit weißem Streifen in der Mitte. Jede Knolle trägt 1–5 Blätter. Einige herbstblühende Spezies haben zur Blütezeit keine Blätter. Diese erscheinen im Winter oder Frühjahr. Die meisten Spezies sind in der Blüte weniger als 10 cm hoch und ca. 8 cm breit. Eignet sich gut für Steingärten und zum Treiben in Schalen für Zimmerkultur. Bedingt bis winterhart. Die meisten benötigen durchlässige Erde in sonniger Lage. *C. banaticus* bevorzugt feuchte Erde und Halbschatten. Muß im Spätsommer oder Frühherbst 5–6 cm tief gesetzt werden. Vermehrung im Frühherbst durch Samen oder durch Teilung, wenn sich neue Brutknöllchen gebildet haben.
C. aerius hort. Siehe *C. biflorus* ssp. *pulchricolor*.
C. ancyrensis. Frühlingsblühende Knolle. Winterhart. Bringt bis zu 7 duftende, leuchtend orangegelbe Blüten, 5–6 cm lang, hervor.
C. angustifolius, syn. *C. susianus*. Frühlingsblühende Knolle. Winterhart. Die duftenden Blüten sind leuchtend goldgelb, an der Außenseite gestreift oder bronze gefleckt.
C. aureus. Siehe *C. flavus*.
C. banaticus Abb. S. 368.
C. biflorus Abb. S. 360. ssp. ***alexandri*** ist eine frühblühende Knolle. Winterhart. trägt duftende, tief violette Blüten, weiß auf der Innenseite. ssp. ***pulchricolor*** (syn. *C. aerius hort.* hat satttiefblaue Blüten mit goldgelber Mitte.
C. 'Blue Pearl' Abb. S. 360.
C. cancellatus. Herbstblühende Knolle. Winterhart. Die schlanken Blüten sind blaßblau und an der Außenseite leicht gestreift. Die Blätter entwickeln sich im Frühjahr nach der Blüte.
C. cartwrightianus. Herbstblühende Knolle. Winterhart. Die Blätter und die stark geaderten, violetten oder weißen Blüten, jede 4–6 cm breit, mit 3 langen, leuchtendroten Narben, ähnlich wie die von *C. sativus*, erscheinen zur gleichen Zeit.
C. chrysanthus. Frühlingsblühende Knolle. Winterhart. Die duftenden Blüten sind orange-gelb mit dunkelorangeroten Narben.
C. 'Cream Beauty' Abb. S. 357.
C. cvijicii Abb. S. 363.
C. dalmaticus Abb. S. 359.
C. 'Dutch Yellow'. Sehr kräftige, horstbildende, frühlingsblühende Knolle. Winterhart. Trägt gelbe, 8–10 cm lange Blüten, die unten auf der Außenseite schwach gestreift sind. Paßt gut in den Rasen.
C. 'E. A. Bowles' Abb. S. 363.
C. etruscus Abb. S. 360. **'Zwanenburg'** ist eine frühlingsblühende Knolle. Winterhart. Trägt blaßpurpurblaue Blüten, an der Außenseite hellbraun getönt und violett gefleckt.
C. flavus, syn. *C. aureus*. Frühlingsblühende Knolle. Winterhart. Die duftenden Blüten sind leuchtendgelb oder orangegelb, oft erscheinen einige Blüten auf einmal oder in rascher Folge.
C. gargaricus. Frühlingsblühende Knolle. Winterhart. Trägt gelbe Blüten, 4–5 cm lang. Vermehrt sich durch Ausläufer. Kann etwas feuchter stehen als die meisten anderen Krokusse.
C. goulimyi Abb. S. 367.
C. imperati. Wunderschöne, zweifarbige, frühlingsblühende Knolle. Winterhart. Entwickelt 1–2 duftende, purpurne, 6–8 cm lange Blüten, an der Außenseite ocker, purpur gestreift und mit gelbem Schlund.
C. korolkowii (Schellkraut-Krokus). Frühlingsblühende Knolle. Bringt bis zu 20 schmale Blätter hervor. Trägt duftende, gelbe Blüten, die außen braun oder purpurn gefleckt sind. Bei Sonnenschein glänzen offene Blütenblätter.
C. kotschyanus, syn. *C. zonatus*, Abb. S. 367. Var. ***leucopharynx*** ist eine kräftige, herbstblühende Knolle. Winterhart. Die Blüten sind blaßblau mit weißer Mitte und weißen Antheren. Die Blätter erscheinen im Winter–Frühling.
C. laevigatus. Eine sehr veränderliche Knolle, die mit Unterbrechung einen Monat oder mehr, im Herbst oder Winter, je nach Sorte, blüht. Winterhart. Die duftenden Blüten erscheinen gleichzeitig mit den Blättern, sind gewöhnlicherweise lila-purpurn, mit kräftigen Streifen an der Außenseite, innen mit gelbem Auge und weißen Antheren.
C. longiflorus. Herbstblühende Knolle. Winterhart. Bringt zusammen mit den Blättern duftende, schlanke, purpurne Blüten mit gelber Mitte, an der Außenseite dunkler purpurn gestreift, hervor. Hat gelbe Antheren und rote Narben.
C. malyi Abb. S. 357.
C. medius Abb. S. 368.
C. minimus (Zwergkrokus) Abb. S. 359.
C. niveus. Herbstblühende Knolle. Winterhart. Bringt 1–2 weiße oder blaß lavendelfarbene Blüten, 10–15 cm lang, mit auffälligem, gelbem Schlund, hervor. Die Blätter erscheinen mit der Blüte oder kurz danach. Benötigt einen warmen, sonnigen Standort.
C. nudiflorus Abb. S. 368.
C. olivieri. Frühlingsblühende Knolle. Winterhart. Trägt runde, leuchtend orangefarbene Blüten. Die von ssp. ***balansae*** sind außen bronze-braun gefleckt oder gestreift.
C. pulchellus Abb. S. 368.
C. salzmannii. Siehe *C. serotinus* ssp. *salzmannii*.
C. sativus, syn. *C. s.* var. *cashmirianus* (Safran-Krokus). Herbstblühende Knolle. Winterhart. Die Blätter erscheinen zusammen mit den tellerförmigen, purpurnen Blüten, 5–7 cm breit. Sie sind dunkler geadert und haben 3 lange, leuchtendrote Narben, die Safran abgeben.
C. serotinus ssp. ***salzmannii***, syn. *C. salzmannii*. Herbstblühende Knolle. Winterhart. Trägt bis zu 10 cm lange, lila-blaue Blüten, manchmal mit gelbem Schlund. Die Blätter erscheinen zusammen mit den Blüten.
C. sieberi ssp. ***sieberi.*** Frühlingsblühende Knolle. Winterhart. Die duftenden, weißen Blüten haben einen gelben Schlund und die violett gefärbte Außenseite ist entweder waagrecht gebändert oder vertikal gestreift. Ssp. ***atticus*** hat duftende, violettblaue Blüten mit gekräuselten, orangefarbenen Narben. **'Bowles White'** Abb. S. 356.
C. 'Snow Bunting' Abb. S. 357.
C. speciosus. Herbstblühende Knolle. Winterhart. Trägt blaß purpurblaue Blüten, jede mit einem Netz dunkler Adern und einer vielgeteilten, orangefarbenen Narbe. Die Blätter erscheinen im Winter – Frühling. **'Oxonian'** Abb. S. 369.
C. susianus. Siehe *C. angustifolius*.
C. tommasinianus (Wildkrokus) Abb. S. 359.
C. tournefortii. Herbstblühende Knolle, Winterhart. Die Blätter erscheinen zur selben Zeit wie die 1 oder 2 blaß lilablauen Blüten, die sich sehr weit öffnen, um eine vielgeteilte, orangefarbene Narbe und weiße Antheren zu zeigen. Für einen warmen, sonnigen Standort.
C. vernus Abb. S. 359, ssp. ***albiflorus*** Abb. S. 356. **'Joan of Arc'** ist eine frühlingsblühende Knolle. H. bis 10 cm, Br. 2,5–8 cm. Winterhart. Bringt 10–12 cm lange, weiße Blüten mit großen, gekräuselten, orangefarbenen Narben hervor. Eignet sich gut als Zimmerpflanze, für Garten und Rasen. **'Pickwick'** Abb. S. 360. **'Princess Juliana'** Abb. S. 359. **'Purpureus Grandiflorus'** hat glänzende, purpurblaue Blüten. **'Vanguard'** hat silbrige, bläulich-lila Blüten, auf der Außenseite blasser. Ist eine sehr zeitige Sorte.
C. 'Zephyr'. Herbstblühende Knolle. Winterhart. Trägt sehr blasse, silbrigblaue Blüten mit dunkleren Adern und mit einem auffälligen gelben Schlund und weißen Antheren.
C. zonatus. Siehe *C. kotschyanus*.
C. 'Zwanenburg Bronze'. Frühlingsblühende Knolle. H. bis 10 cm, Br. 2,5–8 cm. Winterhart. Hat zweifarbige Blüten, sattgelb auf der Innenseite, außen bronze-gefleckt.

CROSSANDRA (Acanthaceae)
Gattung immergrüner Stauden, Halbsträucher und Sträucher, die hauptsächlich wegen ihrer Blüten kultiviert wird. Frostempfindlich. Mindesttemperatur 15 °C. Benötigt Halbschatten oder helles Licht und humusreiche, durchlässige Erde. Während der Wachstumszeit werden Topfpflanzen großzügig gegossen, zu anderen Zeiten weniger. Um eine starke Verzweigung zu erhalten, werden im Spätwinter die Blütentriebe mindestens auf die Hälfte gekürzt. Vermehrung durch Samen im Frühjahr oder durch unreife Stecklinge im späten Frühjahr oder Sommer. Anfällig für Weiße Fliege.
C. infundibuliformis, syn. *C. undulifolia*. Immergrüner, aufrechter bis ausgebreiteter, krautiger Strauch oder Halbstrauch. H. bis 1 m, Br. 60 cm. Hat oval bis lanzettförmige, glänzende, tiefgrüne Blätter und bringt im Sommer–Herbst, oder auch früher, fächerförmige, lachsfarbene Blüten an 10 cm langen, konischen Ähren hervor.
C. nilotica Abb. S. 133.
C. undulifolia. Siehe *C. infundibuliformis*.

CROTALARIA (Leguminosae)
Bengalischer Hanf
Gattung immergrüner Sträucher, Stauden und einjähriger Pflanzen, die hauptsächlich wegen ihrer Blüten kultiviert werden. Frostempfindlich. Mindesttemperatur 10–15 °C. Benötigt helles Licht und durchlässige Erde. Während der Wachstumszeit Kübelpflanzen großzügig gießen, ansonsten mäßig. Um eine kompaktere Form zu erhalten, nach der Blüte die alten Triebe bis auf die Hälfte zurückschneiden. Vermehrung durch Samen im Frühjahr oder durch halbausgereifte Stecklinge im Sommer. Anfällig für Rote Spinne.
C. agatiflora Abb. S. 91.
Crucianella stylosa. Siehe *Phuopsis stylosa*.

CRYPTANTHUS (Bromeliaceae)
Versteckblüte
Gattung immergrüner, rosettenbildender Stauden, die wegen ihres attraktiven Laubes kultiviert wird. Frostempfindlich. Mindesttemperatur 10–13 °C. Benötigt Halbschatten und durchlässige, vorzugsweise mit Sphagnum vermischte Erde. Während der Wachstumszeit wird mäßig gegossen, zu anderen Zeiten weniger. Vermehrung durch Kindl oder Ableger im späten Frühjahr.
C. acaulis. Immergrüne, horst- und rosettenbildende Staude. H. bis 10 cm, Br. 15–30 cm. Hat lockere, flache Rosetten lanzettförmiger bis schmal dreieckiger, gewellter, mittelgrüner Blätter mit gezackten Rändern. Gewöhnlich erscheint im Sommer aus der Rosettenmitte ein Büschel duftender, röhrenförmiger, weißer Blüten. Var. ***ruber*** hat rotüberhauchtes Laub.
C. bivittatus (Abb. S. 222). Immergrüne, horst- und rosettenbildende Staude. H. bis 15 cm, Br. 25–38 cm. Hat lockere, flache Rosetten breit lanzettförmiger, gewellter, mittel- bis gelblichgrüner Blätter mit leicht gezähnten Rändern und 2 kupfer- bis ockerfarbenen Längsstreifen. Aus der Mitte jeder Rosette erscheinen gewöhnlich im Sommer kleine Büschel röhrenförmiger, weißer Blüten.
C. bromelioides. Immergrüne, ausgebreitete, rosettenbildende Staude. H. 20 cm oder mehr, Br. 35 cm oder mehr. Die riemenförmigen, gewellten, leicht gezähnten, sich neigenden, mittel- bis leuchtendgrünen Blätter sind in dichten Rosetten angeordnet. Manchmal erscheinen im Sommer aus der Mitte jeder Rosette Büschel röhrenförmiger, weißer Blüten. Var. ***tricolor*** hat rotüberlaufenes, weiß gestreiftes Laub.
C. 'Pink Starlight' (Abb. S. 222). Kräftige, immergrüne, ausgebreitete Staude mit Basalrosetten. H. 20 cm oder mehr, Br. 35 cm oder mehr. Die riemenförmigen, gewellten, leicht gezähnten, überhängenden grünen Blätter sind gelblichgrün gestreift und stark rosaüberlaufen. Manchmal erscheinen im Sommer aus jeder Rosettenmitte Büschel röhrenförmiger, weißer Blüten.
C. zonatus. Immergrüne Staude mit Basalrosetten. H. 10–15 cm, Br. 30–40 cm. Aus lockeren, flachen Rosetten erscheinen riemenförmige, gewellte, leicht gezähnte, sepiagrüne Blätter mit graubraunen Querbändern und gräulichweiß beschuppter Unterseite. Im Sommer öffnen sich gewöhnlich die aus der Rosettenmitte erscheinenden Blütenstengel mit Büschel röhrenförmiger, weißer Blüten. **'Zebrinus'** (Abb. S. 222) hat silbergestreiftes Laub.

× CRYPTBERGIA (Bromeliaceae)
Gattungsbastard *(Cryptanthus × Bill-*

bergia) von immergrünen, rosettenbildenden Stauden, die wegen ihres Laubes kultiviert werden. Frostempfindlich. Mindesttemperatur 8–10 °C. Benötigt Halbschatten und fruchtbare, durchlässige Erde. Während der Wachstumszeit mäßig gießen, weniger im Winter. Vermehrung durch Ableger oder Kindl im Frühjahr.
× ***C. rubra.*** Immergrüne, horstbildende Staude mit Basalrosetten. H. und Br. 15–30 cm. Die lockeren Rosetten bestehen aus riemenförmigen, gespitzten, bronzeroten Blättern. Selten erscheinen im Sommer aus der Rosettenmitte kleine, röhrenförmige, weiße Blüten.

CRYPTOCORYNE (Araceae)
Gattung halbimmergrüner Stauden, untergetauchter Wasser- und Sumpfpflanzen, die wegen ihres Laubes kultiviert wird. Eignet sich für tropische Aquarien. Frostempfindlich. Mindesttemperatur 10 °C. Benötigt einen sonnigen Standort, nährstoffreiche Erde. Verwelktes Laub regelmäßig entfernen und die Pflanzen von Zeit zu Zeit teilen. Vermehrung durch Teilung im Frühjahr oder Sommer.
C. ciliata. Halbimmergrüne Staude und Wasserpflanze. Br. 15 cm. Die lanzettförmigen, tiefgrünen Blätter haben blasse Mittelrippen. An der Pflanzenbasis erscheinen in Folge kleine, behaubte purpurne Blütenscheiden mit Fransen.
C. spiralis. Halbimmergrüne Staude und Wasserpflanze. Br. 15 cm. Zwischen lanzettförmigen, purpurgrünen Blättern erscheinen in Abständen kleine, behaubte purpurne Blütenscheiden.

CRYPTOGRAMMA (Polypodiaceae)
Petersilienfarn
Gattung laubabwerfender oder halbimmergrüner Farne. Winterhart. Benötigt Halbschatten und feuchte, aber durchlässige, neutrale oder saure Erde. Welke Wedel entfernen. Vermehrung durch Sporen im Spätsommer.
C. crispa Abb. S. 187.

CRYPTOMERIA (Taxodiaceae)
Sicheltanne
Siehe KONIFEREN.
C. japonica (Japanische Zeder). Schnellwachsende, säulenartige oder konische, offene Konifere. H. 15–20 m, Br. 5–8 m. Winterhart. Hat weiche, faserige, rotbraune Rinde, sichelförmige, mittel- bis dunkelgrüne Nadeln, spiralenförmig angeordnet, und runde, braune Zapfen. **'Bandai-sugi'**, H. und Br. 2 m, ist ein unregelmäßig wachsender, runder Strauch, dessen Nadeln sich im Winter bronze färben. **'Cristata'** Abb. S. 81. **'Elegans Compacta'** (syn. *C. j.* 'Elegans Nana'; Abb. S. 83). H. 2–5 m, Br. 2 m ist eine Zwergform. **'Pyramidata'** Abb. S. 81. **'Sekkan-sugi'** (Abb. S. 83) H. 10 m, Br. 3–4 m hat halbüberhängende Äste und hellgelb-cremefarbene Nadeln. **'Spiralis'** (Abb. S. 83). H. und Br. 2–3 m ist ein sehr langsamwachsender Baum oder dichter Strauch mit spiralenförmigen Nadeln. **'Vilmoriniana'** H. und Br. 1 m, rundlichwachsend mit gelbgrünen Nadeln, die sich im Winter bronze färben.

CRYPTOSTEGIA (Asclepiadaceae)
Gattung immergrüner Kletterpflanzen, beliebt wegen ihrer Blüten. Frostempfindlich. Mindesttemperatur 15 °C. Benötigt fruchtbare, durchlässige Erde und helles Licht. Regelmäßig gießen, weniger in der Ruheperiode. Muß gestützt werden. Im Frühjahr werden die Vorjahresblütentriebe zurückgeschnitten. Vermehrung durch Samen im Frühjahr oder durch Kopfstecklinge im Sommer.
C. grandiflora (Gummirebe). Starkwachsende, immergrüne Kletterpflanze. H. 10 m oder mehr. Hat ledrige, ovale, glänzende Blätter. Im Sommer erscheinen trichterförmige, rötlich bis lila-purpurne Blüten. Die Stengel enthalten giftigen Milchsaft.

CTENANTHE (Marantaceae)
Gattung immergrüner, buschiger Stauden, die wegen ihres schmückenden Laubes kultiviert wird. Frostempfindlich. Mindesttemperatur 15 °C. Benötigt feuchte Luft, gleichmäßige Temperaturen und Halbschatten. Bevorzugt durchlässige Erde und weiches Wasser, nicht voll austrocknen lassen. Vermehrung durch Teilung im Frühjahr.
C. lubbersiana. Immergrüne, horstbildende, buschige Staude. H. und Br. bis 75 cm oder mehr. Die langstieligen, lanzettförmigen, scharf gespitzten Blätter sind 25 cm lang, auf der Oberseite grün, unregelmäßig blaß gelblich-grün gezeichnet und auf der Blattunterseite blaß grünlich-gelb gestreift. Bringt mit Unterbrechungen dichte Ähren vieler, kleiner, einseitig angeordneter, weißer Blüten mit 3 Kronblättern hervor.
C. oppenheimiana. Robuste, immergrüne, buschige Staude. H. und Br. 1 m oder mehr. Die ledrigen, lanzettförmigen Blätter sind über 30 cm lang. Die Blattunterseite ist rot, die Oberseite dunkelgrün mit blaßgrünen oder weißen Streifen längs der Adern an jeder Seite der Mittelrippen. In Intervallen erscheinen dichte Ähren einseitig angeordneter, kleiner, weißer Blüten mit 3 Blütenblättern. **'Tricolor'** Abb. S. 221.

CUDRANIA (Moraceae)
Gattung laubabwerfender oder immergrüner Bäume und Sträucher, beliebt wegen ihres Laubes. Winterhart. Benötigt volle Sonne, gedeiht am besten in heißen Sommern, und fruchtbarer, durchlässiger Erde. Vermehrung durch Kopfstecklinge im Sommer oder Samen im Herbst.
C. tricuspidata. Laubabwerfender, ausgebreiteter Baum. H. 7 m, Br. 6 m. Die ovalen, dunkelgrünen Blätter sind manchmal 3fach gelappt. Trägt Mitte Sommer rundliche, kleine Büschel winziger grüner Blüten.

CUNNINGHAMIA (Taxodiaceae)
Spießtanne
Siehe KONIFEREN.
C. lanceolata Abb. S. 78.

CUNONIA (Cunoniaceae)
Gattung immergrüner, sommerblühender Bäume, beliebt wegen ihrer Gesamterscheinung, des Laubes und der Blüten. Frostempfindlich, mind. 10 °C. Benötigt helles Licht und durchlässige Erde. Kübelpflanzen mäßig gießen, im Winter noch weniger. Rückschnitt ist möglich. Vermehrung durch Samen im Frühjahr oder durch halbausgereifte Stecklinge im Sommer.
C. capensis. Mäßig schnell wachsender, immergrüner, rundlicher Baum. H. und Br. 10–15 m, noch höher in nährstoffreicher Erde. Die glänzenden, dunkelgrünen Blätter sind in paarweise angeordnete, lanzettförmige, gezackte Blättchen aufgeteilt. Im Spätsommer erscheinen 10–13 cm lange, bürstenähnliche Ähren, dicht besetzt mit winzigen, weißen Blüten und langen Staubgefäßen.

CUPHEA (Lythraceae)
Köcherblümchen
Gattung einjähriger Pflanzen, Stauden und immergrüner Sträucher und Halbsträucher, die wegen ihrer Blüten kultiviert werden. Bedingt winterhart bis frostempfindlich. Mindesttemperatur 2–7 °C. Bevorzugt volle Sonne und fruchtbare, durchlässige Erde. Während der Wachstumszeit großzügig gießen, zu anderen Zeiten mäßig. Verblühte Zweige entfernen, um buschigen Wuchs zu erhalten. Vermehrung durch Samen im Frühjahr oder durch unreife Stecklinge im Frühjahr oder Sommer. Anfällig für Rote Spinne.
C. cyanea Abb. S. 140.
C. hyssopifolia Abb. S. 126.
C. ignea Abb. S. 140.

× CUPRESSOCYPARIS (Cupressaceae) Siehe KONIFEREN.
Leyland-Zypresse
× ***C. leylandii*** Abb. S. 73. **'Castlewellan'** und **'Harlequin'** Abb. S. 76. **'Leighton Green'** ist eine sehr schnell wachsende säulenförmige Konifere mit konischer Spitze. H. 25–35 m, Br. 4–5 m. Winterhart. Trägt flache Zweige paarweise angeordneter, schuppenartiger, sattgrüner Nadeln und runde, glänzende, dunkelbraune Zapfen. **'Robinson's Gold'**, H. 15–20 m hat leuchtendgoldene Nadeln.

CUPRESSUS (Cupressaceae) Siehe KONIFEREN.
Zypresse
C. arizonica var. ***glabra.*** Siehe *C. glabra.*
C. cashmeriana Abb. S. 73.
C. glabra, syn. *C. arizonica* var. *glabra* (Arizona-Zypresse, glatte Zypresse). Konische Konifere, H. 10–15 m, Br. 3–5 m. Winterhart. Hat glatte, schuppige, rötlichpurpurne Rinde und aufrechte, spiralig angeordnete Zweige mit aromatischen, schuppenähnlichen, glänzenden, blaugrauen Nadeln mit weißem Harz befleckt. Die runden Zapfen sind schokoladenbraun.
C. lusitanica (Zypresse aus Goa, mexikanische Zypresse). Konische Konifere. H. 20 m, Br. 5–8 m. Winterhart. Hat rissige Rinde, sich ausbreitende, spiralenähnlich angeordnete Zweige schuppenähnlicher, aromatischer, graugrüner Nadeln und kleine, runde Zapfen, die leuchtendblau, wenn sie jung sind und reif glänzendbraun sind.
C. macrocarpa (Monterey Zypresse). Schnellwachsende, immergrüne Konifere, in der Jugend säulenförmig, im Alter oft ausgebreitet. H. 20 m, Br. 6–25 m. Winterhart. Rinde flach rissig. An federähnlichen Zweigen erscheinen schuppenartige, aromatische, leuchtend- bis dunkelgrüne Nadeln. Die runden Zapfen sind glänzend und braun. **'Goldcrest'** Abb. S. 81.
C. sempervirens (Echte Zypresse) Abb. S. 77.

CYANANTHUS (Campanulaceae)
Gattung spätsommerblühender Stauden, die sich für Steingärten, Mauern und Tröge eignen. Winterhart. Benötigt Halbschatten und humusreiche, feuchte, aber durchlässige Erde. Vermehrung durch Kopfstecklinge im Frühjahr oder durch Samen im Herbst.
C. lobatus. Niedrige Staude. H. 2 cm, Br. 20 cm. Die verzweigten Stengel sind von kleinen, keilförmigen, dumpfgrünen Blättern umgeben. Im Spätsommer trägt jeder Stengel eine trichterförmige, blaue Blüte. f. ***albus*** Abb. S. 313.
C. microphyllus Abb. S. 323.

CYANOTIS (Commelinaceae)
Gattung immergrüner, kriechender Stauden, die wegen ihres Laubes kultiviert wird. Frostempfindlich, mind. 10–15 °C. Für humusreiche, durchlässige Erde in Sonne oder Halbschatten. Vermehrung durch Kopfstecklinge vom Frühling bis zum Herbst.
C. kewensis (Teddy Bär Rebe). Immergrüne, rosettenbildende Staude mit kriechenden Stengeln. H. 5 cm, Br. 30 cm. 2 Reihen überlappende, ovale, bis 5 cm lange, dunkelgrüne Blätter, auf der Unterseite purpurn mit samtigen, braunen Härchen, klammern sich am Stengel fest. Während des ganzen Jahres erscheinen aus den Blattachseln ungestielte Büschel 3zähliger, purpurrosa Blüten.
C. somaliensis Abb. S. 259.

CYATHEA syn. ALSOPHILA, SPHAEROPTERIS (Cyatheaceae)
Baumfarn
Gattung immergrüner Baumfarne, die wegen ihres Laubes und der Gesamterscheinung kultiviert werden. Frostempfindlich, mind. 10–13 °C. Benötigt feuchte Luft, Sonne oder Halbschatten und humusreiche, feuchtigkeitshaltende, aber durchlässige Erde. Topfpflanzen im Sommer großzügig gießen, zu anderen Zeiten mäßig. Vermehrung durch Sporen im Frühjahr.
C. arborea (Westindischer Baumfarn). Immergrüner, aufrechter Baumfarn mit schlankem Stamm. H. 7–10 m, Br. 2–3 m. Bringt 2–3 m lange, sich neigende, leuchtend gelbgrüne Wedel hervor, die in kleine, längliche, gezackte Blättchen geteilt sind.
C. australis Abb. S. 72.
C. medullaris (Schwarzer Baumfarn, Mamaku). Immergrüner, aufrechter Baumfarn mit schlankem, schwarzem Stamm. H. 7–16 m, Br. 6–12 m. Hat überneigende Wedel, jeder bis 7 m lang, aufgeteilt in kleine, längliche, glänzende, dunkelgrüne Blättchen. Die Blattunterseite ist blasser.

CYATHODES (Epacridaceae)
Gattung immergrüner, heidekrautähnlicher Sträucher, die sich für Steingärten und Heidegärten eignen. Winterhart bis frostempfindlich, mind. 7 °C. Benötigt einen geschützten, schattigen Standort und sandige, feuchte, torfhaltige Erde. Vermehrung im Sommer durch Samen oder halbausgereifte Stecklinge.
C. colensoi Abb. S. 300.

CYBISTAX (Bignoniaceae)
Gattung laubabwerfender Bäume, beliebt wegen ihrer Frühlingsblüten und als Schattenspender. Frostempfindlich. Mindesttemperatur 16–18 °C. Benötigt volles Licht, und fruchtbare, feuchtigkeitsspeichernde, aber durchlässige Erde. Wird als Topfpflanze nicht blühen. Junge, blattlose Pflanzen kann man mit Schnitt in

Form bringen; ansonsten ist ein Rückschnitt nicht nötig. Vermehrung durch Samen oder Abmoosen im Frühling oder halbausgereifte Stecklinge im Sommer.
C. donnell-smithii, syn. *Tabebuia donnell-smithii*. Mäßig schnellwachsender, laubabwerfender, rundlicher Baum. H. und Br. 10 m oder mehr. Die Blätter teilen sich in 5–7 ovale, 5–20 cm lange Blättchen. Noch vor den Blättern erscheinen im Frühjahr glockenförmige, 5fach gelappte, leuchtendgelbe Blüten, oft in großer Fülle.

CYCAS (Cycasaceae)
Gattung langsamwachsender, immergrüner, verholzender Stauden, die wegen ihrer palmenartigen Erscheinung kultiviert werden. Frostempfindlich, mind. 10–13 °C. Bevorzugt helles Licht und humusreiche, durchlässige Erde. Getopfte Exemplare mäßig gießen, während der Ruhezeit weniger. Vermehrung im Frühjahr durch Samen oder Ableger von ausgewachsenen Pflanzen.
C. revoluta (Sagopalme) Abb. S. 120.

CYCLAMEN (Primulaceae)
Alpenveilchen
Gattung von Knollenstauden, einige von ihnen sind immergrün, beliebt wegen ihrer nickenden Blüten, jede mit 5 zurückgebogenen Kronblättern und einem oft dunkler gefleckten Auge. Winterhart bis frostempfindlich. Mindesttemperatur 5–7 °C. Benötigt humusreiche, durchlässige Erde in Sonne oder Halbschatten. Falls in Töpfen kultiviert, läßt man alle Knollen, bis auf *C. purpurascens*, welche immergrün und sommerblühend ist, im Sommer einziehen. Im Herbst wird umgetopft und gegossen, um das Wachstum anzuregen. Vermehrung durch Samen im Spätsommer oder Herbst. *C. persicum* und ihre Sorten sind anfällig für Wurzelbräune.
C. africanum Abb. S. 366.
C. alpinum. Siehe *C. trochopteranthum*.
C. cilicium Abb. S. 367.
C. coum ssp. ***coum*** und **'Album'** Abb. S. 370, ssp. ***caucasicum*** ist eine winterblühende Knollenstaude. H. bis 10 cm, Br. 5–10 cm. Bedingt winterhart. Hat herzförmige, silberngefleckte Blätter und bringt in Folge leuchtendkarminrote Blüten mit dunklerem Fleck am Grund hervor.
C. creticum. Frühlingsblühende Knollenstaude. H. bis 10 cm, Br. 5–10 cm. Winterhart. Trägt herzförmige, dunkelgrüne, manchmal silbern gezeichnete Blätter und duftende, weiße Blüten.
C. cyprium. Herbstblühende Knollenstaude. H. bis 10 cm, Br. 5–10 cm. Winterhart. Herzförmige, gezähnte, dunkelgrüne Blätter mit helleren Flecken erscheinen mit oder kurz nach den duftenden, weißen Blüten mit karminroten Flecken an der Basis.
C. europaeum. Siehe *C. purpurascens*.
C. fatrense. Siehe *C. purpurascens*.
C. graecum Abb. S. 367.
C. hederifolium, syn. *C. neapolitanum*, Abb. S. 367. Var. ***album*** Abb. S. 366.
C. libanoticum Abb. S. 358.
C. mirabile Abb. S. 366.
C. neapolitanum. Siehe *C. hederifolium*.
C. persicum Abb. S. 370. **'Cardinal'** ist eine winter- oder frühlingsblühende Knollenstaude. H. 10–20 cm, Br. 15–20 cm. Frostempfindlich. Die Blätter sind herzförmig, hell- und dunkelgrün und silber gezeichnet. Bringt gewöhnlich duftende, schlanke, leuchtend rosarote Blüten, jede 5–6 cm lang und mit rot geflecktem Auge hervor. Benötigt im Winter viel Licht. **Duftende Miniaturserie** (syn. *C. P.* duftende Miniaturserie), Br. 10–15 cm, hat 4 cm lange, weiße, rote oder rosa Blüten. **'Esmeralda' Kaorie Serie** und **'Renown'** Abb. S. 371. **'Pearl Wave'** Abb. S. 370.
C. pseudibericum. Frühlingsblühende Knollenstaude. H. bis 10 cm, Br. 10–15 cm. Winterhart. Hat herzförmige, gezähnte Blätter, die silbrig und dunkelgrün marmoriert sind. Die Blüten sind dunkelrot-purpur mit dunklen Flecken an der Basis und weiß umrandetem Auge.
C. purpurascens, syn. *C. europaeum*, *C. fatrense* Abb. S. 364.
C. repandum. Frühlingsblühende Knollenstaude. H. bis 10 cm, Br. 10–15 cm. Winterhart. Hat herzförmige, zackiggezähnte, dunkelgrüne Blätter mit helleren Mustern. Bringt duftende, schlanke, rötlich-purpurne Blüten hervor.
C. rohlfsianum Abb. S. 367.
C. trochopteranthum, syn. *C. alpinum*. Frühlingsblühende Knollenstaude. H. 10 cm, Br. 5–10 cm. Winterhart. Trägt rundliche oder herzförmige, silberabgesetzte Blätter. Bringt muffig duftende blaßkarminrote oder weiße Blüten mit dunkelroten Flecken am Grund hervor; die Kronblätter sind gedreht und propellerförmig.
Cyclobothra lutea. Siehe *Calochortus barbatus*.

CYDONIA (Rosaceae)
Quitte
Gattung einer Spezies laubabwerfender, frühlingsblühender Bäume, beliebt wegen ihrer Blüten und Früchte, die zum Würzen und Konservieren verwendet werden. Winterhart, soll aber in kalten Gegenden an eine Süd- oder Westwand gepflanzt werden. Benötigt Sonne und fruchtbare, durchlässige Erde. Vermehrung der Spezies durch Samen im Herbst, der Sorten durch Kopfstecklinge im Sommer. Mehltau, Braunfäule und Feuerbrand werden manchmal zum Problem.
C. oblonga **'Lusitanica'** ist ein laubabwerfender, ausgebreiteter Baum. H. und Br. 5 m. Die breit ovalen, dunkelgrünen Blätter sind auf der Unterseite mit grauem Flaum besetzt. Trägt im Frühjahr eine Fülle großer, 5zähliger, blaßrosa Blüten, später duftende, birnenförmige, tiefgelbe Früchte. **'Vranja'** Abb. S. 65.
C. sinensis. Siehe *Pseudocydonia sinensis*.

CYMBALARIA (Scrophulariaceae)
Gattung von ein- und zweijährigen Pflanzen und kurzlebigen Stauden, mit *Linaria* verwandt, die wegen ihrer winzigen Blüten an schlanken Stengeln kultiviert wird. Eignet sich für Steingärten, Mauern und Böschungen, wuchert stark. Winterhart. Benötigt Schatten und feuchte Erde. Vermehrung durch Samen im Herbst. Sät sich selbst aus.
C. muralis (Efeublättriges Leinkraut, Kenilworth Efeu). Ausgebreitete Staude. H. 5 cm, Br. 12 cm. Trägt kleine, efeuförmige, blaßgrüne Blätter und im Sommer eine Fülle winziger, röhrenförmiger, gespornter, manchmal purpurn überhauchter, weißer Blüten.

CYMBIDIUM Siehe ORCHIDEEN.
C. **Caithness Ice 'Trinity'** (Abb. S. 254). Immergrüne, epiphytische Orchidee für ein kühles Gewächshaus. H. 75 cm. Im zeitigen Frühjahr erscheinen Blütentriebe mit grünen, 10 cm breiten Blüten, jede mit einer rotgezeichneten, weißen Lippe. Die schmalovalen Blätter sind bis 60 cm lang. Benötigt im Sommer Halbschatten.
C. **Christmas Angel 'Cooksbridge Sunburst'** (Abb. S. 255). Immergrüne, epiphytische Orchidee für ein kühles Gewächshaus. H. 75 cm. Bringt im Winter 10 cm breite, gelbe Blüten mit rot gefleckten Lippen hervor. Die schmalovalen Blätter sind bis 60 cm lang. Benötigt Halbschatten im Sommer.
C. devonianum (Abb. S. 254). Immergrüne, epiphytische Orchidee für ein kühles Gewächshaus. H. 60 cm. Bringt im Frühsommer überhängende Blütentriebe mit 2,5 cm breiten, olivgrünen Blüten, purpurn überhaucht mit purpurner Lippe hervor. Die breit ovalen, halbsteifen Blätter sind bis 30 cm lang. Benötigt im Sommer Halbschatten.
C. elegans, syn. *Cyperorchis elegans* (Abb. S. 254). Immergrüne, epiphytische Orchidee für ein kühles Gewächshaus. H. 75 cm. Im Frühsommer erscheinen dichte, überhängende Blütentriebe mit duftenden, röhrenförmigen, gelben, 4 cm breiten Blüten. Hat schmal ovale, bis 60 cm lange Blätter. Benötigt im Sommer Halbschatten.
C. grandiflorum (Abb. S. 254). Immergrüne, epiphytische Orchidee für ein kühles Gewächshaus. H. 75 cm. Bringt im Winter einen Blütenschaft mit tief grünen, 8 cm breiten Blüten hervor, jede mit einer behaarten, braungesprenkelten, cremigweißen Lippe. Die schmal ovalen Blätter sind bis 60 cm lang. Benötigt im Sommer Halbschatten.
C. **King's Lock 'Cooksbridge'** (Abb. S. 254). Immergrüne, epiphytische Orchidee für ein kühles Gewächshaus. H. 60 cm. Im Frühjahr öffnen sich am Blütenschaft grüne, 5 cm breite Blüten mit einer purpurngezeichneten, weißen Lippe. Die Blätter sind schmal oval und bis 60 cm lang. Benötigt im Sommer Halbschatten.
C. **Pontac 'Mont Millais'** (Abb. S. 253). Immergrüne, epiphytische Orchidee für ein kühles Gewächshaus. H. 75 cm. Trägt im Frühjahr am Blütenschaft 8 cm breite, satt tiefrote Blüten, weiß gesäumt und gezeichnet. Hat schmal ovale Blätter, bis 60 cm lang. Benötigt im Sommer Halbschatten.
C. **Portlett Bay** (Abb. S. 252). Immergrüne, epiphytische Orchidee für ein kühles Gewächshaus. H. 75 cm. Im Frühling erscheinen rotlippige, 10 cm breite, weiße Blüten. Die Blätter sind schmal oval, bis 60 cm lang. Benötigt im Sommer Halbschatten.
C. **Strathbraan** (Abb. S. 252). Immergrüne, epiphytische Orchidee für ein kühles Gewächshaus. H. 60 cm. Bringt im Frühling an leicht hängenden Trieben leuchtendweiße, 5 cm breite Blüten mit rot gezeichneter Lippe hervor. Die Blätter sind schmal oval, bis 60 cm lang. Benötigt im Sommer Halbschatten.
C. **Strathdon 'Cooksbridge Noel'** (Abb. S. 253). Immergrüne, epiphytische Orchidee für ein kühles Gewächshaus. H. 1 m. Im Winter erscheinen an Blütentrieben sattrosa, 5 cm breite Blüten mit rotgefleckten und gelb überhauchten Lippen. Hat schmal ovale Blätter, bis 60 cm lang. Benötigt im Sommer Halbschatten.
C. **Strath Kanaid** (Abb. S. 253). Immergrüne, epiphytische Orchidee für ein kühles Gewächshaus. H. 60 cm. Trägt im Frühjahr hängende Blütentriebe mit 5 cm großen, tiefroten Blüten, mit weißen, tief rot gefleckten Lippen. Die schmal ovalen Blätter sind bis 60 cm lang. Benötigt im Sommer Halbschatten.
C. tracyanum (Abb. S. 254). Immergrüne, epiphytische Orchidee für ein kühles Gewächshaus. H. 75 cm. Bringt im Herbst lange Ähren duftender, 8 cm breiter, olivgrüner Blüten hervor, die mit roten Punkten und Streifen übersät sind. Hat schmal-ovale Blätter, bis 60 cm lang. Benötigt im Sommer einen Standort im Halbschatten.

CYNARA (Compositae)
Artischocke
Gattung schönwüchsiger Stauden, die wegen ihrer großen Blumenköpfe kultiviert wird. Die beschriebene Pflanze wird sowohl als Gemüse wie auch als dekorative Rabattenpflanze kultiviert. Winterhart. Benötigt Sonne und fruchtbare, durchlässige Erde. Vermehrung durch Samen oder Teilung im Frühjahr.
C. cardunculus (Cardy) Abb. S. 190.

CYNOGLOSSUM (Boraginaceae)
Hundszunge
Gattung ein- und zweijähriger Pflanzen und Stauden, die wegen ihrer langen Blütezeit, vom späten Frühjahr bis Frühherbst, kultiviert wird. Winterhart. Für Sonne auf fruchtbarem, aber nicht zu nährstoffreichem Boden. Vermehrung durch Teilung im Frühjahr oder durch Samen im Herbst oder Frühjahr.
C. amabile **'Firmament'** Abb. S. 278.
C. nervosum Abb. S. 213.

CYPELLA (Iridaceae)
Becherschwertel
Gattung sommerblühender Bulben, beliebt wegen ihrer kurzlebigen, irisähnlichen Blüten, die drei große, sich ausbreitende, äußere und 3 kleine, nach innen gedrehte Blütenblätter haben. Bedingt winterhart; kann in kalten Gegenden überwintern, wenn nahe einer sonnigen Mauer gepflanzt wird. Benötigt durchlässige Erde und volle Sonne. Während der Ruhezeit Bulben herausnehmen und im Winter halbtrocken lagern. Vermehrung durch Samen im Frühjahr.
C. herbertii Abb. S. 353.
Cyperorchis elegans. Siehe *Cymbidium elegans*.

CYPERUS (Cyperaceae)
Zypergras
Siehe GRÄSER, BAMBUS, SCHILF und RIEDGRAS.
C. albostriatus, syn. *C. diffusus* hort., *C. elegans* hort. Immergrünes, mehrjähriges Riedgras. H. 60 cm, Br. ungenau. Frostempfindlich. Mindesttemperatur 7 °C. Der Halm hat deutlich geaderte, mittelgrüne Blätter und im Sommer bis zu 8 blattähnliche, grüne Hochblätter, die eine gut verzweigte Dolde brauner Ährchen umgeben. **'Variegatus'** hat weiß gestreifte Blätter und Brakteen.
C. alternifolius hort. Siehe *C. involucratus*.
C. diffusus hort. Siehe *C. albostriatus*.
C. elegans hort. Siehe *C. albostriatus*.
C. flabelliformis. Siehe *C. involucratus*.
C. involucratus, syn. *C. alternifolius* hort., *C. flabelliformis* Abb. S. 182.

C. isocladus hort. Siehe *C. papyrus* 'Nanus'.
C. longus (Galingale). Immergrünes, ausgebreitetes Staudenschilf. H. 1,5 m, Br. ungenau. Winterhart. Trägt derbkantige, glänzende, dunkelgrüne Blätter und im Sommer attraktive Dolden schmaler, flacher, milchschokoladebrauner Ährchen, die ihre Farbe gut behalten. Toleriert Wurzeln im Wasser.
C. papyrus Abb. S. 181. **'Nanus'** (syn. *C. isocladus hort*) ist ein immergrünes, ausgebreitetes, mehrjähriges Zypergras mit roten Rhizomen; eine Zwergvariante unter den Spezies, manchmal als selbständige Art betrachtet, und wird oft unter anderem Namen kultiviert. H. 80 cm, Br. ungenau. Frostempfindlich, mind. 7–10°C. Die dreieckigen, blattlosen Stengel tragen im Sommer Dolden brauner Ährchen an 8–10 cm langen Stielen.

CYPHOMANDRA (Solanaceae)
Baumtomate
Gattung immergrüner Sträucher und Bäume, die wegen ihrer Früchte und des Laubes kultiviert wird. Frostempfindlich, mind. 10°C. Gedeiht bei vollem Licht oder Halbschatten in durchlässiger Erde. In der Wachstumszeit werden Kübelpflanzen reichlich gegossen, weniger zu anderen Zeiten, wo einige Blätter abgeworfen werden können. Bei jungen Pflanzen von Zeit zu Zeit die Spitzen schneiden, um Verzweigung zu fördern. Vermehrung durch Samen im Frühling. Anfällig für Weiße Fliege und Rote Spinne.
C. betacea Abb. S. 93.

CYPHOSTEMMA (Vitaceae)
Gattung laubabwerfender, mehrjähriger Sukkulenten mit sehr dicken, fleischigen, fast holzigen Stämmen und Zweigen. Die Blattunterseiten geben oft kleine Tröpfchen Harz frei. Frostempfindlich, Mindesttemperatur 10°C. Benötigt volle Sonne und sehr durchlässige Erde. Muß im Winter trocken gehalten werden. Schwierig zu kultivieren. Vermehrung durch Samen im Frühjahr.
C. bainesii, syn. *Cissus bainesii*. Laubabwerfende, mehrjährige, sukkulente Pflanze. H. und Br. 60 cm. Hat einen dicken, geschwollenen, flaschenförmigen Stamm, oft unverzweigt mit sich schälender, papierartiger, gelber Rinde bedeckt. Die fleischigen, silbriggrauen Blätter mit ihren stark gezackten Rändern sind in 3 ovale Blättchen unterteilt und in der Jugend mit silbrigen Härchen bedeckt. Trägt im Sommer winzige, tassenförmige, gelblich-grüne Blüten, denen traubenähnliche, rote Früchte folgen.
C. juttae, syn. *Cissus juttae* Abb. S. 380.

CYPRIPEDIUM
Frauenschuh
Siehe ORCHIDEEN.
C. acaule (Abb. S. 252). Laubabwerfende Erdorchidee. H. bis 40 cm. Winterhart. Im Frühling–Sommer erscheinen gelblichgrüne oder purpurfarbene Blüten, 4–6 cm lang, jede mit einer aufgeblasenen rosa oder weißen Lippe. Die Blätter sind breit lanzettförmig, gefältelt und 10–30 cm lang. Gedeiht am besten in Halbschatten.
C. calceolus (Abb. S. 254). Laubabwerfende Erdorchidee. H. 75 cm. Winterhart. Bringt im Frühling–Sommer einzeln- oder paarweisestehende gelbaufgeblasene, purpurfarbene, 3–7 cm lange Blüten hervor. Die breit lanzettförmigen 5–20 cm langen Blätter sind spiralenförmig um den Blütenstengel angeordnet. Die Stengel und Blätter sind leicht behaart. Bevorzugt Halbschatten. Var. ***pubescens*** (Abb. S. 255) hat größere, purpurngezeichnete, grünlichgelbe Blüten, auch die Blätter sind größer und stärker behaart.
C. macranthon (Abb. S. 254). Laubabwerfende Erdorchidee. H. 50 cm. Winterhart. Im Frühling–Sommer öffnen sich meist einzeln aufgeblasene, violette oder purpurrote, 4–6 cm große Blüten. Die Stengel und die 4–7 cm langen, ovalen Blätter sind leicht behaart. Bevorzugt Halbschatten.
C. reginae (Attraktiver Frauenschuh, Abb. S. 252). Laubabwerfende Erdorchidee. H. bis 1 m. Winterhart. Im Frühling–Sommer öffnen sich 2–3, 2–5 cm große, weiße Blüten mit einer aufgeblasenen, weißgestreiften, rosa Lippe. Der Blütenstengel und die 10–25 cm langen, ovalen Blätter sind behaart. Bevorzugt Halbschatten.

CYRILLA (Cyrillaceae)
Gattung einer sehr variablen Spezies laubabwerfender oder immergrüner Sträucher, sehr beliebt wegen ihrer Blüten im Spätsommer und Herbst. Bedingt bis winterhart. Bevorzugt volle Sonne und benötigt torfhaltige, saure Erde. Vermehrung durch halbausgereifte Stecklinge im Sommer.
C. racemiflora (Lederholz). Laubabwerfender oder immergrüner, buschiger Strauch. H. und Br. 1,2 m. Die länglichen, glänzenden, dunkelgrünen Blätter verfärben sich im Herbst rot. Im Spätsommer und Herbst erscheinen schlanke Spiralen kleiner, weißer Blüten mit 5 Kronblättern.

CYRTANTHUS (Amaryllidaceae)
Bogenlilie
Gattung von Bulben mit gewöhnlich im Sommer leuchtendbunten Blüten. Winterhart bis frostempfindlich. Mindesttemperatur 15°C. Benötigt sehr durchlässige, lockere Erde und volle Sonne. In frostfreien Gebieten das ganze Jahr blühfähig. Im Frühjahr setzen. Während der Wachstumszeit reichlich gießen. Vermehrung durch Samen oder Brutzwiebeln im Frühling.
C. brachyscyphus, syn. *C. parviflorus*, Abb. S. 364.
C. breviflorus, syn. *Anoiganthus breviflorus*. Horstbildende, sommerblühende Bulbe. H. 20–30 cm, Br. 8–10 cm. Winterhart. Hat schmale, riemenförmige, halbaufrechte Basalblätter. Der blattlose Blütenstengel trägt bis 6 trichterförmige, gelbe, 2–3 cm lange Blüten. Bevorzugt einen warmen, geschützten Standort.
C. mackenii. Horstbildende, sommerblühende Bulbe. H. 30–40 cm, Br. 8–10 cm. Bedingt winterhart. Trägt riemenförmige, halbaufrechte Basalblätter. Die blattlosen Blütenstengel tragen je eine Dolde bis zu 10 duftender, röhrenförmiger, 5 cm langer und leicht eingedrehter Blüten. Var. ***cooperi*** Abb. S. 353.
C. obliquus. Horstbildende, sommerblühende Bulbe. H. 20–60 cm, Br. 12–15 cm. Bedingt winterhart. Trägt breit riemenförmige, halbaufrechte, gräulichgrüne, längs gedrehte Basalblätter. Bringt eine Dolde mit bis zu 12 hängenden, röhrenförmigen, 7 cm langen, roten und gelben Blüten hervor.
C. parviflorus. Siehe *C. brachyscyphus*.
C. purpureus, syn. *Vallota speciosa*. Horstbildende, sommerblühende Bulbe. H. 30–50 cm, Br. 12–15 cm. Bedingt winterhart. Trägt breit riemenförmige, halbaufrechte, leuchtendgrüne Basalblätter. Der stämmige Blütentrieb bringt einen Blütenkopf mit bis zu 5 breit trichterförmigen, 8–10 cm langen, roten Blüten hervor. Ist eine ideale Zimmerpflanze.
C. sanguineus. Horstbildende, sommerblühende Bulbe. H. 30–50 cm, Br. 12–15 cm. Bedingt winterhart. Hat riemenförmige, halbaufrechte, leuchtendgrüne Basalblätter. Stämmiger Blütentrieb trägt 1 oder 2 langröhrige, 8–10 cm lange, rote Blüten.

CYRTOMIUM (Aspidiaceae)
Gattung immergrüner Farne. Bedingt winterhart. Gedeiht am besten in Halbschatten und humusreicher, feuchter Erde. Regelmäßig verwelkte Wedel entfernen. Vermehrung durch Teilung im Frühjahr oder Sommer oder durch Sporen im Sommer.
C. falcatum Abb. S. 185.

CYSTOPTERIS (Polypodiaceae)
Blasenfarn
Gattung sommergrüner Farne, geeignet für Steingärten. Winterhart. Gedeiht am besten in Halbschatten und in nie austrocknender Erde. Welkende Wedel entfernen. Vermehrung durch Teilung im Frühjahr, durch Sporen im Sommer oder durch Brutknospen, falls vorhanden.
C. bulbifera (Beerenblasenfarn). Laubabwerfender Farn. H. 15 cm, Br. 23 cm. Die breit lanzettförmigen, viel geteilten, zarten, blaßgrünen Wedel bringen winzige Bulben der ganzen Länge entlang hervor. Vermehrung durch Bulben, sobald ausgewachsen.
C. dickeana. Laubabwerfender Farn. H. 15 cm, Br. 23 cm. Hat breit lanzettförmige, geteilte, zarte blaßgrüne Wedel mit länglichen, abgestumpften, gezackten Fiedern, die sich nach unten biegen.
C. fragilis (Brüchiger Blasenfarn). Laubabwerfender Farn. H. 15 cm, Br. 23 cm. Die breit lanzettförmigen, blaßgrünen, zarten Wedel sind vielgeteilt in längliche, gespitzte und gezackte Fiedern.

CYTISUS (Leguminosae)
Geißklee, Ginster
Gattung laubabwerfender oder immergrüner Sträucher, die wegen ihrer Fülle erbsenähnlicher Blüten kultiviert wird. Bedingt bis ganz winterhart. Bevorzugt volle Sonne und fruchtbare, aber nicht zu nährstoffreiche, durchlässige Erde. Soll möglichst nicht umgepflanzt werden. Vermehrung der Spezies durch halbausgereifte Stecklinge im Sommer oder durch Samen im Herbst, Hybriden und Sorten durch halbausgereifte Stecklinge nur im Spätsommer.
C. albus, syn. *C. leucanthus*. Laubabwerfender, ausgebreiteter Strauch. H. 30 cm, Br. 1 m. Winterhart. Hat ovale, mittelgrüne Blätter, jedes mit 3 winzigen Blättchen. Von Frühsommer bis Sommermitte erscheinen dichte Trauben cremigweißer Blüten.
C. ardoinii Abb. S. 326.
C. battandieri (Marokkanischer Ginster) Abb. S. 91.
C. × beanii (Zwergginster) Abb. S. 289.
C. canariensis hort. Siehe *C. × spachianus*.
C. demissus. Langsamwachsender, laubabwerfender, niedriger Strauch. H. 7 cm, Br. 20–30 cm. Winterhart. Die dichtbehaarten Stengel tragen winzige, leuchtendgrüne Blätter mit 3 ovalen Blättchen. Im Frühsommer erscheinen aus den Blattachseln endständige Büschel mit 3 leuchtendgelben Blüten, jede mit einem braunen Beutel. Eignet sich für Steingärten oder Böschungen.
***C.* 'Firefly'.** Laubabwerfender, buschiger Strauch mit schlanken, überhängenden Zweigen. H. und Br. 1,5–2 m. Winterhart. Die kleinen, mittelgrünen Blätter sind länglich und in 3 winzige Blättchen geteilt. Von Spätfrühjahr bis Frühsommer erscheint eine Fülle gelber Blüten, rot gezeichnet.
C. × kewensis. Laubabwerfender, überhängender Strauch. H. 30 cm, Br. bis 2 m. Winterhart. An flaumigen Zweigen sitzen 3geteilte Blätter. Trägt im Spätfrühjahr cremigweiße Blüten. Geeignet für Böschungen und Steingärten.
C. leucanthus. Siehe *C. albus*.
C. nigricans Abb. S. 138.
C. × praecox (Elfenbeinginster) Abb. S. 124. **'Allgold'** Abb. S. 125.
C. purpureus. Laubabwerfender, überhängender Strauch. H. 45 cm, Br. 60 cm. Winterhart. Die halbaufrechten Zweige sind mit 3zähligen, winzigen Blättern bedeckt. An den Vorjahrestrieben öffnet sich im Sommer eine Fülle purpurner Blüten. Eignet sich für Böschungen oder sonnige Ränder. f. ***albus*** Abb. S. 291.
C. racemosus. Siehe *C. × spachianus*.
C. scoparius (Besenginster) f. ***andreanus*** Abb. S. 139. Var. ***prostratus*** (syn. ssp. *maritimus*) ist ein laubabwerfender, niedriger Strauch, dessen ineinandergreifende Äste dichte Horste bilden. H. 20 cm, Br. 1,2–2 m. Winterhart. Gewöhnlicherweise haben die kleinen, graugrünen Blätter 3 längliche Blättchen, es kann aber auf ein Blättchen reduziert sein. Im späten Frühjahr oder Frühsommer erscheint eine Fülle goldgelber Blüten.
C. × spachianus, syn. *C. canariensis* hort. *C. racemosus, Genista fragrans*. Kräftiger, immergrüner, überhängender Strauch. H. und Br. 3 m. Bedingt winterhart. Hat dunkelgrüne Blätter mit 3 ovalen Blättchen. Noch im Winter und im zeitigen Frühjahr erscheinen zahlreiche lange, schlanke Büschel duftender, goldgelber Blüten. Wird oft als Zimmerpflanze kultiviert.
C. supinus. Laubabwerfender, buschiger, rundlicher Strauch. H. und Br. 1 m. Winterhart. Zwischen den grau-grünen Blättern mit 3 ovalen Blättchen erscheinen von Sommermitte bis Herbst dichte Köpfe großer, gelber Blüten.
***C.* 'Windlesham Ruby'.** Laubabwerfender, buschiger Strauch mit schlanken, überhängenden Zweigen. H. und Br. 1,5–2 m. Winterhart. Die kleinen, mittelgrünen Blätter sind in 3 längliche Blättchen geteilt. Im späten Frühjahr und Frühsommer erscheint eine Fülle großer, sattroter Blüten.
***C.* 'Zeelandia'.** Laubabwerfender, buschiger Strauch mit schlanken, überhängenden Zweigen. H. und Br. 1,5–2 m. Winterhart. Die kleinen, mittelgrünen Blätter sind in 3 längliche Blättchen geteilt. Vom späten Frühjahr bis Frühsommer erscheint eine Fülle zweifarbiger, cremigweißer und lila-rosafarbener Blüten.

D

DABOECIA (Ericaceae). Siehe HEIDEKRAUT.
Irische Heide

D. azorica. Immergrüner, kompakter Strauch. H. bis 15 cm, Br. bis 60 cm. Winterhart. Die lanzettförmigen Blätter sind dunkelgrün, silbriggrün auf der Unterseite. Im späten Frühjahr oder Frühsommer öffnen sich urnen- oder glockenformige, hellrote Blüten.

D. cantabrica. (St. Dabeoc's Heidekraut). Immergrüner, wuchernder Strauch. H. bis 45 cm, Br. 60 cm. Winterhart. Die Triebspitzen können durch kalte Winde und Frost beschädigt werden, aber die Pflanzen reagieren auf Rückschnitt gut und treiben an der Basis aus. Die Blätter sind lanzettförmig bis oval und dunkelgrün, auf der Unterseite silbriggrau. Bringt vom späten Frühjahr bis Herbstmitte glocken- bis urnenförmige, einfache oder gefüllte, weiße, purpur oder malvenfarbige Blüten hervor. **'Bicolor'** (Abb. S. 146). Bringt weiße, purpurne und gestreifte Blüten an einer Pflanze hervor. **'Praegerae'**, H. 35 cm hat glänzende, dunkelrosa Blüten. **'Snowdrift'** (Abb. S. 146) hat leuchtendgrünes Laub und lange Trauben mit großen Blüten.

D. × scotica. Immergrüner, kompakter Strauch. H. bis 15 cm, Br. bis 60 cm. Winterhart. Die lanzettförmig bis ovalen Blätter sind dunkelgrün, auf der Unterseite silbriggrau. Vom späten Frühjahr bis Mitte Herbst erscheinen glocken- bis urnenförmige weiße, purpur- oder malvenfarbene Blüten. **'Jack Drake'**, H. 20 cm hat schmale, dunkelgrüne Blätter und rubinrote Blüten. **'William Buchanan'** (Abb. S. 146), H. 45 cm, ist eine kräftige Sorte mit dunkelgrünen Blättern und tiefpurpurfarbigen Blüten.

DACTYLIS (Gramineae). Siehe GRÄSER, BAMBUS, SCHILF und RIEDGRAS.

D. glomerata. **'Variegata'** ist ein immergrünes, horstbildendes, mehrjähriges Gras. H. 1 m, Br. 20–25 cm. Winterhart. Aus einem büscheligen Wurzelstock erscheinen silbergestreifte, graugrüne Blätter. Trägt im Sommer in Rispen dicht geknäuelte purpurgrüne Ährchen.

DACTYLORRHIZA. Siehe ORCHIDEEN.
Knabenkraut

D. elata. Laubabwerfende Erdorchidee. H. 1,1 m. Winterhart. Im Frühling – Sommer öffnen sich Ähren mit 1–2 cm langen, rosa oder purpurfarbenen Blüten. Die lanzettförmigen Blätter sind 15–25 cm lang, bräunlich purpurn gefleckt und spiralig am Blütenschaft angeordnet. Im Freiland benötigen sie Schatten, Topfpflanzen im Sommer an halbschattigen Platz stellen.

D. foliosa, syn. *D. maderensis, Orchis maderensis*. Laubabwerfende Erdorchidee. H. 70 cm. Winterhart. Bringt im Frühling – Sommer Ähren leuchtendpurpurner oder rosa Blüten, 1–2 cm lang, hervor. Hat lanzettförmige oder dreieckige Blätter, die 10–20 cm lang und spiralenförmig am Stengel angeordnet sind. Pflege wie *D. elata*.

D. maderensis. Siehe *D. foliosa*.

DAHLIA (Compositae)
Dahlie, Georgine
Gattung buschiger, sommer- und herbstblühender Knollenstauden, beliebt als Beetpflanzen oder wegen ihrer Blüten. Eignen sich gut für Schnitt oder Ausstellung. Die Zwergformen werden für Rabatten verwendet, eignen sich auch als Topfpflanzen. Bedingt winterhart. Benötigt einen sonnigen Standort und durchlässige Erde. Außer bei Zwergformen muß aufgebunden werden. Nach der Blüte werden die Knollen herausgenommen und an einem frostfreien Platz gelagert, neu pflanzen, wenn keine Frostgefahr mehr herrscht. In frostfreien Gegenden kann man die Pflanzen als normale Stauden in der Erde belassen, aber sie werden kräftiger durch regelmäßige Vermehrung. Vermehrung der Zwergformen durch Aussaat unter Glas im Winter, andere Sorten im Frühling durch Samen, Stecklinge von angetriebenen Knollen, oder Teilung der Knollen. Dahlien werden gerne von Blattläusen, Roter Spinne und Thrips befallen; sie gehen auch schnell an Virusinfektionen ein.

Dahlienhybriden
Wegen ihres üppigen und langanhaltenden Blütenflors wurden verschiedene Spezies von *Dahlien* gekreuzt und durch ständige Züchtung und Selektion entstanden viele Sorten in einer breiten Farbpalette, ausgenommen der Farbe blau. Triebe können gestutzt oder herausgezwickt werden, um kräftiges Wachstum und eine buschige Form zu fördern. Wie stark sie sich verzweigen, hängt vom Ausmaß des Stutzens und zu welchem Zeitpunkt dies geschehen ist, ab; frühes Stutzen bewirkt eine breitere Form, späteres Stutzen in der Wachstumszeit bringt größere Pflanzen mit weniger Verzweigungen hervor, sogar bei der gleichen Sorte. Die Blätter sind gewöhnlich mittelgrün und in ovale Blättchen, teils mit abgerundeten Spitzen, teils mit gezähnten Rändern, geteilt. Dahlien sind in Gruppen eingeteilt, je nach Größe und Form der Blumenköpfe, während Farbe und Form vom Boden und der Tageslänge abhängen. Man unterscheidet Kaktus- und Semikaktus-Dahlien, Anemonenblütige Dahlien, Pompon-, Schmuck-, Halskrausendahlien, Seerosenrosenblütige Dahlien, Ballförmige, Einfachblütige und Gemischte Dahlien (einschließlich Orchideenblütige). Abbildungen und Beschreibungen S. 340. Jeder Blumemkopf wird im Gartenbau als eine Blume bezeichnet, obwohl er tatsächlich aus mehreren Blüten besteht. Dieser Sprachgebrauch wird auch in den folgenden Beschreibungen benutzt. Alle Sorten mit bis zu 15 cm breiten Blumenköpfen eignen sich für Schnitt, jene für Dekoration werden extra erwähnt.

D. **'Abridge Taffy'.** Schmuckdahlie. H. und Br. 1,2 m. Bringt von Mitte Sommer bis Spätherbst 8–10 cm breite, weiße Blüten hervor. Eignet sich für Dekoration.

D. **'Alvas Supreme'.** Schmuckdahlie. H. und Br. 1,1 m. Bringt im Sommer – Herbst 25–30 cm breite, blaßgelbe Blüten hervor, die sich gut für Ausstellungen eignen.

D. **'Andries Orange'.** Semikaktusdahlie. H. und Br. 1 m. Trägt im Sommer – Herbst 8–10 cm breite, orangefarbene Blüten.

D. **'Angora'** (Abb. S. 340). Schmuckdahlie. H. und Br. 1,1 m. Bringt zur Sommermitte bis 10 cm breite, nelkenähnliche, weiße Blüten mit gespaltenen Blütenblätterspitzen hervor.

D. **'Athalie'** (Abb. S. 340). Kaktusdahlie. H. und Br. 1,2 m. Hat glänzende, dunkelgrüne Blätter und 12–15 cm breite, zur Sommermitte erscheinende, dunkelrosa-bronzefarbene Blüten. Eignet sich zur Dekoration.

D. **'Banker'.** Kaktusdahlie. H. und Br. 1,2–1,5 m. Bringt im Sommer – Herbst 15–20 cm breite, rote Blüten hervor, die sich gut für Ausstellungen eignen.

D. **'Bassingbourne Beauty'** (Abb. S. 341) Schmuckdahlie. H. und Br. 1,2 m. Bringt im Sommer – Herbst 10–15 cm breite, bis zum Stiel zurückgebogene, blaßrosa-gelbe Blüten hervor. Eignet sich gut für Ausstellungen.

D. **'B.B.C.'.** Semikaktusdahlie. H. und Br. 1,5–2 m. Bringt im Spätsommer 25 cm breite, flammendorangefarbene Blüten hervor, die sich gut zur Dekoration eignen.

D. **'Betty Bowen'** (Abb. S. 341). Schmuckdahlie. H. und Br. 1,5 m. Die Blätter sind glänzend und dunkelgrün. Trägt im Sommer – Herbst 10–15 cm breite, sattpurpurne Blüten. Die Kronblätter sind symmetrisch angeordnet und bis zum Stiel zurückgebogen. Eignet sich für Ausstellungen.

D. **'Biddenham Sunset'** (Abb. S. 341). Schmuckdahlie. H. und Br. 1–1,2 m. Sommermitte erscheinen 10–12 cm breite, orange-rote Blüten.

D. **'Bishop of Llandaff'** (Abb. S. 341). Gemischte Formengruppe. H. und Br. 1 m. Hat bronzegrüne Blätter und einfache, offenherzige, 10–12 cm breite, dunkelrote Blüten, die sich im Sommer und Herbst öffnen. Ausgezeichnet für Beete.

D. **'Brunton'** (Abb. S. 341). Schmuckdahlie. H. und Br. 1,1 m. Trägt im Sommer – Herbst, 8–10 cm breite, rote Blüten, die sich gut zur Dekoration eignen.

D. **'Butterball'** (Abb. S. 341). Schmuckdahlie. H. und Br. 1 m. Bringt im Frühsommer 8–10 cm breite, leuchtendgelbe Blüten hervor.

D. **'By the Cringe'** (Abb. S. 340). Kaktusdahlie. H. und Br. 1,1 m. Bringt im Sommer – Herbst, 12 cm breite, lila-lavendelfarbene Blüten hervor.

D. **'Candy Keene'** (Abb. S. 340). Semikaktusdahlie. H. und Br. 1,2–1,5 m. Ist ein Sport von *D.* 'Reginald Keene' mit rosa Blüten.

D. **'Catherine Ireland'.** Schmuckdahlie. H. und Br. 1,1 m. Hat im Sommer – Herbst 8–10 cm breite Blüten mit weißer Basis und bis zu den Kronblätterspitzen lila-lavendel überhaucht.

D. **'Cherida'.** Ballförmige Dahlie. H. und Br. 1 m. Hat im Sommer – Herbst weniger als 8 cm breite, bronze-lilafarbene Blüten.

D. **'Chimborazo'** (Abb. S. 341) Halskrausendahlie. H. und Br. 1 m. Die Blätter sind glänzend und dunkelgrün. Blüten erscheinen im Sommer – Herbst, sind 10 cm breit, mit roten Kronblättern und gelben Kelchblättern. Eignen sich gut zur Dekoration.

D. **'Chinese Latern'** (Abb. S. 341) Schmuckdahlie. H. und Br. 1,1 m. Bringt Sommermitte 10–15 cm breite, flammengelbe Blüten hervor.

D. **'Claire de Lune'** (Abb. S. 341) Halskrausendahlie. H. und Br. 1 m. Bringt im Sommer – Herbst 8–10 cm breite Blüten mit zitronengelben Kronblättern und blaßgelben Kelchblättern hervor. Eignet sich gut für Ausstellungen.

D. **'Coltness-Hybriden** (Abb. S. 273).

D. **'Comet'** (Abb. S. 341) Anemonenblütige Dahlie. H. und Br. 1,1 m. Die Blätter sind glänzenddunkelgrün. Bringt im Sommer – Herbst 10–15 cm breite, dunkelrote Blüten hervor.

D. **'Corona'** (Abb. S. 341) Semikaktusdahlie. H. und Br. 45–60 cm. Bringt im Sommer – Herbst 8–10 cm breite, flammendrote Blüten hervor. Muß nicht aufgebunden werden.

D. **'Cortez Sovereign'** (Abb. S. 341). Semikaktusdahlie. H. und Br. 1–1,2 m. Trägt im Sommer – Herbst 10–15 cm breite, blaßgelbe Blüten.

D. **'Corton Olympic'** (Abb. S. 341). Schmuckdahlie. H. und Br. 1 m. Hat im Spätsommer 25–30 cm breite, bronzefarbene Blüten.

D. **'Cryfield Bryn'.** Kaktusdahlie. H. und Br. 1,1 m. Hat im Sommer – Herbst 10–15 cm breite, buttergelbe Blüten, die sich ausgezeichnet für Ausstellungen eignen.

D. **'Cryfield Rosie'.** Ballförmige Dahlie. H. und Br. 1,1 m. Bringt im Sommer – Herbst 10–15 cm breite, gelbe Blüten, die rot überhaucht sind, hervor. Eignet sich gut zur Dekoration.

D. **'Daleko Jupiter'.** Semikaktusdahlie. H. und Br. 1,2 m. Bringt rötlich-gelbe Blüten hervor, 25–30 cm breit, und im Sommer – Herbst erscheinen. Ist eine führende Ausstellungssorte.

D. **'Dandy'** Abb. S. 285.

D. **'Davenport Sunlight'** (Abb. S. 341). Semikaktusdahlie. Hat im Sommer – Herbst 15–20 cm breite, leuchtendgelbe Blüten. H. und Br. 1,2 m. Eignet sich gut für Ausstellungen.

D. **'David Howard'.** Schmuckdahlie. H. und Br. 75 cm. Im Sommer – Herbst erscheinen zwischen dunkelbronzefarbigem Laub, 8–10 cm breite, orange-bronzefarbene Blüten.

D. **'Disco-Serie'.** Gruppe gut verzweigter, aufrechter Staudendahlien, die einjährig kultiviert werden. H. und Br. 45 cm. Die Blätter sind in ovale Blättchen geteilt. Während des Sommers bis zu den Herbstfrösten erscheinen gänscblümchenähnliche, halbgefüllte und gefüllte Blütenköpfe gekräuselter Blümchen in einer breiten Farbskala.

D. **'Downham Royal'.** Ballförmige Dahlie. H. und Br. 1 m. Bringt im Sommer – Herbst 8–10 cm breite, dunkelpurpurne Blüten hervor. Eignet sich gut für Ausstellungen.

D. **'Early Bird'** (Abb. S. 341). Schmuckdahlie. H. und Br. 1,2 m. Bringt im Sommer – Herbst 10–15 cm breite, mittelgelbe Blüten hervor.

D. **'East Anglian'** (Abb. S. 341). Schmuckdahlie. H. und Br. 1 m. Bringt im Sommer – Herbst 10–15 cm breite, orangegelbe Blüten hervor.

D. **'Easter Sunday'** (Abb. S. 340). Halskrausendahlie. H. und Br. 1 m. Die Blätter sind glänzend und dunkelgrün. Bringt im Sommer – Herbst 12 cm breite Blüten mit weißen Kron- und Kelchblättern und dunkelgelber Mitte hervor. Eignet sich gut für Ausstellungen.

***D.* 'Eastwood Moonlight'.** Semikaktusdahlie. H. und Br. 1–1,2 m. Trägt im Sommer – Herbst 15–20 cm breite, leuchtendgelbe Blüten. Eignet sich sehr gut für Ausstellungen.
***D.* 'Edinburgh'.** Schmuckdahlie. H. und Br. 1 m. Bringt im Sommer – Herbst 10–15 cm breite, kompakte, weiß-spitzige, sattpurpurne Blüten hervor.
***D.* 'Evening Mail'.** Semikaktusdahlie. H. und Br. 1,2–1,5 m. Hat im Sommer – Herbst 25–30 cm breite, gelbe Blüten. Eigent sich gut für Ausstellungen.
***D.* 'Evita'.** Semikaktusdahlie. H. und Br. 1,2 m. Hat im Sommer und bis in den Herbst hinein 15–20 cm breite, sanftgelbe Blüten, die sich gut für Ausstellungen eignen.
***D.* 'Fascination'** (Abb. S. 341). Zwergdahlie, gemischte Form. H. und Br. 30–45 cm. Bringt im Sommer – Herbst 8 cm breite, einfache hellpurpurne Blüten hervor. Eignet sich als Beetpflanze.
***D.* 'Flutterby'** (Abb. S. 341). Schmuckdahlie. H. und Br. 1 m. Bringt im Sommer – Herbst 10 cm breite, rötlichgelbe Blüten hervor.
***D.* 'Frank Hornsey'** (Abb. S. 341). Schmuckdahlie. H. und Br. 1,1 m. Hat glänzende, dunkelgrüne Blätter. Bringt zur Sommermitte 10–15 cm breite, orangegelbe Blüten mit zurückgebogenen Kron- und Kelchblättern hervor. Ist ideal für Ausstellungen.
***D.* 'Gay Mini'** (Abb. S. 341). Schmuckdahlie. H. und Br. 1 m. Hat im Sommer – Herbst 8–10 cm breite bronzegelbe Blüten.
***D.* 'Gay Princess'** (Abb. S. 340). Schmuckdahlie. H. und Br. 1 m. Bringt im Sommer – Herbst 10–15 cm breite lilalavendel Blüten hervor.
***D.* 'Gerrie Hoek'.** Seerosenblütige Dahlie. H. und Br. 1,1 m. Bringt im Sommer – Herbst 12cm breite Blüten mit blaßrosa Kronblättern und dunkelrosa Kelchblättern hervor.
***D.* 'Gilt Edge'** (Abb. S. 340). Schmuckdahlie. H. und Br. 1 m. Trägt im Sommer – Herbst 15–20 cm breite Blüten mit zurückgebogenen gold umrandeten, dunkelrosa Kronblättern. Eignet sich für Ausstellungen.
***D.* 'Giraffe'.** Gemischte Formgruppe. H. und Br. 75 cm. Hat wenig mittelgrünes Laub und 8 cm breite, gefüllte orchideenähnliche, bronzegelbe Blüten, die im Sommer – Herbst erscheinen.
***D.* 'Hallmark'.** Pomponblütige Dahlie. H. und Br. 75 cm. Hat im Sommer – Herbst runde, 5 cm breite, rosa Blüten. Eignet sich gut für Ausstellungen.
***D.* 'Hamari Bridge'.** Semikaktusdahlie. H. und Br. 1–1,2 m. Hat im Sommer – Herbst 15–20 cm breite, strahlendweiße Blüten. Eignet sich gut für Ausstellungen.
***D.* 'Hamari Fiesta'.** Schmuckdahlie. H. und Br. 1,2 m. Trägt im Sommer – Herbst 10–15 cm breite rotgelbe Blüten.
***D.* 'Hamari Gold'.** Schmuckdahlie. H. und Br. 75 cm–1 m. Hat im Sommer – Herbst 25–30 cm breite gold orangebronzefarbene Blüten. Eignet sich zur Dekoration.
***D.* 'Hamari Katrina'** (Abb. S. 341). Semikaktusdahlie. H. und Br. 1,2 m–1,5 m. Bringt im Sommer – Herbst 20–25 cm breite, tiefbuttergelbe Blüten hervor. Eignet sich gut für Ausstellungen.
***D.* 'Hayley Jane'.** Semikaktusdahlie. H. und Br. 1 m. Bringt im Sommer – Herbst 10–15 cm breite, weiße Blüten, mit gleichmäßig purpurroten Spitzen.
***D.* 'Highgate Gold'.** Semikaktusdahlie. H. und Br. 1,2–1,5 m. Hat im Sommer – Herbst 15–20 cm breite, tief orange-gelbe Blüten. Eignet sich für Ausstellungen.
***D.* 'Highgate Torch'** (Abb. S. 341). Semikaktusdahlie. H. und Br. 1–1,2 m. Bringt im Sommer – Herbst 15–20 cm breite, leuchtend flammenfarbene Blüten hervor.
***D.* 'Holland Festival'.** Schmuckdahlie. H. und Br. 1,2 m. Bringt im Sommer – Herbst mindestens 30 cm breite Blüten mit leuchtend orangefarbenen Kronblättern, mit gleichmäßig weißen Spitzen hervor. Eignet sich zur Dekoration.
***D.* 'Jescot Julie'.** Gemischte Formgruppe. H. und Br. 60 cm–1 m. Hat spärliches mittelgrünes Laub und orchideenähnliche, gefüllte, orange-purpurne, 8–10 cm breite Blüten, deren Kronblätter auf der Rückseite purpurn sind. Blütezeit Sommer – Herbst.
***D.* 'Jocondo'** (Abb. S. 341). Schmuckdahlie. H. und Br. 1–1,2 m. Im Sommer – Herbst erscheinen mindestens 30 cm breite, purpurrote Blüten, die sich für Ausstellungen eignen.
***D.* 'Klankstad Kerkrade'.** Kaktusdahlie. H. und Br. 1,2 m. Hat glänzende, dunkelgrüne Blätter und im Sommer – Herbst 10–15 cm breite, hell schwefelgelbe Blüten. Eignet sich gut für Ausstellungen.
***D.* 'La Cierva'.** Halskrausendahlie. H. und Br. 1–1,2 m. Die Blätter sind glänzend und dunkelgrün. Bringt im Sommer – Herbst 10–15 cm breite Blüten mit purpur Kronblättern und rein weißen Kelchblättern hervor. Eignet sich für Ausstellungen.
***D.* 'L'Ancresse'.** Ballförmige Dahlie. H. und Br. 1 m. Trägt im Sommer – Herbst 8–10 cm breite rein weiße Blüten. Eignet sich gut für Ausstellungen.
***D.* 'Lavender Athalie'.** Kaktusdahlie. H. und Br. 1,2 m. Ist ein Sport von *D.* 'Athalie' mit 8–10 cm breiten hell lila-lavendelfarbenen Blüten.
***D.* 'Majestic Kerkrade'** (Abb. S. 340). Kaktusdahlie. H. und Br. 1,2 m. Ist eine Abart von *D.* 'Klankstad Kerkrade' mit dunkel rosagelben Blüten.
***D.* 'Mariposa'.** Halskrausendahlie. H. und Br. 1 m. Bringt im Sommer – Herbst 10–15 cm breite, weiße Blüten hervor, deren Kronblätter lila überhaucht sind. Eignet sich gut für Ausstellungen.
***D.* 'Mark Damp'.** Semikaktusdahlie. H. und Br. 1–1,2 m. Trägt im Sommer – Herbst 20–25 cm bronze-orangefarbene Blüten, die pfirsichfarben überhaucht sind. Eignet sich für Ausstellungen.
***D.* 'Monk Marc'** (Abb. S. 340). Kaktusdahlie. H. und Br. 60 cm bis 1 m. Bringt im Sommer – Herbst 10–15 cm breite, dunkelrosa Blüten hervor. Eignet sich für Ausstellungen.
***D.* 'Moor Place'.** Pomponblütige Dahlie. H. und Br. 1 m. Die Blätter sind glänzend und dunkelgrün. Hat im Sommer – Herbst 5 cm breite, tiefpurpurne Blüten. Eignet sich gut für Ausstellungen.
***D.* 'Nationwide'.** Schmuckdahlie. H. und Br. 1–1,2 m. Bringt im Sommer – Herbst 10–15 cm breite gelblich-orangefarbene Blüten hervor.
***D.* 'Nina Chester'** (Abb. S. 340). Schmuckdahlie. H. und Br. 1 m. Hat im Sommer – Herbst 10–15 cm breite, weiße Blüten, die manchmal lila überhaucht sind. Eignet sich gut für Dekoration.
***D.* 'Noreen'** (Abb. S. 340). Pomponblütige Dahlie. H. und Br. 1 m. Bringt im Sommer – Herbst dunkelrosa-purpurne, 5 cm breite Blüten hervor. Eignet sich gut für Ausstellungen.
***D.* 'Paul Chester'** (Abb. S. 341). Kaktusdahlie. H. und Br. 1 m. Hat im Sommer – Herbst gelblich-orangefarbene Blüten, die 10–15 cm breit sind. Eignet sich für Ausstellungen.
***D.* 'Paul Damp'.** Semikaktusdahlie. H. und Br. 1,2–1,5 m. Trägt im Sommer und bis in den Herbst hinein 15–20 cm breite, dunkelrosa Blüten. Eignet sich gut für Ausstellungen.
***D.* 'Pink Giraffe'.** Gemischte Dahlie. H. und Br. 60 cm–1 m. Ist eine Abart von *D.* 'Giraffe' mit rosa Blüten. Die Blüten eignen sich zur Dekoration.
***D.* 'Pink Symbol'** (Abb. S. 340). Semikaktusdahlie. H. und Br. 1–1,2 m. Ist eine Abart von *D.* 'Symbol' mit rosa Blüten, die sich gut für Ausstellungen eignen.
***D.* 'Pontiac'** (Abb. S. 341). Kaktusdahlien. H. und Br. 1 m. Die Blätter sind glänzend und dunkelgrün. Trägt im Sommer – Herbst 10–15 cm breite dunkelrosapurpurne Blüten.
***D.* 'Porcelain'.** Seerosenblütige Dahlie. H. und Br. 1 m. Bringt im Sommer – Herbst 10–15 cm breite weißlich-lilafarbene Blüten hervor. Eignet sich für Ausstellungen.
***D.* 'Quel Diable'** (Abb. S. 341). Semikaktusdahlie. H. und Br. 1–1,2 m. Bringt im Sommer – Herbst 15–20 cm breite, flammenfarbige Blüten hervor. Eignet sich gut für Ausstellungen.
***D.* 'Redskin'.** Gut verzweigte Staudendahlie, die als Einjährige kultiviert wird. H. und Br. 30 cm. Hat bronzegrüne bis maronenfarbige Blätter, die in ovale Blättchen geteilt sind. Bringt vom Sommer bis zu den Herbstfrösten gänseblümchenähnliche, gefüllte, in vielen Farben vorkommende Blumenköpfe hervor.
***D.* 'Reginald Keene'.** Semikaktusdahlie. H. und Br. 1–1,2 m. Hat im Sommer – Herbst 20–25 cm breite, orangegeflammte Blüten, die sich gut für Ausstellungen eignen.
***D.* 'Rhonda'** (Abb. S. 340). Pomponblütige Dahlie. H. und Br. 1 m. Trägt im Sommer – Herbst 8–10 cm breite, tiefpurpurne Blüten, die sich für Austellungen eignen.
***D.* 'Scarlet Beauty'** (Abb. S. 341) Seerosenblütige Dahlie. H. und Br. 1 m. Ist eine Abart von *D.* 'Gerrie Hock' mit 10–15 cm breiten, tiefroten Blüten, die sich gut für Ausstellungen eignen.
***D.* 'Shandy'** (Abb. S. 341) Kaktusdahlie. H. und Br. 1 m. Bringt im Sommer – Herbst 10–15 cm breite, blaßbraune Blüten hervor.
***D.* 'Sherwood Standard'.** Schmuckdahlie. H. und Br. 1,2 m. Hat im Sommer – Herbst 15–20 cm breite orangefarbene Blüten. Eignet sich zur Dekoration.
***D.* 'Shy Princess'.** Kaktusdahlie. H. und Br. 1,2–1,5 m. Bringt im Sommer – Herbst 15–20 cm breite, weiße Blüten hervor, die sich für Ausstellungen gut eignen.
***D.* 'Small World'** (Abb. S. 340). Pomponblütige Dahlie. H. und Br. 1 m. Die Blätter sind glänzend und dunkelgrün. Hat im Sommer – Herbst 5 cm breite, weiße Blüten. Eignet sich für Ausstellungen.
***D.* 'So Dainty'** (Abb. S. 341). Semikaktusdahlie. H. und Br. 60 cm–1 m. Bringt im Sommer – Herbst 8–10 cm breite, bronzefarbene Blüten hervor, die sich für Ausstellungen eignen.
***D.* 'Spencer'.** Schmuckdahlie. H. und Br. 1 m. Trägt im Sommer – Herbst 10–15 cm breite, purpurn-rosafarbene Blüten. Eignet sich gut für Ausstellungen.
***D.* 'Super'.** Semikaktusdahlie. H. und Br. 1,2–1,5 m. Bringt im Sommer – Herbst mindestens 25 cm breite, orangeflammenfarbene Blüten hervor. Eignet sich für Dekoration.
***D.* 'Symbol'.** Semikaktusdahlie. H. und Br. 1–1,2 m. Hat im Sommer – Herbst 15–20 cm breite bronze-orangefarbene Blüten. Eignet sich gut für Ausstellungen.
***D.* 'Temptress'.** Kaktusdahlie. H. und Br. 1 m. Bringt im Sommer – Herbst 10–15 cm breite, weißlich-lilafarbene Blüten hervor. Eignet sich gut für Ausstellungen.
***D.* 'Vicky Crutchfield'** (Abb. S. 340). Seerosenblütige Dahlie. H. und Br. 1 m. Trägt im Sommer – Herbst 10–15 cm breite, rosa Blüten. Eignet sich für Ausstellungen.
***D.* 'Ruby Wedding'.** Dahlie mit hübschen Blüten. H. und Br. 1 m. Dunkelpurpurne Blüten von 8–10 cm Breite im Spätsommer und Herbst.
***D.* 'Whale's Rhonda'** (Abb. S. 341). Pomponblütige Dahlie. H. und Br. 1 m. Die Blätter sind glänzend und tiefdunkelgrün. Hat im Sommer – Herbst 5 cm breite, purpurne Blüten, die sich gut für Ausstellungen eignen.
***D.* 'White Klankstad'** (Abb. S. 340). Kaktusdahlie. H. und Br. 1–1,2 m. Ist eine Abart von *D.* 'Klankstadt Kerkrade' mit weißen Blüten.
***D.* 'Willo's Violet'.** Pomponblütige Dahlie. H. und Br. 1 m. Hat glänzende, dunkelgrüne Blätter. Bringt im Sommer – Herbst 5 cm breite, violettpurpurne Blüten hervor. Eignet sich für Ausstellungen.
***D.* 'Wootton Cupid'** (Abb. S. 341). Rundblütige Dahlie. H. und Br. 1–1,2 m. Bringt im Sommer – Herbst 8–10 cm breite, rosa Blüten hervor. Eignet sich gut für Ausstellungen.
***D.* 'Yellow Hammer'** (Abb. S. 341). Einfache Zwergdahlie. H. und Br. 30–45 cm. Bringt im Sommer – Herbst 8 cm breite, sattgelbe Blüten hervor.

DAIS (Thymelaeaceae)
Gattung laubabwerfender, sommerblühender Sträucher, beliebt wegen ihrer Blüten und Gesamterscheinung. Frostempfindlich. Mindesttemperatur 5 °C. Benötigt volle Sonne und durchlässige Erde. Während der Wachstumszeit werden Kübelpflanzen reichlich gegossen, weniger in der Ruhezeit, wenn blattlos. Vermehrung durch Samen im Frühjahr oder durch halbausgereifte Stecklinge im Sommer.
D. cotinifolia. Laubabwerfender, buschiger, hübscher Strauch. H. und Br. 2–3 m. Hat kleine, oval bis längliche, glänzende Blätter. Bringt im Sommer 8 cm breite, duftende, sternchenförmige, rosa-lila Blüten an flachen Büscheln hervor. Die Rindenfasern sind kräftig genug, um sie als Nähfaden zu benutzen.

DANÄE (Liliaceae)
Gattung einer Spezies immergrüner Sträucher mit unauffälligen Blüten, die wegen ihrer attraktiven, flachen Scheinblätter kultiviert wird. Winterhart. Gedeiht in Sonne oder Schatten in feuchter Erde. Vermehrung durch Samen im

Herbst oder durch Teilung vom Herbst bis zum Frühjahr.
D. racemosa. Immergrüner, sich neigender, dichter Strauch. H. und Br. 1 m. Hat schlanke Zweige, lanzettförmige, blattähnliche, glänzende, grüne Sprosse und gespitzte, leuchtendgrüne »Blätter«. Bringt manchmal runde, rote Beeren hervor.

DAPHNE (Thymelaeaceae)
Seidelbast
Gattung immergrüner, halbimmergrüner oder laubabwerfender Sträucher, beliebt wegen ihrer normalerweise duftenden, röhrenförmigen Blüten mit 4 am Ende breiter werdenden Blütenblättern, und bei einigen Spezies, wegen des Laubes oder der Früchte (die Samen sind giftig). Zwergspezies und kultivierte Sorten eignen sich für Steingärten. Bedingt – bis winterhart. Die meisten benötigen volle Sonne, obwohl *D. alpina*, *D. abuscula* und *D. blagayana* im Halbschatten gedeihen, und *D. laureola* tiefen Schatten toleriert, und fruchtbare, durchlässige, aber nicht zu trockene Erde. Verträgt Umpflanzen nicht gut. Vermehrung der Spezies durch frischen Samen oder durch halbausgereifte Stecklinge im Sommer, Sorten nur durch Stecklinge. Ist anfällig für Viruserkrankungen, verursachen Blattscheckung.
D. alpina. Laubabwerfender, aufrechter Strauch. H. 50 cm, Br. 40 cm. Winterhart. Die Blätter sind oval, flaumig und graugrün. Trägt im späten Frühjahr endständige Büschel duftender, weißer Blüten. Eignet sich für Steingärten.
D. arbuscula Abb. S. 306.
D. bholua Abb. S. 118.
D. blagayana Abb. S. 287.
***D. × burkwoodii* 'Sommerset'** Abb. S. 122. **'Variegata'** ist ein halbimmergrüner, aufrechter Strauch. H. 1,5 m, Br. 1 m. Winterhart. Bringt im späten Frühjahr, manchmal wieder im Herbst, dichte Büschel stark duftender, rosa Blüten mit weißem Schlund hervor. Die Blätter sind schmal länglich, grau-grün, cremig-weiß oder blaßgelb gerändert.
D. cneorum (Zweigseidelbast) Abb. S. 288. **'Eximia'** ist ein immergrüner, niedriger Strauch. H. 10 cm, Br. bis 50 cm oder mehr. Winterhart. Hat kleine, ovale, ledrige, dunkelgrüne Blätter und im späten Frühjahr endständige Büschel duftender, weißer Blüten, außen rot und innen oft rosa überhaucht.
D. collina. Immergrüner, kegeliger, kompakter Strauch. H. und Br. 50 cm. Winterhart. Die aufrechten Zweige sind dicht besetzt mit ovalen, dunkelgrünen Blättern. Hat im späten Frühjahr endständige Büschel kleiner, duftender, purpurrosa Blüten. Eignet sich gut für Steingärten oder Gebüsch.
D. genkwa. Laubabwerfender, aufrechter, offener Strauch. H. und Br. 1,5 m. Winterhart nach einem heißen Sommer, ansonsten bedingt winterhart. Die ovalen, dunkelgrünen Blätter sind in der Jugend bronzefarben. Von Mitte- bis zum späten Frühjahr erscheinen große, schwachduftende, lila Blüten.
D. giraldii. Laubabwerfender, aufrechter Strauch. H. und Br. 60 cm. Winterhart. Im späten Frühling und Frühsommer erscheinen zwischen länglichen, blaß blau-grünen Blättern Büschel duftender, goldgelber Blüten, denen eiförmige, rote Früchte folgen.
D. jasminea Abb. S. 304.
D. laureola (Lorbeerseidelbast). Immergrüner, buschiger Strauch. H. 1 m, Br. 1,5 m. Winterhart. Hat längliche, dunkelgrüne Blätter. Vom Spätwinter bis zum zeitigen Frühjahr erscheinen schwach duftende, blaßgrüne Blüten, später runde, schwarze Früchte.
Var. *philippi* Abb. S. 124.
D. mezereum Abb. S. 142. Var ***alba*** ist ein laubabwerfender, aufrechter bis ausgebreiteter Strauch. H. und Br. 1,2 m. Winterhart. Trägt im späten Winter und zeitigem Frühjahr stark duftende, weiße oder creme-weiße Blüten, die die kahlen Triebe bedecken. Hat runde, gelbe Früchte. Die Blätter sind länglich und dumpf graugrün.
D. odora. Immergrüner, buschiger Strauch. H. und Br. 1,5 m. Winterhart. Hat ovale, glänzende, dunkelgrüne Blätter und von Wintermitte bis zeitigem Frühjahr stark duftende tiefpurpurrosa und weiße Blüten. **'Aureo-marginata'** Abb. S. 142.
***D. petraea* 'Grandiflora'** Abb. S. 306.
D. retusa Abb. S. 123.
D. tangutica. Immergrüner, buschiger Strauch mit kräftigen Trieben. H. und Br. 1 m. Winterhart. Die schmal ovalen, ledrigen Blätter sind dunkelgrün. Von Mitte bis Spätfrühling erscheinen Büschel duftender, weiß überhauchter, purpurrosa Blüten.

DAPHNIPHYLLUM (Daphniphyllaceae)
Gattung immergrüner Bäume und Sträucher, beliebt wegen ihres Habitus und des Laubes. Männliche und weibliche Blüten erscheinen an verschiedenen Pflanzen. Winterhart. Benötigt einen sonnigen oder halbschattigen, geschützten Standort und tiefgründige, fruchtbare, durchlässige, aber nicht zu trockene Erde. Vermehrung im Sommer durch halbausgereifte Stecklinge.
D. macropodum Abb. S. 86.

DARMERA. Siehe PELTIPHYLLUM.

DARWINIA (Myrtaceae)
Gattung immergrüner, frühlingsblühender Sträucher, die wegen ihrer Blüten und der Gesamterscheinung kultiviert wird. Frostempfindlich. Mindesttemperatur 7–10°C. Benötigt volles Licht und durchlässige, neutrale bis saure, stickstoffarme Erde. Während der Wachstumszeit mäßig gießen, zu anderen Zeiten noch weniger. Vermehrung durch Samen im Frühling oder durch halbausgereifte Stecklinge im Spätsommer. Schwierig unter Glas zu kultivieren, wurzelt schlecht.
D. citriodora. Immergrüner, rundlicher, stark verzweigter Strauch. H. und Br. 60 cm bis 1,2 m. Die länglichen bis breit lanzettförmigen blau-grünen Blätter duften bei Beschädigung nach Zitronen. Bringt im Frühjahr hängende, endständige Blütenköpfe, bestehend aus 4 kleinen, röhrenförmigen, gelben oder roten Blüten mit 2 roten oder gelblichen Deckblättern umgeben, hervor.

DASYLIRION (Agavaceae)
Rauhschopf
Gattung immergrüner, palmenähnlicher Stauden, die wegen ihres Laubes und der Blüten kultiviert wird. Männliche und weibliche Blüten erscheinen an verschiedenen Pflanzen. Frostempfindlich. Mindesttemperatur 10°C. Benötigt durchlässige Erde und einen sonnigen Standort. Während der Wachstumszeit reichlich gießen, weniger zu anderen Zeiten. Vermehrung duch Samen im Frühjahr.
D. texanum. Immergrüne, palmenähnliche Staude mit einem 75 cm hohen Stamm. H. über 1 m, Br. 3 m. Hat eine Rosette schmaler, herabhängender, grüner Blätter, jedes 60–90 cm lang, mit gelblichen Stacheln eingesäumt. Die 5 m langen Triebe erscheinen aus der Mitte und tragen im Sommer dichte, schmale Rispen, besetzt mit kleinen, glockenförmigen, weißlichen Blüten. Trockene, dreikantige Früchte erscheinen im Herbst.

DATURA (Solanaceae)
Stechapfel
Gattung immergrüner oder halbimmergrüner Sträucher, Bäume und einjähriger Pflanzen, die wegen ihrer Sommer- und Herbstblüten kultiviert wird. Winterhart bis frostempfindlich. Mindesttemperatur 7–10°C. Bevorzugt helles Licht und fruchtbare, gut durchlässige Erde. Während der Wachstumszeit Kübelpflanzen reichlich gießen, weniger zu anderen Zeiten. Kann im zeitigen Frühjahr stark zurückgeschnitten werden. Vermehrung durch Samen im Frühjahr oder durch halbausgereifte Stecklinge im Frühsommer oder später. Anfällig für Weiße Fliege und Rote Spinne.
D. arborea, syn. *D. cornigera, Brugmansia arborea*. Immergrüner oder halbimmergrüner, rundlicher, robuster Strauch. H. und Br. bis 3 m. Frostempfindlich. Hat 20 cm lange oder längere, schmale, ovale Blätter. Bringt im Sommer – Herbst stark duftende, hängende, trompetenförmige, 16–20 cm lange, weiße Blüten hervor, jede mit einem blütenscheidenähnlichen Kelch.
D. aurea, syn. *Brugmansia aurea*. Immergrüner, rundlicher Strauch oder Baum. H. und Br. 6–11 m. Frostempfindlich. Hat 15 cm lange, ovale Blätter und im Sommer – Herbst 15–25 cm lange, hängende, trompetenförmige, weiße oder gelbe Blüten.
D. × candida, syn. *Brugmansia × candida*, Abb. S. 87.
D. cornigera. Siehe *D. arborea*.
***D.* 'Grand Marnier'** Abb. S. 91.
D. rosei, syn. *D. sanguinea hort. Brugmansia bicolor, B. rosei*. Immergrüner, rundlicher Strauch oder Baum. H. und Br. 6 m. Frostempfindlich. Die Blätter sind 18 cm lang und oval, manchmal klein und rundlich gelappt. Vom Spätsommer bis zum folgenden Frühjahr erscheinen hängende, trompetenförmige, rote, schwefelgelbe oder orangefarbene Blüten, 15–18 cm lang.
D. sanguinea, syn. *Brugmansia sanguinea*, Abb. S. 91.
D. sanguinea hort. Siehe *D. rosei*.

DAVALLIA (Polypodiaceae)
Gattung immergrüner oder halbimmergrüner, oft auch epiphytischer Farne, am besten in Töpfen oder Ampeln kultiviert. Bedingt winterhart bis frostempfindlich. Mindesttemperatur 5°C. Benötigt Halbschatten und stark fasriges, torfhaltiges und feuchtes Substrat. Verwelkte Wedel regelmäßig entfernen. Vermehrung durch Teilung im Frühjahr oder Sommer, oder durch Sporen im Sommer.
D. canariensis. Halbimmergrüner Farn. H. und Br. 30 cm. Frostempfindlich. Hat breit lanzettförmige, ledrige, mittelgrüne Wedel, die in zahlreiche dreieckige Fiedern aufgeteilt sind und dem braunen, geschuppten Wurzelstock entspringen.
D. mariesii. Immergrüner Farn. H. 15 cm, Br. 23 cm. Bedingt winterhart. Hat breit dreieckige, zart geteilte, ledrige, mittelgrüne Wedel, die einem kriechenden, schuppigen, braunen Wurzelstock entspringen.

DAVIDIA (Davidiaceae)
Taubenbaum
Gattung einer Spezies laubabwerfender, frühlings- und sommerblühender Bäume, die wegen ihres Habitus und der auffälligen, weißen Deckblätter, die unbedeutende Blütenköpfe umhüllen, kultiviert wird. Winterhart. Muß vor starken Winden geschützt werden. Benötigt Sonne oder Halbschatten und fruchtbare, durchlässige, aber vorzugsweise feuchte Erde. Vermehrung durch halbausgereifte Stecklinge im Frühling oder durch reifen Samen im Herbst.
D. involucrata Abb. S. 50.

DECAISNEA (Lardizabalaceae)
Blauschotenbaum
Gattung laubabwerfender, sommerblühender Sträucher, beliebt wegen ihres Laubes, der Blüten und wurstförmigen Früchte. Benötigt einen geschützten, sonnigen Standort und fruchtbare, nicht zu trockene Erde. Vermehrung durch Samen im Herbst.
D. fargesii Abb. S. 90.

DECUMARIA (Hydrangeaceae)
Sternhortensie
Gattung immergrüner oder laubabwerfender, verholzender Kletterpflanzen. Bedingt winterhart. Benötigt Sonne und lehmhaltige, durchlässige Erde, die nicht austrocknet. Falls nötig, kann nach der Blüte zurückgeschnitten werden. Vermehrung durch Kopfstecklinge im Spätsommer oder Frühherbst.
D. sinensis. Immergrüne, verholzende Kletterpflanze. H. bis 2 m oder mehr. Die Blätter sind 2,5–8 cm lang, oval und oft gezähnt. Im späten Frühjahr und Frühsommer erscheinen konische Büschel kleiner, nach Honig duftender, cremefarbener Blüten.

DEINANTHE (Hydrangeaceae)
Gattung langsamwachsender Stauden mit kriechendem, unterirdischem Wurzelstock. Eignet sich für Steingärten und Heidegarten. Winterhart. Benötigt Schatten und feuchte Erde. Vermehrung durch Teilung im Frühjahr oder durch frischen Samen.
D. bifida. Langsamwachsende, horstbildende Staude. H. 20 cm, Br. 10–20 cm. Im Sommer erscheinen zwischen rundlichen, faltigen, 2fach-gelappten Blättern mit gezackten Spitzen nickende, sternchenförmige, weiße Blüten.
D. caerulea. Langsamwachsende, horstbildende Staude. H. 20 cm, Br. bis 15 cm. Oberhalb der 3–4 ovalen, gezähnten Blätter erscheinen im Sommer Blumenstengel, an denen Büschel nickender, schüsselförmiger, blaßviolettblauer Blüten sitzen.

DELOSPERMA (Aizoaceae)
Gattung dicht verzweigter, kriechender Stauden, manchmal strauchartiger Suk-

kulenten mit knolligen Wurzeln. Frostempfindlich. Mindesttemperatur zum Teil 5 °C. Benötigt volle Sonne und sehr durchlässige Erde. Vermehrung durch Samen oder Kopfstecklinge im Frühling oder Sommer.
D. tradescantioides. Ausgebreitete, sukkulente, mehrjährige Pflanze. H. 10 cm, Br. unterschiedlich. Hat lange, kriechende Zweige mit breiten, fast zylindrischen, dreieckigen, fleischigen, hellgrünen Blättern, die 3 cm lang sind. Bringt im Sommer bis zum Herbst gänseblümchenähnliche, weiße Blüten hervor. Einfach zu pflegen.

DELPHINIUM (Ranunculaceae)
Gattung von Stauden und einjährigen Pflanzen, die wegen ihrer Ähren nicht gleichmäßig tassenförmiger, manchmal behaubter, gespornter Blüten kultiviert wird. Bedingt – bis winterhart. Benötigt einen offenen und sonnigen Standort und fruchtbare oder nährstoffreiche, durchlässige Erde. Hohe Sorten müssen aufgebunden werden und benötigen im Frühjahr und Frühsommer reichliche Dünger- und Wassergaben. Im Frühjahr wird bei gut angewachsenen Pflanzen dünner Wuchs entfernt, so daß nur 5–7 starke Triebe bleiben. Entfernt man verwelkte Blütenähren sofort, ist im Spätsommer, falls die Pflanzen gut gewässert und gedüngt wurden, mit einem zweiten Blütenflor zu rechnen. Vermehrung der Spezies und einige *D. elatum*-Selektionen durch Samen im Herbst oder Frühjahr; Sorten von *D. belladonna* durch Teilung oder Stecklinge junger Triebe im Frühjahr; Hybriden von *D. elatum* nur durch Stecklinge.
***D. belladonna* 'Blue Bees'** (Abb. S. 192). Aufrechte, verzweigte Staude. H. 1,1–1,5 m, Br. 60 cm. Winterhart. Hat handförmige, geteilte Blätter. Trägt im Sommer in lockeren, 30 cm langen Ähren weitauseinanderstehende, einfache, manchmal auch halbgefüllte, himmelblaue Blüten, 2 cm breit oder mehr, die an verzweigten Stielen sitzen. Eignet sich gut für den Schnitt. **'Lamartine'** hat purpurblaue Blüten; **'Wendy'** blüht enzianblau.
D. brunonianum. Aufrechte Staude. H. und Br. bis 15 cm. Winterhart. Behaarte Stengel tragen 3–5fach gelappte Blätter. Im Frühsommer erscheinen an den Blütenstengeln bis 15 cm lange Ähren behaubter, einfacher, blaß blaupurpurner Blüten, 4 cm breit, mit kurzem, schwarzen Sporn. Eignet sich gut für Steingärten.
D. cardinale. Kurzlebige, aufrechte Staude. H. 1–2 m, Br. 60 cm. Bedingt winterhart. Oberhalb der handförmigen, zart geteilten Blätter erscheinen im Sommer 30–45 cm lange Ähren einfacher, roter, 4 cm breiter Blüten mit gelbem Auge.
D. chinense. Siehe *D. grandiflorum*.
D. consolida. Siehe *Consolida ambigua*.
***D. elatum*-Hybriden.** Aufrechte Stauden. H. 1,35–2 m, Br. 75 cm–1 m. Winterhart. Alle haben große, handförmige Blätter und bringen im Sommer dichte Ähren 40 cm–1,2 m lang, mit regelmäßig angeordneten, halbgefüllten, selten gefüllten, 8–10 cm breiten Blüten in einer Farbpalette von weiß, bis blau und purpurn und gewöhnlich kontrastierenden Augen, hervor.
'Blue Dawn' (Abb. S. 192). H. 2–2,2 m. Die Sorte bringt an 1,2 m langen Ähren rosafarbige, purpurüberhauchte blaßblaue Blüten mit dunkelbraunem Auge hervor.
'Blue Nile' (Abb. S. 192). H. 1,5–1,7 m, hat an bis zu 68 cm langen Ähren sattblaue Blüten mit hellblaugestreiften, weißen Augen.
'Bruce' (Abb. S. 192). H. 1,7–2,2 m, hat an 1,2 m langen Ähren tief violettpurpurne Blüten, die nahe dem Zentrum silbrig überhaucht sind, mit grau-braunen Augen.
'Butterball' (Abb. S. 192). H. 1,5–1,7 m, bringt an 50 cm langen Ähren cremeäugige, weiße Blüten, blaß-grünlich-gelb überzogen, hervor.
'Chelsea Star' (Abb. S. 192). H. 2 m, hat an 1,1 m langen Ähren satt dunkel violette Blüten mit weißen Augen.
'Emily Hawkins' (Abb. S. 192) H. 2–2,2 m, trägt an 80 cm langen Ähren lila-überhauchte, blaßblaue Blüten mit Rehaugen.
'Fanfare' (Abb. S. 192). H. 2–2,2 m, hat an 60–75 cm langen Ähren blaßblau bis silbrig-hellviolette Blüten mit weißen und violetten Augen.
'Fenella'. H. 1,1–1,5 m, trägt an bis 1 m langen Ähren purpurüberhauchte, enzianblaue Blüten mit schwarzen Augen.
'Gillian Dallas' (Abb. S. 192). H. 2 m, bringt bis zu 80 cm lange Ähren weißäugiger, blaß lilafarbener Blüten, an den äußeren Rändern blasser werdend, hervor.
'Langdon's Royal Flush' (Abb. S. 192). H. 2 m, hat an 85 cm langen Ähren cremeäugige, rosapurpurne Blüten, die oberen Kronblätter sind dunkler als die unteren.
'Loch Leven' (Abb. S. 192). H. 1,7 m, bringt an bis zu 1 m langen Ähren blaßblaue Blüten mit weißen Augen hervor.
'Loch Nevis'. H. 2 m, hat an 1,1 m langen Ähren mittelblaue Blüten mit weißen Augen.
'Lord Butler' (Abb. S. 192). H. 1,5–1,7 m. Trägt an 75 cm langen Ähren blaßblaue Blüten, leicht blaßlila überhaucht, mit blau gezeichneten, weißem Auge.
'Mighty Atom' (Abb. S. 192). H. 1,5–2 m, hat an 75 cm langen Ähren violette Blüten mit violett gezeichneten, gelblich braunen Augen.
'Olive Poppleton' (Abb. S. 192). H. 2–2,5 m, bringt an bis zu 1 m langen Ähren weiße Blüten mit Rehaugen hervor.
Pacific-Serie ist eine Gruppe kurzlebiger Stauden mit unterschiedlicher Höhe, oft als Einjährige kultiviert und als Farbsorten oder Mischung erhältlich, obwohl bei Sämlingen die Farben oft nicht identisch sind. Die halbgefüllten Blüten erscheinen an 45 cm–1 m langen Ähren.
'Sandpiper' (Abb. S. 192). H. 1–1,35 m, hat an 75 cm langen Ähren weiße Blüten mit cremig-braunen Augen.
'Spindrift' (Abb. S. 192). H. 1,7–2 m. Hat bis zu 1 m lange Ähren und rosa-purpurne Blüten, blaßblau überhaucht mit cremig weißen Augen. Zur Mitte hin verblaßt das Rosa-Purpurne und das Blau wird dunkler. Die Farbe variiert von Erde zu Erde, in saurer Erde sind die Blüten grün überhaucht.
'Strawberry Fair' (Abb. S. 192). H. 1,7 m, hat an 78 cm langen Ähren weiß-äugige, maulbeer-rosa Blüten.
'Sungleam' (Abb. S. 192). H. 1,7–2 m. Bringt 40–75 cm lange Ähren weißer Blüten, blaßgelb überhaucht, mit gelben Augen, hervor.
D. grandiflorum, syn. *D. chinense*.
'Blue Butterfly' (Abb. S. 192) ist eine kurzlebige, aufrechte Staude, gewöhnlich als Einjährige kultiviert. H. 45 cm, Br. 30 cm. Winterhart. Hat handförmige, geteilte Blätter. Bringt im Sommer locker verzweigte Ähren, bis zu 15 cm lang, einfacher, tiefblauer, 3,5 cm breiter Blüten hervor. Eignet sich als Beetpflanze.
D. nudicaule Abb. S. 295.
D. tatsienense. Kurzlebige, aufrechte Staude. H. 30 cm, Br. 5–10 cm. Winterhart. Im Sommer erscheinen lockere, 15 cm lange Ähren kleinsporniger, einfacher, leuchtendblauer, 2,5 cm langer Blüten. Die Blätter sind rundlich bis oval und tief eingeschnitten. Eignet sich für Steingärten. Benötigt sandige Erde.

DENDROBIUM. Siehe ORCHIDEEN.
D. aphyllum, syn. *D. pierardii* (Abb. S. 252). Laubabwerfende, epiphytische Orchidee für ein temperiertes Gewächshaus. H. bis 60 cm. Bringt im zeitigen Frühjahr 4 cm breite, sanft rosafarbene, paarweise angeordnete Blüten hervor, jede mit einer großen, cremefarbenen Lippe. Die ovalen Blätter sind 5–8 cm lang. Benötigt im Sommer Halbschatten. Am besten an einem Stück Rinde aufbinden.
D. chrysotoxum (Abb. S. 255). Laubabwerfende, epiphytische Orchidee für ein temperiertes Gewächshaus, H. 60 cm. Bringt im Frühjahr in herabhängenden Trauben tassenförmige, 2 cm breite, tiefgelbe Blüten hervor, mit behaarter, rot gezeichneter Lippe. Die ovalen Blätter sind 5–8 cm lang. Benötigt im Sommer helles Licht.
D. infundibulum (Abb. S. 252). Immergrüne, epiphytische Orchidee für ein kühles Gewächshaus. H. 30 cm. Im Frühling entspringen jedem Stengel bis zu 6 rein weiße, 8 cm breite Blüten mit einer gelb gezeichneten Lippe. Hat 5–8 cm lange, ovale Blätter. Benötigt im Sommer Halbschatten.
D. nobile (Abb. S. 253). Laubabwerfende, epiphytische Orchidee (in Kultur oft immergrün) für ein kühles Gewächshaus. H. 30 cm. An den Stengeln erscheinen im Frühjahr in Trauben 1–3 zart rosen-rosa Blüten, bis 5 cm breit, jede mit einer auffälligen maronenfarbigen Lippe. Die Blätter sind 5–8 cm lang. Benötigt im Sommer Halbschatten.
D. pierardii. Siehe *D. aphyllum*.

DENDROCHILUM. Siehe ORCHIDEEN.
D. glumaceum (Silberkette) Immergrüne, epiphytische Orchidee für ein kühles Gewächshaus. H. 10 cm. Im Herbst erscheinen an überhängenden Rispen 1 cm lange, duftende, gespitzte, cremigweiße Blüten mit orangefarbener Lippe. Die schmal ovalen Blätter sind 15 cm lang. Benötigt im Sommer Halbschatten.

DENDROMECON (Papaveraceae)
Baummohn
Gattung immergrüner Sträucher, beliebt wegen ihres Laubes und der auffälligen Blüten. Bedingt – bis winterhart. Muß in kalten Gegenden an eine Süd- oder Westwand gepflanzt werden. Benötigt volle Sonne und sehr durchlässige Erde. Vermehrung durch Kopfstecklinge im Sommer, durch Samen im Herbst oder Frühling oder Wurzelschnittlinge im Winter.
D. rigida Abb. S. 115.

DENNSTAEDTIA (Polypodiaceae)
Gattung laubabwerfender oder halbimmergrüner Farne. Winterhart. Gedeiht am besten in Schatten und humusreicher, feuchter Erde. Verwelkte Wedel regelmäßig entfernen. Vermehrung durch Teilung im Frühjahr.
D. punctiloba. Laubabwerfender, kriechender Farn. H. und Br. 30 cm. Hat ovale bis dreieckige, vielgeteilte, zarte, spitzenartige, mittelgrüne Wedel, die im Winter absterben.
Dentaria enneaphylla. Siehe *Cardamine enneaphyllos*.
Dentaria pentaphylla. Siehe *Cardamine pentaphyllos*.

DESCHAMPSIA (Gramineae)
Siehe GRÄSER, BAMBUS, SCHILF und RIEDGRAS.
D. caespitosa (büscheliges Haargras). Immergrünes, horstbildendes, mehrjähriges Gras. H. bis 1 m, Br. 25–30 cm. Winterhart. Hat dichte, schmale, derbkantige, dunkelgrüne Blätter. Bringt im Sommer zierliche, offene Rispen winziger, blaßbrauner Ähren, die bis in den Winter halten, hervor. Gedeiht in Sonne oder Schatten.

DESFONTAINIA (Loganiaceae)
Gattung immergrüner Sträucher, die wegen ihres Laubes und der auffälligen, röhrenförmigen Blüten kultiviert wird. Bedingt – bis winterhart. In kalten Gegenden Schutz bieten. Benötigt etwas Schatten, vor allem in trockenen Gegenden, und feuchte, torfhaltige, vorzugsweise saure Erde. Vermehrung durch halbausgereifte Kopfstecklinge im Sommer.
D. spinosa Abb. S. 111.

DESMODIUM (Leguminosae)
Gattung von Stauden und laubabwerfenden Sträuchern und Halbsträuchern, die wegen ihrer Blüten kultiviert wird. Bedingt – bis winterhart. Benötigt volle Sonne und durchlässige Erde. Vermehrung durch Kopfstecklinge im späten Frühjahr oder durch Samen im Herbst. Kann auch im Frühling geteilt werden.
D. tiliifolium Abb. S. 135.

DEUTZIA (Hydrangeaceae)
Deutzie
Gattung laubabwerfender Sträucher, die wegen ihrer Fülle 5kronblättriger Blüten kultiviert wird. Bedingt – bis winterhart. Benötigt volle Sonne und fruchtbare, durchlässige Erde. Regelmäßiges Ausdünnen alter Triebe nach der Blüte ist für die Pflanzen vorteilhaft. Vermehrung durch Kopfstecklinge im Sommer.
***D. × elegantissima* 'Fasciculata'.** Laubabwerfender, aufrechter Strauch. H. 2 m, Br. 1,5 m. Winterhart. Bringt vom späten Frühjahr bis Frühsommer große Büschel blaßrosa Blüten mit 5 Kronblättern hervor. Die Blätter sind oval, gezähnt und mittelgrün. **'Rosealind'** Abb. S. 130.
D. gracilis (Zwergdeutzie) Abb. S. 121.
***D.* 'Joconde'.** Laubabwerfender, aufrechter Strauch. H. und Br. 1,5 m. Winterhart. Trägt im Frühsommer weiße Blüten mit 5 Kronblättern, außen purpurn gestreift. Die ovalen, mittelgrünen Blätter sind langgespitzt.

D. longifolia. Laubabwerfender, überhängender Strauch. H. 2 m, Br. 3 m. Vom Frühsommer bis Sommermitte erscheinen große Büschel tiefrosa Blüten mit 5 Kronblättern. Die schmalen, lanzettförmigen Blätter sind grau-grün. **'Veitchii'** Abb. S. 108.

***D.* 'Magicien'.** Laubabwerfender, aufrechter Strauch. H. und Br. 1,5 m. Winterhart. Bringt im Frühsommer große Blüten mit 5 gewellten Kronblättern hervor, die auf der Innenseite rosa sind, auf der Außenseite weiß mit tiefrosa Streifen. Hat ovale, mittelgrüne Blätter.

D.* × *magnifica. Kräftiger, laubabwerfender, aufrechter Strauch. H. 2,5 m, Br. 2 m. Winterhart. Bringt im Frühsommer dichte Büschel rein weißer Blüten mit 5 Kronblättern hervor. Die Blätter sind schmal oval und leuchtendgrün. **'Staphyleoides'** Abb. S. 104.

D. monbeigii Abb. S. 126.

***D.* 'Mont Rose'** Abb. S. 129.

D. pulchra. Kräftiger, laubabwerfender, aufrechter Strauch. H. 2,5 m, Br. 2 m. Winterhart. Hat eine sich schälende, orangebraune Rinde und lanzettförmige, dunkelgrüne Blätter. Im späten Frühling und Frühsommer erscheinen schlanke, hängende Rispen, rosa überhauchter, weißer Blüten mit 5 Kronblättern.

D.* × *rosea Abb. S. 122.

D. scabra Abb. S. 104. **'Flore Pleno'** ist ein laubabwerfender, aufrechter Strauch. H. 3 m, Br. 2 m. Winterhart. Zwischen den schmalen, ovalen dunkelgrünen Blättern erscheinen vom Frühsommer bis Sommermitte aufrechte Büschel gefüllter weißer Blüten, an der Außenseite purpurrosa.

D. setchuenensis. Laubabwerfender, aufrechter Strauch. H. 2 m, Br. 1,5 m. Winterhart. Bringt im Frühsommer und Sommermitte an breiten Büscheln weiße Blüten mit 5 Kronblättern hervor. Trägt schmal ovale, derbe, dunkelgrau-grüne Blätter.

DIANELLA (Liliaceae)
Gattung immergrüner, sommerblühender Stauden. Bedingt – bis winterhart. Eignet sich nur in milden Gegenden für Freilandkultur, benötigt sonst ein kaltes Gewächshaus oder Frühbeet. Für Sonne und durchlässige, neutrale bis saure Erde. Vermehrung durch Teilung oder Samen im Frühjahr.

D. caerulea. Immergrüne, horstbildende Staude. H. 75 cm, Br. 30 cm. Bedingt winterhart. Bringt im Sommer Rispen kleiner, sternchenförmiger, blauer Blüten, über grasähnlichen Blättern hervor, später blaue Beeren.

D. tasmanica Abb. S. 212.

DIANTHUS (Caryophyllaceae)
Nelke, Federnelke
Gattung immergrüner oder halbimmergrüner, hauptsächlich sommerblühender Stauden und ein- und zweijähriger Pflanzen, beliebt wegen ihrer oft duftenden Blütenfülle und als hervorragende Schnittblumen. Nelken und Federnelken (siehe unten) eignen sich ausgezeichnet für Schnitt und Randbepflanzung, die zweijährige *D. barbatus* (Sweet William = Bartnelke) eignet sich für Beete, und die kleineren, polsterbildenden Spezies und Sorten sind gut für Steingärten. Bedingt – bis winterhart. Benötigt einen offenen, sonnigen Standort und durchlässige, leicht alkalische Erde, mit Ausnahme von *D. pavonius*, die saure Erde benötigt. Verblühtes entfernen ist vorteilhaft bei Mehrmals-Blühenden. Alle hohen Nelken müssen aufgebunden werden. Vermehrung der Rabattennelken durch Ableger im Spätsommer, andere genannten Formen durch Kopfstecklinge im späten Frühjahr und Spezies durch Samen zu jeder Zeit. Ist anfällig für Rostpilz, Rote Spinne und Virusinfektionen, durch Blattläuse hervorgerufen. Viele Sorten jedoch sind auch virusfrei zu erhalten. Alle Nelken haben schmal lanzettförmige, silbrige oder graugrüne Blätter, die über den ganzen Blütenstengel verteilt sind und sich bei Nelken nach außen rollen. Sie sind in folgende Gruppen aufgeteilt, in einfarbige und zweifarbige Sorten.

Nelken
Rabattennelken sind einjährig oder immergrüne Stauden, die einmal zur Sommermitte reichlich blühen. Sie eignen sich gut für Einfassungen und zum Schnitt. Jeder Stengel trägt bis 8 cm breite, oft duftende, halbgefüllte oder gefullte Blüten; Picotee-Sorten, deren Blütenblattränder dunkler gezeichnet sind, sind erhältlich. H. 75 cm–1,1 m, Br. bis 30 cm. Winterhart.
Immerblühende Nelken sind immergrüne Stauden, die das ganze Jahr über, falls im Gewächshaus gezogen, blühen, jedoch im Sommer reichlicher. Normalerweise werden sie als Schnittblumen gezogen. Pro Blütenstengel sollte man nur eine endständige Knospe belassen. Die gefüllten Blüten sind bis zu 10 cm breit, normalerweise nicht duftend, aber gefleckt oder gestreift. H. 1–1,5 m, Br. 30 cm oder mehr. Bedingt winterhart. Verzweigte Formen werden nicht ausgebrochen, so daß 5 oder mehr Blüten pro Stengel, jede 5–6 cm breit, erscheinen. H. 60 cm–1 m, Br. bis 30 cm.

Gartennelken
Immergrüne, horstbildende Stauden, die als Rabattendekoration und zum Schnitt kultiviert werden. Im Sommer trägt jeder Trieb 4–6 duftende, 3,5–6 cm breite, einfache oder gefüllte Blüten. H. 30–45 cm, Br. 24–30 cm oder mehr. Winterhart.
Die alten Gartennelken sind niedrig und ausgebreitet und bringen in einer Blühperiode, Mitte des Sommers, eine Fülle Blüten hervor. Hybrid-Sorten (Rabattennelke mit Sweet William gekreuzt) und Sorten mit einer Borte (die Hauptfarbe verläuft in einer Schleife um jedes Blütenblatt) sind erhältlich.
Neuzüchtungen, die durch Kreuzen alter **Gartennelken** mit immerblühenden Nelken entstanden, sind kräftiger als die alten Gartennelken, und blühen mehrmals im Sommer mit 2–3 Hauptblühphasen.

***D.* 'Albisola'** (Abb. S. 239). Immerblühende Nelke. Gefüllte deutlich mandarinen-orange Blüten.

***D.* 'Aldridge Yellow'** (Abb. S. 239). Rabattennelke. Klar gelbe, halbgefüllte Blüten.

***D.* 'Alice'** (Abb. S. 238). Neue Züchtung. Hat nach Nelken duftende, halbgefüllte, elfenbeinweiße Blüten mit auffälligem, rotem Auge.

D. alpinus Abb. 318.

***D.* 'Annabelle'** Abb. S. 319.

D. armeria (Deptford Nelke). Immergrüne, horstbildende Staude. H. 30 cm, Br. 45 cm. Winterhart. Hat schmale, lanzettförmige, dunkelgrüne Blätter. Im Sommer erscheinen hohe Stengel mit kleinen, 5zähligen, kirschrot-rosafarbenen Blüten, in kleinen Bündeln angeordnet. Eignet sich gut für Steingärten oder Trockenmauern.

***D.* 'Artic'.** Immerblühende, verzweigte Nelke. Die gefüllten Blüten sind weiß mit rosa Flecken.

***D.* 'Astor'** (Abb. S. 239). Immerblühende Nelke. Hat gefüllte, scharlachrote Blüten; ist eine der wenigen duftenden, immerblühenden Sorten.

D. barbatus (Bartnelke). **Monarch-Serie** (Aurikeläugige) Abb. S. 271. **Roundabout-Serie** (zwergig) Abb. S. 270.

***D.* 'Bookham Perfume'** (Abb. S. 239). Staudennelke für Rabatten. Hat duftende, halbgefüllte, rote Blüten.

***D.* 'Bombardier'.** Immergrüne, horstbildende Staude. H. und Br. 10 cm. Winterhart. Hat niedrige Büschel linealischer, graugrüner Blätter und im Sommer kleine, gefüllte, scharlachrote Blüten. Eignet sich für Steingärten.

***D.* 'Borello'** (Abb. S. 239). Immerblühende Nelke. Die gefüllten Blüten sind gelb.

***D.* 'Bovey Belle'.** Neue Züchtung. Hat nach Nelken duftende, gefüllte, leuchtendpurpurne Blüten, die sich für den Schnitt ausgezeichnet eignen.

***D.* 'Brympton Red'.** Alte Gartennelke. Die Blüten sind einfach, leuchtendrot mit dunkler Schattierung.

D. caesius. Siehe *D. gratianopolitanus*.

D. carthusianorum Abb. S. 294.

***D.* 'Charles Musgrave'.** Siehe *D.* 'Musgrave's Pink'.

D. chinensis (Kaisernelke). Langsamwachsend, buschig, einjährig. H. und Br. 15–30 cm. Winterhart. Die lanzettförmigen Blätter sind blaß oder mittelgrün. Bringt im Sommer und Frühherbst mindestens 2,5 cm breite, röhrenförmige, einfache oder gefüllte Blüten, mit ausgebreiteten Blütenblättern, in den Farben rosa, rot oder weiß, hervor. **Baby-Doll-Serie** Abb. S. 268. **'Fire Carpet'** Abb. S. 271; **'Heddewiggi'**, H. 30 cm, hat bunte Blüten.

***D.* 'Christine Hough'** (Abb. S. 239). Staudennelke für Rabatten. Die halbgefüllten Blüten sind aprikosenfarben, rosa überhaucht und gestreift.

***D.* 'Christopher'** (Abb. S. 238). Neue Züchtung. Hat zart duftende, gefüllte, leuchtend lachsrote Blüten.

***D.* 'Clara'** (Abb. S. 239). Immerblühende Nelke. Die gefüllten Blüten sind gelb mit lachsfarbenen Flecken.

***D.* 'Constance Finnis'.** Siehe *D.* 'Fair Folly'.

***D.* 'Dad's Favourite'.** Alte Gartennelke. Duftende, halbgefüllte, weiße Blüten mit schokoladenbrauner Borte.

D. deltoides. (Heidenelke). Immergrüne, polsterbildende, niedere Staude. H. 15 cm, Br. 30 cm. Winterhart. Im Sommer erscheinen über den winzigen, lanzettförmigen Blättern kleine, endständige weiße, rosa oder kirschrote Blüten mit 5 Blütenblättern. Eignet sich für Steingärten oder Trockenmauern. Nach der Blüte zurückschneiden. **'Flashing Light'** Abb. S. 320.

***D.* 'Denis'.** Neue Züchtung. Eine reichlich blühende Sorte. Hat stark nach Nelken duftende, gefüllte magentarote Blüten.

***D.* 'Doris'** (Abb. S. 238). Neue Züchtung. Kompakter Wuchs und eine Fülle duftender, halbgefüllter, blaßrosa Blüten mit lachsrotem Innenring. Ist eine der am meisten kultivierten Sorten. Ausgezeichnet für den Schnitt.

***D.* 'Edenside'.** Staudennelke für Rabatten. Halbgefüllte Blüten sind rein weiß.

***D.* 'Emile Paré'** (Abb. S. 238). Alte Gartennelke (Hybride). Hat Büschel halbgefüllter, lachsrosa Blüten und erstaunlicherweise mittelgrünes Laub.

***D.* 'Eva Humphries'** (Abb. S. 238). Staudennelke für Rabatten. Hat duftende, halbgefüllte Blüten mit weißen, purpurn gerandeten Blütenblättern.

***D.* 'Fair Folly',** syn. *D.* 'Constanze Finnis' (Abb. S. 238). Neue Züchtung. Einfache Blüten in verschiendenen Farben, meistens dunkelrosa bis dunkelpurpur, mit zwei weißen Tupfern auf jedem Blütenblatt.

***D.* 'Forest Treasure'** (Abb. S. 238). Staudennelke für Rabatten. Hat gefüllte weiße Blüten mit rötlich-purpurnen Flekken auf jedem Blütenblatt.

***D.* 'Freckles'.** Neue Züchtung. Kompakte Sorte mit gefüllten Blüten, dunkelrosa mit roten Tupfen.

***D.* 'Gran's Favourite'** (Abb. S. 238). Alte Gartennelke. Bringt duftende, halbgefüllte, weiße Blüten mit himbeerfarbener Umrandung hervor.

D. gratianopolitanus, syn. *D. caesius*, Abb. S. 317.

***D.* 'Green Eyes'.** Siehe *D.* 'Musgrave's Pink'.

D. haematocalyx. Immergrüne, polsterbildende Staude. H. 12 cm, Br. 10 cm. Winterhart. Die Blätter sind lanzettförmig und meistens glänzend. Bringt im Sommer an schlanken Stengeln dunkelrosa Blüten mit 5 gezähnten Blütenblättern, beige auf der Rückseite, hervor. Eignet sich für Steingärten oder Geröll.

***D.* 'Happiness'** (Abb. S. 239). Staudennelke für Rabatten. Die halbgefüllten Blüten sind gelb und rot-orange gestreift.

***D.* 'Haytor'** (Abb. S. 238). Neuzüchtung. Gefüllte, weiße Blüten erscheinen an starken Stielen, sie duften angenehm. Weit verbreitet, da gut für Schnitt.

***D.* 'Hidcote'.** Immergrüne, büschelige, kompakte Staude. H. und Br. 10 cm. Winterhart. Hat niedrige, büschelige, linealische, ährenartige graugrüne Blätter und im Sommer gefüllte, rote Blüten. Eignet sich für Steingärten.

***D.* 'Houndspool Ruby',** syn. *D.* 'Ruby', *D.* 'Ruby Doris' (Abb. S. 238). Neue Züchtung. Ist eine Abart von *D.* 'Doris' mit stark duftenden, rubinrosa Blüten mit dunklerem Auge.

***D.* 'Ibiza'.** Immerblühende, verzweigte Nelke. Gefüllte Blüten sind perlmuttrosa.

***D.* 'Iceberg'.** Neuzüchtung. Duftende Blüten sind halbgefüllt und rein weiß. Etwas lockererer Wuchs als *D.* 'Haytor'.

***D.* 'Joy'** (Abb. S. 238). Neue Züchtung. Halbgefüllte, stark duftende, rosa Blüten eignen sich gut für den Schnitt.

***D.* 'La Bourbille'.** Siehe *D.* 'La Bourboule'.

***D.* 'La Bourboule',** syn. *D.* 'La Bourbille', Abb. S. 318.

***D.* 'Little Jock'** Abb. S. 317.

***D.* 'London Delight'.** Alte Gartennelke. Die duftenden Blüten sind halbgefüllt und hellila, purpurn gerandet.

***D.* 'Manon'.** Immerblühende Nelke. Ist eine der besten tiefrosa blühenden Sorten mit gefüllten Blüten.

***D.* 'Mars'.** Immergrüne, polsterbildende Staude. H. und Br. 10 cm. Winterhart.

Hat im Sommer kleine, gefüllte, kirschrote Blüten. Hat niedrige, linealische, graugrüne Blätter. Für Steingärten gut geeignet.
***D.* 'Master Stuart'.** Staudennelke für Rabatten. Hat imposante, halbgefüllte, weiße Blüten mit roten Streifen.
D. microlepis Abb. S. 318.
***D.* 'Monica Wyatt'.** Neue Züchtung. Die stark duftenden, gefüllten Blüten sind zyklamenrosa mit magentarotem Auge. Großzügig blühend, ausgezeichnet als Schnittblume.
D. monspessulanus. Immergrüne, teppichbildende Staude. H. 30 cm, Br. 10–15 cm. Winterhart. Im Sommer erscheinen oberhalb der büscheligen, grasähnlichen Blätter an schlanken Stielen eine Fülle stark duftender, gefranster, hellila Blüten mit 5 Blütenblättern. Gut geeignet für Steingärten. Benötigt sandige Erde.
***D.* 'Mrs. Sinkins'** (Abb. S. 238). Alte Gartennelke. Blüten stark duftend, gefranst, gefüllt und weiß.
***D.* 'Murcia'.** Immerblühende Nelke. Hat gefüllte, tief goldgelbe Blüten.
***D.* 'Musgrave's Pink',** syn. *D.* 'Charles Musgrave', *D.* 'Green Eyes' (Abb. S. 238). Alte Gartennelke. Bringt einfache, weiße Blüten mit grünem Auge hervor.
D. myrtinervius Abb. S. 318.
D. neglectus. Siehe *D. pavonius.*
***D.* 'Nina'** (Abb. S. 239). Immerblühende Nelke. Ist eine der besten roten Sorten. Die gefüllten Blüten haben glattkantige Blütenblätter.
***D.* 'Nives'** (Abb. S. 238). Immerblühende Nelke. An kurzen Stielen erscheinen rein weiße, gefüllte Blüten.
D. pavonius, syn. *D. neglectus* Abb. S. 315.
***D.* 'Pierrot'** (Abb. S. 238). Immerblühende Nelke. Die attraktiven, gefüllten Blüten sind hellrosa-lavendel mit purpur eingesäumten Blütenblättern.
***D.* 'Pike's Pink'** Abb. S. 318.
***D.* 'Pink Calypso',** siehe *D.* 'Truly Yours'.
***D.* 'Pink Jewel'** (Abb. S. 238). Neue Züchtung. Hat stark duftende, halbgefüllte rosa Blüten.
***D.* 'Prudence'** (Abb. S. 238). Alte Gartennelke. Die duftenden Blüten sind halbgefüllt und rosa-weiß mit purpur Umrandung. Ist eine ausgebreitete Art.
***D.* 'Raggio di Sole'** (Abb. S. 239). Immerblühende Nelke. Gefüllte Blüten sind leuchtendorange.
***D.* 'Red Barrow'.** Immerblühende verzweigte Nelke. In Fülle reichlich gefüllte, leuchtendrote Blüten.
***D.* 'Ruby'.** Siehe *D.* 'Houndspool Ruby'.
***D.* 'Ruby Doris'.** Siehe *D.* 'Houndspool Ruby'.
***D.* 'Sam Barlow'.** Alte Gartennelke. Hat duftende, gekräuselte, gefüllte, weiße Blüten mit schokoladenbrauner Mitte.
***D.* 'Show Ideal'.** Neuzüchtung. Die stark duftenden, halbgefüllten, weißen Blüten mit rotem Auge haben flache Kronblätter. Ausgezeichnet zur Dekoration.
***D.* 'Sops-in-Wine'.** Altmodische Federnelke. Trägt einfache, rotbraune Blüten mit weißer Zeichnung.
D. superbus. Immergrüne, teppichbildende Staude. H. bis 20 cm, Br. 15 cm. Winterhart. Hat schmale, lanzettförmige, blaßgrüne Blätter. Im Sommer sitzen an schlanken Stielen stark duftende, tief gefranste, rosa Blüten mit dunklerer Mitte und 5 Blütenblättern. Für Steingärten geeignet.
***D.* 'Tigré'.** Immerblühende Nelke. Hat gefüllte, gelbe Blüten mit gleichmäßigen rosa-purpurnem Streifen zu jedem Kronblatt verlaufend.
***D.* 'Tony'.** Immerblühende, verzweigte Nelke. Gefüllte Blüten sind gelb mit roten Streifen.
***D.* 'Truly Yours',** syn. *D.* 'Pink Calypso' (Abb. S. 238) Immerblühende Nelke. Gefüllte, rosa Blüten.
***D.* 'Valda Wyatt'** (Abb. S. 238). Moderne Federnelke. Stark duftende, gefüllte, rosa-hellila Blüten.
***D.* 'Valencia'** (Abb. S. 239). Immerblühende Nelke. Hat gefüllte, gold-orangefarbene Blüten.
***D.* 'White Ladies'** (Abb. S. 238). Altmodische Federnelke. Trägt stark duftende, gefüllte, weiße Blüten mit grünlichem Zentrum.
***D.* 'Widecombe Fair'.** Moderne Federnelke. An kräftigen Stielen erscheinen halbgefüllte Blüten mit ungewöhnlichen Farben, wie pfirsich-aprikose bis blaßrosa.

DIAPENSIA (Diapensiaceae)
Gattung immergrüner, ausgebreiteter Halbsträucher, für Steingärten und Tröge geeignet. Winterhart. Benötigt Halbschatten und torfhaltige, sandige, saure Erde. Ist in heißem, trockenem Klima in niedrigen Lagen schwierig zu kultivieren. Vermehrung durch Samen im Frühjahr oder durch halbausgereifte Stecklinge im Sommer.
D. lapponica. Immergrüner, ausgebreiteter Halbstrauch. H. und Br. 7 cm. Hat Büschel kleiner, rundlicher, ledriger Blätter. Trägt im Frühsommer einzelne, winzige, schüsselförmige, weiße Blüten.

DIASCIA (Scrophulariaceae)
Gattung sommer- und herbstblühender Stauden und einjähriger Pflanzen. Einige sind halbimmergrün und werden wegen ihrer röhrenförmigen, rosa Blüten kultiviert. Eignet sich für Böschungen und Begrenzungen. Winterhart. Benötigt Sonne und humusreiche, durchlässige, aber nicht zu trockene Erde. Alte Stengel im Frühling zurückschneiden. Vermehrung durch Kopfstecklinge im späten Frühling, durch halbausgereifte Stecklinge im Sommer oder durch Samen im Herbst.
D. cordata. Abb. S. 293.
D. rigescens Abb. S. 293.
***D.* 'Ruby Field'.** Teppichbildende Staude. H. 8 cm, Br. 15 cm. Herzförmige, blaßgrüne Blätter bedecken kurze, drahtige Stengel. Bringt während des Sommers röhrenförmige, breitlippige, lachsrosa Blüten hervor.
D. vigilis. Niedrige Staude. H. 30–40 cm, Br. 60 cm. Die Blätter sind klein, rundlich, gezähnt und blaßgrün. Im Sommer tragen aufrechte Zweige in lockeren Ähren flache, nach außen gedrehte, blaßrosa Blüten.

DICENTRA (Papaveraceae)
Tränendes Herz
Gattung von Stauden, beliebt wegen ihrer eleganten Zweige hängender Blüten. Winterhart. Gedeiht in Halbschatten und humoser, feuchter Erde. Vermehrung durch Teilung im Winter während der Ruhezeit, Spezies durch Samen im Herbst.
D. cucullaria Abb. S. 302.
***D. eximia* 'Spring Morning'** Abb. S. 235.
D. formosa. Ausgebreitete Staude. H. 45 cm, Br. 30 cm. Bringt im Frühling – Sommer schlanke, neigende Zweige hängender, herzförmiger rosa oder dunkelroter Blüten über ovalen, fein zerteilten, grau-grünen Blättern, hervor. **'Adrian Bloom'** hat satt karminrosa Blüten und graueres Laub.
D. peregrina. Büschelbildende Staude. H. 8 cm, Br. bis 5 cm. Medaillonförmige, rosa Blüten erscheinen im Frühling – Sommer über farnähnlichen, blaugrünen Blättern. Benötigt sandige Erde. Eignet sich für ein Alpinum, ist schwierig zu kultivieren.
D. spectabilis. Abb. S. 205. F. *alba* (Weißes Tränendes Herz) Abb. S. 200.
***D.* 'Stuart Boothman'.** Büschelige Staude. H. 45 cm, Br. 30 cm. Oberhalb ovaler, fein geschnittener, dunkel graugrüner Blätter erscheinen im Frühjahr – Sommer hängende Zweige herzförmiger, karminroter Blüten.

DICHELOSTEMMA (Liliaceae)
Gattung sommerblühender Bulben, beliebt wegen ihrer dichten Blütenköpfe an blattlosen Stielen. Verwandt sind die Pflanzen mit *Brodiaea*, ähneln aber im Äußeren *Allium*. Winterhart. In kalten Gegenden muß man ihnen einen geschützten Standort bieten. Benötigen eine sonnige Lage und durchlässige Erde. Im Frühjahr ausgiebig wässern. Nach der Blüte austrocknen lassen. Vermehrung durch Samen im Herbst oder durch Brutzwiebeln im Herbst, noch vor der neuen Vegetationsperiode.
D. congestum, syn. *Brodiaea congesta,* Abb. S. 337.
D. ida-maia, syn. *Brodiaea ida-maia.* Im Frühsommer blühende Zwiebelpflanze. H. bis 1 m, Br. 8–10 cm. Die langen, schmalen, halbaufrechten Blätter entspringen der Basis. Die blattlosen Stiele haben dichte Köpfe aus 2–2,5 cm langen Blüten mit roter Röhre und 6 grünen Kronblättern.
D. pulchellum, syn. *Brodiaea pulchella.* Frühsommerblühende Bulbe. H. 30–60 cm, Br. 8–10 cm. Die langen, schmalen Blätter sind halbaufrecht und grundständig. Der blattlose Stiel bringt dichte Köpfe schmaler, 1–2 cm langer, trichterförmiger, blaß bis dunkelvioletter Blüten mit violetten Hüllblättern hervor.

DICHORISANDRA (Commelinaceae)
Gattung aufrechter, horstbildender, immergrüner Stauden, wegen ihres dekorativen Laubes beliebt. Frostempfindlich. Mindesttemperatur 15–20°C. Benötigt fruchtbare, feuchte, aber durchlässige Erde, feuchte Luft und Halbschatten. Vermehrung durch Teilung im Frühjahr oder durch Stecklinge im Sommer.
D. reginae Abb. S. 211.

DICKSONIA (Cyathaceae)
Australischer Baumfarn
Gattung immergrüner oder halbimmergrüner, baumähnlicher Farne, Palmen sehr ähnlich, manchmal in Farnplantagen gezogen. Bedingt winterhart bis frostempfindlich. Mindesttemperatur 5°C. Benötigt Halbschatten und humose, feuchte Erde. Verwelkte Wedel regelmäßig entfernen. Vermehrung durch Sporen im Sommer.
D. antarctica Abb. S. 184.

DICTAMNUS (Rutaceae)
Diptam
Gattung sommerblühender Stauden. Winterhart. Benötigt volle Sonne und fruchtbare, durchlässige Erde. Ungestört wachsen lassen. Vermehrung durch Freilandaussaat im Spätsommer.
D. albus Abb. S. 201. Var. ***purpureus*** Abb. S. 203.
Didiscus coeruleus. Siehe *Trachymene coerulea.*

DIEFFENBACHIA (Araceae)
Gattung immergrüner, horstbildender Stauden, wegen ihres Laubes sehr beliebt. Frostempfindlich. Mindesttemperatur 15°C. Gedeiht in durchlässiger, fruchtbarer Erde und Halbschatten. Vermehrung im Frühjahr oder Sommer durch Kopfstecklinge oder durch blattlose Stammstücke, die horizontal auf die Erde gelegt werden. Hat giftigen Saft, der nicht Mund, Augen oder Haut berühren soll. Anfällig für Schildläuse und Rote Spinne.
***D.* 'Amoena',** syn. *D. seguine* 'Amoena'. Immergrüne, robuste, buschige Staude. H. bis 2 m, Br. 1 m. Die breiten, lanzettförmigen, glänzenden Blätter sind 45 cm lang und dunkelgrün mit cremigweißen Streifen entlang der Quervenen. Hat periodisch unscheinbare, grünlich-weiße Blüten am Kolben, den eine schmale, blattähnliche Blütenscheide umgibt.
***D.* 'Exotica',** syn. *D. seguine* 'Exotica', Abb. S. 221.
***D.* 'Memoria'.** Siehe *D. seguine* 'Memoria Corsii'.
D. seguine. Immergrüne, büschelige Staude. H. und Br. 1 m oder mehr. Die breiten, lanzettförmigen Blätter sind bis zu 45 cm lang, glänzend und dunkelgrün. Die unauffälligen, winzigen, grünlichweißen Blüten um den Kolben herum, der von einer schmalen, blattähnlichen Blütenscheide umgeben ist, erscheinen periodisch. **'Amoena',** siehe *D.* 'Amoena'. **'Exotica',** siehe *D.* 'Exotica'. **'Memoria Corsii'** (syn. *D.* 'Memoria') hat graugrüne Blätter, dunkelgrün gezeichnet, mit weißen Flecken. **'Rudolph Roehrs'** (syn. *D.s.* 'Roehrsii') Abb. S. 224.

DIERAMA (Iridaceae)
Trichterschwertel
Gattung immergrüner, horstbildender, sommerblühender Knollen, die an drahtigen Stielen hängende, trichter- oder glokkenförmige Blüten hervorbringt. Gedeiht in Teichnähe. Bedingt- bis winterhart. Bevorzugt einen warmen, geschützten, sonnigen Standort und durchlässige Erde, die im Sommer, während der Wachstumszeit feuchtgehalten werden soll. Stirbt im Winter teilweise ab. Vermehrung durch Teilung der Knollen im Frühjahr oder durch Samen im Herbst oder Frühjahr. Möchte ungestört wachsen und benötigt nach einer Teilung ein Jahr, um anzuwachsen und wieder zu blühen.
***D.* 'Blackbird'.** Immergrüne, aufrechte Staude. H. 1,5 m, Br. 30 cm. Winterhart. Im Sommer erscheinen oberhalb der grasähnlichen Blätter an drahtigen, überhängenden Stielen Kaskaden nickender, trichterförmiger, violetter Blüten.
D. pendulum Abb. S. 336.
D. pulcherrimum Abb. S. 335.
D. pumilum. Kräftige, immergrüne, aufrechte Staude. H. 75 cm, Br. 30 cm. Winterhart. Bringt im Sommer an drahtigen Stielen eine Fülle nickender, trichterför-

miger, rosa und violetter Blüten hervor. Die Blätter sind grasähnlich.

DIERVILLA (Caprifoliaceae)
Gattung laubabwerfender, sommerblühender Sträucher, wegen ihrer Erscheinung sehr beliebt. Ähnlich wie *Weigela*. Winterhart. Verträgt volles Licht oder Halbschatten und mäßig fruchtbare, durchlässige Erde. Um eine bessere Form zu erreichen, werden 2–3 Jahre alte Zweige im Winter oder nach der Blüte entfernt. Vermehrung durch halbausgereifte Stecklinge im Spätsommer oder durch Steckhölzer im Herbst.
D. sessilifolia. Laubabwerfender, ausgebreiteter Strauch. H. und Br. 1 1,5 m. Die schmal ovalen, gespitzten, gezackten, grünen Blätter sind oft kupferfarben überzogen, wenn sie noch jung sind. Bringt im Sommer endständig und an Seitentrieben Büschel röhrenförmiger, blaßgelber Blüten hervor. Wird als krautige Staude behandelt. Im Frühjahr bis zur Basis zurückschneiden, anhäufeln und düngen.

DIETES (Iridaceae)
Gattung immergrüner, irisähnlicher Stauden mit Rhizom, wegen ihrer attraktiven Blüten im Frühjahr oder Sommer kultiviert. Bedingt winterhart. Benötigt Sonne oder Halbschatten und humose, durchlässige Erde, die nicht zu stark austrocknet. Vermehrung durch Samen im Frühling oder Herbst oder durch Teilung im Frühling (obwohl das neue Anwachsen lange dauert).
D. bicolor Abb. S. 337.
D. iridioides, syn *D. vegeta hort.* Immergrüne, frühlings- und sommerblühende Rhizomstaude. H. bis 60 cm, Br. 30–60 cm. Trägt die schwertförmigen, halbaufrechten Basalblätter fächerartig. Die verzweigten, drahtigen Stiele tragen irisähnliche, 6–8 cm breite, weiße Blüten. Jedes der 3 großen Blütenblätter hat in der Mitte einen gelben Fleck.
D. vegeta hort. Siehe *D. iridioides*.

DIGITALIS (Scrophulariaceae)
Fingerhut
Gattung zweijähriger Pflanzen und Stauden, einige sind immergrün, wegen der Blütentrauben im Sommer sehr beliebt. Bedingt bis winterhart. Die genannten Spezies gedeihen überall, sogar in trockenen, exponierten Standorten, aber am wohlsten fühlen sie sich in Halbschatten und feuchter, aber durchlässiger Erde. Vermehrung durch Samen im Herbst.
D. ambigua. Siehe *D. grandiflora*.
D. canariensis. Siehe *Isoplexis canariensis*.
D. ferruginea Abb. S. 202.
D. grandiflora, syn. *D. ambigua*. Immergrüne, horstbildende Staude. H. 75 cm, Br. 30 cm. Winterhart. Im Sommer erscheinen über einer Rosette oval bis länglicher, glatter, stark geaderter Blätter, Rispen nickender, röhrenförmiger, cremiggelber Blüten.
D. lutea. Aufrechte Staude. H. 75 cm, Br. 30 cm. Winterhart. Im Sommer erscheinen über einer Rosette ovaler, glatter, mittelgrüner Blätter zarte Rispen nickender, schmal röhrenförmiger, cremiggelber Blüten.
D. × mertonensis. Horstbildende Staude. H. 75 cm, Br. 30 cm. Winterhart. Bringt im Sommer über einer Rosette ovaler, behaarter, weicher Blätter Ähren nickender, röhrenförmiger rosa-hellila bis kupferfarbener Blüten hervor. Nach der Blüte teilen.
D. purpurea. Aufrechte, kurzlebige Staude, als Zweijährige kultiviert. H. 1–1,5 m, Br. 60 cm. Winterhart. Hat eine Rosette ovaler, derber, tiefgrüner Blätter und im Sommer Ähren röhrenförmiger Blüten in Rosa, Rot, Purpurn oder Weiß. f. *alba* Abb. S. 262.

DILLENIA (Dilleniaceae)
Gattung immergrüner oder kurzzeitlich laubabwerfender, frühlingsblühender Bäume, wegen ihrer Blüten, des Laubes und Schattenspendens sehr beliebt. Frostempfindlich. Mindesttemperatur 16 °C. Benötigt feuchtigkeitshaltende, fruchtbare Erde und volles Licht. Während der Wachstumszeit Kübelpflanzen reichlich gießen, im Winter weniger. Vermehrung durch Samen im Frühjahr.
D. indica. (Elefantenapfel) Kurzfristig laubabwerfender, ausgebreiteter Baum. H. und Br. 8–12 m. Hat ovale, gezackte, deutlich parallel-geaderte, glänzende Blätter, jedes 30 cm lang. Bringt im Frühjahr nickende, tassenförmige, 15–20 cm breite, weiße Blüten hervor, später eßbare, runde, grünliche Früchte.

DIMORPHOTHECA (Compositae)
Kapkörbchen
Gattung einjähriger Pflanzen, Stauden und immergrüner Halbsträucher. Bedingt winterhart. Gedeiht in Sonne und fruchtbarem, durchlässigem Boden. Verblühtes entfernen, um die Blütezeit zu verlängern. Vermehrung der Einjährigen durch Aussaat unter Glas zur Frühlingsmitte, der Stauden durch halbausgereifte Stecklinge im Sommer. Anfällig für Botrytis in nassen Sommern.
D. annua. Siehe *D. pluvialis*.
D. barberiae. Siehe *Osteospermum jucundum*.
D. pluvialis, syn. *D. annua*, Abb. S. 263.

DIONAEA (Droseraceae)
Gattung immergrüner, fleischfressender, rosettenbildender Stauden. Frostempfindlich. Mindesttemperatur 5 °C. Benötigt Halbschatten, feuchte Luft und als Substrat eine Mischung aus Torf und Moos, das ständig feucht gehalten wird. Vermehrung durch Samen oder Teilung im Frühjahr.
D. muscipula (Venus-Fliegenfalle) Abb. S. 261.

DIONYSIA (Primulaceae)
Gattung immergrüner, kissenbildender Stauden. Winterhart. Gedeiht im Alpinum in Sonne und stark sandiger, durchlässiger Erde. Unter die Kissen reichlich Sand geben und immer für gute Belüftung sorgen. Verabscheut Winternässe. Vermehrung durch Kopfstecklinge im Sommer. Anfällig für Botrytis.
D. aretioides Abb. S. 311.
D. lamingtonii. Immergrune, niedrige Staude. H. 2,5 cm, Br. 15 cm. Die in Rosetten angelegten, ovalen, grau-grünen Blätter bilden dichte Kissen. Im zeitigen Frühjahr erscheinen kleine, stiellose leuchtendgelbe Blüten mit 5 Kronblättern. Schwierig zu ziehen.
D. tapetodes Abb. S. 312.

DIOON (Zamiaceae)
Gattung immergrüner Sträucher, die wegen ihrer palmenähnlichen Erscheinung kultiviert wird. Frostempfindlich. Mindesttemperatur 13–18 °C. Benötigt volle Sonne und fruchtbare, durchlässige Erde. Kübelpflanzen mäßig gießen, in der Ruhezeit weniger. Vermehrung durch Samen im Frühjahr.
D. edule (Jungfrauenpalme). Sehr langsamwachsender, immergrüner, palmenähnlicher Strauch, mit einem allmählich entwickelnden dicken, aufrechten Stamm. H. 2–4 m, Br. 1,5–3 m. Die gefiederten Blätter sind 60 cm–1,2 m lang, an der Spitze mit Stacheln besetzt und in tiefblau-grüne Blättchen geteilt.

DIOSCOREA (Dioscoreaceae)
Gattung von Knollenstauden, einige sind sukkulent, krautig oder immergrüne, schlingende Kletterpflanzen, die hauptsächlich wegen des dekorativen Laubes kultiviert wird. Unscheinbare Blüten sind meistens gelb. Frostempfindlich, Mindesttemperatur 5–13 °C. Bevorzugt volle Sonne oder Halbschatten und fruchtbare, durchlässige Erde. Vermehrung durch Teilung oder Knollenteilstücke im Frühjahr bis Herbst oder durch Samen im Frühling.
D. discolor Abb. S. 177.
D. elephantipes (Elefantenfuß), syn. *Testudinaria elephantipes*, Abb. S. 387.

DIOSMA (Rutaceae)
Götterduft
Gattung immergrüner Sträucher mit drahtigen Zweigen, die wegen ihrer Blüten und Gesamterscheinung sehr beliebt ist. Frostempfindlich, mind. 7 °C. Benötigt viel Licht und durchlässige, neutrale bis saure Erde. Kübelpflanzen mäßig gießen, während der Ruhezeit weniger. Um eine kompakte Form zu erreichen, werden nach der Blüte die Triebe gekürzt. Vermehrung durch Samen im Frühjahr oder durch halbausgereifte Stecklinge im Spätsommer.
D. ericoides (Atemzug des Himmels). Schnellwachsender, immergrüner, lockerangeordneter Strauch. H. und Br. 30–60 cm. An den Trieben dichtstehende, nadelähnliche, aromatische Blätter. Trägt im Winter – Frühling eine Fülle kleiner, duftender, weißer, manchmal rot überhauchter Blüten mit 5 Kronblättern.

DIOSPHAERA. Siehe TRACHELIUM.

DIOSPYROS (Ebenaceae)
Dattelpflaume
Gattung laubabwerfender oder immergrüner Bäume und Sträucher, die wegen ihres Laubes und der Früchte kultiviert wird. Bedingt bis winterhart. Benötigt volle Sonne und gedeiht am besten in heißen Sommern in fruchtbarer, durchlässiger Erde. Um Früchte zu erzielen, müssen Pflanzen beiderlei Geschlechts angebaut werden. Vermehrung durch Samen im Herbst.
D. kaki (Kaki). Laubabwerfender, ausgebreiteter Baum. H. 10 m, Br. 7 m. Winterhart. Im Herbst färben sich die ovalen, glänzenden, dunkelgrünen Blätter orange, rot und purpurn. Den winzigen, gelblich-weißen Blüten im Sommer folgen an weiblichen Bäumen große, eßbare, rundliche gelbe oder orangefarbene Früchte.
D. lotus. Laubabwerfender, ausgebreiteter Baum. H. 10 m, Br. 6 m. Winterhart. Hat ovale, glänzende, dunkelgrüne Blätter und von Sommermitte bis Spätsommer winzige, rotüberhauchte, grüne Blüten, und an weiblichen Bäumen ungenießbare, rundliche, purpurne oder gelbe Früchte.

DIPCADI (Liliaceae)
Gattung frühlingsblühender Bulben, die aus botanischem Interesse kultiviert wird. Winterhart. Verträgt keine naßkalten Winter, am besten im Alpinum oder Frühbeet kultivieren. Benötigt einen warmen, sonnigen Standort und lockere, durchlässige Erde. Ruhezeit im Sommer. Vermehrung durch Samen im Herbst.
D. serotinum Abb. S. 363.

DIPELTA (Caprifoliaceae)
Gattung laubabwerfender Sträucher mit auffällig gespitzten Blättern, wegen ihrer hübschen, röhrenförmigen Blüten und schälenden Rinde sehr beliebt. Nach der Blüte vergrößern sich die darunterliegenden Hochblätter, werden papierartig und braun, umhüllen die Früchte. Winterhart. Benötigt Sonne oder Halbschatten und fruchtbaren, gut durchlässigen Boden. Vorteilhaft gelegentlich alte Triebe nach der Blüte zu entfernen. Vermehrung durch Kopfstecklinge im Sommer.
D. floribunda Abb. S. 85.
D. yunnanensis Abb. S. 84.

DIPHYLLEIA (Berberidaceae)
Gattung von Stauden mit kriechendem Wurzelstock und regenschirmähnlichen Blättern. Eignet sich am besten in gemischten Gärten mit viel Baum- und Strauchbestand. Winterhart. Benötigt Halbschatten und feuchten Boden. Vermehrung durch Teilung im Frühjahr oder Samen im Herbst.
D. cymosa (Schirmblatt). Rundliche Staude. H. 60 cm, Br. 30 cm. Hat große, auffällige, rundliche, 2fach gelappte Blätter. Bringt im Frühling endständige, lokkere Blütenköpfe unauffälliger, weißer Blüten hervor, denen indigo-blaue Beeren an roten Stielen folgen.

DIPIDAX, syn. ONIXOTIS (Liliaceae).
Gattung frühlingsblühender Knollen, hauptsächlich mit botanischem Wert. Bedingt winterhart. Benötigt Sonne und gut durchlässigen Boden. Die Knollen im Frühherbst setzen und bis nach der Blüte wässern, müssen im Sommer trocken stehen. Vermehrung durch Samen im Herbst.
D. triquetra. Frühlingsblühende Knolle. H. 20–30 cm, Br. 5–8 cm. Hat lange, schmale, halbaufrechte Basalblätter. Trägt Ähren flacher, sternchenförmiger, weißer Blüten. Jedes schmale Blütenblatt hat an der Basis eine rote Zeichnung.
Diplacus glutinosus. Siehe *Mimulus aurantiacus*.

DIPLADENIA. Siehe MANDEVILLA

DIPLARRHENA (Iridaceae)
Gattung einer Spezies sommerblühender Stauden. Bedingt winterhart. Benötigt Sonne und durchlässige Erde, Vermehrung durch Samen oder Teilung im Frühjahr.
D. moraea Abb. S. 234.
Diplazium japonicum. Siehe *Lunathyrium japonicum*.

DIPTERONIA (Aceraceae)
Gattung laubabwerfender Bäume, die wegen ihres Laubes und der Früchte kul-

tiviert wird. Benötigt volle Sonne und fruchtbare, durchlässige Erde. Vermehrung durch Kopfstecklinge im Sommer oder durch Samen im Herbst.
D. sinensis. Laubabwerfender, ausgebreiteter, manchmal strauchartiger Baum. H. 10 m, Br. 6 m. Die großen, mittelgrünen Blätter sind aufgeteilt in 7–11 ovale bis lanzettförmige Blättchen. Im Sommer erscheinen unauffällige, grünlich-weiße Blüten, denen große Büschel geflügelter, roter Früchte folgen.

DISA. Siehe ORCHIDEEN.
D. uniflora. Laubabwerfende Erdorchidee. H. 45–60 cm. Frostempfindlich. Mindesttemperatur 7–10 °C. Hat bis zu 22 cm lange, schmal lanzettförmige, glänzende, dunkelgrüne Blätter, die die Stengel umklammern. Im Sommer bringt jeder Blütenschaft bis zu 7 haubenförmige, 8–10 cm lange, rote Blüten mit dunkleren Adern und gelb überzogen, hevor. Ist ein Elternteil vieler Hybriden, die für kommerziellen Schnitt gezüchtet werden. Benötigt Halbschatten und feuchte Erde, die nicht austrocknen darf. Kann aus Samen gezogen werden, oder durch Abtrennung von Ausläufern während der Ruhezeit.

DISANTHUS (Hamamelidaceae)
Gattung einer Spezies laubabwerfender, herbstblühender Sträucher, wegen des Herbstlaubes und der Gesamterscheinung beliebt. Winterhart. Benötigt Halbschatten und humusreiche, feuchte, aber nicht zu nasse, neutrale bis saure Erde. Vermehrung durch Absenker im Frühjahr oder reifen Samen im Frühjahr.
D. cercidifolius. Laubabwerfender, rundlicher Strauch. H. und Br. bis 3 m. Trägt breite, oval bis fast runde, bläulichgrüne Blätter, die sich rot, purpurn, orange oder gelb im Herbst färben. Bringt im Herbst, wenn die Blätter fallen oder später kleine, dunkelrote Blüten hervor, die wie Spinnen Rücken an Rücken paarweise angeordnet sind.

DISCARIA (Rhamnaceae)
Gattung laubabwerfender oder fast blattloser Sträucher und Bäume, wegen ihres Habitus und ihrer Blüten beliebt. Dornige, grüne Sprosse übernehmen die Funktion der Blätter. Winterhart. Für geschützte, sonnige Lage und fruchtbare, durchlässige Erde. Vermehrung durch Stecklinge im Sommer.
D. toumatou. Laubabwerfender oder fast blattloser, buschiger Strauch. H. und Br. 2 m. Die Zweige haben scharfe, steife Dornen. Im Spätfrühling erscheinen dichte Büschel winziger, sternchenförmiger, grünlichweißer Blüten.

DISPORUM (Liliaceae)
Gattung frühlings- oder frühsommerblühender Stauden. Eignet sich am besten für verwilderte Gärten. Winterhart. Benötigt einen kühlen, halbschattigen Standort und humose Erde. Vermehrung durch Teilung im Frühjahr oder Samen im Herbst.
D. hookeri. Horstbildende Staude. H. 75 cm, Br. 30 cm. Die Blätter sind schmal oval und mittelgrün. Bringt im Frühling Büschel hängender, glockenförmiger, grünlichweißer Blüten hervor, denen im Herbst orange-rote Beeren folgen.
***D. sessile* 'Variegatum'.** Schnell sich ausbreitende, horstbildende Staude. H. 45 cm, Br. 30 cm. Einzelne, röhrig-glockenförmige bis glockenförmige, cremeweiße Blüten erscheinen im Frühjahr. Die schmal ovalen Blätter sind gefaltet und unregelmäßig grün und weiß gestreift.

DISTICTIS (Bignoniaceae)
Gattung immergrüner, verholzender Schlingpflanzen, sehr beliebt wegen ihrer farbenprächtigen, trompetenförmigen Blumen. Frostempfindlich. Mindesttemperatur 5–7 °C. Ist mit vollem Licht und durchlässiger Erde zufrieden. Im Sommer reichlich gießen, weniger zu anderen Zeiten. Muß aufgebunden werden. Starkes Wachstum im Frühjahr ausdünnen. Vermehrung durch Kopfstecklinge im Frühsommer oder halbausgereifte Stecklinge im Spätsommer.
D. buccinatoria, syn. *Phaedranthus buccinatorius*, Abb. S. 163.

DISTYLIUM (Hamamelidaceae)
Gattung immergrüner Sträucher und Bäume, wegen ihres Laubes und der Blüten kultiviert. Winterhart. Bevorzugt einen geschützten, halbschattigen Standort und feuchte, torfhaltige Erde. Vermehrung durch halbausgereifte Stecklinge im Sommer.
D. racemosum. Immergrüner, überhängender Strauch. H. 2 m, Br. 3 m. Die Blätter sind länglich, ledrig, glänzend und dunkelgrün. Im späten Frühjahr und Frühsommer erscheinen kleine Blüten mit roten Kelchen und purpurnen Staubbeuteln.

DIZYGOTHECA (Araliaceae)
Fingeraralie
Gattung immergrüner Sträucher und Bäume, wegen ihres Laubes und der Gesamterscheinung kultiviert. An ausgewachsenen, im Freiland gezogenen Exemplaren erscheinen im Sommer unscheinbare Blüten.
D. elegantissima wird manchmal mit der sich in Kultur befindlichen *Schefflera elegantissima* verwechselt. Frostempfindlich. Mindesttemperatur 13 °C. Bevorzugt Halbschatten und fruchtbare, gut durchlässige Erde. Während der Wachstumszeit getopfte Exemplare großzügig gießen, ansonsten weniger. Starkgeschossene Pflanzen können im Frühjahr bis zum Boden zurückgeschnitten werden. Vermehrung durch Samen oder Abmoosen im Frühjahr, oder Stammabschnitte oder Kopfstecklinge im Sommer. Manchmal anfällig für Weiße Fliege, Rote Spinne und Wollaus.
D. elegantissima, syn. *Aralia elegantissima*, Abb. S. 95.

DOCYNIA (Rosaceae)
Gattung immergrüner oder halbimmergrüner, frühlingsblühender Bäume, sehr beliebt wegen des Laubes und der Blüten; verwandt mit *Cydonia*. Bedingt winterhart. Benötigt helles Licht und durchlässige Erde. Als Jungpflanze in Form bringen, dann ist weiterer Schnitt überflüssig. Vermehrung durch Okulation im Sommer, Samen im Herbst oder Frühjahr, Pfropfen im Winter. Gewöhnlich nicht anfällig für Krankheiten. Raupen können unangenehm werden.
D. delavayi. Immergrüner oder halbimmergrüner, ausgebreiteter Baum. H. und Br. 8 m oder mehr. Die oval bis lanzettförmigen Blätter haben auf der Blattunterseite weißen Filz. Bringt im Frühling duftende, weiße Blüten, in Knospe rosa, mit 5 Kronblättern hervor, im Herbst eiförmige, flaumige, gelbe Früchte.

DODECATHEON (Primulaceae)
Götterblume
Gattung frühlings- und sommerblühender Stauden, wegen der auffälligen Blüten mit zurückgebogenen Kronblättern und hervorstehenden Staubgefäßen sehr beliebt. Sobald die Blüten befruchtet sind, drehen sie sich dem Himmel zu, deshalb der Name. Ruhezeit nach der Blüte. Bedingt – bis winterhart. Bevorzugt Sonne oder Halbschatten und feuchte, aber durchlässige Erde. Vermehrung durch Samen im Herbst oder Teilung im Winter.
D. dentatum. Horstbildende Staude. H. 7 cm, Br. 2,5 cm. Winterhart. Die Blätter sind lang, oval und gezähnt. Im späten Frühjahr erscheinen an zarten Stielen weiße Blüten mit zurückgebogenen Blütenblättern und hervorstehenden Staubgefäßen. Bevorzugt einen halbschattigen Standort.
D. hendersonii Abb. S. 287.
D. meadia. Horstbildende Staude. H. 20 cm, Br. 15 cm. Winterhart. Im Frühling sind die Blätter oval und blaßgrün. An kräftigen Stielen oberhalb des Laubes erscheinen blaßrosa Blüten mit zurückgebogenen Blütenblättern. Bevorzugt einen halbschattigen Standort. f. ***alba*** Abb. S. 287.
D. pulchellum. Horstbildende Staude. H. 15 cm, Br. 10 cm. Winterhart. Ähnlich wie *D. meadia*, aber die Blüten sind gewöhnlich dunkelkirschrot.
***D.* 'Red Wings'** Abb. S. 288.

DODONAEA (Sapindaceae)
Gattung immergrüner Bäume und Sträucher, wegen des Laubes und der Gesamterscheinung kultiviert. Bedingt winterhart bis frostempfindlich. Mindestemperatur 3–5 °C. Bevorzugt volle Sonne und durchlässige Erde. Während der Wachstumszeit Kübelpflanzen reichlich gießen, weniger zu anderen Zeiten. Um eine gleichmäßige Form zu erreichen, Rückschnitt im Spätsommer und bei Bedarf nochmals im Frühjahr. Vermehrung durch Samen im Frühjahr oder halbausgereiften Stecklingen im Spätsommer.
***D. viscosa* 'Purpurea'** Abb. S. 119.
Dolichos lablab. Siehe *Lablab purpureus*.
Dolichos lignosus. Siehe *Lablab purpureus*.

DOMBEYA (Sterculiaceae)
Gattung immergrüner Sträucher und Bäume, wegen ihrer Blüten kultiviert. Frostempfindlich. Mindesttemperatur 5–13 °C. Benötigt helles Licht oder Halbschatten, fruchtbaren, gut durchlässigen Boden. Während der Wachstumszeit getopfte Exemplare reichlich wässern, weniger bei niedrigen Temperaturen. Kann nach der Blüte zurückgeschnitten werden. Vermehrung durch Samen im Frühling oder halbausgereiften Stecklingen im Sommer. Weiße Fliege und Rote Spinne können lästig werden.
D. burgessiae, syn. *D. mastersii*, Abb. S. 118.
D. × cayeuxii (Rosafarbener Schneeball) Abb. S. 61.
D. mastersii. Siehe *D. burgessiae*.

DONDIA. Siehe HACQUETIA

DORONICUM (Compositae)
Gemswurz
Gattung von Stauden, die wegen ihrer gänseblümchenartigen Blütenköpfe kultiviert werden. Für Schnitt geeignet. Winterhart. Gedeiht in hellem Licht oder Schatten und jeder durchlässigen Erde. Vermehrung durch Teilung im Herbst.
D. austriacum. Horstbildende Staude. H. 45 cm, Br. 30 cm. Im Frühjahr erscheinen an schlanken Stengeln einzelne, gänseblümchenähnliche, reingelbe Blütenköpfe. Die herzförmigen, leuchtendgrünen Blätter sind behaart und an den Kanten gewellt.
D. cordatum. Siehe *D. pardalianches*.
D. pardalianches, syn. *D. cordatum*, Abb. S. 199.
***D. plantagineum* 'Excelsum'.** Elegante, horstbildende Staude. H. 1 m, Br. 60 cm. Bringt im Frühling große, gänseblümchenähnliche, dotterblumengelbe Blütenköpfe hervor, 3 bis 4 pro Stiel. Die Blätter sind herzförmig und leuchtendgrün. Gut geeignet für einen trockenen, schattigen Standort.
***D.* 'Spring Beauty'.** Horstbildende Staude. H. 45 cm, Br. 30 cm. Im Frühjahr erscheinen gänseblümchenähnliche, gefüllte, leuchtendgelbe Blüten. Trägt herzförmige, leuchtendgrüne Blätter.

DOROTHEANTHUS (Aizoaceae)
Mittagsblume
Gattung einjähriger Sukkulenten, geeignet für heiße, trockene Standorte wie Steingärten, Böschungen und Pflastersteinspalten. Bedingt winterhart. Benötigt Sonne und gedeiht gut in nährstoffarmer, aber sehr durchlässiger Erde. Verblühtes entfernen, um Blütezeit zu verlängern. Vermehrung durch Aussaat unter Glas im zeitigen Frühjahr oder Freiland Mitte Frühjahr. Vor Schnecken schützen.
D. bellidiformis, syn. *Mesembryanthemum criniflorum*. (Eispflanze, Livingstone's Gänseblümchen). **Magic-Carpet-Serie** Abb. S. 269.

DORYANTHES (Agavaceae)
Gattung immergrüner, rosettenbildender Stauden, wegen ihrer Blüten sehr beliebt. Frostempfindlich. Mindesttemperatur 10 °C. Benötigt einen sonnigen Standort und humusreiche, durchlässige Erde. Vermehrung durch Samen im Frühling, durch Brutknospen oder Schößlinge nach der Blüte.
D. palmeri Abb. S. 194.

DORYCNIUM (Leguminosae)
Gattung von Stauden und laubabwerfender oder halbimmergrüner Halbsträucher, die wegen ihres Laubes, der Blüten und Früchte kultiviert wird. Winterhart. Benötigt volle Sonne und trockene, sehr durchlässige Erde. Vermehrung durch Kopfstecklinge im Sommer oder Samen im Herbst.
D. hirsutum. Laubabwerfer, aufrechter Halbstrauch. H. und Br. 60 cm. Trägt silbriggraue Blätter in 3 ovale Blättchen geteilt. Im Sommer und Frühherbst erscheinen dichte Büscheln erbsenähnlicher, rosaüberhauchter, weißer Blüten, später länglich bis runde, rötlich braune Samenhülsen.
Douglasia vitaliana. Siehe *Vitaliana primuliflora*.

DOXANTHA. Siehe MACFADYENA.
C. capreolata. Siehe *Bignonia capreolata.*

DRABA (Cruciferae)
Hungerblümchen
Gattung frühlingsblühender, einjähriger Pflanzen und immergrüner oder halbimmergrüner, kissen- oder teppichbildender Stauden mit einem weitverzweigten Wurzelsystem. Einige Spezies bilden weiche, grüne Kissen, die bis auf die Spitzen sich im Winter braun färben und fast abgestorben aussehen. Gute Alpinumpflanze. Bedingt bis winterhart. Benötigt Sonne und sandigen, durchlässigen Boden. Winternässe vermeiden. Vermehrung durch Kopfstecklinge aus den Rosetten im Spätfrühling oder Samen im Herbst.
D. aizoides. Halbimmergrüne, mattenbildende Staude. H. 2,5 cm, Br. 15 cm. Winterhart. Hat in Rosetten angelegte lanzettförmige, steifborstige Blätter. Bringt im Frühjahr leuchtendgelbe Blüten mit 4 Kronblättern hervor. Eignet sich für Geröllflächen.
D. hispanica. Halbimmergrüne, kissenbildende Staude. H. 5 cm, Br. 10 cm. Winterhart. Die Blätter sind oval, weich, empfindlich und blaßgrün. Im Frühjahr erscheinen Büschel flacher, blaßgelber Blüten mit 4 Kronblättern.
D. longisiliqua Abb. S. 311.
D. mollissima Abb. S. 312.
D. polytricha. Halbimmergrüne, kissenbildende Staude. H. 6 cm, Br. 15 cm. Winterhart. Die winzigen, runden Blätter sind in hübschen, symmetrischen Rosetten angeordnet. Die zerbrechlichen Stiele tragen im Frühling flache, goldgelbe Blüten mit 4 Kronblättern. Stets Steine unter die Kissen legen. Abgestorbene Rosetten sofort entfernen. Schwierig zu kultivieren.
D. rigida Abb. S. 311. Var. ***bryoides*** ist eine immergrüne, dichte, hügelbildende Staude. H. 4 cm, Br. 6 cm. Winterhart. Die Blätter sind winzig, rund, sehr fest und dunkelgrün. Im Frühjahr bedecken kleine Büschel fast stielloser, leuchtendgelber Blüten mit 4 Kronblättern die kleinen Hügel. Eignet sich auch für Tröge und steinige Böschungen.

DRACAENA (Agavaceae)
Drazene
Gattung immergrüner Bäume und Sträucher, die wegen ihres Laubes und der Gesamterscheinung sehr beliebt sind. Frostempfindlich, mind. 13–18 °C. Benötigt helles Licht oder Halbschatten und durchlässige Erde. Getopfte Pflanzen mäßig gießen, bei niedrigen Temperaturen viel weniger. Stark hochgeschossene Pflanzen im Frühjahr durch Rückschnitt bis zum Boden verjüngen. Vermehrung durch Samen oder Abmoosen im Frühjahr oder Kopf- und Stammstecklinge im Sommer. Anfällig für Schmierläuse.
D. deremensis. Langsamwachsender, immergrüner, aufrechter, spärlich verzweigter Strauch. H. 2 m oder mehr, Br. 1 m oder mehr. Hat bis zu 45 cm lange, lanzettförmige, aufrecht bis hängende, glänzende, dunkelgrüne Blätter. An ausgewachsenen Pflanzen können im Sommer große Rispen kleiner, rot-weißer Blüten erscheinen. **'Warneckii'** Abb. S. 94.
D. draco (Drachenbaum) Abb. S. 72.
D. fragrans. **'Massangeana'** ist ein immergrüner, aufrechter, wenig verzweigter Strauch. H. 3–6 m, Br. 1–3 m. Hat bis zu 60 cm lange, riemenförmige, hängende Blätter mit gelben und grünen Längsstreifen. Selten erscheinen im Frühsommer duftende, sternchenförmige, gelbe Blüten, gefolgt von rundlich-länglichen, orangeroten Früchten.
D. indivisa. Siehe *Cordyline indivisa.*
D. marginata (Madagaskar Drachenbaum). Langsamwachsender, immergrüner, aufrechter Strauch oder Baum. H. 3 m oder mehr, Br. 1–2 m oder mehr. Die Blätter sind schmal riemenförmig, sattgrün mit roten Rändern. Blüht selten. **'Tricolor'** Abb. S. 71.
D. sanderiana Abb. S. 119.

DRACOCEPHALUM (Labiatae)
Drachenkopf
Gattung sommerblühender, einjähriger Pflanzen und Stauden, für Steingärten und Beetränder gut geeignet. Winterhart. Bevorzugt Sonne und fruchtbaren, durchlässigen Boden. Vermehrung durch Stecklinge junger Triebe im Frühjahr, durch Samen oder Teilung im Frühjahr oder Herbst.
D. ruyschianum. Aufrechte Staude. H. 45–60 cm, Br. 30 cm. Bringt von Frühsommer bis Sommermitte viele quirlige Ähren, zweilippiger violett-blauer Blüten hervor. Mittelgrüne Blätter sind linealisch bis lanzettförmig.

DRACUNCULUS (Araceae)
Drachenwurz
Gattung robuster Knollenstauden, die derb-dreieckige, übelriechende Blütenscheiden hervorbringt. Winterhart. Muß aber in strengen Wintern mit Zweigen abgedeckt werden. Benötigt Sonne und durchlässige Erde, die im Sommer austrocknet. Vermehrung durch reichlich gebildete Ableger im Spätsommer oder Samen im Herbst.
D. vulgaris, syn. *Arum dracunculus*, Abb. S. 336.
Dregea corrugata. Siehe *Wattakaka sinensis.*
Dregea sinensis. Siehe *Wattakaka sinensis.*
Drejerella guttata. Siehe *Justicia brandegeana.*

DRIMYS (Winteraceae)
Gattung immergrüner Bäume und Sträucher, die wegen ihres Laubes und der sternchenförmigen Blüten kultiviert wird. Winterhart. In kalten Gegenden an eine Süd- oder Westwand pflanzen. Benötigt Sonne oder Halbschatten und fruchtbare, feuchte, aber durchlässige Erde. Vermehrung durch halbausgereifte Stecklinge im Sommer oder Samen im Herbst.
D. axillaris. Siehe *Pseudowintera axillaris.*
D. colorata. Siehe *Pseudowintera colorata.*
D. lanceolata (Bergpfeffer). Immergrüner, aufrechter, dichter Strauch oder Baum. H. 4 m, Br. 2,5 m. Hat dunkelrote Zweige und längliche, dunkelgrüne Blätter. Von Mitte bis Spätfrühling erscheinen Büschel sternchenförmiger, weißer Blüten.
D. winteri (Winterrinde) Abb. S. 51.

DROSANTHEMUM (Aizoaceae)
Gattung aufrechter oder kriechender, sukkulenter Sträucher mit schlanken Zweigen und einer Blütenfülle im Sommer. Die Blätter sind leicht mit Warzen bedeckt. Frostempfindlich. Mindesttemperatur 5 °C. Benötigt volle Sonne und sehr durchlässige Erde. Vermehrung durch Samen oder Stecklinge im Frühling oder Sommer.
D. hispidum. Sukkulenter Strauch mit hängenden oder ausgebreiteten Zweigen, die Wurzeln schlagen. H. 60 cm, Br. 1 m. Hat zylindrische, hellgrüne Blätter, 1,5–2,5 cm lang. Im Sommer erscheinen unzählige glänzende, gänseblümchenähnliche, bis 3 cm breite, purpurne Blüten.
D. speciosum. Aufrechte, strauchartige, sukkulente Pflanze. H. 60 cm Br. 1 m. Trägt 1–2 cm lange, halbzylindrische Blätter. Im Sommer erscheinen Unmengen gänseblümchenähnliche, bis 5 cm breite, orangerote Blüten mit grüner Mitte.

DROSERA (Droseraceae)
Sonnentau
Gattung immergrüner, insektivorer Stauden. Winterhart bis frostempfindlich. Mindesttemperatur 5–10 °C. Benötigt Sonne und als Substrat eine Mischung aus Torf und Moos, das niemals austrocknen darf. Vermehrung durch Samen oder Teilung im Frühjahr.
D. capensis (Afrikanischer Sonnentau) Abb. S. 261.
D. spathulata Abb. S. 261.

DRYANDRA (Proteaceae)
Gattung immergrüner, frühjahrs- bis sommerblühender Sträucher oder Bäume, wegen ihrer Blüten, des Laubes und der Gesamterscheinung sehr beliebt. Frostempfindlich. Mindesttemperatur 7 °C. Benötigt helles Licht und durchlässigen, sandigen, nitrat- und phosphorarmen Boden. Kübelpflanzen mäßig gießen, bei niedrigen Temperaturen sehr viel weniger. Gewächshauspflanzen müssen gut belüftet werden. Vermehrung durch Samen im Frühjahr.
D. formosa. Immergrüner, buschiger Strauch. H. 2–5 m, Br. 1–3 m. Die riemenförmigen Blätter sind dicht dreieckig gelappt, was ihnen ein Sägeblattaussehen verleiht. Trägt im Frühling kegelige, endständige Blütenköpfe kleiner, duftender, röhrenförmiger, orangegelber Blüten.

DRYAS (Rosaceae)
Silberwurz
Gattung immergrüner, niedriger, an der Basis verholzender Stauden mit eichenblattartigen Blättern und tassenförmigen Blüten. Eignet sich für Böschungen und Mauern, Steingärten und als Bodendecker. Winterhart. Bevorzugt Sonne und sandige, durchlässige, torfhaltige Erde. Vermehrung durch frischen Samen oder halbausgereifte Stecklinge im Sommer.
D. drummondii. Immergrüne, niedrige, an der Basis verholzende Staude. H. 5 cm, Br. unbestimmt. Die stämmigen Ästchen sind mit kleinen, ovalen, gelappten, ledrigen, dunkelgrünen Blättern bedeckt. Im Frühsommer erscheinen nickende, cremeweiße Blüten, die sich nicht ganz öffnen.
D. octopetala Abb. S. 315.
D. × suendermannii. Immergrüne, niedrige, an der Basis verholzende Staude. H. 5 cm, Br. unbestimmt. Ähnlich wie *D.* drummondii, hat aber leicht nickende, blaßcremefarbene Blüten, die sich horizontal öffnen.

DRYOPTERIS (Polypodiaceae)
Wurmfarn
Gattung laubabwerfender oder halbimmergrüner Farne, viele bilden federballähnliche Kronen. Bedingt bis ganz winterhart. Benötigt Schatten und feuchten Boden. Regelmäßig welke Wedel entfernen. Vermehrung durch Sporen im Sommer oder Teilung der Pflanze im Herbst oder Winter.
D. austriaca. Siehe *D. dilatata.*
D. carthusiana. Laubabwerfender oder halbimmergrüner, kriechender Farn mit Rhizom. H. 1 m, Br. 45 cm. Winterhart. Trägt lanzettförmige, vielgeteilte, mittelgrüne Wedel, dreieckig bis oval gefiedert.
D. dilatata, syn. *D. austriaca.* Laubabwerfender oder halbimmergrüner Farn. H. 1 m, Br. 45 cm. Winterhart. Hat vielgeteilte, hängende, mittelgrüne Wedel, dreieckig bis oval gefiedert, die an kräftigen, dunkelbraunen Stengeln sitzen.
D. erythrosora. Laubabwerfender Farn. H. 45 cm, Br. 30 cm. Bedingt – bis winterhart. Die breit dreieckiggeteilten, kupferrosafarbenen Wedel sind in dreieckige bis ovale Fiedern unterteilt, die bis Wintermitte halten.
D. filix-mas Abb. S. 184. **'Grandiceps'** ist ein laubabwerfender oder halbimmergrüner Farn. H. 1,2 m, Br. 1 m. Winterhart. Hat federballartige, breit lanzettförmige, getroddelte, elegant sich neigende, mittelgrüne Wedel, die aus dem großen, aufrechten, braungeschuppten Rhizom wachsen.
D. goldiana. Sommergrüner Farn. H. 1 m, Br. 60 cm. Winterhart. Hat breit ovale, hellgrüne Wedel, die in zahlreiche, längliche, eingeschnittene Fiedern geteilt sind.
D. hexagonoptera. Siehe *Thelypteris hexagonoptera.*
D. marginalis. Laubabwerfender Farn. H. 60 cm, Br. 30 cm. Winterhart. Die lanzettförmigen, dunkelgrünen Wedel sind in zahlreiche, längliche, leicht eingeschnittene Fiedern geteilt.

DUCHESNEA (Rosaceae)
Gattung von Stauden mit bewurzelten Ausläufern, einige sind halbimmergrün, beliebt, wegen ihrer Blüten und als Bodendecker. Eignet sich für Ampeln. Winterhart. Gedeiht in durchlässiger Erde, Sonne oder Halbschatten. Vermehrung durch Teilung im Frühling, durch bewurzelte Pflanzen am Ende der Ausläufer im Sommer oder Samen im Herbst.
D. indica, syn. *Fragaria indica.* Halbimmergrüne, kriechende Staude. H. bis 10 cm, Br. unbestimmt. Die dunkelgrünen Blätter sind in 3 gezähnte, erdbeerblattähnliche Blättchen geteilt. Vom Frühling bis Frühsommer erscheinen bis 2,5 cm breite, einzelne, leuchtendgelbe Blüten mit 5 Kronblättern und blattartigen, krausen, grünen Kelchblättern. Im Spätsommer folgen erdbeerähnliche, geschmacklose, rote Früchte.

DUDLEYA (Crassulaceae)
Gattung sukkulenter Stauden mit Basalrosetten, nahe mit *Echeveria* verwandt. Frostempfindlich. Mindesttemperatur 7 °C. Benötigt volle Sonne und sehr durchlässigen Boden. Während der angedeuteten Ruhezeit Sommermitte wenig gießen. Vermehrung durch Samen oder Teilung im Frühling – Sommer.
D. brittonii. Sukkulente Staude mit Basalrosetten. H. 20–60 cm oder mehr wenn in Blüte, Br. 50 cm. Hat schmale, lanzettförmige, zugespitzte, fleischige, silbrigweiße Blätter. Bringt im Frühjahr –

Sommer eine Fülle sternchenförmiger, blaßgelber Blüten hervor.
D. pulverulenta Abb. S. 385.

DURANTA (Verbenaceae)
Gattung schnellwachsender, immergrüner oder teilweise laubabwerfender Bäume und Sträucher, wegen ihrer Gesamterscheinung und Blüten sehr beliebt. Frostempfindlich. Mindesttemperatur 10–13°C. Benötigt helles Licht und fruchtbare, durchlässige Erde. Während der Wachstumszeit getopfte Pflanzen reichlich gießen, zu anderen Zeiten weniger. Bei Bedarf schneiden, um zu starken Wuchs einzudämmen. Vermehrung durch Samen im Frühjahr, halbausgereifte Stecklinge im Sommer. Anfällig für Weiße Fliege.
D. plumieri. Siehe *D. repens.*
D. repens, syn. *D. plumieri,* Abb. S. 118.

DUVALIA (Asclepiadaceae)
Gattung horst- oder teppichbildender, sukkulenter Stauden mit kurzen, dicken, blattlosen Stengeln; nahverwandt mit *Stapelia.* Die sternchenförmigen Blüten haben dicke, fleischige, zurückgebogene Kronblätter. Frostempfindlich. Mindesttemperatur 10°C, sie gedeihen besser bei 20°C. Benötigt Halbschatten und sehr durchlässigen Boden. Vermehrung durch Samen oder Stecklinge im Frühjahr oder Sommer.
D. corderoyi Abb. S. 396.

DUVERNOIA (Acanthaceae)
Gattung immergrüner Sträucher, die hauptsächlich wegen ihrer Blüten kultiviert wird. Frostempfindlich. Mindesttemperatur 10–15°C. Bevorzugt helles Licht und humusreiche, durchlässige Erde. Während der Wachstumszeit Kübelpflanzen reichlich gießen, weniger zu anderen Zeiten. Um gut verzweigte Pflanzen zu erhalten, werden im Frühjahr alte Blütentriebe zurückgeschnitten. Vermehrung durch Samen im Frühjahr, Kopf- oder unreife Stecklinge im späten Frühling oder Sommer. Anfällig für Weiße Fliege.
D. adhatodoides, syn. *Adhatoda duvernoia* (Schlangenstrauch). Immergrüner, aufrechter Strauch. H. 2–3 m, Br. 1–2 m. Hat elliptische, dunkelgrüne Blätter und im Sommer – Herbst duftende, röhrenförmige, weiße oder hellilafarbene Blüten mir rosa, roter oder purpurner Zeichnung, die in endständigen Ähren erscheinen. Manchmal mit *Justicia adhatoda* verwechselt.

DYCKIA (Bromeliaceae)
Gattung immergrüner, rosettenbildender Stauden, wegen ihrer Allgemeinerscheinung sehr beliebt. Frostempfindlich. Mindesttemperatur 7–10°C. Benötigt helles Licht und durchlässigen, grob sandigen oder kieshaltigen Boden. Im Sommer mäßig gießen, im Winter sehr wenig oder gar nicht. Vermehrung durch Ableger oder Teilung im Frühjahr.
D. remotiflora (Abb. S. 222). Immergrüne Staude mit Basalrosetten. H. und Br. 30–50 cm. Hat dichte Rosetten sehr schmaler, dreieckiger, gespitzter, dicker, überhängender, dumpfgrüner Blätter mit dornigen Widerhaken und grauen Schuppen auf der Unterseite. Im Sommer – Herbst erscheinen oberhalb des Laubes wollige Ähren röhrenförmiger, orangegelber Blüten.

E

ECCREMOCARPUS (Bignoniaceae)
Gattung immergrüner, halbstrauchiger, rankender Kletterpflanzen, wegen ihrer attraktiven Blüten und der langen Blühdauer sehr beliebt. Nur eine Spezies wird normalerweise kultiviert. Bedingt winterhart. In kalten Gegenden als einjährige Pflanze behandeln. Gedeiht in hellem Licht und jeder durchlässigen Erde. Vermehrung durch Samen im zeitigen Frühjahr.
E. scaber (Schönranke) Abb. S. 175.

ECHEVERIA (Crassulaceae)
Gattung rosettenartiger, mehrjähriger Sukkulenten mit langanhaltendem Blütenflor. Vom Herbst bis zum Frühjahr entwickeln die Blätter ihre buntesten Farben. Frostempfindlich. Mindesttemperatur 5–7°C. Benötigt Sonne, gute Belüftung und sehr durchlässige Erde. Vermehrung durch Samen, Stamm- oder Blattstecklinge, Teilung oder Kindl im Frühjahr oder Sommer.
E. agavoides Abb. S. 394.
E. derenbergii. Horstbildende, mehrjährige, sukkulente Pflanze, H. 4 cm, Br. 30 cm. Mindesttemperatur 5°C. Bildet eine kurzstämmige Rosette runder, graugrüner Blätter. An 8 cm langen Blütenstielen erscheinen im Frühjahr tassenförmige, gelb-und-rote oder orangefarbene Blüten. Bildet viele Ableger. Wird oft als Elternpflanze in der Züchtung verwendet.
E. elegans Abb. S. 391.
E. gibbiflora. Rosettenbildende, mehrjährige, sukkulente Pflanze. H. 1 m, Br. 15 cm. Mindesttemperatur 7°C. An den Stämmchen erscheinen endständig runde, graugrüne Blätter, oft rot oder braun überhaucht. Im Herbst – Winter tragen die 60 cm langen Blütenstiele tassenförmige, rote Blüten, die innen gelb sind.
E. harmsii, syn. *Oliveranthus elegans.* Buschige, mehrjährige, sukkulente Pflanze. H. 20 cm, Br. 30 cm. Mindesttemperatur 7°C. Jeder aufrechte Stamm ist mit einer 6 cm breiten Rosette gekrönt. Die kurzen, schmal lanzettförmigen, blaßgrünen Blätter sind mit kurzen Haaren bedeckt. Bringt im Frühling tassenförmige rote Blüten mit orangefarbenen Spitzen, und innen gelb, hervor.
E. pulvinata Abb. S. 385.
E. secunda Abb. S. 393.
E. setosa Mehrjährige, sukkulente Pflanze mit Basalrosetten. H. 4 cm, Br. 30 cm. Mindesttemperatur 7°C. Hat lange, schmale, mittelgrüne Blätter, die mit kurzen, dicken, weißen Haaren besetzt sind. Bringt im Frühling tassenförmige, rote und gelbe Blüten hervor. Fault gerne. Kein Wasser auf die Blätter bringen.

ECHINACEA (Compositae)
Gattung sommerblühender Stauden. Winterhart. Bevorzugt Sonne und humose, feuchte, aber durchlässige Erde. Vermehrung durch Teilung oder Wurzelabschnitte im Frühjahr.
E. purpurea, syn. *Rudbeckia purpurea.* **'Robert Bloom'** Abb. S. 204. **'White Lustre'** ist eine kräftige, aufrechte Staude. H. 1,2 m, Br. 45 cm. Bringt im Sommer an kräftigen Stielen große, gänseblümchenähnliche, einzelne, weiße Blütenköpfe hervor, in der Mitte mit einem hervorstehenden, orangebraunen Zapfen. Hat lanzettförmige, dunkelgrüne Blätter.

ECHINOCACTUS (Cactaceae)
Gattung langsamwachsender, halbrunder, mehrjähriger Kakteen. Frostempfindlich, mind. 11°C; niedrigere Temperaturen verursachen an *E. grusonii* gelbe Flecken. Benötigt volle Sonne und sehr durchlässige Erde. Die gelbblütigen Spezies sind einfach zu kultivieren. Vermehrung durch Samen im Frühjahr.
E. grusonii (Schwiegermutterstuhl) Abb. S. 381.
E. ingens. Langsamwachsender, halbrunder, mehrjähriger Kaktus. H. 3 m, Br. 2 m. Der graublaue Stamm hat eine wollige Krone und bis zu 50 Rippen. Nur an Pflanzen über 40 cm im Durchmesser erscheinen im Sommer trichterförmige, 3 cm breite, gelbe Blüten.

ECHINOCEREUS (Cactaceae)
Gattung runder bis säulenförmiger, mehrjähriger, im Alter vielfach verzweigter Kakteen, einige mit knolligen Wurzeln. Die Knospen werden im Stamminneren gebildet, brechen durch die Haut und öffnen ihre langhaltende Blüten mit zurückgebogenen Kronblattspitzen und hervorstehenden, grünen Narben, gefolgt von birnenförmigen, stacheligen Samenkapseln. Frostempfindlich. Mindesttemperatur 5–8°C; manche Spezies vertragen leichten Frost, wenn sie trockengehalten werden. Vermehrung durch Samen oder Stecklinge im Frühling oder Sommer.
E. baileyi. Siehe *E. reichenbachii,* var. *baileyi.*
E. cinerascens. Gruppenbildender, mehrjähriger Kaktus. H. 30 cm, Br. 1 m. Mindesttemperatur 5°C. Hat einen 7 cm breiten Körper mit 5 bis 12 Rippen. Jede Areole hat 8 bis 15 gelblich-weiße Stacheln. Nur an vollausgewachsenen Pflanzen erscheinen im Frühjahr Mengen trompetenförmiger, leuchtendrosa oder purpurner, 12 cm breiter Blüten, die an der Kronenblattbasis blasser sind.
E. leucanthus (Kugelkaktus), syn. *Wilcoxia albiflora* Abb. S. 389.
E. pectinatus. Mehrjähriger Säulenkaktus. H. 35 cm, Br. 20 cm. Mindesttemperatur 7°C. Hat schwachverzweigte, grüne Stämme mit 12–23 Rippen und kurze, kammartige, oft verschiedenfarbige Stacheln. Bringt im Frühjahr trompetenförmige, 12 cm breite, purpurn, rosa oder gelbe Blüten, blasser an der Kronblattbasis, hervor.
E. pentalophus (Kugelkaktus), Abb. S. 384.
E. reichenbachii. Mehrjähriger Säulenkaktus. H. 35 cm, Br. 20 cm. Mindesttemperatur 7°C. Hat einen leichtverzweigten, vielfarbigen Körper mit 12–23 Rippen und 1,5 cm langen, kammartigen Stacheln. Bringt im Frühjahr trompetenförmige, 12 cm breite, rosa oder purpurne Blüten mit dunklerer Kronblattbasis, hervor. Var. ***baileyi*** (syn. *E. baileyi*) Abb. S. 383.
E. schmollii, syn. *Wilcoxia schmollii,* Abb. S. 383.
E. triglochidiatus. Horstbildender, mehrjähriger Kaktus. H. 30 cm, Br. 15 cm. Mindesttemperatur 5°C. Hat einen kurzen, dicken, dunkelgrünen Stamm und an jeder Areole 3 bis 5, 2,5 cm lange Stacheln. Im Frühjahr erscheinen trichterförmige, 7 cm breite, leuchtendrote Blüten mit hervorstehenden, roten Staubblättern und grünen Narben. Var. ***paucispinus*** Abb. S. 395.
Echinodorus ranunculoides. Siehe *Baldellia ranunculoides.*

ECHINOFOSSULOCACTUS (Cactaceae)
Gattung runder, mehrjähriger Kakteen mit stacheligem grünen Körper, schmal und wellig gerippt. Frostempfindlich. Mindesttemperatur 5°C. Benötigt einen sonnigen Standort und durchlässige Erde. Vermehrung durch Samen im Frühjahr oder Sommer.
E. lamellosus. Interessanter, runder, mehrjähriger Kaktus. H. und Br. 8 cm. Der grüne Stamm hat 30–35 Rippen. Am Scheitel erscheinen im Frühjahr hübsche, trichterförmige, 1–3 cm breite, fleischfarbene oder rote Blüten. Von den Randstacheln sind die oberen abgeflacht, die unteren sind kürzer und runder, und der rundliche, längere Mittelstachel ist dunkel gespitzt.
E. pentacanthus Abb. S. 396.
E. violaciflorus Abb. S. 392.
Echinomastus mcdowellii. Siehe *Thelocactus mcdowellii.*

ECHINOPS (Compositae)
Kugeldistel
Gattung sommerblühender Stauden, die wegen ihrer kugelförmigen, stacheligen Blütenköpfe kultiviert wird. Winterhart. Gedeiht am besten in voller Sonne und nährstoffarmer Erde. Vermehrung durch Teilung oder Samen im Herbst oder Wurzelschnittlinge im Winter.
E. bannaticus Abb. S. 190.
***E. ritro* 'Veitsch's Blue'** Abb. S. 211.
E. sphaerocephalus Abb. S. 188.
***E.* 'Taplow Blue'.** Aufrechte Staude. H. 1,2 m, Br. 1 m. An drahtigen Stengeln erscheinen im Sommer distelähnliche, runde, puderblaue Blütenköpfe. Die schmal ovalen Blätter sind geteilt und gräulichgrün.

ECHINOPSIS (Cactaceae)
Seeigelkaktus
Gattung runder bis säulenförmiger, mehrjähriger Kakteen, meistens vielverzweigt; manchmal rechnet man sie zu *Trichocereus.* Frostempfindlich. Mindesttemperatur 5°C. Benötigt volle Sonne und durchlässige Erde. Leicht zu kultivieren und nimmt auch Vernachlässigung über einen längeren Zeitraum nicht krumm. Vermehrung durch Samen oder Ableger im Frühjahr oder Sommer.
E. aurea. Siehe *Lobivia aurea.*
E. eyriesii. Abgeflachter, mehrjähriger Kugelkaktus. H. 30 cm, Br. 50 cm. Der mittelgrüne Körper mit 11 bis 18 Rippen und sehr kurzen Stacheln verzweigt sich langsam. Die röhrenförmigen, weißen Blüten erscheinen im Frühjahr – Sommer.
E. multiplex Abb. S. 382.
E. rhodotricha. Runder bis säulenförmiger, mehrjähriger Kaktus. H. 60 cm, Br. 20 cm. Der 9 cm breite, dunkelgrüne Körper ist verzweigt und 8–13fach gerippt. Die gedrehten, 2 cm langen, dunklen Stacheln verblassen mit der Zeit. Bringt im Frühling – Sommer röhrenförmige, weiße bis rosafarbene Blüten hervor.
Echioides longiflorum. Siehe *Arnebia pulchra.*

ECHIUM (Boraginaceae)
Natternkopf
Gattung einjähriger und zweijähriger Pflanzen, Stauden und immergrüner Sträucher, die wegen ihrer Blüten kultiviert werden. Winterhart bis frostempfindlich. Mindesttemperatur 3°C. Benötigt volle Sonne und fruchtbare, durchlässige Erde. Getopfte Exemplare im Sommer großzügig gießen, weniger zu anderen Zeiten. Vermehrung durch Samen im Frühling oder durch halbausgereifte Stecklinge im Sommer. Anfällig für Weiße Fliege.
E. bourgaeanum. Siehe *E. wildpretii.*
E. vulgare (zwergig) Abb. S. 275.
E. wildpretii, syn. *E. bourgaeanum.* Immergrüne, aufrechte, nichtverzweigte zweijährige Pflanze, die nach dem Fruchten abstirbt. H. 2,5 m oder mehr, Br. 60 cm. Bedingt winterhart. Die schmalen, lanzettförmigen, 30 cm langen Blätter, mit silbrigen Härchen besetzt, bilden eine dichte Rosette. Hat im späten Frühjahr und Sommer kompakte, 1–1,5 m lange Ähren mit kleinen, trichterförmigen, roten Blüten besetzt.

EDGEWORTHIA (Thymelaeaceae)
Gattung laubabwerfender Sträucher, die wegen ihrer Blüten im Spätwinter und zeitigem Frühling beliebt sind. Winterhart, die Blüten sind frostempfindlich. Gedeiht am besten an einer Süd- oder Westwand. Benötigt volle Sonne und durchlässigen Boden. Will nicht verpflanzt werden. Vermehrung durch halbausgereifte Stecklinge im Sommer oder Samen im Herbst.
E. chrysantha, syn. *E. papyrifera.* Laubabwerfender, runder, offener Strauch. H. und Br. 1,5 m. Im Spätwinter und zeitigem Frühjahr erscheinen an sehr biegsamen Trieben endständige, runde Köpfe duftender, röhrenförmiger, gelber Blüten. Die Blätter sind oval und dunkelgrün.
E. papyrifera. Siehe *E. chrysantha.*

EDRAIANTHUS (Campanulaceae)
Büschelglocke
Gattung kurzlebiger Stauden, einige sind immergrün, meist polsterartig im Wuchs. Im Winter ist an jedem Wurzelstock nur ein kleines, ruhendes Auge sichtbar. Im Frühjahr breiten sich niederliegende Triebe aus, die Blüten und Blätter tragen. Eignet sich für Steingärten, Tröge und Geröllhänge. Winterhart. Benötigt einen Standort in der Sonne und durchlässigen Boden. Vermehrung durch Kopfstecklinge von Seitentrieben im Frühsommer oder Samen im Herbst.
E. dalmaticus. Aufrechte, dann überhängende Staude. H. 10 cm, Br. 15 cm. Trägt schmale, lanzettförmige, blaßgrüne Blätter und im Frühsommer endständige Büschel glockenförmiger, 2,5 cm breiter, violettblauer Blüten.
E. pumilio Abb. S. 322.
E. serpyllifolius Abb. S. 321. **'Major'** ist eine immergrüne, niedrige Staude. H. 1 cm, Br. bis 5 cm. Bildet dichte Matten winziger, ovaler, dunkelgrüner Blätter. Im Frühsommer erscheinen an sehr kurzen Stielen glockenförmige, 1,5 cm breite, tiefviolette Blüten. Benötigt einen

geschützten Standort. Setzt selten Samen an.
Edwardsia microphylla. Siehe *Sophora microphylla.*

EGERIA (Hydrocharitaceae)
Gattung halbimmergrüner oder immergrüner, mehrjähriger, schwimmender oder untergetauchter Wasserpflanzen, wegen ihres Laubes sehr beliebt. Ähnlich wie *Elodea*, mur mit auffälligeren Blüten, die auf dem Wasser schwimmen. Eignet sich für Aquarien, da stark sauerstoffbildend und ideal für Fischlaichablage. Frostempfindlich. Mindesttemperatur 1°C. Benötigt Sonne. Regelmäßig ausdünnen. Vermehrung durch Stecklinge im Frühling oder Sommer.
E. densa, syn. *Anacharis densa, Elodea densa.* Halbimmergrüne, mehrjährige, ausgebreitete, untergetauchte Wasserpflanze. Br. unbestimmt. Bildet an langen, drahtigen Stielen eine dichte Masse kleiner, lanzettförmiger, dunkelgrüner Blätter in Quirlen. Trägt im Sommer kleine 3geteilte, weiße Blüten.

EHRETIA (Ehretiaceae)
Gattung laubabwerfender, sommerblühender Bäume, wegen ihres Laubes und der sternchenförmigen Blüten sehr beliebt. Winterhart, junge Pflanzen sind aber frostgefährdet. Benötigt Sonne oder Halbschatten und fruchtbaren, durchlässigen Boden. Vermehrung durch Kopfstecklinge im Sommer.
E. dicksonii Abb. S. 64.

EICHHORNIA (Pontederiaceae)
Eichhornie, Wasserhyazinthe
Gattung immergrüner oder halbimmergrüner, mehrjähriger, schwimmender Wasser- und Sumpfpflanzen. Frostempfindlich. Mindesttemperatur 1°C. Benötigt einen offenen, sonnigen Standort in warmem Wasser. Wuchert stark, und muß das ganze Jahr über ausgedünnt werden. Vermehrung durch Abnehmen junger Pflanzen nach Bedarf.
E. crassipes Abb. S. 374.

ELAEAGNUS (Elaeagnaceae)
Ölweide
Gattung laubabwerfender oder immergrüner Stäucher und Bäume, wegen ihres Laubes und der kleinen, gewöhnlich stark duftenden Blüten, oft von ornamentalen Früchten gefolgt, sehr beliebt. Immergrüne Spezies eignen sich sehr gut als Schutz oder Hecke, besonders in Küstengegenden. Bedingt- bis winterhart. Die meisten immergrünen Spezies gedeihen in Sonne oder Schatten, nur jene mit silbrigen Blättern und laubabwerfende Spezies bevorzugen volle Sonne. Benötigt fruchtbaren, durchlässigen Boden. Im Spätsommer Hecken schneiden. Vermehrung der Spezies durch Samen im Herbst, immergrüne Sorten auch durch halbausgereifte Stecklinge im Sommer, laubabwerfende Sorten durch Kopf- oder halbausgereifte Stecklinge im Sommer.
E. angustifolia Abb. S. 90.
E. × ebbingei. Immergrüner, buschiger, dichter Strauch. H. und Br. 5 m. Winterhart. Hat längliche bis ovale, glänzende, dunkelgrüne Blätter, auf der Unterseite silbrig. Von Mitte- bis Spätherbst erscheinen duftende, glockenförmige, silbrigweiße Blüten. Die Blätter von **'Gilt Edge'** haben goldgelbe Ränder. **'Limelight'** Abb. S. 121.
E. macrophylla. Immergrüner, buschiger, dichter Strauch. H. und Br. 3 m. Winterhart. In der Jugend sind die breit ovalen Blätter silbriggrau, ausgewachsen werden sie glänzend und dunkelgrün, auf der Unterseite bleiben sie silbriggrau. Von Mitte- bis Spätherbst erscheinen duftende, glockenförmige, cremegelbe Blüten, außen silbrig, später eiförmige, rote Früchte.
***E. pungens* 'Maculata'** Abb. S. 95.
E. umbellata. Kräftiger, laubabwerfender, buschiger Strauch. H. und Br. 5 m. Winterhart. In der Jugend sind die länglichen, gewellten, leuchtendgrünen Blätter silbrig. Im späten Frühjahr und Frühsommer erscheinen duftende, glockenförmige, cremegelbe Blüten, später eiförmige, rote Früchte.

ELAEOCARPUS (Elaeocarpaceae)
Gattung immergrüner, frühlings- und sommerblühender Sträucher und Bäume, wegen ihrer Blüten und des Laubes kultiviert. Bedingt winterhart bis frostempfindlich. Mindesttemperatur 5°C. Bevorzugt helles Licht oder Halbschatten und fruchtbare, durchlässige, aber nicht zu trockene Erde. Während der Wachstumszeit getopfte Exemplare reichlich gießen, im Winter weniger. Im Winter können die Vorjahrestriebe zurückgeschnitten werden. Vermehrung durch Samen im Frühling oder halbausgereiften Stecklingen im Sommer. Anfällig für Rote Spinne und Weiße Fliege.
E. cyaneus. Siehe *E. reticulatus.*
E. reticulatus, syn. *E. cyaneus.* Immergrüner, rundlicher Strauch oder Baum. H. und Br. 3 m, manchmal bis 12 m oder mehr. Frostempfindlich. Hat elliptische bis lanzettförmige, gezähnte, glänzende Blätter und im Sommer achselständige Trauben glockenförmiger, gefranster, weißer Blüten. Runde, dunkelblaue Früchte erscheinen im Herbst.

ELEOCHARIS (Cyperaceae). Siehe GRÄSER, BAMBUS, SCHILF und RIEDGRAS.
E. acicularis (Nadelbinse). Immergrünes, ausgebreitetes, mehrjähriges Riedgras mit Rhizom. H. bis 10 cm, Br. unbestimmt. Winterhart. Basalblätter sind sehr schmal und mittelgrün. Die unbehaarten, unverzweigten, eckigen Stengel tragen im Sommer einzelne, winzige, braune Ährchen.

ELEUTHEROCOCCUS, syn. ACANTHOPANAX (Araliaceae)
Gattung laubabwerfender Sträucher und Bäume, wegen des Laubes und der Früchte beliebt. Bringt in der Regel winzige, grünlichweiße Blüten hervor. Winterhart. Bevorzugt volle Sonne und benötigt durchlässigen Boden. Vermehrung durch Samen im Frühling oder Wurzelschnittlinge im Spätwinter.
E. sieboldianus (Stachelpanax) Abb. S. 113.
Elodea crispa hort. Siehe *Lagarosiphon major.*
Elodea densa. Siehe *Egeria densa.*

ELSHOLTZIA (Labiatae)
Gattung von Stauden und laubabwerfenden Sträuchern und Halbsträuchern, wegen ihrer Herbstblüten kultiviert. Winterhart. Benötigt volle Sonne und fruchtbare, durchlässige Erde. Im zeitigen Frühjahr alte Triebe stark zurückschneiden. Vermehrung durch Kopfstecklinge im Sommer.
E. stauntonii (Minzenstrauch) Abb. S. 141.
Elymus arenarius. Siehe *Leymus arenarius.*

EMBOTHRIUM (Proteaceae)
Gattung immergrüner oder halbimmergrüner Bäume, wegen ihrer Blüten sehr beliebt. Winterhart, aber vor kaltem Wind schützen. Benötigt Halbschatten und feuchte, aber durchlässige, kalkfreie Erde. Vermehrung durch Ableger im Frühling oder Herbst oder Samen im Herbst.
E. coccineum Abb. S. 66.

EMILIA (Compositae)
Gattung einjähriger Pflanzen und Stauden. Die Blütenköpfe eignen sich für den Schnitt. Ideal für heiße, trockene Gegenden und Küstenböden. Bedingt winterhart. Benötigt Sonne und sehr durchlässige Erde. Vermehrung durch Aussaat unter Glas im Frühjahr oder Freilandaussaat im späten Frühjahr.
E. flammea. Siehe *E. javanica.*
E. javanica, syn. *E. flammea* Abb. S. 285.

EMMENOPTERYS (Rubiaceae)
Gattung laubabwerfender Bäume, hauptsächlich wegen des Laubes kultiviert. Blüht nur selten während heißer Sommer. Winterhart, aber junge Triebe können von späten Frösten geschädigt werden. Benötigt volle Sonne und tiefgründigen, fruchtbaren, durchlässigen Boden. Vermehrung durch Kopfstecklinge im Sommer.
E. henryi Abb. S. 53.

ENCEPHALARTOS (Zamiaceae)
Brotpalmfarn
Gattung immergrüner Sträucher und Bäume, wegen ihrer palmenähnlichen Erscheinung kultiviert. Frostempfindlich. Mindesttemperatur 10–13°C. Benötigt helles Licht und durchlässigen Boden. Während der Wachstumszeit Kübelpflanzen mäßig gießen, sonst weniger. Die Vermehrung erfolgt durch Samen im Frühjahr.
E. ferox Abb. S. 120.
E. longifolius. Langsamwachsender, immergrüner, palmenähnlicher Baum, manchmal im Alter verzweigt. H. 3 m oder mehr, Br. 1,5–2,5 m. Hat gefiederte, 60 cm–1,5 m lange Blätter, die in schmale, lanzettförmige bis ovale, blaugrüne Blättchen, oft an der Spitze mit Widerhaken, geteilt sind. Zapfenförmige, braune Blütenstände erscheinen periodisch.

ENCYCLIA. Siehe ORCHIDEEN.
E. cochleata. Immergrüne, epiphytische Orchidee für ein kühles Gewächshaus. H. 30 cm. Im Sommer erscheinen aufrechte Ähren, grüner, 5 cm langer Blüten mit purpurnen Lippen und schleifenähnlichen Kron- und Kelchblättern. Erwachsene Pflanzen können das ganze Jahr über Blüten hervorbringen. Die Blätter sind schmal oval und 15 cm lang. Benötigt im Sommer Halbschatten.
E. radiata. Immergrüne, epiphytische Orchidee für ein kühles Gewächshaus. H. 25 cm. Bringt im Sommer aufrechte Ähren stark duftender, runder, 1 cm breiter, cremigweißer Blüten hervor. Die Lippe ist weiß und rot eingesäumt. Die schmal ovalen Blätter sind 10–15 cm lang. Benötigt im Sommer Halbschatten.

ENDYMION. Siehe HYACINTHOIDES.

ENKIANTHUS (Ericaceae)
Prachtglocke
Gattung laubabwerfender oder halbimmergrüner, frühlingsblühender Sträucher und Bäume, wegen ihrer Fülle kleiner, glocken- oder urnenförmiger Blüten und der Herbstfarben sehr beliebt. Benötigt Sonne oder Halbschatten und feuchte, torfhaltige, saure Erde. Vermehrung durch halbausgereifte Stecklinge im Sommer oder Samen im Herbst.
E. campanulatus Abb. S. 85.
E. cernuus* var. *rubens Abb. S. 98.
E. perulatus Abb. S. 95.

ENSETE (Musaceae)
Gattung immergrüner Stauden, wegen ihres Laubes kultiviert, welches dem von Bananen und deren Früchten ähnelt. Ihr Scheinstamm wird aus sich überlappenden Blattscheiden gebildet, die nach der Blüte absterben. Frostempfindlich. Mindesttemperatur 10°C. Gedeiht in Sonne oder Halbschatten und humusreicher Erde. Vermehrung durch Samen im Frühling oder Teilung das Jahr über.
E. ventricosum, syn. *Musa arnoldiana, M. ensete* Abb. S. 195.

EOMECON (Papaveraceae)
Gattung einer Spezies von Stauden, die sich schnell und tief unterirdisch ausbreiten. Eignet sich für große Steingärten. Winterhart. Benötigt Sonne und gut durchlässigen Boden. Vermehrung durch Samen oder Ausläufer im Frühjahr.
E. chionantha. Kräftige, ausgebreitete Staude. H. bis 40 cm. Br. unbestimmt. Die Blätter sind groß, handförmig und grau. Jeder aufrechte Stiel trägt eine lange Rispe vieler, kleiner, mohnähnlicher, weißer Blüten im Sommer.

EPACRIS (Epacridaceae)
Australische Heide
Gattung immergrüner, heidekrautähnlicher Sträucher, wegen ihrer Blüten gerne gezogen. Frostempfindlich. Mindesttemperatur 5°C. Benötigt volle Sonne und humose, durchlässige, neutrale bis saure Erde. Während der Wachstumszeit Kübelpflanzen mäßig gießen, weniger zu anderen Zeiten. Abgeblühte Stiele einkürzen, um hübsche Form zu erreichen. Vermehrung durch Samen im Frühjahr oder halbausgereifte Stecklinge im Spätsommer.
E. impressa Abb. S. 123.

EPHEDRA (Ephedraceae)
Gattung immergrüner Sträucher, wegen ihres Habitus und der grünen Triebe kultiviert. Ist in trockener Erde ein guter Bodendecker. Um Früchte ernten zu können müssen männliche und weibliche Pflanzen gemeinsam kultiviert werden. Winterhart. Benötigt volle Sonne und durchlässige Erde. Vermehrung durch Samen im Herbst oder Teilung im Herbst oder Frühling.
E. gerardiana. Immergrüner, ausgebreiteter Strauch mit schlanken, aufrechten, binsenähnlichen, grünen Ästen. H. 60 cm, Br. 2 m. Blätter und Blüten sind relativ unauffällig. Die Pflanze trägt kleine, runde, rote Früchte.

EPIDENDRUM. Siehe ORCHIDEEN.
E. difforme. Immergrüne, epiphytische Orchidee für ein temperiertes Gewächshaus. H. 23 cm. Im Herbst öffnen sich große Köpfe fast durchsichtiger, 0,5 cm breiter, grüner Blüten. Hat ovale, 2,5–5 cm lange, steife Blätter. Benötigt im Sommer Schatten. Nicht übersprühen, da die Blätter Flecken bekommen könnten. Vermehrung durch Teilung im Frühjahr.
E. ibaguense, syn. *E. radicans*, Abb. S. 253. Immergrüne, epiphytische Orchidee für ein kühles Gewächshaus. H. 2 m oder mehr. Blüht fast ohne Unterbrechung. Die Blüten sind 0,5 cm breit, tiefrot und mit gefranstem Labellum. Die 2,5–5 cm langen Blätter sind oval und steif. Benötigt während des Sommers Halbschatten. Vermehrung durch Kopfstecklinge im Frühjahr.
E. radicans. Siehe *E. ibaguense*.

EPIGAEA (Ericaceae)
Gattung immergrüner, niedriger, frühlingsblühender Halbsträucher. Bedingt- bis winterhart. Benötigt Schatten und humusreichen, feuchten, sauren Boden. Die meisten sind schwierig zu kultivieren. Vermehrung durch Samen im Frühjahr oder Kopfstecklinge im Frühsommer.
E. asiatica. Immergrüner, kriechender Halbstrauch. H. bis 10 cm, Br. bis 20 cm. Winterhart. Stengel und herzförmige, tiefgrüne Blätter sind braun behaart. Bringt im Frühling endständige Büschel von 3–6 kleinen, schwach duftenden, urnenförmigen, weißen oder rosafarbenen Blüten.
E. gaultherioides, syn. *Orphanidesia gaultherioides*, Abb. S. 304.
E. repens. Immergrüner, kriechender Halbstrauch. H. 10 cm, Br. 30 cm. Winterhart. Die behaarten Stengel, an denen herzförmige, ledrige Blätter sitzen, schlagen da und dort Wurzeln. Trägt im Frühjahr endständige Büschel von 4–6 becherförmigen, weißen Blüten, die manchmal rosa überhaucht sind. Leicht zu kultivieren.

EPIGENEIUM. Siehe ORCHIDEEN.
E. amplum. Immergrüne, epiphytische Orchidee für ein kühles Gewächshaus. H. 60 cm. Trägt im Frühjahr eine einzige, 5 cm lange, sternchenförmige, olivgrüne Blüte, mit rötlichbraunem Rand und schwarz-braunem Labellum. Die Blätter sind oval und bis zu 8 cm lang. An einem Rindenstück aufbinden. Benötigt im Sommer Halbschatten.

EPILOBIUM, syn. CHAMAENERION (Onagraceae)
Weidenröschen
Gattung von ein- und zweijährigen Pflanzen, Stauden und laubabwerfenden Halbsträuchern, wegen ihrer dunkelrosa bis weißen Blüten im Sommer, sehr beliebt. Nützlich für trockene Böschungen; viele Spezies wuchern stark. Bedingt- bis winterhart. Gedeiht in Sonne oder Schatten und bevorzugt feuchte, aber durchlässige Erde. Vermehrung der Spezies durch Samen im Herbst, selektierte Formen durch Kopfstecklinge von Seitentrieben im Frühjahr.
E. angustifolium* f. *album Abb. S. 188.
E. chlorifolium* var. *kaikourense Abb. S. 314.
E. glabellum Abb. S. 291.
E. obcordatum. Horstbildende Staude. H. 15 cm, Br. 10 cm. Winterhart. Ovale Blätter sind glänzendgrün. Bringt im Sommer Ähren offener, becherförmiger, dunkelrosen-roter Blüten hervor. Eignet sich für Steingärten oder das Alpinum. Benötigt einen geschützten Standort und volle Sonne. Kann in Kultur seine Eigenart verlieren, besonders in milden Gegenden.

EPIMEDIUM (Berberidaceae)
Elfenblume
Gattung frühlingsblühender Stauden, einige sind immergrün. Die Blüten sind becherförmig, mit langem oder kurzem Sporn. Guter Bodendecker. Winterhart. Gedeiht am besten in Halbschatten und humusreichem, feuchtigkeitsspeicherndem, aber durchlässigem Boden. Kurz vor dem neuen Austrieb im Frühjahr zurückschneiden. Vermehrung durch Teilung im Frühjahr oder Herbst.
E. alpinum. Immergrüne, teppichbildende Staude. H. 23 cm, Br. bis 30 cm. Im Frühling erscheinen Trauben hängender, kurzgespornter Blüten mit roten Kelch- und gelben Kronblättern. Hat zartgezähnte, glänzende Blätter, die in ovale, angewinkelte, sommergrüne Blättchen geteilt sind. Die jungen Blätter sind bronzen.
***E. grandiflorum* 'Rose Queen'** Abb. S. 226. **'Violaceum'** ist eine teppichbildende Staude. H. und Br. 30 cm. Bringt im Frühling zusammen mit den herzförmigen, dunkelbraun-rötlichen jungen Blättern, die in ovale Blättchen geteilt sind und ausgewachsen mittelgrün werden, Trauben hängender, langsporniger, tieflila Blüten hervor.
E. × perralchicum. Immergrüne, teppichbildende Staude. H. 45 cm, Br. 30 cm. Trägt im Frühling an schlanken Stielen kurze Ähren hängender, gelber Blüten mit kurzem Sporn. Die dunkelgrünen Blätter sind in rundlich bis ovale Blättchen geteilt.
E. perralderianum. Immergrüne, teppichbildende Staude. H. 30 cm, Br. 45 cm. Bringt im Frühjahr Büschel kleiner, hängender, kurzsporniger, leuchtendgelber Blüten hervor. Hat große, gezähnte, glänzende, dunkelgrüne Blätter, die in runde bis ovale Blättchen geteilt sind.
***E. pinnatum* ssp. *colchicum*.** Immergrüne, teppichbildende Staude. H. und Br. 30 cm. Im Frühling erscheinen oberhalb dunkelgrüner Blätter, die in rundliche bis ovale Blättchen, in der Jugend behaart, aufgeteilt sind, Büschel kleiner, hängender, leuchtendgelber Blüten mit kurzem Sporn.
E. pubigerum Abb. S. 225.
E. × rubrum Abb. S. 226.
E. × versicolor. Teppichbildende Staude. H. und Br. 30 cm. Im Frühjahr erscheinen kleine, hängende Büschel gelber Blüten, mit langem, rotüberhauchtem Sporn. Die herzförmigen, sommergrünen Blätter sind in ovale, rötlich-purpurn überhauchte Blättchen geteilt. **'Neo-sulphureum'** Abb. S. 229.
E. × warleyense Abb. S. 232.
***E. × youngianum* 'Niveum'** Abb. S. 224.

EPIPHYLLUM (Cactaceae)
Blattkaktus
Gattung mehrjähriger Kakteen mit riemenförmigen, flachen, grünen Trieben, die an den Kanten eingekerbt sind. In den Kerben erscheinen die Blüten. Frostempfindlich. Mindesttemperatur 5–11 °C. Gedeiht in Sonne oder Halbschatten und nährstoffreicher, durchlässiger Erde. Vermehrung durch Stecklinge im Frühling oder Sommer.
E. ackermannii. Siehe *Nopalxochia ackermannii*.
E. anguliger (Fischgrätenkaktus) Abb. S. 382.
E. crenatum. Aufrechter, dann hängender, mehrjähriger Kaktus. H. und Br. 3 m. Mindesttemperatur 11 °C. Hat flache Triebe. Trägt im Frühling – Sommer schwach duftende, trichterförmige, 20 cm breite, weiße Blüten mit breiten Kronblättern. Wird oft als Elternpflanze in der Züchtung verwendet.
***E.* 'Deutsche Kaiserin'.** Siehe *Nopalxochia phyllanthoides*.
***E.* 'Gloria'** Abb. S. 384.
***E.* 'Jennifer Ann'** Abb. S. 387.
E. lauii Abb. S. 382.
***E.* 'M. A. Jeans'** Abb. S. 384.
E. oxypetalum. Aufrechter, dann hängender, mehrjähriger Kaktus. H. 3 m, Br. 1 m. Mindesttemperatur 11 °C. Bringt großzügig verzweigte, flache, 12 cm breite Triebe hervor. Frühling – Sommer erscheinen nachts 25 cm lange, röhrenförmige, weiße Blüten. Ist eine gute Zimmerpflanze.

EPIPREMNUM (Araceae)
Gattung immergrüner, verholzender Kletterpflanzen mit Luftwurzeln, *Pothos* wird dazugezählt, wegen der hübschen Blätter sehr beliebt. Frostempfindlich. Mindesttemperatur 15–18 °C. Gedeiht in lichtem Schatten, verträgt keine direkte Sonne. Jede durchlässige, feuchtigkeitsspeichernde Erde wird vertragen. Regelmäßig gießen, bei kaltem Wetter weniger. Muß gestützt werden. Um Verzweigen zu fördern, können Triebspitzen jederzeit geschnitten werden. Vermehrung durch Blatt- oder Kopfstecklinge im späten Frühjahr oder Ableger im Sommer.
***E. aureum* 'Marble Queen',** syn. *Scindapsus aureus* 'Marble Queen', Abb. S. 177.
***E. pictus* 'Argyraeus',** syn. *Scindapsus pictus* 'Argyraeus', Abb. S. 177.

EPISCIA (Gesneriaceae)
Gattung immergrüner, niedrigwachsender und kriechender Stauden, die wegen ihrer dekorativen Blätter und der bunten Blüten kultiviert wird. Eignet sich als Bodendecker oder in Ampeln. Frostempfindlich. Mindesttemperatur 15 °C. Benötigt eine hohe Luftfeuchtigkeit und einen ziemlich schattigen Standort in humusreicher, durchlässiger Erde. Gut wässern, aber stauende Nässe vermeiden. Vermehrung im Sommer durch Stecklinge, Teilung oder Wurzelausläufer.
E. cupreata Abb. S. 257. **'Metallica'** ist eine immergrüne, kriechende Staude. H. 10 cm, Br. unbestimmt. Hat ovale, flaumige, faltige, rosa bis kupfer überhauchte Blätter mit breiten silbrigen Streifen entlang der Mittelrippen. Mit Unterbrechungen erscheinen trichterförmige, orangerote Blüten, innen gelb gezeichnet. **'Tropical Topaz'** hat gelbe Blüten.
E. dianthiflora Abb. S. 255.
E. lilacina. Immergrüne, niedrigwachsende Staude, mit Pflänzchen an den Ausläufern. H. 10 cm, Br. unbestimmt. Hat ovale, behaarte, bis 8 cm lange, blaßgrüne Blätter. Bringt vom Herbst bis Frühjahr trichterförmige, weiße, hellila überhauchte Blüten mit gelbem Auge, an kleinen Büscheln hervor. Die Blätter von **'Cuprea'** sind bronze überhaucht.

EPITHELANTHA (Cactaceae)
Gattung sehr langsamwachsender, runder, mehrjähriger Kakteen, die dicht mit sehr kurzen Stacheln besetzt sind. Frostempfindlich. Mindesttemperatur 10 °C. Benötigt volle Sonne und durchlässigen Boden. Neigt zu Fäulnis bei zu vielem Gießen. Durch Pfropfen leichter zu kultivieren. Vermehrung durch Samen oder Stecklinge im Frühjahr oder Sommer.
E. micromeris Abb. S. 391.

ERANTHEMUM (Acanthaceae)
Gattung von Stauden und immergrünen Sträuchern, wegen ihrer Blüten gezogen. Frostempfindlich. Mindesttemperatur 15–18 °C. Benötigt helles Licht oder Halbschatten und fruchtbare, durchlässige Erde. Kübelpflanzen während der Wachstumszeit reichlich gießen, zu anderen Zeiten weniger. Im Frühjahr oder nach der Blüte sollte jeder abgeblühte Blütenstiel mindestens zur Hälfte abgeschnitten werden, um buschigeren Wuchs zu fördern. Vermehrung durch Kopfstecklinge im späten Frühjahr. Anfällig für Weiße Fliege.
E. atropurpureum. Siehe *Pseuderanthemum atropurpureum*.
E. nervosum. Siehe *E. pulchellum*.
E. pulchellum, syn. *E. nervosum*. Immergrüner, aufrechter Strauch. H. 1–1,2 m, Br. 60 cm oder mehr. Bringt elliptisch bis ovale, stark geaderte, dunkelgrüne Blätter hervor. Im Winter – Frühjahr erscheinen blaue Blüten, jede mit einer 3 cm langen Röhre und rundlichen, gelappten Kronblattblättern.

ERANTHIS (Ranunculaceae)
Winterling
Gattung horstbildender Stauden mit knotigen Knollen, beliebt wegen ihrer becherförmigen Blüten, die von rundlichen Hochblättern, fingerförmig gelappt und geteilt, umhüllt sind. Bedingt – bis winterhart. Bevorzugt Halbschatten und humose, durchlässige, aber keine Erde, die stark austrocknet. Stirbt im Sommer ab. Vermehrung durch Samen im Herbst oder Teilung der Horste sofort nach der Blüte, solange noch Blätter stehen.
E. cilicicus. Siehe *E. hyemalis*.
E. hyemalis, syn. *E. cilicicus* Abb. S. 371.
***E. × tubergenii* 'Guinea Gold'.** Spätwinter- oder zeitig frühlingsblühende Knollenstaude. H. 8–10 cm, Br. 4–6 cm. Winterhart. Die Stiele tragen eine 3–4 cm breite, stiellose, goldgelbe Blüte, welche von einem schmalgelappten bronze-grünen Hochblatt, umgeben ist. Die runden Blätter sind fingerförmig gelappt.

ERCILLA (Phytolaccaceae)
Gattung einer Spezies immergrüner Kletterpflanzen, wegen ihrer hübschen, grünen Blätter, die die Stengel dicht besetzen, kultiviert. Winterhart. Gedeiht in Sonne oder Halbschatten in jeder durchlässigen Erde. Falls nötig, nach der Blüte zurückschneiden. Vermehrung durch Stecklinge im Spätsommer oder Herbst.
E. spicata. Siehe *E. volubilis*.
E. volubilis, syn. *E. spicata*. Immergrüne Kletterpflanze mit Haftwurzeln. H. bis 15 m oder mehr. Die ovalen bis herzförmigen Blätter sind 2,5–5 cm lang und mittelgrün. Im Frühjahr erscheinen Ähren

kronblattloser Blüten, jede mit 5 grünlichen Kelchblättern und 6 bis 8 weißen Staubgefäßen. Trägt sehr selten rote Beeren.

EREMURUS (Liliaceae)
Lilienschweif, Steppenkerze
Gattung von Stauden mit fleischigen, fingerähnlichen Wurzeln, beliebt wegen ihrer imposanten Ähren flach-becherförmiger Blüten im Sommer. Bedingt – bis winterhart. Benötigt eine sonnige, warme Lage und durchlässige Erde. Die sehr früh erscheinenden jungen Triebe sind durch Frost gefährdet. Im Spätwinter mit Reisig abdecken, um die jungen Triebe zu schützen. Hohe Spezies und Hybriden aufbinden. Vermehrung durch Teilung im Frühjahr oder Frühherbst oder durch Samen im Herbst.
E. himalaicus Abb. S. 188.
E. robustus Abb. S. 189.
***E.* Shelford-Hybriden.** Stauden, deren Habitus und Blütenfarben sehr variieren. H. 1,5 m, Br. 60 cm. Winterhart. Lange Trauben, oranger, ledergelber, rosa oder weißer Blüten erscheinen Mitte des Sommers. Die Blätter sind riemenförmig in Rosetten angelegt.
E. spectabilis. Aufrechte Staude. H. 1,2 m, Br. 60 cm. Winterhart. Bringt im Frühsommer lange Trauben blaßgelber Blüten mit ziegelroten Antheren hervor. Die Blätter sind riemenförmig und in Rosetten angelegt.

ERIA. Siehe ORCHIDEEN.
E. coronaria. Immergrüne, epiphytische Orchidee für ein kühles Gewächshaus. H. 23 cm. Im Herbst öffnen sich Zweige duftender, rundlicher, 1 cm breiter, cremeweißer Blüten mit einer rot und gelb gezeichneten Lippe. Hat breit ovale, 10 cm lange, glänzende Blätter. Benötigt im Sommer Halbschatten und feuchtes Substrat während des ganzen Jahres.

ERICA (Ericaceae). Siehe HEIDEKRAUT
Heide
E. arborea. Immergrünes, aufrechtes, strauchähnliches Baumheidekraut. H. 6 m, Br. 1,5 m. Winterhart, kann aber durch Frost und kalte Winde Schaden nehmen. Hat nadelähnliche, leuchtendgrüne Blätter in Quirlen zu 3 oder 4. Vom Spätwinter bis Spätfrühling erscheinen glockenförmige, duftende, weiße Blüten. Toleriert kalkhaltigen Boden. **'Albert's Gold'**, H. 2 m, behält das ganze Jahr über goldenes Laub. Var. ***alpina*** (Abb. S. 146) hat glänzendes, grünes Laub, das gut mit den kompakten, weißen Blütentrauben kontrastiert. Kann stark zurückgeschnitten werden, um die Form zu halten und neuen Wuchs zu fördern.
E. australis. (Spanisches Heidekraut, spanisches Baum-Heidekraut). Immergrünes, strauchähnliches Baumheidekraut. H. bis 2,2 m, Br. 1 m. Winterhart, aber die Triebe können durch Frost und Schnee beschädigt werden. Hat nadelähnliche Blätter, in Quirlen zu 4 angelegt. Im Frühling erscheinen röhren- bis glockenförmige, weiße oder purpurrosa Blüten. **'Mr. Robert'** hat weiße Blüten. **'Riverslea'** hat leuchtend purpurrosa Blüten, meistens in Büscheln zu 4 angelegt.
E. canaliculata (Abb. S. 146). Immergrüner, aufrechter Strauch. H. bis 3 m, Br. 1 m. Bedingt winterhart. Die dunkelgrünen Blätter sind schmal, nadelähnlich und in Quirlen zu 3 angelegt. Im Winter (unter Glas) oder zeitigem Frühjahr im Freien erscheinen becherförmige, perlmuttweiße Blüten, die manchmal rosa überhaucht sind, mit dunkelbraunen, fast schwarzen Antheren. Benötigt sauren Boden.
E. carnea, syn. *E. herbacea*. Immergrüner, ausgebreiteter Strauch. H. bis 30 cm, Br. bis 45 cm oder mehr. Winterhart. Schmale, nadelähnliche mittel- bis dunkelgrüne Blätter in Quirlen. Trägt vom Frühwinter bis zum späten Frühjahr röhren- bis glockenförmige Blüten in Schattierungen von rosa und rot, manchmal auch weiß. Verträgt Kalk und etwas Schatten. Guter Bodendecker. **'Altadena'** hat goldenes Laub und blaßrosa Blüten. **'Ann Sparkes'** (Abb. S. 147). H. 15 cm, hat goldenes Laub, welches sich im Winter bronze färbt und rosa-rote Blüten. **'Cecilia M. Beale'**, H. 15 cm hat eine Fülle weißer Blüten von Wintermitte bis zum zeitigen Frühjahr. **'C. J. Backhouse'** (Abb. S. 147) blüht von Wintermitte bis zeitigem Frühjahr blaßrosa. **'December Red'** (Abb. S. 147) breiter und kräftiger Wuchs. Blüht im Winter tiefrosa-rot. **'Eileen Porter'**, langsamwachsend, trägt tiefrote Blüten mit blasseren Kelchblättern, blüht oft im Spätherbst. **'Foxhollow'** ist eine kräftige, ausgebreitete Sorte. Das Laub ist im Sommer goldgelb, mit orangefarbenen Spitzen im Frühling und hat einige blaßrosa Blüten. **'King George'** H. 20 cm hat dunkelgrünes Laub und vom Frühwinter bis Frühlingsmitte tiefrosarote Blüten. **'Loughrigg'**, H. 15 cm blüht vom Spätwinter bis Frühjahr dunkelpurpurrot. **'March Seedling'** ist eine ausgebreitete Art mit dunklem Laub und satt rosa-purpurnen Blüten. **'Myreton Ruby'**, H. 20 cm, ist kräftig, aber kompakt. Blüht im Spätwinter und zeitigem Frühjahr leuchtend, dunkelpurpurrot. **'Pink Spangles'**, H. 15 cm ist kräftig. Die Blüten haben muschelrosafarbene Kelchblätter und dunkelrosa Blumenkronen. **'Pirbright Rose'** ist vom Frühwinter bis zeitigem Frühjahr sehr blühfreudig und trägt leuchtendrosa Blüten. **'R. B. Cooke'**, H. 20 cm blüht vom Frühwinter bis zeitigem Frühjahr hellrosa. **'Springwood White'** (Abb. S. 146), H. 15 cm, die kräftigste weiße Sorte, idealer Bodendecker. Hat vom Spätwinter bis Frühling große, weiße Blüten mit braunen Antheren. **'Vivellii'** (Abb. S. 147), H. 15 cm hat dunkelbronze-grünes Laub und blüht vom Spätwinter bis Frühling tief purpurrosa. **'Westwood Yellow'** (Abb. S. 147) ist kompakt mit goldgelbem Laub und dunkelrosa Blüten.
E. ciliaris. Immergrüner, lockerer Strauch. H. bis 30 cm, Br. 40 cm. Winterhart, kann bei sehr kaltem Wetter beschädigt werden. Hat nadelähnliche, dunkelgrüne Blätter in 3zähligen Quirlen. Im Sommer erscheinen lange Trauben glokkenförmiger, leuchtendrosa Blüten, übereinander in Reihen zu 3 oder 4 angeordnet. Benötigt sauren Boden und bevorzugt warme, feuchte Bedingungen. **'Aurea'** hat ein struppiges Aussehen mit goldenem Laub und klarrosa Blüten. **'Corfe Castle'** (Abb. S. 147) blüht von Sommer bis Frühherbst lachsrosa. **'David McClintock'** (Abb. S. 146) hat hellgraugrünes Laub und trägt von Sommer bis Frühherbst weiße Blüten mit tiefrosa Spitzen. **'Mrs. C. H. Gill'** hat dunkelgraugrünes Laub und helle rote Blüten. **'White Wings'** (Abb. S. 146) ein Sport von 'Mrs. C. H. Gill' hat dunkelgrau-grünes Laub und weiße Blüten.
E. cinerea. Immergrüner, kompakter Strauch. H. 30 cm, Br. 45–60 cm. Winterhart. Hat nadelähnliche, mittel- bis dunkelgrüne Blätter und trägt vom Frühsommer bis Frühherbst glockenförmige Blüten in Schattierungen von rosa und dunkelrot, manchmal auch weiß. Bevorzugt einen warmen, trockenen Standort und saure Erde. **'Alba Major'** hat mittelgrünes Laub und reinweiße Blüten. **'Atropurpurea'** hat lange, tiefpurpurne Blütentrauben. **'Atrorubens'**, reichlich blühende Sorte mit rubinroten Blüten. **'C. D. Eason'** (Abb. S. 147) hat apartes, dunkelgrünes Laub und leuchtendrote Blüten. **'Cevennes'** ist aufrecht und trägt eine Fülle hellilafarbener Blüten. **'C. G. Best'** hat mittelgrünes Laub und rosarote Blüten. **'Contrast'** hat dunkelpurpurne Blüten. **'Domino'** hat weiße Blüten, die stark mit den braunen Stielen und Kelchblättern und den fast schwarzen Narben kontrastieren. **'Eden Valley'** (Abb. S. 147), H. 20 cm hat weiße Blüten mit lavendellila Spitzen. **'Foxhollow Mahogany'** hat stark dunkelgrünes Laub und tief rubinrote Blüten. **'Frances'** blüht rosarot. **'Glencairn'** (Abb. S. 147), H. 20 cm. Das Laub hat rosa und rote Spitzen, besonders im Frühling und magentarote Blüten. **'Hookstone Lavender'** (Abb. S. 147) H. 38 cm hat eine struppige Erscheinung und eine Fülle blaßlila Blüten. **'Hookstone White'** (Abb. S. 146), H. 35 cm, hat leuchtendgrünes Laub und trägt lange Trauben großer, weißer Blüten. **'Janet'** ist kompakt und hat im Sommer blasse, perlmuttrosa Blüten. **'Pentreath'** hat sattpurpurne Blüten. **'Pink Ice'** H. 20 cm ist kompakt mit zartrosa Blüten. **'P. S. Patrick'** ist eine kräftige Sorte mit purpurnen Blüten und dunkelgrünem Laub. **'Purple Beauty'** (Abb. S. 147) hat purpurne Blüten und dunkles Laub. **'Purple Robe'**, H. 20 cm, trägt lange, purpurne Blütentrauben. **'Rock Pool'** (Abb. S. 147), H. 15 cm, ist kompakt mit goldenem Laub, orange und rot im Winter überzogen und blüht hellila. **'Romiley'** (Abb. S. 147), H. 25 cm, hat vom Früh- bis Spätsommer eine Fülle rubinroter Blüten. **'Stephen Davis'**, H. 25 cm, hat kräftige, fast leuchtenderote Blüten. **'Velvet Night'**, H. 25 cm, bringt dunkelpurpurne, fast schwarze Blüten hervor. **'Windlebrooke'** (Abb. S. 147) H. 25 cm ist eine kräftige Sorte mit goldenem Laub, das sich im Winter leuchtendorangerot färbt; blüht hellila.
E. × darleyensis. Immergrüner, buschiger Strauch. H. 45 cm, Br. 1 m oder mehr. Winterhart. Hat nadelähnliches, mittelgrünes Laub und im Spätfrühjahr creme, rosa oder rote, junge Triebe. Vom Frühwinter bis zum späten Frühling erscheinen Trauben glockenförmiger, weißer, rosa oder purpurner Blüten. Verträgt Kalk. **'Archie Graham'** (Abb. S. 146). H. 50 cm, ist kräftig mit hellila-rosa Blüten. **'Arthur Johnson'**. H. 1 m, junges Laub hat im Frühjahr creme- und rosafarbene Spitzen und von Wintermitte bis zum Frühjahr erscheinen lange Trauben hellila-rosa Blüten. **'Darley Dale'** (Abb. S. 146) bringt von Wintermitte bis zum Frühjahr blasse hellila Blüten hervor. **'George Rendall'** blüht vom Frühwinter bis zum zeitigen Frühjahr dunkelrosa. **'Ghost Hills'** (Abb. S. 146) hat im Frühling Laub mit cremefarbenen Blattspitzen und von Mitte Winter bis Frühling eine Fülle rosa Blüten. **'Jack H. Brummage'**. H. 30 cm, hat goldenes Laub, gelb und orange getönt und hellila Blüten. **'J. W. Porter'**, H. 30 cm, hat im Frühjahr rötliche, junge Triebe und von Wintermitte bis spätem Frühjahr lilarosa Blüten. **'Silberschmelze'**, syn. E. × d. 'Molten Silver' ist kräftig und bringt im Frühjahr junge Triebe mit cremerosa Spitzen und weiße Blüten hervor. **'White Glow'** (Abb. S. 146). H. 30 cm blüht weiß. **'White Perfection'** (Abb. S. 146) hat leuchtendgrünes Laub und weiße Blüten.
E. erigena, syn. *E. mediterranea*. Immergrüner, aufrechter Strauch. H. bis 2,5 m, Br. bis 1 m. Winterhart. Bei sehr kaltem Wetter können die Triebspitzen geschädigt werden, aber die Pflanzen treibt neu aus der Basis. Hat nadelähnliche, mittelgrüne Blätter und gewöhnlich glockenförmige, hellila-rosa Blüten, die vom Frühwinter bis zum späten Frühjahr erscheinen. Verträgt Kalk. Die Blüten einiger Sorten duften nach Honig. **'Brightness'** (Abb. S. 147), H. 45 cm, hat bronzegrünes Laub und im Frühjahr lilarosa Blüten. **'Golden Lady'** (Abb. S. 147), H. 30 cm, ist von hübschem, kompaktem Wuchs mit goldenem Laub das ganze Jahr über und blüht im späten Frühjahr weiß. **'Irish Dusk'**, H. 45 cm, hat dunkelgrünes Laub und von Wintermitte bis zeitigem Frühjahr lachsrosa Blüten. **'Superba'**. H. 2 m, hat stark duftende, rosarote Blüten im Frühjahr. **'W. T. Rackliff'**, H. 60 cm, hat dunkelgrünes Laub und trägt vom Spätwinter bis zum späten Frühjahr dicke Büschel weißer Blüten.
E. gracilis. Immergrüner, kompakter Strauch. H. und Br. bis 30 cm. Frostempfindlich. Mindesttemperatur 5 °C. Hat nadelähnliche, mittelgrüne Blätter und vom Frühherbst bis zeitigem Frühjahr Büschel kleiner, glockenförmiger, kirschroter Blüten. Meistens als Topfpflanze kultiviert. Kann im Sommer an einen geschützten Platz im Freien gepflanzt werden.
E. herbacea. Siehe *E. carnea*.
E. hyemalis. Immergrüner, buschiger Strauch. H. und Br. 30 cm. Bedingt winterhart. Hat nadelähnliches, mittelgrünes Laub und vom Spätherbst bis Wintermitte Trauben röhren- bis glockenförmiger, rosaüberhauchter, weißer Blüten.
E. lusitanica. Immergrüne, aufrechte, buschige Baumheide. H. bis 3 m, Br. 1 m. Winterhart. Hat gefiederte, leuchtendgrüne Blätter und vom Spätherbst bis zum späten Frühjahr röhren- bis glockenförmige Blüten, Knospen sind rosa und aufgeblüht sind sie rein weiß. **'George Hunt'** hat goldenes Laub; winterhart, benötigt aber einen geschützten Standort.
E. mackaiana. Immergrüner, ausgebreiteter Strauch. H. bis 25 cm, Br. 40 cm. Winterhart. Hat nadelähnliche, mittelgrüne Blätter und bringt von Sommermitte bis Frühherbst Dolden rundlicher, rosa, hellila-rosa oder weißer Blüten hervor. Mag feuchte, saure Erde. **'Dr. Ronald Gray'** (Abb. S. 146). H. 15 cm, hat dunkelgrünes Laub und reinweiße Blüten. **'Plena'** (Abb. S. 146), H. 15 cm, hat gefüllte, tiefrosa Blüten, die zur Mitte hin weißlich verblassen.
E. mediterranea. Siehe *E. erigena*.
E. pageana. Immergrüner, buschiger Strauch. H. bis 60 cm, Br. 30 cm. Bedingt

winterhart. Hat nadelähnliche, mittelgrüne Blätter und vom späten Frühling bis Frühsommer glockenförmige, sattgelbe Blüten.
E. × praegeri. Siehe *E. × stuartii.*
E. scoparia. Immergrüner, buschiger Strauch. H. bis 3 m, Br. 1 m. Winterhart. Hat nadelähnliche, dunkelgrüne Blätter. Im späten Frühling und Frühsommer erscheinen Büschel runder, glockenförmiger, grünlich-brauner Blüten. Benötigt saure Erde. **'Minima'**, H. 30 cm, hat leuchtendgrünes Laub.
E. × stuartii, syn. *E. × praegeri.* Immergrüner, kompakter Strauch. H. 15 cm, Br. 30 cm. Winterhart. Hat nadelähnliche, dunkelgrüne Blätter. Zahlreiche Dolden glockenförmiger, rosa Blüten erscheinen im Spätfrühling und Sommer. Bevorzugt feuchte, saure Erde. **'Irish Lemon'.** Die jungen Blätter haben im Frühling zitronengelbe Spitzen und leuchtendrosa Blüten. **'Irish Orange'.** Die jungen Blätter haben orangefarbene Spitzen und dunkelrosa Blüten.
E. terminalis. Immergrüne, strauchähnliche Baumheide, starr und aufrecht wachsend. H. und Br. bis 2,5 m. Winterhart. Hat nadelähnliches, mittelgrünes Laub. Bringt vom zeitigen Sommer bis frühen Herbst glockenförmige, hellila-rosa Blüten, die sich im Winter rötlich färben, hervor. Verträgt Kalk.
E. tetralix. Immergrüner, breiter Strauch. H. bis 30 cm, Br. 45 cm. Winterhart. Hat nadelähnliche, graugrüne Blätter, in 4zähligen Quirlen. Trägt von Sommer bis Frühherbst große Dolden glockenförmiger, rosa Blüten. Benötigt feuchte, am besten saure Erde. **'Alba Mollis'** (Abb. S. 146) hat silbergraues Laub und blüht von Frühsommer bis Spätherbst weiß. **'Con Underwood'** (Abb. S. 147) blüht dunkelrot. **'Hookstone Pink'** hat silbergraues Laub und vom späten Frühling bis Frühherbst rosarote Blüten. **'Pink Star'** (Abb. S. 147) hat aufrechte, rosa Blüten mit sternähnlichen Mustern.
E. umbellata. Immergrüner, buschiger Strauch. H. und Br. 60 cm. Winterhart. Hat nadelähnliches, mittelgrünes Laub und im späten Frühjahr glockenförmige, hellila Blüten mit schokoladenbraunen Staubbeuteln.
E. vagans. Kräftiger, immergrüner, buschiger Strauch. H. und Br. 75 cm. Winterhart. Die Blätter sind nadelähnlich und mittelgrün. Von Mitte Sommer bis Spätherbst erscheinen rundliche, glockenförmige, rosa, hellila oder weiße Blüten. Verträgt etwas Kalk. Verträgt starken Rückschnitt gut. **'Birch Glow'** (Abb. S. 147), H. 45 cm, hat leuchtendgrünes Laub und glänzende, rosarote Blüten. **'Lyonesse'** (Abb. S. 146), H. 45 cm, hat dunkelgrünes Laub und lange, spitzzulaufende Ähren weißer Blüten mit braunen Staubbeuteln. **'Mrs. D. F. Maxwell'**, H. 45 cm, hat dunkelgrünes Laub und glänzende tiefrosa Blüten. **'St. Keverne'**, H. 45 cm, ist ein hübscher, buschiger Strauch mit rosaroten Blüten, eignet sich für niedrige Hecken. **'Valerie Proudley'** (Abb. S. 147), H. 45 cm, hat das ganze Jahr über goldenes Laub, wenn in hellem Licht kultiviert, und im Spätsommer und Herbst wenige, weiße Blüten. **'Viridiflora'** hat gefiederte, grüne Deckblätter anstelle von Blüten. Nützlich für Blumenarrangements.
E. × veitchii. Immergrüne, buschige, strauchähnliche Baumheide. H. bis 2 m, Br. 1 m. Winterhart. Hat nadelähnliche, mittelgrüne Blätter. Bringt von Mitte Winter bis Frühjahr duftende, röhren- bis glockenförmige, weiße Blüten in dichten Trauben hervor. **'Exeter'** (Abb. S. 146) hat eine Fülle weißer Blüten, die das Laub fast in den Schatten stellt. **'Gold Tips'** ist ähnlich wie 'Exeter' nur das junge Laub hat im Frühjahr goldene Spitzen. **'Pink Joy'** (Abb. S. 146) hat rosa Blütenknospen, die rein weiß sind, wenn sie sich öffnen.
E. x watsonii. Immergrüner, kompakter Strauch. H. 30 cm, Br. 38 cm. Winterhart. Die nadelähnlichen, mittelgrünen Blätter haben im Frühling oft leuchtendbunte Spitzen. Von Mitte- bis Spätsommer erscheinen runde, glockenförmige, rosa Blüten. **'Cherry Turpin'** hat von Sommermitte bis Herbstmitte lange Trauben blaßrosa Blüten. **'Dawn'** (Abb. S. 146). Das junge Laub hat orangegelbe Spitzen. Bringt während des Sommers kompakte Büschel hellila-rosa Blüten hervor.
E. × williamsii. Immergrüner, ausgebreiteter Strauch. H. 30 cm, Br. 60 cm. Winterhart. Im Frühling hat das junge Laub leuchtendgelbe Spitzen. Sommermitte erscheinen glockenförmige hellila oder rosa Blüten. Bevorzugt saure Erde. **'Gwavas'** hat blaßrosa Blüten, die von Mitte Sommer bis Herbst an hübschen, kompakten Pflanzen erscheinen. **'P. D. Williams'** (Abb. S. 146), H. 45 cm, hat dunkellila-rosa Blüten, behält manchmal während des Sommers die goldenen Laubspitzen.

ERIGERON (Compositae)
Feinstrahlaster
Gattung hauptsächlicher frühlings- und sommerblühender, ein- und zweijähriger Pflanzen und Stauden, die wegen ihrer gänseblümchenähnlichen Blütenköpfe sehr beliebt sind. Eignet sich für Steingärten und Rabattenränder. Bedingt – bis winterhart. Bevorzugt Sonne und durchlässige Erde. Verträgt keine Winterfeuchte darf aber während der Wachstumszeit nicht austrocknen. Vermehrung durch Teilung im Frühjahr oder Frühherbst, oder Samen im Herbst, selektierte Formen durch Kopfstecklinge im Frühsommer.
E. alpinus (Alpen-Feinstrahlaster) Abb. S. 295.
E. aurantiacus. Horstbildende Staude. H. 15 cm, Br. 30 cm. Winterhart. Hat lange, ovale, graugrüne Blätter und im Sommer gänseblümchenähnliche, leuchtend orangefarbene Blütenköpfe. Vermehrung durch Samen oder Teilung im Frühjahr.
E. aureus. Horstbildende Staude. H. 5 cm, Br. 10 cm. Winterhart. Trägt kleine, löffelförmige, behaarte Blätter. Zarte Stengel tragen einen relativ großen, gänseblumenähnlichen, goldgelben Blütenkopf im Sommer. Mag keine Winternässe ohne Schneedecke. Eignet sich ausgezeichnet für Geröllflächen, Tröge oder ein Alpinum. Oft Blattlausbefall.
***E.* 'Charity'** Abb. S. 235.
***E.* 'Darkest of All'.** Horstbildende Staude. H. 80 cm, Br. 60 cm oder mehr. Winterhart. Bringt im Sommer eine Fülle gänseblümchenähnlicher, tiefpurpurner Blütenköpfe mit gelber Mitte hervor. Die Blätter sind schmal-oval und gräulichgrün.
***E.* 'Foerster's Liebling'.** Horstbildende Staude. H. 80 cm, Br. 60 cm, Winterhart. Im Sommer erscheinen über den schmalen, ovalen, grünlichgrauen Blättern gänseblümchenähnliche, halbgefüllte, rosa Blütenköpfe mit gelber Mitte.
***E. glaucus* 'Elstead'.** Büschelige Staude. H. 30 cm, Br. 15 cm. Winterhart. Über den ovalen, grau-grünen Blättern erscheinen während des Sommers gänseblümchenähnliche, dunkellila-rosa Blütenköpfe.
E. karvinskianus, syn. *E. mucronatus*, Abb. S. 317.
E. mucronatus. Siehe *E. karvinskianus.*
***E.* 'Quakeress'.** Horstbildende Staude. H. 80 cm, Br. 60 cm. Winterhart. Während des Sommers erscheint eine Fülle glänseblümchenähnlicher, zarter, lilarosafarbener Blütenköpfe mit gelber Mitte. Die schmal ovalen Blätter sind gräulichgrün.
***E.* 'Serenity'** Abb. S. 241.

ERINACEA (Leguminosae)
Igelginster
Gattung einer Spezies langsamwachsender, immergrüner Halbsträucher mit harten, scharfen, graugrünen Dornen und erbsenartigen Blüten. Bringt im Frühling kurzlebige, weiche Blätter hervor. Winterhart. Benötigt einen geschützten Standort in voller Sonne und tiefgründigen, steinigen, durchlässigen Boden. Vermehrung, falls erhältlich, durch Samen oder Kopfstecklinge im späten Frühjahr oder Sommer.
E. anthyllis, syn. *E. pungens*, Abb. S. 288.
E. pungens. Siehe *E. anthyllis.*

ERINUS (Scrophulariaceae)
Gattung kurzlebiger, halbimmergrüner Stauden, die sich für Steingärten, Mauern und Tröge eignen. Winterhart. Benötigt Sonne und durchlässigen Boden. Vermehrung der Spezies durch Samen im Herbst (Sämlinge sind sehr unterschiedlich), Sorten durch Kopfstecklinge im Frühsommer. Selbstaussaat.
E. alpinus (Alpenbalsam) Abb. S. 306. **'Dr. Haenele'** ist eine halbimmergrüne Staude mit Basalrosetten. H. und Br. 5–8 cm. Im späten Frühjahr und Sommer öffnen sich kleine, flache, zweilippige, tiefrosa Blüten. Die Blätter sind schmal oval und mittelgrün.

ERIOBOTRYA (Rosaceae)
Wollmistel
Gattung immergrüner, herbstblühender Bäume und Sträucher, die wegen ihres Laubes, der Blüten und eßbaren Früchte sehr beliebt ist. Winterhart, sollte aber in kalten Gegenden an eine Süd- oder Westwand gepflanzt werden. Die Früchte reifen bereits im Frühjahr und können durch starke Winterfröste Schaden nehmen. Benötigt Sonne und fruchtbaren, durchlässigen Boden. Vermehrung durch Samen im Herbst oder Frühling.
E. japonica. (Loquat). Immergrüner, buschiger Strauch oder ausgebreiteter Baum. H. und Br. 8 m. Hat kräftige Triebe und große, längliche, deutlich geaderte, glänzende, dunkelgrüne Blätter. Im Frühherbst öffnen sich duftende, weiße Blüten mit 5 Kronblättern an großen Büscheln, denen birnenförmige, orange-gelbe Früchte folgen.

ERIOGONUM (Polygonaceae)
Wollknöterich
Gattung ein- und zweijähriger Pflanzen, von immergrünen Stauden, Halbsträuchern und Sträuchern, beliebt wegen ihrer behaarten, oft silbrigen oder weißen Blätter, die Rosetten bilden. Winterhart bis frostempfindlich. Mindesttemperatur 5°C. Benötigt volle Sonne und durchlässige, sogar nährstoffarme Erde. In Gegenden mit kühlen, nassen Wintern strauchige Spezies und Stauden mit behaarten Blättern Schutz bieten. Getopfte Exemplare im Sommer mäßig gießen, weniger im Frühjahr und Herbst, nach Bedarf im Winter. Nach der Blüte Blütenköpfe entfernen, außer Samen wird benötigt. Vermehrung durch Samen im Frühling oder Herbst oder halbausgereifte Stecklinge im Sommer. Wurzelstöcke der Stauden im Frühjahr teilen.
E. arborescens Abb. S. 129.
E. crocatum. Immergrüne, halbstrauchige Staude. H. bis 20 cm, Br. 15 cm. Winterhart. Die ovalen, behaarten Blätter sind auf der Unterseite wollig und weiß. Im Sommer öffnen sich winzige, schwefelgelbe Blütenköpfe. Eignet sich gut für ein Alpinum.
E. giganteum Abb. S. 107.
E. ovalifolium. Immergrüne, kegelige Staude. H. 30 cm, Br. 10 cm. Winterhart. Oberhalb verzweigter Stengel mit winzigen löffelförmigen, behaarten, grauen Blättern erscheinen im Sommer in Dolden winzige, leuchtendgelbe Blüten. Ausgezeichnet für ein Alpinum.
E. umbellatum Abb. S. 298.

ERIOPHYLLUM (Compositae)
Wüstengoldaster
Gattung sommerblühender Stauden und immergrüner Halbsträucher, gewöhnlich mit silbrigem Laub und hübschen, gänseblümchenähnlichen Blütenköpfen. Eignen sich für Steingärten und Beetränder. Winterhart. Benötigt Sonne und durchlässigen Boden. Vermehrung durch Teilung im Frühjahr oder Samen im Herbst.
E. lanatum Abb. S. 248.

ERITRICHIUM (Boraginaceae)
Himmelsherold
Gattung kurzlebiger Stauden mit weichen, graugrünen Blättern und vergißmeinnichtähnlichen Blüten. Eignet sich für Steingärten und das Alpinum. Winterhart. Benötigt Sonne und durchlässige, torfhaltige, sandige Erde mit einer tiefen Kiesunterlage. Verträgt keine ständige Feuchte. Äußerst schwierig zu kultivieren. Vermehrung durch Samen, falls erhältlich, oder Kopfstecklinge im Sommer.
E. elongatum. Horstbildende Staude. H. 2 cm, Br. 3 cm. Die Blätter sind behaart, oval und graugrün. Im Frühsommer öffnen sich an kurzen Stielen kleine, rundliche, flache, blaue Blüten.
E. nanum Abb. S. 323.

ERODIUM (Geraniaceae)
Reiherschnabel
Gattung hügelbildender Stauden, geeignet für Steingärten. Bedingt- bis winterhart. Benötigt Sonne und durchlässige Erde. Vermehrung durch halbausgereifte Stecklinge im Sommer oder Samen, falls erhältlich.
E. chamaedryoides. Siehe *E. reichardii.*
E. chrysanthum Abb. S. 298.
E. corsicum Abb. S. 316.
E. manescavii Abb. S. 236.
E. petraeum. Kompakte, hügelbildende Staude. H. 15–20 cm, Br. 20 cm. Winter-

hart. Im Sommer öffnen sich tellerförmige, einfache, rotgeaderte, rosa Blüten. Die ovalen, grünen Blätter sind an den Rändern tief eingeschnitten. Ssp. ***crisoum*** Abb. S. 295.
E. reichardii, syn. *E. chamaedryoides*. Hügelbildende Staude. H. 2,5 cm, Br. 6–8 cm. Bedingt winterhart. Über den winzigen, eichenblattähnlichen Blättern erscheinen im Sommer tellerförmige, einfache, weiße oder rosa Blüten mit dunkleren Adern. Eignet sich gut für Steingärten oder Tröge.
***E. × variabile* 'Flore Pleno'**. Variable, kissenbildende oder ausgebreitete Staude. H. 10 cm, Br. 30 cm. Winterhart. Hat ovale bis schmalovale, dunkel- bis graugrüne Blätter mit bogenförmigen Rändern und langen Stielen. Von Frühling bis Herbst erscheinen Triebe mit 1 oder 2 runden, gefüllten, rosa Blüten mit dunkleren Adern; die äußeren Kronblätter sind rund, die inneren schmaler. **'Ken Aslet'** hat niederliegende Triebe, mittelgrüne Blätter und einfache, tiefrosa Blüten.
Erpetion reniforme. Siehe *Viola hederacea*.

ERYNGIUM (Umbelliferae)
Stranddistel, Alpendistel
Gattung zweijähriger Pflanzen und Stauden, einige sind immergrün. Man kultiviert sie wegen ihres Laubes, der Blüten und des Habitus. Bedingt – bis winterhart. Gedeiht am besten in Sonne und fruchtbarem, durchlässigem Boden, Vermehrung der Spezies durch Samen im Herbst, Sorten durch Teilung im Frühjahr oder Wurzelschnittlinge im Winter.
E. agavifolium. Immergrüne, horstbildende Staude. H. 1,5 m, Br. 60 cm. Bedingt winterhart. Bildet Rosetten mit schwertförmigen, spitzgezähnten, sattgrünen Blättern. Im Sommer erscheinen an verzweigten Stengeln distelähnliche, grünlich-weiße Blütenköpfe.
E. alpinum Abb. S. 212.
E. amethystinum. Rosettenbildende Staude. H. und Br. 60 cm. Winterhart. Bringt im Sommer vielverzweigte Stengel mit kleinen, distelähnlichen, blauen Blütenköpfen mit dornigen, dunkelblauen Hüllblättern, hervor. Ovale Blätter sind geteilt, stechend und sommergrün.
E. bourgatii Abb. S. 242.
E. eburneum Abb. S. 188.
E. giganteum. Horstbildende, zweijährige Pflanze oder kurzlebige Staude, die nach der Blüte abstirbt. H. 1–1,2 m, Br. 75 cm. Winterhart. Trägt im Sommer große, runde Köpfe distelähnlicher, blauer Blüten, mit breiten, dornigen, silbrigen Hüllblättern. Herzförmige Basalblätter sind mittelgrün.
E. × oliverianum. Abb. S. 212.
E. tripartitum Abb. S. 212.
E. variifolium Abb. S. 243.
***E.* 'Violetta'**. Aufrechte Staude. H. 75 cm, Br. 60 cm. Winterhart. Im Spätsommer erscheinen lockere Köpfe distelähnlicher, tiefvioletter Blüten, die von schmalen, dornigen, silbrigblauen Hüllblättern umgeben sind. Die rundlichen, mittelgrünen Blätter sind 3- bis 5teilig.

ERYSIMUM (Cruciferae)
Schöterich
Gattung ein- und zweijähriger Pflanzen, immergrüner oder halbimmergrüner, kurzlebiger Stauden und Halbsträucher, wegen ihrer Blüten sehr beliebt. Ist nahe verwandt mit *Cheiranthus* und eignet sich für Rabattenränder, Böschungen und Steingärten. Bedingt – bis winterhart. Benötigt Sonne und durchlässigen Boden. Vermehrung durch Samen im Frühjahr oder Herbst, oder Kopfstecklinge im Sommer.
E. heleveticum, syn. *E. pumilum*, Abb. S. 313.
E. hieraciifolium, syn. *Cheiranthus × allionii* (Sibirischer Gold-Lack). **'Orange Bedder'** Abb. S. 284.
E. linifolium. Kurzlebiger, halbimmergrüner, offener, kegelförmiger Halbstrauch. H. bis 30 cm, Br. 20 cm oder mehr. Winterhart. Die Blätter sind schmal lanzettförmig und blaugrau. Trägt im Frühsommer dichte Köpfe kleiner, blaßvioletter Blüten mit 4 Kronblättern.
E. pumilum. Siehe *E. helveticum*.

ERYTHRINA (Leguminosae)
Korallenstrauch
Gattung laubabwerfender oder halbimmergrüner Bäume, Sträucher und Stauden, die wegen ihrer Blüten vom Frühling bis zum Herbst sehr beliebt sind. Bedingt winterhart bis frostempfindlich. Mindesttemperatur 5°C. Benötigt helles Licht und durchlässige Erde. Kübelpflanzen mäßig gießen, sehr wenig wenn blattlos oder im Winter. Vermehrung durch Samen im Frühling oder halbausgereifte Stecklinge im Sommer. Anfällig für Rote Spinne.
E. × bidwillii Abb. S. 111.
E. coralloides. Laubabwerfender, struppig-runder Strauch oder Baum mit leicht dornigen Zweigen. H. und Br. 3–6 m. Frostempfindlich. Die Blätter sind in dreieckige Blättchen geteilt, das größte in der Mitte mißt 11 cm. Im zeitigen Frühjahr und Sommer erscheinen an blattlosen Trieben Trauben erbsenähnlicher, roter Blüten.
E. christa-galli Abb. S. 111.

ERYTHRONIUM (Liliaceae)
Hundszahn
Gattung frühlingsblühender Knollenstauden, die wegen ihrer hängenden Blüten und teilweise hübschgefleckten Blätter kultiviert wird. Bedingt- bis winterhart. Benötigt Halbschatten und humusreiche, durchlässige Erde, damit die Knollen nicht zu heiß und trocken stehen, während der Ruhezeit im Sommer. Bevorzugt kühles Klima. Vermehrung durch Samen im Herbst. Einige Spezies vermehren sich durch Brutknollen, die im Spätsommer abgetrennt werden sollten. Knollen dürfen vor dem Neupflanzen nicht austrocknen. 15 cm tief setzen.
E. americanum Abb. S. 363.
E. californicum Abb. S. 357.
E. dens-canis Abb. S. 358.
E. grandiflorum. Frühlingsblühende Knollenstaude. H. 10–30 cm, Br. 5–8 cm. Winterhart. Hat 2 lanzettförmige, halbaufrechte, leuchtendgrüne Basalblätter. Der Blütentrieb trägt 1–3 hängende, leuchtendgelbe Blüten mit zurückgebogenen Kronblättern.
E. hendersonii Abb. S. 343.
E. oregonum Abb. S. 342.
***E.* 'Pagoda'** Abb. S. 347.
E. revolutum. Frühlingsblühende Knollenstaude. H. 20–30 cm, Br. 15 cm. Winterhart. Bringt 2 lanzettförmige, halbaufrechte, braungesprenkelte, grüne Basalblätter hervor. An lockeren Ähren sitzen 1–4 hängende, blaß- bis tiefrosafarbene Blüten mit zurückgebogenen Kronblättern.
E. tuolumnense. Frühlingsblühende Knollenstaude. H. bis 30 cm, Br. 12–15 cm. Winterhart. Hat 2 lanzettförmige, halbaufrechte, glänzende, grüne Basalblätter und trägt Ähren, bestehend aus bis zu 10 hängenden, leuchtendgelben Blüten mit zurückgebogenen Kronblättern. Vermehrt sich problemlos durch Zwiebelknollen.
***E.* 'White Beauty'** Abb. S. 342.

ESCALLONIA (Crassulariaceae)
Gattung immergrüner, halbimmergrüner oder laubabwerfender Sträucher und Bäume, die wegen ihrer Fülle an Blüten mit 5 Kronblättern und glänzendem Laub kultiviert wird. Gedeiht im milden Klima, wo *Escallonia* auch Winde verträgt und eignet sich gut für Hecken in Küstengärten. Winterhart, muß aber in kalten Gegenden vor starkem Wind geschützt werden. An Süd- oder Westwände pflanzen. Benötigt volle Sonne und fruchtbare, durchlässige Erde. Nach der Blüte Hekken und am Spalier gezogene Pflanzen zurückschneiden. Vermehrung durch Kopfstecklinge im Sommer.
***E.* 'Apple Blossom'** Abb. S. 109.
***E.* 'Donard Beauty'**. Immergrüner, überhängender Strauch mit schlanken Zweigen. H. und Br. 1,5 m. Von Früh- bis Mitte Sommer erscheinen zwischen kleinen, ovalen, dunkelgrünen Blättern tiefrosa Blüten.
***E.* 'Donard Seedling'** Abb. S. 108.
***E.* 'Edinensis'**. Kräftiger, immergrüner, überhängender Strauch. H. 2 m, Br. 3 m. Trägt kleine, längliche leuchtendgrüne Blätter und von Früh- bis Mitte Sommer kleine, rosa Blüten. Ist eine von den robusteren Escallonia-Sorten.
***E.* 'Iveyi'** Abb. S. 86.
***E.* 'Langleyensis'** Abb. S. 110.
E. leucantha Abb. S. 86.
***E. rubra* var. *macrantha*. 'Crimson Spire'**. Sehr kräftiger, immergrüner, aufrechter Strauch. H. und Br. 3 m. Hat ovale, sattgrüne Blätter und während des Sommers röhrenförmige, tiefrote Blüten. **'Woodside'** Abb. S. 133.
E. virgata Abb. S. 105.

ESCHSCHOLZIA (Papaveraceae)
Gattung einjähriger Pflanzen, die wegen ihrer leuchtenden, mohnähnlichen Blüten sehr beliebt ist. Eignet sich für Steingärten Pflastersteinspalten. Winterhart. Benötigt Sonne und gedeiht in nährstoffarmer, sehr durchlässiger Erde. Verblühtes regelmäßig entfernen, um eine lange Blühzeit zu gewährleisten. Vermehrung durch Freilandaussaat im Frühjahr oder Frühherbst.
E. caespitosa Abb. S. 280.
E. californica (Kalifornischer Mohn) Abb. S. 282. (gemischt) Abb. S. 282. **Ballerina-Serie** Abb. S. 266.

ESPOSTOA (Cactaceae)
Gattung mehrjähriger Säulenkakteen, Körper mit 10 bis 30 Rippen, im Alter buschig oder baumähnlich werdend. Die meisten Spezies sind mit dichten, wolligen, weißen Härchen bedeckt, aus denen kurze, scharfe Stacheln ragen. Trägt becherförmige Blüten, wie auch stärkeren Wollbesatz an der Sonne zugekehrten Seite, aber erst nach ca. 30 Jahren. Frostempfindlich. Mindesttemperatur 10°C. Benötigt volle Sonne und sehr durchlässigen Boden. Vermehrung durch Samen im Frühling oder Sommer.
E. lanata (Peruanisches Greisenhaupt) Abb. S. 379.

EUCALYPTUS (Myrtaceae)
Eukalyptus
Gattung immergrüner Bäume und Sträucher, wegen ihres aromatischen Laubes, der Rinde und Blüten kultiviert. Winterhart bis frostempfindlich. Mindesttemperatur 1–10°C. Benötigt volle Sonne, Schutz vor strengen, kalten Winden und fruchtbaren, durchlässigen Boden. Die kleinst erhältlichen Bäume pflanzen. Kübelpflanzen mäßig gießen, im Winter weniger. Die attraktiven Jugendblätter einiger Spezies sind normalerweise im Alter ganz anders und können sich durch starken Rückschnitt im Frühjahr neu bilden. Vermehrung durch Samen im Frühjahr oder Herbst.
E. camaldulensis Schnellwachsender, immergrüner, unregelmäßig runder Baum. H. 30 m oder mehr, Br. 20 m oder mehr. Frostempfindlich, mind. 3–5°C. Die junge Rinde ist grau, braun und cremefarben; die Blätter lanzettförmig, schlank, grün oder blaugrün. Hat im Sommer Dolden kleiner, cremefarbener Blüten. Ist unempfindlich gegen Trockenheit.
E. coccifera (Tasmanischer Eukalyptus) Abb. S. 46.
E. dalrympleana (Berg-Eukalyptus) Abb. S. 46.
E. ficifolia. Mäßig schnellwachsender, immergrüner, runder Baum. H. und Br. bis 8 m. Frostempfindlich. Mindesttemperatur 1–3°C. Blätter breit lanzettförmig, glänzend, dunkelgrün. Bringt im Frühling – Sommer große Rispen breiter, blaß- bis tiefroter Blüten mit vielen Staubblättern hervor. Gedeiht am besten in saurer Erde.
E. glaucescens. Immergrüner, ausgebreiteter Baum. H. 12 m, Br. 8 m. Winterhart. Die junge Rinde ist weiß. Die jungen Blätter sind silbrigblau und rundlich, lang, schmal, blaugrau, wenn ausgewachsen. Trägt im Herbst Büschel weißer Blüten mit vielen Staubblättern.
E. globulus. Sehr schnellwachsender, immergrüner, ausgebreiteter Baum. H. 30 m, Br. 12 m. Bedingt winterhart. Die Rinde schält sich in Streifen. Die großen, ovalen bis länglichen, silbrigblauen Blätter sind lang, schmal und glänzend, wenn ausgewachsen. Im Sommer – Herbst, oft das ganze Jahr über, erscheinen weiße Blüten mit zahlreichen Staubblättern.
E. gunnii Abb. S. 46.
E. niphophila Abb. S. 57.
E. pauciflora Abb. S. 57.
E. perriniana Abb. S. 72.
E. viminalis. Kräftiger, immergrüner, ausgebreiteter Baum. H. 30 m, Br. 15 m. Frostempfindlich. Mindesttemperatur 5°C. Am oberen Stamm schält sich die Rinde. Die lanzettförmigen, dunkelgrünen Blätter werden sehr lang, schmal und blaßgrün, wenn sie ausgewachsen sind. Trägt im Sommer Büschel weißer Blüten mit vielen Staubblättern.

EUCHARIS (Amaryllidaceae)
Gattung immergrüner Bulben, beliebt wegen ihrer duftenden, weißen Blüten, die großen, weißen Narzissen mit einer Krone inmitten von sich 6 ausbreitenden Kronblättern ähneln. Frostempfindlich.

Mindesttemperatur 15 °C. Benötigt wenigstens 50% Luftfeuchtigkeit. Benötigt Halbschatten und humusreichen Boden. Reichlich im Sommer gießen. Vermehrung durch reifen Samen oder Brutzwiebeln im Frühjahr.

E. amazonica. Siehe *E. grandiflora*.

E. grandiflora, syn. *E. amazonica*, Abb. S. 355.

EUCOMIS (Liliaceae)
Schopflilie

Gattung sommer- und herbstblühender Bulben, beliebt wegen ihrer dichten Blütenähren, überragt von schopfigen, kleinem blattartigen Tragblättern, wie bei einer Ananas. Winterhart, aber in strengen Wintern sollte man mit Reisig oder grobem Torf zudecken. Benötigt volle Sonne und durchlässigen Boden. Im Frühjahr pflanzen und während der sommerlichen Wachstumsperiode reichlich gießen. Vermehrung durch Samen oder Teilung der Knollen im Frühjahr.

E. autumnalis, syn. *E. undulata*. Spätsommer- bis herbstblühende Bulbe. H. 20–30 cm, Br. 60–75 cm. Aus basalen, halbaufrechten Büscheln erscheinen riemenförmige, an den Rändern gewellte Blätter. Der blattlose Stiel trägt kleine, sternchenförmige, blaßgrüne oder weiße Blüten in kleinen Ähren, an deren Spitze ein Schopf blattartiger Tragblätter sitzt.

E. bicolor Abb. S. 353.

E. comosa Abb. S. 333.

E. pallidiflora Abb. S. 333.

E. undulata. Siehe *E. autumnalis*.

EUCOMMIA (Eucommiaceae)

Gattung einer Spezies eines laubabwerfenden Baumes, der wegen seines ungewöhnlichen Laubes kultiviert wird. Benötigt volle Sonne und fruchtbare, durchlässige Erde. Vermehrung durch Kopfstecklinge im Sommer.

E. ulmoides Laubabwerfender, ausgebreiteter Baum. H. 12 m, Br. 8 m. Die ovalen, herunterhängenden Blätter sind gespitzt, glänzend und dunkelgrün, wenn man sie auseinanderzieht, bleiben die Blatteile durch Gummifäden verbunden. Noch vor den Blättern erscheinen im späten Frühjahr unauffällige Blüten.

EUCRYPHIA (Eucryphiaceae)

Gattung immergrüner, halbimmergrüner oder laubabwerfender Bäume und Sträucher, beliebt wegen ihres Laubes und der oft duftenden, weißen Blüten. Winterhart. Benötigt einen geschützten, halb schattigen Standort, außer in milden, naßen Gegenden, wo die Witterung besser vertragen wird. Die Wurzeln sollten kuhl, feucht und schattig stehen, während der Wipfel die Sonne benötigt. Wichtig ist fruchtbare, durchlässige, kalkfreie Erde, außer bei *E. cordifolia* und *E. × nymansensis*. Vermehrung durch halbausgereifte Stecklinge im Spätsommer.

E. cordifolia. Immergrüner, säulenartiger Baum. H. 15 m, Br. 8 m. Hat längliche, an den Rändern gewellte, dumpfgrüne Blätter, auf der Unterseite mit grauem Flaum. Im Spätsommer und Herbst erscheinen große, rosenähnliche, weiße Blüten.

E. glutinosa Abb. S. 63.

E. lucida Abb. S. 63.

E. milliganii Abb. S. 105.

E. × nymansensis Abb. S. 54.

Eugenia australis. Siehe *Syzygium paniculatum*.

Eugenia paniculata. Siehe *Syzygium paniculatum*.

Eugenia ugni. Siehe *Myrtus ugni*.

EUODIA, syn. EVODIA (Rutaceae)

Gattung laubabwerfender Bäume, die man wegen ihres Laubes, der späten Blüte und Früchte kultiviert. Winterhart. Benötigt volle Sonne und fruchtbare, durchlässige Erde. Vermehrung durch Kopfstecklinge im Sommer, Samen im Herbst oder Wurzelschnittlinge im späten Winter.

E. hupehensis. Laubabwerfender, ausgebreiteter Baum. H. und Br. 15 m. Die ascheähnlichen, dunkelgrünen Blätter, die aus 5–11 oval bis längliche Blättchen bestehen, verfärben sich im Herbst gelb. Trägt im Frühsommer große Büschel kleiner, duftender, weißer Blüten mit 5 Kronblättern, später spitze, rote Früchte.

EUONYMUS (Celastraceae)
Pfaffenhütchen

Gattung immergrüner oder laubabwerfender Sträucher und Bäume, manchmal kletternd, die man wegen des Laubes, der Herbstfarben und der Früchte kultiviert. Bedingt – bis winterhart. Benötigt Sonne oder Halbschatten und durchlässige Erde. Wenn in voller Sonne kultiviert, sollte die Erde für immergrüne Spezies nicht zu trocken sein. Vermehrung durch halbausgereifte Stecklinge im Sommer oder durch Samen im Herbst. *E. europaeus* und *E. japonicus* sind anfällig für Raupenbefall; *E. japonicus* mehltauempfindlich.

E. alatus Abb. S. 116. **'Compactus'** ist ein laubabwerfender, dichter, buschiger Strauch. H. 1 m, Br. 3 m. Winterhart. Zweige mit Korkflügelleisten. Die ovalen, dunkelgrünen Blätter werden im Herbst leuchtendrot. Den unscheinbaren, grünlich-weißen Blüten im Sommer folgen kleine, 4lappig, purpurne oder rote Früchte.

E. cornutus, var. quinquecornutus. Laubabwerfender, ausgebreiteter, offener Strauch. H. 2 m, Br. 3 m. Winterhart. Hat schmale, lanzettförmige, dunkelgrüne Blätter. Den kleinen, im Sommer erscheinenden purpur-grünen Blüten folgen 5fach geflügelte rosa Früchte, die sich öffnen und orange-rote Samen freigeben.

E. europaeus (Spindelstrauch) **'Red Cascade'** Abb. S. 115.

E. fortunei. Immergrüner Strauch, davon nur **var. *radicans*** und dessen Sorten kultiviert, mit kriechendem, niederliegendem, oder kletterndem Habitus. H. 5 m, falls gestützt, Br. unbestimmt. Winterhart. Trägt ovale, dunkelgrüne Blätter und von Früh- bis Mitte Sommer unauffällige, grünlich-weiße Blüten. Guter Bodendekker. Das Laub von **'Coloratus'** verfärbt sich im Herbst – Winter rötlich-purpurn. **'Emerald and Gold'** Abb. S. 145. **'Emerald Gaiety'**, H. 1 m, Br. 1,5 m, ist buschig mit runden, weißgerandeten, tiefgrünen Blättern. Die jungen, runden Blätter von **'Gold Tip'** sind leuchtendgelb eingesäumt, im Alter cremig-weiß werdend. **'Kewensis'**, H. 10 cm oder mehr, hat schlanke Stengel und winzige Blätter, bildet dichte Matten. **'Sarcoxie'**, H. und Br. 1,2 m, ist kräftig, aufrecht und buschig mit glänzenden, dunkelgrünen Blättern. **'Silver Queen'** Abb. S. 119. **'Sunspot'** trägt tiefgrüne Blätter, jedes in der Mitte goldgelb gezeichnet.

E. hamiltonianus* var. *sieboldianus, syn. *E. yedoensis*. Laubabwerfender, baumartiger Strauch. H. und Br. 6 m oder mehr. Winterhart. Die ovalen, mittelgrünen Blätter färben sich im Herbst oft rosa und rot. Den winzigen, grünen Blüten im späten Frühjahr und Frühsommer folgen 4fach gelappte, rosa Früchte. Var. ***sieboldianus* 'Red Elf'** Abb. S. 115.

E. japonicus. **'Macrophyllus'** ist ein immergrüner, aufrechter, dichter Strauch. H. 4 m, Br. 2 m. Winterhart. Hat sehr große, ovale, glänzende, dunkelgrüne Blätter und im Sommer kleine, sternchenförmige, grüne Blüten, später manchmal runde, rosa Früchte mit orangefarbenen Samen. Eignet sich gut für Hecken, besonders in Küstengegenden. **'Macrophyllus Albus'** Abb. S. 119. Die Blätter von **'Ovatus Aureus'** haben breit goldgelb gezeichnete Ränder.

E. latifolius Abb. S. 116.

E. myrianthus Abb. S. 92.

E. oxyphyllus. Laubabwerfender, aufrechter Strauch oder Baum. H. und Br. 2,5 m. Winterhart. Die ovalen, dumpfgrünen Blätter färben sich im Herbst purpurrot. Bringt im späten Frühjahr winzige, grünlich-weiße Blüten hervor, denen runde, 4- oder 5fach gelappte tiefrote Früchte mit orange-roten Samen folgen.

E. planipes, syn. *E. sachalinensis* hort. Laubabwerfender, aufrechter, offener Strauch. H. und Br. 3 m. Winterhart. Trägt ovale, mittelgrüne Blätter, die sich im Herbst leuchtendrot färben, während die großen 4- oder 5fach gelappten roten Früchte sich öffnen, um leuchtend orangefarbene Samen zu zeigen. Die sternchenförmigen, grünen Blüten öffnen sich im späten Frühjahr.

E. sachalinensis hort. Siehe *E. planipes*.

E. yedoensis. Siehe *E. hamiltonianus*, var. *sieboldianus*.

EUPATORIUM (Compositae)
Kunigundenkraut, Wasserdost

Gattung von Stauden, Halbsträuchern und Sträuchern, viele sind immergrün, hauptsächlich wegen der Blüten und des dekorativen Laubes kultiviert. Winterhart bis frostempfindlich. Mindesttemperatur 5–13 °C. Benötigt helles Licht oder Halbschatten. Gedeiht in jeder Erde, obwohl die meisten Spezies feuchte, aber durchlässige Erde bevorzugen. Während der Wachstumszeit Kübelpflanzen reichlich gießen, weniger zu anderen Zeiten. Sträucher nach der Blüte oder im Fruhjahr leicht zurückschneiden. Vermehrung durch Samen im Frühling; Sträucher und Halbsträucher können auch durch unreife- oder Kopfstecklinge im Sommer vermehrt werden, Stauden durch Teilung im zeitigen Frühjahr oder Herbst. Anfällig für Rote Spinne und Weiße Fliege.

E. ageratoides. Siehe *E. rugosum*.

E. ianthinum. Siehe *E. sordidum*.

E. ligustrinum, syn. *E. micranthum*, *E. weinmannianum*. Immergrüner, runder Strauch. H. und Br. 2–4 m. Bedingt winterhart. Hat elliptische bis lanzettförmige, leuchtendgrüne Blätter. Im Herbst erscheinen duftende, kreuzkrautähnliche weiße oder rosa Blüten in 10–20 cm breiten, flachen Büscheln.

E. micranthum. Siehe *E. ligustrinum*.

E. purpureum Abb. S. 193.

E. rugosum, syn. *E. ageratoides, E. urticifolium*. Aufrechte Staude. H. 1,2 m, Br. 45 cm. Winterhart. Trägt im Spätsommer dichte, flache, distelähnliche, reinweiße Blumenköpfe. Hat nesselähnliches, hellgrünes Laub.

E. sordidum, syn. *E. ianthinum*. Immergrüner, runder Strauch mit robusten Stengeln. H. und Br. 1–2 m. Frostempfindlich, mind. 10–13 °C. Die ovalen, gezackten, dunkelgrünen Blätter haben rote Härchen. Bringt hauptsächlich im Winter duftende, pomponartige, violett-purpurne Blütenköpfe in flachen, 10 cm breiten Büscheln, hervor.

E. urticifolium. Siehe *E. rugosum*.

E. weinmannianum. Siehe *E. ligustrinum*.

EUPHORBIA (Euphorbiaceae)
Wolfsmilch

Gattung von Sträuchern, sukkulenten Pflanzen und Stauden, einige sind halbimmergrün und immergrün oder einjährig. Die Blumenköpfe bestehen aus verschiedenfarbigen, becherförmigen Hochblättern, jeder enthält einige Blüten ohne den typischen Kron- und Kelchblättern. Winterhart bis frostempfindlich. Mindesttemperatur 5–9 °C. Gedeiht am besten in Sonne oder Halbschatten und feuchter, aber durchlässiger Erde. Vermehrung durch Stecklinge im Frühling oder Sommer, Teilung im Frühling oder Frühherbst oder Samen im Herbst oder Frühling. Der milchige Saft kann die Haut reizen.

E. amygdaloides (Mandelwolfsmilch). **'Purpurea'** ist eine halbimmergrüne, aufrechte Staude. H. und Br. 30 cm. Winterhart. Die Stengel und schmal ovalen Blätter sind grün und stark purpurrot überhaucht. Hat Blütenköpfe mit becherförmigen, gelben Hochblättern im Frühjahr. Anfällig für Mehltau. Ssp. ***robbiae*** Abb. S. 228.

E. biglandulosa. Siehe *E. rigida*.

E. candelabrum. Baumartige, sommergrüne, mehrjährige, sukkulente Pflanze. H. 10 m, Br. 5 m. Frostempfindlich. Mindesttemperatur 10 °C. Die aufrechten, 3–5eckigen, stark eingeschnittenen, glänzenden, dunkelgrünen Stengel sind oft weiß marmoriert und verzweigen sich kandelaberartig. Hat kurzlebige, speerförmige Blätter und im Frühjahr runde Köpfe kleiner Blüten mit becherförmigen gelben Hochblättern.

E. characias* ssp. *characias* und ssp. *wulfenii Abb. S. 124.

E. cyparissias Abb. S. 228.

E. epithymoides. Siehe *E. polychroma*.

E. fulgens (Leuchtende Wolfsmilch). Immergrüner Strauch mit aufrechtem und überhängendem Wuchs. H. 1–1,5 m, Br. 60 cm –1 m. Frostempfindlich. Mindesttemperatur 5–7 °C. Hat elliptische bis lanzettförmige, bis 10 cm lange, mittel- bis tiefgrüne Blätter. Trägt im Frühjahr – Winter belaubte, rutenförmige Zweige mit kleinen Blüten. Jeder Blütenstand ist von leutendroten Hochblättern, die wie 5 Kronblätter aussehen und 2–3 cm breit sind, umgeben.

E. gorgonis (Gorgonenkopf). Laubabwerfende, runde, mehrjährige, sukkulente Pflanze. H. 8 cm, Br. 10 cm. Frostempfindlich. Mindesttemperatur 10 °C. Hat einen vielgerippten, grünen Hauptstamm, der von 3–5 Reihen, 1 cm breiter, niederliegender Seitenäste, die allmählich abgeworfen werden, gekrönt ist. Die Krone trägt im Frühjahr auch kleine, duftende Blüten mit becherförmigen, gelben Hochblättern.

E. griffithii **'Fireglow'** Abb. S. 216.

E. marginata Abb. S. 263.

E. milii (Christusdorn) Abb. S. 123. Var. ***splendens*** (syn. *E. splendens*). Ist ein langsamwachsender, hauptsächlich immergrüner, ausgebreiteter, dorniger, halbsukkulenter Strauch. H. bis 2 m, Br. bis 1 m. Frostempfindlich, mind. 5–7 °C. Hat länglich bis ovale Blätter, und das ganze Jahr über immer wieder, besonders im Frühjahr Büschel kleiner Blüten, die von großen kronblattähnlichen, roten Hochblättern umhüllt sind.
E. myrsinites Abb. S. 311.
E. nicaeensis. Horstbildende, verholzende Staude. H. 75 cm, Br. 45 cm. Winterhart. Während des Sommers erscheinen Trauben grünlich-gelber Blütenköpfe mit becherförmigen Hochblättern. Hat schmal ovale, fleischige, graugrüne Blätter.
E. obesa Abb. S. 397.
E. palustris. Buschige Staude. H. und Br. 1 m. Winterhart. Im Frühling erscheinen über den länglich bis lanzettförmigen, gelblich-grünen Blättern Büschel gelbgrüner Blütenköpfe mit becherförmigen Hochblättern.
E. polychroma (Frühlingswolfsmilch), syn. *E. epithymoides*, Abb. S. 232.
E. pulcherrima (Poinsettie, Weihnachtsstern) Abb. S. 118. **'Paul Mikkelson'** ist ein hauptsächlich immergrüner, aufrechter, weitverzweigter Strauch. H. und Br. 3–4 m. Frostempfindlich. Mindesttemperatur 5–7 °C. Trägt oval bis lanzettförmige, flachgelappte Blätter. Vom Spätherbst bis Frühling erscheinen kleine, grünlich-weiße, flache Blütenköpfe, die von großen, blattartigen, leuchtendroten Hochblättern umgeben sind.
E. rigida, syn. *E. biglandulosa*. Immergrüne, aufrechte Staude. H. und Br. 45 cm. Winterhart. Bringt im zeitigen Frühjahr endständige Köpfe gelber Blüten mit becherförmigen Hochblättern über den länglichen bis ovalen, gespitzten, grau-grünen Blättern, hervor.
E. seguieriana Abb. S. 228.
E. splendens. Siehe *E. milii* var. *splendens*.

EUPTELEA (Eupteleaceae)
Gattung laubabwerfender Bäume, die wegen ihres Laubes kultiviert wird. Bedingt – bis winterhart. Benötigt volle Sonne und fruchtbare, durchlässige Erde. Vermehrung durch Samen im Herbst.
E. polyandra. Laubabwerfender Baum mit buschiger Krone. H. 8 m, Br. 6 m. Langstielige, schmal ovale, spitze, stark gezähnte Blätter sind glänzend und leuchtendgrün und verfärben sich im Herbst rot und gelb. Im Frühjahr erscheinen noch vor den Blättern unauffällige Blüten.

EURYA (Theaceae)
Gattung immergrüner Sträucher und Bäume, wegen ihres Laubes gerne kultiviert. Hat im Sommer unscheinbare Blüten. Bedingt winterhart bis frostempfindlich. Mindesttemperatur 7 °C. Verträgt Halbschatten oder volles Licht und fruchtbare, durchlässige Erde. Kübelpflanzen während der Wachstumszeit reichlich gießen, zu anderen Zeiten weniger. Vermehrung durch reifen Samen oder halbausgereifte Stecklinge im Spätsommer.
E. emarginata Abb. S. 144.
***E. japonica* 'Variegata'.** Immergrüner, buschiger Strauch oder Baum. H. und Br. 1,5–3 m. Bedingt winterhart. Hat elliptische bis lanzettförmige, stumpfgezähnte, glänzende Blätter, dunkelgrün gerändert, cremigweiß auf der Oberfläche, blaßgrün oder gelblich-grün auf der Unterseite. Den unauffälligen Blüten im Sommer folgen winzige, runde, purpurschwarze Früchte. Wird manchmal mit *Cleyera japonica* 'Tricolor' verwechselt.

EURYALE (Nymphaeaceae)
Gattung einer Spezies einjähriger, tiefwurzelnder Wasserpflanzen, wegen des schwimmenden Laubes gerne kultiviert. Eignet sich nur für tropische Becken. Frostempfindlich. Mindesttemperatur 5 °C. Benötigt helles Licht, ständige Wärme und starke Düngung. Vermehrung durch Samen im Frühjahr.
E. ferox Abb. S. 375.

EURYOPS (Compositae)
Gattung immergrüner Sträucher und Halbsträucher, die wegen ihrer reizvollen Blätter und ihrer auffälligen, gänseblümchenähnlichen Blütenköpfe sehr beliebt sind. Eignet sich gut für Einfassungen und Steingärten. Winterhart bis frostempfindlich. Mindesttemperatur 5 °C. Benötigt Sonne und feuchte, aber durchlässige Erde. Verträgt keine Störung an den Wurzeln. Vermehrung durch Kopfstecklinge im Sommer.
E. acraeus, syn. *E. evansii* hort., Abb. S. 298.
E. evansii hort. Siehe *E. acraeus*.
E. pectinatus Abb. S. 138.

EUSTOMA (Gentianaceae)
Gattung einjähriger Pflanzen und Stauden, die wegen ihrer mohnähnlichen Blüten gezogen werden, die sich sowohl für den Schnitt als auch als Topfpflanze eignen. Frostempfindlich. Mindesttemperatur 4–7 °C. Gedeiht in Sonne und durchlässiger Erde. Vermehrung durch Samen, den man im Spätwinter unter Glas aussät.
E. grandiflorum, syn. *Lisianthus russellianus*, Abb. S. 263. **F1-Hybriden** (gemischt) ist eine Gruppe langsamwachsender, aufrechter, einjähriger Pflanzen. H. 45 cm, Br. 30 cm. Hat lanzettförmige, grüne Blätter. Im Sommer öffnen sich mohnähnliche, rosa, blaue oder weiße Blüten.

EVODIA. Siehe EUODIA.

EXACUM (Gentianaceae)
Persisches Veilchen
Gattung ein- und zweijähriger Pflanzen und Stauden, die wegen ihrer Blütenfülle ausgezeichnete Topfpflanzen sind. Frostempfindlich. Mindesttemperatur 7–10 °C. Gedeiht in Sonne und durchlässiger Erde. Vermehrung durch Aussaat im zeitigen Frühjahr, um die Blüte im selben Jahr zu erhalten, oder im Herbst, für die Blüte im folgenden Jahr.
E. affine Abb. S. 275.

EXOCHORDA (Rosaceae)
Blumenspiere, Knochenspiere
Gattung laubabwerfender Sträucher, wegen ihrer reichlichen, hübschen, weißen Blüten sehr beliebt. Winterhart. Gedeiht am besten in voller Sonne und fruchtbarer, durchlässiger Erde. Kräftiger Wuchs und Blüte wird gefördert, wenn man nach der Blüte alte Triebe ausdünnt. Vermehrung durch Kopfstecklinge im Sommer oder Samen im Herbst. Auf flacher, kalkhaltiger Erde kann Chlorose zum Problem werden.
E. giraldii. Laubabwerfender, weit überhängender Strauch. H. und Br. 3 m. Hat rosa-grüne Triebe, längliche Blätter und im späten Frühjahr in aufrechten Trauben große, weiße Blüten.
***E. × macrantha* 'The Bride'** Abb. S. 103.
E. racemosa. Laubabwerfender, überhängender Strauch. H. und Br. 4 m. Bringt im späten Frühjahr aufrechte Büschel weißer Blüten mit 5 Kronblättern hervor. Die Blätter sind länglich und tief blau-grün. Bevorzugt saure Erde.

F

FABIANA (Solanaceae)
Gattung immergrüner Sträucher, beliebt wegen ihres Laubes und der Blüten. Winterhart, aber in kalten Gegenden muß ein geschützter Standort geboten werden. Benötigt volle Sonne und fruchtbare, durchlässige Erde. Vermehrung durch Kopfstecklinge im Sommer.
***F. imbricata* 'Prostrata'.** Immergrüner, kegelförmiger, sehr dichter Strauch. H. 1 m, Br. 2 m. Die Triebe sind mit winzigen, heidekrautähnlichen, tiefgrünen Blättern dicht bedeckt. Trägt im Frühsommer eine Fülle röhrenförmiger, weißer Blüten. **'Violacea'** Abb. S. 113.

FAGUS (Fagaceae)
Buche
Gattung laubabwerfender Bäume, wegen ihres Habitus, des Laubes und der Herbstfarben kultiviert. Die unscheinbaren Blüten erscheinen im späten Frühjahr. Die behaarten Früchte reifen im Herbst und geben eßbare, dreikantige Nüsse frei. Winterhart. Benötigt Sonne oder Halbschatten; Formen mit purpurnen Blättern bevorzugen volle Sonne, die gelbblättrige Form etwas Schatten. Gedeiht in jedem, nur nicht staunassem Boden. Wird *F. sylvatica* als Hecke gezogen, sollte man im Sommer zurückschneiden. Vermehrung der Spezies durch Samen im Herbst, selektierte Formen durch Veredlung im Spätsommer. Anfällig für Baumschwamm, durch Pilze verursachten Krebs, Blattläuse und Buchenholzwollaus.
F. americana. Siehe *F. grandifolia*.
F. grandifolia, syn. *F. americana*. Laubabwerfender, breitkroniger Baum. H. und Br. 10 m. Während des Wachstums sind die ovalen Blätter blaßgrün und seidig, im Sommer werden sie dann dunkelgrün und färben sich schließlich im Herbst goldbraun.
F. orientalis. Laubabwerfender, breitkroniger Baum. H. 20 m, Br. 15 m. Hat große, ovale, an den Ränden gewellte, dunkelgrüne Blätter, die sich im Herbst gelb färben.
F. sylvatica (Rotbuche, Buche) Abb. S. 43. **'Aurea Pendula'** ist ein laubabwerfender, schlanker Baum mit hängenden Zweigen. H. 30 cm, Br. 25 m. Die ovalen Blätter sind leuchtendgelb und an den Rändern gewellt, im Herbst färben sie sich sattgelb und orange-braun. **'Dawyck'**, Br. 7 m, ist säulenförmig mit aufrechten Ästen. Die blaßgrünen Blätter färben sich mittel- bis dunkelgrün und im Herbst gelb und orangebraun. **'Dawyck Purple'** ist ähnlich, hat aber tief purpurnes Laub. Die Blätter von ***F. laciniata*** sind tief eingeschnitten. ***F. pendula*** (Trauerbuche) Abb. S. 40. ***F. purpurea*** (Blutbuche) Abb. S. 39. **'Purpurea Pendula'**, H. und Br. 3 m, hat steife, tiefhängende Zweige und schwarz-purpurnes Laub. Die Blätter von **'Riversii'** sind dunkel purpur. Jene von **'Rohanii'** sind tiefeingeschnitten und rötlich-purpurn. **'Zlatia'** hat gelbes junges Laub, später wird es mittel- bis dunkelgrün.
Fallopia aubertii. Siehe *Polygonum aubertii*.
Fallopia baldschuanica. Siehe *Polygonum baldschuanicum*.

FALLUGIA (Rosaceae)
Gattung einer Spezies laubabwerfender Sträucher, die wegen ihrer Blüten und hübschen Fruchtbüschel sehr beliebt ist. Winterhart, braucht in kalten Gegenden Winterschutz. Benötigt einen heißen, sonnigen Standort und durchlässige Erde. Vermehrung durch Kopfstecklinge im Sommer oder Samen im Herbst.
F. paradoxa Abb. S. 104.

FASCICULARIA (Bromeliaceae)
Gattung immergrüner, rosettenbildender Stauden, wegen der Gesamterscheinung gerne gezogen. Bedingt winterhart. Bevorzugt helles Licht; jede durchlässige Erde ist geeignet. Vom Frühjahr bis Herbst mäßig gießen, weniger im Winter. Vermehrung durch Kindl oder Teilung im Frühling.
F. bicolor. Immergrüne, rosetten- und polsterbildende Staude. H. bis 45 cm, Br. bis 60 cm. Hat dichte Rosetten linealischer, zugespitzter, überhängender, mittel- bis tiefgrüner Blätter. Bringt im Sommer einen Büschel röhrenförmiger, blaßblauer Blüten hervor, die von leuchtendroten Deckblättern umgeben sind, am Herzen jeder ausgewachsenen Rosette. Mindesttemperatur 2 °C.

× FATSHEDERA (Araliaceae)
Gattungsbastard (*Fatsia japonica* 'Moseri' × *Hedera helix* 'Hibernica') eines immergrünen, herbstblühenden Strauchs, wegen der Blätter kultiviert. Kann an einer Wand oder Säule gezogen werden, und falls gestäbt, auch als Zimmerpflanze. Bedingt winterhart. Gedeiht in Sonne oder Schatten in fruchtbarer und durchlässiger Erde. Vermehrung durch halbausgereifte Stecklinge im Sommer.
× *F. lizei* Abb. S. 120. **'Variegata'** ist ein immergrüner, aufrechter, locker verzweigter Strauch. H. 1,5 m oder mehr, falls als Kletterpflanze gezogen, Br. 3 m. Hat runde, tief gelappte, glänzende, dunkelgrüne Blätter, cremig-weiß umrandet. Von Mitte- bis Spätherbst erscheinen kleine, weiße, doldige Blütenstände.

FATSIA (Araliaceae)
Zimmeraralie, Fingerpalme
Gattung einer Spezies immergrüner, herbstblühender Sträucher, wegen des Laubes, der Blüten und Früchte kultiviert. Ist eine ausgezeichnete Pflanze für den Wintergarten. Winterhart. Muß in kalten Gegenden vor kaltem Wind geschützt werden. Verträgt Sonne oder Schatten und fruchtbare, durchlässige Erde. Vermehrung durch halbausgereifte Stecklinge im Sommer oder Samen im Herbst oder Frühjahr.
F. japonica, syn. *Aralia japonica*. *A. sieboldii*. Immergrüner, runder, dichter Strauch. H. und Br. 3 m. Hat stämmige Triebe und sehr große, tief eingeschnittene, glänzende, dunkelgrüne Blätter. Mitte Herbst erscheinen dichte, runde Büschel winziger, weißer Blüten, später runde, schwarze Früchte. **'Variegata'** Abb. S. 119.
F. papyrifera. Siehe *Tetrapanax papyrifera*.

FAUCARIA (Aizoaceae)
Gattung horstbildender, stammloser, mehrjähriger Sukkulenten mit halbzylindrischen oder dreieckigen, fleischigen, leuchtendgrünen Blättern und gelben Blüten, die sich im Herbst am späten Nachmittag öffnen. Knopsen oder abgestorbene Blüten sind orange oder gelb. Frostempfindlich. Mindesttemperatur 6 °C. Benötigt volle Sonne und durchlässigen Boden. Im Winter trocken halten und im Frühjahr mäßig gießen. Vermehrung durch Samen oder Stecklinge im Frühjahr oder Herbst.
F. tigrina Abb. S. 399.

FEIJOA (Myrtaceae)
Gattung immergrüner, sommerblühender Sträucher und Bäume, wegen ihrer hübschen Blüten und eßbaren Früchte beliebt. Die Früchte erscheinen meistens nur nach einem heißen Sommer und oft nur dann, wenn mehr als eine Pflanze kultiviert wird. Winterhart. Benötigt einen geschützten, sonnigen Standort und leichte, durchlässige Erde. Vermehrung durch Kopfstecklinge im Sommer.
F. sellowiana Abb. S. 111.

FELICIA (Compositae)
Gattung einjähriger Pflanzen, immergrüner Halbsträucher und (selten) Sträucher, die wegen ihrer gänseblümchenähnlichen, hauptsächlich blauen Blütenköpfe kultiviert wird. Winterhart bis frostempfindlich. Mindesttemperatur 5–7 °C. Benötigt volle Sonne und durchlässigen Boden. Topfpflanzen mäßig gießen, weniger in der Ruhezeit. Verträgt keine Staunässe, besonders bei niedrigen Temperaturen. Abgeblühte Blütenstengel entfernen und sparrige Triebe regelmäßig zurückschneiden. Vermehrung durch Samen im Frühling oder unreife Stecklinge im Sommer oder Frühherbst.
F. amelloides, syn. *Agathaea coelestis, Aster capensis* (Blaue Margerite). **'Santa Anita'** Abb. S. 136.
F. bergeriana Abb. S. 278.

FENESTRARIA (Aizoaceae)
Fensterblatt
Gattung horstbildender, mehrjähriger Sukkulenten mit Basalrosetten aus fleischigen Blättern, die graue 'Fenster' in ihren flachen Spitzen haben. Frostempfindlich. Mindesttemperatur 6 °C. Benötigt Sonne und sehr durchlässigen Boden. Im Winter vollkommen trocken halten. Vermehrung durch Samen im Frühling oder Sommer.
F. aurantiaca. Horstbildende, mehrjährige, sukkulente Pflanze. H. 5 cm, Br. 30 cm. Bringt eine aufrechte Basalrosette zylindrischer, glänzender, bläulich bis mittelgrüner Blätter, jedes an der Spitze abgeflacht, hervor. Im Spätsommer und Herbst erscheinen an langen Stielen, gänseblümchenähnliche, weiße Blüten. Var. ***rhopalophylla*** Abb. S. 399.

FEROCACTUS (Cactaceae)
Gattung langsamwachsender, runder, mehrjähriger Kakteen, die nach vielen Jahren säulenförmig werden. Frostempfindlich. Mindesttemperatur 5 °C. Benötigt volle Sonne und sehr durchlässigen Boden. Vermehrung durch Samen im Frühjahr oder Sommer. Schwarze Areolen sollten mit systemischen Fungiziden behandelt werden. Man sollte außerdem für eine gute Belüftung der Pflanzen sorgen.
F. acantodes Abb. S. 381.
F. chrysacanthus. Langsamwachsender, runder, mehrjähriger Kaktus. H. 1 m, Br. 60 cm. Der 15–20fach gerippte, grüne Stamm ist dicht besetzt mit hakenförmigen, gelblich-weißen Stacheln. Trägt im Sommer an über 25 cm hohen Pflanzen trichterförmige, 5 cm breite, gelbe, selten rote, Blüten.
F. hamatacanthus, syn. *Hamatocactus hamatacanthus* Abb. S. 385.
F. latispinus. Langsamwachsender, flachrunder, mehrjähriger Kaktus, H. 20 cm, Br. 40 cm. Der 15–20fach gerippte, grüne Stamm trägt sehr breite, hakenförmige, gelbe oder rote Stacheln. Im Sommer erscheinen nur an Pflanzen über 10 cm Breite trichterförmige, blaßgelbe oder rote Blüten.
F. setispinus, syn. *Hamatocactus setispinus*, Abb. S. 387.
F. wislizenii. Langsamwachsender, runder, mehrjähriger Kaktus. H. 2 m, Br. 1 m. Der grüne Stamm mit bis zu 25 Rippen ist mit flachen, hakenförmigen, gewöhnlich rötlich-braunen 5 cm langen Stacheln besetzt. Im Sommer erscheinen an Pflanzen, die über 25 cm breit sind, gewöhnlich erst 10–15 Jahre nach Aussaat, trichterförmige, 6 cm breite, orange oder gelbe Blüten.

FERRARIA (Iridaceae)
Gattung frühlingsblühender Knollen, beliebt wegen ihrer seltsamen Blüten, die 3 große äußere und 3 kleine innere Kronblätter mit sehr stark gewellten Rändern besitzen. Die Blüte ist unangenehm im Geruch, um Fliegen zur Befruchtung anzulocken. Bedingt winterhart. Benötigt volle Sonne und durchlässigen Boden. Man sollte sie im Herbst pflanzen, im Winter wässern, nach der Blüte trocken halten. Zieht im Sommer ein. Vermehrung durch Teilung im Spätsommer oder Samen im Herbst.
F. crispa, syn. *F. undulata* Abb. S. 347.
F. undulata. Siehe *F. crispa*.

FERULA (Umbelliferae)
Gattung hauptsächlich sommerblühender Stauden, wegen ihrer interessanten Wuchsform kultiviert. Sollte nicht mit dem eßbaren Fenchel *Foeniculum* verwechselt werden. Winterhart. Benötigt Sonne und durchlässigen Boden. Vermehrung durch frischen Samen im Spätsommer.
F. communis (Riesenfenchel) Abb. S. 190.

FESTUCA (Gramineae). Siehe GRÄSER, BAMBUS, SCHILF und RIEDGRAS.
F. glauca hort. (Blaues Schwingelgras). Gruppe immergrüner, horstbildender, mehrjähriger Gräser. H. und Br. 10 cm. Winterhart. Hat schmale Blätter in Schattierungen von Blaugrün bis Silbrigweiß. Trägt im Sommer Ährchen in unscheinbaren Trauben. Eignet sich für Einfassungen. Alle 2–3 Jahre im Frühling teilen.

FICUS (Moraceae)
Gattung immergrüner oder laubabwerfender Bäume, Sträucher und Kletterpflanzen mit Haftwurzeln, beliebt wegen ihres Laubes und als Schattenspender, einige Spezies auch wegen der Früchte. Alle tragen im Frühling oder Sommer unbedeutende Blütenbüschel. Winterhart bis frostempfindlich. Mindesttemperatur 5–18 °C. Benötigt volles Licht oder Halbschatten und fruchtbaren, gut durchlässi-

gen Boden. Getopfte Exemplare mäßig gießen, bei niedrigen Temperaturen sehr wenig. Vermehrung durch Samen im Frühjahr, Blatt- oder Kopfstecklinge oder durch Abmoosen im Sommer. Anfällig für Rote Spinne.
F. benghalensis (Bengalischer Feigenbaum) Abb. S. 46.
F. benjamina (Birkenfeige, Kleinblättriger Gummibaum). Immergrüner, hängender Baum, oft mit Luftwurzeln. H. und Br. 18–20 cm. Frostempfindlich. Mindesttemperatur 10°C. Hat schlanke, ovale, 7–13 cm lange, leuchtend sattgrüne Blätter. **'Variegata'** Abb. S. 57.
F. deltoidea (Mistelfeige), syn. *F. diversifolia*, Abb. S. 120.
F. diversifolia. Siehe *F. deltoidea*.
F. elastica (Gummibaum). **'Decora'** ist ein kräftigwachsender, immergrüner, unregelmäßig eiförmiger Baum. H. bis 30 cm, Br. 15–20 m. Frostempfindlich. Mindesttemperatur 10°C. Hat breit ovale, ledrige, glänzende, tiefgrüne Blätter, in der Jugend rosabronze überhaucht. **'Doescheri'** Abb. S. 46. Die Blätter von **'Variegata'** haben cremefarbene Ränder und sind grau-grün gefleckt.
F. lyrata. Immergrüner, eiförmiger, robust-stämmiger Baum. H. 15 m oder mehr, Br. bis 10 m. Frostempfindlich, mind. 15–18°C. Die geigenförmigen, 30 cm langen oder längeren Blätter sind glänzend und dunkelgrün.
F. macrophylla. Immergrüner, weitausladender, dichter Baum, dessen Stamm im Alter Stützwurzeln bildet. H. 20–30 m, Br. 30–40 m. Frostempfindlich. Mindesttemperatur 15–18°C. Die ovalen, bis 20 cm langen Blätter sind ledrig, glänzend und tiefgrün.
F. pumila. Immergrüne Kletterpflanze mit Haftwurzeln. H. 8 m, als Topfpflanze 1,5 m. Frostempfindlich. Mindesttemperatur 5°C. Die leuchtendgrünen Blätter sind herzförmig und in der Jugend 2–3 cm lang, ausgewachsenen 3–8 cm lang, ledrig und oval. Die unangenehm schmeckenden, 6 cm langen Früchte sind orange und später rötlich-purpurn überhaucht. Wird nur in sehr warmen Regionen oder im Gewächshaus die Altersform bilden. Triebspitzen abzwicken, um Verzweigung zu fördern. Die jungen Blätter von **'Minima'** sind kürzer und schmaler.
F. religiosa. Hauptsächlich immergrüner, rund- bis breitkroniger Baum, der aus den Ästen Stützwurzeln bildet. H. und Br. 20–30 m Frostempfindlich. Mindesttemperatur 15–18°C. Die 10–15 cm langen Blätter sind breit oval, fast dreieckig mit langen, fadenähnlichen Spitzen und rosaüberhaucht, wenn ausgebreitet.
F. rubiginosa (Australischer Gummibaum) Immergrüner Baum mit dichter Krone und Stützwurzeln am Stamm. H. und Br. 20–30 m oder mehr. Frostempfindlich. Mindesttemperatur 15–18°C. Die elliptischen, stumpf-spitzen Blätter sind 10 cm lang, glänzend und dunkelgrün, meistens rostfarben auf der Unterseite.

FILIPENDULA (Rosaceae)
Mädesüß
Gattung frühlings- und sommerblühender Stauden. Winterhart. Gedeiht gut in voller Sonne und feuchtigkeitshaltender Erde, ansonsten besser in Halbschatten und feuchtem Boden kultivieren. Einige Spezies wie *F. rubra* wachsen auf sumpfigem Boden. Vermehrung durch Samen im Herbst oder Teilung im Herbst oder Winter.
F. camtschatica. Horstbildende Staude. H. bis 1,5 m, Br. 1 m. Sommermitte erscheinen oberhalb großer, lanzettförmiger, geteilter und eingeschnittener Blätter unbedeutende, duftende, sternchenförmige, weiße oder blaßrosa Blütenköpfe.
F. hexapetala. Siehe *F. vulgaris*.
F. purpurea Abb. S. 207.
F. rubra Abb. S. 189.
F. ulmaria, syn. *Spiraea ulmaria*. **'Aurea'** Abb. S. 245.
F. vulgaris, syn. *F. hexapetala* (Mädesüß). **'Flore Plena'** ist eine aufrechte Staude mit fleischigen, verdickten Wurzeln. H. 1 m, Br. 45 cm. Trägt im Sommer über farnartigem Laub flache Rispen runder, gefüllter, weißer, manchmal rosa überhauchter Blüten.

FIRMIANA (Sterculiaceae)
Gattung hauptsächlich laubabwerfender Bäume und Sträucher, beliebt wegen des Laubes und als Schattenspender. Bedingt winterhart, aber um baumartig zu wachsen, Mindesttemperatur 2–5°C. Benötigt durchlässige, aber feuchtigkeitshaltende, fruchtbare Erde und viel Licht oder Halbschatten. Während der Wachstumszeit Kübelpflanzen reichlich gießen, im Winter weniger. Verträgt Rückschnitt, falls nötig. Vermehrung durch reife Samen im Frühjahr.
F. platanifolia. Siehe *F. simplex*.
F. simplex, syn. *F. platanifolia, Sterculia platanifolia* Abb. S. 42.

FITTONIA (Acanthaceae)
Gattung immergrüner, kriechender Stauden, hauptsächlich wegen des Laubes gezogen. Guter Bodendecker. Frostempfindlich. Mindesttemperatur 15°C. Benötigt ziemlich feuchte Luft. Am schattigen Standort in durchlässiger Erde kultivieren. Gut wässern, aber besonders im Winter Staunässe vermeiden. Wenn Pflanzen zu sparrig werden, im Frühjahr zurückschneiden. Vermehrung im Frühjahr und Sommer mit zusätzlicher Wärme durch Teilung und Kopfstecklinge.
F. argyroneura. Siehe *F. verschaffeltii* var. *argyroneura*.
F. verschaffeltii Abb. S. 258. **Var. *argyroneura*** (syn. *F. argyroneura*) Abb. S. 256.

FITZROYA (Cupressaceae). Siehe KONIFEREN.
F. cupressoides, syn. *F. patagonica*, Abb. S. 78.
F. patagonica. Siehe *F. cupressoides*.

FOENICULUM (Umbelliferae)
Fenchel
Gattung sommerblühender, zweijähriger Pflanzen und Stauden, einige von ihnen werden wegen ihrer gelben Blütendolden gerne gezogen. Wird auch wegen der dekorativen Blätter kultiviert, da für Beeteinfassungen gut geeignet und auch als Gewürz. Bedingt – bis winterhart. Benötigt einen offenen, sonnigen Standort auf fruchtbarem, gut durchlässigem Boden. Nach der Blüte Blütenköpfe entfernen, um Selbstaussaat zu vermeiden. Vermehrung durch Samen im Herbst.
F. vulgare (Fenchel) **'Purpureum'** ist eine aufrechte, verzweigte Staude. H. 2 m, Br. 45 cm. Winterhart. Hat sehr zartgefiederte, haarähnliche bronzefarbene Blätter und im Sommer in großen, flachen Dolden kleine, gelbe Blüten.

FONTINALIS (Fontinalaceae)
Gattung immergrüner, mehrjähriger, untergetauchter Wasserpflanzen, beliebt wegen ihres Laubes, da sie Fischen Schutz bietet und sich gut zum Laichen eignet. Winterhart. Gedeiht in Sonne oder Halbschatten in Bächen oder anderen, fließenden Gewässern. Verträgt stehendes, kühles Wasser, wird aber nicht voll auswachsen. Vermehrung durch Teilung im Frühjahr.
F. antipyretica (Wassermoos, Weidenmoos). Immergrüne, mehrjährige, untergetauchte Wasserpflanze. H. 2,5 m, Br. unbestimmt. Bildet ausgebreitete Kolonien moosähnlicher, dunkel oliv-grüner Blätter.

FORSYTHIA (Oleaceae)
Forsythie, Goldglöckchen
Gattung laubabwerfender, frühlingsblühender Sträucher, beliebt wegen ihrer Fülle gelber Blüten, die noch vor den Blättern erscheinen.
F. × intermedia 'Beatrix Farrand' und *F × i.* 'Lynwood' bilden attraktive Blütenhecken. Winterhart. Bevorzugt volle Sonne und fruchtbare, durchlässige Erde. Alte Triebe und Hecken sofort nach der Blüte zurückschneiden. Vermehrung durch Kopfstecklinge im Sommer oder Steckhölzer im Herbst oder Winter.
***F. × intermedia* 'Arnold Giant'**. Laubabwerfender, buschiger Strauch. H. 1,5 m, Br. 2,5 m. Hat kräftige Triebe und längliche, starkgezähnte, mittelgrüne Blätter. Vom zeitigen Frühjahr bis Frühlingsmitte erscheinen wenige, große, 4zipfelige tiefgelbe Blüten. **'Beatrix Farrand'** Abb. S. 103. **'Karl Sax'**, H. 2,5 m ist dichtwachsend mit einer Blütenfülle und Blättern, die sich im Herbst rot oder purpurn färben. **'Lynwood'**, H. 3 m, ist sehr blühwillig, kräftig und aufrecht. **'Spectabilis'** Abb. S. 102. ***F.* 'Minigold'**. Laubabwerfender, kompakter Strauch. H. und Br. 2 m. Hat längliche, mittelgrüne Blätter. Trägt vom zeitigen Frühjahr bis Frühlingsmitte eine Fülle kleiner, 4zipfeliger, gelber Blüten.
F. ovata. Laubabwerfender, buschiger Strauch. H. und Br. 1,5 m. Die Blätter sind breit oval, gezähnt und dunkelgrün. Trägt im zeitigen Frühjahr kleine, 4zipfelige, leuchtendgelbe Blüten. **'Ottawa'** wächst aufrecht und ist reichblühend.
***F.* 'Spring Glory'**. Laubabwerfender, aufrechter Strauch. H. 2 m, Br. 1,5 m. Frühlingsmitte erscheinen kleine Büschel großer, 4zipfeliger, blaßgelber Blüten. Hat längliche, gezähnte, leuchtendgrüne Blätter.
F. suspensa Abb. S. 99.

FOTHERGILLA (Hamamelidaceae)
Federbuschstrauch
Gattung laubabwerfender, frühlingsblühender Sträucher, beliebt wegen ihrer Herbstfarben und der duftenden Blüten, jede mit einem dichten bürstenähnlichen Büschel Staubblätter, die sich öffnen bevor oder wenn die Blätter erscheinen. Winterhart. Gedeiht in Sonne oder Halbschatten, aber Farben kommen am besten in der Sonne zur Geltung. Benötigt feuchte, torfhaltige, saure Erde. Vermehrung durch Kopfstecklinge im Sommer.
F. gardenii Laubabwerfender, buschiger, dichter Strauch. H. und Br. 1 m. Noch vor den breit ovalen, dunkelblaugrünen Blättern erscheinen von Frühlingsmitte bis zum späten Frühjahr dichte Büschel winziger, duftender, weißer Blüten. Die Blätter des hübschen Strauches färben sich im Herbst leuchtendrot.
F. major, syn. *F. monticola*, Abb. S. 95.
F. monticola. Siehe *F. major*.
Fragaria indica. Siehe *Duchesnea indica*.

FRAILEA (Cactaceae)
Gattung runder bis säulenförmiger, mehrjähriger Kakteen mit knotigen Rippen. Trägt kurze, meist borstenartige Stacheln. Bringt im Sommer eine Fülle Knospen hervor, von denen sich die meisten in kleine, runde, glänzende Kapseln entwickeln, ohne sich zu öffnen. Frostempfindlich. Mindesttemperatur 5°C. Benötigt Halbschatten und sehr durchlässige Erde. Verträgt keine langen Trockenperioden. Vermehrung durch Samen im Frühling oder Sommer.
F. pulcherrima Abb. S. 397.

FRANCOA (Saxifragaceae)
Gattung sommer- und frühherbstblühender Stauden. Winterhart. Bevorzugt volle Sonne und fruchtbare, durchlässige Erde. Vermehrung durch Samen oder Teilung im Frühjahr.
F. appendiculata (Brautkranz). Horstbildende Staude. H. 60 cm, Br. 45 cm. Vom Sommer bis Frühherbst erscheinen über den länglichen bis ovalen, gelappten, behaarten, gekräuselten, dunkelgrünen Blättern, an zierlichen, aufrechten Stielen Rispen kleiner, glockenförmiger, blaßrosa Blüten, die an der Basis tiefrosa gepunktet sind.
F. sonchifolia. Horstbildende Staude. H. 75 cm, Br. 45 cm. Trägt vom Sommer bis Frühherbst Rispen becherförmiger, rotgezeichneter, rosa Blüten. Die eingeschnittenen Blätter haben je einen großen, endständigen Lappen.

FRANKLINIA (Theaceae)
Gattung einer Spezies eines laubabwerfenden Baumes oder Strauches, die wegen der Blüten und Herbstfarben kultiviert wird. Winterhart. Gedeiht nur in heißen Sommern. Benötigt volle Sonne und feuchte, aber durchlässige, neutrale bis saure Erde. Vermehrung durch Kopfstecklinge im Sommer, durch Samen im Herbst oder Steckhölzer im Frühwinter.
F. alatamaha. Laubabwerfender, aufrechter Baum oder Strauch. H. und Br. 5 m oder mehr. Im Spätsommer und Frühherbst öffnen sich große, flach becherförmige, weiße Blüten mit gelben Staubblättern. Die länglichen, glänzenden, leuchtendgrünen Blätter färben sich im Herbst rot.

FRAXINUS (Oleaceae)
Esche
Gattung laubabwerfender Bäume und Sträucher, hauptsächlich beliebt wegen ihres Laubes mit gegenständigen Blättern, und manchmal auch wegen der Blüten. Winterhart. Benötigt Sonne und fruchtbaren, durchlässigen, aber nicht zu trockenen Boden. Vermehrung der Spezies durch Samen im Herbst, selektierte Formen durch Veredlung im Sommer.
F. americana. Schnellwachsender, laubabwerfender, breitkroniger Baum. H. 25 m, Br. 15 m. Die Blätter sind dunkelgrün mit 5–9 ovalen bis lanzettförmigen Blättchen, die sich manchmal im Herbst gelb oder purpurn färben.
F. angustifolia. Laubabwerfender, ausgebreiteter, eleganter Baum. H. 25 m, Br. 12 m. Die Blätter bestehen gewöhn-

lich aus 9–11 schlanken, lanzettförmigen, glänzenden, dunkelgrünen Blättchen.
F. excelsior (Gemeine Esche). Kräftiger, laubabwerfender, ausgebreiteter Baum. H. 30 m, Br. 20 m. Die dunkelgrünen Blätter, die gewöhnlich in 9–11 ovale Blättchen geteilt sind, färben sich manchmal im Herbst gelb. Schwarze Blattknospen sind im Winter auffällig. ***F. diversifolia*** hat einfache Blätter oder mit 3 Fiederblättchen. Die Blätter von **'Jaspidea'** sind im Frühjahr gelb und färben sich im Herbst golden; die Rinde ist im Winter gelb. **'Pendula'**, H. 15 m, Br. 8–10 m, hat bis zur Erde herabhängende Zweige.
F. mariesii. Langsamwachsender, laubabwerfender Baum mit kompakter Krone. H. 6 m, Br. 5 m. Die Blätter bestehen aus 3–5 ovalen, dunkelgrünen Blättchen, jedes an einem purpurnen Stiel. Im Frühsommer erscheinen Büschel kleiner, duftender, sternchenförmiger, cremig-weißer Blüten, denen schmal längliche, purpurne Früchte folgen.
F. ornus (Blumenesche, Mannaesche) Abb. S. 49.
F. oxycarpa **'Raywood'**. Kräftiger, laubabwerfender, ausgebreiteter, eleganter Baum. H. 20 m, Br. 15 m. Die Blätter bestehen aus 5–7 schmal-ovalen, glänzenden, dunkelgrünen Blättchen, die sich im Herbst leuchtend rötlich-purpurn färben.
F. pennsylvanica, syn. *F. p.* var. *subintegerrima* (Grüne Esche, Rote Esche). Schnellwachsender, laubabwerfender, ausgebreiteter Baum. H. und Br. 20 m. Die Blätter sind gewöhnlich aus 7–9, schmal ovalen, dumpfgrünen Blättchen, die oft wie die Triebe auf der Unterseite samtig sind, zusammengesetzt. **'Patmore'** ist krankheitsresistent mit lang haltenden, glänzenden Blättern.
F. velutina Abb. S. 53.

FREESIA (Iridaceae)
Freesie
Gattung winter- und frühlingsblühender Knollen, beliebt wegen ihrer meist duftenden, trichterförmigen Blüten, die auch zum Schnitt gerne verwendet werden. Bedingt winterhart. Benötigt volle Sonne und durchlässige Erde. Im Herbst pflanzen und während des Winters gießen. An Stäben aufbinden. Nach der Blüte die Knollen trocknen. Die speziell präparierten Knollen werden im Frühling für die Sommerblüte gesetzt. Vermehrung durch Brutknollen im Herbst oder Samen im Frühjahr.
F. alba, syn. *F. lactea, F. refracta* var. *alba*. Spätwinter- und frühlingsblühende Knolle. H. 20–30 cm, Br. 4–6 cm. Hat schmale, schwertförmige, aufrechte Blätter, die fächerartig der Basis entspringen. Die blattlosen Stiele tragen lockere Ähren stark duftender, 5–8 cm langer, weißer Blüten.
F. armstrongii. Spätwinter- und frühlingsblühende Knolle. H. bis 30 cm, Br. 4–6 cm. Hat schmale, schwertförmige, aufrechte Basalblätter. Der Blütenstengel, der am Stielende waagrecht steht, trägt eine Ähre nicht duftender, aufrechter, 3–3,5 cm langer, rosa Blüten mit gelbem Schlund.
F. **'Everett'** Abb. S. 355.
F. lactea. Siehe *F. alba*.
***F. refracta* var. *alba*.** Siehe *F. alba*.
F. **'Rijnveld's Yellow'**. Winter- und frühlingsblühende Knolle. H. bis 30 cm, Br. 4–6 cm. Ähnlich wie *F. armstrongii*, hat aber größere, duftende, gelbe Blüten.
F. **'Romany'**. Winter- und frühlingsblühende Knolle. H. bis 30 cm, Br. 4–6 cm. Ähnlich wie *F. armstrongii*, hat aber duftende, gefüllte blaßhellila Blüten.
F. **'White Swan'**. Winter und frühlingsblühende Knolle. H. bis 30 cm, Br. 4–6 cm. Ähnlich wie *F. armstrongii*, hat aber stark duftende, weiße Blüten mit cremefarbenem Schlund.
F. **'Yellow River'** Abb. S. 355.

FREMONTIA. Siehe FREMONTODENDRON.

FREMONTODENDRON, syn. FREMONTIA (Sterculiaceae).
Gattung kräftiger, immergrüner oder halbimmergrüner Sträucher, die wegen ihrer großen, hübschen Blüten sehr beliebt sind. Winterhart, aber in kalten Gegenden sollte an einer Süd- oder Westwand gepflanzt werden. Benötigt volle Sonne und leichte, nicht zu nährstoffreiche, durchlässige Erde. Kann in mildem Klima als ausgebreiteter Strauch kultiviert werden, muß aber als Jungpflanze aufgebunden werden. Verträgt kein Verpflanzen. Vermehrung durch halbausgereifte Stecklinge im Sommer oder Samen im Herbst oder Winter.
F. **'California Glory'** Abb. S. 91.
F. californicum. Kräftiger, immergrüner oder halbimmergrüner, aufrechter Strauch. H. 6 m, Br. 4 m, wenn an einer Wand gezogen. Vom späten Frühling bis Mitte Herbst erscheinen zwischen dunkelgrünen, 3fach rundlich gelappten Blättern große, tellerförmige, leuchtendgelbe Blüten.
F. mexicanum. Kräftiger, immergrüner oder halbimmergrüner, aufrechter Strauch. H. 6 m, Br. 4 m, wenn an einer Mauer kultiviert. Die dunkelgrünen Blätter sind 5fach, rundlich, tief gelappt. Vom späten Frühjahr bis Herbstmitte erscheint eine Fülle großer tellerförmiger, tief goldgelber Blüten.

FRITHIA (Aizoaceae)
Gattung einer Spezies rosettenbildender, mehrjähriger, sukkulenter Pflanzen. Frostempfindlich. Mindesttemperatur 10°C. Benötigt Sonne und durchlässige Erde. Vermehrung durch Samen im Frühjahr oder Sommer.
F. pulchra Abb. S. 393.

FRITILLARIA (Liliaceae)
Kaiserkrone, Schachbrettblume
Gattung frühlingsblühender Bulben, die wegen ihrer hängenden, hauptsächlich glockenförmigen Blüten an beblätterten Stielen, kultiviert wird. Bedingt – bis winterhart; kleinere, 5–15 cm hohe Spezies sollte man im Frühbeet oder kaltem Gewächshaus schützen. Benötigt volle Sonne oder Halbschatten und durchlässige Erde, die im Sommer, wenn die Bulben ruhen, etwas trockener sein soll, ohne ganz auszutrocknen. *F. meleagris* kann in der Wiese, in feuchtigkeitsspeicherndem Boden gezogen werden. Vermehrung durch Brutzwiebeln im Sommer oder Samen im Herbst oder Winter.
F. acmopetala. Frühlingsblühende Bulbe. H. 15–35 cm, Br. 5–8 cm. Winterhart. Trägt an schlanken Stielen schmal lanzettförmige unregelmäßig angeordnete Blätter und 1 oder 2 breit glockenförmige, 2,5–4 cm lange, grüne Blüten mit braungefleckten Kronblättern, die ihre Spitzen nach außen drehen.
F. bucharica. Frühlingsblühende Bulbe. H. 10–35 cm, Br. 5 cm. Winterhart. Die Stiele tragen ungleichmäßig angeordnete, lanzettförmige, graugrüne Blätter und eine Rispe mit bis zu 10 becherförmigen, 1,5–2 cm langen, grünüberhauchten, weißen Blüten.
F. camschatcensis Abb. S. 343.
F. cirrhosa Abb. S. 346.
F. crassifolia. Frühlingsblühende Bulbe. H. 10–20 cm, Br. 5 cm. Winterhart. Hat unregelmäßig verteilte, lanzettförmige, graue Blätter. Jeder Blütenstiel trägt 1–3 glockenförmige, 2–2,5 cm lange, grüne braunkarierte Blüten.
F. delphinensis. Siehe *F. tubiformis*.
F. imperialis. Abb. S. 332. **'Lutea'** ist eine frühjahrsblühende Bulbe. H. bis 1,5 m, Br. 23–30 cm. Winterhart. Die beblätterten Stengel tragen lanzettförmige, glänzende, blaßgrüne Blätter in Quirlen und bis zu 5 breit glockenförmige, 5 cm lange, gelbe Blüten, die darüber einen Blattschopf tragen. **'Rubra Maxima'** hat rote Blüten und ist sehr robust.
F. meleagris (Kibitzei) Abb. S. 343.
F. michailovskyi. Frühlingsblühende Bulbe. H. 10–20 cm, Br. 5 cm. Winterhart. Die lanzettförmigen, grauen Blätter sind am Stengel zerstreut. Trägt 1–4 glockenförmige, 2–3 cm lange purpurbräunliche Blüten, das obere Drittel der Kronblätter ist leuchtendgelb.
F. pallidiflora Abb. S. 347.
F. persica Abb. S. 332. **'Adiyaman'** ist eine frühlingsblühende Bulbe. H. bis 1,5 m, Br. 10 cm. Winterhart. Hat am Stiel schmal lanzettförmige, graue Blätter. Bringt eine Ähre von 10–20 oder mehr, schmal glockenförmiger, 1,5–2 cm langer, dunkel schwarzpurpurner Blüten hervor.
F. pontica Abb. S. 346.
F. pudica Abb. S. 363.
F. pyrenaica Abb. S. 343.
F. raddeana Abb. S. 332.
F. recurva Abb. S. 332.
F. sewerzowii, syn. *Korolkowia sewerzowii*. Frühlingsblühende Bulbe. H. 15–25 cm, Br. 8–10 cm Winterhart. Am Stengel verteilt stehen breit lanzettförmige Blätter. Bringt eine Ähre von bis zu 10, 2,5–3,5 cm langer, schmal glockenförmiger, grüner oder metallisch purpurblauer Blüten mit zipfeligem Mund.
F. tubiformis, syn. *F. delphinensis*. Frühlingsblühende Bulbe. H. 15–35 cm, Br. 5–8 cm. Winterhart. Die schmal lanzettförmigen, grauen Blätter sind am Stiel verteilt. Es wird nur eine breit glockenförmige, 3,5–5 cm lange, purpurrosa Blüte, an der Außenseite mit auffälligem Würfelmuster und grau überhaucht, hervorgebracht.
F. verticillata (Schachbrettblume) Abb. S. 332.

FUCHSIA (Onagraceae)
Fuchsie
Gattung laubabwerfender oder immergrüner Sträucher und Bäume, wegen ihrer Blüten, die hauptsächlich von Frühsommer bis Frühherbst erscheinen, sehr beliebt. Winterhart bis frostempfindlich. Mindesttemperatur 5°C. Bleibt die Temperatur über 4°C, bleiben laubabwerfende Pflanzen immergrün. Temperaturen über 32°C sollten vermieden werden. Niedrige Temperaturen über längere Zeit stellen das Triebwachstum ein. Sollten die Triebe im Winter absterben, im Frühjahr bis zum Boden zurückschneiden. Benötigt einen geschützten, halbschattigen Standort, wenn nichts anderes erwähnt wird, und fruchtbare, feuchte, aber durchlässige Erde. Als Topfpflanze im Gewächshaus müssen Fuchsien mit Stickstoff versorgt werden, während der Blüte kalibetont düngen. Vermehrung jederzeit durch Kopfstecklinge.
Die röhrenförmigen Blüten sind fast immer hängend und oft zweifarbig, die Kronblätter in einer Farbe, und die Kelchröhre und die 4 Kelchblätter in einer anderen. Die Blätter sind oval und mittelgrün, wenn nicht anders erwähnt. Die runden bis zylindrischen, gewöhnlich schwarz-purpurnen Früchte sind eßbar, aber nicht besonders schmackhaft. Die aufrechten Sorten kann man als kompakte Büsche oder Hochstämmchen ziehen, etwas schwieriger ist die Pyramidenform. Pflanzen mit hängenden Trieben werden am besten in Ampeln kultiviert, können aber auch am Gitter oder Spalier gezogen werden, als Beetpflanzen müssen sie gestäbt werden.
Die Höhenangaben der nachfolgenden beschriebenen Pflanzen beruhen auf frostfreiem Standort.
F. **'Alice Hoffman'**. Laubabwerfender, kompakter Strauch. H. und Br. 75 cm. Winterhart. Hat bronzefarbenes Laub und kleine, halbgefüllte Blüten mit rosaroten Röhren und Kelchblättern und rosageaderten, weißen Blütenblättern.
F. **'Ann Howard Tripp'** (Abb. S. 132). Laubabwerfender, aufrechter Strauch. H. und Br. 75 cm. Bedingt winterhart. Trägt einfache oder halbgefüllte, weiße Blüten. Das Laub ist blaßgrün.
F. **'Annabel'** (Abb. S. 132) Laubabwerfender, aufrechter Strauch. H. 1 m, Br. 75 cm. Bedingt winterhart. Bringt große, gefüllte, rosaüberhauchte, cremigweiße Blüten inmitten blaßgrünem Laub hervor. Ausgezeichnetes Hochstämmchen.
F. arborescens (Baumfuchsie, Abb. S. 132). Immergrüner, aufrechter Baum. H. 8 m, Br. 2,5 m. Frostempfindlich. Das ganze Jahr über erscheinen aufrechte Köpfe kleiner, blaßlila bis rosafarbener Blüten, denen schwarze Früchte mit graublauem Flaum folgen. Das Laub ist mittel- bis dunkelgrün. Wird auch als Topfpflanze gezogen.
F. **'Autumnale'** (Abb. S. 132). Laubabwerfender, lockerer Strauch, hauptsächlich wegen des Laubes kultiviert. H. 2 m, Br. 50 cm. Bedingt winterhart. Trägt rot, gold und bronzefarbene gescheckte Blätter. Die Blüten haben rote Röhren und Kelchblätter, die Kronblätter sind rötlichpurpurn. Eignet sich für Ampeln oder kann als hängendes Kronenbäumchen gezogen werden.
F. × bacillaris (Abb. S. 133). Gruppe laubabwerfender, lockerer Sträucher, H. und Br. 75 cm. Winterhart. Trägt winzige, weiße, rosa oder rote Blüten (die Farben variieren je nach Sonnenlage). Manchmal folgen glänzende, schwarze Früchte. Die kleinen Blätter sind mittel bis dunkelgrün. Eignet sich für Steingärten oder Ampeln.
F. boliviana. Schnellwachsender, laubabwerfender, aufrechter Strauch. H. 3 m, Br. 1 m. Frostempfindlich. Hat große, weiche, graugrüne Blätter mit rötlichen Mittelrippen. Die langröhrigen, roten Blüten sind endständig büschelig. Ihnen folgen wohlschmeckende, schwarze Früchte. Benötigt einen großen Topf und

viel Platz, um ordentlich zu wachsen. Verträgt kein Entspitzen. Anfällig für Weiße Fliege. **'Alba'** (Abb. S. 133). Die Blüten haben eine weiße Kelchröhre und weiße -blätter, die Kronblätter sind rot. Ihnen folgen grüne Früchte.

F. **'Bon Accord',** syn. *F.* 'Bon Accorde'. Kräftiger, laubabwerfender, aufrechter Strauch. Bedingt winterhart. Die kleinen, aufrechten Blüten haben weiße Röhren und Kelchblätter, Kronblätter sind blaßpurpurn.

F. **'Brutus'.** Kräftiger, laubabwerfender, aufrechter Strauch. H. 1,5 m, Br. 1 m. Winterhart. Die einfachen oder halbgefüllten Blüten haben hochrote Röhren und Kelchblätter. Kronblätter sind tiefpurpur.

F. **'Cambridge Louie'.** Kräftiger, laubabwerfender, aufrechter Strauch. H. 1,5 m, Br. 75 cm. Bedingt winterhart. Bringt Blüten in verschiedenen rosa Schattierungen hervor.

F. **'Cascade'** (Abb. S. 133). Laubabwerfender, kriechender Strauch. H. 2 m, Br. unbestimmt. Bedingt winterhart. Trägt rot überhauchte, weiße Röhren und Kelchblätter und tief karminrote Kronblätter. Eignet sich ausgezeichnet für Ampeln.

F. **'Celia Smedley'** (Abb. S. 133). Kräftiger, laubabwerfender, aufrechter Strauch. H. 1,5 m, Br. 1 m. Bedingt winterhart. Die großen, einfachen oder halbgefüllten Blüten haben eine grünlichweiße Kelchröhre, blaß rosa-weiße Kelchblätter und johannisbeerrote Kronblätter. Am besten als Hochstämmchen geeignet.

F. **'Cloverdale Pearl'.** Laubabwerfender, aufrechter Strauch. H. 1 m, Br. 75 cm. Bedingt winterhart. Die Blüten haben eine rosa-weiße Kelchröhre, rosa geaderte, weiße Kronblätter und rosa Kelchblätter mit grünen Spitzen. Das Laub ist mittelgrün mit roten Mittelrippen. Leicht als Hochstämmchen zu ziehen.

F. **'Coquet Bell'.** Kräftiger, laubabwerfender, aufrechter Strauch. H. 1,5 m, Br. 1 m. Bedingt winterhart. Hat eine Fülle einfacher oder halbgefüllter Blüten mit rosaroten Röhren und Kelchblättern und rot geaderten, blaß lilafarbenen Kronblättern.

F. denticulata. Laubabwerfender, sparriger Strauch. H. 4 m, Br. unbestimmt. Frostempfindlich. Die Blüten haben eine lange, rote Kelchröhre, blaßrosa Kelchblätter mit grünen Spitzen und zinnoberrote Kronblätter. Die Blätter sind glänzend und dunkelgrün, auf der Unterseite rötlichgrün. Eine gute Kultur unter Glas bringt Blüten während des Herbstes und des Winters hervor.

F. **'Display'.** Laubabwerfender, aufrechter Strauch. H. 1 m, Br. 75 cm. Winterhart. Trägt tellerförmige Blüten in rosa Schattierungen.

F. **'Dollar Princess'** (Abb. S. 132). Laubabwerfender, aufrechter Strauch. H. 1 m, Br. 75 cm. Winterhart. Die kleinen, gefüllten Blüten haben kirschrote Röhren und Kelchblätter und purpurne Kronblätter.

F. **'Eden Lady'.** Laubabwerfender, aufrechter Strauch. H. 1 m, Br. 75 cm. Bedingt winterhart. Die Blüten haben rötlich-rosa Röhren und Kelchblätter und rotgeaderte, blaßviolett-blaue Kronblätter. Gut geeignet als Hochstämmchen.

F. **'Estelle Marie'** (Abb. S. 133). Laubabwerfender, aufrechter Strauch. H. 1 m, Br. 50 cm. Bedingt winterhart. Die Blüten haben eine weiße Kelchröhre mit grünen Spitzen, weiße Kelchblätter und lila Kronblätter und erscheinen oberhalb des Laubes. Eignet sich für Sommerbeete.

F. **'Flash'.** Schnellwachsender, laubabwerfender, steif-aufrechter Strauch. H. 2,5 m, Br. 50 cm. Winterhart. Bringt kleine, rote Blüten inmitten kleiner Blätter hervor.

F. **'Flirtation Waltz'.** Kräftiger, laubabwerfender, aufrechter Strauch. H. 1 m, Br. 75 cm. Bedingt winterhart. Hat große gefüllte Blüten, Kronblätter in rosa Schattierungen, Kelchröhre und -blätter sind weiß.

F. fulgens (Abb. S. 133). Laubabwerfender, aufrechter Strauch mit Knollen. H. 2 m, Br. 1 m. Frostempfindlich. An kurzen Büscheln hängen langröhrige, orangefarbene Blüten zwischen großen, blaßgrünen Blättern, später eßbare, aber saure, grüne Früchte. Knollen im Winter trocken lagern. Kann auch durch Teilung der Knollen im Frühling vermehrt werden. Sehr anfällig für Weiße Fliege.

F. **'Genii'.** Laubabwerfender, aufrechter Strauch. H. 1,5 m, Br. 75 cm. Winterhart. Bringt kleine Blüten mit kirschroten Röhren und Kelchblättern und rötlich-purpurfarbenen Kronblättern hervor. Hat goldgrünes Laub. Kann als Hochstämmchen gezogen werden.

F. **'Golden Dawn'** (Abb. S. 132). Laubabwerfender, aufrechter Strauch. H. 1,5 m, Br. 75 cm. Bedingt winterhart. Die Blüten sind lachsrosa. Als Hochstämmchen zu ziehen.

F. **'Golden Marinka'** (Abb. S. 133). Laubabwerfender, kriechender Strauch. H. 2 m, Br. unbestimmt. Bedingt winterhart. Hat rote Blüten und buntes, goldgelbes Laub mit roten Adern. Ausgezeichnet für Ampeln.

F. **'Gruss aus dem Bodenthal'** (Abb. S. 132). Laubabwerfender, aufrechter Strauch. H. 1 m, Br. 75 cm. Bedingt winterhart. Kleine, einfache oder halbgefüllte, rote Blüten sind fast schwarz, wenn sie sich öffnen. Mit zunehmendem Alter werden sie größer und blasser.

F. **'Harry Gray'** (Abb. S. 132). Laubabwerfender, lockerer Strauch. H. 2 m, Br. unbestimmt. Bedingt winterhart. Trägt eine Fülle gefüllter Blüten mit blaßrosa Kelchröhren, weißen Kelchblättern mit grünen Spitzen und weiße bis blaßrosa Kronblätter. Ausgezeichnet für Ampeln.

F. **'Heidi Weiss'.** Siehe *F.* 'White Ann'.

F. **'Hula Girl'.** Laubabwerfender, kriechender Strauch. H. 2 m, Br. unbestimmt. Bedingt winterhart. Trägt große, gefüllte Blüten mit tief rosa-roten Röhren und Kelchblättern, die Kronblätter sind weiß und rosa überhaucht. Eignet sich am besten für große Ampeln oder für ein Spalier.

F. **'Jack Acland'** (Abb. S. 132). Laubabwerfender, aufrechter Strauch. H. 1,5 m, Br. 1 m. Bedingt winterhart. Hat große, blaß- bis tiefrosa Blüten.

F. **'Jack Shahan'** (Abb. S. 132). Kräftiger, laubabwerfender, kriechender Strauch. H. 2 m, Br. unbestimmt. Bedingt winterhart. Hat große, blaß- bis tiefrosa Blüten. Ausgezeichnet für Ampeln, als hängendes Kronenbäumchen oder für ein Spalier.

F. **'Joe Kusber'.** Laubabwerfender, lockerer Strauch. H. und Br. 1 m. Bedingt winterhart. Trägt große, gefüllte Blüten mit weißer Röhre, langen, weißen, Kelchblättern mit rosa Spitzen und bläulich-purpurnen Kronblättern.

F. **'Joe Patmore'.** Kräftiger, laubabwerfender, aufrechter Strauch. H. 1,5 m, Br. 1 m. Bedingt winterhart. Die Blüten haben weiße Röhren, weiße Kelchblätter mit grünen Spitzen und kirschrote Kronblätter, weiß an der Basis. Als Hochstämmchen gezogen.

F. **'Koralle'** (Abb. S. 133). Laubabwerfender, aufrechter Strauch. H. und Br. 1 m. Frostempfindlich. An den Zweigen erscheinen in endständigen Büscheln lachs-orangefarbene Blüten mit langer, schmaler Röhre und kleinen Kron- und Kelchblättern. Das Laub ist samtig und tiefgrün. Eignet sich für Sommerbeete. Ein besonders schönes Exemplar. Bevorzugt Sonne.

F. **'Kwintet'** (Abb. S. 132). Kräftiger, laubabwerfender, aufrechter Strauch. H. 1,5 m, Br. 1 m. Bedingt winterhart. Blüten in Schattierungen von Tiefrosa.

F. **'La Campanella'** (Abb. S. 133). Laubabwerfender, kriechender Strauch. H. 1,5 m, Br. unbestimmt. Bedingt winterhart. Hat kleine, halbgefüllte Blüten mit weißer Röhre, rosa überhauchten, weißen Kelchblättern und kirschrot-purpurnen Kronblättern. Eignet sich am besten für Ampeln oder wenn an einem Spalier gezogen.

F. **'Lady Thumb'** (Abb. S. 132). Laubabwerfender, aufrechter Zwergstrauch. H. und Br. 50 cm. Winterhart. Hat kleine, halbgefüllte Blüten mit rötlich-rosa Röhren und Kelchblättern und rosa geaderten, weißen Kronblättern. Kann als kleines Stämmchen kultiviert werden.

F. **'Lena'.** Laubabwerfender, lockerer Strauch. H. und Br. 1 m. Winterhart. Trägt gefüllte Blüten mit blaßrosa Kelchblättern und einer blaßrosa Röhre und rosa überhauchten, purpurnen Kronblättern. Eignet sich gut als Hochstämmchen.

F. **'Leonora'** (Abb. S. 132). Kräftiger, laubabwerfender, aufrechter Strauch. H. 1,5 m, Br. 1 m. Bedingt winterhart. Die Blüten sind rosa. Die Kelchblätter haben grüne Spitzen. Eignet sich gut als Stämmchen.

F. **'Lindisfarne'.** Kräftiger, laubabwerfender, aufrechter Strauch. H. 1,5 m, Br. 1 m. Bedingt winterhart. Bringt einfache oder halbgefüllte Blüten mit blaßrosa Röhren und Kelchblättern und violetten Kronblättern hervor.

F. **'Lye's Unique'** (Abb. S. 133). Kräftiger, laubabwerfender, aufrechter Strauch. H. 1,5 m, Br. 1 m. Bedingt winterhart. Hat kleine Blüten mit langen, weißen Röhren und Kelchblättern und orange-roten Kronblättern. Kann als große Pyramide gezogen werden.

F. magellanica. (Abb. S. 132). Laubabwerfender, aufrechter Strauch. H. 3 m, Br. 2 m. Winterhart. Den kleinen Blüten mit roter Röhre, langen, roten Kelchblättern und purpur Kronblättern folgen schwarze Früchte. **'Alba'** hat stark blaßrosa Blüten.

F. **'Margaret Roe'.** Laubabwerfender, aufrechter Strauch. H. 1 m, Br. 75 cm. Bedingt winterhart. Oberhalb des Laubes erscheinen aufrechte Blüten mit roten Röhren und Kelchblättern und blaßvioletten Kronblättern. Besonders gut für Sonmmerbeete.

F. **'Marin Glow'.** Kräftiger, laubabwerfender, aufrechter Strauch. H. 1,5 m, Br. 1 m. Bedingt winterhart. Die Blüten haben weiße Röhren mit grünen Spitzen, weißen Kelch- und purpurblauen Kronblättern. Ausgezeichnet als Hochstämmchen.

F. **'Marinka'.** Laubabwerfender, kriechender Strauch. H. 2 m, Br. unbestimmt. Bedingt winterhart. Zwischen dunkelgrünen Blättern mit roten Mittelrippen erscheinen rote Blüten mit dunkleren Kronblättern, an den äußeren Rändern gefältelt. In voller Sonne oder kaltem Wind verblaßt das Laub. Ausgezeichnet für Ampeln.

F. **'Mary Poppins'** (Abb. S. 133). Laubabwerfender, aufrechter Strauch. H. 1,5 m, Br. 75 cm. Bedingt winterhart. Die Blüten haben aprikosen-rosafarbene Röhren und Kelchblätter und zinnoberrote Kronblätter.

F. **'Micky Gault'.** Kräftiger, laubabwerfender, aufrechter Strauch. H. 1 m, Br. 75 cm. Bedingt winterhart. zwischen blaßgrünem Laub erscheinen kleine Blüten mit weißer Röhre, rosa überhauchten, weißen Kelch- und blaßpurpurnen Kronblättern.

F. **'Mieke Meursing'.** Laubabwerfender, aufrechter Strauch. H. 1 m, Br. 75 cm. Bedingt winterhart. Die einfachen bis halbgefüllten Blüten haben rote Röhren und Kelch- sowie blaßrosa Kronblätter mit kirschroten Adern.

F. **'Mrs. Popple'** (Abb. S. 133). Kräftiger, laubabwerfender, aufrechter Strauch. H. 1,5 m, Br. 75 cm. Winterhart. Die Blüten haben rote Röhren, überhängende, rote Kelch- und purpurne Kronblätter. Kann als Hecke in geschützten Gegenden gezogen werden.

F. **'Mrs. Rundle'.** Kräftiger, laubabwerfender, lockerer Strauch. H. und Br. 75 cm. Frostempfindlich. Bringt große Blüten mit langer rosa, grüngespitzer Röhre, rosa Kelch- und zinnoberroten Kronblättern hervor. Kann als Stämmchen gezogen werden oder auch in großen Ampeln.

F. **'Nancy Lou'.** Kräftiger, laubabwerfender, Strauch. H. und Br. 1 m. Bedingt winterhart. Die großen, gefüllten Blüten haben rosa Röhren, aufrechte, grüngespitzte, rosa Kelch- und leuchtendweiße Kronblätter.

F. **'Nellie Nuttall'** (Abb. S. 132). Kräftiger, laubabwerfender, aufrechter Strauch. H. 1 m, Br. 75 cm. Bedingt winterhart. Gut sichtbar oberhalb des Laubes erscheinen Blüten mit rosaroten Röhren und Kelchblättern. Die Kronblätter sind weiß. Besonders für Sommerbeete geeignet; auch als Stämmchen hübsch.

F. **'Other Fellow'** (Abb. S. 132). Laubabwerfender, aufrechter Strauch. H. 1,5 m, Br. 75 cm. Bedingt winterhart. Hat kleine Blüten mit weißen Röhren und Kelchblättern, die Kronblätter sind rosa.

F. **'Pacquesa'.** Kräftiger, laubabwerfender, aufrechter Strauch. H. 1 m, Br. 75 cm. Bedingt winterhart. Die Blüten haben tiefrote Röhren und Kelchblätter. Die Kronblätter sind weiß und rot geadert. Eignet sich als Stämmchen.

F. **'Peppermint Stick'** (Abb. S. 132). Laubabwerfender, aufrechter Strauch. H. 1,5 m, Br. 1 m. Bedingt winterhart. Die großen, gefüllten Blüten haben karminrote Röhren und Kelchblätter und rosa überhauchte, purpurne Kronblätter. Kann gut als Stämmchen gezogen werden.

F. **'Phyllis'.** Laubabwerfender, aufrechter Strauch. H. 2 m, Br. 1 m. Winterhart.

Den einfachen bis halbgefüllten Blüten mit rosaroten Röhren und Kelchblättern und roten Kronblättern folgen unzählige, schwarze Früchte. Kann auch als Hecke an einem geschützten Standort gezogen werden.

F. **'Pink Galore'** (Abb. S. 132). Laubabwerfender, kriechender Strauch. H. 1,5 m, Br. unbestimmt. Bedingt winterhart. Hat große, gefüllte, blaßrosa Blüten. Gedeiht am besten in Ampeln oder am Spalier gezogen.

F. procumbens. (Abb. S. 133). Laubabwerfender, niederliegender Strauch. H. 10 cm, Br. unbestimmt. Bedingt winterhart. Bringt winzige, aufrechte, kronblattlose Blüten mit gelber Röhre und purpurnen Kelchblättern mit leuchtendblauen Pollen. Die Blätter sind klein und dunkelgrün, die Früchte groß und rot. Eignet sich für Steingärten und Ampeln. Die Blüte kann durch Einkürzen der Wurzeln oder durch Kultur in nährstoffarmer, sandiger Erde gefördert werden.

F. **'Red Spider'** (Abb. S. 132). Laubabwerfender, kriechender Strauch. H. 1,5 m, Br. unbestimmt. Bedingt winterhart. Hat lange, rote Blüten mit langen, schmalen, breiter werdenden Kelchblättern und dunkleren Kronblättern. Eignet sich am besten für Ampeln oder das Spalier.

F. **'Riccartonii'** (Abb. S. 132). Laubabwerfender, straff, aufrechter Strauch. H. 2 m, Br. 1,5 m. Verträgt leichte Fröste, aber mit Windschutz und durchlässiger Erde manchmal auch völlig winterhart. Hat kleine Blüten mit roter Röhre, breite, überhängende rote Kelchblätter und purpurne Kronblätter. Kann als Hecke an einem geschützten Standort gezogen werden. Viele Pflanzen, die unter dem Namen *F.* 'Riccartonii' verkauft werden sind locker wachsende Hybriden von *F. magellanica*.

F. **'Rose of Castile'** (Abb. S. 133). Kräftiger, laubabwerfender, aufrechter Strauch. H. 1,5 m, Br. 1 m. Winterhart. Bringt kleine Blüten mit weißer grüngespitzter Röhre, weißen Kelch- und purpurn-überhauchten, rosa Kronblättern hervor. Eignet sich als Stämmchen.

F. **'Rough Silk'.** Kräftiger, laubabwerfender, aufrechter Strauch. H. 2 m, Br. unbestimmt. Bedingt winterhart. Trägt große Blüten mit rosa Röhre, langen, breiter werdenden, rosa Kelch- und weinroten Kronblättern. Eignet sich am besten für Ampeln oder Spaliere.

F. **'Royal Velvet'.** Kräftiger, laubabwerfender, aufrechter Strauch. H. 1,5 m, Br. 75 cm. Bedingt winterhart. Hat große, gefüllte Blüten mit roten Röhren und Kelchblättern. Die Kronblätter sind tiefpurpur, dunkelrosa gezeichnet. Eignet sich als Stämmchen.

F. **'Rufus'** (Abb. S. 132). Kräftiger, laubabwerfender, aufrechter Strauch. H. 1,5 m, Br. 75 cm. Bedingt winterhart. Hat eine Fülle kleiner, leuchtendroter Blüten. Einfach als Stämmchen zu ziehen.

F. splendens. Laubabwerfender, aufrechter Strauch. H. 2 m, Br. 1 m. Bedingt winterhart. Zwischen blaßgrünem Laub erscheinen kleine Blüten mit breiter, orangefarbener Röhre in der Mitte eingedrückt und kurzen, grünen Kron- und Kelchblättern. Sehr anfällig für Weiße Fliege.

F. **'Strawberry Delight'.** Laubabwerfender, lockerer Strauch. H. und Br. 1 m. Bedingt winterhart. Die großen, gefüllten Blüten haben rote Röhren und Kelchblätter. Die Kronblätter sind weiß und rosa überhaucht. Die Blätter sind gelblich grün und leicht bronzefarben. Eignet sich als Stämmchen oder Ampelpflanze.

F. **'Swingtime'** (Abb. S. 132). Kräftiger laubabwerfender, lockerer Strauch. H. und Br. 1 m. Bedingt winterhart. Hat große, gefüllte Blüten mit roten Röhren und Kelchblättern. Die cremig-weißen Kronblätter sind rot geadert. Eignet sich als Stämmchen oder für Ampeln.

F. **'Temple Bells'.** Kräftiger, laubabwerfender, aufrechter Strauch. H. 1 m, Br. 75 cm. Winterhart. Die Blüten haben rote Röhren und Kelchblätter, die Kronblätter sind hellila.

F. **'Texas Longhorn'.** Laubabwerfender, lockerer Strauch. H. und Br. 75 cm. Bedingt winterhart. Die großen, gefüllten Blüten haben rote Röhren, lange, ausgebreitete, rote Kelch- und weiße Kronblätter mit kirschroten Adern. Eignet sich als Stämmchen oder Ampelpflanze.

F. **'Thalia'** (Abb. S. 133). Laubabwerfender, aufrechter Strauch. H. und Br. 1 m. Frostempfindlich. In endständigen Büscheln erscheinen lange, schlanke Blüten mit langer, roter Röhre, kleinen roten Kelch- und kleinen orangeroten Kronblättern. Das Laub ist dunkelrotbraun und samtig. Bestens geeignet für Sommerbeete. Bevorzugt volle Sonne.

F. thymifolia. Laubabwerfender, lockerer Strauch. H. und Br. 1 m. Bedingt winterhart. Hat blaßgrünes Laub und einige kleine, grünliche weiße Blüten, die mit zunehmendem Alter purpur-rosa werden. Trägt an weiblichen Pflanzen schwarze Früchte, falls auch pollentragende Pflanzen dieser Spezies oder von *F.* × *bacillaris* gleichzeitig kultiviert werden.

F. **'Tom Thumb'** (Abb. S. 132). Laubabwerfender, aufrechter Strauch. H. und Br. 50 cm. Winterhart. Trägt kleine Blüten mit roten Röhren und Kelchblättern, die Kronblätter sind hellila-purpurn. Kann als Zwergstämmchen gezogen werden.

F. triphylla. Laubabwerfender, aufrechter Strauch, manchmal mit *F.* 'Thalia' verwechselt. H. und Br. 50 cm. Frostempfindlich. Oberhalb dunkelbronze-grüner Blätter, die auf der Unterseite purpur sind, erscheinen Ähren schmaler, langröhriger, leuchtend orange-roter Blüten mit kleinen Kron- und Kelchblättern. Sehr schwierig zu kultivieren.

F. **'Tristesse'.** Laubabwerfender, aufrechter Strauch. H. 1 m, Br. 75 cm. Bedingt winterhart. Hat gefüllte Blüten mit rosa Röhre, zurückgebogene, grüngespitzte, rosa Kelchblättern und blaß hellila Kronblätter. Gut als Stämmchen.

F. **'Westminster Chimes'.** Laubabwerfender, kriechender Strauch. H. 2 m, Br. unbestimmt. Bedingt winterhart. Die kleinen, halbgefüllten Blüten haben tiefrosa Röhren, grünspitzige, blaßrosa Kelch- und purpurfarbene Kronblätter. Am besten ist die Pflanze für Ampeln geeignet.

F. **'White Ann',** syn. *F.* 'Heidi Weiss' (Abb. S. 132). Laubabwerfender, aufrechter Strauch. H. 1 m, Br. 75 cm. Bedingt winterhart. Hat gefüllte Blüten mit roten Röhren und Kelchblättern. Die weißen Kronblätter sind kirschrot geadert. Kann als Stämmchen gezogen werden.

F. **'White Spider'** (Abb. S. 132). Kräftiger, laubabwerfender, kriechender Strauch. H. 2 m, Br. unbestimmt. Bedingt winterhart. Trägt große, sehr blaßrosa Blüten mit langen, schmalen, breiter werdenden, grünspitzigen Kelchblättern. Eignet sich ausgezeichnet als Ampelpflanze, als hängendes Stämmchen oder für Spaliere.

FURCRAEA (Agavaceae)
Gattung mehrjähriger Sukkulenten, deren schwertförmige, gezähnte, fleischige Blätter in Basalrosetten angeordnet sind. Die Rosetten sterben nach der Blüte ab. Ähnelt der *Agave*, nur die Blüten haben kurze Röhren. An den unteren Stengeln erscheinen Seitensprossen. Frostempfindlich. Mindesttemperatur 6°C. Benötigt Sonne und sehr durchlässige Erde. Vermehrung durch ausgereifte Ableger.

F. foetida, syn. *F. gigantea*. Mehrjährige, sukkulente Pflanze mit Basalrosetten. H. 3 m, Br. 5 m. Hat breit schwertförmige, fleischige, bis zu 2,5 m lange, mittelgrüne Blätter, deren Ränder nur an der Basis gezähnt sind. Die bis zu 8 m langen Blütenstiele tragen im Sommer stark duftende, glockenförmige, grüne Blüten, die innen weiß sind. **'Mediopicta'** Abb. S. 381.

F. gigantea. Siehe *F. foetida*.

G

GAGEA (Liliaceae)
Gelbstern
Gattung frühlingsblühender Bulben, die wegen ihrer Büschel trichter- oder sternchenförmiger, weißer oder gelber Blüten sehr beliebt ist. Eignet sich für Steingärten. Bedingt- bis winterhart. Bevorzugt helles Licht und durchlässigen Boden, der sich nicht zu stark erwärmt und trocken ist. Zieht im Sommer ein. Vermehrung durch Teilung im Frühjahr oder Herbst oder durch Samen im Herbst.
G. graeca, syn. *Lloydia graeca*. Frühlingsblühende Bulbe. H. 5–10 cm, Br. 3–5 cm. Bedingt winterhart. An drahtigen Stengeln bilden sich am Boden fadenähnliche, halbaufrechte Blätter. Trägt bis zu 5 breit trichterförmige, purpurn geaderte, 1–1,5 cm lange, weiße Blüten.
G. peduncularis. Frühlingsblühende Bulbe. H. 5–15 cm, Br. 2,5–5 cm. Winterhart. Hat an der Basis und am Stengel fadenähnliche, halbaufrechte Blätter. Bringt einen lockeren Kopf flacher, sternchenförmiger, 1,5–3 cm breiter, gelber Blüten, außen mit grünen Streifen, hervor.

GAILLARDIA (Compositae)
Gaillardie, Kokardenblume
Gattung sommerblühender, einjähriger Pflanzen und Stauden, die eher kurzlebig sind. Bedingt- bis winterhart. Benötigt Sonne und bevorzugt durchlässige Erde. Muß manchmal aufgebunden werden. Vermehrung der Spezies durch Samen im Herbst oder Frühjahr, selektierte Formen durch Wurzelschnittlinge im Winter.
G. aristata Abb. S. 246.
***G. × grandiflora* 'Dazzler'** Abb. S. 240. **'Wirral Flame'** ist eine horstbildende, kurzlebige Staude. H. 60 cm, Br. 50 cm. Winterhart. Bringt während des Sommers große, endständige, gänseblümchenähnliche, tief kardinalrote Blütenköpfe hervor. Die Blätter sind lanzettförmig, gelappt und sanftgrün.
G. pulchella (gefüllt, zweifarbig). Mäßig schnellwachsende, aufrechte, einjährige Pflanze oder kurzlebige Staude. H. 45 cm, Br. 30 cm. Winterhart. Hat lanzettförmige, behaarte, gräulich-grüne Blätter und im Sommer gänseblümchenähnliche, gefüllte, rot gezeichnete, gelbe, rosa oder rote Blütenköpfe. **'Lollipops'** Abb. S. 282.

GALANTHUS (Amaryllidaceae)
Schneeglöckchen
Gattung von Bulben, die wegen ihrer hängenden, weißen Blüten, jeweils eine pro schlankem Stiel zwischen 2 Basalblättern, sehr beliebt ist. Leicht an den 3 großen äußeren und 3 kleinen inneren Blütenblättern, die einen Becher bilden, der grün gezeichnet ist, zu erkennen. Bedingt- bis winterhart. Benötigt einen kühlen, halbschattigen Standort und humusreiche, feuchte Erde. Bulben dürfen nicht ganz austrocknen. Vermehrung durch Teilung im Frühjahr nach der Blüte oder im Spätsommer oder Herbst während der Ruhezeit.
***G.* 'Atkinsii'** Abb. S. 369.
G. elwesii Abb. S. 369.
G. gracilis, syn. *G. graecus*, Abb. S. 369.
F. graecus. Siehe *G. gracilis*.
G. ikariae, syn. *G. latifolius*, Abb. S. 370.
G. latifolius. Siehe *G. ikariae*.
G. nivalis (Gefülltblühendes Schneeglöckchen). Bulbe, die im Spätwinter und zeitigem Frühjahr blüht. H. 10–15 cm, Br. 5–8 cm. Winterhart. Bringt schmal riemenförmige, halbaufrechte, grundständige, graugrüne Blätter hervor. Die Blüten sind 2–2,5 cm lang mit grüner Markierung an der Spitze der inneren Blütenblätter. **'Flore Pleno'** und **'Pusey Green Tips'** Abb. S. 369. **'Lutescens'** und **'Scharlockii'** Abb. S. 370.
G. plicatus. Im Spätwinter und zeitigem Frühjahr blühende Bulbe. H. 10–20 cm, Br. 5–8 cm. Winterhart. Trägt breit riemenförmige, halbaufrechte, grundständige, tiefgrüne Blätter mit grauem Flaum und zurückgebogenen Rändern. Jede weiße, 2–3 cm lange Blüte hat einen grünen Fleck an der Spitze jedes inneren Blütenblattes. Ssp. ***byzantinus*** Abb. S. 370.
G. reginae-olgae. Herbstblühende Bulbe. H. 10–20 cm, Br. 5 cm. Winterhart. Bringt 1,5–2,5 cm lange Blüten mit einem grünen Fleck an der inneren Blütenblattspitze hervor. Die schmal riemenförmigen, tiefgrünen Blätter mit einem grauen Streifen in der Mitte erscheinen vorher oder gleichzeitig.
G. rizehensis Abb. S. 369.

GALAX (Diapensiaceae)
Bronzeblatt
Gattung einer Spezies immergrüner Stauden, wegen des Laubes und der Blüten kultiviert. Gedeiht gut unter Sträuchern. Winterhart. Benötigt Schatten und feuchte, torfhaltige, saure Erde. Vermehrung durch Teilung von Wurzelausläufern im Frühjahr.
G. aphylla. Siehe *G. urceolata*.
G. urceolata, syn. *G. aphylla*, Abb. S. 291.

GALEGA (Leguminosae)
Geißraute
Gattung sommerblühender Stauden. Winterhart. Gedeiht an einem offenen, sonnigen Standort in jeder durchlässigen Erde. Muß aufgebunden werden. Vermehrung durch Samen im Herbst oder Teilung im Winter.
***G. × hartlandii* 'His Majesty'.** Kräftige, aufrechte Staude. H. bis 1,5 m, Br. 1 m. Bringt im Sommer Ähren kleiner, erbsenähnlicher, klar lilafarbener und weißer Blüten hervor. Auffällige, längliche bis lanzettförmige Blätter bestehen aus kleinen, ovalen Blättchen. **'Lady Wilson'** Abb. S. 190.
G. orientalis Abb. S. 211.

GALEOBDOLON (Labiatae)
Gattung sommerblühender, immergrüner Stauden. Guter Bodendecker, aber stark wuchernd. Winterhart. Verträgt Sonne und Schatten und jede durchlässige Erde. Vermehrung durch Teilung von Wurzelausläufern im Winter.
G. argentatum, syn. *Lamiastrum galeobdolon* 'Variegatum', *Lamium galeobdolon 'Variegatum'*. Immergrüne, bodendeckende Staude. H. bis 30 cm, Br. nicht genau festzulegen. Die ovalen, mittelgrünen Blätter sind silbern gezeichnet. Trauben röhrenförmiger, zweilippiger, zitronengelber Blüten erscheinen im Sommer.

GALIUM (Rubiaceae)
Waldmeister, Labkraut
Gattung frühlings- und sommerblühender Stauden, viele von ihnen sind Unkraut. *G. odoratum* wird als Bodendecker gezogen. Winterhart. Gedeiht gut im Halbschatten, verträgt auch Sonne und jeden durchlässigen Boden. Vermehrung durch Teilung im zeitigen Frühjahr oder Herbst.
G. odoratum, syn. *Asperula odorata*, Abb. S. 232.

GALTONIA (Liliaceae)
Sommerhyazinthe, Riesenhyazinthe
Gattung sommer- und herbstblühender Bulben, die wegen ihrer eleganten Ähren hängender, trichterförmiger, weißer oder grüner Blüten sehr beliebt ist. Winterhart. Benötigt einen geschützten, sonnigen Standort und fruchtbaren, durchlässigen Boden, der im Sommer nicht austrocknet. Stirbt im Winter ab. Kann herausgenommen und im Frühjahr neu gesetzt werden. Vermehrung durch Samen im Frühling oder Zwiebeln im Herbst oder Frühling.
G. candicans Abb. S. 332.
G. viridiflora Abb. S. 337.

GARDENIA (Rubiaceae)
Gardenie
Gattung immergrüner Sträucher und Bäume, die wegen ihrer Blüten und des Laubes gerne gezogen wird. Frostempfindlich. Mindesttemperatur 15 °C. Bevorzugt Halbschatten und humusreiche, durchlässige, neutrale bis saure Erde. Während der Wachstumszeit Kübelpflanzen reichlich gießen, zu anderen Zeiten weniger. Nach der Blüte sollten überlange Triebe wieder in Form geschnitten werden. Vermehrung durch krautige Stecklinge im Frühjahr oder durch halbausgereifte Stecklinge im Sommer. Anfällig für Weiße Fliege und Schmierlaus.
G. capensis. Siehe *Rothmannia capensis*.
G. florida. Siehe *G. jasminoides*.
G. grandiflora. Siehe *G. jasminoides*.
G. jasminoides, syn. *G. florida*, *G. grandiflora*. **'Fortuniana'** Abb. S. 126.
G. rothmannia. Siehe *Rothmannia capensis*.
G. thunbergia. Immergrüner, buschiger Strauch mit weißen Stengeln. H. und Br. bis 2 m oder mehr. Hat elliptische, glänzende, dunkelgrüne Blätter. Im Winter–Frühling erscheinen duftende, 6 bis 10 cm breite, weiße Blüten mit 7–9 Kronblättern.

GARRYA (Garryaceae)
Gattung immergrüner Sträucher und Bäume, die wegen ihrer Kätzchen im Winter und Frühling, die an männlichen Pflanzen attraktiver und länger sind, kultiviert werden. Winterhart. Benötigt einen geschützten, sonnigen Standort und verträgt jeden mageren Boden. Eignet sich für Bepflanzung an Süd- oder Westwänden. Verträgt kein Verpflanzen. Vermehrung durch halbausgereifte Stecklinge im Sommer. Starke Fröste können die Kätzchen schädigen.
G. elliptica Abb. S. 93. **'James Roof'** ist ein immergrüner, buschiger, dichter Strauch. H. und Br. 4 m. Hat ovale, gewellte, ledrige, dunkelgrüne Blätter. Von Wintermitte bis Spätwinter und zeitigem Frühjahr erscheinen sehr lange, grau-grüne Kätzchen mit gelben Staubbeuteln.

GASTERIA (Liliaceae)
Gattung mehrjähriger Sukkulenten mit dicken, fleischigen Blättern, meistens fächerförmig angeordnet, entwickelt sich später zur dichten Rosette. Frostempfindlich. Mindesttemperatur 5 °C. Einfach zu kultivieren. Benötigt Sonne oder Halbschatten und sehr durchlässige Erde. Vermehrung durch Samen, Blattstecklinge oder Teilung im Frühjahr oder Sommer.
G. caespitosa. Fächerförmige, mehrjährige Sukkulente. H. 15 cm, Br. 30 cm. Bringt dreieckige, dicke, dunkelgrüne, 15 cm lange Blätter mit verhornten Rändern hervor. Die Oberfläche der Blätter weist zahlreiche weiße oder blaßgrüne Punkte, meistens in Diagonalreihen angeordnet, auf. Im Frühling erscheinen Ähren glockenförmiger, orange-grüner Blüten.
G. liliputana Abb. S. 400.
G. verrucosa Abb. S. 400.

GAULNETTYA (Ericaceae)
Gattung von Hybriden (*Gaultheria × Pernettya*) immergrüner Sträucher, wegen des Laubes, der Blüten und Früchte gerne kultiviert. Winterhart. Benötigt Halbschatten oder Schatten und feuchte, torfhaltige, saure Erde. Vermehrung durch Ausläufer im Frühjahr oder halbausgereifte Stecklinge im Sommer.
× *G.* 'Pink Pixie'. Immergrüner, dichter, buschiger Strauch. H. und Br. 1 m. Hat breit ovale, tiefgeaderte, dunkelgrüne Blätter. Den im späten Frühjahr und Frühsommer erscheinenden kleinen, urnenförmigen, blaßrosa Blüten folgen runde, purpurrote Früchte.
× *G.* 'Wisley Pearl' Abb. S. 122.

GAULTHERIA (Ericaceae)
Scheinbeere
Gattung immergrüner Sträucher und Halbsträucher, wegen ihres Laubes, der Früchte und Blüten sehr beliebt. Bedingt- bis winterhart. Benötigt Schatten oder Halbschatten und feuchte, torfhaltige, saure Erde. Verträgt Sonne, falls der Boden ständig feucht gehalten wird. Vermehrung durch halbausgereifte Stecklinge im Sommer, Samen im Herbst oder bei *G. shallon* und *G. trichophylla* durch Teilung im Herbst oder Frühling.
G. cuneata Abb. S. 300.
G. forrestii. Immergrüner, runder Strauch. H. und Br. 1,5 m. Bedingt winterhart. Hat längliche, glänzende, dunkelgrüne Blätter und Trauben kleiner, duftender, runder, weißer Blüten, die im Frühjahr erscheinen, später runde, blaue Früchte.
G. miqueliana. Immergrüner, kompakter Strauch. H. und Br. 25 cm. Winterhart. Die steifen Stengel sind von ovalen, ledrigen Blättern bedeckt. Den glockenförmigen, rosa überhauchten, weißen Blüten, bis zu 6 an einem Stiel im späten Frühling, folgen runde, weiße oder rosa Früchte.
G. nummularioides. Immergrüner, kompakter Strauch. H. 10–15 cm, Br. 20 cm. Winterhart. Die Blätter sind oval bis herzförmig und ledrig. Im späten Frühling oder Sommer erscheinen aus den oberen Blattachseln eiförmige, rosa überhauchte, weiße Blüten. Bringt selten runde, blauschwarze Früchte hervor.
G. procumbens Abb. S. 327.
G. shallon Abb. S. 130.
G. trichophylla. Immergrüner, kompakter Strauch mit kriechenden, unterirdischen Stengeln. H. 7–15 cm, Br. 20 cm.

Winterhart. Frühsommer erscheinen glockenförmige, rosa Blüten, später eiförmige, blaue Früchte, die den Blattachseln entspringen. Die Blätter sind klein und oval.

GAURA (Onagraceae)
Prachtkerze
Gattung sommerblühender, einjähriger Pflanzen und Stauden, die manchmal kurzlebig sind. Winterhart. Bevorzugt volle Sonne und leichte, durchlässige Erde. Vermehrung durch Kopf- oder halbausgereifte Stecklinge im Sommer oder Samen im Herbst oder Frühjahr.
G. lindheimeri. Buschige Staude. H. 1,2 m, Br. 1 m. Bringt im Sommer Trauben röhrenförmiger, rosa überhauchter, weißer Blüten hervor. Die Blätter sind lanzettförmig und mittelgrün.

GAYLUSSACIA (Ericaceae)
Gattung laubabwerfender, manchmal immergrüner Sträucher, die wegen der Blüten, des Herbstlaubes und der Früchte sehr beliebt sind. Winterhart. Benötigt Sonne oder Halbschatten und feuchte, torfhaltige, saure Erde. Vermehrung durch Kopfstecklinge im Sommer oder Samen im Herbst.
G. baccata. Laubabwerfender, buschiger Strauch. H. und Br. 1 m. Die ovalen, klebrigen, dunkelgrünen Blätter färben sich im Herbst rot. Bringt im späten Frühjahr Büschel kleiner, urnenförmiger, dumpfroter Blüten hervor, denen eßbare, runde, schwarze Früchte folgen.

GAZANIA (Compositae)
Gazanie
Gattung von Stauden, oft als einjährige Pflanze gezogen. Geeignet für Sommerbeete, Töpfe und Kübel. Bedingt winterhart. Benötigt Sonne und sandige Erde. Vermehrung durch Samen im Frühjahr oder durch Wurzelabschnitte im Frühjahr oder Sommer.
***G.* 'Daybreak'.** Bodendeckende Staude, einjährig kultiviert. H. und Br. 20 cm. Hat lanzettförmige Blätter und im Sommer große, gänseblümchenähnliche Blütenköpfe in einer Farbmischung von Orange, Gelb, Bronze und Weiß. Bei bewölktem Wetter bleiben die Blüten offen.
G. pinnata. Mattenbildende Staude. H. 15 cm, Br. 30 cm. Über den ovalen, zartgeteilten, behaarten, bläulich-grauen Blättern erscheinen einzeln im Frühsommer gänseblümchenähnliche, orange-rote Blütenköpfe, in der Mitte mit schwarzem Ring.
***G.* 'Sundance'.** Bodendeckende Staude, einjährig kultiviert. H. und Br. 30 cm. Hat lanzettförmige Blätter. Bringt im Sommer sehr große, gänseblümchenähnliche, über 8 cm breite Blütenköpfe in leuchtenden Flammenfarben, einige mit rot und gelben Streifen hervor.
G. uniflora Abb. S. 247.

GELSEMIUM (Loganiaceae)
Gattung immergrüner, windender Kletterpflanzen, die wegen ihrer duftenden, jasminähnlichen Blüten sehr beliebt ist. Bedingt winterhart. In kühlen Gegenden unter Glas kultivieren. Benötigt fruchtbare, durchlässige Erde und helles Licht. Regelmäßig gießen, bei kaltem Wetter weniger. Muß gestützt werden. Nach der Blüte oder im Frühjahr ausdünnen. Vermehrung durch Samen im Frühjahr oder halbausgereifte Stecklinge im Sommer.
G. sempervirens. Mäßig kräftiger, immergrüner Schlinger. H. 3 m oder mehr. Hat oval bis lanzettförmige, spitze, glänzende Blätter. Vom späten Frühjahr bis Spätsommer erscheinen Büschel duftender, trichterförmiger blaß- bis tiefgelber Blüten mit 5 gelappten Blütenblättern.

GENISTA (Leguminosae)
Ginster
Gattung laubabwerfender, manchmal fast blattloser Sträucher und Bäume, die wegen ihrer Fülle kleiner, erbsenähnlicher Blüten kultiviert wird. Bedingt- bis winterhart. Gedeiht am besten in voller Sonne und nicht zu nährstoffreicher, durchlässiger Erde. Verträgt kein Verpflanzen. Vermehrung der Spezies durch Kopf- oder halbausgereifte Stecklinge im Sommer oder Samen im Herbst. Selektierte Formen nur durch Kopfstecklinge im Sommer.
G. aetnensis (Aetna-Ginster) Abb. S. 66.
G. cinerea (Dalmatinischer Ginster) Abb. S. 91.
G. delphinensis. Laubabwerfender, niedriger Strauch. H. 1 cm, Br. 20 cm. Winterhart. Hat ein Gewirr geflügelter Zweige, die mit winzigen, ovalen, dunkelgrünen Blättern bedeckt sind. Im Frühsommer erscheinen entlang der Triebe unzählige goldgelbe Blüten. Eignet sich für Steingärten und Mauern.
G. fragrans. Siehe *Cytisus × spachianus*.
G. hispanica Abb. S. 138.
G. lydia Abb. S. 299.
G. monosperma. Laubabwerfender, fast blattloser, zierlicher, überhängender Strauch. H. 1 m, Br. 1,5 m. Winterhart. Die schlanken, silbrig-grauen Triebe tragen im zeitigen Frühjahr Büschel stark duftender, weißer Blüten. Hat wenige, unauffällige Blätter. An eine Süd- oder Westwand pflanzen.
G. pilosa. Laubabwerfender, dorniger Strauch. H. und Br. 30 cm. Winterhart. Die schmal-ovalen Blätter sind auf der Unterseite mit seidigen Härchen besetzt. Im Sommer erscheinen aus den Blattachseln gelbe Blüten an kurzen Stielen. Eignet sich für Böschungen und als Bodendecker. Vermehrung durch halbausgereifte Stecklinge im Sommer.
G. sagittalis (Pfeilginster), syn. *Chamaespartium sagittale* Abb. S. 326.
***G. tenera.* 'Golden Showers'.** Kräftiger, laubabwerfender, überhängender Strauch. H. 3 m, Br. 5 m. Winterhart. Die schmalen, länglichen Blätter sind grau grün. Von Früh bis Mitte Sommer erscheinen Trauben duftender, goldgelber Blüten.
G. tinctoria (Färberginster) Abb. S. 125. **'Royal Gold'** ist ein laubabwerfender, aufrechter Strauch. H. und Br. 1 m. Winterhart. Bringt im Frühling–Sommer konische Rispen goldgelber Blüten. Die Blätter sind schmal lanzettförmig und dunkelgrün.

GENTIANA (Gentianaceae)
Enzian
Gattung ein- und zweijähriger Pflanzen und Stauden, einige von ihnen sind halbimmergrün oder immergrün, wegen ihrer blauen Blüten gerne gezogen. Ausgezeichnet für Steingärten und Heidegärten. Winterhart. Bevorzugt Sonne oder Halbschatten und humusreiche, durchlässige, feuchte, neutrale bis saure Erde. Einige Spezies wachsen wild auf kalkhaltigem Boden. Vermehrung durch Teilung oder Ableger im Frühjahr oder durch Samen im Herbst. Herbstblühende Spezies und *G. clusii* werden alle 3 Jahre im zeitigen Frühjahr geteilt und neu in frische Erde verpflanzt.
G. acaulis, syn. *G. excisa*, *G. kochiana* Abb. S. 310.
G. angustifolia. Immergrüne, horstbildende Staude. H. 10 cm, Br. 20 cm. Hat Rosetten länglicher, dumpfgrüner Blätter und im Sommer einzelne, röhrenförmige, himmelblaue Blüten an 7 cm langen Stielen. Verträgt alkalischen Boden.
G. asclepiadea (Schwalbenwurzenzian) Abb. S. 220.
G. clusii. Immergrüne, horstbildende Staude. H. 5 cm, Br. 15–23 cm. Hat Rosetten ovaler, glänzender, dunkelgrüner Blätter. Im Frühsommer erscheinen trompetenförmige, azur-blaue Blüten, mit grüngepunktetem, blasserem Schlund an 2,5–10 cm langen Stielen. Verträgt alkalischen Boden.
G. excisa. Siehe *G. acaulis*.
G. gracilipes. Halbimmergrüne, büschelige Staude mit hängenden Stengeln. H. 15 cm, Br. 20 cm. Bildet eine Rosette langer, riemenförmiger, dunkelgrüner Blätter aus der im Sommer lockere Blütenstiele mit röhrenförmigen, dunkel purpur-blauen Blüten, auf der Innenseite grün, hervorkommen. Verträgt etwas Schatten.
G. kochiana. Siehe *G. acaulis*.
G. lutea (Gelber Enzian) Abb. S. 214.
***G. × macaulayi* 'Wellsii'** Abb. S. 327.
G. ornata. Halbimmergrüne, horstbildende Staude mit kleinen, überwinternden Rosetten. H. 5 cm, Br. 10 cm. Bildet eine Rosette grasähnlicher Blätter. Im Herbst trägt jede Stengelspitze eine aufrechte, glockenförmige, mittelblaue Blüte mit weißem Schlund und an der Außenseite tiefblau bis cremigweiß gestreift. Benötigt sauren Boden und feuchte Luft.
G. saxosa Abb. S. 314.
G. septemfida Abb. S. 300.
G. sino-ornata (Stengelloser Enzian) Abb. S. 327.
***G.* 'Susan Jane'.** Kräftige, halbimmergrüne, ausgebreitete Staude mit kleinen, überwinternden Rosetten. H. 5 cm, Br. 30 cm. Die niedrigen Stiele tragen grasähnliche Blätter. Im Herbst erscheinen große, trompetenförmige tiefblaue Blüten mit weißem Schlund und innen grünlich. Benötigt saure Erde.
G. verna (Frühlingsenzian) Abb. S. 310.

GERANIUM (Geraniaceae)
Storchschnabel, Staudengeranie
Gattung von Stauden, teilweise halbimmergrün, beliebt wegen ihrer attraktiven Blüten und auch als Bodendecker. Kompakte Spezies eignen sich für Steingärten. Bedingt- bis winterhart. Die meisten Spezies bevorzugen Sonne, aber einige gedeihen im Schatten besser. Gedeiht in jeder, nur nicht staunasser Erde. Vermehrung durch halbausgereifte Stecklinge im Sommer, durch Samen oder Teilung im Herbst oder Frühjahr. Sorten sollten nur durch Teilung oder Stecklinge vermehrt werden.
***G.* 'Ann Folkard'.** Ausgebreitete Staude. H. 50 cm, Br. 1 m. Winterhart. Hat runde, tief eingeschnittene, gelblich-grüne Blätter und im Sommer – Herbst eine Fülle flach becherförmiger, tief magentaroter Blüten mit schwarzen Adern.
G. armenum. Siehe *G. psilostemon*.
G. cinereum. Halbimmergrüne, rosettenartige Staude mit ausgebreiteten Blütenstielen. H. 15 cm, Br. 30 cm. Winterhart. Hat becherförmige, entweder weiße bis blaßrosa, stark purpurn geaderte oder rein weiße Blüten an lockeren Stielen. Sie erscheinen im späten Frühjahr und Sommer. Die Basalblätter sind rund, tief eingeschnitten, weich und graugrün. Eignet sich für große Steingärten. **'Ballerina'** und **var. *subcaulescens*** Abb. S. 319.
***G. clarkei* 'Kashmir Purple',** syn. *G. pratense* 'Kashmir Purple'. Teppichbildende Staude mit Rhizom. H. und Br. 45 bis 60 cm. Winterhart. Bringt im Sommer lockere Büschel becherförmiger, tiefpurpurner Blüten hervor. Die runden Blätter sind tief eingeschnitten und zart geadert. **'Kashmir White'** (syn. *G. pratense* 'Kashmir White') Abb. S. 233.
G. dalmaticum (Dalmatinischer Storchschnabel) Abb. S. 317.
G. endressii Abb. S. 235. **'Wargrave Pink'** Abb. S. 236.
G. farreri. Rosettenbildende Staude mit einer Pfahlwurzel. H. 10 cm, Br. 10–15 cm oder mehr. Winterhart. Im Frühsommer erscheinen nach außen gedrehte, flache, stark blaß hellila-rosafarbene Blüten mit auffallenden, blau-schwarzen Staubbeuteln. Hat nierenförmige, mattgrüne Blätter. Blüten- und Blattstiele sind rot.
G. grandiflorum. Siehe *G. himalayense*.
G. himalayense, syn. *G. grandiflorum*, Abb. S. 242.
G. ibericum. Horstbildende Staude. H. und Br. 60 cm. Winterhart. Bringt im Sommer Blütenstiele mit tellerförmigen, violett-blauen Blüten mit 5 Kronblättern hervor. Hat herzförmige, gelappte oder eingeschnittene, behaarte Blätter.
G. incanum. Halbimmergrüne, ausgebreitete, kegelige Staude. H. 30–38 cm, Br. 60 cm –1 m. Winterhart. Im Sommer erscheinen einzeln über aromatischen, tiefgeteilten, grau-grünen Blättern mit linealischen Abschnitten flach becherförmige Blüten, sehr variabel in der Farbe, aber meist tiefrosa.
***G.* 'Johnson's Blue'** Abb. S. 242.
G. macrorrhizum (Immergrüne Staudengeranie) Abb. S. 236. **'Ingwersen's Variety'** Abb. S. 226.
G. maculatum. Horstbildende Staude. H. 75 cm, Br. 45 cm. Winterhart. Bringt im Frühjahr Köpfe flacher, rosa-lila Blüten über runden, gelappten oder gezackten, mittelgrünen Blättern, die sich im Herbst hellbraun und rot färben.
G. maderense. Kräftige, halbimmergrüne, buschige, verholzende Staude. H. und Br. 1 m. Bedingt winterhart. Bringt im Sommer über handförmigen, zart geschnittenen, dunkelgrünen Blättern einen großen Blütenstand mit flach becherförmigen, tief magentaroten Blüten hervor.
G. × magnificum Abb. S. 242.
G. nodosum Abb. S. 227.
G. orientalitibeticum Abb. S. 293.
***G. × oxonianum* 'Claridge Druce'.** Kräftige, halbimmergrüne, mattenbildende Staude. H. und Br. 60–75 cm. Winterhart. Trägt den Sommer über Büschel becherförmiger, dunkler geaderter, hell-lila-rosa Blüten. Hat zierliche, runde, gelappte Blätter. **'Winscombe'** Abb. S. 203.
G. palmatum. Kräftige, halbimmergrüne, buschige Staude mit verholzter Basis. H. 45 cm, Br. 60 cm. Bedingt winterhart. Bringt im späten Sommer einen großen

Blütenstand mit flach becherförmigen, purpur-roten Blüten hervor. Hat handförmige, tiefgelappte, dunkelgrüne Blätter.
G. phaeum Abb. S. 197.
G. pratense (Wiesen Storchschnabel). Horstbildende Staude. H. 75 cm, Br. 60 cm. Winterhart. Bringt im Sommer an verzweigten Stengeln tellerförmige, violett-blaue Blüten mit 5 Kronblättern hervor. Runde, gelappte bis stark geteilte, mittelgrüne Blätter färben sich im Herbst bronze. **'Kashmir-Purple'**, siehe *G. clarkei* 'Kashmir Purple'. **'Kashmir White'**. Siehe *G. clarkei* 'Kashmir White'. **'Plenum Violaceum'** ist kompakter als die Spezies mit gefüllten, tief violetten Blüten.
G. procurrens. Mattenbildende Staude. H. 30 cm, Br. 60 cm. Winterhart. Hat runde, gelappte, glänzende Blätter und im Sommer Büschel tellerförmiger, tief rosa-purpurner Blüten.
G. psilostemon, syn. *G. armenum*, Abb. S. 205.
G. pylzowianum. Ausgebreitete Staude mit unterirdischen Ausläufern und winzigen Knollen. H. 12–25 cm, Br. 25 cm oder breiter. Winterhart. Trägt halbrunde, tief eingeschnittene, dunkelgrüne Blätter und im späten Frühjahr und Sommer trompetenförmige, tief rosa-rote Blüten mit grüner Mitte. Wuchert stark.
G. renardii Abb. S. 234.
G. 'Russell Prichard'. Halbimmergrüne, horstbildende Staude. H. 30 cm, Br. 1 m. Winterhart. Becherförmige, klare rosa Blüten erscheinen einzeln oder in kleinen Büscheln vom Frühsommer bis Herbst. Die rundlichen Blätter sind gelappt und grau-grün.
G. sanguineum Abb. S. 294. Var. ***striatum*** (syn. *G. s.* var. *lancastriense*) Abb. S. 316.
G. stapfianum. Niederliegende Staude mit unterirdischen Ausläufern. H. 12 cm, Br. 15 cm oder mehr. Winterhart. Die Blätter sind nierenförmig bis rundlich, tief eingeschnitten bis gezackt, weiß und grün gefleckt mit roten Rändern und Blattstielen. Bringt im Sommer einzelne, nach oben schauende, tellerförmige, rötlich-purpurne Blüten mit roten Zentren und Adern hervor. Eignet sich am besten für ein Alpinum oder kiesigen Untergrund, da Winternässe nicht vertragen wird.
***G. sylvaticum* 'Mayflower'** Abb. S. 210.
***G. traversii* var. *elegans*.** Halbimmergrüne, rosettenbildende Staude mit ausgebreiteten Stengeln. H. 10 cm, Br. 25 cm. Winterhart. Im Sommer erscheinen über runden, gelappten, graugrünen Blättern große, nach oben schauende, tellerförmige, blaßrosa Blüten mit dunkleren Adern. Eignet sich für einen geschützten Felsrand oder Steingärten. Verträgt keine Winternässe. Benötigt kiesigen Boden.
***G. wallichianum* 'Buxton's Blue'** Abb. S. 243.
G. wlassovianum. Horstbildende Staude. H. und Br. 60 cm. Winterhart. Hat samtartige Stiele und runde, gelappte, dunkelgrüne Blätter. Bringt im Sommer einzelne oder in kleinen Büscheln tellerförmige, tiefpurpurne Blüten hervor.

GERBERA (Compositae)
Gattung von Stauden, die vom Sommer bis Winter blühen, je nach Wachstumsbedingungen. Bedingt winterhart. Benötigt volle Sonne und leichte, sandige Erde. Vermehrung durch Rhizomabschnitte seitlicher Triebe im Sommer oder durch Samen im Herbst oder zeitigem Frühjahr.
G. jamesonii Abb. S. 258.

GEUM (Rosaceae)
Nelkenwurz
Gattung sommerblühender Stauden. Winterhart. Gedeiht am besten in Sonne und bevorzugt feuchte, aber durchlässige Erde. Vermehrung durch Teilung oder Samen im Herbst.
G. × borisii Abb. S. 249.
G. 'Fire Opal'. Horstbildende Staude. H. 80 cm, Br. 45 cm. Im Sommer erscheinen in kleinen Büscheln über lanzettförmigen, länglichen bis gelappten hellgrünen Blättern runde, gefüllte, bronze-rote Blüten.
G. 'Lady Stratheden' Abb. S. 247.
G. 'Lionel Cox'. Horstbildende Staude. H. und Br. 30 cm. Im Frühsommer erscheinen kleine Büschel becherförmiger, lachsroter Blüten mit 5 Kronblättern über den länglichen bis lanzettförmigen, gelappten, frischgrünen Blättern.
G. montanum. Dichte, horstbildende Staude mit langsam ausbreitendem Rhizom. H. 10 cm, Br. 23 cm. Flach becherförmige, goldgelbe Blüten erscheinen im Frühsommer, denen flaumige, hellgelbe Fruchtstände folgen. Die Blätter sind gefiedert, jedes mit einem großen, runden, endständigen Lappen. Eignet sich für Steingärten.
G. 'Mrs. Bradshaw'. Horstbildende Staude. H. 80 cm, Br. 45 cm. Im Sommer erscheinen an kleinen Rispen runde, gefüllte, leuchtend rote Blüten. Die sommergrünen Blätter sind länglich bis lanzettförmig und gelappt.

GEVUINA (Proteaceae)
Gattung immergrüner Bäume, wegen des Laubes und der Sommerblüten kultiviert. Winterhart. Benötigt Halbschatten und fruchtbare, feuchte, aber durchlässige Erde. Vermehrung durch halbausgereifte Stecklinge im Spätsommer oder durch Samen im Herbst.
G. avellana. Immergrüner, konischer Baum. H. und Br. 10 m. Hat große, glänzende, dunkelgrüne Blätter, die in zahlreiche, ovale, gezähnte Blättchen geteilt sind. Den schlanken Ähren spinnenartiger, weißer Blüten im Spätsommer folgen kirschenähnliche, rote, dann schwarze Früchte.

GIBBAEUM (Aizoaceae)
Gattung horstbildender, mehrjähriger Sukkulenten mit paarweise angesetzten, kleinen, verdickten Blättern, oft von ungleicher Größe. Frostempfindlich. Mindesttemperatur 5 °C. Benötigt volle Sonne und sehr durchlässige Erde. Wenig gießen, und ab und zu im Frühwinter. Vermehrung durch Samen oder Stammstecklinge im Frühling oder Sommer.
G. petrense. Mattenbildende, mehrjährige Sukkulente. H. 3 cm, Br. 30 cm oder mehr. Jeder Zweig trägt ein oder zwei Paare dicker, dreieckiger, blaß grau-grüner Blätter, die 1 cm lang sind. Im Frühling erscheinen gänseblümchenähnliche, rosa-rote Blüten, 1,5 cm breit.
G. velutinum Abb. S. 389.

GILIA (Polemoniaceae)
Gattung sommer- und herbstblühender, einjähriger Pflanzen. Winterhart. Gedeiht am besten in Sonne und fruchtbarer, sehr durchlässiger Erde. Muß gestützt werden, besonders an windigem Standort. Vermehrung durch Freilandaussaat im Frühling oder im Frühherbst für die zeitige Blüte im folgenden Jahr.
G. achilleifolia. Schnellwachsende, aufrechte, buschige, einjährige Pflanze. H. 60 cm, Br. 20 cm. Die zart geteilten, mittelgrünen Blätter sind behaart und klebrig. Im Sommer erscheinen trichterförmige, 2,5 cm breite, blaue Blütenköpfe.
G. capitata Abb. S. 277.

GILLENIA (Rosaceae)
Gattung sommerblühender Stauden. Verträgt Sonne oder Schatten. Muß gestäbt werden. Vermehrung durch Samen im Herbst oder Frühjahr.
G. trifoliata Abb. S. 202.

GINKGO (Ginkgoaceae) Siehe KONIFEREN.
Ginkgobaum
G. biloba Abb. S. 75.

GLADIOLUS (Iridaceae)
Gladiole, Siegwurz
Gattung von Knollenpflanzen. Jede bringt eine Ähre trichterförmiger Blüten und einen Fächer aufrechter, schwertförmiger Blätter, die am unteren Teil des Blütenstengels angeordnet sind, hervor. Eignet sich für Schnitt und auch für gemischte Rabatten; die meisten Hybriden eignen sich auch zur Dekoration. Bedingt- bis winterhart. Benötigt einen sonnigen, fruchtbaren, durchlässigen Standort. Wird im Frühling 10–15 cm tief und im gleichen Abstand gesetzt. Im Sommer gut wässern und die hohen Sorten stützen. Im Herbst bedingt winterharte Sorten herausnehmen, Stengel abschneiden und die Knollen an einen frostfreien, kühlen Platz überwintern. Frühlingsblühende Spezies und Sorten im Herbst topfen und im kühlen Gewächshaus aufbewahren; nach der Blüte während der Sommermonate trocknen lassen und im Herbst neu pflanzen.
Vermehrung durch Samen oder Brutknöllchen. Im Frühling in einem kühlen Gewächshaus gesäter Samen braucht 2–3 Jahre um zur Blüte zu kommen, aber Sämlinge spalten auf. Entfernte Brutknöllchen sollten frostfrei aufbewahrt und im Frühjahr 5 cm tief gesetzt werden. Im Winter, wie ausgewachsene Knollen, herausnehmen. Die Blüte erscheint nach 1–2 Jahren.
Im Lager können die Knollen von verschiedenen Pilzen befallen werden. Vorbeugung, indem man gesunde Knollen mit Fungiziden trocken oder naß beizt, ehe sie schrumpfen; sie werden luftig, kühl und frostfrei gelagert. Gladiolenschorf verursacht Flecken auf den Blättern; Gladiolengelbsucht zeigt sich in gelben Streifen, ehe die Blätter absterben; in beiden Fällen die befallenen Knollen vernichten, und gesunde Pflanzen an einem neuen Standort setzen.
Gladiolen-Hybriden
Die meisten Hybriden stammen von *G. × hortulanus* ab. An jeder Ähre sind die Blüten gegenständig angeordnet, entweder senkrecht aufgereiht, indem sie sich berühren (normal) oder etwas entfernt voneinander stehend (leiterartig). Alle haben steife, 20–50 cm lange Blätter in den Farben von blaß weidengrün, stahlblaugrün oder fast flaschengrün. Bedingt winterhart. Sie sind in die Gruppen Grandiflorus und Primulinus eingeteilt.
Die **Grandiflorus-Gruppe** bringt lange, dichte Blütenähren mit trichterförmigen Blüten mit gekräuselten, dicken oder mit glattgerandeten, dünnen Kronblättern hervor. Riesenblumige Hybriden besitzen eine untere Blüte, die 14 cm breit ist (die Blütenähre ist 65–80 cm lang); die der Großblumigen ist 11–14 cm breit (Blütenähre 60 cm–1 m lang); die der Mittelblumigen ist 9–11 cm breit (Blütenähre 60–80 cm lang); die der Kleinblumigen ist 6–9 cm breit (Blütenähre 50–70 cm lang).
Die **Primulinus-Gruppe** hat relativ lockere Ähren glattrandiger, trichterförmiger, 6–8 cm breiter Blüten mit einem kräftigen, helmartigen gewölbten oberen Kronblatt über der Narbe und den Staubblättern. Die Blütenähren sind 30 cm lang.
G. 'Amsterdam'. Grandiflorus-Gruppe. Riesenblumige Gladiole. H. 1,70 m, Br. 30 cm. Hat bis zu 10 normal angeordnete, leicht aufwärts gedrehte, zart gekräuselte, weiße Blüten im Spätsommer. Eignet sich als Schnittblume.
G. 'Amy Beth'. Grandiflorus-Gruppe. Kleinblumige Gladiole. H. 1,2 m, Br. 20–25 cm. Trägt im Spätsommer 7 normal angeordnete, stark gekrauste, lavendelfarbene Blüten mit dicken, wachsartigen, cremelippigen Kronblättern.
G. 'Atlantis'. Grandiflorus-Gruppe. Mittelblumige Gladiole. H. 1,5 m, Br. 20–25 cm. Bringt im Spätsommer 8 leicht gekräuselte, tief violett-blaue Blüten mit kleinem, weißem Schlund, leiterartig am Stiel angeordnet, hervor. Eignet sich für Blumensträuße.
G. 'Black Lash' (Abb. S. 334). Grandiflorus-Gruppe. Kleinblütige Gladiole. H. 1,35 m, Br. 15–20 cm. Vom Spätsommer bis Frühherbst erscheinen 8 bis 9 normal angeordnete, leicht gekräuselte, tief schwarz-rosa Blüten mit gespitzten, leicht zurückgebogenen Kronblättern.
G. blandus. Siehe *G. carneus*.
G. 'Café au Lait' (Abb. S. 334). Primulinus-Gruppe. H. 1,1 m, Br. 15–20 cm. Bringt im Spätsommer in leiterartiger Anordnung 4 oder 5 blaßbraune Blüten hervor, jede mit einem beigefarbenen Hals und einem helmförmigen, mittleren, oberen Kronblatt. Ausgezeichnet für Blumenarrangements.
G. callianthus, syn. *Acidanthera bicolor* var. *murieliae*. Spätsommerblühende Form. H. bis 1 m, Br. 10–15 cm. Bedingt winterhart. Hat eine lockere Ähre von bis zu 10 duftenden Blüten mit gebogener, 10 cm langer Röhre und 6 weißen Kronblättern, die an der Basis einen tiefpurpurnen Fleck haben.
G. cardinalis. Sommerblühende Knolle. H. bis 1,2 m, Br. 10–15 cm. Bedingt winterhart. Der überhängende Schaft trägt eine Ähre von bis zu 6 breit trichterförmiger leuchtendroter Blüten, die bis 8 cm lang sind. Die drei unteren Kronblätter weisen speerförmige, weiße Markierungen auf.
G. 'Carioca' (Abb. 334). Grandiflorus-Gruppe. Mittelblütige Gladiole. H. 1,35 m, Br. 30 cm. Bringt zur Sommermitte eine Ähre mit 8 oder 9 normal stehenden, stark gekräuselten, orangefarbenen Blüten mit leuchtendroter Zeichnung am Schlund, hervor.
G. carneus, syn. *G. blandus*. Frühlingsblühende Bulbe. H. 20–40 cm,

Br. 8–10 cm. Bedingt winterhart. Der Schaft trägt eine lockere Ähre mit bis zu 8 breit trichterförmiger, 4–6 cm langer weißer oder rosa Blüten, die an den unteren Kronblättern dunkelrot oder gelb gefleckt sind.
***G.* 'Christabel'** Abb. S. 347.
***G.* × *colvillei*,** syn. *G. nanus*. **'Amanda Mahy'** ist eine frühsommerblühende Knolle. H. 30–50 cm. Br. 8–10 cm. Bedingt winterhart. Bringt eine lockere Ähre von 5–8 lachsrosafarbener Blüten, 7 cm lang, hervor. Die unteren Kronblätter sind violett gezeichnet. Im Herbst pflanzen. **'The Bride'** (Abb. S. 334) hat weiße Blüten mit grünmarkiertem Schlund.
G. communis* ssp. *byzantinus Abb. S. 335.
***G.* 'Dancing Queen'** (Abb. S. 334). Grandiflorus-Gruppe. Großblumige Gladiole. H. 1,35 m, Br. 20–25 cm. Hat im Spätsommer 9 normal angeordnete, elfenbeinweiße Blüten mit 2 weinroten Flecken am Schlund. Die Kronblätter sind dünn und seidig.
***G.* 'Deliverance'** (Abb. S. 334). Grandiflorus-Gruppe. Riesenblütige Gladiole. H. 1,7 m, Br. 25–30 cm. Bringt im Spätsommer 9 normal angeordnete Blüten mit stark gekräuselten, lachsrosa Kronblättern, orange überhaucht, hervor.
***G.* 'Drama'** (Abb. S. 334). Grandiflorus-Gruppe. Großblumige Gladiole. H. 1,7 m, Br. 25–30 cm. Trägt im Spätsommer 8–10 normal angeordnete, leicht gekräuselte, tiefwassermelonen-rosafarbene Blüten mit rotmarkiertem, gelbem Schlund hervor. Exzellent zur Dekoration.
***G.* 'Esta Bonita'.** Grandiflorus-Gruppe. Riesenblütige Gladiole. H. 1,7 m, Br. 30 cm. Bringt im Spätsommer 7 normal angeordnete, aprikosen-orangefarbene Blüten, an den Kronblatträndern dunkler werdend, hervor. Eignet sich zur Dekoration.
***G.* 'Frank's Perfection'.** Primulinus-Gruppe. H. 1,1 m, Br. 15–20 cm. Hat im Spätsommer 6 oder 7 leiterartig angeordnete, kraftvolle, rote Blüten, jede mit einem kapuzenförmigen, oberen Kronblatt und einer goldenen Mittellinie entlang der Rippen.
***G.* 'Gigi'** (Abb. S. 334). Grandiflorus-Gruppe. Kleinblütige Gladiole. H. 1 m, Br. 15–20 cm. Hat im Spätsommer 7 nor mal angeordnete, leicht gekräuselte, dunkelrosa Blüten mit kleinem weißem Schlund.
***G.* 'Green Isle'.** Grandiflorus-Gruppe. Mittelblütige Gladiole. H. 1,35 m, Br. 20–25 cm. Trägt im Spätsommer 7 oder 8 nicht ganz senkrecht aufgereihte, limonengrüne, wunderschön gekräuselte Blüten.
***G.* 'Green Woodpecker'** (Abb. S. 334). Grandiflorus-Gruppe. Mittelblütige Gladiole. H. 1,5 m, Br. 30 cm. Hat im Spätsommer 10 normal angeordnete, urangrüne Blüten mit weinrotem Schlund. Eignet sich sehr gut zur Dekoration.
***G.* 'Hastings'.** Primulinus-Gruppe. H. 1,35 m, Br. 15–20 cm. Trägt im Spätsommer 5 leiterartig angeordnete, blaßbraune Blüten mit rötlich braunen Markierungen. Ausgezeichnet für Blumenarrangements.
***G.* 'Ice Cap'** (Abb. S. 334). Grandiflorus-Gruppe. Großblütige Gladiole. H. 1,7 m, Br. 25–30 cm. Vom Spätsommer bis Frühherbst erscheinen 10–12 normal angeordnete, stark gekräuselte, schneeweiße Blüten.
***G.* 'Inca Queen'** (Abb. S. 334). Grandiflorus-Gruppe. Großblumige Gladiole. H. 1,5 m, Br. 20–25 cm. Bringt im Spätsommer 9 normal angeordnete, stark gekräuselte, wachsartige, tief lachsrosafarbene Blüten mit zitronengelben Kronblättern, Schlund und Lippe.
***G. italicus*,** syn. *G. segetum*, Abb. S. 335.
***G.* 'Krystal'.** Grandiflorus-Gruppe. Kleinblütige Gladiole. H. 1,2 m, Br. 20–25 cm. Bringt im Spätsommer 8 normal angeordnete, sehr leicht gekräuselte, kirschrote Blüten mit hervorstehenden, weißen Staubblättern und weiß eingesäumten Lippenkronblättern.
***G.* 'Leonore'.** Primulinus-Gruppe. H. 1,1 m, Br. 15–20 cm. Bringt im Spätsommer 5–7 leiterartig angeordnete, buttergelbe Blüten mit kapuzenförmigem, zentralem, oberem Kronblatt, hervor.
***G.* 'Melodie'** (Abb. S. 334). Grandiflorus-Gruppe. Kleinblütige Gladiole. H. 1,2 m, Br. 15–20 cm. Bringt im Spätsommer 6 leiterartig angeordnete, lachsrosa Blüten mit längsverlaufenden, speerähnlichen, rot-orangefarbenen Markierungen am Schlund, hervor. Ausgezeichnet in Blumenarrangements.
***G.* 'Mexicali Rose'** (Abb. S. 334). Grandiflorus-Gruppe. Großblumige Gladiole. H. 1,5 m, Br. 30 cm. Hat im Spätsommer 8 normal angeordnete, gekräuselte, tiefrosa Blüten mit sehr schmalen, silbrigweißen Kronblatträndern.
***G.* 'Miss America'** (Abb. S. 334). Grandiflorus-Gruppe. Mittelgroße Blüte. H. 1,5 m, Br. 30 cm. Trägt im Spätsommer 10 normal angeordnete, stark gekräuselte, tiefrosa Blüten. Ausgezeichnet zur Dekoration.
***G.* 'Moon Mirage'** (Abb. S. 334). Grandiflorus-Gruppe. Riesenblütige Gladiole. H. 1,7 m, Br. 25–35 cm. Bringt vom Spätsommer bis Frühherbst 9–11 normal angeordnete, mäßig gekräuselte, blaß kanariengelbe Blüten mit etwas dunkleren Kronblattlippen hervor.
***G. nanus*.** Siehe *G.* x *colvillei*.
***G. natalensis*,** syn. *G. psittacinus*. Kräftige, sommerblühende Knolle. H. bis 1,5 m, Br. 10–15 m. Bedingt winterhart. Bringt bis zu 25 rote oder gelb-orangefarbene, 8–12 cm lange Blüten, mit einem helmartigen, oberen Kronblatt, oft gefleckt oder gestreift, hervor.
***G. papilio*,** syn. *G. purpureo-auratus*, Abb. S. 342.
***G.* 'Parade'.** Grandiflorus-Gruppe. Riesenblütige Gladiole. H. 1,7 m, Br. 25–35 cm. Bringt im Frühherbst 10 normal angeordnete, zartgekräuselte, lachsrosa Blüten, oft mit kleinem cremefarbenem Schlund, hervor. Exzellent zur Dekoration.
***G.* 'Peter Pears'** (Abb. S. 334). Grandiflorus-Gruppe. Großblumige Gladiole. H. 1,7 m, Br. 35 cm. Trägt im Spätsommer 10 normal angeordnete, aprikosenlachsfarbene Blüten mit roten Schlundflecken. Ausgezeichnet zur Dekoration.
***G.* 'Pink Lady'** (Abb. S. 334). Grandiflorus-Gruppe. Großblumige Gladiole. H. 1,5 m, Br. 25–30 cm. Hat 9 normal angeordnete, leicht gekräuselte, tiefrosarote Blüten mit großem, weißem Schlund, die im Spätsommer und Frühherbst erscheinen.
***G.* 'Pink Slipper'.** Grandiflorus-Gruppe. Mittelgroßblumige Gladiole. H. 1,35 m, Br. 20–25 cm. Bringt im Spätsommer 9 oder 10 normal plazierte, stark gekräuselte rosa Blüten mit weißem Schlund hervor. Gute Ausstellungssorte.
***G. primulinus*.** Sommerblühende Knolle. Nahe verwandt mit *G. natalensis* und oft hinzugeordnet. H. bis 1 m, Br. 15–20 cm. Bedingt winterhart. Trägt bis zu 20 hellgelbe, 8–12 cm lange Blüten mit einem helmartigen, oberen Kronblatt.
***G. psittacinus*.** Siehe *G. natalensis*.
***G. purpureo-auratus*.** Siehe *G. papilio*.
***G.* 'Rajah'.** Grandiflorus-Gruppe. Mittelgroßblumige Gladiole. H. 1,5 m, Br. 20–25 cm. Trägt vom Spätsommer bis Frühherbst 10 normal angeordnete, satt pflaumen-purpurne Blüten mit etwas dunklerer Lippe und weißer Mittelrippenlinie. Die Kronblätter sind gespitzt und zurückgebogen. Ausgezeichnet zur Dekoration.
***G.* 'Renegade'** (Abb. S. 334). Grandiflorus-Gruppe. Großblütige Gladiole. H. 1,5 m, Br. 20–25 cm. Bringt im Spätsommer 7 oder 8 normal angeordnete, scharf gekräuselte, dunkelrote Blüten hervor.
***G.* 'Robin'** (Abb. S. 334). Primulinus-Gruppe. H. 1,2 m, Br. 20 cm. Trägt im Spätsommer 5 oder 6 leiterartig angeordnete, rosa-purpurne Blüten mit helmartigem, mittlerem, oberem Kronblatt. Gut für Blumenarrangements.
***G.* 'Rose Supreme'** (Abb. S. 334). Grandiflorus-Gruppe. Riesenblütige Gladiole. H. 1,7 m, Br. 25–30 cm. Hat 9 normal angeordnete, rosarote Blüten, die an den Kronblattspitzen dunkelrosa gefleckt und gestreift sind und mit weißem Schlund. Blüht im Spätsommer.
***G.* 'Royal Dutch'.** Grandiflorus-Gruppe. Großblütige Gladiole. H. 1,7 m, Br. 25–30 cm. Bringt vom Spätsommer bis Frühherbst 10 normal angeordnete Blüten hervor, jede blaßlavendel-farben, zum Schlund hin weiß. Sehr gut zur Dekoration.
***G.* 'Rutherford'** (Abb. S. 334). Primulinus-Gruppe. H. 1 m, Br. 15–20 cm. Trägt im Spätsommer 6 leiterartig angeordnete, dunkelrote Blüten mit cremefarbenen Tupfen mit helmartigem, mittlerem, oberem Kronblatt.
***G. segetum*.** Siehe *G. italicus*.
***G.* 'Shari'.** Grandiflorus-Gruppe. Kleinblütige Gladiole. H. 1,2 m, Br. 15–20 cm. Bringt im Spätsommer 7 oder 8 normal angeordnete, gekräuselte, dunkel rosarote Blüten mit sehr großem, cremefarbenem Schlund hervor.
***G.* 'Tendresse'.** Grandiflorus-Gruppe. Mittelgroßblumige Gladiole. H. 1,5 m, Br. 20–25 cm. Hat im Spätsommer 10 normal angeordnete, leicht gekräuselte, dunkelrosa Blüten mit kleinem, cremefarbenem Schlund mit längsangelegten, blaß rosaroten »Speeren«.
***G.* 'Tesoro'** (Abb. S. 334). Grandiflorus-Gruppe. Mittelgroßblütige Gladiole. H. 1,5 m, Br. 20–25 cm. Trägt im Frühherbst 10 normal angeordnete, seidenartige Blüten, leicht gekräuselt und glänzendgelb. Eine der Besten zur Dekoration.
***G.* 'Victor Borge'** (Abb. S. 334). Grandiflorus-Gruppe. Großblütige Gladiole. H. 1,7 m, Br. 35 cm. Bringt im Sommer 8 normal angeordnete, zinnoberrote-orangefarbene Blüten mit blaß cremig-weißem geflecktem Schlund hervor.
***G.* 'Video'.** Grandiflorus-Gruppe. Großblütige Gladiole. H. 1,7 m, Br. 20–30 cm. Hat im Spätsommer 9 oder 10 normal angeordnete, purpurne Blüten mit kleinem elfenbeinweißem Schlund. Gut zur Dekoration.
***G.* 'White City'.** Primulinus-Gruppe. H. 1,1 m, Br. 15–20 cm. Bringt im Spätsommer 6 oder 7 leiterartig angeordnete, papierweise Blüten mit helmartigem, zentralem, oberem Kronblatt hervor.

GLAUCIDIUM (Paeoniaceae)
Gattung einer Spezies frühlingsblühender Stauden. Eignet sich ausgezeichnet für Gärten mit viel Baum- und Strauchbestand. Winterhart. Benötigt einen halbschattigen, geschützten Standort und feuchte, torfhaltige Erde. Vermehrung durch Samen im Herbst.
G. palmatum Abb. S. 227.

GLAUCIUM (Papaveraceae)
Hornmohn
Gattung ein- und zweijähriger Pflanzen und Stauden, die wegen ihrer leuchtenden, mohnähnlichen Blüten sehr beliebt sind. Winterhart. Gedeiht in Sonne und fruchtbarer, durchlässiger Erde. Vermehrung der Einjährigen durch Freilandaussaat im Frühling, der Stauden durch Freilandaussaat im Frühling oder Herbst, der Zweijährigen durch Aussaat unter Glas im späten Frühjahr oder Frühsommer.
G. flavum Abb. S. 279.

GLECHOMA (Labiatae)
Gundelrebe, Gundermann
Gattung immergrüner, sommerblühender Stauden. Guter Bodendecker, aber wuchert stark. Winterhart. Verträgt Sonne oder Schatten. Bevorzugt feuchten, aber durchlässigen Boden. Vermehrung durch Teilung im Frühjahr oder Herbst, oder Kopfstecklinge im Frühjahr.
***G. hederacea* 'Variegata'** (Buntblättrige Gundelrebe) Abb. S. 256.

GLEDITSIA (Leguminosae)
Gleditschie, Christusdorn
Gattung laubabwerfender, gewöhnlich dorniger Bäume, wegen ihres Laubes gerne kultiviert. Hat unauffällige Blüten, und nach heißen Sommern oft große Samenhülsen. Winterhart, aber junge Pflanzen können durch Frost geschädigt werden. Benötigt sehr viel Sonne und fruchtbare, durchlässige Erde. Vermehrung der Spezies durch Samen im Herbst, Gartenformen durch Veredlung im Spätsommer.
***G. caspica*.** Laubabwerfender, ausgebreiteter Baum. H. 12 m, Br. 10 m. Am Stamm sind lange, verzweigte Dornen. Hat farnähnliche, glänzende, mittelgrüne Blätter.
G. japonica Abb. S. 53.
***G. triacanthos*.** Laubabwerfender, ausgebreiteter Baum. H. 20 m, Br. 15 m. Der Stamm ist stark dornig. Die farnähnlichen, glänzenden, dunkelgrünen Blätter verfärben sich im Herbst gelb. F. **inermis** ist dornenlos. **'Shademaster'** ist kräftig und behält lange seine Blätter. **'Skyline'** ist dornenlos, breit konisch und hat im Herbst goldgelbes Laub. **'Sunburst'** Abb. S. 50.

GLOBBA (Zingiberaceae)
Gattung immergrüner, aromatischer, horstbildender Stauden, wegen ihrer Blüten gerne gezogen. Frostempfindlich. Mindesttemperatur 18 °C. Benötigt eine hohe Luftfeuchtigkeit, Halbschatten und humusreiche, durchlässige Erde. Wäh-

rend der Ruhezeit im Winter sollten die Pflanzen trocken stehen. Vermehrung durch Teilung oder Samen im Frühjahr oder durch ausgewachsene Brutknöllchen, die von den Pflanzen fallen.
G. winitii Abb. S. 224.

GLOBULARIA (Globulariaceae)
Kugelblume
Gattung hauptsächlich immergrüner, sommerblühender Sträucher und Halbsträucher, wegen ihrer Kegelform und gewöhnlich blauen oder purpurnen Blütenköpfe kultiviert. Bedingt- bis winterhart. Benötigt volle Sonne und durchlässigen Boden. Vermehrung durch Teilung im Frühjahr, durch Kopf- oder halbausgereifte Stecklinge im Sommer oder Samen im Herbst.
G. cordifolia Abb. S. 323. **ssp. *bellidifolia***, siehe *G. meridionalis*.
G. meridionalis, syn. *G. cordifolia* ssp. *bellidifolia*, Abb. S. 320.

GLORIOSA (Liliaceae)
Ruhmeskrone
Gattung laubabwerfender, sommerblühender, kriechender Kletterpflanzen mit fingerartigen Knollen. Frostempfindlich. Mindesttemperatur 8–10°C. Benötigt volle Sonne und nährstoffreichen, durchlässigen Boden. Im Sommer großzügig gießen und alle 2 Wochen flüssig düngen. Muß gestützt werden. Die Knollen im Winter trocken, kühl und frostfrei lagern. Vermehrung durch Samen oder Teilung im Frühjahr.
G. superba Laubabwerfende, rankende Kletterpflanze mit Knollen. H. bis 2 m, Br. 30–45 cm. Mindesttemperatur 8°C. An schlanken Stengeln wachsen verteilt, breit lanzettförmige Blätter. Im Sommer erscheinen aus den oberen Blattachseln große, gelbe oder rote Blüten mit 6 stark zurückgebogenen, gewellten Kronblättern, die sich tieforange oder tiefrot verändern. Staubgefäße ragen deutlich hervor. **'Rothschildiana'** Abb. S. 336.

GLOTTIPHYLLUM (Aizoaceae)
Gattung horstbildender, mehrjähriger Sukkulenten mit halbzylindrischen, an den Spitzen oft verbreiterten Blättern. Frostempfindlich. Mindesttemperatur 5°C. Soll in nährstoffarmer, durchlässiger Erde und voller Sonne kultiviert werden, um kompakten Wuchs zu erzielen. Vermehrung durch Samen oder Stammstecklinge im Frühling oder Sommer.
G. nelii Abb. S. 399.
G. semicylindricum. Horstbildende, mehrjährige Sukkulente. H. 8 cm, Br. 30 cm oder mehr. Hat halbzylindrische, 6 cm lange, leuchtendgrüne Blätter, mit einem Zahn in der Mitte des Blattrands. Hat gänseblümchenähnliche, 4 cm breite, goldgelbe Blüten, die an kurzen Stielen im Frühling – Sommer erscheinen.

GLOXINIA (Gesneriaceae)
Gloxinie
Gattung spätsommer- bis herbstblühender Stauden mit Rhizom. Frostempfindlich. Mindesttemperatur 10°C. Benötigt Halbschatten und humusreiche, durchlässige Erde. Stirbt im Spätherbst oder Winter ab. Die Rhizome werden fast trocken aufbewahrt. Vermehrung durch Teilung oder Samen im Frühling oder durch Trieb- oder Blattstecklinge im Sommer.
G. perennis Abb. S. 352.
G. speciosa. Siehe *Sinningia speciosa*.

GLYCERIA (Gramineae). Siehe GRÄSER, BAMBUS, BINSEN, SCHILF.
Schwaden
***G. aquatica* 'Variegata'** (Wasserschwaden). Siehe *G. maxima* 'Variegata'
***G. maxima* 'Variegata',** syn. *G.aquatica* 'Variegata', Abb. S. 180.

GLYCYRRHIZA (Leguminosae)
Süßwurz
Gattung sommerblühender Stauden. Winterhart. Benötigt Sonne und tiefgründigen, nährstoffreichen Boden. Vermehrung durch Teilung im Frühling oder Samen im Herbst oder Frühling.
G. glabra Abb. S. 209.

GODETIA, siehe CLARKIA.

GOMESA. Siehe ORCHIDEEN.
G. planifolia (Abb. S. 254). Immergrüne, epiphytische Orchidee für ein kühles Gewächshaus. H. 23 cm. Im Herbst erscheinen Rispen sternchenförmiger, 0,5 cm breiter, erbsengrüner Blüten. Die schmalovalen Blätter sind 15 cm lang. Während des Sommers im Halbschatten kultivieren.
Gomphocarpus physocarpus. Siehe *Asclepias physocarpa*.

GOMPHRENA (Amaranthaceae)
Kugelamarant
Gattung ein- und zweijähriger Pflanzen und Stauden. Nur eine Spezies, und zwar *G. globosa* wird gewöhnlich kultiviert. Die Blütenköpfe eignen sich für Schnitt und als Trockenblume. Bedingt winterhart. Gedeiht am besten in Sonne und fruchtbarer, durchlässiger Erde. Vermehrung durch Aussaat unter Glas im Frühling.
G. globosa Abb. S. 275.

GONGORA. Siehe ORCHIDEEN.
G. quinquenervis (Abb. S. 254). Immergrüne, epiphytische Orchidee für ein temperiertes Gewächshaus. H. 25 cm. Im Sommer öffnen sich an überhängenden Ähren 1 cm breite, duftende, braune, orange und gelbe Blüten, die Vögel im Flug ähneln. Hat ovale, gerippte, 12–15 cm lange Blätter. Sollte wegen der hängenden Blütentriebe in Körben kultiviert werden. Benötigt im Sommer Halbschatten.

GORDONIA (Theaceae)
Gattung immergrüner Sträucher und Bäume, wegen ihrer Gesamterscheinung und der Blüten gerne kultiviert. Bedingt winterhart, aber am besten eine Mindesttemperatur von 3°C. Bevorzugt humusreiche, saure Erde und Sonne oder Halbschatten. Kübelpflanzen mäßig gießen, im Winter weniger. Vermehrung durch halbausgereifte Stecklinge im Spätsommer oder durch reifen Samen im Herbst oder Frühjahr.
G. axillaris. Immergrüner, buschiger Strauch oder Baum. H. und Br. 3–5 m, manchmal auch mehr. Trägt lanzettförmige, ledrige, glänzende Blätter, jedes stumpf gespitzt und vom Herbst bis zum Frühjahr tellerförmige, weiße Blüten.
G. lasianthus. Immergrüner, aufrechter Baum. H. bis 20 m, Br. bis 10 m. Die lanzettförmigen bis elliptischen Blätter sind flach gezackt. Hat im Sommer duftende, tellerförmige, weiße Blüten. Benötigt subtropische Sommerwärme für Wachstum und Blüte.

GRAPTOPETALUM (Crassulaceae)
Gattung rosettenartiger, mehrjähriger Sukkulenten, ähnlich wie *Echeveria*, mit der sie gekreuzt ist. Frostempfindlich. Mindesttemperatur 5–10°C. Leicht zu kultivieren und zur Blüte zu bringen. Benötigt Sonne oder Halbschatten und sehr durchlässige Erde. Vermehrung durch Samen, Trieb- oder Blattstecklinge im Frühling oder Sommer.
G. amethystinum. Horstbildende, niedrige, mehrjährige Sukkulente. H. 40 cm, Br. 1 m. Mindesttemperatur 10°C. Bringt dicke, runde, blaugrau bis rote, 7 cm lange Blätter hervor. Im Frühling – Sommer erscheinen in endständigen Rosetten sternchenförmige, gelbe und rote, 1–2 cm breite Blüten.
G. bellum, syn. *Tacitus bellus*, Abb. S. 393.
G. paraguayense Abb. S. 398.

GRAPTOPHYLLUM (Acanthaceae)
Gattung immergrüner Sträucher, die hauptsächlich wegen des Laubes kultiviert wird. Frostempfindlich, mind. 16–18°C. Benötigt Halbschatten und fruchtbaren, gut durchlässigen Boden. Während der Wachstumszeit Kübelpflanzen reichlich gießen, bei niedrigen Temperaturen viel weniger. Bei jungen Pflanzen müssen die Triebspitzen nach der Blüte gestutzt werden, um Verzweigung zu fördern, sparrige Exemplare nach der Blüte oder im Frühjahr stark zurückschneiden. Vermehrung durch unreife oder halbausgereifte Stecklinge im Frühling oder Sommer.
G. pictum. Immergrüner, aufrechter, lokkerer Strauch. H. bis 2 m, Br. 60 cm oder mehr. Die ovalen, gespitzten, glänzenden, grünen Blätter haben in der Mitte gelbe Flecken. Hauptsächlich im Frühling und Frühsommer kurze, endständige Ähren röhrenförmiger, roter bis purpurner Blüten.

GRÄSER, BAMBUS, SCHILF und RIEDGRAS
Gruppe immergrüner oder krautiger, mehrjähriger Pflanzen und einjähriger Gräser oder grasähnlicher Pflanzen, die zur Familie Gramineae (einschl. Bambusoideae), Juncaceae und Cyperaceae gehören. Sie werden hauptsächlich wegen der Blätter kultiviert und bringen Kontrast und Grazie in Steingärten und Rabatten, obwohl einige von ihnen attraktive Blütenköpfe im Sommer bilden, die auch für den Winter getrocknet werden können. Während der Ruhezeit abgestorbenes Laub an krautigen Stauden zurückschneiden. Vermehrung der Spezies durch Samen im Frühjahr oder Herbst, oder durch Teilung im Frühjahr; Gartenformen nur durch Teilung. Wenig anfällig für Krankheiten und Schädlinge.
Gräser (Gramineae)
Familie immergrüner, halbimmergrüner oder krautiger, manchmal kriechender, mehrjähriger und einjähriger Pflanzen und Wasserpflanzen, gewöhnlich mit Rhizom oder Ausläufern, die horst-, rasen- oder büschelbildend sind. Alle haben grundständige Blätter und runde Blütenstiele, die wechselständig lange, schmale Blätter tragen. Die Blüten sind zweigeschlechtlich (männliche und weibliche an einer Ähre) und sind in Rispen, Ähren oder Trauben angeordnet. Jeder Blütenstand besteht aus einem oder mehreren Blütenähren, die von Spelzen umgeben sind, aus denen Grannen (lange, schlanke Borsten) wachsen. Frostempfindlich bis winterhart. Mindesttemperatur 5–12°C. Wenn nicht anders erwähnt, haben Gräser eine große Lichttoleranz und gedeihen in jeder durchlässigen Erde. Viele Arten, wie ***Briza*** säen sich selbst leicht aus. Siehe auch *Achnatherum, Alopecurus, Arrhenatherum, Arundo, Bouteloua, Briza, Bromus, Chionochloa, Coix, Cortaderia, Dactylis, Deschampsia, Festuca, Glyceria, Hakonechloa, Helictotrichon, Holcus, Hordeum, Lagurus, Lamarckia, Leymus, Melica, Milium, Miscanthus, Molinia, Oplismenus, Panicum, Pennisetum, Phalaris, Rhynchelytrum, Sesleria, Setaria, Spartina, Stenotaphrium, Stipa, Zea* und *Zizania*.
Bambus (Bambusoideae)
Unterfamilie der Gramineae, die immergrüne, ausdauernde, rhizombildende Pflanzen enthalten. Manchmal als Hecke und Schmuck gezogen. Die meisten Bambus unterscheiden sich von anderen mehrjährigen Gräsern durch die holzigen Stengel (Halme). Sie sind hohl (außer bei *Chusquea*), meistens grünlich-braun durch ihren Silizium-Gehalt, sehr kräftig, mit einem Umfang bis zu 15 cm bei einigen tropischen Spezies. Die Blätter sind lanzettförmig und netznervig, was ein mosaikartiges Aussehen verleiht, bei zarteren Spezies kann es verwischt sein. Die Blüten erscheinen in unterschiedlichen Abständen, sind aber nicht dekorativ. Nach der Blüte sterben die Stengel ab, nur bei wenigen stirbt die ganze Pflanze. Bedingt- bis winterhart. Bambus gedeiht an einem geschützten, nicht zu trockenen, sonnigen oder schattigen Standort, wenn nicht anders erwähnt.
Siehe auch *Arundinaria, Bambusa, Chusquea, Phyllostachys, Pleioblastus, Pseudosasa, Sasa, Semiarundinaria, Shibataea, Sinarundinaria* und *Thamnocalamus*.
Binsen (Juncaceae)
Familie immergrüner, büschelbildender oder kriechender, einjähriger und mehrjähriger Pflanzen, meist mit Rhizom. Alle haben entweder runde, blattlose Stengel oder Stengel mit langen, schmalen, flachen, unbehaarten, grundständigen Blättern, außer *Luzula* (Hainsimse) mit flachen Blättern und am Rand mit weißen Härchen bedeckt. Die runden Blütenköpfe sind unbedeutend. Bedingt – bis winterhart. Die meisten Binsen bevorzugen Sonne oder Halbschatten und einen feuchten oder nassen Standort, nur Luzula möchte es trockener.
Siehe auch *Juncus* und *Luzula*.
Riedgräser (Cyperaceae)
Familie immergrüner, ausläuferbildender Stauden, die dichte Büschel bilden. Die Stengel sind dreikantig und tragen lange, schmale Blätter, die manchmal stark eingekürzt sind. Die in rispigen oder ährigen Blütenständen vereinigten Blütenährchen sind mit Spelzen bedeckt und tragen männliche und weibliche Blüten, obwohl einige Spezies von *Carex* am Stengel verteilt sowohl männliche als auch weibliche Blütenköpfe haben. Winterhart bis frostempfindlich, mind. 4–7°C. Gedeiht in Sonne oder Halbschatten. Einige Riedgräser wachsen von Natur aus im Wasser, aber viele können in jeder durchlässigen Erde kultiviert werden. Siehe auch *Carex, Cyperus, Eleocharis* und *Scirpus*.

GREVILLEA (Proteaceae)
Gattung immergrüner Sträucher und

Bäume, wegen ihrer Blüten und des Laubes sehr beliebt. Bedingt winterhart bis frostempfindlich. Mindesttemperatur 5–10°C. In durchlässiger, vorzugsweise saurer Erde und voller Sonne kultivieren. Kübelpflanzen mäßig gießen, im Winter sehr wenig. Falls nötig, wird Rückschnitt toleriert. Vermehrung durch Samen im Frühjahr oder halbausgereifte Stecklinge im Sommer.
G. alpestris. Siehe *G. alpina*.
G. alpina, syn. *G. alpestris*. Immergrüner, runder, drahtiger Strauch. H. und Br. 30–60 cm. Bedingt winterhart. Hat schmal längliche oder ovale Blätter, auf der Oberseite dunkelgrün, mit seidigen Härchen auf der Unterseite. Trägt im Frühling – Sommer in kleinen Büscheln röhrenförmige, rote Blüten.
G. banksii Abb. S. 71.
G. juniperina* f. *sulphurea, syn. *G. sulphurea*, Abb. S. 137.
***G.* 'Poorinda Constanze'.** Immergrüner, buschiger, runder Strauch. H. und Br. bis 2 m. Bedingt winterhart. Hat kleine, lanzettförmige, mittel- bis tiefgrüne Blätter mit stechenden, gezähnten Rändern. Von Frühjahr bis Herbst, manchmal auch länger, erscheinen auffällige Büschel röhrenförmiger, leuchtendroter Blüten.
G. robusta. Schnellwachsender, immergrüner, aufrechter bis konischer Baum. H. 30 m, Br. bis 15 m. Frostempfindlich, mind. 5°C. Die farnähnlichen Blätter sind 15–25 cm lang. Ausgewachsene Exemplare tragen im Frühling – Sommer an mindestens 10 cm langen einseitswendigen, dichten Ähren nach oben gerichtete, glockenförmige, leuchtendgelbe oder orangefarbene Blüten.
***G.* 'Robyn Gordon'** Abb. S. 134.
G. rosmarinifolia. Immergrüner, runder, gut verzweigter Strauch. H. und Br. bis 2 m. Bedingt winterhart. Die dunkelgrünen Blätter sind nadelförmig mit zurückgebogenen Rändern, auf der Unterseite mit seidigen Härchen bedeckt. Hat im Sommer kurze, dichte Büschel röhrenförmiger, roter, manchmal rosa oder weißer Blüten.
G. sulphurea. Siehe *G. juniperina* f. *sulphurea*.

GREYIA (Greyiaceae)
Gattung immergrüner, halbimmergrüner oder laubabwerfender, frühlingsblühender Sträucher und Bäume, wegen ihrer Erscheinung und der Blüten gerne gezogen. Frostempfindlich, mind. 7–10°C. Benötigt helles Licht und durchlässigen Boden. Kübelpflanzen mäßig gießen, weniger während der Ruhezeit. Nach der Blüte die Blütenstengel kürzen oder entfernen. Vermehrung durch Samen im Frühling oder halbausgereifte Stecklinge im Sommer. Unter Glas kultivierte Pflanzen benötigen eine gute Luftzirkulation.
G. sutherlandii Abb. S. 98.

GRINDELIA (Compositae)
Gattung ein- und zweijähriger Pflanzen und immergrüner Stauden und Halbsträucher, wegen ihrer Blütenköpfe sehr beliebt. Bedingt – bis winterhart. Muß in kalten Gegenden an einem geschützten, warmen Standort gepflanzt werden. Benötigt Sonne und durchlässigen Boden. Getopfte Exemplare mäßig gießen, während der Ruhezeit weniger. Abgeblühte Blütenstengel sofort nach der Blüte entfernen oder im folgenden Frühjahr. Vermehrung durch Samen im Frühling oder halbausgereifte Stecklinge im Spätsommer.
G. chiloensis, syn. *G. speciosa*, Abb. S. 139.
G. speciosa. Siehe *G. chiloensis*.

GRISELINIA (Comaceae)
Gattung immergrüner Sträucher und Bäume mit unauffälligen Blüten, wegen des Laubes kultiviert. Gedeiht in mildem Küstenklima, wo sie als Hecke oder Windschutz eingesetzt werden können, da sehr widerstandsfähig gegen Wind und Salz. Bedingt- bis winterhart. In kalten Gegenden muß Schutz geboten werden. Benötigt Sonne und fruchtbaren, durchlässigen Boden. Wachstum eindämmen und Hecken im Frühsommer schneiden. Vermehrung durch halbausgereifte Stecklinge im Sommer.
G. littoralis. Schnellwachsender, immergrüner, aufrechter, sehr dichter Strauch. H. 6 m, Br. 5 m. Winterhart. Die Blätter sind oval, ledrig und leuchtendapfelgrün. Winzige, unauffällige, gelblich-grüne Blüten öffnen sich im späten Frühjahr. **'Dixon's Cream',** H. 3 m, Br. 2 m, wächst langsamer. Die Blätter sind in der Mitte cremig-weiß gescheckt. **'Variegata'** Abb. S. 94.
G. lucida. Schnellwachsender, immergrüner, aufrechter Strauch. H. 6 m, Br. 6 m. Bedingt winterhart. Ähnlich wie *G. littoralis*, hat aber größere, glänzende, dunkelgrüne Blätter.

GUNNERA (Gunneraceae)
Gattung sommerblühender Stauden, hauptsächlich wegen ihres Laubes kultiviert. Einige sind horstbildend mit sehr großen Blättern, andere wiederum mattenbildend mit kleineren Blättern. Winterhart. Muß im Sommer vor Wind geschützt werden, im Winter mit einer Mulchschicht oder Reisig abdecken. Benötigt Sonne und feuchte Erde. Vermehrung durch Samen im Herbst oder Frühjahr; kleine Spezies durch Teilung im Frühling.
G. chilensis. Siehe *G. tinctoria*.
G. magellanica Abb. S. 324.
G. manicata Abb. S. 190.
G. tinctoria, syn. *G. chilensis*. Robuste, runde, horstbildende Staude. H. und Br. 1,5 m oder mehr. Hat große runde, gefältelte und gelappte Blätter, die 45–60 cm breit sind. Bringt im Frühsommer dichte, konische Büschel winziger, dumpf rötlich-grüner Blüten hervor.

GUZMANIA (Bromeliaceae)
Gattung immergrüner, rosettenbildender, epiphytischer Stauden, wegen ihrer dekorativen Erscheinung sehr beliebt. Frostempfindlich, mind. 10–15°C. Benötigt Halbschatten und ein Substrat, bestehend aus gleichen Teilen humusreicher Erde und entweder Sphagnummoos, Rinde oder Styromull, das in der Orchideenkultur Verwendung findet. Mit weichem Wasser während der Wachstumszeit mäßig gießen, zu anderen Zeiten weniger. Die Rosettenmitte soll von Frühling bis Herbst mit Wasser gefüllt bleiben. Vermehrung durch Kindl im Frühling oder Sommer.
G. lingulata (Abb. S. 222). Immergrüne, epiphytische Staude mit Basalrosette. H. und Br. 30–45 cm. Bildet lockere Rosetten mit breit riemenförmigen, überneigenden, mittelgrünen Blättern. Bringt gewöhnlich im Sommer Büschel röhrenförmiger, weißer bis gelber Blüten hervor, die von einer Rosette leuchtendroter Hochblätter umgeben sind. Var. ***minor*** (Abb. S. 222), H. und Br. 15 cm, hat gelblich-grüne Blätter und rot oder gelbe Hochblätter.
G. monostachia, syn. *G. monostachya, G. tricolor* (Abb. S. 222). Immergrüne, epiphytische Staude mit Basalrosetten. H. und Br. 30–40 cm. Hat dichte Rosetten mit riemenförmigen, aufrechten bis überhängenden, blaß- bis gelblich-grünen Blättern. Gewöhnlich erscheint im Sommer ein verlängerter Blütenstand röhrenförmiger, weißer Blüten aus den Achseln ovaler Hochblätter, die oberen sind rot, die unteren grün mit purpurbraunen Streifen.
G. monostachya. Siehe *G. monostachia*.
G. sanguinea. Immergrüne, epiphytische Staude mit Basalrosetten. H. 20 cm, Br. 30–35 cm. Hat dichte, fast flache Rosetten breit riemenförmiger, hängender, mittel- bis tiefgrüner Blätter. Im Sommer erscheint aus dem Herz jeder ausgewachsenen Rosette ein festes Büschel röhrenförmiger, gelber Blüten, die von roten Hochblättern umgeben sind.
G. tricolor. Siehe *G. monostachia*.
G. vittata. Immergrüne, epiphytische Staude mit Basalrosette. H. und Br. 35–60 cm. Bringt mäßig lockere Rosetten riemenförmiger, aufrechter, dunkelgrüner Blätter mit blaßgrünen, sich kreuzenden Streifen und zurückgebogenen Spitzen hervor. Im Sommer trägt der Blütentrieb einen festen, eiförmigen Kopf kleiner, röhrenförmiger, weißer Blüten.

GYMNOCALYCIUM (Cactaceae)
Gattung mehrjähriger Kakteen, die im Frühling – Sommer eine Fülle trichterförmiger Blüten hervorbringt. Der Scheitel trägt gewöhnlich glatte, schuppige Knospen. Frostempfindlich. Mindesttemperatur 5–10°C. Benötigt volle Sonne oder Halbschatten und sehr durchlässigen Boden. Vermehrung durch Samen oder Ableger im Frühling oder Sommer.
G. andreae Abb. S. 397.
G. gibbosum Abb. S. 382.
***G. mihanovichii* 'Red Head',** syn. *G. m.* var. *hibotan*, Abb. S. 385.
G. quehlianum. Flacher, runder, mehrjähriger Kaktus. H. 5 cm. Br. 7 cm. Mindesttemperatur 5°C. Der grau-blaue bis braune Körper hat ca. 11 Rippen. Die Areolen bringen 5 gebogene Stacheln hervor. Trägt im Frühjahr – Sommer 5 cm breite, weiße Blüten mit rotem Grund. Blüht leicht.
G. schickendantzii. Runder, mehrjähriger Kaktus. H. und Br. 10 cm. Mindesttemperatur 5°C. Der dunkelgrüne Körper hat 7–14 tief eingeschnittene Rippen und 3 cm lange, grau-braune Stacheln mit roten Spitzen. Im Frühling – Sommer öffnen sich 5 cm breite, grünlich-weiße bis blaßrosafarbene Blüten.

GYMNOCLADUS (Leguminosae)
Geweihbaum
Gattung laubabwerfender Bäume, wegen ihres Laubes kultiviert. Winterhart. Benötigt volle Sonne und tiefgründigen, fruchtbaren, durchlässigen Boden. Vermehrung durch Samen im Herbst.
G. dioica. Langsamwachsender, laubabwerfender, ausgebreiteter Baum. H. 20 m, Br. 15 m. Die sehr großen Blätter, die in 4–7 Paare ovaler Blättchen geteilt sind, sind in der Wachstumszeit rosa, im Sommer dunkelgrün und im Herbst gelb. Im Frühsommer öffnen sich kleine, sternchenförmige, weiße Blüten.

GYNANDRIRIS (Iridaceae)
Gattung irisähnlicher, frühlingsblühender Knollen. Blüte sehr kurzlebig. Winterhart. Ruhende Knollen benötigen Wärme und Trockenheit, deshalb an einem sonnigen Standort pflanzen. Benötigt durchlässigen Boden, der im Winter – Frühjahr sehr feucht sein muß. Vermehrung durch Samen oder Brutknollen im Herbst.
G. sisyrinchium Abb. S. 360.

GYNURA (Compositae)
Samtpflanze
Gattung immergrüner Stauden, Sträucher und Kletterpflanzen, wegen des dekorativen Laubes und der Blüten gerne gezogen. Frostempfindlich, mind. 16°C. Mäßig gießen, weniger bei kaltem Wetter. Keine stauende Nässe. Muß gestützt werden. Triebspitzen entfernen, um Verzweigung zu fördern. Vermehrung durch Kopfstecklinge oder halbausgereifte Stecklinge im Frühling oder Sommer.
G. aurantiaca Abb. S. 178.
***G.* 'Purple Passion',** syn. *G. sarmentosa* hort. Immergrüner, aufrechter, an der Basis verholzender, weichstengeliger, kletternder Strauch. H. 60 cm oder mehr. Die Stengel und die lanzettförmigen, gelappten, gezackten Blätter sind mit samtigen, purpurnen Härchen bedeckt. Die Blätter sind purpurgrün, auf der Blattunterseite tief rot-purpurn. Trägt im Winter Büschel gänseblümchenähnlicher, orange-gelber Blütenköpfe, die sich mit zunehmendem Alter purpur färben.
G. sarmentosa hort. Siehe *G.* 'Purple Passion'.

GYPSOPHILA (Caryophyllaceae)
Schleierkraut
Gattung frühlings-herbstblühender Stauden und einjähriger Pflanzen, einige sind halbimmergrün. Winterhart. Benötigt Sonne. Wächst auch in trockener, sandiger und steiniger Erde, gedeiht aber am besten in tiefgründigem, durchlässigem Boden. Will nicht verpflanzt werden. Nach der Blüte zurückschneiden, da zweite Blüte folgt. Vermehrung von *G. paniculata*-Sorten durch Pfropfen im Winter, der anderen durch Kopfstecklinge im Sommer oder durch Samen im Herbst oder Frühjahr.
G. cerastioides Abb. S. 304.
G. elegans Abb. S. 262.
***G. paniculata* 'Bristol Fairy'** Abb. S. 200. **'Flamingo'** ist eine ausgebreitete, kurzlebige Staude. H. 60–75 cm. Br. 1 m. Trägt im Sommer an drahtigen, verzweigten Stengeln Rispen zahlreicher, kleiner, runder, gefüllter, blaßrosa Blüten. Hat schmale, linealische, mittelgrüne Blätter.
G. repens (Kriechendes Schleierkraut). Niedrige, halbimmergrüne Staude mit starkverzweigtem Wurzelstock. H. 2,5–5 cm oder mehr, Br. 30 cm oder mehr. Bringt im Sommer an schlanken Stengeln, die schmal ovale, bläulich-grüne Blätter tragen, verzweigte Blütenstände mit kleinen, runden, weißen, lila oder rosafarbenen Blüten hervor. Eignet sich für Steingärten, Mauern oder trockene Böschungen. Kann auch durch Teilung im Frühjahr vermehrt werden.
'Dorothy Teacher' Abb. S. 315.

H

HAAGEOCEREUS (Cactaceae)
Gattung mehrjähriger Kakteen mit geripptem, dicht stacheligem, säulenförmigem grünem Körper, von der Basis verzweigend. Frostempfindlich. Mindesttemperatur 11°C. Benötigt volle Sonne und sehr durchlässigen Boden. Vermehrung durch Samen oder Stammstecklinge im Frühjahr oder Sommer.
H. chosicensis. Aufrechter, mehrjähriger Kaktus. H. 1,5 m, Br. 1 m. Der grüne Körper ist 10 cm breit mit ca. 19 Rippen. Trägt weiße, goldene oder rote Mittelstacheln und kürzere, dichtere, bürstenähnliche, weiße Randstacheln. Hat röhrenförmige, weiße, lila-weiße oder rosa-rote Blüten, die 7 cm lang sind und im Sommer in Scheitelnähe erblühen.
H. decumbens. Niedriger, mehrjähriger Kaktus. H. 30 cm, Br. 1 m. Die 6 cm breiten Sprosse haben ca. 20 Rippen und dunkelbraune, 5 cm lange Mittelstacheln und kürzere, dichtstehende, goldene Randstacheln. An ausgewachsenen Kakteen erscheinen im Sommer in Scheitelnähe röhrenförmige, 8 cm breite, weiße Blüten.
H. versicolor. Abb. S. 380.

HABERLEA (Gesneraceae)
Haberlee
Gattung immergrüner, rosettenartiger Stauden, wegen ihrer eleganten Blütenrispen sehr beliebt. Verwendung an Mauern. Winterhart. Benötigt halbschattige, feuchte Erde. Wünscht an den Wurzeln keine Störung. Vermehrung durch Samen im Frühjahr, Blattstecklinge oder Ableger im Frühsommer.
H. ferdinandi-coburgii. Immergrüne, dichte Staude mit grundständigen Rosetten. H. 10–15 cm, Br. 30 cm. Hat längliche, gezähnte, dunkelgrüne, an der Oberseite fast glatte Blätter, unterseits behaart. Im späten Frühjahr und Frühsommer erscheinen an langen Trieben Zweige trichterförmiger, blau-violetter Blüten mit weißem Schlund.
H. rhodopensis. Immergrüne, dichte Staude mit grundständigen Rosetten. H. 10 cm, Br. 15 cm oder mehr. Ähnlich wie *H. ferdinandi-coburgii*, aber die Blätter sind auf beiden Seiten weichbehaart. **'Virginalis'** Abb. S. 313.

HABRANTHUS (Amaryllidaceae)
Gattung sommer- und herbstblühender Bulben mit trichterförmigen Blüten. Bedingt- bis winterhart. Benötigt einen geschützten, sonnigen Standort und fruchtbare Erde, die während der Wachstumszeit ausreichend feucht sein muß. Vermehrung durch Samen oder Brutzwiebeln im Frühjahr.
H. andersonii. Siehe *H. tubispathus*.
H. brachyandrus. Sommerblühende Bulbe. H. bis 30 cm, Br. 5–8 cm. Bedingt winterhart. Den grundständigen Büscheln entspringen lange, linealische, halbaufrechte, schmale Blätter. Jeder Blütenstengel trägt eine 7–10 cm lange, halbaufrechte, weit trichterförmige, rosa-rote Blüte.
H. robustus Abb. S. 366.
H. tubispathus, syn. *H. andersonii*. Sommerblühende Bulbe. H. bis 15 cm, Br. 5 cm. Winterhart. Hat linealische, halbaufrechte, grundständige Blätter und nacheinander Blütenstiele mit einer einzelnen 2,5–3,5 cm langen, trichterförmigen Blüte, die auf der Innenseite gelb, außen kupferrot ist.

HACQUETIA, syn. DONDIA (Umbelliferae)
Schafsdolde
Gattung einer Spezies horstbildender Stauden mit Rhizom, langsamkriechend, beliebt wegen der gelben oder gelblichgrünen Blütenköpfe, die an blattlosen Pflanzen im Spätwinter und zeitigem Frühjahr erscheinen. Eignet sich für Steingärten. Winterhart. Bevorzugt Schatten und humusreiche, feuchte Erde. Wurzeln wollen nicht gestört werden. Vermehrung durch Teilung im Frühjahr, durch frischen Samen im Herbst oder durch Wurzelschnittlinge im Winter.
H. epipactis Abb. S. 311.

HAEMANTHUS (Amaryllidaceae)
Blutblume
Gattung sommerblühender Bulben mit dichten Köpfen kleiner, sternchenförmiger Blüten, meistens in leuchtendbunten Farben. Frostempfindlich. Mindesttemperatur 10°C. Benötigt volle Sonne oder Halbschatten und durchlässigen Boden oder sandiges, humoses Substrat. Während der Wachstumszeit flüssig düngen. Solange als möglich am gleichen Platz lassen, ehe man neu verpflanzt. Vermehrung durch Brutzwiebeln oder Samen im zeitigen Frühjahr, bevor die neue Wachstumsperiode beginnt.
H. albiflos (Elefantenohr). Sommerblühende Bulbe. H. 5–30 cm, Br. 20–30 cm. Hat 2–6, fast niederliegende, breit elliptische Blätter mit behaarten Rändern. Der Blütenstengel erscheint zwischen den Blättern und trägt einen bürstenähnlichen Kopf von bis zu 50 weißen Blüten mit sehr schmalen Kronblättern und hervorstehenden Staubgefäßen.
H. coccineus Abb. S. 364.
H. katherinae. Siehe *Scadoxus multiflorus* ssp. *katherinae*.
H. magnificus. Siehe *Scadoxus puniceus*.
H. multiflorus. Siehe *Scadoxus multiflorus*.
H. natalensis. Siehe *Scadoxus puniceus*.
H. puniceus. Siehe *Scadoxus puniceus*.
H. sanguineus. Sommerblühende Bulbe. H. bis 30 cm, Br. 20–30 cm. Trägt 2 niedrige, elliptische, derbe, dunkelgrüne Blätter, auf der Unterseite behaart. Der bräunlich-purpurngefleckte grüne Blütenstiel erscheint vor den Blättern und trägt einen dichten Kopf kleiner, roter Blüten mit schmalen Kronblättern, die von Quirlen schmaler, blattartiger, roter oder rosafarbener Deckblätter umgeben sind.

HAKEA (Proteaceae)
Gattung immergrüner Sträucher und Bäume, wegen ihrer oft nadelähnlichen Blätter und Blüten sehr geschätzt. Widerstandsfähig gegen Wind, außer in kalten Gegenden. Winterhart bis frostempfindlich, mind. 5–7°C. Benötigt volle Sonne und fruchtbare, durchlässige Erde. Während der Wachstumszeit Kübelpflanzen mäßig gießen, im Winter weniger. Vermehrung durch halbausgereifte Stecklinge im Sommer oder Samen im Herbst.
H. lissosperma, syn. *H. sericea* hort. Immergrüner, aufrechter, dicht verzweigter Strauch mit fichtenähnlichem Aussehen. H. 5 m, Br. 3 m. Winterhart. Hat lange, schlanke, scharfgespitzte, graugrüne Blätter und im späten Frühjahr und Frühsommer Büschel kleiner, spinnenartiger, weißer Blüten.
H. sericea hort. Siehe *H. lissosperma*.
H. suaveolens. Immergrüner, runder Strauch. H. und Br. 2 m oder mehr. Frostempfindlich. Die Blätter sind in zylindrische, nadelähnliche Blättchen geteilt, manchmal auch ungeteilt und lanzettförmig. Von Sommer bis Winter erscheinen an kurzen, dichten Büscheln kleine, duftende, röhrenförmige, weiße Blüten.

HAKONECHLOA (Gramineae). Siehe GRÄSER, BAMBUS, BINSEN und RIEDGRAS.
H. macra **'Aureola'** Abb. S. 183.

HALESIA (Styracaceae)
Schneeflockenbaum
Gattung laubabwerfender, frühlingsblühender Bäume und Sträucher, wegen ihrer auffälligen, hängenden, glockenförmigen Blüten und seltsamen, geflügelten Früchte sehr beliebt. Winterhart. Benötigt einen sonnigen, geschützten Standort. Bevorzugt feuchte, aber durchlässige, neutrale bis saure Erde. Vermehrung durch Kopfstecklinge im Sommer oder Samen im Herbst.
H. carolina. Laubabwerfender, ausgebreiteter Baum oder Strauch. H. 8 m, Br. 10 m. Im späten Frühjahr hängt eine Fülle glockenförmiger, weißer Blüten von blattlosen Zweigen, gefolgt von 4fach geflügelten grünen Früchten. Die ovalen Blätter sind mittelgrün.
H. monticola Abb. S. 49

× HALIMIOCISTUS (Cistaceae)
Gattungshybriden (*Cistus* × *Halimium*) immergrüner Sträucher, wegen ihrer Blüten kultiviert. Winterhart. Muß in kalten Gegenden geschützt werden. Benötigt volle Sonne und durchlässigen Boden. Vermehrung durch halbausgereifte Stecklinge im Sommer.
× *H. sahucii* Abb. S. 127
× *H. wintonensis.* Immergrüner, buschiger Strauch. H. 60 cm, Br. 1 m. Im zeitigen Frühjahr und Frühsommer öffnen sich inmitten lanzettförmiger, grau-grüner Blätter tellerförmige, weiße Blüten mit tiefroten Streifen und gelber Mitte.

HALIMIUM (Cistaceae)
Gattung immergrüner Sträucher, wegen ihrer hübschen Blüten gerne gezogen. Eignet sich für Küstengärten. Winterhart. Muß aber in kalten Gegenden geschützt werden. Gedeiht am besten in voller Sonne und leichter, gut durchlässiger Erde. Vermehrung durch halbausgereifte Stecklinge im Sommer.
H. lasianthum. Immergrüner, buschiger, ausgebreiteter Strauch. H. 1 m, Br. 1,5 m. Die Blätter sind oval und graugrün. Bringt im späten Frühjahr und Frühsommer tellerförmige, goldgelbe Blüten, manchmal mit kleinen, roten Flecken in der Mitte, hervor. Ssp. ***formosum*** Abb. S. 137.
H. ocymoides. Immergrüner, buschiger Strauch. H. 60 cm, Br. 1 m. Die schmal ovalen Blätter sind in der Jugend mit weißen Härchen bedeckt, ausgewachsen färben sie sich dunkelgrün. Im Frühsommer erscheinen aufrechte Büschel tellerförmiger, gold-gelber Blüten, auffällig schwarz und purpur gefleckt. **'Susan'** Abb. S. 137.
H. umbellatum Abb. S. 127.

HAMAMELIS (Hamamelidaceae)
Zaubernuß
Gattung laubabwerfender, herbst- bis frühlingsblühender Sträucher, die wegen ihrer Herbstfarben und duftenden, frostresistenten Blüten, mit 4 schmal riemenförmigen Kronblättern, sehr beliebt ist. Winterhart. Gedeiht in Sonne oder Halbschatten und fruchtbarer, durchlässiger, torfhaltiger, saurer Erde. Guter, tiefgründiger Boden auf Kalk wird auch toleriert. Vermehrung der Spezies durch Samen im Herbst, selektierte Formen durch Kopfstecklinge im Sommer, durch Okulieren im Spätsommer oder auch durch Pfropfen im Winter.
H. × intermedia **'Arnold Promise'** Abb. S. 94. **'Diane'** Abb. S. 93. **'Jelena'** ist ein laubabwerfender, aufrechter Strauch. H. und Br. 4 m oder mehr. Die breitovalen, glänzenden, leuchtendgrünen Blätter färben sich im Herbst orangefarben bis rötlich. Vom frühen bis mittleren Winter erscheint eine Fülle großer duftender, orangefarbener Blüten an noch kahlen Zweigen.
H. japonica (Japanische Zaubernuß). Laubabwerfender, aufrechter, offener Strauch. H. und Br. 4 m. Die breit ovalen, glänzenden, mittelgrünen Blätter färben sich im Herbst gelb. Von Mitte- bis Spätwinter erscheinen an kahlen Zweigen duftende, gelbe Blüten mit krausen Kronblättern. **'Sulphurea'** Abb. S. 94. **'Zuccariniana'** trägt im zeitigen Frühjahr blaß zitronengelbe Blüten und hat im Herbst orange-gelbe Blätter.
H. mollis (Chinesische Zaubernuß). Laubabwerfender, aufrechter, offener Strauch. H. und Br. 4 m oder mehr. Die breit ovalen Blätter färben sich im Herbst gelb. Bringt von Mitte- bis Spätwinter an kahlen Zweigen außerordentlich stark duftende, gelbe Blüten hervor. **'Coombe Wood'** Abb. S. 94. **'Pallida'**, Br. 3 m, ist noch aufrechter als die Spezies und bringt dichte Büschel schwefelgelber Blüten hervor.
H. vernalis **'Sandra'** Abb. S. 92.
H. virginiana Abb. S. 93.
Hamatocactus hamatacanthus. Siehe *Ferocactus hamatacanthus*.
Hamatocactus setispinus. Siehe *Ferocactus setispinus*.

HARDENBERGIA (Leguminosae)
Gattung immergrüner, verholzender Kletterpflanzen oder Halbsträucher, wegen ihres dichten Blattwerks und der erbsenähnlichen Blütentrauben sehr beliebt. Bedingt winterhart bis frostempfindlich. Mindesttemperatur 7°C. Gedeiht am besten in Sonne und durchlässiger Erde, die nicht austrocknet. Vermehrung durch Stammstecklinge im Spätsommer oder Herbst oder Samen im Frühjahr. (Vor der Aussaat im Wasser einweichen).
H. comptoniana Abb. S. 164.
H. monophylla. Siehe *H. violacea*.
H. violacea, syn. *H. monophylla*. Immergrüne, verholzende Kletterpflanze. H. bis 3 m. Frostempfindlich. Die schmal ovalen Blätter sind 2,5–12 cm lang. Im Frühjahr erscheinen violette, manchmal auch rosa oder weiße Blüten mit gelben Flecken auf den oberen Kronblättern. Bräunliche, 3–4 cm lange Hülsen erscheinen im Herbst.

HATIORA (Cactaceae)
Gattung mehrjähriger, epiphytischer Kakteen mit kurzem, gegliedertem, zylindrischem Körper, an einem Ende flaschenartig verdickt. Frostempfindlich, mind. 10–11 °C. Benötigt Halbschatten und sehr durchlässigen Boden. Im Sommer feucht halten, im Winter etwas gießen. Vermehrung durch Stammstecklinge im Frühjahr oder Sommer.
H. clavata, syn. *Rhipsalis clavata*. Hängender, mehrjähriger, epiphytischer Kaktus. H. 60 cm, Br. 1 m. Mindesttemperatur 11 °C. Die vielfach verzweigten, dunkelgrünen Stämme werden an den Enden breiter. Im Spätwinter und Frühherbst erscheinen an über 30 cm hohen Pflanzen unzählige, endständige, 1,5 cm breite, glockenförmige, weiße Blüten.
H. salicornioides Abb. S. 388.

HAWORTHIA (Liliaceae)
Gattung horstbildender, mehrjähriger Sukkulenten mit Basalrosetten und dreikantigen bis runden, grünen Blättern. Im Winter oder während langer Trockenperioden neigen die Wurzeln zum Verdorren. Frostempfindlich. Mindesttemperatur 5–10 °C. Benötigt Halbschatten, um grün zu bleiben und schnell zu wachsen. Wenn in voller Sonne kultiviert, färbt die Pflanze sich rot oder orange und wächst nur langsam. Benötigt sehr durchlässigen Boden. Im Winter trocken halten. Vermehrung durch Samen oder Teilung vom Frühling bis zum Herbst.
H. arachnoidea, syn. *H. setata*, Abb. S. 390.
H. attenuata. Horstbildende, mehrjährige, sukkulente Pflanze. H. 7 cm, Br. 25 cm. Mindesttemperatur 5 °C. Trägt eine grundständige Rosette dreieckiger, 3 cm langer, dunkelgrüner Blätter mit weißen Warzen bedeckt. Vom Frühling bis Herbst erscheinen an langen, schlanken Stielen röhren- bis glockenförmige, weiße Blüten. **Var. *clariperla*** Abb. S. 389.
H. cuspidata. Horstbildende, mehrjährige, sukkulente Pflanze. H. 5 cm, Br. 25 cm. Mindesttemperatur 5 °C. Bringt eine grundständige Rosette glatter, runder, fleischiger, hellgrüner Blätter mit durchscheinenden Flecken hervor. Von Frühling bis Herbst erscheinen an langen, schlanken Stielen röhren- bis glockenförmige, weiße Blüten.
H. fasciata. Langsamwachsende, horstbildende, mehrjährige, sukkulente Pflanze. H. 15 cm, Br. 30 cm. Mindesttemperatur 5 °C. Die in grundständigen Rosetten angeordneten, dreieckigen, 8 cm langen, leicht einwärts gebogenen Blätter haben auf der Unterseite, meistens in Streifen angeordnete, weiße Warzen. Vom Frühjahr bis Herbst erscheinen an langen, schlanken Stengeln röhren- bis glockenförmige weiße Blüten.
H. setata. Siehe *H. arachnoidea*.
H. truncata Abb. S. 389.

HEBE (Scrophulariaceae)
Strauchveronika
Gattung immergrüner Sträucher, die oft wegen ihrer dichten Blütenähren, -trauben oder -rispen und des Laubes kultiviert wird. Gedeiht gut in Küstengegenden. Kleinere Spezies und Sorten eignen sich für Steingärten. Bedingt- bis winterhart. Benötigt volle Sonne und durchlässigen Boden. Wachstum kann eingedämmt oder sparrige Pflanzen können im Frühjahr zurückgeschnitten werden. Vermehrung durch halbausgereifte Stecklinge im Sommer.
H. albicans Abb. S. 129.
***H.* 'Alicia Amherst'.** Schnellwachsender, immergrüner, aufrechter Strauch. H. und Br. 1,2 m. Winterhart. Hat große, längliche, glänzende, dunkelgrüne Blätter und im Spätsommer und Herbst große Ähren kleiner, 4fach gelappter, tief violett-purpurner Blüten.
***H.* 'Andersonii Variegata'.** Immergrüner, buschiger Strauch. H. und Br. 2 m. Bedingt winterhart. Die Blätter sind länglich und dunkelgrün, jedes graugrün in der Mitte und cremig-weißen Rändern. Von Sommermitte bis Herbst erscheinen dichte Ähren kleiner, 4lappiger, lilafarbener Blüten.
***H.* 'Autumn Glory'** Abb. S. 135.
H. brachysiphon. Immergrüner, buschiger, dichter Strauch. H. und Br. 2 m. Winterhart. Hat längliche, dunkelgrüne Blätter. Bringt zur Sommermitte dichte Ähren kleiner, 4lappiger, weißer Blüten hervor. **'White Gem'** Abb. S. 126.
H. buchananii. Immergrüner, kegelförmiger Strauch. H. und Br. 15 cm oder mehr. Winterhart. Die tiefdunklen Triebe tragen ovale, bläulich-grüne Blätter. Hat im Sommer an den Triebenden Büschel kleiner, 4lappiger, weißer Blüten. **'Minor'**, H. 5–10 cm, hat kleinere Blätter.
H. canterburiensis Abb. S. 291.
***H.* 'Carl Teschner'.** Immergrüner niedriger, dann kegelförmiger Strauch. H. 15 cm, Br. 30 cm oder mehr. Winterhart. Die schwarz-braunen Triebe sind mit kleinen, ovalen, glänzenden, dunkelgrünen Blättern dachziegelartig bedeckt. Trägt im Sommer kurze Trauben winziger, 4lappiger, purpurner Blüten mit weißem Schlund. Ausgezeichnet für Rabatten.
H. carnosula. Immergrüner, niedriger Strauch. H. 15–30 cm, Br. 30 cm oder mehr. Winterhart. Hat kleine längliche bis ovale, leicht nach außen gewölbte, fleischige, blaugrüne Blätter. Im späten Frühjahr oder Frühsommer erscheinen endständige Büschel vieler, kleiner, 4lappiger und gespitzter, weißer Blüten.
***H.* 'Cranleigh Gem'.** Immergrüner, runder Strauch. H. 60 cm, Br. 1 m. Winterhart. Bringt im Frühsommer inmitten schmal ovaler, graugrüner Blätter dichte Ähren kleiner, 4fach gelappter, weißer Blüten mit auffälligen, schwarzen Staubbeuteln, hervor.
H. cupressoides (Veronikastrauch) Abb. S. 144. **'Boughton Dome'** Abb. S. 301.
***H.* 'E. A. Bowles'** Abb. S. 135.
***H.* 'Fairfieldii'.** Immergrüner, aufrechter Strauch. H. und Br. 60 cm. Winterhart. Die ovalen, gezähnten, glänzenden, leuchtendgrünen Blätter sind rot umsäumt. Bringt im späten Frühjahr und Frühsommer große, offene Rispen kleiner, 4fach gelappter, blaßlila Blüten hervor.
***H. × franciscana* 'Blue Gem'.** Immergrüner, ausgebreiteter Strauch. H. 60 cm, Br. 1,2 m. Winterhart. Hat längliche, dichtstehende, mittelgrüne Blätter. Von Sommermitte bis Frühwinter zeigen sich dichte Ähren kleiner, 4fach gelappter, violett-blauer Blüten.
***H.* 'Gauntlettii'.** Immergrüner, aufrechter Strauch. H. und Br. 1 m. Winterhart. Vom Spätsommer bis Spätherbst erscheinen inmitten länglicher, sattgrüner Blätter lange Ähren kleiner, 4fach gelappter, rosafarbener Blüten mit purpurfarbenen Röhren.
***H.* 'Great Orme'** Abb. S. 131.
H. hulkeana. Immergrüner, aufrechter, offener Strauch. H. und Br. 1 m. Winterhart. Die ovalen, gezähnten, glänzenden, dunkelgrünen Blätter sind rot eingesäumt. Hat im Spätfrühling und Frühsommer eine Fülle kleiner, 4fach gelappter, blaß lilafarbener Blüten, die in großen, offenen Rispen angeordnet sind. **'Lilac Hint'** Abb. S. 135.
***H.* 'La Séduisante'.** Immergrüner, aufrechter Strauch. H. und Br. 1 m. Winterhart. Die ovalen, glänzenden, tiefgrünen Blätter sind auf der Unterseite purpurn. Bringt vom Spätsommer bis Spätherbst an großen Ähren 4fach gelappte, tief purpurn-rötliche Blüten hervor.
H. macrantha. Immergrüner, buschiger Strauch. H. 60 cm, Br. 1 m. Winterhart. Hat ovale, gezähnte, fleischige, leuchtendgrüne Blätter und im Frühsommer Rispen großer, 4fach gelappter, rein weißer Blüten. Kann an der Basis verkahlen.
***H.* 'Midsummer Beauty'.** Immergrüner, runder, offener Strauch, H. 2 m, Br. 1,5 m. Winterhart. Die langen, schmalen, glänzenden, leuchtendgrünen Blätter sind auf der Unterseite rötlichpurpurn. Von Sommermitte bis Spätherbst erscheinen lange Ähren kleiner, 4fach gelappter, lila Blüten, die zu weiß verblassen.
H. ochracea. Immergrüner, buschiger, dichter Strauch. H. und Br. 1 m. Winterhart. Die schlanken Triebe sind dicht besetzt mit winzigen, schuppenartigen, ocker überhauchten, olivgrünen Blättern. Im späten Frühling und Frühsommer erscheinen Büschel kleiner 4fach gelappter, weißer Blüten.
***H. pinguifolia* 'Pagei'** Abb. S. 291.
***H.* 'Purple Queen'** Abb. S. 136.
H. rakaiensis. Immergrüner, runder, kompakter Strauch. H. 1 m, Br. 1,2 m. Winterhart. Von Früh- bis Mitte-Sommer erscheinen inmitten kleiner, länglicher, mittelgrüner Blätter kleine, dichte Ähren kleiner, 4fach gelappter, weißer Blüten.
H. recurva. Abb. S. 129.
H. salicifolia. Immergrüner, aufrechter Strauch. H. und Br. 2,5 m. Winterhart. Hat lange, schmale, gespitzte, blaßgrüne Blätter und im Sommer schlanke Ähren kleiner, 4fach gelappter, weißer oder blaßlila Blüten.
H. vernicosa. Immergrüner, buschiger, kompakter Strauch. H. 60 cm, Br. 1,2 m. Winterhart. Die von Früh- bis Mitte-Sommer erscheinenden unzähligen, kleinen Ähren kleiner, 4fach gelappter, weißer Blüten stechen aus den kleinen, ovalen, dichtstehenden, glänzenden, dunkelgrünen Blättern deutlich heraus.

HEDERA (Araliaceae)
Efeu
Gattung immergrüner, verholzender, kriechender Stauden und selbstklimmender Kletterpflanzen, die sich mit Haftwurzeln festhalten und die an Mauern, Zäunen und als Bodendecker gerne kultiviert werden. Benötigt ein Jahr, um einzuwachsen, danach wächst er sehr schnell. Hat am Boden und als Kletterpflanze meistens derb dreieckige und gelappte Blätter. Bei größerer Höhe und Zugang zu besserem Licht sind die Blätter weniger gelappt und im Herbst bilden sich Dolden mit kleinen, gelblich-grünen Blüten, denen runde, schwarze, manchmal auch gelbe Früchte folgen. Bedingt- bis winterhart. Efeu mit grünen Blättern verträgt Schatten sehr gut und eignet sich deshalb gut an Nordwänden. Jene mit gescheckten oder gelben Blättern benötigen mehr Licht, sind gewöhnlich weniger widerstandsfähig gegen Frost, Wind und strenge Winter. Alle bevorzugen durchlässige, alkalische Erde. Um Wachstum und Ausbreitung unter Kontrolle zu halten, wird im Frühjahr zurückgeschnitten. Auch beschädigte Triebe entfernen. Vermehrung im Spätsommer durch Kopfstecklinge oder bewurzelte Ausläufer. An Südwänden oder unter trockenen Bedingungen kann die rote Spinnmilbe zum Problem werden.
H. canariensis. Schnellwachsende, immergrüne selbstklimmende Kletterpflanze. H. bis 6 m, Br. 5 m. Bedingt winterhart; kann in strengen Wintern Schaden nehmen, aber erholt sich schnell. An rötlich-purpurnen Trieben sitzen ovale bis dreieckige, ungelappte, glänzende, mittelgrüne Blätter. Eignet sich für Wände an geschützten Standorten. **'Gloire de Marengo'** hat silbrig-bunte Blätter. **'Ravensholst'** (Abb. S. 179) ist kräftig mit großen Blättern, guter Bodendecker.
H. colchica. Immergrüne selbstklimmende Kletterpflanze oder kriechende Staude. H. 10 m, Br. 5 m. Winterhart. Hat große, ovale, ungelappte, dunkelgrüne Blätter. Eignet sich für Wände. **'Dentata'** (Abb. S. 179) ist kräftiger und hat große, hellgrüne, hängende Blätter. Eignet sich für Wände oder als Bodendecker. **'Dentata Variegata'**, H. 5 m, hat bunte, cremegelbe Blätter; eignet sich um schattige Ecken aufzuhellen. **'Sulphur Heart'** (Abb. S. 179). H. 5 m, Br. 3 m, hat bunte, gelbe und hellgrüne Blätter.
H. helix. Kräftige, immergrüne selbstklimmende Kletterpflanze oder kriechende Staude. H. 10 m, Br. 5 m. Winterhart. Hat 5fach gelappte, dunkelgrüne Blätter. Eignet sich gut für Mauern und als Bodendecker, wuchert stark. Für kleine Gärten sollte man die dekorativen Sorten vorziehen. **'Adam'** (Abb. S. 179). H. 1,2 m, Br. 1 m, ist bedingt winterhart und hat kleine, hellgrüne, cremegelbbunte Blätter; könnte im Winter an den Blättern Schaden nehmen, aber erholt sich schnell. **'Angularis Aurea'** (Abb. S. 179), H. 4 m, Br. 2,5 m, hat glänzende, hellgrüne Blätter, mit leuchtendgelber Scheckung; eignet sich nicht als Bodendecker. **'Anna Marie'** (Abb. S. 179). H. 1,2 m, Br. 1 m, ist winterhart und hat hellgrüne Blätter, cremig-bunt, hauptsächlich an den Rändern; Blätterschäden manchmal im Winter. **'Atropurpurea'** (syn. *H. h.* 'Purpurea'; Abb. S. 179), H. 4 m, Br. 2,5 m, hat dunkelgrüne Blätter, die sich im Winter tief purpurn färben. **'Baltica'**, eine außergewöhnlich winterharte Sorte, hat kleine Blätter und eignet sich als Bodendecker für exponierte Stellen. **'Buttercup'** (Abb. S. 179), H. 2 m, Br. 2,5 m, ist winterhart und hat hellgrüne Blätter, die sich in der Sonne sattbuttergelb färben. **'Caenwoodiana'** siehe *H. h.* 'Pedeta'. **'Congesta'**, H. 45 cm, Br. 60 cm, ist eine nichtkletternde, aufrechte Sorte mit spiralförmigen Trieben und kleinen Blättern, eignet sich für Steingärten. **'Conglomerata'**. H. und Br. 1 m, hat kleine, gedrehte, ungelappte Blätter, kann an niedrigen Gartenmauern klettern oder im Steingarten wachsen. **'Cristata'**, siehe *H. h.* 'Parsley

Crested'. **'Curly Locks'** siehe *H. h.* 'Manda's Crested'. **'Deltoidea'** (Abb. S. 179). H. 5 m, Br. 3 m, hat herzförmige Blätter; eignet sich nur für Mauern. **'Digitata'** (Abb. S. 179). H. 6 m, hat große Blätter; ungeeignet als Bodendecker. **'Erecta'** (Abb. S. 179). H. 1 m, Br. 1,2 m, ist eine nichtkletternde, aufrechte Sorte, ähnlich wie *H. h.* 'Congesta'. **'Eva'** (Abb. S. 179). H. 1,2 m, Br. 1 m, ist winterhart und hat kleine, grau-grüne, creme-bunte Blätter, manchmal im Winter Blattschäden. **'Glacier'** (Abb. S. 179), H. 3 m, Br. 2 m, ist winterhart und hat silbrig-grau-grüne Blätter. **'Glymii'** (Abb. S. 179), H. 2,5 m, Br. 2 m, hat glänzende, dunkelgrüne Blätter, die sich im Winter purpurn färben, eignet sich nicht als Bodendecker. **'Goldheart'** (Abb. S. 179), H. 6 m, hat dunkelgrüne Blätter mit leuchtendgelben Zentren; braucht lange, um anzuwachsen, wächst dann aber schnell; eignet sich nicht als Bodendecker. **'Gracilis'** (Abb. S. 179), H. 5 m, hat scharf gelappte, dunkelgrüne Blätter, die sich im Winter bronze-purpurn färben; eignet sich nicht als Bodendecker. **'Green Feather'**, siehe *H. h.* 'Triton'. **'Green Ripple'** (Abb. S. 179), H. und Br. 1,2 m, ist winterhart und hat mittelgrüne Blätter und hervorstehende, hellgrüne Adern; eignet sich für niedrige Mauern oder als Bodendekker. **'Hahn's Selfbranching'**, siehe *H. h.* 'Pittsburgh'. **'Heise'** (Abb. S. 179), H. 30 cm, Br. 60 cm, ist winterhart und hat kleine, grau-grüne, cremebunte Blätter; eignet sich als Bodendecker für kleine, geschützte Flächen. Var. ***hibernica*** (Abb. S. 179), Br. 6 m, ist sehr kräftig und hat große, mittelgrüne Blätter; deckt große Flächen entweder an Wänden oder Boden. **Var. *hibernica* 'Sulphurea'** (Abb. S. 179), H. und Br. 3 m, hat mittelgroße, bunt schwefelgelbe Blätter; eignet sich für Wände oder als Bodendekker und als Unterlage für leuchtendbunte Pflanzen. **'Ivalace'** (syn. *H. h.* 'Mini Green'; Abb. S. 179), H. 1 m, Br. 1,2 m, ist winterhart, hat gedrehte und gekräuselte, glänzende Blätter; eignet sich als Bodendecker oder für niedrige Mauern. **'Königer's Auslese'** (syn. *H. h.* 'Sagittifolia'), H. 1,2 m, Br. 1 m, ist winterhart und hat fingerförmige, tief eingeschnittene Blätter; eignet sich nicht als Bodendekker. **'Lobata Major'** (Abb. S. 179), H. 5 m, ist kräftig mit großen, 3lappigen Blättern. **'Manda's Crested'** (syn. *H. h.* 'Curly Locks'; Abb. S. 179), H. und Br. 2 m, ist winterhart und hat elegante, an den Rändern gewellte, mittelgrüne Blätter, die sich im Herbst kupferfarbig färben. **'Merion Beauty'** (Abb. S. 179), H. 1,2 m, Br. 1 m. Ist winterhart, hat zart gelappte Blätter; eignet sich nicht als Bodendecker. **'Mini Green'**, siehe *H. h.* 'Ivalace'. **'Nigra'** (Abb. S. 179), H. und Br. 1,2 m, hat kleine, stark dunkelgrüne Blätter, die sich im Winter purpurschwarz färben. **'Parsley Crested'** (syn. *H. h.* 'Cristata'; Abb. S. 179), H. 2 m, Br. 1,2 m, ist winterhart und hat hellgrüne Blätter, an den Rändern kammartig umgebogen. Eignet sich nicht als Bodendecker. **'Pedata'** (syn. *H. h.* 'Caenwoodiana'; Abb. S. 179), H. 4 m, Br. 3 m, hat vogelfußartige, grau-grüne Blätter. Ungeeignet als Bodendecker. **'Pittsburgh'** (syn. *H. h.* 'Hahn's Self-branching'; Abb. S. 179), H. 1 m, Br. 1,2 m, ist winterhart und hat mittelgrüne Blätter; geeignet für niedrige Mauern und als Bodendecker. **'Purpurea'**, siehe *H. h.* 'Atropurpurea'. **'Sagittifolia'**, siehe *H. h.* 'Königer's Auslese'. **'Telecurl'** (Abb. S. 179), H. und Br. 1 m. Winterhart. Hat elegant gedrehte, hellgrüne Blätter. **'Triton'** (syn. *H. h.* 'Green Feather'). H. 45 cm, Br. 1 m. Winterhart. Nichtkletternde Sorte, deren Blätter tiefeingeschnittene Lappen haben und Peitschen ähneln; guter Bodendekker. **'Woerner'** (Abb. S. 179). H. 4 m, Br. 3 m, ist eine kräftige Sorte mit stumpfgelappten, grau-grünen Blättern mit heller gefärbten Adern, die sich im Winter purpurn färben.

H. nepalensis. Immergrüne, selbstklimmende Kletterpflanze. H. 4 m, Br. 2,5 m. Bedingt winterhart. Junge Triebe könnten durch Frost im späten Frühjahr geschädigt werden. Hat ovale bis dreieckige, gezähnte, olivgrüne Blätter. Eignet sich nur für eine geschützte Mauer.

H. pastuchovii. Mäßig kräftige, immergrüne, selbstklimmende Kletterpflanze. H. 2,5 m, Br. 2 m. Winterhart. Hat schildförmige, glänzende, dunkelgrüne Blätter. Muß an einer Mauer gepflanzt werden.

H. rhombea (Japanischer Efeu) Immergrüne, selbstklimmende Kletterpflanze. H. und Br. 1,2 m. Winterhart. Hat kleine, mäßig dicke, diamantförmige, ungelappte, mittelgrüne Blätter. Wächst am besten an einer niedrigen Mauer. **'Variegata'** hat Blätter mit weißen Rändern.

HEDYCHIUM (Zingiberaceae)
Garland Blume, Ingwerlilie
Gattung von Stauden mit kräftigen, fleischigen Rhizomen. Die duftenden, auffälligen Blüten sind kurzlebig, aber erscheinen nacheinander in großer Fülle. Ideal für geschützte Rabatten und Wintergärten. Winterhart bis frostempfindlich, mind. 5°C. Benötigt Sonne und nährstoffreiche, feuchte Erde. Vermehrung durch Teilung im Frühjahr. Die Wurzelstöcke sollten in der Ruhezeit nicht geteilt werden.

H. coronarium. (Weiße Ingwerlilie). Aufrechte Staude mit Rhizom. H. 1,5 m, Br. 60 cm–1 m. Frostempfindlich. Bringt zur Sommermitte dichte Ähren stark duftender, schmetterlingsähnlicher, weißer Blüten, am Grunde mit gelben Flecken, hervor. Die lanzettförmigen, mittelgrünen Blätter sind auf der Unterseite flaumig.

H. densiflorum Abb. S. 191.

H. gardnerianum Abb. S. 194.

HEDYOTIS, syn. HOUSTONIA (Rubiaceae)
Gattung mattenbildender, sommerblühender Stauden. Winterhart. Gedeiht an schattigen Standorten in feuchter, sandiger Lauberde. Vermehrung durch Teilung im Frühjahr oder Samen im Herbst.

H. michauxii Abb. S. 323.

HEDYSARUM (Leguminosae)
Süßklee
Gattung von Stauden, zweijährigen Pflanzen und laubabwerfenden Halbsträuchern. Winterhart. Bevorzugt Sonne und durchlässigen Boden. Sollte nicht verpflanzt werden. Vermehrung durch Samen im Herbst oder Frühjahr.

H. coronarium Abb. S. 209.

HEERIA. Siehe HETEROCENTRON.

HEIDE (Ericaceae)
Eriken, auch als Heidekraut bekannt, sind immergrüne, verholzende Sträucher, die wegen ihrer Blüten und des Laubes, das dem Garten das ganze Jahr über Farbe verleiht, gerne kultiviert werden. Es gibt 3 Gattungen: *Calluna, Daboecia* und *Erica*. *Calluna* hat nur eine Spezies, *C. vulgaris*, aber davon gibt es viele Sorten, die hauptsächlich von Sommermitte bis Spätherbst blühen. *Daboecia* hat 2 Spezies, beide sind Sommerblüher. Die größte Gattung ist *Erika*, die wiederum in 2 Gruppen geteilt ist und zwar in winter- und sommerblühende Spezies. Einige Spezies blühen auch im Frühjahr und Herbst. Die Höhe ist sehr variabel. Die Baumerika kann bis zu 6 m hoch werden, Zwergformen aber sind so niedrig, daß sie, wenn im Abstand von 30–45 cm gepflanzt, sich schnell bodendeckend ausbreiten.
Heidekraut ist winterhart bis frostempfindlich. Mindesttemperatur 5–7°C. Es bevorzugt einen offenen, sonnigen Standort, humusreiche, durchlässige Erde. *Calluna* und *Daboecia* vertragen keinen Kalk und müssen in sauren Boden gepflanzt werden; einige Spezies von *Erika* tolerieren Kalk, aber auch sie gedeihen besser in saurer Erde. Damit die Pflanzen buschig und kompakt bleiben, soll nach der Blüte jedes Jahr leicht zurückgeschnitten werden. Vermehrung der Spezies durch Samen im Frühjahr oder Kopfstecklinge, Teilung oder Ableger im Sommer. Sämlinge haben nicht immer die ursprüngliche Farbe. Alle Sorten sollten vegetativ vermehrt werden. Heidekräuter sind auf den Seiten 146–147 abgebildet.

Heimerliodendron brunonianum. Siehe *Pisonia umbellifera*.

HELENIUM (Compositae)
Sonnenbraut
Gattung spätsommer- und herbstblühender Stauden, die wegen ihrer Rispen gänseblümchenähnlicher Blütenköpfe mit hervorstehender Mitte, sehr beliebt sind. Winterhart. Benötigt volle Sonne und jeden durchlässigen Boden. Vermehrung durch Teilung im Frühjahr oder Herbst.

***H.* 'Bressingham Gold'.** Aufrechte, buschige Staude mit kräftigen Stengeln, die von lanzettförmigen, mittelgrünen Blättern bedeckt sind. H. 1 m, Br. 60 cm. Im Spätsommer und Herbst erscheinen Rispen leuchtendgelber Blütenköpfe.

***H.* 'Bruno'.** Aufrechte, buschige Staude. H. 1,2 m, Br. 75 cm. Trägt im Spätsommer und Herbst Rispen tief bronze-roter Blütenköpfe. Die kräftigen Stengel sind von lanzettförmigen Blättern umhüllt.

***H.* 'Butterpat'.** Kompakte Staude. H. 1 m, Br. 60 cm. Hat kräftige Stengel von lanzettförmigen Blättern umgeben. Trägt im Spätsommer und Herbst Rispen satt tiefgelber Blütenköpfe.

***H.* 'Moerheim Beauty'** Abb. S. 221.

***H.* 'Riverton Gem'.** Aufrechte, buschige Staude. H. 1,4 m, Br. 1 m. Im Spätsommer und Herbst erscheinen Rispen roter und goldener Blütenköpfe. Die kräftigen Stengel sind von lanzettförmigen Blättern umgeben.

***H.* 'Wyndley'** Abb. S. 221.

HELIANTHEMUM (Cistaceae)
Sonnenröschen
Gattung immergrüner, frühlings- bis herbstblühender Sträucher und Halbsträucher, wegen ihrer Blüten sehr beliebt. Eignet sich für Steingärten und trockene Böschungen. Bedingt – bis winterhart. Benötigt volle Sonne und durchlässigen Boden. Nach der Blüte zurückschneiden. Vermehrung durch halbausgereifte Stecklinge im Frühsommer.

H. apenninum Abb. S. 291.

***H.* 'Ben Hope'.** Immergrüner, kegeliger Strauch. H. 23–30 cm, Br. 45 cm. Winterhart. Die Blätter sind klein, linealisch und grau-grün. Bringt zur Sommermitte tellerförmige, karminrote Blüten hervor.

***H.* 'Ben More'** Abb. S. 294.

***H.* 'Ben Nevis'.** Immergrüner, leicht runder, kompakter Strauch. H. und Br. 15–23 cm. Winterhart. Hat kleine, linealische, dunkelgrüne Blätter und zur Sommermitte tellerförmige, orangefarbene Blüten mit bronzefarbener Mitte.

***H.* 'Fire Dragon'** Abb. S. 294.

***H.* 'Golden Queen'.** Immergrüner, kegeliger, kompakter Strauch. H. 23 cm, Br. 30 cm. Winterhart. Mitte Sommer erscheinen zwischen kleinen, linealischen, dunkelgrünen Blättern tellerförmige, goldgelbe Blüten.

H. guttatum. Siehe *Tuberaria guttata*.

***H.* 'Jubilee'.** Immergrüner, kegeliger, kompakter Strauch. H. 15–23 cm, Br. 23–30 cm. Winterhart. Trägt kleine, linealische, dunkelgrüne Blätter. Die tellerförmigen, gefüllten, blaßgelben Blüten erscheinen vom Frühjahr bis Spätsommer.

***H. nummularium* 'Amy Baring'.** Immergrüner, ausgebreiteter Strauch. H. 10–15 cm, Br. 60 cm. Winterhart. Die kleinen, länglichen, hellgrünen Blätter sind auf der Unterseite behaart. Im Sommer erscheinen in Folge tellerförmige, tiefgelbe Blüten mit orangefarbener Mitte an lockeren, endständigen Büscheln.

***H. oelandicum* ssp. *alpestre*.** Immergrüner, offener, struppiger Strauch. H. 7–12 cm, Br. 15 cm oder mehr. Winterhart. Von Früh- bis Mitte Sommer erscheinen an endständigen Büscheln 3–6 tellerförmige, leuchtendgelbe Blüten. Hat winzige, längliche, mittelgrüne Blätter. Eignet sich für Tröge.

***H.* 'Raspberry Ripple'** Abb. S. 294.

***H.* 'Wisley Pink'** Abb. S. 293.

***H.* 'Wisley Primrose'** Abb. S. 298.

***H.* 'Wisley White'** Abb. S. 291.

HELIANTHUS (Compositae)
Sonnenblume
Gattung sommer- und herbstblühender, einjähriger Pflanzen und Stauden, die wegen ihrer großen, gänseblümchenähnlichen, gewöhnlich gelben Blütenköpfe sehr beliebt sind. Kann stark wuchern. Winterhart. Bevorzugt Sonne und durchlässigen Boden. Muß aufgebunden werden. Vermehrung durch Samen oder Teilung im Herbst oder Frühjahr.

H. annus (Einjährige Sonnenblume) Abb. S. 281. Schnellwachsende, aufrechte, einjährige Pflanze. H. 1–3 m oder mehr; Br. 30–45 cm. Hat große, ovale, eingeschnittene, mittelgrüne Blätter. Sehr große, gänseblümchenähnliche, mindestens 30 cm breite, gelbe Blumenköpfe mit brauner oder purpurner Mitte erscheinen im Sommer. Hohe, mittelhohe und Zwergsorten sind erhältlich. **'Italian White'** (mittelhoch), H. 1,2 m, hat cremig-weiße Blütenköpfe mit schwarzer Mitte. **'Russian Giant'** (hoch), H. 3 m oder mehr, hat gelbe Blütenköpfe mit grünlich-brauner Mitte. **'Taiyo'** (mittelhoch) Abb. S. 280. **'Teddy Bear'** (zwergig), H. 60 cm, hat 15 cm breite, gefüllte, tiefgelbe Blütenköpfe.

***H. atrorubens* 'Monarch'.** Aufrechte Staude. H. 2,2 m, Br. 1 m. Trägt im Spätsommer endständige, gänseblümchenähnliche, halbgefüllte, goldgelbe Blütenköpfe an verzweigten Stengeln. Hat lanzettförmige, rauhe, mittelgrüne Blätter. Jedes Frühjahr neu pflanzen, um im Zaum zu halten.
***H.* 'Capenoch Star'.** Aufrechte Staude. H. 1,2 m, Br. 60 cm. Im Sommer erscheinen an verzweigten Stengeln endständig gänseblümchenähnliche, zitronengelbe Blütenköpfe. Die Blätter sind lanzettförmig, rauh und mittelgrün.
***H.*, Chrysanthemenblütige-Serie** Abb. S. 281.
***H.* 'Loddon Gold'** Abb. S. 194.
H.* × *multiflorus (Staudensonnenblume) Abb. S. 194.
H. salicifolius (Weidenblättrige Sonnenblume). Aufrechte Staude. H. 2,2 m, Br. 60 cm. Bringt im Herbst an verzweigten Stengeln endständig kleine, gänseblümchenähnliche, gelbe Blütenköpfe hervor. Hat schmale, weidenartige, hängende tiefgrüne Blätter.

HELICHRYSUM (Compositae)
Strohblume
Gattung sommer- und herbstblühender Stauden, einjähriger Pflanzen und immergrüner Halbsträucher und Sträucher. Getrocknete Blüten halten sehr lang. Winterhart bis frostempfindlich, mind. 5°C. Benötigt Sonne und durchlässigen Boden. Vermehrung der Sträucher und Halbsträucher durch Wurzelabschnitte oder halbausgereifte Stecklinge im Sommer, der Stauden durch Teilung oder Samen im Frühjahr, einjährige Pflanzen durch Samen im Frühjahr.
H. angustifolium. Siehe *H. italicum*.
H. bellidioides. Immergrüner, niedriger Strauch. H. 5 cm, Br. 23 cm. Winterhart. Hat kleine, runde, fleischige, dunkelgrüne Blätter und im Frühsommer endständige Büschel gänseblümchenähnlicher, weißer Blütenköpfe.
***H. bracteatum.* 'Bright Bikini'** ist eine mäßig schnellwachsende, aufrechte, verzweigte, einjährige Pflanze. H. und Br. 30 cm. Bedingt winterhart. Hat lanzettförmige, mittelgrüne Blätter und vom Sommer bis Frühherbst papierartige, gänseblümchenähnliche Blütenköpfe in vielen Farben, wie rot, rosa, orange, gelb und weiß. **Monstrosum-Serie** Abb. S. 284.
H. coralloides Abb. S. 301.
H. italicum, syn. *H. angustifolium*, *H. serotinum*. Immergrüner, buschiger Halbstrauch. H. 60 cm, Br. 1 m. Winterhart. Hat linealische, aromatische, silbriggraue Blätter. Bringt während des Sommers an langen, aufrechten, weißen Trieben breite Büschel kleiner, länglicher, leuchtendgelber Blütenköpfe hervor. Ssp. *serotinum*. H. und Br. 15 cm. Ist kegelförmig, die Stengel und ovalen Blätter sind dicht mit weißen Härchen besetzt. Verträgt weder Winternässe noch kaltes Klima.
H. ledifolium. Siehe *Ozothamnus ledifolius*.
H. marginatum. Siehe *H. milfordiae*.
H. milfordiae, syn. *H. marginatum*. Immergrüner, mattenbildender, dichter Halbstrauch. H. 5 cm, Br. 23 cm. Winterhart. An sonnigen Tagen im Frühsommer öffnen sich große, konische, rote Knospen und geben gänseblümchenähnliche, weiße Blütenköpfe mit rückseitig roten Kronblättern frei; bei trübem oder nassem Wetter schließen sie. Die ovalen, behaarten, silbrigen Blätter sind in grundständigen Rosetten angeordnet. Bevorzugt sehr sandigen Boden. Verträgt keine Winternässe. Vermehrung im Frühjahr durch Entfernen und Bewurzeln einzelner Rosetten.
H. petiolare, syn. *H. petiolatum*, Abb. S. 143.
H. petiolatum. Siehe *H. petiolare*.
H. rosmarinifolium. Siehe *Ozothamnus rosmarinifolius*.
H. selago Abb. S. 301.
H. serotinum. Siehe *H. italicum*.
H. splendidum. Immergrüner, buschiger, dichter Strauch. H. und Br. 1,2 m. Winterhart. Die weißen, wolligen Triebe sind von kleinen, länglichen, silbrig-grauen Blättern umhüllt. Büschel kleiner, länglicher, leuchtendgelber Blütenköpfe erscheinen von Mitte-Sommer bis Herbst oder bis in den Winter hinein.
***H.* 'Sulphur Light'** Abb. S. 246.

HELICONIA (Heliconiaceae)
Gattung büscheliger Stauden, in warmen Gebieten immergrün, wegen ihrer bunten Blütenzweige und des Laubes an jungen Pflanzen gerne kultiviert. Frostempfindlich, mind. 18°C. Benötigt Halbschatten und humusreiche, durchlässige Erde. Während der Wachstumszeit reichlich gießen, sehr sparsam, wenn die Pflanzen im Winter absterben. Vermehrung durch Samen oder Teilung des Wurzelstockes im Frühjahr.
H. metallica. Büschelige Staude. H. bis 3 m, Br. 1 m. Die länglichen, bis zu 60 cm langen, langstieligen Blätter sind auf der Oberseite samtiggrün mit blaßeren Adern, auf der Blattunterseite manchmal purpurn. Ausgewachsene Pflanzen bringen im Sommer an aufrechten Stielen röhrenförmige, glänzende, rote Blüten mit grünlich-weißen Spitzen, eingehüllt in schmale, schiffchenförmige, grüne Deckblätter, hervor.
H. psittacorum Abb. S. 191.

HELICTOTRICHON (Gramineae)
Blaustrahlgras
Siehe GRÄSER, BAMBUS, BINSEN und RIEDGRAS.
H. sempervirens, syn. *Avena candida*, *A. sempervirens*, Abb. S. 181.

HELIOPSIS (Compositae)
Sonnenauge
Gattung sommerblühender Stauden. Winterhart. Benötigt Sonne und jede durchlässige Erde. Vermehrung durch Samen oder Teilung im Herbst oder Frühjahr.
***H.* 'Ballet Dancer'** Abb. S. 216.
H. helianthoides* 'Incomparabilis'.** Aufrechte Staude. H. bis 1,5 m, Br. 60 cm. Trägt im Spätsommer gänseblümchenähnliche, einfache, orangefarbene Blütenköpfe. Die Blätter sind schmal oval, grob gezähnt und mittelgrün. **'Patula'** trägt flache, halbgefüllte, orange-gelbe Blütenköpfe. **Ssp. *scabra hat sehr rauhe Stengel und Blätter und gefüllte, orangegelbe Blütenköpfe.
***H.* 'Light of Loddon'** Abb. S. 191.
Heliosperma alpestris. Siehe *Silene alpestris*.

HELIOTROPIUM (Boraginaceae)
Heliotrop
Gattung einjähriger Pflanzen, immergrüner Halbsträucher und Sträucher, wegen der duftenden Blüten sehr beliebt. Winterhart bis frostempfindlich, mind. 5–7°C. Benötigt volle Sonne und fruchtbare, durchlässige Erde. Während der Wachstumszeit Kübelpflanzen reichlich gießen, mäßig zu anderen Zeiten. Im Frühjahr Triebspitzen junger Pflanzen einkürzen, um buschige Form zu erreichen; sparrige, ältere Pflanzen stark zurückschneiden. Vermehrung durch Samen im Frühjahr, unreife Stecklinge im Sommer, halbausgereifte Stecklinge im Frühherbst.
H. arborescens, syn. *H. peruvianum*, Abb. S. 135.
H. peruvianum. Siehe *H. arborescens*.

HELIPTERUM (Compositae)
Sonnenflügel
Gattung einjähriger Pflanzen und Stauden. Die Blütenköpfe der Einjährigen eignen sich zum Schnitt und Trocknen. Bedingt winterhart. In Sonne und nährstoffarmer, sehr durchlässiger Erde kultivieren. Vermehrung durch Freilandaussaat Mitte Frühling. Anfällig für Blattläuse.
H. manglesii, syn. *Rhodanthe manglesii*, Abb. S. 265.
H. roseum, syn. *Acrolinium roseum*, Abb. S. 265.

HELLEBORUS (Ranunculaceae)
Nieswurz, Christrose
Gattung von Stauden, von denen einige immergrün sind, wegen ihrer Blüten im Winter und Frühjahr gerne kultiviert. Die meisten laubabwerfenden Spezies behalten ihre alten Blätter über den Winter hinaus. Sie sollten im zeitigen Frühjahr, sobald sich die Blütenknospen bilden, abgeschnitten werden. Gut geeignet für Gärten mit Baumbestand. Bedingt- bis winterhart. Bevorzugt Halbschatten und feuchtigkeitshaltende, gut durchlässige Erde. Vermehrung durch frischen Samen oder Teilung im Herbst oder zeitigem Frühjahr. Neigt zu Blattlausbefall im Frühsommer.
H. atrorubens. Horstbildende Staude. H. und Br. 30 cm. Winterhart. Die flach becherförmigen, tiefpurpurnen Blüten erscheinen im Spätwinter. Hat handförmige, tiefgeteilte, gezähnte, glänzende, dunkelgrüne Blätter.
H. cyclophyllus. Horstbildende Staude. H. bis 60 cm, Br. 45 cm. Winterhart. Bringt im zeitigen Frühjahr flach becherförmige, gelb-grüne Blüten mit hervorstehenden, gelblich-weißen Staubgefäßen hervor. Hat handförmige, tiefgeteilte, leuchtendgrüne Blätter.
H. foetidus (Stinkende Nieswurz) Abb. S. 261.
H. lividus. Immergrüne, horstbildende Staude. H. und Br. 45 cm. Bedingt winterhart. Hat dreigeteilte, mittelgrüne Blätter, blaßgrün gefleckt, auf der Unterseite purpur-grün, mit schräg ovalen, leicht gezähnten oder glatten Blättchen. Im Spätwinter öffnen sich große Büschel becherförmiger, purpur überhauchter, gelb-grüner Blüten. **Ssp. *corsicus*** (Nieswurz, Schneerose) Abb. S. 260.
H. niger Abb. S. 257.
H. orientalis (weiße Form) Abb. S. 256, (rosa Form) Abb. S. 257, (purpurne Form) Abb. S. 258.
H. purpurascens. Hübsche, horstbildende Staude. H. und Br. 30 cm. Winterhart. Trägt im zeitigen Frühjahr kleine, nikkende, becherförmige, rein tiefpurpurne oder grüne Blüten, außen tiefpurpur gesprenkelt. Die Blätter sind dunkelgrün und handförmig, tief eingeschnitten in schmal lanzettförmige, gezähnte Segmente.
H.* × *sternii Abb. S. 257.
H. viridis Abb. S. 261.

HELONIAS (Liliaceae)
Gattung einer Spezies frühlingsblühender Stauden. Winterhart. Eignet sich für Sumpfgärten. Benötigt einen offenen, sonnigen Standort und feuchte bis nasse Erde. Vermehrung durch Teilung im Frühjahr oder durch Samen im Herbst.
H. bullata. Rosettenartige, horstbildende Staude. H. 38–45 cm, Br. 30 cm. Hat Basalrosetten riemenförmiger, sommergrüner Blätter, über denen sich im Frühjahr dichte Trauben kleiner, duftender, sternchenförmiger, rosa-purpurner Blüten zeigen.

HELONIOPSIS (Liliaceae)
Gattung frühlingsblühender, rosettenbildender Stauden. Winterhart. In Halbschatten und feuchter Erde kultivieren. Vermehrung durch Teilung im Herbst oder Samen im Herbst oder Frühling.
H. orientalis Abb. S. 226.

HELWINGIA (Cornaceae)
Gattung laubabwerfender Sträucher, die auf der Blattoberfläche Blüten und auffällige Früchte tragen. Hauptsächlich aus botanischem Interesse gezogen. Es müssen männliche und weibliche Pflanzen kultiviert werden, um Früchte zu erhalten. Winterhart. Benötigt Sonne oder Halbschatten und feuchte Erde. Vermehrung durch Kopfstecklinge im Sommer.
H. japonica. Laubabwerfender, buschiger, offener Strauch. H. und Br. 1,5 m. Die ovalen, leuchtendgrünen Blätter sind bürstenartig gezähnt. Im Frühsommer erscheinen in der Blattmitte winzige, sternchenförmige, grüne Blüten, später runde, schwarze Früchte.
Helxine soleirolii. Siehe *Soleirolia soleirolii*.

HEMEROCALLIS (Liliaceae)
Taglilie
Gattung von Stauden, von denen einige halbimmergrün sind. Die Blüten erscheinen nacheinander, jede hält nur einen Tag. Winterhart. Gedeiht am besten in voller Sonne und fruchtbarer, feuchter Erde. Vermehrung durch Teilung im Herbst oder Frühjahr. Sorten aus Samen gezogen, haben nicht die ursprünglichen Farben; Spezies, wenn sie isoliert von anderen Taglilien gezogen werden, zeigen oftmals die ursprüngliche Farbe wieder. Wenn im Frühjahr das junge Laub erscheint, muß man es vor Schnecken schützen.
***H.* 'Bold Courtier'.** Horstbildende Staude. H. 1 m, Br. 75 cm. Über den riemenförmigen, mittelgrünen Blättern erscheinen vom Frühsommer bis zur Sommermitte trompetenförmige Blüten mit rosa-roten, inneren Kronblättern und rosa überhauchten, satt cremefarbenen äußeren Kronblättern.
***H.* 'Catherine Woodbury'.** Robuste, horstbildende Staude. H. 70 cm, Br. 75 cm. Im Spätsommer erscheinen über riemenförmigen, mittelgrünen Blättern, duftende, trompetenförmige, zarte, blaß lavendelfarbene Blüten mit hell limonenfarbenem, grünem Schlund.

H. citrina Abb. S. 215.
***H.* 'Corky'** Abb. S. 248.
H. dumortieri. Kompakte, horstbildende Staude. H. 45 cm, Br. 60 cm. Im Frühsommer erscheinen duftende, trompetenförmige, gold-gelbe Blüten mit brauner Rückseite. Die mittelgrünen Blätter sind riemenförmig, steif und rauh.
H. flava. Siehe *H. lilio-asphodelus*.
H. fulva. Kräftige, horstbildende Staude. H. 1 m, Br. 75 cm. Über vielen riemenförmigen, hellgrünen Blättern erscheinen von Mitte- bis Spätsommer trompetenförmige, gelblich-braun-orangefarbene Blüten. **'Kwanso Flore Plena'** Abb. S. 216. **'Kwanso Variegata'** hat Blätter, die unterschiedlich weiß gezeichnet sind.
***H.* 'Golden Chimes'** Abb. S. 216.
***H.* 'Joan Senior'.** Kräftige, halbimmergrüne, horstbildende Staude. H. 63 cm, Br. 1 m. Offen-trompetenförmige, fast reinweiße Blüten erscheinen an stark verzweigten Stielen von Mitte- bis Spätsommer. Die Blätter sind riemenförmig und mittelgrün.
H. lilio-asphodelus, syn. *H. flava*, Abb. S. 214.
***H.* 'Lusty Leland'.** Kräftige, horstbildende Staude. H. 1 m, Br. 75 cm. Bringt zur Sommermitte viele große, trompetenförmige, samtige, tiefrote Blüten mit grünlich-gelbem Schlund hervor. Hat dicke, riemenförmige, mittelgrüne Blätter.
***H.* 'Luxury Lace'.** Kompakte, horstbildende Staude. H. 75 cm, Br. 60 cm. Trägt im Spätsommer kleine, trompetenförmige, cremig-lavendel-rosafarbene Blüten mit limonen-grünem Schlund und hervorstehenden Staubbeuteln. Jedes Blütenblatt ist gekräuselt und hat eine fast weiße Mittelrippe. Die Blätter sind riemenförmig und mittelgrün.
***H.* 'Marion Vaughn'** Abb. S. 214.
H. minor. Kompakte, horstbildende Staude. H. 40 cm, Br. 45 cm. Im Frühsommer erscheinen über den schmal riemenförmigen, mittelgrünen Blättern, die im Herbst bereits absterben, duftende, trompetenförmige, zitronengelbe Blüten, deren äußere Kronblätter auf der Rückseite braungelb sind.
***H.* 'Norton Orange'.** Horstbildende Staude. H. 1 m, Br. 75 cm. Von Mitte- bis Spätsommer erscheinen große, trompetenförmige tiefklare, orangefarbene Blüten, deren Kronblätter gewellte Ränder haben. Die Staubbeutel sind schwarz, die dunkelgrünen Blätter riemenförmig.
***H.* 'Stafford'** Abb. S. 208.
***H.* 'Stella d'Oro'.** Kräftige, kompakte, horstbildende Staude. H. 40 cm, Br. 45 cm. Eine Fülle kleiner, breit glokkenförmiger, blaß orange-gelber Blüten, deren äußere Kronblätter grüne Spitzen zeigen, öffnen sich von der Sommermitte an bis hin zu den ersten Frösten. Die schmal riemenförmigen Blätter sind mittelgrün.

HEMIGRAPHIS (Acanthaceae)
Gattung einjähriger Pflanzen und immergrüner Stauden, meistens als Blattpflanzen kultiviert. Frostempfindlich, mind. 15°C. In hellem, aber nicht direktem Sonnenlicht und feuchter, durchlässiger Erde kultivieren. Während der Wachstumszeit reichlich gießen, im Winter weniger. Sparrige Stengel zurückschneiden. Vermehrung durch Stecklinge im Frühling oder Sommer.
H. repanda Abb. S. 255.

HEPATICA (Ranunculaceae)
Leberblümchen
Gattung sehr veränderlicher Stauden, einige sind halbimmergrün, die Blüte erscheint im zeitigen Frühjahr, ehe die neuen Blätter sich richtig ausgebildet haben. Winterhart. Benötigt Halbschatten und tiefgründigen, humosen, feuchten Boden. Der kräftige, vielfach verzweigte Wurzelstock wünscht keine Störung. Vermehrung durch frischen Samen, Teilung, Entfernen von Seitentrieben im Frühjahr.
H. angulosa. Siehe *H. transsilvanica*.
***H. × media* 'Ballardii'.** Langsamwachsende, kegelförmige Staude. H. 10 cm, Br. 30 cm. Hat runde, 3lappige, gestielte, sanft grüne Blätter und im zeitigen Frühjahr flach becherförmige, tiefblaue Blüten mit unzähligen Blütenblättern. Es sind auch gefüllte, bunte Sorten bekannt. Vermehrung nur durch Teilung.
H. nobilis, syn. *Anemone hepatica*. Langsamwachsende, halbimmergrüne, kegelförmige Staude. H. 8 cm, Br. 10–12 cm. Trägt runde, 3lappige, fleischige, mittelgrüne Blätter. Im zeitigen Frühjahr erscheinen flach becherförmige Blüten mit unzähligen Blütenblättern, sehr vielfarbig von weiß bis rosa und karminrot, blaß- bis tiefblau oder purpurn. Gefüllte, bunte Sorten sind auch bekannt. Ausgezeichnet für Steingärten oder Gärten mit viel Baumbestand. **Var. *japonica*** (Japanisches Leberblümchen) Abb. S. 309.
H. transsilvanica, syn. *H. angulosa*. Halbimmergrüne, ausgebreitete Staude. H. 8 cm, Br. 20 cm. Inmitten runder, 3lappiger, behaarter, grüner Blätter erscheinen im zeitigen Frühjahr flach becherförmige Blüten mit vielen Blütenblättern von blau bis weiß oder rosa gefärbt. Es gibt auch gefüllte, bunte Sorten.

HEPTAPLEURUM. Siehe SCHEFFLERA.

HERBERTIA (Iridaceae)
Gattung frühlingsblühender Bulben, wegen ihrer irisartigen Blüten sehr beliebt. Bedingt winterhart. Benötigt volle Sonne und durchlässigen Boden. Nach der Blüte, wenn die Bulbe einzieht, das Gießen einschränken. Vermehrung durch Samen im Herbst.
H. pulchella. Frühlingsblühende Bulbe. H. 10–15 cm, Br. 3–5 cm. Die Blätter sind schmal lanzettförmig, gefältelt, aufrecht und grundständig. Bringt nacheinander aufwärts gerichtete, violettblaue, 5–6 cm breite Blüten hervor, gewöhnlich mit dunkel gepunkteter Mitte.

HERMANNIA (Sterculiaceae)
Gattung immergrüner Halbsträucher und Sträucher, hauptsächlich wegen ihrer Blüten gezogen. Frostempfindlich, mind. 7°C. Bevorzugt helles Licht und fruchtbare, durchlässige Erde. Während der Wachstumszeit Kübelpflanzen reichlich gießen, mäßig zu anderen Zeiten. Die Triebe junger Pflanzen einkürzen, um gut verzweigte Exemplare zu erhalten. Vermehrung durch Kopf- oder unreife Stecklinge im späten Frühjahr oder Sommer.
H. candicans. Immergrüner, buschiger Halbstrauch. H. und Br. 60 cm oder mehr. Auf der Unterseite haben die oval bis länglichen Blätter weißen Flaum. Trägt im Frühling – Sommer bis 15 cm lange endständige Büschel kleiner, nikkender, glockenförmiger, leuchtendgelber Blüten.

HERMODACTYLUS (Iridaceae)
Wolfsschwertel
Gattung einer Spezies frühlingsblühender Knollen mit länglichem, fingerähnlichem Wurzelstock, beliebt wegen der irisartigen Blüten. Winterhart. Benötigt einen heißen, sonnigen Standort, damit die Knollen im Sommer gut reifen können, und durchlässige Erde. Gedeiht besonders gut in heißer, kalkhaltiger Erde. Vermehrung durch Teilung im Spätsommer.
H. tuberosus (Knolleniris), syn. *Iris tuberosa*, Abb. S. 346.

HESPERALOE (Agavaceae)
Gattung mehrjähriger Sukkulenten mit grundständigen Rosetten und sehr schmalen, riemenförmigen, eingekerbten, dunkelgrünen Blättern, die oft an den Rändern mit sich abschälender, weißer Faser bedeckt sind. Nahe verwandt mit *Agave* und *Yucca*. Grundständig viele Kindel. Frostempfindlich, mind. 3°C. Benötigt einen sonnigen Standort und sehr durchlässigen Boden. Vermehrung durch Samen oder Teilung im Frühling oder Sommer.
H. parviflora, syn. *Yucca parviflora*, Abb. S. 383.

HESPERANTHA (Iridaceae)
Gattung frühlingsblühender Knollen mit Ähren kleiner, trichter- oder becherförmiger Blüten. Bedingt winterhart. Benötigt volle Sonne und durchlässigen Boden. Im Herbst pflanzen, während des Winters gießen und nach der Blüte die Knollen trocknen lassen. Vermehrung durch Samen im Herbst oder Frühjahr.
H. buhrii. Frühlingsblühende Knolle. H. 20–30 cm, Br. 3–5 cm. Hat am unteren Teil des verzweigten Blütenstengels linealische, aufrechte Blätter. Die Ähren bringen bis zu 7 becherförmige, weiße Blüten, außen rosa oder purpurn überzogen, die sich abends öffnen, hervor.

HESPERIS (Cruciferae)
Nachtviole
Gattung spätfrühlings- oder sommerblühender einjähriger Pflanzen und Stauden. Winterhart. Benötigt Sonne und durchlässigen Boden. *H. matronalis* verträgt auch mageren Boden. Neigt zu verholzender Basis, deshalb alle paar Jahre neu aus Samen ziehen. Vermehrung durch Stammstecklinge oder Samen im Herbst oder Frühjahr.
H. matronalis Abb. S. 200.

HESPEROCALLIS (Liliaceae)
Gattung frühlings- bis sommerblühender Bulben. Bedingt winterhart. Benötigt einen sonnigen, durchlässigen Standort. Schwierig zu kultivieren, außer in warmen, trockenen Gebieten; in kühlem, feuchtem Klima im kühlen Gewächshaus kultivieren. Benötigt im Frühjahr reichlich Wasser, gefolgt von einer heißen Trockenperiode während der sommerlichen Ruhezeit. Vermehrung durch Samen im Herbst.
H. undulata. Frühlings- bis sommerblühende Bulbe. H. 20–50 cm, Br. 10–15 cm. Hat Büschel langer, schmaler Blätter mit gewellten Rändern, die an der Basis halbaufrecht oder niedrig sind. Die kräftigen Blütenstiele tragen je eine Ähre nach oben gerichteter, trichterförmiger, weißer Blüten mit einem zentralen, grünen Streifen entlang jedes der 6 Blütenblätter.

HESPEROYUCCA. Siehe YUCCA.

HETEROCENTRON, syn. HEERIA. SCHIZOCENTRON (Melastomataceae).
Gattung immergrüner, sommer- und herbstblühender Stauden und Sträucher. Frostempfindlich, mind. 5°C. Benötigt Sonne und durchlässigen Boden. Vermehrung durch Kopf- oder Stammstecklinge im späten Winter oder zeitigem Frühjahr.
H. elegans Abb. S. 241.

HETEROMELES (Rosaceae)
Gattung einer Spezies immergrüner, sommerblühender Sträucher und Bäume, wegen des Laubes, der Blüten und der Früchte kultiviert. Winterhart, braucht aber in kalten Gegenden Winterschutz. Benötigt Sonne oder Halbschatten und fruchtbare, durchlässige Erde. Vermehrung durch halbausgereifte Stecklinge im Sommer oder Samen im Herbst.
H. arbutifolia, syn. *Photinia arbutifolia*. Immergrüner, buschiger, ausgebreiteter Strauch oder Baum. H. 6 m, Br. 8 m. Hat längliche, scharf gezähnte, ledrige, glänzende, dunkelgrüne Blätter. Im Spätsommer öffnen sich breite, flache Köpfe kleiner, weißer Blüten mit 5 Kronblättern, gefolgt von großen Büscheln runder, roter Früchte.

HEUCHERA (Saxifragaceae)
Purpurglöckchen
Gattung immergrüner, sommerblühender Stauden, die große Blätterhorste bilden, oft bronze oder purpurn überhaucht. Guter Bodendecker. Bedingt- bis winterhart. Bevorzugt Halbschatten und feuchtigkeitsspeichernde, durchlässige Erde. Vermehrung der Spezies durch Samen im Herbst oder Teilung im Herbst oder Frühjahr. Sorten auch durch Teilung, indem man junge, äußere Teile mit altem Holz schneidet.
***H. × brizoides* 'Coral Cloud'.** Immergrüne, horstbildende Staude. H. 45–75 cm, Br. 30–45 cm. Winterhart. Trägt im Sommer lange, gefiederte Rispen kleiner, hängender, glockenförmiger, rosa Blüten. Die Blätter sind rund, gelappt, gezähnt und dunkelgrün. **'Firebird'** hat leuchtendrote Blüten; die von **'Pearl Drops'** sind weiß; die von **'Scintillation'** leuchtendrosa.
***H. cylindrica* 'Greenfinch'** Abb. S. 233.
***H.* 'Palace Purple'** Abb. S. 234.
***H.* 'Red Spangles'** Abb. S. 239.

× HEUCHERELLA (Saxifragaceae)
Gattungsbastard (*Heuchera* × *Tiarella*) von hauptsächlich spätfrühlings- und sommerblühenden Stauden. Winterhart. Bevorzugt Halbschatten und benötigt fruchtbare, durchlässige Erde. Vermehrung durch Basisstecklinge oder Teilung im Frühjahr oder Herbst.
× *H.* 'Bridget Bloom' Abb. S. 235.
× *H. tiarelloides* Abb. S. 235.

HEXASTYLIS. Siehe ASARUM.

HIBBERTIA (Dilleniaceae)
Gattung immergrüner Sträucher und Kletterpflanzen, wegen ihrer Blüten kultiviert. Frostempfindlich, mind. 5–10°C. Gedeiht in durchlässiger Erde und hellem Licht oder Halbschatten. Im Sommer reichlich gießen, weniger zu anderen Zeiten. Muß gestützt werden. Übermäßiges

Wachstum im Frühling auslichten. Vermehrung durch halbausgereifte Stecklinge im Sommer.
H. cuneiformis, syn. *Candollea cuneiformis*, Abb. S. 114.
H. scandens. Kräftige, immergrüne Kletterpflanze. H. 6 m. Hat 4–9 cm lange, längliche bis lanzettförmige, glänzende, tiefgrüne Blätter. Hauptsächlich im Sommer erscheinen die becherförmigen, leuchtendgelben, 4 cm breiten Blüten.

HIBISCUS (Malvaceae)
Eibisch
Gattung immergrüner oder laubabwerfender Sträucher, Bäume, Stauden und einjähriger Pflanzen, wegen ihrer Blüten sehr beliebt. Winterhart bis frostempfindlich, mind. 5–15 °C. Benötigt volle Sonne und humusreiche, durchlässige Erde. Kübelpflanzen während der Wachstumszeit reichlich gießen, mäßig zu anderen Zeiten. Triebspitzen junger Pflanzen schneiden, um buschige Form zu erreichen; falls nötig, alte Pflanzen im Frühjahr stark zurückschneiden. Vermehrung durch Samen im Frühling; Sträucher und Bäume durch unreife Stecklinge im späten Frühjahr oder durch halbausgereifte Stecklinge im Sommer; Stauden durch Teilung im Herbst oder Frühjahr. Anfällig für Weiße Fliege.
H. mutabilis. Immergrüner, aufrechter bis ausgebreiteter Strauch oder Baum. H. und Br. 3–5 m. Frostempfindlich, mind. 5 °C. Die runden Blätter sind 5–7fach flach gelappt. Bringt im Sommer – Herbst trichterförmige, weiße oder rosa Blüten hervor, 7–10 cm breit, die sich mit zunehmendem Alter tiefrot färben. In Gegenden mit leichten Frösten stirbt die Pflanze im Winter bis Bodennähe ab.
H. rosa-sinensis. Immergrüner, runder, belaubter Strauch. H. und Br. 1,5–3 m oder mehr. Frostempfindlich, mind. 10–13 °C. Die ovalen, glänzenden Blätter sind grob gezackt. Hauptsächlich im Sommer, aber auch im Frühjahr und Herbst erscheinen trichterförmige, leuchtendrote Blüten, die 10 cm breit sind. Wird in einer breiten Farbskala kultiviert wie z. B. **'The President'** Abb. S. 109.
H. schizopetalus. Immergrüner, aufrechter, ausgebreiteter, lockerer Strauch. H. bis 3 m, Br. 2 m oder mehr. Frostempfindlich, mind. 10–13 °C. Hat ovale, gezackte Blätter und im Sommer hängende, langstielige, 6 cm breite Blüten mit tiefgefransten, zurückgebogenen rosa oder roten Kronblättern. Kann als Kletterpflanze gezogen werden.
***H. sinosyriacus* 'Lilac Queen'** Abb. S. 112.
***H. syriacus* 'Blue Bird'** (Roseneibisch) Abb. S. 113. **'Diana'** ist ein laubabwerfender, aufrechter Strauch. H. 3 m, Br. 2 m. Winterhart. Vom Spätsommer bis Herbstmitte erscheinen sehr große, trompetenförmige, rein weiße Blüten, deren Kronblattränder gewellt sind. Die Blätter sind oval, gelappt und tief grün. **'Red Heart'** Abb. S. 107. **'Woodbridge'** Abb. S. 109.
H. trionum Abb. S. 264.

HIDALGOA (Compositae)
Kletterdahlie
Gattung immergrüner Kletterpflanzen, wegen ihrer einfachen, dahlienähnlichen Blütenköpfe gerne kultiviert. Frostempfindlich, mind. 10 °C. Benötigt humusreichen, durchlässigen Boden und helles Licht. Während der Wachstumszeit reichlich gießen, weniger zu anderen Zeiten. Muß gestützt werden. Übermäßigen Wuchs ausdünnen oder die ganze Pflanze im Frühjahr bis zum Boden zurückschneiden. Vermehrung durch Kopfstecklinge im Frühling. Anfällig für Blattläuse, Rote Spinne und Weiße Fliege.
H. ternata. Siehe *H. wercklei*.
H. wercklei, syn. *H. ternata*. Mäßig kräftige, immergrüne Kletterpflanze. H. 5 m oder mehr. Die ovalen Blätter sind in 3, 5 oder mehr grob gezackte Blättchen geteilt. Im Sommer verwandeln sich gelbliche Knospen in dahlienähnliche, rote Blütenköpfe.

HIERACIUM (Compositae)
Habichtskraut
Gattung von Stauden; meistens Unkraut, aber die beschriebene Art wird wegen des Laubes kultiviert. Winterhart. Gedeiht am besten in Sonne und nährstoffarmer, durchlässiger Erde. Vermehrung durch Samen oder Teilung im Herbst oder Frühjahr.
H. lanatum Abb. S. 248.

HIPPEASTRUM (Amaryllidaceae)
Amaryllis, Ritterstern
Gattung von Zwiebelgewächsen, die wegen ihrer riesigen, trichterförmigen Blüten sehr beliebt ist. Wird oft irrtümlich als *Amaryllis* bezeichnet. Winterhart bis frostempfindlich, mind. 13–15 °C. Benötigt volle Sonne oder Halbschatten und durchlässigen Boden. Großblütige Hybriden im Herbst pflanzen, Bulbe halb mit Erde bedecken; nach dem Absterben der Blätter Bulben bis zum kommenden Herbst trockenhalten. Die kleineren, sommerblühenden Spezies während der winterlichen Ruhezeit trockenhalten. Vermehrung durch Samen oder Brutzwiebeln im Frühjahr (sommerblühende Spezies) oder Herbst (großblütige Hybriden).
H. advenum Abb. S. 351.
***H.* 'Apple Blossom'** Abb. S. 355.
H. aulicum. Winter- und frühlingsblühende Bulbe mit grundständigem Blattbüschel. H. 30–50 cm, Br. 30 cm. Frostempfindlich, mind. 13 °C. Bringt während oder kurz nach der Blütenbildung, riemenförmige, halbaufrechte Blätter hervor. Der kräftige Blütenschaft trägt einen Kopf mit 2–6 roten, 25 cm breiten, Blüten mit grünem Fleck am Schlund, nahe der Kronblattbasis.
***H.* 'Belinda'.** Winter- und frühlingsblühende Bulbe mit grundständigem Blattbüschel. H. 30–50 cm, Br. 30 cm. Frostempfindlich, mind. 13 °C. Ähnlich wie *H. aulicum*, nur die gesamte Blüte ist tief samtrot, in Basisnähe dunkler gefleckt.
***H.* 'Bouquet'.** Winter- und frühlingsblühende Bulbe mit grundständigem Blattbüschel. H. 30–50 cm, Br. 30 cm. Frostempfindlich, mind. 13 °C. Ähnlich wie *H. aulicum*, hat aber sehr breite lachsrosafarbene Blüten mit tiefroten Adern und roten Zentren.
***H.* 'Orange Sovereign'** Abb. S. 355.
H. pratense. Frühlings- und sommerblühende Bulbe. H. bis 60 cm, Br. 15–20 cm. Bedingt winterhart. Die grundständigen Blätter sind schmal riemenförmig und halbaufrecht. Der Blütenschaft trägt einen Kopf mit 2–5, 8–12 cm breiten, roten Blüten mit gelb geadertem Schlund.
H. procerum. Siehe *Worsleya rayneri*.
***H.* 'Red Lion'** Abb. S. 355.
H. reginae. Sommerblühende Bulbe. H. bis 50 cm, Br. 20–25 cm. Frostempfindlich, mind. 13 °C. Der Blütenschaft bringt einen Kopf von 2–4, leuchtendroter, 10–15 cm breiter Blüten mit einer sternchenförmigen, grünen Zeichnung am Schlund, hervor. Nach der Blüte entwickeln sich grundständige, lange, riemenförmige, halbaufrechte Blätter.
H. rutilum, syn. *H. striatum*, Abb. S. 364.
H. striatum. Siehe *H. rutilum*.
***H.* 'Striped'** Abb. S. 355.
H. vittatum. Kräftige, frühlingsblühende Bulbe. H. 1 m, Br. 30 cm. Frostempfindlich, mind. 13 °C. Die grundständigen Blätter sind breit riemenförmig und halbaufrecht. Der kräftige, blattlose Blütenschaft erscheint noch vor den Blättern und bringt einen endständigen Blütenkopf von 2–6 rotgestreiften, 12–20 cm breiten, weißen Blüten hervor.
***H.* 'White Dazzler'.** Winter- und frühlingsblühende Bulbe mit grundständigem Blattbüschel. H. 30–50 cm, Br. 30 cm. Frostempfindlich, mind. 13 °C. Ähnlich wie *H. aulicum*, hat aber rein weiße Blüten.

HIPPOCREPIS (Leguminosae)
Hufeisenklee
Gattung einjähriger Pflanzen und Stauden, die wegen ihrer erbsenähnlichen Blüten gerne kultiviert werden. Winterhart. Benötigt volle Sonne und durchlässigen Boden. Vermehrung durch Samen im Frühjahr oder Herbst. Sät sich selbst aus. Stark wuchernd.
H. comosa (Hufeisenklee) Abb. S. 326. **'E. R. Janes'** ist eine kräftige, niedrige, an der Basis verholzte Staude. H. 5–8 cm, Br. 15 cm oder mehr. Bewurzelte Stengel tragen vom späten Frühjahr bis Spätsommer kleine, lockere Ähren erbsenähnlicher, gelber Blüten. Die Blätter sind in 3–8 Paar schmal ovaler Blättchen geteilt.

HIPPOPHÄE (Elaeagnaceae)
Sanddorn
Gattung laubabwerfender Sträucher und Bäume mit unscheinbaren Blüten, die wegen ihres Laubes und der auffälligen Früchte kultiviert wird. Um Früchte zu erhalten, müssen männliche und weibliche Pflanzen gesetzt werden. Eignet sich gut für Küstengegenden, da Wind gut vertragen wird und sich als Hecke bewährt. Winterhart. Benötigt Sonne und eignet sich besonders für mageren, trockenen und sehr sandigen Boden. Vermehrung durch Kopfstecklinge im Sommer oder Samen im Herbst.
H. rhamnoides Abb. S. 92.

HOHERIA (Malvaceae)
Gattung laubabwerfender, halbimmergrüner oder immergrüner Bäume und Sträucher, beliebt wegen ihrer Blüten, die hauptsächlich im Sommer erscheinen. Winterhart. In kalten Gegenden an eine Süd- oder Westwand pflanzen. Benötigt Sonne oder Halbschatten und fruchtbare, durchlässige Erde. Vermehrung durch halbausgereifte Stecklinge im Sommer oder durch Samen im Herbst.
H. angustifolia Abb. S. 63.
***H.* 'Glory of Amlwych'.** Halbimmergrüner, ausgebreiteter Baum. H. 7 m, Br. 6 m. Hat lange, schmale, ovale, glänzende, leuchtendgrüne Blätter und von Mitte- bis Spätsommer eine Fülle großer, weißer, 5zähliger Blüten.
H. lyallii Abb. S. 63.
H. populnea. Immergrüner, ausgebreiteter Baum. H. 12 m, Br. 10 m. Trägt schmal ovale, glänzende, dunkelgrüne Blätter und von Spätsommer bis Frühherbst dichte Büschel 5zähliger, weißer Blüten. Die Rinde ausgewachsener Bäume ist blaßbraun und weiß, oftmals schuppig.
H. sexstylosa. Schnellwachsender, immergrüner, aufrechter Baum oder Strauch. H. 8 m, Br. 6 m. Die glänzenden, blaßgrünen Blätter sind schmal oval und scharf gezähnt. Bringt von Mitte- bis Spätsommer sternchenförmige, 5zählige, weiße Blüten in Büscheln hervor.

HOLBOELLIA (Lardizabalaceae)
Gattung immergrüner, rankender Kletterpflanzen, hauptsächlich wegen des schönen Laubes kultiviert. Bedingt winterhart. Männliche und weibliche Blüten erscheinen an einer Pflanze. Gedeiht in jeder durchlässigen Erde, in Schatten oder hellem Licht. Vermehrung durch Stecklinge im Spätsommer oder Herbst.
H. coriacea. Immergrüne, rankende Kletterpflanze. H. bis 7 m oder mehr. Die glänzenden, grünen Blätter sind in 3 Blättchen geteilt. Bringt im Frühling Büschel winziger, hellilafarbener, männlicher Blüten hervor und am unteren Teil des Blütenstengels größere, purpurüberhauchte, grüne, weibliche Blüten hervor. Die wurstförmigen, purpurnen Früchte sind 4–6 cm lang.

HOLCUS (Gramineae). Siehe GRÄSER, BAMBUS, SCHILF und RIEDGRAS.
Honiggras
***H. mollis.* 'Variegatus'** Abb. S. 180.

HOLMSKIOLDIA (Verbenaceae)
Gattung immergrüner Sträucher oder rankender Kletterpflanzen. Frostempfindlich, mind. 16 °C. Jeder fruchtbare, durchlässige Boden in hellem Licht ist geeignet. Während der Wachstumszeit reichlich gießen, weniger zu anderen Zeiten. Muß gestützt werden. Im Frühjahr oder nach der Blüte zu dichtstehende Triebe ausdünnen. Vermehrung durch Samen im Frühling oder Kopf- oder halbausgereifte Stecklinge im Sommer. Anfällig für Rote Spinne und Weiße Fliege.
H. sanguinea. Immergrüner, wuchernder Strauch. H. bis 5 m, Br. 2 m. Die ovalen, gezackten Blätter sind 5–10 cm lang. Im Herbst – Winter erscheinen auffällige, rote oder orangefarbene Blüten mit tellerförmigen Kelchen und zentralen, 5fach gelappten Röhren.

HOLODISCUS (Rosaceae)
Gattung laubabwerfender Sträucher, wegen ihrer Sommerblüten beliebt. Winterhart. Benötigt Sonne oder Halbschatten und wächst in jeder, nur nicht zu trokkener Erde. Vermehrung durch Kopfstecklinge im Sommer.
H. discolor Abb. S. 87.

HOMERIA (Iridaceae)
Gattung frühlings- und sommerblühender Knollen mit breit trichter-, becherförmigen oder flachen Blüten. Bedingt winterhart. Benötigt einen sonnigen Standort und durchlässigen Boden. Für die Frühjahrsblüte im Herbst topfen und in einem kühlen Gewächshaus unterbringen, bis nach der Blüte gießen, dann im Sommer trocken stehenlassen. Für die Sommerblüte Freilandkultur im Frühjahr. Ver-

mehrung durch Samen, Teilung oder Brutknöllchen im Herbst.
H. ochroleuca. Frühlings- oder sommerblühende Knolle. H. bis 55 cm, Br. 5–8 cm. Die schlanken, drahtigen Stengel tragen am unteren Teil 1 oder 2 lange, schmale, halbaufrechte Blätter. Bringt nacheinander aufrechte, becherförmige bis flache, gelbe Blüten hervor, manchmal mit zentralem, orangefarbenen Fleck.

HOMOGYNE (Compositae)
Alpenlattich
Gattung immergrüner Stauden, gut als Bodendecker, besonders in Steingärten oder bewaldeten Gärten. Winterhart. Benötigt Schatten und feuchten Boden. Vermehrung durch Teilung im Frühjahr oder frischen Samen.
H. alpina (Huflattich). Immergrüne, mattenbildende Staude mit Ausläufern. H. 8–15 cm, Br. 15 cm oder mehr. Hat nierenförmige, gezähnte, glänzende Blätter und im Sommer tragen 8–15 cm lange oder längere Blütenstiele einen gänseblümchenähnlichen, rosa-purpurnen Blütenkopf.

HOODIA (Asclepiadaceae)
Gattung verzweigter, mehrjähriger Sukkulenten mit festen, aufrechten, grünen Trieben, die sich grundständig verzweigen. Frostempfindlich, mind. 10–15°C. Benötigt volle Sonne und sehr durchlässigen Boden. Schwierig zu kultivieren. Immer sparsam gießen. Vermehrung durch Samen oder Pfropfen im Frühling oder Sommer.
H. bainii. Horstbildende, mehrjährige Sukkulente. H. 30 cm, Br. 15 cm. Mindesttemperatur 15°C. Die dumpfgrünen Triebe haben spiralenförmige Reihen kleiner Knoten mit einem endständigen, spitzen Dorn. Bringt im Sommer – Herbst 5lappige, dumpfgelbe, 7 cm breite, Blüten hervor. Im Winter trocken halten.
H. gordonii. Sehr variable, aufrechte, horstbildende, mehrjährige Sukkulente. H. 80 cm, Br. 30 cm. Mindesttemperatur 10°C. Der grüne Stamm trägt in unordentlichen Reihen kurze, kleine Knoten mit endständigem Dorn. Oft horstbildend verzweigt. Trägt im Spätsommer fleischfarbene bis bräunliche, 5lappige Blüten.

HORDEUM (Gramineae). Siehe GRÄSER, BAMBUS, SCHILF und RIEDGRAS.
Fuchsschwanzgerste
H. jubatum Abb. S. 181.

HORMINUM (Labiatae)
Drachenmaul
Gattung einer Spezies von Stauden mit Basalrosetten, geeignet für Steingärten. Winterhart. Benötigt Sonne und durchlässigen Boden. Vermehrung durch Teilung im Frühjahr oder Samen im Herbst.
H. pyrenaicum (Drachenmaul). Staude mit Basalrosetten. H. und Br. 20 cm. Trägt im Sommer über ovalen, ledrigen, 8–10 cm langen, dunkelgrünen Blättern in Quirlen nickende, kurzstielige, trichterförmige, blau-purpurn oder weiße Blüten.

HOSTA (Funkiaceae)
Funkie
Gattung von Stauden, hauptsächlich wegen des dekorativen Laubes kultiviert. Bildet große Horste, die sich ideal als Bodendecker eignen. Winterhart. Die meisten Spezies bevorzugen Schatten und nährstoffreiche, feuchte, aber durchlässige, neutrale Erde. Vermehrung durch Teilung im zeitigen Frühjahr. Aus Samen gezogene Pflanzen (außer *H. ventricosa*), haben selten die ursprüngliche Farbe. Auf Schneckenbefall achten. Die angegebene Höhe betrifft die Blätter.
H. albomarginata. Siehe *H. sieboldii.*
***H.* 'August Moon'** (Abb. S. 244). Schnellwachsende, robuste, horstbildende Staude. H. 60 cm, Br. 1 m. Die ovalen, sanft gold-gelben Blätter haben einen schwach grünlich blauen Schimmer. Zur Sommermitte erscheinen Trauben trompetenförmiger, blaß gräulich-hellilafarbener Blüten. Benötigt Halbschatten.
***H.* 'Blue Moon'.** Langsamwachsende, kompakte, horstbildende Staude. H. 12 cm, Br. 30 cm. Die oval bis runden, gräulich-blauen Blätter laufen spitz zu. Zur Sommermitte erscheinen dichte Büschel, trompetenförmiger, hellilafarbener Blüten oberhalb der Blätter. Eignet sich für Steingärten. Bevorzugt Halbschatten.
H. crispula (Abb. S. 244). Langsamwachsende, horstbildende Staude. H. 75 cm, Br. 1 m. Die großen, oval- bis herzförmigen, gewellten, dunkelgrünen Blätter haben ungleichmäßig weiße Ränder. Im Sommer erscheinen gut sichtbar über dem Laub Trauben trompetenförmiger, blaß hellila Blüten. Ideal als Wasserrandbepflanzung. Blätter durch Spätfröste gefährdet. Muß vor starkem Wind geschützt werden. Anfällig für Viruskrankheiten.
H. decorata* f. *decorata (Abb. S. 244). Langsamwachsende, horstbildende Staude. H. 45 cm, Br. 1 m. Die oval bis rundlichen, spitz zulaufenden, dunkelgrünen Blätter haben schmale, gleichmäßig verlaufende, weiße Ränder. Trägt zur Sommermitte dichte Trauben trompetenförmiger, violetter Blüten, denen große, eiförmige, glänzende, dunkelgrüne, dann braune Samenstände folgen, die vielfach in Blumenarrangements verwendet werden. Bevorzugt sandige Erde und Halbschatten, bestens geeignet für Gärten mit Baumbestand. F. ***normalis*** hat einfache, grüne Blätter.
H. fortunei. Gruppe kräftiger, horstbildender Staudenhybriden. H. 75 cm, Br. 1 m oder mehr. Die Blätter sind oval bis herzförmig. **'Albopicta'** (Abb. S. 244) hat blaßgrüne Blätter mit cremig-gelben Zentren, die sich ab Sommermitte in dumpfgrün verfärben. Oberhalb des Laubes erscheinen im Frühsommer Trauben trompetenförmiger, blaßvioletter Blüten. **'Aurea Marginata'** (syn. *H. f.* 'Yellow Edge' Abb. S. 244) hat mittelgrüne Blätter mit ungleichmäßig cremig-gelben Rändern. Trägt ab Sommermitte über dem Laub Trauben trompetenförmiger, violetter Blüten. Gruppenpflanzungen wirken sehr dekorativ. Verträgt volle Sonne.
'Marginato-alba' hat dünne, mittel- bis dunkelgrüne Blätter mit unregelmäßig weißen Rändern. Zur Sommermitte erscheinen an langen Stielen Trauben trompetenförmiger, violetter Blüten. Gut für den Gewässerrand. **'Yellow Edge'** siehe *H. f.* 'Aurea Marginata'.
***H.* 'Gold Standard'** (Abb. S. 244). Kräftige, horstbildende Staude. H. 75 cm, Br. 1 m. Die ovalen bis herzförmigen Blätter sind blaßgrün, färben sich ab Sommermitte golden und haben schmale, regelmäßige, dunkelgrüne Ränder. Ab Mitte Sommer erscheinen über den Blättern Trauben trompetenförmiger, violetter Blüten. Bevorzugt Halbschatten.
***H.* 'Halcyon'** (Abb. S. 244). Robuste, horstbildende Staude. H. 30 cm, Br. 1 m. Hat herzförmige, gespitzte gräulich-blaue Blätter, die in voller Sonne zu einem schmutzigen Grün verblassen; das Blattgewebe kann durch heftige Regengüsse zerstört werden. Über dem Laub öffnen sich ab Sommermitte schwere Büschel trompetenförmiger, violett-hellilafarbener Blüten.
H. hypoleuca. Horstbildende Staude. H. 45 cm, Br. 1 m. Die breit ovalen Blätter haben weit auseinanderstehende Adern und sind auf der Oberseite blaßgrün, auf der Unterseite strahlend weiß. Trägt im Spätsommer hängende Trauben trompetenförmiger, gedämpft-violetter Blüten mit hellila gefleckten, blaßgrünen Deckblättern. Verträgt volle Sonne.
***H.* 'Kabitan'.** Horstbildende Staude, die sich durch Ausläufer ausbreitet. H. bis 30 cm, Br. 60 cm. Die lanzettförmigen, dünnen, glänzenden Blätter haben einen gelben Mittelpunkt und schmale, gewellte, dunkelgrüne Ränder. Bringt im Frühsommer eine kurze Traube kleiner, trompetenförmiger, blaßvioletter Blüten. Eignet sich für schattige Steingärten. Muß die ersten paar Jahre im Topf vorkultiviert werden.
H. lancifolia (Abb. S. 244). Überhängende, horstbildende Staude. H. 45 cm, Br. 75 cm. Hat schmal lanzettförmige, dünne, glänzende, mittelgrüne Blätter. Im Spätsommer und Herbst erscheinen über dem Laub Trauben trompetenförmiger, tiefvioletter Blüten.
H. montana. Kräftige, horstbildende Staude. H. 1,1 m, Br. 1 m. Hat ovale, deutlich geaderte, glänzende, dunkelgrüne Blätter. Zur Sommermitte erscheinen über dem Laub Trauben trompetenförmiger, blaßvioletter Blüten. Die langsamwachsendere **'Aurea Marginata'** (Abb. S. 244) hat unregelmäßig goldgelb geränderte Blätter. Sie ist die erste Hosta, die im Frühjahr erscheint.
H. plantaginea (Abb. S. 244). Lockere, horstbildende Staude. H. 60 cm, Br. 1,2 m. Die Blätter sind oval, glänzend und blaßgrün. Gut sichtbar über den Blättern erscheinen im Spätsommer und Frühherbst Blütenstengel mit endständigen, duftenden, trompetenförmigen, weißen Blüten, die sich am Abend öffnen. Bevorzugt Sonne.
H. rectifolia. Aufrechte, horstbildende Staude. H. 1 m, Br. 75 cm. Hat oval bis lanzettförmige, dunkelgrüne Blätter und Trauben großer, trompetenförmiger, violetter Blüten, die von Mitte- bis Spätsommer erscheinen.
***H.* 'Royal Standard'** (Abb. S. 244). Aufrechte, horstbildende Staude. H. 60 cm, Br. 1,2 m. Die Blätter sind breit oval, glänzend und blaßgrün. Gut sichtbar über dem Laub erscheinen schwach duftende, trompetenförmige, rein weiße Blüten, die sich am Abend öffnen. Bevorzugt Sonne.
H. sieboldiana (Abb. S. 244). Robuste, horstbildende Staude. H. 1 m oder mehr, Br. 1,5 m. Die großen herzförmigen, tiefgerippten, runzeligen Blätter sind bläulich-grau. Im Frühsommer öffnen sich über dem Laub Trauben trompetenförmiger, blaßlila Blüten. Guter Bodendecker. Verträgt Sonne, die Blätter können sich aber dann dumpfgrün färben. **Var. *elegans*** (Abb. S. 244) hat größere, blauere Blätter. **'Frances Williams'** (Abb. S. 244) hat gelb eingesäumte Blätter, wächst langsamer und sollte nicht in voller Sonne kultiviert werden.
H. sieboldii, syn. *H. albomarginata.* Kräftige, horstbildende Staude. H. 45 cm, Br. 60 cm. Die lanzettförmigen, abgerundeten Blätter sind mittel- bis dunkelgrün mit schmalen, unregelmäßig weißen Rändern. Im Spätsommer erscheinen endständig Trauben trompetenförmiger, violetter Blüten, später runde, glänzende, dunkelgrüne, dann braune Samenstände, die nützlich in Blumenarrangements sind.
H. tardiflora (Abb. S. 244). Langsamwachsende, horstbildende Staude. H. 30 cm, Br. 75 cm. Hat schmal lanzettförmige, dick strukturierte, dunkelgrüne Blätter. Knapp über den Blättern erscheinen vom Spätsommer bis Frühherbst dichte Trauben trompetenförmiger, lilapurpurner Blüten.
***H.* 'Thomas Hogg',** syn. *H. undulata* 'Albomarginata'. Horstbildende Staude. H. 75 cm, Br. 1 m. Hat oval bis lanzettförmige, abgerundete, mittelgrüne Blätter mit unregelmäßigem, blaß cremefarbenen bis weißen Rand, der sich als schmale Linie am Blattstiel fortsetzt. Gut sichtbar über dem Laub erscheinen zur Sommermitte Trauben trompetenförmiger, blaßvioletter Blüten. Wächst am besten unter Bäumen.
H. tokudama. Sehr langsamwachsende, horstbildende Staude. H. 45 cm, Br. 75 cm. Hat becherförmige, gerunzelte, blaue Blätter. Knapp über dem Laub erscheinen zur Sommermitte Trauben trompetenförmiger, blaß lilagrauer Blüten. **'Aureo-nebulosa'** (syn. *H. t.* 'Variegata'; Abb. S. 244) hat unregelmäßige, grau-gelbe Blattzentren. **'Flavo-circinalis'**, oft als junge *H.* 'Frances Williams' angesehen, hat herzförmige Blätter mit breiten, unregelmäßigen, cremig-gelben Rändern. **'Variegata'**, siehe *H. t.* 'Aureo-nebulosa'.
H. undulata.* 'Albomarginata'**, siehe *H.* 'Thomas Hogg'. **Var. *erromena ist eine robuste, horstbildende Staude. H. 45 cm, Br. 60 cm. Trägt hoch über den langen, gewellten, mittelgrünen Blättern trompetenförmige, blaß hellilafarbene Blüten. Die Blätter von **var. *undulata*** haben auf den ersten Blättern unregelmäßige, weiße Zentren, auf den nachfolgenden Blättern weiße Streifen. Blattstiele und Blütendeckblätter sind weiß mit schmalen, grünen Rändern. **Var. *univittata*** (Abb. S. 244) ist kräftig mit ovalen, mittelgrünen Blättern, die schmale, weiße Zentren haben.
H. ventricosa (Abb. S. 244). Horstbildende Staude. H. 70 cm, Br. 1 m oder mehr. Hat herzförmige bis ovale, an den Rändern leicht gewellte, glänzende, dunkelgrüne Blätter. Im Spätsommer erscheinen über dem Laub Trauben glockenförmiger, tiefpurpurner Blüten. Sämlinge besitzen gewöhnlich die ursprünglichen Farben. **'Aureomaculata'** (Abb. S. 244) hat Blätter mit unregelmäßiger, cremiggelber Zeichnung in der Mitte. **'Variegata'** hat Blätter mit unregelmäßigen, cremefarbenen Rändern.
H. venusta. Kräftige, bodendeckende Staude. H. 2,5 cm, Br. bis 30 cm. Hat oval bis lanzettförmige, mittel- bis dunkelgrüne Blätter und zur Sommermitte gut sichtbar über dem Laub in Fülle Trauben

trompetenförmiger, purpurner Blüten. Eignet sich für Steingärten.

HOTTONIA (Primulaceae)
Wasserfeder
Gattung laubabwerfender, mehrjähriger, untergetauchter Wasserpflanzen, wegen des attraktiven Laubes und der Blüten kultiviert. Winterhart. Benötigt Sonne und klares, kühles, fließendes oder stehendes Gewässer. Von Zeit zu Zeit übermäßigen Wuchs entfernen. Vermehrung durch Stecklinge im Frühling oder Sommer.
H. palustris Abb. S. 373.

HOUSTONIA. Siehe HEDYOTIS.

HOUTTUYNIA (Saururaceae)
Gattung einer Spezies von mehrjährigen oder sommergrünen Wasserpflanzen für den Gewässerrand, mit weit ausgebreiteten Wurzelausläufern. Eignet sich als Bodendecker, obwohl stark wuchernd. Winterhart. Bevorzugt Halbschatten und feuchte Erde oder flaches Gewässer, an Bach- und Teichrändern. Vermehrung durch Ausläufer im Frühjahr.
H. cordata **'Chamaeleon'**, syn. *H. c.* 'Variegata', Abb. S. 373. **'Flore Pleno'** ist eine ausgebreitete Staude. H. 15–60 cm, Br. unbestimmt. Bringt im Frühling über dicken, herzförmigen, gespitzten, aromatischen, fleischigen, ledrigen Blättern Ähren mit unbedeutenden Blüten hervor, die von 8 oder mehr ovalen, weißen Deckblättern umgeben sind.

HOVENIA (Rhamnaceae)
Japanischer Rosinenbaum
Gattung einer Spezies laubabwerfender, sommerblühender Bäume, wegen des Laubes kultiviert. Winterhart. Junges Laub ist anfällig für Frostschäden. Gedeiht am besten in voller Sonne und benötigt fruchtbaren, durchlässigen Boden. Vermehrung durch Kopfstecklinge im Sommer oder Samen im Herbst.
H. dulcis Abb. S. 52.

HOWEA, syn. HOWEIA, KENTIA (Palmae)
Gattung immergrüner Palmen, wegen ihres schmucken Äußeren sehr beliebt. Frostempfindlich, mind. 16–18 °C. Benötigt Halbschatten und humusreiche, durchlässige Erde. Getopfte Exemplare im Sommer reichlich gießen, sehr sparsam im Winter, mäßig zu anderen Zeiten. Vermehrung durch Samen im Frühjahr bei einer Mindesttemperatur von 26 °C. Anfällig für Rote Spinne.
H. forsteriana. Immergrüne, aufrechte Palme mit schlankem Stamm. H. 10 m, Br. 3–4 m. Hat breite Fiederblätter, 1,5–2,5 m lang, in riemenförmige Blättchen geteilt. Bringt im Winter verzweigte Büschel mehrerer Ähren kleiner, grünlich-brauner Blüten hervor.

HOWEIA. Siehe HOWEA.

HOYA (Asclepiadaceae)
Wachsblume
Gattung immergrüner, verholzender, Schling- oder Kletterpflanzen und lockerer Sträucher, wegen ihrer Blüten und des Laubes sehr beliebt. Frostempfindlich, mind. 5–18 °C. Benötigt humose, durchlässige Erde und Halbschatten im Sommer. Während der Wachstumszeit mäßig gießen, weniger zu anderen Zeiten. Muß gestützt werden. Nach der Blüte oder im Frühjahr übermäßigen Wuchs ausdünnen. Vermehrung durch halbausgereifte Stecklinge im Sommer.
H. australis Abb. S. 166.
H. bella Abb. S. 166.
H. carnosa Abb. S. 166.
H. coronaria. Langsamwachsende, immergrüne, verholzende Schling- und Kletterpflanze. H. 2–3 m. Mindesttemperatur 16–18 °C. Hat dicke, ledrige, längliche bis ovale Blätter. Bringt im Sommer glockenförmige, gelb bis weiße etwas rotgefleckte Blüten hervor.
H. imperialis. Kräftige, immergrüne, verholzende Kletter- und Schlingpflanze. H. bis 6 m. Mindesttemperatur 16–18 °C. Die ovalen, ledrigen, flaumigen Blätter sind 10–23 cm lang. Trägt im Sommer große, sternchenförmige, braun-purpurne bis tief magentarote Blüten mit cremefarbener Mitte.

HUERNIA (Asclepiadaceae)
Gattung horstbildender, mehrjähriger Sukkulenten mit fingerartigen, gewöhnlich 4fach geteiltem Stamm. An neuen Trieben erscheinen winzige, kurzlebige Blätter, die wieder abfallen. Frostempfindlich, mind. 8–11 °C. Benötigt Sonne oder Halbschatten und außerordentlich durchlässigen Boden. Ist ein einfach zu kultivierender Vertreter der Stapelia-Gattung. Vermehrung durch Samen oder Stammstecklinge im Frühjahr – Sommer.
H. macrocarpa. Sommergrüne, horstbildende, mehrjährige Sukkulente. H. und Br. 10 cm. Mindesttemperatur 8 °C. Hat 4 oder 5 fingerartige, grau-grüne Seitentriebe und im Sommer – Herbst glockenförmige, gelbe Blüten mit schmalen, purpurnen Streifen und zurückgebogenen Blütenblattspitzen, am Grunde der Sprosse. **Var. *arabica*** Abb. S. 396.
H. pillansii. Laubabwerfende, horstbildende, mehrjährige Sukkulente. H. 5 cm, Br. 10 cm. Mindesttemperatur 11 °C. Hat fingerartige, hellgrüne Stämme, dicht mit kurzen Knollen bedeckt, die haarähnliche Spitzen aufweisen. Im Sommer – Herbst erscheinen grundständig an neuen Trieben glockenförmige, creme-rote Blüten mit roten Punkten.
H. primulina. Laubabwerfende, horstbildende, mehrjährige Sukkulente. H. 10 cm, Br. 15 cm. Mindesttemperatur 11 °C. Die Stämme sind kurz, dick und graugrün. Im Sommer – Herbst erscheinen grundständig an neuen Trieben glockenförmige, 2 cm breite, dumpfgelbe Blüten mit zurückgebogenen, schwarzen Blütenblattspitzen.
H. zebrina. Laubabwerfende, horstbildende, mehrjährige Sukkulente. H. 10 cm, Br. 15 cm. Mindesttemperatur 11 °C. Ähnlich wie *H. primulina*. Hat aber blaß gelb-grüne Blüten mit rotbraunen Streifen.

HUMEA (Compositae)
Gattung von Stauden und immergrünen Sträuchern. Nur *H. elegans* wird kultiviert, meistens als zweijährige Pflanze. Frostempfindlich, mind. 4 °C. Gedeiht in Sonne und fruchtbarer, durchlässiger Erde. Vermehrung durch Aussaat unter Glas zur Sommermitte.
H. elegans Abb. S. 274.

HUMULUS (Cannabidaceae)
Hopfen
Gattung krautiger, schlingender Kletterpflanzen. Gut, um unansehnliche Schuppen oder Baumstümpfe zu verdecken. Männliche und weibliche Blüten werden an verschiedenen Pflanzen hervorgebracht. Weibliche Blütenähren bringen hängende Büschel des »Hopfens« hervor. Winterhart. Gedeiht in Sonne oder Halbschatten und in jedem durchlässigen Boden. Vermehrung durch Kopfstecklinge im Frühjahr.
H. lupulus. **'Aureus'** (Gelbblättriger Hopfen) Abb. S. 164.

HUNNEMANNIA (Papaveraceae)
Gattung mohnähnlicher Stauden, meistens als einjährige Pflanzen kultiviert. Bedingt winterhart. Gedeiht in Sonne und magerer bis fruchtbarer, sehr durchlässiger Erde. Verblühtes regelmäßig entfernen. Muß besonders in windigen Gegenden gestützt werden. Vermehrung durch Aussaat unter Glas im zeitigen Frühjahr oder Freilandaussaat zur Frühlingsmitte.
H. fumariifolia. **'Sunlite'** ist eine schnellwachsende, aufrechte Staude, die einjährig kultiviert wird. H. 60 cm, Br. 20 cm. Hat längliche, stark geteilte, bläulichgrüne Blätter und im Sommer und Frühherbst mohnähnliche, halbgefüllte, bis 8 cm breite, leuchtendgelbe Blüten.

HYACINTHELLA (Liliaceae)
Gattung frühlingsblühender Bulben mit kurzen Ähren kleiner, glockenförmiger Blüten, geeignet für Steingärten und kühle Gewächshäuser. Winterhart. Benötigt einen offenen, sonnigen Standort und durchlässigen Boden, der teilweise austrocknet, während die Bulben im Sommer eine Ruhepause einlegen. Vermehrung durch Samen im Herbst.
H. leucophaea Abb. S. 361.

HYACINTHOIDES, syn. ENDYMION, (Liliaceae)
Glockenhyazinthe
Gattung frühlingsblühender Bulben, die wegen ihrer blauen Glockenblumen gerne gezogen werden. Eignet sich für Einfassungen und für naturnahe Gärten unter Bäumen und Sträuchern. Winterhart. Benötigt Halbschatten und ausreichend Feuchtigkeit. Bevorzugt schweren Boden. Die Bulben im Herbst 10–15 cm tief setzen. Vermehrung durch Teilung im Spätsommer oder Samen im Herbst.
H. hispanica, syn. *Scilla campanulata, S. hispanica*, Abb. S. 346.
H. italica. Frühlingsblühende Bulbe. H. 15–20 cm, Br. 5–8 cm. Bildet grundständige Büschel schmaler, riemenförmiger, halbaufrechter Blätter. Der blattlose Stiel trägt eine konische Traube vieler, flacher, 1 cm breiter, sternchenförmiger, blauer Blüten.
H. non-scriptus, syn. *Scilla non-scripta* (Hasenglöckchen), Abb. S. 346.

HYACINTHUS (Liliaceae)
Hyazinthe
Gattung von Bulben, die wegen ihrer dichten Trauben duftender, röhrenförmiger Blüten sehr beliebt sind; besonders für Frühjahrsbeete und Topfkultur im Zimmer geeignet. Winterhart. Benötigt einen offenen, sonnigen Standort oder Halbschatten und durchlässigen Boden. Im Herbst pflanzen. Für die Winterblüte werden große speziell präparierte Bulben von *H. orientalis*-Sorten im Frühherbst getopft, einige Wochen kühl und feucht gehalten, um Wurzelwachstum anzuregen. Sobald die Triebspitzen sichtbar sind, vorerst bei maximal 10 °C aufstellen. Je mehr Triebe erscheinen, desto wärmer und so hell als möglich halten. Anschließend einen kühlen Platz auswählen, wo sie bis zum Verblühen bleiben; danach ins Freie pflanzen, damit die Zwiebeln sich erholen. Vermehrung durch Brutzwiebeln im Spätsommer oder Frühherbst.
H. amethystinus. Siehe *Brimeura amethystina*.
H. azureus. Siehe *Muscari azureum*.
H. orientalis **'City of Haarlem'** Abb. S. 363. **'Delft Blue'** Abb. S. 362. **'Jan Bos'** Abb. S. 359. **'L'Innocence'** ist eine horstbildende, winter- oder frühlingsblühende Bulbe. H. 10–20 cm, Br. 6–10 cm. Hat riemenförmige, gefurchte, halbaufrechte Basalblätter, die erst nach der Blüte ausgewachsen sind. Der Blütenstiel trägt eine dichte, zylindrische Traube duftender, röhrenförmiger, elfenbeinweißer Blüten, jede mit 6 zurückgebogenen Blütenblättern. **'Ostara'** Abb. S. 362. **'Pink Pearl'** Abb. S. 358.

HYDRANGEA (Hydrangeaceae)
Hortensie
Gattung laubabwerfender Sträucher und laubabwerfender oder immergrüner Kletterpflanzen mit Haftwurzeln, hauptsächlich wegen ihrer kegelförmigen oder flachen Blütenköpfe kultiviert. Jeder Blütenkopf besteht aus einer Fülle kleiner, unauffälliger, fruchtbarer Blüten, die von größeren, sterilen Blüten, die auffällige, kronblattähnliche Kelchblätter haben, umgeben oder durchsetzt sind. Bei einigen Formen sind viele oder die meisten Blüten steril. Bedingt- bis winterhart. Bevorzugt Sonne oder Halbschatten und fruchtbaren, durchlässigen Boden. Benötigt in trockenen Gegenden mehr Schatten. Vermehrung durch Kopfstecklinge im Sommer.
***H. anomala* ssp. *petiolaris*,** syn. *H. petiolaris* (Kletterhortensie), Abb. S. 166.
H. arborescens **'Grandiflora'** (Strauchhortensie), Abb. S. 105.
H. aspera* ssp. *aspera*,** syn. *H. villosa*, Abb. S. 112. **Ssp. *sargentiana ist ein laubabwerfender, aufrechter, wenig verzweigter Strauch. H. 2,5 m, Br. 2 m. Winterhart. Hat eine sich schälende Rinde, stämmige Triebe und sehr große, schmal ovale, steif behaarte, dumpfgrüne Blätter, auf der Unterseite mit grauem Flaum. Vom Spätsommer bis Herbstmitte erscheinen breite Blütenköpfe, die innen liegenden klein und blau oder tiefpurpurn, die außen liegenden größer und weiß, manchmal purpurn-rosa überhaucht.
H. heteromalla. Laubabwerfender, überhängender Strauch. H. 5 m, Br. 3 m. Winterhart. Die schmal ovalen, dunkelgrünen Blätter färben sich im Herbst gelb. Trägt von Mitte- bis Spätsommer breite, flache, offene Köpfe weißer Blüten, die außen liegenden werden mit zunehmenden Alter tiefrosa. **'Bretschneideri'** Abb. S. 87.
H. involucrata. Laubabwerfender, ausgebreiteter, offener Strauch. H. 1 m, Br. 2 m. Winterhart. Hat breit herzförmige, steif behaarte, mittelgrüne Blätter. Trägt während des Spätsommers und Herbstes Köpfe kleiner, blauer, innenliegender Blüten, die von einem Kranz großer, blaßblauer bis weißer Blüten umgeben sind. **'Hortensis'** Abb. S. 129.

H. macrophylla. Laubabwerfender, buschiger Strauch. H. 1,5–2 m, Br. 2–2,5 m. Winterhart. Hat ovale, gezähnte, glänzende, hellgrüne Blätter. Von Mitte- bis Spätsommer erscheinen blaue oder purpurne Blüten in saurem Boden mit einem pH-Wert von bis zu 5,5. In neutralen oder alkalischen Böden oberhalb dieses Wertes sind die Blüten rosa oder rot. Die weißen Blüten werden vom pH-Wert nicht berührt. Ältere Triebe im Frühling bis zur Basis zurückschneiden. Vom Winter beschädigte Triebe bis zum Neuwuchs zurückschneiden und verblühte Blumenköpfe im Frühjahr entfernen. Wird in 2 Gruppen eingeteilt: Hortensien mit kegelförmigen, dichten, hauptsächlich sterilen Blütenköpfen und Lacecap-Hortensien ('Spitzenhäubchen'), die flache, offene Köpfe mit fruchtbaren Blüten in der Mitte und größeren, sterilen Randblüten. **'Ami Pasquier'** (Hortensie) H. 60 cm, Br. 1 m, ist kompakt mit tiefroten oder blau-purpurnen Blüten. **'Blue Bonnet'** (Hortensie) und **'Blue Wave'** Abb. S. 113. **'Générale Vicomtesse de Vibraye'** (Hortensie) Abb. S. 130. **'Lilacina'** Abb. S. 112. **'Mme. E. Mouillère'** hat weiße Blüten, die blaßrosa werden. Bevorzugt Halbschatten. **Ssp. *serrata*** Abb. S. 135. **Ssp. *serrata* 'Bluebird'** (Lacecap-Hortensien) Abb. S. 136. **Ssp. *serrata* 'Preziosa'** trägt rosa Blüten, die sich tiefrot färben. **'Veitchii'** Abb. S. 113.

***H. paniculata* 'Brussels Lace'** Abb. S. 106. **'Floribunda'** Abb. S. 86. **'Grandiflora'** ist ein laubabwerfender, aufrechter, offener Strauch. H. und Br. 3 m. Winterhart. Die Blätter sind groß, oval und dunkelgrün. Vom späten Sommer an erscheinen große, konische Rispen meistens steriler, weißer Blüten, die sich rosa oder rot färben. Im Frühjahr scharf zurückschneiden, um größere Ähren zu erzielen. **'Tardiva'** hat vom Frühherbst bis zur Herbstmitte fruchtbare und unfruchtbare Blüten.

H. petiolaris. Siehe *H. anomala* ssp. *petiolaris*.

H. quercifolia Abb. S. 106.

H. villosa. Siehe *H. aspera* ssp. *aspera*.

HYDROCHARIS (Hydrocharitaceae)
Froschbiß
Gattung einer Spezies von sommergrünen, mehrjährigen, schwimmenden Wasserpflanzen, wegen des Laubes und der Blüten kultiviert. Winterhart. Benötigt einen offenen, sonnigen Standort in ruhigem Gewässer. Vermehrung durch Abtrennen kleiner Pflänzchen nach Bedarf.

H. morsus-ranae Abb. S. 372.

HYDROCLEIS. Siehe HYDROCLEYS.

HYDROCLEYS, syn. HYDROCLEIS. (Butomaceae oder Limnocharitaceae)
Wassermohn
Gattung laubabwerfender oder immergrüner, ein- oder mehrjähriger Wasserpflanzen, wegen des schwimmenden Laubes und der ansprechenden Blüten kultiviert. Frostempfindlich, mind. 5°C. Gedeiht am besten in großen Aquarien oder tropischen Becken mit sehr viel Licht. Regelmäßig verwelkte Blüten und verwelktes Laub entfernen. Vermehrung durch reife Samen oder Kopfstecklinge das ganze Jahr über.

H. nymphoides Abb. S. 375.

HYGROPHILA (Acanthaceae)
Wasserfreund
Gattung laubabwerfender oder immergrüner, mehrjähriger, untergetauchter Wasser- und Sumpfpflanzen, wegen des Laubes kultiviert. Frostempfindlich, mind. 13°C. Regelmäßig verwelkte Blätter entfernen. Vermehrung durch Stammstecklinge im Frühjahr oder Sommer.

H. polysperma. Sommergrüne, mehrjährige, untergetauchte Wasserpflanze. Br. unbestimmt. Bildet ausgebreitete Kolonien lanzettförmiger, blaßgrüner Blätter an verholzten Trieben. Bei Wassertemperaturen über 16°C sind die Pflanzen immergrün. Eignet sich für tropische Aquarien.

HYLOCEREUS (Cactaceae)
Gattung schnellwachsender, mehrjähriger Kakteen mit aufrechten, schlanken, kletternden Trieben, die durch Glieder verbunden sind, und reichlichen Luftwurzeln. Gute Pfropfunterlage außer in Nordeuropa. Frostempfindlich, mind. 11°C. Benötigt Sonne oder Halbschatten und sehr durchlässigen Boden. Vermehrung durch Triebstecklinge im Frühjahr oder Sommer.

H. undatus. (Königin der Nacht). Schnellwachsender, kletternder, mehrjähriger Kaktus. H. 1 m, Br. unbestimmt. Besteht aus vielfach verzweigten, 3kantigen, schwach stacheligen, dunkelgrünen Trieben, 7 cm breit und in Glieder geteilt. Bringt im Sommer flache, weiße, 30 cm breite Blüten hervor, die nur eine Nacht blühen.

HYLOMECON (Papaveraceae)
Gattung einer Spezies kräftiger Stauden, die wegen ihrer großen, becherförmigen Blüten gerne gezogen wird. Eignet sich für Steingärten, Beeteinfassungen und Gärten mit Baumbestand. Stark wuchernd. Winterhart. Bevorzugt Halbschatten und humusreiche, feuchte Erde. Vermehrung durch Teilung im Frühjahr oder Samen im Herbst.

H. japonicum Abb. S. 290.

HYMENANTHERA (Violaceae)
Gattung immergrüner Sträucher, beliebt wegen der Allgemeinerscheinung und aus Liebhaberinteresse an verholzten Pflanzen aus der Veilchenfamilie. Bedingt- bis winterhart. Bevorzugt helles Licht und gut durchlässigen Boden. Während der Wachstumszeit getopfte Exemplare reichlich gießen, mäßig zu anderen Zeiten. Vermehrung wenn der Samen reif ist oder im Frühjahr oder durch halbausgereifte Stecklinge im Spätsommer.

H. crassifolia. Immergrüner, dichter, sparriger Strauch mit unregelmäßigem Wuchs. H. und Br. 1,2 m. Winterhart. Trägt schmal ovale bis längliche, ledrige, mittelgrüne Blätter. Bringt im Frühling – Sommer winzige, glockenförmige, gelbe Blüten mit 5 Blütenblättern hervor, später eiförmige, purpurne Früchte.

HYMENOCALLIS (Amaryllidaceae)
Schönhäutchen
Gattung von Zwiebelpflanzen, von denen einige immergrün sind und wegen der duftenden Blüten sehr beliebt, die ähnlich wie große Narzissen sind. Bedingt winterhart bis frostempfindlich. Mindesttemperatur 15°C. Benötigt einen geschützten Standort, volle Sonne oder Halbschatten und durchlässigen Boden. Im frühen Sommer pflanzen, in kalten Gegenden im Winter herausnehmen. Als Alternative im geheizten Gewächshaus kultivieren; im Winter das Gießen einschränken, ohne daß die Pflanzen ganz austrocknen. Im Frühjahr neu pflanzen. Vermehrung durch Brutzwiebeln im Frühjahr oder Frühsommer.

H. × festalis. Frühlings- oder sommerblühende Bulbe mit grundständigem Blattbüschel. H. bis 80 cm, Br. 30–45 cm. Frostempfindlich. Trägt riemenförmige, halbaufrechte Blätter. Bringt einen Kopf von 2–5 duftenden, weißen Blüten hervor, jede 20 cm breit, mit einem tiefen Becher in der Mitte und zurückgebogenen Kronblättern.

H. × macrostephana Abb. S. 332.

H. narcissiflora, syn. *Ismene calathina*, Abb. S. 351.

H. speciosa. Immergrüne, winterblühende Bulbe. H. und Br. 30–45 cm. Frostempfindlich. Hat breit elliptische, halbaufrechte, grundständige Blätter. Bringt einen Kopf von 5–10 duftenden weißen, oder grünlich-weißen Blüten hervor, jede 20–30 cm breit, mit trichterförmigem Becher und 6 langen, schmalen Kronblättern.

***H.* 'Sulphur Queen'.** Frühlings- oder sommerblühende Bulbe. H. 60 cm, Br. 30–45 cm. Frostempfindlich. Hat breit riemen- oder lanzettförmige, halbaufrechte, grundständige Blätter. Bringt einen lockeren Kopf von 2–5 duftenden, gelb-grünen, 16–20 cm breiten Blüten hervor, mit gekräuselten Becherrändern und 6 ausgebreiteten Kronblättern.

HYMENOSPORUM (Pittosporaceae)
Gattung einer Spezies eines immergrünen Strauches oder Baumes, wegen der Blüten und Gesamterscheinung gerne gezogen. Frostempfindlich, mind. 5–7°C. Bevorzugt volle Sonne, obwohl etwas Schatten toleriert wird. Benötigt humusreiche, durchlässige, vorzugsweise neutrale bis saure Erde. Während der Wachstumszeit Kübelpflanzen reichlich gießen, weniger zu anderen Zeiten. Vermehrung durch reifen Samen im Herbst oder Frühjahr, oder halbausgereifte Stecklinge im Spätsommer.

H. flavum. (Australischer Frangipani). Immergrüner, aufrechter Strauch oder Baum, mit zunehmendem Alter ausgebreitet. H. 10 m oder mehr, Br. 5 m oder mehr. Hat oval bis längliche, glänzende, sattgrüne Blätter. Trägt im Frühling – Sommer endständige Rispen stark duftender, röhrenförmiger, cremefarbener Blüten mit 5 Kronblättern, die mit zunehmenden Alter tief schwefelgelb werden.

HYPERICUM (Guttiferae)
Johanniskraut
Gattung von Stauden und laubabwerfenden, halbimmergrünen oder immergrünen Halbsträuchern und Sträuchern, wegen der auffälligen, gelben Blüten mit den hervorstehenden Staubblättern sehr beliebt. Bedingt- bis winterhart. Große Spezies und Sorten benötigen Sonne oder Halbschatten und fruchtbaren Boden, der nicht zu trocken ist. Kleinere Sorten, die sich für Steingärten gut eignen, gedeihen am besten in voller Sonne und durchlässiger Erde. Vermehrung der Spezies, Halbsträucher und Sträucher durch Kopfstecklinge im Sommer oder Samen im Herbst; Sorten durch Kopfstecklinge nur im Sommer; Stauden durch Samen oder Teilung im Herbst oder Frühjahr. Meist ohne Krankheiten und Schädlinge, aber *H. × inodorum* 'Elstead' ist anfällig für Rost, der gelbe Flecken auf den Blättern hervorruft. *H.* 'Hidcote' ist virusanfällig, die Blätter werden schmal und gescheckt.

H. balearicum. Immergrüner, kompakter Strauch. H. und Br. bis 60 cm. Winterhart. Die kleinen, ovalen, grünen Blätter haben gewellte Ränder und runde Spitzen. Vom Frühsommer bis Herbst erscheinen über den Blättern einzelne, endständige, große, duftende, flach becherförmige, gelbe Blüten.

***H. beanii* 'Gold Cup'.** Siehe *H. × cyathiflorum* 'Gold Cup'.

H. bellum. Halbimmergrüner, überhängender, zierlicher Strauch. H. 1 m, Br. 1,5 m. Winterhart. Ab Sommermitte bis Frühherbst erscheinen becherförmige, goldgelbe Blüten. Hat rote Triebe und ovale, mittelgrüne Blätter, an den Rändern gewellt, die sich im Herbst rot färben.

H. calycinum Abb. S. 138.

H. cerastoides, syn. *H. rhodoppeum*. Kräftiger, immergrüner Halbstrauch mit aufrechten, verzweigten Trieben. H. 15 cm oder mehr, Br. 40–50 cm. Winterhart. Die Blätter sind oval, behaart und zart grau-grün. Bringt im späten Frühjahr und Frühsommer eine Fülle tellerförmiger, leuchtendgelber Blüten an endständigen Büscheln hervor. Nach der Blüte stark zurückschneiden. Eignet sich für große Steingärten oder Böschungen.

H. coris. Immergrüner, offener, kegelförmiger, manchmal niederliegender Halbstrauch. H. 15–30 cm, Br. 20 cm oder mehr. Winterhart. Trägt in langstieligen Quirlen 3 bis 4 spitz-ovale Blätter. Bringt im Sommer Rispen flach becherförmiger, leuchtendgelber, rotgestreifter Blüten hervor. Eignet sich für geschützte Steingärten. Verträgt keine Morgensonne.

***H. × cyathiflorum* 'Gold Cup'**, syn. *H. beanii* 'Gold Cup'. Halbimmergrüner, überhängender Strauch. H. und Br. 1 m. Winterhart. Hat rosa-braune Triebe, ovale, dunkelgrüne Blätter und ab Sommermitte bis Frühherbst große, becherförmige, goldgelbe Blüten.

***H. empetrifolium* 'Prostratum'** (Kriechendes Johanniskraut) Abb. S. 326.

***H.* 'Hidcote'** Abb. S. 138.

***H. × inodorum* 'Elstead'** Abb. S. 138.

H. kouytchense Abb. S. 138.

H. × moserianum. Laubabwerfender, überhängender Strauch. H. 30 cm, Br. 60 cm. Winterhart. Von Mitte Sommer bis Mitte Herbst erscheinen über ovalen, dunkelgrünen Blättern kleine, schüsselförmige, gelbe Blüten. **'Tricolor'** hat Blätter, deren Ränder rosa und weiß eingesäumt sind. Bevorzugt einen geschützten Standort.

H. olympicum. Laubabwerfender, aufrechter, leicht ausgebreiteter, dichter Halbstrauch. H. 15–30 cm, Br. bis 15 cm. Winterhart. Die in Büscheln hervorgebrachten aufrechten Stengel sind mit kleinen, ovalen, grau-grünen Blättern bedeckt. Bringt im Sommer endständige Büschel mit bis zu 5 becherförmigen, leuchtendgelben Blüten hervor. **'Citrinum'** Abb. S. 298.

H. patulum. Immergrüner oder halbimmergrüner, aufrechter Strauch. H. und Br. 1 m. Winterhart. Von Mitte Sommer bis Mitte Herbst öffnen sich über den ovalen, dunkelgrünen Blättern große, becherförmige, goldgelbe Blüten.

H. reptans. Laubabwerfender, bodendekkender Strauch. H. 5 cm, Br. 20 cm. Winterhart. Die ovalen, grünen Blätter färben sich im Herbst gelb oder leuchtendrot. Im Sommer erscheinen flache, goldgelbe Blüten, an der Außenseite der Knospen und Kronblätter rot überhaucht. Für Steingärten geeignet.
H. rhodoppeum. Siehe *H. cerastoides.*
***H.* 'Rowallane'.** Halbimmergrüner, überhängender Strauch. H. und Br. 1,5 m. Winterhart. In strengen Wintern wird bis zur Erdoberfläche zurückgeschnitten. Von Mitte Sommer bis Mitte- oder Spätherbst erscheinen große, schüsselförmige, tief goldgelbe Blüten. Die Blätter sind oval und sattgrün.
Hypocyrta nummularia. Siehe *Alloplectus nummularia.*
Hypocyrta radicans. Siehe *Nematanthus gregarius.*
Hypocyrta strigillosa. Siehe *Nematanthus strigillosus.*

HYPOESTES (Acanthaceae)
Gattung hauptsächlich immergrüner Stauden, Sträucher und Halbsträucher, wegen des Laubes und der Blüten kultiviert. Frostempfindlich, mind. 10°C. In hellem Licht und durchlässigem Boden kultivieren. Während der Wachstumszeit oft gießen, weniger im Winter. Sparrige Zweige bei Bedarf zurückschneiden. Vermehrung durch Stecklinge im Frühjahr oder Sommer. *H. phyllostachya* kann als Einjährige gezogen und durch Samen im Frühjahr vermehrt werden.
H. aristata. Immergrüne buschige Staude oder Halbstrauch. H. bis 1 m, Br. 60 cm. Hat ovale, mittelgrüne, bis 8 cm lange, Blätter. Bringt im Spätwinter kleine, röhrenförmige, tiefrosa oder purpurne Blüten hervor, die an endständigen Ähren sitzen.
H. phyllostachya, syn. *H. sanguinolenta* hort., Abb. S. 221.
H. sanguinolenta hort. Siehe *H. phyllostachya.*

HYPOXIS (Hypoxidaceae)
Gattung frühlings- oder sommerblühender Knollen, die wegen ihrer flachen, sternchenförmigen Blüten gerne gezogen werden. Für Steingärten geeignet. Bedingt- bis winterhart. Benötigt volle Sonne und lockeren, durchlässigen Boden. Vermehrung durch Samen im Herbst oder Frühjahr.
H. angustifolia Abb. S. 365.
H. capensis, syn. *H. stellata, Spiloxene capensis.* Frühlingsblühende Knolle mit grundständigem Blattbüschel.
H. 10–20 cm, Br. 5–8 cm. Bedingt winterhart. Hat sehr schlanke, schmale, lanzettförmige, aufrechte Blätter. Die Stiele tragen je eine nach oben gerichtete Blüte mit gespitzten, weißen oder gelben Kronblättern und einem purpurfarbenen Auge.
H. stellata. Siehe *H. capensis.*

HYPSELA (Campanulaceae)
Gattung kräftiger, kriechender Stauden, wegen ihrer herzförmigen Blätter und Blüten kultiviert. Als Bodendecker, besonders in Steingärten, geeignet. Winterhart. Benötigt Schatten und feuchten Boden. Vermehrung durch Teilung im Frühjahr.
H. reniformis. Kräftige, kriechende, stammlose Staude. H. 2 cm, Br. unbestimmt. Hat winzige, herzförmige, fleischige Blätter und im Frühsommer kleine, sternchenförmige, rosa und weiße Blüten.

HYSSOPUS (Labiatae)
Ysop
Gattung von Stauden und halbimmergrünen oder laubabwerfenden Sträuchern, beliebt wegen ihrer Blüten, die Bienen und Schmetterlinge anlocken, und der aromatischen Blätter, geeignet für kulinarische und medizinische Zwecke. Kann als niedrige Hecke gezogen werden. Winterhart. Benötigt volle Sonne und fruchtbaren, durchlässigen Boden. Stark zurückschneiden oder, wenn als Hecke kultiviert, im Frühjahr leicht stutzen. Vermehrung durch Kopfstecklinge im Sommer oder durch Samen im Herbst.
H. officinalis Abb. S. 136. **Ssp. *aristatus*** ist ein halbimmergrüner oder laubabwerfender, aufrechter, dichter Strauch.
H. 60 cm, Br. 1 m. Hat aromatische, schmal lanzettförmige, leuchtendgrüne Blätter und von Mitte Sommer bis Frühherbst kleine, 2lippige, dicht zusammengedrängte, dunkelblaue Blüten.

I

IBERIS (Cruciferae)
Schleifenblume
Gattung einjähriger Pflanzen und Stauden, immergrüner Halbsträucher und Sträucher. Beliebt wegen der Blüten und ausgezeichnet geeignet für Steingärten. Einige Spezies sind kurzlebig, blühen ununterbrochen bis sie absterben. Bedingt – bis völlig winterhart. Benötigt Sonne und durchlässigen Boden. Vermehrung durch Samen im Frühjahr, Halbsträucher und Sträucher durch halbausgereifte Stecklinge im Sommer.
I. amara Abb. S. 262. **Hyazinthenblütige-Serie** ist eine Gruppe schnellwachsender, aufrechter, buschiger, einjähriger Pflanzen. H. 30 cm, Br. 15 cm. Völlig winterhart. Hat lanzettförmige, mittelgrüne Blätter und im Sommer flache Köpfe duftender, bunter Blüten mit 4 Kronblättern.
I. saxatilis (Felsen-Schliefenblume) Abb. S. 314.
I. sempervirens Abb. S. 286. 'Schneeflocke' ist ein immergrüner, ausgebreiteter Halbstrauch. H. 15–30 cm, Br. 45–60 cm. Winterhart. Die Blätter sind schmal länglich, glänzend und dunkelgrün. Im späten Frühjahr und Frühsommer erscheinen dichte, halbrunde, weiße Blütenköpfe mit 4 Kronblättern. Nach der Blüte stutzen.
I. umbellata. Schnellwachsende, aufrechte, buschige, einjährige Pflanze. H. 15–30 cm, Br. 20 cm. Völlig winterhart. Hat lanzettförmige mittelgrüne Blätter. Kleine weiße oder blaßpurpurne, manchmal auch zweifarbige Blütenköpfe mit 4 Kronblättern erscheinen im Sommer und Frühherbst. **'Feenmischung'** Abb. S. 266.

IDESIA (Flacourtiaceae)
Orangenkirsche
Gattung einer Spezies eines laubabwerfenden, sommerblühenden Baumes, wegen der Früchte und des Laubes kultiviert. Um Früchte zu erhalten, müssen männliche und weibliche Pflanzen gezogen werden. Völlig winterhart. Benötigt Sonne oder Halbschatten und fruchtbaren, feuchten, aber durchlässigen, vorzugsweise neutralen bis sauren Boden. Vermehrung durch Kopfstecklinge im Sommer oder Samen im Herbst.
I. polycarpa Abb. S. 53.

ILEX (Aquifoliaceae)
Hülse, Stechpalme
Gattung immergrüner und laubabwerfender Bäume und Sträucher, wegen des Laubes und der Früchte (Beeren) kultiviert. Im Herbst bilden sich hauptsächlich runde Beeren, die in den Farben von rot bis gelb und schwarz variieren können. Sie folgen unbedeutenden, meistens weißen Blüten, die im Frühjahr erscheinen. Fast alle Pflanzen sind getrennt geschlechtlich. Um Früchte zu erhalten, müssen zu den weiblichen einige männliche Sträucher gepflanzt werden. Bedingt bis völlig winterhart. Alle bevorzugen durchlässigen Boden. Sie gedeihen in Sonne und Schatten, aber laubabwerfende Pflanzen und jene mit buntem Laub fühlen sich am besten in Sonne oder Halbschatten. Stechpalmen vertragen das Umpflanzen schlecht, aber reagieren gut auf starken Rückschnitt und das Kappen, was im Spätfrühjahr vorgenommen werden sollte. Vermehrung durch Samen im Frühling oder halbausgereifte Stecklinge vom Spätsommer bis Frühwinter. Anfällig für Stechpalmenminierfliege und Blattläuse.
I. × altaclerensis. Gruppe kräftiger, immergrüner Sträucher und Bäume. Winterhart. Widerstandsfähig gegen Umweltverschmutzung und Auspflanzen in Küstengegenden.
'Balearica' (Abb. S. 70), ist ein aufrechter, weiblicher Baum. H. 12 m, Br. 5 m. Hat grüne bis olivgrüne junge Äste. Die großen breit ovalen dunkelgrünen Blätter sind an den Rändern dornig oder glatt und glänzend. Bringt in einer Fülle leuchtendrote Beeren hervor.
'Belgica' (Abb. S. 70) ist ein aufrechter, dichter, weiblicher Baum. H. 12 m, Br. 5 m. Die jungen Äste sind grün bis gelblich-grün. Hat große, lanzettförmige bis längliche, glänzende, mittelgrüne Blätter mit dornigen oder glatten Rändern. Die großen, orangeroten Früchte werden reichlich gebildet.
'Belgica Aurea' (syn. *I × a.* 'Silver Sentinel', *I. perado* 'Aurea' Abb. S. 71) ist ein aufrechter, weiblicher Baum. H. 8 m, Br. 3 m. Die jungen Äste sind grün mit gelben Streifen. Hat große, lanzettförmige, hauptsächlich dornenlose, dunkelgrüne Blätter, graugrün gefleckt und unregelmäßig gelb gerändert. Nur selten bilden sich rote Früchte.
'Camelliifolia' (Abb. S. 70) ist ein schmaler, pyramidenförmiger, weiblicher Baum. H. 14 m, Br. 3 m. Hat purpurne junge Äste und große, längliche, hauptsächlich glattkantige, glänzende, dunkelgrüne Blätter. Bringt zuverlässig scharlachrote Früchte hervor und ist ein Musterexemplar von einem Baum.
'Camelliifolia Variegata' (Abb. S. 71), H. 8 m, Br. 3 m, ist ähnlich wie *I. × a.* 'Camelliifolia', nur die Blätter haben breite, gelbe Ränder.
'Golden King' ist ein buschiger, weiblicher Strauch. H. 6 m, Br. 5 m. Die jungen Äste sind grün und purpurn überhaucht. Hat große, längliche bis ovale, manchmal schwach bedornte, dunkelgrüne Blätter, mit grau-grünem Tupfer in der Mitte und leuchtendgelbem Rand, der sich an älteren Blättern cremefarben färbt. Bringt nur wenige rötlich-braune Beeren hervor. Eignet sich ausgezeichnet für Hecken oder als Solitärpflanze.
'Hodginsii' ist ein kräftiger, dichter, männlicher Baum. H. 14 m, Br. 10 m. Die Triebe sind purpurn; die Blätter breit oval, glänzend, schwarz-grün mit wenigen Dornen.
'Lawsoniana' (Abb. S. 70) ist ein buschiger, weiblicher Strauch. H. 6 m, Br. 5 m. Ähnlich wie *I. × a.* 'Golden King', aber die Blätter sind unregelmäßig mit Gold und Hellgrün in der Mitte gesprenkelt. Das Laub neigt dazu, sich in reines Grün zurückzuschlagen.
'N. F. Barnes' (Abb. S. 70) ist ein dichter, weiblicher Strauch. H. 5,5 m, Br. 4 m. Hat purpurne Triebe und ovale, hauptsächlich ungeteilte, an der Spitze dornige, glänzende, dunkelgrüne Blätter und rote Beeren.
'Silver Sentinel'. Siehe *I. × a.* 'Belgica Aurea'.
'Wilsonii' ist ein kräftiger, weiblicher Baum. H. 8 m, Br. 5 m. Hat purpurgrüne, junge Äste und große, länglich bis ovale, glänzende, mittelgrüne Blätter mit auffälligen Adern und großen Dornen. Großzügig erscheinen die großen, scharlachroten Früchte. Für Hecken und als Solitärpflanze gut geeignet.
I. aquifolium (Abb. S. 70). Immergrüner, vielverzweigter, gewöhnlich aufrechter Strauch oder Baum. H. 20 m, Br. 6 m. Winterhart. Hat verschiedenförmige, gewellte, mit scharfen Dornen besetzte, glänzende, dunkelgrüne Blätter und leuchtendrote Beeren.
'Argentea Longifolia' ist ein ausgebreiteter, männlicher Baum. H. 10 m, Br. 6 m. Die Triebe sind purpur-grün. Die schmal ovalen, dornigen, dunkelgrünen Blätter mit schmalen, cremig-weißen Rändern sind rosa überhaucht, solange sie jung sind.
'Argentea Marginata' (Abb. S. 70) ist ein säulenförmiger, weiblicher Baum. H. 14 m, Br. 5 m. Die jungen Äste sind grün mit rosa Streifen. Die breit ovalen, stacheligen, dunkelgrünen Blätter mit breiten, cremefarbenen Rändern sind krabbenrosa, solange sie jung sind. Trägt eine Fülle leuchtendroter Beeren. Ausgezeichnet für Hecken oder als Solitärpflanze.
'Argentea Marginata Pendula' (Abb. S. 70) ist ein langsamwachsender, überhängender, weiblicher Baum. H. 6 m, Br. 5 m. Hat purpurne, junge Äste und breit ovale, stachelige, dunkelgrüne, graugrün gefleckte Blätter mit breiten cremefarbenen Rändern. Trägt rote Früchte. Ausgezeichnete Solitärpflanze für einen kleinen Garten.
'Atlas' ist ein aufrechter, männlicher Strauch. H. 5 m, Br. 3 m. Hat grüne, junge Äste und ovale, stachelige, glänzende, dunkelgrüne Blätter. Nützlich für Hecken und Landschaftsgärten.
'Aurifodina' (Abb. S. 71) ist ein aufrechter, dichter, weiblicher Strauch. H. 6 m, Br. 3 m. Die jungen Äste sind purpurn. Die ovalen, dornigen Blätter sind olivgrün mit goldgelben Rändern, die sich im Winter braun-gelb färben. Bringt eine gute Ernte tiefroter Beeren.
F. bacciflava ist ein vielverzweigter, gewöhnlich aufrechter Strauch oder Baum. H. 20 m, Br. 6 m. Hat verschiedenförmige, gewellte, stark stachelige, glänzende, dunkelgrüne Blätter und gelbe Früchte.
'Crispa Aurea Picta' (Abb. S. 71) männlicher Baum mit offenem Wuchs. H. 10 m, Br. 6 m. Die schmal ovalen, gedrehten, mit wenig Dornen versehenen, schwarzgrünen Blätter sind in der Mitte goldgelb gefleckt. Blätter neigen dazu, rein grün zu werden.
'Elegantissima' (Abb. S. 71) ist ein buschiger, dichter, kompakter, männlicher Strauch. H. 6 m, Br. 5 m. Die jungen Äste sind grün mit gelb gestreift. Die kleinen ovalen, stacheligen, leuchtendgrünen Blätter haben cremefarbene Ränder und sind leuchtendrosa, solange sie nicht ausgewachsen sind.
'Ferox' ist ein offener, männlicher Strauch. H. 6 m, Br. 4 m. Hat purpurne, junge Zweige und ovale, dunkelgrüne Blätter, die auf der gesamten Oberfläche mit Dornen bedeckt sind.
'Ferox Argentea' ähnlich wie *I. a.* 'Ferox' aber die Blätter haben cremefarbene Ränder.
'Flavescens' ist ein säulenförmiger, weiblicher Strauch. H. 6 m, Br. 5 m. Die jungen Zweige sind purpur-rot. Die Blätter sind verschieden geformt, dunkelgrün und gelblich überhaucht, solange sie jung sind, und halten das ganze Jahr über, wenn genügend Licht vorhanden ist. Bringt reichlich rote Beeren hervor.
'Golden Milkboy' ist ein dichter, männlicher Strauch. H. 6 m, Br. 4 m. Hat purpur-grüne junge Zweige und ovale, sehr dornige, leuchtendgrüne Blätter mit stark gefleckter, leuchtendgelber Mitte. Blätter neigen dazu, sich wieder nur grün zu färben.
'Golden Queen' ist ein dichter, männlicher Baum, trotz des Namens. H. 10 m, Br. 6 m. Die breit ovalen, sehr dornigen, mittelgrünen Blätter sind goldgelb eingesäumt.
'Golden van Tol', ein Sport von *I. a.* 'J. C. van Tol' ist ein aufrechter, weiblicher Strauch. H. 4 m, Br. 3 m. Die jungen Zweige sind purpurn. Die ovalen, runzeligen, leicht stacheligen, dunkelgrünen Blätter haben unregelmäßige, klargelbe Ränder. Trägt wenige, rote Früchte. Gut für Hecken oder als Solitärpflanze.
'Handsworth New Silver' ist ein dichter, säulenförmiger, weiblicher Strauch. H. 8 m, Br. 5 m. Die Zweige sind purpurn. Die länglichen bis ovalen, stacheligen, dunkelgrünen Blätter haben breite, cremefarbene Ränder. Ausgezeichnet für Hecken oder als Solitärpflanze in kleinen Gärten.
'Hascombensis' ist ein langsamwachsender, dichter Strauch, Geschlecht unbekannt. H. 1,5 m, Br. 1–1,2 m. Hat purpurgrüne, junge Zweige und kleine, ovale, stachelige, dunkelgrüne Blätter. Trägt keine Beeren. Eignet sich für Steingärten.
'J. C. van Tol' ist ein offener, weiblicher Strauch, der nicht fremdbefruchtet werden muß, um Früchte zu erhalten. H. 6 m, Br. 4 m. Die jungen Zweige sind purpurn. Die ovalen, runzeligen, leicht stacheligen Blätter sind dunkelgrün. Trägt viele rote Beeren. Eignet sich für Hecken oder als Kübelpflanze.
'Mme. Briot' (Abb. S. 71) ist ein kräftiger, buschiger, weiblicher Strauch. H. 10 m, Br. 5 m. Die jungen Zweige sind purpur-grün. Die Blätter sind groß, breit oval, stachelig und dunkelgrün mit leuchtendgoldenen Rändern. Trägt scharlachrote Beeren.
'Ovata Aurea' (Abb. S. 71) ist ein dichter, männlicher Strauch. H. 5 m, Br. 4 m. Hat rötlich-braune, junge Äste und ovale, regelmäßig stachelige, dunkelgrüne Blätter mit leuchtendgoldenen Rändern.
'Pyramidalis' (Abb. S. 70) ist ein dichter, weiblicher Baum, der keine Partnerpflanze benötigt, um Früchte zu erzielen. H. 6 m, Br. 5 m. Hat grüne, junge Äste und schmal elliptische, leicht stachelige, mittelgrüne Blätter. Hat eine Fülle scharlachroter Früchte. Eignet sich für kleine Gärten.
'Pyramidalis Aurea Marginata' (Abb. S. 71) ist ein aufrechter, weiblicher Strauch. H. 6 m, Br. 5 m. Die jungen Äste sind grün. Hat schmal elliptische, mittelgrüne Blätter mit auffallenden, goldenen Rändern und auf der oberen Hälfte Dornen. Bringt eine Fülle roter Beeren hervor.
'Pyramidalis Fructu Luteo' ist ein konischer, weiblicher Strauch, der mit zunehmendem Alter breiter wird. H. 6 m, Br. 4 m. Die jungen Zweige sind grün. Hat ovale, fast dornenlose, dunkelgrüne Blätter und gelbe Beeren. Ausgezeichnet für kleine Gärten.

'Scotica' (Abb. S. 70) ist ein großer, steifer, kompakter, weiblicher Strauch. H. 6 m, Br. 4 m. Die ovalen, gewöhnlich dornenlosen, glänzenden, dunkelgrünen Blätter sind leicht gedreht. Trägt rote Früchte.
'Silver Milkboy'. Siehe *I. a.* 'Silver Milkmaid'.
'Silver Milkmaid' (syn. *I. a.* 'Silver Milkboy'; Abb. S. 70) ist ein dichter, weiblicher Strauch. H. 5,5 m, Br. 4 m. Die ovalen, an den Rändern gewellten, stark stacheligen Blätter sind in der Jugend bronzefarben, ausgewachsen leuchtendgrün, jedes mit einem creme-weißen Fleck in der Mitte, neigt dazu, sich wieder ganz grün zu färben. Bringt eine Fülle leuchtendroter Beeren hervor. Ausgezeichnete Solitärpflanze.
'Silver Queen' (Abb. S. 71) ist ein dichter Strauch, der trotz des Namens männlich ist. H. 5 m, Br. 4 m. Die jungen Zweige sind purpurn. Die jungen, ovalen, dornigen rosafarbenen Blätter mit breiten, cremefarbenen Rändern färben sich dunkelgrün, fast schwarz, wenn sie ausgewachsen sind.
'Watereriana' (Waterer's gold; Abb. S. 71) ist ein dichter, männlicher Strauch. H. und Br. 5 m. Die jungen Zweige sind grün mit gelben Streifen. Die ovalen, dornigen oder ganzrandigen Blätter sind grau-grün mit breiten goldenen Rändern. Ausgezeichnete Solitärpflanze.
I. × aquipernyi (Abb. S. 70). Immergrüner, aufrechter Strauch. H. 5 m, Br. 3 m. Winterhart. Hat kleine, ovale, dornige, glänzende, dunkelgrüne Blätter mit langen Spitzen. Die Beeren sind groß und rot.
I. chinensis (Abb. S. 71). Immergrüner, aufrechter Baum. H. 12 m, Br. 6 m. Bedingt winterhart. Die ovalen, dünnen, glänzenden, dunkelgrünen Blätter sind rundlich gezähnt. Den lavendelfarbenen Blüten folgen eiförmige, glänzende, scharlachrote Früchte.
I. ciliospinosa. (Abb. S. 70). Immergrüner, aufrechter Strauch oder Baum. H. 6 m, Br. 4 m. Winterhart. Hat kleine, ovale, weichstachelige, dumpfgrüne Blätter und rote Beeren.
I. cornuta. Immergrüner, dichter, rundlicher Strauch. H. 4 m, Br. 5 m. Winterhart. Die rechteckigen, dumpfgrünen Blätter sind dornig, außer an älteren Sträuchern. Bringt große, rote Beeren hervor. **'Burfordii'** (Abb. S. 70) ist weiblich, Br. 2,5 m, hat glänzende Blätter mit einem endständigen Dorn und trägt eine Fülle von Früchten. **'Rotunda'**, H. 2 m, Br. 1,2 m, ist auch weiblich und bringt wenige Früchte hervor. Geeignet für Kübel oder kleine Gärten.
I. crenata. Immergrüner, ausgebreiteter Strauch oder Baum. H. 5 m, Br. 3 m. Völlig winterhart. Hat sehr kleine, ovale, dunkelgrüne, rundlich gezähnte Blätter. Trägt glänzende, schwarze Früchte. Eignet sich für Hecken oder offene Landschaften.
'Bullata' Siehe *I. c.* 'Convexa'.
'Convexa' (syn. *I. c.* 'Bullata'; Abb. S. 70) ist ein dichter, weiblicher Strauch. H. 2,5 m, Br. 1,2–1,5 m. Hat purpur-grüne, junge Zweige und ovale, runzelige, glänzende Blätter. Trägt glänzende, schwarze Früchte.
'Helleri' (Abb. S. 70) ist ein weiblicher, ausgebreiteter Strauch. H. 1,2 m, Br. 1–1,2 m. Hat grüne, junge Zweige und ovale Blätter mit ein paar Dornen. Bringt glänzende, schwarze Früchte hervor. Vielfach in offener Landschaft verwendet.
'Latifolia' (Abb. S. 70) ist ein ausgebreiteter bis aufrechter, weiblicher Strauch oder Baum. H. 6 m, Br. 3 m. Die jungen Zweige sind grün und die breit ovalen Blätter haben winzige Zähnchen. Bringt glänzende, schwarze Beeren hervor.
Var. ***paludosa*** (Abb. S. 70) ist ein niederliegender Strauch oder Baum. H. 15–30 cm, Br. unbestimmt. Hat sehr kleine, ovale, abgerundet gezähnte, dunkelgrüne Blätter und glänzende, schwarze Früchte.
'Variegata' (Abb. S. 71) ist ein offener, männlicher Strauch. H. 4 m, Br. 2,5 m. Die ovalen Blätter sind gelb gepunktet oder gefleckt, aber neigen dazu, sich wieder ganz grün zu färben.
I. dipyrena. Immergrüner, dichter, aufrechter Baum. H. 12 m, Br. 8 m. Winterhart. Die jungen, elliptischen, dumpfgrünen sind dornig und werden später glattrandig. Trägt große, rote Früchte.
I. fargesii (Abb. S. 70). Immergrüner, breit konischer Baum oder Strauch. H. 6 m, Br. 5 m. Winterhart. Hat grüne oder purpurne Triebe und ovale kleingezähnte, mittel- bis dunkelgrüne Blätter. Bringt rote Beeren hervor. Var. ***brevifolia*** (Abb. S. 70). H. 4 m, ist dicht und rundlich.
I. georgei. Immergrüner, kompakter Strauch. H. 5 m, Br. 4 m. Bedingt winterhart. Hat kleine, lanzettförmige oder ovale, wenig bedornte, glänzende, dunkelgrüne Blätter mit langen Spitzen. Die Beeren sind rot.
I. glabra. Immergrüner, dichter, aufrechter Strauch. H. 2,5 m, Br. 2 m. Völlig winterhart. Kleine, länglich bis ovale, dunkelgrüne Blätter sind glattrandig oder in Spitzennähe leicht gezähnt. Bringt schwarze Früchte hervor.
I. insignis. Siehe *I. kingiana.*
I. integra. Immergrüner, dichter, buschiger Strauch oder Baum. H. 6 m, Br. 5 m. Winterhart. Hat ovale, stumpfspitzige, leuchtendgrüne Blätter mit glatten Rändern. Trägt große, tiefrote Beeren.
***I.* 'Jermyns Dwarf'.** Siehe *I. pernyi* 'Jermyns Dwarf'.
I. kingiana, syn. *I. insignis.* Immergrüner, aufrechter Baum. H. 6 m, Br. 4 m. Bedingt winterhart. Die sehr großen, länglichen, ledrigen, dunkelgrünen Blätter haben kleine Dornen. Die Beeren sind leuchtendrot.
I. × koehneana (Abb. S. 70). Immergrüner, konischer Strauch. H. 6 m, Br. 5 m. Völlig winterhart. Die jungen Zweige sind grün. Hat sehr große, längliche, dornige, mittelgrüne Blätter und rote Früchte.
I. laevigata. Laubabwerfender, ausgebreiteter Strauch. H. 2,5 m, Br. 2 m. Völlig winterhart. Die ovalen, fein gezähnten Blätter sind blaßgrün und die Beeren orangerot.
I. latifolia. Immergrüner, aufrechter Strauch. H. 6 m, Br. 5 m. Bedingt winterhart. Hat kräftige, olivgrüne, junge Zweige, sehr große, längliche, dunkelgrüne Blätter mit kurzen Dornen und eine Fülle roter Früchte.
I. macrocarpa (Abb. S. 70). Laubabwerfender, aufrechter Baum. H. 10 m, Br. 6 m. Winterhart. Hat große, ovale, sägeartig gezähnte, mittelgrüne Blätter und sehr große, schwarze Beeren.
I. × meserveae. Gruppe kräftiger, immergrüner, dichter Sträucher. Völlig winterhart. Gedeiht nicht in maritimem Klima. Hat ovale, glänzende, grünlich-blaue Blätter. **'Blue Princess'** (Abb. S. 70), H. 3 m, Br. 1,2 m ist weiblich und hat purpurgrüne, junge Zweige, kleine, ovale, gewellte, dornige Blätter und eine Fülle roter Früchte.
I. opaca (Abb. S. 70). Immergrüner, aufrechter Baum. H. 14 m, Br. 1,2 m. Völlig winterhart, gedeiht aber nicht in maritimem Klima. Die ovalen Blätter sind auf der Oberseite dumpfgrün, auf der Unterseite gelbgrün mit dornigen oder glatten Rändern. Die Früchte sind rot.
I. pedunculosa (Abb. S. 71). Immergrüner, aufrechter Strauch oder Baum. H. 10 m, Br. 6 m. Völlig winterhart. Die ovalen, dunkelgrünen Blätter haben glatte Ränder. Die leuchtendroten Beeren erscheinen an sehr langen Stielen.
***I. perado* 'Aurea'.** Siehe *I. × altaclerensis* **'Belgica Aurea'.**
I. pernyi (Abb. S. 70) Langsamwachsender, immergrüner, steifer Strauch. H. 8 m, Br. 4 m. Völlig winterhart. Hat blaßgrüne, junge Zweige und kleine, längliche, dornige, dunkelgrüne Blätter. Bringt rote Beeren hervor. **'Jermyns Dwarf'** (syn. *I.* 'Jermyns Dwarf'), H. 60 cm, Br. 1,2 m, ist langsamwachsend und weiblich mit glänzenden, sehr dornigen Blättern.
I. serrata. Laubabwerfender, buschiger Strauch. H. 4 m, Br. 2,5 m. Völlig winterhart. Die schmalen, ovalen, fein gezähnten, leuchtendgrünen Blätter sind in der Jugend flaumig. Blüht rosa und trägt kleine, rote Früchte. F. ***leucocarpa*** (Abb. S. 71) trägt weiße Beeren.
I. verticillata (Abb. S. 70). Sommergrüner, dichter Strauch mit Ausläufern. H. 2 m, Br. 1,2–1,5 m. Völlig winterhart. Die jungen Zweige sind purpurgrün. Trägt ovale, lanzettförmige, sägeförmig gezähnte, leuchtendgrüne Blätter. Bildet eine große Zahl roter Beeren, die den Winter über an den blattlosen Zweigen haften.
I. yunnanensis. Immergrüner, ausgebreiteter bis aufrechter Strauch. H. 4 m, Br. 2,5 m. Winterhart. Die Zweige sind dicht behaart. In der Jugend sind die schmalen, ovalen, rundlich gezähnten Blätter braungrün, glänzend und dunkelgrün, wenn ausgereift. Trägt rote Beeren.

ILLICIUM (Illiciaceae)
Sternanis
Gattung immergrüner, frühlings- oder frühsommerblühender Bäume und Sträucher, beliebt wegen der Blätter und der ungewöhnlichen Blüten. Bedingt bis winterhart. Gedeiht am besten im Halbschatten oder Schatten in feuchter, neutraler bis saurer Erde. Vermehrung durch halbausgereifte Stecklinge im Sommer.
I. anisatum (Chinesischer Anis). Langsamwachsender, immergrüner, konischer Baum oder Strauch. H. und Br. 6 m. Winterhart. Trägt ovale, aromatische, glänzende, dunkelgrüne Blätter. Hat sternchenförmige, grüngelbe Blüten mit vielen, schmalen Kronblättern Mitte Frühling.
I. floridanum. Immergrüner, buschiger Strauch. H. und Br. 2 m. Bedingt winterhart. Die lanzettförmigen, ledrigen, dunkelgrünen Blätter sind sehr aromatisch. Im späten Frühjahr und Frühsommer erscheinen sternchenförmige, rote oder purpurrote Blüten mit zahlreichen, schmalen Blütenblättern.

IMPATIENS (Balsaminaceae)
Balsamine
Gattung einjähriger Pflanzen und hauptsächlich immergrüner Stauden und Halbsträucher, oft mit sukkulenten, aber brüchigen Stengeln. In kalten Gegenden können einige krautartig sein. Winterhart bis frostempfindlich, mind. 10°C. Bevorzugt Sonne oder Halbschatten und feuchte, aber nicht staunasse Erde. Vermehrung durch Samen oder Stecklinge im Frühling oder Sommer. Wenn unter Glas kultiviert, anfällig für Weiße Fliege, Rote Spinne und Blattläuse.
I. balsamina (Rührmichnichtan) Abb. S. 264. **'Blackberry Ice'** ist eine schnellwachsende, aufrechte, buschige, einjährige Pflanze. H. 45–60 cm, Br. 45 cm. Bedingt winterhart. Hat lanzettförmige, blaßgrüne Blätter und im Sommer und Frühherbst große, gefüllte, weiße Blüten, purpurn gezeichnet.
***I.*, Confection-Serie** Abb. S. 271.
***I.*, Duett-Serie.** Gruppe schnellwachsender, immergrüner, buschiger Stauden, einjährig kultiviert. H. und Br. 30 cm. Bedingt winterhart. Hat ovale, frischgrüne Blätter. Vom Frühling bis zum Herbst werden flache, gespornte, halbgefüllte und gefüllte Blüten, in Schattierungen von Rot und Orange, weiß überhaucht, hervorgebracht.
I. niamniamensis. Immergrüne, buschige Staude. Selten kultiviert. H. bis 60 cm, Br. 30 cm. Frostempfindlich. Hat rötlich grüne Stengel und ovale, gezähnte, bis 20 cm lange Blätter. Im Sommer – Herbst erscheinen auffällige, gelblichgrüne, 2,5 cm lange Blüten mit 5 Blütenblättern und einem langen orange, rot, scharlachrot oder purpurfarbenen Sporn. **'Congo Cockatoo'** hat rote, grüne und gelbe Blüten.
***I.*, Novette-Serie.** Gruppe schnellwachsender, immergrüner, buschiger Stauden, einjährig kultiviert. H. und Br. 15 cm. Bedingt winterhart. Die ovalen Blätter sind frischgrün. Bringt vom Frühling bis Herbst flache, gespornte, bunte Blüten mit 5 Blütenblättern hervor (rot, Abb. S. 271; lachsfarben, Abb. S. 265). **'Red Star'** Abb. S. 271.
I. oliveri. Siehe *I. sodenii.*
I. repens (Rührmichnichtan, Balsamine) Abb. S. 248.
***I.* Rosette-Serie** (Fleißiges Lieschen, Balsamine) Abb. S. 269.
I. sodenii, syn. *I. oliveri.* Immergrüne, kräftig wachsende, buschige Staude. H. 1,2 m oder mehr, Br. 60 cm. Frostempfindlich. Die schmal ovalen, in Quirlen von 4–10 angeordneten, gezähnten Blätter sind 15 cm lang oder länger. Im Herbst – Winter erscheinen fast flache, 5 cm breite, oder breitere, weiße oder blaßrosafarbene bis hellila Blüten.
I. sultanii. Siehe *I. walleriana.*
***I.*, Super-Elfin-Serie** (Fleißiges Lieschen). Gruppe schnellwachsender, immergrüner, buschiger Stauden, einjährig kultiviert. H. und Br. 20 cm. Bedingt winterhart. Hat ovale, frischgrüne Blätter und vom Frühjahr bis Herbst flache, gespornte, bunte Blüten mit 5 Blütenblättern. **'Lipstick'** Abb. S. 270.
***I.*, Tom-Thumb-Mischung** (Fleißiges Lieschen). Gruppe schnellwachsender, immergrüner, buschiger Stauden, einjährig kultiviert. H. und Br. 20–30 cm. Bedingt winterhart. Hat ovale, frischgrüne Blätter und vom Frühjahr bis zum Herbst 8 cm breite, runde, gespornte,

gefüllte Blüten in den Schattierungen von Rot, Purpur, Rosa oder Weiß.
I. walleriana, syn. *I. sultanii* (Fleißiges Lieschen). Schnellwachsende, immergrüne, buschige Staude, meistens einjährig kultiviert. H. und Br. 60 cm. Bedingt winterhart. Hat ovale, frischgrüne Blätter. Vom Frühling bis zum Herbst erscheinen flache, gespornte, leuchtendrote Blüten mit 5 Blütenblättern.

INCARVILLEA (Bignoniaceae)
Freilandgloxinie
Gattung spätfrühlings- oder sommerblühender Stauden, für Steingärten und Beetbegrenzungen geeignet. Bedingt bis völlig winterhart, aber mit Reisig oder Komposterde abdecken. Benötigt Sonne und fruchtbaren, durchlässigen Boden. Vermehrung durch Samen im Herbst oder Frühjahr.
I. delavayi Abb. S. 237.
I. mairei Abb. S. 237. **'Frank Ludlow'** ist eine kompakte, horstbildende Staude. H. und Br. 30 cm. Völlig winterhart. Die kurzen Stiele tragen im Frühsommer trompetenförmige, satt tiefrosafarbene Blüten. Die geteilten Blätter bestehen aus bis zu 4 schmalovalen, dunkelgrünen Fiederpaaren.

INDIGOFERA (Leguminosae)
Indigostrauch
Gattung von Stauden und laubabwerfenden Sträuchern, wegen des Laubes und der kleinen, erbsenähnlichen Blüten gerne kultiviert. Bedingt bis völlig winterhart; in kalten Gegenden kann die Pflanze bis auf den Boden zurückfrieren, treibt aber gewöhnlich im Frühjahr wieder aus. Benötigt volle Sonne und fruchtbaren, durchlässigen Boden. Abgestorbene Triebe im Frühjahr herausschneiden. Vermehrung durch Kopfstecklinge im Sommer oder durch Samen im Herbst.
I. decora. Laubabwerfender, buschiger Strauch. H. 45 cm, Br. 1 m. Winterhart. Die glänzenden, dunkelgrünen Blätter bestehen aus 7–13 ovalen Blättchen. Von Mitte- bis Spätsommer erscheinen lange Ähren rosa oder weißer Blüten.
I. dielsiana Abb. S. 130.
I. gerardiana. Siehe *I. heterantha.*
I. heterantha, syn. *I. gerardiana,* Abb. S. 109.
I. pseudotinctoria. Laubabwerfender, überhängender Strauch. H. 1 m oder mehr, Br. 2 m. Völlig winterhart. Die dunkelgrünen Blätter bestehen gewöhnlich aus 7–9 ovalen Blättchen. Von Mitte Sommer bis Frühherbst erscheinen an langen, dichten Trauben kleine, blaßrosafarbene Blüten.

INULA (Compositae)
Alant
Gattung sommerblühender, horstbildender Stauden, manchmal mit kriechendem Wurzelstock. Völlig winterhart. Benötigt Sonne und jeden durchlässigen Boden. Vermehrung durch Samen oder Teilung im Frühjahr oder Herbst.
I. acaulis. Büschelbildende Staude mit kriechendem Wurzelstock. H. 5–10 cm, Br. 15 cm. Hat lanzettförmige bis elliptische, behaarte Blätter. Im Sommer erscheinen einzeln, fast stiellose, gänseblümchenähnliche, goldgelbe Blütenköpfe. Eignet sich gut für Steingärten.
I. ensifolia Abb. S. 248.
I. hookeri Abb. S. 215.
I. magnifica Abb. S. 191.
I. oculis-christi. Ausgebreitete Staude mit kriechendem Wurzelstock. H. 45 cm, Br. 60 cm. Im Sommer tragen die Stiele 2 oder 3 gänseblümchenähnliche, gelbe Blütenköpfe. Hat lanzettförmige bis elliptische, behaarte, mittelgrüne Blätter.

IOCHROMA (Solanaceae)
Veilchenstrauch
Gattung immergrüner Sträucher, wegen der Blüten gerne gezogen. Frostempfindlich, mind. 7–10°C. Benötigt viel Licht oder Halbschatten und fruchtbaren, durchlässigen Boden. Während der Wachstumszeit Kübelpflanzen reichlich gießen, mäßig zu anderen Zeiten. Junge Pflanzen stutzen, um buschige Form zu erhalten. Im Spätwinter abgeblühte Blütenstengel zur Hälfte zurückschneiden. Vermehrung durch unreife oder halbausgereifte Stecklinge im Sommer. Manchmal anfällig für Weiße Fliege und Rote Spinne.
I. cyaneum, syn. *I. tubulosum,* Abb. S. 118.
I. tubulosum. Siehe *I. cyaneum.*

IONOPSIDIUM (Cruciferae)
Gattung einjähriger Pflanzen. Nur eine Spezies wird gewöhnlich kultiviert und eignet sich für Steingärten und Einfassungen. Winterhart. Gedeiht in Halbschatten und fruchtbarer, durchlässiger Erde. Vermehrung durch Freilandaussaat im Frühjahr, Frühsommer oder Frühherbst.
I. acaule. Schnellwachsende, aufrechte, einjährige Pflanze. H. 5–8 cm, Br. 2,5 cm. Die rundlichen Blätter sind mittelgrün. Im Sommer und Frühherbst erscheinen winzige, lila oder weiße Blüten, tiefblau überhaucht mit 4 Blütenblättern.

IPHEION (Liliaceae)
Sternblume
Gattung von großzügigblühenden Bulben, die im Frühjahr viele sternchenförmige, blaue, weiße oder gelbe Blüten hervorbringt und eine ausgezeichnete Topfpflanze für kühle Gewächshäuser ist. Winterhart. Bevorzugt einen geschützten Standort in gedämpftem Sonnenlicht und durchlässigem Boden. Im Herbst pflanzen; stirbt nach der Blüte. Vermehrung durch Brutzwiebeln im Spätsommer oder Frühherbst.
I. uniflorum **'Froyle Mill'** Abb. S. 360. **'Wisley Blue'** ist eine frühlingsblühende Bulbe. H. 10–15 cm, Br. 5–8 cm. Trägt linealische, halbaufrechte, grundständige, blaßgrüne Blätter, die bei Beschädigung nach Zwiebeln riechen. Die blattlosen Blütenstiele tragen je eine nach oben gerichtete, 3–4 cm breite, blaßblaue Blüte.

IPOMOEA, syn. PHARBITIS (Convolvulaceae)
Prachtwinde, Prunkwinde
Gattung hauptsächlich immergrüner Sträucher, Stauden, einjähriger Pflanzen und weichstengeliger oder verholzter Kletterpflanzen. Bedingt winterhart bis frostempfindlich, mind. 7–10°C. Benötigt humusreiche, durchlässige Erde und helles Licht. Während der Wachstumszeit reichlich gießen, weniger zu anderen Zeiten. Muß gestützt werden. Übermäßigen Austrieb im Frühjahr ausdünnen oder zurückschneiden. Vermehrung möglich durch Samen im Frühling oder durch Kopf- oder halbausgereifte Stecklinge im Sommer. Anfällig für Weiße Fliege und Rote Spinne.
I. alba, syn. *I. bona-nox, Calonyction aculeatum.* Immergrüne, weichstengelige Kletterpflanze mit stacheligen Stengeln, die beim Schnitt einen milchigen Saft freigeben. H. 7 m oder mehr. Frostempfindlich, mind. 10°C. Die ovalen oder manchmal 3lappigen Blätter sind 20 cm lang. In den Sommernächten öffnen sich bis 15 cm lange und breite, duftende, röhrenförmige, weiße Blüten.
I. bona-nox. Siehe *I. alba.*
I. coccinea, syn. *Quamoclit coccinea.* Einjährige, schlingende Kletterpflanze. H. bis 3 m. Frostempfindlich, mind. 10°C. Die pfeil- oder herzförmigen Blätter sind langgespitzt und oft gezähnt. Bringt im Spätsommer und Herbst duftende, röhrenförmige, scharlachrote Blüten mit gelbem Schlund, die sehr breit werden, hervor.
I. hederaceae Abb. S. 172.
I. horsfalliae Abb. S. 167. **'Briggsii'** ist eine starkwachsende, immergrüne, verholzende Kletterpflanze. H. 2–3 m. Frostempfindlich, mind. 7–10°C. Die Blätter sind entweder gefiedert oder in 5–7 kreisförmigen Lappen angeordnet. Bringt vom Sommer bis zum Winter gestielte Büschel trichterförmiger, tiefrosa oder rosa-purpurner Blüten hervor; die Blüten sind größer und bunter als jene der Spezies.
I. imperialis. Siehe *I. nil.*
I. × multifida, syn. *I. × sloteri.* Einjährige, schlingende Kletterpflanze. H. 3 m. Frostempfindlich, mind. 10°C. Die dreieckig-ovalen Blätter sind in 7–15 Segmente geteilt. Im Sommer erscheinen röhrenförmige, breitmundige, leuchtendrote Blüten mit weißem Auge.
I. nil, syn. *I. imperialis.* **'Early Call'** ist eine kurzlebige, weichstengelige, mehrjährige, schlingende Kletterpflanze mit behaarten Stengeln, die am besten einjährig kultiviert wird. H. bis 4 m. Bedingt winterhart. Die Blätter sind herzförmig oder dreifach gelappt. Vom Sommer bis Frühherbst erscheinen große, trichterförmige Blüten in vielen Farben und mit weißer Röhre. **'Scarlett O'Hara'** hat tiefrote Blüten.
I. purpurea, syn. *Convolvulus purpureus.* Kurzlebige, weichstengelige, mehrjährige, schlingende Kletterpflanze mit behaarten Stengeln; wird am besten einjährig kultiviert. H. bis 5 m. Bedingt winterhart. Die Blätter sind herzförmig oder dreifach gelappt. Bringt vom Sommer bis Frühherbst trichterförmige, tiefpurpurne bis bläulich-purpurne oder rötliche Blüten mit weißem Schlund und samtigen Kelchblättern hervor.
I. quamoclit, syn. *Quamoclit pinnata,* Abb. S. 168.
I. rubrocaerulea **'Heavenly Blue'**. Siehe *Convolvulus tricolor* 'Heavenly Blue'.
I. × sloteri. Siehe *I. × multifida.*
I. tuberosa. Siehe *Merremia tuberosa.*
I. versicolor. Siehe *Mina lobata.*

IPOMOPSIS (Polemoniaceae)
Gattung von Stauden und zweijährigen Pflanzen, die oft als Topfpflanzen in Wintergärten und Gewächshäusern kultiviert werden. Bedingt winterhart. Gedeiht unter kühlen, luftigen Bedingungen in hellem Licht und fruchtbarer, durchlässiger Erde. Vermehrung durch Aussaat unter Glas im zeitigen Frühjahr oder Frühsommer.
I. aggregata. Langsamwachsende, zweijährige Pflanze mit aufrechten, schlanken, behaarten Stengeln. H. bis 1 m, Br. 30 cm. Die mittelgrünen Blätter sind in linealische Blättchen geteilt. Trägt im Sommer duftende, trompetenförmige, gewöhnlich leuchtendrote, manchmal gelbgefleckte Blüten, die auch rosa, gelb oder weiß sein können.

IRESINE (Amaranthaceae)
Gattung von Stauden, wegen der farbenprächtigen Blätter sehr beliebt. Frostempfindlich, mind. 10–15°C. Benötigt nährstoffreiche, kalkhaltige, durchlässige Erde und helles Licht für schöne Blattfärbung. Während der Wachstumszeit Triebspitzen einkürzen, um buschigen Wuchs zu erhalten. Vermehrung durch Stecklinge im Frühjahr.
I. herbstii. Buschige Staude. H. bis 60 cm, Br. 45 cm. Hat rote Stengel und rundliche, purpur-rote Blätter, die an den Spitzen eingekerbt und 10 cm lang sind, mit blasseren oder gelblich-roten Adern. Die Blüten sind unscheinbar. **'Aureoreticulata'** Abb. S. 261.
I. lindenii. Buschige Staude. H. 60 cm, Br. 45 cm. Hat lanzettförmige, 5–10 cm lange, dunkelrote Blätter. Die Blüten sind unscheinbar.

IRIS (Iridaceae)
Schwertlilie
Gattung aufrechter Stauden mit Rhizomen oder Bulben (manchmal auch mit fleischigen Wurzeln), einige immergrün, wegen ihrer auffälligen, bunten Blüten sehr beliebt. Jede Blüte hat gewöhnlich 3 in der Regel große »Hängeblätter« (hängende oder halbhängende Blütenblätter), die bei einigen Spezies auffällige Bärte oder Kämme tragen; 3 allgemein kleinere »Domblätter« (aufrechte, horizontale oder gelegentlich hängende Kronblätter) und 3 Griffeläste, die bei vielen Iris blütenblätterartig sind. Wenn nicht anders angegeben sind die Blütenstengel unverzweigt. Die grünen, später braunen Samenkapseln sind elliptisch bis zylindrisch und oft gerippt. Eignet sich für Beetbegrenzungen, Steingärten, bewaldete Grundstücke, Teichränder, Sumpfgärten, Alpinum, Gewächshaus und als Kübelpflanze. Die genannten Arten und Sorten sind winterhart, wenn nicht anders beschrieben. Einige Gruppen gedeihen nur unter bestimmten Voraussetzungen, die nachfolgend beschrieben sind. Vermehrung der Spezies durch Rhizomteilung oder Ableger im Spätsommer oder durch Samen im Herbst, die genannten Züchtungen nur durch Teilung. Botanisch gesehen sind Iris in zahlreiche Untergattungen und Sektionen eingeteilt. Für den Gartenbau ist es angebracht, einige der botanischen Namen für Gruppen von Iris mit ähnlichen Merkmalen und die vergleichbaren Kulturbedingungen zu verwenden.
Rhizom-Iris
Diese schöne Iris-Art besitzt Rhizome; die Blätter sind schwertförmig, gewöhnlich in grundständigem Fächer angeordnet.
Bartiris sind rhizombildend und tragen »Bärte«, die aus zahlreichen, oft bunten Härchen im Zentrum jedes Hängeblattes bestehen. Diese Gruppe umfaßt die Mehrzahl der Iris, auch viele bekannte Sorten, die in Gärten kultiviert werden; alle stammen von *I. pallida* und nahe ver-

wandten Arten ab. Die Bartiris gedeihen in ziemlich nährstoffreichem, durchlässigem, am besten leicht alkalischem Boden und voller Sonne. Einige sind sehr widerstandsfähig, sie blühen auch in mageren Böden im Halbschatten. Im Gartenbau unterscheidet man verschiedene hybride Bartirisformen vor allem an der Höhe der blühenden Pflanzen. Dazu gehören **Zwergwüchsige,** H. bis 20 cm; **Niedrige,** H. 20–40 cm; **Halbhohe,** H. 40–70 cm; und **Hohe,** H. 70 cm und mehr (letztere werden manchmal noch weiter unterteilt). Allgemein, je niedriger die Iris, desto früher die Blüte (Vorfrühling bis Frühsommer).
Oncocyclus-Iris: rhizombildend, mit sehr großen, oft wunderbar gefärbten Blüten mit bärtigen Hängeblättern, eine Blüte pro Stengel. Braucht sehr gut durchlässigen, aber ziemlich nährstoffreichen Boden, volle Sonne und sollte nach der Blüte in der Ruhezeit (Sommer und Frühherbst) trocken stehen. Schwierig zu ziehen, bei Klima mit Sommerregen am besten im Alpinenhaus oder im bedeckten Kasten.
Regelia-Iris: nah mit Oncocyclus verwandt, unterscheidet sich davon durch bärtige Dom- und Hängeblätter und 2 Blüten pro Stengel. Braucht ähnliche Kulturbedingungen, doch einige Arten, wie *I. hoogiana*, lassen sich leichter ziehen. Aus den 2 Gruppen hervorgegangene Hybriden sind bekannt als **Regeliocyclus-Iris. Bartlose** Irisformen: rhizombildend, Hängeblätter ohne Haare; die meisten haben ähnliche Ansprüche wie die Bartirisformen, aber einige bevorzugen schwereren Boden. Es gibt verschiedene Gruppen, von denen die folgenden die bekanntesten sind. Iris der **Pazifikküste**, eine Gruppe von kalifornischen Arten und ihre Hybriden bevorzugen sauren bis neutralen Boden und gedeihen am besten in Sonne oder Halbschatten, schätzen humushaltigen Boden. Am besten zieht man sie am Ort ihrer Aussaat, da sie kein Verpflanzen vertragen.
Spuria-Iris *(I. spuria)* und ihre Verwandten gedeihen in Sonne oder Halbschatten, auf durchlässigem, aber feuchtem Boden; eine Reihe von Arten und Hybriden bevorzugt feuchte Uferbedingungen. Dazu gehören die **Sibirische** Iris (*I. sibirica* und ihre Verwandten) und die **Japanische** Wasseriris wie *I. ensata* und *I. laevigata.* Sie gedeihen an Wasserrändern, am besten aber an humusreichen, feuchten, offenen, sonnigen Standorten.
Kammiris: rhizombildend, Mittelstreifen der Hängeblätter als Wulst oder hahnenkammartig. Dazu gehört **Evansia** mit oft weit kriechenden Ausläufern. Die meisten haben ähnliche Bedürfnisse wie die Bartiris, aber einige bevorzugen feuchten, humusreichen Standort; einige sind halb- bis nicht winterhart, mind. 5 °C.
Zwiebel-Iris: Diese Formen sind gekennzeichnet durch Zwiebeln als Speicherorgane, manchmal mit verdickten fleischigen Wurzeln. Blätter entweder lanzettlich und gerillt, 4seitig oder fast zylindrisch, zum Unterschied von den flachen schwertförmigen Blättern der rhizombildenden Formen.
Xiphium-Iris: Dazu gehören die häufig gepflanzte Spanische, Englische und Holländische Iris, die sich sowohl im Garten als auch als Schnittblumen vorzüglich eignen. Alle sind leicht kultivierbar an sonnigen Stellen mit durchlässigem Boden, bevorzugen leicht alkalische Bedingungen, gedeihen aber auch auf saurem Boden. Die **Spanische** Iris stammt von *I. xiphium,* deren Blütenfarbe von blau und violett zu gelb und weiß variiert und die im Herbst gerillte Blätter hervorbringt. Die **Englische** Iris wurde aus *I. latifolia* gezüchtet, die von blau zu violett (gelegentlich weiß) variiert und die im Frühjahr gerillte Blätter hervorbringt. Die **Holländischen** Irisformen sind Hybriden aus *I. xiphium,* der damit verwandten zartblauen bis tiefblauen *I. tingitana* und *I. latifolia.* Ihre Blütenfarben sind äußerst variabel.
Juno-Iris: Besitzt Zwiebeln mit verdickten, fleischigen Wurzeln, gerillten Blättern und sehr kleinen, manchmal nur borstenförmigen und in der Regel horizontal gestellten Domblättern. Sie blüht wohl sehr schön, ist aber meist schwierig zu ziehen, da sie gleiche Bedingungen wie Oncocyclus braucht. Beim Umpflanzen oder Teilen der Knollen muß man beachten, die fleischigen Wurzeln nicht zu beschädigen.
Reticulata-Iris: Dazu gehört die Zwerg-Zwiebeliris, die wegen ihrer frühen Blüte geschätzt wird. Zum Unterschied von anderen Zwiebelirisformen hat sie netzartige Zwiebelhüllen und 4seitige, gelegentlich zylindrische Blätter. Die Reticulatairis gedeiht mit wenigen Ausnahmen an offenen, sonnigen Stellen mit durchlässigem Boden.
I. acutiloba. Rhizombildende Oncocyclus-Iris. H. 8–25 cm, Br. 30–38 cm. Schmale, sichelförmige, mittelgrüne Blätter. Im Spätfrühling einzelnstehende, purpurviolett oder braunpurpurn geaderte, weiße, 5–7 cm breite Blüten; Hängeblätter mit dunkler Tönung um den Bart.
***I.* 'Annabel Jane'** (Abb. S. 196). Kräftige, rhizombildende Bartiris (hoch). H. 1,2 m, Br. unbestimmt. Auf verzweigtem Stengel trägt sie 8–12 Blüten, 15–25 cm breit, mit zartvioletten Hängeblättern und blasseren Domblättern. Blüten erscheinen im Frühsommer.
***I.* 'Anniversary'.** Rhizombildende, bartlose Sibirische Iris. H. 60 cm, Br. unbestimmt. Verzweigter Stengel trägt von Spätfrühling bis Frühsommer 1–4 weiße, 5–10 cm breite Blüten mit einem cremeweißen Streifen am Grund jedes Hängeblattes. Gedeiht auf feuchtem Boden oder im Sumpfgarten.
I. aphylla. Rhizombildende Bartiris. H. 15–30 cm, Br. unbestimmt. Verzweigter Stengel, trägt im Spätsommer und unter günstigen Bedingungen manchmal wieder im Herbst bis zu 5 blaß- bis dunkelpurpurne oder blauviolette, 6–7 cm breite Blüten.
I. aucheri. Zwiebelbildende Juno-Iris. H. 15–25 cm, Br. 15 cm. Gerillte, dicht anliegende mittelgrüne Blätter, die lauchartig aussehen. Trägt im Spätfrühling in den Blattachseln bis zu 6 blaue bis weiße, 6–7 cm breite Blüten mit gelben Mittelstreifen auf den Hängeblättern.
I. aurea. Siehe *I. crocea.*
I. bakeriana. Zwiebelbildende Reticulata-Iris. H. 10 cm, Br. 5–6 cm. Trägt im Frühsommer eine einzelnstehende, langröhrige, blaßblaue, 5–6 cm breite Blüte. Hängeblätter mit dunkelblauem Fleck an der Spitze und geflecktem, tiefblauem Zentrum. Schmale, fast zylindrische Blätter, zur Blütezeit sehr kurz, aber strecken sich später.
***I.* 'Banbury Beauty'.** Rhizombildende, bartlose Iris von der Pazifikküste. H. 45 cm, Br. unbestimmt. Verzweigter Stengel trägt im Spätfrühling und Frühsommer 2–10 blaßlila, 10–15 cm breite Blüten mit einer purpurnen Zone auf jedem Hängeblatt.
***I.* 'Bibury'.** Rhizombildende Bartiris (sehr niedrig). H. 30 cm, Br. unbestimmt. Der verzweigte Stengel trägt im Spätfrühling 2–4 cremefarbene, 10 cm breite Blüten.
***I.* 'Blue-eyed Brunette'** (Abb. S. 197). Rhizombildende Bartiris (hoch). H. 1 m, Br. unbestimmt. Verzweigter Stengel trägt im Frühsommer 7–10 braune, 10–15 cm breite Blüten mit blauer Tönung und goldenem Bart auf jedem Hängeblatt.
***I.* 'Bold Print'** (Abb. S. 196). Rhizombildende Bartiris (halbhoch). H. 55 cm, Br. unbestimmt. Im Spätfrühling oder Frühsommer trägt der verzweigte Stengel bis zu 6 15 cm breite Blüten mit weißen, purpurn gesäumten Domblättern. Hängeblätter weiß mit purpurnen Punkten am Rand und weißem, an der Spitze bronzefarbenem Bart.
***I.* 'Bristol Gem'.** Rhizombildende Bartiris (hoch). H. 1 m, Br. unbestimmt. Verzweigter Stengel trägt im Frühsommer 6–10 tiefblaue, 15–18 cm breite Blüten.
***I.* 'Bronze Queen'.** Zwiebelbildende Xiphium-Iris (Holländisch). H. bis 80 cm, Br. 15 cm. Trägt im Frühjahr und Frühsommer 1 oder 2 goldbraune, 8–10 cm breite, bronzefarben und purpurn getönte Blüten. Lanzettliche, gerillte, wechselständige Blätter.
***I.* 'Brown Lasso'.** Rhizombildende Bartiris (halbhoch). H. 55 cm, Br. unbestimmt. Im Frühsommer trägt der kräftige Stengel 6–10 10–13 cm breite Blüten mit tief karamelfarbenen Domblättern und hellvioletten, braun geränderten Hängeblättern.
I. bucharica (Abb. S. 196). Kräftige zwiebelbildende Juno-Iris. H. 20–40 cm, Br. 12 cm. Im Spätfrühling in den Blattachseln 2–6 goldgelbe bis weiße, 6 cm breite Blüten mit gelben Hängeblättern. Glänzende, grüne Blätter sind schmal, lanzettlich, gerillt und wechselständig. leichter kultivierbar als die meisten Juno-Irisformen.
***I.* 'Carnaby'** (Abb. S. 197). Rhizombildende Bartiris (hoch). H. bis 1 m, Br. unbestimmt. Im Frühsommer 6–8 Blüten, 15–18 cm breit, mit blaßrosa Domblättern und tiefrosa Hängeblättern mit orangen Bärten.
I. chamaeiris. Siehe *I. lutescens.*
I. chrysographes (Sibirische Iris, Abb. S. 196). Rhizombildende bartlose Sibirische Iris. H. 40 cm, Br. unbestimmt. Von Spätfrühling bis Frühsommer trägt der verzweigte Stengel 1–4 tief purpurrote oder purpurschwarze, 5–10 cm breite Blüten mit golden gezeichneten unteren Hängeblättern. Bevorzugt feuchte Bedingungen.
I. clarkei. Rhizombildende, bartlose Sibirische Iris. H. 60 cm, Br. unbestimmt. Von Spätfrühling bis Frühsommer bringt der kräftige, 2–3fach verzweigte Stengel je 2 Blüten hervor. Blüten blau bis purpurrot, 5–10 cm breit, mit weißer, violett geaderter Tönung auf jedem Hängeblatt. Bevorzugt feuchte Bedingungen.
I. colchica. Siehe *I. graminea.*
I. confusa. Immergrüne oder halbimmergrüne, rhizombildende Evansia-Iris mit kurzen Ausläufern. H. 30 cm – 1 m, Br. unbestimmt. Bedingt winterhart. Bambusartiger, aufrechter Stengel, gekrönt von fächerartig angeordneten, lockeren Blättern. Im Frühjahr bringt der weitverzweigte Blütenschaft nacheinander aufgereiht bis zu 30 Blüten hervor. Blüten 4–5 cm breit, weiß, Hängeblätter mit gelben und purpurnen Flecken und gelbem Kamm. Bevorzugt durchlässigen Boden und den Schutz einer Südmauer.
I. cristata (Abb. S. 196). Evansia-Iris mit vielfach verzweigtem Rhizom. H. 10 cm, Br. unbestimmt. Völlig Winterhart. Fächer von lanzettlichen Blättern. Im Frühsommer 1 oder 2 stengellose, langröhrige, lila, blaue, blaßlila oder weiße, 3–4 cm breite Blüten; Hängeblätter mit weißem Fleck und orangem Kamm. Bevorzugt Halbschatten und feuchten Boden, ideal für Heidegärten.
I. crocea, syn. *I. aurea.* Rhizombildende, bartlose Spuria-Iris. H. 1–1,2 m, Br. unbestimmt. Lange Blätter. Im Frühsommer bringt der kräftige, aufrechte, spärlich verzweigte Stengel endständige Büschel von goldgelben, 12–18 cm breiten Blüten hervor, Hängeblätter mit gewellten Rändern. Verträgt das Verpflanzen schlecht.
I. cuprea. Siehe *I. fulva.*
***I.* 'Custom Design'.** Rhizombildende, bartlose Spuria-Iris. H. 1 m, Br. unbestimmt. Im Frühsommer bringt der kräftige, aufrecht-verzweigte Stengel 2–10 dunkelkastanienbraune, 5–12 cm breite Blüten hervor. Hängeblätter mit stark geaderter hellgelber Tönung.
I. danfordiae (Abb. S. 197). Zwiebelbildende Reticulata-Iris. H. 5–10 cm, Br. 5 cm. Trägt im Vorfrühling eine gelbe, 3–5 cm breite Blüte mit grün gefleckten Hängeblättern. Domblätter auf kleine Borsten reduziert. Schmale rechteckige Blätter zur Blütezeit sehr kurz, aber strecken sich später. Bringt eine Menge kleiner Zwiebeln hervor; man setzt sie tiefer als andere Reticulata-Irisformen, um blühwillige Bulben zu erhalten.
I. douglasiana (Abb. S. 196). Immergrüne rhizombildende, bartlose Pazifikküsten-Iris. H. 25–70 cm, Br. unbestimmt. Lederige dunkelgrüne Blätter an der Basis purpurrot. Im Spätfrühling und Frühsommer bringt der verzweigte Stengel 1–3 Blüten hervor. Blüten 7–12 cm breit, blaßlila bis purpurn, gelegentlich weiß, Hängeblätter mit variablen, gelblichen Zonen in der Mitte.
***I.* 'Dreaming Spires'.** Rhizombildende, bartlose Sibirische Iris. H. 1 m, Br. unbestimmt. Verzweigter Stengel trägt von Spätfrühling bis Frühsommer 1–4 5–10 cm breite Blüten mit blaßlila Domblättern und königsblauen Hängeblättern. Bevorzugt feuchten Boden.
***I.* 'Dreaming Yellow'** (Abb. S. 196). Rhizombildende, bartlose Sibirische Iris. H. 1 m, Br. unbestimmt. Von Spätfrühling bis Frühsommer bringt der verzweigte Stengel 1–4 5–10 cm breite Blüten hervor. Domblätter weiß, Hängeblätter cremegelb verblassen im Alter zu weiß. Bevorzugt feuchten Boden.
***I.* 'Early Light'** (Abb. S. 197). Rhizombildende Bartiris (hoch). H. 1 m, Br. unbestimmt. Verzweigter Stengel trägt im Frühsommer 8–10 Blüten, 15–18 cm breit, mit cremefarbenen, zitronengelb getönten Domblättern und etwas dunkleren Hängeblättern mit gelbem Bart.
***I.* 'Elmohr'.** Rhizombildende Bartiris.

H. 1 m, Br. unbestimmt. Verzweigter Stengel trägt im Frühsommer 2–5 stark geaderte, purpurrote, 15–20 cm breite Blüten.

I. ensata, syn. *I. kaempferi* (Japanische Wasseriris). Rhizombildende, bartlose Japanische Iris. H. 60 cm – 1 m, Br. unbestimmt. Von Früh- bis Hochsommer bringt der verzweigte Stengel 3–15 purpurne oder purpurrote, 8–15 cm breite Blüten hervor, Hängeblätter mit gelber Tönung. Von der verwandten weichblättrigen *I. laevigata* zu unterscheiden durch die hervortretende Blattmittelrippe. Hiervon Hunderte von Gartenformen, einige mit doppelten Blüten, in purpurnen, rosa, blaßlila und weißen Farbtönen, manchmal 2farbig. Bevorzugt leichten Schatten und ist geeignet für Wasser- oder Sumpfgärten.

***I.* 'Eye Bright'** (Abb. S. 197). Rhizombildende Bartiris (niedrig). H. 30 cm, Br. unbestimmt. Unverzweigter Stengel trägt im Spätfrühling 2–4 hellgelbe, 7–10 cm breite Blüten; Hängeblätter mit brauner Zone um den Bart.

***I.* 'Flamenco'** (Abb. S. 197). Rhizombildende Bartiris (hoch). H. 1 m, Br. nicht genau festzulegen. Verzweigter Stengel bringt im Frühsommer 6–9 15 cm breite Blüten hervor. Goldene Domblätter mit Rot, Hängeblätter weiß bis gelb mit roten Rändern.

I. foetidissima. Immergrüne, rhizombildende, bartlose Iris. H. 30 cm – 1 m, Br. unbestimmt. Verzweigter Stengel trägt von Früh- bis Hochsommer bis zu 9 gelbgetönte, schmutzigpurpurne oder gelegentlich reingelbe, 5–10 cm breite Blüten. Zylindrische Samenkapseln brechen auf und zeigen im Winter leuchtend orangerote Samen. Gedeiht in Sumpf- oder Wassergärten, verträgt aber auch trockenere Bedingungen.

I. forrestii (Abb. S. 197). Rhizombildende, bartlose Sibirische Iris. H. 15–40 cm, Br. unbestimmt. Von Spätfrühling bis Frühsommer bringt der unverzweigte Stengel 1 oder 2 duftende, gelbe, 5–6 cm breite Blüten hervor. Hängeblätter mit schwarzen Linien, Domblätter gelegentlich bräunlich getönt. Blätter linealisch, glänzend, grün, Unterseite graugrün. Bevorzugt feuchten, kalkfreien Boden.

I. fosteriana. Zwiebelbildende Juno-Iris. H. 10–15 cm, Br. 6 cm. Im Frühjahr 1 oder 2 langröhrige, 4–5 cm breite Blüten. Domblätter purpurn, nach unten gerichtet, größer als bei den meisten Juno-Irisformen, cremegelbe Hängeblätter. Schmal lanzettliche, gerippte, wechselständige grüne Blätter mit silbrigem Rand. Schwierig zu ziehen, am besten im Alpinenhaus oder im Frühbeet.

***I.* 'Frank Elder'.** Zwiebelbildende Reticulata-Iris. H. 6–10 cm, Br. 5–7 cm. Im Vorfrühling einzelnstehende, sehr blaßblaue, 6–7 cm breite Blüte, blaßgelb überhaucht, geadert und dunkler blau gefleckt. Schmale, rechtwinkelige Blätter zur Blütezeit sehr kurz, aber strecken sich später.

I. fulva, syn. *I. cuprea* (Abb. S. 197). Rhizombildende, bartlose Iris. H. 45–80 cm, Br. unbestimmt. Winterhart. Bringt im Spätfrühling oder Sommer einen schlanken, schwach verzweigten Schaft hervor. 4–6 (gelegentlich mehr) 5–7 cm breite, kupfer- oder orangerote Blüten, 2 Blüten pro Blattachsel. Geeignet für Sumpf- oder Wassergärten.

***I.* 'Fulvala'** (Abb. S. 196). Rhizombildende, bartlose Iris. H. 45 cm, Br. unbestimmt. Winterhart. Im Sommer bringt der zickzackförmige Stengel 4–6 (gelegentlich mehr) samtige, tief purpurrote, 5–12 cm breite Blüten hervor, 2 Blüten pro Blattachsel. Hängeblätter hell getönt. Geeignet für Sumpf- oder Wassergärten.

***I.* 'Geisha Gown'** (Abb. S. 196). Rhizombildende, bartlose Japanische Iris. H. 80 cm, Br. unbestimmt. Im Sommer bringt der verzweigte Stengel 3–5 doppelte, 15–30 cm breite, weiße, purpurn geaderte Blüten hervor. Purpurne Griffel, Hängeblätter golden getönt. Gerillte Blätter. Bevorzugt Sonne oder Halbschatten. Geeignet für Sumpf- oder Wassergärten.

I. germanica (Deutsche Schwertlilie). Rhizombildende Bartiris. H. 60–120 cm, Br. unbestimmt. Wenig verzweigter Stengel trägt im Spätfrühling und Frühsommer bis zu 6 blaupurpurne oder blauviolette, 10–15 cm breite Blüten mit gelbem Bart.

***I.* 'Golden Harvest'.** Zwiebelbildende Xiphium-Iris (Holländisch). H. bis 80 cm, Br. 15 cm. Trägt im Frühjahr und Frühsommer 1 oder 2 sattgelbe, 6–8 cm breite Blüten. Hat verteilt schmal lanzettliche, gerippte Blätter.

I. gracilipes. Rhizombildende Evansia-Iris mit kurzen Ausläufern und schmalen grasartigen Blättern. H. 15–20 cm, Br. unbestimmt. Im Spätfrühling und Frühsommer trägt der schlanke, verzweigte Stengel nacheinander 4 oder 5 lilablaue, 3–4 cm breite Blüten. Eine weiße, violett geaderte Zone umgibt den gelb-und-weißen Kamm. Bevorzugt Halbschatten und torfigen Boden.

I. graeberiana. Zwiebelbildende Juno-Iris. H. 15–35 cm, Br. 6–8 cm. Trägt im Spätfrühling 4–6 bläulich-blaßlila, 6–8 cm breite Blüten in den Blattachseln; Hängeblätter mit weißem Kamm. Lanzettliche, gerippte, glänzende, wechselständige Blätter mit weißem Rand, oben grün, unten graugrün. Leichter zu ziehen als die meisten Juno-Irisformen.

I. graminea, syn. *I. colchica.* Rhizombildende, bartlose Spuria-Iris. H. 20–40 cm, Br. unbestimmt. Im Spätfrühling verdekken die schmal lanzettlichen Blätter teilweise bis zu zehn, 5–12 cm breite, nach Pflaumen duftende Blüten. Purpurne Domblätter und stark geaderte, blauviolette Hängeblätter auf kantigen, flachgedrückten Stengeln. Verträgt keine Störung.

***I.* 'Harmony'** (Abb. S. 197). Zwiebelbildende Reticulata-Iris. H. 6–10 cm, Br. 6–7 cm. Trägt im Vorfrühling eine einzelnstehende, duftende, langröhrige, blaßblaue, 5–6 cm breite Blüte; Hängeblätter mit gelbem Kamm und weißen Flecken. Schmale, rechtwinkelige Blätter zur Blütezeit sehr kurz, aber strecken sich später.

I. histrioides. Zwiebelbildende Reticulata-Iris. H. 6–10 cm, Br. 6–7 cm. Trägt im Vorfrühling einzelnstehende, 6–7 cm breite, hell- bis blauviolette Blüten. Hängeblätter leicht bis stark dunkelblau gefleckt und mit gelbem Kamm und weißen Flecken. Schmale, rechtwinkelige Blätter zur Blütezeit sehr kurz, aber strecken sich später. **'Lady Beatrix Stanley'** hat hellblaue Blüten und stark gefleckte Hängeblätter. **'Major'** (Abb. S. 197) hat dunklere blauviolette Blüten.

***I.* 'Holden Clough'.** Rhizombildende, bartlose Iris. H. 50–70 cm, Br. unbestimmt. Verzweigter Stengel trägt im Frühsommer 6–12 gelbe, 5 cm breite Blüten mit stark rotbrauner Aderung. Vorzüglich geeignet für Sumpf- und Wassergärten, gedeiht aber auch in fruchtbarem, durchlässigem Boden.

I. hoogiana (Abb. S. 196). Regelia-Iris mit dicken Rhizomen. H. 40–60 cm, Br. unbestimmt. Trägt im Spätfrühling und Frühsommer 2 oder 3 duftende, zart geaderte, 7–10 cm breite, blaulila Blüten. Verhältnismäßig einfach zu ziehen.

I. iberica (Abb. S. 196). Rhizombildende Oncocyclus-Iris. H. 15–20 cm, Br. unbestimmt. Schmale, stark gebogene, graugrüne Blätter. Trägt im Spätfrühling einzelnstehende, 10–12 cm breite, zweifarbige Blüten. Domblätter weiß, blaßgelb oder blaßblau mit leichter bräunlichpurpurner Aderung; löffelförmige Hängeblätter weiß oder blaßlila, stark bräunlichpurpurn geadert und gefleckt. Gedeiht am besten im Kasten oder Alpinenhaus.

I. innominata (Abb. S. 197). Immergrüne oder halbimmergrüne, rhizombildende, bartlose Pazifikküsten-Iris. H. 16–25 cm, Br. unbestimmt. Von Spätfrühling bis Frühsommer 1–2 Blüten, 6,5–7,5 cm breit. Farbe variiert von cremefarben zu gelb oder orange und von lila-rosa zu blau und purpurn; Hängeblätter oft kastanienbraun oder braun geadert.

I. japonica. Kräftige, rhizombildende Evansia-Iris mit schlankem Rhizom. H. 45–80 cm, Br. unbestimmt. Winterhart. Fächer von breiten, glänzenden, lanzettlichen Blättern. Im Spätfrühling verzweigter Stengel mit einer langen Reihe flacher, gefranster oder gekräuselter blaßlila oder weißer, 1–8 cm breiter Blüten; Hängeblätter mit violetter Zeichnung um einen orangen Kamm. Bevorzugt geschützten sonnigen Standort an Mauern.

***I.* 'Joyce'** (Abb. S. 196). Zwiebelbildende Reticulata-Iris. H. 6–10 cm, Br. 6–7 cm. Im Vorfrühling eine einzelnstehende, duftende, langröhrige, hellblaue, 5–6 cm breite Blüte; Hängeblätter mit weißen Flecken und gelbem Kamm. Schmale, rechtwinkelige Blätter zur Blütezeit sehr kurz, aber strecken sich später.

***I.* 'June Prom'.** Kräftige, rhizombildende Bartiris (halbhoch). H. 50 cm, Br. unbestimmt. Verzweigter Stengel trägt im Spätfrühling oder Frühsommer bis zu 6 blaßblaue, 8–10 cm breite Blüten mit grün überhauchten Hängeblättern.

I. kaempferi. Siehe *I. ensata.*

***I.* 'Katharine Hodgkin'.** Zwiebelbildende Reticulata-Iris. H. 6–10 cm, Br. 5–7 cm. Ähnlich wie *I.* 'Frank Elder', aber mit gelblicheren Blüten. Blüten im Vorfrühling 6–7 cm breit, blaßblau überhaucht, mit dunkelblauen Streifen und Flecken.

I. kerneriana. Rhizombildende, bartlose Spuria-Iris. H. 25 cm, Br. unbestimmt. Sehr schmale grasartige Blätter. Der kräftige aufrechte Stengel trägt im Frühsommer 2–4 schwach zitronengelbe oder cremegelbe, 5–12 cm breite Blüten pro Hüllblattpaar. Verträgt keine Störung.

I. korolkowii. Regelia-Iris mit dicken Rhizomen. H. 40–60 cm, Br. unbestimmt. Von Spätfrühling bis Frühsommer trägt jede Blütenscheide 2 oder 3 zart schwärzlichbraun oder olivgrün geaderte, cremeweiße oder hellpurpurne, 6–8 cm breite Blüten. Am besten im Zwiebelkasten.

***I.* 'Krasnia'** (Abb. S. 196). Rhizombildende Bartiris (hoch). H. 1 m, Br. unbestimmt. Im Frühsommer trägt der verzweigte Stengel 8–12 13–18 cm breite Blüten mit weißen, purpurn geränderten Hängeblättern.

I. laevigata (Abb. S. 197). Rhizombildende, bartlose Japanische Iris. H. 60–100 cm und mehr, Br. unbestimmt. Spärlich verzweigter Stengel trägt von Früh- bis Hochsommer 2–4 blaue, blaupurpurne oder weiße, 5–12 cm breite Blüten. Mit I. ensata verwandt, hat aber glatte Blätter. Gedeiht in Sonne oder Halbschatten unter feuchten Bedingungen oder im seichten Wasser. **'Regal'** trägt einfache cyclamenrote Blüten. Blüten von **'Snowdrift'** sind doppelt und weiß. **'Variegata'**, H. 25 cm, hat grünweiß gestreifte Blätter und blüht oft noch ein zweites Mal im Frühherbst.

I. latifolia, syn. *I. xiphioides* (Abb. S. 196). Zwiebelbildende Xiphium-Iris (Englische Iris). H. 80 cm, Br. 15 cm. Im Spätfrühling und Sommer wachsen aus den Hüllblättern 1–2 blaue bis tief-violette, 8–10 cm breite Blüten. Hängeblätter sehr breit mit gelbem Mittelstreifen. Lanzettliche, gerillte, wechselständige, grüne Blätter. **'Blue Giant'** hat dunkler gesprenkelte, bläulich-purpurne Domblätter und dunkelblaue Hängeblätter. **'La Nuit'** trägt tiefpurpurrote Blüten. Blüten von **'Mont Blanc'** sind reinweiß.

I. lutescens, syn. *I. chamaeiris.* Schnellwachsende, sehr variable, rhizombildende Bartiris. H. 5–30 cm, Br. unbestimmt. Verzweigter Stengel trägt im Frühsommer 1 oder 2 gelbbärtige, violette, purpurne, gelbe, weiße oder zweifarbige, 6–8 cm breite Blüten. **'Nancy Lindsay'** hat duftende gelbe Blüten.

I. magnifica (Abb. S. 196). Zwiebelbildende Juno-Iris. H. 30–60 cm, Br. 15 cm. Trägt im Spätfrühling in den Blattachseln 3–7 blaßlila, 6–8 cm breite Blüten; Hängeblätter mit zentraler gelber Fläche. Glänzende, grüne, gerillte, wechselständige, lanzettliche Blätter. Leicht kultivierbar.

***I.* 'Margot Holmes'.** Rhizombildende, bartlose Sibirische Iris. H. 25 cm, Br. unbestimmt. Winterhart. Im Frühsommer 2–3 purpurrote, 10–15 cm breite Blüten mit gelb geaderten Hängeblättern.

***I.* 'Marhaba'.** Rhizombildende Bartiris (sehr niedrig). H. 15 cm, Br. unbestimmt. Trägt im Frühjahr 1, selten 2, tiefblaue, 5–8 cm breite Blüten.

***I.* 'Mary Frances'** (Abb. S. 196). Rhizombildende Bartiris (hoch). H. 1 m, Br. unbestimmt. Verzweigter Stengel trägt im Frühsommer 6–9, gelegentlich bis zu 12, rosa-zartlila, 15 cm breite Blüten.

***I.* 'Matinata'** (Abb. S. 196). Rhizombildende Bartiris (hoch). H. 1 m, Br. unbestimmt. Verzweigter Stengel trägt im Frühsommer 6–9, gelegentlich bis zu 12, dunkelpurpurblaue, 15 cm breite Blüten.

I. missouriensis, syn. *I. tolmeiana* (Abb. S. 196). Sehr variable, rhizombildende, bartlose Pazifikküsten-Iris. H. bis 75 cm, Br. unbestimmt. Verzweigter Stengel trägt im Spätfrühling oder Frühsommer 2–3 blaßblaue, blaßlila, lila, blaue oder weiße, 5–8 cm breite Blüten in jeder Blütenscheide. Hängeblätter geadert und meist gelb getönt.

***I.* 'Mountain Lake'** (Abb. S. 196). Rhizombildende, bartlose Sibirische Iris. H. 1 m, Br. unbestimmt. Verzweigter Stengel trägt von Spätfrühling bis Frühsommer 1–4 blaue, 5–10 cm breite Blüten. Hängeblätter dunkler geadert. Bevorzugt feuchten Boden.

I. orientalis. Siehe *I. sanguinea.*

I. pallida (Dalmatinische Iris). Rhizombildende Bartiris. H. 70 cm – 1 m oder mehr, Br. unbestimmt. Kräftige verzweigte Stengel tragen von Spätfrühling bis Frühsommer in silbrigen Blütenscheiden 2–6 duftende, blaulila, 8–12 cm breite, gelbbärtige Blüten. Blätter von **'Aurea Variegata'** (Abb. S. 196) grün und gelb gestreift.

***I.* 'Paradise Bird'** (Abb. S. 196). Rhizombildende Bartiris (hoch). H. 85 cm, Br. unbestimmt. Verzweigter Stengel trägt im Frühsommer 8–10 14–15 cm breite Blüten mit magentaroten Hängeblättern und blasseren Domblättern.

***I.* 'Peach Frost'** (Abb. S. 197). Rhizombildende Bartiris (hoch). H. 1 m, Br. unbestimmt. Verzweigter Stengel trägt im Frühsommer 6–10 15 cm breite Blüten. Domblätter pfirsichfarben, Hängeblätter weiß mit pfirsichfarbenem Rand und mandarinenfarbenem Bart.

***I.* 'Piona'.** Rhizombildende Bartiris (halbhoch). H. 45 cm, Br. unbestimmt. Verzweigter Stengel trägt im zeitigen Frühjahr und Frühsommer bis zu 6 tiefviolette, 8–10 cm breite, gelbbärtige Blüten. Grüne Blätter mit purpurner Basis.

***I.* 'Professor Blaauw'.** Zwiebelbildende Xiphium-Iris (Holländische Iris). H. 80 cm, Br. 15 cm. Von Frühjahr bis Frühsommer 1–2 kräftig blauviolette, 6–8 cm breite Blüten. Schmal lanzettliche, gerillte, wechselständige grüne Blätter.

***I.* 'Promise'.** Rhizombildende Bartiris (sehr niedrig). H. 18 cm, Br. unbestimmt. Verzweigter Stengel trägt im Frühjahr 2–5 rote, geaderte, 5–8 cm breite Blüten; Hängeblätter mit gelbem Streifen.

I. pseudacorus (Gelbe Schwertlilie, Abb. S. 197). Kräftige, rhizombildende, bartlose Iris. H. bis 2 m, Br. unbestimmt. Verzweigter Stengel trägt von Früh- bis Hochsommer 4–12 goldgelbe, 5–12 cm breite Blüten. Hängeblätter mit brauner oder violetter Aderung und dunkelgelbem Fleck. Blätter breit, graugrün und gerillt. Bevorzugt Halbschatten und gedeiht im Wassergarten. **'Variegata'** hat im Frühjahr gelb und grün gestreifte Blätter, ergrünen oft vor der Blütezeit.

I. pumila (Zwerg-Bartiris). Rhizombildende Bartiris. H. 10–15 cm, Br. unbestimmt. Ein 1 cm langer Stengel trägt im Frühjahr 2–3 langröhrige, 2,5–5 cm breite, purpurviolette bis weiße, gelbe oder blaue Blüten mit gelb- oder blaubärtigen Hängeblättern. Bevorzugt durchlässigen, leicht alkalischen Boden.

I. reticulata. Zwiebelbildende Reticulata-Iris. H. 10–15 cm, Br. 4–6 cm. Trägt im Vorfrühling eine einzelstehende, duftende, langröhrige, 4–6 cm breite, tief purpurviolette Blüte; Hängeblätter mit gelbem Kamm. Die schmalen, rechtwinkeligen Blätter strecken sich nach der Blütezeit. **'Cantab'** (Abb. S. 196) hat blaßblaue Blüten mit tiefgelbem Kamm auf jedem Hängeblatt. **'Clairette'** trägt blaßblaue Blüten mit dunkelblauem Fleck an der Spitze und blaugetüpfeltem Zentrum. Blüten von **'J. S. Dijt'** sind rötlichpurpurn; Hängeblätter mit orangem Kamm. **'Violet Beauty'** hat tief purpurviolette Blüten; Hängeblätter mit orangem Kamm.

***I.* 'Rippling Rose'** (Abb. S. 196). Rhizombildende Bartiris (hoch). H. 1 m, Br. unbestimmt. Im Frühsommer trägt der verzweigte Stengel 6–10 weiße, 15 cm breite Blüten mit purpurner Zeichnung und zitronengelbem Bart.

I. rosenbachiana (Abb. S. 196). Zwiebelbildende Juno-Iris. H. 10–15 cm, Br. 6 cm. Trägt im Frühjahr 1–2 langröhrige, 4–5 cm breite Blüten. Domblätter klein, purpurn, nach unten geneigt, Hängeblätter rötlichpurpurn, mit gelbem Kamm. Blätter lanzettlich, gerillt, in basalem grünem Büschel. Schwierig zu ziehen, am besten im Alpinenhaus oder Frühbeet.

***I.* 'Saffron Jewel'.** Rhizombildende Bartiris (halbhoch). H. 75 cm, Br. unbestimmt. Im Frühsommer auf verzweigten Stengeln 2–5 5–10 cm breite Blüten; Hängeblätter elfenbeingelb, Domblätter blasser, Hängeblätter mit blauer Tönung und Bart,

I. sanguinea, syn. *I. orientalis.* Rhizombildende, bartlose Sibirische Iris. H. bis 1 m, Br. unbestimmt. Verzweigter Stengel trägt von Spätfrühling bis Frühsommer in jeder Hüllblattreihe 2–3 tiefpurpurne oder purpurrote, 5–10 cm breite Blüten. Hängeblätter purpurrot mit weißem, zart purpurn geadertem Schlund.

***I.* 'Sapphire Star'** (Abb. S. 196). Rhizombildende, bartlose Japanische Iris. H. 1,2 m, Br. unbestimmt. Verzweigter Stengel trägt im Sommer 3–5 blaßlila, weiß geaderte, 15–30 cm breite Blüten; Hängeblätter mit weißem Hof und gelb getönt. Bevorzugt feuchten Boden.

I. setosa (Abb. S. 197). Rhizombildende, bartlose Iris, sehr variable Statur. H. 10 cm – 1 m, Br. nicht genau festzulegen. Trägt im Spätfrühling und Frühsommer in jeder Blütenscheide 2–13 tiefblaue oder blaupurpurne, 5–8 cm breite Blüten; Domblätter sind zu Borsten reduziert. Hängeblätter mit blaßblauen oder weißen Flecken.

***I.* 'Shepherd's Delight'** (Abb. S. 197). Rhizombildende Bartiris (hoch). H. 1 m, Br. unbestimmt. Verzweigter Stengel trägt im Frühsommer 6–10 hellrosa, 15–18 cm breite Blüten mit gelblichem Anflug.

I. sibirica (Sibirische Schwertlilie). Rhizombildende, bartlose Sibirische Iris. H. 50 cm – 1,2 m, Br. unbestimmt. Verzweigter Stengel trägt von Spätfrühling bis Frühsommer pro Blütenscheide 2–3 blaue oder blaupurpurne, dunkel geaderte, 5–10 cm breite Blüten. Bevorzugt feuchten oder sumpfigen Boden.

***I.* 'Splash Down'.** Rhizombildende, bartlose Sibirische Iris. H. 1 m, Br. unbestimmt. Verzweigter Stengel trägt von Spätfrühling bis Frühsommer 1–4 5–10 cm breite Blüten. Domblätter blaßblau, Hängeblätter blau gesprenkelt auf blassem Grund. Bevorzugt feuchten Boden.

I. spuria. Sehr variable, rhizombildende, bartlose Spuria-Iris. H. 50 cm – 1 m, Br. unbestimmt. Kräftiger, aufrecht-verzweigter Stengel trägt im Frühsommer 2–5 blaß blaupurpurne, himmelblaue, blauviolette, weiße oder gelbe, 5–12 cm breite Blüten. Bevorzugt feuchten Boden.

***I.* 'Stepping Out'.** Rhizombildende Bartiris (hoch). H. 1 m, Br. unbestimmt. Verzweigter Stengel trägt im Frühsommer 8–11 weiße, 14–15 cm breite, tief blaupurpurn gezeichnete Blüten.

***I.* 'Sun Miracle'** (Abb. S. 197). Rhizombildende Bartiris (hoch). H 1 m, Br. unbestimmt. Verzweigter Stengel trägt im Frühsommer 7–10 reingelbe, 15–18 cm breite Blüten.

I. susiana. Rhizombildende Oncocyclus-Iris. H. 35–40 cm, Br. unbestimmt. Trägt im Spätfrühling eine einzelnstehende, grauweiße, stark tiefpurpurn geaderte, 8–15 cm breite Blüte. Domblätter erscheinen größer als die gekrümmten Hängeblätter mit schwarzem Fleck und tiefpurpurnem Bart. Gedeiht am besten im Kasten oder Alpinhaus.

I. tectorum. Evansia-Iris mit dicken Rhizomen. H. 35–50 cm, Br. unbestimmt. Winterhart. Hat fächerartig breite, gerippte, lanzettliche Blätter. Spärlich verzweigter Stengel trägt im Frühsommer pro Blütenscheide 2–3 zartlila, dunkler geaderte, 1–8 cm breite Blüten; Hängeblätter mit weißem Kamm. Bevorzugt geschützten sonnigen Standort in der Nähe einer Süd- oder Westmauer.

I. tenax (Abb. S. 196). Rhizombildende Pazifikküsten-Iris. H. 15–30 cm, Br. unbestimmt. Trägt von Spätfrühling bis Frühsommer 1–2 tief purpurne bis zart blaulila, 8–12 cm breite Blüten; Hängeblätter oft mit gelber und weißer Zeichnung; auch weiße, cremeweiße und gelbe Varianten kommen vor. Dunkelgrüne schmale Blätter, an der Basis rosa.

***I.* 'Theseus'.** Rhizombildende Regeliocyclus-Iris. H. 45 cm, Br. unbestimmt. Trägt von Spätfrühling bis Frühsommer 2, 10–15 cm breite Blüten mit violetten Domblättern und violett geaderten, cremefarbenen Hängeblättern. Gedeiht am besten im Kasten oder Alpinenhaus.

I. tolmeiana. Siehe *I. missouriensis.*

I. tuberosa. Siehe *Hermodactylus tuberosus.*

I. unguicularis, syn. *I. stylosa.* Immergrüne, rhizombildende, bartlose Iris. H. bis 20 cm, Br. unbestimmt. Zähe, schmale Blätter. Von Spätherbst bis Vorfrühling fast stengellose, nach Primeln duftende, 5–8 cm breite, sehr langröhrige, lila Blüten; Hängeblätter mit gelber Mitte. Knospen für Nacktschnecken anfällig. Besonders als Schnittblumen geeignet. Bevorzugt geschützten Standort an nach Süden oder Westen gelegener Mauer. **'Mary Barnard'** hat tief blauviolette Blüten. Blüten von **'Walter Butt'** sind blaß silbrig-lila.

I. variegata (Abb. S. 197). Rhizombildende Bartiris. H. 30–50 cm, Br. unbestimmt. Verzweigter Stengel trägt im Frühsommer 3–6 5–8 cm breite Blüten; Domblätter hellgelb, Hängeblätter weiß oder blaßgelb, stark rotbraun geadert, sehen gestreift aus.

I. verna. Rhizombildende, bartlose Iris. H. 5 cm, Br. unbestimmt. Trägt im Frühjahr 1, gelegentlich 2 blaulila, 2,5–5 cm breite Blüten; Hängeblätter mit schmalem orangem Streifen. Bevorzugt Halbschatten und feuchten, aber durchlässigen Boden.

I. versicolor (Abb. S. 196). Kräftige, rhizombildende, bartlose Iris. H. 60 cm, Br. unbestimmt. Verzweigter Stengel trägt von Früh- bis Hochsommer 3–5 oder mehr blaupurpurne, rötlichpurpurne, blaßlila oder graupurpurne, 5–10 cm breite Blüten. Hängeblätter mit zentralem weiß, purpurn geadertem Bereich. Bevorzugt Halbschatten und gedeiht in feuchter Erde oder seichtem Wasser. **'Kermesina'** hat purpurrote Blüten.

I. warleyensis. Zwiebelbildende Juno-Iris. H. 20–45 cm, Br. 7–8 cm. Trägt im Frühjahr in den Blattachseln bis zu 5 blaßlila oder blauviolette, 2 cm breite Blüten. Hängeblätter mit dunkelblauer Spitze und gelbem Fleck in der Mitte. Blätter grün, gerillt, lanzettlich, wechselständig. Am besten im Kalthaus oder Frühbeet.

***I.* 'White Excelsior'.** Zwiebelbildende Xiphium-Iris (Holländische Iris). H. bis 80 cm, Br. 15 cm. Trägt von Frühjahr bis Frühsommer 1–2 weiße, 6–8 cm breite Blüten; Hängeblätter mit gelbem Streifen. Schmal lanzettliche, gerillte, wechselständige grüne Blätter.

I. winogradowii. Zwiebelbildende Reticulata-Iris. H. 6–10 cm, Br. 6–7 cm. Im Vorfrühling einzelnstehende, blaß primelgelbe, 6–7 cm breite Blüte mit grün gefleckten Hängeblättern. Schmale Blätter zur Blütezeit sehr kurz, aber strecken sich später.

I. xiphioides. Siehe *I. latifolia.*

I. xiphium. Zwiebelbildende Xiphium-Iris (Spanische Iris). H. bis 80 cm, Br. 15 cm. Trägt im Frühjahr und Frühsommer 1–2 blaue oder violette, gelegentlich gelbe oder weiße, 6–8 cm breite Blüten; Hängeblätter mit oranger oder gelber Zeichnung in der Mitte. Schmal lanzettliche, gerillte, wechselständige grüne Blätter. **'Blue Angel'** hat hellblaue Blüten mit gelb gezeichneten Hängeblättern. Blüten von **'Lusitanica'** sind reingelb. **'Queen Wilhelmina'** trägt im Frühjahr weiße Blüten. **'Wedgewood'** (Abb. S. 196) hat hellblaue Blüten.

ISATIS (Cruciferae)
Gattung sommerblühender, 1-, 2- und mehrjähriger Pflanzen. Völlig winterhart. Brauchen Sonne und fruchtbaren, durchlässigen Boden. Vermehrung durch Samen im Herbst oder Frühjahr.

I. tinctoria (Färberwaid). Kräftige, aufrechte 2jährige Pflanze. H. bis 1,2 m, Br. 45 cm. Längliche bis lanzettliche, graugrüne Blätter und im Sommer große, endständige Rispen 4blättriger, gelber Blüten.

Ismene calathina. Siehe *Hymenocallis narcissiflora.*

ISOPLEXIS (Scrophulariaceae)
Immergrüne, meist sommerblühende Sträucher, wegen ihrer Blüten beliebt. Nah verwandt mit *Digitalis.* Nicht winterhart, mind. 7°C. Volle Sonne oder Halbschatten, durchlässiger Boden. Topfpflanzen im Wachstum reichlich gießen, sonst mäßig. Welke Blütenähren entfernen. Vermehrung durch Samen im Frühjahr oder durch halbausgereifte Stecklinge im Spätsommer.

I. canariensis, syn. *Digitalis canariensis,* (Kanarischer Fingerhut) Abb. S. 139.

ISOPYRUM (Ranunculaceae)
Frühjahrsblühende Stauden, wegen ihrer kleinen Blüten und zarten Blätter beliebt. Geeignet für Wald, Heidegärten und Steingärten. Völlig winterhart. Braucht Schatten und humusreichen, feuchten Boden. Vermehrung durch Aussaat nach der Samenreife oder im Herbst durch Teilung; häufig Selbstaussaat.

I. thalictroides. Zierliche, knollenbildende Staude. H. und Br. 25 cm. Stengel trägt farnartige, 3teilige Blätter mit 3zähligen Blättchen. Im Frühjahr kleine, nikkende, kelchförmige weiße Blüten.

Isotrema griffithii. Siehe *Aristolochia griffithii.*

ITEA (Grossulariaceae)
Rosmarinweide
Gattung laubabwerfender Bäume und Sträucher, wegen ihrer Blätter und Blüten beliebt. Winterhart, doch in den meisten Gebieten durch Standort an nach Süden oder Westen gelegenen Mauern zu schützen. Braucht Sonne oder Halbschatten und fruchtbaren, durchlässigen, aber nicht zu trockenen Boden. Vermehrung durch krautige Stecklinge im Sommer.
I. ilicifolia Abb. S. 114.

IXIA (Iridaceae)
Ixie, Klebschwertel
Gattung frühjahrs- und sommerblühender Zwiebeln mit drahtigen Stengeln; flache Blüten in Ähren. Bedingt winterhart. An offenem, sonnigem Standort und auf durchlässigem Boden. Für Frühjahrs- und Frühsommerblüten im Herbst, für Spätsommerblüten im Frühjahr setzen. Nach der Blütezeit austrocknen lassen. Vermehrung im Herbst durch Samen oder durch Brutzwiebeln zur Pflanzzeit.
I. maculata. Frühjahrs- bis frühsommerblühende Zwiebel. H. 40 cm, Br. 2,5–5 cm. Blätter linealisch, aufrecht und meist grundständig. Drahtiger Stengel trägt eine Ähre flacher, oranger oder gelber, 2,5–5 cm breiter Blüten mit braunem oder schwarzem Zentrum.
I. monadelpha. Von Frühjahr bis Frühsommer blühend. H. 30 cm, Br. 2,5–5 cm. Die Blätter sind linealisch, aufrecht und im allgemeinen grundständig. Der Stengel trägt eine dichte Ähre von 5–10 sehr hübschen flachen, weißen, rosa, purpurnen oder blauen, 3–4 cm breiten Blüten, oft mit verschiedenfarbigem Auge.
I. viridiflora Abb. S. 346.

IXIOLIRION (Amaryllidaceae)
Blaulilie
Wegen ihrer trichterförmigen Blüten besonders im Frühjahr beliebte Zwiebelpflanzengattung. Winterhart. Braucht geschützten sonnigen Standort und durchlässigen Boden, der im Sommer heiß und trocken wird, damit die Zwiebel reifen kann. Vermehrung im Herbst durch Samen oder Brutzwiebeln.
I. montanum. Siehe *I. tataricum.*
I. tataricum, syn. *I. montanum,* Abb. S. 346.

IXORA (Rubiaceae)
Gattung immergrüner, sommerblühender Sträucher, wegen ihrer Blüten, einige auch wegen ihrer Blätter beliebt. Nicht winterhart, mind. 13–16 °C. Bevorzugt volle Sonne und humusreichen, durchlässigen Boden. Kübelpflanzen im Wachstum reichlich, sonst mäßig gießen. Vermehrung im Frühjahr durch Samen, im Sommer durch halbreife Stecklinge.
I. coccinea Abb. S. 133.

J

JACARANDA (Bignoniaceae)
Laubabwerfende oder immergrüne Bäume, wegen ihrer Blüten von Frühjahr bis Sommer und wegen ihrer Blätter beliebt. Nicht winterhart, mind. 7–10°C. Gedeiht in jeder Art von fruchtbarem, durchlässigem Boden und in vollem Licht. Topfpflanzen im Wachstum reichlich, sonst spärlich gießen. Nur wegen ihrer Blätter gezogene Topfpflanzen können im Spätwinter gestutzt werden. Vermehrung im Frühjahr durch Samen und im Sommer durch halbausgereifte Stecklinge.
J. mimosifolia, syn. *J. ovalifolia,* (Palisanderholzbaum) Abb. S. 52.
J. ovalifolia. Siehe *J. mimosifolia.*
Jacobinia carnea. Siehe *Justicia carnea.*
Jacobinia coccinea. Siehe *Pachystachys coccinea.*
Jacobinia pohliana. Siehe *Justicia carnea.*
Jacobinia spicigera. Siehe *Justicia spicigera.*

JACQUEMONTIA (Convolvulaceae)
Gattung immergrüner, windender, wegen ihrer Blüten beliebte Kletterpflanzen. Nicht winterhart, mind. 16–18°C. Bei vollem Licht eignet sich jeder durchlässige Boden. Reichlich gießen, außer bei kaltem Wetter. Stütze bereitstellen und ausdünnen im Frühjahr durch Rückschnitt alter Stengel bis zum Boden. Vermehrung im Frühjahr durch Samen und im Sommer durch nicht ganz ausgereifte Stecklinge. Rote Spinne und Weiße Fliege können zum Problem werden.
J. pentantha. Schnellwachsende, immergrüne, windende Kletterpflanze. H. 2–3 m. Herzförmige, zugespitzte Blätter und vom Sommer bis zum Herbst 2,5 cm breite, trichterförmige, kräftig violettblaue oder reinblaue Blüten in langstengeligen Trauben.

JAMESIA (Hydrangeaceae)
Gattung mit einer Art eines laubabwerfenden Strauches, wegen seiner Blüten beliebt. Völlig winterhart. Braucht volle Sonne und fruchtbaren, durchlässigen Boden. Vermehrung im Sommer durch krautige Stecklinge.
J. americana. Laubabwerfender buschiger, dekorativer Strauch. H. 1,5 m, Br. 2,5 m. Abgerundete, graugrüne, auf der Unterseite grauweiße Blätter. Im Spätfrühling erscheinen reizende Büschel kleiner, zartduftender, sternförmiger weißer Blüten.

JANCAEA, syn. JANKAEA (Gesneriaceae)
Gattung mit einer Art einer immergrünen Staude mit Blattrosette, wegen ihrer Blüten und silbergrauen Blätter geschätzt. Gute Alpinhauspflanze. Winterhart. Schwierig zu ziehen, braucht im Hochsommer Schutz vor der Mittagssonne und humusreichen, grobsandigen, feuchten, alkalischen Boden mit guter Dränung, liebt keine Winternässe. Vermehrung im Frühjahr durch Samen oder im Hochsommer durch Blattstecklinge.
J. heldreichii Abb. S. 309.

JANKAEA. Siehe JANCAEA.

JASIONE (Campanulaceae)
Sandglöckchen
Gattung sommerblühender, 1-, 2- oder mehrjähriger Pflanzen, wegen ihrer reizvollen Blütenköpfe beliebt. Völlig winterhart. Braucht Sonne und sandigen Boden. Alte Stengel im Herbst entfernen. Vermehrung im Herbst durch Samen oder im Frühjahr durch Teilung.
J. laevis, syn. *J. perennis* (Ausdauerndes Sandglöckchen). Büschelige Staude. H. 5–30 cm, Br. 10–20 cm. Schmale, längliche, sehr behaarte oder unbehaarte, graugrüne Blätter und im Sommer kugelige, blaue Blütenköpfe auf aufrechten Stengeln. Gut geeignet für den Steingarten.
J. perennis. Siehe *J. laevis.*

JASMINUM (Oleaceae)
Jasmin
Gattung laubabwerfender oder immergrüner Sträucher und holziger, kletternder und windender Kletterpflanzen, wegen ihrer oft duftenden Blüten und ihrer Blätter beliebt. Völlig winterhart bis frostempfindlich, mind. 7–18°C. Braucht volle Sonne und fruchtbaren, durchlässigen Boden. Den nicht selbstkletternden *J. nudiflorum* fördert man durch Ausdünnen alter Triebe nach der Blüte; wenn nötig, nach der Blüte auch die anderen stutzen. Vermehrung im Sommer durch halbausgereifte Stecklinge.
J. angulare. Immergrüne, holzige Kletterpflanze. H. 2 m oder mehr. Nicht winterhart, mind. 7–10°C. Dunkelgrüne Blätter mit 3 ovalen Blättchen. Im Spätsommer kleine Büschel duftender, röhrenförmiger, 5lappiger, weißer Blüten.
J. beesianum. Immergrüne, holzige Kletterpflanze, in kühlen Regionen laubabwerfend. H. bis 5 m. Bedingt winterhart. Lanzettliche Blätter. Im Frühsommer duftende, röhrenförmige, 6blättrige, rosarote Blüten, 1–3 beisammen, später glänzende, schwarze Beeren.
J. grandiflorum. Immergrüne, holzige Kletterpflanze. H. 2 m. Nicht winterhart, mind. 7–10°C. Blätter mit 7 oder 9 Blättchen. Von Sommer bis Herbst Trauben von bis zu 50 duftenden, röhrenförmigen, 5- oder 6blättrigen, weißen, manchmal rot überhauchten Blüten.
J. humile (Gelber Jasmin) Abb. S. 114. **'Revolution'** ist ein immergrüner, buschiger Strauch. H. 2,5 m, Br. 3 m. Völlig winterhart. Trägt von Vorfrühling bis Spätherbst große, duftende, aufrechte, röhrenförmige, hellgelbe, 5blättrige Blüten auf langen, schlanken grünen Zweigen. Glänzende, hellgrüne Blätter bestehen aus 3–7 ovalen Blättchen. f. ***wallichianum*** hat halb hängende Blüten und 7–13 Blättchen.
J. mesnyi, syn. *J. primulinum* (Primeljasmin), Abb. S. 165.
J. nudiflorum (Winterjasmin) Abb. S. 119.
J. officinale (Echter Jasmin) Abb. S. 166.
J. parkeri. Immergrüner kegelförmiger Strauch. H. 15 cm, Br. 38 cm und mehr. Winterhart. Verwirrende Menge kleiner Stengel und Zweige mit winzigen ovalen Blättern. Im Frühsommer in den Blattachseln eine Unmenge winziger, röhrenförmiger, 5lappiger, gelber Blüten.
J. polyanthum Abb. S. 177.
J. primulinum. Siehe *J. mesnyi.*
J. rex. Immergrüne, holzige, windende Kletterpflanze. H. 3 m. Nicht winterhart, mind. 18°C. Breitovale, lederige, tiefgrüne, 10–20 cm lange Blätter. Duftlose, röhrenförmige, 5lappige, reinweiße Blüten bei genügend Wärme periodisch das ganze Jahr über; Knospen rosa überhaucht.

JEFFERSONIA (Berberidaceae)
Frühjahrsblühende, ausdauernde Pflanzen. Völlig winterhart. Braucht Schatten oder Halbschatten und humusreichen, feuchten Boden. Ausgedehntes Wurzelsystem verträgt keine Störung. Im Spätherbst Kopfdüngung. Vermehrung durch Aussaat nach der Samenreife.
J. diphylla Abb. S. 287.
J. dubia, syn. *Plagiorhegma dubia* (Herzblattschale), Abb. S. 309.

JOVIBARBA (Crassulaceae)
Gattung immergrüner Stauden, Ausbreitung durch kurze Ausläufer, beliebt wegen ihrer symmetrischen Rosetten oval bis riemenförmiger, zugespitzter, fleischiger Blätter. Polsterbildend, geeignet für Steingärten, Geröllhalden, Mauern, Böschungen und Alpinenhäuser. Völlig winterhart. Braucht Sonne und sandigen Boden. Erreicht Blühgröße nach mehreren Jahren. Rosetten sterben nach der Blüte ab, aber es bleiben zahlreiche nichtblühende Ableger. Vermehrung im Sommer durch Ableger.
J. hirta, syn. *Sempervivum hirtum* (Hauswurz, Fette Henne), Abb. S. 328.
J. sobolifera, syn. *Sempervivum soboliferum.* Kräftige, immergrüne, polsterbildende Staude. H. 10 cm, Br. 20 cm. Runde, graugrüne oder olivgrüne Rosetten oft rot überhaucht. Im Sommer endständige Trauben kleiner, kelchförmiger, 6- (selten 5- oder 7-) blättriger, blaßgelber Blüten.

JUANULLOA (Solanaceae)
Gattung immergrüner, sommerblühender Sträucher, wegen der Blüten geschätzt. Nicht winterhart, mind. 13–15°C. Wirft bei niederer Temperatur Blätter ab. Bevorzugt volles Licht und fruchtbaren, sehr durchlässigen Boden. Topfpflanzen mäßig gießen, außerhalb der Wachstumszeit weniger. Um das Verzweigen zu fördern, stutzt man die Spitzen der jungen Pflanzen. Vermehrung im Sommer durch halbausgereifte Stecklinge. Weiße Fliege, Rote Spinne und Schmierlaus können lästig sein.
J. aurantiaca Abb. S. 139.

JUBAEA (Palmae)
Honigpalme
Gattung mit einer Art, immergrüne Palme, wegen ihrer Gesamterscheinung geschätzt. Nicht winterhart, mind. 10°C. Braucht volles Licht und fruchtbaren, durchlässigen Boden. Topfpflanzen mäßig gießen, im Winter weniger. Vermehrung im Frühjahr durch Samen bei nicht weniger als 25°C. Rote Spinne kann lästig sein.
J. chilensis, syn. *J. spectabilis,* Abb. S. 58.
J. spectabilis. Siehe *J. chilensis.*

JUGLANS (Juglandaceae)
Walnuß
Gattung laubabwerfender Bäume mit aromatisch riechenden Blättern, beliebt wegen ihrer Blätter, ihres prächtigen Wuchses und ihrer bei einigen Arten eßbaren Nüsse (Walnüsse). Trägt im Frühjahr und Frühsommer grünlichgelbe Kätzchen. Völlig winterhart, doch junge Pflanzen sind anfällig für Frostschaden. Braucht volle Sonne und tiefgründigen, fruchtbaren, durchlässigen Boden. Vermehrung im Herbst durch Aussaat nach der Samenreife.
J. ailantifolia (Japanische Walnuß). Laubabwerfender, ausladender Baum mit kräftigen Trieben. H. und Br. 15 m. Sehr große Blätter bestehen aus 11–17 ovalen bis länglichen, glänzenden, dunkelgrünen Blättchen. Trägt im Herbst eßbare Walnüsse. Var. ***cordiformis*** Abb. S. 42.
J. cathayensis (Chinesische Walnuß). Laubabwerfender, ausladender Baum. H. und Br. 20 m. Sehr große Blätter bestehen aus 11–17 ovalen bis länglichen, dunkelgrünen Blättchen. Trägt im Herbst eßbare Walnüsse.
J. cinerea (Butternuß). Schnellwachsender, laubabwerfender, ausladender Baum. H. 25 m, Br. 20 m. Blätter groß, sehr aromatisch riechend, mit 7–19 ovalen bis länglichen, zugespitzten, hellgrünen Blättchen. Trägt im Herbst dichte Büschel großer runder Nüsse.
J. microcarpa, syn. *J. rupestris* (Zwergwalnuß), Abb. S. 65.
J. nigra (Schwarznuß), Abb. S. 42.
J. regia (Walnuß), Abb. S. 41.
J. rupestris. Siehe *J. microcarpa.*

JUNCUS (Juncaceae). Siehe GRÄSER, BAMBUS, BINSEN und RIEDGRÄSER.
J. effusus f. ***spiralis*** Abb. S. 182.

JUNIPERUS (Cupressaceae), Wacholder. Siehe KONIFEREN.
Wacholder
J. chinensis (Chinesischer Wacholder). Kegelförmiger Koniferenbaum, H. 15 m, Br. 2–3 m, oder ausladender Strauch. H. 1–5 m, Br. 3–5 m. Völlig winterhart. Rinde schält sich. Aromatische, dunkelgrüne, schuppen- oder nadelförmige Blätter in Paaren oder 3blättrigen Quirlen. Beide Arten von Nadeln auf denselben Trieben. Kugelförmige, fleischige, beerenartige, grünlichweiße Früchte. Viele unter *J. chinensis* verzeichneten Sorten sind Formen von *J.* × *media.* **'Aurea',** H. 10–15 m, Br. 3–4 m, langsamwachsend, oval oder kegelförmig, hat goldfarbene Blätter und reichliche gelbe männliche Zapfen. **'Kaizuka',** H. 5 m, Br. 3–5 m, bizarr geformter, unregelmäßiger Strauch mit sehr vielen Zapfen. **'Keteleeri'** Abb. S. 77. **'Obelisk'** Abb. S. 80. **'Pyramidalis',** H. 10 m, Br. 1–2 m, hat dichte, säulenartige Form mit nach oben wachsenden Zweigen und nadelartige, blaugrüne Blätter. **'Robusta Green'** siehe *J. virginiana 'Robusta Green'.* **'Stricta'** (Abb. S. 82), H. bis 5 m, Br. bis 1 m, kegelförmig, mit weichen, blaugrünen Blättern.
J. communis (Gemeiner Wacholder). Ausladender Strauch bis schmaler, aufrechter Baum. H. 30 cm – 8 m, Br. 1–4 m. Völlig winterhart. Aromatische, glänzende, mittel- oder gelbgrüne Nadeln zu dreien zusammen. Trägt kugelige bis eiförmige, fleischige, grünliche Beeren, die blaugrün und bei der Reife im dritten Jahr schwarz werden. **'Compressa',** H. 75 cm, Br. 15 cm, ist eine aufrechte Zwergform. **'Hibernica'** (Abb. S. 83), H. 3–5 m, Br. 30 cm, ist säulenförmig. **'Hornibrookii,** H. 50 cm, Br. 2 m und **'Prostrata',** H. 20–30 cm, Br. 1–2 m sind Kriechformen.
J. conferta (Uferwacholder). Nieder-

liegend, strauchig. H. 15 cm, Br. 1–2 m. Völlig winterhart. Ausladende Zweige tragen dichte, nadelförmige, aromatische, glänzende, hellgrüne, unterseits blaugrüne Blätter. Grünschwarze Beeren. Verträgt salzige Küstenluft.
J. davurica. **'Expansa Variegata'** (Abb. S. 83) hat niederliegende oder aufsteigende Zweige. H. 75 cm, Br. 1,5–2 m. Völlig winterhart. Trägt schuppen- und nadelartige, aromatische, gelbgefleckte, blaugrüne Blätter.
J. drupacea (Syrischer Wacholder). Säulenförmige Konifere. H. 10–15 m, Br. 1–2 m. Völlig winterhart. Nadelförmige, aromatische, hellgrüne Blätter sitzen zu dreien zusammen und hat eiförmige bis fast kugelige, fleischige braune Beeren.
J. horizontalis (Nordamerikan. Kriechwacholder). Niederliegend, kriechend, strauchig, kann Matten bis zu 50 cm Dicke bilden. Völlig winterhart. Schuppen- oder nadelartige, aromatische, blaugrüne oder -graue Blätter und blaßblaue Beeren. **'Douglasii'** (Abb. S. 82) hat blaugraue Nadeln, die im Winter pflaumenfarben werden. **'Plumosa'** hat graugrüne Nadeln, die im Winter purpurn werden. **'Plumosa compacta'** ist dichter als 'Plumosa' und wird im Winter purpurbronzefarben. **'Prince of Wales'** hat hellgrüne, anfangs blau getönte Nadeln, die im Winter purpurbraun werden. **'Turquoise Spreader'** (Abb. S. 82) hat türkisgrüne Nadeln. **'Wiltonii'** hat bläuliche Nadeln, die im Winter ihre Farbe behalten.
J. × media. Eine Gruppe kegelförmiger Koniferen. H. 15 m, Br. 2–3 m. Völlig winterhart. Rinde schält sich. Schuppenartige, dunkelgrüne Blätter, die beim Zerdrücken einen stinkenden Geruch absondern. Früchte kugelförmig, weiß oder blauschwarz. Sorten als Bodendecker oder Solitärpflanze für kleine Gärten geeignet. Einige Formen werden unter *J. chinensis* angeführt. **'Blaauw',** H. und Br. 2 m, ist ein ausladender Strauch mit blaugrünen Nadeln. **'Blue Gold'** (Abb. S. 83), H. bis 1 m, Br. 1 m, ist eine ausladende Form mit himmelblau und golden gefleckten Nadeln. **'Hetzii'** (syn. *J. virginiana* 'Hetzii'), H. 3–4 m, Br. 4 m, hat schichtweise angeordnete graugrüne Nadeln. **'Pfitzeriana'** (Abb. S. 83), H. 3 m, Br. 3–5 m, ist ein ausladender, oben flacher Strauch mit graugrünen Nadeln. **'Pfitzeriana Aurea'** (Abb. S. 83) hat goldfarbene Nadeln. **'Pfitzeriana Glauca'** (Abb. S. 82) hat blaugraue Nadeln. **'Plumosa',** H. 1 m, Br. 2–3 m, ist ein bodendeckender Strauch mit hängenden Zweigen und grünen Nadeln. **'Plumosa Aurea'** (Abb. S. 83) ist aufrecht, mit grüngoldenen Nadeln, die im Winter bronzefarben werden.
J. procumbens (Abb. S. 82). Bodendeckender, kriechender Strauch. H. 75 cm, Br. 2 m. Völlig winterhart. Rotbraune Rinde. Dicke Zweige mit nadelförmigen, aromatischen, hellgrünen oder gelbgrünen Blättern und kugeligen, fleischigen, braunen oder schwarzen Beeren. **'Nana'** (Abb. S. 82), H. 15–20 cm, Br. 75 cm, ist polsterbildend und weniger kräftig.
J. recurva. Langsamwachsend, kegelförmig. H. bis 15 m, Br. bis 7 m. Völlig winterhart. Glatte dünnblättrige Rindenschuppen. Überhängende Zweige mit nadelförmigen, aromatischen, nach innen gekrümmten, graugrünen oder blaugrünen Blättern. Kugelige oder eiförmige, fleischige Beeren. Var. ***coxii*** hat längere hellgrüne Nadeln. **'Densa'** (Abb. S. 82), H. 30 cm, Br. 1 m, ist ein ausladender Strauch mit aufrechten Zweigspitzen und grünen Nadeln.
J. rigida (Nadelwacholder). Bizarr geformte, strauchige Konifere. H. und Br. 8 m. Völlig winterhart. Graue oder braune Rinde schält sich in Streifen. Sehr scharfe, nadelförmige, aromatische, hellgrüne Blätter zu dreien beisammen, stehen an überhängenden Zweigen. Kugelige, fleischige Früchte sind purpurschwarz.
J. sabina (Sadebaum). Ausladender Strauch. H. bis 4 m, Br. 3–5 m. Völlig winterhart. Abblätternde rotbraune Rinde. Schlanke Zweige mit schuppenförmigen, aromatischen, dunkelgrünen Blättern, die beim Zerreiben einen stinkenden Geruch absondern. Trägt runde, blauschwarze Beeren. **'Blue Danube',** H. 2 m, Br. 2–4 m, ist eine ausladende Form mit nach oben gekrümmten Astspitzen und graublauen Nadeln. **'Cupressifolia'** (Abb. S. 82), H. 2 m, Br. 4 m, ist eine weibliche Form mit horizontalen oder aufsteigenden Ästen und blaugrünen Nadeln. **'Mas'** (Abb. S. 82) hat aufsteigende Äste, Nadeln oben blau, unten grün, im Winter purpurn. Var. ***tamariscifolia*** (Abb. S. 82), H. 1 m, Br. 2 m, hat schichtweise angeordnete nadelförmige, hellgrüne oder blaugrüne Blätter.
J. scopulorum (Westl. Rotzeder). Langsamwachsende Konifere mit runder Krone. H. 10 m, Br. 4 m. Völlig winterhart. Rötlichbraune Rinde in Streifen oder Rechtecke gefaltet und schält sich. Schuppenförmige, aromatische Blätter graugrün bis dunkelgrün. Trägt kugelige, fleischige, blaue Beeren. **'Skyrocket'** (syn. *J. virginiana* 'Skyrocket'; Abb. S. 82), H. 8 m, Br. 75 cm, ist sehr schmal mit bläulichgrünen Blättern. **'Springbank'** (Abb. S. 82) ist schmal kegelförmig mit hängenden Astspitzen und silbrigblauen Blättern. **'Tabletop',** H. 2 m, Br. 5 m, ist oben flach und hat silbrigblaue Blätter.
J. squamata (Schuppenwacholder). Kriechende bis weit ausgebreitete, strauchige Konifere. H. 30 cm – 4 m, Br. 1–5 m. Völlig winterhart. Rinde rotbraun und schuppig. Nadelförmige, aromatische, frisch grüne oder bläulichgrüne Blätter an den Triebspitzen. Eiförmige, fleischige, schwarze Beeren. **'Blue Carpet'** H. 30 cm, Br. 2–3 m, ist kräftig und niederliegend, mit blaugrünen Nadeln. **'Blue Star'** (Abb. S. 82), H. 50 cm, Br. 60 cm, bildet einen dichten Strauch mit blauen Blättern. **'Chinese Silver'** (Abb. S. 82), H. und Br. 3–4 m, hat Äste mit hängenden Spitzen und bläulichen, unterseits hellsilbrigen Blättern. **'Holger'** (Abb. S. 82), H. und Br. 2 m, mit schwefelgelben jungen und stahlblauen alten Blättern. **'Meyeri'** (Blauzederwacholder), H. und Br. 5 m, Wuchs breit, hat stahlblaue Blätter.
J. virginiana (Rotzeder, Virginischer Wacholder). Langsamwachsend, kegel- oder breit säulenförmig. H. 15–20 m, Br. 6–8 m. Völlig winterhart. Schuppen- und nadelförmige, aromatische, graugrüne Blätter auf demselben Ast. Eiförmige, fleischige Beeren braunviolett und graugrün. **'Burkii'** Abb. S. 80. **'Grey Owl'** (Abb. S. 82), H. 3 m, Br. 3–5 m, niedrig, breiter Wuchs mit aufsteigenden Ästen und silbriggrauen Nadeln. **'Hetzii'** siehe *J. × media* 'Hetzii'. **'Robusta Green'** (syn. *J. chinensis* 'Robusta Green') Abb. S. 80. **'Skyrocket'** siehe *J. scopulorum* 'Skyrokket'.

JUSTICIA (Acanthaceae)
Gattung immergrüner Stauden, Halbsträucher und Sträucher, wegen ihrer Blüten beliebt. Nicht winterhart, mind. 10–15°C. Braucht volles Licht oder Halbschatten und fruchtbaren, durchlässigen Boden. Kübelpflanzen im Wachstum reichlich, sonst mäßig gießen. Einige Arten müssen regelmäßig ausgelichtet werden. Die Vermehrung erfolgt im Frühjahr und Frühsommer durch krautige Stecklinge. Weiße Fliege kann problematisch sein.
J. adhatoda, syn. *Adhatoda vasica.* Immergrüner, aufrechter, spärlich verzweigter Strauch. H. 2–3 m, Br. 1–2 m. Mind. 10–15°C. Ovale, zugespitzte, grüne Blätter mit vorspringenden Blattnerven. Im Sommer dichte, endständige Ähren röhrenförmiger, weißer, auf der Unterlippe rosa und purpurn geaderter Blüten. Kann im Vorfrühling stark zurückgeschnitten werden. Wird manchmal mit *Duvernoia adhatodoides* verwechselt.
J. brandegeana, syn. *Beloperone guttata, Drejerella guttata,* Abb. S. 134. **'Chartreuse'** Abb. S. 136.
J. carnea, syn. *Jacobinia carnea, J. pohliana,* Abb. S. 131.
J. coccinea. Siehe *Pachystachys coccinea.*
J. floribunda. Siehe *J. rizzinii.*
J. ghiesbreghtiana hort. Siehe *J. spicigera.*
J. pauciflora. Siehe *J. rizzinii.*
J. rizzinii, syn. *J. floribunda, J. pauciflora, Libonia floribunda.* Immergrüner, runder, reich verzweigter Strauch. H. und B. 30–60 cm. Mind. 15°C für Winterblüher. Blätter oval und grün. Von Herbst bis Frühjahr hängende Büschel röhrenförmiger, scharlachroter, an den Spitzen gelber Blüten. Vermehrung am besten alle paar Jahre.
J. spicigera, syn. *J. ghiesbreghtiana,* hort. *Jacobinia spicigera,* Abb. S. 140.

K

KADSURA (Schisandraceae)
Gattung immergrüner, windender Kletterpflanzen, wegen ihrer Blätter und Früchte beliebt. Zweihäusig. Für die Fruchtbildung sind zwei verschieden geschlechtliche Pflanzen notwendig. Winterhart. Halbschatten und jede Art von Boden. Vermehrung im Spätsommer durch Stammstecklinge.
K. japonica. Immergrüne, windende Kletterpflanze. H. 3–4 m. Ovale oder lanzettliche, grüne Blätter. Im Sommer in den Blattachseln einzelnstehende, klein, duftende, cremefarbene Blüten, gefolgt von hellroten Beeren.

KAEMPFERIA (Zingiberaceae)
Gewürzlilie
Büschelige, rhizombildende Stauden, beliebt wegen ihrer aromatisch riechenden Blätter und ihrer Blüten. Nicht winterhart, mind. 18°C. Braucht feuchte Luft, Halbschatten und feuchten, humusreichen Boden. Im Ruhezustand austrocknen lassen. Vermehrung im Spätfrühling durch Teilung.
K. pulchra Abb. S. 240.
K. roscoeana. Rhizombildende, ausdauernde Pflanze ohne deutlichen Stengel. H. 5–10 cm, Br. 20–25 cm. Nur 2 horizontale, fast runde, aromatisch riechende, bis 10 cm lange Blätter, oben dunkelgrün mit blaßgrünen Flecken, unten rötlichgrün. Im Herbst von der Blattmitte aus eine kurze Ähre reinweißer Blüten mit tiefgelappter Lippe.

KALANCHOE (Crassulaceae)
Ausdauernde Sukkulenten oder Sträucher mit sehr fleischigen, meist zylindrischen, ovalen oder länglichen Blättern und glocken- bis röhrenförmigen Blüten. Bei vielen Arten wachsen Pflänzchen aus gezähnten Blatträndern. Nicht winterhart, mind. 7–15°C. Braucht volle Sonne oder Halbschatten und durchlässigen Boden. Von Frühjahr bis Herbst feucht halten. Wenig gießen, im Winter nur gelegentlich. Vermehrung im Frühjahr oder Sommer durch Samen, Ableger oder Stammstecklinge.
K. beharensis Abb. S. 381.
K. blossfeldiana (Flammendes Käthchen). Buschige, ausdauernde Sukkulente H. und Br. 30 cm. Mind. 10°C. Trägt im Frühjahr ovale bis längliche, glänzende, dunkelgrüne Blätter mit gezähnten Rändern und Trauben von röhrenförmigen, scharlachroten, 0,5 cm breiten Blüten. Bevorzugt Halbschatten. Hybriden in vielen Farbvariationen (lachsfarben, Abb. S. 385).
K. daigremontiana (Brutblatt) Abb. S. 383.
K. fedtschenkoi. Buschige, ausdauernde Sukkulente. H. und Br. 1 m. Mind. 10°C. Ovale, eingekerbte, blaugraue Blätter mit jungen Pflänzchen in den Einschnitten. Im Spätwinter glockenförmige, bräunlichrosa, 2 cm lange Blüten. Bevorzugt sonnige Lage. **'Variegata'** Abb. S. 383.
K. pumila. Kriechende, sukkulente Staude. H. 10 cm, Br. unbestimmt. Mind. 10°C. Ovale, bestäubte, grauweiße Blätter mit eingekerbtem Rand. Im Frühjahr röhrenförmige, rosa, 1 cm lange Blüten. Geeignet für Blumenampeln an sonnigem Standort.
***K.* 'Tessa'** Abb. S. 385.
K. tomentosa (Katzenohr) Abb. S. 387.
K. tubiflora Abb. S. 388.
K. uniflora, syn. *Kitchingia uniflora.* Kriechende, sukkulente Staude. H. 6 cm, Br. unbestimmt. Mind. 15°C. Runde, grüne, 0,5–3 cm lange Blätter und im Spätwinter glockenförmige, gelbüberhauchte, rötlichpurpurne, 1 cm lange Blüten. Bevorzugt Halbschatten.
***K.* 'Wendy'** Abb. S. 384.

KALMIA (Ericaceae)
Lorbeerrose, Kalmie
Gattung immergrüner, sommerblühender Sträucher, wegen ihrer Trauben charakteristischer, meist becherförmiger Blüten geschätzt. Völlig winterhart. Braucht Sonne oder Halbschatten und feuchten, torfigen, sauren Boden. Vermehrung der Arten durch Kopfstecklinge im Sommer und durch Samen im Herbst, selektierten Formen durch krautige Stecklinge im Sommer.
K. angustifolia. F. ***rubra*** Abb. S. 133.
K. latifolia Abb. S. 109. **'Ostbo Red'** ist ein immergrüner, buschiger, dichter Strauch. H. und Br. 3 m. Hat ovale, glänzende, sattgrüne Blätter. Im Frühsommer große, prächtige, tiefrosa Blütentrauben aus charakteristisch gefältelten, tiefrosa Knospen. Bevorzugt volle Sonne.

KALMIOPSIS (Ericaceae)
Gattung mit einer Art eines immergrünen, frühjahrsblühenden Strauches, wegen seiner Blüten beliebt. Völlig winterhart. Braucht Halbschatten und feuchten, torfigen, sauren Boden. Vermehrung im Sommer durch krautige oder halbausgereifte Stecklinge.
***K. leachiana* 'M. Le Piniec'.** Immergrüner, buschiger Strauch. H. und Br. 30 cm. Im Frühjahr endständige Trauben kleiner, breit glockenförmiger, purpurrosa Blüten. Kleine, ovale, glänzende, dunkelgrüne Blätter.

KALOPANAX (Araliaceae)
Gattung mit einer Art eines laubabwerfenden, herbstblühenden Baumes, wegen seiner Blätter und Früchte beliebt. Völlig winterhart, aber junge Pflanzen, deren Holz noch nicht ausgereift ist, sind anfällig für Frostschaden. Am besten in Sonne oder Halbschatten auf fruchtbarem, feuchtem, durchlässigem Boden. Vermehrung im Sommer durch krautige Stecklinge.
K. pictus, syn. *K. ricinifolius, Acanthopanax ricinifolium,* Abb. S. 53.
K. ricinifolius. Siehe *K. pictus.*

KELSEYA (Rosaceae)
Gattung mit einer Art eines extrem kleinen, immergrünen Halbstrauches. Schwierig zu ziehen, am besten im Alpinenhaus, da die Blätter weder Sommer- noch Winternässe vertragen. Völlig winterhart. Braucht volle Sonne und feuchten, alkalischen Boden. Vermehrung im Spätfrühling durch krautige Kopfstecklinge oder im Herbst durch Samen. Schimmelpilzanfällig, daher abgestorbene Rosetten sofort entfernen.
K. uniflora. Langsamwachsender, immergrüner Halbstrauch mit Rosetten. H. 1 cm, Br. 20 cm. Bildet hartes Polster aus dichtgepackten, kleinen Rosetten winziger, ovaler, dunkelgrüner Blätter. Trägt im Vorfrühling stengellose, sternförmige, weiße, gelegentlich rosa getönte Blüten.

KENNEDIA, syn. KENNEDYA (Leguminosae)
Immergrüne, kriechende und windende Kletterpflanzen mit holzigen Stengeln, wegen ihrer Blüten beliebt. Nicht winterhart, mind. 5–7°C. Braucht mäßig fruchtbaren, sandigen Boden und volles Licht. Im Wachstum regelmäßig, bei kaltem Wetter spärlich gießen. Braucht eine Stütze. Nach der Blüte oder im Frühjahr auslichten. Vermehrung im Frühjahr durch Samen oder im Sommer durch halbausgereifte Stecklinge.
K. nigricans (Schwarze Bohne). Kräftige, immergrüne, windende Kletterpflanze mit holzigem Stengel. H. bis 2 m. Blätter in 3 Blättchen mit gezähnten Spitzen geteilt. Von Frühjahr bis Sommer kleine Dolden erbsenähnlicher, samtiger, schwarzpurpurner Blüten mit gelber Zeichnung.
K. rubicunda Abb. S. 163.

KENNEDYA. Siehe KENNEDIA.

KENTIA. Siehe HOWEA.

KERRIA (Rosaceae)
Kerrie, Ranunkelstrauch
Gattung mit einer Art eines laubabwerfenden Strauches, wegen seiner prächtigen, gelben Blüten beliebt. Völlig winterhart. Braucht Sonne oder Halbschatten und fruchtbaren, durchlässigen Boden. Nach der Blüte alte Triebe auslichten. Vermehrung im Sommer durch krautige Stecklinge oder im Herbst durch Teilung.
K. japonica Abb. S. 99. **'Pleniflora'** ist ein kräftiger, laubabwerfender, anmutiger Strauch. H. und Br. 3 m. Hat grüne Zweige und schmalovale, scharfgezähnte, hellgrüne Blätter. Im Frühjahr große, hahnenfußartige, gefüllte, goldgelbe Blüten.

KIGELIA (Bignoniaceae)
Gattung mit einer Art eines immergrünen Baumes, wegen seiner Blüten, seiner seltsamen wurstförmigen Früchte und als Schattenspender geschätzt. Nicht winterhart, mind. 16°C. Braucht volles Licht und humusreichen, durchlässigen Boden. Topfpflanzen mäßig und bei niedriger Temperatur sehr wenig gießen. Vermehrung im Frühjahr durch Samen bei nicht unter 23°C.
K. pinnata (Leberwurstbaum). Immergrüner, ausladender, ziemlich buschiger Baum. H. und Br. 8 m oder mehr. Blätter haben 7–11 längliche bis ovale Blättchen. Von Herbst bis Frühjahr öffnen sich bei Nacht duftende, glockenförmige, purpurrote Blüten. Ungenießbare, zylindrische, hartschalige, 30–45 cm lange, braune Früchte bleiben lange haften.

KIRENGESHOMA (Hydrangeaceae)
Wachsglocke
Gattung von im Spätsommer und Herbst blühender Stauden. Völlig winterhart. In leichtem Schatten und in tiefgründigem, feuchtem, kalkfreiem Boden. Vermehrung im Herbst oder Frühjahr durch Samen oder Teilung.
K. palmata Abb. S. 221.

KITAIBELA (Malvaceae)
Gattung mit einer Art; sommerblühende Staude. Völlig winterhart. Braucht volle Sonne und fruchtbaren, eher trockenen Boden. Vermehrung im Herbst oder Frühjahr durch Samen.
K. vitifolia. Buschige, aufrechte Staude. H. bis 1,5 m, Br. 60 cm. Trägt im Sommer kleine Büschel becherförmiger, rosa oder weißer Blüten. Handförmig gelappte, grobgezähnte Blätter.
Kitchingia uniflora. Siehe *Kalanchoe uniflora.*
Kleinia articulata. Siehe *Senecio articulatus.*

KNAUTIA (Dipsacaceae)
Knautie
Gattung sommerblühender 1- und mehrjähriger Pflanzen. Völlig winterhart. Braucht Sonne und durchlässigen Boden. Benötigt eine Stütze. Vermehrung im Frühjahr durch basale Stecklinge oder im Herbst durch Samen.
K. arvensis. Aufrechte Staude. H. 1,2 m, Br. 45 cm. Im Sommer nadelkissenartige, blaulila Blütenköpfe. Schmal ovale, tief geteilte Blätter.
K. macedonica, syn. *Scabiosa rumelica,* Abb. S. 208.

KNIGHTIA (Proteaceae)
Gattung immergrüner, sommerblühender Bäume, wegen ihrer Blüten, Blätter und Gesamterscheinung geschätzt. Bedingt winterhart, mind. 3–5°C. Gedeiht in jedem fruchtbaren, durchlässigen Boden und Sonne oder Halbschatten. Topfpflanzen mäßig, im Winter weniger gießen. Vermehrung im Frühjahr durch Samen.
K. excelsa. Immergrüner, aufrechter Baum. H. 20 m und mehr, Br. 2–4 m. Längliche bis lanzettliche, grob gezähnte, lederige, glänzende, tiefgrüne Blätter. Im Sommer dichte Trauben schlanker, röhrenförmiger, tiefroter Blüten.

KNIPHOFIA (Liliaceae oder Aloeaceae)
Fackellilie, Tritome
Gattung von Stauden, einige sind immergrün. Bedingt- bis völlig winterhart. Braucht volle Sonne und durchlässigen, im Sommer dauernd feuchten Boden. Vermehrung der Arten im Frühjahr durch Samen oder Teilung, der Sorten im Frühjahr nur durch Teilung.
***K.* 'Atlanta'.** Immergrüne, aufrechte Staude. H. bis 1 m, Br. 45 cm. Völlig winterhart. Im Sommer tragen die kräftigen Stengel dichte, endständige Trauben von röhrenförmigen, hell orangegelben Blüten. Dicke, grasartige, gerillte Blätter. Gedeiht in Küstenregionen.
***K.* 'Bee's Lemon'.** Aufrechte Staude. H. 1 m, Br. 45 cm. Völlig winterhart. Im Spätsommer und Herbst dichte, endständige Trauben röhrenförmiger, zitronengelber, grün überhauchter Blüten auf kräftigen Stengeln. Grasartige, tiefgrüne, gesägte Blätter.
K. caulescens Abb. S. 221.
K. galpinii. Siehe *K. triangularis.*
***K.* 'Little Maid'** Abb. S. 245.
***K.* 'Maid of Orleans'.** Aufrechte Staude. H. 1,2 m, Br. 45 cm. Winterhart. Im Sommer endständig auf schlanken Stengeln dichte Trauben gelber Knospen, die sich zu röhrenförmigen, cremeweißen Blüten öffnen. Blätter kräftig grün, grundständig und riemenförmig.
***K.* 'Percy's Pride'** Abb. S. 220.
***K.* 'Royal Standard'** Abb. S. 216.
***K.* 'Samuel's Sensation'.** Aufrechte Staude. H. 1,5 m, Br. 60 cm. Völlig win-

terhart. Im Spätsommer endständig dichte Trauben röhrenförmiger, tieforanger Blüten auf kräftigen Stengeln. Hat riemenförmige, grundständige, dunkelgrüne Blätter.
K. thomsonii var. ***snowdenii*** Abb. S. 216.
K. triangularis, syn. *K. galpinii*, Abb. S. 221.
K. uvaria (Fackellilie). Var. ***nobilis*** ist eine aufrechte Staude zuerst mit aufrechten, dann ausgebreiteten Blättern. H. 2 m, Br. 1 m. Völlig winterhart. Im Spätsommer und Herbst tragen die kräftigen Stengel dichte, endständige Trauben röhrenförmiger, hellroter Blüten. Riemenförmige, gerillte, dunkelgrüne Blätter.

KOCHIA (Chenopodiaceae)
Kochie, Sommerzypresse
Gattung 1- und mehrjähriger Pflanzen, manchmal unter Bassia erfaßt. Nur *K. scoparia* f. *trichophylla* wird kultiviert. Bedingt winterhart. Am besten in der Sonne und in fruchtbarem, durchlässigem Boden. Muß in sehr windigen Regionen gestützt werden. Vermehrung durch Samen im Vorfrühling unter Glas, zu Frühjahrsmitte im Freien.
K. scoparia f. trichophylla Abb. S. 279.

KOELREUTERIA (Sapindaceae)
Blasenbaum
Gattung laubabwerfender, sommerblühender Bäume, wegen ihrer Blätter, Blüten und Früchte geschätzt. Völlig winterhart bis frostempfindlich, mind. 10°C. Braucht volle Sonne und fruchtbaren, durchlässigen Boden, gedeiht am besten in heißen Sommern. Vermehrung im Herbst durch Samen oder im Spätwinter durch Wurzelschnittlinge.
K. paniculata Abb. S. 65.

KOHLERIA (Gesneriaceae)
Gattung aufrechter Stauden mit schuppigen Rhizomen, wegen ihrer hauptsächlich im Sommer erscheinenden prächtigen, röhrenförmigen Blüten beliebt. Nicht winterhart, mind. 15°C. Braucht feuchten, durchlässigen Boden und volle Sonne oder Halbschatten. Im Winter wenig gießen; zuviel Gießen läßt Wurzeln faulen. Vermehrung im Frühjahr durch Rhizomteilung oder Samen, wenn erhältlich.
K. amabilis. Staude, mit Rhizom. H. 8–16 cm, Br. 60 cm. Ovale, behaarte, bis 8 cm lange Blätter sind oberseits oft silbern und braun gezeichnet. Im Sommer kleine, hängende, röhrenförmige, tiefrosa Blüten mit rot gezeichneten Blütenblättern. Geeignet für Blumenampel.
K. bogotensis. Aufrechte Staude mit Rhizomen. H. und Br. 45 cm oder mehr. Ovale, samtige, bis 8 cm lange, grüne Blätter sind manchmal an der Oberseite blasser grün gezeichnet. Im Sommer kleine, röhrenförmige Blüten, außen rot mit gelber Basis, innen gelb, rotgefleckt.
K. digitaliflora Abb. S. 204.
K. eriantha Abb. S. 209.

KOLKWITZIA (Caprifoliaceae)
Kolkwitzie
Gattung mit einer Art eines laubabwerfenden Strauches, wegen seiner Blütenfülle beliebt. Völlig winterhart. Bevorzugt volle Sonne und fruchtbaren, durchlässigen Boden. Nach der Blüte alte, beschädigte oder schwache Triebe herausschneiden. Vermehrung im Sommer durch krautige Stecklinge.
K. amabilis. Laubabwerfender, überhängender Strauch. H. und Br. 3 m. Rinde schält sich; Blätter oval, dunkelgrün. Im Spätfrühling und Frühsommer glockenförmige, weiße oder rosa Blüten mit gelbem Schlund. **'Pink Cloud'** Abb. S. 88.
Korolkowia sewerzowii. Siehe *Fritillaria sewerzowii.*

KONIFEREN
Gruppe von Bäumen und Sträuchern, die sich von anderen botanisch dadurch unterscheiden, daß sie mehr oder weniger freiliegende Samen in Samenschuppen tragen. Die meisten Koniferen sind immergrün, haben nadelähnliche Blätter und tragen holzige Früchte (Zapfen). Alle Gattungen der Familie Cupressaceae haben jedoch nadelähnliche, junge Blätter und, mit Ausnahme vieler Wacholderarten und anderen ausgewählten Formen, schuppenähnliche, ausgewachsene Blätter. In diesem Buch beschriebene Koniferen sind immergrün, ansonsten wird darauf hingewiesen.
Koniferen eignen sich bestens als Gartenpflanzen. Die meisten tragen das ganze Jahr über grüne, blaue, graue, bronzene, goldene oder silbrige Nadeln. Ihre Größe liegt zwischen 30 m und mehr bei großen Bäumen, hingegen wachsen Zwergsträuchern weniger als 5 cm in 10 Jahren. Große Koniferen kann man als Solitärbäume pflanzen oder als Sichtschutz und Abschirmung. Zwergformen sind einzeln, wie auch in der Gruppe hübsch anzuschauen, als Begleitpflanzen für Heidekraut, Abwechslung in Steingärten und als besonders gute Bodendecker. Sie können auch in Containern gezogen werden.

Winterhärte
Fast alle, in diesem Buch beschriebenen Koniferen sind winterhart. Einige Arten wie *Picea sitchensis*, *P. omorika* und *Pinus contorta* sind extrem widerstandsfähig und gedeihen an den kältesten, windigsten Standorten. *Araucaria, Cupressus* und *Pinus* eignen sich gut für Küstenregionen. *Athrotaxis, Austrocedrus, Cephalotaxus, Podocarpus* und gewisse Spezies, bei anderen Gattungen erwähnt, sind bedingt winterhart und gedeihen nur an milden Standorten. Anderswo benötigen sie einen geschützten Platz oder werden als Zwergpflanzen innen kultiviert. Frost kann den Neuaustrieb einiger Gattungen, ganz besonders bei *Abies, Larix, Picea* und *Pseudotsuga,* und strenge, trokkene Winter können vorübergehend auch die alten Nadeln schädigen.

Standort und Erde
× *Cupressocyparis, Cupressus, Larix* und *Pinus* benötigen volle Sonne. *Cedrus, Juniperus* und *Pseudolarix* tolerieren keinen Schatten. Alle Koniferen gedeihen in Sonne oder Schatten und die meisten *Abies* und alle *Cephalotaxus, Podocarpus, Taxus, Thuja, Torreya* und *Tsuga* auch, einmal angewachsen, im tiefen Schatten.
Im großen und ganzen wachsen Koniferen fast in jeder Erde gut. Jedoch einige Gattungen und Spezies vertragen keine kalk- oder lehmhaltigen Böden. In diesem Buch sind solche Koniferen beschrieben als: *Abies, Pseudolarix, Pseudotsuga* und *Tsuga*, auch *Picea*, außer *P. likiangesis, P. omorika* und *P. pungens, Pinus* außer *P. aristata, P. armandii, P. cembroides, P. halepensis, P. leucodermis, P. nigra, P. peuce* und *P. wallichiana.*
Einige Koniferen vertragen extreme Verhältnisse: *Abies alba, A. homolepis, A. nordmanniana, Cryptomeria, Cunninghamia, Metasequoia, Pinus coulteri, P. peuce, P. ponderosa, Sciadopitys, Sequoia, Sequoiadendron* und *Taxodium* wachsen in stark tonhaltigem Boden. *Picea omorika, P. sitchensis, Pinus contorta, Sciadopitys verticillata* und *Thuja plicata* fühlen sich alle in nasser Erde wohl. *Metasequoia* und *Taxodium* wollen staunasse Standorte. *Cupressus, Juniperus* und *Pinus* gedeihen gut in trockenem, sandigem Boden.

Rückschnitt
Sollten Koniferen mehr als einen Hauptstamm bilden, werden alle bis auf einen entfernt. Wenn man Hecken schneidet, sollte man bedenken, daß Koniferen nicht neu treiben, wenn man bis ins alte Holz zurückschneidet. Auch Zweige, die bereits braun sind, treiben nicht neu. Dies trifft jedoch bei den folgenden nicht zu: *Cephalotaxus, Cryptomeria, Cunninghamia, Sequoia, Taxus* und *Torreya.* Diese Koniferen kann man auch in vernünftigen Maßen im Garten kultivieren, indem man den Hauptstamm zurückschneidet (er wird neu treiben). Junge Spezies von *Araucaria, Ginkgo, Metasequoia* und *Taxodium* werden sich manchmal auch so verhalten.

Vermehrung
Samenvermehrung ist die einfachste Methode, aber Formen, die wegen der Blattfarbe selektiert wurden (bei einigen Arten anders als blau) fallen nicht immer echt aus. Man sät im Herbst oder Frühjahr. Alle Gattungen außer *Abies, Cedrus, Picea* (mit Ausnahme junger Pflanzen und Zwergformen, *Pinus, Pseudolarix, Pseudotsuga* und *Tsuga* (außer junge Pflanzen und Zwergformen) können leicht aus Kopfstecklingen gezogen werden: für Immergrüne diesjährige Triebe von Herbst bis Frühjahr, Kopfstecklinge im Sommer für laubabwerfende Koniferen. Hochwachsende Formen von *Pinaceae (Abies, Cedrus, Picea, Pinus, Pseudolarix, Pseudotsuga* und *Tsuga)* werden meistens durch Veredlung im Spätsommer, Winter oder Frühjahr vermehrt. Bei Zwergkoniferen sind Ableger auch eine Möglichkeit.

Krankheiten und Schädlinge
Viele Koniferen, speziell junge Pflanzen werden vom Hallimasch befallen. Am ehesten resistent dagegen sind: *Abies, Calocedrus, Larix, Pseudotsuga* und *Taxus.* Für die grüne Fichtenlaus ist *Picea* anfällig und die Koniferen-Spinnmilbe kann *Abies, Picea* und einige Arten von *Pinus* entlauben.
Hochwachsende Koniferen sind auf den Seiten 73–81 illustriert, Zwergformen von 82–83. Siehe auch *Abies, Araucaria, Athrotaxis, Austrocedrus, Catocedrus, Cedrus, Cephalotaxus, Chamaecyparis, Cryptomeria, Cunninghamia, Cupressocyparis, Cupressus, Fitzroya, Ginkgo, Juniperus, Larix, Metasequoia, Microbiota, Phyllocladus, Picea, Pinus, Podocarpus, Pseudolarix, Pseudotsuga, Saxegothaea, Sciadopitys, Sequoia, Sequoiadendron, Taxodium, Taxus, Thuja, Thujopsis, Torreya* und *Tsuga.*

KUNZEA (Myrtaceae)
Gattung immergrüner Sträucher und Bäume, wegen ihrer Blüten und ihrer Gesamterscheinung beliebt. Nicht winterhart, mind. 5–7°C. Bevorzugt volles Licht und sandigen, durchlässigen, sauren bis neutralen Boden. Kübelpflanzen mäßig gießen. Vermehrung im Spätsommer durch halbausgereifte Stecklinge oder im Frühjahr durch Samen.
K. baxteri. Immergrüner, runder Strauch mit drahtigem Stengel. H. und Br. bis 2 m. Schmale, zylindrische, zugespitzte Blätter und im Frühsommer 5blättrige, tiefrote Blüten mit Staubblättern, in 5 cm langen, bürstenähnlichen Ähren.

L

LABLAB (Leguminosae)
Gattung mit einer Art einer laubabwerfenden, windenden Kletterpflanze mit holzigem Stengel, wegen ihrer reizenden, erbsenähnlichen Blüten beliebt (in den Tropen als Gründünger und Tierfutter und wegen seiner eßbaren Hülsen und Samen gezogen). Oft als 1jährige Pflanze gezogen. Nicht winterhart, mind. 5–10°C. An sonnigen Stellen und in jedem durchlässigen Boden. Vermehrung im Frühjahr durch Samen.
L. purpureus, syn. *Dolichos lablab, D. lignosus,* Abb. S. 169.

+ LABURNOCYTISUS (Leguminosae)
Laubabwerfender Baum, wegen seiner Blüten beliebt. Pfropfbastard zwischen *Laburnum anagyroides* und *Cytisus purpureus.* Völlig winterhart. Braucht volle Sonne, gedeiht in jedem nicht staunassen Boden. Vermehrung im Spätsommer durch Pfropfen auf Laburnum.
+ L. adamii. Laubabwerfender, ausladender Baum. H. 8 m, Br. 6 m. Trägt im Spätfrühling und Frühsommer 3 Arten von Blüten: gelbe Laburnumblüten, purpurne Cytisusblüten und laburnumähnliche, gelbe und rosapurpurne Blüten. Blätter dunkelgrün mit 3 ovalen Blättchen.

LABURNUM (Leguminosae)
Goldregen
Gattung laubabwerfender Bäume, wegen ihrer üppigen, hängenden Blütentrauben im Frühjahr und Sommer beliebt. Völlig winterhart. Wächst am besten in voller Sonne, in jedem außer staunassen Boden. Samen sind sehr giftig. Vermehrung der Arten im Herbst durch Samen, der Hybriden im Sommer durch Veredlung.
L. alpinum (Alpengoldregen) Abb. S. 66.
L. anagyroides (Gemeiner Goldregen). Laubabwerfender, ausladender Baum. H. und Br. 7 m. Blätter blaugrün mit 3 ovalen Blättchen. Im Spätfrühling und Frühsommer kurze, hängende, dichte Trauben großer, gelber Schmetterlingsblüten.
***L. × watereri.* 'Vossii'** Abb. S. 65.

LACHENALIA (Liliaceae)
Gattung von winter- und frühjahrsblühenden Zwiebeln mit röhren- oder glokkenförmigen Blüten, einige mit hübsch gesprenkelten Blättern. Geeignet als Topf- und Rabattenpflanzen. Bedingt winterhart. Brauchen hellen, sonnigen Standort und durchlässigen Boden. im Frühherbst setzen und, wenn die Blätter abgestorben sind, trocken über Sommer stehenlassen. Vermehrung im Herbst durch Samen oder reichlich gebildeter Brutzwiebeln.
L. contaminata. Winter- und frühjahrsblühende Zwiebelblume. H. bis 20 cm, Br. 5–8 cm. Schmale, riemenförmige, halbaufrechte Blätter in basalem Büschel. Blattloser Stengel mit einer Ähre glokkenförmiger, weißer, 0,5 cm langer Blüten mit Rot und Grün an den Spitzen.
L. glaucina (Kaphyazinthe) Abb. S. 355.
L. mutabilis. Winter- und frühjahrsblühende Zwiebelblume. H. bis 30 cm, Br. 5–8 cm. 2 riemenförmige, halbaufrechte, basale Blätter. Stengel trägt eine lockere Ähre aus bis zu 25 röhrenförmigen, 1 cm langen Blüten. Knospen purpurn oder lila, Blütenblätter rötlichbraun mit grüner Röhrenblütenbasis.
***L.* 'Nelsonii'** Abb. S. 371.
L. orchioides. Winter- und frühjahrsblühende Zwiebelblume. H. 15–30 cm, Br. 5–8 cm. 2 riemenförmige, halbaufrechte, basale, grüne, manchmal schwärzlich oder purpurbraun gefleckte Blätter. Dichte Ähre duftender, halbaufrechter, röhrenförmiger, 1 cm langer, weißer Blüten mit einem Blauton und grün an den Spitzen.
***L.* 'Quadricolor'** Abb. S. 371.
L. rubida. Winterblühende Zwiebel. H. bis 25 cm, Br. 5–8 cm. 2 riemenförmige, halbaufrechte, basale, grüne, purpurn gefleckte Blätter und eine lockere Ähre hängender, röhrenförmiger, 2–3 cm langer, roter, an den Spitzen gelb getönter Blüten.
***L.* 'Tricolor'.** Winter- und frühjahrsblühende Zwiebel. H. 15–25 cm, Br. 5–8 cm. 2 riemenförmige, halbaufrechte, basale, grüne, purpurn gefleckte Blätter. Ähre von 10–20 hängenden, 3 cm langen Blüten mit gelber Röhre, die an der Spitze sich leicht rötlich färbt und mit grünen Spitzen an den Blütenblättern.
Lactuca alpina. Siehe *Cicerbita alpina.*
Lactuca bourgaei. Siehe *Cicerbita bourgaei.*

LAELIA. Siehe ORCHIDEEN.
L. anceps (Abb. S. 253). Immergrüne, epiphytische Orchidee für ein Kalthaus. H. 25 cm. Im Herbst lange Ähren von 6 cm breiten, lilarosa Blüten mit tief malvenfarbener Lippe. Ovale, steife, 10–15 cm lange Blätter. Braucht im Sommer Halbschatten.
L. cinnabarina (Abb. S. 225). Immergrüne, epiphytische Orchidee, für ein temperiertes Gewächshaus. H. 15 cm. Im Winter schlanke, 5 cm oder breitere, orange Blütenzweige. Schmalovale, steife, 8–10 cm lange Blätter. Braucht im Sommer gutes Licht.

× LAELIOCATTLEYA. Siehe ORCHIDEEN.
× *L.* Rojo 'Mont Millais' (Abb. S. 253). Immergrüne, epiphytische Orchidee, für ein temperiertes Gewächshaus. H. 30 cm. Von Winter bis Frühjahr überhängende, schlanke, orangerötliche, 2 cm breite Blüten. Ovale Blätter bis 15 cm lang. Braucht im Sommer gutes Licht.

LAGAROSIPHON (Hydrocharitaceae)
Wasserpest
Gattung halbimmergrüner, ausdauernder, wuchernder, untergetauchter Wasserpflanzen, wegen ihrer dekorativen Blätter geschätzt. Reichert Wasser mit Sauerstoff an. Winterhart. Braucht volle Sonne. Regelmäßig ausdünnen, im Wuchs einzuschränken. Vermehrung im Frühjahr oder Sommer durch Stammstecklinge.
L. major, syn. *Elodea crispa* hort., Abb. S. 375.

LAGERSTROEMIA (Lythraceae)
Gattung laubabwerfender oder immergrüner, sommerblühender Sträucher und Bäume, wegen ihrer Blüten beliebt. Winterhart bis frostempfindlich, mind. 3–5°C. Bevorzugt fruchtbaren, durchlässigen Boden und volles Licht. Kübelpflanzen im Wachstum reichlich, sonst weniger gießen. Im Frühjahr die vorjährigen Triebe stark zurückschneiden, damit die Strauchform erhalten bleibt. Vermehrung im Frühjahr durch Samen oder im Sommer durch halbausgereifte Stecklinge.
L. indica Abb. S. 64.
L. speciosa. Laubabwerfender, rundlicher Baum. H. 15–20 m, Br. 10–15 m. Nicht winterhart. Grüne bis tiefgrüne Blätter schmaloval, 8–18 cm lang. Trägt im Sommer – Herbst, oft in kahlem Zustand, Rispen von trichterförmigen, rosaroten bis purpurroten Blüten.

LAGUNARIA (Malvaceae)
Gattung mit einer Art eines immergrünen Baumes, wegen seiner Blüten von Sommer bis Herbst und seiner Gesamterscheinung geschätzt. Frostempfindlich, mind. 3–5°C. Bevorzugt fruchtbaren durchlässigen Boden und volles Licht. Topfpflanzen während des sommerlichen Wachstums reichlich, sonst mäßig gießen. Vertragen, wenn nötig, auch einen kräftigen Schnitt. Vermehrung im Frühjahr durch Samen oder im Sommer durch halbausgereifte Stecklinge. Die Rote Spinne kann bei Zimmerkultur lästig werden.
L. patersonii. Schnellwachsender, immergrüner, aufrechter, in der Jugend pyramidenförmiger Baum. H. 10–14 m, Br. 5–7 m. Ovale Blätter mit rauher Textur, oberseits mattgrün, unterseits weißlichgrün. Im Sommer hibiskusartige, 5 cm breite, rosa Blüten.

LAGURUS (Gramineae). Siehe GRÄSER, BAMBUS, BINSEN und RIEDGRÄSER.
L. ovatus Abb. S. 180.

LAMARCKIA (Gramineae). Siehe GRÄSER, BAMBUS, BINSEN und RIEDGRÄSER.
L. aurea (Goldschimmernde Lamarckia). Büschelbildendes, einjähriges Gras. H. und Br. 20 cm. Winterhart. Drahtige Stengel tragen wechselständige, blaßgrüne Blätter und im Sommer aufrechte, dichte, einseitige, goldene Rispen. Braucht Sonne.
***Lamiastrum galeobdolon* 'Variegatum'.** Siehe *Galeobdolon argentatum.*

LAMIUM (Labiatae)
Taubnessel
Gattung frühjahrs- und sommerblühender Stauden, meist halbimmergrün, darunter eine Anzahl Unkräuter; einige Arten sind nützlich als Bodenbedecker. Völlig winterhart. Braucht Schatten oder Halbschatten und feuchten, aber durchlässigen Boden. Verträgt im Winter keine übermäßige Nässe, Vermehrung im Sommer durch Kopfstecklinge von nichtblühenden Trieben oder im Herbst oder Vorfrühling durch Teilung.
***L. galeobdolon* 'Variegatum'** Siehe *Galeobdolon argentatum.*
I. maculatum (Gefleckte Taubnessel) Abb. S. 226. **'Album'** Abb. S. 224. **'Beacon Silver'** ist halbimmergrün, bodendekkend und mehrjährig. H. 20 cm, Br. 1 m. Ovale, silbrige, malvenfarben überhauchte Blätter, manchmal mit schmalen, grünen Rändern. Im Sommer auf kurzen Stengeln Quirle von malvenrosa Blüten mit helmförmiger Oberlippe. **'White Nancy'** Abb. S. 224.
L. orvala Abb. S. 228.

LAMPRANTHUS (Aizoaceae)
Mittagsblume
Gattung kriechender, mehrjähriger, buschiger Sukkulenten und Halbsträucher mit gänseblümchenartigen Blüten. Wird nach mehreren Jahren holzig, sollte dann erneuert werden. Im Sommer gute Beetpflanze, besonders unter ariden Bedingungen. Blätter röten sich bei starker Sonne. Nicht winterhart, mind. 5°C bei Trockenheit. Braucht volle Sonne und sehr durchlässigen Boden. Vermehrung im Frühjahr oder Herbst durch Samen oder Stecklinge.
L. aurantiacus Abb. S. 388.
L. haworthii. Aufrechte bis kriechende, ausdauernde Sukkulente. H. 50 cm, Br. unbestimmt. Blaugraue Blätter zylindrisch und 5 cm lang. Trägt im Frühjahr eine große Menge von gänseblümchenähnlichen, kirschroten, 7 cm breiten Blüten, die sich nur an der Sonne öffnen.
L. multiradiatus, syn. *L. roseus.* Kriechende, mehrjährige sukkulente Pflanze. H. 15 cm, Br. unbestimmt. Kräftige, 3eckige, grüne bis graugrüne, 5 cm lange Blätter. Von Frühjahr bis Herbst gänseblümchenähnliche, dunkelrosarote, 4 cm breite Blüten, die sich nur an der Sonne öffnen.
L. roseus. Siehe *L. multiradiatus.*
L. spectabilis Abb. S. 384.

LANTANA (Verbenaceae)
Wandelröschen
Gattung immergrüner Stauden und Sträucher, wegen ihrer Blüten beliebt. Nicht winterhart, mind. 10–13°C. Braucht volles Licht und fruchtbaren, durchlässigen Boden. Kübelpflanzen im Wachstum reichlich, sonst mäßig gießen. Junge Pflanzen an den Spitzen einkürzen, um buschigen Wuchs zu erreichen. Vermehrung im Frühjahr durch Samen oder im Sommer durch halbausgereifte Stecklinge. Rote Spinne und Weiße Fliege können lästig sein.
L. camara. Immergrüner, kompakter bis ausladender Strauch. H. und Br. 1–2 m. Ovale, fein gerunzelte, tiefgrüne Blätter. Von Frühjahr bis Herbst winzige, röhrenförmige, 5blättrige Blüten in dichten, gewölbten Köpfen, sind zuerst gelb und werden dann rot. Viele Sorten in verschiedenen Farben.
L. delicatissima. Siehe *L. montevidensis.*
L. montevidensis, syn. *L. delicatissima, L. sellowiana,* Abb. S. 135.
L. sellowiana. Siehe *L. montevidensis.*
***L.* 'Spreading Sunset'** Abb. S. 139.

LAPAGERIA (Liliaceae)
Gattung mit einer Art von immergrünen, windenden Kletterpflanzen mit holzigen Trieben, wegen ihrer großen, wachsartigen Blüten beliebt. Bedingt winterhart. Braucht humusreichen, durchlässigen Boden und Halbschatten. Mäßig, eher selten gießen, wenn nicht im Wachstum. Stütze bereitstellen. Im Frühjahr auslichten. Vermehrung im Frühjahr durch 2 Tage vorher eingeweichte Samen oder im Frühjahr oder Herbst durch Ableger.
L. rosea Abb. S. 168.
Lapeirousia cruenta. Siehe *Anomatheca laxa.*
Lapeirousia laxa. Siehe *Anomatheca laxa.*

LARDIZABALA (Lardizabalaceae)
Gattung immergrüner, windender Kletterpflanzen mit holzigem Stengel, wegen

seiner Blätter geschätzt. Blüten von Spätherbst bis Winter; einhäusig. Für Spaliere oder Lauben. Bedingt bis völlig winterhart. Braucht Sonne oder Halbschatten und durchlässigen Boden. Vermehrung im Frühjahr durch Samen oder im Spätsommer oder Herbst durch Stammstecklinge.
L. biternata. Immergrüne, windende, verholzte Kletterpflanze. H. 3–4 m. Bedingt winterhart. Abgerundete Blätter mit breitovalen, lederigen, dunkelgrünen Blättchen. Im Winter braune Blüten mit winzigen, weißlichen Blütenblättern, die männlichen Blüten in hängenden Ähren, die weiblichen einzelnstehend. Trägt von Winter bis Frühjahr vielsamige, beerenartige, 5–8 cm lange purpurne Früchte.

LARIX (Pinaceae) Lärche. Siehe KONIFEREN.
L. decidua (Europäische Lärche). Schnellwachsende, sommergrüne Konifere mit in der Jugend konischer, später breiter werdender Krone und abstehenden Ästen. H. 25–30 m, Br. 5–15 m. Völlig winterhart. Im Winter gelbbraune Zweige. Hat zartgrüne Nadeln und kleine, aufrechte, kegelförmige Zapfen.
L. kaempferi (Japanische Lärche). Schnellwachsende, sommergrüne, säulenförmige Konifere mit kegelförmiger Spitze. H. 25–30 m, Br. 5–8 m. Völlig winterhart. Purpurrote Zweige und nadelförmige, flache, graugrüne oder bläuliche Blätter. Kleine Zapfen mit zurückgebogenen Schuppen.

LATHRAEA (Scrophulariaceae)
Schuppenwurz
Gattung wuchernder, parasitischer Stauden. *L. clandestina* wächst auf den Wurzeln von Weiden und Pappeln. Keine grünen Blätter. Völlig winterhart. Wächst im Schatten ihrer Wirtspflanzen und bevorzugt feuchte Bedingungen. Wurzeln vertragen keine Störung. Vermehrung im Sommer durch Samen nach der Samenreife.
L. clandestina Abb. S. 228.

LATHYRUS (Leguminosae)
Platterbse, Wicke
Gattung ein- und mehrjähriger Pflanzen, wegen ihrer reizvollen Blütentrauben beliebt, viele sind rankende Kletterpflanzen. Den Blüten folgen lange, dünne Hülsen mit Samen. Winterhart bis bedingt winterhart. Wächst in humusreichem, fruchtbarem, durchlässigem Boden und in vollem Licht. Stütze bereitstellen und abgeblühte Blüten regelmäßig entfernen. Ausdauernde Pflanzen im Herbst zurückschneiden. Vermehrung der 1jährigen durch Samen (vorher eingeweicht) im Vorfrühling oder Frühherbst, der Stauden im Herbst durch Samen oder im Frühjahr durch Teilung. Grauschimmel und Mehltau können Probleme verursachen.
L. grandiflorus (Staudenwicke) Abb. S. 167.
L. latifolius (Staudenwicke) Abb. S. 169.
L. nervosus. Krautige, rankende Kletterpflanze. H. bis 5 m. Winterhart. Blätter graugrün, mit einem Paar Blättchen, einer 3ästigen Ranke und großflächigen Nebenblättern. Im Sommer duftende, purpurblaue Blüten in langstengeligen Trauben.
L. odoratus (Duftwicke, Wohlriechende Wicke). Mäßig schnellwachsende, einjährige, rankende Kletterpflanze. H. bis 3 m. Winterhart. Hat ovale grüne Blätter mit Ranken. Von Sommer bis Frühherbst Blüten in rosa, blauen, purpurnen oder weißen Farbtönen. Es gibt auch nichtkletternde Zwergformen. **'Bijou'** Abb. S. 268; **'Knee Hi'** Abb. S. 264; **'Lady Diana'** Abb. S. 172; **'Red Ensign'** Abb. S. 168; **'Selana'** Abb. S. 166; **'Xenia Field'** Abb. S. 167.
L. rotundifolius. Krautige, rankende Kletterpflanze mit geflügelten Stengeln. H. bis 1 m. Völlig winterhart. Blätter haben schmale Nebenblätter, je 1 Paar Blättchen und eine 3zweigige Ranke. Im Sommer kleine Trauben von 3–8 rosa bis purpurnen Blüten.
L. sylvestris (Wald-Platterbse). Krautige, rankende Kletterpflanze mit geflügelten Stengeln. H. bis 2 m. Völlig winterhart. Blätter haben schmale Nebenblätter, je 1 Paar Blättchen und am Ende eine verzweigte Ranke. Trägt im Sommer und Frühherbst Trauben von 4–10 grün und purpurn gezeichneten, rosa Blüten.
L. vernus (Frühlingsplatterbse) Abb. S. 227. **'Albo-roseus'** ist horstbildend und mehrjährig. H. und Br. 30 cm. Völlig winterhart. Schlanke Stengel tragen im Frühjahr je 3–5 weiß- und tiefrosa Blüten. Farnartige, gefiederte, weiche Blätter.

LAURELIA (Atherospermataceae oder Monimiaceae)
Gattung immergrüner Bäume und Sträucher, wegen ihrer aromatisch riechenden Blätter beliebt. Winterhart, braucht aber Schutz vor kaltem Wind. Benötigt Sonne oder Halbschatten; wächst in jedem, außer sehr trockenem Boden. Vermehrung im Sommer durch halbausgereifte Stecklinge.
L. serrata. Immergrüner, breit kegelförmiger Baum oder Strauch. H. und Br. bis 15 m. Ovale, lederige Blätter sind glänzend, dunkelgrün und riechen aromatisch. Trägt im Sommer unauffällige Blüten.

LAURUS (Lauraceae)
Lorbeerbaum
Gattung immergrüner Bäume, wegen ihrer Blätter geschätzt. Winterhart, doch die Blätter können durch extrem kaltes Wetter oder starken, kalten Wind ausgedörrt werden. Braucht geschützte Lage in Sonne oder Halbschatten und fruchtbaren, durchlässigen Boden. Kann im Kübel als Bäumchen gezogen werden und sollte im Sommer leicht gestutzt werden. Vermehrung im Sommer durch halbausgereifte Stecklinge oder im Herbst durch Samen.
L. nobilis. Immergrüner, breit kegelförmiger Baum. H. 12 m, Br. 10 m. Die schmalovalen, lederigen, glänzenden, dunkelgrünen Blätter riechen sehr aromatisch und werden in der Küche verwendet. Im Frühjahr kleine, sternförmige, blaßgelbe Blüten, gefolgt von kugeligen bis eiförmigen, grünen, später schwarzen Früchten.

LAVANDULA (Labiatae)
Lavendel
Immergrüne, vorwiegend sommerblühende Sträucher mit ganzen oder geteilten, oft graugrünen Blättern; wegen ihrer aromatisch riechenden Blätter und ihrer Blüten beliebt. Bildet niedrige Hecken. Bedingt bis völlig winterhart. Braucht volle Sonne und fruchtbaren, durchlässigen Boden. Hecken im Frühjahr leicht zurückschneiden, um kompakten Wuchs zu bewahren. Vermehrung der Pflanzen im Sommer durch halbausgereifte Stecklinge.
L. angustifolia **'Hidcote'** Abb. S. 135. **'Munstead'.** Siehe *L.* 'Munstead'.
L. dentata (Französischer Lavendel). Immergrüner, buschiger Strauch. H. und Br. 1 m. Winterhart. Blätter aromatisch duftend, farnartig, gezähnt und graugrün. Von Hoch- bis Spätsommer dichte Ähren von kleinen, leicht duftenden, röhrenförmigen, lavendelblauen Blüten mit purpurnen Tragblättern.
L. **'Grappenhall'.** Immergrüner, buschiger Strauch. H. 1 m, Br. 1,5 m. Winterhart. Trägt schmal-längliche, graugrüne Blätter. Im Sommer langstengelige Ähren von winzigen, leicht duftenden, röhrenförmigen, purpurblauen Blüten.
L. **'Munstead',** syn. *L. angustifolia* 'Munstead'. Immergrüner, buschiger, kompakter Strauch. H. und Br. 60 cm. Völlig winterhart. Schmale, längliche, aromatische, graugrüne Blätter. Im Sommer dichte Ähren von winzigen, duftenden, röhrenförmigen, blauen Blüten.
L. stoechas Schopflavendel. Abb. S. 135.

LAVATERA (Malvaceae)
Gattung von sommerblühenden 1- und 2jährigen Pflanzen, Stauden und halbimmergrünen Halbsträuchern und Sträuchern. Bedingt bis völlig winterhart. Braucht Sonne und durchlässigen Boden. Vermehrung der Stauden, Halbsträucher und Sträucher im Vorfrühling oder Sommer durch krautige Stecklinge, der 1- und 2jährigen im Frühjahr oder Frühherbst durch Samen.
L. assurgentiflora Abb. S. 109.
L. cachemiriana, syn. *L. cachemirica,* Abb. S. 189.
L. cachemirica. Siehe *L. cachemiriana.*
L. olbia **'Rosea'** (Küstenmalve) Abb. S. 109.
L. trimestris **'Mont Blanc'** (Sommermalve) Abb. S. 262. **'Silver Cup'** Abb. S. 268.

LAYIA (Compositae)
Gattung einjähriger Pflanzen, für heiße und trockene Stellen geeignet. Winterhart. Brauchen Sonne und gedeihen auf nährstoffarmen bis fruchtbarem, sehr durchlässigem Boden. Vermehrung im Frühjahr oder Frühherbst durch Freilandaussaat.
L. elegans. Siehe *L. platyglossa.*
L. platyglossa, syn. *L. elegans.* Schnellwachsende, aufrechte, buschige, 1jährige Pflanze. H. 45 cm, Br. 30 cm. Lanzettliche, graugrüne Blätter. Von Frühsommer bis Frühherbst 5 cm breite, gänseblümchenähnliche Blütenköpfe, Blütenblätter gelb mit weißen Spitzen. Als Schnittblumen geeignet.

LECHENAULTIA, syn. LESCHENAULTIA (Goodeniaceae)
Gattung immergrüner Sträucher, wegen ihrer Blüten beliebt. Nicht winterhart, mind. 7–10 °C. Braucht volles Licht und torfigen, durchlässigen Boden mit wenigen Phosphaten und Nitraten. Kübelpflanzen während des Wachstums mäßig, sonst selten gießen. Zu lange Stengel nach der Blüte stutzen. Vermehrung im Frühjahr durch Samen oder im Sommer durch halbausgereifte Stecklinge. Die meisten Arten sind unter Glas nicht leicht zu ziehen; gute Belüftung ist unentbehrlich.
L. floribunda. Immergrüner, kegelförmiger Strauch mit drahtigem Stengel. H. und Br. 30–60 cm. Hat schmale, zylindrische, zugespitzte Blätter und von Frühjahr bis Sommer endständige Büschel von kurzen, röhrenförmigen, blaßblauen, 5blättrigen Blüten.

LEDEBOURIA (Liliaceae)
Gattung von Zwiebelblumen mit dekorativen, schmal lanzettlichen Blättern, einige sind immergrün. Sehr kleine Blüten mit zurückgebogenen Blütenblättern. Gute Topfpflanzen für Kalthäuser. Bedingt winterhart. Brauchen lockeren, unbedeckten Boden und für die Entwicklung der Blattzeichnung volles Licht. Vermehrung im Frühjahr durch Brutzwiebeln.
L. cooperi, syn. *Scilla adlamii.* Sommerblühende Zwiebel. H. 5–10 cm, Br. 2,5–5 cm. Halbaufrechte, basale, grüne Blätter mit bräunlichpurpurnen Streifen sterben im Winter ab. Kurze Ähre aus kleinen, glockenförmigen, grünlichpurpurnen Blüten.
L. socialis, syn. *Scilla violacea,* Abb. S. 363.

LEDUM (Ericaceae)
Porst
Gattung immergrüner Sträucher, beliebt wegen ihrer aromatisch duftenden Blätter und ihrer kleinen weißen Blüten. Völlig winterhart. Braucht Schatten oder Halbschatten und feuchten, sauren, torfigen Boden. Verblühtes entfernen ist vorteilhaft. Vermehrung im Sommer durch halbausgereifte Stecklinge oder im Herbst durch Samen.
L. groenlandicum Abb. S. 122.

LEIOPHYLLUM (Ericaceae)
Sandmyrte
Gattung mit einer Art; immergrüner Strauch mit extensivem, sich ausbreitendem Wurzelsystem. Völlig winterhart. Bevorzugt Halbschatten und durchlässigen, torfigen, sauren Boden. Regelmäßige Kopfdüngung mit torfiger Erde. Vermehrung im Frühjahr durch Samen oder im Sommer durch halbausgereifte Stecklinge.
L. buxifolium. Immergrüner, kegelförmiger Strauch. H. 25 cm, Br. 45 cm. Stengel sind mit winzigen, ovalen, lederigen, dunkelgrünen Blättern bedeckt. Im Spätfrühling öffnen sich die endständigen Trauben von tiefrosa Knospen zu kleinen, sternförmigen, weißen Blüten mit vorstehenden Staubblättern.

LEMAIREOCEREUS (Cactaceae)
Gattung säulenförmiger, ausdauernder Kakteen mit rippigem, stachligem, dunkelgrünem Körper. Erreicht in 5–10 Jahren 1 m Höhe. Blüten im Sommer, nur an über 2 m hohen Pflanzen. Nicht winterhart, mind. 11 °C, sonst kann er fleckig werden. Braucht volle Sonne und sehr durchlässigen Boden. Vermehrung im Frühjahr oder Sommer durch Samen oder Stammstecklinge.
L. euphorbioides, syn. *Rooksbya euphorbioides,* Abb. S. 380.
L. marginatus, syn. *Marginatocereus marginatus,* Abb. S. 379.
L. thurberi. Säulenförmiger, ausdauernder Kaktus, der sich von weit unten her verzweigt. H. bis 7 m, Br. 3 m. 5- oder

6rippiger, glänzender, dunkelgrüner Körper mit sehr kurzstachligen Areolen, die in dichten Reihen auf den Rippen sitzen. Im Sommer röhrenförmige weiße Blüten.

LEONOTIS (Labiatae)
Löwenohr
Gattung einjähriger Pflanzen, immergrüner und halbimmergrüner Stauden, Halbsträucher und Sträucher, wegen ihrer Blüten und ihrer Gesamterscheinung beliebt. Bedingt winterhart bist frostempfindlich, mind. 5–7°C. Brauchen volle Sonne und nahrhaften, durchlässigen Boden. Kübelpflanzen im Wachstum reichlich, sonst viel weniger gießen. Im Vorfrühling Stauden, Halbsträucher und Sträucher auf höchstens 15 cm über dem Boden zurückschneiden. Vermehrung im Frühjahr durch Samen oder im Frühsommer durch Grünholzstecklinge.
L. leonurus Abb. S. 117.

LEONTOPODIUM (Compositae)
Edelweiß
Gattung kurzlebiger, frühjahrsblühender, wolliger Stauden, wegen ihrer Blütenköpfe beliebt. Für Steingärten geeignet. Völlig winterhart. Braucht Sonne, sandigen, durchlässigen Boden und etwas Kies als Unterlage. Vor feuchtem Wind schützen, Nässe im Winter schadet den Pflanzen. Vermehrung durch Teilung im Frühjahr oder durch Aussaat nach der Samenreife. Viele Samen nicht keimfähig.
L. alpinum Abb. S. 286.
L. stracheyi. Rasenbildende, wollige, ausdauernde Pflanze. H. und Br. 10 cm. Im Frühjahr sternförmige, weiße Blütenköpfe zwischen dicken, ovalen, silbrigen Blättern. Alpinhaus günstig.

LEPTOSPERMUM (Myrtaceae)
Steinsame
Gattung immergrüner Bäume und Sträucher, wegen ihrer Blätter und ihrer kleinen, oft zahlreichen Blüten geschätzt. Gedeiht in nicht zu exponierten Küstenregionen. Winterhart bis bedingt winterhart, aber in kühleren Regionen besser an nach Süden oder Westen gelegenen Mauern pflanzen. Braucht volle Sonne und fruchtbaren, durchlässigen Boden. Vermehrung im Sommer durch halbausgereifte Stecklinge.
L. flavescens Abb. S. 107.
L. humifusum Abb. S. 128.
***L. scoparium.* 'Keatleyi'** ist ein immergrüner, runder Strauch. H. und Br. 3 m. Bedingt winterhart. Im Spätfrühling und Sommer setzen die schmalen, lanzettlichen, aromatisch riechenden, graugrünen Blätter eine Fülle von großen, sternförmigen, blaßrosa Blüten an. **'Nicholsii'** trägt bronzepurpurne Blätter und kleinere, hochrote Blüten. **'Red Damask'** Abb. S. 99.

LESCHENAULTIA. Siehe LECHENAULTIA.

LEUCADENDRON (Proteaceae)
Gattung immergrüner Sträucher und Bäume, wegen ihrer Blütenköpfe von Herbst bis Frühjahr und ihrer Blätter beliebt. Frostempfindlich, mind. 5–7°C. Brauchen volles Licht und sehr durchlässigen Boden, vorwiegend aus Sand und Torf, ideal wenn mit sehr wenig Stickstoff und Phosphaten. Topfpflanzen im Wachstum mäßig, sonst spärlich gießen. Vermehrung im Frühjahr durch Samen.
L. argenteum (Silberbaum) Abb. S. 72.
Leucanthemella serotina. Siehe *Chrysanthemum uliginosum.*

LEUCHTENBERGIA (Cactaceae)
Gattung mit einer Art; ausdauernder Kaktus. Blätter sehen wie bei *Agave* aus, aber die Blüten, Samenkapseln und Samen sind wie bei *Ferocactus.* Warzen auf kurzen, rauhen, holzigen Stämmen. Frostempfindlich, mind. 6°C. Braucht volle Sonne und sehr durchlässigen Boden. Im Winter ganz trocken halten, von Frühjahr bis Herbst spärlich gießen. Vermehrung im Frühjahr oder Sommer durch Samen.
L. principis Abb. S. 387.

LEUCOCORYNE (Liliaceae)
Gattung frühjahrsblühender Zwiebeln mit lockeren Köpfen flacher Blüten. Bedingt winterhart. Braucht Sonne und durchlässigen Boden. Im Herbst setzen und bis nach der Blüte gießen. Sommerruhe. Vermehrung im Herbst durch Samen oder Brutzwiebeln.
L. ixioides (Ruhm der Sonne) Abb. S. 346.

LEUCOGENES (Compositae)
Gattung immergrüner Stauden mit holziger Basis, wegen ihrer Blätter geschätzt. In Regionen mit kühlen Sommern vorzüglich für Alpinenhäuser. Winterhart bis bedingt winterhart. Braucht Sonne und sandigen, durchlässigen, torfigen Boden. Verträgt im Winter keine Nässe und kann schwierig zu ziehen sein. Vermehrung durch Aussaat nach der Samenreife oder im Spätfrühling bis Frühsommer durch Kopfstecklinge.
L. grandiceps Abb. S. 329.
L. leontopodium. Immergrüne Staude mit Rosetten. H. und Br. 12 cm. Bedingt winterhart. Längliche bis ovale, überlappende, silbrigweiße bis gelbliche Blätter. Trägt im Frühsommer bis zu 15 kleine, sternförmige, wollige, silberweiße Blütenköpfe, umgeben von dicken, filzigen, weißen Hüllblättern.

LEUCOJUM (Amaryllidaceae)
Knotenblume, Märzenbecher
Gattung von Zwiebelblumen, wegen ihrer hängenden, glockenförmigen, weißen oder rosa Blüten im Frühjahr oder Herbst beliebt. Völlig bis winterhart. Einige Arten bevorzugen feuchten Standort mit Halbschatten, andere sonnige Lage und durchlässigen Boden. Vermehrung im Frühjahr oder Frühherbst durch Teilung oder im Herbst durch Samen.
L. aestivum Abb. S. 332.
L. autumnale (Herbstknotenblume) Abb. S. 366.
L. roseum. Im Frühherbst blühende Zwiebel, H. bis 10 cm, Br. 2,5–5 cm. Winterhart. Schlanke Stengel tragen einzelnstehende blaßrosa, 1 cm lange Blüten. Fadenartige, aufrechte, basale Blätter erscheinen zugleich mit den Blüten oder kurz nachher. Bevorzugt Sonne und durchlässigen Boden.
L. vernum (Frühlingsknotenblume, Märzbecher) Abb. S. 356.

LEUCOSPERMUM (Proteaceae)
Gattung immergrüner Sträucher, wegen ihrer Blütenköpfe beliebt. Frostempfindlich, mind. 7–10°C. Braucht volles Licht und sandigen, durchlässigen Boden mit wenig Phosphaten und Nitraten. Kübelpflanzen im Wachstum mäßig, sonst spärlich gießen. Vermehrung im Frühjahr durch Samen. Nicht leicht für lange Zeit unter Glas zu kultivieren; gute Belüftung ist erforderlich.
L. cordifolium, syn. *L. nutans.* Immergrüner, kompakter bis ausladender, verzweigter Strauch. H. und Br. 1,2 m. Herzförmige, spitz zulaufende, blaugraue Blätter mit 3zackigen Spitzen. Im Sommer sehr schlanke, röhrenförmige, ziegelrote bis orange Blüten mit langen Griffeln in dichten Blütenköpfen, die Einzelblüten ähnlich sind.
L. nutans. Siehe *L. cordifolium.*
L. reflexum Abb. S. 98.

LEUCOTHÖE (Ericaceae)
Traubenheide
Gattung immergrüner, halbimmergrüner oder laubabwerfender Sträucher, wegen ihrer weißen Blüten und ihrer Blätter beliebt. Völlig- bis winterhart. Braucht Schatten oder Halbschatten und feuchten, torfigen, sauren Boden. Vermehrung im Sommer durch halbausgereifte Stecklinge.
L. fontanesiana. Immergrüner, überhängender Strauch. H. 1,5 m, Br. 3 m. Völlig winterhart. Lanzettliche, lederige, glänzende, dunkelgrüne Blätter haben lange Spitzen und scharfe Zähne. Im Frühjahr kurze Trauben von kleinen, krugförmigen, weißen Blüten. **'Rainbow'** Abb. S. 145.
L. keiskei. Immergrüner Strauch mit aufrechten oder halbniederliegenden Stengeln. H. 15–60 cm, Br. 30–60 cm. Winterhart. Ovale, dünn strukturierte, glänzende, dunkelgrüne Blätter sehen lederig aus, sind in der Jugend rot. Trägt im Sommer in den Blattachseln krugförmige, weiße Blüten. Geeignet für Steingarten, Torfbeet oder Alpinenhaus. Bevorzugt, mildes, feuchtes Klima.

LEWISIA (Portulacaceae)
Bitterwurz, Jewisie
Gattung von Stauden, von denen einige immergrün sind, mit Rosetten sukkulenter Blätter und tiefen Pfahlwurzeln. Die meisten Arten sind geeignet für Alpinenhäuser, Tröge und Steingärten. Völlig- bis winterhart. Immergrüne Arten brauchen Halbschatten und humusreichen, feuchten oder durchlässigen, neutralen bis sauren Boden und vertragen kein Wasser in ihren Rosetten. Krautige Arten werfen Blätter im Sommer ab und brauchen Sonne und durchlässigen, neutralen bis sauren Boden; nach der Blüte austrocknen lassen. Vermehrung der krautigen Arten im Frühjahr oder Herbst durch Samen, der immergrünen im Frühjahr durch Samen oder im Sommer durch Ableger. Sämlinge der L. Cotyledon-Hybriden spalten auf.
L. columbiana. Immergrüne, ausdauernde Pflanze mit basalen Rosetten. H. 15 cm und mehr, Br. 10–15 cm. Völlig winterhart. Trägt dicke, schmal längliche, flache, glänzende, grüne Blätter und im Frühsommer endständige Rispen von kleinen, schalenförmigen, tief geaderten, weißen bis tiefrosa Blüten. Bevorzugt feuchten Boden.
***L.* Cotyledon-Hybriden** Abb. S. 294.
***L.* 'George Henley'** Abb. S. 292.
L. nevadensis. Locker wachsende Staude mit basalen Rosetten. H. 4–6 cm, Br. 8 cm. Völlig winterhart. Im Sommer große, fast stiellose, schalenförmige weiße Blüten über kleinen Büscheln riemenförmiger, dunkelgrüner Blätter.
L. rediviva (rosa) Abb. S. 319; (weiß) Abb. S. 313.
L. tweedyi Abb. S. 304.

LEYCESTERIA (Caprifoliaceae)
Gattung laubabwerfender Sträucher, wegen ihrer prächtigen Blütentrauben beliebt. Winterhart bis bedingt winterhart. Braucht volle Sonne und fruchtbaren, durchlässigen Boden. Vermehrung im Sommer durch krautige Stecklinge oder im Herbst durch Samen oder Teilung.
L. formosa. Laubabwerfender, aufrechter Strauch. H. und Br. 2 m. Winterhart. Hat blaugrüne Zweige und schlanke, ovale, dunkelgrüne Blätter. Im Sommer und Frühherbst kleine, trichterförmige, weiße Blüten an der Spitze von hängenden Trauben purpurroter Hüllblätter, gefolgt von kugelförmigen, purpurroten Früchten. Im Frühjahr schwache Triebe bis zum Boden abschneiden.

LEYMUS (Gramineae). Siehe GRÄSER, BAMBUS, BINSEN und RIEDGRÄSER.
L. arenarius, syn. *Elymus arenarius* (Strandhafer). Kräftiges, sich ausbreitendes, krautiges, rhizombildendes, ausdauerndes Gras. H. bis 1,5 m, Br. unbestimmt. Völlig winterhart. Hat breite, bläulichgrüne Blätter. Im Spätsommer kräftige, endständige Ähren graugrüner Blüten auf aufrechten Stengeln. Kann verwendet werden, um Küstendünen zu befestigen.

LIATRIS (Compositae)
Prachtscharte
Gattung sommerblühender Stauden mit verdickten, knollenartigen Wurzelstöcken. Völlig winterhart. Bevorzugt Sonne und durchlässigen Boden. Vermehrung im Frühjahr durch Teilung.
L. callilepis. Siehe *L. spicata.*
L. pycnostachya. Horstbildende Staude. H. 1,2 m, Br. 30 cm. Trägt im Sommer lange Ähren von engstehenden, federigen, malvenrosa Blütenköpfen. Grasartige, dunkelgrüne Blätter in basalen Büscheln.
L. spicata, syn. *L. callilepis,* Abb. S. 237.

LIBERTIA (Iridaceae)
Gattung rhizombildender Stauden, wegen ihrer dekorativen Samenkapseln und Blüten beliebt. Bedingt bis winterhart. Braucht geschützten Standort mit Sonne oder Halbschatten und durchlässigen Boden. Vermehrung im Frühjahr durch Teilung oder im Herbst oder Frühjahr durch Samen.
L. grandiflora Abb. S. 200.
L. ixioides. Horst- und rhizombildende Staude. H. und Br. 60 cm. Winterhart. Im Sommer Rispen von tellerförmigen, weißen Blüten. Grasartige, dunkelgrüne Blätter werden im Winter orangebraun.
Libocedrus chilensis. Siehe *Austrocedrus chilensis.*
Libocedrus decurrens. Siehe *Calocedrus decurrens.*
Libonia floribunda. Siehe *Justicia rizzinii.*

LIGULARIA (Compositae)
Kreuzkraut
Gattung von Stauden, wegen ihrer Blätter und ihrer großen, gänseblümchenartigen

Blütenköpfe beliebt. Bedingt bis völlig winterhart. Braucht Sonne oder Halbschatten und feuchten, aber durchlässigen Boden. Vermehrung im Frühjahr durch Teilung oder im Herbst oder Frühjahr durch Samen. Anfällig für Schnecken und Nacktschnecken.
***L. dentata* 'Desdemona'**, syn. *Senecio clivorum* 'Desdemona'. Kompakte, horstbildende, ausdauernde Pflanze. H. 1,2 m, Br. 60 cm. Völlig winterhart. Herzförmige, langstengelige, lederige, basale, dunkel bräunlichgrüne, unterseits fast mahagonifarbene Blätter und von Hoch- bis Spätsommer endständige Trauben von großen, gänseblümchenähnlichen, lebhaft orangen Blütenköpfen auf verzweigten Stengeln.
***L.* 'Gregynog Gold'.** Horstbildende Staude. H. 2 m, Br. 60 cm. Völlig winterhart. Blätter groß, herzförmig und tiefgrün. Im Sommer kegelförmige Rispen von gänseblümchenähnlichen, orangegelben Blütenköpfen.
L. przewalskii Abb. S. 191.
L. stenocephala Abb. S. 191.
L. tussilaginea. Horstbildende Staude. H. und Br. 60 cm. Winterhart. Große, abgerundete, gezähnte, basale, grüne, darüber im Spätsommer wollige, verzweigte Stengel mit gänseblümchenähnlichen, blaßgelben Blütenköpfen. **'Aureo-maculata'** ist bedingt winterhart und hat golden und weiß gefleckte Blätter.

LIGUSTRUM (Oleaceae)
Liguster, Rainweide
Gattung laubabwerfender, halbimmergrüner oder immergrüner Sträucher oder Bäume, beliebt wegen ihrer Blätter und bei einigen Arten wegen ihrer Blüten. Völlig bis winterhart. Braucht Sonne oder Halbschatten, die gefleckten Formen gedeihen am besten in voller Sonne. Gedeiht auf jedem durchlässigen Boden, auch auf kalkhaltigem. Alle außer *L. lucidum* müssen gelegentlich im Frühjahr zurückgeschnitten werden, um das Wachstum einzudämmen. Vermehrung im Sommer durch halbausgereifte Stecklinge.
L. japonicum (Japanischer Liguster). Immergrüner, buschiger, dichter Strauch. H. 3 m, Br. 2,5 m. Winterhart. Hat ovale, dunkelgrüne, glänzende Blätter und bringt von Hochsommer bis Frühherbst große, kegelförmige Rispen von kleinen, röhrenförmigen, vierzähligen, weißen Blüten hervor. **'Rotundifolium'** wächst relativ langsam und hat eine dichte Masse von abgerundeten, lederigen Blättern.
L. lucidum (Chinesischer Liguster). Immergrüner, aufrechter Strauch oder Baum. H. 10 m, Br. 8 m. Winterhart. Trägt große, ovale, dunkelgrüne, glänzende Blätter. Im Spätsommer und Frühherbst große Rispen von kleinen, röhrenförmigen, 4zähligen, weißen Blüten. **'Excelsum Superbum'** Abb. S. 95.
L. ovalifolium Abb. S. 94. **'Aureum'** ist ein kräftiger, halbimmergrüner, aufrechter, dichter Strauch. H. 4 m, Br. 3 m. Völlig winterhart. Blätter oval, glänzend, mittelgrün und breit hellgelb eingefaßt. Im Hochsommer dichte Rispen von kleinen, unangenehm riechenden, röhrenförmigen, 4zähligen, weißen Blüten, gefolgt von kugeligen schwarzen Früchten. Hekken nach dem Pflanzen auf 30 cm zurückschneiden und die ersten 2 Jahre stark zurückschneiden, dann während der Wachstumszeit nach Notwendigkeit zurechtschneiden.
L. sinense (Chinesischer Liguster) Abb. S. 86.
***L.* 'Vicaryi'** Abb. S. 121.
L. vulgare. Laubabwerfender oder halbimmergrüner, buschiger Strauch. H. und Br. 3 m. Völlig winterhart. Blätter schmal lanzettlich und dunkelgrün. Im Sommer Rispen von kleinen, stark duftenden, röhrenförmigen, 4zähligen, weißen Blüten, dann kugelige, schwarze Früchte. Hecken nach dem Pflanzen auf 30 cm zurückschneiden und die ersten 2 Jahre stark stutzen, dann während der Wachstumszeit nach Notwendigkeit zurechtschneiden. **'Aureum'**, H. und Br. 2 m, hat goldgelbe Blätter.

LILIUM (Liliaceae)
Lilie
Gattung vorwiegend sommerblühender Zwiebeln, wegen ihrer leuchtend gefärbten, oft duftenden Blüten beliebt. Zwiebel mit fleischigen Schuppen bringt einen unverzweigten, beblätterten Stengel hervor, in einigen Fällen mit 1jährigen Wurzeln im unteren Teil. Meist lanzettliche oder linealische, bis 22 cm lange Blätter wechselständig oder in Quirlen, manchmal mit Brutzwiebeln in den Blattachseln. Blüten, meist mehrere auf einem Stengel, sind vorwiegend trompeten- bis schalenförmig oder haben die 6 Blütenblätter türkenbundartig zurückgerollt. (Blütenblätter von *Lilien* werden in der Botanik als Perianthsegmente bezeichnet.) Br. bis 30 cm. Winterhart, außer wenn anders angegeben. Braucht Sonne und durchlässigen Boden, außer wenn anders angegeben. Vermehrung im Herbst oder Frühjahr durch Samen, im Sommer durch Zwiebelschuppen oder im Herbst durch Brutzwiebeln, die sich am Stengel bilden. Virosen und Pilzkrankheiten (Botrytis = Grauschimmel) und Lilienhähnchen können Probleme verursachen.
L. amabile. Sommerblühende Zwiebel, wurzelbildend am Schaft. H. 30 cm – 1 m. Lanzettliche, wechselständige Blätter. Trägt bis zu 10 unangenehm riechende, nickende, türkenbundartige rote Blüten; Blütenblätter 5–5,5 cm lang, mit schwarzen Tupfen.
***L.* 'Amber Gold'** (Abb. S. 338). Sommerblühende Zwiebel. H. 1,2–1,5 m. Nikkende, tiefgelbe Blüten mit braunen Tupfen im Schlund, Türkenbundform.
***L.* 'Apollo'** (Abb. S. 338). Sommerblühende Zwiebel. H. 1,2 m. Trägt hängende, blaßorange Blüten mit stark zurückgerollten Blütenblättern (Türkenbundform).
L. auratum (Goldbandlilie). Sommer- und herbstblühende Zwiebel, wurzelbildend am Schaft. H. 60 cm – 1,5 m. Lange, wechselständige, lanzettliche Blätter. Trägt bis zu 10, manchmal mehr, duftende, weit schalenförmige, seitlich abstehende, weiße Blüten; jedes Blütenblatt 12–18 cm lang mit einem roten oder gelben Band in der Mitte und oft roten oder gelben Tupfen. Braucht Halbschatten und neutralen bis sauren Boden. **Var. *platyphyllum*** (Abb. S. 338) hat breitere Blätter; Blütenblätter mit gelbem Band in der Mitte und weniger Tupfen.
***L.* 'Black Beauty'** (Abb. S. 338). Sommerblühende Zwiebel. H. 1,5–2 m. Trägt flache, seitlich abstehende, tiefrote Blüten mit grünem Zentrum und zurückgebogenen Blütenblättern mit weißem Rand.
***L.* 'Black Dragon'** Sommerblühende Zwiebel. H. 1,5 m. Hat seitlich abstehende, trompetenförmige Blüten mit dunkel purpurroter Außenseite und weißer Innenseite.
***L.* 'Black Magic'** (Abb. S. 338). Sommerblühende Zwiebel. H. 1,2–2 m. Duftende, seitlich abstehende, trompetenförmige Blüten sind außen purpurbraun und innen weiß.
***L.* 'Bonfire'.** Spätsommerblühende Zwiebel. H. 1,2–1,5 m. Trägt seitlich abstehende, schalenförmige Blüten mit breiten Blütenblättern, außen weiß mit rosa überhaucht und innen dunkel karmesinrot mit blasser karmesinrot getupft.
***L.* 'Bright Star'** (Abb. S. 338). Sommerblühende Zwiebel. H. 1–1,5 m. Flache weiße Blüten; Blütenblätter mit zurückgebogenen Spitzen und innen mit orangem Mittelstreifen.
***L.* 'Brushmarks'** (Abb. S. 338). Frühsommerblühende Zwiebel. H. 1,35 m. Aufrechte, schalenförmige, orange Blüten mit grünem Schlund. Blütenblätter haben tiefrote Flecke und manchmal Tupfen.
L. bulbiferum (Feuerlilie). Sommerblühende Zwiebel, wurzelbildend am Schaft. H. 40 cm – 1,5 m. Stengel trägt wechselständige, lanzettliche Blätter und in der Regel Brutzwiebeln in den Blattachseln. Trägt 1–5 oder mehr aufrechte, schalenförmige, orangerote Blüten. Blütenblätter 6–8,5 cm lang und schwarz oder tiefrot getüpfelt. **Var. *croceum*** (Abb. S. 338) hat orange Blüten und normalerweise keine Brutzwiebeln.
L. canadense (Kanadische Lilie). Sommerblühende Zwiebel, wurzelbildend am Schaft. H. bis 1,5 m. Schmale bis breite lanzettliche Blätter in Quirlen. Trägt etwa 10 nickende, glockenförmige, gelbe oder rote Blüten; Blütenblätter 5–8 cm lang, mit dunkelroten oder purpurnen Tupfen im unteren Teil.
L. candidum (Madonnenlilie; Abb. S. 338). Sommerblühende Zwiebel. H. 1–2 m. Wechselständige, lanzettliche Blätter und 5–20 duftende, breit trichterförmige, seitlich abstehende weiße Blüten; Blütenblätter 5–8 cm lang, mit gelber Basis und leicht zurückgebogenen Spitzen. Im Herbst basale Blätter, die den Winter überdauern und nach dem Blütenflor absterben. Bevorzugt kalkreichen Boden.
L. carniolicum. Siehe *L. pyrenaicum* var. *carniolicum*.
L. cernuum. Sommerblühende Zwiebel, wurzelbildend am Schaft. H. bis 60 cm. Lange, linealische, wechselständige Blätter. Trägt 7–15 duftende, nickende, türkenbundartige Blüten, gewöhnlich rosapurpurn mit purpurnen Tupfen. Blütenblätter 3,5–5 cm lang.
L. chalcedonicum, syn. *L. heldreichii* (Scharlachtürkenbundlilie; Abb. S. 338). Sommerblühende Zwiebel, wurzelbildend am Schaft. H. 50 cm – 1,5 m. Blätter wechselständig und meist lanzettlich, die unteren stehen ab, die oberen sind kleiner und näher am Stengel. Trägt bis zu 12 leicht duftende, nickende, türkenbundartige Blüten mit 5–7 cm langen, roten oder rötlich-orangen Blütenblättern.
***L.* 'Connecticut King'** (Abb. S. 338). Früh- bis hochsommerblühende Zwiebel. H. 1 m. Aufrechte, schalenförmige, hellgelbe Blüten.
***L.* 'Corsage'** (Abb. S. 338). Sommerblühende Zwiebel. H. 1,2 m. Trägt seitlich abstehende, schalenförmige Blüten mit zurückgerollten rosa Blütenblättern, haben innen weißes Zentrum und kastanienbraune Tupfen.
L. davidii. Sommerblühende Zwiebel, wurzelbildend am Schaft. H. 1–1,4 m. Linealische, wechselständige Blätter. 5–20 nickende, türkenbundartige, rote oder rötlich-orange Blüten; jedes Blütenblatt ist 5–8 cm lang und hat dunkelpurpurne Tupfen.
***L.* 'Destiny'** (Abb. S. 338). Frühsommerblühende Zwiebel. H. 1–1,2 m. Blüten aufrecht, schalenförmig und gelb mit braunen Tupfen.
***L.* 'Enchantment'** (Abb. S. 338). Frühsommerblühende Zwiebel. H. 1 m. Aufrechte, schalenförmige, orangerote Blüten mit schwarz getupftem Schlund.
***L.* 'First Love'.** Sommerblühende Zwiebel. H. 1,5 m. Trägt leicht duftende, seitlich abstehende, schalenförmige Blüten. Blütenblätter mit rosa Rändern und gelbem Mittelstreifen, Basis blaßgrün.
***L.* Golden Clarion-Hybriden** (Abb. S. 338). Spätfrühlings- bis Frühsommerblühende Zwiebel. H. 1–2 m. Hat seitlich abstehende, trompetenförmige, blasse bis tiefgelbe Blüten, die an der Außenseite rötlichpurpurn getönt sein können.
L. hansonii (Abb. S. 338). Sommerblühende Zwiebeln, wurzelbildend am Schaft. H. 1–1,5 m. Lange Blätter in Quirlen, lanzettlich bis oval. Trägt 3–12 duftende, nickende, türkenbundartige, orangegelbe Blüten. Blütenblätter dick, 3–4 cm lang, mit braunpurpurnen Tupfen nahe der Basis.
***L.* 'Harmony'** (Abb. S. 338). Sommerblühende Zwiebel. H. 50 cm – 1 m. Blüten aufrecht, schalenförmig, orange, mit kastanienbraunen Tupfen.
L. heldreichii. Siehe *L. chalcedonicum*.
L. henryi. Spätsommerblühende Zwiebel, wurzelbildend am Schaft. H. 1–3 m. Hat wechselständige, lanzettliche Blätter. Trägt 5–20, manchmal bis zu 70, nikkende, türkenbundartige, orange Blüten; Blütenblätter 6–8 cm lang mit dunklen Tupfen und auffälligen Papillen zur Basis hin. Bevorzugt kalkreichen Boden.
***L.* Imperial Crimson-Gruppe.** Spätsommerblühende Zwiebel. H. 1,5 m. Duftende, flache, karmesinrote Blüten mit weißem Schlund und weißgeränderten Blütenblättern.
***L.* Imperial Gold-Gruppe** (Abb. S. 338). Sommerblühende Zwiebel. H. 2 m. Trägt duftende, flache, weiße, kastanienbraun getupfte Blüten mit einem gelben Streifen in der Mitte jedes Blütenblattes.
***L.* 'Journey's End'** (Abb. S. 338). Spätsommerblühende Zwiebel. H. 2 m. Seitlich abstehende, schalenförmige, braun getupfte, tiefrosa Blüten mit zurückgebogenen, an Spitzen und Rändern weißen Blütenblättern.
***L.* 'Karen North'** (Abb. S. 338). Sommerblühende Zwiebel. H. bis 1,4 m. Blüten türkenbundartig, hängend, mit orangerosa, spärlich tiefrosa getupften Blütenblättern.
***L.* 'Lady Bowes Lyon'** (Abb. S. 338). Sommerblühende Zwiebel. H. 1–1,2 m. Hängende, schwarz getupfte, rote Blüten mit zurückgerollten Blütenblättern.
L. lancifolium, syn. *L. tigrinum* (Tigerlilie). Sommer- bis frühherbstblühende Zwiebel, wurzelbildend am Schaft. H. 60 cm – 1,5 m. Lange, wechselständige, schmal lanzettliche Blätter. 5–10, manchmal bis 40, nickende, türkenbundartige, rosa bis rotorange Blüten; jedes Blüten-

blatt 7–10 cm lang und purpurn getupft. Var. ***flaviflorum*** hat gelbe Blüten. Die kräftige var. ***splendens*** (Abb. S. 338) trägt größere, heller rotorange Blüten.
L. lankongense. Sommerblühende Zwiebel, wurzelbildend am Schaft. H. bis 1,2 m. Wechselständige, lanzettliche Blätter. Bis zu 15 duftende, nickende, türkenbundartige rosa Blüten. Blütenblätter 4–6,5 cm lang mit grünem Mittelstreifen und purpurroten Tupfen, vor allem an den Rändern, oft malvenfarben getönt. Braucht in wärmeren Regionen Halbschatten.
L. leichtlinii. Sommerblühende Zwiebel, wurzelbildend am Schaft. H. bis 1,2 m. Wechselständige Blätter linealisch bis schmal lanzettlich. 1–6 nickende, türkenbundartige, gelbe Blüten; Blütenblätter 6–8,5 cm lang mit dunkel rötlichpurpurnen Tupfen. Braucht Halbschatten.
***L.* 'Limelight'.** Sommerblühende Zwiebel. H. 1–1,5 m. Blüten nach außen zeigend oder leicht nickend, trompetenförmig und gelbgrün.
L. longiflorum (Osterlilie) Abb. S. 338. Sommerblühende Zwiebel, wurzelbildend am Schaft, H. 30 cm – 1 m. Blätter wechselständig und lanzettlich. 1–6 duftende, seitlich abstehende, trichterförmige, weiße Blüten. Blütenblätter 13–20 cm lang mit leicht zurückgerollten Spitzen.
L. mackliniae (Abb. S. 338). Spätfrühlings- bis sommerblühende Zwiebel, wurzelbildend am Schaft. H. bis 40 cm. Kleine, schmal lanzettliche bis schmal ovale Blätter sind wechselständig oder nahe der Stengelspitze in Quirlen. 1–6 nickende, breit glockenförmige, purpurrosa Blüten; Blütenblätter 4,5–5 cm lang. Braucht Halbschatten.
L. maculatum. Sommerblühende Zwiebel, wurzelbildend am Schaft. H. bis 60 cm. Winterhart. Wechselständige Blätter lanzettlich oder oval. 1–6 aufrechte, schalenförmige, gelbe, orange oder rote Blüten mit dunkleren Tupfen; Blütenblätter 8–10 cm lang.
***L.* 'Marhan'.** Frühsommerblühende Zwiebel. H. 1,2–2 m. Nickende, türkenbundartige, tieforange, rotbraun getupfte Blüten.
L. martagon (Türkenbundlilie) Abb. S. 338. Sommerblühende Zwiebel, wurzelbildend am Schaft. H. 1–2 m. Winterhart. Lanzettliche bis ovale Blätter und bis zu 50 duftende, nickende Blüten. Blütenblätter 3–4,5 cm lang, rosa oder purpurn, oft mit dunkleren Tupfen. Var. ***album*** hat reinweiße Blüten.
L. monadelphum, syn. *L. szovitsianum* (Abb. S. 338). Sommerblühende Zwiebel, wurzelbildend am Schaft. H. 50 cm – 2 m. Wechselständige, lanzettliche bis ovale Blätter. 1–5, manchmal bis zu 30 duftende, nickende, türkenbundartige gelbe Blüten, in der Regel innen mit tiefroten und purpurnen Blätter. Blütenblätter 6–10 cm lang.
L. nanum. Spätfrühlings- oder sommerblühende Zwiebel. H. 6–45 cm. Linealische, wechselständige Blätter. Trägt eine in der Regel nickende, breit glockenförmige, purpurrosa Blüte mit 4,5–5 cm langen Blütenblättern. Braucht Halbschatten. Var. ***flavidum*** hat blaßgelbe Blüten.
L. nepalense (Abb. S. 338). Sommerblühende Zwiebel, wurzelbildend am Schaft. H. 70 cm – 1 m. Wechselständige, lanzettliche Blätter. Blüten oft unangenehm riechend, nickend, trichterförmig, grünlichweiß oder grünlichgelb, mit dunkel rötlichpurpurner Basis und bis zu 15 cm langen Blütenblättern.
***L.* Olympic-Hybriden** (Abb. S. 338). Sommerblühende Zwiebel. H. 1,2–2 m. Duftende, seitlich abstehende, trompetenförmige Blüten sind in der Regel außen rosa oder purpurn mit gelbem Schlund; es gibt auch weiße, cremefarbene, gelbe oder rosa Varianten.
L. pardalinum (Pantherlilie; Abb. S. 338). Sommerblühende Zwiebel. H. 2–3 m. Lange, schmal elliptische Blätter meist in Quirlen. Bis zu 10 oft duftende, nickende, türkenbundartige Blüten. Blütenblätter 5–9 cm lang mit rotem oberen Teil. Oranger unterer Teil mit kastanienbraunen Tupfen, einige von gelb umgeben.
L. ponticum. Siehe *L. pyrenaicum* var. *ponticum.*
L. pumilum, syn. *L. tenuifolium.* Sommerblühende Zwiebel, wurzelbildend am Schaft. H. 15 cm – 1 m. Kleine, wechselständige, linealische Blätter. Trägt in der Regel bis zu 7, aber gelegentlich bis zu 30, leicht duftende, nickende, türkenbundartige Blüten. Blütenblätter 3–3,5 cm lang und scharlachrot mit oder ohne basale, schwarze Tupfen.
L. pyrenaicum (Gelbe Pyrenäenlilie). Spätfrühlings- bis frühsommerblühende Zwiebel, oft am Schaft wurzelbildend. H. 30 cm – 1,35 m. Wechselständige, linealische bis schmal elliptische, unbehaarte Blätter. Bis zu 12 unangenehm riechende, nickende, türkenbundartige Blüten. Blütenblätter 4–6,5 cm lang, gelb oder grüngelb mit tiefpurpurnen Tupfen und Linien. Var. ***carniolicum*** (syn. *L. carniolicum)* hat rot oder orange getupfte Blüten. Blätter können unbehaart oder flaumig sein. Var. ***ponticum*** (syn. *L. ponticum)* trägt tiefgelbe, dicht rotbraun oder purpurn gestreifte und getupfte Blüten. Blätter unterseits flaumig.
L. regale (Königslilie) Abb. S. 338. Sommerblühende Zwiebel, wurzelbildend am Schaft. H. 50 cm – 2 m. Linealische, wechselständige Blätter. Bis zu 25 duftende, seitlich abstehende, trichterförmige Blüten. Blütenblätter 12–15 cm lang, innen mit gelber Basis und außen purpurrosa.
L. rubellum (Abb. S. 338). Frühsommerblühende Zwiebel, wurzelbildend am Schaft. H. 30–80 cm. Wechselständige, schmalovale Blätter und bis zu 9 duftende, seitlich abstehende, breit trichterförmige rosa Blüten mit dunkelroten Tupfen an der Basis; Blütenblätter 6–8 cm lang.
***L.* 'Shuksan'.** Sommerblühende Zwiebel. H. 1,2–2 m. Nickende, türkenbundartige, gelblich-orange Blüten sind spärlich schwarz getupft und an den Spitzen rot getönt.
L. speciosum. Spätsommerblühende Zwiebel, wurzelbildend am Schaft. H. 1–1,7 m. Lange, wechselständige, breit lanzettliche Blätter. Bis zu 12 duftende, nickende, türkenbundartige, weiße oder rosa Blüten; Blütenblätter bis zu 10 cm lang, mit rosa oder karminroten Tupfen. Braucht neutralen bis sauren Boden. Var. ***album*** hat weiße Blüten und purpurne Stengel. Blüten von var. ***rubrum*** (Abb. S. 338) sind karminrot, Stengel sind purpurn.
***L.* 'Sterling Star'** (Abb. S. 338). Sommerblühende Zwiebel. H. 1–1,2 m. Aufrechte, schalenförmige, weiße Blüten mit winzigen braunen Tupfen.
L. superbum. Spätsommer- bis frühherbstblühende Zwiebel, wurzelbildend am Schaft. H. 1,5–3 m. Lanzettliche bis elliptische Blätter, vorwiegend in Quirlen. Bis zu 40 nickende, türkenbundartige, orange Blüten. Blütenblätter 6–10 cm lang, innen mit grüner Basis, rot getönt und kastanienbraun getupft. Braucht neutralen bis sauren Boden.
L. szovitsianum. Siehe *L. monadelphum.*
L. tenuifolium. Siehe *L. pumilum.*
L. × testaceum. Sommerblühende Zwiebel. H. 1–1,5 m. Wechselständige, linealische, oft gedrehte Blätter. 6–12 duftende, nickende, türkenbundartige, zartorange bis bräunlichgelbe Blüten; Blütenblätter 8–10 cm lang, in der Regel innen mit rötlichen Tupfen.
L. tigrinum. Siehe *L. lancifolium.*
L. tsingtauense. Sommerblühende Zwiebel, wurzelbildend am Schaft. H. 1 m. Lanzettliche Blätter, in der Regel in Quirlen. 1–5 aufrechte, schalenförmige, orange bis orangerote Blüten; Blütenblätter bis zu 5 cm lang und kastanienbraun getupft.
L. wallichianum. Spätsommer- bis herbstblühende Zwiebel, wurzelbildend am Schaft. H. bis 2 m. Bedingt winterhart. Lange, wechselständige, linealische oder lanzettliche Blätter. 1–4 duftende, seitlich abstehende, trichterförmige, weiße oder cremefarbene Blüten mit grüner oder gelber Basis. Blütenblätter 15–30 cm lang.

LIMNANTHES (Limnanthaceae)
Sumpfblume
Gattung einjähriger Pflanzen für Steingärten und Randbeete. Völlig winterhart. Bevorzugt in sonniger Lage fruchtbaren, durchlässigen Boden. Vermehrung im Frühjahr oder Frühherbst durch Freilandaussaat. Reichlich selbstaussäend.
L. douglasii Abb. S. 280.

LIMONIUM (Plumbaginaceae)
Meerlavendel, Widestoß
Gattung sommer- und herbstblühender Stauden, manchmal einjährig gezogen, und Halbsträucher, einige sind immergrün. Frostempfindlich bis winterhart, mind. 7–10°C. Gedeiht in voller Sonne und durchlässigem Boden. Vermehrung im Frühjahr durch Teilung, im Herbst oder Vorfrühling durch Samen und im Winter durch Wurzelschnittlinge.
L. bellidifolium. Immergrüne, kegelförmige Staude mit holziger Basis. H. 15–20 cm, Br. 10 cm. Winterhart. Basale Rosetten abgerundeter, dunkelgrüner Blätter. Von Sommer bis Herbst tragen die vielverzweigten Blütenstiele eine Unmenge von kleinen, »immerwährenden«, trompetenförmigen blauen Blüten. Ausgezeichnet für Steingärten geeignet.
***L. latifolium* 'Blue Cloud'** Abb. S. 242.
L. perezii. Immergrüner, runder Halbstrauch. H. und Br. 1 m oder mehr. Frostempfindlich, mind. 7–10°C. Hat langstengelige, ovale bis rautenförmige, tiefgrüne Blätter. Im Herbst über den Blättern dichte, 20 cm breite Trauben winziger, röhrenförmiger, tief malvenblauer Blüten. Braucht unter Glas gute Belüftung.
L. sinuatum Abb. S. 266. **'Fortress'** ist eine langsamwachsende, aufrechte, buschige Staude, oft 1jährig gezogen, H. 45 cm, Br. 30 cm. Bedingt winterhart. Hat lanzettliche, gelappte, tiefgrüne Blätter, oft mit gewelltem Rand, und im Sommer und Frühherbst Trauben von kleinen, röhrenförmigen Blüten in bunten Farben wie rosa, gelb oder blau.

LINARIA (Scrophulariaceae)
Leinkraut
Gattung frühjahrs-, sommer- und herbstblühender, 1-, 2- und mehrjähriger Pflanzen, geeignet für Steingärten und Rabatten. Völlig bis winterhart. Bevorzugt Sonne oder leichten Schatten, gedeiht in jedem durchlässigen Boden. Vermehrung im Herbst oder Frühjahr durch Samen. Reichlich selbstaussäend.
L. alpina (Alpen-Leinkraut). Büschelbildende, kompakte, 1-, 2- oder kurzlebige mehrjährige Pflanze. H. 15 cm, Br. 10–15 cm. Völlig winterhart. Quirle von linealischen bis lanzettlichen, fleischigen, graugrünen Blättern. Im Sommer eine Folge von löwenmaulartigen, purpurvioletten Blüten mit gelbem Zentrum, in lokkeren Trauben.
L. dalmatica. Siehe *L. genistifolia* var. *dalmatica.*
L. genistifolia. Aufrechte Staude. H. 60 cm – 1,2 m, Br. 23 cm. Völlig winterhart. Von Hochsommer bis Herbst Trauben von kleinen, löwenmaulartigen, gelben, orange gezeichneten Blüten. Lanzettliche, glänzende, grüne, stengelumfassende Blätter. Var. ***dalmatica*** (syn. *L. dalmatica;* Dalmatinisches Leinkraut), H. 1–1,2 m, Br. 60 cm, trägt von Hoch- bis Spätsommer viel größere, goldgelbe Blüten und hat breitere, mehr graugrüne Blätter.
***L. maroccana* 'Fairy Lights'** Abb. S. 274.
L. purpurea. Aufrechte Staude. H. 60 cm – 1 m, Br. 60 cm. Völlig winterhart. Im Sommer Trauben von löwenmaulartigen, purpurblauen Blüten mit einer Spur weiß am Schlund über schmalovalen graugrünen Blättern. **'Canon Went'** Abb. S. 203.
L. triornithophora Abb. S. 210.

LINDERA (Lauraceae)
Fieberstrauch
Gattung laubabwerfender oder immergrüner Sträucher oder Bäume, beliebt wegen ihrer oft aromatisch duftenden Blätter und ihrer Herbstfarben. Zweihäusig. Fruchte nur, wenn männliche und weibliche Pflanzen gezogen werden. Völlig bis winterhart. Braucht Halbschatten und feuchten, sauren Boden. Vermehrung im Sommer durch Kopfstecklinge oder im Herbst durch Samen.
L. benzoin Abb. S. 99.
L. obtusiloba. Laubabwerfender, buschiger Strauch. H. und Br. 6 m. Völlig winterhart. Trägt 3lappige, aromatisch riechende, glänzende, dunkelgrüne Blätter, die im Herbst buttergelb werden. Im Frühjahr auf blattlosen Zweigen Trauben von kleinen, sternförmigen, tiefgelben Blüten, später kleine, kugelige schwarze Früchte.

LINDHEIMERA (Compositae)
Gattung spätsommer- und frühherbstblühender, einjähriger Pflanzen. Völlig winterhart. Brauchen Sonne und fruchtbaren, durchlässigen Boden. Vermehrung durch Aussaat im Vorfrühling unter Glas oder im Spätfrühling im Freien.
L. texana Abb. S. 280.

LINNAEA (Caprifoliaceae)
Moosglöckchen
Gattung mit einer Art; immergrüne, kriechende, sommerblühende, halbstrauchige, ausdauernde Pflanze, die ausge-

dehnte Matten bildet. Als Bodenbedekker auf Torfbeeten und in Steingärten. Völlig winterhart. Braucht Halbschatten und feuchten, torfigen, sauren Boden. Vermehrung im Frühjahr durch bewurzelte Ausläufer oder im Herbst durch Samen.
L. borealis Abb. S. 315.

LINUM (Linaceae)
Lein, Flachs
Gattung 1-, 2- oder mehrjähriger Pflanzen, Halbsträucher und Sträucher, von denen einige immergrün oder halbimmergrün sind; wegen ihrer Blüten beliebt. Für Steingärten geeignet. Bedingt bis völlig winterhart, aber in kühleren Regionen brauchen einige Arten eine geschützte Lage. Bevorzugt Sonne und humusreichen, durchlässigen, torfigen Boden. Vermehrung der Halbsträucher und Sträucher im Sommer durch halbausgereifte Stecklinge oder im Herbst durch Samen, der 1-, 2- oder mehrjährigen im Herbst durch Samen.
L. arboreum Abb. S. 298.
L. flavum. Buschige Staude mit holzigem Wurzelstock. H. 30 cm, Br. 15 cm. Völlig winterhart. Schmalovale grüne Blätter und im Sommer aufrechte, trichterförmige, gelbe Blüten in endständigen Trauben. **'Compactum'** Abb. S. 325.
***L.* 'Gemmell's-Hybrid'.** Halbimmergrüne Staude mit holzigem Wurzelstock. H. 15 cm, Br. 20 cm. Winterhart. Blätter oval und graugrün. Im Sommer kurzstengelige, breit trichterförmige, hell chromgelbe Blüten in endständigen Trauben. Bevorzugt alkalischen Boden.
L. grandiflorum **'Rubrum'** (Großblütiger Lein) Abb. S. 271.
L. narbonense Abb. S. 243.
L. perenne Abb. S. 296.
L. salsoloides. Siehe *L. suffruticosum* ssp. *salsoloides.*
L. suffruticosum ssp. ***salsoloides,*** syn. *L. salsoloides.* Staude mit sparrigen, manchmal an der Basis holzigen Stengeln. H. 5–20 cm, Br. 8 cm. Winterhart. Schlanke Stengel tragen feine, heideähnliche, graugrüne Blätter und im Sommer nacheinander kurzlebige, tellerförmige, perlweiße, blau und rosa getönte Blüten in endständigen Trauben.
Lippia citriodora. Siehe *Aloysia triphylla.*

LIQUIDAMBAR (Hamamelidaceae)
Amberbaum
Gattung laubabwerfender Bäume mit unscheinbaren Blüten, wegen ihrer ahornartigen Blätter und ihrer Herbstfarben beliebt. Völlig bis winterhart. Brauchen Sonne oder Halbschatten und fruchtbaren, feuchten, aber durchlässigen Boden; gedeihen nicht auf flachgründigem, kalkhaltigem Boden. Vermehrung im Sommer durch nicht verholzte Stecklinge oder im Herbst durch Samen.
L. formosana, syn. *L. f.* var. *monticola.* Laubabwerfender, breit kegelförmiger Baum. H. 12 m, Br. 10 m. Winterhart. Große, 3lappige, gezähnte, in der Jugend purpurne Blätter, die im Sommer dunkelgrün und im Herbst orange, rot und purpurn werden.
L. orientalis. Langsamwachsender, laubabwerfender, buschiger Baum. H. 6 m, Br. 4 m. Winterhart. Kleine, 5lappige, grüne Blätter, die im Herbst orange werden.
L. styraciflua Abb. S. 44. **'Lane Roberts'** ist ein laubabwerfender, breit kegelförmiger bis ausladender Baum. H. 25 m, Br. 12 m. Völlig winterhart. In der Regel Zweige mit korkigen Leisten. Glänzende, grüne, 5lappige Blätter, die im Herbst tief rötlichpurpurn werden.

LIRIODENDRON (Magnoliaceae)
Tulpenbaum
Gattung laubabwerfender Bäume, wegen der Blätter und Blüten im Sommer beliebt. Blüten fast versteckt hinter außergewöhnlichen Blättern, keine Blüten auf jungen Bäumen. Völlig winterhart. Braucht Sonne oder Halbschatten und tiefgründigen, fruchtbaren, durchlässigen, am besten leicht sauren Boden. Vermehrung der Arten im Herbst durch Samen, der Gartenformen im Spätsommer durch Veredelung.
L. chinense. Schnellwachsender, laubabwerfender, ausladender Baum. H. 25 m, Br. 12 m. Große, grüne, an den Spitzen abgeschnittene, tief gelappte Blätter, werden im Herbst gelb. Im Hochsommer schalenförmige, grünlichweiße Blüten mit oranger Basis.
L. tulipifera Abb. S. 39. **'Aureomarginatum'** (gelbbunter Tulpenbaum) Abb. S. 44.

LIRIOPE (Liliaceae)
Gattung immergrüner, ausdauernder, Pflanzen mit dicken, fleischigen Rhizomen. Einige sind als Bodenbedecker geschätzt. Völlig winterhart. Brauchen Sonne und durchlässigen Boden. Vermehrung im Frühjahr durch Teilung oder im Herbst durch Samen.
L. muscari Abb. S. 250. **'Majestic'** ist eine immergrüne, rhizombildende Staude. H. 30 cm, Br. 45 cm. Winterhart. Im Spätherbst Ähren von dichtgedrängten, glokkenförmigen, violetten Blüten zwischen linealischen, glänzenden, hellgrünen Blättern.
L. spicata. Immergrüne, rhizombildende Staude. H. 30 cm, Br. 30–40 cm. Völlig winterhart. Die grasartigen, glänzenden, dunkelgrünen Blätter bilden eine gute Bodendecke. Trägt im Spätsommer Ähren von rundlich-glockenförmigen, zart lavendelfarbenen Blüten.
Lisianthus russellianus. Siehe *Eustoma grandiflorum.*

LITHOCARPUS (Fagaceae)
Gattung immergrüner, wegen seiner Blätter geschätzter Bäume. Winterhart. Braucht Sonne oder Halbschatten. Bevorzugt durchlässigen, neutralen bis sauren Boden. Vor starkem Wind schützen. Vermehrung im Herbst durch Aussaat nach der Samenreife.
L. densiflorus. Immergrüner, ausladender Baum. H. und Br. 10 m. Trägt im Frühjahr und oft wieder im Herbst eßkastanienartige, lederige, glänzende, dunkelgrüne Blätter und aufrechte, blaßgelbe Blütenähren.
L. henryi Abb. S. 72.

LITHODORA (Boraginaceae)
Steinsame
Gattung immergrüner Halbsträucher und Sträucher, wegen ihrer Blüten beliebt. Vorzüglich geeignet für Steingärten. Völlig bis winterhart. Brauchen volle Sonne und feuchten, durchlässigen Boden, einige Arten sind kalkfliehend. Wurzeln vertragen keine Störung. Vermehrung im Sommer durch halbausgereifte Stecklinge oder im Herbst durch Samen.
L. diffusa, syn. *Lithospermum diffusum.* **'Grace Ward'** ist ein immergrüner, kompakter, halbniederliegender Strauch. H. 15–30 cm, Br. bis 30 cm. Winterhart. Kriechende Stengel tragen lanzettliche, behaarte, mattgrüne Blätter. Trägt im Frühsommer eine Unmenge von trichterförmigen, tiefblauen Blüten in endständigen Trauben. Braucht sauren Boden. Nach der Blüte sollten die Pflanzen gestutzt werden. **'Heavenly Blue'** Abb. S. 297.
L. oleifolia, syn. *Lithospermum oleifolium,* Abb. S. 296.
L. zahnii, syn. *Lithospermum zahnii.* Immergrüner, vielverzweigter, aufrechter Strauch. H. und Br. 30 cm und mehr. Winterhart. Stengel bedeckt von ovalen, behaarten, dunkelgrünen oder graugrünen Blättern. Trichterförmige, azurblaue Blüten mit breiter werdenden Blütenblättern öffnen sich hintereinander von Vorfrühling bis Hochsommer. Setzt bis zum Herbst periodisch Knospen und Blüten an. Bevorzugt alkalischen Boden.

LITHOPHRAGMA (Saxifragaceae)
Gattung knollenbildender Stauden, wegen ihrer lichtnelkenartigen Blüten beliebt. Sommerruhe. Völlig winterhart. Hält jeden nicht zu starken Schatten aus und bevorzugt humusreichen, feuchten Boden. Vermehrung im Frühjahr oder Herbst duch Samen oder Teilung.
L. parviflorum Abb. S. 286.

LITHOPS (Aizoaceae)
Lebender Stein
Gattung niederliegender, eiförmiger, ausdauernder Sukkulenten, mit einem Paar fast verwachsener, angeschwollener, aufrechter Blätter, die an der Endfläche durch einen Spalt getrennt sind, durch den eine gänseblümchenartige Blüte hervortritt. Die alten Blätter trocknen und schrumpfen zu einer papierartigen Schicht ein; im Frühjahr erscheint ein Paar neuer Blätter im rechten Winkel zu den alten. Wachsen nach 3–5 Jahren klumpenförmig. Frostempfindlich, mind. 5 °C. Brauchen volle Sonne und extrem durchlässigen Boden oder sandige Komposterde. Während des Wachstums (Hochsommer bis Frühherbst) regelmäßig, im Winter überhaupt nicht gießen. Vermehrung im Frühjahr oder Sommer durch Samen.
L. aucampiae. Eiförmige, ausdauernde Sukkulente. H. 1 cm, Br. 3 cm. In Paaren stehende braune Blätter haben flache Endfläche mit dunklerer Zeichnung. Bringt im Spätsommer oder Frühherbst eine gelbe Blüte hervor.
L. bella. Eiförmige, ausdauernde Sukkulente. H. 2–3 cm, Br. 1,5 cm. Paare von braunen bis braungelben Blättern mit dunkler Zeichnung auf der konvexen Endfläche. Bringt im Spätsommer oder Frühherbst eine weiße Blüte hervor.
L. dorotheae Abb. S. 398.
L. fulleri. Eiförmige, ausdauernde Sukkulente. H. und Br. 2 cm. Blätterpaare taubengrau bis braungelb. Konvexe Endfläche mit vertiefter, dunkler Zeichnung. Trägt im Spätsommer oder Frühherbst eine weiße Blüte.
L. insularis. Eiförmige, ausdauernde Sukkulente. H. 2–3 cm, Br. 2 cm. Die leicht konvexe Enfläche der paarigen, braunen Blätter hat grüne Fenster und rote Punkte und Linien. Trägt im Spätsommer oder Frühherbst eine gelbe Blüte.
L. julii. Eiförmige, ausdauernde Sukkulente. H. 2–3 cm, Br. 5 cm. Hat zartgraue bis rosagraue Blätterpaare mit leicht konvexer, dunkel gezeichneter Endfläche. Trägt im Spätsommer oder Herbst eine weiße Blüte.
L. karasmontana Abb. S. 389.
L. lesliei. Eiförmige, ausdauernde Sukkulente. H. 1 cm, Br, 2 cm. Ähnlich wie *L. aucampiae,* aber mit konvexer Endfläche. Var. ***albinica*** Abb. S. 390.
L. marmorata Abb. S. 389.
L. olivacea. Eiförmige, ausdauernde Sukkulente. H. und Br. 2 cm. Paarige, dunkel olivgrüne Blätter haben dunklere Fenster auf der konvexen Endfläche. Trägt im Spätsommer oder Frühherbst gelbe Blüten.
L. otzeniana. Eiförmige, ausdauernde Sukkulente. H. 3 cm, Br. 2 cm. Paarige, grauviolette Blätter haben konvexe Endfläche mit charakteristischem, hellem Rand und großen, halb durchscheinenden Fenstern. Trägt im Spätsommer oder Frühherbst eine gelbe Blüte.
L. pseudotruncatella. Eiförmige, ausdauernde Sukkulente. H. 3 cm, Br. 4 cm. Paarige, blaßgraue oder blau bis lila Blätter mit dunklerer Zeichnung auf der konvexen Endfläche. Spalt reicht nur bei reifen Pflanzen von einer Seite zur anderen. Trägt im Spätsommer oder Frühherbst eine gelbe Blüte. Var. ***pulmonuncula*** Abb. S. 398.
L. schwantesi. Sehr variable, eiförmige, ausdauernde Sukkulente. H. und Br. 3 cm. Paarige, in der Regel rauhe Blätter, oft mit vertieften, dunkelroten oder blauen Linien oder Punkten auf der flachen oder leicht konvexen Endfläche. Trägt im Spätsommer oder Frühherbst eine gelbe Blüte. Var. ***kuibisensis*** Abb. S. 398.
L. turbiniformis. Eiförmige, ausdauernde Sukkulente. H. 4 cm, Br. 2 cm. Hat flache Endfläche mit in der Regel vertiefter dunkelbrauner Zeichnung auf den paarigen, braunen Blättern. Im Spätsommer oder Frühherbst erscheint eine gelbe Blüte.
Lithospermum diffusum. Siehe *Lithodora diffusa.*
Lithospermum oleifolium. Siehe *Lithodora oleifolia.*
Lithospermum zahnii. Siehe *Lithodora zahnii.*

LITTONIA (Liliaceae)
Littonie
Gattung laubabwerfender, ausdauernder, knollenbildender Kletterpflanzen, beliebt wegen ihrer hängenden, glockenförmigen Blüten im Sommer. Frostempfindlich, mind. 8–16 °C. Braucht volle Sonne und nährstoffreichen, durchlässigen Boden. Stütze bereitstellen. Stirbt im Winter ab; Knollen herausnehmen und austrocknen lassen und an frostfreiem Ort lagern. Vermehrung im Frühjahr durch Samen; manchmal teilen sich die Knollen von selbst.
L. modesta Abb. S. 339.

LIVISTONA (Palmae)
Gattung immergrüner Palmen, wegen ihrer Gesamterscheinung geschätzt. Hat im Sommer Büschel von unscheinbaren Blüten. Frostempfindlich, mind. 7 °C. Braucht volles Licht oder Halbschatten und fruchtbaren, durchlässigen, am besten neutralen bis sauren Boden. Topfpflanzen mäßig gießen, im Winter weniger. Vermehrung im Frühjahr durch

Samen bei nicht weniger als 23°C. Rote Spinne kann bei Kübelpflanzen lästig werden.
L. australis. Langsamwachsende, immergrüne Palme mit ziemlich schlankem Stamm. H. 15–20 m, Br. 3–6 m. Hat 1,2–2,5 m breite, fächerförmige Blätter, die in schmale, glänzende grüne Blättchen mit schlanken Spitzen geteilt sind. Dornige Blattstiele.
L. chinensis (Chinesische Fächerpalme) Abb. S. 58.

LLOYDIA (Liliaceae)
Gattung sommerblühender Zwiebeln, beliebt wegen ihrer kleinen, reizvollen, glockenförmigen Blüten. Völlig bis bedingt winterhart. Nicht leicht zu ziehen. Braucht Halbschatten und durchlässigen, torfigen Boden; im Sommer sehr feucht, aber im Winter eher trocken halten. Vermehrung im Frühjahr durch Samen.
L. graeca. Siehe *Gagea graeca.*
L. serotina Abb. S. 364.

LOBELIA (Campanulaceae)
Lobelie, Männertreu
Gattung 1- und mehrjähriger Pflanzen und laubabwerfender oder immergrüner Sträucher, wegen ihrer Blüten beliebt. Einige sind geeignet für Wildgärten und für Ufer. Völlig winterhart bis frostempfindlich, mind. 5°C. Bevorzugt Sonne und feuchten, aber durchlässigen Boden. Verträgt im Winter keine Nässe; deshalb werden in kühleren Regionen einige Stauden und Sträucher im Herbst herausgenommen und in durchlässiger Komposterde im Kasten gehalten. Vermehrung der einjährigen im Frühjahr durch Samen, der ausdauernden Arten im Frühjahr durch Samen oder Teilung, der ausdauernden Sorten nur durch Teilung und der Sträucher im Sommer durch halbausgereifte Stecklinge.
L. cardinalis. Horstbildende Staude. H. 1 m, Br. 23 cm. Winterhart. Von Hoch- bis Spätsommer Trauben von 2lippigen, leuchtend scharlachroten Blüten. Lanzettliche Blätter können frischgrün oder bronzerot sein.
***L.* 'Cherry Ripe'** Abb. S. 208.
***L.* 'Dark Crusader'.** Horstbildende Staude. H. 1 m, Br. 23 cm. Bedingt winterhart. Trägt im Sommer Trauben von 2lippigen, dunkelroten Blüten über lanzettlichen, frischgrünen oder bronzeroten Blättern.
***L. erinus* 'Blue Cascade'.** Langsamwachsende, hängende, ein-, gelegentlich mehrjährige Pflanze. H. 10–20 cm, Br. 10–15 cm. Bedingt winterhart. Ovale bis lanzettliche, blaßgrüne Blätter. Im Sommer und Frühherbst fortwährend kleine, 2lippige, blaßblaue Blüten. **'Cambridge Blue'** ist kompakt und trägt blaue Blüten. **'Colour Cascade'** hat Blüten mit großer Farbenvielfalt wie blau, rot, rosa, malvenfarben oder weiß. **'Crystal Palace'** Abb. S. 278. **'Red Cascade'** trägt purpurrote Blüten mit weißem Auge. **'Sapphire'** Abb. S. 276.
L. fulgens. Gruppenbildende Staude. H. 1 m, Br. 23 cm. Bedingt winterhart. Im Sommer Trauben von 2lippigen, leuchtend scharlachroten Blüten. Lanzettliche, rötlichgrüne Blätter.
***L.* 'Queen Victoria'** Abb. S. 208.
L. syphilitica. Horstbildende Staude. H. 1 m, Br. 23 cm. Völlig winterhart. Im Spätsommer und Herbst erscheinen Trauben von 2lippigen, blauen Blüten über schmalovalen grünen Blättern. Gedeiht in feuchtem, schwerem Boden.
L. tupa. Horstbildende Staude. H. 1,5–2 m, Br. 1 m. Bedingt winterhart. Trägt im Spätsommer große Ähren von 2lippigen, ziegelroten Blüten über schmal ovalen, behaarten, hellgrünen Blättern. Am besten in geschützter, sonniger Lage.
***L.* 'Vedrariensis'.** Gruppenbildende Staude. H. 1 m, Br. 30 cm. Winterhart. Trägt im Spätsommer Trauben von 2lippigen, purpurnen Blüten. Blätter lanzettlich und dunkelgrün.
***L.* 'Will Scarlet'.** Horstbildende Staude. H. 1 m, Br. 30 cm. Winterhart. Im Sommer Trauben von 2lippigen, hellroten Blüten. Lanzettliche, kupfergrüne Blätter.

LOBIVIA (Cactaceae)
Gattung kugel- bis säulenförmiger, ausdauernder Kakteen, die im Alter Kolonien bilden mit hübschen Blüten, die allerdings nur 1–2 Tage halten. Frostempfindlich, mind. 5°C. Leicht zu ziehen, brauchen viel Sonne und durchlässigen Boden. Vermehrung möglich von Frühjahr bis Herbst durch Samen oder Stammstecklinge.
L. aurea, syn. *Echinopsis aurea.* Horstbildender, mehrjähriger Kaktus. H. 12 cm, Br. 20 cm. Grüner Körper mit 14 oder 15 Rippen, ist dicht bedeckt mit weißen Randstacheln und einem längeren, dunkleren Mittelstachel. Trägt im Sommer trichterförmige bis flache, 8 cm breite, gelbe Blüten.
L. backebergii Abb. S. 393.
L. cinnabarina. Kugelförmiger, ausdauernder Kaktus. H. und Br. 15 cm. Der glänzende, dunkelgrüne Körper hat etwa 20 warzige Rippen und meist gekrümmte, dunkle Stacheln. Trägt im Sommer trichterförmige bis flache, 8 cm breite, karminrote Blüten.
L. haageana Abb. S. 387.
L. pentlandii Abb. S. 393.
L. pygmaea. Siehe *Rebutia pygmaea.*
L. shaferi Abb. S. 399.

LOBULARIA (Cruciferae)
Gattung sommer- und frühherbstblühender, einjähriger Pflanzen. Brauchen Sonne und fruchtbaren, durchlässigen Boden. Verblühtes entfernen, um fortwährendes Blüten zu fördern. Vermehrung durch Samen, Aussaat im Frühjahr unter Glas oder im Spätfrühling im Freien.
L. maritima, syn. *Alyssum maritimum* (Sommersteinbrech). Schnellwachsende, niederliegende, einjährige Pflanze. H. 8–15 cm, Br. 20–30 cm. Lanzettliche, graugrüne Blätter. Im Sommer und Frühherbst erscheinen runde Köpfe von winzigen, duftenden, vierblättrigen, weißen Büten. **'Little Dorrit'** Abb. S. 262. **'Wonderland'** Abb. S. 266.

LOISELEURIA (Ericaceae)
Steinröschen
Gattung mit einer Art; immergrüner, kriechender, niederliegender Strauch, wegen seiner Blüten beliebt. Völlig winterhart. Braucht volles Licht und humusreichen, durchlässigen, sauren Boden. Schwierig zu ziehen. Vermehrung im Frühjahr durch Samen oder im Sommer durch krautige oder halbausgereifte Stecklinge.
L. procumbens Abb. S. 317.

LOMATIA (Proteaceae)
Gattung immergrüner Sträucher oder Bäume, beliebt wegen ihrer Blätter und ihrer Blüten, die 4 schmale, gedrehte Blütenblätter haben. Winterhart, braucht aber in kühleren Regionen Schutz vor starkem Wind. Benötigt Sonne oder Halbschatten und feuchten, aber durchlässigen, sauren Boden. Vermehrung im Sommer durch krautige oder halbausgereifte Stecklinge.
L. ferruginea. Immergrüner, aufrechter Strauch oder Baum. H. 10 m, Br. 5 m. Die kräftigen, braunfilzigen Zweige tragen längliche bis ovale, dunkelgrüne, tief 6–15fach geteilte Blätter. Im Sommer Trauben von gelben und roten Blüten. Gedeiht im Freien nur in milden, feuchten Regionen.
L. silaifolia Abb. S. 129.

LOMATIUM (Umbelliferae)
Gattung von Stauden mit langen dicken Wurzeln. Geeignet für Böschungen oder Wildgärten. Völlig bis winterhart. Braucht Sonne und fruchtbaren, durchlässigen Boden. Vermehrung im Frühjahr durch Aussaat nach der Samenreife.
L. nudicaule. Büschelige Staude mit Pfahlwurzel. H. und Br. 60 cm. Winterhart. Hat farnartige, 20 cm lange, tief eingeschnittene Blätter und im Sommer flache Köpfe unauffälliger, gelber Blüten.

LONICERA (Caprifoliaceae)
Geißblatt, Heckenkirsche
Gattung laubabwerfender, halbimmergrüner oder immergrüner Sträucher und windender Kletterpflanzen mit holzigen Trieben; beliebt wegen ihrer oft duftenden Blüten. Blüten röhrenförmig, mit spreizenden, 2lippigen Blütenblättern. Kletterpflanzen können als große Sträucher gezogen werden. Völlig winterhart bis frostempfindlich, mind. 5°C. Gedeiht in Sonne oder Halbschatten und jeder Art von fruchtbarem, durchlässigem Boden. Nach der Blüte die verblühten Triebe der Kletterpflanzen entfernen. Sträucher nur auslichten, um abgestorbene Zweige zu entfernen oder das Wachstum zu beschränken. Vermehrung im Herbst oder Frühjahr durch Samen, im Sommer durch ausgereifte Stecklinge oder im Spätherbst durch Steckhölzer. Blattläuse können Probleme verursachen.
L. × americana Abb. S. 173.
***L. × brownii.* 'Dropmore Scarlet'** Abb. S. 168.
L. etrusca. Laubabwerfende oder halbimmergrüne, verholzende, windende Kletterpflanze. H. bis 4 m. Bedingt winterhart. Ovale, grüne, unterseits blaugrüne Blätter, die oberen becherförmig verwachsen. Von Sommer bis Herbst duftende, langröhrige, blaßgelbe Blüten, die im Alter tiefgelb und rot getönt werden. Sonnige Lage.
L. fragrantissima. Laubabwerfender oder halbimmergrüner, buschiger, ausladender Strauch. H. 2 m, Br. 4 m. Völlig winterhart. Trägt ovale, dunkelgrüne Blätter. Duftende, kurzröhrige, cremeweiße Blüten öffnen sich im Winter und Vorfrühling.
***L.* 'Gold Flame'.** Siehe *L. × heckrottii.*
L. × heckrottii, syn. 'Gold Flame', Abb. S. 167.
L. henryi. Immergrüne oder halbimmergrüne, verholzende, windende Kletterpflanze. H. bis 10 m. Winterhart. Schmal ovale, dunkelgrüne, unterseits blassere Blätter. Von Sommer bis Herbst endständige Trauben von langröhrigen, purpurroten Blüten, gefolgt von schwarzen Beeren.
L. hildebrandiana. Immergrüne oder halbimmergrüne, verholzende, windende Kletterpflanze. H. bis 20 m. Frostempfindlich. Ovale oder abgerundete, mittelgrüne, unterseits blassere Blätter. Im Sommer in den Blattachseln oder an den Spitzen der Zweige paarige, langröhrige, weiße oder cremefarbene Blüten, die im Alter creme-orange oder bräunlichgelb werden. Sonnige Lage.
L. japonica (Japanisches Geißblatt). **'Aureo-reticulata'** ist eine immergrüne oder halbimmergrüne, windende Kletterpflanze mit weichbehaarten, holzigen Trieben. H. bis 10 m. Winterhart. Ovale, manchmal gelappte, hellgrüne Blätter mit hellgelben Blattadern. Von Sommer bis Herbst duftende, langröhrige, weiße Blüten, die später gelb werden. Geeignet zum Verbergen von Baumstümpfen oder unansehnlichen Mauern oder Zäunen. **'Halliana'** Abb. S. 173.
L. ledebourii Abb. S. 110.
L. maackii. Kräftiger, laubabwerfender, buschiger Strauch. H. und Br. 5 m. Völlig winterhart. Blätter oval und dunkelgrün. Im Frühsommer duftende, kurzröhrige, weiße, später gelbe Blüten, gefolgt von kugeligen, hellroten Früchten.
L. morrowii. Laubabwerfender, ausladender Strauch mit bogenförmigen Zweigen. H. 2 m, Br. 3 m. Völlig winterhart. Hat ovale, dunkelgrüne Blätter und im Spätfrühling und Frühsommer kleine, kurzröhrige, cremeweiße Blüten, die im Alter gelb werden.
L. nitida. Immergrüner, buschiger, dichter Strauch. H. 2 m, Br. 3 m. Völlig winterhart. Schmale, ovale, glänzende, dunkelgrüne Blätter. Im Spätfrühling erscheinen winzige, duftende, kurzröhrige, cremeweiße Blüten, später kleine, kugelige, purpurne Früchte. Für Hecken geeignet. **'Baggesen's Gold'** Abb. S. 145. **'Yunnan'** ist aufrechter, hat kräftigere Zweige, größere Blätter und blüht reichlicher.
***L. periclymenum.* 'Graham Thomas'** Abb. S. 173. **'Serotina'** (früher: Holländisches Geißblatt) ist eine laubabwerfende, verholzende, windende Kletterpflanze. H. bis 7 m. Völlig winterhart. Ovale oder längliche, grüne, unterseits graugrüne Blätter. Im Sommer stark duftende, langröhrige, dunkelpurpurne, innen rosa gefärbte Blüten. In Sonne oder Schatten zu ziehen.
L. pileata Abb. S. 144.
L. × purpusii (Winterblühendes Geißblatt). Abb. S. 141.
L. sempervirens (Immergrünes Geißblatt). Abb. S. 168.
L. standishii. Immergrüner, buschiger Strauch. H. und Br. 2 m. Völlig winterhart. Rinde schält sich; Blätter länglich, rauh, dunkelgrün; im Winter duftende, kurzröhrige, cremeweiße Blüten.
L. tatarica Abb. S. 108. **'Hack's Red'** ist ein laubabwerfender, buschiger Strauch. H. und Br. 2,5 m. Völlig winterhart. Im Spätfrühling und Frühsommer tiefrosa, kurzröhrige Blüten, später kugelige, rote Früchte. Blätter oval und dunkelgrün.
L. × tellmanniana Abb. S. 175.
L. tragophylla. Laubabwerfende, verholzende, windende Kletterpflanze. H. 5–6 m. Winterhart. Ovale, bläulichgrüne Blätter, das oberste Paar becherförmig

verwachsen. Im Frühsommer Trauben von bis zu 20 langröhrigen, hellgelben Blüten.
***L × zylosteoides* 'Clavey's Dwarf'.** Laubabwerfender, aufrechter, dichter Strauch. H. 2 m, Br. 1 m. Völlig winterhart. Blätter oval und graugrün. Im Spätfrühling kurzröhrige, rosa Blüten, dann kugelige, rote Früchte.
L. xylosteum (Abb. S. 108).

LOPHOCEREUS (Cactaceae)
Gattung säulenförmiger, ausdauernder Kakteen mit geripptem Körper, verzweigen sich im Alter. Nachtblühend; Blüten nur an über 2 m hohen Pflanzen. Der blühende Teil des Stammes bringt eine Menge langer, dünner Stacheln hervor, die schließlich den Körper bedecken. Frostempfindlich, mind. 10°C. Braucht Sonne und durchlässigen Boden. Vermehrung im Frühjahr oder Sommer durch Samen.
L. schottii Abb. S. 380. **'Monstrosus'** ist ein ausdauernder Säulenkaktus. H. 7 m, Br. 2 m. Unregelmäßige, oliv- bis dunkelgrüne Stämme haben 4–15 Rippen und keine Stacheln. Im Sommer in der Nacht trichterförmige, 3 cm breite, rosa Blüten.
Lophomyrtus bullata. Siehe *Myrtus bullata*.

LOPHOPHORA (Cactaceae)
Gattung sehr langsamwachsender, ausdauernder Kakteen, die kleinen, blauen Knödeln ähnlich sehen; mit bis zu 10 Rippen, die voneinander durch gezackte Linien getrennt sind. Lange Pfahlwurzeln. Blühende Areolen bringen Büschel von kurzen weißen Haaren hervor. Frostempfindlich, mind. 5–10°C. Braucht Sonne und durchlässigen Boden. Fault sehr leicht, deshalb von Frühjahr bis Herbst nur leicht gießen. Vermehrung im Frühjahr oder Sommer durch Samen.
L. williamsii Abb. S. 391.

LOROPETALUM (Hamamelidaceae)
Gattung immergrüner Sträucher, wegen ihrer Blüten beliebt. Bedingt winterhart, braucht aber mind. 5°C, um kräftig zu blühen. Braucht volles Licht oder Halbschatten und nährstoffreichen, durchlässigen, neutralen bis sauren Boden. Kübelpflanzen im Wachstum reichlich, sonst mäßig gießen. Vermehrung im Frühjahr durch Ableger oder Samen oder im Spätsommer durch halbausgereifte Stecklinge.
L. chinense. Immergrüner, runder, verzweigter Strauch. H. und Br. 1,2 m. Asymmetrisch ovale, tiefgrüne Blätter. Von Winter bis Frühjahr weiße Blüten mit 4 riemenförmigen Blütenblättern, in büscheligen, endständigen Trauben.

LOTUS (Leguminosae)
Hornklee
Gattung sommerblühender Stauden, einige davon sind halbimmergrün und immergrüner Halbsträucher, wegen der Blätter und Blüten beliebt. Völlig winterhart bis frostempfindlich, mind. 5°C. Bevorzugt Sonne und durchlässigen Boden. Vermehrung im Sommer durch krautige Stecklinge oder im Herbst oder Frühjahr durch Samen.
L. berthelotii Abb. S. 240.

LUCULIA (Rubiaceae)
Gattung immergrüner Sträucher, wegen der Blüten und Blätter geschätzt. Frostempfindlich, mind. 5–10°C. Braucht volles Licht oder Halbschatten und fruchtbaren, durchlässigen Boden. Kübelpflanzen im Wachstum reichlich, sonst mäßig gießen. Im Frühjahr bei Kübelpflanzen verblühte Triebe stark zurückschneiden. Vermehrung im Frühjahr durch Samen oder im Sommer durch halbausgereifte Stecklinge.
L. grandifolia. Immergrüner, runder bis aufrechter, robuster Strauch. H. und Br. 3–6 m. Mind. 5°C. Ovale grüne Blätter mit roten Adern und Blattstielen. Im Sommer duftende, röhrenförmige, weiße, 6 cm lange, 5blättrige Blüten in endständigen Trauben.

LUETKEA (Rosaceae)
Gattung mit einer Art; laubabwerfender Halbstrauch, wegen seiner lockeren Blütenköpfe beliebt. Für Böschungen und Steingärten. Winterhart. Braucht Schatten und durchlässigen, aber nicht zu trockenen Boden. Vermehrung im Frühjahr durch Teilung oder Samen.
L. pectinata. Laubabwerfender, niederliegender Halbstrauch. H. bis 30 cm, Br. 20 cm. Stengel von fein zergliederten, sehr dunklen Blättern eingehüllt. Trägt im Sommer endständige Trauben von kleinen, lockeren, schmutzigweißen Blütenköpfen.

LUNARIA (Cruciferae)
Silberblatt
Gattung 2- und mehrjähriger Pflanzen, wegen ihrer Blüten und ihrer silberigen Samenschoten beliebt. Völlig winterhart. Gedeiht in Sonne oder Schatten, aber bevorzugt Halbschatten und durchlässigen Boden. Vermehrung der Stauden im Herbst oder Frühjahr durch Samen oder im Frühjahr durch Teilung, der 2jährigen nur durch Samen. Reichlich selbstaussäend.
L. annua, syn. *L. biennis*, Abb. S. 269. **'Variegata'** Abb. S. 267.
L. biennis. Siehe *L. annua*.
L. rediviva. Rosettenbildende Staude. H. 60–75 cm, Br. 30 cm. Im Frühjahr Trauben von 4blättrigen, lila oder weißen Blüten, später elliptische, silbrige Samenschoten, die gut als Zimmerschmuck geeignet sind. Hat ovale, rauhe, grüne, manchmal kastanienbraun getönte Blätter.

LUNATHYRIUM (Polypodiaceae)
Gattung sommergrüner oder halbimmergrüner Farne. Frostempfindlich, mind. 5°C. Braucht teilweise schattige Lage und humusreichen, feuchten Boden. Verwelkte Blätter regelmäßig entfernen. Vermehrung im Frühjahr durch Teilung oder im Sommer durch Sporen.
L. japonicum, syn. *Diplazium japonicum*. Halbimmergrüner, kriechender Farn. H. 30 cm, Br. 23 cm. Hat lanzettliche, papierartige, hellgrüne Wedel, die in längliche, gezähnte, derbe Fiederblätter geteilt sind.

LUPINUS (Leguminosae)
Lupine, Wolfsblume
Gattung einjähriger Pflanzen, Stauden und halbimmergrüner Sträucher, wegen ihrer in großen, eindrucksvollen Trauben erbsenähnlichen Blüten beliebt. Völlig bis winterhart. Bevorzugt Sonne und durchlässigen, alkalischen Boden. Bei den meisten Arten Samenstände entfernen, um Selbstaussaat zu verhindern. Vermehrung der Arten im Herbst durch Aussaat nach der Samenreife, der Sorten im Frühjahr oder Frühsommer durch Stecklinge von nicht blühenden Seitentrieben.
L. arboreus (Baumlupine) Abb. S. 137.
***L.* 'Flaming June'.** Horstbildende Staude. H. 1,2 m, Br. 45 cm. Völlig winterhart. Im Frühsommer erheben sich Ähren von orangeroten Blüten aus gefingerten, tief geteilten, grünen Blättern.
***L.* 'Inverewe Red'** Abb. S. 205.
***L.* 'The Chatelaine'** Abb. S. 204.
***L.* 'Thundercloud'.** Horstbildende Staude. H. 1,2 m, Br. 45 cm. Völlig winterhart. Trägt im Frühsommer Ähren von tief blauvioletten Blüten über gefingerten, tief geteilten Blättern.
***L.* 'Tom Reeves'.** Horstbildende Staude. H. 75 cm – 1 m, Br. 75 cm. Völlig winterhart. Im Frühsommer erheben sich Trauben von reingelben Blüten aus fingerförmig gefiederten, tief geteilten, grünen Blättern.

LURONIUM (Alismataceae)
Gattung sommergrüner, ausdauernder Wasser-, Sumpf- und Uferpflanzen, wegen ihrer Blätter und Blüten geschätzt. Völlig winterhart. Braucht seichtes Wasser und volle Sonne. Bei zu großer Dichte auslichten. Vermehrung im Frühjahr durch Samen oder Teilung.
L. natans, syn. *Alisma natans* (Froschkraut). Sommergrüne, ausdauernde Ufer- und Wasserpflanze. H. 2,5–5 cm, Br. 30 cm. Hat kleine, elliptische bis lanzettliche, grüne Blätter und im Sommer kleine, 3blättrige, weiße, gelb gefleckte Blüten.

LUZULA (Juncaceae). Siehe GRÄSER, BAMBUS, BINSEN und RIEDGRÄSER.
L. nivea Abb. S. 181.
L. sylvatica (Waldhainsimse). **'Marginata'** (syn. *L. s.* 'Aureomarginata') ist ein langsamwachsendes, immergrünes, rhizombildendes, ausdauerndes Gras. H. bis 30 cm, Br. unbestimmt. Völlig winterhart. Trägt dicke Büschel breiter, grüner Blätter mit weißem, behaartem Rand. Beblätterte Stengel tragen im Sommer endständige, offene braune Blütenähren. Verträgt Schatten.

LYCASTE. Siehe ORCHIDEEN.
L. cruenta (Abb. S. 255). Kräftige, sommergrüne, epiphytische Orchidee; für Kalthaus. H. 30 cm. Im Frühjahr einzelnstehende, duftende, 3eckige, 5 cm breite, grüne und gelbe Blüten. Hat breitovale, gerippte, bis 30 cm lange, weiche Blätter. Während des Sommers im Halbschatten halten und nicht besprühen, damit die Blätter keine Flecken bekommen.

LYCHNIS (Caryophyllaceae)
Lichtnelke
Gattung sommerblühender 1-, 2- und mehrjähriger Pflanzen. Völlig winterhart. Brauchen Sonne und durchlässigen Boden. Vermehrung im Herbst oder Frühjahr durch Teilung oder Samen.
L.* 'Abbotswood Rose'.** Hübsche, horstbildende Staude, meist 2jährig gezogen. H. 30–38 cm, Br. 23 cm. Hat ovale graue Blätter und graue, verzweigte Stengel, die im Sommer 5blättrige, leuchtendpurpurne Blüten tragen. ***L. alpina, syn. *Viscaria alpina* (Alpen-Pechnelke). Büschelbildende Staude. H. 5–15 cm, Br. 10–15 cm. Entwickelt dichte Büschel von dicken, linealischen, tiefgrünen Blättern. Im Sommer tragen die klebrigen Stengel runde Köpfchen aus zart- bis tiefrosa, selten weißen, Blüten mit gekräuselten Blütenblättern. Für den Steingarten gut geeignet.
L. chalcedonica (Brennende Liebe) Abb. S. 216.
L. coeli-rosa. Siehe *Silene coeli-rosa*.
L. coronaria. Abb. S. 239.
L. flos-jovis Abb. S. 236.
L. × haagena. Kurzlebige, horstbildende Staude. H. 45 cm, Br. 30 cm. Trägt im Sommer Büschel aus großen, 5blättrigen, weißen, orangen oder roten Blüten. Ovale, grüne Blätter. Am besten aus Samen zu ziehen.
L. viscaria. Horstbildende Staude. H. 30 cm, Br. 30–45 cm. Trägt im Sommer dichte Trauben von klebrigen, sternförmigen, rötlichpurpurnen Blüten über schmal ovalen bis länglichen, dunkelgrünen Blättern. Geeignet für Rabattenränder oder Steingärten. **'Splendens Plena'** Abb. S. 239.

LYCIUM (Solanaceae)
Gattung laubabwerfender Sträucher, manchmal mit langen, rankenden Zweigen, wegen ihrer Gesamterscheinung, ihrer Blüten und Früchte geschätzt. Besonders geeignet für nährstoffarmen, trockenen Boden und Strandbeete. Kann als Hecke gezogen werden. Winterhart. Bevorzugt volle Sonne und nicht zu nährstoffreichen, durchlässigen Boden. Im Winter totes Holz entfernen und, wenn nötig, stutzen, um Wachstum zu begrenzen. Im Frühjahr Hecken stark zurückschneiden. Vermehrung im Sommer durch krautige Stecklinge, im Herbst durch Samen oder im Winter durch Steckhölzer.
L. barbarum, syn. *L. halimifolium* (Gemeiner Bocksdorn, Teufelszwirn). Laubabwerfender, überhängender, oft dorniger Strauch. H. 2,5 m, Br. 5 m. Im Spätfrühling und Sommer trichterförmige, purpurne oder rosa Blüten, später kugelige, orangerote Beeren. Blätter lanzettlich, hellgrün oder graugrün.
L. halimifolium. Siehe *L. barbarum*.

LYCORIS (Amaryllidaceae)
Gattung spätsommer- und frühherbstblühender Zwiebeln mit prächtigen Blütenköpfen auf blattlosen Stengeln. Winterhart; in kühleren Regionen am besten in Töpfen oder Gewächshausrabatten. Braucht Sonne, durchlässigen Boden und eine warme Periode im Sommer, damit Zwiebeln reifen und so blühen. Während des Wachstums regelmäßig flüssig düngen. Nach der Sommerruhe vom Frühherbst bis zum folgenden Sommer, wenn die Blätter absterben, gießen. Vermehrung durch Aussaat nach der Samenreife oder im Frühjahr oder Sommer oder durch Brutzwiebeln im Spätsommer.
L. aurea. Spätsommer- und frühherbstblühende Zwiebel. H. 30–40 cm, Br. 10–15 cm. Trägt ein Köpfchen aus 5 oder 6 hellgelben Blüten mit schmalen, zurückgerollten Blütenblättern, sehr welligen Rändern und auffälligen Staubfäden. Nach der Blüte erscheinen riemenförmige, halbaufrechte, basale Blätter.
L. radiata Abb. S. 351.
L. squamigera. Spätsommer- oder frühherbstblühende Zwiebel. H. 45–60 cm. Br. 10–15 cm. Trägt ein Köpfchen aus 6–8 duftenden, trichterförmigen, 10 cm langen, rosa Blüten mit zurückgerollten Blütenblätterspitzen. Nach der Blüte

erscheinen riemenförmige, halbaufrechte, basale Blätter.

LYGODIUM (Schizaeaceae)
Gattung sommergrüner oder halbimmergrüner, kletternder Farne, in der Regel mit 2 Arten von Wedeln: vegetative und fertile. Bedingt winterhart bis frostempfindlich, mind. 5 °C. Braucht Schatten oder Halbschatten und humusreichen, feuchten, torfigen Boden. Am besten in die Nachbarschaft von strauchigen Pflanzen setzen, die sie stützen können. Topfpflanzen unter Glas brauchen starke, verzweigte Stützen. Verwelkte Wedel regelmäßig entfernen. Vermehrung im Frühjahr durch Teilung oder im Sommer durch Sporen möglich.
L. japonicum. Sommergrüner, kletternder Farn. H. 2 m, Br. unbestimmt. Frostempfindlich. Die grünen vegetativen Wedel bestehen aus zarten, fingerförmigen Fiederblättern; die fertilen Wedel sind breiter, 3–5lappig und mit einem langen, endständigen Fiederlappen.
L. palmatum. Sommergrüner, kletternder Farn. H. 2 m, Br. unbestimmt. Bedingt winterhart. Hat handförmige, 5–7lappige, grüne vegetative Blätter und linealische, mehr oder weniger handförmige, fertile Fiederblätter.

LYONIA (Ericaceae)
Gattung laubabwerfender, halbimmergrüner oder immergrüner Sträucher und Bäume, wegen ihrer Trauben von kleinen, krugförmigen Blüten geschätzt. Völlig winterhart. Braucht Schatten oder Halbschatten und feuchten, torfigen, sauren Boden. Vermehrung im Sommer durch halbausgereifte Stecklinge.
L. ligustrina. Laubabwerfender, buschiger Strauch. H. und Br. 2 m. Von Hoch- bis Spätsommer entspringen zwischen ovalen, dunkelgrünen Blätter dichte Trauben kugelförmiger, krugförmiger, weißer Blüten.
L. ovalifolia. Laubabwerfender oder halbimmergrüner Strauch. H. und Br. 2 m. Hat rote Zweige und ovale, dunkelgrüne Blätter. Im Spätfrühling und Frühsommer erscheinen Trauben weißer, krugförmiger, Blüten.

LYONOTHAMNUS (Rosaceae)
Monotypische Gattung eines immergrünen Baumes, wegen seiner Blätter und Blüten geschätzt. Winterhart. Braucht Sonne oder Halbschatten, warme, geschützte Lage und fruchtbaren, durchlässigen Boden. Vermehrung im Sommer durch krautige Stecklinge oder im Herbst durch Samen.
L. floribundus. Immergrüner Baum, nur in der Form var. ***aspleniifolius.*** H. 12 m, Br. 6 m. Dieser schlanke Baum hat ziemlich faserige, rötlichbraune Rinde und farnartige, dunkelgrüne Blätter. Im Frühsommer große, flache Köpfe aus 5blättrigen, weißen Blüten.

LYSICHITON (Araceae)
Gattung sommergrüner, mehrjähriger Wasser-, Sumpf- und Uferpflanzen, wegen ihrer hübschen Blütenscheide und Blätter beliebt. Völlig winterhart. Bevorzugt volle Sonne, aber gedeiht auch im Halbschatten. Verträgt stehendes und fließendes Wasser. Vermehrung im Spätsommer durch Aussaat nach der Samenreife.
L. americanus Abb. S. 377.
L. camtschatcensis (Sumpf-Drachenwurz) Abb. S. 372.

LYSIMACHIA (Primulaceae)
Felberich, Weiderich
Gattung sommerblühender, 1- und mehrjähriger Pflanzen, geeignet für Rabatten und Steingärten. Bedingt bis völlig winterhart. Bevorzugt Sonne oder Halbschatten und feuchten, aber durchlässigen Boden. Vermehrung im Frühjahr durch Teilung oder im Herbst durch Samen.
L. clethroides Abb. S. 202.
L. ephemerum. Hübsche, horstbildende Staude. H. 1 m, Br. 30 cm. Völlig winterhart. Im Sommer aufrechte, endständige Trauben von sternförmigen, grauweißen Blüten auf schlanken Stengeln, gefolgt von hellgrünen Samenständen. Lanzettliche, lederige, graugrüne Blätter.
L. nummularia **'Aurea'** Abb. S. 326.
L. punctata Abb. S. 214.

LYTHRUM (Lythraceae)
Weiderich
Gattung sommerblühender Stauden, gedeihen an Ufern und in Sumpfgärten. Völlig winterhart. Braucht volle Sonne oder Halbschatten und feuchten Boden. Vermehrung der Sorten im Frühjahr durch Teilung, der Arten im Frühjahr oder Herbst durch Samen oder Teilung.
L. salicaria **'Firecandle'** (Blutweiderich) Abb. S. 205. **'Robert'** ist eine horstbildende Staude. H. 75 cm, Br. 45 cm. Von Hoch- bis Spätsommer Trauben von 4blättrigen, hellrosa Blüten. Blätter grün und lanzettlich.
L. virgatum **'Rose Queen'.** Horstbildende Staude. H. 1 m, Br. 60 cm. Von Hoch- bis Spätsommer Trauben von 4blättrigen, hellrosa Blüten über lanzettlichen, grünen Blättern. **'The Rocket'** Abb. S. 205.

M

MAACKIA (Leguminosae)
Gattung sommergrüner, sommerblühender Bäume, beliebt wegen des Laubes und der Blüten. Völlig winterhart. Benötigt viel Sonne und furchtbaren, durchlässigen Boden. Vermehrung durch Aussaat im Herbst.
M. amurensis Abb. S. 63.

MACADAMIA (Proteaceae)
Macadamianuß
Gattung immergrüner Bäume, beliebt wegen des Laubes und der Früchte. Frostempfindlich, mind. 10–13°C. Bevorzugt volles Licht, verträgt aber etwas Schatten. Für humusreichen, feuchtigkeitsspeichernden, aber durchlässigen Boden muß gesorgt sein. In der Wachstumsphase reichlich, sonst mäßig gießen. Stutzen ist meist nicht notwendig, wird aber im Herbst vertragen. Vermehrung durch Aussaat nach der Samenreife im Frühling oder Herbst.
M. integrifolia Abb. S. 47.

MACFADYENA, syn. DOXANTHA (Bignoniaceae)
Gattung immergrüner, verholzender, windender Kletterpflanzen, beliebt wegen ihrer fingerhutähnlichen Blüten. Frostempfindlich, mind. 5°C. Gedeiht auf jedem fruchtbaren, durchlässigen Boden mit viel Licht. Regelmäßig gießen, außerhalb der Wachstumsphase weniger. Brauchen Stützen. Dicht wachsende Triebe nach der Blüte oder im Frühjahr ausdünnen. Vermehrung durch ausgereifte Stecklinge im Sommer.
M. unguis-cati (Katzenpfote) Abb. S. 174.

MACKAYA (Acanthaceae)
Monotypische Gattung eines immergrünen Strauches, beliebt wegen seiner Blüten und des Gesamteindrucks. Frostempfindlich, mind. 7–10°C. Benötigt volles Licht oder Halbschatten und fruchtbaren, durchlässigen Boden. Topfpflanzen während des Wachstums reichlich, zu anderen Zeiten mäßig gießen. Stutzen wird – wenn notwendig – im Winter vertragen. Vermehrung durch Grünholzstecklinge im Frühling oder halbausgereifte Stecklinge im Sommer.
M. bella, syn. *Asystasia bella.* Immergrüner, erst aufrechter, dann ausladender, reich verzweigter Strauch. H. bis 1,5 m, Br. 1,2–1,5 m. Die Blätter sind oval, spitz, glänzend und mittel- bis dunkelgrün. Ähren mit röhrigen, dunkel geäderten, lavendelfarbenen Blüten mit je 5 großen, ausgebreiteten Kronblättern erscheinen von Frühling bis Herbst. In warmem Klima über 13°C blüht sie auch den ganzen Winter über.

MACLEANIA (Ericaceae)
Gattung immergrüner, frühlings- bis sommerblühender Sträucher und schlingender Kletterpflanzen, beliebt vor allem wegen ihrer Blüten. Frostempfindlich, mind. 10°C. Braucht Halbschatten und humusreichen, sehr durchlässigen, neutralen bis sauren Boden. Topfpflanzen mäßig gießen, außerhalb der Wachstumsphase noch sparsamer. Lange Triebe können im Winter oder nach der Blüte gekürzt werden. Vermehrung durch Aussaat im Frühling, halbausgereifte Stecklinge im Sommer oder Ableger im Winter.
M. insignis. Immergrüne, schlingende Kletterpflanze mit aufrechten, kaum verzweigten, rutenförmigen Trieben. H. 3 m, Br. 1–3 m. Hat ovale, ledrige, tiefgrüne Blätter, in der Jugend rot überhaucht. Röhrige, wächserne, scharlachrote Blüten mit weißen Spitzen in hängenden Trauben erscheinen im Sommer. Aufbinden.

MACLEAYA (Papaveraceae)
Federmohn
Gattung sommerblühender Stauden, beliebt wegen des Gesamteindrucks. Völlig winterhart. Wächst in Sonne auf durchlässigem Boden. Kann sich rasch ausbreiten. Vermehrung durch Teilung im Vorfrühling oder durch Wurzelausläufer im Winter.
M. cordata, syn. *Bocconia cordata.* Ausladende, horstbildende Staude. H. 1,5 m oder mehr, Br. 60 cm oder mehr. Große, rundliche, gelappte, graugrüne Blätter mit grau-weißer Unterseite entspringen an der Basis und den unteren Teilen der Stiele. Große, fedrige Rispen mit zierlichen, cremeweißen Blüten erscheinen im Sommer.
***M. microcarpa* 'Coral Plume'** Abb. S. 189.

MACLURA (Moraceae)
Osagedorn
Gattung mit nur einer Art sommergrünem Baum, beliebt wegen seines Laubes und der ungewöhnlichen Früchte. Um Früchte zu erhalten, müssen männliche und weibliche Bäume gepflanzt werden. Völlig winterhart, aber Jungpflanzen sind anfällig für Frostschäden. Benötigt volle Sonne und braucht heiße Sommer, um in kaltem Klima zu gedeihen. Wächst in jedem, außer staunassem Boden. Vermehrung durch Kopfstecklinge im Sommer, Aussaat im Herbst oder Wurzelschnittlinge im Winter.
M. pomifera. Sommergrüner, ausladender Baum. H. 15 m, Br. 12 m. Hat dornige Triebe und ovale, dunkelgrüne Blätter, die im Herbst gelb werden. Auf winzige, gelbe Blüten im Sommer folgen große, rundliche, runzelige, blaßgrüne Früchte.
Macroplectrum sesquipedale. Siehe *Angraecum sesquipedale.*
Macrotomia echioides. Siehe *Arnebia pulchra.*

MACROZAMIA (Zamiaceae)
Gattung langsamwachsender, immergrüner Sträucher und kleiner Bäume mit oder ohne Stamm, beliebt wegen ihrer palmenähnlichen Erscheinung. Ausgewachsene Pflanzen können kegelförmige, grüne Blütenähren bilden. Frostempfindlich, mind. 13–16°C. Braucht volles Licht oder Halbschatten und durchlässigen Boden. Topfpflanzen im Wachstum mäßig, zu anderen Zeiten weniger gießen. Vermehrung durch Aussaat im Frühling.
M. spiralis. Immergrüner, palmenartiger Strauch mit sehr kurzem, eher unterirdischem Stamm. H. und Br. 60 cm – 1 m. Hat eine Rosette aus dunkelgrünen Blättern, jedes mit einer spiralig gedrehten Mittelrippe und sehr schmalen, ledrigen Fiedern.

MAGNOLIA (Magnoliaceae)
Magnolie
Gattung sommergrüner, halbimmergrüner oder immergrüner Bäume und Sträucher, beliebt wegen ihrer auffälligen, meist duftenden Blüten. Blätter sind meist oval. Völlig winterhart bis winterhart. Blüten und Knospen frühblühender Magnolien können durch späte Fröste leiden. Braucht Sonne oder Halbschatten und Windschutz. Optimal in fruchtbarem, durchlässigem Boden. *M. delavayi, M. kobus, M. sieboldii* und *M. wilsonii* gedeihen auf Kalkboden. Andere Arten bevorzugen neutralen bis sauren Boden, vertragen aber auch alkalischen Boden, vorausgesetzt, er ist tiefgründig und humusreich. Trockene, sandige Böden sollten allgemein vor dem Pflanzen mit Mist und Lauberde angereichert werden. Vermehrung der Arten durch halbausgereifte Stecklinge im Sommer oder durch Aussaat bei Samenreife im Herbst, Gartenformen durch halbausgereifte Stecklinge im Sommer oder durch Pfropfung im Winter.
M. acuminata. Kräftiger, sommergrüner Baum, in der Jugend konisch, später ausladend. H. 20 m, Br. 10 m. Völlig winterhart. Duftende, becherförmige, blaugrüne Blüten erscheinen von Früh- bis Hochsommer inmitten von großen, ovalen, blaßgrünen Blättern, danach kleine, eiförmige, erst grüne, dann rote Früchte.
M. campbellii Abb. S. 38. **'Charles Raffill'** ist ein kräftiger, sommergrüner Baum, in der Jugend aufrecht, später ausladend. H. 15 m, Br. 10 m. Winterhart. Große, duftende, becherförmige, lila-rosa Blüten erscheinen vom Spätwinter bis Mitte des Frühlings an mindestens 15 Jahre alten Bäumen. Blätter groß, oval und mittelgrün. **'Darjeeling'** Abb. S. 38. **'Kew's Surprise'** trägt tief violettrosa Blüten. Var. ***mollicomata*** Abb. S. 38.
***M.* 'Charles Coates'** Abb. S. 48.
M. cylindrica Abb. S. 59.
M. dawsoniana. Sommergrüner Baum oder Strauch mit breit-ovaler Krone. H. 15 m, Br. 10 m. Winterhart. Die großen, hängenden, duftenden, offen becherförmigen, blaß lila-rosa Blüten erscheinen im Vorfrühling an älteren Pflanzen (20 Jahre nach Aussaat, 10 Jahre nach Pfropfung) in großer Anzahl. Blätter sind oval, ledrig, tiefgrün.
M. delavayi. Immergrüner, rundlicher, dichter Strauch oder Baum. H. und Br. 10 m. Winterhart. Große, leicht duftende, schüsselförmige, pergamentweiße Blüten sind kurzlebig und öffnen sich periodisch vom Hochsommer bis Frühherbst. Die großen, ovalen Blätter sind oberseits tief blaugrün, unterseits bläulich-weiß.
M. denudata, syn. *M. heptapeta.* Sommergrüner, rundlicher, buschiger Strauch oder ausladender Baum. H. und Br. 10 m. Völlig winterhart. Treibt von Mitte bis Ende des Frühlings eine Fülle duftender, becherförmiger, weißer Blüten, bevor die ovalen, mittelgrünen Blätter erscheinen.
M. fraseri Abb. S. 50.
M. globosa. Sommergrüner, buschiger Strauch. H. und Br. 5 m. Winterhart. Im Frühsommer heben sich die großen, ovalen, glänzenden, dunkelgrünen Blätter von den duftenden, schalenförmigen, creme-weißen Blüten mit roten Staubbeuteln ab.
M. grandiflora (Immergrüne Magnolie). Immergrüner, breit kegelförmiger oder rundlicher, dichter Baum. H. und Br. 10 m. Winterhart. Trägt große, stark duftende, schüsselförmige, weiße Blüten periodisch vom Hochsommer bis zum Frühherbst. Hat längliche, glänzende, mittel- bis dunkelgrüne Blätter.
'Exmouth' Abb. S. 51. **'Ferruginea'** hat dunkelgrüne Blätter mit rostbrauner Unterseite.
M. heptapeta. Siehe *M. denudata.*
M. hypoleuca, syn. *M. obovata* (Großblättrige Magnolie), Abb. S. 39.
M. insignis. Siehe *Manglietia insignis.*
M. kobus Abb. S. 48.
M. liliiflora. Sommergrüner, buschiger Strauch. H. 3 m, Br. 4 m. Völlig winterhart. Duftende, aufrechte, vasenförmige, violett-rosa Blüten stehen von Frühlingsmitte bis zum Hochsommer inmitten ovaler, sehr dunkelgrüner Blätter. **'Nigra'** Abb. S. 85.
***M. × loebneri* 'Leonard Messel'** Abb. S. 85. **'Merrill'** ist ein kräftiger, sommergrüner, aufrechter Strauch oder Baum mit ausladenden Ästen. H. 10 m, Br. 8 m. Völlig winterhart. Duftende, vielblättrige, trichterförmige, weiße Blüten erscheinen zur Frühlingsmitte vor den länglichen, dunkelgrünen Blättern.
M. macrophylla. Sommergrüner, breiter, aufrechter Baum, der mit zunehmendem Alter rundlich wird. H. und Br. 10 m. Winterhart. Treibt kräftige, blaugraue Äste und sehr große, ovale, leuchtendgrüne Blätter. Die großen, duftenden, schalenförmigen, pergamentweißen Blüten erscheinen im Frühsommer.
***M.* 'Norman Gould'.** Sommergrüner, ausladender Baum oder buschiger Strauch. H. und Br. 5 m. Völlig winterhart. Seidige Knospen öffnen sich um die Frühlingsmitte zu duftenden, sternförmigen, weißen Blüten. Blätter sind länglich und dunkelgrün.
M. obovata. Siehe *M. hypoleuca.*
M. salicifolia (Weidenblättrige Magnolie) Abb. S. 59.
M. sargentiana. Sommergrüner, breit kegelförmiger Baum. H. 15 m, Br. 10 m. Völlig winterhart. Große, duftende, schmal schalenförmige, vielblättrige Blüten mit weißer Innenseite und rosa-purpurner Außenseite öffnen sich von Mitte bis Ende des Frühlings vor dem Erscheinen der ovalen, dunkelgrünen Blätter.
M. sieboldii. Sommergrüner, überhängender Strauch oder breit ausladender Baum. H. 8 m, Br. 12 m. Winterhart. Duftende, becherförmige, weiße Blüten mit blutroten Staubblättern erscheinen vom späten Frühling bis zum Spätsommer über den ovalen, dunkelgrünen Blätter.
M. sinensis. Sommergrüner, ausladender Strauch. H. 6 m, Br. 8 m. Völlig winterhart. Im späten Frühling und Frühsommer trägt er duftende, nickende, becherförmige, weiße Blüten mit blutroten Staubblättern. Die ovalen, glänzenden, leuchtendgrünen Blätter haben samtige Unterseiten.
M. × soulangeana Abb. S. 85. **'Alba Superba'** ist ein sommergrüner, rundlicher, aufrechter Strauch oder Baum. H. 7 m, Br. 5 m. Völlig winterhart. Große, duftende, tulpenartige, weiße Blüten mit leichtem rosa Anflug erscheinen von Frühlingsmitte bis Frühsommer, vor und nach dem Austreiben der ovalen, mittel- bis dunkelgrünen Blätter. **'Brozzonii'**, H. 8 m, Br. 6 m, ist baumartig, mit großen,

purpurn überhauchten, weißen Blüten. Die Blüten von **'Lennei'** sind groß, kelchförmig und tief rosa-purpurn. **'Picture',** H. 8 m, Br. 6 m, ist kräftig, kompakt und aufrecht mit großen, aufrechten, tief rötlich-purpurnen Blüten. **'Rustica Rubra'** (syn. *M.* × *s.* 'Rubra') Abb. S. 85.
M. sprengeri var. ***diva.*** Sommergrüner, ausladender Baum. H. 15 m, Br. 10 m. Winterhart. Hat große, duftende, schmal schüsselförmige, vielblütige, tief rosarote Blüten zur Frühlingsmitte, bevor die ovalen, dunkelgrünen Blätter erscheinen. **'Wakehurst'** Abb. S. 38.
M. stellata (Sternmagnolie) Abb. S. 97.
M. tripetala (Schirmmagnolie) Abb. S. 51.
***M.* × *veitchii* 'Peter Veitch'** Abb. S. 38.
M. virginiana. Sommergrüner oder halbimmergrüner, kegelförmiger Strauch oder Baum. H. 9 m, Br. 6 m. Völlig winterhart. Trägt vom Frühsommer bis Frühherbst stark duftende, becherförmige, cremeweiße Blüten. Hat längliche, glänzende, mittel- bis dunkelgrüne Blätter mit bläulich-weißer Unterseite.
***M.* 'Wada's Memory'** Abb. S. 59.
M.* × *watsonii. Siehe *M.* × *wieseneri.*
***M.* × *wieseneri*,** syn. *M.* × *watsonii*, Abb. S. 63.
M. wilsonii Abb. S. 63.

× MAHOBERBERIS (Berberidaceae)
Hybridgattung *(Berberis* × *Mahonia)* immergrüner Sträucher, beliebt wegen ihres Laubes, der Blüten und aus botanischem Interesse. Völlig winterhart. Braucht Sonne oder Halbschatten und fruchtbaren, durchlässigen Boden. Vermehrung durch halbausgereifte Stecklinge im Sommer.
× *M. aquisargentii.* Immergrüner, aufrechter, dicht belaubter Strauch. H. und Br. 2 m. Die Blätter sind leuchtendgrün, oft dreiteilig, manche länglich und feingezähnt, andere stechpalmenartig. Endständige Trauben berberitzenartiger, gelber Blüten erscheinen spärlich im späten Frühling.

MAHONIA (Berberidaceae)
Mahonie
Gattung immergrüner Sträucher, beliebt wegen ihres Laubes, ihrer gewöhnlich kurzen Trauben duftender, rundlicher, glockiger, gelber Blüten und – bei großen Arten und Sorten – wegen ihrer tief rissigen Rinde. Große Mahonien sind gute Einzelpflanzen, niederwüchsige hervorragende Bodendecker. Ganz oder bedingt winterhart. Bevorzugt Schatten oder Halbschatten und fruchtbaren, durchlässigen, aber nicht zu trockenen Boden. Vermehrung der Arten durch Aussaat im Herbst, die Gartenformen ausschließlich und auch die Arten durch Augen- oder halbausgereifte Stecklinge.
M. acanthifolia. Immergrüner, aufrechter Strauch. H. 4 m, Br. 2 m. Winterhart. Hat große, dunkelgrüne Blätter aus 17 bis 27 stechpalmenartigen, dornigen Fiedern. Lange, dichte Trauben aus sattgelben Blüten erscheinen im Spätherbst und frühen Winter.
M. aquifolium Abb. S. 125.
M. bealei. Immergrüner, aufrechter Strauch. H. und Br. 2 m. Völlig winterhart. Die blaugrünen Blätter bestehen aus 13 bis 17 breiten, stechpalmenartigen, dornigen Fiedern. Dicke, aufrechte Trauben duftender, gelber Blüten erscheinen vom Spätwinter bis zum Vorfrühling.
***M.* 'Heterophylla'.** Immergrüner, aufrechter Strauch. H. 1 m, Br. 1,5 m. Winterhart. Hat rötlich-purpurne Triebe und glänzende, leuchtendgrüne Blätter aus je 5 oder 7 schmal lanzettförmigen, am Rand oder zur Gänze gewellten Fiedern, die sich im Winter rötlich-purpurn verfärben. Blüten in kleinen Trauben erscheinen im Frühling.
M. japonica Abb. S. 119.
M. lomariifolia. Immergrüner, sehr aufrechter Strauch. H. 3 m, Br. 2 m. Winterhart. Große, dunkelgrüne Blätter mit je 19 bis 37 schmalen, stechpalmenartigen, dornigen Fiedern. Duftende, leuchtendgelbe Blüten stehen in dichten, aufrechten Trauben, erscheinen im Spätherbst und Winter.
***M.* × *media* 'Buckland'** und **'Charity'** Abb. S. 93.
M. napaulensis. Immergrüner, aufrechter, offener Strauch. H. 2,5 m, Br. 3 m. Winterhart. Blätter bestehen aus bis zu 15 stechpalmenartigen, dornigen, dunkelgrünen Fiedern. Bildet Anfang bis Mitte des Frühlings lange, schlanke Trauben gelber Blüten.
M. repens. Immergrüner, aufrechter Strauch, der sich durch Ausläufer ausbreitet. H. 30 cm, Br. 2 m. Völlig winterhart. Die blaugrünen Blätter bestehen aus je 3 bis 7 ovalen Fiedern mit borstenartigen Zähnen. Treibt von Mitte bis Ende des Frühlings dichte Trauben tiefgelber Blüten.
***M.* 'Undulata'.** Immergrüner, aufrechter Strauch. H. und Br. 2 m. Völlig winterhart. Glänzende, dunkelgrüne Blätter mit 5–9 stechpalmenartigen Blättchen mit gewellten Rändern. Blätter im Winter bronzen. Im Frühling dichte Trauben tiefgelber Blüten.

MAIANTHEMUM (Liliaceae)
Schattenblume
Gattung von Stauden mit kräftigen, weitreichenden Rhizomen. Ist geeignet als Bodendecker in Wäldern und Naturlandschaften. Völlig winterhart. Bevorzugt Schatten und humusreichen, feuchten, sandigen, neutralen bis sauren Boden. Vermehrung durch Aussaat im Herbst oder Teilung zu jeder Jahreszeit.
M. bifolium. Ausgebreitete, rhizombildende Staude. H. 10 cm, Br. unbestimmt. Große, ovale, glänzende, dunkelgrüne Blätter mit gewelltem Rand in Paaren wachsen aus dem Rhizom. Schlanke Stiele tragen im Frühsommer je eine Traube 4blättriger, weißer Blüten, gefolgt von kleinen, kugeligen, roten Beeren. Wuchert stark.
M. canadense (Vielblütige Maiblume) Abb. S. 303.

MAIHUENIA (Cactaceae)
Gattung langsamwachsender, sommerblühender, alpiner Kakteen, mit dem Alter stockbildend, mit zylindrischen Körpern. Winterhart. Benötigt Sonne und durchlässigen Boden. Vor Winterregen schützen. Vermehrung durch Aussaat oder Stecklinge im Frühling oder Sommer.
M. poeppigii Abb. S. 397.

MALCOLMIA (Cruciferae)
Malcolmie
Gattung frühlings- bis herbstblühender einjähriger Pflanzen. Winterhart. In Sonne und in fruchtbarem, durchlässigem Boden ziehen. Vermehrung durch Freilandaussaat im Frühling, Sommer oder Frühherbst. Sät sich selbst reichlich aus.
M. maritima Abb. S. 267.

MALEPHORA (Aizoaceae)
Gattung aufrechter oder kriechender, mehrjähriger Sukkulenten mit halbzylindrischen Blättern. Frostempfindlich, mind. 5 °C. Braucht Sonne und sehr durchlässigen Boden. Vermehrung durch Aussaat oder Stecklinge im Frühling oder Sommer.
M. crocea Abb. S. 400.

MALOPE (Malvaceae)
Gattung einjähriger Pflanzen, beliebt wegen ihrer auffälligen Blüten, die ideale Schnittblumen sind. Winterhart. In Sonne und fruchtbaren, durchlässigen Boden setzen. Vermehrung durch Freilandaussaat im Frühling. Sät sich selbst reichlich aus.
M. trifida Abb. S. 268.

MALUS (Rosaceae)
Zierapfel
Gattung sommergrüner, meist frühlingsblühender Bäume und Sträucher, beliebt wegen ihrer flach becherförmigen Blüten, ihrer Früchte, des Laubes oder der Herbstfarbe. Zieräpfel können zum Einwecken verwendet werden. Winterhart. Bevorzugt volle Sonne, verträgt aber auch Halbschatten; gedeiht in jedem, außer staunassem Boden. Im Winter abgestorbenes oder krankes Holz herausschneiden und für einen guten Kronenaufbau sorgen. Vermehrung durch Okulation im Spätsommer oder Pfropfung im Hochwinter. Bäume werde gelegentlich von Blattläusen, Raupen und Roter Spinne befallen und sind anfällig für Feuerbrand und Apfelschorf.
***M.* 'Almey'.** Sommergrüner, rundlicher Baum. H. und Br. 8 m. Die ovalen Blätter sind in der Jugend rötlich-purpurn, im Alter dunkelgrün. Auf einfache, tiefrosa Blüten mit blaßrosa bis weißer Mitte folgen ausdauernde, rundliche, orangerote Zieräpfel (anfällig für Schorf).
M.* × *arnoldiana Abb. S. 60.
M.* × *atrosanguinea. Sommergrüner, ausladender Baum. H. und Br. 6 m. Ovale, glänzende, dunkelgrüne Blätter. Rote Blütenknospen öffnen sich im späten Frühling zu einfachen, sattrosa Blüten. Trägt kleine, rundliche, rotbackige, gelbe Zieräpfel.
M. baccata (Sibirischer Zierapfel). Sommergrüner, ausladender Baum. H. und Br. 15 m. Hat ovale, dunkelgrüne Blätter und Mitte bis Ende des Frühlings eine Fülle einfacher, weißer Blüten und winzige, rundliche, rote oder gelbe Zieräpfel. **Var. *mandschurica*** Abb. S. 48.
***M.* 'Chilko'.** Sommergrüner, ausladender Baum. H. und Br. 8 m. Die ovalen, dunkelgrünen Blätter sind in der Jugend rötlich-purpurn. Einfache, rosarote Blüten um die Frühlingsmitte und danach große, rundliche, leuchtend blutrote Zieräpfel.
***M. coronaria* 'Charlottae'.** Sommergrüner, ausladender Baum. H. und Br. 9 m. Breit ovale, gelappte oder tief gezähnte Blätter sind dunkelgrün, werden im Herbst rot. Die halbgefüllten, blaßrosa Blüten erscheinen im späten Frühling und Frühsommer.
***M.* 'Cowichan'** Abb. S. 67.
***M.* 'Dorothea'.** Sommergrüner, ausladender Baum. H. und Br. 8 m. Halbgefüllte, silbrig-rosa Blüten, Knospen rot, erscheinen im späten Frühjahr, gefolgt von rundlichen, gelben Zieräpfeln. Blätter oval, mittelgrün. Anfällig für Apfelschorf.
***M.* 'Eleyi'.** Sommergrüner, ausladender Baum. H. und Br. 8 m. Die ovalen Blätter sind in der Jugend dunkel rötlich-purpurn, im Alter dunkelgrün. Von Mitte bis Ende des Frühlings einfache, tief purpurrote Blüten, dann rundliche, purpurrote Zieräpfel.
M. floribunda (Kirschapfel) Abb. S. 61.
***M.* 'Frettingham's Victoria'.** Sommergrüner, aufrechter Baum. H. 8 m, Br. 4 m. Einfache, weiße Blüten erscheinen im späten Frühling inmitten von ovalen, dunkelgrünen Blättern, später rundliche, rotüberhauchte, gelbe Zieräpfel.
***M.* 'Golden Hornet'** Abb. S. 69.
***M.* 'Hopa'.** Laubabwerfender, ausladender Baum. H. und Br. 10 m. Ovale, dunkelgrüne Blätter in der Jugend rötlichpurpurn. Einfache, tiefrosa Blüten in Frühlingsmitte, später runde, orange und rote Zieräpfel.
M. hupehensis Abb. S. 48.
***M.* 'John Downie'** Abb. S. 67.
***M.* 'Katherine'.** Sommergrüner, kugeliger Baum. H. und Br. 6 m. Hat ovale, mittelgrüne Blätter, von Mitte bis Ende des Frühling große, gefüllte, blaßrosa Blüten, die weiß verblassen. Später winzige, rundliche, gelbbackige, rote Zieräpfel.
***M.* 'Lemoinei'** Abb. S. 62.
***M.* 'Magdeburgensis'** Abb. S. 61.
***M.* 'Marshall Oyama'** Abb. S. 68.
***M.* 'Neville Copeman'.** Sommergrüner, ausladender Baum. H. und Br. 9 m. Ovale, dunkelgrüne Blätter sind in der Jugend violett-rot. Einfache, dunkel violett-rosa Blüten erscheinen von Frühlingsmitte bis -ende, gefolgt von rundlichen, orangeroten bis karminroten Zieräpfeln.
M. niedzwetskyana. Sommergrüner, ausladender Baum. H. 6 m, Br. 8 m. Ovale Blätter sind in der Jugend rot, später purpurn. Im späten Frühling Büschel von einfachen, tief rötlich-purpurnen Blüten, danach sehr große, kegelförmige, rötlichpurpurne Zieräpfel.
M. prattii. Sommergrüner Baum, in der Jugend aufrecht, später ausladend. H. und Br. 10 m. Ovale, glänzende, mittelgrüne Blätter mit roten Stielen werden im Herbst orange und rot. Einfache, weiße Blüten im Frühling, später kleine, rundliche oder eiförmige, weiß gesprenkelte, rote Zieräpfel.
***M.* 'Professor Sprenger'** Abb. S. 68.
***M.* 'Profusion'** Abb. S. 50.
M. prunifolia (Pflaumenblättriger Apfel) Abb. S. 67.
M.* × *purpurea. Sommergrüner, ausladender Baum. H. 8 m, Br. 10 m. Die ovalen, jungen Blätter sind rötlich, reifen grün. Einfache, tief rubinrote Blüten, die mit dem Alter verblassen, erscheinen im späten Frühling, gefolgt von rundlichen, rötlich-purpurnen Zieräpfeln.
***M.* 'Red Jade'.** Sommergrüner Baum mit hängenden Ästen. H. 4 m, Br. 6 m. Hat im späten Frühjahr einfache, weiße, manchmal blaßrosa überhauchte Blüten, danach lange haftende, rundliche bis eiförmige, rote Zieräpfel. Blätter sind grün und oval.
M.* × *robusta. Kräftiger, sommergrüner, ausladender Baum. H. 12 m, Br. 10 m. Trägt im Spätfrühling Massen von einfachen, weißen oder rosa Blüten über ovalen, dunkelgrünen Blättern, gefolgt von lange haftenden, rundlichen, gelben oder roten Zieräpfeln. **'Yellow Siberian'** hat

weiße, manchmal rosa überhauchte Blüten und gelbe Zieräpfel.
***M.* 'Royalty'** Abb. S. 62.
M. sargentii Abb. S. 84.
M. sieboldii Abb. S. 97.
M. spectabilis. Sommergrüner, rundkroniger Baum. H. und Br. 10 m. Hat ovale, dunkelgrüne Blätter, große, einfache rosa Blüten mit rosenroter Knospe von Mitte bis Ende des Frühlings und große, runde, gelbe Zieräpfel.
M. toringoides. Sommergrüner, ausladender Baum. H. 8 m, Br. 10 m. Ovale, tief gelappte, glänzende, leuchtendgrüne Blätter färben sich im Herbst gelb. Im späten Frühling einfache, weiße Blüten und dann runde oder eiförmige, rotbakkige, gelbe Zieräpfel im Herbst.
M. transitoria. Sommergrüner, ausladender, eleganter Baum. H. 8 m, Br. 10 m. Ovale, tief gelappte, mittelgrüne Blätter werden im Herbst gelb. Im späten Frühjahr Massen von einfachen, weißen Blüten, gefolgt von kleinen, rundlichen, blaßgelben Zieräpfeln.
M. trilobata. Sommergrüner, kegelförmiger Baum. H. 15 m, Br. 7 m. Hat ahornartige, gelappte, glänzende, leuchtendgrüne Blätter, die sich im Herbst oft leuchtendbunt verfärben. Trägt im Frühsommer einfache, weiße Blüten, später kleine, rundliche oder birnenförmige, rote oder gelbe Zieräpfel.
M. tschonoskii. Sommergrüner, kegelförmiger Baum. H. 12 m, Br. 7 m. Breit ovale, glänzende, mittelgrüne Blätter zeigen im Herbst leuchtende Orange-, Rot- und Purpurtöne. Einfache, rosa überhauchte, weiße Blüten im späten Frühling. Später rundliche, rotbackige, gelblich-grüne Zieräpfel.
***M.* 'Van Eseltine'.** Sommergrüner, aufrechter Baum. H. 6 m, Br. 4 m. Trägt im späten Frühling gefüllte, rosa Blüten und im Herbst rundliche, gelbe Zieräpfel. Hat ovale, dunkelgrüne Blätter.
***M.* 'Veitch's Scarlet'** Abb. S. 66.
M. yunnanensis var. ***veitchii*** Abb. S. 64.
***M. × zumi* 'Calocarpa'** Abb. S. 68.

MALVA (Malvaceae)
Malve
Gattung einjähriger, zweijähriger oder reichlich blühender, kurzlebiger Stauden. Völlig winterhart. Benötigt Sonne und fruchtbaren, durchlässigen Boden. Vermehrung der Arten durch Aussaat im Herbst, selektierte Formen durch Stecklinge aus festen, basalen Trieben im späten Frühling oder Sommer. Dieser Austrieb kann gefördert werden, indem man die Pflanze nach dem Verwelken der ersten Blüten zurückschneidet.
M. moschata (Moschusmalve) Abb. S. 203.
Malvastrum capensis. Siehe *Anisodontea capensis.*
Malvastrum hypomadarum hort. Siehe *Anisodontea capensis.*

MALVAVISCUS (Malvaceae)
Beerenmalve
Gattung immergrüner Sträucher und Bäume, beliebt wegen ihrer Blüten. Frostempfindlich, mind. 13–16 °C. Braucht einen hellen Standort mit fruchtbarem, durchlässigem Boden. Topfpflanzen in der Vegetationszeit reichlich, sonst mäßig gießen. Zur Erhaltung der Form können abgeblühte Zweige im Winter stark zurückgeschnitten werden. Vermehrung durch Aussaat im Frühjahr oder durch halbausgereifte Stecklinge im Sommer. Weiße Fliege und Rote Spinne können lästig werden.
M. arboreus Abb. S. 89.

MAMMILLARIA (Cactaceae)
Warzenkaktus
Gattung halbkugeliger, kugeliger oder säulenförmiger Kakteen, beliebt wegen ihrer Kränze von trichterförmigen Blüten, die sich nahe am Scheitel entwickeln. Blüten, Ableger und lange, schlanke bis kugelige Beerenfrüchte wachsen zwischen den Warzen auf einem stacheligen, grünen Körper mit ausgedehnten Areolen. Frostempfindlich, mind. 5–10 °C. Braucht viel Sonne und sehr durchlässigen Boden. Im Winter völlig trocken halten, da die Pflanzen sonst leicht faulen. Vermehrung durch Aussaat im Frühling oder Sommer.
M. bocasana Abb. S. 391.
M. candida. Langsamwachsender, polsterbildender, mehrjähriger Kaktus. H. und Br. 15 cm. Mind. 5 °C. Der säulenartige, grüne Körper ist dicht bedeckt mit kurzen, steifen, weißen Stacheln. Cremefarbene bis rosa, 1–2 cm große Blüten im Frühjahr. Im Sommer sparsam gießen.
M. densispina. Langsamwachsender, kugeliger, mehrjähriger Kaktus. H. 10 cm, Br. 20 cm. Mind. 5 °C. Hat einen grünen Körper, der dicht mit kräftigen, goldenen Stacheln bedeckt ist. Im Frühling gelbe, 1–2 cm breite Blüten.
M. elegans. Kugeliger bis säulenförmiger, mehrjähriger Kaktus. H. 30 cm, Br. 20 cm. Mind. 5 °C. Hat einen grünen Körper, der dicht mit kurzen, borstigen Stacheln bedeckt ist und im Frühling leuchtendrote, 1 cm breite Blüten.
M. elongata Abb. S. 390.
M. geminispina Abb. S. 386.
M. gracilis. Gruppenbildender, mehrjähriger Kaktus. H. 5 cm, Br. 20 cm. Mind. 5 °C. Säulenförmiger, grüner, dicht mit reinweißen Stacheln bedeckter Körper. Trägt im Frühsommer blaß cremefarbene Blüten mit 1–2 cm Durchmesser. Flachwurzler, wurzelt leicht. Var. ***fragilis,*** H. 4 cm, hat fast weiße Stacheln.
M. hahniana Abb. S. 386.
M. magnimamma. Gruppenbildender, mehrjähriger Kaktus. H. 30 cm, Br. 60 cm. Mind. 5 °C. Der grüne Körper hat sehr ausgeprägte, eckige, dunkelgrüne Warzen mit weißen Stacheln von unterschiedlicher Länge. Im Frühling und manchmal auch im Sommer cremeweiße, rosa oder rote, 1–2 cm breite Blüten.
M. microhelia Abb. S. 398.
M. plumosa Abb. S. 389.
M. prolifera. Polsterbildender, mehrjähriger Kaktus. H. 10 cm, Br. 30 cm. Mind. 5 °C. Der grüne Körper trägt dichte, goldene bis weiße Stacheln. Eine Fülle cremeweißer oder gelber Blüten, 1–2 cm breit, im Sommer, später rote Beeren mit Erdbeergeschmack.
M. rhodantha. Kugeliger bis säulenförmiger, mehrjähriger Kaktus. H. und Br. 60 cm. Mind. 5 °C. Der grüne Körper, der sich im Alter an der Spitze verzweigt, ist dicht bedeckt mit braunen bis gelben Stacheln. Im Spätsommer leuchtendrote, 1–2 cm breite Blüten.
M. schiedeana Abb. S. 390.
M. sempervivi Abb. S. 392.
M. zeilmanniana Abb. S. 393.

MANDEVILLA, syn. DIPLADENIA (Apocynaceae)
Gattung immergrüner, halbimmergrüner oder sommergrüner, holziger, windender Kletterpflanzen, beliebt wegen ihrer großen, trompetenförmigen Blüten. Bedingt winterhart bis frostempfindlich, mind. 7–10 °C. Gedeiht in sehr durchlässigem Boden mit etwas Schatten im Sommer. In der Wachstumsphase reichlich gießen, sonst sparsam. Aufbinden und im Vorfrühling überschüssige Triebe ausdünnen und einkürzen. Vermehrung durch Aussaat im Frühling oder durch halbausgereifte Stecklinge im Sommer. Weiße Fliege und Rote Spinne können Probleme bereiten.
***M. × amabilis* 'Alice du Pont'** Abb. S. 167.
M. boliviensis. Kräftige, immergrüne, windende Kletterpflanze mit verholzten Stielen. Frostempfindlich. H. bis 4 m. Längliche, spitze Blätter sind glänzend grün. Im Sommer erscheinen große, trompetenförmige, weiße Blüten mit goldenem Auge in kleinen Büscheln.
M. laxa, syn. *M. suaveolens.* Schnellwüchsige, sommer- oder halbimmergrüne, windende Kletterpflanze mit holzigen Stielen. H. 5 m oder mehr. Bedingt winterhart. Die ovalen Blätter haben eine herzförmige Basis. Büschel duftender, weißer Blüten erscheinen im Sommer.
M. splendens Abb. S. 163.
M. suaveolens. Siehe *M. laxa.*

MANDRAGORA (Solanaceae)
Alraune, Springwurz
Gattung rosettenbildender Stauden mit großen, langen, fleischigen Wurzeln. Völlig winterhart bis winterhart. Braucht Sonne oder Halbschatten und tiefgründigen, humusreichen, durchlässigen Boden. Verträgt Verpflanzen schlecht. Vermehrung durch Aussaat im Herbst.
M. officinarum Abb. S. 311.

MANETTIA (Rubiaceae)
Gattung immergrüner, ganz oder teilweise verholzter, windender Kletterpflanzen, beliebt wegen ihrer kleinen, aber spektakulären Blüten. Frostempfindlich, mind. 5 °C, besser 7–10 °C. Gedeiht in humusreichem, durchlässigem Boden mit Halbschatten im Sommer. Regelmäßig gießen, bei niedrigen Temperaturen sparsam. Muß gestützt werden. Wenn nötig, im Frühling zurückschneiden. Vermehrung durch Grünholz- oder halbausgereifte Stecklinge im Sommer. Manchmal Befall durch Weiße Fliege.
M. bicolor. Siehe *M. inflata.*
M. cordifolia (Manettie). Schnellwüchsige, immergrüne, weichstengelige, windende Kletterpflanze. H. 2 m oder mehr. Hat schmal herzförmige, glänzende Blätter. Trichterförmige, rote Blüten erscheinen im Sommer in kleinen Büscheln.
M. inflata, syn. *M. bicolor,* Abb. S. 164.

MANGLIETIA (Magnoliaceae)
Gattung immergrüner Bäume, beliebt wegen ihres Laubes und ihrer Blüten. Bedingt winterhart, aber optimal bei mind. 3–5 °C. Benötigt humusreichen, feuchtigkeitsspeichernden, aber durchlässigen, sauren Boden und volles Licht oder Halbschatten. Topfpflanzen in der Wachstumsphase reichlich, sonst weniger gießen. Wenn notwendig, wird Stutzen vertragen. Vermehrung durch Aussaat im Frühling.
M. insignis, syn. *Magnolia insignis.* Immergrüner, breit kegelförmiger Baum. H. 8–12 m oder mehr, Br. 3–5 m oder mehr. Blätter sind schmal oval, glänzend, mit dunkelgrüner Ober- und blaugrüner Unterseite. Hat im Frühsommer einzelnstehende, magnolienartige, rosa bis karminrote, cremeweiß überhauchte Blüten.

MARANTA (Marantaceae)
Gattung immergrüner, ausdauernder Pflanzen, beliebt wegen ihrer auffällig gemusterten bunten Blätter. Frostempfindlich, mind. 10–15 °C. Braucht konstant hohe Feuchtigkeit und einen schattigen, vor Wind und Zugluft geschützten Standort. Gedeiht in humusreicher, durchlässiger Erde. Vermehrung durch Teilung im Frühling oder Sommer oder durch Stecklinge im Sommer.
M. leuconeura (Pfeilwurz). **'Erythroneura'** (syn. *M. l.* 'Erythrophylla') Abb. S. 259. Var. ***kerchoviana*** Abb. S. 260. Var. ***massangeana*** ist eine immergrüne, kurzstielige ausdauernde Pflanze, die sich an der Basis verzweigt. H. und Br. 30 cm. Längliche, samtige, dunkelgrüne, 15 cm lange Blätter, jedes mit einer breiten, unregelmäßigen, blassen Mittelrippe, weißen Seitenadern und oft violett-grüner Unterseite, stehen in der Nacht aufrecht und liegen tagsüber flach. Kleine, 3blättrige, weiße bis mauvefarbene Blüten erscheinen in schlanken, aufrechten Ähren das ganze Jahr über.
Marginatocereus marginatus. Siehe *Lemaireocereus marginatus.*

MARGYRICARPUS (Rosaceae)
Gattung immergrüner Sträucher, beliebt wegen ihrer Früchte. Gut geeignet für Steingärten. Bedingt winterhart. Braucht einen geschützten, sonnigen Standort und durchlässigen Boden. Vermehrung durch Grünholzstecklinge im Frühsommer oder durch Aussaat im Herbst.
M. pinnatus, syn. *M. setosus* (Perlfrucht). Immergrüner, niederliegender Strauch. H. 23–30 cm, Br. 1 m. Hat dunkelgrüne Blätter aus geraden, seidigen Fiedern. Auf winzige, unauffällige, grüne Blüten im Frühsommer folgen kleine, kugelige glänzende, weiße Früchte.
M. setosus. Siehe *M. pinnatus.*
Marsdenia erecta. Siehe *Cionura erecta.*

MARTYNIA (Pedaliaceae, syn. Martyniaceae)
Gattung einjähriger Pflanzen, beliebt wegen ihrer Blüten und der eigenartigen, gehörnten Früchte. Bedingt winterhart. Braucht einen sonnigen, geschützten Standort in fruchtbarem, durchlässigem Boden. Vermehrung durch Aussaat unter Glas im Vorfrühling.
M. annua, syn. *M. louisiana,* Abb. S. 264.
M. louisiana. Siehe *M. annua.*

MASDEVALLIA. Siehe ORCHIDEEN.
M. coccinea (Abb. S. 253). Immergrüne, epiphytische Orchidee für ein kühles Gewächshaus. H. 15 cm. Satt kirschrote, 8 cm lange Blüten erscheinen einzeln im Sommer. Hat schmal ovale, 10 cm lange Blätter. Braucht im Sommer Schatten.
M. infracta (Abb. S. 252). Immergrüne, epiphytische Orchidee für ein kühles Gewächshaus. H. 15 cm. Trägt im Sommer rundliche, rotweiße, 5 cm lange Blüten mit schwanzartigen, grünlichen Kelchblättern. Die schmal ovalen Blätter sind 10 cm lang. Braucht im Sommer Schatten.
M. tovarensis (Abb. S. 252). Immergrüne epiphytische Orchidee für ein kühles

Gewächshaus. H. 15 cm. Im Herbst erscheinen 4 cm lange, milchig-weiße Blüten mit kurzgeschwänzten Kelchblättern einzeln oder bis zu dreien auf einem Schaft. Hat schmal ovale Blätter, 10 cm lang. Im Sommer in den Schatten stellen.
M. wagneriana (Abb. S. 254). Immergrüne, epiphytische Orchidee für ein kühles Gewächshaus. H. 8 cm. Blaßgelbe, 4 cm lange Blüten mit langen, schwanzartigen Kelchblättern erscheinen einzeln oder in Paaren im Sommer. Blätter sind schmal oval und 10 cm lang. Braucht im Sommer Schatten.

MATTEUCCIA (Polypodiaceae)
Gattung sommergrüner, rhizombildender Farne. Winterhart. Bevorzugt Halbschatten und nassen Boden. Verwelkte Wedel regelmäßig entfernen und zu groß gewordene Pflanzen teilen. Vermehrung durch Teilung im Herbst oder Winter.
M. struthiopteris (Trichterfarn) Abb. S. 186.

MATTHIOLA (Cruciferae)
Levkoje
Gattung einjähriger und zweijähriger Pflanzen, von Stauden und immergrünen Halbsträuchern. Die Blüten der meisten ein- oder zweijährigen Levkojen duften stark und sind ausgezeichnete Schnittblumen. Winterhart bis frostempfindlich, mind. 4°C. Gedeiht in Sonne oder Halbschatten und auf fruchtbarem, durchlässigem, am besten kalkreichem Boden. Hohe Sorten sollten gestützt werden. Als zweijährige Freilandpflanzen gezogen, benötigen sie Winterschutz. Für Blüten im selben Sommer Einjährige im Vorfrühling unter Glas oder zur Frühlingsmitte im Freien aussäen. Mehrjährige im Frühling unter Glas aussäen. Vermehrung von Halbsträuchern durch halbausgereifte Stecklinge im Sommer. Anfällig für Blattläuse, Erdflöhe, Kohlhernie, falschen Mehltau und Grauschimmel.
***M.*, Brompton-Serie** (gemischt) Abb. S. 265, (rosa) Abb. S. 267.
***M.*, East-Lothian-Serie.** Gruppe schnellwüchsiger, aufrechter, buschiger zweijähriger Pflanzen, die einjährig gezogen werden. H. und Br. 30 cm. Völlig winterhart. Hat lanzettförmige, graugrüne Blätter und im Sommer bis über 15 cm lange Ähren aus duftenden, 4blättrigen, einfachen oder gefüllten Blüten in verschiedenen Rosa-, Rot-, Purpur-, Gelb- oder Weißtönen.
***M.* 'Giant Excelsior'** Abb. S. 265.
***M.* 'Giant Imperial'** Abb. S. 262.
M. incana. Schnellwüchsige, aufrechte, buschige Zweijährige oder kurzlebige Staude, als Einjährige gepflanzt. H. 30–60 cm, Br. 30 cm. Völlig winterhart. Hat lanzettliche, graugrüne Blätter und im Sommer duftende, 4blättrige, hell purpurne Blüten in 7–15 cm langen Ähren.
***M.* 'Mammoth Column'.** Schnellwüchsige, aufrechte, buschige Zweijährige oder kurzlebige Staude, als Einjährige gezogen. H. bis 75 cm, Br. 30 cm. Winter hart. Hat lanzettliche, graugrüne Blätter und im Sommer 30–38 cm lange Ähren duftender, 4blättriger Blüten, erhältlich einfarbig oder als Mischung. Hervorragende Schnittblume.
***M.*, Park-Serie.** Gruppe raschwüchsiger, aufrechter, buschiger Zweijähriger und kurzlebiger Stauden, als Einjährige gezogen. H. und Br. bis 30 cm. Völlig winterhart. Graugrüne, lanzettliche Blätter. Im Sommer mindestens 15 cm lange Ähren duftender, 4blättriger Blüten in verschiedenen Farben.
***M.*, Ten-week-Serie.** Gruppe schnellwüchsiger, aufrechter, buschiger Zweijähriger und kurzlebiger Stauden, einjährig gezogen. H. und Br. bis 30 cm. Völlig winterhart. Hat lanzettliche, graugrüne Blätter. Duftende, 4blättrige Blüten in mindestens 15 cm langen Ähren erscheinen im Sommer in vielen Farben. Zwergformen (Abb. S. 268) und Formen durch Auslese mit gefüllten Blüten.
***M.* 'Trysomic'.** Schnellwüchsige, aufrechte, buschige Zweijährige oder kurzlebige Staude, einjährig gezogen. H. und Br. bis 30 cm. Völlig winterhart. Lanzettliche, graugrüne Blätter. Im Sommer erscheinen mindestens 15 cm lange Ähren mit duftenden, meist gefüllten Blüten in verschiedensten Farben.
Matucana haynei. Siehe *Borzicactus haynei.*

MAURANDIA. Siehe ASARINA.

MAXILLARIA. Siehe ORCHIDEEN.
M. picta. Immergrüne, epiphytische Orchidee für ein kühles Gewächshaus. H. 23 cm. Duftende, gelbe, 2,5 cm breite Blüten mit rötlich-braun gezeichneter Außenseite erscheinen im Winter einzeln unter den Blättern. Hat schmal ovale Blätter von 15–23 cm Länge. Braucht im Sommer Halbschatten.
M. porphyrostele (Abb. S. 255). Immergrüne, epiphytische Orchidee für ein kühles Gewächshaus. H. 8 cm. Weiß- und rotlippige, gelbe, 1 cm breite Blüten erscheinen einzeln von Sommer bis Herbst. Die schmal ovalen Blätter sind 8 cm lang. Braucht im Sommer viel Licht.
M. tenuifolia. Immergrüne, epiphytische Orchidee für ein kühles Gewächshaus. H. 15 cm. Duftende, gelbe, 2,5 cm breite, reichlich mit Rot überzogene Blüten mit weißen Lippen erscheinen einzeln während des ganzen Sommers. Schmal ovale, 15 cm lange Blätter. Braucht im Sommer viel Licht.

MAYTENUS (Celastraceae)
Gattung immergrüner Bäume, beliebt wegen ihres hübschen Laubes. Winterhart, braucht aber in der Jugend Windschutz. Benötigt Sonne oder Halbschatten und fruchtbaren, durchlässigen Boden. Vermehrung durch halbausgereifte Stecklinge im Sommer oder durch Ableger im Herbst und Frühling.
M. boaria (Maitenie). Immergrüner, eleganter Baum mit buschiger Krone. H. 10 m, Br. 8 m. Schmal ovale, glänzende, dunkelgrüne Blätter erscheinen auf schlanken Trieben. Trägt im späten Frühling winzige, sternförmige, grüne Blüten.

MAZUS (Scrophulariaceae)
Gattung kriechender, frühlingsblühender Stauden. Geeignet für Steingärten und zwischen Pflastersteinen. Winterhart. Braucht einen geschützten, sonnigen Standort und feuchten Boden. Vermehrung durch Teilung im Frühling oder durch Aussaat im Herbst.
M. reptans Abb. S. 308.

MECONOPSIS (Papaveraceae)
Scheinmohn
Gattung von Stauden, manche davon kurzlebig, andere monokarp (sterben nach der Blüte ab), beliebt wegen ihrer Blüten. Völlig winterhart. Braucht Schatten und in warmen Gegenden einen kühlen Standort. Die meisten bevorzugen humusreichen, feuchten, neutralen bis sauren Boden. Vermehrung (ausgenommen *M. × sheldonii*) durch Aussaat nach der Samenreife im Spätsommer. *M. cambrica, M. grandis, M. quintuplinervia* und *M. × sheldonii* und ihre Sorten lassen sich auch durch Teilung nach der Blüte vermehren.
M. betonicifolia Abb. S. 212.
M. cambrica Abb. S. 232.
M. grandis. Aufrechte Staude. H. 1–1,5 m, Br. 30 cm. Kräftige Stiele tragen im Frühsommer leicht nickende, becherförmige, tiefblaue Blüten. Längliche, behaarte, aufrechte, mittelgrüne Blätter stehen in grundständiger Rosette. Damit sie kräftig weiterwachsen, alle 2–3 Jahre teilen. **'Branklyn'** Abb. S. 212.
M. integrifolia Abb. S. 247.
M. napaulensis Abb. S. 189.
M. paniculata. Kurzlebige, stockbildende Staude, die nach der Blüte abstirbt. H. 1,5 m, Br. 60 cm. Trägt im Spätfrühling oder Frühsommer Trauben nickender, becherförmiger, gelber Blüten. Hat große Rosetten aus länglichen bis lanzettlichen, tief gelappten und eingeschnittenen, behaarten, gelblich-grünen Blättern.
M. quintuplinervia Abb. S. 228.
M. × sheldonii. Stockbildende Staude. H. 1,2–1,5 m, Br. 45–60 cm. Trauben von becherförmigen, tiefblauen Blüten erscheinen im Frühsommer. Rosetten aus länglichen bis ovalen, gezähnten, behaarten, mittelgrünen Blättern. Zur Erhaltung der Lebenskraft alle 3 Jahre teilen. **'Slieve Donard'** hat kleinere Blüten und schwächer gezähnte Blätter.

MEDICAGO (Leguminosae)
Gattung von einjährigen Pflanzen, Stauden und immergrünen Sträuchern, beliebt wegen ihrer Blüten. Für mildes Küstenklima gut geeignet, weil sehr windresistent. Winterhart, in kaltem Klima an eine süd- oder westseitige Mauer setzen. Benötigt Sonne und durchlässigen Boden. Abgestorbene Zweige im Frühling ausschneiden. Vermehrung der Sträucher durch halbausgereifte oder Grünholzstecklinge im Sommer oder durch Aussaat im Frühling oder Herbst; einjährige Pflanzen und Stauden durch Aussaat im Herbst oder Frühling.
M. arborea. Immergrüner, buschiger, dichter Strauch. H. und Br. 2 m. Trauben kleiner, gelber Schmetterlingsblüten erscheinen von Frühlingsmitte bis Spätherbst oder Winter. Darauf folgen eigenartige, abgeflachte, schlangenartige, erst grüne, dann braune Hülsen. Hat dunkelgrüne Blätter aus 3 schmal dreieckigen Blättchen, die in der Jugend seidig behaart sind.

MEDINILLA (Melastomataceae)
Gattung immergrüner Sträucher und schlingender Kletterpflanzen, beliebt wegen ihrer Blüten und Blätter. Frostempfindlich, mind. 16–18°C. Braucht Halbschatten und humusreichen, durchlässigen Boden. Topfpflanzen in der Wachstumsphase reichlich, sonst mäßig gießen. Vermehrung durch Grünholzstecklinge im Frühling oder Sommer.
M. magnifica Abb. S. 109.

MEEHANIA (Labiatae)
Gattung von Stauden, oft mit kriechenden Stengeln, hauptsächlich als Bodendecker beliebt. Winterhart. Bevorzugt Schatten und durchlässigen, aber nicht zu trockenen, humusreichen Boden. Vermehrung durch Aussaat, Teilung oder Stecklinge im Frühling.
M. urticifolia. Schlingende, behaarte Staude mit langen, kriechenden, belaubten Stengeln und aufrechten Blütenstielen. H. bis 30 cm, Br. unbestimmt. Die ovalen bis dreieckigen, gezähnten Blätter werden an den kriechenden Stengeln 10 oder mehr cm lang, an den Blütenstielen kleiner. Quirle duftender, 2lippiger, violett-blauer, bis 5 cm langer Blüten erscheinen im späten Frühling in aufrechten Trauben.

MEGASEA. Siehe BERGENIA.

MELALEUCA (Myrtaceae)
Myrtenheide
Gattung immergrüner, frühlings- und sommerblühender Bäume und Sträucher, beliebt wegen ihrer Blüten und der Gesamterscheinung. Bedingt winterhart bis frostempfindlich, mind. 4–7°C. Braucht viel Licht und durchlässigen Boden, am besten stickstoffarm. Manche Arten vertragen staunasse Böden. Topfpflanzen mäßig, bei niedrigen Temperaturen weniger gießen. Vermehrung durch Aussaat im Frühling oder durch halbausgereifte Stecklinge im Sommer.
M. armillaris. Immergrüner, rundlicher Strauch oder Baum mit drahtigen Zweigen. H. 3–6 m, Br. 1,2–3 m. Frostempfindlich. Hat nadelartige, tiefgrüne Blätter und im Sommer dichte, flaschenbürstenartige, 3–6 cm lange Blütentrauben. Jede Blüte mit zahlreichen, gebündelten Staubblättern.
M. elliptica Abb. S. 110.
M. hypericifolia. Immergrüner, rundlicher Strauch. H. und Br. 2–5 m. Frostempfindlich. Blätter sind länglich bis elliptisch und mittel- bis blaßgrün. Die Blüten mit 2–2,5 cm langen Büscheln aus leuchtendroten Staubblättern erscheinen im Sommer, meist in flaschenbürstenartigen Trauben von 4–8 cm Länge.
M. mesophylla Abb. S. 112.
M. quinquenervia. Starkwüchsiger, immergrüner, rundlicher Baum. H. 6–12 m, Br. 3–6 m. Frostempfindlich. Blätter sind elliptisch und glänzend. Hat eine sich schälende, papierartige, hellbraune Rinde und im Frühling kleine, weiße oder cremefarbene Blüten in flaschenbürstenartigen Trauben. Verträgt staunassen Boden.
M. squarrosa (Sparrige Myrtenheide). Immergrüner, aufrechter Strauch oder Baum mit drahtigen Zweigen. H. 3–6 m, Br. 2–4 m. Frostempfindlich. Hat winzige, ovale, tiefgrüne Blätter. Trägt 4 cm lange Trauben von duftenden Blüten aus je einer winzigen Bürste von cremefarbenen Staubblättern im Sommer.

MELASPHAERULA (Iridaceae)
Gattung mit einer Art frühlingsblühender Knolle, die vor allem aus botanischem Interesse gepflanzt wird. Bedingt winterhart. Braucht Sonne und durchlässigen Boden. Im Herbst setzen und bis nach der Blüte gießen, dann austrocknen lassen. Vermehrung durch Aussaat oder Brutknöllchen im Herbst.
M. graminea. Siehe *M. ramosa.*
M. ramosa, syn. *M. graminea.* Frühlingsbühende Knolle. H. bis 60 cm,

Br. 10–15 cm. Hat schmal schwertförmige, halb aufrechte Blätter in einem grundständigen Fächer. Der drahtige, verzweige Blütenschaft trägt lockere Trauben kleiner, hängender, trichterförmiger, gelblich-grüner Blüten mit spitzen Kronblättern.

MELASTOMA (Melastomaceae)
Gattung immergrüner, meist sommerblühender Sträucher und Bäume, beliebt wegen ihrer Blüten und ihres Laubes. Frostempfindlich, mind. 10–13°C. Benötigt viel Licht oder Halbschatten und fruchtbaren, durchlässigen Boden. Kübelpflanzen in der Wachstumsphase reichlich, sonst mäßig gießen. Stutzen wird (wenn nötig) im Spätwinter vertragen. Vermehrung durch Grünholzstecklinge im Frühling oder Sommer. Rote Spinne und Weiße Fliege können Probleme bereiten.
M. candidum. Immergrüner, rundlicher Strauch mit borstigen Stielen. H. und Br. 1–2 m. Hat ovale, ledrige, borstige Blätter. Kleine endständige Trauben duftender, 5- bis 7blättriger weißer oder rosa Blüten erscheinen im Sommer in großer Menge.

MELIA (Meliaceae)
Gattung sommergrüner, frühlingsblühender Bäume, beliebt wegen Laub, Blüten und Früchte. Geeignet für sehr trockene Böden, gedeiht gut in Küstenregionen in mildem Klima. Winterhart. Braucht volle Sonne; wächst in jedem durchlässigen Boden. Vermehrung durch Aussaat im Herbst.
M. azedarach (Zedrachbaum). Abb. S. 49.

MELIANTHUS (Melianthaceae)
Gattung immergrüner Stauden und Sträucher, vor allem wegen ihres Laubes beliebt. Bedingt winterhart bis frostempfindlich, mind. 5°C. Benötigt Sonne und fruchtbaren, durchlässigen Boden. Topfpflanzen im Sommer reichlich, sonst mäßig gießen. Lange Triebe können im Vorfrühling gekürzt werden. Vermehrung durch Aussaat im Frühling oder durch Grünholzstecklinge im Sommer. Rote Spinne kann lästig werden.
M. major. Immergrüner, wuchernder, spärlich verzweigter Strauch. H. und Br. 2–3 m. Bedingt winterhart, aber optimal bei mind. 5°C. Blätter sind 25–45 cm lang, mit 7–13 ovalen, gezähnten, blaugrauen Fiedern. Hat von Frühling bis Sommer röhrige, satt braunrote Blüten in 30 cm langen, endständigen Ähren. Kann aufgebunden oder an einer Mauer ausgebreitet wachsen.

MELICA (Gramineae). Siehe GRÄSER, BAMBUS, BINSEN und RIEDGRÄSER.
M. altissima (Perlgras). Immergrünes, horstbildendes, mehrjähriges Gras. H. 60 cm, Br. 20 cm. Völlig winterhart. Hat schlanke Stengel und breite, mittelgrüne Blätter mit rauher Unterseite. Trägt im Sommer hängende, goldbraune Ährchen in schmalen Rispen. **'Atropurpurea'** Abb. S. 181.

MELICYTUS (Violaceae)
Gattung immergrüner Sträucher und Bäume, beliebt wegen ihrer Gesamterscheinung und ihrer dekorativen Früchte. Bedingt winterhart bis frostempfindlich, mind. 3–5°C. Gedeiht in durchlässigem Boden und vollem Licht oder Halbschatten. Topfpflanzen mäßig, im Winter weniger gießen. Wenn nötig, wird Stutzen vertragen. Vermehrung durch Aussaat bei Samenreife im Herbst oder Frühling.
M. ramiflorus (Mahoe). Immergrüner, ausladender Strauch oder Baum. H. und Br. 6–10 m. Frostempfindlich. Rinde ist grau-weiß. Trägt lanzettliche, grob gesägte, leuchtendgrüne Blätter. Hat im Sommer kleine, rundliche, grünliche Blüten in achselständigen Trauben, gefolgt von winzigen, violetten bis violettblauen Beeren.

MELIOSMA (Sabiaceae)
Gattung sommergrüner Bäume und Sträucher, beliebt wegen ihres Habitus, ihres Laubes und der Blüten, die allerdings nicht verläßlich erscheinen. Winterhart. Bevorzugt volle Sonne und tiefgründigen, fruchtbaren, durchlässigen Boden. Vermehrung durch Aussaat im Herbst.
M. oldhamii. Siehe *M. pinnata* var. *oldhamii.*
M. pinnata var. ***oldhamii,*** syn. *M. oldhamii.* Sommergrüner Baum mit kräftigen Ästen, in der Jugend aufrecht, später ausladend. H. 10 m, Br. 6 m. Hat sehr große, dunkelgrüne, in 5–13 ovale Fiedern geteilte Blätter. Im Frühsommer große Trauben kleiner, duftender sternförmiger, weißer Blüten.
M. veitchiorum Abb. S. 53.

MELITTIS (Labiatae)
Immenblatt
Gattung mit nur einer Art sommerblühender Staude. Völlig winterhart. Gedeiht am besten in leichtem Schatten; benötigt fruchtbaren, durchlässigen Boden. Vermehrung durch Aussaat im Frühling oder Herbst oder durch Teilung im Herbst.
M. melissophyllum Abb. S. 234.

MELOCACTUS (Cactaceae)
Melonenkaktus
Gattung kugeliger, gerippter, mehrjähriger Kakteen. Bei Erreichen der Blühgröße – gewöhnlich bei 15 cm Höhe – bekommen die Stiele wollige Kronen; dann stellen sie scheinbar das Wachstum ein, während die wolligen Kronen zu Säulen auswachsen. Hat im Sommer trichterförmige Blüten, dann längliche oder rundliche, rote, rosa oder weiße Früchte. Frostempfindlich, mind. 11–15°C. Benötigt volle Sonne und extrem durchlässigen Boden. Vermehrung durch Aussaat im Frühling oder Sommer.
M. bahiensis. Kugeliger, ausdauernder Kaktus. H. und Br. 10 cm. Mind. 15°C. Körper mattgrün mit 10–15 Rippen. Treibt kräftige, leicht gebogene, dunkelbraune Stacheln, die im Alter verblassen. Am Scheitel braune Borsten und im Sommer rosa, 1–2 cm breite Blüten.
M. communis Abb. S. 392.
M. matanzanus. Kugeliger, ausdauernder Kaktus. H. und Br. 10 cm. Mind. 15°C. Der dunkelgrüne Körper hat hübsche, kurze Stacheln und entwickelt etwa 5 Jahre nach der Aussaat eine wollige Krone. Im Sommer rosarote, 1 cm breite Blüten.
M. oaxacensis. Kugeliger bis säulenförmiger, ausdauernder Kaktus. H. 20 cm, Br. 15 cm. Mind. 15°C. Körper grün mit 15 rundlichen Rippen. Jede Areole trägt einen geraden Mittelstachel und gebogene Randstacheln. Die flache, wollige Krone trägt im Sommer 1 cm breite, tiefrosa Blüten.

MENISPERMUM (Menispermaceae)
Mondsame
Gattung sommergrüner, ganz oder halb verholzter, windender Kletterpflanzen, beliebt wegen ihrer reizvollen Früchte, die je einen sichelförmigen Samen enthalten – daher der deutsche Name. Zweihäusig; um Früchte zu erhalten, müssen weibliche und männliche Pflanzen gesetzt werden. Winterhart. Mag Sonne und jeden durchlässigen Boden. Vermehrung durch Aussaat oder Ausläufer im Frühling.
M. canadense. Kräftige, sommergrüne, holzige, windende Kletterpflanze. Ein dichtes Gewirr von Trieben verbreitet sich durch Ausläufer. H. bis 5 m. Ovale bis herzförmige Blätter sind gewöhnlich 3- bis 7lappig. Kleine, becherförmige, grünlichgelbe Blüten erscheinen im Sommer, gefolgt von Trauben giftiger, kugeliger, schwärzlicher Früchte.

MENTHA (Labiatae)
Minze
Gattung mehrjähriger Kräuter, beliebt wegen der aromatischen Blätter, die sowohl dekorativ, als auch als Küchenkraut verwendbar sind. Pflanze wuchert, sollte also mit Vorsicht behandelt werden. Völlig winterhart bis winterhart. Mag Sonne oder Schatten und durchlässigen Boden. Vermehrung durch Teilung im Frühling oder Herbst.
***M. × gentilis* 'Variegata'.** Sich ausbreitende Staude. H. 45 cm, Br. 40 cm. Völlig winterhart. Bildet eine Matte aus ovalen, dunkelgrünen Blättern mit gelben Sprenkeln und Streifen, die bei Sonne am besten zur Geltung kommen. Im Sommer Blütenstiele mit kleinen, 2lippigen, blaß mauve-farbenen Blüten in Quirlen.
M. × piperita (Pfefferminze). **'Citrata'** (Eau-de-Cologne-Minze) ist eine breitwüchsige Staude. H. 30–60 cm, Br. 60 cm. Völlig winterhart. Rötlich-grüne Stiele mit endständigen Ähren kleiner, 2lippiger, purpurroter Blüten erheben sich im Sommer über einen Teppich von ovalen, leicht gezähnten, mittelgrünen Blättern mit Eau-de-Cologne-artigem Duft.
M. requienii (Korsische Minze). Halbimmergrüne, kriechende Staude. H. bis 1 cm, Br. unbestimmt. Winterhart. Die runden, leuchtend apfelgrünen Blätter verströmen beim Zerreiben einen starken Pfefferminzduft. Treibt im Sommer winzige, sitzende, lavendel-violette Blüten. Geeignet für Steingärten oder gepflasterte Wege. Braucht Schatten und feuchten Boden.
M. rotundifolia. Siehe *M. suaveolens.*
M. suaveolens, syn. *M. rotundifolia.* **'Variegata'** (Buntblättrige Minze) Abb. S. 233.

MENTZELIA (Loasaceae)
Gattung einjähriger Pflanzen, Stauden und immergrüner Sträucher. Winterhart bis frostempfindlich, mind. 4°C. In der Sonne und in fruchtbarem, sehr durchlässigem Boden ziehen, empfindliche Arten am besten in Töpfen unter Glas. Vermehrung durch Aussaat im Frühling, Sträucher auch durch halbausgereifte Stecklinge im Sommer.
M. lindleyi, syn. *Bartonia aurea,* Abb. S. 280.

MENYANTHES (Gentianaceae)
Sumpfklee, Fieberklee
Gattung sommergrüner, mehrjähriger Uferpflanzen, beliebt wegen ihres Laubes und ihrer Blüten. Völlig winterhart. Bevorzugt einen offenen, sonnigen Standort. Welke Blütenköpfe und Blätter entfernen und übergroße Stöcke im Frühjahr teilen. Vermehrung durch Stecklinge im Frühjahr.
M. trifoliata Abb. S. 372.

MENZIESIA (Ericaceae)
Gattung sommergrüner Sträucher, beliebt wegen ihrer kleinen, urnenförmigen Blüten. Völlig winterhart. Braucht Halbschatten und fruchtbaren, feuchten, torfigen, sauren Boden. Vermehrung durch Kopfstecklinge im Sommer oder durch Aussaat im Herbst.
M. ciliicalyx var. ***purpurea*** Abb. S. 123.

MERENDERA (Liliaceae)
Gattung von Knollengewächsen, ähnlich wie Colchicum, aber mit weniger auffälligen Blüten. Winterhart. Braucht einen sonnigen Standort und durchlässigen Boden. In kühlem, feuchtem Klima in einem ungeheizten Gewächshaus oder im Frühbeet ziehen, wo die Knollen im Sommer austrocknen können. Im Herbst setzen und den ganzen Winter und Frühling über bewässern. Vermehrung durch Aussaat oder Brutzwiebeln im Herbst.
M. bulbocodium. Siehe *M. montana.*
M. montana, syn. *M. bulbocodium,* Abb. S. 368.
M. robusta. Frühlingsblühende Knolle. H. 8 cm, Br. 5–8 cm. Winterhart. Schmal lanzettliche, halbaufrechte, basale Blätter erscheinen zur selben Zeit wie die aufrechten, trichterförmigen, 5–6 cm breiten Blüten mit schmalen, blaßrosa-violetten Blütenblättern.

MERREMIA (Convolvulaceae)
Gattung immergrüner, windender Kletterpflanzen, beliebt wegen Blüten und Früchte. Frostempfindlich, mind. 7–10°C. Braucht fruchtbaren, durchlässigen Boden und viel Licht. Mäßig gießen, außerhalb der Wachstumsphase viel weniger. Aufbinden. Zu dichten Wuchs im Frühling ausdünnen. Vermehrung durch Aussaat im Frühling. Rote Spinne kann Probleme bereiten.
M. tuberosa, syn. *Ipomoea tuberosa.* Schnellwüchsige, immergrüne, windende Kletterpflanze. H. 6 m oder mehr. Blätter mit 7 strahlenförmigen Lappen. Die trichterförmigen, gelben Blüten erscheinen vor allem im Sommer, danach halb verholzte, kugelige, elfenbeinfarbene Früchte.

MERTENSIA (Boraginaceae)
Blauglöckchen
Gattung von Stauden, beliebt wegen ihrer trichterförmigen Blüten. Völlig winterhart. Benötigt Sonne oder Schatten und tiefgründigen, durchlässigen Boden. Vermehrung durch Teilung im Frühling oder durch Aussaat im Herbst.
M. echioides Abb. S. 297.
M. maritima Abb. S. 309.
M. virginica Abb. S. 228.

MERYTA (Araliaceae)
Gattung immergrüner Bäume, beliebt wegen ihres hübschen Laubes. Frostempfindlich, mind. 5°C. Benötigt volles Licht oder Halbschatten und humusreichen,

feuchtigkeitsspeichernden, aber mäßig durchlässigen Boden. Topfpflanzen in der Wachstumsphase reichlich, sonst weniger gießen. Vermehrung durch halbausgereifte Stecklinge im Sommer oder Aussaat bei Samenreife (getrocknete Samen nicht lange keimfähig) im Spätsommer.
M. sinclairii Abb. S. 72.
Mesembryanthemum criniflorum. Siehe *Dorotheanthus bellidiformis.*

MESPILUS (Rosaceae)
Mispel
Gattung mit nur einer Art sommergrünem Baum oder Strauch, beliebt wegen Habitus, Blüten, Laub und eßbaren Früchten. Winterhart. Braucht Sonne oder Halbschatten und fruchtbaren, durchlässigen Boden. Vermehrung der Arten durch Aussaat im Herbst, ausgelesene Formen (nach den Früchten ausgewählt) durch Okulation im Spätsommer.
M. germanica Abb. S. 58.

METASEQUOIA (Taxodiaceae). Siehe KONIFEREN.
M. glyptostroboides Abb. S. 74.

METROSIDEROS (Myrtaceae)
Gattung immergrüner, winterblühender Sträucher, Bäume und schlingender Kletterpflanzen, beliebt wegen ihrer Blüten, die Bäume auch wegen des Gesamteindrucks und als Schattenspender. Frostempfindlich, mind. 5°C. Gedeiht in fruchtbarem, durchlässigem Boden bei viel Licht. Kübelpflanzen in der Wachstumsphase reichlich, sonst weniger gießen. Verträgt Stutzen, wenn notwendig. Vermehrung durch Aussaat im Frühling oder durch halbausgereifte Stecklinge im Sommer.
M. excelsa (Neuseeländer Eisenholzbaum) Abb. S. 56.
M. robusta. Robuster, immergrüner, rundlicher Baum. H. 20–25 m oder mehr, Br. 10–15 m. Längliche bis elliptische, ledrige Blätter sind dunkelgrün und glänzend. Hat im Winter große Blütentrauben, hauptsächlich aus langen, dunkelroten Staubblättern.

MEUM (Umbelliferae)
Gattung sommerblühender Stauden, beliebt wegen ihrer aromatischen Blätter. Geeignet für Böschungen und Wildgärten. Winterhart. Braucht Sonne und durchlässigen Boden. Vermehrung durch Aussaat frischer Samen im Herbst.
M. athamanticum (Echte Bärwurz). Aufrechte, stockbildende Staude, H. 15–45 cm, Br. 10–15 cm. Die vorwiegend grundständigen, tief geteilten Blätter haben schmale, linealische Fiedern. Bildet im Sommer eine flache Dolde mit Döldchen aus winzigen, weißen oder violett-weißen Blüten.

MICHELIA (Magnoliaceae)
Gattung immergrüner, winter- bis sommerblühender Sträucher und Bäume, beliebt wegen Blüten und Laub. Bedingt winterhart bis frostempfindlich, mind. 5°C. Braucht humusreichen, durchlässigen, neutralen bis sauren Boden und volles Licht oder Halbschatten. Topfpflanzen in der Wachstumsphase reichlich, im Winter weniger gießen. Stutzen ist selten notwendig. Vermehrung durch halbausgereifte Stecklinge im Sommer oder durch Aussaat bei Samenreife iim Herbst oder Frühling.
M. doltsopa Abb. S. 56.
M. figo Abb. S. 62.

MICROBIOTA (Cupressaceae). Siehe KONIFEREN.
M. decussata (Abb. S. 82). Ausladende, buschige Konifere. H. 50 cm, Br. 2–3 m. Winterhart. Die flachen Zweige mit schuppenartigen, gelbgrünen Blättern werden im Winter bronzefarben. Die kugeligen, gelbbraunen Zapfen enthalten nur je einen Samen.
Microglossa albescens. Siehe *Aster albescens.*

MICROLEPIA (Polypodiaceae)
Gattung sommergrüner, halb- oder immergrüner Farne, optimal in Schalen und Ampeln. Frostempfindlich, mind. 5°C. Benötigt Schatten oder Halbschatten und feuchten Boden. Welke Wedel regelmäßig entfernen. Vermehrung durch Teilung im Frühling oder durch Sporen im Sommer.
M. strigosa Abb. S. 184.

MICROMERIA (Labiatae)
Gattung immergrüner oder halbimmergrüner Sträucher, Halbsträucher und Stauden, geeignet für Steingärten und Böschungen. Winterhart. Braucht Sonne und durchlässigen Boden. Vermehrung durch Aussaat im Frühling oder durch Kopfstecklinge im Frühsommer.
M. juliana. Immergrüner oder halbimmergrüner, buschiger Strauch oder Halbstrauch. H. und Br. 30 cm. Hat kleine, ovale, aromatische, grüne, eng am Stiel anliegende Blätter. Im Sommer erscheinen winzige, röhrige, leuchtendrosa Blüten in Quirlen am oberen Teil der Stiele.

MIKANIA (Compositae)
Gattung immergrüner oder krautiger, schlingender oder windender Kletterpflanzen, Sträucher und aufrechter Stauden, beliebt wegen ihrer Blätter und Blütenköpfe. Bedingt winterhart bis frostempfindlich, mind. 6°C. Mag jeden fruchtbaren, durchlässigen Boden und im Sommer Halbschatten. Regelmäßig gießen, außerhalb der Wachstumsphase weniger. Braucht Halt, eventuell auch Aufbinden. Zu dichten Wuchs im Frühling ausdünnen. Vermehrung durch krautige oder halbausgereifte Stecklinge im Sommer. Blattläuse können Probleme bereiten.
M. scandens. Krautige, schlingende Kletterpflanze. H. 3–5 m. Bedingt winterhart. Hat ovale bis dreieckige, mittelgrüne Blätter mit 2 basalen Lappen. Kompakte Trauben winziger, kreuzkrautartiger, rosa bis purpurn gefärbter Blütenköpfe erscheinen im Sommer bis Herbst.

MILIUM (Gramineae). Siehe GRÄSER, BAMBUS, BINSEN und RIEDGRÄSER.
M. effusum (Weiches Flattergras). **'Aureum'** ist ein immergrünes, horstbildendes, mehrjähriges Gras. H. 2 m, Br. 30 cm. Winterhart. Hat flache, goldgelbe Blätter. Treibt im Sommer offene, gestufte Rispen mit grünlich-gelben Ährchen. Sät sich im Schatten leicht selbst aus.

MILLA (Liliaceae)
Gattung sommerblühender Zwiebelpflanzen, beliebt wegen ihrer duftenden Blüten, die aus einer schlanken Röhre mit 6 ausgebreiteten, sternförmigen Kronblättern an der Spitze besteht. Bedingt winterhart. Braucht einen geschützten, sonnigen Standort und durchlässigen Boden. Im Frühling setzen. Nach der Blüte Zwiebeln ausgraben und für den Winter halb trocknen. Vermehrung durch Aussaat oder Brutzwiebeln im Frühling.
M. biflora. Sommerblühende Zwiebel. H. 30–45 cm, Br. 8–10 cm. Hat lange, schmale, halbaufrechte, grundständige Blätter. Stiele tragen einen lockeren Kopf aus 2 bis 6 aufrechten, weißen, 3–6 cm breiten Blüten auf einem schlanken, bis 20 cm langen Blütenstiel.

MILTONIA. Siehe ORCHIDEEN.
M. candida var. ***grandiflora*** (Abb. S. 254). Immergrüne, epiphytische Orchidee für ein kühles oder temperiertes Gewächshaus. H. 20 cm. Grün gemusterte, braune, 5 cm breite Blüten mit cremefarbener Lippe erscheinen im Herbst in Trauben. Hat schmal ovale, 10–12 cm lange Blätter. Braucht im Sommer Halbschatten.
M. clowesii (Abb. S. 154). Immergrüne, epiphytische Orchidee für ein temperiertes Gewächshaus. H. 20 cm. Treibt im Sommer große Trauben 4 cm breiter, gelber Blüten rötlich-braun gestreift und einer weiß-mauvefarbenen Lippe. Hat breit ovale, 30 cm lange Blätter. Braucht im Sommer Halbschatten.

MILTONIOPSIS (Stiefmütterchenorchidee). Siehe ORCHIDEEN.
***M. Anjou* 'St. Patrick'** (Abb. S. 253). Immergrüne, epiphytische Orchidee für ein kühles Gewächshaus. H. 15 cm. Trägt vorwiegend im Sommer Blütenzweige tief blutroter, 10 cm breiter Blüten mit rotem und gelbem Muster auf der Lippe. Hat schmal ovale, weiche, 10–12 cm lange Blätter. Braucht im Sommer Schatten.
***M.* Robert Strauss 'Ardingly'** (Abb. S. 252). Immergrüne, epiphytische Orchidee für ein kühles Gewächshaus. H. 15 cm. Trägt Blütenzweige mit weißen, 10 cm breiten Blüten mit rötlich-brauner und purpurner Zeichnung; Blütezeit variiert. Die schmal ovalen, weichen Blätter sind 10–12 cm lang. Braucht im Sommer Schatten.

MIMOSA (Leguminosae)
Gattung einjähriger Pflanzen, immergrüner Stauden, Sträucher, Bäume und schlingender Kletterpflanzen, die wegen ihrer Blüten und ihres Laubes gepflanzt werden. *M. pudica* wird meist als Einjährige gezogen. Frostempfindlich, mind. 13–16°C. Braucht Halbschatten und fruchtbaren, durchlässigen Boden. Topfpflanzen in der Wachstumsphase reichlich gießen, sonst mäßig. Vermehrung durch Aussaat im Frühling, Sträucher auch durch halbausgereifte Stecklinge im Sommer. Anfällig für Rote Spinne.
M. pudica (Sinnpflanze) Abb. S. 144.

MIMULUS (Scrophulariaceae)
Gauklerblume
Gattung einjähriger Pflanzen, Stauden und immergrüner Sträucher. Kleine Arten sind gut geeignet für feuchte Stellen in Steingärten. Völlig oder bedingt winterhart. Die meisten bevorzugen volle Sonne und nassen oder feuchten Boden. Vermehrung der Stauden durch Teilung im Frühling, Halbsträucher durch Kopfstecklinge im Spätsommer, Einjährige und alle Arten durch Aussaat im Herbst oder Vorfrühling.
***M.* 'Andean Nymph'** Abb. S. 235.
M. aurantiacus, syn. *M. glutinosus, Diplacus glutinosus,* Abb. S. 139.
M. glutinosus. Siehe *M. aurantiacus.*
M. guttatus. Schnellwüchsige, mattenbildende Staude. H. und Br. 60 cm. Winterhart. Froschlöffelartige, leuchtendgelbe Blüten mit rötlich-braun gefleckten unteren Lappen erscheinen nacheinander im Sommer und Frühherbst. Die ovalen Blätter sind gezähnt und mittelgrün.
M. lewisii Abb. S. 237.
M. luteus (Gelbe Gauklerblume) Abb. S. 247.
***M.*, Malibu-Serie.** Gruppe schnellwüchsiger, verzweigter Stauden, als Einjährige gepflanzt. H. 15 cm, Br. 30 cm. Bedingt winterhart. Hat ovale, mittelgrüne Blätter, röhrenförmige, rote, gelbe oder orange Blüten erscheinen im Sommer (orange, Abb. S. 285).
M. moschatus (Moschus-Gauklerblume). Sich ausbreitende, mattenbildende Staude, die sich rasch ausbreitet. H. und Br. 15–30 cm. Völlig winterhart. Im Sommer und Herbst löwenmaulähnliche, blaßgelbe, leicht braun gefleckte Blüten. Blätter sind oval, behaart und blaßgrün.
***M.* 'Royal Velvet'** Abb. S. 240.
***M.* 'Whitecroft Scarlet'.** Kurzlebige, breitwüchsige Staude. H. 20–30 cm, Br. 30 cm. Bedingt winterhart. Löwenmaulartige, scharlachrote Blüten erscheinen reichlich von Früh- bis Spätsommer. Blätter sind oval, gezähnt und mittelgrün.

MINA (Convolvulaceae)
Gattung immer- oder sommergrüner, schlingender Kletterpflanzen, beliebt wegen ihrer meist kurzlebigen, aber sehr zahlreichen Blüten. Bedingt winterhart bis frostempfindlich, mind. 10°C. Braucht Sonne und nahrhaften, durchlässigen Boden, der nicht austrocknen sollte, Vermehrung durch Aussaat im Frühling.
M. lobata, syn. *Ipomoea versicolor, Quamoclit lobata,* Abb. S. 168.

MIRABILIS (Nyctaginaceae)
Wunderblume
Gattung sommerblühender Einjähriger und knollenbildender Stauden. Bedingt winterhart. Gedeiht am besten an einem geschützten Standort in fruchtbarem, durchlässigem Boden mit viel Sonne. Knollen am besten ausgraben und frostfrei überwintern. Vermehrung durch Aussaat oder Knollenteilung im Vorfrühling.
M. jalapa Abb. S. 205.

MISCANTHUS (Gramineae). Siehe GRÄSER, BAMBUS, BINSEN und RIEDGRÄSER.
M. sacchariflorus (Amur-Silbergras). Kräftiges, krautiges, rhizombildendes, mehrjähriges Gras, das sich langsam ausbreitet. H. 3 m, Br. unbestimmt. Winterhart. Die unbehaarten, mittelgrünen Blätter bleiben bis weit in den Winter erhalten, werden oft bronzefarben. Im Sommer selten offene, verzweigte Rispen aus behaarten, violett-braunen Ährchen. **'Robustus'** blüht häufiger.

MITCHELLA (Rubiaceae)
Rebhuhnbeere
Gattung immergrüner, rankender Halbsträucher, beliebt wegen ihrer Blätter und Früchte. Hervorragender Bodendecker,

vor allem in Wäldern, aber manchmal schwer anzusiedeln. Völlig winterhart. Bevorzugt Schatten und humusreichen, neutralen bis sauren Boden. Vermehrung durch Teilung bewurzelter Ausläufer im Frühling oder durch Aussaat im Herbst.
M. repens. Immergrüner, rankender, mattenbildender Halbstrauch. H. 5 cm, Br. unbestimmt. Kleine, ovale, weiß gestreifte Blätter mit herzförmiger Basis. Im Frühsommer paarweise winzige, duftende, röhrige, weiße, manchmal purpurn getönte Blüten, danach kugelige, leuchtendrote Früchte. Passend für Steingarten oder Heidegarten.

MITELLA (Saxifragaceae)
Gattung stockbildender, sommerblühender, schlankstieliger, rhizombildender Stauden. Völlig winterhart. Braucht Schatten und humusreichen, feuchten Boden. Vermehrung durch Teilung im Frühling oder durch Aussaat im Herbst.
M. breweri (Bischofskappe) Abb. S. 324.

MITRARIA (Gesneriaceae)
Gattung mit nur einer Art immergrüner, schlingender Kletterpflanze mit verholzten Trieben. Bedingt winterhart. Gedeiht im Halbschatten und auf torfigem, saurem Boden. Vermehrung durch Aussaat im Frühling oder durch Stecklinge im Sommer.
M. coccinea Abb. S. 164.

MOLINIA (Gramineae). Siehe GRÄSER, BAMBUSSE, BINSEN und RIEDGRÄSER.
M. caerulea ssp. ***arundinacea*** (Pfeifengras). Horstbildendes, krautiges, mehrjähriges Gras. H. 2,5 m, Br. 60 cm. Völlig winterhart. Hat breite, flache, graugrüne Blätter. Im Sommer breite Rispen aus purpurroten Ährchen auf steifem, aufrechtem Stengel. Braucht einen trockenen, sonnigen Standort und sauren Boden. Ssp. ***caerulea* 'Variegata'**, H. 60 cm, hat gelb gestreifte, mittelgrüne Blätter und im Spätsommer Rispen aus leicht violetten Ährchen.

MOLTKIA (Boraginaceae)
Gattung sommergrüner, halbimmergrüner oder immergrüner Halbsträucher und Stauden, beliebt wegen ihrer trichterförmigen Blüten im Sommer. Völlig winterhart bis frostbeständig. Bevorzugt Sonne und durchlässigen, neutralen bis sauren Boden. Vermehrung durch halbausgereifte Stecklinge im Sommer oder durch Aussaat im Herbst.
M. × intermedia. Immergrüner, offener, kuppelförmiger Halbstrauch. H. 30 cm, Br. 50 cm. Völlig winterhart. Schmal linealische, dunkelgrüne Blätter. Massen von lockeren Trauben kleiner, offen trichterförmiger, leuchtendblauer Blüten erscheinen im Sommer.
M. petraea. Halbimmergrüner, buschiger Strauch. H. 30 cm, Br. 60 cm. Völlig winterhart. Die behaarten Blätter sind lange und schmal. Trauben rosavioletter Knospen öffnen sich im Sommer zu trichterförmigen, violettblauen Blüten.
M. suffruticosa Abb. S. 297.

MOLUCCELLA (Labiatae)
Muschelblume
Gattung ein- und mehrjähriger Pflanzen, die vor allem wegen ihrer leicht zu trocknenden Blüten beliebt sind. Bedingt winterhart. Mag Sonne und nahrhaften, sehr durchlässigen Boden. Vermehrung durch Aussaat unter Glas im Frühling oder im Freien im Spätfrühling.
M. laevis Abb. S. 279.

MONARDA (Labiatae)
Monarde, Indianernessel
Gattung ein- und mehrjähriger Pflanzen, beliebt wegen ihrer aromatischen Blätter und schönen Blüten. Völlig winterhart. Benötigt Sonne und feuchten Boden. Vermehrung der Spezies und Sorten durch Teilung im Frühling, Spezies auch durch Aussaat im Frühling.
***M.* 'Adam'**. Horstbildende Staude. H. 75 cm, Br. 45 cm. Trägt während des ganzen Sommers dichte Quirle von 2lippigen, kirschroten Blüten. Die ovalen, gewöhnlich gezähnten mittelgrünen Blätter duften aromatisch und sind behaart.
M. didyma (Riesenbalsam). **'Cambridge Scarlet'** Abb. S. 209. **'Croftway Pink'** Abb. S. 203.
M. fistulosa Abb. S. 210.
***M.* 'Prairie Night'**. Stockbildende Staude. H. 1,2 m, Br. 45 cm. Vom Hoch- bis Spätsommer dichte Quirle von 2lippigen, satt purpur-violetten Blüten. Blätter sind oval, gezähnt und mittelgrün.

MONSTERA (Araceae)
Gattung immergrüner, verholzter Kletterer mit Luftwurzeln, beliebt wegen ihrer großen, schönen Blätter. Treibt periodisch unscheinbare, cremeweiße Blüten mit helmförmiger Spatha. Frostempfindlich, mind. 15–18°C. Braucht humusreichen, durchlässigen Boden und im Sommer etwas Schatten. Mäßig gießen, bei niedrigen Temperaturen weniger. Braucht Stützen. Falls nötig, lange Triebe im Frühling kürzen. Vermehrung durch Blattaugenstecklinge oder Stecklinge von Triebspitzen im Sommer.
M. acuminata (Fensterblatt). Immergrüner, holziger Kletterer mit Luftwurzeln und robusten Trieben. H. 3 m oder mehr. Hat schief ovale, spitze, sattgrüne, bis 25 cm lange Blätter mit herzförmiger Basis, die manchmal in einige große Lappen gespalten sind.
M. deliciosa Abb. S. 178.

MORAEA (Iridaceae)
Gattung von Knollengewächsen mit kurzlebigen, irisartigen Blüten. Einteilung in 2 Gruppen: Winter- und Sommerarten. Winterarten sind bedingt winterhart, brauchen volle Sonne und durchlässigen Boden; während der Ruhezeit im Sommer trocken halten und im Herbst durch Wässern das Austreiben fördern. Sommerarten vertragen Frost und ruhen im Winter; brauchen einen geschützten, sonnigen Standort und durchlässigen Boden. Vermehrung durch Aussaat im Herbst (Winterarten) oder Frühling (Sommerarten).
M. huttonii (Kap-Iris) Abb. S. 339.
M. polystachya. Winterart. H. bis 30 cm, Br. 5–8 cm. Hat lange, schmale, halb aufrechte, grundständige Blätter. Stiel treibt im Winter bis zum Frühling eine Folge von aufrechten, abgeflachten, blauen oder lila, 8 cm breiten Blüten. Die äußeren Kronblätter haben einen gelben Fleck in der Mitte.
M. spathacea. Siehe *M. spathulata*.
M. spathulata, syn. *M. spathacea*. Sommerart. H. bis 1 m, Br. 10–15 cm. Hat ein langes, schmales, halb aufrechtes, grundständiges Blatt. Der kräftige Blütenstiel trägt im Sommer eine Folge von bis zu fünf aufwärts gerichteten, 5–7 cm breiten, gelben Blüten mit zurückgebogenen äußeren Kronblättern.

MORINA (Morinaceae)
Gattung immergrüner Stauden; nur eine Art wird üblicherweise gepflanzt: diese ist beliebt wegen ihrer distelartigen Blätter und ihrer Blüten. Frostbeständig, braucht aber im Frühling Windschutz. Benötigt volle Sonne und durchlässigen, am besten sandigen Boden. Vermehrung durch Teilung sofort nach der Blüte oder besser durch Aussaat frischer Samen im Spätsommer.
M. longifolia Abb. S. 202.

MORISIA (Cruciferae)
Gattung mit nur einer Art einer Rosettenstaude mit langer Pfahlwurzel. Geeignet für Geröll, Steingärten und das Alpinum. Völlig winterhart. Braucht Sonne und durchlässigen Schotterboden. Vermehrung durch Aussaat im Herbst oder Wurzelschnittlinge im Winter.
M. hypogaea. Siehe *M. monanthos*.
M. monanthos, syn. *M. hypogaea*, Abb. S. 312.

MORUS (Moraceae)
Maulbeerbaum
Gattung sommergrüner Bäume, beliebt wegen ihres Laubes und der eßbaren Früchte. Die unauffälligen Blüten erscheinen im Frühling. Völlig winterhart. Benötigt volle Sonne und fruchtbaren, durchlässigen Boden. Vermehrung durch Kopfstecklinge im Sommer oder durch Aussaat im Herbst.
M. alba (Weißer Maulbeerbaum). **'Laciniata'** Abb. S. 65. **'Pendula'** ist ein sommergrüner Baum mit hängenden Zweigen. H. 3 m, Br. 5 m. Die abgerundeten, manchmal gelappten, glänzenden, tiefgrünen Blätter werden im Herbst gelb. Die eßbaren, ovalen, fleischigen, rosa, rot oder purpurn gefärbten Früchte reifen im Sommer.
M. nigra (Schwarzer Maulbeerbaum). Sommergrüner Baum mit runder Krone. H. 12 m, Br. 15 m. Die herzförmigen, dunkelgrünen Blätter werden im Herbst gelb. Trägt im Spätsommer oder Frühherbst eßbare, ovale, fleischige, dunkel violettrote Früchte.

MUCUNA (Leguminosae)
Gattung kräftiger, immergrüner, schlingender Kletterpflanzen, beliebt wegen ihrer großen Schmetterlingsblüten. Frostempfindlich, mind. 18°C. Humusreicher, feuchter, aber durchlässiger Boden und im Sommer Halbschatten sind unerläßlich. In der Wachstumsphase reichlich, sonst weniger gießen. Braucht sehr viel Platz zum Klettern und Stützen. Zu dichten Wuchs im Frühling ausdünnen. Vermehrung durch Aussaat im Frühling oder durch Ableger im Spätsommer. Weiße Fliege und Rote Spinne können Probleme bereiten.
M. bennettii. Stark- und schnellwüchsige, immergrüne, schlingende Kletterpflanze, H. 15–25 m. Blätter sind in 3 ovale Fiedern geteilt. Orange-scharlachrote Schmetterlingsblüten erscheinen im Sommer in großen, hängenden Trauben.
M. deeringiana. Kräftige, schnellwüchsige, immergrüne, schlingende Kletterpflanze. H. 15 m oder mehr. Im Sommer oder Herbst grün- oder rot-violette Schmetterlingsblüten in langen, hängenden Trauben. Die Blätter mit 3 ovalen Fiedern werden als Viehfutter und Gründüngung genutzt. Kann kurzlebig sein.

MUEHLENBECKIA (Polygonaceae)
Gattung sommer- oder immergrüner, sommerblühender Sträucher mit schlanken Zweigen und verholzter, schlingender Kletterpflanzen, beliebt wegen ihres Laubes. Frostbeständig. Gedeiht in Sonne oder Schatten und durchlässigem Boden. Die Vermehrung erfolgt am besten durch halbausgereifte Stecklinge im Sommer.
M. complexa. Sommergrüner, hügelförmiger Strauch oder schlingende Kletterpflanze. H. 60 cm–1 m, Br. 1 m. Schlanke, drahtige Stiele tragen verschieden geformte (ei- oder fiedelförmig), dunkelgrüne Blätter. Auf winzige, sternförmige, grünlich-weiße Blüten im Hochsommer folgen kleine, kugelige, wächserne, weiße Früchte.

MULGEDIUM. Siehe CICERBITA.

MURRAYA (Rutaceae)
Orangenraute
Gattung immergrüner Bäume und Sträucher, beliebt wegen ihres Gesamteindrucks. Frostempfindlich, mind. 13–15°C. Braucht volles Licht oder Halbschatten und humusreichen, durchlässigen Boden. Topfpflanzen während der Wachstumsphase reichlich, sonst mäßig gießen. Verträgt Stutzen im Spätwinter, wenn nötig. Vermehrung durch Aussaat im Frühling oder durch halbausgereifte Stecklinge im Sommer. Weiße Fliege kann lästig werden.
M. exotica. Siehe *M. paniculata*.
M. paniculata, syn. *M. exotica* (Orangenraute). Immergrüner, rundlicher Baum oder Strauch. H. und Br. 2–4 m. Die scharf aromatischen, eßbaren (Bestandteil des Curry), glänzenden, sattgrünen Blätter haben 9 oder mehr ovale Fiedern. Duftende, 5blättrige, weiße Blüten erscheinen ganzjährig in endständigen Trauben. Früchte sind winzig, eiförmig und rot.

MUSA (Musaceae)
Banane
Gattung immergrüner, palmenartiger, ausläuferbildender Stauden mit Scheinstämmen aus überlappenden Blattscheiden, beliebt wegen ihrer Blätter, Blüten und Früchte (Bananen), die nicht alle eßbar sind. Winterhart bis frostempfindlich, mind. 18°C. Braucht Sonne oder Halbschatten und humusreichen, durchlässigen Boden. Vermehrung durch Teilung ganzjährig, durch Ableger im Sommer oder durch unterirdische Ausläufer nach der Blüte.
M. arnoldiana. Siehe *Ensete ventricosum*.
M. basjoo, syn. *M. japonica*, Abb. S. 195.
M. coccinea (Rote Banane). Immergrüne, palmenartige Staude. H. bis 1 m, Br. 1,5 m. Frostempfindlich. Die länglichen bis ovalen, bis 1 m langen, dunkelgrünen Blätter sind unterseits etwas blasser. Im Sommer entwickeln sich aufrechte Spiralen aus röhrigen, gelben Blüten, umschlossen von roten Tragblättern; bananenartige, orangegelbe Früchte werden 5 cm lang.
M. ensete. Siehe *Ensete ventricosum*.
M. japonica. Siehe *M. basjoo*.
M. ornata Abb. S. 194.

MUSCARI (Liliaceae)
Traubenhyazinthe
Gattung frühlingsblühender Zwiebelpflanzen, mit einem Büschel aus schmal riemenförmigen Blättern, die meist im Frühling kurz vor den Blüten erscheinen. Kahle Blütenstiele tragen dichte Trauben kleiner, meist kleiner, am Rand verengter Blüten. Ganz oder bedingt winterhart. Braucht einen sonnigen Standort und ziemlich durchlässigen Boden. Im Herbst setzen. Vermehrung durch Teilung im Spätsommer oder durch Aussaat im Herbst.
M. armeniacum Abb. S. 362. **'Blue Spike'** ist eine frühlingsblühende Zwiebel. H. 15–20 cm, Br. 8–10 cm. Winterhart. Treibt 3 bis 6 lange, schmale, halb aufrechte, grundständige Blätter. Trägt dichte Trauben aus duftenden, glockigen, tiefblauen Blüten; die zusammengezogenen Ränder tragen blaßblaue oder weiße »Zähne«.
M. aucheri, syn. *M. tubergenianum*, Abb. S. 361.
M. azureum, syn. *Hyacinthus azureus*. Frühlingsblühende Zwiebel. H. 10–15 cm, Br. 5–8 cm. Winterhart. Hat 2 oder 3 schmale, halb aufrechte, grundständige, graugrüne Blätter, die sich zur Spitze hin leicht verbreitern. Trägt eine sehr dichte Traube aus glockigen, blaßblauen Blüten mit kleinen »Zähnen« mit dunkelblauem Mittelstreifen am Blütenmund.
M. botryoides. Frühlingsblühende Zwiebel. H. 15–20 cm, Br. 5–8 cm. Winterhart. Trägt 2 bis 4 schmale, halb aufrechte, grundständige Blätter, die sich zur Spitze hin leicht verbreitern, sowie winzige, fast kugelige, leuchtendblaue Blüten mit verengtem weißgezähntem Rand.
M. comosum (Schopfige Traubenhyazinthe). Im späten Frühling blühende Zwiebel. H. 20–30 cm, Br. 10–12 cm. Winterhart. Hat bis zu 5 bandförmige, halb aufrechte, grundständige, graugrüne Blätter. Treibt eine lockere Traube von glockigen, fruchtbaren, bräunlich-gelben Blüten mit einem Büschel fadenartiger, steriler, violettblauer Blüten an der Spitze. **'Plumosum'** (syn. *M. c.* 'Monstrosum') Abb. S. 360.
M. latifolium Abb. S. 346.
M. macrocarpum Abb. S. 363.
M. neglectum, syn. *M. racemosum*, Abb. S. 362.
M. paradoxum. Siehe *Bellevalia pycnantha*.
M. pycnantha. Siehe *Bellevalia pycnantha*.
M. racemosum. Siehe *M. neglectum*.
M. tubergenianum. Siehe *M. aucheri*.

MUSSAENDA (Rubiaceae)
Gattung immergrüner Sträucher und schlingender Kletterpflanzen, beliebt wegen ihrer Blüten. Frostempfindlich, mind. 16–18 °C. Braucht fruchtbaren, durchlässigen Boden und volles Licht. In der Wachstumsphase reichlich, sonst weniger gießen. Stützen und im Frühling zu dichten Wuchs ausdünnen. Vermehrung durch Aussaat im Frühling oder durch Abmoosen im Sommer. Weiße Fliege und Rote Spinne können Probleme bereiten.
M. erythrophylla. Mäßig kräftige, immergrüne, schlingende Kletterpflanze. H. 6–10 m. Hat breit eiförmige, leuchtendgrüne Blätter und blüht im Sommer und Herbst. Jede Blüte hat ein stark verbreitertes, ovales, tragblatt-ähnliches Kelchblatt, eine rote Röhre und gelbe Kronzipfeln.

MUTISIA (Compositae)
Gattung immergrüner, schlingender Kletterpflanzen, beliebt wegen ihrer langlebigen Blütenköpfe. Frostbeständig bis bedingt winterhart. Gedeiht in durchlässigem Boden; am besten mit den Wurzeln im Schatten und den belaubten Teilen in der Sonne. Vermehrung durch Aussaat im Frühling, durch Stammstecklinge im Sommer oder durch Absenker im Herbst.
M. decurrens Abb. S. 175.
M. oligodon. Immergrüne, schlingende Kletterpflanze. H. bis 1,5 m. Frostbeständig. Längliche Blätter mit gezähnten Rändern sind 2,5–3,5 cm lang. Hat im Sommer und Herbst langstielige, gänseblümchenartige, rosa Blütenköpfe. Wirkt am besten an einer niederen Mauer oder in der Nähe eines Strauches.

MYOPORUM (Myoporaceae)
Gattung immergrüner Sträucher und Bäume, beliebt wegen ihrer Gesamterscheinung, sowie als Hecken und Windschutz. Frostempfindlich. Mind. 2–5 °C. Bevorzugt volles Licht und durchlässigen Boden; braucht mageren Boden. Kübelpflanzen mäßig gießen. Vermehrung durch Aussaat bei Samenreife oder im Frühling oder durch halbausgereifte Stecklinge im Spätsommer.
M. laetum. Immergrüner, rundlicher bis aufrechter Strauch oder Baum. H. 3–10 m, Br. 2–5 m. Lanzettliche bis ovale, glänzende, leuchtendgrüne Blätter. Achselständige Trauben kleiner, glockiger, weißer Blüten mit purpurnen Tupfen erscheinen im Frühling–Sommer. Winzige, längliche Früchte sind rötlichpurpurn.
M. parvifolium Abb. S. 130.

MYOSOTIDIUM (Boraginaceae)
Gattung mit nur einer Art immergrüner Staude, geeignet für mildes Küstenklima. Bedingt winterhart. Bevorzugt Halbschatten und feuchten Boden. Seegras wird gerne zum Mulchen empfohlen. Ist nicht einfach zu ziehen und sollte nicht mehr gestört werden, sobald es sich einmal angesiedelt hat. Vermehrung durch Teilung im Frühling oder durch Aussaat bei Samenreife im Sommer oder Herbst.
M. hortensia Abb. S. 243.

MYOSOTIS (Boraginaceae)
Vergißmeinnicht
Gattung ein-, zwei- und mehrjähriger Pflanzen, beliebt wegen ihre Blüten. Die meisten Arten sind gut geeignet für Steingärten, Böschungen und Geröll; *M. scorpioides* am besten als Uferpflanze. Die meisten bevorzugen Sonne oder Halbschatten oder fruchtbaren, durchlässigen Boden. Vermehrung durch Aussaat im Herbst.
M. alpestris (Alpenvergißmeinnicht) Abb. S. 310.
M. australis. Kurzlebige, büschelbildende Staude. H. 12 cm, Br. 8 cm. Hat ovale, rauhe Blätter und im Sommer dichte Trauben von offenen trichterförmigen, gelben oder weißen Blüten. Gut für Geröll.
***M.* 'Blue Ball'** Abb. S. 278.
M. caespitosa. Siehe *M. laxa* ssp. *caespitosa*.
***M.* 'Carmine King'**. Langsamwachsende, kurzlebige, buschige Staude, zweijährig gezogen. H. bis 20 cm, Br. 15 cm. Hat lanzettliche Blätter und im Frühling und Frühsommer Trauben von winzigen, 5zähligen, dunkel rosaroten Blüten.
M. laxa ssp. ***caespitosa***, syn. *M. caespitosa*. Stockbildende Einjährige oder kurzlebige Staude. H. 12 cm, Br. 15 cm. Blätter sind lanzettlich, ledrig und dunkelgrün. Trauben von rundlichen, leuchtendblauen Blüten im Sommer.
M. palustris. Siehe *M. scorpioides*.
M. scorpioides, syn. *M. palustris* (Sumpfvergißmeinnicht). **'Mermaid'** Abb. S. 374.
***M.* 'White Ball'**. Langsamwachsende, kurzlebige, buschige, kompakte Staude, zweijährig gezogen. H. bis 20 cm, Br. 15 cm. Blätter sind lanzettlich. Trauben aus winzigen, 5lappigen, reinweißen Blüten erscheinen im Frühsommer.
Myrceugenia apiculata. Siehe *Myrtus luma*.

MYRIOPHYLLUM (Haloragidaceae)
Gattung sommergrüner, mehrjähriger, untergetauchter Wasserpflanzen, die vor allem wegen ihrer Blätter beliebt sind. Die meisten Arten sind ideale Ablageplätze für Fischlaich. Völlig winterhart bis frostempfindlich, mind. 5 °C. Benötigt volle Sonne. Breitet sich weit aus: durch Entfernen von übermäßigem Wuchs nach Bedarf im Zaum halten. Vermehrung durch Stecklinge im Frühling oder Sommer.
M. aquaticum, syn. *M. proserpinacoides*, Abb. S. 374.
M. hippuroides. Sommergrüne, mehrjährige, ausgebreitete, untergetauchte Wasserpflanze. Br. unbestimmt. Bedingt winterhart. Bildet eine dichte Masse kleiner, fedriger, blaßgrüner Blätter. Unscheinbare, grünlich-beige Blüten erscheinen im Sommer. Geeignet für Kaltwasseraquarien.
M. proserpinacoides. Siehe *M. aquaticum*.
M. verticillatum Abb. S. 375.

MYRRHIS (Umbelliferae)
Süßdolde
Gattung mit nur einer Art sommergrüner Staude. Völlig winterhart. Braucht Sonne oder Schatten und durchlässigen Boden. Vermehrung durch Aussaat im Herbst oder Frühling.
M. odorata Abb. S. 201.

MYRSINE (Myrsinaceae)
Gattung immergrüner Sträucher und Bäume mit unauffälligen Blüten, beliebt vor allem wegen ihres Laubes. Trägt auch dekorative Früchte; dazu sind allerdings Pflanzen beider Geschlechter nötig. Geeignet für Steingärten und Heidegärten. Frostbeständig, braucht in kaltem Klima aber Schutz. Gedeiht in Sonne oder Schatten und jedem fruchtbaren, durchlässigen Boden (außer flachen, kalkigen Böden). Vermehrung durch halbausgereifte Stecklinge im Sommer.
M. africana (Kap-Myrte). Sehr langsam wachsender, immergrüner, buschiger, dichter Strauch. H. und Br. 75 cm. Die kleinen, glänzenden, dunkelgrünen, rundlichen Blätter duften aromatisch. Winzige, gelblich-braune Blüten im Spätfrühling, später kugelige, blaßblaue Früchte.

MYRTILLOCACTUS (Cactaceae)
Gattung verzweigter, mehrjähriger Kakteen mit geripptem, stacheligem, blaugrünem Körper. Sternförmige Blüten, die sich in der Nacht öffnen. Frostempfindlich, mind. 11–12 °C. Braucht einen sonnigen Standort und durchlässigen Boden. Vermehrung durch Aussaat oder Stecklinge im Frühling oder Sommer.
M. geometrizans Abb. S. 378.

MYRTUS (Myrtaceae)
Myrte
Gattung immergrüner, manchmal baumartiger Sträucher, beliebt wegen ihrer Blüten, ihrer Früchte und des aromatischen Laubes. Frostbeständig bis bedingt winterhart; in kaltem Klima an süd- oder westseitige Mauern setzen. Braucht viel Sonne und fruchtbaren, durchlässigen Boden. Um Wachstum zu begrenzen, im Frühling stutzen. Vermehrung durch halbausgereifte Stecklinge im Spätsommer.
M. apiculata. Siehe *M. luma*.
M. bullata, syn. *Lophomyrtus bullata*. Immergrüner, aufrechter Strauch. H. 5 m, Br. 3 m. Bedingt winterhart. Die rundlichen, runzeligen Blätter sind in der Jugend purpurrot, in der Reife rötlichbraun. Im Spätfrühling und Frühsommer tellerförmige, weiße Blüten, dann eiförmige, dunkelrote Früchte.
M. communis (Gemeine Myrte) Abb. S. 97. Var. ***tarentina*** ist ein immergrüner, buschiger Strauch. H. und Br. 2 m. Winterhart. Die kleinen Blätter sind schmal oval, glänzend und dunkelgrün. Duftende, tellerförmige, weiße Blüten mit dichten Staubblattbüscheln erscheinen von Frühlingsmitte bis zum Frühsommer, danach kugelige, weiße Früchte. Ist sehr windresistent; in mildem Klima gute Heckenpflanze.
M. luma, syn. *M. apiculata*, *Myrceugenia apiculata*, Abb. S. 87. **'Glanleam Gold'** ist ein starkwüchsiger, immergrüner, aufrechter Strauch. H. und Br. 10 m. Bedingt winterhart. Hat kräftige Zweige, eine schälende, braun-weiße Rinde und ovale, leuchtendgrüne Blätter mit zartgelbem Rand. Schwach duftende, tellerförmige, weiße Blüten von Hochsommer bis Herbstmitte, später kugelige, rote Früchte, die purpurn reifen.
M. ugni, syn. *Eugenia ugni*. Immergrüner, aufrechter, dicht verzweigter Strauch. H. 1,5 m, Br. 1 m. Bedingt winterhart. Glänzende, dunkelgrüne Blätter sind oval. Im späten Frühling duftende, leicht nickende, becherförmige, fleischfarbene Blüten, dann aromatische, eßbare, kugelige, dunkelrote Früchte. Gute Heckenpflanze in mildem Klima.

N

NANDINA (Berberidaceae)
Gattung mit nur einer Art eines immergrünen, sommerblühenden Strauchs, beliebt wegen seines Laubes und seiner Blüten. Winterhart. Bevorzugt einen geschützten, sonnigen Standort und fruchtbaren, durchlässigen, aber nicht zu trockenen Boden. Bei angewachsenen Pflanzen im Frühling unordentliche, alte Triebe an der Basis abschneiden. Vermehrung durch halbausgereifte Stecklinge im Sommer.
N. domestica. Immergrüner oder halbimmergrüner, aufrechter, eleganter Strauch. H. und Br. 2 m. Blätter haben schmal lanzettliche, dunkelgrüne Fiedern, in der Jugend und im Herbst-Winter violett-rot. Große Rispen von kleinen sternförmigen, weißen Blüten erscheinen im Frühsommer, gefolgt von kugeligen, roten Früchten (in warmem Klima).
'Firepower' Abb. S. 119.

NARCISSUS (Amaryllidaceae)
Osterglocke, Narzisse
Gattung von Zwiebelpflanzen, beliebt wegen ihrer dekorativen Blüten. Narzissen haben gewöhnlich linealische Blätter und eine Breite von bis zu 20 cm. Jede Blüte hat eine Trompete oder einen Becher (Nebenkrone) und Kronblätter (botanisch Perianthsegmente). Völlig winterhart, wenn nicht anders erwähnt. Bevorzugt Sonne oder leichten Schatten und durchlässigen Boden, aber Hybriden der Gruppe 8 (siehe unten) bevorzugen einen sonnigen Standort und vertragen leichtere Böden. Verwelkte Blüten und Blätter im Hoch- und Spätsommer entfernen. Die meisten Hybriden vermehren sich selbst durch Seitenzwiebeln; dichte Stöcke sollten alle 3–5 Jahre frühestens 6 Wochen nach der Blüte geteilt werden. Spezies können durch Aussaat nach der Samenreife im Spätsommer oder Herbst vermehrt werden. Gelbstreifigkeit durch Viren, Zwiebelhalsfäule, Nacktschnekken, große Narzissenfliege und Stengel- und Stockälchen können Probleme bereiten. Gartenbaulich wird *Narzissus* in folgende Gruppen eingeteilt.
Gruppe 1, Trompetennarzissen. Meist Einzelblüten mit gleich langer oder längerer Röhre als die Kronblätter sind. Blüht im Vor- und Spätfrühling.
Gruppe 2, großkronige. Einzelblüten; die schalenförmige Nebenkrone ist mindestens ein Drittel so lang wie die Kronblätter, aber immer kürzer als diese. Frühlingsblüher.
Gruppe 3, kleinkronige. Blüten oft einzeln; becherförmige Nebenkrone höchstens ⅓ so lang wie die Kronblätter. Blüht im Frühling oder Frühsommer.
Gruppe 4, gefüllte. Meist einzelne, große, ganz oder halbgefüllte Blüten, selten duftend; Neben- und Hauptkrone oder nur Nebenkrone durch kronblattartige Strukturen ersetzt. Manchmal kleinere Blüten in Büschel von mind. 4, oft mit süßem Duft. Blühen im Frühling oder Frühsommer.
Gruppe 5, Triandrus-Narzissen, nickende Blüten mit kurzem, manchmal geraden Krönchen und schmalen, zurückgeschlagenen Kronblättern, 2 bis 6 Blüten pro Stengel. Frühlingsblüher.
Gruppe 6, Cyclamineus-Narzissen, meist 1–2 Blüten pro Stengel, Becher manchmal am Rande gewellt und oft länger als bei Gruppe 5. Kronblätter schmal, spitz und zurückgeschlagen. Blühen Anfang bis Mitte des Frühlings.
Gruppe 7, Jonquillen-Narzissen, 2 oder mehr süß duftende Blüten pro Stiel. Kurzkronig, zuweilen gerändert; Kronblätter oft flach, ziemlich breit und abgerundet. Frühlingsblüher.
Gruppe 8, Tazetten, süß duftende, kleine Blüten in Büscheln von 12 oder mehr oder 3 oder 4 größere Blüten pro Stiel. Alle haben einen kleinen, oft geraden Becher, und breite, meist spitze Kronblätter. Blühen von Spätherbst bis Frühlingsmitte. Meist winterhart bis bedingt winterhart. Herbstblühende Hybriden sind wertvolle Schnittblumen; »präparierte« Zwiebeln können – in Töpfen gezogen – im Winter blühen.
Gruppe 9, Poeticus-Narzissen, Blüten, manchmal 2 pro Stiel und süß duftend. Kleiner, farbiger Becher und leuchtendweiße Kronblätter. Viele Dichternarzissenhybriden werden Gruppe 3 oder 8 zugerechnet. Blüht im Spätfrühling oder Frühsommer.
Gruppe 10, Wildnarzissen. Meist einzelne Blüten variieren von winzigen Reifrocknarzissen mit trichterförmigen, geränderten Bechern bis zu stattlichen Trompetennarzissen. Blühen vom Frühherbst bis zum Frühsommer.
Gruppe 11, Spaltkronige Narzissen, Becher der meist einzeln stehenden Blüten ist zu mind. ⅓ seiner Länge gespalten; Anzahl der geschlitzten Segmente variiert. Ränder der Bechersegmente sind bis auf die Kronblätter zurückgeschlagen, manchmal gekräuselt. Blühen im Frühling.
Gruppe 12, verschiedene Narzissen, gemischte Gruppe aus Hybriden mit verschiedensten Zwischenformen der Blüten. Auch Hybriden der Reifrocknarzissen werden hier eingeordnet. Blühen von Herbst bis Frühling.
***N.* 'Acropolis'**, Gr. 4. Mitte bis Ende des Frühlings blühende Zwiebel. H. 42 cm. Die großen, gefüllten Blüten haben weiße äußere Kronblätter und Nebenblätter; zwischen den weißen inneren Kronblättern stehen kürzere, orangerote Nebenblätter. Geeignet für Dekoration.
***N.* 'Actaea'** (Abb. S. 348), Gr. 9. Im Spätfrühling blühende Zwiebel. H. 40 cm. Die duftenden Blüten haben leuchtendweiße Kronblätter und einen flachen satt zitronengelben Becher mit schmalen, orangeroten Rändern.
N. albus var. ***plenus-odoratus***. Siehe *N. poeticus* 'Flore Pleno'.
***N.* 'Ambergate'** (Abb. S. 349), Gr. 2. Um die Frühlingsmitte blühende Zwiebel. H. 45 cm. Jede Blüte hat einen flachen, weit ausgebreiteten, feuerroten Becher und zart mandarinenfarbene Kronblätter.
***N.* 'Arctic Gold'**, Gr. 1. Um die Frühlingsmitte blühende Zwiebel. H. 40 cm. Die satt goldgelben Blüten haben breite Kronblätter und wohlproportionierte, geränderte Trompeten mit exakt gesägten Rändern. Geeignet zur Dekoration.
N. assoanus, syn. *N. juncifolius*, *N. requienii*, Gr. 10. Um die Frühlingsmitte blühende Zwiebel. H. 15 cm. Ähnlich wie *N. jonquilla*, hat aber dünne, zylindrische Blätter und rundliche, leuchtendgelbe Blüten mit einem süßen, zitronenartigen Duft. Gedeiht in Sonne und steinigem Boden.
N. asturiensis, syn. *N. minimus*, Gr. 10. Im Spätwinter oder Vorfrühling blühende Zwiebel. H. 8 cm. Hat kleine, zitronengelbe Blüten mit bauchigen Trompeten und schlanken Kronblättern. Mag Sonne.
***N.* 'Bartley'** (Abb. S. 349), Gr. 6. Im Vorfrühling blühende Zwiebel. H. 35 cm. Lange, schmale, goldene Blüten mit zurückgeschlagenen Kronblättern und schmalen, eckigen Trompeten. Blüten sind langlebig.
***N.* 'Beige Beauty'**, Gr. 3. Im Spätfrühling blühende Zwiebel. H. 40 cm. Reife Blüten sind zart gelb-braun mit hübschen, gekräuselten Bechern. Blüht ziemlich spät.
***N.* 'Binkie'** (Abb. S. 349), Gr. 2. Im Vorfrühling blühende Zwiebel. H. 30 cm. Blüten sind beim Öffnen zart zitronengelb, Becher färben sich dann schwefelig weiß mit gekräuselten, zitronengelben Rändern.
***N.* 'Birma'**, Gr. 3. Um die Frühlingsmitte blühende Zwiebel. H. 45 cm. Blüten haben zartgelbe Kronblätter und feurig orange gefärbte Becher mit stark gekräuselten Rändern.
***N.* 'Bob Minor'** (Abb. S. 349), Gr. 1. Robuste, im Vorfrühling blühende Zwiebel. H. 20 cm. Die kleinen, sattgoldenen Blüten haben gedrehte Kronblätter und kräftige Trompeten.
***N.* 'Bridal Crown'** (Abb. S. 348), Gr. 4. Spät im Frühling blühende Zwiebel. H. 40 cm. Langlebige, kleine, süß duftende Blüten sind halb gefüllt, mit milchweißen Kronblättern und weißen und zur Mitte hin durchsetzt mit kürzeren, safrangelben blumenblattähnlichen Blättern.
***N.* 'Brunswick'**, Gr. 2. Im Vorfrühling blühende Zwiebel. H. 40 cm. Die langlebigen Blüten haben weiße Kronblätter und lange, glockenförmige, primelgelbe Trompeten, die zu Zitronengelb verblassen, mit dunkleren Rändern. Blätter sind auffallend blaugrün. Gute Schnittblume.
N. bulbocodium ssp. ***bulbocodium*** (Reifrocknarzisse, Abb. S. 349), Gr. 10. Kräftige, frühlingsblühende Zwiebel. H. 8–15 cm. Blüten sind goldgelb mit kegelförmigen Bechern und schmalen, spitzen Kronblättern. Gedeiht in feuchtem Torf und praller Sonne. Var. ***citrinus***, H. 15 cm, hat schlanke, dunkelgrüne Blätter und blaß zitronengelbe Blüten.
N. campernellii. Siehe *N.* × *odorus*.
N. canaliculatus (Abb. S. 348), Gr. 8. Um die Frühlingsmitte blühende Zwiebel. H. 23 cm. Winterhart. Mindestens 4 oder mehr duftende Blüten pro Stiel mit zurückgeschlagenen, weißen Kronblättern und flachen, geradem dunkelgelbem Becher.
N. cantabricus, Gr. 10. Frühlings- und manchmal im Spätherbst blühende Zwiebel. H. 10 cm. Ähnlich wie *N. bulbocodium* ssp. *bulbocodium*, ist aber weniger robust. Blüten sind milchig oder eisweiß. Gedeiht in einem Alpinum oder Gewächshaus.
***N.* 'Cantatrice'**, Gr. 1. Um die Frühlingsmitte blühende Zwiebel. H. 40 cm. Blüten habe reinweiße Kronblätter und schlanke, milchweiße Trompeten.
***N.* 'Capax Plenus'**. Siehe *N.* 'Eystettensis'.
***N.* 'Cassata'** (Abb. S. 349), Gr. 11. Um die Frühlingsmitte blühende Zwiebel. H. 40 cm. Becher sind zartgelb und deutlich in Segmente mit gekräuselten Rändern gespalten, Kronblätter sind breit und milchweiß.
***N.* 'Charity May'** (Abb. S. 349), Gr. 6. Anfang bis Mitte des Frühlings blühende Zwiebel. H. 30 cm. Blüten sind klein, blaß zitronengelb mit breiten, zurückgeschlagenen Kronblättern und etwas dunklerem Becher.
***N.* 'Cheerfulness'** (Abb. S. 348), Gr. 4. Spät im Frühling blühende Zwiebel. H. 30 cm. Ähnlich wie *N.* 'Bridal Crown', aber mit stark gefüllten Blüten mit milchweißen Kronblättern und Nebenblättern, in der Mitte durchsetzt mit kürzeren, orange-gelben Nebenblättern. Ausgezeichnete Schnittblume.
N. cyclamineus (Abb. S. 349), Gr. 10. Blüht im Spätwinter bis Vorfrühling. H. 15 cm. Schlanke, nickende, klar goldene Blüten haben schmale zurückgeschlagene Kronblätter und lange, schlanke, bauchige Trompeten.
***N.* 'Daydream'**, Gr. 2. Um die Frühlingsmitte blühende Zwiebel. H. 35 cm. Langlebige, rundliche Blüten haben breite, satt schwefelgelbe Kronblätter mit weißlichem Hof und fast glockenförmige, zitronengelbe Becher, die sich schwefelig weiß verfärben.
***N.* 'Dove Wings'** (Abb. S. 348), Gr. 6. Um die Frühlingsmitte blühende Zwiebel. H. 30 cm. Hat kleine Blüten mit milchweißen Kronblättern und ziemlich langem zartgelbem Becher.
***N.* 'Eystettensis'**, syn. *N.* 'Capax Plenus', Gr. 4. Um die Frühlingsmitte blühende Zwiebel. H. 20 cm. Zierliche, gefüllte Blüten bestehen aus spitzen, zart blaßgelben, in ordentlichen Quirlen angeordneten Blütenblättern.
***N.* 'Februar Gold'** (Abb. S. 349), Gr. 6. Im Vorfrühling blühende Zwiebel. H. 32 cm. Langlebige Einzelblüten haben klar goldgelbe Kronblätter und lange, etwas dunklere Trompeten. Geeignet für Rabatten und natürliche Landschaften.
***N.* 'Februar Silver'** (Abb. S. 348), Gr. 6. Robuste, im Vorfrühling blühende Zwiebel. H. 32 cm. Hat langlebige Blüten mit milchweißen Kronblättern und langen, kräftigen, nickenden Trompeten, die sich zitronengelb öffnen und sich blaßgelb verfärben.
***N.* 'Fortune'** (Abb. S. 349), Gr. 2. Anfang bis Mitte des Frühlings blühende Zwiebel. H. 40 cm. Blüten mit gerippten, dunkel zitronengelben Kronblättern und kräftigem, breitem, kupferrotem Becher; gute Schnittblumen.
***N.* 'Foxfire'**, Gr. 2. Um die Frühlingsmitte blühende Zwiebel, H. 35 cm. Hat sehr rundliche Blüten mit auffällig weißen Kronblättern. Die kleinen, grünlich-beigen Becher haben eine kleine, grüne Augenzone und einen korallenroten Rand.
***N.* 'Golden Ducat'** (Abb. S. 349), Gr. 4. Um die Frühlingsmitte blühende Zwiebel. H. 38 cm. Variable, manchmal schwach geformte, gefüllte, satt goldgelbe Blüten. Gute Schnittblume.
***N.* 'Grand Primo Citronière'**, Gr. 8. Vom Spätherbst bis zum Vorfrühling blühende Zwiebel. H. 32 cm. Bedingt winterhart. Trägt 8 oder mehr duftende Blüten mit milchweißen Kronblättern und einem zitronengelben Becher, der crèmefarben ausbleicht. Präparierte Zwiebeln können im Hochwinter zum Blühen gebracht werden. Gute Schnittblume.
***N.* 'Grand Soleil d'Or'**, Gr. 8. Blüht vom

Spätherbst bis zum Vorfrühling. H. 35 cm. Bedingt winterhart. Blüten duften süß mit einem Hauch von Zitrone. Haben satt goldgelbe Kronblätter und einen klar mandarinenfarbenen Becher. Kann im Hochwinter zur Blüte gebracht werden, muß aber aufgebunden werden. Ausgezeichnete Schnittblume.
N. **'Hawera'** (Abb. S. 349), Gr. 5. Um die Frühlingsmitte blühende Zwiebel. H. 20 cm. Nickende Blüten sind zart zitronengelb. Braucht einen sonnigen Standort. Gute Topfpflanze.
N. **'Home Fires'** (Abb. S. 349), Gr. 2. Im Vorfrühling blühende Zwiebel. H. 45 cm. Blüten haben spitze, satt zitronengelbe Kronenblätter und einen scharlach-orangen Becher mit gelapptem, gewelltem Rand.
N. **'Ice Follies'** (Abb. S. 348), Gr. 3. Im Vorfrühling blühende Zwiebel. H. 40 cm. Die eher derben Blüten haben milchweiße Kronblätter und sehr breite, fast flache, schlüsselblumengelbe Becher, die cremefarben ausbleichen.
N. **'Irene Copeland'** (Abb. S. 348), Gr. 4. Um die Frühlingsmitte blühende Zwiebel. H. 35 cm. Große, stark gefüllte Blüten aus ordentlich angeordneten, milchweißen, gemischt mit kürzeren, blaß cremegelben Blütenblättern. Ausgezeichnete Schnittblume.
N. **'Jack Snipe'** (Abb. S. 348), Gr. 6. Kräftige Zwiebel, blüht von Anfang bis Mitte des Frühlings. H. 23 cm. Langlebige, milchweiße Blüten gleichen denen von *N.* 'Dove Wings', haben aber schmälere Kronblätter mit einwärts gebogenen Rändern und mittellange Becher in einem satten Zitronengelb.
N. **'Jenny'**, Gr. 6. Anfang bis Mitte des Frühlings blühende Zwiebel. H. 30 cm. Langlebige Blüten mit milchweißen Kronblättern und einer mittellangen, konischen, zart zitronengelben Trompete, die sich zartweiß verfärbt.
N. jonquilla (Abb. S. 349), Gr. 10. Um die Frühlingsmitte blühende Zwiebel. H. 30 cm. Stark duftende Blüten erscheinen in Büschel von 6 oder mehr; jede hat spitz zulaufende, gelbe Kronblätter und einen flachen, dunkel goldgelben Becher. Die auffälligen Blätter sind dunkel, glänzend und gerillt. **'Flore Pleno'** (Queen Anns Narzisse) hat locker gefüllte Blüten; breite, einwärts gebogene Kronblätter wechseln mit kurzen, dunkleren Blütenblättern.
N. **'Jumblie'** (Jonquille; Abb. S. 349), Gr. 6. Blüht im Vorfrühling. H. 20 cm. Trägt 2 oder 3 langlebige Blüten mit breiten, goldgelben Kronblättern und einem kräftigen, orangegelben Becher. Ideal als Topfpflanze.
N. juncifolius. Siehe *N. assoanus*.
N. **'Kilworth'** (Abb. S. 348), Gr. 2. Kräftige Zwiebel, blüht im Spätfrühling. H. 38 cm. Die Blüten haben spitze, milchweiße Kronblätter und dunkel rötlichorange Becher mit grünem Auge. Wirkt gut in größeren Gruppen.
N. **'Kingscourt'** (Abb. S. 349), Gr. 1. Kräftige Zwiebel, blüht in der Frühlingsmitte. H. 42 cm. Blüten haben breite, satt goldgelbe Trompeten mit breiten, rundlichen, blasser goldenen Kronblättern.
N. **'Lemon Glow'** (Abb. S. 349), Gr. 1. Um die Frühlingsmitte blühende Zwiebel. H. 45 cm. Hat blaßgelbe Blüten und breite Trompeten mit auffällig rückwärts gebogenen, gelappten, zitronengelben Rändern.
N. **'Liberty Bells'** (Abb. S. 349), Gr. 5. Kräftige Zwiebel, blüht um die Frühlingsmitte. H. 32 cm. Blüten sind leicht duftend und zitronengelb.
N. **'Little Beauty'** (Abb. S. 348), Gr. 1. Blüht im Vorfrühling. H. 10 cm. Blüten haben milchweiße Kronblätter und leuchtend zitronengelbe Trompeten. Für natürliche Landschaften.
N. **'Merlin'** (Abb. S. 348), Gr. 3. Um die Frühlingsmitte blühende Zwiebel. H. 35 cm. Blüten haben breite, abgerundete, glänzendweiße Kronblätter und relativ große, fast flache, satt goldgelbe Becher mit kleinem, grünem Auge und breitem, leicht gekräuseltem, orangerotem Rand. Ausgezeichnete Dekorationspflanze.
N. minimus. Siehe *N. asturiensis*.
N. **'Minnow'**, Gr. 8. Robuste Zwiebel, blüht von Anfang bis Mitte des Frühlings. H. 18 cm. Winterhart. Hat 4 oder mehr duftende Blüten pro Stiel, jede mit abgerundeten, zartgelben Kronblättern und einem zitronengelben Becher. Vermehrt sich stark. Geeignet für Blumenkästen oder Steingärten.
N. minor, syn. *N. nanus* hort. (Abb. S. 349), Gr. 10. Früh im Frühling blühende Zwiebel. H. 20 cm. Blüten haben leicht überlappende, zartgelbe Kronblätter und fast gerade, dunkler gelbe Trompeten mit gesäumten Rändern.
N. minor hort. Siehe *N. pumilus*.
N. **'Mount Hood'**, Gr. 1. Kräftige, um die Frühlingsmitte blühende Zwiebel. H. 42 cm. Die langlebigen Blüten haben milchweiße Kronblätter und kräftige, erst zartgelbe, dann milchweiße Trompeten mit zurückgeschlagenen, gezackten Rändern.
N. nanus, Gr. 10. Im Vorfrühling blühende Zwiebel. H. 12 cm. Blüten haben gedrehte, cremefarbene Kronblätter und eine kräftige, gerade, mattgelbe Trompete mit gekraustem Rand. Blätter sind breit. Für naturnahe Gärten.
N. nanus hort. Siehe *N. minor*.
N. obvallaris, Gr. 10. Kräftige, im Vorfrühling blühende Zwiebel. H. 30 cm. Die goldgelben Blüten auf steifen Stielen haben kurze Kronblätter und breite Trompeten.
N. × odorus, syn. *N. campernellii* (Campernell-Jonquille), Gr. 10. Robuste, um die Frühlingsmitte blühende Zwiebel. H. 20–30 cm. Hat gewöhnlich 2 prächtig duftende, dunkel goldgelbe Blüten. **'Rugulosus'** (Abb. S. 349), H. 28 cm, ist kräftiger und trägt bis zu 4 kleinbecherige, satt goldene Blüten.
N. **'Paper White Grandiflora'**, syn. *N. papyraceus* 'Grandiflora', *N. p.* 'Paper White Snowflake', Gr. 8. Winter- bis frühlingsblühende Zwiebel. H. 35 cm. Bedingt winterhart. 10 oder mehr langlebige, stark duftende, sternförmige, glitzernde weiße Blüten mit langen, ausgebreiteten Kronblättern und einem kleinen Becher mit auffälligen, safrangelben Staubblättern. Blüht im Haus den ganzen Winter über.
***N. papyraceus* 'Grandiflora'**. Siehe *N.* 'Paper White Grandiflora'. **'Paper White Snowflake'**. Siehe *N.* 'Paper White Grandiflora'.
N. **'Passionale'** (Abb. S. 348), Gr. 2. Um die Frühlingsmitte blühende Zwiebel. H. 40 cm. Jede Blüte hat milchweiße Kronblätter und einen langen, apricot-getönten, rosa Becher.
N. **'Pencrebar'** (Abb. S. 349), Gr. 4. Blüht um die Frühlingsmitte. H. 18 cm. Die duftenden Blüten sind klein, rundlich und dicht gefüllt, stehen oft in Paaren. Äußere und größere innere Blütenblätter sind blaßgolden und gleichmäßig vermischt mit dunkleren Blütenblättern.
N. poeticus (Dichternarzisse), Gr. 10. Formenreiche Art, blüht im späten Frühling. H. 22–42 cm. Jede duftende Blüte besteht aus glitzernd weißen Kronblättern und einem kleinen, flachen, gelben oder orangen Becher mit rotem Rand. Ideal zum Ansiedeln auf feuchtem Torf, wächst aber nur langsam. **'Flore Pleno'**, syn. *N. albus* var. *plenus-odoratus*, H. 40 cm, hat im späten Frühling oder Frühsommer locker gefüllte, reinweiße Blüten mit unauffälliger, gründlich-gelber oder orange gefärbter Mitte. Gute Schnittblume. Var. ***recurvus***, H. 42 cm, trägt im Frühsommer größere, langlebige Blüten mit stark zurückgeschlagenen Kronblättern und einem sehr flachen, grünlich-gelben Becher mit blutroten Rändern.
N. **'Portrush'** (Abb. S. 348), Gr. 3. Blüht vom späten Frühling bis zum Frühsommer. H. 35 cm. Kleine Blüten mit grün-überhauchten glänzend milchweißen Kronblättern und einem kleinen, flachen, gesäumten, creme-weißen Becher mit leuchtendgrünem Auge.
N. **'Pride of Cornwall'** (Abb. S. 348), Gr. 8. Um die Frühlingsmitte blühende Zwiebel. H. 38 cm. Trägt große, duftende Blüten mit milchweißen Kronblättern und einem Becher, dessen sattes Gelb außen in das Orangerot des Randes übergeht. Ausgezeichnete Schnittblume.
N. pseudonarcissus (Osterglocke, Gelbe Narzisse, Wilde Narzisse), Gr. 10. Sehr formenreiche Art, blüht im Vorfrühling. H. 15–30 cm. Die nickenden Blüten haben überlappende, strohgelbe Kronblätter und große, dunkler gelbe Trompeten. Ideal im naturnahen Garten.
N. pumilus, syn. *N. minor* hort., Gr. 10. Blüht im Vorfrühling. H. 15–22 cm. Trägt leuchtendgoldene Blüten mit geteilten, etwas blasseren Kronblättern und großer Trompete mit gelapptem und gekraustem Rand. **'Plenus'** siehe *N.* 'Rip van Winkle'.
N. requienii. Siehe *N. assoanus*.
N. **'Rip van Winkle'**, syn. *N. pumilus* 'Plenus' (Abb. S. 349), Gr. 4. Im Vorfrühling blühende Zwiebel. H. 15 cm. Die zottigen, gefüllten Blüten haben dicht stehende, flache, spitz zulaufende, grünlich-zitronengelbe Kronblätter mit eingerollten Spitzen.
N. romieuxii (Abb. S. 349), Gr. 10. Im Vorfrühling blühende Zwiebel. H. 10 cm. Winterhart, gedeiht aber am besten in einem Frühbeet oder Alpinum. Ähnlich wie *N. bulbocodium* ssp. *bulbocodium*, aber jede duftende Blüte hat einen großen, fast flachen, glitzernden blaßgelben Becher.
N. rupicola (Abb. S. 349), Gr. 10. Um die Frühlingsmitte blühende Zwiebel. H. 8 cm. Ähnlich wie *N. assoanus*, hat aber eckigere, blaugrüne Blätter und einzeln stehende, weniger duftende, zitronengelbe Blüten mit 6lappigem Becher.
N. **'St. Keverne'** (Abb. S. 349), Gr. 2. Kräftige, Anfang bis Mitte des Frühlings blühende Zwiebel. H. 42 cm. Die einzeln stehenden Blüten haben klar sattgoldene Kronblätter und einen etwas dunkleren, fast trompetenförmigen Becher.
N. **'Salome'**, Gr. 2. Kräftige Zwiebel, blüht im späten Frühling. H. 40 cm. Langlebige Blüten mit breiten, abgerundeten, milchweißen Kronblättern und langem, breitem, warm aprikosenrosa Becher mit leicht gekräuseltem, goldgetöntem Rand.
N. **'Satin Pink'** (Abb. S. 348), Gr. 2. Um die Frühlingsmitte blühende Zwiebel. H. 42 cm. Jede Blüte hat breite, gerippte, milchweiße Kronblätter und einen langen, kaum ausgebreiteten, zart bräunlichrosa, fast trompetenförmigen Becher.
N. **'Sealing Wax'** (Abb. S. 349), Gr. 2. Blüht Mitte bis Ende des Frühlings. H. 45 cm. Kronblätter sind goldgelb, Becher sind kräftig und feuerrot; Blüten stehen einzeln.
N. **'Silver Chimes'**, Gr. 8. Kräftige Zwiebel, blüht von Mitte bis Ende des Frühlings. H. 32 cm. Winterhart. Hat bis zu 10 duftende Blüten mit breiten, milchweißen Kronblättern und einem geraden, flachen, zartgelben Becher. Blätter sind dunkelgrün. Gedeiht an einem warmen Standort.
N. **'Spellbinder'** (Abb. S. 349), Gr. 1. Im Vorfrühling blühende Zwiebel. H. 42 cm. Langlebige, leuchtend schwefelgelbe Blüten haben schlanke Trompeten, die sich innen sehr blaß schwefelgelb verfärben, mit Ausnahme des gelappten, zurückgerollten, zitronengelb getönten Randes.
N. **'Stratosphere'**, Gr. 7. Blüht um die Frühlingsmitte. H. 40 cm. Trägt gewöhnlich 3 duftende Blüten mit goldgelben Kronblättern und dunkler goldenem Becher. Ausgezeichnete Dekorationspflanze.
N. **'Suzy'** (Abb. S. 349), Gr. 7. Robuste Zwiebel, blüht um die Frühlingsmitte. H. 38 cm. 3–4 langlebige, große, duftende Blüten mit hell goldgelben Kronblättern und großem, satt rot-orange gefärbtem Becher.
N. **'Sweetness'** (Abb. S. 349), Gr. 7. Im Vorfrühling blühende Zwiebel. H. 38 cm. Jede einzeln stehende, duftende, sattgelbe Blüte hat einen schlanken, geraden Becher.
N. **'Tahiti'** (Abb. S. 349), Gr. 4. Robuste Zwiebel, blüht um die Frühlingsmitte. H. 38 cm. Einzeln stehende, locker gefüllte, goldgelbe Blüten gemischt mit kurzen, leuchtendorange gefärbten, inneren Blütenblättern.
N. tazetta (Tazette), Gr. 10. Sehr formenreiche Art. Blüht vom Spätherbst bis zur Frühlingsmitte. H. 30–40 cm. Gewöhnlich 12 oder mehr duftende Blüten, meist mit schlanken, weißen oder gelben Kronblättern und flachem, weißem oder gelbem Becher.
N. **'Tête-à-Tête'** (Abb. S. 349), Gr. 6. Blüht im Vorfrühling. H. 15–30 cm. Die langlebigen Blüten haben zurückgebogene, sattgoldene Kronblätter und einen viereckigen, warm gelb-orange gefärbten Becher. Ist sehr anfällig für Viren.
N. **'Thalia'** (Abb. S. 348), Gr. 5. Kräftige Zwiebel, blüht um die Frühlingsmitte. H. 38 cm. Hat 3 oder mehr langlebige, milchweiße Blüten pro Stiel, jede mit unregelmäßig geformten, oft propellerförmigen Kronblättern und einem kräftigen Becher.
N. **'Tresamble'**, Gr. 5. Kräftige Zwiebel, blüht im Vorfrühling. H. 40 cm. Trägt pro Stiel bis zu 6 Blüten mit milchweißen Kronblättern und einem cremeweißen Becher mit blasserem Rand.
N. **'Trevithian'**, Gr. 7. Kräftige Zwiebel, blüht vom Vorfrühling bis Frühlingsmitte. H. 45 cm. 2 oder 3 große, duftende, rundliche, zartgelbe Blüten mit breiten Kronblättern und kurzem Becher.

N. triandrus (Engelstränen-Narzisse; Abb. S. 349), Gr. 10. Blüht im Vorfrühling. H. 12 cm. Trägt nickende, milchweiße Blüten mit schmalen, zurückgebogenen Kronblättern und einem ziemlich langen, geraden Becher. Gute Topfpflanze.
***N.* 'Trousseau'** (Abb. S. 348), Gr. 1. Im Vorfrühling blühende Zwiebel. H. 42 cm. Blüten haben milchweiße Kronblätter und eine gerade, gesäumte, zart zitronengelbe Trompete mit ausgebreitetem, gelapptem Rand in zartem Bräunlich-gelb und Blaßrosa.
***N.* 'Tudor Minstrel'**, Gr. 2. Um die Frühlingsmitte blühende Zwiebel. H. 42 cm. Kronblätter sind weiß und spitz. Die chromgelben Becher sind schlank.
***N.* 'Waterperry'**, Gr. 1. Um die Frühlingsmitte blühende Zwiebel. H. 25 cm. Blüten haben matt cremeweiße Kronblätter; die leicht gesäumten, ausgebreiteten, primelgelben Becher färben sich satt bräunlichgelb mit fließendem Übergang zu den aprikosenfarbenen Rändern.
N. watieri (Abb. S. 348), Gr. 10. Um die Frühlingsmitte blühende Zwiebel. H. 10 cm. Bedingt winterhart. Relativ große, duftende, kristallin strukturierte, weiße Blüten mit flachem, gelapptem Becher. Blätter sind graublau und gekielt.
***N.* 'W. P. Milner'**, Gr. 1. Im Vorfrühling blühende Zwiebel. H. 23 cm. Die nickenden Blüten haben schlanke, gedrehte, hell cremegelbe Kronblätter und eine breite blaß zitronengelbe Trompete, die sich sehr blaß schwefelgelb verwandelt.
***N.* 'Yellow Cheerfulness'**, Gr. 4. Um die Frühlingsmitte blühende Zwiebel. H. 40 cm. Trägt 4 oder mehr duftende, lokker gefüllte, zart primelgelbe Blüten in der Mitte gemischt mit kürzeren, gelborangen Blütenblättern.

NAUTILOCALYX (Gesneriaceae)
Gattung immergrüner, aufrechter, buschiger Stauden, beliebt wegen ihrer Blüten und Blätter. Frostempfindlich, mind. 15 °C. Benötigt hohe Feuchtigkeit, Halbschatten und durchlässigen Boden; Staunässe vor allem im Winter vermeiden. Vermehrung durch Stammstecklinge im Sommer oder durch Aussaat (wenn vorhanden) im Frühling.
N. bullatus, syn. *N. tessellatus*. Immergrüne, aufrechte Staude. H. und Br. 60 cm. Schmal ovale, runzelige, bis 23 cm lange Blätter sind dunkelgrün, oberseits mit Bronzeschimmer, unterseits rötlichgrün. Trauben kleiner, röhriger, weiß behaarter, blaßgelber Blüten erscheinen meist im Sommer in den Blattachseln.
N. lynchii Abb. S. 261.
N. tessellatus. Siehe *N. bullatus*.
Neanthe bella. Siehe *Chamaedorea elegans*.

NECTAROSCORDUM (Liliaceae)
Gattung blühender, mit *Allium* verwandter Zwiebeln mit langen, linealischen, aufrechten Blättern. Verströmt beim Zerreiben einen sehr starken Zwiebelgeruch. Die Stiele mit den aufrechten, schirmförmigen Fruchtständen können als Blütenschmuck für den Winter getrocknet werden. Winterhart. Braucht Halbschatten. Gedeiht in hartem Gras oder Rabatten und in jedem weder zu trockenen noch staunassen Boden. Vermehrung durch reichlich produzierte Brutzwiebel im Spätsommer oder durch Aussaat im Herbst.

N. dioscoridis. Siehe *N. siculum* ssp. *bulgaricum*.
N. siculum* ssp. *bulgaricum, syn. *N. dioscoridis*, Abb. S. 333.

NEILLIA (Rosaceae)
Gattung sommergrüner Sträucher, beliebt wegen ihres anmutigen Habitus und der üppigen Trauben kleiner Blüten. Völlig winterhart. Benötigt Sonne oder Halbschatten und fruchtbaren, durchlässigen Boden. Angewachsenen Pflanzen tut es gut, wenn ältere Triebe nach der Blüte bis zum Boden zurückgeschnitten werden. Vermehrung durch krautige Stecklinge im Sommer oder durch Ableger im Herbst.
N. sinensis. Sommergrüner, überhängender Strauch. H. und Br. 2 m. Hat eine sich schälende Rinde und ovale, scharf gezähnte, mittelgrüne Blätter. Nickende Trauben von kleinen, röhrigen, rosa-weißen Blüten erscheinen im späten Frühling und Frühsommer.
N. thibetica (Traubenspiere) Abb. S. 108.

NELUMBO (Nelumbonaceae)
Lotosblume
Gattung sommergrüner, mehrjähriger Uferpflanzen, beliebt wegen ihrer Blätter und Blüten. Bedingt winterhart bis frostempfindlich, mind. 1–7 °C. Braucht einen offenen, sonnigen Standort und 60 cm Wassertiefe. Welkende Blätter entfernen; Blüten kann man stehenlassen, damit sich die dekorativen Fruchtstände entwickeln. Übergroße Pflanzen im Frühling teilen. Vermehrung der Spezies durch Aussaat im Frühling, selektierte Formen durch Teilung im Frühling.
N. lutea. Kräftige, sommergrüne, mehrjährige Sumpf- und Wasserpflanze. H. und Br. 1 m. Bedingt winterhart. Rundliche, blaugrüne Blätter entstehen an stämmigen, 30–60 cm langen Stielen. Die großen, kelchförmigen, gelben Blüten öffnen sich im Sommer.
N. nucifera Abb. S. 373. **'Alba Striata'** ist eine kräftige, sommergrüne, mehrjährige Sumpf- und Wasserpflanze. H. 2,5 m, Br. 1,2 m. Frostempfindlich, mind. 1 °C. Kräftige Stiele tragen sehr große, rundliche, blaugrüne Blätter. Große, duftende, kelchförmige, weiße, 15 cm breite Blüten mit karmesinroten Rändern erscheinen im Sommer. **'Alba Grandiflora'** trägt reinweiße und **'Rosa Plena'** gefüllte, zartrosa, bis 30 cm breite Blüten.

NEMATHANTHUS (Gesneriaceae)
Gattung von Stauden und weichtriebiger, immergrüner Sträucher, beliebt wegen ihrer Blüten und Blätter. Frostempfindlich, mind. 13–15 °C. Benötigt Halbschatten und humusreichen, feuchten, aber durchlässigen Boden. Topfpflanzen mäßig gießen, so daß die Erde dazwischen fast austrocknet. Bei Jungpflanzen die Triebspitzen stutzen, um Verzweigung zu fördern. Vermehrung durch Grünholzstecklinge im Sommer.
N. gregarius, syn. *N. radicans, Hypocyrta radicans*, Abb. S. 125.
N. radicans. Siehe *N. gregarius*.
N. strigillosus, syn. *Hypocyrta strigillosa*. Immergrüner, niederliegender Strauch. H. 15–30 cm, Br. 60 cm–1 m. Die elliptischen, leicht gewölbten Blätter sind fein und dicht behaart. Kleine, röhrige, orange oder orangerot gefärbte Blüten erscheinen vorwiegend von Frühling bis Herbst in den Blattachseln.

NEMESIA (Scrophulariaceae)
Nemesie
Gattung einjähriger Pflanzen, von Stauden und immergrünen Halbsträuchern, beliebt für Sommerbeete und als Gewächshauspflanze. Bedingt winterhart. Bevorzugt Sonne und fruchtbaren, durchlässigen Boden. Nach der Blüte zurückschneiden. Jungpflanzen leicht stutzen, um buschige Form zu garantieren. Vermehrung durch Aussaat unter Glas im Vorfrühling oder im Freien im Spätfrühling.
N. strumosa. Schnellwüchsige, buschige Einjährige. H. 20–45 cm, Br. 15 cm. Hat lanzettliche, gesägte, blaßgrüne Blätter und im Sommer trompetenförmige, gelbe, weiße oder purpurrote, 2,5 cm breite Blüten, die gute Schnittblumen sind. **Carnival-Serie** Abb. S. 272. **Triumph-Serie** Abb. S. 283.

NEMOPHILA (Hydrophyllaceae)
Hainblume
Gattung einjähriger Pflanzen, geeignet für Steingärten und als Einfassung von Rabatten. Völlig winterhart. Braucht Sonne oder Halbschatten und fruchtbaren, durchlässigen Boden. Die Vermehrung erfolgt durch Aussaat im Freien im Frühling oder Frühherbst. Anfällig für Blattläuse.
N. insignis. Siehe *N. menziesii*.
N. maculata Abb. S. 263.
N. menziesii, syn. *N. insignis*, Abb. S. 277.

NEOLITSEA (Lauraceae)
Gattung immergrüner Bäume und Sträucher, beliebt wegen ihrer Blätter. Winterhart bis bedingt winterhart. Braucht in kaltem Klima Windschutz; optimal ist ein Standort an einer süd- oder westseitigen Mauer. Benötigt Sonne oder Halbschatten und fruchtbaren, durchlässigen Boden. Die Vermehrung geschieht durch halbausgereifte Stecklinge im Spätsommer.
N. sericea. Immergrüner, breit kegelförmiger, dichter Baum oder Strauch. H. und Br. 6 m. Winterhart. Schmal ovale, spitze Blätter sind glänzend, oberseits mittelgrün, unterseits weiß und in der Jugend dicht mit seidigen, braunen Haaren bedeckt. Kleine, sternförmige, gelbe Blüten erscheinen im Herbst.

NEOLLOYDIA (Cactaceae)
Gattung kugeliger bis säulenförmiger, mehrjähriger Kakteen mit dichten Stacheln und kurzen, spiralig angeordneten Warzen. Die meisten Arten sind außerordentlich schwierig zu kultivieren, außer bei Pfropfung. Frostempfindlich, mind. 10 °C. Braucht pralle Sonne und durchlässigen Boden. Von Frühling bis Herbst sparsam gießen; im Winter trocken halten. Vermehrung durch Aussaat im Frühling oder Sommer.
N. conoidea Abb. S. 395.
N. mcdowellii. Siehe *Thelocactus mcdowellii*.

NEOMARICA (Iridaceae)
Gattung immergrüner, sommerblühender, irisartiger, rhizombildender Stauden mit Trauben kurzlebiger Blüten. Frostempfindlich, mind. 10 °C. Braucht Halbschatten und fruchtbaren, feuchten, am besten humusreichen Boden. Im Sommer reichlich gießen, im Winter Wassermenge reduzieren, aber nicht austrocknen lassen. Vermehrung durch Teilung im Frühling oder Sommer.
N. caerulea Abb. S. 337.

NEOPANAX. Siehe PSEUDOPANAX.

NEOPORTERIA (Cactaceae)
Gattung kugeliger bis säulenförmiger, mehrjähriger Kakteen. Die eiförmigen, roten, braunen oder grünen Früchte ähneln denen von *Wigginsia*. Frostempfindlich, mind. 8 °C. Benötigt pralle Sonne und sehr durchlässigen Boden. Vermehrung durch Aussaat im Frühling oder Sommer.
N. chilensis. Kugeliger, dann säulenförmiger, mehrjähriger Kaktus. H. 30 cm, Br. 10 cm. Der blaßgrüne Körper ist dicht mit kräftigen goldenen Stacheln von unterschiedlicher Länge bedeckt. Am Scheitel im Sommer flache, rosa-orange oder weiß gefärbte, bis 5 cm breite Blüten.
N. napina. Abgeflacht kugeliger, mehrjähriger Kaktus. H. 3 cm, Br. 5 cm. Hat sehr kurze, schwarze, flach am schokoladebraunen Körper anliegende Stacheln. Im Sommer am Scheitel flache, gelbe, 5 cm breite Blüten. Var. ***mitis*** Abb. S. 391.
N. nidus. Kugeliger bis säulenförmiger, mehrjähriger Kaktus. H. 10 cm, Br. 8 cm. Lange, weiche, graue Stacheln umschließen den dunkel grün-braunen Körper vollständig. Am Scheitel im Frühling oder Herbst röhrige, rosa bis kirschrote, 3–5 cm lange Blüten mit blasserer Basis, die sich nur an der Spitze öffnen.
N. subgibbosa. Kugeliger bis säulenförmiger, mehrjähriger Kaktus. H. 30 cm. Br. 10 cm. Der hellgrüne bis dunkel graugrüne Körper hat große, wollige Areolen und kräftige, bernsteingelbe Stacheln. Im Spätsommer am Scheitel etwas abgeflachte, karmin-rosa, 4 cm breite Blüten.
N. villosa Abb. S. 390.

NEOREGELIA (Bromeliaceae)
Gattung immergrüner, rosettenbildender mehrjähriger Epiphyten, beliebt wegen des schönen Gesamteindrucks. Frostempfindlich, mind. 10 °C. Braucht Halbschatten und ein Substrat aus gleichen Teilen humusreicher Erde und entweder Sphagnum-Moos oder Rinde oder die in der Orchideenkultur verwendeten Polystyrolflocken. Während der Wachstumsphase mäßig mit weichem Wasser gießen, zu anderen Zeiten sparsamer und die Trichter von Frühling bis Herbst mit Wasser gefüllt halten. Vermehrung durch Kindel im Frühling oder Sommer.
N. carolinae, syn. *Aregelia carolinae, Nidularium carolinae* (Nestbromelie). Immergrüne, ausgebreitete, epiphytische, mehrjährige Pflanze mit grundständiger Rosette. H. 10–30 cm, Br. 40–60 cm. Bandförmige, fein dornig gezähnte, glänzende, leuchtendgrüne Blätter wachsen in dichten Rosetten. Eine dichte Traube von röhrigen, blauvioletten, von roten Hochblättern umgebenen Blüten erscheint gewöhnlich im Sommer im Trichter jeder ausgewachsenen Rosette. ***F. tricolor*** (Abb. S. 222) hat elfenbeinfarben gestreifte Blätter, die im Alter rosa überlaufen sind.
N. concentrica (Abb. S. 222). Immergrüne, ausgebreitete, epiphytische, mehrjährige Pflanze mit grundständiger Rosette. H. 10–30 cm, Br. bis 70 cm. Sehr breit bandförmige bis ovale, glänzende,

dunkelgrüne Blätter mit stechenden, schwarzen Zähnen und meist mit dunklen Flecken wachsen in dichten Rosetten. Im Sommer erscheint eine kompakte Traube aus röhrigen, blaßblauen Blüten, umhüllt von rosa-lila Hochblättern im Trichter jeder ausgewachsenen Rosette. **'Plutonis'** ist eine attraktive Sorte mit rotüberlaufenen Hochblättern.

NEPENTHES (Nepenthaceae)
Kannenpflanze
Gattung insektenfressender, immergrüner, meist mehrjähriger Epiphyten mit umgewandelten Blättern in Form von hängenden, farbigen Kannen mit einem Deckel, die Insekten fangen und verdauen. Geeignet für Ampeln. Frostempfindlich, mind. 18°C. Braucht feuchte Luft, Halbschatten und feuchten, fruchtbaren Boden mit Zusatz von Torf oder Moos. Vermehrung durch Aussaat im Frühling oder durch Stecklinge im Frühling oder Sommer.
N. hookeriana Abb. S. 223.
N. rafflesiana. Immergrüner, insektenfressender, mehrjähriger Epiphyt. H. 3 m, Br. 1–1,2 m. Hat lanzettliche, dunkelgrüne Blätter. Die grünlichgelben, bis 25 cm langen Kannen sind purpurrot und braun gesprenkelt und haben gespornte Deckel. Rispen von unauffälligen, grünen Blüten erscheinen periodisch.

NEPETA (Labiatae)
Katzenminze
Gattung sommerblühender Stauden, geeignet als Einfassung, besonders, wo sie über Pflastersteine herabhängen können. Völlig winterhart. Bevorzugt Sonne und feuchten, aber durchlässigen Boden. Vermehrung durch Teilung im Frühling oder durch Triebspitzen- oder krautige Stecklinge im Frühling oder Sommer. Wildarten vermehrt man durch Aussaat im Herbst.
***N.* 'Blue Beauty'**. Siehe *N. 'Souvenir d'André Chaudon'*.
N. × faassenii Abb. S. 242.
N. govaniana Abb. S. 213.
N. grandiflora. Nette, aufrechte Staude. H. 40–80 cm, Br. 45–60 cm. Hat leicht beharrte Stiele, ovale, rund gezähnte, hellgrüne Blätter mit herzförmiger Basis und im Sommer Trauben kleiner, helmförmiger, blauer Blüten.
N. nervosa. Stockbildende Staude. H. 35 cm, Br. 30 cm. Bildet einen Haufen aus schmal länglichen bis lanzettlichen, spitzen, deutlich geaderten, mittelgrünen Blättern. Vom Frühling bis Hochsommer dichte Trauben kleiner, röhriger, blaßblauer Blüten.
***N.* 'Souvenir d'André Chaudon'**, syn. *N.* 'Blue Beauty'. Ausgebreitete, stockbildende Staude. H. und Br. 45 cm. Röhrige, blaue Blüten erscheinen während des ganzen Sommers über ovalen bis lanzettlichen, gezähnten, grauen Blättern.

NEPHROLEPIS (Polypodiaceae)
Gattung immergrüner oder halbimmergrüner Farne. Frostempfindlich, mind. 5°C. Braucht einen schattigen Standort. Bevorzugt feuchten Boden, verträgt aber Trockenheit wie Staunässe sehr gut. Welke Wedel entfernen und Stöcke regelmäßig teilen. Vermehrung durch Teilung im Sommer oder Frühherbst.
N. cordifolia (Schwertfarn). Halbimmergrüner Farn. H. 45 cm, Br. 30 cm. Hat schmal lanzettliche, überhängende, dunkelgrüne Wedel mit rundlichen, fein gesägten Fiedern.
N. exaltata Abb. S. 186.

NEPHTHYTIS (Araceae)
Gattung immergrüner, büscheliger, mehrjähriger Pflanzen mit waagrecht kriechenden Rhizomen, beliebt wegen ihrer Blätter. Frostempfindlich, mind. 18°C. Benötigt feuchte Luft, feuchten, humusreichen Boden und Halbschatten. Vermehrung durch Teilung im Frühling oder Sommer.
N. afzelii. Immergrüne, kriechende, rhizombildende, mehrjährige Pflanze. H. bis 75 cm, Br. unbestimmt. Hat Büschel von pfeilförmigen, gelappten, dunkelgrünen, bis 25 cm langen Blättern. Treibt periodisch eine helmförmige, grünliche Spatha, die einen grünen Kolben umschließt, dann kugelige, orangefarbige Früchte.
N. triphylla hort. Siehe *Syngonium podophyllum*.

NERINE (Amaryllidaceae)
Guernsey-Lilie
Gattung von Zwiebelpflanzen, manche davon halbimmergrün, beliebt wegen ihrer kugeligen Köpfe aus rosaroten bis roten, gelegentlich weißen Blüten mit welligen Kronblättern. Blühen meist im Herbst vor dem Erscheinen der Blätter. Winterhart bis bedingt winterhart. Braucht viel Sonne und leichten, sandigen Boden. Im Frühherbst setzen, nach dem Einwurzeln nicht verpflanzen. Bis zum Verwelken der Blätter gießen, dann trocknen. Vermehrung durch Aussaat bei Samenreife oder durch Brutzwiebeln im Herbst oder nach dem Absterben der Blätter.
***N.* 'Bagdad'**. Herbstblühende Zwiebel. H. 60 cm, Br. 15–20 cm. Bedingt winterhart. Blätter sind riemenförmig, halb aufrecht und grundständig. Hat karmesinrote, zur Mitte hin blassere Blüten; die langen, schmalen Kronblätter haben zurückgebogene Spitzen und krause Ränder.
***N.* 'Blanchefleur'**. Herbstblühende Zwiebel. H. 30–50 cm, Br. 15–20 cm. Bedingt winterhart. Hat riemenförmige, halb aufrechte, grundständige Blätter und einen dichten Kopf aus 5–10 rein weißen Blüten. Die oberen Teile der Blütenblätter sind verdreht.
N. bowdenii Abb. S. 354. F. *alba* Abb. S. 354.
***N.* 'Brian Doe'** Abb. S. 354.
***N.* 'Corusca Major'**. Herbstblühende Zwiebel. H. 60 cm, Br. 12–15 cm. Bedingt winterhart. Riemenförmige, halb aufgerichtete, grundständige Blätter. Kräftige Stiele tragen 10–15 scharlachrote Blüten mit schmalen Kronblättern. Gute Schnittblume.
N. filifolia. Herbstblühende Zwiebel. H. bis 25 cm, Br. 8–10 cm. Bedingt winterhart. Hat fadenartige, halb aufgerichtete Blätter in einem grundständigen Büschel. Der schlanke Stiel treibt blaßrosa Blüten mit schmalen Kronblättern.
N. flexuosa. Halbimmergrüne, herbstblühende Zwiebel. H. 40–50 cm, Br. 12–15 cm. Bedingt winterhart. Trägt riemenförmige, halb aufrechte grundständige Blätter und 10–15 rosa Blüten, jedes Kronblatt hat eine tiefer rosa gefärbte Mittelader und eine zurückgebogene, wellige obere Hälfte.
***N.* 'Fothergillii Major'**. Im Spätsommer bis Frühherbst blühende Zwiebel. H. 45–60 cm, Br. 12–15 cm. Bedingt winterhart. Blätter sind riemenförmig, halb aufrecht und grundständig. Sehr kräftige Stiele tragen etwa 10 leuchtend scharlachlachsrosa Blüten mit zurückgebogenen Kronblättern.
***N.* 'Margaret Rose'**. Herbstblühende Zwiebel, H. 30–50 cm, Br. 15–20 cm. Bedingt winterhart. Riemenförmige, halb aufrechte, grundständige Blätter. Stiel trägt einen dichten Kopf aus leuchtend rosaroten Blüten mit zurückgebogenen Kronblättern.
N. masonorum. Herbstblühende Zwiebel. H. 15–20 cm, Br. 8–10 cm. Bedingt winterhart. Treibt fadenartig, halb aufrechte Blätter in einem grundständigen Büschel. Stiel trägt rosa Blüten mit stark gekrausten Kronblatträndern.
***N.* 'Orion'** Abb. S. 354.
N. sarniensis Abb. S. 354.
N. undulata Abb. S. 354.

NERIUM (Apocynaceae)
Gattung immergrüner Sträucher, beliebt wegen ihrer Blüten. Frostempfindlich, mind. 10°C. Benötigt volle Sonne und durchlässigen Boden. Topfpflanzen in der Wachstumsphase reichlich, sonst sparsam gießen. Um das Verzweigen zu fördern, Triebspitzen stutzen. Vermehrung durch Aussaat im Frühling oder durch halbausgereifte Stecklinge im Sommer.
N. oleander (Oleander) Abb. S. 88.

NERTERA (Rubiaceae)
Gattung kriechender Stauden, beliebt wegen ihrer Fülle von kugeligen, perlenartigen Früchten im Herbst. Gedeiht hervorragend im Alpinum. Bedingt winterhart. Braucht einen geschützten, halb beschatteten Standort in steinigem, feuchtem, aber durchlässigem, sandigem Boden. Mag Winternässe nicht. Vermehrung im Frühling durch Aussaat, Teilung oder Triebstecklinge.
N. depressa. Siehe *N. granadensis*.
N. granadensis, syn. *N. depressa*, (Korallenbeere), Abb. S. 327.

NICANDRA (Solanaceae)
Monotypische Gattung einer einjährigen Pflanze mit kurzlebigen Blüten. Völlig winterhart. Braucht Sonne und nahrhaften, durchlässigen Boden. Vermehrung durch Aussaat im Frühling.
N. physalodes (Giftbeere). Schnellwüchsige, aufrechte, verzweigte Einjährige. H. 1 m, Br. 30 cm oder mehr. Hat ovale, gezähnte, mittelgrüne Blätter. Treibt im Sommer und Frühherbst glockige hell violette Blüten mit weißem Schlund, über 2,5 cm breit, die nur einen Tag lang blühen. Kugelige, grüne 5 cm breite Früchte sind umgeben vom purpurn und grün gefärbten Kelch. Soll angeblich Fliegen vertreiben, daher der Name.

NICOTIANA (Solanaceae)
Ziertabak
Gattung einjähriger Pflanzen und Stauden, meist einjährig gezogen, und halbimmergrüner Sträucher. Winterhart bis frostempfindlich, mind. 1°C. Braucht Sonne und fruchtbaren, durchlässigen Boden. Vermehrung der Ein- und Mehrjährigen durch Aussaat im Vorfrühling, Sträucher durch Aussaat im Frühling oder durch halbausgereifte Stecklinge im Sommer.
N. affinis. Siehe *N. alata*.
N. alata, syn. *N. affinis*, Abb. S. 200.
'Lime Green' ist eine aufrechte Staude, gewöhnlich einjährig gezogen. H. 60 cm, Br. 30 cm. Bedingt winterhart. Hat ovale, mittelgrüne Blätter. Trägt im Spätsommer und Herbst Trauben von offen trompetenförmigen, grünlich-gelben Blüten, die in der Nacht duften. **Sensation-Serie** Abb. S. 270.
***N.*, Domino-Serie** Abb. S. 263.
N. glauca. Halb immergrüner, aufrechter Strauch. H. und Br. 2,5–3 m. Bedingt winterhart. Kräftige, blaugraue Triebe tragen schmal ovale, fleischige, blaugraue Blätter. Auffällige, röhrige, leuchtendgelbe Blüten erscheinen im Sommer und Frühherbst.
N. langsdorfii Abb. S. 278.
***N. × sanderae*. 'Crimson Rock'**. Ziemlich langsam wachsende, buschige Einjährige. H. 60 cm, Br. 30 cm. Bedingt winterhart. Hat ovale, mittelgrüne Blätter. Am Abend duftende, trompetenförmige, leuchtend blutrote, bis 8 cm lange Blüten öffnen sich im Sommer und Frühherbst. **Nicki-Serie**, H. 38 cm, hat duftende Blüten mit großer Farbenpalette von Weiß über Rosa bis Rot und Purpur.
N. sylvestris Abb. S. 188.

NIDULARIUM (Bromeliaceae)
Gattung immergrüner, rosettenbildender, mehrjähriger Epiphyten, beliebt wegen ihrer Gesamterscheinung. Frostempfindlich, mind. 10–15°C. Braucht Halbschatten und ein Substrat aus gleichen Teilen humusreicher Erde und Sphagnum-Moos oder Rinde oder Polystyrolflocken wie für Orchideen. In der Vegetationszeit mäßig mit weichem Wasser gießen, zu anderen Zeiten weniger, und Trichter von Frühling bis Herbst wassergefüllt halten. Vermehrung durch Kindel im Frühling oder Sommer.
N. carolinae. Siehe *Neoregelia carolinae*.
N. fulgens. Immergrüner, ausgebreiteter, mehrjähriger Epiphyt mit basaler Rosette. H. 20 cm oder mehr. Br. 40–50 cm. Hat dichte Rosetten aus bandförmigen, dornig gezähnten, überhängenden, glänzenden, sattgrünen Blättern. Röhrige, weiß-purpurne Blüten sind in einer Rosette verborgen und von leuchtend scharlachroten Hochblättern umgeben. Blüten erscheinen vorwiegend im Sommer.
N. innocentii. Immergrüner, ausgebreiteter, mehrjähriger Epiphyt mit grundständiger Rosette. H. 20–30 cm, Br. 60 cm. Hat dichte Rosetten von bandförmigen, dornig gezähnten, gebogenen, dunkelgrünen, manchmal rötlich-grünen Blättern mit rötlich purpurner Unterseite. Röhrenförmige, weiße Blüten, teilweise versteckt in einer Rosette von leuchtendroten Hochblättern, erscheinen vor allem im Sommer.
N. procerum. Immergrüne, ausgebreitete, epiphytische, mehrjährige Pflanze mit grundständiger Rosette. H. 20–30 cm, Br. 50–75 cm. Bandförmige, dornig gezähnte, leuchtendgrüne Blätter erscheinen in dichten Rosetten. Trauben von kleinen, röhrigen, blauen Blüten erscheinen im Sommer.

NIEREMBERGIA (Solanaceae)
Weißbecher
Gattung sommerblühender Stauden manchmal einjährig gezogen, und sommer- oder halbimmergrüner Halbsträucher. Winterhart bis bedingt winterhart. Bevorzugt Sonne und feuchten, aber

durchlässigen Boden. Vermehrung durch Teilung im Frühling, durch halbausgereifte Stecklinge im Sommer oder durch Aussaat im Herbst.
N. caerulea. Siehe *N. hippomanica* var. *violacea*.
N. hippomanica var. ***violacea***, syn. *N. caerulea*. **'Purple Robe'** Abb. S. 275.
N. repens Abb. S. 314.

NIGELLA (Ranunculaceae)
Nigella, Schwarzkümmel
Gattung einjähriger Pflanzen, beliebt wegen ihrer reizvollen Blüten, die als Schnittblumen geeignet sind, und wegen ihrer dekorativen Fruchtstände. Winterhart. Gedeiht am besten in Sonne und fruchtbarem, durchlässigem Boden. Wenn Samen nicht gebraucht werden, welke Blüten entfernen, um die Blütezeit zu verlängern. Vermehrung durch Aussaat im Freien im Frühling oder Frühherbst.
N. damascena (Jungfer im Grünen). Schnellwüchsige, aufrechte Einjährige. H. 60 cm, Br. 20 cm. Hat fedrige, leuchtendgrüne Blätter. Gespornte, vielblättrige, blaue oder weiße Blüten erscheinen im Sommer, gefolgt von aufgeblasenen, rundlichen, erst grünen, dann braunen Samenkapseln, die getrocknet werden können. **'Miss Jekyll'** und **'Persian Jewels'** Abb. S. 277.

NOLANA (Nolanaceae)
Glockenwinde
Gattung einjähriger Pflanzen, geeignet für heiße, trockene Standorte, Steingärten und als Einfassung. Winterhart. Braucht Sonne und fruchtbaren, durchlässigen Boden. Vermehrung durch Freilandaussaat im Frühling.
N. atriplicifolia. Siehe *N. paradoxa*.
N. grandiflora. Siehe *N. paradoxa*.
N. paradoxa, syn. *N. atriplicifolia, N. grandiflora*. Eher schnellwüchsige, niederliegende, einjährige Pflanze. H. 8 cm, Br. 15 cm. Hat ovale, mittelgrüne Blätter und im Sommer trichterförmige, violettblaue, bis 5 cm breite Blüten mit weiß gestreiftem, gelbem Schlund.
Nolina recurvata. Siehe *Beaucarnea recurvata*.
Nolina tuberculata. Siehe *Beaucarnea recurvata*.

NOMOCHARIS (Liliaceae)
Gattung von Zwiebelblumen mit lilienartigem Habitus und im Sommer lockeren Ähren von flachen, oft auffällig gefleckten Blüten. Völlig winterhart. Benötigt Halbschatten und nahrhaften, durchlässigen Boden mit hohem Humusanteil. Braucht während der Vegetationszeit feuchten, aber nicht staunassen Boden. Ruht im Winter. Vermehrung durch Aussaat im Winter oder Frühling.
N. mairei. Siehe *N. pardanthina*.
N. pardanthina, syn. *N. mairei*, Abb. S. 333.
N. saluenensis. Sommerblühende Zwiebel. H. 85 cm, Br. 12–15 cm. Beblätterte Stiele tragen lanzettliche, wechselständige Blätter. Treibt eine lockere Ähre aus 2–6 tellerförmigen, weißen oder rosa Blüten mit dunkel purpurrotem Auge und purpurnen Flecken.

NOPALXOCHIA (Cactaceae)
Gattung epiphytischer, mehrjähriger Kakteen mit abgeflachten, bandförmigen Trieben. Eng verwandt mit *Epiphyllum*, mit dem er gekreuzt wurde. Stacheln sind unscheinbar. Triebe können nach reichlicher Blüte absterben. Frostempfindlich, mind. 10 °C. Braucht Halbschatten und nahrhaften, durchlässigen Boden. Ist einfach zu ziehen. Vermehrung durch Stecklinge im Frühling oder Sommer.
N. ackermannii, syn. *Ephiphyllum ackermanii*. Erst aufrechter, dann hängender, epiphytischer, mehrjähriger Kaktus. H. 30 cm, Br. 60 cm. Hat fleischige, gezähnte, grüne Triebe, bis 7 cm breit und 40 cm lang. Trägt 15 cm breite, trichterförmige, rote Blüten im Frühling und Sommer an den eingekerbten Rändern.
N. phyllanthoides, syn. *Epiphyllum* 'Deutsche Kaiserin', Abb. S. 383.

NOTHOFAGUS (Fagaceae)
Scheinbuche
Gattung sommer- oder immergrüner Bäume, beliebt wegen ihres Habitus, ihres Laubes und im Falle der sommergrünen Arten wegen ihrer Herbstfarbe. Hat unauffällige Blüten im späten Frühling. Völlig winterhart bis winterhart. Braucht Sonne oder Halbschatten und Windschutz durch andere Bäume. Bevorzugt tiefgründigen, fruchtbaren, feuchten, aber durchlässigen Boden; nicht geeignet für flachen Kalkboden. Vermehrung durch Aussaat im Herbst.
N. antarctica. Sommergrüner, breit kegelförmiger Baum, manchmal mit mehreren Hauptstämmen. H. 15 m, Br. 10 m. Völlig winterhart. Die kleinen, ovalen, runzelig geränderten, glänzenden, dunkelgrünen Blätter färben sich im Herbst gelb.
N. betuloides Abb. S. 48.
N. dombeyi Abb. S. 47.
N. menziesii. Immergrüner, kegelförmiger Baum. H. 20 m, Br. 12 m. Winterhart. Hat winzige, rundliche, scharf gezähnte, glänzende, dunkelgrüne Blätter.
N. obliqua Abb. S. 42.
N. procera Abb. S. 42.

NOTHOLIRION (Liliaceae)
Gattung sommerblühender Zwiebelblumen, mit *Lilium* verwandt, beliebt wegen ihrer trichterförmigen Blüten. Winterhart. Treibt oft früh Blätter, die von den Frühlingsfrösten geschädigt werden können, deshalb in Gebieten mit wechselhaftem Frühlingswetter in einem kühlen Gewächshaus ziehen. Bevorzugt Halbschatten oder Sonne und humusreichen, durchlässigen Boden. Zwiebel stirbt nach der Blüte ab. Vermehrung im Frühling oder Herbst durch Brutzwiebeln, die in 2–3 Jahren zu Blüte kommen. Oder Aussaat im Winter oder Frühling.
N. campanulatum Abb. S. 335.

NOTHOPANAX. Siehe PSEUDOPANAX.

NOTOCACTUS (Cactaceae)
Buckelkaktus
Gattung meist kugeliger, mehrjähriger Kakteen, oft mit dichten Stacheln auf kurzen Rippen. Eng verwandt mit *Parodia* und *Wigginsia*. Frostempfindlich, mind. 5–10 °C. Braucht Sonne oder Halbschatten und durchlässigen Boden. Leicht zu ziehen und zur Blüte zu bringen, sollte aber im Winter nicht völlig austrocknen. Vermehrung durch Aussaat im Frühling oder Sommer.
N. apricus. Abgeflacht kugeliger, mehrjähriger Kaktus. H. 7 cm, Br. 10 cm. Mind. 10 °C. Der vielrippige, blaßgrüne Körper ist dicht mit kurzen, weichen, goldbraunen Stacheln bedeckt. Im Sommer am Scheitel abgeflachte, glänzende, 8 cm breite, leuchtendgelbe Blüten mit purpurroten Narben. Bevorzugt Halbschatten.
N. graessneri. Langsamwachsender, abgeflacht runder, mehrjähriger Kaktus. H. 10 cm, Br. 25 cm. Mind. 10 °C. Bürstenartige, goldene Stacheln bedecken den vielrippigen, grünen Körper vollständig. Die leicht eingesunkene Sproßspitze treibt im Vorfrühling trichterförmige, glänzende, grünlich-gelbe Blüten mit gelben Narben. Bevorzugt Halbschatten.
N. haselbergii Abb. S. 395.
N. leninghausii (Goldkugelkaktus) Abb. S. 388.
N. mammulosus Abb. S. 397.
N. ottonis. Formenreicher, kugeliger, mehrjähriger Kaktus. H. und Br. 10 cm. Mind. 5 °C. Blaß- bis dunkelgrüner Körper mit 8–12 rundlichen Rippen trägt steife, goldene Randstacheln und längere, weiche, rote Mittelstacheln. Im Sommer am Scheitel glänzende, goldene, 8 cm breite Blüten mit purpurroten Narben. Bildet reichlich Ableger an Ausläufern. Bevorzugt einen sonnigen Standort.
N. rutilans Abb. S. 391.
N. scopa (Buckelkaktus). Kugeliger bis säulenförmiger, mehrjähriger Kaktus. H. 25 cm, Br. 15 cm. Mind. 10 °C. Körper mit 30–35 Rippen ist dicht bedeckt mit weißen Randstacheln und längeren, roten Mittelstacheln (3–4 pro Areole). Am Scheitel im Sommer trichterförmige, glänzende, gelbe, 4 cm breite Blüten mit purpurnen Narben. Bevorzugt einen sonnigen Standort.

NOTOSPARTIUM (Leguminosae)
Gattung blattloser, sommerblühender Sträucher, beliebt wegen ihres Habitus und ihrer grünen Triebe und Blüten. Winterhart, gedeiht in kühlem Klima, aber am besten an einer süd- oder westseitigen Mauer. Braucht einen geschützten, sonnigen Standort und durchlässigen Boden. Ältere Pflanzen müssen manchmal aufgebunden werden. Vermehrung durch halbausgereifte Stecklinge im Sommer oder durch Aussaat im Herbst.
N. carmichaeliae. Blattloser, überhängender Strauch, H. 2 m, Br. 1,5 m. Kurze, dichte Ähren aus purpurn gefleckten, rosa Schmetterlingsblüten erscheinen im Hochsommer an schlanken, hängenden, grünen Zweigen.

NUPHAR (Nymphaeaceae)
Mummel, Teichrose
Gattung sommergrüner, ausdauernder Wasserpflanzen, beliebt wegen ihrer Schwimmblätter und kugeligen Blüten. Winterhart bis völlig winterhart. Gedeiht in Schatten oder Sonne und in fließendem oder stehendem Gewässer, wird oft zur Erzeugung eines Seeroseneffekts verwendet, wo diese nicht gedeihen. Welkes Laub und Blüten entfernen und regelmäßig übergroße Pflanzen teilen. Vermehrung durch Teilung im Frühling.
N. advena (Gelbe Teichrose). Sommergrüne, mehrjährige Wasserpflanze, Br. 1,2 m. Völlig winterhart. Breit ovale, mittelgrüne Blätter schwimmen, die mittleren sind manchmal aufrecht. Kleine purpurn überlaufene, gelbe Blüten im Sommer, später dekorative Fruchtstände.
N. lutea Abb. S. 377.

NYMANIA (Aitoniaceae)
Gattung mit nur einer Art frühlingsblühendem Strauch, beliebt wegen ihrer Blüten und Früchte. Frostempfindlich, mind. 7–10 °C. Braucht viel Licht und fruchtbaren, durchlässigen Boden. Topfpflanzen mäßig gießen, außerhalb der Wachstumsphase weniger. Vermehrung durch Aussaat im Frühling oder durch halbausgereifte Stecklinge im Sommer.
N. capensis Abb. S. 116.

NYMPHAEA (Nymphaeaceae)
Seerose
Gattung sommergrüner, sommerblühender, mehrjähriger Wasserpflanzen, beliebt wegen ihrer meist runden Schwimmblätter und leuchtend gefärbten Blüten. Völlig winterhart bis frostempfindlich, mind. 10 °C. Braucht einen offenen, sonnigen Standort und stehendes Gewässer. Zur Sauberhaltung des Wassers welkes Laub entfernen. Pflanzen haben knollenartige Rhizome und müssen alle 3 oder 4 Jahre im Frühling oder Frühsommer geteilt werden. Frostempfindliche Arten können auch wie Einjährige behandelt werden. Vermehrung auch durch Aussaat oder Jungpflanzen im Frühling oder Frühsommer.
N. alba (Weiße Seerose; Abb. S. 376). Sommergrüne, mehrjährige Wasserpflanze mit Schwimmblättern. Br. bis 3 m. Völlig winterhart. Hat dunkelgrüne Blätter und im Sommer becherförmige, halbgefüllte, rein weiße, 10 cm breite Blüten mit goldenen Herzen.
***N.* 'American Star'** (Abb. S. 376). Sommergrüne, mehrjährige Wasserpflanze mit Schwimmblättern. Br. bis 1,2 m. Winterhart. Blätter sind in der Jugend violettgrün oder bronzefarben, reif leuchtendgrün. Sternförmige, halbgefüllte, 10 cm breite Blüten sind tiefrosa und ragen den ganzen Sommer lang über die Wasseroberfläche.
***N.* 'Attraction'** (Abb. S. 376). Sommergrüne, mehrjährige Wasserpflanze mit Schwimmblättern. Br. bis 2 m. Völlig winterhart. Im Sommer becherförmige, halb gefüllte, granatrote, 15 cm breite Blüten mit weißen Flecken.
***N.* 'Aurora'**. Sommergrüne, mehrjährige Wasserpflanze mit Schwimmblättern. Br. bis 75 cm. Winterhart. Die olivgrünen Blätter sind purpurn gesprenkelt. Treibt im Sommer sternförmige, halbgefüllte, 5 cm breite Blüten mit cremeweißen Knospen, die sich gelb öffnen und dann erst orange, dann blutrot werden. Geeignet für kleine bis mittelgroße Wasserbekken.
***N.* 'Aviator Pring'**. Sommergrüne, mehrjährige Wasserpflanze mit Schwimmblättern. Br. bis 1,5 m. Frostempfindlich. Mittelgrüne Blätter mit gezähnten, welligen Rändern. Rundliche, halbgefüllte, leuchtendgelbe, bis 30 cm breite Blüten ragen während des ganzen Sommers über das Wasser.
***N.* 'Blue Beauty'** (Abb. S. 376). Sommergrüne, mehrjährige Wasserpflanze mit Schwimmblättern, Br. bis 2,5 m. Frostempfindlich. Blätter sind braun gesprenkelt, oberseits dunkelgrün, unterseits violettlich-grün. Duftende, rundliche, halbgefüllte, tiefblaue, bis 30 cm breite Blüten erscheinen im Sommer.
N. capensis. Sommergrüne, mehrjährige Wasserpflanze mit Schwimmblättern. Br. bis 2 m. Frostempfindlich. Die großen, mittelgrünen Blätter sind unterseits oft

purpurn gefleckt. Sternförmige, halbgefüllte, leuchtendblaue, 15–20 cm breite Blüten erscheinen im Sommer.
***N. caroliniana* 'Nivea'** (Abb. S. 376). Sommergrüne, mehrjährige Wasserpflanze mit Schwimmblättern. Br. bis 1,2 m. Völlig winterhart. Hat blaßgrüne Blätter und im Sommer duftende, becherförmige, halbgefüllte, rein weiße, 15–20 cm breite Blüten.
***N.* 'Emily Grant Hutchings'**. Sommergrüne, mehrjährige Wasserpflanze mit Schwimmblättern. Br. bis 1,2 m. Frostempfindlich. Hat kleine, grüne, mit bronze-rot überzogene Blätter. Becherförmige, halbgefüllte, rosarote, 15–20 cm breite Blüten öffnen sich in Sommernächten.
***N.* 'Escarboucle'** (Abb. S. 376). Sommergrüne, mehrjährige Wasserpflanze mit Schwimmblättern. Br. bis 3 m. Völlig winterhart. Blätter sind dunkelgrün. Im Sommer becherförmige, halbgefüllte, tief blutrote, 10–15 cm große Blüten mit goldenen Herzen.
***N.* 'Fire Crest'** (Abb. S. 376). Sommergrüne, mehrjährige Wasserpflanze mit Schwimmblättern. Br. bis 1,2 m. Völlig winterhart. Die dunklen Blätter sind purpurn überlaufen. Im Sommer sternförmige, halbgefüllte, tiefrosa, 15–20 cm große Blüten mit rotgespitzten Staubblättern.
***N.* 'Gladstoniana'** (Abb. S. 376). Sommergrüne, mehrjährige Wasserpflanze mit Schwimmblättern. Br. bis 3 m. Winterhart. Blätter sind mittelgrün. Sternförmige, halbgefüllte, weiße, 15–30 cm breite Blüten erscheinen im Sommer.
***N.* 'Gonnère'**. Sommergrüne, mehrjährige Wasserpflanze mit Schwimmblättern. Br. bis 1,5 m. Völlig winterhart. Hat leuchtend erbsengrüne Blätter und im Sommer rundliche, gefüllte, weiße, 15–20 cm große Blüten.
***N.* 'Green Smoke'**. Sommergrüne, mehrjährige Wasserpflanze mit Schwimmblättern. Br. bis 2 m. Frostempfindlich. Die bronzegrünen Blätter sind bronzefarben gesprenkelt. Die sternförmigen, einfachen, 10–20 cm großen Blüten sind chartreuse bis blau gefärbt.
***N.* 'James Brydon'** (Abb. S. 376). Sommergrüne, ausdauernde Wasserpflanze mit Schwimmblättern. Br. bis 2,5 m. Winterhart, Duftende, pfingstrosenartige, gefüllte, orange überlaufene, blutrote, 15–20 cm große Blüten erscheinen im Sommer über dunkelgrünen Blättern.
***N. × laydekeri* 'Fulgens'** (Abb. S. 376). Sommergrüne, mehrjährige Wasserpflanze mit Schwimmblättern. Br. bis 1 m. Völlig winterhart. Die dunkelgrünen Blätter sind unterseits violett-grün. Sternförmige, halbgefüllte, leuchtend blutrote, 5–10 cm große Blüten erscheinen im Sommer.
***N.* 'Mme. Auguste Tézier'**. Sommergrüne, mehrjährige Wasserpflanze mit Schwimmblättern. Br. bis 1,5 m. Frostempfindlich. Die violett-grünen Blätter sind braun gefleckt und gesprenkelt. Im Sommer sternförmige, halbgefüllte, lavendelblaue, 10–15- cm große Blüten mit braunem Herzen, die sich in der Nacht öffnen.
***N.* 'Mme. Wilfron Gonnère'**. Sommergrüne, mehrjährige Wasserpflanze mit Schwimmblättern. Br. bis 1,5 m. Winterhart. Hat mittelgrüne Blätter und im Sommer becherförmige, fast ganz gefüllte, weiße, 15 cm große Blüten mit tief rosaroten Flecken.
***N.* 'Margaret Mary'**. Sommergrüne, mehrjährige Wasserpflanze mit Schwimmblättern. Br. bis 45 cm. Bedingt winterhart. Blätter sind oberseits dunkelgrün, unterseits hellbraun. Sternförmige, einfache, blaue, 5–8 cm große Blüten erscheinen bei frostfreien Bedingungen das ganze Jahr über.
***N. marliacea* 'Albida'** (Abb. S. 376). Sommergrüne, mehrjährige Wasserpflanze mit Schwimmblättern. Br. bis 2 m. Völlig winterhart. Tiefgrüne Blätter haben rote oder violett-grüne Unterseiten. Im Sommer duftende, becherförmige, halbgefüllte, rein weiße, 15–20 cm große Blüten. **'Carnea'** (Abb. S. 376) hat dunkelgrüne Blätter und sternförmige, halbgefüllte, zartrosa, 15–25 cm große Blüten mit goldenem Herzen. **'Chromatella'** (Abb. S. 376) hat olivgrüne, stark kastanienbraun und bronzefarben gesprenkelte Blätter und becherförmige, halbgefüllte, kanariengelbe, 15–20 cm große Blüten.
***N.* 'Midnight'**. Sommergrüne, mehrjährige Wasserpflanze mit Schwimmblättern. Br. bis 1,2 m. Frostempfindlich. Hat kleine, dunkelgrüne, oberseits braun gesprenkelte, unterseits purpurrote Blätter. Im Sommer sternförmige, halbgefüllte, satt purpurrote, 10–15 cm breite Blüten.
***N.* 'Mrs. George H. Pring'**. Sommergrüne, mehrjährige Wasserpflanze mit Schwimmblättern. Br. bis 1,5 m. Frostempfindlich. Hat große Blätter, oberseits mittelgrün mit rötlich-braunen Flecken, unterseits rötlich-grün. Den ganzen Sommer über duftende, sternförmige, halbgefüllte, cremeweiße, 10–15 cm breite Blüten.
***N. odorata* 'Sulphurea Grandiflora'**. Sommergrüne, mehrjährige Wasserpflanze mit Schwimmblättern. Br. bis 1 m. Völlig winterhart. Die dunkelgrünen Blätter sind dicht kastanienbraun gefleckt. Während des ganzen Sommers duftende, sternförmige, halbgefüllte, gelbe, 10–15 cm große Blüten.
***N. pygmaea* 'Alba'** (Abb. S. 376). Sommergrüne, mehrjährige Wasserpflanze mit Schwimmblättern. Br. bis 30 cm. Völlig winterhart. Hat kleine, dunkelgrüne Blätter mit rötlich-grüner Unterseite und im Sommer sternförmige, einfache, weiße, 2–3 cm große Blüten. **'Helvola'** (Abb. S. 376), Br. bis 45 cm, ist winterhart und hat kleine, olivgrüne Blätter mit vielen purpurroten und braunen Sprenkeln. Im Sommer sternförmige, halbgefüllte, gelbe, 2–4 cm breite Blüten.
***N.* 'Rose Arey'** (Abb. S. 376). Sommergrüne, mehrjährige Wasserpflanze mit Schwimmblättern. Br. bis 1,5 m. Winterhart. Blätter sind rötlich-grün. Im Sommer sternförmige, halbgefüllte, tief rosarote, 10–15 cm breite Blüten, die mit dem Alter ausbleichen und einen starken Anisduft verströmen.
***N.* 'St. Louis'**. Sommergrüne, mehrjährige Wasserpflanze mit Schwimmblättern. Br. bis 2 m. Frostempfindlich. Leuchtendgrüne Blätter sind in der Jugend braun gefleckt. Im Sommer sternförmige, halbgefüllte, leuchtendgelbe Blüten, 15–25 cm breit.
***N.* 'Sunrise'** (Abb. S. 376). Sommergrüne, mehrjährige Wasserpflanze mit Schwimmblättern. Br. bis 2 m. Winterhart. Die mittelgrünen Blätter haben wollige Stiele und Unterseiten. Im Sommer sternförmige, halbgefüllte, gelbe, 10–15 cm breite Blüten.
***N.* 'Virginalis'** (Abb. S. 376). Sommergrüne, mehrjährige Wasserpflanze mit Schwimmblättern. Br. bis 1,5 m. Völlig winterhart. Hat rötlich-grüne Blätter und im Sommer sternförmige, halbgefüllte, weiße, 10–15 cm breite Blüten.
***N.* 'Wood's White Knight'**. Sommergrüne, mehrjährige Wasserpflanze mit Schwimmblättern. Br. bis 2 m. Frostempfindlich. Blätter sind mittelgrün, unterseits dunkler grün gesprenkelt. In Sommernächten öffnen sich sternförmige, halbgefüllte, cremeweiße, 10–20 cm breite Blüten mit herausragenden, goldenen Staubblättern.

NYMPHOIDES (Menyanthaceae)
Seekanne
Gattung sommergrüner, mehrjähriger Tiefwasserpflanzen mit Schwimmblättern, beliebt wegen ihrer Blüten. Winterhart bis frostempfindlich, mind. 5 °C. Braucht einen offenen, sonnigen Standort. Vermehrung durch Teilung im Frühling oder Sommer.
N. peltata (Heimische Seekanne) Abb. S. 377.

NYSSA (Nyssaceae)
Tupelobaum
Gattung sommergrüner Bäume mit unauffälligen Blüten, beliebt wegen ihres Laubes und der leuchtenden Herbstfarbe. Völlig winterhart. Braucht Sonne oder Halbschatten; gedeiht am besten in heißen Sommern. Benötigt feuchten, neutralen bis sauren Boden. Läßt sich nicht gern versetzen. Vermehrung durch krautige Stecklinge im Sommer oder durch Aussaat im Herbst.
N. sinensis Abb. S. 55.
N. sylvatica Abb. S. 45.

O

OCHNA (Ochnaceae)
Gattung meist immergrüner Bäume und Sträucher, beliebt vor allem wegen ihrer Blüten und Früchte. Frostempfindlich, mind. 10°C. Bevorzugt volles Licht und durchlässigen Boden. Kübelpflanzen mäßig, außerhalb der Vegetationszeit weniger gießen. Wenn nötig, im Vorfrühling stutzen. Vermehrung durch Aussaat im Frühling oder durch halbausgereifte Stecklinge im Sommer.
O. serrulata. Immergrüner, unregelmäßig gerundeter, astreicher Strauch, in kühlem Klima halbimmergrün. H. bis 2 m, Br. 1–2 m oder mehr. Blätter sind schmal elliptisch, gezähnt und glänzend. Im Frühling-Sommer leuchtendgelbe, 5zählige Blüten, dann federballförmige, rote Früchte mit 1–5 beerenartigen Samen in einem Büschel an der Spitze.

× ODONTIODA. Siehe ORCHIDEEN.
× *O.* (*O.* Chantos × *O.* Marzorka) × *Odontoglossum* Buttercrisp (Abb. S. 255). Immergrüne, epiphytische Orchidee für ein kühles Gewächshaus. H. 23 cm. Gebogene Ähren von kompliziert gemusterten, roten, hellbraunen, orange und gelben, 8 cm breiten Blüten; Blütezeit variiert. Hat schmal ovale, 10–15 cm lange Blätter. Braucht im Sommer Schatten.
× *O.* Mount Bingham (Abb. S. 253). Immergrüne, epiphytische Orchidee für ein kühles Gewächshaus. H. 23 cm. Rosa geränderte, rote, 9 cm breite Blüten erscheinen in Ähren; Blütezeit variiert. Hat schmale, ovale, 10–15 cm lange Blätter. Braucht im Sommer Schatten.
× *O.* Pacific Gold × *Odontoglossum cordatum* (Abb. S. 253). Immergrüne, epiphytische Orchidee für ein kühles Gewächshaus. H. 23 cm. Lange Ähren von gelbgestreiften und -gefleckten, dunkelschokoladebraunen, 7 cm breiten Blüten; Blütezeit variiert. Blätter schmal oval und 10–15 cm lang. Braucht im Sommer Schatten.
× *O.* Petit Port (Abb. S. 253). Immergrüne, epiphytische Orchidee für ein kühles Gewächshaus. H. 23 cm. Ähren von sattroten, 8 cm breiten Blüten mit rosagelb gezeichneter Lippe, Blütezeit variiert. Schmal ovale Blätter sind10–15 cm lang. Braucht im Sommer Schatten.

× ODONTOCIDIUM. Siehe ORCHIDEEN.
× *O.* Artur Elle 'Colombian' (Abb. S. 253). Immergrüne, epiphytische Orchidee für ein kühles Gewächshaus. H. 23 cm. Große Ähren von blaßgelben, 6 cm breiten, kompliziert braun gemusterten Blüten; Blütezeit variert. Hat schmal ovale Blätter, 10–15 cm lang. Benötigt im Sommer Schatten.
× *O.* Tiger Butter × *Wilsonara* Wigg's 'Kay' (Abb. S. 253). Immergrüne, epiphytische Orchidee für ein kühles Gewächshaus. H. 23 cm. Große Ähren von gesprenkelten, tief rötlich-braunen, 5 cm breiten Blüten mit satt goldgelber Lippe; Blütezeit variiert. Schmal ovale Blätter sind 10–15 cm lang. Braucht im Sommer Schatten.
× *O.* Tiger Hambuhren (Abb. S. 255). Immergrüne, epiphytische Orchidee für ein kühles Gewächshaus. H. 23 cm. Tiefgelbe Blüten, 8 cm breit und dicht kastanienbraun gesprenkelt, erscheinen in großen Ähren; Blütezeit variiert. Hat schmal ovale, 10–15 cm lange Blätter. Braucht im Sommer Schatten.
× *O.* Tigersun 'Orbec' (Abb. S. 254). Immergrüne, epiphytische Orchidee für ein kühles Gewächshaus. Sehr ähnlich wie × *O.* Tiger Hambuhren, aber Blüten sind etwas kleiner und haben blassere Zeichnung.'

ODONTOGLOSSUM. Siehe ORCHIDEEN.
O. bictoniense (Abb. S. 252). Immergrüne, epiphytische Orchidee für ein kühles Gewächshaus. H. 23 cm. Olivgrüne, 4 cm breite, dunkelbraun gestreifte Blüten mit manchmal rosa getönter, weißer Lippe erscheinen im Spätsommer in Trauben. Blätter sind schmal oval und 10–15 cm lang. Braucht im Sommer Schatten.
O. cervantesii (Abb. S. 252). Immergrüne, epiphytische Orchidee für ein kühles Gewächshaus. H. 8 cm. Im Winter Trauben von papierartigen, weißen, 2,5 cm breiten Blüten mit spinnwebartiger, hellbrauner Zeichnung. Hat schmal ovale, 10–15 cm lange Blätter. Braucht im Sommer Schatten.
O. cordatum (Abb. S. 253). Immergrüne, epiphytische Orchidee für ein kühles Gewächshaus. H. 12 cm. Trauben von hübschen, braungezeichneten, maisgelben, 2,5 cm breiten Blüten öffnen sich im Frühling. Blätter sind schmal oval und 10–15 cm lang. Im Sommer muß man für Schatten sorgen und die Pflanze im Winter sehr trocken halten.
O. crispum (Abb. S. 252). Immergrüne, epiphytische Orchidee für ein kühles Gewächshaus. H. 15 cm. Lange Trauben von rundlichen, 8 cm breiten, rein weißen oder rosa gefleckten oder getönten Blüten mit einer rot-gelb gezeichneten Lippe; Blütezeit variiert. Hat schmale, ovale, 10–15 cm lange Blätter. Braucht im Sommer Schatten.
***O.* Eric Young** (Abb. S. 254). Immergrüne, epiphytische Orchidee für ein kühles Gewächshaus. H. 15 cm. Weißlippige, blaßgelbe, 8 cm breite, blaßgelb gefleckte Blüten erscheinen in Ähren; Blütezeit variiert. Hat schmal ovale, 10–15 cm lange Blätter. Braucht im Sommer Schatten.
O. grande, syn. *Rossioglossum grande* (Abb. S. 253). Immergrüne, epiphytische Orchidee für ein kühles Gewächshaus. H. 15 cm. Ähren sattgelber, bis 15 cm breiter, stark kastanienbraun gezeichneter Blüten erscheinen im Herbst. Hat breit ovale, steife, 15 cm lange Blätter. Im Sommer für Schatten sorgen und im Winter sehr trocken halten.
***O.* Le Nez Point** (Abb. S. 253). Immergrüne, epiphytische Orchidee für ein kühles Gewächshaus. H. 15 cm. Trägt Ähren blutroter, 15 cm breiter Blüten; Blütezeit variiert. Hat schmal ovale, 10–15 cm lange Blätter. Braucht im Sommer Schatten.
O. rossii (Abb. S. 252). Immergrüne, epiphytische Orchidee für ein kühles Gewächshaus. H. 8 cm. Im Herbst-Winter erscheinen weiße bis champignonrosa, 2,5 cm breite, beige-braun gesprenkelte Blüten in Ähren. Schmal ovale Blätter sind 10–15 cm lang. Braucht im Sommer Schatten.
***O.* Royal Occasion** (Abb. S. 252). Immergrüne, epiphytische Orchidee für ein kühles Gewächshaus. H. 15 cm. Im Herbst-Winter Ähren weißer, 8 cm breiter Blüten mit gelb gefleckter Lippe. Blätter sind schmal oval und 10–15 cm lang. Braucht im Sommer Schatten.

× ODONTONIA. Siehe ORCHIDEEN.
× *O.* Olga. Immergrüne, epiphytische Orchidee für ein kühles Gewächshaus. H. 15 cm. Ähren rein weißer, 10 cm breiter Blüten mit großer, rötlich-braun gefleckter Lippe erscheinen meist im Herbst. Hat schmal ovale, 12 cm lange Blätter. Braucht im Sommer Schatten.

OEMLERIA, syn. OSMARONIA (Rosaceae)
Monotypische Gattung eines im Vorfrühling blühenden Strauches, beliebt wegen seiner duftenden Blüten und dekorativen Früchte. Männliche und weibliche Pflanzen sind notwendig, um Früchte zu erhalten. Völlig winterhart. Bevorzugt Sonne oder Halbschatten und feuchten Boden. Zur Wachstumsbegrenzung unterirdische Ausläufer entfernen und alte Triebe im Spätwinter bis zum Boden stutzen. Vermehrung durch Ausläufer im Herbst.
O. cerasiformis (Oregonpflaume). Sommergrüner, aufrechter, später überhängender Strauch, der verfilzte Dickichte bildet. H. 2,5 m, Br. 4 m. Blätter sind schmal oval und dunkel blaugrün. Im Vorfrühling nickende Trauben kleiner, duftender, glockiger, weißer Blüten, dann kleine, pflaumenförmige, purpurrote Früchte.

OENOTHERA (Onagraceae)
Nachtkerze
Gattung ein-, zwei- und mehrjähriger Pflanzen, beliebt wegen ihrer üppigen, aber kurzlebigen Blüten im Sommer. Völlig winterhart bis winterhart. Braucht volle Sonne und durchlässigen, sandigen Boden. Vermehrung durch Aussaat oder Teilung im Herbst oder Frühling oder durch krautige Stecklinge im späten Frühling.
O. acaulis. Büschelbildende Staude. H. 15 cm, Br. 20 cm. Völlig winterhart. Hat längliche bis ovale, tief gezähnte oder gelappte Blätter. Becherförmige, weiße Blüten, die sich rosa färben, öffnen sich im Sommer in den Abendstunden. Geeignet für Steingärten.
O. caespitosa. Stockbildende, stengellose Staude. H. 12 cm, Br. 20 cm. Völlig winterhart. Hat schmal ovale, ganzrandige oder gezähnte, mittelgrüne Blätter. Blüten öffnen sich im Sommer bei Sonnenuntergang; sind duftend, becherförmig und weiß, werden mit dem Alter rosa. Geeignet für Steingärten.
O. missouriensis Abb. S. 325.
O. perennis, syn. *O. pumila*. Stockbildende Staude. H. 15–60 cm, Br. 30 cm. Völlig winterhart. Im Sommer öffnen sich lockere Ähren nickender Knospen zu duftenden, trichterförmigen, gelben Blüten über vielen basalen, schmal löffelförmigen, mittelgrünen Blättern.
O. pumila. Siehe *O. perennis*.
O. speciosa (Weiße Nachtkerze). Oft kurzlebig, stockbildende Staude mit kriechendem Rhizom. H. 45 cm, Br. 30 cm oder mehr. Winterhart. Im Sommer Ähren duftender, tellerförmiger, reinweißer Blüten mit grüner Mitte, die sich später rosa färben und sich flach öffnen. Blätter schmal löffelförmig, tief eingeschnitten und mittelgrün.
O. tetragona. Horstbildende Staude. H. 45–60 cm, Br. 45 cm. Völlig winterhart. Dichte Ähren duftender, becherförmiger, leuchtendgelber Blüten erscheinen von Hoch- bis Spätsommer. Rötlich-grüne Stiele tragen schmale ovale bis lanzettförmige, glänzende, mittelgrüne Blätter. **'Fireworks'** Abb. S. 246.

OLEA (Oleaceae)
Gattung immergrüner Bäume, beliebt wegen ihres Laubes und der eßbaren Früchte. Bedingt bis winterhart; braucht in kaltem Klima einen geschützten Standort an einer süd- oder westseitigen Mauer. Braucht Sonne und tiefgründigen, fruchtbaren, sehr durchlässigen Boden. Vermehrung durch halbausgereifte Stecklinge im Sommer oder durch Aussaat im Herbst.
O. europaea (Ölbaum). Langsamwachsender, immergrüner, ausladender Baum. H. und Br. 10 m. Winterhart. Ist sehr langlebig. Die schmal länglichen Blätter sind oberseits graugrün, unterseits silbrig. Winzige, duftende, weiße Blüten in kurzen Trauben im Spätsommer, dann eßbare, ovale, grüne, später purpurne Früchte.

OLEARIA (Compositae)
Baumaster
Gattung immergrüner Sträucher und Bäume, beliebt wegen ihres Laubes und der gänseblümchenartigen Blütenköpfe. Ist in mildem Küstenklima ein guter, sehr widerstandsfähiger Windschutz. Winterhart bis bedingt winterhart. Braucht volle Sonne und durchlässigen Boden. Abgestorbene Triebe im Frühling ausschneiden. Vermehrung durch halbausgereifte Stecklinge im Sommer.
O. albida hort. Siehe *O.* 'Talbot de Malahide'.
O. aviceniifolia. Immergrüner, rundlicher, dichter Strauch. H. 3 m, Br. 5 m. Winterhart. Ovale bis lanzettliche, dunkel graugrüne Blätter sind unterseits weiß. Im Spätsommer und Frühherbst breite Köpfe mit duftenden, weißen Blüten.
O. × haastii (Duftstrauch, Moschusbaum) Abb. S. 107.
O. ilicifolia. Immergrüner, buschiger, dichter Strauch. H. und Br. 3 m. Winterhart. Schmal längliche, steife Blätter sind scharf gezähnt, graugrün und riechen nach Moschus. Duftende, weiße Blütenköpfe erscheinen im Frühsommer in Trauben.
O. lacunosa. Immergrüner, aufrechter, dichter Strauch. H. und Br. 3 m. Winterhart. Schmal längliche, spitze, steife Blätter sind in der Jugend rostbraun behaart, reif glänzend, dunkelgrün mit weißer Mittelader. Blüht nur selten.
O. macrodonta. Kräftiger, immergrüner, aufrechter Strauch, der oft sogar baumartig wächst. H. 6 m, Br. 5 m. Winterhart. Hat stechdornartige, scharfgezähnte, graugrüne Blätter mit silbrigweißer Unterseite. Große, hübsche Köpfe aus duftenden, weißen Blüten erscheinen im Frühsommer.
O. mollis hort. Immergrüner, rundlicher, dichter Strauch. H. 1 m, Br. 1,5 m. Winterhart. Hat ovale, silbergraue Blätter mit welligen Rändern. Große Köpfe aus klei-

nen, weißen Blüten erscheinen überreichlich im späten Frühling.
O. nummulariifolia Abb. S. 104.
O. phlogopappa. Immergrüner, aufrechter, kompakter Strauch. H. und Br. 2 m. Bedingt winterhart. Blätter sind graugrün und länglich mit gewellten Rändern. Im Spätfrühling erscheinen weiße Blütenköpfe. Var. ***subrepanda*** Abb. S. 126.
O. × scilloniensis. Immergrüner, aufrechter, später rundlicher, dichter Strauch. H. und Br. 2 m. Winterhart. Schmal lanzettliche, dunkel graugrüne Blätter mit gewellten Rändern kontrastieren im späten Frühling mit Massen weißer Blütenköpfe.
O. semidentata. Immergrüner, rundlicher, kompakter Strauch. H. und Br. 3 m. Bei uns nur bedingt winterhart. Hat weiße Triebe und schmallanzettliche, ledrige, graugrüne Blätter. Große, attraktive, fliederfarbene Blütenköpfe mit purpurner Mitte erscheinen vom Früh- bis Hochsommer.
O. 'Talbot de Malahide', syn. *O. albida* hort. Immergrüner, buschiger, dichter Strauch. H. 3 m, Br. 5 m. Winterhart. Die ovalen Blätter sind oberseits dunkelgrün, unterseits silbrig. Duftende, weiße, breite Blütenköpfe erscheinen im Spätsommer. Hervorragend geeignet für exponierte Küstenlage.
O. virgata Abb. S. 86.
O. 'Zennorensis'. Immergrüner, rundlicher, dichter Strauch. H. und Br. 2 m. Winterhart. Hat schmal längliche, scharf gezähnte, graugrüne Blätter. Große, weiße Blütenköpfe erscheinen zahlreich im Spätfrühling.

OLIVERANTHUS. Siehe ECHEVERIA.

OMPHALODES (Boraginaceae)
Gedenkemein
Gattung ein- und mehrjähriger Pflanzen, manche davon immergrün oder halbimmergrün. Guter Bodendecker, vor allem in Steingärten. Völlig bis bedingt winterhart. Braucht Schatten oder Halbschatten und feuchten, aber durchlässigen Boden, mit Ausnahme von *O. linifolia* und *O. luciliae*, die Sonne bevorzugen. Vermehrung durch Aussaat oder Teilung im Frühling.
O. cappadocica Abb. S. 289.
O. linifolia Abb. S. 262.
O. luciliae. Halbimmergrüne, horstbildende Staude, H. 7 cm, Br. 15 cm. Bedingt winterhart. Hat ovale, blaugraue Blätter. Im Frühling-Sommer entwickeln sich rosa Knospen in lockeren Knäueln zu abgeflachten, himmelblauen Blüten. Verträgt Winternässe schlecht, deshalb an geschütztem Standort oder im Alpinum ziehen. Bevorzugt Sonne und sehr steinigen Boden.
O. verna Abb. S. 289.

OMPHALOGRAMMA (Primulaceae)
Gattung von Stauden, eng verwandt mit *Primula*, beliebt wegen ihrer Blüten. Gute Steingartenpflanze, aber schwierig zu ziehen, vor allem in heißem, trockenem Klima. Winterhart. Braucht Schatten und steinigen, feuchten, aber durchlässigen Torfboden. Vermehrung durch Aussaat im Frühling.
O. vinciflorum. Staude mit grundständiger Rosette. H. 15 cm, Br. 10 cm. Hat ovale, behaarte, mittelgrüne Blätter. Im Frühling nickende, trichterförmige, violette Blüten mit dunkler violettem Schlund und flacher, ausgebreiteter Krone.

ONCIDIUM. Siehe ORCHIDEEN.
O. flexuosum (Abb. S. 255). Immergrüne, epiphytische Orchidee für ein kühles oder temperiertes Gewächshaus. H. 23 cm. Treibt im Herbst viele kleine, großlippige, leuchtendgelbe, 0,5 cm breite Blüten in endständigen Blütenzweigen. Hat schmal ovale, 10 cm lange Blätter. Wächst am besten auf einem Rindenstück. Braucht im Sommer Halbschatten.
O. ornithorhynchum (Abb. S. 252). Immergrüne, epiphytische Orchidee für ein kühles Gewächshaus. H. 15 cm. Dichte, überhängende Trauben aus stark duftenden, rosa-lila, 0,5 cm breiten Blüten mit gelbem Punkt erscheinen reichlich im Herbst. Hat schmal ovale Blätter, 10 cm lang. Benötigt im Sommer Halbschatten.
O. papilio, (Abb. S. 255). Immergrüne, epiphytische Orchidee für ein warmes Gewächshaus, H. 15 cm. Im Sommer erscheinen sattgelb gezeichnete, orangebraune, 8 cm lange Blüten einzeln hintereinander an den Stielenden. Hat ovale, halbsteife, gesprenkelte, 10–15 cm lange Blätter. Braucht im Sommer viel Licht.
O. tigrinum (Abb. S. 254). Immergrüne, epiphytische Orchidee für ein kühles oder temperiertes Gewächshaus. H. 23 cm. Duftende, gelb gezeichnete, braune, 5 cm breite Blüten mit großer, gelber Lippe in verzweigten Ähren öffnen sich im Herbst. Blätter sind oval, 15 cm lang. Braucht im Sommer Halbschatten.

ONIXOTIS. Siehe DIPIDAX.

ONOCLEA (Polypodiaceae)
Perlfarn
Gattung mit nur einer Art sommergrünem Farn, der feuchte Gebiete schnell besiedelt. Völlig winterhart. Gedeiht in Sonne oder Schatten und in nassem Boden. Welke Wedel entfernen. Vermehrung durch Teilung im Herbst oder Winter.
O. sensibilis Abb. S. 186.

ONONIS (Leguminosae)
Hauhechel
Gattung sommerblühender, einjähriger Pflanzen, Stauden und sommer- oder halbimmergrüner Sträucher und Halbsträucher, beliebt wegen ihrer Schmetterlingsblüten. Geeignet für Steingärten, Mauern und Böschungen. Völlig winterhart. Braucht einen sonnigen Standort in durchlässigem Boden. Vermehrung durch Aussaat im Herbst oder Frühling, Sträucher auch durch krautige Stecklinge im Sommer.
O. fruticosa Abb. S. 293.
O. natrix Abb. S. 299.
O. rotundifolia. Sommergrüner oder halbimmergrüner, drüsig behaarter, aufrechter Halbstrauch. H. 20–60 cm, Br. 20–30 cm oder mehr. Hat kleine, rundliche, 3geteilte, gezähnte, behaarte, grüne Blätter. Im Sommer erscheinen ziemlich große, rot gestreifte, rosarote Blüten in kleinen Trauben.

ONOPORDON. Siehe ONOPORDUM.

ONOPORDUM, syn. ONOPORDON (Compositae)
Gattung ein-, zwei- und mehrjähriger Pflanzen, reicht von kleinen, stengellosen bis zu hohen, verzweigten Pflanzen. Völlig winterhart. Braucht Sonne oder Halbschatten und nahrhaften, durchlässigen Boden. Welke Blütenköpfe entfernen, um Selbstaussaat zu verhindern. Vermehrung durch Aussaat im Freien im Herbst oder Frühling. Blätter sind anfällig für Schneckenfraß.
O. acanthium Abb. S. 266.

ONOSMA (Boraginaceae)
Gattung sommerblühender, einjähriger und halbimmergrüner, zweijähriger Pflanzen, Stauden und Halbsträucher, beliebt wegen ihrer langen, hängenden, röhrigen Blüten. Geeignet für Steingärten und Böschungen. Völlig winterhart bis winterhart. Braucht volle Sonne und durchlässigen Boden. Mag Winternässe nicht. Vermehrung durch krautige Stecklinge im Sommer oder durch Aussaat im Herbst.
O. albo-roseum (Lotwurz, Goldtropfen). Abb. S. 292.
O. stellulatum. Halbimmergrüner, aufrechter Halbstrauch. H. und Br. 15 cm. Völlig winterhart. Blätter sind länglich und mit hautreizenden Härchen besetzt. Trauben gelber Blüten öffnen sich im späten Frühling und Sommer.

OOPHYTUM (Aizoaceae)
Gattung stockbildender, eiförmiger, mehrjähriger Sukkulenten mit 2 verwachsenen, sehr fleischigen Blättern. Diese sind von trocken-papierartigen Blattscheiden umschlossen, die sich nur im Frühling öffnen, um ein neues Blätterpaar zu entlassen. Die Blüten entspringen aus einer kleinen, zentralen Spalte an der Oberfläche. Schwierig zu ziehen. Frostempfindlich, mind. 5 °C. Braucht Sonne und durchlässigen Boden. Vermehrung durch Aussaat oder Stecklinge im Frühling oder Sommer.
O. nanum Abb. S. 390.

OPHIOPOGON (Liliaceae)
Gattung immergrüner Stauden, beliebt vor allem wegen ihrer grasartigen Blätter. Ganz oder bedingt winterhart. Braucht Sonne oder Halbschatten und fruchtbaren, durchlässigen Boden. Vermehrung durch Teilung im Frühling oder durch Aussaat im Herbst.
O. jaburan. Immergrüne, stockbildende Staude, H. 15 cm, Br. 30 cm. Winterhart. Hat dunkelgrüne Blätter. Trauben glockiger, weißer Blüten im Fruhsommer, später tief blaue Beeren. **'Variegatus'** ist bedingt winterhart, hat weiß oder gelb gestreifte Blätter und ist viel weniger robust.
O. japonicus (Schlangenbart) Abb. S. 260.
O. planiscapus 'Nigrescens' Abb. S. 259.

OPHRYS. Siehe ORCHIDEEN.
Ragwurz
O. aranifera. Siehe *O. sphecodes*.
O. fuciflora. Siehe *O. holoserica*.
O. fusca (Abb. S. 254). Sommergrüne, terrestrische Orchidee. H. 10–40 cm. Winterhart. Ähren grüner, gelber oder brauner, 0,5 cm langer Blüten mit gelb geränderter, bläulicher, brauner oder purpurroter Lippe erscheinen im Frühling. Hat ovale oder lanzettliche, 8–12 cm lange Blätter. Wächst im Freien im Schatten. Topfpflanzen brauchen im Sommer Halbschatten.
O. holoserica, syn. *O. fuciflora*. Sommergrüne, terrestrische Orchidee. H. 15–55 cm. Winterhart. Ähren von 1 cm langen Blüten in verschiedensten Farben von Weiß über Rosa bis Blau und Grün erscheinen im Frühling-Sommer. Blätter sind oval bis länglich, 5–10 cm lang. Kultivieren wie O. fusca.
O. lutea var. **lutea** (Abb. S. 254). Sommergrüne, terrestrische Orchidee. H. 8–30 cm. Winterhart. Im Frühling kurze Ähren aus 1 cm langen Blüten mit grünlichen Kelchblättern, gelben Kronblättern und leuchtendgelber Lippe mit braunem Zentrum. Hat ovale, grundständige Blätter, 5–10 cm lang. Kultur wie O. fusca.
O. speculum. Siehe *O. vernixia*.
O. sphecodes, syn. *O. aranifera* (Spinnenragwurz). Sommergrüne, terrestrische Orchidee. H. 10–45 cm. Winterhart. Im Frühling bis zum Sommer Ähren von 1 cm langen Blüten in Grün bis Gelb mit spinnenartiger, schwarzbrauner Zeichnung auf der Lippe. Blätter sind oval bis lanzettlich und bis fast 50 cm lang. Kultur wie *O. fusca*.
O. tenthredinifera (Abb. S. 253). Sommergrüne, terrestrische Orchidee. H. 15–55 cm. Winterhart. Im Frühling-Sommer Ähren 1 cm langer Blüten in verschiedenen Farben von Weiß über Rosa bis Blau und Grün mit violetter oder bläulicher, blaßgrün geränderter Lippe. Hat eine grundständige Rosette aus ovalen bis länglichen, 5–9 cm langen Blättern. Kultur wie *O. fusca*.
O. vernixia, syn. *O. speculum*. Sommergrüne, terrestrische Orchidee. H. 8–30 cm. Winterhart. Im Frühling dichte Ähren 1 cm langer Blüten mit grünlichen oder gelben Kelchblättern, purpurroten Kronblättern und brauner 3lappiger Lippe. Hat längliche bis lanzettliche, 4–7 cm lange Blätter. Die Kultur ist dieselbe wie bei *O. fusca*.

OPHTHALMOPHYLLUM (Aizoaceae)
Gattung stockbildender, mehrjähriger, mit *Lithops* verwandter Sukkulenten. Jede Pflanze hat 2 zylindrische, sehr fleischige, großteils aufrechte und verwachsene Blätter mit einer Spalte an der Spitze. Jedes Blatt hat eine abgerundete Endfläche mit einem durchsichtigen Fenster. Frostempfindlich, mind. 5 °C. Braucht Sonne und durchlässigen Boden. Im Spätsommer und Frühherbst gießen; danach fast trocken halten. Vermehrung durch Aussaat oder Stecklinge im Frühling oder Sommer.
O. herrei. Siehe *O. longum*.
O. longum, syn. *O. herrei*. Stockbildende, mehrjährige Sukkulente. H. 3 cm, Br. 1,5 cm. Hat 2 verwachsene, zylindrische, sehr fleischige, aufrechte, graugrüne bis braune Blätter. Treibt im Spätsommer weiße bis blaßrosa, 2 cm breite, gänseblümchenähnliche Blüten.
O. maughanii. Stockbildende, mehrjährige Sukkulente. H. 4 cm, Br. 10 cm. Hat 2 fast verwachsene, zylindrische, sehr fleischige, aufrechte, gelblich-grüne Blätter mit einem 0,5–1 cm tiefen Spalt an der Endfläche. Treibt im Spätsommer weiße, 1,5 cm breite Korbblüten.
O. villetii Abb. S. 392.

OPLISMENUS (Gramineae). Siehe GRÄSER, BAMBUS, BINSEN und RIEDGRÄSER.
O. hirtellus (Korbgras). **'Variegatus'** Abb. S. 257.

OPLOPANAX (Araliaceae)
Gattung sommergrüner, sommerblühender Sträucher, beliebt wegen Habitus, Früchte und stacheligen Blättern. Völlig winterhart, junge Triebe sind frostempfindlich. Gedeiht optimal an einem kühlen, teils schattigen Standort und in feuchter Erde. Vermehrung durch Aussaat im Herbst oder durch Wurzelschnittlinge im Spätwinter.
O. horridus. Sommergrüner, offener, kaum verzweigter Strauch. H. und Br. 2 m. Stachelige Zweige tragen große, ovale, 7- bis 9lappige, gezähnte, mittelgrüne Blätter. Auf dichte Dolden aus kleinen, sternförmigen, grünlich-weißen Blüten im Hoch- bis Spätsommer folgen kugelige, rote Früchte.

OPUNTIA (Cactaceae)
Opuntie, Feigenkaktus
Gattung mehrjähriger Kakteen, von kleinen, alpinen Bodendeckern bis zu großen immergrünen, tropischen Bäumen mit zum Teil unauffälligen Glochiden – kurze, weiche Dornen mit Widerhaken, die sich auf den Areolen bilden. Ausgewachsene Pflanzen tragen eine große Menge kurzgestachelter, birnenförmiger, grün, gelb, rot oder purpurn gefärbter Früchte (Feigen), die bei manchen Arten eßbar sind. Völlig winterhart bis frostempfindlich, mind. 5–10°C. Braucht Sonne und durchlässigen Boden. Vermehrung durch Aussaat oder Stecklinge im Frühling oder Sommer.
O. brasiliensis. Baumartiger, mehrjähriger Kaktus. H. 5,5 m, Br. 3 m. Frostempfindlich, mind. 10°C. Hat einen zylindrischen, grünen Stamm mit leuchtendgrünen Ästen aus abgeflachten, ovalen, stacheligen Gliedern. Wirft 2–3 Jahre alte Seitenäste ab. Große Mengen flach becherförmiger, gelber, 4 cm breiter Blüten erscheinen im Frühling-Sommer nur an über 60 cm hohen Pflanzen. Kleine, gelbe Früchte.
O. cylindrica. Buschiger, mehrjähriger Kaktus. H. 4–6 m, Br. 1 m. Frostempfindlich, mind. 10°C. Zylindrische, 4–5 cm dicke Sprosse tragen kurzlebige, zylindrische, dunkelgrüne, bis 2 cm lange Blätter an jungen Trieben. Areolen haben entweder keine oder 2 bis 3 Stacheln mit Widerhaken. Große Mengen flach tellerförmiger, rosaroter Blüten erscheinen im Frühling-Sommer an über 2 m hohen Pflanzen, danach grünlichgelbe Früchte.
O. engelmannii. Siehe *O. ficus-indica*.
O. erinacea Abb. S. 386.
O. ficus-indica, syn. *O. engelmannii, O. megacantha* (Feigenkaktus). Buschiger bis baumartiger, mehrjähriger Kaktus, H. und Br. 5 m. Frostempfindlich, mind. 10°C. Treibt abgeflachte, längliche, blaugrüne, 50 cm lange Glieder ohne Stacheln. Hat im Frühling-Sommer große Mengen flach tellerförmiger, gelber, 10 cm breiter Blüten, dann eßbare, purpurne Früchte.
O. humifusa Abb. S. 398.
O. megacantha. Siehe *O. ficus-indica*.
O. microdasys. Buschiger, mehrjähriger Kaktus, H. und Br. 60 cm. Frostempfindlich, mind. 10°C. Hat flache, ovale, grüne 8–18 cm lange Gliedsegmente, die bei niedrigen Temperaturen braune Flecken entwickeln. Hat stachellose Areolen mit weißen, gelben, braunen oder roten Glochiden in engen, diagonalen Reihen. Große Mengen trichterförmiger, gelber, 5 cm breiter Blüten erscheinen im Sommer an über 15 cm hohen Pflanzen. Kleine, dunkelrote Früchte. Var. ***alba*** Abb. S. 387.
O. robusta Abb. S. 381.
O. tunicata Abb. S. 388.
O. verschaffeltii Abb. S. 394.

ORCHIDEEN (Orchidaceae)
Familie ausdauernder Pflanzen, manche immergrün oder halbimmergrün, beliebt wegen ihrer schönen, ungewöhnlichen Blüten. Diese bestehen aus 3 Kelchblättern und 3 Kronblättern, deren unterstes, die Lippe, meist vergrößert ist und sich von den anderen in Form, Zeichnung und Farbe unterscheidet. Es gibt etwa 750 Gattungen und 17500 Arten, sowie noch mehr Hybriden, zum Teil auf Vitalität und einfache Kultur gezüchtet. Man unterscheidet epiphytische und terrestrische Arten. (Die Ausdehnung einer Orchidee ist unbestimmt.)

Epiphytische Orchideen
Epiphyten haben prächtigere Blüten als die terrestrischen Orchideen, werden auch häufiger kultiviert. Wild wachsen sie auf Ästen oder Felsen (Lithophyten), erhalten Nahrung durch Haftwurzeln und Feuchtigkeit durch Luftwurzeln. Haben meist ein horizontales Rhizom, von dem vertikale, wasserspeichernde, oft verdickte Stengel (Pseudobulben) aufsteigen. Blüten und Blätter entspringen den jüngsten Pseudobulben. Andere Epiphyten haben kontinuierlich aufrecht wachsende Sprosse; Blütenähren entstehen hier in den Achseln der aus dem Rhizom wachsenden Blätter. Müssen in gemäßigtem Klima unter Glas kultiviert werden.

Kultur von Epiphyten
Für Kulturzwecke können die ohne Ausnahme frostempfindlichen Epiphyten in 3 Gruppen unterteilt werden: Kalthausarten brauchen im Gewächshaus Temperaturen von mind. 10°C bis max. 24°C; temperiert zu kultivierende Arten brauchen 13–27°C; und wärmebedürftige Arten 18–27°C. Die Temperatur muß im Sommer durch Schattierung und Belüftung kontrolliert werden. Kühl zu kultivierende Arten können im Sommer ins Freie; dies führt zu schönerer Blüte. Auch andere Arten können ins Freie gestellt werden, wenn die Lufttemperatur innerhalb dieser Spannweite bleibt. Die nötige Lichtmenge ist bei den Pflanzenportraits angeführt. Alle Epiphyten müssen aber im Sommer vor direkter Sonneneinstrahlung geschützt werden, um Verbrennungen zu vermeiden, und brauchen im Winter viel Licht. Unabhängig vom Standort brauchen alle Epiphyten ein speziell erdeloses Substrat, das aus einer Orchideengärtnerei zu beziehen ist oder durch Mischen von 2 Teilen faserigem Material (z. B. Rindenspäne und/oder Torf) mit 1 Teil porösem Material (z. B. Sphagnum und/oder poröse Tonkügelchen). Epiphyten werden meist in Töpfen gezogen; manche gedeihen aber gut in hängenden Körben oder auf einem Rindenstück (mit Moos um die Wurzeln) frei im Gewächshaus hängend.
Im Sommer Pflanzen reichlich gießen und regelmäßig besprühen. An Rindenstükken aufgehängte Pflanzen brauchen eine konstant feuchte Atmosphäre. Im Winter mäßig gießen und Pflanzen in der Wachstumsperiode gelegentlich sprühen. Manche ruhen im Winter und brauchen kaum oder gar kein Wasser.
Für Orchideen ist eine niedrig konzentrierte Blattdüngung vorteilhaft, vorgehen wie bei der Bewässerung.
Pflanzen jedes zweite Jahr im Frühling umtopfen; falls sie gerade Blüten ansetzen, nach der Blüte umtopfen.

Terrestrische Orchideen
Terrestrische Orchideen (manche auch mit Pseudobulben) wachsen in Erde oder Lauberde und ernähren sich normalerweise durch Wurzeln oder Knollen. Manche gedeihen in Rabatten; in gemäßigtem Klima müssen aber viele im Winter unter Glas gezogen werden.

Kultur von terrestrischen Orchideen
Terrestrische Orchideen sind winterhart bis frostempfindlich, mind. 18°C. *Cypripedium-Arten* gedeihen überall im Freien, vorzugsweise in neutralem bis saurem Boden, vertragen aber weder strengen Frost (so daß sie ausfrieren) noch Staunässe im Winter. Andere werden (außer in sehr mildem Klima) besser in Töpfen gezogen; Substrat entspricht dem für Epiphyten plus 1 Teil Kies auf 2 Teile Humus; in der Vegetationszeit im Freien in ein Torfbeet oder Glashaus setzen. In der Ruhezeit trocken halten. Unter Glas gelten die Kulturhinweise für Epiphyten.

Vermehrung von Orchideen
Arten mit Pseudobulben können beim Umtopfen durch Entfernen und Neu-Einsetzen von alten, blattlosen Bulben vermehrt werden. Mind. 4 Bulben müssen an der Mutterpflanze bleiben. So lassen sich vermehren: *Ada, × Aliceara, Anguloa, Bifrenaria, Bletilla, Brassavola* (nur große Pflanzen, mind. 6 Bulben belassen), *× Brassocattleya, × Brassolaeliocattleya, Bulbophyllum, Calanthe, Cattleya, Coelogyne, Cymbidium, Dendrobium, Dendrochilum, Encyclia, Epigeneium, Gomesa, Gongora, Laelia, × Laeliocattleya, Lycaste, Maxillaria, Miltonia, Miltoniopsis, × Odontioda, × Odontocidium, Odontoglossum, × Odontonia, Oncidium, Peristeria, Phaius, Pleione, × Potinara, × Sophrolaeliocattleya, Stanhopea, × Vuylstekeara, × Wilsonara* und *Zygopetalum*.
Manche Arten ohne Pseudobulben treiben an der Basis neu aus. Pflanzen mit mind. 6 neuen Trieben im Frühling halbieren und beide Teile eintopfen. *Disa, Paphiopedilum* und *Phragmipedium* so vermehren. Große Exemplare von *Eria, Masdevallia* und *Pleurothallis* im Frühling in Hälften zu 4–6 Trieben teilen.
Phalaenopsis durch Stammsteckling kurz nach der Blüte vermehren. Bei *Vanda* den Haupttrieb um die Hälfte einkürzen, sobald sie Luftwurzeln und Blätter getrieben hat; die blattlose Basis treibt neu aus. Beide Methoden sind schwierig und für Anfänger nicht zu empfehlen.
Erdorchideen mit Knollen durch Teilung vermehren. Dies gilt für folgende Arten: *Cypripedium* (Frühling), *Dactylorrhiza* (Frühling), *Ophrys* (Herbst), *Orchis* (Frühling), *Serapias* (Herbst) und *Spiranthes* (Frühling). *Calypso* läßt sich in Kultur kaum erfolgreich vermehren. *Angraecum* sollte in Kultur wegen Gefährdung der Mutterpflanze nicht vermehrt werden.
Am einfachsten zu vermehren ist *Cymbidium*. Vermehrung von *Epidendrum* kann extrem schwierig sein; einzelne Details siehe bei der jeweiligen Art. Orchideen sind abgebildet auf S. 252–5. Siehe auch *Ada, × Aliceara, Angraecum, Anguloa, Bifrenaria, Bletilla, Brassavola, × Brassocattleya, × Brassolaeliocattleya, Bulbophyllum, Calanthe, Calypso, Cattleya, Caelogyne, Cymbidium, Cypripedium, Dactylorrhiza, Dendrobium, Dendrochilum, Encyclia, Epidendrum, Epigeneium, Eria, Gomesa, Gongora, Laelia, × Laeliocattleya, Lycaste, Masdevallia, Maxillaria, Miltonia, Miltoniopsis, × Odontioda, × Odontocidium, Odontoglossum, × Odontonia, Oncidium, Ophrys, Orchis, Paphiopedilum, Peristeria, Phaius, Phalaenopsis, Phragmipedium, Pleione, Pleurothallis, × Potinara, Serapias, × Sophrolaeliocattleya, Spiranthes, Stanhopea, Vanda, × Vuylstekeara, × Wilsonara* und *Zygopetalum*.

ORCHIS. Siehe ORCHIDEEN.
Knabenkraut
O. morio (Abb. S. 254). Sommergrüne, terrestrische Orchidee. H. 40 cm. Bedingt winterhart. Grün geäderte, rötlich-purpurne, malvenfarbene oder selten weiße, 1 cm lange Blüten öffnen sich im Frühling am Blütenschaft. Hat ein grundständiges Büschel lanzettlicher bis breit länglicher, 10–16 cm langer Blätter. Braucht Sonne oder Halbschatten.
O. Oreocereus celsianus. Siehe *Borzicactus celsianus*.
O. Oreocereus trollii. Siehe *Borzicactus trollii*.

ORIGANUM (Labiatae)
Dost
Gattung sommergrüner Halbsträucher und Stauden, zuweilen mit überwinternden Blattrosetten. Manche Arten sind als Küchenkräuter beliebt, andere wegen ihrer röhrigen, meist rosa Blüten in Trauben. Haben meist überhängende, niederliegende Stiele und überwachsen gerne Steine, Böschungen und Mauern. Völlig winterhart bis winterhart. Bevorzugt Sonne und durchlässigen, alkalischen Boden. Vermehrung durch Teilung im Frühling, durch Stecklinge von nicht blühenden Trieben im Frühsommer oder durch Aussaat im Herbst oder Frühling.
O. amanum. Sommergrüner, rundlicher, kompakter Halbstrauch. H. und Br. 15–20 cm. Winterhart. Offen trichterförmiger, blaßrosa oder weiße Blüten erscheinen während des ganzen Sommers über kleinen, herzförmigen, blaßgrünen Blättern. Gedeiht im Alpinum; mag keine feuchte Luft.
O. dictamnus (Kretischer Dost). Niederliegende Staude. H. 12–15 cm, Br. 40 cm. Winterhart. Überhängende Stengel sind umhüllt von rundlichen, aromatischen, behaarten, grau-weißen Blättern. Hat hängende Köpfe aus offen trichterförmigen, violett-rosa Blüten im Sommer.
O. 'Kent Beauty' Abb. S. 293.
O. laevigatum Abb. S. 294.
O. rotundifolium. Sommergrüner, niederliegender Halbstrauch. H. 23–30 cm, Br. 30 cm. Völlig winterhart. Treibt den ganzen Sommer über Quirle von hängenden, trichterförmigen, blaßrosa Blüten, umhüllt von gelbgrünen Tragblättern. Hat kleine, rundliche, mittelgrüne Blätter.
O. vulgare (Dost, Wilder Majoran). Mat-

tenbildende, an der Basis verholzte Staude. H. und Br. 45 cm. Völlig winterhart. Hat ovale, aromatische, dunkelgrüne Blätter, über denen verzweigte, drahtige Stiele Trauben von winzigen, röhrigen, 2lippigen, lila Blüten im Sommer tragen. **'Aureum'** Abb. S. 245.

ORNITHOGALUM (Liliaceae)
Milchstern, Vogelmilch
Gattung von Zwiebelpflanzen, beliebt wegen ihrer meist sternförmigen, weißen Blüten mit meist grüner Außenseite. Völlig winterhart bis frostempfindlich, mind. 7°C. Braucht Sonne oder Halbschatten und durchlässigen Boden. Empfindliche, im Freien gepflanzte Arten vor dem Winter ausgraben und trocknen im Frühling wieder einsetzen. Vermehrung durch Aussaat oder Brutzwiebeln, frühlingsblühende Arten im Herbst, Sommerblüher im Frühling.
O. arabicum Abb. S. 351.
O. balansae, syn. *O. oligophyllum*, Abb. S. 356.
O. lanceolatum Abb. S. 357.
O. montanum Abb. S. 357.
O. narbonense Abb. S. 350.
O. nutans (Nickender Milchstern). Frühlingsblühende Zwiebel. H. 15–35 cm, Br. 8–10 cm. Winterhart. Hat linealische, rinnige, halb aufgerichtete Blätter in einem grundständigen Büschel. Stiel trägt eine Ähre aus hängenden, glockigen, durchsichtigen, weißen, 2–3 cm langen Blüten mit blaßgrüner Außenseite. Bevorzugt Halbschatten.
O. oligophyllum. Siehe *O. balansae*.
O. saundersiae. Sommerblühende Zwiebel. H. bis 1 m, Br. 15–20 cm. Bedingt winterhart. Treibt ein grundständiges Büschel band- oder lanzettlicher, halb aufrechter Blätter. Stiel trägt einen abgeflachten Kopf aus aufrechten, flachen, weißen oder cremefarbenen Blüten mit schwärzlich-grünen, augenförmigen Fruchtknoten.
O. thyrsoides Abb. S. 351.
O. umbellatum. Frühlingsblühende Zwiebel. H. 10–30 cm, Br. 10–15 cm. Winterhart. Blätter sind linealisch, rinnig, halb aufrecht, grün mit einer weißen Linie an der Oberseite. Bringt einen lockeren, abgeflachten Kopf aus sternförmigen, weißen Blüten mit grüner Außenseite hervor.

ORONTIUM (Araceae)
Goldkeule
Gattung mit nur einer Art sommergrüner, mehrjähriger Tiefwasserpflanze, beliebt wegen ihrer Schwimmblätter und Blütenähren. Völlig winterhart. Braucht volle Sonne, welke Blütenstände entfernen. Vermehrung durch Aussaat bei Samenreife im Hochsommer.
O. aquaticum Abb. S. 377.

OROSTACHYS (Crassulaceae)
Gattung kurzlebiger, mehrjähriger Sukkulenten mit grundständiger Blattrosette und sehr fleischigen, schwertförmigen Blättern. Blüht 3 Jahre nach Aussaat und stirbt dann ab. Frostempfindlich, mind. 8°C. Benötigt Sonne und durchlässigen Boden. Vermehrung durch Aussaat oder Teilung im Frühling oder Sommer.
O. chanetii. Mehrjährige Sukkulente mit Basalrosette. H. 4 cm, Br. 8 cm. Graugrüne Blätter sind im Zentrum der Rosette kürzer. Der Blütenstiel trägt eine dichte, spitz zulaufende Ähre aus sternförmigen, weißen oder rosa, 1–2 cm breiten Blüten im Frühling-Sommer.

OROYA (Cactaceae)
Gattung kugeliger, mehrjähriger Kakteen, deren innere Blütenblätter eine Röhre bilden, während die äußeren sich ganz öffnen. Frostempfindlich, mind. 10°C. Braucht einen sonnigen Standort mit durchlässigem Boden. Vermehrung durch Aussaat im Frühling oder Sommer.
O. neoperuviana Abb. S. 385.
Orphanidesia gaultherioides. Siehe *Epigaea gaultherioides*.

ORTHROSANTHUS (Iridaceae)
Gattung mehrjähriger Pflanzen mit kurzen, holzigen Rhizomen, beliebt wegen ihrer Blüten. Frostempfindlich, mind. 5°C. Bevorzugt Sonne und durchlässigen Boden. Vermehrung durch Teilung oder Aussaat im Frühling.
O. chimboracensis. Büschelige, rhizombildene Staude. H. 60 cm zur Blütezeit, Br. 15 cm. Hat sehr schmale, grasartige, gerippte, steife, bis 45 cm lange Blätter mit fein gezähnten Rändern. Im Sommer tragen die Blütenstiele Trauben kurzlebiger, lang gestielter, lavendelblauer Blüten, eingeschlossen in je 2 blattartige Tragblätter.

ORYCHOPHRAGMUS (Cruciferae)
Gattung spät frühlings- bis sommerblühender Einjähriger. Bedingt winterhart. Braucht Sonne und fruchtbaren, durchlässigen Boden. Vermehrung durch Aussaat im Frühling.
O. violaceus Abb. S. 275.

OSBECKIA (Melastomataceae)
Gattung immergrüner, sommerblühender Stauden, Halbsträucher und Sträucher, beliebt wegen ihrer Blüten und Blätter. Frostempfindlich, mind. 16°C. Braucht viel Licht oder Halbschatten und humusreichen, durchlässigen Boden. Topfpflanzen in der Wachstumsphase reichlich, sonst mäßig gießen. Im Vorfrühling verblühte Zweige mindestens zur Hälfte zurückschneiden, um Vitalität und größere Blütenstände zu erhalten. Vermehrung durch Aussaat im Frühling oder durch Grünstecklinge im Sommer.
O. stellata. Immergrüner, rundlicher Strauch mit steifen Zweigen. H. und Br. 1–2 m. Treibt schmal ovale, behaarte, deutlich geäderte Blätter. Hat im Spätsommer endständige Trauben 4blättriger, rosa-purpurner Blüten.

OSCULARIA (Aizoaceae)
Gattung buschiger, ausgebreiteter, mehrjähriger Sukkulenten mit dicken, dreieckigen Blättern und vielen duftenden, gänseblümchenähnlichen Blüten. Frostempfindlich, mind. 3°C. Braucht Sonne und durchlässigen Boden. Vermehrung durch Aussaat oder Stecklinge im Frühling oder Sommer.
O. deltoides Abb. S. 391.

OSMANTHUS (Oleaceae)
Duftblüte
Gattung immergrüner Sträucher und Bäume, beliebt wegen ihrer Blätter und kleinen, duftenden Blüten. *O. × burkwoodii* und *O. heterophyllus* sind für Hekken geeignet. Völlig bis bedingt winterhart. Verträgt Sonne oder Schatten und fruchtbaren, durchlässigen Boden. Wachstum durch Stutzen nach der Blüte begrenzen; Hecken im Hochsommer schneiden. Vermehrung durch halbausgereifte Stecklinge im Sommer.
O. armatus. Immergrüner, buschiger, dichter Strauch. H. und Br. 4 m. Winterhart. Blätter sind groß, länglich, dunkelgrün, steif und scharf gezähnt. Hat im Herbst röhrige, 4lappige, weiße Blüten, gefolgt von eiförmigen, dunkelvioletten Früchten.
O. × burkwoodii, syn. *× Osmarea burkwoodii*, Abb. S. 84.
O. decorus, syn. *Phillyrea decora*. Immergrüner, aufrechter, runder, dichter Strauch. H. 3 m, Br. 5 m. Völlig winterhart. Blätter groß, länglich, glänzend, dunkelgrün. Röhrenförmige, 4lappige, weiße Blüten, später eiförmige, schwarzpurpur Früchte.
O. delavayi, syn. *Siphonosmanthus delavayi*, Abb. S. 84.
O. forrestii. Siehe *O. yunnanensis*.
O. fragrans. Immergrüner, aufrechter Strauch oder Baum. H. und Br. 6 m. Bedingt winterhart. Stark duftende, röhrige, 4lappige weiße Blüten erscheinen vom Früh- bis Spätsommer inmitten von länglichen, glänzenden, dunkelgrünen Blättern. Nur für sehr mildes Klima geeignet. F. ***aurantiacus*** hat orange Blüten.
***O. heterophyllus* 'Aureomarginatus'** Abb. S. 95. **'Gulftide'** ist ein immergrüner, buschiger, dichter Strauch. H. 2,5 m, Br. 3 m. Winterhart. Stechdornartige, scharf gezähnte, glänzende, dunkelgrüne Blätter heben sich von den röhrigen, 4lappigen, weißen Blüten im Herbst ab.
O. yunnanensis, syn. *O. forrestii*. Immergrüner, baumartiger, aufrechter, dann ausladender Strauch. H. und Br. 10 m. Winterhart. Hat große, längliche, glänzende, leuchtendgrüne Blätter, in der Jugend bronzefarben. Treibt im Spätwinter bis Vorfrühling röhrige, 4lappige, cremefarbene Blüten in Büscheln.
× *Osmarea burkwoodii*. Siehe *Osmanthus × burkwoodii*.

OSMARONIA. Siehe OEMLERIA.

OSMUNDA (Osmundaceae)
Gattung sommergrüner Farne. Völlig winterhart. Braucht Schatten, außer *O. regalis*, der auch Sonne verträgt. *O. cinnamomea* und *O. claytoniana* brauchen feuchten Boden; *O. regalis* gedeiht optimal unter sehr nassen Bedingungen. Welke Wedel regelmäßig entfernen. Vermehrung durch Teilung im Herbst oder Winter oder durch Sporen bei Reife.
O. cinnamomea. Sommergrüner Farn. H. 1 m, Br. 45 cm. Die äußeren, speerförmigen, geteilten, blaßgrünen, sterilen Wedel mit tief eingeschnittenen Fiedern umgeben die braunen, fruchtbaren Wedel. Alle entspringen aus einem faserigen Wurzelstock.
O. claytoniana. Sommergrüner Farn. H. 60 cm, Br. 30 cm. Hat speerförmige, blaßgrüne, in längliche, breite Fiedern geteilte Wedel; die äußeren, sterilen sind größer als die inneren, fertilen.
O. regalis (Königsfarn). Abb. S. 186

OSTEOMELES (Rosaceae)
Gattung immergrüner, sommerblühender Sträucher, beliebt wegen ihres Habitus, ihrer Blätter und Blüten. Winterhart bis bedingt winterhart. Gedeiht meist am besten an süd- oder westseitigen Mauern. Braucht Sonne und fruchtbaren, durchlässigen Boden. Vermehrung durch halbausgereifte Stecklinge im Sommer.
O. schweriniae Abb. S. 106.

OSTEOSPERMUM (Compositae)
Gattung immergrüner, halb verholzter Stauden. Winterhart bis bedingt winterhart; gedeiht optimal in warmem Klima. Braucht Sonne und durchlässigen Boden. Die Vermehrung erfolgt durch Stecklinge von nicht blühenden Trieben im Hochsommer.
O. barberiae. Siehe *O. jucundum*.
***O.* 'Buttermilk'** Abb. S. 245.
***O.* 'Cannington Roy'**. Immergrüne, stockbildende, niederliegende Staude. H. 30 cm, Br. 45 cm. Bedingt winterhart. Große, rosa Köpfchenblüten mit dunkleren Augen erscheinen im Sommer-Herbst in großer Anzahl. Blätter sind linealisch und grau.
O. ecklonis. Immergrüne, aufrechte oder etwas wuchernde Staude. H. und Br. 45 cm. Bedingt winterhart. Im Sommer-Herbst erscheinen weiße Blütenköpfe mit dunkelblauer Mitte einzeln über lanzettlichen, graugrünen Blättern. **'Blue Streak'** hat außen blau überlaufene Kronblätter.
O. jucundum, syn. *O. barberiae, Dimorphotheca barberiae*, Abb. S. 236.
***O.* 'Nairobi Purple'**. Immergrüne, halb niederliegende Staude. H. 30 cm, Br. 30–45 cm. Bedingt winterhart. Samtige, tief purpurrote Blütenköpfe mit dunkleren Streifen an der Außenseite der Strahlenblüten erscheinen im Sommer. Blätter sind frisch grün und lanzettlich. Will in nahrhaftem Boden nicht recht blühen.
***O.* 'Whirligig'** Abb. S. 234.

OSTROWSKIA (Campanulaceae)
Gattung mit nur einer Art sommerblühender Staude. Völlig winterhart. Bevorzugt einen warmen, sonnigen Standort und nahrhaften, feuchten und durchlässigen Boden. Kultur manchmal schwierig, da nach der Blüte eine Ruheperiode nötig ist, deshalb bis zum Spätherbst abdecken und trocken halten. Vermehrung durch Aussaat im Herbst oder Frühling.
O. magnifica. Aufrechte Staude. H. 1,5 m, Br. 45 cm. Treibt vom Früh- bis Hochsommer sehr große, glockige Blüten in zartem, hellem Blau-purpur mit dunkler purpurnen Adern. Hat Quirle von ovalen, blaugrauen Blättern.

OSTRYA (Betulaceae)
Hopfenbuche
Gattung sommergrüner Bäume, beliebt wegen Laub, Kätzchen und Früchten. Völlig winterhart. Braucht Sonne oder Halbschatten und fruchtbaren, durchlässigen Boden. Vermehrung durch Aussaat im Herbst.
O. carpinifolia. Sommergrüner, rundlicher Baum. H. und Br. 15 cm. Hat graue Rinde und ovale, glänzende, dunkelgrüne Blätter, die sich im Herbst gelb färben. Auf gelbe Kätzchen zur Frühlingsmitte folgen hopfenartige, grünlich-weiße Fruchtknäuel, die im Herbst braun werden.
O. virginiana Abb. S. 50.

OTHONNOPSIS (Compositae)
Gattung immergrüner, sommerblühender Sträucher, beliebt wegen ihrer Blütenköpfe im Sommer. Bedingt winterhart. Braucht Sonne und durchlässigen Boden.

Vermehrung durch krautige Stecklinge im Frühsommer.
O. cheirifolia Abb. S. 298.

OURISIA (Scrophulariaceae)
Gattung immergrüner Stauden mit kriechendem Wurzelstock. Hervorragend geeignet für Heidegärten und Mauern. Völlig- bis winterhart. Braucht Schatten und feuchten Torfboden. Vermehrung durch Teilung oder Aussaat im Frühling.
O. caespitosa Abb. S. 314.
***O.* 'Loch Ewe'**. Kräftige, immergrüne Staude mit Rosetten. H. und Br. 30 cm. Winterhart. Niederliegende Triebe haben herzförmige, ledrige, grüne Blätter. Im späten Frühling und Frühsommer dichte Ähren von nach außen gedrehten, röhrigen, lachsrosa Blüten.
O. macrocarpa. Kräftige, immergrüne, niederliegende Staude. H. 60 cm, Br. 20 cm. Winterhart. Hat Rosetten aus herzförmigen, ledrigen, dunkelgrünen Blättern. Im Spätfrühling Ähren aus offen becherförmigen, weißen Blüten mit gelber Mitte.
O. magellanica. Immergrüne, wuchernde Staude. H. 4 cm, Br. 15 cm. Winterhart. Im Sommer erscheinen Blütentriebe mit röhrigen, scharlachroten Blüten über breit herzförmigen Blättern.
O. microphylla Abb. S. 316.

OXALIS (Oxalidaceae)
Sauerklee
Gattung mehrjähriger Pflanzen und halbimmergrüner Halbsträucher mit Knollen, Rhizomen oder faserigen Wurzeln, beliebt wegen ihrer bunten Blüten, deren Knospen oft regenschirmartig eingerollt sind und wegen ihrer oft dekorativen Blätter (meist weniger als 2 cm groß und in 3 oder mehr Fiedern geteilt). Manche Arten wuchern. Kleinere Arten und Sorten eignen sich für Steingärten. Völlig winterhart bis frostempfindlich, mind. 5°C. Braucht volle Sonne oder Halbschatten und durchlässigen Boden. Vermehrung durch Teilung im Herbst oder Vorfrühling.
O. acetosella. Kriechende, frühlingsblühende Staude mit Rhizom. H. 5 cm, Br. 30–45 cm. Völlig winterhart. Bildet Matten aus kleeartigen, 3lappigen Blättern. Zarte Stiele tragen becherförmige, weiße, 1 cm breite Blüten mit 5 purpurn geäderten Kronblättern. Bevorzugt Halbschatten.
O. rosea Abb. S. 305.
O. adenophylla Abb. S. 306.
O. bowiei, syn. *O. purpurata* var. *bowiei*. Frühlings- bis sommerblühende, knollenbildende Staude. H. bis 30 cm, Br. 15 cm. Bedingt winterhart. Hat lang gestielte, kleeartige, 3lappige Blätter. Stiele treiben lockere Köpfe aus 3–10 breit trichterförmigen, rosa-purpurnen, 3–4 cm breiten Blüten. Braucht einen geschützten, sonnigen Standort.
O. chrysantha. Kriechende Staude mit faserigen Wurzeln. H. 4–5 cm, Br. 15–30 cm. Bedingt winterhart. Bildet Teppiche aus kleeartigen, 3lappigen Blättern. Trichterförmige, leuchtendgelbe, 2–3 cm breite Blüten im Sommer. Braucht einen geschützten Platz.
O. deppei, syn. *O. tetraphylla*, Abb. S. 293.
O. depressa, syn. *O. inops*, Abb. S. 318.
O. enneaphylla. Büschelige, rhizombildende Staude. H. 5–7 cm, Br. 8–10 cm. Winterhart. Graugrüne Blätter sind in schmal längliche bis ovale Fiedern geteilt. Im Sommer breit trichterförmige, 3–4 cm breite, lila-rosa oder weiße Blüten.
O. hedysaroides. Halbimmergrüner, buschiger Halbstrauch. H. 1 m, Br. 30–45 cm. Bedingt winterhart. Beblätterte Stiele tragen kleeartige, 3lappige, grüne Blätter. Aus Blattachseln wachsen im Frühling-Sommer 2–3 cm breite, breit trichterförmige, gelbe Blüten in Trauben.
O. hirta. Im Spätsommer blühende, knollenbildende Staude. H. 30 cm, Br. 10–15 cm. Bedingt winterhart. Jede Blattachsel treibt eine 2–3 cm große, breit trichterförmige, rosa-purpurne Blüte mit Förderung mit gelbem Zentrum.
O. inops. Siehe *O. depressa*.
***O.* 'Ione Hecker'**. Büschelige, rhizombildende Staude. H. 5 cm, Br. 5–8 cm. Winterhart. Graue Blätter bestehen aus schmal lanzettlichen, gewellten Fiedern. Im Sommer 4 cm große, breit trichterförmige, blaß purpur-blaue Blüten mit dunkleren Adern.
O. laciniata. Büschelige, rhizombildende Staude. H. 5 cm, Br. 5–8 cm. Winterhart. Hat blaugraue Blätter mit schmal lanzettlichen Fiedern mit welligen Rändern. Breit trichterförmige, stahlblaue, 4 cm breite Blüten mit dunkleren Adern erscheinen im Sommer.
O. lobata Abb. S. 327.
O. purpurata* var. *bowiei. Siehe *O. bowiei*.
O. tetraphylla. Siehe *O. deppei*.

OXYDENDRUM (Ericaceae)
Monotypische Gattung eines sommergrünen Baumes, beliebt wegen seiner Blüten und spektakulären Herbstfarbe. Völlig winterhart. Für eine schöne Herbstfarbe an einen offenen Standort mit Sonne oder Halbschatten setzen. Braucht feuchten, sauren Boden. Vermehrung durch krautige Stecklinge im Sommer oder durch Aussaat im Herbst.
O. arboreum (Sauerbaum), Abb. S. 50.

OXYPETALUM (Asclepiadaceae)
Gattung krautiger, windender Kletterpflanzen; nur eine Art wird häufig gepflanzt. Frostempfindlich, mind. 5°C. In kühlem Klima wie Einjährige behandeln. Braucht Sonne und durchlässigen Boden. Zur Förderung der Verzweigung Triebspitzen abzwicken. Die Vermehrung erfolgt am besten durch Aussaat im Frühling.
O. caeruleum, syn. *Tweedia caerulea*, Abb. S. 173.

OZOTHAMNUS (Compositae)
Gattung immergrüner, sommerblühender Sträucher, beliebt wegen ihres Laubes und der kleinen, dicht traubigen Blütenköpfe. Winterhart bis halb winterhart. Braucht volle Sonne und durchlässigen Boden. Vermehrung durch halbausgereifte Stecklinge im Sommer.
O. ledifolius, syn. *Helichrysum ledifolium*, Abb. S. 128.
O. rosmarinifolius, syn. *Helichrysum rosmarinifolium*, Abb. S. 106.

P

PACHISTIMA. Siehe PAXISTIMA.

PACHYCEREUS (Cactaceae)
Gattung langsam wachsender, säulenförmiger, mehrjähriger Kakteen, die sich mit dem Alter verzweigen. Die trichterförmigen Blüten sind in Kultur kaum zu erwarten, da sie nur an über 3 m hohen Pflanzen erscheinen. Frostempfindlich, mind. 10°C. Braucht Sonne und durchlässigen Boden. Vermehrung durch Aussaat im Frühling oder Sommer.
P. pecten-aboriginum. Säulenförmiger, mehrjähriger Kaktus. H. 11 m, Br. 3 m. Dunkelgrüner Körper mit 9–11 tiefen Rippen. Jede Areole trägt 8 1 cm lange Randstacheln und längere Mittelstacheln. Alle Stacheln sind dunkelbraun mit rotem Grund, im Alter grau.
P. pringlei Abb. S. 381.

PACHYPHRAGMA (Cruciferae)
Gattung von Stauden mit basaler Rosette, die oft als Bodendecker unter Sträuchern gepflanzt werden. Völlig winterhart. Braucht feuchten Boden und Sonne oder Halbschatten. Vermehrung durch Teilung oder Stecklinge im späten Frühling oder durch Aussaat im Herbst.
P. macrophyllum, syn. *Thlaspi macrophyllum* (Täschelkraut), Abb. S. 224.

PACHYPHYTUM (Crassulaceae)
Gattung rosettenbildender, mehrjähriger Sukkulenten, eng verwandt mit *Echeveria*, mit der gekreuzt wird. Frostempfindlich, mind. 5–10°C. Braucht Sonne und durchlässigen Boden. Vermehrung durch Aussaat, Blatt- oder Triebstecklinge im Frühling oder Sommer.
P. compactum Abb. S. 400.
P. oviferum Abb. S. 395.

PACHYPODIUM (Apocynaceae)
Gattung buschiger oder baumartiger, mehrjähriger Sukkulenten mit meist verdickten Trieben; eng verwandt mit *Adenium*, trägt aber meist Dornen. Frostempfindlich, mind. 10–15°C. Benötigt volle Sonne und sehr durchlässigen Boden. Kultur kann sehr schwierig sein. Vermehrung durch Aussaat im Frühling oder Sommer.
P. lameri Abb. S. 378.
P. succulentum. Baumartige, mehrjährige Sukkulente. H. 60 cm, Br. 30 cm. Mind. 10°C. Der verdickte, 15 cm breite Stamm treibt schmälere, senkrechte, grüne bis grau-braune Äste. Trägt im Sommer in der Nähe der Triebenden trompetenförmige, rosa-purpurne 2 cm breite Blüten.

PACHYSANDRA (Buxaceae)
Gattung immergrüner, kriechender Stauden und Halbsträucher, beliebt wegen ihres büscheligen Laubes. Guter Bodendecker. Völlig winterhart. Verträgt reichlichen Schatten und durchlässigen Boden. Vermehrung durch Teilung im Frühling.
P. axillaris. Immergrüner, mattenbildender Halbstrauch. H. 20 cm, Br. 25 cm. An den Triebspitzen 3–6 ovale, gezähnte, ledrige Blätter. Im späten Frühling kleine, weiße Blüten in aufrechten Ähren.
P. terminalis Abb. S. 328. **'Variegata'** ist eine immergrüne, kriechende Staude. H. 10 cm, Br. 20 cm. Rautenförmige, beigebunte Blätter stehen in Büscheln an den Triebspitzen. Im Frühsommer erscheinen winzige, weiße, manchmal purpurn überlaufene Blüten in Ähren.

PACHYSTACHYS (Acanthaceae)
Gattung immergrüner Stauden und Sträucher, beliebt wegen ihrer Blüten. Frostempfindlich, mind. 13–18°C. Braucht Halbschatten und fruchtbaren, durchlässigen Boden. Topfpflanzen in der Wachstumsphase reichlich, sonst mäßig gießen. Zur Erhaltung der buschigen Form verblühte Triebe im Spätwinter zurückschneiden. Vermehrung durch Kopfstecklinge im Frühsommer. Weiße Fliege und Rote Spinne können Probleme bereiten.
P. cardinalis. Siehe *P. coccinea*.
P. coccinea, syn. *P. cardinalis, Jacobinia coccinea, Justicia coccinea*. Immergrüner, aufrechter, robuster Strauch. H. 1,2–2 m, Br. 60 cm–1 m. Mind. 15–18°C für schöne Blüte. Blätter sind oval und tiefgrün. Hat im Winter röhrige, leuchtendrote Blüten in dichten, aus grünen Tragblättern bestehenden 15 cm langen Ähren.
P. lutea (Dauerlutscherpflanze), Abb. S. 125.

× PACHYVERIA (Crassulaceae)
Hybridgattung *(Echeveria × Pachyphytum)* stockbildender, mehrjähriger, rosettenbildender Sukkulenten, manchmal fast stammlos. Frostempfindlich, mind. 5–7°C. Braucht volle Sonne oder Halbschatten und sehr durchlässigen Boden. Vermehrung durch Blatt- oder Stammstecklinge im Frühling oder Sommer.
× *P. glauca* Abb. S. 386.

PAEONIA (Paeoniaceae)
Pfingstrose
Gattung von Stauden und sommergrüner Sträucher ('Baumpäonien'), geschätzt wegen ihrer kräftigen Blätter, effektvollen Blüten und manche Arten auch wegen ihrer bunten Balgfrüchte. Völlig winterhart, wenn nicht anders angegeben, aber junge Triebe (v. a. bei Baumpäonien) sind frostempfindlich. Bevorzugt Sonne (verträgt aber etwas Schatten) und nahrhaften, durchlässigen Boden. Hohe und besonders großblütige Sorten müssen aufgebunden werden. Vermehrung aller Arten durch Aussaat im Herbst (Keimzeit bis zu 3 Jahren), Arten mit knollig verdickten Wurzeln durch Wurzelschnittlinge im Winter, Strauchpäonien durch halbreife Stecklinge im Spätsommer oder durch Veredlung im Winter. Vermehrung der Stauden auch durch Teilung im Herbst oder Vorfrühling. Ist anfällig für Päonienwelke (Botrytis).

Blütenformen
Wenn nicht anders angegeben, blühen die nachstehend beschriebenen Päonien im Spätfrühling, Früh- und Hochsommer und haben große, wechselständige Blätter, die in ovale bis lanzettliche oder linealische Fiedern geteilt sind. Die Blüten sind entweder einfach, halbgefüllt, gefüllt oder anemonenförmig.
Einfache Blüten sind meist becherförmig mit 1 oder 2 Reihen großer, oft leicht gekräuselter, einwärts gebogener Kronblätter und einem auffälligen Staubblattbüschel in der Mitte.
Halbgefüllte Blüten gleichen den einfachen, haben aber 2 oder 3 Reihen von Kronblättern.
Gefüllte Blüten sind rundlich und bestehen gewöhnlich aus 1 oder 2 Reihen von großen, oft gekräuselten, einwärts gebogenen äußeren Kronblättern und aus zur Mitte hin immer kleiner werdenden und immer dichter stehenden inneren Kronblättern. Staubblätter sind selten und unauffällig oder fehlen.
Anemonenblütige (Imperial oder Japanische) haben gewöhnlich 1 oder 2 Reihen breiter, einwärts gebogener, äußerer Kronblätter; das Blüteninnere ist oft zur Gänze gefüllt mit zahlreichen manchmal tief geteilten, schmalen Blütenblättern die von Staubblättern abstammen.

***P.* 'America'**. Stockbildende Staude, H. und Br. bis 1 m. Hat große, einfache Blüten mit sehr breiten, tief blutroten Kronblättern mit leicht gekräuselten Rändern.
***P.* 'Argosy'** (Abb. S. 199). Sommergrüner, aufrechter Strauch (Baumpäonie). H. und Br. bis 1,5 m. Die prächtigen, großen, einfachen Blüten sind zitronengelb mit einem purpurroten Fleck an der Basis. Vermehrung ist schwierig.
P. arietina. Stockbildende Staude mit knolligen Wurzeln. H. bis 75 cm, Br. bis 60 cm. Die einfachen Blüten sind rötlichrosa. Durch ihre unterseits behaarten Fiedern unterscheidet sich *P. arietina* von der eng verwandten *P. mascula*.
***P.* 'Auguste Dessert'** (Abb. S. 198). Stockbildende Staude, H. und Br. bis 75 cm. Blätter haben eine schöne Herbstfarbe. Treibt eine Vielzahl duftender, halbgefüllter Blüten; die karminroten Kronblätter sind leicht lachsrosa getönt und haben leicht gekräuselte, auffallend silbrig-weiße Ränder.
***P.* 'Avant Garde'** (Abb. S. 198). Stockbildende Staude. H. und Br. bis 1 m. Ist üppig belaubt. Die mittelgroßen bis großen, duftenden, einfachen Blüten sind blaßrosa mit dunkleren Adern und haben leuchtend goldene Staubeutel mit gelbroten Filamenten. Die Blüten erscheinen um die Frühlingsmitte auf steifen, geraden Stielen und sind ideale Schnittblumen.
***P.* 'Ballerina'** (Abb. S. 198). Stockbildende Staude, H. und Br. 1 m. Hat eine schöne Herbstfarbe. Die duftenden, gefüllten Blüten sind zart rosa, anfangs mit einem Hauch von lila, und bleichen später weiß aus. Die äußeren Kronblätter sind sehr breit, einwärts gebogen und stehen in lockeren Reihen; die inneren zeigen auch nach innen, stehen aber dichter und sind schmäler, von unterschiedlicher Größe und haben oft leicht gekräuselte Ränder.
***P.* 'Baroness Schroeder'** (Abb. S. 198). Kräftige, stockbildende Staude. H. und Br. bis 1 m. Treibt eine Fülle großer, duftender, kugeliger, gefüllter Blüten, die sich blaß fleischfarben getönt öffnen, aber dann fast rein weiß ausbleichen. Hat mehrere Reihen fast flacher, äußerer Kronblätter; die inneren sind nach innen gebogen, gekräuselt und stehen sehr dicht. Ist eine der besten Schnittpäonien.
***P.* 'Barrymore'**. Stockbildende Staude. H. und Br. bis 85 cm. Hat sehr große, anemonenförmige Blüten mit breiten, äußeren Kronblättern, die sich sehr blaßrosa öffnen und dann weiß werden. Die blaß goldgelben Blütenblätter sind sehr schmal, relativ kurz und stehen sehr dicht.
***P.* 'Bowl of Beauty'** (Abb. S. 198). Stockbildende Staude. H. und Br. bis 1 m. Hat sehr große auffallende, anemonenförmige Blüten mit blaß karminrosa äußeren Kronblättern und zahlreichen, schmalen, dicht stehenden, elfenbeinfarbenen Blütenblättern.
P. cambessedesii. Stockbildende Staude. H. und Br. 45 cm. Bedingt winterhart. Hat besonders reizvolle Blätter mit dunkelgrüner Oberseite und purpurrot überlaufenen Adern, Stielen und Unterseite. Einfache, tiefrosa Blüten erscheinen um die Frühlingsmitte.
***P.* 'Cheddar Cheese'**. Stockbildende Staude. H. und Br. bis 1 m. Hat im Hochsommer wohlgeformte, große, gefüllte Blüten. Zwischen den ordentlich und dicht angeordneten, leicht gekräuselten elfenbeinfarbenen Kronblättern (die inneren einwärts gebogen) stehen kürzere, gelbe Kronblätter.
***P.* 'Colonel Heneage'**. Stockbildende Staude mit aufrechtem Habitus. H. und Br. bis 85 cm. Treibt Massen anemonenförmiger Blüten mit dunkel rosa-roten Kron- und Blütenblättern.
P. corallina. Siehe *P. mascula*.
***P.* 'Cornelia Shaylor'** (Abb. S. 198). Aufrechte, stockbildende Staude. H. und Br. bis 85 cm. Duftende, gefüllte Blüten, die sich rosa öffnen und langsam rosa-weiß ausbleichen, erscheinen reichlich vom Früh- bis Hochsommer. Die gekräuselten Kronblätter sind ordentlich und dicht angeordnet.
***P.* 'Dayspring'**. Stockbildende Staude. H. und Br. bis 70 cm. Treibt eine Fülle duftender, einfacher, klar rosa gefärbter Blüten in Dolden.
P. delavayi (Abb. S. 199). Sommergrüner, aufrechter, offener Strauch (Baumpäonie). H. bis 2 m, Br. bis 1,2 m. Blätter sind in spitz-ovale Fiedern mit oft rötlichen Stielen geteilt. Die einfachen Blüten sind klein, schüsselförmig und satt dunkelrot mit auffälligen, blattartigen Hüllblättern unter den Blüten.
***P.* 'Dresden'**. Robuste, stockbildende Staude. H. und Br. bis 85 cm. Hat eine schöne Herbstfarbe. Die einfachen Blüten sind elfenbeinfarben und zart rosa überlaufen.
***P.* 'Duchesse de Nemours'**, syn. *P.* 'Mrs. Gwyn Lewis' (Abb. S. 198). Kräftige, stockbildende Staude. H. und Br. bis 70 cm. Treibt Massen stark duftender, gefüllter Blüten mir sehr großen, einwärts gebogenen, äußeren Kronblättern, die sich blaß-grün öffnen und bald rein weiß ausbleichen; die inneren Kronblätter mit unregelmäßigen Rändern stehen zur Mitte hin zunehmend dicht und sind am Grund zart gelb.
P. emodi (Abb. S. 198). Stockbildende Staude. H. bis 1,2 m, Br. bis 1 m. Das glänzende, grüne Laub wird überragt von hohen Stielen mit mehreren großen, duftenden, einfachen, reinweißen Blüten mit goldgelben Staubbeuteln.
***P.* 'Evening World'**. Stockbildende Staude. H. und Br. bis 1 m. Treibt eine Fülle großer, anemonenförmiger Blüten mit zart rosa äußeren Kronblättern und sehr dicht stehenden, blaß fleischfarbenen Blumenblättern.
***P.* 'Félix Crousse'**, syn. *P.* 'Victor Hugo'. Kräftige, stockbildende Staude. H. und Br. bis 75 cm. Trägt eine Vielzahl duftender, gefüllter, satt karmin-rosa gefärbter Blüten mit dunkler roter Mitte. Kronblätter sind gekräuselt, sehr zahlreich und

dicht mit manchmal silbrig-weißgespitzten Rändern.
P. 'Festiva Maxima'. Stockbildende Staude. H. und Br. bis 1 m. Hat dichtes, ausgebreitetes Laub und riesige, duftende, gefüllte Blüten auf starken Stielen. Die eher locker stehenden Kronblätter sind groß mit unregelmäßigem Rand; die äußeren sind rein weiß, die inneren haben einen roten Fleck an der Basis.
P. 'Flamingo'. Stockbildende Staude. H. und Br. bis 85 cm. Schöne Herbstfarbe der Blätter. Die gefüllten Blüten sind groß und blaß lachsrosa.
P. 'Globe of Light' (Abb. S. 298). Stockbildende Staude. H. und Br. bis 1 m. Hat große, duftende, anemonenförmige Blüten. Kronblätter sind rein rosa, Blütenblätter klar goldgelb.
P. 'Heirloom'. Kompakte, stockbildende Staude. H. und Br. bis 70 cm. Trägt Massen großer, duftender, gefüllter blaßlila Blüten.
P. 'Instituteur Doriat' (Abb. S. 199). Stockbildende Staude. H. und Br. bis 1 m. Blätter zeigen eine schöne Herbstfarbe. Trägt eine Fülle großer, anemonenförmiger Blüten mit rötlich-karminfarbenen Kronblättern und dicht stehenden, relativ breiten, blasser und eher rosa gefärbten Blütenblättern mit gekräuselten, silbrig-weißen Rändern.
P. 'Kelway's Gorgeous ' (Abb. S. 198). Stockbildende Staude. H. und Br. bis 85 cm. Einfache intensiv karminrote Blüten mit einem Hauch von Lachsrosa erscheinen in großer Menge.
P. 'Kelway's Majestic'. Stockbildende Staude. H. und Br. bis 1 m. Zahlreiche, große, duftende, anemonenförmige Blüten haben leuchtend kirsch-rosa gefärbte Kronblätter und lila-rosa, silbern oder blaßgolden gefleckte Blütenblätter.
P. 'Kelway's Supreme' (Abb. S. 198). Stockbildende Staude. H. und Br. bis 1 m. Hat eine schöne Herbstfarbe. Hat große, stark duftende, gefüllte Blüten, die während einer langen Zeitspanne erscheinen, an gut eingewachsenen Pflanzen manchmal in Trauben. Die Kronblätter sind breit, einwärts gebogen, zart-rosa und bleichen milchweiß aus. Treibt oft einfache oder halbgefüllte, achselständige Blüten.
P. 'Knighthood' (Abb. S. 199). Stockbildende Staude. H. und Br. bis 75 cm. Die gefüllten Blüten haben dicht stehende, eher schmale, gekräuselte, ungewöhnlich satt burgunderrote Kronblätter.
P. 'Krinkled White' (Abb. S. 198). Robuste, stockbildende Staude. H. und Br. bis 80 cm. Die großen, schüsselförmigen, einfachen, milchweißen Blüten sind manchmal blaßrosa überlaufen. Kronblätter sind groß mit gekräuselten Rändern.
P. 'Laura Dessert' (Abb. S. 199). Stockbildende Staude. H. und Br. bis 75 cm. Duftende, gefüllte Blüten mit zart rosaweißen Kronblättern. Die dicht stehenden, einwärts gebogenen inneren Blütenblätter sind satt zitronengelb überlaufen mit manchmal tief eingeschnittenen Rändern.
P. lobata. Siehe *P. peregrina*.
P. lutea. Sommergrüner, aufrechter Strauch (Baumpäonie). H. und Br. bis 1,5 m. Die einfachen Blüten sind gewöhnlich leuchtendgelb; es gibt auch bräunlich- und violettlich-gelbe Formen. Var. ***ludlowii*** (Abb. S. 199), H. und Br. bis 2,5 m, ist gleichermaßen beliebt wegen ihrer großen, leuchtendgrünen, in tief eingeschnittene, spitze Fiedern geteilten Blätter und wegen ihrer schüsselförmigen, goldgelben Blüten.
P. 'Mme. Louis Henri' (Abb. S. 199). Sommergrüner, aufrechter Strauch (Baumpäonie). H. und Br. bis 1,5 m. Hat locker halbgefüllte, weißlich-gelbe Blüten mit großen, einwärts gebogenen, dicht rostrot überzogenen Kronblättern. Die kleineren, oft dunkleren inneren Blütenblätter haben einen mattroten Fleck an der Basis.
P. 'Magic Orb' (Abb. S. 198). Stockbildende Staude. H. und Br. bis 1 m. Hat schönes Herbstlaub. Trägt Massen großer, stark duftender, gefüllter Blüten mit mehreren äußeren Quirlen aus ziemlich breiten, gekräuselten, intensiv kirsch-rosa Kronblättern und ein Zentrum aus dicht stehenden, kleineren, einwärts gebogenen Blütenblättern. Die äußeren Blütenblätter in der Mitte sind zart weiß und rosa überlaufen; die innersten sind meist cremeweiß.
P. mascula, syn. *P. corallina* (Abb. S. 198). Stockbildende Staude. H. und Br. bis 1 m. Blätter sind glänzend, unbehaart und dunkelgrün; Stiele sind dunkelrot. Treibt einfache, purpur- oder karmesinrote, gelegentlich weiße Blüten mit Büscheln goldgelber Staubbeutel auf purpurfarbenen Filamenten. Charakteristische Balgfrüchte mit 2–5 bootförmigen Fächern zeigen nach dem Platzen violettschwarze Samen.
P. mlokosewitschii (Abb. S. 199). Stockbildende Staude. H. und Br. bis 75 cm. Zart bläulich-grünes Laub, manchmal rötlich-purpurn gerändert, wird überragt von großen, einfachen, zitronengelben Blüten.
P. 'Mother of Pearl' (Abb. S. 198). Stockbildende Staude. H. bis 75 cm, Br. bis 60 cm. Graugrüne Blätter bilden einen reizvollen Untergrund für die einfachen, rosaroten Blüten.
P. 'Mrs. Gwyn Lewis'. Siehe P. 'Duchesse de Nemours'.
P. officinalis. Stockbildende Staude mit knolligen Wurzeln. H. und Br. bis 60 cm. Diese einfache, rote Bauernpfingstrose wird seit langer Zeit gepflanzt, ist heute aber selten zu sehen, weil sie von größeren Hybriden mit oft gefüllten Blüten abgelöst wurde, z. B. von folgenden. **'China Rose'** (Abb. S. 198). H. und Br. bis 45 cm, hat schöne, dunkelgrüne Blätter und einfache Blüten mit einwärts gebogenen, dunkel lachsrosa Kronblättern und Büscheln orange-gelber Staubbeutel. **'Rubra Plena'** (Abb. S. 199). H. und Br. bis 75 cm, ist langlebig und hat auffällige, in breit ovale Fiedern geteilte Blätter und gefüllte, leuchtend rosarote Blüten mit gekräuselten Kronblättern.
P. peregrina, syn. *P. lobata*. Stockbildende Staude mit knolligen Wurzeln. H. und Br. bis 1 m. Schüsselförmige, einfache, rubinrote Blüten. **'Sunshine'** (Abb. S. 199) hat glänzende, leuchtendgrüne Blätter und große, einfache, zinnoberrote, lachsrosa überlaufene Blüten.
P. potaninii. Sommergrüner Strauch mit verdickten Wurzeln (Baumpäonie). H. bis 60 cm, Br. unbestimmt. Hat tief geteilte Blätter mit schmal ovalen, unregelmäßig geteilten oder gelappten Fiedern und kleine, einfache, tief braun-rote oder gelegentlich weiße Blüten. Ist ähnlich wie *P. delavayi*, aber breitet sich rascher aus und hat weniger auffällige, blattähnliche Tragblätter unter den Blüten. Var. ***trollioides*** hat fein geteilte Blätter und gelbe Blüten.
P. 'Président Poincaré'. Stockbildende Staude. H. und Br. bis 1 m. Zeigt eine schöne Herbstfarbe. Duftende, gefüllte, satt rubinrote Blüten erscheinen in großer Anzahl.
P. 'Sarah Bernhardt' (Abb. S. 198). Kräftige, aufrechte, stockbildende Staude. H. und Br. bis 1 m. Treibt eine Fülle riesiger, duftender, stark gefüllter Blüten mit großen, gekräuselten, leicht matt rosa Kronblättern, die zum Rand hin silbrig-weiß ausbleichen.
P. 'Shirley Temple' (Abb. S. 198). Stockbildende Staude. H. und Br. bis 85 cm. Üppige, zart rosa Blüten, die blaß bräunlich-weiß ausbleichen, sind voll gefüllt, mit breiten, in Quirlen angeordneten Kronblättern; die innersten sind kleiner und lockerer angeordnet.
P. 'Silver Flare' (Abb. S. 198). Stockbildende Staude. H. und Br. bis 1 m. Hat eine schöne Herbstfarbe. Stiele sind matt rötlich-braun überlaufen. Treibt Massen von duftenden, einfachen Blüten mit eher langen, schlanken, satt karmin-rosa Kronblättern mit auffälligen, silbrig-weißen, fedrigen Rändern.
P. 'Sir Edward Elgar' (Abb. S. 199). Stockbildende Staude. H. und Br. bis 75 cm. Laub hat eine schöne Herbstfarbe. Eine Fülle einfacher, schokoladebraun getönter, satt blutroter Blüten mit lockeren Büscheln von klar zitronengelben Staubbeuteln.
P. 'Souvernir de Maxime Cornu' (Abb. S. 199). Sommergrüner, aufrechter Strauch (Baumpäonie). H. und Br. bis 1,5 m. Die großen, prächtig duftenden, stark gefüllten Blüten haben warm goldgelbe Kronblätter, die zur Mitte hin dichter stehen; die gekräuselten Ränder sind matt rötlich-orange.
P. suffruticosa. Sommergrüner, aufrechter Strauch (Baumpäonie). H. und Br. bis 2,2 m. Trägt variable, große, becherförmige, einfache bis halbgefüllte Blüten mit einwärts gebogenen, rosa oder weißen Kronblättern, manchmal mit einem meist schokoladebraunen Fleck an der Basis. Ist die Stammform vieler Sorten mit halb- oder dicht gefüllten Blüten. **'Joseph Rock'** siehe *P. s.* 'Rock's Variety'. **'Reine Elisabeth'** (Abb. S. 198). H. und Br. bis 2 m, hat große, gefüllte Blüten mit breiten, lachsrosa, leuchtend kupferrot überlaufenen Kronblättern mit leicht gekräuselten Rändern. **'Renkaku'**, H. und Br. bis 1 m, trägt gefüllte Blüten mit breiten, einwärts gebogenen, leicht gekräuselten, elfenbeinfarbenen, lose in 3 oder mehr Quirlen angeordneten Kronblättern, die ein großes Büschel langer, goldgelber Staubbeutel umgeben. **'Rock's Variety'** (syn. *P. s.* 'Joseph Rock'; Abb. S. 198) hat große, ausgebreitete, halbgefüllte, weiße Blüten; die inneren Kronblätter haben je einen dunkelbraunen Fleck an der Basis. Vermehrung ist schwierig.
P. tenuifolia (Abb. S. 199). Stockbildende Staude. H. und Br. bis 45 cm. Die eleganten Blätter sind fein in viele linealische Segmente geteilt. Hat einfache, dunkel blutrote Blüten mit goldgelben Staubbeuteln.
P. veitchii (Abb. S. 198). Stockbildende Staude. H. und Br. bis 75 cm. Die glänzenden, leuchtendgrünen Blätter sind in längliche bis elliptische Fiedern geteilt. Treibt im Frühsommer nickende, becherförmige, einfache, purpur-rosa Blüten.
P. 'Victor Hugo'. Siehe *P.* 'Félix Crousse'.
P. 'White Wings' (Abb. S. 198). Stockbildende Staude. H. und Br. bis 85 cm. Die glänzenden, dunkelgrünen Blätter zeigen eine schöne Herbstfarbe. Trägt im Hochsommer Massen von großen, duftenden, einfachen Blüten mit breiten, weißen manchmal schwefelgelb überlaufenen Kronblättern, die an der Spitze leicht gekräuselt sind.
P. 'Whitleyi Major' (Abb. S. 198). Stockbildende Staude. H. bis 1 m, Br. bis 60 cm. Blätter und Stiele sind satt rötlichbraun überlaufen. Die großen, einfachen, elfenbeinfarbenen Blüten haben einen seidigen Glanz und zentrale Büschel goldgelber Staubbeutel.
P. wittmanniana (Abb. S. 199). Stockbildende Staude. H. und Br. bis 1 m. Hat große, einfache, blaßgelbe Blüten mit zentralen Büscheln gelber Staubeutel auf purpurroten Filamenten. Die Blätter sind in breit ovale Fiedern mit glänzend dunkelgrüner Oberseite und blasserer Unterseite geteilt.

PALIURUS (Rhamnaceae)
Gattung sommergrüner, dorniger, sommerblühender Sträucher und Bäume, beliebt wegen ihrer Blätter und Blüten. *P. spina-christi* wird auch wegen der religiösen Bedeutung gepflanzt; aus dieser Pflanze soll die Dornenkrone gewunden worden sein. Winterhart. Benötigt volle Sonne und durchlässigen Boden. Vermehrung durch Kopfstecklinge im Sommer oder durch Aussaat im Herbst.
P. spina-christi (Christusdorn), Abb. S. 90.

PAMIANTHE (Amaryllidaceae)
Gattung mit nur einer Art immergrüner, frühlingsblühender Zwiebel, beliebt wegen ihrer großen stark duftenden, auffallenden Blüten. Frostempfindlich, mind. 12°C. Braucht Halbschatten und nahrhaften, durchlässigen Boden. Im Sommer kaliumreichen Flüssigdünger verabreichen. Im Winter Wassermenge reduzieren, aber nicht austrocknen lassen. Vermehrung durch Aussaat im Frühling oder durch Brutzwiebeln im Spätwinter.
P. peruviana Abb. S. 342.

PANCRATIUM (Amryllidaceae)
Pankrazlilie
Gattung von Zwiebeln mit großen, duftenden, narzissenartigen Blüten im Sommer. Bedingt- bis winterhart. Braucht Sonne und durchlässigen Boden, der im Sommer, wenn die Zwiebeln ruhen, warm und trocken ist. Mindestens 15 cm tief setzen. Vom Herbst bis Frühling alle 2 Wochen mit kaliumreichem Flüssigdünger gießen. Vermehrung durch Aussaat im Herbst oder durch im Frühherbst abgelöste Brutzwiebeln.
P. illyricum Abb. S. 350.
P. maritimum. Im Spätsommer blühende Zwiebel. H. 45 cm, Br. 25–30 cm. Bedingt winterhart. Hat bandförmige, aufrechte, basale, gräulich-grüne Blätter. Treibt einen Kopf aus 5–12 weißen Blüten mit einem großen Becher in der Mitte und 6 ausgebreiteten Kronblättern. Blüht in Kultur nicht gern.

PANDANUS (Pandanaceae)
Schraubenbaum
Gattung immergrüner Bäume, Sträucher

und Schlingpflanzen, beliebt wegen ihres Laubes und des Gesamteindrucks. Blüten und Früchte erscheinen nur an großen, ausgewachsenen Exemplaren. Frostempfindlich, mind. 13–16°C. Benötigt volles Licht oder Halbschatten und fruchtbaren, durchlässigen Boden. Topfpflanzen in der Vegetationsphase reichlich, sonst mäßig gießen. Vermehrung durch Aussaat oder Kindel im Frühling oder durch Stecklinge von Seitentrieben im Sommer. Rote Spinne kann lästig werden.
P. odoratissimus. Siehe *P. tectorius*.
P. tectorius, syn. *P. odoratissimus*. Immergrüner Baum mit runder Krone. H. bis 6 m, Br. 3 m oder mehr. Hat Rosetten aus bandförmigen, tiefgrünen, 1–1,5 m langen Blättern mit stacheligen Rändern und einer stacheligen Mittelrippe an der Unterseite. Die kleinen Blüten (die männlichen in Trauben) mit lanzettlichen, weißen Tragblättern erscheinen meist im Sommer. Die Früchte erinnern an runde Ananas. **'Veitchii'** siehe *P. veitchii*.
P. veitchii, syn. *P. tectorius* 'Veitchii', Abb. S. 143.

PANDOREA (Bignoniaceae)
Gattung immergrüner, verholzter, windender Kletterpflanzen, beliebt wegen ihrer reizvollen Blüten und schönen Blätter. Frostempfindlich, mind. 5°C. Gedeiht bei Sonne und in jedem durchlässigen Boden. Zur Einschränkung des Wachstums nach der Blüte stutzen. Vermehrung durch Aussaat im Frühling oder durch Stecklinge oder Absenker im Sommer.
P. jasminoides, syn. *Bignonia jasminoides*, Abb. S. 166.
P. pandorana, syn. *Bignonia pandorana, Tecoma australis*. Schnellwüchsige, immergrüne, verholzte, windende Kletterpflanze. H. 6 m oder mehr. Blätter bestehen aus 3–9 bogenförmigen Fiedern. Die kleinen, trichterförmigen, oft rot, braun oder purpurn gestreiften und gefleckten Blüten erscheinen im Sommer in Trauben.
P. ricasoliana. Siehe *Podranea ricasoliana*.

PANICUM (Gramineae). Siehe GRÄSER, BAMBUS, BINSEN und RIEDGRÄSER.
P. capillare Abb. S. 182.

PAPAVER (Papaveraceae)
Mohn
Gattung ein-, zwei- und mehrjähriger Pflanzen (manche halbimmergrün), beliebt wegen ihrer becherförmigen Blüten. Völlig winterhart. Braucht Sonne oder Halbschatten und bevorzugt feuchten, aber durchlässigen Boden. Vermehrung durch Aussaat im Herbst oder Frühling. *P. orientale* und seine Sorten am besten durch Wurzelschnittlinge im Winter vermehren. Samt selbst reichlich aus.
P. alpinum Gruppe Siehe *P. burseri*.
P. atlanticum. Stockbildende, kurzlebige Staude. H. und Br. bis 10 cm. Hat ovale, gezähnte, behaarte Blätter und im Sommer einfache, matt orangefarbige Blüten. Geeignet für Steingärten.
P. burseri. (*P. alpinum* Gruppe; Alpenmohn). Halbimmergrüne, büschelbildende, kurzlebige Staude, am besten als Ein- oder Zweijährige gezogen. H. 15–20 cm, Br. 10 cm. Blätter sind fein geteilt und grau. Trägt während des ganzen Sommers einfache, weiße Blüten. Geeignet für Steingärten, Mauern oder Böschungen.
***P. commutatum* 'Lady Bird'**. Schnellwüchsige, aufrechte, verzweigte Einjährige, H. und Br. 45 cm. Hat elliptische, tief gelappte, mittelgrüne Blätter und im Sommer einfache, rote Blüten mit einem schwarzen Fleck in der Mitte.
P. miyabeanum Abb. S. 324.
P. nudicaule (Isländischer Mohn). Büschelbildende Staude. H. bis 30 cm, Br. 10 cm. Jeder behaarte Stiel trägt eine duftende, einfache, weißgelbe, manchmal außen grüngezeichnete Blüte im Sommer. Es gibt viele Farbvarianten. Die Blätter sind oval, gezähnt und zart grün. Braucht Halbschatten. Geeignet für Steingärten.
P. orientale (Türkischer Mohn). Rosettenstaude. H. 1 m, Br. 30 cm–1 m. Im Frühsommer erscheinen einfache, leuchtend zinnoberrote Blüten mit einem dunklen Fleck an der Basis jedes Kronblattes. Hat breit lanzettliche, gezähnte oder eingeschnittene, rauhe, mittelgrüne Blätter. Blütenstiele brauchen Halt. **'Allegro Viva'** Abb. S. 209. **'Indian Chief'** hat tief mahagoni-rote Blüten. **'May Queen'** trägt gefüllte, orangefarbige Blüten. **'Mrs. Perry'** hat große, lachsrosa Blüten. **'Perry's White'** Abb. S. 202.
P. rhoeas (Klatschmohn). **Shirley-Serie** (gefüllt), Abb. S. 266; (einfach), Abb. S. 272.
P. somniferum (Schlafmohn). Schnellwüchsige, aufrechte Einjährige. H. 75 cm, Br. 30 cm. Hat längliche, gelappte, hell graugrüne Blätter. Große, einfache, bis 10 cm breite Blüten in verschiedenen Rot-, Rosa-, Purpur- und Weißschattierungen erscheinen im Sommer. Es gibt mehrere gefüllte Formen, inkl. **Nelkenblütige-Serie** mit gefransten Blüten in gemischten Farben; **Päonienblütige Serie** Abb. S. 265; **'Pink Beauty'** mit lachsrosa Blüten; und **'White Cloud'** mit großen, weißen Blüten.

PAPHIOPEDILUM. Siehe ORCHIDEEN.
Venusschuh, Frauenschuh
P. appletonianum (Abb. S. 252). Immergrüne, terrestrische Orchidee. H. 8 cm. Frostempfindlich, mind. 13°C. Im Frühling erscheinen grüne, 6 cm breite Blüten mit pantoffelförmiger, bräunlicher Lippe und rosa getönten Kronblättern einzeln auf hohen, schlanken Stielen. Hat ovale, gesprenkelte, 10 cm lange Blätter. Braucht im Sommer Schatten.
P. bellatulum (Abb. S. 252). Immergrüne, terrestrische Orchidee. H. 5 cm. Frostempfindlich, mind. 18°C. Fast stiellose, rundliche, weiße, 8 cm breite, dunkelbraun gesprenkelte Blüten mit schuhförmiger Lippe erscheinen einzeln im Frühling. Die ovalen, marmorierten Blätter sind 8 cm lang. Braucht im Sommer Schatten.
***P.* Buckhurst 'Mont Millais'** (Abb. S. 254). Immergrüne, terrestrische Orchidee. H. 10 cm. Frostempfindlich, mind. 13°C. Rundliche, gelb-weiße, bis 12 cm breite und rot gezeichnete und gefleckte Blüten erscheinen einzeln im Winter. Hat ovale, 10 cm lange Blätter. Braucht im Sommer Schatten.
P. callosum (Abb. S. 252). Immergrüne, terrestrische Orchidee. H. 8 cm. Frostempfindlich, mind. 13°C. Purpurn und grün geäderte, weiße, 8 cm breite Blüten erscheinen im Frühling-Sommer auf hohen Stielen. Hat ovale, gesprenkelte, 10 cm lange Blätter. Braucht im Sommer Schatten.
P. fairieanum (Abb. S. 252). Immergrüne, terrestrische Orchidee. H. 8 cm. Frostempfindlich, mind. 10°C. Satt purpurn und grün geäderte, 5 cm breite Blüten mit gebogenen Kronblättern und orangebraunem Schuh erscheinen einzeln im Herbst. Die ovalen Blätter sind 8 cm lang. Braucht im Sommer Schatten.
***P.* Freckles** (Abb. S. 252). Immergrüne, terrestrische Orchidee. H. 10 cm. Frostempfindlich, mind. 13°C. Rundliche, weiße, 10 cm breite Blüten mit rötlichbraunen Flecken und schuhförmiger Lippe, erscheinen einzeln im Winter. Hat ovale, 10 cm lange Blätter. Im Sommer für Schatten sorgen.
P. haynaldianum (Abb. S. 254). Immergrüne, terrestrische Orchidee. H. 12 cm. Frostempfindlich, mind. 13°C. Treibt im Sommer einzelne braun gezeichnete, grün-, rosa- und -weiße, bis 15 cm breite Blüten mit langen Kronblättern. Hat ovale, 20–23 cm lange Blätter. Braucht im Sommer Schatten.
***P.* Lyric 'Glendora'** (Abb. S. 253). Immergrüne, terrestrische Orchidee. H. 10 cm. Frostempfindlich, mind. 13°C. Rundliche, glänzende, weiße-, rote- und -grüne, 10 cm breite Blüten erscheinen einzeln im Winter. Hat ovale, 15 cm lange Blätter. Braucht im Sommer Schatten.
P. × maudiae (Abb. S. 253). Immergrüne, terrestrische Orchidee. H. 10 cm. Frostempfindlich, mind. 13°C. Klar apfelgrüne oder tief rötlich-purpurne, 10 cm breite Blüten erscheinen im Frühling oder Frühsommer einzeln auf langen Stielen. Hat ovale, gesprenkelte, 10 cm lange Blätter. Braucht im Sommer Schatten.
P. niveum (Abb. S. 252). Immergrüne, terrestrische Orchidee. H. 5 cm. Frostempfindlich, mind. 13–18°C. Weiße, 4 cm breite Blüten erscheinen einzeln vor allem im Frühling. Die ovalen, marmorierten Blätter sind 8 cm lang. Braucht im Sommer Schatten.
P. sukhakulii (Abb. S. 254). Immergrüne, terrestrische Orchidee. H. 8 cm. Frostempfindlich, mind. 13°C. Im Frühling-Sommer erscheinen schwarz gepunktete, grüne, 8 cm breite Blüten mit purpurner schuhförmiger Lippe einzeln auf hohen Stielen. Hat ovale, gesprenkelte, 10 cm lange Blätter. Im Sommer in den Schatten stellen.
P. venustum (Abb. S. 255). Immergrüne, terrestrische Orchidee. H. 10 cm. Frostempfindlich, mind. 13°C. Verschiedenfarbige Blüten von Rosa bis Rot mit grünen Adern und dunkleren Flecken sind 6 cm breit und erscheinen einzeln im Herbst. Hat ovale, gesprenkelte 10 cm lange Blätter. Braucht im Sommer Schatten.

PARADISEA (Liliaceae)
Gattung von Stauden, beliebt wegen ihrer Blüten und Blätter. Völlig winterhart. Braucht einen sonnigen Standort und fruchtbaren, durchlässigen Boden. Vermehrung durch Teilung im Frühling oder durch Aussaat im Herbst. Blüht im ersten Jahr nach der Teilung nicht immer.
P. liliastrum (Paradieslilie). Stockbildende Staude mit fleischigen Wurzeln. H. 30–60 cm, Br. 30 cm. Schlanke Stiele mit Trauben tellerförmiger, weißer Blüten erheben sich im Frühsommer über den grasartigen, graugrünen Blättern.

PARAHEBE (Scrophulariaceae)
Gattung immergrüner oder halbimmergrüner Stauden, sommerblühender Halbsträucher und Sträucher, verwandt mit *Hebe* und *Veronica*. Geeignet für Steingärten. Winterhart. Braucht Sonne und durchlässigen, sandigen Torfboden. Vermehrung durch ausgereifte Stecklinge im Frühsommer.
P. catarractae Abb. S. 296.
P. lyallii. Halbgrüner, niederliegender Strauch. H. 15 cm, Br. 20–25 cm. Hat ovale, gezähnte, ledrige Blätter und im Frühsommer abgeflachte, rosa geäderte, weiße Blüten in lockeren Trauben auf aufrechten Trieben.
P. perfoliata. Siehe *Veronica perfoliata*.

PARAQUILEGIA (Ranunculaceae)
Gattung büschelbildender Stauden, beliebt wegen ihrer becherförmigen Blüten und farnartigen Blätter. Ist schwierig zu ziehen und zur Blüte zu bringen. Bevorzugt trockene Winter und kühles Klima. Gedeiht im Alpinum und in Trögen. Völlig winterhart. Braucht Sonne und steinigen, alkalischen Boden. Vermehrung durch Aussaat im Herbst.
P. grandiflora Abb. S. 304.

PARIS (Liliaceae, Trilliaceae)
Einbeere
Gattung sommerblühender Stauden mit rhizomartigem Wurzelstock. Völlig winterhart. Braucht Schatten und humusreichen Boden. Vermehrung durch Teilung im Frühling oder durch Aussaat im Herbst.
P. polyphylla. Aufrechte rhizombildende Staude. H. 60 cm–1 m. Br. bis 30 cm. Im Frühsommer erscheinen an den Spitzen schlanker Stiele ungewöhnliche Blüten mit einer Krause aus grünen Kelchblättern, einer zweiten Krause aus grünlichgelben, oberseits blutrot gezeichneten Kronblättern und einer violett-purpurnen Narbe. Lanzettliche bis ovale, mittelgrüne Blätter stehen in Quirlen an den Stielspitzen.

PARKINSONIA (Leguminosae)
Gattung immergrüner, frühlingsblühender Sträucher und Bäume, beliebt wegen ihrer Blüten und des Gesamteindrucks. Frostempfindlich, mind. 15°C. Braucht fruchtbaren, sehr durchlässigen Boden, trockene Luft und so viel Sonne wie möglich, um zu gedeihen. Topfpflanzen in der Vegetationsperiode mäßig, zu anderen Zeiten sparsam gießen. Stutzen wird vertragen, zerstört aber die natürliche Gestalt. Vermehrung durch Aussaat im Frühling.
P. aculeata. Immergrüner, fedriger Strauch oder Baum mit dornigem, grünem Stamm. H. und Br. 3–6 m oder mehr. Die langen, linealischen Blätter tragen winzige, elliptische, kurzlebige Fiedern, an einer geschwungenen Mittelrippe. Hat im Frühling duftende, 5blättrige, gelbe Blüten in überhängenden Trauben.

PARNASSIA (Saxifragaceae)
Gattung rosettenbildender, meist sommerblühender Stauden, beliebt wegen ihrer tellerförmigen Blüten. Geeignet für Steingärten. Völlig winterhart. Braucht Sonne und nassen Boden. Vermehrung durch Aussaat im Herbst.
P. palustris (Schwanenblume), Abb. S. 290

PAROCHETUS (Leguminosae)
Gattung mit nur einer Art immergrüner Stauden. Gedeiht am besten im Alpinum. Bedingt winterhart. Braucht Halbschatten und steinigen, feuchten Boden. Vermehrung durch Teilung von bewurzelten Ausläufern zu jeder Jahreszeit.
P. communis Abb. S. 324.

PARODIA (Cactaceae)
Gattung rundlicher, mehrjähriger Kakteen mit Warzen in oft spiralig um den grünen Körper angeordneten Rippen. Aus wolligem Scheitel erscheinen trichterförmige Blüten. Frostempfindlich, mind. 10°C. Benötigt volle Sonne oder Halbschatten und sehr durchlässigen Boden. Gelegentlich gießen, im Winter sehr sparsam; verliert in langen Trockenperioden gerne die Wurzeln. Vermehrung durch Aussaat im Frühling oder Sommer.
P. chrysacanthion Abb. S. 388.
P. nivosa Abb. S. 394.
P. sanguiniflora Abb. S. 394.

PARONYCHIA (Caryophyllaceae)
Gattung immergrüner Stauden, die ausgedehnte, lockere Matten aus niederliegenden Stielen bilden. Geeignet für Steingärten und Mauern. Völlig- bis winterhart. Braucht Sonne und durchlässigen Boden. Vermehrung durch Teilung im Frühling.
P. capitata. Kräftige, immergrüne, mattenbildende Staude. H. 1 cm, Br. 40 cm. Völlig winterhart. Die silbrigen Blätter sind klein und oval. Trägt im Sommer unauffällige, von papierartigen Hochblättern umgebene Blüten. Ist ein guter Bodendecker.
P. kapela ssp. ***serpyllifolia*** Abb. S. 331.

PARROTIA (Hamamelidaceae)
Parrotie, Eisenholz
Monotypische Gattung eines sommergrünen Baumes, der wegen seiner Blüten und der schönen Herbstfarbe beliebt ist. Völlig winterhart, Blütenknospen vertragen aber keinen strengen Frost. Benötigt volle Sonne und gedeiht am besten in fruchtbarem, feuchtem, aber durchlässigem Boden. Toleriert Kalk, zeigt aber in saurem Boden eine schönere Farbe. Vermehrung durch krautige Stecklinge im Sommer oder durch Aussaat im Herbst.
P. persica Abb. S. 55.

PARROTIOPSIS (Hamamelidaceae)
Monotypische Gattung eines sommergrünen Baumes oder Strauches, beliebt wegen seiner dekorativen, dichten, von auffälligen Hochblättern umgebenen Blütenköpfe. Völlig winterhart. Braucht Sonne oder Halbschatten. Wächst in jedem fruchtbaren, durchlässigen Boden, außer flachem Boden über einer Kalkschicht. Vermehrung durch krautige Stecklinge im Sommer oder durch Aussaat im Herbst.
P. jacquemontiana. Sommergrüner, strauchiger oder aufrechter Baum. H. 6 m, Br. 4 m. Hat zaubernuß-ähnliche, dunkelgrüne Blätter, die sich im Herbst gelb färben. Trauben winziger Blüten mit Büscheln gelber Staubblätter sind umgeben von weißen Tragblättern und erscheinen von Frühlingsmitte bis Spätfrühling.

PARTHENOCISSUS (Vitaceae)
Wilder Wein
Gattung sommergrüner, verholzter, rankender Kletterpflanzen, beliebt wegen ihrer Blätter, die oft schöne Herbstfarben zeigen. Die Spitzen der Ranken sind zu Haftscheiben verbreitert, mit denen sich die Pflanzen festklammern können. Hat im Sommer unscheinbare, grüne Blüten. Überwächst rasch nord- oder ostseitige Mauern und Zäune und kann auch an großen Bäumen gezogen werden. Völlig oder halb winterhart. Braucht Halbschatten oder Schatten und durchlässigen Boden, Vermehrung durch krautige Stecklinge im Sommer oder durch Steckhölzer im Vorfrühling.
P. henryana, syn. *Vitis henryana*. Sommergrüne, rankende Kletterpflanze mit 4kantigen, holzigen Stielen. H. bis 10 m oder mehr. Winterhart. Die Blätter haben 3–5 gezähnte, ovale, 4–13 cm lange Fiedern und sind samtig, tiefgrün oder bronzefarben mit weißen oder leicht rosa Adern. Im Herbst erscheinen kleine, dunkelblaue Beeren. Blattfarbe ist am schönsten an einem nord- und ostseitigen Standort.
P. quinquefolia, syn. *Vitis quinquefolia*. Sommergrüne, verholzte, rankende Kletterpflanze. H. 15 m oder mehr. Winterhart. Blätter haben 5 ovale, gezähnte, mattgrüne Fiedern mit blasserer Unterseite, die sich im Herbst schön blutrot verfärben. Die blauschwarzen Beeren erscheinen im Herbst. Ideal für hohe Mauern oder Gebäude.
P. thompsonii, syn. *Vitis thompsonii*, Abb. S. 176.
P. tricuspidata, syn. *Ampelopsis veitchii*, Abb. S. 176. **'Lowii'** und **'Veitchii'** Abb. S. 176.

PASSIFLORA (Passifloraceae)
Passionsblume
Gattung immergrüner oder halbimmergrüner, verholzter, rankender Kletterpflanzen, beliebt wegen ihrer einzigartigen Blüten mit einem Strahlenkranz aus Filamenten. Viele Arten haben eiförmige bis rundliche, fleischige, eßbare Früchte, die im Herbst orange oder gelb reifen. Bedingt winterhart bis frostempfindlich, mind. 5–16°C. Wächst in jedem fruchtbaren, durchlässigen Boden und in voller Sonne oder Halbschatten. Während der Wachstumsperiode reichlich, sonst weniger gießen. Pflanzen brauchen Halt. Im Frühling zu dichten Wuchs ausdünnen. Vermehrung durch Aussaat im Frühling oder durch halbausgereifte Stecklinge im Sommer.
P. × allardii. Starkwüchsige, immergrüne, holzige, rankende Kletterpflanze. H. 7–10 m. Frostempfindlich, mind. 7°C. Hat 3lappige Blätter. Die 7–10 cm breiten, weißen Blüten mit rosa Anflug und purpur gebändertem Strahlenkranz erscheinen im Sommer-Herbst.
P. antioquiensis, syn. *Tacsonia vanvolxemii*. Schnellwüchsige, immergrüne, verholzte, rankende Kletterpflanze. H. 5 m oder mehr. Frostempfindlich, mind. 7°C. Die tief 3lappigen Blätter sind weich flaumig. Rosarote, 10–12 cm breite Blüten mit langer Röhre und purpur-blauem Zentrum erscheinen im Sommer-Herbst.
P. caerulea Abb. S. 172.
P. × caerulea-racemosa. Kräftige, immergrüne, verholzte, rankende Kletterpflanze. H. 10 m. Frostempfindlich, mind. 7–10°C. Hat 3lappige Blätter. Purpurne, 8 cm breite Blüten erscheinen im Sommer-Herbst.
***P. × caponii* 'John Innes'** Abb. S. 172.
P. coccinea Abb. S. 163.
P. × exoniensis. Schnellwüchsige, immergrüne, verholzte, rankende Kletterpflanze. H. 8 m oder mehr. Frostempfindlich, mind. 7°C. Blätter haben 3 tiefe Lappen und sind weich flaumig. Rosarote 8 cm breite Blüten mit purpur-blauem Strahlenkranz erscheinen im Sommer-Herbst.
P. manicata Abb. S. 175.
P. mollissima, syn. *Tacsonia mollissima*. Schnellwüchsige, immergrüne verholzte, rankende Kletterpflanze. H. 5 m oder mehr. Frostempfindlich, mind. 7°C. Die weich flaumigen Blätter haben 3 tiefe Lappen. Rosa, bis 8 cm breite Blüten mit langer Röhre und purpur-blauem Strahlenkranz erscheinen im Sommer-Herbst.
P. quadrangularis Abb. S. 173.
P. racemosa (Rote Passionsblume). Schnellwüchsige, immergrüne, rankende Kletterpflanze mit schlanken, verholzten Stengeln. H. 5 m. Frostempfindlich, mind. 15°C. Hat wellige, ledrige Blätter mit 3 tiefen Lappen. Trägt im Sommer-Herbst endständige Trauben hängender, blutroter, 8–10 cm breiter Blüten mit kurzem, weiß-purpurgebändertem Strahlenkranz.
P. sanguinea. Siehe *P. vitifolia*.
P. vitifolia, syn. *P. sanguinea*. Immergrüne, verholzte, rankende Kletterpflanze; die schlanken Stengel sind fein braun behaart. H. bis 5 m. Frostempfindlich, mind. 16°C. Hat 3lappige, glänzende Blätter. Trägt im Sommer-Herbst leuchtend scharlachrote, 13 cm breite Blüten mit kurzem, rot, gelb und weiß gebändertem Strahlenkranz.

PATERSONIA (Iridaceae)
Gattung immergrüner, stockbildender, im Frühling und Frühsommer blühender Stauden mit Rhizom. Bedingt winterhart. Braucht volle Sonne und leichten, durchlässigen Boden. Einmal eingesetzte Pflanzen nicht mehr stören. Vermehrung durch Aussaat im Herbst.
P. umbrosa Abb. S. 352.

PATRINIA (Valerianaceae)
Goldbaldrian
Gattung von Stauden, die hübsche Stöcke bilden, beliebt wegen ihrer Blüten. Geeignet für Steingärten und Heidegärten. Völlig winterhart. Braucht Halbschatten und feuchten Boden. Vermehrung durch Teilung im Frühling oder durch Aussaat im Herbst. Samt reichlich aus.
P. triloba. Stockbildende Staude. H. 20–50 cm, Br. 15–30 cm. Blütenstiele treiben flache Köpfe aus kleinen, goldgelben Blüten während des ganzen Sommers. Die rundlichen, 3- bis 5lappigen, grünen Blätter färben sich im Herbst golden.

PAULOWNIA (Scrophulariaceae)
Gattung sommergrüner Bäume, beliebt wegen ihrer großen Blätter und fingerhutartigen Blüten, die vor den Blättern erscheinen. Winterhart, aber Blütenknospen und Neutriebe kleiner Pflanzen können unter sehr strengen Winterfrösten leiden. Braucht pralle Sonne und fruchtbaren, feuchten, aber durchlässigen Boden. Kann in kaltem Klima auch nur wegen des Laubes gezogen werden, indem man im Frühling die jungen Triebe stark zurückschneidet und von den Folgetrieben nur einen stehenläßt; dies führt zu sehr großen Blättern. Vermehrung durch Aussaat im Herbst oder durch Wurzelschnittlinge im Winter.
P. fortunei. Sommergrüner, ausladender Baum, H. und Br. 8 m. Winterhart. Hat große, ovale, mittelgrüne Blätter. Treibt im Spätfrühling große, duftende, innen purpurn gefleckte und weiße, außen blaß purpurne Blüten.
P. imperialis. Siehe *P. tomentosa*.
P. tomentosa, syn. *P. imperialis*, Abb. S. 49.

PAVONIA (Malvaceae)
Gattung immergrüner, meist sommerblühender Stauden und Sträucher, die gewöhnlich wegen ihrer Blüten gepflanzt werden. Frostempfindlich, mind. 16–18°C. Braucht volles Licht oder Halbschatten und humusreichen, durchlässigen Boden. Während der Wachstumsphase reichlich, sonst mäßig gießen. Überlange Triebe können im Frühling stark zurückgeschnitten werden. Vermehrung durch Aussaat im Frühling oder durch krautige Stecklinge im Sommer. Weiße Fliege und Rote Spinne können lästig werden.
P. hastata. Immergrüner, aufrechter Strauch. H. 2–3 m, Br. 1–2 m. Hat lanzettliche bis ovale, mittelgrüne Blätter mit 2 basalen Lappen. Trichterförmige, blaßrosa bis weiße Blüten mit dunkleren Flecken an der Basis erscheinen im Sommer.

PAXISTIMA, syn. PACHISTIMA Celastraceae
Gattung immergrüner, ausladender Sträucher und Halbsträucher, die wegen ihres Laubes beliebt sind. Guter Bodendecker. Völlig winterhart. Bevorzugt Schatten und humusreichen, feuchten Boden. Vermehrung durch Teilung im Frühling oder durch halbausgereifte Stecklinge im Sommer.
P. canbyi. Immergrüner, ausgebreiteter Halbstrauch. H. 15–30 cm, Br. 20 cm. Hat linealische oder längliche Blätter und im Sommer kurze, hängende Ähren aus winzigen, grünlich-weißen Blüten.

PEDILANTHUS (Euphorbiaceae)
Gattung buschiger, sommerblühender, mehrjähriger Sukkulenten mit giftigem Milchsaft. Treibt kleine, gelblich-grüne, rosa, rote oder braune Hochblätter mit der Form eines Vogelkopfes. Frostempfindlich, mind. 10–11°C. Braucht Sonne oder Halbschatten und durchlässigen Boden. Vermehrung durch Aussaat oder Stecklinge im Frühling oder Sommer.
P. tithymaloides. Buschige, mehrjährige Sukkulente. H. 3 m, Br. 30 cm. Mind. 10°C. Hat dünne, aufrechte Triebe, die von Knoten zu Knoten zickzackförmig wachsen. Blätter sind mittelgrün und bootförmig mit deutlich gerippter Unterseite. Stengelspitzen tragen im Sommer rote bis gelblich-grüne Hochblätter. Bevorzugt Halbschatten. **'Variegata'** Abb. S. 381.

PELARGONIUM (Geraniaceae)
Geranie, Pelargonie
Gattung meist sommerblühender Stauden, die meisten davon immergrün, aber oft einjährig kultiviert; sie sind beliebt wegen ihrer bunten Blüten und werden gerne in Töpfen oder Sommerbeeten gezogen. Unter warmen Bedingungen blühen sie fast immer. Frostempfindlich, mind. 1°C, wenn nicht anders angegeben.

PELARGONIUM

Mag sehr heiße, feuchte Bedingungen nicht. Durchlässiger, neutraler bis alkalischer Boden wird bevorzugt, und für reichliche Blüte ist ein sonniger Standort mit 12 Stunden Tageslicht nötig. Welke Blüten oft entfernen und Topfpflanzen regelmäßig düngen; nicht zu viel gießen. Pflanzen können im Gewächshaus überwintert werden, indem man sie im Herbst-Winter auf 12 cm zurückschneidet und umtopft. Vermehrung durch Kopfstecklinge von Frühling bis Herbst.

Pelargonien können in 4 Gruppen eingeteilt werden; wenn nicht anders angegeben, blühen alle im Sommer bis Herbst.
Zonalpelargonien: Pflanzen mit rundlichen Blättern mit deutlich dunkler Zone und einfachen (5blättrigen), halb- oder ganz gefüllten Blüten.
Edelpelargonien: Strauchige Pflanzen mit rundlichen bis ovalen, tief gesägten Blättern und breit trompetenförmigen Blüten in exotischen Farben. Wenig widerstandsfähig gegen Schlechtwetterperioden im Freiland.
Efeupelargonien: Rankend, gute Ampelpflanzen mit rundlichen, gelappten Blättern und ähnlichen Blüten wie die Zonalpelargonien.
Pelargonien mit duftenden Blättern (verschiedene Arten): Pflanzen mit kleinen, oft unregelmäßigen, sternenförmigen Blüten; duftblättrige Formen werden wegen ihrer aromatisch duftenden Blätter gezogen.
***P.* 'Alberta'** (Abb. S. 206). Immergrüne Zonalpelargonie. H. 45 cm, Br. 30 cm. Trägt Trauben kleiner, einfacher, blutroter und weißer Blüten. Gedeiht am besten in einem Beet.
***P.* 'Appleblossom Rosebud'**. Immergrüne Zonalpelargonie. H. 30 cm, Br. 23 cm. Völlig gefüllte, rosa-weiße Blüten mit roten Rändern sehen aus wie Rosenknospen in Miniatur.
***P.* 'Autumn Festival'** (Abb. S. 206). Immergrüne, buschige Edelpelargonie. H. und Br. 30 cm. Lachsrosa Blüten mit deutlich weißem Schlund.
***P.* 'Bredon'** (Abb. S. 206). Starkwüchsige, immergrüne Edelpelargonie. H. 45 cm, Br. bis 30 cm. Große, kastanienbraune Blüten.
***P.* 'Caligula'** (Abb. S. 207). Immergrüne, zonale Miniaturpelargonie. H. 15–20 cm, Br. 10 cm. Hat kleine, gefüllte, blutrote Blüten und winzige, dunkelgrüne Blätter. Geeignet für Fensterbretter.
P. capitatum (Abb. S. 207). Immergrüne Pelargonie mit duftenden Blättern. H. 30–60 cm, Br. 30 cm. Hat malvenfarbene Blüten und unregelmäßig 3lappige Blätter mit schwachem Rosenduft. Wird meist zur Herstellung von Geranienöl für die Parfumindustrie angebaut, eignet sich aber auch als Topfpflanze.
P. carnosum. Sommergrüne, strauchige, nicht klassifizierte Pelargonie mit dicken, sukkulenten Stielen und einem holzigen, verdickten, knollenartigen Wurzelstock. H. und Br. 30 cm. Mind. 10°C. Hat lange, graugrüne Blätter mit dreieckigen, tief gelappten Fiedern. Treibt verzweigte, doldenartige Blütenstände aus weißen oder grünlich-gelben Blüten mit rot gestreiften oberen Kronblättern, die kürzer als die grünen Kelchblätter sind.
***P.* 'Chew Magna'**. Immergrüne Edelpelargonie. H. 30–45 cm, Br. bis 30 cm. Jedes Kronblatt der blaßrosa Blüten hat einen weinroten Fleck.
***P. crispum* 'Old Spice'**. Immergrüne, aufrechte, duftblättrige Pelargonie. H. bis 1 m, Br. 30–45 cm. Hat kleine, rundliche, schwach gelappte, blaßgrün-beige Blätter mit Zitronenduft und petersilienähnlich gekräuselten Rändern. Die einfachen Blüten sind blaß purpurrosa. **'Variegatum'** (Abb. S. 207) hat goldscheckige Blätter und kleine, blaßlila Blüten. Die Blätter werden im Winter gelegentlich beige-weiß.
***P.* 'Dale Queen'** (Abb. S. 206). Immergrüne, buschige Zonalpelargonie. H. 23–30 cm, Br. 23 cm. Die einfachen Blüten sind zart lachsrosa. Besonders gute Topfpflanze.
***P.*, 'Diamond-Serie**. Gruppe langsam wachsender, immergrüner, kompakter, buschiger Zonalpelargonien, die einjährig kultiviert werden. H. und Br. 30–60 cm. Bedingt winterhart. Hat rundliche, gelappte, hell- bis mittelgrüne Blätter, oft mit bronzener oder roter Zone. Die großen kuppelförmigen Blütenstände aus wetterbeständigen, einfachen Blüten sind in vielen Farben erhältlich, einschließlich Rot- und Rosarottönen (scharlachrot, Abb. S. 272).
***P.* 'Dolly Varden'** (Abb. S. 207). Immergrüne Zonalpelargonie. H. 30 cm, Br. 23 cm. Hübsche, purpur-braune, weiße und blutrote Zeichnungen auf ihren grünen Blättern. Die einfachen, scharlachroten Blüten sind unscheinbar.
***P.* 'Elégante'** (Abb. S. 207). Immergrüne, rankende, efeublättrige Pelargonie. H. und Br. bis 60 cm. Die Blätter sind cremeweiß gescheckt und an den Rändern manchmal rosa; die halbgefüllten Blüten sind blaßmauve gefärbt. Optimal in einer Ampel.
***P.* Emma Hossler'**. Immergrüne, zwergwüchsige Zonalpelargonie. H. 20–25 cm, Br. 15 cm. Große, stark gefüllte mauverosa Blüten. Verwendung im Balkonkasten.
***P.* 'Flower of Spring'** (Abb. S. 207). Kräftige, immergrüne Zonalpelargonie. H. 60 cm, Br. 30 cm. Hat grün-weiße Blätter und einfache, rote Blüten.
P.* × *fragrans (Abb. S. 206). Immergrüne, sehr buschige, duftblättrige Pelargonie. H. und Br. 30 cm. Die rundlichen, schwach gelappten graugrünen Blätter verströmen einen starken Tannenduft. Treibt kleine, weiße Blüten.
***P.* 'Fraicher Beauty'** (Abb. S. 206). Immergrüne Zonalpelargonie. H. 30 cm, Br. 23 cm. Die völlig gefüllten Blüten in zarten Farben sind makellos geformt. Die Kronblätter sind zart weiß mit einem dünnen, roten Rand. Ausgezeichnete Topfpflanze.
***P.* 'Francis Parrett'** (Abb. S. 206). Immergrüne, kurzgliedrige Zonalpelargonie. H. 15–20 cm, Br. 10 cm. Gefüllte, purpurviolette Blüten und kleine, grüne Blätter. Gut für Fensterbretter.
***P.* 'Friesdorf'** (Abb. S. 206). Immergrüne Zonalpelargonie. H. 25 cm, Br. 15 cm. Hat dunkelgrüne Blätter und einfache, schmalblättrige, orange-scharlachrote Blüten. Gut für Blumenkästen oder in großen Gruppen.
P. frutetorum. Immergrüne, rankende Pelargonie (nicht klassifiziert). H. und Br. bis 60 cm. Hat ungewöhnliche, 5lappige, gekerbte Blätter mit je einem zentralen, dunkelbraunen Fleck und langstielige, einfache, lachsrosa Blüten. **'The Boar'** (Abb. S. 206) als Ampelpflanze geeignet.
***P.* 'Irene'** (Abb. S. 206). Immergrüne, Zonalpelargonie. H. 45 cm, Br. 23–30 cm. Große, halbgefüllte, hellrote Blüten.
***P.* 'Ivalo'** (Abb. S. 206). Immergrüne, buschige, kurzgliedrige Zonalpelargonie. H. 23–30 cm, Br. 23 cm. Große, halbgefüllte Blüten sind blaßrosa mit blutrot gefleckter, weißer Mitte.
***P.* 'Lesley Judd'** (Abb. S. 206). Kräftige, immergrüne, buschige Edelpelargonie. H. 30–45 cm, Br. bis 30 cm. Blüten sind zart lachsrosa mit einem roten Fleck in der Mitte. Zur Erhaltung der Form sollten Triebspitzen vor der Blüte ausgebrochen werden.
***P.* 'Mabel Grey'** (Abb. S. 207). Immergrüne, duftblättrige Pelargonie. H. 45–60 cm, Br. 30–45 cm. Hat rautenförmige, grob strukturierte, gezähnte, stark nach Zitronen duftende Blätter mit 5–7 spitzen Lappen und malvenfarbene Blüten.
***P.* 'Mme. Fournier'** (Abb. S. 207). Immergrüne, kurzgliedrige Zonalpelargonie. H. 15–20 cm, Br. 10 cm. Kleine, einfache, scharlachrote Blüten kontrastieren stark mit den fast schwarzen Blättern. Gut als Topfpflanze oder für ein Sommerbeet.
***P.* 'Manx Maid'** (Abb. S. 206). Immergrüne, interessante Edelpelargonie. H. 30–38 cm, Br. 25 cm. Blüten und Blätter sind relativ klein für diese Art. Die rosa Blüten sind burgunderrot geädert und gefleckt.
***P.* 'Mauritania'** (Abb. S. 206). Immergrüne Zonalpelargonie, H. 30, Br. 23 cm. Einfache, weiße Blüten sind zur Mitte hin blaß lachsrosa beringt.
***P.* 'Mini Cascade'** (Abb. S. 206). Immergrüne, rankende, kurzgliedrige, efeublättrige Pelargonie. H. und Br. 30–45 cm. Viele einfache, rote Blüten. Für kontinuierlichen Blütenflor unbedingt regelmäßig welke Blüten entfernen.
***P.* 'Mr. Henry Cox'** (Abb. S. 206). Immergrüne Zonalpelargonie. H. 30 cm, Br. 15 cm. Die mittelgrünen Blätter sind rot, gelb und purpur-braun gezeichnet. Blüten sind einfach und rosa.
***P.* 'Mrs. Pollock'** (Abb. S. 207). Immergrüne Zonalpelargonie, H. 30 cm, Br. 16 cm. Jedes goldene Blatt hat in der Mitte eine graugrüne Schmetterlingszeichnung, die von einer bronzefarbenen Zone durchlaufen wird. Treibt kleine, einfache, orange-rote Blüten.
***P.* 'Mrs. Quitter'** (Abb. S. 207). Immergrüne Zonalpelargonie. H. 30 cm, Br. 23 cm. Gelbe Blätter mit breiter, kastanienbrauner Zone und einfache, rosa Blüten.
***P.* 'Orange Ricard'** (Abb. S. 207). Kräftige, robuste, immergrüne Zonalpelargonie. H. 45–60 cm, Br. 30 cm. Treibt Massen großer, halbgefüllter, orange gefärbter Blüten.
P., Orbit-Serie. Gruppe langsam wachsender, buschiger Zonalpelargonien, die als Einjährige gezogen werden. H. und Br. 30–60 cm. Bedingt winterhart. Hat rundliche, gelappte, mittelgrüne Blätter mit bronze- oder roter Zone und große, gewölbte, einfache Blüten in gemischten oder einzelnen Farben, einschließlich Weiß-, Rosa-, Rot-, und Orangetöne (lachs, Abb. S. 265).
***P.* 'Paul Humphris'** (Abb. S. 206). Immergrüne, buschige, kompakte Zonalpelargonie. H. 30 cm, Br. 23 cm. Hat gefüllte, tief weinrote Blüten. Gute Topfpflanze.
P. peltatum. Immergrüne, rankende Pelargonie mit spröden Knoten, von der viele efeublättrige Sorten abstammen. H. und Br. bis 1,5 m. Hat fleischige Blätter mit spitzen Lappen und einfache, mauve gefärbte oder weiße Blüten. Sorten gedeihen in Ampeln und Blumenkästen. **'Amethyst'** (Abb. S. 206) hat völlig gefüllte, hell mauve-purpurne Blüten. Die Blüten von **'Lachskönigin'** (Abb. S. 206) sind halbgefüllt und mauve-purpurn. **'Tavira'** (Abb. S. 206) trägt einfache, zartrote Blüten.
***P.* 'Purple Emperor'** (Abb. S. 206). Immergrüne Edelpelargonie, H. 45 cm, Br. 30 cm. Die rosa-mauve gefärbten Blüten sind in der Mitte dunkler. Blüht bis weit in den Herbst.
***P.* 'Purple Unique'** (Abb. S. 207). Kräftige, immergrüne, aufrechte, strauchige Pelargonie (nicht klassifiziert). H. und Br. 1 m oder mehr. Die rundlichen, großlappigen Blätter duften sehr würzig. Hat einfache, offen trompetenförmige, hell purpurne Blüten. Gedeiht an sonnigen Mauern.
***P.* 'Rollinson's Unique'** (Abb. S. 206). Immergrüne, strauchige Pelargonie (nicht klassifiziert). H. 60 cm oder mehr, Br. 30 cm. Hat ovale, gekerbte, stechend riechende Blätter und kleine, einfache, offen trompetenförmige, weinrote Blüten mit purpurnen Adern.
***P.* 'Rouletta'** (Abb. S. 206). Kräftige, immergrüne, rankende, efeublättrige Pelargonie. H. und Br. 60 cm–1 m. Trägt halbgefüllte, rot-weiße Blüten. Zur Formerhaltung junge Triebe regelmäßig ausbrechen.
***P.* 'Royale Oak'** (Abb. S. 207). Immergrüne, buschige, kompakte, duftblättrige Pelargonie. H. 38 cm, Br. 30 cm. Die eichenähnlichen, etwas klebrigen Blätter duften würzig und sind dunkelgrün mit einer braunen Zeichnung in der Mitte. Blüten sind klein und mauve-rosa.
***P.* 'Schöne Helena'** (Abb. S. 206). Immergrüne Zonalpelargonie. H. 30–45 cm, Br. 23 cm. Treibt Massen von großen, halbgefüllten, lachsrosa Blüten.
***P.*, Sprinter-Serie**. Gruppe langsamwachsender, immergrüner, verzweigter, buschiger Zonalpelargonien, die als Einjährige gezogen werden. H. und Br. 30–60 cm. Bedingt winterhart. Hat rundliche, gelappte, hell bis mittelgrüne Blätter. Große, einfache gewölbte Blütenstände in verschiedenen Rottönen. Blüht reichlich.
***P.* 'Timothy Clifford'** (Abb. S. 206). Immergrüne, kurzgliedrige Zonalpelargonie. H. 15–20 cm, Br. 10 cm. Hat dunkelgrüne Blätter und völlig gefüllte, lachsrosa Blüten. Geeignet für Fensterbänke.
***P.* 'Tip Top Duet'** (Abb. S. 206). Immergrüne, buschige, stark verzweigte Edelpelargonie. H. 30–38 cm, Br. 25 cm. Blätter und Blüten sind klein für diese Art. Trägt rosa geäderte, weiße Blüten; die obersten Kronblätter sind burgunderrot gefleckt.
P. tomentosum (Pfefferminz-Geranie; Abb. S. 207). Immergrüne, buschige, duftblättrige Pelargonie. H. 30–60 cm, Br. 1 m. Die großen, rundlichen, schwach gelappten, samtigen, graugrünen Blätter duften stark nach Pfefferminze. Trägt Trauben kleiner, weißer Blüten. Um Wachstum unter Kontrolle zu halten, junge Triebe ausbrechen. Mag pralle Sonne nicht.

***P.*, Video-Serie**. Gruppe langsam wachsender, verzweigter, buschiger Zonalpelargonien, als Einjährige gezogen. H. und Br. 30–60 cm. Bedingt winterhart. Hat rundliche, gelappte, tiefgrüne Blätter mit bronzener Zone und große, gewölbte Blüten in Weiß und Rosa- oder Rottönen.

PELLAEA (Polypodiaceae)
Gattung sommergrüner, halbimmergrüner oder immergrüner Farne. Bedingt winterhart bis frostempfindlich, mind. 5°C. Braucht Halbschatten und steinigen, feuchten, aber durchlässigen Boden. Welke Wedel regelmäßig entfernen. Vermehrung durch Sporen im Sommer.
P. atropurpurea. Halbimmergrüner oder immergrüner Farn. H. und Br. 30 cm. Frostempfindlich. Die kleinen, schmal lanzettlichen, geteilten Wedel haben längliche, stumpfe Fiedern und sind dunkelgrün mit einem Hauch von Purpur.
P. rotundifolia. Immergrüner Farn. H. und Br. 15 cm. Frostempfindlich. Die kleinen, schmal lanzettlichen, geteilten Wedel sind dunkelgrün und haben rundliche Fiedern.

PELLIONIA (Urticaceae)
Gattung immergrüner, kriechender Stauden mit schönen, meist flachliegenden Blättern, daher guter Bodendecker. Frostempfindlich, mind. 15°C. Benötigt feuchte Luft ohne Zugluft, indirektes Licht und feuchten Boden. Vermehrung durch bewurzelte Triebe oder Stecklinge im Frühling oder Sommer.
P. daveauana, syn. *P. repens*, Abb. S. 259.
P. pulchra. Immergrüne, etwas fleischige Staude mit wurzelnden, kriechenden Trieben. H. 8–10 cm, Br. 60 cm oder mehr. Die breit ovalen, 5 cm langen Blätter sind grün mit dunkelbraunen Adern an der Oberseite und purpurner Unterseite. Blüten sind unscheinbar.
P. repens. Siehe *P. daveauana*.

PELTIPHYLLUM (Saxifragaceae)
Schildblatt
Gattung mit nur einer Art von Staude, beliebt wegen ihrer ungewöhnlichen Blätter. Wird jetzt manchmal *Darmera* zugerechnet. Gute Uferpflanze. Völlig winterhart. Gedeiht in Sonne oder Schatten und braucht feuchten Boden. Vermehrung durch Teilung im Frühling oder durch Aussaat im Herbst oder Frühling.
P. peltatum Abb. S. 197.

PENNISETUM (Gramineae). Siehe GRÄSER, BAMBUS, BINSEN und RIEDGRÄSER.
P. alopecuroides, syn. *P. compressum* (Chinesisches Federborstengras). Horstbildendes, krautiges, mehrjähriges Gras. H. 1 m, Br. 45 cm. Winterhart. Hat schmale, mittelgrüne Blätter; jede Blattscheide hat eine haarige Spitze. Im Spätsommer überhängende, zylindrische Rispen mit dekorativen, purpurnen Borsten, die bis weit in den Winter halten.
P. compressum. Siehe *P. alopecuroides*.
P. longistylum. Siehe *P. villosum*.
P. ruppellii. Siehe *P. setaceum*.
P. setaceum, syn. *P. ruppellii* (Negerhirse, Afrikanisches Federborstengras). Horstbildendes, krautiges, mehrjähriges Gras. H. 1 m, Br. 45 cm. Winterhart. Hat sehr rauhe, mittelgrüne Blätter und Halme. Im Sommer dichte, zylindrische Rispen aus kupferroten Ährchen mit dekorativen, bärtigen Borsten, die bis weit in den Winter halten.
P. villosum, syn. *P. longistylum* (Lampenputzergras), Abb. S. 181.

PENSTEMON (Scrophulariaceae)
Bartfaden
Gattung einjähriger Pflanzen, Stauden, Halbsträucher und Sträucher, die meist halb- oder ganz immergrün sind. Halb oder ganz winterhart. Bevorzugt pralle Sonne und fruchtbaren, durchlässigen Boden. Vermehrung der Spezies durch Aussaat im Herbst oder Frühling oder durch Kopf- oder halbausgereifte Stecklinge von nicht blühenden Trieben im Hochsommer, Sorten nur durch Stecklinge.
***P.* 'Apple Blossom'** Abb. S. 235.
P. barbatus, syn. *Chelone barbata*. Halbimmergrüne, rosettenbildende Staude. H. 1 m, Br. 30 cm. Winterhart. Vom Hochsommer bis Frühherbst Trauben leicht nickender, röhriger, 2lippiger, rosaroter Blüten. Die Blütenstiele entspringen aus Rosetten länglicher bis ovaler, mittelgrüner Blätter.
P. campanulatus. Halbimmergrüne, aufrechte Staude. H. 30–60 cm, Br. 30 cm. Winterhart. Lange Trauben glockiger, dunkel purpurner, violetter oder gelegentlich weißer Blüten erscheinen im Frühsommer über lanzettlichen, gezähnten, mittelgrünen Blättern.
P. confertus. Halbimmergrüne, hübsche, stockbildende Staude. H. 45 cm, Br. 30 cm. Winterhart. Trägt Ähren röhriger, zartgelber Blüten über langen, lanzettlichen, mittelgrünen Blättern im Frühsommer.
P. davidsonii. Immergrüner, niederliegender Strauch. H. 8 cm, gelegentlich mehr. Br. 15 cm oder mehr. Winterhart. Im Spätfrühling oder Frühsommer entwickeln sich in den Blattachseln trichterförmige, violette bis rubinrote Blüten mit vorspringender Lippe. Blätter sind klein, oval bis rundlich und ledrig. Nach der Blüte stutzen. Ssp. ***menziesii***, H. 5 cm, Br. 20 cm, breitet sich weiter aus und hat lavendelblaue Blüten und gezähnte Blätter.
P. diffusus. Siehe *P. serrulatus*.
***P.* 'Evelyn'**. Halbimmergrüne, buschige Staude, H. und Br. 45 cm. Winterhart. Trauben kleiner, röhriger, rosa Blüten öffnen sich ab Hochsommer. Hat breit lanzettliche, mittelgrüne Blätter.
P. fruticosus. Immergrüner, aufrechter Halbstrauch mit verholzter Basis. H. und Br. 5–3 cm. Winterhart. Hat lanzettliche bis ovale, gezähnte Blätter und im Frühsommer trichterförmige, lippige, lavendelblaue Blüten. Geeignet für Steingärten. Nach der Blüte zurückschneiden. Ssp. ***scouleri*** hat schmälere Blätter und längere Blüten.
***P.* 'Garnet'** Abb. S. 207.
P. hartwegii. Halbimmergrüne, aufrechte Staude. H. 60 cm oder mehr, Br. 30 cm. Winterhart. Trägt vom Hoch- bis Spätsommer Rispen leicht hängender, röhriger bis glockiger, scharlachroter Blüten. Die lanzettlichen Blätter sind mittelgrün.
***P. heterophyllus* 'True Blue'**. Halbimmergrüner, aufrechter Strauch. H. und Br. 25 cm oder mehr. Winterhart. Trägt linealische bis lanzettliche, blaßgrüne Blätter. Trichterförmige, rein blaue Blüten erscheinen im Sommer an kurzen Seitentrieben. Nach der Blüte zurückschneiden. Geeignet für Steingärten.
P. hirsutus. Kurzlebiger, immergrüner, offener Halbstrauch. H. 60 cm–1 m, Br. 30–60 cm. Winterhart. Im Sommer behaarte, röhrige, lippige, purpurn oder blau getönte, weiße Blüten. Blätter sind oval und dunkelgrün. Geeignet für Steingärten. **'Pygmaeus'** Abb. S. 320.
P. isophyllus Abb. S. 131.
***P.* 'King George'**. Halbimmergrüne, aufrechte Staude. H. 75 cm. Br. 45–60 cm. Winterhart. Trompetenförmige, leuchtend blutrote Blüten mit weißem Schlund erscheinen in Trauben vom Hochsommer bis zu den ersten Frösten. Die schmal ovalen Blätter sind mittelgrün.
P. newberryi. Immergrüner, mattenbildender Strauch. H. 15–20 cm, Br. 30 cm. Winterhart. Zweige sind bedeckt mit kleinen, ovalen, ledrigen, dunkelgrünen Blättern. Trägt kurze Trauben röhriger, lippiger, tief rosaroter Blüten im Frühsommer. Nach der Blüte zurückschneiden. Geeignet für Steingärten. F. ***humilior*** Abb. S. 294.
***P.* 'Pennington Gem'** Abb. S. 235.
P. pinifolius Abb. S. 294.
***P.* 'Pink Endurance'** Abb. S. 236.
P. procerus. Aufrechte, halbimmergrüne Staude. H. 50 cm, Br. 20 cm. Winterhart. Blätter sind länglich bis lanzettlich. Im Sommer schlanke Ähren trichterförmiger, blau-purpurner Blüten. Geeignet für Steingärten.
P. rupicola. Immergrüner, niederliegender Strauch. H. 5 cm, Br. 15 cm. Winterhart. Hat rundliche bis ovale, fleischige blaugraue Blätter und im Sommer variable, trichterförmige, blaß- bis tiefrosa Blüten. Gedeiht am besten in einem Steingarten. Samen kommen nicht immer echt.
***P.* 'Schönholzeri'**. Kräftige, halbimmergrüne, aufrechte Staude. H. 1 m, Br. 30–45 cm. Winterhart. Vom Hochsommer bis Herbst Trauben trompetenförmiger, leuchtend scharlachroter Blüten. Lanzettliche bis schmal ovale Blätter sind mittelgrün.
P. serrulatus, syn. *P. diffusus*, Abb. S. 295.
***P.* 'Six Hills'**. Immergrüner, niederliegender Strauch. H. 5 cm, Br. 15 cm. Winterhart. Hat rundliche, fleischige, graugrüne Blätter. Trägt im Sommer trichterförmige, kühl lila Blüten an den Triebenden. Geeignet für Steingärten.

PENTACHONDRA (Epacridaceae)
Gattung immergrüner, ausladender Sträucher mit heidekrautartigen Blättern. Winterhart. Braucht volles Licht und steinigen, feuchten Torfboden. Kultur ist schwierig, besonders in heißen, trockenen Gegenden. Vermehrung durch bewurzelte Ableger im Frühling, durch halbausgereifte Stecklinge im Sommer oder durch Aussaat im Herbst.
P. pumila. Immergrüner, mattenbildender, dichter Strauch. H. 3–10 cm, Br. 20 cm oder mehr. Blätter sind länglich bis schmal oval und violett-grün. Kleine, röhrige, weiße Blüten mit zurückgeschlagenen Lappen öffnen sich im Frühsommer, danach (allerdings in Kultur selten) erscheinen kleine, kugelige, orangefarbige Früchte.

PENTAPTERYGIUM. Siehe AGAPETES.

PENTAS (Rubiaceae)
Gattung meist immergrüner Stauden und Sträucher, beliebt wegen ihrer Blüten. Frostempfindlich, mind. 10–15°C. Braucht volles Licht oder Halbschatten und fruchtbaren, durchlässigen Boden. Während der Wachstumsphase reichlich, sonst mäßig gießen. Kann im Winter stark gestutzt werden. Vermehrung durch Kopfstecklinge im Sommer oder durch Aussaat im Frühling. Ist anfällig für Weiße Fliege.
P. carnea. Siehe *P. lanceolata*.
P. lanceolata, syn. *P. carnea*, Abb. S. 131.

PEPEROMIA (Piperaceae)
Zwergpfeffer
Gattung einjähriger Pflanzen und immergrüner Stauden, beliebt wegen ihrer dekorativen Blätter. Frostempfindlich, mind. 10°C. Wächst in vollem Licht oder Halbschatten, am besten in einer torfreichen Erde. Nicht zu viel gießen. Vermehrung durch Teilung, Aussaat oder Blatt- oder Stammstecklinge im Frühling oder Sommer.
P. argyreia, syn. *P. sandersii*. Immergrüne, kompakte Staude. H. und Br. 20 cm. Hat rotstielige, ovale, fleischige, dunkelgrüne, bis 10 cm oder längere Blätter mit breiten Silberstreifen. Blüten sind unscheinbar.
P. caperata Abb. S. 256
P. clusiifolia. Immergrüne Staude mit verzweigten, manchmal niederliegenden, rötlich-grünen Trieben. H. bis 20 cm, Br. 25 cm. Die schmal ovalen, fleischigen, 8–15 cm langen Blätter sind dunkelgrün mit roten Rändern. Blüten sind unscheinbar. Blätter von **'Variegata'** haben beigerote Ränder.
P. glabella Abb. S. 261.
P. griseoargentea, syn. *P. hederifolia* (Efeublättrige Peperomie, Silberblättrige Peperomie). Immergrüne, buschige Staude, H. bis 15 cm, Br. 20 cm. Die ovalen, fleischigen, silbrig glänzenden Blätter sind 5 cm oder länger, haben eine herzförmige Basis und eine gestrichelte Oberfläche. Die Blüten sind unscheinbar.
P. hederifolia. Siehe *P. griseoargentea*.
P. magnoliifolia (Wüstenliguster, Magnolienblättriger Zwergpfeffer). Immergrüne, buschige Staude mit aufrechten, verzweigten Stielen. H. bis 25 cm, Br. 20 cm oder darüber. Hat fast runde, dicke, fleischige, glänzende, grüne, mind. 10 cm lange Blätter. Blüten sind unscheinbar. **'Green and Gold'** hat grüne, gelb gefleckte Blätter.
P. marmorata Abb. S. 260.
P. metallica. Immergrüne Staude mit aufrechten, verzweigten, rötlich-grünen Stielen. H. und Br. bis 15 cm. Die schmal ovalen, bis 2,5 cm langen Blätter haben einen metallischen Schimmer und oberseits breite, blasse Mittelrippen, unterseits rötlich-grüne Adern. Die Blüten sind unscheinbar.
P. nummulariifolia. Siehe *P. rotundifolia*.
***P. obtusifolia* 'Variegata'** Abb. S. 261.
P. rotundifolia, syn. *P. nummulariifolia*. Immergrüne, kriechende Staude. H. 5–8 cm, Br. 30 cm oder mehr. Die sehr schlanken Stiele treiben winzige, rundliche, fleischige, leuchtendgrüne, 1 cm breite Blätter. Die Blüten sind unscheinbar. Geeignet für Ampeln.
P. rubella. Immergrüne Staude mit aufrechten, verzweigten, roten Stielen. H. und Br. 15 cm. Blätter stehen in Quirlen zu 4 und sind 1 cm lang, schmal oval, flei-

schig, oberseits dunkelgrün und unterseits blutrot. Blüten sind unscheinbar.
P. sandersii. Siehe *P. argyreia*.
P. scandens (Kletter-Zwergpfeffer). Immergrüne, kletternde oder rankende Staude mit rosa-grünen Stielen. H. und Br. bis 1 m. Die ovalen, spitzen, fleischigen, bis über 5 cm langen Blätter sind wächsern und leuchtendgrün. Blüten sind unscheinbar.

PERESKIA (Cactaceae)
Gattung sommergrüner Kakteen, manche davon kletternd, mit fleischigen Blättern und holzigen, erst grünen, dann braunen Trieben. Gilt als primitivste Gattung der Familie *Cactaceae*, die im Gegensatz zu den anderen Kakteen noch echte Blätter hat. Frostempfindlich, mind. 5–10°C. Braucht Sonne und durchlässigen Boden. Im Sommer mäßig gießen. Vermehrung durch Stecklinge im Frühling oder Sommer.
P. aculeata Abb. S. 379. **'Godseffiana'** ist ein schnellwachsender, sommergrüner, erst aufrechter, dann kletternder Kaktus. H. bis 10 m, Br. 5 m. Mind. 5°C. Die breit ovalen, leicht fleischigen, orange-braunen, 9 cm langen, unterseits meist violetten Blätter reifen glänzend grün. Kurze Blütenstiele mit rosenartigen, einfachen, beigen, 5 cm breiten Blüten mit oranger Mitte erscheinen im Herbst nur an über 1 m großen Pflanzen. Im Herbst bis zu den Haupttästen zurückschneiden.
P. grandifolia, syn. *Rhodocactus grandifolius* (Rosenkaktus), Abb. S. 380.

PERILLA (Labiatae)
Schwarznessel
Gattung einjähriger Pflanzen, die wegen ihrer Blätter gepflanzt werden. Bedingt winterhart. Braucht Sonne und fruchtbaren, durchlässigen Boden. Für buschigen Wuchs bei Jungpflanzen die Sproßspitzen ausbrechen. Vermehrung durch Aussaat unter Glas im Vorfrühling.
P. frutescens. Mäßig schnellwachsende, aufrechte, buschige Einjährige. H. 60 cm, Br. 30 cm. Hat ovale, gesägte, aromatische, rötlich-purpurne Blätter. Im Sommer Trauben sehr kleiner, röhriger, weißer Blüten.

PERIPLOCA (Asclepiadaceae)
Gattung sommer- und immergrüner, windender Kletterpflanzen, beliebt wegen ihrer Blätter. Triebe sondern beim Abschneiden einen milchigen Saft ab. Winterhart. Wächst in Sonne und in jedem durchlässigen Boden. Vermehrung durch Aussaat im Frühling oder durch halbausgereifte Stecklinge im Sommer.
P. graeca (Seidenrebe). Sommergrüne, windende Kletterpflanze, H. bis 9 m. Die ovalen, glänzenden Blätter sind 2,5–5 cm lang. Im Sommer Trauben von 8–12 grünlich-gelben Blüten mit violettlich-brauner Innenseite und 5 Kronzipfeln. Die paarigen, schmal zylindrischen, 12 cm langen Balgkapseln enthalten geflügelte, büschelige Samen. Der Blütenduft wird von manchen für unangenehm empfunden.

PERISTERIA. Siehe ORCHIDEEN.
Taubenorchis
P. elata. Halbimmergrüne, epiphytische Orchidee für ein kühles oder temperiertes Gewächshaus. H. 1 m. Trägt hohe Ähren becherförmiger, wächserner, zart beiger, 8 cm breiter Blüten im Sommer. Die Lippen sind klein und schwach purpurn gezeichnet. Hat breit ovale, gerippte, 45 cm lange Blätter. Braucht im Sommer Schatten.

PERISTROPHE (Acanthaceae)
Gattung meist immergrüner Stauden und Halbsträucher, die gewöhnlich wegen ihrer Blüten gepflanzt werden. Frostempfindlich, mind. 15°C. Wächst bei Sonne oder Halbschatten und in durchlässigem Boden; im Winter nicht zu viel gießen. Vermehrung durch Stammstecklinge im Frühling oder Sommer.
P. angustifolia. Siehe *P. hyssopifolia*.
P. hyssopifolia, syn. *P. angustifolia*. Immergrüne, buschige Staude. H. bis 60 cm, Br. 1–1,2 m. Die breit lanzettlichen Blätter mit lang gespitzten Enden sind 8 cm lang. Kleine Trauben röhriger, tief rosaroter Blüten erscheinen im Winter. **'Aureo-variegata'** Abb. S. 224.

PERNETTYA (Ericaceae)
Torfmyrte
Gattung immergrüner Sträucher, beliebt wegen ihrer auffallenden, langlebigen Früchte. Für Früchte sind männliche und weibliche Pflanzen nötig. Völlig- bis winterhart. Braucht Sonne oder Halbschatten und feuchten, aber durchlässigen, torfigen, sauren Boden. Vermehrung durch halbausgereifte Stecklinge im Sommer oder durch Aussaat oder Teilung im Herbst oder Frühling.
P. mucronata. Immergrüner, buschiger, dichter Strauch, der sich durch unterirdische Triebe ausbreitet. H. und Br. 1,2 m. Winterhart. Die ovalen, dornigen, glänzenden, dunkelgrünen Blätter kontrastieren mit winzigen, urnenförmigen, weißen Blüten im Spätfrühling und Frühsommer. Hat kugelige, fleischige Früchte, die sich bei den Sorten farblich unterscheiden. Zweige mit Früchten wirken am besten in Räumen. Die Früchte von **'Cherry Ripe'** (weiblich) sind groß und leuchtend kirschrot. **'Edward Balls'** (männlich) hat kräftige, aufrechte, rote Triebe und scharf dornige, leuchtendgrüne Blätter. **'Mulberry Wine'** (weiblich) Abb. S. 142. **'Wintertime'** (weiblich) Abb. S. 141.
P. prostrata. Immergrüner, ausladender Strauch. H. 15–30 cm, Br. 30 cm oder mehr. Völlig winterhart. Trägt ovale, ledrige, dunkelgrüne Blätter. Auf urnenförmige, weiße Blüten im Frühsommer folgen große, abgerundete, blau-purpurne Früchte. Geeignet für Steingärten und Heidegärten. Die Blätter von ssp. ***pentlandii*** sind schmäler und länger.
P. pumila. Immergrüner, mattenbildender, kriechender Strauch. H. 5 cm, Br. 30–60 cm. Völlig winterhart. Die niederliegenden Zweige tragen im Frühsommer winzige, glockige, weiße Blüten inmitten von winzigen, abgerundeten, ledrigen Blättern. Die rundlichen Früchte sind rosa oder weiß. Geeignet für ein Torfbeet oder den Steingarten.
P. tasmanica. Immergrüner, mattenbildender Strauch. H. 5–8 cm, Br. 20 cm. Winterhart. Hat ovale, gezähnte, ledrige Blätter mit welligem Rand. Auf glockige, weiße Blüten im Frühsommer folgen rundliche, rote Früchte. Geeignet für Steingärten oder Heidegärten.

PEROVSKIA (Labiatae)
Gattung sommergrüner Halbsträucher, beliebt wegen ihres aromatischen, graugrünen Laubes und der blauen Blüten. Völlig winterhart. Braucht pralle Sonne und sehr durchlässigen Boden. Im Frühling den austreibenden Strauch fast bis zum Boden zurückschneiden. Vermehrung durch krautige Stecklinge im Spätfrühling.
P. atriplicifolia. Sommergrüner, aufrechter Halbstrauch. H. 1,2 m, Br. 1 m. Die grau-weißen Triebe tragen schmal ovale, grob gezähnte Blätter. Treibt vom Spätsommer bis zur Herbstmitte 2lippige violett-blaue Blüten in langen, schlanken Ähren. **'Blue Spire'** Abb. S. 136.
P. 'Hybrida'. Sommergrüner, aufrechter Halbstrauch. H. 1 m, Br. 75 cm. Hat ovale, tief gelappte und gezähnte Blätter und vom Spätsommer bis zur Herbstmitte lange Ähren aus 2lippigen, tief lavendelblauen Blüten.

PETASITES (Compositae)
Pestwurz
Gattung von Stauden, die sich rasch ausbreiten; beliebt wegen ihrer meist großen Blätter und ihres Werts als Bodendecker. Völlig winterhart. Verträgt Sonne oder Schatten und bevorzugt feuchten, aber durchlässigen Boden. Vermehrung durch Teilung im Frühling oder Herbst.
P. fragrans. Ausgebreitete, wuchernde Staude. H. 23–30 cm, Br. 1,2 m. Hat abgerundete bis herzförmige, dunkelgrüne Blätter. Die kleinen, rosa-weißen Korbblüten mit Vanilleduft erscheinen im Spätwinter vor den Blättern.
P. japonicus Abb. S. 229.

PETREA (Verbenaceae)
Gattung immergrüner Sträucher und verholzter, windender Kletterpflanzen, beliebt wegen ihrer Blüten. Frostempfindlich, mind. 13–15°C. Braucht volles Licht und fruchtbaren, durchlässigen Boden. Regelmäßig gießen, außerhalb der Wachstumsphase weniger. Braucht Stützen. Im Frühling zu dichten Wuchs ausdünnen und zurückdrängen. Vermehrung durch halbausgereifte Stecklinge im Sommer. Schmierlaus und Weiße Fliege können Probleme bereiten.
P. volubilis (Purpurkranz), Abb. S. 164.

PETROCOSMEA (Gesneriaceae)
Gattung immergrüner, rhizombildender Stauden. Frostempfindlich, mind. 2–5°C. Benötigt Schatten und durchlässigen Torfboden. Vermehrung durch Aussaat im Vorfrühling oder durch Blattstecklinge im Frühsommer.
P. kerrii Abb. S. 314.

PETROPHYTON. Siehe PETROPHYTUM.

PETROPHYTUM, syn. PETROPHYTON (Rosaceae)
Gattung immergrüner, sommerblühender Sträucher, beliebt wegen Ähren aus kleinen, flaumigen Blüten. Gedeiht auf Kalktuff oder im Alpinenhaus. Völlig winterhart. Braucht Sonne und kiesigen, durchlässigen, alkalischen Boden. Kultur kann schwierig sein. Vermehrung durch krautige oder halbausgereifte Stecklinge im Sommer oder durch Aussaat im Herbst. Blattläuse und Rote Spinne können bei heißem Wetter lästig werden.
P. caespitosum. Immergrüner, mattenbildender Strauch. H. 5–8 cm, Br. 10–15 cm. Hat Trauben kleiner, ovaler Blätter. Die 2 cm langen Blütenstiele tragen im Sommer konische Ähren aus kleinen, flaumigen, weißen Blüten.
P. hendersonii. Immergrüner, hügelbildender Strauch. H. 5–10 cm, Br. 10–15 cm. Hat verzweigte, mit abgerundeten, blaugrünen Blättern bedeckte Triebe. Konische Ähren von kleinen, flaumigen, weißen Blüten erscheinen im Sommer auf 2,5 cm langen Stielen.

PETRORHAGIA (Caryophyllaceae)
Gattung einjähriger und ausdauernder Pflanzen, die wegen ihrer Blüten beliebt sind. Geeignet für Steingärten und Böschungen. Völlig winterhart. Bevorzugt Sonne und durchlässigen, sandigen Boden. Die Vermehrung erfolgt durch Aussaat im Herbst. Die Pflanze samt selbst reichlich aus.
P. saxifraga, syn. *Tunica saxifraga* (Felsennelke), Abb. S. 315. **'Rosette'** ist eine mattenbildende Staude. H. 10 cm, Br. 15 cm. Hat Büschel grasartiger Blätter. Im Sommer tragen die schlanken Stiele eine Fülle becherförmiger, gefüllter, weißer bis blaßrosa Blüten mit manchmal dunkler rosa gefärbten Adern.

PETTERIA (Leguminosae)
Monotypische Gattung eines sommergrünen Strauches, der wegen seiner Blüten beliebt ist. Ist verwandt mit *Laburnum*, unterscheidet sich von diesem durch die aufrechten Blütentrauben. Völlig winterhart. Benötigt volle Sonne und fruchtbaren, durchlässigen Boden. Vermehrung durch krautige Stecklinge im Sommer oder durch Aussaat im Herbst.
P. ramentacea (Dalmatischer Goldregen). Sommergrüner, aufrechter Strauch. H. 2 m, Br. 1 m. dichte, aufrechte Ähren duftender, goldregenartiger, gelber Blüten erscheinen im Spätfrühling und Frühsommer. Die mittelgrünen Blätter bestehen aus 3 ovalen Fiedern.

PETUNIA (Solanaceae)
Petunie
Gattung mehrjähriger Pflanzen, die als Einjährige gezogen werden, mit auffallenden, bunten Blüten. Bedingt winterhart. Braucht einen sonnigen, windgeschützten Standort und fruchtbaren, durchlässigen Boden. Welke Blüten regelmäßig entfernen. Vermehrung durch Aussaat unter Glas im Vorfrühling. Kann von Viren wie dem Gurkenmosaik- und Tomatenmosaikvirus befallen werden.
P. × hybrida. Mäßig schnellwüchsige, verzweigte, buschige Mehrjährige, als Einjährige kultiviert. H. 15–30 cm, Br. 30 cm. Hat ovale, mittel- bis tiefgrüne Blätter und im Sommer-Herbst ausgebreitete, trompetenförmige, einfache oder gefüllte Blüten in den verschiedensten Farben (gemischt oder einfärbig erhältlich) einschließlich blau, violett, purpur, rot, rosa und weiß. Blüten variieren in Form und Größe: die der Grandiflora-Hybriden sind groß (8–10 cm breit), sind aber nicht wetterfest und brauchen Regenschutz; die der Multiflora-Hybriden sind kleiner (5 cm breit) und regenfester.

Zur Grandiflora-Gruppe gehören:
'Blue Frost' Abb. S. 275.
Cascade-Serie hat rankende Stiele und einfache Blüten in den verschiedensten Farben.
'Colour Parade' hat einfache, gekräuselte Blüten in verschiedensten Farben.
Flash-Serie hat einfache Blüten in verschiedenen leuchtenden Farben.

'Magic Cherry' ist eine kompakte Sorte mit einfachen, kirschroten Blüten.
Picotee-Serie enthält eine Farbmischung aus einfachen, leuchtend bunten Blüten mit andersfarbigen Rändern (rot, Abb. S. 272).
'Razzle Dazzle' hat einfache, weiß gestreifte Blüten in verschiedensten Farben.
Recoverer-Serie bildet einfache Blüten in einer Palette einfacher oder gemischter Farben (weiß, Abb. S. 262).
Star-Serie hat eine große Farbenpalette an einfachen, weiß gestreiften Blüten (blutrot, Abb. S. 270).
Victorious-Serie Abb. S. 266.

Zur Multiflora-Gruppe gehören:
Bonanza-Serie Abb. S. 267.
'Cherry Tart' trägt gefüllte, tief rosaweiße Blüten.
'Gypsy' ist eine einfache Sorte mit lachsrosa Blüten.
Jamboree-Serie hat hängende Triebe mit einfachen Blüten in verschiedenen Farben.
'Mirage Velvet' Abb. S. 270.
Pearl-Serie ist eine Zwergform mit kleinen, einfachen Blüten in großer Farbauswahl.
Picotee-Ruffled-Serie hat gekräuselte, einfache Blüten mit weißen Rändern in großer Farbauswahl.
'Plum Crazy 'trägt einfache Blüten mit kontrastierendem Schlund und Adern. Erhältlich in Weiß mit gelbem Schlund und gelben Adern und in Violett-, Rosa- und Magenta-Schattierungen mit dunklerem Schlund und Adern.
'Red Satin' hat einfache, leuchtend scharlachrote Blüten.
Resisto-Serie hat einfache, besonders regenfeste Blüten in großer Farbauswahl (blau, Abb. S. 276; rot, Abb. S. 272; rosarot, Abb. S. 269).

PHACELIA (Hydrophyllaceae)
Gattung von Einjährigen, Zweijährigen und Mehrjährigen. Winterhart. Braucht Sonne und fruchtbaren, durchlässigen Boden. Große Arten benötigen auch manchmal Halt. Vermehrung erfolgt durch Aussaat im Freien im Frühling oder Frühherbst.
P. campanularia (Phacelia, Bienensaug), Abb. S. 278.
P. tanacetifolia. Mäßig schnellwüchsige, aufrechte Einjährige. H. 60 cm oder mehr, Br. 30 cm. Hat fedrige, tiefgrüne Blätter und im Sommer Ähren aus glockigen, lavendelblauen Blüten.

PHAEDRANASSA (Amaryllidaceae)
Gattung von Zwiebelblumen mit röhrigen, oft hängenden Blüten. Bedingt winterhart. Braucht pralle Sonne oder Halbschatten und ziemlich nahrhaften, durchlässigen Boden. Im Sommer mit kaliumreichem Dünger versorgen. Im Winter weniger gießen. Vermehrung durch Aussaat oder Brutzwiebeln im Frühling.
P. carmioli Abb. S. 335.
Phaedranthus buccinatorius. Siehe *Distictis buccinatoria*.

PHAIOPHLEPS (Iridaceae)
Gattung binsenartiger, rhizombildender, mit *Sisyrinchium* verwandter Stauden, beliebt wegen ihrer duftenden, trompetenförmigen Blüten im Frühling. Winterhart. Benötigt kiesigen, torfigen Boden und kühle Bedingungen, wie sie in einem Heidegarten gegeben sind, sowie volle Sonne oder Halbschatten. Erde nicht austrocknen lassen. Vermehrung durch Aussaat im Winter oder Frühling.
P. biflora, syn. *Sisyrinchium odoratissimum*. Stockbildende, frühlings- bis sommerblühende Staude mit Rhizom. H. 25–35 cm, Br. 5–8 cm. Hat zylindrische, binsenartige, aufrechte, grundständige Blätter. Trägt einen kleinen Kopf aus hängenden, weißen, rot gestreiften und geäderten Blüten.

PHAIUS. Siehe ORCHIDEEN.
P. tankervilleae (Abb. S. 253). Halbimmergrüne, terrestrische Orchidee. H. 75 cm. Frostempfindlich, mind. 10°C. Hohe Ähren 9 cm breiter, innen brauner und außen silbrig-weißer Blüten mit langer, rot gezeichneter, rosa Lippe öffnen sich im Frühsommer. Blätter sind breit oval, gerippt und 60 cm lang. Braucht im Sommer Halbschatten.

PHALAENOPSIS. Siehe ORCHIDEEN.
P. Allegria (Abb. S. 252). Immergrüne, epiphytische Orchidee für ein warmes Gewächshaus. H. 15 cm. Trägt Blütenzweige weißer, bis 12 cm breiter Blüten; Blütezeit variiert. Breit ovale, fleischige Blätter sind 15 cm lang. Braucht im Sommer Schatten.
P. cornu-cervi (Abb. S. 254). Immergrüne, epiphytische Orchidee für ein warmes Gewächshaus. H. 15 cm. Gelblichgrüne, 5 cm breite Blüten mit brauner Zeichnung erscheinen im Sommer nacheinander, entweder einzeln oder paarweise. Die attraktive Art hat breitovale, 10 cm lange Blätter. Braucht im Sommer Schatten.
***P.* Lady Jersey × Lippeglut** (Abb. S. 253). Immergrüne, epiphytische Orchidee für ein warmes Gewächshaus. H. 15 cm. Große, hängende Ähren aus rosa, 9 cm breiten Blüten; Blütezeit variiert. Die breit ovalen Blätter sind 10 cm lang. Benötigt im Sommer Schatten.
***P.* Lundy** (Abb. S. 254). Immergrüne, epiphytische Orchidee für ein warmes Gewächshaus. H. 15 cm. Verzweigter Blütenschaft mit rotgestreiften, gelben, 8 cm breiten Blüten; Blütezeit variiert. Hat breit ovale, 23 cm lange Blätter. Braucht im Sommer Schatten.

PHALARIS (Gramineae). Siehe GRÄSER, BAMBUS, BINSEN und RIEDGRÄSER.
P. arundinacea var. ***picta*** (Rohrglanzgras), Abb. S. 180.

PHARBITIS. Siehe IPOMOEA.

Phaseolus caracalla. Siehe *Vigna caracalla*.

PHEGOPTERIS (Polypodiaceae)
Gattung sommergrüner Farne. Völlig winterhart. Braucht Halbschatten und humusreichen, feuchten, aber durchlässigen Boden. Vermehrung durch Teilung im Frühling oder durch Sporen im Sommer.
P. connectilis, syn. *Thelypteris phegopteris*. Sommergrüner Farn. H. 23 cm, Br. 30 cm. Breit lanzettliche, mittelgrüne Wedel aus winzigen, dreieckigen, drahtig gestielten Fiedern entspringen aus einem kriechenden Wurzelstock. Guter Bodendecker.

PHELLODENDRON (Rutaceae)
Korkbaum
Gattung sommergrüner Bäume, beliebt wegen ihres Laubes und dessen schöner Herbstfarbe. Zweihäusig. Völlig winterhart, junge Triebe können aber durch Spätfröste leiden. Braucht volle Sonne und fruchtbaren, durchlässigen Boden. Gedeiht am besten in heißen Sommern. Vermehrung durch krautige Stecklinge im Sommer, durch Aussaat im Herbst oder durch Wurzelschnittlinge im Spätwinter.
P. amurense (Amur-Korkbaum). Sommergrüner, ausladender Baum. H. 12 m, Br. 15 m. Hat im Alter eine korkige, dunkle Rinde. Die aromatischen Blätter mit 5 bis 11 länglichen Fiedern sind glänzend, dunkelgrün und werden im Herbst gelb. Winzige, grüne Blüten im Frühsommer, später kleine, rundliche, schwarze Früchte.
P. chinense Abb. S. 54.

PHILADELPHUS (Hydrangeaceae)
Pfeifenstrauch, Falscher Jasmin
Gattung sommergrüner, meist sommerblühender Sträucher, beliebt wegen ihrer ungewöhnlich duftenden Blüten. Völlig- bis winterhart. Braucht Sonne und fruchtbaren, durchlässigen Boden. Nach der Blüte einige ältere Triebe auf die Länge der jungen Triebe zurückschneiden, damit die jungen Triebe im nächsten Jahr blühen. Vermehrung durch krautige Stecklinge im Sommer. Ist anfällig für Blattläuse.
***P.* 'Beauclerk'** Abb. S. 103.
***P.* 'Belle Etoile'** Abb. S. 104.
***P.* 'Boule d'Argent'** Abb. S. 105.
P. coronarius (Falscher Jasmin). **'Aureus'** ist ein sommergrüner, aufrechter Strauch. H. 2,5 m, Br. 1,5 m. Völlig winterhart. Trauben stark duftender, 4blättriger, cremeweißer Blüten erscheinen im Spätfrühling und Frühsommer. Die ovalen, goldgelben jungen Blätter werden im Sommer gelblich-grün. Vor praller Sonne schützen. **'Variegatus'** Abb. S. 107.
***P.* 'Dame Blanche'** Abb. S. 105.
P. delavayi. Sommergrüner, aufrechter Strauch. H. 3 m, Br. 2,5 m. Winterhart. Dichte Trauben stark duftender, 4blättriger, weißer Blüten mit manchmal purpurn überlaufenen Kelchblättern öffnen sich vom Früh- bis Hochsommer. Die Blätter sind dunkelgrün, oval und gezähnt. F. ***melanocalyx*** Abb. S. 107.
***P.* 'Lemoinei'** Abb. S. 106.
P. magdalenae. Sommergrüner, buschiger Strauch. H. und Br. 4 m. Völlig winterhart. An älteren Zweigen schält sich die Rinde. Schmal ovale, dunkelgrüne Blätter kontrastieren im Spätfrühling und Frühsommer mit duftenden, 4blättrigen, weißen Blüten
***P.* 'Manteau d'Hermine'** Abb. S. 126.
***P.* 'Sybille'**. Sommergrüner, überhängender Strauch. H. 1,2 m, Br. 2 m. Völlig winterhart. Die stark duftenden, 4blättrigen, weißen Blüten mit zentralem, rosa Fleck erscheinen im Früh- und Hochsommer in großer Zahl. Blätter sind mittelgrün und oval.
***P.* 'Virginal'**. Kräftiger, sommergrüner, aufrechter Strauch, H. 3 m, Br. 2,5 m. Völlig winterhart. Hat ovale, dunkelgrüne Blätter. Vom Früh- bis Hochsommer Massen großer, stark duftender, ganz oder halbgefüllter, weißer Blüten.

× PHILAGERIA (Liliaceae)
Hybridgattung *(Philesia × Lapageria)* mit nur einer Art immergrünem, schlingendem oder windendem Strauch. Frostempfindlich, mind. 5°C. Braucht Halbschatten und durchlässigen, am besten sauren Boden. Vermehrung durch Ableger im Spätsommer oder Herbst.
× ***P. veitchii***. Immergrüner, schlingender oder windender Strauch. H. 3–4 m. Hat längliche, leicht gezähnte Blätter. Nikkende, röhrige, rosarote Blüten erscheinen im Sommer in den Blattachseln.

PHILESIA (Liliaceae)
Gattung mit nur einer Art immergrünem Strauch, beliebt wegen seiner auffallenden Blüten. Winterhart, gedeiht aber nur in mildem, feuchtem Klima. Braucht Halbschatten und humusreichen, feuchten, sauren Boden. Alljährliches Mulchen mit Laubkompost vorteilhaft. Vermehrung durch halbausgereifte Stecklinge im Sommer oder durch Ausläufer im Herbst.
P. magellanica. Immergrüner, aufrechter Strauch. H. 1 m, Br. 2 m. Trägt vom Hochsommer bis Spätherbst trompetenförmige, wächserne, purpurrosa Blüten in den Blattachseln. Die schmal lanzettlichen, dunkelgrünen Blätter sind unterseits bläulich-grün.

PHILLYREA (Oleaceae)
Steinlinde
Gattung immergrüner Sträucher und Bäume mit unauffälligen Blüten, die wegen ihres Laubes gepflanzt werden. Winterhart, braucht aber in kaltem Klima Schutz. Gedeiht am besten in praller Sonne und in fruchtbarem, durchlässigem Boden. Um Wachstum einzudämmen, im Frühling zurückschneiden. Vermehrung durch halbausgereifte Stecklinge im Sommer.
P. angustifolia. Immergrüner, buschiger, dichter Strauch. H. und Br. 3 m. Blätter sind schmal lanzettlich und dunkelgrün. Auf kleine, duftende, 4lappige, grünlichweiße Blüten im Spätfrühling und Frühsommer folgenden kugelige, blauschwarze Früchte.
P. decora. Siehe *Osmanthus decorus*.
P. latifolia. Immergrüner, rundlicher Strauch oder Baum. H. und Br. 8m. Hat ovale, glänzende, dunkelgrüne Blätter. Von Spätfrühling bis Frühsommer winzige, duftende, 4lappige, grünlich-weiße Blüten, dann kugelige, blauschwarze Früchte.

PHILODENDRON (Araceae)
Gattung immergrüner Sträucher und Kletterpflanzen mit Luftwurzeln und verholzter Basis, beliebt wegen ihrer schönen Blätter. Treibt periodisch unscheinbare Blüten. Frostempfindlich, mind. 15–18°C. Braucht Halbschatten und humusreichen, durchlässigen Boden. Mäßig, bei kaltem Wetter sparsam gießen. Braucht Halt. Zur Förderung von verzweigtem Wuchs Triebspitzen einkürzen. Vermehrung durch Blattaugen- oder Kopfstecklinge im Sommer.
P. auritum hort. Siehe *Syngonium auritum*.
***P.* 'Burgundy'**. Langsamwachsender, immergrüner Wurzelkletterer mit verholzter Basis. H. 2 m oder mehr. Blätter sind schmal lanzettlich, rot überlaufen, oberseits tiefgrün, unterseits weinrot und bis 30 cm lang.
P. cordatum (Herzblatt). Mäßig kräftiger, immergrüner Wurzelkletterer mit verholzter Basis. H. 3 m oder mehr. Hat

herzförmige, glänzende, satt grüne, bis 45 cm lange Blätter.
P. domesticum, syn. *P. hastatum*. Ziemlich langsamwachsender, immergrüner, an der Basis verholzter Wurzelkletterer. H. 2–3 m. Die glänzenden, leuchtendgrünen 30–40 cm langen Blätter sind an jungen Pflanzen pfeilförmig; später haben sie deutliche Basallappen.
P. erubescens. Immergrüner, aufrechter, an der Basis verholzter Wurzelkletterer H. bis 3 m. Die ovalen bis dreieckigen, 15–25 cm langen Blätter haben lange, rote Stiele und sind dunkelgrün mit leichtem Kupferglanz.
P. hastatum. Siehe *P. domesticum*.
P. laciniatum. Siehe *P. pedatum*.
P. melanochrysum (Känguruhblume), Abb. S. 178.
P. pedatum, syn. *P. laciniatum*. Langsamwachsender, immergrüner, an der Basis verholzter Wurzelkletterer. H. 2–3 m. Hat ovale, glänzende, tiefgrüne, 30–80 cm lange Blätter, die in 5 oder 7 deutliche Lappen geteilt sind.
P. pinnatifidum. Immergrüner, aufrechter, robuster, unverzweigter Strauch. H. bis 3 m. Br. 1–2 m. Die glänzenden, tiefgrünen Blätter mit breit ovalen Konturen sind 40–60 cm lang und in 15 oder mehr fingerartige Fiedern geteilt.
P. sagittatum. Siehe *P. sagittifolium*.
P. sagittifolium, syn. *P. sagittatum*. Langsamwachsender, immergrüner, an der Basis verholzter Wurzelkletterer. H. 2–3 m. Die ovalen Blätter mit Basallappen sind bis 40–60 cm lang, glänzend und leuchtendgrün.
P. scandens Abb. S. 178.
P. selloum Abb. S. 120.
P. trifoliatum. Siehe *Syngonium auritum*.

PHLEBODIUM (Polypodiaceae)
Gattung immergrüner und halbimmergrüner Farne. Frostempfindlich, mind. 5°C. Braucht volles Licht oder Halbschatten und humusreichen, feuchten, aber durchlässigen Boden. Welke Wedel regelmäßig entfernen. Vermehrung durch Teilung im Frühling oder durch Sporen im Sommer.
P. aureum, syn. *Polypodium aureum*, Abb. S. 185. **'Mandaianum'** Abb. S. 184.

PHLOMIS (Labiatae)
Brandkraut
Gattung immergrüner, sommerblühender Sträucher und Stauden, beliebt wegen ihrer auffälligen, helmförmigen Blüten in dichten Quirlen und wegen ihrer Blätter. Völlig- bis winterhart. Bevorzugt volle Sonne und durchlässigen Boden. Vermehrung durch Aussaat im Herbst; Sträucher können auch durch krautige Stecklinge im Sommer vermehrt werden, Stauden durch Teilung im Frühling.
P. cashmeriana. Immergrüner, aufrechter Strauch. H. 60 cm, Br. 45 cm. Winterhart. Im Sommer Massen 2lippiger, blaßlila Blüten. Die schmal ovalen, mittelgrünen Blätter haben eine wollige, weiße Unterseite.
P. chrysophylla. Immergrüner, rundlicher Strauch mit steifen Zweigen. H. und Br. 1 m. Winterhart. Im Frühsommer 2lippige, goldgelbe Blüten. Die ovalen Blätter sind in der Jugend graugrün und werden dann golden grün.
P. fruticosa Abb. S. 138.
P. italica Abb. S. 130.
P. longifolia var. ***bailanica***. Immergrüner, buschiger Strauch. H. 1,2 m, Br. 1 m. Winterhart. Blätter sind länglich bis herzförmig, tief geädert und leuchtendgrün. Hat vom Früh- bis Hochsommer 2lippige, tiefgelbe Blüten.
P. russeliana Abb. S. 214.

PHLOX (Polemoniaceae)
Flammenblume
Gattung meist im Spätfrühling oder Sommer blühender Einjähriger und Stauden, von denen manche halb- oder ganz immergrün sind; wegen ihrer endständigen Rispen oder der großen Zahl der leuchtend bunten Blüten beliebt. Völlig oder halb winterhart. Gedeiht in Sonne oder Halbschatten und in fruchtbarem, feuchtem, aber durchlässigem Boden; manche Arten bevorzugen sauren Boden; gedeiht in leichtem, trockenem Boden besser bei Halbschatten. Steingartenarten nach der Blüte zurückschneiden. Polsterphloxe und Hybriden im Frühling oder Sommer durch Stecklinge von nicht blühenden Trieben vermehren; Spezies durch Aussaat im Herbst oder Frühling; *P. maculata, P. paniculata* und ihre Sorten auch durch Teilung im Vorfrühling oder durch Wurzelschnittlinge im Winter; Einjährige durch Aussaat im Frühling. *P. maculata, P. paniculata* und ihre Sorten sind anfällig für Älchenbefall.
P. adsurgens (Polsterphlox). Immergrüne, teppichbildende, niederliegende Staude. H. 10 cm, Br. 30 cm. Völlig winterhart. Die an der Basis verholzten Triebe tragen ovale, hell- bis mittelgrüne Blätter. Treibt im Sommer endständige Trauben kurzstieliger, tellerförmiger, purpurner, rosa oder weißer Blüten mit überlappenden Kronblättern. Geeignet für Stein- oder Heidegärten. Bevorzugt Halbschatten und kiesigen, torfigen, sauren Boden. **'Wagon Wheel'** Abb. S. 316.
P. amoena **'Variegata'**. Siehe *P.* × *procumbens* 'Folio-variegata'.
P. bifida (Polsterphlox), Abb. S. 321.
P. caespitosa. Immergrüne, polsterbildende, kompakte Staude. H. 8 cm, Br. 12 cm. Völlig winterhart. Blätter sind schmal und nadelartig. Die einzeln stehenden, fast stiellosen, tellerförmigen, lila oder weißen Blüten erscheinen im Sommer. Geeignet für Steingärten oder Tröge. Braucht Sonne und sehr durchlässigen Boden.
***P.* 'Camla'** Abb. S. 319.
***P.* 'Chatahoochee'** Abb. S. 296.
P. divaricata. Halbimmergrüne, kriechende Staude. H. 30 cm oder mehr, Br. 20 cm. Völlig winterhart. Im Frühsommer tragen aufrechte Stiele tellerförmige, lavendelblaue Blüten in lockeren Trauben. Blätter sind oval. Geeignet für Stein- oder Heidegärten. Bevorzugt Halbschatten und feuchten, aber durchlässigen Torfboden. Ssp. ***laphamii*** Abb. S. 296.
P. douglasii **'Boothman's Variety'** Abb. S. 320. **'Crackerjack'** Abb. S. 319. **'May Snow'** ist eine immergrüne, hügelbildende Staude. H. 8 cm, Br. 20 cm. Völlig winterhart. Massen von tellerförmigen, weißen Blüten erscheinen im Frühsommer. Blätter sind lanzettlich und mittelgrün. Geeignet für Steingärten, Mauern oder Böschungen. Die kräftige, kompakte **'Red Admiral'**, H. 15 cm, hat blutrote Blüten.
P. drummondii (Sommerphlox). **Beauty-Serie** ist eine Gruppe mäßig schnellwüchsiger, kompakter, aufrechter Einjähriger. H. 15 cm, Br. 10 cm. Halb winterhart. Hat speerförmige, blaßgrüne Blätter und vom Sommer bis Frühherbst Köpfe aus sternförmigen Blüten in vielen Farben einschließlich Rot, Rosa, Blau, Purpur und Weiß. **'Carnival'** hat größere Blüten mit hervorstechender Mitte. **Cecily-Serie** Abb. S. 270. **'Petticoat'** hat zweifarbige Blüten. **Twinkle-Serie** purpurrot Abb. S. 270; leuchtendrot Abb. S. 271.
***P.* 'Emerald Cushion'** Abb. S. 321.
P. hoodii. Immergrüne, kompakte, niederliegende Staude. H. 5 cm, Br. 10 cm. Völlig winterhart. Die einzeln stehenden, flachen, weißen Blüten öffnen sich im Frühsommer über fein nadelförmigen, behaarten Blättern. Geeignet für Steingärten. Braucht Sonne und sehr durchlässigen Boden.
P. maculata. Aufrechte Staude. H. 1 m, Br. 45 cm. Völlig winterhart. Im Sommer zylindrische Rispen aus röhrigen, 5zipfeligen, mauverosa Blüten über ovalen, mittelgrünen Blättern. **'Alpha'** hat rosarote Blüten. **'Omega'** Abb. S. 202.
***P.* 'Millstream'**. Immergrüne, teppichbildende, ausgebreitete Staude. H. bis 15 cm, Br. 30 cm oder mehr. Völlig winterhart. Schlanke, niederliegende Triebe tragen schmal ovale Blätter und im Frühsommer tellerförmige, tiefrosa Blüten mit weißem Auge. Die Sorte ist gut geeignet für Steingärten.
P. paniculata. Aufrechte Staude, selten gepflanzt, weil sie in den Gärten ihren bunteren Sorten Platz macht. H. 1,2 m, Br. 60 cm. Völlig winterhart. Röhrige, 5zipfelige Blüten erscheinen im Spätsommer in kegelförmigen Köpfen über den ovalen, mittelgrünen Blättern. **'Amethyst'** hat violette Blüten. **'Brigadier'** Abb. S. 205. **'Bright Eyes'** hat rotäugige, rosa Blüten. **'Eva Cullum'** Abb. S. 204. **'Harlequin'** Abb. S. 205. **'Nora Leigh'** Abb. S. 210. **'Sir John Falstaff'** hat große, tief lachsrosa Blüten mit kirschrotem Auge.
P.* × *procumbens **'Folio-variegata'**, syn. *P. amoena* 'Variegata'. Immergrüne, niederliegende Staude. H. 2,5 cm, Br. 25 cm. Völlig winterhart. Hat ovale, glänzende, grüne Blätter mit weißen Rändern. Im Frühsommer kleine, tellerförmige, leuchtend kirschrosa Blüten. Geeignet für Steingärten.
P. stolonifera (Ausläufertreibender Phlox). Immergrüne, niederliegende, ausgebreitete Staude. H. 10–15 cm, Br. 30 cm oder mehr. Völlig winterhart. Im Frühsommer kleine, becherförmige, blaßblaue Blüten. Blätter sind lanzettlich bis oval. Bevorzugt feuchten, torfigen, sauren Boden; ist gut geeignet für einen Heide- oder Steingarten. **'Ariane'** Abb. S. 313. **'Blue Ridge'** hat Massen von lavendelblauen Blüten.
P. subulata. Immergrüne, polsterbildende Staude. H. 10 cm, Br. 20 cm. Völlig winterhart. Hat feine, nadelartige Blätter. Massen von sternförmigen, weißen, rosa oder malvenfarbenen Blüten erscheinen im Frühsommer. Geeignet für einen sonnigen Steingarten. **'Marjory'** Abb. S. 318.

PHOENIX (Palmae)
Gattung immergrüner Palmen, beliebt wegen ihrer Gesamterscheinung und ihrer eßbaren Früchte. Frostempfindlich, mind. 10–15°C. Wächst in jedem fruchtbaren, durchlässigen Boden bei viel Licht, verträgt aber auch Halbschatten. Topfpflanzen mäßig, im Winter weniger gießen. Vermehrung durch Aussaat im Frühling nicht unter 24°C. Rote Spinne kann äußerst lästig werden.
P. canariensis (Kanarische Dattelpalme). Immergrüne, aufrechte Palme mit robustem Stamm. H. 18 m oder darüber, Br. 10 m oder mehr. Mind. 10°C. Die federförmigen, gebogenen, bis 5 m langen Blätter sind in schmal speerförmige, ledrige, leuchtendgrüne Fiedern geteilt. Trägt große, hängende Trauben winziger, gelbbrauner Blüten, auf die im Herbst-Winter an ausgewachsenen Pflanzen kurz längliche, gelbe bis rote Früchte folgen.
P. roebelenii (Zwergdattelpalme). Immergrüne Palme mit schlankem Stamm. H. 2–4 m, Br. 1–2 m. Mind. 15°C. Hat federförmige, gebogene, glänzende, dunkelgrüne, 1–1,2 m lange Blätter und im Sommer große Rispen aus winzigen, gelben Blüten. Im Herbst erscheinen eiförmige, schwarze, 45 cm lange Früchte in hängenden Trauben.

PHORMIUM (Agavaceae)
Neuseeländischer Hanf
Gattung immergrüner Stauden, beliebt wegen ihrer kräftigen, schwertförmigen Blätter. Winterhart. Benötigt Sonne und feuchten, aber durchlässigen Boden. Vermehrung durch Teilung oder Aussaat im Frühling.
P. colensoi. Siehe *P. cookianum*.
P. cookianum, syn. *P. colensoi* (Bergflachs). Immergrüne, aufrechte Staude. H. 1–2 m, Br. 30 cm. Hat Büschel schwertförmiger, aufrechter, dunkelgrüner Blätter. Rispen aus röhrigen, blaß gelblich-grünen Blüten erscheinen im Sommer. **'Tricolor'** hat rot, gelb und grün längsgestreifte Blätter. **'Variegatum'** hat beige gestreifte Blätter.
P. tenax. Immergrüne, aufrechte Staude. H. 3 m, Br. 1–2 m. Hat Büschel schwertförmiger, steifer, dunkelgrüner Blätter. Rispen aus röhrigen, matt roten Blüten erscheinen im Sommer an kurzen, leicht gräulich-grünen Stielen. Wächst am Meer. **'Aurora'** hat rot-, bronze-, lachsrosa- und gelblängsgestreifte Blätter. **'Bronze Baby'** Abb. S. 258. **'Dazzler'** Abb. S. 223. **'Purpureum'** Abb. S. 194. **'Veitchii'** hat sehr dekorative, breite, beigeweißgestreifte Blätter.

PHOTINIA (Rosaceae)
Glanzmispel
Gattung immer- oder sommergrüner Sträucher und Bäume mit kleinen weißen Blüten, beliebt wegen ihres Laubes, die sommergrünen Arten auch wegen ihrer Herbstfarbe und ihrer Früchte. Völlig- bis winterhart, immergrüne Arten brauchen aber Windschutz. Benötigt Sonne oder Halbschatten und fruchtbaren, durchlässigen Boden, einige bevorzugen sauren Boden. Vermehrung durch halbausgereifte Stecklinge im Sommer, sommergrüne auch durch Aussaat im Herbst.
P. arbutifolia. Siehe *Heteromeles arbutifolia*.
P.* × *fraseri. Gruppe immergrüner Hybridsträucher. Winterhart. Haben kräftige, längliche Blätter und sind wenig spätfrostgefährdet. Junge Triebe sind lange Zeit dekorativ. **'Birmingham'** Abb. S. 85. **'Red Robin'** ist aufrecht und dicht. H. 6 m, Br. 4 m. Die glänzenden, dunkelgrünen Blätter sind in der Jugend leuchtendrot. Breite Köpfe aus 5blättrigen Blüten erscheinen im Spätfrühling.
P. serratifolia, syn. *P. serrulata*. Immergrüner, aufrechter Strauch oder Baum

mit buschiger Krone. H. 10 m, Br. 8 m. Winterhart. Längliche, oft scharf gezähnte Blätter sind in der Jugend rot, reif glänzend und dunkelgrün. Auf kleine, 5blättrige Blüten von Mitte bis Ende des Frühjahrs folgen manchmal kugelige, rote Früchte. Junge Triebe sind spätfrostempfindlich.
P. serrulata. siehe *P. serratifolia*.
P. villosa. Sommergrüner, aufrechter Strauch oder ausladender Baum. H. und Br. 5 m. Völlig winterhart. Die ovalen, dunkelgrünen Blätter haben in der Jugend bronzefarbene Ränder und werden im Herbst leuchtend orange-rot. Treibt im späten Frühling Trauben 5blättriger Blüten, dann kugelige, rote Früchte. Bevorzugt sauren Boden.

PHRAGMIPEDIUM. Siehe ORCHIDEEN.
P. caudatum. Immergrüne, epiphytische Orchidee für ein temperiertes Gewächshaus. H. 23 cm. Trägt im Sommer einen Blütenzweig mit hellgrünen und hellbraunen Kelchblättern und schuhförmiger Lippe sowie hängenden, bandartigen, gelben und bräunlich-roten, bis 30 cm langen Kronblättern. Hat schmalovale, 30 cm lange Blätter. Braucht im Sommer einen schattigen Platz.

PHUOPSIS (Rubiaceae)
Gattung mit nur einer Art mattenbildender, sommerblühender Staude, die wegen ihrer kleinen, stechend riechenden, röhrigen Blüten beliebt ist. Guter Bodendekker, vor allem an Böschungen und in Steingärten. Völlig winterhart. Braucht Sonne und durchlässigen Boden. Die Vermehrung erfolgt durch Teilung im Frühling, durch halbausgereifte Stecklinge im Sommer oder durch Aussaat im Herbst.
P. stylosa, syn. *Crucianella stylosa* (Kreuzblümchen), Abb. S. 292.

PHYGELIUS (Scrophulariaceae)
Gattung immergrüner oder halbimmergrüner Sträucher und Halbsträucher, beliebt wegen ihrer auffallenden röhrigen Blüten. Winterhart, braucht aber meist einen geschützten Standort; wird an einer süd- oder westseitigen Mauer wesentlich höher. Braucht Sonne und fruchtbaren, durchlässigen, aber nicht zu trockenen Boden. Verliert durch Frost meist Blätter und junge Triebe frieren bis zum Boden zurück. Im Frühling bis in Bodennähe zurückschneiden; Pflanzen mit verholzter Basis bis zum austriebsfähigen Holz stutzen. Vermehrung durch Kopfstecklinge im Sommer.
P. aequalis Abb. S. 134. **'Yellow Trumpet'** Abb. S. 137.
***P. capensis* 'Coccineus'**. Immergrüner, oder halbimmergrüner, aufrechter Halbstrauch. H. 1,5 m, Br. 2 m. Die röhrigen, gebogenen, leuchtend orange-roten Blüten mit rotem Mund und gelbem Schlund erscheinen vom Hochsommer bis Frühherbst in langen, schlanken Ähren inmitten von dreieckigen, dunkelgrünen Blättern.
***P. × rectus* 'Winchester Fanfare'**. Immergrüner oder halbimmergrüner, aufrechter Halbstrauch. H. 1,5 m, Br. 2 m. Hat dreieckige, dunkelgrüne Blätter und vom Hochsommer bis Frühherbst hängende, röhrige dunkel rötlich-rosa Blüten mit scharlachroten Zipfeln und gelbem Schlund.

Phyllanthus nivosus. Siehe *Breynia disticha*.

× PHYLLIOPSIS (Ericaceae)
Hybridgattung *(Phyllodoce × Kalmiopsis)* mit nur einer Art immergrünem Strauch, beliebt wegen seiner Blüten. Ist geeignet für Heide- und Steingärten. Völlig winterhart. Braucht Halbschatten und torfigen, sauren Boden. Zur Erhaltung der kompakten Form nach der Blüte zurückschneiden. Vermehrung durch halbausgereifte Stecklinge im Spätsommer.
× *P. hillieri* 'Pinocchio'. Immergrüner, aufrechter Strauch. H. 20 cm, Br. 25 cm. Die verzweigten Triebe tragen dünne, ovale Blätter. Lange, offene Trauben glockiger, sehr tief rosafarbener Blüten erscheinen im Frühling und danach periodisch.

PHYLLITIS (Polypodiaceae)
Gattung immergrüner oder halbimmergrüner Farne. Völlig winterhart. Bevorzugt Halbschatten und feuchten, aber durchlässigen Boden. Vermehrung durch Sporen im Sommer, ausgewählte Formen durch Teilung im Frühling.
P. scolopendrium, syn. *Asplenium scolopendrium, Scolopendrium vulgare*, Abb. S. 187. **'Crispum'** (Hirschzungenfarn). Abb. S. 187.

PHYLLOCLADUS (Podocarpaceae). Siehe KONIFEREN.
P. aspleniifolius (Tasmanische Blatteibe). Langsam wachsende, aufrechte Konifere. H. 6–10 m, Br. 3–5 m. Halb winterhart. Hat anstatt echter Blätter abgeflachte, blattartige Triebe (Phyllocladien); diese sind matt dunkelgrün und ähneln in ihrer Form Sellerieblättern. Treibt ungenießbare, weiß überzogene Nüsse mit fleischiger, roter Basis.
P. trichomanoides Abb. S. 78.

PHYLLODOCE (Ericaceae)
Blauheide
Gattung immergrüner Sträucher, beliebt wegen ihrer feinen, heideartigen Blätter und schönen Blüten. Völlig- bis winterhart. Braucht Halbschatten und feuchten, torfigen, sauren Boden. Vermehrung durch halbausgereifte Stecklinge im Spätsommer oder durch Aussaat im Frühling.
P. caerulea, syn. *P. taxifolia*, Abb. S. 288.
P. empetriformis Abb. S. 288.
***P. × intermedia* 'Drummondii'** Abb. S. 287. **'Fred Stoker'** ist ein immergrüner, aufrechter Strauch. H. und Br. 23 cm. Völlig winterhart. Hat schmale, glänzende, grüne Blätter. Trägt vom Spätfrühling bis Frühsommer endständige Trauben krugförmiger, leuchtend rötlichpurpurner Blüten auf schlanken, roten Stielen.
P. nipponica. Immergrüner, aufrechter Strauch. H. 10–20 cm, Br. 10–15 cm. Winterhart. Die reich verzweigten Stiele tragen feine linealische Blätter und im Spätfrühling und Sommer gestielte, glokkige, weiße Blüten an den Spitzen.
P. taxifolia. Siehe *P. caerulea*.

PHYLLOSTACHYS (Bambusoideae). Siehe GRÄSER, BAMBUS, BINSEN und RIEDGRÄSER.
P. aurea. Immergrüner, horstbildender Bambus. H. 6–8 m. Br. unbestimmt. Winterhart. Die aufrechten, gerillten Halme haben becherförmige Verdickungen unter den meisten Knoten, die zur Basis hin oft sehr eng zusammengerückt und verdreht sind. Mittelgrüne Blätter und unscheinbare Blütenähren.
P. aureosulcata. Immergrüner, horstbildender Bambus. H. 6–8 m. Br. unbestimmt. Winterhart. Trägt gestreifte Blattscheiden und gelbe Rillen an den rauhen, bräunlich-grünen Halmen. Die mittelgrünen Blätter sind bis 15 cm lang; Blütenähren sind unscheinbar.
P. bambusoides Abb. S. 182.
P. flexuosa Abb. S. 182.
***P.* 'Henonis'**. Siehe *P. nigra* var. *henonis*.
P. nigra (Schwarzer Bambus). Immergrüner, horstbildender Bambus. H. 6–8 m, Br. unbestimmt. Winterhart. Die gerillten, grünlich-braunen Halme werden im zweiten Jahr schwarz. Die fast ungezeichneten Halmscheiden tragen borstige Öhrchen, mittelgrüne Blätter und unscheinbare Blütenähren. Var. ***henonis*** (syn. *P. 'Henonis'*) Abb. S. 182.
P. viridiglaucescens Abb. S. 183.

× PHYLLOTHAMNUS (Ericaceae)
Hybridgattung *(Phyllodoce × Rhodothamnus)* mit nur einer Art immergrünem Strauch, beliebt wegen seines Laubes und seiner Blüten. Geeignet für Heide- und Steingärten. Winterhart. Braucht einen geschützten, teilbeschatteten Standort und feuchten, sauren Boden. Vermehrung durch halbausgereifte Stecklinge im Spätsommer.
× *P. erectus*. Immergrüner, aufrechter Strauch. H. und Br. 15 cm. Hat kleine, schmal linealische, tiefgrüne Blätter. Trauben schlank gestielter, glockiger, zart rosafarbener Blüten erscheinen im Spätfrühling.

PHYSALIS (Solanaceae)
Judenkirsche, Lampionblume
Gattung sommerblühender Stauden und Einjähriger, beliebt vor allem wegen ihrer dekorativen, laternenartigen Kelche und Früchte, die im Herbst erscheinen. Halb oder ganz winterhart. Wächst bei Sonne oder Schatten und in durchlässigem Boden. Vermehrung durch Teilung oder krautige Stecklinge im Frühling, Einjährige durch Aussaat im Frühling oder Herbst.
P. alkekengi (Blasenkirsche). Ausgebreitete Staude, manchmal als Einjährige gepflanzt. H. 45 cm, Br. 60 cm. Völlig winterhart. Auf unauffällige, nickende, sternförmige, weiße Blüten im Sommer folgen im Herbst runde, leuchtend orange-rote in aufgeblasenen orangen Kelchen eingehüllte Früchte. Blätter sind mittelgrün und oval.
P. peruviana (Kapstachelbeere). Ausgebreitete Staude. H. und Br. 1,2 m. Halb winterhart. Auf unauffällige, sternförmige, purpurn gezeichnete, gelbe Blüten im Sommer folgen runde, gelbe, in aufgeblasenen, blaßbeigen Kelchen eingehüllte Früchte. Blätter sind mittelgrün und oval bis dreieckig.

PHYSOCARPUS (Rosaceae)
Blasenspiere
Gattung sommergrüner, meist sommerblühender Sträucher, beliebt wegen ihrer Blätter und Blüten. Winterhart. Benötigt Sonne und fruchtbaren, nicht zu trockenen Boden. Bevorzugt sauren Boden und wächst in flachem, kalkigem Boden nicht gut. Angewachsene Pflanzen gelegentlich ausdünnen, indem man alte Triebe nach der Blüte bis zum Boden zurückschneidet. Vermehrung durch krautige Stecklinge im Sommer.
P. opulifolius. Sommergrüner, überhängender, dichter Strauch. H. 3 m, Br. 5 m. Hat eine schälende Rinde und breite ovale, gezähnte und gelappte, mittelgrüne Blätter. Trauben winziger, manchmal rosa überlaufener, weißer Blüten erscheinen im Frühsommer. **'Dart's Gold'** Abb. S. 114.

PHYSOPLEXIS (Campanulaceae)
Teufelskralle
Gattung mit nur einer Art büscheliger Staude, beliebt wegen ihrer Blüten. Gedeiht auf Tuffstein, in Steingärten, Trögen und im Alpinenhaus. Völlig winterhart. Braucht Sonne und sehr durchlässigen, alkalischen Boden, sollte aber nicht der Mittagssonne ausgesetzt sein. Im Winter ziemlich trocken halten. Vermehrung durch Aussaat im Herbst oder durch krautige Stecklinge im Frühsommer. Ist anfällig für Nacktschneckenfraß.
P. comosa, syn. *Phyteuma comosum*, Abb. S. 320.

PHYSOSTEGIA (Labiatae)
Gelenkblume
Gattung im Sommer bis Frühherbst blühender Stauden. Völlig winterhart. Braucht Sonne und fruchtbaren, feuchten aber durchlässigen Boden. Vermehrung durch Teilung im Frühling.
P. virginiana. Aufrechte Staude. H. 1 m, Br. 60 cm. Treibt im Spätsommer Ähren helmförmiger, 2lippiger, rosa-purpurner Blüten mit gelenkigen Stielen, durch die die Blüten in Position bleiben können. Hat lanzettliche, gezähnte, mittelgrüne Blätter. **'Summer Snow'** hat rein weiße Blüten. **'Variegata'** Abb. S. 204. **'Vivid'** Abb. S. 236.

PHYTEUMA (Campanulaceae)
Teufelskralle
Gattung im Früh- bis Hochsommer blühender Stauden, die gut geeignet sind für Steingärten. Völlig winterhart. Braucht Sonne und durchlässigen Boden. Vermehrung durch Aussaat im Herbst.
P. comosum. Siehe *Physoplexis comosa*.
P. scheuchzeri Abb. S. 297.

PHYTOLACCA (Phytolaccaceae)
Kermesbeere
Gattung von Stauden, immergrünen Sträuchern und Bäumen, beliebt wegen ihrer Gesamterscheinung und ihrer dekorativen, aber giftigen Früchte. Völlig winterhart bis frostempfindlich, mind. 5°C. Verträgt Sonne oder Schatten und benötigt fruchtbaren, feuchten Boden. Vermehrung durch Aussaat im Herbst oder Frühling.
P. americana. Aufrechte, ausgebreitete Staude. H. und Br. 1,2–1,5 m. Völlig winterhart. Die ovalen bis lanzettlichen Blätter sind im Herbst purpurn getönt. Flach becherförmige, manchmal rosaüberlaufene, weiß-grüne Blüten erscheinen im Sommer in endständigen Trauben, dann giftige, schwärzlich-purpurne Beeren.
P. clavigera. Kräftige, aufrechte Staude. H. und Br. 1,2 m. Völlig winterhart. Hat leuchtend blutrote Stiele, ovale bis lanzettliche Blätter, die im Herbst gelb werden und im Sommer Trauben flach becherförmiger, rosa Blüten, gefolgt von giftigen, rundlichen, schwärzlich-purpurnen Beeren.

PICEA (Pinaceae)
Fichte
Gattung von Koniferen mit nadelförmigen Blättern auf erhabenen Riefen am Zweig sitzend und schraubig angeordnet. Die hängenden Zapfen reifen im ersten Herbst; Schuppen sind holzig und beweglich. Siehe auch KONIFEREN.
P. abies (Gemeine Fichte, Rotfichte; Abb. S. 76). Schnellwüchsige Konifere in der Jugend schmal konisch, später breiter. H. 10–30 m, Br. 5–7 m. Völlig winterhart. Hat dunkelgrüne Nadeln und hängende Zapfen. **'Clanbrassiliana'**, H. 5 m, Br. 3–5 m, ist langsamwüchsig, rundlich und ausladend. **Gregoryana'** (Abb. S. 83), H. und Br. 60 cm, ist langsamwüchsig mit einer dichten, kugeligen Form. **'Inversa'**, H. 5–10 m, Br. 2 m, hat einen aufrechten Stamm und hängende Seitenäste. **'Little Gem'**, H. und Br. 30–50 cm, hat eine nestförmige Vertiefung in der Mitte, die durch ausgebreitete Äste verursacht wird. **'Nidiformis'**, H. 1 m, Br. 1–2 m, ist ähnlich, aber größer und wächst schneller. **'Ohlendorfii'** (Abb. S. 82), H. und Br. 1 m, ist schwachwüchsig, erst rundlich, dann konisch. **'Reflexa'** (Abb. S. 82), H. 30 cm, Br. 5 m, ist niederliegend, kann aber an einem Stock gezogen werden und die hängenden Zweige breiten sich dann hügelförmig aus.
P. breweriana Abb. S. 77.
P. engelmanii (Engelmann-Fichte), Abb. S. 77.
P. glauca. Schmal konische Konifere. H. 10–15 m, Br. 4–5 m. Völlig winterhart. Graugrüne Triebe tragen blaugrüne Nadeln. Die eiförmigen, hellbraunen Zapfen fallen nach der Reife ab. Var. ***albertiana* 'Conica'** (syn. *P. g.* 'Albertiana Conica'; Abb. S. 83), H. 2–5 m, Br. 1–2 m, hat einen hübschen pyramidenförmigen Habitus und ist langsamwachsend, mit längeren Blättern und kleineren Zapfen. **'Coerulea'** Abb. S. 77. **'Echiniformis'**, H. 50 cm, Br. 1 m, ist eine flachköpfige, rundliche Zwergform.
P. likiangensis (Likiangfichte). Aufrechte Konifere, H. 15 m, Br. 5–10 m. Völlig winterhart. Die bläulich-weißen Nadeln stehen weit auseinander. Die 8–15 cm langen Zapfen sind zylindrisch, die weiblichen in der Jugend leuchtendrot und im Stadium der Reife purpurfarben, die männlichen rosa.
P. mariana (Schwarzfichte). Konische Konifere, deren unterste Äste oft spontan wurzeln und einen Ring von Stämmen um die Mutterpflanze bilden. H. 10–15 m, Br. 3 m. Völlig winterhart. Nadeln sind bläulich-grün oder bläulich-weiß, die ovalen Zapfen dunkel graubraun. **'Doumetti'** Abb. S. 80. **'Nana'** (Abb. S. 82), H. 50 cm, Br. 50–80 cm, ist ein hübscher Strauch mit blaugrauen Nadeln.
P. morrisonicola (Taiwan-Fichte), Abb. S. 79.
P. omorika Abb. S. 75. **'Gnom'** (Abb. S. 82) ist eine strauchartige Konifere mit hängenden, an den Spitzen ansteigenden Ästen. H. bis 1,5 m, Br. 1–2 m. Völlig winterhart. Nadeln sind oberseits dunkelgrün, unterseits weiß. **'Nana'**, H. und Br. 1 m, ist eine rundliche oder ovale Zwergform.
P. orientalis (Kaukasusfichte). Säulenförmige, dichte Konifere. H. 20 m, Br. 5 m. Völlig winterhart. Die glänzenden, tiefgrünen Nadeln sind sehr kurz. Hat eiförmige bis konische, 6–10 cm lange, dunkel purpurne Zapfen, die braun reifen; männliche sind im Frühling ziegelrot. **'Aurea'** hat in der Jugend goldene Nadeln, die später grün werden. **'Skylands'** Abb. S. 76.
P. pungens (Stechfichte). Säulenförmige Konifere. H. 15 m, Br. 5 m. Völlig winterhart. Hat eine schuppige, graue Rinde und sehr scharfe, kräftige, gräulich-grüne oder leuchtendblaue Nadeln. Die zylindrischen, hellbraunen Zapfen haben papierartige Schuppen. **'Glauca Globosa'** siehe *P. p.* 'Montgomery'. **'Hoopsii'**, H. 10–15 m, hat silbrig-blaue Nadeln. **'Koster'** Abb. S. 77. **'Montgomery'** (syn. *P. p.* 'Glauca Globosa'; Abb. S. 82). H. und Br. 1 m, ist eine kompakte, ausladende oder konische Zwergform mit graublauen Nadeln.
P. sitchensis (Sitkafichte). Sehr kräftige, breit konische Konifere. H. 30–50 m in feuchtem Klima, 15–20 m bei trockenen Bedingungen, Br. 6–10 m. Völlig winterhart. Rinde wird an alten Bäumen schuppig. Hat stechende, leuchtend tiefgrüne Nadeln und zylindrische, papierartige, blaßbraune oder weißliche, 5–10 cm lange Zapfen. Geeignet für einen exponierten oder mageren Standort.
P. smithiana (Himalayafichte). Langsamwüchsige Konifere, in der Jugend konische, später säulenförmig mit waagrechten Ästen und hängenden Zweigen. H. 25–30 m, Br. 6 m. Völlig winterhart. Hat dunkelgrüne Nadeln und zylindrische, leuchtendbraune, 10–20 cm lange Zapfen.

PICRASMA (Simaroubaceae)
Gattung sommergrüner Bäume, beliebt wegen ihrer strahlenden Herbstfarbe. Im späten Frühling unscheinbare Blüten. Völlig winterhart. Benötigt Sonne oder Halbschatten und fruchtbaren, durchlässigen Boden. Vermehrung durch Aussaat im Herbst.
P. quassioides (Quassiabaum), Abb. S. 69.

PIERIS (Ericaceae)
Lavendelheide
Gattung immergrüner Sträucher, beliebt wegen ihrer Blätter und ihrer zahlreichen, kleinen, urnenförmigen Blüten. Völligbis winterhart. Braucht einen geschützten Standort in Halbschatten oder Schatten und feuchten, torfigen, sauren Boden. *P. floribunda* gedeiht in jedem sauren Boden. Junge Triebe erfrieren manchmal im Frühling und sollten so bald als möglich zurückgeschnitten werden. Zur Wachstumsförderung verwelkte Blüten entfernen. Vermehrung durch weiche Triebspitzen oder halbausgereifte Stecklinge im Sommer.
***P.* 'Bert Chandler'**. Immergrüner, buschiger Strauch. H. 2 m, Br. 1,5 m. Winterhart. Die lanzettlichen, glänzenden Blätter sind in der Jugend leuchtendrosa, werden dann zartgelb, weiß und schließlich dunkelgrün. Blüht nur sehr selten weiß. Gedeiht am besten an einem ziemlich offenen Standort.
P. floribunda Abb. S. 95.
***P.* 'Forest Flame'**. Immergrüner, aufrechter Strauch. H. 4 m, Br. 2 m. Winterhart. Die schmal ovalen, glänzenden Blätter sind in der Jugend leuchtendrot, werden rosa, dann beige und schließlich dunkelgrün. Die weißen Blüten erscheinen zusammen mit den jungen Blättern von Mitte bis Ende des Frühlings.
P. formosa. Immergrüner, buschiger, dichter Strauch. H. und Br. 4 m. Winterhart. Die großen, länglichen, glänzenden, dunkelgrünen Blätter sind in der Jugend bronzefarben. Trägt große Trauben weißer Blüten von Mitte bis Ende des Frühlings. Var. ***forrestii* 'Wakehurst'** Abb. S. 110. **'Henry Price'** hat tief geäderte, in der Jugend bronze-rote Blätter.
P. japonica Abb. S. 84. **'Daisen'** ist ein immergrüner, rundlicher, dichter Strauch. H. und Br. 3 m. Völlig winterhart. Die schmal ovalen Blätter sind reif glänzend dunkelgrün. Hängende Trauben rot knospender, tiefrosa Blüten erscheinen im Frühling. **'Dorothy Wyckoff'** hat tief blutrote Knospen, die sich zu rosa Blüten öffnen; Blätter sind im Winter bronzefarben. Die jungen Blätter von **'Mountain Fire'** sind leuchtendrot. **'Scarlett O'Hara'** Abb. S. 95. **'Variegata'** wächst langsam mit kleinen, weiß geränderten Blättern.
P. nana, syn. *Arcterica nana*. Immergrüner, niederliegender Zwergstrauch. H. 2,5–5 cm, Br. 10–15 cm. Völlig winterhart. Hat winzige, ovale, ledrige, dunkelgrüne Blätter, meist zu dritt in Quirlen an dünnen Trieben, die leicht wurzeln. Im Vorfrühling kleine, endständige Trauben weißer Blüten mit grünen oder roten Kelchen. Hervorragend geeignet zur Festigung einer Torfwand oder im Steingarten.
P. taiwanensis. Immergrüner, buschiger, dichter Strauch. H. 3 m, Br. 5 m. Völlig winterhart. Die schmal ovalen, dunkelgrünen Blätter sind in der Jugend bronzerot. Von Anfang bis Mitte des Frühlings Trauben weißer Blüten.

PILEA (Urticaceae)
Kanonierblume
Gattung buschiger oder kriechender Einjähriger und immergrüner Mehrjähriger, beliebt wegen ihrer dekorativen Blätter. Frostempfindlich, mind. 10°C. Gedeiht an jedem vor direktem Sonnenlicht und Zugluft geschützten Standort in durchlässiger Erde; im Winter nicht zu viel gießen. Während der Vegetationszeit Sproßspitzen stutzen, damit die Pflanzen nicht in die Länge schießen. Vermehrung der Mehrjährigen durch Kopfstecklinge im Frühling oder Sommer, Einjährige durch Aussaat im Frühling oder Herbst. Rote Spinne kann Probleme bereiten.
P. cadierei Abb. S. 256.
P. involucrata. Immergrüne, buschige Mehrjährige. H. 15 cm, Br. 30 cm. Die ovalen bis rundlichen, bis 5 cm langen Blätter haben eine gewellte Oberfläche und sind oberseits bronzefarben, unterseits rötlich-grün; im Schatten ist die Oberseite grün. Hat unscheinbare Blüten.
P. nummulariifolia Abb. S. 261.

PILEOSTEGIA (Hydrangeaceae)
Gattung immergrüner, verholzter Wurzelkletterer. Winterhart. Wächst bei Sonne oder Schatten und in jedem durchlässigen Boden; ist deshalb gut geeignet für nordseitige Mauern. Falls nötig, im Frühling stutzen. Vermehrung durch halbausgereifte Stecklinge im Sommer.
P. viburnoides, syn. *Schizophragma viburnoides*, Abb. S. 166.

PILOSOCEREUS (Cactaceae)
Gattung säulenförmiger, sommerblühender, mehrjähriger Kakteen mit wolligen Stacheln an den Blütenzonen am Scheitel. Manche Arten werden *Cephalocereus* zugeordnet. Frostempfindlich, mind. 11°C. Braucht volle Sonne und sehr durchlässigen Boden. Vermehrung durch Aussaat oder Stecklinge im Frühling oder Sommer.
P. palmeri Abb. S. 380.

PIMELEA (Thymeleaceae)
Glanzstrauch
Gattung immergrüner Sträucher, beliebt wegen ihrer Blüten und ihrer Gesamterscheinung. Winterhart bis frostempfindlich, mind. 5–7°C. Braucht volle Sonne und durchlässigen, neutralen bis sauren Boden. Topfpflanzen mäßig, bei niedrigen Temperaturen weniger gießen. Braucht im Winter viel Licht und Belüftung in einem Kalthaus. Vermehrung durch Aussaat im Frühling oder durch halbausgereifte Stecklinge im Spätsommer.
P. ferruginea Abb. S. 130.

PINELLIA (Araceae)
Gattung sommerblühender, mehrjähriger Knollenpflanzen mit schlanker, helmförmiger, grüner Spatha, die einen bleistiftartigen Kolben völlig umhüllt. Winterhart. Braucht Halbschatten oder Sonne und humusreichen Boden. Im Frühling-Sommer reichlich gießen. Ruht im Winter. Vermehrung durch Ableger im Vorfrühling oder durch in Blattachseln entstehende Brutknöllchen im Spätsommer.
P. ternata. Sommerblühende, mehrjährige Knollenpflanze. H. 15–25 cm, Br. 10–15 cm. Die aufrechten Stiele werden gekrönt von ovalen, flachen, 3teiligen Blättern. Blattlose Stiele tragen eine röhrige, grüne 5–6 cm lange Spatha mit einer Haube an der Spitze.

PINGUICULA (Lentibulariaceae)
Gattung sommerblühender Stauden mit klebrigen Blättern, die Insekten fangen und verdauen. Ist nützlich als Topfpflanze unter Glas neben von Blattläusen befallenen Pflanzen. Winterhart bis frostempfindlich, mind. 7°C. Braucht Sonne und nassen Boden. Vermehrung durch Teilung im Vorfrühling oder durch Aussaat im Herbst.
P. caudata. Staude mit basaler Rosette. H. 12–15 cm, Br. 5 cm. Frostempfindlich. Blätter sind schmal oval und mattgrün mit eingerollten, violettlichen Rändern. Im Sommer tragen lange Stiele 5blättrige, tief karminrote Blüten.
P. grandiflora (Fettkraut), Abb. S. 322.

PINUS (Pinaceae)
Kiefer
Gattung kleiner bis großer Koniferen mit spiralig angeordneten Büscheln aus 2, 3 oder 5 Nadeln. Zapfen reifen in zwei Jahren und sind im ersten Jahr klein. Siehe auch KONIFEREN.
P. aristata (Fuchsschwanzkiefer), Abb. S. 80.
P. armandii (Armand-Kiefer, Davidskiefer). Konische, offene Konifere. H. 10–15 m, Br. 5–8 m. Völlig winterhart. Hat hängende, gräulich-blaue Nadeln und konische, grüne 8–25 cm lange, reif braune Zapfen.
P. banksiana Abb. S. 79.
P. bungeana Abb. S. 80.
P. cembra (Arve, Zirbelkiefer), Abb. S. 78.
P. cembroides Abb. S. 81.
P. chylla. Siehe *P. wallichiana*.

P. contorta Abb. S. 79. Var. ***latifolia*** (Drehkiefer), Abb. S. 78. **'Spaan's Dwarf'** ist eine konische, offene Zwergkonifere mit kurzen, steif aufgerichteten Zweigen. H. und Br. 75 cm. Völlig winterhart. Hat aufrechte Äste mit leuchtendgrünen Blättern in Paaren.
P. coulteri Abb. S. 74.
P. densiflora (Japanische Rotkiefer). Flachkronige Konifere. H. 15 m, Br. 5–7 m. Völlig winterhart. Die Art hat eine schuppende, rötlichbraune Rinde und konische, gelbe oder blaßbraune Zapfen.
'Alice Verkade', H. und Br. 75 cm, ist eine rundliche Zwergform mit frisch grünen Nadeln. **'Umbraculifera'** (syn. *P. d.* 'Tagyosho'), H. 4 m, Br. 6 m, wächst langsam mit rundlicher oder schirmförmiger Krone.
P. excelsa. Siehe *P. wallichiana*.
P. griffithii. Siehe *P. wallichiana*.
P. halepensis (Aleppokiefer), Abb. S. 79.
P. heldreichii var. ***leucodermis***. Siehe *P. leucodermis*.
P. × holfordiana Abb. S. 73.
P. insignis. Siehe *P. radiata*.
P. jeffreyi Abb. S. 75.
P. leucodermis, syn. *P. heldreichii* var. *leucodermis* (Schlangenhautkiefer), Abb. S. 76. **'Compact Gem'** (Abb. S. 83) ist eine breit kegelförmige, dichte Zwergkonifere. H. und Br. 25–30 cm. Völlig winterhart. Hat sehr dunkelgrüne Nadeln in Paaren. Wächst nur 2,5 cm pro Jahr. **'Schmidtii'** (Abb. S. 83) ist eine Zwergform mit eiförmigem Habitus und spitzen, dunkelgrünen Nadeln.
P. montezumae (Montezumakiefer), Abb. S. 74.
P. mugo (Bergkiefer, Krummholzkiefer). Ausgebreitete, strauchige Konifere. H. 3–5 m, Br. 5–8 m. Völlig winterhart. Hat leuchtend bis dunkelgrüne Nadeln in Paaren und eiförmige, braune Zapfen. **'Gnom'**, H. und Br. bis 2 m, und **'Mops'**, H. 1 m, Br. 2 m, sind rundliche Sorten.
P. muricata Abb. S. 75.
P. nigra (Schwarzkiefer). Aufrechte, später ausladende Konifere, meist in einer der folgenden Formen gepflanzt. **'Hornibrookiana'**, H. 1,5–2 m, Br. 2 m, ist eine völlig winterharte, strauchige Sorte mit kräftigen, ausladenden oder aufrechten Ästen und dunkelgrünen Nadeln in Paaren. Ssp. ***laricio*** (syn. var. *maritima*; Korsische Kiefer), H. 25–30 m, Br. 8 m, ist schnellwüchsig und schmal konisch mit offener Krone; trägt graugrüne Nadeln in Paaren und eiförmige bis konische, gelbe oder blaß graubraune Zapfen. Ssp. ***nigra*** Abb. S. 76.
P. parviflora (Jap. Weißkiefer), Abb. S. 77. **'Adock's Dwarf'** ist eine langsamwüchsige, rundliche, dichte Zwergkonifere. H. 2–3 m, Br. 1,5–2 m. Völlig winterhart. Trägt graugrüne Blätter in 5er-Gruppen.
P. peuce (Macedon. Kiefer), Abb. S. 73.
P. pinaster Abb. S. 75.
P. pinea (Schirmkiefer, Pinea), Abb. S. 81.
P. ponderosa (Gelbkiefer), Abb. S. 75.
P. pumila (Zwergkiefer). Ausladende, strauchige Konifere. H. 2–3 m, Br. 3–5 m. Völlig winterhart. Hat leuchtend blaugrüne Nadeln in 5er-Gruppen. Die eiförmigen Zapfen sind violett-purpurn, reif rot oder gelb-braun, die männlichen leuchtend rot-purpurn im Frühling. **'Globe'**, H. und Br. 50 cm–1 m, ist eine rundliche Sorte mit blauen Nadeln.
P. radiata, syn. *P. insignis* (Monterey-Kiefer), Abb. S. 76.
P. rigida (Pechkiefer), Abb. S. 78.
P. strobus (Weymuthskiefer), Abb. S. 74. F. ***nana*** ist eine rundliche Zwergkonifere mit offener, lückiger, quirliger Krone. H. 1–2 m, Br. 2–3 m. Völlig winterhart. Die graue Rinde ist erst glatt, später rissig. Trägt graugrüne Nadeln in 5er-Gruppen.
P. sylvestris (Gemeine Kiefer, Föhre). Konifere mit aufrechten, quirligen Ästen in der Jugend, die mit dem Alter eine ausladende, rundliche Krone entwickelt. H. 15–25 m, Br. 8–10 m. Völlig winterhart. Rinde ist am oberen Teil des Stammes flockig und rotbraun, an der Basis rissig und purpur-grau. Hat blaugrüne Nadeln in Paaren und konische, grüne Zapfen, die blaßgrau oder rotbraun reifen. **'Aurea'** (Abb. S. 83), H. 10 m, Br. 4 m, hat im Winter-Frühling goldgelbe, sonst blaugrüne Blätter. **'Beuvronensis'**, H. und Br. 1 m, ist ein rundlicher Strauch. **'Doone Valley'** (Abb. S. 82), H. u. Br. 1 m, ist ein aufrechter, unregelmäßig geformter Strauch. F. ***fastigiata*** Abb. S. 80. **'Gold Coin'** (Abb. S. 83), H. und Br. 2 m, ist eine Zwergart von *P. s.* 'Aurea'. **'Nana'** (Abb. S. 82), H. und Br. 50 cm, ist eine sehr dichte Sorte mit weit auseinander stehenden Blättern.
P. thunbergii (Japan. Schwarzkiefer), Abb. S. 78.
P. virginiana (Virgin. Kiefer), Abb. S. 79.
P. wallichiana, syn. *P. chylla, P. excelsa, P. griffithii*, Abb. S. 75.

PIPTANTHUS (Leguminosae)
Gattung sommergrüner oder halbimmergrüner Sträucher, beliebt wegen ihres Laubes und ihrer Blüten. Winterhart. Braucht in kaltem Klima den Schutz einer süd- oder westseitigen Wand. Benötigt Sonne und fruchtbaren, durchlässigen Boden. Im Frühling einige ältere Triebe bis zum Boden zurückschneiden und frostgeschädigte Triebe bis zum gesunden Holz stutzen. Vermehrung durch Aussaat im Herbst.
P. laburnifolius. Siehe *P. nepalensis*.
P. nepalensis, syn. *P. laburnifolius*, Abb. S. 114.

PISONIA (Nyctaginaceae)
Gattung immergrüner Sträucher und Bäume, beliebt wegen ihres Laubes und ihrer Gesamterscheinung. Frostempfindlich, mind. 10–15°C. Braucht volles Licht oder Halbschatten und humusreichen, durchlässigen Boden. Topfpflanzen in der Wachstumsphase reichlich, sonst mäßig gießen. Stutzen wird vertragen, wenn nötig. Vermehrung durch Aussaat im Frühling oder durch halbausgereifte Stecklinge im Sommer.
P. umbellifera, syn. *Heimerliodendron brunonianum* (Vogelfängerbaum). Immergrüner, rundlicher Strauch oder Baum. H. und Br. 3–6 m. Hat ovale, ledrige, glänzende Blätter und im Frühling Trauben winziger, grüner oder rosa gefärbter Blüten, gefolgt von 5flügeligen, klebrigen, bräunlichen Früchten.

PISTACIA (Anacardiaceae)
Pistazie
Gattung immergrüner oder sommergrüner Bäume, beliebt wegen ihres Laubes und wegen ihrer Gesamterscheinung. Frostempfindlich, mind. 10°C. Benötigt volles Licht und extrem durchlässigen bis trockenen Boden. Topfpflanzen in der Wachstumsphase mäßig, zu anderen Zeiten sparsam gießen. Wenn nötig, wird Stutzen vertragen. Vermehrung durch Aussaat im Frühling oder durch halbausgereifte Stecklinge im Sommer.
P. lentiscus (Mastixbaum). Immergrüner, unregelmäßig abgerundeter Strauch oder Baum. H. 5 m, Br. bis 3 m. Blätter sind in 2–5 Paare von ovalen, ledrigen, glänzenden Fiedern geteilt. Achselständige Trauben unscheinbarer Blüten im Frühling bis Frühsommer entwickeln sich im Herbst zu kugeligen, erst roten, dann schwarzen Früchten.
P. terebinthus (Terpentin-Pistazie). Sommergrüner, rundlicher bis eiförmiger Baum. H. 6–9 m, Br. 3–6 m. Blätter haben 5–9 ovale, meist glänzende, sattgrüne Fiedern. Treibt im Frühling und Frühsommer achselständige Trauben unscheinbarer Früchte, die sich im Herbst zu winzigen, kugeligen bis eiförmigen, erst roten, dann purpur-braunen Früchten entwickeln.

PISTIA (Araceae)
Gattung mit nur einer Art sommergrüner, mehrjähriger, schwimmender Wasserpflanze, die wegen ihrer Blätter beliebt ist. Ist in Wasser über 19–21°C immergrün. Geeignet für tropische Aquarien und frostfreie Teiche. Frostempfindlich, mind. 10–15°C. Wächst in Sonne oder Halbschatten. Welkes Laub entfernen und Pflanze nach Bedarf ausdünnen. Vermehrung durch Abtrennung von Tochterpflanzen während der Vegetationszeit im Sommer.
P. stratiotes (Wassersalat), Abb. S. 375.

PITCAIRNIA (Bromeliaceae)
Gattung immergrüner, mehrjähriger Rosettenpflanzen, beliebt wegen ihrer Gesamterscheinung. Frostempfindlich, mind. 10°C. Braucht Halbschatten und durchlässigen Boden. Während der Vegetationszeit mäßig, sonst sparsam gießen. Vermehrung durch Kindel oder Teilung im Frühling.
P. andreana. Immergrüne, stockbildende, mehrjährige Pflanze mit Basalrosette. H. 20 cm, Br. 30 cm oder darüber. Die lockeren Rosetten bestehen aus schmal speerförmigen, stark gebogenen, grünen Blättern mit grauschuppiger Unterseite. Trauben röhriger, orangeroter Blüten erscheinen im Sommer.
P. heterophylla. Immergrüne Rosettenstaude mit verdickten, reich verzweigten Rhizomen. H. 10 cm oder mehr, Br. bis 30 cm. Bildet lockere Rosetten; die äußeren Blätter ähneln bärtigen Stacheln, die inneren, grünen Blätter sind bandförmig und niedergebogen mit flaumiger Unterseite. Fast stiellose Ähren aus röhrigen, leuchtendroten oder selten weißen Blüten erscheinen im Sommer.

PITTOSPORUM (Pittosporaceae)
Klebsame
Gattung immergrüner Bäume und Sträucher, beliebt wegen ihres dekorativen Laubes und der duftenden Blüten. Winterhart bis frostempfindlich, mind. 7°C. Optimal in mildem Klima; in kalten Gegenden an eine süd- oder westseitige Mauer setzen. *P. crassifolium* und *P. ralphii* sind in mildem Küstenklima gute Windschutzhecken und wie die Formen mit gestreiften oder purpurnen Blättern bevorzugen sie Sonne. Andere wachsen in Sonne oder Halbschatten. Alle brauchen durchlässigen Boden. Vermehrung von *P. dallii* durch Veredelung im Sommer, andere Arten durch Aussaat im Herbst oder Frühling oder durch halbausgereifte Stecklinge im Sommer; kultivierte Formen nur durch halbausgereifte Stecklinge im Sommer.
P. crassifolium. Immergrüner, buschiger, dichter Baum oder Strauch. H. 5 m, Br. 3 m. Winterhart. Hat längliche, dunkelgrüne Blätter mit graufilziger Unterseite. Trauben kleiner, duftender, sternförmiger, dunkel rötlich-purpurner Blüten erscheinen im Frühling. **'Variegatum'** Abb. S. 71.
P. dallii Abb. S. 72.
P. eugenioides. Immergrüner, säulenförmiger Baum. H. 10 m, Br. 5 m. Winterhart. Die schönen, schmalovalen Blätter mit welligen Rändern sind glänzend dunkelgrün. Sternförmige, blaßgelbe Blüten mit zartem Honigduft erscheinen im Frühling. **'Variegatum'** Abb. S. 71.
P. 'Garnettii' Abb. S. 94.
P. ralphii. Immergrüner, buschiger Baum oder Strauch. H. 4 m, Br. 3 m. Winterhart. Die großen Blätter sind länglich, ledrig und graugrün mit stark behaarter Unterseite. Im Frühling kleine, duftende, sternförmige, dunkelrote Blüten.
P. tenuifolium Abb. S. 95. **'James Stirling'** ist ein immergrüner, erst säulenförmiger, dann rundlicher Strauch oder Baum. H. 12 m, Br. 5 m. Winterhart. Hat tief purpurne Triebe und kleine, abgerundete, silbrig-graue Blätter mit gewellten Rändern. Die röhrigen, purpurnen, nach Honig duftenden Blüten erscheinen im späten Frühling. **'Tom Thumb'** Abb. S. 145.
P. tobira. Immergrüner, buschiger, dichter Baum oder Strauch. H. 6 m, Br. 4 m. Winterhart. Hat längliche bis ovale, glänzende, dunkelgrüne Blätter. Stark duftende, sternförmige, weiße Blüten öffnen sich im Frühling und werden später zartgelb.
P. undulatum (Viktorianischer Buchsbaum). Immergrüner, breit konischer Baum. H. 12 m, Br. 8 m. Halb winterhart. Hat lange, schmal ovale, spitze, dunkelgrüne Blätter mit welligen Rändern. Die duftenden, sternförmigen, weißen Blüten erscheinen im Spätfrühling und Frühsommer, danach rundliche, orange gefärbte Früchte.

PITYROGRAMMA (Polypodiaceae)
Gattung halbimmergrüner oder immergrüner Farne, die sich gut für Ampeln eignen. Frostempfindlich, mind. 10°C. Benötigt Halbschatten und humusreichen, feuchten, aber durchlässigen Boden. Welke Wedel regelmäßig entfernen. Die Pflanze vorsichtig gießen, um nicht die puderartige Substanz auf den Wedeln zu zerstören. Die Vermehrung geschieht durch Sporen im Spätsommer.
P. chrysophylla. Halbimmergrüner oder immergrüner Farn. H. und Br. 45 cm. Lanzettliche, zartgefiederte, breite, mittelgrüne Wedel mit gelb bepuderter Unterseite erscheinen auf den braunen Stielen.
P. triangularis. Halbimmergrüner oder immergrüner Farn. H. und Br. 45 cm. Hat breit dreieckige, zart geteilte, mittelgrüne Wedel mit oranger oder cremeweißer Puderschicht.

PLAGIANTHUS (Malvaceae)
Gattung immergrüner oder sommergrüner Bäume und Sträucher, beliebt wegen ihres Habitus und ihrer unauffälligen, duftenden Blüten. Winterhart bis halb winterhart. In kaltem Klima an eine süd- oder westseitige Mauer setzen. Braucht Sonne und fruchtbaren, durchlässigen Boden. Vermehrung durch halbausgereifte Stecklinge im Sommer.
P. divaricatus. Sommergrüner, buschiger Strauch. H. 2,5 m, Br. 4 m. Bedingt winterhart. Schlanke, verschlungene, dunkelbraune Zweige treiben schmale, dunkelgrüne Blätter. Stark duftende, winzige, gelblich-weiße Blüten im Spätfrühling.
Plagiorhegma dubia. Siehe *Jeffersonia dubia*.

PLANTAGO (Plantaginaceae)
Wegerich
Gattung sommerblühender Einjähriger, Zweijähriger und immergrüner Stauden und Sträucher. Viele Arten sind Unkräuter, manche werden aber wegen ihrer Blätter und ihres architektonischen Werts gepflanzt. Völlig winterhart bis frostempfindlich, mind. 7–10°C. Braucht volle Sonne und durchlässigen Boden. Topfpflanzen mäßig, im Winter sparsam gießen. Vermehrung durch Aussaat oder Teilung im Frühling.
P. nivalis Abb. S. 331.

PLATANUS (Platanaceae)
Platane
Gattung sommergrüner Bäume, beliebt wegen ihres Habitus, ihres Laubes und der schuppigen Rinde. Blüten sind unauffällig. Im Herbst hängen kugelige Trauben von Früchten an den Zweigen. Halb oder ganz winterhart. Braucht volle Sonne und tiefgründigen, fruchtbaren, durchlässigen Boden. Vermehrung der Arten durch Aussaat im Herbst, *P. × acerifolia* durch Steckhölzer im Frühwinter. Alle außer *P. orientalis* sind anfällig für die pilzliche Blatt- und Zweigdürre.
P. × acerifolia Abb. S. 42. **'Suttneri'** ist ein kräftiger, sommergrüner, ausladender Baum. H. 20 m, Br. 15 m. Völlig winterhart. Hat eine schuppige Rinde und große, handförmig geteilte, 5lappige, scharf gezähnte, leuchtendgrüne Blätter mit beigen Flecken. *P. orientalis* (Orientalische Platane). Sommergrüner, ausladender Baum. H. 25 m und Br. 25 m oder mehr. Völlig winterhart. Treibt große, handförmig geteilte, glänzende, tiefgelappte, blaßgrüne Blätter.

PLATYCARYA (Juglandaceae)
Gattung mit nur einer Art sommergrünem Baum, der wegen seiner Blätter und Kätzchen beliebt ist. Winterhart. Benötigt volle Sonne und fruchtbaren, durchlässigen Boden. Vermehrung durch Aussaat im Herbst.
P. strobilacea. Sommergrüner, ausladender Baum. H. und Br. 10 m. Hat eschenähnliche, leuchtendgrüne Blätter mit 5–15 Fiedern. Die aufrechten, grünen Kätzchen erscheinen vom Hoch- bis Spätsommer; die männlichen sind schlank und zylindrisch mit oft hängenden Spitzen, die weiblichen sind zapfenartig, werden braun und bleiben den Winter über am Baum.

PLATYCERIUM (Polypodiaceae)
Geweihfarn
Gattung immergrüner, epiphytischer Farne; gedeihen am besten in hängenden Körben und an Holzstücken befestigt und daran herabhängend. Hat 2 Arten von Wedeln: ausdauernde, breite, sterile »Nischenblätter«, die den größten Teil der Pflanze bilden und bandförmige, meist teilweise gegabelte, gebogene, fertile Wedel. Frostempfindlich, mind. 5°C. Braucht warme, feuchte Bedingungen mit Halbschatten und faseriges, torfiges, fast erdfreies Substrat. Vermehrung durch Abtrennen von Tochterpflanzen im Frühling oder Sommer und Einsetzen in Substrat oder durch Sporen im Sommer oder Frühherbst.
P. bifurcatum Abb. S. 184.

PLATYCODON (Campanulaceae)
Ballonglocke
Monotypische Gattung einer Staude, beliebt wegen ihrer Blüten im Sommer. Völlig winterhart. Braucht Sonne und leichten, sandigen Boden. Vermehrung durch Basalstecklinge von nicht blühenden Trieben im Sommer, am besten mit einem Stück Wurzel, oder durch Aussaat im Herbst.
P. grandiflorus Abb. S. 241. Var. ***mariesii*** ist eine elegante, stockbildende Staude. H. und Br. 30–45 cm. Im Hochsommer einzelne, endständige, große, ballonartige Blütenknospen, die sich zu glockigen, blauen oder violettlich-blauen Blüten öffnen. Hat ovale, scharf gezähnte, bläulich-grüne Blätter.

PLATYSTEMON (Papaveraceae)
Gattung mit nur einer Art sommerblühender Einjähriger. Winterhart. Braucht Sonne und fruchtbaren, durchlässigen Boden. Vermehrung durch Aussaat im Freien im Frühling oder Frühherbst.
P. californicus Abb. S. 279.

PLECTRANTHUS (Labiatae)
Harfenstrauch
Gattung immergrüner, kriechender oder buschiger Stauden, die wegen ihres Laubes gepflanzt werden. Frostempfindlich, mind. 10°C. Ist leicht zu ziehen, wenn man sie bei Halbschatten oder Sonne feucht hält. Wenn die Pflanzen auswachsen, während der Vegetationszeit Triebspitzen einkürzen. Vermehrung durch Stecklinge oder Teilung im Frühling oder Sommer.
P. australis (Harfenstrauch, Schwedischer Efeu). Immergrüne, kriechende Staude mit 4-kantigen Trieben. H. bis 15 cm, Br. unbestimmt. Hat rundliche, wächserne, glänzende, grüne Blätter mit gesägten Rändern. Treibt periodisch Trauben röhriger, weißer oder blaß malvenfarbener Blüten.
***P. coleoides* 'Variegatus'** Abb. S. 221.
P. oertendahlii (Niederliegender Harfenstrauch). Immergrüne, niederliegende Mehrjährige, H. bis 15 cm. Br. unbestimmt. Die rundlichen, geränderten, dunkelgrünen Blätter sind unterseits rötlich-grün mit weißen Adern an der Oberseite. Trauben röhriger, weißer oder blaßlila Blüten erscheinen in unregelmäßigen Intervallen während des ganzen Jahres.

PLEIOBLASTUS (Bambusoideae).
Siehe GRÄSER, BAMBUS, BINSEN und RIEDGRÄSER.
P. variegatus, Syn. *Arundinaria fortunei, A. variegata* (Zwergbambus), Abb. S. 180.
P. viridistriatus, Syn. *Arundinaria auricoma, A. viridistriata*, Abb. S. 183.

PLEIONE. Siehe ORCHIDEEN.
P. bulbocodioides (Abb. S. 253). Sommergrüne, terrestrische Orchidee. H. 20 cm. Winterhart. Trägt im Frühling, meist vor dem Erscheinen des einzigen Blattes, rosa oder rote, 5–12 cm breite Blüten mit dunkler purpurner Zeichnung auf der Lippe. Das Blatt ist schmal lanzettlich und 14 cm lang. Ist oft schwer zur Blüte zu bringen; regelmäßiges Düngen hilft, die Pseudobulben zur Blühgröße wachsen zu lassen.
P. × confusa. Sommergrüne, terrestrische Orchidee. H. 15 cm. Winterhart. Kanariengelbe, 5–8 cm breite Blüten mit braun oder purpurn gefleckter Lippe erscheinen einzeln im Frühling, vor den Blättern. Hat lanzettliche, 10–18 cm lange Blätter. Gedeiht am besten in einem Alpinum. Benötigt Halbschatten.
P. hookeriana. Sommergrüne, terrestrische Orchidee. H. 8–15 cm. Winterhart. Lila-rosa, rosa oder weiße, 5–7 cm breite Blüten mit braun oder violett gefleckter Lippe erscheinen einzeln im Frühling zusammen mit lanzettlichen, 5–20 cm langen Blättern. Kultur wie *P. × confusa*.
P. humilis. Sommergrüne, terrestrische Orchidee. H. 5–8 cm. Winterhart. Im Winter, vor dem Austrieb der Blätter, erscheinen weiße, 7–9 cm breite Blüten mit blutrot gefleckter Lippe einzeln oder in Paaren. Die lanzettlichen Blätter sind 18–25 cm lang. Kultur wie *P. × confusa*.
P. praecox. Sommergrüne, terrestrische Orchidee. H. 8–13 cm. Winterhart. Die bis 8 cm breiten Blüten erscheinen im Herbst, nach den Blättern in Paaren. Sie sind weiß bis rosa-violett oder lila mit violetter Zeichnung. Blätter sind länglich bis lanzettlich und 15–25 cm lang. Kultur wie *P. × confusa*.

PLEIOSPILOS (Aizoaceae)
Gattung stockbildender, mehrjähriger Sukkulenten mit fast stammlosen Rosetten aus bis zu 4 Paar fleischiger, aufrechter Blätter, die wie Granitstücke aussehen, mit flacher Oberfläche; sind an der Basis paarweise verwachsen. Blüten sind gänseblümchenartig. Die einzelnen Arten sind sehr ähnlich und schwer zu unterscheiden. Frostempfindlich, mind. 5°C. Braucht Sonne und durchlässigen Boden. Vermehrung durch Aussaat oder Teilung im Frühling oder Sommer.
P. bolusii Abb. S. 399.
P. simulans Abb. S. 398.

PLEUROTHALLIS. Siehe ORCHIDEEN.
P. grobyi. Immergrüne, epiphytische Orchidee für ein kühles Gewächshaus. H. 2,5 cm. Treibt im Sommer Trauben winziger, weißer, 0,25 cm langer Blüten. Blätter sind oval, fleischig und 0,5 cm lang. Braucht im Sommer Schatten.

PLUMBAGO (Plumbaginaceae)
Bleiwurz
Gattung Einjähriger, immergrüner oder halb immergrüner Sträucher, Stauden und verholzter, schlingender Kletterpflanzen, beliebt wegen ihrer primelartigen Blüten. Winterhart bis frostempfindlich, mind. 7°C. Wächst in vollem Licht oder Halbschatten und in fruchtbarem, duchlässigem Boden. Regelmäßig gießen, außerhalb der Wachstumsphase weniger. Triebe aufbinden. Im Vorfrühling vorjährige Triebe ausdünnen oder einkürzen. Vermehrung durch krautige Stecklinge im Sommer. Weiße Fliege kann Probleme bereiten.
P. auriculata, syn. *P. capensis*, Abb. S. 173.
P. capensis. Siehe *P. auriculata*.
P. indica, syn. *P. rosea*. Immergrüner oder halbimmergrüner, ausladender Strauch oder Halbkletterer. H. 2 m, Br. 1–2 m. Frostempfindlich. Blätter sind oval bis elliptisch und mittelgrün. Hat endständige Trauben mit primelartigen, roten oder rosa, 2,5 cm langen Blüten. Blüht im Sommer, wenn sie alljährlich im Frühling stark gestutzt wird, ab dem Spätwinter, wenn sie ungestutzt als Kletterpflanze gezogen wird.
P. rosea. Siehe *P. indica*.

PLUMERIA (Apocynaceae)
Frangipani
Gattung meist sommergrüner Sträucher und Bäume mit fleischigen Ästen, beliebt wegen ihrer Blüten im Sommer-Herbst. Hat einen giftigen Saft. Frostempfindlich, mind. 13°C. Benötigt volle Sonne und sehr durchlässigen Boden. Kübelpflanzen während der Vegetationszeit mäßig gießen, im Winter, wenn sie blattlos sind, trocken halten. Triebspitzen können gestutzt werden, damit sie sich verzweigen. Vermehrung durch Aussaat oder blattlose Kopfstecklinge im Spätfrühling. Rote Spinne kann äußerst lästig werden.
P. acuminata. Siehe *P. rubra* var. *acutifolia*.
P. acutifolia. Siehe *P. rubra* var. *acutifolia*.
P. alba. Sommergrüner, runder, kaum verzweigter Baum. H. bis 6 m, Br. bis 4 m. Blätter sind lanzettlich mit schlanker Spitze und bis 30 cm lang. Endständige Trauben duftender, weißer Blüten mit gelbem Auge, mit 5 ausgebreiteten Kronblättern und röhrigem Schlund erscheinen im Sommer.
P. rubra Abb. S. 68. Var. ***acutifolia*** (syn. *P. acuminata, P. acutifolia*) ist ein sommergrüner, ausladender, kaum verzweigter Baum oder Strauch. H. und Br. 4 m oder mehr. Im Sommer – Herbst duftende, weiße Blüten mit gelber Mitte und 5 ausgebreiteten Kronblättern. Blätter sind lanzettlich bis oval und 20–30 cm lang.

PODALYRIA (Leguminosae)
Gattung immergrüner, meist sommerblühender Sträucher, beliebt wegen ihrer Blüten und ihrer Gesamterscheinung. Frostempfindlich, mind. 7–10°C. Benötigt volles Licht und fruchtbaren, durchlässigen Boden. Topfpflanzen mäßig gießen, außerhalb der Wachstumsphase weniger. Wenn nötig, nach der Blüte stutzen. Vermehrung durch Aussaat im Frühling oder durch halbausgereifte Stecklinge im Sommer.
P. calyptrata. Kräftiger, immergrüner, rundlicher Strauch. H. und Br. 1,2–3 m. Hat ovale, flaumige, mittelgrüne Blätter und wickenähnliche, rosa, 3–4 cm breite Blüten im Sommer.

PODOCARPUS (Podocarpaceae) Siehe KONIFEREN.
P. alpinus (Tasmanische Steineibe). Rundliche, ausladende, strauchige Konifere. H. 2 m, Br. 3–5 m. Winterhart. Hat linealische, matt grüne Blätter und rund-

liche, eiförmige, fleischige, leuchtendrote Früchte.
P. andinus, syn. *Prumnopitys andinus* (Pflaumeneibe). Konifere mit einer gewölbten Krone auf mehreren Stielen. H. 15 m, Br. 8 m. Winterhart. Hat eine glatte, graubraune Rinde, nadelförmige, abgeflachte, bläulich-grüne Blätter und eßbare, gelblich-weiße Früchte, die kleinen Pflaumen ähneln.
P. macrophyllus. Aufrechte Konifere. H. 10 m, Br. 3–5 m. Halb winterhart. Die langen, linealischen Blätter sind oberseits leuchtendgrün, unterseits graugrün. Kann als Strauch, H. und Br. 1–2 m, gezogen werden und im heißen Klima als Kübelpflanze.
P. nivalis (Berg-Steineibe; Abb. S. 82). Rundliche, ausladende, strauchige Konifere. H. 2 m, Br. 3–5 m. Winterhart. Ist *P. alpinus* sehr ähnlich, hat aber längere, breitere, steifere Nadeln.
P. salignus Abb. S. 78.

PODOPHYLLUM (Berberidaceae)
Maiapfel, Fußblatt
Gattung frühlingsblühender Stauden mit Rhizom. Winterhart, junge Blätter können aber durch Frost leiden. Gedeiht am besten bei Halbschatten und in feuchtem Torfboden. Vermehrung durch Teilung im Frühling oder durch Aussaat im Herbst.
P. emodi, syn. *P. hexandrum*, Abb. S. 225.
P. hexandrum. Siehe *P. emodi*.
P. peltatum. Kräftige, ausgebreitete Staude mit Rhizom. H. 30–45 cm, Br. 30 cm. Die handförmig geteilten, manchmal braun gesprenkelten, hellgrünen Blätter mit 3–5 tiefen Lappen stoßen regenschirmartig aufgerollt aus der Erde; später folgen im Frühling nickende, becherförmige, weiße Blüten. Im Herbst große, fleischige, pflaumenartige, glänzende, tief rosarote Früchte.

PODRANEA (Bignoniaceae)
Gattung immergrüner, windender Kletterpflanzen, beliebt wegen ihrer fingerhut-artigen Blüten. Frostempfindlich, mind. 5–10 °C. Gedeiht in jedem fruchtbaren, durchlässigen Boden mit viel Licht. Regelmäßig gießen, bei kaltem Wetter weniger. Stütze bieten. Zu dichten Wuchs im Winter oder Vorfrühling ausdünnen. Vermehrung durch Aussaat im Frühling oder durch halbausgereifte Stecklinge im Sommer.
P. ricasoliana, syn. *Pandorea ricasoliana, Tecoma ricasoliana*. Schnellwüchsige, immergrüne, windende Kletterpflanze. H. 4 m oder mehr. Blätter aus 7 oder 9 lanzettlichen bis ovalen, gewellten, tiefgrünen Fiedern. Lockere Trauben duftender, rosa Blüten mit dunkleren Adern erscheinen von Frühling bis zum Herbst.

Poinciana pulcherrima. Siehe *Caesalpinia pulcherrima*.

POLEMONIUM (Polemoniaceae)
Jakobsleiter, Sperrkraut
Gattung im Spätfrühling oder Sommer blühender Einjähriger und Stauden (oft kurzlebig). Winterhart. Bevorzugt Sonne und fruchtbaren, durchlässigen Boden. Vermehrung durch Teilung im Frühling oder durch Aussaat im Herbst.
P. caeruleum Abb. S. 242.
P. carneum Abb. S. 240.
P. foliosissimum. Kräftige, stockbildende Staude. H. 75 cm, Br. 60 cm. Endständige Trauben becherförmiger, lila Blüten mit gelben Staubblättern erscheinen im Sommer über länglichen bis lanzettlichen, mittelgrünen Blättern mit zahlreichen, kleinen Fiedern.
P. pulcherrimum Abb. S. 241.

POLIANTHES (Amaryllidaceae)
Gattung knollenbildender Mehrjähriger, beliebt wegen ihrer duftenden Blüten im Sommer. Bedingt winterhart bis frostempfindlich, mind. 15–20 °C. Braucht einen geschützten Standort mit viel Sonne und durchlässigem Boden. Im Frühling – Sommer reichlich gießen; während der Wachstumsphase alle 2 Wochen flüssig düngen. Im Winter nach dem Absterben der Blätter austrocknen lassen. Vermehrung durch Aussaat oder Tochterzwiebeln im Frühling.
P. geminiflora, syn. *Bravoa geminiflora*, Abb. S. 353.
P. tuberosa (Tuberose), Sommerblühende, knollenbildende Staude. H. 60 cm – 1 m, Br. 10–15 cm. Bedingt winterhart. Hat eine Basalrosette aus bandförmigen, aufrechten Blättern; auch der untere Teil der Blütenstiele ist beblättert. Treibt eine Ähre aus trichterförmigen, einfachen, weißen Blüten mit 6 ausgebreiteten Kronblättern. Knolle nach der Blüte wegwerfen. Es gibt auch eine gefüllte Sorte.

POLIOTHYRSIS (Flacourtiaceae)
Gattung mit nur einer Art sommergrünem Baum, der wegen seiner Blüten und seines Laubes beliebt ist. Völlig winterhart. Braucht Sonne oder Halbschatten und fruchtbaren, durchlässigen Boden. Vermehrung durch krautige Stecklinge im Sommer.
P. sinensis. Sommergrüner, ausladender Baum. H. 10 m, Br. 6 m. Hat lange, ovale, scharf gezähnte, glänzende dunkelgrüne Blätter mit weinroten Stielen. Duftende, sternförmige, erst weiße, dann gelbe Blüten im Spätsommer und Frühherbst.

POLYGALA (Polygalaceae)
Kreuzblume
Gattung Einjähriger, immergrüner Stauden, Sträucher und Bäume, beliebt vor allem wegen ihrer erbsenähnlichen Blüten. Winterhart bis frostempfindlich, mind. 7 °C. Braucht volles Licht oder Halbschatten und feuchten, durchlässigen Boden. Topfpflanzen in der Wachstumsphase reichlich, sonst mäßig gießen. Überlange Triebe können im Spätwinter stark gestutzt werden. Vermehrung durch Aussaat im Frühling oder durch halbausgereifte Stecklinge im Spätsommer. Ist anfällig für Weiße Fliege.
P. calcarea Abb. S. 324. **'Bulley's Variety'** Abb. S. 324.
P. chamaebuxus Abb. S. 325. Var. ***grandiflora*** (syn. var. *rhodoptera*) (Zwergbuchs) Abb. S. 308.
P. myrtifolia 'Grandiflora' Abb. S. 135.
P. vayredae. Immergrüner, mattenbildender Strauch. H. 5–10 cm, Br. 20–30 cm. Winterhart. Schlanke, niederliegende Triebe tragen kleine, linealische Blätter. Die erbsenähnlichen, rötlich-purpurnen Blüten mit gelber Lippe erscheinen im Spätfrühling und Frühsommer. Geeignet für Steingärten und ein Alpinenhaus.

POLYGONATUM (Liliaceae)
Salomonssiegel
Gattung frühlings- oder früh sommerblühender Stauden mit Rhizom. Völlig winterhart bis frostempfindlich, mind. 5 °C. Benötigt einen kühlen, schattigen Standort und fruchtbaren, durchlässigen Boden. Vermehrung durch Teilung im Vorfrühling oder durch Aussaat im Herbst. Die Larven der Sägewespe sind ein häufiger Schädling.
P. canaliculatum. Siehe *P. commutatum*.
P. commutatum, syn. *P. canaliculatum, P. giganteum* (Großer Salomonssiegel). Überhängende Staude mit Rhizom. H. 1,5 m oder darüber, Br. 60 cm. Völlig winterhart. Trägt im Spätfrühling hängende Trauben glockiger, weißer Blüten in den Blattachseln. Die ovalen bis länglichen Blätter sind mittelgrün.
P. giganteum. Siehe *commutatum*.
P. hirtum, syn. *P. latifolium*. Aufrechte, später überhängende Staude mit Rhizom. H. 1 m, Br. 30 cm. Völlig winterhart. Trauben aus 2–5 hängenden, röhrigen, weißen Blüten mit grünen Spitzen öffnen sich im späten Frühling. Die Unterseiten der Stiele, Blattstiele und der ovalen bis lanzettlichen, mittelgrünen Blätter sind behaart.
P. hookeri Abb. S. 307.
P. × hybridum Abb. S. 197.
P. latifolium. Siehe *P. hirtum*.
P. multiflorum. Überhängende, beblätterte Staude mit fleischigem Rhizom. H. 1 m, Br. 30 cm. Völlig winterhart. Im Spätfrühling erscheinen Trauben aus 2–6 hängenden, röhrigen, weißen Blüten mit grünen Spitzen in den oberen Blattachseln. Hat ovale bis lanzettliche, mittelgrüne Blätter. **'Flore Pleno'** hat gefüllte Blüten, die an Ballettröckchen erinnern. **'Variegatum'**, H. 60 cm, hat beige gestreifte Blätter.
P. odoratum (Wohlriechende Weißwurz). Überhängende Staude mit Rhizom. H. 60 cm, Br. 30 cm. Völlig winterhart. Im späten Frühling Paare duftender, röhriger bis glockiger, weißer Blüten mit grünen Spitzen in den oberen Blattachseln. Die ovalen bis lanzettlichen Blätter sind mittelgrün.
P. verticillatum (Quirlblättrige Weißwurz). Aufrechte Staude mit Rhizom. H. 1,2 m, Br. 45 cm. Völlig winterhart. Im Frühsommer schmal glockenförmige, grünlich-weiße Blüten in den oberen Blattachseln. Hat Quirle lanzettlicher, mittelgrüner Blätter.

POLYGONUM (Polygonaceae)
Knöterich
Gattung Einjähriger, teils immergrüner Stauden und sommergrüner, verholzter, windender Kletterpflanzen. Manche Arten wuchern. Ganz oder halb winterhart. Verträgt Sonne oder Schatten und durchlässigen Boden, gedeiht aber besonders gut an einem feuchten Standort. Vermehrung durch Aussaat oder Teilung im Herbst oder Frühling, Kletterer nur durch halbausgereifte Stecklinge im Sommer.
P. affine (Teppichknöterich). Immergrüne, mattenbildende Staude. H. 15–30 cm, Br. 30 cm oder mehr. Völlig winterhart. Kräftige Triebe tragen kleine, lanzettliche, glänzend grüne Blätter, die im Winter bronzefarben werden. Im Herbst dichte Ähren aus kleinen, trichterförmigen, rosaroten Blüten. Gedeiht an Böschungen und in Steingärten. **'Darjeeling Red'**, H. 20–25 cm, hat lange Ähren aus tiefroten Blüten. **'Donald Lowndes'** Abb. S. 316.
P. amplexicaule. Stockbildende, beblätterte Staude. H. und Br. 1,2 m. Völlig winterhart. Im Sommer-Herbst eine Vielzahl von Ähren aus kleinen, sattroten Blüten. Hat ovale bis herzförmige, mittelgrüne Blätter. **'Firetail'** Abb. S. 208.
P. aubertii, syn. *Bilderdykia aubertii, Fallopia aubertii* (Russischer Wein). Kräftige sommergrüne, verholzte, windende Kletterpflanze. H. bis 12 m oder mehr. Völlig winterhart. Blätter sind breit herzförmig. Rispen von kleinen, erst weißen oder grünlichen, später rosa Blüten erscheinen im Sommer – Herbst; danach kantige, rosa getönte Früchte.
P. baldschuanicum, syn. *Bilderdykia baldschuanica, Fallopia baldschuanica*, (Schlingknöterich) Abb. S. 175.
P. bistorta (Wiesenknöterich). **'Superbum'** Abb. S. 203.
P. campanulatum Abb. S. 217.
P. capitatum. Kompakte, ausgebreitete Staude. H. 5 cm, Br. 15–20 cm. Halb winterhart. Die kleinen, ovalen Blätter sind grün mit dunklerer Zeichnung. Kleine, kugelige Köpfe aus rosa Blüten erscheinen im Sommer. Geeignet für Steingärten und Böschungen.
P. milletii Abb. S. 208.
P. sphaerostachyum Abb. S. 236.
P. vacciniifolium Abb. S. 327.
P. virginianum. Siehe *Tovara virginiana*.

POLYPODIUM (Polypodiaceae)
Tüpfelfarn
Gattung sommergrüner, halbimmergrüner oder immergrüner Farne, beliebt wegen ihrer plastischen Wedel. Winterhart bis frostempfindlich, mind. 10 °C. Braucht Halbschatten und faserigen, feuchten, aber durchlässigen Boden. Vermehrung durch Teilung im Frühling oder durch Sporen im Spätsommer.
P. aureum. Siehe *Phlebodium aureum*.
P. glycyrrhiza Abb. S. 184.
P. polypodioides. Halbimmergrüner, kriechender Farn. H. 10 cm, Br. 15 cm. Frostempfindlich. Die lanzettlichen, mittelgrünen Wedel haben weit auseinanderstehende Fiedern und entspringen der schuppigen Rhizomoberseite.
P. scouleri Abb. S. 185.
P. virginianum. Halbimmergrüner, kriechender Farn. H. 30 cm, Br. 23 cm. Winterhart. Hat schmal lanzettliche, gefiederte, mittelgrüne Wedel.
P. vulgare Abb. S. 187. **'Cornubiense'** Abb. S. 186. **'Cristatum'** ist ein immergrüner, kriechender Farn. H. und Br. 25–30 cm. Völlig winterhart. Die schmal lanzettlichen, gefiederten, mittelgrünen Wedel mit halb hängenden, endständigen Kämmen wachsen aus kriechenden Rhizomen mit kupferbraunen Schuppen.

POLYSCIAS (Araliaceae)
Gattung immergrüner Bäume und Sträucher, beliebt wegen ihres Laubes. An großen, ausgewachsenen Exemplaren erscheinen manchmal im Sommer unscheinbare Blüten. Frostempfindlich, 15–18 °C. Braucht Halbschatten und humusreichen, durchlässigen Boden. Kübelpflanzen während der Wachstumsphase reichlich, zu anderen Zeiten mäßig gießen. Überlange Triebe können im Frühling rausgeschnitten werden. Vermehrung durch Aussaat im Frühling oder durch Kopfstecklinge oder blattlose Teilstecklinge im Sommer. Rote Spinne kann lästig werden.
P. filicifolia Abb. S. 120. **'Marginata'** ist

ein immergrüner, aufrechter, spärlich verzweigter Strauch. H. 2 m oder mehr, Br. 1 m oder mehr. Hat 30 cm lange Blätter aus vielen kleinen, ovalen bis speerförmigen, gesägten, leuchtendgrünen Fiedern mit weißen Rändern.
P. guilfoylei (Wilder Kaffee). Langsamwüchsiger, immergrüner rundlicher Baum. H. 3–8 m, Br. bis 2 m oder darüber. Blätter sind 25–40 cm lang und in ovale bis rundliche, gesägte, tiefgrüne Fiedern geteilt. **'Victoriae'** Abb. S. 94.

POLYSTICHUM (Polypodiaceae)
Schildfarn
Gattung immergrüner, halbimmergrüner oder sommergrüner Farne. Ganz winterhart bis winterhart. Optimal bei Halbschatten und in feuchtem, aber duchlässigem, mit faseriger, organischer Substanz angereichertem Boden. Welke Wedel regelmäßig entfernen. Vermehrung der Arten durch Teilung im Frühling oder durch Sporen im Sommer, Sorten durch Teilung im Frühling.
P. acrostichoides (Weihnachtsfarn). Immergrüner Farn. H. 60 cm, Br. 45 cm. Völlig winterhart. Die schlanken, lanzettlichen, tiefgrünen Wedel haben kleine, stechdornartige Fiedern.
P. aculeatum. Halbimmergrüner Farn. H. 60 cm, Br. 75 cm. Völlig winterhart. Die breit lanzettlichen, erst gelblich-grünen, dann tiefgrünen Wedel mit länglichen bis ovalen, dornig geränderten, glänzenden Fiedern wachsen auf Stielen, die oft mit braunen Schuppen bedeckt sind. **'Pulcherrimum'** Abb. S. 184.
P. lonchitis Abb. S. 184.
P. munitum Abb. S. 184.
P. setiferum Abb. S. 185. **'Densum'** Abb. S. 187.
P. tsus-simense. Halbimmergrüner Farn. H. 30 cm, Br. 23 cm. Winterhart. Hat breit lanzettliche, matt grüne, fein in längliche, Fiedern mit fein gezähnten Rändern geteilte Wedel. Geeignet für den Heidegarten oder das Alpinum.

PONCIRUS (Rutaceae)
Monotypische Gattung eines sehr dornigen, sommergrünen Strauches oder kleinen Baumes, beliebt wegen seines Laubes, seiner auffallenden Blüten und orangenartigen Früchte. Gut geeignet für Schutzhecken. Winterhart. Braucht Sonne und fruchtbaren, durchlässigen Boden. Im Frühling abgestorbene Zweige ausschneiden und im Frühsommer Hecke stutzen. Vermehrung durch halbausgereifte Stecklinge im Sommer oder durch Aussaat bei Samenreife im Herbst.
P. trifoliata (Bitterorange). Sommergrüner, buschiger Strauch oder Baum. H. und Br. 5 m. Kräftige, dornige, grüne Triebe tragen dunkelgrüne Blätter aus 3 ovalen Fiedern. Die duftenden, weißen Blüten mit 4 oder 5 großen Kronblättern erscheinen im späten Frühling und oft noch einmal im Herbst; danach rundliche, 2–3 cm breite Früchte.

PONTEDERIA (Pontederiaceae)
Hechtkraut
Gattung sommergrüner, mehrjähriger Sumpfpflanzen, beliebt wegen ihrer Blätter und Blütenähren. Völlig- bis winterhart. Braucht volle Sonne und bis zu 23 cm Wassertiefe. Welke Blüten regelmäßig entfernen. Vermehrung im Frühlung durch Teilung oder Aussaat.
P. cordata Abb. S. 374.

POPULUS (Salicaceae)
Pappel
Gattung sommergrüner Bäume, beliebt wegen ihres Habitus, Laubes und sehr raschen Wachstums. Hat im Spätwinter und Frühling Kätzchen. Weibliche Bäume erzeugen große Mengen flaumiger, weißer Samen. Völlig winterhart. Bevorzugt volle Sonne und braucht tiefen, fruchtbaren, feuchten, aber durchlässigen Boden; mag keinen trockenen Boden mit Ausnahme von *P. alba*, die in Küstenregionen gedeiht. Wegen ihrer ausgedehnten Wurzelstöcke, die Fundamente untergraben können, lassen sich Pappeln (besonders auf Kalk) kaum in die Nähe von Gebäuden setzen. Steckholzvermehrung im Winter. Ist anfällig für bakteriellen Krebs und Pilzkrankheiten.
P. alba (Weißpappel) Abb. S. 39. Wird oft mit der gemeineren *P. canescens* verwechselt. **'Pyramidalis'** ist ein kräftiger, sommergrüner, aufrechter Baum, H. 20 m, Br. 5 m. Die breit ovalen, wellig geränderten oder gelappten, dunkelgrünen Blätter mit weißer Unterseite werden im Herbst gelb. **'Raket'** (syn. *P. a.* 'Rokket') Abb. S. 43. **'Richardii'**, H. 15 m, Br. 12 m, hat Blätter mit goldgelber Oberseite.
P. balsamifera (Balsampappel). Schnellwüchsiger, sommergrüner, aufrechter Baum. H. 30 m, Br. 8 m. Die ovalen, glänzenden, dunkelgrünen Blätter mit weißer Unterseite duften in der Jugend stark nach Balsam.
P. × berolinensis. Sommergrüner, säulenförmiger Baum. H. 25 m, Br. 8 m. Hat breit ovale, leuchtendgrüne Blätter mit weißer Unterseite.
P. × canadensis (Robusta Pappel). **'Eugenei'** ist ein sommergrüner, säulenförmiger Baum. H. 30 m, Br. 12 m. Hat breit ovale, in der Jugend bronzefarbene, reif dunkelgrüne Blätter und im Frühling rote Kätzchen. **'Robusta'** und **'Serotina des Selys'** (syn. *P. × c.* 'Serotina Erecta') Abb. S. 40.
P. candicans, syn. *P. gileadensis*. Sehr schnellwüchsiger, sommergrüner, konischer Baum. H. 25 m, Br. 10 m. Die ovalen Blätter sind dunkelgrün und duften in der Jugend nach Balsam. Ist sehr anfällig für Krebs. **'Aurora'** H. 15 m oder mehr, Br. 6 m, hat dicht, aber unregelmäßig beige gefleckte Blätter.
P. canescens Abb. S. 40.
P. deltoides (Pyramidenpappel, Halsband-Pappel). Sehr schnellwüchsiger, sommergrüner, ausladender Baum. H. 30 m, Br. 20 m. Hat Massen breit ovaler, glänzender, leuchtendgrüner Blätter.
P. gileadensis. Siehe *P. candicans*.
P. lasiocarpa. Sehr schnellwüchsiger, sommergrüner, ausladender Baum. H. 15 m, Br. 12 m. Hat kräftige Triebe und sehr große, herzförmige, mittelgrüne Blätter mit roten Adern auf langen, roten Stielen. Die kräftigen, hängenden, gelben Kätzchen erscheinen im Frühling.
P. maximowiczii Abb. S. 39.
P. nigra (Pyramidenpappel). Sehr schnellwüchsiger, sommergrüner, ausladender Baum. H. 25 m, Br. 20 m. Hat eine dunkle Rinde. Die rautenförmigen Blätter sind in der Jugend bronzefarben, reif leuchtendgrün und im Herbst gelb. Männliche Bäume treiben um die Frühlingsmitte rote Kätzchen. **'Italica'** Abb. S. 41.
P. szechuanica. Sehr schnellwüchsiger, sommergrüner, konischer Baum. H. 25 m, Br. 10 m. Hat eine schuppige, rosa-graue Rinde und große, herzförmige, dunkelgrüne Blätter.
P. tremula (Hänge-Zitterpappel). Kräftiger, sommergrüner, ausladender Baum. H. 15 m, Br. 10 m. Die rundlichen Blätter sind in der Jugend bronze-rot, reif graugrün und im Herbst gelb. Abgeflachte Stiele lassen die Blätter im Wind zittern und rasseln. **'Erecta'** Br. 5 m, hat eine aufrechte Gestalt. **'Pendula'** Abb. S. 52.
P. tremuloides (Amerikanische Espe). Sehr schnellwüchsiger, sommergrüner, ausladender Baum. H. 15 m oder mehr, Br. 10 m. Hat abgerundete, fein gezähnte, glänzende, dunkelgrüne Blätter, die im Wind flattern und im Herbst gelb werden.
P. trichocarpa (Schwarze Pyramidenpappel). Sehr schnellwüchsiger, sommergrüner, konischer Baum. H. 30 m oder mehr, Br. 10 m). Ist dicht belaubt mit ovalen, glänzenden, dunkelgrünen Blättern mit grünen Adern und weißer Unterseite, die in der Jugend stark nach Balsam duften. Blätter werden im Herbst gelb.

PORANA (Convolvulaceae)
Gattung immergrüner oder sommergrüner, windender Kletterpflanzen, beliebt wegen ihrer Blüten. Frostempfindlich, mind. 5–7°C für schöne Blüte im Winter. Braucht fruchtbaren, feuchtigkeitsspeichernden, durchlässigen Boden und volles Licht. Während der Wachstumsphase reichlich, bei kaltem Wetter spärlich gießen. Triebe stützen. Im Spätwinter oder Vorfrühling immergrüne Arten ausdünnen und sommergrüne bis knapp über den Boden zurückschneiden. Vermehrung durch basale, krautige Stecklinge im Spätfrühling oder Frühsommer oder durch Aussaat im Frühling.
P. paniculata. Kräftige, immergrüne, windende Kletterpflanze, H. 6–10 m. Große, lockere Rispen aus kleinen, trompetenförmigen, weißen Blüten mit Holunderduft erscheinen vom Spätsommer bis zum Hochwinter. Herzförmige Blätter.

PORTULACA (Portulacaceae)
Portulak
Gattung fleischiger Ein- und Mehrjähriger mit Blüten, die sich in der Sonne öffnen und im Schatten schließen. Halb winterhart. Braucht volles Licht und jeglichen durchlässigen Boden. Vermehrung durch Aussaat unter Glas im Vorfrühling oder im Freien im späten Frühling. Ist anfällig für Blattläuse.
P. grandiflora. Langsamwüchsige, teilweise niederliegende Einjährige. H. 15–20 cm, Br. 15 cm. Hat lanzettliche, sukkulente, leuchtendgrüne Blätter. Treibt im Sommer und Frühherbst flach schüsselförmige, 2,5 cm breite Blüten mit auffälligen Staubblättern in gelben, roten, orangen, rosa oder weißen Farbschattierungen. **'Cloudbeater'** ist eine gefülltblütige Sorte. **Sundance-Serie** Abb. S. 270. **Sunnyside-Serie** hat rosenähnliche, gefüllte Blüten.

PORTULACARIA (Portulacaceae)
Strauchportulak
Gattung mit nur einer Art immergrünem oder halbimmergrünem, dickblättrigem Strauch, beliebt wegen seiner Blüten und seiner Gesamterscheinung. Frostempfindlich, mind. 7–10°C. Braucht volle Sonne und durchlässigen Boden. Topfpflanzen in der Wachstumsphase mäßig, zu anderen Zeiten spärlich gießen. Vermehrung durch halbausgereifte Stecklinge im Sommer.
P. afra Abb. S. 121. **'Variegata'** ist ein immergrüner oder halbimmergrüner Strauch mit mehr oder weniger waagrechten Zweigen. H. und Br. 2–3 m. Hat ovale bis runde, fleischige, leuchtendgrüne Blätter mit beigen Rändern und vom Spätfrühling bis Sommer winzige, sternförmige, blaßrosa Blüten in kleinen Trauben.

POTAMOGETON (Potamogetonaceae)
Laichkraut
Gattung sommergrüner, mehrjähriger, untergetauchter Wasserpflanzen, die wegen ihrer Blätter beliebt sind. Geeignet für Kaltwasserteiche und Aquarien. Winterhart. Bevorzugt Sonne. Welke Blätter entfernen und Kolonien bei Bedarf ausdünnen. Vermehrung durch Stecklinge im Frühling oder Sommer.
P. crispus Abb. S. 374.
P. lucens (Glänzendes Laichkraut). Sommergrüne, mehrjährige, untergetauchte Wasserpflanze. Br. unbestimmt. Längliche, tief olivgrüne Blätter bilden ausgedehnte Kolonien. Die unauffälligen, grünlichen Blüten erscheinen im Sommer. Geeignet für einen mittelgroßen bis großen Teich.

POTENTILLA (Rosaceae)
Fingerstrauch
Gattung von Stauden und sommergrüner Sträucher, beliebt wegen ihrer Trauben kleiner, abgeflachter bis tellerförmiger Blüten und ihrer Blätter. Große Arten, besonders die Sträucher, sind für Rabatten geeignet. Zwerg-Fingerkräuter gedeihen in Steingärten. Völlig winterhart. Optimal bei voller Sonne, aber die Blütenfarbe von orange-, rot- und rosablühenden Sorten ist bei etwas Sonnenschutz schöner. Braucht durchlässigen Boden. Vermehrung der Stauden durch Aussaat im Herbst oder durch Teilung im Frühling oder Herbst; Sorten nur durch Teilung im Frühling oder Herbst. Strauchige Arten können duch Aussaat im Herbst oder durch Kopfstecklinge im Sommer gezogen werden, Sorten durch Kopfstecklinge im Sommer.
P. 'Abbotswood' Abb. S. 126.
P. alba (Weißes Fingerkraut), Abb. S. 313
P. arbuscula. Sommergrüner, buschiger, dichter Strauch. H. 1 m, Br. 1,2 m. Die tellerförmigen, goldgelben Blüten erscheinen vom Hochsommer bis Herbst inmitten graugrüner bis silbergrauer, in 3 oder 5 schmal lanzettliche Fiedern geteilter Blätter.
P. argyrophylla. Stockbildende Staude. H. 45 cm, Br. 60 cm. Die tellerförmigen, klar gelben Blüten erscheinen vom Frühbis Spätsommer in großen Mengen über erdbeerähnlichen, silbrigen Blättern.
P. atrosanguinea Abb. S. 240.
P. aurea Abb. S. 326.
P. 'Beesii', syn. *P.* 'Nana Argentea'. Langsam wachsender, sommergrüner, kompakter Strauch. H. 75 cm, Br. 1 m. Im Sommer – Herbst tellerförmige, goldgelbe Blüten. Hat silbrige Blätter aus 3 oder 5 schmal länglichen Fiedern.
P. 'Coronation Triumph'. Sommergrüner, hügelförmiger, dichter Strauch. H. 1 m, Br. 1,5 m. Hat mittelgrüne, in 5 schmal längliche Fiedern geteilte Blätter. Tellerförmige, leuchtendgelbe Blüten

erscheinen im Sommer – Herbst während einer langen Periode in großen Mengen.
P. crantzii (Zottiges Fingerkraut). Aufrechte Staude mit dickem, verholztem Wurzelstock. H. und Br. 10–20 cm. Treibt keilförmige, 5lappige Blätter und im Frühling flache, gelbe Blüten mit orangen Herzen. Geeignet für Steingärten.
P. davurica var. ***mandschurica*** hort. Siehe *P.* 'Manchu'.
***P.* 'Daydawn'** Abb. S. 129.
***P.* 'Elisabeth'** Abb. S. 137.
P. eriocarpa (Fingerkraut), Abb. S. 325.
***P.* 'Etna'.** Stockbildende Staude. H. 75 cm, Br. 45 cm. Im Hochsommer tellerförmige, rötlichbraune Blüten über erdbeerähnlichen, dunkelgrünen Blättern.
***P.* 'Farrer's White'** Abb. S. 127.
***P.* 'Friedrichsenii'** Abb. S. 137.
P. fruticosa. Sommergrüner, buschiger, dichter Strauch. H. 1 m, Br. 1,5 m. Vom späten Frühling bis zum Spätsommer tellerförmige, leuchtendgelbe Blüten. Die dunkelgrünen Blätter haben 5 schmal längliche Blättchen.
***P.* 'Gibson's Scarlet'.** Stockbildende Staude. H. und Br. 45 cm. Vom Hoch- bis Spätsommer tellerförmige, leuchtend scharlachrote Blüten. Die dunkelgrünen Blätter sind erdbeerähnlich.
***P.* 'Gloire de Nancy'**, syn. *P.* 'Glory of Nancy'. Stockbildende Staude. H. und Br. 45 cm. Die sehr großen, tellerförmigen, halbgefüllten, orange und kupferrot gefärbten Blüten erscheinen während des ganzen Sommers. Hat erdbeerähnliche, dunkelgrüne Blätter.
***P.* 'Glory of Nancy'.** Siehe *P.* 'Gloire de Nancy'.
***P.* 'Goldfinger'.** Sommergrüner, buschiger, dichter Strauch. H. und Br. 1,5 m. Vom Spätfrühling bis Herbst große, tellerförmige, sattgelbe Blüten in großer Zahl. Blätter sind tiefgrün und in 5 schmal längliche Fiedern geteilt.
***P.* 'Jackman's Variety'.** Sommergrüner, dichter Strauch. H. 1,2 m, Br. 1,5 m. Große, tellerförmige, leuchtendgelbe Blüten erscheinen vom Spätfrühling bis zur Herbstmitte inmitten von dunkelgrünen Blättern aus 5 schmal länglichen Blättchen.
***P.* 'Maanelys'.** Siehe *P.* 'Moonlight'.
***P.* 'Manchu'**, syn. *P. davurica* var. *mandschurica* hort., Abb. S. 126.
***P.* 'Manelys'.** Siehe *P.* 'Moonlight'.
P. megalantha Abb. S. 247.
***P.* 'Monsieur Rouillard'.** Stockbildende Staude. H. u. Br. 45 cm. Tellerförmige, gefüllte, tief blutrote Blüten erscheinen im Sommer über erdbeerähnlichen, dunkelgrünen Blättern.
***P.* 'Moonlight'**, syn. *P.* 'Maanelys', *P.* 'Manelys'. Sommergrüner, aufrechter, dichter Strauch. H. 1,2 m, Br. 2 m. Vom späten Frühling bis Frühherbst tellerförmige, zartgelbe Blüten. Hat graugrüne, in 5 schmal längliche Fiedern geteilte Blätter.
***P.* 'Nana Argentea'.** Siehe *P.* 'Beesii'.
***P. nepalensis* 'Miss Wilmott'** Abb. S. 237.
P. nitida. Dichte, mattenbildende Staude. H. 2,5–5 cm, Br. 20 cm. Hat rundliche, 3lappige, silbrige Blätter. Die Blütenstiele tragen im Frühsommer je 1–2 abgeflachte, rosarote Blüten mit dunkeln Herzen. Blüht nicht verläßlich. Geeignet für Steingärten oder Tröge.
***P. parvifolia* 'Gold Drop'.** Sommergrüner, aufrechter dichter Strauch. H. und Br. 1,2 m. Vom späten Frühling bis zum Frühherbst eine Masse tellerförmiger, goldgelber Blüten inmitten von leuchtendgrünen Blättern aus 5 schmal länglichen Fiedern.
***P. recta* 'Warrenii**, syn. *P. r.* 'Macrantha', Abb. S. 246.
***P.* 'Red Ace'** Abb. S. 134.
***P.* 'Royal Flush'.** Sommergrüner, buschiger Strauch. H. 45 cm, Br. 75 cm. Blätter sind mittelgrün und in 5 schmal längliche Fiedern geteilt. Vom Spätfrühling bis Herbst tellerförmige, zuweilen halbgefüllte, sattrosa Blüten mit gelben Staubblättern, die an der Sonne weiß ausbleichen.
***P.* 'Sunset'** Abb. S. 139.
***P.* 'Tangerine'.** Sommergrüner, überhängender, dichter Strauch. H. 1,2 m, Br. 1,5 m. Tellerförmige, gelbe, blaß orangerot überlaufene Blüten erscheinen vom Frühsommer bis Herbst. Hat mittelgrüne Blätter aus 5 oder 7 schmal länglichen Fiedern.
P. × tonguei. Mattenbildende Staude. H. 5 cm, Br. 25 cm. Blätter sind rundlich, 3- bis 5lappig und grün. Die niederliegenden Äste tragen abgeflachte, orangegelbe Blüten mit roten Herzen während des ganzen Sommers. Geeignet für Steingärten.
***P.* 'Vilmoriniana'** Abb. S. 137.
***P.* 'William Rollison'.** Stockbildende Staude. H. u. Br. 45 cm. Vom Hoch- bis Spätsommer tellerförmige, halbgefüllte, scharlachrot überlaufene, tief orange gefärbte Blüten mit gelbem Herzen. Hat erdbeerähnliche, dunkelgrüne Blätter.
***P.* 'Yellow Queen'** Abb. S. 247.

POTHOS. Siehe EPIPREMNUM.

× **POTINARA.** Siehe ORCHIDEEN.
× *P.* Cherub 'Spring Daffodil' (Abb. S. 255). Immergrüne, epiphytische Orchidee für ein temperiertes Gewächshaus. H. 15 cm. Trauben gelber, 5 cm breiter Blüten öffnen sich im Frühling. Die breit ovalen, steifen Blätter sind 10 cm lang. Braucht im Sommer viel Licht.

PRATIA (Campanulaceae)
Gattung immergrüner, mattenbildender Stauden mit kleinen Blättern, beliebt wegen ihrer Massen von sternförmigen Blüten; geeignet für Steingärten. Wird manchmal *Lobelia* zugerechnet. Manche Arten wuchern. Winterhart bis halb winterhart. Bevorzugt Schatten und feuchten Boden. Vermehrung durch Teilung oder Aussaat im Herbst.
P. angulata. Immergrüne, kriechende Staude. H. 1 cm, Br. unbestimmt. Winterhart. Hat kleine, breit ovale, dunkelgrüne Blätter. Die sternförmigen, weißen Blüten mit 5 ungleichmäßigen Kronblättern erscheinen im Spätfrühling in den Blattachseln; danach kugelige, violettrote Früchte im Herbst.
P. pedunculata Abb. S. 323. **'County Park'** ist eine kräftige, immergrüne, kriechende Staude. H. 1 cm, Br. unbestimmt. Winterhart. Hat kleine, rundliche bis ovale Blätter und im Sommer eine Fülle sternförmiger, satt violett-blauer Blüten. Guter Bodendecker.

PRIMULA (Primulaceae)
Gattung Einjähriger, Zweijähriger und Stauden, manche davon immergrün. Alle Arten haben grundständige Blattrosetten und röhrige, glocken- oder schlüsselblumenförmige (flache) Blüten. Blütenstiele, Blätter, Kelchblätter und gelegentlich Teile der Kronblätter sind bei manchen Arten und Hybriden mit Farina, einem wachsigen Puder, bedeckt. Es gibt Primeln für fast jeden Standort: Rabatte, Kiesbeet, Steingarten, Heidegarten, Moorgarten, Teichrand, Gewächshaus und Alpinum. Manche sind aber schwierig zu ziehen, da sie keine Winternässe oder Sommerhitze mögen. Völlig winterhart bis frostempfindlich, mind. 7–10°C. Topfpflanzen jährlich umtopfen. Welke Blätter und Blüten am Ende der Blütezeit entfernen. Vermehrung der Arten durch Aussaat bei Samenreife oder im Frühling; Sorten durch Teilung oder Wurzelschnittlinge während der Ruhepause. Aurikeln sollten durch Ableger im Vorfrühling oder Frühherbst vermehrt werden. Rabattensorten werden in feuchten Lagen von Nacktschnecken und in sehr trockenen Lagen und Töpfen von Wurzelläusen befallen.

Primelgruppen
Primeln werden in verschiedene botanische Sektionen eingeteilt, von denen die folgenden im Gartenbau verbreitet sind: Als **Etagenprimeln** bezeichnet man gewöhnlich die Arten mit röhrigen Blüten mit ausgebreitetem Kelch in Quirlen, die in Etagen übereinander am Blütenschaft stehen.
Polyantha-Hybriden ist der Name für Primeln, die von *P. vulgaris* abstammen, mit *P. veris*, *P. juliae* und anderen Arten gekreuzt wurden und meist als Zweijährige gepflanzt werden; Blüten stehen in großen Dolden auf kräftigen Stielen.
Aurikel können in 3 Untergruppen eingeteilt werden: Alpine-Aurikel, Border-Aurikel und Show-Aurikel. Blüten aller Aurikeln stehen in einer gestielten Dolde über den Blättern und sind flach und weich. Show-Aurikeln müssen einstielig als Einzelpflanzen unter Glas gezogen werden, um die Blüten vor Regen zu schützen. Ihre Blüten haben ein weißes Auge (sog. Paste) und im Fall der geränderten Sorten einen äußeren Ring in einer Kontrastfarbe, oft grün, grau oder weiß, mit einer schwarzen Hautfarbe. Bunte Sorten sind rot, gelb, blau oder violett. Show-Aurikeln haben auch Farina auf Blättern (außer Arten mit grün geränderten Blüten), dem Blütenauge, und zuweilen auch auf den Kronblatträndern. Farina fehlt völlig bei den Arten der alpinen Untergruppe. Manche Border-Aurikeln haben bemehlte Blütenstiele und Blätter, oft fehlt sie aber völlig.

Kultur
Primeln haben verschiedene Kulturansprüche. Zur Vereinfachung wurden diese wie folgt gruppiert:
1 – Volle Sonne und Boden, der nicht austrocknet.
2 – Volle Sonne oder Halbschatten und feuchter, aber durchlässiger Boden.
3 – Halbschatten und feuchter, aber durchlässiger Boden.
4 – Halbschatten und durchlässiger, kiesiger Lehmboden.
5 – Volle Sonne oder Halbschatten und kiesiger, alkalischer Boden.
6 – Halbschatten und kiesiger, alkalischer Boden.
7 – Voll- oder Halbschatten und feuchter, torfiger Boden.
8 – Volle Sonne oder Halbschatten und kiesiger, torfiger Boden.
9 – Halbschatten und kiesiger, torfiger Boden.

***P.* 'Adrian'** (Abb. S. 231). Staude mit Basalrosette (Alpine-Aurikel). H. 22–25 cm, Br. 15–20 cm. Völlig winterhart. Hat von Mitte bis Ende des Frühlings flache, hell- bis dunkelblaue Blüten mit hellen Herzen. Blätter sind oval und mittelgrün. Gute Schaupflanze. Kulturgruppe 2.
P. allionii (Abb. S. 230). Stockbildende Staude. H. 8 cm, Br. 8–15 cm. Winterhart. Röhrige, rosarote, mauve oder weiße Blüten bedecken im Frühling ein dichtes Kissen ovaler, mittelgrüner Blätter. Kulturgruppe 5.
P. alpicola. Kompakte Staude. H. 15–60 cm, Br. 15–30 cm. Ganz winterhart. Im Frühsommer endständige Trauben hängender, glockiger, gelber bis weißer oder pupurner Blüten auf schlanken Stielen. Die mittelgrünen Blätter sind oval bis lanzettlich. Kulturgruppe 7. Var. ***luna*** (Abb. S. 231) blüht zart schwefelgelb.
P. aurantiaca. Elegante, aufrechte Staude (Etagenprimel). H. 60 cm, Br. 30 cm. Völlig winterhart. Die röhrigen, rötlich-orangen Blüten erscheinen im Frühsommer. Hat lange, breit ovale bis lanzettliche, rauhe, mittelgrüne Blätter. Kulturgruppe 1 oder 7.
P. aureata (Abb. S. 231). Stockbildende Staude. H. und Br. 8–15 cm. Winterhart. Im Frühling kleine Dolden aus flachen, beigen bis gelben Blüten. Im Sommer haben die ovalen, gezähnten, mittelgrünen Blätter leuchtend purpurne Mittelrippen; im Winter bilden die Blätter dichte, bemehlte Knospen. Kulturgruppe 8.
P. auricula. Stockbildende Staude (Alpine-Aurikel). H. 15–23 cm, Br. 15 cm. Ganz winterhart. Die duftenden, flachen, gelben Blüten erscheinen im Frühling in großen Dolden. Die ovalen, weichen, blaßgrünen bis graugrünen Blätter sind dick und bemehlt. Kulturgruppe 5 oder 6.
P. bhutanica (Abb. S. 231). Hübsche, stockbildende Staude. H. 15 cm, Br. 15–23 cm. Völlig winterhart, aber oft kurzlebig. Im Frühling elegante Dolden aus röhrigen, blaß violettlich-blauen Blüten mit weißem oder creme-weißem Auge nahe der ovalen bis lanzettlichen, gewellten, mittelgrünen Blätter. Kulturgruppe 8.
***P.* 'Blairside Yellow'** (Abb. S. 231). Staude mit Basalrosette (Alpine-Aurikel). H. 2,5 cm, Br. 15 cm. Völlig winterhart. Im Vorfrühling glockige, goldgelbe Blüten im Herzen einer Rosette aus winzigen, rundlichen bis ovalen, blaßgrünen Blättern. Kulturgruppe 2.
***P.* 'Blossom'** (Abb. S. 231). Staude mit Basalrosette (Alpine-Aurikel). H. 23–25 cm, Br. 15–25 cm. Ganz winterhart. Im Frühling erscheint eine Fülle flacher, tief blutroter bis leuchtendroter Blüten mit goldenem Auge. Hat ovale, dunkelgrüne Blätter. Geeignet als Schaupflanze. Kulturgruppe 2.
P. bulleyana (Abb. S. 231). Elegante, aufrechte Staude (Etagenprimel). H. 60 cm, Br. 30 cm. Völlig winterhart, Röhrige, tief orange gefärbte Blüten erscheinen im Frühsommer. Blätter sind oval bis lanzettlich, gezähnt und dunkelgrün. Kulturgruppe 1 oder 7.
***P.* 'Chloë'** (Abb. S. 231). Staude mit Basalrosette (Prachtaurikel). H. 20–24 cm, Br. 15–20 cm. Völlig winter-

hart. Im Spätfrühling flache, dunkelgrün geränderte Blüten mit schwarzer Grundfarbe und leuchtendweißem Auge. Die ovalen Blätter sind dunkelgrün und nicht bemehlt. Gute Schaupflanze. Kulturgruppe 2.

P. chungensis (Abb. S. 231). Elegante, aufrechte Staude (Etagenprimel). H. 60 cm, Br. 30 cm. Völlig winterhart. Treibt im Sommer etagenartige Quirle von röhrigen, orange gefärbten Blüten zwischen ovalen bis lanzettlichen, mittelgrünen Blättern. Kulturgruppe 1 oder 7.

P. clarkei (Abb. S. 230). Stockbildende Staude. H. und Br. 5–10 cm. Völlig winterhart. Im Frühling flache, rosarote Blüten mit gelbem Auge knapp über sehr dicht stehenden, rundlichen bis ovalen, blaßgrünen Blättern. Kulturgruppe 8. Teilung am besten im Spätwinter.

P. clusiana (Abb. S. 230). Stockbildende Staude. H. 15–23 cm, Br. 15 cm. Ganz winterhart. Im Frühling Dolden röhriger, rosaroter Blüten mit weißem Auge. Blätter sind oval, glänzend und mittelgrün. Kulturgruppe 8.

***P.* 'Craddock White'** (Abb. S. 230). Kompakte, stockbildende Staude. H. bis 8 cm, Br. 13 cm. Ganz winterhart. Duftende, aufwärts gerichtete flache, weiße Blüten mit gelbem Auge erscheinen im Frühling knapp über den langen, ovalen, rot geäderten, dunkelgrünen Blättern. Kulturgruppe 1 oder 3.

***P.* 'David Green'.** Stockbildende Staude. H. 10–15 cm, Br. 15–20 cm. Ganz winterhart. Im Frühling flache, leuchtend rotpurpurne Blüten inmitten von ovalen, rauhen, mittelgrünen Blättern. Kulturgruppe 1 oder 3.

P. denticulata (Kugelprimel; Abb. S. 231). Kräftige, hübsche, aufrechte, stockbildende Staude. H. 30–60 cm, Br. 30–45 cm. Völlig winterhart. Im Frühling dichte, rundliche Köpfe aus flachen, lila, purpurnen oder rosa Blüten stehen an der Spitze von kräftigen Stielen. Die mittelgrünen Blätter sind breit lanzettlich und gezähnt. Kulturgruppe 1 oder 3. ***F. alba*** (Abb. S. 230) blüht weiß.

P. edgeworthii (Abb. S. 230). Rosettenstaude. H. 5–10 cm, Br. 10–15 cm. Ganz winterhart. Die flachen, blaß malvenfarbenen Blüten mit weißem Auge erscheinen einzeln inmitten ovaler, gezähnter Blätter im Frühling. Kulturgruppe 8.

P. elatior (Hohe Schlüsselblume; Abb. S. 231). Stockbildende Staude. H. 15–30 cm, Br. 15 cm. Ganz winterhart. Im Frühling Dolden aus kleinen, duftenden, röhrigen, gelben Blüten über regelmäßigen, ovalen bis lanzettlichen, gezähnten, mittelgrünen Blättern. Kulturgruppe 1, 7 oder 9.

***P.* 'E. R. Janes'.** Stockbildende Staude. H. 10–15 cm, Br. 15–20 cm. Ganz winterhart. Die flachen, blaß rosaroten, orange überlaufenen Blüten erscheinen im Frühling einzeln inmitten von breit ovalen, gezähnten, mittelgrünen Blättern. Kulturgruppe 1 oder 3.

P. farinosa (Mehlprimel; Abb. S. 230). Stockbildende Staude. H. 15–30 cm, Br. 15 cm. Ganz winterhart. Im Frühling stehen Dolden aus röhrigen, lila-rosa, zuweilen weißen Blüten auf kurzen, kräftigen Stielen. Die ovalen, gezähnten, mittelgrünen Blätter sind stark bemehlt. Kulturgruppe 8.

P. flaccida, syn. *P. nutans* (Abb. S. 231). Lockere, stockbildende, kurzlebige Staude. H. 15–30 cm, Br. 15–23 cm. Ganz winterhart. Im Frühsommer treibt jeder kräftige Stiel einen konischen Kopf aus hängenden glockigen, lavendelblauen oder violetten Blüten über schmal ovalen, blaß- bis mittelgrünen Blättern. Kulturgruppe 7 oder 8.

P. florindae (Tibetprimel; Abb. S. 231). Kräftige, aufrechte, stockbildende Staude. H. 60 cm – 1 m, Br. 30–60 cm. Ganz winterhart. Im Sommer erscheinen große Köpfe aus hängenden, glockigen, schwefelgelben Blüten über den breit lanzettlichen, gezähnten, mittelgrünen Blättern. Kulturgruppe 1 oder 7.

P. forrestii (Abb. S. 231). Stockbildende Staude. H. 15–23 cm, Br. 15–30 cm. Winterhart. Flache, gelbe Blüten mit orangem Auge erscheinen im Spätfrühling oder Frühsommer in dichten Dolden. Hat ovale, gezähnte, dunkelgrüne Blätter. Kulturgruppe 8.

P. frondosa (Abb. S. 230). Kompakte, stockbildende Staude. H. 5–15 cm, Br. 10–15 cm. Ganz winterhart. Im Frühling in Dolden flache, lila-rosa bis rötlich-violette Blüten mit gelbem Auge auf kurzen Stielen über eleganten, ovalen, mittelgrünen, stark bemehlten Blättern. Kulturgruppe 8.

***P.* 'Garryarde Guinevere'.** Stockbildende Staude. H. 10–15 cm. Br. 15–20 cm. Völlig winterhart. Flache, violettlich-rosa Blüten mit gelbem Auge erscheinen im Frühling inmitten ovaler, gezähnter, bronzegrüner Blätter. Kulturgruppe 1 oder 3.

***P.* Gold-Lace-Gruppe** (Abb. S. 231). Gruppe von Stauden mit Basalrosetten. H. 20 cm, Br. 25 cm. Winterhart. Von Mitte bis Ende des Frühlings flache Blüten mit goldenen Rändern in verschiedensten Farben. Blätter sind oval und mittelgrün, manchmal rot überlaufen. Jährlich aus Samen ziehen. Kulturgruppe 2 oder 3.

P. gracilipes (Abb. S. 230). Elegante, stockbildende Staude. H. 10–15 cm, Br. 15–23 cm. Ganz winterhart. Röhrige, violettlich-rosa Blüten mit grünlich-gelbem Auge erscheinen einzeln im Frühling oder Frühsommer inmitten ovaler, welliger, gezähnter, mittelgrüner Blätter. Kulturgruppe 8.

***P.* 'Harlow Car'.** Elegante, stockbildende Staude. H. 10–15 cm, Br. 15–23 cm. Ganz winterhart. Im Frühling flache, weiße Blüten auf kurzen Stielen über ovalen, weichen, mittelgrünen Blättern. Kulturgruppe 1, 3, 5 oder 8.

P. helodoxa (Abb. S. 231). Aufrechte, stockbildende Staude (Etagenprimel). H. 60 cm – 1 m, Br. 30–45 cm. Völlig winterhart. Die glockigen, gelben Blüten erscheinen im Sommer. Blätter sind oval, gezähnt und blaßgrün. Kulturgruppe 1 oder 7.

P. hirsuta, syn. *P. rubra* (Abb. S. 230). Stockbildende Staude. H. 5–15 cm, Br. 10–15 cm. Ganz winterhart. Im Frühling kleine Dolden aus flachen, rosa oder lila Blüten. Hat kleine, rundliche bis ovale, klebrige, mittelgrüne Blätter. Kulturgruppe 8.

***P.* 'Inverewe'** (Abb. S. 231). Aufrechte, stockbildende Staude (Etagenprimel). H. 45–75 cm, Br. 30–45 cm. Ganz winterhart. Röhrige, leuchtendorange Blüten öffnen sich im Sommer auf bemehlten Stielen. Hat ovale bis lanzettliche, gezähnte, rauhe, mittelgrüne Blätter. Kulturgruppe 1 oder 7.

P. ioessa. Stockbildende Staude. H. 10–30 cm, Br. 15 30 cm. Völlig winterhart. Traubige Köpfe aus trichterförmigen, rosa oder rosa-lila, manchmal weißen Blüten erscheinen im Frühling oder Frühsommer über ovalen bis lanzettlichen, gezähnten, mittelgrünen Blättern. Kulturgruppe 1 oder 7.

***P.* 'Janie Hill'** (Abb. S. 231). Staude mit Basalrosette (Alpine-Aurikel). H. 23–25 cm. Br. 15–20 cm. Völlig winterhart. Die flachen, dunkel- bis goldbraunen Blüten mit goldenem Auge öffnen sich Mitte bis Ende des Frühlings. Hat ovale, mittelgrüne Blätter. Geeignet zur Dekoration. Kulturgruppe 2.

P. japonica. Kräftige, aufrechte, stockbildende Staude (Etagenprimel). H. 30–60 cm, Br. 30–45 cm. Völlig winterhart. Im Frühsommer röhrige, tiefrote Blüten auf kräftigen Stielen über ovalen bis lanzettlichen, gezähnten, rauhen, blaßgrünen Blättern. Kulturgruppe 1 oder 7. **'Miller's Crimson'** (Abb. S. 230) blüht intensiv rot. **'Postford White'** (Abb. S. 230) blüht weiß.

P. × kewensis (Abb. S. 231). Aufrechte, stockbildende Staude. H. 30 cm, Br. 15–30 cm. Frostempfindlich. Im Winter und Vorfrühling Quirle von duftenden, röhrigen, leuchtendgelben Blüten. Die ovalen bis lanzettlichen, gezähnten, blaßgrünen Blätter sind bemehlt. Kulturgruppe 4.

***P.* 'Linda Pope'** (Abb. S. 231). Elegante, stockbildende Staude. H. 10–15 cm, Br. 15–23 cm. Ganz winterhart. Im Frühling flache, mauveblaue Blüten auf kurzen Stielen über ovalen, gezähnten, mittelgrünen, weiß bepuderten Blättern. Kulturgruppe 5.

P. malacoides (einfach, gefüllt, Abb. S. 230). Elegante, stockbildende Staude. H. und Br. 20–30 cm. Frostempfindlich. Dichte Quirle von kleinen, flachen, einfachen oder gefüllten, rosa, violettlichen oder weißen Blüten öffnen sich im Winter – Frühling. Blätter sind oval, behaart, weich und blaßgrün. Kulturgruppe 4.

***P.* 'Margaret Martin'** (Abb. S. 231). Staude mit basaler Rosette (Show-Aurikel). H. 20 cm, Br. 15 cm. Völlig winterhart. Flache, grau geränderte Blüten mit schwarzer Grundfarbe und weißem Auge von Mitte bis Ende des Frühlings. Hat löffelförmige, graugrüne, weiß gepuderte Blätter. Ausgezeichnet zur Dekoration. Kulturgruppe 2.

P. marginata (Abb. S. 231). Elegante, stockbildende Staude, H. 10–15 cm, Br. 10–20 cm. Ganz winterhart. Im Frühling erscheinen Trauben trichterförmiger, blau-lila Blüten uber ovalen, gezähnten, mittelgrünen, dicht weiß bepuderten Blättern. Kulturgruppe 5. **'Prichard's Variety'** (Abb. S. 231) hat lila-purpurne Blüten mit weißem Auge.

***P.* 'Mark'** (Abb. S. 231). Staude mit basaler Rosette (Alpine-Aurikel). H. 23–28 cm, Br. 15–23 cm. Völlig winterhart. Im Frühling flache, rosa Blüten mit hellgelbem Auge. Blätter sind oval und leuchtendgrün. Ist eine der führenden Dekorationssorten. Kulturgruppe 2.

P. melanops (Abb. S. 230). Stockbildende, kurzlebige Staude. H. 20–35 cm, Br. 15 cm. Ganz winterhart. Im Sommer Dolden aus hängenden, schmal trichterförmigen, tief violett-purpurnen Blüten mit schwarzem Auge erscheinen im Sommer über langen, bandförmigen, mittelgrünen Blättern. Kulturgruppe 1 oder 7.

P. modesta. Stockbildende Staude. H. 5–10 cm, Br. 10 cm. Ganz winterhart. Dichte Köpfe aus kleinen, röhrigen, rosapurpurnen Blüten erscheinen im Frühling auf kurzen Stielen. Rundliche bis ovale, mittelgrüne Blätter sind gelb bepudert. Kulturgruppe 8. Var. ***fauriei*** (Abb. S. 230), H. und Br. 5 cm, hat gelbäugige, rosa-purpurne Blüten und weiß bepuderte Blätter.

***P.* 'Moonstone'** (Abb. S. 231). Staude mit basaler Rosette (Border-Aurikel). H. 23–25 cm, Br. 15–20 cm. Völlig winterhart. Die rundlichen, gefüllten, weißlich- oder grünlichgelben Blüten erscheinen im Frühling in großer Zahl. Blätter sind oval und mittelgrün. Besser unter Glas ziehen. Kulturgruppe 2.

***P.* 'Mrs. J. H. Wilson'** (Abb. S. 230). Elegante, stockbildende Staude (Alpine-Aurikel). H. 10–15 cm, Br. 15–20 cm. Ganz winterhart. Im Frühling flache, weißäugige, purpurne Blüten in kleinen Dolden. Die ovalen Blätter sind gräulichgrün. Kulturgruppe 2 oder 3.

P. nutans. Siehe *P. flaccida.*

P. obconica. Elegante, stockbildende Staude. H. und Br. 15–30 cm. Frostempfindlich. Die flachen, purpurnen, lila oder weißen Blüten mit gelbem Auge erscheinen im Winter – Frühling in dichten Dolden. Blätter sind oval, gezähnt, behaart und blaßgrün. Kulturgruppe 4.

***P.* 'Orb'.** Staude mit basaler Rosette (Show-Aurikel). H. 20 cm, Br. 15 cm. Völlig winterhart. Flache, dunkelgrün geränderte Blüten mit schwarzer Grundfarbe und weißem Auge erscheinen von Mitte bis Ende des Frühlings. Hat löffelförmige, dunkelgrüne, unbemehlte Blätter. Gute Dekorationspflanze, Kulturgruppe 2.

***P.,* Pacific-Serie** (Polyantha-Hybride) Abb. S. 283, (Zwerg-Pacific, Abb. S. 272); Kulturgruppe 2.

P. palinuri (Abb. S. 231). Stockbildende Staude. H. 10–20 cm, Br. 15 cm. Winterhart. Einseitige Trauben halbhängender, schmal trichterförmiger, gelber Blüten erscheinen im Frühsommer auf dicken Stielen. Hat rundliche bis ovale, leicht gezähnte, grob strukturierte, bepuderte, grüne Blätter. Kulturgruppe 5.

P. petiolaris (Abb. S. 230). Rosettenstaude. H. 5–10 cm, Br. 10–15 cm. Völlig winterhart. Röhrige, purpur-rosa Blüten mit gezähnten Kronblättern erscheinen einzeln im Frühling. Hat kleine, ovale, gezähnte, mittelgrüne Blätter. Kulturgruppe 8.

P. polyneura (Abb. S. 230). Elegante, stockbildende Staude. H. 20–30 cm, Br. 15–20 cm. Winterhart. Dichte Köpfe aus röhrigen, blaßrosa, sattrosa oder purpurrosa Blüten erscheinen im Spätfrühling oder Frühsommer. Rundliche bis ovale, flach gelappte, flaumige, weiche Blätter sind mittelgrün. Kulturgruppe 7.

***P.,* Posy-Serie** (Polyantha-Hybride) Abb. S. 265; Kulturgruppe 2.

***P. × pubescens* 'Janet'** (Abb. S. 230). Immergrüne, stockbildende Staude. H. 20–35 cm, Br. 15 cm. Völlig winterhart. Im Frühling erheben sich Trauben seitlich abstehender, flacher, rosa Blüten aus einer Rosette ovaler bis rundlicher, weicher, mittelgrüner Blätter. Kulturgruppe 2 oder 8. Vermehrung durch Ableger nach der Blüte.

P. pulverulenta (Abb. S. 230). Kräftige, aufrechte, stockbildende Staude (Etagenprimel). H. 60 cm – 1 m, Br. 30–45 cm. Völlig winterhart. Im Frühsommer röhrige, tiefrote Blüten mit purpurrotem

Auge auf weiß bemehlten Stielen. Hat breit lanzettliche, gezähnte, rauhe, mittelgrüne Blätter. Kulturgruppe 1 oder 7. **'Bartley'** (Abb. S. 230) blüht rosa.

P. reidii. Stockbildende Staude. H. 5–10 cm. Br. 10–15 cm. Winterhart. Im Frühsommer dichte Trauben glockiger, rein weißer Blüten auf schlanken Stielen. Hat ovale, behaarte, blaßgrüne Blätter. Kulturgruppe 8. Var. ***williamsii*** (Abb. S. 231) ist robuster und hat violettlichblaue bis blaßblaue Blüten.

P. rosea (Himalajaprimel; Abb. S. 230). Stockbildende Staude. H. 10–15 cm, Br. 15–20 cm. Ganz winterhart. Im Vorfrühling kleine Trauben flacher, leuchtend rosaroter Blüten auf kurzen Stielen inmitten von ovalen bis lanzettlichen, mittelgrünen in der Jugend oft bronzefarbenen überlaufenen Blättern. Kulturgruppe 1 oder 7.

***P.* 'Royal Velvet'.** Kräftige Staude mit basaler Rosette (Border-Aurikel). H. 15–35 cm. Br. 20–35 cm. Ganz winterhart. Die flachen, samtigen, blau getönten, kastanienbraunen Blüten mit gesäumten Kronblättern und großer, zartgelber Mitte erscheinen im Frühling. Hat große, löffelförmige, blaßgrüne Blätter. Kulturgruppe 2.

P. rubra. Siehe *P. hirsuta*.

P. × scapeosa (Abb. S. 230). Stockbildende Staude. H. und Br. 15 cm. Völlig winterhart. Trauben aufwärts gerichteter, flacher, mauve-rosa Blüten sind im Vorfrühling anfangs zwischen den breit ovalen, scharf gezähnten, mittelgrünen, jung leicht bepuderten Blättern versteckt; später verlängern sich die Blütenstiele über die Blätter. Kulturgruppe 8.

P. secundiflora (Abb. S. 230). Elegante, aufrechte, stockbildende Staude. H. 30–45 cm, Br. 30 cm. Ganz winterhart. Trauben hängender, trichterförmiger, rötlich-purpurner Blüten erscheinen im Sommer über lanzettlichen, gezähnten, mittelgrünen Blättern. Kulturgruppe 1 oder 7.

P. sieboldii (Abb. S. 230). Ausgebreitete, stockbildende Staude. H. und Br. 15–20 cm. Ganz winterhart. Dolden flacher, weißer, rosa oder purpurner Blüten mit weißem Auge öffnen sich im Frühsommer über ovalen, stumpf gezähnten, daunigen, weichen, blaßgrünen Blättern. Kulturgruppe 7. **'Dancing Ladies'** ist eine variable, durch Samen vermehrte Sorte mit aufwärts gerichteten Blüten mit tief gespaltenen Kronblättern. Diese sind entweder weiß mit blaßrosa oder blau überlaufenen Rückseiten oder rosa mit blau überlaufenen Rückseiten; Blätter sind leicht gezähnt. **'Wine Lady'** (Abb. S. 230) hat weiße, stark rötlich-purpurn überlaufene Blüten.

P. sikkimensis (Abb. S. 231). Kräftige, aufrechte, stockbildende Staude. H. 45–75 cm, Br. 30–45 cm. Ganz winterhart. Hängende Trauben trichterförmiger, gelber Blüten erscheinen im Sommer. Hat rundliche bis ovale, gezähnte, blaßgrüne Blätter. Kulturgruppe 1 oder 7.

P. sinensis (Abb. S. 230). Elegante, kompakte Staude. H. und Br. 15–20 cm. Frostempfindlich. Flache, purpurne, purpur-rosa, rosa oder weiße Blüten mit gelbem Auge erscheinen im Winter – Frühling in ordentlichen Quirlen. Blätter sind oval, gezähnt, behaart und mittelgrün. Kulturgruppe 4.

P. sonchifolia (Abb. S. 230). Rosettenstaude. H. und Br. 20–30 cm. Völlig winterhart. Dichte Dolden aus röhrigen, blau-purpurnen Blüten mit weißem Auge und gelbem Rand öffnen sich im Frühling. Die hübschen Blätter sind oval bis lanzettlich, gezähnt und mittelgrün. Kulturgruppe 8.

***P.,* Super-Riesen-Serie.** (Polyantha-Hybride) Rosettenstaude, meist als Zweijährige gezogen. H. und Br. bis 30 cm. Völlig winterhart. Im Frühling große, duftende, flache Blüten in den verschiedensten Farben (blau, Abb. S. 276). Kulturgruppe 2.

***P.* 'Tawny Port'.** Stockbildende Staude. H. 10–15 cm, Br. 15–20 cm. Völlig winterhart. Im Frühling flache, portwein-rote Blüten auf kurzen Stielen. Die rundlichen bis ovalen, gezähnten Blätter sind rötlichgrün. Kulturgruppe 1 oder 3.

P. veris (Echte Schlüsselblume; Abb. S. 231). Elegante, stockbildende Staude. H. und Br. 15–20 cm. Völlig winterhart. Dichte Trauben duftender, röhriger, gelber Blüten erscheinen im Frühling auf kräftigen Stielen. Blätter sind oval bis lanzettlich, gezähnt und mittelgrün. Kulturgruppe 1 oder 3.

P. verticillata (Abb. S. 231). Stockbildende Staude. H. 20–25 cm, Br. 15–20 cm. Halb winterhart. Duftende, glockige, gelbe Blüten erscheinen im Frühling in dichten Quirlen. Hat ovale, gezähnte, mittelgrüne Blätter. Kulturgruppe 4.

P. vialii (Orchideenprimel; Abb. S. 230). Stockbildende, nicht sehr langlebige Staude. H. 30–45 cm, Br. 20–30 cm. Winterhart. Dichte, konische Ähren aus röhrigen, bläulich-purpurnen und roten Blüten öffnen sich im späten Frühling. Die prächtige Art hat lanzettliche, gezähnte, weiche, mittelgrüne Blätter. Kulturgruppe 1 oder 3.

P. vulgaris (Garten- Kissenprimel; Abb. S. 231). Hübsche, stockbildende Staude. H. und Br. 15–20 cm. Völlig winterhart. Flache, zartgelbe Blüten mit dunklerem Auge erscheinen einzeln im Frühling inmitten von ovalen bis lanzettlichen, gezähnten, leuchtendgrünen Blättern. Kulturgruppe 1 oder 3. **'Alba Plena'** hat gefüllte, weiße Blüten. **'Gigha White'** (Abb. S. 230) ist sehr blühfreudig und hat weiße Blüten mit gelbem Auge. Ssp. ***sibthorpii*** (Abb. S. 230) blüht rosa oder purpur-rosa. ***P.* 'Wanda'.** Elegante, stockbildende Staude. H. 10–15 cm, Br. 15–20 cm. Völlig winterhart. Im Frühling erscheinen flache, rot-violette Blüten einzeln inmitten von ovalen, gezähnten, violettlich-grünen Blättern. Kulturgruppe 1 oder 3.

P. warshenewskiana (Abb. S. 230). Stockbildende Staude. H. und Br. 2,5 cm. Ganz winterhart. Winzige, flache, leuchtendrosa Blüten mit weißem Auge sitzen im Frühling dicht über den löffelförmigen, dunkelgrünen Blättern. Kulturgruppe 8. Stöcke regelmäßig im Spätwinter vor der Blüte teilen.

PRINSEPIA (Rosaceae)

Gattung sommergrüner, meist stacheliger, frühlings- und frühsommerblühender Sträucher, beliebt wegen ihrer Gestalt, ihrer Blüten und Früchte. Winterhart. Braucht Sonne und einen nicht zu trockenen Boden. Gedeiht an süd- und westseitigen Mauern. Vermehrung durch Kopfstecklinge im Sommer oder durch Aussaat im Herbst.

P. uniflora Abb. S. 105.

PROBOSCIDEA (Pedaliaceae, syn. Martyniaceae)

Gemshorn

Gattung ein- und mehrjähriger Pflanzen. Bedingt winterhart. Braucht einen sonnigen, geschützten Standort und fruchtbaren, durchlässigen Boden. Vermehrung durch Aussaat unter Glas im Vorfrühling.

P. fragrans. Mäßig schnellwüchsige, aufrechte Einjährige. H. 60 cm, B. 30 cm. Hat rundliche, gesägte oder gelappte Blätter. Die duftenden, glockigen, rotpurpurnen, bis 5 cm langen Blüten erscheinen im Sommer – Herbst, gefolgt von rundlichen, gehörnten, braunen, 8–10 cm langen Früchten; jung geerntet, können sie eingemacht und gegessen werden.

PROSTANTHERA (Labiatae)

Minzbusch

Gattung immergrüner Sträucher, beliebt wegen seiner Blüten und seiner Blätter mit Minzenduft. Bedingt winterhart bis frostempfindlich, mind. 5°C. Benötigt volles Licht oder Halbschatten und fruchtbaren, durchlässigen Boden. Topfpflanzen während der Wachstumsphase reichlich, zu anderen Zeiten mäßig gießen. Überlange Stiele können nach der Blüte zurückgeschnitten werden. Vermehrung durch Aussaat im Frühling oder durch halbausgereifte Stecklinge im Spätsommer.

P. ovalifolia Abb. S. 112.

P. rotundifolia Abb. S. 113.

PROTEA (Proteaceae)

Gattung immergrüner Sträucher und Bäume, beliebt vor allem wegen ihrer Blütenköpfe mit den leuchtend gefärbten Hochblättern. Kultur ist schwierig. Frostempfindlich, mind. 5–7°C. Benötigt volles Licht und durchlässigen, neutralen bis sauren Boden mit wenig Phosphat und Nitrat. Topfpflanzen in der Wachstumsphase mäßig, sonst weniger gießen. Pflanzen unter Glas brauchen das ganze Jahr über reichlich Belüftung. Wenn nötig im Vorfrühling stutzen. Vermehrung durch Aussaat im Frühling oder durch halbausgereifte Stecklinge im Sommer.

P. barbigera. Siehe *P. magnifica*.

P. cynaroides Abb. S. 129.

P. magnifica, syn. *P. barbigera*. Immergrüner, rundlicher bis ausladender Strauch. H. und Br. 1 m. Hat längliche bis elliptische, ledrige, mittel- bis gräulichgrüne Blätter. Kugelige, 15–20 cm breite Blütenköpfe mit kronblattartigen, rosa, roten, gelben oder weißen Hochblättern erscheinen im Frühling – Sommer.

P. mellifera. Siehe *P. repens*.

P. neriifolia Abb. S. 108.

P. repens, syn. *P. mellifera* (Zuckerstrauch). Immergrüner, eiförmiger bis rundlicher Strauch. H. und Br. 2–3 m. Die mittelgrünen Blätter sind schmal lanzettlich bis elliptisch und blaugrün getönt. Im Frühling – Sommer becherförmige, 13 cm lange Blütenköpfe mit kronblattartigen, rosa, roten oder weißen Hochblättern.

Prumnopitys andinus. Siehe *Podocarpus andinus*.

PRUNELLA (Labiatae)

Braunelle

Gattung halbimmergrüner Stauden mit ausgedehnten Blatteppichen, aus denen sich im Hochsommer kurze, gedrungene Blütenähren bilden. Geeignet für Steingärten. Völlig winterhart. Gedeiht in Sonne oder Schatten und in feuchtem, aber durchlässigem Boden. Vermehrung durch Teilung im Frühling.

P. grandiflora Abb. S. 321. **'Pink Loveliness'** ist eine halbimmergrüne Rosettenstaude, die sich durch kurze Ausläufer ausbreitet. H. 10–15 cm, Br. 30 cm. Bilden eine dichte Matte aus schmal ovalen Blättern. Quirle trichterförmiger, zartrosa Blüten erscheinen im Sommer in endständigen Ähren. Guter Bodendekker, kann sehr wuchern. Abgeblühte Blütenstiele vor der Samenreife entfernen. **'White Loveliness'** blüht weiß.

P. webbiana Abb. S. 322.

PRUNUS (Rosaceae)

Kirsche, Pflaume, Pfirsich, Aprikose, Mandel

Gattung sommergrüner oder immergrüner Sträucher und Bäume. Die Bäume sind vor allem wegen ihrer einfachen (5blättrigen) bis gefüllten Blüten und ihrer Herbstfarbe beliebt; Sträucher wegen ihrer Herbstfarbe, Rinde, Blüten oder Früchte. Alle haben ovale bis längliche Blätter. Wenn nicht anders angegeben, sind alle nachstehend beschriebenen Pflanzen völlig winterhart. Immergrüne Arten vertragen Sonne oder Schatten; die sommergrünen bevorzugen volle Sonne. Alle gedeihen in jedem, außer staunassem Boden. Sommergrüne Hecken nach der Blüte schneiden, immergrüne Anfang oder Mitte des Frühlings. Vermehrung der sommergrünen Arten durch Aussaat im Herbst, sommergrüne Hybriden und Sorten durch Kopfstecklinge im Sommer. Immergrüne Arten durch halbausgereifte Stecklinge im Sommer vermehren. Gimpel fressen manchmal die Blütenknospen; das Laub kann von Blattläusen, Raupen und der pilzlichen Bleiglanz-Krankheit befallen werden. Blühende Kirschen neigen zur Hexenbesenbildung (Pilzbefall; Besenwuchs der Seitentriebe).

***P.* 'Accolade'** Abb. S. 61.

***P.* 'Amanogawa'.** Sommergrüner, aufrechter Baum. H. 10 m, Br. 4 m. Im späten Frühling duftende, halbgefüllte, blaßrosa Blüten. Die länglichen bis ovalen, spitz zulaufenden, dunkelgrünen Blätter färben sich im Herbst orange und rot.

***P. × amygdalo-persica* 'Pollardii'.** Sommergrüner, ausladender Baum. H. und Br. 7 m. Große, tellerförmige, 5blättrige, leuchtendrosa Blüten öffnen sich von Anfang bis Mitte des Frühlings vor dem Erscheinen der ovalen, glänzenden, mittelgrünen Blätter. Die erst grünen, dann braunen Früchte ähneln in Form und Geschmack großen Mandeln.

P. avium (Vogelkirsche, Wildkirsche) Abb. S. 45. **'Plena'** (Gefülltblühende Wildkirsche), Abb. S. 49.

P. × blireana. Sommergrüner, ausladender Strauch oder kleiner Baum. H. und Br. 4 m. Zur Frühlingsmitte gefüllte, rosa Blüten und hat ovale, purpurne Blätter.

P. campanulata (Glockenblumen-Kirsche). Sommergrüner, ausladender Baum. H. und Br. 8 m. Winterhart. Die flach glockigen, tief rosaroten Blüten erscheinen von Anfang bis Mitte des Frühlings vor oder zugleich mit den ovalen, spitz zulaufenden, dunkelgrünen Blättern. Früchte sind klein, rundlich und rötlich.

P. cerasifera (Zierpflaume, Blutpflaume). **'Nigra'** Abb. S. 64. **'Pissardii'** ist ein sommergrüner Baum mit runder Krone. H.

und Br. 10 m. Die kleinen, 5blättrigen, blaßrosa Blüten öffnen sich von Anfang bis Mitte des Frühlings; auf sie folgen oft eßbare, pflaumenartige, rote Früchte. Hat ovale, in der Jugend rote Blätter, die später dunkler rot und dann purpurn werden. Kann als Hecke verwendet werden.
***P.* 'Cheal's Weeping'** syn. *P.* 'Kikushidare' hort., Abb. S. 61.
P.* × *cistena (Zierkirsche), Abb. S. 122.
P. davidiana (Davids-Pfirsich). Sommergrüner, ausladender Baum. H. und Br. 8 m. Die tellerförmigen, 5blättrigen, weißen oder blaßrosa Blüten erscheinen im Spätwinter und Vorfrühling an schlanken Trieben, sind aber durch späte Fröste gefährdet. Blätter sind schmal oval und dunkelgrün, Früchte klein, rundlich und rötlich.
P. dulcis (Mandelbaum). **'Roseoplena'** ist ein sommergrüner, ausladender Baum. H. und Br. 8 m. Im Spätwinter und Vorfrühling, vor den länglichen, spitzen, gezähnten, dunkelgrünen Blättern gefüllte, rosa Blüten.
***P. glandulosa* 'Alba Plena'** Abb. S. 121. **'Rosea Plena'** (syn. *P. g.* 'Sinensis') ist ein sommergrüner, rundlicher, offener Strauch. H. und Br. 1,5 m. Im späten Frühling gefüllte, leuchtend rosarote Blüten und ovale, mittelgrüne Blätter. Blüht am schönsten an einer süd- oder westseitigen Mauer. Junge Triebe nach der Blüte bis auf wenige Knospen ins alte Holz zurückschneiden.
***P.* 'Hally Jolivette'.** Sommergrüner, rundlicher, kompakter Baum. H. und Br. 6 m. Im Spätfrühling gefüllte, weiße Blüten aus rosa Knospen. Blätter sind oval und dunkelgrün.
***P.* × *hillieri* 'Spire'.** Siehe *P.* 'Spire'.
***P.* 'Hokusai'** Abb. S. 60.
P. incisa (Fuji-Kirsche) Abb. S. 59. **'February Pink'** ist ein sommergrüner, ausladender Baum. H. und Br. 8 m. Die ovalen, scharf gezähnten Blätter sind in der Jugend rötlich, im Herbst orange-rot. Trägt in milden Winterphasen 5blättrige, blaßrosa Blüten. Hat winzige, rundliche, rötliche Früchte.
***P.* 'Kanzan'** Abb. S. 50.
***P.* 'Kiku-shidare'** hort. Siehe *P.* 'Cheal's Weeping'.
***P.* 'Kursar'.** Sommergrüner, ausladender Baum. H. und Br. 8 m. Im Vorfrühling Massen von kleinen, 5blättrigen, tiefrosa Blüten. Hat ovale, dunkelgrüne Blätter, die im Herbst leuchtendorange werden.
P. laurocerasus (Kirschlorbeer). Immergrüner, dichter, buschiger Strauch, später ausladend und offen. H. 6 m, Br. 10 m. Winterhart. Hat von Mitte bis Ende des Frühlings lange Ähren aus kleinen, einfachen, weißen Blüten. Blätter sind groß, länglich, glänzend und leuchtendgrün, Früchte kirschförmig, erst rot, dann schwarz. Um Wachstum zu begrenzen, im Frühling stark zurückschneiden. **'Otto Luyken'** Abb. S. 122. **'Schipkaensis'**, H. 2 m, Br. 3 m, ist ganz winterhart und hat einen eleganten, ausladenden Habitus mit schmalen Blättern und einer Fülle aufrechter Blütenähren. **'Zabeliana'** Abb. S. 122.
P. lusitanica (Lorbeerkirsche). Immergrüner, buschiger, dichter Strauch oder ausladender Baum. H. und Br. 6–10 m. Winterhart. Schlanke Ähren aus kleinen, duftenden, 5blättrigen, einfachen, weißen Blüten erscheinen im Frühsommer, gefolgt von eiförmigen, fleischigen, tief purpurnen Früchten. Um das Wachstum zu begrenzen, starken Rückschnitt im Frühling. Ssp. ***azorica*** Abb. S. 94. **'Variegata'** Abb. S. 94.
P. maackii Abb. S. 57.
P. mahaleb (Weichselkirsche, Steinweichsel), Abb. S. 49.
***P.* 'Mount Fuji',** syn. *P.* 'Shirotae', Abb. S. 59.
P. mume (Japanische Aprikose). **'Benishidare'** (syn. *P. m.* 'Benishidon') Abb. S. 98. **'Omoi-no-mama'** Abb. S. 97. **'Pendula'** ist ein sommergrüner Baum mit hängenden Zweigen und schlanken, gebogenen Ästen. H. und Br. 6 m. Duftende, 5blättrige, rosa Blüten erscheinen im Spätwinter oder Vorfrühling vor den breit ovalen, leuchtendgrünen Blättern, danach manchmal eßbare aprikosenartige, gelbe Früchte.
***P.* 'Okame'.** Sommergrüner, buschiger Baum. H. 10 m, Br. 8 m. Trägt im Vorfrühling Massen von 5blättrigen, karminrosa Blüten. Die ovalen, scharf gezähnten, dunkelgrünen Blätter werden im Herbst orangerot.
P. padus (Traubenkirsche) Abb. S. 49 Var. ***commutata*** ist ein sommergrüner, ausladender, in der Jugend konischer Baum. H. 15 m, Br. 10 m. Um die Frühlingsmitte hängende Trauben duftender, sternförmiger, 5blättriger, weißer Blüten, später kleine, erbsensförmige, schwarze Früchte. Die ovalen, dunkelgrünen Blätter, die oft schon im Vorfrühling völlig geöffnet sind, werden im Herbst gelb. **'Plena'** hat langlebige, gefüllte Blüten und keine Früchte; **'Watereri** trägt von Mitte bis Ende des Frühling lange Blütentrauben.
***P.* 'Pandora'** Abb. S. 60.
P. pensylvanica. Sommergrüner, ausladender Baum. H. 15 m, Br. 10 m. Hat eine sich schälende, rot gestreifte Rinde und ovale, spitz zulaufende, leuchtendgrüne Blätter. Von Mitte bis Ende des Frühlings Trauben kleiner, sternförmiger, 5blättriger, weißer Blüten, später kleine, erbsenförmige, rote Früchte.
P. persica (Pfirsich). **'Klara Meyer'** ist ein sommergrüner, ausladender Baum. H. 5 m, Br. 6 m. Um die Frühlingsmitte gefüllte, leuchtendrosa Blüten. Hat schlanke, speerförmige, leuchtendgrüne Blätter. Ist anfällig für die Pfirsich-Kräuselkrankheit (Pilz). **'Prince Charming'** (Zierpfirsich), Abb. S. 61.
***P.* 'Pink Perfection'** Abb. S. 60.
***P.* 'Pink Star'.** Siehe *P. subhirtella* 'Stellata'.
P. sargentii (Zierkirsche), Abb. S. 60.
P. serotina (Traubenkirsche), Abb. S. 39.
P. serrula. Sommergrüner Baum mit runder Krone. H. u. Br. 10 m. Hat eine glänzende, kupferrote Rinde, die sich schält. Im Spätfrühling kleine, 5blättrige, weiße Blüten inmitten von ovalen, spitz zulaufenden, gezähnten, dunkelgrünen Blättern, die im Herbst gelb werden. Früchte sind winzig, rundlich und rötlich-braun.
P. serrulata var. ***spontanea*** Abb. S. 49.
***P.* 'Shimidsu'.** Siehe *P.* 'Shogetsu'.
***P.* 'Shirofugen'** Abb. S. 60.
***P.* 'Shirotae'.** Siehe *P.* 'Mount Fuji'.
***P.* 'Shogetsu',** syn. *P.* 'Shimidsu', Abb. S. 59.
P. spinosa (Schlehe, Schwarzdorn). **'Purpurea'** Abb. S. 89.
***P.* 'Spire',** syn. *P.* × *hillieri* 'Spire', Abb. S. 60.
P. subhirtella (Higankirsche, Rosenkirsche). Sommergrüner, ausladender Baum. H. u. Br. 8 m. Von Anfang bis Mitte des Frühlings erscheint eine Fülle kleiner, 5blättriger, blaßrosa Blüten vor den ovalen, spitz zulaufenden, dunkelgrünen Blättern, die im Herbst gelb werden. Kleine, rundliche, rötlich-braune Früchte. **'Autumnalis'** treibt halbgefüllte, weiße Blüten aus rosa Knospen an milden Wintertagen. **'Pendula Rubra'** Abb. S. 61. **'Stellata'** (syn. *P.* 'Pink Star') Abb. S. 60.
***P.* 'Tai Haku'** Abb. S. 59.
P. tenella (Zwergmandel) Abb. S. 123. **'Fire Hill'** ist ein sommergrüner, buschiger Strauch mit erst aufrechten, dann ausladenden Ästen. H. und Br. 2 m. Die schmal ovalen, glänzenden, dunkelgrünen Blätter kontrastieren Mitte bis Ende des Frühlings mit kleinen, mandelähnlichen, einfachen, sehr tiefrosa Blüten, die in großer Zahl erscheinen. Danach kleine, mandelartige Früchte.
P. tomentosa (Flaum-Kirsche). Sommergrüner, buschiger, dichter Strauch. H. 1,5 m, Br. 2 m. Kleine, 5blättrige, blaßrosa Blüten erscheinen von Anfang bis Mitte des Frühlings vor den ovalen, leicht flaumigen, dunkelgrünen Blättern. Die Früchte sind kugelig und leuchtendrot. Gedeiht in heißen Sommern.
***P.* 'Trailblazer'.** Sommergrüner, ausladender Baum. H. und Br. 5 m. Trägt von Anfang bis Mitte des Frühlings 5blättrige, weiße Blüten, auf die manchmal eßbare, pflaumenartige, rote Früchte folgen. Die ovalen, hellgrünen, jungen Blätter sind reif tief purpurrot.
***P. triloba* 'Multiplex'.** Sommergrüner, buschiger, ausladender Baum oder Strauch. H. und Br. 4 m. Die gefüllten, rosa Blüten erscheinen um die Frühlingsmitte. Hat ovale, dunkelgrüne, oft 3lappige Blätter, die im Herbst gelb werden. Gedeiht am besten an einer sonnigen Mauer. Jungtriebe nach der Blüte bis in das alte Holz zurückschneiden.
***P.* 'Ukon'** Abb. S. 59.
***P. virginiana* 'Shubert'** ist ein sommergrüner, konischer Baum. H. 10 m, Br. 8 m. Von Mitte bis Ende des Frühlings dichte Ähren aus kleinen, sternförmigen, weißen Blüten, dann kugelige, dunkel purpurrote Früchte. Hat ovale, blaßgrüne, junge Blätter, die im Sommer tief rötlich-purpurn werden.
***P.* 'Yae-murasaki'** Abb. S. 61.
P.* × *yedoensis Abb. S. 60.

PSEUDERANTHEMUM (Acanthaceae)
Gattung immergrüner Stauden und Sträucher, beliebt vor allem wegen ihrer Blätter. Frostempfindlich, mind. 16°C. Benötigt Halbschatten und fruchtbaren, durchlässigen Boden. Topfpflanzen während der Wachstumsphase reichlich, sonst mäßig gießen. Für buschigen Wuchs Triebspitzen stutzen. Überlange Triebe im Frühling stark zurückschneiden. Vermehrung als Topfpflanze jährlich oder zweijährlich durch Kopfstecklinge im Frühling oder Sommer. Weiße Fliege kann lästig werden.
P. atropurpureum, syn. *Eranthemum atropurpureum*. Immergrüner, aufrechter Strauch. H. 1–1,2 m, Br. 30–60 cm. Hat ovale, stark purpurn überlaufene Blätter und – vor allem im Sommer – kurze Ähren aus röhrigen, purpurn gezeichneten, weißen Blüten.

PSEUDOCYDONIA (Rosaceae)
Gattung mit nur einer Art sommergrünem oder halbimmergrünem, frühlingsblühendem Baum, beliebt wegen seiner Rinde, seiner Blüten und seiner Früchte. Winterhart, sollte in kühlem Klima an einer süd- oder westseitigen Mauer wachsen. Benötigt volle Sonne und gedeiht nur in heißen Sommern. Braucht durchlässigen Boden. Vermehrung durch Aussaat im Herbst.
P. sinensis, syn. *Cydonia sinensis*. Sommergrüner oder halbimmergrüner, ausladender Baum. H. und Br. 6 m. Hat eine dekorative, schälende Rinde. Auf flach becherförmige, rosa Blüten von Mitte bis Ende des Frühlings folgen nach heißen Sommern große, eiförmige, gelbe Früchte. Die ovalen, fein gezähnten Blätter sind dunkelgrün.

PSEUDOLARIX (Pinaceae). Siehe KONIFEREN.
P. amabilis, syn. *P. kaempferi (Goldlärche), Abb. S. 79.*
P. kaempferi. Siehe *P. amabilis*.

PSEUDOPANAX, syn. NEOPANAX, NOTHOPANAX (Araliaceae)
Gattung immergrüner Bäume und Sträucher, beliebt wegen ihrer ungewöhnlichen Blätter und ihrer Früchte. Hervorragend geeigent für Kulturlandschaften, kann auch als Kübelpflanze gezogen werden. Die unscheinbaren Blüten erscheinen im Sommer. Bedingt- bis winterhart. Wächst in Sonne oder Halbschatten und in fruchtbarem, durchlässigem Boden. Vermehrung durch halbausgereifte Stecklinge im Sommer oder durch Aussaat im Herbst oder Frühling.
P. arboreus (Fünf-Finger-Baum). Immergrüner Baum mit runder Krone und kräftigen Ästen. H. 6 m, Br. 4 m. Winterhart. Die großen, glänzenden, dunkelgrünen Blätter sind in 5 oder 7 längliche Fiedern geteilt. Auf winzige, grüne Blüten mit Honigduft im Sommer folgen an weiblichen Pflanzen rundliche, purpurschwarze Früchte.
P. crassifolius (Speerbaum). Immergrüner Baum, erst viele Jahre lang unverzweigt, dann rundlich. H. 6 m, Br. 2 m. Winterhart. Die dunkelgrünen Blätter sind an jungen Bäumen in der Form extrem variabel, werden aber schließlich an älteren Exemplaren lang, schmal, steif und nach unten gerichtet. Weibliche Pflanzen tragen kleine, rundliche, schwarze Früchte.
P. ferox Abb. S. 65.
P. laetus. Immergrüner Baum oder Strauch mit runder Krone und kräftigen Ästen. H. und Br. 3 m. Bedingt winterhart. Hat große, lang gestielte, ledrige Blätter aus 5 oder 7 länglichen, dunkelgrünen Fiedern. Im Sommer winzige, grünlich-purpurne Blüten und im Herbst an weiblichen Pflanzen rundliche, purpurschwarze Früchte.

PSEUDOSASA (Bambusoideae). Siehe GRÄSER, BAMBUS, BINSEN und RIEDGRÄSER.
P. japonica, syn. *Arundinaria japonica*, Abb. S. 182.

PSEUDOTSUGA (Pinaceae). Siehe KONIFEREN.
P. douglasii. Siehe *P. menziesii*.
P. menziesii, syn. *P. douglasii, P. taxifolia* (Blaue Douglasfichte). Schnellwüchsige, konische Konifere. H. 25 m, Br. 8–12 m. Winterhart. Hat eine dicke, korkige, ris-

sige, graubraune Rinde. Die spiralig angeordneten, aromatisch duftenden, nadelförmigen, leicht abgeflachten Blätter, die sich aus spitzen Knospen entwickeln, sind dunkelgrün mit weißen Streifen an der Unterseite. Die elliptischen, 8–10 cm langen Zapfen mit herausragenden Deckschuppen sind matt braun. **'Fletcheri'**, H. 3 m, Br. 2–3m, ist ein abgeflachter Strauch. **'Fretsii'** (Abb. S. 82), H. 6 m oder mehr, Br. 3–4 m, langsam wachsend mit sehr kurzen, matt grünen Nadeln. Var. ***glauca*** Abb. S. 74. **'Oudemansii'** (Abb. S. 83) sehr langsam wachsend mit aufsteigenden Ästen und kurzen, glänzenden, allseits dunkelgrünen Nadeln.
P. taxifolia. Siehe *P. menziesii*.

PSEUDOWINTERA (Winteraceae)
Gattung immergrüner Sträucher und Bäume, beliebt wegen ihres Laubes. Bedingt- bis winterhart. Braucht volles Licht oder Halbschatten und humusreichen, durchlässigen, aber feuchtigkeitsspeichernden, am besten neutralen oder sauren Boden. Kübelpflanzen in der Wachstumsphase reichlich, zu anderen Zeiten mässig gießen. Wenn notwendig, wird Stutzen vertragen. Vermehrung durch halbausgereifte Stecklinge im Sommer oder durch Aussaat bei Samenreife im Herbst oder im Frühling.
P. axillaris, syn. *Drimys axillaris*. Immergrüner, rundlicher Strauch oder Baum. H. und Br. 3–8 m. Halb winterhart. Hat ovale, glänzende, mittelgrüne Blätter mit blaugrauer Unterseite. In achselständigen Trauben winzige, sternförmige, grünlichgelbe Blüten im Frühling – Sommer, später winzige, kugelige, leuchtendrote Früchte.
P. colorata, syn. *Drimys colorata*. Immergrüner, buschiger, ausladender Strauch. H. 1 m, Br. 1,5 m. Halb winterhart. Hat ovale, blaß gelbgrüne, rosa gefleckte und schmal purpurrot geränderte Blätter mit bläulich-weißer Unterseite. Die kleinen, sternförmigen, grünlich-gelben Blüten erscheinen um die Frühlingsmitte. Gedeiht nur in sehr mildem Klima ohne Schutz.

PSYLLIOSTACHYS (Plumbaginaceae)
Statice
Gattung Einjähriger, Stauden und immergrüner Halbsträucher, beliebt als Schnitt- und Trockenblumen. Geeignet für Küstenklima. Ganz oder halb winterhart. Braucht Sonne und fruchtbaren, durchlässigen Boden. Zum Trocknen Blüten abschneiden, bevor sie sich ganz geöffnet haben. Welke Stiele der Stauden im Herbst zurückschneiden. Vermehrung durch Aussaat unter Glas im Vorfrühling; Stauden und Halbsträucher können auch durch Kopfstecklinge im Frühling vermehrt werden. Botrytis (Grauschimmelfäule) und falscher Mehltau können lästig werden.
P. suworowii, syn. *Statice suworowii*, Abb. S. 274.

PTELEA (Rutaceae)
Gattung sommergrüner Bäume und Sträucher, beliebt wegen ihrer Blätter und Früchte. Völlig winterhart. Benötigt Sonne und fruchtbaren Boden. Vermehrung der Arten durch Kopfstecklinge im Sommer oder durch Aussaat im Herbst, Sorten nur durch Stecklinge im Sommer.
P. trifoliata (Lederstrauch). Sommergrüner, buschiger, ausladender Baum oder Strauch. H. und Br. 7 m. Hat aromatische, dunkelgrüne Blätter mit 3 schmal ovalen Blättchen. Auf Trauben kleiner, sternförmiger, grüner Blüten im Früh- und Hochsommer folgen Trauben geflügelter, blaßgrüner Früchte. **'Aurea'** Abb. S. 113.

PTERIS (Polypodiaceae)
Gattung sommergrüner, halbimmergrüner oder immergrüner Farne. Frostempfindlich, mind. 5 °C. Verträgt Sonne oder Schatten. Braucht feuchten Torfboden. Welke Wedel regelmäßig entfernen. Vermehrung durch Teilung im Frühling oder durch Sporen im Sommer.
P. cretica Abb. S. 185. **'Albo-lineata'** ist ein immergrüner oder halbimmergrüner Farn. H. 45 cm, Br. 30 cm. Drahtige Stiele tragen dreieckige bis breitovale, gefiederte, blaßgrüne Wedel mit fingerförmigen Fiedern und cremeweißen Mittelstreifen. **'Mayi'**, H. 30 cm, ist eine dekorative, gestreifte Sorte mit kammartigen Wedelspitzen.
P. ensiformis. Sommergrüner oder halbimmergrüner Farn. H. 30 cm, Br. 23 cm. Die dunkelgrünen Wedel sind um die Mittelrippe oft gräulich-weiß und grob fingerförmig gefiedert. **'Arguta'**, H. 45 cm, hat tiefer dunkelgrünere Wedel mit zentraler, silbrig-weißer Zeichnung.
P. multifida. Sommergrüner oder halbimmergrüner Farn. H. 30 cm, Br. 23 cm, Die schmalen, vielfiedrigen, zarten Wedel sind mittelgrün.

PTEROCARYA (Juglandaceae)
Flügelnuß
Gattung sommergrüner Bäume, beliebt wegen ihrer Blätter und Kätzchen. Ganz winterhart. Braucht volle Sonne und einen tiefgründigen, feuchten, aber durchlässigen Boden. Ausläufer sollten regelmäßig entfernt werden. Vermehrung durch Stecklinge im Sommer oder durch Ausläufer oder Aussaat bei Samenreife im Herbst.
P. fraxinifolia (Kaukasische Flügelnuß). Sommergrüner, ausladender Baum. H. 25 m, Br. 20 m. Die großen, eschenähnlichen Blätter sind glänzend, dunkelgrün und färben sich im Herbst leuchtend gelb. Lange, grüne Kätzchen erscheinen im Sommer, die weiblichen entwickeln sich zu geflügelten, erst grünen, dann braunen Früchten.
P. × rehderiana Abb. S. 44.
P. stenoptera (Chinesische Flügelnuß). Sommergrüner, ausladender Baum. H. 20 m, Br. 15 m. Die eschenartigen, leuchtendgrünen Blätter mit geflügelten Stielen werden im Herbst gelb. Im Sommer lange, grüne Kätzchen; die weiblichen entwickeln sich zu geflügelten, rosa getönten, grünen Früchten.

PTEROCELTIS (Ulmaceae)
Monotypische Gattung eines sommergrünen Baumes mit unscheinbaren Blüten im Sommer, beliebt wegen seiner Blätter und Früchte. Ganz winterhart. Braucht volle Sonne und gedeiht am besten in heißen Sommern. Benötigt durchlässigen Boden. Vermehrung durch Aussaat im Herbst.
P. tatarinowii. Sommergrüner, ausladender Baum. H. 12 m, Br. 10 m. Hat eine schälende, graue Rinde, ovale, dunkelgrüne Blätter und kleine, kugelige, grüne Früchte mit breitem, runden Flügel.

PTEROCEPHALUS (Dipsaceae)
Gattung kompakter, sommerblühender Einjähriger, Stauden und halbimmergrüner Halbsträucher, beliebt wegen ihrer skabiosenähnlichen Blüten und fedrigen Samenköpfe. Geeignet für Steingärten. Winterhart. Benötigt Sonne und durchlässigen Boden. Vermehrung durch krautige oder halbausgereifte Stecklinge im Sommer oder durch Aussaat im Herbst. Samt selbst mäßig aus.
P. perennis ssp. ***perennis***, syn. *P. p.* var. *parnassi* (Parnaß-Skabiose), Abb. S. 320.

PTEROSTYRAX (Styracaceae)
Gattung sommergrüner Bäume und Sträucher, beliebt wegen ihrer Blätter und duftenden Blüten. Winterhart. Benötigt Sonne oder Halbschatten und tiefgründigen, durchlässigen, neutralen bis sauren Boden. Vermehrung durch krautige oder halbausgereifte Stecklinge im Sommer oder durch Aussaat im Herbst.
P. hispida. Sommergrüner, ausladender Baum oder Strauch. H. 15 m, Br. 12 m. Vom Früh- bis Hochsommer große, hängende Rispen aus kleinen, glockigen, weißen Blüten. Blätter sind länglich bis oval und mittelgrün.

PTILOTRICHUM (Cruciferae)
Gattung immergrüner oder halbimmergrüner, sommerblühender Stauden und Sträucher. Geeignet für Steingärten, Mauern und Böschungen. Winterhart. Braucht Sonne und kiesigen, durchlässigen Boden. Zur Erhaltung des kompakten Habitus nach der Blüte etwas stutzen. Vermehrung durch Kopfstecklinge im Frühsommer oder durch Aussaat im Herbst.
P. spinosum. Halbimmergrüner, rundlicher, kompakter Strauch. H. 20 cm oder mehr, Br. 30 cm. Die verschlungenen Zweige tragen Dornen und schmal ovale bis linealische, silbrige Blätter. Kugelige Köpfe aus winzigen, 4blättrigen, weißen bis violettlich-rosa Blüten erscheinen im Frühsommer.

PUERARIA (Leguminosae)
Gattung sommergrüner, verholzter oder krautiger, windender Kletterpflanzen. Halb winterhart. Braucht Sonne und durchlässigen Boden. Vermehrung durch Aussaat im Frühling.
P. hirsuta. Siehe *P. lobata*.
P. lobata, syn. *P. hirsuta, P. thunbergiana* (Kopoubohne). Sommergrüne, verholzte, windende Kletterpflanze mit behaarten Stielen. H. bis 5 m oder wild bis 30 m. Blätter haben 3 breit ovale Fiedern. Im Sommer bis 30 cm lange Trauben kleiner, duftender, erbsenähnlicher, rötlich-purpurner Blüten, danach lange, schlanke, behaarte, 6–8 cm lange Samenhülsen. In kaltem Klima am besten als Einjährige ziehen.
P. thunbergiana. Siehe *P. lobata*.

PULMONARIA (Boraginaceae)
Lungenkraut
Gattung meist frühlingsblühender Stauden, teils mit kleinen, überwinternden Blattrosetten. Ganz winterhart. Bevorzugt Schatten; wächst in jedem feuchten, aber durchlässigen Boden. Vermehrung durch Teilung im Frühling oder Herbst.
P. angustifolia. Stockbildende Staude. H. 23 cm, Br. 20–30 cm oder mehr. Hat schmal lanzettliche, mittelgrüne Blätter. Im Vorfrühling Köpfe aus röhrigen, 5lappigen, borretsch-ähnlichen, manchmal rosa überlaufenen, tiefblauen Blüten. **'Mawson's Variety'** Abb. S. 228.
P. longifolia. Stockbildende Staude. H. 30 cm, Br. 45 cm. Die sehr schmal lanzettlichen, dunkelgrünen Blätter sind weiß gefleckt. Köpfe aus röhrigen, 5lappigen, borretsch-ähnlichen, leuchtendblauen Blüten erscheinen im Spätfrühling.
P. rubra. Halbimmergrüne, stockbildende Staude. H. 30 cm, Br. 60 cm. Hat breite ovale, samtige, mittelgrüne Blätter. Köpfe aus röhrigen, 5zipfeligen, borretsch-ähnlichen, ziegelroten Blüten öffnen sich vom Spätwinter bis Vorfrühling.
P. saccharata Abb. S. 228.
P. 'Sissinghurst White' Abb. S. 224.

PULSATILLA (Ranunculaceae)
Gattung von teils immergrünen Stauden, beliebt wegen ihrer großen, fiederschnittigen Blätter, der aufrechten oder hängenden, glockigen, fein behaarten Blüten und der fedrigen Fruchtstände. Hat einen faserigen, verholzten Wurzelstock. Blätter werden nach der Blüte größer. Passend für große Steingärten. Völlig winterhart. Braucht volle Sonne und humusreichen, durchlässigen Boden. Wurzeln mögen keine Störung. Vermehrung durch Wurzelschnittlinge im Winter oder durch Aussaat bei Samenreife.
P. alpina (Alpenanemone) Abb. S. 286. Ssp. ***apiifolia*** (syn. *P. a.* ssp. *sulphurea*) ist eine stockbildende Staude. H. 15–30 cm, Br. bis 10 cm. Hat zartgrüne Fiederblätter. Trägt im Frühling aufrechte, glockige, zart blaßgelbe Blüten, dann fedrige, silbrige Fruchtstände.
P. halleri Abb. S. 288. Ssp. ***grandis*** ist eine stockbildende Staude. H. und Br. 15–23 cm. Treibt im Frühling, meist vor den gefiederten, hellgrünen Blättern, große, aufrechte, flach glockige, lavendelblaue, 5 cm breite Blüten mit leuchtendgelber Mitte. Die Blütenstiele verlängern sich rasch, während die fedrigen silbrigen Fruchtstände reifen.
P. occidentalis. Stockbildende Staude. H. 20 cm, Br. 15 cm. Im Spätfrühling oder Frühsommer entwickeln sich aus einzelnen, nickenden Knospen aufrechte, kelchförmige, weiße, außen an der Basis blau-violett gefleckte, zuweilen rosa, überlaufene Blüten, dann fedrige, silbrige Fruchtstände. Hat gefiederte Blätter. In niedrigen Lagen sehr schwer zu ziehen; blüht kaum.
P. vernalis (Frühlingsanemone), Abb. S. 303.
P. vulgaris (Küchenschelle, Kuckucksanemone), Abb. S. 288.

PUNICA (Punicaceae)
Granatapfel
Gattung sommergrüner, sommerblühender Sträucher und Bäume, beliebt wegen ihrer leuchtendroten Blüten und gelben bis orangeroten Früchte, die nur im warmen Klima ausreifen. Bedingt- bis winterhart. Braucht einen geschützten, sonnigen Standort und durchlässigen Boden. Vermehrung durch Aussaat im Frühling oder durch halbausgereifte Stecklinge im Sommer.
P. granatum. Sommergrüner, rundlicher Strauch oder Baum. H. und Br. 2–8 m. Halb winterhart. Hat schmal längliche Blätter und im Sommer trichterförmige, leuchtendrote Blüten mit zerknitterten Kronblättern. Früchte sind kugelig und sattgelb bis orange. Kann süd- oder ost-

seitig gepflanzt werden, entweder freistehend, oder, in frostgefährdetem Klima, an einer Mauer. Var. ***nana*** Abb. S. 295.

PUSCHKINIA (Liliaceae)
Puschkinie
Gattung *Scilla*-ähnlicher Zwergzwiebelblumen, beliebt wegen ihrer Blüten im Vorfrühling. Winterhart. Braucht Sonne oder Halbschatten und humusreichen Boden mit Zusatz von Sand oder Kies zur besseren Entwässerung. Im Herbst setzen. Stirbt im Sommer ab. Vermehrung durch Brutzwiebeln im Spätsommer oder durch Aussaat im Herbst.
P. libanotica. Siehe *P. scilloides*.
P. scilloides, syn. *P. libanotica*, Abb. S. 361. **'Alba'** Abb. S. 356.

PUYA (Bromeliaceae)
Gattung immergrüner, mehrjähriger Rosettenpflanzen und Sträucher, beliebt wegen ihrer Gesamterscheinung. Halb winterhart bis frostempfindlich, mind. 5–7 °C. Benötigt volles Licht und durchlässigen Boden. Während der Wachstumsphase mäßig, sonst sparsam gießen. Vermehrung durch Aussaat oder Kindel im Frühling.
P. alpestris (Abb. S. 222). Immergrüne, ausdauernde Pflanze mit kräftigen, verzweigten, niederliegenden Trieben. H. bis 2 m, Br. 3 m. Halb winterhart. An den Triebspitzen steht eine dichte Rosette aus linealischen, spitz zulaufenden, gebogenen, leuchtendgrünen, fleischigen Blättern mit hakigen, dornigen Zähnen an den Rändern und weißen Schuppen an der Unterseite. Die röhrigen, tief metallisch blauen, im Alter purpurroten Blüten erscheinen im Frühsommer in steifen, aufrechten Rispen.
P. chilensis (Abb. S. 222). Immergrüne, aufrechte, ausdauernde Pflanze mit kurzem, verholztem Stiel. H. und Br. bis 2 m. Halb winterhart. Der Stiel wird gekrönt von einer dichten Rosette aus linealischen, spitz zulaufenden, fleischigen, gebogenen, graugrünen Blättern mit hakigen, dornigen Zähnen an den Rändern. Trägt während des ganzen Sommers röhrige, metallisch gelbe oder grünlichgelbe Blüten in aufrechten, reich verzweigten Rispen.

PYCNOSTACHYS (Labiatae)
Gattung buschiger Stauden, beliebt wegen ihrer quirligen Blüten. Frostempfindlich, mind. 15 °C. Braucht sehr viel Licht und fruchtbaren, durchlässigen Boden. Vermehrung durch Stammstecklinge im Frühsommer.
P. dawei Abb. S. 195.
P. urticifolia. Starkwüchsige, aufrechte Staude mit 4kantigen Stielen. H. 1–2 m, Br. 20–60 cm. Hat ovale, scharf gezähnte, behaarte, mittelgrüne, 10 cm lange Blätter und im Winter Quirle kleiner, röhriger, leuchtendblauer Blüten in 10 cm langen Trauben.

PYRACANTHA (Rosaceae)
Feuerdorn
Gattung immergrüner, stacheliger, sommerblühender Sträucher, beliebt wegen ihrer Blätter, Blüten und Früchte. Völlig- bis winterhart. Benötigt eine geschützte Lage mit Sonne oder Halbschatten und fruchtbaren Boden. Für einen buschigen Habitus an einer Mauer ziehen, aufbinden und lange Triebe nach der Blüte stutzen. Vermehrung durch halbausgereifte Stecklinge im Sommer. Ist anfällig für Schorf und Feuerbrand.
P. angustifolia. Immergrüner, buschiger, dichter Strauch. H. und Br. 3 m. Winterhart. Hat schmal längliche Blätter mit dunkelgrüner Ober- und graufilziger Unterseite. Im Frühsommer Trauben kleiner, 5blättriger, weißer Blüten, im Herbst kugelige, orangegelbe Früchte.
P. atalantioides. Kräftiger, immergrüner Strauch, teils aufrecht, teils überhängend. H. 5 m, Br. 4 m. Winterhart. Die länglichen Blätter sind glänzend und dunkelgrün. Auf große Trauben kleiner, 5blättriger, weißer Blüten im Frühsommer folgen im Frühherbst kugelige, rote Früchte. **'Aurea'** Abb. S. 92.
P. coccinea. Immergrüner, dichter, buschiger Strauch. H. und Br. 4 m. Ganz winterhart. Dichte Trauben kleiner, 5blättriger, weißer Blüten öffnen sich im Frühsommer inmitten ovaler, dunkelgrüner Blätter, danach erscheinen kugelige, leuchtendrote Früchte. **'Lalandei'** hat größere Blätter und größere, orangerote Früchte.
***P.* 'Golden Charmer'** Abb. S. 117.
***P.* 'Golden Dome'** Abb. S. 117.
***P.* 'Mohave'.** Kräftiger, immergrüner, buschiger Strauch. H. 4 m, Br. 5 m. Winterhart. Im Frühsommer Trauben kleiner, 5blättriger, weißer Blüten, dann kugelige, orangerote Früchte. Blätter sind breit oval und dunkelgrün. Ist nicht krankheitsanfällig.
***P.* 'Orange Glow'.** Immergrüner, aufrechter, dichter Strauch. H. 5 m, Br. 3 m. Winterhart. Hat längliche, glänzende, dunkelgrüne Blätter, im Frühsommer Trauben kleiner, 5blättriger, weißer Blüten und kugelige, orange gefärbte Früchte.
P. rogersiana. Immergrüner, erst aufrechter, dann überhängender Strauch. H. und Br. 3 m. Winterhart. Blätter sind schmal länglich, glänzend und leuchtendgrün. Trauben kleiner, 5blättriger, weißer Blüten im Frühsommer, später kugelige, orangerote oder gelbe Früchte.
P. × watereri Abb. S. 104.
***Pyrethrum* 'Brenda'.** Siehe *Tanacetum coccineum* 'Brenda'.
Pyrethrum roseum. Siehe *Tanacetum coccineum*.

PYROLA (Pyrolaceae)
Wintergrün
Gattung immmergrüner, ausladender, frühlings- und sommerblühender Stauden. Winterhart. Braucht Halbschatten, kühle Bedingungen und durchlässigen, torfigen, sauren Boden; optimal unter lichtem Gehölz. Mag keine Störungen. Vermehrung durch Aussaat im Herbst oder Frühling oder durch Teilung im Frühling.
P. asarifolia. Immergrüne, rosettenbildende Staude. H. 15–25 cm, Br. 15 cm oder darüber. Hat nierenförmige, ledrige, glänzende, hellgrüne Blätter. Blütenstiele tragen im Frühling offen röhrige, blaß- bis tiefrosa Blüten.
P. rotundifolia (Rundblättriges Wintergrün). Immergrüne Rosettenstaude. H. 23 cm, Br. 30 cm. Hat rundliche, ledrige, glänzende, mittelgrüne Blätter und im späten Frühling und Frühsommer Trauben duftender, weißer, maiglöckchenartiger Blüten.

PYROSTEGIA (Bignoniaceae)
Gattung immergrüner, verholzter, rankender Kletterpflanzen, beliebt wegen ihrer auffallenden Blüten. Frostempfindlich, mind. 13–15 °C. Braucht volles Licht und fruchtbaren, durchlässigen Boden. Regelmäßig gießen, bei niedrigen Temperaturen weniger. Muß gestützt werden. Zu dichten Wuchs nach der Blüte ausdünnen. Vermehrung durch halbausgereifte Stecklinge im Sommer.
P. venusta Abb. S. 176.

PYRUS (Rosaceae)
Birne
Gattung sommergrüner, frühlingsblühender Bäume, beliebt wegen ihres Habitus, ihres Laubes, ihrer Blüten und der eßbaren Früchte (Birnen). Völlig winterhart. Gedeiht am besten in voller Sonne und braucht durchlässigen Boden. Vermehrung der Arten durch Aussaat im Herbst, Sorten durch Okulation im Sommer oder durch Pfropfung im Winter. Viele Arten sind anfällig für Feuerbrand und Schorf und, in Nordamerika, für das Birnbaumsterben.
P. amygdaliformis. Sommergrüner, ausladender Baum. H. 10 m, Br. 8 m. Die speerförmigen Blätter sind in der Jugend grau, reif glänzend dunkelgrün. Büschel 5blättriger, weißer Blüten um die Frühlingsmitte, später kleine, bräunliche Früchte.
P. calleryana (Zierbirne). Sommergrüner, breit konischer Baum. H. und Br. bis 15 m. Die ovalen, glänzenden, dunkelgrünen Blätter werden im Herbst oft rot. Mitte bis Ende des Frühlings 5blättrige, weiße Blüten. Früchte sind klein und bräunlich. **'Bradford'**, Br. 10 m, ist gegen Feuerbrand resistent. **'Chanticleer'** Abb. S. 48.
P. communis (Gemeine Birne, Holzbirne). **'Beech Hill'** ist ein sommergrüner, schmal konischer Baum. H. 10 m, Br. 7 m. Die ovalen, glänzenden, dunkelgrünen Blätter werden im Herbst oft orangefarben und rot. Von Mitte bis Ende des Frühlings erscheinen 5blättrige, weiße Blüten zugleich mit den jungen Blättern, später entwickeln sich kleine, bräunliche Früchte.
P. elaeagrifolia. Sommergrüner, ausladender, dorniger Baum. H. und Br. 8 m. Hat speerförmige, graugrüne Blätter, um die Frühlingsmitte lockere Büschel 5blättriger, weißer Blüten und kleine, bräunliche Früchte.
P. salicifolia. Sommergrüner, hügelförmiger Baum mit leicht hängenden Ästen. H. 5–8 m, Br. 4 m. Die weißen Blüten mit 5 Kronblättern öffnen sich um die Frühlingsmitte zugleich mit dem Austreiben der Blätter. Früchte sind klein und bräunlich. **'Pendula'** Abb. S. 64.

Q

Quamoclit coccinea. Siehe *Ipomoea coccinea.*
Quamoclit lobata. Siehe *Mina lobata.*
Quamoclit pinnata. Siehe *Ipomoea quamoclit.*

QUERCUS (Fagaceae)
Eiche
Gattung sommergrüner oder immergrüner Bäume und Sträucher, beliebt wegen Habitus, Laub und manche sommergrüne Arten wegen ihrer Herbstfarbe. Vom Spätfrühling bis Frühsommer unscheinbare Blüten, dann eiförmige bis rundliche, bräunliche Früchte (Eicheln). Völlig - bis winterhart. Optimal in Sonne oder Halbschatten und tiefgründigem, durchlässigem Boden. Verträgt Kalk, wenn nicht anders angegeben. Vermehrung der Arten durch Aussaat im Herbst, Gartenformen und Hybriden durch Pfropfung im Spätwinter. Anfällig für leichten Befall mit Mehltau und verschiedene Gallen, in Nordamerika auch für die Eichenwelke.
Q. acutissima (Sägezahn-Eiche). Sommergrüner Baum mit runder Krone. H. und Br. 15 m. Ganz winterhart. Hat edelkastanien-ähnliche, glänzende, dunkelgrüne Blätter mit borstigen Zähnen an den Rändern, die lange am Baum haften.
Q. agrifolia (Kalifornische Lebenseiche), Abb. S. 58.
Q. alba (Weißeiche), Abb. S. 45.
Q. aliena (Orientalische Weiß-Eiche). Sommergrüner, ausladender Baum. H. 15 m, Br. 12 m. Völlig winterhart. Hat große, längliche, deutlich gezähnte, glänzend dunkelgrüne Blätter.
Q. alnifolia (Ulmenblättrige Eiche, Cypern-Goldeiche). Immergrüner, ausladender Baum. H. 6 m, Br. 5 m. Winterhart. Die rundlichen, ledrigen Blätter sind oberseits glänzend dunkelgrün, unterseits senfgelb- oder grünlichgelbfilzig.
Q. canariensis (Kanarische Eiche), Abb. S. 41.
Q. castaneifolia (Kastanienblättrige Eiche), Abb. S. 43.
Q. cerris (Zerreiche). Schnellwüchsiger, sommergrüner, ausladender Baum von mächtiger, stattlicher Gestalt. H. 30 m, Br. 25 m. Völlig winterhart. Die länglichen, glänzenden, dunkelgrünen Blätter sind tief gelappt. Die Zerreiche Gedeiht auf flachem, kalkigem Boden. **'Variegata'** Abb. S. 51.
Q. coccifera (Kermeseiche). Immergrüner, buschiger, kompakter Baum oder Strauch. H. u. Br. 5 m. Winterhart. Die stechdornartigen Blätter sind glänzend, dunkelgrün und steif mit dornigen Rändern.
Q. coccinea (Scharlacheiche) Abb. S. 44. **'Splendens'** ist ein sommergrüner Baum mit runder Krone. H. 20 m, Br. 15 m. Ganz winterhart. Die länglichen, glänzenden, mittelgrünen Blätter mit tiefen, zahnartigen Lappen werden im Herbst tief scharlachrot. Bevorzugt sauren Boden.
Q. dentata (Daimio-Eiche, Zahneiche). Sommergrüner, ausladender Baum mit kräftigen Ästen und unregelmäßigem Aufbau. H. 15 m, Br. 10 m. Völlig winterhart. Hat ovale, gelappte, dunkelgrüne, bis über 30 cm lange Blätter. Bevorzugt sauren Boden.
Q. ellipsoidalis Abb. S. 44.
Q. frainetto (Ungarische Eiche), Abb. S. 43.
Q. garryana Abb. S. 53.
Q. × heterophylla Abb. S. 55.
***Q. × hispanica* 'Lucombeana'** Abb. S. 47.
Q. ilex (Steineiche). Immergrüner Baum mit runder Krone. H. 15 m, Br. 20 m. Winterhart. Die glänzenden, dunkelgrünen Blätter sind in der Jugend silbergrau und sehr verschieden geformt, aber meist oval. Gedeiht in flachem Kalkboden und ist hervorragend geeignet für exponierte Küstenlagen.
Q. imbricaria (Schindeleiche). Sommergrüner, ausladender Baum. H. 20 m, Br. 15 m. Winterhart. Die langen, schmalen Blätter sind in der Jugend gelblich, im Sommer grün und im Herbst gelblichbraun.
Q. laurifolia (Lorbeerblättrige Eiche), Abb. S. 43.
Q. macranthera (Kaukasische Eiche), Abb. S. 40.
Q. macrocarpa Abb. S. 53.
Q. macrolepis Abb. S. 53.
Q. marilandica (Schwarzeiche), Abb. S. 53.
Q. mongolica var. ***grosseserrata.*** Sommergrüner, ausladender Baum. H. 20 m, Br. 15 m. Völlig winterhart. Hat große, längliche, gelappte, dunkelgrüne Blätter, deutlich dreieckig gezähnt.
Q. muehlenbergii Abb. S. 41.
Q. myrsinifolia Abb. S. 57.
Q. nigra Abb. S. 42.
Q. palustris (Sumpfeiche), Abb. S. 43.
Q. petraea (Traubeneiche, Pyramideneiche). Sommergrüner, ausladender Baum. H. 30 m, Br. 25 m. Winterhart. Hat gelappte, ledrige, dunkelgrüne Blätter mit gelben Stielen. **'Columna'** Abb. S. 43.
Q. phellos (Weidenblättrige Eiche), Abb. S. 45.
Q. pontica (Armenische Eiche, Pontische Eiche). Sommergrüner, zuweilen strauchiger Baum mit aufrechten, kräftigen Ästen und einer breit ovalen Krone. H. 6 m, Br. 5 m. Völlig winterhart. Die großen, ovalen, gezähnten, glänzenden, leuchtendgrünen Blätter werden im Herbst gelb.
Q. robur (Stieleiche). Sommergrüner, ausladender, unregelmäßiger Baum. H. und Br. 25 m. Ganz winterhart. Trägt längliche, gewellte, gelappte, dunkelgrüne Blätter. **'Concordia'**, H. 10 m, ist langsamwüchsig und hat goldgelbe, junge Blätter, die im Hochsommer gelblichgrün werden. F. ***fastigiata*** Abb. S. 40.
Q. rubra (Roteiche), Abb. S. 44. **'Aurea'** Abb. S. 53.
Q. suber (Korkeiche), Abb. S. 47.
Q. × turneri. (Immergrüne Eiche), Abb. S. 47.
Q. velutina (Färbereiche). Schnellwüchsiger, sommergrüner, ausladender Baum. H. 30 m, Br. 25 m. Völlig winterhart. Die großen, länglichen, gelappten, glänzend dunkelgrünen Blätter werden im Herbst rötlichbraun.

QUISQUALIS (Combretaceae)
Gattung immergrüner oder sommergrüner, kletternder Sträucher oder windender Kletterpflanzen, beliebt wegen ihrer Blüten. Frostempfindlich, mind. 10–18°C. Braucht humusreichen, feuchten, aber durchlässigen Boden und volles Licht oder Halbschatten. Während der Wachstumsphase reichlich, bei kaltem Wetter weniger gießen. Stütze erforderlich. Zu dichten Wuchs im Frühling ausdünnen. Vermehrung durch Aussaat im Frühling oder durch halbreife ausgereifte Stecklinge im Sommer.
Q. indica Abb. S. 169.

R

RAMONDA (Gesneriaceae)
Ramonde
Gattung immergrüner Stauden, beliebt wegen ihrer Rosetten aus rundlichen, welligen, behaarten Blättern und wegen ihrer Blüten. Geeignet für Steingärten und Torfwände. Völlig winterhart. Bevorzugt Schatten und feuchten Boden. Pflanzen reichlich gießen, wenn sie sich während einer Trockenperiode einrollen. Vermehrung durch bewurzelte Ableger im Frühsommer oder durch Blattstecklinge oder Aussaat im Frühherbst.
R. myconi, syn. *R. pyrenaica*, Abb. S. 322.
R. nathaliae. Immergrüne Staude mit basaler Rosette. H. und Br. 10 cm. Trägt kleine, blaßgrüne Blätter und im Spätfrühling und Frühsommer Dolden aus kleinen, nach außen gerichteten, abgeflachten, lavendelblauen oder weißen Blüten mit gelben Staubblättern.
R. pyrenaica. Siehe *R. myconi*.
R. serbica. Immergrüne Staude mit basaler Rosette. H. und Br. 10 cm. Ähnlich wie *R. nathaliae*, hat aber becherförmige, lila-blaue Blüten und dunkel violettblaue Staubblätter. Kultur kann schwierig sein.

RANUNCULUS (Ranunculaceae)
Hahnenfuß
Gattung teils immergrüner oder halbimmergrüner Einjähriger, Wasserpflanzen und Stauden, die vor allem wegen ihrer Blüten gepflanzt werden. Viele Arten haben verdickte oder knollige Wurzeln. Manche wuchern stark. Die Wasserarten werden selten gepflanzt. Halb oder ganz winterhart. Wächst in Sonne oder Schatten und feuchtem, aber durchlässigem Boden. Vermehrung durch Aussaat frischer Samen oder durch Teilung im Frühling oder Herbst.
R. aconitifolius und **'Flore Pleno'** Abb. S. 195.
R. acris (Scharfer Hahnenfuß). **'Flore Pleno'** Abb. S. 247.
R. alpestris (Alpenhahnenfuß), Abb. S. 303.
R. amplexicaulis. Aufrechte Staude. H. 25 cm, Br. 10 cm. Winterhart. Hat schmal ovale, blaugraue Blätter und im Frühsommer flach becherförmige, weiße Blüten mit gelben Staubblättern (mehrblütig). Braucht humusreichen Boden.
R. asiaticus (Ranunkel) (rot) Abb. S. 352, (gelb) Abb. S. 353.
R. bullatus. Horstbildende Staude mit dicken Faserwurzeln. H. 5–8 cm. Br. 8–10 cm. Bedingt winterhart. Im Herbst duftende, flach becherförmige, leuchtendgelbe Blüten über hübschem, hügelförmigem Laub. Die länglichen bis ovalen, grünen Blätter mit scharf gezähnten Spitzen sind runzelig. Passend für das Alpinum oder den Steingarten.
R. calandrinioides Abb. S. 300.
R. crenatus. Halbimmergrüne Rosettenstaude mit dicken, faserigen Wurzeln. H. und Br. 10 cm. Ganz winterhart. Rundliche, gezähnte, grüne Blätter und im Sommer kurze Stiele mit 1 oder 2 flach becherförmigen, weißen Blüten dicht über den Blättern. Kann auch vermehrt werden, indem man im Sommer einen Blütenstiel am ersten Knoten abschneidet; er bildet eine Rosette und kann dann eingesetzt werden. Samt in Kultur kaum ab. Geeignet für ein Alpinum oder einen sauren, felsigen Steingarten.
R. ficaria (Scharbockskraut). **'Albus'** Abb. S. 303. **'Aurantiacus'** Abb. S. 313. **'Brazen Hussey'** ist eine mattenbildende, Staude mit Wurzelknollen. H. 5 cm, Br. bis 20 cm. Völlig winterhart. Ist beliebt wegen seiner herzförmigen, purpur-bronzefarbenen Blätter im Frühling. Die flach becherförmigen, glänzenden, schwefelgelben Blüten mit bronzefarbener Rückseite erscheinen im Vorfrühling. Alle *R. ficaria*-Arten sterben im späten Frühling ab. Kann sich rasch ausbreiten; geeignet für Wildgärten. **'Flore Pleno'** Abb. S. 312.
R. glacialis. Hügelförmige Staude mit faserigen Wurzeln. H. 5–25 cm, Br. 5cm oder mehr. Ganz winterhart. Hat rundliche, tief gelappte, glänzende, dunkelgrüne Blätter und im Spätfrühling und Frühsommer flach becherförmige, weiße oder rosa Blüten. Ist in niederen Lagen äußerst schwer zu ziehen. Geeignet für Geröll oder ein Alpinum. Bevorzugt humusreichen, feuchten, sauren, im Winter trockeneren Boden. Nacktschnecken können lästig werden.
***R. gouanii* 'Plenus'.** Siehe *R. speciosus* 'Plenus'.
R. gramineus Abb. S. 299.
R. lingua Abb. S. 377. **'Grandiflora'** ist eine sommergrüne, mehrjährige Sumpf- und Wasserpflanze. H. 1 m, Br. 30 cm. Völlig winterhart. Hat kräftige, rosagrüne Stiele. Lanzettliche, weißlich überzogene Blätter und im späten Frühling große, tellerförmige, gelbe Blüten.
R. lyallii. Immergrüne, kräftige, aufrechte, büschelige Staude. H. und Br. 30 cm oder mehr. Winterhart. Hat rundliche, ledrige, dunkelgrüne, bis über 15 cm breite Blätter und im Sommer Rispen aus großen, flach becherförmigen, weißen Blüten. Ist in heißem, trockenem Klima kaum zur Blüte zu bringen. Geeignet für ein Alpinum. Bildet in Kultur kaum Samen aus.
***R. montanus* 'Molten Gold'.** Stockbildende, kompakte Staude. H. 15 cm, Br. 10 cm. Völlig winterhart. Blätter sind rundlich und 3lappig. Jeder Blütenstiel bildet eine flach becherförmige, glänzende, leuchtend goldgelbe Blüte im Frühsommer. Geeignet für einen sonnigen Steingarten.
***R. speciosus* 'Plenus',** syn. *R. gouanii* 'Plenus', Abb. S. 247.

RANZANIA (Berberidaceae)
Monotypische Gattung einer Staude, beliebt wegen ihrer ungewöhnlichen Erscheinung und ihrer Blüten. Ideal für einen waldähnlichen Garten. Winterhart. Bevorzugt Schatten oder Halbschatten und humusreichen, feuchten Boden. Vermehrung durch Teilung im Frühling oder durch Aussaat im Herbst.
R. japonica. Aufrechte Staude. H. 45 cm, Br. 30 cm. 3teilige frisch grüne Blätter und im Frühsommer kleine Trauben nikkender, flach becherförmiger, blaßlila Blüten.

RAOULIA (Compositae)
Gattung immergrüner, mattenbildender Stauden, beliebt wegen ihrer Blätter. Manche Arten sind für Alpinen geeignet, andere für Steingärten. Völlig- bis winterhart. Braucht Sonne oder Halbschatten und kiesigen, feuchten aber durchlässigen, torfigen Boden. Vermehrung durch Aussaat frischer Samen oder durch Teilung im Frühling.
R. australis Abb. S. 330.
R. eximia. Immergrüne, kissenbildende Staude. H. 2,5 cm, Br. 5 cm. Ganz winterhart. Hat längliche bis ovale, überlappende, wollige, graue Blätter und im späten Frühling oder Sommer kleine, rundliche Köpfe aus gelblich-weißen Blüten. Geeignet für ein Alpinum. Bevorzugt etwas Schatten.
R. haastii Abb. S. 331.
R. hookeri* var. *albo-sericea Abb. S. 329.

RAVENALA (Strelitziaceae)
Monotypische Gattung eines immergrünen, palmenartigen Baumes, beliebt wegen seines Laubes und seiner Gesamterscheinung. Ist mit Strelitzia verwandt. Frostempfindlich, mind. 16°C. Benötigt volles Licht und humusreichen, durchlässigen Boden. Topfpflanzen im Sommer reichlich, im Winter und bei niedrigen Temperaturen weniger gießen. Vermehrung durch Aussaat im Frühling. Rote Spinne kann lästig werden.
R. madagascariensis. Immergrüner, aufrechter, fächerförmiger Baum. H. und Br. bis 10 m. Hat bananenartige, lang gestielte, 3–6 cm lange Blätter mit verbreiteter Stengelbasis. Mehrere bootförmige Blütenscheiden mit 6teiligen, weißen Blüten erscheinen im Sommer in den Blattachseln.

REBUTIA (Cactaceae)
Gattung meist gruppenbildender, kugeliger bis säulenförmiger, mehrjähriger Kakteen mit Blüten, die gewöhnlich 2–3 Jahre nach der Aussaat in großer Anzahl an der Basis der Pflanze erscheinen. Die vielrippigen, warzigen, grünen Triebe haben kurze Stacheln. Einige Arten werden manchmal *Aylostera* zugerechnet. Frostempfindlich, mind. 5°C. Benötigt Sonne oder Halbschatten und durchlässigen Boden. Vermehrung duch Aussaat im Frühling oder Sommer.
R. aureiflora Abb. S. 400.
R. krainziana Abb. S. 394.
R. minuscula. Stockbildender, mehrjähriger Kaktus. H. 5 cm, Br. 15 cm. Blaßbraune, 1 cm lange Stacheln bedecken gleichmäßig die 5 cm breiten, hellgrünen Sprosse. Trägt im Vorfrühling Massen von trompetenförmigen, roten, bis 4 cm breiten Blüten.
R. muscula Abb. S. 400.
R. pygmaea, syn. *Lobivia pygmaea*. Stockbildender, säulenförmiger, mehrjähriger Kaktus. H. 5 cm, Br. 10 cm. Sehr kurze, kammartige Stacheln liegen eng am grau- bis purpur-grünem Körper an. Trompetenförmige, rosa bis lachsrosa oder rosarote, bis 2 cm breite Blüten erscheinen im Frühling. Bevorzugt einen sonnigen Standort.
R. senilis. Stockbildender, mehrjähriger Kaktus. H. 5 cm, Br. 15 cm. Weiche, weiße, 3 cm lange Stacheln hüllen den 5 cm breiten Körper ein. Im Frühling trompetenförmige, rote, gelbe, rosa oder orange gefärbte, 5 cm breite Blüten. Bevorzugt einen sonnigen Standort.
R. spegazziniana Abb. S. 395.
R. violaciflora Abb. S. 392.

REHDERODENDRON (Styracaceae)
Gattung sommergrüner, frühlingsblühender Bäume, beliebt wegen ihrer Blüten und Früchte. Winterhart. Braucht Sonne oder Halbschatten, manche auch Schutz und fruchtbaren, feuchten, aber durchlässigen, sauren Boden. Vermehrung durch halbausgereifte Stecklinge im Sommer oder durch Aussaat im Herbst.
R. macrocarpum. Sommergrüner, ausladender Baum. H. 10 m, Br. 7 m. Die jungen Triebe sind rot. Hängende Trauben becherförmiger, rosa getönter, weißer Blüten mit Zitronenduft erscheinen im späten Frühling inmitten von länglichen, spitz zulaufenden, rot gestielten, glänzenden, dunkelgrünen Blättern. Trägt im Herbst zylindrische, verholzte, erst rote, dann braune Früchte.

REHMANNIA (Gesneriaceae)
Gattung frühlings- und sommerblühender Stauden. Halb winterhart bis frostempfindlich, mind. 1–5°C. Braucht einen warmen, sonnigen Standort und lockeren Boden. Vermehrung durch Aussaat im Herbst oder Frühling oder durch Wurzelschnittlinge im Winter.
R. angulata. Aufrechte Staude. H. 75 cm, Br. 45 cm. Frostempfindlich, mind. 2–5°C. Im Frühling – Sommer Trauben röhriger bis trichterförmiger, orange gezeichneter, purpurroter oder violett-lich-brauner Blüten. Die länglichen, behaarten, mittelgrünen Blätter haben unregelmäßig gezähnte, paarige Fiedern.
R. elata Abb. S. 204.
R. glutinosa. Rosettenbildende Staude. H. 30 cm, Br. 25 cm. Frostempfindlich, mind. 1°C. Trichterförmige, rosa, rotbraune oder gelbe Blüten mit purpurnen Adern erscheinen im späten Frühling und Frühsommer an beblätterten Stielen. Blätter sind oval bis lanzettlich, gezähnt, behaart und hellgrün.

REINWARDTIA (Linaceae)
Gattung immergrüner Halbsträucher, beliebt wegen ihrer Blüten. Frostempfindlich, mind. 7–10°C. Benötigt volles Licht oder Halbschatten und fruchtbaren, durchlässigen Boden. In der Wachstumsphase reichlich, sonst mäßig gießen. Für bessere Verzweigung bei Jungpflanzen die Triebspitzen einkürzen. Nach der Blüte stark zurückschneiden. Jährlich aus Kopfstecklingen neu ziehen. Rote Spinne kann Probleme bereiten.
R. indica, syn. *R. trigyna*, (Gelber Flachs), Abb. S. 138.

RESEDA (Resedaceae)
Resede
Gattung Ein- und Zweijähriger mit Blüten, die Bienen anziehen und sich auch als Schnittblumen eignen. Winterhart. Gedeiht in Sonne und in jedem fruchtbaren, durchlässigen Boden. Für langen Blütenflor welke Blüten entfernen. Vermehrung durch Aussaat im Freien im Frühling oder Frühherbst.
R. odorata Abb. S. 263.

RHAMNUS (Rhamnaceae)
Kreuzdorn
Gattung sommer- oder immergrüner Sträucher und Bäume mit unauffälligen Blüten, beliebt wegen ihres Laubes und ihrer Früchte. Ganz – bis winterhart. Wächst bei Sonne oder Halbschatten und in fruchtbarem Boden. Vermehrung der sommergrünen Arten durch Aussaat im Herbst, immergrüne durch halbausgereifte Stecklinge im Sommer.

***R. alaternus* 'Argenteovariegata'** ist ein immergrüner, buschiger Strauch. H. und Br. 3 m. Winterhart. Hat ovale, ledrige, glänzende, graugrüne Blätter mit beigeweißen Rändern. Im Früh- bis Hochsommer winzige, gelblich-grüne Blüten, später kugelige, rote, dann schwarze Früchte.
R. imeretina. Sommergrüner, ausladender, offener Strauch. H. 3 m, Br. 5 m. Völlig winterhart. Kräftige Triebe tragen große, breit lanzettliche, deutlich geäderte, dunkelgrüne Blätter, die im Herbst bronze-purpurn werden. Die kleinen, grünen Blüten erscheinen im Sommer.

RHAPHIOLEPIS (Rosaceae)
Gattung immergrüner Sträucher, beliebt wegen ihrer Blüten und Blätter. Bedingt – bis winterhart. Gedeiht gewöhnlich am besten im Schutz einer Mauer; *R. umbellata* ist am widerstandsfähigsten. Braucht Sonne und fruchtbaren, durchlässigen Boden. Vermehrung durch halbausgereifte Stecklinge im Spätsommer.
***R. × delacourii* 'Coates Crimson'.** Immergrüner, rundlicher Srauch. H. 2 m, Br. 2,5 m. Winterhart. Trauben duftender, sternförmiger, tiefrosa Blüten kontrastieren im Frühling oder Sommer mit den ovalen, ledrigen, dunkelgrünen Blättern.
R. indica. Immergrüner, buschiger Strauch. H. 1,5 m, Br. 2 m. Halb winterhart. Trauben duftender, sternförmiger, weißer, rosa überlaufener Blüten erscheinen im Frühling oder Frühsommer inmitten von schmal lanzettlichen, glänzenden, dunkelgrünen Blättern.
R. umbellata Abb. S. 128.

RHAPIS (Palmae)
Steckenpalme
Gattung immergrüner Fächerpalmen, beliebt wegen ihrer Blätter und ihrer Gesamterscheinung. Manchmal im Sommer winzige, gelbe Blüten. Frostempfindlich, mind. 15 °C. Braucht Halbschatten und humusreichen, durchlässigen Boden. Kübelpflanzen während der Wachstumsphase reichlich, zu anderen Zeiten mäßig gießen. Vermehrung durch Aussaat. Ausläufer oder Teilung im Frühling. Ist anfällig für Rote Spinne.
R. excelsa Abb. S. 120.

RHAZYA (Apocynaceae)
Gattung sommerblühender Stauden. Winterhart. Braucht Sonne und durchlässigen Boden. Vermehrung durch Teilung im Frühling oder durch Aussaat im Herbst.
R. orientalis Abb. S. 243.

RHEUM (Polygonaceae)
Rhabarber
Gattung von Stauden, beliebt wegen ihrer Blätter und der auffälligen Gesamterscheinung. Umfaßt den Speiserhabarber und diverse Zierpflanzen. Manche Arten sind extrem groß und brauchen sehr viel Platz. Völlig winterhart. Bevorzugt Sonne oder Halbschatten und tiefgründigen, nahrhaften, durchlässigen Boden. Vermehrung durch Teilung im Frühling oder durch Aussaat im Herbst.
R. alexandrae (Zierrhabarber), Abb. S. 213.
R. nobile. Stockbildende Staude. H. 1,5 m, Br. 1 m. Die länglichen bis ovalen, ledrigen, basalen, mittelgrünen Blätter sind 60 cm lang. Treibt im Spätsommer lange Blütenstiele mit konischen Ähren aus großen, überlappenden, blaßbeigen Hochblättern, die die unscheinbaren Blüten verdecken.
R. palmatum. Horstbildende Staude. H. u. Br. 2 m. 60–70 cm lange, runde, 5lappige mittelgrüne Blätter. Im Frühsommer in breiten Rispen kleine, cremeweiße Blüten. **'Atrosanguineum'** (Zierrhabarber), Abb. S. 189.

RHIPSALDOPSIS (Cactaceae)
Gattung mehrjähriger Kakteen mit trompeten- oder glockenförmigen Blüten im Frühling. Ist einfach zu ziehen, kann aber ohne ersichtlichen Grund Gliedsegmente abwerfen. Frostempfindlich, mind. 6–10 °C. Benötigt Halbschatten und nahrhaften, durchlässigen Boden. Im Sommer reichlich gießen, dazwischen immer wieder fast austrocknen lassen. Im Winter nur gelegentlich gießen. Vermehrung durch Aussaat oder Stecklinge im Frühling oder Sommer.
R. gaertneri (Osterkaktus), Abb. S. 395.
R. rosea Abb. S. 392.

RHIPSALIS (Cactaceae)
Binsen-, Korallenkaktus
Gattung epiphytischer, mehrjähriger Kakteen mit meist hängenden, verschieden geformten Trieben. Den Blüten folgen kugelige, durchscheinende Beeren. Frostempfindlich, mind. 10–11 °C. Braucht Halbschatten und nahrhaften, durchlässigen Boden. Bevorzugt 80% relative Luftfeuchte – mehr als die meisten Kakteen. Im Winter nur gelegentlich etwas gießen. Vermehrung durch Aussaat oder Stecklinge im Frühling oder Sommer.
R. capilliformis. Hängender, mehrjähriger Kaktus. H. 1 m, Br. 50 cm. Mind. 10 °C. Bildet reich verzweigte, zylindrische, grüne Triebe und im Winter – Frühling kurze, trichterförmige, weiße, bis 1 cm breite Blüten mit gebogenen Spitzen, dann weiße Beeren.
R. cereuscula Abb. S. 382.
R. clavata. Siehe *Hatiora clavata.*
R. crispata. Erst buschiger, dann hängender, mehrjähriger Kaktus. H. 1 m, Br. unbestimmt. Mind. 11 °C. Hat blattartige, elliptische bis längliche, blaßgrüne, bis 12 cm lange Gliedsegmente mit gewellten Rändern, aus denen kurze, trichterförmige, beige oder blaßrosa gefärbte, bis 1 cm breite Blüten mit zurückgebogenen Spitzen im Winter – Frühling wachsen, danach weiße Beeren.
R. paradoxa. Erst buschiger, dann hängender, mehrjähriger Kaktus. H. 1 m, Br. unbestimmt. Mind. 11 °C. Die dreikantigen Glieder stehen jeweils zum nächsten Glied versetzt. Kurze, trichterförmige, weiße, 2 cm breite Blüten mit zurückgebogenen Spitzen erscheinen im Winter – Frühling an den Sproßenden, dann rote Beeren.
R. tucumanensis Abb. S. 382.
R. warmingiana Abb. S. 382.
Rhodanthe manglesii. Siehe *Helipterum manglesii.*
Rhodiola rosea. Siehe *Sedum roseum.*
Rhodocactus grandifolius. Siehe *Pereskia grandifolia.*

RHODOCHITON (Scrophulariaceae)
Monotypische Gattung immergrüner Blattstiel-Kletterpflanzen, beliebt wegen seiner ungewöhnlichen Blüten. Optimal als Einjährige. Kann an Zäunen und Spalieren oder als Bodendecker gepflanzt werden. Frostempfindlich, mind. 5 °C. Braucht Sonne und einen durchlässigen Boden. Vermehrung durch Aussaat im Vorfrühling.
R. atrosanguineum, syn. *R. volubile,* Abb. S. 169.
R. volubile. Siehe *R. atrosanguineum.*

RHODODENDRON (Ericaceae)
Gattung immergrüner, halbimmergrüner oder sommergrüner Sträucher, von Zwergformen bis zu baumartigen Formen, meist wegen der schönen Blüten gepflanzt. Winterhart bis frostempfindlich, mind. 4–7 °C. Die meisten bevorzugen lichten Schatten, eine beträchtliche Anzahl verträgt aber volle Sonne, vor allem in kühlem Klima. Braucht neutralen bis sauren Boden – am besten humusreich und durchlässig. Pflanzen sind Flachwurzler, deshalb nicht zu tief pflanzen. Bei Bedarf welke Blüten entfernen, damit die Samenausbildung nicht auf Kosten des Wachstums geht. Vermehrung durch Absenker oder halbausgereifte Stecklinge im Spätsommer. Vergilben der Blätter entsteht meist durch schlechte Entwässerung, zu tiefe Pflanzung oder Kalk im Boden. Rüsselkäfer und Mehltau können Probleme bereiten.

Rhododendren und Azaleen
Die Gattung *Rhododendron* teilt man in 2 Gruppen ein: große, immergrüne oder sommergrüne, als »Rhododendron« bezeichnete Sträucher; und kleinblättrige, immergrüne Zwergformen, und kleinere, sommergrüne Sträucher, die gemeinhin als »Azaleen« bekannt sind. Einige kleinblättrige Zwergformen (wie *R. racemosum* und *R.* 'Yellowhammer') werden hier den Azaleen zugeordnet. Botanisch gehören jedoch alle zur Gattung *Rhododendron*. Sie tragen große Köpfe aus dicht gepackten, meist einfachen, aber auch halb oder ganz gefüllten Blüten einschließlich 'hose-in-hose' Formen (sieht aus als ob eine Blüte in der anderen steckt). Wenn nicht anders angegeben, sind die Blüten einach und die Blätter mittel- bis dunkelgrün und oval. Viele immergrüne Azaleen können als Topfpflanzen gezogen werden.
R. aberconwayi. Immergrüner Rhododendron mit ausgeprägtem, aufrechtem Habitus. H. bis 2,5 m, Br. 1,2 m. Winterhart. Die breit lanzettlichen Blätter sind klein, steif und tiefgrün. Die tellerförmigen, weißen Blüten erscheinen im Spätfrühling.
R. albrechtii. Sommergrüne, aufrechte, buschige Azalee. H. bis 3 m, Br. 2 m. Ganz winterhart. Hat löffelförmige Blätter in Büscheln an den Triebspitzen und im Frühling glockige, grün gefleckte, purpurne oder rosa Blüten in lockeren Trauben von 3–5.
***R.* 'Alison Johnstone'.** Immergrüner, buschiger Rhododendron. H. und Br. 2 m. Winterhart. Eine Fülle herrlicher, glockiger, pfirsich-rosa Blüten im Frühling und schöne, wächserne, graugrüne Blätter.
***R.* 'Angelo'.** Immergrüner, buschiger Rhododendron. H. und Br. bis 4 m. Winterhart. Hat kräftiges Laub; große, duftende, glockige, weiße Blüten erscheinen im Hochsommer in lockeren Gehölzen.
R. arboreum (Abb. S. 101). Immergrüner, baumartiger Rhododendron. H. bis 12 m, Br. 3 m. Winterhart. Die Unterseiten der großen, breitlanzettlichen Blätter sind silbrig, beige oder zimtfarben. Im Frühling erscheinen dichte Trauben glokkiger Blüten in Farbschattierungen von Rot (die empfindlichste Form) über Rosa bis Weiß.
R. argyrophyllum (Abb. S. 100). Immergrüner, ausladender Rhododendron. H. und Br. bis 5 m. Ganz winterhart. Die länglichen Blätter sind unterseits silbrig weiß. Lockere Büschel glockiger, sattrosa Blüten, manchmal mit dunkleren Flekken, erscheinen im Frühling. Ideal unter hellen Gehölzen.
***R.* 'Ascot Brilliant'.** Immergrüner, buschiger Rhododendron. H. und Br. 3 m. Winterhart. Blätter sind breit oval. Im Frühling lockere Büschel trichterförmiger, wächserner, rosaroter Blüten mit dunkleren Rändern. Optimal unter hellen Gehölzen.
R. augustinii (Abb. S. 101). Immergrüner, buschiger Rhododendron. H. und Br. bis 4 m. Ganz winterhart. Hat lanzettliche bis längliche, hellgrüne Blätter und im Frühling eine Fülle vielstieliger, breit trichterförmiger, blaß- bis tiefblauer oder lavendelblauer Blüten. Wirkt in Gruppenpflanzung am schönsten.
R. auriculatum (Abb. S. 100). Immergrüner, buschiger, weit ausladender Rhododendron. H. und Br. bis 6 m. Ganz winterhart. Hat große, längliche behaarte Blätter mit deutlichen, ohrförmigen Lappen an der Basis. Trägt im Sommer lockere Büschel aus 7–15 großen, stark duftenden, röhrigen bis trichterförmigen, weißen Blüten. Optimal unter einem lichten Gehölz.
***R.* 'Azor'.** Immergrüner, aufrechter Rhododendron. H. und Br. bis 4 m. Winterhart. Blätter sind breit oval. Große, duftende, trichterförmige, lachsrosa Blüten. Ist durch seine Blütezeit im Hochsommer besonders wertvoll.
***R.* 'Azuma-kagami'** (Abb. S. 100). Immergrüne, kompakte Azalee. H. und Br. 1,2 m. Winterhart. Eine Vielzahl kleiner, tiefrosa hose-in-hose Blüten erscheint um die Frühlingsmitte. Optimal im Halbschatten.
R. barbatum. Immergrüner, aufrechter Rhododendron. H. und Br. bis 10 m. Völlig winterhart. Hat lanzettliche, dunkelgrüne Blätter mit borstigen Trieben; Rinde ist pflaumenblau und schälend. Im Vorfrühling dichte Büschel aus trichterförmigen bis glockigen, leuchtend scharlachroten Blüten.
***R.* 'Beauty of Littleworth'** (Abb. S. 100). Immergrüner, offener, strauchiger Rhododendron. H. und Br. 4 m. Winterhart. Im Spätfrühling riesige, kegelförmige Büschel aus duftenden, trichterförmigen, purpurn gefleckten, weißen Blüten.
***R.* 'Beefeater'.** Immergrüner, buschiger Rhododendron. H. und Br. bis 2,5 m. Winterhart. Blätter sind breit lanzettlich. Hat auffallende, abgeflachte Büschel aus glockigen, scharlachroten Blüten im Spätfrühling und Frühsommer.
***R.* 'Blue Diamond'.** Immergrüne, aufrechte Azalee. H. und Br. bis 1,5 m. Winterhart. Kleine, elegante Blätter kontrastieren Mitte bis Ende des Frühlings mit trichterförmigen, leuchtendblauen Blüten. Mag pralle Sonne.
***R.* 'Blue Peter'** (Abb. S. 101). Immergrüner, buschiger Rhododendron. H. und Br. bis 4 m. Ganz winterhart. Im Frühsommer kräftige, offen trichterförmige

RHODODENDRON

Blüten in 2 Lavendel-Schattierungen mit gekräuselten Kronblatträndern.
***R. calendulaceum*.** Sommergrüne, buschige Azalee. H. und Br. 2–3 m. Völlig winterhart. Hat im Sommer trichterförmige, scharlachrote oder orange gefärbte Blüten in Büscheln zu 5–7.
R. calophytum (Abb. S. 100). Immergrüner, breit ausladender Rhododendron. H. und Br. bis 6 m. Winterhart. Große, lanzettliche Blätter und im Vorfrühling riesige Büschel aus glockigen, weißen oder blaßrosa Blüten mit blutroten Tupfen. Optimal in geschützten Lagen.
R. calostrotum (Abb. S. 101). Immergrüne, kompakte Azalee. H. bis 1 m. Ganz winterhart. Hat hübsche, blaugrüne Blätter und im Spätfrühling tellerförmige, purpurne oder scharlachrote Blüten in Trauben zu 2–5.
***R.* 'Catawbiense Album'.** Immergrüner, rundlicher Rhododendron. H. und Br. bis 3 m. Ganz winterhart. Trägt glänzende Blätter und im Sommer dichte, runde Doldentrauben aus glockigen, weißen Blüten.
***R.* 'Catawbiense Boursault'.** Immergrüner, rundlicher Rhododendron. H. und Br. bis 3 m. Sehr frostfest. Hat glänzende Blätter und dichte, runde Büschel aus glockigen, lila-purpurnen Blüten im Frühsommer.
***R. × cilpinense*.** Sommergrüner, kompakter Rhododendron. H. und Br. bis 1,5 m. Frostfest. Blätter sind dunkelgrün und glänzend. Große, glockige, bläulich-rosa Blüten mit dunkler getönten Knospen erscheinen im Vorfrühling in großer Anzahl und sind frostempfindlich.
R. cinnabarinum (Abb. S. 101). Immergrüner, aufrechter Rhododendron. H. und Br. 1,5–4 m. Frostfest. Hat blaugrüne Blätter mit kleinen Schuppen. Schmal röhrige, wächserne, orange bis rote Blüten erscheinen im Spätfrühling in lockeren, hängenden Doldentrauben.
***R.* 'Coccinea Speciosa'.** Sommergrüne, buschige Azalee. H. und Br. 1,5–2,5 m. Sehr winterhart. Im Frühsommer offen trichterförmige, leuchtend satt orangerote Blüten. Die breit lanzettlichen Blätter zeigen eine schöne Herbstfarbe.
***R.* 'Corneille'** (Abb. S. 100). Sommergrüne, buschige Azalee. H. und Br. 1,5–2,5 m. Völlig winterhart. Im Frühsommer duftende, geißblattähnliche, beige Blüten mit rosa überlaufener Außenseite. Hat schönes Herbstlaub.
***R.* 'Curlew'** (Abb. S. 102). Immergrüne Azalee mit kompaktem, ausgebreitetem Habitus. H. und Br. 30 cm. Sehr winterhart. Treibt mattgrüne Blätter und im späten Frühling relativ große, offen trichterförmige, gelbe Blüten.
***R.* 'Cynthia'** (Abb. S. 101). Kräftiger, immergrüner, kuppelförmiger Rhododendron. H. und Br. bis 6 m. Sehr winterhart. Trägt im Spätfrühling kegelförmige Büschel aus glockigen, magenta-purpurnen, innen schwärzlich-rot gezeichneten Blüten. Gedeiht in Sonne oder Schatten.
***R. dauricum*.** Halbimmergrüne, aufrechte Azalee. H. und Br. bis 1,5 m. Sehr winterhart. Treibt während des ganzen Winters trichterförmige, lebhaft purpurne Blüten in lockeren Trauben. Die grünen Blätter werden bei Frost purpurbraun.
R. davidsonianum (Abb. S. 101). Sommergrüner, aufrechter Rhododendron. H. 1,5–4 m. Völlig winterhart. Die lanzettlichen bis länglichen Blätter duften aromatisch. Hat im späten Frühling Trauben trichterförmiger Blüten in Schattierungen von Blaßrosa bis mittel Lilamauve.
***R. decorum*.** Immergrüner, buschiger Rhododendron. H. und Br. 4 m. Frostfest. Die länglichen bis lanzettlichen Blätter sind oberseits mittelgrün, unterseits blaßgrün. Hat im Frühsommer große, duftende, trichterförmige, weiße oder gelblich-rosa, innen grün oder rosa gepunktete Blüten.
***R. discolor*.** Immergrüner, baumartiger Rhododendron. H. und Br. bis 8 m. Frostfest. Blätter sind länglich bis oval. Trägt im Hochsommer duftende, trichterförmige, rosa Blüten, die einen herrlichen Anblick bieten. Ideal in einem hellen Gehölz.
***R.* 'Doncaster'.** Immergrüner, kompakter Rhododendron. H. und Br. 2–2,5 m. Frostfest. Hat ledrige, steife, glänzende Blätter und im Spätfrühling trichterförmige, dunkelrote Blüten in dichter Krone.
***R.* 'Dora Amateis'.** Immergrüne, kompakte Azalee. H. und Br. 60 cm. Sehr winterhart. Blätter sind schlank, glänzend und spitz. Massen von breit trichterförmigen, weißen, rosa überlaufenen und grün gezeichneten Blüten erscheinen im späten Frühling. Verträgt Sonne.
***R.* 'Elisabeth'** (Abb. S. 101). Immergrüner, kuppelförmiger Rhododendron. H. und Br. bis 1,5 m. Frostfest. Blätter sind länglich. Hat im Spätfrühling große, trompetenförmige, leuchtendrote Blüten. Gedeiht in Sonne oder Halbschatten.
***R.* 'Elisabeth Lockhart'.** Immergrüner, kuppelförmiger Rhododendron. H. und Br. 60 cm. Frostfest. Die glänzenden, purpurgrünen Blätter färben sich im Winter dunkler. Glockige, tiefrosa Blüten erscheinen im Frühling.
***R.* 'English Roseum'.** Kräftiger, immergrüner, buschiger Rhododendron. H. und Br. bis 2,5 m. Sehr winterhart. Hat hübsche, dunkelgrüne Blätter mit blasserer Unterseite und im späten Frühling kompakte Büsche aus trichterförmigen, lilarosa Blüten.
***R.* 'Fabia'** (Abb. S. 102). Immergrüner, kuppelförmiger Rhododendron. H. und Br. 2 m. Winterhart. Blätter sind lanzettlich. Hat im Frühsommer lockere, flache Büschel trichterförmiger, orange überlaufener, scharlachroter Blüten.
***R.* 'Fastuosum Flore Pleno'.** Immergrüner, kuppelförmiger Rhododendron. H. und Br. 1,5–4 m. Sehr winterhart. Im Frühsommer stehen trichterförmige, gefüllte sattmauve gefärbte Blüten mit rotbrauner Zeichnung und gewellten Rändern in einer lockeren Krone.
R. fictolacteum (Abb. S. 100). Immergrüner, baumartiger Rhododendron. H. bis 13,5 m. Frostfest. Hat große Blätter mit grüner Oberseite und braunfilziger Unterseite. Kräftige Büschel aus glockigen, weißen Blüten mit braunem Fleck und oft geflecktem Schlund erscheinen im Frühling.
***R.* 'Firefly'.** Siehe *R.* 'Hexe'.
***R.* 'Freya'** (Abb. S. 102). Sommergrüne Azalee mit kompaktem, strauchigem Habitus. H. und Br. 1,5 m, sehr winterhart. Duftende, trichterförmige, rosa überlaufene, orange-lachsrosa Blüten erscheinen vom späten Frühling bis Frühsommer.
***R.* 'Frome'** (Abb. S. 102). Sommergrüne Azalee mit strauchigem Habitus. H. und Br. 1,5 m. Völlig winterhart. Im Frühling trompetenförmige, safran-gelbe Blüten mit rot überzogenem Schlund; die Kronblätter sind gesäumt und am Rand gewellt.
R. fulvum (Abb. S. 100). Immergrüner, buschiger Rhododendron. H. und Br. 1,5–4 m. Frostfest. Längliche bis ovale, glänzende, tiefgrüne Blätter sind unterseits braunfilzig. Treibt im Vorfrühling lockere Doldentrauben aus glockigen, rosa Blüten mit rotem Fleck an der Basis, die weiß ausbleichen.
***R.* 'George Reynolds'** (Abb. S. 102). Sommergrüne, buschige Azalee. H. und Br. bis 2 m. Völlig winterhart. Große, trichterförmige, gelbe Blüten aus rosa überlaufenen Knospen erscheinen vor oder zugleich mit den Blättern im Frühling.
***R.* 'Gloria Mundi'** (Abb. S. 102). Sommergrüne Azalee mit buschigem Habitus. H. und Br. bis 2 m. Sehr winterhart. Hat im Frühsommer duftende, geißblattartige, gelb überlaufene, orange Blüten mit gekräuselten Rändern.
***R.* 'Glory of Littleworth'** (Abb. S. 102). Immergrüne, buschige Hybride zwischen Azalee und Rhododendron. H. und Br. 1,5 m. Frosthart. Kompakte Büschel aus duftenden, glockigen, orange gezeichneten, gelblich-weißen Blüten erscheinen im Spätfrühling und Frühsommer in großer Anzahl. Kultur ist schwierig.
***R.* 'Gomer Waterer'.** Immergrüner, kompakter Rhododendron. H. und Br. 1,5–4 m. Sehr winterhart. Blätter sind an den Rändern zurückgebogen. Die glockigen Blüten, die im Frühsommer in dichten Doldentrauben erscheinen, sind weiß und mauve überlaufen, mit einem senfgelben Fleck an der Basis. Mag Sonne oder Halbschatten.
***R.* 'Hatsugiri'** (Abb. S. 101). Immergrüne, kompakte Azalee. H. und Br. 60 cm. Winterhart. Hat kleine, aber sehr zahlreiche, trichterförmige, leuchtend purpurrote Blüten. Blüht sehr verläßlich.
***R.* 'Hawk Crest'** (Abb. S. 102). Immergrüner Rhododendron mit offenem Habitus. H. und Br. 1,5–4 m. Frostfest. Breit lanzettliche Blätter. Glockige Blüten in lockeren, abgeflachten Büscheln aus apricot-rosa Knospen öffnen sich im späten Frühling klar schwefelgelb.
***R.* 'Hexe'**, syn. *R.* 'Firefly'. Immergrüne, elegante Azalee. H. und Br. 60 cm. Winterhart. Hat im Frühling zahlreiche relativ große, leuchtend blutrote, hose-in-hose Blüten.
***R.* 'Hinodegiri'** (Abb. S. 101). Immergrüne, kompakte Azalee. H. und Br. 1,5 m. Winterhart. Die trichterförmigen, leuchtend blutroten Blüten sind klein, erscheinen aber im späten Frühling in großer Zahl. Mag Sonne oder etwas Schatten.
***R.* 'Hinomayo'** (Abb. S. 101). Immergrüne, kompakte Azalee. H. und Br. 1,5 m. Frostfest. Kleine, trichterförmige, klarrosa Blüten erscheinen im Frühling in großer Zahl. Mag Sonne oder etwas Schatten.
R. hippophaeoides (Abb. S. 101). Immergrüne, aufrechte Azalee. H. und Br. 1,5 m. Sehr winterhart. Die schmal lanzettlichen, graugrünen Blätter duften aromatisch. Kleine, trichterförmige, lavendelblaue oder lila Blüten erscheinen im Frühling. Verträgt nassen, aber nicht staunassen Boden.
***R.* 'Homebush'** (Abb. S. 101). Sommergrüne, kompakte Azalee. H. und Br. 1,5 m. Winterhart. Trägt im späten Frühling dichte, rundliche Köpfe aus trompetenförmigen, halbgefüllten, rosa-purpurnen Blüten mit dunklerer Zeichnung.
***R.* 'Hotei'.** Immergrüner Rhododendron mit elegantem, kompaktem Habitus. H. und Br. 1,5–2,5 m. Ganz winterhart. Hat schönes Laub. Große, trichterförmige, sattgelbe Blüten erscheinen reichlich im späten Frühling.
***R.* 'Humming Bird'.** Immergrüner, kuppelförmiger Rhododendron mit elegantem, kompaktem Habitus. H. und Br. bis 1,5 m. Völlig winterhart. Trägt von Mitte bis Ende des Frühlings glockige, rosarote Blüten in lockeren, nickenden Doldentrauben über rundlichen, glänzenden Blättern.
***R.* 'Hydon Hunter'.** Sommergrüner, eleganter Rhododendron. H. und Br. bis 1,5 m. Sehr winterhart. Trägt im späten Frühling oder Frühsommer Massen von großen, schmal glockenförmigen, rot geränderte zur Mitte hin blasseren, orange, getupften Blüten.
***R. impeditum*.** Langsamwüchsige, immergrüne, niederliegende Azalee. H. und Br. bis 60 cm. Sehr winterhart. Blätter sind graugrün. Trichterförmige, violettlichblaue Blüten erscheinen im Frühling. Ist ideal für Steingärten.
***R.* 'Iro-hayama'** (Abb. S. 101). Immergrüne, kompakte Azalee. H. und Br. bis 1,5 m. Winterhart. Hat im Frühling eine Fülle kleiner, trichterförmiger, weißer Blüten mit blaß lavendelfarbenen Rändern und schwach bräunlichen Augen. Gedeiht in leichtem Schatten.
***R.* 'Jalisco'.** Sommergrüner, offen buschiger Rhododendron. H. und Br. 1,5–4 m. Winterhart. Trägt im Frühsommer zu mehreren schmal glockige, strohfarbene Blüten mit orange getönten Spitzen.
***R.* 'Jeanette'.** Halbimmergrüne, aufrechte Azalee. H. und Br. 1,5–2 m. Winterhart. Trichterförmige, lebhaft phloxrosa Blüten mit dunkleren Flecken erscheinen im Frühling. Gedeiht in leichtem Schatten oder voller Sonne.
***R.* 'John Cairns'** (Abb. S. 101). Immergrüne, aufrechte, kompakte Azalee. H. und Br. 1,5–2 m. Sehr winterhart. Trichterförmige, orangerote Blüten erscheinen im Frühling in großer Zahl. Wächst kontinuierlich und verläßlich in Sonne oder Halbschatten.
R. kaempferi (Abb. S. 101). Halbimmergrüne, aufrechte, locker verzweigte Azalee. H. und Br. 1,5–2,5 m. Völlig winterhart. Blätter sind lanzettlich. Im Spätfrühling und Frühsommer eine Fülle von trichterförmigen Blüten in verschiedenen Farbschattierungen von Orange bis Rot.
***R.* 'Kilimanjaro'.** Sommergrüner, buschiger Rhododendron. H. und Br. 1,5–4 m. Winterhart. Trägt breit lanzettliche Blätter. Treibt im späten Frühling und Frühsommer große, abgerundete Doldentrauben aus trichterförmigen, braunroten Blüten mit gewellten Rändern und schokoladebraun gefleckter Innenseite.
***R.* 'Kirin'** (Abb. S. 100). Immergrüne, kompakte Azalee. H. und Br. bis 1,5 m. Frostfest. Hat im Frühling zahlreiche tiefrosa bis silbrig rosa schattierte, hose-in-hose Blüten. Wirkt am besten in leichtem Schatten.
***R. kiusianum*.** Halbimmergrüne, kompakte Azalee. H. und Br. bis 60 cm. Ganz winterhart. Blätter sind schmal oval. Hat im späten Frühling Trauben von 2–5 trichterförmigen, meist lila-rosa oder

mauvepurpurnen Blüten. Bevorzugt volle Sonne.

***R.* 'Lady Alice Fitzwilliam'.** Immergrüner, buschiger, Rhododendron. H. und Br. 1,5–4 m. Halb winterhart. Blätter sind glänzend dunkelgrün. Stark duftende, breit trichterförmige, weiße, blaßrosa überlaufende Blüten stehen locker zu mehreren und erscheinen Mitte bis Ende des Frühlings. Optimal an einer süd- oder westseitigen Mauer.

***R.* 'Lady Clementine Mitford'.** Immergrüner, rundlicher, dichter Rhododendron. H. und Br. 4 m. Sehr winterhart. Hat breit ovale, glänzende, dunkelgrüne, in der Jugend silbrige Blätter und im späten Frühling und Frühsommer kräftige Büschel trichterförmig glockiger, pfirsichrosa, zur Mitte hin weiß werdender Blüten mit V-förmiger, rosa, grüner und brauner Zeichnung auf der Innenseite.

***R.* 'Lady Rosebery'.** Immergrüner, steifästiger Rhododendron. H. und Br. 1,5–4 m. Frostfest. Im späten Frühling Trauben hängender, schmal glockenförmiger, wächserner, tiefrosa gefärbter, nach außen blasserer Blüten. Ideal für einen hellen Gehölzrand.

***R.* 'Lem's Cameo'.** Immergrüner, buschiger Rhododendron. H. und Br. 1,5–2,5 m. Frostfest. Blätter sind rundlich. Trägt im Frühling hoch gewölbte Sträuße offen trichterförmiger, blaß pfirsichrosa gefärbter, zum Rand hin rosa werdender Blüten mit tiefrosa Basalfleck, Knospen tiefrosa.

***R.* 'Loderi'.** Immergrüner Rhododendron mit offenem Habitus. H. und Br. 4 m. Winterhart. Trägt im Frühling riesige Doldentrauben aus stark duftenden, trompetenförmigen, meist zartrosa, aber zuweilen blasser bis weiße Blüten.

R. lutescens (Abb. S. 101). Halbimmergrüne, aufrechte Azalee. H. und Br. 1,5–3 m. Ganz winterhart. Hat ovale bis lanzettliche, in der Jugend bronzerote Blätter. Im Vorfrühling trichterförmige, blaßgelbe Blüten. Die elegante, zarte Pflanze wirkt am besten in einem lichten Gehölz.

R. luteum (Abb. S. 102). Sommergrüne Azalee mit offenem Habitus. H. und Br. 1,5–2,5 m. Ganz winterhart. Blätter sind länglich bis lanzettlich. Kräftige, stark duftende, trichterförmige, gelbe Blüten erscheinen im Frühling. Hat dichtes Herbstlaub mit schöner Farbe.

R. macabeanum (Abb. S. 102). Immergrüner, baumartiger Rhododendron. H. und Br. bis zu 13,5 m. Frosthart. Hat kräftige, breit ovale Blätter mit graugrüner Ober- und graufilziger Unterseite und im Vorfrühling große Büschel aus glockigen, gelben, innen purpurn gefleckten Blüten.

R. mallotum. Immergrüner, aufrechter, offener, gelegentlich baumartiger Rhododendron. H. und Br. bis 4 m. Frostfest. Die länglichen bis ovalen Blätter sind oberseits tiefgrün, unterseits rotbraun filzig. Auffallende, röhrige, blutrote Blüten stehen im Vorfrühling locker zu mehreren.

***R.* 'May Day'** (Abb. S. 101). Immergrüner, ausladender Rhododendron. H. und Br. bis 1,5 m. Frosthart. Im späten Frühling Massen lockerer Büschel aus langlebigen, trichterförmigen, scharlachroten Blüten; Kelche sind blütenartig und haben dieselbe Farbe wie die Krone. Blätter sind oberseits frisch grün, unterseits weißlich-filzig.

***R.* 'Medway'** (Abb. S. 102). Sommergrüne, buschige, offene Azalee. H. und Br. 1,5–2,5 m. Völlig winterhart. Trägt im Spätfrühling große, trompetenförmige, blaßrosa Blüten mit dunkleren Rändern und orange getöntem Schlund; Kronblätter haben gekräuselte Ränder.

R. metternichii. Immergrüner, aufrechter Rhododendron. H. und Br. 1,5–4 m. Völlig winterhart. Hat reizvolle, längliche Blätter mit glänzend grüner Ober- und rötlichbraun-filziger Unterseite. Glokkige, rosarote, innen oft zart gefleckte Blüten erscheinen im Frühling in großen, rundlichen Büscheln zu 10–15.

***R.* 'Moonshine Crescent'** (Abb. S. 102). Immergrüner, rundlich bis aufrechter Rhododendron. H. 2–2,5 m, Br. 2 m. Frostfest. Im späten Frühling kompakte Büschel glockiger, gelber Blüten. Blätter sind länglich bis oval und dunkelgrün.

R. moupinense. Immergrüner, rundlicher, kompakter Rhododendron. H. und Br. bis 1,5 m. Frosthart. Im Spätwinter und Vorfrühling trichterförmige, rosa Blüten stehen locker zu mehreren. Blätter sind oberseits glänzend dunkelgrün, unterseits blasser. Optimal in geschützten Lagen, da Blüten frostempfindlich.

***R.* 'Mrs. G. W. Leak'** (Abb. S. 100). Immergrüner, aufrechter, kompakter Rhododendron. H. und Br. 4 m. Sehr winterhart. Hat kompakte, konische Büschel trichterförmiger, rosa Blüten mit schwarzbraunen und purpurnen Flecken an der Innenseite im Spätfrühling.

R. nakaharae. Immergrüne, hügelförmige Azalee. H. und Br. 60 cm. Frosthart. Triebe und längliche bis ovale Blätter sind dicht behaart. Trichterförmige, dunkel ziegelrote Blüten stehen in kleinen Trauben. Ist wertvoll durch ihre Blüte im Hochsommer; ideal für Steingärten.

***R.* 'Nancy Waterer'.** Sommergrüne, strauchige Azalee. H. und Br. 1,5–2,5 m. Sehr winterhart. Hat im Frühsommer große, lang-röhrige, geißblattähnliche, leuchtend goldgelbe Blüten. Ideal für ein lichtes Gehölz oder volle Sonne.

***R.* 'Narcissiflorum'** (Abb. S. 102). Kräftige, sommergrüne, kompakte Azalee. H. und Br. 1,5–2,5 m. Sehr winterhart. Süß duftende, blaßgelbe, hose-in-hose Blüten mit dunkleren Außenseiten und Augen erscheinen im späten Frühling oder Frühsommer. Hat bronzefarbenes Herbstlaub.

***R.* 'Nobleanum'** (Abb. S. 100). Immergrüner, aufrechter Strauch- oder Baumrhododendron. H. und Br. bis 5 m. Frosthart. Trägt im Winter oder Vorfrühling große, kompakte Doldentrauben aus breit trichterförmigen, rosaroten, rosa oder weißen Blüten. Blüht in mildem Klima sehr lange; optimal in geschützten Lagen.

***R.* 'Norma'.** Kräftige, sommergrüne, kompakte Azalee. H. und Br. bis 1,5 m. Sehr winterhart. Trägt im Frühling Massen von rosaroten, leicht lachsrosa getönten, hose-in-hose Blüten. Gedeiht in Sonne oder leichtem Schatten.

***R.* 'Nova Zembla'.** Kräftiger, immergrüner, aufrechter Rhododendron. H. und Br. 1,5–4 m. Sehr winterhart. Hat vom späten Frühling bis Frühsommer trichterförmige, dunkelrote Blüten in dichten Büscheln.

R. occidentale (Abb. S. 100). Sommergrüne, buschige Azalee. H. und Br. 1,5–2,5 m. Sehr winterhart. Die glänzenden Blätter färben sich im Herbst gelb oder orange. Blüten sind duftend, trichterförmig, weiß oder rosa mit basalem, gelb-orangem Fleck und erscheinen vom Früh- bis Hochsommer.

R. orbiculare (Abb. S. 100). Immergrüner Rhododendron mit kompaktem Habitus. H. und Br. 3 m. Sehr winterhart. Rundliche, leuchtendgrüne Blätter. Glockige, rosarote Blüten erscheinen im späten Frühling in lockeren Büscheln.

R. oreotrephes (Abb. S. 101). Sommergrüner, aufrechter Strauch- oder Baumrhododendron. H. und Br. bis 5 m. Sehr winterhart. Hat hübsche, schuppige, graugrüne Blätter. Im Frühling lockere Büschel aus 3–10 breit trichterförmigen, meist mauvefarbenen oder purpurnen, aber sehr variablen Blüten, oft mit roten Flecken.

***R.* 'Palestrina'** (Abb. S. 100). Immergrüne, kompakte, blühfreudige Azalee. H. und Br. bis 1,2 m. Frostfest. Hat große, offen trichterförmige, weiße Blüten mit blasser grüner Zeichnung im späten Frühling. Gedeiht im lichten Schatten.

***R.* 'Percy Wiseman'** (Abb. S. 100). Immergrüner Rhododendron mit kuppelförmigem, kompaktem Habitus. H. und Br. bis 2 m. Sehr winterhart. Im späten Frühling offen trichterförmige, pfirsichgelbe Blüten, die weiß ausbleichen. Verträgt volle Sonne.

***R.* 'Pink Pearl'** (Abb. S. 101). Kräftiger, immergrüner, aufrechter, offener Rhododendron. H. und Br. 4 m oder mehr. Frosthart. Große Doldentrauben aus offen trichterförmigen, rosa Blüten bieten im späten Frühling einen prächtigen Anblick.

***R.* 'P. J. Mezitt'.** Immergrüne, kompakte Azalee. H. und Br. bis zu 1,5 m. Sehr winterhart. Die aromatischen Blätter sind klein, im Sommer dunkelgrün, im Winter bronze-purpurn. Frostharte, trichterförmige, lavendel-rosa Blüten erscheinen im Vorfrühling. Gedeiht in praller Sonne.

***R.* 'President Roosevelt'** (Abb. S. 101). Langsamwüchsiger, immergrüner, ausgebreiteter, leicht verzweigter Rhododendron. H. und Br. bis 2 m. Frosthart. Blätter sind gelb gestreift. Offen glockige, rosa, zur Mitte hin hellere Blüten mit gekräuselten Rändern erscheinen von Mitte bis Ende des Frühlings. Blätter neigen dazu, sich wieder ganz grün zu färben.

***R.* 'Ptarmigan'.** Immergrüne, ausgebreitete Azalee, die einen kompakten Hügel bildet. H. bis 30 cm, Br. 75 cm oder darüber. Sehr winterhart. Ist im Vorfrühling bedeckt mit trichterförmigen, rein weißen Blüten. Bevorzugt volle Sonne.

***R.* 'Purple Splendour'.** Immergrüner, buschiger Rhododendron. H. und Br. bis 3 m. Sehr winterhart. Trägt im späten Frühling oder Frühsommer wohlgeformte Büschel aus offen trichterförmigen, sattpurpurnen Blüten mit deutlicher, schwarzer Zeichnung im Schlund.

***R.* 'Queen Elisabeth II'** (Abb. S. 101). Immergrüner, buschiger Rhododendron. H. und Br. 1,5–4 m. Frosthart. Trichterförmige, grünlich-gelbe Blüten erscheinen im späten Frühling in lockeren Doldentrauben. Blätter sind schmal oval oder lanzettlich, glänzend, oberseits mittelgrün, unterseits blasser.

***R.* 'Queen of Hearts'.** Immergrüner, unregelmäßiger Rhododendron. H. und Br. 1,5–4 m. Frostfest. Hat Massen von gewölbten Büscheln aus trichterförmigen, tief blutroten, innen schwarz gefleckten Blüten um die Frühlingsmitte.

R. racemosum (Abb. S. 100). Immergrüne, aufrechte, steifästige Azalee. H. und Br. bis 2,5 m. Sehr winterhart. Im Frühling Trauben breit trichterförmiger, leuchtendrosa Blüten entlang der Triebe. Die kleinen, breit ovalen aromatischen Blätter sind oberseits mattgrün, unterseits graugrün.

R. rex. Kräftiger, sommergrüner, aufrechter, Strauch- oder Baumrhododendron. H. und Br. 4 m oder darüber. Frostfest. Ist ähnlich wie *R. fictolacteum*, Blätter sind aber unterseits blaß gelbbraunfilzig und die rosa oder weißen Blüten haben einen roten Fleck und einen gefleckten Schlund.

***R.* 'Romany Chai'.** Kräftiger, immergrüner, struppiger, in der Jugend offener Rhododendron, im Alter dichter. H. und Br. 1,5–4 m. Frosthart. Hat dunkelgrüne, bronze getönte Blätter und im Frühsommer große, kompakte Büschel aus breit trichterförmigen, satt braunroten Blüten mit basalem, braunem Fleck. Bevorzugt lichte Gehölze.

***R.* 'Rosalind'** (Abb. S. 101). Kräftiger, immergrüner Rhododendron mit offen verzweigtem Habitus. H. und Br. 4 m. Frosthart. Blätter sind mattgrün. Im Frühling breit trichterförmige, rosa Blüten in lockeren Doldentrauben.

***R.* 'Roseum Elegans'.** Kräftiger, immergrüner, rundlicher Rhododendron. H. und Br. 2,5 m oder darüber. Sehr winterhart. Im Frühsommer rundliche Büschel aus breit trichterförmigen, rötlich-purpurnen, gelbbraun gezeichneten Blüten. Blätter sind kräftig und glänzend dunkelgrün.

***R.* 'Roza Stevenson'.** Kräftiger, immergrüner, aufrechter, offener Rhododendron. H. und Br. 1,5–4 m. Frosthart. Mitte bis Ende des Frühlings Massen von schönen, lockeren Büscheln aus tellerförmigen, zitronengelben Blüten. Gedeiht in leichtem Schatten.

R. rubiginosum. Kräftiger, immergrüner, aufrechter, reich verzweigter Rhododendron. H. 6 m, Br. 2,5 m. Frosthart. Die aromatisch duftenden Blätter sind lanzettlich, mattgrün an der Oberseite, unterseits rötlichbraun. Hat um die Frühlingsmitte trichterförmige, lila-purpurne Blüten in lockeren Büscheln.

R. schlippenbachii (Abb. S. 100). Sommergrüne, rundliche, offene Azalee. H. und Br. 2,5 m. Sehr winterhart. Die löffelförmigen Blätter stehen in Quirlen an den Zweigenden. Tellerförmige, rosa Blüten in lockeren Büscheln von 3–6 erscheinen um die Frühlingsmitte. Ideal in einem lichten Gehölz.

***R.* 'Seta'** (Abb. S. 100). Immergrüne, aufrechte Azalee. H. 1,5 m, Br. 1–1,5 m. Frosthart. Trägt im Vorfrühling lockere Büschel aus röhrigen, glänzenden, lebhaft rosa-weiß gestreiften Blüten, deren Basis weiß ausbleicht.

***R.* 'Seven Stars'** (Abb. S. 100). Kräftiger, immergrüner, aufrechter, dichter Rhododendron. H. und Br. 2–3 m. Sehr winterhart. Hat gelblichgrüne Blätter und im Frühling zahlreiche Büschel aus großen, glockigen, weißen, zartrosa überlaufenen Blüten mit welligen Rändern. Rosa Knospen.

***R.* 'Silver Moon'** (Abb. S. 100). Immergrüne Azalee mit breitem, ausladendem Habitus. H. und Br. 1,5–2,5 m. Frosthart. Trichterförmige, weiße Blüten mit blaßgrün geflecktem Schlund und gewellten Kronblatträndern erscheinen im Frühling. Gedeiht im Halbschatten.

***R.* 'Snowdrift'.** Sommergrüne, buschige Azalee. H. und Br. bis 2,5 m. Völlig winterhart. Trägt im Frühling, vor dem Erscheinen der Blätter, Büschel großer Blüten mit schlanken Röhren. Blüten sind weiß mit gelben Flecken, die später orange werden.

R. souliei (Abb. S. 100). Immergrüner, offener, Rhododendron. H. und Br. 1,5–4 m. Völlig winterhart. Hat rundliche Blätter und im späten Frühling tellerförmige, zartrosa Blüten. Gedeiht in regenarmem Klima.

***R.* 'Spek's Orange'.** Sommergrüne, buschige Azalee. H. und Br. bis 2,5 m. Völlig winterhart. Trägt im späten Frühling kräftige Büschel aus großen, schlank röhrigen, leuchtend rötlich-orangen Blüten mit grünlicher Zeichnung an der Innenseite.

***R.* 'Strawberry Ice'** (Abb. S. 100). Sommergrüne, buschige Azalee. H. und Br. 1,5–2,5 m. Sehr winterhart. Blüten sind trompetenförmig, Knospen tiefrosa. Öffnen sich fleischrosa mit dunkler rosa gesprenkelten Kronblatträndern und tiefgelb gezeichnetem Schlund; Blüten im späten Frühling.

***R.* 'Surprise'.** Immergrüne, dichte Azalee. H. und Br. 1,5 m. Frosthart. Um die Frühlingsmitte eine Fülle kleiner, trichterförmiger, hell orangeroter Blüten. Wirkt am besten in einer Gruppenpflanzung und gedeiht in leichtem Schatten oder voller Sonne.

***R.* 'Susan'** (Abb. S. 101). Immergrüner, dichter Rhododendron. H. und Br. 1,5–4 m. Sehr winterhart. Trägt im Frühling große Büschel aus offen trichterförmigen Blüten in 2 Blau-mauve-Schattierungen mit purpurn gesprenkelter Innenseite. Hat hübsche, glänzende, dunkelgrüne Blätter.

R. sutchuenense (Abb. S. 100). Immergrüner, ausladender Strauch- oder Baumrhododendron. H. und Br. bis 5 m. Frosthart. Hat große Blätter und im Vorfrühling große Büschel aus breit trichterförmigen, rosa Blüten mit dunkler gesprenkelter Innenseite. Bevorzugt ein helles Gehölz.

***R.* 'Temple Belle'.** Immergrüner Rhododendron mit elegantem, kompaktem Habitus. H. und Br. 1,5–2,5 m. Sehr winterhart. Lockere Doldentrauben aus glockigen, klarrosa Blüten erscheinen im Frühling. Die rundlichen Blätter sind oberseits dunkelgrün, unterseits graugrün.

R. thomsonii (Abb. S. 101). Immergrüner, rundlicher Rhododendron mit offenem Habitus. H. und Br. bis 5,5 m. Frosthart. Blätter sind wächsern mit dunkelgrüner Ober- und weißlicher Unterseite. Die schälende, beigefarbene Rinde kontrastiert schön mit den glockigen, wächsernen, roten Blüten im Frühling.

***R.* 'Vuyk's Scarlet'** (Abb. S. 101). Immergrüne, kompakte Azalee. H. und Br. bis 60 cm. Frosthart. Im Frühling eine Fülle von relativ großen, offen trichterförmigen, leuchtendroten Blüten mit welligen Kronblättern, die das glänzende Laub völlig verdecken.

R. wardii (Abb. S. 101). Immergrüner, kompakter Rhododendron. H. und Br. 1,5–4 m. Sehr winterhart. Hat rundliche Blätter und im späten Frühling lockere Büschel aus tellerförmigen, klargelben Blüten mit roten Flecken an der Basis.

R. williamsianum (Abb. S. 100). Immergrüner Rhododendron mit kompaktem, ausladendem Habitus. H. und Br. 1,5 m. Sehr winterhart. Blätter sind in der Jugend bronzefarben, reif mittelgrün. Hat im Frühling glockige, rosa Blüten in lockeren Trauben. Ideal für einen kleinen Garten.

***R.* 'Woodcock'.** Immergrüner Rhododendron mi kompaktem, ausladendem Habitus. H. und Br. 1,5–2,5 m. Sehr winterhart. Hat etwas glänzende, dunkelgrüne Blätter und im Frühling Massen von trichterförmigen, rosaroten Blüten in lockeren Büscheln.

R. xanthocodon (Abb. S. 101). Halbimmergrüner Rhododendron mit offenem, aufrechtem Habitus. H. und Br. 1,5–4 m. Frosthart. Die aromatischen Blätter sind in der Jugend blaugrün, reif mittelgrün. Trägt im späten Frühling lockere Trauben glockiger, wächserner, gelber Blüten. Gedeiht in geschützten Lagen.

R. yakushimanum (Abb. S. 100). Immergrüner, kuppelförmiger Rhododendron mit elegantem, kompaktem Habitus. H. 1 m, Br. 1,5 m. Sehr winterhart. Die breit ovalen Blätter sind erst silbrig, dann sehr tiefgrün und unterseits braun-filzig. Im späten Frühling offen trichterförmige, rosa gefärbte, innen grün gefleckte Blüten, die fast weiß ausbleichen.

***R.* 'Yellowhammer'** (Abb. S. 102). Immergrüne, aufrechte, buschige Azalee. H. und Br. bis 2 m. Sehr winterhart. Eine Fülle von Trauben röhriger, leuchtendgelber Blüten erscheinen im Frühling; blüht oft ein zweites Mal im Herbst.

R. yunnanense (Abb. S. 100). Halbimmergrüner, offener Rhododendron. H. und Br. 1,5–4 m. Sehr winterhart. Trägt im Frühling Massen von schmetterlingsartigen, blaßrosa oder weißen Blüten mit gepunktetem oder geflecktem Schlund. Die graugrünen Blätter duften aromatisch.

RHODOHYPOXIS (Hypoxidaceae)
Gattung frühlings- oder sommerblühender Zwergstauden mit Rhizom, beliebt wegen ihrer rosa, roten oder weißen Blüten, deren 6 Kronblätter in der Mitte so zusammentreffen, daß die Blüte kein Auge hat. Winterhart, wenn sie während der winterlichen Ruheperiode ziemlich trocken gehalten wird. Benötigt volle Sonne und sandigen, torfigen, im Sommer sehr feuchten Boden. Vermehrung durch Aussaat oder Ableger im Frühling.

R. baurii. Frühlings- und frühsommerblühende Staude mit Rhizom. H. 5–10 cm, Br. 2,5–5 cm. Bildet ein aufrechtes, basales Büschel von schmal lanzettlichen, behaarten Blättern. Auf schlanken Stielen entfalten sich nacheinander aufrechte, flache, weiße, blaßrosa oder rote, 2 cm breite Blüten. **'Albrighton'** und **'Douglas'** Abb. S. 320. **'Margaret Rose'** Abb. S. 316. Var. ***platypetala*** hat 2,5 cm breite, weiße oder sehr blaßrosa gefärbte Blüten.

RHODOLEIA (Hamamelidaceae)
Gattung immergrüner, meist frühlingsblühender Bäume, beliebt wegen ihrer Blätter und Blüten. Frostempfindlich, mind. 7–10°C. Braucht volles Licht oder Halbschatten und humusreichen, durchlässigen, neutralen bis sauren Boden. Kübelpflanzen in der Wachstumsphase reichlich, zu anderen Zeiten mäßig gießen. Stutzen wird vertragen, wenn notwendig. Vermehrung durch halbausgereifte Stecklinge im Sommer oder durch Aussaat bei Samenreife im Herbst oder Frühling.

R. championii. Immergrüner, buschiger Baum. H. und Br. 4–8 m. Die elliptischen bis ovalen, leuchtendgrünen, bis 9 cm langen Blätter stehen an den Triebspitzen. Trauben unscheinbarer, von kronblattartigen, rosa Hochblättern umgebener Blüten erscheinen im Frühling.

RHODOTAMNUS (Ericaceae)
Zwergalpenrose
Gattung mit nur einer Art immergrünem, halb niederliegendem, offenem Strauch, der wegen seiner Blüten gepflanzt wird. Geeignet für Steingärten und Heidegärten. Winterhart. Braucht Sonne und humusreichen, durchlässigen, sauren Boden. Vermehrung durch Aussaat im Frühling oder durch halbausgereifte Stecklinge im Sommer.

R. chamaecistus Abb. S. 292.

RHODOTYPOS (Rosaceae)
Scheinkerrie
Gattung mit nur einer Art sommergrünem Strauch, beliebt wegen seiner Blüten. Ganz winterhart. Braucht Sonne oder Halbschatten und fruchtbaren Boden. Bei eingewachsenen Pflanzen nach der Blüte einige ältere Triebe stutzen oder zum Boden zurückschneiden. Vermehrung durch krautige Stecklinge im Sommer oder durch Aussaat im Herbst.

R. kerrioides. Siehe *R. scandens*.

R. scandens, syn. *R. kerrioides*, Abb. S. 126.

Rhoeo discolor. Siehe *Tradescantia spathacea*.

Rhoeo spathacea. Siehe *Tradescantia spathacea*.

RHOICISSUS (Vitaceae)
Gattung immergrüner, rankender Kletterpflanzen, beliebt wegen ihres reizvollen Laubes. Trägt periodisch während des ganzen Jahres unauffällige Blüten. Frostempfindlich, mind. 7–10°C. Mag jeden fruchtbaren, durchlässigen Boden mit etwas Schatten im Sommer. Regelmäßig gießen, bei kaltem Wetter weniger. Muß gestützt werden. Zu dichten Wuchs bei Bedarf oder im Vorfrühling entfernen. Vermehrung durch Aussaat oder halbausgereifte Stecklinge im Sommer.

R. capensis (Kap-Wein, Kap-Traube). Kräftige, immergrüne, rankende Kletterpflanze. H. bis 5 m. Die rundlichen, gezähnten, glänzenden, mittel- bis dunkelgrünen, bis 20 cm breiten Blätter haben eine tief gerundete, herzförmige Basis.

R. rhomboidea. Mäßig kräftige, immergrüne, rankende Kletterpflanze. H. bis 6 m. Die deutlich geäderten, glänzenden Blätter sind in 3 Fiedern geteilt, von denen die seitlichen 2 schief sind.

RHOMBOPHYLLUM (Aizoaceae)
Gattung mattenbildender, mehrjähriger Sukkulenter mit dichten, basalen Rosetten aus linealischen bis halb zylindrischen, in der Mitte oder zur Spitze hin verbreiterten Blättern; Blattspitzen sind nach außen oder innen gebogen. Frostempfindlich, mind. 5°C. Braucht Sonne und sehr durchlässigen Boden. Vermehrung durch Aussaat oder Stecklinge im Frühling oder Sommer.

R. rhomboideum Abb. S. 398.

RHUS (Anacardiaceae)
Essigbaum, Sumach
Gattung sommergrüner Bäume, Sträucher und schlingender Kletterpflanzen, beliebt wegen ihrer geteilten, eschenartigen Blätter, ihrer Herbstfarbe und manche Arten wegen ihrer auffallenden Fruchtstände. Völlig- bis winterhart. Benötigt Sonne und durchlässigen Boden. Vermehrung durch halbausgereifte Stecklinge im Sommer, durch Aussaat im Herbst oder durch Wurzelschnittlinge im Winter. Kann von der Rotpustelkrankheit befallen werden.

R. aromatica. Sommergrüner, buschiger Strauch. H. 1 m, Br. 1,5 m. Ganz winterhart. Tiefgrüne Blätter mit 3 ovalen Fiedern werden im Herbst orange oder rötlich-purpurn. Die winzigen, gelben Blüten erscheinen um die Frühlingsmitte vor den Blättern, danach kugelige, rote Früchte.

R. copallina (Zwergsumach). Sommergrüner, aufrechter Strauch. H. und Br. 1–1,5 m, zuweilen mehr. Völlig winterhart. Hat glänzende, dunkelgrüne Blätter mit zahlreichen, lanzettlichen Fiedern, die im Herbst rot-purpurn werden. Winzige, grünlich-gelbe Blüten erscheinen vom Hoch- bis Spätsommer in dichten Rispen und entwickeln sich zu schmal eiförmigen, leuchtendroten Früchten.

R. cotinoides. Siehe *Cotinus obovatus*.

R. cotinus. Siehe *Cotinus coggyria*.

R. glabra Abb. S. 111.

R. potaninii. Sommergrüner, rundlicher Baum. H. 12 m, Br. 8 m. Völlig winterhart. Hat große, dunkelgrüne Blätter, gewöhnlich mit 7–11 ovalen Fiedern, die im Herbst rot werden. Trägt im Sommer dichte Rispen winziger, gelbgrüner Blüten. Weibliche Blütenrispen entwickeln sich zu winzigen, kugeligen, schwarzen oder bräunlichen Früchten.

R. succedanea. Sommergrüner, ausladender Baum. H. und Br. 10 m. Winterhart. Trägt im Sommer dichte Rispen winziger, gelb-grüner Blüten. Die großen, glänzenden, dunkelgrünen Blätter mit 9–15 ovalen Fiedern werden im Herbst rot. Weibliche Blütenrispen entwickeln sich zu winzigen, kugeligen, schwarzen oder bräunlichen Früchten.

R. trichocarpa Abb. S. 68.

R. typhina (Geschlitztblättriger Essigbaum). Sommergrüner, ausladender, ausläuferbildender, offener Strauch oder Baum. H. 5 m, Br. 6 m. Ganz winterhart. Samtige Triebe sind umhüllt von dunkelgrünen Blättern mit länglichen Fiedern. Treibt vom Hoch- bis Spätsommer winzige, grünlich-weiße Blüten. Das leuchtend orange-rote Herbstlaub zeigt sich zusammen mit kolbenartigen Ständen kugeliger, tiefroter Früchte an weiblichen Pflanzen. **'Laciniata'** (syn. *R. t.* 'Dissecta' Abb. S. 92).

R. verniciflua. Sommergrüner, ausladender Baum. H. 15 m, Br. 10 m. Völlig winterhart. Große, glänzende, leuchtendgrüne Blätter mit 7–13 ovalen Fiedern werden im Herbst rot. Trägt im Sommer dichte Rispen winziger, gelb-grüner Blüten, dann beerenartige, bräunlich-gelbe Früchte. Der Saft kann starke Hautreizungen verursachen.

RHYNCHELYTRUM (Gramineae).
Siehe GRÄSER, BAMBUS, BINSEN und RIEDGRÄSER.

R. repens, syn. *R. roseum*. Horstbildendes, einjähriges oder kurzlebiges, mehr

jähriges Gras. H. 1,2–2 m, Br. 60 cm – 1 m. Frostempfindlich, mind. 5°C. Blätter sind mittelgrün, flach und fein zugespitzt. Treibt lockere Rispen aus begrannten, rosa Ährchen im Sommer.
R. roseum. Siehe *R. repens*.

RIBES (Grossulariaceae)
Johannisbeere, Stachelbeere
Gattung sommergrüner oder immergrüner, meist frühlingsblühender Sträucher, beliebt wegen ihrer eßbaren Früchte oder ihrer Blüten. Völlig- bis winterhart. Braucht volle Sonne und fruchtbaren, durchlässigen Boden. *R. laurifolium* verträgt aber auch Schatten. Nach der Blüte einige ältere Triebe ausschneiden und unförmige, alte Pflanzen im Winter oder Vorfrühling stutzen. Vermehrung sommergrüner Arten durch Steckhölzer im Winter, immergrüne durch halbausgereifte Stecklinge im Sommer. Blattläuse können junge Blätter befallen.
R. laurifolium (Loorbeerblättrige Johannisbeere), Abb. S. 143.
R. odoratum (Gold-Johannisbeere). Sommergrüner, aufrechter Strauch. H. und Br. 2 m. Ganz winterhart. Trauben duftender, röhriger, goldgelber Blüten erscheinen von Mitte bis Ende des Frühlings, dann rundliche, purpurne Früchte. Die abgerundeten, 3lappigen, leuchtendgrünen Blätter werden im Herbst rot und purpurn.
R. sanguineum (Zierjohannisbeere). **'Brocklebankii'** Abb. S. 123. **'King Edward VII'** ist ein sommergrüner, aufrechter, kompakter Strauch. H. und Br. 2 m. Völlig winterhart. Kleine, röhrige, tief rötlich-rosa Blüten erscheinen reichlich inmitten von rundlichen, 3–5lappigen, aromatischen, dunkelgrünen Blättern von Mitte bis Ende des Frühlings, danach manchmal kugelige, schwarze Früchte mit weißer Mitte. Gut geeignet als Hecke. **'Pulborough Scarlet'** Abb. S. 98. **'Tydeman's White'**, H. und Br. 2,5 m, ist weniger kompakt und hat rein weiße Blüten.
R. speciosum. Sommergrüner, buschiger, stacheliger Strauch. H. und Br. 2 m. Frosthart. Schlanke, hängende, röhrige, rote Blüten mit langen, roten Staubblättern öffnen sich von Mitte bis Ende des Frühlings. Früchte sind kugelig und rot. Hat rote junge Triebe und ovale, 3- bis 5lappige, glänzende, leuchtendgrüne Blätter. Gedeiht als Spalierstrauch an süd- oder westseitigen Mauern.

RICHEA (Epacridaceae)
Gattung immergrüner, sommerblühender Sträucher, beliebt wegen ihrer Blätter und dichten Blütentrauben. Frosthart bis halb winterhart. Braucht Sonne oder Halbschatten und feuchten, torfigen, sauren oder neutralen Boden. Vermehrung durch halbausgereifte Stecklinge im Sommer oder durch Aussaat im Herbst.
R. scoparia. Immergrüner, aufrechter Strauch. H. und Br. 2 m. Winterhart. Triebe sind dicht umhüllt von schmal lanzettlichen, scharf zugespitzten, dunkelgrünen Blättern. Dichte, aufrechte Ähren kleiner, eiförmiger, rosa, weißer, oranger oder rotbrauner Blüten erscheinen im Frühsommer.

RICINUS (Euphorbiaceae)
Rizinuspflanze
Monotypische Gattung eines schnellwüchsigen, immergrünen, baumartigen Strauches, beliebt wegen seines Laubes. In kühlem Klima als Einjährige zu ziehen. Halb winterhart. Braucht Sonne und fruchtbaren bis nährstoffreichen, durchlässigen Boden. Kann in exponierten Lagen Stütze brauchen. Vermehrung durch Aussaat unter Glas im Vorfrühling.
R. communis Abb. S. 279. **'Impala'** Abb. S. 274.

ROBINIA (Leguminosae)
Robinie
Gatttung sommergrüner, meist sommerblühender Bäume und Sträucher, beliebt wegen ihrer Blätter und der Trauben von Schmetterlingsblüten. Geeignet für mageren, trockenen Boden. Winterhart. Braucht einen sonnigen Standort. Gedeiht in jedem, außer staunassem Boden. Zweige sind spröde und oft windbrüchig. Vermehrung durch Aussaat oder Ausläufer im Herbst oder durch Wurzelschnittlinge im Winter.
***R. × ambigua* 'Decaisneana'.** Sommergrüner, ausladender Baum. H. 15 m, Br. 10 m. Die dunkelgrünen Blätter haben zahlreiche ovale Fiedern. Lange, hängende Trauben von rosa Schmetterlingsblüten erscheinen im Frühsommer.
R. hispida (Rosenakazie), Abb. S. 109.
R. kelseyi. Sommergrüner, ausladender, offener Strauch. H. 2,5 m, Br. 4 m. Winterhart. Trauben von rosaroten Schmetterlingsblüten im späten Frühling oder Frühsommer, später hängende, rote Samenhülsen. Die dunkelgrünen Blätter bestehen aus 9 oder 11 ovalen Fiedern.
R. pseudoacacia (Robinie, Scheinakazie). Schnellwüchsiger, sommergrüner, ausladender Baum. H. 25 m, Br. 15 m. Die dunkelgrünen Blätter bestehen aus 11–23 ovalen Fiedern. Dichte, hängende Trauben duftender, weißer Schmetterlingsblüten erscheinen im späten Frühling und Frühsommer. **'Frisia'** Abb. S. 54. **'Umbraculifera'**, H. und Br. 6 m, hat eine rundliche, dichte Krone und blüht selten.

ROCHEA (Crassulaceae)
Gattung immergrüner, sukkulenter Halbsträucher und Sträucher. Frostempfindlich, mind. 10°C. Benötigt Sonne und durchlässigen Boden. Vermehrung durch Aussaat oder Triebstecklinge im Frühling oder Sommer.
R. coccinea, syn. *Crassula coccinea*. Immergrüner, aufrechter sukkulenter Strauch. H. bis 60 cm, Br. 30 cm oder darüber. Kreuzgegenständige, fleischige, ovale bis länglich-ovale, mattgrüne Blätter mit behaarten Rändern, am Grund paarweise verwachsen, stehen am holzigen, grünen Stengel. Hat Dolden aus röhrigen, leuchtendroten Blüten im Sommer oder Herbst.

RODGERSIA (Saxifragaceae)
Tafelblatt
Gattung sommerblühender Stauden mit Rhizom. Ideal für Teichränder. Völligbis winterhart. Wächst in Sonne oder Halbschatten und in feuchtem Boden in windgeschützter Lage, da sonst die Blätter leiden würden. Vermehrung durch Teilung im Frühling oder durch Aussaat im Herbst.
R. aesculifolia (Kastanienblättriges Tafelblatt), Abb. S. 202.
***R. pinnata* 'Superba'.** Stockbildende Staude mit Rhizom. H. 1–1,2 m, Br. 75 cm. Winterhart. Hat geteilte, bronzegetönte, smaragdgrüne Blätter mit 5–9 schmal ovalen Fiedern. Lange, reich verzweigte, dichte Rispen aus sternförmigen, leuchtendrosa Blüten erscheinen im Hochsommer.
R. podophylla Abb. S. 201.
R. sambucifolia Abb. S. 201.

ROMNEYA (Papaveraceae)
Kalifornischer Mohn
Gattung sommerblühender, an der Basis verholzter Stauden und sommergrüner Halbsträucher. Winterhart. Benötigt einen warmen, sonnigen Standort und tiefgründigen, durchlässigen Boden. Ist nicht leicht anzusiedeln, läßt sich ungern versetzen und in kaltem Klima können die Wurzeln Winterschutz brauchen. Einmal angesiedelt, breitet sie sich rasch aus. Vermehrung durch Stecklinge von Basaltrieben im Vorfrühling, durch Aussaat im Herbst (Sämlinge pikieren, ohne den Wurzelballen zu verletzen) oder durch Wurzelschnittlinge im Winter.
R. coulteri Abb. S. 188.
***R.* 'White Cloud'.** Kräftige, buschige Staude mit verholzter Basis. H. und Br. 1 m. Den ganzen Sommer über große, leicht duftende, flach becherförmige, weiße Blüten mit hervorstehenden, goldenen Staubblättern. Ovale, tiefgelappte, graue Blätter.

ROMULEA (Iridaceae)
Gattung krokusähnlicher Knollenpflanzen, beliebt wegen ihrer trichterförmigen Blüten. Frosthart bis halb winterhart. Braucht volles Licht und durchlässigen, sandigen Boden. Während der Vegetationszeit reichlich gießen. Die meisten Arten ziehen im Sommer ein und brauchen dann Wärme und Trockenheit; *R. macowanii* hingegen ruht im Winter. Vermehrung durch Aussaat im Herbst, *R. macowanii* im Frühling.
R. bulbocodioides hort. Siehe *R. flava*.
R. bulbocodium Abb. S. 360.
R. flava, syn. *R. bulbocodioides* hort. Im Vorfrühling blühende Knolle. H. bis 10 cm, Br. 2,5–5 cm. Bedingt winterhart. Hat ein fadenartiges, aufrechtes, grundständiges Blatt und 1–5 aufrechte, breit trichterförmige, meist gelbe, 2–4 cm breite Blüten mit dunklergelbem Schlund.
R. longituba. Siehe *R. macowanii*.
R. macowanii, syn. *R. longituba*. Sommerblühende Knolle. H. und Br. 1–2 cm. Bedingt winterhart. Blätter sind fadenartig, aufrecht und grundständig. Trägt 1–3 aufrechte, gelbe, 3 cm breite Blüten, deren lange Röhre sich breit trichterförmig ausbreitet.
R. sabulosa. Im Vorfrühling blühende Knolle. H. 5–15 cm, Br. 2,5–5 cm. Bedingt winterhart. Bildet fadenartige, aufrechte, basale Blätter. Stiel mit 1–4 aufwärts gerichteten, trichterförmigen, leuchtendroten Blüten mit schwarzer Mitte, die sich in der Sonne flach, bis 4–5 cm weit öffnen.

RONDELETIA (Rubiaceae)
Gattung immergrüner, meist sommerblühender Bäume und Sträucher, die vor allem wegen ihrer Blüten beliebt sind. Frostempfindlich, mind. 13–16°C. Benötigt volles Licht oder Halbschatten und fruchtbaren, durchlässigen Boden. Kübelpflanzen während der Wachstumsphase reichlich, zu anderen Zeiten mäßig gießen. Wenn nötig, können Triebe im Vorfrühling gestutzt werden. Vermehrung durch Aussaat im Frühling oder durch halbausgereifte Stecklinge im Sommer.
R. amoena. Immergrüner, rundlicher Strauch. H. und Br. 2–4 m. Die ovalen, dunkelgrünen Blätter haben unterseits einen dichten, braunen Flaum. Trägt im Sommer dichte Trauben röhriger, 4- oder 5zipfeliger, rosa Blüten.
Rooksbya euphorbioides. Siehe *Lemaireocereus euphorbioides*.

ROSA (Rosaceae)
Rose
Gattung sommergrüner oder halbimmergrüner, offener Sträucher und schlingender Kletterpflanzen, beliebt wegen ihrer Fülle von oft duftenden Blüten, manchmal auch wegen ihrer Früchte (Hagebutten). Blätter sind gewhnlich in 5 oder 7 ovale, manchmal gezähnte Fiedern mit abgerundeten oder spitzen Enden geteilt. Triebe sind meist dornig bzw. stachelig. Winterhart, wenn unten nicht anders angegeben. Bevorzugt offene, sonnige Lagen und braucht fruchtbaren, feuchten, aber durchlässigen Boden. Nicht an alte Rosenstandorte setzen, weil durch die sogenannte Bodenmüdigkeit Probleme auftreten: Entweder Erde austauschen (für andere Pflanzen problemlos verwendbar) oder Rosen an einen neuen Standort pflanzen. Für erstklassige Blüten im Spätwinter oder Vorfrühling mit entsprechenden Nährstoffen düngen und mulchen. Im Frühling–Sommer alle 3 Wochen düngen. Bei remontierenden Arten welke Blüten entfernen. Formschnitt im Winter. Zur Verbesserung von Gesundheit, Blütenqualität und der buschigen Gestalt in der Ruhephase oder besser im Frühling vor dem Austrieb zurückschneiden: abgestorbene, beschädigte und nicht austriebswillige Triebe entfernen; alte Gartenrosen und bodendeckende Arten nur leicht stutzen (siehe unten); bei modernen Buschrosen (inkl. Zwergtypen) ⅔ des Vorjahreswuchses entfernen. Die richtige Behandlung von modernen Rosen und Kletterrosen sowie von Schling- und Wildrosen ist von der Varietät abhängig; allgemein gilt aber, sie nur leicht zu schneiden.
Die Vermehrung erfolgt durch Okulation im Sommer oder durch Steckhölzer im Herbst. Alle Rosen sind für viele Schädlinge und Krankheiten anfällig, u. a. Blattläuse, Sternrußtau, Rosenmehltau, Rost und Sägewespe.
Rosen werden offiziell in 3 Hauptgruppen, die aus jeweils mehreren Typen sich zusammensetzen, unterteilt; diese Einteilung basiert mehr auf funktionellen Gesichtspunkten (wie Blütezeit und -dauer) als auf historischen, botanischen oder genetischen Beziehungen. Blütenformen sind sehr verschieden (Beschreibung siehe S. 148; sie sind einfach (4–7 Kronblätter), halbgefüllt (8–14), gefüllt (15–30) oder stark gefüllt (über 30 Kronblätter). Die Abbildungen der Rosen siehe S. 148–162.

Wildrosen
Diese **Spezies** und **Hybriden von Spezies** haben noch meist die charakteristischen Eigenarten der Eltern. Es handelt sich meistens um Sträucher oder Kletterrosen. Die im allgemeinen einfachen Blüten erscheinen fast alle zugleich, vor allem im Sommer; danach, im Herbst, rote oder schwarze Hagebutten.

ROSA

Alte Gartenrosen

Alba-Rosen – hohe, reich verzweigte Strauchrosen mit Büscheln aus meist 5–7 halbgefüllten bis gefüllten Blüten im Hochsommer und dichter gräulichgrüner Belaubung. Ist sehr widerstandsfähig und gut geeignet für Rabatten und als Einzelpflanze.

Bourbonrosen – offene, remontierende Strauchrosen, die auch klettern können. Im Sommer–Herbst meist stark gefüllte Blüten, gewöhnlich in 3er-Gruppen. Geeignet für Rabatten und als Kletterrose an Zäunen, Mauern und Säulen.

Chinarosen – zierliche, remontierende Strauchrosen mit einfachen oder gefüllten Blüten, die im Sommer – Herbst einzeln oder in Büscheln von 2–13 erscheinen. Hat spitze, glänzende Blättchen. Braucht einen geschützten Standort. Geeignet für Rabatten und Mauern.

Damaszenerrosen – lockere Sträucher mit meist sehr duftenden, halb- bis starkgefüllten Blüten, die einzeln oder in lockeren Büscheln von 5–7 meist im Sommer erscheinen. Geeignet für Rabatten.

Gallica-Rosen – ziemlich dichte, reich verzweigte Sträucher. Blätter sind mattgrün. Im Sommer einfache bis stark gefüllte Blüten in leuchtenden Farben, meist in 3er-Gruppen. Geeignet für Rabatten und als Hecke.

Immerblühende Hybriden – kräftige, reich verzweigte, remontierende Strauchrosen, die im Sommer – Herbst stark gefüllte Blüten entweder einzeln oder in 3er-Gruppen bilden. Blätter sind meist olivgrün. Geeignet für Beete und Rabatten.

Moosrosen – meist lockere Sträucher mit moosartiger Belaubung an Stengeln und Kelchblättern. Blätter sind meist dunkelgrün. Im Sommer gefüllte bis stark gefüllte Blüten.

Noisette-Rosen – remontierende Kletterrosen mit im Sommer – Herbst bis zu 9, meist gefüllten Blüten in Büscheln und leicht würzigem Duft. Hat gewöhnlich glatte Stengel und glänzende Blätter. Braucht einen geschützten Standort. Geeignet für süd- oder westseitige Mauern.

Portland-Rosen – aufrechte, remontierende Strauchrosen mit halbgefüllten bis gefüllten Blüten, entweder einzeln oder in 3er-Gruppen, im Sommer – Herbst. Geeignet für Beete und Rabatten.

Provence-Rosen (Centifolien) – Lockere, dornige Sträucher mit im Sommer duftenden, meist gefüllten bis stark gefüllten Blüten, entweder einzeln oder in 3er-Gruppen. Blätter oft dunkelgrün. Geeignet für Rabatten.

Sempervirens-Rosen – halbimmergrüne Kletterrosen mit glänzenden, hellgrünen Blättern und im Spätsommer zahlreichen halb- bis starkgefüllten Blüten. Ideal für naturnahe Gärten oder an Zäunen und Pergolas.

Teerosen – remontierende Strauch- und Kletterrosen, die im Sommer – Herbst würzig duftende, schlankstielige, spitzknospige, halb- bis starkgefüllte Blüten einzeln oder in 3er-Gruppen bilden. Blätter glänzend und blaßgrün. Winterhart. Braucht einen geschützten Standort. Geeignet für Beete und Rabatten.

Moderne Gartenrosen

Strauchrosen – eine formenreiche Gruppe meist remontierender, moderner Rosen, die höher (meist H. 1–2 m) wachsen als die meisten Buschrosen. Einfache bis starkgefüllte Blüten, entweder einzeln oder in Büscheln öffnen sich im Sommer und/oder Herbst. Geeignet für Beete und als Einzelpflanze.

Teehybriden – remontierende, großblumige Strauchrosen mit meist spitzknospigen, gefüllten, bis über 8 cm breiten Blüten, die im Sommer – Herbst einzeln oder in 3er-Gruppen erscheinen. Ausgezeichnet für Beete, Rabatten, Hecken und als Schnittblumen.

Floribundarosen – remontierende Strauchrosen; im Sommer–Herbst Büschel von meist 3–25 einfachen bis starkgefüllten Blüten. Ausgezeichnet für Beete, Rabatten und Hecken.

Patio-Rosen – zierliche, remontierende Zwergstrauchrosen, H. 38–60 cm, Br. 30–60 cm; im Sommer – Herbst Büschel aus meist 3–11 einfachen bis gefüllten Blüten. Ideal für Beete, Rabatten, Hekken und als Topfpflanze.

Miniatur-Buschrosen – remontierende Sträucher, H. bis 45 cm, Br. bis 40 cm mit Büscheln aus meist 3–11 winzigen, einfachen bis dichtgefüllten Blüten im Sommer – Herbst. Hat winzige Blätter. Geeignet für Steingärten, kleine Zwischenräume und als Topfpflanze.

Polyantha-Rosen – widerstandsfähige, kompakte, remontierende Sträucher mit Büscheln von gewöhnlich 7–15 kleinen, 5blättrigen, einfachen bis gefüllten Blüten im Sommer – Herbst. Geeignet für Beete.

Bodendecker-Rosen – kriechende und verzweigte, großteils remontierende Rosen mit einfachen bis dichtgefüllten Blüten meist in Büscheln von 3–11 im Sommer und/oder Herbst. Geeignet für Beete, Böschungen und Mauern.

Kletterrosen – Kräftige, teils remontierende Kletterrosen mit steifen Trieben und einfachen bis dichtgefüllten Blüten, die vom Spätfrühling bis Herbst einzeln oder in Büscheln erscheinen. Geeignet für Mauern, Zäune und Pergolas.

Schlingrosen – Kräftige Kletterrosen mit biegsamen Trieben, vor allem im Sommer Büschel von 3–21 einfachen bis dichtgefüllten Blüten. Geeignet zum Überwachsen von Mauern, Zäunen, Pergolas und Bäumen.

***R.* 'Aimée Vibert',** syn. *R.* 'Bouquet de la Mariée'. Noisette-Kletterrose mit langen, glatten Trieben. H. 5 m, Br. 3 m. Büschel leicht duftender, schalenförmiger, dichtgefüllter, rosaroter bis weißer, 8 cm breiter Blüten erscheinen im Sommer – Herbst. Blätter sind glänzend und dunkelgrün. Kann als Strauch gezogen werden.

***R.* 'Alba Semi-plena'.** Siehe *R.* × *alba* 'Semi-plena'.

***R.* × *alba* 'Semi-plena',** syn. *R.* 'Alba Semi-plena'. Kräftige, buschige Alba-Rose. H. 2 m, Br. 1,5 m. Im Hochsommer süßlich duftende, flache, halbgefüllte, weiße, 8 cm breite Blüten. Hat gräulichgrüne Blätter. Geeignet als Hecke.

***R.* 'Albéric Barbier'** Abb. S. 160.

***R.* 'Albertine'** Abb. S. 161.

***R.* 'Alec's Red'** Abb. S. 156.

***R.* 'Alexander',** syn. *R.* 'Alexandra', Abb. S. 156.

***R.* 'Alexandra'.** Siehe *R.* 'Alexander'.

***R.* 'Alfred de Dalmas'.** Siehe *R.* 'Mousseline'.

***R.* 'Alister Stella Gray',** syn. *R.* 'Golden Rambler'. Noisette-Kletterrose mit langen, kräftigen, aufrechten Trieben. H. 5 m, Br. 3 m. Büschel moschusduftender, vierteiliger, starkgefüllter, dottergelber, 6 cm breiter Blüten im Sommer–Herbst. Hat glänzende, mittelgrüne Blätter.

***R.* 'Aloha'.** Starre, buschige Kletterrose. H. und Br. 2,5 m. Duftende, schalenförmige, starkgefüllte, rosarote und lachsrosa, 9 cm breite Blüten erscheinen im Sommer – Herbst. Blätter sind ledrig und dunkelgrün. Kann als Strauch gezogen werden.

***R.* 'Alpine Sunset'** Abb. S. 154.

***R.* 'Amber Queen',** syn. *R.* 'Harroony', Abb. S. 157.

***R.* 'Amruda'.** Siehe *R.* 'Red Ace'.

***R.* 'Angela Rippon',** syn. *R.* 'Ocarina', *R.* 'Ocaru', Abb. S. 159.

***R.* 'Angelita'.** Siehe *R.* 'Snowball'.

***R.* 'Anisley Dickson',** syn. *R.* 'Dickimono', *R.* 'Dicky', *R.* 'Münchner Kindl', Abb. S. 155.

***R.* 'Anna Ford',** syn. *R.* 'Harpiccolo', Abb. S. 155.

***R.* 'Anne Harkness',** syn. *R.* 'Harkaramel', Abb. S. 158.

***R.* 'Apothecary's Rose'.** Siehe *R. gallica* var. *officinalis*.

***R.* 'Armada',** syn. *R.* 'Haruseful'. Kräftige, reich verzweigte Strauchrose. H. 1,5 m, Br. 1,2 m. Büschel würzig duftender, schalenförmiger, gefüllter, tiefrosa, 8 cm breiter Blüten erscheinen im Sommer – Herbst. Eine Fülle glänzender, tiefgrüner Blätter.

***R.* 'Arthur Bell'.** Aufrechte Strauchrose mit büscheligem Blütenstand. H. 1 m, Br. 60 cm. Duftende, schalenförmige, gefüllte, gelbe, 8 cm breite Blüten erscheinen im Sommer – Herbst. Blätter sind leuchtendgrün.

***R.* 'Assemblage des Beautés',** syn. *R.* 'Rouge Eblouissante'. Aufrechte, dichte Gallica-Rose. H. 1,2 m, Br. 1 m. Schwach duftende, rundliche, dichtgefüllte, 8 cm breite, kirschrote bis rot-purpurne Blüten mit grünem Auge erscheinen im Sommer. Sattgrüne Blätter.

***R.* 'Ausmary'.** Siehe *R.* 'Mary Rose'.

***R.* 'Ausmas'.** Siehe *R.* 'Graham Thomas'.

***R.* 'Baby Carnival'.** Siehe *R.* 'Baby Masquerade'.

***R.* 'Baby Gold Star',** syn. *R.* 'Estrellita de Oro'. Miniatur-Buschrose mit unregelmäßigem Habitus. H. 45 cm, Br. 40 cm. Trägt im Sommer – Herbst schwach duftende, schalenförmige, gefüllte, gelbe, 5 cm breite Blüten. Kleine, glänzende, dunkelgrüne Blätter.

***R.* 'Baby Masquerade',** syn. *R.* 'Baby Carnival', Abb. S. 159.

***R. banksiae*,** syn. *R. b.* var. *normalis*. Kletternde Wildrose. H. und Br. 10 m. Bedingt winterhart. Dichte Büschel duftender, flacher, einfacher, weißer, 2,5 cm breiter Blüten erscheinen im späten Frühling an schlanken, dornenlosen, hellgrünen Trieben. Blätter sind klein und blaßgrün. Wird selten gepflanzt. **'Lutea'** Abb. S. 162.

***R.* 'Beauty of Glazenwood'.** Siehe *R.* 'Fortune's Double Yellow'.

***R.* 'Belle Courtisanne'.** Siehe *R.* 'Königin von Dänemark'.

***R.* 'Belle de Crécy'** Abb. S. 152.

***R.* 'Belle de Londres'.** Siehe *R.* 'Compassion'.

***R.* 'Belle of Portugal'.** Siehe *R.* 'Belle Portugaise'.

***R.* 'Belle Portugaise',** syn. *R.* 'Belle of Portugal'. Sehr kräftige, kletternde Teerose. H. 6 m, Br. 3 m. Trägt im Sommer duftende, spitzknospige, gefüllte, hell lachsrosa, 12 cm breite Blüten. Blätter sind groß und glänzend.

***R.* 'Bizarre Triomphant'.** Siehe *R.* 'Charles de Mills'.

***R.* 'Blanche Moreau'.** Eher lockerwachsende Moosrose. H. 1,5 m, Br. 1,2 m. Duftende, schalenförmige, dichtgefüllte, weiße, 10 cm breite Blüten mit bräunlicher, moosähnlicher Belaubung erscheinen im Sommer. Hat mattgrüne Blätter.

***R.* 'Blessings'** Abb. S. 154.

***R.* 'Blue Moon'.** syn. *R.* 'Mainzer Fastnacht', *R.* 'Sissi'. Locker wachsende großblumige Strauchrose. H. 1 m, Br. 60 cm. Süßliche duftende, spitzknospige, nicht gefüllte, lila, 10 cm breite Blüten erscheinen im Sommer – Herbst. Blätter sind groß und dunkelgrün.

***R.* 'Bluenette'.** Siehe *R.* 'Blue Peter'.

***R.* 'Blue Peter',** syn. *R.* 'Bluenette', *R.* 'Ruiblun'. Zierliche Miniatur-Buschrose. H. 35 cm, Br. 30 cm. Schwach duftende, schalenförmige, gefüllte, purpurne, 5 cm breite Blüten erscheinen im Sommer – Herbst. Blätter sind klein und stehen sehr dicht.

***R.* 'Blue Rambler'.** Siehe *R.* 'Veilchenblau'.

***R.* 'Blush Noisette'.** Reichverzweigte, locker wachsende Noisette-Kletterrose. H. 2–4 m, Br. 2–2,5 m. Im Sommer – Herbst tragen die dornenlosen Stiele Büschel würzig duftender, schalenförmiger, gefüllter, tiefrosa, 4 cm breiter Blüten. Hat matte Blätter, kann als Strauch gezogen werden.

***R.* 'Blush Rambler'.** Kräftige Schlingrose. H. 3 m, Br. 4 m. Büschel zart duftender, schalenförmiger, hellrosa, halbgefüllter, 4 cm breiter Blüten erscheinen im Sommer. Eine Fülle glänzender Blätter. Besonders gut geeignet für Bögen, Pergolas oder Bäume.

***R.* 'Bonica '82',** syn. *R.* 'Meidonomac', Abb. S. 150.

***R.* 'Boule de Neige'** Abb. S. 148.

***R.* 'Bouquet de la Mariée'.** Siehe *R.* 'Aimée Vibert'.

***R.* 'Brass Ring'.** Siehe *R.* 'Peek-a-boo'.

***R.* 'Breath of Life',** syn. *R.* 'Harquanne', Abb. S. 161.

***R.* 'Bright Smile',** syn. *R.* 'Dicdance', Abb. S. 157.

***R.* 'Buff Beauty'.** Rundliche Strauchrose. H. und Br. 1,2 m. Leicht duftende, schalenförmige, dichtgefüllte, apricotgelbe Blüten. 9 cm ∅, blühen reichlich im Sommer, spärlich im Herbst. Zahlreiche, glänzende, dunkelgrüne Blätter.

***R.* 'Buttons'.** Syn. *R.* 'Dicmickey'. Aufrechte Zwergstrauchrose mit büscheligen Blütenständen. H. 45 cm, Br. 35 cm. In lockeren Büscheln krugförmige, gefüllte, lachsfarbene Blüten mit leichtem Rotschimmer, 4 cm ∅, im Sommer – Herbst. Hat kleine, dunkelgrüne Blätter. Eignet sich für eine niedrige Hecke.

***R. californica*.** Strauchige Wildrose. H. 2,2 m, Br. 2 m. Duftende, flache, lilarosa Einzelblüten. 4 cm ∅, reichlich im Hochsommer, spärlich im Herbst. Hat kleine, mattgrüne Blätter. **'Plena'** (Syn. *R. c.* var. *plena*) ist halbgefüllt und mehr rosafarben.

***R.* 'Canary Bird',** Abb. S. 153.

***R.* 'Capitaine John Ingram'.** Kräftige, buschige Moosrose, H. und Br. 1,2 m. Trägt im Sommer duftende, schalenförmige, dichtgefüllte, kräftig kastanienrote bis karmesinrote Blüten, 8 cm ∅. Petale unterseits bleicher, Laub dunkelgrün.

***R.* 'Cardinal de Richelieu'** Abb. S. 152.

***R.* 'Cardinal Hume',** syn. *R.* 'Harregale', Abb. S. 152.

***R.* 'Cécile Brunner'**, syn. *R.* 'Mignon'. Aufrechte, hochgeschossene Chinarose mit fast dornenlosen Stengeln. H. 75 cm, Br. 60 cm. Hat im Sommer – Herbst leicht duftende, krugförmige, dichtgefüllte, hellrosa Blüten, 4 cm ∅, spärlich kleine, dunkelgrüne Blätter.
***R.* 'Céleste'**, syn. *R.* 'Celestial', Abb. S. 149.
***R.* 'Celestial'**. Siehe *R.* 'Céleste'.
R. centifolia* var. *cristata. Siehe *R.* 'Cristata'.
***R.* × *centifolia* 'Muscosa'**, syn. *R.* 'Common Moss', *R.* 'Old Pink Moos'. Kräftige lockere Moosrose. H. 1,5 m, Br. 1,2 m. Trägt im Sommer duftende, rundliche bis becherförmige, dichtgefüllte, moosartig behaarte, rosa Blüten. 8 cm ∅, Blätter matt, dunkelgrün. Wächst am besten mit Stütze.
***R.* 'Champagne Cocktail'**, syn. *R.* 'Horflash', Abb. S. 156.
***R.* 'Chapeau de Napoléon'**. Siehe *R.* 'Christata'.
***R.* 'Chaplin's Pink Companion'** Abb. S. 161.
***R.* 'Charles de Mills'**, syn. *R.* 'Bizarre Triomphant'. Aufrechte, bogig überhängende Gallica-Rose mit ziemlich unbewehrten Stielen. H. 1,2 m, Br. 1 m. Im Sommer stark duftende viergeteilte, rosettenförmige, dichtgefüllte, karmesinrot-purpurfarbene Blüten, 10 cm ∅, zahlreiche, mittelgrüne Blätter. An einer Kletterhilfe pflanzen.
***R. chinensis* 'Mutabilis'** Abb. S. 151.
***R.* 'City of London'**, syn. *R.* 'Harukfore'. Rundliche, in Büscheln blühende Strauchrose. H. 1 m, Br. 75 cm. Sommer bis Herbst, süß duftende, krugförmige, gefüllte, blaßrosa Blüten, 8 cm ∅, in zierlichen Büscheln inmitten von leuchtendgrünen Blättern.
***R.* 'Clarissa'**, syn. *R.* 'Harprocrustes'. Aufrechte, in Büscheln blühende Strauchrose. H. 75 cm, Br. 45 cm. Dichte Büschel mit leicht duftenden, krugförmigen, dichtgefüllten, aprikotfarbenen Blüten, 5 cm ∅, von Sommer – Herbst. Viele kleine, glänzende Blätter. Bildet eine schöne, schmale Hecke.
***R.* 'Climbing Ena Harkness'**. Steife, verzweigte Kletterrose. H. und Br. 2,5 m. Duftende, große spitzknospige, dichtgefüllte, scharlach- bis karmesinrote Blüten. 10 cm ∅, auf hängenden Stielen von Sommer bis Herbst. Blätter mittelgrün.
***R.* 'Climbing Lady Hillingdon'**. Steife Kletterrose H. 4 m, Br. 2 m. Dunkelgrüne Blätter auf rötlich grünen Stielen. Trägt würzig duftende, spitzknospige, gefüllte, aprikotgelbe Blüten, 10 cm ∅, von Sommer – Herbst. Gedeiht am besten an geschütztem Standort.
***R.* 'Climbing Mrs. Sam McGredy'**. Kräftige, steife, verzweigte Kletterrose. H. und Br. 3 m. Blätter glänzend, intensiv rötlich grün. Trägt leicht duftende, große, krugförmige, dichtgefüllte, lachsrosa Blüten mit kupfernem Schimmer, 11 cm ∅, im Sommer, spärliche Nachblüte im Herbst.
***R.* 'Cocabest'**. Siehe *R.* 'Wee Jock'.
***R.* 'Cocdestin'**. Siehe *R.* 'Remember Me'.
***R.* 'Colibri '79'**, syn. *R.* 'Meidanover', Abb. S. 160.
***R.* 'Commandant Beaurepaire'**, syn. *R.* 'Panachée d'Angers'. Kräftige, sich flach ausbreitende Bourbonrose. H. und Br. 1,2 m. Duftende, schalenförmige, gefüllte Blüten, 10 cm ∅, im Sommer – Herbst. Farbe eine reiche Mischung aus Blaßrosa mit malvenfarbenen, purpurnen, karmesinroten und scharlachfarbenen Flecken. Die hellgrünen Blättchen haben gewellte Ränder.
***R.* 'Common Moss'**. Siehe *R.* × *centifolia* 'Muscosa'.
***R.* 'Compassion'**, syn. *R.* 'Belle de Londres'. Aufrechte, stark verzweigte Kletterrose. H. 3 m, Br. 2,5 m. Glänzende, dunkelgrüne Blätter auf rötlichen Stielen. Süß duftende, rundliche, gefüllte, rosa, lachs- bis aprikotfarbene Blüten, 10 cm ∅, reichlich von Sommer bis Herbst. Wächst beschnitten auch als Strauch.
***R.* 'Complicata'** Abb. S. 150.
***R.* 'Comte de Chambord'**. Kräftige, aufrechte Portland-Rose. H. 1,2 m, Br. 1 m. Sommer – Herbst duftende, viergeteilte, rosettenförmige, dichtgefüllte, lila getönte, rosa Blüten, 10 cm ∅, inmitten von zahlreichem, hellgrünem Laub. Geeignet für Hecken.
***R.* 'Congratulations'**, syn. *R.* 'Korlift', *R.* 'Sylvia'. Aufrechte, kräftige, großblumige Strauchrose. H. 1,2 m, Br. 1 m. Bildet zierliche, krugförmige, dichtgefüllte, tief rosenrosa Blüten, 11 cm ∅, auf langen Stielen im Sommer – Herbst. Blätter groß, dunkelgrün. Bildet eine hohe Hecke.
***R.* 'Conrad Ferdinand Meyer'** Abb. S. 149.
***R.* 'Constance Spry'** Abb. S. 150.
***R.* 'Crested Moss'**. Siehe *R.* 'Christata'.
***R.* 'Cristata'**, syn. *R. centifolica* var. *cristata*, *R.* 'Chapeau de Napoléon, *R.* 'Crested Moss'. Buschige, schlanke Provence-Rose. H. 1,5 m, Br. 1,2 m. Im Sommer stark duftende, schalenförmige, dichtgefüllte, rosa Blüten, 9 cm ∅, mit büscheligen Kelchblättern, auf hängenden Stielen inmitten mattgrüner Blätter. Kann mit Stütze gezogen werden.
***R.* 'Cuisse de Nymphe'**. Siehe *R.* 'Great Maiden's Blush'.
***R.* 'Cuthbert Grant'**. Kräftige, buschige Strauchrose. H. und Br. 1 m. Trägt leicht duftende, schalenförmige, halbgefüllte, tiefpurpurrote Blüten, 12 cm ∅, Sommer – Herbst. Laub glänzend. Als Hecke geeignet.
***R.* 'Danse de Feu'**, syn. *R.* 'Spectacular', Abb. S. 162.
***R.* Dicdance**. Siehe *R.* 'Bright Smile'.
***R.* 'Dicdivine'**. Siehe *R.* 'Pot o'Gold'.
***R.* 'Dicgrow'**. Siehe *R.* 'Peek-a-boo'.
***R.* 'Dicinfra'**. Siehe *R.* 'Disco Dancer'.
***R.* 'Dicjana'**. Siehe *R.* 'Peaudouce'.
***R.* 'Dicjeep'**. Siehe *R.* 'Len Turner'.
***R.* 'Dicjem'**. Siehe *R.* 'Freedom'.
***R.* 'Dicjubell'**. Siehe *R.* 'Lovely Lady'.
***R.* 'Dickimono'**. Siehe *R.* 'Anisley Dickson'.
***R.* 'Dicky'**. Siehe *R.* 'Anisley Dickson'.
***R.* 'Diclittle'**. Siehe *R.* 'Little Woman'.
***R.* 'Diclulu'**. Siehe *R.* 'Gentle Touch'.
***R.* 'Dicmagic'**. Siehe *R.* 'Sweet Magic'.
***R.* 'Dicmickey'**. Siehe *R.* 'Buttons'.
***R.* 'Disco Dancer'**, syn. *R.* 'Dicinfra'. Dichte, rundliche, in Büschel blühende Strauchrose. H. 75 cm, Br. 60 cm. Dichte Büschel mit leicht duftenden, schalenförmigen, gefüllten leuchtend orangeroten Blüten, 6 cm ∅, Sommer bis Herbst. Reichlich glänzendes Laub.
***R.* 'Doris Tysterman'** Abb. S. 158.
***R.* 'Dortmund'** Abb. S. 162.
***R.* 'Double Delight'** Abb. S. 155.
***R.* 'Double Velvet'**. Siehe *R.* 'Tuscany Superb'.
***R.* 'Drummer Boy'**, syn. *R.* 'Harvacity'. In Büscheln blühende Zwergbuschrose mit dichtem, breitem Wuchs. H. und Br. 50 cm. Schwach duftende, schalenförmige, gefüllte, leuchtend karmesinrote Blüten, 5 cm ∅, in dichten Büscheln inmitten zahlreicher dunkelgrüner Blätter, Sommer – Herbst. Bildet eine schöne, niedrige Hecke.
***R.* 'Dublin Bay'** Abb. S. 162.
***R.* 'Duchess d'Istrie'**. Siehe *R.* 'William Lobb'.
***R.* 'Duftzauber '84'**. Siehe *R.* 'Royal William'.
***R.* 'Du Maître d'Ecole'**. Buschige, sich flach ausbreitende Gallica-Rose, H. 1,2 m, Br. 1 m. Trägt im Sommer duftende, viergeteilte, rosettenförmige, dichtgefüllte, karminrote bis hellrosa Blüten, 10 cm ∅, Blätter dunkelgrün.
***R.* 'Dupontii'** Abb. S. 149.
***R.* 'Dutch Gold'**. Kräftige, aufrechte, großblütige Strauchrose. H. 1,1 m, Br. 60 cm. Bildet duftende, rundliche, dichtgefüllte, gelbe Blüten, 15 cm ∅, Sommer – Herbst. Blätter groß, dunkelgrün.
***R.* 'Easlea's Golden'**, syn. *R.* 'Easlea's Golden Rambler'. Kräftige, bogig überhängende Kletterrose, H. 5 m, Br. 3 m. Im Sommer angenehm duftende, becherförmige, dichtgefüllte, gelbe Blüten, 10 cm ∅, rot gesprenkelt, meist in Büscheln. Üppiges Laubwerk, ledrige Blätter.
***R.* 'Easlea's Golden Rambler'**. Siehe *R.* 'Easlea's Golden'.
***R.* 'Easter Morn'**. Siehe *R.* 'Easter Morning'.
***R.* 'Easter Morning'**, syn. *R.* 'Easter Morn'. Aufrechte Miniatur-Buschrose, H. 40 cm, Br. 25 cm. Sommer – Herbst, schwach duftende, krugförmige, dichtgefüllte, elfenbeinweiße Blüten, 3 cm ∅, reichlich inmitten glänzender, dunkelgrüner Blätter.
***R.* ecae** Abb. S. 152.
***R.* eglanteria**, syn. *R. rubiginosa*, Abb. S. 149.
***R.* 'Elina'**. Siehe *R.* 'Peaudouce'.
***R.* 'Elisabeth Harkness'** Abb. S. 153.
***R.* 'Emily Gray'**. Halbimmergrüne Schlingrose mit langen, biegsamen Stielen. H. 5 m, Br. 3 m. Im Sommer kleine Büschel leicht duftender, becherförmiger, dichtgefüllter buttergelber Blüten, 5 cm ∅. Blätter glänzend, dunkelgrün. Kann in hartem Winter erfrieren, bei trockenen Bedingungen anfällig für Mehltau.
***R.* 'Empereur du Maroc'** Abb. S. 152.
***R.* 'English Miss'**. In Büscheln blühende Strauchrose, H. 75 cm, Br. 60 cm. Sommer – Herbst, duftende, becherförmige, kamelienförmige, dichtgefüllte, blaßrosa Blüten, 8 cm ∅. Blätter ledrig, dunkelgrün.
***R.* 'Escapade'** Abb. S. 155.
***R.* 'Estrellita de Oro'**. Siehe *R.* 'Baby Gold Star'.
***R.* 'Everblooming Dr. W. van Fleet'**. Siehe *R.* 'New Dawn'.
***R.* 'Fairy Changeling'**, syn. *R.* 'Harnumerous'. Kompakte, sich flach ausbreitende Polyantharose, H. 45 cm, Br. 50 cm. Dichtes Gezweig leicht duftender, pomponförmiger, dichtgefüllter tiefrosa Blüten, 4 cm ∅, Sommer – Herbst. Zahlreiches, glänzendes, dunkelgrünes Laub.
***R.* 'Fantin-Latour'** Abb. S. 149.
***R.* 'Felicia'** Abb. S. 149.
***R.* 'Felicité Parmentier'**. Kräftige, kompakte, aufrechte Alba-Rose. H. 1,2 m, Br. 1 m. Duftende, becherförmige bis flache, dichtgefüllte, blaßfleischfarbene bis rosa Blüten, 6 cm ∅, im Hochsommer. Zahlreiche, gräulich-grüne Blätter. Bildet eine schöne Hecke.
***R.* 'Felicité Perpétue'** Abb. S. 160.
***R.* 'Felicity Kendal'**, syn. *R.* 'Lanken'. Kräftige, gut verzweigte, großblumige Strauchrose. H. 1,1 m, Br. 75 cm. Leicht duftende, rundliche, dichtgefüllte, leuchtendrote Blüten, 11 cm ∅, zwischen zahlreichen dunkelgrünen Blättern, Sommer – Herbst.
***R.* 'Fellemberg'**. Siehe *R.* 'Fellenberg'.
***R.* 'Fellenberg'**, syn. *R.* 'Fellemberg'. Kräftige, buschige Noisette- oder Chinarose. H. 2,5 m, Br. 1,2 m. Blätter purpurgrün, Büschel schwach duftender, rundlicher bis becherförmiger, dichtgefüllter Blüten, 5 cm ∅, in hell karmesinroten Farbtönen, Sommer – Herbst. Wächst beschnitten als Beetrose oder am Spalier als Kletterrose.
***R. filipes* 'Kiftsgate'** Abb. S. 160.
***R.* 'Fire Princess'** Abb. S. 159.
***R. foetida* 'Persiana'**, syn. *R.* 'Persian Yellow', Abb. S. 152.
***R.* 'Fortune's Double Yellow'**, syn. *R.* 'Beauty of Glazenwood', *R.* 'Gold of Ophir', *R.* 'San Rafael Rose'. Lockere Kletterrose mit beschränktem Wachstum. H. 2,5 m, Br. 1,5 m. Bedingt winterhart. Im Sommer kleine Büschel angenehm duftender, zugespitzter bis becherförmiger, halbgefüllter, kupferschimmernder, gelber Blüten, 5 cm ∅. Blätter glänzend, hellgrün. Etwas schneiden.
***R.* 'Fragrant Cloud'**. Dichtbuschige, großblumige Strauchrose. H. 75 cm, Br. 60 cm. Stark duftende, rundliche, gefüllte, dunkelscharlachrote Blüten. 12 cm ∅, vorwiegend Sommer – Herbst. Zahlreiche dunkelgrüne Blätter.
***R.* 'Fragrant Delight'**. Buschige, in Büscheln blühende Strauchrose von unregelmäßigem Wuchs. H. 1 m, Br. 75 cm. Inmitten zahlreicher, rötlich grüner Blätter. Büschel duftender, krugförmiger, gefüllter, lachsrosa Blüten, 8 cm ∅, vorwiegend Sommer – Herbst.
***R.* 'François Juranville'**, kräftige, bogig überhängende Schlingrose. H. 6 m, Br. 5 m. Büschel nach Apfel duftender, rosettenförmiger, gefüllter, rosen-lachsrosa Blüten, 8 cm ∅, im Sommer. Blätter zahlreich, glänzend. Auf einem trockenem Standort anfällig für Mehltau.
***R.* 'Freedom'**, syn. *R.* 'Dicjem', Abb. S. 157.
***R.* 'Friesia'**. Siehe *R.* 'Korresia'.
***R.* 'Frühlingsmorgen'**, syn. *R.* 'Spring Morning'. Offene verzweigte Strauchrose. H. 2 m, Br. 1,5 m. Blätter gräulichgrün. Im späten Frühling nach Heu duftende, becherförmige, rosa Einzelblüten. 12 cm ∅, mit blaßgelber Mitte und rötlichen Staubgefäßen.
***R.* 'Fryminicot'**. Siehe *R.* 'Sweet Dream'.
R. gallica* var. *officinalis, syn. *R.* 'Apothecary's Rose, *R. officinalis*, *R.* 'Red Rose of Lancaster'. Buschige Wildrose mit zierlichem Wuchs. H. 80 cm, Br. 1 m. Im Sommer flache, halbgefüllte, rosarote Blüten, 8 cm ∅, schwach duftend. **'Versicolour'** Abb. S. 151.
***R.* 'Gentle Touch'**, syn. *R.* 'Diclulu'. Aufrechte, in Büscheln blühende Zwergstrauchrose. H. 50 cm, Br. 30 cm. Schwach duftende, krugförmige, halbgefüllte, blaß lachsrosa Blüten, 5 cm ∅, Sommer – Herbst, Blätter klein, dunkelgrün. Bildet eine schöne, niedrige Hecke.
***R.* 'Gioia'**. Siehe *R.* 'Peace'.
***R.* 'Gipsy Boy'**. Siehe *R.* 'Zigeunerknabe'.

R. glauca, syn. *R. rubrifolia*, Abb. S. 150.
***R.* 'Glenfiddich'** Abb. S. 157.
***R.* 'Gloire de Dijon'** Abb. S. 160.
***R.* 'Gloire des Mousseux'.** Kräftige, buschige Moosrose, H. 1,2 m, Br. 1 m. Reichlich hellgrünes Laub. Im Sommer erscheinen duftende, becherförmige, dichtgefüllte Blüten, 15 cm ∅, leuchtendrosa, verblassend zu Blaßrosa, bemoost hellgrün.
***R.* 'Gloria Dei'.** Siehe *R.* 'Peace'.
***R.* 'Gold of Ophir'.** Siehe *R.* 'Fortune's Double Yellow'.
***R.* 'Golden Rambler'.** Siehe *R.* 'Alister Stella Gray'.
***R.* 'Golden Showers'** Abb. S. 162.
***R.* 'Golden Sunblaze'.** Siehe *R.* 'Rise'n Shine'.
***R.* 'Golden Wings'.** Buschige, verzweigte Strauchrose. H. 1,1 m, Br. 1,35 m. Duftende, becherförmige, blaßgelbe Einzelblüten, 12 cm ∅, inmitten hellgrünen Laubes, Sommer – Herbst. Geeignet als Hecke.
***R.* 'Goldfinch'.** Kräftige, bogig überhängende Schlingrose, H. 2,7 m, Br. 2 m. Im Sommer leicht duftende, rosettenförmige, gefüllte, dottergelbe Blüten, 4 cm ∅, weiß verblassend. Zahlreiche leuchtend hellgrüne Blätter.
***R.* 'Goldsmith'.** Siehe *R.* 'Simba'.
***R.* 'Goldstar'.** Zierliche, aufrechte, großblumige Strauchrose. H. 1 m, Br. 60 cm. Inmitten von glänzenden, dunkelgrünen Blättern schwach duftende, krugförmige, dichtgefüllte, gelbe Blüten, 8 cm ∅, Sommer – Herbst.
***R.* 'Graham Thomas',** syn. *R.* 'Ausmas', Abb. S. 153.
***R.* 'Grandpa Dickson',** syn. *R.* 'Irish Gold', Abb. S. 157.
***R.* 'Great Maiden's Blush',** syn. *R.* 'Cuisse de Nymphe', *R.* 'La Séduisante', Abb. S. 149.
***R.* 'Grouse',** syn. *R.* 'Korimro', Abb. S. 153.
***R.* 'Guinée'** Abb. S. 162.
***R.* 'Guletta'.** Siehe *R.* 'Rugul'.
***R.* 'Handel'** Abb. S. 161.
***R.* 'Hannah Gordon',** syn. *R.* 'Korweiso'. Buschige, offene, in Büscheln blühende Strauchrose. H. 75 cm, Br. 60 cm. Leicht duftende, becherförmige, gefüllte blaßrosa Blüten mit rötlich rosa Rändern. 8 cm ∅, Sommer – Herbst. Blätter dunkelgrün.
***R.* 'Harkaramel'.** Siehe *R.* 'Anne Harkness'.
***R.* 'Harlightly'.** Siehe *R.* 'Princess Michael of Kent'.
***R.* 'Harmantelle'.** Siehe *R.* 'Mountbatten'.
***R.* 'Harnumerous'.** Siehe *R.* 'Fairy Changeling'.
***R.* 'Harpiccolo'.** Siehe *R.* 'Anna Ford'.
***R.* 'Harprocrustes'.** Siehe *R.* 'Clarissa'.
***R.* 'Harquanne'.** Siehe *R.* 'Breath of Life'.
***R.* 'Harqueterwife'.** Siehe *R.* 'Paul Shirville'.
***R.* 'Harregale'.** Siehe *R.* 'Cardinal Hume'.
***R.* 'Harroony'.** Siehe *R.* 'Amber Queen'.
***R.* 'Harrowbond'.** Siehe *R.* 'Rosemary Harkness'.
***R.* 'Harsherry'.** Siehe *R.* 'Sheila's Perfume'.
***R.* 'Hartanna'.** Siehe *R.* 'Princess Alice'.
***R.* 'Harukfore'.** Siehe *R.* 'City of London'.
***R.* 'Haruseful'.** Siehe *R.* 'Armada'.
***R.* 'Harvacity'.** Siehe *R.* 'Drummer Boy'.
***R.* 'Harwanna'.** Siehe *R.* 'Jacqueline du Pré'.
***R.* 'Harwanted'.** Siehe *R.* 'Prima'.
***R.* 'Harwharry'.** Siehe *R.* 'Malcolm Sargent'.
***R.* 'Harwotnext'.** Siehe *R.* 'Sheila Macqueen'.
***R.* 'Heartthrob'.** Siehe *R.* 'Paul Shirville'.
***R.* 'Heideröslein'.** Siehe *R.* 'Nozomi'.
***R.* 'Henri Martin',** syn. *R.* 'Red Moss', Abb. S. 151.
***R.* 'Honorine de Brabant'.** Kräftige, buschige, wuchernde Bourbonrose. H. und Br. 2 m. Duftende, viergeteilte, gefüllte Blüten, 10 cm ∅, lila rosa mit hell purpurnen und karmesinroten Flecken, Sommer – Herbst. Zahlreiches hellgrünes Laub.
***R.* 'Horflash'.** Siehe *R.* 'Champagne Cocktail'.
***R.* 'Hula Girl'** Abb. S. 159.
***R.* 'Iceberg',** syn. *R.* 'Schneewittchen', Abb. S. 153.
***R.* 'Iced Ginger'** Abb. S. 154.
***R.* 'Ingrid Bergmann'.** Aufrechte, verzweigte, großblumige Strauchrose. H. 75 cm, Br. 60 cm. Leicht duftende, krugförmige, gefüllte, dunkelrote Blüten. 11 cm ∅, Sommer – Herbst. Blätter ledrig, halbglänzend, dunkelgrün.
***R.* 'Interall'.** Siehe *R.* 'Rosy Cushion'.
***R.* 'Interfour'.** Siehe *R.* 'Petit Four'.
***R.* 'Intrigue',** syn. *R.* 'Korlech'. Dichtbuschige, in Büscheln blühende Strauchrose. H. 75 cm, Br. 60 cm. Sommer – Herbst viele becherförmige, kamelienförmige, gefüllte, schwärzlich karmesinrote Blüten ohne Duft, 6 cm ∅. Zahlreiches dunkelgrünes Laub.
***R.* 'Invincible'.** Aufrechte, in Büscheln blühende Strauchrose. H. 1 m, Br. 60 cm. Schwach duftende, becherförmige, dichtgefüllte, leuchtend karmesinrote Blüten, 9 cm ∅, in lockeren Büscheln Sommer – Herbst. Blätter halbglänzend.
***R.* 'Irish Gold'.** Siehe *R.* 'Grandpa Dickson'.
***R.* 'Isphahan',** syn. *R.* 'Pompon des Princes', *R.* 'Rose d'Isfahan'. Kräftige, buschige, dichte Damaszenerrose. H. 1,5 m, Br. 1,2 m. Hat duftende, becherförmige, gefüllte, rein rosafarbene Blüten, 8 cm ∅, inmitten gräulich-grünen Laubs, Sommer – Herbst.
***R.* 'Jacqueline du Pré',** syn. *R.* 'Harwanna'. Kräftige, bogig überhängende Strauchrose. H. 2 m, Br. 1,5 m. Von Sommer bis Herbst nach Muskat duftende, becherförmige, gefüllte, elfenbeinweiße Blüten, 10 cm ∅, mit gekerbten Petalen und roten Staubgefäßen. Zahlreiche glänzendgrüne Blätter. Bildet eine stattliche Hecke.
***R.* 'John Cabot'.** Kräftige Strauchrose. H. 1,5 m, Br. 1,2 m. Blätter gelbgrün. Büschel duftender, becherförmiger, gefüllter, magentaroter Blüten, 6 cm ∅, Sommer – Herbst. Kann als Hecke oder Kletterpflanze gezogen werden.
***R.* 'Julia's Rose'.** Spindelige, verzweigte, großblumige Strauchrose. H. 75 cm, Br. 45 cm. Sommer – Herbst schwach duftende, krugförmige, gefüllte, bräunlich rosa bis lederfarbene Blüten, 10 cm ∅, Blätter rötlich grün. Geeignet für Blumensträuße.
***R.* 'Just Joecy'** Abb. S. 158.
***R.* 'Kathleen Harrop'.** Lockere, bogig überhängende Bourbonrose. H. 2,5 m, Br. 2 m. Duftende, gefüllte, becherförmige, blaßrosa Blüten, 8 cm ∅, Sommer – Herbst. Zahlreiches dunkelgrünes Laub, anfällig für Mehltau. Geeignet als Hecke oder Kletterpflanze.
***R.* 'Keepsake',** syn. *R.* 'Kormalda', Abb. S. 155.
***R.* 'Königin von Dänemark',** syn. *R.* 'Belle Courtisanne', Abb. S. 150.
***R.* 'Königliche Hoheit'.** Siehe *R.* 'Royal Highness'.
***R.* 'Korbelma'.** Siehe *R.* 'Simba'.
***R.* 'Korblue'.** Siehe *R.* 'Shocking Blue'.
***R.* 'Korgund'.** Siehe *R.* 'Loving Memory'.
***R.* 'Korimro'.** Siehe *R.* 'Grouse'.
***R.* 'Korlech'.** Siehe *R.* 'Intrigue'.
***R.* 'Korlift'.** Siehe *R.* 'Congratulations'.
***R.* 'Kormalda'.** Siehe *R.* 'Keepsake'.
***R.* 'Korpeahn'.** Siehe *R.* 'The Times'.
***R.* 'Korresia',** syn. *R.* 'Friesia', Abb. S. 157.
***R.* 'Korweiso'.** Siehe *R.* 'Hannah Gordon'.
***R.* 'Korzaun'.** Siehe *R.* 'Royal William'.
***R.* 'La Séduisante'.** Siehe *R.* 'Great Maiden's Blush'.
***R.* 'La Sevillana',** syn. *R.* 'Meigekanu'. Dichtbuschige Strauchrose. H. 75 cm, Br. 1 m. Büschel schwach duftender, becherförmiger, gefüllter, leuchtendroter Blüten, 8 cm ∅, reichlich Sommer – Herbst. Zahlreiche dunkelgrüne Blätter. Geeignet als Hecke oder Bodendecker.
***R.* 'Lady Waterlow'.** Steife Kletterrose. H. 4 m, Br. 2 m. Angenehm duftende, spitzknospige bis becherförmige, gefüllte hellrosa getönte, lachsfarbene Blüten, 12 cm ∅, reichlich im Sommer, weniger im Herbst. Blätter mittelgrün.
***R.* 'Langford Light',** syn. *R.* 'Lannie'. Flach ausbreitende, in Büscheln blühende Strauchrose, H. und Br. 60 cm. Duftende, becherförmige, sich weit öffnende, gefüllte, weiße Blüten, 5 cm ∅, Sommer – Herbst. Blätter dunkelgrün.
***R.* 'Lanken'.** Siehe *R.* 'Felicity Kendal'.
***R.* 'Lannie'.** Siehe *R.* 'Langford Light'.
***R.* 'Leggab'.** Siehe *R.* 'Pearl Drift'.
***R.* 'Len Turner',** syn. *R.* 'Dicjeep'. Kompakte, in Büscheln blühende Strauchrose. H. und Br. 50 cm. Schwach duftende, pomponförmige, gefüllte, rotrandige, elfenbeinweiße Blüten, 6 cm ∅, in Büscheln inmitten zahlreicher dunkelgrüner Blätter im Sommer – Herbst. Gut geeignet für niedrige Hecken.
***R.* 'Little Woman',** syn. *R.* 'Diclittle'. Aufrechte, in Büscheln blühende Zwergstrauchrose. H. 50 cm, Br. 40 cm. Sommer – Herbst schwach duftende, krugförmige, gefüllte lachsrosa Blüten, 5 cm ∅, Blätter klein und dunkelgrün. Geeignet für eine schmale Hecke.
***R.* 'Louise Odier',** syn. *R.* 'Mme. de Stella'. Elegante, aufrechte Bourbonrose. H. 2 m, Br. 1,2 m. Hell gräulich-grüne Blätter und duftende, becherförmige, dichtgefüllte, altrosa Blüten, 12 cm ∅, Sommer – Herbst.
***R.* 'Lovely Lady',** syn. *R.* 'Dicjubell', Abb. S. 154.
***R.* 'Loving Memory',** syn. *R.* 'Korgund'. Aufrechte, robuste, großblumige Strauchrose. H. 1,1 m, Br. 75 cm. Leicht duftende, knospige dichtgefüllte, tiefrote Blüten, 12 cm ∅, auf steifen Stielen, Sommer – Herbst. Blätter dunkelgrün.
***R.* 'Macangel'.** Siehe *R.* 'Snowball'.
***R.* 'Maccarpe'.** Siehe *R.* 'Snow Carpet'.
***R.* 'Macman'.** Siehe *R.* 'Matangi'.
***R.* 'Macrexy'.** Siehe *R.* 'Sexy Rexy'.
R. macrophylla. Kräftige Wildrose. H. 4 m, Br. 3 m. Schwach duftende, flache, rote Einzelblüten, 5 cm ∅, im Sommer, gefolgt von flaschenförmigen roten Hagebutten. Rote Stiele und große, mittelgrüne Blätter.
***R.* 'Macspash'.** Siehe *R.* 'Sue Lawley'.
***R.* 'Mactru'.** Siehe *R.* 'Trumpeter'.
***R.* 'Mme. Alfred Carrière'** Abb. S. 160.
***R.* 'Mme. A. Meilland'.** Siehe *R.* 'Peace'.
***R.* 'Mme. de Stella'.** Siehe *R.* 'Louise Odier'.
***R.* 'Mme. Ernst Calvat'.** Kräftige, bogig überhängende Bourbonrose. H. 2–3 m, Br. 2 m. Sommer – Herbst, zahlreiche, duftende, becherförmige bis viergeteilte rosettenförmige, dichtgefüllte, rosenrosa Blüten, 15 cm ∅. Zahlreiche, große Blätter.
***R.* 'Mme. Grégoire Staechelin',** syn. *R.* 'Spanish Beauty', Abb. S. 161.
***R.* 'Mme. Hardy'** Abb. S. 148.
***R.* 'Mme. Hébert'.** Siehe *R.* 'Président de Sèze'.
***R.* 'Mme. Isaac Pereire'** Abb. S. 151.
***R.* 'Mme. Pierre Oger'.** Lockere Bourbonrose. H. 2 m, Br. 1,2 m. Sommer – Herbst auf zierlichen Stielen süß riechende, becher-schalenförmige, gefüllte rosa Blüten, 8 cm ∅, mit rosa-lila Schattierungen. Blätter hellgrün. Wächst gut an einer Säule.
***R.* 'Magic Carousel'.** Buschige Ministrauchrose. H. 40 cm, Br. 30 cm. Leicht duftende, rosettenförmige, dichtgefüllte gelbe und rote Blüten, 4 cm ∅, die Blütenblätter in kleiner werdenden Kreisen angeordnet. Blüte Sommer – Herbst. Blätter klein und glänzend.
***R.* 'Maigold'** Abb. S. 162.
***R.* 'Mainzer Fastnacht'.** Siehe *R.* 'Blue Moon'.
***R.* 'Malcolm Sargent',** syn. *R.* 'Harwharry'. Buschige, großblumige Strauchrose. H. 1,1 m, Br. 1 m. Sommer – Herbst leicht duftende, rundliche, gefüllte, leuchtend scharlach-karmesinrote Blüten, 9 cm ∅, einzeln oder in Büscheln. Zahlreiches glänzendes dunkelgrünes Laub.
***R.* 'Maréchal Davoust'.** Kräftige, buschige Moosrose. H. 1,5 m, Br. 1,2 m. Sommer schwach duftende, becherförmige, dichtgefüllte, tief rötlichrosa bis purpur Blüten, 10 cm ∅, mit grüner Mitte und bräunlich moosartig behaart. Blätter lanzettlich, mattgrün.
***R.* 'Maréchal Niel'.** Kräftige, flach ausbreitende, Noisette- oder kletternde Teerose. H. 3 m, Br. 2 m. Auf hängenden Stielen intensiv grüne Blätter und schwach duftende, knospige dichtgefüllte, gelbe Blüten, 10 cm ∅, Sommer – Herbst.
***R.* 'Margaret Merrill'** Abb. S. 153.
***R.* 'Marguerite Hilling',** syn. *R.* 'Pink Nevada', Abb. S. 150.
***R.* 'Mary Rose',** syn. *R.* 'Ausmary'. Buschige, sich flach ausbreitende Strauchrose, H. und Br. 1,2 m. Schwach duftende, becherförmige, dichtgefüllte, rosenrosa Blüten, 9 cm ∅, Sommer – Herbst, Blätter zahlreich.
***R.* 'Matangi',** syn. *R.* 'Macman'. Dichte, buschige, in Büscheln blühende Strauchrose. H. 1 m, Br. 60 cm. Leicht duftende, offen becherförmige, dichtgefüllte Blüten, 9 cm ∅, Sommer – Herbst; orangerot, am Blattgrund und unterseits etwas gelblich. Blätter zahlreich und dunkelgrün.
***R.* 'Meidanover'.** Siehe *R.* 'Colibri '79'.
***R.* 'Meidonomac'.** Siehe *R.* 'Bonica '82'.
***R.* 'Meigekanu'.** Siehe *R.* 'La Sevillana'.
***R.* 'Meijidiro'.** Siehe *R.* 'Pink Sunblaze'.
***R.* 'Meijikitar'.** Siehe *R.* 'Orange Sunblaze'.
***R.* 'Mermaid'** Abb. S. 162.

***R.* 'Mignon'.** Siehe *R.* 'Cécile Brunner'.
***R.* 'Mischief'.** Aufrechte, großblumige Strauchrose. H. 1 m, Br. 60 cm. Schwach duftende, krugförmige, gefüllte, lachsrosa Blüten, 10 cm ∅, vorwiegend Sommer – Herbst. Blätter zahlreich. Anfällig für Rost.
***R.* 'Morning Jewel'.** Stark verzweigte Kletterrose. H. 2 m, Br. 2 m. Becherförmige, gefüllte, leuchtendrosa Blüten, 9 cm ∅, reichblühend, gewöhnlich in Büscheln, Sommer – Herbst. Blätter zahlreich, glänzend. Wächst beschnitten als Strauchrose.
***R.* 'Mountbatten'**, syn. *R.* 'Harmantelle', Abb. S. 157.
***R.* 'Mousseline'**, syn. *R.* 'Alfred de Dalmas'. Buschige Moosrose mit verzweigtem Wuchs. H. und Br. 1 m. Vorwiegend im Sommer angenehm duftende, becherförmige, dichtgefüllte, blaßrosa Blüten, 8 cm ∅, etwas moosartig behaart. Blätter mattgrün.
R. moyesii. Kräftige, bogig überhängende Wildrose. H. 4 m, Br. 3 m. Sommer schwach duftende, flache, dunkelscharlachrote Einzelblüten, 5 cm ∅, mit gelben Staubgefäßen dicht auf den Zweigen. Lange, rote Hagebutten im Herbst. Blätter spärlich, klein, dunkelgrün bestehend aus 7–13 Blättchen. **'Geranium'** Abb. S. 151.
***R.* 'Mrs. John Laing'** Abb. S. 151.
***R.* 'Münchner Kindl'.** Siehe *R.* 'Anisley Dickson'.
***R.* 'National Trust'.** Kompakte, großblumige Strauchrose. H. 75 cm, Br. 60 cm. Leicht duftende, krugförmige, dichtgefüllte, scharlach-karmesinrote Blüten, 10 cm ∅, reichlich Sommer – Herbst. Blätter zahlreich, dunkelgrün. Geeignet für eine niedrige Hecke.
***R.* 'Nevada'** Abb. S. 149.
***R.* 'New Dawn'**, syn. *R.* 'Everblooming Dr. W. van Fleet', Abb. S. 161.
***R.* 'News'.** Aufrechte, in Büscheln blühende Strauchrose. H. 60 cm, Br. 50 cm. Leicht duftende, becherförmige, weit sich öffnende, gefüllte, leuchtend rötlich-purpurne Blüten, 8 cm ∅, Sommer – Herbst. Blätter dunkelgrün.
***R.* 'Niphetos'.** Verzweigte Kletterteerose. H. 3 m, Br. 2 m. Lange, zugespitzte Knospen auf nickenden Stielen, offen bis rundliche, gefüllte weiße Blüten, 12 cm ∅, vorwiegend im Sommer, spärliche Nachblüte. Blätter spitz, blaßgrün.
***R.* 'Nozomi'**, syn. *R.* 'Heideröslein', Abb. S. 153.
***R.* 'Nuits de Young'**, syn. *R.* 'Old Black'. Aufrechte Moosrose mit drahtigen Stielen. H. 1,2 m, Br. 1 m. Sommer leicht duftende, flache, gefüllte dunkel kastanienbraune-purpurfarbene Blüten bräunlich moosartig behaart. Blätter klein und dunkelgrün.
***R.* 'Ocarina'.** Siehe *R.* 'Angela Rippon'.
***R.* 'Ocaru'.** Siehe *R.* 'Angela Rippon'.
R. officinalis. Siehe *R. gallica* var. *officinalis*.
***R.* 'Old Black'.** Siehe *R.* 'Nuits de Young'.
***R.* 'Old Blush China'**, syn. *R.* 'Parson's Pink China', Abb. S. 151.
***R.* 'Old Pink Moss'.** Siehe *R.* × *centifolia* 'Muscosa'.
***R.* 'Omar Khayyám.** Dichte, stachelige, Damaszenerrose. H. und Br. 1 m. Duftende, viergeteilte, rosettenförmige, dichtgefüllte, hellrosa Blüten, 8 cm ∅, inmitten flaumiger, gräulicher Blätter, im Sommer.
***R.* 'Opa Potschke'.** Siehe *R.* 'Precious Platinum'.
***R.* 'Ophelia'.** Aufrechte, offene, großblumige Strauchrose. H. 1 m, Br. 60 cm. Sommer – Herbst süß riechende, krugförmige, cremig blaßrosa Blüten, 10 cm ∅, einzeln oder in Büscheln. Blätter spärlich, dunkelgrün.
***R.* 'Orange Sunblaze'**, syn. *R.* 'Meijikitar', *R.* 'Sunblaze', Abb. S. 160.
***R.* 'Panachée d'Angers'.** Siehe *R.* 'Commandant Beaurepaire'.
***R.* 'Parson's Pink China'.** Siehe *R.* 'Old Blush China'.
***R.* 'Pascali'.** Aufrechte, großblumige Strauchrose. H. 1 m, Br. 60 cm. Schwach duftende, zierliche, krugförmige, dichtgefüllte weiße Blüten 9 cm ∅, vorwiegend Sommer – Herbst. Blätter tiefgrün.
***R.* 'Paul Shirville'**, syn. *R.* 'Harqueterwife', *R.* 'Heartthrob', Abb. S. 155.
***R.* 'Paul Transon'.** Kräftige, ziemlich lockere Schlingrose. H. 4 m, Br. 1,5 m. Sommer schwach duftende, flache, gefüllte, lachsrosa Blüten mit schwach kupfernem Schimmer, 8 cm ∅, mit gefalteten Petalen. Zahlreiches, glänzendes, dunkelgrünes Laub.
***R.* 'Paul's Himalayan Musk'.** Siehe *R.* 'Paul's Himalayan Musk Rambler'.
***R.* 'Paul's Himalayan Musk Rambler'**, syn. *R.* 'Paul's Himalayan Musk', *R.* 'Paul's Himalayan Rambler'. Sehr kräftige Kletterrose. H. und Br. 10 m. Leicht duftende, rosettenförmige, gefüllte, blaßrosa Blüten, 4 cm ∅, im Spätsommer, reichlich in großen Büscheln. Dornige, kriechende Triebe und hängende Blätter. Geeignet als Baum oder für naturbelassene Gärten.
***R.* 'Paul's Himalayan Rambler'.** Siehe *R.* 'Paul's Himalayan Musk Rambler'.
***R.* 'Paul's Lemon Pillar'** Abb. S. 160.
***R.* 'Peace'**, syn. *R.* 'Gioia', *R.* 'Gloria Dei', *R.* 'Mme. A. Meilland', Abb. S. 156.
***R.* 'Pearl Drift'**, syn. *R.* 'Leggab', Abb. S. 149.
***R.* 'Peaudouce'**, syn. *R.* 'Dicjana', *R.* 'Elina'. Kräftige, buschige, großblumige Strauchrose. H. 1,1 m, Br. 75 cm. Leicht duftende, rundliche, dichtgefüllte, elfenbeinweiße Blüten, 15 cm ∅, mit zitronengelber Mitte, reichlich Sommer – Herbst. Reichlich rötliches Laub.
***R.* 'Peck-a-boo'**, syn. *R.* 'Brass Ring', *R.* 'Dicgrow', Abb. S. 154.
***R.* 'Penelope'** Abb. S. 148.
***R.* 'Perle d'Or'.** Verzweigte, blattreiche, kleinbuschige Chinarose. H. 75 cm, Br. 60 cm. Kleine, leicht duftende, krugförmige, dichtgefüllte, honigrosa Blüten, 4 cm ∅, Sommer – Herbst. Blätter bestehen aus spitzen, glänzenden Blättchen.
***R.* 'Persian Yellow'.** Siehe *R. foetida* 'Persiana'.
***R.* 'Petit Four'**, syn. *R.* 'Interfour'. Kompakte, in Büscheln blühende Zwergstrauchrose. H. und Br. 40 cm. Sommer – Herbst dichte Büschel leicht duftender, flacher, sich weit öffnender, halbgefüllter, rosa und weißer Blüten, 4 cm ∅. Reichlich mittelgrünes Laub.
***R.* 'Piccadilly'** Abb. S. 158.
R. pimpinellifolia, syn. *R.* spinosissima (Bibernellrose). **'Plena'** Abb. S. 148.
***R.* 'Pink Bells'**, syn. *R.* 'Poulbells', Abb. S. 154.
***R.* 'Pink Grootendorst'** Abb. S. 150.
***R.* 'Pink Nevada'.** Siehe *R.* 'Marguerite Hilling'.
***R.* 'Pink Parfait'.** Buschige, in Büscheln blühende Strauchrose. H. 75 cm, Br. 60 cm. Sommer – Herbst leicht duftende, krugförmige, gefüllte Blüten, 9 cm ∅, in hellrosa Tönungen. Reichliches Laub.
***R.* 'Pink Perpétue'** Abb. S. 161.
***R.* 'Pink Sunblaze'**, syn. *R.* 'Meijidiro'. Zierliche, kompakte, Ministrauchrose. H. und Br. 30 cm, inmitten zahlreichen, bronze-grünen Laubes, rosettenförmige, dichtgefüllte, lachsrosa Blüten, 4 cm ∅, vorwiegend Sommer – Herbst.
***R.* 'Pompon des Princes'.** Siehe *R.* 'Ispahan'.
***R.* 'Pot o'Gold'**, syn. *R.* 'Dicdivine', Abb. S. 158.
***R.* 'Poulbells'.** Siehe *R.* 'Pink Bells'.
***R.* 'Precious Platinum'**, syn. *R.* 'Opa Potschke', Abb. S. 156.
***R.* 'Président de Sèze'**, syn. *R.* 'Mme. Hébert'. Kräftige, ziemlich offene Gallica-Rose. H. und Br. 1,2 m. Im Sommer duftende, viergeteilte, rosettenförmige, dichtgefüllte, magentarosa bis blaß lilarosa Blüten, 10 cm ∅.
***R.* 'Prima'**, syn. *R.* 'Harwanted'. Buschige, sich flach ausbreitende Strauchrose. H. 1 m, Br. 1,2 m. Sommer – Herbst leicht duftende, becherförmige, gefüllte, blaßrosa Blüten, 10 cm ∅, reichlich inmitten zahlreicher, glänzender, dunkelgrüner Blätter.
R. 'primula' Abb. S. 152.
***R.* 'Princess Alice'**, syn. *R.* 'Hartanna', *R.* 'Zonta Rose'. Aufrechte, in Büscheln blühende Strauchrose. H. 1,1 m, Br. 60 cm. Leicht duftende, rundliche, gefüllte, gelbe Blüten, 6 cm ∅, vielblütig im Spätsommer und Herbst. Gesundes Laub.
***R.* 'Princess Michael of Kent'**, syn. *R.* 'Harlightly'. Zierliche, kompakte, in Büscheln blühende Strauchrose. H. 60 cm, Br. 50 cm. Sommer – Herbst angenehm duftende, rundliche, dichtgefüllte gelbe Blüten, 9 cm ∅, einzeln oder in Büscheln. Blätter glänzend, leuchtendgrün und sehr gesund. Geeignet für niedrige Hecken.
***R.* 'Queen Elisabeth'** Abb. S. 154.
***R.* 'Queen of the Violets'.** Siehe *R.* 'Reine des Violettes'.
***R.* 'Ramona'**, syn. *R.* 'Red Cherokee'. Ziemlich steife, frei kletternde Rose. H. 2,7 m, Br. 3 m. Duftende, flache, karminrote Einzelblüten, 10 cm ∅, mit gräulichroter Unterseite und goldenen Staubgefäßen, vorwiegend im Sommer, geringe Nachblüte. Spärliches Laub. Gedeiht am besten an einer warmen Mauer.
***R.* 'Red Ace'**, syn. *R.* 'Amruda', Abb. S. 159.
***R.* 'Red Cherokee.** Siehe *R.* 'Ramona'.
***R.* 'Red Moss'.** Siehe *R.* 'Henri Martin'.
***R.* 'Red Rose of Lancaster'.** Siehe *R. gallica* var. *officinalis*.
***R.* 'Reine des Violettes'**, syn. *R.* 'Queen of the Violets'. Sich flach ausbreitende, kräftige, immerblühende Hybride. H. und Br. 2 m. Gräulich getönte Blätter. Sommer – Herbst duftende, viergeteilte rosettenförmige, dichtgefüllte violett bis purpurfarbene Blüten, 8 cm ∅. Wächst auch an einer Kletterhilfe.
***R.* 'Reine Victoria'** Abb. S. 150.
***R.* 'Remember Me'**, syn. *R.* 'Cocdestin', Abb. S. 158.
***R.* 'Rise'n Shine'**, syn. *R.* 'Golden Sunblaze', Abb. S. 160.
***R.* 'Robert le Diable'.** Lockere, buschige Provencerose. H. und Br. 1 m. Sommer leicht duftende, pomponförmige, gefüllte Blüten, 8 cm ∅, in leuchtenden und dunkelpurpurnen Tönen. Blätter schmal, oval, dunkelgrün. Wächst am besten an niedriger Stütze.
***R.* 'Rose d'Isfahan'.** Siehe *R.* 'Ispahan'.
***R.* 'Rose Gaujard'.** Aufrechte, starke, großblumige Strauchrose, H. 1,1 m, Br. 75 cm. Leicht duftende, krugförmige, gefüllte kirschrote und blaßrosa Blüten, 10 cm ∅, vorwiegend Sommer – Herbst. Laub glänzend und reichlich.
***R.* 'Rosemary Harkness'**, syn. *R.* 'Harrowbond', Abb. S. 154.
***R.* 'Roseraie de l'Haÿ'** Abb. S. 151.
***R.* 'Rosy Cushion'**, syn. *R.* 'Interall', Abb. S. 150.
***R.* 'Rosy Mantle'** Abb. S. 161.
***R.* 'Rouge Eblouissante'.** Siehe *R.* 'Assemblage des Beautés'.
***R.* 'Royal Dane'.** Siehe *R.* 'Troika'.
***R.* 'Royal Highness'**, syn. *R.* 'Königliche Hoheit'. Aufrechte, großblumige Strauchrose. H. 1,1 m, Br. 60 cm. Sommer – Herbst auf ledrigem dunkelgrünem Laub große, duftende, zugespitzte, dichtgefüllte, perlrosa Blüten, 12 cm ∅, auf starken Stielen.
***R.* 'Royal William'**, syn. *R.* 'Duftzauber '84', *R.* 'Korzaun', Abb. S. 156.
R. rubiginosa. Siehe *R. eglanteria*.
R. rubrifolia. Siehe *R. glauca*.
R. rugosa (Abb. S. 151). **'Alba'**, dichte, kräftige, Wildrosenhybride. H. und Br. 1–2 m. Nacheinander duftende, becherförmige, weiße Einzelblüten, 9 cm ∅, Sommer – Herbst. Dann große, tomatenförmige Hagebutten. Laub reichlich, ledrig, gekräuselt und glänzend.
***R.* 'Rugul'**, syn. *R.* 'Guletta', *R.* 'Tapis Jaune', Abb. S. 156.
***R.* 'Ruiblun'.** Siehe *R.* 'Blue Peter'.
***R.* 'Sander's White Rambler'.** Kräftige Schlingrose von lockerem Wuchs. H. 3 m, Br. 2,5 m. Duftende, rosettenförmige, dichtgefüllte, weiße Blüten, 5 cm ∅, in Büscheln im Spätsommer. Kleine, glänzende, zahlreiche Blätter.
***R.* 'San Rafael Rose'.** Siehe *R.* 'Fortune's Double Yellow'.
***R.* 'Schneewittchen'.** Siehe *R.* 'Iceberg'.
***R.* 'Schoolgirl'.** Steife, ziemlich hoch aufgeschossene, großblumige Kletterrose. H. 2,7 m, Br. 2,2 m. Auf großen dunkelgrünen Blättern, schwach duftende, rundliche, dichtgefüllte aprikotorange Blüten, 10 cm ∅, Sommer – Herbst.
***R.* 'Sexy Rexy'**, syn. *R.* 'Macrexy', Abb. S. 154.
***R.* 'Sheila Macqueen'**, syn. *R.* 'Harwotnext'. Schmale, aufrechte, in Büscheln blühende Strauchrose. H. 75 cm, Br. 45 cm. Sommer – Herbst dichte Büschel nach Pfeffer duftender, becherförmiger, gefüllter, grüner Blüten mit aprikotrosa Tönung. Ledrige Blätter.
***R.* 'Sheila's Perfume'**, syn. *R.* 'Harsherry'. Aufrechte, in Büscheln blühende Strauchrose. H. 75 cm, Br. 60 cm. Laub glänzend, rötlich. Duftende, krugförmige, gefüllte, rote und gelbe Blüten, 9 cm ∅, einzeln oder in Büscheln, Sommer – Herbst.
***R.* 'Sheri Anne'** Abb. S. 159.
***R.* 'Shocking Blue'**, syn. *R.* 'Korblue'. Buschige, in Büscheln blühende Strauchrose, H. 75 cm, Br. 60 cm. Sommer – Herbst duftende, spitzknospige, gut geformte, dichtgefüllte, purpur Blüten, 10 cm ∅, einzeln oder in Büscheln. Laub dunkelgrün.
***R.* 'Silver Jubilee'** Abb. S. 155.
***R.* 'Simba'**, syn. *R.* 'Goldsmith'.
***R.* 'Korbelma'** Abb. S. 157.

***R.* 'Sissi'.** Siehe *R.* 'Blue Moon'.
***R.* 'Snowball'**, syn. *R.* 'Angelita', *R.* 'Macangel', Abb. S. 159.
***R.* 'Snow Carpet'**, syn. *R.* 'Maccarpe'. Liegende, kriechende Ministrauchrose, H. 15 cm, Br. 50 cm. Pomponförmige, dichtgefüllte, weiße Blüten, 3 cm Ø, vorwiegend im Sommer, einige im Herbst. Zahlreiche kleine und glänzende Blätter. Guter, kompakter Bodendecker.
***R.* 'Southampton'**, syn. *R.* 'Susan Ann', Abb. S. 158.
***R.* 'Souvenir d'Alphonse Lavallée'.** Kräftige, wuchernde Immerblühende Hybride. H. 2,2 m, Br. 2 m. Duftende, becherförmige, gefüllte, burgunderrote bis kastanienbraunpurpurfarbene Blüten. 10 cm Ø, vorwiegend im Sommer. Blätter klein, mittelgrün. Wächst am besten auf leichter Stütze.
***R.* 'Souvenir de la Malmaison'.** Dichte, sich flach ausbreitende, Bourbonrose. H. und Br. 1,5 m. Würzig duftende, viergeteilte rosettenförmige, dichtgefüllte, blaßrosa bis weiße Blüten, 12 cm Ø, Sommer – Herbst. Blüten regenempfindlich. Große, dunkelgrüne Blätter.
***R.* 'Spanish Beauty'.** Siehe *R.* 'Mme. Grégoire Staechelin'.
***R.* 'Spectacular'.** Siehe *R.* 'Danse du Feu'.
R. spinosissima. Siehe *R. pimpinellifolia.*
***R.* 'Spring Morning'.** Siehe *R.* 'Frühlingsmorgen'.
***R.* 'Stacey Sue'** Abb. S. 159.
***R.* 'Sue Lawley'**, syn. *R.* 'Macspash'. Offene, in Büscheln blühende Strauchrose. H. 75 cm, Br. 60 cm. Schwach duftende, becherförmige, sich weit öffnende, gefüllte, rosa und weiße Blüten, 9 cm Ø, Sommer – Herbst. Blätter dunkelgrün.
***R.* 'Sunblaze'.** Siehe *R.* 'Orange Sunblaze'.
***R.* 'Susan Ann'.** Siehe *R.* 'Southampton'.
***R.* 'Sweet Dream'**, syn. *R.* 'Fryminicot'. Kompakte, in Büscheln blühende Zwergstrauchrose. H. 40 cm, Br. 35 cm. Büschel leicht duftender, pomponförmiger, dichtgefüllter, pfirsichaprikotfarbener Blüten, 6 cm Ø, Sommer – Herbst. Blätter klein.
***R.* 'Sweet Magic'**, syn. *R.* 'Dicmagic', Abb. S. 158.
***R.* 'Sylvia'.** Siehe *R.* 'Congratulations'.
***R.* 'Sympathie'.** Kräftige, reich verzweigte Kletterrose. H. 3 m, Br. 2,5 m. Leicht duftende, becherförmige, dichtgefüllte, leuchtend tiefrote Blüten, 8 cm Ø, Sommer – Herbst, meist in Büscheln. Laub reichlich, glänzend, dunkelgrün.
***R.* 'Taifun'.** Siehe *R.* 'Typhoon'.
***R.* 'Tanky'.** Siehe *R.* 'Whisky Mac'.
***R.* 'Tapis d'Orient'.** Siehe *R.* 'Yesterday'.
***R.* 'Tapis Jaune'.** Siehe *R.* 'Rugul'.
***R.* 'The Fairy'** Abb. S. 153.
***R.* 'The Times'**, syn. *R.* 'Korpeahn', Abb. S. 156.
***R.* 'Tour de Malakoff'** Abb. S. 152.
***R.* 'Tricolore de Flandres'.** Kräftige, aufrechte Gallica-Rose. H. und Br. 1 m. Duftende, pomponförmige, dichtgefüllte, blaßrosa Blüten, 6 cm Ø, mit rosa und purpur Streifen im Sommer. Blätter mattgrün.
***R.* 'Troika'**, syn. *R.* Royal Dane, Abb. S. 158.
***R.* 'Trumpeter**, syn. *R.* 'Mactru', Abb. S. 155.
***R.* 'Tuscany Superb'**, syn. *R.* 'Double Velvet'. Kräftige, aufrechte Gallica-Rose. H. 1,1 m, Br. 1 m. Im Sommer leicht duftende, becherförmige bis flache, gefüllte Blüten, 5 cm Ø, tief karmesinrot bis kastanienbraun, später purpur, mit goldenen Staubgefäßen. Blätter dunkelgrün.
***R.* 'Typhoon'**, syn. *R.* 'Taifun'. Sich flach ausbreitende, großblumige Strauchrose. H. und Br. 75 cm. Zahlreiche, glänzende, dunkelgrüne Blätter. Duftende, rundliche, dichtgefüllte, lachs- bis orangerosa Blüten, 10 cm Ø, vorwiegend Sommer – Herbst.
***R.* 'Variegata di Bologna'.** Aufrechte, bogig überhängende Bourbonrose. H. 2 m, Br. 1,4 m. Sommer – Herbst duftende, viergeteilte rosettenförmige, dichtgefüllte Blüten, 8 cm Ø, blaßrosa mit rosa-purpur Streifen. Blätter klein. Benötigt fruchtbaren Boden und neigt zu Sternrußtau.
***R.* 'Veilchenblau'**, syn. *R.* 'Blue Rambler', Abb. S. 162.
***R.* 'Wedding Day'.** Wuchernde Kletterrose. H. 8 m, Br. 4 m. Große Büschel fruchtigriechender, flacher, cremig weißer Einzelblüten, 2,5 Ø, später blaßrosa, vorwiegend im Spätsommer. Besonders geeignet zum Einwachsen in Bäume und für naturbelassene Gärten.
***R.* 'Wee Jock'**, syn. *R.* 'Cocabest', Abb. S. 156.
***R.* 'Whisky Mac'**, syn. *R.* 'Tanky'. Zierliche, aufrechte, großblumige Strauchrose. H. 75 cm, Br. 60 cm. Duftende, rundliche, dichtgefüllte, bernsteinfarbene Blüten, 9 cm Ø, vorwiegend Sommer – Herbst. Rötliches Laub. Anfällig für Mehltau. Erfriert in strengen Wintern häufig.
***R.* 'White Cockade'.** Langsam wachsende, buschige, aufrechte, großblumige Kletterrose. H. 2–3 m, Br. 1,5 m. Leicht duftende, rundliche, wohlgestaltete, dichtgefüllte, weiße Blüten, 9 cm Ø, Sommer – Herbst. Kann geschnitten und als Strauch gezogen werden.
***R.* 'William Lobb'**, syn. *R.* 'Duchesse d'Istrie', Abb. S. 152.
***R.* 'Yesterday'**, syn. *R.* 'Tapis d'Orient'. Buschige, bogig überhängende Polyantha-Strauchrose. H. und Br. 75 cm oder höher, wenn etwas geschnitten. Duftende, rosettenförmige, halbgefüllte, lilarosa Blüten, 2,5 cm Ø, vorwiegend in Büscheln, Sommer bis frühen Winter. Kleine, dunkelgrüne Blätter. Bildet schöne Hecke.
***R.* 'Yvonne Rabier'.** Dichte, buschige Polyantha-Strauchrose. H. 45 cm, Br. 40 cm. Von Sommer bis Herbst erscheinen schwachduftende, rundliche, gefüllte, cremigweiße Blüten, 5 cm Ø, inmitten reichlicher, leuchtendgrüner Belaubung.
***R.* 'Zephirine Drouhin'** Abb. S. 161.
***R.* 'Zigeunerknabe'**, syn. *R.* 'Gipsy Boy'. Kräftige, dornige Bourbonrose von hohem, schmächtigem Wuchs. H. und Br. 2 m. Schwach duftende, becherförmige bis flache, gefüllte purpur- bis karmesinrote Blüten, 8 cm Ø, im Sommer. Blätter dunkelgrün.
***R.* 'Zonta Rose'**, siehe *R.* 'Princess Alice'.

ROSCOEA (Zingiberaceae)
Scheinorchidee
Gattung mehrjähriger Knollenpflanzen, Blütezeit Anfang Herbst, verwandt mit dem Ingwer, beliebt wegen ihrer orchideenartigen Blüten. Geeignet für offene Rabatten, Steingärten und parkähnliche Gärten. Winterhart.
Die Pflanze gedeiht in Sonne oder Halbschatten, auf kühlem, humusreichem Boden, bei ständiger Feuchtigkeit im Sommer. Stirbt im Winter ab. Abdeckung mit Laub oder gut verrottetem Kompost ist ratsam. Vermehrung durch Teilung im Frühling oder durch Samen im Herbst oder Winter. Für gute Keimung die Samen dem Frost aussetzen.
R. cautleoides Abb. S. 365.
R. humeana Abb. S. 365.
R. procera. Siehe *R. purpurea.*
R. purpurea, syn. *R. procera.* Im Sommer blühende, mehrjährige Knollenpflanze, H. 20–30 cm, Br. 15–20 cm. Lanzettliche, aufrechte Blätter mit langen Spitzen, am Blattgrund einander umhüllend, wodurch ein falscher Stiel entsteht. Lange, röhrenförmige, purpurne Blüten mit einem helmförmigen, oberen Blütenblatt, breit gelappter Unterlippe und 2 schmalen Blütenblättern.

ROSMARINUS (Labiatae)
Rosmarin
Gattung immergrüner Sträucher, beliebt wegen der Blüten und aromatischen Blätter, die als Küchengewürz verwendet werden können. Winterhart. In kalten Gegenden ist es ratsam, die Pflanze an einer süd- oder westseitigen Mauer zu ziehen. Benötigt Sonne und durchlässigen Boden. Frostbeschädigte Pflanzen im Frühling bis zum gesunden Holz zurückschneiden; schüttere, alte Pflanzen können zur selben Zeit stark zurückgeschnitten werden. Hecken nach der Blüte schneiden. Vermehrung durch halbausgereifte Stecklinge im Sommer.
R. lavandulaceus hort. Siehe *R. officinalis* 'Prostratus'.
R. officinalis (Rosmarin), Abb. S. 135. **'Miss Jessopp's Upright'.** Immergrüner, kompakter, aufrechter Strauch, H. und Br. 2 m. Trägt Mitte bis Ende des Frühlings und manchmal wieder im Herbst kleine, 2lippige blaue Blüten inmitten schmal länglicher, aromatischer, dunkelgrüner Blätter. Geeignet für Hecken. **'Prostratus'** (syn. *R. lavandulaceus* hort.), H. 15 cm, liegende und am wenigsten frostfeste Art. **'Severn Sea'.** H. 1 m, bogig wachsend mit leuchtendblauen Blüten.
Rossioglossum grande. Siehe *Odontoglossum grande.*

ROTHMANNIA (Rubiaceae)
Gattung immergrüner, im Sommer blühender Sträucher und Bäume, beliebt wegen ihrer Blüten. Verwandt mit *Gardenia.* Frostempfindlich, mind. 16°C. Benötigt helles Licht oder Halbschatten, humusreichen, durchlässigen, neutralen bis sauren Boden. Kübelpflanzen im Wachstum reichlich, ansonsten weniger gießen. Vermehrung durch Samen im Frühling oder durch halbausgereifte Stecklinge im Sommer.
R. capensis, syn. *Gardenia capensis, G. rothmannia.* Immergrüner, eiförmiger Strauch oder Baum, H. 6 m oder mehr, Br. 3 m oder mehr. Blätter oval, glänzend und sattgrün. Hat im Sommer duftende Röhrenblüten mit 5 gebogenen, weißen bis cremegelben Kronzipfeln und purpurgeflecktem Schlund.

ROYSTONEA (Palmae)
Königspalme
Gattung immergrüner Palmen, beliebt wegen ihres majestätischen Wuchses. Trägt Trauben unauffälliger Blüten im Sommer. Frostempfindlich, mind. 16–18°C. Benötigt helles Licht oder Halbschatten und fruchtbaren, durchlässigen, aber feuchtigkeitsspeichernden Boden. Topfpflanzen in der Wachstumsperiode reichlich gießen, ansonsten weniger, am wenigsten bei niedrigen Temperaturen. Vermehrung durch Samen im Frühling, nicht bei Temperaturen unter 27°C. Rote Spinne kann Probleme bereiten.
R. regia. Kubanische königliche Palme. Immergrüne Palme mit aufrechtem Stamm, manchmal in der Mitte verdickt. H. 20 m oder mehr, Br. bis 6 m. Gefiederte Blätter, 3 m lang, zuerst aufrecht, dann bogig und herabhängend wachsend, geteilt in schmal längliche, ledrige, leuchtendgrüne Blättchen.

RUBUS (Rosaceae)
Brombeere, Himbeere
Gattung sommergrüner, halbimmergrüner oder immergrüner Sträucher und verholzter, schlingender Kletterpflanzen. Einige Arten werden nur wegen ihrer eßbaren Früchte gezogen, wozu Himbeeren und Brombeeren gehören. Die hier beschriebenen werden vorwiegend wegen ihres Laubes, ihrer Blüten oder ihrer dekorativen, oft stacheligen Triebe gepflanzt, obwohl einige auch eßbare Früchte tragen. Ganz- bis winterhart. Sommergrüne Arten werden wegen ihrer Wintertriebe gezogen und bevorzugen volles Sonnenlicht; andere sommergrüne Arten benötigen Sonne oder Halbschatten; immergrüne und halbimmergrüne vertragen Sonne oder Schatten. Alle Rubusarten brauchen fruchtbaren, durchlässigen Boden. Alte Triebe von *R. biflorus, R. cockburnianus* und *R. thibetanus* bis zum Boden zurückschneiden, nachdem sie Früchte getragen haben. Vermehrung durch Samen oder Stecklinge (halbausgereifte für immergrüne, krautige Stecklinge oder Steckhölzer bei sommergrünen Arten) im Sommer oder Winter. *R. odoratus* kann durch Teilung vermehrt werden und *R.* 'Benenden' sowie *R. ulmifolius* 'Bellidiflorus' durch Absenker im Frühling.
***R.* 'Benenden'**, syn. *R.* 'Tridel' (Zierbrombeere), Abb. S. 104.
R. biflorus Abb. S. 117.
R. cockburnianus. Sommergrüner, überhängender Strauch. H. und Br. 2,5 m. Völlig winterhart. Stachelige Triebe im Winter leuchtend blauweiß. Dunkelgrüne Blätter, unterseits weiß, mit jeweils 9 ovalen Blättchen. Bildet im Frühsommer Rispen mit 5zähligen, purpurnen Blüten, dann ungenießbare, kugelförmige, schwarze Früchte.
R. henryi* var. *bambusarum. Schnell wachsende, kräftige, immergrüne, verholzte, kriechende Kletterpflanze, vor allem wegen ihrer attraktiven Blätter gezogen. H. bis 6 m. Winterhart. Blätter haben 3 breite, ovale Blättchen, unterseits weißfilzig. Winzige, rosa Blüten in kleinen Trauben im Sommer.
R. odoratus. Kräftiger, sommergrüner, aufrechter, Dickicht bildender Strauch. H. und Br. 2,5 m. Winterhart. Ohne Dornen, sich schälende Triebe tragen große, samtige, dunkelgrüne Blätter, jeweils mit 5 breiten, dreieckigen Lappen. Große, duftende, 5zählige rosenrosa Blüten im Frühsommer bis Frühherbst. Später manchmal ungenießbare, abgeflachte, rote Früchte.
R. thibetanus Abb. S. 117.
R. tricolor. Immergrüner Strauch mit nie-

derliegenden und überhängenden Trieben mit roten Borsten. H. 60 cm, Br. 2 m. Winterhart. Über ovalen, gezähnten, glänzenden, dunkelgrünen Blättern, becherförmige, 5zählige, weiße Blüten im Hochsommer. Früchte genießbar, himbeerähnliche rote Früchte. Guter Bodendecker.
***R.* 'Tridel'.** Siehe *R.* 'Benenden'.
***R. ulmifolius* 'Bellidiflorus'.** Kräftiger, sommergrüner oder halbimmergrüner, überhängender Strauch. H. 2,5 m, Br. 4 m. Winterhart. Stachelige Stengel und dunkelgrüne Blätter, jeweils mit 3 oder 5 ovalen Blättchen. Große Rispen gänseblümchenartiger, gefüllter, rosa Blüten, Hoch- bis Spätsommer.

RUDBECKIA (Compositae)
Sonnenhut, Rudbeckie
Gattung Einjähriger, Zweijähriger und von Stauden mit Blütenköpfen, die sich ausgezeichnet als Schnittblumen eignen. Winterhart. Gedeiht in Sonne oder Schatten und durchlässigem oder feuchtem Boden. Vermehrung durch Teilung im Frühling oder durch Samen im Herbst oder Frühling.
***R. fulgida* var. *deamii*.** Aufrechte Staude. H. 1 m, Br. 60 cm oder mehr. Spätsommer und Herbst gänseblümchenartige, gelbe Blütenköpfe mit schwarzem Kegel in der Mitte. Hat schmal lanzettliche, mittelgrüne Blätter. Bevorzugt feuchten Boden. **'Goldsturm'** Abb. S. 215.
***R.* 'Herbstsonne'** Abb. S. 194.
***R. hirta*.** Mäßig schnell wachsende, aufrechte, verzweigte, kurzlebige Staude, die einjährig gezogen wird. H. 30 cm–1 m, Br. 30–45 cm. Hat lanzettliche, mittelgrüne Blätter. Im Sommer – Herbst große, gänseblümchenartige, tiefgelbe Blüten mit purpurnem Kegel in der Mitte. Bevorzugt Sonne und durchlässigen Boden. **'Goldilocks'** Abb. S. 284. **'Irish Eyes'**, H. bis 75 cm, mit gelben Blüten und olivgrüner, kegelförmiger Mitte. **'Marmalade'** und **'Rustic Dwarfs'** Abb. S. 284.
***R. laciniata* 'Golden Glow.** Aufrechte Staude. H. 2–2,2 m, Br. 60 cm - 1 m. Trägt gänseblümchenartige, gefüllte, goldgelbe Blüten mit grüner Mitte im Spätsommer und Herbst. Mittelgrüne Blätter sind in lanzettliche Blättchen geteilt, die wieder geteilt sind. Bevorzugt durchlässigen Boden. **'Goldquelle'** Abb. S. 191.
***R. purpurea*.** Siehe *Echinacea purpurea*.

RUELLIA (Acanthaceae)
Ruellie
Gattung von Stauden und immergrüner Sträucher mit dekorativen Blüten. Frostempfindlich, mind. 15°C. Wachsen bei hoher Luftfeuchtigkeit, Halbschatten und in feuchtem, aber durchlässigem Boden. Vermehrung durch Stammstecklinge oder Samen, wenn vorhanden, im Frühling.
***R. amoena*.** Siehe *R. graecizans*.
R. devosiana Abb. S. 234.
***R. graecizans*,** syn. *R. amoena*, Abb. S. 208.

RUSCHIA (Aizoaceae).
Gattung meist kleiner, büscheliger, mehrjähriger Sukkulenten und immergrüner Sträucher mit Blättern, die bis zu einem Drittel ihrer Länge die Stengel umfassen, oder mit einer sehr kurzen Blattscheide. Frostempfindlich, mind. 5 °C. Benötigt Sonne und durchlässigen Boden. Vermehrung durch Samen oder Stammstecklinge im Frühling oder Sommer.
***R. acuminata*.** Immergrüner, aufrechter, sukkulenter Strauch. H. 20 cm, Br. 50 cm. Hat holzige sowie nicht holzige, blaugrüne Stengel mit dunkleren Tupfen. Bildet starke, 3kantige, 3 cm lange Blätter mit einem stumpfen Kiel und einer kurzen Scheide. Gänseblümchenartige, weiße bis blaßrosa Blüten, 3 cm ∅, im Sommer.
***R. crassa*.** Immergrüner, aufrechter, sukkulenter Strauch. H. und Br. 50 cm. Trägt starke, 3kantige, blaugrüne Blätter, 2 cm lang, mit kurzen weißen Haaren, unterseits gekielt mit je einem langen Zahn. Im Sommer gänseblümchenartige, weiße Blüten, 2,5 cm ∅.
***R. macowaniana*.** Aufrechte, dann flach ausgebreitete, mehrjährige, sukkulente Pflanze. H. 15 cm, Br. 1 m. Hat starke, leicht gekielte, 3kantige, blaugrüne Blätter, 3 cm lang. Im Sommer zahlreiche gänseblümchenartige, leuchtendrosa Blüten, 3 cm ∅, mit dunkleren Streifen.

RUSCUS (Liliaceae)
Mäusedorn
Gattung immergrüner, gruppenbildender, im Frühling blühender Sträucher, beliebt wegen ihrer Blätter und Früchte. Die sichtbaren Blätter sind eigentlich abgeflachte Triebe, auf denen Blüten und Früchte wachsen. Gewöhnlich benötigt man männliche und weibliche Pflanzen, um Früchte zu bekommen. Sehr geeignet für trockene und schattige Standplätze. Völlig- bis winterhart. Verträgt Sonne oder Schatten und jeden außer staunassen Boden. Abgestorbene Triebe im Frühling bis zum Boden zurückschneiden. Vermehrung durch Teilung im Frühling.
R. aculeatus (Stechender Mäusedorn). Immergrüner, aufrechter, Dickicht bildender Strauch. H. 75 cm, Br. 1 m. Sehr winterhart. Die stechenden Blätter sind glänzend und dunkelgrün. Winzige, sternförmige, grüne Blüten im Frühling, später große, kugelförmige, leuchtendrote Früchte.
R. hypoglossum Abb. S. 144.

RUSSELIA (Scrophulariaceae).
Gattung immergrüner Sträucher und Halbsträucher mit dekorativen Blüten. Frostempfindlich, mind. 10–15°C. Wachsen in Sonne oder Halbschatten. Benötigen humusreichen, leichten, durchlässigen Boden. Vermehrung durch Stammstecklinge oder Teilung im Frühjahr.
***R. equisetiformis*,** syn. *R. juncea*, Abb. S. 209.
***R. juncea*.** Siehe *R. equisetiformis*.

RUTA (Rutaceae)
Raute
Gattung immergrüner, im Sommer blühender Halbsträucher, mit tief geteilten, aromatischen Blättern, beliebt wegen der Blätter und Blüten, manchmal als Heilpflanze verwendet. Völlig winterhart. Benötigt Sonne und durchlässigen Boden. Im Frühling bis ins alte Holz zurückschneiden, um ihn kompakt zu halten. Vermehrung durch halbausgereifte Stecklinge im Sommer.
R. graveolens (Gemeine Raute). **'Jackman's Blue'** Abb. S. 145.

S

SABAL (Palmae).
Gattung immergrüner, baumgroßer- und Zwergfächerpalmen, beliebt wegen ihrer Blätter und gesamten Erscheinung. Halb winterhart bis frostempfindlich, mind. 5–7°C. Bevorzugt helles Sonnenlicht und fruchtbaren, durchlässigen Boden. Wasserbedarf gering, außer in der Wachstumsperiode. Vermehrung durch Samen im Frühling. Rote Spinne kann Probleme machen.
S. minor (Zwergpalme), Abb. S. 144.

SAGINA (Caryophyllaceae).
Gattung mattenbildender Einjähriger und immergrüner Stauden, beliebt wegen ihrer Blätter. Geeignet für Mauern und Pflasterungen. Einige Arten wuchern sehr. Winterhart. Bevorzugt Sonne und sandigen, feuchten Boden. Verträgt heiße und trockene Bedingungen nicht. Vermehrung durch Teilung im Frühjahr, durch Samen im Herbst oder bei *S. boydii* durch Kopfstecklinge im Sommer. Anfällig für Blattläuse und Rote Spinne.
S. boydii (Sternmoos), Abb. S. 330.

SAGITTARIA (Alismataceae)
Pfeilkraut
Gattung laubabwerfender Stauden, die unter Wasser oder am Ufer gedeihen. Beliebt wegen ihrer Blätter und Blüten. Winterhart bis frostempfindlich mind. 5°C. Einige Arten sind geeignet für Teiche, andere für Aquarien. Alle brauchen helles Sonnenlicht. Verwelkte Blätter müssen entfernt werden. Vermehrung durch Teilung im Frühling oder Sommer oder durch Ausläufer (schuppige, junge Triebe) im Frühling.
S. japonica. Siehe *S. sagittifolia* 'Flore Pleno'.
S. latifolia Abb. S. 372.
S. sagittifolia. Laubabwerfende, mehrjährige Wasserpflanze für Randbereiche. H. 45 cm, Br. 30 cm. Winterhart. Aufrechte, mittelgrüne, pfeilförmige Blätter. Im Sommer dreizählige weiße Blüten mit dunkelpurpurfarbener Mitte. Kann in bis zu 25 cm tiefem Wasser gepflanzt werden. **'Flore Pleno'** (syn. *S. japonica*) hat gefüllte Blüten.

SAINTPAULIA (Gesneriaceae)
Usambaraveilchen
Gattung immergrüner, rosettenbildender Stauden, beliebt wegen ihrer dekorativen Blüten. Frostempfindlich, Mindesttemperatur 15°C. Benötigt konstante Temperatur, hohe Luftfeuchtigkeit, Halbschatten und fruchtbaren Boden. Vermehrung durch Blattstecklinge im Sommer. Topfpflanzen anfällig für Weiße Fliege.
S. ionantha. Immergrüne, stengellose, rosettenbildende Staude, oft horstbildend. H. bis 10 cm, Br. 25 cm. Fast rundliche, gekerbte, langstielige, fleischige, oft behaarte Blätter, bis 8 cm lang, oberseits mittelgrün, unterseits rötlichgrün. Lockere Büschel aus 2–8 röhrenförmigen, fünflappigen, violettblauen Blüten, bis 2,5 cm ∅, auf Stengeln, die die Blätter überragen blühen das ganze Jahr. Zahlreiche Sorten, einige mit gefleckten, andere mit panaschierten Blättern. Blütenfarbe von Weiß, Rosa oder Rot bis Purpur oder Blau, ein- oder zweifarbig und in verschiedenen Formen, einfach, halbgefüllt oder gefüllt, einige mit gekräuselten und fransigen Blütenblättern. **'Bright Eyes'** (Abb. S. 258) hat dunkelgrüne Blätter und tiefviolettblaue, einfache Blüten mit gelber Mitte. **'Colorado'** (Abb. S. 258) hat dunkelgrüne Blätter und gekräuselte, magentarote, einfache Blüten. Die Blätter von **'Delft'** (Abb. S. 258) sind dunkelgrün, Blüten halbgefüllt und violettblau. **'Fancy Pants'** (Abb. S. 258) hat einfache weiße Blüten mit fransigen roten Rändern, die sich über mittelgrüne Blätter erheben. **'Garden News'** (Abb. S. 258) hat leuchendgrüne Blätter und gefüllte, reinweiße Blüten. **'Kristi Marie'** (Abb. S. 258) hat dunkelgrüne Blätter und halbgefüllte, dunkelrote Blüten mit weißem Rand. **'Miss Pretty'** (Abb. S. 258) trägt blaßgrüne Blätter und große, einfache, weiße, rosa überlaufene Blüten mit fransigen Blütenblättern. **'Pip Squeak'** (Abb. S. 258), H. bis 8 cm, Br. 10 cm, hat ovale, nicht gekerbte, tiefgrüne, 1–2 cm lange Blätter und glockenförmige, blaßrosa Blüten. 1 cm ∅. **'Porcelain'** (Abb. S. 258) hat halbgefüllte, weiße Blüten mit purpurblauen Rändern. Die Blüten von **'Rococo Pink'** (Abb. S. 258) sind gefüllt und schillerndrosa.

SALIX (Salicaceae)
Weide
Gattung laubabwerfender Bäume und Sträucher, beliebt wegen ihres Wuchses, der Blätter und Kätzchen; manche haben farbenfrohe Wintertriebe. Die männlichen Kätzchen sind auffallender als die weiblichen. Meist zweihäusig. Völlig winterhart bis frostbeständig. Die meisten bevorzugen helles Sonnenlicht und wachsen in allen meist zu trockenen Böden. *S. caprea, S. purpurea* und ihre Varianten gedeihen auch auf trockenem Boden. Pflanzen, die wegen ihrer farbenfrohen Wintertriebe gepflanzt werden, sollten Anfang des Frühlings alle 1–3 Jahre stark zurückgeschnitten werden. Vermehrung durch halbausgereifte Stecklinge im Sommer oder durch Steckhölzer im Winter. Pilzkrankheiten können zu Baumkrebs führen, vor allem bei *S. babylonica* und *S.* 'Chrysocoma'. Weiden sind anfällig für Schädlinge wie Raupen, Blattläuse und Gallmilben.
S. aegyptiaca. Kräftiger, laubabwerfender, buschiger Strauch oder Baum. H. 4 m, Br. 5 m. Winterhart. Graue Kätzchen werden später gelb; sie erscheinen auf nackten, starken Trieben im Spätwinter oder Anfang des Frühlings, bevor große, schmal ovale, tiefgrüne Blätter sprießen.
S. alba* f. *argentea (syn. var. *sericea, S. a.* 'Sericea'; Silberweide). Schnellwachsender, laubabwerfender verzweigter Baum, in der Jugend kegelförmig, H. 15 m, Br. 8 m. Winterhart. Hat schmal lanzettliche, leuchtendsilbergraue Blätter und im frühen Frühjahr unauffällige, hängende, gelblichgrüne Kätzchen. **'Britzensis'**, (syn. *S. a.* 'Chermesina'). H. 25 m, Br. 10 m. Hat grüne Blätter und leuchtendorangerote, junge Triebe und wird meist fast bis zum Boden zurückgeschnitten, damit die Winterfarbe entsteht. **'Caerulea'**, H. 25 m, Br. 10 m. Sehr schnell wachsend und kegelförmig mit langen, schmalen, tiefblaugrünen Blättern. **'Chermesina'**, siehe *S. a.* 'Britzensis'. Var. ***sericea*** und **'Sericea'** siehe *S. a.* f. *argentea*. **'Tristis'** siehe *S.* 'Chrysocoma'. Var. ***vitellina*** Abb. S. 48.
S. apoda (Kriechweide) Abb. S. 303.
S. arbuscula. Laubabwerfender, weitverzweigter Strauch. H. und Br. 60 cm oder mehr. Winterhart. Im Frühling bilden dunkelbraune Triebe schmal ovale, gezähnte Blätter und weißbehaarte gelbe Kätzchen, manchmal rötlich überhaucht. Geeignet für Steingärten.
S. babylonica. Laubabwerfender Baum mit schlanken, hängenden Trieben, die fast bis zum Boden reichen. H. und Br. 12 m. Winterhart. Trägt schmal lanzettliche Blätter mit langen Spitzen. Hat gelblichgrüne Kätzchen im frühen Frühjahr. Anfällig für Baumkrebs, wird heute in Kulturen meist ersetzt durch *S.* 'Chrysocoma'.
S. × boydii (Zwergweide) Abb. S. 301.
S. caprea (Salweide). Laubabwerfender, buschiger Strauch oder Baum. H. 10 m, Br. 8 m. Winterhart. Ovale Blätter, oberseits dunkelgrün und grau unterseits. Im Frühling Kätzchen, noch bevor die Blätter wachsen. Die weiblichen sind seidig und grau, die männlichen grau mit gelben Staubbeuteln. **'Kilmarnock'** (syn. *S. c.* 'Pendula'), H. 1,5–2 m, Br. 2 m, mit dichter Krone und hängend. Trägt von Anfang bis Mitte des Frühlings graue, später gelbe Kätzchen.
***S.* 'Chrysocoma',** syn. *S. alba* 'Tristis', Abb. S. 48.
S. daphnoides Abb. S. 48.
S. elaeagnos. Laubabwerfender, aufrechter, dichter Strauch. H. 3 m, Br. 5 m. Winterhart. Im Frühjahr tragen lange Triebe schlanke, gelbe Kätzchen, wenn die Blätter sprießen. Diese sind schmal länglich, dunkelgrün, unterseits weiß und werden im Herbst gelb.
S. fargesii, syn. *S. moupinensis* hort. Laubabwerfender, aufrechter, offener Strauch. H. und Br. 3 m. Winterhart. Hat purpurrote Wintertriebe und Knospen. Im Frühjahr schlanke, aufrechte, grüne Kätzchen, gleichzeitig mit auffallenden länglichen, glänzenden, dunkelgrünen Blättern.
S. fragilis (Knackweide). Laubabwerfender Baum mit breiter buschiger Krone. H. 15 m, Br. 12–15 m. Winterhart. Lange schmale, zugespitzte, glänzende, leuchtendgrüne Blätter. Im frühen Frühling gelbe Kätzchen auf männlichen Pflanzen und grüne auf weiblichen.
S. gracilistyla. Laubabwerfender buschiger Strauch. H. 3 m, Br. 4 m. Winterhart. Große, seidige, graue Kätzchen mit roten, später leuchtendgelben Staubbeuteln von Anfang bis Mitte des Frühlings, gefolgt von lanzettlichen, seidigen, grauen, jungen Blättern, später glänzendgrünen. **'Melanostachys'** siehe *S.* 'Melanostachys'.
***S. hastata* 'Wehrhahnii'** (Zierweide) Abb. S. 121.
S. helvetica (Strauchweide) Abb. S. 289.
S. herbacea (Zwergweide). Laubabwerfender, kriechender Strauch. H. 2,5 cm, Br. 20 cm oder mehr. Winterhart. Hat kleine, rundliche bis ovale Blätter und im Frühling kleine, gelbe oder gelblichgrüne Kätzchen. Geeignet für Steingärten. Benötigt feuchten Boden.
S. hylematica hort. Siehe *S. lindleyana*.
S. irrorata. Laubabwerfender, aufrechter Strauch. H. 3 m, Br. 5 m. Winterhart. Purpurne junge Triebe tragen im Winter weiße Blüten. Die Kätzchen mit roten, später gelben Staubbeuteln erscheinen vor den schmalen, länglichen, glänzenden, leuchtendgrünen Blättern Anfang bis Mitte des Frühlings.
S. lanata (Wollige Weide) Abb. S. 124. **'Stuartii'**, siehe *S.* 'Stuartii'.
S. lindleyana, syn. *S. hylematica* hort. Laubabwerfender, liegender Strauch mit langen, kriechenden Trieben. H. 2–3 cm, Br. 40 cm oder mehr. Frosthart. Kleine, schmal-ovale bis linealische Blätter sitzen dicht auf kurzen Zweiglein, die im Frühling 1 cm lange, bräunlichrosa Kätzchen hervorbringen. Geeignet für Steingärten oder Böschungen. Benötigt Halbschatten und feuchten Boden.
S. magnifica. Laubabwerfender, aufrechter Strauch. H. 5 m, Br. 3 m. Winterhart. Bildet im Frühling sehr lange, schlanke, grüne Kätzchen auf starken roten Trieben gleichzeitig mit großen magnolienartigen, blaugrünen Blättern.
***S. matsudana* 'Tortuosa'** (Korkenzieherweide), Abb. S. 58.
***S.* 'Melanostachys',** syn. *S. gracilistyla* 'Melanostachys'. Laubabwerfender, buschiger, weitverzweigter Strauch, H. 3 m, Br. 4 m. Winterhart. Trägt fast schwarze Kätzchen mit roten Staubbeuteln im frühen Frühling vor den lanzettlichen, leuchtendgrünen Blättern.
S. moupinensis hort. Siehe *S. fargesii*.
S. pentandra (Lorbeerweide). Laubabwerfender, großer Strauch, dann kleiner Baum mit breiter, buschiger Krone. H. und Br. 10 m. Winterhart. Ovale, glänzende, grüne Blätter, unterseits blauweiß. Die männlichen Kätzchen sind leuchtendgelb, die weiblichen graugrün; öffnen sich im Frühsommer, während der Baum in vollem Laub steht.
S. purpurea (Purpurweide). Laubabwerfender, buschiger, weitverzweigter Strauch. H. und Br. 5 m. Winterhart. Graue, männliche Kätzchen mit gelben Staubbeuteln und unauffällige weibliche Kätzchen erscheinen im Frühling auf schlanken, oft purpurnen Trieben noch vor den schmalen, länglichen, tiefgrünen Blättern. **'Nana'** (syn. *S. p.* 'Gracilis'), H. und Br. 1,5 m. Hat dichtes, silbergraues Laub. Bildet gute Hecken.
S. repens Abb. S. 124.
S. reticulata (Zwergweide) Abb. S. 310.
***S. × rubens* 'Basfordiana**. Sommergrüner, weit verzweigter Baum. H. 15 m, Br. 10 m. Winterhart. Hat leuchtend orangegelbe, junge Triebe im Winter und lange schmale Blätter, zuerst graugrün, später glänzend, leuchtendgrün im Sommer. Gelblichgrüne Kätzchen wachsen im frühen Frühling.
***S. sachalinensis* 'Sekka'.** Sommergrüner weit verzweigter Strauch. H. 5 m, Br. 10 m. Winterhart. Hat abgeflachte Triebe, die im Winter rot sind, und lanzettliche, glänzende leuchtendgrüne Blätter. Silbrige Kätzchen im frühen Frühjahr. Die Triebe eignen sich sehr für Blumengestecke.
***S.* 'Stuartii',** syn. *S. lanata* 'Stuartii'. Langsamwachsender, laubabwerfender, weit verzweigter Strauch. H. 1 m, Br. 2 m. Winterhart. Hat gelbe Wintertriebe. Kräftige, graugrüne Kätzchen öffnen sich im Frühling aus orangefarbenen Knospen gleichzeitig mit ovalen, wolligen, grauen Blättern.

SALPIGLOSSIS (Solanaceae)
Gattung einjähriger und zweijähriger

Pflanzen. Meist nur einjährig kultiviert, beliebt wegen der Farbe für Rabatten oder als Glashauspflanzen. Bedingt winterhart. Wachsen in der Sonne und in nährstoffreichem, durchlässigem Boden. Die Stengel brauchen eine Stütze. Verblühtes regelmäßig entfernen. Vermehrung durch Samen, der unter Glas im frühen Frühling gesät wird, oder im frühen Herbst für die Winterblüte im Haus. Anfällig für Blattläuse.
***S. sinuata.* Bolero-Serie.** Gruppe mäßig schnell wachsender, verzweigter, aufrechter, einjähriger Pflanzen. H. 60 cm, Br. 30 cm. Hat lanzettliche, blaßgrüne Blätter. Nach außen gerichtete, breit trompetenförmige, deutlich geäderte Blüten, 5 cm ∅, im Sommer und frühen Herbst. Erhältlich in Farbmischungen wie rot, gelb, orange und blau. **'Friendship'** hat aufwärts gerichtete Blüten in vielen Farben. **'Splash'** Abb. S. 273.

SALVIA (Labiatae)
Salbei
Gattung von Einjährigen, Stauden und immergrünen oder halbimmergrünen Sträuchern und Halbsträuchern, beliebt wegen ihrer röhrenförmigen, 2lippigen, oft leuchtend gefärbten Blüten und aromatischen Blättern. Die Blätter einiger Arten können zum Würzen von Speisen verwendet werden. Winterhart bis frostempfindlich, mind. 5 °C. Benötigt Sonne und fruchtbaren, durchlässigen Boden. Vermehrung der Stauden durch Teilung im Frühjahr, Stauden, Sträucher und Halbsträucher durch Kopfstecklinge im Hochsommer. Die Samen der bedingt winterharten Einjährigen unter Glas im frühen Frühjahr und der ganz winterharten Arten Mitte des Frühjahrs im Freiland säen.
S. argentea Abb. S. 201.
S. blepharophylla. Verzweigte, mehrjährige Rhizompflanze. H. und Br. 45 cm. Frostempfindlich. Hat ovale, glänzende, dunkelgrüne Blätter und in schlanken Trauben leuchtendrote Blüten mit kastanienbraunem Kelch. Sommer – Herbst.
S. bulleyana. Rosettenstaude. H. und Br. 60 cm. Winterhart. Trauben nesselartiger, gelber Blüten mit kastanienbraunen Lippen im Sommer über zahlreichen breiten, ovalen, rauhen, auffallend geäderten, dunkelgrünen Blättern.
***S. farinacea.* 'Alba',** mäßig schnell wachsende, aufrechte Staude, einjährig gezogen, H. 1 m, Br. 30 cm. Halb winterhart. Hat lanzettliche, mittelgrüne Blätter. Ähren weißer Blüten im Sommer. **'Blue Bedder'**, H. 45 cm. Hat dunkelviolettblaue Blüten. **'Viktoria'** Abb. S. 276. Erhältlich auch als Zwergform.
S. fulgens Abb. S. 134.
S. grahamii, siehe *S. microphylla*.
S. greggii. Immergrüner, aufrechter Halbstrauch. H. bis 1 m, Br. bis 60 cm. Frostempfindlich. Blätter schmal länglich und tief mattgrün. Bildet endständige Trauben leuchtend rotpurpurner Blüten im Herbst.
S. haematodes. Kurzlebige, rosettenförmige Staude. H. 1 m, Br. 45 cm. Sehr winterhart. Im Frühsommer Rispen voller lavendelblauer Blüten über großen, breit ovalen, gezähnten, rauhen, dunkelgrünen Blättern mit gewellten Rändern.
S. horminum Abb. S. 275.
Art-Shades-Serie, ist eine Gruppe mäßig schnell wachsender, aufrechter, verzweigter, einjähriger Pflanzen. H. 45 cm, Br. 20 cm. Halb winterhart. Hat ovale, mittelgrüne Blätter. Winzige Blüten, versteckt in großen blauen, rosa oder weißen Tragblättern, bilden sich auf dichten Ähren im Sommer und Frühherbst. Die Tragblätter der **Claryssa-Serie** gibt es in zahlreichen, leuchtenden Farben wie weiß, rosa, purpur und blau.
S. involucrata. Buschige, basal verholzte Staude. H. 60–75 cm oder mehr, Br. 1 m. Bedingt winterhart. Hat ovale, mittelgrüne Blätter und im Spätsommer und Herbst Trauben mit großen rosa bis karmesinroten Blüten. **'Bethellii'** Abb. S. 193.
S. jurisicii. Rosettenförmige Staude. H. 45 cm, Br. 30 cm. Sehr winterhart. Stiele sind umhüllt von mittelgrünen Blättern, die in 4–6 Paar linealischer Blättchen geteilt sind. Im Frühsommer erscheinen hübsche Trauben herabhängender violettblauer Blüten.
S. leucantha. Immergrüner, aufrechter, reich verzweigter Strauch. H. und Br. 60 cm und mehr. Frostempfindlich. Schmal lanzettliche, fein gekräuselte Blätter, oberseits tiefgrün, unterseits weiß, flaumig. Sommer – Herbst endständige Ähren haariger, weißer Blüten, aus einem wolligen, violetten Kelch.
S. microphylla, syn. *S. grahamii*. Immergrüner, aufrechter, reich verzweigter Strauch. H. und Br. 1–1,2 m. Bedingt winterhart, am besten bei 5 °C. Hat ovale bis elliptische, mittel- bis tiefgrüne Blätter. Dunkelkarmesinrote Blüten, später purpurn, purpur getönte Kelche im Spätsommer und Herbst. **Var. *neurepia*** Abb. S. 134.
S. nemorosa, syn. *S. virgata* var. *nemorosa*. Zierliche, horstbildende Staude. H. 1 m, Br. 45 cm. Sehr winterhart. Hat schmal ovale, rauhe, mittelgrüne Blätter und im Sommer verzweigte Trauben, die dicht mit violettblauen Blüten besetzt sind. **'East Friesland'**, H. 75 cm, ist kleiner. **'Lubecca'**, H. 45 cm, ist eine Zwergform. **'May Night'** (syn. *S.* × *superba* 'May Night') Abb. S. 211.
S. officinalis (Salbei). **'Icterina'** Abb. S. 145. **'Purpurascens'** ist ein immergrüner oder halbimmergrüner, buschiger Strauch. H. 60 cm, Br. 1 m. Winterhart. Längliche, graugrüne Blätter werden als aromatisches Küchengewürz verwendet und sind zuerst purpur überhaucht. Im Sommer bilden sich Trauben blaupurpurner Blüten.
S. patens Abb. S. 243.
S. sclarea* var. *turkestanica Abb. S. 274.
S. splendens. Langsam wachsende, buschige Staude oder immergrüner Halbstrauch, einjährig gezogen. H. bis 30 cm, Br. 20–30 cm. Bedingt winterhart. Hat ovale, gesägte, saftig grüne Blätter. Dichte Trauben scharlachroter Blüten im Sommer und Frühherbst. **'Blaze of Fire'** hat leuchtend scharlachrote Blüten. **Carabiniere-Serie'** (weiß, Abb. S. 263) und **Cleopatra-Serie** (lachsfarben, Abb. S. 265; violett, Abb. S. 275) in Farbmischungen oder Einzelfarben erhältlich. **'Fireworks'** hat rot weiß gestreifte Blüten. **'Flare Path'** Abb. S. 272. **'Rodeo'**, H. 20 cm, leuchtend scharlachrote Blüten.
***S.* × *superba* 'May Night'.** Siehe *S. nemorosa* 'May Night'.
S. uliginosa. Zierlich, aufrechte, verzweigte Staude. H. 2 m, Br. 45 cm. Halb winterhart. Hat längliche bis lanzettliche, gesägte mittelgrüne Blätter und im Herbst lange Trauben mit wirtelig angeordneten blauen Blüten. Bevorzugt feuchten Boden.
S. virgata* var. *nemorosa. Siehe *S. nemorosa*.

SALVINIA (Salviniaceae)
Schwimmfarn
Gattung sommergrüner, mehrjähriger, schwimmender Wasserfarne, immergrün unter tropischen Bedingungen. Sehr beliebt für tropische Aquarien. Frostempfindlich, mind. 10–15 °C. Gedeiht am besten in warmen Wasser mit viel Licht. Verwelkte Blätter müssen entfernt werden und dünne Pflanzen bei zu dichtem Wuchs. Vermehrung durch Teilung junger Pflanzen im Sommer.
S. auriculata Abb. S. 375.
S. natans. Sommergrüne, mehrjährige, schwimmende Wasserpflanze. Br. unbestimmt. Ovale, längliche, mittelgrüne Blätter auf verzweigten Stielen. Verträgt kühlere Bedingungen als andere Arten und wird oft für Kaltwasser-Aquarien verwendet.

SAMBUCUS (Caprifoliaceae).
Holunder
Gattung mehrjähriger, sommergrüner Sträucher und Bäume, beliebt wegen der Blätter, Blüten und Früchte. Sehr winterhart. Benötigt Sonne und fruchtbaren, feuchten Boden. Für bestmögliche Belaubung entweder alle Triebe im Winter bis zum Boden abschneiden oder alte Triebe herausschneiden und junge Triebe bis zur Hälfte einkürzen. Vermehrung durch Kopfstecklinge im Sommer, durch Samen im Herbst oder durch Steckhölzer im Winter, selektierte Formen nur durch Stecklinge.
***S. canadensis.* 'Aurea'** ist ein sommergrüner, aufrechter Strauch. H. und Br. 4 m. Hat große goldgelbe Blätter, jeweils mit 7 länglichen Blättchen. Im Hochsommer große kuppelförmige Blütenstände mit kleinen sternförmigen, cremig weißen Blüten, dann kugelförmige rote Früchte. **'Maxima'** trägt sehr große, mittelgrüne Blätter und riesige Blütenstände.
S. nigra (Schwarzer Holunder). **'Aurea'** ist ein sommergrüner, buschiger Strauch. H. und Br. 6 m. Hat starke, korkige Triebe und goldgelbe Blätter, bestehend aus je 5 ovalen Blättchen. Abgeflachte Blütenstände mit duftenden, sternförmigen, cremig weißen Blüten im Frühsommer sind gefolgt von kugelförmigen, schwarzen Früchten. Die dunkelgrünen Blätter des **'Guincho Purple'** reifen zu tiefem Schwarzpurpur. Bildet purpurgestielte Blüten, rosa als Knospe und geöffnet innen weiß und außen rosa.
S. racemosa (Traubenholunder). Sommergrüner, buschiger Strauch. H. und Br. 3 m. Mittelgrüne Blätter aus je 5 ovalen Blättchen bestehend. Sternförmige, cremig gelbe Blüten in dichten, kegelförmigen Dolden zur Frühlingsmitte, später kugelförmige rote Früchte. **'Plumosa'** hat Blätter mit fein eingeschnittenen Blättchen sowie **'Plumosa Aurea'**, doch die letzteren sind zuerst bronzefarben und später goldgelb.

SANCHEZIA (Acanthaceae)
Gattung immergrüner, vorwiegend im Sommer blühender Stauden, Sträucher und kriechender Kletterpflanzen. Beliebt wegen ihrer Blüten und Blätter. Frostempfindlich, mind. 15–18 °C. Benötigt viel Licht oder Halbschatten und fruchtbaren, durchlässigen Boden. Topfpflanzen im Wachstum reichlich gießen, ansonsten weniger. Die Spitzen der jungen Pflanzen abschneiden, damit sie sich verzweigen. Vermehrung durch Kopfstecklinge im Frühling oder Sommer. Anfällig für Weiße Fliege und Schildläuse.
S. nobilis hort. Siehe *S. speciosa*.
S. speciosa, syn. *S. nobilis* hort., Abb. S. 145.

SANDERSONIA (Liliaceae)
Gattung einer Art sommergrüner Knollenkletterpflanzen mit krugförmigen Blüten im Sommer. Bedingt winterhart. Benötigt geschützten, sonnigen Standort und durchlässigen Boden. Kletterhilfen mit Stangen oder Stöcken empfehlenswert. Knolle im Winter herausnehmen. Vermehrung im Frühling durch Samen oder durch Teilung der Knollen.
S. aurantiaca Abb. S. 353.

SANGUINARIA (Papaveraceae)
Blutwurz
Monotyische Gattung einer im Frühling blühenden, mehrjährigen Rhizompflanze. Völlig winterhart. Wächst in Sonne oder Halbschatten und in humusreichem, feuchtem, aber durchlässigem Boden. Vermehrung durch saubere Teilung der Rhizome im Sommer oder durch Samen im Herbst.
S. canadensis Abb. S. 303. **'Multiplex'** (syn. *S. c.* 'Flore Pleno', *S. c.* 'Plena') ist eine gruppenbildende, mehrjährige Rhizompflanze mit fleischigen, unterirdischen Trieben, die roten Saft abgeben, wenn sie geschnitten werden. H. 15 cm, Br. 30–45 cm. Kurzlebige, rundliche, gefüllte, weiße Blüten erscheinen im Frühjahr vor großen, rundlich bis herzförmigen, gekerbten, graugrünen, unterseits graublauen Blättern.

SANGUISORBA (Rosaceae)
Blutströpfchen
Gattung von Stauden, beliebt wegen ihrer flaschenbürstenartigen Blütenähren. Winterhart. Benötigt Sonne und feuchten Boden. Vermehrung durch Teilung im Frühjahr oder durch Samen im Herbst.
S. canadensis Abb. S. 188.
S. obtusa. Horstbildende Staude. H. 1–1,2 m, Br. 60 cm. Überhängender Stengel trägt im Hochsommer Ähren mit rosakarmesinroten Blüten. Blätter bestehen aus Paaren ovaler Blättchen, sind oberseits blaßgrün, unterseits blaugrün.
S. officinalis (Großer Wiesenknopf). **'Rubra'** ist eine horstbildende Staude. H. 1,2 m, Br. 60 cm. Bildet kleine Ähren rotbrauner Blüten im Spätsommer inmitten zahlreicher mittelgrüner Blätter, die in ovale Blättchen geteilt sind.

SANSEVIERIA (Agavaceae)
Bogenhanf, Sanseverie
Gattung immergrüner, mehrjähriger Rhizompflanzen, beliebt wegen ihrer Rosetten aus steifen, fleischigen Blättern. Frostempfindlich, mind. 10–15 °C. Verträgt Sonne und Schatten und gedeiht gut in fast jedem Substrat, wenn nicht zuviel gegossen wird. Vermehrung durch Blattstecklinge oder Teilung im Sommer.
S. cylindrica. Immergrüne, stammlose, mehrjährige Rhizompflanze. H. 45 cm–1,2 m, Br. 10 cm. Hat eine Rosette aus 3–4 zylindrischen, steifen, fleischigen, aufrechten Blättern, bis 1,2 m lang,

in Dunkelgrün mit blasseren Querbändern. Gelegentlich Trauben kleiner, röhrenförmiger, 6lappiger, rosa oder weißer Blüten.
S. trifasciata. Immergrüne, stammlose, mehrjährige Rhizompflanze. H. 45 cm – 1,2 m, Br. 10 cm. Hat eine Rosette bestehend aus 5 lanzettlichen, zugespitzten, steifen, fleischigen, aufrechten Blättern, bis 1,2 m lang, mit blaßgrünen und gelben Querbändern. Gelegentlich trägt sie Trauben aus röhrenförmigen, 6lappigen, grünen Blüten. **'Golden Hahnii'** Abb. S. 261. **'Hahnii'** Abb. S. 259. **'Laurentii'** Abb. S. 224.

SANTOLINA (Compositae)
Heiligenblume
Gattung immergrüner, im Sommer blühender Sträucher, beliebt wegen ihrer aromatischen Blätter und ihrer knopfartigen, langgestielten Blütenkörbchen. Winterhart. Benötigt Sonne und nicht zu nahrhaften, durchlässigen Boden. Alte Blütenstände abschneiden und lange Triebe im Herbst einkürzen, alte Pflanzen unschön in ihrer Form im Frühling zurückschneiden. Vermehrung durch halbausgereifte Stecklinge im Sommer.
S. chamaecyparissus (Zypressenkraut). Immergrüner, rundlicher, dichter Strauch. H. 75 cm, Br. 1 m. Triebe weiß filzig, die schmal länglichen, fein gezähnten Blätter sind auch weiß. Leuchtendgelbe Blütenköpfe im Hoch- bis Spätsommer.
S. neapolitana. Siehe *S. pinnata* ssp. *neapolitana*.
S. pinnata. Immergrüner Strauch, vorwiegend als ssp. ***neapolitana*** (syn. *S. neapolitana*) gepflanzt, mit rundlichem, buschigem Wuchs. H. 75 cm, Br. 1 m. Zierliche Blütenstiele tragen je einen zitronengelben Blütenstand im Hochsommer inmitten von fiedrigen, tief eingeschnittenen, graugrünen Blättern. Ssp. ***neapolitana*** **'Sulphurea'** Abb. S. 137.
S. rosmarinifolia, syn. *S. virens*. Immergrüner, buschiger, dichter Strauch. H. 60 cm, Br. 1 m. Hat feinschnittige, leuchtendgrüne Blätter. Jeder schlanke Stiel trägt ein leuchtendgelbes Blütenkörbchen im Hochsommer. **'Primrose Gem'** blüht blaßgelb.
S. virens. Siehe *S. rosmarinifolia*.

SANVITALIA (Compositae).
Gattung mehrjähriger und einjähriger Pflanzen. Winterhart. Wächst in Sonne und auf fruchtbarem, durchlässigem Boden. Vermehrung durch Samen, die im Frühling oder im Frühherbst im Freien gesät werden.
S. procumbens Abb. S. 280. **'Mandarin Orange'** Abb. S. 285.

SAPIUM (Euphorbiaceae)
Gattung immergrüner Bäume, beliebt wegen ihrer dekorativen Erscheinung. Enthält giftigen Milchsaft. Frostempfindlich, mind. 5°C. Bevorzugt fruchtbaren, durchlässigen Boden und helles Licht. Kübelpflanzen im Wachstum reichlich, ansonsten mäßig gießen. Rückschnitt ist möglich, wenn notwendig. Vermehrung durch Samen im Frühling oder halbausgereifte Stecklinge im Sommer.
S. sebiferum. Schnell wachsender, immergrüner, aufrechter bis ausladender Baum. H. bis 8 m, Br. 4 m oder mehr. Rhombische bis ovale, mittelgrüne Blätter werden später rot. Büschel kleiner, grünlichgelber Blüten, später rundliche, schwarze Früchte, die mit einer weißen Wachsschicht überzogen sind.

SAPONARIA (Caryophyllaceae)
Seifenkraut
Gattung im Sommer blühender Einjähriger und Stauden, beliebt wegen ihrer Blüten. Eignen sich für Steingärten, Geröllhalden und Böschungen. Winterhart. Benötigen Sonne und durchlässigen Boden. Vermehrung durch Samen im Frühling oder Herbst oder durch Kopfstecklinge im Frühsommer.
S. **'Bressingham Hybrid'.** Lockere, teppichbildende Staude. H. 8 cm, Br. 10 cm. Hat kleine, schmal ovale Blätter. Eher flache, leuchtendrosa Blüten in Büscheln im Sommer. Geeignet für Tröge.
S. caespitosa Abb. S. 318.
S. ocymoides Abb. S. 318.
S. officinalis **'Rubra Plena'** (Gemeines Seifenkraut). Aufrechte Staude. H. bis 1 m, Br. 30 cm. Hat ovale, rauhe, mittelgrüne Blätter auf aufrechten Stielen. Büschel fransiger, gefüllter, roter Blüten im Sommer aus den Blattachseln am oberen Teil des Blütenstiels.
S. × olivana Abb. S. 316.

SARCOCAPNOS (Fumariaceae)
Gattung im Frühling blühender Stauden. Geeignet für Steingärten. Winterhart. Bevorzugt Sonne und durchlässigen, alkalischen Boden. Vermehrung durch Samen im Frühling.
S. enneaphylla. Lockere, aufrechte Staude. H. und Br. 15 cm. Zierliche, stark verzweigte Stiele tragen kleine, stark geteilte, blaugrüne Blätter mit ovalen bis rundlichen Segmenten. Im Frühling erscheinen in kurzen Trauben kleine, gespornte, gelblichweiße, an der Spitze purpurfarbene Blüten. Vor Winternässe schützen.

SARCOCOCCA (Buxaceae)
Gattung immergrüner, wegen ihrer Blätter, duftenden Winterblüten und kugelförmigen Früchte beliebte Sträucher. Die Blüten sind winzig, der einzige auffallende Teil sind die Staubbeutel. Eignet sich gut als Schnittblume im Winter. Völlig- bis winterhart. Wächst in Sonne oder Schatten und auf fruchtbarem, nicht zu trockenem Boden. Vermehrung durch halbausgereifte Stecklinge im Sommer oder durch Samen im Herbst.
S. confusa. Immergrüner, buschiger, dichter Strauch. H. und Br. 1 m. Sehr winterhart. Blätter klein, oval, spitz zulaufend, glänzend dunkelgrün. Winzige weiße Blüten im Winter, später schwarze Früchte.
S. hookeriana. Immergrüner, aufrechter, dichter, ausläuferbildender Strauch. H. 1,5 m, Br. 2 m. Sehr winterhart. Bildet Gruppen länglicher, zugespitzter, dunkelgrüner Blätter und im Winter winzige, weiße Blüten in den Blattachseln. Früchte schwarz. Var. ***digyna*** Abb. S. 142.
S. humilis Abb. S. 142.
S. ruscifolia. Immergrüner, aufrechter, bogig wachsender Strauch. H. und Br. 1 m. Winterhart. Hat ovale, glänzende, dunkelgrüne Blätter und im Winter cremig weiße Blüten, dann rote Früchte. Var. ***chinensis*** hat schmalere Blätter.

SARMIENTA (Gesneriaceae)
Monotypische Gattung eines immergrünen, holzigen, kriechenden oder kletternden Strauches. Geeignet für Ampeln. Halb winterhart. Liebt Halbschatten und humusreichen Boden, der nicht austrocknet. Vermehrung durch Samen im Frühling oder durch Stammstecklinge im Sommer und Herbst.
S. repens. Siehe *S. scandens*.
S. scandens, syn. *S. repens*. Immergrüne, kriechende, mehrjährige Pflanze mit schlanken Trieben. H. und Br. 60 cm oder mehr. Ovale Blätter mit 3–5 Zähnen an der Spitze. Im Sommer kleine, röhrenförmige, korallenrosa Blüten, jeweils am Blütenboden und zur Öffnung hin, die 5 dunklerrosa Lappen hat, schmäler werdend.

SARRACENIA (Sarraceniaceae)
Schlauchpflanze
Gattung insektenfressender, mehrjähriger Pflanzen, von denen einige immergrün sind und Kannen aus umgewandelten Blättern mit helmartigem Deckel bilden. Frostempfindlich, mind. 5°C. Wachsen in Sonne und Halbschatten und in einem Substrat aus Torf und Moos. Sehr feucht halten, außer im Winter; bei kühlen Temperaturen sind trockenere Bedingungen notwendig. Vermehrung durch Samen im Frühling.
S. flava Abb. S. 245.
S. purpurea. Immergrüne, aufrechte bis halbliegende, rosettenförmige, mehrjährige Pflanze. H. 30 cm, Br. 30–38 cm. Aufgeblasene, grüne Kannen, bis 15 cm lang, purpurrot getönt und geädert. Im Frühling gedeihen über den Kannen 5zählige Blüten, 5 cm ∅ oder breiter.

SASA (Bambusoideae). Siehe GRÄSER, BAMBUS, BINSEN und RIEDGRÄSER.
S. albomarginata. Siehe *S. veitchii*.
S. palmata. Immergrüner, verzweigter Bambus. H. 2 m, Br. unbestimmt. Winterhart. Eine schöne Blattpflanze, bildet sehr breite, intensiv grüne Blätter, bis 40 cm lang. Hohle, purpur gemaserte Halme haben an jedem Knoten einen Zweig. Die Blütenähren sind unbedeutend.
S. veitchii, syn. *S. albomarginata*, Abb. S. 180.

SASSAFRAS (Lauraceae)
Gattung sommergrüner Bäume mit unauffälligen Blüten, beliebt wegen der aromatisch duftenden Blätter. Winterhart. Benötigt Sonne oder leichten Schatten und tiefgründigen, fruchtbaren, durchlässigen, am besten sauren Boden. Vermehrung durch Samen oder Ausläufer im Herbst oder durch Wurzelschnittlinge im Winter.
S. albidum Abb. S. 42.

SATUREJA (Labiatae)
Bohnenkraut
Gattung im Sommer blühender Einjähriger, halbimmergrüner Stauden und Halbsträucher, beliebt wegen ihrer stark aromatischen Blätter und dekorativen Blüten. Geeignet fur Steingärten und Trokkenmauern. Winterhart. Benötigt Sonne und durchlässigen Boden. Vermehrung durch Samen im Winter oder Frühling oder durch Kopfstecklinge im Sommer.
S. montana (Winterbohnenkraut). Halbimmergrüne, aufrechte Staude oder Halbstrauch. H. 30 cm, Br. 20 cm oder mehr. Blätter linealisch bis oval, aromatisch und grün oder graugrün. Trägt im Sommer in lockeren Quirlen röhrenförmige, 2lippige, lavendelfarbene Blüten. **'Prostrate White'**, H. 7–15 cm, niederliegend wachsend und weiße Blüten.

SAUROMATUM (Araceae)
Gattung im Frühling blühender, mehrjähriger Knollenpflanzen mit röhrenförmiger Spatha, die sich im oberen Teil erweitert und gewellt und gedreht ist. Die Knollen blühen ohne Erde oder Feuchtigkeit und bevor die Blätter erscheinen. Frostempfindlich, mind. 5–7°C. Benötigt geschützten, halbschattigen Standort und humusreichen, durchlässigen Boden. Im Sommer gut gießen. Während der Ruhezeit im Winter einziehen lassen oder herausnehmen. Vermehrung durch Brutknollen im Frühling.
S. guttatum. Siehe *S. venosum*.
S. venosum, syn. *S. guttatum*, (Eidechsenschwanz), Abb. S. 343.

SAURURUS (Saururaceae)
Gattung sommergrüner, mehrjähriger Sumpf- und Uferwasserpflanzen, beliebt wegen ihrer schönen Blätter. Winterhart. Bevorzugt helles Sonnenlicht, verträgt auch etwas Schatten. Verwelkte Blätter entfernen und nach Bedarf Pflanzen teilen, um die Wuchskraft zu erhalten. Vermehrung durch Teilung im Frühling.
S. cernuus Abb. S. 373.

SAXE-GOTHAEA (Podocarpaceae). Siehe KONIFEREN.
S. conspicua. Konifere, in milden Gegenden mit kegelförmigem, in kälteren Gegenden mehr buschigem Wuchs. H. 5–15 m, Br. 4–5 m. Winterhart. Nadelartige, flache, dunkelgrüne Blätter in Quirlen an den Triebenden. Trägt kugelige, fleischige, blaugrüne Zapfen.

SAXIFRAGA (Saxifragaceae)
Steinbrech
Gattung oft rosettenbildender Stauden, von denen die meisten immergrün oder halbimmergrün sind, beliebt wegen ihrer Blüten und dekoraktiven Blätter. Sehr geeignet für Steingärten, hängige Beete und das Alpinum. Ganz winterhart bis bedingt winterhart. Vermehrung durch Samen im Herbst oder bewurzelte Ableger im Winter. Nach den Kulturansprüchen können die Steinbrechgewächse wie folgt eingeteilt werden:
1. Benötigt Schutz vor Mittagssonne und feuchten Boden.
2. Benötigt Halbschatten und durchlässigen Boden. Wächst zwischen Felsen und Geröll.
3. Gedeiht in gut durchlässigen Felsspalten, Trögen, Mulden, im Alpinum etc., geschützt vor Mittagssonne. Wurzeln dürfen nicht austrocknen. Die meisten blühen im frühen Frühling und bilden dichte Polster. Blütenstiele kaum über den Blättern sichtbar.
4. Benötigt volle Sonne und durchlässigen, alkalischen Boden. Geeignet für Felsspalten. Die meisten haben feste mit Kalk überzogene Blätter.
S. aizoides. Immergrüne Staude, die lockere Polster bildet. H. 15 cm, Br. 30 cm oder mehr. Sehr winterhart. Hat kleine, schmal ovale, fleischige, schimmernde, grüne Blätter und im Frühling – Sommer endständige Trauben mit sternförmigen leuchtendgelben oder orangen Blüten, oft rot gefleckt, auf 8 cm hohen Stielen. Kulturgrupe 1.
S. aizoon. Siehe *S. paniculata*.

S. × apiculata Abb. S. 311. Kulturgruppe 2.
***S. × arco-valleyi* 'Arco'.** Immergrüne, dichte Polster bildende Staude. H. und Br. 10 cm. Sehr winterhart. Im frühen Frühjahr aufwärts gerichtete, becherförmige bis abgeflachte, blaßlila Blüten, die auf engen Rosetten länglicher bis linealischer Blätter fast aufsitzen. Kulturgruppe 3.
***S.* 'Bob Hawkins'.** Immergrüne Staude mit einer lockeren Blattrosette. H. 2,5–5 cm, Br. 15 cm. Sehr winterhart. Trägt im Sommer kleine, aufwärts gerichtete, rundliche, grünlich weiße Blüten auf 5 cm langen Stielen. Ovale, grüne Blätter sind weißgefleckt. Kulturgruppe 1.
S. brunoniana. Siehe *S. brunonis*.
S. brunonis, syn. *S. brunoniana*. Halbimmergrüne, rosettenförmige Staude. H. 10 cm, Br. 20 cm. Winterhart. Kleine, sattgrüne Rosetten aus lanzettlichen, starren Blättern bilden viele lange, fadenartige, rote Ausläufer. Kleine Trauben 5zähliger, ausgebreiteter, blaßgelber Blüten erscheinen im späten Frühling und Sommer auf 5–8 cm langen Stielen. Schwer zu ziehen. Kulturgruppe 1.
S. burseriana Abb. S. 303. **'Brookside'** ist eine langsam wachsende, immergrüne Staude, die ein festes Polster bildet. H. 2,5 cm, Br. 10 cm. Sehr winterhart. Hat breite, linealische, spitzige, graugrüne Blätter. Im frühen Frühjahr aufwärts gerichtete, rundliche, flach becherförmige, leuchtendgelbe Blüten auf kurzen, roten Stielen. Blüten von **'Crenata'** haben fransige, weiße Kronblätter und rote Kelchblätter. **'Gloria'** hat im späten Frühjahr dunkel rötlichbraune Stiele, mit je 1 oder 2 Blüten mit roten Kelchblättern und weißen Kronblättern. Kulturgruppe 3.
S. callosa, syn. *S. lingulata*. Immergrüne Staude mit dichter Rosette. H. 25 cm, Br. bis 20 cm. Sehr winterhart. Trägt lange, linealische, steife, mit Kalk überzogene Blätter und im Frühsommer, aufrechte, dann überhängende Rispen sternförmiger, weißer Blüten mit rot gefleckten Kronblättern. Die Rosetten verwelken nach der Blüte, neue entwickeln sich jährlich aus kurzen Ausläufern. Kulturgruppe 4.
S. cochlearis. Immergrüne, rosettenförmige Staude. H. 20 cm, Br. 25 cm. Sehr winterhart. Hat löffelförmige, grüne Blätter mit weiß überkrusteten Rändern. Entwickelt im Frühsommer lockere Rispen rundlicher, weißer Blüten, häufig mit rot gefleckten Petalen. **'Minor'**, H. und Br. 12 cm, hat kleinere Blattrosetten und lockere Rispen rot gefleckter, weißer Blüten auf roten Stielen. Ideal für Tröge. Kulturgruppe 4.
***S. cortusifolia* var. *fortunei*.** Siehe *S. fortunei*.
S. cotyledon Abb. S. 292. Kulturgruppe 2.
***S.* 'Cranbourne'.** Immergrüne Polsterstaude. H. und Br. 12 cm. Sehr winterhart. Im frühen Frühling entwickeln sich becherförmige, leuchtend purpurlila Einzelblüten auf kurzen Stielen, gerade über den engen Rosetten linealischer, grüner Blätter. Blütenstengel sind länger, wenn die Pflanze in einem Alpinum gezogen wird. Kulturgruppe 3.
S. cuneifolia Abb. S. 291. Kulturgruppe 1.
***S.* 'Elizabethae'** Abb. S. 311. Kulturgruppe 2.
S. ferdinandi-coburgii. Immergrüne Polsterstaude. H. und Br. 15 cm. Ganz winterhart. Bildet Rosetten linealischer, spitzer, graugrüner Blätter und schon im frühen Frühling Trauben mit offenen, becherförmigen, intensiv gelben Blüten auf 3–10 cm langen Stengeln. Kulturgruppe 3.
S. fortunei, syn. *S. cortusifolia* var. *fortunei*. Halbimmergrüne oder krautige, horstbildende Staude. H. und Br. 30 cm. Winterhart. Hat rundliche, 5- oder 7lappige, fleischige, grüne oder bräunlichgrüne Blätter, unterseits rot. Im Herbst entwickeln sich Rispen winziger, schmetterlingsartiger, weißer Blüten mit 4 gleichgroßen Petalen und einer verlängerten Petale auf aufrechten Stielen. Die Vermehrung erfolgt durch Teilung im Frühjahr.
'Rubrifolia' hat dunkelrote Blütenstiele und dunkel rötlich grüne Blätter, unterseits so rot wie Rote Rüben. Kulturgruppe 1.
S. × geum Abb. S. 287. Kulturgruppe 1.
S. granulata (Körnersteinbrech) Abb. S. 286. **'Plena'** ist eine horstbildende Staude. H. 23–38 cm, Br. 15 cm oder mehr. Sehr winterhart. Verliert ihre nierenförmigen, glänzenden, blaß- bis mittelgrünen Blätter bald nach der Blüte. Eine lockere Rispe großer, rundlicher, gefüllter, weißer Blüten im späten Frühling oder frühen Sommer. Hat fleischige oder sitzende Knospen, die sich am Blattgrund bilden. Kulturgruppe 1.
***S. grisebachii* 'Wisley Variety'** Abb. S. 307. Kulturgruppe 4.
***S.* 'Hindhead Seedling'** Abb. S. 311. Kulturgruppe 2.
S. hirsuta Abb. S. 287. Kulturgruppe 1.
***S.* 'Irvingii'.** Sehr langsam wachsende, immergrüne stark kuppelartige Staude. H. 2 cm, Br. 8 cm. Sehr winterhart. Trägt winzige Blätter in Rosetten. Stengellose, becherförmige lila rosa Blüten öffnen sich im frühen Frühjahr. Kulturgruppe 3.
***S.* 'Jenkinsiae'** Abb. S. 305. Kulturgruppe 2.
S. lingulata. Siehe *S. callosa*.
S. longifolia. Rosettenstaude. H. 60 cm, Br. 20–25 cm. Sehr winterhart. Hat lange schmale, mit Kalk überkrustete Blätter, die dekorative Rosetten bilden, aus denen sich nach 3–4 Jahren lange, überhängende, kegel-zylinderförmige Rispen zahlreicher, rundlicher, 5zähliger weißer Blüten im späten Frühjahr bis Sommer bilden. Die Rosetten sterben nach der Blüte ab und es bilden sich keine neuen Rosetten, so daß sie durch Samen im Frühling oder Herbst vermehrt werden. In Kultur werden leicht Kreuzungen mit anderen verwandten Arten erzielt. Kulturgruppe 4.
S. moschata. Immergrüne Staude, die einen lockeren bis festen Erdhügel bildet. H. und Br. 10 cm. Ganz winterhart. Rosetten aus kleinen, lanzettlichen, manchmal 3gezähnten, grünen Blättern. Im Sommer 2–5 sternförmige, cremig weiße oder mattgelbe Blüten auf zierlichen Stielen. **'Cloth of Gold'** Abb. S. 331. Kulturgruppe 1.
S. oppositifolica (Roter Bergsteinbrech) Abb. S. 306. **'Ruth Draper'**, immergrüne Staude, lockere Teppiche bildend. H. 2,5–5 cm, Br. 15 cm. Völlig winterhart. Hat kleine, gegenständige, länglich bis ovale, weiß gefleckte, dunkelgrüne Blätter, die dicht auf niederliegenden Stielen aufsitzen. Große, becherförmige, tief purpurrosa Blüten erscheinen im frühen Frühjahr direkt über den Bättern. Bevorzugt Torferde. Kulturgruppe 1.
S. paniculata, syn. *S. aizoon*. Immergrüne Staude mit dichter Rosette. H. 15–30 cm, Br. 20 cm. Sehr Winterhart. Im Sommer lockere Rispen rundlicher, gewöhnlich weißer Blüten mit oder ohne purpurroten Flecken auf aufrechten Stielen über Rosetten länglicher bis ovaler, mit Kalk überkrusteter Blätter. Sehr variabel in der Größe. Blaßgelbe oder blaßrosa Formen kommen auch vor. Kulturgruppe 4.
***S.* 'Primulaize'.** Immergrüne Staude mit lockerer Rosette. H. und Br. 15 cm. Sehr Winterhart. Im Sommer verzweigte Blütenstengel, 5–8 cm lang, mit sternförmigen, lachsrosa Blüten. Die Blätter sehr klein, schmal und oval, etwas gezähnt und fleischig. Kulturgruppe 1.
S. sancta Abb. S. 311. Kulturgruppe 2.
S. sarmentosa. Siehe *S. stolonifera*.
S. scardica Abb. S. 302. Kulturgruppe 3.
S. sempervivum Abb. S. 307. Kulturgruppe 3.
***S.* 'Southside Seedling** Abb. S. 292. Kulturgruppe 4.
S. stolonifera, syn. *S. sarmentosa*. Immergrüne, niederliegende Staude mit Ausläufern. H. 15 cm oder mehr, Br. 30 cm oder mehr. Frosthart. Hat große, rundliche, flach gelappte, behaarte, olivgrüne Blätter mit silbrigen Adern, unterseits rötlichpurpurn. Lockere Rispen winziger, schmetterlingsartiger, weißer Blüten, jeweils mit 4 gleich großen Petalen und einem verlängerten Petal erscheinen im Sommer auf schlanken, aufrechten Stielen. Guter Bodendecker. **'Tricolor'** hat grüne und rote Blätter mit silbriger Zeichnung und ist halb winterhart. Kulturgruppe 1.
S. stribrnyi Abb. S. 308. Kulturgruppe 3.
***S.* 'Tumbling Waters'** Abb. S. 287. Kulturgruppe 4.
S. × urbium. Immergrüne, rosettenförmige, verzweigte Staude. H. 30 cm, Br. unbestimmt. Ganz winterhart. Hat löffelförmige, gezähnte, ledrige, grüne Blätter. Blütenstiele tragen im Sommer winzige, sternförmige, manchmal rosa überhauchte, weiße Blüten mit roten Flecken. Geeignet als Bodendecker. Kulturgruppe 1.
***S.* 'Valerie Finnis'.** Immergrüne, dichte Polsterstaude. H. und Br. 10 cm. Sehr winterhart. Kurze rote Stiele tragen im Frühling aufwärts gerichtete, becherförmige, schwefelgelbe Blüten über dichten Rosetten ovaler, grüner Blätter. Kulturgruppe 3.

SCABIOSA (Dipsacaceae)
Skabiose, Witwenblume
Gattung Einjähriger und Stauden, einige davon immergrün. Gute Schnittblumen. Völlig- bis winterhart. Bevorzugt Sonne und fruchtbaren, durchlässigen, alkalischen Boden. Vermehrung von Stauden durch Stecklinge im Sommer, durch Samen im Herbst oder durch Teilung im frühen Frühjahr. Einjährige durch Samen im Frühjahr.
S. atropurpurea (Samt-Grindkraut). Mäßig schnell wachsend, aufrecht, buschig, einjährig. H. bis 1 m, Br. 20–30 cm. Winterhart. Hat lanzettliche, gelappte, mittelgrüne Blätter. Kegelförmige Blütenköpfe mit duftenden nadelkissenartigen, tief karmesinroten Blüten, 5 cm ∅, entwickeln sich auf drahtigen Stielen im Sommer und frühen Herbst. Hohe Sorten, H. 1 m und Zwergarten, H. 45 cm sind erhältlich mit duftenden Blütenköpfen in Blau-, Purpur-, Rot-, Rosa- oder Weißtönen. **Cockade-Serie** Abb. S. 275.
***S. caucasica* 'Clive Greaves'** Abb. S. 242. **'Floral Queen'** horstbildende Staude. H. und Br. 60 cm. Winterhart. Große, gekräuselte, violettblaue Blüten mit nadelkissenartiger Mitte blühen den ganzen Sommer. Hellgrüne Blätter sind lanzettlich im unteren Teil der Pflanze und geteilt am Stengel. **'Miss Willmott'** hat cremig weiße Blütenköpfe.
S. graminifolia. Immergrüne, horstbildende Staude, oft mit holziger Basis. H. und Br. 15–25 cm. Winterhart. Hat Büschel schmaler, grasartiger, zugespitzter, silbrig behaarter Blätter. Im Sommer entwickeln sich auf steifen Stielen kugelförmige, blauviolette bis lila Blüten, sehen wie Nadelkissen aus. Mag keine Störung. Geeignet für Steingärten.
S. lucida Abb. S. 295.
S. ochroleuca. Horstbildende Staude. H. und Br. 1 m. Ganz winterhart. Im Spätsommer tragen verzweigte Stiele viele gekräuselte, schwefelgelbe Blüten mit nadelkissenartiger Mitte. Hat schmale, ovale, gezähnte, graugrüne Blätter.
S. rumelica. Siehe *Knautia macedonica*.

SCADOXUS (Amaryllidaceae). Gattung von Knollenpflanzen mit dichten, vorwiegend kugelförmigen, roten Blütendolden. Frostempfindlich, mind. 10–15 °C. Braucht Halbschatten und humusreichen, durchlässigen Boden. Im Winter wenig gießen, wenn nicht im Wachstum. Vermehrung durch Samen oder Brutzwiebeln im Frühling.
S. multiflorus, syn. *Haemanthus multiflorus*. Im Sommer blühende Knolle. H. bis 70 cm, Br. 30–45 cm. Hat breit lanzettliche, halbaufrechte, grundständige Blätter. Eine kugelige Dolde, 10–15 cm breit, aus bis zu 200 schmalblättrigen Blüten. Ssp. ***katherinae*** (syn. *Haemanthus katherinae*) (Blutblume) Abb. S. 336.
S. puniceus, syn. *Haemanthus magnificus, H. natalensis, H. puniceus*. Im Frühjahr und Sommer blühende Knolle. H. 30–40 cm, Br. 30–40 cm. Hat elliptische, halbaufrechte Blätter in grundständigen Büscheln, Blattgrund verwachsen, bildet falschen Stengel. Der Blütenstiel trägt bis zu 100 röhrenförmige, orangerote Blüten in einer kegelförmigen Dolde, umgeben von quirlständigen, roten Brakteen.

SCHEFFLERA, syn. BRASSAIA, HEPTAPLEURUM (Araliaceae)
Gattung immergrüner Sträucher und Bäume, beliebt wegen ihrer schönen Blätter. Halb winterhart bis frostempfindlich, mind. 3–16 °C. Wächst in jeder fruchtbaren, durchlässigen, aber feuchtigkeitsspeichernden Erde in voller Sonne oder Halbschatten. Topfpflanzen in der Wachstumsperiode reichlich gießen, ansonsten mäßig. Bei Bedarf ist Stutzen möglich. Vermehrung durch Abmoosen im Frühjahr, durch halbausgereifte Stecklinge im Sommer oder durch Samen bei Samenreife im Spätsommer.
S. actinophylla Abb. S. 57.
S. arboricola. Immergrüner, aufrechter, gut verzweigter Strauch oder Baum. H. 2–5 m, Br. 1–3 m. Frostempfindlich, mind. 15 °C. Blätter haben je 7–16 ovale, gestielte, glänzende, tiefgrüne Blättchen. Reife Pflanzen tragen kleine, kugelför-

mige Blütenstände mit winzigen, grünen Blüten im Frühjahr bis Sommer.
S. digitata. Immergrüner, rundlicher bis eiförmiger Strauch oder buschiger Baum. H. und Br. 3–8 m. Frostempfindlich, mind. 5 °C. Blätter handförmig mit 5–10 ovalen, glänzenden, intensiv grünen Blättchen. Hat winzige grünliche Blüten in großen, endständigen Rispen im Frühjahr und winzige, kugelförmige, dunkelviolette Früchte im Herbst.

SCHIMA (Theaceae)
Gattung einer Art sehr vielfältiger, immergrüner Bäume und Sträucher, beliebt wegen ihrer Blätter und Blüten. Verwandt mit der *Kamelie*. Frostempfindlich, mind. 2–5 °C. Bevorzugt humusreichen, durchlässigen, neutralen oder sauren Boden und Sonne oder Halbschatten. Topfpflanzen in der Wachstumsperiode reichlich gießen, ansonsten mäßig. Bei Bedarf ist Stutzen möglich. Vermehrung durch Samen im Sommer, sobald sie reif sind, oder durch halbausgereifte Stecklinge.
S. wallichii. Robuster immergrüner, eiförmiger Strauch oder Baum. H. 25–30 m, Br. 12 m oder mehr. Elliptische bis längliche, rot geäderte, dunkelgrüne Blätter, 10–18 cm lang, unterseits rot überhaucht. Im Spätsommer duftende, becherförmige, weiße Einzelblüten, 4 cm ∅, als Knospe rot überhaucht.

SCHINUS (Anacardiaceae)
Gattung immergrüner Sträucher und Bäume, beliebt vorwiegend wegen der Blätter und als Schattenspender. Frostempfindlich, mind. 5 °C. Wächst in durchlässigem Boden bei hellem Licht. Topfpflanzen mäßig gießen, im Winter fast gar nicht. Vermehrung durch Samen im Frühling oder halbausgereifte Stecklinge im Sommer.
S. molle. Schnell wachsender, immergrüner, hängender Baum. H. und Br. bis 8 m. Farnartige Blätter sind in viele schmal, lanzettliche, glänzende, intensiv grüne Blättchen geteilt. Lockere Büschel winziger, gelber Blüten vom Spätwinter bis Sommer, gefolgt von erbsengroßen, rosaroten Früchten.
S. terebinthifolius. Immergrüner Strauch oder Baum, gewöhnlich buschiger, weitverzweigter Wuchs. H. 3 m oder mehr, Br. 2–3 m oder mehr. Blatter haben 3–13 ovale, mittel- bis tiefgrüne Blättchen. Winzige, weiße Blüten wachsen in Büscheln im Sommer – Herbst, gefolgt von erbsengroßen, roten Früchten, jedoch nur, wenn Pflanzen beider Geschlechter nah beieinander gepflanzt werden.

SCHISANDRA (Schisandraceae)
Gattung sommergrüner, holziger, windender Kletterpflanzen. Männliche und weibliche Blüten entwickeln sich auf getrennten Pflanzen, so daß Pflanzen beider Geschlechter gesetzt werden müssen, wenn Früchte benötigt werden. Günstig sie an schattigen Mauern oder an Pfählen und Zäunen ranken zu lassen. Winterhart. Wächst in Sonne und Halbschatten und nahrhaftem, durchlässigem Boden. Vermehrung durch krautige oder halbausgereifte Stecklinge im Sommer.
S. henryi. Laubabwerfende, holzige, windende Kletterpflanze mit verzweigten, gewundenen Stielen im jungen Stadium. H. 3–4 m. Glänzende, grüne, oval- oder herzförmige Blätter. Kleine, becherförmige, weiße Blüten im Frühling. Hängende Ähren, 5–7 cm lang, kugelförmiger, fleischiger roter Früchte gedeihen im Spätsommer auf weiblichen Pflanzen.
S. rubriflora Abb. S. 169.

SCHIZANTHUS (Solanaceae)
Spaltblume
Gattung einjähriger wegen ihrer dekorativen Blüten beliebter Pflanzen. Sehr geeignet als Topfpflanze. Halb winterhart bis frostempfindlich, mind. 5 °C. Wachsen an sonnigem, geschützten Standort und auf fruchtbarem, durchlässigem Boden. Die Spitzen junger Pflanzen stutzen, um buschiges Wachstum zu sichern. Vermehrung durch Samen, Aussaat unter Glas im frühen Frühling für Sommer- und Herbstblumen und im Spätsommer für Pflanzen, die im späten Winter oder Frühling im Topf blühen. Anfällig für Blattläuse.
S., Bouquet-Serie, Gruppe mäßig schnell wachsender, aufrechter, buschiger, einjähriger Pflanzen. H. und Br. 30 cm. Halb winterhart. Hat gefiederte, hellgrüne Blätter und im Sommer – Herbst orchideenartige, rundliche, gelappte Blüten in Farbmischungen von Rosa, Purpur und Gelb.
S., Giant-Hybriden. Gruppe mäßig schnell wachsender aufrechter, buschiger einjähriger Pflanzen. H. 60 cm – 1,2 m, Br. 30 cm. Halb winterhart. Gefiederte hellgrüne Blätter. Orchideenartige, rundliche, gelappte Blüten in Farbmischungen von Rosa, Purpur und Gelb im Sommer – Herbst.
***S.* 'Hit Parade'** Abb. S. 266.
S., Pansy-flowered-Serie. Gruppe mäßig schnell wachsender, aufrechter, buschiger, einjähriger Pflanzen. H. 60 cm – 1 m, Br. 30 cm. Halb winterhart. Hat gefiederte, hellgrüne Blätter und im Sommer – Herbst große stiefmütterchenartige, zweifarbige Blüten in Farbmischungen von Rosa, Purpur und Gelb.
S. pinnatus Abb. S. 274.

SCHIZOCENTRON. Siehe HETEROCENTRON.

SCHIZOPETALON (Cruciferae)
Gattung einjähriger Pflanzen. Halb winterhart. Gedeihen in Sonne und durchlässigem, fruchtbaren Boden. Vermehrung durch Samen, Aussaat unter Glas im Frühling.
S. walkeri. Mäßig schnell wachsende, aufrechte, leicht verzweigte, einjährige Pflanze. H. 45 cm, Br. 20 cm. Hat stark geteilte, mittelgrüne Blätter und im Sommer nach Mandeln duftende, weiße Blüten mit stark eingeschnittenen und fransigen Petalen.

SCHIZOPHRAGMA (Hydrangeaceae)
Gattung sommergrüner, verholzter Wurzelkletterpflanzen, geeignet zum Einwachsen in große Bäume. Winterhart. Blüht am besten in der Sonne, wächst aber auch an einer nordseitigen Mauer. Benötigt durchlässigen Boden. Junge Pflanzen an eine Stütze binden. Vermehrung durch Samen im Frühling oder durch krautige oder halbausgereifte Stecklinge im Sommer.
S. hydrangeoides. Sommergrüne, holzige, Wurzelkletterpflanze. H. bis 12 m. Breite ovale Blätter, 10–15 cm lang. Kleine, weiße oder cremig weiße Blüten auf flachen Blütenständen, 20–25 cm ∅, wachsen im Sommer auf hängenden Seitenästen, umgeben von unfruchtbaren Randblüten mit einem ovalen oder herzförmigen, blaßgelben Kelchblatt, 2–4 cm lang.
S. integrifolium Abb. S. 166.
S. viburnoides. Siehe *Pileostegia viburnoides*.

SCHIZOSTYLIS (Iridaceae)
Spaltgriffel
Gattung mehrjähriger Rhizompflanzen, sehr geeignet als Schnittblumen. Winterhart. Benötigt Sonne und fruchtbaren, feuchten Boden. Pflanzen werden schnell sehr dicht, deshalb im Frühling alle zwei, drei Jahre teilen.
***S. coccinea* 'Grandiflora'** Abb. S. 250. **'Mrs. Hegarty'**, kräftige, horstbildende, mehrjährige Rhizompflanze. H. 60 cm, Br. 23–30 cm. Herbstmitte Ähren flach becherförmiger, blaßrosa Blüten über büscheligen, grasartigen, mittelgrünen Blättern. **'Sunrise'** Abb. S. 249. **'Viscountess Byng'**, hat rosa Blüten, die bis in den Spätherbst blühen.

SCHLUMBERGERA (Cactaceae)
Gattung buschiger, mehrjähriger Kakteen mit aufrechten, dann hängenden Trieben und abgeflachten, länglichen Gliedsegmenten, mit eingekerbten, welligen, bei einigen Arten gezähnten Rändern. An der Spitze entwicklen sich Blüten mit hervorstehenden Narben und Staubgefäßen und mit 2 Reihen von Petalen verschiedener Längen. In der Natur wachsen sie sehr oft auf moosigen Steinen und wurzeln an den Enden der Gliedsegmente. Frostempfindlich, mind. 10 °C. Benötigt Halbschatten und nahrhaften, durchlässigen Boden. Vermehrung durch Stecklinge im Frühling oder Frühsommer.
S. bridgesii (Weihnachtskaktus). Aufrechter, dann hängender, mehrjähriger Kaktus. H. 15 cm, Br. 1 m. Hat glänzende, grüne Glieder und blüht rotviolett mitten im Winter.
***S.* 'Bristol Beauty'** Abb. S. 395.
***S.* 'Gold Charm'** Abb. S. 392.
S. truncata, syn. *Zygocactus truncatus*, Abb. S. 393.
***S.* 'Wintermärchen'.** Aufrechter, dann hängender, mehrjähriger Kaktus. H. 15 cm, Br. 30 cm. Hat glänzende, grüne Glieder. Im Frühherbst weiße Blüten, die im Winter rosa und weiß werden.
***S.* 'Zara'**. Aufrechter, dann hängender, mehrjähriger Kaktus. H. 15 cm, Br. 30 cm. Hat glänzende grüne Glieder. Blüht tief orangerot im frühen Herbst und Winter.

SCHWANTESIA (Aizoaceae)
Gattung polsterbildender, mehrjähriger Sukkulenten mit stengellosen Rosetten ungleich großer Paare gekielter Blätter. Bildet gänseblümchenartige, gelbe Blüten. Frostempfindlich, mind. 5 °C. Benötigt voll Sonne und durchlässigen Boden. Vermehrung durch Samen oder Stecklinge im Frühling – Sommer.
S. ruedebuschii Abb. S. 398.

SCIADOPITYS (Taxodiaceae). Siehe KONIFEREN.
S. verticillata (Japan. Schirmtanne) Abb. S. 78.

SCILLA (Liliaceae)
Blaustern
Gattung vorwiegend im Frühling und Sommer blühender Knollen, deren grundständige Blätter in Büscheln sitzen, und mit Ähren kleiner, oft blauer Blüten. Ganz oder halb winterhart. Benötigt einen offenen Standort, Sonne oder Halbschatten und durchlässigen Boden. Vermehrung durch Teilung im Spätsommer oder durch Samen im Herbst.
S. adlamii. Siehe *Ledebouria cooperi*.
S. bifolia. Im frühen Frühling blühende Knolle. H. 5–15 cm, Br. 2,5–5 cm. Winterhart. Hat schmale, bandförmige, halb aufrechte grundständige Blätter, die zur Spitze hin breiter werden. Am Schaft bildet sich eine einseitige Ähre aus bis zu 20 sternförmigen purpurblauen, rosa oder weißen Blüten.
S. campanulata. Siehe *Hyacinthoides hispanica*.
S. chinensis. Siehe *S. scilloides*.
S. hispanica. Siehe *Hyacinthoides hispanica*.
S. litardieri, syn. *S. pratensis*. Horstbildende, im frühen Sommer blühende Knolle. H. 10–25 cm, Br. 5–8 cm. Sehr Winterhart. Trägt bis zu 5 schmale, bandförmige, halbaufrechte, grundständige Blätter. Der Blütenschaft trägt in dichter Ähre flache, sternförmige, violette Blüten, 1–1,5 cm ∅.
S. mischtschenkoana, syn. *S. tubergeniana*, Abb. S. 361.
S. natalensis. Horstbildende, im Sommer blühende Knolle. H. 30–45 cm, Br. 15–20 cm. Halb winterhart. Lanzettliche, halbaufrechte, grundständige Blätter verlängern sich nach der Blüte. Der Stengel trägt eine lange Ähre von bis zu 100 abgeflachten, blauen Blüten, je 1,5–2 cm ∅.
S. non-scripia. Siehe *Hyacinthoides nonscriutus*.
S. peruviana Abb. S. 365.
S. pratensis. Siehe *S. litardieri*.
S. scilloides, syn. *S. chinensis*, Abb. S. 354.
***S. siberica.* 'Atrocoerulea'** Abb. S. 361.
S. tubergeniana. Siehe *S. mischtschenkoana*.
S. violacea. Siehe *Ledebouria socialis*.
***Scindapsus aureus* 'Marble Queen'**. Siehe *Epipremnum aureum*. 'Marble Queen'.
***Scindapsus pictus* 'Argyraeus'.** Siehe *Epipremnum pictus* 'Argyraeus'.

SCIRPUS (Cyperacae), Simse.
Siehe GRÄSER, BAMBUS, BINSEN und RIEDGRÄSER.
S. holoschoenus (Kugel-Simse). **'Variegatus'** ist eine immergrüne, büschelige, mehrjährige Binse. H. 1–1,2 m, Br. 30 cm. Gänzlich winterhart. Runde, grüne Halme ohne Blätter, horizontal cremefarben gestreift. Im Sommer eiförmige, begrannte, braune, Ährchen auf gestielten, kugeligen Köpfchen.
***S. lacustris* ssp. *Tabernaemontani* 'Zebrinus'**, syn. *S. tabernaemontani* **'Zebrinus'** (Teichbinse) Abb. S. 180.
S. setaceus (Borstige Moorbinse) Büschelige, einjährige oder kurzlebige, mehrjährige Binse. H. 10–15 cm, Br. 8 cm. Gänzlich winterhart. Hat sehr schmale, weiche, grundständige, mittelgrüne Blätter. Die sehr schlanken, nicht verzweigten Halme tragen im Sommer 1–3 winzige, eiförmige, grüne Ährchen.
***S. tabernaemontani* 'Zebrinus'.** Siehe *S. lacustris tabernaemontani* 'Zebrinus'.

SCOLIOPUS (Liliaceae)
Gattung einer Art frühlingsblühender Staude. Wird meist im Alpinum gezogen, wo ihr hübscher Habitus und auch die

sonderbaren Blüten, die direkt aus den Knospen am Wurzelstock schon früh im Jahr entstehen, sehr geschätzt wird. Ist auch für Steingärten und Heidegärten geeignet. Frosthart. Benötigt Sonne oder teilweise Schatten und feuchten, aber durchlässigen Boden. Zu vermehren durch frische Samen im Sommer oder im Herbst.
S. bigelovii Abb. S. 304.
Scolopendrium vulgare. Siehe *Phyllitis scolopendrium*.

SCOPOLIA (Solanaceae)
Tollkraut
Gattung frühlingsblühender Stauden. Gänzlich winterhart. Gedeiht am besten im Schatten in fruchtbarem, durchlässigem Boden. Zu vermehren durch Teilung im Frühling oder durch Samen im Herbst.
S. carniolica (Krainer Tollkraut), Abb. S. 228.

SCROPHULARIA (Scrophulariaceae)
Braunwurz
Gattung von Stauden und Halbsträuchern, von denen einige halbimmergrün oder immergrün sind. Die meisten Arten sind Unkraut, einige werden jedoch wegen ihrer panaschierten Blätter gezogen. Gänzlich winterhart. Gedeiht in jeder Lage, am besten aber im Halbschatten in feuchter Erde. Vermehrung durch Teilung im Frühling oder mit Kopfstecklingen im Sommer.
***S. aquatica* 'Variegata'**. Siehe *S. auriculata* 'Variegata'.
***S. auriculata* 'Variegata'**, syn. *S. aquatica* 'Variegata'. Immergrüne, horstbildende Staude. H. 60 cm, Br. 30 cm oder mehr. Hat reizvolle, ovale, gezähnte, dunkelgrüne Blätter mit cremefarbenen Flekken. Im Sommer Ähren unscheinbarer, rotbrauner Blüten, am besten gleich nach ihrem Erscheinen entfernen.

SCUTELLARIA (Labiatae)
Helmkraut
Gattung variabler, sommerblühender Stauden mit Rhizom, beliebt wegen ihrer röhrenförmigen Blüten. Gänzlich winterhart bis frostempfindlich, mind. 7–10°C. Braucht Sonne und durchlässigen Boden. Zu vermehren durch krautige Stecklinge im Sommer oder durch Samen im Herbst.
S. indica. Aufrechte Staude mit Rhizom. H. 15–30 cm, Br. 10 cm oder mehr. Winterhart. Ovale, gezähnte, behaarte Blätter. Bildet im Sommer dichte Trauben langröhriger, deutlich 2lippiger, schieferblauer, manchmal weißer Blüten. Geeignet für Steingärten.
S. orientalis Abb. S. 325.
S. scordiifolia. Staude mit Rhizom, die Matten bildet. H. und Br. 15 cm oder mehr. Gänzlich winterhart. Trägt schmale, ovale, faltige Blätter. Im Herbst und Sommer Trauben röhrenförmiger, violetter helmförmiger Blüten mit weiß gestreifter Lippe. Zu vermehren im Frühling durch Teilung.

SEDUM (Crassulaceae)
Mauerpfeffer, Fette Henne
Gattung oft fleischiger, sukkulenter einjähriger Pflanzen, immergrüner zweijähriger, meist immergrüner oder halbimmergrüner Stauden und immergrüner Sträucher und Halbsträucher, die sich für Steingärten und Beete eignen. Gänzlich winterhart bis frostempfindlich, mind. 5°C. Benötigt Sonne. Wächst in jedem Boden, gedeiht aber am besten in fruchtbarer, durchlässiger Erde. Stauden, Halbsträucher und Sträucher sind im Frühling bis Mitte Sommer durch Kopfstecklinge nichtblühender Triebe oder durch Teilung vermehrbar und in Herbst und Frühling durch Samen. Vermehrung ein- und zweijähriger Pflanzen durch Samen, Aussaat zu Beginn des Frühlings unter Glas oder später im Frühling im Freien.
S. acre (Scharfer Mauerpfeffer) Abb. S. 324. **'Aureum'** (Goldgelber Scharfer Mauerpfeffer), Abb. S. 325.
S. aizoon. Immergrüne, aufrechte Staude. H. und Br. 45 cm. Gänzlich winterhart. Mittelgrüne, längliche bis lanzettliche, fleischige, gezähnte Blätter. Im Sommer flache Köpfe sternförmiger, gelber Blüten. **'Aurantiacum'** Abb. S. 248.
S. anacampseros. Halbimmergrüne, kriechende Staude mit überwinternden Blattrosetten. H. 10 cm, Br. 25 cm oder mehr. Winterhart. Niederliegende, braune Stengel in lockeren Rosetten tragen längliche bis ovale, fleischige, bläulich grüne Blätter. Im Sommer entsteht ein dichter, endständiger, halbkugeliger Blütenstand kleiner, becherförmiger, lila-rosa Blüten.
S. caeruleum Abb. S. 277.
S. cauticolum. Kriechende, flachwurzelnde Staude mit Ausläufern. H. 5 cm, Br. 20 cm. Ganz winterhart. Hat ovale bis längliche, gestielte, fleischige, blau-grüne Blätter auf niederliegenden, rot-violetten Trieben. Im frühen Herbst trägt die Pflanze belaubte, verzweigte, flache Köpfe sternförmiger, blaß violett-rosa Blüten. Alte Triebe im Winter zurückschneiden.
S. ewersii. Kriechende Staude. H. 5 cm, Br. 15 cm. Ganz winterhart. Ähnelt *S. cauticolum*, hat aber mehr runde, enganliegende Blätter, die oft rot überhaucht sind, und dichte, runde Blütenköpfe.
S. kamtschaticum. Halbimmergrüne, niederliegende Staude mit überwinternden Blattrosetten. H. 5–8 cm, Br. 20 cm. Ganz winterhart. Schmale, ovale, gezähnte, fleischige, mittelgrüne Blätter. Im Sommer und Herbst erscheinen sich ausbreitende, endständige Trauben sternförmiger, orange überhauchter, gelber Blüten. **'Variegatum'** Abb. S. 331.
S. lydium Abb. S. 328.
S. morganianum. Immergrüne, niederliegende, mehrjährige Sukkulente. H. 30 cm oder mehr, Br. unbestimmt. Frostempfindlich. Die Triebe sind eingehüllt in unzählige, längliche bis lanzettliche, fast zylindrische, fleischige, wächserne, weiße Blätter. Im Sommer endständige Trauben sternförmiger, rosaroter Blüten. Gedeiht am besten in Ampeln.
S. obtusatum Abb. S. 328.
S. palmeri. Immergrüne, horstbildende Staude. H. 20 cm, Br. 30 cm. Halbwinterhart. Im Frühsommer entstehen Blütenzweige mit sternförmigen, gelben bis orangen Blüten über länglich ovalem, löffelförmigem, fleischigem, graugrünem Blattwerk.
S. populifolium. Halbimmergrüne, buschige Staude. H. 30–45 cm, Br. 30 cm. Ganz winterhart. Endständige Trauben sternförmiger, blaßrosa oder weißer Blüten, die nach Weißdorn duften und im Spätsommer entstehen. Hat breite, ovale, unregelmäßig gezähnte, fleischige, mittelgrüne Blätter.
S. reflexum (Blautannensedum, Tripmadam), Abb. S. 299.
S. rosea, syn. *Rhodiola rosea*. Horstbildende Staude. H. und Br. 30 cm. Ganz winterhart. Die Triebe dicht bedeckt mit ovalen, gezähnten, fleischigen, blaugrünen Blättern und tragen im späten Frühling oder Frühsommer dichte, endständige Köpfe rosaroter Knospen, die sich beim Öffnen in kleine, sternförmige, grünlich-gelbliche oder violett-weiße Blüten verwandeln. **Var. *heterodontum*** Abb. S. 249.
S. sempervivoides. Immergrüne Staude mit Basalrosetten. H. 8–10 cm, Br. 5 cm. Halbwinterhart. Rosetten, ähneln denen von *Sempervivum*. Ovale bis riemenförmige, ledrige, blaugrüne Blätter sind stark violett getönt. Im Sommer gewölbte Köpfe aus sternförmigen, scharlachroten Blüten. Ungeeignet für nasse Winter. Passend für ein Alpinum.
***S. sieboldii* 'Variegatum'**, syn. *S. s.* 'Folius Medio-variegatis'. Immergrüne, sich ausbreitende, rübenartige Staude mit langen, spitz zulaufenden Pfahlwurzeln. H. 10 cm, Br. 20 cm oder mehr. Frostempfindlich. Runde, fleischige, blaugrüne Blätter mit cremefarbenen Flecken und manchmal roten Rändern stehen in 3er-Quirlen. Im Spätsommer offene, endständige Köpfe sternförmiger, rosa Blüten. Eignet sich gut für ein Alpinum.
S. spathulifolium Abb. S. 329. **'Cape Blanco'** (syn. *S. s.* 'Cappa Blanca') Abb. S. 331.
S. spectabile (Fette Henne). Horstbildende Staude. H. und Br. 45 cm. Ganz winterhart. Hat ovale, gezähnte fleischige, graugrüne Blätter, über denen im Spätsommer flache Köpfe aus kleinen, sternförmigen, rosa Blumen wachsen, die Schmetterlinge anziehen. **'Brilliant'** Abb. S. 250.
S. spurium. Halbimmergrüne, mattenbildende, kriechende Staude. H. 10 cm oder mehr, Br. unbestimmt. Frosthart. Längliche bis ovale, gezähnte Blätter auf behaarten Trieben. Im Sommer große, leicht abgerundete Köpfe kleiner, sternförmiger, meist lilarosa Blüten. Die Farbe der Blumen variiert von tief lila bis weiß. Für Trockenmauern geeignet.
S. tartarinowii. Gebogene, ausgebreitete, knollige Staude. H. 10 cm, Br. 20 cm. Ganz winterhart. Runde, endständige Köpfe aus sternförmigen, rosa getönten, weißen Blüten im Spätsommer. Kleine, ovale, gezähnte, grüne Blätter wachsen an lila gefärbten Trieben. Gut für ein Alpinum geeignet.

SELAGINELLA (Selaginellaceae)
Moosfarn
Gattung immergrüner, moosartiger, mehrjähriger Pflanzen, die wegen ihres Laubes gezogen werden. Frostempfindlich, mind. 5°C. Bevorzugt Halbschatten und benötigt feuchte, aber durchlässige Torferde. Welkes Blattwerk regelmäßig entfernen. Vermehrung durch Zweigteile mit Wurzeln, die ganzjährig von der Pflanze abgebrochen werden können.
S. kraussiana. Immergrüne, moosartige, mehrjährige Pflanze. H. 23 cm, Br. 30 cm. Runde, mittelgrüne, sehr feine Wedel sind stark verzweigt, dichter an den Triebspitzen und wurzeln leicht an der Erdoberfläche. Zwergformen sind unter anderem **'Aurea'**, Abb. S. 186, und **'Variegata'** mit cremefarben-gelb gefleck-tem Laub.
S. lepidophylla (Auferstehungspflanze, falsche 'Rose von Jericho'). Immergrüne, moosartige, mehrjährige Pflanze. H. und Br. 10 cm. Grob gerundete, smaragdgrüne Wedel, die mit der Zeit rotbraun oder graugrün werden und in dichten Rosetten wachsen. Bei Trockenheit rollen sich die Wedel nach innen zu einem festen Ball zusammen, der sich öffnet und ergrünt, sobald er ins Wasser kommt.
S. martensii Abb. S. 185.

SELENICEREUS (Cactaceae)
Schlangenkaktus
Gattung sommerblühender, mehrjähriger Kletterkakteen mit 4–10 rippigen grünen, bis zu 2 cm dicken Trieben. Nachts trichterförmige Blüten, die sich schließlich flach öffnen. Frostempfindlich, mind. 5°C. Benötigt Sonne oder teilweise Schatten und fruchtbare, durchlässige Erde. Vermehrung durch Samen oder Stecklinge im Frühling oder Sommer.
S. grandiflorus Abb. S. 378.

SELINUM (Umbelliferae)
Gattung im Sommer blühender, mehrjähriger Pflanzen, ideal für naturnahe Gärten und Beethintergründe. Ganz winterhart. Bevorzugt Sonne, gedeiht aber auch im Halbschatten und in jedem durchlässigen Boden. Wenn sie eingewachsen sind, verübeln sie Störungen. Vermehrung durch frische Samen im Sommer oder Herbst.
S. tenuifolium. Aufrechte, dekorative »Architektur« Staude. H. 1,5 m, Br. 60 cm. Trägt im Sommer kleine, sternförmige, weiße Blüten in großen, flachen, zusammengesetzten Dolden. Besitzt sehr zart geteilte, mittelgrüne Blätter.

SEMELE (Liliaceae)
Gattung einer Art immergrünen, windenden Kletterpflanze. Männliche und weibliche Blüten entstehen auf einer Pflanze. Frostempfindlich, mind. 5°C. Benötigt Halbschatten und fruchtbaren, durchlässigen Boden. Vermehrung durch Teilung oder Aussaat im Frühling.
S. androgyna. Immergrüne Kletterpflanze, deren oberer Teil gewunden wächst, sich verzweigt und ovale, 5–10 cm lange Flachsprossen (Kladodien) trägt. H. bis zu 7 m. Im Frühsommer entstehen sternförmige, cremefarbene Blüten in Kerben am Rand der Flachsprossen, danach orange-rote Beeren.

SEMIAQUILEGIA (Ranunculaceae)
Gattung von Stauden, beliebt wegen ihrer Blüten. Diese unterscheiden sich von denen der *Aquilegia*, zu der sie oft gezählt werden, dadurch, daß sie keine Sporne haben. Geeignet für Steingärten. Ganz winterhart. Benötigt Sonne und feuchten, aber durchlässigen Boden. Die Vermehrung erfolgt am besten durch Samen im Herbst.
S. ecalcarata (Scheinakelei) Abb. S. 295.

SEMIARUNDINARIA (Bambusoideae).
Siehe GRÄSER, BAMBUS, BINSEN und RIEDGÄSER.
S. fastuosa, syn. *Arundinaria fastuosa*, Abb. S. 182.

SEMPERVIVUM (Crassulaceae)
Hauswurz, Fette Henne
Gattung immergrüner Stauden, die sich mit kurzen Ausläufern ausbreitet. Beliebt wegen ihrer symmetrischen Rosetten aus ovalen, riemenförmigen, spitzen, fleischi-

gen Blättern. Bildet bodendeckende Matten und eignet sich für Steingärten, felsige Plätze, Mauern, Böschungen, Ufer und Alpinenhäuser. Die Blüten sind sternförmig mit 8–16 ausgebreiteten Kelchblättern. Ganz winterhart. Benötigt Sonne und sandige Erde. Braucht einige Jahre, um zum Blühen zu kommen. Die Rosetten sterben nach der Blüte ab, hinterlassen aber zahlreiche Nebenrosetten. Vermehrung im Sommer durch Nebenrosetten.
S. arachnoideum Abb. S. 329.
S. ciliosum Abb. S. 329.
***S.* 'Commander Hay'.** Immergrüne Staude mit Basalrosetten. H. 15 cm, Br. bis zu 30 cm. Wird hauptsächlich wegen ihrer sehr großen, dunkelroten Rosetten gezogen, bis zu 10 cm Ø. Im Sommer in endständigen Trauben matt grün-rote Blüten.
S. giuseppii Abb. S. 331.
S. grandiflorum. Immergrüne Staude mit Basalrosetten. H. 10 cm, Br. bis zu 20 cm. Variable, dicht behaarte, rot getönte, dunkelgrüne Rosetten, die einen ziegenähnlichen Geruch verströmen, wenn man sie zerdrückt. Im Sommer am langen Stengel ein lockerer, endständiger Blütenstand. Blüten gelbgrün, in der Mitte lila gefleckt. Bevorzugt humusreiche, saure Erde.
S. hirtum. Siehe *Jovibarba hirta*.
S. montanum Abb. S. 330.
S. soboliferum. Siehe *Jovibarba sobolifera*.
S. tectorum Abb. S. 329.

SENECIO (Compositae)
Kreuzkraut, Cinerarie
Gattung Einjähriger und sukkulenter und nichtsukkulenter, mehrjähriger Pflanzen und immergrüner Sträucher, Halbsträucher und windender Kletterpflanzen, beliebt wegen ihres Blattwerks und ihrer gewöhnlich gänseblümchenähnlichen Blütenköpfe. Einige strauchförmige Arten werden nun zur Gattung *Brachyglottis* gezählt.
Sträucher eignen sich besonders gut für Küstenregionen. Ganz winterhart bis frostempfindlich, mind. 5 °C. Die meisten bevorzugen Sonne und durchlässigen Boden (*S. articulatus* und *S. rowleyanus* tolerieren teilweise Schatten und benötigen sehr durchlässigen Boden). Sträucher und Kletterer sind vermehrbar durch halbausgereifte Stecklinge im Sommer, Einjährige durch Samen im Frühling, Stauden durch Teilung im Frühling (*S. articulatus* und S. rowleyanus durch Samen oder Stecklinge im Frühling oder Sommer).
S. articulatus, syn. *Kleinia articulata.* Sommergrüne, ausgebreitete, mehrjährige Sukkulente. H. 60 cm, Br. unbestimmt. Frostempfindlich, mind. 10 °C. Die verzweigten, graugefleckten, blauen Triebe haben schwache Knoten. Trägt runde bis ovale, 3- bis 5lappige, graue Blätter und von Frühling bis Herbst flache Köpfe kleiner, becherförmiger, gelber Blüten. Vermehrt sich leicht durch abfallende Glieder. **'Variegatus'** Abb. S. 383.
***S. clivorum* 'Desdemona'.** Siehe *Ligularia dentata* 'Desdemona'.
S. compactus. Immergrüner, buschiger, dichter Strauch. H. 1 m, Br. 2 m. Winterhart. Trägt dicht weißfilzige Triebe und kleine, ovale, weißgeränderte, dunkelgrüne Blätter mit weißen Unterseiten. Gänseblühmchenähnliche, hellgelbe Blütenköpfe von Mitte bis Ende Sommer.
S. confusus Abb. S. 175.
S. elegans. Mäßig schnell wachsende, aufrechte, einjährige Pflanze. H. 45 cm, Br. 15 cm. Bedingt winterhart. Trägt ovale, tief gelappte, intensiv grüne Blätter. Gänseblümchenähnliche, violette Blüten stehen im Sommer an verzweigten Stielen.
S. grandifolius. Immergrüner, aufrechter Strauch mit robusten Zweigen. H. 3–5 m, Br. 2–3 m. Frostempfindlich, mind. 10 °C für reichen Blütenflor. Trägt ovale, gezähnte, deutlich geäderte Blätter, die 20–45 cm lang sind. Das Laub glänzt in sattem Grün auf der Oberseite und ist unterseits rot-braun behaart. Trägt im Winter bis Frühling endständige, 30 cm breite Trauben kleiner, gänseblümchenähnlicher Blütenköpfchen.
S. × hybridus, syn. *Cineraria × hybrida* (Cineraria). Langsam wachsende, immergrüne kugel- oder kuppelförmige, mehrjährige Pflanze. Sorten werden zweijährig gezogen. Bedingt winterhart. Haben alle ovale, gezackte, mittel- bis tiefgrüne Blätter. Im Winter oder im Frühling große, gänseblümchenähnliche, einfache, halbgefüllte oder gefüllte Blütenköpfe in blauen, roten, rosa oder weißen Schattierungen. **Mini-starlet-Serie**, H. und Br. 15 cm, mit kleinen, einfachen Blütenköpfchen. **Saucer-Serie**, H. 40 cm, Br. 30 cm, trägt besonders große, einfache Blütenköpfchen. Die Blütenköpfchen der **Superb-Serie**, H. 4 cm, Br. 30 cm, sind groß und einfach.
S. laxifolius. Immergrüner, buschiger, sich ausbreitender Strauch. H. 1 m, Br. 2 m. Winterhart. Ovale, grauweiße Blätter werden mit der Zeit dunkelgrün. Im Sommer gänseblümchenähnliche, goldgelbe Blütenköpfchen in großen Trauben.
S. macroglossus (Kapefeu). Immergrüne, verholzende, windende Kletterpflanze. H. 3 m. Frostempfindlich, mind. 7 °C, am besten 10 °C. Die Blätter sind spitz, dreieckig, fleischig und glänzend. Hauptsächlich im Winter entstehen lockere Trauben gänseblümchenähnlicher Blütenköpfchen mit einigen weißen Strahlenblüten und einer gelben Mitte. **'Variegatus'** Abb. S. 177.
S. maritima. Mäßig schnell wachsender, immergrüner, buschiger Halbstrauch, oft einjährig gezogen. H. und Br. 30 cm. Bedingt winterhart. Trägt lange, ovale, sehr tief gelappte, behaarte, silbergraue Blätter. Im Sommer entstehen runde gelbe Blütenköpfchen, werden am besten entfernt. **'Silver Dust'** Abb. S. 278.
S. mikanioides. Immergrüne, halbholzige, windende Kletterpflanze. H. 2–3 m. Frostempfindlich, mind. 5 °C. Trägt fleischige Blätter mit 5 bis 7 breiten, spitzzulaufenden, strahlenförmigen Lappen. Die ausgewachsenen Pflanzen tragen im Herbst und Winter große Trauben kleiner, gelber Blütenköpfchen.
S. monroi (Greiskraut) Abb. S. 139.
S. pulcher Abb. S. 250.
S. reinoldii. Immergrüner, runder, dichter Strauch. H. und Br. 1 m. Winterhart. Die Blätter sind gerundet, ledrig, glänzend und dunkelgrün. Trägt von Frühsommer bis Mitte Sommer unauffällige, gelbe Blütenköpfchen. Verträgt salzige Winde, denen er in milden Küstengebieten direkt ausgesetzt ist.
S. rowleyanus Abb. S. 383.
S. smithii. Buschige, mehrjährige Pflanze. H. 1–1,2 m, Br. 75 cm bis 1 m. Ganz winterhart. Die wolligen Triebe sind mit langen, ovalen, gezähnten, ledrigen, dunkelgrünen Blättern bedeckt. Gänseblümchenähnliche, weiße Blütenköpfchen mit gelber Mitte entstehen in endständigen Trauben, bis zu 15 cm breit, im Frühsommer. Gedeiht auf sumpfigem Boden.
***S.* 'Spring Glory'** Abb. S. 276.
***S.* 'Sunshine'** (Greiskraut) Abb. S. 138.
S. tamoides. Immergrüne, verholzte, windende Kletterpflanze. H. 5 cm oder mehr. Frostempfindlich, mind. 5–10 °C. Trägt efeuförmige, hellgrüne Blätter. Im Herbst und Winter entstehen gelbe, gänseblümchenähnliche Blütenköpfchen mit nur wenigen Strahlenblüten.

SEQUOIA (Taxodiaceae). Siehe Koniferen.
S. sempervirens (Mammutbaum, Redwood). Sehr kräftige, säulenförmige bis konische Konifere mit waagrechten Zweigen. H. 20–30 m, Br. 5–8 m, aber ein Solitär ist mit einer Höhe von 112 m der höchste Baum der Welt. Ganz winterhart. Hat eine dicke, weiche, faserige, rotbraune Rinde und nadelähnliche, flache, blaßgrüne Blätter, die in Spiralen angeordnet sind. Runde bis zylindrische Zapfen sind grün und reif dunkelbraun. Treibt erneut aus, wenn gestutzt. In sehr kalten Wintern stirbt das Laub ab, beeinträchtigt jedoch den Baum selbst nicht.

SEQUOIADENDRON (Taxodiaceae). Siehe Koniferen.
S. giganteum (Mammutbaum) Abb. S. 74. **'Pendulum'** ist ein hängender Nadelbaum. H. 10 m, Br. 2 m oder mehr. Ganz winterhart. Dicke, weiche, rotbraune, faserige Rinde. Spiralig angeordnete, nadelähnliche, nach innen gedrehte, grau-grüne Blätter, die mit der Zeit dunkler und glänzend werden.

SERAPIAS. Siehe ORCHIDEEN.
S. cordigera. Sommergrüne Erdorchidee. H. 40 cm. Bedingt winterhart. Ähren rötlicher oder dunkelvioletter Blüten, 4 cm lang, im Frühling. Trägt lanzettliche, rot gefleckte, 15 cm lange Blätter. Im Halbschatten ziehen.

SERENOA (Palmae)
Gattung einer Art immergrüner Fächerpalmen, beliebt wegen ihres Blattwerks. Frostempfindlich, mind. 10–13 °C. Benötigt Sonne oder Halbschatten und durchlässige Erde. Topfpflanzen während der Wachstumszeit mäßig, sonst weniger gießen. Vermehrung durch Samen oder Schößlinge im Frühling. Anfällig für Rote Spinne.
S. repens. Immergrüne Fächerpalme mit Rhizom, meist ohne Stamm. H. 60 cm–1 m, Br. 2 m oder mehr. Handförmige Blätter, die 45–75 cm breit und in 6–20 riemenförmige, graue bis blaugrüne Lappen geteilt sind. Trauben winziger, duftender, cremefarbener Blüten sind im Sommer zwischen den Blättern versteckt, später eiförmige, violett-schwarze Früchte.

SERISSA (Rubiaceae)
Gattung einer Art immergrüner Sträucher, beliebt wegen ihrer allgemeinen Erscheinung. Frostempfindlich, mind. 7–10 °C. Benötigt Sonne oder Halbschatten und fruchtbaren, durchlässigen Boden. Kübelpflanzen nur mäßig gießen, außerhalb der Wachstumsperiode noch weniger. Kann nach der Blüte gestutzt werden. Vermehrung durch halbausgereifte Stecklinge im Sommer.
S. foetida, syn. *S. japonica.* Immergrüner, ausgebreiteter bis runder, stark verzweigter Strauch, H. bis zu 60 cm, Br. 60 cm–1 m. Winzige, ovale Blätter sind intensiv grün und glänzend. Von Frühling bis Herbst 4- oder 5lappige, kleine, trichterförmige, weiße Blüten.
S. japonica. Siehe *S. foetida*.

SERRATULA (Compositae)
Scharte
Gattung von Stauden, beliebt wegen ihrer distelähnlichen Blütenköpfchen. Ganz winterhart. Benötigt Sonne und durchlässigen Boden. Vermehrung im Frühling durch Samen oder Teilung.
S. seoanii, syn. *S. shawii.* Aufrechte, kompakte Staude, H. 23 cm, Br. 12–15 cm. Die Stengel tragen fiederteilige, fein eingeschnittene Blätter und im Herbst endständige Rispen kleiner, distelähnlicher, lila Blütenköpfchen. Geeignet für Steingärten.
S. shawii. Siehe *S. seoanii*.

SESLERIA (Gramineae). Siehe GRÄSER, BAMBUS, BINSEN und RIEDGRÄSER.
S. heufleriana (Blaugras). Immergrünes, büscheliges, mehrjähriges Gras. H. 50 cm, Br. 30–45 cm. Ganz winterhart. Trägt sattgrüne Blätter, unterseits blaugrün und im Frühling kompakte Rispen violetter Ährchen.

SETARIA (Gramineae). Siehe GRÄSER, BAMBUS, BINSEN und RIEDGRÄSER.
S. italica. Mäßig schnell wachsendes, einjähriges Gras mit dicken Halmen. H. 1,5 m, Br. bis zu 1 m. Bedingt winterhart. Trägt lanzettliche, mittelgrüne, bis zu 45 cm lange Blätter und im Sommer bis Herbst lockere Rispen weißer, cremefarbener, gelber, roter, brauner oder schwarzer Blüten.
Setcreasea purpurea. Siehe *Tradescantia pallida*.

SHEPHERDIA (Elaeagnaceae)
Büffelbeere
Gattung laubabwerfender oder immergrüner Sträucher, beliebt wegen ihrer Blätter und Früchte. Um Früchte zu erhalten, muß man männliche und weibliche Pflanzen anpflanzen. Ganz winterhart. Benötigt Sonne und durchlässigen Boden. Vermehrung durch krautige Stecklinge im Sommer oder durch Samen im Herbst.
S. argentea. Laubabwerfender, buschiger, oft auch baumähnlicher Strauch. H. und Br. 4 m. Bringt im Frühling winzige, unauffällige, gelbe Blüten zwischen länglichen, silbrigen Blättern, später kleine, eiförmige, dekorative, leuchtendrote Früchte hervor.

SHIBATAEA (Bambusoideae). Siehe GRÄSER, BAMBUS, BINSEN und RIEDGRÄSER.
S. kumasasa Abb. S. 182.

SHORTIA (Diapensiaceae)
Gattung immergrüner, frühlingsblühender Stauden, deren Blätter im Herbst und Winter oft rot werden. Ganz winterhart, die Knospen können aber in Gebieten

ohne Schneedecke erfrieren. Schwer zu ziehen in heißem, trockenem Klima. Braucht Schatten oder Halbschatten und durchlässigen, torfigen, sandigen, sauren Boden. Vermehrung durch Ausläufer im Sommer oder durch Samen, wenn erhältlich.
S. galacifolia Abb. S. 304.
S. soldanelloides Abb. S. 306. Var. ***ilicifolia*** ist eine immergrüne, mattenbildende Staude. H. 5–10 cm, Br. 10–15 cm. Trägt runde, gezähnte Blätter. Im späten Frühling an jedem Blütenschaft 4–6 kleine, herabhängende, glockenförmige Blüten mit gefransten Rändern und rosaroter Mitte, die weiß schattiert ist. Die Blüten der var. ***magna*** sind gänzlich rosarot.
***S. uniflora* 'Grandiflora'.** Kräftige, immergrüne, mattenbildende Staude mit wenigen bewurzelten Ausläufern. H. 8 cm, Br. 20 cm. Die Blätter sind rund, gezahnt, ledrig und glänzend. Der Blütenschaft trägt im Frühling becherförmige, 5 cm breite, rosa-weiße Blüten mit gezackten Blütenblättern.

SIBIRAEA (Rosaceae)
Blauspiere
Gattung laubabwerfender Sträucher, beliebt wegen ihrer Blätter und Blüten. Ganz winterhart. Benötigt sonnigen, durchlässigen Boden. Für ältere Pflanzen ist es von Vorteil, wenn man nach der Blütezeit alte, schwache Triebe bis zum Boden abschneidet. Vermehrung durch krautige Stecklinge im Sommer.
S. laevigata. Laubabwerfender, sich ausbreitender, offener Strauch. H. 1 m, Br. 1,5 m. Trägt schmallängliche, blaugrüne Blätter und im späten Frühling und frühen Sommer dichte, endständige Trauben winziger, sternförmiger, weißer Blüten.

SIDALCEA (Malvaceae)
Prairiemalve
Gattung sommerblühender Stauden, die wegen ihrer malvenähnlichen Blüten gezogen werden. Ganz winterhart. Benötigt Sonne und durchlässigen Boden. Vermehrbar durch Teilung im Frühling.
***S.* 'Jimmy Whitelet'.** Siehe *S.* 'Jimmy Whittet'.
***S.* 'Jimmy Whittet'** syn. *S.* 'Whitelet' Abb. S. 203.
***S.* 'Loveliness'.** Aufrechte Staude. H. 1 m, Br. 45 cm. Trägt hahnenfußähnliche, geteilte Blätter mit schmal länglichen Segmenten und im Sommer Trauben flach becherförmiger rosa Blüten.
***S.* 'Oberon'.** Aufrechte Staude. H. 1 m, Br. 45 cm. Trägt hahnenfußähnliche, geteilte Blätter mit schmal länglichen Segmenten und im Sommer Trauben flach becherförmiger hellrosa Blüten.
***S.* 'Puck'.** Aufrechte Staude. H. 60 cm, Br. 45 cm. Trägt hahnenfußähnliche, geteilte Blätter mit schmal länglichen Segmenten und im Sommer Trauben flach becherförmiger, tiefrosa Blüten.
***S.* 'Sussex Beauty'.** Aufrechte Staude. H. 1,2 m, Br. 45 cm. Trägt hahnenfußähnliche, geteilte Blätter mit schmal länglichen Segmenten und im Sommer leicht becherförmige, tiefrosa Blüten.

SIDERITIS (Labiatae)
Gliedkraut
Gattung immergrüner Stauden, Halbsträucher und Sträucher, beliebt hauptsächlich wegen ihrer Blätter. Halb winterhart bis frostempfindlich, mind. 7–10°C. Benötigt volles Licht und durchlässigen Boden. Topfpflanzen mäßig gießen, weniger bei niedrigen Temperaturen. Welke Blüten nach der Blüte entfernen. Vermehrung durch Samen im Frühling oder durch halbausgereifte Stecklinge im Sommer.
S. candicans. Immergrüner, aufrechter, gut verzweigter Strauch. H. bis zu 75 cm, Br. bis zu 60 cm. Frostempfindlich. Lanzettliche bis schmal ovale oder dreieckige Blätter, die dicht weißfilzig behaart sind. Trägt im Sommer belaubte, endständige Ähren röhrenförmiger, blaßgelber und hellbrauner oder orange-roter Blüten.

SILENE (Caryophyllaceae)
Leimkraut
Gattung von ein- und mehrjährigen Pflanzen, von denen einige immergrün sind. Beliebt vor allem wegen der unzähligen, 5blättrigen Blüten. Ganz bis halb winterhart. Benötigt Sonne und fruchtbaren, durchlässigen Boden. Die Vermehrung erfolgt durch Stecklinge im Frühling oder durch Samen Anfang Frühling oder Anfang Herbst.
S. acaulis Abb. S. 305.
S. alpestris, syn. *Heliosperma alpestris*, Abb. S. 313.
***S. armeria* 'Electra'** Abb. S. 267.
S. coeli-rosa, syn. *Agrostemma coeli-rosa, Lychnis coeli-rosa, Viscaria elegans* Abb. S. 264. **'Rose Angel'** Abb. S. 269.
S. Elisabetha. Staude mit Basisrosetten. H. 10 cm, Br. 20 cm. Völlig winterhart. Rosetten aus riemenförmigen, mittelgrünen Blättern. Die Stengel tragen im Sommer große, oft einzelne, intensiv rosarote Blüten mit grüner Mitte und langgenagelten Kronblättern. Geeignet für Steingärten.
S. hookeri. Kurzlebige, kriechende, niederliegende Staude, die im Spätsommer Laub abwirft, mit langer, schmaler Pfahlwurzel. H. 5 cm, Br. 20 cm. Ganz winterhart. Schlanke Stengel mit ovalen, grauen Blättern und im Spätsommer mit zartrosa, lachsfarbenen oder orangen, tief eingeschnittenen Blüten.
S. pendula. Mäßig schnell wachsende, buschige, einjährige Pflanze. H. und Br. 15–20 cm. Bedingt winterhart. Trägt ovale, behaarte, mittelgrüne Blätter und im Sommer und frühen Herbst Trauben hellrosaroter Blüten.
S. schafta Abb. S. 319.
S. vulgaris ssp. ***maritima* 'Flore Pleno'.** Lockerwachsende Staude mit tiefen, kriechenden Wurzeln. H. und Br. 20 cm. Ganz winterhart. Blätter lanzettlich und graugrün. Im Sommer quastenähnliche, gefüllte, weiße Blüten am verzweigten Stengel.

SILPHIUM (Compositae)
Gattung eher derber, im Sommer blühender Stauden. Ganz winterhart. Gedeiht am besten in Sonne oder Halbschatten und in feuchtem, aber durchlässigem Boden. Vermehrung durch Teilung im Frühling oder durch frischen Samen im Herbst.
S. laciniatum (Kompaßpflanze). Horstbildende Staude. H. 2 m, Br. 60 cm. Mittelgrüne Blätter aus gegenständigen, länglichen bis lanzettlichen Blattpaaren. Die Blätter zeigen nach Norden und Süden, unabhängig davon, wo die Pflanze wächst – daher der Name. Große Trauben leicht hängender, gänseblümchenartiger, gelber Blüten im Spätsommer.

SILYBUM (Compositae)
Mariendistel
Gattung distelähnlicher zweijähriger Pflanzen, beliebt wegen ihrer auffälligen Blätter. Ganz winterhart. Gedeiht in Sonne und jedem durchlässigen Boden. Vermehrung durch Samen im späten Frühling oder frühen Sommer. Ist anfällig für Schnecken- und Nacktschneckenbefall.
S. marianum Abb. S. 266.

SINARUNDINARIA (Bambusoideae). Siehe GRÄSER, BAMBUS, BINSEN und RIEDGRÄSER
S. jaunsarensis. Siehe *Arundinaria anceps*.
S. murielae. Siehe *Thamnocalamus spathaceus*.
S. nitida, syn. *Arundinaria nitida*. Immergrüner, horstbildender Bambus, H. 5 m, Br. unbestimmt. Winterhart. Trägt kleine, spitze, mittelgrüne Blätter an dunkelvioletten Trieben und mehrere Zweige an jedem Knoten. Die Triebe sind oft violett mit engen Stammscheiden. Die Blütenähren sind unwichtig.

SINNINGIA (Gesneriaceae)
Gloxinie
Gattung von meist im Sommer blühenden, knolligen, mehrjährigen Pflanzen und sommergrünen Halbsträuchern mit auffälligen Blüten. Frostempfindlich, mind. 15°C. Gedeiht in hellem Licht, aber nicht in direkter Sonne. Bevorzugt hohe Luftfeuchtigkeit und feuchtes, aber nicht staunasses Torfsubstrat. Wenn die Blätter nach der Blüte welken, läßt man die Knollen austrocknen und bewahrt sie dann in frostfreiem Raum auf. Die Vermehrung erfolgt im Frühjahr durch Samen oder im späten Frühling bzw. Sommer auch durch Stecklinge oder durch Teilen der Knollen in mit einem Auge versehene Stücke.
S. barbata. Buschige, knollige, mehrjährige Pflanze mit vierkantigen roten Trieben. H. und Br. 60 cm oder mehr. Breit lanzettliche Blätter bis zu 15 cm lang, glänzend, an der Oberseite mittelgrün, an der Unterseite rötlich-grün. Trägt im Sommer 5lappige, weiße Glockenblüten, die 4 cm lang sind.
S. concinna. Rosettenbildende, mehrjährige Pflanze mit sehr kleinen Knollen. H. und Br. bis zu 15 cm. Ovale, fast runde, muschelförmige, samtartige, rot geäderte mittelgrüne Blätter sind 2 cm lang und an der Unterseite rot. Im Sommer trompetenförmige, zweifarbige, violette und weiße oder gelblich-weiße, bis 2 cm lange Blüten.
***S.* 'Etoile du Feu'.** Rosettenbildende, knollige, mehrjährige Pflanze mit kurzem Stengel. H. 30 cm, Br. 40 cm oder mehr. Die ovalen, samtigen Blätter sind 20–24 cm lang. Im Sommer trompetenförmige, karmesinrote Blüten.
***S.* 'Mont Blanc'.** Rosettenbildende, knollige, mehrjährige Pflanze mit kurzem Stengel. H. 30 cm, Br. 40 cm oder mehr. Ovale, samtige, mittelgrüne Blätter, 20–24 cm lang. Trägt im Sommer hübsche, aufrechte, trompetenförmige, reinweiße Blüten.
***S.* 'Red Flicker'** Abb. S. 237.
S. regina. Aufrechte, knollige, mehrjährige Pflanze. H. 15 cm oder mehr, Br. 22–30 cm. Die ovalen Blätter sind samtig, an der Oberseite intensiv grün, an der Unterseite rötlich grün und bis zu 15 cm lang. Im Sommer nickende, röhrige, 5 cm lange, violette Blüten.
S. speciosa, syn. *Gloxinia speciosa* (Gloxinie). Kurzstengelige, rosettenbildende, knollige, mehrjährige Pflanze. H. und Br. 30 cm. Ovale, samtige, grüne, 20 cm lange Blätter. Im Sommer nickende, trichterförmige, fleischige, violette, rote oder weiße Blüten, die bis zu 5 cm lang werden und an der unteren Seite glockig sind. Die Art ist die Elternpflanze vieler bekannter Hybriden; einige davon sind hier beschrieben.
***S.* 'Switzerland'** Abb. S. 239.
***S.* 'Waterloo'.** Kurzstengelige, rosettenbildende, knollige, mehrjährige Pflanze. H. 30 cm, Br. 40 cm oder mehr. Ovale, samtige, grüne, 20–24 cm lange Blätter und im Sommer aufrechte, trompetenförmige, hell-scharlachrote Blüten.

SINOFRANCHETIA (Lardizabalaceae)
Monotypische Gattung sommergrüner, windender Kletterer, beliebt hauptsächlich wegen ihrer anziehenden Blätter. Geeignet für das Bedecken von Gebäuden und zum Überwachsen großer Bäume. Männliche und weibliche Blüten entstehen auf verschiedenen Pflanzen. Winterhart. Gedeiht im Halbschatten in jedem durchlässigen Boden. Vermehrung im Sommer durch halbausgereifte Stecklinge.
S. chinensis. Sommergrüne Kletterwinde. H. bis zu 15 m. Die mittel- bis dunkelgrünen Blätter haben 3 längliche bis ovale Blättchen, die je 5–15 cm lang sind. Im späten Frühling kleine, grauweiße Blüten in hängenden bis 10 cm langen Trauben. Blasse, lila Beeren mit vielen Samen folgen den Blüten im Sommer.

SINOJACKIA (Styracaceae)
Gattung laubabwerfender Sträucher und Bäume, beliebt wegen ihrer Blüten. Völlig winterhart. Benötigt einen geschützten Standort in Sonne oder Halbschatten und fruchtbare, humusreiche, feuchte, saure Erde. Vermehrung im Sommer durch krautige Stecklinge.
S. rehderiana. Laubabwerfender, buschiger Strauch oder ausgebreiteter Baum. H. und Br. 6 m. Spät im Frühling oder im Frühsommer entstehen nickende, tellerförmige, weiße Blüten mit einem Büschel gelber Staubbeutel in der Mitte. Die Blätter sind dunkelgrün und oval.

SINOWILSONIA (Hamamelidaceae)
Monotypische Gattung laubabwerfender Bäume, beliebt wegen ihrer Blätter und Kätzchen. Ganz winterhart. Benötigt Sonne oder Halbschatten und fruchtbaren, feuchten, aber durchlässigen Boden. Vermehrung im Herbst durch Samen.
S. henryi. Laubabwerfender, ausgebreiteter, manchmal strauchartiger Baum. H. und Br. 8 m. Trägt ovale, gezähnte, glänzende, hellgrüne Blätter und im späten Frühling lange, hängende, grüne Blütenkätzchen.
Siphonosmanthus delavayi. Siehe *Osmanthus delavayi*.

SISYRINCHIUM (Iridaceae)
Binsenlilie
Gattung einjähriger Pflanzen und Stauden, einige halbimmergrün. Ganz bis bedingt winterhart. Bevorzugt Sonne, toleriert aber auch Halbschatten und durchlässigen oder feuchten Boden. Vermehrung durch Teilung Anfang Frühling

oder durch Samen im Frühling oder im Herbst.
S. angustifolium. Siehe *S. graminoides*.
S. bellum Abb. S. 323.
S. bermudiana. Siehe *S. graminoides*.
S. brachypus. Siehe *S. californicum*.
S. californicum. Halbimmergrüne, aufrechte Staude. H. 30–60 cm, Br. 30 cm. Winterhart. Trägt grasähnliche Büschel grundständiger, hellgrüner Blätter. Im Frühling und Sommer tragen die flügeligen Stengel über einen langen Zeitraum hinweg eher flache, hellgelbe Blüten mit etwas dunklerer Äderung. Die äußeren Blätter können im Herbst absterben und schwarz werden. Zwergformen sind bekannt als S. *brachypus*. Bevorzugt feuchten Boden.
S. douglasii, syn. *S. grandiflorum*. Steife, aufrechte, im Sommer einziehende Staude. H. 25 cm, Br. 15 cm. Ganz winterhart. Grasähnliche Blätter umhüllen die sehr kurzen, fadenähnlichen Blütenstengel. Anfang Frühling erscheinen nacheinander hängende, glockenförmige, violette bis rotviolette, manchmal auch weiße Blüten. Geeignet für Steingärten oder das Alpinum.
S. graminoides, syn. *S. angustifolium, S. bermudiana*, Abb. S. 296.
S. grandiflorum. Siehe *S. douglasii*.
S. odoratissimum. Siehe *Phaiophleps biflora*.
S. striatum Abb. S. 245. **'Aunt Mary'** (syn. *S. s.* 'Variegatum') ist eine halbimmergrüne, aufrechte Staude. H. 45–60 cm, Br. 30 cm. Ganz winterhart. Trägt Büschel langer, schmaler, cremefarben gestreifter, grau-grüner Blätter. Im Sommer bilden sich schmale Ähren trompetenförmiger, lila-gestreifter, strohgelber Blüten.

SKIMMIA (Rutaceae)
Skimmie
Gattung immergrüner, frühlingsblühender Sträucher und Bäume, beliebt wegen ihrer Blüten, ihrer aromatischen Blätter und wegen ihrer Früchte. Außer bei *S. japonica* ssp. *reevesiana* sind männliche und weibliche Pflanzen nötig, um Früchte zu erhalten. Ganz winterhart. Benötigt Schatten oder Halbschatten und fruchtbaren, feuchten Boden. Zuviel Sonne oder magerer Boden können Chlorose verursachen. Vermehrung durch halbausgereifte Stecklinge im Spätsommer oder Aussaat im Herbst.
S. anquetilia. Immergrüner, offener, buschiger Strauch. H. 1,2 m, Br. 2 m. Völlig winterhart. Von Mitte bis Ende Frühling erscheinen kleine Trauben winziger, gelber Blüten, danach kugelförmige, scharlachrote Früchte. Blätter länglich bis oval, spitz, stark duftend und dunkelgrün.
S. foremanii hort. Siehe *S. japonica* 'Veitchii'.
S. japonica Abb. S. 143. **'Fructu-albo'** (weibl.) Abb. S. 141. Ssp. ***reevesiana*** (syn. *S. reevesiana*; zwittrig) und **'Rubella'** (männlich) Abb. S. 142. **'Veitchii'** (syn. *S. × foremanii hort.*) ist ein kräftiger, immergrüner, aufrechter, dichter, weiblicher Strauch. H. und Br. 1,5 m. Ganz winterhart. Trägt Mitte und Ende Frühling dichte Trauben kleiner, sternförmiger, weißer Blüten, später große, runde, rote Früchte. Breit ovale, sattgrüne Blätter.
S. reevesiana. Siehe *S. japonica* ssp. *reevesiana*.

SMILACINA (Liliaceae)
Gattung von Stauden, beliebt wegen ihrer anmutigen Erscheinung. Ganz winterhart. Bevorzugt Halbschatten und humusreichen, feuchten, sauren bis neutralen Boden. Vermehrung durch Teilung im Frühling oder Aussaat im Herbst.
S. racemosa Abb. S. 195.

SMILAX (Liliaceae)
Stechwinde
Gattung sommergrüner oder immergrüner, holziger oder krautiger Kletterschlingpflanzen mit Rhizomen und Knollen. Zweihäusig. Winterhart bis frostempfindlich, mind. 5 °C. Gedeiht in jedem durchlässigen Boden, in Sonne oder Halbschatten. Vermehrung durch Teilung oder Aussaat im Frühling oder durch halbausgereifte Stecklinge im Sommer.
S. china. Sommergrüne, verholzte, kletternde Schlingpflanze mit wuchernden, manchmal dornigen Trieben. H. bis 5 m. Winterhart. Breit ovale bis runde Blätter. Im Frühling Dolden gelbgrüner Blüten; winzige, rote Beeren folgen im Herbst.

SMITHIANTHA (Gesneriaceae)
Gattung buschiger, aufrechter, mehrjähriger Pflanzen mit knolligen Rhizomen, beliebt wegen ihrer Blüten. Frostempfindlich, mind. 15 °C. Gedeiht in humusreichem, durchlässigem Substrat und hellem Licht, aber nicht bei direkter Sonneneinstrahlung. Nach der Blüte weniger gießen und im Winter kaum. Vermehrung durch Rhizomteilung zu Frühlingsbeginn.
S. cinnabarina. Robuste, aufrechte, rhizombildende, mehrjährige Pflanze. H. und Br. 60 cm. Breit ovale, fast runde, gezähnte, bis 15 cm lange Blätter sind dunkelgrün und rot behaart. Im Sommer und Herbst glockenförmige, orangerote, blaßgelb gestreifte Blüten.
***S.* 'Orange King'** Abb. S. 240.
S. zebrina. Buschige, rhizombildende, mehrjährige Pflanze mit samtig behaarten Trieben. H. und Br. bis 1 m. Ovale, gezähnte, behaarte, bis zu 18 cm lange Blätter sind intensiv grün und rötlichbraun gefleckt. Trägt im Sommer röhrenförmige Blüten, deren Oberseite scharlachrot, die Unterseite gelb ist, innen rot gefleckt mit orange-gelben Kronzipfeln.

SMYRNIUM (Umbelliferae)
Gattung zweijähriger Pflanzen. Ganz winterhart. Gedeiht in Sonne und fruchtbarem, durchlässigem Boden. Vermehrung durch Freilandaussaat im Herbst oder Frühling.
S. perfoliatum Abb. S. 279.

SOLANDRA (Solanaceae)
Gattung immergrüner, verholzter, kletternder Schlingpflanzen, beliebt wegen ihrer großen trompetenförmigen Blüten. Frostempfindlich, mind. 10 °C, besser aber 13–16 °C. Benötigt volles Licht und fruchtbare, durchlässige Erde. Während der Wachstumsperiode häufig gießen, bei kaltem Wetter kaum. An Stützen befestigen. Nach der Blüte auslichten. Vermehrung durch halbausgereifte Stecklinge im Sommer.
S. maxima (Capa de oro) Abb. S. 164.

SOLANUM (Solanaceae)
(Nachtschatten)
Gattung ein- und mehrjähriger Pflanzen (einige sind immergrün) und immergrüner, halbimmergrüner oder laubabwerfender Halbsträucher, Sträucher (manchmal kletternd) und verholzter Schlingpflanzen oder Blattstielkletterpflanzen. Beliebt wegen ihrer Blüten und dekorativen Früchte. Winterhart bis frostempfindlich, mind. 7–10 °C. Benötigt volle Sonne und fruchtbaren, durchlässigen Boden. Regelmäßig, aber bei kaltem Wetter wenig gießen. Kletternde Schlingpflanzen an Stützen binden. Im Frühling bei zu dichtem Wuchs Triebe der Kletterpflanzen ausdünnen. Vermehrung durch Samen im Frühling oder durch halbausgereifte Stecklinge im Sommer. Rote Spinne, Blattläuse und Weiße Fliege können Probleme verursachen.
S. capsicastrum. Ziemlich langsamwachsender, immergrüner, buschiger Halbstrauch, wird einjährig gezogen. H. und Br. 30–45 cm. Bedingt winterhart. Trägt lanzettliche, intensiv grüne Blätter und im Sommer kleine, sternförmige, weiße Blüten, später eiförmige, spitze, orange-rote oder scharlachrote, mindestens 1 cm breite Früchte, die im Winter am schönsten sind.
***S. crispum* 'Glasnevin'** Abb. S. 172.
S. jasminoides. Halbimmergrüne, verholzte, kletternde Schlingpflanze. H. bis 6 m. Bedingt winterhart. Ovale bis lanzettliche Blätter, manchmal gelappt oder mit grundständigen Blättchen. Von Sommer bis Herbst entstehen kleine, blaß grau-blaue, 5blättrige Blüten, im Herbst folgen winzige, violette Beeren. **'Album'** Abb. S. 165.
S. pseudocapsicum. Ziemlich langsamwachsender, immergrüner, buschiger Strauch, meist als einjährige Pflanze gezogen. H. und Br. bis 1,2 m. Bedingt winterhart. Trägt ovale bis lanzettliche, hellgrüne Blätter. Im Sommer kleine, sternförmige, weiße Blüten, denen kugelförmige, scharlachrote Früchte folgen. Es gibt einige kleinere Sorten. **'Balloon'** Abb. S. 285. **'Dwarf Red'**, H. 38 cm, mit hellorangen Früchten; **'Fancy'**, H. 30 cm, mit scharlachroten Früchten; **'Red Giant'** Abb. S. 285 und **'Snowfire'**, H. 30 cm, mit weißen Früchten, die sich später rot färben.
***S. rantonnettii.* 'Royal Robe'** Abb. S. 113.
S. seaforthianum. Immergrüne, kletternde Schlingpflanze mit schmalen Trieben. H. 2–3 m. Frostempfindlich, mind. 7 °C. Die Blätter teilen sich in mehrere ovale bis lanzettliche Fiederpaare. Von Frühling bis Herbst bilden sich hängende Trauben sternförmiger, malvenvioletter Blüten mit je einem Zapfen gelber Staubgefäße. Es folgen kleine, scharlachrote Beeren.
S. wendlandii Abb. S. 172.

SOLDANELLA (Primulaceae)
Troddelblume
Gattung immergrüner Stauden, die Anfang Frühling blühen, beliebt wegen ihrer Blüten. Geeignet für Steingärten, Tröge und das Alpinum. Ganz winterhart, doch die Blütenknospen werden im Herbst angelegt und können vom Frost zerstört werden, wenn keine Schneedecke vorhanden ist. Benötigt Halbschatten und humusreiche, durchlässige, torfige Erde. Vermehrung durch Samen im Frühling oder durch Teilung im Spätsommer. Die Blütenknospen können von Nacktschnecken befallen werden.
S. alpina (Alpenglöckchen) Abb. S. 308.
S. minima. Immergrüne, niederliegende Staude. H. 2,5 cm, Br. 10 cm. Bildet eine Matte winziger, runder Blätter an der Bodenoberfläche. Trägt Anfang Frühling fast stiellose, blaß lavendelblaue oder weiße Einzelblüten mit gefranstem Saum.
S. montana. Immergrüne, hügelförmige Staude. H. 10 cm, Br. 15 cm. Trägt Anfang Frühling hohe Blütenstengel mit langen, hängenden, glockenförmigen lavendelblauen Blüten mit gefranstem Saum. Die Blätter sind rundlich und ledrig.
S. villosa Abb. S. 308.

SOLEIROLIA (Urticaceae)
Bubiköpfchen
Monotypische Gattung einer gewöhnlich immergrünen, niederliegenden, mehrjährigen Pflanze, die einen dichten Laubteppich bildet. Winterhart, doch die Blätter werden durch Frost vernichtet. Im Frühling erneut kräftiger Austrieb. Toleriert sowohl Sonne als auch Schatten. Bevorzugt feuchten Boden. Vermehrung durch Teilung von Frühling bis Mitte Sommer.
S. soleirolii, syn. *Helxine soleirolli*, Abb. S. 260.

SOLIDAGO (Compositae)
Goldrute
Gattung von Stauden, die im Sommer und Herbst blühen und von denen einige Arten kräftige, grobe Pflanzen sind, die häufig andere im Beet überwuchern. Ganz winterhart. Die meisten tolerieren Sonne oder Schatten und jeden durchlässigen Boden. Vermehrung durch Teilung im Frühling. Sät sich manchmal selbst aus.
***S.* 'Golden Wings'.** Aufrechte Staude. H. 1,5 m, Br. 1 m. Trägt im frühen Herbst große, verzweigte Rispen kleiner, hellgelber Blütenköpfchen. Hat lanzettliche, gezahnte, leicht behaarte, mittelgrüne Blätter.
***S.* 'Goldenmosa'** Abb. S. 215.
***S.* 'Laurin'** Abb. S. 215.
S. virgaurea ssp. ***minuta.*** Hügelförmige Staude. H. und Br. 10 cm. Trägt kleine, lanzettliche, grüne Blätter und im Herbst in hübschen Ähren kleine, gelbe Blütenköpfchen. Geeignet für Steingärten, Tröge oder das Alpinum. Benötigt Schatten und feuchten Boden.

× Solidaster (Compositae)
Gattungshybride *(Solidago × Aster)* im Sommer blühender Stauden. Ganz winterhart. Gedeiht in Sonne oder Schatten und in fruchtbarem Boden. Vermehrung durch Teilung im Frühling.
× *S. hybridus.* Siehe × *S. luteus*.
× *S. luteus,* syn. × *S. hybridus*, Abb. S. 246.

SOLLYA (Pittosporaceae)
Gattung immergrüner, windender Kletterpflanzen, die an der Basis holzig sind, beliebt wegen ihrer reizvollen, blauen Blüten. Bedingt winterhart. Gedeiht in Sonne und durchlässigem Boden. Die Vermehrung erfolgt durch Samen im Frühling oder durch krautige Stecklinge im Sommer.
S. heterophylla Abb. S. 164.

SONERILA (Melastomataceae)
Gattung immergrüner, buschiger, mehrjähriger Pflanzen und Sträucher, beliebt wegen ihrer Blätter und Blüten. Frostempfindlich, mind. 15 °C. Bevorzugt hohe Luftfeuchtigkeit, Halbschatten und tor-

fige Erde. Vermehrung durch halbausgereifte Stecklinge im Frühling.
S. margaritacea. Immergrüne, buschige, halbniederliegende Pflanze. H. und Br. 20–25 cm. Die roten Triebe tragen ovale, dunkelgrüne, 5–8 cm lange Blätter, unterseits rötlich und oberseits silbern gemustert. Im Sommer Trauben 3blättriger, rosaroter Blüten. **'Argentea'** hat silbrige Blätter mit grüner Äderung; **'Hendersonii'** ist kompakter mit weiß gefleckten Blättern.

SOPHORA (Leguminosae)
Schnurbaum, Sophore
Gattung sommergrüner oder halbimmergrüner Bäume und Sträucher, beliebt wegen ihres Habitus, ihrer Blätter und Blütentrauben. Ganz bis winterhart. Benötigt volle Sonne (*S. microphylla* und *S. tetraptera* sollten meist an einer süd- oder westseitigen Wand gezogen werden) und fruchtbaren, durchlässigen Boden. Vermehrung durch Samen im Herbst; halbimmergrüne Arten können auch aus Kopfstecklingen im Sommer gezogen werden.
S. davidii, syn. *S. viciifolia*, Abb. S. 113.
S. japonica. Laubabwerfender, ausladender Baum. H. und Br. 20 m. Völlig winterhart. Die dunkelgrünen Blätter bestehen aus 9–15 ovalen Fiedern. Im Spätsommer und Anfang Herbst erscheinen auf ausgewachsenen Bäumen lange Trauben cremeweißer Schmetterlingsblüten, gedeiht am besten in heißen Sommern. **'Pendula'**, H. und Br. 3 m, trägt lange, hängende Triebe, bedeckt mit dunkelgrünen Blättern. **'Violacea'** Abb. S. 45.
S. microphylla, syn. *Edwardsia microphylla*. Halbimmergrüner, ausgebreiteter Baum. H. und Br. 8 m. Winterhart. Die dunkelgrünen Blätter bestehen aus zahlreichen winzigen, länglichen Fiedern. Ende des Frühlings Trauben tiefgelber Schmetterlingsblüten.
S. tetraptera Abb. S. 62.
S. viciifolia. Siehe *S. davidii*.

× SOPHROLAELIOCATTLEYA.
Siehe ORCHIDEEN.
× *S.* Hazel Boyd 'Apricot Glow' Abb. S. 255. Immergrüne, epiphytische Orchidee für ein temperiertes Gewächshaus. H. 10 cm. Trägt im Frühling und Anfang Sommer kleine aprikosenorange Blütenköpfe, 9 cm ∅ mit rotgefleckter Lippe. Die Blätter sind oval, steif und 9 cm lang. Braucht im Sommer viel Licht.
× *S.* Trizac 'Purple Emperor' Abb. S. 253. Immergrüne, epiphytische Orchidee für ein temperiertes Gewächshaus. H. 10 cm. Im Frühling entstehen in kleinen Köpfen rosa-violette Blüten, 6 cm ∅ mit karmesinroter Lippe. Trägt ovale, steife, 10 cm lange Blätter. Im Sommer für viel Licht sorgen.

SORBARIA (Rosaceae)
Federspiere
Gattung laubabwerfender, sommerblühender Sträucher, beliebt ihres Laubes wegen und wegen ihrer großen Rispen kleiner weißer Blüten. Völlig winterhart. Bevorzugt Sonne und tiefgründigen, fruchtbaren, feuchten Boden. Im Winter an ausgewachsenen Pflanzen einige ältere Triebe entfernen, die restlichen Triebe bis zu einem Auge zurückschneiden. Ausläufer an der Basis entfernen, damit sich *Sorbaria* nicht zu weit ausbreitet. Vermehrung durch Kopfstecklinge im Sommer, durch Teilung im Herbst oder durch Wurzelschnittlinge Ende Winter.
S. aitchisonii, syn. *Spiraea aitchisonii*. Laubabwerfender, überhängender Strauch. H. und Br. 3 m. Die Triebe sind anfangs rot. Die Blätter bestehen aus 11–13 schmalen, lanzettlichen, spitz zulaufenden dunkelgrünen Fiedern. Von Mitte bis Ende Sommer entstehen aufrechte Rispen sternförmiger weißer Blüten.
S. arborea, syn. *Spiraea arborea*. Kräftiger, laubabwerfender, überhängender Strauch. H. und Br. 6 m. Die Blätter setzen sich aus 13–17 lanzettlichen, spitz zulaufenden, intensiv grünen Fiedern zusammen. Trägt Mitte und Ende Sommer hängende Rispen sternförmiger, weißer Blüten.
S. sorbifolia, syn. *Spiraea sorbifolia*, Abb. S. 105.

SORBUS (Rosaceae)
Eberesche, Vogelbeere
Gattung laubabwerfender Bäume und Sträucher, beliebt wegen ihrer Blätter, ihrer kleinen, fünfblättrigen Blüten, ihrer anziehenden Früchte und bei manchen Arten wegen ihrer Herbstfarbe. Die Blätter sind entweder ganz oder gefiedert. Völlig- bis winterhart. Benötigt Sonne oder Halbschatten und fruchtbaren, durchlässigen, aber feuchten Boden. Arten mit gefiederten Blättern gedeihen nicht gut in sehr trockenem Boden. Vermehrung durch Stecklinge oder Okulation im Sommer, durch Samen im Herbst oder durch Pfropfen im Winter. Anfällig für Feuerbrand.
S. alnifolia. Laubabwerfender, konischer, später sich ausbreitender Baum. H. 15 m, Br. 8 m. Völlig winterhart. Ovale, gezähnte, hellgrüne Blätter, färben sich im Herbst orange und rot. Den kleinen, weißen Blüten im späten Frühling folgen eiförmige, orange-rote Früchte.
S. americana. Laubabwerfender Baum mit runder Krone. H. 10 m, Br. 7 m. Völlig winterhart. Hellgrüne Blätter, die aus 11–17 schmal ovalen Fiedern zusammengesetzt sind, verfärben sich gewöhnlich im Herbst sehr schön. Anfang Sommer kleine, weiße Blüten und danach rundliche, leuchtendrote Früchte, die früh im Herbst reifen.
S. aria. Laubabwerfender, sich ausbreitender Baum. H. 15 m, Br. 10 m. Ganz winterhart. Ovale, gezähnte, anfangs silbrig grüne Blätter, färben sich oberseits, später dunkelgrün und sind weiß-filzig auf der Unterseite. Trauben kleiner, weißer Blüten entstehen Ende Frühling, später runde, braungefleckte, tiefrote Früchte. **'Chrysophylla'**, H. 10 m, Br. 7 m, trägt goldgelbe junge Blätter. **'Decaisneana'** siehe *S. a.* 'Majestica'. **'Lutescens'** Abb. S. 51. 'Majestica' (syn. *S. a.* 'Decaisneana') trägt größere Blätter, die anfangs weiß behaart sind, und größere Früchte.
S. aucuparia Abb. S. 54. **'Fructu Luteo'** ist ein laubabwerfender, ausladender Baum. H. 15 m, Br. 8 m. Ganz winterhart. Die Blätter bestehen aus 13–15 schmal ovalen, mittelgrünen Fiedern, die im Herbst gelb oder rot werden. Trägt spät im Frühling kleine, weiße Blüten, im Herbst runde, orange-gelbe Früchte. Die Früchte von **'Rossica Major'** (syn. *S. a.* 'Rossica') sind groß und tiefrot. **'Sheerwater Seedling'**, Br. 4 m, wächst schmal und aufrecht.
S. cashmiriana Abb. S. 66.
S. commixta, syn. *S. discolor* hort., Abb. S. 54. **'Embley'** ist ein kräftiger, eleganter, laubabwerfender Baum mit steil aufsteigenden Zweigen, H. 12 m, Br. 9 m. Völlig winterhart. Glänzende, tiefgrüne Blätter mit je 13–17 schmalen, lanzettlichen Fiedern, verfärben sich im Spätherbst orange und rot. Trägt spät im Frühling kleine, weiße Blüten, im Herbst runde, hellrote Früchte.
S. cuspidata Abb. S. 50.
S. decora. Laubabwerfender, ausgebreiteter, manchmal buschiger Baum. H. 10 m, Br. 8 m. Ganz winterhart. Die Blätter bestehen aus länglichen, blaßgrünen Fiedern. Den kleinen, weißen Blüten im Frühling folgen runde, orange-rote Früchte.
S. discolor hort. Siehe *S. commixta*.
S. esserteauiana. Laubabwerfender, ausgebreiteter Baum. H. und Br. 10 m. Völlig winterhart. Die dunkelgrünen Blätter mit ihren breit länglichen Fiedern werden im Herbst rot. Trägt Ende Frühling kleine, weiße Blüten, später große Trauben runder, hellroter, manchmal orangegelber Früchte.
S. hupehensis. Laubabwerfender, ausgebreiteter Baum. H. 12 m, Br. 8 m. Ganz winterhart. Die Blätter haben 9–17 längliche, blaugrüne Fiedern, die Ende Herbst orangerot werden. Den kleinen, weißen Blüten Ende Frühling folgen Trauben runder, rosa überhauchter, weißer Früchte. **'Rosea'** Abb. S. 54.
S. insignis. Laubabwerfender, ausgebreiteter Baum. H. 8 m, Br. 6 m. Winterhart. Die Blätter bestehen gewöhnlich aus 9–21 großen, länglichen, glänzend dunkelgrünen Fiedern. Große Trauben kleiner, cremeweißer Blüten Ende Frühling, später runde, rosa Früchte, die sich im Winter weiß färben.
S. intermedia. Laubabwerfender, dichter Baum mit breiter Krone. H. und Br. 12 m. Völlig winterhart. Trägt breit ovale, tiefgelappte, dunkelgrüne Blätter, und Ende Frühling Trauben kleiner, weißer Blüten, später runde, rote Früchte.
***S.* 'Joseph Rock'** Abb. S. 55.
S. latifolia. Laubabwerfender, ausgebreiteter Baum. H. 12 m, Br. 10 m. Ganz winterhart. Hat eine sich schälende Rinde und breit ovale, spitz gelappte, glänzend dunkelgrüne Blätter. Den kleinen, weißen Blüten Ende des Frühlings folgen runde, bräunlich rote Früchte.
***S.* 'Mitchellii'.** Siehe *S. thibetica* 'John Mitchell'.
S. pohuashanensis. Laubabwerfender, ausgebreiteter Baum. H. 10 m. Br. 8 m. Ganz winterhart. Die dunkelgrünen Blätter sind in 11–15 längliche Fiedern geteilt. Im späten Frühling kleine, weiße Blüten, später dichte Trauben runder, roter Früchte.
S. prattii. Laubabwerfender, ausgebreiteter Baum. H. und Br. 6 m. Völlig winterhart. Die dunkelgrünen Blätter bestehen aus 9–21 länglichen, spitz gezähnten Fiedern. Trägt kleine, weiße Blüten spät im Frühling, später runde, weiße Früchte.
S. reducta Abb. S. 300.
S. sargentiana. Laubabwerfender, ausgebreiteter, spärlich verzweigter Baum. H. und Br. 6 m. Ganz winterhart. Trägt dicke Äste und große, mittelgrüne Blätter, die aus 7–11 länglichen Fiedern bestehen und sich im Herbst leuchtendrot färben. Den kleinen, weißen Blüten, die Ende des Frühlings erscheinen, folgen runde, rote Früchte.
S. scalaris. Laubabwerfender, ausgebreiteter, reizvoller Baum. H. und Br. 10 m. Völlig winterhart. Die aus 21–33 schmal länglichen, glänzenden, tiefgrünen Fiedern bestehenden Blätter werden im Herbst tiefrot und purpur. Trägt kleine, weiße Blüten spät im Frühling, später große, dichte Trauben runder, roter Früchte.
S. scopulina. Laubabwerfender, aufrechter Strauch. H. und Br. 4 m. Völlig winterhart. Trägt dunkelgrüne Blätter, die aus 11–15 länglichen Fiedern bestehen; Trauben kleiner, weißer Blüten spät im Frühling und Frühsommer, runde, hellrote Früchte im Herbst.
S. thibetica. Laubabwerfender, kegelförmiger Baum. H. 20 m, Br. 15 m. Ganz winterhart. Große, breit ovale, dunkelgrüne Blätter, die anfangs silbrig weiß sind und an der Unterseite auch so bleiben. Den kleinen, weißen Blütenköpfen Ende Frühling folgen runde, braune Früchte. **'John Mitchell'** (syn. *S.* 'Mitchellii') Abb. S. 52.
S. × thuringiaca. Laubabwerfender, breit kegelförmiger, kompakter Baum. H. 12 m, Br. 8 m. Ganz winterhart. Die ovalen, dunkelgrünen Blätter sind tief gelappt und haben grundständige Fiedern. Spät im Frühling erscheinen kleine, weiße Blüten, später runde, hellrote Früchte. **'Fastigiata'** trägt aufrechte Zweige und eine breit ovale, dichte Krone.
S. vilmorinii Abb. S. 66.
***S.* 'Wilfred Fox'.** Laubabwerfender Baum, der anfangs aufrecht wächst und später eine dichte, ovale Krone trägt. H. 15 m, Br. 10 m. Ganz winterhart. Trägt Ende Frühling breit ovale, glänzende, dunkelgrüne Blätter und kleine, weiße Blüten, denen runde, orange-braune Früchte folgen.

SPARAXIS (Iridaceae)
Fransenschwertel
Gattung frühlings- und frühsommerblühender Knollen, beliebt wegen ihrer sehr farbenprächtigen Blüten. Bedingt winterhart. Benötigt einen sonnigen Standort in durchlässigem Boden. Im Herbst einpflanzen. Die Knollen nach der Blüte eintrocknen lassen. Vermehrung durch Brutknollen im Spätsommer oder durch Samen im Herbst.
S. elegans, syn. *Streptanthera cuprea*.
S. elegans. Frühlingsblühende Knolle. H. 10–25 cm, Br. 8–12 cm. Die lanzettlichen Blätter stehen grundständig in aufrechtem Fächer. Der Blütenschaft trägt eine lockere Ähre mit 1–5 flachen, orangen oder weißen, 3–4 cm breiten Blüten mit gelber Mitte, umgeben von einem lilaschwarzen Band.
S. grandiflora. Frühlingsblühende Knolle. H. 15–40 cm, Br. 8–12 cm. Trägt an der Basis schwertförmige Blätter in einem aufrechten Fächer. Lockere Ähre aus bis zu 5 eher flachen, tiefvioletten, 4–5 cm breiten Blüten am Blütenschaft.
S. tricolor Abb. S. 359.

SPARGANIUM (Sparganiaceae)
Igelkolben
Gattung sommergrüner oder halbimmergrüner, ausdauernder Wasserpflanzen für den Gewässerrand, wegen ihrer Blätter beliebt. Ganz winterhart. Verträgt tiefen Schatten und kaltes Wasser. Welkes Laub entfernen und Pflanzen regelmäßig stutzen, um Wachstum einzudämmen. Ver

mehrung durch Samen oder Teilung im Frühling.
S. erectum, syn. *S. ramosum* Abb. S. 375.
S. minimum. Kräftige, sommergrüne oder halbimmergrüne, mehrjährige Wasserpflanze für das Ufer. H. 30 cm–1 m, Br. 30 cm. Die mittelgrünen Blätter sind grasähnlich, manche aufrecht, manche flutend. Im Sommer entstehen unauffällige, bräunlich-grüne Blüten, die wie Kletten aussehen.
S. ramosum. Siehe *S. erectum.*

SPARMANNIA (Tiliaceae)
Gattung immergrüner Bäume und Sträucher, beliebt wegen ihrer Blüten und ihrer Blätter. Frostempfindlich, mind. 7 °C. Bevorzugt direktes Licht und fruchtbare, durchlässige Erde. In der Wachstumszeit reichlich gießen, sonst nur mäßig. Blütenzweige können nach der Blüte gestutzt werden, um gedrungenen Wuchs zu fördern. Vermehrung spät im Frühling durch Kopfstecklinge. Anfällig für Weiße Fliege.
S. africana (Zimmerlinde) Abb. S. 87.

SPARTINA (Gramineae). Siehe GRÄSER, BAMBUS, BINSEN und RIEDGRÄSER.
***S. pectinata* 'Aureo Marginata'**, syn. *S. p.* 'Aureo-variegata' (Goldbandleistengras) Abb. S. 183.

SPARTIUM (Leguminosae)
Pfriemenginster
Monotypische Gattung eines laubabwerfenden, fast blattlosen Strauches, die wegen ihrer grünen Triebe und auffälligen Blüten gezogen wird. Frostempfindlich. Benötigt Sonne und nicht zu fruchtbaren, durchlässigen Boden. Für kompakten Wuchs Anfang Frühling stutzen. Vermehrung durch Samen im Herbst.
S. junceum Abb. S. 115.

SPATHIPHYLLUM (Araceae)
Gattung immergrüner, mehrjähriger Pflanzen mit Rhizomen, beliebt als Grünpflanze und wegen ihrer Blüten. Frostempfindlich, mind. 15 °C. Bevorzugt hohe Luftfeuchte, humusreichen, feuchten Boden und Halbschatten. Vermehrung durch Teilung im Frühling oder Sommer.
***S.* 'Clevelandii'.** Immergrüne, büschelige, mehrjährige Pflanze. H. und Br. bis 60 cm. Trägt breit lanzettliche, halbaufrechte, glänzende, mittelgrüne Blätter, die 30 cm oder länger werden. Periodisch ovale, weiße, 15 cm lange Blütenscheiden mit einem grünen Streifen in der Mitte, die duftende, weiße Blütenkolben umgeben.
S. floribundum. Immergrüne, büschelige, mehrjährige Pflanze mit kurzen Stielen. H. und Br. bis 30 cm. Trägt Büschel lanzettlicher, glänzender, dunkelgrüner, bis 15 cm langer Blätter mit langen Spitzen und Stielen. Die Pflanze blüht periodisch, eine schmal ovale, weiße, bis zu 8 cm lange Blütenscheide umschließt den grünweißen Kolben.
***S.* 'Mauna Loa'** Abb. S. 255.
S. wallisii Abb. S. 256.

SPATHODEA (Bignoniaceae)
Gattung immergrüner Bäume, beliebt wegen ihres Blütenflors, meist von Frühling bis Herbst, und ihrer allgemeinen Erscheinung. Frostempfindlich, mind. 16–18 °C. Benötigt viel Licht und fruchtbaren, durchlässigen, aber wasserspeichernden Boden. Kübelpflanzen blühen selten. Vermehrung durch Samen im Frühling oder durch halbausgereifte Stecklinge im Sommer.
S. campanulata Abb. S. 45.

SPHAERALCEA (Malvaceae)
Gattung von Stauden und laubabwerfenden Halbsträuchern, die im warmen Klima immergrün sind. Bedingt winterhart. Benötigt einen warmen, sonnigen Standort und fruchtbaren, durchlässigen Boden. Vermehrung durch Samen oder Teilung im Frühling oder durch Kopfstecklinge Mitte Sommer.
S. ambigua (Kugelmalve) Abb. S. 216.
S. munroana. Verzweigte Staude, die an der Basis holzig ist. H. und Br. 45 cm. Von Sommer bis zu den ersten Frösten entstehen einzeln in den Blattachseln breit trichterförmige, leuchtend korallenrosa Blüten. Trägt ovale, rund gezähnte, behaarte, mittelgrüne Blätter.

SPHAEROPTERIS. Siehe CYATHEA.
Spiloxene capensis. Siehe *Hypoxis capensis.*

SPIRAEA (Rosaceae)
Spierstrauch
Gattung sommergrüner oder halbimmergrüner Sträucher, beliebt wegen ihrer Vielzahl kleiner Blüten und manche Arten auch wegen ihres Laubes. Ganz winterhart. Benötigt Sonne und fruchtbaren, durchlässigen, aber nicht zu trockenen Boden. Folgende Arten und Sorten blühen am einjährigen Holz – *S. × billiardii, S. douglasii* und *S. japonica* mit ihren Sorten. Bei diesen müssen die jungen Triebe gestutzt und einige sehr alte Anfang Frühling entfernt werden. Bei Arten, die am vorjährigen Holz blühen, müssen ältere Triebe Anfang Frühling entfernt werden, so daß in diesem Jahr die jüngeren Triebe blühen können. Vermehrung von *S. douglasii* durch Teilung in der Zeit zwischen Spätherbst und Anfang Frühling, andere Arten und Sorten durch Kopfstecklinge im Sommer.
S. aitchisonii. Siehe *Sorbaria aitchisonii.*
S. arborea. Siehe *Sorbaria arborea.*
***S.* 'Arguta'.** Laubabwerfender, dichter, überhängender Strauch. H. und Br. 2,5 m. Trauben fünfblättriger, weißer Blüten von Mitte bis Ende Sommer und schmal längliche, hellgrüne Blätter.
S. aruncus. Siehe *Aruncus dioicus.*
S. × billiardii. Laubabwerfender, dichter, aufrechter Strauch. H. und Br. 2,5 m. Trägt im Sommer dichte Rispen fünfblättriger, rosa Büten und ovale, fein gezähnte, dunkelgrüne Blätter. **'Triumphans'** trägt große, breit kegelförmige Rispen hell violett-rosaroter Blüten.
S. × bumalda. Siehe *S. japonica.*
S. canescens Abb. S. 104.
S. douglasii. Kräftiger, laubabwerfender, aufrechter Strauch. H. und Br. 2 m. Anfang bis Mitte September entstehen dichte, schmale Rispen fünfblättriger, violett-rosaroter Blüten zwischen länglichen mittelgrünen Blättern mit grau-weißer Unterseite. Die Blätter der Var. ***menziesii***, H. 1 m, sind auf beiden Seiten grün.
S. japonica, syn. *S. × bumalda.* **'Anthony Waterer'**, **'Goldflame'** und **'Little Princess'** (Jap. Spierstrauch) Abb. S. 131.
S. nipponica. Laubabwerfender, überhängender Strauch. H. und Br. 2,5 m. Trägt Anfang Sommer dichte Trauben fünfblättriger, weißer Blüten. Kräftige, rote Zweige tragen kleine, runde, dunkelgrüne Blätter. **'Halward's Silver'.** H. und Br. 1 m. Langsam wachsend, sehr dicht und üppig blühend. **'Snowmound'** (syn. *S. n.* var. *tosaensis* hort., Abb. S. 107.
S. prunifolia. Laubabwerfender, überhängender, reizvoller Strauch. H. und Br. 2 m. Trägt Mitte und Ende Frühling Trauben rosettenähnlicher, gefüllter, weißer Blüten zwischen länglichen bis runden, hellgrünen Blättern, die sich im Herbst bronzen verfärben.
***S.* 'Snow White'**, syn. *S. trichocarpa* 'Snow White'. Laubabwerfender, überhängender Strauch. H. und Br. 2 m. Die Blätter sind länglich und mittelgrün. Ende Frühling und Anfang Sommer entstehen dichte Trauben fünfblättriger, weißer Blüten an den Zweigen.
S. sorbifolia. Siehe *Sorbaria sorbifolia.*
S. thunbergii. Laubabwerfender oder halbimmergrüner, überhängender, dichter Strauch. H. 1,5 m, Br. 2 m. Kleine Trauben fünfblättriger, weißer Blüten bedecken die schmalen Zweige von Anfang bis Mitte Frühling. Trägt schmal längliche, blaßgrüne Blätter.
***S. trichocarpa* 'Snow White'.** Siehe *S.* 'Snow White'.
S. trilobata. Laubabwerfender, überhängender, reizvoller Strauch. H. 1 m, Br. 1,5 m. Trägt Anfang Sommer Trauben fünfblättriger, weißer Blüten an schlanken Zweigen und runde, leicht gelappte, gezähnte, blaugrüne Blätter.
S. ulmaria. Siehe *Filipendula ulmaria.*
S. × vanhouttei Abb. S. 122.
S. veitchii. Kräftiger, laubabwerfender, aufrechter Strauch. H. und Br. 3 m. Überhängende, rote Zweige und längliche, dunkelgrüne Blätter. Von Anfang bis Mitte Sommer in kugeligen Trauben fünfblättrige, weiße Blüten.

SPIRANTHES. Siehe ORCHIDEEN.
S. cernua Abb. S. 252. Sommergrüne Erdorchidee. H. 50 cm. Winterhart. Im Herbst entwickeln sich Ähren zarter, weißer, 1 cm langer Blüten mit blaßgelber Mitte. Schmal lanzettliche, 5–12 cm lange Blätter. Die Art benötigt im Sommer Halbschatten.

SPREKELIA (Amaryllidaceae)
Monotypische Gattung einer Zwiebelpflanze, beliebt wegen ihrer auffälligen, roten Blumen im Frühling. Bedingt winterhart. Benötigt einen offenen, sonnigen Standort und durchlässige Erde. Muß im Winter trocken stehen und treibt im Frühling nach dem Gießen aus. Vermehrung durch Brutzwiebeln Anfang Herbst.
S. formosissima (Jakobslilie) Abb. S. 343.

STACHYS (Labiatae)
Ziest
Gattung frühlings- oder sommerblühender Stauden, Sträucher und Halbsträucher, von denen einige immergrün sind. Ganz winterhart bis frostempfindlich, mind. 5 °C. Gedeiht in jedem durchlässigen Boden und ist unfruchtbaren Böden gegenüber besonders unempfindlich. Die unten aufgeführten Arten bevorzugen offene, sonnige Standorte, andere sind Waldpflanzen und gedeihen im Halbschatten besser. Vermehrung durch Teilung im Frühling.
S. byzantina, syn. *S. lanata, S. olympica* (Wolliger Ziest, Eselsohr) Abb. S. 260. **'Silver Carpet'** ist eine immergrüne, mattenbildende Staude. H. 15 cm, Br. 60 cm. Völlig winterhart. Trägt ovale, wollige, graue Blätter und blüht selten. Eine gute Beetpflanze für den Vordergrund oder guter Bodendecker.
S. coccinea. Horstbildende Staude. H. 60 cm, Br. 45 cm. Frostempfindlich. Trägt ovale, mittelgrüne Blätter mit netzartig hervorstehenden Adern. Von Anfang bis Ende Sommer entstehen in den Blattachseln Ähren kleiner, hellscharlachroter, helmförmiger Blüten, die aus violetten Kelchen hervorragen.
S. lanata. Siehe *S. byzantina.*
S. macrantha. Horstbildende Staude. H. und Br. 30 cm. Ganz winterhart. Bringt herzförmige, runzlige, rundgezähnte, weiche, grüne Blätter hervor. Im Sommer erscheinen in Quirlen große, helmförmige, rosa-violette Blüten. **'Superba'** Abb. S. 241.
S. officinalis, syn. *Betonica officinalis.* Mattenbildende Staude. H. 45–60 cm, Br. 30–45 cm. Völlig winterhart. Im Sommer bilden sich Quirle helmförmiger, röhrenförmiger, violetter, weißer oder rosaroter Blüten an kräftigen Stengeln, die sich über einem Teppich ovaler bis länglicher, rund-gezähnter, mittelgrüner Blätter erheben. **'Rosea'** blüht hellrosa.
S. olympica. Siehe *S. byzantina.*

STACHYURUS (Stachyuraceae)
Gattung laubabwerfender Sträucher, beliebt wegen ihrer Blüten, die vor den Blättern entstehen. Völlig bis bedingt winterhart. Die Blütenähren bilden sich im Herbst und werden gewöhnlich auch bei strengem Frost nicht geschädigt. Benötigt Sonne oder Halbschatten und fruchtbare, nicht zu schwere Erde, am besten torfigen oder sauren Boden. Gedeiht gut, wenn an Süd- oder Westwänden gezogen. Vermehrung durch Kopfstecklinge im Sommer.
S. chinensis. Laubabwerfender, sich ausbreitender, offener Strauch. H. 2 m, Br. 4 m. Ganz winterhart. Ende Winter und Anfang Frühling öffnen sich hängende Ähren kleiner, glockenförmiger, blaßgelber Blüten. Die Blätter sind oval und intensiv grün. **'Magpie'** trägt graugrüne Blätter mit breiten, cremeweißen Rändern.
S. praecox Abb. S. 118.

STANHOPEA. Siehe ORCHIDEEN.
S. tigrina. Immergrüne, epiphytische Orchidee für ein kühles Glashaus. H. 23 cm. Im Sommer hängende Ähren duftender, wächserner, satt-gelber oder rotbrauner Blüten, 15 cm ∅, mit rot gefleckter, weißer Lippe. Trägt breit ovale, gerippte Blätter, die 30 cm lang sind. Wird am besten in hängenden Holzkörbchen gezogen. Im Sommer für Halbschatten sorgen.

STAPELIA (Asclepiadaceae)
Ordensstern, Aasblume
Gattung gruppenbildender, mehrjähriger Sukkulenten mit aufrechten, vierkantigen Trieben, deren Ränder oft eingekerbt sind und die kleine Blätter tragen können, welche schon nach wenigen Wochen abfallen. Die Blüten riechen oft faulig. Frostempfindlich, mind. 11 °C. Benötigt Sonne oder teilweise Schatten und durchlässige Erde. Vermehrung durch Samen oder Stecklinge im Frühling oder Sommer.

S. flavirostris Abb. S. 396.
S. gigantea Abb. S. 396.
S. variegata Abb. S. 396.

STAPHYLEA (Staphyleaceae)
Pimpernuß
Gattung laubabwerfender, frühlingsblühender Sträucher und Bäume, die wegen ihrer Blüten und blasigen Früchte gezogen werden. Ganz winterhart. Benötigt Sonne oder Halbschatten und fruchtbaren, feuchten Boden. Vermehrung durch krautige Stecklinge oder im Sommer oder durch Samen im Herbst, Gartenformen durch Kopfstecklinge im Sommer.
S. colchica. Laubabwerfender, aufrechter Strauch. H. und Br. 3,5 m. Aufrechten Rispen glockenförmiger, weißer Blüten Ende Frühling folgen blasig aufgetriebene, grünlich-weiße Früchte. Hellgrüne Blätter mit 3–5 ovalen Blättchen.
***S. holocarpa* 'Rosea'** Abb. S. 85.
S. pinnata Abb. S. 84.
Statice suworowii. Siehe *Psylliostachys suworowii.*

STAUNTONIA (Lardizabalaceae)
Gattung immergrüner, verholzter Kletterwinden. Männliche und weibliche Blüten entstehen auf verschiedenen Pflanzen. Winterhart. Gedeiht in jedem durchlässigen Boden, in Sonne oder Halbschatten. Muß Anfang Frühling gestutzt werden, damit sie nicht zu stark wuchert. Vermehrung durch Samen im Frühling oder durch Stecklinge im Sommer oder Herbst.
S. hexaphylla. Immergrüne Kletterwinde mit holzigen Trieben. H. bis 10 m oder mehr. Die Blätter bestehen aus 3–7 ovalen, je 5–13 cm langen Blättchen. Im Frühling Trauben kleiner, duftender, becherförmiger, blaßvioletter Blüten, später eiförmige, eßbare, fleischige, 2,5–5 cm lange Früchte, die nur entstehen, wenn Pflanzen beider Geschlechter zusammen gezogen werden.

STENANTHIUM (Liliaceae)
Gattung sommerblühender Knollen, die reizvoll sind, aber selten gezogen werden. Winterhart. Benötigt einen offenen, sonnigen Standort und durchlässigen Boden. In kühlen Gebieten muß die Pflanze an einen warmen, geschützten Ort in lockerer Erde, die nicht stark austrocknet, gesetzt werden. Vermehrung durch Samen im Herbst oder durch Teilung im Frühling.
S. gramineum. Sommerblühende Knolle. H. bis 1,5 m, Br. 45–60 cm. Trägt lange, schmal riemenförmige, halbaufrechte, grundständige Blätter. Der Blütenschaft trägt dichte, verzweigte, oft überhängende Ähren duftender, sternförmiger, weißer oder grüner Blüten von je 1–1,5 cm ∅.

STENOCARPUS (Proteaceae)
Gattung immergrüner, sommer- und herbstblühender Bäume, beliebt wegen ihrer Blüten und Blätter. Frostempfindlich, mind. 5–7°C. Benötigt volles Licht und fruchtbaren, durchlässigen Boden. Kübelpflanzen mäßig gießen, im Winter noch weniger. Stutzen ist selten notwendig. Vermehrung durch Samen im Frühling oder durch halbausgereifte Stecklinge im Sommer.
S. sinuatus. Langsam wachsender, immergrüner, aufrechter Baum. H. 12 m oder mehr, Br. 5 m. Glänzende, tiefgrüne, 12–25 cm lange, lanzettliche Blätter sind entweder ganz oder bestehen aus länglichen Lappenpaaren. Trägt vom Spätsommer bis Herbst flaschenförmige, hellscharlachrote Blüten, die wie die Speichen eines Rades angeordnet sind.
Stenolobium stans. Siehe *Tecoma stans.*

STENOMESSON (Amaryllidaceae)
Gattung von Knollen, beliebt wegen ihrer langen, oft hängenden, röhrenförmigen Blüten. Frostempfindlich, mind. 10°C. Benötigt einen offenen, sonnigen Standort und durchlässige Erde. Vermehrung durch Brutknöllchen im Herbst.
S. coccineum. Siehe *S. variegatum.*
S. incarnatum. Siehe *S. variegatum.*
S. variegatum, syn. *S. coccineum, S. incarnatum, S. viridiflorum,* Abb. S. 350.
S. viridiflorum. Siehe *S. variegatum.*

STENOTAPHRIUM (Gramineae). Siehe GRÄSER, BAMBUS, BINSEN und RIEDGRÄSER.
S. secundatum (St. Augustine-Gras). **'Variegatum'** ist ein immergrünes, sich ausbreitendes, rhizombildendes, mehrjähriges Gras. H. 15 cm, Br. unbestimmt. Frostempfindlich, mind. 5°C. Die Blätter sind mittelgrün mit cremefarbenen Streifen und halten sich bis tief in den Winter. Aufrechte Trauben bräunlich-grüner Ährchen im Sommer. In warmen Klimazonen als Rasen verwendet.

STEPHANANDRA (Rosaceae)
Kranzspiere
Gattung sommergrüner, sommerblühender Sträucher, beliebt wegen ihres Habitus, ihres Laubes, ihrer Herbstfarbe und der Winterzweige. Ganz winterhart. Benötigt Sonne oder Halbschatten und fruchtbaren, nicht zu trockenen Boden. Ältere Triebe bei ausgewachsenen Pflanzen nach der Blüte entfernen. Vermehrung durch krautige Stecklinge im Sommer oder durch Teilung im Herbst.
S. incisa. Laubabwerfender, überhängender Strauch. H. 1,5 m, Br. 3 m. Ovale, tief gelappte und gezähnte, hellgrüne Blätter färben sich im Herbst hell-orange. Die Zweige verfärben sich im Winter tiefbraun. Trägt Anfang Sommer dichte Rispen winziger, sternförmiger, grünlich-weißer Blüten. **'Crispa'**, H. 60 cm, hat tiefer gelappte Blätter mit gewellten Rändern.
S. tanakae Abb. S. 108.

STEPHANOTIS (Asclepiadaceae)
Gattung immergrüner, verholzender, kletternder Schlingpflanzen, beliebt wegen ihrer wachsartigen, duftenden Blüten. Frostempfindlich, mind. 13–16°C. Benötigt humusreichen, durchlässigen Boden und im Sommer Halbschatten. Mäßig gießen, bei kaltem Wetter noch weniger. Triebe an Stützen aufbinden. Überlange oder zu dichte Triebe im Frühling kürzen. Vermehrung durch halbausgereifte Stecklinge im Sommer.
S. floribunda Abb. S. 163.
Sterculia acerifolia. Siehe *Brachychiton acerifolius.*
Sterculia diversifolia. Siehe *Brachychiton populneus.*
Sterculia platanifolia. Siehe *Firmiana simplex.*

STERNBERGIA (Amaryllidaceae)
Gattung frühlings- oder herbstblühender Knollen, beliebt wegen ihrer großen, krokusähnlichen Blüten. Winterhart, aber in kühlen Gegenden an eine sonnige Wand pflanzen. Benötigt einen heißen, sonnigen Standort und durchlässigen, schweren oder leichten Boden, der im Sommer austrocknet, wenn die Knollen nach dem Einziehen Wärme und Trockenheit brauchen. Damit sich Horste bilden, ungestört lassen. Vermehrung durch Teilung im Frühling oder Herbst.
S. candida (Goldkrokus, Gewitterblume) Abb. S. 357.
S. clusiana. Herbstblühende Knolle. H. bis 2 cm. Br. 8–10 cm. Nach der Blüte entstehen riemenförmige, halbaufrechte, grundständige, gräulich grüne Blätter, oft der Länge nach gewunden. Die Stengel tragen aufrechte, kelchförmige, gelbe oder grünlich-gelbe Blüten, die 4–8 cm lang sind.
S. lutea (Gelber Goldstern) Abb. S. 369.
S. sicula. Herbstblühende Knolle. H. 2,5–7 cm, Br. 5–8 cm. Zugleich mit den Blüten bilden sich schmal riemenförmige, halbaufrechte, grundständige, tiefgrüne Blätter mit einem blasseren grünen Mittelstreifen. Die Stengel tragen trichterförmige, hellgelbe, 2–4 cm lange Blüten.

STETSONIA (Cactaceae)
Monotypische Gattung eines baumartigen, mehrjährigen Kaktus mit kräftigem Stamm. Nächtliche, trichterförmige, 15 cm lange Blüten. Frostempfindlich, mind. 10°C. Benötigt sonnigen, durchlässigen Standort. Vermehrung durch Samen im Frühling oder Sommer.
S. coryne Abb. S. 379.

STEWARTIA. Siehe STUARTIA.

STIGMAPHYLLON (Malpighiaceae)
Gattung immergrüner, verholzter, kletternder Schlingpflanzen, die wegen ihrer Blüten gezogen werden. Frostempfindlich, mind. 15–18°C. Benötigt fruchtbaren, durchlässigen Boden und im Sommer teilweise Schatten. In der Wachstumszeit reichlich gießen, weniger bei kühleren Temperaturen. Triebe an Stützen ziehen. Zu dichtstehende Triebe im Frühling ausdünnen. Die Vermehrung erfolgt durch halbausgereifte Stecklinge im Sommer.
S. ciliatum Abb. S. 174.

STIPA (Gramineae). Siehe GRÄSER, BAMBUS, BINSEN und RIEDGRÄSER.
S. arundinacea. Immergrünes, büschelbildendes, mehrjähriges Gras. H. 1,5 m, Br. 1,2 m. Winterhart. Bräunlich grüne, 30 cm lange Blätter verfärben sich im Spätsommer sanft orange. Trägt im Herbst dekorative, hängende, offene Rispen violett-grüner Blütenähren.
S. calamagrostis. Siehe *Achnatherum calamagrostis.*
S. gigantea (Federgras) Abb. S. 181.

STOKESIA (Compositae)
Monotypische Gattung einer immergrünen, sommerblühenden Staude. Ganz winterhart. Benötigt Sonne oder Halbschatten und fruchtbaren, durchlässigen Boden. Vermehrung durch Teilung im Frühling oder durch Samen im Herbst.
S. laevis (Kornblumenaster) Abb. S. 242. **'Blue Star'** ist eine immergrüne Staude mit Basisrosetten. H. und Br. 30–45 cm. Trägt im Sommer kornblumenähnliche, tiefblaue einzelne Blütenköpfchen an den Stengelspitzen und Rosetten schmaler, lanzettlicher, dunkelgrüner Blätter.

STOMATIUM (Aizoaceae)
Gattung mattenformender, mehrjähriger Sukkulenten mit kurzen Trieben, die je 4–6 Paare fester, dreieckiger oder halbzylindrischer Blätter, häufig mit gezähnten Rändern und nach innen gebogenen Spitzen, tragen. Frostempfindlich, mind. 5°C. Benötigt Sonne und durchlässigen Boden. Vermehrung durch Samen oder Stecklinge im Frühling oder im Sommer.
S. agninum. Mattenformende, mehrjährige Sukkulente. H. 5 cm, Br. 1 m oder mehr. Trägt stabile, dreieckige oder halbzylindrische, weiche, grau-grüne, 4–5 cm lange Blätter, die häufig nicht gezähnt sind, und im Sommer duftende, gänseblümchenähnliche, 2–5 cm breite gelbe Blüten, die sich am Abend öffnen.
S. patulum. Mattenbildende, mehrjährige Sukkulente. H. 3 cm, Br. 1 m. Trägt halbzylindrische, graugrüne, 2 cm lange Blätter mit rauhen Punkten und 2–9 zahnähnlicher Warzen an der Oberseite. An Sommerabenden duftende, gänseblümchenähnliche, blaßgelbe, 2 cm breite Blüten.
Strangweia spicata. Siehe *Bellevalia hyacinthoides.*

STRANVAESIA (Rosaceae)
Stranvaesie
Gattung immergrüner, sommerblühender Bäume und Sträucher, beliebt wegen ihrer Blätter und Früchte. Wird manchmal zu *Photinia* gezählt. Ganz bis bedingt winterhart. Gedeiht in Sonne oder im Halbschatten und benötigt fruchtbaren, durchlässigen Boden. Vermehrbar durch halbausgereifte Stecklinge im Sommer oder durch Samen im Herbst. Anfällig für Feuerbrand.
S. davidiana Abb. S. 67.
S. nussia. Immergrüner, sich ausbreitender Baum. H. und Br. 6 m. Bedingt winterhart. Trägt längliche, ledrige, glänzende, dunkelgrüne Blätter und im Hochsommer tellerförmige, fünfblättrige, weiße Blüten, denen runde, orange-rote Früchte folgen.

STRATIOTES (Hydrocharitaceae)
Gattung halbimmergrüner, mehrjähriger, untergetauchter, frei schwimmender Wasserpflanzen, die wegen ihres Laubwerkes gezogen werden. Ganz winterhart. Benötigt Sonne. Wächst in jeder Tiefe in kühlem Wasser. Pflanzen auslichten, um zu starkes Wuchern einzudämmen. Vermehrung durch Abtrennen junger Pflanzen von den Ausläufern im Sommer.
S. aloides (Krebsschere, Wasseraloe) Abb. S. 373.

STRELITZIA (Strelitziaceae)
Paradiesvogelblume
Gattung großer, immergrüner, büscheliger, horstbildender, palmähnlicher, mehrjähriger Pflanzen, beliebt wegen ihrer auffälligen Blüten. Frostempfindlich, mind. 5–10°C. In fruchtbarem, durchlässigem Boden und hellem Licht ziehen, im Sommer vor direktem Sonnenlicht schützen. Bei niedrigen Temperaturen weniger gießen. Vermehrung durch Samen oder durch Teilung der Ableger im Frühling.
S. nicolai Abb. S. 194.
S. reginae (Strelitzie) Abb. S. 224.

Streptanthera cuprea. Siehe *Sparaxis elegans*.
Streptanthera elegans. Siehe *Sparaxis elegans*.

STREPTOCARPUS (Gesneriaceae)
Drehfrucht
Gattung mehrjähriger Pflanzen, von denen einige immergrün sind, mit auffälligen Blüten. Frostempfindlich, mind. 10–15°C. In feuchter Luft und humusreichem, feuchtem Boden in hellem Licht, aber vor direkter Sonneneinstrahlung geschützt ziehen. Beim Gießen das Benetzen der Blätter vermeiden, in kalten Perioden weniger wässern. Vermehrung im Frühling durch Samen, wenn erhältlich, durch Teilung nach der Blütezeit oder durch Kopfstecklinge von buschigen Arten oder Blattstecklingen bei stammlosen Arten im Frühling oder im Sommer.
S. caulescens Abb. S. 233.
***S.* 'Constant Nymph'** Abb. S. 259.
***S.* 'Nicola'** Abb. S. 257.
S. rexii. Stammlose mehrjährige Pflanze. H. bis 25 cm, Br. bis 50 cm. Trägt eine Rosette riemenförmiger, faltiger, grüner Blätter. Die Stiele, 15 cm oder länger, tragen zu jeder Jahreszeit lockere Trauben trichterförmiger, blaßblauer oder malvenfarbener Blüten, die 5 cm lang sind und dunkelblaue Streifen haben.
S. saxorum Abb. S. 241.

STREPTOSOLEN (Solanaceae)
Monotypische Gattung eines immergrünen oder halbimmergrünen, locker kletternden Strauches, beliebt wegen ihrer Blüten. Frostempfindlich, mind. 7–10°C. Benötigt direktes Sonnenlicht und humusreiche, durchlässige Erde. In der Wachstumszeit reichlich gießen, sonst weniger. Nach der Blüte im Frühling verblühte Triebe entfernen und neue Triebe anbinden. Die Vermehrung erfolgt durch krautige oder halbausgereifte Stecklinge im Sommer.
S. jamesonii Abb. S. 178.

STROBILANTHES (Acanthaceae)
Gattung mehrjähriger Pflanzen und immergrüner Halbsträucher, die wegen ihrer Blüten gezogen werden. Winterhart bis frostempfindlich, mind. 15°C. Bevorzugt Halbschatten. In fruchtbarem, durchlässigem Boden ziehen. Vermehrung durch Samen, basale Stammstecklinge oder Teilung im Frühling.
S. atropurpureus Abb. S. 220.

STROMANTHE (Marantaceae)
Gattung immergrüner, kriechender, mehrjähriger Pflanzen, hauptsächlich wegen ihrer Blätter beliebt. Frostempfindlich, mind. 15°C. Bevorzugt hohe Luftfeuchte und Halbschatten. In lockerer Erde oder Kompost ziehen, wenn möglich mit weichem Wasser gießen. Nicht völlig austrocknen lassen. Vermehrung durch Teilung im Frühling.
S. sanguinea. Kräftig wachsende, immergrüne, kriechende, mehrjährige Pflanze. H. und Br. bis 1,5 m. Lanzettliche, bis 45 cm lange Blätter, an der Oberfläche glänzendgrün, mit blasserer Mittelrippe und an der Unterseite rötlich. Trägt Rispen kleiner, dreiblättriger, weißer Blüten in den Achseln auffälliger, hellroter Deckblätter. Blüht gewöhnlich im Frühling, aber gelegentlich auch im Sommer und Herbst.

STROMBOCACTUS (Cactaceae)
Gattung extrem langsam wachsender, halbkugelförmiger bis zylindrischer, mehrjähriger Kakteen. 5 Jahre nach der Aussat erreicht er eine Höhe von 1 cm. Trichterförmige, 4 cm breite Blüten. Frostempfindlich, mind. 5°C. Benötigt Sonne und sehr durchlässige Erde. Schwer zu ziehen und sehr empfindlich bei zu vielem Gießen. Vermehrung durch Samen oder Pfropfen im Frühling oder Sommer.
S. disciformis Abb. S. 390.

STRONGYLODON (Leguminosae)
Gattung immergrüner, verholzter Kletterwinden, die ihrer großen Blüten wegen gezogen werden. Frostempfindlich, mind. 18°C. Benötigt humusreichen, feuchten, aber durchlässigen Boden und im Sommer Halbschatten. In der Wachstumsphase reichlich gießen, sonst weniger. Für Stützen sorgen. Wenn nötig, im Frühling auslichten. Vermehrung durch Samen oder Stecklinge im Sommer oder durch Ableger im Frühling.
S. macrobotrys Abb. S. 164.

STUARTIA, syn. STEWARTIA (Theaceae)
Stewartie, Scheinkamelie
Gattung laubabwerfender Bäume und Sträucher, beliebt wegen ihrer Blüten, ihrer Herbstfarbe und ihrer gewöhnlich sich schälenden Rinde. Ganz bis winterhart. Benötigt einen sonnigen Standort, jedoch am besten mit den Wurzeln im Schatten und gegen starken Wind geschützt. Braucht fruchtbaren, feuchten, aber durchlässigen, sauren bis neutralen Boden. Gedeiht nicht gut, wenn verpflanzt. Vermehrung durch krautige Stecklinge im Sommer oder durch Samen im Herbst.
S. malacodendron. Laubabwerfender, sich ausbreitender Baum oder Strauch. H. 4 m, Br. 3 m. Winterhart. Mitte Sommer entstehen rosenähnliche, weiße Blüten, manchmal violett gestreift, mit lila Staubgefäßen inmitten ovaler, dunkelgrüner Blätter.
S. monadelpha Abb. S. 55.
S. pseudocamellia Abb. S. 51.
S. sinensis. Laubabwerfender, sich ausbreitender Baum. H. 12 m, Br. 7 m. Ganz winterhart. Besitzt eine sich schälende Rinde und ovale, hellgrüne Blätter, die im Herbst leuchtendrot werden. Mitte Sommer duftende, rosenähnliche, weiße Blüten.

STYLIDIUM (Stylidiaceae)
Gattung mehrjähriger Pflanzen mit grasähnlichen Blättern, beliebt wegen ihrer ungewöhnlichen Blüten. Deren Staubblätter sind verwachsen und schnellen bei Berührung hoch, so daß eine Befruchtung durch Insekten möglich ist. Frostempfindlich, mind. 10°C. In fruchtbarem Boden und hellem Licht ziehen. Vermehrung durch Teilung oder Samen im Frühling.
S. graminifolium. Mehrjährige Rosettenpflanze. H. und Br. bis 15 cm oder mehr. In Bodennähe wachsen grasähnliche, steife, dunkelgrüne Blätter mit gezähnten Rändern. Im Sommer winzige, blaß rosamalvenfarbene Blüten in schmalen, bis über 30 cm langen Ähren.

STYLOPHORUM (Papaveraceae)
Gattung im Frühling blühender Stauden mit großen, tief gelappten Blättern, die fast alle in grundständiger Rosette wachsen. Ganz winterhart. Benötigt Halbschatten und humusreichen, feuchten, torfigen Boden. Vermehrung durch Teilung im Frühling oder Samen im Herbst.
S. diphyllum Abb. S. 290.

STYRAX (Styracaceae)
Storaxbaum
Gattung laubabwerfender, im Sommer blühender Bäume und Sträucher, beliebt wegen ihres Laubs und ihrer Blüten. Ganz winterhart bis frostempfindlich, mind 7–10°C. Bevorzugt einen geschützten Standort in Sonne oder Halbschatten und feuchten, neutralen bis sauren Boden. Vermehrung durch Stecklinge im Sommer oder durch Samen im Herbst.
S. japonica Abb. S. 50.
S. obassia. Laubabwerfender, sich ausbreitender Baum. H. 12 m, Br. 7 m. Ganz winterhart. Trägt Anfang Sommer lange, verzweigte Trauben duftender, glocken- bis trichterförmiger, weißer Blüten. Die Blätter sind breit, rund und tiefgrün.
S. officinalis Abb. S. 86.
S. wilsonii Abb. S. 106.
Submatucana aurantiaca. Siehe *Borzicactus aurantiacus*.

SULCOREBUTIA (Cactaceae)
Gattung flacher, kugel- bis säulenförmiger, mehrjähriger Kakteen, die sich meist polsterartig vermehren. Blüten nahe am Körper. Längliche Areolen, und viele Arten haben knollige Wurzeln. Manche Arten wachsen besser, wenn sie gepfropft werden. Frostempfindlich, mind. 10°C. Benötigt Sonne oder Halbschatten und durchlässigen Boden. Alle unten angeführten Arten bevorzugen einen sonnigen Standort. Vermehrung durch Samen oder Stecklinge im Frühling oder Sommer.
S. arenacea Abb. S. 400.
S. rauschii. Abgeflachter, kugelförmiger, mehrjähriger Kaktus. H. 5 cm, Br. 10 cm. Der graugrüne Körper mit sehr kurzen, kammähnlichen, goldenen oder schwarzen Dornen. Im Frühling 3 cm breite, flache, tiefviolette Blüten. Gedeiht besser durch Pfropfen.
S. tiraquensis Abb. S. 394.

SUTERA (Scrophulariaceae)
Gattung von ein- und mehrjährigen Pflanzen, immergrünen Sträuchern, die sich für Sommerbeete eignen. Frostempfindlich, mind. 5°C. Benötigt einen warmen, sonnigen Standort und durchlässigen Boden. Vermehrung durch Samen oder Teilung im Frühling oder durch krautige Stecklinge im Sommer.
S. grandiflora. Stark verzweigter, mehrjähriger Halbstrauch. H. 1 m, Br. 30–45 cm. Trägt von Mitte Sommer bis Herbst endständige Trauben röhrenförmiger, fünflappiger, gekräuselter, tiefvioletter Blüten und ovale bis längliche, rund gezähnte Blätter.

SUTHERLANDIA (Leguminosae)
Gattung immergrüner Sträucher, beliebt ihrer Blüten und Früchte wegen. Frostempfindlich, mind. 7–10°C. Benötigt viel Licht und fruchtbaren, durchlässigen Boden. Kübelpflanzen während der Wachstumszeit reichlich gießen, sonst weniger. Alte, sparrige Zweige Ende Winter bis zum Boden abschneiden. Vermehrung durch Samen im Frühling. Rote Spinne kann zum Problem werden.
S. frutescens Abb. S. 133.

SWAINSONIA (Leguminosae)
Gattung Einjähriger oder immergrüner Stauden, Halbsträucher und Sträucher, die wegen ihrer Blüten gezogen werden. Frostempfindlich, mind. 5–7°C. Benötigt volles Licht oder Halbschatten und humusreichen, durchlässigen Boden. In der Wachstumszeit reichlich gießen, sonst nur mäßig. Vermehrung durch Samen im Frühling oder durch halbreife Stecklinge im Sommer.
S. galegifolia. Immergrüner, wuchernder, lockerer Halbstrauch. H. 60 cm, Br. 30–60 cm. Die Blätter bestehen aus 11–25 schmal ovalen, mittel- bis tiefgrünen Fiedern. Trägt Ende Frühling und im Sommer rote, rosa, violette, blaue oder gelbe Schmetterlingsblüten. Alte, verblühte Triebe spät im Winter entfernen.

SYCOPSIS (Hamamelidaceae)
Gattung immergrüner Bäume und Sträucher, die wegen ihres Laubes und ihrer Blüten gezogen werden. Winterhart. Benötigt einen geschützten Standort in Sonne oder Halbschatten und fruchtbaren, nicht zu trockenen, torfigen Boden. Vermehrung durch halbreife Stecklinge im Sommer.
S. sinensis. Immergrüner, aufrechter Strauch. H. 5 m, Br. 4 m. Ovale, dunkelgrüne, glänzende Blätter. Die Blüten besitzen keine Kronblätter, haben aber Ende Winter und Anfang Frühling auffällige, dichte Büschel rot überhauchter, gelber Staubgefäße.

SYMPHORICARPOS (Caprifoliaceae)
Gattung laubabwerfender Sträucher mit unauffälligen, kleinen, glockenförmigen Blüten. Wird hauptsächlich wegen ihrer Trauben schöner, langlebiger Früchte gezogen. Ganz winterhart. Benötigt Sonne oder Halbschatten und fruchtbaren Boden. Vermehrung durch Stecklinge im Sommer oder durch Teilung im Herbst.
S. albus (Schneebeere) var. ***laevigatus*** ist ein kräftiger, laubabwerfender, dichter, teils aufrechter, teils überhängender Strauch. H. und Br. 2 m. Den rosaroten Blüten im Sommer folgen große, murmelähnliche, weiße Früchte. Runde, dunkelgrüne Blätter.
***S. × chenaultii* 'Hancock'.** Laubabwerfender, niederliegender, dichter Strauch. H. 1 m, Br. 3 m. Trägt ovale, bronzefarbene Blätter, die später hellgrün werden. Von Anfang bis Mitte Sommer weiße Blüten. Eine geringe Anzahl von kleinen, kugelförmigen, tief fliederfarbenen Früchten. Guter Bodendecker.
S. orbiculatus. Laubabwerfender, buschiger, dichter Strauch. H. und Br. 2 m. Trägt im Spätsommer und Anfang Herbst weiße und rosarote Blüten, später kugelförmige, tiefviolette Früchte. Ovale, dunkelgrüne Blätter. Gedeiht am besten nach einem heißen Sommer. **'Foliis Variegatis'** (syn. *S. o.* 'Variegatus') Abb. S. 136.

SYMPHYANDRA (Campanulaceae)
Gattung kurzlebiger, im Sommer blühender Stauden, die am besten zweijährig gezogen werden. Passend für große Steingärten und den unteren Rand von Böschungen. Ganz winterhart. Benötigt Sonne und durchlässigen Boden. Vermehrung durch Samen im Herbst. Sät sich leicht selbst aus.
S. armena. Aufrechte oder sich ausbreitende Staude. H. 30–60 cm, Br. 30 cm. Trägt im Sommer Rispen aufrechter,

glockenförmiger, blauer oder weißer Blüten. Ovale, unregelmäßig gezähnte, mittelgrüne, behaarte Blätter.
S. pendula. Überhängende Staude. H. 30–60 cm, Br. 30 cm. Trägt im Sommer Rispen hängender, glockenförmiger, cremefarbener Blüten und ovale, behaarte, blaßgrüne Blätter. Wird mit der Zeit an der Basis holzig.
S. wanneri Abb. S. 297.

SYMPHYTUM (Boraginaceae)
Beinwell
Gattung kräftiger, derber Stauden, die am besten in naturnahe Gärten passen. Völlig winterhart. Bevorzugt Sonne oder Halbschatten und feuchten Boden. Vermehrung durch Teilung im Frühling oder Samen im Herbst. Sät sich gewöhnlich selbst aus. Die angeführten Sorten nur durch Teilung vermehren.
S. caucasicum Abb. S. 197.
S. grandiflorum. Horstbildende Staude. H. 25 cm, Br. 60 cm. Trägt lanzettliche, behaarte, sattgrüne Blätter und im Frühling einseitige Trauben trichterförmiger, cremefarbener Blüten. Guter Bodendekker.
***S.* 'Hidcote Blue'.** Horstbildende Staude, H. 50 cm, Br. 60 cm. Ähnelt *S. grandiflorum*, blüht aber blaßblau.
***S. × uplandicum* 'Variegatum'** Abb. S. 199.

SYMPLOCOS (Symplocaceae)
Rechenblume, Saphirhimbeere
Gattung immergrüner oder sommergrüner Bäume und Sträucher, von der allgemein nur die beschriebene Art kultiviert wird. Diese wird ihrer Blüten und Früchte wegen gezogen. Die Früchte wachsen am üppigsten, wenn mehrere Pflanzen beieinanderstehen. Ganz winterhart. Benötigt pralle Sonne und fruchtbaren Boden. Vermehrung durch Samen im Herbst.
S. paniculata Abb. S. 106.

SYNADENIUM (Euphorbiaceae)
Milchbaum
Gattung immergrüner, halbsukkulenter Sträucher, ihres Laubes wegen beliebt. Frostempfindlich, mind. 7–10°C. Benötigt volles Licht und fruchtbaren, sehr durchlässigen Boden. Kübelpflanzen mäßig gießen, im Winter noch weniger. Ende Winter stutzen, wenn nötig. Vermehrung durch Samen im Frühling oder durch Stecklinge im Sommer.
S. grantii. Immergrüner, aufrechter Strauch mit kräftigen Zweigen. H. 3–4 m, Br. 2 m oder mehr. Trägt sehr kleine, rote Blüten im Herbst, die großteils von den lanzettlichen bis ovalen, glänzenden, sattgrünen Blättern verdeckt werden. Die leuchtenden Blätter von **'Rubra'** sind auf der Unterseite rot-violett, oben violettgrün.

SYNGONIUM (Araceae)
Gattung immergrüner, verholzter Wurzelkletterer, die ihrer dekorativen Blätter wegen gezogen werden. Blüht selten in Kultur. Frostempfindlich, mind. 16–18°C. Benötigt teilweise Schatten und humusreiche, durchlässige Erde. Mäßig gießen, bei niedrigen Temperaturen noch weniger. An Stützen, am besten an Moosstäben ziehen. Junge Triebspitzen stutzen, um das Verzweigen zu fördern. Vermehrung durch Blattaugen oder Kopfstecklinge im Sommer.
S. auritum, syn. *Philodendron auritum* hort. *P. trifoliatum*. Eher langsam wachsende, immergrüne, verholzte Kletterpflanze mit Luftwurzeln. H. 1–2 m. Trägt glänzende, sattgrüne Blätter, die in 3, manchmal in 5 ovale Blättchen geteilt sind, von denen das mittlere das längste ist.
S. erythrophyllum. Langsam wachsender, immergrüner Wurzelkletterer mit schmalen, holzigen Trieben. H. 1 m oder mehr. Die jungen Pflanzen haben pfeilförmige Blätter, unterseits lila überhaucht. Die Blätter älterer Pflanzen bestehen aus 3 Lappen oder Blättchen und dickeren, längeren Stielen.
S. hoffmannii. Mäßig kräftiger, immergrüner Wurzelkletterer mit holzigen Trieben. H. 2–3 m. Junge Pflanzen haben pfeilförmige Blätter, die im Alter aus 3 graugrünen Blättchen mit silbrigweißen Äderchen bestehen.
S. podophyllum, syn. *Nephthytis triphylla* hort. Abb. S. 178. **'Trileaf Wonder'** Abb. S. 177.

SYNNOTIA (Iridaceae)
Gattung frühlingsblühender Knollen, beliebt wegen ihrer lockeren Blütenähren. Fächer lanzettlicher Blätter. Die Blüten bestehen aus 6 ungleichen Kronblättern, helmförmig wie eine kleine Gladiole. Bedingt winterhart. Benötigt Sonne und durchlässigen Boden. Im Herbst pflanzen. Nach der Blüte eintrocknen lassen. Vermehrung durch Samen oder Brutknöllchen im Herbst.
S. variegata. Frühlingsblühende Knolle. H. 10–35 cm, Br. 8–10 cm. Aufrechte Blätter stehen in grundständigem Fächer. Blüten sind langröhrig und mit aufrechten, violetten, oberen Kronblättern und schmaleren, blaß gelblich-violetten, unteren Kronblättern, die sich einwärts rollen. Var. ***metelerkampiae*** trägt kleinere Blüten.

SYNTHYRIS (Scrophulariaceae)
Gattung immergrüner, laubabwerfender, frühlingsblühender, mehrjähriger Pflanzen mit sich leicht ausbreitenden, rhizomartigen Wurzeln. Geeignet für Steingärten und Heidegärten. Ganz winterhart. Bevorzugt Halbschatten und feuchte Erde. Vermehrung durch Samen oder Teilung Ende Frühling.
S. reniformis. Immergrüne, horstbildende, mehrjährige Pflanze. H. 8–10 cm, Br. 15 cm. Trägt nierenförmige bis runde, gezähnte, dunkelgrüne Blätter und im Frühling kurze, dichte Trauben kleiner, glockenförmiger, blauer Blüten.
S. stellata Abb. S. 309.

SYRINGA (Oleaceae)
Flieder
Gattung laubabwerfender Sträucher und Bäume, beliebt wegen ihrer dichten Rispen kleiner, röhrenförmiger, meist besonders stark duftender Blüten. Völlig winterhart. Benötigt Sonne und tiefgründigen, fruchtbaren, durchlässigen, vorzugsweise alkalischen Boden. Wurzelechte Pflanzen heranziehen, da veredelte Pflanzen gewöhnlich viele Ausläufer bilden. Blütenköpfchen von frisch gepflanztem Flieder und in den ersten paar Jahren Verblühtes entfernen. Schwache Triebe im Winter herausschneiden und nach der Blüte stutzen, um die Form zu erhalten. Sparrige, ältere Pflanzen können im Winter stark zurückgeschnitten werden, doch im nächsten Jahr keine Blüten. Vermehrung durch Stecklinge im Sommer. Fliedermotte, Blattfleckenkrankheit und Fliederseuche können zum Problem werden.
***S.* 'Belle de Nancy'.** Laubabwerfender, aufrechter, sich ausbreitender Strauch. H. und Br. 5 m. Große, dichte Rispen duftender, röhrenförmiger, gefüllter, malven-rosa Blüten, die sich Ende Frühling öffnen. Violett-rote Knospen. Herzförmige, dunkelgrüne Blätter.
***S.* 'Bellicent'.** Laubabwerfender, aufrechter, dann überhängender Strauch. H. 4 m, Br. 5 m. Ende Frühling und Anfang Sommer entstehen große Rispen duftender, röhrenförmiger, einfacher, hellrosa Blüten über ovalen, dunkelgrünen Blättern.
***S.* 'Blue Hyacinth'** Abb. S. 90.
***S.* 'Charles Joly'** Abb. S. 90.
S. × chinensis. Laubabwerfender, überhängender Strauch. H. und Br. 4 m. Trägt im Frühling große, überhängende Rispen duftender, röhrenförmiger, einfacher, fliederfarbener Blüten. Ovale, dunkelgrüne Blätter. **'Alba'** blüht weiß.
***S.* 'Clarke's Giant'.** Kräftiger, laubabwerfender, aufrechter, später sich ausbreitender Strauch. H. und Br. 5 m. Große Rispen duftender, röhrenförmiger, einfacher, lavendelfarbener Blüten, an der Innenseite malvenrosa und die sich Mitte bis Ende Frühling aus malvenfarbenen Knospen öffnen. Herzförmige, dunkelgrüne Blätter.
***S.* 'Congo'.** Laubabwerfender, aufrechter, später sich ausbreitender Strauch. H. und Br. 5 m. Die duftenden, röhrenförmigen, einfachen, tiefvioletten Blüten, als Knospen violett-rot, erscheinen Ende Frühling in großen Rispen über herzförmigen, dunkelgrünen Blättern.
S. emodi. Kräftiger, laubabwerfender, aufrechter Strauch. H. 5 m, Br. 4 m. Trägt Anfang Sommer unangenehm riechende, röhrenförmige, einfache, sehr blaß fliederfarbene Blüten in großen, aufrechten Rispen. Ovale, große, dunkelgrüne Blätter.
***S.* 'Esther Staley'** Abb. S. 89.
***S.* 'Fountain'.** Kräftiger, laubabwerfender, überhängender, offener Strauch. H. 4 m, Br. 5 m. Anfang Sommer entstehen große, hängende Rispen duftender, röhrenförmiger, einfacher, tiefrosa Blüten über großen, ovalen, dunkelgrünen Blättern.
***S.* 'Isabella'.** Kräftiger, laubabwerfender, aufrechter Strauch. H. und Br. 4 m. Trägt Anfang Sommer große, hängende Rispen duftender, röhrenförmiger, einfacher, fliederfarbener Blüten mit fast weißer Innenseite. Große, ovale, dunkelgrüne Blätter.
***S.* 'Katherine Havemeyer'.** Laubabwerfender, aufrechter, später sich ausbreitender Strauch. H. und Br. 5 m. Große, duftende, röhrenförmige, gefüllte, lavendelviolette Blüten, die mit der Zeit lavendelrosa werden, öffnen sich Ende Frühling in dichten, kegelförmigen Rispen. Herzförmige, mittelgrüne Blätter.
***S.* 'Mme. Antoine Buchner'** Abb. S. 90.
***S.* 'Mme. Lemoine'** Abb. S. 86.
***S.* 'Maréchal Foch'** Abb. S. 89.
***S.* 'Maud Notcutt'.** Laubabwerfender, aufrechter, später sich ausbreitender Strauch. H. und Br. 5 m. Spät im Frühling große Rispen duftender, röhrenförmiger, einfacher, reinweißer Blüten über herzförmigen, dunkelgrünen Blättern.
***S. meyeri* 'Palibin',** syn. *S. palibiniana* hort., *S. velutina* hort. Langsam wachsender, laubabwerfender, buschiger, dichter Strauch. H. und Br. 1,5 m. Trägt Ende Frühling und Anfang Sommer dichte Rispen duftender, röhrenförmiger, einfacher, fliederrosa Blüten. Kleine, ovale, tiefgrüne Blätter.
S. microphylla (Zwergflieder). Laubabwerfender, buschiger Strauch. H. und Br. 2 m. Im Frühsommer und oft nochmals im Herbst erscheinen kleine Rispen stark duftender, röhrenförmiger, einfacher rosa Blüten inmitten ovaler, mittelgrüner Blätter. **'Superba'** Abb. S. 108.
S. palibiniana hort. Siehe *S. meyeri* 'Palibin'.
S. × persica (Persischer Flieder) Abb. S. 99.
***S.* 'Primrose'** Abb. S. 90.
S. reticulata. Laubabwerfender, breit kegelförmiger Baum oder Strauch. H. 10 m, Br. 6 m. Anfang bis Mitte Sommer entstehen große Rispen duftender, röhrenförmiger, einfacher, cremeweißer Blüten über spitz zulaufenden, hellgrünen Blättern.
***S.* 'Souvenir de Louis Späth'.** Laubabwerfender, aufrechter, später sich ausbreitender Strauch. H. und Br. 5 m. Ende Frühling entstehen lange, schmale Rispen duftender, röhrenförmiger, einfacher, tiefviolett-roter Blüten zahlreich über herzförmigen, dunkelgrünen Blättern.
S. velutina hort. Siehe *S. meyeri* 'Palibin'.
S. yunnanensis Abb. S. 88.

SYZYGIUM (Myrtaceae)
Gattung immergrüner Sträucher und Bäume, die ihrer Gesamterscheinung wegen gezogen werden. Frostempfindlich, mind. 10–13°C. Bevorzugt volles Licht (toleriert aber etwas Schatten) und fruchtbaren, durchlässigen Boden. Kübelpflanzen während der Wachstumszeit reichlich gießen, sonst nur mäßig. Stutzen ist möglich, wird aber am besten ohne Schnitt gezogen. Vermehrung durch Samen im Frühling oder halbreife Stecklinge im Sommer.
S. paniculatum, syn. *Eugenia australis, E. paniculata,* Abb. S. 54.

T

TABEBUIA (Bignoniaceae)
Gattung laubabwerfender oder immergrüner, meist frühlingsblühender Bäume, beliebt wegen ihrer Blüten und als Schattenspender. Frostempfindlich, mind. 16–18°C. Benötigt viel Licht und fruchtbaren, durchlässigen, aber keinen trockenen Boden. Kübelpflanzen blühen eher selten. Stutzen ist nur anfangs als Formschnitt im Herbst notwendig, später nicht mehr. Vermehrung durch Samen und Abmoosen im Frühling oder durch halbreife Stecklinge im Sommer.
T. chrysotricha (Goldtrompetenbaum) Abb. S. 69.
T. donnell-smithii. Siehe *Cybistax donnell-smithii*.
T. rosea. Schnell wachsender, immergrüner, runder Baum, in kühlen Klimazonen sommergrün. H. und Br. 15 m oder mehr. Die Blätter bestehen aus 5 ovalen Blättchen. Im Frühling in endständigen Trauben trompetenförmige, rosen- bis lavendelrosa oder weiße Blüten mit gelbem Schlund.

TACCA (Taccaceae)
Gattung mehrjähriger Pflanzen mit Rhizomen, die ihrer seltsamen Blüten wegen gezogen werden. Frostempfindlich, mind. 18°C. Benötigt hohe Luftfeuchte, Halbschatten und Torfboden. Während der Ruhezeit im Winter nur wenig gießen. Vermehrung im Frühling durch Teilung oder Samen, wenn erhältlich.
T. chantrieri. Horstbildende, mehrjährige Pflanze mit Rhizom. H. und Br. 30 cm. Schmal längliche, gestielte, gebogene Blätter sind 45 cm oder länger. Trägt im Sommer Blütendolden mit grünen oder violetten Deckblättern an bis zu 60 cm langen Trieben. Die einzelnen, 6blättrigen Blüten sind hängend, glockenförmig, anfangs grün, später violett mit langen, hängenden, kastanienbraunen bis violetten Fäden.
T. leontopetaloides (Ostindische Pfeilwurz). Horstbildende, mehrjährige Pflanze mit Rhizom. H. und Br. 45 cm. Grüne, bis 1 m lange Blätter sind tief dreilappig und wachsen an über 1 m langen Stielen. Jeder Lappen ist wiederum geteilt. Es bilden sich Blütendolden mit 4–12 violetten oder braunen Deckblättern und 20–40 kleinen, sechsblättrigen, gelben bis violett-grünen Blüten mit langen, violetten bis braunen Fäden. Die Rhizome liefern eßbare Stärke.
Tacitus bellus. Siehe *Graptopetalum bellum*.
Tacsonia mollissima. Siehe *Passiflora mollissima*.
Tacsonia van-volxemii. Siehe *Passiflora antioquiensis*.

TAGETES (Compositae)
Studentenblume
Gattung von einjährigen Pflanzen, die den Sommer über bis zu den Herbstfrösten blühen. Geeignet als Beetpflanzen und für Ränder. Bedingt winterhart. In Sonne und fruchtbarem, durchlässigem Boden ziehen. Für langen Blütenflor Verblühtes entfernen. Vermehrbar durch Aussaat unter Glas Mitte Frühling. Anfällig für Schnecken, Nacktschnecken und Grauschimmel.
T. erecta. Schnellwachsende, aufrechte, buschige Einjährige. Hoch, H. 60 cm–1 m, Br. 30–45 cm; halbhoch, H. und Br. 45 cm; niedrig, H. 30 cm, Br. 30–45 cm. Man erhält auch Erecta-Hybriden. Alle tragen glänzende, sattgrüne, sehr tief geteilte, aromatische Blätter. Im Sommer und Anfang Herbst gänseblümchenähnliche, gefüllte Blütenköpfchen, 5 cm im Durchmesser.
'Crackerjack' (hoch) Abb. S. 282.
'Galore' (halbhoch) trägt sehr große, goldgelbe, gefüllte Blütenköpfchen.
'Gold Coins' (hoch) Abb. S. 280.
Inca-Serie (niedrig) trägt gefüllte, ein- oder mehrfarbige Blütenköpfchen in Gelb, Orange und Gold.
Jubilee-Serie (hoch) trägt große, gefüllte Blütenköpfchen in Weiß, Gelb, Orange oder Creme.
'Toreador' (hoch) hat sehr große, gefüllte, tieforange Blütenköpfchen.
***T.* 'Lemon Gem'.** Schnellwachsende, buschige, einjährige Pflanze. H. und Br. 15 cm. Sehr fein geteilte, blaßgrüne Blätter, die angenehm aromatisch duften. Im Sommer und Anfang Herbst entstehen gänseblümchenähnliche, einfache, zitronengelbe Blütenköpfchen, 2,5 cm im Durchmesser.
***T.* 'Nell Gwyn'.** Schnellwachsende, buschige, einjährige Pflanze. H. und Br. bis 30 cm. Trägt gefiederte, aromatische, tiefgrüne Blätter. Große, gänseblümchenähnliche, einfache, tiefgelbe Blütenköpfchen mit dunkelroter Mitte im Sommer und Anfang Herbst.
***T.* 'Paprika'** Abb. S. 284.
T. patula. Schnellwachsende, buschige, einjährige Pflanze. H. und Br. bis zu 30 cm. Trägt tief geteilte, aromatische, sattgrüne Blätter. Im Sommer und frühen Herbst bilden sich nelkenähnliche, gefüllte Blütenköpfchen in gelben, orangen, roten oder mahagonifarbenen Schattierungen. **Bonita-Serie**, H. 25 cm, trägt Blütenköpfchen in vielen verschiedenen Farben. **Boy-o-Boy-Serie**, H. und Br. 15 cm, hat Blüten in gelben, mahagonifarbenen oder orangen Schattierungen. **'Cinnabar'** Abb. S. 273. Die Blütenköpfchen von **'Honeycomb'**, H. 25 cm, Br. 20 cm, sind kammartig und gelblich- und rötlichorange. **'Naughty Marietta'** Abb. S. 282. **'Orange Winner'** Abb. S. 284. **'Spanish Brocade'**, H. und Br. 20 cm, trägt große, gefüllte, rote und goldfarbene Blütenköpfchen.
***T.* 'Tangerine Gem'** Abb. S. 284.

TALINUM (Portulacaceae)
Gattung sommerblühender, mehrjähriger Pflanzen, einige sind immergrün, beliebt wegen ihrer Blüten und sukkulenten Blätter. Geeignet für Steingärten, Tröge und Alpinenhäuser und als Topfpflanzen. Völlig winterhart bis frostempfindlich, mind. 7°C. Benötigt Sonne und kiesigen, nicht zu trockenen, durchlässigen Boden. Die Vermehrung erfolgt durch Samen im Herbst.
T. okanoganense. Polster- und mattenbildende, niederliegende, mehrjährige Pflanze. H. bis 4 cm, Br. bis 10 cm. Ganz winterhart. Die sukkulenten Triebe tragen Büschel zylindrischer, fleischiger, gräulich-grüner Blätter und im Sommer winzige, becherförmige, weiße Blüten. Ausgezeichnet für einen Trog oder ein Alpinum.

TAMARINDUS (Leguminosae)
Tamarinde
Gattung einer Art immergrünen Baumes, beliebt wegen ihrer eßbaren Früchte, der allgemeinen Erscheinung und auch als Schattenspender. Frostempfindlich, mind. 15–18°C. Benötigt viel Licht und durchlässigen Boden. Die Vermehrung geschieht durch Samen oder Abmoosen im Frühling.
T. indica. Langsam wachsender, immergrüner, runder Baum. H. und Br. bis 25 m. Die Blätter bestehen aus 10–15 länglichen bis elliptischen, hellgrünen Fiedern. Trägt im Sommer üppige Trauben asymmetrischer, 5blättriger, blaßgelber, rot geäderter Blüten, danach lange, bräunliche Hülsen mit eßbarem, aber säuerlichem Fruchtfleisch.

TAMARIX (Tamaricaceae)
Tamariske
Gattung sommer- oder immergrüner Sträucher und Bäume, beliebt wegen ihres Laubes, ihres Habitus und der Fülle von Trauben kleiner Blüten. Ist in mildem Klima sehr unempfindlich gegen Wind und gedeiht gut an exponierten Küstenstandorten und auch als Hecke. Ganz bis winterhart. Benötigt Sonne und fruchtbaren, durchlässigen Boden. Wachstum begrenzen durch Rückschnitt im Frühling; Hecken zur selben Zeit stutzen. Vermehrung durch halbreife Stecklinge im Sommer oder Steckhölzer im Winter.
T. gallica. Laubabwerfender, sich ausbreitender Strauch oder Baum. H. 4 m, Br. 6 m. Winterhart. Violette, junge Zweige sind eingehüllt in winzige, schuppenartige, blaugraue Blätter. Im Sommer sternförmige, rosa Blüten in schmalen Trauben.
T. pentandra. Siehe *T. ramosissima*.
T. ramosissima, syn. *T. pentandra*, Abb. S. 88.

TANACETUM (Compositae)
Gattung von Stauden, einige sind immergrün, häufig mit aromatischen Blättern, beliebt wegen ihrer gänseblümchenähnlichen Blütenköpfchen. Völlig bis winterhart. In Sonne und fruchtbarem, durchlässigem Boden ziehen. Vermehrung durch Teilung im Frühling.
T. argenteum, syn. *Achillea argentea* (Silbergarbe), Abb. S. 300.
T. coccineum, syn. *Chrysanthemum coccineum, Pyrethrum roseum* (Bunte Margerite). **'Brenda'** (syn. *Pyrethrum* 'Brenda') Abb. S. 197. **'Eileen May Robinson'** ist eine aufrechte Staude. H. bis 75 cm, Br. 45 cm. Ganz winterhart. Trägt leicht aromatische, gefiederte, zurückgebogene, 5 cm lange Blätter und im Sommer hartstielige, rosa Blütenköpfchen, 5 cm oder mehr im Durchmesser, mit gelber Mitte. Die Art ist gut geeignet für Schnittblumen. **'Mrs. James Kelway'** trägt beigefarbene Blütenköpfchen, die mit der Zeit rot werden.
T. densum ssp. ***amani*** (Rainfarn) Abb. S. 301.
T. haradjanii, syn. *Chrysanthemum haradjanii*. Immergrüne, mattenbildende Staude mit holziger Basis und einer Pfahlwurzel. H. und Br. 23–38 cm. Winterhart. Trägt breite, lanzettliche, vielgeteilte, silbrig-graue Blätter. Endständige Trauben hellgelber Blütenköpfchen im Sommer. Geeignet für Steingärten oder das Alpinum.

TANAKAEA (Saxifragaceae)
Monotypische Gattung einer immergrünen, sich ausbreitenden Staude, beliebt wegen ihres Laubes und Blüten. Geeignet für Steingärten und Heidegärten. Winterhart. Benötigt Halbschatten und durchlässigen, torfigen, sandigen Boden. Vermehrung durch Ausläufer im Frühling.
T. radicans. Immergrüne, dichte Staude mit grundständiger Rosette. H. 6–8 cm, Br. 20 cm. Schmal ovale bis herzförmige, ledrige, mittel- bis dunkelgrüne Blätter. Trägt Ende Frühling kleine Rispen winziger, seitlich abstehender, sternförmiger, weißer Blüten.

TAPEINOCHILUS (Zingiberaceae)
Gattung meist immergrüner, mehrjähriger Pflanzen, beliebt wegen ihrer farbigen Deckblätter. Frostempfindlich, mind. 18°C. Benötigt hohe Luftfeuchte, Halbschatten und humusreichen Boden. Ist nicht leicht in Töpfen zu ziehen. Vermehrung durch Teilung im Frühling. Topfpflanzen anfällig für Rote Spinne.
T. ananassae. Immergrüne, büschelige, mehrjährige Pflanze. H. bis 2 m, Br. 75 cm. Nicht blühende Triebe sind aufrecht und verzweigt mit schmal ovalen, spitz zulaufenden, bis zu 15 cm langen Blättern. Blütentragende Stengel sind blattlos, bis 1 m lang und tragen im Sommer eiförmige, dichte, 15 cm oder längere Ähren kleiner, röhrenförmiger, gelber Blüten. Auffällige zurückgebogene, harte, scharlachfarbene Deckblätter umschließen die Blüten.

TAXODIUM (Taxodiaceae). Siehe KONIFEREN.
T. distichum (Sumpfzypresse) Abb. S. 76.

TAXUS (Taxaceae). S. KONIFEREN.
T. baccata (Eibe). Langsam wachsende Konifere mit einer breit kegelförmigen, später kuppelförmigen Krone. H. 10–15 m, Br. 5–10 m. Völlig winterhart. Nadelähnliche, flache, dunkelgrüne Blätter. Weibliche Pflanzen tragen becherförmige, fleischige, hellrote Früchte; nur der rote Teil ist eßbar, der Samen nicht. Wächst nach, wenn gestutzt. Die folgenden Arten sind 6–10 m hoch, 5–8 m breit, wenn nicht anders angegeben.
'Adpressa' ist eine buschige, weibliche Art mit kurzen, breiten Nadeln. **'Aurea'** Abb. S. 83, trägt goldgelbe Nadeln. **'Dovastoniana'** wächst ausgebreitet mit hängenden Zweigen. **'Dovastonii Aurea'** (Abb. S. 83) ähnelt *T. b.* 'Dovastoniana', trägt aber goldfarbene Zweige und gelbgeränderte Nadeln. **'Fastigiata'**, H. 10–15 m, Br. 4–5 m, hat aufrechte Zweige und dunkelgrüne, allseitig radial abstehende Nadeln. **'Fastigiata Aurea'** ähnelt *T. b.* 'Fastigiata', hat aber goldfarben panaschierte Nadeln. **'Repandens'**, H. 60 cm, Br. 5 m, wächst ausgebreitet. **'Semperaurea'**, H. 3 m, Br. 5 m, mit aufsteigenden Zweigen und dichtem, goldfarbenem Laub.
T. cuspidata (Japan. Eibe) Abb. S. 81. **'Aurescens'** ist eine sich ausbreitende, buschige Zwergkonifere. H. 30 cm, Br. 1 m. Ganz winterhart – mehr als die *T. Baccata*-Arten. Nadelähnliche, flache Blätter, die im 1. Jahr satt goldgelb und später dunkelgrün sind. **'Capitata'**, H. 10 m, Br. 2 m, mit aufrechtem Habitus. **'Densa'**, H. 1,2 m, Br. 6 m, ist eine weibliche Art mit kurzen, aufrechten Zweigen.
T. × media. Dichte Konifere, die sehr

verschieden geformt sein kann. H. und Br. 3–6 m. Völlig winterhart. Flache Nadeln, die 2zeilig an den olivgrünen Trieben stehen. Die Nadeln sind steif, breit und erweitern sich plötzlich am Grund. Die Früchte ähneln denen von *T. baccata*. **'Brownii'**, H. 2,5 m, Br. 3,5 m, ist eine dichte, kugelförmige Art mit dunkelgrünem Laub. **'Densiformis'**, H. 2–3 m, ist dicht und rund mit zahlreichen Zweigen, die hellgrüne Nadeln tragen. **'Hicksii'**, H. bis zu 6 m, ist säulenförmig und hat aufsteigende Zweige. Es gibt männliche und weibliche Formen. **'Hillii'**, H. und Br. 3 m, ist ein breit kegelförmiger bis runder Strauch mit glänzenden, grünen Nadeln. **'Wardii'**, H. 2 m, Br. 6 m, ist eine flache, kugelförmige, weibliche Form.

TECOMA (Bignoniaceae)
Gattung hauptsächlich immergrüner Sträucher und Bäume, die wegen ihrer von Frühling bis Herbst andauernden Blüten gezogen werden. Frostempfindlich, mind. 10–13°C. Bevorzugt durchlässigen Boden und viel Licht. Kübelpflanzen nur mäßig gießen, im Winter fast gar nicht. Kann nach der Blüte jährlich gestutzt werden, um die Buschform zu erhalten. Vermehrung durch Samen im Frühling oder durch halbreife Stecklinge im Sommer. Rote Spinne kann zum Problem werden.
T. australis. Siehe *Pandorea pandorana*.
T. capensis. Siehe *Tecomaria capensis*.
T. grandiflora. Siehe *Campsis grandiflora*.
T. radicans. Siehe *Campsis radicans*.
T. ricasoliana. Siehe *Podranea ricasoliana*.
T. stans, syn. *Bignonia stans, Stenolobium stans*, Abb. S. 68.

TECOMANTHE (Bignoniaceae)
Gattung immergrüner, kletternder Schlingpflanzen, die ihrer Blüten wegen gezogen werden. Frostempfindlich, mind. 16–18°C. Für humusreichen, durchlässigen Boden und leichten Schatten im Sommer sorgen. In der Wachstumszeit reichlich gießen, sonst weniger. Triebe stützen. Wenn nötig, im Frühling ausdünnen. Vermehrung durch Samen im Frühling oder durch halbausgereifte Stecklinge im Sommer.
T. speciosa. Üppig wachsende, immergrüne, kletternde Schlingpflanze. H. bis 10 m oder mehr. Blätter bestehen aus 3 oder 5 ovalen Blättchen. Im Herbst erscheinen dichte Trauben fingerhutähnlicher, fleischiger, cremefarbener Blüten mit einem Hauch Grün.

TECOMARIA (Bignoniaceae)
Gattung immergrüner, buschiger, kletternder Schlingpflanzen, beliebt wegen ihrer auffälligen Blüten. Frostempfindlich, mind. 10°C. Für fruchtbaren, durchlässigen Boden und viel Licht sorgen. Regelmäßig gießen, bei niedrigen Temperaturen weniger. Stützen. Zu dichtstehende Triebe im Frühling auslichten. Die Vermehrung erfolgt durch Samen im Frühling oder halbreife Stecklinge im Sommer.
T. capensis, syn. *Bignonia capensis, Tecoma capensis*. Immergrüne, kletternde Schlingpflanze, die anfangs buschähnlich ist. H. 2–3 m. Die Blätter bestehen aus 5–9 gezähnten, glänzenden, dunkelgrünen Blättchen. Hauptsächlich im Frühling oder Sommer röhrenförmige, orange-rote Blüten in kurzen Ähren.

TECOPHILAEA (Tecophilaeaceae)
Gattung frühlingsblühender Knollen, selten in Kultur und an Wildstandorten ausgerottet, ihrer schönen Blüten wegen beliebt. Ganz winterhart, wird jedoch wegen ihrer Seltenheit gewöhnlich im kalten Glashaus oder kalten Frühbeet gezogen. Benötigt Sonne und durchlässigen Boden. Im Winter und Frühling gießen. Die Knollen von Anfang Sommer bis Herbst trocken halten, aber nicht verdorren lassen, dann wieder einpflanzen. Vermehrung durch Samen im Herbst oder durch Nebenzwiebeln.
T. cyanocrocus (Enziankrokus) Abb. S. 362. Var. ***leichtlinii*** Abb. S. 361.

TELEKIA (Compositae)
Gattung sommerblühender Stauden, beliebt wegen ihrer ins Auge fallenden Blätter und ihrer großen Blütenköpfchen. Völlig winterhart. Gedeiht in Sonne oder Schatten und in feuchtem Boden. Vermehrung durch Teilung im Frühling oder durch Samen im Herbst.
T. speciosa, syn. *Buphthalmum speciosum*. Aufrechte, sich ausbreitende Staude. H. 1,2–1,5 m, Br. 1–1,2 m. Mittelgrüne Blätter herzförmig an der Basis, oval an den Stengeln. Verzweigte Stengel tragen im Spätsommer große, gänseblümchenähnliche, sattgoldene Blütenköpfchen. Ideal für den Rand eines Wasserbeckens oder für naturnahe Gärten.

TELESONIX (Saxifragaceae)
Gattung einer Art rhizombildender Stauden, die ihrer Blüten wegen gezogen werden. Wird oft zu *Boykinia* gezählt. Ganz winterhart. Benötigt Halbschatten und kiesigen, durchlässigen Boden. Wenn keine tiefe Schneedecke vorhanden ist, wird sie am besten in großen Behältern im Alpinum gezogen. Vermehrung durch halbausgereifte Stecklinge im Sommer oder durch Samen im Herbst.
T. jamesii, syn. *Boykinia jamesii*. Hügelformende Staude mit Rhizom. H. und Br. 15 cm. Fast holzige Stengel tragen in einer Rosette nierenförmige Blätter mit eingerissenen Rändern. Im Frühsommer lokkere, glockenförmige, gekräuselte, rosa Blüten mit grüner Mitte.

TELLIMA (Saxifragaceae)
Gattung einer Art halbimmergrünen Staude, die spät im Frühling blüht. Guter Bodendecker und ideal für kühle, halbschattige, naturnahe Gärten und unter Sträuchern in sonnigen Beeten. Völlig winterhart. Gedeiht in jedem durchlässigen Boden. Vermehrung durch Teilung im Frühling oder durch Samen im Herbst.
T. grandiflora. Halbimmergrüne, büschelige Staude. H. und Br. 60 cm. Trägt herzförmige, gezähnte, behaarte, violett überhauchte, hellgrüne Blätter und Ende Frühling Trauben kleiner, glockenförmiger, gefranster, cremefarbener Blüten über den Blättern. **'Purpurea'** Abb. S. 258.

TELOPEA (Proteaceae)
Gattung immergrüner Bäume und Sträucher, die hauptsächlich ihrer Blütenköpfchen wegen gezogen werden. Halb winterhart bis frostempfindlich, mind. 5°C. Benötigt volle Sonne oder Halbschatten und humusreichen, feuchten, aber durchlässigen, neutralen bis sauren Boden. Kübelpflanzen in der Wachstumszeit reichlich gießen, sonst nur mäßig. Vermehrung durch Samen im Frühling oder durch Ableger im Winter.
T. speciosissima Abb. S. 110.
T. truncata Abb. S. 98.

TEMPLETONIA (Leguminosae)
Gattung immergrüner Sträucher, die ihrer Blüten wegen gezogen werden. Frostempfindlich, mind. 7°C. Bevorzugt volles Licht und sehr durchlässigen, alkalischen Boden. Topfpflanzen mäßig gießen, im Winter noch weniger. Vermehrung durch Samen im Frühling oder durch halbausgereifte Stecklinge im Sommer.
T. retusa. Immergrüner, aufrechter Strauch mit unregelmäßigen Zweigen. H. 2 m, Br. 1–1,5 m. Trägt ovale bis elliptische, ledrige, bläulich-grüne Blätter. Im Frühling und Sommer entstehen rote, manchmal rosa oder cremefarbene Schmetterlingsblüten.

TERMINALIA (Combretaceae)
Almend
Gattung immergrüner Bäume und Sträucher, beliebt wegen ihrer Gesamterscheinung, ihrer eßbaren Samen (Nüsse) und als Schattenspender. Frostempfindlich, mind. 16–18°C. Benötigt viel Licht und durchlässigen Boden. Kübelpflanzen mäßig gießen, kaum bei niedrigen Temperaturen. Stutzen ist selten notwendig. Vermehrung durch Samen im Frühling.
T. catappa. Immergrüner, runder Baum. H. und Br. 15 m oder mehr. Trägt breit ovale, glänzende, grüne Blätter an den Triebspitzen. Im Frühling erscheinen kleine, grünlich-weiße Blüten, später flache, eiförmige, kielförmige, grüne bis rote Früchte mit eßbarem Samen.

TERNSTROEMIA (Theaceae)
Gattung immergrüner Bäume und Sträucher, die ihrer Gesamterscheinung wegen gezogen werden. Bedingt winterhart. Benötigt pralle Sonne oder Halbschatten und humusreichen, durchlässigen, neutralen bis sauren Boden. Kübelpflanzen während der Wachstumszeit reichlich gießen, sonst nur mäßig. Im Frühling stutzen, wenn nötig. Vermehrung durch Samen nach der Samenreife oder im Frühling durch halbausgereifte Stecklinge im Spätsommer.
T. gymnanthera. Immergrüner, runder, dichter Strauch. H. und Br. 2 m. Ovale, glänzende, mittel- bis tiefgrüne Blätter. Im Sommer entstehen in den Blattachseln hängende, weiße Einzelblüten mit 5 Kronblättern. Im Herbst beerenähnliche, hellrote Früchte in Erbsengröße. Die Blätter von **'Variegata'** sind weißgerändert und rosa überhaucht.
Testudinaria elephantipes. Siehe *Dioscorea elephantipes*.

TETRACENTRON (Tetracentraceae)
Monotypische Gattung laubabwerfender Bäume, beliebt wegen ihres Laubes und ihrer Kätzchen. Ganz winterhart. Benötigt Sonne oder teilweise Schatten und fruchtbaren, durchlässigen Boden. Vermehrung durch Samen im Herbst.
T. sinensis. Laubabwerfender, sich ausbreitender Baum mit anmutigem Habitus. H. und Br. 10 m oder mehr. Trägt runde bis ovale, fein gezähnte, dunkelgrüne Blätter und längliche, schmale, gelbe Blütenkätzchen im Frühsommer.

TETRANEMA (Scrophulariaceae)
Gattung mehrjähriger Pflanzen, die ihrer Blüten wegen gezogen werden. Frostempfindlich, mind. 13°C. An einem hellen Standort geschützt vor direktem Sonnenlicht und in durchlässigem Boden ziehen. Nicht zuviel gießen und hohe Luftfeuchte vermeiden. Vermehrung durch Teilung im Frühling oder durch Samen, wenn erhältlich.
T. mexicanum. Siehe *T. roseum*.
T. roseum, syn. *T. mexicanum*, Abb. S. 259.

TETRAPANAX (Araliaceae)
Gattung einer Art immergrüner, sommer- bis herbstblühender Sträucher, die ihres Laubes wegen gezogen werden. Halb winterhart. Benötigt volle Sonne oder Halbschatten und humusreichen, feuchten, aber durchlässigen Boden. Kübelpflanzen reichlich gießen, im Winter weniger. Überlange Zweige können im Winter bis zum Boden zurückgeschnitten werden. Vermehrung durch Ausläufer oder Samen Anfang Frühling.
T. papyriferus, syn. *Fatsia papyrifera* (Reispapierbaum), Abb. S. 94.

TETRASTIGMA (Vitaceae)
Gattung immergrüner, verholzender, rankender Schlingpflanzen, die ihrer schönen Blätter wegen gezogen werden. Frostempfindlich, mind. 15–18°C. In jedem fruchtbaren, durchlässigen Boden zu ziehen, im Sommer für Schatten sorgen. In der Wachstumszeit reichlich gießen, bei niedrigen Temperaturen weniger. Pflanzen stützen und im Frühling zu dicht stehende Zweige ausdünnen. Vermehrung durch Stecklinge im Frühling oder durch halbausgereifte Stecklinge im Sommer.
T. voinierianum, syn. *Cissus voinieriana*, Abb. S. 178.

TEUCRIUM (Labiatae)
Gamander
Gattung immergrüner oder sommergrüner Sträucher, Halbsträucher und Stauden, beliebt wegen ihres Laubes (manchmal aromatisch), ihrer Blüten oder ihres Habitus. Ganz bis bedingt winterhart. Benötigt volle Sonne und durchlässigen Boden. Sträucher und Halbsträucher durch krautige oder halbreife Stecklinge im Sommer vermehren, Stauden durch Samen oder Teilung im Frühling.
T. aroanium. Immergrüner, niederliegender, stark verzweigter Halbstrauch. H. 2,5 cm, Br. 10–15 cm. Winterhart. Weißbehaarte Zweige. Längliche bis ovale Blätter, deren Oberseite leicht und deren Unterseite stark behaart ist. Trägt in Quirlen kleine, röhrenförmige, zweilippige, sanft lila Blüten im Sommer. Geeignet für Tröge.
T. fruticans. **'Azureum'** ist ein immergrüner, überhängender Strauch. H. 2 m, Br. 4 m. Bedingt winterhart. Trägt ovale, aromatische, graugrüne Blätter mit weißer Unterseite und im Sommer zweilippige, tiefblaue Blüten mit hervorstehenden Staubblättern. Totes Holz im Frühling ausschneiden.
T. polium Abb. S. 319.

THALIA (Marantaceae)
Gattung sommergrüner, mehrjähriger Randwasserpflanzen, die ihrer Blätter und Blüten wegen gezogen werden. Frostempfindlich, mind. 7°C. Benötigt

einen offenen, sonnigen Standort in bis zu 45 cm tiefem Wasser. Manche Arten tolerieren kühles Wasser. Welkes Blattwerk regelmäßig entfernen. Vermehrung durch Teilung oder Samen im Frühling.
T. dealbata. Sommergrüne, mehrjährige Randwasserpflanze. H. 1,5 m, Br. 60 cm. Ovale, langstielige, blaugrüne Blätter mit mehligem, weißem Überzug. Im Sommer entstehen Ähren schmal röhrenförmiger, violetter Blüten, später dekorative Samenstände. Toleriert kühles Wasser.
T. geniculata. Sommergrüne, mehrjährige Randwasserpflanze. H. 2 m, Br. 60 cm. Trägt ovale, langstielige, blaugrüne Blätter und im Sommer Ähren schmal röhrenförmiger, violetter Blüten. Benötigt ein warmes Becken.

THALICTRUM (Ranunculaceae)
Wiesenraute
Gattung von Stauden, die ihrer geteilten Blätter und ihrer flaumigen Blütenköpfchen wegen gezogen werden. Blüten ohne Kronblätter, haben aber auffallende Büschel von Staubblättern und 4 oder 5 Kelchblätter, die schnell abfallen. Gedeiht gut am Rand von schattigen, naturnahen Gärten. Hohe Arten und Sorten ergeben einen ausgezeichneten Hintergrund in Staudenbeeten mit ihren auffälligen Blättern und Blüten. Völlig winterhart. Benötigt Sonne oder leichten Schatten. Gedeiht in jedem durchlässigen Boden, obwohl manche Arten kühle, feuchte Bedingungen bevorzugen. Vermehrung durch frische Samen im Herbst oder durch Teilung im Frühling.
T. aquilegiifolium Abb. S. 210. **'White Cloud'** Abb. S. 201.
T. chelidonii. Büschelige Staude. H. 1–1,5 m, Br. 60 cm. Trägt fein geteilte, mittelgrüne Blätter und im Sommer Rispen flaumiger, malvenfarbener Blüten mit 4 oder 5 Kelchblättern. Bevorzugt kühlen Boden, der nicht austrocknet.
T. delavayi, syn. *T. dipterocarpum* hort. Schöne, horstbildende Staude. H. 1,5–2 m, Br. 60 cm. Vielfach geteilte, mittelgrüne Blätter, über denen Mitte bis Ende Sommer große Rispen hängender, lila Blüten mit 4 oder 5 Kelchblättern und hervorstehenden, gelben Staubblättern entstehen. **'Hewitt's Double'** mit gefüllten Blüten.
T. diffusiflorum. Horstbildende Staude. H. 1 m, Br. 30–60 cm. Vielfach geteilte, grundständige, mittelgrüne Blätter. Die dünnen Stengel tragen im Sommer große Blütenzweige zarter, herabhängender, malvenfarbener Blüten. Bevorzugt kühlen, feuchten Boden.
T. dipterocarpum hort. Siehe *T. delavayi.*
T. flavum. Horstbildende Staude. H. 1,2 m–1,5 m, Br. 60 cm. Trägt mehrfach gefiederte, blaugrau-grüne Blätter und von Mitte bis Ende Sommer Trauben flaumiger, blaßgelber Blüten an schlanken Stengeln. **'Illuminator'** ist eine blaßgelbe Sorte mit hellgrünem Laub.
T. kiusianum. Mattenbildende Staude mit kurzen Ausläufern. H. 8 cm, Br. 15 cm. Trägt kleine, farnähnliche, dreilappige Blätter und den ganzen Sommer über lockere Trauben winziger, violetter Blüten. Paßt ausgezeichnet in Heidegärten, Steingärten, Tröge oder das Alpinum. Schwer zu ziehen in heißen, trockenen Gebieten. Bevorzugt Schatten und feuchten, sandigen Torfboden.
T. lucidum Abb. S. 213.
T. orientale. Sich ausbreitende Staude mit kurzen Ausläufern. H. 15 cm, Br. 20 cm. Die Blätter sind farnähnlich mit ovalen bis runden, gelappten Blättchen. Trägt Ende Frühling kleine, tellerförmige, blaumalvenfarbige bis violette Blüten mit gelben Staubblättern und großen Kelchblättern.

THAMNOCALAMUS (Bambusoideae). Siehe GRÄSER, BAMBUS, BINSEN und RIEDGRÄSER.
T. falconeri, syn. *Arundinaria falconeri.* Immergrüner, büscheliger Bambus. H. 5–10 m, Br. 1 m. Bedingt winterhart. Grünlich braune Halme mit einem dunkelvioletten Ring unter jedem Knoten. Trägt 10–15 cm lange, gelblich grüne Blätter ohne sichtbares Mosaik und unscheinbare Blütenähren.
T. spathaceus, syn. *Arundinaria murielae, Sinarundinaria murielae.* Immergrüner, büscheliger Bambus. H. 3 m, Br. unbestimmt. Winterhart. Trägt schöne, graue, junge Halme mit lockeren, hellbraunen Scheiden und breiten, apfelgrünen Blättern, die sehr lang sind und sich an der Spitze ausdehnen.

THELOCACTUS (Cactaceae)
Gattung runder bis säulenförmiger, mehrjähriger Kakteen mit warzigem oder geripptem Körper. Die länglichen Areolen am Scheitel tragen trichterförmige Blüten. Frostempfindlich, mind. 7°C. Benötigt Sonne und durchlässigen Boden. Vermehrung durch Samen im Frühling oder Sommer.
T. bicolor Abb. S. 392.
T. leucacanthus. Polsterbildender, mehrjähriger Kaktus. H. 10 cm, Br. 30 cm. Runder bis säulenförmiger, dunkelgrüner Körper mit 8–13 warzigen Rippen. Jede Areole trägt bis zu 20 kurze, goldene Stacheln und im Sommer 5 cm breite, gelbe Blüten.
T. mcdowellii, syn. *Echinomastus mcdowellii.* Wird manchmal auch zu *Neolloydia* gerechnet. Kugelförmiger, mehrjähriger Kaktus. H. und Br. 15 cm. Der warzige, dunkelgrüne Körper ist dicht mit weißen, bis 3 cm langen Stacheln bedeckt. Im Frühling oder Sommer bilden sich 4 cm breite, violett-rote Blüten.

THELYPTERIS (Polypodiaceae)
Gattung sommergrüner Farne. Ganz winterhart. Verträgt Sonne oder Halbschatten. Wächst in feuchter oder sehr feuchter Erde. Welke Wedel regelmäßig entfernen. Vermehrung durch Teilung im Frühling.
T. hexagonoptera, syn. *Dryopteris hexagonoptera.* Sommergrüner Farn. H. 45 cm, Br. 30 cm. Breite, lanzettliche, stark gefiederte, mittelgrüne Wedel mit länglichen bis dreieckigen, gekerbten Fiedern, die aus einem kriechenden Rhizom wachsen. Benötigt einen schattigen Standort.
T. oreopteris. Sommergrüner Farn. H. 60 cm–1 m, Br. 30 cm. Breit lanzettliche, stark gefiederte Wedel mit länglichen bis lanzettlichen, mittelgrünen Fiedern.
T. palustris Abb. S. 186.
T. phegopteris. Siehe *Phegopteris connectilis.*

THERMOPSIS (Leguminosae)
Fuchsbohne
Gattung sommerblühender Stauden. Ganz winterhart. Bevorzugt Sonne und fruchtbaren, leichten Boden. Vermehrung durch Teilung im Frühling oder durch Samen im Herbst.
T. caroliniana. Wuchernde Staude. H. 1 m oder mehr, Br. 60 cm. Trägt im Spätsommer Trauben gelber Schmetterlingsblüten. Blaugrüne Blätter sind in 3 ovale Blättchen geteilt.
T. montana Abb. S. 215.

THESPESIA (Malvaceae)
Gattung immergrüner, mehrjähriger Pflanzen, Sträucher und Bäume, die ihrer Blüten wegen gezogen werden. Frostempfindlich, mind. 16–18°C. Benötigt viel Licht und durchlässigen Boden. Kübelpflanzen in der Wachstumszeit reichlich gießen, bei niedrigen Temperaturen weniger. Jährlich Anfang Frühling stutzen, um Buschform zu erhalten. Vermehrung durch Samen im Frühling oder halbreife Stecklinge im Sommer. Weiße Fliege und Rote Spinne können zum Problem werden.
T. populnea. Immergrüner Baum, anfangs buschig, mit der Zeit schlanker wachsend. H. 12 m oder mehr, Br. 3–6 m. Herzförmige Blätter. Trägt in warmem Klima periodisch oder das ganze Jahr hindurch becherförmige, gelbe Blüten mit kastanienbraunem Auge, die mit der Zeit violett werden. Gedeiht gut am Meer.

THEVETIA (Apocynaceae)
Gattung immergrüner Sträucher und Bäume, beliebt wegen ihrer von Winter bis Sommer dauernden Blüte. Ist mit *Frangipani* verwandt. Hat giftigen Milchsaft. Frostempfindlich, mind. 16–18°C. Benötigt volles Licht und durchlässigen Boden. Kübelpflanzen mäßig gießen, im Winter noch weniger. Junge Zweigspitzen können im Winter gestutzt werden, um das Verzweigen zu fördern. Vermehrung durch Samen im Frühling oder durch halbreife Stecklinge im Sommer.
T. neriifolia. Siehe *T. peruviana.*
T. peruviana, syn. *T. neriifolia*, Abb. S. 66.

THLADIANTHA (Cucurbitaceae)
Gattung krautiger oder sommergrüner Rankenkletterer, beliebt wegen ihrer glockenförmigen, gelben Blüten und ihrer ovalen bis herzförmigen, mittelgrünen Blätter. Winterhart bis frostempfindlich, mind. 4°C. Benötigt einen geschützten Standort in voller Sonne und fruchtbaren, durchlässigen Boden. Vermehrung im Frühling durch Aussaat unter Glas oder Teilung Anfang Frühling.
T. dubia Abb. S. 174.

THLASPI (Cruciferae)
Täschelkraut
Gattung von ein- oder mehrjährigen Pflanzen, einige sind immergrün, die ihrer Blüten wegen gezogen werden. Kleine Pflanzen können »sich zu Tode blühen«, deshalb in den ersten 2 Jahren die Knospen entfernen, um das Wachstum zu unterstützen. Ist schwer in niedrigen Lagen zu ziehen und muß häufig erneut ausgesät werden. Geeignet für Geröll und Tröge. Ganz winterhart. Braucht Sonne und feuchten, aber durchlässigen Boden. Vermehrung durch Samen im Herbst.
T. alpinum. Immergrüne, rasenbildende Staude. H. 5 cm, Br. 10 cm. Trägt kleine, ovale, mittelgrüne Blätter und im Frühling Trauben kleiner, 4blättriger, weißer Blüten.
T. bulbosum. Horstbildende, knollige Staude. H. 8 cm, Br. 20 cm. Trägt breit ovale, graugrüne Blätter und im Sommer Trauben 4blättriger, dunkelvioletter Blüten. Geeignet für Steingärten.
T. macrophyllum. Siehe *Pachyphragma macrophyllum.*
T. rotundifolium Abb. S. 305.

THUJA (Cupressaceae). Siehe KONIFEREN.
Lebensbaum
T. koraiensis. Aufrechter Nadelbaum, der sich manchmal ausbreitet und buschig wird. H. 3–10 m, Br. 3–5 m. Völlig winterhart. Die schuppenartigen Blätter sind hellgrün oder gelbgrün an der Oberseite und graugrün-silbrig an der Unterseite. Die Blätter riechen nach Mandeln, wenn sie zerrieben werden.
T. occidentalis. Langsam wachsende Konifere mit schmaler Krone. H. 15 m, Br. 3–5 m. Völlig winterhart. Hat orangebraune Rinde und flache Zweige schuppenartiger, gelblich grüner Blätter mit blasser oder grau-grüner Unterseite. Die Blätter riechen nach Äpfeln, wenn man sie zerreibt. Die eiförmigen Zapfen sind gelbgrün und werden mit der Zeit braun. **'Caespitosa'** (Abb. S. 82), H. 30 cm, Br. 40 cm, ist eine polsterförmige Zwergform. **'Fastigiata'**, H. bis 15 m, Br. bis 5 m, ist breit säulenförmig und trägt aufrechte, sich ausbreitende Zweige mit hellgrünen Nadeln. **'Filiformis'** (Abb. S. 83). H. 1,5 m, Br. 1,5–2 m, gedrungene Kegelform mit hängenden, peitschenähnlichen Trieben. **'Hetz Midget'**, H. und Br. 50 cm, wächst nur 2,5 cm pro Jahr und ist eine kugelförmige Zwergart mit blaugrünen Nadeln. **'Holmstrup'**, H. 3–4 m, Br. 1 m, wächst langsam, dicht und kegelförmig mit sattgrünen Nadeln. **'Little Champion'**, H. und Br. 50 cm oder mehr, ist eine kugelförmige Zwergform, die anfangs kegelförmig wächst, Nadeln im Winter braun. **'Lutea Nana'**, H. 2 m, Br. 1–2 m, ist eine Zwergart mit gold-gelben Nadeln. **'Rheingold'**, H. 3–4 m, Br. 2–4 m, wächst langsam, trägt goldgelbe Nadeln, die im Winter bronzefarben werden. **'Smaragd'**, H. 2–2,5 m, Br. 60–75 cm, wächst langsam und kegelförmig, mit aufrechten Zweigen und hellgrünen Nadeln. **'Spiralis'**, H. 10–15 m, Br. 2–3 m, trägt gedrehte, farnähnliche Zweige. **'Woodwardii'**, H. 2,5 m, Br. bis 5 m, wächst sehr langsam und ist kugelförmig mit mittelgrünen Nadeln.
T. orientalis, syn. *Biota orientalis, Platycladus orientalis.* Konifere mit unregelmäßig runder Krone. H. 10–15 m, Br. 5 m. Völlig winterhart. Faserige Rinde und flache, vertikale Zweige mit schuppenähnlichen, geruchlosen, dunkelgrünen Nadeln. Eiförmige, blaugrüne Zapfen. **'Aurea Nana'** (Abb. S. 83), H. und Br. 60 cm, ist eine Zwergform mit gelbgrünen Nadeln, die im Winter bronzefarben werden. **'Semperaurea'** (Abb. S. 83), H. 3 m, Br. 2 m, wächst kompakt, trägt goldfarbene Nadeln.
T. plicata. Schnellwachsender, kegelförmiger Nadelbaum mit großen, gebogenen, abstehenden Ästen. H. 20–30 m, Br. 5–8 m, höher, wenn die unteren Äste sich bewurzeln. Ganz winterhart. Trägt rotbraune Rinde, schuppenartige, glänzende, dunkelgrüne Blätter, die nach Ananas riechen, wenn sie zerrieben werden, und aufrechte, eiförmige, grüne Zapfen, die mit der Zeit braun werden.

'Atrovirens' trägt dunkler grüne, **'Aurea'** goldgelbe Nadeln. **'Collyer's Gold'** (Abb. S. 83), H. bis 2 m, Br. 1 m, ist eine Zwergform mit Blättern, die anfangs gelb sind und sich später hellgrün verfärben. **'Cuprea'**, H. 1 m, Br. 75 cm–1 m, ist ein kegelförmiger Strauch mit kupferfarbenen bis bronze-gelben Blättern. **'Hillieri'** (Abb. S. 83), H. und Br. bis 1 m, ist ein langsam wachsender, dichter, runder Zwergstrauch mit moosähnlichen, sattgrünen Blättern. **'Stoneham Gold'** (Abb. S. 83), H. 1–2 m, Br. 1 m, ist eine kegelförmige Zwergart mit hellgoldfarbenen Blättern. **'Zebrina'**, H. 15 m, trägt Blätter mit gelblich weißen Streifen.

THUJOPSIS (Cupressaceae). Siehe KONIFEREN.
T. dolabrata. Kegelförmiger oder buschiger Nadelbaum mit vielen Zweigen. H. 10–20 m, Br. 8–10 m. Ganz winterhart. Schwere, flache Zweige mit schuppenartigen, an der Oberseite glänzend hellgrünen, an der Unterseite silbrig weißen Blättern. Kleine, runde, blaugrüne Zapfen. **'Variegata'** Abb. S. 81.

THUNBERGIA (Acanthaceae)
Gattung von Einjährigen oder immergrünen Stauden, Kletterwinden und Sträuchern, ihrer Blüten wegen beliebt. Bedingt winterhart bis frostempfindlich, mind. 10–15°C. Jeder fruchtbare, durchlässige Boden ist geeignet mit praller Sonne oder leichtem Schatten im Sommer. In der Wachstumszeit reichlich gießen, sonst weniger. Benötigt Stützen. Pflanzen im Frühling auslichten. Vermehrung durch Samen im Frühling oder durch krautige oder halbreife Stecklinge im Sommer.
T. alata (Schwarzäugige Susanne) Abb. S. 174.
T. coccinea. Immergrüne, verholzende, mehrjährige Kletterwinde mit schmal ovalen Blättern. H. 6 m oder mehr. Frostempfindlich, mind. 15°C. Hängende Trauben röhrenförmiger, scharlachroter Blüten im Winter/Frühling.
T. grandiflora. Immergrüne, verholzende, mehrjährige Kletterwinde. H. 6–10 m, frostempfindlich, mind. 10°C. Ovale, 10–20 cm lange Blätter, gewöhnlich mit wenigen, zahnähnlichen Lappen. Im Sommer erscheinen trompetenförmige, blaß- bis tief-violett-blaue Blüten.
T. gregorii Abb. S. 175.
T. mysorensis Abb. S. 165.

THYMUS (Labiatae)
Thymian
Gattung immergrüner, mattenbildender und hügelförmiger Sträucher, Halbsträucher und am Grund verholzender Stauden mit aromatisch duftenden Blättern. Geeignet für Böschungen, Steingärten, Tröge und Pflastersteine. Ganz bis halb winterhart. Benötigt Sonne und feuchten, aber durchlässigen Boden. Vermehrung durch krautige oder halbausgereifte Stecklinge im Sommer.
T. caespititius Abb. S. 315.
T. carnosus, syn. *T. nitidus* hort. Immergrüner, sich ausbreitender Strauch. H. und Br. 20 cm. Winterhart. Trägt winzige, schmal ovale, aromatische Blätter. Aufrechte Blütenzweige tragen im Sommer Quirle kleiner, zweilippiger, weißer Blüten. Benötigt einen geschützten Standort.
T. × citriodorus **'Aureus'**. Immergrüner, sich ausbreitender Strauch. H. 10 cm, Br. 10–25 cm. Winterhart. Goldgelbe, winzige, rundliche bis ovale Blätter, die sehr stark duften, wenn sie zerrieben werden. Trägt endständige Scheinähren kleiner, zweilippiger, lilafarbener Blüten im Sommer. Im Frühling zurückschneiden. **'Silver Queen'** mit silbrig weißen Blättern.
T. herba-barona Abb. S. 321.
T. leucotrichus Abb. S. 321.
T. nitidus hort. Siehe *T. carnosus*.
T. **'Porlock'**. Immergrüne, hügelförmige Staude. H. 8 cm, Br. 20 cm. Ganz winterhart. Die dünnen Triebe sind bedeckt mit kleinen, runden bis ovalen, sehr aromatischen, glänzenden, grünen Blättern. Trägt im Sommer Büschel kleiner, zweilippiger, rosa Blüten.
T. praecox. Immergrüne, kriechende Staude. H. 1 cm, Br. unbestimmt. Ganz winterhart. Niederliegende, holzige Triebe sind eingehüllt in winzige, ovale bis längliche, aromatische, grüne Blätter. Im Sommer entstehen kleine Büschel kleiner, zweilippiger, violetter, malvenfarbener oder weißer Blüten. **'Annie Hall'**, H. 5 cm, Br. 20 cm, trägt blaßrosa Blüten und hellgrüne Blätter. **'Elfin'**, H. 5 cm, Br. 10 cm, trägt smaragdgrüne Blätter in dichten, kleinen Polstern und manchmal violette Blüten.
T. pseudolanuginosus. Immergrüner, niederliegender Strauch. H. 2,5–5 cm, Br. 20 cm oder mehr. Ganz winterhart. Bildet dichte Matten; stark behaarte Triebe mit winzigen, aromatischen, grauen Blättern. Im Sommer entstehen in den Blattachseln zweilippige, rosa-lilafarbene Blüten.

TIARELLA (Saxifragaceae)
Schaumblüte
Gattung von Stauden, einige sind immergrün und verbreiten sich durch Ausläufer. Ausgezeichneter Bodendecker. Ganz winterhart. Verträgt tiefen Schatten und bevorzugt feuchten, aber durchlässigen Boden. Vermehrung durch Teilung im Frühling.
T. cordifolia Abb. S. 287.
T. wherryi. Langsam wachsende, horstbildende Staude. H. 10 cm, Br. 15 cm. Formt Hügel aus dreieckigen, gelappten, behaarten, grundständigen, grünen Blättern mit roten Flecken und herzförmigen Ansätzen. Trägt von Ende Frühling bis Frühsommer Trauben winziger, sternförmiger, zart rosa oder weißer Blüten.

TIBOUCHINA (Melastomataceae)
Gattung von mehrjährigen Pflanzen, Halbsträuchern, Sträuchern und Kletterpflanzen, die ihrer Blüten und Blätter wegen gezogen werden. Frostempfindlich, mind. 5–7°C. Bevorzugt direkte Sonne und fruchtbaren, durchlässigen, neutralen bis sauren Boden. Topfpflanzen in der Wachstumszeit reichlich gießen, sonst nur mäßig. Verblühte Triebe im Frühling bis auf 2 Knospenpaare zurückschneiden. Triebspitzen junger Pflanzen stutzen, um das Verzweigen zu fördern. Vermehrung durch krautige oder halbreife Stecklinge Ende Frühling oder im Sommer.
T. semidecandra. Siehe *T. urvilleana*.
T. urvilleana, syn. *T. semidecandra*, Abb. S. 90.

TIGRIDIA (Iridaceae)
Pfauenblume, Tigridie
Gattung sommerblühender Knollen, beliebt wegen ihrer äußerst farbenprächtigen, aber kurzlebigen Blüten. Sie sind eher irisähnlich in der Form mit drei großen, äußeren Kronblättern. Bedingt winterhart. Benötigt Sonne und durchlässigen Boden mit genügend Wasser im Sommer. Im Frühling pflanzen. Im Herbst herausnehmen und dann die Knollen teilweise trocknen und in Torf oder Sand bei 8–12°C aufbewahren. Vermehrung durch Samen im Frühling.
T. pavonia Abb. S. 353.

TILIA (Tiliaceae)
Linde
Gattung laubabwerfender Bäume, beliebt wegen ihrer duftenden, kleinen, becherförmigen Blüten und ihres imposanten Habitus. Die Blüten ziehen Bienen an, sind aber in manchen Fällen für sie giftig. Völlig winterhart. Benötigt Sonne oder Halbschatten und fruchtbaren, durchlässigen Boden. Vermehrung der Arten durch Aussaat, Selektionen und Sorten durch Veredlung im Spätsommer. Außer *T. × euchlora* werden die Bäume meist von Blattläusen befallen, die die Pflanze und den Boden darunter mit klebrigem Honigtau bedecken.
T. americana. Laubabwerfender, sich ausbreitender Baum. H. 25 m, Br. 12 m. Trägt große, runde, scharf gezähnte, glänzende, dunkelgrüne Blätter und im Sommer kleine, gelblich-weiße Blüten.
T. cordata (Winterlinde). Laubabwerfender, sich ausbreitender Baum. H. 30 m, Br. 12 m. Trägt kleine, runde, glänzende, dunkelgrüne Blätter und im Hochsommer kleine, gelblich-weiße Blüten. **'Greenspire'**, Br. 8 m, ist sehr kräftig und wächst bereits anfangs pyramidenförmig. **'Rancho'** Abb. S. 53.
T. × euchlora. Laubabwerfender, sich ausbreitender Baum, dessen untere Äste mit zunehmendem Alter herabhängen. H. 20 m, Br. 10 m. Runde, sehr glänzende, tiefgrüne Blätter färben sich im Herbst gelb. Trägt im Sommer kleine, gelblichweiße Blüten, die für Bienen giftig sind. Ist wenig krankheitsanfällig.
T. × europaea. Kräftiger, laubabwerfender, sich ausbreitender Baum. H. 35 m, Br. 15 m. Der Stamm mit vielen Wucherungen. Trägt runde, dunkelgrüne Blätter und im Sommer kleine, gelblich-weiße, für Bienen giftige Blüten. Triebe an den Wucherungen am Grund regelmäßig entfernen.
T. henryana. Laubabwerfender, sich ausbreitender Baum. H. und Br. 10 m. Breit herzförmige, glänzende, hellgrüne Blätter, lang gezähnt und gefranst, sind anfangs rot getönt. Trägt im Herbst zahlreiche kleine, cremeweiße Blüten.
T. mongolica. Laubabwerfender, sich ausbreitender, reizvoller Baum. H. 15 m, Br. 12 m. Die jungen Zweige sind rot. Breit herzförmige, grob gezähnte, glänzende, dunkelgrüne Blätter färben sich im Herbst gelb. Im Sommer kleine, gelblichweiße Blüten.
T. oliveri Abb. S. 41.
T. **'Petiolaris'** (Hängende Silberlinde) Abb. S. 42.
T. platyphyllos (Sommerlinde). Laubabwerfender, sich ausbreitender Baum. H. 30 m, Br. 20 m. Runde, dunkelgrüne Blätter und im Sommer kleine, gelblich-weiße Blüten. **'Princess Street'** wächst aufrecht und hat im Winter hellrote Zweige.
T. tomentosa (Silberlinde). Laubabwerfender, sich ausbreitender Baum. H. 25 m, Br. 20 m. Große, runde, scharf gezähnte Blätter mit dunkelgrüner Ober- und weißer Unterseite. Im Spätsommer entstehen stark duftende, kleine, weiße, für Bienen giftige Blüten.

TILLANDSIA (Bromeliaceae)
Gattung immergrüner, epiphytischer, mehrjähriger Pflanzen, die oft Rosetten bilden, einige verzweigen sich und haben spiralig angeordnete Blätter, alle sind beliebt wegen ihrer Blüten oder ihrer Gesamterscheinung. Frostempfindlich, mind. 7–10°C. Benötigt Halbschatten. Substrat aus gleichen Teilen humusreicher Erde und entweder Torfmoos, Rinde oder Polystyrolflocken, wie sie bei der Orchideenkultur verwendet werden. Kann auch auf Rindenstücken oder Baumstücken gezogen werden. Mit weichem Wasser im Sommer mäßig gießen, sonst sparsam. Pflanzen, die auf Rinde oder Baumstücken wachsen, von Mitte Frühling bis Mitte Herbst mehrmals die Woche mit Wasser besprühen. Vermehrung durch Kindel oder Teilung im Frühling.
T. argentea (Abb. S. 222). Immergrüne, epiphytische, mehrjährige Pflanze mit grundständiger Rosette. H. und Br. 10–15 cm. Sehr schmale, fast fadenähnliche Blätter, die mit weißen Schuppen bedeckt sind und in dichten, fast runden Rosetten wachsen mit einer fleischigen, zwiebelähnlichen, Basis. Trägt im Sommer kleine, lockere Trauben röhrenförmiger, roter Blüten.
T. caput-medusae (Abb. S. 222). Immergrüne, epiphytische, mehrjährige Pflanze mit grundständiger Rosette. H. und Br. 15 cm oder mehr. Linealische, gefurchte, gedrehte und eingerollte Blätter, die mit grauen Schuppen bedeckt sind, wachsen in lockeren Rosetten, die eine hohle Scheinzwiebel am Grund bilden. Trägt im Sommer Ähren röhrenförmiger, violett-blauer Blüten über den Blättern.
T. cyanea (Abb. S. 222). Immergrüne, epiphytische, mehrjährige Pflanzen mit grundständiger Rosette. H. und Br. 25 cm. Bildet dichte Rosetten linealischer, spitzer, gefurchter, überhängender, gewöhnlich tiefgrüner Blätter. Trägt im Sommer inmitten der Blätter breit ovale, messerförmige Ähren mit stiefmütterchenähnlichen, tiefviolett-blauen Blüten, die aus rosa oder roten Deckblättern hervorgehen.
T. fasciculata Abb. S. 222. Immergrüne, epiphytische, mehrjährige, grundständige Rosettenpflanze. H. und Br. 30 cm oder mehr. Trägt dichte Rosetten schmaler, dreieckiger, spitz zulaufender, gebogener, mittelgrüner Blätter und im Sommer direkt über den Blattspitzen flache Ähren röhrenförmiger, violett-blauer Blüten, die aus roten oder rötlich-gelben Deckblättern hervorragen. Die Deckblätter benötigen helles Licht, damit sie sich rötlich färben.
T. ionantha. Immergrüne, klumpenformende, epiphytische, stammlose, rosettige, mehrjährige Pflanze. H. und Br. 12 cm. Dichte Rosetten bilden linealische, nach innen gedrehte, überhängende, mit grauen Schuppen bedeckte Blätter, die Herzblätter färben sich zur Blütezeit rot. Direkt über den Blättern erscheinen Ähren röhrenförmiger, violett-blauer blüten, die im Sommer aus schmalen, weißen Deckblättern hervorgehen.
T. lindenii (Abb. S. 222). Immergrüne, epiphytische, stammlose, rosettige, mehrjährige Pflanze. H. und Br. 40 cm. Linea-

lische, spitze, gefurchte, überhängende, mittelgrüne Blätter mit rotbraunen Streifen bilden dichte Rosetten. Im Sommer entstehen messerförmige Ähren breiter, stiefmütterchenähnlicher, tiefblauer Blüten über dem Laub, die hinter den manchmal rosarot getönten Deckblättern erscheinen.
T. recurvata. Immergrüne, epiphytische, mehrjährige Pflanze mit grundständiger Rosette. H. und Br. 10–20 cm. Trägt lange, lockere, zweigähnliche, manchmal verzweigte Rosetten linealischer, gebogener bis zurückgerollter Blätter, die dicht mit silbrig grauen Schuppen bedeckt sind. Im Sommer direkt über den Blättern kurze, dichte Ähren kleiner, röhrenförmiger, blaßblauer oder blaßgrüner Blüten.
T. stricta (Abb. S. 222). Immergrüne, klumpenformende, epiphytische, mehrjährige Pflanze mit grundständiger Rosette. H. und Br. 20–30 cm. In dichten Rosetten stehen schmale, dreieckige, spitz zulaufende, gebogene, mittelgrüne Blätter, gewöhnlich mit grauen Schuppen. Üblicherweise im Sommer gehen große, röhrenförmige, blaue Blüten aus hängenden, kegelförmigen Ähren hellroter Deckblätter hervor.
T. usneoides (Abb. S. 222). Immergrüne, hängende, epiphytische, mehrjährige Pflanze. H. 1 m oder mehr, Br. 10–20 cm. Schmale, verzweigte, herabhängende Triebe tragen linealische, nach innen gebogene Blätter, die dicht mit weißen Schuppen bedeckt sind. Im Sommer bilden sich im Laub versteckt unauffällige, röhrenförmige, grünlich-gelbe oder blaßblaue Blüten.

TIPUANA (Leguminosae)
Monotypische Gattung immergrüner, frühlingsblühender Bäume, beliebt wegen ihrer Blüten und ältere Pflanzen auch wegen ihrer Gesamterscheinung und als Schattenspender. Sind unter bestimmten Umständen sommergrün. Frostempfindlich, mind. 10–13 °C. Benötigt volles Licht und fruchtbaren, durchlässigen Boden. Kübelpflanzen blühen nicht. Junge Exemplare können im Winter gestutzt werden. Vermehrung durch Samen im Frühling.
T. speciosa. Siehe *T. tipu*.
T. tipu, syn. *T. speciosa*. Schnell wachsender, hauptsächlich immergrüner, buschiger Baum. H. 10 m, Br. 8–10 m. 25 cm lange Blätter mit 11–25 ovalen Blättchen. Trägt üppige Trauben hellorange-gelber, 3 cm breiter Schmetterlingsblüten im Frühling und kurze, holzige, geflügelte, bräunliche Hülsen im Herbst/Winter.

TITANOPSIS (Aizoaceae)
Gattung mehrjähriger Sukkulenten, am Grund rosettig, bildet nach einiger Zeit kleine, dichte Büschel. Trägt 6–8 gegenständige, fleischige, dreieckige, 2–3 cm lange, keulenförmige Blätter. Frostempfindlich, mind. 8 °C. Benötigt Sonne und durchlässigen Boden. Vermehrung durch Samen im Frühling oder im Sommer.
T. calcarea Abb. S. 399.
T. schwantesii. Büschelbildende, mehrjährige Sukkulente. H. 3 cm, Br. 10 cm. Bildet eine Rosette aus dreieckigen, graublauen Blättern mit abgerundeten Ecken, die mit kleinen, gelbbraunen Warzen bedeckt sind. Im Sommer/Herbst gänseblümchenähnliche, hellgelbe, 2 cm breite Blüten.

TITHONIA (Compositae)
Gattung einjähriger Pflanzen. Halb winterhart. In Sonne und fruchtbarem, durchlässigem Boden ziehen. Stützen und regelmäßig Verblühtes entfernen. Vermehrung durch Aussaat unter Glas im späten Winter oder Anfang Frühling.
***T. rotundifolia* 'Torch'** Abb. S. 284.

TOLMIEA (Saxifragaceae)
Monotypische Gattung mehrjähriger Pflanzen, manchmal halbimmergrün und als Bodendecker gezogen. Geeignet für kühle Gärten mit Baumbestand. Ganz winterhart. Bevorzugt Schatten und benötigt durchlässigen, sauren bis neutralen Boden. Vermehrung durch Teilung im Frühling oder durch Samen im Herbst.
T. menziesii. Mattenformende, manchmal halbimmergrüne Staude. H. 45–60 cm, Br. 30 cm oder mehr. Junge Pflänzchen entstehen am Blattgrund der efeuförmigen, mittelgrünen Blätter, wo der Blattstiel ansetzt. Im Frühling bilden sich Ähren winziger, herabhängender, röhren- bis glockenförmiger, grüner und schokoladenbrauner Blüten.

TOLPIS (Compositae)
Gattung sommerblühender, ein- und mehrjähriger Pflanzen. Völlig winterhart. In Sonne und fruchtbarem, durchlässigem Boden ziehen. Vermehrung im Frühling durch Freilandaussaat.
T. barbata. Mäßig schnell wachsende, aufrechte, verzweigte, einjährige Pflanze. H. 45–60 cm, Br. 30 cm. Trägt lanzettliche, gezähnte, mittelgrüne Blätter. Im Sommer entstehen hellgelbe Blütenköpfe, 2,5 cm oder mehr im Durchmesser, mit kastanienbrauner Mitte.
Toona sinensis. Siehe *Cedrela sinensis*.

TORENIA (Scrophulariaceae)
Gattung ein- und mehrjähriger Pflanzen. Bedingt winterhart bis frostempfindlich, mind. 5 °C. Wächst im Halbschatten an einem geschützten Standort und in fruchtbarem, durchlässigem Boden. Junge Pflanzen stutzen, um buschigen Wuchs zu fördern. Vermehrung Anfang Frühling durch Aussaat unter Glas.
T. fournieri Abb. S. 277.

TORREYA (Cephalotaxaceae). Siehe KONIFEREN.
Nußeibe
T. californica Abb. S. 79.

TOVARA (Polygonaceae)
Gattung mehrjähriger Pflanzen, beliebt wegen ihres Laubes. Ganz winterhart. Verträgt Sonne oder Schatten. Benötigt fruchtbaren, feuchten Boden. Vor Wind schützen, da er die Blätter beschädigen kann. Vermehrung durch Teilung im Frühling oder durch Stecklinge nicht-blühender Triebe Mitte Sommer.
***T. virginiana* 'Painter's Palette'** Abb. S. 245.

TOWNSENDIA (Compositae)
Gattung immergrüner, kurzlebiger, zwei- oder mehrjähriger Pflanzen, beliebt wegen ihrer gänseblümchenähnlichen Blütenköpfchen. Geeignet für das Alpinum, gedeiht schlecht in nassen Wintern. Ganz winterhart. Benötigt Sonne und feuchten Boden. Vermehrung durch Samen im Herbst.
T. grandiflora Abb. S. 323.
T. parryi. Immergrüne, kurzlebige, mehrjährige Rosettenpflanze. H. 7–15 cm, Br. 5 cm. Ende Frühling über löffelförmigen Blättern gänseblümchenähnliche, lavendelfarbene oder violett-blaue Blütenköpfchen mit leuchtendgelber Mitte.

TRACHELIUM, syn. DIOSPHAERA (Campanulaceae)
Gattung kleiner, mehrjähriger Pflanzen, geeignet für Steingärten und gemischte Beete. Manche eignen sich gut für das Alpinum. Die Blüten der bedingt winterharten Arten sind ideal als Schnittblumen. Ganz bis bedingt winterhart; aber ganz winterharte Arten müssen im Winter unter Glas geschützt sein, weil sie feuchte Bedingungen verübeln. An sonnigem, geschütztem Standort in fruchtbarem, sehr durchlässigem Boden ziehen. (*T. asperuloides* bevorzugt sehr kalkhaltigen Boden). Vermehrung durch Samen Anfang oder Mitte Frühling oder durch Kopfstecklinge im Frühling.
T. caeruleum Abb. S. 274.

TRACHELOSPERMUM (Apocynaceae)
Sternjasmin
Gattung immergrüner, verholzter Kletterwinden. Milchsaft tritt beim Schneiden aus. Frosthart. Wächst in jedem gut durchlässigen Boden, in Sonne oder Halbschatten. Vermehrung durch Samen im Frühling, durch Ableger im Sommer oder durch halbreife Stecklinge im Spätsommer oder Herbst.
T. asiaticum. Immergrüne, verholzte, verzweigte Kletterwinde. H. bis 6 m. Ovale, glänzende, 2,5 cm lange, dunkelgrüne Blätter. Trägt im Sommer duftende, röhrenförmige, cremefarbene Blüten mit breiterem Mund, die mit der Zeit gelb werden. Paare langer, schmaler, 12–22 cm langer Früchte mit seidigen Samen.
T. jasminoides Abb. S. 165.

TRACHYCARPUS (Palmae)
Gattung immergrüner, sommerblühender Palmen, beliebt wegen ihres Habitus, ihrer Blätter und Blüten. Winterhart. Benötigt direkte Sonne und gedeiht in der Jugend am besten an einem vor starkem, kaltem Wind geschützten Standort. Braucht fruchtbaren, durchlässigen Boden. Vermehrung durch Samen im Herbst oder Frühling.
T. fortunei (Fächerpalme) Abb. S. 57.

TRACHYMENE (Umbelliferae)
Gattung sommerblühender, einjähriger Pflanzen. Bedingt winterhart. Gedeiht an sonnigem, geschütztem Standort und in fruchtbarem, durchlässigem Boden. Mit Stäben stützen. Vermehrung Anfang Frühling durch Aussaat unter Glas.
T. coerulea, syn. *Didiscus coeruleus*. Mäßig schnell wachsende, aufrechte, verzweigte, einjährige Pflanze. H. 45 cm, Br. 20 cm. Trägt tief geteilte, blaßgrüne Blätter und im Sommer runde, bis 5 cm breite Köpfchen winziger, blauer Blüten, die sich ausgezeichnet als Schnittblumen eignen.

TRADESCANTIA (Commelinaceae)
Dreimasterblume
Gattung von Stauden, von denen einige immergrün sind und die ihrer Blüten und ihres schönen Laubwerks wegen gezogen werden. Ganz winterhart bis frostempfindlich, mind 10–15 °C. Gedeiht in fruchtbarem, feuchtem bis trockenem Boden, in Sonne oder im Halbschatten. Kriechende Arten zurückschneiden oder vermehren, wenn sie unschön werden. Winterharte Arten durch Teilung vermehren, frostempfindliche Arten durch Kopfstecklinge im Frühling, Sommer oder Herbst.
T. albiflora. Siehe *T. fluminensis*.
T. blossfeldiana. Siehe *T. cerinthoides*.
T. cerinthoides, syn. *T. blossfeldiana*. Immergrüne, kriechende, mehrjährige Pflanze, H. 5 cm, Br. unbestimmt. Frostempfindlich. Schmal ovale, fleischige, bis 10 cm lange, glänzende, stengelumfassende Blätter mit dunkelgrüner Oberseite und violetter Unterseite mit langen, weißen Haaren. Trägt periodisch Trauben winziger, rosaroter Blüten mit weißer Mitte, die von zwei blattähnlichen Deckblättern umgeben sind. Die Blätter von **'Variegata'** haben cremefarbene Längsstreifen.
T. fluminensis, syn. *T. albiflora*. Immergrüne, mehrjährige Pflanze mit kriechenden, wurzelnden Trieben. H. 5 cm, Br. bis 60 cm oder mehr. Frostempfindlich. Ovale, fleischige, 4 cm lange, stengelumfassende Blätter mit glänzendgrüner Oberseite und manchmal violett überhauchter Unterseite. Trägt unregelmäßige Trauben winziger, weißer, in zwei blattähnliche Deckblätter eingeschlossene Blüten. **'Albovittata'** und **'Variegata'** Abb. S. 256.
***T.* 'J. C. Weguelin'.** Horstbildende Staude, H. bis 60 cm, Br. 45 cm. Völlig winterhart. Schmal lanzettliche, fleischige, 15–30 cm lange, grüne Blätter umfassen den Stengel. Im Sommer Trauben von 3blättrigen, lavendelblauen Blüten, 2,5 cm oder mehr im Durchmesser, die von zwei blattähnlichen Deckblättern umgeben sind.
T. navicularis. Siehe *Callisia navicularis*.
***T.* 'Osprey'** Abb. S. 233.
T. pallida, syn. *Setcreasea purpurea*. **'Purple Heart'** Abb. S. 259.
T. pexata. Siehe *T. sillamontana*.
***T.* 'Purple Dome'** Abb. S. 241.
T. purpusii. Siehe *T. zebrina* 'Purpusii'.
T. sillamontana, syn. *T. pexata*.
T. velutina Abb. S. 259.
T. spathacea, syn. *Rhoeo discolor, R. spathacea*. Immergrüne, horstbildende, mehrjährige Pflanze. H. 50 cm, Br. 25 cm. Frostempfindlich. Kurze Triebe tragen Rosetten lanzettlicher, fleischiger, bis 30 cm langer Blätter mit glänzendgrüner Ober- und violetter Unterseite. Das ganze Jahr über entstehen winzige, weiße Blüten in bootförmige, blattähnliche Deckblätter eingehüllt. **'Vittata'** hat Blätter mit blaßgelben Längsstreifen.
T. velutina. Siehe *T. sillamontana*.
T. zebrina, syn. *Zebrina pendula,* Abb. S. 257. **'Purpusii'** (syn. *T. purpusii*) ist eine kräftig wachsende, immergrüne, kriechende oder mattenbildende mehrjährige Pflanze. H. 10 cm, Br. unbestimmt. Frostempfindlich. Trägt elliptische, violett getönte, bläulich grüne Blätter und winzige, flach becherförmige, rosa Blüten. **'Quadricolor'** hat grün, rosa, rot und weiß gestreifte Blätter.

TRAPA (Trapaceae)
Wassernuß
Gattung sommergrüner, mehr- oder einjähriger, schwimmender Wasserpflanzen, ihrer Blätter und Blüten wegen beliebt. Winterhart bis frostempfindlich, mind.

5°C. Benötigt Sonne. Vermehrung im Frühling durch Samen, die man im Herbst sammelt und im Wasser oder in feuchtem Moos aufbewahrt.
T. natans Abb. S. 375.

TRICHOCEREUS (Cactaceae)
Gattung säulenförmiger, mehrjähriger Kakteen, wird manchmal zu *Echinopsis* gezählt. Ältere Pflanzen tragen stark duftende, nächtliche, trichterförmige Blüten, die sich mit der Zeit flach öffnen. Leicht zu ziehen, wird oft als Pfropfunterlage benutzt. Frostempfindlich, mind. 8–10°C. Benötigt Sonne und durchlässigen Boden. Vermehrung durch Samen oder Stecklinge im Frühling oder Sommer.
T. bridgesii Abb. S. 378.
T. candicans Abb. S. 382.
T. spachianus Abb. S. 379.

TRICHODIADEMA (Aizoaceae)
Gattung buschiger, mehrjähriger Sukkulenten mit holzigen oder knolligen Wurzeln und zylindrischen bis halb-zylindrischen Blättern. Frostempfindlich, mind. 5°C. Benötigt Sonne und durchlässigen Boden. Vermehrung durch Samen oder Stecklinge im Frühling oder Sommer.
T. densum. Büschelige, mehrjährige Sukkulente. H. 10 cm, Br. 20 cm. Zylindrische, blaßgrüne, 1–2 cm lange Blätter mit Büscheln weißer Borsten an den Spitzen. Wurzeln und die niederliegenden, grünen Triebe sind fleischig und bilden eine Stammbasis (Caudex). An den Triebenden im Sommer gänseblümchenähnliche, kirschrote Blüten, 3 cm im Durchmesser.
T. mirabile Abb. S. 389.

TRICHOSANTHES (Cucurbitaceae)
Haarblume
Gattung von einjährigen und immergrünen, mehrjährigen, rankenden Kletterpflanzen, die ihrer Früchte und ihrer allgemeinen Erscheinung wegen gezogen werden. Frostempfindlich, mind. 15–18°C. Benötigt direktes Sonnenlicht oder Halbschatten und humusreichen Boden. In der Wachstumszeit reichlich gießen, bei kühlem Wetter weniger. Stützen. Vermehrung im Frühling durch Samen bei mindestens 21°C.
T. anguina. Aufrechte bis ausgebreitete, einjährige, rankende Kletterpflanze. H. 3–5 m. Mittel- bis blaßgrüne, bis 20 cm lange Blätter, die breit oval, fast dreieckig und manchmal schwach drei- bis fünflappig sind. Im Sommer weiße, 2,5–5 cm breite Blüten mit fünf stark ausgefransten Blütenblättern. Die weiblichen Blüten stehen einzeln, die männlichen in Büscheln. Zylindrische, 60 cm und selten bis 2 m lange, oft gedrehte und gebogene Früchte sind grün und weiß gestreift und färben sich mit der Zeit blaßorange.
Tricuspidaria lanceolata. Siehe *Crinodendron hookerianum*.

TRICYRTIS (Liliaceae)
Krötenlilie
Gattung im Sommer und Herbst blühender Stauden mit Rhizom. Ganz winterhart. Wächst in der Sonne, in warmen Gebieten im Halbschatten. Benötigt humusreichen, feuchten Boden. Vermehrung durch Teilung im Frühling oder Samen im Herbst.
T. formosana, syn. *T. stolonifera,* Abb. S. 220.
T. hirta. Aufrechte Staude mit Rhizom. H. 30 cm, Br. 45 cm. Im Spätsommer und Anfang Herbst entstehen in den Achseln der obersten Blätter Trauben großer, offen glockenförmiger, weißgefleckter, violetter Blüten. Die schmal ovalen, behaarten, dunkelgrünen Blätter umfassen den Stengel. Var. ***alba*** Abb. S. 249.
T. macrantha. Aufrechte Staude mit Rhizom. H. und Br. 60 cm. Trägt Anfang Herbst lockere Büschel offen glockenförmiger, blaßgelber Blüten, die hellbraun gefleckt sind und endständig an überhängenden Stengeln stehen. Kleine ovale, dunkelgrüne Blätter.
T. stolonifera. Siehe *T. formosana*.

TRIFOLIUM (Leguminosae)
Klee
Gattung ein-, zwei- und mehrjähriger Pflanzen, von denen einige halbimmergrün sind, mit runden, gewöhnlich dreilappigen Blättern und Blütenköpfen aus Schmetterlingsblüten. Manche Arten eignen sich für Steingärten und Böschungen, andere für die Landwirtschaft. Viele wuchern. Ganz bis winterhart. Benötigt Sonne und durchlässigen Boden. Vermehrung durch Teilung im Frühling oder durch Samen im Herbst. Sät sich leicht selbst aus.
***T. repens* 'Purpurascens'** (Roter Klee) Abb. S. 328.

TRILLIUM (Liliaceae)
Dreiblatt
Gattung von Stauden mit Kelchblättern, Kronblättern und Blättern, die 3quirlig angeordnet sind. Ausgezeichnet für Gärten mit Baumbestand geeignet. Die Arten *T. cuneatum* und *T. sessile* werden oft als *T. chloropetalum* gezogen. Ganz winterhart. Bevorzugt tiefen oder teilweisen Schatten und fruchtbaren, feuchten, vorzugsweise neutralen bis sauren Boden. Vermehrung durch Teilung, nachdem das Laub abgestorben ist, im Sommer, oder durch Samen im Herbst.
T. cernum f. album Abb. S. 224.
T. chloropetalum Abb. S. 225.
T. erectum Abb. S. 226.
T. grandiflorum Abb. S. 225. **'Flore Pleno'** ist eine horstbildende Staude. H. 38 cm, Br. 30 cm. Im Frühling entstehen einzeln große, gefüllte, rein weiße Blüten, die mit der Zeit rosa werden. Trägt breite, ovale, große, dunkelgrüne Blätter.
T. nivale. Anfang Frühling blühende Staude mit Rhizom. H. 7 cm, Br. 10 cm. Ovale Blätter in dreier Quirlen entstehen gleichzeitig wie die nach außen gerichteten, leicht hängenden, weißen Blüten mit drei schmalen, ovalen Kronblättern. Gedeiht im Alpinum oder im Trog. Schwierig zu ziehen.
T. ovatum Abb. S. 225.
T. rivale Abb. S. 305.
T. sessile Abb. S. 226.
T. undulatum. Horstbildende Staude. H. 10–20 cm, Br. 15–20 cm. Die offen röhrenförmigen Blüten haben rot umrandete, grüne Kelchblätter und drei weiße oder rosarote Kronblätter mit einem karmesinroten Streifen am Grund. Sie entstehen einzeln im Frühling über den breiten, ovalen, blaugrünen Basalblättern.

TRIPETALEIA (Ericaceae)
Gattung laubabwerfender Sträucher (nur eine Art), die ihrer Blätter wegen gezogen werden. Wird jetzt oft zu *Elliottia* gezählt. Ganz winterhart. Benötigt Halbschatten und feuchte, torfige, saure oder neutrale Erde. Vermehrung durch krautige Stecklinge im Sommer oder durch Samen im Herbst.
T. paniculata. Laubabwerfender, aufrechter Strauch. H. und Br. 1,5 m. Trägt von Mitte Sommer bis Anfang Herbst aufrechte Rispen rosarot getönter, weißer Blüten mit drei, manchmal vier oder fünf schmalen Blütenblättern. Die lanzettlichen, dunkelgrünen Blätter bleiben bis in den Herbst hinein grün.

TRIPTERYGIUM (Celastraceae)
Gattung laubabwerfender, kletternder oder sich windender Schlingpflanzen, beliebt wegen ihres Laubes und ihrer Früchte. Winterhart. Gedeiht in jedem fruchtbaren, durchlässigen Boden, in direkter Sonne oder leichtem Schatten. In der Wachstumszeit reichlich gießen, bei niedrigen Temperaturen weniger. Die Triebe stützen. Pflanzen im Winter oder Anfang Frühling ausdünnen. Vermehrung durch reife Samen im Frühling oder durch halbausgereifte Stecklinge im Sommer.
T. regelii. Laubabwerfende, kletternde oder sich windende Schlingpflanze mit schmalen Trieben. H. 10 m. Ovale, gewöhnlich sattgrüne Blätter. Im Spätsommer 20–25 cm lange Trauben kleiner, weißer Blüten, später blaßgrüne, dreiflügelige Früchte.

TRISTANIA (Myrtaceae)
Gattung immergrüner Bäume und Sträucher, die, wenn sie älter sind, ihrer Gesamterscheinung wegen und als Schattenspender gezogen werden. Verwandt mit *Eucalyptus*. Bedingt winterhart bis frostempfindlich, mind. 3–5°C. Bevorzugt fruchtbaren, durchlässigen Boden und direktes Licht. Außer leichtem Formschnitt der Pflanzen im Winter ist Stutzen nur selten nötig. Vermehrung durch Samen im Frühling oder durch halbausgereifte Stecklinge im Sommer.
T. conferta. Schnellwachsender, immergrüner Baum mit runder Krone. H. und Br. 15–40 cm. Frostempfindlich. Trägt lanzettliche, ledrige, glänzende Blätter und im Frühling weiße Blüten mit vorstehenden, federartigen, büscheligen Staubblättern. **'Variegata'** trägt cremefarben oder weiß gemusterte Blätter.

TRITELEIA (Liliaceae)
Frühlingsstern
Gattung Ende Frühling und Anfang Sommer blühender Knollen mit drahtigen Stielen, welche *Allium*-ähnliche Dolden röhrenförmiger Blüten tragen. Die langen, schmalen Blätter sterben gewöhnlich bei der Blüte ab. Winterhart. Benötigt einen offenen, aber geschützten, sonnigen Standort und durchlässigen Boden, der im Sommer bis zu einem gewissen Maß austrocknet. Ziehen Mitte bis Ende Sommer bis in den Winter oder Frühling ein. Während der Ruhezeit im frühen Herbst pflanzen. Vermehrung durch Samen oder Brutzwiebeln im Herbst.
T. hyacinthina, syn. *Brodiaea hyacinthina,* Abb. S. 350.
T. ixioides, syn. *Brodiaea ixioides*. Knolle, die im Frühsommer blüht. H. bis 50 cm, Br. 8–10 cm. Hat halbaufrechte, grundständige Bätter. Der Stiel trägt eine lockere, bis 12 cm breite Dolde gelber Blüten, deren Kronblätter einen violetten Streifen haben.
T. laxa, syn. *Brodiaea laxa*, Abb. S. 352.
T. penduncularis, syn. *Brodiaea penduncularis*. Knolle, die im Frühsommer blüht. H. 10–40 cm, Br. 10–15 cm. Trägt halbaufrechte Basalblätter. Der Stiel trägt eine lockere, bis 35 cm breite Dolde weißer, 1,5–3 cm langer, leicht blau getönter Blüten.

TRITONIA (Iridaceae)
Gattung von Knollen mit flachen Fächern schwertförmiger, aufrechter Blätter. Beliebt wegen ihrer Ähren bunter Blüten. Bedingt bis winterhart. Benötigt einen sonnigen, geschützten Standort und durchlässigen Boden. Knollen im Herbst pflanzen. (*T. rubrolucens* im Frühling). Trocken halten, wenn die Blätter im Sommer abzusterben beginnen (im Winter bei *T. rubrolucens*). Vermehrung durch Samen im Herbst oder durch Brutknollen zur Pflanzzeit.
T. crocata, syn. *T. hyalina*. Frühlingsblühende Knolle. H. 15–35 cm, Br. 5–8 cm. Bedingt winterhart. Trägt aufrechte Basalblätter. Die drahtigen Stiele tragen eine lockere Ähre mit bis zu 10 breiten, becherförmigen, orangen bis rosaroten Blüten mit 4–5 cm im Durchmesser und durchsichtigen Rändern.
T. hyalina. Siehe *T. crocata*.
T. rosea. Siehe *T. rubrolucens*.
T. rubrolucens, syn. *T. rosea, Crocosmia rosea*, Abb. S. 351.

TROCHOCARPA (Epacridaceae)
Gattung immergrüner Sträucher, die ihrer hängenden Blütenähren wegen gezogen werden. Winterhart bis frostempfindlich, mind. 7°C. Benötigt Sonne und feuchten, aber durchlässigen, torfigen, sandigen Boden. Vermehrung durch halbreife Stecklinge im Sommer.
T. thymifolia. Langsam wachsender, immergrüner, aufrechter Strauch. H. 30 cm, Br. bis 20 cm. Winterhart. Die Zweige sind mit winzigen, thymianähnlichen Blättern bedeckt. Trägt im Sommer/Herbst 4 cm lange Ähren winziger, glokkenförmiger, rosa Blüten. Geeignet für das Alpinum.

TROCHODENDRON (Trochodendraceae)
Monotypische Gattung immergrüner Bäume, die ihres Laubes und ihrer Blüten wegen gezogen werden. Winterhart, braucht aber Schutz vor starken, kalten Winden. Verträgt Sonne oder Schatten und benötigt feuchten, aber gut durchlässigen Boden, gedeiht nicht gut in sehr trockenem oder flachem, kalkigem Boden. Vermehrung durch halbreife Stecklinge im Sommer oder durch Samen im Herbst.
T. aralioides Abb. S. 57.

TROLLIUS (Ranunculaceae)
Trollblume
Gattung von im Frühling oder im Sommer blühender Stauden, die neben Wasserbecken oder Bächen gedeihen. Völlig winterhart. Verträgt Sonne oder Schatten. Gedeiht am besten in feuchtem Boden. Vermehrung durch Teilung Anfang Herbst oder durch Samen im Sommer oder Herbst.
***T.* 'Alabaster'** Abb. S. 229.
***T.* 'Earliest of All'.** Horstbildende Staude. H. 60 cm, Br. 45 cm. Im Frühling entstehen einzeln runde, buttergelbe Blüten über runden, tief geteilten, mittelgrünen Blättern.

T. europaeus Abb. S. 232. **'Canary Bird'** ist eine horstbildende Staude. H. 60 cm, Br. 45 cm. Trägt im Frühling kugelförmige, hellgelbe Blüten über runden, tief geteilten, mittelgrünen Blättern.
***T.* 'Goldquelle'.** Horstbildende Staude. H. 60 cm, Br. 45 cm. Im Frühling entstehen große, kugelförmige, sattorange, einzelne Blüten über rundem, tief geteiltem, mittelgrünem Laub.
***T.* 'Orange Princess'.** Horstbildende Staude. H. 75 cm, Br. 45 cm. Im Frühling entstehen einzeln kugelförmige, orangegoldene Blüten über tief geteilten, mittelgrünen Blättern.
T. pumilus Abb. S. 313.
T. yunnanensis. Horstbildende Staude. H. 60 cm, Br. 30 cm. Trägt breite, ovale Blätter mit 3–5 tiefen Lappen und spät im Frühling oder Sommer butterblumenähnliche, hellgelbe Blüten mit 4–6 cm im Durchmesser.

TROPAEOLUM (Tropaeolaceae)
Kapuzinerkresse
Gattung von ein- und mehrjährigen Pflanzen und krautigen Kletterpflanzen, die ihrer auffällig gefärbten Blüten wegen gezogen werden. Ganz winterhart bis frostempfindlich, mind. 5 °C. Die meisten Arten bevorzugen Sonne und durchlässigen Boden. Vermehrung im Frühling durch Samen, Knollen oder Stecklinge von den Trieben. Blattläuse und Raupen des Kohlweißlings und verwandte Schädlinge können zum Problem werden.
T. azureum. Krautige Blattstielkletterer mit kleinen Knollen. H. bis 1,2 m. Frostempfindlich. Die Blätter sind bis zu 5 cm breit mit fünf schmalen Lappen. Im Spätsommer öffnen sich kleine, violette Blüten mit eingekerbten Blütenblättern.
T. canariense. Siehe *T. peregrinum*.
T. majus. **'Alaska'** Abb. S. 283. **'Empress of India'** ist eine schnell wachsende, buschige, einjährige Pflanze, H. 20 cm, Br. 30 cm. Ganz winterhart. Trägt runde, mittelgrüne Blätter. Von Anfang Sommer bis Anfang Herbst entstehen trompetenförmige, gespornte, 5 cm breite, dunkelkarmesinrote Blüten.
Die **Gleam-Serie** wächst halb kriechend mit gefüllten Blüten, entweder in Einzelfarben oder in einer Mischung, die Scharlachrot, Gelb und Orange beinhaltet.
Jewel-Serie Abb. S. 285. Die Blüten der **'Peach Melba'**, H. bis 30 cm, sind blaßgelb mit scharlachroten Flecken. Die **Whirlybird-Serie**, H. bis 30 cm, trägt Einzelblüten in Mischungen oder Einzelfarben.
T. peregrinum, syn. *T. canariense*. Krautiger Blattstielkletterer. H. bis 2 m. Frostempfindlich. Graugrüne Blätter mit 5 breiten Lappen. Vom Sommer bis zu den ersten Frösten entstehen kleine, hellgelbe Blüten, deren zwei obere Blumenblätter viel größer und gefranst sind. Wird in kühlen Gebieten am besten einjährig gezogen.
T. polyphyllum Abb. S. 248.
T. speciosum Abb. S. 168.
T. tricolorum Abb. S. 163.
T. tuberosum Abb. S. 176. **'Ken Aslet'** Abb. S. 174.

TSUGA (Pinaceae). Siehe KONIFEREN.
Hemlocktanne
T. canadensis Abb. S. 79. **'Aurea'** (Abb. S. 83) ist ein breiter, kegelförmiger Nadelbaum, oft mehrstämmig. H. 5 m oder mehr, Br. 2–3 m. Völlig winterhart. Die Zweige sind grau mit spiralig angeordneten, flachen, anfangs goldgelben und im 2. Jahr grünen Nadeln. Die an der Spitze sind umgedreht und zeigen silbrige Bänder. Trägt eiförmige, hellbraune Zapfen. **'Bennett'**, H. 1–2 m, Br. 2 m, ist eine kompakte Zwergform mit überhängenden Zweigen und nestförmiger Vertiefung in der Mitte. F. ***pendula*** trägt hängende Zweige, die so gezogen werden können, daß sie eine schirmförmige Krone bilden. H. und Br. 3–5 m, oder – wenn man die Zweige am Boden ausgebreitet wachsen läßt – H. 50 cm, Br. 2–5 m.
T. caroliniana. Nadelbäume mit kegelförmiger oder eiförmiger Krone. H. 10–15 m, Br. 5–8 m. Ganz winterhart. Rotbraune Zweige tragen spiralig angeordnete, glänzende, dunkelgrüne Nadeln. Eiförmige, grüne Zapfen, die reif braun werden.
T. diversifolia. Konifere mit breiter, dichter Krone. H. 10–15 m, Br. 8–12 m. Ganz winterhart. Trägt orange Zweige und flache, glänzende, tiefgrüne Nadeln, die an der Unterseite weiß gestreift und spiralenförmig angeordnet sind. Die Zapfen sind dunkelbraun.
T. heterophylla. Kräftiger, kegelförmiger Nadelbaum mit herabhängenden Zweigen. H. 20–30 m, Br. 8–10 m. Ganz winterhart. Die grauen Zweige tragen spiralenförmig angeordnete, flache, dunkelgrüne Nadeln mit silbrigen Streifen an der Unterseite. Die blaßgrünen eiförmigen Zapfen werden reif dunkelbraun.
T. mertensiana. Schmal kegelförmiger Nadelbaum mit kurzen, waagrechten Zweigen. H. 8–15 m, Br. 3–6 m. Ganz winterhart. Die rotbraunen Zweige tragen flache, blau-grau-grüne oder graugrüne Nadeln, die spiralenförmig angeordnet sind. Die Zapfen sind zylindrisch und gelb-grün bis violett, werden reif dunkelbraun.
T. sieboldii. Breit kegelförmiger Nadelbaum. H. 15 m, Br. 8–10 m. Ganz winterhart. Trägt glänzende, lederfarbene Zweige mit flachen, glänzend dunkelgrünen Nadeln, die spiralenförmig angeordnet sind. Dunkelbraune, eiförmige Zapfen.

TSUSIPHYLLUM (Ericaceae)
Monotypische Gattung eines halbimmergrünen Strauches, beliebt wegen seiner Blüten. Ähnelt *Rhododendron* und eignet sich für Steingärten und Heidegärten. Winterhart. Benötigt Schatten und durchlässigen, torfigen, sandigen Boden. Vermehrung durch Kopfstecklinge im Frühling oder Frühsommer oder durch Samen im Herbst oder Frühling.
T. tanakae. Halbimmergrüner, sich ausbreitender Strauch. H. 15 cm oder mehr, Br. 25 cm. Die sparrigen, verzweigten Triebe tragen winzige, schmale, ovale, behaarte Blätter. Im Frühsommer entstehen kleine, röhrenförmige, weiße oder rosa-weiße Blüten an den Triebspitzen.

TUBERARIA (Cistaceae)
Gattung von einjährigen Pflanzen. Ganz winterhart. Wächst in Sonne und jedem durchlässigen Boden. Vermehrung durch Samen, die man im Frühling im Freien sät.
T. guttata, syn. *Helianthemum guttatum*. Mäßig schnell wachsende, verzweigte, aufrechte Einjährige. H. und Br. 10–30 cm. Trägt lanzettliche, behaarte, mittelgrüne Blätter und im Sommer gelbe Blüten, die am Grund der Kronblätter manchmal rot gefleckt sind und wie kleine, einfache Rosen aussehen.

TULBAGHIA (Liliaceae)
Gattung von halbimmergrünen, mehrjährigen Pflanzen. Bedingt bis winterhart. Benötigt direkte Sonne und durchlässigen Boden. Vermehrung durch Teilung oder Samen im Frühling.
T. natalensis. Halbimmergrüne, horstbildende, mehrjährige Pflanze. H. 12 cm, Br. 10 cm. Winterhart. Trägt Mitte Sommer Dolden angenehm duftender, röhrenförmiger, weißer Blüten mit gelber Mitte und ausgebreiteten Kronblattzipfeln über feinem, grasähnlichem, mittelgrünem Laub.
T. violacea Abb. S. 240.

TULIPA (Liliaceae)
Tulpe
Gattung von hauptsächlich im Frühling blühenden Zwiebeln, die ihrer leuchtenden, aufrechtstehenden Blüten wegen gezogen werden. Jede Zwiebel hat einige linealische bis lanzettliche, grüne oder graugrüne Blätter, die am Stengel sitzen. Die Blüten haben sechs, gewöhnlich spitze Kronblätter (botanisch als Perianthsegmente bekannt) und 6 Staubblätter; wenn nicht anders unten angeführt, tragen sie nur eine Blüte. Jede Pflanze hat einen Umfang von bis zu 20 cm. Alle sind völlig winterhart, wenn nicht anders unten angeführt. Benötigt einen sonnigen Standort und durchlässigen Boden. Schätzt Sommerhitze; in kühlen, feuchten Gebieten können die Knollen ausgegraben werden, wenn die Blätter abgestorben sind, und an einem trockenen Ort bis zum Wiedereinpflanzen im Herbst aufbewahrt werden. Vermehrung durch Teilung der Knollen im Herbst oder gewisse Arten durch Samen im Frühling oder Herbst.
Gartenbaulich werden Tulpen in folgende Gruppen eingeteilt:
Gr. 1: Einfache frühe Tulpen: Von Anfang bis Mitte Frühling rundovale, einfache Blüten, die sich meist in der Sonne weit öffnen.
Gr. 2: Gefüllte frühe Tulpen: Langblühende, gefüllte Blüten, die sich weit öffnen. Blütezeit Anfang bis Mitte Frühling.
Gr. 3: Triumphtulpen: Kräftige Stiele mit eher kegelförmigen, einfachen Blüten, die sich Mitte und Ende Frühling mehr rundgeformt öffnen.
Gr. 4: Darwin-Hybriden: Große, einfache Blüten verschiedener Formen von Mitte bis Ende Frühling auf kräftigen Stielen.
Gr. 5: Einfache späte Tulpen: Unterschiedliche, einfache Blüten, die aber oft eiförmig oder viereckig sind. Sie haben gewöhnlich gespitzte Blütenblätter. Blütezeit Ende Frühling/Frühsommer.
Gr. 6: Lilienblütige Tulpen: Ende Frühling auf kräftigen Stielen schlanke, einfache Blüten mit langen, zugespitzten, an den Enden oft nach außen zurückgebogenen Blütenblättern.
Gr. 7: Gefranste Tulpen: Die Blüten ähneln denen der Gr. 6, haben aber gefranste Blütenblätter.
Gr. 8: Viridiflora-Tulpen: Verschieden geformte, einfache Blüten mit teilweise grünlichen Blütenblättern im Spätfrühling.
Gr. 9: Rembrandt-Tulpen: Meist sehr alte Sorten, ähnlich wie unter Gr. 6, jedoch mit gestreiften oder fedrig gemusterten Farben infolge Virusbefall. Blüht spät im Frühling.
Gr. 10: Papagei-Tulpen: Große, einfache Blüten in verschiedenen Formen mit gekräuselten oder gefransten, meist gedrehten Blütenblättern im Spätfrühling.
Gr. 11: Gefüllte späte Tulpen (paeonienblütige): Im Spätfrühling meist schalenförmige, gefüllte Blüten.
Gr. 12: Kaufmanniana-Hybriden: Einfache, meist zweifarbige Blüten, die sich in der Sonne waagrecht öffnen. Blüht Anfang Frühling. Blätter meist gesprenkelt oder gestreift.
Gr. 13: Fosteriana-Hybriden: Von Anfang bis Mitte Frühling große, einfache Blüten, die sich in der Sonne weit öffnen. Häufig gesprenkelte oder gestreifte Blätter.
Gr. 14: Greigii-Hybriden: Mitte bis Ende Frühling große einfache Blüten. Die Blätter haben meist wellige Ränder und sind immer gesprenkelt oder gestreift.
Gr. 15: Andere Tulpenspecies: Darin sind alle anderen Tulpenarten, einschließlich ihrer Varietäten und Hybriden enthalten. Blütezeit im Frühling und Frühsommer.
T. acuminata (Abb. S. 345), Gr. 15, blüht Mitte Frühling. H. 30–45 cm. Die Blüten sind 7–13 cm lang und haben lange, spitzzulaufende, blaßrote oder gelbe Blütenblätter, außen oft rot- oder grünüberhaucht.
T. aitchisonii. Siehe *T. clusiana*.
***T.* 'Ancilla'**, Gr. 12. Früh im Frühling blühende Tulpe. H. 15 cm. Die Blüten sind außen rosa und rötlich, innen weiß, mit einem roten Ring im Zentrum.
***T.* 'Angélique'** (Abb. S. 344), Gr. 11, blüht spät im Frühling. Angenehm duftende, gefüllte, blaßrosa Blüten, die mit der Zeit dunkler werden. Jedes Blütenblatt hat hellere Streifen und einen helleren Rand. Gut geeignet für Rabatten.
***T.* 'Artist'** (Abb. S. 345), Gr. 8. Blüht spät im Frühling. H. 45 cm. Die Blüten sind lachsrosa, außen violett, manchmal grün geflammt, innen tief lachsrosa und grün.
T. aucheriana, Gr. 15. Blüht Anfang des Frühlings. H. bis 20 cm. Blätter graugrün. 2–5 cm lange, an der Basis spitz zulaufende Blüten mit ovalen, rosaroten Blütenblättern und gelber Mitte.
T. bakeri. Siehe *T. saxatilis*.
***T.* 'Balalaika'** (Abb. S. 345), Gr. 5. Spät im Frühling blühende Tulpe. H. 50 cm. Die hellroten Blüten sind am Grund gelb und haben schwarze Staubgefäße.
T. batalinii (Abb. S. 345), Gr. 15. Blüht Anfang des Frühlings. H. 10–30 cm. Wird oft zu *T. linifolia* gezählt. Graugrüne Blätter. Die 2–6 cm langen Blüten mit den breit ovalen Blütenblättern sind am Grund becherförmig. Die blaßgelben Blütenblätter sind innen am Grund dunkelgelb oder braun. Einige Sorten sind Kreuzungen zwischen *T. batalinii* und *T. linifolia*. Dazu zählen **'Apricot Jewel'**, deren Blüten außen orangerot und innen gelb sind; **'Bright Gem'** mit gelben Blüten, orange überhaucht; und **'Bronze Charm'** mit gelben Blüten und bronzefarbener Schattierung.
***T.* 'Bellona'** (Abb. S. 345), Gr. 1. Im zeitigen Frühjahr mehrjährig blühende Tulpe. H. 30 cm. Die duftenden Blüten sind tief gold-gelb. Eignet sich für Rabatten und zum Treiben.
T. biflora, syn. *T. polychroma* (Abb.

S. 344), Gr. 15. Blüht im zeitigen Frühjahr. H. 5–10 cm. Hat graugrüne Blätter. Am Stiel 1–5 duftende, weiße Blüten mit gelber Mitte, 1,5–3,5 cm lang und an der Basis spitzzulaufend. Die schmal ovalen Blütenblätter sind außen grünlich-grau oder grünlich-rosa überhaucht. Eignet sich für Steingärten.

***T.* 'Blue Parrot'** (Abb. S. 345), Gr. 10. Spätfrühlingsblühende Tulpe. H. 60 cm. Die sehr großen, leuchtendvioletten Blüten sind manchmal außen bronzefarben und sitzen an kräftigen Stielen.

***T.* 'Burgundy Lace'**, Gr. 7. Spätfrühlingsblühende Tulpe. H. 60 cm. Die Blüten sind weinrot. Die Blütenblätter sind am Rand gefranst.

***T.* 'Cape Cod'** (Abb. S. 345), Gr. 14. Blütezeit Mitte bis Spätfrühling. H. 45 cm. Die graugrünen Blätter haben rötliche Streifen. Die gelblich-bronzefarbenen Blüten sind an der Basis schwarz und rot. Die Blütenblätter sind außen gelb gerandet.

***T.* 'China Pink'** (Abb. S. 344), Gr. 6. Blüht im späten Frühling. H. 55 cm. Die Blüten sind rosa mit weißer Basis und leicht zurückgebogenen Blütenblättern.

***T.* 'Chopin'**, Gr. 12. Blüht im zeitigen Frühjahr. H. 20 cm. Hat braun gefleckte, grau-grüne Blätter. Die zitronengelben Blüten sind an der Basis schwarz.

***T.* 'Clara Butt'** (Abb. S. 344), Gr. 5. Blüht im späten Frühling. H. 60 cm. Die Blüten sind lachsrosa. Besonders für Beete geeignet.

T. clusiana, syn. *T. aitchisonii* ('Damentulpe'; Abb. S. 344), Gr. 15. Blüht zur Frühlingsmitte. H. bis 30 cm. Hat graugrüne Blätter. Jeder Stiel trägt 1–2, 2–6,5 cm lange Blüten, die an der Basis schüsselförmig sind. Die schmal ovalen, weißen Blütenblätter sind an der Basis innen purpurn oder rot, außen tiefrosa gestreift. Die Staubgefäße sind purpurn. Die Blüten von var. ***chrysantha*** (Abb. S. 345) sind gelb, außen rot oder braun überhaucht mit gelben Staubgefäßen. Var. ***stellata*** hat weiße Blüten mit gelber Basis und gelben Staubgefäßen.

T. dasystemon hort. Siehe *T. tarda*.

***T.* 'Dawnglow'**, Gr. 4. Blüht von Mitte bis zum späten Frühling. H. 60 cm. Die blaß aprikosenfarbenen Blüten sind außen tiefrosa überhaucht, und innen tiefgelb. Hat purpurne Staubbeutel.

***T.* 'Diana'** (Abb. S. 344), Gr. 1. Blüht im zeitigen Frühjahr. H. 28 cm. Die großen, reinweißen Blüten sitzen an kräftigen Stielen.

***T.* 'Dillenburg'** (Abb. S. 345), Gr. 5. Blüht im späten Frühling. H. 65 cm. Die Blüten sind ziegelrotorange und für Beete besonders geeignet.

***T.* 'Dreamboat'** (Abb. S. 345), Gr. 14. Blüht Mitte bis zum Spätfrühling. H. 25 cm. Hat braungestreifte graugrüne Blätter. Die urnenförmigen, rotüberhauchten, bernsteingelben Blüten sind an der Basis grünlich-bronze mit roten Flekken.

***T.* 'Dreaming Maid'** (Abb. S. 345), Gr. 3. Blüht Mitte bis zum Spätfrühling. H. 55 cm. Die Blütenblätter sind violett mit weißen Rändern.

T. eichleri. Siehe *T. undulatifolia*.

***T.* 'Estella Rijnveld'** (Abb. S. 344), Gr. 10. Blüht im späten Frühjahr. H. 60 cm. Die großen Blüten sind rot, weiß gestreift mit grünen Flecken.

T. fosteriana, Gr. 15. Blüht im zeitigen Frühjahr. H. 20–45 cm. Der Stiel ist mit Flaum bedeckt, die Blätter grau-grün und auf der Unterseite ebenfalls behaart. Die 4,5–10 cm langen Blüten sind an der Basis schüsselförmig mit schmal ovalen, leuchtendroten Petalen und besitzen eine purpurschwarze, gelbgerandete Basis.

***T.* 'Fringed Elegance'**, Gr. 7. Blüht im späten Frühjahr. H. 50 cm. Hat blaßgelbe Blüten, die außen rosa gefleckt sind, innen an der Basis sind bronze-grüne Flecken. Jedes Blütenblatt hat gelbe Fransen. Die Staubbeutel sind purpur.

***T.* 'Gala Beauty'**. Gr. 9. Spätfrühlingsblühende Tulpe. H. 60 cm. Die gelben Blüten sind rot gestreift.

***T.* 'Garden Party'** (Abb. S. 344), Gr. 3. Blüht Mitte bis zum späten Frühjahr. H. 40–45 cm. Blüht weiß. Die Blütenblätter sind außen tiefrosa eingesäumt, die Innenseite ist tiefrosa gestreift.

***T.* 'Glück'** (Abb. S. 345), Gr. 12. Blüht im zeitigen Frühjahr. H. 15 cm. Die graugrünen Blätter sind rötlich-braun gefleckt. Die roten Blütenblätter sind außen gelb gesäumt, auch die Innenseite ist gelb, an der Basis etwas dunkler.

***T.* 'Golden Apeldoorn'**, Gr. 4. Blüht Mitte bis zum späten Frühling. H. 50–60 cm. Die goldgelben Blüten sind an der Basis schwarz mit schwarzen Staubgefäßen.

***T.* 'Gordon Cooper'** (Abb. S. 344), Gr. 4. Blüht Mitte bis Spätfrühling. H. 60 cm. Die Blütenblätter sind außen tiefrosa und rot eingesäumt. Die Innenseite ist rot, an der Basis blau und gelb. Die Staubbeutel sind schwarz.

T. greigii, Gr. 15. Blüht im zeitigen Frühjahr. H. 30–45 cm. Die Stiele sind weich behaart. Die Blätter sind rot oder purpurn gestreift oder gefleckt. Die becherförmigen, 3–10 cm langen Blüten haben breit ovale, rote oder gelbe Blütenblätter und eine schwarze gelbgerandete Mitte.

***T.* 'Greuze'** (Abb. S. 345), Gr. 5. Blüht im späten Frühling. H. 65 cm. Die Blüten sind dunkelviolett-purpurn und eignen sich gut für Blumenbeete.

T. hageri (Abb. S. 344), Gr. 15. Zur Frühlingsmitte blühende Bulbe. H. 10–30 cm. Winterhart. Der Stiel trägt 1–4, 3–6 cm lange Blüten, die an der Basis zugespitzt sind. Die Blütenblätter sind oval, dumpfrot überhaucht, außen grün.

***T.* 'Heart's Delight'**, Gr. 12. Blüht im zeitigen Frühjahr. H. 20–25 cm. Die grünen Blätter sind rotbraun gestreift. Die Blütenblätter sind tief rosa-rot, blaßrosa gerändert und innen blaßrosa mit rotgefleckter, gelber Basis.

***T.* 'Hollywood'**, Gr. 8. Spätfrühlingsblühende Tulpe. H. 30 cm. Die roten Blüten, grün überhaucht und gestreift, sind an der Basis gelb. Eignet sich für Blumenbeete.

T. humilis (Abb. S. 345), Gr. 15. Blüht im zeitigen Frühjahr. Eine variable Art, zu der man auch *T. aucheriana*, *T. pulchella* und *T. violacea* zählt. H. bis 20 cm. Hat grau-grüne Blätter. Die Stiele tragen gewöhnlich 1, manchmal auch 2 und 3, 2–5 cm lange, rosa-magentarote Blüten, die an der Basis zugespitzt sind. Das Zentrum ist innen gelb. Die Blütenblätter sind oval. Für Steingärten geeignet.

***T.* 'Jack Laan'**, Gr. 9. Blüht spät im Frühjahr. H. 60 cm. Die purpurnen Blüten sind braun schattiert und weiß und gelb geflammt.

T. kaufmanniana (Seerosentulpe; Abb. S. 345). Gr. 15. Blüht im zeitigen Frühjahr. H. 10–35 cm. Die Blätter sind graugrün. Der Stiel trägt 1–5, 3–10 cm lange, an der Basis schlüsselförmige, oftmals duftende Blüten. Die schmal ovalen Blütenblätter sind entweder cremefarben oder gelb, außen rosa oder grau-grün überhaucht, das Zentrum ist oft andersfarbig. Rosa, orangefarbene oder rote Formen kommen manchmal vor.

***T.* 'Keizerskroon'** (Abb. S. 345). Gr. 1. Blüht im zeitigen Frühjahr. H. 35 cm. Die Blütenblätter sind scharlachrot mit breiten, leuchtendgelben Rändern. Ist eine gute, verläßliche Beettulpe.

T. linifolia (Abb. S. 344), Gr. 15. Blüht im zeitigen Frühjahr. H. 10–30 cm. Eine variable Art, wird oft zu *T. batalinii* und *T. maximowiczii* hinzugerechnet. Hat grau-grüne Blätter. Die roten Blüten sind 2–6 cm lang, an der Basis schlüsselförmig, innen mit schwarz-purpurner, cremefarben- oder gelbgerandeter Basis. Breit ovale Blütenblätter.

***T.* 'Mme. Lefèbre'**, syn. *T.* 'Red Emperor' (Abb. S. 344), Gr. 13. Blüht vom zeitigen Frühjahr bis zur Frühlingsmitte. H. 35–40 cm. Bringt sehr große, leuchtendrote Blüten hervor.

***T.* 'Maja'** (Abb. S. 345), Gr. 7. Blüht spät im Frühjahr. H. 50 cm. Die eiförmigen, blaßgelben Blüten mit den gefransten Blütenblättern sind an der Basis bronzegelb. Die Staubbeutel sind gelb.

***T.* 'Margot Fonteyn'** (Abb. S. 345), Gr. 3. Blüht Mitte bis Spätfrühling. H. 40–45 cm. Die leuchtendroten Blütenblätter sind gelb gesäumt, innen ist die Basis ebenfalls gelb. Die Staubbeutel sind schwarz.

T. marjolettii (Abb. S. 345), Gr. 15. Blüht Mitte Frühling. H. 40–50 cm. Die 4–6 cm langen Blüten sind an der Basis schüsselförmig. Die cremig-weißen Blütenblätter sind breit oval, tiefrosa gesäumt und gezeichnet.

T. maximowiczii, Gr. 15. Blüht im zeitigen Frühjahr. H. 10–30 cm. Die Blätter sind grau-grün. Die leuchtendroten, 2–6 cm langen Blüten haben breit ovale Blütenblätter mit weiß eingefaßter, schwarzer Mitte und sind an der Basis schüsselförmig.

***T.* 'Monte Carlo'**, Gr. 2. Im zeitigen Frühjahr blühende Bulbe. H. 40 cm. Hat gefüllte, gelbe Blüten mit wenigen, roten Streifen.

***T.* 'Orange Emperor'**, Gr. 13. Blüht vom zeitigen Frühjahr bis Frühjahrsmitte. H. 40 cm. Die Blüten sind leuchtendorange, die Basis ist innen gelb, die Staubbeutel schwarz.

***T.* 'Orange Triumph'**. Gr. 11. Blüht spät im Frühling. H. 50 cm. Hat gefüllte, zart orange-rote, braun überhauchte Blüten. Jedes Blütenblatt ist gelb eingesäumt.

***T.* 'Oranje Nassau'** (Abb. S. 345). Gr. 2. Im zeitigen Frühjahr blühende Bulbe. H. 25–30 cm. Hat gefüllte, orangerot überhauchte Blüten. Gut zur Treiberei.

***T.* 'Oratorio'**. Gr. 14. Blüht Mitte bis zum späten Frühling. H. 20 cm. Hat rötlichbraun gefleckte, grau-grüne Blätter. Die breit urnenförmigen Blüten sind außen rosen-rosa, innen aprikosenrosa, an der Basis schwarz.

T. orphanidea (Abb. S. 345), Gr. 15. Zur Frühlingsmitte blühende Bulbe. H. 10–30 cm. Winterhart. Die grünen Blätter sind oft rötlich eingesäumt. Der Stiel trägt 1–4, 3–6 cm lange, an der Basis zugespitzte Blüten. Die ovalen Blütenblätter sind orangebraun, außen grün überhaucht oder oft auch purpurn.

***T.* 'Palestrina'** (Abb. S. 344), Gr. 5. Blüht im späten Frühjahr. H. 45 cm. Die Blütenblätter der großen, lachsrosafarbenen Blüten sind außen grün.

***T.* 'Peach Blossom'** (Abb. S. 344), Gr. 2. Im zeitigen Frühjahr blühende Bulbe. H. 25–30 cm. Bringt gefüllte, silbrig-rosafarbene Blüten, die tiefrosa überhaucht sind, hervor.

***T.* 'Plaisir'** (Abb. S. 345), Gr. 14. Mittebis spätfrühlingsblühende Bulbe. H. 15–20 cm. Die grau-grünen Blätter sind rotbraun gefleckt. Die breit urnenförmigen, tief rosa-roten Blütenblätter sind blaßgelb gerandet, die Basis ist gelb und schwarz.

T. polychroma. Siehe *T. biflora*.

***T. praestans* 'Fusilier'**, Gr. 15. Im zeitigen Frühjahr blühende Bulbe. H. 10–45 cm. Hat einen dicht flaumig behaarten Stengel und fein behaarte, grau-grüne Blätter. Der Stiel trägt 3–5, 5,5–6,5 cm lange, an der Basis schüsselförmige Blüten. Die ovalen Blütenblätter sind orangerot. **'Van Tubergen's Variety'** (Abb. S. 345) bringt pro Stiel 2–5, an der Basis oft gelbe Blüten hervor. Vermehrt sich leicht.

***T.* 'Prinses Irene'** (Abb. S. 345). Gr. 1. Im zeitigen Frühjahr blühende Bulbe. H. 30–35 cm. Bringt orangefarbene, purpurgestreifte Blüten hervor.

T. pulchella, Gr. 15. Im zeitigen Frühjahr blühende Bulbe. H. bis 20 cm. Hat graugrüne Blätter. Die 2,5 cm langen Blüten sind an der Basis zugespitzt. Die Blütenblätter sind oval und purpurn, das Zentrum ist innen gelb oder bläulich-schwarz. Eignet sich für Steingärten.

***T.* 'Purissima'**, syn. *T.* 'White Emperor', (Abb. S. 344). Gr. 13. Blüht im zeitigen Frühjahr bis zur Frühjahrsmitte. H. 35–40 cm. Blüht reinweiß.

***T.* 'Queen of Night'** (Abb. S. 345). Gr. 5. Blüht spät im Frühling. H. 60 cm. Die dunkelste aller Tulpen hat langhaltende, sehr dunkelbraune bis schwarz-farbene Blüten an kräftigen Stielen. Gute Beetpflanze.

***T.* 'Red Emperor'**. Siehe *T.* 'Mme. Lefèbre'.

***T.* 'Red Parrot'** (Abb. S. 344) Gr. 10. Blüht spät im Frühling. H. 60 cm. Die großen, himbeerroten Blüten sitzen an kräftigen Stengeln.

T. saxatilis, syn. *T. bakeri* (Abb. S. 344), Gr. 15. Im zeitigen Frühjahr blühende Bulbe. H. 15–45 cm. Winterhart. Hat glänzende, grüne Blätter. Der Stiel trägt 1–4, 4–5,5 cm lange, an der Basis zugespitzte, duftende Blüten. Die ovalen, rosa bis lilafarbenen Blütenblätter sind an der Basis innen gelb.

***T.* 'Shakespeare'** (Abb. S. 345), Gr. 12. Im zeitigen Frühjahr blühende Bulbe. H. 12–15 cm. Die Blütenblätter sind tiefrot, lachsrosa außen eingesäumt, innen rot überhaucht mit gelber Basis.

T. sprengeri (Abb. S. 344), Gr. 15. Spätfrühlings- und frühsommerblühende Bulbe. H. 30–45 cm. Die Blüten sind 4,5–6,5 cm lang und an der Basis zugespitzt. Hat schmal ovale, orangerote Blütenblätter, die äußeren 3 sind an der Rückseite ledergelb. Diese Tulpe blüht am spätesten und vermehrt sich leicht.

***T.* 'Spring Green'** (Abb. S. 344), Gr. 8. Spätfrühlingsblühende Bulbe. H. 35–38 cm. Die weißen Blüten sind grün geflammt. Die Staubbeutel sind blaßgrün.

T. sylvestris (Abb. S. 345), Gr. 15. Blüht im zeitigen Frühjahr. H. 10–45 cm. Die, meistens einzelnen, 3,5–6,5 cm langen, gelben Blüten sind an der Basis zuge-

spitzt. Die schmal ovalen Blütenblätter sind außen oft grün überhaucht.
T. tarda, syn. *T. dasystemon* hort. (Abb. S. 345), Gr. 15. Im zeitigen Frühjahr blühende Bulbe. H. bis 15 cm. Hat glänzende grüne Blätter. Der Stiel trägt 4–6, 3–4 cm lange, an der Basis zugespitzte Blüten. Die ovalen, weißen Blütenblätter sind an der unteren Hälfte innen gelb, außen grün, manchmal auch rot überhaucht. Eignet sich für Steingärten oder erhöhte Beete.
***T.* 'Toronto',** Gr. 14. Von Mitte bis Spätfrühling blühende Bulbe. H. 30 cm. Hat gefleckte Blätter und an jedem Stiel 2–3 langhaltende Blüten. Die offenen, breit becherförmigen Blüten haben spitze, leuchtendrote Blütenblätter, die an der Basis bräunlich-grün-gelb sind. Staubbeutel sind bronzefarben.
T. turkestanica (Abb. S. 344), Gr. 15. Im zeitigen Frühjahr blühende Bulbe. H. 10–30 cm. Hat einen behaarten Stengel und grau-grüne Blätter. Der Stiel trägt bis zu 12, 1,5–3,5 cm lange, unangenehm riechende, an der Basis zugespitzte Blüten. Die ovalen, weißen Blütenblätter sind außen grün oder rosa überhaucht. Blüten innen mit gelber oder orangefarbener Mitte.
T. undulatifolia, syn. *T. eichleri* (Abb. S. 345), Gr. 15. Vom zeitigen Frühjahr bis Frühjahrsmitte blühende Bulbe. H. 15–50 cm. Hat einen flaumig behaarten Stengel und grau-grüne Blätter. Die 3–8 cm großen Blüten sind an der Basis schüsselförmig. Die schmal ovalen, rot oder orangerotfarbenen Blütenblätter sind auf der Rückseite blaßrot oder lederfarben, innen an der Basis haben sie einen gelb umrandeten dunkelgrünen oder schwarzen Fleck.
***T.* 'Union Jack'** (Abb. S. 344), Gr. 5. Blüht spät im Frühling. H. 60 cm. Die elfenbeinweißen Blütenblätter sind tief rosarot geflammt und haben eine blau gesäumte weiße Basis.
T. urumiensis (Abb. S. 345), Gr. 15. Im zeitigen Frühling blühende Bulbe. H. 10–20 cm. Der Stengel ist meist unter der Erde. Die Blätter sind grün oder graugrün. Trägt 1–2, 4 cm lange, an der Basis zugespitzte Blüten. Die schmal ovalen, gelben Blütenblätter sind außen entweder hellila oder rotbraun überhaucht. Gut für Steingärten.
T. violacea (Abb. S. 345), Gr. 15. Im zeitigen Frühjahr blühende Bulbe. H. bis 20 cm. Hat grau-grüne Blätter. Die 2–5 cm langen, violett-rosa Blüten sind an der Basis zugespitzt, das Zentrum ist innen gelb oder bläulich-schwarz. Die Blütenblätter sind oval. Für Steingärten oder erhöhte Beete geeignet.
***T.* 'West Point'** (Abb. S. 345), Gr. 6. Spätfrühlingsblühende Bulbe. H. 50 cm. Die primelgelben Blüten haben langspitzige, zurückgedrehte Blütenblätter.
***T.* 'White Dream'** (Abb. S. 344), Gr. 3. Von Mitte bis spät im Frühling blühende Bulbe. H. 40–45 cm. Die weißen Blüten haben gelbe Staubbeutel.
***T.* 'White Emperor'.** Siehe *T.* 'Purissima'.
***T.* 'White Triumphator'** (Abb. S. 344). Gr. 6. Spätfrühlingsblühende Bulbe. H. 65–70 cm. Die weißen Blüten haben elegant zurückgedrehte Blütenblätter.
T. whittallii (Abb. S. 345), Gr. 15. Blüht zur Frühlingsmitte. H. 30–35 cm. Winterhart. Der Stiel trägt 1–4, 3–6 cm lange, an der Basis zugespitzte Blüten. Die ovalen Blütenblätter sind leuchtend braunorange.

Tunica saxifraga. Siehe *Petrorhagia saxifraga.*

TURRAEA (Meliaceae)
Gattung immergrüner Bäume und Sträucher, die wegen ihrer Blüten und des Laubes kultiviert wird. Frostempfindlich, mind. 12–15°C. Bevorzugt volle Sonne und benötigt fruchtbaren, durchlässigen Boden. Während der Wachstumszeit reichlich gießen, weniger zu anderen Zeiten. Bei jungen Pflanzen den Haupttrieb entfernen, um buschigen Wuchs zu fördern. Falls nötig nach der Blüte zurückschneiden. Vermehrung durch Samen im Frühjahr oder durch halbausgereifte Stecklinge im Sommer.
T. obtusifolia Abb. S. 140.

TYLECODON (Crassulaceae)
Gattung laubabwerfender, buschiger, im Winter wachsender, sukkulenter Sträucher mit stark verdickten Trieben. Frostempfindlich, mind. 7°C. Bevorzugt einen sonnigen Standort und durchlässigen Boden. Vermehrung durch Samen oder Stecklinge im Sommer.
T. paniculata, syn. *Cotyledon paniculata.* Laubabwerfender, buschiger, sukkulenter Strauch. H. und Br. 2 m. Der fleischige Stamm und die Äste haben einen papierähnlichen, gelben Belag. Die Blätter sind länglich bis oval, fleischig und leuchtend grün. Bringt im Sommer an den Triebspitzen Büschel trichterförmiger, roter Blüten mit grünen Streifen hervor.
T. reticulata, syn. *Cotyledon reticulata*, Abb. S. 386.
T. wallichii, syn. *Cotyledon wallichii.* Laubabwerfender, buschiger, sukkulenter Strauch. H. und Br. 30 cm. Die Stengel sind 3 cm dick und tragen zylindrische, gefurchte, grüne Blätter an der Spitze. Nach dem Blattfall durch erhöhte Blattscheiden bedeckt. Im Herbst röhrenförmige, 2 cm lange, gelb-grüne Blüten.

TYPHA (Typhaceae)
Rohrkolben
Gattung sommergrüner, mehrjähriger Wasserpflanzen für den Gewässerrand, die wegen ihrer dekorativen, kolbenförmigen Blütenstände kultiviert werden. Winterhart. Gedeihen in Sonne und Schatten. Vermehrung durch Samen oder Teilung im Frühjahr.
T. latifolia (Großer Rohrkolben) Abb. S. 374.
T. minima (Binsenrohrkolben) Abb. S. 375.

U

ULEX (Leguminosae)
Stechginster
Gattung blattloser oder fast blattloser Sträucher, die durch ihre grünen Triebe und Stacheln das ganze Jahr über immergrün erscheinen. Wird wegen der Frühjahrsblüte kultiviert. Völlig winterhart. Benötigt volle Sonne und bevorzugt nährstoffarmen, durchlässigen, sauren Boden. Jährlich nach der Blüte zurückschneiden, um kompakte Form zu erhalten. Sparrige, alte Pflanzen können im Frühjahr hart zurückgeschnitten werden. Vermehrung durch Samen im Herbst.
U. europaeus Abb. S. 125. **'Flore Pleno'** ist ein blattloser oder fast blattloser, buschiger Strauch. H. 1 m, Br. 1,2 m. Im Frühjahr eine Fülle duftender, gefüllter, gelber Schmetterlingsblüten an den blattlosen, dunkelgrünen Trieben.

ULMUS (Ulmaceae)
Ulme
Gattung sommergrüner oder selten halbimmergrüner Bäume und Sträucher, beliebt wegen ihres Laubes und des Habitus. Oft sind es große, stattliche Exemplare. Die unauffälligen Blüten erscheinen im Frühjahr. Völlig winterhart. Benötigt volle Sonne und fruchtbare, durchlässige Erde. Vermehrung durch Kopfstecklinge im Sommer oder durch Samen und Absenker im Herbst. Anfällig für das Ulmensterben, obwohl *U. parvifolia* und *U. pumila* widerstandsfähiger sind als andere Arten und Hybriden.
U. americana (Weißulme). Laubabwerfender, ausgebreiteter Baum. H. und Br. 30 m. Hat eine graue Rinde und herabhängende Zweige. Die großen, ovalen, dunkelgrünen Blätter sind scharf gezähnt und grob strukturiert.
U. angustifolia. Var. ***cornubiensis*** ist ein laubabwerfender Baum, in der Jugend mit kegelförmiger, ausgewachsen mit vasenförmiger Krone. H. 30 m, Br. 15 m. Die ovalen, gezähnten, leuchtendgrünen Blätter färben sich im Herbst gelb.
***U.* 'Camperdownii'** (Trauerulme) Abb. S. 65.
U. carpinifolia. Laubabwerfender, ausgebreiteter Baum mit überhängenden Ästen und hängenden Zweigen. H. 30 m, Br. 20 m. Die kleinen, ovalen, gezähnten, glänzenden, leuchtendgrünen Blätter färben sich im Herbst gelb. **'Sarniensis Aurea'**, siehe *U.* 'Dicksonii'.
***U.* 'Dicksonii'**, syn. *U. carpinifolia* 'Sarniensis Aurea', *U.* 'Wheatleyi Aurea' (Goldulme) Abb. S. 54.
U. glabra (Bergulme). Laubabwerfender, ausladender Baum. H. 30 m, Br. 25 m. Hat breit ovale, gezähnte, sehr grobe, dunkelgrüne Blätter, die an der Spitze oft gelappt sind. Von Mitte bis zum späten Frühjahr erscheinen an kahlen Ästen Büschel geflügelter, grüner Früchte. **'Exoniensis'**, H. 15 m, Br. 5 m, ist schmal und hat in der Jugend aufrechte Zweige, die sich später mehr ausbreiten.
***U.* 'Hollandica'.** Kräftiger, laubabwerfender, ausgebreiteter Baum mit einem kurzen Stamm und aufrechten Ästen. H. 30 m, Br. 25 m. Hat ovale, gezähnte, glänzende, dunkelgrüne Blätter. Sehr anfällig für das Ulmensterben.
***U.* 'Jacqueline Hillier'.** Langsamwachsender, laubabwerfender, buschiger Strauch, der sich für Hecken eignet. H. und Br. 2 m. In Zweierreihen bilden sich an jedem Trieb kleine, ovale, scharf gezähnte, rauhe, dunkelgrüne Blätter, die bis in den Winter hinein halten.
U. parvifolia. Laubabwerfender oder halbimmergrüner, runder Baum. H. und Br. 15 m. Die kleinen, ovalen, glänzenden, dunkelgrünen Blätter haften bis in den Winter, in milden Gegenden sogar bis die Blätter erneut austreiben.
U. procera. Kräftiger, laubabwerfender, ausladender Baum mit einer buschigen, dichten, kegelförmigen Krone. H. 35 m, Br. 15 m. Die breit ovalen, gezähnten, rauhen, dunkelgrünen Blätter färben sich im Herbst gelb.
U. pumila. Laubabwerfender, ausladender, manchmal strauchartiger Baum. H. 15 m, Br. 12 m. Hat ovale, gezähnte, dunkelgrüne Blätter. Ziemlich resistent gegen das Ulmensterben, nur Sämlinge sind anfällig in heißen Sommern.
***U.* 'Sarniensis'.** Laubabwerfender, konischer, dichter Baum mit aufrechten Ästen. H. 30 m, Br. 10 m. Die Blätter sind klein, breit oval, gezähnt, glänzend und mittelgrün.
***U.* 'Vegeta'.** Kräftiger, laubabwerfender, ausladender Baum mit aufrechten, mittleren Ästen und überhängenden, äußeren Zweigen. H. 35 m, Br. 25 m. Die Blätter sind breit oval, gezähnt, glänzend und dunkelgrün.
***U.* 'Wheatleyi Aurea'.** Siehe *U.* 'Dicksonii'.

UMBELLULARIA (Lauraceae)
Berglorbeer
Gattung immergrüner, frühlingsblühender Bäume, beliebt wegen ihres aromatischen Laubes. Winterhart, muß aber in der Jugend vor strengen, kalten Winden geschützt werden. Benötigt Sonne und fruchtbaren, feuchten, aber durchlässigen Boden. Vermehrung durch Samen im Herbst.
U. californica (Kalifornischer Lorbeer) Abb. S. 48.

URCEOLINA (Amaryllidaceae)
Gattung frühlingsblühender Bulben, die wegen ihrer hängenden, urnenförmigen Blüten, denen riemenförmige Blätter folgen, sehr beliebt sind. Frostempfindlich, mind. 5 °C. Benötigt volle Sonne und durchlässige Erde. Im Winter das Gießen einschränken. Topfkulturen nicht jedes Jahr umpflanzen, blüht sonst weniger. Vermehrung durch Brutzwiebeln im Frühling.
U. peruviana Abb. S. 350.

URGINEA (Liliaceae)
Gattung spätsommer- oder frühherbstblühender Bulben, entweder etwas unter oder über der Bodenoberfläche kultiviert, mit bis zu 1,5 m hohen, speerförmigen Blütenähren. Bedingt- bis winterhart. Benötigt einen sonnigen Standort und durchlässige Erde, die während der sommerlichen Ruhezeit der Bulben austrocknet. Gepflanzt wird von Mitte bis Spätsommer. Gießen bis die Blätter absterben. Vermehrung durch Samen im Herbst, oder durch Brutzwiebeln im Spätsommer.
U. maritima. Spätsommer oder frühherbstblühende Bulbe. H. 1,5 m, Br. 30–45 cm. Bedingt winterhart. Die breit schwertförmigen, aufrechten, grundständigen Blätter erscheinen im Herbst, nachdem sich in langer Ähre sternchenförmige, 1–1,5 cm breite, weiße Blüten entwickelt haben.

URSINIA (Compositae)
Gattung einjähriger Pflanzen, immergrüner Stauden und Halbsträucher, die hauptsächlich wegen ihrer Blütenköpfe, die gewöhnlich im Sommer erscheinen, einige Spezies wegen ihres Laubes, kultiviert werden. Bedingt winterhart bis frostempfindlich, mind. 5–7 °C. Benötigt helles Licht und durchlässigen Boden. Getopfte Exemplare mäßig gießen, während der Ruhezeit weniger. Kulturen unter Glas benötigen ausreichende Belüftung. Vermehrung durch Samen oder Kopfstecklinge im Frühjahr. Blattläuse können lästig werden.
U. anthemoides Abb. S. 282.
U. chrysanthemoides. Immergrüne, buschige Staude. H. und Br. 60 cm oder mehr. Frostempfindlich. Die schmal ovalen, gefiederten, stark duftenden, grünen Blätter sind 5 cm lang. Trägt im Sommer an langen Stielen kleine, gänseblümchenähnliche, gelbe Blütenköpfe, die auf der Unterseite manchmal kupferfarben sind.
U. sericea. Immergrüner, buschiger Halbstrauch. H. und Br. 25–45 cm. Frostempfindlich. Die Blätter sind in feine, sehr schlanke, silbrigbehaarte Segmente geteilt. Im Sommer öffnen sich 4 cm breite, gänseblümchenähnliche, gelbe Blütenköpfe. Diese *Ursinia*-Art wird hauptsächlich wegen des schönen Laubes kultiviert.

UTRICULARIA (Lentibulariaceae)
Wasserschlauch
Gattung sommergrüner oder immergrüner Stauden, fleischfressender Wasserpflanzen, mit blasenförmigen, umgewandelten Blättern, die Insekten fangen und verzehren. Die meisten in Kultur befindlichen Spezies sind frei schwimmend. Winterhart bis frostempfindlich, mind. 7 °C. Einige Arten eignen sich nur für tropische Aquarien; die in Freilandbecken benötigen volle Sonne. Algen befallene Pflanzen oder zu dichten Wuchs ausdünnen. Die Vermehrung erfolgt durch Teilung des schwimmenden Laubes im Frühjahr oder Sommer.
U. exoleta. Sommergrüne, mehrjährige, frei schwimmende Wasserpflanze. Br. 15 cm. Frostempfindlich. Die schlanken Stiele tragen fein geteilte, mittelgrüne Blätter, an denen sich die kleinen Blasen entwickeln. Bringt im Sommer bauchige, gelbe Blüten hervor. Im warmen Wasser immergrün, eignet sich nur für tropische Aquarien.
U. vulgaris. Sommergrüne, mehrjährige, frei schwimmende Wasserpflanze. Br. 30 cm. Winterhart. An schlanken Stengeln erscheinen die vielfach geteilten, bronze-grünen Blätter mit kleinen Blasen. Im Sommer beutelförmige, leuchtendgelbe Blüten. Kann im Wasserbecken oder Kaltwasseraquarium kultiviert werden.

UVULARIA (Liliaceae)
Gattung frühlingsblühender Stauden, die in feuchten Waldgebieten gedeiht. Völlig winterhart. Benötigt Halbschatten und bevorzugt Torfboden. Vermehrung im zeiten Frühjahr durch Teilung, noch vor der Blüte.
U. grandiflora (Trauerglocke) Abb. S. 229.
U. perfoliata. Horstbildende Staude. H. 45 cm, Br. 30 cm. Im Frühling erscheinen an zahlreichen, schlanken Stengeln oberhalb schmal ovaler, stengelumfassender, mittelgrüner Blätter, Büschel hängender, glockenförmiger, blaßgelber Blüten mit gedrehten Kronblättern.

V

VACCINIUM (Ericaceae)
Blaubeere
Gattung sommergrüner oder immergrüner Halbsträucher, Sträucher und Bäume, beliebt wegen ihres Laubes, der Herbstfarben (bei sommergrünen Arten), Blüten und oft eßbaren Früchte. Völlig bis winterhart. Benötigt Sonne oder Halbschatten und feuchte, aber durchlässige, torfhaltige oder sandige, saure Erde. Vermehrung durch halbausgereifte Stecklinge im Sommer oder durch Samen im Herbst.
V. angustifolium. Laubabwerfender Strauch, der gewöhnlich in der dichten buschigen Form von var. ***laevifolium*** Abb. S. 140, kultiviert wird.
V. arctostaphylos. Laubabwerfender, aufrechter Strauch. H. 3 m, Br. 2 m. Völlig winterhart. Hat rotbraune, junge Triebe und ovale, dunkelgrüne Blätter, die sich im Herbst rot und purpurn färben. Im Frühsommer erscheinen an ausgebreiteten Trauben glockenförmige, weiße Blüten, rot überhaucht, später runde purpurschwarze Früchte.
V. corymbosum (Amerikanische Blaubeere) Abb. S. 128. **'Pioneer'** Abb. S. 141.
V. glauco-album Abb. S. 144.
V. myrtillus (Heidelbeere). Laubabwerfender, meistens niederliegender Strauch. H. 15 cm oder mehr, Br. 30 cm oder mehr. Völlig winterhart. Hat kleine, herzförmige, ledrige, leuchtendgrüne Blätter. Den im Frühsommer erscheinenden, hängenden glockenförmigen blaßrosa Blüten folgen eßbare, runde, blau-schwarze Früchte.
V. nummularia. Immergrüner, niederliegender Strauch. H. 10 cm, Br. 20 cm. Winterhart. Die schlanken Stengel sind mit rotbraunen Borsten bedeckt und tragen ovale, runzelige, leuchtendgrüne Blätter mit rotbraunen Borsten an den Rändern. Im Frühsommer erscheinen kleine Trauben glockenförmiger, weißer bis tief rosafarbener Blüten, endständig angeordnet, denen kleine, runde, schwarze Früchte folgen. Für Steingärten oder Heidegärten geeignet. Benötigt Halbschatten. Kann durch Teilung im Frühjahr vermehrt werden.
V. parvifolium Abb. S. 141.
V. vitis-idaea. Kräftiger, immergrüner, niederliegender Strauch mit kriechenden, unterirdischen Ausläufern. H. 2–25 cm, Br. unbestimmt. Völlig winterhart. Bildet Büschel ovaler, fester, ledriger Blätter. Vom Frühsommer bis Herbst erscheinen glockenförmige, weiße bis rosafarbene Blüten in nickenden Trauben, im Herbst – Winter leuchtendrote Früchte. Kann durch Teilung im Frühjahr vermehrt werden. **'Minus'** (Zwergpreiselbeere) Abb. S. 306.

VALERIANA (Valerianaceae)
Baldrian
Gattung sommerblühender Stauden, die sich für Rabatten und Steingärten eignet. Winterhart. Benötigt Sonne und durchlässigen Boden. Vermehrung durch Teilung im Herbst, *V. officinalis* durch Samen im Frühjahr.
V. officinalis Abb. S. 202.
***V. phu* 'Aurea'** (Goldgelber Baldrian) Abb. S. 229.

VALLEA (Elaeocarpaceae)
Gattung einer Spezies eines immergrünen Strauches, wegen seiner Gesamterscheinung kultiviert. Bedingt winterhart, am besten bei Temperaturen von 3–5°C, um Kälteschäden am Laub zu verhindern. Bevorzugt volle Sonne und nährstoffreiche, durchlässige Erde. Während der Wachstumszeit getopfte Exemplare reichlich gießen, zu anderen Zeiten weniger. Im zeitigen Frühjahr Pflanzen ausdünnen. Vermehrung durch Samen im Frühjahr oder durch halbausgereifte Stecklinge im Sommer. Anfällig für Rote Spinne.
V. stipularis. Immergrüner, aufrechter, dann lockerer und ausgebreiteter Strauch. H. und Br. 2–5 m. Die Blätter sind lanzettlich bis rund und gelappt, auf der Oberseite tiefgrün, unterhalb grau. Im Frühling–Sommer erscheinen an endständigen und seitlichen Büscheln kleine, becherförmige Blüten, jede mit 5 tiefrosafarbenen, dreilappigen Kronblättern.

VALLISNERIA (Hydrocharitaceae)
Gattung immergrüner, mehrjähriger, untergetauchter Wasserpflanzen, die wegen ihres Laubes kultiviert werden. Eignet sich für Becken und Aquarien. Frostempfindlich, mind. 5°C. Benötigt Sonne oder Halbschatten und tiefes, klares Wasser. Verwelktes Laub entfernen und nach Bedarf ausdünnen. Vermehrung durch Teilung im Frühjahr oder Sommer.
V. gigantea. Kräftige, immergrüne, mehrjährige, untergetauchte Wasserpflanze. Br. unbestimmt. Bildet rasch Kolonien langer, riemenförmiger, mittelgrüner Blätter. Das ganze Jahr über unscheinbare, grünliche Blüten.
V. spiralis (Schraubenvallisnerie). Kräftige, immergrüne, mehrjährige, untergetauchte Wasserpflanze. Br. unbestimmt. Bildet rasch eine Fülle langer, riemenförmiger, mittelgrüner Blätter, bedeckt aber kleinere Flächen als *V. gigantea*. Trägt das ganze Jahr über unauffällige, grünliche Blüten.
Vallota speciosa. Siehe *Cyrtanthus purpureus*.

VANCOUVERIA (Berberidaceae)
Gattung zum Teil immergrüner Stauden, die sich als Bodendecker eignen. Winterhart. Bevorzugt kühle, halbschattige Standorte und feuchten, torfhaltigen Boden. Vermehrung durch Teilung im Frühjahr.
V. chrysantha. Immergrüne, sich ausbreitende Staude. H. 30 cm, Br. unbestimmt. An den Blütenstielen erscheinen ovale, dunkelgrüne Blätter, die in rundliche rautenförmige Blättchen mit verdickten, welligen Rändern geteilt sind. Im Frühjahr erscheinen lockere Rispen kleiner, glokkenförmiger, gelber Blüten.
V. hexandra Abb. S. 287.

VANDA Siehe ORCHIDEEN.
***V.* 'Rothschildiana'** (Abb. S. 254). Immergrüne, epiphytische Orchidee für ein kühles oder temperiertes Gewächshaus. H. 60 cm. Zu unterschiedlichen Jahreszeiten erscheinen zweimal jährlich Rispen dunkel geaderter, 10 cm breiter, violett-blauer Blüten. Hat schmal ovale, 10–12 cm lange, steife Blätter. Im Hängekorb kultivieren. Benötigt sehr helles Licht.

VELLOZIA (Velloziaceae)
Gattung immergrüner Stauden und Sträucher, wegen ihrer attraktiven Blüten kultiviert. Frostempfindlich, mind. 10°C. Gedeiht in Sonne oder Halbschatten und durchlässiger Erde. Vermehrung durch Samen oder Teilung im Frühjahr.
V. elegans, syn. *Barbacenia elegans*. Immergrüne, mattenbildende Staude mit leicht verholzenden Stengeln. H. bis 15 cm, Br. 15–30 cm. Die lanzettlichen, ledrigen, bis zu 20 cm langen, dunkelgrünen Blätter haben einen V-förmigen Kiel. Im Spätfrühling erscheinen oberhalb der Blätter an schlanken Stielen einzelne, kleine, sternförmige, weiße Blüten.

VELTHEIMIA (Liliaceae)
Gattung winterblühender Bulben mit dichten Ähren hängender, röhrenförmiger Blüten und Rosetten grundständiger Blätter. Frostempfindlich, mind. 10°C. Benötigt viel Licht, um das Laub kompakt zu halten und um die Blütenfarben voll zu entwickeln, und durchlässige Erde. Im Herbst wird gepflanzt. Die Zwiebelspitzen sollten aus der Erdoberfläche ragen. Im Sommer das Gießen einschränken. Vermehrung durch Samen oder Brutzwiebeln im Herbst.
V. bracteata, syn. *V. undulata*, *V. viridifolia*, Abb. S. 355.
V. capensis, syn. *V. glauca*. Winterblühende Bulbe. H. 30–45 cm, Br. 20–30 cm. Hat eine Basalrosette lanzettlicher Blätter, meistens mit stark gewellten Rändern. Der Stiel bringt eine dichte Ähre rosa oder roter, 2–3 cm langer Blüten hervor.
V. glauca. Siehe *V. capensis*.
V. undulata. Siehe *V. bracteata*.
V. viridifolia. Siehe *V. bracteata*.

× VENIDIO-ARCTOTIS (Compositae)
Hybridgattung *(Arctotis grandis × A. breviscapa × Vinidium fastuosum)* von Stauden. Bedingt winterhart. Gedeiht in Sonne und fruchtbarer, durchlässiger Erde. Vermehrung durch halbausgereifte Stecklinge im Sommer. Alte Pflanzen jährlich ersetzen.
× ***V.* Hybriden.** Mäßig langsam wachsende, aufrechte, verzweigte Stauden, gewöhnlich einjährig kultiviert. H. und Br. 45 cm. Die lanzettlichen, gelappten Blätter sind auf der Oberseite gräulichgrün, auf der Unterseite weiß. Trägt im Sommer große, gänseblümchenähnliche Blütenköpfe in vielen Farben wie gelb, orange, bronze, purpur, rosa, creme und rot. **'Bacchus'** blüht purpur; **'China Rose'** tief rosa; **'Sunshine'** gelb; **'Tangerine'** orange-gelb und **'Torch'** bronzefarben.

VERATRUM (Liliaceae)
Germer
Gattung von Stauden, ideal für Gärten mit Baumbestand. Winterhart. Benötigt Halbschatten und fruchtbare, feuchte Erde. Vermehrung durch Teilung oder Samen im Herbst.
V. album (Weißer Germer). Horstbildende Staude. H. 2 m, Br. 60 cm. Die an der Basis belaubten Stiele bringen im Sommer endständige Rispen tellerförmiger, gelblich-weißer Blüten hervor. Die Blätter sind oval, plissiert und dunkelgrün.
V. nigrum (Schwarzer Germer) Abb. S. 190.

VERBASCUM (Scrophulariaceae)
Königskerze
Gattung hauptsächlich sommerblühender Stauden, einige sind halbimmergrün oder immergrün, und immergrüner zweijähriger Pflanzen und Sträucher. Bedingt- bis winterhart. Verträgt Schatten, bevorzugt aber einen offenen, sonnigen Standort und durchlässigen Boden. Vermehrung der Spezies durch Samen im Frühjahr oder Spätsommer oder durch Wurzelschnittlinge im Winter, Sorten nur durch Wurzelschnittlinge. Einige Spezies säen sich selbst aus.
V. bombyciferum. Immergrüne, aufrechte, zweijährige Pflanze. H. 1,2–2 m, Br. 60 cm. Völlig winterhart. Die ovalen Blätter und Stengel sind silbrig behaart. Hat im Sommer aufrechte Rispen dichtstehender, 5lappiger, gelber Blüten.
V. chaixii. Aufrechte Staude, die mit silbrigen Härchen bedeckt ist. H. 1 m, Br. 60 cm. Winterhart. Bringt im Sommer schlanke Ähren 5zipfliger, gelber, manchmal weißer Blüten mit purpurnen Staubgefäßen hervor. Ovale, gezähnte, derbe, nesselähnliche Blätter.
***V.* 'Cotswold Queen'.** Kurzlebige, rosettenbildende Staude. H. 1–1,2 m, Br. 30–60 cm. Winterhart. Während des Sommers erscheinen verzweigte Trauben 5zipfliger, aprikosengelber Blüten, deren Stiele über den ovalen, mittelgrünen Blättern erscheinen.
V. densiflorum, syn. *V. thapsiforme*. Mäßig langsamwachsende, halbimmergrüne, aufrechte Staude. H. 1,2–1,5 m, Br. 60 cm. Winterhart. Hat eine Rosette großer, ovaler, faltiger, behaarter, mittelgrüner Blätter. Die behaarten Stiele tragen im Sommer kräftige Ähren flacher, 5zipfliger, gelber Blüten.
V. dumulosum Abb. S. 299.
***V.* 'Gainsborough'** Abb. S. 213.
***V.* 'Letitia'** Abb. S. 298.
V. lychnitis (Mehlige Königskerze). Langsamwachsende, immergrüne, aufrechte, verzweigte, zweijährige Pflanze. H. 60 cm–1 m, Br. 60 cm. Winterhart. Hat lanzettliche, dunkelgrau-grüne Blätter. An verzweigten Stengeln erscheinen im Sommer flache, 5zipflige, weiße Blüten.
V. nigrum Abb. S. 215.
V. olympicum Abb. S. 191.
***V.* 'Pink Domino'.** Kurzlebige, rosettenbildende Staude. H. 1,2 m, Br. 30–60 cm. Winterhart. Während des Sommers erscheinen über den ovalen, mittelgrünen Blättern verzweigte Trauben 5zipfliger, rosafarbener Blüten.
V. thapsiforme. Siehe *V. densiflorum*.

VERBENA (Verbenaceae)
Eisenkraut
Gattung sommer- und herbstblühender zweijähriger Pflanzen und Stauden, von denen einige halbimmergrün sind. Winterhart bis frostempfindlich, mind. 1°C. Bevorzugt Sonne und durchlässigen Boden. Vermehrung durch Stecklinge im Spätsommer oder Herbst oder durch Samen im Herbst oder Frühling.
V. alpina hort. Siehe *V. tenera* var. *maonettii*.
V. bonariensis. Siehe *V. patagonica*.
V. chamaedrioides. Siehe *V. peruviana*.
V. chamaedryfolia. Siehe *V. peruviana*.
***V. × hybrida* 'Amethyst'** ist eine mäßig

langsamwachsende, buschige Staude, die einjährig kultiviert wird. H. 20–30 cm, Br. 30 cm. Bedingt winterhart. Hat ovale, gezackte, mittel- bis tiefgrüne Blätter. Im Sommer und Frühherbst erscheinen Büschel kleiner, röhrenförmiger, gelappter, blauer Blüten mit weißem Auge. **'Defiance'** Abb. S. 272. **'Derby-Serie,** H. 20 cm, ist sehr kompakt und ist in der Farbpalette von Rot, Rosa, Blau, Hellila und Weiß auf dem Markt. Die Blüten von **'Mme. du Barry'** sind karminrot. **'Showtime'** Abb. S. 270. **'Springtime',** H. 20 cm, ist eine breitwüchsige Sorte mit vielen Farben.
V. patagonica, syn. *V. bonariensis*, Abb. S. 190.
V. peruviana, syn. *V. chamaedrioides, V. chamaedryfolia*. Halbimmergrüne, niederliegende Staude. H. bis 8 cm, Br. 1 m. Frostempfindlich. Vom Frühsommer bis Frühherbst erscheinen Köpfe kleiner, röhrenförmiger, leuchtendroter Blüten mit ausgebreiteten Kronzipfeln. Die ovalen, gezähnten Blätter sind mittelgrün. Bevorzugt nährstoffarme, trockene Erde.
V. rigida, syn. *V. venosa*, Abb. S. 241.
V. 'Sissinghurst' Abb. S. 237.
V. tenera var. ***maonettii,*** syn. *V. alpina* hort. Ausgebreitete Staude mit leicht verholzten Stengeln. H. 8 cm, Br. 15 cm. Bedingt winterhart. Hat längliche bis ovale Blätter, die in linealische, gezähnte, mittelgrüne Segmente geteilt sind. Trägt im Sommer endständige Büschel kleiner, röhrenförmiger, rötlich-violetter Büten mit weiß geränderten Kronzipfeln.
V. venosa. Siehe *V. rigida*.

VERONICA (Scrophulariaceae)
Ehrenpreis
Gattung von Stauden und Halbsträuchern, von denen einige halbimmergrün oder immergrün sind, beliebt wegen ihrer meistens blauen Blüten. Bedingt bis winterhart. Benötigt Sonne und einen durchlässigen Boden. Vermehrung durch Teilung im Frühjahr oder Herbst, durch Kopfstecklinge oder halbausgereifte Stecklinge im Sommer oder durch Samen im Herbst.
V. austriaca. Mattenbildende oder aufrechte Staude. H. und Br. 25–50 cm. Völlig winterhart. Kurze, dichte oder lockere Trauben kleiner, tellerförmiger, leuchtendblauer Blüten erscheinen im Frühsommer. Blätter sind sehr unterschiedlich – breit oval bis schmal länglich, leicht bis tief eingeschnitten und farnähnlich. Eignet sich für Steingärten und Böschungen. Ssp. ***teucrium*** (syn. *V. teucrium*) Abb. S. 298. Ssp. ***teucrium*** **'Royal Blue'** blüht tief königsblau. Vermehrung durch Teilung im Frühjahr oder durch Kopfstecklinge im Sommer.
V. cinerea. Ausgebreitete, vielfachverzweigte Staude mit verholztem Grund. H. 15 cm, Br. 30 cm. Völlig winterhart. Hat kleine, linealische, manchmal ovale, behaarte, silbrigweiße Blätter. Die kriechenden Blütenstengel tragen im Frühsommer becherförmige, tiefblaue bis purpurfarbene Blüten mit weißem Auge. Eignet sich für sonnige Steingärten.
V. exaltata. Aufrechte, elegante Staude. H. 1,2 m, Br. 30 cm. Völlig winterhart. Bringt von Mitte- bis Spätsommer an Stengeln, die mit schmal ovalen, gezähnten, mittelgrünen Blättern bedeckt sind, große Trauben sternförmiger, hellblauer Blüten hervor.
V. fruticans. Laubabwerfender aufrechter oder niederliegender Halbstrauch. H. 15 cm, Br. 30 cm. Völlig winterhart. Die Blätter sind oval und grün. Im Sommer erscheinen Ähren tellerförmiger, leuchtendblauer Blüten mit rotem Auge. Eignet sich für Steingärten.
V. gentianoides Abb. S. 243.
V. longifolia. Horstbildende Staude. H. 1–1,2 m, Br. 30 cm oder mehr. Völlig winterhart. Bringt im Sommer an Stielen mit quirlständigen, schmal ovalen, lanzettlichen, gezähnten mittelgrünen Blättern in endständigen Trauben sternförmige, leuchtendblaue Blüten hervor. **'Romiley Purple'** Abb. S. 210.
V. pectinata. Dichte, mattenbildende Staude, die manchmal halbaufrecht ist. H. und Br. 20 cm. Völlig winterhart. Hat kleine, schmal ovale, behaarte Blätter und trägt im Sommer lockere Zweige tellerförmiger, sanft blauer bis blau-violetter Blüten. Eignet sich für Steingärten und Böschungen. **'Rosea'**, H. 8 cm, hat rosalilafarbene Blüten.
V. perfoliata, syn. *Parahebe perfoliata* Abb. S. 243.
V. prostrata Abb. S. 297. **'Kapitan'** und **'Trehane'** Abb. S. 297. **'Spode Blue'** ist eine dichte, mattenbildende Staude. H. bis 30 cm, Br. unbestimmt. Völlig winterhart. Im Frühsommer erscheinen aufrechte Ähren kleiner, tellerförmiger, chinablauer Blüten. Die Blätter sind schmal oval und gezähnt.
V. spicata. Horstbildende Staude. H. 30–60 cm, Br. 45 cm. Völlig winterhart. Im Sommer erscheinen über den schmal ovalen, gezähnten, mittelgrünen Blättern Ähren kleiner, sternförmiger, leuchtendblauer Blüten. Ssp. ***incana*** hat sternförmige, tiefblaue Blüten und linealische bis lanzettliche Blätter. Die Pflanzen sind mit silbrigen Härchen dicht besetzt.
V. teucrium. Siehe *V. austriaca* ssp. *teucrium*.
V. virginica, syn. *Veronicastrum virginicum*. Aufrechte Staude. H. 1,2 m, Br. 45 cm. Völlig winterhart. Im Sommer erscheinen endständige Trauben kleiner, sternförmiger, purpurblauer oder rosafarbener Blüten über den quirlständigen, schmal lanzettlichen, dunkelgrünen Blättern. F. ***alba*** Abb. S. 202.
Veronicastrum virginicum. Siehe *Veronica virginica*.

VESTIA (Solanaceae)
Monotypische Gattung eines immergrünen Strauchs, beliebt wegen seiner Blüten und des Laubes. Winterhart, wird aber in kalten Gegenden oft bis zum Boden zurückgeschnitten, gedeiht am besten an einer Südwand. Benötigt Sonne und fruchtbare, durchlässige Erde. Vermehrung durch halbausgereifte Stecklinge im Sommer oder durch Samen im Herbst oder Frühjahr.
V. foetida, syn. *V. lycioides*. Immergrüner, aufrechter Strauch. H. 2 m, Br. 1,5 m. Hat von Mitte Frühling bis zur Sommermitte hängende, röhrenförmige, blaßgelbe Blüten. Die länglichen, glänzenden, dunkelgrünen Blätter riechen unangenehm.
V. lycioides. Siehe *V. foetida*.

VIBURNUM (Caprifoliaceae)
Schneeball
Gattung laubabwerfender, halbimmergrüner oder immergrüner Sträucher und Bäume, beliebt wegen ihres Laubes, ihrer Herbstfärbung (bei laubabwerfenden Spezies) und Blüten, und oft wegen der Früchte. Pflanzt man einige Pflanzen verschiedener Klone zusammen, so fruchten sie reichlich. Völlig bis winterhart. Gedeiht in Sonne oder Halbschatten und tiefgründigem, fruchtbarem, nicht zu trockenem Boden. Nach der Blüte ältere Triebe entfernen. Vermehrung laubabwerfender Spezies durch Kopfstecklinge, immergrüne Spezies durch halbausgereifte Stecklinge im Sommer oder durch Samen im Herbst.
V. acerifolium (Ahornblättriger Schneeball) Abb. S. 129.
V. betulifolium Abb. S. 116.
V. bitchiuense. Laubabwerfender, buschiger Strauch. H. und Br. 2,5 m. Völlig winterhart. Hat ovale, dunkelgrüne Blätter und von Mitte bis spätem Frühjahr runde Köpfe duftender, röhrenförmiger, blaßrosafarbener Blüten, später eiförmige, flache, schwarze Früchte.
V. × bodnantense. **'Dawn'** (Winterschneeball) Abb. S. 118. **'Deben'** ist ein laubabwerfender, aufrechter Strauch. H. 3 m, Br. 2 m. Ganz winterhart. Die ovalen, gezähnten, dunkelgrünen Blätter sind in der Jugend bronzefarben. Vom Spätherbst bis zeitigen Frühjahr öffnen sich bei mildem Wetter Büschel duftender, röhrenförmiger, weißer, blaßrosa getönter Blüten.
V. × burkwoodii. Halbimmergrüner, buschiger, offener Strauch. H. und Br. 2,5 m. Völlig winterhart. Von Mitte bis zum späten Frühjahr erscheinen inmitten ovaler, glänzender, dunkelgrüner Blätter runde Köpfe duftender, röhrenförmiger, rosafarbener, später weißer Blüten. **'Anne Russell'.** H. und Br. 1,5 m ist laubabwerfend und hat stark duftende, weiße Blüten. **'Park Farm Hybrid'** trägt stark duftende, weiße Blüten, deren Knospen leicht rosa sind. Ältere Blätter färben sich im Herbst leuchtendrot.
V. × carlecephalum (Großblumiger Schneeball) Abb. S. 85.
V. carlesii Abb. S. 122. **'Diana'** ist ein laubabwerfender, buschiger, dichter Strauch. H. und Br. 2 m. Völlig winterhart. Die breit ovalen Blätter sind in der Jugend bronzefarben und verfärben sich im Herbst purpurrot. Trägt von Mitte bis spätem Frühjahr runde Köpfe roter Knospen, die geöffnet stark duften, röhrenförmig und rosa sind, und später zu weiß verblassen.
V. cinnamomifolium. Immergrüner, buschiger oder baumartiger Strauch. H. und Br. 5 m. Winterhart. Hat große, ovale, mittelgrüne Blätter, jedes mit 3 vorstehenden Adern. Bringt im zeitigen Sommer in breiten Büscheln kleine, sternförmige, weiße Blüten hervor, denen eiförmige, blaue Früchte folgen.
V. davidii (Immergrüner Schneeball) Abb. S. 143.
V. dilatatum. Laubabwerfender, aufrechter Strauch. H. 3 m, Br. 2 m. Ganz winterhart. Die ovalen, stark gezähnten, dunkelgrünen Blätter färben sich manchmal im Herbst rot. Im späten Frühjahr und Frühsommer erscheinen flache Köpfe kleiner, sternförmiger, weißer Blüten, denen auffällige, eiförmige, leuchtendrote Früchte folgen. **'Catskill'** Abb. S. 107.
V. farreri, syn. *V. fragrans* (Duftschneeball) Abb. S. 115. **'Candidissimum'** ist ein laubabwerfender, aufrechter Strauch. H. 3 m, Br. 2 m. Völlig winterhart. Die ovalen, gezähnten, dunkelgrünen Blätter sind in der Jugend blaßgrün. Bringt im Spätherbst und bei mildem Wetter im Winter und zeitigem Frühjahr Büschel duftender, röhrenförmiger, reinweißer Blüten hervor.
V. foetens Abb. S. 117.
V. fragrans. Siehe *V. farreri*.
V. grandiflorum. Laubabwerfender, aufrechter, offener Strauch. H. und Br. 2 m. Völlig winterhart. Die steifen Zweige bringen längliche, dunkelgrüne Blätter hervor, die sich im Herbst dunkelpurpur färben. Ab Wintermitte bis zeitigem Frühjahr öffnen sich in dichten Büscheln duftende, röhrenförmige, weiße und rosafarbene Blüten von tiefrosa Knospen.
V. × juddii Abb. S. 122.
V. lantana. Kräftiger, laubabwerfender, aufrechter Strauch. H. 5 m, Br. 4 m. Völlig winterhart. Hat breit ovale, graugrüne Blätter, die sich im Herbst rot färben und im späten Frühjahr und Frühsommer flache Köpfe kleiner, 5lappiger, weißer Blüten, später eiförmige, rote Früchte, die schwarz reifen.
V. lentago. Kräftiger, laubabwerfender, aufrechter Strauch. H. 4 m, Br. 3 m. Völlig winterhart. Ovale, glänzende, dunkelgrüne Blätter färben sich im Herbst rot und purpurn. Bringt im zeitigen Frühjahr und Frühsommer flache Köpfe kleiner, duftender, sternförmiger, weißer Blüten hervor, denen eiförmige, blauschwarze Früchte folgen.
V. odoratissimum. Immergrüner, buschiger Strauch. H. und Br. 5 m. Winterhart. Im späten Frühjahr erscheinen inmitten ovaler, ledriger, glänzender, dunkelgrüner Blätter Büschel kleiner, duftender, sternförmiger, weißer Blüten, später eiförmige, rote Früchte, die ausgereift schwarz sind.
V. opulus (Gemeiner Schneeball). Kräftiger, laubabwerfender, buschiger Strauch. H. und Br. 4 m. Völlig winterhart. Trägt breit ovale, gelappte, tiefgrüne Blätter, die sich im Herbst rot färben und im späten Frühjahr und Frühsommer flache, spitzenartige, weiße Blütenköpfe. Bringt Büschel runder, leuchtendroter Früchte hervor. **'Compactum'** Abb. S. 140. **'Xanthocarpum'** hat gelbe Früchte und mittelgrüne Blätter, die sich im Herbst gelb färben.
V. plicatum, syn. *V. p.* f. *plicatum*. Laubabwerfender, buschiger, ausgebreiteter Strauch. H. 3 m, Br. 4 m. Völlig winterhart. Die Blätter sind oval, gezähnt, stark geadert und dunkelgrün und färben sich im Herbst rötlich-purpurn. Im späten Frühjahr und Frühsommer erscheinen entlang der Zweige dichte Köpfe großer, steriler, flacher, weißer Blüten. **'Mariesii'** Abb. S. 84. **'Nanum Semperflorens'** (syn. *V. p.* 'Watanabei', *V. watanabei*), H. 2 m, Br. 1,5 m, ist langsamwachsend, konisch und dicht und bringt vom späten Frühjahr bis Frühherbst ununterbrochen kleine Blütenköpfe hervor. **'Pink Beauty'** Abb. S. 97.
F. ***tomentosum*** hat schichtweise angeordnete Zweige und flache, spitzenartige Blütenköpfe und rote Früchte, die ausgereift schwarz sind. **'Watanabei'** siehe *V. p.* 'Nanum Semperflorens'.
V. × pragense. Siehe *V.* 'Pragense'.
V. 'Pragense', syn. *V. × pragense*, Abb. S. 107.
V. rhytidophyllum (Immergrüner Schneeball) Abb. S. 86.
V. sargentii. Laubabwerfender, buschiger Strauch. H. und Br. 3 m. Völlig winter-

hart. Ahornblattähnliches, mittelgrünes Laub färbt sich im Herbst oft rot und gelb. Im späten Frühjahr breite, flache, spitzenartige, weiße Blütenköpfe, später runde, leuchtendrote Früchte. **'Onondaga'** Br. 2 m. Hat bronze-rote, junge Blätter, die sich dunkelgrün verfärben und im Herbst wieder bronze-rot werden. Die Blütenknospen sind rosa.

V. sieboldii. Laubabwerfender, runder, dichter Strauch. H. 4 m, Br. 6 m. Völlig winterhart. Hat große, längliche bis ovale, glänzende, leuchtendgrüne Blätter und im späten Frühjahr runde, röhrenförmige, cremig-weiße Blütenköpfe, später eiförmige, rotgestielte, rote Früchte, die ausgereift schwarz sind.

V. tinus Abb. S. 117. **'Eve Price'** ist ein immergrüner, buschiger, sehr kompakter Strauch. H. und Br. 3 m. Winterhart. Im Winter–Frühling öffnen sich inmitten ovaler, dunkelgrüner Blätter aus tiefrosa Knospen flache, kleine, sternförmige weiße Blütenköpfe in großer Fülle, denen rundliche, blaue Früchte folgen. **'Gwenllian'** blüht blaßrosa und trägt sehr viele Früchte.

V. watananbei. Siehe *V. plicatum* 'Nanum Semperflorens'.

VIGNA (Leguminosae)
Gattung immergrüner, einjähriger Pflanzen und Stauden, aufrechter oder kriechender Kletterpflanzen, die hauptsächlich wegen der Blätter, Hülsen und Samen als Futterpflanze kultiviert wird. Frostempfindlich, mind. 13–15°C. Gedeiht in nährstoffreicher, durchlässiger Erde und vollem Licht. Während der Wachstumszeit reichlich gießen, zu anderen Zeiten weniger. Muß aufgebunden werden. Im Frühjahr ausdünnen oder hart zurückschneiden. Vermehrung durch Samen im Herbst oder Frühjahr.

V. caracalla, syn. *Phaseolus caracalla.* Schnellwachsende, immergrüne, mehrjährige Kletterpflanze. H. 3–5 m. Die Blätter bestehen aus 3 ovalen Fiedern. Vom Sommer bis zeitigem Herbst erscheinen purpurn gezeichnete, cremefarbene Schmetterlingsblüten, die sich orange-gelb färben.

VINCA (Apocynaceae)
Immergrün
Gattung immergrüner, kriechender Halbsträucher und Stauden, wegen der Blüten und des Laubes kultiviert. Die Blüten sind röhrenförmig mit 5 ausgebreiteten Zipfeln. Völlig- bis winterhart. Eignet sich als Bodendecker im Schatten, obwohl die Blüte an einem sonnigen Standort reichlicher ist. Gedeiht in jeder nicht zu trockenen Erde. Vermehrung durch halbausgereifte Stecklinge im Sommer oder durch Teilung von Herbst bis Frühjahr.

V. difformis. Immergrüner, niederliegender Halbstrauch. H. 30 cm, Br. unbestimmt. Winterhart. Die schlanken, kriechenden Stengel tragen ovale, glänzende, dunkelgrüne Blätter. Im Spätherbst und Frühwinter erscheinen an aufrechten Blütenstielen blaßblaue Blüten.

V. major. Immergrüner, niederliegender, überhängender Halbstrauch. H. 45 cm, Br. unbestimmt. Winterhart. Die Blätter sind breit oval, glänzend und dunkelgrün. Vom späten Frühjahr bis Frühherbst erscheinen große, leuchtendblaue Blüten. Ssp. ***hirsuta*** hat Blätter, Blattstiele und Kelche, die mit langen Härchen eingesäumt sind. **'Variegata'** (Buntblättriges Immergrün) Abb. S. 143.

V. minor Abb. S. 144. **'Alba Variegata'** ist ein immergrüner, niederliegender Halbstrauch. H. 15 cm, Br. unbestimmt. Völlig winterhart. Bildet große Matten aus kleinen, ovalen, glänzenden, dunkelgrünen Blättern, die blaßgelb eingesäumt sind. Darüber erscheinen von Mitte Frühling bis Frühsommer, und periodisch bis zum Herbst weiße Blüten. **'Bowles White'** trägt große, weiße Blüten, deren Knospen rosa-weiß sind. **'Gertrude Jekyll'** hat dichten Wuchs und bringt eine Fülle kleiner, weißer Blüten hervor. Die Blüten von **'La Grave'** sind groß und lavendelblau.

V. rosea. Siehe *Catharanthus roseus.*

VIOLA (Violaceae)
Veilchen
Gattung einjähriger Pflanzen und Stauden, einige sind halbimmergrün und laubabwerfender Halbsträucher, wegen ihrer kennzeichnenden Blüten sehr beliebt. Einjährige eignen sich für Sommerbeete, Stauden und Halbsträucher sind gut für Steingärten, Böschungen und das Alpinum. Völlig bis winterhart. Gedeiht in Sonne oder Schatten und durchlässigem, aber feuchtigkeitsspeicherndem Boden, außer wenn anders beschrieben; einige Spezies bevorzugen saure Erde. Vermehrung der Einjährigen durch Aussaat entsprechend der Blütezeit, Stauden und Halbsträucher durch Kopfstecklinge im Frühjahr, wenn nicht anders erwähnt. Spezies können auch durch Aussaat im Frühjahr oder Herbst vermehrt werden.

V. aetolica Abb. S. 311.

***V.* 'Azure Blue'.** Siehe *V. × wittrockiana.*

***V.* 'Baby Lucia'.** Siehe *V. × wittrockiana.*

V. biflora. Staude mit kriechendem Rhizom. H. 5–15 cm, Br. 15 cm. Winterhart. An aufrechten Stielen erscheinen im Sommer flache, tief zitronengelbe, entweder einzeln oder paarweise angeordnete Blüten mit dunkelbraunen Adern. Die Blätter sind nierenförmig und mittelgrün. Benötigt Schatten. Kann auch durch Teilung vermehrt werden.

V. calcarata (Geröll-Veilchen) Abb. S. 308.

V. cazorlensis. Büschelige, an der Basis holzige Staude. H. bis 5 cm, Br. bis 8 cm. Winterhart. Hat kleine, linealische bis lanzettliche Blätter und im späten Frühjahr kleine, flache, langspornige, tiefrosa Blüten, die einzeln an kurzen Stielen stehen. Eignet sich für ein Alpinum. Schwierig zu kultivieren.

V. cenisia. Ausgebreitete Staude mit Ausläufern. H. 7 cm, Br. 10 cm. Winterhart. Im Sommer erscheinen an sehr kurzen Stielen kleine, flache, leuchtendviolette Blüten mit tiefpurpurnem Streifen, der strahlenförmig vom Zentrum verläuft. Hat eine lange Pfahlwurzel und winzige, herzförmige oder längliche, dunkelgrüne Blätter. Eignet sich für Böschungen. Vermehrung durch Teilung im Frühjahr.

***V.*, Clear-Crystals-Serie.** Siehe *V. × wittrockiana.*

V. cornuta (Hornveilchen) Abb. S. 289.

***V.*, 'Crystal-Bowl-Serie.** Siehe *V. × wittrockiana.*

V. cucullata. Siehe *V. obliqua.*

V. elatior. Aufrechte, wenig verzweigte Staude. H. 20–30 cm, Br. 15 cm. Winterhart. Die Blätter sind breitlanzettlich und gezähnt. Bringt im Frühsommer flache, blaßblaue Blüten mit weißem Auge hervor. Bevorzugt Halbschatten und feuchte Erde. Vermehrung durch Teilung im Frühjahr.

***V.*, Floral-Dance-Serie.** Siehe *V. × wittrockiana.*

V. glabella. Horstbildende Staude mit schuppigen, horizontal verlaufenden Wurzeln. H. 10 cm, Br. 20 cm. Winterhart. Im späten Frühling öffnen sich über den herzförmigen, gezähnten, leuchtendgrünen Blättern flache, leuchtendgelbe Blüten mit purpurfarbenen Adern an den unteren Kronblättern. Benötigt Schatten. Vermehrung durch Teilung im Frühjahr.

V. gracilis. Mattenbildende Staude. H. 12 cm, Br. 15 cm oder mehr. Winterhart. Bringt im Sommer flache, violett-blaue und manchmal gelbe Blüten mit gelbem Auge hervor. Hat kleine, geteilte Blätter mit linealischen oder länglichen Segmenten. Benötigt Sonne.

***V.* 'Haslemere'** Abb. S. 321.

V. hederacea, syn. *V. reniformis, Erpetion reniforme.* Immergrüne, kriechende, mattenbildende Staude. H. 2,5–5 cm, Br. unbestimmt. Bedingt winterhart. Hat winzige, runde Blätter und trägt im Sommer an kurzen Stielen purpurfarbene oder weiße Blüten. Eignet sich für ein Alpinum. Bevorzugt Halbschatten. Vermehrung durch Teilung im Frühling.

***V.* 'Huntercombe Purple'** Abb. S. 322.

***V.*, Icequeen-Serie.** Siehe *V. × wittrockiana.*

***V.*, Imperial-Serie, 'Orange Prince'.** Siehe *V. × wittrockiana.*

***V.* 'Irish Molly'.** Immergrüne, horstbildende, kurzlebige Staude. H. 10 cm, Br. 15–20 cm. Winterhart. Hat breit ovale, stark geteilte Blätter und im Sommer nacheinander flache, altgoldfarbene Blüten mit braunem Auge. Blüht bis zum Absterben. Benötigt Sonne.

***V.* 'Jackanapes'** Abb. S. 312.

***V.* 'Joker'.** Siehe *V. × wittrockiana.*

***V. labradorica* 'Purpurea'** Abb. S. 309.

***V.* 'Love Duet'.** Siehe *V. × wittrockiana.*

V. lutea. Mattenbildende Staude mit Rhizom. H. 10 cm, Br. 15 cm. Winterhart. Hat kleine, ovale bis lanzettliche Blätter. Im Frühling–Sommer erscheinen flache, gelbe, violette oder zweifarbige Blüten.

***V.* 'Majestic Giants'.** Siehe *V. × wittrockiana.*

V. obliqua, syn. *V. cucullata.* Variable, ausgebreitete Staude mit fleischigem Rhizom. H. 5 cm, Br. 10–15 cm. Winterhart. Hat nierenförmige, gezähnte, mittelgrüne Blätter. Im späten Frühjahr flache, blauviolette, manchmal auch weiße oder blaßblaue Blüten. Vermehrung durch Teilung im Frühjahr. Sät sich leicht selbst aus.

V. odorata (Duftveilchen). Halbimmergrüne, ausgebreitete Staude mit Ausläufern. H. 7 cm, Br. 15 cm oder mehr. Winterhart. Die Blätter sind herzförmig und gezähnt. Vom späten Winter bis zeitigem Frühjahr erscheinen an langen Stielen duftende, flache, violette oder weiße Blüten. Für verwilderte Gärten geeignet. Sät sich leicht selbst aus. Kann auch durch Teilung vermehrt werden.

V. palmata. Ausgebreitete Staude. H. 10 cm, Br. 15 cm. Winterhart. Hat stark geteilte Blätter und bringt im späten Frühjahr an kurzen Stielen flache, blaßviolettfarbene Blüten hervor. Bevorzugt trockene, durchlässige Erde. Sät sich leicht selbst aus.

V. pedata Abb. S. 309. Var. ***bicolor*** ist eine horstbildende Staude mit dicken Wurzeln. H. 5 cm, Br. 8 cm. Winterhart. Im späten Frühling und Frühsommer erscheinen einzeln an schlanken Stielen flache, purpursamtige oder weiße Blüten. Die Blätter sind zart in 5–7 oder mehr, schmale, gezähnte Segmente geteilt. Eignet sich für ein Alpinum. Kann schwierig zu kultivieren sein und benötigt torfhaltigen, sandigen Boden.

***V.* 'Queen of the Planets'.** Siehe *V. × wittrockiana.*

***V.* 'Redwing'.** Siehe *V. × wittrockiana.*

V. reniformis. Siehe *V. hederacea.*

***V.* 'Roggli Giants'.** Siehe *V. × wittrokkiana.*

***V.* 'Scarlet Clan'.** Siehe *V. × wittrokkiana.*

***V.* 'Silver Princess'.** Siehe *V. × wittrokkiana.*

***V.* 'Super Chalon Giants'.** Siehe *V. × wittrockiana.*

V. tricolor (Wildes Stiefmütterchen) Abb. S. 309. **'Bowles Black'** Abb. S. 310.

***V.*, Universal-Serie.** Siehe *V. × wittrokkiana.*

V. × wittrockiana (Stiefmütterchen). Gruppe langsam bis mäßig schnellwachsender, hauptsächlich buschiger Stauden, entweder einjährig oder zweijährig kultiviert. H. 15–20 cm, Br. 20 cm. Winterhart. Hat ovale, oft gezackte mittelgrüne Blätter. Während des Sommers oder im Winter–Frühling erscheinen flache, 2,5–10 cm breite Blüten mit 5 Kronblättern. Die Farbskala ist sehr groß. Folgende sind unter anderem erhältlich:
'Azure Bue' (frühlingsblühend) Abb. S. 277.
'Baby Lucia' (sommerblühend) hat kleine, tiefblaue Blüten.
Clear-Crystals-Serie (sommerblühend) mit breiter Farbpalette (gelb, Abb. S. 281).
Crystal-Bowl-Serie (sommerblühend) mit breiter Farbpalette (gelb, Abb. S. 281).
Floral-Dance-Serie (winterblühend) mit breiter Farbpalette (gemischte Farben, Abb. S. 273; weiß, Abb. S. 263).
Icequeen-Serie (blüht im Winter und im zeitigen Frühjahr) mit breiter Farbpalette (gelb, Abb. S. 281).
Imperial-Serie, 'Orange Prince' (sommerblühend) hat orangefarbene Blüten mit schwarzen Flecken.
Imperial-Serie, 'Sky Blue' (sommerblühend) hat himmelblaue Blüten mit einem dunkleren Fleck.
'Joker' (sommerblühend) Abb. S. 276.
'Love Duet' (sommerblühend) hat cremefarbene oder weiße Blüten, jede mit einem tiefrosa Fleck.
'Majestic Giants' (sommerblühend) hat große Blüten in vielen Farben.
'Queen of the Planets' (sommerblühend) hat sehr große, vielfarbige Blüten.
'Redwing' (sommerblühend) Abb. S. 282.
'Roggli Giants' (sommer- bis herbstblühend) Abb. S. 271.
'Scarlet Clan' (sommerblühend) Abb. S. 283.
'Silver Princess' (sommerblühend) hat weiße Blüten mit einem tiefrosafarbenen Fleck.
'Super Chalon Giants' (sommer- bis herbstblühend) Abb. S. 280.
Universal-Serie (winter- bis frühlingsblühend) mit breiter Farbpalette (aprikosenfarbig, Abb. S. 283), aber auch in bunten Farben.

VIRGILIA (Leguminosae)
Gattung kurzlebiger, immergrüner Sträu-

cher und Bäume, beliebt wegen ihrer Blüten im Frühling–Sommer. Frostempfindlich, mind. 5°C. Bevorzugt durchlässigen Boden und helles Licht. Während der Wachstumszeit Kübelpflanzen reichlich gießen, zu anderen Zeiten weniger. Rückschnitt ist meistens nicht nötig. Vermehrung im Frühjahr durch Samen, der vor Aussaat 24 Stunden in warmem Wasser eingeweicht werden sollte.

V. capensis. Schnellwachsender, immergrüner, runder Strauch oder Baum. H. und Br. 6–10 m. Die Blätter bestehen aus 11–21 länglichen Fiedern. Im Spätfrühjahr und Sommer erscheinen meist sehr zahlreich Trauben duftender, leuchtend hellila-rosafarbener Schmetterlingsblüten, die manchmal auch rosa, rot oder weiß sind.

Viscaria alpina. Siehe *Lychnis alpina*.

Viscaria elegans. Siehe *Silene coelirosa*.

VITALIANA (Primulaceae)

Monotypische Gattung einer frühlingsblühenden Staude, wegen ihrer Blüten kultiviert. Wird oft zu Douglasia gezählt. Eignet sich für Steingärten, Böschungen und ein Alpinum. Winterhart. Benötigt Sonne und feuchten, aber durchlässigen Boden. Vermehrung durch Kopfstecklinge im Sommer oder Samen im Herbst.

V. primuliflora, syn. *Douglasia vitaliana* (Teppich-Goldprimel), Abb. S. 312.

VITEX (Verbenaceae)

Gattung immer- oder sommergrüner Bäume und Sträucher, wegen ihrer Blüten sehr beliebt. Kultivierte Arten sind winterhart, sollten aber in kalten Gegenden an einer Süd- oder Westwand gepflanzt werden. Benötigt volle Sonne und durchlässigen Boden. Vermehrung durch halbausgereifte Stecklinge im Sommer oder durch Samen im Herbst oder Frühjahr.

V. agnus-castus (Mönchspfeffer). Sommergrüner, ausgebreiteter, offener, aromatisch duftender Strauch. H. und Br. 2,5 m. Von Früh- bis Mitteherbst erscheinen aufrechte Rispen duftender, röhrenförmiger, violett-blauer Blüten. Jedes dunkelgrüne Blatt ist in 5–7 schmal lanzettliche, lange Fiedern geteilt.

V. negundo. Sommergrüner, buschiger Strauch. H. und Br. 3 m. Jedes mittelgrüne Blatt besteht aus 3–7 schmal ovalen, scharf gezähnten Fiedern. Bringt vom Spätsommer bis Frühherbst lockere Rispen kleiner, röhrenförmiger, violettblauer Blüten hervor.

VITIS (Vitaceae)

Wein, Rebe

Gattung laubabwerfender, verholzender, rankender Kletterpflanzen, wegen des Laubes und der Früchte (Weintrauben), die in Trauben erscheinen, sehr beliebt. Bedingt- bis winterhart. Bevorzugt fruchtbaren, durchlässigen, kalkhaltigen Boden und Sonne oder Halbschatten. Entwickelt an einem warmen Standort die besten Früchte und Herbstfarben. Vermehrung durch Steckhölzer im Spätherbst.

V. aconitifolia. Siehe *Ampelopsis aconitifolia*.

V. amurensis (Amur Weintraube). Kräftige, laubabwerfende, verholzende, rankende Kletterpflanze. H. 6 m. Winterhart. Die dunkelgrünen, 3- oder 5lappigen, 12–30 cm langen Blätter färben sich im Herbst rot und purpurn. Hat im Sommer unauffällige Blüten, denen winzige, schwarze Früchte im Spätsommer und Herbst folgen.

V. 'Brant'. Laubabwerfende, verholzte, rankende Kletterpflanze. H. bis 7 m oder mehr. Winterhart. Hat gelappte, gezähnte, 10–22 cm lange, leuchtendgrüne Blätter, die sich, mit Ausnahme der Adern, im Herbst braun-rot färben. Den unauffälligen Blüten im Sommer folgen grüne oder purpurfarbene Früchte.

V. coignetiae Abb. S. 176.

V. davidii. Laubabwerfende, verholzte, rankende Kletterpflanze. Die jungen Triebe haben kurze Stacheln. H. bis 8 m, oder mehr. Bedingt winterhart. Die herzförmigen Blätter sind 10–25 cm lang, blau oder graugrün auf der Unterseite und färben sich im Herbst rot. Im Sommer erscheinen unbedeutende, grünliche Blüten, denen kleine, schwarze Früchte folgen.

V. henryana. Siehe *Parthenocissus henryana*.

V. heterophylla. Siehe *Ampelopsis brevipendunculata* var. *maximowiczii*.

V. quinquefolia. Siehe *Partenocissus quinquefolia*.

V. striata. Siehe *Cissus striata*.

V. thompsonii. Siehe *Parthenocissus thompsonii*.

***V. vinifera* 'Purpurea'** (Purpurblättriger Wein) Abb. S. 176.

VRIESEA (Bromeliaceae)

Gattung immergrüner, rosettenbildender, mehrjähriger Epiphyten, wegen ihrer Gesamterscheinung und der Blüten gerne kultiviert. Frostempfindlich, mind. 15°C. Benötigt Halbschatten und als Pflanzsubstrat zu gleichen Teilen humose Erde und entweder Sphagnum Moos oder Rinde oder Polystyrolflocken, die in der Orchideenkultur verwendet werden. Während der Wachstumszeit wird mit weichem Wasser mäßig gegossen, weniger zu anderen Zeiten. Von Mittefrühling bis Mitteherbst bleibt die Rosette mit Wasser gefüllt. Die Vermehrung der Pflanzen erfolgt entweder durch Kindl oder durch Samen im Frühjahr.

V. fenestralis. Immergrüner, mehrjähriger Epiphyt mit dichten, trichterförmigen Rosetten. H. und Br. 30–40 cm. Die blaßgrünen Blätter haben dunkle Längs- und Querlinien, sind breit riemenförmig und überhängend oder an den Spitzen eingerollt. Im Sommer erscheinen über den Blüten flache Trauben röhrenförmiger, gelblich-grüner Blüten mit grünen Deckblättern.

V. fosteriana. Immergrüne, epiphytische, mehrjährige Pflanze mit dichten, trichterförmigen Rosetten. H. und Br. 60 cm oder mehr. Hat breit ovale, riemenförmige, überhängende, gelbliche bis tiefgrüne Blätter, die hauptsächlich auf der Unterseite rötlich-braune Querlinien aufweisen. Im Sommer–Herbst erscheinen gut sichtbar über den Blättern flache Ähren röhrenförmiger, blaßgelber oder grünlich-gelber Blüten mit bräunlichroten Spitzen.

V. hieroglyphica. Immergrüne, mehrjährige, epiphytische Pflanze mit dichten, trichterförmigen Rosetten. H. und Br. 60 cm–1 m. Hat sehr breit riemenförmige, überhängende, gelblich-grüne Blätter mit dunkelbraungrünen Querbändern. Bringt im Sommer Rispen röhrenförmiger, gelber Blüten, gut sichtbar über den Blättern hervor.

V. platynema. Immergrüne, epiphytische, mehrjährige Pflanze mit Basalrosetten. H. und Br. 60 cm. Die riemenförmigen, mittel- bis hellgrünen Blätter, deren Spitzen purpurn sind, bilden dichte Rosetten. Bringt im Sommer flache Rispen röhrenförmiger, grün und gelber Blüten mit roten oder gelben Deckblättern hervor.

V. psittacina. Immergrüne, ausgebreitete, mehrjährige, epiphytische Pflanze mit grundständiger Rosette, H. und Br. 40–60 cm. Hat dichte Rosetten riemenförmiger, überhängender, blaßgrüner Blätter. Im Sommer–Herbst erscheinen über dem Laub flache Ähren röhrenförmiger, gelber Blüten mit grünen Spitzen, die aus roten und gelben oder roten und grünen Deckblättern erscheinen.

V. splendens (Abb. S. 222). Immergrüne, epiphytische, mehrjährige Pflanze mit grundständiger Rosette. H. und Br. 30 cm. Die riemenförmigen, überhängenden, olivgrünen Blätter mit purpur- bis rötlichbraunen Querstreifen bilden dichte Rosetten. Im Sommer–Herbst erscheinen in flachen, schwertförmigen Trauben zwischen leuchtendroten Deckblättern röhrenförmige, gelbe Blüten.

× VUYKSTEKEARA. Siehe ORCHIDEEN.

× *V.* Cambria 'Lensing's Favorite' (Abb. S. 253). Immergrüne, epiphytische Orchidee für ein kühles Gewächshaus. H. 23 cm. Bringt lange Rispen 10 cm breiter, weinroter Blüten, kräftig weiß gezeichnet, hervor. Die Blütezeit ist sehr variabel. Hat schmal ovale, 10–15 cm lange Blätter. Benötigt im Sommer einen schattigen Platz.

W

WACHENDORFIA (Haemodoraceae)
Gattung sommerblühender Stauden, sehr tief wurzelnd, um sich gegen Frost zu schützen. Bedingt winterhart. Benötigt volle Sonne und feuchte Erde. Vermehrung durch Teilung im Frühjahr oder durch Samen im Herbst oder Frühling.
W. thyrsiflora. Horstbildende Staude. H. 1,5–2 m, Br. 45 cm. Im Frühsommer erscheinen dichte Rispen flach becherförmiger, gelb bis orangefarbener Blüten. Die mittelgrünen Blätter sind schmal schwertförmig, gefältelt und eher rauh.

WAHLENBERGIA (Campanulaceae)
Gattung sommerblühender Ein- und Zweijähriger sowie kurzlebiger Stauden, die wegen ihrer glockenförmigen Blüten gerne gezogen werden. Eignet sich für ein Alpinum. Winterhart. Benötigt einen geschützten Standort, Halbschatten und durchlässige, torfhaltige, sandige Erde. Vermehrung durch Samen im Herbst.
W. albomarginata. Rosettige Staude mit unterirdischen Ausläufern. H. und Br. 15 cm oder mehr. Jeder schlanke Blütenstiel trägt eine glockenförmige, wasserblaue Blüte, die sich im Sommer flach öffnet. Hat schmal elliptische bis ovale, in Büscheln angeordnete, mittelgrüne Blätter. Eignet sich für Steingärten.
W. congesta, syn. W. saxicola. Mattenbildende, kriechende Staude mit Rhizom. H. 7 cm, Br. 10 cm. Hat kleine, runde, oder löffelförmige, mittelgrüne Blätter und im Sommer an drahtigen Stielen einzelne, glockenförmige, lavendelblaue oder weiße Blüten.
W. saxicola. Siehe *W. congesta*.

WALDSTEINIA (Rosaceae)
Waldsteinie
Gattung halbimmergrüner, kriechender Stauden mit Ausläufern. Guter Bodendecker. Winterhart. Benötigt Sonne und durchlässigen Boden. Vermehrung durch Teilung im zeitigen Frühjahr.
W. fragarioides. Kräftige, halbimmergrüne, mattenbildende Staude. H. 10–15 cm, Br. unbestimmt. Hat dreigeteilte, behaarte Blätter und im späten Frühjahr und zeitigem Sommer vereinzelte Büschel kleiner, tellerförmiger, gelber Blüten.
W. ternata, syn. *W. trifolia*, Abb. S. 325.
W. trifolia. Siehe *W. ternata*.

WASHINGTONIA (Palmae)
Gattung immergrüner Palmen, wegen ihrer stattlichen Erscheinung gerne kultiviert. Frostempfindlich, mind. 10°C. Gedeiht in fruchtbarer, durchlässiger Erde und voller Sonne. Im Sommer Kübelpflanzen reichlich gießen, zu anderen Zeiten weniger. Verwelkte braune Blätter entfernen, da sie ein Feuerrisiko darstellen. Vermehrung durch Samen im Frühjahr bei einer Mindesttemperatur von 24°C. Rote Spinne kann lästig werden.
W. filifera. Schnellwachsende, immergrüne Palme. H. und Br. bis 25 m. Hat fächerförmige, langstielige, graugrüne Blätter; jedes Segment ist an der Spitze befasert. Im Sommer erscheinen langstielige Büschel winziger, creme-weißer Blüten, denen im Winter beerenartige, schwarze Früchte folgen.
W. robusta (Fächerpalme) Abb. S. 47.

WATSONIA (Iridaceae)
Watsonie
Gattung horstbildender Knollenpflanzen, in der Gesamterscheinung den Gladiolen sehr ähnlich, obwohl die Blüten röhrenförmiger sind. Bedingt winterhart. Benötigt einen offenen, sonnigen Standort und lockere, durchlässige Erde. Im Herbst 10–15 cm tief setzen und mit Reisig, lokkerem Torf o. ä. im ersten Winter schützen, falls Frostgefahr besteht. Mit langsamwirkenden Dünger, wie Knochenmehl, im Sommer düngen. Die Knollen sollen ungestört Horste bilden können. Vermehrung durch Samen im Herbst.
W. ardernei. Siehe *W. meriana*.
W. beatricis Abb. S. 335.
W. fourcadei. Horstbildende, sommerblühende Knollenpflanze. H. bis 1,5 m, Br. 30–45 cm. Die schwertförmigen, aufrechten Blätter sind hauptsächlich grundständig. Hat eine dichte Ähre röhrenförmiger, lachsroter, 8–9 cm langer, 6zipfeliger Blüten.
W. meriana, syn. *W. ardernei*. Horstbildende, sommerblühende Knollenpflanze. H. bis 1 m, Br. 30–45 cm. Hat schwertförmige, aufrechte Blätter, sowohl am Stengel wie an der Basis. Der Stengel trägt eine lockere Ähre röhrenförmiger, rosaroter, 5–6 cm langer Blüten mit 6 ausgebreiteten Kronzipfeln.
W. pyramidata Abb. S. 335.

WATTAKAKA (Asclepiadaceae)
Gattung immergrüner, verholzender Kletterpflanzen, die aus botanischem Interesse kultiviert wird. Winterhart. Gedeiht in Sonne und jeder durchlässigen Erde. Vermehrung durch Samen im Frühjahr oder durch Stecklinge im Sommer oder Herbst.
W. sinensis, syn. *Dregea corrugata, D. sinensis*. Immergrüne, verholzende Kletterpflanze. H. bis 3 m. Die ovalen, mittelgrünen Blätter sind an der Basis herzförmig, 3–10 cm lang und auf der Blattunterseite gräulich. Trägt im Sommer Büschel von 10–25 kleinen, duftenden, sternförmigen, weiß oder cremefarbenen Blüten mit roten Punkten und Streifen, denen paarweise angeordnete, 5–7 cm lange, schlanke Früchte folgen.

WEIGELA (Caprifoliaceae)
Weigelie
Gattung sommergrüner Sträucher, wegen ihrer auffälligen, trichterförmigen Blüten sehr beliebt. Winterhart. Bevorzugt Sonne und fruchtbare Erde. Damit die Pflanze kräftig bleibt, sollten jedes Jahr nach der Blüte einige alte Zweige bis auf den Grund zurückgeschnitten werden. Sparrige, alte Pflanzen können im Frühjahr stark zurückgeschnitten werden (blüht nicht im kommenden Jahr). Vermehrung durch Kopfstecklinge im Sommer.
W. 'Bristol Ruby'. Kräftiger, laubabwerfender, aufrechter Strauch. H. 2,5 m, Br. 2 m. Im späten Frühjahr und zeitigem Sommer erscheinen zwischen ovalen, gezähnten, mittelgrünen Blättern tiefrote Blüten, die sich aus dunkleren Knospen öffnen.
W. 'Candida'. Laubabwerfender, buschiger Strauch. H. und Br. 2,5 m. Im späten Frühjahr und zeitigem Sommer erscheinen reinweiße Blüten. Die Blätter sind oval, gezähnt und leuchtendgrün.
W. 'Eva Rathke'. Laubabwerfender, aufrechter, dichter Strauch. H. und Br. 1,5 m. Hat ovale, gezähnte, dunkelgrüne Blätter. Vom späten Frühling bis Frühsommer öffnen sich rote Blüten mit breitem Saum aus dunkleren Knospen.
W. florida. Laubabwerfender, überhängender Strauch. H. und Br. 2,5 m. Im Spätfrühling und Frühsommer tief rosafarbene Blüten, die innen blaßrosa bis weiß sind. Die ovalen, gezähnten Blätter sind mittelgrün. **'Foliis Purpureis'** Abb. S. 131. **'Variegata'** (Buntblättrige Weigelie) Abb. S. 128.
W. 'Looymansii Aurea'. Schwachwachsender, laubabwerfender, aufrechter Strauch. H. 1,5 m, Br. 1 m. Im späten Frühjahr bis zeitigem Sommer erscheinen zwischen ovalen, gezähnten, schmal rotrandigen, goldgelben Blättern blaß rosafarbene Blüten. Vor heißer Sonne schützen.
W. middendorffiana Abb. S. 136.
W. praecox. Laubabwerfender, aufrechter Strauch. H. 2,5 m, Br. 2 m. Bringt im späten Frühjahr duftende, rosafarbene, innen gelb gezeichnete Blüten hervor. Die Blätter sind leuchtendgrün, oval und gezähnt. **'Variegata'** hat Blätter mit breiten, cremeweißen Rändern.

WEINGARTIA (Cactaceae)
Gattung runder, mehrjähriger Kakteen, mit *Sulcorebutia* nahe verwandt. Manchmal sprossend. Frostempfindlich, mind. 10°C. Benötigt einen sonnigen, durchlässigen Standort. Vermehrung durch Samen im Frühling oder Sommer.
W. neocumingii. Runder, mehrjähriger Kaktus. H. und Br. 10 cm. Hat einen warzigen, grünen Körper. Die Areolen tragen dichte Büschel gelber Stacheln, die bis 1,5 cm lang werden, einige sind dicker als die anderen, und im Frühjahr mehrere becherförmige, 3 cm lange, dunkelgelbe Blüten.

WEINMANNIA (Cunoniaceae)
Gattung immergrüner Bäume und Sträucher, wegen ihres Laubes, der Blüten und der Gesamterscheinung kultiviert. Frostempfindlich, mind. 5–7°C. Benötigt Halbschatten oder sehr helles Licht und humusreiche, durchlässige, aber nicht zu trockene, idealerweise neutrale bis saure Erde. Während der Wachstumszeit getopfte Exemplare reichlich gießen, mäßig zu anderen Zeiten. Falls nötig wird Stutzen toleriert. Vermehrung durch Samen im Frühjahr oder durch halbausgereifte Stecklinge im Sommer.
W. trichosperma. Immergrüner Baum mit ovaler bis runder Krone. H. 12 m oder mehr, Br. 8–10. Die glänzenden, sattgrünen Blätter sind in 9–19 ovale, deutlich gezähnte Blättchen geteilt, die an der geflügelten Mittelrippe erscheinen. Bringt im Frühsommer Ähren winziger, duftender, weißer Blüten mit rosa Staubgefäßen hervor.

WELDENIA (Commelinaceae)
Gattung einer Spezies einer sommerblühenden, knolligen Staude, wegen der Blüten kultiviert. Bedingt winterhart. Benötigt Sonne und kieshaltige, durchlässige Erde. Ab Herbst trocken halten bis zum Austrieb im Spätwinter. Eignet sich für ein Alpinum. Vermehrung durch Wurzelschnittlinge im Winter oder durch Teilung im zeitigen Frühjahr.
W. candida Abb. S. 302.

WELWITSCHIA (Welwitschiaceae)
Welwitschie
Gattung einer Spezies einer immergrünen, in der Wüste wachsenden Staude mit einer tiefen Pfahlwurzel. Hat nur 2, auf dem Boden liegende Blätter, und bildet diese ununterbrochen an der Basis bis zu 100 Jahre lang aus. Frostempfindlich, mind. 10°C. Benötigt Sonne und sehr durchlässige Erde. Schwierig zu kultivieren, da Wüstenbedingungen erforderlich sind. Könnte in einer Mischung aus Steinbruch und Lauberde, in einem langen Abflußrohr, um die lange Wurzel zu beherbergen, gedeihen. Vermehrung durch reifen Samen.
W. bainesii. Siehe *W. mirabilis*.
W. mirabilis, syn. *W. bainesii* Abb. S. 260.

WESTRINGIA (Labiatae)
Gattung immergrüner Sträucher, die wegen ihrer Blüten und der Gesamterscheinung kultiviert wird. Frostempfindlich, mind. 5–7°C. Benötigt helles Licht und durchlässige Erde. Kübelpflanzen mäßig gießen, weniger während der Ruhezeit. Vermehrung durch Samen im Frühjahr oder durch halbausgereifte Stecklinge im Spätsommer.
W. fruticosa, syn. *W. rosmariniformis* (Australischer Rosmarin) Abb. S. 126.
W. rosmariniformis, siehe *W. fruticosa*

WIGANDIA (Hydrophyllaceae)
Gattung immergrüner Stauden und Sträucher, die wegen ihrer Blüten und des Laubes kultiviert wird. Frostempfindlich, mind. 7–10°C. Benötigt helles Licht und feuchte, aber durchlässige Erde. Während der Wachstumszeit getopfte Exemplare reichlich gießen, mäßig zu anderen Zeiten. Nach der Blüte im Frühjahr verblühte Triebe abschneiden, um sparrigen Wuchs zu vermeiden. Vermehrung durch Samen oder Kopfstecklinge im Frühjahr. Die Weiße Fliege kann manchmal lästig werden.
W. caracasana. Immergrüner, aufrechter, wenig verzweigter Strauch. H. 2–3 m, Br. 1–2 m. Hat ovale, an den Rändern gewellte, gezähnte, 45 cm lange, tiefgrüne Blätter, die auf der Unterseite weiß behaart sind. Trägt vom Frühling bis zum Herbst in großen, endständigen Büscheln violett-purpurne Blüten mit 5 Kronblättern. Die Pflanze wird oft aus Samen nur einjährig wegen der hübschen Blätter gezogen.

WIGGINSIA (Cactaceae)
Gattung langsamwachsender, runder, mehrjähriger Kakteen, die mit *Notocactus* nahe verwandt sind. Im Alter werden sie flach oder säulenförmig. Die dichten, wolligen Kronen tragen trichterförmige, gelbe Blüten mit roten Narben, später lange, weiche, rote, beerenartige Früchte, ähnlich wie die von *Neoporteria*. Frostempfindlich, mind. 5°C. Benötigt Sonne und durchlässigen Boden. Vermehrung durch Samen im Frühjahr oder Sommer.
W. vorwerkiana Abb. S. 399.
Wilcoxia albiflora. Siehe *Echinocereus leucanthus*.
Wilcoxia schmollii. Siehe *Echinocereus schmollii*.

× WILSONARA. Siehe ORCHIDEEN.
× *W.* Hambuhren Stern 'Cheam' (Abb. S. 253). Immergrüne, epiphytische Orchidee für ein kühles Gewächshaus. H. 23 cm. Trägt Ähren tief rotbrauner, 9 cm breiter Blüten mit gelber Lippe. Die Blütezeit ist variabel. Die schmal ovalen Blätter sind 10 cm lang. Benötigt im Sommer Schatten.

WISTERIA (Leguminosae)
Glyzine
Gattung laubabwerfender, verholzender, windender Kletterpflanzen, wegen der spektakulären Blüten kultiviert. Eignet sich für Mauern und Pergolen, auch für Gebäude und Bäume. Völlig bis winterhart. Gedeiht in Sonne und fruchtbarer, durchlässiger Erde. Nach der Blüte und noch einmal im Spätwinter zurückschneiden. Vermehrung durch Tischveredelung im Winter, oder durch Samen im Herbst oder Frühjahr. Pflanzen, die aus Samen gezogen wurden, benötigen evtl. einige Jahre, um zur Blüte zu kommen. Die Blüte ist dann oft nicht zufriedenstellend.
***W. brachybotrys* f. *alba*.** Siehe *W. venusta*.
***W. chinensis*.** Siehe *W. sinensis*.
***W. floribunda*. 'Alba'** (Weißblühende Glyzine) Abb. S. 165. **'Macrobotrys'** ist eine laubabwerfende, verholzende, schlingende Kletterpflanze. H. bis 9 m. Winterhart. Die 25–35 cm langen Blätter bestehen aus 11–19 ovalen Fiedern. Im Frühsommer erscheinen duftende, lila Schmetterlingsblüten, dunkellila überhaucht, die an 1–1,2 m langen Trauben hängen. Im Spätsommer und Herbst folgen oft längliche, samtartige Hülsen.
W.* × *formosa Abb. S. 173.
***W. sinensis*,** syn. *W. chinensis*, Abb. S. 173. **'Alba'** (Weißblühende Glyzine) Abb. S. 165. **'Black Dragon'** ist eine laubabwerfende, verholzende, rankende Kletterpflanze. H. bis 9 m. Winterhart. Die 25–35 cm langen Blätter haben 11–19 ovale Fiedern. Im Frühsommer, und oft vereinzelt ein zweites Mal im Herbst, erscheinen 12–25 cm lange Trauben, an denen duftende, gefüllte, tief purpurfarbene Schmetterlingsblüten hängen. Trägt im Spätsommer und Herbst 7–15 cm lange, längliche, samtartige Hülsen. **'Prolific'**, H. bis 30 cm, ist kräftig und trägt in langen Trauben eine Fülle einfacher, lila oder blaß violettfarbener Blüten.
***W. venusta*,** syn. *W. brachybotrys* f. *alba*. Laubabwerfende, verholzende, rankende Kletterpflanze. H. bis 9 m oder mehr. Winterhart. Die 20–35 cm langen Blätter bestehen aus 9–13 ovalen Fiedern. Bringt im Frühsommer an 10–15 cm langen Trauben duftende, weiße Schmetterlingsblüten, jede mit einem gelben Fleck an der Basis des oberen Kronblatts, hervor. Oft erscheinen im Herbst nochmals vereinzelt Blüten. **'Alba Plena'** hat gefüllte, weiße Blüten.

WOLFFIA (Lemnaceae)
Gattung halbimmergrüner, mehrjähriger, schwimmender Wasserpflanzen, beliebt wegen ihrer Eigenart und weil sie die kleinsten, blühenden Pflanzen sind. Ideal für Kaltwasseraquarien. Bedingt winterhart. Benötigt einen sonnigen Standort. Überschüssige Pflänzchen nach Bedarf entfernen. Vermehrung durch erneutes Einpflanzen nach Bedarf.
***W. arrhiza*.** Halbimmergrüne, mehrjährige, schwimmende Wasserpflanze. Br. 1 mm. Die Blätter sind rund und mittelgrün. Unauffällige, grünliche Blüten erscheinen das ganze Jahr über.

WOODSIA (Polypodiaceae)
Wimperfarn
Gattung sommergrüner Farne, die sich für Steingärten oder ein Alpinum eignen. Winterhart. Gedeiht in Sonne oder Halbschatten. Kann schwierig zu kultivieren sein. Die Erde muß ständig feucht, aber auch sehr durchlässig sein. Der Vegetationspunkt der Pflanzen (in dem die einzelnen Wedel eingerollt gebettet sind) muß oberhalb der Erdoberfläche liegen, um Fäulnis zu vermeiden. Vermehrung durch Teilung im zeitigen Frühjahr.
***W. alpina*.** Sommergrüner Farn. H. und Br. 15 cm. Bringt dichte Büschel lanzettlicher, vielgeteilter, mittelgrüner Wedel mit ovalen Fiedern hervor.
***W. ilvensis*.** Sommergrüner Farn. H. und Br. 15 cm. Die breit lanzettlichen, vielfachgeteilten Wedel haben längliche, wellig-gezähnte Fiedern und sind mittelgrün.

WOODWARDIA (Polypodiaceae)
Gattung immergrüner oder sommergrüner Farne. Bedingt winterhart. Halbschatten und faserige, feuchte, torfhaltige Erde. Verwelkte Wedel entfernen. Vermehrung durch Teilung im Frühjahr.
***W. radicans*.** Kräftiger, immergrüner, ausgebreiteter Farn. H. 1,2 m, Br. 60 cm. Die großen, breit lanzettlichen, grob geteilten, überhängenden Wedel sind mittelgrün und haben schmal ovale Fiedern.
***W. virginica*.** Sommergrüner, kriechender Farn. H. und Br. 45 cm. Hat breit lanzettliche, geteilte, olivgrüne Wedel mit länglichen bis ovalen Fiedern.

WORSLEYA (Amaryllidaceae)
Gattung einer Spezies einer winterblühenden Bulbe. Die Blätter stehen am Ende des bis zu 75 cm hohen Schafts, woraus der blattlose 20–30 cm lange Blütenschaft entspringt. Frostempfindlich, mind. 15 °C. Benötigt volle Sonne und durchlässigen Boden oder ein Substrat, das aus einer Mischung Osmundafasern, Perlite oder Rindenstücken und Lauberde besteht. Das Substrat darf niemals vollständig austrocknen. Vermehrung durch Samen im Frühjahr.
***W. procera*.** Siehe *W. rayneri*.
***W. rayneri*,** syn. *W. procera*, Hippeastrum procerum. Immergrüne, winterblühende Bulbe. H. 1–1,2 m, Br. 45–60 cm. Trägt lange, riemenförmige, stark zurückgebogene Blätter und bis zu 14, trichterförmige, 15 cm lange, lila-blaue Blüten, deren Kronblätter gewellte Ränder haben.

WULFENIA (Scrophulariaceae)
Gattung immergrüner, sommerblühender Stauden mit derben Blättern. Eignet sich für ein Alpinum, da Winternässe nicht vertragen wird. Winterhart. Die Pflanzen benötigen volle Sonne und durchlässigen Boden. Vermehrung durch Teilung im Frühjahr oder auch durch Samen im Herbst.
W. amherstiana Abb. S. 296.
***W. carinthiaca*.** Immergrüne Staude mit Basalrosette. H. und Br. 25 cm. Hat längliche bis ovale, gezähnte, dunkelgrüne Blätter, die auf der Unterseite behaart sind. Im Sommer ist das obere Viertel des Blütenstiels mit einer dichten Ähre kleiner, röhrenförmiger, violettblauer Blüten besetzt.

X

XANTHOCERAS (Sapindaceae)
Gattung einer Spezies eines sommergrünen, frühlings- bis sommerblühenden Strauchs oder Baums, wegen des Laubes und der Blüten kultiviert. Winterhart. Benötigt Sonne und fruchtbare, durchlässige Erde. Gedeiht am besten in Gegenden mit heißen Sommern. Vermehrung durch Samen im Herbst oder Wurzelschnittlinge oder Ableger im Spätwinter. Anfällig für Rotpustelkrankheit.
X. sorbifolium Abb. S. 87.

XANTHORHIZA (Ranunculaceae)
Monotypische Gattung eines laubabwerfenden, frühlingsblühenden Strauchs, wegen des Laubes und der Blüten kultiviert. Winterhart. Bevorzugt Schatten oder Halbschatten und feuchten Boden.
X. apiifolia. Siehe *X. simplicissima.*
X. simplicissima, syn. *X. apiifolia* (Gelbwurz). Laubabwerfender, aufrechter Strauch, der sich unterirdisch durch Ausläufer ausbreitet. H. 60 cm, Br. 1,5 m. Die leuchtendgrünen Blätter bestehen gewöhnlich aus 5 oval bis lanzettlichen, stark gezähnten Blättchen, die sich im Herbst bronze oder purpur färben. Vom zeitigen Frühjahr bis zur Frühjahrsmitte erscheinen nickende Rispen sternförmiger, purpurfarbener Blüten zusammen mit dem Laub.

XANTHORRHOEA (Xanthorrhoeaceae)
Grasbaum
Gattung immergrüner, langlebiger Stauden, die hauptsächlich als Blattpflanzen kultiviert werden. Frostempfindlich, mind. 10°C. Gedeiht in voller Sonne, ziemlich trockener Luft und durchlässiger Erde. Vermehrung durch Wurzelausläufer oder Samen im Frühjahr.
X. australis. Immergrüne Staude mit kräftigem, dunklem Stamm. H. 60 cm–1,2 m, Br. 1,2–1,5 m. Aus der Krone des Stammes entspringen sehr schmale, überhängende, flache, 60 cm lange, oder längere und 2 mm breite, silbrig-grüne Blätter. Kann im Sommer sehr kleine, duftende, weiße Blüten mit 6 Kronblättern in dichten kerzenähnlichen bis 60 cm langen oder längeren Ähren tragen. Sie erscheinen an fast gleichlangen Stengeln.

XANTHOSOMA (Araceae)
Gattung mehrjähriger Pflanzen mit unterirdischen Knollen oder oberirdischen, dicken Stengeln, hauptsächlich wegen des attraktiven Laubes kultiviert. Viele Spezies werden in den Tropen wegen ihrer eßbaren, stärkehaltigen Knollen angebaut. Frostempfindlich, mind. 15°C. Gedeiht in Halbschatten, nährstoffreicher, feuchter Erde und hoher Luftfeuchte. Vermehrung durch Teilung oder Stecklinge im Frühjahr oder Sommer.
X. sagittifolium Abb. S. 223.
X. violaceum. Stammlose, mehrjährige Pflanze mit großen, unterirdischen Knollen. Die Blätter erscheinen in Bodennähe. H. und Br. 1,2 m. Die purpurfarbenen Blattstiele tragen bis über 60 cm lange, breit pfeilförmige Blätter, die 70 cm lang sind. Sie sind dunkelgrün mit purpurfarbenen Mittelrippen und Adern. Bildet periodisch grünlich-purpurne Blütenscheiden, die innen gelb sind und die bräunlichen Kolben umhüllen.

XERANTHEMUM (Compositae)
Papierblume
Gattung sommerblühender, einjähriger Pflanzen. Bedingt winterhart. Gedeiht in Sonne und fruchtbarer, sehr durchlässiger Erde. Vermehrung durch Freilandaussaat im Frühjahr.
X. annum. Mäßig schnellwachsende, aufrechte, einjährige Pflanze mit verzweigten Blütenköpfchen. H. 60 cm, Br. 45 cm. Hat lanzettliche, silbrige Blätter. Bringt im Sommer gänseblümchenähnliche, papierartige, purpurfarbene Blütenkörbe hervor. Gefüllte Sorten sind in den Farben rosa, hellila, purpurn oder weiß erhältlich (Abb. S. 269).

XERONEMA (Liliaceae)
Gattung immergrüner, robuster, büscheliger Stauden mit kurzen, kriechenden Wurzeln, beliebt wegen ihrer Blüten. Frostempfindlich, mind. 10°C. Gedeiht in Sonne oder Halbschatten und humusreicher, durchlässiger Erde. Die Vermehrung erfolgt durch Samen oder Teilung im Frühjahr.
X. callistemon. Immergrüne, irisähnliche, horstbildende Staude. H. 60 cm–1 m, Br. unbestimmt. Die aufrechten, 60 cm–1 m langen, gefältelten Blätter sind sehr schmal und derb. Trägt im Sommer, einseitig an 15–30 cm langen Trauben angeordnet kurzstielige, bis 3 cm breite, rote Blüten mit 6 Kronblättern.

XEROPHYLLUM (Liliaceae)
Bärengras
Gattung eleganter, sommerblühender Stauden mit Rhizom. Winterhart. Bevorzugt volle Sonne und feuchte, torfhaltige Erde. Kann schwierig zu kultivieren sein. Vermehrung durch Samen im Herbst.
X. tenax. Horstbildende Staude. H. 1–1,2 m, Br. 30–60 cm. Im Sommer erscheinen in dichten, endständigen Trauben sternförmige, weiße Blüten mit purpurfarbenen Staubbeuteln. Die grundständigen Blätter sind linealisch und dunkelgrün.

Y

YUCCA, syn. HESPEROYUCCA (Agavaceae)
Palmlilie
Gattung immergrüner Sträucher und Bäume, wegen ihrer beeindruckenden, schwertförmigen Blattschöpfe und auffälligen, gewöhnlich weißen Blütenrispen sehr beliebt. Ist eine ideale Kübelpflanze. Winterhart bis frostempfindlich. Mindesttemperatur 7°C. Benötigt volle Sonne und durchlässige Erde. Kübelpflanzen mäßig gießen, während der Ruhezeit weniger. Verwelkte Blütentriebe entfernen. Vermehrung im Frühling: frostempfindliche Spezies durch Samen oder Ableger, frosthärtere Arten durch Wurzelschnittlinge oder Teilung.
Y. aloifolia Abb. S. 121.
Y. filamentosa. Immergrüner Strauch mit Basalrosette. H. 2 m, Br. 1,5 m. Winterhart. Von Mitte- bis Spätsommer erscheinen aus den niedrigen Büscheln schwertförmiger, tiefgrüner Blätter, die mit weißen Fäden eingesäumt sind, hohe Rispen hängender, tulpenförmiger, weißer Blüten.
Y. flaccida. **'Ivory'** Abb. S. 128.
Y. gloriosa Abb. S. 105. **'Nobilis'** ist ein immergrüner Strauch. H. und Br. 2 m. Winterhart. Der kräftige, meist unverzweigte Stamm trägt in einem großen Schopf lange, schwertförmige, stark gespitzte, blaugrüne Blätter, von denen die äußeren halbhängend sind. Von Mitte Sommer bis Frühherbst erscheinen an langen, aufrechten Rispen hängende, tulpenförmige, weiße Blüten, deren Rückseite rot ist.
Y. parviflora. Siehe *Hesperaloe parviflora.*
Y. whipplei Abb. S. 128.

Z

ZANTEDESCHIA (Araceae)
Gattung sommerblühender Knollenstauden, in warmen Gegenden meist immergrün, die wegen ihrer aufrechten, trichterförmigen Blütenscheiden, die den keulenförmigen Kolben umhüllen, kultiviert werden. Frostempfindlich bis winterhart. Mindesttemperatur 10°C. Benötigt volle Sonne oder Halbschatten und durchlässige Erde. *Z. aethiopica* gedeiht auch in 15–30 cm Wassertiefe als Sumpfpflanze. Vermehrung durch Kindl im Winter.
Z. aethiopica (Zimmerkalla) **'Crowborough'** Abb. S. 332. **'Green Goddess'** Abb. S. 333.
Z. albo-maculata, syn. *Z. melanoleuca.* Sommerblühende Knollenstaude. H. 30–40 cm, Br. 30 cm. Frostempfindlich. Hat pfeilförmige, halbaufrechte Blätter mit durchsichtigen Punkten. Bringt einen 12–20 cm langen, gelben Kolben, den eine weiße Blütenscheide umschließt, hervor, die an der Basis sich grün färbt, mit einem tief purpurfarbenen Fleck auf der Innenseite.
Z. elliottiana Abb. S. 339.
Z. melanoleuca. Siehe *Z. albo-maculata.*
Z. rehmannii. Sommerblühende Knollenstaude. H. 40 cm, Br. 30 cm. Frostempfindlich. Die pfeilförmigen, halbaufrechten, grundständigen, grünen Blätter sind ohne Zeichnung. Der Blütenschaft trägt einen gelben Kolben, der von einer 7–8 cm langen, an der Basis schmal röhrenförmigen, rötlich-rosafarbenen Blütenscheide umgeben ist.

ZANTHOXYLUM (Rutaceae)
Gelbholz
Gattung laubabwerfender oder immergrüner, stacheliger Sträucher und Bäume, die wegen ihrer Früchte, des aromatisch duftenden Laubes und des Habitus kultiviert wird. Völlig bis winterhart. Gedeiht in Sonne oder Halbschatten und fruchtbarer Erde. Vermehrung durch Samen im Herbst oder durch Wurzelschnittlinge im Winter.
Z. piperitum Abb. S. 113.
Z. simulans Abb. S. 116.

ZAUSCHNERIA (Onagraceae)
Gattung halbstrauchartiger Stauden, die wegen ihrer Blütenfülle gerne kultiviert wird. Winterhart. Benötigt Sonne und durchlässigen Boden. Vermehrung durch Samen oder Teilung im Frühjahr oder durch Seitentriebstecklinge im Sommer.
Z. californica (Weidenröschen). Horstbildende, am Grund verholzende Staude. H. und Br. 45 cm. Bringt im Spätsommer und Frühherbst endständige Büschel leuchtendroter Blüten an schlanken Stielen hervor. Die Blätter sind lanzettlich und sattgrün. **'Glasnevin'** Abb. S. 295.
Z. cana. Horstbildende Staude. H. 30 cm, Br. 45 cm. Die Blätter sind linealisch und grau. Vom Spätsommer bis Frühherbst erscheinen Zweige fuchsienartiger, leuchtendroter Blüten.

ZEA (Gramineae)
Mais
Siehe GRÄSER, BAMBUS, BINSEN und RIEDGRÄSER
Z. mays. **'Gigantea Quadricolor'** ist eine relativ schnellwachsende, aufrechte, einjährige Pflanze. H. 1–2 m, Br. 60 cm. Bedingt winterhart. Hat lanzettliche, 60 cm lange Blätter, weiß, blaßgelb oder rosa gestreift. Zur Sommermitte erscheinen an langen Stielen fedrige, 15 cm lange, seidige Blütenstände, später: große, zylindrische, gelbe Fruchtstände, als Kolben bekannt, die von grünen Hüllblättern umgeben sind. **'Gracillima Variegata'** (Ziermais) Abb. S. 264. Die Kolben von **'Japonica Multicolor'** tragen gelbe, rote, schwarze und orangefarbene Körner.
Zebrina pendula. Siehe *Tradescantia zebrina.*

ZELKOVA (Ulmaceae)
Zelkove
Gattung laubabwerfender Bäume, wegen ihres Laubes und des Habitus kultiviert. Am besten wirken sie als Solitärpflanzen. Bringt im Frühjahr unauffällige Blüten hervor. Winterhart, sollte aber etwas geschützt stehen. Gedeiht am besten in voller Sonne und benötigt tiefgründigen, feuchten, fruchtbaren, aber durchlässigen Boden. Vermehrung durch Samen im Herbst.
Z. abelicea, syn. Z. cretica. Laubabwerfender, ausgebreiteter Baum mit buschiger Krone. H. 5 m, Br. 7 m. Hat kleine, ovale, auffällig gezähnte, glänzende, dunkelgrüne Blätter.
Z. carpinifolia. Laubabwerfender Baum mit einem kurzen, kräftigen Stamm, von dem viele aufrechtwachsende Zweige abstehen, die auf diese Weise eine ovale, dichte Krone bilden. H. 30 m, Br. 25 m. Die ovalen, stark gezähnten, dunkelgrünen Blätter färben sich im Herbst orangebraun.
Z. cretica. Siehe *Z. abelicea.*
Z. serrata Abb. S. 45.

ZENOBIA (Ericaceae)
Gattung laubabwerfender oder halbimmergrüner, sommerblühender Sträucher, wegen der Blüten kultiviert. Winterhart. Benötigt Halbschatten und feuchte, torfhaltige, saure Erde. Nach der Blüte ältere und schwache Triebe entfernen, um kräftigen Wuchs zu erhalten. Vermehrung erfolgt durch halbausgereifte Stecklinge im Sommer.
Z. pulverulenta Abb. S. 106.

ZEPHYRANTHES (Amaryllidaceae)
Zephirblume
Gattung horstbildender Bulben, die an jedem Stiel eine aufrechte, krokusähnliche Blüte trägt. Bedingt- bis winterhart. Benötigt einen geschützten, sonnigen Standort und offene, durchlässige, aber feuchte Erde. In Töpfen kultivierte Bulben müssen, nachdem die Blätter im Sommer abgestorben sind, warm und trocken stehen. Anschließend wird reichlich gegossen, um die Blüte zu stimulieren. Vermehrung durch Samen im Herbst oder Frühjahr.
Z. atamasco. Horstbildende, frühsommerblühende Bulbe. H. 15–25 cm, Br. 8–10 cm. Bedingt winterhart. Hat sehr schmale, grasähnliche, halbaufrechte, grundständige Blätter. Die Stengel tragen eine breit trichterförmige, 10 cm breite, weiße Blüte, die purpurn überhaucht ist.
Z. candida Abb. S. 366.
Z. carinata. Siehe *Z. grandiflora.*
Z. citrina. Horstbildende, herbstblühende Bulbe. H. 10–15 cm, Br. 5–8 cm. Bedingt winterhart. Hat binsenartige, aufrechte, grundständige, grüne Blätter. An den Stielen sitzen trichterförmige, 4–5 cm breite, leuchtendgelbe Blüten.
Z. grandiflora, syn. *Z. carinata, Z. rosea,* Abb. S. 354.
Z. rosea. Siehe *Z. grandiflora.*

ZIGADENUS (Liliaceae)
Gattung sommerblühender Bulben mit Ähren sternförmiger, 6blättriger Blüten. Winterhart. Benötigt Sonne oder Halbschatten und durchlässigen Boden. Während der Wachstumszeit im Frühjahr und Sommer reichlich gießen. Ruhezeit ist im Winter. Vermehrung durch Teilung im zeitigen Frühjahr oder durch Samen im Herbst oder Frühling.
Z. elegans. Horstbildende, sommerblühende Bulbe. H. 30–50 cm, Br. 10–15 cm. Trägt lange, schmal riemenförmige, halbaufrechte, grundständige Blätter. Der Stiel bringt eine Ähre 1,5–2 cm breiter, grünlich-weißer Blüten hervor. Die gelblich-grünen Honigdrüsen sitzen nahe der Basis jedes Kronblatts.
Z. fremontii Abb. S. 351.

ZINNIA (Compositae)
Zinnie
Gattung einjähriger Pflanzen mit großen, dahlienähnlichen Blütenköpfen, ausgezeichnete Schnittblume. Bedingt winterhart. Gedeiht in Sonne und fruchtbarer, durchlässiger Erde. Verblühtes regelmäßig entfernen. Vermehrung durch Aussaat unter Glas im zeitigen Frühjahr.
Z. elegans. Mäßig schnellwachsende, aufrechte, robuste, einjährige Pflanze. H. 60–75 cm, Br. 30 cm. Die oval bis lanzettlichen Blätter sind blaß- bis mittelgrün. Im Sommer und Frühherbst erscheinen dahlienähnliche, mehr als 5 cm breite, purpurfarbene Blütenköpfe. Hybriden der Elegans-Gruppe sind in Schattierungen von Gelb, Rot, Rosa, Purpur, Creme und Weiß erhältlich.
'Belvedere Dwarfs' Abb. S. 282.
Big-Top-Serie. H. 60 cm, hat große, gefüllte Blütenköpfe, ähnlich den Kaktusdahlien in einer breiten Farbpalette.
'Border Beauty Rose', H. 45 cm, hat gefüllte, tiefrosa-farbene Blütenköpfe.
Burpee-Hybriden Abb. S. 285. **'Envy'** Abb. S. 279.
Fantastic-Serie, H. 20 cm, hat gefüllte Blütenköpfe in vielen Farben.
Peppermint-Stick-Serie, H. 60 cm, hat Blütenköpfe wie Pompon-Dahlien, vielfarbig gestreift, gefleckt und gepunktet.
Peter-Pan-Serie, H. 20 cm, hat gefüllte Blütenköpfe in vielen Farben.
Pulcino-Serie, H. 30 cm, gefüllte Blütenköpfe in einer Mischung klarer Farben.
Ruffles-Serie (gemischt) Abb. S. 273, (rot) Abb. S. 272.
Sunshine-Serie, H. 60 cm, hat, wie Pompon-Dahlien, gefüllte Blütenköpfe in einer breiten Farbpalette.
Thumbelina-Serie Abb. S. 266.
Z. 'Persian Carpet'. Mäßig schnellwachsende, aufrechte, buschige, einjährige Pflanze. H. 38 cm, Br. 30 cm. Hat lanzettliche, behaarte, blaßgrüne Blätter. Im Sommer erscheinen kleine, dahlienähnliche, gefüllte, mehr als 2,5 cm breite Blütenköpfe. Sie sind in vielen Farben erhältlich.

ZIZANIA (Gramineae). Siehe GRÄSER, BAMBUS, BINSEN und RIEDGRÄSER
Z. aquatica. Einjährige, grasähnliche Sumpfpflanze. H. 3 m, Br. 45 cm. Bedingt winterhart. Hat grasähnliche, mittelgrüne Blätter und im Sommer grasähnliche, blaßgrüne Blüten. Reisähnliche Samen ziehen Wasservögel an. Benötigt Sonne. Für Wassertiefen bis zu 23 cm. Vermehrung durch feucht gelagertes Saatgut, das im Frühjahr ausgesät wird.
Zygocactus truncatus. Siehe *Schlumbergera truncata.*

ZYGOPETALUM. Siehe ORCHIDEEN.
Z. mackayi (Abb. S. 254). Immergrüne, epiphytische Orchidee für ein kühles oder temperiertes Gewächshaus. H. 30 cm. Bringt im Herbst lange Rispen duftender, braungefleckter, 8 cm breiter, grüner Blüten mit rötlich-indigo geaderter, weißer Lippe hervor. Die Blätter sind schmal oval, 30 cm lang und leicht gerippt. Benötigt Halbschatten im Sommer.
Z. Perrenoudii (Abb. S. 254). Immergrüne, epiphytische Orchidee für ein kühles oder temperiertes Gewächshaus. H. 30 cm. Im Winter erscheinen Ähren duftender, 8 cm breiter, dunkelbrauner Blüten mit violett-purpurfarbener Lippe. Schmal ovale, gerippte Blätter, 30 cm lang. Benötigt Halbschatten im Sommer.

Glossar

Abknospen: Entfernen überschüssiger Knospen, um größere Blüten oder Früchte zu erhalten.
Ableger: Volkstümlicher Begriff für vegetativ vermehrbare Teile von Pflanzen, die z. B. als Steckling oder als Absenker vermehrt werden. Bei Gehölzen werden Seitentriebe der Mutterpflanze auf den Boden gelegt, durch Klammern fixiert und mit Erde angehäufelt, wobei die Triebspitze frei bleibt. Aus den Knospen bilden sich Austriebe, die nach Bewurzelung voneinander getrennt und ausgepflanzt werden.
Absenker: Vermehrungsmethode bei Gehölzen. Seitenzweige der Mutterpflanze werden im Herbst bogenförmig in die Erde gelegt, die Zweigspitzen ragen aus der Erde. Sobald die Bewurzelung erfolgt ist, wird die Jungpflanze abgetrennt und eingepflanzt.
Adventivwurzel: Direkt aus einem Sproß oder Blatt entspringende Wurzel.
Ährchen: 1. Blühender Teil der Gräser, umfaßt eine oder mehrere Blüten mit Brakteen an der Basis. 2. Kleine Ähre, Teil eines verzweigten Blütenstandes.
Ähre: Verlängerter Blütenstand mit sitzenden Blüten.
Alpinhaus: Ungeheiztes Gewächshaus, besonders für die Kultivierung von Alpenpflanzen und Zwiebelpflanzen, mit besserer Durchlüftung und im allgemeinen mehr Licht als bei einem herkömmlichen Gewächshaus.
anritzen, anreißen: Die Samenschale abschürfen, um die Wasseraufnahme und damit das Keimen zu beschleunigen.
Anthere → Staubbeutel.
Areole: Abgewandelter polsterartiger Tuberkel, der Haare, Stacheln, Blätter, Seitenzweige oder Blüten trägt; typisch für die Familie *Cactaceae.*
arttypisch (Sämlinge): Behält die typischen Merkmale der Elternpflanzen nach Aufzucht aus Samen bei.
aufrecht (Wuchsform): Mit vertikalen oder aufsteigenden Hauptästen.
aufsteigend: Wächst dicht am Boden, erhebt aber seine Spitzen.
ausdauernde Pflanze, Staude: Lebt mindestens 3 Wachstumsperioden. Wenn in diesem Buch der Ausdruck Perenne gebraucht und nicht näher bezeichnet wird, so ist eine krautige ausdauernde Pflanze, Staude gemeint. Eine Perenne oder Staude mit holziger Basis stirbt nur teilweise ab und hinterläßt an der Basis einen holzigen Sproß.
ausgeizen, ausknipsen: Entfernen der Sproßspitzen, damit sich Pflanzen verzweigen, oder Entfernen von Seitentrieben, um eine unverzweigte, hochwachsende Pflanze zu erreichen (z. B. Stabtomaten).
Ausläufer: Waagerecht, ober- oder unterirdisch wachsende, meist dünne und verlängerte Seitensprosse.

basisch (Boden): Mit pH-Wert über 7; einige Pflanzen vertragen keinen basischen Boden und müssen auf neutralem oder saurem Boden gezogen werden.
Baum: Eine verholzende Pflanze mit Stamm, von dem mehrere Äste ausgehen, und Krone.
Baumkrone: Der obere, verzweigte Teil eines Baumes oberhalb des Stammes.
Beetpflanze: In größerer Menge gesetzte Pflanze für kurzzeitige, auffällige Entfaltung.
Bestäubung: Übertragung von Pollen von den Staubbeuteln auf die Narbe derselben oder anderer Blüten; führt zur Befruchtung der Samenanlagen im Fruchtknoten.
Blattachsel: Winkel zwischen Blatt und Sproß.
Blättchen: Teil eines zusammengesetzten Blattes.
Blattöhrchen: Ohrartiger Lappen, manchmal an der Basis eines Blattes.
Blattspreite: Abgeflachter und oft breiter Teil eines Blattes.
Blume → Blüte.
Blüte: Organ der Pflanzen für die geschlechtliche Fortpflanzung, meist aus Kelch- und Blütenblättern sowie Staubgefäßen und Stempel bestehend.
Blütenhülle, Perianth: Die äußeren Teile der Blüte einschließlich Kelch und Krone. Der Ausdruck wird oft verwendet, wenn Kelch und Krone sehr ähnlich geformt sind.
Blütenstand: Anordnung der Blüten, z. B. Rispe, Traube, Dolde, bei Zierpflanzen.
Bonsai: Methode zum Erziehen von Zwergbäumen und -sträuchern durch spezielle Techniken wie Beschneiden von Wurzeln, Abklemmen von Sprossen, Entfernen von Triebknospen und Ziehen von Ästen und Stämmen.
Braktee(n): Hochblätter, die sich unter der eigentlichen Blüte einer Pflanze befinden. Sie werden fälschlicherweise oft für Blütenblätter gehalten, sind aber nur anders gefärbte Blätter, z. B. bei Poinsettien, Bougainvillien und verschiedenen Euphorbien.
Brutknospe, Bulbille: Kleines, zwiebelartiges Organ, entspringt oft einer Blattachsel, gelegentlich einem Blütenstand; kann zur Fortpflanzung verwendet werden.

Dolde: Ein schirmförmiger Blütenstand, die Blütenstiele entspringen alle vom selben Punkt.
Doldentraube: Traubenartiger Blütenstand, bei dem die inneren Blütenstiele kürzer als die äußeren sind, wodurch ein abgerundeter oder abgeflachter Blütenkopf entsteht.

Edelreis → Veredelung.
einfach (Blätter): Nicht in Fiederblättchen geteilt.
einjährig: Pflanze, die ihren Lebenskreislauf von Keimen über Blühen und Absterben in einer Wachstumsperiode vollendet.
Einzelblüte: Eine einzelne Blüte in einem Blütenstand.
elliptisch (Blätter): In der Mitte breiter und nach beiden Enden hin schmäler.
entspitzen: Entfernen bestimmter Vegetationspunkte einer Pflanze, um Wachstum, Größe und Anzahl der Blüten unter Kontrolle zu halten.
epiphytisch = auf Pflanzen lebend: Epiphytisch sind Pflanzen, die auf Ästen oder moosigen Felsen wachsen. Die meisten Bromelien gehören hierzu. Sie sind nicht parasitär und benutzen ihre »Wirtspflanzen« nur als Träger.

F_1-Hybride: Erste Generation aus der Kreuzung von 2 unterschiedlichen Pflanzen, in der Regel bei reinrassigen Elternpflanzen und kräftigen Nachkommen. Samen von F_1-Hybriden entwickeln sich nicht arttypisch.
Fahne: Das größere, in der Regel aufrechte hintere Kronblatt einer Schmetterlingsblüte (z. B. *Lathyrus*).
Faserwurzel: Eine dünne, junge Wurzel, in der Regel eine von vielen.
Flachsproß: Oft abgeflachter Stengel mit Funktion und Aussehen eines Blattes.
Flaum: Zarter, wachsartiger, weißlicher oder bläulichweißer Belag auf Stengeln, Blättern oder Früchten.
Flügelfrucht: Geflügelter Same, wie er z. B. beim Bergahorn *(Acer pseudoplatanus)* gebildet wird.
Frucht: Pflanzliche Struktur, die einen oder mehrere reife Samen trägt (z. B. eine Beere oder Nuß).
Fruchtblatt, Karpell: Weiblicher Anteil der Blüte oder Teil davon; besteht aus Fruchtknoten, Narbe und Griffel.
Fruchtknoten: Teil des Stempels mit Samenanlagen, entwickelt sich zur Frucht mit den Samen.
Frühtreiben: Künstliches Auslösen eines früheren Hervorbringens von Trieben, Blüten und Früchten.

ganzrandig (Blätter): Mit ungezähnten Rändern.
gefächtert, gefingert: Nach Art einer Hand gelappt, genaugenommen mit 5 Lappen, die von demselben Punkt ausgehen.
gefiedert (Blätter): Zusammengesetztes Blatt mit Fiederblättchen auf beiden Seiten des Blattstiels.
geflügelt (Samen oder Früchte): Mit flügelartigen Membranen am Rand.
gegenständig: Blätter in Paaren, die sich an den Knoten des Stengels gegenüberstehen.
gekräuselt: Mit sehr fein gewelltem Rand.
Geröll: Fläche, auf der eine dicke Schicht von Steinstücken mit etwas Lehm gemischt ist. Ermöglicht sehr starke Entwässerung für Pflanzen, die an ihrer Basis keine Feuchtigkeit vertragen.
gezähnt: Mit gezähnten Rändern.
Glochide, Angelborste: Eine der meist kleinen, widerhakentragenden Borsten oder Haare auf einer Kaktus-Areole.
Granne: Steifer, borstenartiger Fortsatz an Grassamen und Ährchen.
Griffel: Teil der Pflanze, der die Narbe trägt.

Halbimmergrüne Pflanzen: Behalten nur einige Blätter; verlieren ältere Blätter nur, sobald sich die neuen bilden.
Halbstrauch: Pflanze, die an der Basis holzig ist, deren Triebspitzen aber im Winter absterben.
Halm: Der in der Regel hohle Stengel von Gras oder Bambus.
Hängeblatt: Äußeres Perianthsegment einer Iris, das von den inneren Segmenten nach außen oder unten vorspringt.
holzig: Mit Stamm aus Holzfasern, daher ausdauernd, im Gegensatz zu weichstengelig und krautig. Ein halbholziger Sproß enthält etwas weicheres Gewebe und ist oft nur teilweise ausdauernd.

immergrüne Laubgehölze: Pflanzen bzw. Gehölze, deren Blätter mehrere Jahre erhalten bleiben (z. B. *Arctostaphylos, Hedera, Ilex aquifolium*).
Infloreszenz: Blütenstand mit bestimmter Anordnung, z. B. Nebenkrone, Trugdolde, Rispe, Traube, Ähre, Dolde.
insektenfressende Pflanze: Pflanze, die Insekten und andere kleine Tiere einfängt und verdaut, um ihre Nährstoffaufnahme zu ergänzen.

Kaktus (Mz. Kakteen): Mitglied der Familie *Cactaceae,* oft sukkulent und stachelig.
Kalk: Kalziumverbindung; der Kalkgehalt im Boden entscheidet darüber, ob er basisch, neutral oder sauer ist.
kappen, köpfen: Entfernen von verwelkten Blütenköpfen, um weiteres Wachstum oder Blühen zu fördern, die Aussaat zu verhindern oder das Aussehen zu verbessern.
Kapsel: Trockene Frucht; öffnet sich, wenn sie reif ist, die Samen zu entlassen.
Kätzchen: Blütenähre, normalerweise hängend. Blüten ohne Blütenblätter, oft ohne Blütenstiel, umgeben von Brakteen und in der Regel eingeschlechtig.
Keimblätter: Das aus dem Samenkorn hervorkommende erste Blatt (einkeimblättrig) oder Blattpaar (zweikeimblättrig).
Kelch: Äußerer Teil einer Blüte, in der Regel klein und grün, aber manchmal auffällig und leuchtend gefärbt; umhüllt bei der Knospe die Blütenblätter und besteht aus den Kelchblättern.
Klette: Stachelige oder dornige Frucht oder Aggregat von Früchten.
Kletterpflanze, Klimmpflanze: Kletternde Pflanzen, die andere Pflanzen als Stütze benützen: *Blattstielkletterer* schlingen ihre Blattstiele um die Stütze; *Wurzelkletterer* bilden stützende Luftwurzeln aus; Sproßranken entwickeln Haftscheiben; *Rankenkletterer* umschlingen die Stützpflanze mit ihren Ranken und Winden durch ihre Windesprosse. Kletterpflanzen bilden lange Stengel, die Pflanzen und andere Stützen überwachsen, sie haften, wenn überhaupt, nur ganz lose.
Klon: Gruppe von genetisch identischen Pflanzen, werden vegetativ fortgepflanzt.
Knolle: Verdickter, fleischiger Wurzelstock (bei Dahlie, Kartoffel) oder Sproß (bei Kohlrabi), der als Speicherorgan dient.
Knospe: Rudimentärer oder verkürzter Sproß, der Anlagen von Blättern beinhaltet.
Knoten: Abschnitt des Stengels, an dem Seitenzweige, Blätter oder Blüten entstehen.
Kolben: Blütenstand, bei dem meist zahlreiche winzige Blüten an einer fleischigen Achse angeordnet sind. Charakteristisch für die Familie der Aronstabgewächse. Bezeichnung auch für den Samenstand des Mais.
Korkwarze, Lentizelle: Kleine, in der

Regel korkige Fläche auf einem Stamm oder anderen Pflanzenteil, wirkt als Atempore.
krautig: Stirbt am Ende der Wachstumsperiode ab.
Kriechpflanze: Nahe am Boden wachsende Pflanze; wurzelt in der Regel, während sie weiterwächst.
Krone: Der von den Blütenkronblättern gebildete Teil einer Blüte.
Kurztrieb: Kurzer Sproß mit einer Gruppe von Blütenknospen, wie z. B. bei Obstbäumen.

laubabwerfend: Pflanzen, die ihre Blätter jedes Jahr am Ende der Wachstumsperiode abwerfen; halb-laubabwerfende Pflanzen verlieren nur einige Blätter.
Lentizelle → Korkwarze.
linealisch (Blätter): Sehr schmal, mit parallelen Seiten.
Lippe: Lappen, der 2 oder mehr flache oder manchmal gebauschte Perianthsegmente beinhaltet.
Luftwurzel → Wurzel.

Mittelrippe: Die wichtigste oder zentrale Blattvene oder der zentrale Stengel, an dem die Blättchen eines zusammengesetzten Blattes sitzen.
monokarpisch: Blühen und fruchten nur einmal und sterben dann ab; solche Pflanzen brauchen mehrere Jahre, um Blühgröße zu erreichen.
Mulchen: Eine Schicht aus organischem Material wird auf den Boden über oder um eine Pflanze herum aufgetragen, um die Feuchtigkeit zu bewahren, die Wurzeln vor Frost zu schützen, das Unkrautwachstum zu vermindern und den Boden anzureichern.

Nagel: Schmaler, unterer Teil der Blütenblätter bei einigen Gattungen, z. B. *Dianthus*.
Narbe: Teil des weiblichen Blütenteils, auf der Spitze des Griffels; nimmt den Pollen auf.
naturalisieren: Einbürgern und gedeihen wie wildwachsende Pflanzen.
Nebenblatt, Stipula: Kleines, schuppen- oder blattartiges, in der Regel paariges Anhängsel; entspringt meist an einem Knoten oder unter einem Blattstiel.
Nektar: Süße, zuckerige Flüssigkeit, wird abgesondert vom Nektarium – drüsiges Gewebe, das meist in der Blüte vorkommt, aber manchmal auch auf Blättern und Stengeln.
neutral (Boden): Bei pH-Wert 7, an dem der Boden weder sauer noch basisch ist.
niederliegend: Flach ausgebreitet, auf dem Boden kriechend.

Ovar(ium) → Fruchtknoten.

Papille: Kleiner Auswuchs oder drüsenähnliche Struktur.
Peltatus (Blätter): Schildförmig, mit Stengelansatz in oder nahe der Mitte der Blattspreite und nicht am Rand.
Perenne → ausdauernde Pflanze.
Perianth → Blütenhülle.
Petalen: Kronblätter der Blütenkrone.
petaloid: Kronblattartig.
Pfahlwurzel: Die größte und wichtigste, senkrecht nach unten wachsende Wurzel; auch allgemein für jede starke, abwärtswachsende Wurzel.
pfropfen → veredeln.
pH-Wert: Zahl zur Charakterisierung des Säurezustands des Bodens. In der Skala von 1–14 ist pH 7,0 ein neutraler Boden. Man versucht, den Gartenboden zwischen pH 6 und 7 zu halten. Manche Pflanzen, z. B Kulturheidelbeeren, brauchen saure Böden mit pH-Wert unter 5.
Phyllodium: Abgeflachter Blattstiel, der wie ein Blatt funktioniert und ihm ähnlich ist.

Ranke: Fadenartige Struktur, dient als Stütze; → auch Kletterpflanze.
Rhizom: Unterirdischer Wurzelstock, meist als Nährstoffreserve verdickt, aus dem im Folgejahr ein neuer, oberirdischer Sproß austreibt. Meist geeignet für vegetative Vermehrung.
Rispe: Verzweigte Traube.
Rosette: Kreisförmig um einen Mittelpunkt angeordnete Blätter, die sich meist in Bodennähe befinden (viele Steinbrechgewächse).

sauer (Boden): Mit pH-Wert unter 7; → auch basisch und → neutral.
Scheibenblüte: Kleine und oft für sich allein unscheinbare Blüte, in der Regel eine Röhrenblüte; eine der vielen im Mittelteil eines Korbblütler-Blütenstandes wie etwa beim Gänseblümchen.
Scheide: Zylindrische Struktur, die ein anderes pflanzliches Organ, z. B. einen Sproß, teilweise oder ganz umgibt oder umschließt.
Schnitt (Baum): Zurückschneiden bis auf die größten Äste, um das Wachstum einzuschränken.
Schnurbaum, Kordon: Zuchtpflanze, deren Wachstum auf einen Stamm, gelegentlich auf 2–4 Stämme reduziert wird.
Schossen: Verfrühtes Hervorbringen von Blüten und Samen, besonders bei Gemüsen wie Salat und Rote Rübe.
Schuppe: 1. Reduziertes oder verändertes Blatt. 2. Teil eines Koniferenzapfens.
Seitentrieb: Trieb, der an einem Sproß oder einer Wurzel seitlich entspringt.
Selbstaussaat: Hervorbringen von Sämlingen um die Mutterpflanze herum.
Sepalen: Teile des Kelches, in der Regel unscheinbar, aber manchmal auffällig.
Serie: Gruppe von ähnlichen, aber nicht identischen Pflanzen, in der Regel Einjährige, die durch ein oder mehrere gemeinsame Merkmale verbunden sind.
Setzkasten: Flacher, leicht entwässerbarer Topf für Alpenpflanzen und Zwiebeln.
sitzend: stengellos.
Sommerlaubfall: Die Blätter werden auf natürlichem Wege im Sommer abgeworfen.
Spatha: Eine große Braktee, oder manchmal 2, oft gefärbt und auffällig, umgibt einen Kolben (wie bei *Arum*) oder eine einzelne Blütenknospe (wie bei *Narcissus*).
Sphagnum: Torfmoos, bildet Torf nach Zersetzung.
Sporangium: Behälter, in dem Sporen entstehen.
Spore: Winzige Fortpflanzungsstruktur bei blütenlosen Pflanzen, z. B. Farne, Pilze und Moose.
Sporn: Hohler Vorsprung eines Kronblattes, erzeugt oft Nektar.
Sport: Durch zufällige oder induzierte Änderung der genetischen Ausstattung verursachte Mutation, die einen Sproß mit von der Mutterpflanze verschiedenen typischen Eigenschaften hervorruft.
Sproß: Der oberirdische Teil einer Pflanze, der Blätter trägt. Ein Seitensproß entspringt aus der Seite eines Hauptsprosses.
Sproßknolle: Zwiebelartiges, unterirdisches Speicherorgan, besteht hauptsächlich aus einer angeschwollenen Stengelbasis und ist oft von einer papierartigen Hülle umgeben.
Standard: Baum oder Strauch mit einer bestimmten Stammhöhe unter den ersten Ästen. Einige Sträucher, z. B. Rosen und Fuchsien, können als Standards gezogen werden.
Staubbeutel, Anthere: Pollenproduzierender Teil eines Staubblattes; entspringt normalerweise einem Staubfaden.
Staubblatt: Siehe Staubbeutel und Staubfaden.
Staubfaden: Stiel eines Staubbeutels.
Steckling: Von einer Pflanze abgetrennter Blatt-, Sproß- oder Wurzelteil, aus dem eine neue Pflanze herangezogen werden soll. Die bekanntesten Formen sind der Kopfsteckling (Triebspitze mit mehreren Blättern), der Blattsteckling (einzelnes Blatt, z. B. bei der Begonie) und Wurzelstecklinge bzw. -schnittlinge.
Stempel: Weiblicher Teil der Blüte, bestehend aus Fruchtknoten, Griffel und Narbe.
steril: Unfruchtbar, ohne Sporen, Pollen, Samen usw.
Stipula → Nebenblatt.
Stolon → Ausläufer.
stratifizieren: Eine Art Keimhilfe für besonders harte, schlechtkeimende Gehölz- und Staudensamen. Dabei werden die Samen im Herbst in Kästen oder Töpfen in feuchten Sand eingelegt und im Freien aufgestellt, damit Schnee, Regen und Frost auf sie einwirken können.
Strauch: Normalerweise von der Basis oder der Nähe der Basis an verzweigte, holzige Pflanze.
Strunk: Stengelbasis einer holzigen Pflanze wie Palme oder Baumfarn.
Sukkulenten: Pflanzen, die Wasser in ihren Zweigen oder Blättern speichern können (z. B. Hauswurz, viele Euphorbien und Kakteen).

Teilung: Vermehrungsart für zahlreiche Pflanzenarten, insbesondere für Stauden, die man durch Teilung der Wurzelstöcke verjüngt oder vermehrt.
Tepalen → Perianthsegment.
Torfbeet: Besonders gestaltetes Areal, mit Torfblöcken eingefaßt, enthält feuchtigkeitsspeichernden, sauren, torfigen Boden.
Traube: Verlängerter Blütenstand mit gestielten Blüten.
Treiben → Frühtreiben.
Trugdolde: Blütenstand, bei dem jeder Sproßscheitel in einer Blüte endet.
Tuberkel: Kleiner, abgerundeter Auswuchs; → auch Areole.

Uferpflanze: Pflanze, die in seichtem Wasser teilweise untergetaucht oder auf feuchtem Boden am Rand eines Teiches wächst.
Unterlage: Pflanzenwurzel, bei Gehölzen mit Stamm, auf die der Trieb einer anderen Pflanze veredelt (gepfropft) wird.

veredeln, pfropfen: Vermehrungsmethode, bei der eine künstliche Verbindung zwischen einzelnen Teilen verschiedener Pflanzen hergestellt wird; normalerweise wird ein Edelreis (Pfropfreis) der einen Pflanze auf die Unterlage einer anderen Pflanze gepfropft.
Verjüngungsschnitt: Seitensprosse bis auf 2 oder 3 Knospen des Hauptsprosses zurückschneiden.

wechselständig (Blätter): Jedem Knoten entspringt 1 Blatt, abwechselnd auf beiden Seiten des Sprosses.
Wedel: Blattartiges Organ eines Farnes. Manche Farne bringen sowohl unfruchtbare (sterile) als auch fruchtbare (fertile) Wedel hervor, die fruchtbaren Wedel tragen Sporen.
weichstengelig: Gegenteil von holzig.
wirtelig, quirlständig: Stellung der Blüten oder Blätter zu mehr als 2 an einem Knoten rund um den Stengel (Quirl, Wirtel).
Wurzel: Normalerweise unterirdischer Pflanzenteil, dient als Verankerung und zur Aufnahme von Wasser und Nährstoffen. *Luftwurzeln* entspringen aus dem Sproß in einiger Entfernung über der Bodenoberfläche.
Wurzelanlauf, Stammanlauf: Teil der Pflanze auf oder knapp unter der Bodenoberfläche, von dem neue Sprosse gebildet werden und bis auf den sie im Herbst absterben.
Wurzelausläufer: Sich horizontal ausbreitender, normalerweise schlanker Sproß, der an jedem Knoten Wurzeln bildet, wird oft mit einem Ausläufer verwechselt.
Wurzelballen: Die Wurzeln und die damit verbundene Erde oder Kompost, die beim Herausnehmen der Pflanze sichtbar werden.
Wurzelsproß: Sproß, der unter der Bodenoberfläche, direkt von einer Wurzel oder einem Wurzelstock entspringt.

Zahn: Kleiner randlicher, oft zugespitzter Lappen auf einem Blatt, Kelch oder einer Krone.
Zapfen: Blütenstände oder verholzte, samentragende Strukturen der Koniferen.
Zunge: Kronblatt oder verwachsene Kronblätter einer Zungenblüte; oft auffällig.
Zungenblüte: Eine der Blüten, die gemeinsam den äußeren Blütenring in einem Blütenstand der Korbblütler, wie z. B. Gänseblümchen, bilden; normalerweise mit riemenförmigen Kronblättern.
zurückschlagen: Zu seinem ursprünglichen Zustand zurückkehren; wenn eine bunte Pflanze ein rein grünes Blatt hervorbringt.
zusammengesetzt: Aus mehreren oder vielen Teilen bestehend; z. B. ein Blatt, das in 2 oder mehrere Blättchen unterteilt ist.
zweihäusig: Männliche und weibliche Blüten sitzen auf verschiedenen Pflanzen.
Zweijährige: Eine Pflanze, die 2 Wachstumsperioden zur Vollendung ihres Lebenskreislaufs benötigt.
Zwiebel: Speicherorgan, besteht vorwiegend aus fleischigen Schuppenblättern und geschwollenen, umgewandelten Blattbasen auf einem sehr reduzierten Stengel. Normalerweise unterirdisch, aber nicht immer.

×: Zeichen für Hybride, abgeleitet von der Kreuzung von 2 oder mehreren botanisch unterschiedlichen Pflanzen.
+: Zeichen für Pfropfbastarde (auch → Veredeln).

Verzeichnis der deutschen Namen

A

B

C

D

E

F

G

H

I

J

K

L

M

N

O

P

Q

R

S

T

U

V

W

Y

Z

Danksagung und Abbildungsnachweis

1	4	7	10
2	5	8	11
3	6	9	12

Der Verlag bedankt sich bei den nachfolgend genannten Fotografen und Institutionen für das ihm zur Verfügung gestellte Abbildungsmaterial. Die meisten Abbildungen befinden sich im Pflanzen-Katalog. Zuerst ist die jeweilige Seitenzahl, nach dem Schrägstrich der Platz des Fotos auf der Seite beziffert. Der Stand des Bildes ist dem nebenstehenden Schema zu entnehmen. Dasselbe Prinzip gilt auch für die Übersichtstafeln. (Numerierung von 1–42). Die übrigen Fotos sind jeweils von oben nach unten angegeben.

Alpine Garden Society Slide Library: 288/4–9, 294/3, 297/11, 304/3, 305/10, 313/9–10, 315/12, 318/6, 319/5, 323/5, 328/3, 332/5, 335/6, 364/1.
Heather Angel: 374/12.
A–Z Botanical Collection Ltd.: 51/6, 130/11, 143/9, 160/6, 162/10, 176/11, 196/29, 217/9, 239/22, 278/5, 287/6, 314/2, 373/2-10, 374/6.
Gillian Beckett: 87/3, 91/2–3, 100/21, 108/4, 118/5, 122/4, 123/7, 125/12, 136/12, 139/1, 142/11, 177/6, 185/4, 187/10, 209/4, 210/6, 213/12, 215/2, 221/7, 231/12, 244/19, 245/5, 247/3, 264/1, 288/5, 294/11, 296/12, 300/2, 301/1, 303/1, 307/11, 308/12, 313/1, 314/8–9, 317/6, 318/1, 321/10, 323/2, 325/3, 329/1, 337/7, 343/9–10, 346/10, 347/3, 349/7, 352/1, 353/9, 360/6, 361/1, 362/6–7, 363/1, 364/7, 369/9–10, 370/3–7, 372/6, 374/7–9.
Kenneth A. Beckett: 49/10, 164/8, 306/2, 308/4.
Patrick Booth / John Thirkell: 192/26–37–38.
Christopher Brickell: 62/4, 72/1, 98/8–10, 100/17, 101/4–25, 102/6, 103/1, 110/12, 115/4, 116/1–5, 133/22, 164/1, 376/35.
H. Bierley: 231/35.
Pat Brindley: 104/4, 166/12, 168/7, 173/4, 187/4, 196/38, 199/2, 251/19, 264/2, 265/4–7–9, 266/11, 268/7–11–12, 270/9, 272/3–12, 273/4, 275/7, 276/3–4, 277/9, 280/2–8, 281/6, 285/3, 334/5, 344/21–34, 345/8–22–26–28–31, 359/1, 374/8, 375/11.
Brinsley Burbidge: 167/12.
G. E. Cassidy: 196/3–32, 197/13–19.
Eric Crichton: 17/2, 25/1, 39/11, 44/6, 45/2, 66/1, 69/3, 71/25, 111/3, 125/9, 136/3, 145/11, 173/1, 187/9, 196/6–14–26, 197/24, 203/1, 214/1–6, 236/10, 239/25, 264/10, 268/6, 282/7, 289/8, 294/10, 295/1, 297/9, 298/3, 309/1, 315/3, 319/1, 322/12, 323/3, 327/3, 332/4, 334/19, 341/10, 344/16, 350/11, 351/1, 360/7, 376/31.
Philip Damp: 340/36, 341/6–40.
Raymond Evison: 170/27–28–33, 171/13–14–16–25–35–41.
Valerie Finnis: 294/7.
Ron & Christine Foord: 230/11.
John Glover: 98/9, 102/24, 126/8, 208/6, 242/8, 371/3.
Derek Gould: 84/11, 92/11, 102/4, 103/4, 113/6, 118/6, 121/6, 125/10, 138/2, 164/5, 166/7, 176/6, 195/7, 201/4, 202/2–3–7, 208/1, 212/12, 216/8–10, 225/12, 230/34, 234/6, 237/1, 245/3, 278/11, 285/6, 287/2, 299/7, 326/7, 330/4, 333/3, 345/20, 347/8, 349/10, 357/9, 373/7.
Diana Grenfell: 244/5–7–12–18–21–31–38.
R. Henley: 196/10–28.
Jerry Harpur: 2 (facing title-page).
G. Herklots: 100/21.
Terry Hewitt: 378/9, 392/2, 394/2, 400/1.
Muriel Hodgman: 293/11, 299/10, 323/12, 325/1.
Hortico: 349/19.
Photos Horticultural: 193/12, 196/7, 234/3, 273/1, 279/5, 354/2.
Mike Ireland: 307/2, 314/3, 317/7, 359/4.
Andrew Lawson: 338/6–10–22–38.
Sidney Linnegar: 196/3–10–28–32–36, 197/13–19.
Brian Mathew: 337/3, 346/11, 350/1–4, 352/7, 353/4–8, 354/3, 357/5, 363/11.
S. & O. Mathews Photography: 119/7.
Royal Botanic Gardens, Kew: 12/1.
Royal Horticultural Society, Lindley Library: 10: Curtis's Botanical Magazine [CBM], 1xxv (1849), T. 4458; 11/1: CBM, cxvix (1923), T. 9004; 11/2: R. J. Thornton: A New Illustration of the Sexual System of Carolus Von Linnaeus (1807); 12/2: CBM, cliv (1928), T. 9241; 13: Edwards's Botanical Register, xx (1835), T. 1686; 37: CBM, cl (1924), T. 9036; 401: CBM, vii (1794), T. 252.
A. D. Schilling: 56/8 (inset), 63/11, 100/4, 134/8, 137/9.
Arthur Smith: 334/26–38–42.
Harry Smith Collection: 39/12, 43/6, 44/3–4, 45/4–10, 46/7, 51/9, 54/3, 55/6–8, 56/9, 62/6, 63/6, 64/1–6, 65/3–12, 66/2–6–7, 67/5, 69/4–6, 75/1, 76/3–12, 78/9, 80/8–12, 81/6, 83/33, 84/7, 85/1–7–10, 87/1–7, 89/6, 90/6, 91/1, 92/1–7, 93/6, 94/9, 97/12–14–23, 98/12, 99/1, 100/20–22–27–32–35, 101/16, 102/7, 103/2, 109/4, 110/9, 111/5, 113/8, 114/7, 115/2–5–12, 116/10, 117/2, 118/1, 119/11, 122/7, 123/3–6, 126/12, 128/6, 132/25–39, 133/17, 135/8–10, 138/10, 139/3, 140/6, 141/5–6–12, 145/7, 160/8, 162/4–5–6, 163/7, 164/10, 165/3, 166/1–9, 167/3–9, 168/1–5–6, 169/2–3–7, 172/2–3–4, 175/2–9, 176/8–10, 177/2–3, 178/12, 179/26, 188/3, 190/9, 192/14–25–28–31–35–40, 193/9, 194/1–5, 196/37, 204/11, 213/6, 221/3, 223/4, 225/8, 226/7, 227/1–4, 228/8, 231/1–4–18, 232/12, 237/7, 239/24, 240/12, 242/12, 243/9, 244/16–17, 248/6, 249/1, 263/10–12, 264/4, 265/8, 270/12, 271/3, 273/7–11, 274/4, 275/4–5–6–8, 276/12, 278/3–4–6–7, 282/10, 283/1–3, 284/9, 285/1–8–9, 287/1–5, 289/2–10, 292/6, 296/9, 297/6, 300/1–4–7, 304/5–12, 305/9, 306/11, 308/10, 309/9–11, 311/6–7–8–10, 312/7, 313/2, 315/5–9, 321/12, 322/8, 323/1–7, 326/8–9, 327/8–12, 328/4, 331/6, 332/12, 334/11–16–28–33–35–37, 335/2–3, 336/12, 337/6, 338–7–11–12–13–29–30–31–40, 339/6–12, 342/1–6–11, 345/4–14–38, 346/4–7, 347/6, 351/4, 352/4–11, 353/2–5, 354/9, 355/1–11–12, 356/4, 357/6, 358/6, 359/3, 360/3–4–10, 361/4–10, 363/6–9, 364/3, 365/4–8–10, 366/12, 367/2–7, 368/6–10, 370/2–11, 371/4–7–10, 373/3–4–12, 375/7–10, 376/9, 387/5, 395/10.
Thompson & Morgan: 272/2, 275/9, 279/6.
Unwins Seeds Ltd.: 266/12, 270/6, 272/10–11, 275/10–11, 276/1, 280/1, 284/3–6.
Jack Wemyss-Cooke: 231/13–14–35.
John Wright: 132/3, 133/15.

Beschaffung der Fotos:
Andrew Brown, Susan Mennell.

Der Verlag möchte sich bei all jenen bedanken, die die Fotografen unterstützt und ihre Gärten zur Verfügung gestellt haben; bei Leitern und Mitarbeitern folgender Institutionen und nachstehend genannten Privatpersonen. Besonderer Dank gilt den Royal Botanic Gardens, Kew und der Royal Horticultural Society, Wisley.

African Violet Centre, Terrington St. Clement, Norfolk; Ken Akers, Great Saling, Essex; Jacques Amand Ltd., Clamphill, Middx.; Anmore Exotics, Havant, Hants.; David Austin Roses, Albrighton, Shrops.; Avon Bulbs, Bradford-on-Avon, Wilts.; Ayletts Nurseries, St. Albans, Herts.; Steven Bailey Ltd., Sway, Hants.; Bill Baker, Tidmarsh, Berks.; Batsford Arboretum, Moreton-in-Marsh, Glos.; Booker Seeds, Sleaford, Lincs.; Rupert Bowlby, Reigate, Surrey; Bressingham Gardens, Diss. Norfolk; Roy Brooks, Newent, Glos.; British Orchid Growers' Association; Burford House Gardens, Tenbury Wells, Shrops.; Cambridge Bulbs, Newton, Cambs.; Nola Carr, Sydney, Australia; Beth Chatto Gardens, Colchester, Essex; Chelsea Physic Garden, London; Colegrave Seeds, Banbury, Oxon.; County Park Nurseries, Hornchurch, Essex; Jill Cowley, Chelmsford, Essex; Mrs. Anne Dexter, Oxford; Edrom Nurseries, Coldingham, Berwicks.; Dr. Jack Elliott, Ashford, Kent; Joe Elliott, Broadwell, Glos.; Erdigg (National Trust), Clwyd, Wales; Fibrex Nurseries, Pebworth, Warwicks.; Fisk's Clematis Nursery, Westleton, Suffolk; Mr. & Mrs. Thomas Gibson, Westwell, Oxon.; Glasgow Botanic Garden, Glasgow; »Glazenwood«, Braintree, Essex.

R. Harkness & Co. ltd., Hitchin, Herts.; Harry Hay, Lower Kingswood, Surrey; Hazeldene Nurseries, East Farleigh, Kent; Hidcote Manor (National Trust), Chipping Camden, Glos.; Hillier Gardens and Arboretum, Romsey, Hants.; Hillier Nurseries (Winchester) Ltd., Romsey, Hants.; Holly Gate Cactus Nursery, Ashington, Sussex; Hopleys Plants, Much Hadham, Herts.; Huntingdon Botanical Gardens, San Marino, California; W. E. Th. Ingwersen Ltd., East Grinstead, Sussex; Clive Innes, Ashington, Sussex; Kelways Nurseries, Langport, Somerset; Kiftsgate Court Gardens, Chipping Camden, Glos.; Lechlade Fuchsia Centre, Lechlade, Glos.; The Living Desert, Palm Desert, California; Robin Loder, Leonardslee, Sussex; Los Angeles State and County Arboreta and Botanical Gardens, Los Angeles, California; Lotusland Foundation, Santa Barbara, California; McBeans Orchids, Lewes, Sussex; Merrist Wood Agricultural College, Worplesdon, Surrey; Mrs. J. F. Phillips, Westwell, Oxon.; Mr. & Mrs. Richard Purdon, Ramsden, Oxon.; Ramparts Nurseries, Colchester, Essex; Ratcliffe Orchids, Didcot, Oxon.; Mrs. Joyce Robinson, Denmans, Fontwell, Sussex; Peter Q. Rose, Castle Cary, Somerset; Royal Botanic Garden Edinburgh; Royal Botanic Gardens, Kew, Surrey; Royal Botanic Gardens, Sydney, Australia; Royal National Rose Society, St. Albans, Herts.; Royal Horticultural Society's Garden, Wisley, Surrey.

Santa Barbara Botanic Garden, Santa Barbara, California; Savill Garden, Windsor, Berks.; Mr. & Mrs. K. Schoenenberger, Shipton-under-Wychwood, Oxon.; Mrs. Martin Simmons, Burghclere, Berks.; Dr. James Smart, Barnstaple, Devon; Arthur Smith, Wigston, Leics.; P. J. Smith, Ashington, Sussex; Springfields Gardens, Spalding, Lincs.; Staite & Sons, Evesham, Hereford and Worcs.; Stapeley Water Gardens, Nantwich, Cheshire; Strybing Arboreta Society of Golden Gate Park, San Francisco, California; David Stuart, Dunbar, East Lothian; Suffolk Herbs, Sudbury, Suffolk; University Botanic Garden, Cambridge; University of British Columbia Botanical Garden, Vancouver; University of California Arboretum, Davis, California; University of California Arboretum, Santa Cruz, California; University of California Botanical Garden, Berkeley, California; University of California Botanical Gardens, Los Angeles, California; University of Reading Botanic Garden, Reading, Berks.; Unwins Seeds Ltd., Histon, Cambridge; Jack Vass, Haywards Heath, Sussex; Rosemary Verey, Barnsley, Glos.; Vesutor Air Plants, Ashington, Sussex; Wakehurst Place (Royal Botanic Gardens, Kew), Ardingly, Sussex; Primrose Warburg, Oxford; Waterperry Gardens, Wheatley, Oxon.; Westonbirt Arboretum, Westonbirt, Glos.; Woolman's Nurseries, Dorridge, West Midlands; Wyld Court Orchids, Newbury, Berks.; Eric Young Orchid Foundation, Jersey, Channel Islands.

Abkürzungen

Br.	Breite	mm	Millimeter
cm	Zentimeter	mind.	mindestens
cv.	cultivar	S.	Seite
f.	forma	ssp.	subspecies
H.	Höhe	syn.	Synonym
m	Meter	var.	Varietät